Anhalt / Dieners

Handbuch des Medizinprodukterechts

Handbuch des Medizinprodukterechts

Grundlagen und Praxis

Herausgegeben und bearbeitet von

Dr. rer. nat. Ehrhard Anhalt

Referatsleiter „Medizinprodukte"
Bundesverband der Arzneimittel-Hersteller (BAH), Bonn

und

Dr. jur. Peter Dieners

Rechtsanwalt, Düsseldorf

Bearbeitet von

Dr. med. Jürgen Attenberger, Niedersächsisches Ministerium für Frauen, Arbeit und Soziales, Hannover; *Marc Besen*, Rechtsanwalt, Düsseldorf; *Prof. Dr.-Ing. Rolf-Dieter Böckmann*, Fachhochschule Gießen-Friedberg; *Claus Burgardt*, Rechtsanwalt, Bonn; *Heinz Christmann*, Rechtsanwalt, W. L. Gore & Associates GmbH, Putzbrunn; *Carsten Clausen*, Rechtsanwalt, Fresenius Kabi Deutschland GmbH, Bad Homburg v. d. H.; *Peter von Czettritz*, Rechtsanwalt, München; *Dr. rer. nat. Rainer Edelhäuser*, Zentralstelle der Länder für Gesundheitsschutz bei Arzneimitteln und Medizinprodukten, Bonn; *Dr. jur. Joachim Feldges*, Rechtsanwalt, München; *Prof. Dr. rer. nat. Horst Frankenberger*, Fachhochschule Lübeck; *Bernhard Hartmann*, Deutsches Institut für Medizinische Dokumentation und Information, Köln; *Dr. jur. Ulf Heil*, Rechtsanwalt, Frankfurt am Main; *Rainer Hill*, Rechtsanwalt, Bundesverband Medizintechnologie e. V., Berlin; *Dipl.-Ing. Jörg Höppner*, Verband Metallverpackungen e. V., Düsseldorf; *Dr. jur. Christine Kanz*, Rechtsanwältin, München; *Ulrich Lembeck*, Rechtsanwalt und Steuerberater, Düsseldorf; *Dr. jur. Dominik Lentz*, Rechtsanwalt, Düsseldorf; *Claudia Lützeler*, Rechtsanwältin, Düsseldorf; *Dierk Meyer-Lüerßen*, Rechtsanwalt, Verband der Diagnostica-Industrie e. V., Frankfurt am Main; *Dr. jur. Thilo Räpple*, Rechtsanwalt, Frankfurt am Main; *Dr. jur. Joachim Schütze*, Rechtsanwalt, Düsseldorf; *Dr. med. Joachim A. Schwarz*, Quintiles GmbH, Neu-Isenburg; *Dr.-Ing. Undine Soltau*, Zentralstelle der Länder für Gesundheitsschutz bei Arzneimitteln und Medizinprodukten, Bonn; *Dr. jur. Thomas Stohlmeier LL. M.*, Rechtsanwalt, Düsseldorf; *Dr. jur. Jürgen Taschke*, Rechtsanwalt, Frankfurt am Main; *Dr. jur. Heike Wachenhausen*, Rechtsanwältin, Düsseldorf; *Dr. jur. Peter Wigge*, Rechtsanwalt, Hamm; *Dr. rer. nat. Joachim Wilke*, Medtronic GmbH, Düsseldorf; *Hans-Georg Will*, Bundesinstitut für Arzneimittel- und Medizinprodukte, Bonn; *Ruth Ziller*, Rechtsanwältin, München

Verlag C. H. Beck München 2003

Zitiervorschlag:
Will, in: *Anhalt/Dieners*, Medizinprodukterecht, § 11 Rdnr. 24

Verlag C. H. Beck im Internet:
beck.de

ISBN 3 406 48762 9

© 2003 Verlag C. H. Beck oHG
Wilhelmstraße 9, 80801 München
Druck: fgb · freiburger graphische betriebe
Bebelstraße 11, 79108 Freiburg

Satz: Druckerei C. H. Beck Nördlingen

Gedruckt auf säurefreiem, alterungsbeständigem Papier
(hergestellt aus chlorfrei gebleichtem Zellstoff)

Vorwort

Das Medizinprodukterecht hat in den letzten Jahren eine beeindruckende Entwicklung erlebt. Neben dem Arzneimittelrecht ist es die bedeutendste Regelungsmaterie für medizinische Erzeugnisse. Im Zentrum dieser Regelungsmaterie steht das Medizinproduktegesetz (MPG). Es ist seit dem 1. 1. 1995 in Kraft und hat zunächst die europarechtlichen Vorgaben der Richtlinie 90/385/EWG über aktive implantierbare medizinische Geräte sowie der Richtlinie 93/42/EWG über Medizinprodukte in deutsches Recht umgesetzt. Das deutsche Medizinprodukterecht ist damit Teil des europäischen Harmonisierungsprozesses auf dem Gebiet der Medizinprodukte. Dieses Harmonisierungskonzept hat den freien Verkehr dieser Produkte in Europa erheblich vereinfacht und zur Schaffung eines einheitlichen europäischen Medizinproduktemarktes geführt. Bis zur Einführung des MPG richteten sich die rechtlichen Anforderungen an die heute zu den „Medizinprodukten" zählenden Produkten nach unterschiedlichen Regelungen. Je nachdem welches Produkt betroffen war, konnten die Medizingeräteverordnung, das Arzneimittelgesetz, das Lebensmittel- und Bedarfsgegenständegesetz oder auch andere rechtliche Vorschriften, wie etwa des Eich- und Messrechts, anwendbar sein.

Der Bundesgesetzgeber hat durch das 2. MPG-Änderungsgesetz, das am 1. 1. 2002 in Kraft getreten ist, nunmehr auch die europarechtlichen Anforderungen der Richtlinie 98/79/EWG über In-vitro-Diagnostika in deutsches Recht umgesetzt. Damit ist der Kodifizierungsprozess des deutschen Medizinprodukterechts weitgehend abgeschlossen. Die Tätigkeit der deutschen und europäischen Gesetzgebungsorgane wird sich in nächster Zukunft auf die weitere nationale und vor allem internationale Harmonisierung medizinprodukterechtlicher Anforderungen konzentrieren. Die Abkommen zwischen der Europäischen Gemeinschaft und wichtigen Drittstaaten (etwa den USA, Kanada, Australien, Neuseeland und der Schweiz) über die gegenseitige Anerkennung von Konformitätsbewertungen (Mutual Recognition Agreements on Conformity Assessment – MRAs), die die gegenseitige Anerkennung von Prüfungen, Zertifikaten und Inspektionen betreffen, sind hierbei eine wichtige Zwischenetappe auf dem Weg zu einer vollen gegenseitigen Anerkennung (Harmonisierung) der Rechtsvorschriften führender Medizinproduktemärkte. Daneben wird sich die weitere Entwicklung des Medizinprodukterechts sowohl auf nationaler als auch auf internationaler Ebene der rechtlichen Zuordnung und adäquaten Behandlung sog. Kombinations- und Border-line Produkte annehmen müssen, etwa für den noch jungen Bereich von Medizinprodukten, die Gewebe oder Zellen menschlichen Ursprungs enthalten oder aus solchen Geweben oder Zellen gewonnen werden.

Das Medizinprodukterecht unterscheidet sich deutlich von den vormals anwendbaren Regelungskonzepten des Arzneimittelgesetzes oder der Medizingeräteverordnung. Dieses neue Konzept basiert vor allem auf der Eigenverantwortung der Hersteller für das Inverkehrbringen von Medizinprodukten und zeichnet sich nicht, wie das Arzneimittelrecht, durch ein staatliches Zulassungsregime aus. Dieses Konzept hat sich, wie die bisherigen Erfahrungen zeigen, im Großen und Ganzen bewährt. Gleichzeitig dauert die Sammlung von Erfahrungen bei der praktischen Umsetzung der vielfältigen Vorschriften im Alltag der Unternehmen und Behörden an. Vielfach ist der Rückgriff auf europäische Normen, etwa die einschlägigen europarechtlichen Richtlinien, MEDDEV-Dokumente der Europäischen Kommission oder Empfehlungen der Benannten Stellen, erforderlich. Leider führt dies nicht immer ohne weiteres zu einem Gleichklang zwischen dem deutschen Recht einerseits und den europäischen Regelungen andererseits, so dass bestimmte Fragen oftmals nur bei Kenntnis der einschlägigen Behördenpraxis beantwortet werden können. In zunehmendem Maße befassen sich auch Verwaltungs- und Zivilgerichte mit den Regelungen des MPG und den daraus entstehenden Streitigkeiten.

Vorwort

Die Herstellung und der Vertrieb von Medizinprodukten werfen in der Unternehmenspraxis nicht nur Fragen im Hinblick auf die regulatorischen Aspekte des Inverkehrbringens, des Betriebs und der Anwendung von Medizinprodukten auf. Die fortschreitende Verselbstständigung des Medizinprodukterechts sowie die Besonderheiten von Medizinprodukten haben auch Konsequenzen für Rechtsmaterien im Umfeld des eigentlichen Medizinprodukterechts. Sie betreffen etwa die Kostenerstattung, den gewerblichen Rechtsschutz, die Werbung oder die Haftung für Medizinprodukte. Schließlich spielen in der Praxis auch Fragen im Zusammenhang von Kooperationen der medizintechnologischen Industrie mit Krankenhäusern und Ärzten sowie der Kauf und Verkauf von Medizinprodukteunternehmen eine bedeutende Rolle. Die Komplexität dieser Rechtsmaterien und ihre Wechselwirkungen mit den regulatorischen Vorgaben machen das Verständnis oftmals schwer.

Eine gute Hilfestellung bei der Beantwortung von Detailfragen bieten die vorliegenden Kommentare sowie eine Reihe praktischer Ratgeber. Daneben haben sich inzwischen zwei Zeitschriften zum Medizinprodukterecht etabliert, die sich mit aktuellen Fragen des Medizinprodukterechts befassen und über die einschlägige Rechtsprechung kontinuierlich berichten. Mitarbeitern von Unternehmen sowie deren juristischen und technischen Beratern, Behördenvertretern sowie Klinik- und Krankenhausverwaltungen sind allerdings die Grundlagen und Systematik der rechtlichen Vorgaben, die Wechselwirkungen der einzelnen Rechtsmaterien und deren praktische Relevanz nicht immer bewusst. Von daher besteht das Bedürfnis nach einer systematischen und übersichtlichen Darstellung der Grundlagen des Medizinprodukterechts und benachbarter Rechtsgebiete, die in der Unternehmens- und Behördenpraxis von Bedeutung sind.

Das vorliegende Handbuch hat es sich zur Aufgabe gemacht, diese Lücke durch eine systematische und jeweils geschlossene Darstellung der wesentlichen regulatorischen Aspekte des Medizinprodukterechts sowie der sonstigen typischen Rechtsfragen aus der Unternehmenspraxis zu füllen. Die einzelnen Beiträge sind so gehalten, dass sie als praxistaugliche Orientierungshilfe zum Verständnis der Grundstrukturen und bei der Behandlung von Einzelfragen dienen sollen. Dieses Handbuch soll dazu beitragen, sich rasch einen Überblick verschaffen zu können und weiterführende Hinweise zu erhalten. Es berücksichtigt den Stand der Rechtsentwicklung bis zum Februar 2003. Das mit Medizinprodukten und im Medizinprodukterecht erfahrene Autorenteam, das sich aus Wissenschaftlern, Rechtsanwälten, Verbands- und Unternehmensjuristen, Behördenvertretern sowie Praktikern aus der Industrie zusammensetzt, führt nicht nur die jeweilige Expertise aus den unterschiedlichen Spezialgebieten zusammen. Das Autorenteam repräsentiert auch die unterschiedlichen Perspektiven und die hierdurch bedingte Meinungsvielfalt auf dem Gebiet des Medizinprodukterechts, deren Kenntnis für die Behandlung von konkreten Problemen in der Praxis oft unerlässlich ist.

Als Herausgeber danken wir an erster Stelle den Autoren für die produktive und angenehme Zusammenarbeit. Ferner danken wir allen, die uns bei der Erarbeitung des Handbuchs unterstützt und ermutigt haben. Unser besonderer Dank gilt hierbei Frau Rechtsanwältin Claudia Lützeler, die uns während der gesamten Planung, Konzeption und Erstellung mit ihrem wertvollen Rat zur Seite stand, sowie Frau Rechtsanwältin Dr. Miriam Balzer für ihre hilfreichen Anregungen und die tatkräftige Unterstützung bei der Schlussredaktion und Abstimmung der Beiträge. Die Fertigstellung dieses Handbuchs wäre ohne die stets absolut zuverlässige und hilfsbereite Mitarbeit von Frau Leonie Dreesmann und Frau Stefanie Schmitz bei der Umsetzung der Manuskripte in druckfertige Vorlagen nicht möglich gewesen. Frau Antje Ries danken wir für die sorgfältige Erstellung des Gesetzesverzeichnisses. Schließlich danken wir Herrn Ulrich Wittek und Frau Dr. Renate Bugyi-Ollert vom Verlag C. H. Beck, die die Erstellung des Handbuchs immer hilfreich und geduldig begleitet haben.

Für Anregungen, Kritik und weiterführende Hinweise sind die Herausgeber und Autoren stets dankbar.

Bonn und Düsseldorf, im Februar 2003

Ehrhard Anhalt
Peter Dieners

Die Bearbeiter

Dr. rer. nat. Ehrhard Anhalt
Referatsleiter „Medizinprodukte"
Bundesverband der Arzneimittel-Hersteller e. V., Bonn
§§ 2, 3

Dr. med. Jürgen Attenberger
Facharzt für öffentliches Gesundheitswesen
Niedersächsisches Ministerium für Frauen,
Arbeit und Soziales
Hannover
§ 10

Marc Besen
Rechtsanwalt
Clifford Chance Pünder, Düsseldorf
§ 21

Prof. Dr.-Ing. Rolf-Dieter Böckmann
Professor für Medizintechnik
Fachhochschule Gießen-Friedberg
Fachbereich Krankenhaus- und Medizintechnik,
Umwelt- und Biotechnologie (KMUB), Gießen
§ 9

Claus Burgardt
Rechtsanwalt
Rechtsanwaltskanzlei Sträter, Bonn
§ 23

Heinz Christmann
Rechtsanwalt und Justiziar
W. L. Gore & Associates GmbH
Putzbrunn bei München
§ 7

Carsten Clausen
Rechtsanwalt und Leiter Gesundheitswesen
Fresenius Kabi Deutschland GmbH sowie
Pro Reha Handelsgesellschaft für Krankenpflegeartikel
und Rehabilitationshilfen mbH & Co. KG
Bad Homburg v. d. H.
§ 23

Die Bearbeiter

Peter von Czettritz
Rechtsanwalt
Rechtsanwaltskanzlei Harms & Melzer, München
§ 15

Dr. jur. Peter Dieners
Rechtsanwalt
Clifford Chance Pünder, Düsseldorf
§§ 1, 2, 20

Dr. rer. nat. Rainer Edelhäuser
Stellvertretender Leiter
Zentralstelle der Länder für Gesundheitsschutz
bei Arzneimitteln und Medizinprodukten, Bonn
§ 5

Dr. jur. Joachim Feldges
Rechtsanwalt
Clifford Chance Pünder, München
§ 25

Dr. rer. nat. Horst Frankenberger
Professor für Medizintechnik
Fachhochschule Lübeck
§ 4

Bernhard Hartmann
Leiter der Arbeitsgruppe Medizinprodukteinformation
Deutsches Institut für Medizinische Dokumentation und Information, Köln
§ 13

Dr. jur. Ulf Heil
Rechtsanwalt
Clifford Chance Pünder, Frankfurt am Main
§ 22

Rainer Hill
Rechtsanwalt und Mitglied der Geschäftsführung
Bundesverband Medizintechnologie e.V., Berlin
§ 8

Dipl.-Ing. Jörg Höppner
Leiter der Abteilung Technik beim Verband Metallverpackungen e.V., Düsseldorf
vorm. Referent Zertifizierungsgrundlagen/Geräte- und Produktsicherheit
Verband der Technischen Überwachungs-Vereine e.V., Essen
§ 14

Dr. jur. Christine Kanz
Rechtsanwältin
Clifford Chance Pünder, München
§ 25

Die Bearbeiter

Ulrich Lembeck
Rechtsanwalt und Steuerberater
Clifford Chance Pünder, Düsseldorf
§ 20

Dr. jur. Dominik Lentz
Rechtsanwalt
Clifford Chance Pünder, Düsseldorf
§ 26

Claudia Lützeler
Rechtsanwältin
Clifford Chance Pünder, Düsseldorf
§ 1

Dierk Meyer-Lüerßen
Rechtsanwalt und Geschäftsführer
Verband der Diagnostica-Industrie e. V., Frankfurt am Main
§ 18

Dr. jur. Thilo Räpple
Rechtsanwalt
Baker & McKenzie, Frankfurt am Main
§ 21

Dr. jur. Joachim Schütze
Rechtsanwalt
Clifford Chance Pünder, Düsseldorf
§ 24

Dr. med. Joachim A. Schwarz
Medical Director
Quintiles GmbH, Neu-Isenburg
§ 6

Dr.-Ing. Undine Soltau
Direktorin der
Zentralstelle der Länder für Gesundheitsschutz
bei Arzneimitteln und Medizinprodukten, Bonn
§ 12

Dr. jur. Thomas Stohlmeier
Rechtsanwalt
Clifford Chance Pünder, Düsseldorf
§ 26

Dr. jur. Jürgen Taschke
Rechtsanwalt
Clifford Chance Pünder, Frankfurt am Main
§ 19

Die Bearbeiter

Dr. jur. Heike Wachenhausen
Rechtsanwältin
Clifford Chance Pünder, Düsseldorf
§ 6

Dr. jur. Peter Wigge
Rechtsanwalt
Dr. Wigge Rechtsanwälte, Hamm
§ 23

Dr. rer. nat. Joachim Wilke
Leiter Technisch-Wissenschaftlicher Service
Medtronic GmbH, Düsseldorf
§ 17

Hans-Georg Will
Direktor und Professor
Leiter der Abteilung „Medizinprodukte"
Bundesinstitut für Arzneimittel und Medizinprodukte, Bonn
§ 11

Ruth Ziller
Rechtsanwältin
Kanzlei Kaltwasser Cornet Schmidt-Fichtner, München
§ 16

Inhaltsübersicht

XI

Inhaltsübersicht

Teil III. Anhang

Inhaltsverzeichnis

Inhaltsverzeichnis

Inhaltsverzeichnis

Inhaltsverzeichnis

Inhaltsverzeichnis

Inhaltsverzeichnis

Inhaltsverzeichnis

Inhaltsverzeichnis

XXII

Inhaltsverzeichnis

Inhaltsverzeichnis

Inhaltsverzeichnis

Inhaltsverzeichnis

Inhaltsverzeichnis

Inhaltsverzeichnis

Inhaltsverzeichnis

Teil II. Sonstige Rechtsfragen der Unternehmenspraxis

§ 20 Kooperation der Industrie mit Krankenhäusern und Ärzten – Vertragsgestaltung, Steuern, Organisation *(Dieners/Lembeck)*

Inhaltsverzeichnis

Inhaltsverzeichnis

Inhaltsverzeichnis

Inhaltsverzeichnis

Inhaltsverzeichnis

Teil III. Anhang

Literaturverzeichnis

Kommentare

Bauer/de Bronett, Die EU-Gruppenfreistellungsverordnung für vertikale Wettbewerbsbeschränkungen, Köln 2001

Baumbach/Hefermehl, Wettbewerbsrecht, 22. Aufl., München 2001

Bechtold, Kartellgesetz, 2. Aufl., München 1999

Benkard, Patentgesetz, 9. Aufl., München 1993

Böckmann/Frankenberger, Durchführungshilfen zum Medizinproduktegesetz, Köln 2002

Boujong (Hrsg.), Karlsruher Kommentar zum Gesetz über Ordnungswidrigkeiten, 2. Aufl., München 2000

Bülow/Ring, Heilmittelwerbegesetz, 2. Aufl., Köln u. a. 2001

Busse, Patentgesetz, Gebrauchsmustergesetz, 5. Aufl., Berlin 1999

Cyran/Rotta, Kommentar zur Apothekenbetriebsordnung, Stuttgart 2000 (Stand: 7/2000)

Deutsch/Lippert/Ratzel, Medizinproduktegesetz (MPG), Köln u. a. 2002

Doepner, Heilmittelwerbegesetz, 2. Aufl., München 2000

Eyermann/Fröhler, Kommentar zur Verwaltungsgerichtsordnung, 11. Aufl., München 2000

Geiger, EUV, EGV: Vertrag über die Europäische Union und Vertrag zur Gründung der Europäischen Gemeinschaft, 3. Aufl., München 2000

Glanegger u. a. (Hrsg.), Heidelberger Kommentar zum Handelsgesetzbuch, 5. Aufl., Heidelberg 1999

Göhler, Gesetz über Ordnungswidrigkeiten, 12. Aufl., München 1998

Gröning, Heilmittelwerberecht, 2 Bde., Stuttgart 1998 (Stand: 6/1999)

Hauck/Haines, SGB V, Berlin 1989 (Stand: 5/2002)

Herrmann/Heuer/Raupach (Hrsg.), Einkommensteuer- und Körperschaftsteuergesetz mit Nebengesetzen, 21. Aufl., Köln 2002 (Stand: 6/2002)

Hill/Schmitt, Wiesbadener Kommentar zum Medizinproduktegesetz, Wiesbaden 1995 (Stand: 3/2002)

Hopt/Wiedemann u. a. (Hrsg.), Großkommentar zum AktG, Berlin 1999

Jähnke/Laufhütte/Odersky (Hrsg.), Leipziger Kommentar zum Strafgesetzbuch, 11. Aufl., 27. Lieferung, Berlin/New York 1998

Kindler/Menke, Medizinproduktegesetz – MPG, 4. Aufl., Landsberg 1998

Kirchhof/Söhn (Hrsg.), Einkommensteuergesetz – Kommentar, Heidelberg 2002 (Stand: 2/2002)

Klein, Abgabenordnung, 7. Aufl., München 2000

Kleinknecht/Meyer-Goßner, Strafprozessordnung, 45. Aufl., München 2001

Kleist/Hess/Hoffmann, Heilmittelwerbegesetz, 2. Aufl., Frankfurt am Main 1986 (Stand: 9/1998)

Köhler/Piper, Gesetz gegen den unlauteren Wettbewerb, München 1995

Kopp/Ramsauer, Kommentar zum Verwaltungsverfahrensgesetz, 7. Aufl., München 2000

Krauskopf (Hrsg.), Soziale Krankenversicherung, SGB V mit Nebengesetzen, München 2001 (Stand: 8/2001)

Kuhlen, Nomos Kommentar zum Strafgesetzbuch, Baden-Baden (Stand: 2/2002)

Kullmann, Produkthaftungsgesetz, 2. Aufl., Berlin 1997

Lackner/Kühl, Strafgesetzbuch, 24. Aufl., München 2001

Lademann/Söffing, Kommentar zum Einkommensteuergesetz, 4. Aufl., Stuttgart 1997 (Stand: 7/2001)

Langen/Bunte (Hrsg.), Kommentar zum deutschen und europäischen Kartellrecht, Bd. I, 9. Aufl., Neuwied 2001

Maaßen/Schermer/Wiegand/Zipperer, Gesetzliche Krankenversicherung, GKV-Kommentar, Heidelberg (Stand: 5/2002)

Niesel (Hrsg.), Kasseler Kommentar Sozialversicherungsrecht, München 2002 (Stand: 1/2002) (zit. als „KassKomm")

Nöthlichs/Weber, Sicherheitsvorschriften für Medizinprodukte, Berlin 1994 (Stand: 4/2002)

Palandt, Bürgerliches Gesetzbuch, 61. Aufl., München 2002

Ratzel/Lippert, Kommentar zur Musterberufsordnung der deutschen Ärzte (MBO), 3. Aufl., Berlin u. a. 2002

Redeker/von Oertzen, Verwaltungsgerichtsordnung, 13. Aufl., Stuttgart 2000

Rehmann, Arzneimittelgesetz, München 1999

Sander, Arzneimittelrecht, Kommentar für die juristische und pharmazeutische Praxis zum Arzneimittelgesetz, Stuttgart (Stand: 3/2001)

Sander, Gesetz über Medizinprodukte, Aulendorf 1994

Schmidt (Hrsg.), Einkommensteuergesetz – Kommentar, 21. Aufl., München 2002

Schönke/Schröder, Strafgesetzbuch, 26. Aufl., München 2001

Scholz (Hrsg.), Kommentar zum GmbH-Gesetz, Köln 2000

Schorn, Medizinprodukte-Recht, Stuttgart 1999 (Stand: 6/2001)

Schulte, Patentgesetz mit EPÜ, 5. Aufl., Köln u. a. 1994

Schultze/Pautke/Wagener, Die Gruppenfreistellungsverordnung für vertikale Vereinbarungen, Heidelberg 2001

Thomas/Putzo, Zivilprozessordnung, 24. Aufl., München 2002

Tröndle/Fischer, Strafgesetzbuch und Nebengesetze, 50. Aufl., München 2001

Zipfel/Rathke, Lebensmittelrecht, München 1962 (Stand: 2/2001)

Zöller, Zivilprozessordnung, 23. Aufl., Köln 2002

Lehrbücher/Monographien/Leitfäden/Nachschlagewerke

Achenbach/Wannemacher (Hrsg.), Beraterhandbuch zum Steuer- und Wirtschaftsstrafrecht, Herne/Berlin (Stand: 1/1999)

Arbeitsgemeinschaft der Wissenschaftlichen Medizinischen Fachgesellschaften (AWMF) u. a. (Hrsg.), Gemeinsamer Standpunkt zur strafrechtlichen Bewertung der Zusammenarbeit zwischen Industrie, medizinischen Einrichtungen und deren Mitarbeitern, Düsseldorf 2000 (zit. als „Gemeinsamer Standpunkt")

Bialos/Husisian, The Foreign Corrupt Practices Act, New York 1996

Blasius/Müller-Römer/Fischer, Arzneimittel und Recht in Deutschland, Stuttgart 1998

Brandenburg/Erhard, Medizinprodukterecht, Heidelberg 1997

Brießmann, Gutachten zur Zulässigkeit freiwilliger Zeichen eines privaten technischen Prüfdienstes auf Produkten mit dem CE-Zeichen, München 2000

Bundesministerium für Gesundheit (BMG), Daten des Gesundheitswesens, Baden-Baden 2001

Bundesverband der Arzneimittel-Hersteller – BAH (Hrsg.), Monitoring klinischer Prüfungen, 1. Aufl., Bonn 1999

Bundesverband der Arzneimittel-Hersteller – BAH (Hrsg.), Standardverfahrensanweisungen (SOPs) der fiktiven Firma „Muster" für die Arzneimittel-Herstellung (GMP-Bereich) einschließlich verwandter Produkte, 3. Aufl., Bonn 2001

Bundesverband der Arzneimittel-Hersteller – BAH (Hrsg.), SOP „Erstellung von Prüfplänen für klinische Prüfungen, Nr. KF-001", Bonn 1998

Bundesverband der Arzneimittel-Hersteller – BAH (Hrsg.), SOP „Monitoring klinischer Prüfungen, Nr. KF-002", Bonn 1999

Bundesverband der Arzneimittel-Hersteller – BAH (Hrsg.), Qualifizierung und Prozessvalidierung, 2. Aufl., Bonn 2002

Bundesverband der Deutschen Industrie – BDI (Hrsg.), Positionspapier zum Diskussionspapier der DG Unternehmen zur Anwendung der Richtlinien der „Neuen Konzeption" (Stand: 11. 4. 2001)

Bundesverband der Pharmazeutischen Industrie – BPI (Hrsg.), Antikorruptionsgesetz, Aulendorf 2001

Bundesverband Medizinprodukteindustrie – BVMed (Hrsg.), Kodex „Medizinprodukte" (zit. als „Kodex «Medizinprodukte»"), Wiesbaden 1997

Bundesverband Medizintechnologie – BVMed (Hrsg.), Benannte Stellen, Wiesbaden 2001

Bundesverband Medizintechnologie – BVMed (Hrsg.), Kennzeichnung von Medizinprodukten, Wiesbaden 2001

Bundesverband Medizintechnologie – BVMed (Hrsg.), Klassifizierungsliste für Medizinprodukte, Wiesbaden 2000

Bundesverband Medizintechnologie – BVMed (Hrsg.), Klinische Bewertung von Medizinprodukten, Wiesbaden 2001

Bundesverband Medizintechnologie – BVMed (Hrsg.), Konformitätsbewertungsverfahren für Medizinprodukte, Wiesbaden 2000

Bundesverband Medizintechnologie – BVMed (Hrsg.), Medizinprodukte-Betreiberverordnung, Was muss ich als Betreiber oder Anwender über das Medizinprodukte-Betreiberrecht wissen?, Wiesbaden 2000

Literaturverzeichnis

Bundesverband Medizintechnologie – BVMed (Hrsg.), Die Selbstzertifizierung von Medizinprodukten der Klasse I, Wiesbaden 2000

Bundesverband Medizintechnologie – BVMed (Hrsg.), Wechsel der Benannten Stelle, Checkliste, Wiesbaden 2001

Creifelds, Rechtswörterbuch, München 1999

Deutsch, Medizinrecht, Arztrecht, Arzneimittelrecht und Medizinprodukterecht, 4. Aufl., Berlin/Heidelberg 1999

Deutsch/Lippert, Ethikkommission und klinische Prüfung, Berlin/Heidelberg 1998

Deutsche Krankenhaus Gesellschaft – DKG (Hrsg.), Beratungs- und Formulierungshilfe, Vertrag über die Durchführung einer klinischen Arzneimittelprüfung, Düsseldorf 2000

Duden, Bd. I, Die deutsche Rechtschreibung, Mannheim 2000

Eberstein, Einführung in die Grundlagen der Produkthaftung: Leitfaden für den Unternehmer, Heidelberg 1991

Europäische Kommission (Hrsg.), von der Generaldirektion erstelltes Konsultationspapier für die Überarbeitung des neuen Konzepts, Datum: 13. 12. 2001

Europäische Kommission (Hrsg.), Leitfaden für die Umsetzung der nach dem neuen Konzept und dem Gesamtkonzept verfassten Richtlinien (Blue Guide), Luxemburg 2000

Evers, European Regulatory Environment for Medical Devices, London 1998

Fischer, Medizinische Versuche am Menschen, Göttingen 1979

Fröhlich, Forschung wider Willen?, Berlin/Heidelberg 1993

Helmchen/Lauter, Dürfen Ärzte mit Demenzkranken forschen?, Stuttgart/New York 1995

Holzapfel/Pöllath, Unternehmenskauf in Recht und Praxis, Köln 2000

Hopt, Handelsvertreterrecht, 2. Aufl., München 1999

Hoxhaj, Quo vadis Medizintechnikhaftung?, Frankfurt am Main u. a. 2000

INRA (Europe) European Coordination Office S. A. (Hrsg.): Eurobarometer 52.1 – Die europäischen Bürger und das CE-Zeichen, Bericht über eine Meinungsumfrage in den EU-Mitgliedstaaten zum CE-Zeichen im Auftrag der Generaldirektion Gesundheit und Verbraucherschutz der Europäischen Kommission vom 15. 3. 2000

Kegel/Schurig, Internationales Privatrecht, 8. Aufl., München 2000

Kießling/Buchna, Gemeinnützigkeit im Steuerrecht, 7. Aufl., Achim bei Bremen 2000

Kullmann, Aktuelle Rechtsfragen der Produkthaftpflicht, 4. Aufl., Köln 1993

Lenz/Scherer, Rechtsgutachtliche Stellungnahme zur Zulässigkeit der Anbringung von Qualitätszeichen nationaler Prüforganisationen neben CE-Kennzeichnungen, Essen 2001

Lüderssen, Die Zusammenarbeit von Medizinprodukte-Industrie, Krankenhäusern und Ärzten – Strafbare Kollusion oder sinnvolle Kooperation?, Stuttgart 1998

Mieke/Schade, Leitfaden zu messtechnischen Kontrollen von Medizinprodukten mit Messfunktion (LMKM), 2. Aufl., Braunschweig/Berlin 2001

Müller-Gugenberger/Bieneck, Wirtschaftsstrafrecht, 3. Aufl., Münster 2000

Murswiek, Die staatliche Verantwortung für die Risiken der Technik, Berlin 1985

Osterrieth, Patentrecht, München 2000

Peters, Handbuch der Krankenversicherung Teil II – SGB V, 19. Aufl., Stuttgart u. a. (Stand: 11/1992)

Prölls/Martin, Versicherungsvertragsgesetz, München 1998

Pschyrembel, Klinisches Wörterbuch, 259. Aufl., Berlin 2002

Ratzel/Lippert, Medizinproduktegesetz, Neuwied 2000

Röhl, Akkreditierung und Zertifizierung im Produktsicherheitsrecht: zur Entwicklung einer neuen europäischen Verwaltungsstruktur, Berlin u. a. 2000

Rohwer-Kahlmann (Hrsg.), Aufbau und Verfahren der Sozialgerichtsbarkeit, Sankt Augustin 2001 (Stand: 7/2001)

Roßner, Begrenzung der Aufklärungspflicht bei Kollision mit anderen ärztlichen Pflichten, Frankfurt am Main 1998

Schmidt, Handelsrecht, 5. Aufl., Köln 1999

Schreier, Drittvorteil und Unrechtsvereinbarung, Hamburg 2002

Schwarz, Klinische Prüfung von Arzneimitteln und Medizinprodukten, 2. Aufl., Aulendorf 2000

Schwarz, Leitfaden klinische Prüfungen von Arzneimitteln und Medizinprodukten, 2. Aufl., Aulendorf 2002

Spellbrink, Wirtschaftlichkeitsprüfung im Kassenarztrecht, Neuwied 1994

Steinhilper (Hrsg.), Arzt und Abrechnungsbetrug, Heidelberg 1988

Steinmeyer, Wettbewerbsrecht im Gesundheitswesen, Berlin 2000

Stohlmeier, German Public Takeover Law, Den Haag 2002

Verband der Angestellten-Krankenkassen e. V. – VdAK (Hrsg.), Basisdaten des Gesundheitswesens, Siegburg 2002

Verband der Technischen Überwachungsvereine (Hrsg.), Positionspapier: Die Bedeutung freiwilliger, privater Prüfzeichen auf Medizinprodukten, Essen 2000

Voll, Die Einwilligung im Arztrecht, Frankfurt am Main 1996

Wabnitz/Janovsky (Hrsg.), Handbuch des Wirtschafts- und Steuerstrafrechts, München 2000

Wachenhausen, Medizinische Versuche und klinische Prüfung an Einwilligungsfähigen, Frankfurt am Main 2001

Zentralstelle der Länder für Gesundheitsschutz bei Arzneimitteln und Medizinprodukten – ZLG/Arbeitsgemeinschaft Medizinische Laboratoriumsdiagnostik – AML (Hrsg.), Handbuch für die Akkreditierung Medizinischer Laboratorien, Berlin 1998

Zentralstelle der Länder für Gesundheitsschutz bei Arzneimitteln und Medizinprodukten – ZLG/Arbeitsgemeinschaft Medizinische Laboratoriumsdiagnostik – AML (Hrsg.), Medizinisches Labor – Qualitätsmanagement und Akkreditierung, Stuttgart 2002

Zuck, Die Apotheke in der GKV-Gesundheitsreform 2000: eine verfassungsrechtliche Kritik in 15 Thesen, Stuttgart 1999

Aufsätze und Beiträge

Adam/Henke, Ökonomische Grundlagen der gesetzlichen Krankenversicherung, in: Schulin (Hrsg.), Handbuch des Sozialversicherungsrechtes, Bd. 1 Krankenversicherungsrecht, München 1994, S. 113

Albert, Wann ist die Teilnahme an Tagungen und Fortbildungsveranstaltungen steuerpflichtiger Arbeitslohn?, FR 2001, 516

Amelung, Probleme der Einwilligungsfähigkeit, Recht und Psychiatrie 1995, 20

Anhalt, Abgrenzung Arzneimittel – Medizinprodukt, Pharm.Ind. 1999, 485

Anhalt, Einführung in den Regelungsbereich für Medizinprodukte, Pharm.Ind. 1995, 729

Anhalt, Das Medizinproduktegesetz, DAZ 2000, 72

Anhalt, Medizinproduktegesetz – Grundzüge des künftigen Gesetzes über den Verkehr mit Medizinprodukten, DAZ 1994, 30

Anhalt/Kroth, BSE und Medizinprodukte: Die gesetzlichen Regelungen in der EU und in Deutschland, Pharm.Ind. 2001, 27

Anselmann, EG-Richtlinien für Medizinprodukte, DIN-Mitt. 1993, 689

Auge-Dickhut/Bridts, Operation „M&A", in: Finance 2002, 70

Axster, TRIPS und das deutsche Verbot des Ausforschungsbeweises, in: Reichelt (Hrsg.), Recht, Geist und Kunst, Baden-Baden 1996, S. 19

Baader, Zum normlogischen Zusammenhang zwischen rechtlicher Regel und rechtlicher Ausnahme – dargestellt am Beispiel der Rechtsnatur der Kassenärztlichen Arzneimittel-Richtlinie, JZ 1990, 409

Backhaus, Schranken des UWG für eine Zusammenarbeit von Ärzteschaft und pharmazeutischer Industrie, in: Forschungsstelle für Pharmarecht der Philipps-Universität Marburg (Hrsg.), Ärzteschaft und Industrie zwischen Forschungsförderung und Kriminalität, Frankfurt am Main 2001 S. 146

Bartenbach/Volz, Erfindungen an Hochschulen, GRUR 2002, 758

Bauer, Falschabrechnungen – Untersuchungen der AOK, AusR 2002, 101

Baumann, Instandhaltung: Verantwortung und Durchführung, MPJ 1999, 3

Baumann, Rechtsprechung zum Medizinproduktrecht, MPJ 2000, 115

Behnsen, Leistungsverpflichtung der gesetzlichen Krankenversicherung für nicht vom Bundesausschuss der Ärzte und Krankenkassen anerkannte Untersuchungs- und Behandlungsmethoden sowie für nicht zugelassene Arzneimittel oder für Arzneimittel außerhalb ihres Zulassungsstatus in der ambulanten vertragsärztlichen Versorgung, in: Jäger (Hrsg.), AIDS und HIV-Infektionen 1989, XI – 6.1, 7

Berens/Schmitting/Strauch, Due Diligence im Rahmen des Unternehmenskaufs, in: Berens/Brauner (Hrsg.), Due Diligence bei Unternehmensakquisitionen, Stuttgart 1998, S. 67

Besen, Zur Änderung des Heilmittelwerbegesetzes, MPJ 2002, 55

Besen/Dieners, Medical Device Compliance, in: Regulatory Affairs Professionals Society – RAPS (Hrsg.), Fundamentals of EU Regulatory Affairs, Rockwell 2002, S. 75

Besen/Dieners, Medical Device Marketing Authorization, in: Regulatory Affairs Professionals Society – RAPS (Hrsg.), Fundamentals of EU Regulatory Affairs, Rockwell 2002, S. 67

Besen/Löffler, Medizinprodukte im Internet, MPJ 2001, 48

Beuthien, Krankenkassen zwischen Wirtschaftlichkeitsgebot und Wettbewerbsrecht, MedR 1994, 253

Literaturverzeichnis

Bieback, Die Einbindung nicht ärztlicher Leistungserbringer in das System der Gesetzlichen Krankenversicherung, NZS 1997, 393

Bieback, Etablierung eines Gemeinsamen Marktes für Krankenbehandlungen durch den EuGH, NZS 2001, 562

Boecken, Rechtliche Schranken für die Beschaffungstätigkeit der Krankenkassen im Hilfsmittelbereich nach Publizierung des Vertragsrechts – insbesondere zum Schutz der Leistungserbringer vor Ungleichbehandlungen, NZS 2000, 269

Böhme, Die aktuelle Rechtsprechung zu Streitfragen in der Pflege- und Krankenversicherung, Pflegen Ambulant 2000, 44

Böse, Das Beratungsmonopol der öffentlich-rechtlichen Ethik-Kommissionen, MedR 2002, 244

Boos, Therapieoptimierung aus der Sicht der Kinderonkologie, in: Stoffregen (Hrsg.), Studienstandort Deutschland: Wie viel Therapieoptimierung macht Sinn?: Perspektiven in der Onkologie, München 2002, S. 39

Brammer, Erfolgsfaktoren der „Post Merger"-Integration bei transatlantischen Fusionen, in: Semler/Volhard (Hrsg.), Arbeitshandbuch für Unternehmensübernahmen, Bd. 1, München 2001, S. 1699

Brown, Human Tissue Regulation, in: Regulatory Affairs Professionals Society – RAPS (Hrsg.), Fundamentals of EU Regulatory Affairs, Rockwell 2002, S. 111

Bruns, Der sogenannte Herzklappenskandal – eine strafrechtliche Zwischenbilanz –, ArztR 1998, 237

Bundesverband der Pharmazeutischen Industrie – BPI (Hrsg.), Merkblatt für Anwendungsbeobachtungen, Pharm.Ind. 1997, 22

Bunte, Die Aufhebung des Schriftformerfordernisses nach § 34 GWB, BB 1998, 1600

Burgardt/Heidelmann, Verordnung von Arzneimitteln in der Onkologie – aktuelle rechtliche Probleme, Forum DKG 2002, 32

Busch, History of the European Union Regulation of Health Care Products, in: Regulatory Affairs Professionals Society – RAPS (Hrsg.), Fundamentals of EU Regulatory Affairs, Rockwell 2002, S. 1

Buschmann, Die ertragsteuerliche Behandlung von Sponsoringaufwendungen, StBp 1996, 35

Castendiek, Versichertenbeteiligung und Demokratie im Normenkonzept der Richtlinien des Bundesausschusses, NZS 2001, 71

Clade, Ein Abschlussbericht und viele Spekulationen, Deutsches Ärzteblatt 1996, B-1575

Clarke, Australia's New Medical Device Regulatory System, in: Cooper (Hrsg.), Business Briefing: Medical Device Manufacturing & Technology 2000, London 2000, S. 50

Clemens, Honorarkürzung wegen Unwirtschaftlichkeit, in: Schulin (Hrsg.), Handbuch des Sozialversicherungsrechtes, Bd. 1 Krankenversicherungsrecht, München 1994, 910

von Czettritz, Abgrenzung Arzneimittel/Medizinprodukte, PharmaR 1997, 212

von Czettritz, Das Anti-Korruptionsgesetz und seine Auswirkungen auf das Sponsoring, in: Hiersche/Wigge/Broglie (Hrsg.), Spenden, Sponsoren – Staatsanwalt?, 2. Aufl., Frankfurt am Main 2001, S. 16

von Czettritz, Rechtsschutz im Fall des Widerrufs der Akkreditierung der Benannten Stelle nach § 21 MPG und im Fall des Widerrufs des erteilten CE-Zeichens durch die Benannte Stelle, PharmaR 2000, 321

Dauner-Lieb/Thiessen, Garantiebeschränkungen in Unternehmenskaufverträgen nach der Schuldrechtsreform, ZIP 2002, 108

Dauster, Private Spenden zur Förderung von Forschung und Lehre: Teleologische Entschärfung des strafrechtlichen Vorteilsbegriffs nach §§ 331 ff. StGB und Rechtfertigungsfragen, NStZ 1999, 63

De Jong/Drury, When is a Clinical Investigation Not a Clinical Investigation, RAJ 2002, 19

Deutsch, Ethikkommission und Freiheit der medizinischen Forschung, VersR 1999, 1

Deutsch, Fortschreibungen des Medizinprodukterechts, NJW 1999, 817

Deutsch, Das Gesetz über Medizinprodukte von 1994, NJW 1995, 752

Deutsch, Schmerzensgeld für Unfälle bei der Prüfung von Arzneimitteln und Medizinprodukten?, MPR 2001, 11

Deutsch, Das therapeutische Privileg des Arztes: Nichtaufklärung zugunsten des Patienten, NJW 1980, 1305

Deutsch/Taupitz, Forschungsfreiheit und Forschungskontrolle in der Medizin – zur geplanten Revision der Deklaration von Helsinki, MedR 1999, 402

Deutscher/Körner, Die strafrechtliche Produktverantwortung von Mitgliedern kollegialer Geschäftsleitungsorgane, wistra 1996, 292, 327

Dieners, Änderungen des Medizinprodukterechts durch das 1. MPG-ÄndG, PharmaR 1998, 381

Dieners, Beschichtete Medizinprodukte – Die Vorschläge zur Änderung der Richtlinie 93/42/EWG über Medizinprodukte, PharmaR 1999, 126

XLI

Literaturverzeichnis

Dieners, Der Gemeinsame Standpunkt der Verbände zur künftigen Zusammenarbeit von Industrie, Krankenhäusern und Ärzten, Pharm.Ind. 2000, 938

Dieners, Medical Devices Incorporating Medical Substances of Human Origin in the European Union, RAF 1999, 33

Dieners, Recent Developments in European Regulatory Affairs, RAF 7/2000, 28

Dieners, Selbstkontrolle der Wirtschaft zur Verhinderung von Korruption, JZ 1998, 181

Dieners, Sponsoring im Gesundheitswesen – Abgrenzung zur Bestechung, Ophthalmo-Chirurgie 1999, 139

Dieners, Der Umgang der Industrie mit dem Antikorruptionsgesetz, in: Hiersche/Wigge/Broglie (Hrsg.), Spenden, Sponsoren – Staatsanwalt?, 2. Aufl., Frankfurt am Main 2001, S. 20 (= MPR 2001, 3)

Dieners, Die Vorschläge zur Änderung der Richtlinie 93/42/EWG über Medizinprodukte, PharmaR 1999, 126

Dieners, Werbung und PRM am Beispiel Deutschland, in: Badenhoop/Ryf (Hrsg.), Patient Relationship Management. CRM in der Life Siences Industrie, Wiesbaden 2001, S. 117

Dieners, Zur Reform der Werbung für Medizinprodukte, MPR 2002, 3

Dieners, Zwischen Kooperation und Korruption, KMA 2001, 72

Dieners/Besen, Changes in Medical Device Law in Germany, in: Cooper (Hrsg.), Business Briefing: Medical Device Manufacturing & Technology 2002, London 2002, S. 25

Dieners/Besen, Werbung für Medizinprodukte, in: Bundesverband Medizintechnologie (Hrsg.), Werbung für Medizinprodukte, Berlin 2002

Dieners/Lembeck/Taschke, Der „Herzklappenskandal" – Zwischenbilanz und erste Schlussfolgerungen für die weitere Zusammenarbeit der Industrie mit Ärzten und Krankenhäusern, PharmaR 1999, 156

Dieners/Sonnenschein/Köhler, Tissue Engineering: Rechtliche Grundlagen und neue Entwicklungen, PharmaR 2002, 325

Dieners/Taschke, Die Kooperation der medizinischen Industrie mit Ärzten und Krankenhäusern – Die aktuelle Rechtsprechung und ihre Konsequenzen, PharmaR 2000, 309

Dieners/Wachenhausen, Die Zusammenarbeit von Industrie, Krankenhäusern und ihren Mitarbeitern, Krankenhauspharmazie 2001, 150

Dieners/Wilke, Praktische Konsequenzen des Zweiten Gesetzes zur Änderung des Medizinproduktegesetzes, Pharm.Ind. 2001, 1049

Dierlamm, Verteidigungsüberlegungen in Betrugsverfahren gegen Ärzte, AusR 2001, 135

Dietel, Unerlaubte Zuwendungen aus Sicht der universitären Forschung, ZaeFQ 1998, 620

Diettrich/Schatz, Sicherung der privaten Drittmittelförderung, ZRP 2001, 521

Dietzel, Haftung des Verkäufers und Unternehmensprüfung (Due Diligence), in: Semler/Volhard (Hrsg.), Arbeitshandbuch für Unternehmensübernahmen, Bd. 1, München 2001, S. 327

Donawa, Update on the European Database, MDT 2001, 21

Dörn, Nichtabzugsfähigkeit von Bestechungsgeldern als Betriebsausgaben, DStZ 2001, 736

Ebsen, Autonome Rechtsetzung in der Sozialversicherung und der Arbeitsförderung als Verfassungsproblem, VSSR 1990, 57

Ebsen, Rechtsquellen, in: Schulin (Hrsg.), Handbuch des Sozialversicherungsrechtes, Bd. 1 Krankenversicherungsrecht, München 1994, S. 249

Edelhäuser, Quality Systems and Conformity Assessment/Auditing Process – Medical Devices, in: Regulatory Affairs Professionals Society – RAPS (Hrsg.), Fundamentals of EU Regulatory Affairs, Rockwell 2002, S. 57

Ehlers/Werner, Gefährliche Rabatte, Zulässigkeit von Rückvergütungen in der vertragsärztlichen Versorgung, Pharm.Ind. 2000, 761

Engelmann, Sozialrechtsweg in Streitigkeiten zwischen Institutionen der gesetzlichen Krankenversicherung und Leistungserbringern bei wettbewerbs- und kartellrechtlichem Bezug, NZS 2000, 213

Engler, Heilmittelwerberecht, in: Engler/Geserich/Räpple/Rieger (Hrsg.), Werben und Zuwenden im Gesundheitswesen, 2. Aufl., Heidelberg 2000, S. 1

Erlinger, Drittmittelforschung unter Korruptionsverdacht?, MedR 2002, 60

Fabricius, Strafbarkeit der Untreue im Öffentlichen Dienst, NStZ 1993, 412

Finzen, Pharma-Sponsoring: Wir dankbaren Ärzte, Deutsches Ärzteblatt 2002, A-766

Fischer, Bewertung, in: Hölters (Hrsg.), Handbuch des Unternehmens- und Beteiligungskaufs, Köln 2002, S. 75

Fonseca, Trend Towards Harmonisation: US-EU Efforts for a Global Medical Device Market, in: Cooper (Hrsg.), Business Briefing: Medical Device Manufacturing & Technology 2000, London 2000, S. 25

XLII

Freeman, European and International Standardisation and its Role in Supporting the Regulatory Needs in the Field of Medical Devices, in: Cooper (Hrsg.), Business Briefing: Medical Device Manufacturing & Technology 2000, London 2000, S. 30

Fuchs, Drittmittelforschung und Strafrecht in Österreich, MedR 2002, 65

Gamerschlag, Persönliche Verantwortung und Interessenkonflikt des Leiters der klinischen Prüfung eines Arzneimittels, NJW 1982, 684

Gassner, Das Zweite Gesetz zur Änderung des Medizinproduktegesetzes, NJW 2002, 863

Geibel/Süßmann, Erwerbsangebote nach dem Wertpapiererwerbs- und Übernahmegesetz, BKR 2002, 52

Glaeske, Therapiemaximierung oder Therapieoptimierung, in: Stoffregen (Hrsg.), Studienstandort Deutschland: wie viel Therapieoptimierung macht Sinn?: Perspektiven in der Onkologie, München 2002, S. 16

Göben, Die Auswirkungen des Gesetzes zur Bekämpfung der Korruption auf die Forschungstätigkeit von Hochschulangehörigen, MedR 1999, 345

Göben, Kooperation zwischen Genmedizin und Industrie: Möglichkeiten und Grenzen, in: Winter/Fenger/Schreiber (Hrsg.), Genmedizin und Recht, München 2001, S. 347

Göben, Vorgaben und Rahmenbedingungen im Dienst- und Nebentätigkeitsrecht der Wissenschaftler, in: Forschungsstelle für Pharmarecht der Philipps-Universität Marburg (Hrsg.), Ärzteschaft und Industrie zwischen Forschungsförderung und Kriminalität, Frankfurt am Main 2001, S. 37

Graf, Klinische Prüfung und Ethikkommissionen, MPR 2001, 6

Graf, Die klinische Prüfung von Medizinprodukten aus der Sicht einer Ethikkommission, PharmaR 1998, 236

Graf, Nochmals: Privatrechtliche versus öffentlich-rechtliche Ethikkommissionen in der klinischen Forschung, NJW 2002, 1774

Graf/Pfeiffer, Verfahrensordnung der Freiburger Ethikkommission International, MPR 2001, 8

Grase, Aufgaben des Bundesinstituts für Arzneimittel und Medizinprodukte im Rahmen des Medizinproduktegesetzes, MPJ 1995, 4

Gronstedt/Jörgens, Die Gewährleistungshaftung bei Unternehmensverkäufen nach dem neuen Schuldrecht, ZIP 2002, 52

Günther, Unternehmenskauf und Unternehmenspacht, in: Schütze/Weipert (Hrsg.), Münchener Vertragshandbuch, Bd. 2, München 1997, S. 73

Haeckel, Qualitätsmanagement im medizinischen Laboratorium, Abbott Times 1996, 18

Haeser, Erfahrungen mit der neuen Rechtslage im Korruptionsstrafrecht und Drittmittelrecht – Aus Sicht des Staatsanwalts, MedR 2002, 55

Haindl, Der Heilversuch in der klinischen Prüfung von Arzneimitteln und Medizinprodukten, NJW 2002, 857

Haindl/Helle, Die Unzulässigkeit der Wiederverwendung von Einmal-Medizinprodukten, MedR 2001, 411

Halter/Stockinger, „Alle haben Angst", Der Spiegel 17/2000, 236

Heemann, Fremdfinanzierung und Besicherung, in: Semler/Volhard (Hrsg.), Arbeitshandbuch für Unternehmensübernahmen, Bd. 1, München 2001, S. 659

Heerspink, Zum Konflikt zwischen der steuerlichen Mitteilungspflicht des § 4 Abs. 5 Nr. 10 EStG und dem nemo-tenetur-Prinzip, wistra 2001, 441

Helle, Schweigepflicht und Datenschutz in der medizinischen Forschung, MedR 1996, 13

Helmchen, Ärztliche Aufklärung bei aufgehobener und eingeschränkter Einwilligungsfähigkeit, Z. ärztl. Fortbildung, 1994, 994

Helmchen/Kanowski/Koch, Forschung mit dementen Kranken: Forschungsbedarf und Einwilligungsproblematik, Ethik in der Medizin 1998, 83

Hess/Fabritius, Unternehmenskauf, in: Hopt (Hrsg.), Vertrags- und Formularhandbuch, München 2000, S. 639

Hill, The CE Mark versus additional quality or safety marks, RAJ 1999, 3

Hill, Private Prüfzeichen neben CE-Kennzeichnung?, MPJ 2001, 22

Hiltl, Handeln Benannte Stellen nach dem MPG öffentlich-rechtlich oder privatrechtlich?, PharmaR 1997, 408

Hirthammer-Schmidt-Bleibtreu, Ärzteschaft und Industrie zwischen Forschungsförderung und Kriminalität, in: Forschungsstelle für Pharmarecht der Philipps-Universität Marburg (Hrsg.), Frankfurt am Main 2001, 94

Hoegen/Waller, Medicinal Producs Manufactured from Human Blood or Plasma, in: Regulatory Affairs Professionals Society – RAPS (Hrsg.), Fundamentals of EU Regulatory Affairs, Rockwell 2002, S. 103

Höhmann, Klinische Prüfungen mit Medizinprodukten – Stolperstein Ethikkommission, MPJ 2001, 17

Holzhauer, Zur klinischen Prüfung von Medikamenten an Betreuten, NJW 1992, 2325

Imhoff-Hasse, Aufgaben von ZLG und ZLS, MPJ 1997, 36

Inose/Brown, Combination Products in the US: Navigating the Regulatory Jungle, RAF 5/2002, 17

Jescheck, Umsetzung der EG-Richtlinie über MP in das nationale Recht, PharmaR 1999, 102

Kelly, Global Standardisation and Harmonisation in the In Vitro Diagnostic and Medical Testing Field, in: Cooper (Hrsg.), Business Briefing: Medical Device Manufacturing & Technology 2000, London 2000, S. 38

Kiefer, Forschungsförderung, Absatzförderung, Abrechnungsbetrug – Aspekte des Verhältnisses zwischen Ärzten und Industrie aus der Sicht der Krankenkassen, in: Forschungsstelle für Pharmarecht der Philipps-Universität Marburg (Hrsg.), Ärzteschaft und Industrie zwischen Forschungsförderung und Kriminalität, Frankfurt am Main 2001, S. 54

Kiethe, Vorstandshaftung aufgrund fehlerhafter Due Diligence beim Unternehmenskauf, NZG 1999, 976

Kirchhof, Kontrolle der Technik als staatliche und private Aufgabe, NVwZ 1988, 97

Kirchhoff, Die Beurteilung der verschiedenen Arten von Vertriebsverträgen, in: Wiedemann (Hrsg.), Handbuch des Kartellrechts, München 1999, S. 292

Klindt, Medizinprodukterechtliche CE-Kennzeichnung am Beispiel elektrischer Pflegebetten – Technische Normung und behördliche Überwachung, MPR 2002, 13

Knappe/Neubauer/Seeger/Sullivan, Die Bedeutung von Medizinprodukten im deutschen Gesundheitswesen, Trier/München 2000

Knispel, Auswirkungen der Neuregelung der Rechtsbeziehungen der Krankenkassen und ihrer Verbände zu den Leistungserbringern durch das GKV-Gesundheitsreformgesetz 2000, NZS 2001, 466

Koch, Post-Merger-Management, in: Picot (Hrsg.), Handbuch Mergers & Acquisitions, Stuttgart 2000, S. 335

Köhler/Osterrieth, Aktuelle Fragen des gewerblichen Rechtsschutzes (II) – Patente erfolgreich durchsetzen, MPR 2002, 57

König, Statische oder dynamische Äquivalenz – die Verabschiedung der Rechtssicherheit, Mitt. 2000, 379

Koenig/Engelmann/Steiner, Die Regulierung der GKV-Abrechnung von Laboratoriumsuntersuchungen am Maßstab der Dienstleistungsfreiheit des EG-Vertrages, MedR 2002, 221

Koudelka, Medical Device Regulatory Procedures in the Czech Republic, RAJ 2001, 283

Kozianka/Millarg, Der zulassungsüberschreitende Einsatz von Arzneimitteln als Leistung der gesetzlichen Krankenkassen, PharmaR 2001, 236

Krafczyk/Saller, Auswirkungen des Medizinproduktegesetzes auf den rechtlichen Verantwortungsbereich in Pflege und Behandlung, MedR 1997, 493

Kummer, Versicherungs- und Leistungsfälle in: Schulin (Hrsg.), Handbuch des Sozialversicherungsrechts, München 1994, S. 617

Lembeck/Lützeler/Happe, Vertragsgestaltung für die Kooperation von Krankenhäusern, Industrie und Ärzten, das krankenhaus 2001, 980

Lenz/Scherer, Rechtsgutachterliche Stellungnahme zur Zulässigkeit der Anbringung von Qualitätszeichen nationaler Prüforganisationen neben CE-Kennzeichnungen, in: VdTÜV-Schriftenreihe Recht und Technik: Band 16, Essen 2001

Liebscher, Das Übernahmeverfahren nach dem neuen Übernahmegesetz, ZIP 2001, 853

Lippert, Die problematische Einwerbung von Drittmitteln, VersR 2000, 158

Lüderssen, Antikorruptions-Gesetze und Drittmittelforschung, JZ 1997, 112

Lüderssen, Drosselung des medizinischen Fortschritts durch Kriminalisierung der Drittmittelförderung – Selbstregulierung der Betroffenen als Ausweg?, in: Forschungsstelle für Pharmarecht der Philipps-Universität Marburg (Hrsg.), Frankfurt am Main 2001, S. 80 (= PharmaR 2001, 82)

Lüderssen, Die Symbiose von Markt und Stadt, auseinanderdividiert durch Strafrecht?, StV 1997, 318

Mänger, Rechtsschutzprobleme bei Entscheidungen amtlich anerkannter Sachverständiger oder Prüfer für den Kraftfahrzeugverkehr nach § 29 StVZO, VerwaltungsA 67, 205

Martinek, Die Rechtsnatur von Vertriebsverträgen, in: Martinek/Semler (Hrsg.), Handbuch des Vertriebsrechts, München 1996, S. 61

von Martius, CE Marking and Private Certification in Europe, in: Cooper (Hrsg.), Business/Briefing: Medical Device Manufacturing & Technology, London 2000, S. 74

von Mayenburg, Nur Bagatellen? – Einige Bemerkungen zur Einführung von Schmerzensgeld bei Gefährdungshaftung im Regierungsentwurf eines Zweiten Gesetzes zur Änderung schadensersatzrechtlicher Vorschriften, VersR 2002, 278

von Meibom/Pitz, Die europäische „Transborderrechtsprechung" stößt an ihre Grenzen, GRUR Int. 1998, 765

Meier-Beck, Probleme des Sachantrags im Patentverletzungsprozess, GRUR 1998, 276

Meister/Dieners, Gemeinsamer Standpunkt zur strafrechtlichen Bewertung der Zusammenarbeit zwischen Industrie, medizinischen Einrichtungen und deren Mitarbeitern, das krankenhaus 2000, 876

Merkt, Verhaltenspflichten des Vorstands der Zielgesellschaft bei feindlichen Übernahmen, ZHR 2001, 165

Meurer, Im Visier der Staatsanwaltschaften, Forschung & Lehre 1997, 572

Meuthen/Hartmann, Genehmigungsvorbehalt bei Hilfsmitteln – Ein lang gehegter Irrtum – (Teil 1), MPR 2002, 26

Meuthen/Hartmann, Das sogenannte Rollstuhlurteil des 3. Senats des Bundessozialgerichts, NZS 2002, 26

Meyer-Lüerßen, Die Anforderungen der Medizinprodukte-Sicherheitsplan-Verordnung für In-vitro-Diagnostika im Rahmen des Medizinproduktegesetzes, MPR 2002, 110

Meyer-Lüerßen, IVD-Direktive nahm letzte Hürde in Brüssel, MPJ 1998, 102

Meyer-Lüerßen, Kombinationen von Diagnostika (IVDMP) nach dem MPG, MPR 2003, 3

Meyer-Lüerßen, Neues Recht für Diagnostica-Hersteller und die Anwender von Diagnostica, in: Diagnostica Argumente, Fakten zur Gesundheitsdiskussion, 2/2001, 1

Meyer-Lüerßen, Regelungen von In-Haus-Herstellung von IVD im Medizinproduktegesetz, MPR 2003, 1

Meyer.Lüerßen, Skepsis überwiegt, Abbot Times, Sonderheft 12/2001, 8

Meyer-Lüerßen, Die Vorschriften des MPG zu Informationen über Diagnostika, MPJ 2003, 4

Meyer-Lüerßen/Thomas, Regelungen für die Erprobung von labordiagnostischen Systemen, Deutsches Ärzteblatt 2002, A-3312

Meyer-Lüerßen/Will, Das Medizinproduktegesetz und seine Auswirkungen, PharmaR 1995, 34

Michalke, Drittmittel und Strafrecht – Licht am Ende des Tunnels?, NJW 2002, 3381

Michalski, Produktbeobachtungsgrund und Rückrufpflicht des Produzenten, BB 1998, 961

Mielke/Attenberger/Schorn, Anforderungen an die Hygiene bei der Aufbereitung von Medizinprodukten, MPJ 2002, 4

Mikoleit, Das neue MPG – Veränderungen im Vollzug aus Sicht der Landesbehörden, MPR 2002, 8

Mueller-Thuns, Sponsoring aus der Sicht des Steuerrechts – Eine kritische Bestandaufnahme, in: Forschungsstelle für Pharmarecht der Philipps-Universität Marburg (Hrsg.), Ärzteschaft und Industrie zwischen Forschungsförderung und Kriminalität, Frankfurt am Main 2001, S. 101

Murray, The Canadian Medical Devices Business Environment, in: Cooper (Hrsg.), Business Briefing: Medical Device Manufacturing & Technology 2000, London 2000, S. 65

Nass, Buchungstrick? – Fehlanzeige, Gesundheit und Gesellschaft 2001, 38

Neumann, Anspruch auf Krankenbehandlung nach Maßgabe der Richtlinie des Bundesausschusses, NZS 2001, 515

Neumann, Verbannung des Kartell- und Wettbewerbsrechtes aus der Gesetzlichen Krankenversicherung?, WuW 1999, 961

Noak, Betrugstäterschaft bzw. -teilnahme von Ärzten beim Bezug von Röntgenkontrastmitteln, MedR 2002, 76

Odenthal, Maßnahmen zur Sicherheit von In-vitro-Diagnostica, Diagnostica Argumente 1/2002, 1

Oliver, Rechtsfragen des „Erstreckungsgesetzes" zum Schutzbereich und zur Benutzungslage von Patenten im vereinigten Deutschland, GRUR 1992, 653

Ossenbühl, Richtlinien im Vertragsarztrecht, NZS 1997, 497

Ostendorf, Bekämpfung der Korruption als rechtliches Problem oder zunächst moralisches Problem?, NJW 1999, 615

Osterrieth/Holeweg, Aktuelle Fragen des gewerblichen Rechtsschutzes (I) – Die Abschaffung des Hochschullehrerprivilegs und ihre praktischen Auswirkungen, MPR 2002, 18

Papier, Der Wesentlichkeitsgrundsatz am Beispiel des Gesundheitsreformgesetzes, VSSR 1990, 125

Peglau, Unbeantwortete Fragen der Strafbarkeit von Personenverbänden, ZRP 2001, 406

Pfeifer, Drittmittelforschung unter Korruptionsverdacht? Die Hochschulmedizin zwischen Leistungsdruck und Strafrecht, MedR 2002, 68

Pfeiffer, Von der Freiheit der klinischen Forschung zum strafrechtlichen Unrecht?, NJW 1997, 782

Picot, Vertragsrecht, in: Picot (Hrsg.), Unternehmenskauf und Restrukturierung, Köln 1998, S. 10

Pitz, Torpedos unter Beschuss, GRUR Int. 2001, 32

Plantholz, Richtlinien, Rahmenverträge, Rahmenempfehlungen: Der Gesetzgeber im Dickicht untergesetzlicher Teilhabe, NZS 2001, 177

Pötzsch/Möller, Das künftige Übernahmerecht, WM 2000, Sonderbeilage Nr. 2

Rader, Prüfzeichen für Medizinprodukte – heute und morgen, dynamed – Zeitschrift für Technik in Medizin und Sport, Sonderdruck aus Heft 1/1996, 1

Räpple, Rechtliche Aspekte der Unterstützung von Klinik, Forschung und Fortbildung durch die Industrie, in: Hiersche/Wigge/Broglie (Hrsg.), Spenden, Sponsoren – Staatsanwalt?, 2. Aufl., Frankfurt am Main 2001, S. 48

Räpple, Rechtliche Aspekte der Unterstützung von Klinik, Forschung und Fortbildung durch die Industrie, Z Gastroenterol (Suppl. 2) 1999, 33

Räpple, Unterstützungsleistungen für Krankenhausmitarbeiter, implant 1997, 9

Raspe, Evidence based medicine: Modischer Unsinn, alter Wein in neuen Schläuchen oder aktuelle Notwendigkeit, ZaeF 1996, 553

Ratzel, Drittmittelforschung unter Korruptionsverdacht?, MedR 2002, 63

Rehborn, Der Kodex „Medizinprodukte" im Lichte des Antikorruptionsgesetzes, in: Hiersche/Wigge/ Broglie (Hrsg.), Spenden, Sponsoren – Staatsanwalt?, 2. Aufl., Frankfurt am Main 2001, S. 57

Reichert/Volhard/Stengel, Verschmelzungen und ähnliche Zusammenschlüsse, in: Semler/Volhard (Hrsg.), Arbeitshandbuch für Unternehmensübernahmen, Bd. 1, München 2001, S. 799

Reinhart, Anwendbarkeit des HWG auf Medizinprodukte, WRP 2001, 627

Reinhart, Klarstellung des Anwendungsbereichs des Heilmittelwerbegesetzes, PharmaR 2002, 16

Reischl, Zweites Gesetz zur Änderung des Medizinproduktegesetzes, MPJ 2001, 112

Rittner/Kratz/Walter-Sack, Zur Angemessenheit des Probandenschutzes nach § 40 Abs. 1 Nr. 8 AMG, VersR 2000, 688

Rosener, Prüfungsschwerpunkte bei Übernahme ausländischer Unternehmen, in: Semler/Volhard (Hrsg.), Arbeitshandbuch für Unternehmensübernahmen, Bd. 1, München 2001, S. 1763

von Rospatt, Grenzüberschreitender Rechtsschutz für europäische Patente, II. Teil: Entscheidungen deutscher Gerichte in Patentverletzungsprozessen mit grenzüberschreitender Wirkung, GRUR Int. 1997, 861

Runge, Korruptionsvorwürfe: Reaktionen und Konzepte der Industrie, in: Hiersche/Wigge/Broglie (Hrsg.), Spenden, Sponsoren – Staatsanwalt?, 2. Aufl., Frankfurt am Main 2001, S. 61

Saller, Bußgelder und Geldstrafen als abzugsfähige Betriebsausgaben?, DStR 1996, 534

Sander, Das Antikorruptionsgesetz und seine Auswirkungen auf den Kodex BPI, in: Hiersche/Wigge/ Broglie (Hrsg.), Spenden, Sponsoren – Staatsanwalt?, 2. Aufl., Frankfurt am Main 2001, S. 73

Sander/Peter, Zur innerstaatlichen Rechtsverbindlichkeit von Richtlinien des Rates und von EU-Empfehlungen, Pharm.Ind. 1999, 695

Schäfer/Holtheide, Klinische Prüfung und Normensituation aus ärztlicher Sicht, MPJ 2000, 2

Schäfer/Schreier, Kommunikationsmanagement eines Change Agent bei Unternehmenszusammenschlüssen, M&A 2002, 306

Schander/Posten, Zu den Organpflichten bei Unternehmensübernahmen, ZIP 1997, 1534

Scheel, Benannte Stellen: Beliehene als Instrument für die Verwirklichung des Binnenmarktes, DVBl. 1999, 442

Schimmelpfeng-Schütte, Richtliniengebung durch den Bundesausschuss der Ärzte und Krankenkassen und demokratische Legitimation, NZS 1999, 530

Schmitz/Taschke, Haftungsrisiken von Unternehmen bei der Begehung von Straftaten oder Ordnungswidrigkeiten durch Mitarbeiter, WiB 1997, 1169

Schnapp, Aktuelle Rechtsquellenprobleme im Vertragsarztrecht: am Beispiel von Richtlinien und einheitlichem Bewertungsmaßstab, SGb 1999, 62

Schnapp, Vertragsrechtliche Anmerkungen zu berufs- und vertragsarztrechtlichen Einschränkungen der Vertragsfreiheit niedergelassener Ärzte bei gemeinsamer Berufsausübung, AusR 2001, 108

Schneider, A., Medizinprodukte-Betreiberverordnung: Hinweise für Betreiber und Anwender, Zentralsterilisation 1999, 97

Schneider, G., Gesundheitsförderung, Krankheitsverhütung und Früherkennung, in: Schulin (Hrsg.), Handbuch des Sozialversicherungsrechts, Bd. 1 Krankenversicherungsrecht, München 1994, S. 653

Schneider, G., Die rechtliche Behandlung medizinisch-technischer Großgeräte in der Gesetzlichen Krankenversicherung aus der Sicht des Prozessrechts, SGb 1990, 89

Schneider, U. H., Die Zielgesellschaft nach Abgabe eines Übernahme- oder Pflichtangebots, AG 2002, 125

Schopen, Informationen für das Gesundheitswesen – die Arbeit des DIMDI, das Krankenhaus 1999, 753

Schorn, Balance zwischen Gesundheitsschutz und Kostenersparnis, KMA 1999, 56

Schorn, EG-Richtlinie über In-vitro-Diagnostika, in: Winter/Fenger/Schreiber, Genmedizin und Recht, München 2001, S. 93

Schorn, Einzelaspekte zum neuen Medizinproduktegesetz im Überblick, ArztR 1995, 241

Schorn, In-vitro-Diagnostika und Medizinprodukte mit integrierten Blutprodukten, MPJ 2002, 40

Schorn, Keine Sonderzeichen neben CE bei Medizinprodukten, MPJ 1999, 87

Schorn, Das Medizinprodukterecht, in: von Eiff/Fenger/Gillessen/Kerres/Mis/Raem/Winter (Hrsg.), Der Krankenhausmanager, Berlin 2002, Teil 12.02

Schorn, Neue EG-Richtlinie über Kombination von Medizinprodukten mit Blutprodukten, MPJ 2000, 21

Schorn, Neue Konzeption: Spielball der Interessen, MPJ 2000, 30

Schorn, Sonderzeichen – eine unendliche Geschichte, MPJ 2001, 24

Schreiber, Aufgaben des Bundesinstituts für Arzneimittel und Medizinprodukte im Rahmen des europäischen Medizinprodukterechts, in: Ott/Hefendehl/Grosdanoff (Hrsg.), Arzneimittel und Medizinprodukte, Berlin 1998, S. 122

Schulze, Overview of National Health Authorities in the European Union, in: Regulatory Affairs Professionals Society – RAPS (Hrsg.), Fundamentals of EU Regulatory Affairs, Rockwell 2002, S. 9

Schwennicke, Handlungen des Vorstands der Zielgesellschaft, in: Geibel/Süßmann (Hrsg.), Wertpapiererwerbs- und Übernahmegesetz, München 2002, S. 465

Schwerdtfeger, Keine Kassenzulassung für innovative Arzneimitteltherapien nach § 135 I 1 SGB V, SGb 2000, 154

Schwerdtfeger, Verfassungswidrige und EG-widrige Vorschlagsrechte im Entwurf eines Festbetrags-Neuordnungsgesetzes (§ 35 SGB V neu), NZS 2000, 67

Seibt/Raschke, Rechtsfragen der Haftungsbegrenzung bei Garantien (§ 444 BGB n. F.) und M&A-Transaktionen, NZG 2002, 256

Semler, Die wirtschaftliche Bedeutung von Unternehmensübernahmen, in: Semler/Volhard (Hrsg), Arbeitshandbuch für Unternehmensübernahmen, Bd. 1, München 2001, S. 3

Smentowski, Ärztliche Leitlinien, Weiterentwicklung oder Apoptose?, Rheinisches Ärzteblatt 1998, 20

Sodan, Die institutionelle und funktionelle Legitimation des Bundesausschusses der Ärzte und Krankenkassen, NZS 2000, 581

Soltau/Atzor/Edelhäuser, Die Zentralstelle der Länder für Gesundheitsschutz bei Arzneimitteln und Medizinprodukten (ZLG), Pharm.Ind. 2002, 108

Sommerlad/Schrey, Die Ermittlung ausländischen Rechts im Zivilprozeß und die Folgen der Nichtermittlung, NJW 1991, 1377

Soniec/Böckmann/Frankenberger, Klassifizierung von Medizinprodukten – Systematische Darstellung der Klassifizierungsregeln nach der Richtlinie 93/42/EWG, mt medizintechnik 2000, 46

Spencer, Introduction to the In Vitro Diagnostics Directive, in: Cooper (Hrsg), Business Briefing: Medical Device Manufacturing & Technology 2000, London 2000, S. 79

Stapff/Reinken/Lerner-Hiller/Klein/Hundt, Zusammenarbeit mit Ethik-Kommissionen bei klinischen Prüfungen, Pharm.Ind. 2002, 543

Stara, Regulatory Harmonisation for Medical Devices between CEE and the EU: A view from the Slovak Republic, RAJ 2002, 1

Steffen, Der normative Verkehrsunfallschaden, NJW 1995, 2057

Steg/Whitelegg, EU-policy approaches to remove technical barriers, in: IPTS, The Impact of Single Market Regulation on Innovation, Regulatory Reform and Experiences of Firms in the Medical Device Industry, Sevilla 2000

Stöber, Datenbankgestütztes Informationssystem des DIMDI für Medizinprodukte, MPJ 1996, 5

Stöber, Rollout der GMDN, MPJ 2001, 62

Stohlmeier/von Martius, Due Diligence in Health Care M & A and Investment Projects, Clinica 3/2001, 19

Sträter, Rechtliche Rahmenbedingungen, in: de LaHaye/Herbold (Hrsg.), Anwendungsbeobachtungen: Leitfaden für die praktische Durchführung, Aulendorf 2000, S. 9

Taschke, Die Bekämpfung der Korruption in Europa auf Grundlage der OECD-Konvention, StV 2001, 78

Taschke, Drittmittelforschung und Strafrecht – zugleich eine Besprechung der Urteile des Bundesgerichtshofs vom 23. Mai 2002 (1 StR 372/01) und vom 23. Oktober 2002 (1 StR 541/01), PharmaR 2002, 409 (= MPR 2002, 101)

Taschke, Straftaten im Interesse von Unternehmen – auch strafbar wegen Untreue?, in: Prittwitz/Bauermann/Günther/Kuhlen/Merkel/Nestler/Schulz (Hrsg.), Festschrift für Klaus Lüderssen, Baden-Baden 2002, S. 663

Taupitz, Die Neufassung der Deklaration von Helsinki des Weltärztebundes vom Oktober 2000, MedR 2001, 277

Taupitz, Note of Clarification – Kaum zu verantworten, DÄBl. 1999, A-411

Thoma, Das Wertpapiererwerbs- und Übernahmegesetz im Überblick, NZG 2002, 105

Tiedtke, Zweckgebundene Spenden als abziehbare Aufwendungen, BB 1985, 985

Többens, Die Bekämpfung der Wirtschaftkriminalität durch die Troika der §§ 9, 130 und 30 des Gesetzes über Ordnungswidrigkeiten, NStZ 1999, 1

Ulsenheimer, Droht der Staatsanwalt als Dauergast?, KMA 2000, 22

Ulsenheimer, Industriesponsoring und Vorteilsnahme/Bestechlichkeit, in: Laufs/Uhlenbruck (Hrsg.), Handbuch des Arztrechts, 3. Aufl., München 2002, S. 1417

Vater, Die Abwehr feindlicher Übernahmen – Ein Blick in das Instrumentarium des Giftschranks, M&A 2002, 9

Vilmar, Grundlagen und Auswirkungen der (Muster-)Berufsordnung für die Ärzte in Deutschland, in: Winter/Fenger/Schreiber (Hrsg.), Genmedizin und Recht, München 2001, S. 183

Volk, Zum Schaden beim Abrechnungsbetrug, NJW 2000, 3385

Voscherau, Wie die Staatsanwaltschaft Ärzte an den Pranger stellt, Hamburger Abendblatt 27./28. 1. 2001

Wachenhausen, Rechtliche Voraussetzungen für klinische Prüfungen, MPJ 2002, 80

Walter, Medizinische Forschung mit Drittmitteln – lebenswichtig oder kriminell?, ZRP 1999, 292

Wasem, Sozialpolitische Grundlagen der gesetzlichen Krankenversicherung, in: Schulin (Hrsg.), Handbuch des Sozialversicherungsrechtes, Bd. 1 Krankenversicherungsrecht, München 1994, S. 80

Weber-Rey, Private Equity-Transaktionen, in: Semler/Volhard (Hrsg.), Arbeitshandbuch für Unternehmensübernahmen, Bd. 1, München 2001, 591

Wedemeyer/Hohlfeld, Geldstrafen, Geldbußen und Verfahrenskosten sowie deren Erstattung in ihren steuerlichen Auswirkungen, DStZ 1985, 79

Wegen, Due Diligence-Checkliste für den Erwerb einer deutschen Gesellschaft, WiB 1994, 291

Wenning, Die geplante Änderung des Art. 69 EPÜ und die Ergänzung zum Protokoll über die Auslegung von Art. 69 EPÜ, Mitt. 2000, 375

Werner., F., Medizinprodukte als Gegenstand der gesetzlichen Krankenversicherung, MPR 2002, 45

Werner, R., Haftungsrisiken bei Unternehmensakquisitionen: die Pflicht des Vorstands zur Due Diligence, ZIP 2000, 989

Graf von Westphalen (Hrsg.), Produkthaftungshandbuch, Bd. 1: Vertragliche und deliktische Haftung, Strafrecht und Produkthaftpflichtversicherung, 2. Aufl., München 1997

Wiesbeck, Medizinprodukte mit stabilen Derivaten aus menschlichem Blut oder Blutplasma, MPJ 2001, 60

Wigge, Die Auswirkungen des Antikorruptionsgesetzes auf die Tätigkeit von Krankenhausärzten, in: Hiersche/Wigge/Broglie (Hrsg.), Spenden, Sponsoren – Staatsanwalt?, 2. Aufl., Frankfurt am Main 2001, S. 85

Wigge, Das Entscheidungsmonopol des Bundesausschusses der Ärzte/Krankenkassen für Arzneimittel und neue medizinische Verfahren, MedR 1999, 524

Wigge, Evidenz-basierte Richtlinien und Leitlinien, MedR 2000, 574

Wigge, Kartellrechtliche Regulierung der Arzneimittelversorgung, Pharm.Ind. 2000, 503, 580

Wigge, Kartellrechtliche Streitigkeiten von Leistungserbringern vor den Sozialgerichten?, NZS 2000, 533

Wigge, Legitimation durch Partizipation – Zur Verfahrensrechtlichen Beteiligung der Leistungserbringer im Entscheidungsprozess des Bundesausschusses, NZS 2001, 578f. u. 583f.

Wigge, Zur Vorgreiflichkeit der Arzneimittelzulassung in der GKV, PharmaR 2002, 348

Wigge/Frehse, Qualitätssicherung auf der Grundlage evidenzbasierter Richtlinien und Leitlinienbeschlüsse?, Q-med 2001, 66

Wilkening, Zur aktuellen Praxis der Ethikkommissionen – Verbreitung, Besetzung und Beratungsinhalte, MedR 2001, 301

Will, Bundeskabinett billigt Entwurf des Zweiten Änderungsgesetzes, MPJ 2001, 53

Will, Die EG-Richtlinie über In-vitro-Diagnostika (98/79/EG), Abbott Times, Sonderheft 12/2000, 2

von Wulffen, Bonner Ärztliche Nachrichten 1999, 29

Zieschang, Anmerkung zum Beschluss des OLG Karlsruhe v. 30. 3. 2000 – 2 Ws 181/99, StV 2001, 291

Zieschang, Die Auswirkungen des Gesetzes zur Bekämpfung der Korruption auf den Forschungsbereich, WissR 1999, 111

Ziller, Versandhandel mit Arzneimitteln, PharmaR 1999, 186

Zimmermann, Auslandsberührungen, in: Brambring/Jerschke (Hrsg.), Beck'sches Notar-Handbuch, München 1997, 1043

Internetadressen

(Stand: 10/2002)

Arbeitsgruppe „MPG" der Industriefachverbände (AG MP), Flyer „Die Bedeutung von CE auf Medizinprodukten – Wichtige Informationen für Händler, Einkäufer, Betreiber, Anwender, Patienten", 2002 – Formular zur kostenfreien Bestellung im Internet,
http://pdf.Kernpunkte.de/tmp/3dc68f975d5f6.pdf

Blue Book Memos,
http://www.fda.gov/cdrh/blbkmem.html

Bundesärztekammer Köln (BÄK), Herbert-Lewin-Straße 1, 50931 Köln, Homepage,
http://www.baek.de

Bundesinstitut für Arzneimittel und Medizinprodukte (BfArM), Kurt-Georg-Kiesinger-Allee 3, 53175 Bonn, Informationen zur Risikobewertung von Medizinprodukten,
http://www.bfarm.de/de_ver/medizinprod/

Bundesministerium für Gesundheit und Soziale Sicherung (BMGS), Am Propsthof 78 a, 53121 Bonn, Homepage,
http://www.bmgesundheit.de

Bundesverband Medizintechnologie e. V. (BVMed), Homepage,
http://www.bvmed.de

CEN Healthcare Forum (CHeF), Übersicht über die europäischen Normungsaktivitäten im Gesundheitswesen,
http://www.cenorm.be/sectors/healthcare/news.htm

Deutscher AkkreditierungsRat, Homepage,
http://www.dar.bam.de

Deutsches Institut für Medizinische Dokumentation und Information (DIMDI), Waisenhausgasse 36–38 a, 50 676 Köln, Homepage,
http://www.dimdi.de

Deutsches Institut für Medizinische Dokumentation und Information (DIMDI), Gesetzestexte im Medizinprodukterecht,
http://www.dimdi.de/de/mpg/recht/index.htm

EDMA (European Diagnostic Manufacturers Association), Homepage,
http://www.edma-ivd.be/edma_fr01.htm

Eucomed (European Medical Technology Industry Association), Homepage,
http://www.eucomed.be

EUR-Lex (Sammlung von EU-Rechtstexten),
http://europa.eu.int/eur-lex/de/search/search_lif.html

Europäische Behörden,
http://eudraportal.eudra.org

Europäische Kommission, Blue Guide, 2000,
http://europa.eu.int/comm/enterprise/newapproach/legislation/guide/document/guidepublicde.pdf

Europäische Kommission (DG Unternehmen),
http://europa.eu.int/comm/enterprise/index_en.htm

Europäische Kommission (DG Wettbewerb),
http://europa.eu.int/comm/competition/index_en.html

Europäische Kommission, Guidelines relating to medical devices Directives,
http://europa.eu.int/comm/enterprise/medical_devices/guidelinesmed/baseguidelines.htm

Europäische Kommission, B-1049 Bruxelles, Homepage,
http://europa.eu.int/comm/index_de.htm

Europäische Kommission, Konsultationspapier 2001,
http://europa.eu.int/comm/enterprise/consultations/new_approach_rev/documents/de.pdf

Europäische Kommission, Leitfaden für die Umsetzung der nach dem Neuen Konzept und nach dem Gesamtkonzept verfassten Richtlinien (Blue Guide),
http://europa.eu.int/comm/enterprise/newapproach/legislation/guide/document/guidepublicde.pdf

Europäische Kommission, Medical Devices,
   http://europa.eu.int/comm/enterprise/medical_devices
Europäische Kommission, Übersicht über die harmonisierten Normen zur Umsetzung der Richtlinie
   90/385/EWG,
   http://europa.eu.int/comm/enterprise/newapproach/standardization/harmstds/reflist/
   implmedd.html
Europäische Kommission, Übersicht über die harmonisierten Normen zur Umsetzung der Richtlinie
   93/42/EWG,
   http://europa.eu.int/comm/enterprise/newapproach/standardization/harmstds/reflist/
   meddevic.html
Europäische Kommission, Übersicht über die harmonisierte Normen zur Umsetzung der Richtlinie
   98/79/EG,
   http://europa.eu.int/comm/enterprise/newapproach/standardization/harmstds/reflist/
   invimedd.html
FDA Center for Devices and Radiological Health,
   http://www.fda.gov/cdrh/index.html
Global Harmonization Task Force,
   http://www.ghtf.org
Guidelines relating to medical devices (Europäische Kommission),
   http://europa.eu.int/comm/enterprise/medical_devices/guidelinesmed/baseguidelines.htm
Informationen zu den Richtlinien nach der Neuen Konzeption,
   http://www.newapproach.org/directiveList.asp
Investigational Device Exemptions Manual,
   http://www.fda.gov/cdrh/manual/idemanul.html
Medizintechnikportal.de (Sammlung von medizinprodukterechtlichen Rechtstexten),
   http://www.medizintechnikportal.de/home.htm
Paul-Ehrlich-Institut (PEI), Bundesamt für Sera und Impfstoffe,
   Paul-Ehrlich Straße 51–59, 63225 Langen,
   http://www.pei.de
Physikalisch-Technische Bundesanstalt (PTB), Braunschweig und Berlin,
   http://www.ptb.de
Required Biocompatibility Training and Toxicology Profiles for Evaluation of Medical Devices,
   http://www.fda.gov/cdrh/g951.html
Übersicht über die mandatierten Normungsaktivitäten im Bereich Medizinprodukte,
   http://www.newapproach.org/NewApproach/ProductFamilies.asp?93/42/EEC
Übersicht über die Normungsaktivitäten des DIN,
   http://www.normung.din.de/
Zentralstelle der Länder für Gesundheitsschutz bei Arzneimitteln und Medizinprodukten (ZLG), Antworten und Beschlüsse des EK-Med,
   http://www.zlg.de/cms.php?PHPSESSID=712 c8283517ef3136bdf95 e321411f86&mapid=259
Zentralstelle der Länder für Gesundheitsschutz bei Arzneimitteln und Medizinprodukten (ZLG),
   Homepage,
   http://www.zlg.de

Abkürzungsverzeichnis

a. A.	anderer Ansicht
AABG	Arzneimittelausgaben-Begrenzungsgesetz
a. a. O.	am angegebenen Ort
ABAG	Arzneimittelbudgetablösungsgesetz
Abb.	Abbildung
AbgrV	Abgrenzungsverordnung
ABl. EG	Amtsblatt der Europäischen Gemeinschaften
Abs.	Absatz
a. F.	alte Fassung
AfA	Abschreibung für Abnutzung
AG	Aktiengesellschaft, Amtsgericht
AG AAMP	Arbeitsgruppe Arzneimittel-, Apothekenwesen und Medizinprodukte
AG AATB	Arbeitsgruppe Arzneimittel- und Apothekenwesen, Transfusion und Betäubungsmittel
AGLMB	Arbeitsgemeinschaft der Leitenden Ministerialbeamten
AHK	Auslandshandelskammer
AIMD	Active Implantable Medical Devices (aktive implantierbare medizinische Geräte)
AIMDD	Active Implantable Medical Devices Directive (Richtlinie über aktive implantierbare medizinische Geräte)
AKdÄ	Arzneimittelkommission der deutschen Ärzteschaft
AKMP	Akkreditierungsstelle der Länder für Mess- und Prüfstellen zum Vollzug des Gefahrstoffrechts
AktG	Aktiengesetz
AllMBl.	Allgemeines Ministerialblatt der Bayerischen Staatsregierung
Alt.	Alternative
AMG	Arzneimittelgesetz
AML	Arbeitsgemeinschaft Medizinische Laboratoriumsdiagnostik
AMRadV	Verordnung über radioaktive oder mit ionisierenden Strahlen behandelte Arzneimittel
ÄndG	Änderungsgesetz
Anm.	Anmerkung
AO	Abgabenordnung
AOK	Allgemeine Ortskrankenkasse
AOLG	Arbeitsgemeinschaft der obersten Landesgesundheitsbehörden
ApoBetrO	Apothekenbetriebsordnung
ArbEG	Arbeitnehmererfindergesetz
Arg.	Argument
Art.	Artikel
ArztR	Arztrecht (Zeitschrift)
ASMK	Arbeits- und Sozialministerkonferenz
AtDeckV	Atomdeckungsvorsorgeverordnung
AtG	Atomgesetz
Aufl.	Auflage
AusR	Der Arzt und sein Recht (Zeitschrift)
AWMF	Arbeitsgemeinschaft der Wissenschaftlichen Medizinischen Fachgesellschaften
Az.	Aktenzeichen
BÄO	Bundesärzteordnung
BAH	Bundesverband der Arzneimittel Hersteller e. V.

BAM	Bundesanstalt für Materialwirtschaft
BAnz.	Bundesanzeiger
BArBl.	Bundesarbeitsblatt
BAT	Bundesangestelltentarifvertrag
BB	Betriebs-Berater (Zeitschrift)
BBG	Bundesbeamtengesetz
Bd.	Band
BDI	Bundesverband der Deutschen Industrie
BDSG	Bundesdatenschutzgesetz
Bek.	Bekanntmachung
Beschl.	Beschluss
betr.	betreffend
BfArM	Bundesinstitut für Arzneimittel und Medizinprodukte
BFH	Bundesfinanzhof
BFHE	Sammlung der Entscheidungen (bis 77.1963: und Gutachten) des Bundesfinanzhofs (55.1952 ff.)
BfS	Bundesamt für Strahlenschutz
BGB	Bürgerliches Gesetzbuch
BGBl.	Bundesgesetzblatt
BGesundBl	Bundesgesundheitsblatt – Gesundheitsforschung – Gesundheitsschutz (Zeitschrift)
BGH	Bundesgerichtshof
BGHZ	Entscheidungen des BGH in Zivilsachen
BIK	Bundesinnungskrankenkasse
BIPMZ	Blatt für Patent-, Muster- und Zeichenwesen
BKK	Betriebskrankenkasse
BKostV-MPG	Medizinprodukte-Kostenverordnung
BKR	Zeitschrift für Bank- und Kapitalmarktrecht (Zeitschrift)
Bl.	Blatt, Blätter
BlPMZ	Blatt für Patent-, Muster- und Zeichenwesen (Zeitschrift)
BMA	Bundesministerium für Arbeit und Soziales
BMÄ	Bewertungsmaßstab Ärzte
BMF	Bundesminister der Finanzen
BMF-Schr.	Schreiben des Bundesministers für Finanzen
BMG	Bundesministerium für Gesundheit
BMGS	Bundesministerium für Gesundheit und Soziale Sicherung
BMI	Bundesministerium des Innern
BMJ	Bundesministerium der Justiz
BMV-Ä	Bundesmantelvertrag Ärzte
BMVBW	Bundesministerium für Verkehr-, Bau- und Wohnungswesen
BMWA	Bundesministerium für Wirtschaft und Arbeit
BMWi	Bundesministerium für Wirtschaft und Technologie
BPflV	Bundespflegesatzverordnung
BPI	Bundesverband der Pharmazeutischen Industrie
BR-Drs.	Bundesratsdrucksache
BRRG	Beamtenrechtsrahmengesetz
BSE	bovine spongiforme Enzephalopathie
BSG	Bundessozialgericht
BSGE	Amtliche Sammlung der Entscheidungen des Bundessozialgerichts
BSHG	Bundessozialhilfegesetz
BStBl.	Bundessteuerblatt
BT-Drs.	Bundestagsdrucksache
BUB	Bewertung ärztlicher Untersuchungs- und Behandlungsmethoden
BVerfG	Bundesverfassungsgericht
bvhc	bundesverband homecare e. V.
BVMed	Bundesverband Medizintechnologie e. V. (früher: Bundesfachverband Medizinprodukteindustrie e. V.)
BW	Baden-Württemberg
bzw.	beziehungsweise

CAB .... Conformity Assessment Bodies/Konformitätsbewertungstelle
CEN .... Comité Européen de Normalisation
CENELEC .... Comité Européen de Normalisation Electrotechnique
CERTIF .... CERTIF-Dokumente (Arbeitsdokumente der Gruppe der für die
    Normung zuständigen hohen Beamten unter Vorsitz der Europäischen
    Kommission)
CMAJ .... Canadian Medical Association Journal (Zeitschrift)
CRF .... Case Report Form
CRO .... Contract Research Organisation

DA .... Designating Authority („Benennende Behörde")
DACH .... Deutsche Akkreditierungsstelle Chemie GmbH
DÄBl. .... Deutsches Ärzteblatt (Zeitschrift)
DAP .... Deutsches Akkreditierungssystem Prüfwesen GmbH
DAR .... Deutscher AkkreditierungsRat
DAZ .... Deutsche Apotheker Zeitung (Zeitschrift)
DB .... Der Betrieb (Zeitschrift)
ders. .... derselbe
DGMR .... Deutsche Gesellschaft für Medizinrecht e. V.
d. h. .... das heißt
DiätVO .... Diätverordnung
dies. .... dieselbe
DIHT .... Deutscher Industrie- und Handelstag
DIMDI .... Deutsches Institut für Medizinische Dokumentation und Information
DIN .... Deutsches Institut für Normung e. V.
DIN-Mitt. .... DIN-Mitteilung
DIV .... Deutsches Institut für Medizinische Dokumentation und Information
DIV-E .... Verordnung über das datenbankgestützte Informationssystem über
    Medizinprodukte des Deutschen Instituts für Medizinische Dokumentation
    und Information
DKE .... Deutsche Elektrotechnische Kommission im DIN und VDE
DKG .... Deutsche Krankenhausgesellschaft
dlf .... Deutsche Latexforschungsgemeinschaft
DMF .... Device Master File
DMRL .... Drittmittelrichtlinien
DRGs .... Diagnosis Related Groups
DStR .... Deutsches Steuerrecht (Zeitschrift)
DStRE .... Deutsches Steuerrecht Entscheidungsdienst (Zeitschrift)
DStZ .... Deutsche Steuer-Zeitung (Zeitschrift)
DVBl. .... Deutsches Verwaltungsblatt (Zeitschrift)

EAG .... Europäische Atomgemeinschaft
EBM .... Einheitlicher Bewertungsmaßstab
ECRI .... Emergency Care Research Institute
EDMA .... European Diagnostic Manufacturers Association
EEA .... Einheitliche Europäische Akte
EFG .... Expertenfachgruppen
EFG .... Entscheidungen der Finanzgerichte (Zeitschrift)
EFTA .... European Free Trade Association (Europäische Freihandelsassoziation)
EG .... Europäische Gemeinschaften; Vertrag zur Gründung der Europäischen
    Gemeinschaft (EG-Vertrag)
EGBGB .... Einführungsgesetz zum Bürgerlichen Gesetzbuch
EGKS .... Europäische Gemeinschaft für Kohle und Stahl, („Montanunion")
E-GO .... Ersatzkassen-Gebührenordnung
EGV .... EG-Vertrag
EichG .... Gesetz über das Mess- und Eichwesen
Einl. .... Einleitung
EK .... Ethikkommission
EK-Med .... Erfahrungsaustauschkreise akkreditierter Stellen bei der ZLG

EKV	Bundesmantelvertrag – Ärzte/Ersatzkassen
EMC	Electromagnetic Compatibility (elektromagnetische Verträglichkeit)
EMRK	Europäische Menschenrechtskommission
EN	Europäische Norm
endg.	endgültig
EPA	Europäisches Patentamt
EPOR	European Patent Office Reports
EPÜ	Europäisches Patentübereinkommen
EStDV	Einkommensteuer-Durchführungsverordnung
EStG	Einkommensteuergesetz
EStR	Einkommensteuer-Richtlinien
etc.	et cetera
ETSI	European Telecommunications Standards Institute
EU	Europäische Union
EUCOMED	The European Medical Technology Industry Association
EUDAMED	European Database on Medical Device
EuG	Gericht erster Instanz der Europäischen Gemeinschaften
EuGH	Gerichtshof der Europäischen Gemeinschaften
EuGVVO	Verordnung über die gerichtliche Zuständigkeit und die Anerkennung und Vollstreckung von Entscheidungen in Zivil- und Handelssachen
EuGVÜ	Europäisches Gerichtsstandsübereinkommen
EUV	Vertrag über die Europäische Union („Maastricht-Vertrag")
EUZBLG	Gesetz über die Zusammenarbeit von Bund und Ländern in Angelegenheiten der Europäischen Union
e. V.	eingetragener Verein
EWG	Europäische Wirtschaftsgemeinschaft
EWiR	Entscheidungen zum Wirtschaftsrecht (Zeitschrift)
EWR	Europäischer Wirtschaftsraum
f.	folgende
FBAG	Festbetragsanpassungsgesetz
FBLL	Fachbereich Leistungsrecht für Leistungserbringer
FDA	Food and Drug Administration
F&E	Forschung und Entwicklung
ff.	fortfolgende
FG	Finanzgericht
FGG	Gesetz über die Angelegenheiten der freiwilligen Gerichtsbarkeit
FKVO	Fusionskontrollverordnung
FR	Finanz-Rundschau (Zeitschrift)
GASP	Gemeinsame Außen- und Sicherheitspolitik
GCP	Good Clinical Practice
gem.	gemäß
GemSOBG	Gemeinsamer Senat der obersten Bundesgerichte
ggf.	gegebenenfalls
GHTF	Global Harmonization Task Force
GKV	Gesetzliche Krankenversicherung
GKV-NOG1	Erstes Gesetz zur Neuordnung der Selbstverwaltung und Eigenverantwortung in der gesetzlichen Krankenversicherung
GKV-NOG2	Zweites Gesetz zur Neuordnung der Selbstverwaltung und Eigenverantwortung in der gesetzlichen Krankenversicherung
GKV-SolG	Gesetz zur Stärkung der Solidarität in der gesetzlichen Krankenversicherung
GLP	Good Laboratory Practice
GmbH	Gesellschaft mit beschränkter Haftung
GmbHG	Gesetz betreffend die Gesellschaften mit beschränkter Haftung
GMDN	Global Medical Device Nomenclature
GMK	Gesundheitsministerkonferenz
GMP	Good Manufacturing Practice
GOÄ	Gebührenordnung für Ärzte

GOZ	Gebührenordnung für Zahnärzte
GPÜ	Gemeinschaftspatentübereinkommen
GRG	Gesetz zur Strukturreform im Gesundheitswesen
GrS	Großer Senat
GRUR	Gewerblicher Rechtsschutz und Urheberrecht (Zeitschrift)
GS	„geprüfte Sicherheit"
GSG	Gesundheitsstrukturgesetz
GVO	Gruppenfreistellungsverordnung
GWB	Gesetz gegen Wettbewerbsbeschränkungen
GWG	geringwertige Wirtschaftsgüter
HAK	Horizontale Arbeitskomitees
HansOLG	Hanseatisches Oberlandesgericht
HF	Hochfrequenz
HFR	Höchstrichterliche Finanzrechtsprechung (Zeitschrift)
HGB	Handelsgesetzbuch
HRG	Hochschulrahmengesetz
Hrsg.	Herausgeber
Hs.	Halbsatz
HS	Hygienische Sicherheit
HVM	Honorarverteilungsmaßstab
HWG	Gesetz über die Werbung auf dem Gebiete des Heilwesens
IDE	Investigational-Device-Exemption
i. d. F.	in der Fassung
i. d. R.	in der Regel
IHK	Industrie- und Handelskammer
IKK	Innungskrankenkassen
IND	Investigational New Drug Application
IntPatÜG	Internationales Patentübereinkommen
IPO	Initial Public Offering
IPR	Internationales Privatrecht
IRR	Internal Rate of Return (interner Zinsfuß)
i. S. d.	im Sinne des
ISO	International Organisation for Standardization
i. S. v.	im Sinne von
IVD	In vitro Diagnostic Medical Device/In-vitro-Diagnostikum
IVDD	In vitro Diagnostic Medical Devices Directive
i. V. m.	in Verbindung mit
IZ	Internationale Zuständigkeit
IZPR	Internationales Zivilprozessrecht
JZ	Juristen Zeitung (Zeitschrift)
Kap.	Kapitel
KassKomm	Kasseler Kommentar
KBV	Kassenärztliche Bundesvereinigung
KG	Kammergericht
KG	Kommanditgesellschaft
KHG	Krankenhausfinanzierungsgesetz
KK OWiG	Karlsruher Kommentar zum Gesetz über Ordnungswidrigkeiten
KMA	Krankenhaus Management Aktuell (Zeitschrift)
KMU	Kleine und mittlere Unternehmen
KorrBekG	Korruptionsbekämpfungsgesetz
KOGB	Koordinierungsgruppe „Gesetzlich Geregelter Bereich"
KStG	Körperschaftsteuergesetz
KStR	Körperschaftsteuer-Richtlinien
KV	Kassenärztliche Vereinigung
KVKG	Krankenversicherungs-Kostendämpfungsgesetz

LASI	Länderausschuss für Arbeitsschutz und Sicherheitstechnik
LB	Landesbehörde
LBO	Leveraged Buy-Out
LG	Landgericht
LK	Leipziger Kommentar zum Strafgesetzbuch
LKK	Landwirtschaftliche Krankenkassen
LMBG	Lebensmittel- und Bedarfsgegenständegesetz
LMuR	Lebensmittel und Recht (Zeitschrift)
LoI	Letter of Intent
LSG	Landessozialgericht
M & A	Mergers & Acquisitions Review (Zeitschrift)
MBl.	Ministerialblatt
MBl. NRW	Ministerialblatt des Landes NRW
MBI	Management Buy-In
MBKK	Musterbedingungen für die Krankenkosten- und Krankenhaustagegeld-versicherung
MBO	Management Buy-Out
MBO-Ä	Musterberufsordnung für die Deutschen Ärztinnen und Ärzte
MDA	Medical Device Agency
MDD	Medical Devices Directive
MDEG	Medical Devices Experts Group
MDK	Medizinischer Dienst der Krankenkassen
MDS	Medizinischer Dienst der Spitzenverbände der Krankenkassen e. V.
MDT	Medical Device Technology (Zeitschrift)
MEDDEV	Medical Devices Information
MedGV	Medizingeräteverordnung
MedR	Medizinrecht (Zeitschrift)
MeSH	Medical Subject Headings
MFJFG	Ministerium für Frauen, Jugend, Familie und Gesundheit
Mitt.	Mitteilungen der deutschen Patentanwälte
MOU	Memorandum of Understanding
MP	Medizinprodukt(e)
MPBetreibV	Verordnung über das Errichten, Betreiben und Anwenden von Medizinprodukten (Medizinprodukte-Betreiberverordnung)
MPG	Medizinproduktegesetz
MPG-ÄndG	Gesetz zur Änderung des Medizinproduktegesetzes
MPJ	Medizinprodukte Journal (Zeitschrift)
MPR	MedizinProdukte Recht (Zeitschrift)
MPSV	Medizinprodukte-Sicherheitsplanverordnung
MPV	Verordnung über Medizinprodukte (Medizinprodukte-Verordnung)
MPVerschrV	Verordnung über die Verschreibungspflicht von Medizinprodukten
MPVertrV	Verordnung über Vertriebswege für Medizinprodukte
MRAs	Mutual Recognition Agreements
MTK	Messtechnische Kontrolle
MUNLV	Ministerium für Umwelt, Naturschutz, Landwirtschaft und Verbraucherschutz
m. w. N.	mit weiteren Nachweisen
NA	Normenausschuss
NA MED	Normenausschuss Medizin
NA Dent	Normenausschuss Dental
NA FuO	Normenausschuss Feinmechanik und Optik
NB-MED	European Co-ordination of Notified Bodies Medical Devices
NBOG	Notified Bodies Operations Group
NBRG	NB-MED Recommendations Group
ND	Nutzungsdauer
n. F.	neue Fassung
NF	Norm française (Französische Norm)

NJW	Neue Juristische Wochenschrift (Zeitschrift)
Nr.	Nummer(n)
NRW	Nordrhein-Westfalen
NStZ	Neue Zeitschrift für Strafrecht (Zeitschrift)
NUB	neue Untersuchungs- und Belastungsuntersuchungen
n. v.	nicht verfügbar
NVwZ	Neue Zeitschrift für Verwaltungsrecht (Zeitschrift)
NZG	Neue Zeitschrift für Gesellschaftsrecht (Zeitschrift)
NZS	Neue Zeitschrift für Sozialrecht (Zeitschrift)
o. Ä.	oder Ähnliches
OEM	Original Equipment Manufacturer
öPatG	Österreichisches Patentgesetz
o. g.	oben genannt
OFD	Oberfinanzdirektion
OHG	Offene Handelsgesellschaft
OLG	Oberlandesgericht
OVG	Oberverwaltungsgericht
OWiG	Gesetz über Ordnungswidrigkeiten
PASS	Post-authorisation Safety Study
PatG	Patentgesetz
PCT	Patent Cooperation Treaty (Patentzusammenarbeitsvertrag)
PECAs	Protocols on European Conformity Assessment
PEI	Paul-Ehrlich-Institut
Pharm.Ind.	Pharmazeutische Industrie (Zeitschrift)
PharmaR	Pharma Recht (Zeitschrift)
PharmBetrVO	Betriebsverordnung für pharmazeutische Unternehmer
PJZS	Polizeiliche und justizielle Zusammenarbeit in Strafsachen
PKV	Private Krankenversicherung
PMS	Postmarket Surveillance Studies
ProdhaftG	Produkthaftungsgesetz
ProdSG	Produktsicherheitsgesetz
PS	Pflegesatz
PsychKG	Gesetz über Hilfen für psychisch Kranke und Schutzmaßnahmen
PTB	Physikalisch-Technische Bundesanstalt
PV	Pflegeversicherung
pVV	positive Vertragsverletzung
QA	Quality Assurance (Qualitätssicherung)
QC	Qualitätskontrolle
QM (S)	Qualitätsmanagement (-system)
Q-med	Qualitätsmanagement in Klinik und Praxis (Zeitschrift)
QS (S)	Qualitätssicherheit/Qualitätssicherung (-system)
RAF	Regulatory Affairs Focus (Zeitschrift)
RAJ	Regulatory Affairs Journal (Zeitschrift)
RAPS	Regulatory Affairs Professionals Society
Rdnr.	Randnummer(n)
RegTP	Regulierungsbehörde für Telekommunikation und Post
RKI	Robert Koch-Institut
RPG	Recht und Politik im Gesundheitswesen (Zeitschrift)
RSA	Risikostrukturausgleich
RVO	Reichsversicherungsordnung
S.	Satz, Seite
s.	siehe
SCCNFP	Scientific Committee on Cosmetic Products and Non-food Products intended for the Consumer

Schr.	Schreiben
SDV	Source Data Verification
SG	Sozialgericht
SGb	Die Sozialgerichtsbarkeit (Zeitschrift)
SGB	Sozialgesetzbuch
SGG	Sozialgerichtsgesetz
SK	Sektorkomitee
Slg.	Sammlung
SN	Seriennummer
sog.	sogenannte/r/s
SOGS	Senior Officials Group on Standardization
SolG	Solidaritätsstärkungsgesetz
SOP	Standard Operating Procedures
SozR	Sozialrecht
SSB	Sprechstundenbedarf
StBp	die steuerliche Betriebsprüfung: steuerliche Außenprüfung (Zeitschrift)
SteVAG	Steuervergünstigungsabbaugesetz
StGB	Strafgesetzbuch
STK	Sicherheitstechnische Kontrolle
StPO	Strafprozessordnung
str.	streitig
StrlSchV	Strahlenschutzverordnung
st.Rspr.	ständige Rechtsprechung
StV	Strafverteidiger (Zeitschrift)
s. u.	siehe unten
Suppl.	Supplement
TC	Technical Comittee (Technisches Komitee)
TGA	Therapeutic Goods Administration (australische Zulassungs-, Lizenzierungs- und Überwachungsbehörde)
TGA	Trägergemeinschaft für Akkreditierung GmbH
TRIPS	Agreement on Trade Related Aspects of Intellectual Property
TSE	transmissible spongiforme Enzephalitis
TÜV	Technischer Überwachungsverein
Tz.	Textzahl
u.	und
u. a.	unter anderem
UA	Unterausschuss
u.Ä.	und Ähnliches
UG	Universitätsgesetz
UG BW	Universitätsgesetz des Landes Baden-Württemberg
UG NW	Universitätsgesetz des Landes Nordrhein-Westfalen
UMDNS	Universal Nomenclature System
UR	Umsatzsteuer-Rundschau (Zeitschrift)
Urt.	Urteil
UStG	Umsatzsteuergesetz
usw.	und so weiter
u. U.	unter Umständen
UWG	Gesetz gegen den unlauteren Wettbewerb
v.	vom
VdAK	Verband der Angestellten-Krankenkassen e. V.
VDE	Verband der Elektrotechnik, Elektronik und Informationstechnik e. V.
VDGH	Verband der Diagnostica-Industrie e. V.
VdTÜV	Verband der Technischen Überwachungsvereine e. V.
VerwaltungsA	Verwaltungsarchiv (Zeitschrift)
VFA	Verband Forschender Arzneimittelhersteller e. V.
VG	Verwaltungsgericht

Abkürzungsverzeichnis

VGH	Verwaltungsgerichtshof
vgl.	vergleiche
VOL	Verdingungsordnung für Leistungen
Vorb.	Vorbemerkung
vorm.	vormals
VSSR	Vierteljahresschrift für Sozialrecht (Zeitschrift)
VVG	Versicherungsvertragsgesetz
VwGO	Verwaltungsgerichtsordnung
VwV	Verwaltungsvorschrift
VwVfG	Verwaltungsverfahrensgesetz
WiB	Wirtschaftsrechtliche Beratung (Zeitschrift)
WissR	Wissenschaftsrecht (Zeitschrift)
WM	Wertpapiermitteilungen (Zeitschrift)
WpÜG	Wertpapiererwerbs- und Übernahmegesetz
WTO	World Trade Organization (Welthandelsorganisation)
WuW	Wirtschaft und Wettbewerb (Zeitschrift)
WuW/E	WuW-Entscheidungssammlung zum Kartellrecht
ZaeF	Zeitschrift für ärztliche Fortbildung (Zeitschrift)
ZaeFQ	Zeitschrift für ärztliche Fortbildung und Qualitätssicherung (Zeitschrift)
z.B.	zum Beispiel
ZBR	Zeitschrift für Beamtenrecht (Zeitschrift)
Z Gastroenterol	Zeitschrift für Gastroenterologie (Zeitschrift)
ZHR	Zeitschrift für das gesamte Handelsrecht und Wirtschaftsrecht (Zeitschrift)
Ziff.	Ziffer
ZIP	Zeitschrift für Wirtschaftsrecht (Zeitschrift)
ZLG	Zentralstelle der Länder für Gesundheitsschutz bei Arzneimitteln und Medizinprodukten
ZLS	Zentralstelle der Länder für Sicherheitstechnik
ZPO	Zivilprozessordnung
ZRP	Zeitschrift für Rechtspolitik (Zeitschrift)
z.T.	zum Teil
ZVEI	Zentralverband Elektrotechnik- und Elektronikindustrie e.V.
zzt.	zurzeit

Teil I

**Medizinprodukterechtliche Aspekte –
europarechtliche Rahmenbedingungen
und deutsches Medizinprodukterecht**

§ 1 Europarechtliche Rahmenbedingungen

von *Peter Dieners* und *Claudia Lützeler*

Übersicht

Literatur: *Besen/Dieners,* Medical Device Compliance, in: Regulatory Affairs Professionals Society – RAPS (Hrsg.), Fundamentals of EU Regulatory Affairs, Rockville 2002, S. 75; *Besen/Dieners,* Medical Device Marketing Authorization, in: Regulatory Affairs Professionals Society – RAPS (Hrsg.), Fundamentals of EU Regulatory Affairs, Rockville 2002, S. 67; *Brown,* Human Tissue Regulation, in: Regulatory Affairs Professionals Society – RAPS (Hrsg.), Fundamentals of EU Regulatory Affairs, Rockville 2002, S. 111; *Busch,* History of the European Union Regulation of Healthcare Pruducts, in: Regulatory Affairs Professionals Society – RAPS (Hrsg.), Fundamentals of EU Regulatory Affairs, Rockville 2002, S. 1; *Clarke,* Australia's New Medical Device Regulatory System, in: Cooper (Hrsg.), Business Briefing: Medical Device Manufacturing & Technology 2000, London 2000, S. 50; *Deutsch/Lippert/Ratzel,* Medizinproduktegesetz (MPG), Köln u. a. 2002; *Dieners,* Medical Devices Incorporating Medical Substances of Human Origin in the European Union, RAF 5/1999, 33; *Dieners,* Recent Developments, in: European Regulatory Affairs, RAF 7/2000, 28; *Dieners,* Die Vorschläge zur Änderung der Richtlinie 93/42/EWG über Medizinprodukte, PharmaR 1999, 126; *Dieners/Sonnenschein/Köhler,* Tissue Engineering: Rechtliche Grundlagen und neue Entwicklungen, PharmaR 2002, 325; *Evers,* European Regulatory Environment for Medical Devices, London 1998; *Fonseca,* Trend Towards Harmonisation: US-EU Efforts for a Global Medical Device Market, in: Cooper (Hrsg.), Business Briefing: Medical Device Manufacturing & Technology 2000, London, 2000, S. 25; *Freeman,* European and International Standardisation and its Role in Supporting the

Regulatory Needs in the Field of Medical Devices, in: Cooper (Hrsg.), Business Briefing: Medical Device Manufacturing & Technology 2000, London 2000, S. 30; *Geiger,* EUV, EGV: Vertrag über die Europäische Union und Vertrag zur Gründung der Europäischen Gemeinschaft, 3. Aufl., München 2000; *Hill/Schmitt,* Wiesbadener Kommentar zum Medizinproduktegesetz, Wiesbaden 1995 (Stand: 3/2002); *Hiltl,* Handeln Benannte Stellen nach dem MPG öffentlich-rechtlich oder privatrechtlich?, PharmaR 1997, 408; *Hoegen/Waller,* Medicinal Products Manufactured from Human Blood or Plasma, in: Regulatory Affairs Professionals Society – RAPS (Hrsg.), Fundamentals of EU Regulatory Affairs, Rockville 2002, S. 103; *Jescheck,* Umsetzung der EG-Richtlinie über MP in nationales Recht, PharmaR 1999, 102; *Kelly,* Global Standardisation and Harmonisation in the In Vitro Diagnostic and Medical Testing Field, in: Cooper (Hrsg.), Business Briefing: Medical Device Manufacturing & Technology 2000, London 2000, S. 38; *Koudelka,* Medical Device Regulatory Procedures in the Czech Republic, RAJ 2001, 283; *Murray,* The Canadian Medical Devices Business Environment, in: Cooper (Hrsg.), Business Briefing: Medical Device Manufacturing & Technology 2000, London 2000, S. 65; *Sander/Peter,* Zur innerstaatlichen Rechtsverbindlichkeit von Richtlinien des Rates und von EU-Empfehlungen, Pharm.Ind. 1999, 695; *Schorn,* EG-Richtlinie über In-vitro-Diagnostika, in: Winter/Fenger/Schreiber, Genmedizin und Recht, München 2001, S. 93; *Schorn,* Das Medizinprodukterecht, in: von Eiff u.a. (Hrsg.), Der Krankenhausmanager, Berlin 2002, Teil 12.02; *Schorn,* Medizinprodukte-Recht, Stuttgart 1999 (Stand: 6/2001); *Schorn,* Neue EG-Richtlinie über Kombination von Medizinprodukten mit Blutprodukten, MPJ 2000, 21; *Schulze,* Overview of National Health Authorities in the European Union in: Regulatory Affairs Professionals Society – RAPS (Hrsg.), Fundamentals of EU Regulatory Affairs, Rockville 2002, S. 9; *Spencer,* Introduction to the In Vitro Diagnostics Directive, in: Cooper (Hrsg.), Business Briefing: Medical Device Manufacturing & Technology 2000, London 2000, S. 79; *Stara,* Regulatory Harmonisation for Medical Devices between CEE and the EU: A view from the Slovak Republic, RAJ 2002, 1; *Steg/Whitelegg,* EU-policy approaches to remove technical barriers, in: IPTS, The Impact of Single Market Regualtion on Innovation: Regulatory Reform and Experiences of Firms in the Medical Device Industry, Sevilla 2000; *Wachenhausen,* Rechtliche Voraussetzungen für klinische Prüfungen, MPJ 2002, 80.

Internetadressen (Stand: 10/2002):

EDMA (European Diagnostic Manufacturers Association)
  http://www.edma-ivd.be/edma_fr01.htm
Eucomed (European Medical Technology Industry Association)
  http://www.eucomed.be
EUR-Lex (Sammlung von EU-Rechtstexten)
  http://europa.eu.int/eur-lex/de/search/search_lif.html
Europäische Kommission (DG Unternehmen)
  http://europa.eu.int/comm/dgs/enterprise/index_en.htm
Medizintechnikportal.de (Sammlung von medizinprodukterechtlichen Rechtstexten)
  http://www.medizintechnikportal.de/home.htm

A. Einleitung

1   Die Verwirklichung eines Binnenmarktes, in dem der **freie Verkehr von Waren, Personen, Dienstleistungen und Kapital** gewährleistet ist, zählt zu den wichtigsten Zielen der Europäischen Gemeinschaft. Durch die Einheitliche Europäische Akte (EEA) wurde am 1. 7. 1987 ein Gesetzgebungsauftrag in den Vertrag über die Europäische Wirtschaftsgemeinschaft (EWG) eingefügt. Danach war die Gemeinschaft verpflichtet, die erforderlichen Maßnahmen zu treffen, um bis zum 31. 12. 1992 den Binnenmarkt schrittweise zu verwirklichen. Der europäische Binnenmarkt trat am 1. 1. 1993 in Kraft. Damit war und ist die Aufgabe seiner Verwirklichung jedoch nicht abgeschlossen. Noch immer bestehen zahlreiche Unterschiede der nationalen Rechtsordnungen, die die Freiheit des Warenverkehrs beeinträchtigen. Zu den Kernaufgaben der Gemeinschaft gehört daher die Angleichung der mitgliedstaatlichen Rechtsvorschriften, soweit dies für das Funktionieren des Gemeinsamen Marktes erforderlich ist (Art. 3 lit. h) EG).

Auf dem Gebiet des Medizinprodukterechts ist dieser Prozess der Rechtsangleichung **2** bereits weit fortgeschritten. Das nationale Medizinprodukterecht der Mitgliedstaaten[1] ist in weitem Maße **durch europarechtliche Regelungen bestimmt und vereinheitlicht.** Der Rat der Europäischen Gemeinschaften hat im Wesentlichen drei Richtlinien erlassen, die die Rahmenbedingungen für das Inverkehrbringen von Medizinprodukten zum Gegenstand haben. Es handelt sich dabei um:

– die **Richtlinie 90/385/EWG** des Rates vom 20. 6. 1990 zur Angleichung der Rechtsvorschriften der Mitgliedstaaten über **aktive implantierbare medizinische Geräte**[2] (AIMDD),

– die **Richtlinie 93/42/EWG** des Rates vom 14. 6. 1993 über **Medizinprodukte**[3] (MDD) und

– die **Richtlinie 98/79/EG** des Europäischen Parlaments und des Rates vom 27. 10. 1998 über **In-vitro-Diagnostika**[4] (IVDD).

B. Allgemeine europarechtliche Rahmenbedingungen

I. Historische Hintergründe

Im Jahr 1950 legte der französische Außenminister *Robert Schuman* den sog. Schuman- **3** Plan vor. Der Schuman-Plan, der auf der Grundlage eines Konzepts des Franzosen *Jean Monnet* entstanden war, zielte darauf ab, die Nutzung der Kohle- und Stahlvorkommen Frankreichs und Westdeutschlands unter der Aufsicht einer einzigen Organisation zu koordinieren. Auf dieser Grundlage wurde am 18. 4. 1951 in Paris die **Europäische Gemeinschaft für Kohle und Stahl (EGKS, „Montanunion")** gegründet **(„Pariser Vertrag").** Diese Entwicklung wurde fortgesetzt durch die Verträge über die **Europäische Wirtschaftsgemeinschaft (EWG)** und die **Europäische Atomgemeinschaft (EAG),** die am 25. 3. 1957 in Rom unterzeichnet wurden **(„Römische Verträge")** und am 1. 1. 1958 in Kraft getreten sind. Vertragsstaaten waren ursprünglich Deutschland, Frankreich, Italien und die Benelux-Staaten. Ihnen sind zwischenzeitlich Großbritannien, Irland und Dänemark (1973), Griechenland (1981), Spanien und Portugal (1986), Schweden, Finnland und Österreich (1995) gefolgt. Die Bevölkerung Norwegens lehnte im Jahr 1994 einen Beitritt im Wege eines Volksentscheids ab.

Die Gründungsverträge wurden in der Folgezeit immer wieder durch neue Verträge ge- **4** ändert und ergänzt. So wurden durch den **„Fusionsvertrag"** vom 8. 4. 1965 die Organe

---

[1] Zu Grundlagen und Systematik des deutschen Medizinprodukterechts vgl. den Beitrag von *Anhalt/Dieners* in diesem Handbuch (§ 2); zur Rechtslage vor Inkrafttreten des Zweiten Gesetzes zur Änderung des Medizinproduktegesetzes (2. MPG-ÄndG) v. 13. 12. 2001 vgl. *Schorn,* Das Medizinprodukterecht, S. 1 ff.

[2] ABl. EG Nr. L 189 v. 20. 7. 1990, S. 17, zuletzt geändert durch Art. 9 der Richtlinie 93/68/ EWG des Rates v. 22. 7. 1993 (ABl. EG Nr. L 220 v. 30. 8. 1993, S. 1); zur Umsetzung der Richtlinie in deutsches Recht vgl. den Beitrag von *Wilke* in diesem Handbuch (§ 17 Rdnr. 2 f.).

[3] ABl. EG Nr. L 169 v. 12. 7. 1993, S. 1, zuletzt geändert durch Art. 1 der Richtlinie 2001/104/ EG des Europäischen Parlaments und des Rates v. 7. 12. 2001 zur Änderung der Richtlinie des Rates über Medizinprodukte hinsichtlich Medizinprodukten, die Derivate aus menschlichem Blut oder Blutplasma enthalten (ABl. EG Nr. L 6 v. 10. 1. 2002, S. 50). Zur Umsetzung der Richtlinie 93/42/EWG in deutsches Recht s. *Jescheck,* PharmaR 1999, 102 ff. Zur Richtlinie 2001/104/EG s. *Schorn,* MPJ 2000, 21 ff., *Dieners,* PharmaR 1999, 126 ff. u. RAF 5/1999, 33 ff. u. *Hoegen/Waller,* S. 103 ff. Zu Rechtsfragen im Hinblick auf die Behandlung von Tissue Engineering Produkten vgl. *Dieners/Sonnenschein/Köhler,* PharmaR 2002, 325 ff. u. *Brown,* S. 111 ff.

[4] ABl. EG Nr. L 331 v. 7. 12. 1998, S. 1; dazu *Schorn,* EG-Richtlinie, S. 93 ff.; *Spencer,* S. 79 f.; zur Umsetzung der Richtlinie in deutsches Recht vgl. den Beitrag von *Meyer-Lüerßen* in diesem Handbuch (§ 18 Rdnr. 3 ff.). Hierzu auch *Dieners,* RAF 7/2000, 28 ff.

der – rechtlich selbstständigen – Gemeinschaften (EWG, EAG, EGKS) zu einem gemeinsamen Rat und einer gemeinsamen Kommission zusammengeschlossen. Auf der Grundlage der **Einheitlichen Europäischen Akte (EEA)**, die am 1. 7. 1987 in Kraft trat, wurde die „Verwirklichung eines europäischen Binnenmarktes" als Vertragsziel in den EWG-Vertrag aufgenommen. Der europäische Binnenmarkt trat am 1. 1. 1993 in Kraft.

5   Am 7. 2. 1992 wurde der **„Vertrag über die Europäische Union" (EUV, „Maastricht-Vertrag")** unterzeichnet, der am 1. 11. 1993 in Kraft trat. Die Europäische Union stellt eine neue Stufe der europäischen Integration dar. Sie beruht auf der Grundlage der Europäischen Gemeinschaften, ergänzt durch die Gemeinsame Außen- und Sicherheitspolitik (GASP) sowie die Polizeiliche und Justitielle Zusammenarbeit in Strafsachen (PJZS). Der EU-Vertrag und die Gründungsverträge der Gemeinschaften stehen insoweit selbstständig nebeneinander. Der EU-Vertrag enthält auch wesentliche Änderungen der Gründungsverträge, insbesondere des EWG-Vertrags, der in „EG-Vertrag" umbenannt wurde. Durch den EU-Vertrag wurden die Aufgaben und die Ziele der Gemeinschaft auf die Verwirklichung einer „Wirtschafts- und Währungsunion" sowie auf die Einführung einer „Unionsbürgerschaft" ausgeweitet. Auch wurde die Rolle des Europäischen Parlaments im Rechtsetzungsverfahren gestärkt. Ein weiterer Vertrag, der **„Amsterdamer Vertrag"** vom 2. 10. 1997, führte schließlich zu erneuten wesentlichen Änderungen des EG-Vertrags. Überdies wurden die Artikel des EU-Vertrags und des EG-Vertrags neu nummeriert. Die durch den „Amsterdamer Vertrag" eingeführte Nummerierung ist derzeit verbindlich.

6   Auf einem Vertrag zwischen der EU und ihren Mitgliedstaaten auf der einen Seite und den EFTA-Staaten (ursprünglich Finnland, Island, Norwegen, Österreich, Schweden und Liechtenstein) auf der anderen Seite vom 1. 1. 1994 beruht ferner der **„Europäische Wirtschaftsraum" (EWR).** Ziel des EWR ist es, binnenmarktähnliche Verhältnisse durch Beseitigung von Hemmnissen für den freien Waren-, Dienstleistungs- und Kapitalverkehr und die Freizügigkeit von Personen zu schaffen.

7   Außerdem wurden seit 1991 mit insgesamt zehn mittel- und osteuropäischen Staaten Assoziierungsabkommen geschlossen **(sog. Europa-Abkommen),** die dazu dienen sollen, den Beitritt des jeweiligen Assoziierungsstaates vorzubereiten, ohne dass diesem ein verbindliches Beitrittsrecht eingeräumt wird. Europa-Abkommen bestehen mit Polen, Ungarn, der Slowakei, der Tschechischen Republik, Bulgarien, Rumänien, Estland, Lettland, Litauen und Slowenien. Die Europa-Abkommen sehen im Kern die Errichtung einer bilateralen Freihandelszone durch eine stufenweise Liberalisierung des Handels vor.

II. Organe der Europäischen Gemeinschaft

8   Die Europäische Gemeinschaft hat eine Reihe von Institutionen errichtet, die sich in Organe, Hilfsorgane und sonstige Einrichtungen unterteilen lassen. Die wichtigsten Aufgaben der Gesetzgebung und Verwaltung werden von den Organen der Gemeinschaft wahrgenommen, die in Art. 7 Abs. 1 EG-Vertrag aufgezählt sind.[5] Hierbei handelt es sich um:
– den **Rat,**
– die **Kommission,**
– das **Europäische Parlament,**
– den **Gerichtshof** und
– den **Rechnungshof.**

1. Rat der Europäischen Union (Art. 202 ff. EG)

9   Der Rat ist das **Hauptrechtsetzungsorgan** der Gemeinschaft. Er erlässt Verordnungen, Richtlinien, Entscheidungen und sonstige Rechtsakte nach Maßgabe des EG-

---

[5] Vgl. die Übersicht bei *Evers,* S. 2.

Vertrags (EG). Im Regelfall kann er im Rechtsetzungsverfahren nur auf Initiative („Vorschlag") der Kommission tätig werden. Der Rat kann aber die Kommission auffordern, von ihrem Initiativrecht Gebrauch zu machen und einen Vorschlag zu unterbreiten.

Der Rat besteht aus je einem Vertreter der 15 Mitgliedstaaten auf Ministerebene. Er **10** tritt grundsätzlich jeweils in der Besetzung der Fachminister zusammen, die für den zu regelnden Bereich zuständig sind. Soweit es z.B. um Fragen der Gesundheitspolitik geht, ist er mit den Gesundheitsministern der Mitgliedstaaten besetzt. Der Rat kann auch in der Besetzung der Staats- und Regierungschefs zusammentreten. Die Ratsmitglieder sind im Gegensatz zu den Mitgliedern der Kommission **an die Weisungen der Regierungen der Mitgliedstaaten gebunden.** Die Ratspräsidentschaft wird im sechsmonatlichen Turnus durch die Mitgliedstaaten nacheinander wahrgenommen.

Der Rat entscheidet grundsätzlich mit der Mehrheit seiner Mitglieder („einfache Mehr- **11** heit"). Der Grundsatz der einfachen Mehrheit gilt aber nur, soweit im EG-Vertrag nicht ausdrücklich etwas anderes bestimmt ist. Im Rechtsetzungsverfahren ist hingegen regelmäßig eine **Beschlussfassung des Rates mit „qualifizierter Mehrheit"** angeordnet. Soweit der Vertrag eine Beschlussfassung mit qualifizierter Mehrheit vorsieht, werden die Stimmen der Mitgliedstaaten nach deren Bedeutung (Einwohnerzahl, Wirtschaftskraft) unterschiedlich gewichtet („Pondierung"). In bestimmten Politikbereichen, die für die Mitgliedstaaten von besonderer Bedeutung sind, sehen die Verträge „Einstimmigkeit" bei der Beschlussfassung des Rates vor. Ferner ist Einstimmigkeit stets dann erforderlich, wenn der Rat auf Initiative der Kommission tätig wird, von deren Vorschlag aber abweichen möchte.

Vom „Rat der Europäischen Union" ist der **„Europäische Rat"** nach Art. 4 EUV **12** zu unterscheiden. Der Europäische Rat, der mindestens zweimal jährlich zusammentritt, besteht aus den Staats- und Regierungschefs der Mitgliedstaaten sowie dem Präsidenten der Kommission. Der Europäische Rat ist das politische **Hauptorgan der EU.** Er trifft die grundlegenden politischen Entscheidungen für die Entwicklung der Europäischen Union. Hierzu gehören insbesondere die Grundsatzentscheidungen im Hinblick auf die Gemeinsame Außen- und Sicherheitspolitik (GASP) sowie die Polizeiliche und Justitielle Zusammenarbeit in Strafsachen (PJZS). Er wird auch dann tätig, wenn in einer Angelegenheit auf Ministerebene des Rates der Europäischen Union keine Einigung erzielt werden konnte. Der Europäische Rat darf nicht mit dem **„Europarat"** verwechselt werden, bei dem es sich um eine Staatenkonferenz zum Schutz der Menschenrechte nach der „Europäischen Menschenrechtskonvention" (EMRK) handelt.

2. Kommission (Art. 211 ff. EG)

Die Kommission hat verschiedene Aufgaben. Sie besitzt das **„Initiativrecht"** hin- **13** sichtlich der vom Rat zu erlassenden Rechtsakte, d.h. sie allein hat das Recht, den anderen Institutionen Vorschläge für Verordnungen und Richtlinien vorzulegen. Vor einer Beschlussfassung des Rates kann sie ihren Vorschlag jederzeit ändern, und sie kann ihn auch zurückziehen. Der Rat kann die Kommission auffordern, von ihrem Initiativrecht Gebrauch zu machen und einen Vorschlag zu unterbreiten. Die Kommission **überwacht darüber hinaus die Einhaltung und Anwendung des EG-Vertrags durch die Mitgliedstaaten.** Ist sie der Auffassung, ein Mitgliedstaat habe gegen den Vertrag verstoßen, leitet sie dem Mitgliedstaat zunächst ein Mahnschreiben zu und gibt diesem Gelegenheit zur Stellungnahme. Hält die Kommission danach den von ihr erhobenen Vorwurf auch weiterhin für zutreffend, gibt sie eine „begründete Stellungnahme" ab, in der sie dem Mitgliedstaat eine Frist zur Beendigung des vertragsverletzenden Verhaltens setzt. Nach erfolglosem Ablauf der Frist kann die Kommission Klage beim Europäischen Gerichtshof erheben (sog. Vertragsverletzungsverfahren, Art. 226

EG). Die Kommission nimmt überdies auch **Verwaltungsaufgaben** wahr. Sie wird grundsätzlich zur Durchführung der vom Rat erlassenen Rechtsakte ermächtigt. Darüber hinaus übt sie eine Reihe von Verwaltungsaufgaben aus, die ihr unmittelbar durch den EG-Vertrag übertragen werden. So hat sie beispielsweise eine zentrale Funktion bei der Angleichung der nationalen Rechtsvorschriften nach Art. 95 EG (Rdnr. 37 ff., 41 ff.).

14   Die Kommission besteht aus **20 Mitgliedern.** Ihr muss mindestens ein Staatsangehöriger jedes Mitgliedstaats angehören, jedoch dürfen nicht mehr als zwei Mitglieder der Kommission dieselbe Staatsangehörigkeit besitzen. Im Gegensatz zu den Mitgliedern des Rates sind die Kommissionsmitglieder nicht weisungsgebunden. Sie üben ihre Tätigkeit unabhängig aus und sind allein dem Wohl der Gemeinschaft verpflichtet. Zur Erfüllung ihrer Aufgaben verfügt die Kommission, die etwa 20 000 Mitarbeiter beschäftigt, über **36 Generaldirektionen und Fachdienste.** Jede Generaldirektion wird von einem Generaldirektor geleitet. Die Generaldirektoren unterstehen den Mitgliedern der Kommission, die politisch und fachlich für eine oder mehrere Generaldirektionen verantwortlich sind.

15   Die Herstellung und das Inverkehrbringen von Medizinprodukten fällt in die **Zuständigkeit der Generaldirektion Unternehmen,** die mit Wirkung vom 1. 1. 2000 aus einer Zusammenlegung der beiden früheren Generaldirektionen für kleine und mittlere Unternehmen (KMU) und Industrie sowie der Direktion für Innovation hervorgegangen ist. Innerhalb der Generaldirektion Unternehmen bestehen sieben Direktionen (A bis F), die wiederum in Referate unterteilt sind. Für Medizinprodukte ist das Referat ENTR/ G/4 („Druckeinrichtungen, Medizinprodukte, Messtechnik") der Direktion G („Binnenmarkt: Regulatorisches Umfeld, Normung und Neues Konzept") zuständig.

3. Europäisches Parlament (Art. 189 ff. EG)

16   Die Rolle des Europäischen Parlaments ist mit der Stellung der mitgliedstaatlichen Parlamente nur bedingt vergleichbar. Die Hauptaufgaben der nationalen Parlamente wie **Gesetzgebung, Haushaltskontrolle oder die Wahl der Regierung sind auf europäischer Ebene nicht in vergleichbarer Weise dem Parlament zugeordnet.** Die Rechte des Europäischen Parlaments waren nach der ursprünglichen Fassung der Römischen Verträge auf gewisse Beratungs- und Kontrollbefugnisse beschränkt. Seine Stellung wurde aber im Laufe seiner Geschichte wesentlich gestärkt. Dazu trug zum einen die Einführung allgemeiner unmittelbarer Wahlen der Abgeordneten bei, die erstmals im Jahr 1979 durchgeführt wurden. Außerdem wurden dem Parlament wesentliche Befugnisse etwa im Haushaltsverfahren und im Rechtsetzungsverfahren eingeräumt. Das Europäische Parlament besteht derzeit aus **626 Mitgliedern,** die auf fünf Jahre gewählt werden und unabhängig sind. Die Zahl der von einem Mitgliedstaat entsandten Vertreter bestimmt sich nach dessen Bedeutung (Einwohnerzahl, Wirtschaftskraft).

17   Im Rahmen des Rechtsetzungsverfahrens sieht der EG-Vertrag unterschiedlich weitreichende Beteiligungsrechte des Parlaments vor (Art. 192 EG). Die schwächste Beteiligungsform des Parlaments ist das **Recht zur Abgabe einer Stellungnahme.** In diesem Fall muss dem Parlament Gelegenheit zur Stellungnahme zu den Vorschlägen der Kommission gegeben werden, bevor der Rat einen Beschluss fassen kann. Der Rat ist aber an die Ansicht des Parlaments nicht gebunden. Sofern der Vertrag dagegen das **Verfahren der Zusammenarbeit** nach Art. 252 EG vorschreibt, hat das Parlament die Möglichkeit, einen vom Rat beschlossenen Rechtsakt abzulehnen. Dieser Rechtsakt kann im Falle der Ablehnung nur noch durch einstimmigen Beschluss des Rates zustande kommen. Das Verfahren der Zusammenarbeit nach Art. 252 EG war für die beiden älteren Medizinprodukterichtlinien, d. h. die Richtlinie 90/385/EWG über aktive implantierbare medizinische Geräte und die Richtlinie 93/42/EWG über Medizinprodukte maßgeblich.

Die stärkste Beteiligungsform im Rechtsetzungsprozess ist das **Verfahren der Mitentscheidung** nach Art. 251 EG. Danach besitzt das Parlament ein echtes „parlamentarisches Vetorecht": Gegen seinen Willen kann der entsprechende Rechtsakt nicht zustande kommen. Artikel 251 EG wurde im Jahr 1993 durch den „Maastricht-Vertrag" neu in den EG-Vertrag eingeführt. Das Verfahren der Mitentscheidung findet im Wesentlichen im Rahmen der Rechtsangleichung Anwendung. Es ist daher bei der Richtlinie über In-vitro-Diagnostika, die der Rat im Jahr 1998 erlassen hat, zur Anwendung gekommen.

4. Europäischer Gerichtshof (Art. 220 ff. EG)

Dem Europäischen Gerichtshof **(EuGH)** obliegt die letztverbindliche **Auslegung des gesamten Gemeinschaftsrechts.** Kein mitgliedstaatliches Gericht darf selbstständig die Nichtigkeit eines Gemeinschaftsrechtsakts feststellen. Der Rechtsprechung des EuGH unterliegen sowohl die Gemeinschaftsorgane als auch die Mitgliedstaaten. Der EuGH besteht aus fünfzehn Richtern und acht Generalanwälten, die von den Regierungen der Mitgliedstaaten im gegenseitigen Einvernehmen auf sechs Jahre ernannt werden. Richter und Generalanwälte genießen volle richterliche Unabhängigkeit.

Dem EuGH ist durch die Einheitliche Europäische Akte im Jahr 1987 ein **Gericht erster Instanz (EuG)** beigeordnet worden, das ebenfalls aus fünfzehn Richtern besteht. Das Gericht erster Instanz ist nur für bestimmte Klageverfahren (erstinstanzlich) zuständig, die durch Beschluss des Rates festgelegt worden sind. Es handelt sich dabei insbesondere um Klagen der Bediensteten der Gemeinschaft (Beamtenklagen) sowie um bestimmte Klagen, die von Einzelpersonen oder Unternehmen gegen die Organe der Gemeinschaft gerichtet werden. Nur in diesen Fällen besteht auf Gemeinschaftsebene ein zweistufiger Instanzenweg.

5. Rechnungshof (Art. 246 ff. EG)

Aufgabe des Rechnungshofes ist es, die Ordnungsmäßigkeit und Wirtschaftlichkeit von Einnahmen und Ausgaben der Gemeinschaft zu überprüfen **(„Finanzkontrolle").**

III. Quellen des europäischen Rechts

Die verschiedenen Gründungsverträge der Europäischen Gemeinschaften sind die **ranghöchste Quelle des europäischen Rechts (sog. primäres Gemeinschaftsrecht).** Sie begründen u.a. die Organe und andere Institutionen der Gemeinschaft und deren jeweilige Zuständigkeiten und regeln zudem das Verfahren, in dem Rechtsakte der Gemeinschaft zustande kommen. Die wichtigsten Regelungen finden sich in dem „Vertrag zur Gründung der Europäischen Gemeinschaft" (EG-Vertrag, EG).

Abgeleitetes Gemeinschaftsrecht ist das **von den Organen der Gemeinschaft nach Maßgabe des EG-Vertrags erlassene Recht.** Als Handlungsformen mit rechtlicher Bindungswirkung nennt Art. 249 EG die Verordnung, die Richtlinie und die Entscheidung.[6] Darüber hinaus haben die Organe der Gemeinschaft die Möglichkeit, Empfehlungen auszusprechen und Stellungnahmen abzugeben. Hierbei handelt es sich um unverbindliche Rechtsakte.

1. Verordnung

Verordnungen im europarechtlichen Sinne besitzen **unmittelbare Geltung in jedem Mitgliedstaat.** Sie können sich sowohl an die Mitgliedstaaten selbst als auch an die Gemeinschaftsbürger einschließlich der Unternehmen richten und sind von diesen zu

18

19

20

21

22

23

24

---

[6] Übersicht bei *Evers,* S. 7.

beachten. Sie bedürfen keiner Transformation in das mitgliedstaatliche Recht. Entgegenstehendes nationales Recht tritt insoweit zurück. Verordnungen sind in allen ihren Teilen für die Mitgliedstaaten verbindlich und führen daher ohne weiteres zu einer Rechtsvereinheitlichung auf europäischer Ebene. Von der Möglichkeit der Rechtsvereinheitlichung durch Verordnungsgebung hat der europäische Gesetzgeber beispielsweise auf dem Gebiet des Arzneimittelrechts Gebrauch gemacht, wo er insbesondere die Durchführung des sog. zentralen Zulassungsverfahrens von Arzneimitteln durch Verordnung[7] geregelt hat.

25   Aufgrund ihrer unmittelbaren Geltung ist die Verordnung grundsätzlich mit dem (förmlichen) Gesetz nach deutschem Recht vergleichbar, wenn auch das Rechtsetzungsverfahren, in dem die Verordnung zustande kommt, sich stark von der deutschen Gesetzgebung unterscheidet. Die Verordnung ist dagegen **nicht vergleichbar mit Rechtsverordnungen nach deutschem Recht.** Bei Letzteren handelt es sich nicht um förmliche Gesetze, sondern um Rechtsvorschriften, die nicht vom Gesetzgeber, sondern von der Exekutive auf der Grundlage förmlicher Gesetze erlassen werden. Sie stehen im Rang unter dem förmlichen Gesetz und sind nur zulässig, soweit die Exekutive ausdrücklich durch förmliches Gesetz zum Erlass einer Rechtsverordnung ermächtigt wird.

2. Richtlinie

26   Eine Richtlinie **bedarf grundsätzlich der Transformation in das jeweilige nationale Recht.** Sie ist an die Mitgliedstaaten gerichtet und verpflichtet sie, ihr innerstaatliches Recht an die Gemeinschaftsbestimmungen anzupassen. Die Richtlinie erlangt daher im Regelfall erst auf Grund eines Umsetzungsakts durch die Mitgliedstaaten unmittelbare Verbindlichkeit gegenüber Einzelpersonen oder Unternehmen („zweistufiges Rechtsetzungsverfahren"). Richtlinien enthalten regelmäßig nur allgemeine Zielvorgaben, die durch die Mitgliedstaaten in geeigneter Form in innerstaatliches Recht umzusetzen sind. Die Wahl der Form und der Mittel sind den innerstaatlichen Stellen überlassen. Insofern verbleibt den Mitgliedstaaten bei der Umsetzung der Richtlinien regelmäßig ein **Gestaltungsspielraum, innerhalb dessen den jeweiligen staatlichen Besonderheiten Rechnung getragen werden kann.** Im Unterschied zur Verordnung zielt die Richtlinie nicht vorrangig auf Rechtsvereinheitlichung, sondern auf Rechtsangleichung.

27   Die Mitgliedstaaten sind **verpflichtet, die Richtlinie genau und innerhalb der vorgegebenen Umsetzungsfrist umzusetzen.** Kommt ein Mitgliedstaat seiner Umsetzungspflicht nicht nach, kann die Kommission ein Vertragsverletzungsverfahren nach Art. 226 EG einleiten. Ist die Umsetzungsfrist abgelaufen, ohne dass aber eine Umsetzung der Richtlinie erfolgt ist, können nach der Rechtsprechung des Europäischen Gerichtshofes ausnahmsweise die Bestimmungen der Richtlinie auch unmittelbar anwendbar sein. Voraussetzung ist, dass die Bestimmungen der Richtlinie inhaltlich unbedingt und hinreichend genau sind. In diesem Fall kann sich der Einzelne gegenüber allen innerstaatlichen, nicht richtlinienkonformen Vorschriften auf die Bestimmungen der Richtlinie berufen.[8]

28   Diese Grundsätze sind beispielsweise im Zusammenhang mit **der Richtlinie 98/79/EG (IVDD) zur Anwendung gekommen.** Die IVDD hätte bis zum 7. 12. 1999 in nationales Recht umgesetzt werden müssen. Diese Frist ist jedoch von der Mehrzahl der Mitgliedstaaten nicht eingehalten worden. Auch in Deutschland ist die Umsetzung erst durch das Zweite Gesetz zur Änderung des Medizinproduktegesetzes (2. MPG-

---

[7] Verordnung (EWG) Nr. 2309/93 v. 22. 7. 1993 zur Festlegung von Gemeinschaftsverfahren für die Genehmigung und Überwachung von Human- und Tierarzneimitteln und zur Schaffung einer Europäischen Agentur für die Beurteilung von Arzneimitteln (ABl. EG Nr. L 214 v. 24. 8. 1993, S. 1).

[8] Dazu *Sander/Peter,* Pharm.Ind. 1999, 696.

ÄndG),[9] das am 1. 1. 2002 in Kraft getreten ist, erfolgt. Das Bundesministerium für Gesundheit hat am 28. 6. 2000 in einer Bekanntmachung, die im Bundesanzeiger veröffentlicht worden ist, die betroffenen Kreise darauf aufmerksam gemacht, dass die IVDD bis zu deren Umsetzung durch den Gesetzgeber direkt anwendbar war.[10]

3. Entscheidung

Die Entscheidung richtet sich an **einen oder mehrere individuelle Adressaten**. Da- **29**
bei kann es sich sowohl um natürliche oder juristische Personen als auch um Mitgliedstaaten handeln. Die Entscheidung ist darauf gerichtet, Rechtswirkung zu erzeugen, indem sie dem Adressaten Rechte gewährt oder Pflichten auferlegt.

4. Empfehlung oder Stellungnahme

Empfehlungen und Stellungnahmen sind unverbindliche Rechtsakte. Sie haben aber in **30**
vielen Fällen erhebliche faktische Bedeutung für die Auslegung und Anwendung der Richtlinien. Um Empfehlungen in diesem Sinne handelt es sich insbesondere bei den verschiedenen Leitlinien („Guidance documents"), die von der Kommission als sog. **MEDDEV-Dokumente**[11] veröffentlicht worden sind. Sie beziehen sich auf die Medizinprodukterichtlinien und enthalten Definitionen, Erläuterungen und Beispiele, die eine einheitliche Auslegung der Richtlinien herbeiführen sollen (s. Übersicht in Abb. 1). Die MEDDEV-Dokumente werden von der **Medical Devices Experts Group (MDEG)**, einer Arbeitsgruppe der Kommission, an der neben Vertretern der Kommission selbst auch Vertreter der zuständigen Behörden, der Benannten Stellen, der Industrie und anderer Kreise beteiligt sind, beraten und auf deren Vorschlag von der Kommission veröffentlicht.[12]

Titel	MEDDEV (ref. nr.)	Date/Rev
1. Council Directives on Medical Devices – Council Directive 90/385/EEC on active implantable medical devices (AIMD) (text informally consolidated) – OJ L189 of July 20, 1990 – Council Directive 93/42/EEC on medical devices (MDD) – OJ L169 of July 12, 1993 Council Directive 98/79/EEC on in vitro diagnostic medical devices (IVD) – OJ L331 of December 7, 1998	1.1 1.2 1.3	
2. Guidance Documents – Publications 2.1 Scope, field of application, definitions: – Definitions of „medical devices", „accessory" and „manufacturer" – Field of application of directive „active implantable medical devices" – Treatment of computers used to program implantable pulse generators	 2.1/1 2.1/2 2.1/2.1	 04–1994 04–1994/Rev 2

---

[9] Zweites Gesetz zur Änderung des Medizinproduktegesetzes (2. MPG-ÄndG) v. 13. 12. 2001 (BGBl. I S. 3586).

[10] S. dazu auch den Beitrag von *Meyer-Lüerßen* in diesem Handbuch (§ 18 Rdnr. 4).

[11] Alle MEDDEV-Dokumente im Internet unter: http://europa.eu.int/comm/enterprise/medical_devices/guidelinesmed/baseguidelines.htm (Stand: 10/2002).

[12] Ausführlich zur Entstehung der MEDDEV-Dokumente *Höppner* in diesem Handbuch (§ 14 Rdnr. 13–18). Ein guter Überblick zu den europäischen und den nationalen Behörden findet sich bei *Schulze*, S. 9 ff.

Titel	MEDDEV (ref. nr.)	Date/Rev
– Interface with other directives – Medical devices/medicinal products	2.1/3	02–1998
– Interface with other directives – Medical devices/ directive 89/336/EEC relating to electromagnetic compatibility and directive 89/686/EEC relating to personal protective equipment	2.1/4	07–2001/Rev 2 03–1994
– Medical devices with a measuring function	2.1/5	06–1998
2.2 Essential requirements:		
– EMC requirements	2.2/1	02–1998/Rev 1
– „Use by"-date	2.2/3	06–1998/Rev 3
2.4 Classification:		
– Classification of medical devices	2.4/1	07–2001/Rev 8
2.5 Conformity assessment procedures:		
2.5.1 General rules		
1.1 Content of mandatory certificates	2.5/1 (n.v.)	–
1.2 Quality assurance. Regulatory auditing of quality systems of medical device manufacturers	2.5/2	06–1999/Rev 3
1.3 Subcontracting – Quality systems related	2.5/3	06–1998/Rev 2
1.4 Reporting of design changes and of changes of the quality system	(n.v.)	–
1.5 Translation procedure	2.5/5	02–1998/Rev 3
1.6 Homogenous batches (verification of manufacturers' products)	2.5/6	02–1998/Rev 1
2.5.2 Conformity assessment of particular products groups:		
2.1 Conformity assessment of breast implants	2.5/7	07–1998/Rev 1
2.2 Evaluation of medical devices incorporating products of animal origin	2.5/8	02–1999
2.10 Notified Bodies:		
– Designation and monitoring of Notified Bodies within the framework of EC Directives on Medical devices	2.10/2	04–2001/Rev 1
2.11 Registration procedures:	(n.v.)	
2.12 Market surveillance:		
– Medical devices vigilance system	2.12/1	04–2001/Rev 4
– Appendix	2.12/1	11–2001/Rev 4
2.13 Transitional period:		
– OJ C242 of August 8, 1998	2.13	08–1998/Rev 1
2.15 Other Guidances:		
– Committees/Working parties relevant for Medical Devices	2.15	07–2001/Rev 2

n.v. = nicht verfügbar

Abb. 1: Übersicht MEDDEV-Dokumente

C. Harmonisierung auf dem Gebiet des Medizinprodukterechts

I. Gemeinschaftsrechtliche Vorgaben

1. Gewährleistung des freien Warenverkehrs

Der Europäische Binnenmarkt beruht auf den vier sog. Grundfreiheiten. Er ist nach **31** Art. 14 Abs. 2 EG definiert als ein Raum ohne Binnengrenzen, in dem der **freie Verkehr von Waren, Personen, Dienstleistungen und Kapital** gemäß den Bestimmungen des EG-Vertrags gewährleistet ist.

Insbesondere aus der Garantie des freien Warenverkehrs ergeben sich für das Medi- **32** zinprodukterecht weit reichende Vorgaben. Die zentrale Vorschrift ist Art. 28 EG, der mengenmäßige **Beschränkungen der Einfuhr von Waren** aus anderen Mitgliedstaaten **sowie alle Maßnahmen gleicher Wirkung untersagt.** Nach der sehr weiten Auslegung des EuGH fallen unter dieses Verbot alle Regelungen der Mitgliedstaaten, die geeignet sind, den innergemeinschaftlichen Handel unmittelbar oder mittelbar, tatsächlich oder potenziell zu behindern (sog. Dassonville-Formel).[13] Dies gilt nach dem Wortlaut von Art. 28 EG ohne weiteres für staatliche Maßnahmen, die **nur für Importware eine Handelsbeschränkung begründen,** die also diskriminierend wirken. Staatliche Maßnahmen, die nicht diskriminierend wirken, die also **inländische Waren und Importware unterschiedslos betreffen,** können aber ebenfalls den freien innergemeinschaftlichen Warenverkehr behindern. Ein solcher Fall lag der oft zitierten Entscheidung des EuGH „Cassis de Dijon"[14] zugrunde. Gegenstand dieser Entscheidung war eine deutsche Vorschrift, nach der bestimmte Liköre (gleich welcher Herkunft) einen Mindestalkoholgehalt von 25% besitzen müssen. Auf Grund dieser Vorschrift konnte der französische Fruchtsaft-Likör Cassis de Dijon in Deutschland nicht auf den Markt gebracht werden. Der EuGH hat sich in seinem Urteil auf den Standpunkt gestellt, dass auch derartige Maßnahmen, denen inländische Waren und Importware gleichermaßen unterworfen sind, dem Verbot des Art. 28 EG unterliegen.

Das Verbot nach Art. 28 EG kennt jedoch Ausnahmen. In engem Rahmen können **33** die Mitgliedstaaten Rechtsvorschriften erlassen, die zwar den freien innergemeinschaftlichen Warenverkehr behindern, die aber unter bestimmten Voraussetzungen nicht verboten sind. Die damit verbundenen Behinderungen für den freien Warenverkehr können **nur durch Maßnahmen des Rates zur Rechtsangleichung** (Rdnr. 37 ff.) überwunden werden.

Ausnahmen vom Verbot des Art. 28 EG können sich aus Art. 30 EG oder, so **34** die sog. Cassis-Rechtsprechung des EuGH, aus einer immanenten Einschränkung des Art. 28 EG selbst ergeben. Artikel 30 EG findet nach der Rechtsprechung des EuGH grundsätzlich Anwendung, wenn es sich um diskriminierende Maßnahmen handelt. Artikel 30 EG lässt Handelsbeschränkungen durch nationale Regelungen zu, soweit sie:

– aus Gründen der öffentlichen Sittlichkeit, Ordnung und Sicherheit,
– zum **Schutz der Gesundheit** und des Lebens von Menschen, Tieren oder Pflanzen,
– zum Schutz des nationalen Kulturguts von künstlerischem, geschichtlichem oder archäologischem Wert oder
– zum Schutz des gewerblichen oder kommerziellen Eigentums
gerechtfertigt sind und:

---

[13] *EuGH*, Slg. 1974, 837 – *Dassonville.*
[14] *EuGH*, Slg. 1979, 649 – *Cassis de Dijon.*

– weder ein Mittel zur willkürlichen Diskriminierung
– noch eine verschleierte Beschränkung des Handels zwischen den Mitgliedstaaten darstellen.

35 In Bezug auf nicht-diskriminierende staatliche Maßnahmen hat der EuGH in seinem Cassis-Urteil ausgeführt, dass es den Mitgliedstaaten zwar grundsätzlich überlassen sei, derartige Handelsregelungen zu treffen, solange keine Gemeinschaftsregelung bestehe. Handelshemmnisse, die sich aus den Unterschieden der nationalen Rechtsordnungen ergeben, müssten aber **nur hingenommen werden, soweit sie notwendig seien, um zwingenden Erfordernissen gerecht zu werden.** Es gebe jedoch keinen stichhaltigen Grund dafür zu verhindern, dass in einem Mitgliedstaat rechtmäßig hergestellte und in den Verkehr gebrachte alkoholische Getränke in die anderen Mitgliedstaaten eingeführt werden.[15]

36 Damit hat der EuGH in dem Cassis-Urteil zugleich auch den **Grundgedanken der gegenseitigen Anerkennung** formuliert, der sich später in der sog. Neuen Konzeption der Rechtsangleichung (Rdnr. 41 ff.) niedergeschlagen hat. Produkte, die in einem Mitgliedstaat nach den dort geltenden Vorschriften auf den Markt gekommen sind, sollen grundsätzlich in der gesamten Union frei vertrieben werden können, wenn sie einem Schutzniveau entsprechen, das mit dem des importierenden Mitgliedstaats vergleichbar ist. Der importierende Mitgliedstaat kann dem nur ausnahmsweise eigene abweichende Vorschriften entgegenhalten.

2. Aufgabe der Rechtsangleichung

a) Gegenstand der Rechtsangleichung

37 Nach § 3 Abs. 1 lit. h) EG zählt die Rechtsangleichung zu den Kernaufgaben der Gemeinschaft. Die entsprechenden Kompetenzen sind in Art. 94 und 95 EG geregelt. Danach kann der Rat für die Angleichung der Rechts- und Verwaltungsvorschriften der Mitgliedstaaten Richtlinien erlassen, die entsprechend den oben beschriebenen Grundsätzen (Rdnr. 26 ff.) von den Mitgliedstaaten in nationales Recht umzusetzen sind. Spezielle Kompetenzen für die Rechtsangleichung zur Sicherung des freien Warenverkehrs ergeben sich aus Art. 95 EG. Hauptanwendungsbereich ist die Angleichung jener mitgliedstaatlichen Vorschriften, die **nach Art. 30 EG und unter Berücksichtigung der Cassis-Rechtsprechung des EuGH** den innergemeinschaftlichen Handel noch in zulässiger Weise beeinträchtigen dürfen.

38 Von den **Kompetenzen nach Art. 95 EG** (Art. 100a EGV a. F.) hat der Rat bei Erlass aller bisherigen Medizinprodukterichtlinien Gebrauch gemacht. Artikel 95 Abs. 1 EG sieht vor, dass der Rat die jeweiligen rechtsangleichenden Maßnahmen „gemäß dem Verfahren des Artikels 251 und nach Anhörung des Wirtschafts- und Sozialausschusses" beschließt (zu dem Verfahren nach Art. 251 EG s. Rdnr. 18). Vor der Einführung von Art. 251 EG im Jahr 1993 durch den „Maastricht-Vertrag" war das Verfahren der Zusammenarbeit, heute Art. 252 EG, maßgeblich. Harmonisierungsrichtlinien werden danach im Regelfall mit qualifizierter Mehrheit des Rates beschlossen, mit der Folge, dass einzelne Mitgliedstaaten von den anderen Mitgliedstaaten überstimmt werden können. Im Gegenzug räumt Art. 95 Abs. 4 EG den Mitgliedstaaten das Recht ein, trotz des Erlasses einer Harmonisierungsmaßnahme bestehende innerstaatliche Rechtsvorschriften beizubehalten, soweit diese durch wichtige Erfordernisse i. S. d. Art. 30 EG (Rdnr. 34) oder in Bezug auf den Schutz der Arbeitsumwelt oder den Umweltschutz gerechtfertigt sind.

39 Die **Beibehaltung strengerer mitgliedstaatlicher Vorschriften** bedarf der Billigung durch die Kommission. Der jeweilige Mitgliedstaat ist verpflichtet, der Kommission Mitteilung über die beizubehaltenden Bestimmungen sowie über die Gründe für ihre Beibe-

---

[15] *EuGH*, Slg. 1979, 649, 662 ff. – *Cassis de Dijon.*

haltung zu machen. Zweck dieser Mitteilungspflicht ist es, der Kommission die Prüfung zu ermöglichen, ob die Voraussetzungen für die Beibehaltung erfüllt sind. Der Mitgliedstaat darf die betreffenden mitgliedstaatlichen Rechtsvorschriften solange nicht anwenden, bis die Kommission die Beibehaltung genehmigt hat, wobei die Genehmigung als erteilt gilt, wenn die Kommission innerhalb von sechs Monaten keine Entscheidung getroffen hat.

b) Gewährleistung eines hohen Schutzniveaus

Nach Art. 95 Abs. 3 EG hat die Kommission, wenn sie dem Rat einen Vorschlag für 40 eine Harmonisierungsmaßnahme vorlegt, in den Bereichen Gesundheit, Sicherheit, Umweltschutz und Verbraucherschutz ein hohes Schutzniveau anzustreben. Entsprechendes gilt für den Rat und das Europäische Parlament im Rahmen ihrer jeweiligen Befugnisse. Dadurch soll gewährleistet werden, dass die harmonisierten Schutzvorschriften ein Niveau erreichen, das von den Mitgliedstaaten allgemein als ausreichend angesehen wird. Ein hohes Schutzniveau bedeutet, dass grundsätzlich **eine Anpassung nationaler Schutznormen an höhere Standards gefördert werden soll,** eine Einigung der Mitgliedstaaten auf den „kleinsten gemeinsamen Nenner" also nicht genügt.[16] Auf diese Weise wird zugleich vermieden, dass einzelne Mitgliedstaaten erfolgreich das Erfordernis einer Beibehaltung strengerer mitgliedstaatlicher Vorschriften nach Art. 95 Abs. 4 EG geltend machen können.

II. „Neue Konzeption" und „Globales Konzept" der Rechtsangleichung

1. „Neue Konzeption" der Rechtsangleichung

a) Grundgedanken

Die Medizinprodukterichtlinien des Rates beruhen auf der sog. Neuen Konzep- 41 tion (auch: Neues Konzept) der Rechtsangleichung,[17] die der Rat durch eine **Entschließung aus dem Jahr 1985**[18] angenommen hat. Die Neue Konzeption löste eine Methode der Rechtsangleichung ab, die als „Sachrechtsvereinheitlichung" bezeichnet wird. Die Richtlinien, die auf dieser älteren Konzeption beruhen, wie z.B. die Richtlinie 65/65/EWG zur Angleichung der Rechts- und Verwaltungsvorschriften über Arzneispezialitäten[19] bzw. die Richtlinie 2001/83/EG zur Schaffung eines Gemeinschaftskodexes für Humanarzneimittel,[20] zeichnen sich durch detaillierte Regelung der erfassten Sachverhalte und damit einhergehende Vereinheitlichungstendenzen aus. Diese Methode einer hohen

---

[16] *Geiger,* Art. 95 EGV, Rdnr. 6.

[17] Ausführliche Erläuterungen zu den Richtlinien, die auf der Neuen Konzeption beruhen, enthält der „Leitfaden für die Umsetzung der nach dem Neuen Konzept und dem Gesamtkonzept verfassten Richtlinien" der Europäischen Kommission („Blue Guide"), im Internet unter http://europa.eu.int/comm/enterprise/newapproach/legislation/guide/document/guidepublicde.pdf (Stand: 10/2002). Zur Geschichte der Rechtsangleichung auf dem Gebiet des europäischen Medizinprodukterechts s. *Busch,* S. 1 ff.

[18] Entschließung des Rates v. 7. 5. 1985 über eine neue Konzeption auf dem Gebiet der technischen Harmonisierung und Normung zum Abbau technischer Handelshemmnisse innerhalb der EG (ABl. EG Nr. C 136 v. 4. 6. 1985, S. 1).

[19] Richtlinie 65/65/EWG des Rates v. 26. 1. 1965 zur Angleichung der Rechts- und Verwaltungsvorschriften über Arzneispezialitäten (ABl. EG Nr. P 22 v. 9. 2. 1965, S. 369).

[20] Richtlinie 2001/83/EG des Europäischen Parlaments und des Rates v. 6. 11. 2001 zur Schaffung eines Gemeinschaftskodexes für Humanarzneimittel (ABl. EG Nr. L 311 v. 28. 11. 2001, S. 67).

Regelungsdichte ist jedoch unflexibel und lässt wenig Spielräume für die nationale Rechtsetzung.[21]

42   Die Neue Konzeption beruht dagegen auf den **Grundgedanken der gegenseitigen Anerkennung durch die Mitgliedstaaten und der technischen Harmonisierung.** Der Gedanke der gegenseitigen Anerkennung folgt unmittelbar aus der Cassis-Rechtsprechung des EuGH. Nach den dort aufgestellten Grundsätzen können Produkte, die in einem Mitgliedstaat nach den dort geltenden Vorschriften auf den Markt gekommen sind, grundsätzlich in der gesamten Union frei vertrieben werden, wenn sie einem Schutzniveau entsprechen, das mit dem des importierenden Mitgliedstaats vergleichbar ist. Der importierende Mitgliedstaat kann dem nur ausnahmsweise eigene abweichende Vorschriften entgegenhalten. Nach den vom EuGH aufgestellten Grundsätzen bedarf es also keiner Vereinheitlichung, sondern lediglich der **Gleichwertigkeit der nationalen Vorschriften im Hinblick auf das zu gewährleistende Schutzniveau.**

43   Das ergänzende Konzept einer „technischen Harmonisierung" verlagert die technischen Anforderungen an die Produkte, die in den einzelnen Mitgliedstaaten in unterschiedlicher Weise gesetzlich geregelt waren, in den **Bereich der technischen („harmonisierten") Normen,** die nicht vom Gesetzgeber, sondern von anerkannten Normungsgremien entwickelt werden. Technische Normen haben nicht den Charakter von Rechtsnormen; ihre Befolgung ist freiwillig. Sie bedürfen daher der Ergänzung durch gesetzliche Rahmenvorgaben. Die Harmonisierungsrichtlinien und dementsprechend die nationalen Vorschriften können sich aber darauf beschränken, einen solchen Rahmen – **sog. Grundlegende oder Wesentliche Anforderungen** – für ganze Produktgruppen vorzugeben und im Übrigen auf Normen zu verweisen und somit den Normungsgremien die Detailarbeit zu übertragen. Eine Harmonisierung im Wege der Normung bietet daher den Vorteil hoher Flexibilität. Änderungen des jeweiligen Standes der Technik machen zwar eine Anpassung der technischen Normen erforderlich, lassen aber die gesetzlichen Vorschriften unberührt.

44   Der Anreiz für den Hersteller, die technischen Normen zu befolgen, liegt darin, dass die Einhaltung der – sehr allgemein gehaltenen – Grundlegenden Anforderungen vermutet wird, wenn sein Produkt nach den einschlägigen technischen Normen hergestellt worden ist **(sog. Konformitätsvermutung).** So lautet z.B. Art. 5 Abs. 1 MDD:

> Die Mitgliedstaaten gehen von der Einhaltung der grundlegenden Anforderungen [...] bei Produkten aus, die den einschlägigen nationalen Normen zur Durchführung der harmonisierten Normen [...] entsprechen;

45   Der Hersteller muss also **lediglich nachweisen, dass sein Produkt mit harmonisierten Normen übereinstimmt.** Befolgt der Hersteller die harmonisierten Normen nicht, muss er anderweitig sicherstellen und ggf. nachweisen, dass sein Produkt die Grundlegenden Anforderungen erfüllt.

b) Grundlegende Anforderungen

46   Die Harmonisierungsrichtlinien nach der „Neuen Konzeption" definieren die grundlegenden Sicherheitsanforderungen, die für alle Produkte gelten, die in den Anwendungsbereich der jeweiligen Richtlinie fallen. Die **Einhaltung dieser Grundlegenden Anforderungen,** die das gemeinschaftsweite hohe Schutzniveau gewährleisten sollen, **ist obligatorisch** (vgl. Art. 3 AIMDD, Art. 3 MDD, Art. 3 IVDD). Es dürfen nur Produkte in Verkehr gebracht und in Betrieb genommen werden, die diese Anforderungen erfüllen.

47   Die Grundlegenden Anforderungen sind **in den Anhängen der Richtlinien** dargelegt. Sie beschreiben die zu erzielenden Ergebnisse oder die abzuwendenden Gefahren,

---

[21] Vgl. *Steg/Whitelegg,* S. 18.

ohne die technischen Lösungen dafür festzulegen. So heißt es beispielsweise in Anhang 1 I Nr. 1 AIMDD:

> Die Geräte sind so auszulegen und herzustellen, dass ihre Verwendung weder den klinischen Zustand noch die Sicherheit der Patienten gefährdet, wenn sie unter den vorgesehenen Bedingungen und zu den vorgesehenen Zwecken implantiert sind. Sie dürfen weder für die Personen, die die Implantation vornehmen, noch gegebenenfalls für Dritte eine Gefahr darstellen.

Die Richtlinien differenzieren dabei zwischen allgemeinen Anforderungen und Anforderungen an die Auslegung, die Konstruktion oder die Herstellung, die an spezifische Gefahren anknüpfen, die von einem Produkt ausgehen können, z.B. mögliche Unverträglichkeiten, Infektionsrisiken und Risiken der mikrobiellen Kontamination, Brand- und Explosionsrisiken, Gefahren auf Grund von Strahlenemissionen etc. Die **Hersteller müssen daher Risikoanalysen durchführen,** um die auf das Produkt anwendbaren Grundlegenden Anforderungen zu bestimmen. **48**

c) Harmonisierte Normen

Harmonisierte Normen sind Normen, die auf europäischer Ebene entwickelt werden. Ihre Besonderheit gegenüber anderen europäischen Normen liegt darin, dass sie **unter einem Mandat, d.h. im Auftrag der Kommission erarbeitet werden.** Die Kommission hat ihre Vorschläge zur Normung zunächst einem Ständigen Ausschuss vorzulegen, der aus Vertretern der Mitgliedstaaten besteht. Das Verfahren regelt Art. 6 der Richtlinie 98/34/EG des Europäischen Parlaments und des Rates vom 22. 6. 1998.[22] Ergänzend schreiben die Medizinprodukterichtlinien die Einrichtung eines Fachausschusses für Medizinprodukte vor, dessen Stellungnahme ebenfalls einzuholen ist. **49**

Nach Anhörung der Ausschüsse[23] kann die Kommission **die zuständigen europäischen Normungsorganisationen CEN** (Comité Européen de Normalisation, Europäisches Komitee für Normung) **und CENELEC** (Comité Européen de Normalisation Electrotechnique, Europäisches Komitee für Elektrotechnische Normung) ersuchen, eine europäische Norm vorzulegen (sog. Normungsauftrag). Wenn die Normungsorganisationen den Normungsauftrag annehmen, erarbeiten sie die harmonisierte Norm in eigener Verantwortung und legen sie der Kommission vor. Die Kommission kann prüfen, ob die Anforderungen des Normungsauftrags erfüllt sind. Eine Prüfung des technischen Inhalts der Norm durch die Kommission erfolgt nicht. Ist ein Mitgliedstaat der Ansicht, dass eine harmonisierte Norm die Grundlegenden Anforderungen der Richtlinie nicht vollständig erfüllt, hat er die Möglichkeit, die Norm anzufechten. Das Verfahren in diesen Fällen ist unmittelbar in den Richtlinien geregelt (Art. 6 AIMDD; Art. 5 Abs. 2 i.V.m. Art. 6 Abs. 2 MDD; Art. 5 Abs. 3 i.V.m. Art. 6 Abs. 2 IVDD). **50**

Die Kommission veröffentlicht die Fundstelle der Norm (z.B. Titel, Nummern) im Amtsblatt.[24] Ab dem Zeitpunkt der Veröffentlichung **gilt für die Norm die Vermu-** **51**

---

[22] Richtlinie 98/34/EG des Europäischen Parlaments und des Rates v. 22. 6. 1998 über ein Informationsverfahren auf dem Gebiet der Normen und technischen Vorschriften.

[23] Vgl. aber Art. 7 Abs. 2 Satz 7–9 MDD und IVDD.

[24] Ein Verzeichnis der harmonisierten Normen veröffentlicht die Kommission im Internet (Stand: 10/2002) unter:
- http://europa.eu.int/comm/enterprise/newapproach/standardization/harmstds/reflist/implmedd.html
  (für aktive implantierbare Medizinprodukte (AIMDD);
- http://europa.eu.int/comm/enterprise/newapproach/standardization/harmstds/reflist/meddevic.html
  (für Medizinprodukte im Sinne der Richtlinie 93/42/EWG (MDD);
- http://europa.eu.int/comm/enterprise/newapproach/standardization/harmstds/reflist/invimedd.html
  (für In-vitro-Diagnostika (IVDD)).

tung der Konformität mit den Grundlegenden Anforderungen der betreffenden Richtlinie. Die europäischen Normen müssen danach durch die nationalen Normungsgremien auf einzelstaatlicher Ebene umgesetzt werden. Die Fundstellen der nationalen Normen müssen ebenfalls veröffentlicht werden und alle im Widerspruch dazu stehenden nationalen Normen müssen innerhalb eines bestimmten Zeitraums zurückgezogen werden. Nach Art. 7 Abs. 1 der Richtlinie 98/34/EG gilt bereits ab Erteilung eines Normungsauftrags durch die Kommission eine Stillhalteverpflichtung der Mitgliedstaaten. Sie müssen sicherstellen, dass ihre Normungsgremien nichts unternehmen, was die angestrebte Harmonisierung beeinträchtigen könnte, insbesondere dürfen sie keine neuen oder überarbeiteten nationalen Normen veröffentlichen. Die Pflicht zur Umsetzung folgt aus der Geschäftsordnung der europäischen Normungsorganisationen, deren Mitglieder die nationalen Normungsgremien sind. Bei den deutschen Normungsgremien handelt es sich um das Deutsche Institut für Normung e.V. (DIN) und um die Deutsche Elektrotechnische Kommission im DIN und VDE (DKE). Deutschsprachige Normen erscheinen unter der Bezeichnung „DIN EN".

d) Gemeinsame Technische Spezifikationen

52   Nach Art. 5 Abs. 3 der Richtlinie 98/79/EG (IVDD) gilt die Konformitätsvermutung auch für In-vitro-Diagnostika gemäß Anhang II (Hochrisiko- und Risikoprodukte), die in Übereinstimmung mit Gemeinsamen Technischen Spezifikationen ausgelegt und hergestellt wurden. In diesen Spezifikationen werden Kriterien für die Bewertung und Neubewertung der Leistung, Chargenfreigabekriterien, Referenzmethoden und Referenzmaterialien festgelegt. Gemeinsame Technische Spezifikationen **sind vom Hersteller in der Regel einzuhalten** und besitzen insofern eine höhere Verbindlichkeit als harmonisierte Normen. Weicht der Hersteller in hinreichend begründeten Fällen von den Gemeinsamen Technischen Spezifikationen ab, muss er nach der Richtlinie eine Lösung wählen, die dem Niveau der Richtlinie zumindest gleichwertig ist.[25]

2. „Globales Konzept" der Rechtsangleichung

a) Modularer Ansatz

53   Bereits in seiner Entschließung aus dem Jahr 1985 über die Neue Konzeption (Rdnr. 41) wies der Rat darauf hin, dass die Neue Konzeption in der Frage, wie die **Übereinstimmung der Produkte mit den Grundlegenden Anforderungen („Konformität")** sicherzustellen sei, noch ergänzt werden müsse. Im Jahr 1989 fasste der Rat eine Entschließung zu einem „Gesamtkonzept für die Konformitätsbewertung",[26] das meist als Globales oder auch als Modulares Konzept bezeichnet wird. Danach hat der Hersteller die Wahl zwischen verschiedenen Konformitätsbewertungsverfahren, die sich wiederum aus verschiedenen Modulen für die Produktentwurfsstufe und für die Produktfertigungsstufe zusammensetzen. Die Ausgestaltung der einzelnen Module sowie die Regelung weiterer Einzelheiten hinsichtlich ihrer Anwendbarkeit erfolgten durch Beschluss des Rates vom 13. 12. 1990,[27] der wiederum ersetzt wurde durch den Beschluss des Rates vom 22. 7. 1993 (sog. Modulbeschluss).[28]

---

[25] Kritisch dazu *Meyer-Lüerßen* in diesem Handbuch (§ 18 Rdnr. 24 f.).

[26] Entschließung des Rates v. 21. 12. 1989 zu einem Gesamtkonzept für die Konformitätsbewertung (ABl. EG Nr. C 10 v. 16. 1. 1990, S. 1).

[27] Beschluss des Rates v. 13. 12. 1980 über die in den technischen Harmonisierungsrichtlinien zu verwendenden Module für die verschiedenen Phasen der Konformitätsbewertungsverfahren (ABl. EG Nr. L 380 v. 31. 12. 1980, S. 13).

[28] Beschluss des Rates v. 22. 7. 1993 über die in den technischen Harmonisierungsrichtlinien zu verwendenden Module für die verschiedenen Phasen der Konformitätsbewertungsverfahren und die Regeln für die Anbringung und Verwendung der CE-Konformitätskennzeichnung (ABl. EG Nr. L 220 v. 30. 8. 1993, S. 23).

Die Entscheidung darüber, welche Module auf welche Produktgruppen zur Anwen- **54** dung kommen können, wird grundsätzlich **in den einzelnen Richtlinien** getroffen, die auf der Grundlage des Globalen Konzepts ergehen. Ausgenommen von der Konformitätsbewertung sind jedoch:

– Sonderanfertigungen (Art. 9 Abs. 1, 2 i. V. m. Anhang 6 der AIMDD; Art. 10 Abs. 1–6 i. V. m. Anhang VIII der MDD,
– Produkte zur klinischen Prüfung/Leistungsbewertung (Art. 9 Abs. 1, 2 i. V. m. Anhang 6 der AIMDD; Art. 10 Abs. 1–6 i. V. m. Anhang VIII der MDD; Art. 9 Abs. 1–4 i. V. m. Anhang VIII der IVDD und
– Systeme und Behandlungseinheiten (Art. 12 MDD).

Für Medizinprodukte, die der Richtlinie 93/42/EWG über Medizinprodukte (MDD) **55** unterliegen, sowie für In-vitro-Diagnostika hängt die Auswahl des Konformitätsbewertungsverfahrens von ihrer **Klassifizierung** ab. Nach der Richtlinie 93/42/EG werden die Produkte nach ihrem Gefährdungspotenzial in die Klassen I, IIa, IIb und III eingestuft. Die Richtlinie 98/79/EG (IVDD) unterscheidet vier verschiedene Produktkategorien, die unterschiedlichen Konformitätsbewertungsverfahren unterworfen werden. Innerhalb des insoweit vorgegebenen Rahmens verbleibt dem Hersteller in der Regel die Wahl zwischen mehreren Modulen, die er zur Konformitätsbewertung heranziehen kann. Der Rat ist bei der Ausgestaltung der Richtlinien gehalten, dem Hersteller so viele Wahlmöglichkeiten zu belassen, wie mit einer effektiven Gewährleistung der Konformität zu vereinbaren ist.[29]

Der Modulbeschluss stellt folgende Module zur Verfügung, aus denen **für jede einzel-** **56** **ne Richtlinie eine Auswahl getroffen werden kann:**

– Modul A: Interne Fertigungskontrolle,
– Modul B: EG-Baumusterprüfung,
– Modul C: Konformität mit der Bauart,
– Modul D: Qualitätssicherung Produktion,
– Modul E: Qualitätssicherung Produkt,
– Modul F: Prüfung der Produkte,
– Modul G: Einzelprüfung,
– Modul H: Umfassende Qualitätssicherung.

Der Modulbeschluss veranschaulicht das **Zusammenspiel der Module** durch eine **57** Übersicht, die in Abbildung 2 wiedergegeben ist.

---

[29] Beschluss des Rates v. 22. 7. 1993 über die in den technischen Harmonisierungsrichtlinien zu verwendenden Module für die verschiedenen Phasen der Konformitätsbewertungsverfahren und die Regeln für die Anbringung und Verwendung der CE-Konformitätskennzeichnung (ABl. EG Nr. L 220 v. 30. 8. 1993, S. 23 ff., Anhang, I. A. lit. f.)).

ENTWURF

A. (Interne Fertigungskontrolle)

Hersteller
- hält technische Unterlagen zur Verfügung für die einzelstaatlichen Behörden

A. a Einschaltung der Benannten Stelle

B. (Baumaterialprüfung)

Hersteller unterbreitet der benannten Stelle
- technische Unterlagen
- Baumuster

Benannte Stelle
- prüft Konformität mit grundlegenden Anforderungen
- führt ggf. Prüfungen durch
- stellt Baumusterbescheinigungen aus

G. (Einzelprüfung)

Hersteller
- legt technische Unterlagen vor

H. (Umfassende QS)

Hersteller
- unterhält zugelassenes QS-System für Produktion

Benannte Stelle
- kontrolliert QS-System
- prüft Konformität der Entwürfe
- stellt Entwurfsprüfbescheinigungen aus (*)

PRODUKTION

A.

Hersteller
- erklärt Konformität mit grundlegenden Anforderungen
- bringt CE-Kennzeichnung an

A. a

Benannte Stelle
- prüft bestimmte Aspekte des Produkts (*)
- führt Stichproben durch

C. (Konformität mit Bauart)

Hersteller
- erklärt Konformität mit zugelassener Bauart
- bringt CE-Kennzeichnung an

Benannte Stelle
- prüft bestimmte Aspekte des Produkts (*)
- führt Stichproben durch

D. (QS-Produktion)

EN 29002

Hersteller
- unterhält zugelassenes QS-System für Produktion und Prüfung
- erklärt Konformität mit zugelassener Bauart
- bringt CE-Kennzeichnung an

Benannte Stelle
- erkennt QS-System an
- überwacht QS-System

E. (QS-Produkte)

EN 29002

Hersteller
- unterhält zugelassenes QS-System für Überwachung und Prüfung
- erklärt Konformität mit zugelassener Bauart bzw. grundlegenden Anforderungen
- bringt CE-Kennzeichnung an

Benannte Stelle
- erkennt QS-System an
- überwacht QS-System

F. (Prüfung bei Produkten)

Hersteller
- erklärt Konformität mit zugelassener Bauart bzw. grundlegenden Anforderungen
- bringt CE-Kennzeichnung an

Benannte Stelle
- prüft Konformität
- stellt Konformitätsbescheinigung aus

G.

Hersteller
- stellt Produkt vor
- erklärt Konformität
- bringt CE-Kennzeichnung an

Benannte Stelle
- prüft Konformität mit grundlegenden Anforderungen
- stellt Konformitätsbescheinigung aus

H.

Hersteller
- unterhält zugelassenes QS-System für Produktion und Prüfung
- erklärt Konformität an
- bringt CE-Kennzeichnung an

Benannte Stelle
- überwacht QS-System

(*) Weitere Bestimmungen können in Einzelrichtlinien festgelegt werden.
QS = Qualitätssicherheit
QS-System = Qualitätssystem

Abb. 2: Übersicht Module

Dieners/Lützeler

Die Medizinprodukterichtlinien haben nicht alle verfügbaren Module übernommen. So **58**
sind beispielsweise die Module C und G in keiner der Medizinprodukterichtlinien vorgesehen. Andererseits hat die Richtlinie 98/79/EG (IVDD) ein zusätzliches Element der
Chargenfreigabe eingeführt, das im Modulbeschluss nicht vorgesehen ist und daher teilweise als systemwidrig angesehen wird.[30] Eine Übersicht über die nach den Medizinprodukterichtlinien anwendbaren Konformitätsbewertungsverfahren enthalten die folgenden
Abbildungen 3 bis 5. Soweit für einzelne Produktgruppen mehrere Konformitätsbewertungsverfahren angegeben sind, ist es **dem Hersteller überlassen, ein Verfahren auszuwählen.**

Produkte	Module	Bezeichnung	Anhang zur AIMDD
alle AIMD	B + D	EG-Baumusterprüfung + Qualitätssicherung Produktion	Anhang 3 und 5
	B + F	EG-Baumusterprüfung + EG-Prüfung	Anhang 3 und 4
	H	Vollständiges Qualitätssicherungssystem (einschließlich Prüfung der Produktauslegung)	Anhang 2

Abb. 3: Konformitätsbewertungsverfahren nach der Richtlinie 90/385/EWG (AIMDD)

Produktklasse	Module	Bezeichnung	Anhang zur MDD
I	A	Interne Fertigungskontrolle	Anhang VII
IIa	A + D	Interne Fertigungskontrolle + Qualitätssicherung Produktion	Anhang VII und V
	A + E	Interne Fertigungskontrolle + Qualitätssicherung Produkt	Anhang VII und VI
	A + F	Interne Fertigungskontrolle + EG-Prüfung	Anhang VII und IV
	H	Vollständiges Qualitätssicherungssystem (ohne Prüfung der Produktauslegung)	Anhang II
IIb	B + D	EG-Baumusterprüfung + Qualitätssicherung Produktion	Anhang III und V
	B + E	EG-Baumusterprüfung + Qualitätssicherung Produkt	Anhang III und VI
	B + F	EG-Baumusterprüfung + EG-Prüfung	Anhang III und IV
	H	Vollständiges Qualitätssicherungssystem (ohne Prüfung der Produktauslegung)	Anhang II
III	B + D	EG-Baumusterprüfung + Qualitätssicherung Produktion	Anhang III und V
	B + F	EG-Baumusterprüfung + EG-Prüfung	Anhang III und IV
	H	Vollständiges Qualitätssicherungssystem (einschließlich Prüfung der Produktauslegung)	Anhang II

Abb. 4: Konformitätsbewertungsverfahren nach der Richtlinie 93/42/EWG (MDD)

---

[30] Vgl. *Meyer-Lüerßen* in diesem Handbuch (§ 18 Rdnr. 6, 58 ff.).

	Module	Bezeichnung	Anhang zur IVDD
Anhang II Liste A (Hochrisikoprodukte)	B + D	EG-Baumusterprüfung + Qualitätssicherung Produktion (einschließlich Chargenfreigabe)	Anhang V und VII
	H	Vollständiges Qualitätssicherungssystem (einschließlich Prüfung der Produktauslegung und Chargenfreigabe)	Anhang IV
Anhang II Liste B (Risikoprodukte)	B + D	EG-Baumusterprüfung + Qualitätssicherung Produktion (ohne Chargenfreigabe)	Anhang V und VII
	B + F	EG-Baumusterprüfung + EG-Prüfung	Anhang V und VI
	H	Vollständiges Qualitätssicherungssystem (ohne Prüfung der Produktauslegung und Chargenfreigabe)	Anhang IV
Produkte zur Eigenanwendung, die nicht in Anhang II genannt sind	A	Interne Fertigungskontrolle (einschließlich Prüfung der Produktauslegung)	Anhang III
	B + D	EG-Baumusterprüfung + Qualitätssicherung Produktion (wahlweise mit oder ohne Chargenfreigabe)	Anhang V und VII
	B + F	EG-Baumusterprüfung + EG-Prüfung	Anhang V und VI
	H	Vollständiges Qualitätssicherungssystem (wahlweise mit oder ohne Prüfung der Produktauslegung und Chargenfreigabe)	Anhang IV
Sonstige IVD	A	Interne Fertigungskontrolle (ohne Prüfung der Produktauslegung)	Anhang III

Abb. 5: Konformitätsbewertungsverfahren nach der Richtlinie 98/79/EG (IVDD)

b) EG-Konformitätserklärung

59 Die Konformitätsbewertung erfolgt – mit Ausnahme der EG-Baumusterprüfung (Modul B) – stets durch den Hersteller (oder seinen in der Gemeinschaft ansässigen Bevollmächtigten).[31] Nach allen Modulen mit Ausnahme der EG-Baumusterprüfung hat der Hersteller sicherzustellen, dass die betreffenden Produkte die für sie geltenden Grundlegenden Anforderungen erfüllen. Lediglich die **Auditierung** (Prüfung) **und Zertifizierung des verwendeten Qualitätssicherungssystems und die Endproduktprüfung können den sog. Benannten Stellen vorbehalten sein.**[32] Durch Ausstellung einer **Konformitätserklärung** bestätigt der Hersteller, dass die Anforderungen eines einschlägigen Konformitätsbewertungsverfahrens erfüllt sind und dass das Produkt den Grundlegenden Anforderungen entspricht.

---

[31] Wenn der Hersteller keinen Firmensitz in der EU hat, muss er eine in der Gemeinschaft niedergelassene Person bevollmächtigen, die für das Inverkehrbringen die Verantwortung übernimmt (Art. 14 Abs. 2 MDD; Art. 10 Abs. 3 IVDD).
[32] *Hill/Schmitt,* § 14 MPG, Anm. 4.

Als Mindestanforderungen an den **Inhalt der EG-Konformitätserklärung** nennt der   **60**
„Leitfaden für die Umsetzung der nach dem Neuen Konzept und nach dem Gesamtkonzept verfassten Richtlinien"[33] der Europäischen Kommission die folgenden:
– Name und Anschrift des Herstellers oder seines Bevollmächtigten, der die Erklärung ausstellt;
– Angaben zum Produkt (Name, Bauart oder Modellnummer und andere relevante Angaben, z. B. Los-, Chargen- oder Seriennummer, Ursprung und Stückzahlen);
– alle berücksichtigten einschlägigen Bestimmungen, ggf. alle Richtlinien, für die Konformität bescheinigt werden soll;
– präzise, vollständige und eindeutige Angabe der angewandten harmonisierten Normen oder anderer normativer Dokumente (z. B. nationale technische Normen und Spezifikationen);
– sämtliche eventuell erforderlichen zusätzlichen Angaben (z. B. Qualität, Kategorie), wenn zutreffend;
– Datum der Ausstellung der Konformitätserklärung;
– Unterschrift und Funktion oder eine gleichwertige Kennzeichnung des Bevollmächtigten;
– die Erklärung, dass der Hersteller und ggf. sein Bevollmächtigter die alleinige Verantwortung für die Ausstellung der Konformitätserklärung trägt;
– ggf. Name, Anschrift und Kennnummer der Benannten Stelle;
– Name und Anschrift der Person, die die technischen Unterlagen aufbewahrt.

Muster für eine Konformitätserklärung finden sich in der einschlägigen Literatur   **61**
zum Medizinproduktegesetz (MPG).[34]

c) CE-Kennzeichnung

Darüber hinaus ist der Hersteller **verpflichtet, die CE-Kennzeichnung anzubrin-**   **62**
gen, bevor er das Produkt in den Verkehr bringt. Die CE-Kennzeichnung, die in älteren Richtlinien wie beispielsweise der AIMDD noch als „EG-Konformitätszeichen" oder „EG-Zeichen" bezeichnet wird, ist:
– auf dem Produkt oder auf dem Sterilverpackungsmaterial,
– ggf. auf der Handelspackung und
– ggf. auf der Gebrauchsinformation
anzubringen. Hinter der CE-Kennzeichnung steht bei Produkten, die von einer Benannten Stelle auditiert oder zertifiziert worden sind, die (vierstellige) Kennnummer der Benannten Stelle.[35]

Anforderungen an die Darstellung sind unter anderem im „Modulbeschluss"[36] sowie   **63**
übereinstimmend in Anhang 9 der Richtlinie 90/385/EWG (AIMDD), in Anhang XII der Richtlinie 93/42/EWG (MDD) und in Anhang X der Richtlinie 98/79/EG (IVDD) beschrieben. Die CE-Kennzeichnung muss **gut sichtbar, leserlich und dauerhaft** angebracht werden. Das folgende Schriftbild ist zu verwenden (Abb. 6):[37]

---

[33] Vgl. den „Leitfaden für die Umsetzung der nach dem Neuen Konzept und nach dem Gesamtkonzept verfassten Richtlinien" der Europäischen Kommission, im Internet unter http://europa. eu.int/comm/enterprise/newapproach/legislation/guide/document/guidepublicde.pdf, Abschnitt 5.4 (Stand: 10/2002).

[34] Insbesondere *Hill/Schmitt,* § 15 MPG, Anm. 1.

[35] Vgl. die Übersicht über die Benannten Stellen in dem Beitrag von *Höppner* in diesem Handbuch (§ 14 Rdnr. 2).

[36] Beschluss des Rates v. 22. 7. 1993 über die in den technischen Harmonisierungsrichtlinien zu verwendenden Module für die verschiedenen Phasen der Konformitätsbewertungsverfahren und die Regeln für die Anbringung und Verwendung der CE-Konformitätskennzeichnung (ABl. EG Nr. L 220 v. 30. 8. 1993, S. 23, Anhang, I. B. lit. d)).

[37] Im Internet unter: http://europa.eu.int/comm/enterprise/faq/ce-mark.htm (Stand: 10/2002).

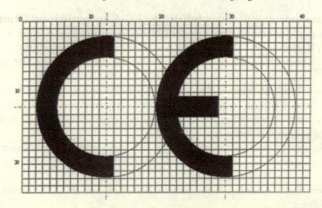

Abb. 6: CE-Kennzeichen

64 Bei der Verkleinerung oder der Vergrößerung der Kennzeichnung müssen die sich aus dem oben abgebildeten Raster ergebenden **Proportionen eingehalten werden.** Die Mindesthöhe beträgt nach den Medizinprodukterichtlinien 5 mm; hiervon kann bei kleinen Produkten aber abgewichen werden.

65 Die CE-Kennzeichnung erfüllt – wie die Konformitätserklärung des Herstellers – eine doppelte Funktion: Sie bescheinigt, dass die Anforderungen eines einschlägigen Konformitätsbewertungsverfahrens erfüllt sind und dass das Produkt den in den Richtlinien vorgegebenen Grundlegenden Anforderungen genügt. Gelten für ein Produkt mehrere Richtlinien, die die CE-Kennzeichnung vorsehen, darf die CE-Kennzeichnung nur aufgebracht werden, wenn die Grundlegenden Anforderungen nach allen einschlägigen Richtlinien erfüllt sind. Die Aufbringung der CE-Kennzeichnung führt dazu, dass das jeweilige Produkt **im gesamten EWR in den Verkehr gebracht und in Betrieb genommen werden darf.** Die Mitgliedstaaten dürfen das Inverkehrbringen oder die Inbetriebnahme von CE-gekennzeichneten Produkten nicht einschränken, es sei denn, das Produkt ist nachweislich nicht richtlinienkonform.

66 Stellt ein Mitgliedstaat fest, dass auf einem Produkt die CE-Kennzeichnung **unberechtigt angebracht** wurde, etwa weil das Produkt nicht richtlinienkonform ist oder weil das Produkt keiner Richtlinie unterfällt, die die CE-Kennzeichnung vorschreibt, ist er verpflichtet, geeignete Maßnahmen zu ergreifen und für Abhilfe zu sorgen. Wenn der Mitgliedstaat Maßnahmen ergreift, etwa das Inverkehrbringen des Produkts einschränkt oder veranlasst, dass es vom Markt genommen wird, hat er die Kommission und die anderen Mitgliedstaaten hiervon zu informieren.[38]

d) Benannte Stellen

67 Bei den „Benannte Stellen" (zuweilen auch: „Gemeldete Stellen") handelt es sich nicht um Behörden, sondern um **unabhängige Zertifizierungsstellen.** Nach überwiegender Ansicht in der Literatur ist das Handeln der Benannten Stellen als rein privatrechtlich zu qualifizieren.[39] Lediglich die Akkreditierung erfolgt durch einen hoheitlichen Rechtsakt der nationalen Akkreditierungsbehörden.[40] Der Begriff der Akkreditierung bezeichnet die formelle Anerkennung der Fachkompetenz einer Stelle, eine konkrete

---

[38] Vgl. Art. 7 Abs. 3 und Art. 13 AIMDD, Art. 8 Abs. 3 und Art. 18 MDD, Art. 8 Abs. 3 und Art. 17 IVDD.

[39] *Schorn,* Medizinprodukte-Recht, § 3 MPG, Rdnr. 58; *Hill/Schmitt,* § 3 MPG, Anm. 19; im Ergebnis auch *Hiltl,* PharmaR 1997, 411; kritisch dazu *von Czettritz* in diesem Handbuch (§ 15).

[40] Vgl. dazu *Deutsch/Lippert/Ratzel,* § 15 MPG, Anm. 5.

Dienstleistung im akkreditierten Tätigkeitsbereich durchzuführen. Die Akkreditierung der Benannten Stellen für Medizinprodukte erfolgt durch **Akkreditierungsstellen**, die von den Mitgliedstaaten eingerichtet werden. In Deutschland erfolgt die Akkreditierung:
- für aktive Medizinprodukte durch die „Zentralstelle der Länder für Sicherheitstechnik (ZLS)" und
- für nicht aktive Medizinprodukte durch die „Zentralstelle der Länder für Gesundheitsschutz bei Arzneimitteln und Medizinprodukten (ZLG)".

Kriterien für die Akkreditierung der Benannten Stellen sind in den Normen der Normenreihe EN 45 000 niedergelegt, die von den meisten Akkreditierungsstellen der Mitgliedstaaten angewandt werden. Diese Normen enthalten **Kriterien sowohl für die Benannten Stellen als auch für die Akkreditierungsstellen.** Auf diese Weise soll sichergestellt werden, dass die nationalen Akkreditierungsbehörden auf derselben Grundlage und nach denselben Anforderungen arbeiten und dass auch die von ihnen akkreditierten Stellen bei ihrer Arbeit dieselben Regeln, Kriterien und Kompetenzniveaus zugrunde legen.[41] **68**

Alle Mitgliedstaaten müssen der Kommission und den übrigen Mitgliedstaaten die von ihnen ausgewählten Benannten Stellen „benennen" bzw. „melden". Die Benennung erfolgt üblicherweise durch die Ministerien, die für die Umsetzung und Durchführung der jeweiligen Richtlinien zuständig sind. Die Benennung setzt in der Regel die Akkreditierung der zu benennenden Stellen voraus. Diese ist aber nicht zwingend vorgeschrieben. Durch die Benennung **übernimmt der Mitgliedstaat die Verantwortung** für die von ihm benannte Stelle, d.h. er muss sicherstellen, dass die Benannte Stelle zu jeder Zeit die an sie gerichteten Anforderungen erfüllt. Sind diese Anforderungen nicht mehr erfüllt, kann die Benennung widerrufen werden. **69**

e) Zertifizierungsverfahren

aa) Selbstzertifizierung (Modul A)

Nach Modul A („Interne Fertigungskontrolle") liegt die Konformitätsbewertung allein in der Hand des Herstellers **(sog. Selbstzertifizierung).** Alle anderen Module schreiben die **Mitwirkung von Benannten Stellen** vor **(Fremdzertifizierung).** Das Verfahren der Selbstzertifizierung stellt die Ausnahme dar. Nach der Richtlinie 93/42/EWG (MDD) kommt dieses Verfahren nur bei Medizinprodukten der Klasse I, d.h. bei Medizinprodukten mit geringem Gefährdungspotenzial wie z.B. Tupfern, OP-Bekleidung oder Krankenpflegeartikeln zur Anwendung. Größere Bedeutung hat die Selbstzertifizierung allerdings bei In-vitro-Diagnostika, denen allgemein ein geringeres Gefahrenpotenzial als anderen Medizinprodukten zuerkannt wird. Ein großer Teil der In-vitro-Diagnostika wird vom Hersteller selbst zertifiziert. Dagegen ist nach der Richtlinie 90/385/EWG (AIMDD) eine Zertifizierung durch den Hersteller nicht möglich. **70**

Die Hauptpflicht des Herstellers im Rahmen der Selbstzertifizierung besteht darin, eine **technische Dokumentation** (z.B. Entwürfe, Fertigungszeichnungen und -pläne von Bauteilen, Auflistung der angewandten harmonisierten Normen, Prüfberichte, klinische Daten, etc.) zu erstellen, die hinreichende Informationen enthalten muss, um eine Bewertung der Übereinstimmung des Produkts mit den Grundlegenden Anforderungen zu ermöglichen. Die technische Dokumentation muss insbesondere Entwurf, Fertigung (Produktion) und Funktionsweise des Produkts abdecken. Inhalt und Umfang der technischen Dokumentation werden im Einzelnen in den Richtlinien festgelegt. Der Hersteller **71**

---

[41] So der „Leitfaden für die Umsetzung der nach dem Neuen Konzept und nach dem Gesamtkonzept verfassten Richtlinien" der Europäischen Kommission, im Internet unter: http://europa.eu.int/comm/enterprise/newapproach/legislation/guide/document/guidepublicde.pdf, Abschnitt 6.1 (Stand: 10/2002).

muss überdies seine Herstellungsmethoden so einrichten, dass **Übereinstimmung der von ihm hergestellten Produkte mit der technischen Dokumentation** gewährleistet ist.

72   Der Hersteller muss die technische Dokumentation zur Einsicht durch die zuständigen Behörden **zur Verfügung halten,** damit diese jederzeit die Rechtmäßigkeit der Anbringung der CE-Kennzeichnung prüfen können. Die technische Dokumentation muss auch dann, wenn das Produkt nicht mehr hergestellt wird, für einen Zeitraum aufbewahrt werden, der in der Richtlinie 93/42/EWG (MDD) und in der Richtlinie 98/79/EG (IVDD) jeweils auf fünf Jahre festgelegt ist. Durch Ausstellung der Konformitätserklärung und Aufbringung der CE-Kennzeichnung **bestätigt der Hersteller,** dass die technische Dokumentation bereit gehalten wird und dass die Produkte den jeweiligen Grundlegenden Anforderungen entsprechen. Das Verfahren der Selbstzertifizierung kann gemäß dem Modulbeschluss partiell durch eine Mitwirkung der Benannten Stellen ergänzt werden. Diese können **entweder eine Endproduktprüfung hinsichtlich besonderer Aspekte des Produkts oder Stichproben** durchführen **(Modul A.a).**

bb) Qualitätssicherungssysteme (Module D, E und H)

73   Der Modulbeschluss unterscheidet die **Qualitätssicherung Produktion** (Modul D), die **Qualitätssicherung Produkt** (Modul E) und das **umfassende Qualitätssicherungssystem** (Modul H). Die Module D und E setzen erst auf der Produktfertigungsstufe an. Ihnen geht immer die EG-Baumusterprüfung nach Modul B oder eine interne Kontrolle durch den Hersteller in der vorgelagerten Entwurfsphase nach Modul A voraus. Dagegen umfasst Modul H (umfassendes Qualitätssicherungssystem) sowohl die Produktfertigungs- als auch die vorgelagerte Produktentwurfsstufe. Einer Kombination mit anderen Modulen bedarf es bei Modul H daher nicht.

74   Durch Einrichtung von Qualitätssicherungssystemen werden **Arbeitsabläufe und Verfahren unternehmensintern in der Weise standardisiert,** dass eine Übereinstimmung der Produkte mit den Grundlegenden Anforderungen der einschlägigen Richtlinien (bzw. mit dem zertifizierten EG-Baumuster, das seinerseits die Übereinstimmung mit der Richtlinie garantiert) gewährleistet ist. Bei der Qualitätssicherung Produktion (Modul D) stehen insoweit die Abläufe des Herstellungsverfahrens im Vordergrund, bei der Qualitätssicherung Produkt (Modul E) wird hingegen im Rahmen der Qualitätssicherung jedes fertige Produkt geprüft. Das umfassende Qualitätssicherungssystem (Modul H) sieht eine solche Einzelprüfung der fertigen Produkte nicht zwingend vor und entspricht daher eher Modul D.

75   Einzelheiten regeln die Normen der **Normenreihe EN ISO 9001, 9002 und 9003,** ergänzt um die Normen **EN 46001, 46002 und 46003** (zukünftig EN ISO 13485 und 13488), deren Einhaltung die Konformitätsvermutung begründet. Mittel der Qualitätssicherung sind u. a.:
- die Festlegung von Qualitätszielen durch den Hersteller;
- die Festlegung des organisatorischen Aufbaus, der Zuständigkeiten und der Befugnisse des Managements in Bezug auf die Produktqualität;
- die Standardisierung geeigneter Fertigungsverfahren, Qualitätskontroll- und Qualitätssicherungstechniken und ggf. Techniken zur Kontrolle und Prüfung des Entwicklungsergebnisses;
- die Durchführung von Untersuchungen und Prüfungen vor, während und nach der Herstellung;
- die Dokumentation von Qualitätssicherungsunterlagen wie Kontrollberichten, Prüf- und Eichdaten, Berichten über die Qualifikation der in dem jeweiligen Bereich beschäftigten Mitarbeiter usw.;
- Maßnahmen zur Überwachung der wirksamen Arbeitsweise des Qualitätssicherungssystems.

Das Qualitätssicherungssystem wird von einer Benannten Stelle **zertifiziert und in** 76 **regelmäßigen Abständen auditiert,** d.h. die Benannte Stelle prüft nach, ob der Hersteller das Qualitätssicherungssystem aufrechterhält und anwendet.[42]

cc) EG-Baumusterprüfung (Modul B)

Die EG-Baumusterprüfung kommt auf der Produktentwurfsstufe zur Anwendung und 77 muss stets durch ein Modul ergänzt werden, das eine Bewertung auf der Produktfertigungsstufe vorsieht (Module C bis F). Die EG-Baumusterprüfung wird von einer Benannten Stelle durchgeführt. Der Hersteller reicht zu diesem Zweck **ein für die betreffende Produktion repräsentatives Muster ("Baumuster")** einschließlich der zugehörigen technischen Dokumentation (Rdnr. 71) ein. Die Benannte Stelle prüft, ob das Baumuster entsprechend der technischen Dokumentation gefertigt wurde und ob es den Grundlegenden Anforderungen der einschlägigen Richtlinien genügt. Gegebenenfalls stellt sie dem Hersteller eine **EG-Baumusterprüfbescheinigung** aus.

dd) Prüfung der Produkte (Modul F)

Modul F setzt – insofern vergleichbar mit Modulen D und E – auf der Produkt- 78 fertigungsstufe an. Ihm geht auf der vorgelagerten Produktentwurfsstufe immer die EG-Baumusterprüfung (Modul B) voraus. Auch hier hat der Hersteller alle erforderlichen Maßnahmen zu treffen, damit der Herstellungsprozess die Übereinstimmung der Produkte mit dem geprüften Baumuster und mit den Grundlegenden Anforderungen nach der Richtlinie gewährleistet. Anders als nach den Modulen D und E prüft die Benannte Stelle jedoch nicht nach, ob der Hersteller derartige Maßnahmen zur Qualitätssicherung aufrechterhält und anwendet. Geprüft wird vielmehr **nur das Ergebnis:** Der Hersteller legt der Benannten Stelle nach seiner Wahl jedes einzelne Produkt zur Prüfung vor oder ganze Produktchargen, aus denen Stichproben für die Prüfung entnommen werden.

3. Marktaufsicht

a) Überwachung

Die Mitgliedstaaten sind verpflichtet, die **Einhaltung der Grundlegenden Anfor-** 79 **derungen durchzusetzen.** Die Organisation der hierfür zuständigen Aufsichtsbehörden richtet sich jedoch nach nationalem Recht. Die Aufsichtsbehörden wachen darüber, dass die Produkte zum Zeitpunkt ihres Inverkehrbringens und zum Zeitpunkt ihrer Inbetriebnahme die Grundlegenden Anforderungen erfüllen. Zu diesem Zweck müssen sie mit "entsprechenden Befugnissen (Inspektionsbefugnisse, Befugnis zur Probennahme, etc.) ausgestattet sein. Stellen die Aufsichtsbehörden Konformitätsmängel fest, müssen sie geeignete Maßnahmen ergreifen können. Nach Möglichkeit soll der Hersteller verpflichtet werden, die Konformität des Produkts mit den Grundlegenden Anforderungen herzustellen. Erforderlichenfalls muss das Produkt vom Markt genommen bzw. ein weiteres Inverkehrbringen oder Inbetriebnehmen beschränkt werden.[43]

---

[42] Zu Einzelheiten der regelmäßigen Überwachungsintervalle vgl. etwa die Guidelines for Regulatory Auditing of Quality Systems of Medical Device Manufacturers – Part. 1: General Requirements der Global Harmonization Taskforce ("GHTF"), im Internet abrufbar unter http://www. ghtf.org/ sg4/inventorysg4/99-28genreq.pdf (Stand: 10/2002).

[43] Zu den Einzelheiten vgl. den "Leitfaden für die Umsetzung der nach dem Neuen Konzept und nach dem Gesamtkonzept verfassten Richtlinien" der Europäischen Kommission, im Internet unter: http://europa.eu.int/comm/enterprise/newapproach/legislation/guide/document/guidepublicde.pdf, Abschnitt 8 (Stand: 10/2002).

b) Schutzklauselverfahren

80   Nach Art. 95 Abs. 10 EG können die Harmonisierungsrichtlinien sog. Schutzklauseln enthalten. Schutzklauseln ermöglichen es den Mitgliedstaaten, **vorläufige Schutzmaßnahmen** zu ergreifen, wenn sie der Ansicht sind, dass ein Produkt die Grundlegenden Anforderungen nicht einhält, sei es:
- dass der Hersteller harmonisierte Normen unzulänglich anwendet,
- dass die harmonisierte Norm, die die Konformität des Produkts gewährleisten soll, selbst mangelhaft ist (zur Anfechtung harmonisierter Normen s. Rdnr. 50) oder
- dass der Hersteller harmonisierte Normen überhaupt nicht anwendet und auch nicht anderweitig die Einhaltung der Grundlegenden Anforderungen sicherstellt.

81   Das Schutzklauselverfahren greift nur dann ein, wenn das Produkt in den Geltungsbereich einer Harmonisierungsrichtlinie fällt, CE-gekennzeichnet ist und wenn eine ganze **Charge oder Serie von Produkten betroffen ist** (z. B. Konstruktionsfehler). Es kommt nach den einschlägigen Vorschriften der Medizinprodukterichtlinien (Art. 7 AIMDD, Art. 8 MDD und Art. 8 IVDD) nur dann zur Anwendung, wenn die Produkte selbst bei sachgemäßer Installation, Instandhaltung und zweckentsprechender Verwendung eine Gefahr begründen. So heißt es in Art. 8 MDD:

> Stellt ein Mitglied fest, dass [...] Produkte die Gesundheit und/oder die Sicherheit der Patienten, der Anwender oder gegebenenfalls Dritter gefährden können, auch wenn sie sachgemäß installiert, instand gehalten und ihrer Zweckbestimmung entsprechend verwendet werden, so trifft er alle geeigneten vorläufigen Maßnahmen, um diese Produkte vom Markt zurückzuziehen oder ihr Inverkehrbringen oder ihre Inbetriebnahme zu verbieten oder einzuschränken.

82   Die Schutzklausel muss ein **gemeinschaftliches Kontrollverfahren** vorsehen, in dem die Berechtigung der Schutzmaßnahme geprüft wird. Die Medizinprodukterichtlinien sehen insoweit vor, dass der Mitgliedstaat, der eine vorläufige Schutzmaßnahme ergreift, unverzüglich die Kommission in Kenntnis setzen und ihr die Gründe für seine Entscheidung mitteilen muss. Die Kommission prüft die Berechtigung der Schutzmaßnahme. Stellt sie fest, dass die Maßnahme gerechtfertigt ist, ergreift sie die erforderlichen weiteren Maßnahmen. Kommt die Kommission dagegen zu dem Ergebnis, dass die Schutzmaßnahme nicht gerechtfertigt ist, setzt sie den Mitgliedstaat, der die Maßnahme ergriffen hat, und den Hersteller in Kenntnis.

III. Spezielle Regelungen der Medizinprodukte-Richtlinien

83   Die Medizinprodukte-Richtlinien enthalten darüber hinaus eine Reihe von Regelungen, die den besonderen Charakter von Medizinprodukten im Vergleich zu anderen Produkten widerspiegeln:
- Für Medizinprodukte kommt ein **spezielles Beobachtungs- und Meldesystem** zur Anwendung, das die Meldung aller ernst zu nehmenden Vorfälle im Zusammenhang mit Medizinprodukten sicherstellen soll und damit den besonderen mit Medizinprodukten verbundenen Gefahren Rechnung trägt (Art. 8 AIMDD, Art. 10 MDD, Art. 11 IVDD). Danach ist der Hersteller verpflichtet, die Aufsichtsbehörden über alle auslösenden Vorfälle zu unterrichten. Hersteller und Behörde leiten im Anschluss daran die erforderlichen Maßnahmen in die Wege.[44]
- Artikel 12 der Richtlinie 93/42/EWG über Medizinprodukte (MDD) enthält eine spezielle Regelung für **Systeme und Behandlungseinheiten.** Medizinprodukte, die die CE-Kennzeichnung tragen und entsprechend ihrer Zweckbestimmung nach den Vorgaben des Herstellers zu einem System oder einer Behandlungseinheit zusammen-

---

[44] Zur Umsetzung dieser Vorgaben durch das deutsche Medizinprodukterecht s. den Beitrag von *Will* in diesem Handbuch (§ 11). Hierzu auch *Besen/Dieners*, S. 75 ff.

gesetzt werden, bedürfen unter bestimmten Voraussetzungen, die in der Richtlinie näher beschrieben werden, keiner weiteren Konformitätsbewertung.[45]

- Die Medizinprodukterichtlinien enthalten in unterschiedlichem Umfang Regelungen über eine **Mitteilungspflicht des Herstellers** gegenüber den Behörden über die Anschrift seines Firmensitzes, ggf. über Person und Anschrift seines Bevollmächtigten innerhalb der EU sowie hinsichtlich der vom Hersteller selbst oder von seinem Bevollmächtigten vertriebenen Produkte (Art. 14 MDD, Art. 10 IVDD).[46]

- Die Eignung von Medizinprodukten für den vorgesehenen Verwendungszweck ist durch eine **klinische Bewertung** (für Medizinprodukte im Sinne der Richtlinie 93/42/EWG und für aktive implantierbare Medizinprodukte) oder durch eine **Leistungsbewertung** (für In-vitro-Diagnostika) anhand klinischer Daten bzw. für die Leistungsbewertung anhand sonstiger geeigneter Daten zu belegen. Der Hersteller kann entweder auf vorhandenes Datenmaterial in der wissenschaftlichen Literatur zurückgreifen oder zur Gewinnung der erforderlichen Daten entsprechende klinische Prüfungen bzw. Leistungsbewertungsprüfungen durchführen.[47] Die Richtlinien 90/385/EWG (AIMDD) und 93/42/EWG (MDD) regeln in Grundzügen die Durchführung klinischer Bewertungen einschließlich der Erhebung von Daten in klinischen Prüfungen (Anhang 7 der AIMDD), dessen Anwendbarkeit über Art. 9 i.V.m. Anhang 2 Abschnitt 4.2 und Anhang 3 Abschnitt 3 vorgeschrieben ist; Art. 10 i.V.m. Anhang 6 der AIMDD; Art. 15 i.V.m. Anhang VIII und X der MDD. Da bei In-vitro-Diagnostika, die mit dem Probanden nicht unmittelbar in Berührung kommen, nicht dieselben Risiken für die Probanden bestehen, wie bei anderen Medizinprodukten, beschränkt sich die Richtlinie 98/79/EG (IVDD) im Wesentlichen auf die Normierung von Anforderungen, die der Hersteller im Vorfeld der Leistungsbewertungsprüfung zu erfüllen hat (insbesondere Herstellererklärung) sowie Dokumentationsanforderungen (Art. 9 Abs. 4 i.V.m. Anhang VIII der Richtlinie 98/79/EG (IVDD)).[48]

- Mit Erlass der Richtlinie 98/79/EG (IVDD) wurde eine Verpflichtung der Kommission und der Mitgliedstaaten begründet, eine europäische Datenbank zu errichten. Diese Verpflichtung, die in Art. 12 IVDD enthalten ist, wurde nachträglich auch als Art. 14a in die Richtlinie 93/42/EWG (MDD) aufgenommen. Diese Datenbank (,,EUDAMED") soll eine zentrale Erfassung relevanter Daten beispielsweise über Hersteller und ihre Bevollmächtigten, Produkte, die auf dem Gemeinsamen Markt vertrieben werden, Zertifizierungsfragen wie beispielsweise Widerruf von CE-Kennzeichen, sowie gemeldete Vorfälle im Zusammenhang mit Medizinprodukten ermöglichen. Die europäische Datenbank ist jedoch noch nicht funktionsfähig. Ihre Aufgaben werden in der Übergangszeit in Deutschland vom Deutschen Institut für Medizinische Dokumentation und Information (DIMDI) erfüllt.[49]

---

[45] Umgesetzt in deutsches Recht durch § 10 MPG.

[46] Umgesetzt in deutsches Recht durch § 25 MPG.

[47] Dazu der Beitrag von *Schwarz/Wachenhausen* in diesem Handbuch (§ 6). Hierzu auch *Wachenhausen,* MPJ 2002, 80 ff.

[48] Zur Umsetzung durch das deutsche Medizinprodukterecht s. den Beitrag von *Meyer-Lüerßen* in diesem Handbuch (§ 18 Rdnr. 3 ff.).

[49] Dazu der Beitrag von *Hartmann* in diesem Handbuch (§ 13 Rdnr. 46 ff.).

D. Abkommen mit Drittländern und internationale Zusammenarbeit

I. Abkommen über Gegenseitige Anerkennung (Mutual Recognition Agreements)

84   Bei den Abkommen über Gegenseitige Anerkennung (MRAs) handelt es sich um Abkommen mit Drittstaaten, durch die Handelshemmnisse abgebaut werden sollen, die sich aus unterschiedlichen Handelsregelungen ergeben. Von den MRAs sind verschiedenste Produktgruppen erfasst wie Sportboote, Telekommunikationseinrichtungen, Arzneimittel oder Medizinprodukte. Sie bestehen aus einem Rahmenabkommen und sektoralen Anhängen für die einzelnen Produktgruppen. Der sektorale Anhang zu Medizinprodukten zielt – mit Ausnahme des EU-Schweiz MRA – nicht auf eine Harmonisierung oder Anerkennung der Gleichwertigkeit technischer Vorschriften. Die Vertragsparteien erkennen lediglich die **Gleichwertigkeit ihrer jeweiligen Verfahren für die Prüfung und Zulassung bestimmter Medizinprodukte (Konformitätsbewertungsverfahren)** an. Sie ermächtigen sich gegenseitig, Erzeugnisse vor der Ausfuhr in das jeweils andere Staatsgebiet nach den Regelungen der anderen Vertragspartei zu prüfen und zu zertifizieren. Das Produkt kann ohne erneute Prüfung auf den Markt der anderen Partei gebracht werden. Damit kann ein und dieselbe Stelle die Zertifizierung nach den Vorschriften beider Vertragsparteien vornehmen.

85   MRAs, die die **Zertifizierung von Medizinprodukten** betreffen, bestehen zurzeit mit den Vereinigten Staaten von Amerika,[50] Kanada,[51] Australien,[52] Neuseeland sowie, seit dem 1. 6. 2002, mit der Schweiz.

II. Protocols to the Europe Agreements on Conformity Assessment and Acceptance of Industrial Products (PECAs)

86   PECAs sind bilaterale Verträge, die zwischen der EU und den assoziierten Staaten Mittel- und Osteuropas auf der Grundlage der Europa-Abkommen ausgehandelt werden. Die Europa-Abkommen sehen eine schrittweise Annäherung der Assoziierungsstaaten an das Recht der EU vor.[53] Durch die PECAs wird **für einzelne, von den Assoziierungsstaaten bezeichnete Industriesektoren** eine Vereinbarung über die gegenseitige Anerkennung von Produkten, die nach den jeweiligen Vorschriften rechtmäßig auf den Markt gebracht werden, sowie der entsprechenden Konformitätsbewertungsverfahren getroffen.

III. Global Harmonization Task Force (GHTF)

87   Bei der GHTF handelt es sich um eine Arbeitsgruppe, die im Jahre 1992 von Australien, USA, Kanada, Japan und der EU ins Leben gerufen wurde. Sie setzt sich zusammen aus Vertretern sowohl der für Medizinprodukte zuständigen nationalen Behörden als auch

---

[50] Rechtsvergleichend *Fonseca*, S. 25 ff.
[51] Zum kanadischen Medizinprodukterecht vgl. *Murray*, S. 65 ff.
[52] Zum Einfluss des europäischen auf das australische Medizinprodukterecht *Clarke*, S. 50 ff.
[53] Zum Medizinprodukterecht der Tschechischen Republik *Koudelka*, S. 283 ff.; zum Medizinprodukterecht der Slowakei *Stara*, RAJ 2002, 1 f.

der Medizinprodukteindustrie, die jeweils aus den **drei geografischen Regionen Europa, Asien-Pazifik und Nordamerika** entsandt werden. Ziel der GHTF ist, die Annäherung der gesetzlichen Praxis zur Sicherstellung der gesundheitlichen Unbedenklichkeit, Wirksamkeit/Leistungsfähigkeit und Qualität der Medizinprodukte sowie technologische Innovationen voranzubringen und den internationalen Handel mit diesen Produkten zu unterstützen. Die GHTF dient auch als Austauschforum, in dem Länder mit einem im Aufbau befindlichen Regulierungssystem für Medizinprodukte von Ländern profitieren können, die bereits ein solches System besitzen.

E. Reformbestrebungen

Medizinprodukte unterscheiden sich – bis auf wenige Ausnahmen – in vielerlei Hinsicht von pharmazeutischen Produkten. Dies spiegelt sich auch in den rechtlichen Rahmenbedingungen für beide Bereiche wider. Das von der EU etablierte System für Medizinprodukte auf Basis der Neuen Konzeption (Rdnr. 41 ff.) hat **weltweit Anerkennung erfahren und Vorbildwirkung entfaltet.** Sichtbaren Niederschlag hat es in den Ergebnissen der GHTF gefunden. Zahlreiche GHTF-Dokumente sind in enger Anlehnung an die europäischen Medizinprodukterichtlinien entstanden.[54] **88**

Gleichwohl bestehen sowohl für die Behörden als auch für die Hersteller im europäischen Medizinprodukterecht noch Probleme, die einer Lösung zugeführt werden sollten. Die meisten von ihnen sind in den **„Bericht über die Funktionsfähigkeit der Medizinprodukterichtlinien"** eingeflossen, den die Kommission nach Anhörung von Mitgliedstaaten, Industrie und Benannten Stellen im Juni 2002 vorgelegt hat.[55] Dieser Bericht fasst Problemschwerpunkte zusammen, die sich aus Sicht der beteiligten Kreise abgezeichnet haben, und formuliert die erforderlichen Maßnahmen. Vorgesehen sind etwa: **89**
- **Korrekturen der Klassifizierungskriterien,** wo diese in der Praxis zu unbefriedigenden Ergebnissen geführt haben. Es werden beispielsweise Heraufstufungen von Klasse IIa oder IIb nach Klasse III diskutiert (z. B. Intraokularlinsen, Brustimplantate, Stents, Hüftimplantate), aber auch von Klasse IIa nach IIb (z. B. Desinfektionsmittel) oder von Klasse I nach IIa (z. B. Krankenbetten, Rollstühle).
- Es sollen klarere Vorgaben ausgearbeitet werden, unter welchen Bedingungen die Entwicklungsphase eines Produkts oder von Produktfamilien bzw. -gruppen **Bestandteil des Konformitätsbewertungsverfahrens** sein muss.
- Die Arbeit der Benannten Stellen soll für alle transparenter werden. Möchte beispielsweise eine Behörde Informationen über die Aktivitäten einer Benannte Stelle erhalten, muss sie sich derzeit an diejenige Behörde wenden, welche die Benannte Stelle akkreditiert hat. Letztlich soll durch die **Erhöhung der Transparenz** eine kohärentere Arbeit der Benannten Stellen innerhalb der EU erreicht werden.
- Weitere in dem Bericht angesprochene Aspekte bzw. **Maßnahmenvorschläge** betreffen Klinische Bewertungen, Marktbeobachtungen/-überwachung (Post Market Surveillance), Sicherheit (Vigilance), Normen, Schutzklauselverfahren, besondere Gesundheitsüberwachungsmaßnahmen (particular health monitoring measures), Geltungsbereich (z. B. Abgrenzung zu Bioziden, Arzneimitteln oder Schutzausrüstungen) und einige mehr.

Die Maßnahmen, die der Kommissionsbericht vorschlägt, zielen zum Teil auf konkrete Änderungen der Medizinprodukterichtlinien ab. In vielen Fällen handelt es sich bei den festgestellten Problemen aber auch um **Defizite in der Anwendung der Richtlinien** **90**

---

[54] *Freeman,* S. 32; *Kelly,* S. 38 ff.
[55] Europäische Kommission, Report on the Functioning of the Medical Devices Directives, Abschlussbericht v. 5. 6. 2002; im Internet unter: http://europa.eu.int/comm/enterprise/medical_devices/finalreport5–6–02cor1_3-july02.pdf (Stand: 10/2002).

durch Behörden und Hersteller von Medizinprodukten. Die Aufgabe besteht hier darin, durch Entwicklung entsprechender Normen, MEDDEV-Dokumente und anderer Empfehlungen geeignete Maßstäbe für eine einheitliche Auslegung der Richtlinien zur Verfügung zu stellen. Insofern werden auch in Zukunft nicht allein die politischen Institutionen, sondern alle interessierten Kreise zu einer Mitwirkung an der Gestaltung der europäischen Rahmenbedingungen aufgefordert sein.

§ 2 Einführung in die Grundlagen und die Systematik des deutschen Medizinprodukterechts

von *Ehrhard Anhalt* und *Peter Dieners*

Übersicht

Literatur: *Anhalt,* Einführung in den Regelungsbereich für Medizinprodukte, Pharm.Ind. 1995, 729; *Anhalt,* Das Medizinproduktegesetz, DAZ 2000, 72; *Anhalt,* Medizinproduktegesetz – Grundzüge des künftigen Gesetzes über den Verkehr mit Medizinprodukten, DAZ 1994, 30; *Anhalt/Kroth,* BSE und Medizinprodukte: Die gesetzlichen Regelungen in der EU und in Deutschland, Pharm.-Ind. 2001, 27; *Böckmann/Frankenberger,* Durchführungshilfen zum Medizinproduktegesetz, Köln 2002; *Brandenburg/Erhard,* Medizinprodukterecht, Heidelberg 1997; *Brown,* Human Tissue Regulation, in: Regulatory Affairs Professionals Society – RAPS (Hrsg.), Fundamentals of EU Regulatory Affairs, Rockville 2002, S. 111; *Bundesverband Medizintechnologie* – BVMed (Hrsg.), Benannte Stellen, Wiesbaden 2001; *Bundesverband Medizintechnologie* – BVMed (Hrsg.), Kennzeichnung von Medizinprodukten, Wiesbaden 2001; *Bundesverband Medizintechnologie* – BVMed (Hrsg.), Klassifizierungsliste für Medizinprodukte, Wiesbaden 2000; *Bundesverband Medizintechnologie* – BVMed (Hrsg.), Klinische Bewertung von Medizinprodukten, Wiesbaden 2001; *Bundesverband Medizintechnologie* – BVMed (Hrsg.), Konformitätsbewertungsverfahren für Medizinprodukte, Wiesbaden 2000; *Bundesverband Medizintechnologie* – BVMed (Hrsg.), Medizinprodukte-Betreiberverordnung, Was muss ich als Betreiber oder Anwender über das Medizinprodukte-Betreiberrecht wissen?, Wiesbaden 2000; *Bundesverband Medizintechnologie* – BVMed (Hrsg.), Die Selbstzertifizierung von Medizinprodukten der Klasse I, Wiesbaden 2000; *Bundesverband Medizintechnologie* – BVMed (Hrsg.), Wechsel der Benannten Stelle, Checkliste, Wiesbaden 2001; *von Czettritz,* Abgrenzung Arzneimittel/Medizinprodukte, PharmaR 1997, 212; *von Czettritz,* Rechtsschutz im Fall des Widerrufs der Akkreditierung der Benannten Stelle nach § 21 MPG und im Fall des Widerrufs des erteilten CE-Zeichens durch die Benannte Stelle, PharmaR 2000, 321; *Deutsch,* Medizinrecht, 4. Aufl., Berlin 1999; *Deutsch,* Das Gesetz über Medizinprodukte von 1994, NJW 1995, 752; *Deutsch,* Fortschreibungen des Medizinprodukterechts, NJW 1999, 817; *Deutsch/Ratzel/Lippert,* Medizinproduktegesetz (MPG), Köln u. a. 2002; *Dieners,* Änderungen des Medizinprodukterechts durch das 1. MPG-ÄndG, PharmaR 1998, 381; *Dieners,* Beschichtete Medizinprodukte – Die Vorschläge zur Änderung der Richtlinie 93/42/EWG über Medizinprodukte, PharmaR 1999, 126, *Dieners,* Medical Devices Incorporating Medical Substances of Human Origin in the European Union, RAF 5/1999, 33; *Dieners/Besen,* Changes in Medical Device Law in Germany, in: Cooper (Hrsg.), Business Briefing: Medical Device Manufacturing & Technology 2002, London 2002, S. 25; *Dieners/Sonnenschein/Köhler,* Tissue Engineering – Rechtliche Grundlagen und neue Entwicklung, PharmaR 2002, 325; *Graf,* Klinische Prüfung und Ethikkommissionen, MPR 2001, 6; *Graf,* Nochmals: Privatrechtliche versus öffentlich-rechtliche Ethikkommissionen in der klinischen Forschung, NJW 2002, 1774; *Graf/Pfeiffer,* Verfahrensordnung der Freiburger Ethikkommission International, MPR 2001, 8; *Grase,* Aufgaben des Bundesinstituts für Arzneimittel und Medizinprodukte im Rahmen des Medizinproduktegesetzes, MPJ 1995, 4; *Hill/Schmitt,* Wiesbadener Kommentar zum Medizinproduktegesetz, Wiesbaden 1995 (Stand: 3/2002); *Hiltl,* Handeln Benannte Stellen nach dem MPG öffentlich-rechtlich oder privatrechtlich?, PharmaR 1997, 408; *Imhoff-Hasse,* Aufgaben von ZLG und ZLS, MPJ 1997, 36; *Inose/Brown,* Combination Products in the US: Navigating the Regulatory Jungle, RAF 5/2002, 17; *Jescheck,* Umsetzung der EG-Richtlinie über MP in das nationale Recht, PharmaR 1999, 102; *Klindt,* Medizinprodukterechtliche CE-Kennzeichnung am Beispiel elektrischer Pflegebetten, MPR 2002, 13; *Meyer-Lüerßen,* IVD-Directive nahm letzte Hürde, MPJ 1998, 102; *Meyer-Lüerßen/Will,* Das Medizinproduktegesetz und seine Auswirkungen, PharmaR 1995, 34; *Mikoleit,* Das neue MPG – Veränderungen im Vollzug aus Sicht der Landesbehörden, MPR 2002, 8; *Nöthlichs/Weber,* Sicherheitsvorschriften für Medizinprodukte, Berlin 1994 (Stand: 4/2002); *Ratzel/Lippert,* Medizinproduktegesetz, Neuwied 2000; *Reischl,* Zweites Gesetz zur Änderung des Medizinproduktegesetzes, MPJ 2001, 112; *Sander/Peter,* Zur innerstaatlichen Rechtsverbindlichkeit von Richtlinien des Rates und von EU-Empfehlungen, Pharm.Ind. 1999, 695; *Schorn,* In-vitro-Diagnostika und Medizinprodukte mit integrierten Blutprodukten, MPJ 2002, 40; *Schorn,* Medizinprodukte-Recht, Stuttgart 1999 (Stand: 6/2001); *Schorn,* Neue EG-Richtlinie über Kombination von Medizinprodukten mit Blutprodukten, MPJ 2000, 21; *Schreiber,* Aufgaben des Bundesinstituts für Arzneimittel und Medizinprodukte im Rahmen des europäischen Medizinprodukterechts, in: Ott/Hefendehl/Grosdanoff (Hrsg.), Arzneimittel und Medizinprodukte, Berlin 1998, S. 122; *Schwarz,* Klinische Prüfungen von Arzneimitteln und Medizinprodukten, 2. Aufl., Aulendorf 2000; *Wachenhausen,* Rechtliche Voraussetzungen für klinische Prüfungen, MPJ 2002, 80; *Wiesbeck,* Medizinprodukte mit stabilen Derivaten aus menschlichem Blut oder Blutplasma, MPJ 2001, 60; *Will,* Bundeskabinett billigt Entwurf des Zweiten Änderungsgesetzes, MPJ 2001, 53.

Internetadressen (Stand: 10/2002):

Bundesinstitut für Arzneimittel und Medizinprodukte
   http://www.bfarm.de/de_ver/medizinprod/
Bundesministerium für Gesundheit und Soziale Sicherung
   http://www.bmgesundheit.de/bmg-frames/index2.htm
Bundesverband Medizintechnologie e. V. (BVMed)
   http://www.bvmed.de
Deutsches Institut für Medizinische Dokumentation und Information (DIMDI)
   http://www.dimdi.de/de/mpg/index.htm
Europäische Kommission, Guidelines relating to medical devices Directives
   http://www.europa.eu.int/comm/enterprise/medical_devices/guidelinesmed/baseguidelines.htm
Fachverband der Diagnostica-Industrie e. V. (VDGH)
   http://www.vdgh.de
Fachverband Elektromedizinische Technik im ZVEI
   http://www.zvei.org/medtech/
Zentralstelle der Länder für Gesundheitsschutz bei Medizinprodukten und Arzneimitteln
   http://www.zlg.de

A. Einleitung

1   Medizinprodukte sind medizinische Instrumente, Geräte, Apparate, Stoffe oder Zubereitungen aus Stoffen oder andere Gegenstände, die zur Anwendung für Menschen bestimmt sind und ihre primäre Zweckbestimmung (Erkennung, Verhütung, Überwachung, Behandlung oder Linderung von Krankheiten etc.) auf andere als pharmakologische, immunologische oder metabolische Art und Weise erreichen, also etwa über **physikalische, physiko-chemische und ähnliche Wirkungsweisen** bzw. -mechanismen. Sie unterliegen dem noch relativ jungen Medizinprodukterecht, das in den Mitgliedstaaten der Europäischen Union und des Europäischen Wirtschaftsraums harmonisiert worden ist.

Die zentrale Regelungsmaterie des deutschen Medizinprodukterechts ist das am 1. 1. **2** 1995 in Kraft getretene **Gesetz über Medizinprodukte** (Medizinproduktegesetz – MPG),[1] das seitdem auf der Grundlage von zwei Änderungsgesetzen (1. und 2. MPG-ÄndG) 1998 und 2001 novelliert worden ist.[2] Das MPG regelt den **Verkehr mit Medizinprodukten** und verfolgt dabei den Zweck, der Sicherheit, Eignung und Leistung von Medizinprodukten sowie der Gesundheit und dem Schutz der Patienten, Anwender und Dritter zu dienen (§ 1 MPG). Das MPG setzt im Wesentlichen die Vorschriften von EG-Richtlinien um,[3] wonach jeder Mitgliedstaat alle erforderlichen Maßnahmen zu treffen hat, damit nur solche Medizinprodukte in den Verkehr gebracht und in Betrieb genommen werden, die die Gesundheit der Patienten oder anderer Personen bei zweckentsprechender Anwendung bzw. Verwendung nicht gefährden. Neben den Bestimmungen zur **Umsetzung und näheren Ausgestaltung europarechtlicher Vorgaben für Medizinprodukte** enthält das MPG auch eine Reihe von Regelungen rein nationalen Charakters, insbesondere **Vertriebs- und Ausfuhrregelungen** sowie Bestimmungen zum **Betrieb von Medizinprodukten.**[4] Der deutsche Gesetzgeber hat damit – abweichend von vormaligen Regelungskonzeptionen (Rdnr. 6–8) – die Vorschriften zum Inverkehrbringen und zum Betrieb von sämtlichen Medizinprodukten zur Anwendung für Menschen[5] in einem Gesetz zusammengefasst.

3

Abschnitt	Titel	§§
1.	Zweck, Anwendungsbereich, Begriffsbestimmungen	1–3
	– Zweck des Gesetzes	1
	– Anwendungsbereich	2
	– Begriffsbestimmungen	3
2.	Anforderungen an Medizinprodukte und deren Betrieb	4–14
	– Verbote zum Schutz von Patienten, Anwendern und Dritten	4
	– Verantwortlicher für das erstmalige Inverkehrbringen	5
	– CE-Kennzeichnung	9
	– Klassifizierung von Medizinprodukten, Abgrenzung zu anderen Produkten	13
3.	Benannte Stellen und Bescheinigungen	15–18
	– Benennung und Überwachung der Stellen, Beauftragung von Prüflaboratorien	15
	– Geltungsdauer von Bescheinigungen der Benannten Stellen	17

[1] Gesetz über Medizinprodukte (Medizinproduktegesetz – MPG) v. 2. 8. 1994 (BGBl. I S. 1963), geändert durch Erstes Gesetz zur Änderung des Medizinproduktegesetzes (1. MPG-ÄndG) v. 6. 8. 1998 (BGBl. I S. 2005) und Art. 1 des Zweiten Gesetzes zur Änderung des Medizinproduktegesetzes (2. MPG-ÄndG) v. 13. 12. 2001 (BGBl. I S. 3586), i. d. F. der Bekanntmachung des Medizinproduktegesetzes v. 7. 8. 2002 (BGBl. I S. 3146).

[2] Zu den Änderungsgesetzen s. *Dieners,* PharmaR 1998, 381 ff. und *Deutsch,* NJW 1999, 817 ff. (zum 1. MPG-ÄndG) sowie *Will,* MPJ 2001, 53; *Reischl,* MPJ 2001, 112 ff.; *Mikoleit,* MPR 2002, 8 ff.; *Schorn,* MPJ 2002, 40 ff. und *Dieners/Besen,* S. 25 ff. (zum 2. MPG-ÄndG).

[3] Hierzu im Einzelnen *Jescheck,* PharmaR 1999, 102 ff.

[4] Zum Betrieb von Medizinprodukten s. auch den Beitrag von *Böckmann* in diesem Handbuch (§ 9).

[5] Die Formulierung „zur Anwendung *für* Menschen" in § 3 Nr. 1 Satz 1 MPG erweitert den Anwendungsbereich des Medizinprodukterechts auch auf Produkte wie etwa einen im Krankenhaus zur Sterilisation von chirurgischen Instrumenten eingesetzten Sterilisator, der nicht, wie eine Vielzahl anderer Medizinprodukte, zur Anwendung direkt „beim" Menschen eingesetzt wird.

Abschnitt	Titel	§§
4.	Klinische Bewertung, Leistungsbewertung, klinische Prüfung, Leistungsbewertungsprüfung	19–24
	– Allgemeine Voraussetzungen zur klinischen Prüfung	20
	– Besondere Voraussetzungen zur klinischen Prüfung	21
	– Durchführung der klinischen Prüfung	22
5.	Überwachung und Schutz vor Risiken	25–31
	– Allgemeine Anzeigepflicht	25
	– Verfahren bei unrechtmäßiger und unzulässiger Anbringung der CE-Kennzeichnung	27
	– Medizinprodukte-Beobachtungs- und -Meldesystem	29
6.	Zuständige Behörden, Rechtsverordnungen, sonstige Bestimmungen	32–37
	– Zuständigkeitsabgrenzung zwischen Bundesoberbehörden	32
7.	Sondervorschriften für den Bereich der Bundeswehr	38–39
8.	Straf- und Bußgeldvorschriften	40–43
9.	Übergangsbestimmungen	44

Abb. 1: Aufbau und wesentlicher Regelungsinhalt des MPG

4 Das MPG erfasst vor allem folgende **Produktgruppen:**
– nicht aktive medizinische Produkte (z. B. Produkte zur Intensiv- und Krankenversorgung, OP-Materialien, Implantate etc.),
– aktive implantierbare medizinische Geräte (z. B. Herzschrittmacher),
– elektromedizinische Geräte (z. B. Hörgeräte, Herz-Lungen-Maschinen),
– medizinisch-technische Instrumente und Produkte (z. B. Brillen, Rollstühle),
– Dentalprodukte (z. B. Füllungswerkstoffe, Kronen und Brücken, Zahnspangen),
– Produkte zur Empfängnisregelung (z. B. Kondome, Intrauterinpessare) sowie
– In-vitro-Diagnostika und Diagnostikgeräte (z. B. Schwangerschaftstests, Harnteststreifen).

5 Medizinprodukte dürfen in Deutschland nur in den Verkehr gebracht oder in Betrieb genommen werden, wenn sie mit einer **CE-Kennzeichnung** versehen sind (Rdnr. 48–50). Hiervon ausgenommen sind Sonderanfertigungen, Medizinprodukte aus In-Haus-Herstellung und Produkte, die zur klinischen Prüfung oder Leistungsbewertungsprüfung (Rdnr. 57) bestimmt sind. Medizinprodukte dürfen die CE-Kennzeichnung nur dann tragen, wenn sie die **Grundlegenden Anforderungen** (Rdnr. 32) erfüllen und ein **Konformitätsbewertungsverfahren** durchgeführt worden ist (Rdnr. 41–43).

B. Geschichtliche Entwicklung des Medizinprodukterechts

I. Deutschland

6 Die heute zu den Medizinprodukten zählenden Erzeugnisse gab es als solche bereits **vor dem Inkrafttreten des MPG.** Bis dahin wurden sie den sog. „Medicalprodukten" zugeordnet (z. B. orthopädische Hilfsmittel, OP-Bekleidung), als Arzneimittel (Fangoparaffine, Nasenspüllösungen, dentale Füllungswerkstoffe usw.) oder sog. „fiktive" Arzneimittel behandelt (z. B. Katheter, Implantate wie künstliche Hüftgelenke). Andere Produkte wiederum unterlagen dem Gerätesicherheitsgesetz mit der Medizingeräteverordnung (z. B. Beatmungsgeräte, Narkosegeräte, Dialysegeräte, Infusionspumpen), den Verordnungen zum Atomgesetz (Röntgenverordnung und Strahlenschutzverordnung) (z.B. Röntgen-geräte, Computertomographen, Nukleardiagnostikgeräte), eich- und messrechtlichen Vor-schriften (z.B. Fieberthermometer, Augentonometer, Audiometer, nicht invasive Blut-druckmessgeräte) oder aber dem Lebensmittel- und Bedarfsgegenständegesetz (z.B. Patientenstuhl in der Zahnarztpraxis).

Diese Situation wurde vielfach als unbefriedigend empfunden. Die Notwendigkeit einer **7** Sonderregelung für „Medizinprodukte" ergab sich zunächst aus **Schwierigkeiten einer klaren Abgrenzung gegenüber Arzneimitteln.**[6] Zudem **unterschieden sich die Anforderungen** an die Qualität und Sicherheit der Produkte **in Europa** zum Teil er-heblich und oft in zweifacher Hinsicht: zum einen innerhalb eines Mitgliedstaates der Europäischen Gemeinschaften zwischen den einzelnen Produktgruppen (Rdnr. 6), zum anderen bei den selben Produkten auch zwischen den Mitgliedstaaten.

Bereits in den 80er Jahren unternahm daher die damalige Bundesvereinigung Verband- **8** mittel und Medicalprodukte (heute Bundesverband Medizintechnologie – BVMed) eine Initiative gegenüber dem damaligen Bundesministerium für Jugend, Familie, Frauen und Gesundheit, um eine **Harmonisierung der Regelungen innerhalb Deutschlands** zu erreichen. Diese Bestrebungen führten zu der Erarbeitung des Entwurfs eines „Medical-produktegesetzes".[7] Öffentlich bekannt gemacht wurde dieser Entwurf jedoch nicht, da sich die Europäische Kommission zeitgleich zu einer **europaweiten Harmonisierung** des Medizinprodukterechts entschlossen hatte.

II. Europa

1. Richtlinien

Im Rahmen der europäischen Harmonisierungsbestrebungen war es erforderlich, die **9** einzelstaatlichen Regelungen miteinander in Einklang zu bringen und einheitlich zu ge-stalten. Diese **Harmonisierung** sollte durch eine Verbesserung der industriellen Fertigung sowie durch eine Vereinheitlichung von Sicherheitsstandards auf jeweils hohem Niveau erreicht werden. Um dies zu erreichen, haben der Rat der Europäischen Gemeinschaften und das Europäische Parlament die Anforderungen an Medizinprodukte bis heute in ins-gesamt drei Richtlinien festgelegt.[8]

Diese bisher ergangenen europäischen **Medizinprodukterichtlinien** werden auch als **10** „**Harmonisierungsrichtlinien**" bezeichnet. Im Einzelnen handelt es sich um folgende Richtlinien:

– Richtlinie **90/385/EWG** des Rates vom 20. 6. 1990 zur Angleichung der Rechtsvor-schriften der Mitgliedstaaten über **aktive implantierbare** medizinische Geräte **(90/385/EWG)**.[9] Von dieser Richtlinie werden z.B. implantierbare Herzschrittmacher (externe Herzschrittmacher unterliegen der Richtlinie 93/42/EWG), implantierbare Defibrillatoren, implantierbare Kunstherzen und Cochlea-Implantate erfasst.

– Richtlinie **93/42/EWG** des Rates vom 14. 6. 1993 über **Medizinprodukte.**[10] Diese Richtlinie umfasst auf Grund der Definition für Medizinprodukte in Art. 1 Abs. 2

---

[6] S. etwa *BVerwGE* 71, 318 (hierzu *Deutsch,* NJW 1995, 752 ff.).

[7] *Hill/Schmitt,* Einl. MPG, Anm. II.

[8] Zu den europarechtlichen Rahmenbedingungen s. im Einzelnen den Beitrag von *Dieners/Lützeler* in diesem Handbuch (§ 1).

[9] ABl. EG Nr. L 189 v. 20. 7. 1990, S. 17, zuletzt geändert durch Art. 9 der Richtlinie 93/68/EWG des Rates v. 22. 7. 1993 (ABl. EG Nr. L 220 v. 30. 8. 1993, S. 1).

[10] ABl. EG Nr. L 169 v. 12. 7. 1993, S. 1, zuletzt geändert durch Art. 1 der Richtlinie 2001/104/EG des Europäischen Parlaments und des Rates v. 7. 12. 2001 zur Änderung der Richtlinie des Rates über Medizinprodukte hinsichtlich Medizinprodukten, die Derivate aus menschlichem Blut oder Blutplasma enthalten (ABl. EG Nr. L 6 v. 10. 1. 2002, S. 50).

i. V. m. Abs. 5 eine sehr große Anzahl von Produkten. Vom Antrieb her können diese Produkte in **aktive (nicht implantierbare) Medizinprodukte** und **nicht aktive (sowohl implantierbare als auch nicht implantierbare) Medizinprodukte** eingeteilt werden. Die Definition umfasst:

– Medizinprodukte zum Zwecke der **Erkennung von Krankheiten,** z. B. Kanülen zur Blutentnahme, Stethoskope, Röntgen- und Ultraschallgeräte, Blutdruckmessgeräte, Spirometer, Magnetresonanztomographen, Ergometer;

– Medizinprodukte zum Zwecke der **Verhütung von Krankheiten,** z. B. Phototherapiegeräte, Blutfilter, Atemfilter, Kompressionsstrümpfe, Anti-Dekubitusmatratzen;

– Medizinprodukte zum Zwecke der **Überwachung von Krankheiten,** z. B. Pulmonaliskatheter, Pulsoxymeter, Patientenmonitore für EKG, Pulsfrequenz, Blutdruck und Körpertemperatur;

– Medizinprodukte zum Zwecke der **Behandlung von Krankheiten,** z. B. chirurgische Instrumente, Infusionspumpen, Herz-Lungen-Maschinen, Stents, Herzklappen, Knochennägel, Knochenschrauben, Knochenzemente, Dialysegeräte, Lithotripter, Inkubatoren für Frühgeborene, Beatmungsgeräte, Narkosegeräte, Operationsmikroskope, Operationstische;

– Medizinprodukte zum Zwecke der **Linderung von Krankheiten,** wie z. B. Insulinpumpen, Medikamentenpumpen, Brillen, Kontaktlinsen, Gehhilfen, Rollstühle, Hörgeräte, Zahnprothesen, künstliche Gelenke, Knochenersatzmaterialien (z. B. Hydroxylapatit);

– Medizinprodukte zum Zwecke der **Erkennung von Verletzungen und Behinderungen,** z. B. Untersuchungsliegen, Untersuchungsleuchten, Röntgenfilme, Ultraschalldiagnostikgeräte, EKG-Elektroden, Blutdruckaufnehmer, zentrale Venenkatheter, Magensonden;

– Medizinprodukte zum Zwecke der **Überwachung von Verletzungen und Behinderungen,** z. B. Sammelvorrichtungen zur Volumenbestimmung von Wundsekreten und Körperflüssigkeiten, Blasenkatheter, Absaugvorrichtungen;

– Medizinprodukte zum Zwecke der **Behandlung von Verletzungen und Behinderungen,** z. B. Punktionsnadeln, Venenverweilkatheter, Trokare, chirurgische Geräte wie Gipssägen, Thermokauter, HF-Chirurgiegeräte, Knochenzemente;

– Medizinprodukte zum Zwecke der **Linderung von Verletzungen und Behinderungen,** z. B. Bandagen, Verbandmaterialien, Akupunkturnadeln, TENS-Geräte, Zahnprothesen, Augenprothesen, Intraokularlinsen, Dentalprodukte, Gelenkprothesen, Rollstühle, Vakuummatratzen;

– Medizinprodukte zum Zwecke der **Kompensierung von Verletzungen und Behinderungen,** z. B. Stützverbände, künstliche Synovialflüssigkeiten, Stützkorsette, Biostimulatoren;

– Medizinprodukte zum Zwecke der **Untersuchung des anatomischen Aufbaus oder eines physiologischen Vorgangs,** z. B. Röntgengeräte, Hochdruck-Kontrastmittelpumpen, Nukleardiagnostikgeräte, Thermographiegeräte, Endoskope, Ultraschallgeräte, Audiometer, Sehschärfenbestimmungsgeräte;

– Medizinprodukte zum Zwecke der **Ersetzung des anatomischen Aufbaus oder eines physiologischen Vorgangs,** z. B. externe Herzschrittmacher, Reizschwellenmessgeräte, Beatmungsgeräte, Herz-Lungen-Maschinen, Dialysegeräte;

– Medizinprodukte zum Zwecke der **Veränderung des anatomischen Aufbaus oder eines physiologischen Vorgangs,** z. B. chirurgische Instrumente, Laryngoskope, Gase, die ausschließlich in der minimal invasiven Chirurgie verwendet werden (etwa zum Abheben der Bauchdecke) und

– Medizinprodukte zum Zwecke der **Empfängnisregelung,** z. B. Kondome, Intrauterinpessare, Diaphragma.

– Richtlinie **98/79/EG** des Europäischen Parlaments und des Rates vom 27. 10. 1998 über In-vitro-Diagnostika.[11] Diese Richtlinie bestimmt die Anforderungen an **In-vitro-Diagnostika,** insbesondere Labordiagnostika.

Hinsichtlich ihrer Regelungssystematik beruhen diese Richtlinien auf der „Entschlie-   **11** ßung des Rates vom 7. 5. 1985 über eine neue Konzeption auf dem Gebiet der technischen Harmonisierung und Normung zum Abbau technischer Handelshemmnisse innerhalb der EG".[12] Die Entschließung wird gemeinhin als **„Neues Konzept"** oder **„Neue Konzeption"** bezeichnet. Darüber hinaus gründen die medizinprodukterechtlichen europäischen Richtlinien auf dem „Beschluss 90/683/EWG des Rates vom 13. 12. 1990 und dem Beschluss 93/465/EWG des Rates vom 22. 7. 1993 über die in den technischen Harmonisierungsrichtlinien zu verwendenden Module für die verschiedenen Phasen der Konformitätsbewertungsverfahren" (Rdnr. 14, 37, 41–46) „und die Regeln für die Anbringung und Verwendung der CE-Konformitätskennzeichen"[13] (Rdnr. 14, 48–50), dem sog. **„Globalen Konzept"** oder **„Modularen Konzept".** Diese Konzepte beschreiben nicht nur die Rahmenbedingungen für das Inverkehrbringen von Medizinprodukten, die in den sog. Harmonisierungsrichtlinien für Medizinprodukte näher ausgestaltet worden sind. Auf dem „Neuen" und „Globalen Konzept" beruhen auch die Harmonisierungsrichtlinien für eine Reihe weiterer Produktgruppen (z. B. einfache Druckbehälter, Spielzeug, persönliche Schutzausrüstungen, Bauprodukte, Maschinen, Gasverbrauchs- und Telekommunikationseinrichtungen).

Aus der Umsetzung des „Neuen" und „Globalen Konzepts" durch die Harmonisie-   **12** rungsrichtlinien für Medizinprodukte resultiert folgende **Regelungssystematik:**
– Festlegung von „Grundlegenden Anforderungen", denen Medizinprodukte beim Inverkehrbringen genügen müssen, um im Europäischen Wirtschaftsraum vertrieben werden zu dürfen (Rdnr. 32);
– Festlegung von „Konformitätsbewertungsverfahren", die aus verschiedenen Modulen aufgebaut sind (Rdnr. 41–43);
– Festlegung von technischen Normen und Spezifikationen, die den Grundlegenden Anforderungen entsprechen, für die Herstellung und das Inverkehrbringen von Medizinprodukten durch drei europäische Normungsorganisationen (CEN, CENELEC, ETSI) in harmonisierten „Europäischen Normen" (EN) (Rdnr. 33–35). Sie sind aufgerufen, durch ihren Auftrag zur Harmonisierung, Erarbeitung und Förderung von Europäischen Normen eine wichtige Rolle bei der Verwirklichung des europäischen Binnenmarkts zu spielen;
– Freiwilligkeit der Anwendung der harmonisierten Normen und Spezifikationen (sofern durch die Anwendung anderer Spezifikationen ein zumindest gleichwertiges Niveau erreicht wird) und
– Festlegung der Voraussetzungen für die CE-Kennzeichnung.

Werden Produkte nach Maßgabe der harmonisierten europäischen Normen her-   **13** gestellt, wird davon ausgegangen, dass für die in der Norm festgelegten Anforderungen eine Konformität mit den entsprechenden gesetzlichen Grundvoraussetzungen zum Schutz der Gesundheit und Sicherheit von Patienten, Anwendern und Dritten besteht (**„Konformitätsvermutung").** Wendet der Hersteller andere, nicht harmonisierte Normen oder eigene Spezifikationen an, muss er damit rechnen, dies begründen zu müssen.

Nach diesem Konzept ist der Hersteller frei, ein Verfahren zur **Konformitätsbewer-   14 tung** aus den zur Verfügung stehenden Modulen – je nach dem Gefährdungsgrad der

---

[11] ABl. EG Nr. L 331 v. 7. 12. 1998, S. 1.
[12] ABl. EG Nr. C 136 v. 4. 6. 1985, S. 1.
[13] ABl. EG Nr. L 380 v. 31. 12. 1990, S. 13 und ABl. EG Nr. L 220 v. 30. 8. 1993, S. 23, berichtigt durch ABl. EG Nr. L 282 v. 17. 11. 1993, S. 12. S. hierzu im Einzelnen den Beitrag von *Dieners/Lützeler* in diesem Handbuch (§ 1 Rdnr. 10 ff.).

Produkte – zusammenzustellen. Die Konformitätsbewertung soll für bestimmte Medizinprodukte von unabhängigen, bei den zuständigen Behörden der Mitgliedstaaten akkreditierten Zertifizierungsstellen, den sog. „Benannten Stellen", auditiert und zertifiziert werden (Rdnr. 41–43).[14] Die von diesen erteilte **„Konformitätsbescheinigung"** berechtigt die Hersteller zur Aufbringung der **CE-Kennzeichnung** auf den Produkten und ermöglicht ihre Verkehrsfähigkeit im Europäischen Wirtschaftsraum (EWR) (Deutschland, Niederlande, Italien, Frankreich, Spanien, Griechenland, Belgien, Dänemark, Irland, Luxemburg, Österreich, Liechtenstein, Norwegen, Schweden, Finnland und Island). Auf Grund des geringen Gefährdungspotenzials bestimmter Medizinprodukte (Rdnr. 38) kann hier der Hersteller unter eigener Verantwortung die EG-Konformität seiner Produkte erklären und seine Produkte mit der CE-Kennzeichnung versehen.[15] Auf der Grundlage der genannten europarechtlichen Bestimmungen sollen Medizinprodukte in allen Vertragsstaaten des EWR nach einheitlichen Anforderungen und damit auf der **Grundlage einheitlicher medizinischer und technischer Sicherheitsstandards** in den Verkehr gebracht werden.

2. Konsequenzen für die deutsche Rechtslage

15   EG-Richtlinien sind nicht unmittelbar an Privatpersonen oder Unternehmen in den Mitgliedstaaten der Europäischen Gemeinschaften, sondern an die Mitgliedstaaten selbst mit der Verpflichtung gerichtet, sie innerhalb einer bestimmten Frist in nationales Recht umzusetzen. Richtlinien gewinnen erst mit ihrer Umsetzung in mitgliedstaatliches Recht verbindliche Wirkung für den Einzelnen (Privatpersonen und Unternehmen).[16] In Deutschland sind die auf der „Neuen Konzeption" sowie dem „Globalen Konzept" beruhenden europarechtlichen Medizinprodukterichtlinien (Rdnr. 10) durch das MPG[17] und verschiedene zugehörige Verordnungen in deutsches Recht umgesetzt worden.[18] Rechtstechnisch erfolgt die Umsetzung der europarechtlichen Vorgaben zum Teil auch dadurch, dass das MPG auf bestimmte Vorschriften in den **europäischen Richtlinien zurückverweist** und diese auf diese Weise in nationales deutsches Recht implementiert. Daneben enthält das MPG aber auch Bestimmungen, die sich nicht aus den europäischen Rahmenbestimmungen ableiten, wie etwa Regelungen für das Errichten, Betreiben und Anwenden von Medizinprodukten,[19] Vorschriften zu Verwaltungsverfahren und Behördenzuständigkeiten oder Straf- und Bußgeldvorschriften. Das MPG enthält ferner Regelungen, die in den Richtlinien selbst nicht besonders detailliert aufgeführt sind. Das betrifft z.B. den Schutz vor Risiken (Vigilance) oder die Durchführung von klinischen Prüfungen. Hierzu legen die Richtlinien lediglich mehr oder weniger allgemeine Erfordernisse fest und überlassen die jeweilige Ausgestaltung den nationalen Erfahrungen und Eigenheiten der Mitgliedstaaten mit der Prämisse, durch die entsprechenden Maßnahmen nur Medizinprodukte zuzulassen, die die Gesundheit der Patienten/Probanden nicht gefährden. Verschiedene Regelungen des MPG sind dabei dem Gesetz über den Verkehr mit Arzneimitteln (AMG) vom 24. 8. 1976 nachgebildet, etwa durch eine zum Teil wortgleiche Übernahme der Bestimmungen zur Durchführung von klinischen Prüfungen.

16   Das MPG enthält im Wesentlichen Anforderungen, die alle Produktgruppen betreffen (sog. **„horizontale Regelungen"**). Produktspezifische **(vertikale) Regelungen,** wie

---

[14] *Böckmann/Frankenberger,* Medizinproduktegesetz, Ziff. 3.20.2.

[15] Hierbei handelt es sich um unsterile Produkte der Klasse I bzw. um Produkte ohne Messfunktion; s. hierzu im Einzelnen *Bundesverband Medizintechnologie* – BVMed (Hrsg.), Selbstzertifizierung, S. 3 ff.

[16] Zur innerstaatlichen Rechtsverbindlichkeit von Richtlinien *Sander/Peter,* Pharm.Ind. 1999, 695 ff.; s. hierzu im Einzelnen den Beitrag von *Dieners/Lützeler* in diesem Handbuch (§ 1 Rdnr. 26).

[17] Hierzu *Anhalt,* DAZ 1994, 30 ff.

[18] *Jescheck,* PharmaR 1999, 102 ff.

[19] Hierzu *Bundesverband Medizintechnologie – BVMed* (Hrsg.), Medizinprodukte-Betreiberrecht, S. 3 ff.

z. B. Bestimmungen, die einer laufenden Weiterentwicklung im Sinne der Angleichung an den jeweils neuesten Erkenntnisstand unterliegen, werden vor allem in den Verordnungen zum MPG festgehalten. Das MPG enthält insofern eine Reihe von Verordnungsermächtigungen, die teilweise durch das 2. MPG-Änderungsgesetz aus Gründen der Deregulierung sowie der besseren Übersichtlichkeit (wieder) gestrichen oder zusammengefasst wurden. Bis heute sind sechs wesentliche Verordnungen erlassen worden.[20] Sie übernehmen zum überwiegenden Teil den Inhalt der Anhänge zu den einzelnen Richtlinien. Auf Grund der Vielzahl von Verordnungsermächtigungen wird das MPG oftmals auch als **„Rahmengesetz"** bezeichnet.

Folgende **Verordnungen** wurden **seit dem Jahr 1997** im Bundesgesetzblatt veröffentlicht:[21] 17

– Verordnung über Medizinprodukte (Medizinprodukteverordnung – MPV) in der Neufassung vom 20. 12. 2001[22] (regelt insbesondere die Durchführung der Konformitätsbewertungsverfahren für die verschiedenen Arten und Medizinprodukte und die Durchführung von Anzeigen etc.),

– Verordnung über das Errichten, Betreiben und Anwenden von Medizinprodukten (Medizinprodukte-BetreiberV – MPBetreibV) vom 29. 6 1998[23] (regelt das Errichten, Betreiben und Anwenden bestimmter Medizinprodukte, insbesondere aktiver Geräte oder Messgeräte),

– Verordnung über die Verschreibungspflicht von Medizinprodukten (MPVerschrV) vom 17. 12. 1997,[24]

– Verordnung über Vertriebswege für Medizinprodukte (MPVertrV) vom 17. 12. 1997,[25]

– Verordnung über die Erfassung, Bewertung und Abwehr von Risiken bei Medizinprodukten (Medizinprodukte-Sicherheitsplanverordnung – MPSV),[26]

– Bundeskostenverordnung zum Medizinproduktegesetz und den zur Durchführung dieses Gesetzes erlassenen Rechtsverordnungen (Medizinprodukte-Kostenverordnung – BKostV-MPG) vom 27. 3. 2002,[27]

– Verordnung über das datenbankgestützte Informationssystem über Medizinprodukte des Deutschen Instituts für Medizinische Dokumentation und Information (DIMDI-Verordnung – DIMDIV) vom 4. 12. 2002.[28]

Eine Besonderheit bildet die MPG-TSE-Verordnung insofern, da sie seit ihrer ersten Bekanntmachung im Jahre 1996[29] mehrmals geändert und ausgesetzt wurde.[30]

---

[20] Der Vollständigkeit halber ist noch auf die Verordnung über Grundlegende Anforderungen bei Medizinprodukten zum Schutz vor TSE v. 3. 12. 1997 (BGBl. I S. 2786) und die beiden Verordnungen zu deren Nichtanwendbarkeit hinzuweisen.

[21] Eine zusammenfassende Betrachtung bei *Deutsch,* NJW 1999, 818 ff.

[22] BGBl. I S. 3854; zuletzt geändert durch Art. 1 der DIMDIV (BGBl. 2002 I S. 4456).

[23] BGBl. I S. 1762, zuletzt geändert durch Art. 10 des 2. MPG-ÄndG v. 13. 12. 2001 (BGBl. I S. 3586) und Art. 2 der Verordnung über die Erfassung, Bewertung und Abwehr von Risiken bei Medizinprodukten v. 24. 6. 2002 (BGBl. I S. 2131), in der Bekanntmachung der Neufassung v. 21. 8. 2002 (BGBl. I S. 3396).

[24] BGBl. I S. 3146, zuletzt geändert durch Art. 9 des 2. MPG-ÄndG v. 13. 12. 2001 (BGBl. I S. 3586) und Art. 3 der Verordnung über die Erfassung, Bewertung und Abwehr von Risiken bei Medizinprodukten v. 24. 6. 2002 (BGBl. I S. 2131), in der Bekanntmachung der Neufassung v. 21. 8. 2002 (BGBl. I S. 3396).

[25] BGBl. I S. 3148, zuletzt geändert durch Art. 10 des 2. MPG-ÄndG v. 13. 12. 2001 (BGBl. I S. 3586).

[26] Art. 1 der Verordnung über die Erfassung, Bewertung und Abwehr von Risiken bei Medizinprodukten v. 24. 6. 2002 (BGBl. I S. 2131).

[27] BGBl. I S. 1228.

[28] Art. 1 der DIMDIV v. 4. 12. 2002 (BGBl. I S. 4456).

[29] BGBl. I S. 1027.

[30] *Anhalt/Kroth,* Pharm.Ind. 2001, 27.

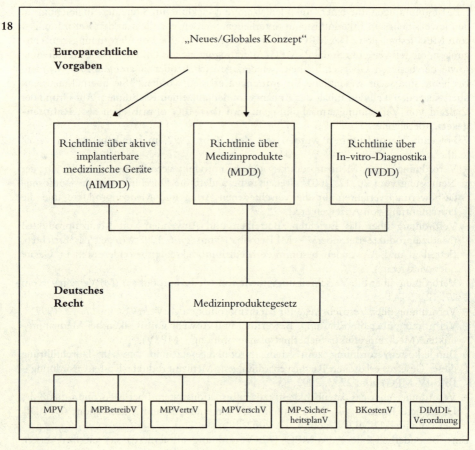

18

Abb. 2: Schaubild zur Systematik des Medizinprodukterechts ⎯⎯⎯ umgesetzt

C. Wichtige Begriffsbestimmungen

19   Das MPG enthält unter § 3 eine Vielzahl von **Legaldefinitionen**, von denen insbesondere die des Medizinprodukts, des Inverkehrbringens und des Herstellers von Bedeutung sind.

I. Medizinprodukt

1. Grundlegende Begriffsbestimmung

20   Die grundlegende Begriffsbestimmung des Medizinprodukts findet sich in § 3 Nr. 1 MPG. **Medizinprodukte** im Sinne des MPG sind danach:

alle einzeln oder miteinander verbunden verwendeten Instrumente, Apparate, Vorrichtungen, Stoffe und Zubereitungen aus Stoffen oder andere Gegenstände einschließlich der für einwandfreies

Funktionieren des Medizinproduktes eingesetzten Software, die vom Hersteller zur Anwendung für Menschen mittels ihrer Funktion zum Zwecke

a) der Erkennung, Verhütung, Überwachung, Behandlung oder Linderung von Krankheiten,
b) der Erkennung, Überwachung, Behandlung, Linderung oder Kompensierung von Verletzungen oder Behinderungen,
c) der Untersuchung, der Ersetzung oder der Veränderung des anatomischen Aufbaus oder eines physiologischen Vorgangs oder
d) der Empfängnisregelung

zu dienen bestimmt sind und deren bestimmungsgemäße Hauptwirkung im oder am menschlichen Körper weder durch pharmakologisch oder immunologisch wirkende Mittel noch durch Metabolismus erreicht wird, deren Wirkungsweise aber durch solche Mittel unterstützt werden kann.

Im Gegensatz zum Arzneimittelrecht, das in erster Linie von der objektiven Zweckbestimmung eines Produkts ausgeht, stellt das MPG auf die vom **Hersteller vorgegebene (subjektive) Zweckbestimmung** ab. Die subjektive Zweckbestimmung allein reicht jedoch nicht aus. Sie muss weiterhin in objektiv nachvollziehbarer Weise schlüssig dargetan sein.[31] Dies geschieht in der Praxis durch die Kennzeichnung, die Gebrauchsanweisung und/oder die Werbeaussagen zu einem Produkt.[32] **21**

2. Abgrenzung von Arzneimitteln

Die bestimmungsgemäße Hauptwirkung von Medizinprodukten darf nach der Definition des § 3 Nr. 1 MPG weder durch pharmakologisch oder immunologisch wirkende Mittel noch durch Metabolismus erzielt werden. Diese Kriterien machen im Wesentlichen ihre **Abgrenzung von Arzneimitteln** aus.[33] Bei der Bestimmung eines Medizinprodukts ist damit zunächst zu prüfen, ob ein Produkt mit medizinischer Zweckbestimmung zur Anwendung für Menschen unter die Definition des § 3 Nr. 1 MPG fällt. Ist dies der Fall, handelt es sich um ein Medizinprodukt und nicht um ein Arzneimittel. **22**

Teilweise ist die Abgrenzung von Medizinprodukten zu Arzneimitteln nicht einfach.[34] Dies gilt insbesondere dann, wenn es sich um **Kombinationen von Produkten** handelt, die gesondert betrachtet als Medizinprodukte bzw. Arzneimittel einzuordnen sind.[35] Auch hierzu enthält das MPG Regelungen. Diese Regelungen können an folgenden Beispielen veranschaulicht werden: **23**

– Ein Wundschnellverband etwa unterliegt dem Medizinproduktegesetz, da er weder pharmakologisch noch immunologisch wirkt (§ 3 Nr. 1 MPG). Ein Wundschnellverband wirkt vielmehr physikalisch, indem er die Wunde verschließt.
– Die Wirkungsweise eines Medizinprodukts nach § 3 Nr. 1 MPG kann aber auch durch ein Arzneimittel i. S. d. § 2 Abs. 1 AMG oder ein Arzneimittel aus menschlichem Blut oder Blutplasma i. S. d. Art. 1 der Richtlinie 89/381/EWG des Rates vom 14. 6. 1989 unterstützt werden. In diesen Fällen sind die Arzneimittelkomponenten nach den Grundsätzen der jeweils einschlägigen Richtlinien für Arzneimittel bzw. der Richtlinien für Arzneimittel aus menschlichem Blut oder Blutplasma zu bewerten, das Gesamtprodukt ist jedoch ein Medizinprodukt (§ 3 Nr. 2 und 3 MPG). Beispiele hierfür sind etwa heparinbeschichtete Katheter oder Medizinprodukte, die zur Verbesserung ihrer Biokompatibilität mit stabilen Derivaten aus menschlichem Blut oder Blutplasma beschichtet sind.[36]

---

[31] *Hill/Schmitt,* § 3 MPG, Anm. 2 a.
[32] Hierzu *Anhalt,* DAZ 2000, 72 ff.; *Schorn,* Medizinprodukte-Recht, § 3 MPG, Rdnr. 14.
[33] Hierzu den ausführlichen Beitrag von *Anhalt* in diesem Handbuch (§ 3) sowie *Anhalt,* Pharm.-Ind. 1995, 730.
[34] Hierzu *von Czettritz,* PharmaR 1997, 212 ff.; zu weiteren Abgrenzungsschwierigkeiten vgl. *Nöthlichs/Weber,* Sicherheitsvorschriften, § 2 MPG, Ziff. 2.2.1.
[35] Zur US-amerikanischen Rechtslage vgl. *Inose/Brown,* RAF 5/2002, 17 ff.
[36] Hierzu *Wiesbeck,* MPJ 2001, 60 ff.; *Schorn,* MPJ 2000, 21 ff. und *Dieners,* PharmaR 1999, 126 ff. sowie RAF 5/1999, 33 ff. Für Gewebe und Zellen menschlichen Ursprungs und Produkte, die Ge-

– Sofern Produkte dazu bestimmt sind, Arzneimittel i. S. d. § 2 Abs. 1 AMG zu verabreichen (z. B. Medikamentenpumpen), gilt grundsätzlich ebenfalls das MPG (§ 2 Abs. 2 Satz 1 MPG). Werden solche Medizinprodukte allerdings so in den Verkehr gebracht, dass das Medizinprodukt und das Arzneimittel ein einheitliches, miteinander verbundenes Produkt bilden, das ausschließlich zur Verwendung in dieser Kombination bestimmt und nicht wieder verwendbar ist, gilt das MPG nur insoweit, als das Medizinprodukt die Grundlegenden Anforderungen nach § 7 MPG erfüllen muss, die sicherheits- und leistungsbezogene Produktfunktionen betreffen. Ansonsten gelten die Vorschriften des AMG (§ 2 Abs. 2 Satz 2 MPG). Beispiele hierfür sind gefüllte Fertigspritzen zur einmaligen Verwendung oder Nikotinpflaster.

Eine gute Hilfestellung zur Klärung von Abgrenzungsfragen bieten die europäischen Leitlinien (Guidelines) **MEDDEV 2.1/3 Rev 2.**[37]

3. In-vitro-Diagnostika

24   Medizinprodukte im Sinne des MPG sind auch die In-vitro-Diagnostika, d. h. **Medizinprodukte für die In-vitro-Diagnose** einschließlich solcher zur Eigenanwendung (z. B. Schwangerschaftstest oder Harnteststreifen).[38] Sie werden unter § 3 Nr. 4–6 MPG im Einzelnen definiert. Hierunter fallen Reagenzien, Reagenzprodukte (z. B. Testkits), Kalibriermaterial, Kontrollmaterial, Ausrüstungen, Instrumente, Apparate und Systeme, die zur In-vitro-Untersuchung von aus dem menschlichen Körper stammenden Proben (einschließlich Blut- und Gewebespenden) bestimmt sind und ausschließlich oder hauptsächlich dazu dienen sollen, Informationen über physiologische oder pathologische Zustände oder angeborene Anomalien zu liefern oder die Unbedenklichkeit von Blut- und Organspenden zu prüfen.[39] Unter den Begriff der In-vitro-Diagnostika fallen Probenbehältnisse, soweit sie vom Hersteller speziell für medizinische Proben bestimmt sind.

4. Zubehör

25   Die Bestimmung des § 2 Abs. 1 Satz 2 MPG stellt klar, dass Zubehör zu Medizinprodukten als **eigenständiges Medizinprodukt** zu behandeln ist. Damit gilt das Zubehör als Medizinprodukt im Sinne des MPG. Die Legaldefinition für Zubehör findet sich in § 3 Nr. 9 MPG. Danach sind Zubehör für Medizinprodukte Gegenstände, Stoffe, Zubereitungen aus Stoffen sowie Software, die selbst keine Medizinprodukte sind, aber vom Hersteller dazu bestimmt sind, mit einem Medizinprodukt verwendet zu werden, damit dieses entsprechend der von ihm festgelegten Zweckbestimmung des Medizinprodukts angewendet werden kann. Das bedeutet, dass die Zubehöreigenschaft von der **Festlegung des Herstellers** abhängt und dass das Medizinprodukt seine **Zweckbestimmung nicht ohne das Zubehör** erreichen kann (z. B. Katheter und Führungsdrähte, Ultraschallscanner und Gel). Weitere Informationen und eine entsprechende Beispielliste bieten die europäischen Leitlinien (Guidelines) **MEDDEV 2.1/1.**[40]

---

webe oder Zellen menschlichen Ursprungs enthalten oder aus solchen Zellen gewonnen werden, gilt das MPG dagegen grundsätzlich nicht (§ 2 Abs. 4 Nr. 4 MPG); s. hierzu *Dieners/Sonnenschein/Köhler*, PharmaR 2002, 325 ff. u. *Brown*, S. 111 ff.

[37] Guidelines relating to the Demarcation between Directive 90/385/EEC on Active Implantable Medical Devices, Directive 93/42/EEC on Medical Devices and Directive 65/65/EEC relating to Medicinal Products and related Directives, MEDDEV 2.1/3 Rev 2–7/2001.

[38] Zu dieser Begriffsbestimmung und der Abgrenzung zu den übrigen Medizinprodukten vgl. im Einzelnen den Beitrag von *Meyer-Lüerßen* in diesem Handbuch (§ 18 Rdnr. 7–31).

[39] Hierzu *Meyer-Lüerßen*, MPJ 1998, 102 ff.

[40] Guidelines relating to the Definition of „medical devices", „accessory" and „manufacturer", MEDDEV 2.1/1–4/1994.

Jederzeit austauschbare Teile wie Batterien oder Verlängerungsschnüre sowie medizini- **26**
sche Vor- und Zwischenprodukte sind kein Zubehör. Invasive, zur Entnahme von Proben
aus dem menschlichen Körper für die In-vitro-Untersuchung bestimmte Medizinprodukte
sowie Medizinprodukte, die zum Zweck der Probenahme in unmittelbaren Kontakt mit
dem menschlichen Körper kommen, gelten nicht als Zubehör für In-vitro-Diagnostika
(§ 3 Nr. 9 Satz 2 MPG).

Im Zuge des 2. MPG-ÄndG wurde die **vormalige Bestimmung** gestrichen, dass es **27**
sich auch dann um Zubehör zu einem Medizinprodukt handelt, wenn das Zubehör lediglich die für das Medizinprodukt festgelegte Zweckbestimmung unterstützt. Beispielsweise
konnte ein vom Hersteller eines dentalen Schutzlacks diesem Medizinprodukt beigefügter
kleiner Pinsel als ein solches Zubehör betrachtet werden. Denn die mit seiner Hilfe er-
reichbare gleichmäßige Verteilung des flüssigen Schutzlacks auf alle Teile des Zahnes
wurde als Unterstützung der Zweckbestimmung des Medizinprodukts diskutiert. Damit
hatte das deutsche Recht aber die Definition von Zubehör in den Europäischen Richtlinien insofern überinterpretiert, als darin eine Unterstützung der Zweckbestimmung eigentlich nicht enthalten war. Außerdem eröffnete die ehemals deutsche Regelung eine
Zubehörkette ohne klares Ende („Zubehör zum Zubehör zum Zubehör"). Aus diesem
Grunde war es nahe liegend, das deutsche Recht wieder mehr an die europäischen Vorlagen anzugleichen.

5. Produkte zur veterinärmedizinischen Anwendung

Das MPG findet lediglich Anwendung auf Produkte **„zur Anwendung für Men-** **28**
schen", nicht aber auf solche Produkte, die ausschließlich zur veterinärmedizinischen
Versorgung bestimmt sind. Es gibt also laut Gesetz keine Medizinprodukte zur Anwendung bei Tieren; die entsprechenden Erzeugnisse unterliegen anderen Rechtsvorschriften,
z. B. dem AMG. Dementsprechend fallen auch die zur (ausschließlichen) Verwendung in
der Veterinärmedizin bestimmten In-vitro-Diagnostika nicht unter die Regelungen des
MPG. Auch im Hinblick darauf sind die einschlägigen Regelungen des Arzneimittel- und
Tierseuchengesetzes anwendbar.

II. Inverkehrbringen

Wesentliche Teile der europäischen Harmonisierungsrichtlinien und dementspre- **29**
chend auch des MPG befassen sich mit den rechtlichen Anforderungen für das **Inver-**
kehrbringen von Medizinprodukten. Nach § 3 Nr. 11 MPG ist Inverkehrbringen jede
entgeltliche oder unentgeltliche Abgabe von Medizinprodukten an andere. Im Gegensatz zum Arzneimittelrecht ist insofern nur die **tatsächliche Abgabe** von Medizinprodukten **an andere** ein Inverkehrbringen. Das bloße Feilhalten von Produkten im
Lager des Medizinprodukteherstellers ist, anders als im Arzneimittelrecht, noch kein Inverkehrbringen.[41] Die Abgabe von neuen oder als neu aufbereiteten Medizinprodukten an andere ist ebenfalls ein Inverkehrbringen von Medizinprodukten. Eine Abgabe
an andere liegt hingegen nicht vor, wenn Medizinprodukte für einen anderen aufbereitet und an diesen zurückgegeben werden. Ein Inverkehrbringen liegt auch nicht vor
bei Abgabe von Medizinprodukten zum Zwecke der klinischen Prüfung, bei Abgabe
von In-vitro-Diagnostika für Leistungsbewertungsprüfungen und bei erneuter Abgabe eines Medizinprodukts nach seiner Inbetriebnahme an andere, es sei denn, dass es
neu aufbereitet oder wesentlich verändert wird. Unter einem **erstmaligen Inver-**
kehrbringen versteht das Gesetz die erste Abgabe von neuen oder als neu aufbereiteten Medizinprodukten an andere im Europäischen Wirtschaftsraum (§ 3 Nr. 11 Satz 2
MPG).

---

[41] Hierzu *Schorn,* Medizinprodukte-Recht, § 3 MPG, Rdnr. 37.

III. Hersteller

30   Der Adressat einer Vielzahl medizinprodukterechtlicher Vorschriften ist der Hersteller, den § 3 Nr. 15 MPG definiert. Diese umfangreiche und komplexe Definition führt im Ergebnis dazu, dass derjenige, der **im eigenen Namen Medizinprodukte in den Verkehr bringt,** als Hersteller gilt. Hersteller kann danach eine natürliche oder juristische Person sein. Sofern diese Person ihren Sitz außerhalb der EWR hat, muss ein **Bevollmächtigter** im EWR oder der **Einführer als verantwortlicher Unternehmer** fungieren und als solcher auch in der Kennzeichnung und Produktinformation benannt sein. Die Definition erfasst nicht nur die eigentliche Tätigkeit des Herstellens einschließlich der Auslegung, Verpackung und Kennzeichnung eines Medizinprodukts. Hersteller ist auch, wer Medizinprodukte montiert, abpackt, behandelt, aufbereitet oder kennzeichnet. Als Hersteller gilt ferner, wer bei Produkten, die für mehrere Anwendungsmöglichkeiten hergestellt werden, die (medizinische) Zweckbestimmung festlegt. Um als Hersteller im Sinne des MPG zu gelten, ist *zusätzlich* in jedem der genannten Fälle *erforderlich,* dass das Medizinprodukt im eigenen Namen erstmalig in den Verkehr gebracht wird. Es ist damit rechtlich unerheblich, ob das Medizinprodukt vom „Hersteller" (i. S. v. § 3 Nr. 15 MPG) selbst oder von Dritten tatsächlich hergestellt wird. Entscheidend für den Begriff des „Herstellers" ist vielmehr, wer die Zweckbestimmung festlegt und das Produkt unter seinem Namen erstmalig in den Verkehr bringt. Der Hersteller erscheint allein in der Kennzeichnung und trägt die **Produktverantwortung** einschließlich der Überprüfung der Sicherheit und Zuverlässigkeit des Medizinprodukts.

31   Wer bereits in Verkehr gebrachte Medizinprodukte für einen namentlich genannten Patienten entsprechend der Zweckbestimmung montiert oder anpasst, ist kein Hersteller (z. B. Zahnarzt, Zahntechniker oder Optiker).

D. Voraussetzungen für das Inverkehrbringen

I. Grundlegende Anforderungen

32   Alle Medizinprodukte müssen die Grundlegenden Anforderungen bezüglich ihrer **Qualität,** ihrer **Sicherheit** und **gesundheitlichen Unbedenklichkeit** gegenüber Patienten, Anwendern und Dritten sowie bezüglich ihrer **Zweckbestimmung** erfüllen, damit sie die CE-Kennzeichnung tragen, in Verkehr gebracht und in Betrieb genommen werden dürfen (§ 6 MPG).[42] Nach § 7 MPG sind die Grundlegenden Anforderungen für aktive implantierbare Medizinprodukte in Anhang 1 der Richtlinie 90/385/EWG geregelt. Für In-vitro-Diagnostika gelten die Anforderungen des Anhangs I der Richtlinie 98/79/EG und für sonstige Medizinprodukte die Anforderungen des Anhangs I der Richtlinie 93/42/EWG. Die Grundlegenden Anforderungen zielen nicht nur auf den Schutz von Patienten, Anwendern und Dritten. Sie beabsichtigen auch die Sicherstellung einer einwandfreien medizinischen Leistung von Medizinprodukten und Eignung für den vorgesehenen Zweck. Daneben enthalten sie umfangreiche Kennzeichnungsregelungen.[43]

II. Harmonisierte Normen

33   Die Grundlegenden Anforderungen sollen durch harmonisierte Normen weiter konkretisiert werden, da sie nur sehr allgemeine Anforderungen enthalten. Stimmen Medi-

---

[42] Hierzu den instruktiven Aufsatz von *Klindt,* MPR 2002, 13 ff., zur medizinprodukterechtlichen CE-Kennzeichnung am Beispiel elektrischer Pflegebetten.

[43] Hierzu auch *Bundesverband Medizintechnologie – BVMed* (Hrsg.), Kennzeichnung, S. 3 ff.

zinprodukte mit harmonisierten „Europäischen Normen" für diese Medizinprodukte überein, wird vermutet, dass sie die gesetzlichen Anforderungen einhalten (§ 8 Abs. 1 MPG). Eine harmonisierte Norm ist eine technische Spezifikation, die im Auftrag der Europäischen Kommission von den zuständigen **europäischen Normungsorganisationen CEN** (Comité Européen de Normalisation; Europäisches Komitee für Normung), **CENELEC** (Comité Européen de Normalisation Electrotechnique; Europäisches Komitee für Elektrotechnische Normung) und **ETSI** (European Telecommunications Standards Institute) ausgearbeitet wird. CEN und CENELEC haben ihren Sitz in Brüssel; ETSI ist in Sophia Antipolis (Frankreich) ansässig. Die nationalen Normungsgremien der Mitgliedstaaten (in Deutschland das Deutsche Institut für Normung e. V. – **DIN** und der Verband der Elektrotechnik, Elektronik und Informationstechnik e. V. – **VDE**) übernehmen diese Normen unverändert. Der Hersteller soll in der Regel diese harmonisierten Normen anwenden. Dem Hersteller steht es aber grundsätzlich auch frei, alternative Methoden und Verfahren zu wählen. Er muss in solchen Fällen jedoch nachweisen, dass er mit der alternativen Vorgehensweise die gesetzlichen Voraussetzungen mindestens in gleicher Weise erfüllt. Den Hersteller trifft dann eine **Beweislastumkehr.**[44]

In der Praxis orientieren sich die Hersteller regelmäßig an harmonisierten Normen, sofern solche bestehen. Gleichzeitig ermöglicht die Konzeption jedoch auch flexible Möglichkeiten für neue oder individuelle Produkte.[45] Die Einhaltung der harmonisierten Normen führt zu der **gesetzlichen Vermutung,** dass die Bestimmungen des MPG eingehalten worden sind, d. h. die Einhaltung der entsprechenden Gesetzlichen Anforderungen wird bei Beachtung der harmonisierten Normen von Seiten der Behörden ohne weitere Nachweise angenommen.[46] Der Hersteller muss insofern nur die **Übereinstimmung mit der Norm darlegen.** Kommt er dem nicht nach, muss er auf andere Art und Weise das Niveau der Spezifikation erreichen. Diese Konzeption führt für den Regelfall zu einer erheblichen Nachweiserleichterung und erleichtert die Durchführung der Konformitätsbewertungsverfahren. Die Fundstellen der harmonisierten Normen für Medizinprodukte werden im Amtsblatt der Europäischen Gemeinschaften veröffentlicht. Die Fundstellen der diesbezüglichen deutschen Normen werden im Bundesanzeiger bekannt gemacht. 34

Besonders arzneimittelnahe Medizinprodukte können aus Stoffen bestehen oder diese enthalten, für die eine Monographie im Europäischen Arzneibuch vorliegt. **Arzneibuchmonographien** legen vornehmlich Anforderungen an die Reinheit und an den Gehalt solcher Ausgangsstoffe fest. Diese Monographien sind harmonisierten Normen gleichgestellt (§ 8 MPG), und ihre Einhaltung führt beim Medizinprodukt insofern zur Konformitätsvermutung (Rdnr. 34). 35

Gemeinsame Technische Spezifikationen sind solche Spezifikationen, die bestimmte In-vitro-Diagnostika betreffen, wie z. B. Reagenzien zur Blutgruppenbestimmung, zur Trisomie 21-Abschätzung oder Produkte zur Blutzuckerbestimmung. In diesen Spezifikationen werden Kriterien für die Bewertung und Neubewertung der Leistung, Chargenfreigabekriterien, Referenzmethoden und Referenzmaterialien festgelegt. Ihre Fundstellen werden im Amtsblatt der Europäischen Gemeinschaft und im Bundesanzeiger bekannt gemacht. Gemeinsame Technische Spezifikationen sind harmonisierten Normen gleichgestellt und ihre Einhaltung führt bei den betroffenen In-vitro-Diagnostika ebenfalls zur Konformitätsvermutung (§ 8 Abs. 1 MPG). 36

III. Klassifizierung und Konformitätsbewertungsverfahren

Die Erfüllung der Grundlegenden Anforderungen sowie der übrigen gesetzlichen Anforderungen muss vor dem Inverkehrbringen eines Medizinprodukts in einem formalen 37

---

[44] Hierzu *Hill/Schmitt,* § 6 MPG, Anm. 1.
[45] *Meyer-Lüerßen/Will,* PharmaR 1995, 37.
[46] *Schorn,* Medizinprodukte-Recht, § 6 MPG, Rdnr. 3f.

Konformitätsbewertungsverfahren festgestellt werden.[47] Art und Umfang dieser auch als **Zertifizierungsverfahren** bezeichneten Anforderungen variieren in Abhängigkeit von der Klassenzugehörigkeit des betreffenden Medizinprodukts. Die Zuordnung der jeweils anzuwendenden Verfahren erfordert daher grundsätzlich zunächst die **Einteilung** der Medizinprodukte **in verschiedene Risikoklassen.** Die Festlegung der Klassifizierungsregelungen und der Konformitätsbewertungsverfahren bestimmt sich auf der Grundlage der §§ 6 Abs. 2, 37 Abs. 1 MPG i. V. m. §§ 3 ff. MPV. Die MPV verweist insofern zurück auf die Anhänge 2 bis 5 der Richtlinie 90/385/EWG, Anhänge II bis VII der Richtlinie 93/42/EWG sowie Anhänge III bis VII der Richtlinie 98/79/EG.

1. Klassifizierung

38   Die rechtliche Grundlage zur Klassifizierung von Medizinprodukten nach verschiedenen **Risikoklassen** findet sich in § 13 MPG. Nach § 13 Abs. 1 MPG werden Medizinprodukte unter Ausnahme der In-vitro-Diagnostika und der aktiven implantierbaren Medizinprodukte in vier Risikoklassen (I, IIa, IIb, III) nach Maßgabe von Art. 9 Abs. 1 der Richtlinie 93/42/EWG i. V. m. Anhang IX der Richtlinie 93/42/EWG eingeteilt. Die Klassifizierungsregeln basieren auf verschiedenen Kriterien, etwa auf der Verletzlichkeit des menschlichen Körpers (Invasivität). Das Risiko ist grundsätzlich verschieden, wenn das Produkt außerhalb des Menschen angewendet wird (geringstes Risiko) oder am Menschen bzw. im Menschen (höheres Risiko) zur Anwendung gelangt. Zum anderen berücksichtigen die Medizinprodukteklassen die potenziellen Risiken im Zusammenhang mit der möglichen und tatsächlichen Abgabe, Entnahme oder dem Austausch von Energie (Produktaktivität) sowie der Dauer ihrer Anwendung (kurzzeitige, vorübergehende oder langfristige Anwendung). Die Basis für die Klassifizierung ist die Zweckbestimmung des Herstellers. Die Klassifizierung eines Medizinprodukts erfolgt durch die Anwendung der in Anhang IX der Richtlinie 93/42/EWG angegebenen 18 Klassifizierungsregeln unter Beachtung der ebenfalls dort angegebenen Begriffsdefinitionen und Anwendungsregeln[48]:
- Der **Klasse I** unterfallen Produkte mit **geringem Risikopotenzial,** die deshalb auch die geringste Kontrolle erfordern (z.B. Krankenpflegeartikel und orthopädische Hilfsmittel).
- **Klasse IIa** erfasst Produkte mit **mittlerem Risikopotenzial** (z.B. sog. invasive Produkte, d.h. über natürliche Körperöffnungen im Körper zur Anwendung kommende Produkte wie bestimmte Katheter, dentale Produkte, Hörgeräte oder Ultraschallgeräte für die Diagnostik).
- Produkte mit **erhöhtem Risikopotenzial** fallen unter die **Klasse IIb** (z.B. chirurgisch-invasive Einmalprodukte, Produkte zur Empfängnisverhütung, Hochfrequenz-Chirurgiegeräte, extrakorporale Defibrillatoren, Beatmungsgeräte, Inhalationsnarkosegeräte).
- Schließlich werden Produkte mit **besonders hohem Risikopotenzial** von der **Klasse III** erfasst (z.B. Herzklappen und Herzschrittmacher).

39   Die Europäische Kommission gibt ausführliche Erläuterungen und zahlreiche Beispiele für Klassifizierungen in den Leitlinien (Guidelines) **MEDDEV 2.4/1** (früher 10/93).[49] Bei **Meinungsverschiedenheiten** zwischen dem Hersteller und einer Benannten Stelle über die Klassifizierung kann nach § 13 Abs. 2 MPG die **Entscheidung der zuständigen Landesbehörde** eingeholt werden. Insofern kann die zuständige Landesbehörde auch die **zuständige Bundesoberbehörde** um eine **Stellungnahme** ersuchen.

---

[47] Vgl. zur Klassifizierung und zu Unterschieden in Konformitätsbewertungsverfahren den Beitrag von *Frankenberger* in diesem Handbuch (§ 4).
[48] Hierzu *Bundesverband Medizintechnologie – BVMed* (Hrsg.), Klassifizierungsliste, S. 3 ff.
[49] Guidelines for the Classification of Medical Devices, MEDDEV 2.4/1 Rev 8–7/2001.

In-vitro-Diagnostika werden nicht in Klassen eingeteilt (Rdnr. 38). Diejenigen Pro- **40**
dukte mit dem potenziell höchsten Risiko werden in den sog. Listen (Liste A und Liste B)
aufgeführt (§ 5 Medizinprodukteverordnung (MPV) i.V.m. Anhang II der Richtlinie 98/
79/EG). Das sind beispielsweise Reagenzien zur Bestimmung von Blutgruppen, Infektionen oder Erbkrankheiten. Von den nichtgelisteten In-vitro-Diagnostika werden diejenigen zur **Eigenanwendung** (z.B. Schwangerschaftstests, Harnteststreifen) insofern den
Liste A- und B-Produkten gleichgestellt, als dass sie wie diese eine Zertifizierung durch
Dritte benötigen (Rdnr. 43). Ansonsten reicht eine Selbstzertifizierung im Rahmen der
Konformitätsbewertung aus (Rdnr. 42).

2. Konformitätsbewertungsverfahren

Erst die **Zuordnung** eines Medizinproduktes zu einer der vier Produktklassen (I, IIa, **41**
IIb oder III) erlaubt die **Feststellung, welches Konformitätsbewertungsverfahren** zur
Erlangung der „Konformitätserklärung" durchgeführt werden muss, die Voraussetzung
für die Aufbringung der CE-Kennzeichnung auf das Medizinprodukt und damit für
dessen Inverkehrbringung ist. Der Hersteller hat – mit Ausnahme von Produkten der
Klasse I, für die nur ein Verfahren vorgesehen ist – die **Wahl zwischen mehreren Konformitätsbewertungsverfahren**.[50] Die vorgesehenen Konformitätsbewertungsverfahren
setzen sich in unterschiedlichen Varianten aus verschiedenen „Modulen" zusammen, die
in den Anhängen der Richtlinien im Einzelnen festgehalten sind, auf die das MPG verweist.[51]

Für Produkte der **Klasse I** und **bestimmte In-vitro-Diagnostika** können die Kon- **42**
formitätsbewertungsverfahren unter der **alleinigen Verantwortung** des Herstellers erfolgen, da der Gefährdungsgrad dieser Produkte gering ist (sog. **„Selbstzertifizierung"**).
Während der Vermarktung muss der Hersteller ein systematisches Verfahren einrichten
und auf dem neuesten Stand halten, um mögliche Vorkommnisse zu erfassen, auszuwerten
sowie die notwendigen Korrekturmaßnahmen vornehmen zu können (post-marketing
surveillance system) (Anhang VII Nr. 4 der Richtlinie 93/42/EWG und Anhang III Nr. 5
der Richtlinie 98/79/EG). Gegebenenfalls prüft zusätzlich eine Benannte Stelle bei **sterilen Produkten** die Validierungsdaten des Sterilisationsverfahrens und bei **Produkten
mit einer Messfunktion** die messtechnischen Validierungsdaten.

Für Produkte der **übrigen Klassen** und für **spezielle In-vitro-Diagnostika** ist die **43**
Beteiligung einer Zertifizierungsstelle (= Benannte Stelle) erforderlich. Diese überprüft die Übereinstimmung des Medizinprodukts mit den Grundlegenden Anforderungen
bis hin zur Qualitätssicherung bei der Herstellung, für die Produkte mit höherem Risiko
auch bei deren Entwicklung (Anhang 2 bis 6 der Richtlinie 90/385/EWG, Anhang II bis
VI der Richtlinie 93/42/EWG und der Richtlinie 98/79/EG). Der Hersteller muss auch
hier ein systematisches Verfahren zur Meldung und Bewertung von Vorkommnissen
einrichten und ggf. eigenverantwortliche oder angeordnete Korrekturmaßnahmen vornehmen.

IV. Benannte Stellen

Für die Durchführung von Konformitätsbewertungsverfahren, die der Hersteller nicht **44**
selbst vornehmen kann, sieht das MPG Zertifizierungsstellen vor. Diese Zertifizierungsstellen werden als **„Benannte Stellen"** (Notified Bodies) bezeichnet.[52] Sie werden von

---

[50] Zu Einzelheiten der Konformitätsbewertungsverfahren s. den Beitrag von *Edelhäuser* in diesem
Handbuch (§ 5 Rdnr. 22–43).
[51] Hierzu *Bundesverband Medizintechnologie – BVMed* (Hrsg.), Konformitätsbewertungsverfahren,
S. 3 ff.
[52] Hierzu *Bundesverband Medizintechnologie – BVMed* (Hrsg.), Benannte Stellen, S. 6 f.

den Mitgliedstaaten gegenüber der Europäischen Kommission benannt (§ 15 MPG). Die Überprüfung der Eignung dieser Stellen zur Zertifizierung erfolgt in einem sog. **Akkreditierungsverfahren.** Voraussetzung für die Benennung ist, dass die Befähigung der Stelle zur Wahrnehmung ihrer Aufgaben sowie die Einhaltung der Mindestanforderungen des Anhangs 8 der Richtlinie 90/385/EWG, des Anhangs XI der Richtlinie 93/42/EWG oder des Anhangs IX der Richtlinie 89/79/EG entsprechend den Verfahren, für die sie benannt werden soll, durch die zuständige Zentralstelle (s. u.) festgestellt wurden. Bei den Benannten Stellen kann es sich um privatrechtlich organisierte oder öffentliche Stellen handeln.[53] Das **Akkreditierungsverfahren** ist in Deutschland ein eigenes **Verwaltungsverfahren,** das der Benennung vorausgeht. Für die Akkreditierung sind die Bundesländer zuständig.[54] Um dieser Aufgabe nachzukommen, haben die Ministerpräsidenten der Länder folgende **Zentralstellen** eingerichtet:

– für die aktiven medizinischen Geräte die **Zentralstelle der Länder für Sicherheitstechnik (ZLS)** mit Sitz in München;

– für die nicht aktiven Medizinprodukte die **Zentralstelle der Länder für Gesundheitsschutz bei Arzneimitteln und Medizinprodukten (ZLG)** mit Sitz in Bonn.

45   Es ist die Aufgabe der ZLS bzw. der ZLG, neben der Akkreditierung Benannter Stellen diese **fortlaufend zu überwachen.**[55] Prüflaboratorien und Zertifizierungsstellen müssen der ZLS bzw. der ZLG ihre Kompetenz nachweisen. Die daraufhin ausgesprochene Akkreditierung und Benennung gegenüber der Europäischen Kommission ermöglicht den Benannten Stellen, europaweit tätig zu werden. Benannte Stellen unterstehen zur Aufrechterhaltung der Akkreditierung der kontinuierlichen Überwachung durch die ZLS oder ZLG bzw. durch das Bundesland, in dem sie ihren Sitz haben (§ 15 Abs. 2 MPG).[56] Die Europäische Kommission teilt den Benannten Stellen jeweils eine **Kennnummer** zu. Die Benannten Stellen werden mit ihren jeweiligen Kennnummern von der Kommission im Amtsblatt der Europäischen Gemeinschaften und von dem Bundesministerium für Gesundheit im Bundesanzeiger bekannt gemacht.

46   Die Benannten Stellen führen im Benehmen mit dem Hersteller oder Inverkehrbringer eines Medizinprodukts (Auftraggeber) die Konformitätsbewertung durch. Hersteller und Benannte Stelle stimmen sich über die Zeitdauer bzw. den Zeitpunkt und die Kosten der Zertifizierung sowie über die Klassifizierung des Medizinprodukts ab. Bei positivem Ergebnis der Bewertung erhält der Auftraggeber die **Konformitätsbescheinigung (Zertifikat)** der Benannten Stelle, die ihn zur Aufbringung der CE-Kennzeichnung auf seinem Medizinprodukt berechtigt. Das Zertifikat besitzt in der Regel eine begrenzte zeitliche Geltungsdauer und kann auf Antrag um jeweils fünf Jahre verlängert werden (vgl. § 17 Abs. 1 MPG sowie Art. 11 Abs. 11 der Richtlinie 93/42/EWG).

47   Der Auftraggeber ist in der **Wahl der Benannten Stellen** innerhalb der EU **frei.** Ein deutscher Hersteller kann z.B. sein Medizinprodukt bei einer niederländischen oder britischen Benannten Stelle zertifizieren lassen. Er muss dann aber beachten, dass die Verlängerung des Zertifikats grundsätzlich ebenfalls bei der ursprünglichen Benannten Stelle beantragt werden muss.[57] Ein **Wechsel der Benannten Stelle** ist nur in Ausnahmefällen möglich.[58]

---

[53] Hierzu *Meyer-Lüerßen/Will,* PharmaR 1995, 39; zur rechtlichen Qualifizierung der Tätigkeit Benannter Stellen *Hiltl,* PharmaR 1997, 408 ff. Vgl. auch *Deutsch,* Medizinproduktegesetz, § 15 MPG, Rdnr. 1.

[54] Zum Widerruf der Akkreditierung s. den Beitrag von *von Czettritz* in diesem Handbuch (§ 15); hierzu auch *von Czettritz,* PharmaR 2000, 321 ff.

[55] Zu Einzelheiten s. den Beitrag von *Soltau* in diesem Handbuch (§ 12).

[56] Hierzu ausführlich *Imhoff-Hasse,* MPJ 1997, 36 ff.

[57] Hierzu *Schorn,* Medizinprodukte-Recht, § 15 MPG, Rdnr. 1.

[58] Hierzu *Bundesverband Medizintechnologie – BVMed* (Hrsg.), Wechsel der Benannten Stelle, und ZLG-Dokument 3.13 A 3 Benennung der Stellen. Wechsel der Benannten Stellen – Regelungen zum Inverkehrbringen, 2. Entwurf, Januar 2002.

V. CE-Kennzeichnung

Sowohl für das erstmalige Inverkehrbringen als auch für die erstmalige Inbetriebnahme **48** von Medizinprodukten ist die **CE-Kennzeichnung** des Produkts **erforderlich** (§ 6 Abs. 1 MPG).[59] Ausgenommen hiervon sind Sonderanfertigungen, Medizinprodukte aus In-Haus-Herstellung, Medizinprodukte, die nach § 11 Abs. 1 MPG freigestellt sind, Medizinprodukte zum Zwecke der klinischen Prüfung sowie In-vitro-Diagnostika, die für Leistungsbewertungen vorgesehen sind. Die CE-Kennzeichnung dient als **äußeres Zeichen für die Erfüllung der Grundlegenden Anforderungen** eines Medizinprodukts im gesamten Europäischen Wirtschaftsraum und nicht nur in der EU (aufgrund des Vertrags zwischen der EU und den EFTA-Staaten über den Europäischen Wirtschaftsraum). CE-gekennzeichnete Medizinprodukte können innerhalb des ganzen Europäischen Wirtschaftsraums **ohne zusätzliche nationale Zulassungs- oder Bestätigungsverfahren frei vermarktet** werden (Art. 4 Abs. 1 der Richtlinie 93/42/EWG). Dies bedeutet eine wichtige Grundvoraussetzung für den freien Warenverkehr von Medizinprodukten innerhalb der EU und des Europäischen Wirtschaftsraums. Die Kennzeichnung kann damit nicht nur als ein „Siegel" für die Sicherheit und technische Funktionstauglichkeit des Medizinprodukts, sondern auch als eine Art „Reisepass" für Medizinprodukte verstanden werden.

Der Hersteller darf die CE-Kennzeichnung erst dann auf dem Medizinprodukt und **49** – falls vorhanden – auf der Handelsverpackung und/oder der Gebrauchsinformation anbringen, wenn:
– das Medizinprodukt die **Grundlegenden Anforderungen erfüllt**, die auf dieses unter Berücksichtigung seiner Zweckbestimmung anwendbar sind;
– der Hersteller oder eine Benannte Stelle die Konformität des Produkts mit den Grundlegenden Anforderungen unter Beachtung der Konformitätsbewertungsverfahren bescheinigt hat **(Konformitätsbescheinigung)**;
– der Hersteller die Konformität seines Produkts schriftlich erklärt hat **(Konformitätserklärung)**.

Größe und Form des CE-Kennzeichens sind in Anhang XII der Richtlinie 93/42/ **50** EWG vorgeschrieben. Zusätzlich ist ggf. noch die **Kennnummer der Benannten Stelle,** welche die Konformitätsbewertung durchgeführt hat, hinzuzufügen. Weitere Einzelheiten sowie Ausnahmen von der CE-Kennzeichnung regelt § 9 MPG.

E. Klinische Bewertung, Leistungsbewertung, klinische Prüfung, Leistungsbewertungsprüfung

Medizinprodukte dürfen mit einer CE-Kennzeichnung nur versehen werden, wenn sie **51** die **Grundlegenden Anforderungen** gem. § 7 MPG erfüllen und ein Konformitätsbewertungsverfahren durchgeführt worden ist. Darüber hinaus sieht das Gesetz auch vor, dass die **Zweckbestimmung** des jeweiligen Medizinprodukts zu berücksichtigen ist, die sich auf die Grundlegenden Anforderungen auswirkt. Die Grundlegenden Anforderungen sind unterteilt in allgemeine Anforderungen und spezielle Anforderungen an die Auslegung und Konstruktion von Medizinprodukten. Kein Medizinprodukt darf die Sicherheit oder die Gesundheit eines Patienten gefährden. Darüber hinaus müssen Medizinprodukte die vom Hersteller vorgegebenen Leistungen erbringen. Die Eignung von Medizinprodukten für den vorgesehenen Verwendungszweck ist durch eine **klinische Bewer-**

---

[59] Vgl. zu Einzelheiten der Bedeutung der CE-Kennzeichnung auf Medizinprodukten den ausführlichen Beitrag von *Hill* in diesem Handbuch (§ 8).

tung anhand von klinischen Daten zu belegen (§ 19 Abs. 1 MPG). Für In-vitro-Diagnostika erfolgt dieser Nachweis durch eine **Leistungsbewertung anhand geeigneter Daten** (§ 19 Abs. 2 MPG).

52   § 19 MPG sieht insgesamt zwei Möglichkeiten vor, auf die die **klinische Bewertung bzw. Leistungsbewertung** gestützt werden kann. Sie kann gestützt werden entweder auf Daten aus der wissenschaftlichen Literatur (sowie ggf. einen schriftlichen Bericht mit einer kritischen Würdigung dieser Daten) oder alternativ auf die Ergebnisse aller durchgeführten klinischen Prüfungen mit dem in Frage stehenden Medizinprodukt bzw. für In-vitro-Diagnostika die Ergebnisse aller Leistungsbewertungsprüfungen oder auf einer Mischung aus beidem. Letzteres ist z. B. dann der Fall, wenn einzelne Leistungsaspekte oder Wirkweisen nicht oder nicht ausreichend mit Literaturdaten belegt werden können. Hieraus folgt, dass die Durchführung einer klinischen Prüfung nicht für jedes Produkt in jedem Fall zwingend ist. Über die Daten aus der wissenschaftlichen Fachliteratur hinaus können auch alle **für die Anwendung relevanten Erkenntnisse** zum Produkt für die klinische Bewertung herangezogen werden, wie z. B. Laborergebnisse, Erfahrungen mit vergleichbaren Produkten und die allgemeine wissenschaftliche Literatur.

53   Die Frage, ob und ggf. in welchen Fällen eine klinische Prüfung bzw. Leistungsbewertungsprüfung für das jeweilige Medizinprodukt durchgeführt werden muss, beantwortet das MPG nicht. Aus dem Umstand, dass klinische Daten entweder auf Daten aus der wissenschaftlichen Literatur oder auf die Ergebnisse klinischer Prüfungen gestützt werden dürfen, kann jedoch geschlossen werden, dass die Durchführung einer **klinischen Prüfung** zumindest dann **erforderlich** ist, wenn die wissenschaftliche Literatur, klinische Erfahrungen und wissenschaftliche Veröffentlichungen die Eignung eines Medizinprodukts für den vorgesehenen Verwendungszweck **nicht** oder nicht hinreichend bzw. in allen Aspekten **belegen** können.

54   Die Bestimmungen der §§ 20–24 MPG regeln die allgemeinen und besonderen Voraussetzungen für die klinische Prüfung bzw. Leistungsbewertungsprüfung und deren Durchführung sowie Ausnahmen zur klinischen Prüfung.[60] Nach der durch das 2. MPG-ÄndG erfolgten Umsetzung der EG-Richtlinie über In-vitro-Diagnostika ist zu den bis dahin geltenden Bestimmungen über die klinische Prüfung (§§ 17–19 MPG a. F.) noch eine weitere Bestimmung über die Leistungsbewertungsprüfung hinzu gekommen (§ 24 MPG). Die gesetzlichen Anforderungen werden von der harmonisierten Europäischen Norm für die klinische Prüfung von Medizinprodukten, der **DIN EN 540 („Klinische Prüfung von Medizinprodukten am Menschen")** im Einzelnen beschrieben. Gemäß § 22 MPG müssen bei der Durchführung außerdem der Abschnitt 2.3 des Anhangs 7 der Richtlinie 90/385/EWG (für aktive implantierbare Medizinprodukte) und der Abschnitt 2.3 des Anhangs X der Richtlinie 93/42/EWG (für die sonstigen Medizinprodukte) beachtet werden.[61] Darüber hinaus enthält die Revidierte Deklaration des Weltärztebundes von Helsinki (zuletzt geändert in Edinburgh, Schottland, im Oktober 2000) ebenfalls grundlegende Bestimmungen.

55   § 20 MPG enthält die allgemeinen und § 21 MPG die besonderen Voraussetzungen für die klinische Prüfung.[62] Überwiegend ist der Wortlaut der Parallelbestimmungen der §§ 40 und 41 AMG in das MPG übernommen worden. Oberstes Prinzip für die Zulässigkeit für den Beginn einer klinischen Prüfung ist die **ärztliche Vertretbarkeit** unter Abwägung des zu erwartenden Nutzens für den Probanden/Patienten gegenüber den zu

---

[60] Grundlegend hierzu *Schwarz,* Klinische Prüfungen, S. 147 ff.; *Wachenhausen,* MPJ 2002, 80 ff.; s. auch *Bundesverband Medizintechnologie – BVMed* (Hrsg.), Klinische Bewertung von Medizinprodukten; eine kritische Bewertung der Regelungen des MPG zur klinischen Prüfung bei *Deutsch,* NJW 1995, 753 f.

[61] Zurzeit werden von den europäischen Normungsorganisationen zwei neue Regelungswerke erarbeitet, die die EN 540 ersetzen sollen; hierzu *Wachenhausen,* MPJ 2002, 82.

[62] Hierzu auch *Ratzel/Lippert,* Medizinprodukterecht, S. 89.

erwartenden Risiken. Die §§ 20 und 21 MPG enthalten darüber hinaus umfassende Bestimmungen zur **Einwilligung und Aufklärung** des Probanden/Patienten, zur Qualifikation des die klinische Prüfung durchführenden Arztes, zum Leiter der klinischen Prüfung, zur biologischen Sicherheitsprüfung, zum Prüfplan, dem Abschluss einer Probandenversicherung sowie zu Anzeigepflichten und verlangen zudem die zustimmende Stellungnahme einer beim Bundesinstitut für Arzneimittel und Medizinprodukte (BfArM) registrierten Ethik-Kommission.[63] Darüber hinaus enthält § 20 Abs. 4 MPG spezielle Bestimmungen für die klinische Prüfung von Medizinprodukten bei Minderjährigen und § 20 Abs. 5 MPG für die klinische Prüfung bei Schwangeren oder Stillenden.

Ausnahmen für die klinische Prüfung von Medizinprodukten ergeben sich aus § 23   56
MPG. Danach sind die **§§ 20 und 21 MPG nicht anwendbar** auf die Durchführung solcher klinischer Prüfungen mit einem Medizinprodukt, das bereits eine CE-Kennzeichnung tragen darf. (Hierbei handelt es sich um klinische Prüfungen von Medizinprodukten, die bei der Durchführung mit Arzneimitteln nach der arzneimittelrechtlichen Terminologie als Phase IV-Studien und Anwendungsbeobachtungen (§ 67 Abs. 6 AMG) bezeichnet würden). Allerdings gilt dies nicht, wenn die klinische Prüfung eine andere Zweckbestimmung des Medizinprodukts zum Inhalt hat. In diesem Fall sind sämtliche Voraussetzungen für den Beginn einer klinischen Prüfung zu erfüllen. Durch das 2. MPG-ÄndG wurde als weitere Besonderheit neu eingefügt, dass sämtliche Voraussetzungen der §§ 20 und 21 MPG erfüllt sein müssen, wenn im Zusammenhang mit der klinischen Prüfung eines bereits CE-gekennzeichneten Medizinprodukts **zusätzlich invasive oder andere belastende Untersuchungen durchgeführt werden.** Zusammenfassend ergibt sich für klinische Prüfungen folgendes Bild:

§§ 20 und 21 MPG finden **Anwendung** auf:	§§ 20 und 21 MPG finden **keine Anwendung** auf:
1. Klinische Prüfungen mit Medizinprodukten, die noch keine CE-Kennzeichnung tragen dürfen. 2. Klinische Prüfungen mit Medizinprodukten, die bereits ein CE-Kennzeichen tragen dürfen, wenn sie ausserhalb der für sie vorgesehenen Zweckbestimmung geprüft werden **oder** zusätzlich invasive oder andere belastende Untersuchungen durchgeführt werden.	Klinische Prüfungen mit Medizinprodukten, die bereits ein CE-Kennzeichen tragen dürfen, wenn: – sie innerhalb der für sie vorgesehenen Zweckbestimmung geprüft werden **und** – zusätzlich keine invasiven oder andere belastenden Untersuchungen durchgeführt werden.

Abb. 3: Voraussetzungen für den Anwendungsbereich der §§ 20 und 21 MPG

Nach § 24 MPG wird mit **In-vitro-Diagnostika** eine **Leistungsbewertungsprüfung**   57
durchgeführt, auf die zum Teil dieselben Regelungen wie für die Durchführung einer klinischen Prüfung Anwendung finden, aber nur dann, wenn für die Leistungsbewertung eine invasive Probenahme und zusätzlich invasive oder andere belastende Untersuchungen oder eine Verwendung der Ergebnisse, ohne dass diese durch ein bereits etabliertes Verfahren bestätigt werden können, notwendig sind. In jedem Fall ist bei **Probenahmen** die **Einwilligung des Patienten** vorgesehen. Darüber hinaus bestimmt § 24 MPG Anzeigepflichten des Auftraggebers der Leistungsbewertungsprüfung sowie Aufbewahrungspflichten.

Zusammenfassend kann festgehalten werden, dass die Anforderungen an die klinische   58
Prüfung im Medizinproduktegesetz (§§ 19–24 MPG) **analog dem Arzneimittelgesetz**

---

[63] *Graf,* NJW 2002, 1774 ff.; *Graf,* MPR 2001, 6 f.; *Graf/Pfeiffer,* MPR 2001, 8 ff.

aufgebaut sind. Das war möglich, da die europäischen Richtlinien in ihren entsprechenden Artikeln (Art. 10 der Richtlinie 90/385/EWG, jeweils Art. 15 der Richtlinien 93/42/ EWG und 98/79/EG) nur einige Rahmenbedingungen vorgeben, ansonsten aber den Mitgliedstaaten anheim stellen, die notwendigen Maßnahmen zum Schutz der öffentlichen Gesundheit zu treffen.

F. Überwachung und Schutz vor Risiken

I. Verbote zum Schutz von Patienten, Anwendern und Dritten

59 Das MPG **verbietet** zum Schutz von Patienten, Anwendern und Dritten in § 4 grundsätzlich das Inverkehrbringen, die Errichtung, die Inbetriebnahme, das Betreiben und die Anwendung von Medizinprodukten:
- bei denen der **begründete Verdacht** besteht, dass sie die Sicherheit und die Gesundheit der Patienten, der Anwender oder Dritter bei sachgemäßer Anwendung, Instandhaltung und ihrer Zweckbestimmung entsprechender Verwendung über ein nach den Erkenntnissen der medizinischen Wissenschaften vertretbares Maß hinausgehend gefährden;
- deren **Verfalldatum abgelaufen** ist oder
- die mit **irreführender Bezeichnung, Angabe oder Aufmachung** versehen sind.

II. Überwachung und zuständige Behörden

60 Nach § 26 Abs. 1 MPG unterliegen die dort aufgeführten Betriebe und Einrichtungen der Überwachung durch die zuständigen Behörden.[64] Zur Verhütung einer Gefährdung von Patienten oder Dritten hat das **Bundesinstitut für Arzneimittel und Medizinprodukte (BfArM)** auftretende Risiken zentral zu erfassen, zu bewerten und ggf. Maßnahmen zu koordinieren (§ 29 MPG).[65]

61 Die mit der Überwachung beauftragten Behörden haben folgende **Befugnisse:**
- Betretungs- und Besichtigungsrecht im Unternehmen,
- Prüfung von Medizinprodukten sowie Entnahme von Proben,
- Einsichtnahme in Unterlagen und
- Verlangen von Auskünften.

62 Bei den **Überwachungsmaßnahmen** müssen alle Handlungen dem Gesetzeszweck der Medizinproduktesicherheit **angemessen** sein, d.h. sie dürfen entsprechend dem Grundsatz der Verhältnismäßigkeit das jeweils erforderliche Maß nicht überschreiten.

63 Nach § 25 MPG hat sich jeder in Deutschland ansässige Hersteller (bzw. Bevollmächtigte oder Einführer, s. Rdnr. 30), der ein Medizinprodukt erstmals in Verkehr bringt sowie jeder, der keimarme oder sterile Medizinprodukte für andere aufbereitet, bei der zuständigen Behörde **anzuzeigen**. Nach dem Grundgesetz entscheidet jedes Bundesland über die Zuständigkeiten seiner Behörden. So haben bei Medizinprodukten einige Länder insofern gesplittete Zuständigkeiten, als für aktive Medizinprodukte die **staatliche Gewerbeaufsichtsbehörde** und für nicht aktive Medizinprodukte die **Gesundheitsüberwachungsbehörde** zuständig ist. In Sachsen-Anhalt wiederum ist die Gewerbeaufsichtsbehörde für alle Medizinprodukte, in Nordrhein-Westfalen sind die Gesund-

---

[64] Zur Überwachung durch die zuständigen Behörden vgl. auch den Beitrag von *Attenberger* in diesem Handbuch (§ 10).

[65] Zu den Aufgaben des BfArM s. *Grase*, PharmaR 2000, 321 ff. sowie *Schreiber*, Arzneimittel und Medizinprodukte, S. 122 ff.

heitsüberwachungsbehörden (Bezirksregierungen) für alle Medizinprodukte zuständig. Auch **Leistungsbewertungsprüfungen** von In-vitro-Diagnostika unterliegen gem. § 20 Abs. 6 bzw. § 24 Abs. 2 MPG der Anzeigepflicht.

III. Sicherheitsbeauftragter

Der Hersteller bzw. sein Bevollmächtigter muss gem. § 30 Abs. 1 MPG unverzüglich **64** nach Aufnahme seiner Tätigkeit einen **Sicherheitsbeauftragten** für Medizinprodukte bestimmen und dies der zuständigen Behörde mitteilen. Der Sicherheitsbeauftragte muss die erforderliche Sachkenntnis und Zuverlässigkeit besitzen. Seine Aufgabe besteht darin, bekannt gewordene Meldungen über Risiken bei Medizinprodukten zu sammeln, zu bewerten und insofern die notwendigen Maßnahmen zu koordinieren. Zwar besteht keine Kündigungsschutzregelung, jedoch ein Benachteiligungsverbot, um die innerbetriebliche Stellung des Sicherheitsbeauftragten zu stärken.

IV. Medizinprodukteberater

Die berufsmäßige fachliche Information der Fachkreise und die Einweisung in die sach- **65** gerechte Handhabung von Medizinprodukten darf ferner nur durch **Medizinprodukte-berater** erfolgen (§ 31 MPG). Der Medizinprodukteberater muss adäquate Sachkenntnisse besitzen (§ 31 Abs. 2 MPG) und sich regelmäßig fortbilden. Er hat Mitteilungen von Angehörigen der Fachkreise über Nebenwirkungen, Fehlfunktionen, technische Mängel, Gegenanzeigen oder andere Risiken schriftlich aufzuzeichnen und weiterzuleiten (§ 31 Abs. 1 MPG).[66]

V. Sicherheitsplanverordnung

Auf der Grundlage von § 37 Abs. 7 MPG hat der Gesetzgeber im Juni 2002 eine **66** **Medizinprodukte-Sicherheitsplanverordnung** (MPSV) verabschiedet.[67] Diese Verordnung regelt Einzelheiten zur Durchführung der Aufgaben nach § 29 MPG **„Medizinprodukte-Beobachtungs- und -Meldesystem",** insbesondere die Verfahren zur Erfassung, Bewertung und Abwehr von Risiken im Verkehr oder im Betrieb befindlicher Medizinprodukte (außer bei klinischen Prüfungen oder Leistungsbewertungsprüfungen). Dazu erläutert sie beispielsweise, was **Vorkommnisse** sind, die **Meldepflichten** der Hersteller und der anderen Beteiligten, **Fristen, Modalitäten** zur Meldung usw.[68] Auf europäischer Ebene hat die Kommission erstmals 1993 und damit bereits sehr frühzeitig zur Konkretisierung von Art. 10 „Informationen über Vorkommnisse nach dem Inverkehrbringen" der Richtlinie 93/42/EWG Leitlinien (Guidelines) für ein Medizinprodukte-Beobachtungs- und Meldesystem veröffentlicht.[69] Sie sind an die Hersteller, die Medizinprodukte in Verkehr bringen, gerichtet und beschreiben die Arten von Vorkommnissen, die die Hersteller melden müssen. Ferner machen sie Vorgaben zum Zeitplan, zu den durchzuführenden Aufgaben, zu informierenden Stellen und notwendigen Maßnahmen. Sie enthalten weitergehende Einzelheiten als die Sicherheitsplanverordnung, insbesondere zahlreiche **Beispiele** über **meldepflichtige und nicht meldepflichtige**

---

[66] Ein Überblick über die Aufgaben des Medizinprodukteberaters bei *Brandenburg/Erhard,* Medizinprodukterecht, 37 ff.

[67] *Schreiber,* KMA 2001, 74 ff.; Art. 1 der Verordnung über die Erfassung, Bewertung und Abwehr von Risiken bei Medizinprodukten v. 24. 6. 2002 (BGBl. I S. 2131).

[68] Vgl. näher den ausführlichen Beitrag von *Will* in diesem Handbuch (§ 11).

[69] Guidelines on a Medical Device Vigilance System, MEDDEV 2.12/1 Rev 4–4/2001 (and Appendix-11/2001).

Vorkommnisse.[70] Sie sollen ausweislich der Amtlichen Begründung zur Sicherheitsplanverordnung zur weiteren Konkretisierung der Verordnung herangezogen werden.

VI. Fazit

67   Auch für den Bereich „Überwachung und Schutz vor Risiken" geben die Artikel 8, 10 bzw. 11 der drei Richtlinien nur den Rahmen vor, in dem sie allgemein festlegen, dass die Mitgliedstaaten alle erforderlichen Maßnahmen hinsichtlich Erfassung und Bewertung über Vorkommnisse einschließlich der entsprechenden Abwehrmaßnahmen treffen. Die **konkrete Ausgestaltung** überlassen die Richtlinien somit den jeweiligen nationalen Erfahrungen der **Mitgliedstaaten.** So ist auch dieser Bereich im MPG analog wie bei Arzneimitteln geregelt, da auch diesbezüglich mit dem Arzneimittel-„System" gute Erfahrungen gesammelt worden sind.

G. Strafvorschriften und Ordnungswidrigkeiten

68   Nach den §§ 40, 41 MPG sind bestimmte Handlungen strafbewehrt. Die §§ 40, 41 MPG stellen einen umfassenden Katalog an **Strafvorschriften** auf.[71] Diese Vorschriften beziehen sich auf die im MPG enthaltenen Gebots- und Verbotstatbestände. Strafbar ist es z.B., ein Medizinprodukt in den Verkehr zu bringen, bei dem der begründete Verdacht besteht, dass es die Sicherheit und die Gesundheit der Patienten, der Anwender oder Dritter bei sachgemäßer Anwendung, Instandhaltung oder zu einer Zweckbestimmung entsprechender Verwendung über ein nach den Erkenntnissen der medizinischen Wissenschaften vertretbares Maß hinausgehend gefährdet (§§ 40 Abs. 1 Nr. 1, 4 Abs. 1 Nr. 1 MPG). Die Strafandrohung erreicht ein Höchstmaß von fünf Jahren.

69   **Ordnungswidrigkeiten** sind in § 42 MPG geregelt. Eine Geldbuße kann in der Höhe von bis zu € 25 000 (§ 42 Abs. 3 MPG) verhängt werden. Für eine Geldbuße ist entweder die fahrlässige Begehung einer der in § 44 MPG genannten oder die vorsätzliche oder fahrlässige Begehung einer der in § 42 Abs. 2 MPG genannten Handlungen erforderlich.

H. Übergangsbestimmungen

70   **In-vitro-Diagnostika** sowie deren Zubehör dürfen in Deutschland noch bis zum 7. 12. 2003 nach den am 7. 12. 1998 in Deutschland geltenden Vorschriften (als Geltungsarzneimittel) erstmalig in Verkehr gebracht werden. Ab dem 8. 12. 2003 ist nur noch das weitere Inverkehrbringen (in der Regel durch die Handelsstufen) und die Inbetriebnahme von bereits erstmalig in Verkehr gebrachten Medizinprodukten und nur noch bis zum 7. 12. 2005 zulässig. Auf **Medizinprodukte,** die als **Bestandteil** einen Stoff enthalten, der gesondert verwendet als Bestandteil eines Arzneimittels oder Arzneimittel aus **menschlichem Blut oder Blutplasma** betrachtet wird und in Ergänzung zu dem Produkt eine Wirkung auf den menschlichen Körper entfaltet, sind die Vorschriften des MPG ab dem 13. 7. 2002 anzuwenden. Sie dürfen in Deutschland noch bis zum 13. 12. 2005 nach den am 13. 12. 2000 in Deutschland geltenden Vorschriften erstmalig in Verkehr gebracht werden. Danach ist das weitere Inverkehrbringen und die Inbetriebnahme von bereits erstmalig in Verkehr gebrachten Medizinprodukten noch bis zum 13. 12. 2007 zulässig. Für **Quecksilberglasthermometer** mit Maximumvorrichtung gilt eine Übergangsfrist bis zum 30. 6. 2004.

---

[70] Hierzu *Stöber*, MPJ 1998, 17 ff.
[71] Vgl. im Einzelnen den ausführlichen Beitrag von *Taschke* in diesem Handbuch (§ 19).

§ 3 Abgrenzung der Medizinprodukte von Arzneimitteln, Lebensmitteln und Kosmetika

von *Ehrhard Anhalt*

Übersicht

Literatur: *Anhalt,* Abgrenzung Arzneimittel – Medizinprodukt, Pharm.Ind. 1999, 485; *Blasius/Müller-Römer/Fischer,* Arzneimittel und Recht in Deutschland, Stuttgart 1998; *von Czettritz,* Abgrenzung Arzneimittel/Medizinprodukte, PharmaR 1997, 212; *Hill/Schmitt,* Wiesbadener Kommentar zum Medizinproduktegesetz, Wiesbaden 1995 (Stand: 3/2002); *Meyer-Lüerßen/Will,* Das Medizinprodukterecht und seine Auswirkungen, PharmaR 1995, 35; *Pschyrembel,* Klinisches Wörterbuch, 259. Aufl., Berlin 2002; *Rehmann,* Arzneimittelgesetz, München 1999; *Sander,* Arzneimittelrecht, Stuttgart 1977 (Stand: 3/2001); *Schorn,* Medizinprodukte-Recht, Stuttgart 1999 (Stand: 6/2001); *Zipfel/Rathke,* Lebensmittelrecht, München 1962 (Stand: 2/2001).

Internetadresse (Stand: 10/2002):
Europäische Kommission, Guidelines relating to medical devices,
  http://europa.eu.int/comm/enterprise/medical_devices/guidelinesmed/baseguidelines.htm

A. Einleitung

Medizinprodukte unterlagen bis zum Inkrafttreten des jeweiligen nationalen Medi- **1** zinprodukterechts in den einzelnen Mitgliedstaaten der Europäischen Union (EU) sehr verschiedenen Regularien mit unterschiedlichen Anforderungstiefen. Deshalb hat die EU in den zurückliegenden Jahren die Anforderungen an Medizinprodukte im Wesentlichen in drei Richtlinien niedergelegt mit dem Ziel, die einzelstaatlichen Bestimmungen, die der Gesundheit und der Sicherheit der Patienten, der Anwender und ggf. Dritter bei der Anwendung von Medizinprodukten dienen, zu harmonisieren.[1] In Deutschland ist das europäische Medizinprodukterecht mit dem **Gesetz über Medizinprodukte** vom 2. 8. 1994 (Medizinproduktegesetz – MPG)[2] in nationales Recht implementiert worden. Bis heute sind darüber hinaus sechs Verordnungen verabschiedet worden, die auf Ermächtigungsgrundlagen im MPG beruhen.[3]

2 Während für die meisten der in Frage stehenden Produkte eine **Abgrenzung** der Medizinprodukte **von Arzneimitteln** oder **Kosmetika** oder **Lebensmitteln** auf der Grundlage der jeweiligen **Zweckbestimmungen** problemlos möglich ist, besteht bei einigen weitergehender Prüfungs- und Klärungsbedarf. In Einzelfällen hat dies auch schon Gerichte beschäftigt, deren Entscheidungen zur Klärung einiger anstehender Probleme herangezogen werden können.

B. Abgrenzung Medizinprodukt/Arzneimittel

I. Begriffsbestimmungen

3 Nach der **Begriffsbestimmung** des § 3 Nr. 1 MPG sind Medizinprodukte:

[...] alle [...] Instrumente, Apparate, Vorrichtungen, Stoffe und Zubereitungen aus Stoffen oder andere Gegenstände [...], die vom Hersteller zur Anwendung für Menschen mittels ihrer Funktionen zum Zwecke

---

[1] Richtlinie 90/385/EWG des Rates v. 20. 6. 1990 zur Angleichung der Rechtsvorschriften der Mitgliedstaaten über aktive implantierbare medizinische Geräte (ABl. EG Nr. L 189 v. 20. 7. 1990, S. 17) zuletzt geändert durch Art. 9 der Richtlinie 93/68/EWG (ABl. EG Nr. L 220 v. 30. 8. 1993, S. 1); Richtlinie 93/42/EWG des Rates v. 14. 6. 1993 über Medizinprodukte (ABl. EG Nr. L 169 v. 12. 7. 1993, S. 1); zuletzt geändert durch Art. 1 der Richtlinie 2001/104/EG des Europäischen Parlaments und des Rates vom 7. 12. 2001 zur Änderung der Richtlinie 93/42/EWG des Rates über Medizinprodukte (hinsichtlich Medizinprodukten, die Derivate aus menschlichem Blut oder Blutplasma enthalten – ABl. EG Nr. L 6 v. 20. 1. 2002, S. 50); Richtlinie 98/79/EG des Europäischen Parlaments und des Rates v. 27. 10. 1998 über In-vitro-Diagnostika (ABl. EG Nr. L 331 v. 7. 12. 1998, S. 1).

[2] Gesetz über Medizinprodukte (Medizinproduktegesetz – MPG) v. 2. 8. 1994 (BGBl. I S. 1963), geändert durch Erstes Gesetz zur Änderung des Medizinproduktegesetzes (1. MPG-ÄndG) v. 6. 8. 1998 (BGBl. I S. 2005) und Zweites Gesetz zur Änderung des Medizinproduktegesetzes (2. MPG-ÄndG) v. 13. 12. 2001 (BGBl. I S. 3586), i. d. F. der Bekanntmachung des Medizinproduktegesetzes v. 7. 8. 2002 (BGBl. I S. 3146).

[3] Verordnung über Medizinprodukte (Medizinprodukte-Verordnung – MPV) v. 20. 12. 2001 (BGBl. I S. 3854); Verordnung über die Verschreibungspflicht für Medizinprodukte (MPVerschrV) vom 17. 12. 1997 (BGBl. I S. 3146), zuletzt geändert durch Art. 3 der Verordnung über die Erfassung, Bewertung und Abwehr von Risiken bei Medizinprodukten v. 24. 6. 2002 (BGBl. I S. 2131), i. d. F. der Bekanntmachung v. 21. 8. 2002 (BGBl. I S. 3393). Verordnung über Vertriebswege für Medizinprodukte (MPVertrV) vom 17. 12. 1997 (BGBl. I S. 3148), zuletzt geändert durch Art. 10 des 2. MPG-ÄndG v. 13. 12. 2001 (BGBl. I S. 3586); Verordnung über das Errichten, Betreiben und Anwenden von Medizinprodukten (Medizinprodukte-Betreiberverordnung – MPBetreibV) v. 29. 6. 1998 (BGBl. I S. 1762), zuletzt geändert durch Art. 2 der Verordnung über die Erfassung, Bewertung und Abwehr von Risiken bei Medizinprodukten v. 24. 6. 2002 (BGBl. I S. 2131), i. d. F. der Bekanntmachung v. 21. 8. 2002 (BGBl. I S. 3396); Bundeskostenverordnung zum Medizinproduktegesetz und den zur Durchführung dieses Gesetzes erlassenen Rechtsverordnungen (Medizinprodukte-Kostenverordnung – BKostV-MPG) v. 27. 3. 2002 (BGBl. I S. 1228); Verordnung über die Erfassung, Bewertung und Abwehr von Risiken bei Medizinprodukten (Medizinprodukte-Sicherheitsplanverordnung – MPSV) v. 24. 6. 2002 (BGBl. I S. 2131).

a) der Erkennung, Verhütung, Überwachung, Behandlung oder Linderung von Krankheiten,
b) der Erkennung, Überwachung, Behandlung, Linderung oder Kompensierung von Verletzungen oder Behinderungen,
c) der Untersuchung, der Ersetzung oder der Veränderung des anatomischen Aufbaus oder eines physiologischen Vorgangs oder
d) der Empfängnisverhütung

zu dienen bestimmt sind und deren bestimmungsgemäße Hauptwirkung im oder am menschlichen Körper weder durch pharmakologisch oder immunologisch wirkende Mittel noch durch Metabolismus erreicht wird, deren Wirkungsweise aber durch solche Mittel unterstützt werden kann.

Arzneimittel sind laut § 2 des Gesetzes über den Verkehr mit Arzneimitteln **4** (Arzneimittelgesetz – AMG):

[…] Stoffe und Zubereitungen aus Stoffen, die dazu bestimmt sind, durch Anwendung im oder am menschlichen oder tierischen Körper
1. Krankheiten, Leiden, Körperschäden oder krankhafte Beschwerden zu heilen, zu lindern, zu verhüten oder zu erkennen,
2. die Beschaffenheit, den Zustand oder die Funktionen des Körpers oder seelische Zustände erkennen zu lassen,
[…].

II. Vergleichbare Zweckbestimmungen, aber unterschiedliche Wirkungsweisen

Medizinprodukte besitzen gemäß ihrer Begriffsbestimmung im Wesentlichen **ver-** **5** **gleichbare Zweckbestimmungen** wie Arzneimittel. Das wird durch ähnliche und sogar identische Schlüsselwörter erkennbar, wenngleich dies durch den in beiden Regelwerken unterschiedlich verwendeten Satzbau und/oder die andere Wortwahl nicht sofort zu erkennen ist. So benutzt das AMG den Infinitiv des Verbs, das MPG dessen Subjektivierung. Beispiel: Medizinprodukte sind der Erkennung von Krankheiten zu dienen bestimmt; Arzneimittel sind dazu bestimmt, Krankheiten zu erkennen (im MPG „Erkennung", im AMG Krankheiten „erkennen"). Oder, schon etwas schwieriger, es werden einerseits identische, andererseits nur vergleichbare Begriffe benutzt. Beispiel: Medizinprodukte dienen der „Behandlung oder Linderung von Krankheiten"; Arzneimittel sind dazu bestimmt, „Krankheiten zu heilen oder zu lindern" (einerseits heißt es in beiden Regelwerken „Linderung bzw. lindern (von Krankheiten)", andererseits bei Medizinprodukten „Behandlung", bei Arzneimitteln „Heilung (von Krankheiten)". Oder das MPG spricht von „Verletzungen oder Behinderungen", das AMG von „Körperschäden".

Am Ende der Definition von Medizinprodukten in § 3 Nr. 1 MPG wird dann ihr Un- **6** terschied zu Arzneimitteln deutlich, wenn es heißt:

[…] und deren bestimmungsgemäße Hauptwirkung […] weder durch pharmakologisch oder immunologisch wirkende Mittel noch durch Metabolismus erreicht wird, deren Wirkungsweise aber durch solche Mittel unterstützt werden kann.

Medizinprodukte unterscheiden sich also von Arzneimitteln durch die **Art und Weise,** wie sie ihre Zweckbestimmung erreichen: Während **Arzneimittel** eine **pharmakologische,** immunologische oder metabolische **Wirkung** entfalten, funktionieren **Medizinprodukte** im Regelfall (überwiegend) nicht pharmakologisch oder immunologisch oder metabolisch, sondern vielmehr z. B. **mechanisch, physikalisch, physiko-chemisch,** einschließlich des Ersatzes oder der Unterstützung von Organen oder Körperfunktionen.[4] Folgerichtig können Medizinprodukte sowohl Gegenstände als auch von stofflicher Struktur sein. Arzneimittel hingegen sind nur Stoffe oder Zubereitungen aus Stoffen. Ausnah-

---

[4] *von Czettritz,* PharmaR 1997, 212; *Hill/Schmitt,* § 3 MPG, Anm. 2 c; *Schorn,* § 3 MPG, Rdnr. 14.

men bilden einige Produkte gegenständlicher Natur, z. B. tierärztliche Instrumente, die als Arzneimittel gelten (§ 2 Abs. 2 AMG).[5]

III. Pharmakologische Wirkung

7   Wie vorher dargelegt (Rdnr. 5, 6) ist bei der Differenzierung zwischen Arzneimittel und Medizinprodukt in erster Linie nicht die Zweckbestimmung des Produkts entscheidend, sondern die Art und Weise, wie diese Zweckbestimmung erreicht wird. Daher ist es wichtig, nähere Informationen über die Begriffe pharmakologische, immunologische oder metabolische Wirkung zu erhalten. Im Arzneimittelbereich werden wir hier nicht fündig: Es ist **keine Anforderung aus dem Arzneimittelrecht,** dass ein Arzneimittel auf eine ganz bestimmte Art wirkt, auch nicht, dass dies pharmakologisch zu geschehen hat. So werden beispielsweise in § 4 Abs. 19 AMG Wirkstoffe definiert als „[...] Stoffe, die dazu bestimmt sind, [...] als arzneilich wirksame Bestandteile verwendet zu werden." Zwar hat die Arbeitsgruppe „Arzneimittel-, Apotheken- und Gefahrstoffwesen" der Arbeitsgemeinschaft der Leitenden Ministerialbeamten (AGLMB) 1992 festgestellt, dass „wirksame Bestandteile Wirkstoffe sowie andere Stoffe (sind), die als solche pharmakologische Wirkungen zeigen [...]."[6] Gleichzeitig hat das Verwaltungsgericht Koblenz bereits 1990 festgestellt, dass Begriffsbestimmungen der AGLMB keine Verbindlichkeit für die rechtliche Klärung besitzen.[7]

8   Jedoch hat eine europäische Expertengruppe aus Behörden- und Industrievertretern unter Federführung der **Europäischen Kommission** eine **Leitlinie** (sog. „Drug/Device Borderline Guideline") zur **Abgrenzung von Arzneimitteln und Medizinprodukten** entwickelt,[8] in der auch Definitionen für „pharmakologisch", „immunologisch" und „metabolisch" gegeben werden. Diese Leitlinie ist zwar europarechtlich lediglich als „Empfehlung" (Recommendation) einzuordnen; sie hat jedoch als Interpretationshilfe für Abgrenzungsfragen eine herausragende Bedeutung. Ihre Kerndefinitionen lauten:

„**Pharmacological means",** in the context of the MDD and AIMDD, is understood as an interaction between the molecules of the substance in question and a cellular constituent, usually referred to as a receptor, which either results in a direct response, or which blocks the response to another agent. Although not a completely reliable criterion, the presence of a dose-response correlation is indicative of a pharmacological effect.

(Deutsche Übersetzung des Autors: „Pharmakologisch" im Zusammenhang mit der Medizinprodukterichtlinie und der Richtlinie über aktive implantierbare Medizinprodukte wird verstanden als eine Wechselwirkung zwischen den Molekülen der in Frage stehenden Substanz und einem zellulären Bestandteil, gewöhnlich als Rezeptor bezeichnet, die entweder in einer direkten Reaktion (Antwort) resultiert oder die die Reaktion (Antwort) eines anderen Agens blockiert. Das Vorhandensein einer Dosis-Wirkungsbeziehung stellt dabei, obwohl kein vollständig vertrauenswürdiges Kriterium, einen Hinweis auf einen pharmakologischen Effekt dar.)

„**Immunological means",** in the context of the MDD and AIMDD, is understood as an action in or on the body by stimulation and/or mobilisation of cells and/or products involved in a specific immune reaction.

(Deutsche Übersetzung des Autors: „Immunologische Reaktion" im Zusammenhang mit der Richtlinie über Medizinprodukte und aktive implantierbare Medizinprodukte wird gesehen als eine

---

[5] Hierzu *Rehmann,* § 2 AMG, Rdnr. 20.

[6] BGesundBl. 1992, 158.

[7] *Sander,* § 7 AMG, Nr. 1. Heute trägt die (frühere) AGLMB im Übrigen den Namen „Arbeitsgemeinschaft der obersten Landesgesundheitsbehörden (AOLG)", die genannte Arbeitsgruppe die neue Bezeichnung „Arzneimittel-, Apotheken-, Transfusions- und Betäubungsmittelwesen".

[8] Medical Devices: Guidance document: Demarcation between: Directive 90/385/EEC on Active Implantable Medical Devices, Directive 93/42/EEC on Medical Devices and Directive 65/65/EEC relating to Medicinal Products and related Directives, MEDDEV 2.1/3 Rev 2–7/2001.

Aktion (Reaktion) im oder am Körper durch Stimulierung und/oder Mobilisierung von Zellen und/oder Produkten, die in einer spezifischen Immunreaktion beteiligt sind.)

„Metabolic means", in the context of the MDD and AIMDD, is understood as an action which involves an alteration, including stopping, starting or changing the speed of the normal chemical processes participating in, and available for, normal body function. The fact that a product is itself metabolised does not imply that it achieves its principal intended action by metabolic means.

(Deutsche Übersetzung des Autors: „Metabolismus" im Zusammenhang mit der Richtlinie über Medizinprodukte und aktive implantierbare Medizinprodukte wird gesehen als eine Aktion, die eine Änderung der normalen chemischen Prozesse beinhaltet, die in normalen Körperfunktionen teilnehmen oder dafür zur Verfügung stehen. Diese Änderungen schließen die Beendigung, den Beginn oder den Wechsel der Geschwindigkeit der normalen chemischen Prozesse ein. Die Tatsache, dass ein Produkt selbst verstoffwechselt wird, bedeutet nicht, dass es seine grundlegende Wirkung auf metabolische Art und Weise erreicht.)

In dieser Leitlinie werden ferner **zahlreiche Beispiele** für Arzneimittel und für Medizinprodukte aufgeführt.

Hingewiesen sei an dieser Stelle nochmals darauf, dass Medizinprodukte gleichwohl in **9** ihrer Wirkungsweise durch pharmakologische, immunologische oder metabolische Art und Weise **unterstützt** werden können (§ 3 Nr. 1 MPG). Sobald aber diese Wirkmechanismen mehr als nur eine Hilfsfunktion im Vergleich zur Hauptwirkung des Produkts besitzen, wird das Produkt sofort ein Arzneimittel.

C. Abgrenzung Medizinprodukt/Lebensmittel

I. Begriffsbestimmungen

1. Lebensmittel

Gemäß § 1 des Gesetzes über den Verkehr mit Lebensmitteln, Tabakerzeugnissen, kos- **10** metischen Mitteln und sonstigen Bedarfsgegenständen (Lebensmittel- und Bedarfsgegenständegesetz – LMBG) sind „Lebensmittel [...] Stoffe, die dazu bestimmt sind, in unverändertem, zubereitetem oder verarbeitetem Zustand von Menschen verzehrt zu werden; ausgenommen sind Stoffe, die überwiegend dazu bestimmt sind, zu anderen Zwecken als zur Ernährung oder zum Genuss verzehrt zu werden." Im Februar 2002 ist die Verordnung (EG) 178/2002 bezüglich Lebensmittelrecht und Lebensmittelsicherheit veröffentlicht worden.[9] Gemäß Artikel 2 dieser Verordnung sind Lebensmittel:

> [...] alle Stoffe oder Erzeugnisse, die dazu bestimmt sind [...], dass sie in verarbeitetem, teilweise verarbeitetem oder unverarbeitetem Zustand von Menschen aufgenommen werden. [...] Nicht zu den »Lebensmitteln« gehören [...] Arzneimittel [...], kosmetische Mittel [...].

Die Verordnung definiert nach Auffassung des Autors den **Lebensmittelbegriff sehr weit.** Deshalb ist eine Auflistung darüber, was nicht zu den Lebensmitteln zählt, mehr als sinnvoll. Leider fehlen die Medizinprodukte in dieser Aufzählung. Dies ist nach Auffassung des Autors ein **unbeabsichtigter Mangel** und sollte behoben werden. Europäische Verordnungen (Regulations) stellen für die Betroffenen (hier insbesondere die Unternehmen der Lebensmittelindustrie) direkt geltendes Recht dar. Da die in der o. g. Verordnung geregelten Aspekte und die im LMBG geregelten Aspekte nicht vollständig deckungsgleich sind, kann nach Auffassung des Autors diese Verordnung das LMBG nicht einfach ersetzen. Das LMBG könnte aber „abgespeckt" und müsste dabei teilweise geändert werden.

---

[9] Verordnung (EG) Nr. 178/2002 des Europäischen Parlaments und des Rates v. 28. 1. 2002 zur Festlegung der allgemeinen Grundsätze des Lebensmittelrechts, zur Errichtung der Eur. Behörde für Lebensmittelsicherheit und zur Festlegung von Verfahren zur Lebensmittelsicherheit (ABl. EG Nr. L 31 v. 1. 2. 2002, S. 1).

2. Zusatzstoffe

11 Laut **§ 2 LMBG** sind:

> Zusatzstoffe […] Stoffe, die dazu bestimmt sind, Lebensmittel zur Beeinflussung ihrer Beschaffenheit oder zur Erzielung bestimmter Eigenschaften oder Wirkungen zugesetzt zu werden; […].

Den Zusatzstoffen stehen z.B. Mineralstoffe und Spurenelemente, Aminosäuren, Zuckeraustauschstoffe oder Treibgase gleich.[10]

3. Diätetische Lebensmittel

12 Die Diätverordnung definiert in ihrem § 1 diätetische Lebensmittel als:

> […] Lebensmittel, die für eine besondere Ernährung bestimmt sind.

Besondere Ernährungserfordernisse liegen laut der Diätverordnung beispielsweise bei bestimmten Gruppen von Personen vor, deren Verdauungsprozess oder Stoffwechsel gestört ist oder bei gesunden Säuglingen oder Kleinkindern. Auch wenn sich Produkte für einen angegebenen Ernährungszweck eignen oder sich auf Grund ihrer besonderen Zusammensetzung oder des besonderen Verfahrens ihrer Herstellung deutlich von den Lebensmitteln des allgemeinen Verzehrs unterscheiden, handelt es sich um diätetische Lebensmittel. Ferner sind bestimmte Stoffe wie etwa Kochsalzersatz, Fruktose oder Mannit, um einige Beispiele zu nennen, ebenfalls diätetische Lebensmittel.[11] Diätetische Lebensmittel für besondere medizinische Zwecke **(bilanzierte Diäten)** sind Erzeugnisse, die auf besondere Weise verarbeitet oder formuliert sind und zur Ernährung von Patienten mit z.B. gestörter Fähigkeit zur Aufnahme oder Verdauung gewöhnlicher Lebensmittel oder von Patienten mit einem sonstigen medizinisch bedingten Nährstoffbedarf dienen (§ 1 Abs. 4a DiätVO).[12]

4. Nahrungsergänzungsmittel

13 Für den Begriff „Nahrungsergänzungsmittel" steht bisher eine abschließende gesetzliche Regelung im deutschen Recht noch aus (zu Definitionen im Europäischen Gemeinschaftsrecht s. Rdnr. 15). Im deutschen Recht gibt es einige Hinweise in verschiedenen Verordnungen. So taucht der Begriff etwa in § 1 Abs. 3 der Nährwertkennzeichnungs-Verordnung von 1994 auf, wonach diese Verordnung grundsätzlich nicht für „Nahrungsergänzungen" gilt. Nach der Begründung zur Nährwertkennzeichnungsverordnung sollen Nahrungsergänzungen der Ergänzung der Nahrung durch die gezielte Zufuhr von z.B. Vitaminen, Mineralstoffen, essenziellen Fettsäuren oder bestimmten Eiweißstoffen oder Kohlenhydraten dienen.[13] Mit anderen Worten sind Nahrungsergänzungsmittel **Lebensmittel mit bestimmten Nährstoffen,** deren Aufnahme durch die normale Ernährung nicht ausreichend gesichert ist. Um den Ernährungsbedürfnissen gerecht zu werden, so weiter in der Begründung zur Nährwertkennzeichnungs-Verordnung, sollten die **Nährstoffe in bedarfsgerechter Form** angeboten werden. Als Nahrungsergänzung im Sinne der Verordnung sind vorwiegend die in Tabletten-, Kapsel- oder Pulverform angebotenen Zubereitungen von Vitaminen oder Mineralstoffen anzusehen.

14 Der Begriff „Nahrungsergänzung" findet sich auch in § 25 Nr. 6 der Apothekenbetriebsordnung (ApBetrO). Aus dem systematischen Zusammenhang dieser Regelung wird deutlich, dass „Stoffe und Zubereitungen zur Nahrungsergänzung" vom Verordnungsgeber den **Lebensmitteln zugeordnet** werden. Weiterhin findet sich der Begriff „Nahrungsergänzung" in der Richtlinie 90/496/EWG über die Nährwertkennzeichnung,

---

[10] Hierzu *Zipfel/Rathke,* Bd. 2, § 2 LMBG, Rdnr. 56 ff.
[11] Hierzu *Zipfel/Rathke,* Bd. 3, § 1 DiätVO, Rdnr. 49 ff.
[12] Zehnte Verordnung zur Änderung der Diätverordnung v. 21. 12. 2001 (BGBl. I S. 4189).
[13] Hierzu *Zipfel/Rathke,* Bd. 2, Vorb., Rdnr. 6 ff.

ohne jedoch definiert zu werden.[14] Wie in der deutschen Verordnung (Rdnr. 13) heißt es dazu lediglich, dass die Richtlinie grundsätzlich nicht für „Nahrungsergänzungen" gilt.

Die vor wenigen Monaten erlassene Richtlinie 2002/46/EG des Europäischen Parla- **15** ments und des Rates zur Angleichung der Rechtsvorschriften der Mitgliedstaaten über **Nahrungsergänzungsmittel**[15] bezeichnet in Art. 2 lit. a) Nahrungsergänzungsmittel **(food supplements)** als solche Lebensmittel, die aus konzentrierten Nährstoffen oder sonstigen Stoffen mit ernährungsspezifischer oder physiologischer Wirkung bestehen, die in dosierter Form, z.B. als Kapseln, Tabletten, Flaschen mit Tropfeinsätzen u.Ä., in den Verkehr gebracht werden und dazu bestimmt sind, die Zufuhr dieser Nährstoffe im Rahmen der normalen Ernährung zu ergänzen. Gemäß Art. 2 lit. b) der Richtlinie sind Nährstoffe bestimmte, im Anhang zur Richtlinie aufgelistete Vitamine und Mineralien. In den Erwägungsgründen der Richtlinie heißt es, dass Nahrungsergänzungen eine breite Palette von Nährstoffen und anderen Zutaten enthalten können, unter anderem Vitamine, Mineralstoffe, Aminosäuren, essenzielle Fettsäuren, Ballaststoffe und verschiedene Pflanzen- und Kräuterextrakte. Die vorliegende Richtlinie soll jedoch zunächst nur für Nahrungsergänzungen gelten, die Vitamine und Mineralstoffe enthalten.[16] In der Begründung zum Richtlinienentwurf wird dazu weiter ausgeführt, dass dies aus praktischen Erwägungen beschlossen wurde, um zunächst eingehende Erfahrungen zu sammeln. Die vorliegenden Regelungen könnten in Zukunft auch auf Erzeugnisse ausgeweitet werden, die andere Nährstoffe und/oder Zutaten enthalten. Die Richtlinie ist an die Mitgliedstaaten gerichtet und soll spätestens ab 31. 7. 2003 in jeweiliges nationales Recht umgesetzt worden sein.

II. Überwiegende Zweckbestimmung

Aus den genannten Definitionen wird deutlich, dass **Lebensmittel** und diätetische Le- **16** bensmittel grundsätzlich **keinerlei medizinische Indikationen beanspruchen.** Eine Ausnahme bilden insofern die sog. bilanzierten Diäten, als sie bei ganz bestimmten Patienten eingesetzt werden und daher regulatorisch als „[…] diätetische Lebensmittel für besondere medizinische Zwecke […]" bezeichnet werden (Rdnr. 12). Ansonsten bedarf es bei Abgrenzungsfragen aus diesem Bereich zuerst der Klärung, ob das in Frage stehende Produkt eine medizinische Zweckbestimmung besitzt oder ob es vielmehr überwiegend Ernährungszwecken dient. Wie aus vielen Gerichtsurteilen bzw. -verfahren hervorgeht, ist dazu auch die **„allgemeine Verkehrsauffassung"** von Bedeutung. Diese wird regelmäßig durch die allgemeine Verwendung des betreffenden Produkts seitens der Verbraucher bestimmt, die wiederum davon abhängt, welche Verwendungsmöglichkeiten die Inhaltsstoffe ihrer Art nach haben. Dabei kann die Vorstellung der Verbraucher auch durch die Auffassung der medizinischen Wissenschaft beeinflusst werden, ebenso auch durch die dem Mittel beigefügten oder in der Werbung enthaltenen Indikations- oder Verwendungs- und Gebrauchshinweise sowie die Aufmachung, mit der das Mittel dem Verbraucher entgegentritt. Auch der Vertriebsweg und die Bezeichnung sind zu berücksichtigen.

Die meisten Stoffe bzw. Produkte, die nach diesen Kriterien **überwiegend Gesund-** **17** **heits- und nicht Ernährungszwecken** dienen, erreichen ihre Zweckbestimmung auf metabolische und/oder pharmakologische Art und Weise (z.B. Omega-3-Fettsäuren bzw. Fischölprodukte). Damit sind sie dann Arzneimittel. Nur wenn der medizinische Zweck überwiegend auf andere als pharmakologische oder metabolische Art und Weise erreicht

---

[14] Richtlinie 90/496/EWG des Rates v. 24. 9. 1990 über die Nährwertkennzeichnung von Lebensmitteln (ABl. EG Nr. L 276 v. 6. 10. 1990, S. 40).

[15] ABl. EG Nr. L 183 v. 12. 7. 2002, S. 51.

[16] Erwägungsgründe Nr. 6–8 der Richtlinie 2002/46/EG v. 10. 6. 2002 (ABl. EG Nr. L 183 v. 12. 7. 2002, S. 51).

wird, handelt es sich um ein Medizinprodukt (z. B. Schlankmittel auf Basis unverdaulicher Bestandteile wie Cellulose – s. Rdnr. 64–65).

D. Abgrenzung Medizinprodukt/Kosmetikum

18   Laut § 4 LMBG sind:

> Kosmetische Mittel [...] Stoffe oder Zubereitungen aus Stoffen, die dazu bestimmt sind, äußerlich am Menschen oder in seiner Mundhöhle zur Reinigung, Pflege oder zur Beeinflussung des Aussehens oder des Körpergeruchs oder zur Vermittlung von Geruchseindrücken angewendet zu werden, es sei denn, dass sie überwiegend dazu bestimmt sind, Krankheiten, Leiden, Körperschäden oder krankhafte Beschwerden zu lindern oder zu beseitigen.

19   Während Stoffe oder Zubereitungen aus Stoffen zur Reinigung oder Pflege von Zahnersatz den kosmetischen Mitteln gleichstehen, gelten Stoffe oder Zubereitungen aus Stoffen, die zur Beeinflussung der Körperformen bestimmt sind, nicht als Kosmetika. Nach Art. 1 Abs. 1 der Kosmetik-Richtlinie 76/768/EWG[17] sind **kosmetische Mittel** Stoffe oder Zubereitungen, die dazu bestimmt sind, äußerlich mit den verschiedenen Teilen des menschlichen Körpers (Haut, Behaarungssystem, Nägel, Lippen und intime Regionen) oder mit den Zähnen und den Schleimhäuten der Mundhöhle in Berührung zu kommen, und zwar zu dem ausschließlichen oder überwiegenden Zweck, diese zu **reinigen,** zu **parfümieren,** ihr **Aussehen zu verändern** und/oder um sie **zu schützen** oder in **gutem Zustand zu halten.**

20   Aus diesen Begriffsbestimmungen folgt in Zusammenhang mit der Definition für Medizinprodukte, dass dann, wenn die überwiegende Zweckbestimmung der Produkte darin liegt, Krankheiten, Leiden, Körperschäden oder krankhafte Beschwerden zu lindern oder zu beseitigen, es sich nicht um Kosmetika handeln kann. Es geht in Streitfragen mithin zuerst um die Klärung, ob medizinische oder ob reinigende, pflegende oder andere kosmetische Zweckbestimmungen (Rdnr. 19) vorliegen, wobei wieder die **allgemeine Verkehrsauffassung** einzubeziehen ist (Rdnr. 16). Und falls eine (überwiegende) medizinische Zweckbestimmung bejaht werden muss, besteht im nächsten Schritt die Notwendigkeit der Prüfung, ob das Produkt auf pharmakologische oder metabolische oder immunologische oder auf andere Art und Weise wirkt. Dieses Vorgehen ist mit der Abgrenzung der Medizinprodukte von Lebensmitteln vergleichbar.

21   Dass die **medizinische Zweckbestimmung** bzw. eine **medizinische Zweckdienlichkeit entscheidend für die Einordnung** eines Produkts entweder als Kosmetikum oder als Medizinprodukt ist, zeigen zwei neuere Urteile bezüglich **Pigmentiergeräten** zur Einlagerung von Farbstoffen in die Haut zum Zwecke der Herstellung eines dauerhaften Make-up.[18] Die streitenden Firmen sind Wettbewerber auf dem Gebiet der sog. dauerhaften Schminkmethoden. Hierbei handelt es sich um eine Methode, bei welcher die dauerhafte farbliche Akzentuierung von z. B. Lippenkonturen oder Augenbrauen dadurch erreicht werden soll, dass mit Hilfe eines Geräts mit einer nadelähnlichen Spitze (sog. Pigmentiergerät) Farbstoffe in die oberen Hautschichten der Epidermis eingebracht werden, die – je nach Hauttyp – infolge der Regeneration der Haut innerhalb eines Zeitraumes von drei bis fünf Jahren wieder verschwinden. Durch die aus der Einlagerung der Farbstoffe in die oberen Hautschichten der Epidermis folgende begrenzte Haltbarkeit der

---

[17] Richtlinie 76/768/EWG des Rates v. 27. 7. 1976 zur Angleichung der Rechtsvorschriften der Mitgliedstaaten über kosmetische Mittel (ABl. EG Nr. L 262 v. 27. 9. 1976, S. 169), zuletzt geändert durch Art. 1 der Richtlinie 2000/41/EG der Kommission v. 19. 6. 2000 zur zweiten Aufschiebung des Termins, ab dem Tierversuche für Bestandteile oder Kombinationen von Bestandteilen kosmetischer Mittel untersagt sind (ABl. EG Nr. L 145 v. 20. 6. 2000, S. 25).

[18] *OLG München,* MD 2002, 318 (= MPR 2002, 65).

Farben unterscheidet sich die genannte Schminkmethode vom Tätowieren. Die von der klagenden Partei verwendeten Pigmentiergeräte und -farben sind von einer Benannten Stelle als Klasse II a bzw. Klasse II b Medizinprodukte im Jahr 2000 zertifiziert worden. Die klagende Partei hat unter Hinweis auf die erteilte Zertifizierung und mit der Abbildung eines TÜV-Siegels in einer Fachzeitschrift für Kosmetikerinnen die o.g. Produkte ausdrücklich als Medizinprodukte beworben. In der selben Ausgabe der genannten Zeitschrift schalteten mehrere Firmen, u.a. die beklagte Partei, eine Gemeinschaftsanzeige u.a. mit dem Inhalt, dass es kein Gesetz gebe, wonach die o.g. Produkte als Medizinprodukte einzustufen seien. Dagegen hat die klagende Partei beantragt, der Beklagten bei Androhung von Ordnungsmitteln zu verbieten, im geschäftlichen Verkehr zu Wettbewerbszwecken diese und die übrigen sachzusammenhängenden Werbeaussagen weiterhin behaupten zu dürfen. Das LG München ist der Klägerin weitgehend gefolgt und hat die beklagte Partei entsprechend verurteilt. Hiergegen hat die Beklagte Berufung eingelegt und diese unter anderem damit begründet, dass das Landgericht zu einer unzutreffenden Bestimmung des Anwendungsbereichs des MPG gelangt sei, denn auch § 3 Nr. 1 lit. c) MPG betreffe nur solche anatomischen Veränderungen, die zu medizinischen Zwecken erfolgen. Dies ergebe sich nicht zuletzt aus dem Zusammenhang des in § 3 Nr. 1 aufgeführten Katalogs der Buchstaben a)–d). Es treffe zwar zu, dass die streitgegenständlichen dauerhaften Schminkmethoden keine rein „äußerliche" Anwendung seien, gleichwohl dienten sie keinesfalls medizinischen Zwecken. Die zulässige Berufung der Beklagten hat in der Sache Erfolg, das Urteil des LG München I vom 21. 12. 2001 war dementsprechend abzuändern.

Bei seiner Beurteilung ist der Senat im Wesentlichen davon ausgegangen, dass nur solche Geräte und Stoffe dem Medizinproduktegesetz unterfallen, die – zumindest hauptsächlich – medizinischen Zwecken zu dienen bestimmt sind. Ferner ist der Senat davon ausgegangen, dass die zum Zwecke der Herstellung eines dauerhaften Make-up verwendeten Pigmentiergeräte und Farbstoffe ohne jeden vernünftigen Zweifel ausschließlich einer positiven Veränderung des äußeren Erscheinungsbildes im Sinne einer **Verschönerung** und damit keinesfalls medizinischen Zwecken dienen. Wenngleich der Klägerin zuzugeben sei, dass das Medizinproduktegesetz den Begriff des „medizinischen" Zwecks nicht verwendet, so folge das Erfordernis des medizinischen Zwecks doch aus Wortlaut, Sinn und Zweck des genannten Gesetzes und der Heranziehung der hiermit umgesetzten Richtlinie 93/42/EWG über Medizinprodukte vom 14. 6. 1993. Nicht nur weist die Verwendung des Begriffs „Medizinprodukt" auf eine Verwendung zu medizinischen Zwecken hin, sondern auch die im Rahmen der Begriffsbestimmung gem. § 3 Nr. 1 MPG unter lit. a)–d) ausgeführten Zwecke sind ausschließlich medizinischer Natur. Der Argumentation der Klägerin, auf einen medizinischen Zweck könne ebenso wenig abgestellt werden, wie auf eine medizinische Indikation, wie ein Blick auf die mit erheblichen chirurgischen Eingriffen verbundenen Schönheitsoperationen belege, vermag sich der Senat so nicht anzuschließen. Denn diese Betrachtungsweise lasse den Umstand außer Acht, dass es vorwiegend um die Frage geht, ob die verwendeten Geräte medizinischen Zwecken dienen und nicht darum, ob für einen derartigen Eingriff eine medizinische Indikation vorliegt oder nicht. Dementsprechend dürfe davon ausgegangen werden, dass die im Rahmen chirurgischer Eingriffe bei Schönheitsoperationen verwendeten Geräte solche sind, die – zumindest hauptsächlich – medizinischen Zwecken dienen. Daher sei die Zweckbestimmung eines bei chirurgischen Eingriffen verwendeten **Skalpells** selbstverständlich unabhängig davon, ob für diesen Eingriff eine medizinische Indikation vorlag oder nicht. Aus den gleichen Gründen werde aus einem Küchenmesser nicht dadurch ein Medizinprodukt, dass ein Schnitt in den Finger eine Veränderung des anatomischen Aufbaus zur Folge hat. Auf den Gesichtspunkt der „Veränderung des anatomischen Aufbaus" i.S.d. § 3 Nr. 1 lit. c) MPG kann daher nach Auffassung des Senats isoliert – d.h. unabhängig von der Zweckbestimmung des in Rede stehenden Geräts – nicht abgestellt werden. Ganz abgesehen davon hat der Senat durchgreifende Bedenken gegen die Annahme, die Einlagerung von Farbpartikeln in die oberen Hautschichten der Epidermis gehe mit

22

einer Veränderung des anatomischen Aufbaus der Haut einher. Hierüber war aber aus den oben genannten Gründen nicht zu entscheiden.

23   Auch der Senat des Hanseatischen Oberlandesgerichts ist in seinem Urteil vom 10. 4. 2002[19] derselben Auffassung. In diesem Gerichtsverfahren greift die Antragstellerin (das ist die Beklagte beim Verfahren des OLG München) die Äußerung der Antragsgegnerin (das ist die Klägerin beim OLG München) in der schon erwähnten Fachzeitschrift für Kosmetikerinnen, nämlich die ausdrückliche Bewerbung des **Pigmentiergeräts** und der -farben als Medizinprodukt, unter dem Gesichtspunkt der irreführenden Werbung als wettbewerbswidrig an. Die Antragstellerin steht auf dem Standpunkt, Produkte für dauerhafte Schminkmethoden seien keine Medizinprodukte, sondern dienten kosmetischen Zwecken, so dass eine Zertifizierung nach der Richtlinie 93/42/EWG weder erforderlich noch zulässig sei. Der Senat ist mit dem OLG München (Rdnr. 21) der Auffassung, dass die Zertifizierung als Medizinprodukt i.S.v. § 3 Nr. 1 MPG die Ausrichtung auf einen **„medizinischen Zweck"** erfordert, der bei den Produkten der Antragsgegnerin – jedenfalls in dem Bereich, auf die sich die mit dem Verfügungsantrag angegriffene Werbung bezieht – **nicht erfüllt** ist. Zur Vermeidung unnötiger Wiederholungen nimmt der Senat auf die überzeugende Argumentation des OLG München in der genannten Entscheidung Bezug und macht sich diese weitgehend zu eigen.

E. Medizinprodukte mit pharmakologischer, immunologischer oder metabolischer Nebenfunktion

I. Allgemeines Prinzip, gesetzliche Regelungen

24   Wie aus der Begriffsbestimmung für Medizinprodukte hervorgeht, können sie in ihrer Wirkungsweise durch pharmakologisch, immunologisch oder metabolisch wirkende Mittel **unterstützt** werden (§ 3 Nr. 1 MPG). Solche Mittel stammen in der Regel aus dem Bereich der Arzneimittel. Dem trägt § 3 Nr. 2 MPG Rechnung. Dort heißt es:

> Medizinprodukte sind auch Produkte nach Nummer 1, die einen Stoff oder eine Zubereitung aus Stoffen enthalten oder auf die solche aufgetragen sind, die bei gesonderter Verwendung als Arzneimittel im Sinne des § 2 Abs. 1 des Arzneimittelgesetzes angesehen werden können und die in Ergänzung zu den Funktionen des Produktes eine Wirkung auf den menschlichen Körper entfalten können.

Erst wenn der Zweck des „Arzneistoffs" **mehr als nur eine Hilfsfunktion** im Vergleich zur Hauptwirkung des Produkts ausübt, stellt das Produkt ein **Arzneimittel** dar.

25   Dieses Prinzip sei an einem **Beispiel** dargestellt, das der Drug/Device Borderline Guideline entnommen ist.[20] Knochenzement ist ein Medizinprodukt, weil er seinen intendierten Zweck (Fixierung einer Prothese) auf mechanische Art und Weise erreicht. Enthält der Knochenzement ein Antibiotikum, während sein beabsichtigter Hauptzweck aber die Fixierung von Prothesen bleibt, so handelt es sich nach wie vor um ein Medizinprodukt. In diesem Fall erfüllt das Antibiotikum klar eine Hilfsfunktion, nämlich die Reduktion einer möglichen Infektion beim Einbringen des Zementes während der Operation. Im Rahmen der Konformitätsbewertung muss die Benannte Stelle bezüglich des Antibiotikums ein Konsultationsverfahren mit einer Arzneimittel-Zulassungsbehörde ihrer Wahl vornehmen (vgl. Anhang I Nr. 7.4 der Richtlinie 93/42/EWG). Wenn jedoch der inten-

---

[19] *OLG Hamburg,* MPR 2002, 72.
[20] Medical Devices: Guidance document: Demarcation between: Directive 90/385/EEC on Active Implantable Medical Devices, Directive 93/42/EEC on Medical Devices and Directive 65/65/EEC relating to Medicinal Products and related Directives, MEDDEV 2.1/3 Rev 2–7/2001.

dierte Verwendungszweck die Verabreichung des Antibiotikums wäre und der Zement nur das Trägermaterial für diese lokale Anwendung darstellen würde, wäre das Produkt ein Arzneimittel.

Andere Beispiele für Produkte, bei denen der Arzneimittelanteil die überwiegende **26** Zweckbestimmung darstellt, sind (mit Arzneistoffen) vorgefüllte Spritzen oder (Arzneistoffe enthaltende) Pflaster zur transdermalen Anwendung. Spritzen allein sind jedoch Medizinprodukte (vgl. § 2 Abs. 2 Satz 1 MPG); ebenso Pflaster zum Zwecke der Wundbehandlung, auch wenn sie Arzneistoffe enthalten, solange der Hauptzweck insbesondere auf der Barrierefunktion des Pflasters beruht.

II. Beispiele für Medizinprodukte mit arzneilicher Hilfsfunktion

Typische Beispiele für Medizinprodukte, deren Wirkungsweise durch pharmakologisch, **27** immunologisch oder metabolisch wirkende Mittel unterstützt werden sind:

– **heparinbeschichtete Katheter,** bei dem das Heparin die Bioverträglichkeit des Katheters verbessert,
– **Wurzelfüllmaterialien mit Antibiotka,** bei dem das Antibiotikum eine mögliche, mit dem zahnärztlichen Eingriff einhergehende Infektion reduziert,
– **mit Antikoagulantien** oder **Konservierungsmitteln beschichtete Blutbeutel,**
– **mit Antiseptika dotierte Heftpflaster,** wobei das Antiseptikum durch seine keimreduzierende Wirkung den Hauptzweck des Heftpflasters als äußere Barriere (u. a. Schutz vor mikrobieller Kontamination) und damit die Wundheilung unterstützt,
– **mit Hydoxylapatit** oder andere Materialien **beschichtete Implantate,** wobei die Beschichtung der Erhöhung der Bioverträglichkeit und besseren Verwachsung des Implantats mit dem umgebenden Gewebe dient.

Weitere Beispiele finden sich in der Drug/Device Borderline Guideline, (MEDDEV 2.1/3 Rev 2–7/2001, Abschnitt A.5).[21]

F. Arzneimittel – Medizinprodukt Kombinationen

Im vorherigen Abschnitt wurden Arzneimittel – Medizinprodukt Kombinationen in **28** fester Einheit beschrieben, deren Hauptzweckbestimmung beim Medizinproduktanteil liegen. Sie sind in der Regel gemäß Anhang IX Regel 13 der Richtlinie 93/42/EWG Medizinprodukte der Klasse III und benötigen im Rahmen ihrer Konformitätsbewertung die Einbeziehung einer Arzneimittel-Zulassungsbehörde. Liegt dagegen bei **festen Arzneimittel – Medizinprodukt Kombinationen** der **Hauptzweck** beim **Arzneimittelanteil,** so ist das ganze Produkt **als Arzneimittel zuzulassen.** In § 2 Abs. 2 MPG heißt es dazu:

[...] Werden die Medizinprodukte [...] so in den Verkehr gebracht, dass Medizinprodukt und Arzneimittel ein einheitliches, miteinander verbundenes Produkt bilden, das ausschließlich zur Verwendung in dieser Verbindung bestimmt und nicht wiederverwendbar ist, gilt dieses Gesetz nur insoweit, als das Medizinprodukt die Grundlegenden Anforderungen [...] erfüllen muss, die sicherheits- und leistungsbezogene Produktfunktionen betreffen. Im Übrigen gelten die Vorschriften des Arzneimittelgesetzes.

Beispiele hierfür sind vorgefüllte Fertigspritzen, Nikotin-, Nitroglyzerin-, Antirheuma- oder Hühneraugenpflaster.

---

[21] Medical Devices: Guidance document: Demarcation between: Directive 90/385/EEC on Active Implantable Medical Devices, Directive 93/42/EEC on Medical Devices and Directive 65/65/EEC relating to Medicinal Products and related Directives, MEDDEV 2.1/3 Rev 2-7/2001.

29   Unter **nicht wiederverwendbar** ist zu verstehen, dass von Seiten des Herstellers/pharmazeutischen Unternehmers eine Wiederbefüllung oder Wiederverwendung des Produkts nicht vorgesehen ist. Insofern fällt auch die **Mehrfachdosierung** aus einer vorgefüllten **Fertigspritze** darunter, weil nach dem Aufbrauch des Inhalts die (dann leere) Spritze nicht wieder mit dem Arzneimittel gefüllt wird. Eine Mehrfachentnahme aus z. B. einem Behältnis ist grundsätzlich keine Wiederverwendung. Entsprechend stellt sich die Situation etwa bei einem **Nikotinpflaster** dar, weil jedes Pflaster nur einmal bestimmungsgemäß verwendet werden kann.

30   Die **arzneimittelrechtliche Zulassung** dieser Kombinationen erfolgt in der Regel durch das **Bundesinstitut für Arzneimittel und Medizinprodukte (BfArM).** Es prüft und bewertet u. a. die sicherheits- und leistungsbezogenen Funktionen des Medizinprodukteanteils (z. B. des Spritzenkörpers oder des Pflasterträgermaterials). Der Antragsteller stellt die dazu notwendigen Dokumente zur Verfügung. Eine darüber hinausgehende Konformitätsbewertung durch den Antragsteller oder eine zusätzliche Konformitätsbewertung durch eine Benannte Stelle[22] entfällt. Der Medizinprodukteteil trägt auch kein CE-Zeichen.[23]

31   Werden Medizinprodukte und Arzneimittel zusammen (aber lose) als eine (Verkaufs-)Einheit in den Verkehr gebracht (z. B. Vaginalcreme mit Applikator), handelt es sich nicht um eine Kombination i. S. v. § 2 Abs. 3 MPG. Dafür gelten **einerseits** die **medizinprodukterechtlichen Vorschriften** einschließlich CE-Kennzeichnung (hier für den Applikator) und **andererseits** die arzneimittelrechtlichen einschließlich Zulassungsnummer (hier für die Vaginalcreme). Diese sind auch unabhängig voneinander zu beachten bzw. einzuhalten, etwa im Rahmen der Konformitätsbewertung bzw. Zulassung, dem Vertrieb oder der Überwachung bei und dem Schutz vor Vorkommnissen bzw. Arzneimittelrisiken. Dabei sind notwendige gegenseitige Kompatibilitäten bzw. Zusammenhänge zu beachten. Es empfiehlt sich, eine solche Kombinationspackung als (zusätzliche) Packungsgröße für das Arzneimittel im Rahmen der Zulassung anzuzeigen.

G. Ausgewählte Substanzen und Produkte; besondere Problembereiche bzw. -gruppen

I. Besitzen Augenspüllösungen metabolische Wirkungen?

32   Augenspüllösungen sind **wässrige Spüllösungen,** die verschiedene Elektrolyte enthalten, z. B. Natrium-, Kalium-, Calcium- oder Magnesiumchlorid. Sie dienen, etwa bei einer Katarakt-Operation, **neben dem mechanischen Vorgang** des Ausspülens des Auges u. a. auch dazu, das bei der Operation ausfließende **Kammerwasser des menschlichen Auges zu ersetzen** und den **Stoffwechsel aufrechtzuerhalten,** indem es die dafür notwendigen Elektrolyten liefert und dadurch aus ophthalmologischer Sicht das Hornhautendothel schützt.

33   In einem Eilverfahren hatte das OLG Frankfurt/Main[24] im Jahr 1996 die Frage zu klären, ob bei diesen Produkten die rein mechanische Spülwirkung im Vordergrund steht, der überwiegende Zweck von Augenspüllösungen also die Spülwirkung ist, oder ob die o. g. weiteren Eigenschaften der Spüllösung als „metabolische Wirkungen" mit der Folge einzustufen sind, dass die Produkte den Arzneimitteln zuzurechnen sind. Dazu wurde der – gesetzlich vorgegebene – **Begriff des Metabolismus,** der metabolischen Wirkung, näher beleuchtet. Die Antragsgegnerin verwies in diesem Verfahren darauf, dass die

---

[22] Vgl. auch den Beitrag von *Anhalt/Dieners* in diesem Handbuch (§ 2 Rdnr. 44–47).
[23] Vgl. auch den Beitrag von *Anhalt/Dieners* in diesem Handbuch (§ 2 Rdnr. 48–50).
[24] *OLG Frankfurt am Main,* PharmaR 1997, 69.

(damalige Fassung) der Drug/Device Borderline Guideline als unverbindliche Auslegungshilfe nicht Begriffe umstoßen könne, die die Richtlinie verwendet. Dementsprechend sei Metabolismus (Rdnr. 8) dahingehend weit auszulegen, dass jede metabolische Wirkung eines Produkts ein Arzneimittel ausmache, und nicht erst dann, wenn durch das Produkt eine Änderung des normalen chemischen Prozesses bewirkt werde. Folglich wäre auch eine durch das Produkt bewirkte Aufrechterhaltung des normalen Stoffwechsels eine metabolische Wirkung. Das Gericht stellte im Ergebnis fest, dass die Richtlinien zum Medizinprodukterecht den Metabolismus-Begriff nicht näher definieren. Ob sie eine weite oder enge Auslegung des Begriffs meinen, sei also offen und müsse u. U. vom EuGH als dem für die Auslegung von Gemeinschaftsrecht zuständigem Gericht geklärt werden. Im Eilverfahren scheide eine Vorlage an den EuGH aber aus.

Zur weiteren Entscheidungsfindung wurden eine Reihe von **Experten** gehört, deren **34** Standpunkte nachfolgend wie folgt zusammengefasst werden:

– *Garth Thompson,* der als Mitglied der Arbeitsgruppe „Drug/devise borderline" der Europäischen Kommission an der o. g. Leitlinie mitgearbeitet hat, bestätigte in seiner gutachterlichen Stellungnahme in diesem Verfahren den engen Metabolismus-Begriff.

– Ein weiterer Gutachter definierte in seiner Stellungnahme Metabolismus (Stoffwechsel) als „die gesamten Vorgänge des Abbaus und der Umwandlung von Substraten (Nahrungsmittel, Sauerstoff) sowie des Zerfalls und Ersatzes von Körperbestandteilen". Danach kam dieser Gutachter zu dem Ergebnis, dass Elektrolyte, wie sie in o. g. Augenspüllösungen enthalten sind, am Stoffwechsel zwar teilnehmen, dabei aber weder abgebaut noch umgewandelt werden, solche Spüllösungen daher Medizinprodukte seien. Die Elektrolyte trügen ausschließlich zur Aufrechterhaltung des normalen Stoffwechsels bei. Ein anderer Gutachter wies in seiner Stellungnahme darauf hin, dass Spüllösungen für sich genommen keine Veränderungen am Auge bewirkten und eindeutig reine Spülmittel seien. Die Produkte beanspruchten auch nur Wirkungen physiologischer Art, also Wirkungen, die auf den Erhalt des normalen Grundzustandes hin ausgerichtet seien.

– Von anderer Seite wurde zwar gutachterlich eingeräumt, dass für viele operierende Augenärzte der überwiegende Zweck von Spüllösungen der Spüleffekt sei. Ihnen sei die ursprüngliche Zweckbestimmung der Spüllösung nicht mehr bewusst, nämlich neben dem rein mechanischen Vorgang des Ausspülens des Auges auch der Ersatz des bei der Operation ausfließenden Kammerwassers und die Aufrechterhaltung des Stoffwechsels, indem die Lösung die dafür notwendigen Elektrolyte liefere und dadurch aus ophthalmologischer Sicht das Hornhautendothel schütze. Weitere gutachterliche Stellungnahmen bestätigten die Bedeutung der Elektrolyte für die Aufrechterhaltung der Zellfunktionen und sprachen gar von einem Elektrolyt-Stoffwechsel.

Daraus folgerte der Senat, dass selbst bei sachverständigen Personen erkennbar grundle **35** gende Meinungsverschiedenheiten bzgl. des Begriffs „Metabolismus" im Sinne der Richtlinie 93/42/EWG bestehen. Wenn Augenspüllösungen der oben beschriebenen Art auch in anderen Mitgliedstaaten unterschiedlich das eine Mal als Arzneimittel, das andere Mal als Medizinprodukt eingestuft würden, müsse diese Frage letztendlich vor dem EuGH geklärt werden, was nur in einem etwaigen Hauptsacheverfahren geschehen könne. Solange spreche nichts gegen ein Inverkehrbringen solcher Augenspüllösungen als Medizinprodukte. Im späteren Verfahren vor dem Landgericht hat dieses die Klage abgewiesen und sich auf den Standpunkt gestellt, das streitgegenständliche **Produkt** sei ein **Medizinprodukt**.[25]

Dagegen richtete sich die Berufung der Klägerin, die im Ergebnis aber auch keinen Er **36** folg hatte.[26] Das Gericht sah in erster Linie bei letztlich gleichem Sach- und Streitstand

---

[25] *LG Frankfurt am Main,* Urt. v. 18. 3. 1998 – 2/6 O 719/97, zitiert in MD 1999, 386.
[26] *OLG Frankfurt am Main,* Urt. v. 21. 1. 1999 – 6 U 71/98, PharmaR 2000, 17 (= MPJ 1999, 111).

wie im einstweiligen Verfügungsverfahren (Rdnr. 33–35) das Schwergewicht bei der Frage, ob die Beklagte durch den Vertrieb ihres in Frage stehenden Produkts gegen § 1 des Gesetzes gegen den unlauteren Wettbewerb (UWG) verstoße. Dazu stellte das Gericht im Ergebnis fest, dass der Vertrieb eines Produkts (welches das EG-Konformitätsbewertungsverfahren nach dem MPG vor einer Benannten Stelle durchlaufen hat und ein CE-Zeichen trägt) als Medizinprodukt – statt als zulassungspflichtiges Arzneimittel – keinen Verstoß gegen die guten Sitten nach § 1 UWG darstellt, **wenn nicht von einer offensichtlich fehlerhaften Einordnung auszugehen** sei. Da die Beklagte für ihre Spüllösung das Konformitätsbewertungsverfahren zusammen mit einer Benannten Stelle unter Einstufung des Produkts in die Klasse IIb durchgeführt habe, lagen dem Gericht auch keine Anhaltspunkte für eine fehlerhafte Klassifizierung vor.

37   Daneben wurde aber auch durch die Einbeziehung der Drug/Device Borderline Leitlinie[27] in die Entscheidungsfindung die Bedeutung dieser rechtlich nicht bindenden Abgrenzungsleitlinie gestärkt. Im vorliegenden Fall wurde aus der Leitlinie insbesondere die Definition von „Metabolismus" herangezogen, die im Februar 1998 in Ergänzung zu ihrer vorherigen Fassung zum vorherigen Papier vom Juli 1995 weiter dahingehend ergänzt worden war, dass Metabolismus auch den Abbruch, den Beginn und die Veränderung der Geschwindigkeit des normalen chemischen Prozesses umfasst (Rdnr. 8). Diese **enge Auslegung von Metabolismus** der Leitlinie bestärkte das Gericht in der Auffassung, dass Augenspüllösungen primär nicht metabolisch wirken. Das Papier wurde damit auf eine Stufe mit einem Schreiben des Bundesministeriums für Gesundheit von 1998 (s. u.), mit einer Bekanntmachung des Gesundheitsministeriums von 1996 (s. u.) und mit einer amtlichen Veröffentlichung der EG von 1995 (s. u.) gestellt. Aus allen drei genannten Quellen wurde ebenfalls abgeleitet, dass Augenspüllösungen der geschilderten Art Medizinprodukte sind. Im Einzelnen:

–   Die Europäische Kommission hat seit 1994 verschiedene Listen mit den nach den Medizinprodukterichtlinien tätigen Benannten Stellen und einer Zuordnung von Produktgruppen, für die sie jeweils verantwortlich sind, veröffentlicht. Bereits im Amtsblatt der EG vom 25. 10. 1995 sind unter der Identifikationsnummer „0483" als Medizinprodukt u. a. aufgeführt: „Spülflüssigkeiten für die Ophthalmochirurgie".[28]

–   In der Bekanntmachung des Bundesministeriums für Gesundheit vom 15. 10. 1996 betreffend die so genannten „Benannten Stellen" nach dem MPG[29] werden im Zusammenhang mit der Benannten Stelle mit der Kenn-Nr. „0483" „Spülflüssigkeiten für die Ophthalmochirurgie" ebenfalls zu den Medizinprodukten gezählt.

–   Schließlich hat das Gesundheitsministerium in dem (unveröffentlichten) Schreiben vom 19. 1. 1998 in Bezug auf die Abgrenzung von Medizinprodukten zu Arzneimitteln im Anschluss an eine Besprechung der EU-Kommission mit den für das Arzneimittel- und Medizinproduktewesen betroffenen Kreisen (Behörden- und Industrievertreter) ausgeführt:

Enthält eine Augenspüllösung, deren Hauptzweckbestimmung die Spülung des Auges ist, Stoffe, die den Metabolismus der (von) Endothelzellen der Cornea unterstützt, so handelt es sich hier um ein Medizinprodukt, das eine arzneilich wirksame Substanz zur Unterstützung des Medizinproduktes bzw. als untergeordnete Zweckbestimmung enthält.

38   Nach Auffassung des Senats sprachen somit alle Anhaltspunkte für eine sichere und europaweit gewollte **Verwaltungspraxis,** wonach die Überwachungsbehörden die streitgegenständlichen Produkte als Medizinprodukte einordnen. Der Senat sah auch keinen

---

[27] Medical Devices: Guidance Document: Demarcation between: Directive 90/385/EEC on Active Implantable Medical Devices, Directive 93/42/EEC on Medical Devices and Directive 65/65/EEC relating to Medicinal Products and related Directives, MEDDEV 2.1/3 Rev. 2–7/ 2001.
[28] ABl. EG Nr. C 280 v. 25. 10. 1995, S. 155.
[29] BAnz. v. 22. 11. 1996, S. 12225.

Anlass, die Rechtssache dem Europäischen Gerichtshof gem. Art. 177 Abs. 2 EGV a. F.[30] vorzulegen, da nicht ersichtlich sei, dass Behörden anderer Länder die Einordnung dieser Produkte unterschiedlich beurteilten, zumindest aber eine klare europaweite Tendenz hin zum Medizinprodukt festgestellt wurde.

II. Alkoholtupfer und ähnliche Produkte

Die von Hygienekommissionen in (Universitäts-)Kliniken, Krankenhäusern und ähnlichen Einrichtungen entwickelten Standards sehen in der Regel eine **Desinfektion der Haut** vor jeder Injektion vor; eine bloße Reinigung ist nicht ausreichend. Der Hauptzweck von mit Alkohol in entsprechender Konzentration oder mit anderen desinfizierend wirkenden Substanzen getränkten Wattetupfern aus Baumwolle oder Zellwolle oder aus anderen Nonwoven oder vergleichbaren Materialien muss daher im Zusammenhang mit Injektionen die Desinfektion der Haut sein. Und weil es sich dabei um eine solche am Menschen handelt, sind diese Produkte als **Arzneimittel** einzustufen. 39

III. Hyaluronsäure

Hyaluronsäure ist ein saures Mucopolysaccherid, das in vielen Teilen des Körpers natürlich vorkommt, sei es in den Zellmembranen und im Bindegewebe von Wirbeltieren, im menschlichen Körper in der Haut, dem Knorpel oder der Synovialflüssigkeit. Letztere ist ein transparentes, flüssiges Sekret, das in den **Gelenken des menschlichen Körpers erzeugt** wird und die Gelenke und Knochen durch seine einzigartigen schmierenden und stoßdämpfenden Eigenschaften schützt. Darüber hinaus ist Hyaluronsäure ein Bestandteil des Glaskörpers im Auge und befindet sich in geringen Konzentrationen auch im Kammerwasser und Augenwinkelgewebe. 40

Bei Patienten mit Arthrosen ist zu wenig Hyaluronsäure in den Gelenken vorhanden. Ferner ist die noch vorhandene Hyaluronsäure aufgrund von Stoffwechselveränderungen und anderen Vorgängen im Körper weniger elastisch und kann ihre oben geschilderte Funktion schlechter erfüllen. Hyaluronsäure zur Injektion in den Gelenksspalten des Knies oder anderen Synovialgelenken bei Schmerzen und gestörten Gelenkfunktionen im Zusammenhang mit Arthrosen soll daher zur Schmerzlinderung und/oder Verbesserung der Bewegungsfähigkeit des Patienten beitragen. Dabei wirkt die **Hyaluronsäure als Lubrikativum** (Schmier- oder Gleitmittel) und damit auf physikalische Art und Weise. Sie ersetzt zugleich die nicht mehr (ausreichend) vorhandene körpereigene Synovialflüssigkeit. Aus beiden Gründen ist die Substanz als **Medizinprodukt** zu sehen. Dass sie mit der Zeit verstoffwechselt wird, ist insofern unschädlich, da nicht zur Zweckbestimmung gehörig. 41

Hyaluronsäure in viskoelastischen Lösungen bzw. Gelen zur intraokularen Anwendung bei **chirurgischen Eingriffen am Auge** stellt ein weiteres Anwendungsgebiet dar (Viskochirurgie). Beispielsweise wird das viskose, halbflüssige Mittel durch eine feine Kanüle in die Augenvorderkammer gespritzt. Durch den Druck bei der Injektion wird das Mittel weniger viskos und zunehmend flüssiger. Lässt der Druck nach, nimmt es wieder seinen gelartigen Zustand an. Dies dient zur Bildung und Erhaltung der Kammertiefe, um das Risiko einer mechanischen Verletzung der beteiligten Strukturen des Auges möglichst gering zu halten. Diese auch als Pseudoplastizität bezeichnete Eigenschaft (Übergang vom viskosen zum flüssigen Gel und umgekehrt) ist insbesondere auf die physico-chemischen Eigenschaften der Hyaluronsäure zurückzuführen: das lineare Polymer besteht aus einer wiederkehrenden Grundeinheit. Diese Disaccharide sind durch alternierende chemische 42

---

[30] Vgl. Art. 234 EG.

Bindungen als Kette verknüpft, die ineinander verknäuelt ist. Auf diese Weise werden die elastischen Eigenschaften erreicht. Neben der oben beschriebenen Verwendung als „Füllkörper" und „Schutzschild" kompensiert diese Elastizität z. B. auch Vibrationen, die unter der Operation auftreten können und vermindert somit ebenfalls die Traumatisierung der intraokularen Gewebestrukturen. Bei allen genannten und weiteren ophthalmochirurgischen Anwendungen funktioniert das Mittel nicht auf pharmakologische, immunologische oder metabolische Art und Weise; es stellt somit ein **Medizinprodukt** dar.

IV. Sind Zahnweißer Kosmetika oder Medizinprodukte?

43   **Zahnweißer** werden gemäß ihrer Zweckbestimmung von der Europäischen Kommission als **Kosmetika** eingestuft und sind daher durch die Kosmetik-Richtlinie 76/786/EWG geregelt, die in Deutschland durch die Kosmetik-Verordnung in nationales Recht transformiert wurde. Gemäß der 15. Anpassung dieser Richtlinie durch die Richtlinie 92/86/EWG beträgt in Mundpflegemitteln die maximal erlaubte Konzentration von zugesetztem Wasserstoffperoxid (H_2O_2) und von H_2O_2, das erst bei Anwendung aus H_2O_2-freisetzenden Verbindungen oder Gemischen wie Carbamid-Peroxid und Zinkperoxid entsteht, 0,1%.

1. Deutsche Rechtsprechung

44   Im Jahr 1995 zertifizierte eine **Benannte Stelle** ein **Zahnbleichmittel** mit deutlich mehr als der o. g. H_2O_2-Konzentration als **Medizinprodukt.** Es wurde gemäß zugehöriger Gebrauchsinformation als „ein schonendes, vom Zahnarzt anzuwendendes System zum Aufhellen von vitalen und devitalen Zähnen" vermarktet. Nachdem im Jahr 1996 die zuständige **Landesbehörde** das Produkt als Medizinprodukt bestätigt hatte, stellte sie später, im November 1998, eine **Untersagungsverfügung** nach § 27 Abs. 2 (heute § 27 Abs. 1) MPG gegen die weitere Vermarktung aus. Die Verfügung wurde mit Anordnung der sofortigen Vollziehung erlassen, da es sich nach Auffassung der Behörde um ein Kosmetikum und nicht um ein Medizinprodukt handele und der Hersteller daher nach Auffassung der Behörde das Produkt wegen Überschreitung der H_2O_2-Höchstmenge nicht rechtmäßig in den Verkehr bringe. Der Hersteller wandte sich an das VG Düsseldorf mit dem Antrag, die aufschiebende Wirkung des gegen diese Untersagungsverfügung gerichteten Widerspruchs (§ 80 Abs. 5 Verwaltungsgerichtsordnung – VwGO) wieder herzustellen. Das VG Düsseldorf gab dem Antrag des Herstellers statt. Auch das OVG Nordrhein-Westfalen teilte nach einer Interessenabwägung die Ansicht des VG Düsseldorf, dass diesem Antrag zu entsprechen war. [31]

45   Auch in der Hauptsache selbst legte der beklagte Hersteller Einspruch gegen die Untersagungsverfügung der Landesbehörde ein, der von der Landesbehörde im August 1999 mit Widerspruchsbescheid abgelehnt wurde. Gegen diesen Widerspruchsbescheid hat dann der Hersteller Klage beim zuständigen Verwaltungsgericht erhoben. Am 30. 8. 2000 hat das zuständige VG Düsseldorf seine Entscheidung verkündet. [32] Nach Ansicht des **Gerichts** sind die dem Streit zugrunde liegenden Zahnbleichmittel nicht als Kosmetika, sondern als **Medizinprodukte** anzusehen. Demgemäß hat das Gericht die Ursprungsverfügung (Rdnr. 44) und den Widerspruchsbescheid der Landesbehörde aufgehoben.

46   In seinen Entscheidungsgründen legte das Gericht u. a. dar, dass aus den Begriffsbestimmungen für kosmetische Mittel (§ 4 Abs. 1 LMBG und Art. 1 Abs. 1 der Kosmetikrichtlinie 76/768/EWG; Rdnr. 18, 19) folge, dass dann, wenn die überwiegende Zweckbestimmung der fraglichen Produkte darin liege, Krankheiten, Leiden, Körperschäden

---

[31] *OVG NRW,* MPJ 2000, 9 ff.
[32] *VG Düsseldorf,* Urt. v. 30. 8. 2000 – 16 K 6063/99.

oder krankhafte Beschwerden zu lindern oder zu beseitigen, es sich nicht um Kosmetika handeln könne. In dem vorliegenden Fall seien die Produkte dazu bestimmt, **interne Zahnverfärbungen** aufzuhellen. Der bestimmungsgemäße Hauptzweck bestehe darin, Krankheiten, Leiden, Körperschäden oder krankhafte Beschwerden zu lindern oder zu beseitigen. Was unter den Begriffen Krankheit, Leiden, Körperschäden und krankhafte Beschwerden zu verstehen ist, sei weder im Lebensmittel- und Bedarfsgegenständegesetz noch im Medizinproduktegesetz oder im Arzneimittelgesetz definiert. Nach ständiger Rechtsprechung sei unter **Krankheit jede Störung der normalen Beschaffenheit oder der normalen Tätigkeit des Körpers** zu verstehen, die geheilt, d. h. beseitigt oder gelindert werden kann.[33] Dieser Krankheitsbegriff sei denkbar weit gefasst. Er schließe alle Beschwerden ein, die von der gesundheitlichen Norm abweichen, und zwar ohne Rücksicht darauf, ob diese Normabweichungen nur vorübergehend oder nicht unerheblich sind; allerdings würden normal verlaufende Erscheinungen oder Schwankungen der Funktionen, denen jeder Körper ausgesetzt sei, die seiner Natur oder dem natürlichen Auf und Ab seiner Leistungsfähigkeit entsprechen, vom Krankheitsbegriff nicht erfasst, solange solche Erscheinungen und Schwankungen nicht über das allgemeine und übliche Maß hinausgingen.[34] Dabei sei zu berücksichtigen, dass der Maßstab, an dem die Begriffe Krankheit und Gesundheit zu messen seien, eine gewisse Schwankungsbreite ausweise und gewissen Veränderungen unterliege.

Der **weite Krankheitsbegriff** findet dem VG Düsseldorf zufolge eine Entsprechung in **47** dem gerade für den vorliegenden Fall bedeutsamen Gesetz über die Ausübung der Zahnheilkunde vom 16. 4. 1987[35], zuletzt geändert durch das Gesetz vom 27. 4. 1993.[36] Nach § 1 Abs. 3 Satz 2 dieses Gesetzes ist als Krankheit jede von der Norm abweichende Erscheinung im Bereich der Zähne, des Mundes und der Kiefer anzusehen einschließlich von Anomalien der Zahnstellung und des Fehlens von Zähnen. Ausgehend von dieser Definition, die sich nicht wesentlich von der für die anderen Rechtsgebiete von der Rechtsprechung entwickelten Definition unterscheidet, stelle sich eine deutlich wahrnehmbare Zahnverfärbung als Krankheit dar. Anders als bei Farbablagerungen auf der Zahnoberfläche (externe Zahnverfärbung), die im Wesentlichen als normale Folge der Nahrungs- oder Genussmittelaufnahme aufträten und die durch gründliche Zahnpflege (regelmäßiges Zähneputzen und u. U. professionelle Zahnreinigung beim Zahnarzt) beseitigt werden könnten, träten die internen Zahnverfärbungen nicht generell auf. Sie würden nur durch bestimmte Ursachen ausgelöst und könnten auch nicht durch die gewöhnliche Zahnreinigung entfernt werden. Es handele sich bei solchen internen Zahnverfärbungen daher gerade **nicht um normal verlaufende Erscheinungen oder Funktionsschwankungen,** denen jeder Körper ausgesetzt sei, mangels Entfernbarkeit mit einfachen Mitteln gingen solche Verfärbungen auch über das allgemeine und übliche Maß hinaus. Dementsprechend würden ein oder mehrere verfärbte Zähne, deren Farbe selbst durch eine gründliche Zahnreinigung nicht beeinflusst werden könnte, von weiten Bevölkerungskreisen jedenfalls in Mitteleuropa als Normabweichung angesehen. Da es eine einheitliche und damit allein normgebende Zahnfarbe nicht gebe, sondern innerhalb der Bevölkerung eine deutliche Schwankungsbreite bestehe, sei eine Normabweichung erst ab einem gewissen Verfärbungsgrad anzunehmen. Unterhalb dieser Erheblichkeitsschwelle, die bei einer mit bloßem Auge deutlichen Sichtbarkeit anzusiedeln sei, könne von einer Krankheit nicht ausgegangen werden, sondern nur von einer Abweichung vom Idealbild.

Da die in den streitigen Verfügungen genannten Produkte bei allen internen Zahnverfärbungen Anwendung finden könnten, komme es für die Abgrenzung, ob es sich um **48** kosmetische Mittel oder um Medizinprodukte handele, zudem auf die überwiegende

---

[33] Vgl. *BVerwG,* Urt. v. 16. 2.1971 – I C 25.66; *BVerwGE* 37, 2209 m. w. N.
[34] Vgl. *BVerwG,* Urt. v. 16. 2. 1971 – I C 25.66.
[35] BGBl. I S. 1226.
[36] BGBl. I S. 512, 518.

Zweckbestimmung dieser Produkte an. Maßgeblich sei insoweit die überwiegende Zweckbestimmung i. S. v. § 4 LMBG. Zwar enthalte § 3 Nr. 9 MPG eine Legaldefinition der Zweckbestimmung. Diese könne als Abgrenzungskriterium aber nicht herangezogen werden, da sie die Einordnung eines Produkts als Medizinprodukt bereits voraussetze. Die nach § 4 Abs. 1 LMBG zugrunde zu legende überwiegende Zweckbestimmung sei nach objektiven Maßstäben festzustellen, dabei komme der **allgemeinen Verkehrsauffassung** über die Verwendung der Produkte das entscheidende Gewicht zu. Die allgemeine Verkehrsauffassung, d. h. die Auffassung aller am Verkehr mit den betreffenden Produkten beteiligten Kreise, entwickele sich in der Regel anhand konkreter Anhaltspunkte, insbesondere danach, wie die jeweiligen Produkte nach der Konzeption des Herstellers dem Verbraucher gegenüber in Erscheinung treten. Hierbei komme u. a. der Zusammensetzung der Produkte, den Verwendungsangaben und auch der Art des Vertriebes besondere Bedeutung zu. Hiervon ausgehend sei die überwiegende Zweckbestimmung der Produkte die Linderung oder Beseitigung von Krankheiten, da sie überwiegend zur Behandlung krankhaft verfärbter Zähne eingesetzt werden sollen. Die Zusammensetzung der Produkte, die einen hohen Anteil an Carbamid-Peroxid enthalten, zeige, dass die bestimmungsgemäße und vorrangige Eignung darin liege, gerade krankhafte Zahnverfärbungen zu mindern oder zu beseitigen. Denn nur bei Mitteln mit den hier enthaltenen Konzentrationen dieses Wirkstoffs könne eine Reduzierung oder Beseitigung solcher internen Verfärbungen erzielt werden. Geringer dosierte Mittel seien hierzu offenbar ungeeignet. Die Produkte des Herstellers zielten also gerade auf diesen Behandlungseinsatz.

49   Auf Grund der mit der Verwendung derart konzentrierter Mittel verbundenen Risiken sei die Befunderhebung, die Entscheidung über das Therapieangebot und die Auswahl der anzuwendenden Mittel sowie die Durchführung der Behandlung durch den Zahnarzt erforderlich. Dementsprechend würden die Produkte ausschließlich an Zahnärzte verkauft, damit komme aber auch der **Einordnung der Produkte durch die Zahnärzte** als deren maßgebliche Anwender entscheidendes Gewicht zu. Im Hinblick auf deren ärztliche Pflichten und Verantwortung sei davon auszugehen, dass diese die streitigen Mittel den Angaben in der Gebrauchsanweisung entsprechend verwenden und eine dementsprechende Vorstellung von den bestimmungsgemäßen Einsatzmöglichkeiten entwickelt haben. Durch die Nennung der die Verfärbung auslösenden Faktoren in der Gebrauchsanweisung der Produkte werde deutlich, dass diese Produkte nicht generell, sondern nur für bestimmte Zahnverfärbungen zum Einsatz kommen sollen. Der Hinweis auf die Behandlungsalternative zu Kronen oder Verblendschalen rücke diese Mittel in einen Behandlungsbereich, der nur deutlich sichtbare Zahnverfärbungen betreffe.

50   Die zuständige Landesbehörde legte im November 2000 Berufung gegen das Urteil beim OVG Nordrhein-Westfalen ein. Der endgültige **Ausgang des Rechtsstreits steht noch aus.**

51   In einem Verfahren vor dem LG Hannover[37] ging es eigentlich um die „richtige" Klassenzugehörigkeit und die damit verbundene Zertifizierung bestimmter Zahnbleichprodukte, die dem in Rdnr. 44 ff. angesprochenen Produkt bezüglich der Indikation und des Gehalts an Wasserstoffperoxid (H_2O_2) bzw. anderen Peroxiden, die H_2O_2 freisetzen, vergleichbar sind. Gleichwohl hat sich das Gericht in seinen Entscheidungsgründen gleichsam en passant auch zur Abgrenzung der streitgegenständlichen Produkte (Medizinprodukt oder Kosmetikum) geäußert. Zum Tatbestand: Zwei amerikanische Hersteller, die ihr jeweiliges Zahnbleichmittel in Europa durch zwei (verschiedene) in Deutschland ansässige Vertreter (European authorised representative) vertreiben lassen, stufen ihr Produkt zum einen als Klasse I-, zum anderen als Klasse II a-Medizinprodukt ein. Der Kläger ist der Auffassung, dass der Beklagte durch **Falschklassifizierung** (Klasse I statt II a) seiner Zahnbleichmittel wettbewerbsrechtliche Vorteile für sich in Anspruch nehme. In seinem

---

[37] *LG Hannover*, MPJ 2002, 67.

Urteil vom 18. 7. 2001 stellt das Gericht u. a. begründet fest, dass die Beklagte sittenwidrige Handlungen im geschäftlichen Verkehr zu Zwecken des Wettbewerbs und zum Nachteil der Klägerin vornehme. In einem kurzen Absatz in den Entscheidungsgründen stellt das Gericht unverhoffterweise auch fest, dass es sich:

> bei den streitbefangenen Produkten um Medizinprodukte und nicht etwa um bloße Kosmetika handelt. Als Medizinprodukte sind nach Art. 1 II a der Medizinprodukte-Verordnung (Anmerkung des Autors: richtigerweise müsste es Medizinprodukte-Richtlinie heißen) u. a. solche Produkte anzusehen, welche vom Hersteller für die Behandlung und Linderung von Krankheiten bestimmt sind. Die Zahnbleichprodukte dienen der Behandlung krankhafter oder traumatisch verursachter innerer Zahnverfärbungen und nicht bloß der Beseitigung störender äußerlicher Zahnverfärbungen. Davon, dass es sich um Medizinprodukte handelt, gehen auch die Parteien übereinstimmend aus.

Nach Auffassung des Autors ist diesem Urteil zur Klärung der Frage, ob solche Bleich-   52
mittel nun Medizinprodukte oder Kosmetika sind, insofern kein großes Gewicht beizumessen, weil es den Parteien gar nicht um die Klärung dieser Frage ging. Vielmehr waren sie sich hierin von Anfang an einig, wie ja vom Gericht in den Entscheidungsgründen festgehalten ist. Entsprechend werden im Verlauf des Verfahrens auch keine tiefergehenden Stellungnahmen und Gutachten zu diesem Aspekt erörtert worden sein. Warum dennoch das Gericht bei seinen Ausführungen bezüglich der „sittenwidrigen Handlungen (I.) [der Beklagten] im geschäftlichen Verkehr (II.) zu Zwecken des Wettbewerbs und zum Nachteil der Klägerin (III.)" sowie der „Wiederholungsgefahr (IV.)" und dazu, dass „die Beklagte richtiger Anspruchsgegner (V.) ist" unvermittelt auch noch diese **Zahnbleichmittel grundsätzlich** als **Medizinprodukte** einstuft, bleibt offen. Auf jeden Fall bleibt diese Entscheidung **unzureichend begründet,** wenn man die Ausführungen dieses Urteils mit denen aus dem Urteil des VG Düsseldorf in dieser Fragestellung vergleicht (Rdnr. 46–49).

2. Englische Rechtsprechung

Auch in England wurde das Produkt vermarktet. Es wurde jedoch zunächst im Jahre   53
1992 **als Kosmetikum** vom britischen Ministerium für Handel und Industrie wegen Überschreitung der o. g. Höchstgrenze abgemahnt und im Jahr 1993 durch den Hersteller zurückgezogen. Nach der Zertifizierung des Zahnweißers in Deutschland als Medizinprodukt (Rdnr. 45–50), wurde es ab dem Jahr 1995 auch wieder in Großbritannien, und zwar als Medizinprodukt, vermarktet. Das Ministerium für Handel und Industrie sowie das Gesundheitsministerium vertraten daraufhin die Auffassung, dass das Produkt ein Kosmetikum und als solches nicht verkehrsfähig sei. Dagegen hat der betroffene Hersteller geklagt.

Im Jahr 1998 verkündeten die Royal Courts of Justice darauf ein stattgebendes Urteil.   54
Danach waren die britischen Behörden zunächst **auf Grund der wirksamen Zertifizierung** (in Deutschland, die für die gesamte EU gilt) zunächst nicht berechtigt, Maßnahmen gegen das Produkt auf dem britischen Markt einzuleiten, da Gesundheitsrisiken (die allein eine solche Maßnahme rechtfertigenden Argumente), zweifelsfrei nicht vorgelegen hätten. Darüber hinaus nahm das Gericht jedoch auch inhaltlich zu der Frage Stellung, ob es sich bei dem betroffenen Produkt um ein Kosmetikum oder ein Medizinprodukt im Sinne der entsprechenden Richtlinien handelt. Im Ergebnis hat das Gericht das Zahnbleichmittel **als Medizinprodukt** eingestuft.

Die beklagten Ministerien haben gegen dieses Urteil beim Obersten Gerichtshof für   55
England Berufung eingelegt, der 1999 stattgegeben worden ist. Nach Auffassung des Obersten Gerichts – und im Gegensatz zur deutschen Rechtsprechung – handelt es sich bei dem Zahnweißer **um ein Kosmetikum.**[38] Hieraus leitet das Gericht auch die Berechtigung der Ministerien ab, dem Inverkehrbringen des Produkts trotz wirksamer CE-Kennzeichnung behindernd entgegen zu treten.

---

[38] *Supreme Court of Judicature,* Court of Appeal, Urt. v. 1. 7. 1999 – QBENI 1998/1553/1.

56   Nach entsprechendem Antrag des Unternehmens wurde im Februar 2000 die Revision vom House of Lords zugelassen. Jedoch kamen die Lords zu keinem anderen Urteil als die Vorinstanz, auch sie stuften im Juni 2001 das infrage stehende Produkt als **Kosmetikum** ein.[39]

3. Mögliche Erweiterung der Kosmetik-Richtlinie?

57   Auf Grund einer Anfrage von Seiten der kosmetischen Industrie, den erlaubten Gehalt von Wasserstoff-(Carbamid)peroxid im Anhang III der Richtlinie 76/768/EWG über Kosmetika von 0,1% auf 3,6% anzuheben, überprüfte im Jahre 1998 und 1999 der Wissenschaftliche Ausschuss für Kosmetika und Nicht-Lebensmittel für den Verbraucher (Scientific Committee on Cosmetic Products and Non-food Products intended for the Consumer – SCCNFP) die Unbedenklichkeit von Wasserstoff-(Carbamid)peroxid in Zahnweißern. Der SCCNFP ist ein von der Europäischen Kommission und den Mitgliedstaaten beauftragtes unabhängiges Gremium und gibt **Empfehlungen zur Absicherung kosmetischer Inhaltsstoffe und Fertigprodukte** ab.

58   Die **Opinion des SCCNFP** lautet:

> The content of hydrogen peroxide in tooth whitening products should not exceed 3.6% (10% carbamide peroxide). Tooth whitening products containing more than 0.1% hydrogen peroxide (0.3% carbamide peroxide) should exclusively be administered under supervision of a dentist (»take home«). The products should contain a printed warning against overuse or reuse of tooth whitening products several times and that they should not be used by habitual tobacco and alcohol users." (Deutsche Übersetzung des Autors: Der Gehalt an Wasserstoffperoxid in Zahnweißern soll 3,6% (10% Carbamidperoxid) nicht überschreiten. Zahnweißer, die mehr als 0,1% Wasserstoffperoxid (0,3% Carbamidperoxid) enthalten, sollen ausschließlich unter der Aufsicht eines Zahnarztes angewendet werden („mit nach Hause nehmen"). Solche Produkte sollen einen Warnhinweis bzgl. Überdosierung oder mehrmaliger Anwendung tragen, und dass sie nicht von Gewohnheitsrauchern und -trinkern verwendet werden sollen.)[40]

59   Nach den Informationen, die dem Autor bekannt sind, kann es sich die kosmetische Industrie nicht vorstellen, Produkte mit derartigen **Warnhinweisen** zu vermarkten. Darum ist von ihr die ursprüngliche Absicht einer entsprechenden **Änderung** der Kosmetik-Richtlinie, die dann ja die in der SCCNFP-Opinion niedergelegten Restriktionen enthielte, bisher **nicht weiter verfolgt** worden.

V. Schlankmittel

60   Auch die **mittelbaren Wirkungen** eines Produkts können für seine rechtliche Einstufung von Bedeutung sein. Dafür seien folgende zwei Beispiele angeführt:

1. Quellmittel

61   Bei einer Entscheidung des LG München[41] ging es um die Frage, ob ein als „Schlankmittel" vermarktetes Produkt ein Medizinprodukt oder ein Arzneimittel darstellt. Bei dem Produkt handelt es sich um eine **Gelatine-Kapsel,** die hochvernetzte Cellulose enthält. Im Magen löst sich die Gelatine-Kapsel auf und setzt die Cellulose frei, die sich durch

---

[39] Judgements – Optident Limited and Another v Secretary of State For Trade and Industry and Another, House of Lords, Opinions of the Lords on 28 June 2001, UKHL 32, im Internet unter http://www.publications.parliament.uk/pa/ld200102/ldjudgmt/jd010628/optid-1.htm (Stand: 10/2002).

[40] http://europa.eu.int/comm/food/fs/sc/sccp/out89_en.html und http://europa.eu.int/comm/food/fs/sc/sccp/out61_en.html (Stand: 10/2002).

[41] *LG München I*, MD 2000, 248.

Aufnahme von Wasser schwammartig ausdehnt (gleichsam aufquillt) und so große Teile des Magens ausfüllt, ohne selbst verdaut zu werden.

Das Gericht entschied, dass dieses Produkt **kein Medizinprodukt** ist. Aus der Begriffs-   **62** bestimmung für Medizinprodukte gem. § 3 Nr. 1 MPG (Rdnr. 3–9) sei für das Produkt die Nr. 1 c) einschlägig:

> […] Stoffe […], die vom Hersteller zur Anwendung für Menschen mittels ihrer Funktion zum Zwecke
>
> a) […],
>
> […]
>
> c) […] der Veränderung […] eines physiologischen Vorgangs
>
> […].

Das Gericht sah als bestimmungsgemäße Hauptwirkung der „Schlankpille" Stoffwech-   **63** selvorgänge (Metabolismus) an, sodass kein Medizinprodukt (und wegen der medizinischen Zweckbestimmung auch kein Lebensmittel), sondern vielmehr ein Arzneimittel vorliege. Es sei unerheblich, dass die in den Gelatine-Kapseln enthaltene hochvernetzte Cellulose im engeren Sinne nicht vom Körper aufgenommen werde, sondern nur als Füllkörper diene, der sich im Magen ausdehne und diesen verstopfe, ohne verdaut (metabolisiert) zu werden und insoweit nicht unmittelbar am Stoffwechselvorgang beteiligt sei. Entscheidend sei hingegen, dass die zu untersuchende Hauptwirkung, nämlich der Fettabbau durch Zuführung von weniger Kalorien, hiermit in derart engem Zusammenhang stehe, dass eine **Trennung zwischen unmittelbarer und mittelbarer Wirkung nicht vorzunehmen sei.** Allein dieses Ergebnis werde auch der Forderung nach einer verbraucherorientierten strengen und im Zweifel anzunehmenden Zulassungsprüfung nach dem AMG (!) gerecht. Im Rahmen dieser Zulassungsprüfung müsse geprüft werden, ob die „Verstopfung" eines Magens zum Zwecke der Gewichtsreduzierung von jedermann, also nicht nur in ärztlich besonders angezeigten Fällen, wie etwa bei der Implantation entsprechender Quellmittel, allgemein zuträglich sei.

Diese Einschätzung des LG München steht **konträr zur Auffassung des Autors,** der   **64** bei solchen Quellmitteln keine Änderungen der normalen (bio-)chemischen Prozesse erkennen kann, die an normalen Körperfunktionen teilnehmen und dafür zur Verfügung stehen (vgl. die Definition für „metabolic means", Rdnr. 8). Derartige Quellmittel täuschen im Magen-Darm-Trakt „Nahrung" vor, die selbst nicht verstoffwechselt wird und daher nicht als Fett- oder sonstiges Energiedepot gespeichert werden kann. Sie ändern auf diese Art und Weise aber nicht den natürlichen Metabolismus, selbst wenn es durch die beschriebene Wirkung zu einer signifikanten Reduzierung der Kalorienaufnahme kommt. Denn die verschiedenen Stoffwechselwege, die der Körper bei qualitativ und quantitativ unterschiedlicher Nahrungsaufnahme einschlagen kann, sind insofern normal. Sie haben sich im Laufe der Menschheitsgeschichte entwickelt, weil das natürliche Angebot an Nahrung sowohl von der Art als auch von der Menge her Schwankungen unterliegt. Auch die mit dieser Thematik bisher befassten Behördenvertreter und Benannten Stellen sehen Quellmittel der beschriebenen Art als Medizinprodukte an.

Unabhängig davon drängt sich bei der Durchsicht der Entscheidungsgründe der Ein-   **65** druck auf, dass sich das Gericht bei seiner Entscheidungssuche auch von der **Vorstellung** hat leiten lassen, **das Inverkehrbringen von Medizinprodukten** sei im Vergleich zu Arzneimitteln von **weniger strengen Prüfungen** und Voraussetzungen abhängig. Es trifft zwar zu, dass bei Medizinprodukten mit geringem Risiko die Überprüfung der Qualität, Unbedenklichkeit und Zweckerfüllung allein von dem Hersteller vorgenommen wird, und erst bei Produkten mit höherem Risiko auch eine staatlich akkreditierte (Benannte) Stelle eingeschaltet werden muss.[42] In allen Fällen gilt aber, dass die gesetzlich festgelegten, Grundlegenden Anforderungen an Medizinprodukte jedenfalls so ausgelegt sind, dass sie **vergleichbare Qualitäts-, Unbedenklichkeits- und Wirksamkeitsprü-**

---

[42] Vgl. auch den Beitrag von *Anhalt/Dieners* in diesem Handbuch (§ 2 Rdnr. 41–50).

fungen bzw. –belege festlegen, wie dies bei entsprechenden Arzneimitteln der Fall ist. Wenn bei der Konformitätsbewertung Mängel festgestellt werden, ist deren Behebung mit Hilfe der ausreichenden, gesetzlich zur Verfügung stehenden Mittel Sache der Aufsichtsbehörden und kein Grund dafür, eine behördliche Zulassung auch für Medizinprodukte zu fordern oder bestimmte Produkte den Arzneimitteln zuzuordnen, von den möglichen Mängeln, die auch bei Behördenzulassungen vorkommen können, ganz zu schweigen.

66   Als zweites Beispiel sei der Beschluss des KG Berlin[43] bezüglich der Zuordnung eines „Schlankprodukts" zur Gewichtsreduzierung und -kontrolle bei Übergewicht oder lästigen Fettpolstern dargestellt: Bei dem Produkt handelt es sich um **nährwertfreie Cellulose-Kapseln** (die Kapselhülle besteht aus Gelatine), die vor dem Essen eingenommen werden, im Magen aufquellen und auf diese Weise ein anhaltendes Sättigungsgefühl erzeugen sollen. Damit soll eine Verringerung der Nahrungsaufnahme erleichtert und somit Übergewicht abgebaut und schließlich nur soviel Nahrung aufgenommen werden, wie der Körper tatsächlich benötigt. Insofern ist das Produkt mit dem ersten Beispiel (Rdnr. 61) ohne Einschränkungen vergleichbar.

67   Das Kammergericht ordnet das zur Diskussion stehende „Schlankprodukt" eindeutig als **Medizinprodukt** ein. Für die Kammer ist dabei für die Einordnung als Medizinprodukt oder Arzneimittel entscheidend, dass bei einem Medizinprodukt nach § 3 Nr. 1 MPG die bestimmungsgemäße Hauptwirkung weder durch pharmakologisch oder immunologisch wirkende Mittel noch durch Metabolismus erreicht werden darf. Das **AMG enthalte keine weitergehenden, eigenständigen Kriterien zur Abgrenzung** gegenüber Medizinprodukten. Die bestimmungsgemäße Hauptwirkung werde auch nicht durch Metabolismus erreicht. Metabolismus bedeute „Stoffwechsel", also die gesamten Vorgänge des Abbaus und der Umwandlung von Substraten (Nahrungsmittel, Sauerstoff) sowie des Zerfalls und Ersatzes der Körperbestandteile.[44] Bestimmungsgemäße Hauptwirkung sei hier die Ausdehnung des Magens und damit die Auslösung eines Sättigungsgefühls. Eine Umwandlung von Substraten oder Vergleichbares sei damit nicht verbunden. Auch werde nicht etwa der Abbau von Körperfett verstärkt. Zwar könne die Ausdehnung des Magens und ein dadurch ausgelöstes Sättigungsgefühl die spätere Nahrungsaufnahme drosseln und damit zukünftig zu einem Körperfettabbau beitragen, wenn die neben den Kapseln aufgenommene Nahrung den Energiebedarf des Körpers nicht decke. Die o. g. bestimmungsgemäße Hauptwirkung führe aber nicht zwangsläufig dazu. Entscheidend bleibe – erkennbar für den Verbraucher nach den Werbeangaben – der Umfang und die Nahrhaftigkeit der neben den Kapseln verzehrten Lebensmittel. Der Körperfettabbau, der als solcher ein Stoffwechselvorgang sei, sei auch bei Einnahme der Kapseln eine bloße, vom weiteren Verhalten des Verbrauchers abhängige Hoffnung. Für die Annnahme eines Medizinprodukts spreche im Übrigen auch die eher mechanische Wirkung der aufquellenden Kapseln. Derartige **mechanische Wirkungen** seien **für Medizinprodukte typisch**, nicht aber für Arzneimittel. Damit sieht das Gericht die gleichen Gründe als relevant an, die auch den Autor zu seiner Einstufung geführt haben (Rdnr. 64).

68   Ein weiterer Entscheidungsgrund des Gerichts befasst sich mit dem **Aspekt möglicher Nebenwirkungen.** Soweit mit dem vorliegenden Mittel gesundheitsbedenkliche Nebenwirkungen verbunden sein sollten (etwa hinsichtlich der Magensäurebildung), stehe dies der Einordnung als Medizinprodukt nicht entgegen. § 4 Abs. 1 Nr. 1 MPG enthalte insofern eine eigenständige Verbotsnorm. Auch gesundheitsgefährdende Medizinprodukte blieben Medizinprodukte und würden begrifflich nicht zu Arzneimitteln. Die Regelungen §§ 25 ff. MPG sähen insofern ein eigenes Verfahren zur Überwachung und zum Schutz vor Risiken von Medizinprodukten vor. Auf den Aspekt, ob dem MPG oder dem AMG in Abgrenzungsfragen Vorrang gebührt, geht das Gericht indirekt ein. Laut Gericht wer-

---

[43] *KG Berlin*, Urt. v. 15. 6. 2000 – 25 W 2146/00, LMuR 2001, 57 (= PharmaR 2000, 339).
[44] *Pschyrembel*, S. 1543.

den im § 3 Nr. 1 MPG Arzneimittel und Medizinprodukte näher abgegrenzt, und zwar nach konkreten und abschließenden Merkmalen (s. auch Rdnr. 3 und 4).

Das Gericht verweist hier auch darauf, dass in **Zweifelsfällen** zunächst zu prüfen sei, **69** ob ein Produkt mit medizinischer Zweckbestimmung unter die im MPG enthaltenen Definitionen für Medizinprodukte fällt. Treffe dies zu, sei das Produkt kein Arzneimittel.[45] Auch eine Reihe weiterer Gerichte kommen, zumindest in letzter Instanz, zu derselben Auffassung, dass Quellmittel von der beschriebenen Art Medizinprodukte sind.[46]

Produkt-gruppe	Gericht	Jahr	Medizin-produkt	Arznei-mittel	Kosme-tikum	Rdnr.	Literatur
Pigmentier-geräte und -farben	LG München OLG München	2000 2001	ja nein		nein ja	21–22	MD 2002, 318 MPR 2002, 65
	OLG Hamburg	2002	nein		ja	23	MPR 2002, 72
Augenspül-lösungen	OLG Frank-furt/Main	1996	ja	nein		29–32	PharmaR 1997, 69
	OLG Frank-furt/Main	1999	ja	nein		33–35	PharmaR 2000, 17 MPJ 1999, 111
Zahn-weißer	VG Düsseldorf	2000	ja		nein	42–46	
	LG Hannover	2001	ja		nein	51–52	MPJ 2002, 67
	Royal Courts of Justice	1998	ja		nein	53	
	Oberster Gerichtshof für England	1999	nein		ja	55	
	House of Lords	2001	nein		ja	56	
Quellmittel zur Beein-flussung des Körper-gewichts	LG München	1999	nein	ja		62–63	MD 2000, 246 MD 2001, 887
	KG Berlin	2000	ja	nein		66–69	PharmaR 2000, 339

Abb. 1: Übersicht Gerichtsurteile

2. Adsorbentien

Eine andere Produktgruppe zur Behandlung des Übergewichts und zur Gewichtskon- **70** trolle kann man von ihrer Funktionsweise her als Adsorbentien bezeichnen. Dazu zählt etwa ein **Extrakt aus Krabbenschalen.** Dieser Extrakt wird von den Produktvermark-tern in Anlehnung an das Polysaccharid Chitin, das biochemische Hauptmolekül im Exo-skelett der Insekten und Crustaceen, auch Chitosan genannt. Nach den Angaben der Hersteller soll sich das Produkt im Magen mit der Nahrung durchmischen, wobei sich die einzelnen Chitosan-Moleküle mit den Fettmolekülen des Nahrungsbreis zu einem Kom-plex verbinden sollen, der vom Körper nicht mehr verstoffwechselt werden könne. Da Chitosan ein unverdaulicher Ballaststoff sei, könne auch der Fett-Chitosan-Komplex vom

---

[45] Vgl. auch *Meyer-Lüerßen/Will,* PharmaR 1995, 35.
[46] *OLG Düsseldorf,* Urt. v. 7. 6. 2000 – 20 U 40/00.

Körper nicht aufgenommen werden. Das an Chitosan gebundene Fett werde also nicht resorbiert. Da Fett einen hohen Brennwert besitzt, sei dies eine effektive Möglichkeit, die gesamte Kalorienzufuhr, die ein entscheidender Faktor bei der Fettreduktion sei, zu reduzieren.

71   In entsprechenden Schreiben an die Hersteller haben sowohl das BfArM im März 2001 als auch einzelne Überwachungsbehörden (z.B. im Februar 2001) Chitosan bzw. die entsprechenden Fertigprodukte aufgrund der oben (Rdnr. 70) beschriebenen Art der Wirkung als Medizinprodukte eingestuft.[47]

VI. Antazida, Künstliche Tränen, In-vivo-Diagnostika etc.

1. Leitlinie zur Abgrenzung von Arzneimitteln und Medizinprodukten

72   In der Leitlinie zur Abgrenzung von Arzneimitteln und Medizinprodukten in der Fassung vom März 1998 werden in einem eigenen Abschnitt A.4.2 eine Reihe von **Produkten aufgelistet, die ausdrücklich als weder pharmakologisch, immunologisch oder metabolisch wirkend** eingestuft werden, aber dennoch **nach der Arzneimittel-Richtlinie 65/65/EWG zugelassen** werden sollen.[48] Die Leitlinie zählt dazu In-vivo-Diagnostika (z.B. Bariumsulfat), Lösungen zur Peritonealdialyse, Antazida, künstliche Tränen, dentale Fluoridierungspräparate sowie drei weitere Produktgruppen auf.

73   Mit Schreiben vom 7. 4. 1999 informierte das Bundesministerium für Gesundheit die betroffenen Verbände, dass auf europäischer Ebene beabsichtigt werde, den **Abschnitt 4.2 zu streichen** mit dem Resultat, dass diese und vergleichbare Produkte zukünftig als Medizinprodukte unter die Regelungen des Medizinprodukterechts fallen würden.[49] Mit Datum vom 17. 2. 2000 hat die Abteilung Medizinprodukte der Europäischen Kommission dann auch eine kurze Notiz veröffentlicht mit dem Inhalt, dass der Abschnitt 4.2 und seine Bedeutung nach Auffassung der Medical Device Expert Group zur **Verunsicherung bei den Verkehrsteilnehmern** geführt habe und deshalb entschieden wurde, den Abschnitt 4.2 aus der Leitlinie zu streichen.[50] Die Streichung dieses Abschnittes habe aber keinen Einfluss darauf, wie nun diese Produkte unter den bestehenden europäischen Rechtsvorschriften behandelt werden, heißt es in der Notiz weiter. Ende März 2000 hat sich die Drug/Device-Borderline-Expertengruppe bei einem Treffen in Brüssel erneut mit diesem Thema beschäftigt. Die anwesenden Behördenvertreter der Mitgliedstaaten waren einhellig der Auffassung, dass die im früheren Abschnitt A.4.2 der Abgrenzungsleitlinie MEDDEV 2.1/3 genannten Produkte nach wie vor nach dem Regime des europäischen Arzneimittelrechts (Richtlinie 65/65/EWG) in den Verkehr gebracht werden sollen, auch wenn bei ein oder zwei Produkten Zweifel bestehen, auf welche Weise sie ihre Zweckbestimmung erreichen (pharmakologisch, metabolisch, immunologisch oder auf andere Art und Weise). Die Abteilung Medizinprodukte bei der Kommission sagte zu, diesen Vorgang der Abteilung Arzneimittel zum Zwecke der Diskussion und Meinungsbildung zu übermitteln.

74   Ohne weitere Erklärung fand sich dann im August 2001 auf der Homepage der Kommission eine **neue Version der Abgrenzungsleitlinie** mit Stand Juli 2001, in der es

---

[47] Bezirksregierung Lüneburg, Az.: 108.9–41430/2/3/1; BfArM, Az.: 95-SV-12–0198/00. Die Schreiben sind nicht veröffentlicht.

[48] Guidelines relating to the Demarcation between: Directive 90/385/EEC on Active Implantable Medical Devices, Directive 93/42/EEC on Medical Devices and Directive 65/65/EEC relating to Medicinal Products and related Directives, MEDDEV 2.1/3 Rev. 5.1–3/1998.

[49] GZ 117–108002/75 (unveröffentlicht).

[50] Az.: G4/BH/ivb/009 (unveröffentlicht).

wieder einen Abschnitt A.4.2 gibt mit demselben Inhalt bzw. Beispielen für Arznei- mittel wie zuvor. Lediglich die Überschrift des Abschnitts war geändert worden von „Products which do not act by pharmacological, immunological or metabolic means, but which are regulated in accordance with Directive 65/65/EEC as medicinal products" (Deutsche Übersetzung des Verfassers: ‚Produkte, die nicht auf pharmakologische, immu- nologische oder metabolische Art und Weise reagieren, die aber in Übereinstimmung mit der Richtlinie 65/65/EWG [das ist die europäische Arzneimittelrichtlinie, der Verf.] ge- setzlich geregelt werden.') in „The following products are assimilated to medicinal pro- ducts and therefore dealt with in accordance with 65/65/EEC as medicinal products" (Deutsche Übersetzung des Verfassers: ‚Die folgenden Produkte sind den Arzneimitteln angeglichen und werden deshalb in Übereinstimmung mit 65/65/EWG als Arzneimittel behandelt').

Ob die beschriebene Art des Vorgehens auf Dauer konsequent und sinnvoll ist, bleibt **75** bei den doch auf recht unterschiedliche Art und Weise wirkenden Produkten des Abschnitts 4.2 der Leitlinie abzuwarten. Die beste Lösung wäre nach Auffassung des Autors eine **Beurteilung der entsprechenden Produkte im Einzelfall**. Beispiel- haft sei nachfolgend für zwei der genannten Produkte eine solche vorgenommen (Rdnr. 76–78).

2. Gründe für Antazida als Arzneimittel

a) Metabolische Wirkung (Säureneutralisation, Pepsin-Inaktivierung, Gallensäu- renbindung)

Für die Verdauungsfunktion und Schleimhautintegrität des Magens und des Dünndarms **76** ist die Balance zwischen aggressiven und protektiven Faktoren entscheidend. Salzsäure und Pepsin sind dabei die wesentlichen aggressiven Faktoren. Pepsin entsteht unter dem Ein- fluss von Salzsäure aus der von der Magenschleimhaut sezernierten Vorstufe Pepsinogen. Sowohl dieser Vorgang als auch die proteolytische Aktivität von Pepsin sind stark pH- abhängig. Antazida puffern die intragastrale Säure ab. Indem sie so den pH-Wert im Ma- gen verändern, beeinflussen bzw. **ändern** sie den **biochemischen Prozess** der Pepsino- gen-Aktivierung und die Aktivität des schleimhautaggressiven Faktors und Verdauungsen- zyms Pepsin. Die Erhöhung des pH-Werts im Magen durch Antazida greift darüber hinaus in weitere physiologische und metabolische Vorgänge ein: Die Geschwindigkeit der Magenentleerung in das Duodenum und die Gastrinfreisetzung aus den G-Zellen der Antrumschleimhaut werden beeinflusst und die für die Fettverdauung essenziellen aber cytotoxischen Gallensäuren, die durch Reflux in den Magen oder die Speiseröhre gelan- gen können, werden gebunden. Die Hauptwirkung der Antazida beinhaltet demnach die Veränderung biochemischer Prozesse, die für die normale Körperfunktion notwendig sind. Antazida erfüllen somit die Definition für „metabolic means", wie in der Leitlinie MEDDEV 2.1/3 Rev 2–7/2001 (Abgrenzung zwischen Medizinprodukten und Arznei- mitteln) definiert (Rdnr. 8).

b) Pharmakologische Reaktionen (Mucosaprotektion)

Antazida zeigen schleimhautschützende und heilungsfördernde Effekte, deren Wirk- **77** mechanismen nicht im Zusammenhang mit den Puffereigenschaften stehen. Sie sind im Hinblick auf die Unterstützung der Selbstschutzmechanismen des Magens und des Heilungsprozesses bei Schleimhautläsionen von Bedeutung. Die Stimulation der intragastralen Prostaglandinbiosynthese, die durch diese Effekte u. a. hervorgerufen wird, konnte für verschiedene Antazida gezeigt werden. Diese mucosaprotektiven Eigen- schaften beruhen auf **Interaktionen zwischen der Magenschleimhaut und den An- tazida.**

3. Gründe für die Einordnung dentaler Fluoridierungspräparate als Medizinprodukte

78 Bei den in Frage stehenden Produkten handelt es sich nicht um Fluorid-Präparate zur systemischen Anwendung, wie z. B. Fluorid-Lutschtabletten zur Kariesprophylaxe in allen Altersstufen (Säuglinge bis Erwachsene), sondern um topische Anwendungen, d.h. zur Auftragung auf die Zahnoberflächen. Es ist weithin akzeptiert, und dies ist durch zahlreiche Literatur belegt, dass bei topischer Anwendung unabhängig vom Ausgangsmolekül die antikariöse Wirkung von Fluorid auf seine Steigerung des Mineralisations- und Reduzierung des Entmineralisationsprozesses der Zahnhartsubstanz zurückzuführen ist. Dabei handelt es sich um physiko-chemische Reaktionsmechanismen und nicht um pharmakologische, immunologische oder metabolische Reaktionen im Sinne der Definition aus der Leitlinie MEDDEV 2.1/3 Rev 2–7/2001 (Rdnr. 8). Aus diesem Grunde wäre es konsequent, solche **Fluoridierungspräparate** zum Auftragen auf den Zahn **zukünftig unter dem Medizinprodukterecht** zu führen.

Anhalt

§ 4 Klassifizierung von Medizinprodukten

von *Horst Frankenberger*

Übersicht

Literatur: *Anselmann,* EG-Richtlinien für Medizinprodukte, DIN-Mitt. 1993, 689; *Böckmann/Frankenberger,* Durchführungshilfen zum Medizinproduktegesetz, Köln 2003; *Bundesverband Medizintechnologie – BVMed* (Hrsg.), Klassifizierungsliste für Medizinprodukte, Wiesbaden 2000; *Soniec/Böckmann/Frankenberger,* Klassifizierung von Medizinprodukten – Systematische Darstellung der Klassifizierungsregeln nach der Richtlinie 93/42/EWG, mt medizintechnik 2000, 46.

A. Allgemeine Einführung

Medizinprodukte einschließlich der aktiven implantierbaren medizinischen Geräte, **1** In-vitro-Diagnostika, Sonderanfertigungen sowie der Medizinprodukte aus In-Haus-Herstellung dürfen in der Bundesrepublik Deutschland nur in Verkehr gebracht oder in Betrieb genommen werden, wenn sie die in den europäischen Richtlinien festgelegten Grundlegenden Anforderungen erfüllen. Folgt man den Ausführungen der EU-Kommission in dem „Report on the Functioning of the Medical Devices Directives",[1] so umfasst

---

[1] EU-Kommission, Report on the Functioning of the Medical Devices Directives, Entwurf v. 7. 3. 2002; vgl. dazu auch den Beitrag von *Dieners/Lützeler* in diesem Handbuch (§ 1 Rdnr. 89 f.).

der den gesetzlichen Regelungen unterliegende Medizinproduktemarkt einen Bereich von über 10 000 unterschiedlichen Produktfamilien und über **400 000 unterschiedlichen Medizinprodukten.** Der Gesetzgeber geht davon aus, dass es ökonomisch nicht vertretbar ist, alle Medizinprodukte nur einem einzigen, nämlich dem strengst möglichen Konformitätsbewertungsverfahren, zu unterwerfen.[2] In den zurzeit existierenden Richtlinien für Medizinprodukte werden **zwei unterschiedliche Verfahren** für In-vitro-Diagnostika im Sinne der Richtlinie 98/79/EG (IVDD) und für Medizinprodukte im Sinne der Richtlinie 93/42/EWG (MDD) angewendet, um zu einer Differenzierung hinsichtlich der anzuwendenden Konformitätsbewertungsverfahren zu kommen.

2   Das eine Verfahren besteht darin, dass der Gesetzgeber die In-vitro-Diagnostika gemäß Richtlinie 98/79/EG jeweils einer **Liste** – und damit einer bestimmten Gruppe – **zuordnet.** Weitgehend unabhängig von der von seinem Hersteller festzulegenden Zweckbestimmung kann jedes In-vitro-Diagnostikum auf Grund von vorgegebenen Eigenschaften zugeordnet werden, ohne dass spezielle Kriterien, Definitionen und Regeln zu berücksichtigen sind. In Abhängigkeit von den zu bestimmenden (vorgegebenen) Eigenschaften werden die In-vitro-Diagnostika in vier Gruppen eingeteilt. Für jede Gruppe werden vom Gesetzgeber zulässige Konformitätsbewertungsverfahren angegeben. Das andere unabhängige Verfahren besteht darin, dass der Hersteller die Verpflichtung hat, jedes Medizinprodukt – basierend auf der von ihm festzulegenden Zweckbestimmung und unter Berücksichtigung von vorgegebenen Definitionen und Anwendungsregeln – nach vorgegebenen Regeln zu **klassifizieren.** In Abhängigkeit von der **potenziellen Gefährdung,** die die Merkmale eines Medizinprodukts darstellen, ändert sich das Klassifizierungsergebnis für ein Medizinprodukt. Dieses Verfahren der Klassifizierung, das auf Medizinprodukte der Richtlinie 93/42/EWG anzuwenden ist, wird im Rahmen dieses Beitrags beschrieben.

B. Einteilung und Klassifizierung von Medizinprodukten

3   Medizinprodukte werden zurzeit in folgenden europäischen Richtlinien geregelt:
– Richtlinie 98/79/EG: **In-vitro-Diagnostika** (IVDD),
– Richtlinie 90/385/EWG: **Aktive implantierbare medizinische Geräte** (AIMDD),
– Richtlinie 93/42/EWG: **Medizinprodukte** (MDD) – zuletzt geändert durch die Richtlinien 2000/70/EG zur Änderung der Richtlinie 93/42/EWG hinsichtlich Medizinprodukten, die **stabile Derivate** aus menschlichem Blut oder Blutplasma **enthalten,** und 2001/104/EG zur Änderung der Richtlinie 93/42/EWG des Rates über Medizinprodukte.

I. Richtlinie 98/79/EG

4   In der Richtlinie 98/79/EG werden die Medizinprodukte der „**In-vitro-Diagnostika**" in **vier Gruppen** mit jeweils unterschiedlichen Anforderungen an die Konformitätsbewertung eingeteilt – ohne dass der Gesetzgeber den Begriff „Gruppe" verwendet. Im Einzelnen bestehen folgende Unterscheidungen:
– In-vitro-Diagnostika, die der Liste A des Anhangs II zuzuordnen sind: Produkte mit dem **höchsten Gefährdungspotenzial.** Hierbei handelt es sich beispielsweise um Reagenzien und Reagenzprodukte, einschließlich der entsprechenden Kalibrier- und Kontrollmaterialien, zur Bestimmung von/der Blutgruppen des AB0-Systems, Blutgruppe Rhesus (C, c, D, F, E, e), Blutgruppen des Kell-Systems, HIV 1 und HIV 2, HTLV I und HTLV II, Hepatitis B, Hepatitis C, Hepatitis D in Proben menschlichen Ursprungs.

---

[2] Guidelines for the Classification of Medical Devices, MEDDEV 2.4/1 Rev. 8–7/2001.

– In-vitro-Diagnostika, die der Liste B des Anhangs II zuzuordnen sind. Hierbei handelt es sich beispielsweise um **Reagenzien** und **Reagenzprodukte,** einschließlich der entsprechenden Kalibrier- und Kontrollmaterialien, zur Bestimmung von Röteln, Toxoplasmose, Zytomegalovirus, Chlamydien, Blutgruppen des Duffy-Systems, Blutgruppen des Kidd-Systems, irreguläre Anti-Erythrozyten-Antikörper, HLA-Gewebetypen DR, A + B, Phenylketonurie, Tumormarker PSA, Schätzung des Risikos einer Trisomie 21 inklusive Software, Blutzuckerbestimmung (Eigenanwendung).

– In-vitro-Diagnostika zur **Eigenanwendung** (mit Ausnahme der im Anhang II gelisteten Produkte).

– Alle übrigen In-vitro-Diagnostika (mit Ausnahme der im Anhang II gelisteten Produkte und der Produkte zur Eigenanwendung): Produkte mit dem niedrigsten **Gefährdungspotenzial.**

Bei dieser Einteilung der In-vitro-Diagnostika mit jeweils unterschiedlichen Anforderungen an die Konformitätsbewertung spricht der Gesetzgeber **nicht** von einer Klassifizierung.

II. Richtlinie 90/385/EWG

In der Richtlinie 90/385/EWG werden **„aktive implantierbare medizinische Geräte"** in toto ohne Differenzierung und ohne Einteilung in unterschiedliche Gefährdungsklassen behandelt. Die Richtlinie 90/385/EWG „Aktive implantierbare medizinische Geräte" enthält **keine Klassifizierungsregeln.** Die relativ überschaubare Produktgruppe der aktiven Implantate, die über diese Richtlinie geregelt wird, – wie z. B. implantierbare Schrittmacher, implantierbare Pumpen, Cochlea-Implantate – unterliegt einheitlichen, dem **höchsten Gefährdungsgrad** adäquaten Konformitätsbewertungsverfahren. 5

III. Richtlinie 93/42/EWG

Von der Richtlinie 93/42/EWG wird eine sehr **große Anzahl von Medizinprodukten** erfasst. Um zu einer Differenzierung zu gelangen, damit nicht alle Medizinprodukte nur einem einzigen – dem strengst möglichen – Konformitätsbewertungsverfahren unterworfen werden, wurde von der Europäischen Kommission für alle Medizinprodukte, die dieser Richtlinie unterliegen, ein Klassifizierungssystem erarbeitet, das auf dem Gedanken beruht, dass je nach: 6

– dem Anwendungsort am menschlichen Körper,

– der Anwendungsdauer und

– der eingesetzten Technik

ein jeweils **abgestuftes Gefährdungspotenzial** mit den zur Anwendung kommenden Medizinprodukten verbunden sein kann.[3] Dieses Klassifizierungssystem für Medizinprodukte ist im Anhang IX der Richtlinie 93/42/EWG niedergelegt. Mit der Anwendung dieses Klassifizierungssystems lässt sich jedes Medizinprodukt einer Klasse zuordnen. Für jede Klasse sind im Gesetz zulässige Konformitätsbewertungsverfahren festgelegt. In § 13 Abs. 1 MPG heißt es:

Medizinprodukte mit Ausnahme der In-vitro-Diagnostika und der aktiven implantierbaren Medizinprodukte werden Klassen zugeordnet. Die Klassifizierung erfolgt nach den Klassifizierungsregeln des Anhangs IX der Richtlinie 93/42/EWG.

Der Nachweis zur Einhaltung der Grundlegenden Anforderungen ist mit unterschiedlichen, im Medizinproduktegesetz **festgelegten Konformitätsbewertungsverfahren** zu 7

---

[3] *Anselmann,* DIN-Mitt. 1993, 689.

führen. Die jeweils vom Hersteller anzuwendenden Konformitätsbewertungsverfahren richten sich nach den möglichen Risiken für Patient, Anwender und Dritte, die von dem Medizinprodukt mit der vom Hersteller festgelegten Zweckbestimmung ausgehen können. Die Zuordnung zu den Konformitätsbewertungsverfahren, die für das jeweilige Medizinprodukt zulässig sind, erfolgt über eine im Prinzip **vierstufige Klassifizierung.** Unterschieden wird in der Richtlinie 93/42/EWG zwischen Produkten der Klassen I, II a, II b und III. Innerhalb der Produkte der Klasse I hat ein Hersteller zusätzlich „sterile Medizinprodukte" (auch als Produkte der Klasse I_{steril} bezeichnet) und „Produkte mit Messfunktion" (auch als Produkte der Klasse $I_{Messfunktion}$ bezeichnet) zu identifizieren.

8   Zur Auswahl eines für das jeweilige Medizinprodukt zulässigen Konformitätsbewertungsverfahrens ist es unabdingbar, dass ein Hersteller jedes Medizinprodukt bzw. jede Familie von Medizinprodukten durch Anwendung der **18 Klassifizierungsregeln,** die im Anhang IX der Richtlinie 93/42/EWG aufgeführt sind, klassifiziert unter Beachtung der ebenfalls im **Anhang IX gegebenen Begriffsdefinitionen und Anwendungsregeln.** Eine wesentliche Grundlage für die Klassifizierung eines Medizinprodukts sieht der Gesetzgeber in der **Zweckbestimmung** des Medizinprodukts, die ebenfalls vom Hersteller des Medizinprodukts festzulegen ist. Je nach der vom Hersteller gewählten Zweckbestimmung kann sich das Ergebnis der Klassifizierung in unterschiedlichen Klassen niederschlagen und damit zu unterschiedlichen Anforderungen führen. In Abhängigkeit von der festzulegenden Zweckbestimmung und der damit verbundenen potenziellen Gefährdung kann sich bei Anwendung der Klassifizierungs- und Anwendungsregeln des Anhangs IX beispielsweise für ein aktives therapeutisches Medizinprodukt entweder die Klasse II a oder die Klasse II b ergeben. Anzuwenden sind die in Anhang IX der Richtlinie 93/42/EWG dargelegten Klassifizierungskriterien, wenn der Hersteller geprüft hat, dass es sich bei dem Produkt um ein Medizinprodukt oder ein Zubehör zu einem Medizinprodukt im Sinne der Richtlinie 93/42/EWG handelt und dieses Produkt damit in den Geltungsbereich des MPG fällt.

9   Im Gegensatz zu den gesetzlichen Festlegungen in den USA erfolgt in der Richtlinie 93/42/EWG **keine** Benennung von Medizinprodukten, die einer Klasse zugeordnet werden (keine Listen). Jeder Hersteller hat die im Anhang IX angegebenen Klassifizierungskriterien anzuwenden und so jedem Medizinprodukt eine Klasse zuzuordnen. Von der EU-Kommission in Brüssel wurde die Leitlinie **„Guidelines for the Classification of Medical Devices"**[4] erarbeitet. Diese Leitlinie, die keine Gesetzeskraft hat, dient der einheitlichen Anwendung der Klassifizierungskriterien in Europa und liefert eine Vielzahl von Beispielen. Sie wird von Fachleuten aus Behörden und Industrie aktualisiert und in unregelmäßigen Abständen von der Abteilung „Medizinprodukte" in der EG-Kommission den interessierten Kreisen zur Verfügung gestellt. Den folgenden Ausführungen liegt die Leitlinie in der Fassung des Arbeitsdokuments mit Stand Juli 2001 zugrunde.

C. Bedeutung der Klassifizierung

10   Die europäischen Richtlinien verfolgen das Ziel des **freien Warenverkehrs** von sicheren Medizinprodukten mit vom Hersteller zugesicherter technischer und medizinischer Leistung.[5] Mit dem Medizinproduktegesetz werden die in Rdnr. 3 genannten europäischen Richtlinien in deutsches Recht **umgesetzt,** darüber hinaus enthält das Medizinproduktegesetz nationale Vorschriften zum Errichten, Betreiben, Anwenden, Instandhalten, Aufbereiten und In-Haus-Herstellen von Medizinprodukten. Im Folgenden wird die Bedeutung der Klassifizierung von Medizinprodukten für die wesentlichen vom MPG betroffenen Kreise erörtert.

---

[4] Guidelines for the Classification of Medical Devices, MEDDEV 2.4/1 Rev. 8–7/2001.
[5] Hierzu die Erläuterungen von *Dieners/Lützeler* in diesem Handbuch (§ 1 Rdnr. 1 f.).

I. Bedeutung für Hersteller

Die Klassifizierung eines Medizinprodukts der Richtlinie 93/42/EWG ist eine von dem **11**
Hersteller durchzuführende und in der **Produkthauptakte** zu dokumentierende Aufgabe,
und zwar ausschließlich zur Auswahl und Festlegung eines zulässigen Konformitätsbewertungsverfahrens. Das Ergebnis der Klassifizierung entscheidet über den Grad der Überwachung, dem ein Hersteller von Medizinprodukten unterliegt.

Ein Hersteller von Medizinprodukten der Klasse I (ohne Produkte der Klasse I_{steril} und **12**
ohne Produkte der Klasse $I_{Messfunktion}$) unterliegt **keiner Überwachung** durch eine **Benannte Stelle**. Ein Hersteller von Medizinprodukten der **Klasse I_{steril}** und der **Klasse $I_{Messfunktion}$** unterliegt zwar der Überwachung durch eine Benannte Stelle, jedoch nur
im Hinblick auf die **Sterilisation** bzw. im Hinblick auf die **Messfunktion** des Produkts.

Ein Hersteller von Medizinprodukten der **Klasse II a** unterliegt der Überwachung **13**
durch eine Benannte Stelle ausschließlich in der **Fertigungsphase**. Ein Hersteller von
Medizinprodukten der **Klasse II b und III** unterliegt der Überwachung durch eine
Benannte Stelle in der **Entwicklungs- und Fertigungsphase**. Ein Hersteller von **Klasse III** Produkten unterliegt einer **zusätzlichen Auslegungsprüfung** (durch eine Benannte Stelle).

II. Bedeutung für Bevollmächtigte des Herstellers

Hat ein Hersteller, der Medizinprodukte im eigenen Namen in Deutschland oder in ei- **14**
nem Mitgliedstaat der Europäischen Gemeinschaften oder in einem anderen Vertragsstaat
des Abkommens über den Europäischen Wirtschaftsraum in Verkehr bringt, keinen Firmensitz in mindestens einem dieser Länder, so muss er einen **Bevollmächtigten** benennen mit Sitz in Deutschland oder in einem Mitgliedstaat der Europäischen Gemeinschaften oder in einem anderen Vertragsstaat des Abkommens über den Europäischen
Wirtschaftsraum. Gemäß § 3 Nr. 16 MPG ist ein Bevollmächtigter:

die im Europäischen Wirtschaftsraum niedergelassene natürliche oder juristische Person, die vom
Hersteller ausdrücklich dazu bestimmt wurde, im Hinblick auf seine Verpflichtungen nach diesem
Gesetz in seinem Namen zu handeln und den Behörden und zuständigen Stellen zur Verfügung zu
stehen.

Der Hersteller kann seinen in der Gemeinschaft niedergelassenen Bevollmächtigten be- **15**
auftragen, Konformitätsbewertungsverfahren gemäß den Anhängen III, IV, VII und VIII
der Richtlinie 93/42/EWG einzuleiten. Lediglich Konformitätsbewertungsverfahren, die
auf einem Qualitätssicherungsverfahren aufbauen (vollständiges Qualitätssicherungssystem
gemäß Anhang II, Qualitätssicherung Produktion gemäß Anhang V und Qualitätssicherung Produkt gemäß Anhang VI), dürfen **ausschließlich von dem Hersteller selbst**
durchgeführt werden.

III. Bedeutung für Benannte Stellen

Gemäß § 3 Abs. 2 MPV kann ein Hersteller oder sein im Geltungsbereich des Abkom- **16**
mens über den Europäischen Wirtschaftsraum niedergelassener Bevollmächtigter ein Verfahren der Konformitätsbewertung, für das nach dem Medizinprodukterecht eine Beteiligung einer Benannten Stelle vorgeschrieben ist, von einer **Benannten Stelle seiner
Wahl** durchführen lassen. Ein Hersteller, der Zweifel hat, ob die Anwendung der Klassifizierungsregeln und damit die von ihm durchgeführte Klassifizierung korrekt ist, sollte sich
mit der Benannten Stelle ins Benehmen setzen, die Überwachungsaufgaben im Rahmen

der Konformitätsbewertung bei ihm durchführt. Hersteller von Medizinprodukten, die ihre Produkte ohne Mitwirkung einer Benannten Stelle mit der CE-Kennzeichnung versehen, können sich diesbezüglich ebenfalls an eine Benannte Stelle ihrer Wahl oder direkt an die zuständige Behörde wenden (bei Meinungsverschiedenheiten zwischen einem Hersteller und einer Benannten Stelle bezüglich der Klassifizierung s. Rdnr. 17).

IV. Bedeutung für zuständige Behörden

17   Bei Meinungsverschiedenheiten über die Anwendung der Klassifizierungsregeln zwischen einem Hersteller und einer Benannten Stelle sieht das MPG vor, dass die Benannte Stelle die Angelegenheit der zuständigen Behörde zur Entscheidung vorzulegen hat. Die zuständige Behörde kann die für Medizinprodukte zuständige Bundesoberbehörde, das **Bundesinstitut für Arzneimittel und Medizinprodukte (BfArM),** um eine Stellungnahme ersuchen. Bei Fragen zur Klassifizierung von Medizinprodukten, die beispielsweise in den Ländern des Europäischen Wirtschaftsraums unterschiedlich beurteilt werden, können sich die zuständigen Behörden an die **Kommission in Brüssel** wenden, die gem. Artikel 7 der Richtlinie 93/42/EWG über Medizinprodukte von dem Ausschuss „Medizinprodukte" unterstützt wird. Von der Kommission werden Leitlinien als MEDDEV-Dokumente herausgegeben, in denen die Ergebnisse zusammengefasst und den Mitgliedstaaten und den betroffenen Herstellerverbänden zur Kenntnis gegeben werden. Diese Leitlinien besitzen **keine Rechtskraft,** sie unterstützen aber die einheitliche Anwendung und Durchführung der europäischen Richtlinien.

V. Bedeutung für Händler

18   Für Händler und Fachhändler haben die Festlegungen zur Klassifizierung von Medizinprodukten **keine Bedeutung,** wenn sie nicht Hersteller im Sinne des MPG sind.

VI. Bedeutung für Anwender und Betreiber

19   Die Verordnung über das Errichten, Betreiben und Anwenden von Medizinprodukten (Medizinprodukte-Betreiberverordnung – MPBetreibV) nimmt an keiner Stelle Bezug auf die Klassifizierung. Für Anwender und Betreiber haben die Festlegungen zur Klassifizierung von Medizinprodukten folglich **keine Bedeutung** – es sei denn, sie sind Hersteller oder In-Haus-Hersteller im Sinne des MPG.

VII. Bedeutung für In-Haus-Hersteller

20   Medizinprodukte aus **In-Haus-Herstellung** sind gem. § 3 Nr. 21 MPG Produkte (einschließlich Zubehör), die in einer Gesundheitseinrichtung hergestellt werden, um in der Betriebsstätte oder in Räumen in unmittelbarer Nähe angewandt zu werden. Auch wenn diese Produkte nicht in Verkehr gebracht werden, gilt nach § 12 MPG, dass eine Inbetriebnahme nur erfolgen darf, wenn die

Grundlegenden Anforderungen nach § 7, die auf sie unter Berücksichtigung ihrer Zweckbestimmung anwendbar sind, erfüllt sind und das für sie vorgesehene Konformitätsbewertungsverfahren [...] durchgeführt worden ist.

Diese Festlegung beinhaltet, dass auch Produkte aus In-Haus-Herstellung **zu klassifizieren** sind, wenn deren Zweckbestimmung unter die Definition eines Medizinprodukts gem. § 3 Nr. 1 MPG fällt. Auch wenn Medizinprodukte aus In-Haus-Herstellung in den durchzuführenden Konformitätsbewertungsverfahren nach MPG wie Sonderanfertigungen behandelt werden, d. h. **erleichterte Anforderungen** zu erfüllen haben, sind die gemäß Anhang VIII Nr. 3.1 der Richtlinie 93/42/EWG zu erfüllenden Randbedingungen nicht ohne ein Qualitätssicherungssystem zu gewährleisten. Die Einschaltung einer Benannten Stelle – z. B. zur Zertifizierung des Qualitätssicherungssystems – ist nicht erforderlich.

D. Klassifizierungskriterien

Der Anhang IX „Klassifizierungskriterien" der Richtlinie 93/42/EWG unterteilt sich in 21 folgende Abschnitte:
- **Definitionen zu den Klassifizierungsregeln**
Angegeben werden die folgenden Definitionen zu Begriffen, die bei einer Klassifizierung von Medizinprodukten und von Zubehör von Medizinprodukten von großer Bedeutung sind: Dauer, Invasive Produkte, Wiederverwendbares chirurgisches Instrument, Aktives Medizinprodukt, Aktives therapeutisches Medizinprodukt, Aktives diagnostisches Medizinprodukt, Zentrales Kreislaufsystem, Zentrales Nervensystem.
- **Anwendungsregeln**
Angegeben werden insgesamt fünf Anwendungsregeln.
- **Klassifizierung**
Angegeben werden insgesamt 18 Regeln.
Bei der Durchführung einer Klassifizierung sind die Festlegungen in allen drei Abschnitten zu berücksichtigen, die auf das Produkt (Medizinprodukt bzw. Zubehör von Medizinprodukten) mit der vom Hersteller anzugebenden Zweckbestimmung zutreffen.

I. Definitionen

1. Dauer der Anwendung

Die Klassifizierungsregeln im Abschnitt 1.1 des Anhangs IX der Richtlinie 93/42/EWG 22 basieren wesentlich auf **der zeitlichen Dauer,** die ein Medizinprodukt oder ein Zubehör eines Medizinprodukts gemäß den Festlegungen des Herstellers **ununterbrochen** im Kontakt mit dem Patienten ist. Differenziert wird dort zwischen einer unter normalen Bedingungen:
- **vorübergehenden Anwendungsdauer,** d. h. das Medizinprodukt bzw. das Zubehör eines Medizinprodukts ist zu einer ununterbrochenen Anwendung über einen Zeitraum von weniger als 60 Minuten bestimmt;
- **kurzzeitigen Anwendungsdauer,** d. h. das Medizinprodukt bzw. das Zubehör eines Medizinprodukts ist zu einer ununterbrochenen Anwendung über einen Zeitraum von bis zu 30 Tagen bestimmt;
- **langzeitigen Anwendungsdauer,** d. h. das Medizinprodukt bzw. das Zubehör eines Medizinprodukts ist zu einer ununterbrochenen Anwendung über einen Zeitraum von mehr als 30 Tagen bestimmt.
Beispielsweise ist ein **Skalpell,** das bei einer mehrstündigen Operation an einem Pati- 23 enten zum chirurgischen Schneiden bestimmungsgemäß eingesetzt wird, jeweils nur für wenige Sekunden ununterbrochen mit dem Patienten in Kontakt. Diese ununterbrochene Anwendungsdauer von wenigen Sekunden ist bei der Klassifizierung eines Skalpells zu berücksichtigen und führt zu einem Medizinprodukt, dem eine vorübergehende Anwendungsdauer zuzuordnen ist. Ein **Beatmungsgerät,** das bei einer mehrstündigen Operation im Einsatz ist, ist dagegen während der gesamten Zeit bestimmungsgemäß mit dem

Patienten verbunden. Es handelt sich hier um ein Medizinprodukt mit kurzzeitiger Anwendungsdauer. Beispiele für Medizinprodukte mit langzeitiger Anwendungsdauer sind
Implantate. In der EU-Leitlinie für die Klassifizierung von Medizinprodukten[6] wird darauf
hingewiesen, dass in dem Fall, in dem der bestimmungsgemäße Einsatz eines Medizinprodukts an einem Patienten unterbrochen wird, um dieses Produkt unverzüglich durch ein
identisches Produkt zu ersetzen – z. B. der Ersatz eines **Ureter-Katheters** bei einem Patienten –, es sich um eine Ausdehnung des ununterbrochenen Einsatzes handelt. Bei Medizinprodukten, bei denen dies ein von der medizinischen Seite üblicher Gebrauch ist, der
vom Hersteller in der Gebrauchsanweisung nicht ausgeschlossen wird, ist dies bei der
Anwendungsdauer – und damit bei der Klassifizierung – zu berücksichtigen.

2. Invasive Produkte

24   Im Abschnitt 1.2 des Anhangs IX der Richtlinie 93/42/EWG werden **Definitionen** zu
„invasiven Produkten" gegeben. Da der Begriff „Produkt" im MPG keine Verwendung
findet, sei auf eine Definition verwiesen, die in Art. 1 Abs. 1 der Richtlinie 93/42/EWG
über Medizinprodukte gegeben wird. Dort ist Folgendes festgelegt:

> Diese Richtlinie gilt für Medizinprodukte und ihr Zubehör. Im Sinne der Richtlinie wird Zube-
> hör als eigenständiges Medizinprodukt behandelt. Medizinprodukte und Zubehör werden nachste-
> hend „Produkte" genannt.

25   Im Abschnitt 1.2 des Anhangs IX der Richtlinie 93/42/EWG werden für „invasive
Produkte" folgende Definitionen angegeben:

> **Invasives Produkt:** Produkt, das durch die Körperoberfläche oder über eine Körperöffnung ganz
> oder teilweise in den Körper eindringt.
> **Körperöffnung:** Eine natürliche Öffnung in der Haut, sowie die Außenfläche des Augapfels oder
> eine operativ hergestellte ständige Öffnung, wie z. B. ein Stoma.
> **Chirurgisch-invasives Produkt:** Invasives Produkt, das mittels eines chirurgischen Eingriffs oder
> im Zusammenhang damit durch die Körperoberfläche in den Körper eindringt.
> Produkte, die vom vorstehenden Unterabsatz nicht erfasst werden und die anders als durch eine
> hergestellte Körperöffnung in den Körper eindringen, werden im Sinne dieser Richtlinie als chirur-
> gisch-invasive Produkte behandelt.
> **Implantierbares Produkt:** Jedes Produkt, das dazu bestimmt ist, durch einen chirurgischen Ein-
> griff
> – ganz in den menschlichen Körper eingeführt zu werden oder
> – eine Epitheloberfläche oder die Oberfläche des Auges zu ersetzen
> und nach dem Eingriff dort zu verbleiben.
> Als implantierbares Produkt gilt auch jedes Produkt, das dazu bestimmt ist, durch einen chirurgischen
> Eingriff teilweise in den menschlichen Körper eingeführt zu werden und nach dem Eingriff mindes-
> tens 30 Tage dort zu verbleiben.

26   Aus diesen Definitionen ergibt sich nach der Klassifizierungsleitlinie der EU-Kommission,[7] dass jedes Produkt, das **ganz oder teilweise** z. B. durch eine Körperöffnung in den
Körper eindringt, als invasiv gilt. Dentalprodukte, wie z. B. Gebissprothesen, kieferortho-
pädische Metallbügel, Interdentalkeile, Zahnspangen, künstliche Zähne sind ebenso invasive Medizinprodukte wie Fieberthermometer, Absaugkatheter, Irrigatoren, Magensonden
oder Inhalationsgeräte, die über ein zum Inhalationsgerät gehörendes Mundstück mit dem
Patienten verbunden sind.

27   In der Leitlinie wird ferner darauf verwiesen, dass **operativ hergestellte Öffnungen**
an einem Hohlorgan – wie z. B. die Eröffnung der Trachea (Luftröhrenschnitt) zum Einbringen einer Trachealkanüle oder das Anlegen einer äußeren Dickdarmfistel (Anus prae-
ter naturalis) – im Sinne der Richtlinie als natürliche Körperöffnungen zu betrachten sind.

---

[6] Guidelines for the Classification of Medical Devices, MEDDEV 2.4/1 Rev. 8–7/2001.
[7] Guidelines for the Classification of Medical Devices, MEDDEV 2.4/1 Rev. 8–7/2001.

Trachealtuben und Stoma-Systeme gelten daher als invasive Medizinprodukte. Aus diesen Definitionen ergibt sich des Weiteren, dass Produkte wie OP-Handschuhe, Bauchtücher, Kanülen, die zusammen mit Spritzen zum Einsatz kommen, chirurgisches Nahtmaterial, Blutlanzetten, Venenverweilkatheter, Periduralkatheter als Beispiele für **chirurgisch-invasive Medizinprodukte** genannt werden können.

Ferner weist die Leitlinie darauf hin, dass Medizinprodukte, die dem Körper des Pati- **28** enten **Energie** zuführen, dann **nicht** als invasive Medizinprodukte gelten, wenn sie ausschließlich Energie dem Patienten zuführen und dabei nicht durch die Körperoberfläche oder über eine Körperöffnung ganz oder teilweise in den Körper eindringen. Beispiele hierfür sind Medizinprodukte wie OP-Lampen oder Fototherapie-Geräte für Früh- und Neugeborene. Energie allein ist **gemäß der Leitlinie** kein Medizinprodukt und kann daher nicht klassifiziert werden. Die Medizinprodukte, die die Energie zur Verfügung stellen, sind zu klassifizieren.

Ein Medizinprodukt ist dann als **implantierbares Produkt** zu klassifizieren, wenn es **29** kumulativ beide Bedingungen erfüllt, die in der o. g. Definition aufgeführt sind:
– Es muss durch einen **chirurgischen Eingriff** ganz oder teilweise in den menschlichen Körper eingeführt werden und
– es muss nach dem Eingriff **mindestens 30 Tage** dort verbleiben.
Aus dieser Definition ergibt sich, dass chirurgisches Nahtmaterial zum Wundverschluss für den Fall, dass die Zweckbestimmung des Herstellers eine Anwendungsdauer unter 30 Tagen vorsieht, kein Implantat ist.

3. Wiederverwendbares chirurgisches Instrument

Ein **wiederverwendbares chirurgisches Instrument** ist im Abschnitt 1.3 des An- **30** hangs IX der Richtlinie 93/42/EWG wie folgt definiert:

> Ein nicht in Verbindung mit einem aktiven Medizinprodukt eingesetztes, für einen chirurgischen Eingriff bestimmtes Instrument, dessen Funktion im Schneiden, Bohren, Sägen, Kratzen, Schaben, Klammern, Spreizen, Heften oder ähnlichem besteht und das nach Durchführung geeigneter Verfahren wiederverwendet werden kann.

Beispiele für wiederverwendbare chirurgische Instrumente sind: Skalpelle, Klemmen, Wundspreizer, Wundhaken, Nadelhalter, Nadelbohrer, Knochenraspeln, Klemmzangen, Knochenzangen, chirurgische Scheren, chirurgische Pinzetten, Nahtpinzetten, Küretten, chirurgische Meißel, Retraktoren, Amputationssägen.

4. Aktives Medizinprodukt

Ein **aktives Medizinprodukt** wird im Abschnitt 1.4 des Anhangs IX der Richtlinie 93/ **31** 42/EWG wie folgt definiert:

> Medizinprodukt, dessen Betrieb von einer Stromquelle oder einer anderen Energiequelle (mit Ausnahme der direkt vom menschlichen Körper oder durch die Schwerkraft erzeugten Energie) abhängig ist und das auf Grund der Umwandlung dieser Energie wirkt. Ein Produkt, das zur Übertragung von Energie, Stoffen oder Parametern zwischen einem aktiven Medizinprodukt und dem Patienten eingesetzt wird, ohne dass dabei eine wesentliche Veränderung von Energie, Stoffen oder Parametern eintritt, wird nicht als aktives Medizinprodukt angesehen.

Bei einem aktiven Medizinprodukt ist davon auszugehen, dass der Betrieb von einer **32** **elektrischen oder einer anderen** (z.B. einer pneumatischen oder chemischen) **Energiequelle** abhängig ist. Diese Energie wird in dem Medizinprodukt oder an der Nahtstelle zwischen Medizinprodukt und Patient z.B. in eine andere Energieform umgewandelt bzw. wesentlich verändert. Gemäß dieser Definition ist jedes Medizinprodukt, das Software enthält, ein aktives Medizinprodukt. Das Nutzbarmachen der Software zu dem vom Hersteller vorgegebenen Zweck erfordert elektrische Energie, die hierzu umgewandelt werden muss.

33   Ein **Beispiel** für die Umwandlung von elektrischer Energie in Wärmeenergie an der Nahtstelle zwischen Medizinprodukt und Patient ist eine **aktive Hochfrequenz-Chirurgieelektrode.** Da in diesem Fall elektrische Energie von dem HF-Chirurgiegerät zur Verfügung gestellt wird und an der Nahtstelle zwischen aktiver HF-Chirurgieelektrode und Gewebe des Patienten in Wärmeenergie umgewandelt wird, und zwar zu Zwecken der Elektromie, Koagulation, Desikkation oder Fulguration, ist die aktive HF-Chirurgieelektrode ein aktives Medizinprodukt. Die **Neutralelektrode** dagegen, die für die monopolare Anwendungstechnik bei der HF-Chirurgie erforderlich ist, ist kein aktives Medizinprodukt, da an der Nahtstelle zwischen Neutralelektrode und Gewebe des Patienten bei bestimmungsgemäßer Anwendung keine wesentliche Veränderung von Energie eintritt. Auch **EKG- bzw. EEG-Elektroden** als Zubehör zu Medizinprodukten, die der Richtlinie 93/42/EWG unterliegen und bei denen bei bestimmungsgemäßer Anwendung keine wesentliche Veränderung von Energie an der Nahtstelle zwischen Elektrode und Gewebe eintritt, sind keine aktiven Medizinprodukte.

34   Medizinprodukte, deren bestimmungsgemäße Funktion auf der **Energie von Druckgasen** und einer wesentlichen Veränderung dieser Energie auf dem Wege zum Patienten beruht, – wie dies z.B. bei Gasmischern von Beatmungs- oder Narkosegeräten der Fall ist – sind dagegen aktive Medizinprodukte im Sinne der Richtlinie 93/42/EWG.

5. Aktives therapeutisches Medizinprodukt

35   Ein **aktives therapeutisches Medizinprodukt** wird im Abschnitt 1.5 des Anhangs IX der Richtlinie 93/42/EWG wie folgt definiert:

> Aktives Medizinprodukt, das entweder getrennt oder in Verbindung mit anderen Medizinprodukten eingesetzt wird und dazu bestimmt ist, biologische Funktionen oder Strukturen im Zusammenhang mit der Behandlung oder Linderung einer Krankheit, Verwundung oder Behinderung zu erhalten, zu verändern, zu ersetzen oder wiederherzustellen.

36   Zusätzlich zu den in Rdnr. 31–34 beschriebenen Bedingungen für ein aktives Medizinprodukt wird hier festgelegt, dass jedes aktive Medizinprodukt, das bestimmungsgemäß – gegebenenfalls auch zusammen mit anderen Medizinprodukten – **biologische Funktionen** – wie z.B. die Funktion der Atmung, die Funktion des Kreislaufs, die Funktion der Niere, die Funktion des Ohres – oder biologische Strukturen – wie z.B. die Struktur des anatomischen Aufbaus, die Struktur des Knochenbaus, die Struktur der Zähne – erhält, verändert, ersetzt oder wiederherstellt, ein aktives therapeutisches Medizinprodukt ist.

37   **Beispiele** für aktive therapeutische Medizinprodukte im Sinne der Richtlinie 93/42/EWG sind: energetisch betriebene Beatmungs- und Narkosegeräte, Herz-Lungen-Maschinen, Infusionspumpen, Insulinpumpen, Dialysegeräte, Hörgeräte, Hochfrequenz-Chirurgiegeräte, Laserchirurgiegeräte, energetisch betriebene Dentalbehandlungsgeräte mit Hochfrequenz-Chirurgie, druckluftbetriebene Motoren zum Antrieb von Dentalhand- und Winkelstücken, Ultraschall-Reinigungsgeräte zur Entfernung von Zahnbelägen.

6. Aktives diagnostisches Medizinprodukt

38   Ein aktives diagnostisches Medizinprodukt wird im Abschnitt 1.6 des Anhangs IX der Richtlinie 93/42/EWG wie folgt definiert:

> Aktives Medizinprodukt, das entweder getrennt oder in Verbindung mit anderen Medizinprodukten eingesetzt wird und dazu bestimmt ist, Informationen für die Erkennung, Diagnose, Überwachung oder Behandlung von physiologischen Zuständen, Gesundheitszuständen, Krankheitszuständen oder angeborenen Missbildungen zu liefern.

39   Zusätzlich zu den in Rdnr. 31–34 beschriebenen Bedingungen für ein aktives Medizinprodukt wird hier festgelegt, dass jedes aktive Medizinprodukt, das bestimmungsgemäß – gegebenenfalls auch zusammen mit anderen Medizinprodukten – **Informationen** u.a. für

die **Diagnose** und **Überwachung** von physiologischen Zuständen liefert, ein aktives diagnostisches Medizinprodukt ist. **Beispiele** für aktive diagnostische Medizinprodukte im Sinne der Richtlinie 93/42/EWG sind: Röntgengeräte, Ultraschall-Diagnosegeräte, Lungenfunktionsmessgeräte, EKG-Geräte, Audiometer.

7. Zentrales Kreislaufsystem und zentrales Nervensystem

Im Abschnitt 1.7 des Anhangs IX der Richtlinie 93/42/EWG wird der Begriff des **40** **zentralen Kreislaufsystems** wie folgt definiert:

> Im Sinne der Richtlinie sind unter dem „zentralen Kreislaufsystem" folgende Gefäße zu verstehen: Arteriae pulmonales, Aorta ascendens, Arteriae coronariae, Arteria carotis communis, Arteria carotis externa, Arteria carotis interna, Arteriae cerebrales, Truncus brachiocephalicus, Venae cordis, Venae pulmonales, Vena cava superior, Vena cava inferior.

Im Abschnitt 1.8 des Anhangs IX der Richtlinie 93/42/EWG wird der Begriff des **41** **zentralen Nervensystems** wie folgt definiert:

> Im Sinne der Richtlinie ist unter dem „zentralen Nervensystem" folgendes zu verstehen: Gehirn, Hirnhaut und Rückenmark.

Medizinprodukten, die mit dem zentralen Kreislaufsystem oder dem zentralen Nerven- **42** system in Kontakt kommen, ordnet der Gesetzgeber ein **besonders hohes Gefähr-dungspotenzial** zu. Medizinprodukte, die diese Bedingung bestimmungsgemäß erfüllen, sind beispielsweise synthetische Herzklappen, intrakardiale EKG-Elektroden, Swan-Ganz-Katheter, Vena-Cava-Katheter, chirurgisches Nahtmaterial zur Anwendung am zentralen Kreislaufsystem und/oder am zentralen Nervensystem, Kanülen zur Anwendung am zentralen Kreislaufsystem und/oder am zentralen Nervensystem.

II. Anwendung der Regeln

Im Anhang IX der Richtlinie 93/42/EWG werden im 2. Abschnitt **fünf Anwen-** **43** **dungsregeln** angegeben, die bei der Durchführung der Klassifizierung eines Medizinprodukts von einem Hersteller zu berücksichtigen sind.

1. Zweckbestimmung

Die **erste Anwendungsregel** lautet: **44**

> Die Anwendung der Klassifizierungsregeln richtet sich nach der Zweckbestimmung der Produkte.

Aus dieser Anwendungsregel ist die fundamentale Bedeutung der **Zweckbestimmung** **45** für die Klassifizierung eines Medizinprodukts abzuleiten. Basierend auf der Zweckbestimmung hat ein Hersteller **alle Klassifizierungsregeln** zu betrachten. Für die Klassifizierung sind neben den Definitionen zu den Klassifizierungsregeln und den Anwendungsregeln alle zutreffenden der 18 Regeln zu berücksichtigen – ggf. auch die zusätzlichen Regeln für aktive Produkte. In jedem Fall sind die „Besonderen Regeln" (Regel 13 bis Regel 18) auf ihre Anwendbarkeit zu überprüfen.

Wie oben dargelegt, bestimmt die vom Hersteller vorzugebende Zweckbestimmung ei- **46** nes Medizinprodukts auch seine Klasse. Ohne Bedeutung für die Klasse eines Medizinprodukts ist jedoch seine **technische Ausführung.** Es ist beispielsweise möglich, dass zwei Medizinprodukte aus den gleichen Materialien hergestellt werden und die gleichen geometrischen Abmessungen haben, auf Grund einer unterschiedlichen Zweckbestimmung aber unterschiedlichen Klassen zuzuordnen sind.

Beispiel: Entscheidet sich ein Hersteller von chirurgischem Nahtmaterial beispielsweise **47** für die Zweckbestimmung: „Chirurgisches Nahtmaterial **zum Hautverschluss** mit einer

Anwendungsdauer kleiner als 30 Tage", so führt die Anwendung der Klassifizierungskriterien zu einem Medizinprodukt der Klasse II a. **Erweitert** der Hersteller die Zweckbestimmung dieses Medizinprodukts auf: „Chirurgisches Nahtmaterial zum Hautverschluss **und zur Anwendung am zentralen Kreislaufsystem** mit einer Anwendungsdauer kleiner als 30 Tage", so führt die Anwendung der Klassifizierungskriterien zu einem Medizinprodukt der Klasse III – ohne dass dies mit einer Änderung des Medizinprodukts verbunden sein muss.

48 **Hinweis zu dem angegebenen Beispiel:** Eine Zweckbestimmung „Chirurgisches Nahtmaterial mit einer Anwendungsdauer kleiner als 30 Tage" führt über die Anwendung der Klassifizierungskriterien zu einem Medizinprodukt der Klasse III, da die Anwendung am zentralen Kreislaufsystem nicht ausgeschlossen ist (vgl. Anwendungsregel 4). In der Leitlinie der EU-Kommission zur Klassifizierung von Medizinprodukten[8] wird explizit darauf hingewiesen, dass die **vom Hersteller festgelegte Zweckbestimmung** die Klasse des Medizinprodukts bestimmt, nicht aber die z.B. von einem Arzt als Anwender praktizierte, von der Zweckbestimmung des Herstellers abweichende Einsatzpraxis.

2. Anwendung in Verbindung mit anderen Produkten, Zubehör

49 Die **zweite Anwendungsregel** lautet:

Wenn ein Produkt dazu bestimmt ist, in Verbindung mit einem anderen Produkt angewandt zu werden, werden die Klassifizierungsregeln auf jedes Produkt gesondert angewendet. Zubehör wird unabhängig von dem Produkt, mit dem es verwendet wird, gesondert klassifiziert.

50 In dieser Regel wird die Anwendung von Produkten behandelt, die **bestimmungsgemäß zusammen mit anderen Produkten** (Medizinprodukten, Zubehör) angewendet werden können. Festgelegt wird mit dieser Anwendungsregel, dass jedes Produkt (Medizinprodukt, Zubehör) separat von den Produkten zu klassifizieren ist, mit denen es zusammen angewendet werden kann. Damit wird es möglich, z.B. Zubehör getrennt von den zusammen mit diesem Zubehör anzuwendenden Medizinprodukten in Verkehr zu bringen. Geht man auf die Definition eines Medizinprodukts zurück, nach der ein Medizinprodukt „alle einzeln oder miteinander verbunden verwendeten Instrumente, Apparate, Vorrichtungen, Stoffe oder andere Gegenstände [...]" umfasst, so hat ein Hersteller die **Freiheit,** ein Medizinprodukt als ein Teil oder als eine Kombination von Teilen zu definieren. Definiert ein Hersteller ein Medizinprodukt als eine Kombination, so hat er diese Kombination als ein Medizinprodukt zu klassifizieren. Eine Folge dieser Vorgehensweise ist, dass immer nur diese Kombination in ihrer Gesamtheit dem Konformitätsbewertungsverfahren unterliegt und nur diese Kombination in ihrer Gesamtheit als Medizinprodukt in Verkehr gebracht werden kann.

3. Software

51 Die **dritte Anwendungsregel** lautet:

Software, die ein Produkt steuert oder dessen Anwendung beeinflusst, wird automatisch derselben Klasse zugerechnet wie das Produkt.

52 Software, die ein Medizinprodukt steuert oder dessen Anwendung beeinflusst, kann entweder in das Medizinprodukt integriert oder Stand-alone Software sein. Unabhängig davon, ob die Software in das Medizinprodukt **integriert** oder von diesem **separiert** ist, wird gemäß dieser Anwendungsregel diese Software derselben Klasse zugerechnet wie das Medizinprodukt.

---

[8] Guidelines for the Classification of Medical Devices, MEDDEV 2.4/1 Rev. 8–7/2001.

4. Spezifizierte Anwendung

Die **vierte Anwendungsregel** lautet: 53

Wenn ein Produkt nicht dazu bestimmt ist, ausschließlich oder hauptsächlich an einem bestimmten Teil des Körpers angewandt zu werden, muss es nach der spezifizierten Anwendung eingeordnet werden, die das höchste Gefährdungspotenzial beinhaltet.

Legt man die Klassifizierungskriterien des Anhangs IX zugrunde, so ist bei einem 54 Medizinprodukt, das nicht dazu bestimmt ist, nur an einem bestimmten Teil des menschlichen Körpers angewendet zu werden, die Anwendung zu Grunde zu legen, die das **höchste Gefährdungspotenzial** beinhaltet. Eine Angabe – um bei dem in Rdnr. 47 und 48 angesprochenen Beispiel zu bleiben – „Chirurgisches Nahtmaterial mit einer Anwendungsdauer kleiner als 30 Tage" – führt zu einem Medizinprodukt der Klasse III, da eine Anwendung am Herzen bzw. in direktem Kontakt mit dem zentralen Kreislaufsystem oder dem zentralen Nervensystem nicht ausgeschlossen ist. Aus diesem Grunde empfiehlt es sich, dass der Hersteller die Zweckbestimmung so präzise wie notwendig festlegt.

5. Anwendung der Klassifizierungsregeln

Die **fünfte Anwendungsregel** lautet: 55

Wenn unter Berücksichtigung der vom Hersteller angegebenen Leistungen auf ein und dasselbe Produkt mehrere Regeln anwendbar sind, so gilt die strengste Regel, so dass das Produkt in die jeweils höchste Klasse eingestuft wird.

Auch aus dieser Anwendungsregel ist abzuleiten, dass ein Hersteller bei der Klassifizie- 56 rung *alle* Klassifizierungsregeln zu prüfen hat. Kommt in einem nicht invasiven, nicht aktiven Medizinprodukt, das mit verletzter Haut in Berührung kommt, beispielsweise abgetötetes tierisches Gewebe zum Einsatz, so sind neben den zutreffenden Definitionen und Anwendungsregeln die Klassifizierungsregeln 4 und 17 zu betrachten. Regel 4 führt – je nach Zweckbestimmung des Medizinprodukts – zu einem Produkt der Klasse I, II a oder II b, Regel 17 führt – wegen der Berührung mit der verletzten Haut – zu einem Medizinprodukt der Klasse III. Gemäß Regel 17 hat der Hersteller bei diesem Beispiel das Medizinprodukt der Klasse III zuzuordnen.

III. Achtzehn Regeln zur Klassifizierung

Zur Durchführung der Klassifizierung eines Medizinprodukts bzw. eines Zubehörs zu 57 einem Medizinprodukt sind neben den Definitionen zu den Klassifizierungsregeln und den Anwendungsregeln **alle zutreffenden Regeln** (insgesamt 18) des Anhangs IX der Richtlinie 93/42/EWG zu berücksichtigen. Die Regeln 1–8 sind auf nicht aktive Medizinprodukte bzw. nicht aktives Zubehör anzuwenden, wobei die Regeln 1–4 nicht invasive Medizinprodukte bzw. nicht invasives Zubehör betreffen (die Regeln 1–4 behandeln ausschließlich nicht invasive Medizinprodukte, die jedoch auch in Verbindung mit aktiven Medizinprodukten zum Einsatz kommen können). Die Regeln 5–8 sind auf invasive Medizinprodukte bzw. auf invasives Zubehör anzuwenden. Die Regeln 9–12 gelten zusätzlich für aktive Medizinprodukte bzw. aktives Zubehör, die Regeln 13–18 stellen Sonderregeln dar.

1. Regel 1 mit Beispielen

Alle nicht invasiven Produkte gehören zur Klasse I, es sei denn, es findet eine der folgenden Re- 58 geln Anwendung.

Nach Regel 1 – und unter Berücksichtigung der Regeln 2–4 – fallen hierunter **nicht** 59 **aktive, nicht invasive Produkte,** die entweder **keine Berührung** mit dem Patienten haben oder nur mit der intakten Haut des Patienten in Berührung kommen, wie z.B.

- nicht invasive EKG-Elektroden,
- Neutralelektroden,
- Elektroden zur externen Defibrillation,
- Blutdruckmanschetten,
- Betten (falls nicht aktive Produkte),
- Dentalstühle (falls nicht aktive Produkte),
- Rollstühle (falls nicht aktive Produkte),
- Gehhilfen,
- Brillen,
- Kompressionsstrümpfe.

2. Regel 2 mit Beispielen

60 Alle nicht invasiven Produkte für die Durchleitung oder Aufbewahrung von Blut, anderen Körperflüssigkeiten oder -geweben, Flüssigkeiten oder Gasen zum Zwecke einer Perfusion, Verabreichung oder Einleitung in den Körper gehören zur Klasse IIa,
- wenn sie mit einem aktiven medizintechnischen Produkt der Klasse IIa oder einer höheren Klasse verbunden werden können;
- wenn sie für die Aufbewahrung oder Durchleitung von Blut oder anderen Körperflüssigkeiten oder für die Aufbewahrung von Organen, Organteilen oder Körpergeweben eingesetzt werden;
in allen anderen Fällen werden sie der Klasse I zugeordnet.

61 Nach Regel 2 fallen hierunter **nicht aktive, nicht invasive Produkte** für die **Durchleitung oder Aufbewahrung von Stoffen** (Flüssigkeiten oder Gase) zur **Einleitung in den Körper** bzw. **Ausleitung aus dem Körper.** Diese Produkte müssen gesondert von den Produkten nach Regel 1 betrachtet werden, da sie im Gegensatz zu den Produkten nach Regel 1 in Kontakt mit Körperöffnungen stehen.[9] Typischerweise handelt es sich um Produkte zur Infusion oder Transfusion von Flüssigkeiten und um Produkte für die Durchleitung von medizinischen Gasen und gasförmigen Anästhetika.

62 **Beispiele** für Medizinprodukte, die gemäß Regel 2 der **Klasse I** zugeordnet werden:
- Infusionsgeräte (Schwerkraftinfusion),
- Spritzen (ohne Nadel),
- Atembeutel, Atemmasken, Atemschläuche (nach Herstellerangaben zum ausschließlichen Betrieb mit nicht aktiven Geräten wie Handbeatmungsbeuteln).

63 **Beispiele** für Medizinprodukte, die gemäß Regel 2 der **Klasse IIa** zugeordnet werden:
- Infusionsgeräte (zum Betrieb mit aktiven Geräten wie Infusionspumpen),
- Spritzen (zum Betrieb mit aktiven Geräten wie Infusionsspritzenpumpen),
- Zuleitungen für die enterale Ernährung (zum Betrieb mit aktiven Geräten wie Infusionspumpen),
- Atembeutel, Atemschläuche (zum Betrieb mit aktiven Geräten wie Beatmungsgeräten oder Narkosebeatmungsgeräten),
- Atemmasken (zum Betrieb mit aktiven Geräten wie Narkosebeatmungsgeräten),
- Urinableitsysteme,
- Blutschlauchsysteme für den extrakorporalen Kreislauf,
- Produkte zum Transport oder temporären Lagerung von Organen zur Transplantation – ausgenommen Flüssigkeiten.

64 Zu beachten ist, dass für **Blutbeutel** zusätzlich die Sonderregel 18 zu berücksichtigen ist. Wird ein komplettes Blutabnahmesystem klassifiziert, um als solches in Verkehr gebracht zu werden, so ist das gesamte System als Kombination – auf Grund der Regel 18 – als Produkt der **Klasse IIb** zu klassifizieren.

---

[9] Guidelines for the Classification of Medical Devices, MEDDEV 2.4/1 Rev. 8–7/2001.

3. Regel 3 mit Beispielen

Alle nicht invasiven Produkte zur Veränderung der biologischen oder chemischen Zusammenset- **65**
zung des Blutes, anderer Körperflüssigkeiten oder Flüssigkeiten, die in den Körper perfundiert werden sollen, gehören zur Klasse IIb, es sei denn, die Behandlung besteht aus einer Filtration, Zentrifugierung oder dem Austausch von Gasen oder Wärme. In diesen Fällen werden sie der Klasse IIa
zugeordnet.

Nach Regel 3 fallen hierunter **nicht invasive Produkte,** die zur biologischen oder **66**
chemischen Veränderung von Flüssigkeiten zur **Infusion** vorgesehen sind. Diese Produkte
müssen nach der Klassifizierungsleitlinie der EU-Kommission[10] gesondert von den Produkten nach Regel 1 betrachtet werden, da sie als **indirekt invasiv** zu betrachten sind.
Die mit dieser Regel angesprochenen Produkte behandeln oder verändern Stoffe wie Blut,
Körperflüssigkeiten oder Flüssigkeiten, die in den Körper eingeleitet werden können.
Diese Produkte kommen in erster Linie in extrakorporalen Kreislaufsystemen, Dialysesys-
temen und Autotransfusionssystemen zum Einsatz, aber auch in Produkten zur extrakorporalen Behandlung von Blut und Körperflüssigkeiten, die nicht sofort wieder dem Körper zugeführt werden müssen.

Beispiele für Medizinprodukte, die gemäß Regel 3 der **Klasse IIb** zugeordnet wer- **67**
den:
– Blutzellen-Trenngeräte – wenn sie auf physikalisch-technischer Basis arbeiten,
– Hämodialysatoren.

Beispiele für Medizinprodukte, die gemäß Regel 3 der **Klasse IIa** zugeordnet werden: **68**
– Oxygenatoren,
– Bluttransfusionsfilter,
– Blutschlauchsysteme zur Wärmeübertragung.

Die Produkte nach Regel 3 werden im Normalfall zusammen mit **aktiven Medizin-** **69**
produkten betrieben. Hierzu sind dann die Regeln 9 oder 11 zu betrachten.

4. Regel 4 mit Beispielen

Alle nicht invasiven Produkte, die mit verletzter Haut in Berührung kommen, **70**
– werden der Klasse I zugeordnet, wenn sie als mechanische Barriere oder zur Kompression oder zur
  Absorption von Exsudaten eingesetzt werden;
– werden der Klasse IIb zugeordnet, wenn sie vorwiegend bei Wunden eingesetzt werden, bei
  denen die Dermis durchtrennt wurde und die nur durch sekundäre Wundheilung geheilt werden
  können;
– werden in allen anderen Fällen der Klasse IIa zugeordnet; hierzu zählen auch Produkte, die vorwiegend zur Beeinflussung der Mikroumgebung einer Wunde bestimmt sind.

Nach Regel 4 fallen hierunter **nicht invasive Produkte,** die im **Kontakt mit ver-** **71**
letzter Haut stehen. Nach der Leitlinie der EU-Kommission zur Klassifizierung von Medizinprodukten[11] beabsichtigt diese Regel, Wundverbände unabhängig von der Wund-
tiefe zu betrachten.

Beispiele für Medizinprodukte, die gemäß Regel 4 der **Klasse I** zugeordnet werden: **72**
– Pflaster mit Wundkissen,
– Verbandtücher,
– Tupfer,
– Kompressen allgemein.

Beispiele für Medizinprodukte, die gemäß Regel 4 der **Klasse IIb** zugeordnet werden: **73**
– Kompressen zur Brandwundenbehandlung.

---

[10] Guidelines for the Classification of Medical Devices, MEDDEV 2.4/1 Rev. 8–7/2001.
[11] Guidelines for the Classification of Medical Devices, MEDDEV 2.4/1 Rev. 8–7/2001.

5. Regel 5 mit Beispielen

74 Die Regeln 5–8 behandeln ausschließlich invasive Medizinprodukte, die jedoch **auch in Verbindung mit aktiven Medizinprodukten** zum Einsatz kommen können.

75 Alle invasiven Produkte im Zusammenhang mit Körperöffnungen – außer chirurgisch-invasive Produkte –, die nicht zum Anschluss an ein aktives Produkt bestimmt sind, gehören
– zur Klasse I, wenn sie zur vorübergehenden Anwendung bestimmt sind;
– zur Klasse II a, wenn sie zur kurzzeitigen Anwendung bestimmt sind, es sei denn, sie werden in der Mundhöhle bis zum Rachen, im Gehörgang bis zum Trommelfell oder in der Nasenhöhle eingesetzt und sie können nicht von der Schleimhaut resorbiert werden; in diesen Fällen werden sie der Klasse I zugeordnet.
– zur Klasse II b, wenn sie zur langzeitigen Anwendung bestimmt sind, es sei denn, sie werden in der Mundhöhle bis zum Rachen, im Gehörgang bis zum Trommelfell oder in der Nasenhöhle eingesetzt und sie können nicht von der Schleimhaut resorbiert werden; in diesen Fällen werden sie der Klasse II a zugeordnet.
Alle invasiven Produkte im Zusammenhang mit Körperöffnungen – außer chirurgisch-invasive Produkte –, die zum Anschluss an ein aktives Produkt der Klasse II a oder einer höheren Klasse bestimmt sind, gehören zur Klasse II a.

76 Zu unterscheiden ist zwischen **invasiven Produkten,** die über eine **natürliche Körperöffnung** (z. B. Ohr, Mund, Nase, Auge, Anus, Harnleiter, Vagina) in den Körper gelangen und solchen, die **mit Hilfe eines chirurgischen Eingriffs** in den Körper gebracht werden. Des Weiteren ist bei kurzzeitiger Anwendung zu berücksichtigen, dass die vorderen Teile der natürlichen Körperöffnungen als weniger verwundbar angesehen werden als die weiter im Körperinneren liegenden Partien. Nach der EU-Leitlinie zur Klassifizierung von Medizinprodukten ist ein bei einem Patienten durch einen chirurgischen Eingriff hergestelltes Stoma – z. B. zur Entsorgung von Urin – wie eine natürliche Körperöffnung zu betrachten. Mit Hilfe eines chirurgischen Eingriffs hergestellte **Stomaöffnungen** (künstlicher Darmausgang, Darmfistel zur künstlichen Ernährung) werden als natürliche Körperöffnungen angesehen. Medizinprodukte, die durch diese Öffnungen eingeführt werden, gelten daher zwar als invasiv, aber nicht als chirurgisch-invasiv.

77 Nach Regel 5 können folgende Medizinprodukte der **Klasse I** zugeordnet werden:
– Absaugekatheter (vorübergehende Anwendung, zum Anschluss an nicht aktive Geräte wie fußbetriebene Absaugepumpen),
– Fieberthermometer (vorübergehende Anwendung, Gerät mit Messfunktion),
– Endotrachealtuben (vorübergehende Anwendung, kein Anschluss an aktive Geräte),
– Untersuchungshandschuhe.

78 Nach Regel 5 können folgende Medizinprodukte der **Klasse II a** zugeordnet werden:
– Absaugekatheter (vorübergehende Anwendung, zum Anschluss an aktive Geräte wie Bronchusabsauggeräte),
– Ballonkatheter zur Rekanalisierung verschlossener Gefäße (vorübergehende Anwendung, zum Anschluss an aktive Geräte),
– Endotrachealtuben (vorübergehende Anwendung, Anschluss an aktive Geräte wie Narkose- oder Beatmungsgeräte),
– Endotrachealtuben (kurzzeitige Anwendung, Anschluss an aktive Geräte wie Narkose- oder Beatmungsgeräte),
– nasale Intubationstuben (kurzzeitige Anwendung, Anschluss an aktive Geräte wie Beatmungsgeräte),
– chirurgische Bohrer (vorübergehende Anwendung, Anschluss an aktive Geräte)
– Zahnbohrer (vorübergehende Anwendung, Anschluss an aktive Geräte),
– Kontaktlinsen (zur kurzzeitigen Anwendung).

79 Nach Regel 5 können folgende Medizinprodukte der **Klasse II b** zugeordnet werden:
– nasale Intubationstuben (langzeitige Anwendung, Anschluss an aktive Geräte wie Beatmungsgeräte),
– Ureter Stents.

6. Regel 6 mit Beispielen

Alle zur vorübergehenden Anwendung bestimmten chirurgisch-invasiven Produkte gehören zur **80** Klasse IIa, es sei denn,
– sie sind speziell zur Diagnose, Kontrolle oder Korrektur eines Defekts am Herzen oder am zentralen Kreislaufsystem in direktem Kontakt mit diesen Körperpartien bestimmt; in diesem Fall werden sie der Klasse III zugeordnet;
– es handelt sich um wiederverwendbare chirurgische Instrumente; in diesem Fall werden sie der Klasse I zugeordnet;
– sie sind zur Abgabe von Energie in Form ionisierender Strahlung bestimmt; in diesem Fall werden sie der Klasse IIb zugeordnet;
– sie sind dazu bestimmt, eine biologische Wirkung zu entfalten oder vollständig oder in bedeutendem Umfang resorbiert zu werden; in diesem Fall werden sie der Klasse IIb zugeordnet;
– sie sind zur Verabreichung von Arzneimitteln über ein Dosiersystem bestimmt, wenn das hierbei verwendete Verfahren unter Berücksichtigung der Art der Anwendung eine potenzielle Gefährdung darstellt; in diesem Fall werden sie der Klasse IIb zugeordnet.

Regel 6 umfasst im Wesentlichen **nicht aktive, chirurgisch-invasive Medizinpro- 81 dukte,** die eine **Verbindungsleitung durch die Haut** herstellen wie Nadeln oder Kanülen, chirurgische Instrumente und Katheter.

Nach Regel 6 fallen hierunter nicht aktive, chirurgisch-invasive Produkte zur **vorü- 82 bergehenden Anwendung** wie:
– chirurgische Instrumente (wiederverwendbar) Klasse I,
– chirurgische Instrumente (steril) Klasse IIa,
– Aktivelektroden von HF-Chirurgiegeräten Klasse IIa,
– Hochfrequenz-Koagulationspinzetten Klasse IIa,
– PTCA-Katheter (perkutane transluminale coronare Angioplastie-Katheter zur Koronardilatation, Korrektur eines Defekts am Herzen oder am zentralen Kreislaufsystem) Klasse III,
– Spritzen mit integrierter Nadel Klasse IIa,
– Blutlanzetten Klasse IIa,
– Kanülen Klasse IIa,
– chirurgische OP-Handschuhe Klasse IIa.

7. Regel 7 mit Beispielen

Alle zur kurzzeitigen Anwendung bestimmten chirurgisch-invasiven Produkte gehören zur Klasse **83** IIa, es sei denn,
– sie sind speziell zur Diagnose, Kontrolle oder Korrektur eines Defekts am Herzen oder am zentralen Kreislaufsystem im direkten Kontakt mit diesen Körperpartien bestimmt; in diesem Fall werden sie der Klasse III zugeordnet;
– oder sie sollen speziell in direktem Kontakt mit dem zentralen Nervensystem eingesetzt werden; in diesem Fall gehören sie zur Klasse III;
– sie sind zur Abgabe von Energie in Form ionisierender Strahlung bestimmt; in diesem Fall werden sie der Klasse IIb zugeordnet;
– sie sind dazu bestimmt, eine biologische Wirkung zu entfalten oder vollständig oder in bedeutendem Umfang resorbiert zu werden; in diesem Fall werden sie der Klasse III zugeordnet;
– sie sollen im Körper eine chemische Änderung erfahren – mit Ausnahme solcher Produkte, die in die Zähne implantiert werden sollen –, oder sie sollen Arzneimittel abgeben; in diesen Fällen werden sie der Klasse IIb zugeordnet.

Nach Regel 7 fallen hierunter **chirurgisch-invasive Produkte** zur **kurzzeitigen An- 84 wendung,** die im Zusammenhang mit einer Operation stehen wie Hautverschlüsse, Absaugesysteme, Infusionssysteme (Nadeln, Kanülen), Katheter. Beispielhaft sind die folgenden Medizinprodukte genannt:
– Kavakatheter (Anwendung im zentralen Kreislaufsystem und Herz) Klasse III,
– Swan-Ganz Katheter (Anwendung im zentralen Kreislaufsystem und Herz) Klasse III,
– Periduralkatheter Klasse III,

- EKG-Elektroden zur intrakardialen Anwendung Klasse III,
- Elektroden zur Defibrillation bei intrakardialer Anwendung Klasse III,
- chirurgisches Nahtmaterial Klasse II a,
- Absaugekatheter zur Dauerdrainage Klasse II a.

8. Regel 8 mit Beispielen

85 Alle implantierbaren Produkte sowie zur langzeitigen Anwendung bestimmten chirurgisch-invasiven Produkte gehören zur Klasse II b, es sei denn,
- sie sollen in die Zähne implantiert werden; in diesem Fall werden sie der Klasse II a zugeordnet;
- sie sollen in direktem Kontakt mit dem Herz, dem zentralen Kreislaufsystem oder dem zentralen Nervensystem eingesetzt werden; in diesen Fällen werden sie der Klasse III zugeordnet;
- sie sind dazu bestimmt, eine biologische Wirkung zu entfalten oder vollständig oder in bedeutendem Umfang resorbiert zu werden; in diesem Fall werden sie der Klasse III zugeordnet;
- sie sollen im Körper eine chemische Änderung erfahren – mit Ausnahme solcher Produkte, die in die Zähne implantiert werden sollen –, oder sie sollen Arzneimittel abgeben; in diesen Fällen werden sie der Klasse III zugeordnet.

86 Nach Regel 8 fallen hierunter **chirurgisch-invasive Produkte** zur **langzeitigen Anwendung** wie:
- Zahnfüllmaterialien, Brücken, Kronen Klasse II a,
- Implantate, Nägel, Platten, Knochenzement Klasse II b,
- Infusionsports Klasse II b,
- Herzklappen Klasse III,
- Knochenersatzstoffe Klasse III,
- nicht resorbierbares chirurgisches Nahtmaterial Klasse II b,
- chirurgisches Nahtmaterial (Anwendungsgebiet: Herz oder Kreislaufsystem oder zentrales Nervensystem) Klasse III.

9. Regel 9 mit Beispielen

87 In den Regeln 9–12 sind Merkmale formuliert, die bei der Klassifizierung von aktiven Medizinprodukten **zusätzlich** zu beachten sind.

88 Alle aktiven therapeutischen Produkte, die zur Abgabe oder zum Austausch von Energie bestimmt sind, gehören zur Klasse II a, es sei denn, die Abgabe oder der Austausch von Energie an den bzw. mit dem menschlichen Körper kann unter Berücksichtigung der Art, der Dichte und des Körperteils, an dem die Energie angewandt wird, auf Grund der Merkmale des Produkts eine potenzielle Gefährdung darstellen; in diesem Fall werden sie der Klasse II b zugeordnet.
Alle aktiven Produkte, die dazu bestimmt sind, die Leistung von aktiven therapeutischen Produkten der Klasse II b zu steuern oder zu kontrollieren oder die Leistung dieser Produkte direkt zu beeinflussen, werden der Klasse II b zugeordnet.

89 Nach Regel 9 fallen hierunter **aktive therapeutische Produkte** zur **Abgabe oder zum Austausch von Energie.** Es handelt sich z. B. um elektrisch betriebene Medizinprodukte, die in der Chirurgie zum Einsatz kommen oder Medizinprodukte zur Stimulation.

90 Folgende Medizinprodukte werden nach der EU-Leitlinie zur Klassifizierung von Medizinprodukten[12] der **Klasse II a** zugeordnet:
- Phototherapie Bestrahlungseinheit für Früh- und Neugeborene,
- Wärmebetten,
- Hörgeräte,
- Muskelstimulatoren und TENS-Geräte,
- elektrische Akupunkturgeräte.

---

[12] Guidelines for the Classification of Medical Devices, MEDDEV 2.4/1 Rev. 8–7/2001.

Folgende Medizinprodukte werden nach der EU-Leitlinie zur Klassifizierung von Me- **91** dizinprodukten der **Klasse II b** zugeordnet:
– Hochfrequenzchirurgiegeräte,
– Laserchirurgiegeräte,
– Kryochirurgiegeräte,
– Defibrillatoren (extrakorporal),
– Lithotripsiegeräte,
– Linearbeschleuniger,
– Strahlentherapiegeräte,
– Kobalt-Bestrahlungsgeräte,
– Inkubatoren für Früh- und Neugeborene,
– Blutwärmegeräte.

Wenn bei einem aktiven therapeutischen Medizinprodukt, das hier der Klasse II a zu- **92** geordnet wird, ein Hersteller eine Zweckbestimmung wählt, die eine potenzielle Gefährdung darstellt, so ist dieses Produkt – gemäß Regel 9 – der **Klasse II b** zuzuordnen.

10. Regel 10 mit Beispielen

Alle aktiven diagnostischen Produkte gehören zur Klasse II a, **93**
– wenn sie dazu bestimmt sind, Energie abzugeben, die vom menschlichen Körper absorbiert wird –
  mit Ausnahme von Produkten, deren Funktion es ist, den Körper des Patienten im sichtbaren
  Spektralbereich auszuleuchten;
– wenn sie zur In-vivo Darstellung der Verteilung von Radiopharmaka bestimmt sind;
– wenn sie dazu bestimmt sind, eine direkte Diagnose oder Kontrolle von vitalen Körperfunktionen
  zu ermöglichen, es sei denn, sie sind speziell für die Kontrolle von vitalen physiologischen Parametern bestimmt, bei denen die Art der Änderung zu einer unmittelbaren Gefahr für den Patienten führen könnte, z. B. Änderung der Herzfunktion, der Atmung oder der Aktivität des zentralen
  Nervensystems; in diesem Fall werden sie der Klasse II b zugeordnet.

Aktive Produkte, die zum Aussenden ionisierender Strahlung sowie für die radiologische Diagnostik oder die radiologische Therapie bestimmt sind, einschließlich Produkte, die solche Produkte
steuern oder kontrollieren oder die deren Leistung unmittelbar beeinflussen, werden der Klasse IIb
zugeordnet.

Nach Regel 10 fallen hierunter **aktive diagnostische Produkte** wie zur **Abgabe von 94 Energie,** zur **Diagnose von vitalen Körperfunktionen** oder zur **In-vivo-Darstellung der Verteilung von Radiopharmaka.**

Im Folgenden sind **Beispiele** für Medizinprodukte angegeben, die gemäß Regel 10 der **95** Leitlinie der EU-Kommission zur Klassifizierung von Medizinprodukten[13] der **Klasse IIa** zugeordnet werden können:

– Ultraschall-Geräte für die Diagnostik,
– Gamma-Kameras,
– Magnet-Resonanz-Geräte,
– Positronen-Emissionstomographie-Geräte,
– EKG-Geräte,
– Echo-Enzephalographie-Geräte,
– Lungenfunktionsmessgeräte,
– elektronische Blutdruckmessgeräte,
– elektronische Thermometer,
– elektronische Stethoskope.

Beispiele für Medizinprodukte, die gemäß Regel 10 der **Klasse IIb** zugeordnet werden: **96**
– Röntgengeräte zur Durchleuchtung und Aufnahme,
– Angiographie-Einrichtungen,
– Patientenüberwachungsgeräte für die Intensivmedizin.

---

[13] Guidelines for the Classification of Medical Devices, MEDDEV 2.4/1 Rev. 8–7/2001.

11. Regel 11 mit Beispielen

97 Alle aktiven Produkte, die dazu bestimmt sind, Arzneimittel, Körperflüssigkeiten oder andere Stoffe an den Körper abzugeben und/oder aus dem Körper zu entfernen, werden der Klasse IIa zugeordnet, es sei denn, dass die Vorgehensweise
– unter Berücksichtigung der Art der betreffenden Stoffe, des betreffenden Körperteils und der Art der Anwendung eine potenzielle Gefährdung darstellt; in diesem Fall werden sie der Klasse IIb zugeordnet.

98 Hierunter fallen **aktive Produkte** zur **Abgabe von Arzneimitteln, Körperflüssigkeiten oder anderen Stoffen** an den Körper oder zur Entfernung aus dem Körper wie Narkosegeräte, Beatmungsgeräte, Sauerstofftherapiegeräte, Atemgasanfeuchter, Infusionsspritzenpumpen, Infusionspumpen, Blutpumpen, Pumpen zur künstlichen Ernährung, Hämodialysegeräte, Hämofiltrations- und Hämoperfusionsgeräte, Pumpen für die extrakorporale Perfusion, Herz-Lungen-Maschinen, Bronchus-Absauggeräte, Absauggeräte für die chirurgische Anwendung. Diese Produkte werden der **Klasse IIb** zugeordnet, wenn die Vorgehensweise unter Berücksichtigung der Art der betreffenden Stoffe, des betreffenden Körperteils und der Art der Anwendung eine potenzielle Gefährdung darstellt.

12. Regel 12 mit Beispielen

99 Alle anderen aktiven Produkte werden der Klasse I zugeordnet.

100 Hierunter fallen **aktive Medizinprodukte** wie OP-Tische, Krankenhausbetten, OP-Deckenbeleuchtungseinheiten, Mikroskope für die Chirurgie, Elektro-Rollstühle.

13. Regel 13 mit Beispielen

101 Die Regeln 13–18 stellen **besondere Regeln** dar. Bei jeder Klassifizierung eines Medizinprodukts ist zu prüfen, ob eine dieser besonderen Regeln zutreffend ist.

102 Alle Produkte, zu deren Bestandteilen ein Stoff gehört, der bei gesonderter Verwendung als Arzneimittel im Sinne des Artikels 1 der Richtlinie 65/65/EWG angesehen werden kann und der ergänzend zur Wirkung der Produkte auf den menschlichen Körper einwirken kann, werden der Klasse III zugeordnet.

103 Regel 13 umfasst im Wesentlichen **Medizinprodukte, in die Arzneimittel integriert** sind und die als Produkte der **Klasse III** eingestuft werden wie z.B. mit Heparin beschichtete Katheter oder antibiotische Knochenzemente.

14. Regel 14 mit Beispielen

104 Alle Produkte, die zur Empfängnisverhütung oder zum Schutz vor der Übertragung von sexuell übertragbaren Krankheiten eingesetzt werden sollen, werden der Klasse IIb zugeordnet, es sei denn, es handelt sich um implantierbare Produkte oder um invasive Produkte zur langzeitigen Anwendung; in diesem Fall werden sie der Klasse III zugeordnet.

105 Regel 14 umfasst im Wesentlichen Medizinprodukte zur **Empfängnisverhütung,** die den Klassen IIb oder III zuzuordnen sind.

15. Regel 15 mit Beispielen

106 Alle Produkte, die speziell zum Desinfizieren, Reinigen, Abspülen oder gegebenenfalls Hydratisieren von Kontaktlinsen bestimmt sind, werden der Klasse IIb zugeordnet. Alle Produkte, die speziell zum Desinfizieren von Produkten bestimmt sind, werden der Klasse IIa zugeordnet. Diese Regel gilt nicht für Produkte, die zur Reinigung von anderen Produkten als Kontaktlinsen durch physikalische Einwirkung bestimmt sind.

107 Regel 15 behandelt Produkte zum **Desinfizieren oder Reinigen von Medizinprodukten** und von **Kontaktlinsen.** Produkte zum Desinfizieren oder Reinigen von Kon-

taktlinsen sind beispielsweise Kontaktlinsen-Lösungen (Klasse IIb). Produkte zum Desinfizieren oder Reinigen von Medizinprodukten sind beispielsweise Sterilisatoren für Medizinprodukte, Waschmaschinen für Atemschläuche, Reinigungs- und Desinfektionsgeräte für Endoskope. Die Produkte werden der Klasse IIa zugeordnet.

16. Regel 16 mit Beispielen

Nicht aktive Produkte, die speziell für die Aufzeichnung von Röntgendiagnosebildern bestimmt **108** sind, werden der Klasse IIa zugeordnet.

Regel 16 gilt für Produkte, die speziell zur **Aufzeichnung von Röntgendiagnose-** **109** **bildern** bestimmt sind – zum Beispiel Röntgenfilme. Diese Produkte werden der **Klasse IIa** zugeordnet.

17. Regel 17 mit Beispielen

Alle Produkte, die unter Verwendung von abgetöteten tierischen Geweben oder Folgeerzeugnissen **110** hergestellt wurden, werden der Klasse III zugeordnet, es sei denn, diese Produkte sind dazu bestimmt, nur mit unversehrter Haut in Berührung zu kommen.

Regel 17 behandelt Produkte, die unter **Verwendung von tierischem Gewebe** her- **111** gestellt werden wie z.B. chirurgisches Nahtmaterial aus Darmsaiten (Katgut). Diese Produkte werden der **Klasse III** zugeordnet.

18. Regel 18 mit Beispielen

Abweichend von anderen Regeln werden Blutbeutel der Klasse IIb zugeordnet. **112**

Regel 18 ordnet abweichend von allen anderen Regeln **Blutbeutel** der **Klasse IIb** zu. **113**

IV. Entscheidungsbaum zur Klassifizierung von Medizinprodukten

Ein Hersteller hat die Klassifizierung eines Medizinprodukts oder eines Zubehörs zu ei- **114** nem Medizinprodukt auf der Basis der von ihm festzulegenden **Zweckbestimmung** durchzuführen. Auf der Basis der Zweckbestimmung hat er die für das zu klassifizierende Produkt zutreffenden Definitionen und Anwendungsregeln auszuwählen. Empfohlen wird, jeweils kurz zu begründen, weshalb die Definitionen und Anwendungsregeln zutreffend sind.
Zur Unterstützung bei der Anwendung der 18 Regeln empfehlen sich die im Anhang **115** angegebenen Flussdiagramme.[14] Treffen bei einer Klassifizierung mehrere Regeln auf das betreffende Produkt zu, so bestimmt gemäß Anwendungsregel 5 die **strengste Regel** die für das Medizinprodukt zu übernehmende Klasse (Abschnitt 2.5 des Anhangs IX). Das Medizinprodukt ist in diesem Fall in die höchste sich ergebende Klasse einzustufen. Liegt eine Kombination von Medizinprodukten vor, so ist die Klassifizierung auf **jedes Medizinprodukt bzw. Zubehör** gesondert anzuwenden.

V. Beispiel für die Klassifizierung eines Medizinprodukts

Betrachtet man beispielsweise eine **energetisch betriebene Insulinpumpe** ohne **116** Überleitsystem, so handelt es sich um ein nicht invasives, aktives Medizinprodukt zur

---

[14] *Soniec/Böckmann/Frankenberger,* mt medizintechnik 2000, 46; *Böckmann/Frankenberger,* Bd. 2, 30.13.

Anwendung am Menschen – und zwar zur Behandlung oder Linderung von Krankheiten. Die bestimmungsgemäße Hauptwirkung dieses Produkts am menschlichen Körper wird weder durch pharmakologisch oder immunologisch wirkende Mittel noch durch Metabolismus erreicht. Die Wirkweise dieses Produkts basiert auf einem physikalisch-technischen Prinzip. Es handelt sich demnach um ein Medizinprodukt gem. § 3 Nr. 1 MPG und ist nach § 13 MPG von dem Hersteller zu klassifizieren.[15]

117   Im **ersten Schritt** ist die Zweckbestimmung anzugeben: „Elektrisch betriebene Insulinpumpe – als nicht invasives, aktives therapeutisches Medizinprodukt – geeignet zur kurzzeitigen dosierten Verabreichung von Insulin an Erwachsene und Kinder mit Hilfe eines geeigneten Überleitsystems – ohne Schnittstelle für eine externe Software-Steuerung. Kontakt mit verletzter Haut ist auszuschließen."

118   Im **zweiten Schritt** sind die in Abschnitt I des Anhangs IX „Klassifizierungskriterien" der Richtlinie 93/42/EWG angegebenen Definitionen zu beachten. In der Zweckbestimmung wurde bereits berücksichtigt, dass es sich um ein nicht invasives, aktives therapeutisches Medizinprodukt zur kurzzeitigen Anwendung handelt. Da nur die Insulinpumpe ohne Überleitsystem betrachtet wird, sind die Definitionen „zentrales Kreislaufsystem" und „zentrales Nervensystem" nicht zutreffend.

119   Im **dritten Schritt** sind die für das Produkt zutreffenden Anwendungsregeln des Abschnitts II des Anhangs IX der Richtlinie 93/42/EWG[16] zu betrachten.

– **Anwendungsregel 1:** Gemäß Zweckbestimmung handelt es sich um ein nicht invasives, aktives therapeutisches Medizinprodukt zur kurzzeitigen Anwendung.

– **Anwendungsregel 2:** Die elektrisch betriebene Insulinpumpe wird nicht als System (ohne Überleitsystem) in den Verkehr gebracht, aber in Kombination mit dem Medizinprodukt „Überleitsystem" angewendet. Das Produkt ist demnach unabhängig von dem Überleitsystem und unabhängig von möglichen weiteren Produkten zu klassifizieren.

– **Anwendungsregel 3:** In der Zweckbestimmung ist die Möglichkeit zur externen Steuerung der Insulinpumpe mittels Software ausgeschlossen. Die interne Software der Insulinpumpe ist bei der Klassifizierung nicht separat zu betrachten, da sie integraler Bestandteil der Insulinpumpe ist.

– **Anwendungsregel 4:** Gemäß Zweckbestimmung handelt es sich um ein nicht invasives Produkt. Diese Anwendungsregel ist nicht zutreffend.

– **Anwendungsregel 5:** Da mehrere Regeln auf dieses Produkt anwendbar sind, bestimmt die strengste Regel die Klassifizierung. Diese Regel ist erst nach Prüfung der 18 Klassifizierungsregeln zu berücksichtigen.

120   Eine **Präzisierung der Zweckbestimmung** nach Berücksichtigung der Anwendungsregeln ist für das gewählte Beispiel **nicht erforderlich.**

121   Im **vierten Schritt** sind die 18 Klassifizierungsregeln auf ihre Anwendbarkeit zu prüfen (vgl. die Flussdiagramme im Anhang). Nicht zutreffend sind für das gewählte Beispiel die folgenden Regeln des Anhangs IX der Richtlinie 93/42/EWG: Regeln 5–8 befassen sich mit invasiven Produkten; Regeln 13–18: diese besonderen Regeln sind nicht zutreffend:

– Von den **Regeln für nicht invasive Produkte (Regel 1–4)** ist die Regel 3 für das gewählte Beispiel zutreffend. Dies schließt die Anwendung der Regel 1 aus. Regel 2 trifft ebenfalls nicht zu, da es gemäß Zweckbestimmung nicht für die Aufbewahrung oder Durchleitung von Blut oder anderen Körperflüssigkeiten vorgesehen ist. Ebenfalls trifft nicht zu, dass ein nicht invasives Produkt für die Durchleitung von Flüssigkeiten zum Zweck der Einleitung in den Körper vorliegt, das mit einem aktiven Medizinprodukt der Klasse IIa oder einer höheren Klasse verbunden werden kann, da eine Kombination mit anderen aktiven Produkten in der Zweckbestimmung nicht vorgesehen ist. Regel 4 ist ebenfalls nicht zutreffend.

---

[15] *Soniec/Böckmann/Frankenberger,* mt medizintechnik 2000, S. 46.
[16] Nicht zu verwechseln mit den 18 Klassifizierungsregeln in Abschnitt III (s. Rdnr. 121).

– Von den **zusätzlichen Regeln für aktive Produkte (Regel 9–12)** ist für die Insulinpumpe mit der angegebenen Zweckbestimmung die Regel 11 anzuwenden. Das Zutreffen der Regel 11 schließt die Anwendung der Regel 12 aus. Regel 9 ist nicht zutreffend, da hier nur aktive therapeutische Produkte zur Abgabe oder zum Austausch von Energie betrachtet werden. Regel 10 ist ebenfalls nicht zutreffend, da hier nur aktive diagnostische Produkte behandelt werden.

Für die Klassifizierung der Insulinpumpe mit der angegebenen Zweckbestimmung ergibt sich: **122**

– Gemäß Regel 3 ist die Insulinpumpe als nicht invasives Produkt für die Verabreichung von Flüssigkeiten in den Körper des Patienten der **Klasse II b** zuzuordnen.

– Regel 11 besagt, dass aktive Produkte, die dazu bestimmt sind, Arzneimittel oder andere Stoffe an den Körper abzugeben, der **Klasse II a** zugeordnet werden, es sei denn, dass die Vorgehensweise unter Berücksichtigung der Art der betreffenden Stoffe, des betreffenden Körperteils oder der Art der Verwendung eine potenzielle Gefährdung darstellt.

Da bei der Insulinpumpe in der Zweckbestimmung der Einsatz an Kindern vorgesehen ist und an bewusstlosen oder narkotisierten Patienten nicht ausgeschlossen wird, ist zu berücksichtigen, dass von diesen Patienten keine Rückmeldung im Falle einer erkennbaren Fehlfunktion zu erwarten ist. Aus diesem Grunde ist von einer **potenziellen Gefährdung** im Sinne der **Regel 11** auszugehen. Dieses Produkt ist somit der **Klasse II b** zuzuordnen. Unter Berücksichtigung der **Anwendungsregel 5** ergibt sich als höchste Klassenzuordnung nach den Klassifizierungsregeln 3 und 11 die Einstufung in die **Klasse II b**. **123**

E. Anhang: Flussdiagramme zur Klassifizierung von Medizinprodukten

124

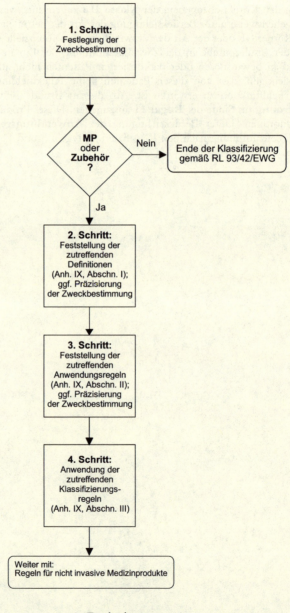

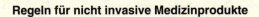

Regeln für nicht invasive Medizinprodukte

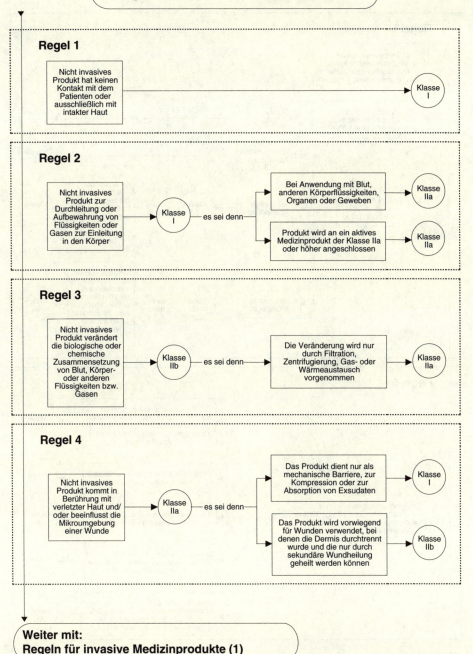

Regel 1

| Nicht invasives Produkt hat keinen Kontakt mit dem Patienten oder ausschließlich mit intakter Haut | → | Klasse I |

Regel 2

Nicht invasives Produkt zur Durchleitung oder Aufbewahrung von Flüssigkeiten oder Gasen zur Einleitung in den Körper → Klasse I — es sei denn

- Bei Anwendung mit Blut, anderen Körperflüssigkeiten, Organen oder Geweben → Klasse IIa
- Produkt wird an ein aktives Medizinprodukt der Klasse IIa oder höher angeschlossen → Klasse IIa

Regel 3

Nicht invasives Produkt verändert die biologische oder chemische Zusammensetzung von Blut, Körper- oder anderen Flüssigkeiten bzw. Gasen → Klasse IIb — es sei denn

- Die Veränderung wird nur durch Filtration, Zentrifugierung, Gas- oder Wärmeaustausch vorgenommen → Klasse IIa

Regel 4

Nicht invasives Produkt kommt in Berührung mit verletzter Haut und/oder beeinflusst die Mikroumgebung einer Wunde → Klasse IIa — es sei denn

- Das Produkt dient nur als mechanische Barriere, zur Kompression oder zur Absorption von Exsudaten → Klasse I
- Das Produkt wird vorwiegend für Wunden verwendet, bei denen die Dermis durchtrennt wurde und die nur durch sekundäre Wundheilung geheilt werden können → Klasse IIb

Weiter mit:
Regeln für invasive Medizinprodukte (1)

Regeln für invasive Medizinprodukte (1)

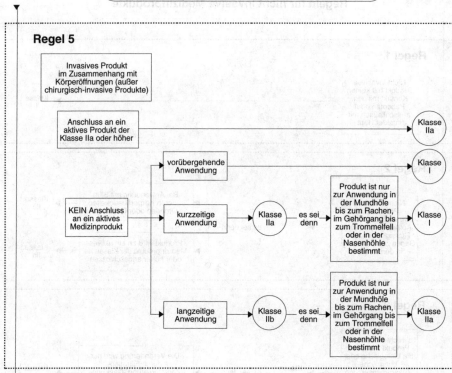

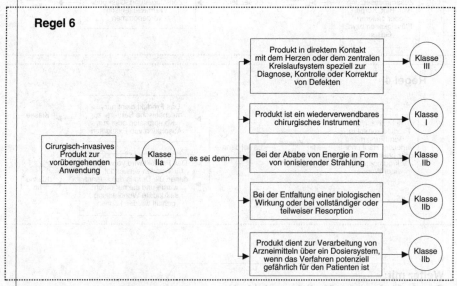

Weiter mit:
Regeln für invasive Medizinprodukte (2)

Frankenberger

Regeln für invasive Medizinprodukte (2)

Regel 7

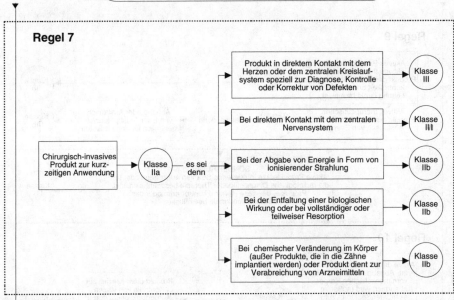

Chirurgisch-invasives Produkt zur kurz-zeitigen Anwendung → Klasse IIa → es sei denn	
Produkt in direktem Kontakt mit dem Herzen oder dem zentralen Kreislaufsystem speziell zur Diagnose, Kontrolle oder Korrektur von Defekten	Klasse III
Bei direktem Kontakt mit dem zentralen Nervensystem	Klasse III
Bei der Abgabe von Energie in Form von ionisierender Strahlung	Klasse IIb
Bei der Entfaltung einer biologischen Wirkung oder bei vollständiger oder teilweiser Resorption	Klasse IIb
Bei chemischer Veränderung im Körper (außer Produkte, die in die Zähne implantiert werden) oder Produkt dient zur Verabreichung von Arzneimitteln	Klasse IIb

Regel 8

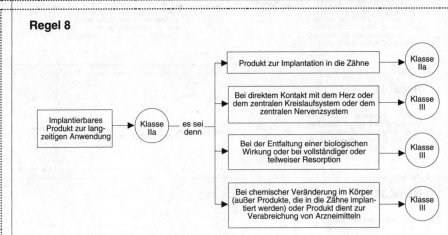

Implantierbares Produkt zur lang-zeitigen Anwendung → Klasse IIa → es sei denn	
Produkt zur Implantation in die Zähne	Klasse IIa
Bei direktem Kontakt mit dem Herz oder dem zentralen Kreislaufsystem oder dem zentralen Nervenzsystem	Klasse III
Bei der Entfaltung einer biologischen Wirkung oder bei vollständiger oder teilweiser Resorption	Klasse III
Bei chemischer Veränderung im Körper (außer Produkte, die in die Zähne implantiert werden) oder Produkt dient zur Verabreichung von Arzneimitteln	Klasse III

Weiter mit:
Zusätzliche Regeln für aktive Medizinprodukte

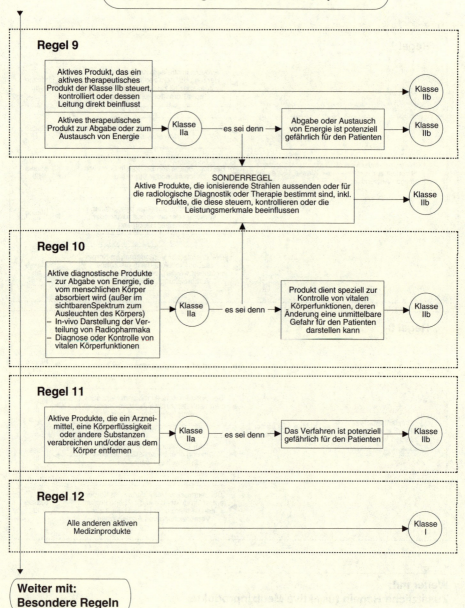

Zusätzliche Regeln für aktive Medizinprodukte

Regel 9

Aktives Produkt, das ein aktives therapeutisches Produkt der Klasse IIb steuert, kontrolliert oder dessen Leitung direkt beeinflusst → Klasse IIb

Aktives therapeutisches Produkt zur Abgabe oder zum Austausch von Energie → Klasse IIa — es sei denn → Abgabe oder Austausch von Energie ist potenziell gefährlich für den Patienten → Klasse IIb

SONDERREGEL
Aktive Produkte, die ionisierende Strahlen aussenden oder für die radiologische Diagnostik oder Therapie bestimmt sind, inkl. Produkte, die diese steuern, kontrollieren oder die Leistungsmerkmale beeinflussen → Klasse IIb

Regel 10

Aktive diagnostische Produkte
– zur Abgabe von Energie, die vom menschlichen Körper absorbiert wird (außer im sichtbarenSpektrum zum Ausleuchten des Körpers)
– In-vivo Darstellung der Verteilung von Radiopharmaka
– Diagnose oder Kontrolle von vitalen Körperfunktionen → Klasse IIa — es sei denn → Produkt dient speziell zur Kontrolle von vitalen Körperfunktionen, deren Änderung eine unmittelbare Gefahr für den Patienten darstellen kann → Klasse IIb

Regel 11

Aktive Produkte, die ein Arzneimittel, eine Körperflüssigkeit oder andere Substanzen verabreichen und/oder aus dem Körper entfernen → Klasse IIa — es sei denn → Das Verfahren ist potenziell gefährlich für den Patienten → Klasse IIb

Regel 12

Alle anderen aktiven Medizinprodukte → Klasse I

Weiter mit:
Besondere Regeln

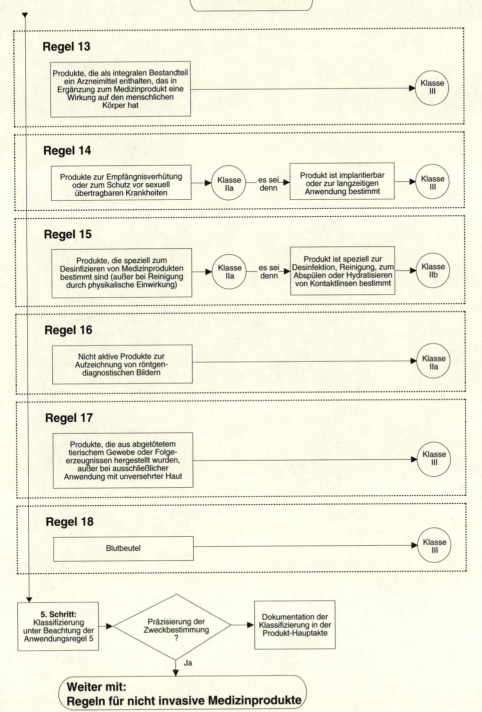

Besondere Regeln

Regel 13

Produkte, die als integralen Bestandteil ein Arzneimittel enthalten, das in Ergänzung zum Medizinprodukt eine Wirkung auf den menschlichen Körper hat → Klasse III

Regel 14

Produkte zur Empfängnisverhütung oder zum Schutz vor sexuell übertragbaren Krankheiten → Klasse IIa — es sei denn → Produkt ist implantierbar oder zur langzeitigen Anwendung bestimmt → Klasse III

Regel 15

Produkte, die speziell zum Desinfizieren von Medizinprodukten bestimmt sind (außer bei Reinigung durch physikalische Einwirkung) → Klasse IIa — es sei denn → Produkt ist speziell zur Desinfektion, Reinigung, zum Abspülen oder Hydratisieren von Kontaktlinsen bestimmt → Klasse IIb

Regel 16

Nicht aktive Produkte zur Aufzeichnung von röntgen-diagnostischen Bildern → Klasse IIa

Regel 17

Produkte, die aus abgetötetem tierischem Gewebe oder Folge-erzeugnissen hergestellt wurden, außer bei ausschließlicher Anwendung mit unversehrter Haut → Klasse III

Regel 18

Blutbeutel → Klasse III

5. Schritt: Klassifizierung unter Beachtung der Anwendungsregel 5 → Präzisierung der Zweckbestimmung? → Dokumentation der Klassifizierung in der Produkt-Hauptakte

Ja

Weiter mit:
Regeln für nicht invasive Medizinprodukte

§ 5 Konformitätsbewertungsverfahren und Normung

von *Rainer Edelhäuser*

Übersicht

Literatur: *Edelhäuser,* Konformitätsbewertungsverfahren – Der Weg zur CE-Kennzeichnung, DIN-Mitt. 1997, 400; *Edelhäuser,* Quality Systems and Conforming Assessment/Auditing Process-Medical Devices, in: Regulatory Affairs Professionals Society (RAPS) (Hrsg.), Fundamentals of EU Regulatary Affairs, Rockville 2002, S. 57; *Hiltl,* Handeln Benannte Stellen nach dem MPG öffentlich-rechtlich oder privatrechtlich?, PharmaR 1997, 408; *Schorn,* Medizinprodukte-Recht, Stuttgart 1999 (Stand: 6/2001); *Schorn,* Die Rolle der Normung in der Medizin aus Sicht des Staates, DIN-Mitt. 1998, 354.

Materialien:
Designation and Monitoring of Notified Bodies within the Framework of EC Directives on Medical Devices, MEDDEV 2.10/2 Rev. 1–4/2001
DIN EN 724: 1944–12, Anleitung zur Anwendung von EN 29001 und EN 46001 und von EN 29002 und EN 46002 für nicht-aktive Medizinprodukte
DIN EN 928: 1995–12, In-vitro-Diagnostik/Diagnostika – Leitfaden für die Anwendung von EN 29001 und EN 46001 sowie EN 29002 und EN 46002 für Medizinprodukte für die In-vitro-Diagnose
DIN EN 1441: 1998–01, Medizinprodukte – Risikobewertung
DIN EN 45012: 1998–03, Allgemeine Anforderungen an Stellen, die Qualitätsmanagementsysteme begutachten und zertifizieren
DIN EN 45 020: 1998, Normung und damit zusammenhängende Tätigkeiten – Allgemeine Begriffe; ISO/IEC CD 17050: 2002, General requirements for supplier's declaration of conformity

DIN EN 46001: 1996–09, Qualitätssicherungssysteme – Medizinprodukte – Besondere Anforderungen für die Anwendung von EN ISO 9001

DIN EN 46002: 1996–09, Qualitätssicherungssysteme – Medizinprodukte – Besondere Anforderungen für die Anwendung von EN ISO 9002

DIN EN 46003: 1999–10, Qualitätssicherungssysteme – Medizinprodukte – Besondere Anforderungen für die Anwendung von EN ISO 9003; Deutsche Fassung EN 46003: 1999

DIN EN 50103: 1997–04, Anleitung für die Anwendung von EN 29001 und EN 46001 und EN 29002 und EN 46002 für die aktive (einschließlich implantierbare aktive) Medizinprodukte herstellende Industrie

DIN EN ISO 9001: 1994–08, Qualitätsmanagementsysteme – Modell zur Qualitätssicherung/QM-Darlegung in Design, Entwicklung, Produktion, Montage und Wartung

DIN EN ISO 9002: 1994–08, Qualitätsmanagementsysteme – Modell zur Qualitätssicherung/QM-Darlegung in Produktion, Montage und Wartung

DIN EN ISO 9003: 1994–08, Qualitätsmanagementsysteme – Modell zur Qualitätssicherung/QM-Darlegung bei der Endprüfung

DIN EN ISO 13485: 2001–02, Qualitätssicherungssysteme – Medizinprodukte – Besondere Anforderungen für die Anwendung von EN ISO 9001 (Überarbeitung von EN 46001: 1996; identisch mit ISO 13485: 1996)

DIN EN ISO 13488: 2001–02, Qualitätssicherungssysteme – Medizinprodukte – Besondere Anforderungen für die Anwendung von EN ISO 9002 (Überarbeitung von EN 46002: 1996; identisch mit ISO 13488: 2000)

DIN EN ISO 14971: 2001–03, Medizinprodukte – Anwendung des Risikomanagements auf Medizinprodukte

DIN EN ISO 15225: 2000–11, Nomenklatur; Spezifikation für ein Nomenklatursystem für Medizinprodukte zum Zweck des regulativen Datenaustauschs

Ein globales Konzept für Zertifizierung und Prüfwesen. Instrument zur Gewährleistung der Qualität bei Industrieerzeugnissen, Mitteilung von der Kommission an den Rat, von der Kommission vorgelegt am 15. 6. 1989, ABl. EG Nr. C 267 v. 19. 10. 1989, S. 3

Europäische Kommission, Leitfaden für die Umsetzung der nach dem Neuen Konzept und dem Gesamtkonzept verfassten Richtlinien, 2000

Global Harmonization Task Force (GHTF), Guidelines for Regulatory Auditing of Quality Systems of Medical Device Manufacturers; Part 1: General Requirements, 1999, SG4 (99) 28

Internetadressen (Stand: 10/2002):

Benannte Stellen für Medizinprodukte, Liste des Deutschen Instituts für Medizinische Dokumentation und Information (DIMDI)
http://www.dimdi.de/de/mpg/adress/nb-list.htm

CEN Healthcare Forum (CHeF), Übersicht über die europäischen Normungsaktivitäten im Gesundheitswesen
http://www.cenorm.be/sectors/healthcare/news.htm

Europäische Kommission, Leitfaden für die Umsetzung der nach dem Neuen Konzept und nach dem Gesamtkonzept verfassten Richtlinien
http://europa.eu.int/comm/enterprise/newapproach/legislation/guide/document/guidepublicde.pdf

Europäische Kommission, Übersicht über die harmonisierten Normen zur Umsetzung der Richtlinie 90/385/EWG
http://europa.eu.int/comm/enterprise/newapproach/standardization/harmstds/reflist/implmedd.html

Europäische Kommission, Übersicht über die harmonisierten Normen zur Umsetzung der Richtlinie 93/42/EWG
http://europa.eu.int/comm/enterprise/newapproach/standardization/harmstds/reflist/meddevic.html

Europäische Kommission, Übersicht über die harmonisierten Normen zur Umsetzung der Richtlinie 98/79/EG
http://europa.eu.int/comm/enterprise/newapproach/standardization/harmstds/reflist/invimedd.html

Global Harmonization Task Force (GHTF)
http://www.ghtf.org

Informationen zu den Richtlinien nach der Neuen Konzeption
http://www.newapproach.org/directiveList.asp

Edelhäuser

Medical Devices Experts Group, Report on the Functioning of the Medical Devices Directive
(93/42/EEC of 14 June 1993)
http://europa.eu.int/comm/enterprise/medical_devices/finalreport5-6-02cor1_3-july02.pdf.
Mitteilung der Kommission im Rahmen der Durchführung der Richtlinie des Rates 93/42/EWG
vom 14. Juni 1993 über Medizinprodukte und der Richtlinie 98/79/EG des Europäischen Parlaments und des Rates vom 27. Oktober 1998 über In-vitro-Diagnostika (2002/C 182/06), ABl. EG
Nr. C 182 v. 31. 7. 2002, S. 8)
http://europa.eu.int/eur-lex/pri/de/oj/dat/2002/c_182/c_18220020731de00080008.pdf
Übersicht über die mandatierten Normungsaktivitäten im Bereich Medizinprodukte
http://www.newapproach.org/NewApproach/ProductFamilies.asp?93/42/EEC
Übersicht über die Normungsaktivitäten des DIN
http://www.normung.din.de
Zentralstelle der Länder für Gesundheitsschutz bei Arzneimitteln und Medizinprodukten (ZLG)
Antworten und Beschlüsse des EK-Med
http://www.zlg.de
http://www.zlg.de/cms.php?PHPSESSID=712c8283517ef3136bdf95e321411f86&mapid=259

A. Konformitätsbewertung

Die **Voraussetzungen für das Inverkehrbringen** von Medizinprodukten sind in § 6   **1**
des Medizinproduktegesetzes (MPG) geregelt. § 6 Abs. 1 MPG führt aus:

> Medizinprodukte, mit Ausnahme von Sonderanfertigungen, Medizinprodukten aus In-Haus-Her-
> stellung, Medizinprodukten gemäß § 11 Abs. 1 sowie Medizinprodukten, die zur klinischen Prüfung
> oder In-vitro-Diagnostika, die für Leistungsbewertungszwecke bestimmt sind, dürfen in Deutschland
> nur in den Verkehr gebracht oder in Betrieb genommen werden, wenn sie mit einer CE-Kenn-
> zeichnung […] versehen sind.

Absatz 2 führt weiter aus:

> Mit der CE-Kennzeichnung dürfen Medizinprodukte nur versehen werden, wenn die Grundle-
> genden Anforderungen nach § 7 […] erfüllt sind und ein für das jeweilige Medizinprodukt vorge-
> schriebenes Konformitätsbewertungsverfahren nach Maßgabe der Rechtsverordnung nach § 37
> Abs. 1 durchgeführt worden ist.

In der Rechtsverordnung nach § 37 Abs. 1 MPG, der Verordnung über Medizinpro-   **2**
dukte (MPV), wird die **Konformitätsbewertung**[1] als „Bewertung und Feststellung der
Übereinstimmung von Medizinprodukten mit den Grundlegenden Anforderungen" be-
schrieben. Nach DIN EN 45020[2] bedeutet Konformitätsbewertung die „systematische
Untersuchung, inwieweit ein Produkt, ein Prozess oder eine Dienstleistung festgelegte
Anforderungen erfüllt".

Betrachtet man die in § 3 MPV näher definierten Vorschriften zur Durchführung der   **3**
Konformitätsbewertung, so fällt auf, dass die im Medizinprodukterecht verwendete Beschreibung des Begriffs zu kurz greift. Denn neben der zweifellos wichtigen Erfüllung der
Grundlegenden Anforderungen muss der Hersteller noch **weitere,** in den jeweiligen
Anhängen der EG-Richtlinien niedergelegte **Verpflichtungen** erfüllen. Dies sind beispielsweise die Erstellung und Pflege einer technischen Dokumentation, die Einrichtung
und Aufrechterhaltung eines Qualitätssicherungssystems oder die Einrichtung eines Pro-
duktbeobachtungs- und Meldesystems.

Im geltenden europäischen Medizinprodukterecht hängt die Auswahl und Durchfüh-   **4**
rung bestimmter Konformitätsbewertungsverfahren von der Zweckbestimmung eines Pro-

---

[1] § 1 MPV.
[2] DIN EN 45020: 1998, 14.1.

dukts ab. So verweist § 3 Abs. 1 MPV auf die einschlägigen Bestimmungen für **aktive implantierbare Medizinprodukte** (§ 4 MPV), für **In-vitro-Diagnostika** (§ 5 MPV) und für die **sonstigen Medizinprodukte** (§ 6 MPV). Diese drei Paragraphen setzen die aus den EG-Richtlinien über aktive implantierbare medizinische Geräte (90/385/EWG),[3] In-vitro-Diagnostika (98/79/EG)[4] und Medizinprodukte (93/42/EWG)[5] herrührenden Bestimmungen zur Konformitätsbewertung für den jeweiligen Produktbereich um. Auffällig ist, dass es im deutschen Recht keine Definition für aktive implantierbare Medizinprodukte[6] gibt. Auch wird im deutschen Medizinprodukterecht nicht klar ausgeführt, dass die Bestimmungen für die Konformitätsbewertung von Medizinprodukten auch für das Zubehör von Medizinprodukten gelten.

I. Einführung eines neuen Produkts

5   Grundsätzlich sind vor der Markteinführung eines neuen Produkts folgende Fragen im Hinblick auf das rechtmäßige Inverkehrbringen zu beantworten:
– Handelt es sich bei dem Produkt um ein **Medizinprodukt i. S. v. § 3 MPG**?
– Fällt das Produkt in den **Regelungsbereich** der Richtlinie 90/385/EWG (aktive implantierbare medizinische Geräte), der Richtlinie 98/79/EG (In-vitro-Diagnostika) oder der Richtlinie 93/42/EWG (sonstige Medizinprodukte)?
– Ist die **Einschaltung einer Benannten Stelle erforderlich** (§ 3 Abs. 2 MPV)?

6   Sind diese Fragen geklärt, hat der Hersteller das einschlägige Konformitätsbewertungsverfahren beziehungsweise eine Kombination von Konformitätsbewertungsverfahren entsprechend den Vorgaben der MPV durchzuführen und ggf. eine hierfür **Benannte Stelle** zu beauftragen. Sind die geforderten Nachweise erbracht, stellt er die geforderte **EG-Konformitätserklärung** aus und bringt die **CE-Kennzeichnung** an.

7   Am Beginn jeder Konformitätsbewertung soll und muss die Frage stehen, ob das betreffende Produkt ein Medizinprodukt nach § 3 MPG ist. Hier ist insbesondere die **Abgrenzung** zwischen Arzneimitteln (Arzneimittelgesetz), Kosmetika (Lebensmittel- und Bedarfsgegenständegesetz) und „echten" Medizinprodukten (MPG) zu beachten.[7] Das weitere Vorgehen gilt der Beantwortung der Frage, welchem Richtlinienbereich das betreffende Produkt zugeordnet werden muss, und ob das Produkt die Grundlegenden Anforderungen nach § 7 MPG erfüllt. Mit der Festlegung der Zweckbestimmung können diese Fragen in der Regel beantwortet und ein für das Produkt geeignetes Konformitätsbewertungsverfahren ausgewählt werden.

---

[3] Richtlinie 90/385/EWG des Rates v. 20. 6. 1990 zur Angleichung der Rechtsvorschriften der Mitgliedstaaten über aktive implementierbare medizinische Geräte (ABl. EG Nr. L 189 v. 20. 7. 1990, S. 17), zuletzt geändert durch Art. 9 der Richtlinie 93/68/EWG des Rates v. 22. 7. 1993 (ABl. EG Nr. L 220 v. 30. 8. 1993, S. 1).

[4] Richtlinie 98/79/EG des Europäischen Parlaments und des Rates v. 27. 10. 1998 über In-vitro-Diagnostika (ABl. EG Nr. L 331 v. 7. 12. 1998, S. 1), zuletzt berichtigt durch ABl. EG Nr. L 124 v. 25. 5. 2000, S. 66.

[5] Richtlinie 93/42/EWG des Rates v. 14. 6. 1993 über Medizinprodukte (ABl. EG Nr. L 169 v. 12. 7. 1993, S. 1), zuletzt geändert durch Art. 1 der Richtlinie 2001/104/EG des Europäischen Parlaments und des Rates v. 7. 12. 2001 zur Änderung der Richtlinie des Rates über Medizinprodukte hinsichtlich Medizinprodukten, die Derivate aus menschlichem Blut oder Blutplasma enthalten (ABl. EG Nr. L 6 v. 10. 1. 2002, S. 50).

[6] Nach Art. 1 Abs. 2 lit. c) der Richtlinie 90/385/EWG ist ein aktives implantierbares Gerät „jedes aktive medizinische Gerät, das dafür ausgelegt ist, ganz oder teilweise durch einen chirurgischen oder medizinischen Eingriff in den menschlichen Körper oder durch einen medizinischen Eingriff in eine Körperöffnung eingeführt zu werden und dazu bestimmt ist, nach dem Eingriff dort zu verbleiben".

[7] Vgl. hierzu den Beitrag von *Anhalt* in diesem Handbuch (§ 3 Rdnr. 5–23).

Im Zusammenhang mit der Erfüllung der Grundlegenden Anforderungen sei auch an **8**
die in DIN EN 1441 bzw. DIN EN ISO 14971 niedergelegte Vorgehensweise bei der
Risikoanalyse erinnert. Zu bewerten sind dabei insbesondere die Fragen der integrierten
Sicherheit, der Leistungen des Produkts, die chemischen, physikalischen und biologischen
Eigenschaften, Aspekte der Infektion und mikrobiellen Kontamination, Eigenschaften im
Hinblick auf die Konstruktion und Umgebungs- bzw. Einsatzbedingungen, die Kenn-
zeichnung und Gebrauchsanweisung und nicht zuletzt die klinischen Daten sowie das
Risiko-Nutzen-Verhältnis.

Je nach Art, Zweckbestimmung und ggf. Klassifizierung des Produkts stehen verschie- **9**
dene Wege der Konformitätsbewertung zur Wahl. In den Richtlinien nach der **Neuen
Konzeption**[8] wird ein risikogestufter Ansatz gewählt, der sich beispielsweise in der in
Richtlinie 93/42/EWG gewählten Klassifizierung der Medizinprodukte zeigt. Die Klassifizierung basiert auf der Verletzbarkeit des menschlichen Körpers und berücksichtigt die
potenziellen Risiken, die mit der Anwendung der Produkte verbunden sind. Je nach Gefährdungsgrad kann die Konformitätsbewertung in alleiniger Verantwortung des Herstellers erfolgen (z.B. Medizinprodukte der Klasse I), oder es ist die – unterschiedlich umfangreiche – Beteiligung einer unabhängigen Prüfstelle, einer sog. **Benannten Stelle**
vorgeschrieben.[9] Diese Beteiligung umfasst im einfachsten Fall eine bloße Dokumentenprüfung (einfache In-vitro-Diagnostika zur Eigenanwendung), im Regelfall das Herstel-
lungsstadium und bei Produkten mit hohem Gefährdungspotenzial sowohl die **Auslegung**
als auch die **Herstellung** der betreffenden Produkte. In den Erwägungsgründen der
Richtlinie 93/42/EWG wird hierbei sogar von einer „ausdrücklichen vorherigen Zulassung" gesprochen.

1. Anwendbare Module des Globalen Konzepts

Ziel des **Globalen Konzepts für Zertifizierung und Prüfwesen**[10] ist es, die Richt- **10**
linienkonformität der Produkte durch definierte Verfahren sicherzustellen und durch eine
CE-Kennzeichnung auf den Produkten für jeden erkennbar zu machen. Die CE-
Kennzeichnung eines Produkts durch den Hersteller oder Inverkehrbringer setzt voraus,
dass dieser die Konformität der Produkte mit den Anforderungen der Richtlinie mit einer
Erklärung bescheinigt und ggf. zusätzlich nachweist, dass das Produkt von einer Benannten Stelle einer Konformitätsbewertung unterzogen wurde. In den EG-Richtlinien wird
jeweils vorgegeben, welche Konformitätsbewertungsverfahren für welche Produkte bzw.
Produktklassen zur Wahl stehen und wann eine Benannte Stelle hinzuzuziehen ist.

Die Konformitätsbewertungsverfahren werden durch **acht Module**[11] beschrieben, die **11**
z. T. miteinander kombiniert werden können. Bevor die möglichen Konformitätsbewertungsverfahren für Medizinprodukte im Einzelnen beschrieben werden, sollen die Inhalte,
Unterschiede und Gemeinsamkeiten der für Medizinprodukte anwendbaren Module
(Abb. 1) des **Globalen Konzepts** aufgezeigt werden.

---

[8] Entschließung des Rates v. 7. 5. 1985 über eine neue Konzeption auf dem Gebiet der technischen Harmonisierung und Normung zum Abbau technischer Handelshemmnisse innerhalb der EG
(ABl. EG Nr. C 136 v. 4. 6. 1985, S. 1); vgl. dazu den Beitrag von *Dieners/Lützeler* in diesem Handbuch (§ 1 Rdnr. 41 ff.).

[9] Vgl. dazu den Beitrag von *Anhalt/Dieners* (§ 2 Rdnr. 44–47) und *Höppner* (§ 14) in diesem
Handbuch.

[10] Ein globales Konzept für Zertifizierung und Prüfwesen. Instrument zur Gewährleistung der
Qualität bei Industrieerzeugnissen, Mitteilung von der Kommission an den Rat, von der Kommission vorgelegt am 15. 6. 1989 (ABl. EG Nr. C 267 v. 19. 10. 1989, S. 3).

[11] Beschluss des Rates v. 22. 7. 1993 über die in den technischen Harmonisierungsrichtlinien zu
verwendenden Module für die verschiedenen Phasen der Konformitätsbewertungsverfahren und die
Regeln für die Anbringung und Verwendung der CE-Konformitätskennzeichnung (ABl. EG Nr. L
220 v. 30. 8. 1993, S. 23).

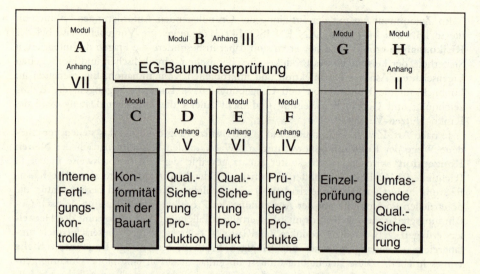

Abb. 1: Die für Medizinprodukte im Sinne der Richtlinie 93/42/EWG möglichen Module des Globalen Konzepts (mit Angabe der entsprechenden Anhänge der Richtlinie 93/42/EWG)[12]

a) Modul A: EG-Konformitätserklärung (Interne Fertigungskontrolle)

12 Hierbei handelt es sich um ein Konformitätsbewertungsverfahren, das sowohl die Entwurfs- als auch die Fertigungsphase betrifft und bei dem der Hersteller in alleiniger Verantwortung – ohne Einbeziehung dritter Stellen – sicherstellt und bescheinigt (sog. Herstellererklärung), dass das betreffende Produkt den Anforderungen der betreffenden Richtlinie(n) genügt. Die entsprechenden Nachweise sind in einer sog. **Technischen Dokumentation** zu führen, in die den Behörden auf Anforderung Einsicht zu gewähren ist. Der Hersteller stellt eine **Konformitätserklärung**[13] aus und nimmt die CE-Kennzeichnung vor. In der Literatur wird dabei oft von „Selbstzertifizierung" gesprochen. Dieser Begriff ist irreführend und sollte vermieden werden, da eine Zertifizierung definitionsgemäß[14] immer die Beteiligung einer unabhängigen Stelle bedingt.[15]

b) Modul B: EG-Baumusterprüfung

13 Die EG-Baumusterprüfung ist ein auf die Entwurfsphase beschränkter Teil eines Konformitätsbewertungsverfahrens, der durch ein Modul der Produktionsphase (Module D, E oder F) ergänzt werden muss. Die EG-Baumusterprüfung beinhaltet die Prüfung eines für die betreffende Produktion repräsentativen Exemplars durch eine Benannte Stelle, welche bei Übereinstimmung mit den Vorschriften der Richtlinie eine **EG-Baumusterprüfbescheinigung** ausstellt. Änderungen des Produkts sind der Benannten

---

[12] *Edelhäuser,* DIN-Mitt. 1997, 400.

[13] DIN EN 45020: 1998, 15.1.1, Anbieter-Erklärung: Verfahren, nach dem ein Anbieter schriftlich bestätigt, dass ein Produkt, ein Prozess oder eine Dienstleistung mit festgelegten Anforderungen konform ist.

[14] DIN EN 45020: 1998, 15.1.2, Zertifizierung: Verfahren, nach dem eine *dritte Seite* (= Person oder Stelle, die als unabhängig von den beteiligten Seiten bezüglich der zu behandelnden Angelegenheiten anerkannt ist) schriftlich bestätigt, dass ein Produkt, ein Prozess oder eine Dienstleistung mit festgelegten Anforderungen konform ist.

[15] Hierzu auch ISO/IEC CD 17050: 2002, General requirements for supplier's declaration of conformity, 3.1.

Stelle anzuzeigen und von dieser zusätzlich zu genehmigen. Die EG-Baumusterprüfung ist das einzige abgeschlossene Verfahren, bei dem ausschließlich die Benannte Stelle – und nicht der Hersteller – die Übereinstimmung mit den einschlägigen Bestimmungen bescheinigt.

c) Modul D: EG-Konformitätserklärung (Qualitätssicherung Produktion)

Bei diesem Modul handelt es sich um einen auf die Produktionsphase beschränkten und **14** nur in Verbindung mit der EG-Baumusterprüfbescheinigung nach Modul B oder der Entwurfsphase nach Modul A durchzuführenden Teil des Konformitätsbewertungsverfahrens. Der Hersteller muss hierbei ein **Qualitätssicherungssystem für Herstellung, Endabnahme und Prüfung** unterhalten, das von einer Benannten Stelle genehmigt und überwacht werden muss.

d) Modul E: EG-Konformitätserklärung (Qualitätssicherung Produkt)

Bei diesem Modul handelt es sich ebenso wie im Fall von Modul D um einen auf die **15** Produktionsphase beschränkten und nur in Verbindung mit der EG-Baumusterprüfbescheinigung nach Modul B oder der Entwurfsphase nach Modul A durchzuführenden Teil des Konformitätsbewertungsverfahrens. Der Hersteller muss ein **Qualitätssicherungssystem für Endabnahme und Prüfung** unterhalten und von einer Benannten Stelle genehmigen und überwachen lassen. Unter dem genehmigten Qualitätssicherungssystem wird vom Hersteller jedes einzelne Produkt geprüft.

e) Modul F: EG-Prüfung

Ebenso wie die Module D und E ist dieser Teil des Konformitätsbewertungsverfahrens **16** auf die Produktionsphase beschränkt und nur in Verbindung mit der EG-Baumusterprüfbescheinigung nach Modul B oder der Entwurfsphase nach Modul A durchzuführen. Die zum Nachweis der Richtlinienkonformität und ggf. der Übereinstimmung mit dem geprüften Baumuster erforderlichen Prüfungen sind durch eine Benannte Stelle an jedem Produkt **(Einzelprüfung)** oder an einer auf statistischer Grundlage ausgewählten Stichprobe **(statistische Prüfung)** vorzunehmen.

f) Modul H: EG-Konformitätserklärung (Umfassende Qualitätssicherung)

Die „umfassende" oder auch „vollständige" Qualitätssicherung betrifft sowohl die Ent- **17** wurfs- als auch die Produktionsphase. Der Hersteller muss in diesem Fall ein **Qualitätssicherungssystem für Entwurf (Entwicklung), Herstellung, Endabnahme und Prüfung** unterhalten und von einer Benannten Stelle genehmigen und überwachen lassen. Die Richtlinie kann den Hersteller in bestimmten Fällen verpflichten, zudem die Konformität des Entwurfs mit den Anforderungen der Richtlinie durch eine Benannte Stelle prüfen und durch eine EG-Entwurfs-/Auslegungsprüfbescheinigung bestätigen zu lassen. Mit der Richtlinie über **In-vitro-Diagnostika** wurde dieses Konzept insoweit durchbrochen, als für Produkte der Liste A in Ergänzung zu den o. g. „umfassenden" Anforderungen die „Überprüfung der hergestellten Produkte" als dezidierte **Chargenfreigabe** durch die Benannte Stelle zusätzlich eingeführt wurde.

2. Verantwortung von Hersteller und Benannter Stelle

Der Neuen Konzeption liegt zugrunde, dass der **Hersteller** oder die für das In- **18** verkehrbringen auf dem Gemeinsamen Markt verantwortliche Person für die Durchführung des Konformitätsbewertungsverfahrens, die Ausstellung der Konformitätserklärung und die Anbringung der CE-Kennzeichnung **verantwortlich ist.** Dieses Prinzip ist – mit Ausnahme von Modul B (EG-Baumusterprüfung) – allen Modulen gemeinsam. Abhängig von der Gefährdung, die von den betreffenden Produkten ausgeht, hat der Hersteller zusätzlich zu seiner Verantwortung noch die Verpflichtung, die

externe Prüfung z.B. seines Qualitätssicherungssystems oder des Produkts von einer unabhängigen **Benannten Stelle** durchführen zu lassen. Die von dieser Stelle ausgestellten Bescheinigungen stellen notwendige, aber nicht hinreichende Bedingungen für seine Konformitätsbewertung dar, die für das rechtmäßige Inverkehrbringen der Produkte erfüllt sein müssen.

19   Die Praxis hat gezeigt, dass der Unterhaltung und Genehmigung von Qualitätssicherungssystemen (Module D, E und H) gegenüber dem früher insbesondere im deutschsprachigen Raum bevorzugten Weg der Produktprüfung (entsprechend Modul B und F) bei der Vorgehensweise nach dem modularen Konzept eine immer größere Bedeutung zukommt. So wurde mit der Richtlinie 93/42/EWG für sterile Medizinprodukte der im Globalen Konzept niedergelegte Grundsatz durchbrochen, dass dem Hersteller wahlweise der Weg über Produktprüfung oder Qualitätssicherungssysteme offen steht. Zumindest für die Aspekte der Sterilität ist hier zwingend ein Qualitätssicherungssystem vorgeschrieben, auch wenn der einschlägige Anhang VII in Absatz 5 formal die Wahl zwischen „einem der Verfahren nach Anhang IV, V oder VI" lässt. Die Anhänge IV und VI verweisen jedoch für sterile Medizinprodukte weiter auf Anhang V, so dass hier das Qualitätssicherungssystem Produktion auch de facto verpflichtend wird. Dieser **Trend hin zur Qualitätssicherung** hat sich in der Richtlinie 98/79/EG über In-vitro-Diagnostika fortgesetzt. Hier wird die Qualitätssicherung des Produktionsprozesses verpflichtend für alle In-vitro-Diagnostika vorgeschrieben.[16]

20   Ein wichtiges Ziel der Konformitätsbewertungsverfahren ist es, die Behörden in die Lage zu versetzen, sich im Rahmen der Marktbeobachtung zu vergewissern, dass die in Verkehr befindlichen Produkte den Anforderungen in Bezug auf den **Gesundheitsschutz** und die **Sicherheit** genügen. Im Originaltext[17] heißt es hierzu:

> Das modulare Konzept ist […] ein Mittel, die Konformitätsbewertung flexibel über den gesamten Herstellungsprozess zu verteilen und sie den Erfordernissen der jeweiligen Aufgabe anzupassen. Dies sollte es vor allem dem Gesetzgeber ermöglichen, die gewünschte Sicherheit zu erreichen, ohne den Unternehmen […] unnötig schwerfällige Verfahren der Konformitätsbewertung vorzuschreiben.

21   Auf Grund der Besonderheiten von Medizinprodukten und dem mit den Produkten verbundenen hohen Schutzziel wurden die Module in den Anhängen der Medizinprodukterichtlinien 90/385/EWG, 93/42/EWG und insbesondere 98/79/EG gegenüber den im Globalen Konzept niedergelegten **Modulbeschreibungen präzisiert.** In den Anhängen wird auch die Verantwortung der Hersteller und die geforderte Beteiligung einer Benannten Stelle bei den Konformitätsbewertungsverfahren konkretisiert.

II. Wahl des Konformitätsbewertungsverfahrens

22   In Abhängigkeit von den potenziellen Risiken bei der technischen Auslegung und Herstellung sowie der Zweckbestimmung der Produkte sehen die Richtlinien **verschiedene Wege der Konformitätsbewertung** vor. Den Richtlinien liegen dabei unterschiedliche Systematiken zugrunde. Während in der Richtlinie 90/385/EWG über aktive implantier-

---

[16] Hierzu Richtlinie 98/79/EG des Europäischen Parlaments und des Rates v. 27. 10. 1998 über In-vitro-Diagnostika (ABl. EG Nr. L 331 v. 7. 12. 1998, S. 1), Anhang III Abs. 4: Danach soll der Hersteller alle erforderlichen Maßnahmen treffen, um sicherzustellen, dass der Herstellungsprozess den für die hergestellten Produkte geltenden Grundsätzen der Qualitätssicherung entspricht.

[17] Ein globales Konzept für Zertifizierung und Prüfwesen. Instrument zur Gewährleistung der Qualität bei Industrieerzeugnissen, Mitteilung von der Kommission an den Rat, von der Kommission vorgelegt am 15. 6. 1989 (ABl. EG Nr. C 267 v. 19. 10. 1989, S. 3).

Edelhäuser

bare medizinische Geräte keine weitere Unterscheidung vorgenommen wurde, werden Medizinprodukte im Sinne der Richtlinie 93/42/EWG in Abhängigkeit von der Verletzlichkeit des menschlichen Körpers in vier Klassen[18] unterteilt. Anders als z.B. im US-amerikanischen System werden – mit wenigen Ausnahmen – Produkte nicht einzeln klassifiziert. Vielmehr werden allgemein gültige Regeln definiert, um damit auch neuen Produktentwicklungen Rechnung tragen zu können, ohne jeweils die Richtlinie anpassen zu müssen.[19]

Im Fall der Richtlinie 98/79/EG über **In-vitro-Diagnostika** wurde dieser Ansatz wieder aufgegeben. Besonders kritische Produkte sind in Listen[20] aufgeführt, die bei Bedarf geändert oder erweitert werden können.[21] Daneben werden noch alle „Produkte zur Eigenanwendung", d.h. zur Anwendung durch Laien, besonders behandelt.   **23**

Je nach Produktklasse können die Konformitätsbewertungsverfahren in **alleiniger** **24** **Verantwortung des Herstellers** (z.B. Klasse I) oder nur unter **Einbeziehung einer Benannten Stelle** (Klassen IIa und höher) durchgeführt werden. Näheres regeln die §§ 3–6 MPV, die die einschlägigen Artikel[22] der Medizinprodukterichtlinien in deutsches Recht umsetzen. So können Medizinprodukte der Klasse I (93/42/EWG) generell[23] unter alleiniger Verantwortung des Herstellers in Verkehr gebracht werden. Für Produkte der Klasse IIa ist die Beteiligung einer Benannten Stelle auf der Ebene der Herstellung gefordert. Bei Produkten der Klassen IIb und III, d.h. bei Produkten mit größerem Gefahrenpotenzial, ist zusätzlich eine Kontrolle während der Designphase vorgesehen. Die höchsten Anforderungen werden an Produkte der Klasse III gestellt; bei diesen Produkten ist eine Prüfung der Produktauslegung oder auch eines Baumusters obligatorisch.

1. Konformitätsbewertungsverfahren nach Richtlinie 93/42/EWG

Am Beispiel der in **Richtlinie 93/42/EWG** geregelten Medizinprodukte sollen im **25** Folgenden die nach Art, Zweckbestimmung und Klassifizierung des Produkts möglichen „Wege zur CE-Kennzeichnung" aufgezeigt werden. Diese Verfahren gelten nicht für Sonderanfertigungen und für Produkte, die für die klinische Prüfung bestimmt sind.

a) Produkte der Klasse I

Medizinprodukte der Klasse I – soweit sie nicht steril in den Verkehr gebracht werden **26** oder Produkte mit Messfunktion sind – werden unter alleiniger Verantwortung des Herstellers oder seines in der Gemeinschaft niedergelassenen Bevollmächtigten in den Verkehr gebracht. Um die CE-Kennzeichnung anzubringen, muss das Verfahren gemäß **Anhang VII** der Richtlinie 93/42/EWG **(EG-Konformitätserklärung)** durchgeführt wer-

---

[18] S. Klassifizierungsregeln in Anhang IX der Richtlinie 93/42/EWG des Rates v. 14. 6. 1993 über Medizinprodukte (ABl. EG Nr. L 169 v. 12. 7. 1993, S. 1).

[19] Zur Klassifizierung von Medizinprodukten vgl. den ausführlichen Beitrag von *Frankenberger* in diesem Handbuch (§ 4).

[20] S. Anhang II, Listen A und B der Richtlinie 98/79/EG des Europäischen Parlaments und des Rates v. 27. 10. 1998 über In-vitro-Diagnostika (ABl. EG Nr. L 331 v. 7. 12. 1998, S. 1).

[21] S. Art. 14 der Richtlinie 98/79/EG des Europäischen Parlaments und des Rates v. 27. 10. 1998 über In-vitro-Diagnostika (ABl. EG Nr. L 331 v. 7. 12. 1998, S. 1).

[22] S. Art. 9 der Richtlinie 90/385/EWG des Rates v. 20. 6. 1990 zur Angleichung der Rechtsvorschriften der Mitgliedstaaten über aktive implantierbare medizinische Geräte (ABl. EG Nr. L 189 v. 20. 7. 1990, S. 17); Art. 11 der Richtlinie 93/42/EWG des Rates v. 14. 6. 1993 über Medizinprodukte (ABl. EG Nr. L 169 v. 12. 7. 1993, S. 1) und Art. 9 der Richtlinie 98/79/EG des Europäischen Parlaments und des Rates v. 27. 10. 1998 über In-vitro-Diagnostika (ABl. EG Nr. L 331 v. 7. 12. 1998, S. 1).

[23] Dies gilt nicht für sterile Medizinprodukte oder Medizinprodukte mit Messfunktion.

den. Danach erstellt der Hersteller die **Technische Dokumentation** (mit Produktbeschreibung, Konstruktions- und Fertigungsunterlagen, Zeichnungen, Risikoanalyse, Liste angewandter Normen, Verfahrensbeschreibungen, Prüfberichten, klinischen Daten, Kennzeichnung und Gebrauchsanweisungen etc.), richtet ein sog. „Post-Marketing-Surveillance"-Verfahren ein und erstellt die **Konformitätserklärung,** die er zusammen mit der Technischen Dokumentation für einen Zeitraum von mindestens fünf Jahren nach Herstellung des letzten Produkts zur Einsichtnahme durch die zuständigen Behörden bereithält. Sind diese Voraussetzungen erfüllt, darf die CE-Kennzeichnung (ohne Kennnummer einer Benannten Stelle) angebracht und das Produkt im Europäischen Wirtschaftsraum in den Verkehr gebracht werden.

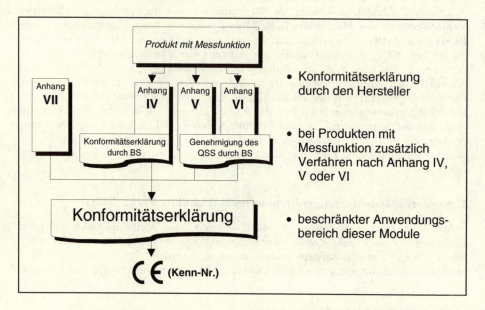

Abb. 2: Konformitätsbewertungsverfahren für Produkte der Klasse I

27   Bei **Klasse-I-Produkten mit Messfunktion** hat der Hersteller zusätzlich ein Verfahren nach Anhang IV, V oder VI der Richtlinie 93/42/EWG durchzuführen. Diese Verfahren erfordern die Einschaltung einer **Benannten Stelle,** d.h. einer „neutralen, unabhängigen Drittstelle". Die Aktivitäten der Benannten Stelle sind hierbei jedoch ausschließlich „auf die Herstellungsschritte im Zusammenhang mit der Konformität der Produkte mit den messtechnischen Anforderungen" beschränkt (vgl. Abb. 2).[24]

28   Die Benannte Stelle genehmigt das Qualitätssicherungssystem in Bezug auf die messtechnischen Anforderungen (Anhänge V oder VI) oder stellt eine Konformitätserklärung[25] über die nach Anhang IV vorgenommenen Prüfungen aus. Das Vorliegen der Bescheinigung einer Benannten Stelle ist ein notwendiges Element im Konformi-

---

[24] S. Anhang VII, Nr. 5 der Richtlinie 93/42/EWG des Rates v. 14. 6. 1993 über Medizinprodukte (ABl. EG Nr. L 169 v. 12. 7. 1993, S. 1).

[25] Im deutschen Text der Richtlinie wird der Begriff „Konformitätserklärung" unglücklicherweise sowohl für die Bescheinigung durch die Benannte Stelle als auch für die vom Hersteller zu erstellende Erklärung verwendet. Im englischen Text werden diese Begriffe unterschieden in „certificate of conformity" (Konformitätsbescheinigung durch die Benannte Stelle) und „declaration of conformity" (Konformitätserklärung des Herstellers).

Edelhäuser

tätsbewertungsverfahren des Herstellers, der nach Erfüllung der weiteren Richtlinienanforderungen seine Konformitätserklärung ausstellt und die CE-Kennzeichnung **mit Kennnummer** der beteiligten Benannten Stelle an seinen Produkten anbringt. Auch wenn eine Benannte Stelle eingeschaltet wurde, **muss der Hersteller gewährleisten und erklären,** dass „die betreffenden Produkte den einschlägigen Bestimmungen dieser Richtlinie" entsprechen. Dies ist eines der Grundprinzipien der **Neuen Konzeption.**

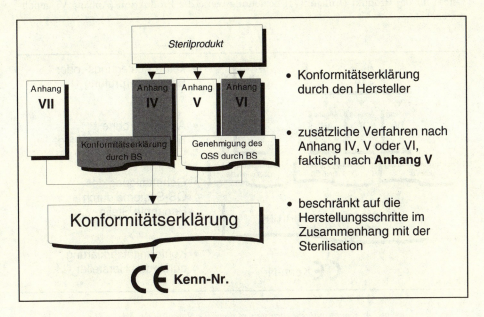

Abb. 3: Konformitätsbewertungsverfahren für sterile Produkte der Klasse I

Analoge Vorschriften wie für die Klasse-I-Produkte mit Messfunktion gelten auch für **sterile Produkte der Klasse I** (z. B. sterile Verbandstoffe). Auch hier ist die Einschaltung einer Benannten Stelle begrenzt auf die Aspekte der Sterilität zwingend vorgeschrieben. Entgegen den in der Richtlinie festgelegten Möglichkeiten (Wahl zwischen einem der Anhänge IV, V oder VI) bleibt hier faktisch jedoch nur der in der Abbildung 3 dargestellte Weg, d. h. die Kombination aus Anhang VII i. V. m. Anhang V. Sowohl Anhang IV als auch Anhang VI verweisen bei Produkten, „die in sterilem Zustand in Verkehr gebracht werden", auf die Bestimmungen des Anhangs V, so dass in der Praxis nur der Weg über Anhang VII und die Einschaltung einer Benannten Stelle für Anhang V in Bezug auf die „Herstellungsschritte im Zusammenhang mit der Sterilisation und der Aufrechterhaltung der Sterilität" bleibt. In Deutschland haben sich die Benannten Stellen deshalb darauf verständigt, nur Genehmigungen nach Anhang V auszustellen. Die Anwendung von Anhang II ist für sterile Klasse I-Produkte nicht vorgesehen. Dies bedeutet, dass in diesem Fall eine Genehmigung des Qualitätssicherungssystems nach Anhang II formal nicht Grundlage der Konformitätserklärung des Herstellers sein darf, auch wenn dieser Anhang inhaltlich alle Schritte des Anhangs V umfasst.[26]

29

---

[26] S. auch Beschluss des EK-Med, 3.9 B 6, Konformitätsbewertung; Genehmigung von Qualitätssicherungssystemen für Sterilprodukte (nur Klasse I), 1/1997, im Internet unter http://www.zlg.de/download/ab/309-0197-B06.pdf (Stand: 10/2002).

b) Produkte der Klasse II a

30   Bei Produkten der Klasse II a ist zusätzlich zu den Forderungen des Anhangs VII (**EG-Konformitätserklärung**) die Einschaltung einer Benannten Stelle in der Produktionsphase vorgeschrieben. Zur Auswahl stehen die in Abbildung 4 dargestellten Wege der Produktprüfung (Anhang IV) oder Qualitätssicherung (Anhänge V und VI). Wahlweise kann der Weg über eine Einzel- oder statistische Prüfung der Produkte (Anhang IV) gewählt werden, oder die Benannte Stelle muss das eingeführte Qualitätssicherungssystem für das Produkt (Anhang VI) beziehungsweise die Produktion (Anhang V) genehmigen.

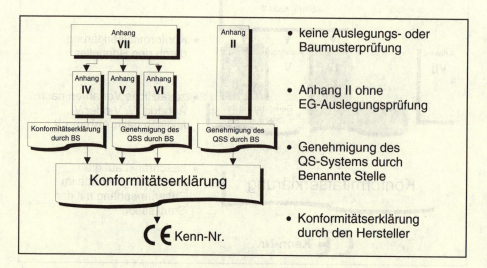

Abb. 4: Konformitätsbewertungsverfahren für Produkte der Klasse II a

31   Anstelle dieser Verfahren kann der Hersteller auch das Verfahren der EG-Konformitätserklärung (**Vollständiges Qualitätssicherungssystem**) nach Anhang II anwenden. In diesem Fall findet Abschnitt 4 des Anhangs – die EG-Auslegungsprüfung – keine Anwendung. Ein wesentlicher Unterschied zu Anhang V ist die Einbeziehung des gesamten Entwicklungsbereichs,[27] d. h. der **Auslegung** der Produkte.

c) Produkte der Klasse II b

32   Bei Produkten der Klasse II b ist zusätzlich zur unabhängigen Überprüfung auf Produktionsebene auch die Einbeziehung einer **Benannten Stelle auf der Stufe der Produktauslegung** erforderlich. Dies erfolgt wahlweise durch Genehmigung des **Vollständigen Qualitätssicherungssystems** nach Anhang II – also einschließlich einer detaillierten Überprüfung der Entwicklungsphase der betreffenden Produkte –, oder ein repräsentatives Exemplar des betreffenden Produkts wird einer **EG-Baumusterprüfung** (Anhang III) unterzogen. Im Anschluss an diese EG-Baumusterprüfung, mit der festgestellt wird, dass ein für die Produktion repräsentatives Exemplar den einschlägigen Bestimmungen der Medizinprodukterichtlinie entspricht, muss über ein Verfahren nach Anhang IV, V oder VI bescheinigt werden, dass die serienmäßig hergestellten Produkte mit dem in der EG-Baumusterprüfbescheinigung beschriebenen Baumuster

---

[27] Vgl. QM-Element 4.4 in DIN EN ISO 9001: 1994.

übereinstimmen. Die verschiedenen Möglichkeiten sind noch einmal in Abbildung 5 dargestellt.

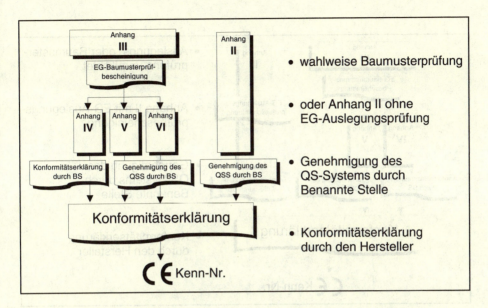

Abb. 5: Konformitätsbewertungsverfahren für Produkte der Klasse IIb

d) Produkte der Klasse III

Für die Produkte der höchsten Risikoklasse – Klasse III – ist eine **Prüfung der Pro-** 33 **duktauslegung durch eine Benannte Stelle zwingend** vorgeschrieben. Klasse-III-Produkte sind beispielsweise resorbierbare Materialien, Implantate mit biologisch aktiven Beschichtungen und Produkte mit Arzneimittelbestandteilen. In den Erwägungsgründen der Richtlinie 93/42/EWG wird hier von einer „ausdrücklichen vorherigen Zulassung im Hinblick auf die Konformität" gesprochen, obwohl der aus dem staatlichen Bereich kommende Begriff „Zulassung" im Zusammenhang mit der Tätigkeit privatwirtschaftlich tätiger Benannter Stellen unpassend ist.

Wie bei Klasse-IIb-Produkten kann die Konformitätsbewertung auch über den Weg 34 der **EG-Baumusterprüfung** und nachfolgender **EG-Prüfung** (Anhang IV) erfolgen. Anstelle des Anhangs IV kann auch die Genehmigung des Qualitätssicherungssystems für die Produktion (Anhang V) gewählt werden. Nicht möglich ist jedoch die Anwendung des Anhangs VI (Qualitätssicherungssystem Produkt).

Wählt der Hersteller den alternativen Weg über das **Vollständige Qualitätssiche-** 35 **rungssystem** (Anhang II), so ist für Klasse-III-Produkte die **EG-Auslegungsprüfung** (Anhang II Nr. 4 der Richtlinie 93/42/EWG) zwingend vorgeschrieben. Hierfür ist bei der Benannten Stelle zusätzlich ein Antrag auf Prüfung der Auslegungsdokumentation zu stellen, aus der die Auslegung, die Herstellung und die Leistungsdaten des betreffenden Produktes hervorgehen müssen. Kommt die Benannte Stelle – ggf. nach der Durchführung zusätzlicher Prüfungen – zu dem Ergebnis, dass das Produkt die Grundlegenden Anforderungen erfüllt, stellt sie eine **EG-Auslegungsprüfbescheinigung** aus. Zusammen mit der **Genehmigung des Qualitätssicherungssystems** zur Herstellung des betreffenden Produkts bildet sie die Basis für die Konformitätserklärung des Herstellers und die Berechtigung, die CE-Kennzeichnung anzubringen. In Abbildung 6 sind die möglichen Konformitätsbewertungsverfahren für Klasse-III-Produkte noch einmal zusammengefasst.

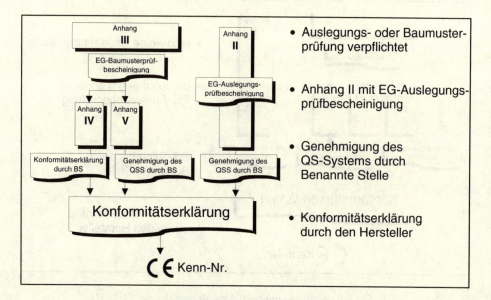

Abb. 6: Konformitätsbewertungsverfahren für Produkte der Klasse III

2. Konformitätsbewertungsverfahren nach Richtlinie 90/385/EWG

36 Da die Produkte im Regelungsbereich der Richtlinie 90/385/EWG über aktive implantierbare medizinische Geräte einheitlich „klassifiziert", d. h. nicht weiter unterteilt sind, gelten für alle aktiven implantierbaren Medizinprodukte dieselben Konformitätsbewertungsverfahren. Dies sind das Verfahren nach 90/385/EWG **Anhang 2** (Vollständiges Qualitätssicherungssystem) oder das Verfahren nach 90/385/EWG **Anhang 3** (EG-Baumusterprüfung) in Verbindung mit einem der Verfahren nach **Anhang 4** (EG-Prüfung) beziehungsweise **Anhang 5** (Qualitätssicherung der Produktion). Umfang und Inhalt dieser Verfahren sind vergleichbar mit denen der Richtlinie 93/42/EWG, so dass hier nicht näher darauf eingegangen wird.[28]

3. Konformitätsbewertungsverfahren nach Richtlinie 98/79/EG

37 Mit der Richtlinie 98/79/EG über In-vitro-Diagnostika wurden einige wesentliche Änderungen der bislang bekannten Module eingeführt. Dies sind zum einen die für alle Produkte verpflichtende Einführung eines Qualitätssicherungssystems für die Herstellung,[29] zum anderen für Produkte nach Anhang II Liste A die Erweiterung der Anhänge

---

[28] Vgl. hierzu den Beitrag von *Wilke* in diesem Handbuch (§ 17 Rdnr. 2, 4).

[29] Anhang III Nr. 4 der Richtlinie 98/79/EG des Europäischen Parlaments und des Rates v. 27. 10. 1998 über In-vitro-Diagnostika (ABl. EG Nr. L 331 v. 7. 12. 1998, S. 1): Danach soll der Hersteller alle notwendigen Maßnahmen treffen, um sicherzustellen, dass der Herstellungsprozess den für die hergestellten Produkte geltenden Grundsätzen der Qualitätssicherung entspricht.

zur Qualitätssicherung[30] um die **„Überprüfung der hergestellten Produkte"**, die einer Chargenfreigabe durch die Benannte Stelle gleichkommt.[31]

Weiterhin wurde mit Verabschiedung der Richtlinie 98/79/EG eine neue Gattung **38** von Vorgabedokumenten, die sog. **Gemeinsamen Technischen Spezifikationen,**[32] eingeführt, die für Hersteller quasi verbindlich sind. Artikel 5 der Richtlinie 98/79/ EG, umgesetzt durch § 8 MPG, fordert:

Die Hersteller haben die Gemeinsamen Technischen Spezifikationen in der Regel einzuhalten. Kommen die Hersteller in hinreichend begründeten Fällen diesen Spezifikationen nicht nach, so müssen sie Lösungen wählen, die dem Niveau der Spezifikationen zumindest gleichwertig sind.

a) Produkte nach Anhang II, Liste A

Für die sog. „Hochrisikoproduktgruppen" nach Anhang II Liste A, die im Zusammen- **39** hang mit der Übertragung von Blut und der Vorbeugung gegen AIDS und bestimmte Hepatiserkrankungen Verwendung finden, sind nach § 5 MPV die **Verfahren des Vollständigen Qualitätssicherungssystems** – inklusive EG-Auslegungsprüfung und Überprüfung der hergestellten Produkte – nach Anhang IV der Richtlinie 98/79/EG oder das Verfahren der EG-Baumusterprüfung nach Anhang V in Verbindung mit der Qualitätssicherung Produktion (Anhang VII) durchzuführen. Abbildung 7 zeigt die möglichen Kombinationen im Überblick.

b) Produkte nach Anhang II, Liste B

Für die anderen – mit Ausnahme der Produkte zur Blutzuckerbestimmung – nicht **40** für die Laienanwendung bestimmten In-vitro-Diagnostika, die eine Einschaltung einer Benannten Stelle erforderlich machen, sind nach § 5 MPV die Verfahren des Vollständigen Qualitätssicherungssystems – **jedoch ohne EG-Auslegungsprüfung und ohne Überprüfung der hergestellten Produkte** – nach Anhang IV der Richtlinie 98/79/EG oder das Verfahren der EG-Baumusterprüfung nach Anhang V in Verbindung mit der Qualitätssicherung Produktion (Anhang VII) oder der EG-Prüfung nach Anhang VI durchzuführen. Abbildung 8 zeigt die anwendbaren Konformitätsbewertungsverfahren im Überblick.

c) Produkte zur Eigenanwendung

Für die Produkte zur Eigenanwendung – mit Ausnahme der Blutzuckermessgeräte aus **41** Liste B – hat der Hersteller das Verfahren nach Anhang III oder eines der für Produkte der Liste A oder B zulässigen Verfahren durchzuführen. Bei dem Verfahren nach Anhang III beschränkt sich die Beteiligung der Benannten Stelle auf eine reine Dokumentenprüfung **(EG-Auslegungsprüfung)**. Eine Prüfung des vom Hersteller einzurichtenden Qualitätssicherungssystems durch die Benannte Stelle ist nicht gefordert. Abbildung 9 zeigt die möglichen Konformitätsbewertungsverfahren für Produkte zur Eigenanwendung im Überblick.

---

[30] Dazu die Anhänge IV „Vollständiges Qualitätssicherungssystem" und VII „Qualitätssicherung Produktion" der Richtlinie 98/79/EG des Europäischen Parlaments und des Rates v. 27. 10. 1998 über In-vitro-Diagnostika (ABl. EG Nr. L 331 v. 7. 12. 1998, S. 1).

[31] Hierzu den Beitrag von *Meyer-Lüerßen* in diesem Handbuch (§ 18).

[32] § 3 Nr. 19 MPG und Entscheidung der Kommission v. 7. 5. 2002 über Gemeinsame Technische Spezifikationen für In-vitro-Diagnostika, 2002/364/EG (ABl. EG Nr. L 131 v. 16. 5. 2002, S. 17).

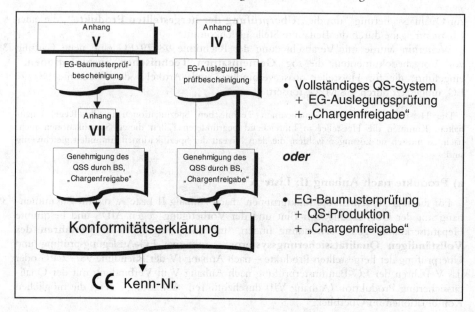

Abb. 7: Mögliche Konformitätsbewertungsverfahren für In-vitro-Diagnostika nach Anhang II, Liste A

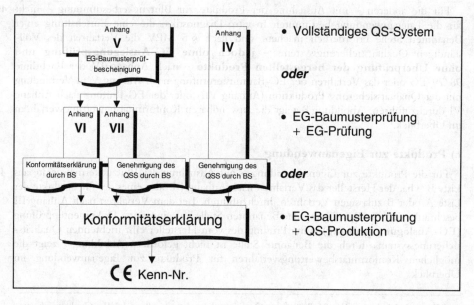

Abb. 8: Mögliche Konformitätsbewertungsverfahren für In-vitro-Diagnostika nach Anhang II, Liste B

d) Sonstige In-vitro-Diagnostika

42   Für alle anderen In-vitro-Diagnostika, die keine Einschaltung einer Benannten Stelle erfordern, genügt ein **Verfahren nach Anhang III** (EG-Konformitätserklärung), wobei hier die EG-Auslegungsprüfung nach Anhang III Nr. 6 keine Anwendung findet. In jedem Fall hat der Hersteller jedoch eine technische Dokumentation zusammenzustellen

und zu gewährleisten, dass der Herstellungsprozess den in Nr. 4 dieses Anhangs näher beschriebenen Grundsätzen der Qualitätssicherung entspricht.

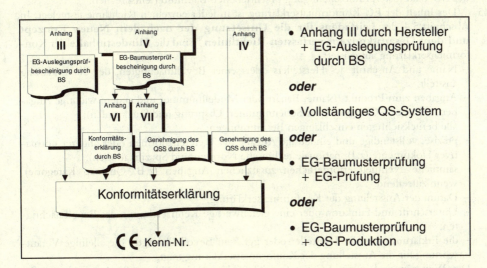

Abb. 9: Mögliche Konformitätsbewertungsverfahren für In-vitro-Diagnostika zur Eigenanwendung (nicht Produkte nach Anhang II, Liste B)

4. Produkte für besondere Zwecke

Die o. g. Konformitätsbewertungsverfahren mit der Verpflichtung zur CE-Kenn- **43** zeichnung gelten jeweils nur für **serienmäßig hergestellte Medizinprodukte.** Sie gelten nicht für Sonderanfertigungen, Medizinprodukte aus In–Haus–Herstellung sowie Medizinprodukte zur klinischen Prüfung oder für Leistungsbewertungszwecke.[33] Da diese Produkte nicht „in großem Stil" in den Verkehr gebracht werden, hat der Gesetzgeber auch bei höherklassigen Produkten keine Einschaltung einer Benannten Stelle vorgeschrieben. Näheres regelt § 12 MPG i. V. m. §§ 3–6 MPV. Auch wenn hier keine Beteiligung einer Benannten Stelle gefordert wird, hat der Hersteller gleichwohl sicherzustellen, dass die Produkte die einschlägigen Grundlegenden Anforderungen erfüllen. Bei **Sonderanfertigungen** ab Klasse II a wird zudem gefordert, dass diesen eine **Erklärung**[34] beizufügen ist. Mit dieser Erklärung versichert der Hersteller oder sein in der Gemeinschaft niedergelassener Bevollmächtigter, dass „das betreffende Produkt den in Anhang I genannten Grundlegenden Anforderungen entspricht" und muss ggf. – unter Angabe der Gründe – die grundlegenden Anforderungen benennen, die nicht vollständig eingehalten worden sind.

III. Konformitätserklärung

Die Richtlinien nach der Neuen Konzeption verpflichten den Hersteller beziehungs- **44** weise seinen in der Europäischen Gemeinschaft niedergelassenen Bevollmächtigten, eine **EG-Konformitätserklärung** auszustellen, bevor das Produkt in den Verkehr gebracht

---

[33] Vgl. § 12 MPG.
[34] Erklärung nach Nr. 2.1 des Anhangs VIII der Richtlinie 93/42/EWG des Rates v. 14. 6. 1993 über Medizinprodukte (ABl. EG Nr. L 169 v. 12. 7. 1993, S. 1).

wird. Mit der Konformitätserklärung erklärt der Hersteller, dass die betreffenden Produkte den einschlägigen Bestimmungen der anwendbaren Richtlinien beziehungsweise dem in der EG-Baumusterprüfbescheinigung beschriebenen Baumuster entsprechen.

45 Der Inhalt der EG-Konformitätserklärung ist in jeder einzelnen Richtlinie festgelegt. In Abschnitt 5.4 des **Leitfadens für die Umsetzung der nach dem Neuen Konzept und dem Gesamtkonzept verfassten Richtlinien**[35] sind die **Mindestinhalte** der Konformitätserklärung aufgelistet:

– Name und Anschrift des Herstellers oder seines Bevollmächtigten, der die Erklärung ausstellt;
– Angaben zum Produkt (Name, Bauart oder Modellnummer und andere wichtige Angaben, z.B. Los-, Chargen- oder Seriennummer, Ursprung und Stückzahlen);
– alle berücksichtigten einschlägigen Bestimmungen;
– präzise, vollständige und eindeutige Angabe der Referenznormen oder anderer normativer Dokumente (z.B. nationale technische Normen und Spezifikationen);
– sämtliche eventuell erforderlichen zusätzlichen Angaben (z.B. Qualität, Kategorie), wenn zutreffend;
– Datum der Ausstellung der Konformitätserklärung;
– Unterschrift und Funktion oder eine gleichwertige Kennzeichnung des Bevollmächtigten;
– die Erklärung, dass der Hersteller oder ggf. sein Bevollmächtigter die alleinige Verantwortung für die Ausstellung der Konformitätserklärung trägt.

Des Weiteren sind in die EG-Konformitätserklärung der Name, die Anschrift und die Kennnummer der Benannten Stelle aufzunehmen, wenn diese am Konformitätsbewertungsverfahren beteiligt war, sowie der Name und die Anschrift der Person, die die technischen Unterlagen aufbewahrt.

46 Wie der zweite Spiegelstrich ausführt, sind in die Konformitätserklärung z.B. auch konkrete Angaben über gefertigte Produkte (Los-, Chargen-, Seriennummern, Stückzahlen) aufzunehmen. Auf diese Forderung beziehen sich die Formulierungen in Nr. 2 der Anhänge II, V und VI der Richtlinie 93/42/EWG, wo es in Satz 2 des 2. Unterabsatzes heißt: „Diese Erklärung, die sich auf eine vorgegebene Anzahl von Produkten erstreckt, wird vom Hersteller aufbewahrt." Hieraus ergibt sich zum einen, dass Konformitätserklärungen nur nach der Herstellung und zum anderen nur für jeweils eine klar definierte Anzahl von Produkten ausgestellt werden können. Wichtig ist die **eindeutige Zuordnung zu den hergestellten Produkten** (Rückverfolgbarkeit). In der Praxis hat sich durchgesetzt, dass die Konformitätserklärungen meist ein Start- und Enddatum enthalten, die den Zeitraum bezeichnen, in dem die Produktion nach identischen Bedingungen (Ausgangsstoffe, Spezifikationen, Herstellungs- und Prüfprozesse etc.) abgelaufen ist.

47 Der Hersteller muss die Konformitätserklärung zusammen mit der Technischen Dokumentation für einen Zeitraum von **mindestens fünf Jahren** nach der Herstellung des letzten Produkts zur Einsichtnahme durch die zuständigen Behörden bereithalten.[36]

IV. Verhältnis von Hersteller zu Benannter Stelle

48 Soweit die gewählten Konformitätsbewertungsverfahren die Beteiligung einer Benannten Stelle vorschreiben, ergeben sich **zusätzliche Verpflichtungen** für den Hersteller oder seinen in der Gemeinschaft niedergelassenen Bevollmächtigten.

---

[35] Vgl. den „Leitfaden für die Umsetzung der nach dem Neuen Konzept und nach dem Gesamtkonzept verfassten Richtlinien" der Europäischen Kommission, im Internet unter http://europa.eu.int/comm/enterprise/newapproach/legislation/guide/document/guidepublicde.pdf (Stand: 10/2002).
[36] Vgl. beispielsweise Anhang VII Nr. 2 der Richtlinie 93/42/EWG des Rates v. 14. 6. 1993 über Medizinprodukte (ABl. EG Nr. L 169 v. 12. 7. 1993, S. 1).

Die Benannten Stellen tragen die **Verantwortung** für die ordnungsgemäße Durchfüh- **49** rung der in den jeweiligen Konformitätsbewertungsverfahren vorgesehenen Aufgaben der Prüfung und Bewertung. Auch wenn die Produkthaftung gemäß Richtlinie 85/374/ EWG[37] beim Hersteller beziehungsweise beim Einführer liegt, haften die Benannten Stellen für fehlerhafte Arbeit. Aus diesem Grund fordern die Mindestkriterien der jeweiligen Richtlinien unter anderem einen entsprechenden Versicherungsschutz. Dieser Haftungsanspruch erstreckt sich nach der Neuen Konzeption auch auf eventuell von der Benannten Stelle beauftragte Unterauftragnehmer.

Nach positiver Prüfung und Bewertung stellt die Benannte Stelle eine Bescheinigung **50** aus, die in der Regel eine **fünfjährige Gültigkeit**[38] hat. Auch wenn die Richtlinien eine Befristung nur bei den Produkten und Verfahren vorgesehen haben, bei denen sich die Beurteilung durch eine Benannte Stelle auch auf die Entwurfsphase erstreckt, hat sich in der Praxis die durchgängige Befristung auch bei den anderen Bescheinigungen durchgesetzt. Zum Teil werden Laufzeiten von Bescheinigungen auch kürzer vereinbart, um mit den Zertifizierungszyklen der Verfahren nach DIN EN ISO 9001 konform zu gehen.

Mit der Befristung wird dem Gedanken Rechnung getragen, dass spätestens nach fünf **51** Jahren die Auslegung eines Produkts auf die weitere Erfüllung der Grundlegenden Anforderungen geprüft werden soll. Hier hat sich ein Wandel in der den Richtlinien zugrunde liegenden Philosophie vollzogen. Geht die Richtlinie 93/42/EWG in ihren Erwägungsgründen noch davon aus, dass

die in den Anhängen festgelegten grundlegenden Anforderungen und sonstigen Anforderungen, einschließlich der Hinweise auf Minimierung oder Verringerung der Gefahren, [...] so zu interpretieren und anzuwenden [sind], dass dem Stand der Technik und der Praxis zum Zeitpunkt der Konzeption sowie den technischen und wirtschaftlichen Erwägungen Rechnung getragen wird, die mit einem hohen Maß des Schutzes von Gesundheit und Sicherheit zu vereinbaren sind,

so zeigte sich in der **aktuellen TSE-/BSE-Diskussion,** dass dieser Ansatz nicht länger aufrechterhalten werden kann. Die Entscheidung der Europäischen Kommission zu Medizinprodukten, die tierisches Gewebe oder Derivate tierischen Gewebes enthalten, wird deshalb fordern, dass nicht nur neue Produkte, sondern auch die Auslegung von bereits auf dem Markt befindlichen Produkten einer Risikoneubewertung durch die Benannten Stellen zu unterziehen sind. Diese Neubewertung soll der aktuellen wissenschaftlichen Erkenntnis in Bezug auf das TSE-Risiko Rechnung tragen. Es ist davon auszugehen, dass dieser Gedanke im Rahmen des derzeitigen Reviews der Richtlinie 93/42/EWG aufgegriffen und bei der Revision der Richtlinie Berücksichtigung finden wird.[39]

Zwischen Hersteller und Benannter Stelle besteht ein **privatrechtliches Vertragsver- 52 hältnis,**[40] in dem auch die sich aus dem Medizinproduktegesetz ergebenden Rechte und Pflichten beider Seiten festzulegen sind. Dies umfasst beispielsweise das Recht, aber auch die Verpflichtung der Benannten Stelle, Bescheinigungen unter gewissen Voraussetzungen

---

[37] Richtlinie des Rates v. 25. 7. 1985 zur Angleichung der Rechts- und Verwaltungsvorschriften der Mitgliedstaaten über die Haftung für fehlerhafte Produkte (85/374/EWG), ABl. EG Nr. L 210 v. 7. 8. 1985, S. 29, zuletzt geändet durch Richtlinie 1999/34/EG des Europäischen Parlaments und des Rates v. 10. 5. 1999 (ABl. EG Nr. L 141 v. 4. 6. 1999, S. 20).

[38] Nach § 3 Abs. 5 MPV ist die Geltungsdauer von Bescheinigungen, die nach den Anhängen 2 und 3 der Richtlinie 90/385/EWG, den Anhängen III, IV und V der Richtlinie 98/79/EG und den Anhängen II und III der Richtlinie 93/42/EWG ausgestellt werden, auf höchstens fünf Jahre zu befristen.

[39] Vgl. dazu Report on the Functioning of the Medical Devices Directive (93/42/EEC of 14 June 1993) der Medical Devices Experts Group, im Internet unter http://europa.eu.int/comm/enterprise/medical_devices/finalreport5-6-02cor1_3-july02.pdf (Stand: 10/2000).

[40] Vgl. z. B. *Schorn,* Medizinprodukte-Recht, § 20 MPG, Rdnr. 7; *Hiltl,* PharmaR 1997, 411.

einzuschränken, auszusetzen oder zurückzuziehen.[41] Vor einer solchen einschränkenden Maßnahme hat die Benannte Stelle jedoch den Hersteller anzuhören, es sei denn, eine solche Anhörung ist angesichts der Dringlichkeit der zu treffenden Entscheidung nicht möglich („Gefahr im Verzug").

53   Nach § 6 MPG dürfen Medizinprodukte nur dann in den Verkehr gebracht werden, wenn sie die Grundlegenden Anforderungen erfüllen und die vorgeschriebenen Konformitätsbewertungsverfahren durchlaufen haben. Die **Erfüllung dieser beiden Forderungen** bringt der Hersteller durch die CE-Kennzeichnung sichtbar zum Ausdruck, wobei der CE-Kennzeichnung die Kennnummer der Benannten Stelle hinzugefügt werden muss, die an der Durchführung der Konformitätsbewertungsverfahren auf der Stufe der Herstellung beteiligt war.

54   Diese Art der Kennzeichnung kann zu Problemen führen, wenn dem Hersteller die Benannte Stelle, die bislang im Konformitätsverfahren tätig war und deren Kennnummer auf dem Medizinprodukt angebracht wurde, zur weiteren Herstellungsüberwachung nicht mehr zur Verfügung steht. Dabei sind zwei Fälle zu unterscheiden. Zum einen der „freiwillige" Wechsel, d. h. der Hersteller trennt sich von seiner Benannten Stelle, obwohl diese ihren Service unvermindert weiterhin anbieten kann **(Auflösung des Dienstleistungsvertrags).** Zum anderen der „unfreiwillige" Wechsel, wenn die Benannte Stelle ihre Dienste ganz oder teilweise nicht mehr anbieten kann oder darf **(Ausfall der Benannten Stelle).**

55   Bei Auflösung des Dienstleistungsvertrags hat sich der Hersteller mit der Benannten Stelle zu einigen, bis zu welchem Zeitpunkt das Inverkehrbringen des Medizinprodukts mit der Kennnummer dieser Benannten Stelle erfolgt. Nach Ablauf der festzulegenden Frist kann der Hersteller Produkte **nur nach neuerlicher Konformitätsbewertung durch eine neue Benannte Stelle** und mit entsprechender neuer Kennzeichnung in den Verkehr bringen. Entsprechend § 3 Abs. 4 MPV hat die neue Benannte Stelle in dem von ihr durchzuführenden Konformitätsbewertungsverfahren die vorliegenden Prüf-/Auditergebnisse der früheren Benannten Stelle angemessen zu berücksichtigen. Mehrfachprüfungen sollten vermieden werden. Da der Hersteller bezogen auf ein bestimmtes Produkt keinen Parallelantrag bei einer anderen Benannten Stelle einreichen darf,[42] sind die Modalitäten des Wechsels zwischen den Beteiligten vertraglich klar und eindeutig festzulegen. Wichtig ist, dass der Wechsel in der Kennzeichnung auf eine bestimmte Fertigungs- oder Chargen-Nummer festgelegt und dokumentiert wird. In dem Vertrag sollten insbesondere der Zeitpunkt der Ungültigkeit bestehender Bescheinigungen, Informations- und Kennzeichnungspflichten sowie Verantwortlichkeiten geregelt werden. Außerdem bietet sich an, die ursprüngliche Benannte Stelle von ihrer Verpflichtung zur Vertraulichkeit zu entbinden, um den direkten Kontakt zwischen dieser und der neuen Benannten Stelle zur ermöglichen.

56   Stellt eine Benannte Stelle ihren Betrieb ein oder verzichtet sie ganz oder teilweise auf ihre Benennung, **erlischt die Benennung.** Gleiches gilt bei Liquidation. Die Benannte Stelle hat dies gem. § 16 Abs. 1 MPG der Akkreditierungsbehörde unverzüglich mitzuteilen. Sowohl das Erlöschen als auch die Rücknahme oder der Widerruf der Akkreditierung und Benennung haben zur Folge, dass die Benannte Stelle ihren Überwachungspflichten für bestehende Bescheinigungen nicht mehr nachkommen kann. Wie in Abschnitt 6.2.2 des „Blue Guide"[43] ausgeführt wird, „behalten die von der Benannten Stelle ausgestellten Bescheinigungen ihre Gültigkeit, bis feststeht, dass sie zurückgezogen werden müssen".

---

[41] Vgl. hierzu § 18 MPG.

[42] Vgl. z.B. Anhang II Nr. 3.1 der Richtlinie 93/42/EWG des Rates v. 14. 6. 1993 über Medizinprodukte (ABl. EG Nr. L 169 v. 12. 7. 1993, S. 1).

[43] Vgl. den „Leitfaden für die Umsetzung der nach dem Neuen Konzept und nach dem Gesamtkonzept verfassten Richtlinien" der Europäischen Kommission, im Internet unter http://europa.eu.int/comm/enterprise/newapproach/legislation/guide/document/guidepublicde.pdf (Stand: 10/2002).

Die zuständigen Behörden haben dann dazu beizutragen, dass eine andere Benannte Stelle die Aufgaben übernimmt. Nach § 16 Abs. 3 MPG ist die bisherige Benannte Stelle verpflichtet, alle einschlägigen Informationen und Unterlagen der Benannten Stelle zur Verfügung zu stellen, mit der der Hersteller die Fortsetzung der Konformitätsbewertungsverfahren vereinbart.

Wenn der **Ausfall der Benannten Stelle** von dieser **vorhersehbar** ist, ist sie verpflichtet, ihre Auftraggeber rechtzeitig zu informieren und laufende Verträge geordnet (vgl. oben Rdnr. 55) abzuwickeln. Ist der **Ausfall der Benannten Stelle nicht vorhersehbar,** muss die Benannte Stelle unverzüglich die Bescheinigungsinhaber unterrichten, die einer Überwachung durch diese Stelle unterliegen. Die Hersteller sind verpflichtet, eine neue Benannte Stelle zu beauftragen, die die Aufgaben übernimmt. Zwischen Hersteller und neuer Benannter Stelle ist eine Vereinbarung zu treffen, ab welcher Produkt-, Serien- oder Chargen-Nummer die neue Benannte Stelle für die ordnungsgemäße Durchführung des Konformitätsbewertungsverfahrens verantwortlich ist und bis zu welcher Produkt-, Serien- oder Chargen-Nummer noch die Kennnummer der vormaligen Benannten Stelle angebracht werden darf. Grundsätzlich gilt für die Freiverkehrsfähigkeit, dass die Eindeutigkeit und Rückverfolgbarkeit der Verantwortlichkeiten im Konformitätsbewertungsverfahren für jedes in den Verkehr gebrachte Medizinprodukt sichergestellt sein muss.[44]   **57**

V. Aufgaben der Benannten Stelle

Der Hersteller hat die Produkte hinsichtlich der Erfüllung der Grundlegenden Anforderungen zu beurteilen, die Zweckbestimmung festzulegen und die Produkte zu klassifizieren. Sofern nicht nur Klasse-I-Produkte hergestellt werden, hat der Hersteller spätestens jetzt eine **Benannte Stelle auszuwählen.** Um die Konformitätsbewertung aller Produkte mit einer Benannten Stelle durchführen zu können, sollte bei dieser Wahl berücksichtigt werden, dass der Geltungsbereich sowohl die betreffenden Produkte als auch die gewählten Anhänge (Module) umfasst. Die Stelle muss also in der Lage sein, alle in der Richtlinie geforderten Tätigkeiten fachkompetent durchzuführen und entsprechend qualifiziertes Personal sowie ggf. geeignete Unterauftragnehmer zur Verfügung haben. Bei der Auditierung und Bewertung eines Qualitätssicherungssystems im Sinne der Medizinprodukterichtlinien ist – über die Kenntnis der Methoden der Qualitätssicherung oder des Qualitätsmanagements im Sinne der DIN EN ISO 9000ff. hinaus – eine **breites Wissens- und Erfahrungsspektrum** des Audit- und Zertifizierungsteams erforderlich. Nur so können die geforderten Prüfungen und Bewertungen im Sinne der Medizinprodukterichtlinien durchgeführt werden. Abbildung 10 zeigt dieses Kompetenzspektrum exemplarisch.   **58**

Was sind nun die Aufgaben einer Benannten Stelle z.B. bei einem Konformitätsbewertungsverfahren nach Anhang VII in Verbindung mit Anhang V der Richtlinie 93/42/EWG? Ziel bei dieser Kombination ist die **Feststellung, ob das Qualitätssicherungssystem geeignet ist** sicherzustellen, dass die Produkte der zu bewertenden Produktkategorie entsprechend der vom Hersteller erstellten Technischen Dokumentation nach Anhang VII Nr. 3 hergestellt werden. Anhang VII Nr. 3 fordert, dass die Technische Dokumentation „die Bewertung der Konformität des Produkts mit den Anforderungen der Richtlinie ermöglichen" muss. Und Anhang V führt aus, dass das „genehmigte Qualitätssicherungssystem für die Herstellung angewandt wird und dass die betreffenden Produkte [...] einer Endkontrolle unterzogen werden". Um das Qualitätssicherungs-   **59**

---

[44] Vgl. auch EK-Med Dokument 3.13 A3 Wechsel der Benannten Stelle – Regelungen zum Inverkehrbringen, 2002, im Internet unter http://www.zlg.de/download/ab/313-1002-A03.pdf (Stand: 10/2002).

system auf diese Eigenschaften hin überprüfen zu können, muss der Benannten Stelle mindestens eine Technische Dokumentation für das Produkt/die Produktkategorie (mit Beschreibung der entsprechenden Produkt- und Herstellungstechnologien, d. h. den Herstellungsverfahren, Materialien, Umgebungsbedingungen, Sterilisationsverfahren und -bedingungen, Verpackung etc.) vorgelegt werden. Ferner muss der Hersteller das nach Anhang VII Nr. 4 geforderte systematische Post-Marketing-Surveillance-Verfahren eingerichtet haben.

60   Wurde das Qualitätssicherungssystem von der Benannten Stelle für eine Produktkategorie genehmigt, so kann der Hersteller weitere Konformitätsbewertungsverfahren nach Anhang VII für Produkte der gleichen Kategorie und mit gleichen Produkt- und Herstellungstechnologien auch nach dem Abschluss des Verfahrens nach Anhang V durchführen, sofern durch fortlaufende Überwachungsaudits durch die Benannte Stelle **sichergestellt wird, dass das Qualitätssicherungssystem seine Eigenschaft behält.** Eine stichprobenartige Überprüfung dieser Eigenschaft anhand später dazugekommener Produkte erfolgt während der Überwachungsaudits. Dagegen ist eine Erweiterung der Genehmigung um weitere Produkte/Produktkategorien mit anderen als den genehmigten Produkt- und Herstellungstechnologien nur auf Antrag und nach geeigneter Prüfung durch die Benannte Stelle möglich.[45]

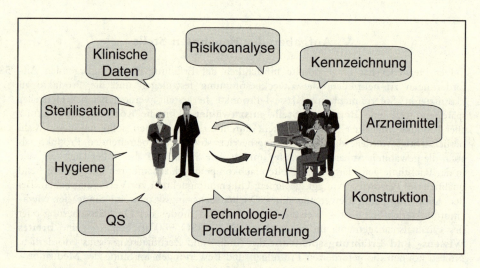

Abb. 10: Aufgaben einer Zertifizierungsstelle für Qualitätssicherungssysteme im Sinne der Medizinprodukterichtlinien 90/385/EWG und 93/42/EWG[46]

61   Deutlich umfangreicher sind die Aufgaben einer Benannten Stelle bei einem Verfahren nach Anhang II. Ziel des Konformitätsbewertungsverfahrens nach Anhang II Nr. 3 ist es festzustellen, ob das Qualitätsmanagement-System (QM-System) geeignet ist, dafür zu sorgen, dass **„die Übereinstimmung der Produkte mit den einschlägigen Bestimmungen dieser Richtlinie auf allen Stufen von der Auslegung bis zur Endkontrolle sichergestellt werden"** kann. Hier wird besonders deutlich, dass es sich bei den in den Anhängen der Richtlinien beschriebenen Qualitätssicherungssystemen im Gegensatz

---

[45] Vgl. auch EK-Med Dokument 3.9 A3 Reihenfolge bei der Durchführung von Konformitätsbewertungsverfahren, 2000, im Internet unter http://www.zlg.de/download/ab/309-0600-A03.pdf (Stand: 10/2002).
[46] *Edelhäuser,* DIN-Mitt. 1997, 405.

zu den allgemeinen, systemorientierten QM-Systemen im Sinne der Normenreihe DIN EN ISO 9000 um **produktspezifische Qualitätssicherungssysteme** handelt.[47]

QM-Systeme im Sinne der Normenreihe DIN EN ISO 9000 legen allgemein gültige **62** Organisations- und Verfahrensstrukturen fest und sind von sich aus **nicht produktspezifisch.** Mit einem „Vollständigen Qualitätssicherungssystem" im Sinne der Richtlinie muss dagegen sichergestellt werden, dass die unter diesem System entwickelten und gefertigten Produkte die Grundlegenden Anforderungen erfüllen. Dies bedingt, dass der Hersteller für jedes Produkt eine Technische Dokumentation erstellt haben und diese zur stichprobenartigen Einsicht durch die Benannte Stelle bereithalten muss.

Bei Produkten der Klasse III hat die Benannte Stelle im Rahmen eines Verfahrens nach **63** Anhang II zusätzlich zu prüfen, ob die vom Hersteller vorgelegte Produktauslegung eines bestimmten Produkts den einschlägigen Bestimmungen dieser Richtlinie – d. h. den Grundlegenden Anforderungen – entspricht **(EG-Auslegungsprüfung).** Inhaltlich besteht hier sogar eine große Nähe zur EG-Baumusterprüfung nach Anhang III. Die vorzulegende Auslegungsdokumentation muss unter anderem folgende Dokumente enthalten:
– Nachweis der Einhaltung der Grundlegenden Anforderungen,
– Ergebnisse der Risikoanalyse,
– Techniken zur Kontrolle und Prüfung der Auslegung, der Verfahren und der systematischen Maßnahmen, die bei der Produktauslegung angewandt werden, sowie
– Nachweise der Kompatibilität mit anderen Produkten.

Die Benannte Stelle benötigt die Auslegungsdokumentation sowohl als zu genehmigen- **64** des „Design-Output" (EG-Auslegungsprüfbescheinigung) als auch als „Gradmesser" für die Beurteilung des eingeführten Qualitätssicherungssystems (Genehmigung des Qualitätssicherungssystems). Das Qualitätssicherungssystem des Herstellers muss sicherstellen, dass die Produkte entsprechend den in der Auslegungsdokumentation niedergelegten Vorgaben hergestellt werden. Um diese Eigenschaft des Qualitätssicherungssystems im Audit beurteilen zu können, ist es erforderlich, bei neuen Produkten die Bewertung der Auslegungsdokumentation bereits **vor dem Audit** durchgeführt zu haben. Stellt der Hersteller später weitere Anträge auf Prüfung der Produktauslegung nach Anhang II Nr. 4 für Produkte aus der gleichen Produktkategorie und mit identischen Produkt- und Herstellungstechnologien, können diese Prüfungen ohne zusätzliche Audits durchgeführt werden, wenn durch die fortlaufende Überwachung nach Anhang II Nr. 5 sichergestellt ist, dass das Qualitätssicherungssystem seine Eigenschaften behält. Eine stichprobenartige Überprüfung dieser Eigenschaften anhand später dazugekommener Produkte erfolgt während der Überwachungsaudits.

Werden an einer genehmigten Produktauslegung **Änderungen** vorgenommen, so sind **65** diese der Benannten Stelle anzuzeigen und von dieser zusätzlich zu genehmigen, sofern die Erfüllung der Grundlegenden Anforderungen oder die Anwendungsbedingungen berührt sein könnten. In solchen Fällen hat die Benannte Stelle auch zu prüfen, ob das genehmigte Qualitätssicherungssystem noch den Anforderungen entspricht und die konforme Herstellung der neu hinzugekommenen oder geänderten Produkte sicherstellt. Die Zusatzgenehmigung wird in Form eines Nachtrags zur EG-Auslegungsbescheinigung erteilt.

VI. OEM-Produkte

Häufig werden Medizinprodukte von unterschiedlichen Herstellern und mit unter- **66** schiedlichen Herstellernamen auf den Markt gebracht, die jedoch von einem einzigen

---

[47] Hierzu auch *Edelhäuser,* Quality Systems and Conformity Assessment/Auditing Process – Medical Devices, S. 57 ff.

Produzenten gefertigt wurden (sog. OEM-Produkte, d. h. „Original Equipment Manufacturer"). In diesen Fällen werden große Teile des Produktentstehungsprozesses nicht von dem Unternehmen gesteuert, unter dessen Namen das Produkt in den Verkehr gebracht wird (sog. **Privat Label Hersteller**). Händler oder Vertriebsorganisationen, die Medizinprodukte in ihrem eigenen Namen in den Verkehr bringen, sind aber Hersteller im Sinne des Medizinprodukterechts und müssen ein entsprechendes Konformitätsbewertungsverfahren durchführen – unabhängig davon, welchen Einfluss sie auf die Entwicklung und/oder Produktion der Produkte haben.

67   In solchen Fällen kann eine Benannte Stelle nur wenige Aspekte des gewählten Konformitätsbewertungsverfahrens direkt beim Hersteller im Sinne der Richtlinie prüfen. Aber auch wenn einzelne oder alle relevanten Auslegungs- oder Herstellungsschritte auf dem Weg zum fertig konfektionierten Produkt von Subunternehmern/Zulieferern oder sog. OEM-Fertigern ausgeführt werden, muss die Benannte Stelle diese Schritte in ihr Bewertungsverfahren einbeziehen.[48] In einem solchen Fall muss der Privat Label Hersteller der Benannten Stelle im Rahmen des Konformitätsbewertungsverfahrens darlegen, welche Tätigkeiten/Aufgaben im Rahmen des Produktentstehungsprozesses von ihm selbst bzw. im Unterauftrag (OEM-Fertiger) übernommen werden. Dies kann z.B. in Form eines Qualitätsmanagementplans basierend auf ISO 10005[49] oder in einer tabellarischen Auflistung der QM-Elemente der Normenreihe EN 46000ff./ISO 13485/88, ergänzt um die relevanten Aspekte der Medizinprodukterichtline erfolgen. Dies betrifft vor allem die Erstellung und Freigabe von Kennzeichnung und Gebrauchsinformationen, **Regelungen zum Standort und zur Verfügbarkeit der Technischen Dokumentation** sowie Regelungen zum Vigilancesystem.[50]

68   Die Benannte Stelle kann in ihrem Verfahren zum Teil auf **bereits vorliegende Prüf- und Bewertungsergebnisse** beim OEM-Fertiger zurückgreifen, sofern diese für das betreffende Produkt einschlägig sind. Dies gilt insbesondere für ein bereits von einer Benannten Stelle genehmigtes QM-System, das der OEM-Fertiger für die Herstellung des betreffenden Produkts eingerichtet hat. Nach § 3 Abs. 4 MPV gilt insofern Folgendes:

> Im Verfahren der Konformitätsbewertung sind Ergebnisse von Prüfungen und Bewertungen, die für die jeweiligen Produkte bereits durchgeführt wurden, angemessen zu berücksichtigen.

Solche Nachweise sind beispielsweise Genehmigungen von QS-Systemen nach Richtlinie 93/42/EWG für die betreffenden Produkte/Verfahrensschritte. In Abhängigkeit von den jeweiligen Nachweisen kann in diesen Fällen auf ein Audit durch die Benannte Stelle verzichtet werden. Fehlen jedoch solche Nachweise, so sind die Betriebsstätten der Zulieferer/OEM-Fertiger in das Audit mit einzubeziehen. Als Nachweis für bestimmte Sachverhalte können auch Zertifikate nach den harmonisierten Normen DIN EN 46001/2[51] angesehen werden, wenn diese von einer von der zuständigen Behörde autorisierten Stelle – in Deutschland Akkreditierung durch ZLS/ZLG – ausgestellt wurden. Andere Stellen können die Übereinstimmung mit harmonisierten Normen nicht rechtswirksam bescheinigen.[52]

---

[48] Nach Anhang II Nr. 3.3 der Richtlinie 93/42/EWG des Rates v. 14. 7. 1993 über Medizinprodukte (ABl. EG Nr. L 169 v. 12. 7. 1993, S. 1) erstreckt sich das Bewertungsverfahren auch auf die Betriebsstätten der Zulieferer des Herstellers und/oder seiner Subunternehmer, falls dazu hinreichend Anlass besteht.

[49] ISO 10005: 1995–09, Qualitätsmanagement – Leitfaden für Qualitätsmanagementpläne.

[50] Vgl. auch EK-Med Dokument 3.9 A5 Auditierung von Subunternehmern – Zertifizierung von OEM-Produkten, 2002, im Internet unter http://www.zlg.de/download/ab/309-1002-A05.pdf (Stand: 10/2002).

[51] BAnz. 1996, S. 11645 v. 23. 8. 1996.

[52] Vgl. EK-Med-Dokument 3.9 E3, Konformitätsbewertung; Auditierung von Subunternehmen/Zulieferern und sog. OEM-Fertigern, 9/1998, im Internet unter: http://www.zlg.de/download/ab/309-0998-E03.pdf (Stand: 10/2002).

VII. Verantwortlicher für das Konformitätsbewertungsverfahren

In den Richtlinien ist festgelegt,[53] wer die in den Anhängen niedergelegten Verfahren **69** einleiten darf. Konformitätsbewertungsverfahren, die ein Inverkehrbringen ohne Qualitätssicherungssystem zulassen, können neben dem Hersteller auch von dessen in der Gemeinschaft niedergelassenem **Bevollmächtigten** eingeleitet werden. In der Richtlinie 93/42/EWG sind dies die Verfahren gemäß den Anhängen III (EG-Baumusterprüfung), IV (EG-Prüfung), VII (EG-Konformitätserklärung) und VIII (Erklärung zu Produkten für besondere Zwecke). Sofern jedoch ein zu genehmigendes Qualitätssicherungssystem für das Inverkehrbringen vorgesehen ist, muss der Antrag auf Bewertung des Qualitätssicherungssystems bei der Benannten Stelle vom **Hersteller** gestellt werden. Nur er kann die Verpflichtungen, die sich aus dem zu genehmigenden QS-System ergeben, nachhaltig erfüllen.

Andererseits muss aber auch den Verpflichtungen des **Verantwortlichen** nach § 5 **70** MPG nachgekommen werden. Dies bedeutet, dass eine für das Inverkehrbringen verantwortliche Person im Europäischen Wirtschaftsraum ansässig und gegenüber der zuständigen Behörde angezeigt sein muss. Hat der Hersteller seinen Sitz nicht im EWR, kommt in der Regel ein dort ansässiger Bevollmächtigter des Herstellers den einschlägigen Verpflichtungen – zum Beispiel dem Bereithalten der Technischen Dokumentation – nach.

In der Praxis wird häufig die Frage gestellt, wer für die Durchführung eines Konformi- **71** tätsbewertungsverfahrens verantwortlich ist, wenn ein Hersteller seinen Sitz **außerhalb des Europäischen Wirtschaftsraums** und keinen in der Gemeinschaft niedergelassenen Bevollmächtigten beauftragt hat. Dieser Fall ist nur in Anhang VII der Richtlinie 93/42/EWG geregelt. Dort heißt es:

[…] so fällt diese Verpflichtung zur Bereithaltung der technischen Dokumentation der Person bzw. den Personen zu, die für das Inverkehrbringen des Produkts auf dem Gemeinschaftsmarkt verantwortlich ist bzw. sind.

Im Umkehrschluss bedeutet dies, dass das Inverkehrbringen eines außerhalb des EWR hergestellten Produkts ohne Einwilligung und Beteiligung des Herstellers nur über die Verfahren der Produktprüfung, d.h. über die Anhänge III und IV beziehungsweise Anhang VII i.V.m. Anhang IV der Richtlinie 93/42/EWG, erlaubt bzw. möglich ist. Hierbei stellt sich jedoch die Frage, wie in diesem Fall z.B. den Verpflichtungen zur Bereithaltung der Technischen Dokumentation oder der Durchführung einer EG-Baumusterprüfung sachgerecht nachgekommen werden kann.

B. Normung

I. Harmonisierte Normen

In der Neuen Konzeption kommt der Normung eine besondere Rolle zu. Bis 1985 **72** wurden technische Details in den Harmonisierungsrichtlinien selbst geregelt, was dazu führte, dass nicht selten zehn Jahre und mehr bis zur Verabschiedung einer EG-Richtlinie vergingen. Eine Ausnahme stellte die sog. Niederspannungsrichtlinie dar, die wegen ihrer Abweichungen lange Zeit kritisiert wurde. Die dort angewandte Methode bildete jedoch schließlich die Grundlage für ein neues Harmonisierungskonzept, das mit der Entschlie-

---

[53] Vgl. z.B. Art. 11 Abs. 8 der Richtlinie 93/42/EWG des Rates v. 14. 7. 1993 über Medizinprodukte (ABl. EG Nr. L 169 v. 12. 7. 1993, S. 1).

ßung des Rates zur Harmonisierung und Normung[54] in den Bereichen Gesundheit, Sicherheit, Umwelt- und Verbraucherschutz zum neuen politischen Programm erklärt wurde.[55] Die **Neue Konzeption** stützt sich auf die folgenden Grundprinzipien:

– Die Harmonisierung der Rechtsvorschriften beschränkt sich auf die Festlegung der grundlegenden Sicherheitsanforderungen.
– Die europäischen Normungsgremien – CEN, CENELEC – werden mit der Ausarbeitung harmonisierter Normen beauftragt.
– Werden die freiwillig anzuwendenden Normen angewandt, wird davon ausgegangen, dass die Produkte den in der Richtlinie aufgestellten „Grundlegenden Anforderungen" genügen (Prinzip der **„Konformitätsvermutung"**).

73　Für den Hersteller ergibt sich daraus ein **gewisser Spielraum** beim Nachweis der Übereinstimmung mit den einschlägigen Forderungen der Richtlinien. Die strikte Einhaltung harmonisierter Normen – z. B. bei Blutdruckmessgeräten der DIN EN 1060 – kann zu einem vereinfachten Verfahren führen. Liegen solche Normen jedoch nicht oder nur zum Teil vor oder wird auf die Anwendung dieser Normen verzichtet, führt dies zu einem erhöhten Darlegungsaufwand gegenüber der Benannten Stelle oder auch den zuständigen Überwachungsbehörden.

74　Dabei ist zu beachten, dass der Begriff **„harmonisierte Norm"** unterschiedlich verwendet wird. Die Europäische Kommission koppelt den Begriff an die Mandatierung und Veröffentlichung im Amtsblatt der Europäischen Gemeinschaften. Innerhalb von CEN und CENELEC wird allerdings von jeder europäischen, von den nationalen Normungsinstitutionen veröffentlichten Norm als einer harmonisierten Norm gesprochen.

75　Harmonisierte Normen im Sinne der Medizinprodukterichtlinie sind Europäische Normen oder Harmonisierungsdokumente, die im Auftrag der Kommission von CEN oder CENELEC ausgearbeitet worden sind. In Art. 5 Abs. 1 der Richtlinie 93/42/EWG ist der **Vermutungsanschein** der Konformität bei Einhaltung der harmonisierten Normen festgeschrieben; dort heißt es:

Die Mitgliedstaaten gehen von der Einhaltung der grundlegenden Anforderungen […] bei Produkten aus, die den einschlägigen nationalen Normen zur Durchführung der harmonisierten Normen, deren Fundstellen im Amtsblatt der Europäischen Gemeinschaften veröffentlicht wurden, entsprechen; die Mitgliedstaaten veröffentlichen die Fundstellen dieser nationalen Normen.

Der Verweis auf harmonisierte Normen schließt auch Monographien des Europäischen Arzneibuches ein. Die Fundstellen dieser Monographien müssen ebenfalls im Amtsblatt der Europäischen Gemeinschaften veröffentlicht werden.

76　Das Vorhandensein harmonisierter Normen bedeutet jedoch nicht, dass Hersteller diese einhalten müssen. Die Anwendung der Normen bleibt stets **freiwillig;** jedoch liegt die Beweislast für die Einhaltung der Grundlegenden Anforderungen beim Hersteller, wenn dieser vorhandene harmonisierte Normen nicht anwendet.

1. Grundlegende Anforderungen und harmonisierte Normen

77　Während fast alle früher verabschiedeten EWG-Richtlinien bestimmten, dass Bescheinigungen, die von Behörden oder unter ihrer unmittelbaren Verantwortung auf der Grundlage einheitlicher Prüfmethoden für ein bestimmtes Produkt ausgestellt wurden, gegenseitig anzuerkennen waren, wird bei Richtlinien nach der Neuen Konzeption klar unterschieden zwischen der Rolle der **obligatorischen Grundlegenden Anforderungen und** der Funktion der **freiwillig anzuwendenden Normen.**[56]

---

[54] Entschließung des Rates v. 7. 5. 1985 über eine neue Konzeption auf dem Gebiet der technischen Harmonisierung und Normung (ABl. EG Nr. C 136 v. 4. 6. 1985, S. 1).
[55] Vgl. dazu den Beitrag von *Dieners/Lützeler* in diesem Handbuch (§ 1 Rdnr. 41 ff.).
[56] *Schorn,* DIN-Mitt. 1998, 354.

Um für alle Medizinprodukte im Wesentlichen **gleichartige Regelungen** zu schaffen, **78** wurde die Richtlinie 93/42/EWG weitgehend an die Bestimmungen der Richtlinie 90/385/EWG angelehnt. Dies gilt insbesondere für die Grundlegenden Anforderungen, also die allgemein gültigen medizinischen und technischen Sicherheitsanforderungen an Medizinprodukte, die entsprechend der Neuen Konzeption in Richtlinien festzulegen sind. Diese Grundlegenden Anforderungen sind jeweils in dem ersten Anhang der Richtlinien niedergelegt und formulieren sowohl allgemein gültige Sicherheitsanforderungen als auch Anforderungen hinsichtlich chemischer, physikalischer oder biologischer Eigenschaften oder Anforderungen im Hinblick auf Infektion und mikrobielle Kontamination bis hin zu Anforderungen hinsichtlich Verpackung, Kennzeichnung und Gebrauchsanweisungen. Abbildung 11 gibt einen Überblick über die verschiedenen berücksichtigten Aspekte.

Zum Nachweis der Grundlegenden Anforderungen wäre es wünschenswert, wenn **79** umfassende harmonisierte Normen für die Auslegung, Herstellung, Kennzeichnung und Verpackung von Medizinprodukten vorhanden wären. Trotz der Vielzahl von Medizinprodukten – Schätzungen sprechen von über 400 000 – wurden bisher jedoch nur ca. 35 harmonisierte Normen für aktive implantierbare medizinische Geräte im Sinne der Richtlinie 90/385/EWG,[57] ca. 200 harmonisierte Normen für Medizinprodukte im Sinne der Richtlinie 93/42/EWG[58] und 20 harmonisierte Normen für In-vitro-Diagnostika (Richtlinie 98/79/EG)[59] veröffentlicht. Diese Normen betreffen in der überwiegenden Mehrzahl nicht einzelne Produkte, sondern enthalten im Sinne **horizontaler Vorschriften** – sog. „level 1" oder „basic safety standards"[60] – beispielsweise Vorgaben zur Klinischen Prüfung (DIN EN 540) oder zur biologischen Prüfung von Medizinprodukten (DIN EN ISO 10993). Daneben gibt es sog. „level 2" oder „group safety standards" wie z. B. DIN EN ISO 14630 „Nichtaktive chirurgische Implantate – Allgemeine Anforderungen", die Anforderungen an eine Produktfamilie oder Produktgruppe festlegen, sowie auch einige reine Produktnormen – sog. „level 3" oder „product safety standards" – wie z. B. DIN EN 455 für medizinische Handschuhe, DIN EN 600 für Kondome oder DIN EN 1060 für Blutdruckmessgeräte. Mit der jüngsten Veröffentlichumg im Amtsblatt der Europäischen Gemeinschaften[61] wurden sowohl allgemeine als auch produktspezifische Normen als harmonisierte Normen im Sinne der beiden Richtlinien 93/42/EWG und 98/79/EG bekannt gemacht, obwohl einige der Normen erkennbar nur für eine dieser Richtlinien anwendbar sind (z. B. EN 376 „Bereitstellung von Informationen durch den Hersteller von In-vitro-Diagnostika-Reagenzien zur Eigenanwendung" für die Richtlinie 98/79/EG oder EN 12180 „Nichtaktive chirurgische Implantate – Weichteilimplantate – Besondere Anforderungen an Mamma-Implantate" für die Richtlinie 93/42/EWG). Dagegen fehlt jedoch für die übergreifend für alle Medizinprodukte gültigen Normen – z. B. EN ISO 15225 Nomenklatur; Spezifikation für ein Nomenklatursystem für Medizinprodukte zum Zweck des regulativen Datenaustauschs – der Bezug zur Richtlinie 90/385/EWG über aktive implantierbare medizinische Geräte.

---

[57] Übersicht im Internet unter: http://europa.eu.int/comm/enterprise/newapproach/standardization/harmstds/reflist/implmedd.html (Stand: 10/2002).

[58] Übersicht im Internet unter: http://europa.eu.int/comm/enterprise/newapproach/standardization/harmstds/reflist/meddevic.html (Stand: 10/2002).

[59] Übersicht im Internet unter: http//europa.eu.int/comm/enterprise/newapproach/standardization/harmstds/reflist/invimedd.html (Stand: 10/2002).

[60] Vgl. auch Anhang 8 des „Report on the Functioning of the Medical Devices Directive (93/42/EEC of 14 June 1993)" der Medical Devices Experts Group, im Internet unter: http://europa.eu.int/comm/enterprise/medical_devices/finalreport5-6-02cor1_3-july02.pdf (Stand: 10/2002).

[61] Mitteilung der Kommisssion im Rahmen der Durchführung der Richtlinie des Rates 93/42/EWG v. 14. 6. 1993 über Medizinprodukte und der Richtlinie 98/79/EG des Europäischen Parlaments und des Rates v. 27. 10. 1998 über In-vitro-Diagnostika (2002/C 182/06), ABl. EG Nr. C 182 v. 31. 7. 2002, S. 9.

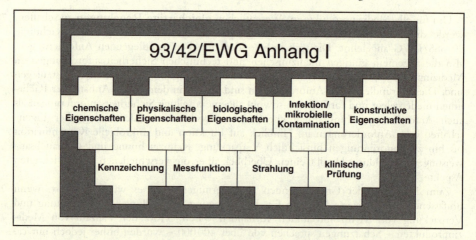

Abb. 11: Grundlegende Anforderungen im Sinne der Medizinprodukterichtlinien 90/385/EWG und 93/42/EWG

2. Normen für Qualitätssicherungssysteme

80   Neben diesen Produkt- und verfahrensbezogenen Normen nehmen die Normen zur Qualitätssicherung einen gewissen **Sonderstatus** ein. Bei näherer Betrachtung kann hier die durch § 8 Abs. 1 MPG in nationales Recht umgesetzte Konformitätsvermutung nicht greifen. Denn nicht das Medizinprodukt stimmt mit harmonisierten Normen oder ihnen gleichgesetzten Monografien des Europäischen Arzneibuches überein, sondern das vom Hersteller implementierte Qualitätssicherungssystem muss gewissen Vorgaben entsprechen.

81   Die auf den Prinzipien der Qualitätssicherung basierenden Anhänge der Medizinprodukterichtlinien beschreiben detailliert diejenigen Elemente, die ein Hersteller in seinem Unternehmen mit einem Qualitätssicherungssystem regeln muss, um nachzuweisen, dass die hergestellten Produkte den Grundlegenden Anforderungen genügen. Das bedeutet, dass dem Hersteller die Möglichkeit gegeben wird, die Erfüllung der vorgegebenen Anforderungen durch ein – in der Regel von einer Benannten Stelle genehmigtes – Qualitätssicherungssystem **nachzuweisen.**

82   Auch wenn im „Blue Guide"[62] der Europäischen Kommission ausgeführt wird, dass ein auf der Grundlage der Normenreihe EN ISO 9001, 9002 oder 9003 umgesetztes Qualitätssicherungssystem eine **Konformitätsvermutung** hinsichtlich der in den entsprechenden Anhängen niedergelegten Bestimmungen, die von diesen Normen erfasst werden, begründet, zeigen sich gerade hier Schwächen.

83   Ziel ist es, dass der Hersteller mit dem Qualitätssicherungssystem nachweisen kann, dass seine Erzeugnisse die anwendbaren Grundlegenden Anforderungen der betreffenden Richtlinie erfüllen. Dies bedeutet, dass der Hersteller mit seinem Qualitätssicherungssystem **allen regulatorischen Erfordernissen nachkommen und dauerhaft genügen muss.** Im Einzelnen bedeutet das, dass seine Qualitätssicherungsziele, seine Qualitätsplanung, das Qualitätshandbuch und die Dokumentenkontrolle durchweg auf das Ziel ausgerichtet sein müssen, Produkte zu liefern, die die Grundlegenden Anforderungen erfüllen. Das schließt ein, dass der Hersteller die ein Produkt betreffenden Grundlegenden Anfor-

---

[62] „Leitfaden für die Umsetzung der nach dem Neuen Konzept und nach dem Gesamtkonzept verfassten Richtlinien" der Europäischen Kommission, im Internet unter http://europa.eu.int/comm/enterprise/newapproach/legislation/guide/document/guidepublicde.pdf (Stand: 10/2002).

derungen und die anzuwendenden harmonisierten Normen bzw. andere technische Lösungen, die die Erfüllung der Grundlegenden Anforderungen sicherstellen, bestimmen und dokumentieren muss. Die auf diese Weise festgelegten Normen, Spezifikationen und technischen Lösungen müssen sowohl als **Designvorgaben** als auch zum Nachweis, dass die Designergebnisse die Einhaltung der Grundlegenden Anforderungen gewährleisten, verwendet werden. Ferner müssen die vom Hersteller eingesetzten Maßnahmen zur Produktions- und Prozesslenkung sicherstellen, dass die Produkte den in der Technischen Dokumentation festgelegten Sicherheitsanforderungen entsprechen. Hierzu muss der Hersteller Methoden der In-Prozess- und Endkontrolle festlegen und anwenden, die sicherstellen, dass die Grundlegenden Anforderungen nachweislich erfüllt werden. Dies bedeutet auch die Erstellung und Aufbewahrung geeigneter Qualitätssicherungsprotokolle wie z.B. Inspektionsberichte und Prüfdaten zusammen mit Kalibrierungsdaten und Qualifikationsberichten der beteiligten Mitarbeiter. Der Hersteller trägt also die Verantwortung dafür, dass das einzuführende Qualitätssicherungssystem so umgesetzt und aufrechterhalten wird, dass es nachhaltig den sich aus dem Medizinprodukterecht ergebenden Anforderungen genügt.

Im Ratsbeschluss 93/465/EWG[63] findet sich ein allgemeiner Verweis auf die Normen **84** der Reihe EN ISO 9000 für Qualitätssicherungssysteme.[64] In diesem Beschluss wird aber auch darauf hingewiesen, dass die einzelnen Richtlinien zusätzliche Bestimmungen für die Konformitätsbewertung gemäß den Modulen D, E, H und ihren Varianten festlegen können, die die Erfüllung ergänzender oder zusätzlicher Elemente fordern. Im Medizinproduktebereich sind dies insbesondere die **harmonisierten Normen DIN EN 46001–3**.[65] Damit soll den Besonderheiten der Medizinprodukte Rechnung getragen werden, für die die Konformitätsbewertung durchgeführt wird.

Betrachtet man jedoch die jeweils in den Anhängen I der Richtlinien niedergelegten **85** Grundlegenden Anforderungen genauer, so fällt auf, dass die Produkte **weitaus mehr Anforderungen** erfüllen müssen, als über ein ausschließlich im Sinne der Normen DIN EN 46001–3 definiertes Qualitätssicherungssystem sichergestellt wird. Dies wird beispielsweise deutlich im Bereich des Risikomanagements[66] und der Risikobewertung,[67] die in der durch die Normen beschriebenen Form in einem nach DIN EN 46001 aufgebauten Qualitätssicherungssystem nicht zwingend gefordert sind.

---

[63] Beschluss des Rates v. 22. 7. 1993 über die in den technischen Harmonisierungsrichtlinien zu verwendenden Module für die verschiedenen Phasen der Konformitätsbewertungsverfahren und die Regeln für die Anbringung und Verwendung der CE-Konformitätskennzeichnung, ABl.EG Nr. L 220 v. 30. 8. 1993, S. 23 (sog. Modulbeschluss).

[64] Im Beschluss werden noch die Normen der Reihe EN 29000 zitiert, die 1994 revidiert und als DIN EN ISO 9001 ff. veröffentlicht wurden. Das in Rdnr. 82 zitierte Prinzip der Konformitätsvermutung wurde spätestens mit Verabschiedung der ISO 9001: 2000 fragwürdig.

[65] Vgl. Mitteilung der Kommission im Rahmen der Durchführung der Richtlinie des Rates 93/42/EWG v. 14. 6. 1993 über Medizinprodukte und der Richtlinie 98/79/EG des Europäischen Parlaments und des Rates v. 27. 10. 1998 über In-vitro-Diagnostika (2002/C 182/06), ABl.EG Nr. C 182 v. 31. 7. 2002, S. 8). Danach wurden die Normen EN 46001 und EN 46002 für die Richtlinien 93/42/EWG und 98/79/EG – nicht jedoch für 90/385/EWG – ersetzt durch EN ISO 13485 und EN ISO 13488. Interessant ist ferner, dass die die EN 46001 untersetzenden Normen EN 724, EN 928 und EN 50103 bislang nicht ersetzt oder zurückgezogen wurden.

[66] DIN EN ISO 14971: 2001–03 Medizinprodukte – Anwendung des Risikomanagements auf Medizinprodukte.

[67] DIN EN 1441: 1998–01 Medizinprodukte – Risikobewertung, ersetzt durch DIN EN ISO 14971: 2001.

II. Normungsaktivitäten

1. Normungsinstitutionen

86   Normung auf nationaler Ebene wird seit über 100 Jahren betrieben. Nationale Normungsinstitutionen sind beispielsweise in Deutschland das DIN,[68] in Frankreich AFNOR, im Vereinigten Königreich BSI und in der Schweiz die Schweizerische Normen-Vereinigung. Mit dem sich ausweitenden Handel zwischen den Industrienationen wurde schnell deutlich, wie wichtig eine **Angleichung der technischen Parameter** für den Warenaustausch zwischen den Ländern ist. Dies galt und gilt sowohl für die Kompatibilität, die Austauschbarkeit von Komponenten, die Produktanforderungen, aber auch für die Prüfung der Anforderungen durch definierte Prüfverfahren.

87   Mit der Schaffung des Europäischen Binnenmarkts und insbesondere der Neuen Konzeption erlebte die Normung in Europa einen weiteren Schub. Der Europäische Binnenmarkt verlangt nach technischen Normen, die in allen Mitgliedstaaten **identisch** sind, um technische Handelshemmnisse zu beseitigen, die den freien Warenverkehr behindern und die Produktmargen klein halten.[69] Mit den Richtlinien der Neuen Konzeption wurden die gemeinsamen **Europäischen Normungsinstitutionen CEN und CENELEC** – beide eingetragene Vereine nach belgischem Recht – mit der Erarbeitung harmonisierter, die Grundlegenden Anforderungen der Richtlinien umsetzender Normen beauftragt. Gemäß der CEN/CENELEC-Geschäftsordnung müssen die so geschaffenen Europäischen Normen von allen Mitgliedstaaten unverändert als nationale Normen übernommen und diesen Normen ggf. entgegenstehende nationale Normen zurückgezogen werden.

88   Bereits im Jahre 1926 wurde die erste weltweite Normungsorganisation, der Vorläufer der heutigen **International Organization for Standardization (ISO),**[70] gegründet. ISO ist ein eingetragener Verein nach Schweizer Recht mit über 120 Mitgliedsinstitutionen – je Land einem Mitglied. ISO-Normen werden in Komitees erarbeitet, deren Sekretariate dezentralisiert von den Mitgliedsinstitutionen in aller Welt geführt werden. ISO-Normen müssen per se nicht als nationale Normen übernommen werden, jedoch strebt die Welthandelsorganisation WTO eine stärkere Verpflichtung zur Übernahme der ISO-Normen an. In der Praxis werden viele ISO-Normen als Europäische Normen übernommen und bekommen auf diesem Weg den Status einer nationalen Norm (DIN EN ISO). Einige ISO-Normen werden auch direkt als DIN-Normen übernommen (DIN ISO), ohne den Status einer Europäischen Norm zu erhalten.

2. Bezeichnungen

89   Was bedeuten nun die unterschiedlichen Bezeichnungen von Normen?
- **DIN** (z. B. DIN 13946) bezeichnet eine DIN-Norm, die ausschließlich oder überwiegend nationale Bedeutung hat oder als Vorstufe zu einem internationalen Dokument veröffentlicht wird. Entwürfe zu DIN-Normen werden mit einem zusätzlichen „E" gekennzeichnet.
- **DIN EN** (z. B. DIN EN 600) bezeichnet die deutsche Ausgabe einer Europäischen Norm, die unverändert von allen Mitgliedern der gemeinsamen europäischen Normungsorganisation CEN/CENELEC übernommen wurde.
- **DIN EN ISO** (z. B. DIN EN ISO 10993–1) gibt alle Ebenen – national, europäisch und weltweit – wieder, die eine Norm haben kann. In der Regel wurde hierbei eine auf internationaler Ebene erarbeitete Norm (ISO) als Europäische Norm übernommen, die dann zwingend als DIN-Norm übernommen wurde.

---

[68] DIN Deutsches Institut für Normung e. V., Berlin, http://www.din.de (Stand: 10/2002).
[69] Vgl. dazu den Beitrag von *Dieners/Lützeler* in diesem Handbuch (§ 1 Rdnr. 42 ff.).
[70] Hierzu http://www.iso.ch (Stand: 10/2002).

– **DIN ISO** (z. B. DIN ISO 720) bezeichnet eine unverändert als nationale Norm übernommene ISO-Norm.

3. Erarbeitung von harmonisierten Normen

Mit der Erarbeitung von harmonisierten Normen im Bereich der Medizinprodukte **90** sollen die Grundlegenden Anforderungen untersetzt werden. Damit kommt der Beachtung der **Gesundheits- und Sicherheitsaspekte** eine wesentliche Rolle zu. Dies bedeutet z. B., dass die Produkte weder den klinischen Zustand und die Sicherheit der Patienten noch die Sicherheit und Gesundheit der Anwender und ggf. Dritter gefährden dürfen.

Bei der Erarbeitung der Normen muss aber auch das **Prinzip der Angemessenheit 91 und Verhältnismäßigkeit** berücksichtigt werden. Dies hat zur Folge, dass die Normen nicht immer das Optimum, sondern das für den Anwendungsbereich Notwendige erfüllen müssen. Auch wird in der Regel versucht werden zu vermeiden, dass die Normen den Wettbewerb durch überhöhte, in diesem Maß nicht unbedingt notwendige Anforderungen, die nur von bestimmten Herstellern erreicht werden, ausschalten.

Da die Ressourcen für die Erarbeitung von Normen begrenzt sind, werden primär ho- **92** rizontale Normen erarbeitet. Mit solchen **horizontalen Normen** – z. B. für die biologische Bewertung oder klinische Prüfung – kann ein großer Produktbereich erreicht werden. In einem zweiten Schritt wendet man sich meist sog. „**semihorizontalen Normen**" zu, die z. B. alle Dentalprodukte (DIN EN 1639–1642) oder nicht aktive Implantate (DIN EN 12006) betreffen. Nur soweit ein allgemeines, sicherheitsbedingtes Interesse besteht, wird sich die mandatierte Normung auch vertikalen, produktspezifischen Normen zuwenden (z. B. DIN EN 600).

Wie einem **Bericht der Europäischen Kommission** aus dem Jahre 1998 zu entneh- **93** men ist, sind im Bereich der Richtlinien 90/385/EWG und 93/42/EWG insgesamt rund 250 Normen mandatiert, davon 127 ratifiziert; 60 befanden sich im Genehmigungsverfahren und weitere 60 in der Entwicklung.[71] In ihrem im Juni 2002 vorgelegten „Report on the Functioning of the Medical Devices Directive (93/42/EEC of 14 June 1993)" schreibt die Medical Devices Experts Group, dass die Europäische Kommission bislang sechs Normungsmandate im Medizinproduktebereich erteilt hat. Unter diesen Mandaten wurden insgesamt rund 200 Normen veröffentlicht, knapp 130 Normen befinden sich in der Entwicklung. Rund 40% der Normungsvorhaben betreffen die Überarbeitung oder Ergänzung bereits verabschiedeter Normen.[72]

Derzeit beschäftigen sich die nachfolgend aufgelisteten **CEN-Normungsgremien**[73] **94** (Technische Komitees) mit Normen im Medizinproduktebereich:

CEN/TC	Titel
55	Dentistry
102	Sterilizers for medical purposes

---

[71] Vgl. dazu den Bericht der Europäischen Kommission an den Rat und das Europäische Parlament v. 13. 5. 1998 „Efficiency and Accountability in European Standardisation under the New Approach – Report from the Commission to the Council and the European Parliament"; einen aktuellen Überblick über das Arbeitsprogramm und die Aktivitäten der Gremien bieten die Internetseiten http://www.newapproach.org sowie http://www.cenorm.be/sectors/healthcare/healthcare_tcs.htm (Stand: jeweils 10/2002).

[72] Vgl. Anhang 8 des „Report on the Functioning of the Medical Devices Directive (93/42/EEC of 14 June 1993)" der Medical Devices Experts Group, im Internet unter: http:/europa.eu.int/comm/enterprise/medical_devices/finalreport5-6-02cor1_3-july02.pdf (Stand: 10/2002).

[73] CEN/CENELEC Healthcare Technical Committees, vgl. z. B. http://www.cenorm.be/sectors/health-care/news.htm und http://www.newapproach.org/NewApproach/ProductFamilies.asp?93/42/EEC (Stand: jeweils 10/2002).

CEN/TC	Titel
140	In vitro diagnostic medical devices
170	Ophthalmic optics
204	Sterilization of medical devices
205	Non-active medical devices
206	Biocompatibility of medical and dental materials and devices
215	Respiratory and anaesthetic equipment
216	Chemical disinfectants and antiseptics
239	Rescue systems
251	Health Informatics
257	Symbols and information provided with medical devices and nomenclature for regulatory data exchange
258	Clinical investigation of medical devices
285	Non-active surgical implants
293	Technical aids for disabled persons
316	Medical devices utilizing tissues

95   Neben diesen 16 CEN-Healthcare Technical Committees[74] existieren noch weitere **Technische Komitees** (ISO oder CENELEC), die zum Teil unter dem Dach des CEN Healthcare Forum (CHeF) zusammenarbeiten. Dies sind die Technischen Komitees für:
– Electrical equipment in medical practice,
– Electroacoustics,
– Hearing aids and audiometers,
– Lasers and laser-related equipment,
– Medical alarms and signals,
– Optical radiation safety and laser equipment,
– Quality systems – Particular requirements for the EN ISO 9000 series – CEN,
– Quality systems – Particular requirements for the EN ISO 9000 series – CENELEC,
– Risk Analysis,
– Sterilization of medical devices,
– Symbols, information – nomenclature for regulatory data exchange und
– Transportable gas cylinders.

96   In **Deutschland** beschäftigen sich insbesondere die DIN-Normenausschüsse[75] Medizin (NAMed), Dental (NADent) und Feinmechanik und Optik (NAFuO) mit der Normung im Medizinproduktebereich.

---

[74] Hierzu http://www.cenorm.be/sectors/healthcare/healthcare_tcs.htm (Stand: 10/2002).
[75] Hierzu http://www.normung.din.de/sixcms/detail.php?id=1112 (Stand: 10/2002).

§ 6 Klinische Prüfung von Medizinprodukten

von *Joachim A. Schwarz* und *Heike Wachenhausen*

Übersicht

Herrn *Dr. med. Dipl. Ing. Gerd Juhl* (Quintiles Consulting, 80639 München) sei an dieser Stelle für die Durchsicht des Manuskripts sowie für seine kundigen Anregungen und Vorschläge herzlich gedankt.

Literatur: *Amelung,* Probleme der Einwilligungsfähigkeit, Recht und Psychiatrie 1995, 20; *Arbeitsgemeinschaft der Wissenschaftlichen Medizinischen Fachgesellschaften – AWMF – u. a.* (Hrsg.), Gemeinsamer Standpunkt zur strafrechtlichen Bewertung der Zusammenarbeit zwischen Industrie, medizinischen Einrichtungen und deren Mitarbeitern, Düsseldorf 2000 (zit. als „Gemeinsamer Standpunkt"); *Böse,* Das Beratungsmonopol der öffentlich-rechtlichen Ethik-Kommissionen, MedR 2002, 244; *Bundesverband der Arzneimittel-Hersteller – BAH* (Hrsg.), Ablagesystem für Dokumente aus klinischen Prüfungen und deren Archivierung, Bonn 2001; *Bundesverband der Arzneimittel-Hersteller – BAH* (Hrsg.), Erstellung von Prüfplänen für klinische Prüfungen, Bonn 1998; *Bundesverband der Arzneimittel-Hersteller – BAH* (Hrsg.), Monitoring klinischer Prüfungen, 1. Aufl., Bonn 1999; *Bundesverband der Arzneimittel-Hersteller – BAH* (Hrsg.), Standardverfahrensanweisungen (SOPs) der fiktiven Firma „Muster" für die Arzneimittel-Herstellung (GMP-Bereich) einschließlich verwandter Produkte, 3. Aufl., Bonn 2001; *Bundesverband der Pharmazeutischen Industrie – BPI* (Hrsg.), Merkblatt für Anwendungsbeobachtungen Pharm. Ind. 1997, 22; *De Jong/Drury,* When is a Clinical Investigation Not a Clinical Investigation, RAJ 2002, 19; *Deutsch,* Ethikkommission und Freiheit der medizinischen Forschung, VersR 1999, 1; *Deutsch,* Fortschreibungen des Medizinprodukterechts, NJW 1999, 817; *Deutsch,* Klinische Forschung International: Die Deklaration von Helsinki des Weltärztebundes in neuem Gewand, NJW 2001, 857; *Deutsch,* Medizinrecht, 4. Aufl., Berlin u. a. 1999; *Deutsch,* Das Persönlichkeitsrecht des Patienten, AcP 1992, 161; *Deutsch,* Private und öffentlich-rechtliche Ethikkommissionen, NJW 2002, 491; *Deutsch,* Schmerzensgeld für Unfälle bei der Prüfung von Arzneimitteln und Medizinprodukten?, PharmaR 2001, 346; *Deutsch,* Das therapeutische Privileg des Arztes: Nichtaufklärung zugunsten des Patienten, NJW 1980, 1305; *Deutsch/Lippert,* Ethikkommission und klinische Prüfung, Berlin, Heidelberg 1998; *Deutsch/Lippert/Ratzel,* Medizinproduktegesetz, Köln u. a. 2002; *Deutsch/Taupitz,* Forschungsfreiheit und Forschungskontrolle in der Medizin – zur geplanten Revision der Deklaration von Helsinki, MedR 1999, 402; *Deutsche Krankenhaus Gesellschaft – DKG* (Hrsg.), Beratungs- und Formulierungshilfe, Vertrag über die Durchführung einer klinischen Arzneimittelprüfung, Düsseldorf 2000; *Fischer,* Medizinische Versuche am Menschen, Göttingen 1979; *Fröhlich,* Forschung wider Willen?, Berlin/Heidelberg 1993; *Gamerschlag,* Persönliche Verantwortung und Interessenkonflikt des Leiters der klinischen Prüfung eines Arzneimittels, NJW 1982, 684; *Graf,* Klinische Prüfung und Ethikkommissionen, PharmaR 2000, 356 = MPR 2001, 6; *Graf,* Die klinische Prüfung von Medizinprodukten aus der Sicht einer Ethikkommission, PharmaR 1998, 236; *Graf*, Nochmals: privatrechtliche versus öffentlich-rechtliche Ethikkommissionen in der klinischen Forschung, NJW 2002, 1774; *Haindl*, Der Heilversuch in der klinischen Prüfung von Arzneimitteln und Medizinprodukten, NJW 2002, 857; *Helle*, Schweigepflicht und Datenschutz in der medizinischen Forschung, MedR 1996, 13; *Helmchen*, Ärztliche Aufklärung bei aufgehobener und eingeschränkter Einwilligungsfähigkeit, Z.ärztl.Fortbild. 1994, 994; *Helmchen/Kanowski/Koch*, Forschung mit dementen Kranken: Forschungsbedarf und Einwilligungsproblematik, Ethik in der Medizin 1998, 83; *Helmchen/Lauter*, Dürfen Ärzte mit Demenzkranken forschen?, Stuttgart/New York 1995; *Hill/Schmitt*, Wiesbadener Kommentar zum Medizinproduktegesetz, Wiesbaden 1995 (Stand: 3/2002); *Höhmann*, Klinische Prüfungen mit Medizinprodukten – Stolperstein Ethikkommission, MPJ 2001, 17; *Holzhauer*, Zur klinischen Prüfung von Medikamenten an Betreuten, NJW 1992, 2325; *Lippert*, Der Monitor im Rahmen klinischer Prüfungen, MedR 1993, 17; *von Mayenburg*, Nur Bagatellen? – Einige Bemerkungen zur Einführung von Schmerzensgeld bei Gefährdungshaftung im Regierungsentwurf eines Zweiten Gesetzes zur Änderung schadensersatzrechtlicher Vorschriften, VersR 2002, 278; *Osterrieth/Holeweg*, Aktuelle Fragen des gewerblichen Rechtsschutzes (I) – Die Abschaffung des Hochschullehrerprivilegs und ihre praktischen Auswirkungen, MPR 2002, 18; *Palandt*, Bürgerliches Gesetzbuch, 61. Aufl., München 2002; *Ratzel/Lippert*, Kommentar zur Musterberufsordnung der deutschen Ärzte (MBO), 3. Aufl., Berlin u. a. 2002; *Rittner/Kratz/Walter-Sack*, Zur Angemessenheit des Probandenschutzes nach § 40 Abs. 1 Nr. 8 AMG, VersR 2000, 688; *Roßner*, Begrenzung der Aufklärungspflicht bei Kollision mit anderen ärztlichen Pflichten, Frankfurt am Main 1998; *Schäfer/Holtheide*, Klinische Prüfung und Normensituation aus ärztlicher Sicht, MPJ 2000, 2; *Schorn*, Einzelaspekte zum neuen Medizinproduktegesetz im Überblick, ArztR 1995, 241; *Schorn*, Medizinprodukte-Recht, Stuttgart 1999 (Stand: 6/2001); *Schwarz*, Leitfaden Klinische Prüfungen von Arzneimitteln und Medizinprodukten, 2. Aufl., Aulendorf 2000; *Stapff/Reinken/Lerner-Hiller/Klein/Hundt*, Zusammenarbeit mit Ethik-Kommissionen bei klinischen Prüfungen, Pharm. Ind. 2002, 543; *Taupitz*, Die Neufassung der Deklaration von Helsinki der Weltärztebundes vom Oktober 2000, MedR 2001, 277; *Taupitz*, Note of Clarification – Kaum zu verantworten, DÄBl. 1999, A-411; *Voll*, Die Einwilligung im Arztrecht, Frankfurt am Main 1996; *Wachenhausen*, Medizinische Versuche und klinische Prüfung an Einwilligungsunfähigen, Frankfurt am Main 2001; *Wachenhausen*, Medizinprodukte – Voraussetzungen für klinische Prüfungen, MPJ 2002, 80; *Wachenhausen*, Möglichkeiten und Grenzen der biomedizinischen Forschung an Einwilligungsunfähigen, RPG 2000, 81; *Wilkening*, Zur aktuellen Praxis der Ethikkommissionen – Verbreitung, Besetzung und Beratungsinhalte, MedR 2001, 301.

Über das Internet abrufbare Dokumente (Stand: 10/2002):

1. Medizinprodukte

Europäische MP-Regularien, Harmonisierte Normen und Europäische Behörden
  http://europa.eu.int/comm/enterprise/medical_devices/index.htm
  http://www.newapproach.org/directiveList.asp
FDA Center for Devices and Radiological Health
  http://www.fda.gov/cdrh/index.html
Required Biocompatibility Training and Toxicology Profiles for Evaluation of Medical Devices
  http://www.fda.gov/cdrh/g951.html
Blue Book Memos
  http://www.fda.gov/cdrh/blbkmem.html
Investigational Device Exemptions Manual
  http://www.fda.gov/cdrh/manual/idemanul.html
Statistical guidelines for clinical trials of non-diagnostic medical devices, January 1996
  http://www.fda.gov/cdrh/manual/statgde.html

2. Arzneimittel

Europäische Regularien
  Allgemeine und indikationsspezifische CPMP Guidelines,
  http://www.emea.eu.int/index/index1.htm
Leitlinien deutscher Fachgesellschaften
  http://www.uni-duesseldorf.de/AWMF/II/index.html
FDA-Regularien
  http://www.fda.gov/cder/guidance

A. Klinische Bewertung und klinische Prüfung von Medizinprodukten

I. Einordnung in den Gesamtzusammenhang

1   Für ein Medizinprodukt ist seine Zweckbestimmung von wesentlicher Bedeutung. Gemäß § 6 Abs. 2 MPG dürfen Medizinprodukte mit der CE-Kennzeichnung nur versehen werden, wenn die **Grundlegenden Anforderungen** nach § 7 MPG, die auf sie unter Berücksichtigung ihrer **Zweckbestimmung** anwendbar sind, erfüllt sind und ein für das jeweilige Medizinprodukt vorgeschriebenes Konformitätsbewertungsverfahren durchgeführt worden ist. Vor diesem Hintergrund muss die Zweckbestimmung eines Medizinprodukts bereits vor der Überprüfung, ob dieses im Einklang mit den Grundlegenden Anforderungen steht, und vor Durchführung eines Konformitätsbewertungsverfahrens feststehen.

2   § 19 MPG unterscheidet zwischen der klinischen Bewertung und der Leistungsbewertung. Dabei bezieht sich die klinische Bewertung gem. § 19 Abs. 1 MPG auf den Nachweis der Eignung von Medizinprodukten, die Leistungsbewertung auf den Nachweis der Eignung von In-vitro-Diagnostika für den jeweils **vorgesehenen Verwendungszweck**. Die Leistungsbewertung ist auf Grund der Richtlinie über In-vitro-Diagnostika in den vierten Abschnitt des MPG eingegliedert worden und erweitert damit die Möglichkeiten des Eignungsnachweises. Die §§ 20–23 MPG beziehen sich auf die klinische Prüfung von Medizinprodukten, wobei zusätzlich die Harmonisierte Norm DIN EN 540 („Klinische Prüfung von Medizinprodukten am Menschen") heranzuziehen ist (zu den aktuellen Aktivitäten der europäischen und internationalen Normungsorganisationen im Hinblick auf die Erarbeitung neuer Harmonisierter Normen für den Bereich klinischer Prüfungen s. Rdnr. 28, 55, 68 und 164).

3   § 24 MPG regelt die Voraussetzungen für die Durchführung von Leistungsbewertungsprüfungen speziell für In-vitro-Diagnostika.[1] Teilweise wird hierbei auf die allgemeinen Bestimmungen zur klinischen Prüfung (§ 20 Abs. 1–5, 7 und 8 MPG) zurückverwiesen, wenn beispielsweise zusätzlich **invasive oder andere belastende Untersuchungen** erforderlich sind. Ist zur Leistungsbewertung von In-vitro-Diagnostika die Verwendung menschlicher biologischer Proben erforderlich, ist hierfür die Einwilligung der Personen, bei denen eine Probenahme erfolgen soll, erforderlich. Aus § 24 Abs. 1 MPG folgt, dass eine Probenahme unter den Bedingungen einer klinischen Prüfung zu erfolgen hat:

[…], wenn
1. eine invasive Probenahme ausschließlich oder in zusätzlicher Menge zum Zwecke der Leistungsbewertung eines In-vitro-Diagnostikums erfolgt oder
2. im Rahmen der Leistungsbewertungsprüfung zusätzlich invasive oder andere belastende Untersuchungen durchgeführt werden oder
3. die im Rahmen der Leistungsbewertung erhaltenen Ergebnisse für die Diagnostik verwendet werden sollen, ohne dass sie mit etablierten Verfahren bestätigt werden können.

4   Invasiv ist eine Diagnostik, wenn eine **Verletzung der Körperintegrität** erfolgt. Ein invasives Produkt ist gemäß Anhang IX Nr. 1.2 der Richtlinie 93/42/EWG (MDD)[2] ein Produkt, das durch die Körperoberfläche oder über eine Körperöffnung ganz oder teil-

---

[1] Zu den einzelnen Voraussetzungen für die Durchführung von Leistungsbewertungsprüfungen s. den Beitrag von *Meyer-Lüerßen* in diesem Handbuch (§ 18 Rdnr. 86–89).
[2] Richtlinie 93/42/EWG des Rates v. 14. 6. 1993 über Medizinprodukte (ABl. EG Nr. L 169 v. 12. 7. 1993, S. 1), zuletzt geändert durch die Richtlinie 2001/104/EG des Europäischen Parlaments und des Rates v. 7. 12. 2001 zur Änderung der Richtlinie des Rates über Medizinprodukte hinsichtlich Medizinprodukten, die Derivate aus menschlichem Blut oder Blutplasma enthalten (ABl. EG Nr. L 6 v. 10. 1. 2002, S. 50).

weise in den Körper eindringt. Die Voraussetzungen und Anforderungen an die klinische Leistungsbewertungsprüfung von In-vitro-Diagnostika nach § 24 Abs. 1 MPG sind im Falle einer invasiven Probenahme oder Untersuchung mit denjenigen an Medizinprodukte identisch.

II. Inhalt der klinischen Bewertung

Medizinprodukte dienen der Erkennung, Verhütung, Überwachung, Behandlung oder 5 Linderung von Krankheiten, der Erkennung, Überwachung, Behandlung, Linderung oder Kompensierung von Verletzungen oder Behinderungen, der Untersuchung, der Ersetzung oder der Veränderung des anatomischen Aufbaus oder eines physiologischen Vorgangs oder der Empfängnisregelung beim Menschen. Die europäischen und deutschen medizin-produkterechtlichen Bestimmungen fordern den Nachweis, dass Medizinprodukte ihre vom Hersteller **angegebene Leistungsfähigkeit** entsprechend ihrer medizinischen Zweck-bestimmung und die **einschlägigen Sicherheitsanforderungen** erfüllen. Dieser Nach-weis ist u. a. durch eine klinische Bewertung bzw. eine klinische Prüfung eines Medizin-produkts zu erbringen.

Die Begriffe „klinische Bewertung" und „klinische Prüfung" sind streng voneinander 6 zu trennen. In der Praxis wird häufig angenommen, dass beide Begriffe gleichzusetzen sind und eine klinische Bewertung nur in der Form einer klinischen Prüfung durchgeführt werden kann. Es handelt sich jedoch bei der klinischen Bewertung um einen Oberbegriff.[3] Die Regelung des § 19 MPG macht insofern deutlich, dass die klinische Prüfung nur eine der zur Verfügung stehenden Möglichkeiten ist, eine klinische Bewertung durchzuführen (s. Abb. 1). Die Eignung von Medizinprodukten für den vorgesehenen Verwendungs-zweck ist grundsätzlich durch eine klinische Bewertung anhand von **klinischen Daten** zu belegen, soweit nicht in begründeten Ausnahmefällen andere Daten ausreichend sind. Sie schließt die Beurteilung von unerwünschten Wirkungen ein und stützt sich **entweder** auf Daten aus der wissenschaftlichen Literatur (s. Rdnr. 8–12) **oder** auf die Ergebnisse aller klinischen Prüfungen (s. Rdnr. 13–14).

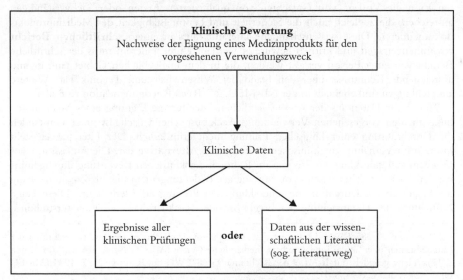

Abb. 1: Klinische Bewertung

---

[3] Vgl. auch *Hill/Schmitt,* § 17 MPG, Anm. 3; *Deutsch/Lippert/Ratzel,* § 19 MPG, Rdnr. 4.

7 Die **klinische Bewertung** basiert nach Anhang X der MDD sowie Anhang 7 der Richtlinie 90/385/EWG (AIMDD)[4] auf:

- der Zusammenstellung und Auswertung des vorhandenen Erkenntnismaterials zum jeweiligen Medizinprodukt (wissenschaftliche und technische Literatur, Erfahrungen mit den auf dem Markt befindlichen Medizinprodukten, vom Hersteller veranlasste oder selbst durchgeführte Tests/Untersuchungen);
- den Ergebnissen aller durchgeführten klinischen Prüfungen;
- dem aktuellen Erkenntnisstand der medizinischen Wissenschaft, d. h. der weltweit vorhandenen medizinischen Literatur (Standardlehrbücher, Nachschlagewerke, wissenschaftliche Journale, deren Beiträge nach einem Peer-review zur Publikation freigegeben wurden);
- dem Stand der Wissenschaft und Technik (Entwicklungsstand fortschrittlicher Verfahren, Einrichtungen und Betriebsweisen nach der herrschenden Auffassung führender Fachleute);
- der Berücksichtigung einschlägiger Harmonisierter Normen.

1. Daten aus der wissenschaftlichen Literatur

8 Die erste und wichtigste Möglichkeit, klinische Daten über ein Medizinprodukt zu gewinnen, um auf diese Weise die Eignung für den vorgesehenen Verwendungszweck nachweisen zu können, ist der sog. **„Literaturweg".** § 19 Abs. 1 Nr. 1 MPG beschreibt die Anforderungen an die Daten aus der wissenschaftlichen Literatur. Die Daten müssen die vorgesehene Anwendung des Medizinprodukts und die dabei zum Einsatz kommenden Techniken behandeln. Hinzu kommt ein schriftlicher Bericht, der eine kritische Würdigung dieser Daten enthält.

9 Woraus sich die Daten aus der wissenschaftlichen Literatur zusammensetzen können, wird instruktiv in der NB-MED/2.7/Rec3 Recommendation beschrieben.[5] Die Zusammenstellung der maßgeblichen Literatur kann sich beispielsweise auf wissenschaftliche Publikationen beziehen, auf die Ergebnisse von Labortests einschließlich In-vitro-Tests und Tierversuchen. Bei bereits markteingeführten oder unkomplizierten Medizinprodukten kann die Vorlage von Gutachten von qualifizierten Ärzten oder Sachverständigen ausreichen, die zugleich auch die Sicherheit und Leistungsfähigkeit des Medizinprodukts dokumentieren. Diese wissenschaftliche Literatur muss in einem **schriftlichen Bericht** zusammengetragen und kritisch gewürdigt werden. Unter anderem muss der schriftliche Bericht von einer Person verfasst werden, die in dem maßgeblichen Gebiet tätig ist und ausreichende Kenntnisse über den Stand der Wissenschaft und Technik hat. Weitere Empfehlungen sind ebenfalls in der NB-MED/2.7/Rec3 Recommendation zu finden.

10 Weisen die Daten aus der wissenschaftlichen Literatur die Eignung eines Medizinprodukts für den vorgesehenen Verwendungszweck ausreichend nach, ist unter Umständen die Durchführung einer klinischen Prüfung nicht erforderlich. Der Literaturweg stellt insofern im Verhältnis zur klinischen Prüfung eine **Alternative** dar. Die Auffassung, dass in jedem Fall eine klinische Prüfung im Rahmen der klinischen Bewertung durchgeführt werden muss, ist daher falsch. Von vorrangiger Bedeutung ist in diesem Zusammenhang die Frage, ob die Durchführung einer klinischen Prüfung erforderlich ist.[6] Diese Frage kann nur unter Heranziehung des Ergebnisses der Risikoanalyse, des Literaturstudiums,

---

[4] Richtlinie 90/385/EWG des Rates v. 20. 6. 1990 zur Angleichung der Rechtsvorschriften der Mitgliedstaaten über aktive implantierbare medizinische Geräte (ABl. EG Nr. L 189 v. 20. 7. 1990, S. 17), zuletzt geändert durch Art. 9 der Richtlinie 93/68/EWG des Rates v. 22. 7. 1993 (ABl. EG Nr. L 220 v. 30. 8. 1993, S. 1).

[5] Co-ordination of Notified Bodies Medical Devices (NB-MED) on Council Directives 90/385/EEC, 93/42/EEC and 98/79/EC, Recommendation NB-MED/2.7/Rec3 (Evaluation of clinical data. Clinical investigations, clinical evaluation).

[6] *Schäfer/Holtheide,* MPJ 2000, 2 f.

Labortests und Tierversuchen abschließend beantwortet werden. Die Risikoklasse des Medizinprodukts allein ist kein Kriterium für die Erforderlichkeit einer klinischen Prüfung. Erst wenn feststeht, dass die Daten aus der wissenschaftlichen Literatur nicht ausreichen, weil beispielsweise bestimmte Nachweise nicht erbracht werden können, ist die Durchführung einer klinischen Prüfung erforderlich. Die Entscheidung hierüber trifft der Hersteller des Medizinprodukts (ggf. in Abstimmung mit einer Benannten Stelle).

Die Regelungen des MPG stimmen weitgehend mit den Bestimmungen des Arznei-   **11** mittelgesetzes (AMG) sowie mit europäischen und internationalen Bestimmungen zur Erprobung von Arzneimitteln überein. Die klinische Bewertung von Medizinprodukten, die ohne Daten tierexperimenteller biologischer Sicherheitsprüfungen oder Ergebnissen aus klinischen Prüfungen möglich ist, entspricht als „bibliographischer Zulassungsantrag" sinngemäß Art. 4 Nr. 8 lit. a) (ii) („ähnlich" – „similar") und Art. 4 Nr. 8 lit. a) (iii) („im Wesentlichen gleich" – „essential similarity") der Richtlinie 65/65/EWG in Verbindung mit der Richtlinie 1999/83/EC („allgemein medizinisch verwendet" – „well-established medicinal use")[7] sowie der Bestimmung des § 22 Abs. 3 AMG, wonach bei Arzneimitteln auf die Ergebnisse pharmakologisch-toxikologischer und klinischer Prüfungen (Erprobungen) verzichtet werden kann, wenn **„anderes wissenschaftliches Erkenntnismaterial"** vorgelegt werden kann.

In diesem Zusammenhang sollte berücksichtigt werden, dass es sogar aus ethischen   **12** Gründen unzulässig sein kann, Tierversuche oder eine klinische Prüfung von Medizinprodukten am Menschen durchzuführen, wenn die wissenschaftlichen Literaturdaten, die häufig auch schon die Ergebnisse von bisher durchgeführten klinischen Prüfungen einschließen, ausreichen. Es ist rechtlich nicht zulässig und ärztlich nicht vertretbar, an Menschen **wiederholende klinische Prüfungen** durchzuführen, wenn bereits genügend Erfahrungen und wissenschaftliche Auswertungen vorliegen.[8] Die Wiederholung einer klinischen Prüfung würde weder einen Nutzen für Wissenschaft und Forschung noch für die Teilnehmer an der Untersuchung haben und eine unnötige Gefährdung des Probanden bzw. Patienten darstellen.

2. Ergebnisse aller klinischen Prüfungen

Sofern durch eine wissenschaftliche Bewertung (§ 19 Abs. 1 Satz 1 MPG) eines Medi-   **13** zinprodukts nicht die Nachweise erbracht werden können, dass das Medizinprodukt die angegebenen Leistungen bei normalen Einsatzbedingungen erfüllt und dass unerwünschte Risiken vertretbar sind, müssen diese Nachweise durch klinische Prüfungen erbracht werden. Der **Zweck einer klinischen Prüfung** ist es – zusammengefasst nach Anhang 7 der AIMDD und Anhang X der MDD:
– zu bestätigen bzw. den Nachweis zu erbringen, dass die Leistungen des Geräts bzw. Produkts bei normalen Einsatzbedingungen den Leistungsdaten von Anhang 1 Abschnitt 2 AIMDD bzw. Anhang I Abschnitt 3 MDD entsprechen, und
– etwaige, bei normalen Einsatzbedingungen auftretende unerwünschte Nebenwirkungen zu ermitteln und zu beurteilen, ob diese unter Berücksichtigung der vorgegebenen Leistungen irgendwelche Risiken darstellen.

Um die Eignung eines Medizinprodukts für den vorgesehenen Verwendungszweck   **14** umfassend nachzuweisen, wird es in der Praxis häufig zu einer Kombination des Literaturweges mit der Durchführung einer klinischen Prüfung kommen. Dies kann etwa dann der Fall sein, wenn die Risikoanalyse ergeben hat, dass eine bestimmte Fragestellung nur im Wege einer klinischen Prüfung beantwortet werden kann. Die Ergebnisse einer klinischen Prüfung sind in einem **Abschlussbericht** zusammenzufassen. Der Bericht sollte die

---

[7] Überführt in Art. 10 Abs. 1 lit. a) der Richtlinie 2001/83/EG v. 6. 11. 2001 zur Schaffung eines Gemeinschaftskodexes für Humanarzneimittel (ABl. EG Nr. L 311 v. 28. 11. 2001, S. 67).
[8] Vgl. zur Zulässigkeit der wiederholenden klinischen Prüfung *Deutsch,* Medizinrecht, Rdnr. 767.

normalen Anwendungsbedingungen, den Verwendungszweck bzw. den Indikationsbereich, unerwünschte Wirkungen und die Leistungsanforderungen einschließen. Darüber hinaus sollte der Abschlussbericht eine klare Definition der Zielsetzung der klinischen Prüfung, eine Beschreibung der wissenschaftlichen Methode, die Ergebnisse und eine Auswertung enthalten.[9]

3. Anhaltspunkte für die Notwendigkeit klinischer Prüfungen

15 Klinische Prüfungen für Medizinprodukte der Klasse I sowie für die meisten nicht invasiven Medizinprodukte der Klassen II a und II b **sind in den meisten Fällen nicht erforderlich.** Die Entscheidung hierüber hat der Medizinproduktehersteller im konkreten Einzelfall, eventuell in Abstimmung mit einer Benannten Stelle, zu treffen. Eine klinische Prüfung kann häufig dann erforderlich sein (NB-MED/2.7/Rec1),[10] wenn:
- ein völlig neues Medizinprodukt auf den Markt gebracht werden soll, dessen Bestandteile, Eigenschaften und Arbeitsweise bisher nicht bekannt sind,
- ein CE-gekennzeichnetes Medizinprodukt signifikant verändert/weiterentwickelt wird und sich die Sicherheit und vorgegebenen Leistungen/Leistungsfähigkeit (performance) gegenüber dem CE-gekennzeichneten Vormodell verändert haben,
- ein CE-gekennzeichnetes Medizinprodukt für eine neue Indikation vorgesehen ist,
- ein CE-gekennzeichnetes Medizinprodukt verändert/weiterentwickelt wird und entweder
  - neue Materialien/Stoffe enthält oder
  - bekannte Materialien/Stoffe bei einer anderen Lokalisation/Organ/Gewebe des menschlichen Körpers angewendet werden sollen,
- ein Medizinprodukt bisher unbekannte neue Substanzen enthält, die mit dem menschlichen Körper in Kontakt kommen,
- ein Medizinprodukt bekannte Stoffe enthält, die an bisher nicht üblichen Orten angewandt werden sollen und es damit noch keine ausreichenden klinischen Erfahrungen gibt,
- ein Medizinprodukt eine erheblich längere Zeit als bisher benutzt werden soll,
- die Anwendung eines CE-gekennzeichneten Medizinprodukts ohne einen Wirksamkeitsnachweis aus klinischen Prüfungen von den Kostenträgern (Krankenkassen) nicht erstattet wird.

16 Klinische Prüfungen mit Medizinprodukten sind vor einer klinischen Bewertung **immer durchzuführen:**
- bei allen implantierbaren und zur Langzeitanwendung bestimmten invasiven Medizinprodukten der Klassen II b–III,
- wenn die klinische Bewertung nicht ohne klinische Daten aus klinischen Prüfungen durchgeführt werden kann,
- wenn für die klinische Bewertung keine klinischen Daten aus der wissenschaftlichen Literatur oder bei verkehrsfähigen, jedoch veränderten Medizinprodukten keine ausreichenden klinischen Erfahrungen und Marktdaten vorliegen,
- bei den meisten Produkten der Klasse III.

17 Für **weiterentwickelte Medizinprodukte** sind immer dann klinische Prüfungen erforderlich,
- wenn das weiterentwickelte Medizinprodukt auf einem neuen Konzept/einer neuen Funktion beruht,

---

[9] NB-MED/2.7/Rec3 Recommendation Nr. 4.3.3. (The results and final report of the clinical investigation).

[10] Co-ordination of Notified Bodies Medical Devices (NB-MED) on Council Directives 90/385/EEC and 98/79/EC, Recommendation NB-MED/2.7/Rec1 (Guidance on clinicals – Guidance on when a clinical investigation is needed for CE-marking).

– wenn das Medizinprodukt andere/neue physiologische Effekte erwarten lässt,
– wenn neue Materialien verwendet werden, die bisher noch nicht am/im Menschen untersucht wurden,
– bei verkehrsfähigen, CE-gekennzeichneten Medizinprodukten, die eine andere als die im jeweiligen Konformitätsbewertungsverfahren bestätigte Zweckbestimmung haben und für die vor der CE-Kennzeichnung klinische Prüfungen erforderlich waren.

Die Durchführung einer klinischen Prüfung mit einem Medizinprodukt ist jeweils eine **18** **Einzelfallentscheidung.** Die klinische Bewertung eines Medizinprodukts muss dann nicht auf den Ergebnissen klinischer Prüfungen beruhen, wenn das Ziel auch mit anderem wissenschaftlichem Erkenntnismaterial (wissenschaftliche Literatur, Gutachten) erreicht werden kann.[11]

B. Geschichtliche Hintergründe, Regelungsbereiche und Begriff der klinischen Prüfung

Die klinische Prüfung von Medizinprodukten ist ein **wichtiger Bestandteil der** **19** **klinischen Bewertung** und damit des Konformitätsbewertungsverfahrens. Mit der Festlegung von allgemeinen und besonderen Voraussetzungen für die Durchführung von klinischen Prüfungen im MPG wurden die Erfahrungen aus dem AMG auf den Medizinproduktesektor übertragen. Die wesentlichen Bestimmungen zur klinischen Prüfung mit Medizinprodukten wurden auch im Rahmen des Zweiten MPG-Änderungsgesetzes (2. MPG-ÄndG) beibehalten. Außerhalb der spezialgesetzlichen Bereiche[12] unterliegt die biomedizinische Forschung am Menschen keinen weiteren gesetzlichen Regelungen.[13]

I. Geschichtliche Hintergründe

Die klinische Prüfung von Medizinprodukten und deren gesetzliche Voraussetzungen **20** sind im Klinikalltag von großer praktischer Relevanz. Zum besseren Verständnis der Voraussetzungen, die erfüllt sein müssen, um eine klinische Prüfung durchführen zu können, ist die Einordnung der klinischen Prüfung von Medizinprodukten in den größeren Zusammenhang der biomedizinischen Forschung am Menschen erforderlich. Da es um die kontrollierte Erprobung von mitunter risikobehafteten Produkten an Probanden bzw. Patienten geht, muss der Hauptzweck der rechtlichen Bestimmungen in einem **Ausgleich** **zwischen Forschungsbedarf** auf der einen **und besonderer Schutzwürdigkeit** der Probanden bzw. Patienten auf der anderen Seite liegen. Daher enthalten die gesetzlichen Bestimmungen über klinische Prüfungen elementare Schutzkriterien.

Für die biomedizinische Forschung am Menschen wurden erstmals im Zusammenhang **21** mit den Nürnberger Ärzteprozessen Anforderungen an medizinische Versuche aufgestellt (die sog. zehn Punkte von Nürnberg).[14] Die **zehn Punkte von Nürnberg,** die als Beginn der Kodifizierung der biomedizinischen Forschung am Menschen gesehen werden können, wurden von der **revidierten Deklaration von Helsinki** in den Jahren 1962 und 1964 abgelöst. Sie gilt nunmehr in der Fassung, in der sie im Oktober 2000 von der 52. Generalversammlung des Weltärztebundes in Edinburgh, Schottland, beschlossen

---

[11] Hilfreich in diesem Zusammenhang *De Jong/Drury,* RAJ 2002, 19.
[12] §§ 40–42 AMG, §§ 20–23 MPG und §§ 23, 24 Strahlenschutzverordnung (StrlSchV).
[13] In Frankreich existiert hingegen seit 1988 eine gesetzliche Regelung zum Schutz der Probanden bei der biomedizinischen Forschung: Loi no. 88/1138 v. 20. 12. 1988 Gaz. Pal 88, 605.
[14] Text abgedruckt bei *Wille,* NJW 1949, 377.

wurde.[15] Die revidierte Deklaration von Helsinki trifft in der forschenden Industrie und der Ärzteschaft auf breite Akzeptanz. Die Ärzte werden darüber hinaus über die Berufsordnungen der Länder zur Einhaltung der revidierten Deklaration von Helsinki angehalten. Im Zusammenhang mit der letzten Überarbeitung der revidierten Deklaration von Helsinki ist jedoch auch ihre Akzeptanz in Frage gestellt worden, da die Deklaration völlig neu strukturiert wurde.[16] Es bleibt abzuwarten, ob die revidierte Deklaration von Helsinki in Zukunft an Einfluss im Bereich der biomedizinischen Forschung am Menschen verlieren oder weiterhin eine wichtige Grundlage darstellen wird. Im Rahmen des 105. Deutschen Ärztetages im Mai 2002 wurde bereits die ersatzlose Streichung des § 15 Abs. 2 der (Muster-)Berufsordnung für die Deutschen Ärztinnen und Ärzte (MBO-Ä) beschlossen, der auf die Einhaltung der revidierten Deklaration von Helsinki hingewiesen hatte. Es ist zu erwarten, dass die Berufsordnungen der Länder entsprechend angepasst werden, so dass eine berufsrechtliche Bindungswirkung in Zukunft entfällt.

22   Die Bestimmungen über die klinische Prüfung von Medizinprodukten sind zum überwiegenden Teil den Bestimmungen über die klinische Prüfung von Arzneimitteln wortgleich nachgebildet. Lediglich wenige Regelungsbereiche weisen Unterschiede zu der klinischen Arzneimittelprüfung und deren Voraussetzungen auf. Bei einer Betrachtung der §§ 40, 41 AMG und der §§ 20, 21 MPG wird deutlich, dass sowohl die zehn Punkte von Nürnberg als auch die revidierte Deklaration von Helsinki die Struktur und den Inhalt dieser Bestimmungen **wesentlich mitgeprägt** haben.

II. Zusammenspiel der einzelnen Bestimmungen

23   Ein Unternehmen, das Medizinprodukte entwickelt und herstellt, oder ein Prüfarzt, der beabsichtigt, eine klinische Prüfung mit einem Medizinprodukt durchzuführen, muss sich in einer **Vielzahl von Richtlinien, nationalen Gesetzen, Verordnungen, Normen, Leitlinien und Empfehlungen** zurechtfinden. Darüber hinaus stellt sich angesichts dieser Vielzahl von Bestimmungen nicht selten die Frage, welche dieser Bestimmungen rechtlich verbindlich sind bzw. welche Bedeutung diese Regelungen haben. Nachfolgend sollen die für die klinische Prüfung von Medizinprodukten maßgeblichen Bestimmungen zusammengestellt und eingeordnet werden.

1. EG-Richtlinien

24   EG-Richtlinien richten sich an die Mitgliedstaaten und verpflichten diese zur **Umsetzung** der Richtlinie innerhalb einer bestimmten Frist in nationales Recht. Die bisher ergangenen Medizinprodukterichtlinien sind die:
– Richtlinie 90/385/EWG des Rates vom 20. 6. 1990 zur Angleichung der Rechtsvorschriften der Mitgliedstaaten über aktive implantierbare medizinische Geräte **(AIMDD)**,
– Richtlinie 93/42/EWG des Rates vom 14. 6. 1993 über Medizinprodukte **(MDD)**,
– Richtlinie 98/79/EG des Europäischen Parlaments und des Rates vom 27. 10. 1998 über In-vitro-Diagnostika **(IVDD)**.

25   Alle drei Richtlinien sind durch das MPG und einige zusätzlich erlassene Verordnungen in deutsches Recht umgesetzt worden. Durch das 2. MPG-ÄndG wird vielfach direkt auf die Anhänge der jeweiligen Richtlinie verwiesen, so dass diese unmittelbar verbindlich sind. Teilweise enthält das MPG zusätzliche Regelungen, die in der Richtlinie nicht unmittelbar aufgeführt waren. Die MDD enthält in Art. 15 zu klinischen Prüfungen nur sehr allgemeine Anforderungen. Die §§ 20 und 21 MPG stellen vor diesem Hintergrund einen

---

[15] Text der aktuellen Fassung der revidierten Deklaration von Helsinki ist abrufbar über die Homepage der Bundesärztekammer: http://www.bundesaerztekammer.de.
[16] *Deutsch/Taupitz*, MedR 1999, 402 ff.; *Deutsch*, NJW 2001, 857 ff.; *Taupitz*, MedR 2001, 277 f.; zur „Note of Clarification": *Klinkhammer*, DÄBl. 1999, A-409 ff.; *Taupitz*, DÄBl. 1999, A-411.

besonderen nationalen Schutzmechanismus dar, der sich im AMG über viele Jahre bereits bewährt hat.

2. MPG und zusätzliche Verordnungen

Das MPG ist ein **Gesetz im formellen Sinn** und richtet sich an Hersteller, Inver- 26 kehrbringer, Anwender und Betreiber von Medizinprodukten. Für diese ist es unmittelbar rechtsverbindlich. Das MPG enthält darüber hinaus eine Reihe von Verordnungsermächtigungen, von denen bisher fünf Verordnungen im Bundesgesetzblatt (BGBl.) veröffentlicht wurden.[17] Bei einer Rechtsverordnung handelt es sich um ein **Gesetz im materiellen Sinn,** das nicht im förmlichen Gesetzgebungsverfahren ergeht, sondern beispielsweise vom Bundesministerium für Gesundheit und Soziale Sicherung (BMGS) erlassen wird. Sie stellt eine allgemein verbindliche Anordnung für eine unbestimmte Vielzahl von Personen dar.

3. Harmonisierte Normen

Harmonisierte Normen sind solche Normen der Vertragsstaaten des Abkommens über 27 den Europäischen Wirtschaftsraum, die den Normen entsprechen, deren Fundstellen als „harmonisierte Norm" für Medizinprodukte im Amtsblatt der Europäischen Gemeinschaften (EG) veröffentlicht werden (§§ 3 Nr. 18 und 8 MPG). Diesen Normen, die den aktuellen Stand der Technik einschließlich der Qualitäts-, Sicherheits- und Leistungsanforderungen an Medizinprodukte beschreiben, sind diejenigen Monographien des Europäischen Arzneibuchs für Medizinprodukte gleichgestellt, deren Fundstellen ebenfalls im Amtsblatt der EG veröffentlicht werden. Harmonisierte Normen sind gleichzeitig Leitlinien für die Entwicklung, Prüfung und Überwachung durch Notified Bodies (NB), Behörden, Sachverständige, Gutachten und Gerichte. Bei ihnen handelt es sich nicht um rechtsverbindliche Regelungen. Allerdings ist ihre Anwendung praktisch unumgänglich, da § 8 Abs. 1 MPG eine **gesetzliche Vermutung** enthält, wonach bei Durchführung einer klinischen Prüfung unter Heranziehung der jeweils geltenden Harmonisierten Normen von Seiten der Behörden ohne weitere Nachweise die Übereinstimmung mit den gesetzlichen Bestimmungen des MPG angenommen wird. Wegen dieser gesetzlichen Vermutung kommt den Harmonisierten Normen eine besondere praktische Bedeutung zu. Die Grundlegenden Anforderungen können zwar auch anderweitig erfüllt werden. Abweichungen von Harmonisierten Normen sollten jedoch wissenschaftlich-technisch begründet werden und von den zuständigen Behörden vorher oder nachträglich nachvollziehbar und akzeptierbar sein.

Die für die Durchführung von klinischen Prüfungen mit Medizinprodukten maßgeb- 28 liche Harmonisierte Norm ist die EN 540. Zurzeit wird jedoch von der europäischen Normungsorganisation **CEN** (Comité Européen de Normalisation) und der **ISO** (International Organisation for Standardization) auf europäischer sowie internationaler Ebene ein neues „Normenpaket" ausgearbeitet, das voraussichtlich schon 2003 die EN 540 vollständig ersetzen wird. Hierbei handelt es sich um folgende Normen:
– ISO 14155–1: Clinical investigation of medical devices for human subjects – Part 1: General requirements,
– ISO 14155–2: Clinical investigation of medical devices for human subjects – Part 2: Clinical investigation plans.

4. ICH-GCP

Die „Note for Guidance on Good Clinical Practice" – ICH-GCP (CPMP/ICH/135/ 29 95) ist eine internationale Empfehlung und grundsätzlich rechtlich nicht bindend. Es han-

---

[17] Zu den Rechtsverordnungen des MPG vgl. im Einzelnen *Deutsch,* NJW 1999, 817 ff.

delt sich auch nicht um eine Harmonisierte Norm im Sinne der MDD bzw. des MPG. Die Bestimmungen der ICH-GCP beziehen sich des Weiteren auf die klinische Prüfung mit Arzneimitteln. Die ICH-GCP ist ein **internationaler ethischer und wissenschaftlicher Standard** für die Planung, Durchführung, Dokumentation und Berichterstattung von klinischen Prüfungen am Menschen und gilt für Fachkreise (Industrie und Behörden) als antizipiertes Sachverständigengutachten.[18] Da die speziell für die klinische Prüfung von Medizinprodukten entwickelte Harmonisierte Norm EN 540 nicht sämtliche Gesichtspunkte behandelt, die für eine klinische Prüfung zu beachten sind, und die EN 540 in weiten Teilen auf der ICH-GCP basiert, wird die ICH-GCP in der Praxis bei der Planung und Organisation einer klinischen Prüfung mit Medizinprodukten ebenfalls oft herangezogen und beachtet. Allerdings ist zu berücksichtigen, dass die Bestimmungen der EN 540 und der ICH-GCP teilweise auch Unterschiede aufweisen. Als Beispiel kann die Definition des „Sponsors" gelten: Nach Nr. 1.53 ICH-GCP handelt es sich bei einem Sponsor um eine Person, eine Firma, eine Institution oder eine Organisation, die die Verantwortung für die Initiierung, das Management und/oder die **Finanzierung einer klinischen Prüfung** trägt. Nr. 3.9 der EN 540 verzichtet hingegen bei der Definition auf den Gesichtspunkt der Finanzierung der klinischen Prüfung. In der neuen Norm (ISO 14155–1) wird ebenfalls nur von der Initiierung der Prüfung gesprochen. Vor diesem Hintergrund ist im Einzelfall ein sorgfältiger Vergleich zwischen beiden Regelungen erforderlich.

5. Deklaration von Helsinki/Bioethik-Konvention

30   Die revidierte Deklaration von Helsinki genießt, wie bereits oben beschrieben wurde (Rdnr. 21), eine große Akzeptanz bei **Ärzten,** an die sich die Deklaration **ausschließlich richtet.** Allerdings ist die revidierte Deklaration von Helsinki zumindest mittelbar auch für die Hersteller von Medizinprodukten richtungsweisend, da die klinischen Prüfungen regelmäßig in Zusammenarbeit mit medizinischen Einrichtungen und deren ärztlichen Mitarbeitern oder niedergelassenen Ärzten stattfinden (s. hierzu auch Rdnr. 51).

31   Nach der bisherigen Fassung der MBO-Ä und den entsprechenden Berufsordnungen der Länder ist die Einhaltung der revidierten Deklaration von Helsinki nicht nur ein Orientierungspunkt, sondern sogar **berufsrechtlich verpflichtend.**[19] Allerdings wurde der Verweis auf die revidierte Deklaration von Helsinki in der MBO-Ä durch den Beschluss des 105. Deutschen Ärztetages, der vom 28. bis 31. 5. 2002 in Rostock stattfand, komplett gestrichen, so dass eine entsprechende Anpassung der Berufsordnungen der Länder zu erwarten ist. Die revidierte Deklaration von Helsinki bestimmt u. a., dass die Planung und Durchführung eines jeden Versuchs am Menschen eindeutig in einem Versuchsprotokoll niedergelegt werden und dieses einem besonders berufenen und vom Prüfarzt und Sponsor unabhängigen Ausschuss zur Beratung, Stellungnahme und Orientierung zugeleitet werden soll. Weiterhin sollte eine biomedizinische Forschung am Menschen nur von wissenschaftlich qualifizierten Personen und unter Aufsicht eines klinisch erfahrenen Arztes durchgeführt werden. Die Verantwortung für die Versuchsperson trägt stets ein Arzt und nie die Versuchsperson selbst, auch dann nicht, wenn sie ihr Einverständnis gegeben hat.

32   Das Menschenrechtsübereinkommen zur Biomedizin des Europarates (eher bekannt als sog. **Bioethik-Konvention**)[20] besitzt für die Bundesrepublik Deutschland bisher keine Gültigkeit, da das Übereinkommen von ihr nicht ratifiziert wurde. Es ist auch in der näheren Zukunft nicht zu erwarten, dass die Bioethik-Konvention von der Bundesrepublik

---

[18] *Schwarz,* S. 18.
[19] § 15 Abs. 2 MBO-Ä.
[20] Abgedruckt bei *Fröhlich,* S. 240 ff.

Deutschland akzeptiert und ratifiziert wird, da sie Bestimmungen u. a. zur fremdnützigen Forschung enthält, die innerhalb der wissenschaftlichen Disziplinen, aber auch in der Öffentlichkeit erheblich umstritten sind.

6. Berufsordnungen

Die ärztlichen Berufsordnungen sind von der jeweiligen Vertreterversammlung der **33** Landesärztekammern im Rahmen des Selbstverwaltungsrechts gesetztes **Satzungsrecht.** Die MBO-Ä stellt ein vom Deutschen Ärztetag beschlossenes Muster dar, das mit geringen Abweichungen in den einzelnen Kammerbezirken als Berufsordnung beschlossen wurde. Sie bestimmt in § 15 Abs. 1:

> Der Arzt muss sich vor der Durchführung biomedizinischer Forschung am Menschen – ausgenommen bei ausschließlich epidemiologischen Forschungsvorhaben[21] – durch eine bei der Ärztekammer oder bei einer Medizinischen Fakultät gebildete Ethikkommission über die mit seinem Vorhaben verbundenen **berufsethischen und berufsrechtlichen Fragen beraten** lassen. Dasselbe gilt vor der Durchführung gesetzlich zugelassener Forschung mit vitalen menschlichen Gameten und lebendem embryonalem Gewebe.[22]

Gemäß § 2 Abs. 5 der MBO-Ä ist der Arzt zudem verpflichtet, sich über diese für die Berufsausübung geltenden Vorschriften unterrichtet zu halten.

III. Begriff der klinischen Prüfung

Der Begriff der „klinischen Prüfung" wird trotz eines umfassenden Katalogs in § 3 **34** MPG an keiner Stelle definiert. Auch die MDD definiert den Begriff der klinischen Prüfung nicht. Allerdings enthält Nr. 3.3 der Harmonisierten Norm EN 540 eine Definition, wonach „jede systematische Untersuchung an Versuchspersonen, die vorgenommen wird, um die Sicherheit und Leistungsfähigkeit eines bestimmten Medizinprodukts unter normalen Anwendungsbedingungen zu überprüfen, eine klinische Prüfung darstellt". Ihr wesentliches Gepräge erhält eine klinische Prüfung damit durch die **systematische Vorgehensweise** auf der Grundlage einer wissenschaftlichen Methode. Die Planmäßigkeit einer Untersuchung (beispielsweise kontrollierte Bedingungen) ist ein wichtiges Unterscheidungskriterium zu anderen Versuchstypen und zur Standardtherapie. Es ist dabei zu berücksichtigen, dass der Begriff „klinisch" nicht bedeutet, dass eine klinische Prüfung nur in medizinischen Einrichtungen durchgeführt werden kann. Eine klinische Prüfung von Medizinprodukten kann ebenso bei einem niedergelassenen Arzt durchgeführt werden.

C. Rechtliche Voraussetzungen der klinischen Prüfung

I. Verhältnis zwischen den allgemeinen und besonderen Voraussetzungen gem. §§ 20 und 21 MPG

Die Kernbestimmungen, die den rechtlichen Rahmen für die Durchführung einer kli- **35** nischen Prüfung bilden, sind die §§ 20 und 21 MPG. § 20 MPG enthält Bestimmungen

---

[21] Die meisten Landesärztekammern haben in ihren Länderberufsordnungen jedoch bestimmt, dass sich Ärzte auch bei ausschließlich epidemiologischen Forschungsvorhaben durch die zuständige Ethikkommission beraten lassen müssen.

[22] Hervorhebungen durch die Verfasser; die Bestimmungen der MBO-Ä werden erläutert von *Ratzel/Lippert,* Kommentar zur MBO-Ä, 2002.

über die allgemeinen Voraussetzungen zur klinischen Prüfung, § 21 MPG deren besondere Voraussetzungen. Allerdings ist die Unterscheidung zwischen allgemeinen und besonderen Voraussetzungen nicht das einzige Kriterium, um die Systematik beider Bestimmungen verstehen zu können. Der Unterschied zwischen § 20 und § 21 MPG wird erst deutlich, wenn man die Voraussetzungen für die Risiko-Nutzen-Abwägung miteinander vergleicht. Gemäß § 20 Abs. 1 Nr. 1 MPG müssen die Risiken, die für den Teilnehmer an der klinischen Prüfung entstehen können, gegen die voraussichtliche Bedeutung des Medizinprodukts für die Heilkunde (Nutzen für die Wissenschaft) abgewogen werden. § 21 Nr. 1 MPG bezieht hingegen die **Risiko-Nutzen-Abwägung** auf die Risiken für die Person, die an der klinischen Prüfung teilnimmt und zugleich an einer Krankheit leidet, zu deren Behebung das zu prüfende Medizinprodukt angewendet werden soll. Der Nutzen liegt in diesem Fall nicht hauptsächlich in dem Nutzen für die Wissenschaft, sondern in dem potenziellen Nutzen für das Leben und die Gesundheit des Kranken. Vor diesem Hintergrund wird deutlich, dass ein wesentliches Unterscheidungskriterium zwischen den §§ 20 und 21 MPG der Gesundheitszustand der an der klinischen Prüfung teilnehmenden Person ist: § 20 MPG bezieht seine Bestimmungen auf die klinische Prüfung mit gesunden Personen (Probanden) und dient **rein wissenschaftlichen Zwecken,** wohingegen § 21 MPG besondere Bestimmungen für die klinische Prüfung an kranken Personen (Patienten) aufstellt.

36   § 20 MPG enthält des Weiteren die Grundregel zur klinischen Prüfung von Medizinprodukten. § 21 MPG stellt besondere Regeln für Notfälle zur Verfügung und berücksichtigt Besonderheiten bei der Aufklärung und Einholung der Einwilligung bei kranken Personen. Für eine Reihe von Grundvoraussetzungen verweist § 21 MPG auf § 20 MPG zurück. Insofern ist die **Systematik dieser Bestimmungen,** die den arzneimittelrechtlichen Bestimmungen nachgebildet wurden, insgesamt kompliziert und nicht leicht zu verstehen. Daher wird teilweise kritisiert, dass bei dem Entwurf des MPG die bisherigen Erfahrungen mit dem AMG (z.B. die Aufnahme einer Bestimmung zu klinisch kontrollierten Versuchen oder eine Überarbeitung der Minderjährigenregelung) keinen Niederschlag gefunden haben.[23]

37   Bei § 23 MPG handelt es sich um eine weitere wichtige Bestimmung, die die **Ausnahmen zur klinischen Prüfung** festlegt. Gemäß § 23 MPG finden die §§ 20 und 21 MPG keine Anwendung, wenn eine klinische Prüfung mit einem Medizinprodukt durchgeführt wird, das die CE-Kennzeichnung tragen darf, und diese klinische Prüfung keine andere Zweckbestimmung des Medizinprodukts zum Inhalt hat und keine „zusätzlich invasive oder andere belastende Untersuchungen" durchgeführt werden sollen. Sollte die klinische Prüfung jedoch eine andere Zweckbestimmung zum Inhalt haben oder zusätzlich invasive oder andere belastende Untersuchungen geplant sein, müssen in beiden Fällen die Voraussetzungen der §§ 20 und 21 MPG umfassend erfüllt werden (s. auch Rdnr. 89–95).

38   Die **Systematik** der einzelnen Regelungen kann durch folgende Abbildung verdeutlicht werden:

---

[23] Dies wird etwa nachdrücklich von *Deutsch,* Medizinrecht, Rdnr. 1004, gefordert.

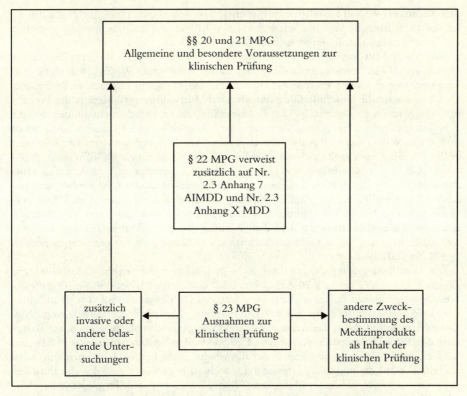

Abb. 2: Systematik der Voraussetzungen für die Durchführung von klinischen Prüfungen

II. Allgemeine Voraussetzungen

§ 20 MPG enthält eine Reihe von Voraussetzungen, die erfüllt sein müssen, um eine **39** klinische Prüfung bei Menschen durchführen zu können. Nachfolgend sollen die allgemeinen Voraussetzungen aufgeführt und **rechtlich eingeordnet** werden.

1. Positive Risiko-Nutzen-Abwägung

Eine der wichtigsten Voraussetzungen, die über das „Ob" einer klinischen Prüfung entscheidet, ist eine positive Risiko-Nutzen-Abwägung. Nur wenn das Ergebnis einer Risiko- **40** Nutzen-Abwägung für die Heilkunde **ärztlich vertretbar** ist, kann mit einer klinischen Prüfung begonnen werden. Die Risiko-Nutzen-Abwägung findet bei einer klinischen Prüfung zu rein wissenschaftlichen Zwecken auf zwei unterschiedlichen, auf den ersten Blick nicht vergleichbaren Ebenen statt, da sich die Risiken für das Individuum auf der einen Seite und die Vorteile für die Wissenschaft und Allgemeinheit auf der anderen Seite gegenüberstehen. Fest steht jedoch, dass die Belange des Individuums stets ausschlaggebend sein müssen.

2. Aufklärung und Einwilligung (Informed Consent)

a) Rechtliche Einordnung

Die Voraussetzung, dass gem. § 20 Abs. 1 Nr. 2 MPG der Prüfungsteilnehmer seine **41** Einwilligung erteilen muss, nachdem er durch einen Arzt über Wesen, Bedeutung und Tragweite der klinischen Prüfung aufgeklärt worden ist, ist Ausdruck des **grundgesetz-**

lich verankerten Selbstbestimmungsrechts. Das Selbstbestimmungsrecht gewährleistet, dass jeder Einzelne über sich selbst und seinen Körper und das, was mit ihm geschehen oder nicht geschehen soll, grundsätzlich frei bestimmen kann.[24]

42 § 20 Abs. 2 MPG beschreibt die Wirksamkeitsvoraussetzungen für die Einwilligung des Probanden. Dieser muss geschäftsfähig und in der Lage sein, Wesen, Bedeutung und Tragweite der klinischen Prüfung einzusehen und seinen Willen hiernach zu bestimmen. Damit sind **sowohl Geschäftsfähigkeit als auch Einwilligungsfähigkeit** des Probanden gleichermaßen erforderlich. Die Geschäftsfähigkeit ist jedoch nicht immer mit der Fähigkeit gleichzusetzen, Wesen, Bedeutung und Tragweite einer Maßnahme einzusehen und seinen Willen hiernach bestimmen zu können. Welche Personen geschäftsfähig oder geschäftsunfähig sind, ergibt sich aus dem Bürgerlichen Gesetzbuch (BGB). Gemäß § 104 Nr. 1 BGB ist geschäftsunfähig, wer nicht das siebente Lebensjahr vollendet hat. Ein **Minderjähriger,** der das siebente Lebensjahr vollendet hat, ist in der Geschäftsfähigkeit beschränkt und bedarf zu einer Willenserklärung der Einwilligung seines gesetzlichen Vertreters (§§ 106, 107 BGB). Darüber hinaus ist auch geschäftsunfähig, wer sich in einem **die freie Willensbestimmung** ausschließenden Zustande krankhafter Störung der Geistestätigkeit befindet, sofern nicht der Zustand seiner Natur nach ein vorübergehender ist (§ 104 Nr. 2 BGB).[25]

43 Die Einwilligungsfähigkeit unterliegt nicht den strengen Altersgrenzen der Geschäftsfähigkeit. Das MPG hat in § 20 Abs. 2 Nr. 1 MPG diejenige Definition des Begriffs der Einwilligungsfähigkeit aufgenommen, die schon der Bundesgerichtshof (BGH) in seinen Entscheidungen zugrunde gelegt hat.[26] Die einzelnen Merkmale der Einwilligungsfähigkeit sind weiterhin offen. Teilweise ist in der Vergangenheit versucht worden, die **Kriterien der Einwilligungsfähigkeit** nach „Fähigkeitsstufen" zusammenzustellen.[27] Mag der Versuch einer Ausfüllung des Begriffs der Einwilligungsfähigkeit auch hilfreich sein, so ist im Hinblick auf die praktische Umsetzung jedoch zu berücksichtigen, dass die Entscheidung über die Fähigkeit eines Menschen, Wesen, Bedeutung und Tragweite einer klinischen Prüfung oder anderer medizinischer Maßnahmen einzusehen, grundsätzlich nicht rechtlicher, sondern medizinischer Natur ist und somit in den Zuständigkeitsbereich des behandelnden Arztes fällt.[28] Das Alter und der Gesundheitszustand eines Menschen sind Orientierungspunkte für die Beurteilung der Einwilligungsfähigkeit. Zusätzlich ist jedoch auch eine konkret-individuelle Beurteilung erforderlich.[29]

44 Speziell für die Durchführung von klinischen Prüfungen zu wissenschaftlichen Zwecken gilt, dass der Proband die Einwilligung selbst und schriftlich erteilt hat (§ 20 Abs. 2 Nr. 2 MPG). Darüber hinaus kann die Einwilligung jederzeit widerrufen werden. Die revidierte Deklaration von Helsinki geht noch darüber hinaus, indem sie fordert, dass bei einem **Widerruf der Einwilligung** dem Probanden keine Nachteile entstehen dürfen. Es ist zwar nicht ausdrücklich vorgeschrieben, wird aber von vielen Ethikkommissionen gefordert, dass der Proband nicht zur Nennung der Gründe für den Widerruf verpflichtet sein darf. Dies ist insbesondere dann von Bedeutung, wenn der Widerruf aus ganz persön-

---

[24] *Deutsch,* AcP 1992, 166.

[25] Mit Inkrafttreten des Betreuungsgesetzes im Jahre 1992 wurde u.a. die Entmündigung abgeschafft und das einheitliche Rechtsinstitut der Betreuung eingeführt. Das bedeutet, dass betreute Personen nicht zugleich auch geschäftsunfähig im Sinne des Bürgerlichen Rechts sein müssen. Eine erwachsene volljährige Person ist nur dann geschäftsunfähig, wenn bei ihr eine sog. natürliche Geschäftsunfähigkeit i.S.d. § 104 Nr. 2 BGB besteht; vgl. *Palandt/Diederichsen,* Einf. v. § 1896 BGB, Rdnr. 2.

[26] BGHZ 29, 33, 36, wonach der Einwilligende nach seiner geistigen und sittlichen Reife die Bedeutung und Tragweite des Eingriffs und seiner Gestattung ermessen können muss.

[27] *Amelung,* Recht und Psychiatrie 1995, 26; *Helmchen/Lauter,* S. 38 ff.; *Helmchen/Kanowski/Koch,* Ethik in der Medizin 1989, 86; *Helmchen,* Z.ärztl.Fortbild. 1994, 995.

[28] So auch *Voll,* S. 65.

[29] *Wachenhausen,* S. 62.

lichen Gründen erklärt wird, die z. B. in der Person des behandelnden Arztes liegen können.

Neben der Einwilligung in die klinische Prüfung muss der Proband noch eine zweite 45
Einwilligung erteilen, die sich auf die Aufzeichnung von und Einsichtnahme in Gesundheitsdaten bezieht. Gemäß § 20 Abs. 1 Nr. 2 MPG können entweder Beauftragte des Auftraggebers oder die zuständige Behörde die Gesundheitsdaten zu Prüfungszwecken einsehen. Im Gegensatz zu der ähnlich gestalteten Regelung in § 40 Abs. 1 Nr. 2 AMG spricht das MPG nur von der **Einsichtnahme und nicht von der Weitergabe.** Sicherlich können Bedenken bestehen, dass Dritten die Einsichtnahme in sensible Gesundheitsdaten gewährt werden soll, allerdings kann in der Praxis auf eine Datenvalidierung durch einen Monitor nicht verzichtet werden.[30] Die Validierung der Daten durch einen Monitor stellt des Weiteren sicher, dass die Ergebnisse der klinischen Prüfung ordnungsgemäß dokumentiert werden. Dies gewährleistet wiederum die Sicherheit und Leistungsfähigkeit des jeweiligen Medizinprodukts beim späteren Einsatz am Patienten. Das Einsichtsrecht des Monitors dürfte allerdings dann nicht bestehen, wenn es sich um Gesundheitsdaten handelt, die nicht mit der klinischen Prüfung in Beziehung stehen.

b) Inhalt und Umfang

Die **Inhalte der Aufklärung** von Probanden oder Patienten vor seiner schriftlichen 46
Einwilligung zur Teilnahme an einer klinischen Prüfung sind in § 20 Abs. 1 Nr. 2, Abs. 4
Nr. 4 und in § 21 Nr. 2–5 MPG, in der jeweils aktuellen Version der Deklaration von
Helsinki, den ICH-GCP-Leitlinien unter 4.8.10, in Nr. 5.6.9 der EN 540 und in den
Veröffentlichungen im amerikanischen Code of Federal Regulations (CFR 50.25) inhaltlich festgelegt. Hinzuweisen ist auf die Möglichkeit der Weiterleitung der vollständigen
Identität an die zuständigen Behörden nach § 29 Abs. 2 MPG im Rahmen des Medizinprodukte-Beobachtungs- und -Meldesystems:

Soweit dies zur Erfüllung der in Absatz 1 aufgeführten Aufgaben erforderlich ist, dürfen an die danach zuständigen Behörden auch Name, Anschrift und Geburtsdatum von Patienten, Anwendern oder Dritten übermittelt werden.

In Deutschland ist die **Delegation der Patientenaufklärung** durch den Prüfarzt an 47
nichtärztliche Mitarbeiter rechtlich nicht zulässig. Auch dürfen Ärzte im Praktikum (AIP)
keine Patientenaufklärung durchführen und die Einwilligung einholen, da diese „nur"
eine Approbation „auf Widerruf" haben. Die Inhalte der ärztlichen, mündlichen und
schriftlichen Aufklärung und Information des Probanden oder Patienten zur Teilnahme an
einer klinischen Prüfung sind zusammengefasst nach den o. g. Bestimmungen, sofern für
die jeweilige Prüfung einschlägig:
– eine klinische Prüfung ist eine wissenschaftliche Untersuchung;
– Zielsetzung bzw. Fragestellung der Prüfung;
– Studienteilnahme ist freiwillig, kann vor Beginn abgelehnt und die Einwilligung zur
  weiteren Teilnahme während der Prüfung ohne Angabe von Gründen jederzeit widerrufen werden, ohne dass das Vertrauensverhältnis zum behandelnden Arzt in irgendeiner Weise leidet oder der Widerruf nachteilige Folgen für die weitere ärztliche Behandlung hat;
– Aufzählung zusätzlicher Untersuchungsmethoden, die über die normale ärztliche Diagnostik bei der zu untersuchenden Erkrankung/Zustand hinausgehen;
– Zuordnung/Randomisierung zu Behandlungsgruppen;
– übliche Standardtherapie sowie mögliche andere/alternative Therapien;
– Vorteile des Medizinprodukts und/oder des Arzneimittels und möglicherweise auftretende Vorkommnisse oder unerwünschte Arzneimittelwirkungen;
– Wahrung der strikten Vertraulichkeit bei der Dokumentation der erhobenen Befunde;

---

[30] Vgl. zum Einsichtsrecht des Monitors: *Lippert,* MedR 1993, 17 ff.; *Helle,* MedR 1996, 13 ff.

- unverzügliche Information des Probanden/Patienten über weitere/neue Ergebnisse zum Medizinprodukt bzw. Arzneimittel und/oder zu einer Standardtherapie;
- Einzelheiten des Ablaufs der klinischen Prüfung und den damit verbundenen Verpflichtungen;
- bei Frauen im gebärfähigen Alter Abfrage und Dokumentation des verwendeten Konzeptionsschutzes;
- Frauen im gebärfähigen Alter werden:
  - über die Ergebnisse reproduktionstoxikologischer tierexperimenteller Untersuchungen und deren Bedeutung für den Menschen aufgeklärt;
  - über Risiken und Konsequenzen bei einer auftretenden Schwangerschaft und für ein ungeborenes Kind informiert;
  - aufgeklärt, dass zum Ausschluss einer Schwangerschaft vor Studienbeginn, während einer klinischen Prüfung und nach deren Beendigung ein Schwangerschaftstest durchgeführt wird;
- auf eine mögliche Beeinträchtigung der Teilnahme am Straßenverkehr ist hinzuweisen;
- die Durchführung eines HIV-Tests ist in der Patienteneinwilligung zu dokumentieren und der Patient über mögliche Konsequenzen eines positiven Tests aufzuklären;
- Information über das Bestehen des gesetzlichen Versicherungsschutzes;
- Information über die Versicherungsbedingungen und Obliegenheiten des Versicherten zur Gewährleistung des Versicherungsschutzes, Angabe des Versicherers einschließlich der Anschrift und der Versicherungsnummer;
- Information, dass andere medizinische Behandlungen – mit Ausnahme von Notfallsituationen – nur im Einvernehmen mit dem Prüfarzt zulässig sind;
- Information, dass bei Verdacht auf einen Gesundheitsschaden als mögliche Folge der Teilnahme an einer klinischen Prüfung der Prüfarzt sofort zu informieren ist, damit dieser unverzüglich die Versicherung benachrichtigen und eine eventuell erforderliche ärztliche Behandlung einleiten kann;
- Umfang der Überwachung der klinischen Prüfung beim Prüfarzt durch Monitore des Auftraggebers und durch zuständige Überwachungsbehörden;
- Information über bestehende Vertraulichkeit, wonach personenbezogene Daten nur in anonymisierter Form an den Sponsor weitergeleitet werden;
- Information, dass erforderlichenfalls personenbezogene Daten in nicht anonymisierter Form an zuständige Behörden weitergegeben werden können (§ 29 Abs. 2 MPG);
- Information, dass die Prüfung auch vom Prüfarzt jederzeit unter Abwägung des Nutzen-Risiko-Verhältnisses oder einem geänderten Stand der wissenschaftlichen Kenntnis über das Medizinprodukt bzw. Arzneimittel unterbrochen oder beendet werden kann.

48 Bei der **Art der Aufklärung** ist Folgendes zu beachten:
- Für die Entscheidung zur Teilnahme ist den Patienten genügend Zeit zu gewähren; eventuell ist den Patienten die Patienteninformation und Einwilligungserklärung mit nach Hause zu geben und abzuwarten, wie sie sich nach Abstimmung mit Angehörigen verhalten.
- Patienten dürfen zwar zu einer Studienteilnahme motiviert, nicht jedoch überredet werden;
- die Patienteninformation und -einwilligungserklärung ist bei Ausländern mit mangelhaften Kenntnissen der deutschen Sprache in die Landessprache des Patienten zu übersetzen; beim Aufklärungsgespräch sind Familienangehörige mit ausreichenden deutschen Sprachkenntnissen oder ein Dolmetscher zu beteiligen;
- Aushändigung einer Kopie der Information und Einwilligungserklärung sowie einer Kopie der Versicherungsbestätigung und der Versicherungsbedingungen.

49 Prüfärzte sollten schriftlich, z.B. als ärztliches Attest, die Urteilsfähigkeit des Patienten mit einer Erklärung zur Aufklärung und Einwilligung bei Prüfungen mit Medizinprodukten in ihren Patientenunterlagen mit folgendem Inhalt **dokumentieren:**

– Prüfplan-Nr. und den Auftraggeber, die Patientenidentifikationsnummer in der Prüfung, den gesetzlichen Vertreter bzw. Angehörigen (Anschriften, Namen, Vornamen, Datum) mit den Gründen zur Art der durchgeführten Aufklärung;
– der Patient ist geschäftsunfähig oder in der Geschäftsfähigkeit beschränkt, jedoch urteilsfähig und in der Lage, Wesen, Bedeutung und Tragweite der klinischen Prüfung einzusehen und seinen Willen hiernach zu bestimmen (§ 21 Nr. 2 MPG);
– der Patient ist geschäftsunfähig oder in der Geschäftsfähigkeit beschränkt und nicht urteilsfähig und nicht in der Lage, Wesen, Bedeutung und Tragweite der klinischen Prüfung einzusehen und seinen Willen hiernach zu bestimmen (§ 21 Nr. 2 MPG);
– die Aufklärung und Einwilligung des Patienten wurde nicht durchgeführt, um den Behandlungserfolg nicht zu gefährden; ein entgegenstehender Wille des Patienten war nicht erkennbar (§ 21 Nr. 5 MPG);
– die Aufklärung und Einwilligung des gesetzlichen Vertreters wurde nicht durchgeführt, da eine Behandlung ohne Aufschub erforderlich war (§ 21 Nr. 3 MPG);
– der gesetzliche Vertreter des Minderjährigen wurde aufgeklärt und hat der Teilnahme des Patienten an der klinischen Prüfung schriftlich zugestimmt (§ 20 Nr. 2 MPG);
– die Einholung der Einwilligung des Patienten wird nachgeholt, sobald der Patient einwilligungsfähig ist.

Die unterschriebene Einwilligungserklärung des Patienten muss vor Studienbeginn vorliegen, d.h. vor der Durchführung von für eine klinische Prüfung erforderlichen Vor- oder Screeninguntersuchungen (apparative oder Laboruntersuchungen) oder vor Beginn einer Wash-out-Phase (z.B. Pause vor einem Medikamentenwechsel). Für die Entscheidung zur Studienteilnahme ist Probanden und Patienten **ausreichend Zeit zu gewähren**. Zum Nachweis, dass die Aufklärung vollständig stattgefunden und der Patient diese auch verstanden hat, sollte in der Einwilligungserklärung handschriftlich dokumentiert werden, welche zusätzlichen Fragen der Patient gestellt hat und wie diese beantwortet wurden. Bei Prüfungen mit größeren Risiken sollte auch die Uhrzeit und Dauer des Aufklärungsgesprächs festgehalten werden. Mit seiner Unterschrift erklärt der Patient seine freiwillige Teilnahme und Absicht, während der Prüfung dem Prüfplan und den Anweisungen des Prüfarztes zu folgen und dessen Fragen nach bestem Wissen zu beantworten. Eine Kopie der sämtliche Aufklärungspunkte enthaltenden schriftlichen Patienteninformation und der Patienteneinwilligungserklärung sind dem Patienten zusammen mit einer Kopie der Versicherungsbestätigung und der Versicherungsbedingungen auszuhändigen.

3. Prüfarzt/Leiter der klinischen Prüfung

§ 20 Abs. 1 Nr. 4 MPG bezieht sich auf die Qualifikation, die eine Person haben muss, um eine klinische Prüfung durchführen zu dürfen. Im Gegensatz zum AMG, das lediglich einem Arzt erlaubt, eine klinische Prüfung mit Arzneimitteln durchzuführen, dürfen klinische Prüfungen mit Medizinprodukten neben einem entsprechend **qualifizierten und spezialisierten Arzt oder Zahnarzt** auch von einer sonstigen entsprechend **qualifizierten und befugten Person** geleitet werden. Einzige Anforderung ist, dass diese Person eine mindestens zweijährige Erfahrung in der klinischen Prüfung von Medizinprodukten nachweist. Diese Qualifikation ist in der Form seines aktuellen, wissenschaftlichen Lebenslaufs (Curriculum Vitae) und entsprechende Zertifikate (z.B. Kopie der Facharztanerkennung) dem Auftraggeber der klinischen Prüfung unterschrieben und datiert zur Verfügung zu stellen.

Fraglich ist, ob diese Anforderungen an sämtliche mit der Durchführung einer klinischen Prüfung mit Medizinprodukten beschäftigten Personen gestellt werden müssen, da in der Praxis häufig nicht nur ein einzelner Arzt oder eine entsprechend qualifizierte Person an der Planung und Durchführung von klinischen Prüfungen beteiligt ist. Die Anforderungen des § 20 Abs. 1 Nr. 4 MPG werden nach dem Gesetzeswortlaut an denjenigen

Arzt oder diejenige Person gestellt, die die klinische Prüfung eines Medizinprodukts leitet. Diese Person muss eine mindestens zweijährige Erfahrung in der klinischen Prüfung von Medizinprodukten nachweisen können. In diesem Zusammenhang kann Nr. 3.5 der Harmonisierten Norm EN 540 als Auslegungshilfe herangezogen werden. Danach ist ein klinischer Prüfer derjenige Prüfer, der für die **Durchführung einer klinischen Prüfung verantwortlich** ist und der die **ärztliche Verantwortung für das Wohlergehen der Versuchspersonen** übernimmt. Sollten daher neben dem Arzt, der eine klinische Prüfung leitet, in einem Prüfzentrum noch andere Ärzte oder Mitarbeiter an der klinischen Prüfung teilnehmen, ohne diese jedoch verantwortlich zu leiten und ohne die ärztliche Verantwortung für die Patienten zu übernehmen, kann daraus umgekehrt geschlossen werden, dass diese Ärzte eine derartige Qualifikation nicht nachweisen müssen. Hinsichtlich der Ausgestaltung des Qualifikationsumfangs besteht jedoch auch in Zukunft noch weiterer Klärungsbedarf.

53   Wesentlich schwieriger als die Einordnung des Begriffs des „Prüfarztes" ist die Einordnung des Begriffs des „Leiters der klinischen Prüfung". Bereits im Zusammenhang mit den Bestimmungen des AMG zur Durchführung von klinischen Prüfungen mit Arzneimitteln haben sich in der Vergangenheit vielfältige Probleme bei der Definition der Person sowie der Qualifikation des Leiters der klinischen Prüfung ergeben. In diesem Zusammenhang hat die Arzneimittelkommission der deutschen Ärzteschaft im Jahr 1997 ein **Anforderungsprofil** des Leiters der klinischen Prüfungen erstellt.[31] Dieses Anforderungsprofil besitzt zwar keine rechtliche Verbindlichkeit, jedoch wird in der Praxis häufig auf dieses Dokument zurückgegriffen, da es sich als hilfreich erwiesen hat.

54   Nr. 3.16 der Harmonisierten Norm EN 540 definiert den Begriff des Leiters der klinischen Prüfung von Medizinprodukten. Danach handelt es sich bei dem Leiter der klinischen Prüfung um einen klinischen Prüfer, der **vom Sponsor ernannt** wird, um die Arbeit an einer multizentrischen klinischen Prüfung oder die Arbeit mehrerer klinischer Prüfer an einem Ort zu koordinieren. Hieraus folgt, dass nicht jeder klinische Prüfer zugleich auch der Leiter der klinischen Prüfung ist. Des Weiteren kann es sich um eine Person handeln, die direkt dem pharmazeutischen Unternehmen angegliedert ist oder um eine Person, die an einem der Prüfzentren tätig ist. Sollte der Leiter der klinischen Prüfung bei dem Unternehmen, das als Sponsor der Studie auftritt, angegliedert sein, ist dafür Sorge zu tragen, dass mögliche Interessenkonflikte zwischen dem Leiter der klinischen Prüfung und dem Sponsor von vornherein ausgeschlossen werden.[32]

55   Mit der neuen noch im Entwurf vorliegenden Norm ISO/DIS 14155–1 wird voraussichtlich der Begriff des sog. **„Coordinating Investigators"** (koordinierender Prüfer) eingeführt werden. Hierbei soll es sich um die Person handeln, die vom Sponsor ernannt wird, um die Durchführung einer multizentrischen klinischen Prüfung zu koordinieren. Es zeichnet sich bereits ab, dass in Zukunft die Abgrenzung der Verantwortungsbereiche des klinischen Prüfers, des Leiters der klinischen Prüfung und des koordinierenden Prüfers Schwierigkeiten bereiten wird, da eine scharfe Abgrenzung nicht immer möglich sein wird. Es muss jedoch in jedem Fall sichergestellt werden, dass das Wohl des einzelnen Patienten und die ärztliche Verantwortung im Vordergrund stehen.

56   Die Verantwortlichkeiten des Leiters der klinischen Prüfung entsprechen weitgehend denjenigen des Coordinating Investigators – und weiterer beteiligter Prüfer – nach ICH-GCP 1.19 und 5.6.1, der als approbierter Arzt oder Zahnarzt bei der Durchführung klinischer Prüfungen international akzeptierte ethische Normen einzuhalten und für den **Schutz der Patienten** zu sorgen hat. Die Anforderungen an einen Prüfleiter und beteiligte Prüfer sind im Einzelnen in der ICH-GCP-Leitlinie unter Nr. 4 beschrieben.

---

[31] DÄBl. 1997, A-2012.
[32] *Gamerschlag,* NJW 1982, 685.

4. Abschluss einer Probandenversicherung

Das MPG schreibt in § 20 Abs. 1 Nr. 9 den Abschluss einer Probandenversicherung **57** vor. Ohne den Abschluss einer Probandenversicherung darf mit der klinischen Prüfung eines Medizinprodukts nicht begonnen werden. Die Probandenversicherung ist für den Fall abzuschließen, dass bei der Durchführung der klinischen Prüfung ein Mensch getötet oder der Körper oder die Gesundheit eines Menschen verletzt oder beeinträchtigt wird. Die Versicherung muss auch dann Leistungen gewähren, **wenn kein anderer für den Schaden haftet.** Wird aus der Versicherung geleistet, erlischt ein Anspruch auf Schadensersatz (§ 20 Abs. 3 Satz 3 MPG). Für klinische Prüfungen nach § 23 MPG mit verkehrsfähigen, CE-gekennzeichneten Medizinprodukten wird dann keine Probandenversicherung erforderlich sein, wenn durch die Patientenuntersuchungen keine über die ärztliche Routinetätigkeit in der vom Hersteller vorgegebenen Zweckbestimmung des Medizinprodukts hinausgehenden studienbedingten Interventionen erfolgen. Bei Leistungsbewertungsprüfungen von In-vitro-Diagnostika bei Vorliegen der Voraussetzungen des § 24 Abs. 1 i. V. m. § 20 Abs. 1 Nr. 9 und Abs. 3 MPG ist eine Probandenversicherung erforderlich; ebenso, wenn intervenierende klinische Prüfungen nach bereits erfolgter CE-Kennzeichnung gem. § 23 MPG durchgeführt werden.

Die Einzelheiten des Versicherungsverhältnisses ergeben sich aus den „Allgemeinen **58** Versicherungsbedingungen (AVB) für klinische Prüfungen von Medizinprodukten nach dem Medizinproduktegesetz".[33] Danach besteht der Versicherungsschutz für Gesundheitsschädigungen, die spätestens fünf Jahre nach Abschluss der beim Versicherten durchgeführten klinischen Prüfung eingetreten sind und nicht später als zehn Jahre nach Beendigung der Prüfung dem Versicherer gemeldet werden. Nach dem bisherigen Stand der AVB wird jedoch nur der Ersatz des materiellen Schadens, nicht aber des immateriellen Schadens gewährt.[34] Das MPG selbst enthält keine Bestimmungen zur Haftung bei klinischen Prüfungen und zur Haftung für fehlerhafte Medizinprodukte. Insofern ist auf die Bestimmungen des Produkthaftungsgesetzes (ProdHaftG) zurückzugreifen. Das ProdHaftG gewährte bisher nur den Ersatz des materiellen Schadens. Durch das Zweite Gesetz zur Änderung schadensrechtlicher Vorschriften (Schadensrechtsänderungsgesetz) wurden jedoch die einschlägigen Normen des BGB und auch des ProdHaftG geändert. Das Schadensrechtsänderungsgesetz ist am 1. 8. 2002 in Kraft getreten. In § 8 ProdHaftG wurde danach auch die **Gewährung von Schmerzensgeld** eingeführt.[35] Das bedeutet für den Umfang der Probandenversicherung bei der Durchführung von klinischen Prüfungen mit Medizinprodukten im Ergebnis, dass diese entsprechend erweitert werden müssen, um sicherzustellen, dass eine umfassende Versicherungsdeckung besteht.[36]

Die Probandenversicherung muss gem. § 20 Abs. 3 MPG bei einem in Deutschland **59** zum Geschäftsbetrieb befugten Versicherer abgeschlossen werden. Diese Voraussetzung ist insbesondere dann zu berücksichtigen, wenn eine klinische Prüfung international durchgeführt wird. Außerdem muss der Umfang der Probandenversicherung in einem angemessenen Verhältnis zu den mit der klinischen Prüfung verbundenen Risiken stehen und auf Grundlage der Risikoabschätzung so festgelegt werden, dass für jeden Fall des Todes oder dauernden Erwerbsunfähigkeit einer von der klinischen Prüfung betroffenen Person mindestens € 500 000 zur Verfügung stehen. Diese Bestimmung ist im Rahmen des 2. MPG-ÄndG überarbeitet worden. Neu ist, dass für **jeden Fall des Todes** einer von der klinischen Prüfung betroffenen Person **mindestens € 500 000** zur Verfügung stehen

---

[33] Text der Allgemeinen Versicherungsbedingungen (AVB) für klinische Prüfungen von Medizinprodukten abgedruckt bei *Schorn*, Medizinprodukterecht, Materialien, D 15 a.

[34] Vgl. Abschnitt 36 I. (Versicherungsleistung) der AVB, BT-Drs. 14/7752.

[35] S. die kritische Beurteilung durch *von Mayenburg*, VersR 2002, 27 ff.

[36] Umfassend zu dieser Problematik *Deutsch*, PharmaR 2001, 346 ff. = MPR 2001, 11 ff.

sollen.[37] Diese Regelung wurde neugefasst, da in der Vergangenheit im Hinblick auf das Verhältnis der Deckungssumme zur Anzahl der Prüfungsteilnehmer zu Recht kritisiert wurde, dass die Mindestdeckungssumme von € 500 000 häufig nicht erreicht wurde.[38]

60   Kommen im Rahmen einer klinischen Prüfung radioaktive Stoffe bzw. ionisierende Strahlen zur Anwendung, ist gemäß der Verordnung über den Schutz vor Schäden durch ionisierende Strahlen **(Strahlenschutzverordnung – StrlSchV)** nach § 24 Abs. 2 Nr. 5 StrlSchV (Anwendung radioaktiver Stoffe in der medizinischen Forschung) in Verbindung mit § 15 Atomdeckungsvorsorgeverordnung (AtDeckV) eventuell eine Strahlenhaftpflichtversicherung abzuschließen.

5. Zustimmende Stellungnahme einer Ethikkommission

61   Gemäß § 20 Abs. 7 MPG darf mit der klinischen Prüfung in Deutschland erst begonnen werden, wenn die Anzeige gem. § 20 Abs. 6 Satz 1 MPG erfolgt ist und eine zustimmende Stellungnahme einer unabhängigen und interdisziplinär besetzten sowie beim Bundesinstitut für Arzneimittel und Medizinprodukte (BfArM) **registrierten Ethikkommission** vorliegt. Die Frage nach dem Zuständigkeitsbereich, der Form und der Zusammensetzung von Ethikkommissionen ist streitig. Der Streit hat seinen Ursprung teilweise in der Widersprüchlichkeit der Bestimmungen zwischen AMG und MPG und den Berufsordnungen der Länder. Darüber hinaus ist in Deutschland eine besondere Diskrepanz bei dem Verhältnis zwischen privaten und öffentlich-rechtlichen Ethikkommissionen erkennbar.

62   Nach § 20 Abs. 7 MPG muss die Ethikkommission unabhängig und interdisziplinär besetzt sowie beim BfArM registriert sein. Eine Registrierung erfolgt nur, wenn in einer veröffentlichten Verfahrensordnung die Mitglieder, die aus medizinischen Sachverständigen und nichtmedizinischen Mitgliedern bestehen und die erforderliche Fachkompetenz aufweisen, das **Verfahren der Ethikkommission,** die Anschrift und eine angemessene Vergütung aufgeführt sind.[39] Im Gegensatz zum AMG fordert das MPG jedoch nicht, dass es sich um eine nach Landesrecht gebildete Ethikkommission handeln muss. Insofern kann die zustimmende Stellungnahme sowohl von einer privaten als auch von einer nach Landesrecht gebildeten, öffentlich-rechtlichen Ethikkommission eingeholt werden. Demgegenüber fordern viele Berufsordnungen der Länder, dass sich Ärztinnen und Ärzte vor der Durchführung biomedizinischer Forschung am Menschen (wozu auch die klinische Prüfung mit Medizinprodukten zählt) durch die Ethikkommission bei der Landesärztekammer oder durch eine an den Universitäten des Landes errichteten Ethikkommission beraten lassen müssen.[40] Hiervon wird eine zustimmende Stellungnahme einer privaten Ethikkommission grundsätzlich nicht erfasst.

63   Vor diesem Hintergrund erging am 29. 6. 2001 ein Urteil des **Verwaltungsgerichts Stuttgart** (Az.: 4K 5787/00),[41] das feststellt, dass die Ethikkommission der Landesärztekammer Baden-Württemberg nicht als Ethikkommission i. S. v. § 20 Abs. 7 MPG tätig werden dürfe, soweit sie gleichzeitig eine Pflichtberatung ihrer Mitglieder durchführe.[42] In dem Verfahren vor dem Verwaltungsgerichts Stuttgart hatte die **freie Freiburger Ethik-**

---

[37] Vgl. BR-Drs. 309/01, S. 5, wonach die volle Höhe des Schadensersatzanspruchs für jeden Teilnehmer an einer klinischen Prüfung, der einen entsprechenden Schaden erlitten hat, gewährleistet sein muss.

[38] S. Bericht der Arbeitsgruppe „Probandenversicherung" des Arbeitskreises Medizinischer Ethikkommissionen von *Rittner/Walter-Sack,* VersR 2000, 689 ff.

[39] Die Liste der bisher registrierten Ethikkommissionen wird vom BfArM regelmäßig auf seiner Homepage aktualisiert.

[40] *Graf* (freie Freiburger Ethikkommissionen International GmbH) hält die Einschaltung von Ethikkommissionen nach Berufsrecht grundsätzlich für rechtswidrig, vgl. *Graf,* PharmaR 1998, 237.

[41] Text des Urteils abgedruckt in NJW 2002, 529 ff., MPJ 2002, 21 f.; vgl. auch die Besprechung des Urteils von *Deutsch,* NJW 2002, 491 ff.

[42] Vgl. in diesem Zusammenhang auch die Anmerkungen von *Graf,* PharmaR 2001, 356 ff. (= MPR 2001, 6 ff.), NJW 2002, 1774 ff.

kommission International GmbH gegen die **Landesärztekammer** Baden-Württemberg geklagt, da die freie Freiburger Ethikkommission einem Unternehmen ein positives Votum erteilt und die Ethikkommission der Landesärztekammer Baden-Württemberg dennoch die Auffassung vertreten hatte, dass die an der klinischen Prüfung beteiligten Ärzte zusätzlich auch ein Votum der Ethikkommission der Landesärztekammer auf der Basis der Berufsordnung einholen müssten. Das VG Stuttgart sah hierin eine faktische **Monopolstellung der Ethikkommission** der Landesärztekammer Baden-Württemberg, die nicht durch überragende öffentliche Interessen gerechtfertigt sei. Dieses Urteil wurde am 10. 9. 2002 in der Berufungsinstanz durch den **Verwaltungsgerichtshof Baden-Württemberg** (Az.: 9 S 2506/01) bestätigt. Danach bedürfe ein Arzt, der Mitglied der Landesärztekammer ist, für die Teilnahme an der klinischen Prüfung eines Medizinprodukts beim Menschen, für die ein zustimmendes Votum der freien Freiburger Ethikkommission vorliegt, keines zusätzlichen Votums der Ethikkommission der Landesärztekammer. Gleichzeitig untersagte der Verwaltungsgerichtshof der Landesärztekammer allerdings nicht, dass ihre Ethikkommission Stellungnahmen nach § 20 Abs. 7 MPG abgibt und insofern in Wettbewerb zu freien bzw. privaten Ethikkommissionen tritt.

Im Ergebnis ergibt sich wohl zunächst aus den Urteilen des Verwaltungsgerichts Stutt- **64** gart sowie des Verwaltungsgerichtshofes Baden-Württemberg, dass die Einholung sog. „Doppelvoten" nicht zwingend erforderlich ist, und bestätigen insofern die in diesem Zusammenhang geäußerte Kritik. Die **Einholung mehrerer Voten** bei der Durchführung von multizentrischen klinischen Prüfungen mit Medizinprodukten wird zunehmend auch von Seiten der medizintechnologischen Industrie kritisiert.[43] Die Frage des Verhältnisses zwischen privaten und öffentlich-rechtlichen Ethikkommissionen wird jedoch durch die Urteile der baden-württembergischen Verwaltungsgerichte nicht vollständig geklärt, da sie das Verhältnis zwischen einer privaten Ethikkommission und einer bei der Landesärztekammer angesiedelten Ethikkommission beurteilen mussten.[44] Sie mussten sich dagegen nicht mit der Frage nach der **Verkehrssicherungspflicht** auseinandersetzen, da es sich um eine Ethikkommission bei der Landesärztekammer und nicht um eine universitäre Ethikkommission gehandelt hat. Den universitären Ethikkommissionen kommen anders als Ethikkommissionen bei der Landesärztekammer im Hinblick auf ihre Einrichtung wichtige zusätzliche Funktionen zu. In erster Linie ist die Funktion einer Ethikkommission der Schutz des Menschen bei der Teilnahme an einer klinischen Prüfung von Medizinprodukten, der Schutz des Forschers vor überzogenem Forschungsdrang sowie der Schutz der versuchsdurchführenden Institution als Ausprägung der Verkehrssicherungspflicht.[45] Die Wahrnehmung von Aufgaben der Verkehrssicherung innerhalb einer Institution durch die Ethikkommission ist nicht mehr hinwegzudenken, so dass möglicherweise das Votum einer Ethikkommission, die die Voraussetzungen des MPG erfüllt, nach außen ausreichend sein dürfte, allerdings die Institutionen (Universitätskliniken) sicherlich in Zukunft weiterhin darüber entscheiden werden, ob eine klinische Prüfung auch in der Institution mit bestimmten Prüfärzten durchgeführt werden darf. Dieser Aspekt wird bei der öffentlichen Auseinandersetzung häufig in den Hintergrund gedrängt.

Darüber hinaus ist nicht einzusehen, warum das AMG und das MPG völlig unter- **65** schiedliche Anforderungen stellen. Dieser Widerspruch sollte in Zukunft aufgehoben werden, damit weitere Auseinandersetzungen vermieden werden. Wie sich nämlich aus einer umfassenden empirischen Untersuchung ergibt, hat sich das System der **Forschungsbegutachtung durch Ethikkommissionen** inzwischen in Deutschland so weit durchge-

---

[43] Inzwischen werden die Ethikkommissionen bereits als „Stolperstein" bezeichnet, vgl. *Höhmann*, MPJ 2001, 17 ff.

[44] Vgl. hierzu auch *Böse*, MedR 2002, 249, der die verfassungs- und gemeinschaftsrechtlichen Bedenken gegen das Beratungsmonopol der öffentlich-rechtlichen Ethikkommissionen sogar für unbegründet hält.

[45] Vgl. *Deutsch*, NJW 1994, 2382; *Deutsch*, VersR 1999, 4.

setzt, dass eine lokale Kontrollmöglichkeit in den Bundesländern gewährleistet ist.[46] Statt über Zuständigkeiten zu streiten, sollte vielmehr überlegt werden, wie das wertvolle Erfahrungswissen der Ethikkommissionen am sinnvollsten (auch unter Qualitätssicherungsgesichtspunkten) eingesetzt werden kann.

66   Die Ethikkommission hat die Aufgabe, den Prüfplan (mit den erforderlichen Unterlagen) insbesondere nach ethischen und rechtlichen Gesichtspunkten mit mindestens fünf Mitgliedern mündlich zu beraten und zu prüfen, ob die wesentlichen Voraussetzungen vorliegen.[47] Der Ethikkommission müssen **folgende Unterlagen eingereicht** werden:
- Prüfplan und Case Report Forms (CRF), Amendment(s);
- Patienteninformation(en) und -einwilligungserklärung(en);
- Curriculum Vitae des Leiters der klinischen Prüfung, Anschriften weiterer beteiligter Prüfärzte;
- Probandenversicherungsbestätigung und Probandenversicherungsbedingungen in Kopie;
- Prüferbroschüre (enthält Gutachten zur sicherheitstechnischen Unbedenklichkeit und zur tierexperimentellen biologischen Sicherheitsprüfung) und Gebrauchsanweisung zur Anwendung/Applikation des Medizinprodukts oder separat;
- Zusammenfassung der biologischen Sicherheitsprüfung: Ergebnisse der präklinischen und vorhandenen klinischen Untersuchungsergebnisse (produktspezifische Informationen, biologische Sicherheitsprüfung oder sonstige für die vorgesehene Zweckbestimmung des Medizinprodukts durchgeführte Prüfungsergebnisse);
- Gutachten zur sicherheitstechnischen Unbedenklichkeit;
- Gebrauchsanweisung zur Anwendung/Applikation des Medizinprodukts;
- Methodik der Patientenrekrutierung (Anzeigen, etc.);
- Honorierung von Prüfern;
- Erstattung von Kosten und Auslagen der Patienten (falls zutreffend).

67   Das AMG trifft – anders als das MPG – keine Bestimmungen zum **Beratungsumfang** einer Ethikkommission. Dies wird sich in naher Zukunft ändern, da der deutsche Gesetzgeber bis zum 1. 5. 2003 die Richtlinie 2001/20/EG über die „Anwendung der guten klinischen Praxis bei der Durchführung von klinischen Prüfungen mit Humanarzneimitteln" umzusetzen hat.[48] Danach werden die Ethikkommissionen eine Vielzahl von Aufgaben erhalten, u. a. die Begutachtung der Qualität der Einrichtungen oder die Modalitäten für eine etwaige Vergütung oder Entschädigung für Prüfer und Prüfungsteilnehmer einschließlich des zwischen Sponsor und Prüfer abgeschlossenen Vertrags. Es bleibt abzuwarten, inwieweit sich die bevorstehenden Änderungen des AMG auch auf das MPG auswirken werden.[49]

6. Sonstige allgemeine Voraussetzungen

68   Über die oben dargestellten Voraussetzungen hinaus sind ggf. die Durchführung einer **biologischen Sicherheitsprüfung und der Nachweis der sicherheitstechnischen Unbedenklichkeit** für die Anwendung des Medizinprodukts erforderlich (§ 20 Abs. 1 Nr. 5 und 6 MPG). Weiterhin ist die Erstellung und Ausarbeitung eines dem jeweiligen Stand der wissenschaftlichen Erkenntnis entsprechenden **Prüfplans** notwendig. Der Prüfplan spiegelt das Prinzip der Wissenschaftlichkeit wider. Dies bedeutet, dass die geplante klinische Prüfung voraussichtlich verwertbare Ergebnisse erwarten lässt und dass sie ethischen Grundsätzen entspricht. Weitere wichtige Punkte werden sich aus der neuen Norm ISO/DIS 14155–2 („Clinical Investigation Plans") ergeben. Aus dieser Norm lassen

---

[46] Vgl. die Zusammenstellung der Ergebnisse der empirischen Untersuchung von *Wilkening,* MedR 2001, 301 ff.

[47] Zur Haftung für die Ethikkommission, s. *Deutsch/Lippert,* S. 67 ff.

[48] ABl. EG Nr. L 121 v. 1. 5. 2001, S. 34.

[49] Praktische Anregungen zur Zusammenarbeit mit Ethikkommissionen finden sich in dem Artikel von *Stapff/Reinken/Lerner-Hiller/Klein/Hundt,* Pharm.Ind. 2002, 543 ff.

sich die wesentlichen Anhaltspunkte für die Struktur und den Inhalt eines Prüfplans entnehmen.

III. Besondere Voraussetzungen

1. „Persönliche" Indiziertheit des zu prüfenden Medizinprodukts bei Patienten

§ 21 MPG enthält die besonderen Voraussetzungen für klinische Prüfungen. Die Regelung bezieht sich auf Personen, die an einer Krankheit leiden, zu deren Behebung das zu prüfende Medizinprodukt angewendet werden soll. Allerdings darf nicht jede klinische Prüfung mit Medizinprodukten an Patienten durchgeführt werden. § 21 Nr. 1 MPG nennt als Voraussetzung die **Indiziertheit des zu prüfenden Medizinprodukts.** Das bedeutet, dass eine klinische Prüfung an Patienten nur dann durchgeführt werden darf, wenn die Anwendung des zu prüfenden Medizinprodukts nach den Erkenntnissen der medizinischen Wissenschaft angezeigt ist, um das Leben des Kranken zu retten, seine Gesundheit wiederherzustellen oder seine Leiden zu erleichtern. Hierbei muss berücksichtigt werden, dass es sich nicht um eine allgemeine Indiziertheit des zu prüfenden Medizinprodukts handeln darf, sondern um eine „persönliche" Indiziertheit, d.h. die Durchführung der klinischen Prüfung muss bei dem individuellen Patienten angezeigt sein und nicht nur in Bezug auf dessen Krankheit.[50]

2. Klinische Prüfung mit Einwilligungsunfähigen

Anders als in § 21 Abs. 2 Nr. 1 MPG geregelt, darf eine klinische Prüfung mit Patienten (an einer Krankheit leidenden Personen) auch dann durchgeführt werden, wenn der Patient geschäftsunfähig oder in der Geschäftsfähigkeit beschränkt ist. Für diesen Fall sieht § 21 Nr. 2 MPG die **Einwilligung des gesetzlichen Vertreters** vor. Das bedeutet, dass auch eine klinische Prüfung mit Medizinprodukten an Minderjährigen, die an einer Krankheit leiden, zulässig ist. Darüber hinaus ist die klinische Prüfung mit Medizinprodukten an erwachsenen Personen, die an einer Krankheit leiden und zugleich geschäftsunfähig sind, ebenfalls zulässig. Wie bereits oben beschrieben wurde (Rdnr. 42 f.), bedeutet Geschäftsunfähigkeit nicht zugleich Einwilligungsunfähigkeit. Daher schreibt § 21 Nr. 2 MPG vor, dass neben der Einwilligung des gesetzlichen Vertreters auch die Einwilligung des Vertretenen erforderlich ist, wenn dieser einwilligungsfähig ist. Es ist zu berücksichtigen, dass die Kooperationsbereitschaft des an der klinischen Prüfung Teilnehmenden von großer Bedeutung ist. Insofern ist die zusätzliche Einwilligung von geschäftsunfähigen Patienten nicht nur unter rechtlichen, sondern auch unter medizinischen Gesichtspunkten von großer Bedeutung.

§ 21 Nr. 3 MPG sieht außerdem weitere Erleichterungen für die Einwilligung vor und ermöglicht sogar die Vornahme einer klinischen Prüfung ohne die Einwilligung des gesetzlichen Vertreters in **Notfallsituationen.** Diese Regelung basiert auf einem Fall des rechtfertigenden Notstands gem. § 34 Strafgesetzbuch (StGB). § 21 MPG erweitert damit den Rahmen der Rechtfertigungsgründe und berücksichtigt neben der Einwilligung des Patienten, dem Einwilligungsersatz durch den gesetzlichen Vertreter auch den rechtfertigenden Notstand. Der einzige Rechtfertigungsgrund, der nicht genannt wird, ist die sog. „mutmaßliche Einwilligung" des Patienten. Dem Institut der **mutmaßlichen Einwilligung** ist – möglicherweise sogar mehr als dem rechtfertigenden Notstand im Zusammenhang mit klinischen Prüfungen an Einwilligungsunfähigen – besondere Bedeutung zuzumessen. Die Möglichkeiten der Weiterentwicklung und Erprobung von Medizinprodukten

---

[50] S. zum Begriff des Heilversuchs in der klinischen Prüfung *Helle/Frölich/Haindl,* NJW 2002, 857 ff.

kann unter Umständen gerade für Unfallopfer, die sich in einem komatösen Zustand befinden, sowie Patienten mit septischem Schock lebenswichtig sein. Ein Übergreifen von Rechtfertigungsgründen in andere Rechtsgebiete ist nach dem Prinzip der Einheit der Rechtsordnung zulässig und vorliegend geboten.[51]

3. Humanitäres Prinzip

72 § 21 Nr. 5 MPG sieht vor, dass die Aufklärung und die Einwilligung des Kranken oder seines gesetzlichen Vertreters dann entfallen kann, wenn durch die Aufklärung der **Behandlungserfolg gefährdet** würde und ein entgegenstehender Wille des Kranken nicht erkennbar ist. Das Entfallen der Aufklärung in besonders schweren Fällen wird auch als humanitäres Prinzip bezeichnet.[52]

IV. Klinische Prüfungen an Minderjährigen

73 § 20 Abs. 4 MPG enthält besondere Voraussetzungen für die klinische Prüfung von Medizinprodukten an Minderjährigen. Diese Bestimmung wurde wortgleich ebenfalls aus dem AMG übernommen und – systematisch nicht ganz einleuchtend – in § 20 MPG eingegliedert, so dass die klinische Prüfung an Minderjährigen den allgemeinen Voraussetzungen zugeordnet ist. § 20 Abs. 4 MPG trägt der Notwendigkeit der Entwicklung von Prophylaktika und Diagnostika Rechnung, da gerade im Kindesalter das Vorbeugen gegen Krankheiten und das frühzeitige Erkennen von Krankheiten ein besonders bedeutsamer Aspekt ist, für den besondere Regelungen aufgestellt werden müssen.[53] Die **Sonderregel** des § 20 Abs. 4 MPG bezieht sich zum einen auf die klinische Prüfung mit gesunden Minderjährigen. Zum anderen verlangt sie in § 20 Abs. 4 Nr. 2 MPG eine „persönliche" Indiziertheit des zur klinischen Prüfung bestimmten Medizinprodukts. Die Anwendung des Medizinprodukts muss nämlich nach den Erkenntnissen der medizinischen Wissenschaft angezeigt sein, um **bei dem Minderjährigen** Krankheiten zu erkennen oder ihn vor Krankheiten zu schützen. Diese Regelung schließt klinische Prüfungen von Medizinprodukten zu rein wissenschaftlichen Zwecken an Minderjährigen aus.

74 § 20 Abs. 4 Nr. 3 MPG enthält eine wichtige Bestimmung zum **Schutz des Minderjährigen.** Danach kann die klinische Prüfung an Minderjährigen nur durchgeführt werden, wenn sie an Erwachsenen nach den Erkenntnissen der medizinischen Wissenschaft keine ausreichenden Prüfergebnisse erwarten lässt. Damit ist die klinische Prüfung am gesunden Minderjährigen gegenüber der am Erwachsenen subsidiär. Das bedeutet, dass der Prüfarzt immer hinterfragen muss, ob das Medizinprodukt nicht ebenso gut an Erwachsenen getestet werden kann. Hierbei muss jedoch auch bedacht werden, dass möglicherweise die Ergebnisse klinischer Prüfungen mit Medizinprodukten an Erwachsenen nicht auf Minderjährige übertragbar sein können.[54]

75 Die Einwilligung in die klinische Prüfung von **Diagnostika und Prophylaktika** wird durch den gesetzlichen Vertreter oder Betreuer erteilt. Dieser ist durch einen Arzt bzw. Zahnarzt über Wesen, Bedeutung und Tragweite der klinischen Prüfung aufzuklären. Soweit der Minderjährige einwilligungsfähig ist, erteilt dieser – neben der Einwilligung seines gesetzlichen Vertreters (in der Regel die Eltern) – ebenfalls seine schriftliche Ein-

---

[51] *Wachenhausen,* S. 173.

[52] Vgl. zum Umfang der Aufklärungspflicht des Arztes insgesamt: *Roßner,* Begrenzung der Aufklärungspflicht des Arztes bei Kollision mit anderen ärztlichen Pflichten; *Deutsch,* NJW 1980, 1305 ff. *Deutsch* bezeichnet allerdings die Nichtaufklärung zugunsten des Patienten als das „therapeutische Privileg des Arztes".

[53] *Wachenhausen,* RPG 2000, 86.

[54] Die Frage der Übertragbarkeit ist jedenfalls im Zusammenhang mit klinischen Prüfungen von Arzneimitteln an Minderjährigen von großer Bedeutung.

willigung in die klinische Prüfung. Das bedeutet im Umkehrschluss, dass bei einer Verweigerung der Einwilligung durch den Minderjährigen ein Wirksamkeitserfordernis des § 20 Abs. 4 MPG nicht vorliegt. In diesem Fall darf die klinische Prüfung des Medizinprodukts an dem betreffenden Minderjährigen nicht durchgeführt werden. Die Minderjährigenregelung des § 20 Abs. 4 MPG erfasst nur die klinische Prüfung von Medizinprodukten an gesunden Minderjährigen. Aber auch für an einer Krankheit leidende Minderjährige besteht ein großer Bedarf an der Entwicklung und Erforschung von neuen Medizinprodukten. Um mit kranken Minderjährigen eine klinische Prüfung mit Medizinprodukten durchführen zu können, müssen die Voraussetzungen des § 21 MPG erfüllt sein. § 21 MPG enthält gegenüber § 20 Abs. 4 MPG wesentliche Erleichterungen, da das Subsidiaritätsprinzip hier nicht gilt. Unter bestimmten Umständen kann auf die Einwilligung des gesetzlichen Vertreters sogar verzichtet werden.

V. Klinische Prüfungen an Betreuten

Das seit 1992 geltende Betreuungsgesetz hat u. a. die Entmündigung abgeschafft und **76** durch die Betreuung ersetzt. Nach dem Inkrafttreten des Betreuungsgesetzes war teilweise unklar, wie die betreuungsrechtlichen Bestimmungen mit anderen Spezialgesetzen wie dem AMG oder dem MPG in Einklang zu bringen sind. So wurde in der amtlichen Begründung zum Regierungsentwurf des Betreuungsgesetzes schlicht ausgeschlossen, dass ein Betreuer für den Betreuten in die klinische Prüfung eines Arzneimittels einwilligen darf.[55] Inzwischen besteht jedoch Einstimmigkeit darüber, dass eine klinische Prüfung, die potenziell zum Nutzen des Patienten ist, mit der **Einwilligung des Betreuers** als gesetzlichem Vertreter des Patienten zulässig ist.[56] Da die Bestimmungen des MPG zur klinischen Prüfung weitgehend mit denjenigen des AMG übereinstimmen, kann diese Ansicht auf klinische Prüfungen mit Medizinprodukten übertragen werden. Es ist jedoch zu berücksichtigen, dass die Erteilung der Einwilligung durch einen Betreuer bei klinischen Prüfungen zu rein wissenschaftlichen Zwecken grundsätzlich nicht zulässig ist, da § 20 Abs. 2 MPG die **Geschäftsfähigkeit und Einwilligungsfähigkeit** des Prüfungsteilnehmers verlangt.

Der Betreuer hat in seinem Aufgabenkreis die Stellung eines gesetzlichen Vertreters. **77** Soweit dem Betreuer der für die Einwilligung in einen Heilversuch entsprechende **Aufgabenkreis** (z. B. der Aufgabenkreis der Personensorge, der Gesundheitsfürsorge oder speziell der Aufgabenkreis „Einwilligung in eine klinische Prüfung") zugewiesen worden ist, steht einer gesetzlichen Vertretung durch den Betreuer im Bereich des § 21 MPG nichts entgegen. Im Einklang mit den medizinprodukterechtlichen Bestimmungen steht auch das Erfordernis des § 1901 Abs. 2 Satz 1 BGB, wonach der Betreuer verpflichtet ist, die Angelegenheiten des Betreuten so zu besorgen, wie es dessen **Wohl** entspricht. Diese Verpflichtung ist mit der Verpflichtung der Eltern zu vergleichen, die bei ihren Entscheidungen das Kindeswohl zu beachten haben.

Fragen wirft hingegen die Regelung des **Genehmigungsvorbehalts gem. § 1904** **78** **BGB** auf, wonach die Einwilligung des Betreuers in medizinische Maßnahmen, die besondere Gefahren in sich bergen, der Genehmigung des Vormundschaftsgerichts bedarf. In der praktischen Umsetzung wird diese Bestimmung jedoch kaum von Bedeutung sein, da Risiken für das Leben des Betreuten durch die klinische Prüfung ärztlich kaum vertretbar sein dürften. Zudem könnte fraglich sein, ob eine Ethikkommission eine zustimmende Stellungnahme abgeben würde, wenn bei der klinischen Prüfung die begründete Gefahr besteht, dass der Betreute stirbt oder einen schweren und länger dauernden gesundheitlichen Schaden erleidet.[57]

---

[55] BT-Drs. 11/4528, S. 142.
[56] Vgl. *Holzhauer*, NJW 1992, 2828; *Palandt/Diederichsen*, § 1904 BGB, Rdnr. 9.
[57] So auch *Deutsch*, Medizinrecht, Rdnr. 547.

VI. Klinische Prüfungen an Schwangeren oder Stillenden

79   Das MPG enthält in § 20 Abs. 5 im Gegensatz zum AMG eine Besonderheit: Für die klinische Prüfung von Medizinprodukten werden für die Gruppe der schwangeren und stillenden Frauen besondere Regelungen getroffen. Allerdings erfasst § 20 Abs. 5 MPG nicht nur **Schwangere und Stillende,** sondern trifft auch **Bestimmungen zum ungeborenen Kind.** Das Medizinprodukt muss dazu bestimmt sein, bei schwangeren oder stillenden Frauen oder bei einem ungeborenem Kind Krankheiten zu verhüten, zu erkennen, zu heilen oder zu lindern. Durch diese Bestimmung werden sowohl Prophylaxe und Diagnose als auch die Heilung und Linderung (Therapie) von Krankheiten erfasst. Vor diesem Hintergrund ist die Eingliederung unter die allgemeinen Voraussetzungen fragwürdig. Gemäß § 20 Abs. 5 Nr. 2 MPG muss der Einsatz des Medizinprodukts wie bei der Minderjährigenregelung ebenfalls „persönlich" indiziert sein. Eine weitere Besonderheit enthält § 20 Abs. 5 Nr. 3 MPG, wonach die Durchführung der klinischen Prüfung für das ungeborene Kind keine unvertretbaren Risiken erwarten lassen darf. Ungeklärt ist nach wie vor, welche Risiken für das ungeborene Leben als vertretbar gewertet werden können. Schließlich darf die klinische Prüfung an schwangeren oder stillenden Frauen nur dann durchgeführt werden, wenn diese ausreichende Prüfergebnisse erwarten lässt. Insofern ist vor der Durchführung einer klinischen Prüfung mit Medizinprodukten an Schwangeren oder Stillenden eine besonders intensive Risikoanalyse und Rechtfertigung erforderlich.

VII. Klinische Prüfungen an Verwahrten

80   Gemäß § 20 Abs. 1 Nr. 3 MPG darf die Person, bei der eine klinische Prüfung durchgeführt werden soll, nicht **auf gerichtliche oder behördliche Anordnung in einer Anstalt verwahrt** sein. Betroffen von dieser Bestimmung sind verschiedene Personengruppen, beispielsweise Strafgefangene, Untergebrachte im Maßregelvollzug nach §§ 63, 64 StGB, § 126 a Strafprozessordnung (StPO) oder nach dem Gesetz über Hilfen für psychisch Kranke und Schutzmaßnahmen (PsychKG) des entsprechenden Bundeslandes für untergebrachte psychisch Kranke. Zweck dieser strikten Regelung ist die Verhinderung eines Missbrauchs von Strafgefangenen und untergebrachten psychisch Kranken als „Versuchsobjekte".[58] Hinsichtlich der gleich lautenden arzneimittelrechtlichen Regelung hat sich inzwischen die Ansicht durchgesetzt, dass das Verbot der klinischen Prüfung an Verwahrten nicht zu Ungunsten eines verwahrten Patienten erfolgen darf, so dass eine klinische Prüfung an verwahrten Personen dann zulässig ist, wenn damit seine Gesundheit wieder hergestellt oder ein sonstiger schwerwiegender Nachteil vermieden wird. Diese Auslegung kann auch auf den Medizinproduktebereich übertragen werden.

VIII. Abschluss und Inhalt eines Prüfarztvertrags

81   Vor dem Hintergrund des sog. „Herzklappenkomplexes" und der daraufhin eingeleiteten staatsanwaltschaftlichen Ermittlungsverfahren ist die Unsicherheit hinsichtlich der **Zulässigkeit verschiedenster Kooperationsformen** zwischen der Industrie, medizinischen Einrichtungen und deren Mitarbeitern gewachsen. In zunehmendem Maße teilen Krankenhaus- oder Universitätsverwaltungen Auftraggebern klinischer Prüfungen mit, dass Prüfärzte Leistungen für eine klinische Prüfung nicht im Rahmen einer Nebentätigkeit, sondern im Rahmen ihrer Dienstaufgaben erbringen (müssen) und daher eine sepa-

---

[58] Vgl. *Fischer,* S. 67.

rate Vergütung nicht möglich sei. Folglich sei die Vergütung auf ein „Drittmittelkonto" der medizinischen Einrichtung zu überweisen. Vor dem Hintergrund einer Vielzahl von Ermittlungsverfahren, die sich nicht nur auf persönliche Zuwendungen, sondern auch auf die seit vielen Jahrzehnten üblichen Kooperationsformen (wie etwa klinische Prüfungen und Anwendungsbeobachtungen) zwischen Industrie, medizinischen Einrichtungen und deren Mitarbeitern konzentrierten (und noch konzentrieren), ist die Frage nach der Ausgestaltung eines Prüfarztvertrags nicht nur eine Frage der privatrechtlichen Vertragsgestaltung, sondern auch eine Frage, die vor dem Hintergrund der Korruptionsbekämpfungsgesetze beleuchtet werden muss.[59]

Wie für sämtliche Kooperationsformen ist auch bei dem Abschluss eines Vertrags **82** über die Durchführung einer klinischen Prüfung die **Einhaltung der wesentlichen Prinzipien** sicherzustellen. Das **Trennungsprinzip** erfordert eine klare Trennung zwischen der Zuwendung und etwaigen Umsatzgeschäften. Nach dem **Transparenz- und Dokumentationsprinzip** ist die Offenlegung von Zuwendungen gegenüber der Verwaltung der medizinischen Einrichtung sowie die schriftliche Fixierung aller entgeltlichen oder unentgeltlichen Leistungen erforderlich. Wesentlich ist in diesem Zusammenhang die Genehmigung des Dienstherrn/Arbeitgebers des Mitarbeiters einer medizinischen Einrichtung, sofern ein Arzt und nicht die medizinische Einrichtung Vertragspartner werden sollte. Diese Funktion wird in der Regel von den Verwaltungen der medizinischen Einrichtungen wahrgenommen. Das **Äquivalenzprinzip** verlangt schließlich, dass bei Vertragsbeziehungen zwischen Unternehmen und medizinischen Einrichtungen bzw. deren Mitarbeitern Leistung und Gegenleistung in einem angemessenen Verhältnis zueinander stehen müssen. Diese vier Prinzipien sind für den Prüfarztvertrag von wesentlicher Bedeutung.[60]

Prüfarztverträge werden in der Regel nicht mit dem Prüfarzt selbst, sondern mit der me- **83** dizinischen Einrichtung, bei der der Prüfer tätig ist, abgeschlossen. In diesem Fall führt der Prüfer die **klinische Prüfung im Rahmen seiner Dienstaufgaben** durch. Die zu erbringenden Dienstleistungen beinhalten die gemäß Prüfplan durchzuführenden körperlichen und apparativen Untersuchungen sowie die Laboruntersuchungen (diagnostische Maßnahmen) des Prüfers und seiner damit betrauten Mitarbeiter sowie die studienbedingte Inanspruchnahme von Geräten oder sonstigem Personal der jeweiligen medizinischen Einrichtung, in der die Prüfung durchgeführt wird. Im Einzelfall ist es nicht ausgeschlossen, einen Prüfarztvertrag auch unmittelbar mit dem jeweiligen Prüfer abzuschließen. In diesem Fall ist aus Gründen der Transparenz und Dokumentation jedoch zusätzlich die schriftliche **Genehmigung des Dienstherrn/Arbeitgebers (Verwaltung)** der jeweiligen medizinischen Einrichtung einzuholen. Das Erfordernis einer schriftlichen Genehmigung sollte in dem Prüfarztvertrag ausdrücklich vorgesehen und in die Unterschriftszeile aufgenommen werden.

Grundlage eines Prüfarztvertrags ist zunächst die **Beschreibung des Vertragsgegen-** **84** **stands,** aus der sich der Inhalt des Vertrags ergibt. Bestandteil des Vertrags sollte in der Regel auch der Prüfplan werden, der dem Vertrag als Anlage beigefügt wird. Des Weiteren ist Voraussetzung für den Beginn einer klinischen Prüfung das positive Votum einer

---

[59] Vgl. hierzu den Beitrag von *Dieners/Lembeck* in diesem Handbuch (§ 20 Rdnr. 84 ff.); Gemeinsamer Standpunkt, S. 13 ff.

[60] Für die Formulierung und Gestaltung von Prüfarztverträgen existieren von Seiten der Industrieverbände, der Deutschen Krankenhausgesellschaft und der wissenschaftlichen Literatur eine Reihe von Vorschlägen (vgl. *DKG,* Beratungs- und Formulierungshilfe, Vertrag über die Durchführung einer klinischen Arzneimittelprüfung, 2000; *BAH,* Standardverfahrensanweisungen (SOPs) der fiktiven Firma „Muster": Erstellung von Prüfplänen für klinische Prüfungen, 1999; *Deutsch/Lippert* liegt ein Muster-Prüfvertrag in Form einer CD bei). Bei der Verwendung dieser Formulierungshilfen ist jedoch zu berücksichtigen, dass die Interessen der Vertragspartner sehr unterschiedlich sein können. Dies muss bei der Erstellung eines Prüfarztvertrags von der jeweiligen Vertragspartei immer beachtet werden.

Ethikkommission und die Vornahme der erforderlichen Anzeigen an die zuständigen Behörden. Die Prüfbögen (Case Report Forms – CRF) sowie die vorbereiteten Patienteninformations- und Einverständniserklärungsbögen sollten ebenfalls als Anlagen zum Vertrag aufgenommen werden.

85   Vor Beginn einer klinischen Prüfung muss vertraglich festgelegt werden, dass die im Rahmen der Prüfung zu erbringenden Dienstleistungen durch die **festgelegte Vergütung** abgegolten werden. Angemessen ist in diesem Zusammenhang beispielsweise eine Fallpauschale für jeden ordnungsgemäß ausgefüllten Prüfbogen (Case Report Forms – CRF). Bei Patienten/Probanden, die vorzeitig aus der Studie ausscheiden, sollte eine anteilige Vergütung vereinbart werden. Weitere Regelungsbereiche für den Prüfarztvertrag sind Regelungen über die Rechte an Arbeitsergebnissen (Rechte an den gewonnenen Daten), Regelungen zu Erfindungen (unter Berücksichtigung der geänderten Bestimmungen des Arbeitnehmererfindergesetzes)[61] sowie Regelungen zur Publikation der Ergebnisse und zur Geheimhaltung der erlangten Daten, Informationen, Ergebnisse und Erkenntnisse.

86   Soweit die Ergebnisse der klinischen Prüfung auch in den USA im Rahmen einer Zulassung verwendet werden sollen, sind weitere Besonderheiten zu berücksichtigen. Insbesondere fordert die amerikanische Food and Drug Administration (FDA) von den Auftraggebern die Aufdeckung der **finanziellen Verflechtungen (Financial Disclosure):**[62]

Financial Disclosure by Clinical Investigators: requiring the sponsor of any drug, including a biological product, or device marketing application (applicant), to submit certain information concerning the compensation to, and financial interests of, any clinical investigator conducting certain clinical studies. This requirement will apply to any covered clinical study of a drug or device submitted in a marketing application that the applicant or FDA relies on to establish that the product is effective, including studies that show equivalence to an effective product, or that make a significant contribution to the demonstration of safety.

87   Der Vertrag beinhaltet die Verpflichtungen der Prüfer, den Prüfplan und die zutreffenden gesetzlichen Bestimmungen (MPG, EN 540) einschließlich der ICH-GCP-Leitlinien einzuhalten. Eine Aufzählung der einzuhaltenden Bestimmungen am Ende des Vertrags oder Kopien nicht allgemein bekannter Texte als Anhang zum Vertrag sowie eine Auflistung der besonderen Verantwortlichkeiten eines Prüfleiters ist sinnvoll und wird häufig praktiziert. Im Vertrag sollten mögliche Gründe für eine **vorzeitige Vertragskündigung** durch den Prüfer bzw. seine Institution (z. B. Prüfung kann nicht wie vorgesehen durchgeführt oder beendet werden, vermutete oder mögliche Gesundheitsrisiken für Patienten) und durch den Auftraggeber (z. B. Verstöße der Prüfer gegen den Prüfplan, Gesetze oder ähnliche Anforderungen, Anordnung der Überwachungsbehörde) festgelegt sein und auf die Rechtsfolgen im Falle der Verletzung von Gesetzen, nationalen Bestimmungen oder anerkannten Richt- bzw. Leitlinien hingewiesen werden.

88   Sofern von einem Auftraggeber ein **Auftragsforschungsinstitut (Contract Research Organisation – CRO)** mit der Planung, Organisation und Durchführung einer klinischen Prüfung beauftragt wird, sind sämtliche übertragenen einzelnen Aufgaben ebenfalls in einem analogen Vertrag schriftlich zu spezifizieren. Nach ICH-GCP verbleibt die endgültige Verantwortlichkeit für die Richtigkeit der Studienergebnisse beim Auftraggeber („The ultimate responsibility for the quality and integrity of the trial data always resides with the sponsor").

---

[61] Hierbei ist zu berücksichtigen, dass das Arbeitnehmererfindergesetz geändert und das sog. „Hochschullehrerprivileg" abgeschafft wurde; vgl. hierzu *Osterrieth/Holeweg*, MPR 2002, 18 ff.; s. hierzu auch den Beitrag von *Feldges/Kanz* in diesem Handbuch (§ 25 Rdnr. 95 ff.). Die Änderungen des Arbeitnehmererfindergesetzes haben erhebliche Auswirkungen auf die Ausgestaltung der Klauseln zur Übertragung von Erfindungen auf den Auftraggeber; dies ist in den bislang veröffentlichten Muster-Prüfarztverträgen zumeist noch nicht berücksichtigt.

[62] Die hierfür zu verwendenden Formulare FDA 3454 und FDA 3455 können im Internet abgerufen werden: http://www.fda.gov/opacom/morechoices/fdaforms/cder.html (Stand: 10/2002).

D. Ausnahmen zur klinischen Prüfung gem. § 23 MPG

Zusätzlich zu den eigentlichen Kernbestimmungen über die Durchführung einer klini- **89**
schen Prüfung mit Medizinprodukten gem. §§ 20, 21 MPG enthält § 23 MPG eine **Ausnahmeregelung für klinische Prüfungen** mit Medizinprodukten, die nach den §§ 6 und
10 MPG die CE-Kennzeichnung tragen dürfen. Gemäß § 23 MPG finden die §§ 20 und 21
MPG keine Anwendung, wenn eine klinische Prüfung mit Medizinprodukten durchgeführt wird, die nach den §§ 6 und 10 MPG die CE-Kennzeichnung tragen dürfen, es sei
denn, diese Prüfung hat eine andere Zweckbestimmung des Medizinprodukts zum Inhalt
oder es werden zusätzlich invasive oder andere belastende Untersuchungen durchgeführt.

I. Systematik

Die Bestimmung des § 23 MPG geht von der Tatsache aus, dass das Bedürfnis für die **90**
Durchführung einer klinischen Prüfung nicht abrupt mit der Erfüllung der Voraussetzungen
für das Anbringen der CE-Kennzeichnung endet. Auch wenn das Konformitätsbewertungsverfahren abgeschlossen und sämtliche Voraussetzungen für das Inverkehrbringen
eines Medizinprodukts erfüllt sind, kann gleichwohl eine Notwendigkeit für die Durchführung von klinischen Prüfungen bestehen. Klinische Prüfungen können auch zum Vergleich mit Wettbewerbsprodukten oder im Rahmen der Produktbeobachtungspflicht des
Herstellers durchgeführt werden. Inhalte klinischer Prüfungen mit **CE-gekennzeichneten
Medizinprodukten** können z. B. die Analyse bestimmter Respondergruppen (Anwen-
dungsoptimierung), Fragen zur Letalität und Mortalität der jeweiligen Erkrankung in
Abhängigkeit verschiedener Therapiestrategien (relevanter Langzeitkriterien) oder die Erfassung von Komplikations- und/oder Rezidivraten, Folgekrankheiten oder eine Analyse
des Langzeitnutzens des Medizinprodukts sein.

Das AMG enthält in § 42 eine ähnliche Bestimmung, die sich auf die Durchführung **91**
von klinischen Prüfungen nach der Zulassung eines Arzneimittels bezieht. Danach finden
die §§ 40, 41 AMG mit Ausnahme von § 40 Abs. 1 Nr. 5 und 6 AMG zwar Anwendung
auf klinische Prüfungen der Phase IV, nicht jedoch auf die Durchführung von Anwendungsbeobachtungen mit Arzneimitteln. Der Gedanke des § 42 AMG ist mit der Einführung der Ausnahmeregelung des § 19 MPG a. F. bzw. § 23 MPG auch auf die klinische
Prüfung mit Medizinprodukten übertragen worden. Allerdings ergeben sich bei einem
Vergleich dieser Bestimmungen auch Unterschiede, so dass die für Arzneimittel in der
Praxis seit langem etablierte Unterteilung in klinische Prüfungen der Phase IV und Anwendungsbeobachtungen mit bereits zugelassenen Arzneimitteln zwar eine Orientierung
bietet, aber nicht ohne Einschränkungen übernommen werden kann. Darüber hinaus hat
§ 23 MPG mit dem 2. MPG-ÄndG eine Erweiterung erfahren, die das AMG in dieser
Form nicht kennt. Im Gegensatz zur Ausnahmeregelung des § 42 AMG unterscheidet die
Ausnahmeregelung des § 23 MPG seit dem 2. MPG-ÄndG danach, ob die klinische Prüfung mit einem CE-gekennzeichneten Medizinprodukt **eine andere Zweckbestimmung zum Inhalt hat oder ob zusätzlich invasive oder andere belastende Untersuchungen** durchgeführt werden. Ist nur eine dieser beiden Voraussetzungen gegeben,
sind die Kernbestimmungen über die Durchführung einer klinischen Prüfung mit Medizinprodukten (§§ 20, 21 MPG) ohne Ausnahme anwendbar. Damit wird die Frage der
Anwendbarkeit der §§ 20, 21 MPG maßgeblich vom Umfang der geplanten Eingriffe
beeinflusst. Bereits vor Inkrafttreten der Neuregelung des § 23 MPG wurde in der Literatur darauf hingewiesen, dass nicht nur die Zweckbestimmung eines Medizinprodukts,
sondern auch das potenzielle Risiko für den Patienten im Rahmen einer klinischen Prü-

fung ausschlaggebend für die Anwendbarkeit der §§ 20, 21 MPG (insbesondere den Abschluss einer Probandenversicherung oder die zustimmende Stellungnahme einer Ethikkommission) sein sollte.[63]

92   § 23 MPG erfasst rein begrifflich nicht die Durchführung einer **„Anwendungsbeobachtung"**, da die Ausnahmeregelung nur von der Durchführung einer **„klinischen Prüfung"** mit CE-gekennzeichneten Medizinprodukten spricht. Art. 15 MDD verwendet in der englischen Fassung ebenfalls den Begriff **„clinical investigation"**. Fraglich ist daher, ob die Durchführung von Anwendungsbeobachtungen überhaupt von § 23 MPG erfasst wird. In diesem Zusammenhang bietet es sich an, zunächst auf den Arzneimittelsektor zurückzugreifen. Die Definition und inhaltliche Gestaltung von Anwendungsbeobachtungen war bereits bei Arzneimitteln äußerst schwierig. Daher hat das BfArM im Jahr 1998 Empfehlungen zur Planung, Durchführung und Auswertung von Anwendungsbeobachtungen ausgesprochen, die inzwischen allgemein anerkannt sind.[64] Danach sind Anwendungsbeobachtungen ausdrücklich keine klinischen Prüfungen i. S. d. §§ 40, 41 AMG. Es handelt sich vielmehr um Beobachtungsstudien, die – ohne in die ärztliche Therapieentscheidung einzugreifen (Grundsatz der Nichtintervention) – dazu bestimmt sind, Erkenntnisse bei der Anwendung verkehrsfähiger Arzneimittel zu sammeln. Gleichzeitig hat das BfArM eine Reihe von Voraussetzungen festgelegt, die die Anwendungsbeobachtung näher an die klinische Prüfung rücken (von der Erstellung eines Studienplans bis hin zu den möglichen Erfordernissen einer Patientenaufklärung- und -einwilligung bzw. Involvierung einer Ethikkommission). In der medizinprodukterechtlichen Literatur wird davon ausgegangen, dass mehr als 90 % aller klinischen Untersuchungen mit CE-gekennzeichneten Medizinprodukten Anwendungsbeobachtungen sind. Des Weiteren wird davon ausgegangen, dass Anwendungsbeobachtungen in den Anwendungsbereich des § 23 MPG (vormals § 19 MPG a. F.) fallen.[65] Im Hinblick darauf ist die Verwendung des Begriffs „klinische Prüfung" allerdings missverständlich, da der Begriff der „klinischen Prüfung" gemeinhin indiziert, dass intervenierende Behandlungen erfolgen, so dass es jedenfalls im Rahmen des 2. MPG-ÄndG wünschenswert gewesen wäre, in § 23 MPG einen entsprechend weiten Begriff aufzunehmen wie etwa „klinische Studie" oder den Begriff „Anwendungsbeobachtung" ausdrücklich zu nennen. Im Ergebnis dürften jedoch an Anwendungsbeobachtungen keine weitergehenden Anforderungen zu stellen sein als an typische „klinische Prüfungen" mit CE-gekennzeichneten Medizinprodukten. Hat daher die Anwendungsbeobachtung die gleiche Zweckbestimmung des Medizinprodukts zum Inhalt und werden keine zusätzlich invasiven oder andere belastende Untersuchungen durchgeführt, sind die Bestimmungen der §§ 20, 21 MPG nicht anwendbar. Im umgekehrten Fall dürfte es sich im Regelfall nicht mehr um eine Anwendungsbeobachtung, sondern um eine klinische Prüfung mit den rechtlichen Folgen der §§ 20, 21 MPG handeln. Es ist zu empfehlen, bei der Planung und Durchführung von Anwendungsbeobachtungen mit Medizinprodukten die o. g. Empfehlungen des BfArM für Anwendungsbeobachtungen mit Arzneimitteln zu beachten.

II. Anforderungen

93   Das Medizinprodukt muss die **CE-Kennzeichnung** noch nicht tatsächlich tragen. § 23 MPG befreit solche Medizinprodukte von den Voraussetzungen der §§ 20, 21 MPG, die das Konformitätsbewertungsverfahren durchlaufen haben und alle Voraussetzungen für das Tragen der CE-Kennzeichnung erfüllen. Hierunter fallen nicht nur die Medizinprodukte,

---

[63] Vgl. *Schorn*, Medizinprodukterecht, § 19 MPG, Rdnr. 5, der zusätzlich eine Risikoanalyse des Herstellers bzw. des für die klinische Prüfung Verantwortlichen fordert.

[64] http://www.bfarm.de/de_ver/arzneimittel/zulassungen/awbver1.html (Stand: 10/2002), BAnz. Nr. 229 v. 4. 12. 1998, S. 16884; vgl. auch das Merkblatt des BPI für Anwendungsbeobachtungen, Pharm.Ind. 1997, 22 f.

[65] *Hill/Schmitt*, § 19 MPG, Anm. 1 b).

auf die das CE-Kennzeichen nach dem Durchlaufen des Konformitätsbewertungsverfahrens tatsächlich aufgebracht ist, sondern auch solche Medizinprodukte, bei denen das Konformitätsbewertungsverfahren erfolgreich beendet worden ist, die das CE-Kennzeichen also tragen dürfen, auf die es aber tatsächlich noch nicht aufgebracht worden ist.[66]

Die §§ 20, 21 MPG sind bereits dann anwendbar, wenn die klinische Prüfung eine **an-** **dere Zweckbestimmung** zum Inhalt hat, als diejenige, die von dem bisherigen Konformitätsbewertungsverfahren erfasst wurde. Ähnlich verhält es sich bei einer klinischen Arzneimittelprüfung, wenn eine andere Indikation des Arzneimittels untersucht werden soll, die nicht von der Zulassung erfasst wird. Auch sog. „Pilotstudien" etwa mit einer geringen Patientenzahl sind klinische Prüfungen und fallen in den Anwendungsbereich der §§ 20, 21 MPG. **94**

Die §§ 20, 21 MPG sind aber auch dann anwendbar, wenn die klinische Prüfung zwar die gleiche Zweckbestimmung des Medizinprodukts zum Inhalt hat, aber die geplanten Untersuchungen zusätzlich invasiv oder auf andere Weise belastend sind. Fraglich ist, in welchen Fällen Untersuchungen invasiv oder belastend sind. Legt man die Klassifizierungskriterien des Anhangs IX Nr. 1.2 MDD zugrunde, hätten Untersuchungen bereits dann einen invasiven Charakter, wenn Medizinprodukte durch natürliche Körperöffnungen auch nur teilweise eingeführt werden. In diesen Fällen müssten sämtliche Voraussetzungen der §§ 20 und 21 MPG erfüllt werden, d. h. es müssten u. a. eine Probandenversicherung abgeschlossen, das Votum einer Ethikkommission eingeholt und sämtliche Anzeigeverpflichtungen eingehalten werden. Im Hinblick auf den eigentlichen Zweck des § 23 MPG, Patienten vor bestimmten Gefährdungen umfassend zu schützen, werden unter dem Begriff „invasiv" jedoch ausschließlich **„chirurgisch-invasive" Eingriffe** verstanden. Chirurgisch-invasive Eingriffe sind solche Eingriffe, die eine Verletzung der Körperoberfläche durch Bohren, Schneiden, Stechen, Sägen, etc. hervorrufen. Nur solche Eingriffe können tatsächlich eine Gefährdung für Patienten darstellen. **95**

E. Anforderungen an die Durchführung und Methodik von klinischen Prüfungen

I. Allgemeine Anforderungen

Die Anforderungen an klinische Prüfungen von Medizinprodukten nach §§ 20–22 MPG entsprechen – wie bereits ausgeführt – weitgehend denjenigen, die nach dem AMG für Arzneimittel gelten. Bei klinischen Prüfungen sind ärztlicherseits der aktuelle internationale **Stand der wissenschaftlichen, medizinischen und technischen Erkenntnis** sowie die ärztlichen Kodizes einzuhalten.[67] **96**

Klinische Prüfungen mit Medizinprodukten sind in Europa nach der **EN 540** bzw. der aktuelleren ISO 14155–1, und 14155–2 sowie der Deklaration von Helsinki und ärztlichen Kodizes durchzuführen. Die Normen EN 540 und ISO 14155–1 und 14155–2 sind inhaltlich mit den **ICH-GCP**-Leitlinien sowie den US-amerikanischen Investigational-Device-Exemption (IDE)-Bestimmungen vergleichbar. Weiterhin sind bei klinischen Prüfungen mit Medizinprodukten oder Arzneimitteln die jeweils zutreffenden grundsätzlichen („umbrella Guidelines") sowie indikationsspezifischen Leitlinien einzuhalten, die eine internationale Akzeptanz der Ergebnisse solchermaßen durchgeführter klinischer Prüfungen gewährleisten und gerechtfertigte Zertifizierungen erleichtern und beschleunigen. Die **europäischen und amerikanischen Standards** zur Diagnose und Therapie einschließlich der Zertifizierungs- bzw. Zulassungsregularien sind in den jeweils aktuellen Versionen einfach im Internet abrufbar. **97**

---

[66] *Schorn,* Medizinprodukterecht, § 19 MPG, Rdnr. 2.
[67] Vgl. zur Methodik klinischer Prüfungen auch *Schwarz,* S. 147 ff.

1. Medizinprodukteregularien vs. Arzneimittelregularien

98

Medizinprodukt Medical Device	Arzneimittel Medicinal Product (pharmaceutical product – US)
Medizinproduktegesetz – MPG	Arzneimittelgesetz AMG
Qualität – GMP EN-Produktnorm(en)	pharmazeutische Qualität – GMP Arzneibuch/Pharmakopöen
Biologische Sicherheitsprüfung Sicherheitstechnische Unbedenklichkeit	Pharmakologische und toxikologische Prüfung Gesundheitliche Unbedenklichkeit
Klinische Bewertung/Prüfung medizinische und technische/physikalische Anforderungen: Zweckbestimmung – Grundlegende Anforderungen (vorgegebene Leistungen) und Sicherheit	**Klinische Prüfung** medizinische Anforderungen: Wirksamkeit und Unbedenklichkeit/ Verträglichkeit
Anzeige der klinischen Prüfung bei der zuständigen Behörde USA: Investigational Device Exemption – IDE	Anzeige/Prüfgenehmigung BfArM/PEI/RPs USA: Investigational New Drug Application – IND
EN 540, ISO 14 155–1, 14 155–2, ICH-GCP	**ICH-GCP** (1996) EG-GCP-Richtlinie
EG-Regularien Qualitätssicherungs-Systeme (QS) DIN EN ISO 9001–9004; EN 9001: 2000 DIN EN 46 001/2 ISO/DIS 14 385 und 14 388 MDD, AIMDD, IVD	Arzneibuch/**Pharmakopöen** PharmBetrV/GMP DIN EN ISO 9001–9004; EN 9001: 2000 Qualitätskontrolle (QC) und Qualitätssicherung/Audits (QA)
Konformitätsbewertungsantrag Europa: **MDD, AIMDD oder IVD** (Medizinprodukte Klasse I – alleinige Herstellerverantwortung) USA: Premarket Notification (510 k) oder Pre-market Approval Application (PMA)	Zulassungsantrag Europa: **Notices to Applicants** USA: New Drug Application (NDA) Biologics License Application (BLA) Pre-approval Inspektion durch EU-Zulassungsbehörde/FDA
Medizinprodukte Klasse II a: Herstellung Medizinprodukte Klasse II b-III: Herstellung und Auslegung Benannte Stelle in der EG Konformitätsbewertungsverfahren **EG-Zertifizierung**	I. Nationale Zulassungsbehörde (BfArM/PEI) – nationale Zulassung und „Mutual Recognition" EG-Zulassung II. Europäische Zulassungsbehörde EMEA – EG-**Zulassung** USA: Zulassung
Handelsname und CE-Kennzeichnung und Nummer der Benannten Stelle	Handelsname(n) und INN Zulassungs-Nummer

Abb. 3: Medizinprodukteregularien vs. Arzneimittelregularien

2. Biologische Sicherheitsprüfung

Eine (tierexperimentelle) **biologische Sicherheitsprüfung** (§ 20 Abs. 1 Nr. 5 MPG, **99**
ISO 10993/EN 30993) ist mit Medizinprodukten durchzuführen:
- die einen Stoff oder eine Zubereitung aus Stoffen enthalten, die bei gesonderter Verwendung als Arzneimittel angesehen werden (§ 3 Nr. 2 MPG und § 2 AMG),
- mit denen später klinische Prüfungen durchgeführt werden sollen,
- für die in Harmonisierten Normen (§ 3 Nr. 18 MPG) eine Sicherheitsprüfung vorgeschrieben ist,
- wenn dies nach dem jeweiligen Stand der wissenschaftlichen und medizinischen Erkenntnis erforderlich ist.

Folgende **tierexperimentellen Untersuchungen** können in Abhängigkeit vom jewei- **100**
ligen Medizinprodukt angezeigt oder sinnvoll sein:
- Zytotoxizitätstests,
- Irritationstests (Haut- und Schleimhautverträglichkeit),
- Sensibilisierungstests (begrenzte Übertragbarkeit vom Tier auf den Menschen),
- immuntoxikologische Tests (begrenzte Übertragbarkeit vom Tier auf den Menschen),
- Hämokompatibilität (Hämolyse, Serum/Plasma-Veränderungen),
- lokale Gewebe-Verträglichkeit bei topischer Applikation,
- intrakutane Verträglichkeit,
- Implantation,
- eventuell sämtliche oder ein Teil derjenigen pharmakologisch-toxikologischen Untersuchungen, die auch für ein Arzneimittel durchzuführen wären, z.B. systemische akute, subakute und chronische Toxizität, Genotoxizität, Karzinogenität, Reproduktionstoxikologie, Biodegradierbarkeit verwendeter Stoffe/Substanzen am/im Applikationsort, entsprechend den „Rules Governing Medicinal Products in the European Union".[68]

3. Sicherheitstechnische Unbedenklichkeit

Die **sicherheitstechnische Unbedenklichkeit** ist unter Berücksichtigung des Stands **101**
der Technik einschließlich der Arbeitsschutz- und Unfallverhütungsvorschriften durchzuführen bzw. nachzuweisen (§ 20 Abs. 1 Nr. 6 MPG, EN 60601–1/IEC 601–1).

4. Kombinationen von Medizinprodukten und Arzneimitteln

Die Entscheidung, ob es sich bei einem Produkt bezüglich der klinischen Prüfung um **102**
ein Arzneimittel oder ein Medizinprodukt handelt, richtet sich nach der vom Hersteller
intendierten Wirkung/vorgesehenen Zweckbestimmung. Grundsätzlich kann jedoch ein Medizinprodukt, ein Arzneimittel oder ein Medizinprodukt in Verbindung mit einem Arzneimittel entweder nur als Arzneimittel oder nur als Medizinprodukt eingestuft werden. Beispiele sind zu finden in MEDDEV 2.1/3 rev. 2–7/2001.

Das **AMG** ist anzuwenden bei: **103**
- Medizinprodukten, die so in Verkehr gebracht werden, dass Arzneimittel und Medizinprodukt ein einheitliches Produkt bilden, das ausschließlich zur Verwendung in dieser Verbindung bestimmt und nicht wieder verwendbar ist (§ 2 Abs. 2 MPG);
- mittels eines Medizinprodukts zugeführten Arzneimitteln.

Das **MPG** ist anzuwenden bei: **104**
- Medizinprodukten und deren Zubehör;
- Medizinprodukten als Applikatoren von Arzneimitteln;
- Medizinprodukten in Kombinationen mit Arzneimitteln, wobei die intendierte Hauptwirkung diejenige des Medizinprodukts ist und das Arzneimittel z.B. nur eine zusätzliche „Hilfsfunktion" ausüben soll.

---

[68] http://dg3.eudra.org/F2/eudralex/index.htm (Stand: 10/2002).

105   MEDDEV 2.1/3 besagt:

Medical devices may be assisted in their function by pharmacological, immunological or metabolic means, but as soon as these means **are not any more ancilliary** (additional pharmacological benefits claimed which are ancillary) with respect to the principal purpose of a product, the product becomes a medicinal product.

106   Für neue Arzneimittel, die zusammen mit dem Medizinprodukt angewendet werden sollen, oder für Arzneimittel, die für eine nicht zugelassene Indikation des Arzneimittels mit dem Medizinprodukt angewendet werden sollen, müssen alle **Anforderungen der ehemaligen Arzneimittelprüfrichtlinie,** die jetzt in den Gemeinschaftskodex für Humanarzneimittel (Richtlinie 2001/83/EG des Europäischen Parlaments und des Rates vom 6. 11. 2001)[69] aufgenommen worden ist, sowie der „Rules Governing Medicinal Products in the European Union, Notice to Applicants"[70] erfüllt sein.

5. Entwicklungsphasen von Medizinprodukten in Analogie zu Arzneimitteln

107

Medizinprodukt	Phase	Arzneimittel
physikalisch-technologische Entwicklung/ Änderung/Weiterentwicklung tierexperimentelle biologische Sicherheitsprüfung sicherheitstechnische Unbedenklichkeit	Präklinik	chemisch-biotechnologisch-pharmazeutische Entwicklung pharmakologisch-toxikologische Prüfung pharmazeutische Qualität
Pilot-Studien (Feasibility Studies): – sog. Anwendungstests bei gesunden Probanden – Patientenstudien, z.B. zur lokalen Verträglichkeit bei externer Applikation (sehr selten) (§ 20 MPG)	Phase I	Probandenstudien zur Dosisverträglichkeit, Absorption, Distribution, Metabolismus, Exkretion (ADME) und ggf. zur orientierenden Wirkung (§ 40 AMG)
Pilotstudien (Anwendungstests) an Patienten zur Anwendbarkeit, Verträglichkeit und orientierenden Wirksamkeit (Medizinprodukte Klasse II + III)	Phase II	Dosisfindungsstudien und Studien zur Wirksamkeit und Verträglichkeit (§§ 40, 41 AMG)
konfirmatorische Prüfungen zum eindeutigen Nachweis der vorgegebenen Leistungen und Unbedenklichkeit (Pivotal Studies) (§§ 21–22 MPG) Leistungsbewertungsprüfungen von In-vitro-Diagnostika nach § 24 MPG	Phase III	konfirmatorische Prüfungen zum eindeutigen Nachweis der Wirksamkeit und Unbedenklichkeit (Pivotal Studies) (§§ 40, 41 AMG)
nach CE-Kennzeichnung klinische Prüfungen nach § 23 MPG, Anhang X Nr. 2.3 MDD, Anhang 7 Nr. 2.3 AIMDD	Phase IV	**nach Zulassung Post-authorisation (Safety) Study** (NtA Vol. 9 Pharmacovigilance, 2001/83/EG) klinische Prüfungen Phase IV gemäß Zulassung (§§ 40, 41 AMG)

---

[69] ABl. EG Nr. L 311 v. 28. 11. 2001.

[70] http://dg3.eudra.org/F2/eudralex/index.htm (Stand: 10/2002).

Medizinprodukt	Phase	Arzneimittel
Postmarket Surveillance Studies (PMS) nicht zusätzlich invasiv oder anders belastend – nicht intervenierend **(Anwendungsbeobachtung – Field Monitoring Studies)**	non-GCP	**Post-authorisation Safety Study (PASS)** (NtA Vol. 9 Pharmacovigilance, 2001/83/EG) pharmaepidemiologische Studie – nicht intervenierende PASS **(Anwendungsbeobachtung)**
Systematische Verfahren – Einzelfallberichte – Literaturdurchsicht – Datensammlungen – epidemiologische Erhebungen – Anwenderakzeptanz-Prüfung	Inter-views Analysen	**Produktbeobachtung** – Einzelfallberichte – Literaturdurchsicht – Datensammlungen – epidemiologische Erhebungen

Abb. 4: Entwicklungsphasen von Medizinprodukten in Analogie zu Arzneimitteln

a) Phase I-Studien

Medizinprodukte werden in dieser Phase der klinischen Prüfung erstmals bei wenigen **108** gesunden Probanden oder an Patienten als Pilotstudien (feasibility studies) zur **orientierenden Überprüfung** der Verträglichkeit, Wirksamkeit, Handhabung durch Ärzte und/oder Patienten, Anwendbarkeit und Praktikabilität (erste Hypothesentestung, -generierung) untersucht, wenn noch nicht genügend Erfahrungen mit bzw. Informationen zum Medizinprodukt vorliegen, die die Planung einer konfirmatorischen Prüfung bei Patienten erlauben würden. Solche Phase I-Studien werden bei der Entwicklung von Medizinprodukten im Gegensatz zu Arzneimitteln nur sehr selten bzw. in Ausnahmefällen erforderlich werden, z.B. bei Probanden zur Stammzellseparation oder bei Patienten die Anwendung von Gewebeklebern, einer optischen invasiven (z.B. Zervix-)Diagnostik, eines künstlichen Herzens.

In **Pilotstudien** müssen möglichst alle Variablen untersucht werden, die etwas zur **109** Wirksamkeit und Verträglichkeit des Medizinprodukts bei der Anwendung aussagen können. Dazu gehören u.a. Untersuchungen, ob ein Medizinprodukt physiologische Vorgänge beeinflussen kann und welche Laboruntersuchungen erforderlich und in späteren Studien bei Patienten durchzuführen sind. Wirksamkeitsparameter, die eine längere Anwendungs- und Beobachtungsdauer erfordern würden (long-term endpoints), können nicht in Pilotstudien an Patienten untersucht werden.

Mit den gewonnenen Ergebnissen, die meistens biometrisch nur deskriptiv auswert- **110** bar sind, lassen sich dann die **Zielparameter** (Bestätigung der Funktionsfähigkeit, Leistung und Sicherheit des Medizinprodukts unter normalen Bedingungen, d.h. im täglichen Leben, Endpunkte, Einflussgrößen/-faktoren, subjektive und objektive Parameter/Variablen) für eventuell erforderliche Phase II- oder konfirmatorische Phase III-Studien festlegen.

b) Phase II-Studien

In Phase II-Studien werden Medizinprodukte bei Patienten mit Symptomen oder Er- **111** krankungen, Verletzungen oder Behinderungen, Veränderungen des anatomischen Aufbaus oder zur Empfängnisregelung untersucht, für deren Behandlung das Medizinprodukt vorgesehen ist. Zur Erfassung der Wirksamkeit und Bewertung der Unbedenklichkeit erfolgt, sofern möglich, die Anwendung des Medizinprodukts unter **Kurzzeitanwen-**

dung nur an einer begrenzten Patientenzahl. Da es sich um orientierende klinische Prüfungen handelt, ist eine Fallzahlschätzung grundsätzlich nicht erforderlich.

112   **Aktive und implantierbare Medizinprodukte** können aufgrund ihrer zu erwartenden Wirkungen und ärztlich und ethisch nicht vertretbarer Belastungen ausschließlich bei Patienten untersucht werden, bei denen eine Wirkung durch das Medizinprodukt auf das jeweilige Krankheitsbild erwartet werden kann (Medizinprodukte der Klassen II b und III).

c) Phase III-Studien

113   Phase III-Studien sind randomisierte, kontrollierte – möglichst – doppelblinde Studien im Vergleich zu therapeutisch verfügbaren Alternativen oder einem anderen Medizinprodukt. Phase III-Studien sollten mit dem endgültigen Medizinprodukt zum **konfirmatorischen Nachweis** der Zweckbestimmung, Erfüllung der Grundlegenden Anforderungen und zur Analyse des Verträglichkeitsprofils unter Prüfbedingungen erfolgen, die den späteren Anwendungsbedingungen/der Anwendungsart weitgehend entsprechen. Wenn ausreichende Ergebnisse zum Medizinprodukt vorliegen und weitere technischen Änderungen oder Verbesserungen des Medizinprodukts nicht mehr vorgenommen werden müssen, kann bei den in Pilotstudien untersuchten Medizinprodukten sofort mit den konfirmatorischen Phase III-Prüfungen begonnen werden. Werden konfirmatorische Prüfungen mit einem CE-gekennzeichneten Medizinprodukt mit einer anderen Zweckbestimmung durchgeführt, sind dies ebenfalls klinische Prüfungen der Phase III.

d) Klinische Prüfungen mit CE-gekennzeichneten Medizinprodukten

114   Auch nach Abschluss eines Konformitätsbewertungsverfahrens und erfolgter CE-Kennzeichnung kann weiterhin die Notwendigkeit für die Durchführung von klinischen Prüfungen bestehen. § 23 MPG nimmt für diese Fälle eine Abgrenzung vor: wenn eine klinische Prüfung mit Medizinprodukten, die das CE-Kennzeichen tragen dürfen, durchgeführt wird, die eine andere Zweckbestimmung des Medizinprodukts zum Inhalt hat oder bei der zusätzlich invasive oder andere belastende Untersuchungen geplant sind, müssen **sämtliche Voraussetzungen der §§ 20 und 21 MPG** umfassend erfüllt werden. Das bedeutet, dass u. a. die Einholung einer zustimmenden Stellungnahme einer registrierten Ethikkommission, der Abschluss einer Probandenversicherung und die Einhaltung sämtlicher Anzeigepflichten erforderlich sind (s. auch Rdnr. 89–95). Diese Form einer klinischen Prüfung mit CE-gekennzeichneten Medizinprodukten kann mit der Phase IV einer klinischen Prüfung mit Arzneimitteln verglichen werden.

e) Anwendungsbeobachtungen

115   Bei klinischen Prüfungen mit CE-gekennzeichneten Medizinprodukten im Rahmen ihrer Zweckbestimmung und ohne zusätzlich invasive oder andere belastende Untersuchungen finden die §§ 20 und 21 MPG keine Anwendung (§ 23 MPG). Unklar ist, ob der Gesetzgeber mit dieser Regelung auch die sog. **„Anwendungsbeobachtung"** **(Postmarket Surveillance Study – PMS)** erfassen wollte (vgl. zu dieser Frage Rdnr. 92). Solange die Anwendungsbeobachtung nicht intervenierend ist (was ihrer Natur entspricht), d. h. keine zusätzlich invasiven oder andere belastende Untersuchungen beinhaltet, finden die §§ 20 und 21 MPG keine Anwendung, so dass z. B. die Einholung der zustimmenden Stellungnahme einer Ethikkommission und der Abschluss einer Probandenversicherung nicht erforderlich ist. Anwendungsbeobachtungen dienen der Überprüfung von ursprünglich unentdeckten Sicherheitsrisiken und möglichen Gefährdungen, des erwarteten Sicherheitsprofils sowie der Identifikation und Quantifizierung von Risikofaktoren und Risikopopulationen eines Medizinprodukts unter Langzeit- bzw. Marktbedingungen.

6. Andere Versuchsformen

a) Compassionate Use mit Medizinprodukten

Die Anwendung von noch nicht CE-gekennzeichneten oder verkehrsfähigen Medizin- **116** produkten im Einzelfall bei Patienten in lebensbedrohlichen Situationen oder mit schwerwiegenden, nicht oder nicht mehr anderweitig behandelbaren Behinderungen oder Erkrankungen ist eine vom ärztlichen Standard abweichende probatorische Heilbehandlung/Therapieversuch im Rahmen der **ärztlichen Therapiefreiheit** (Compassionate Use – Gebrauch aus Gründen des überwältigenden Mitleids), die aus § 1 Abs. 2 der Bundesärzteordnung (BÄO) und § 11 Abs. 2 MBO abgeleitet wird. Ein Compassionate Use ist in Deutschland nicht vorgesehen, könnte jedoch als probatorische Heilbehandlung ethisch gerechtfertigt sein. Andererseits wäre es auch möglich, dass das BfArM nach § 11 Abs. 1 MPG auf begründeten Antrag die Inbetriebnahme einzelner Medizinprodukte als „mitleidige Anwendung" zulässt, wenn dies im Interesse des Gesundheitsschutzes einer einzelnen Person liegt. Letzteres ist jedoch noch in Diskussion.

Für **Arzneimittel** sind nach Art. 5 der Richtlinie 2001/83/EG zur Schaffung eines **117** Gemeinschaftskodexes für Humanarzneimittel in der Europäischen Gemeinschaft Therapieversuche grundsätzlich möglich, die entsprechend den „Notice to Marketing Authorisation Holders – Pharmacovigilance Guidelines (NtA Volume 9)" gemäß Abschnitt 3.4 „Compassionate use/named patient supplies" unter folgenden Bedingungen durchzuführen sind:

Compassionate or named patient use of a drug should be strictly controlled by the company responsible for providing the drug and should ideally be the subject of a protocol. The protocol should ensure that the patient is registered and adequately informed about the nature of the medicine and that both the prescriber and the patient are provided with the available information on the properties of the medicine with the aim of maximising the likelihood of safe use. The protocol should encourage the prescriber to report any adverse reactions suspected of being related to use of the medicine to the company and to the competent authority where required on a national basis. Companies should continuously monitor the balance of benefit and risk of drugs used under such conditions and follow the requirements for reporting to the appropriate competent authorities.

Vor diesem Hintergrund wären unter einem Compassionate Use mit nicht CE-gekennzeichneten Medizinprodukten vom Auftraggeber „ermöglichte" **Heilbehandlungen oder Therapieversuche für mehrere Patienten** unter den Bedingungen eines gemeinsamen Therapieversuchsplans (Prüfplans) zu verstehen.

Ein Compassionate Use mit Medizinprodukten kann als „über den Einzelfall hinausge- **118** hende" dokumentierte „Erkenntnis" wie grundsätzlich jede medizinische Behandlung mittelbar auch zur Gewinnung neuer medizinischer Hypothesen führen. Juristisch gesehen ist der Compassionate Use ein wissenschaftlich ungesicherter individueller Heilversuch mit allen arzthaftungsrechtlichen (zivil- und strafrechtlichen) Konsequenzen. Nach korrekter Aufklärung kann ein Therapieversuch als rechtfertigender bzw. **gesetzlicher Notstand** strafrechtlich (§ 34 StGB bzw. § 16 OWiG) gerechtfertigt sein, wenn dieser erforderlich ist, um das Leben bzw. die Gesundheit des Patienten zu retten. In den USA ist der Compassionate Use mit Medizinprodukten gesetzlich geregelt und wie für Prüfpräparate genehmigungspflichtig.

b) Therapieversuche mit Medizinprodukten

Die Anwendung von verkehrsfähigen Medizinprodukten **außerhalb der medizini-** **119** **schen Zweckbestimmung** bzw. zugelassenen Indikation(en) im Einzelfall bei Patienten in Situationen wie beim Compassionate Use **(Off-label Use oder Unlicenced Use)** erfolgt wie oben auf Grund individueller ärztlicher Erfahrung oder bereits in der Literatur beschriebenen Leistungen/Effekten oder Wirksamkeiten.

c) Systematische Verfahren für Medizinprodukte

120   Nach den Anhängen II Nr. 3.1, IV Nr. 3, V Nr. 3.1, VI Nr. 3.1 und VII Nr. 4 der MDD müssen Hersteller ein systematisches Verfahren einrichten und auf dem neuesten Stand halten, mit dem **Erfahrungen mit Produkten** in den der Herstellung nachgelagerten Phasen ausgewertet werden, um Vorkehrungen zu treffen/erforderliche Korrekturen durchzuführen. Systematische Verfahren nach dem Inverkehrbringen beinhalten die:
- systematische Erfassung von Einzelfallberichten von Ärzten, Anwendern, Patienten, (Marktbeobachtung),
- systematische regelmäßige Durchsicht der Literatur zur Erfassung von Risiken und Problemen,
- kontinuierliche Verbesserung (Technik und Sicherheit) eines Medizinprodukts, wenn erforderlich oder möglich,
- Durchführung von klinischen Prüfungen entsprechend § 23 MPG.

d) Anwenderakzeptanz

121   Die Befragung zukünftiger Anwender oder Kunden darüber, ob ein CE-gekennzeichnetes Medizinprodukt bezüglich seiner grundsätzlichen Akzeptanz, seiner Funktion und Handhabung sowie bezüglich des vorgesehenen oder erforderlichen Preises akzeptierbar ist, wird als Anwenderakzeptanz-Prüfung (Interviews, Fragebogenaktionen, Marktanalysen; keine Anwendung beim Menschen) bezeichnet und stellt **weder eine klinische Prüfung noch eine Field Monitoring Study** dar. Gleiches gilt für analoge Abfragen zu zukünftigen, noch in der Planung oder Entwicklung befindlichen Medizinprodukten.

e) Datensammlungen – epidemiologische Erhebungen

122   Sofern bei Datensammlungen bzw. epidemiologischen Erhebungen möglicherweise Patientendaten erhoben werden, die dem Datenschutz unterliegen, sollte zur vorherigen Abklärung bezüglich der **Einhaltung datenschutzrechtlicher Bestimmungen** eine kompetente registrierte Ethikkommission um eine vorherige Begutachtung und um die Empfehlung gebeten werden, ob die schriftliche Einwilligung der Patienten bezüglich der Erhebung, Überprüfung und Verarbeitung ihrer persönlichen Daten erforderlich ist.

II. Besondere Anforderungen

123   Nach Abschluss und Dokumentation der tierexperimentellen biologischen Sicherheitsprüfung (s. Rdnr. 99 f.) und der Untersuchungen zur sicherheitstechnischen Unbedenklichkeit (s. Rdnr. 101) **kann mit der Durchführung einer klinischen Prüfung begonnen werden.** Hierbei sind besondere Anforderungen an die Durchführung und Methodik klinischer Prüfungen zu stellen, die je nach Entwicklungsstufe unterschiedlich sein können.

1. Bestimmungen vor, während und nach Abschluss klinischer Prüfungen mit Medizinprodukten

124

Regularien vor Beginn	Referenz
allgemeine Anzeige des Medizinprodukte-Herstellers/Bevollmächtigten/Einführers/verantwortlichen Person für das Inverkehrbringen und des klinischen Prüfers bei zuständiger Behörde	§§ 25 und 30 Abs. 4 MPG
Anzeige des Sicherheitsbeauftragten des Medizinprodukte-Herstellers bei zuständiger Behörde	§ 30 Abs. 2 MPG; Anhang IX MDD

E. Anforderungen an die Durchführung und Methodik

Regularien vor Beginn	Referenz
Erklärung des Herstellers zu Produkten für die klinische Prüfung	Anhang VIII, Nr. 2.2 MDD; Anhang 6, Nr. 2.2 AIMDD
Bereithaltung der Dokumentation	Anhang VIII, Nr. 3 MDD; Anhang 6, Nr. 3 AIMDD
Nachweis der Durchführung einer dem jeweiligen Stand der wissenschaftlichen Erkenntnisse entsprechenden biologischen Sicherheitsprüfung	§ 20 Nr. 5 MPG
Nachweis der Durchführung, soweit erforderlich, der sicherheitstechnischen Unbedenklichkeit unter Berücksichtigung des Standes der Technik, der Arbeitsschutz- und Unfallverhütungsvorschriften; eventuell spezielle Medizinprodukte-Gerätegenehmigungen durch zuständige Behörden	§ 20 Nr. 6 MPG
Prüfarzt-/Prüferinformation (Investigator's Brochure)	ISO/DIS 14 155–1: 7.2
positive Nutzen-Risiko-Bewertung	§ 20 Abs. 1 Nr. 1 MPG
Prüfleiter mit mindestens zweijähriger Erfahrung in der klinischen Prüfung von Medizinprodukten	§ 20 Abs. 1 Nr. 4 MPG
Prüfplan und Prüfbogen	§ 20 Abs. 1 Nr. 8 MPG; ISO/DIS 14 155–2
Beschriftung/Kennzeichnung von Medizinprodukten	Anhang I MDD; Anhang 1 AIMDD
Prüfarztvertrag und Genehmigung der Prüfinstitution(en)	ICH-GCP 1.30 und 4.9.6
Patienteninformation und -einwilligungserklärung für klinische Prüfungen mit Medizinprodukten und bei Leistungsbewertungsprüfungen von In-vitro-Diagnostika (§ 24 MPG)	§ 20 Abs. 1 Nr. 2, Abs. 2 und Abs. 4 Nr. 4 MPG
Antrag auf Erteilung einer Genehmigung bei der Prüfung radioaktiver Medizinprodukte/Gutachten vom Bundesamt für Strahlenschutz	§ 24 StrlSchV
Antrag auf Genehmigung beim Bundesamt für Strahlenschutz (BfS) bei klinischen Prüfungen unter Anwendung von Röntgenuntersuchungen	§§ 24 StrlSchV und 28 a und b Röntgenverordnung
Einhaltung: Bundesdatenschutzgesetz und Europäische Datenschutzrichtlinie	BDSG; Richtlinie 95/46/EG
Probandenversicherung (auch bei Leistungsbewertungsprüfungen von In-vitro-Diagnostika)	§ 20 Abs. 1 Nr. 9 und Abs. 3 MPG und § 24 MPG
Votum – zustimmende Stellungnahme – für den Leiter der klinischen Prüfung von einer beim BfArM registrierten Ethikkommission bei Leistungsbewertungsprüfungen von In-vitro-Diagnostika bei der Ethikkommission einzureichende Unterlagen: – Ergebnisse (tierexperimentelle) der Biologischen Sicherheitsprüfung und der Überprüfung der sicherheitstechnischen Unbedenklichkeit; – eventuell spezielle Medizinprodukte-/Gerätegenehmigungen durch zuständige Behörden – Prüfarzt-/Prüferinformation (Investigator's Brochure) – Prüfplan und Prüfbogen – Probanden/Patienteninformation und -einwilligungserklärung	§ 20 Abs. 7 und 8 MPG § 24 MPG

Regularien vor Beginn	Referenz
– Nachweis der zweijährigen Erfahrung in der klinischen Prüfung von Medizinprodukten durch Prüfleiter – Kopie der Probandenversicherung und Versicherungs-bedingungen – analog für (radioaktive Arzneimittel) Strahlenhaftpflicht-versicherung – Herstellung des Medizinprodukts (GMP) – Good Laboratory Practice – GLP: Zertifikat, falls erforderlich Art der Probanden/Patientenrekrutierung und Bezahlung	§ 24 StrlSchV i. V. m. § 15 AtDeckV Anhang II MDD; Anhang 2 AIMDD; CPMP/ICH/135/95: 3.1.2
Votum lokaler Ethikkommission für LKP, falls „angerufene" registrierte Ethikkommission nicht gleichzeitig die für LKP berufsrechtlich zuständige EK	§ 15 Abs. 1 MBO-Ä; ICH-GCP 1.27, 3; CPMP/ICH/135/95: 3.1.2
Anzeige der einzelnen klinischen Medizinprodukte-Prüfung bei der zuständigen Überwachungsbehörde und Erklärung des Herstellers zu Produkten für die klinische Prüfung – Bereithaltung der Dokumentation	§ 20 Abs. 6 MPG; Anhang VIII Abs. 2.2 MDD; Anhang VIII Abs. 3.2 MDD
Anzeige der einzelnen klinischen Prüfung mit aktivem-implantierbarem Medizinprodukt bei der zuständigen Über-wachungsbehörde und Erklärung des Herstellers zu Produkten für die klinische Prüfung – Bereithaltung der Dokumentation	§ 20 Abs. 6 MPG; Anhang 6 Abs. 2.2 AIMDD; Anhang 6 Abs. 3.2 AIMDD
Anzeige bei Leistungsbewertungsprüfungen von In-vitro-Diagnostika	§ 24 MPG

Bestimmungen während einer klinischen Prüfung	Referenz
Monitoring der klinischen Prüfung	ICH-GCP Nr. 5.18 und 5.19; EN 540, ISO 14155–1
Meldung schwerwiegender unerwünschter Ereignisse mit Medizinprodukten und In-vitro-Diagnostika an den Leiter der Prüfung und den Sponsor Meldung von nachteiligen Vorkommnissen mit Medizinprodukten gemäß MDD an den Prüfleiter, den Sponsor und zuständige (Landes-) Behörde Meldung von nachteiligen Vorkommnissen mit Medizinprodukten gemäß AIMDD an den Prüfleiter und den Sponsor	§ 22 MPG i. V. m. Anhang X Nr. 2.3 MDD Anhang 7 Nr. 2.3 AIMDD
Meldung von Vorkommnissen und Beinahe-Vorkommnissen mit CE-gekennzeichneten Medizinprodukten an AkdÄ bzw. der Zahnärzte bei zahnärztlichen klinischen Prüfungen	§ 6 ärztliche MBO und § 1 Abs. 6 zahnärztliche MBO
Beantragung eines LKP-Votums für Amendment bei zuständiger registrierter Ethikkommission	§ 20 Abs. 7 MPG; CPMP/ICH/135/95
Audit(s) der klinischen Prüfung	ICH-GCP Nr. 5.18 und 5.19; ISO 14155–1
Überwachung der klinischen Prüfung und Bestätigung der zuständigen Landesbehörde/Überwachungsbehörde über erfolgte Überwachung(en)/Inspektion(en) und eventuelle Maßnahmen/Empfehlungen	§ 26 MPG

Bestimmungen nach Abschluss einer klinischen Prüfung	Referenz
Abschlussbericht registrierte Ethikkommission (Zusammenfassung) und eingeschaltete Benannte Stelle im Rahmen des CE-Verfahrens (Konformitätsbewertungstelle)	CPMP/ICH137/95; ICH-GCP 5.22; Anhang X MDD Nr. 2.3.7 und Anhang 7 Nr. 2.3.7 AIMDD
Bestätigung zuständige Landesbehörde/Überwachungsbehörde über erfolgte Überwachungen/Inspektion(en)	§ 26 Abs. 3 MPG
Archivierung Device Master File – Prüfer	Ärztliche Berufsordnung, ICH-GCP Nr. 8; 91/507, B 2
Archivierung Device Master File – Sponsor	ICH-GCP Nr. 8, Anhänge I–XII MDD; Anhänge 1–8 AIMDD

Abb. 5: Bestimmungen vor, während und nach Abschluss klinischer Prüfungen mit Medizinprodukten

2. Allgemeine Anzeige des Medizinprodukteherstellers und Prüfers

Sowohl der Medizinproduktehersteller als auch der klinische Prüfer haben vor der **125** Durchführung klinischer Prüfungen die allgemeine **Anzeige bei der zuständigen Behörde** nach § 20 Abs. 6 MPG (Anzeige der eigenen Tätigkeit) auf dem DIMDI-Formblatt: „Allgemeine Anzeigepflicht gem. §§ 25 und 31 Abs. 4 MPG" zu erstatten. Im elektronischen Erfassungsprogramm des DIMDI ist die Medizinprodukte-Nomenklatur bereits integriert. Der Medizinproduktehersteller hat mit der o. g. Anzeige gleichzeitig den Sicherheitsbeauftragten nach § 30 Abs. 2 MPG auf dem o. g. Formblatt anzuzeigen (Anhang IX MDD).[71]

3. Erklärung des Herstellers zu Produkten für die klinische Prüfung

Die **Erklärung des Herstellers** zu Medizinprodukten für die klinische Prüfung bein- **126** haltet je nach Art des Produkts (Anhang 6 Nr. 2.2 AIMDD und Anhang VIII Nr. 2.2 MDD):
– die zur Identifizierung des betreffenden Gerätes notwendigen Daten;
– den Prüfplan mit Angaben zu Ziel/wissenschaftlichen, technischen oder medizinischen Gründen und Umfang/Tragweite der Prüfungen und zur Anzahl der betroffenen/betreffenden Geräte/Produkte;
– die von der betreffenden Ethikkommission abgegebene Stellungnahme sowie Angaben der Gesichtspunkte, die Gegenstand dieser Stellungnahme waren;
– den Namen des Arztes/der hierzu befugten Person und der Einrichtung, die mit den Prüfungen betraut/beauftragt sind;
– den Ort, den geplanten Beginn und die geplante Dauer der Prüfungen;
– die Versicherung, dass das betreffende Gerät/Produkt mit Ausnahme der Punkte, die Gegenstand der Prüfung sind, den Grundlegenden Anforderungen entspricht und dass hinsichtlich dieser Punkte alle Vorsichtsmaßnahmen zum Schutz der Gesundheit und der Sicherheit der Patienten getroffen worden sind.
Diese Erklärung des Herstellers ist Inhalt des **Handbuchs des klinischen Prüfers** (EN 540).

---

[71] Zu Adressen und Codes der Obersten Landesbehörden, zuständigen Behörden und der Bundeswehr, die mit Anzeigen nach § 25 MPG befasst sind, s. http://www.dimdi.de/de/mpg/adress/index.htm (Stand: 10/2002).

4. Sponsor-Prüfer

127   Ein Sponsor/Promotor ist nach EN 540 Nr. 3.9 eine natürliche oder juristische Person, die die Verantwortung für die **Initiierung und/oder die Durchführung** einer klinischen Prüfung übernimmt. Wenn ein klinischer Prüfer selbst eine klinische Prüfung initiiert und er die volle Verantwortung dafür übernimmt, übernimmt der klinische Prüfer auch die Funktion des Sponsors. Wiederum eindeutiger ist die Definition eines Sponsor-Prüfers bzw. Sponsor-Investigators nach ICH-GCP Nr. 1.54. Danach ist dies eine Person, die alleine oder zusammen mit anderen eine klinische Prüfung sowohl initiiert als auch durchführt und unter deren direkter Leitung das Prüfpräparat einem Prüfungsteilnehmer verabreicht, an ihn abgegeben oder von ihm angewendet wird. Der Begriff bezieht sich ausschließlich auf Einzelpersonen (d. h. er umfasst keine Körperschaft bzw. Agentur). Zu den Pflichten eines Sponsor-Prüfers zählen sowohl die eines Sponsors als auch die eines Prüfers. Dies haben Ärzte zu bedenken, die selbstständig Medizinprodukte entwickeln und klinisch prüfen bzw. CE-gekennzeichnete Medizinprodukte ohne Kenntnis und Zustimmung des jeweiligen Herstellers außerhalb der Zweckbestimmung (Indikation) bei Patienten systematisch anwenden, d. h. klinisch prüfen.

5. Risikoanalyse

128   Die Nutzen-Risiko-Bewertung für Medizinprodukte ist nach der Risikoanalysenorm für Medizinprodukte EN 1441 (10/1997) sowie nach ICH-GCP Nr. 2.2 sowohl vom Hersteller als auch von jedem Prüfer für dessen eigene Entscheidung zur Anwendung eines Medizinprodukts durchzuführen (Untersuchung von verfügbaren Informationen zur Identifizierung von Gefährdungen und **Einschätzung von Risiken**). Nach der ISO/IEC Guide 51 (1990) ist ein Risiko die Wahrscheinlichkeit des Auftretens einer Gefährdung, die einen Schaden hervorruft, und Grad der Schwere dieses Schadens.

129   Berücksichtigt werden sollte bei einer Risikoanalyse, dass ein Schaden oder eine schädigende Wirkung bei **bestimmungsgemäßem oder nicht bestimmungsgemäßem Gebrauch** eines fehlerfreien oder fehlerhaften Medizinprodukts wie auch eines fehlerfreien oder fehlerhaften Prüfpräparats oder Fertigarzneimittels auftreten könnte. Bezüglich der Nutzen-Risiko-Bewertung für Medizinprodukte gilt, dass die Risiken, die mit ihr für die Person verbunden sind, bei der sie durchgeführt werden soll, gemessen an der voraussichtlichen Bedeutung des Medizinprodukts für die Heilkunde ärztlich vertretbar sind (§ 20 Abs. 1 MPG). Soweit erforderlich, muss eine dem jeweiligen Stand der wissenschaftlichen Erkenntnis entsprechende biologische oder sonstige für die vorgesehene Zweckbestimmung des Medizinprodukts erforderliche Prüfung durchgeführt worden sein (§ 20 Abs. 1 Satz 5 MPG). Während einer klinischen Prüfung ist eine kontinuierliche Nutzen-Risiko-Bewertung unter Berücksichtigung neuer Erkenntnisse kontinuierlich durchzuführen und die Prüferbroschüre erforderlichenfalls anzupassen.

6. Handbuch des klinischen Prüfers/Prüferbroschüre/-information

130   Das Handbuch des klinischen Prüfers nach Nr. 3.18 der harmonisierten Norm EN 540 bzw. die Prüferbroschüre sollte sich nach Aufbau und Reihenfolge der Inhalte grundsätzlich an der ICH-GCP-Leitlinie 7.3 Contents of the **Investigator's Brochure** orientieren und die erforderlichen Informationen zu einem Medizinprodukt entsprechend § 20 Abs. 1 Nr. 7 MPG enthalten. Das sind zum einen neben einer Literaturzusammenfassung über das zu untersuchende Medizinprodukt oder ähnliche Medizinprodukte diejenigen Informationen, die in der Erklärung des Herstellers zu Produkten für die klinische Prüfungen und der sonstigen Dokumentation beschrieben sind.

131   **Das Handbuch des klinischen Prüfers** enthält weiterhin die Inhalte des Gutachtens zur sicherheitstechnischen Unbedenklichkeit einer Prüfstelle und, sofern zutreffend, zur tierexperimentellen biologischen Sicherheitsprüfung sowie die Gebrauchsanweisung zur

Anwendung/Applikation des Medizinprodukts. Auch sind die zu erwartenden möglichen Risiken/Vorkommnisse, sämtliche bisher bekannt gewordenen oder vermuteten Vorkommnisse bei Anwendung des Medizinprodukts sowie diejenigen Ereignisse bzw. Symptome aufzuführen (Inzidenz in %), die auf Grund der zu untersuchenden Erkrankung bei den Patienten zu erwarten sind. Das Handbuch des klinischen Prüfers ist zu datieren und zur Bestätigung der inhaltlichen Vollständigkeit und Richtigkeit vom Medizinproduktehersteller bzw. von dessen für die Inhalte verantwortlichen Mitarbeitern zu unterschreiben. Sobald neue Erkenntnisse zum Medizinprodukt vorliegen, ist eine aktualisierte Version der Prüfarztinformation zu erstellen und den Prüfern zu übergeben. Zur Vereinfachung des administrativen Aufwands kann die vorhandene Prüfarztinformation auch durch einen schriftlichen analog unterschriebenen Anhang (Amendment) ergänzt und der letzten Version des Handbuchs beigefügt werden.

7. Nomenklatur für Medizinprodukte

Bei Anzeigen, Meldungen, Verschlüsselungen und Bezeichnungen von Medizinpro- **132** dukten nach dem MPG ist die **offizielle Nomenklatur** für Medizinprodukte zu verwenden. Diese basiert auf der US Version des Universal Medical Device Nomenclature System (UMDNS) und wurde vom DIMDI in deutscher Sprache herausgegeben.[72]

8. Prüfplan

Der **Aufbau und Inhalt** eines Prüfplans (Clinical Investigation Plan) ist für Medizin- **133** produkte in der EN 540 und ausführlich in der neuen ISO 14155–2 geregelt.[73] Ein Prüfplan für die klinische Prüfung eines Medizinprodukts (§ 20 Abs. 1 Nr. 8 MPG) oder eines Medizinprodukts in Verbindung mit einem Arzneimittel oder im Vergleich zu einem Arzneimittel orientiert sich an den Anforderungen der o. g. harmonisierten Normen bzw. ICH-GCP Leitlinien unter Berücksichtigung der einschlägigen allgemeinen und indikationsspezifischen Leitlinien und der im konkreten Fall erforderlichen Informationen und Fragestellungen zum jeweiligen Medizinprodukt.

a) Rationale

Die **Begründung** (Rationale) für die Durchführung der klinischen Prüfung eines Me- **134** dizinprodukts enthält die Beschreibung z. B.:
– des wissenschaftlichen Hintergrundes (Literaturzusammenfassung);
– der Ergebnisse der biologischen Sicherheitsprüfung, sicherheitstechnischen Unbedenklichkeit und bereits durchgeführter klinischer Prüfungen;
– der Produkteigenschaften (Zweckbestimmung);
– des Medizinprodukts, seiner Funktionsweisen und Leistungscharakteristika, Gebrauchsanweisungen zu Installation und Anwendung/Handhabung (Zusammenfassung der Inhalte der Prüfarztinformation);
– der Anwendungs- und Einsatzmöglichkeiten des Medizinprodukts einschließlich einer Nutzen-Risiko-Bewertung (Verhältnismäßigkeit einer möglichen Anwendung);
– der einzuhaltenden erforderlichen Sicherheitsmaßnahmen zum Schutz der Patienten.

b) Fragestellung(en) bzw. Studienhypothese(n)

– Grundsätzlich Nachweis der Erfüllung derjenigen **Grundlegenden Anforderungen,** **135** die nicht durch eine wissenschaftliche Bewertung erbracht werden können;
– Erfassung eventuell bei normalen Einsatzbedingungen auftretender unerwünschter Nebenwirkungen und Beurteilung, ob diese irgendwelche Risiken darstellen;

---

[72] http://www.dimdi.de/de/mpg/umdns/index.htm (Stand: 10/2002).
[73] Der Inhalt des Prüfplans ist für Arzneimittel unter Nr. 6 der ICH-GCP Leitlinien festgelegt; s. auch *BAH* (Hrsg.), Erstellung von Prüfplänen für klinische Prüfungen [von Arzneimitteln], 1998.

– Überlegenheit einer Intervention im Vergleich zu alternativen Interventionen (Festlegung eines klinisch relevanten Unterschieds bezüglich der Wirksamkeit oder Verträglichkeit einer oder mehrerer der vorgesehenen Interventionen);
– Gleichwertigkeit (non-inferiority) zweier oder mehrerer Interventionen.

c) Indikation(en)

136   Bei der Festlegung und Definition der zu behandelnden Patientenpopulation sind international anerkannte Definitionen und Klassifikationen der Erkrankungen/Behinderungen zu verwenden und möglichst auch der **ICD-10-Diagnosenthesaurus**[74] anzugeben.

d) Zielkriterien

137   Bei der Auswahl der **primären und sekundären Zielkriterien** und deren Messzeitpunkte sind primär grundsätzlich die international gültigen Leitlinien, die zutreffenden allgemeinen und indikationsspezifischen Guidelines, Guidance Memoranda und Documents sowie die europäischen Harmonisierten Normen zu berücksichtigen, sofern diese im Hinblick auf das zu untersuchende Krankheitsbild zutreffend sind. Diese können jeweils in den aktuellen Versionen im Internet – unter den zu Beginn des Beitrags zusammengestellten Adressen – abgerufen werden:
– Therapie von Symptomen oder Erkrankungen, Verletzungen oder Behinderungen, Körperschäden, Veränderungen des anatomischen Aufbaus oder der Empfängnisregelung;
– primäre Prophylaxe bei Gesunden und Patienten, bei denen eine Erkrankung möglich, aber noch nicht aufgetreten ist;
– sekundäre Prophylaxe bei Patienten, bei denen das Wiederauftreten einer Erkrankung zu erwarten ist;
– Diagnostik einer Erkrankung;
– Sicherheit und Verträglichkeit einer therapeutischen, prophylaktischen oder diagnostischen Intervention mit einem Medizinprodukt bei einmaliger, vorübergehender oder unter Langzeitanwendung/-applikation;
– Erfassung des Kosten-Nutzen-Verhältnisses oder des ökonomischen Nutzens eines Medizinprodukts;
– Feststellung, ob das Medizinprodukt mit anderen Medizinprodukten, Umwelteinflüssen (Temperatur, Elektrizität, etc.) und/oder Medikamenten interferiert;
– Wiederherstellung/Verbesserung der persönlichen Bewegungsfähigkeit, Unabhängigkeit und Arbeitsfähigkeit;
– Parameter zur Lebensqualität.

e) Studiendesign

138   Das Studiendesign wird von Ärzten, Statistikern, Ingenieuren und Technikern und erforderlichenfalls Epidemiologen gemeinsam erarbeitet. Es sollte **grundsätzlich kontrolliert,** d.h. vergleichend angelegt sein. Die Zuordnung zu Behandlungsgruppen muss, sofern möglich, randomisiert erfolgen. Kontroll- bzw. Vergleichsgruppen sind z.B.:
– Standardbehandlung bestehend aus einem Medizinprodukt oder einem Arzneimittel;
– Placebo-Kontrolle (Scheinmedikament oder evtl. Scheinapplikation eines Medizinprodukts, sofern ethisch vorübergehend vertretbar);
– unbehandelte Kontrollgruppe;
– Patientenselbstkontrolle im cross-over Design (intraindividueller Vergleich);
– historische (externe) Kontrolle.

139   Bei den Überlegungen zum Studiendesign sind **verschiedene Situationen** zu berücksichtigen, die die Planung einer wissenschaftlich auswertbaren Prüfung beeinträchtigen oder erschweren können:

---

[74] http://www.dimdi.de/de/klassi/index.htm (Stand: 10/2002).

- Vergleichende klinische Prüfungen mit Medizinprodukten sind oft nicht möglich, da es ähnliche/vergleichbare Medizinprodukte nicht gibt, mit denen ein neues Medizinprodukt verglichen werden könnte;
- eine Placebo-Kontrolle oder eine Scheinoperation ist im Regelfall nicht möglich oder ethisch nicht vertretbar;
- eine unbehandelte Kontrollgruppe ist ethisch nicht vertretbar, wenn das Medizinprodukt die einzige vorhandene Möglichkeit zur Behandlung einer Erkrankung oder Korrektur einer Behinderung ist;
- eine medikamentöse Alternativbehandlung ist nur offen möglich;
- eine Verblindung ist wegen unterschiedlicher Bauweisen/Wirkungsweisen der als Vergleich in Frage kommenden, bereits zugelassenen Medizinprodukte selten bzw. nicht möglich;
- eine Randomisierung kann nur durchgeführt werden, wenn es ein bezüglich der Wirksamkeit und Verträglichkeit vergleichbares Medizinprodukt oder Arzneimittel gibt und es für den Prüfarzt und Patienten nicht möglich ist, eine von zwei Behandlungsmöglichkeiten als die bessere anzusehen;
- wegen der häufig nur geringen potenziellen Patientenzahl mit einer durch ein Medizinprodukt zu behandelnden Erkrankung/Behinderung im Einzugsbereich eines Prüfzentrums müssen Prüfungen multizentrisch geplant werden;
- Patienten mit einem implantierten Medizinprodukt müssen ggf. lebenslang nachbeobachtet werden. Da dies organisatorisch kaum durch eine Vielzahl von Ärzten, die das Medizinprodukt implantiert haben, durchgeführt werden kann, sollten die Nachbeobachtungen von einer Institution (Sponsor, Hersteller, CRO) unter Berücksichtigung datenschutzrechtlicher Bestimmungen – regelmäßige Telefonanrufe, Telemetrie, regelmäßiges Anfordern/Einsammeln von Patiententagebüchern – zentralisiert erfolgen. Hierzu sind neben den von den behandelnden Ärzten einzuholenden Informationen direkte Kontakte zwischen der Institution und den Patienten erforderlich. Letzteres bedarf der separaten schriftlichen Einwilligung der Patienten;
- historische Kontrollen sind Patienten, die zu einer früheren Zeit und an einem anderen Ort mit einer anderen Intervention behandelt wurden (retrospektive bzw. -lektive Beobachtungen); auf Grund des Selektions-Bias sollten historische Kontrollen soweit wie möglich vermieden werden;
- zur Erfassung und Dokumentation von unerwünschten Wirkungen eines Medizinprodukts müssen die internationalen Definitionen von Medizinprodukt- und Arzneimittelnebenwirkungen bzw. Vorkommnissen mit oder bei Medizinprodukten sowie die Meldeverpflichtungen den Prüfern und Monitoren der Auftraggeber klinischer Prüfungen bekannt sein und sollten daher im Prüfplan oder zur besseren Übersichtlichkeit in einem Anhang zum Prüfplan aufgeführt werden.

f) Änderungen eines Prüfplans (Amendments)

Stellt sich im Verlauf einer klinischen Prüfung heraus, dass eine Änderung des im Prüfplan vorgegebenen Ablaufs erforderlich ist, so ist dies schriftlich in Form eines **Amendments** oder einer technischen Änderung festzulegen, vom Prüfleiter, den Prüfärzten und vom Auftraggeber zu unterzeichnen und sämtlichen im Umlauf befindlichen Prüfplänen hinzuzufügen. Gründe für eine Änderung des Prüfplans, die sich auf die Sicherheit der Studienteilnehmer und/oder die wissenschaftliche Auswertung der Prüfung auswirken können sind z.B. Änderungen der primären Endpunkte, der Ein- und/oder Ausschlusskriterien, der Laboruntersuchungen, der Zahl der Patienten, der Behandlungsdauer oder der Behandlungsgruppen. Änderungen des Studienablaufs, die nicht die Gesundheitsinteressen des Patienten berühren, erfordern lediglich eine Prüfplanergänzung (sog. technische Änderung). Amendments, die die Gesundheitsinteressen (Sicherheit/Änderung des Risiko-Nutzen-Verhältnisses) der Patienten berühren, erfordern ein erneutes Votum der zuständigen Ethikkommission und eine erneute schriftliche Einwilligung der Patienten

140

einschließlich der bereits in die Studie aufgenommenen Patienten, sofern sie diese Änderungen betreffen.

g) Prüfplananhänge

141   Sinnvolle Prüfplananhänge sind, sofern für eine **bestimmte Studie zutreffend** und nicht an anderer Stelle im Prüfplan dokumentiert, z. B.:

- Definitionen/Klassifikationen der zu untersuchenden Krankheitsbilder (sofern zutreffend);
- Definitionen und Beispiele von Vorkommnissen und Beinahe-Vorkommnissen, unerwünschten Ereignissen und unerwünschten Arzneimittelwirkungen;
- Patientenkarte (Studienteilnahme, sofern zutreffend);
- Labor-Normalwertetabelle(n);
- WHO-Klassifikation/Common Toxicity Criteria der Schweregrade von Laborwertveränderungen;
- Gebrauchsanweisung für das Medizinprodukt, Fachinformation für Arzneimittel;
- zusätzliche Studienablauf-Informationen, Entscheidungsbaum, etc., u. a. für Prüfer und beteiligte Mitarbeiter (sofern zutreffend);
- Beschreibung spezieller diagnostischer Methoden;
- Deklaration von Helsinki in der jeweils aktuellen Version;
- zutreffende ärztliche Kodizes.

h) Prüfbögen

142   Prüfbögen (Case Report Forms – CRFs) zur Dokumentation sämtlicher und nur der im Prüfplan festgelegten und zu **erhebender Daten und Befunde** werden den Prüfern vom Sponsor einer klinischen Prüfung für jeden einzelnen Studienpatienten zur Verfügung gestellt. In der ISO 14155–2 (4.13 Formulare für die Fallberichterstattung – Case Report Form, CRF) ist im Anhang A der Inhalt eines CRF's unter „Formulare für die Fallberichterstattung" beschrieben.

143   Sobald eine Prüfung beim einzelnen Patienten beendet und die Überprüfung auf Vollständigkeit, Richtigkeit und Plausibilität der in den CRFs eingetragenen Daten durch den jeweiligen Prüfarzt erfolgt ist, hat letzterer dies durch seine **Unterschrift** im CRF zu bestätigen. Nach Überprüfung der Übereinstimmung dieser CRF-Daten mit den Originaldaten durch Monitore (Verifizierung) wird der CRF an den Auftraggeber zur **Dateneingabe und Auswertung** weitergeleitet. Eine Kopie/ein Durchschreibesatz verbleibt zur Archivierung und eventuellen weiteren Überprüfung durch Auditoren oder Inspektoren beim Prüfer.

III. Meldeverpflichtungen

144   Die Meldeverpflichtungen für Vorkommnisse im Verlauf einer klinischen Prüfung unterscheiden sich von denjenigen Meldeverpflichtungen, die einzuhalten sind, wenn ein bereits CE-gekennzeichnetes Medizinprodukt in den Verkehr gebracht wurde. Die Verordnung über die Erfassung, Bewertung und Abwehr von Risiken bei Medizinprodukten (Medizinprodukte Sicherheitplanverordnung – MPSV) schließt in § 1 Abs. 1 MPSV ausdrücklich die Anwendung der Bestimmungen auf Medizinprodukte zur klinischen Prüfung und In-vitro-Diagnostika für Leistungsbewertungszwecke aus.[75] Das Gleiche gilt für die Europäischen Guidelines für das Medizinprodukteüberwachungssystem (MEDDEV 2.12–1 rev. 4–4/2001). Für die **Meldeverpflichtungen bei klinischen Prüfungen** verweist § 22 MPG u. a. auf den Anhang X Nr. 2.3 der MDD. Danach müssen alle

---

[75] Vgl. zum Medizinprodukte-Beobachtungs- und -Meldesystem den Beitrag von *Will* in diesem Handbuch (§ 11 Rdnr. 1 ff.).

nachteiligen Vorkommnisse gem. Art. 10 der MDD vollständig registriert und der zuständigen Behörde gemeldet werden. Für aktive implantierbare Medizinprodukte enthält Anhang 7 Nr. 2.3.5 der AIMDD grundsätzlich nur die Verpflichtung zur Registrierung aller nachteiligen Vorkommnisse. Eine Meldeverpflichtung an die Behörden besteht hingegen nicht. Im Hinblick auf die bestehende Lückenhaftigkeit sollte in Zukunft eine einheitliche Lösung angestrebt werden.

IV. Beschriftung/Kennzeichnung von Medizinprodukten zur klinischen Prüfung

Die Kennzeichnung von für die klinische Prüfung bestimmten Medizinprodukten darf **145** **keine CE-Kennzeichnung** beinhalten. Die Kennzeichnung und Gestaltung der Gebrauchsanweisung richtet sich für Medizinprodukte (unabhängig von ihrem jeweiligen Entwicklungsstand) nach den in Anhang I Nr. 13 ff. der MDD aufgeführten Anforderungen. Bei für die klinische Prüfung vorgesehenen Medizinprodukten muss der Hinweis **„nur für klinische Prüfungen"** aufgebracht werden.

V. Fallzahlschätzung und biometrische Auswertung

Die Fallzahlschätzung für die Prüfung eines Medizinprodukts wird vorwiegend auf Si- **146** cherheitsaspekten beruhen. Nach Anhang X Abs. 2.3.1 der MDD müssen klinische Prüfungen „eine **angemessene Zahl von Beobachtungen** umfassen, damit wissenschaftlich gültige Schlussfolgerungen gezogen werden können". Hieraus folgt, dass eine biometrische Fallzahlschätzung beruhend auf klinisch relevanten Unterschieden oder vergleichbaren Vertrauensbereichen bei Äquivalenz- bzw. non-inferiority Studien durchzuführen ist. Die mathematische, theoretische Fallzahlberechnung (erforderlicher Stichprobenumfang) wird unter Berücksichtigung der Anzahl der vorhersehbaren Studienabbrecher (% dropouts, withdrawals, lost to follow-up) oder der Anzahl der z.B. auf Grund unzureichend vorhandener Daten nicht auswertbaren Patienten durchgeführt.

Bei der Fallzahlberechnung und Planung der biometrischen Auswertung sind die **fol-** **147** **genden Publikationen** zu berücksichtigen:
- CPMP/ICH/363/96, CPMP/EWP/2158/99, CPMP/EWP/2330/99 und
- Statistical guidelines for clinical trials of non-diagnostic medical devices.[76]

Bei klinischen Prüfungen zur Verträglichkeit von Medizinprodukten, die meistens offen **148** und nicht kontrolliert durchgeführt werden, ist die erforderliche Patientenzahl z.T. in den entsprechenden europäischen Normen für bestimmte Klassen bzw. Arten von Medizinprodukten festgelegt; die empfohlenen Patientenzahlen liegen meistens zwischen 40 und 80. Bei den häufig offen durchgeführten Medizinprodukte-Studien ist grundsätzlich eine **kontinuierliche/sequenzielle Auswertung** der Studienergebnisse möglich. Bei erkennbaren Risiken für die Studienpopulation kann die Prüfung dann sofort beendet oder zur Beseitigung eines Risikos der Ablauf geändert werden. Die biometrische Auswertung der Wirksamkeits- und Verträglichkeitsdaten derjenigen Patienten, die aus verschiedenen Gründen nicht prüfplangemäß nachbeobachtet werden konnten (lost-to-follow-up), erfolgt im Sinne einer „Worst Case Analysis". Daher sollte die Rate der aus diesem Grund nicht analysierbaren Patienten so gering wie möglich sein (z.B. < 5%). Die Studienergebnisse könnten ansonsten von den Benannten Stellen möglicherweise nicht akzeptiert und eine CE-Kennzeichnung versagt werden.

---

[76] http://www.fda.gov/cdrh/ode/ot476.html (Stand: 10/2002).

VI. Nachuntersuchungen

149   Nachuntersuchungen (follow-up), wie im Prüfplan vorgeschrieben, sind möglichst vollständig durchzuführen. Eine Nachuntersuchung bei < 80% der Patienten hat zur Folge, dass die Studienergebnisse von Konformitätsbewertungsverfahren durchführenden Institutionen (Benannte Stellen) als unvollständig angesehen und dann nicht akzeptiert werden. Es sollte daher sichergestellt werden, dass möglichst **alle Patienten prüfplangemäß nachuntersucht** werden und sich nach Abschluss einer Prüfung die Zahl nicht nachuntersuchter Patienten über Behandlungsgruppen, Kontrollgruppen und Zentren möglichst gleich verteilt.

VII. Vorzeitige Beendigung klinischer Prüfungen, Nachuntersuchungen und Nachbeobachtung(en)

150   Muss eine Prüfung aus Sicherheitsgründen oder bei Ergebnissen aus geplanten Zwischenauswertungen bei einer Unwirksamkeit einer Prüfintervention bei einer schwerwiegenden Erkrankung oder bei einer eindeutigen (klinisch relevanten und statistisch signifikanten) Überlegenheit einer Prüfintervention gegenüber einer Vergleichsgruppe – andere **Abbruchgründe** sind nicht akzeptabel – vorzeitig beendet werden, ist dies unter der Angabe der Gründe den Ethikkommissionen und zuständigen Überwachungsbehörden schriftlich mitzuteilen. Zur Erfassung unbekannter, länger dauernder oder anhaltender Effekte kann es erforderlich sein, dass der Prüfarzt nach Abschluss einer klinischen Prüfung den Monitor oder Sponsor über einen unerwarteten weiteren Verlauf des Krankheitsbildes der Patienten bzw. über weitere unerwartete Vorkommnisse oder unerwünschte Ereignisse informiert, die direkt oder indirekt mit der klinischen Prüfung im Zusammenhang stehen und/oder für die Beurteilung der Studienergebnisse relevant sein könnten. Die Nachbeobachtungsdauer der Patienten nach Applikation eines Medizinprodukts muss ausreichend sein, um den erwarteten Nutzen und mögliche wechselseitige Beeinflussungen mit anderen Stoffen, Produkten oder Arzneimitteln, Gegenanzeigen, Verfälschungen, Funktionsfehler, Fehlfunktionen und technische Mängel in Abhängigkeit vom jeweiligen Medizinprodukt eindeutig erfassen zu können.

VIII. Import von Medizinprodukten für klinische Prüfungen

151   Für den Import nicht zugelassener Medizinprodukte aus Ländern außerhalb der EU oder des europäischen Wirtschaftsraums ist keine Importgenehmigung erforderlich. Verantwortlich für den Import sowie die Anwendung eines Medizinprodukts in klinischen Prüfungen ist der Erstinverkehrbringer. Beim Import ist eine **Zollanmeldung** nach § 53 der Zollbefreiungsverordnung – erhältlich bei den jeweiligen Zollstellen bzw. Hauptzollamt oder bei einer mit dem Import beauftragten Speditionsfirma – vom Anwender des Medizinprodukts vollständig auszufüllen (Beschreibung des Zwecks und Einsatzes des Medizinprodukts) und mit einer Proformaerklärung vorzulegen und erforderlichenfalls die Umsatzsteuer in der gesetzlich vorgesehenen Höhe beim Import zu bezahlen. Bei der Zollabfertigung wird ein Verwendungsschein für die vorübergehende Verwendung des Medizinprodukts ausgestellt, der für maximal 24 Monate gilt.

IX. Good-Manufacturing-Practice-Regularien

152   Medizinprodukte müssen wie Arzneimittel nach den Good-Manufacturing-Practice-Regularien (GMP-Regularien) hergestellt sein, bevor eine Anwendung/Applikation am

Menschen zulässig ist. Als Nachweis einer **GMP-konformen Herstellung** für Arzneimittel (§ 72a AMG) gilt ein GMP-Zertifikat. Sowohl in Europa wie auch den USA sind Medizinprodukte ebenfalls nach GMP herzustellen. Die entsprechenden europäischen GMP-Regularien sind die für ein bestimmtes Medizinprodukt jeweils zutreffenden Inhalte der Anhänge II, V und VI MDD bzw. der Anhänge 2, 5 und 6 der AIMDD bzw. deren Transformationen in die nationalen Gesetze der Mitgliedstaaten.[77]

X. Gutachten des Bundesamtes für Strahlenschutz

Bei der Anwendung radioaktiver Medizinprodukte oder Arzneimittel ist hierfür die **153** vorherige Genehmigung (Gutachten) vom **Bundesamt für Strahlenschutz (BfS)** gem. § 23 StrlSchV einzuholen. Bei der Anwendung von Röntgenuntersuchungen im Rahmen klinischer Prüfungen ist hierfür ein Antrag auf Genehmigung beim BfS (§§ 23, 24 StrlSchV und 28a und b Röntgenverordnung) zu stellen.

XI. Anzeige einer klinischen Prüfung mit einem Medizinprodukt

Die Anzeige einer klinischen Prüfung nach § 20 Abs. 6 MPG erfolgt bei der/den zu- **154** ständigen Landesbehörde(n) durch den Auftraggeber der klinischen Prüfung auf dem entsprechenden DIMDI-Formblatt.[78] **Zuständige Behörden** sind in Deutschland:
– generell diejenigen, die für den Sitz des Auftraggebers zuständig sind;
– wenn die Auftraggeber ihren Sitz außerhalb Deutschlands haben, die für den Leiter der klinischen Prüfung zuständige Behörde;
– wenn die Auftraggeber und der Leiter der klinischen Prüfung ihren Sitz außerhalb Deutschlands haben, die Behörde, in deren Bereich die klinische Prüfung begonnen wird.
Die Anzeige enthält die folgenden Dokumente:
– Prüfplan und Patienteninformation und -einwilligungserklärung;
– zustimmende Stellungnahme einer registrierten Ethikkommission zum Prüfplan;
– Voten der lokalen Ethikkommissionen für die beteiligten Prüfärzten (nach der Muster-Berufsordnung der Ärzte, nicht bei Zahnärzten, jedoch für alle Prüfer nach ICH-GCP!);
– die Erklärung des Herstellers zur Bereithaltung der Dokumentation mit den Angaben nach Anhang VIII MDD bzw. Anhang 6 jeweils Nr. 2.2 und 3.2 der AIMDD;
– Nachweis der sicherheitstechnischen Unbedenklichkeit (§ 20 Abs. 1 Nr. 6 MPG);
– Probandenversicherungskopie.
Soweit keine zustimmende Stellungnahme einer Ethikkommission zu dem Prüfplan **155** vorliegt, kann der Hersteller mit der betreffenden klinischen Prüfung nach **Ablauf einer Frist von 60 Tagen** nach der Anzeige (s. Rdnr. 144) beginnen, es sei denn, die zuständige Behörde hat ihm innerhalb dieser Frist eine auf Gründen der öffentlichen Gesundheit oder der öffentlichen Ordnung gestützte gegenteilige Entscheidung mitgeteilt (§ 20 Abs. 7 MPG). Diese Regelung wurde gem. Art. 15 Abs. 2 MDD in das deutsche MPG übernommen. Artikel 15 Abs. 2 MDD bestimmt:

Bei Produkten der Klasse III sowie bei implantierbaren und zur langzeitigen Anwendung bestimmten invasiven Produkten der Klasse IIa oder IIb kann der Hersteller mit den betreffenden klinischen Prüfungen nach Ablauf einer Frist von 60 Tagen nach dieser Mitteilung beginnen, es sei denn, die zuständigen Behörden haben ihm innerhalb dieser Frist eine auf Gründen der öffentlichen Gesundheit oder der öffentlichen Ordnung gestützte gegenteilige Entscheidung mitgeteilt. Die Mitgliedstaaten können die Hersteller jedoch ermächtigen, vor Ablauf der Frist von 60 Tagen mit der

---

[77] Bezüglich der US-Regularien s. FDA GMP regulation codified in 21 CFR Part 820, http://www.fda.gov/cdrh/humfac/hufacimp.html (Stand: 10/2002).
[78] http://www.dimdi.de/dynamic/de/mpg/download/index.htm (Stand: 10/2002).

klinischen Prüfung zu beginnen, sofern die betreffende Ethikkommission eine befürwortende Stellungnahme zu dem Prüfungsplan abgegeben hat.

156   Die MDD bestimmt in Art. 15 Abs. 3 des Weiteren, dass bei anderen als den in Abs. 2 genannten Produkten die Mitgliedstaaten die **Hersteller ermächtigen,** sofort nach der Mitteilung mit der klinischen Prüfung beginnen zu können, sofern die betreffende Ethikkommission eine befürwortende Stellungnahme zu dem Prüfungsplan abgegeben hat. Die Adressen und Codes der zuständigen Landesbehörden sowie der zuständigen Stelle für den Bereich der Bundeswehr für die Anzeige von klinischen Prüfungen gem. § 20 Abs. 6 MPG sind aktuell im Internet abrufbar.[79]

XII. Prüfertreffen

157   Prüfer und ihr in die Studie involviertes Assistenzpersonal werden vor Studienbeginn häufig zu einem Prüfertreffen eingeladen. Bei dieser Veranstaltung wird über die Ergebnisse der Sicherheitsprüfung, die Funktionsweise(n) und über mögliche Risiken des Medizinprodukts informiert, der Prüfplan und Prüfbogen, die Studienabläufe, Verantwortlichkeiten und Meldeverpflichtungen der Prüfer, die Beteiligung von Studienkoordinatoren, das Monitoring, Auditabläufe, eine mögliche Überwachung durch zuständige Behörden sowie die ethischen, rechtlichen und wissenschaftlichen Anforderungen an klinische Prüfungen gemäß MPG (und ggf. AMG) sowie der EG-Leitlinien zu „Good Clinical Practice" gesprochen und deren Einhaltung vereinbart. Anlässlich eines solchen Prüfertreffens kann auch das **Training der Prüfärzte** und deren beteiligte Mitarbeiter in der sachgerechten Handhabung (§ 31 MPG) bzw. Anwendung des zu prüfenden Medizinprodukts durch den zuständigen Medizinprodukteberater (§ 31 Abs. 1 MPG) des Herstellers erfolgen. Über die Teilnahme an einem Prüfertreffen und den vermittelten Inhalten wird den Teilnehmern eine Bestätigung ausgestellt, die im Prüfarztordner aufzubewahren ist.

XIII. Monitoring klinischer Prüfungen

158   Monitoring ist die **In-Prozess-Qualitätskontrolle von Planung, Organisation, Durchführung, Datenverarbeitung, Auswertung, Dokumentation und Berichtserstellung klinischer Prüfungen.** Die unterschiedlichen Tätigkeiten der Monitore vor, während und nach einer klinischen Prüfung sind als spezieller **Monitoring-Bericht** – z.B. als Site Identification Report, Site Selection Report, Site Initiation Report, Periodic Monitoring Report, Telefone Report und Site Closure Report – auf den für die jeweilige Tätigkeit vorgegebenen und studienspezifisch angepassten Monitoring-Formularen zu dokumentieren.[80] Monitore überprüfen beim Prüfer/in Prüfzentren, ob eine klinische Prüfung prüfplankonform durchgeführt und richtig dokumentiert wird. Zu den **Aufgaben und den Verantwortlichkeiten der Monitore** gehört insbesondere die Überprüfung der richtigen Übertragung der Studiendaten in die Prüfbögen durch direkte Einsichtnahme in die studienbezogenen, persönlichen Daten der Patienten in den Original-Patientenunterlagen/-befunde (Source Data Verification – SDV). Letzteres sind sämtliche Aufzeichnungen (magnetische und optische Aufzeichnungen), die die Methoden, Untersuchungsbefunde und Ergebnisse sowie die Durchführung einer Studie beschreiben. Bei den Auftraggebern und den Prüfern ist das Monitoring von fachkundigen und regelmäßig fortgebildeten Monitoren des Auftraggebers durchzuführen, deren Qualifikationen und Erfahrungen durch ihre Trainings- bzw. Schulungsnachweise zu belegen sind. Da Monitore nach dem Bundesdatenschutzgesetz zur Verschwiegenheit verpflichtet sind, sollten diese

---

[79] http://www.dimdi.de/de/mpg/adress/index.htm (Stand: 10/2002).
[80] S. auch *BAH* (Hrsg.), Monitoring klinischer Prüfungen, 1999.

eine Bestätigung der Einhaltung der Schweigepflicht gegenüber dem Auftraggeber/ihrem Arbeitgeber (jährlich) schriftlich abgeben. Diese Bestätigung sollte bei den Schulungsnachweisen aufbewahrt werden.

XIV. Meldung von Vorkommnissen, Beinahe-Vorkommnissen und Risiken an zuständige Behörden

Meldungen von Vorkommnissen, Beinahe-Vorkommnissen und Risiken bei klinischen **159** Prüfungen mit Medizinprodukten erfolgen durch die **Prüfer** an den **Prüfleiter** und den **Hersteller** des Medizinprodukts. Bei Vorkommnissen, Beinahe-Vorkommnissen und Risiken bei klinischen Prüfungen mit CE-gekennzeichneten Medizinprodukten erfolgen die Meldungen zusätzlich an die AkdÄ bzw. bei zahnärztlichen Medizinprodukten der Arzneimittelkommission der Zahnärzte (§ 6 ärztliche MBO und § 1 Abs. 6 zahnärztliche MBO). Der Sicherheitsbeauftragte des Herstellers zeigt Medizinprodukterisiken der zuständigen Bundesoberbehörde an. Zuständige Bundesoberbehörden für die Erfassung und Bewertung von Risiken sowie Koordination der insoweit zu ergreifenden Maßnahmen sind nach § 32 MPG:

Das **Bundesinstitut für Arzneimittel und Medizinprodukte** ist zuständig für die **160** Bewertung hinsichtlich der technischen und medizinischen Anforderungen und der Sicherheit von Medizinprodukten, sowie für die folgenden In-vitro-Diagnostika:
- Liste B (Anhang II IVD): Reagenzien und Reagenzprodukte, einschließlich der entsprechenden Kalibrier- und Kontrollmaterialien zur Bestimmung von/der Phenylketonurie, Tumormarker PSA, Schätzung des Risikos einer Trisomie 21 inklusive der Software, Blutzuckerbestimmung (Eigenanwendung).
- In-vitro-Diagnostika, die in Anhang III der IVD-Richtlinie Berücksichtigung finden: Produkte, die Gewebe menschlichen Ursprungs oder aus diesen Geweben gewonnene Stoffe enthalten.
- Das **Paul-Ehrlich-Institut** ist zuständig für die Aufgaben gem. § 32 Abs. 1 MPG, **161** soweit es sich um in Anhang II der IVDD genannte In-vitro-Diagnostika handelt, die zur Prüfung der Unbedenklichkeit oder Verträglichkeit von Blut- oder Gewebespenden bestimmt sind oder Infektionskrankheiten betreffen.
- Liste A (Anhang II IVDD): Reagenzien und Reagenzprodukte, einschließlich der entsprechenden Kalibrier- und Kontrollmaterialien zur Bestimmung von/der Blutgruppen des AB0-Systems, Blutgruppe Rhesus (C, c, D, F, E, e), Blutgruppen des Kell-Systems, HIV 1 + HIV 2, HTLV I + HTLV 2, Hepatitis B, Hepatitis C, Hepatitis D
- Liste B (Anhang II der IVDD): Reagenzien und Reagenzprodukte, einschließlich der entsprechenden Kalibrier- und Kontrollmaterialien zur Bestimmung von/der Röteln, Toxoplasmose, Zytomegalovirus, Chlamydien, Blutgruppen des Duffy-Systems, Blutgruppen des Kidd-Systems, irreguläre Anti-Erythrozyten-Antikörper, HLA-Gewebetypen: DR, A + B.

XV. Audits klinischer Prüfungen

Der Auditprozess ist eine **In- und Post-Prozess-Qualitätssicherungsmaßnahme 162** (Prozess- und Datenvalidierung), die von unabhängigen Auditoren der Qualitätssicherungseinheit des Auftraggebers durchzuführen und zu dokumentieren ist. Auditoren überprüfen stichprobenartig bei den Prüfern bzw. Prüfzentren, ob das Monitoring und die klinische Prüfung ordnungsgemäß durchgeführt und dokumentiert wird (Studien-Audits, Qualitäts-Audits). Diese Überprüfung kann durch Besuche vor (Pre-Trial Audit), während (Interim Audit), bei Auffälligkeiten (For-Cause Audit bei Verdacht auf Unregelmäßigkeiten, Verstößen gegen GCP, etc.) oder nach Abschluss (After-Trial Audit) einer klinischen

Prüfung erfolgen. In einem Audit-Bericht (Selbstinspektions-Bericht) werden die Methodik des Audits sowie nicht ordnungsgemäße Audit-Befunde beschrieben und daraus resultierende erforderliche Maßnahmen festgelegt. Dieser Bericht verbleibt in der Qualitätssicherungseinheit des Auftraggebers. Bei gegebenem Anlass sollte dieser Bericht von zuständigen Überwachungsbehörden eingesehen werden können. Es ist zurzeit noch unklar, ob auch eine Herausgabepflicht gegenüber Überwachungsbehörden besteht. Wenn die im Audit-Bericht empfohlenen Maßnahmen und Korrekturen – sofern dies nachträglich möglich war – behoben sind, wird ein Audit-Zertifikat erstellt, in dem nur bestätigt wird, dass ein angemessenes Audit stattgefunden hat.

XVI. Überwachung klinischer Prüfungen

163 Die Zuständigkeiten der für die Überwachung von Medizinprodukten zuständigen Behörden sind häufig unterteilt nach **Zuständigkeiten für aktive Medizinprodukte** (Arbeitsschutz- oder Gewerbeaufsichtsbehörden, Gewerbeaufsichtsämter), **für nicht aktive Medizinprodukte** (Regierungspräsidien/Bezirksregierungen bzw. bei Stadtstaaten deren Senate bzw. Gesundheitsbehörden) oder für **Medizinprodukte mit Messfunktionen** (Eichämter). Die aktuellen Adressen und Codes der Obersten Landesbehörden, zuständigen Behörden, Bundeswehr, die mit Anzeigen nach § 25 MPG und der Überwachung befasst sind, lassen sich über die Homepage des DIMDI abrufen.[81] Dieses sind häufig andere Behörden als die für die Überwachung der Arzneimittel zuständigen Behörden. Die mit der Überwachung klinischer Prüfungen mit Medizinprodukten nach § 26 MPG betrauten staatlichen Überwachungsbeamte sind häufig Medizintechniker, Techniker oder Eichbeamte – keine Pharmazeuten wie bei der Überwachung von Arzneimitteln – der jeweils zuständigen Behörden. Wenn Zuwiderhandlungen gegen das MPG bekannt werden, haben sich die zuständigen Behörden nach § 20 MPSV gegenseitig zu unterrichten und sich bei einer Ermittlungstätigkeit gegenseitig zu unterstützen. Analoge Bestimmungen finden sich in den §§ 26 Abs. 7, 27 Abs. 1 MPG sowie Straf- und Bußgeldvorschriften in den §§ 40–42 MPG.

XVII. Abschlussberichte

164 Im Studienabschlussbericht soll der **Nachweis** erbracht werden, dass für ein Medizinprodukt bzw. Gerät die **Grundlegenden Anforderungen und zutreffende nationale und Harmonisierte Normen erfüllt sind** (Anhang X der MDD und Anhang 7 der AIMDD). Der schriftliche Bericht, der von dem verantwortlichen Arzt oder der befugten Person zu unterzeichnen ist, muss eine kritische klinische Bewertung aller im Verlauf der klinischen Prüfung erlangten Daten enthalten. Die neue Norm ISO/DIS 14155–1 beschreibt im Anhang C den Aufbau eines „Schlussberichtes für klinische Prüfungen" von Medizinprodukten. Nach ICH-GCP 5.22 ist über jede klinische Prüfung, unabhängig davon, ob diese vollständig abgeschlossen oder vorzeitig beendet wurde, vom Auftraggeber ein Abschlussbericht nach Aufbau und Inhalt entsprechend der „Note for guidance on structure and content of clinical study reports" (CPMP/ICH/137/95) zu erstellen. Nach diesem international vereinbarten Standard sollten sich auch – möglichst in englischer Sprache – die Abschlussberichte über klinische Prüfungen mit Medizinprodukten richten, da ansonsten eine internationale Nutzung der Studienergebnisse für Zulassungszwecke nicht gewährleistet ist.

---

[81] http://www.dimdi.de/de/mpg/adress/index.htm (Stand: 10/2002); hierzu auch der Beitrag von *Attenberger* in diesem Handbuch (§ 10 Rdnr. 119 ff.).

XVIII. Dokumentation und Archivierung klinischer Prüfungen beim Prüfer

Nach den Berufsordnungen sind Ärzte zu einer zeitnahen, vollständigen, richtigen und **165** klaren Dokumentation verpflichtet. Diese allgemeine Dokumentationspflicht dient der Therapiesicherung und dem **Nachweis der Einhaltung der Rechenschaftspflicht** und umfasst alle für die Diagnostik und Behandlung eines Patienten relevanten Umstände und Befunde. Ein Dritter bzw. Sachverständiger muss daraus auch noch nach Jahren nachvollziehen können, wer, was, wann, warum, mit welchem Ziel und mit welchem Ergebnis getan hat. Den Patienten ermöglicht diese Dokumentation, sich selbst über seine Krankheiten, den Krankheits- und Behandlungsverlauf zu informieren und bei Bedarf eine „zweite ärztliche Meinung" durch Überprüfung seiner Dokumentation einzuholen. Die vollständige Dokumentation einer klinischen Prüfung in den Patienten-Originalunterlagen (Karteikarte, Krankengeschichte, Krankenhausakte) eines Prüfers bzw. seiner Institution bedeutet, dass sämtliche Eintragungen in den Prüfbögen (Case Report Forms – CRFs) auch in den Patienten-Originalunterlagen dokumentiert sein müssen. Hieraus folgt, dass:
– die Studienteilnahme von Patienten unter Angabe der Studiennummer, des Auftraggebers, der Zeitraum der Prüfung, die Patientenidentifizierungsnummer und die Randomisierungsnummer (falls zutreffend);
– die mündlich und schriftlich erfolgte Patientenaufklärung und das Einholen der Einwilligung des Patienten;
– die Anwendung(en) des/der Medizinprodukte(s);
– alle studienspezifischen Untersuchungsbefunde und Ergebnisse;
– sämtliche Studienvisiten mit den zu diesen Zeitpunkten erhobenen Untersuchungsbefunden, Funktionsuntersuchungen des Medizinprodukts, unerwünschte Ereignisse, Vorkommnisse und Beinahe-Vorkommnisse sowie Begleiterkrankungen und Änderungen der Begleitmedikation(en)
zu dokumentieren sind.

Diese **vollständige Dokumentation** soll bei klinischen Prüfungen den erforderlichen **166** Vergleich der Patienten-Originaldaten mit den Eintragungen in den Prüfbögen (Originaldatenüberprüfung) durch das Monitoring und durch Audits oder Inspektionen sicherstellen. Weiterbehandelnden oder überweisenden Ärzten sind die für sie relevanten Informationen zur durchgeführten klinischen Prüfung in Überweisungs- oder Entlassungsbriefen vollständig mitzuteilen, damit z. B. ein weiterbehandelnder Arzt bei Komplikationen, Vorkommnissen oder Beinahe-Vorkommnissen den vorbehandelnden Prüfarzt rechtzeitig informieren bzw. konsultieren kann.

Zusätzlich zur Dokumentation der klinischen Prüfung in den betreffenden Patienten- **167** Originalunterlagen hat eine separate Dokumentation der gesamten klinischen Prüfung kontinuierlich im **Prüfarztordner** (Prüfer-Device Master File – DMF) zu erfolgen. Dieser mit einem vorgegebenem studienspezifischen Inhaltsverzeichnis versehene Prüfer-DMF wird den Prüfern vom Sponsor vor Studienbeginn zur Verfügung gestellt und enthält z. B.:
– die Dokumentation der rechtlichen Voraussetzung der Prüfung;
– sämtliche Originale der Patienteneinverständniserklärungen;
– Liste der Patientenaufnahme/Patientenidentifizierungsliste;
– Liste der an der klinischen Prüfung beteiligten und zum Ausfüllen der Prüfbögen berechtigten Mitarbeiter mit deren Unterschriften;
– Dokumentation aufgetretener Vorkommnisse und Risiken und Kopien der Meldungen, Korrespondenz bzgl. Weiterverfolgung;
– Monitoringbesuchs-Dokumentation; Audit-Korrespondenz, -Berichte, -Zertifikate;
– Kopien aller ausgefüllten Prüfbögen, Korrekturen/Ergänzungen und Prüfungsergebnisse (klinisch-biometrischer Bericht, Publikationen, Vorträge), signierte und datierte Ausdrucke der studienrelevanten Daten bei EDV-geführten Krankenunterlagen.

168 Der Prüfer-DMF wird während des Verlaufs und nach Abschluss einer klinischen Prüfung mehrfach vom Monitor auf Aktualität und Vollständigkeit hin überprüft und ergänzt. Für ein Medizinprodukt hat ein Prüfarzt die Identifizierungscodes der Patienten für **mindestens 15 Jahre** nach Abschluss oder Abbruch der Prüfung aufzubewahren. Die Krankenblätter und andere Originalunterlagen müssen über den längstmöglichen Zeitraum, den das Krankenhaus, die Institution oder die private Praxis dafür jeweils vorsieht, aufbewahrt werden. Nach der (Muster-)Berufsordnung beträgt die Aufbewahrungspflicht der Patientenkarteien nur zehn Jahre.

XIX. Dokumentation und Archivierung klinischer Prüfungen beim Auftraggeber

169 Die zu archivierenden Dokumente im DMF entsprechen den nach ICH-GCP Nr. 8, sofern sie für Medizinprodukte zutreffen, sowie die spezifisch für Medizinprodukte zutreffenden Inhalte.[82] Der **Auftraggeber** hat sämtliche Dokumente einer klinischen Prüfung mit einem Medizinprodukt im DMF **aufzubewahren.** Darin sind „alle Aufzeichnungen (Dokumente, magnetische und optische Aufzeichnungen) enthalten, die die Methoden, die Durchführung sowie getroffene Maßnahmen einer Studie beschreiben." Die DMFs des Auftraggebers und der Prüfer gewährleisten die Kontrolle über ordnungsgemäße Abläufe und Vollständigkeit der Dokumentation einer klinischen Prüfung nach nationalen und übernationalen Bestimmungen und internen Standard Operating Procedures (SOPs) und erleichtert so die Kontrolle durch interne oder externe Audits und behördliche Inspektionen. Für ein Medizinprodukt hat der Hersteller die folgenden Unterlagen kontinuierlich zu dokumentieren und aufzubewahren:
– die für ein bestimmtes Medizinprodukt erforderlichen Unterlagen nach Anhang I–XII der MDD und Anhang 1–8 der AIMDD, sofern zutreffend;
– die Dokumentation der für das Medizinprodukt durchgeführten klinischen Prüfungen gemäß ICH-GCP (CPMP/ICH/135/95);
– Auflistung der eingehaltenen Normen;
– alle während der klinischen Prüfung gültigen SOPs;
– alle Meldungen über Risiken und Zwischenfälle mit dem jeweiligen Medizinprodukt;
– sämtliche Fachinformationen/Produktinformationen, datiert nach den jeweiligen Aktualisierungen;
– sämtliche Literaturrecherchen zum Medizinprodukt;
– sowie diejenigen Unterlagen, die auch über die klinische Prüfung eines Arzneimittels (Richtlinie 2001/83/EG) zu dokumentieren sind, sofern zutreffend.

170 Archiviert wird **für jedes Medizinprodukt** der komplette DMF nach Überprüfung auf Vollständigkeit und Freigabe zur Archivierung durch den jeweils Verantwortlichen/den zuständigen Auditor. Die für das Konformitätsbewertungsverfahren erforderlichen Unterlagen hat der Hersteller für:
– Medizinprodukte nach der MDD fünf Jahre (§ 20 Abs. 6 MPG; Unterlagen gemäß Anhang I–XII der MDD, sofern zutreffend),
– In-vitro-Diagnostika fünf Jahre (§ 24 Abs. 3 MPG),
– Medizinprodukte nach AIMDD zehn Jahre (§ 20 Abs. 6 MPG; Unterlagen gemäß Anhang 1–9 der AIMDD, sofern zutreffend) und
– Medizinprodukte, die ein Arzneimittel enthalten, mindestens zehn Jahre (Richtlinie 2001/83/EG)
nach Beendigung der klinischen Prüfung aufzubewahren.

---

[82] Medical Device Safety Service: „Contents of a Device Master File": http://www.mdss.com/IVDD/ivddchecklist2.htm; http://www.mdss.com/MDD/devicemstr.htm (Stand: 10/2002).

§ 7 Kennzeichnung von Medizinprodukten

von *Heinz Christmann*

Übersicht

A. Einleitung

I. Neues Konzept

1   Alle heute gültigen Medizinprodukterichtlinien[1] unterliegen von ihrer **grundlegenden Konzeption** dem sog. Neuen Konzept.[2] Dieses Neue Konzept führte die EG-Kommission 1985 ein, um die sich in der Vergangenheit oft endlos an technischen Detailfragen aufhaltenden Gesetzgebungsverfahren durch eine Trennung von politischer und technischer Sphäre zu verkürzen. Das Neue Konzept geht davon aus, dass nur die grundlegenden, sicherheitsrelevanten Leitlinien in einer Richtlinie regelungsbedürftig sind. Sämtliche technischen Detailfragen werden anschließend außerhalb des politischen Raums von den jeweiligen Fachexperten im Rahmen der europäischen Normungsorganisationen CEN und CENELEC in Europäischen Normen (EN) geregelt. Die Politik übernimmt dann nur noch die sog. Harmonisierung durch eine Bekanntgabe dieser Normen im Amtsblatt der EG. Die Einhaltung der Normen wird dadurch sanktioniert, dass für sie eine Vermutung spricht, bei ihrer Einhaltung die Anforderungen der Richtlinie zu erfüllen (Konformitätsvermutung).[3]

2   Sieht man sich mit diesem Wissen jedoch die Regelungen der Medizinprodukterichtlinien im Bereich der Kennzeichnung näher an, so stellt man fest, dass diese Regelungen eine **Regelungstiefe** haben, wie sie sonst an keiner Stelle in diesen Richtlinien zu finden ist. Man ist gar versucht die Frage zu stellen, ob hiermit nicht bereits der Boden des Neuen Konzepts wieder verlassen wurde. Hintergrund dieser eigentlich erstaunlichen Vorgehensweise des Richtliniengebers war die Tatsache, dass angesichts der bisher existierenden europäischen Regelungsvielfalt zu befürchten war, dass gerade auf dem Gebiet der Kennzeichnung im Schutz der nationalen Sprachautonomie wieder eine **nationale Regelungsvielfalt** aufbrechen würde, wenn nicht die Richtlinie selbst bereits präzise Vorgaben machte. Die harmonisierten Normen mit ihrer Konformitätsvermutung wären hier nicht hilfreich gewesen, da sie keine Bindungswirkung gegenüber den Gesetzgebern der Mitgliedstaaten haben. Diese befürchtete Entwicklung wäre nicht nur der angestrebten europäischen Verkehrsfähigkeit, sondern auch der Verwender- und Anwendersicherheit abträglich gewesen.

3   **Bewertet** man die Regelungen zur Kennzeichnung der Medizinprodukte in den verschiedenen Medizinprodukterichtlinien heute rückblickend, so zeigt sich, dass die präzisen Regelungen den angestrebten Erfolg hatten. Medizinprodukte sind heute überall in Europa einheitlich gekennzeichnet. Nationale Sonderregelungen, wie sie zum Beispiel in Deutschland mit der zwingenden Chargenbezeichnung „Ch.B." oder früher auch den einheitlichen Verfallsdaten nur am 30. 6. und 31. 12 eines Jahres für bestimmte Medizinprodukte existierten,[4] gehören der Vergangenheit an. Die in den Richtlinien vorgesehenen Regelungen haben sich auch in der Praxis als praktikabel und sicher bewährt.

---

[1] Richtlinie 90/385/EWG des Rates v. 20. 6. 1990 zur Angleichung der Rechtsvorschriften der Mitgliedstaaten über aktive implantierbare medizinische Geräte, ABl. EG Nr. L 189 v. 20. 7. 1990, S. 17 (AIMDD); Richtlinie 93/42/EWG des Rates v. 14. 6. 1993 über Medizinprodukte, ABl. EG Nr. L 169 v. 12. 7. 1993, S. 1 (MDD); Richtlinie des Europäischen Parlaments und des Rates v. 27. 10. 1998 über In-vitro-Diagnostika, ABl. EG Nr. L 331 v. 7. 12. 1998, S. 1 (IVDD).

[2] Entschließung des Rates v. 7. 5. 1985 über eine neue Konzeption auf dem Gebiet der technischen Harmonisierung und Normung zum Abbau technischer Handelshemmnisse innerhalb der EG, ABl. EG Nr. C 136 v. 4. 6. 1985, S. 1.

[3] Vgl. z.B. Art. 5 Abs. 1 MDD; § 8 Abs. 1 MPG.

[4] § 10 Abs. 1 Nr. 4 Gesetz über den Verkehr mit Arzneimitteln (Arzneimittelgesetz – AMG) v. 11. 12. 1998 (BGBl. I S. 3586).

Christmann

Bedauerlich ist allenfalls, dass der **Regelungsgehalt der drei Richtlinien selbst nicht** 4
„harmonisiert" ist. So gibt es deutliche Unterschiede zwischen den Regelungen der bereits 1990 entstandenen Richtlinie über aktive Implantate und der acht Jahre später entstandenen Richtlinie über In-vitro-Diagnostika; Unterschiede, die sich nicht allein durch die Verschiedenheit der geregelten Medizinprodukte erklären lassen, sondern auch dadurch, dass die Sicherheitserwartungen acht Jahre später höher waren.[5]

II. Sprache

Europa ist ein Kontinent der verschiedenen Sprachen; selbst in einem Mitgliedstaat 5
kann es verschiedene gesetzlich geschützte Landessprachen geben. Belgien ist hierfür das Paradebeispiel. Die Medizinprodukterichtlinien haben, wenn überhaupt, nur äußerst zaghaft versucht, sich in die Frage der für die Kennzeichnung verwendeten Sprachen einzumischen.[6] Es war auch nicht zu erwarten gewesen, dass hier der „Stein der Weisen" für die europäischen Sprachprobleme/-barrieren, die schon bei Pharmazeutika und Lebensmitteln zu Problemen geführt hatten, gefunden würde. Tragende Überlegung für die Regelungen ist stets die **Anwendersicherheit.** Angesichts der Breite des Produktspektrums (vom Kondom bis zum Herzschrittmacher) und der daraus resultierenden Anwender (vom Laien bis zum Chefarzt), aber auch auf Grund der Tatsache, dass Anwender durchaus oft aus Nicht-EU-Staaten kommen können (die in Deutschland arbeitende vietnamesische Krankenschwester, die in Deutschland lebende türkische Hausfrau) ist dies ein schwieriges Unterfangen.

So beschränken sich die Richtlinien darauf, den Mitgliedstaaten die Möglichkeit zu er- 6
öffnen, ihre jeweiligen **Amts-**[7] **bzw. Landessprache(n)**[8] in der Kennzeichnung zu verlangen. Dieser an sich recht zurückhaltende Ansatz wurde natürlich von allen Mitgliedstaaten als Aufforderung verstanden, das auch zu tun. Im Ergebnis führte dies dazu, dass sogar Mitgliedstaaten, die in der Vergangenheit eine liberalere Praxis verfolgten (eine Landessprache reichte aus), heute in der Kennzeichnung alle Landessprachen parallel nebeneinander fordern. Allerdings verhinderte der europäische Gesetzgeber weitgehend, dass ein Mitgliedstaat **andere Gemeinschaftssprachen** in der Kennzeichnung verbieten kann. Andere Gemeinschaftssprachen sind zulässig, soweit dadurch die sichere und ordnungsgemäße Anwendung des Medizinprodukts nicht gefährdet wird.

Der deutsche Gesetzgeber folgt in **§ 11 Abs. 2 Medizinproduktegesetz** (MPG) den 7
europarechtlichen Vorgaben zwar sachgerecht, aber nicht wortgenau. So gilt die Öffnungsklausel für alle Medizinprodukte, nicht nur für Medizinprodukte nach der MDD und der IVDD. Neben der aus Gründen des Anwenderschutzes erforderlichen deutschen Sprache kann in begründeten Fällen eine andere, dem Anwender leicht verständliche Sprache vorgesehen werden. Sicherheitsbezogene Informationen müssen jedoch immer in Deutsch oder der Sprache des Anwenders vorliegen. Dass die dem Anwender leicht verständliche bzw. die Sprache des Anwenders nicht unbedingt eine Gemeinschafts- oder gar Amtssprache sein muss, übersieht der deutsche Gesetzgeber. Von Seiten der Industrie bestand – auch angesichts der Marktdominanz amerikanischer Firmen – ein klares Interesse, **Englisch als internationale Verkehrssprache** auch für Medizinprodukte einzuführen und zumindest neben einer Gemeinschaftssprache zuzulassen. Dieses Anliegen konnte damit begründet werden, dass nicht davon ausgegangen werden kann, dass die vietnamesische Krankenschwester oder der griechische Arzt Deutsch tatsächlich besser verstehen als Englisch. Allerdings ist zuzugeben, dass Medizinprodukte nicht nur von

---

[5] Auf die Unterschiede wird im Zusammenhang mit der Bearbeitung hingewiesen.
[6] Vgl. jeweils Art. 4 Abs. 4 der Richtlinien.
[7] So Art. 4 Abs. 4 AIMDD, Art. 4 Abs. 4 IVDD.
[8] So Art. 4 Abs. 4 MDD.

Fachleuten, sondern wegen der Breite ihrer Definition auch von Laien angewendet werden. Gerade diese Laien sprechen aber oft nur die Sprache ihres Landes. Insofern ist die jetzt getroffene Regelung ein **Kompromiss,** mit dem sowohl Politik als auch Industrie und Verbraucher leben können. Sie erlaubt sachgerechte Entscheidungen z.B. für Computerprogramme, bei denen eine schlechte Übersetzung sehr aufwändig wäre, ohne dass feststeht, dass das dadurch erreichte Verständnis besser wäre als mit nicht zu perfekten Englischkenntnissen.

III. Symbole

8 Angesichts der oben bereits erläuterten Sprachenproblematik und der Tatsache, dass das Ziel der Harmonisierung die europaweite Verkehrsfähigkeit der Medizinprodukte ist, aber auch im Hinblick auf den Umstand, dass die betroffenen Medizinprodukte selbst ziemlich klein sein können (z.B. chirurgisches Nahtmaterial) und größere Verpackungen auch ökologisch nicht wünschenswert sind, musste eine praktikable Alternative gefunden werden, um Informationen zu transportieren. Wie in anderen Bereichen auch (z.B. im Straßenverkehr), lagen Symbole hier als Lösung nahe. Problematisch war aber, dass, anders als im Straßenverkehr, Symbole im Bereich der Medizinprodukte **keine Tradition** hatten.

9 Insofern war der Schritt der Kommission mutig, Symbole als Ersatz für textliche Informationen nicht nur zuzulassen, sondern dies im Gegenteil sogar **zu fördern.** Die Möglichkeit der Verwendung von Symbolen beschränkt sich hier nicht ausschließlich auf solche, die in harmonisierten Normen enthalten sind. Der Hersteller ist im Gegenteil frei, nicht harmonisierte Symbole zu verwenden; diese muss er dann allerdings in einer beigegebenen Produktdokumentation erläutern.[9] Symbole im Bereich der Medizinprodukte, wie sie bis zur Umsetzung der Richtlinien in Deutschland nur vereinzelt, z.B. bei elektrisch betriebenen Medizinprodukten aus der Elektrotechnik kommend, anzutreffen waren, haben heute bereits einen **hohen Stellenwert** erreicht. Insbesondere Hersteller, die ihre Medizinprodukte weltweit vertreiben, haben die in der Verwendung von Symbolen liegende Chance rasch erkannt und dazu beigetragen, dass bezüglich einiger Symbole die mit ihrer Benutzung immer verbundene Lernphase bereits abgeschlossen ist.

B. Gesetzliche Regelung

10 Trotz zahlreicher Detailunterschiede in den jeweiligen Formulierungen gelten zahlreiche der gesetzlichen Kennzeichnungsregelungen für **alle Arten von Medizinprodukten.** Es bietet sich deshalb an, diese allgemein gültigen Regelungen in der Darstellung vor die Klammer zu ziehen und die Sonderfragen und Besonderheiten bestimmter Medizinprodukte in dem folgenden Kapitel zu behandeln.

I. Übergreifende Regelungen

1. Fundstellen

11 Für Deutschland wurden die Regelungen der drei Medizinprodukterichtlinien in einem Gesetz,[10] dem MPG umgesetzt. Bezüglich der Kennzeichnung wurde bis zum Zweiten

---

[9] Vgl. Anhang I Nr. 13.2. MDD, Anhang I Nr. 8.2. IVDD.
[10] Gesetz über Medizinprodukte (Medizinproduktegesetz – MPG) v. 2. 8. 1994 (BGBl. I S. 1963), geändert durch Erstes Gesetz zur Änderung des Medizinproduktegesetzes (1. MPG-ÄndG) v. 6. 8.

MPG-Änderungsgesetz (2. MPG-ÄndG) über den Umweg der Medizinprodukte-Verordnung (MPV)[11] und nunmehr direkt[12] auf die entsprechenden Regelungen der drei Medizinprodukte Richtlinien verwiesen. Diese Verweisungstechnik führt dazu, dass neben der oben erwähnten (s. Rdnr. 5–7) **keine nationalen Abweichungen** durch die Umsetzung der Richtlinien in nationales Recht zu vermelden sind.

2. Hintergrund

Die Bereitstellung von Informationen durch den Hersteller soll einerseits der **sicheren** **12** **Anwendung** des Medizinprodukts und andererseits der **Ermittlung des Herstellers** dienen. Hierzu gehören die allgemeinen Forderungen nach **Verständlichkeit** (unter Berücksichtigung des Ausbildungs- und Kenntnisstands des vorgesehenen (!) Anwenderkreises), leichter **Lesbarkeit** und **Unauslöschbarkeit** ebenso wie die im Einzelnen später aufgeführten Informationen. Allerdings ist zu beachten, dass die Regelungen in einigen Teilen eine nur scheinbar klare Regelung vorgeben. Zahlreiche Details müssen nur **„gegebenenfalls",** soweit „vernünftigerweise praktikabel" angegeben werden oder sie müssen „unbedingt erforderlich" sein. Die Ausfüllung dieser unbestimmten Begriffe obliegt dem Hersteller, die Richtlinie selbst enthält hier keinerlei Hinweise.[13]

3. Verpflichteter

Während die AIMDD hier in der Formulierung noch vage bleibt, weisen sowohl die **13** MDD als auch die IVDD dem **Hersteller** die Verpflichtung zur Kennzeichnung bereits in der Kapitelüberschrift „Bereitstellung von Informationen durch den Hersteller"[14] zu.

4. Wo ist die Information aufzubringen?

Die gesetzlich erforderlichen Informationen müssen in der Kennzeichnung auf dem **14** Produkt, der **Verpackung** oder in der **Gebrauchsanweisung** enthalten sein. Diese Definition ist in mehrfacher Weise hilfreich; unter anderem stellt sie klar, dass Werbeaussagen nicht den Regelungen über die Kennzeichnung unterliegen, wie das z. B. in den Vereinigten Staaten von Amerika der Fall ist.[15]

a) Produkt

Idealerweise befinden sich alle Informationen selbstverständlich **auf dem Medizin-** **15** **produkt selbst.** Nur dies stellt sicher, dass der Anwender gar nicht anders kann, als die Informationen auch zu erhalten, wenn bzw. bevor er ein Medizinprodukt benutzt. Dass es allerdings gar nicht möglich ist, alle Informationen auf dem Medizinprodukt selbst anzubringen, hat der Gesetzgeber erkannt. Deshalb sind einschränkend nur die für die Sicherheit relevanten Informationen auf dem Medizinprodukt selbst gefordert. Und selbst hiervon kann abgewichen werden, sofern dies nicht praktikabel und angemessen ist.

1998 (BGBl. I S. 2005) und Art. 1 des Zweiten Gesetzes zur Änderung des Medizinproduktegesetzes (2. MPG-ÄndG) v. 13. 12. 2001 (BGBl. I S. 3586), i. d. F. der Bekanntmachung des Medizinproduktegesetzes v. 7. 8. 2002 (BGBl. I S. 3146).

[11] § 5 Abs. 1 MPG i. V. m. § 6 MPV.

[12] Jetzt: § 7 MPG (die Kennzeichnung gehört zu den sog. Grundlegenden Anforderungen).

[13] Vgl. Hinweise in EN 1041 (weiter unten, Rdnr. 73 ff.).

[14] Anhang I Nr. 13 MDD, Anhang I Nr. 8 IVDD.

[15] Dort wird unter Kennzeichnung („Labeling") „all labels and other written, printed or graphic matter (1) upon any article or any of its containers or wrappers, or (2) accompanying such article" verstanden, wobei das Konzept der Produktbegleitung seit 1948 (U.S. vs. Kordel, 335 U.S. 345) extrem weit ausgelegt wird.

b) Verpackung

16   Zusätzlich oder eventuell auch ersatzweise zum Produkt selbst kann die Information auf der Produktverpackung angegeben sein. Die Richtlinien sprechen hierbei (uneinheitlich) von „Steril-Verpackung" und „Handelsverpackung",[16] „Stückpackung" und „Handelspackung",[17] „Handelspackung" und „Verpackung".[18] Definitionen geben sie keine. Ausgehend von der Grundidee einer möglichst sicheren Anwendung der Medizinprodukte wird jedoch das Bemühen des Gesetzgebers deutlich, die **Informationen immer möglichst eng mit dem Medizinprodukt zu verbinden.** Nur unter der Voraussetzung, dass dies nicht möglich ist, kann die Information in die nächst höhere Verpackungsstufe oder gar in eine „Begleitinformation"[19] verschoben werden.

c) Gebrauchsanweisung

17   Im Grundsatz ist eine Gebrauchsanweisung **immer** und für jedes einzelne Medizinprodukt erforderlich, also müsste eine Packung mit 100 Spritzen auch 100 Gebrauchsanleitungen enthalten. Streng genommen erlaubt erst die IVDD eine Gebrauchsanweisung für mehrere Medizinprodukte gemeinsam.[20] Lediglich für Medizinprodukte mit einem geringeren Gefährdungspotenzial (Klasse I und II a) sowie für In-vitro-Diagnostika ist eine Gebrauchsanweisung dann **entbehrlich,** wenn die „vollständig sichere" bzw. „ordnungsgemäße und sichere Anwendung" des Medizinprodukts auch ohne Gebrauchsanweisung gewährleistet ist. Ob dies der Fall ist, muss der Hersteller in eigener Verantwortung entscheiden, verantworten und ggf. begründen können. Mit Ausnahme der eingangs angeführten Regelung ist die für Gebrauchsanleitungen vorgesehene Regelung insofern sachgerecht, als sie für **„selbsterklärende Produkte"** (z. B. Spritzen, aber auch Computerprogramme) eine Ausnahme zulässt, diese Ausnahme jedoch auf risikoärmere Medizinprodukte beschränkt. Gemäß der MDD und der IVDD kann der Inhalt der Gebrauchsanweisung auch „nach Maßgabe des konkreten Falles" – also „anwendungs- bzw. anwendergenau" – angepasst werden.

5. Zwingende Informationen

18   Bei allen folgenden Informationen handelt es sich um **„Muss"-Angaben.** Allerdings sind einige von ihnen nur „gegebenenfalls" erforderlich.

a) Kennzeichnung

aa) Name/Firma/Anschrift

19   Für **in der europäischen Gemeinschaft hergestellte Medizinprodukte** ist der Name des Herstellers und dessen Anschrift anzugeben. Was als Anschrift gelten kann, ist vom Normzweck der Vorschrift her auszulegen, d. h. die Anschrift muss hinreichend präzise sein, um eine schnelle und sichere Kontaktaufnahme mit dem Hersteller zu ermöglichen. Gleiches gilt für den Fall, dass der Name zugunsten der Firma entfallen darf.[21] Auch hier muss die Firma hinreichend bekannt sein, um die Erreichbarkeit in jedem Fall zu gewährleisten.

20   Für **in die Gemeinschaft importierte Medizinprodukte** ist zusätzlich eine Kontaktstelle in der Gemeinschaft zu nennen. Welche dies sein muss, ist unterschiedlich geregelt. Während sich die Richtlinie über aktive implantierbare Medizinprodukte noch ausschweigt und sich diese Verpflichtung nur indirekt aus der Richtlinie über die Pro-

---

[16] Anhang I Nr. 14.1., 14.2. AIMDD.
[17] Anhang I Nr. 13.1. Abs. 3 MDD.
[18] Anhang I Nr. 8.1. Abs. 3 IVDD.
[19] So die MDD; gemeint ist wohl meist die Gebrauchsanweisung.
[20] Vgl. Anhang I Nr. 8.1. Abs. 4 IVDD mit Anhang I Nr. 13.1. Abs. 4 MDD.
[21] So nach der MDD und der IVDD.

dukthaftung ergibt,[22] ist gemäß der Medizinprodukterichtlinie alternativ die verantwortliche Person für das Inverkehrbringen, oder der in der Gemeinschaft niedergelassene Bevollmächtigte des Herstellers oder der in der Gemeinschaft ansässige Importeur zu nennen.[23] Nach der Richtlinie über In-vitro-Diagnostika ist allein der Bevollmächtigte des Herstellers zu nennen.[24] Zu bemerken ist ferner, dass es ausreichend ist, diese zusätzliche Information auf der äußeren Verpackung oder in der Gebrauchsanweisung zu geben.

bb) Produktbeschreibung

Von selbst versteht sich die Forderung, dass der Produktinhalt für den Anwender **verständlich** beschrieben werden muss. Allerdings ist die Forderung nach „allen unbedingt erforderlichen Angaben" in dieser Hinsicht wenig hilfreich. Die AIMDD macht zusätzlich noch eine Unterscheidung zwischen „Bezeichnung", „Zweckbestimmung" und „Verwendungsmerkmalen". Gemäß der IVDD kann es erforderlich sein, ein Medizinprodukt ausdrücklich als ein Produkt zur In-vitro-Anwendung zu bezeichnen. **21**

cc) Steril/mikrobieller Status

Auch die Forderung nach einer Kennzeichnung des Medizinprodukts als „Steril" oder die Angabe des mikrobiellen Status oder Reinheitsgrades sind selbstverständlich. Allenfalls könnte man meinen, diese Information sei schon Teil der Produktbeschreibung. Die Hervorhebung in einem eigenen Unterpunkt zeigt, welche Wichtigkeit der Gesetzgeber dieser Information (richtiger Weise) zumisst. Diese Kennzeichnung ist, wie im Übrigen viele der folgenden auch, nur **„gegebenenfalls" erforderlich.** Das gibt Raum für Interpretationen, und es erhebt sich deshalb an dieser Stelle die Frage, was der Gesetzgeber mit diesem Konzept zum Ausdruck bringen wollte. Bedeutet „gegebenenfalls" etwa, dass jedes sterile Medizinprodukt auch als „Steril" gekennzeichnet werden muss, oder bleibt hier dem Hersteller ein Entscheidungsspielraum offen? Ersteres ist wohl richtig. **22**

dd) Sterilisationsverfahren

Nach der MDD gegebenenfalls, nach der AIMDD immer, ist zusätzlich auch das **Sterilisationsverfahren** anzugeben. **23**

ee) Los/Serie/Code

Wegen der Rückverfolgbarkeit und Eingrenzung eventueller Produktfehler muss das individuelle Produkt oder eine Produktcharge **identifizierbar sein.** Wie diese Losbezeichnung aussieht, bleibt weitgehend dem Hersteller überlassen. Lediglich die Richtlinie über aktive Implantate schreibt vor, dass die Bezeichnung zur Identifikation von Hersteller, Typ und Herstellungsjahr geeignet sein muss und „gegebenenfalls" ohne operativen Eingriff ermittelt werden können muss.[25] Die Wichtigkeit dieser Bestimmung wird dadurch unterstrichen, dass sie nahezu gleichlautend doppelt in den Richtlinien enthalten ist. Wobei die jeweils zweite Regelung[26] auch für abnehmbare Bauteile bzw. eigenständige Komponenten eine Identifizierbarkeit fordert, soweit diese vernünftigerweise praktikabel ist. **24**

ff) Verfallsdatum

Nahezu jedes Medizinprodukt unterliegt aus den verschiedensten Gründen Alterungsprozessen und ist damit **nicht unbegrenzt haltbar.** Die Angabe eines Datums, bis zu dem das Medizinprodukt gefahrlos bzw. ohne Verminderung seiner Leistungsfähigkeit sicher **25**

---

[22] Richtlinie 85/374/EWG des Rates v. 25. 7. 1985 zur Angleichung der Rechts- und Verwaltungsvorschriften der Mitgliedstaaten über die Haftung für fehlerhafte Produkte.
[23] Anhang I Nr. 13.3. lit. a) MDD.
[24] Anhang I Nr. 8.4. a IVDD.
[25] Anhang I Nr. 12 AIMDD.
[26] Anhang I Nr. 13.5. MDD bzw. Anhang I Nr. 8.6. IVDD.

angewendet werden kann, ist deshalb eine sinnvolle und notwendige Forderung für die Kennzeichnung. Zu begrüßen ist, dass in den neueren Richtlinien nicht mehr von einem „Verfallsdatum"[27] gesprochen wird.

gg) Sonderanfertigung

26   Die AIMDD sowie die MDD kennen das Konzept der sog. „Sonderanfertigung". Dies sind Medizinprodukte, die nicht zum allgemeinen Verkauf bestimmt, sondern **nur für einen bestimmten Patienten** gefertigt werden.[28] Schon um diese Medizinprodukte nicht in den allgemeinen Vertrieb gelangen zu lassen, ist ihre Kennzeichnung mit dem Wort „Sonderanfertigung", das übrigens bei einem Vertrieb außerhalb Deutschlands ggf. übersetzt werden muss, sinnvoll.

hh) Produkte zur klinischen Prüfung/Leistungsbewertung

27   Ebenso wie Sonderanfertigungen sind Medizinprodukte zur klinischen Prüfung bzw. für Leistungsbewertungszwecke **nicht frei verkehrsfähig.** Sie sind deshalb entsprechend zu kennzeichnen, wobei die unterschiedliche Bezeichnung sich aus der Natur der geregelten Produkte ergibt.

ii) Besondere Hinweise zu Lagerung/Handhabung/Transport

28   Auf der Kennzeichnung sind weiterhin Hinweise zur Lagerung bzw. Handhabung zu geben, allerdings nur „besondere". Nur in der Kennzeichnung von aktiven implantierbaren Medizinprodukten sind auch Transporthinweise aufzunehmen und zwar nicht nur besondere, sondern alle. Das Konzept **„besondere"** wird vom Gesetzgeber nicht erklärt. So bleibt es dem Hersteller überlassen festzulegen, wann solche Hinweise erforderlich sind, weil die Lagerung und Handhabung vom Üblichen abweichen. Allerdings wird der Hersteller mit einer weiten Auslegung gut beraten sein, da Hintergrund der Regelung der Anwenderschutz ist. Beispiele könnten eine Lagerung in einem bestimmten Temperaturbereich oder eine Handhabung nur mit sterilen Handschuhen sein.

jj) Besondere Anwendungshinweise

29   Gegebenenfalls sind gemäß der MDD und der IVDD besondere Anwendungshinweise zu geben. Auch hier liegt die Abwägung wieder beim Hersteller; sie wird stark **produkt- und anwenderspezifisch** auszufallen haben. Ein Beispiel hierfür wäre eine Anwendung nur zu kosmetischen aber nicht zu rekonstruktiven Zwecken für ein Medizinprodukt, das sowohl in der kosmetischen als auch der Rekonstruktionschirurgie anwendbar wäre.

kk) Warnungen/Vorsichtsmaßnahmen

30   Ebenfalls nur „gegebenenfalls" sind Warnhinweise oder Hinweise auf zu treffende Vorsichtsmaßnahmen zu geben. Dies sieht die AIMDD zwar nicht ausdrücklich vor; eine entsprechende Geltung wird sich jedoch aus dem allgemeinen Grundsatz der **Anwendersicherheit** herleiten lassen. Die IVDD spricht ausdrücklich von „geeigneten" Warnhinweisen. Dies scheint eine überflüssige Präzisierung zu sein, da die Informationen ohnehin für den Anwender verständlich sein müssen.

b) Gebrauchsanweisung

31   Das größte Problem im Bereich der Gebrauchsanweisungen dürfte nicht der Inhalt selbst sein, sondern die Tatsache, dass alle diese detailliert aufgeführten Informationen übersetzt und dem Anwender zur Verfügung gestellt werden müssen. Dies führt bei Medizinprodukten, die europaweit einheitlich vertrieben werden sollen, notwendigerweise zu dicken „Büchern", bei denen auch Symbole nicht helfen können, da die zu transportierenden Informationen zu komplex für die Verwendung von Symbolen sind. Erstaunli-

---

[27] So noch Anhang I Nr. 14.1. AIMDD.
[28] Vgl. z.B. Anhang VIII Nr. 2.1. MDD.

cherweise fordert nur die IVDD eine Angabe des Datums bzw. des letzten **Überarbei-tungsstands** der Gebrauchsanweisung. Hier vollzieht der Gesetzgeber nur eine Praxis nach, die ohnehin seit langem gang und gäbe ist.

aa) Verweisung auf Kennzeichnung

Die Gebrauchsanweisung muss zunächst nahezu alle Informationen, die bereits in der **32** Kennzeichnung enthalten sind, **wiederholen.** Nur strikt Einzelprodukt bezogene Informationen (Herstellungs- bzw. Haltbarkeitsdatum, Losnummer) können entfallen.

bb) Leistungsdaten / Nebenwirkungen

Selbstverständlich müssen die Gebrauchsanleitungen auch die Leistungsdaten des Medi- **33** zinprodukts enthalten und gemäß der AIMDD und MDD auch die Nebenwirkungen angeben. Dies ist gemäß der IVDD **nicht erforderlich,** was in der Natur der dort regulierten Medizinprodukte liegt.

cc) Sichere Kombination

Kann ein Medizinprodukt **nicht allein angewandt** werden, muss es etwa zusammen **34** mit Zubehör, Software oder mit anderen Medizinprodukten eingesetzt werden, so hat die Gebrauchsanleitung alle Informationen zu enthalten, die für eine sichere Kombination erforderlich sind.

dd) Ordnungsgemäße Installation / Verwendung

Weiter erforderlich sind alle Informationen, anhand derer überprüft werden kann, ob **35** ein Medizinprodukt ordnungsgemäß installiert wurde bzw. die erforderlich sind, um einen **dauerhaft sicheren und ordnungsgemäßen Betrieb** zu gewährleisten (z.B. Information über Wartungsintervalle, Kalibrierungshäufigkeit o. Ä.).

ee) Vermeidung bestimmter Risiken

Zweckdienliche Informationen zur Vermeidung bestimmter Risiken im Zusammen- **36** hang mit der Implantation des Medizinprodukts sind anzugeben. Der **Gesetzgeber schweigt** darüber, welche dies genau sein sollen. Nicht erforderlich ist dies naturgemäß für In-vitro-Diagnostika.

ff) Wechselwirkungen

Auch mit anderen Produkten, die bei speziellen Untersuchungen und Behandlungen **37** verwandt werden, mit denen das Medizinprodukt aber nicht selbst kombiniert wird (s. Rdnr. 34), können eventuelle Wechselwirkungen/gegenseitige Beeinflussungen erfolgen. Über diese **Risiken/Gefahren** muss die Gebrauchsanleitung die notwendigen Informationen enthalten. Dies ist nicht bei In-vitro-Diagnostika der Fall.

gg) Verpackungsbeschädigung

Auch der mögliche Fall von Verpackungsbeschädigungen muss in der Gebrauchsanlei- **38** tung bedacht werden und die **geeigneten Verfahren** für eine Resterilisation bzw. Dekontamination angegeben werden, wenn eine solche möglich ist.

hh) Aufbereitungsverfahren

Bei Medizinprodukten, die **wieder verwendet** werden können, muss die Gebrauchs- **39** anleitung Angaben über die geeigneten Aufbereitungsverfahren (Reinigung, Desinfektion, Verpackung und ggf. Resterilisations- bzw. Dekontaminationsverfahren) enthalten und eine eventuelle zahlenmäßige Beschränkung der Wiederverwendungen enthalten. Abweichend hiervon sieht die AIMDD die Wiederverwendung nur nach einer Aufbereitung unter der Verantwortung des Herstellers vor. Lediglich diese Information ist folglich zum Bestandteil der Gebrauchsanleitung zu machen. In der MDD ist vorgesehen, dass für Medizinprodukte, die vor der ersten Anwendung zu sterilisieren sind, genaue Angaben über Reinigung und Sterilisation zu machen sind.

ii) Besondere Behandlung/zusätzliche Aufbereitung

40 Medizinprodukte, die nicht ohne besondere Behandlung oder zusätzliche Aufbereitung angewendet werden können, die z. B. zu montieren sind oder sterilisiert werden müssen, müssen in ihren Gebrauchsanweisungen Hinweise darauf enthalten, wie sie **vor ihrer erster Anwendung** zu behandeln sind.

jj) Patientenhinweise

41 Gegebenenfalls muss die Gebrauchsanleitung auch Informationen enthalten, die dazu bestimmt sind, vom medizinischen Personal bzw. Arzt **an die Patienten weitergegeben** zu werden, da sie Anwendungssituationen außerhalb des Krankenhauses bzw. außerhalb der ärztlich überwachten Anwendung betreffen. Insbesondere handelt es sich hierbei um die im Folgenden aufgeführten Informationen. Diese Aufzählung ist nicht abschließend und somit nur als beispielhaft zu verstehen. Alle etwaigen Gegenanzeigen und zu treffenden Vorsichtsmaßnahmen sind aufzuführen.

42 – **Vorsichtshinweise bei Leistungsänderungen.** Der ärztliche Anwender muss in die Lage versetzt werden, dem Patienten zu erklären, was dieser im Falle von Leistungsänderungen zu tun hat, um eine **Gefährdung zu vermeiden.** Eventuell wird es auch erforderlich sein, **kritische Leistungsänderungen** zu beschreiben.

43 – **Umgebungsbedingungen.** Ebenso soll der ärztliche Anwender in die Lage versetzt werden, den Patienten vor problematischen „vernünftigerweise vorhersehbaren Umgebungsbedingungen" **zu warnen.** Ein Beispiel könnte hier sein, dass der Herzschrittmacherpatient darauf aufmerksam gemacht werden sollte, ob er z. B. Achterbahn fahren oder sich in der Nähe von (bestimmten) elektrischen/elektronischen Geräten oder Anlagen aufhalten kann.

44 – **Arzneimittel.** Ist das Medizinprodukt zur Verabreichung von Arzneimitteln vorgesehen, muss die Gebrauchsanweisung auch Informationen über **Eignung oder Nichteignung zur Abgabe bestimmter Stoffe** enthalten.

45 – **Entsorgung.** Schließlich ist auch der Bereich der Entsorgung des Medizinprodukts in der Gebrauchsanleitung anzusprechen, allerdings **nur in besonderen Fällen,** nämlich dann, wenn von der Entsorgung eine besondere oder ungewöhnliche Gefahr/Risiko ausgeht.

II. Besonderheiten

46 Neben den oben angeführten Regelungen, die in mehr als nur einer Richtlinie enthalten sind, gibt es auch einige Bestimmungen, die so sehr **produktspezifisch** sind, dass sie nur in einer der drei Richtlinien als bereitzustellende Informationen aufgenommen wurden. Auf diese Besonderheiten wird im Folgenden hingewiesen.

1. AIMDD

47 Insgesamt ist festzustellen, dass die AIMDD die **wenigsten Besonderheiten** enthält. Dies mag wohl deshalb der Fall sein, weil es sich hier um die zeitlich erste Richtlinie handelt und die folgenden Richtlinien aufbauend darauf jeweils noch ein Stück weiter gingen.

a) Code

48 Als einzige Richtlinie sieht die AIMDD vor, dass der Produkt-„**Code**" (das Wort „Los" wurde damals nicht verwendet) ohne operativen Eingriff zu lesen sein soll und bestimmt, welche Informationen der Code zu enthalten hat.

b) Steril-Verpackung/Handelsverpackung

49 Als einzige Richtlinie kennt die AIMDD einen Unterschied zwischen **Steril- und Handelsverpackung** und unterscheidet die jeweils aufzuführenden Informationen. Dies

war sachgerecht und aus der Natur der geregelten Medizinprodukte verständlich. Die Unterscheidung konnte in den folgenden Richtlinien ohne materielle Unterschiede aufgegeben werden.

c) Lebensdauer der Energiequelle

Der Arzt muss in die Lage versetzt werden, dem Patienten Informationen zur Bestimmung der **Lebensdauer der Energiequelle** zu geben. Eine Regelung, die nur im Hinblick auf die dort geregelten Medizinprodukte notwendig aber auch verständlich erscheint. **50**

2. MDD

a) Einmalprodukt

Nur für den Bereich der MDD wurde es erforderlich, die Kennzeichnung eines Medizinprodukts als Einmalprodukt vorzusehen. **51**

b) Herstellungsjahr

Für aktive Medizinprodukte kann eine Angabe des Herstellungsjahres (nicht Monat oder Tag!) erforderlich werden, **wenn nicht ein Haltbarkeitsdatum** für sie angegeben wird. Diese Information kann in der Los- bzw. Seriennummer enthalten sein. **52**

c) Derivat aus menschlichem Blut

Sollte ein Medizinprodukt **als Bestandteil** ein Derivat aus menschlichem Blut enthalten, so ist darauf in der Kennzeichnung hinzuweisen. **53**

d) Strahlung

Bei Medizinprodukten, die Strahlung zu medizinischen Zwecken aussenden (z. B. Röntgengeräte) müssen Angaben zur **Beschaffenheit, Art, Intensität und Verteilung** dieser Strahlung in der Gebrauchsanweisung gemacht werden. **54**

e) Stoffe

Ist ein Stoff Bestandteil des Medizinprodukts, muss der Hersteller **Gegenanzeigen und Vorsichtsmaßnahmen** bezüglich dieses Stoffs mitteilen, damit der ärztliche Anwender den Patienten darüber informieren kann. **55**

f) Messfunktion

Bei Medizinprodukten mit Messfunktion ist der vom Hersteller **vorgegebene Genauigkeitsgrad** anzugeben. **56**

3. IVDD

Die weitaus **meisten Besonderheiten** in der Kennzeichnung enthält die Richtlinie über In-vitro-Diagnostika. Dies ist zum einen auf die Besonderheiten dieser Medizinprodukte zurückzuführen, die in ihren Eigenarten nicht mit der Mehrzahl der in den anderen Richtlinien regulierten Medizinprodukte vergleichbar sind. Zum anderen spiegelt diese Richtlinie aber auch Erfahrungen mit der praktischen Anwendung der beiden ersten Richtlinien wider und zeigt auf, wie sich die Gesetzgebung innerhalb von acht Jahren verändert hat. **57**

a) Gefahrstoffe

Auf Grund ihrer Natur kann es In-vitro-Diagnostika geben, in denen Substanzen oder Zubereitungen enthalten sind, die wegen der Merkmale und der Menge ihrer Bestandteile sowie der Form, in der sie vorliegen, als gefährlich betrachtet werden können. In diesen **58**

Fällen sind die Gefahrensymbole und Kennzeichnungsanforderungen gemäß den Richtlinien 67/548/EWG[29] und 1999/45/EG[30] anzuwenden. Die Richtlinie schreibt dazu vor, wo in der Kennzeichnung bzw. Gebrauchsanweisung diese Information zu geben ist. Sie erlaubt ein Absehen vom **sog. Sicherheitsdatenblatt** dann, wenn alle zweckdienlichen Informationen bereits in der Gebrauchsanweisung enthalten sind.

b) Produkte zur Eigenanwendung

59   Eine Besonderheit im Bereich der In-vitro-Diagnostika sind die Medizinprodukte zur Eigenanwendung. Dabei handelt es sich um Diagnostika, die der **Endverbraucher selbst anwendet** (z.B. Schwangerschaftstests). Selbstverständlich ist hier ein erhöhter Sicherheitslevel sowohl in der Anwendung als auch bezüglich der Interpretation etwaiger Ergebnisse geboten (man denke nur an einen falsch positiven HIV-Test). Dem wird durch die Richtlinie dadurch Rechnung getragen, dass zunächst Medizinprodukte zur Eigenanwendung deutlich als solche zu **kennzeichnen** sind. Weiter macht die Richtlinie überaus detaillierte **Vorgaben zur Gestaltung** dieser Medizinprodukte. Diese Vorgaben, die vom Gesetzgeber selbst verräterisch „Spezifikationen" genannt werden, gehen über den Bereich der Bereitstellung von Informationen im Sinne einer Kennzeichnung hinaus. So verständlich und notwendig diese Regelungen sind, so sind sie doch an sachfremder Stelle geregelt.

60   Sämtliche dieser Regelungen dienen dem **Eigenanwenderschutz.** So sollen Ergebnisse ohne Schwierigkeiten verstehbar sein, es muss darauf hingewiesen werden, dass Ergebnisse auch einmal falsch ausfallen können, es ist der Hinweis zu erteilen, dass letztlich eine vorherige Konsultation eines Arztes vor medizinisch wichtigen Entscheidungen erforderlich ist und vor der Eigenbehandlung ohne vorheriger Schulung muss gewarnt werden.

c) Gebrauchsanweisung

61   Die Gebrauchsanweisung muss bei In-vitro-Diagnostika folgende **zusätzliche Informationen,** die sich aus der Natur dieser Medizinprodukte und ihrer Anwendungsbesonderheiten ergeben, enthalten:

aa) Zusammensetzung des Reagenzprodukts

62   Informationen über die Zusammensetzung des Reagenzprodukts nach Art und Menge oder Konzentration des bzw. der wirksamen Bestandteile des Reagenz bzw. der Reagenzien oder des Kits sowie ggf. einen Hinweis darauf, dass das Produkt noch **weitere die Messung beeinflussende Inhaltsstoffe** enthält.

bb) Lagerungsbedingungen und Verwendungsdauer

63   Informationen über **Lagerungsbedingungen** und Verwendungsdauer nach dem erstmaligen Öffnen der Primärverpackung, zusammen mit Informationen über die Lagerungsbedingungen und die Stabilität der Arbeitsreagenzien.

cc) Erforderliche besondere Materialien

64   Angaben zu eventuell erforderlichen besonderen Materialien, einschließlich der Informationen, die im Hinblick auf eine **ordnungsgemäße Anwendung** für die Identifizierung dieser Materialien erforderlich sind.

---

[29] Richtlinie 67/548 EWG des Rates v. 27. 6. 1967 zur Angleichung der Rechts- und Verwaltungsvorschriften für die Einstufung, Verpackung und Kennzeichnung gefährlicher Stoffe (ABl. EG Nr. L 196 v. 16. 8. 1967, S. 1), zuletzt geändert durch die Richtlinie 2001/59/EG der Kommission (ABl. EG Nr. L 225 v. 21. 8. 2001, S. 1).
[30] Richtlinie 1999/45/EG des Europäischen Parlaments und des Rates v. 31. 5. 1999 zur Angleichung der Rechts- und Verwaltungsvorschriften der Mitgliedstaaten für die Einstufung, Verpackung und Kennzeichnung gefährlicher Zubereitungen (ABl. EG Nr. L 200 v. 30. 7. 1999, S. 1).

dd) Art des zu verwendenden Spezimens

Angaben zur Art des zu verwendenden Spezimens, darunter ggf. besondere Bedingun- **65** gen für die **Gewinnung, Vorbehandlung** und, soweit erforderlich, **Lagerung** sowie Hinweise zur Vorbereitung des Patienten.

ee) Verfahrensweise

Eine detaillierte Beschreibung der bei der **Anwendung des Produkts** zu wählenden **66** Verfahrensweise.

ff) Messverfahren

Angaben zu dem für das Produkt anzuwendenden Messverfahren, darunter, soweit zu- **67** treffend, zum **Prinzip des Verfahrens,** zu den **speziellen Leistungsmerkmalen der Analyse** (z. B. Empfindlichkeit, Spezifität, Genauigkeit, Wiederholbarkeit, Reproduzierbarkeit, Nachweisgrenzen und Messbereich, einschließlich der Angaben, die zur Kontrolle der bekannten relevanten Interferenzen erforderlich sind), den **Begrenzungen des Verfahrens** und zur **Anwendung verfügbarer Referenzmessverfahren und -materialien** durch den Anwender, nähere Angaben zu weiteren, **vor Anwendung** des Produkts **erforderlichen Verfahren oder Schritten** (z. B. Rekonstitution, Inkubation, Verdünnung, Instrumentenprüfung usw.) und ggf. der Hinweis, dass eine **besondere Ausbildung** erforderlich ist.

gg) Mathematischer Ansatz

Der mathematische Ansatz, auf dem die **Berechnung** der Analysenergebnisse beruht. **68**

hh) Änderung der Analysenleistung

Maßnahmen, die im Fall von Änderungen in der Analysenleistung des Produkts zu **69** treffen sind.

ii) Qualitätskontrolle

Geeignete Angaben für den Verwender zur internen Qualitätskontrolle, einschließlich **70** **spezieller Validierungsverfahren** und zur **Rückverfolgbarkeit der Kalibrierung** des Produkts.

jj) Referenzbereiche

Die Referenzbereiche für die Bestimmung der Messgrößen, einschließlich einer Angabe **71** der geeigneten **Referenzpopulation.**

C. Normung

Angesichts des eingangs erwähnten und oben bereits dargestellten Detaillierungsgrads **72** der gesetzlichen Regelungen bleibt für die Normung im Bereich der Kennzeichnung relativ wenig Raum. Das zuständige **Technische Komitee (TC) 257** „Symbole und Informationen, die Medizinprodukte begleiten und Nomenklatur zum Zwecke des regulativen Datenaustauschs" des Europäischen Komitees für Normung (CEN) hat deshalb in seiner Arbeitsgruppe 2 (WG 2) lediglich zwei die Kennzeichnung betreffende Normungsvorhaben unternommen. Diese bestehen in einer Norm, die sich weitgehend darauf beschränkt, die gesetzlichen Vorgaben zu kommentieren (DIN EN 1041: 1998 Bereitstellung von Informationen durch den Hersteller eines Medizinprodukts)[31] und einer weiteren – weitaus wichtigeren – Norm (DIN EN 980: 2001 Graphische Symbole zur Kennzeichnung von Medizinprodukten), welche die harmonisierten Symbole zur Verwendung mit Medizinprodukten enthält.

---

[31] DIN Normen können über die Beuth Verlag GmbH, 10722 Berlin bezogen werden, auch zu Gebrauchsanweisungen, z. B. für IVD zur Eigenanwendung (DIN EN 592: 2002).

I. DIN EN 1041

73   Die DIN EN 1041 mit dem Titel „Bereitstellung von Informationen durch den Hersteller" besteht aus einer Kommentierung bzw. Auslegung der Vorschriften der Richtlinien. Das CEN TC 257 begab sich mit dieser Norm auf „dünnes Eis", da einerseits die Auslegung der gesetzlichen Vorschriften den Gerichten obliegt, andererseits die Formulierungen der Direktiven selbst sehr detailliert sind, so dass **wenig Raum für Kommentare** blieb. In der Tat wurden während des Normungsverfahrens immer wieder Stimmen laut, die die **Sinnhaftigkeit** dieser Norm in Frage stellten. Da allerdings ein Mandat der EG-Kommission für diese Norm vorlag, musste davon ausgegangen werden, dass der Gesetzgeber selbst in diesem Bereich technische Details identifiziert hatte, die er durch eine Norm der Regelung zugänglich ansah. Außerdem bestand durch die Norm die Chance, für potenzielle Streitfragen bereits im Vorfeld eine mögliche Lösung anzubieten.

74   Insgesamt kann die Norm DIN EN 1041 heute als **Kommentar oder Auslegungshilfe** zum Gesetz verstanden werden. Sie bietet dem Anwender Hinweise, auf die er nicht verzichten sollte. Die Norm ist in einen verbindlichen Hauptteil und mehrere informative Anhänge gegliedert, welche u. a. spezifisch auf die unterschiedlichen Anforderungen der verschiedenen Medizinprodukterichtlinien eingehen.

1. Hauptteil

75   In der **Einleitung** weist die Norm ausdrücklich darauf hin, dass sie für alle Medizinprodukte gilt, dass es aber spezifischere Normen geben kann, die für bestimmte Typen von Medizinprodukten zusätzliche Anforderungen stellen.[32] Die Norm räumt auch den Symbolen einen hohen Stellenwert ein, indem sie fordert, Symbole „sollten immer [...] verwendet werden". Die Norm enthält weiterhin **normative Verweisungen** auf ISO 31[33] (Größen und Einheiten) und EN 28601[34] (Datenelemente und Austauschformate; Informationsaustausch; Darstellung von Datum und Uhrzeit) und gibt damit bestimmte Datenformate verbindlich vor.

76   Neben der aus der Richtlinie über Medizinprodukte schlicht übernommenen Definition des Begriffs „Medizinprodukt" definiert die Norm selbstständig auch die Begriffe „Charge bzw. Partie" und „Informationen, die durch den Hersteller mit dem Medizinprodukt bereitgestellt werden", sowie in Anlehnung an die Arzneimittelrichtlinien den Begriff „Chargenbezeichnung/Seriennummer/Chargennummer/Serienbezeichnung".

77   Wesentlich im **Anforderungsteil** der Norm sind die Hinweise zur Lesbarkeit der bereitgestellten Informationen, wobei besonders etwaigen Eigenheiten und der Größe des jeweiligen Medizinprodukts Rechnung zu tragen ist. So kann für bestimmte Kennzeichnungen auf kleinen oder speziellen Medizinprodukten auch der Einsatz elektronischer Lesehilfen in Betracht kommen. Ebenso wichtig ist der Verweis auf die Verwendung bestimmter Maßeinheiten[35] und Datumsformate.[36]

2. Aktive implantierbare Medizinprodukte (Anhang B)

78   Dieser **informative Anhang** stellt die kennzeichnungsrelevanten Teile der AIMDD und die Hinweise der Norm tabellarisch nebeneinander und ist damit besonders anwen-

---

[32] Die Norm selbst erwähnt als Beispiel Abschnitt 6 der verschiedenen Teile von EN 60601 über medizinisch elektrische Geräte.

[33] Bzw. DIN 1313: 1978 Physikalische Größen und Gleichungen – Begriffe, Schreibweisen.

[34] Bzw. DIN EN 28601: 1993 Datenelemente und Austauschformate – Informationsaustausch; Darstellung von Datum und Uhrzeit.

[35] SI-Einheiten vgl. DIN EN 1041 Nr. 4.1.5.

[36] Jahr (4-stellig) – Monat (2-stellig) – Tag (2-stellig) vgl. DIN EN 1041 Nr. 4.1.10.

         Christmann

derfreundlich gestaltet. Ohne an dieser Stelle umfassend auf den Inhalt eingehen zu können, erscheinen doch folgende Hinweise erwähnenswert:
– Auf dem Medizinprodukt selbst ist nur der Produktcode erforderlich.[37]
– Ein Symbol kann die in den jeweiligen Sprachfassungen der Richtlinie übersetzten Kennzeichnungen ersetzen.[38]
– Definition des „Verfalldatums" als der letzte Monat, in dem das Medizinprodukt implantiert werden darf.[39]
– Selbstverständliches (z.B. der Produktinhalt bei einer durchsichtigen Verpackung;[40] normale Lagerungsbedingungen)[41] muss nicht erwähnt werden.

3. Medizinprodukte (Anhang C)

Dieser **informative Anhang** stellt die kennzeichnungsrelevanten Teile der MDD und 79 die Hinweise der Norm tabellarisch nebeneinander und ist damit ebenfalls besonders anwenderfreundlich gestaltet. Ohne an dieser Stelle umfassend auf den Inhalt eingehen zu können, erscheinen doch folgende Hinweise erwähnenswert:
– Gebrauchsanweisung kann auch ein Handbuch sein.[42]
– Die Forderung, dass auch bei einem Sterilprodukt die Gebrauchsanweisung „in seiner Verpackung" beizugeben ist, kann unpraktisch und sogar unerwünscht sein.[43]

4. In-vitro-Diagnostika

Ein Anhang zur Kommentierung der Anforderungen der Richtlinie über In-vitro- 80 Diagnostika **existiert noch nicht.**

II. DIN EN 980

Weitaus wichtiger und von erheblicher praktischer Bedeutung ist die Norm DIN EN 81 980, welche die für den Bereich Medizinprodukte **harmonisierten Symbole** enthält und seit ihrer ersten Ausgabe bereits zweimal geändert wurde. Eine weitere Ergänzung der Norm steht außerdem bevor. Die Arbeit der Experten dieses Normungsgremiums war geprägt von der Tatsache, dass es in dem hier zu regelnden Bereich bisher nur sehr wenige allgemein akzeptierte Symbole gab. Nahezu alle Symbole mussten daher neu erarbeitet werden, was angesichts komplexer Symbolinhalte keine einfache Aufgabe war. Außerdem mussten anderweitig bereits existierende Symbole und konkurrierende Arbeiten in der International Standards Organisation (ISO) beachtet werden. Schließlich wollte jeder Produktbereich möglichst viele Symbole harmonisiert bekommen. Die Arbeitsgruppe beschränkte sich in einem ersten Schritt auf die zur Ausfüllung der Vorschriften der Richtlinie unbedingt erforderlichen Symbole und ließ bewusst bloß „wünschenswerte" Symbole außer Acht. Insgesamt kann gesagt werden, dass die **Beschränkung auf die wesentlichen Symbole** die Einführung und die Lernphase stark unterstützt hat.

1. Allgemeines

Die Norm wurde **für alle Medizinprodukte erstellt,** sie stellt aber ausdrücklich fest, 82 dass nicht alle enthaltenen Symbole für alle Arten von Medizinprodukten geeignet sind.

---

[37] DIN EN 1041 Anhang B Nr. 14.
[38] DIN EN 1041 Anhang B Nr. 14.1 erster und zweiter Spiegelstrich.
[39] DIN EN 1041 Anhang B Nr. 14.2 letzter Spiegelstrich.
[40] DIN EN 1041 Anhang B Nr. 14.1 vierter Spiegelstrich.
[41] DIN EN 1041 Anhang B Nr. 14.2 letzter Spiegelstrich.
[42] DIN EN 1041 Anhang C Nr. 13.1.
[43] DIN EN 1041 Anhang C Nr. 13.1.

Außerdem wird darauf hingewiesen, dass einige Symbole bereits umfassend angewendet werden und den Anwendern geläufig sind, dass dies aber nicht für alle Symbole gilt und diese letzteren Symbole deshalb erläutert werden sollten. Außerdem kann die Gültigkeit der durch ein Symbol vermittelten Information durch nachträglich eintretende Ereignisse gemindert werden (z. B. Verlust der Sterilität durch Beschädigung der Verpackung). Die Norm gibt keine **Farben oder Mindestabmessungen** vor, fordert aber eine Lesbarkeit der Symbole.

2. Symbole im Einzelnen

a) Nicht zur Wiederverwendung

83   Mit der **durchgestrichenen Zwei** konnte auf ein bereits in der ISO 7000/1051[44] existierendes Symbol zurückgegriffen werden, das synonym auch für „Nur zum Einmalgebrauch" bzw. „Nur einmal verwenden" verwendet werden kann.

b) Verwendbar bis

84   Das Symbol der **„Eieruhr"** muss zusammen mit einem Datum verwendet werden, wobei zwar das Format der Datumsangabe vorgegeben wird, nicht jedoch dessen Größe und Positionierung. Das Symbol zeigt an, dass das Medizinprodukt nach Ablauf des angegebenen Datums nicht mehr verwendet werden sollte; bis zu einschließlich dem angegebenen Datum ist also die Verwendung sicher.

c) Chargenbezeichnung

85   Für einige Symbole gab es keinerlei Vorbilder und es waren auch keine bildlichen Umsetzungen erkennbar, die auf ein breites Verständnis bei den Anwendern gestoßen wären. Dies war z. B. bei einem Symbol für Chargenbezeichnung der Fall. In dieser Situation entschloss sich das Normungsgremium, mit stillschweigender Billigung der Kommission, zu der pragmatischen Lösung, die **Buchstabenkombination „LOT"** (Englisch für Los/ Charge) als Symbol zu definieren und sie von einem simplen Wort durch die zwingende Beigabe einer Umrandung zu unterscheiden. Eigentlich stellte dies eine „Sünde" im Bereich der Normung von Symbolen dar, wo – angesichts der verschiedenen internationalen Schriften – keine Buchstaben in Symbolen enthalten sein sollen. Andererseits war diese Lösung jedoch auch praktikabel, da nahezu alle (europäischen) Sprachen ähnliche Bezeichnungen (Lot – Englisch, Französisch; Los – Deutsch) kannten und die Transferleistung für die Anwender damit wesentlich geringer ausfiel als bei einem komplett neuen Symbol.

d) Seriennummer

86   Obwohl hier eine Umrandung nicht zwingend vorgesehen ist, gilt die Buchstabenkombination **SN** als Symbol. Diesem muss noch die Seriennummer hinzugefügt werden.

e) Herstellungsdatum

87   Zwar werden die meisten Medizinprodukte heutzutage wahrscheinlich in Fabriken ohne große Schornsteine hergestellt, dennoch bot sich das **Fabriksymbol** zur Kennzeichnung des Herstellungsdatums an. Zu beachten ist, dass das hinzuzufügende Datum für aktive implantierbare Medizinprodukte detaillierter sein muss als das für aktive Medizinprodukte. Andere Medizinprodukte bedürfen dieser Information in der Kennzeichnung nicht.

f) Sterile Produkte

88   Für die **Symbolisierung Steriler Produkte** gab es bei der Normung die gleiche Problematik wie für das Symbol für die Chargenbezeichnung. Sie wurde auch auf gleiche

---

[44] ISO 7000 Graphical Symbols for use on equipment.

Weise (nämlich durch das Wort STERILE in einer zwingenden Umrandung) gelöst. Allerdings entspann sich an diesem Symbol die Frage, ob in einer Norm für Symbole auf einen bestimmten **Sterilitätslevel** verwiesen werden sollte. Diese Frage, die letztlich durch eine Aufnahme der Verweisung auf EN 556: 1994[45] gelöst wurde, führte zunächst dazu, dass die Harmonisierung der gesamten EN 980 für längere Zeit aufgehalten wurde. Allerdings hatte sich die Praxis längst der vorgeschlagenen Symbole bemächtigt und noch bevor die Norm im Amtsblatt als Harmonisierte Norm veröffentlicht wurde, waren die dort vorgeschlagenen Symbole auf zahlreichen Medizinprodukten in Europa zu finden.

g) Steril einschließlich Sterilisationsmethode

Da gemäß der AIMDD und der MDD auch das **Sterilisationsverfahren** angegeben 89 werden muss, ergab sich auch hierfür der Wunsch nach den entsprechenden Symbolen. Die pragmatische Lösung sieht eine Kombination von EO (für Ethylenoxid), R (für Bestrahlung) und eines Thermometersymbols (für Dampf oder trockene Wärme) mit dem STERILE-Symbol vor.

h) Bestellnummer

Die Buchstabenkombination **REF** dient als Symbol für Bestellnummer, Bezugsnummer 90 bzw. Katalognummer.

i) Gebrauchsanweisung beachten

Ein inhaltlich umstrittenes Symbol stellt das **Ausrufungszeichen im Dreieck** dar, da 91 vielfach die Meinung vertreten wird, bei dem an ein Straßenverkehrsschild angelehnten Dreieck überwiege eine Warnfunktion („Achtung: Gebrauchsanweisung beachten") die bloße Hinweisfunktion. Nur Letztere sei aber von den Richtlinien gefordert. Dennoch hat sich das Symbol in der Praxis weitgehend durchgesetzt.

j) Sterile A

Erst im Zuge der zweiten Normänderung wurde dieses Symbol eingeführt. Es lehnt 92 sich an die Symbole zu den **Sterilisationsverfahren** an (Sterile plus A für Aseptische Technologie), ohne jedoch bereits eine Verweisung auf eine Europäische Norm zur aseptischen Herstellung anbieten zu können, da sich diese erst noch in Vorbereitung befindet.

3. Revision der DIN EN 980

Zur Zeit ist eine dritte Revision der Norm im Gange. Diese Revision ist breit angelegt 93 und verfolgt primär das Ziel, die Norm auch für In-vitro-Diagnostika besser nutzbar zu machen. Dazu werden zahlreiche **neue Symbole** (wie z.B. „für Leistungbewertungszwecke", „Höchsttemperatur", „Niedrigste Temperatur") vorgeschlagen. Allerdings sind auch Symbole in der Diskussion, die für die anderen Richtlinien von Bedeutung sein würden (z.B. „In der Gemeinschaft niedergelassener Bevollmächtigter"). Die revidierte Norm befindet sich zurzeit im Abstimmungsverfahren, dessen Ausgang noch offen ist.

D. Ausblick

Nachdem in manchen Bereichen heute bereits bedauert wird, dass die Umsetzungen 94 der Medizinprodukterichtlinien zu nationalen Unterschieden geführt haben, ist dies bei der Kennzeichnung nicht der Fall. Ähnlich wie bei einer Verordnung wurde in Deutsch-

---

[45] EN 556: 1994 Sterilisation von Medizinprodukten – Anforderungen für in der Endverpackung zu sterilisierende Medizinprodukte, die als „Steril" gekennzeichnet werden.

land und anderen europäischen Ländern der Richtlinientext selbst nationales Recht; dort, wo dies nicht geschah, blieb für nationale Abweichungen wenig bis gar kein Spielraum. Aus diesem Grund ist die Kennzeichnung mittlerweile als **„harmonisiert"** zu bewerten.

95 Während die Medizinprodukterichtlinien gerade in jüngster Vergangenheit in vielen Bereichen angezweifelt wurden und die Richtlinie über Medizinprodukte mittlerweile auch der turnusgemäßen Überprüfung durch die Kommission unterzogen wurde, die in manchen Fällen Defizite in der Richtlinienumsetzung und/oder der Nutzung der Instrumentarien der Richtlinie ausmacht, gibt es im Bereich der Kennzeichnung – mit einer Ausnahme[46] – **keine Kritikpunkte.** Es scheint also, als ob der Kommission in diesem Bereich eine **erfolgreiche Abwägung** zwischen den widerstreitenden Interessen des Verbraucherschutzes, den nationalen Sprachinteressen und den Interessen der Wirtschaft gelungen ist. Gravierende Änderungen dieses Zustands sind aus heutiger Sicht nicht zu erwarten.

---

[46] Interpretation des Datums, bis zu dem eine gefahrlose Anwendung des Medizinprodukts möglich ist – vgl. Report on the Functioning of the Medical Devices Directive v. 5. 6. 2002 Nr. 7.17.4; im Internet unter: http://europa.eu.int/comm/enterprise/medical_devices/finalreport5-6-02cor1_3-july02.pdf (Stand: 10/2002).

Christmann

§ 8 Medizinprodukte und private Sonderzeichen: Bedeutung der CE-Kennzeichnung auf Medizinprodukten

von *Rainer Hill*

Übersicht

Literatur: *Baumann,* Rechtsprechung zum Medizinproduktrecht, MPJ 2000, 115; *Brießmann,* Gutachten zur Zulässigkeit freiwilliger Zeichen eines privaten technischen Prüfdienstes auf Produkten mit dem CE-Zeichen, München 2000; *Bundesverband der Deutschen Industrie – BDI* (Hrsg.), Positionspapier zum Diskussionspapier der DG Unternehmen zur Anwendung der Richtlinien der „Neuen Konzeption" (Stand: 4/2001); *Bundesverband Medizintechnologie – BVMed* (Hrsg.), Klinische Bewertung von Medizinprodukten, Wiesbaden 2002; *Bundesverband Medizintechnologie – BVMed* (Hrsg.), Wechsel der Benannten Stelle, Wiesbaden 2001; *Creifelds,* Rechtswörterbuch, München 1999; *Duden,* Bd. I, Die deutsche Rechtschreibung, Mannheim 2000; *Europäische Kommission* (Hrsg.), Leitfaden für die Umsetzung der nach dem neuen Konzept und dem Gesamtkonzept verfassten Richtlinien (Blue Guide), Luxemburg 2000; *Europäische Kommission* (Hrsg.), Von der Generaldirektion erstelltes Konsultationspapier für die Überarbeitung des neuen Konzepts, Datum: 13. 12. 2001; *Hill,* The CE Mark versus additional quality or safety marks, RAJ 1999, 3; *Hill,* Private Prüfzeichen neben CE-Kennzeichnung?, MPJ 2001, 22; *Hill/Schmitt,* Wiesbadener Kommentar zum Medizinproduktgesetz, Wiesbaden 1995 (Stand: 3/2002); *INRA (Europe) European Coordination Office S. A.* (Hrsg.): Eurobarometer 52.1 – Die europäischen Bürger und das CE-Zeichen, Bericht über eine Meinungsumfrage in den EU-Mitgliedstaaten zum CE-Zeichen im Auftrag der Generaldirektion Gesundheit und Verbraucherschutz der Europäischen Kommission vom 15. 3. 2000; *Knappe/Neubauer/Seeger/Sullivan,* Die Bedeutung von Medizinprodukten im deutschen Gesundheitswesen, Trier u. a. 2000 (Kapitel 2.3 „Die Rolle der CE-Kennzeichnung" und Kapitel 4.3 „Schlussfolgerungen");[1] *Lenz/Scherer,* Rechtsgutachterliche Stellungnahme zur Zulässigkeit der Anbringung von Qualitätszeichen nationaler Prüforganisationen

---

[1] Bestellbar über BVMed, Reinhardtstraße 29b, 10117 Berlin oder Download unter: http://www.bvmed.de/linebreak4/mod/netmedia_pdf/data/studie-d.pdf (Stand: 10/2002).

neben CE-Kennzeichnungen, in: VdTÜV-Schriftenreihe Recht und Technik, Band 16, Essen 2001; *von Martius*, CE Marking and Private Certification in Europe, Business/Briefing: Medical Device Manufacturing & Technology 9/2000, 74; *Rader*, Prüfzeichen für Medizinprodukte – heute und morgen, dynamed – Zeitschrift für Technik in Medizin und Sport, Sonderdruck aus Heft 1/1996, 1; *Schorn*, Keine Sonderzeichen neben CE bei Medizinprodukten, MPJ 1999, 87; *Schorn*, Neue Konzeption: Spielball der Interessen, MPJ 2000, 30; *Schorn*, Sonderzeichen – eine unendliche Geschichte, MPJ 2001, 24; *Verband der technischen Überwachungsvereine – VdTÜV* (Hrsg.), Positionspapier: Die Bedeutung freiwilliger, privater Prüfzeichen auf Medizinprodukten, Essen 2000; *Will*, Bundeskabinett billigt Entwurf des Zweiten Änderungsgesetzes, MPJ 2001, 53.

Internetadressen (Stand: 10/2002):

Arbeitsgruppe „MPG" der Industriefachverbände (AG MP), Flyer „Die Bedeutung von CE auf Medizinprodukten – Wichtige Informationen für Händler, Einkäufer, Betreiber, Anwender, Patienten", 2002 – Formular zur kostenfreien Bestellung im Internet
http://pdf.kernpunkt.de/tmp/3dc68f975d5f6.pdf
Europäische Kommission, Blue Guide, 2000
http://europa.eu.int/comm/enterprise/newapproach/legislation/guide/document/guidepublicde.pdf
Europäische Kommission, Konsultationspapier 2001
http://europa.eu.int/comm/enterprise/consultations/new_approach_rev/documents/de.pdf

A. Einleitung

1   Selten hat ein Thema die **internationale Fachöffentlichkeit** so gespalten wie die Frage der Zulässigkeit **privater Sonderzeichen für Medizinprodukte.** Das Thema hat über den Medizinproduktbereich hinaus zu einer breiten kontroversen und heftigen Grundsatzdiskussion geführt über die Frage der Wertigkeit der **CE-Kennzeichnung** allgemein und der Zulässigkeit von Sonderzeichen im gemeinschaftsrechtlich „geregelten" Bereich. Das Thema „Sonderzeichen für Medizinprodukte" hat aber auch Positives angestoßen und zur Rechtsfortentwicklung beigetragen.

2   Unparteiliche Rechtsgutachten, die sich mit den Besonderheiten des Bereichs „Medizinprodukte" auseinander setzen, liegen, soweit ersichtlich, nicht vor. Nachfolgend soll der Versuch unternommen werden, das Thema aus tatsächlicher Sicht zu erhellen und die rechtlichen Konsequenzen herauszuarbeiten. Der folgende rechtliche Erfahrungsbericht fasst sieben Jahre an praktischer Erfahrung des Autors im Umgang mit dem Thema zusammen. Der Bericht konzentriert sich mit dem Schwerpunktgebiet Deutschland auf die Bewertung der **nationalen Qualitäts-, Güte-, Sicherheits- und Normenkonformitätszeichen, -marken oder -siegel,** die Herstellern CE-gekennzeichneter Medizinprodukte zurzeit im Markt angeboten werden oder angeboten worden sind. **Nicht** thematisiert werden die **gesetzlichen Sonderzeichen** (z. B. „GS") und solche private Sonderzeichen, die für Eigenschaften stehen, die das europäische Medizinprodukterecht für die Anbringung der CE-Kennzeichnung auf Medizinprodukte nicht fordert, wie **Umweltverträglichkeit** (z. B. „Blauer Engel"), **Entsorgbarkeit** (z. B. „Grüner Punkt"), **Bedienungskomfort** oder Ähnliches.

3   Sonderzeichen im Sinne dieser Abhandlung sind kommerziell beworbene Bild- oder Wortzeichen, die sichtbar auf CE-gekennzeichnete Medizinprodukte und/oder ihre Verpackung aufgebracht werden sollen, um dem Verbraucher zu signalisieren, dass das entsprechend gekennzeichnete Produkt ein qualitativ, d. h. sicherheitstechnisch oder leistungstechnisch, „besseres" sei als eines, das „nur" die CE-Kennzeichnung trägt. Zu den Sonderzeichen zählen auch bestimmte **Normenkonformitätszeichen.** Alle privaten **Gütezeichen** zielen damit auf die **Beeinflussung des Kaufverhaltens der Verbraucher** und sind von **wettbewerbsrechtlicher Relevanz.** Der nachfolgende Bericht setzt

ein Grundwissen des Lesers über die Systematik und die gesetzlichen Anforderungen des Medizinprodukterechts in Deutschland voraus. Die Rechtsänderungen durch das am 1. 1. 2002 in Kraft **getretene Zweite MPG-Änderungsgesetz (2. MPG-ÄndG)**[2] und die zeitgleich in Kraft getretene neue **Medizinprodukte-Verordnung (MPV)**[3] sind berücksichtigt. Die Anforderungen des **Medizinproduktegesetzes (MPG)** werden erläutert, soweit dies dem Verständnis des Themas dienlich ist. Zum Einstieg in die Rechtsmaterie und zur weiteren Vertiefung sei auf die einschlägige Fachliteratur und Kommentierung verwiesen.[4]

B. Gemeinschaftsrechtliche Grundlagen und Sinn der CE-Kennzeichnung

Die **Buchstabenkombination „CE"** ist neben anderen Zeichen der EG, z.B. neben **4** der Europaflagge und dem EG-Umweltzeichen, eines der sog. **„EG-Zeichen".** Die CE-Kennzeichnung steht in unmittelbarem Zusammenhang mit der „Entschließung des Rates vom 7. Mai 1985 über eine **neue Konzeption** auf dem Gebiet der technischen Harmonisierung und Normung".[5] Diese Entschließung sah folgende Neuerungen des Gemeinschaftsrechts vor:

– **Harmonisierungsrichtlinien** legen die **Grundlegenden Anforderungen** fest, denen Erzeugnisse beim Inverkehrbringen genügen müssen, damit sie in der Gemeinschaft vertrieben werden können.
– **Technische Spezifikationen** für die Herstellung und das Inverkehrbringen von Produkten, die den in den Richtlinien enthaltenen Grundlegenden Anforderungen entsprechen, werden von den drei **europäischen Normungsorganisationen (CEN, CENELEC und ETSI)** in **harmonisierten europäischen Normen (EN)** festgelegt.
– Die Anwendung der europäischen Normen bleibt freiwillig.

Infolge dieser Entschließung wurde erstmalig die stilisierte Buchstabenkombination CE **5** als **CE-Zeichen, EG-Zeichen** bzw. als **EG-Konformitätszeichen** in den **Europäischen Gemeinschaften (EG)** eingeführt. Im Jahr 1993 wurden diese unterschiedlichen Begriffe schließlich einheitlich in CE-Kennzeichnung umbenannt.[6] Die Bedeutung der CE-Kennzeichnung hat seitdem innerhalb und außerhalb Europas zu beträchtlicher Verwirrung geführt. Umfragen zufolge wissen heute noch immer die wenigsten **EG-Bürger,** wofür die Buchstabenkombination CE eigentlich steht.[7]

---

[2] Zweites Gesetz zur Änderung des Medizinproduktegesetzes (2. MPG-ÄndG) v. 13. 12. 2001 (BGBl. I S. 3586); i. d. F. der Bekanntmachung des Medizinproduktegesetzes v. 7. 8. 2002 (BGBl. I S. 3146).

[3] Verordnung über Medizinprodukte (Medizinprodukte-Verordnung – MPV) v. 20. 12. 2001 (BGBl. I S. 3854).

[4] Z.B. *Hill/Schmitt,* WiKo – Wiesbadener Kommentar zum Medizinproduktegesetz und die Leitfäden der BVMed-Informationsserie „Medizinprodukterecht" sowie *Schorn,* MPJ 2001, 24 ff.; s. auch den Beitrag von *Anhalt/Dieners* in diesem Handbuch (§ 2 Rdnr. 48 ff.).

[5] ABl. EG Nr. C 136 v. 4. 6. 1995, S. 1.

[6] Richtlinie 93/68/EWG des Rates v. 22. 7. 1993 zur Änderung der Richtlinien 87/404/EWG (einfache Druckbehälter), 88/378/EWG (Sicherheit von Spielzeug), 89/106/EWG (Bauprodukte), 89/336/EWG (elektromagnetische Verträglichkeit), 89/392/EWG (Maschinen), 89/686/EWG (persönliche Schutzausrüstungen), 90/384/EWG (nicht selbsttätige Waagen), 90/385/EWG (aktive implantierbare medizinische Geräte), 90/396/EWG (Gasverbrauchseinrichtungen), 91/263/EWG (Telekommunikationsendeinrichtungen), 92/42/EWG (mit flüssigen oder gasförmigen Brennstoffen beschickte neue Warmwasserheizkessel) und 73/23/EWG (elektrische Betriebsmittel zur Verwendung innerhalb bestimmter Spannungsgrenzen); ABl. EG Nr. L 220 v. 30. 8. 1998, S. 1.

[7] *Knappe/Neubauer/Seeger/Sullivan,* S. 69.

6   In seiner ursprünglichen wörtlichen Bedeutung stand CE unstreitig für EG als Synonym für **Europäische Gemeinschaft.** Entsprechend wurde der Begriff CE-Zeichen in den ausführenden Rechtsverordnungen des deutschen Gerätesicherheitsgesetzes, die der nationalen Umsetzung der ersten Harmonisierungsrichtlinien dienten, anfänglich noch mit EG-Zeichen übersetzt. Anders als in Deutschland der Fall, vermochten Frankreich und Italien, später auch Spanien und Portugal, mit CE den Begriff der Europäischen Gemeinschaft zu assoziieren (vgl. **C**ommunauté **E**uropéenne, **C**omunità **E**uropea, **C**omunidad **E**uropea, **C**omunidade **E**uropeia). Einzelne Mitarbeiter der **Europäischen Kommission,** namentlich das frühere Referat GD III (Industrie),[8] B 3 „Qualitätspolitik und Zertifizierung; Konformitätskennzeichnung" unter der Leitung des Briten *MacMillan,* vertraten Anfang der 90er-Jahre die Auffassung, CE könnte auch als „**C**onformité **E**uropéenne" (Europäische Konformität) interpretiert werden. Heute scheint die Unklarheit beseitigt: auf Grund der heutigen Sprachregelung der Europäischen Kommission gilt die Buchstabenkombination CE nun als grafisches Symbol der **Freiverkehrsfähigkeit** eines CE-gekennzeichneten Industrieerzeugnisses im **Europäischen Binnenmarkt,** zu dem auch der **Europäische Wirtschaftsraum** zu rechnen ist. Die Buchstabenkombination CE verfügt aber nicht mehr über einen wörtlichen Sinngehalt.

C. Bedeutung der CE-Kennzeichnung für Medizinprodukte

7   Rechtlich gilt CE von jeher als ein **Verwaltungszeichen,** das den in Europa zuständigen **Überwachungsbehörden** die Verkehrsfähigkeit signalisiert, die ihrerseits auf der Erklärung der **EG-Konformität** des betreffenden Industrieerzeugnisses durch den Hersteller beruht.

I. Nachweis der Erfüllung Grundlegender Anforderungen über Konformitätsbewertungsverfahren, Klassifizierung

8   Um diese Erklärung abgeben zu können, muss ein Hersteller über die Erstellung einer **Technischen Dokumentation** die Beachtung **„Grundlegender Anforderungen"** nachweisen, die in den europäischen **Harmonisierungsrichtlinien** beschrieben sind. Diesen Nachweis wiederum erbringt der Hersteller über bestimmte, gesetzlich vorgeschriebene **Konformitätsbewertungsverfahren,** die ebenfalls in den betreffenden Harmonisierungsrichtlinien beschrieben sind und auf das **Globale** bzw. **Modulare Konzept** für die Zertifizierung und das Prüfwesen des Europäischen Rates vom 13. 12. 1990[9] zurückzuführen sind.[10] Dieses Konzept wurde aktualisiert mit dem Beschluss des Rates vom 22. 7. 1993 über die in den technischen Harmonisierungsrichtlinien zu verwendenden Module für die **verschiedenen Phasen der Konformitätsbewertungsverfahren** und die **Regeln für die Anbringung und Verwendung der CE-Konformitätskennzeichnung,** kurz „Modulbeschluss"[11] genannt.

9   Sinn und Zweck des Verfahrens ist es, Industrieerzeugnisse, je nach ihrem **Gefährdungspotenzial,** d. h. bei Medizinprodukten je nach der **„Verletzbarkeit des menschlichen Körpers",**[12] einem angemessenen Verfahren zur Bewertung ihrer Konformität mit den jeweils einschlägigen Grundlegenden Anforderungen zu unterziehen. Aus diesem

---

[8] Jetzt: Generaldirektion „Unternehmen" („Enterprise").
[9] ABl. EG Nr. L 380 v. 31. 12. 1990, S. 13.
[10] Hierzu *Schorn,* MPJ 2000, 30.
[11] ABl. EG Nr. L 220 v. 30. 8. 1993, S. 23.
[12] S. den 15. Erwägungsgrund der Richtlinie 93/42/EWG des Rates v. 14. 6. 1993 über Medizinprodukte (im Folgenden abgekürzt „MDD" für „Medical Devices Directive").

Grund werden Produkte, wie auch die Medizinprodukte, in vier Risiko-, Gefährdungs- bzw. **Produkt-Klassen** eingeteilt, **In-vitro-Diagnostika,** eine Medizinprodukt-Unter- gruppe, hingegen in vier **Produkt-Gruppen.** Je höher die **Risikoklasse,** desto komplexer und anspruchsvoller ist auch das gesetzlich wählbare oder vorgeschriebene modulare **Kon- formitätsbewertungsverfahren.** Sowohl die **Klasseneinteilung** als auch das modulare Konzept der Konformitätsbewertung sind als ein Ausfluss des **Verhältnismäßigkeitsprin- zips** anzusehen, das auch dem **Gemeinschaftsrecht** innewohnt.

II. Auditierung und Zertifizierung durch Benannte Stellen

Während Produkte mit dem geringsten Gefährdungspotenzial, also Produkte der Klas- **10** se I, unter der alleinigen Verantwortung des Herstellers konformitätsbewertet werden können und müssen,[13] ist bei der **Markteinführung von Medizinprodukten** der Klas- sen II a, II b und III zwingend eine unabhängige, der EU-Kommission mitzuteilende **Be- nannte Stelle** einzuschalten, die die Überprüfung und Zertifizierung der Konformitäts- bewertung des Herstellers vornimmt bzw. (nur im Falle der **Baumusterprüfung**[14] und der **Produktauslegungsprüfung**[15]) diese an Stelle des Herstellers selbst durchführt.

Soweit Medizinprodukte durch die Richtlinie 90/385/EWG des Rates vom 20. 6. 1990 **11** zur Angleichung der Rechtsvorschriften der Mitgliedstaaten über **aktive implantierbare medizinische Geräte (AIMDD)** geregelt sind, ist festzustellen, dass diese Richtlinie über keine eigenen Klassifizierungsregeln verfügt. Alle aktiven Implantate (Herzschrittmacher, Defibrillatoren etc.) gehören auf Grund ihres Gefährdungspotenzials zur Klasse III. Wie bereits erwähnt existieren für die **In-vitro-Diagnostika** (IVD) an Stelle von Klassi- fizierungsregeln Regeln zur Einteilung in Gruppen. Unterschieden werden Produkte nach Anhang II Listen A und B der IVD-Richtlinie[16] sowie IVD zur Eigenanwendung **(Home- Tests)** nach Art. 9 Abs. 1 Satz 2 IVDD. Alle übrigen IVD bedürfen keiner Hinzuziehung Benannter Stellen. Sie entsprechen von ihrem Risikopotenzial her den Medizinprodukten der Klasse I.

Benannte Stellen sind somit dafür verantwortlich, die Gesetzeskonformität risikoreicher **12** Medizinprodukte sicherzustellen. Diese gesetzliche Aufgabe Benannter Stellen wird als Tätigkeit im **(gesetzlich) geregelten Bereich** bezeichnet. Hiervon zu unterscheiden ist die Tätigkeiten derselben Prüfstellen im **gesetzlich nicht geregelten Bereich.** Wie später noch ausgeführt werden wird, ist der Streit um die Akzeptanz bzw. Zulässigkeit zusätzlich aufgebrachter freiwilliger Sonderzeichen erst durch die gesetzlich tolerierte Dop- pelfunktion der Prüfstellen entstanden, die sich in beiden Bereichen betätigen.

III. Exkurs: Produkt- oder Systemprüfung – was ist besser?

Umfragen zufolge entspricht es der Erwartungshaltung des deutschen **Verbrauchers, 13** dass er das Ergebnis einer **Produktprüfung** höher einschätzt als ein **QM-Zertifikat.**[17] Erst der validierte **Warentest** und der entsprechende Teststempel auf dem Produkt schei- nen demnach dem deutschen Verbraucher Güte und Zuverlässigkeit, sprich „Qualität", zu bestätigen.

---

[13] S. § 37 Abs. 1 MPG i. V. m. § 6 Abs. 4 MPV i. V. m. Art. 11 Abs. 5 der MDD; danach „muss" der Hersteller das Verfahren nach Anhang VII (Interne Fertigungskontrolle) einhalten.

[14] Anhang III der MDD.

[15] Anhang II, Abschnitt 4 der MDD.

[16] Richtlinie 98/79/EG des Europäischen Parlaments und des Rates v. 27. 10. 1998 über In-vitro- Diagnostika (im Folgenden abgekürzt „IVDD" für „In vitro Diagnostics Directive").

[17] *Rader,* dynamed 1996, 8.

14   Bis zum Ende der 70er-Jahre fanden in Deutschland Überprüfungen ausschließlich an den betreffenden Produkten selbst statt. Erst als zu Beginn der 80er-Jahre aus den USA und Japan das Schlagwort vom **Qualitätssicherungssystem** (QSS), später auch **Qualitätsmanagementsystem** (QMS) genannt, nach Europa gelangte, begann sich in Europa die Überzeugung zu lockern, nur Produktprüfungen seien „gute" Prüfungen. Besonders fest verwurzelt und langlebig war diese Überzeugung in Deutschland. Den Beweis dafür bietet das deutsche **Gerätesicherheitsgesetz** und seine ausführenden Rechtsverordnungen, so auch die durch Art. 6 2. MPG-ÄndG zum 1. 1. 2002 aufgehobene Verordnung über die Sicherheit medizinisch-technischer Geräte (**Medizingeräteverordnung** – MedGV) vom 14. 1. 1985. In der deutschen Öffentlichkeit dauerte es besonders lange, bis eine Qualitätssicherung über Systemprüfungen an Stelle von Produktprüfungen Akzeptanz fand.

15   Zum **Nachweis der Gesetzeskonformität** medizinisch-technischer Geräte, einer Untergruppe der heutigen Medizinprodukte, stand den deutschen Herstellern anfänglich bis zum Inkrafttreten des MPG am 1. 1. 1995 nur die produktbezogene Bauartzulassung zur Verfügung. Ausdruck einer bestandenen Bauartzulassung war das **GS-Zeichen,** das für „Geprüfte Sicherheit" steht und im Ausland launig auch als „German Safety" interpretiert wurde.

16   Mit dem vollständigen **Inkrafttreten des MPG** am 1. 1. 1995, gefolgt von einer **gesetzlichen Übergangszeit** bis zum 14. 6. 1998, entfiel den nach MedGV zuständigen Prüfstellen die Rechtsgrundlage zur Vergabe des GS-Zeichens und damit ein sehr lukrativer Geschäftsbereich, dessen Einnahmen nach der Aussage eines ehemaligen Auditors einer Prüfstelle die gesamten Overhead-Kosten der Prüfstelle zu decken in der Lage waren. Hierbei taten sich gerade die Prüfstellen, die zu Benannten Stellen (d. h. Auditier- und Zertifizierstellen nach § 15 MPG) für Medizinprodukte akkreditiert wurden, schwer. Entgegen der gesetzlichen Forderung, innerhalb der Übergangszeit entweder noch altes oder schon neues Recht anzuwenden, gab es Prüfstellen, die zusätzlich zur **Zertifizierung von Medizinprodukten nach dem MPG** diesen auch weiterhin noch das GS-Zeichen verliehen. Auf die Frage nach der Zulässigkeit dieses Verhaltens antwortete der stellvertretende Leiter einer süddeutschen Benannten Stelle für Medizinprodukte, innerhalb der gesetzlichen Übergangszeit sei die kumulative Aufbringung beider Zeichen tolerabel. Sie werde jedenfalls nicht durch die zuständigen Behörden beanstandet. Beim deutschen Verbraucher ist jedoch die Kenntnis über und das Verständnis für die Errichtung und Unterhaltung von QMS kontinuierlich gewachsen. Das Vertrauen in die QMS ist gestiegen.

17   Die **Europäische Kommission** hatte sich Anfang der 90er-Jahre über den bereits erwähnten **Modulbeschluss** (s. Rdnr. 8) dafür entschieden, Produkt- und QMS-Prüfung als gleichwertig anzusehen. Mit Ausnahme der Medizinprodukte der Klasse I können heute deshalb alle Medizinprodukte entweder im Rahmen einer Produktprüfung oder im Rahmen eines zertifizierten QMS auf ihre Konformität mit den einschlägigen Grundlegenden Anforderungen bewertet werden. Der Unterschied zwischen beiden Verfahren besteht darin, dass bei einer Produktprüfung das einzelne Produkt händisch auf die Übereinstimmung der Soll- mit der Ist-Beschaffenheit überprüft wird. Hierdurch wird sichergestellt, dass das einzelne, die Fertigung verlassende Produkt sich in bestimmten Toleranzen bewegt, die seine Freigabe erlauben. Anders als bei der Produktprüfung findet bei der Zertifizierung von QMS zwar eine Begehung der Fertigung statt, das Produkt wird aber in der Regel nicht „in die Hand genommen", vielmehr wird der **Herstellungsprozess von Medizinprodukten** validiert und über eine Prüfung der **Technischen Dokumentation,** die sich „auf eine vorgegebene Anzahl von Produkten" erstreckt, zertifiziert.

18   Für die **industrielle Massenfertigung von Medizinprodukten** empfiehlt sich tatsächlich eher eine Konformitätsbewertung im Rahmen eines QMS als im Rahmen einer Produktprüfung. Denn eine stückbezogene Produktendkontrolle vermag dem Hersteller nicht die Gewähr zu geben, dass schon vor der Endmontage des Medizinprodukts, so z. B.

beim Einkauf der **Rohstoffe** und im Verlauf der einzelnen Herstellungsschritte, eine planerisch vorgegebene gleich bleibende Qualität produziert wird.[18]

Die Befürworter von **Produktprüfungen** erklären hingegen, nur ein Test, bei dem **19** ein Produkt „in die Hand genommen" wird, sei ein wirklich aussagefähiger Test. Systemprüfungen hingegen seien allenfalls Papierprüfungen, bei denen man das betreffende Produkt so gut wie nicht zu Gesicht bekomme. Die Befürworter der Systemprüfungen entgegnen hierauf, es sei nicht möglich, über eine Produktprüfung nachträglich Qualität in ein Produkt „hineinzuprüfen". Im Rahmen eines **Systemaudits** finde regelmäßig eine Besichtigung der Produktionsstätte statt, bei der stichprobenartig auch einzelne Produkte überprüft werden. Außerdem decke ein „gelebtes" QMS automatisch vorhandene Fehler auf und korrigiere diese im Wege einer **In-Prozess-Kontrolle.** Anders als bei Produktprüfungen verbessere sich so ein QMS von selbst. Festzuhalten bleibt, dass der europäische Gesetzgeber **die Gleichwertigkeit der Produkt- und der Systemprüfung** festgeschrieben hat, bei Medizinprodukten der Klasse I mit einer eindeutigen Präferenz für das Modell der Systemprüfung (vgl. Anhang VII der MDD).

IV. Zertifizierungslücke bei Produkten der Klasse I?

Die Tatsache, dass Medizinprodukte der Klasse I, mit Ausnahme der **Sterilprodukte 20** und/oder der **Medizinprodukte mit einer Messfunktion** nicht der Hinzuziehung einer externen Prüfstelle bedürfen, um die CE-Kennzeichnung als Ausdruck ihrer Gesetzeskonformität und Verkehrsfähigkeit zu tragen, beruht auf dem bereits erwähnten Verhältnismäßigkeitsprinzip (Rdnr. 9). Laut dem Modulbeschluss (Rdnr. 8) ist auf Medizinprodukte der Klasse I zwingend das Modul A **(Interne Fertigungskontrolle)** anzuwenden. Dieses lässt dem Hersteller gar keine andere Wahl, als seine Produkte unter eigener Verantwortung auf ihre Gesetzeskonformität zu bewerten. Damit wollte der europäische Gesetzgeber bei den Industrieerzeugnissen mit geringstem Gefährdungspotenzial eindeutig die **Eigenverantwortung des Herstellers** stärken. Hingegen wurde von interessierten Prüfstellen vorgetragen, es bestehe ein faktischer Handlungsbedarf, die angebliche gesetzliche **Zertifizierungslücke** für Medizinprodukte der Klasse I zu schließen.

Interessanterweise standen gerade die beiden größten für den Bereich der Medizinpro- **21** dukte staatlich akkreditierten deutschen Benannten Stellen hinter derartigen politischen Äußerungen, immerhin Prüfstellen, denen das Gemeinschaftsrecht als Voraussetzung ihrer **Akkreditierung** eine „größte erforderliche Sachkenntnis auf dem Gebiet der Medizinprodukte" abverlangt.[19] Eine dieser beiden Stellen bot Herstellern deshalb eine freiwillige Zertifizierung von Klasse I-Produkten nach Anhang II der MDD **(Vollständiges Qualitätssicherungssystem)** an, eine Praxis, die sowohl von **Herstellerverbänden** als auch von der aufsichtführenden **Zentralstelle der Länder für Gesundheitsschutz bei Arzneimitteln und Medizinprodukten** (ZLG) als „nicht rechtskonform" beanstandet wurde.[20] Im Lauf der Zeit wurden Medizinprodukte der Klasse I für die Prüfstellen zu einer Art Objekt der besonderen Begierde bei der **Bewerbung privater Gütezeichen.** Anbieter waren wieder einmal mehrheitlich deutsche Prüfstellen, die als Benannte Stellen akkreditiert worden waren, und deren Haupteinnahmequelle früher die Vergabe des Zeichennutzungsrechts für das GS-Zeichen war.

Eine westdeutsche Benannte Stelle löste nationale und internationale Proteste aus, als sie **22** im Jahr 1997 in ihrer Hauszeitschrift die Erklärung verbreitete, die Aussagefähigkeit der **CE-Kennzeichnung bei Medizinprodukten** sei „hinsichtlich Güte, Sicherheit und Qualität des Produkts eher fragwürdig". Diese Prüfstelle wurde von einem Herstellerver-

---

[18] *Hill/Schmitt,* § 14, Anm. 5.
[19] Z. B. Anhang XI der MDD, Abschnitt 2.
[20] ABl. EG Nr. L 380 v. 31. 12. 1990, S. 13.

band erfolgreich abgemahnt und verpflichtete sich deshalb schriftlich zur weiteren Unterlassung inhaltsgleicher Aussagen. Die in Werbebotschaften umgesetzten **Akquisitionsbemühungen deutscher Benannter Prüfstellen** erweckten so ganz bewusst den Eindruck, dass Medizinprodukte, die unter der alleinigen Verantwortung eines Herstellers bewertet wurden, nicht (nachweislich) sicher und leistungsfähig sind bzw. es nicht sein können. Diese Außendarstellung war nicht ohne Erfolg. Denn sowohl die deutschen **Verbraucherverbände** als auch die gesetzlichen Krankenkassen ließen sich durch derlei Aussagen zum Nachteil der Hersteller beeinflussen. Der Justiziar einer süddeutschen Benannten Stelle wollte die Existenz eines gesetzlichen Defizits zwar nicht ohne weiteres bestätigen, formulierte aber im Jahr 1998, es sei „stets besser, sich vor Gericht nicht selbst zu vertreten, sondern unter Zuhilfenahme eines Anwalts". Als solcher biete sich sein Auftraggeber Herstellern von Medizinprodukten der Klasse I an. Sollte dieses Bild zutreffen, so müsste unterstellt werden, dass sich Hersteller von Medizinprodukten der Klasse I in der Regel illegal verhalten und sich deshalb früher oder später „vor Gericht" zu verantworten haben. Die verfassungsrechtlich garantierte **Unschuldsvermutung,** eine wesentliche Errungenschaft des Rechtsstaates, verkehrte sich damit in ihr Gegenteil. Jeder Hersteller eines Medizinprodukts der Klasse I gälte dann über die „Schuldvermutung" widerlegbar als schwarzes Schaf der Branche und müsste über die Anbringung von Sonderzeichen nachweisen, dass die Regelvermutung für ihn gerade nicht zutrifft.

23   In Anbetracht dieser **Werbekampagnen** sahen sich Hersteller von Medizinprodukten der Klasse I in einer Zwickmühle. Sie mussten sich fragen: Habe ich oder habe ich nicht alles getan, damit meine Produkte „gute" Produkte sind? Das Dilemma deutet darauf hin, dass der **europäische Gesetzgeber** versagt haben muss. Denn hat er nicht die Hersteller risikoarmer Medizinprodukte dadurch quasi gesetzlich[21] **diskriminiert,** indem er sie zwingt, sich der Hinzuziehung einer externen Benannten Stelle zu enthalten?

24   Nutznießer des Dilemmas sind einige Benannte Stellen, die für den Hersteller eine Patentlösung parat haben: Private Sonderzeichen können die gesetzliche **Zertifizierungslücke** schließen und das Vertrauen in die vom Gesetzgeber sich selbst überlassenen Hersteller wieder herstellen. Denn es steht Benannten Stellen in ihrer Zweiteigenschaft als private Prüfstelle im nicht geregelten Bereich ja frei, Sonderzeichen neu zu erfinden und Herstellern die Nutzung dieser Zeichen nach eigens erdachten **Vergabekriterien** entgeltlich zu gestatten. So muss auch die Erklärung des LG Hannover in seinem Urteil zur Vergabe firmeninterner Gütezeichen (Az.: 25 O 3590/01)[22] angezweifelt werden, nach der Gütezeichen vergebende neutrale Stellen „außerhalb des gewerblichen Gewinnstrebens" stehen. Die Praxis belegt eindrucksvoll das Gegenteil.

V. Bedeutung der CE-Kennzeichnung für die Erstattung durch die Krankenversicherer

25   Spätestens mit dem Ablauf der Übergangsfrist zur Anwendung des MPG auf Medizinprodukte[23] am 14. 6. 1998 mussten sich auch die **GKV-Spitzenverbände**[24] und der sie beratende **Medizinische Dienst der Spitzenverbände der Krankenkassen** e. V. (MDS) mit dem neuen Medizinprodukterecht und der CE-Kennzeichnung als Ausdruck der Gesetzeskonformität von Medizinprodukten mit dem MPG vertraut machen. Die eigenverantwortliche Konformitätsbewertung bestimmter Medizinprodukte der Klasse I durch den Hersteller, in der Terminologie des **Krankenversicherungsrechts**[25] „Hilfs-

---

[21] ABl. EG Nr. L 380 v. 31. 12. 1990, S. 13.
[22] In: Handelsblatt v. 13. 2. 2002.
[23] Gemeint sind Produkte i. S. d. MDD.
[24] GKV = Gesetzliche Krankenversicherung.
[25] S. §§ 33, 128, 139 SGB V.

mittel" genannt, ist diesen Organisationen jedoch bis heute weitgehend fremd und suspekt geblieben. Denn Hilfsmittel, die in eine Positivliste für „erstattungsfähig" befundener Produkte, das sog. **Hilfsmittelverzeichnis,** aufgenommen werden sollen, müssen zum Teil auch heute noch externe Produktprüfungen durchlaufen.

Die seitens der **GKV** dazu vorbestimmten Prüfstellen waren anfänglich nicht identisch **26** mit den Prüfstellen, die für die Zertifizierung von Medizinprodukten nach den Bestimmungen des Medizinprodukterechts zuständig sind, den Benannten Stellen. Denn Letztere begleitete aus Sicht der GKV der Verdacht, zu herstellerfreundlich zu sein und die Interessen der **Versicherten** nicht ausreichend zu berücksichtigen, da sie schließlich vom Hersteller beauftragt und entlohnt werden, ihm also dienen.

Einige Aussagen Benannter Stellen waren geeignet, diese Sorge der GKV zu nähren. So **27** bewarb eine **westdeutsche Prüfstelle** im Juli 1997 ein neu eingeführtes privates Gütesiegel wie folgt:

Dieses spezielle Gütesiegel gibt Ihren Kunden auch zukünftig die Gewähr, ein sicheres Produkt gekauft zu haben [...]

Eine **hessische Benannte Stelle** erklärte sogar in einem Rundschreiben aus Juni 1996: **28**

Soon after the initial euphoria, it became obvious that CE marking is neither a proof for compliance with standards nor automatically an indicator for good quality. [...] For buyers and users CE marking has little relevance.

Die anfänglichen Wirren um die **Qualitätsanforderungen** an erstattungsfähige Medi- **29** zinprodukte haben sich inzwischen ein wenig gelegt. So fordern die GKV-Spitzenverbände seit dem Ablauf der Übergangszeit zur Anwendung des MPG am 14. 6. 1998 die Aufbringung der CE-Kennzeichnung als **Voraussetzung für die Erstattung.** Dennoch erklärte der MDS am 21. 8. 1997 schriftlich:

Wir weisen jedoch ausdrücklich darauf hin, dass auch nach dem 13. 6. 1998 die Prüfverfahren unverändert in der bisherigen Form und unter Berücksichtigung der bisher im Hilfsmittelverzeichnis gelisteten Standards durchgeführt werden. Hier wird es also durch das Medizinproduktegesetz keine Veränderungen geben.

So hat der MDS bei der Herstellung von Medizinprodukten der Klasse I immer wieder **30** die Verlässlichkeit interner Produkttests, z.B. zur **Hautverträglichkeit** von Erwachsenenwindeln, angezweifelt und eine **Nachprüfung durch externen Stellen** angeordnet. Diese Praxis muss befremden, wenn, wie geschehen, ein international anerkannter Großhersteller von Erwachsenenwindeln, der über eigene moderne **Laboreinrichtungen,** ein hoch qualifiziertes Personal und ein umfassendes medizinisch-technisches Wissen verfügt, verpflichtet wird, seine hausinternen **Bioverträglichkeitstest** durch ein eher regional tätiges Kleinlabor nachprüfen und neu bestätigen zu lassen.

Auch das Funktionieren der **behördlichen Marktüberwachung von Medizinpro- 31 dukten** wird von den gesetzlichen Krankenkassen angezweifelt. So reagieren Vertreter der GKV-Spitzenverbände noch immer ungläubig, wenn ihnen erklärt wird, dass Medizinprodukte, die die Anforderungen des MPG nicht erfüllen, also die CE-Kennzeichnung zu Unrecht tragen, an das bundesweit koordinierend zuständige **Bundesinstitut für Arzneimittel und Medizinprodukte** (BfArM) zu melden sind, damit die erforderlichen **staatlichen Überwachungsmaßnahmen** eingeleitet und koordiniert werden können. Die GKV-Spitzenverbände lösen ersatzweise das Problem auf ihre Weise, indem sie Medizinprodukte, deren **Sicherheit und Leistungsfähigkeit** sie in Frage stellen, von der **Kostenerstattung** ausnehmen. Ein Austausch über Markterfahrungen mit mangelhaften Hilfsmitteln fand aber in der Anfangsphase der Anwendung des MPG zwischen GKV und BfArM nicht statt. Inzwischen hat sich jedoch der vom deutschen Gesetzgeber ausdrücklich gewünschte **Informationsaustausch** verbessert.

Eine eigene **sonderpolizeiliche bzw. sonderordnungsbehördliche Marktüberwa- 32 chung** von Medizinprodukten durch Organe der GKV ist im MPG nicht vorgesehen und auch nicht durchführbar.[26] Die einzige gesetzliche Aufgabe der Krankenkassenvertretungen im Zusammenhang mit legal in Verkehr befindlichen medizinischen Hilfsmitteln (Medizinprodukten) ist es, und kann es auch nur sein, zu definieren, für welche Produkte eine Kostenerstattung in welcher Höhe übernommen wird. Eine Beschreibung erstattungsfähiger medizinischer Hilfsmittel mit Hilfe von **Qualitätsstandards**[27] mag diesem Zweck dienen. Sie darf aber nicht zu dem Umkehrschluss führen, dass alle Produkte mit anderen Leistungsmerkmalen qualitativ schlechter sind, oder gar zu der Schlussfolgerung, das europäische Medizinprodukterecht habe deshalb versagt, weil es das **Inverkehrbringen** auch anderer Produkte erlaubt. Denn ein jedes Medizinprodukt kann im Rahmen seiner Zweckbestimmung einer bestimmten **Zielgruppe** nützlich sein. Ob der Trabant, Golf oder Mercedes unter den Medizinprodukten: Für jedes Hilfsmittel findet sich im Markt eine Zielgruppe. Die alleinige **Aufgabe der gesetzlichen Krankenkassen** ist es, auf Grund ihres gesetzlichen **Versorgungsauftrags**[28] eine finanzierbare „goldene Mitte" zu finden. Sie kann es jedoch nicht sein, die gesetzlichen Anforderungen des MPG neu zu erfinden. Laut MPG muss jedes Medizinprodukt im Rahmen seiner individuellen funktionalen **Zweckbestimmung** leistungsfähig sein.[29] Bei der Festlegung der **Leistungsmerkmale eines Produkts** ist jeder Hersteller frei. Das Produkt muss jedoch anschließend die vom Hersteller vorgegebenen Leistungsmerkmale auch tatsächlich erfüllen. Außerdem müssen Medizinprodukte „sicher" sein.[30]

33   Die Sicherheit eines jeden Medizinprodukts ist im Wege der nach MPG vorgeschriebenen **Risikoanalyse**[31] nachzuweisen. Zu diesem Zweck errichten und unterhalten Medizinproduktehersteller heute **Risikomanagementsysteme,** die mit dem QMS verknüpft sind. Die auf § 139 Abs. 2 SGB V gestützte Auflage der Kassenvertreter, Hersteller medizinischer Hilfsmittel müssten zusätzlich noch einen **therapeutischen Nutzen** ihrer Produkte nachweisen, wird mit der Anbringung der CE-Kennzeichnung auf Medizinprodukten überflüssig. Denn der Nachweis für das Vorhandensein ausgelobter Leistungsmerkmale wird für jedes Medizinprodukt im Rahmen der gesetzlich vorgeschriebenen **klinischen** (Leistungs-)**Bewertung** erbracht. Die Folge ist: Hilfsmittel, die bei einer richtig diagnostizierten **medizinischen Indikation** des verordnenden Arztes zweckbestimmungsgemäß angewendet werden, sind auf Grund ihrer CE-Kennzeichnung automatisch von therapeutischem[32] Nutzen.

34   Die dem Arzneimittelrecht entlehnte Forderung des § 139 Abs. 2 Satz 1 SGB V an den Medizinproduktehersteller, einen (therapeutischen) Nutzen medizinischer Hilfsmittel nachzuweisen, ist aus der Sicht des MPG systemfremd und auf Grund der umfassenden gesetzlichen Anforderungen des erst nach dem SGB V in Kraft getretenen MPG redundant geworden. Der **Gesetzgeber** bleibt aufgerufen, das SGB V an dieser Stelle zu bereinigen. Die Richtigkeit dieser Forderung folgt auch daraus, dass eine CE-Kennzeichnung von Produkten, die keinen **wissenschaftlich anerkannten Nutzen** haben, z.B. für **okkulte oder esoterische Gegenstände** wie Detektoren für schlafstörende Erdstrahlen oder magnetische Kupferarmbänder, nach den Vorgaben des MPG ausgeschlossen ist.

---

[26] Die Kooperation der GKV mit dem BfArM in der Marktüberwachung ist in § 29 Abs. 3 MPG beschrieben.

[27] S. § 139 SGB V.

[28] S. § 1 SGB V.

[29] Vgl. § 7 MPG i.V.m. Anhang I, Teil I, Abschnitt 3 der MDD; Leistungsmerkmale sind z.B. Dichtigkeit, Kompatibilität mit anderen Produkten, Haltbarkeit, Wiederaufbereitbarkeit.

[30] S. § 1 MPG und z.B. Anhang I, Teil I Abschnitt 1 der MDD.

[31] Vgl. Anhang I, Teil I, Abschnitt 1 der MDD.

[32] Interessanterweise dienen „Hilfsmittel" nach § 33 Abs. 1 SBG V i.d.R. nicht „therapeutischen" Zwecken, d.h. der Krankheitsbekämpfung, sondern der Kompensation von Behinderungen; vgl. hierzu *Hill/Schmitt,* Einl., Kap.V.

VI. Medizinprodukte ohne CE-Kennzeichnung

Keine Regel ohne Ausnahme: Der Vollständigkeit halber sei angemerkt, dass es auch **35** Medizinprodukte gibt, die die CE-Kennzeichnung nicht tragen dürfen. Hierbei handelt es sich um:
– **Sonderanfertigungen** nach § 3 Nr. 8 MPG, d. h. um Medizinprodukte, die nach einer ärztlichen Verordnung für einen namentlich benannten Patienten eigens handwerklich angefertigt werden, und
– **innovative Medizinprodukte,** die für die **klinische Prüfung** am Menschen bestimmt sind.

Sonderanfertigungen tragen keine CE-Kennzeichnung, weil es der primäre Zweck der **36** europäischen Harmonisierungsrichtlinien ist, die freie Verkehrsfähigkeit von Industrieerzeugnissen im **Europäischen Wirtschaftsraum** (EWR) sicherzustellen, zu denen die Sonderanfertigungen nicht gehören. Die **Freiverkehrsfähigkeit** wird äußerlich durch die CE-Kennzeichnung signalisiert, die mit einem **europäischen Reisepass** verglichen werden kann. Sonderanfertigungen sind deshalb nicht europaweit verkehrsfähig, weil sie jeweils nur einer einzelnen Person nützlich sind. Damit ist die Anbringung einer CE-Kennzeichnung redundant. Dennoch ist jeder Sonderanfertiger nach Anhang VIII der MDD verpflichtet nachzuweisen, dass sein Produkt die in Anhang I der MDD genannten **Grundlegenden Anforderungen** erfüllt.[33]

Produkte, die für die **klinische Prüfung** am Menschen i. S. v. §§ 20 und 21 MPG be- **37** stimmt sind,[34] dürfen die CE-Kennzeichnung nicht tragen, weil die **klinische Prüfung** den Zweck verfolgt, nachzuweisen, dass das getestete Produkt tatsächlich die vom Hersteller ausgelobte **Leistung** erbringt und dass **unerwünschte Nebenwirkungen** ausbleiben. Erst nach positiver Feststellung, dass das Ziel „**Leistungsfähigkeit**" erreicht ist, darf die **CE-Kennzeichnung** angebracht werden. Voraussetzung der klinischen Prüfung ist es, dass alle **Grundlegenden Anforderungen,** die nicht Gegenstand der klinischen Prüfung sind, nachweislich erfüllt sind.[35] So muss die **Sicherheit** eines Medizinprodukts bereits vor Beginn der klinischen Prüfung nachgewiesen worden sein.

VII. Abweichende nationale Sonderregelungen

Das **Bundesministerium für Gesundheit und Soziale Sicherung** hat über das **38** **Zweite MPG-Änderungsgesetz** neue Regelungen für Produkte eingeführt, die bislang nicht dem Anwendungsbereich des MPG unterfielen. Es handelt sich um:
– medizinische „Zwischenprodukte" (s. § 6 Abs. 2 Satz 1 MPG);
– „Medizinprodukte aus In-Haus-Herstellung" (s. § 3 Nr. 21 MPG).
Diese Produkte galten bisher nicht als Medizinprodukte; sie sind aber seit dem 1. 1. 2002 erstmalig in den Regelungsbereich des MPG einbezogen worden.

Medizinische Zwischenprodukte: Bestimmte serienmäßig hergestellte Zwischen- **39** produkte, aus denen ein Dritter eine Sonderanfertigung herstellt, z. B. **modulare Komponenten für die Herstellung orthopädischer Körperersatzteile** oder **keramische Massen für die Anfertigung von dentalen Kronen und Brücken,** dürfen heute mit der CE-Kennzeichnung versehen werden. Vorteil für den Endprodukthersteller (z. B. Gesundheitshandwerker oder Zahntechniker): Er darf von der Gesetzeskonformität der Zulieferteile ausgehen.

---

[33] S. Anhang VIII, Abschnitt 2.1, 5. Spiegelstrich der MDD.
[34] Betr. die allgemeinen und besonderen Voraussetzungen zur klinischen Prüfung.
[35] Hierzu *Bundesverband Medizintechnologie – BVMed* (Hrsg.), Klinische Bewertung von Medizinprodukten, S. 6.

40   **Medizinprodukte aus In-Haus-Herstellung:** Medizinprodukte, die nicht „andere" abgegeben[36] werden, sondern beim Hersteller, in der Regel in einer Gesundheitseinrichtung, verbleiben, werden nicht in den Verkehr gebracht. Sie müssen dennoch als Medizinprodukte den Anforderungen des MPG genügen. Hersteller von Medizinprodukten aus In-Haus-Herstellung werden verpflichtet, ihre Produkte analog den Sonderanfertigungen auf ihre Konformität mit den Grundlegenden Anforderungen zu bewerten. Der deutsche Gesetzgeber hat auf diese Weise den **Patientenschutz** deutlich verbessert und erstmalig auch eine effiziente Marktüberwachung von Medizinprodukten aus In-Haus-Herstellung ermöglicht.

D. Marktüberblick über Sonderzeichen für Medizinprodukte und ihre Bedeutung

I. Qualitätszeichen/Normenkonformitätszeichen

41   Private Sonderzeichen für Medizinprodukte attestieren oder suggerieren dem Kunden in der Regel Sicherheit und Güte, also **„Qualität".** Was aber ist eigentlich Qualität? Dem Duden[37] zufolge steht Qualität synonym für „Beschaffenheit", „Güte" oder „Wert". Das Rechtswörterbuch von *Creifelds*[38] lässt eine rechtliche Definition von Qualität vermissen. Dies deutet darauf hin, dass eine Legaldefinition der Qualität hier zu Lande nicht existiert. Im Medizinproduktemarkt wird Qualität faktisch am Grad der **Kundenzufriedenheit** gemessen.[39] Diese wiederum lässt sich aus der Häufigkeit oder dem Ausbleiben von Reklamationen ableiten, aus Wiederholungskäufen und der Dauer von Kunden-Lieferantenbeziehungen. Qualität, so heißt es nicht nur in der Medizinproduktebranche, liegt vor, „wenn der Kunde und nicht das Produkt zurückkommt".

42   Die der Medizinprodukteindustrie angebotenen privaten Sonderzeichen werden als Gütezeichen, Sicherheitszeichen oder Normenkonformitätszeichen bezeichnet. Sie kennzeichnen sich durch ihren werbenden Charakter und bescheinigen:
– die **Konformität** des Medizinprodukts **mit** einer oder mehreren harmonisierten **Normen** (Schlüsselzeichen bzw. „Key Mark") oder sonstigen Normen (DIN plus-Zeichen,[40] NF médical);[41]
– das Vorhandensein eines zertifizierten **Qualitätssicherungssystems** (ISO 9000-Zertifikat, Schlüsselzeichen, DIN plus-Zeichen);
– das Vorhandensein bestimmter Aspekte einer **Systemprüfung** („HS" für „Hygienische Sicherheit");
– die Durchführung einer **Produktprüfung** (GM-Zeichen);
– die Durchführung einer **Produkt- und Systemprüfung** (TÜV Mark);
– das tatsächliche Vorhandensein vom Hersteller ausgelobter **Leistungsparameter** (Gütezeichen der Liga für Bluthochdruck für Blutdruckmessgeräte).

43   Auch **Normenkonformitätszeichen** lassen das Vorhandensein von Produktqualität vermuten. Denn die Übereinstimmung eines Produkts mit nationalen oder internationalen Normen dokumentiert, dass das betreffende Produkt dem jeweils geltenden anerkannten **Stand der Technik** entspricht. Tatsächlich aber sagt allein die Befolgung einer Norm durch den Hersteller noch nichts über die Qualität des normgerechten Medizinprodukts

---

[36] S. § 3 Nr. 11 MPG (Legaldefinition des „Inverkehrbringens").
[37] *Duden,* S. 783.
[38] *Creifelds,* Rechtswörterbuch, München 1999.
[39] Vgl. die neue Anforderung „costumers satisfaction" in ISO 9001: 2000.
[40] DIN = Deutsches Institut für Normung.
[41] NF = Norme Française (Französische Norm).

aus. Denn auf ein einzelnes Medizinprodukt können mehr als 30 Normen anwendbar sein. Die Befolgung (nur) einer Teilmenge der anwendbaren Normenvielfalt kann daher nur ein Indiz, nicht aber ein Beweis für Produktqualität sein. Soweit ein Medizinprodukt einem harmonisierten Standard, dies ist ein von der Europäischen Kommission eigens mandatierter Standard, der von den europäischen Normungskomitees **CEN** oder **CENELEC** erarbeitet wird, entspricht, der durch seine Bekanntmachung im Bundesanzeiger zur deutschen **Referenznorm für Medizinprodukte** wird, gehen Überwachungsbehörden und Benannte Stellen von der Konformität des betreffenden Produkts mit der/den in der jeweiligen Norm beschriebenen einschlägigen Grundlegenden Anforderung/en des Medizinprodukterechts aus (sog. **Konformitätsvermutung**).[42]

In der Bewerbung privater Sonderzeichen finden sich regelmäßig vergleichende Aussagen zur Bedeutung der CE-Kennzeichnung. Denn erst dieser Vergleich erlaubt es privat tätigen Prüfstellen, den – vermeintlich – besonderen Marktwert ihrer Zeichen herauszustellen und zu vermarkten. Die CE-Kennzeichnung wird in diesem Zusammenhang gern als bloßes Verwaltungszeichen ohne jegliche **Verbraucherschutz-Funktion** bezeichnet, das die Erfüllung minimaler Gesetzesanforderungen durch den Hersteller bescheinigt und deshalb ohne Bedeutung für die Feststellung von Qualität des gekennzeichneten Produkts sei. **44**

II. Prüfstellen-Logos

Neben den eigentlichen Sonderzeichen existieren auch Zeichen, die dem Verbraucher mitteilen, welche Prüfstelle sich im Einzelfall mit der Prüfung bestimmter Parameter in Bezug auf das gekennzeichnete Medizinprodukte befasst hat. In der Anfangsphase der Anwendung des MPG gingen einige Benannte Stellen dazu über, die CE-Kennzeichnung mit ihren **Prüfstellenlogos** zu einer neuen grafischen Einheit zu verschmelzen, um in der Öffentlichkeit so besser werbend auf sich aufmerksam zu machen. Diese Praxis hat die aufsichtführende **Zentralstelle der Länder für Gesundheitsschutz bei Arzneimitteln und Medizinprodukten** jedoch schon früh, mit Beschluss aus Mai 1996, unter Verweis auf Art. 17 und Anhang XII der MDD unterbunden. Der Beschluss lautete: **45**

> Die CE-Kennzeichnung darf mit einer Umrandung versehen sein. [...] Die Darstellung des Logos einer Benannten Stelle innerhalb der Umrandung ist nicht statthaft.

Prüfstellen-Logos, die sich an anderer Stelle auf einem Medizinprodukt befinden, erscheinen mit Blick auf den Schutz des Schriftbilds und die Bedeutung der CE-Kennzeichnung rechtlich unbedenklich. Denn sie enthalten keine direkte Aussage zur Produktgüte. Entsprechende Fehlassoziationen dürften bei einem in neutraler Form aufgebrachten Prüfstellen-Logo auszuschließen sein.

E. Interessenkollisionen

I. Meinung der betroffenen Prüfstellen

Eine Gruppierung der in Deutschland ansässigen Prüfstellen, die für den Bereich der Medizinprodukte neue private Sonderzeichen kreiert und sich damit die Kritik der organisierten Medizinprodukteindustrie zugezogen haben, hat sich in den letzten Jahren unter dem Dach des **Verbands der Technischen Überwachungs-Vereine** (VdTÜV) e.V., Essen, zu einer Interessengemeinschaft zusammengeschlossen, um den vereinten Bestrebungen der **Herstellerverbände** der Medizinproduktebranche (Rdnr. 52) besser entge- **46**

---

[42] S. § 8 Abs. 1 MPG („Harmonisierte Normen, Gemeinsame Technische Spezifikationen").

gentreten zu können. Soweit die im VdTÜV zusammengeschlossenen Prüfstellen als europäische Benannte Stellen für Medizinprodukte akkreditiert sind, ergibt sich mit Blick auf die **Akkreditierungsvoraussetzungen** nach § 15 Abs. 1 MPG die rechtliche Besonderheit, dass diese Stellen in einem besonderen öffentlich-rechtlich begründeten Rechtsverhältnis gegenüber ihren Kunden, den betreuten Medizinprodukteherstellern, stehen. Denn die öffentlich-rechtliche Akkreditierung Benannter Stellen, die diese erst zur Wahrnehmung gesetzlicher Aufgaben im Rahmen der **mittelbaren Staatsverwaltung** berechtigt, begründet auf Seiten der Benannten Stellen besondere Sorgfalts- und Obhutspflichten, so auch die Pflicht zur Wahrhaftigkeit bei der Aufklärung über die Sinnhaftigkeit zusätzlicher Sonderzeichen.

47   Für die **Wahrhaftigkeit der Kundenaufklärung** ist die **Akkreditierungsvoraussetzung der Sachkenntnis Benannter Stellen** über das Medizinprodukterecht von Belang. Eine Verbreitung unwahrer Aussagen über die inhaltliche Bedeutung der CE-Kennzeichnung nach dem Medizinprodukterecht würde einen Mangel an erforderlicher Sachkenntnis offenbaren und könnte zu aufsichtsrechtlichen Maßnahmen führen. Im Falle eines evidenten **Mangels an Sachkenntnis** sowie bei einer **arglistigen Täuschung von Kunden oder Dritten** durch Benannte Stellen wäre das aufsichtsbehördliche Ermessen auf Null reduziert mit der Folge, dass die Akkreditierung widerrufen und die Benennung nach § 16 MPG zurückgezogen werden müsste.[43]

48   Die **merkantilen Interessen von Prüfstellen** an der Vermarktung privater Prüfzeichen liegen auf der Hand. Sie sind bereits angesprochen worden (Rdnr. 21–24). Seit 1995 wuchs mit dem zunehmenden Wegfall des **GS-Zeichens** gerade bei den deutschen Prüfstellen, deren Haupteinkommensquelle die **Zeichennutzungsgebühren** für die Vergabe des GS-Zeichens waren, der Wunsch, ein Nachfolgezeichen zu kreieren und zu vermarkten. Nach den Aussagen dieser Prüfstellen entsprach dieses Angebot dem Wunsch bestimmter Hersteller, sich durch die zusätzliche Aufbringung eines Sonderzeichens im Wettbewerb zu profilieren. Gerade bei den Herstellern von Medizinprodukten der Klasse I sehen Prüfstellen ein gerechtfertigtes Bedürfnis nach der Anbringung von Sonderzeichen. Denn da das Medizinprodukterecht die gesetzliche Beteiligung Benannter Stellen bei der Auditierung und Zertifizierung von **Produkten der Klasse I** ausdrücklich untersagt,[44] kann nach der Logik der Prüfstellen nur eine freiwillige externe Zertifizierung zum Ausdruck bringen, dass sich ein externes neutrales Prüfinstitut mit dem Produkt befasst hat. Eine Berliner Benannte Stelle für Medizinprodukte erklärte am 6. 9. 2000:

> […] haben Hersteller das Verlangen, ein […]-Zertifizierungsprogramm, z.B. für Verpackungsmaterialien und -systeme für Medizinprodukte zu erstellen. In diesem Fall wird eine freiwillige unabhängige Prüfung und Überwachung von Klasse 1 Produkten gewünscht. Dies ist das „Plus", das über die Erfüllung der rechtlichen Anforderung des Medizinproduktegesetzes hinausgeht. Es ist die Maßnahme, die […] das […] Zeichen […] »legalisiert«.

49   Sonderzeichen vergebende Prüfstellen sehen sich in ihrer Argumentation bestätigt durch die nicht aus dem MPG abzuleitende Forderung der gesetzlichen Krankenkassen an Hersteller medizinischer **Hilfsmittel** – zumeist sind dies Medizinprodukte der Klasse I –, die Gesetzeskonformität der im **Hilfsmittelverzeichnis** zu listenden Produkte durch Zertifikate externer Prüfinstitute bestätigen zu lassen (Rdnr. 25). Heute geben sich die Vertreter der gesetzlichen Krankenkassen zunehmend auch mit Zertifikaten Benannter Stellen zufrieden, obwohl sie ursprünglich nur anwendernahe Prüfinstitute, z.B. Universitätsinstitute, mit der Prüfung von Hilfsmitteln betrauten. Der Grund hierfür mag darin liegen, dass heute auch universitäre Einrichtungen als Benannte Stellen für Medizinprodukte tätig

---

[43] S. § 16 MPG („Erlöschen, Rücknahme, Widerruf und Ruhen der Akkreditierung und Benennung").

[44] S. Fn. 13.

sind.[45] Die aus GKV-Sicht empfundenen **unterschiedlichen Interessenssphären der Hersteller und Anwender** haben sich so verwischt.

Soweit ersichtlich, hat bis heute noch keine deutsche **Überwachungsbehörde** betrof- **50** fene deutsche Prüfstellen formal befragt, worin der besondere zusätzliche Wert ihrer privaten Sonderzeichen für Medizinprodukte der Klasse II a, II b und III liegt bzw. liegen soll. Denn diese Zeichen werden im Markt angeboten, obwohl eine unabhängige Prüfung und Überwachung dieser Produkte durch Benannte Stellen bereits gesetzlich gewährleistet ist. Die Argumente einiger Prüfstellen, die erklärt haben, dass die CE-Kennzeichnung keinerlei Aussagen zur Qualität von Medizinprodukten enthält, sind bereits oben beispielhaft zitiert worden (Rdnr. 22 ff.).

Nachfolgend werden weitere Argumente der an Sonderzeichen interessierten deutschen **51** Prüfstellen wiedergegeben. Es handelt sich um Argumente, die in Anschreiben an Mitglieder des **Gesundheitsausschusses des Deutschen Bundestages,** Mitglieder des **Europaparlaments** und an die **Sozial- und Gesundheitsminister der Bundesländer** geäußert worden sind und um Argumente eines von der TÜV Product Service GmbH, München, in Auftrag gegebenen Rechtsgutachtens.[46] Sie lauten:

– CE sei **kein Qualitätszeichen,** sondern ein formales Verwaltungszeichen, das lediglich die Erfüllung **gesetzlicher Minimalanforderungen** und die Freiverkehrsfähigkeit von Produkten in Europa dokumentiere. Es bedürfe daher eines zuverlässigen zusätzlichen Zeichens, das erst Qualität bescheinigt.

– Nur private Sonderzeichen seien in der Lage, die Sicherheit und Leistungsfähigkeit von Medizinprodukten zu belegen.

– Über die Bedeutung der CE-Kennzeichnung könne **nicht** durch private Sonderzeichen **getäuscht** werden, da sich die CE-Kennzeichnung nicht an den Verbraucher richte, sondern ausschließlich an die nationalen Überwachungsbehörden. Selbst wenn sich die CE-Kennzeichnung an den Kunden richten würde, würde dieser keine besonderen Erwartungen mit der CE-Kennzeichnung verbinden, da er im Regelfall nicht wisse, wofür „CE" steht. Dies werde durch Umfragen bestätigt.

– Bei Medizinprodukten der **Klasse I** könnten nur private Sonderzeichen bestätigen, dass eine neutrale externe Prüfstelle das Produkt zuverlässig geprüft hat und es überwacht. Viele Hersteller von Produkten der Klasse I, die gesetzlich zur Selbstzertifizierung verpflichtet seien, bedürften der externen Hilfestellung durch Prüfstellen. Dies müsse dann aber auch über Sonderzeichen dokumentierbar und im Produktmarketing verwertbar sein.

– Es müsse jedem **mündigen Hersteller** freigestellt sein selbst zu entscheiden, ob er auf einem CE-gekennzeichneten Medizinprodukt weitere Kennzeichnungen aufbringt oder nicht.

– Sonderzeichen, die die Durchführung einer Produktprüfung bestätigen, seien **„wertvoller"** als eine CE-Kennzeichnung für ein Medizinprodukt, das nur im Rahmen eines QMS zertifiziert worden sei, denn die Produktprüfung sei der Systemprüfung vorzuziehen.

– Eine doppelte Zertifizierung, sowohl im Rahmen einer Produkt- als auch im Rahmen einer Systemprüfung führe zu einer **höheren Nachweistiefe** hinsichtlich der Aussage, dass ein Medizinprodukt sicher und leistungsfähig ist.

– Durch eine Abschaffung freiwilliger Prüfzeichen gingen **Arbeitsplätze** verloren. Der Wirtschaftsstandort Deutschland müsste darunter leiden.

---

[45] Vgl. dazu die Auflistung der Benannten Stellen im Beitrag von *Höppner* in diesem Handbuch (§ 14 Rdnr. 2).
[46] *Brießmann,* Gutachten zur Zulässigkeit freiwilliger Zeichen eines privaten technischen Prüfdienstes auf Produkten mit dem CE-Zeichen, München 2000.

II. Meinung der Industriefachverbände

52 Die betroffenen deutschen **Industriefachverbände** im Bereich „Medizinprodukte"[47] vertreten im Namen ihrer über 1000 organisierten Mitgliedsunternehmen die folgende Meinung:

– Die Vergabekriterien der meisten im Markt befindlichen Sonderzeichen für Medizinprodukte deckten sich mit den **gesetzlichen Anforderungen** des europäischen Medizinprodukterechts bzw. in Deutschland des MPG; sie würden ohnehin jedem Hersteller bzw. seinem europäischen Bevollmächtigten abverlangt.

– Auch eine **höhere Nachweistiefe der Gesetzeskonformität** von Medizinprodukten könne die bereits mit der CE-Kennzeichnung erfolgte Bestätigung der abstrakten Begriffe „Sicherheit" und „Leistungsfähigkeit" nicht weiter erhöhen. Auch seien die modularen Verfahren zum Nachweis der Erfüllung der Grundlegenden Anforderungen, die Konformitätsbewertungsverfahren, abhängig vom Risikopotenzial des Produkts, d.h. der Produktklasse, gesetzlich abschließend festgelegt. Insbesondere werde bei Produkten mit einem niedrigen Gefährdungspotenzial, z.B. bei **Produkten der Klasse I,** ein Bedarf nach einer höheren Nachweistiefe vom **Gesetzgeber** nicht gesehen. Ein solcher Bedarf sei unter Beachtung des **Verhältnismäßigkeitsprinzips,** hier: der **Risiko-/Nutzen-Relation** der modularen Bewertungsverfahren, die sich an der Risikoklasse des jeweiligen Medizinprodukts orientieren, nicht erkennbar.

– Bei einer **gesetzlichen Wahlmöglichkeit des Herstellers** zwischen mehreren verfügbaren und untereinander kombinierbaren Verfahrensmodulen zähle nicht (mehr) der Weg, sondern nur (noch) das Ergebnis, hier: die Gesetzeskonformität von Medizinprodukten, d.h. die nachweisliche Erfüllung der Grundlegenden Produktanforderungen durch den Hersteller. So überlasse das Medizinprodukterecht, außer im Fall der Produkte der Klasse I, dem Hersteller die Entscheidung, ob er seine Produkte im Wege einer Produkt- oder Systemprüfung zertifizieren lässt. Die Etablierung eines Qualitätsmanagementsystems sei immer, auch im Fall der Produkte der Klasse I und im Fall von Produktprüfungen bei Klassen IIa, IIb und III, unerlässlich. Nicht immer aber sei ein solches System nach dem MPG extern zu zertifizieren.

– Die Anbringung zusätzlicher nationaler und europäischer Prüf- und Gütezeichen sei unzulässig, wenn diese keinen zusätzlichen Nutzen für den Verbraucher symbolisieren und ihn so über die Bedeutung der CE-Kennzeichnung irreführen. Dies sei insbesondere dann der Fall, wenn, wie bei den meisten zurzeit im Markt angebotenen Sonderzeichen der Fall, diese dem Verbraucher nur die Erfüllung der Anforderungen des MPG und die **„Wahrhaftigkeit" der CE-Kennzeichnung auf Medizinprodukten** erneut bestätigen. Damit aber werde der Verbraucher eines Medizinprodukts mit privaten Sonderzeichen wider besseren Wissens der Prüfstellen durch diese **irregeführt.** Politiker und Vertreter von **Verbraucherverbänden,** die sich ohne nähere Prüfung des Sachverhalts und Differenzierung die Meinung der Prüfstellen zu Eigen machten, liefen Gefahr, sich in den Parlamenten auf Landes, Bundes- oder europäischer Ebene zu blamieren.

– Zur Frage eines drohenden **Verlusts von Arbeitsplätzen** in der Prüfbranche stellten die Industriefachverbände fest, dass die Anzahl der Benannten Stellen für Medizinprodukte und ihrer Mitarbeiter, verglichen mit dem europäischen Ausland, in Deutschland überdurchschnittlich stark gestiegen ist. Der Arbeitsmarkt habe sich in der deutschen Prüfstellenbranche in Wahrheit verbessert und nicht, wie behauptet, verschlechtert.

---

[47] Seit 1995 vereinigt unter der Bezeichnung „Arbeitsgemeinschaft »MPG« der Industriefachverbände" (AG MPG) als informelle Kooperation der Verbände BAH, BPI, BVMed, F+O (seit 2002 in Spectaris umbenannt), VDDI, VDGH und ZVEI; sie sind Herausgeber des gemeinsamen Flyers „Die Bedeutung von CE auf Medizinprodukten".

Die Industrieverbände haben in ihrem über viele Jahre in hoher Stückzahl verteilten Flyer „Die Bedeutung von CE auf Medizinprodukten" weitere Argumente dafür geliefert, warum die CE-Kennzeichnung auf Medizinprodukten als ein faktisches Gütezeichen anzusehen ist.[48]

III. Abweichende Meinung einzelner Hersteller

Kleinere und mittlere Hersteller, insbesondere Hersteller von Medizinprodukten der Klasse I, die mehrheitlich über die GKV abgerechnet werden (sog. **Hilfsmittel**), z. B. Hersteller von Rollstühlen, sehen in der Anbringung von Sonderzeichen einen **Marketingvorteil** für sich.[49] Die Argumente lauten: Größere Unternehmen seien in der Lage, mit ihrem bekanten guten Namen bzw. ihren Marken zu werben. Dies aber sei kleineren Unternehmen und Marktneulingen nicht möglich. Man sei daher auf die Anbringung privater Sonderzeichen wirtschaftlich angewiesen. Auch die **gesetzlichen Krankenkassen** sähen es gern, wenn Medizinprodukte der Klasse I ein Sonderzeichen tragen.   53

Branchenspezifische Industrievereinigungen wie die „Gütezeichengemeinschaft für medizinische Kompressionsstrümpfe" oder die „Deutsche Latexforschungsgemeinschaft" (dlf), eine Vereinigung der Kondomhersteller in Deutschland, taten sich mit dem Inkrafttreten des MPG am 1. 1. 1995 und insbesondere mit dem Ablauf der Übergangszeit zur endgültigen Anwendung des MPG am 14. 7. 1998 schwer, auf die Vergabe ihrer eigenen traditionellen Sonderzeichen zu verzichten. Beide Vereinigungen beriefen sich anfänglich noch auf einen rechtlichen Bestandsschutz ihrer **branchenspezifischen Gütezeichen.** Letztlich aber überwog die Einsicht, dass Überschneidungen der Vergabekriterien mit den neuen gesetzlichen Anforderungen des MPG die Vergabe eines besonderen Gütesiegels nicht rechtfertigen können. Tatsächlich wurden mit dem Inkrafttreten des MPG erstmalig eine Vielzahl **ehemaliger „medizinischer Bedarfsgegenstände"** aus der rechtlichen Grauzone des **Lebensmittel- und Bedarfsgegenständegesetzes** (LMBG) herausgelöst und den weitaus strengeren gesetzlichen Anforderungen des MPG unterworfen.   54

IV. Meinung der nationalen Überwachungsbehörden

Die Überwachungsbehörden sahen sich in einem Dilemma, dem überwiegenden **Wunsch** der organisierten Medizinprodukteindustrie **nach einem Verbot bestimmter Sonderzeichen** nachzukommen. Hierbei spielen tatsächliche und rechtliche Gründe eine Rolle: Überraschenderweise erwies es sich ab dem Jahr 2000 als schwierig, überhaupt noch Sonderzeichen nutzende deutsche Hersteller ausfindig zu machen, um sie nach § 4 Abs. 2 Nr. 3 MPG wegen irreführender Aufmachung ihrer Medizinprodukte exemplarisch strafrechtlich zu verfolgen. Denn die ganz überwiegende Mehrheit der deutschen Hersteller hatte sich inzwischen entschieden, auf die Verwendung irreführender Sonderzeichen zu verzichten. Die bis dahin verbreitete Erklärung betroffener Prüfstellen, der Zulauf zu ihren Sonderzeichen hielte unvermindert an, erwies sich – jedenfalls aus deutscher Sicht – sehr bald als unzutreffend. Auch die in den Webseiten Benannter Stellen veröffentlichten Listen Sonderzeichen nutzender Hersteller erwiesen sich auf Nachprüfung als veraltet. Sie entsprachen nicht (mehr) dem tatsächlichen Stand. Die Abmahnversuche eines couragier-   55

---

[48] Der Flyer kann entweder bei den unter Fn. 47 genannten Verbänden kostenfrei angefordert werden oder ist als Download im Internet erhältlich unter: http://pdf.kernpunkt.de/tmp/3dc68f975d 5f6.pdf (Stand: 10/2002).

[49] Hierzu *Hill,* MPJ 2001, 22 ff.

ten Überwachungsbeamten aus Nordrhein-Westfalen endeten erfolglos, weil alle im Internet gelisteten Hersteller seines Zuständigkeitsbereichs die betreffenden Zeichen in Wahrheit nicht oder nicht mehr nutzten.

56   Schließlich sahen die zuständigen Überwachungsbeamten in Deutschland keine eindeutige Eingriffsermächtigung, um gegen die Anbieter und Verwender irreführender Sonderzeichen vorgehen zu können. Als Rechtfertigung zum Erlass einer **Unterlassungsverfügung** kam nur die Verbotsnorm des § 4 Abs. 2 i. V. m. § 9 MPG in Betracht. § 4 Abs. 2 Satz 1 MPG lautet:

> Es ist verboten, Medizinprodukte in den Verkehr zu bringen, wenn sie mit irrführender Bezeichnung, Angabe oder Aufmachung versehen sind.

§ 4 Abs. 2 Nr. 3 MPG erklärt eine **Irreführung**[50] dann als gegeben, wenn die betreffenden Angaben

> [...] zur Täuschung über die in den Grundlegenden Anforderungen nach § 7 festgelegten Produkteigenschaften geeignete Bezeichnungen, Angaben oder Aufmachungen verwendet werden, die für die Bewertung des Medizinprodukts mitbestimmend sind.

Hier hat sich durch das **2. MPG-ÄndG** nur eine redaktionelle (s. Rdnr. 67), aber keine inhaltliche Änderung ergeben.

57   Trotz dieser Legaldefinition blieb für die Behörden die Frage streitig, wann eine Irreführung anzunehmen war. Ein vergleichender Blick in § 9 MPG (CE-Kennzeichnung), der nationalen Vorschrift zur Umsetzung von Art. 17 der MDD, ließ für die Behörden keinen sicheren Schluss zu, ob und wann Sonderzeichen zur Irreführung des Verbrauchers führen können. Denn unbestritten besagten die bekannten Prüfzeichen ja Wahres: Es waren tatsächlich in den zu prüfenden Einzelfällen QMS zertifiziert, Produktprüfungen durchgeführt und Normen beachtet worden. § 9 Abs. 1 Satz 2 MPG lautet:

> Zeichen oder Aufschriften, die geeignet sind, Dritte bezüglich der Bedeutung [...] der CE-Kennzeichnung in die Irre zu leiten, dürfen nicht angebracht werden.

Hieraus eine Irreführung über die Bedeutung der CE-Kennzeichnung ableiten zu wollen, Unterlassungsverfügungen zustellen zu können, die einer gerichtlichen Überprüfung standhalten würden, oder mit Aussicht auf Erfolg Strafverfahren nach § 41 Nr. 1 MPG einleiten zu können, erschien den Behörden als zu unsicher. Aber auch um gegen die zeichenvergebenden Prüfstellen selbst vorgehen zu können, fehlte es an einem hinreichend bestimmten Verbotstatbestand im MPG. Eine mögliche Anstiftung oder Beihilfe zur Irreführung des Verbrauchers durch einen Sonderzeichen verwendenden Hersteller wurde rechtlich nicht in Betracht gezogen. In dieser Situation empfahlen die Behörden den Herstellern, die Dinge in die eigene Hand zu nehmen und über einen auf das MPG gestützten **Musterprozess** Klarheit vor Gericht zu erzielen.

F. Zielführende Aktivitäten und Lösungsansätze

I. Musterprozess der Industrie

58   Die Hersteller folgten dieser Anregung und veranlassten über ihre Verbände die **Zentrale zur Bekämpfung unlauteren Wettbewerbs** e. V. (Wettbewerbszentrale) in Bad Homburg, einen deutschen Medizinproduktehersteller wegen der Verwendung eines Sonderzeichens mit der Bezeichnung „TÜV Mark" abzumahnen und auf Unterlassung zu verklagen. Das beanstandete Zeichen trug die Aufschriften: „safety tested", „production monitored", „ISO 9001" und „EN 46001". Die Zweite Kammer für Handelssachen am

---

[50] Hierzu *Baumann*, MPJ 2000, 15 ff.

LG Münster urteilte am 8. 4. 2001 in Einzelbesetzung,[51] eine Irreführung des Verbrauchers liege nicht vor, weil die Normen, die in der „TÜV Mark" genannt werden, tatsächlich von der Beklagten beachtet worden seien. Das Gericht erklärte auf Seite 9 f. der Entscheidungsgründe:

> Die von der Bezeichnung angesprochenen Verkehrskreise (Krankenhäuser, Ärzte pp.) entnehmen dem TÜV-Siegel, dass der TÜV Prüfungen nach ISO 9001 und EN 46 001 durchgeführt hat. Dass diese Aussage objektiv richtig ist, wird von der Klägerin nicht in Zweifel gezogen, so dass eine Irreführung ausscheidet.

59 Zur möglichen Bedeutung der Aufschrift „safety tested" äußerte sich das Gericht nicht. Zur Frage der unstreitigen Überlappung der **Vergabekriterien** der TÜV Mark mit den **gesetzlichen Voraussetzungen zur rechtmäßigen Anbringung der CE-Kennzeichnung** auf einem Medizinprodukt erklärte das Gericht, **der Schutz der CE-Kennzeichnung obliege nicht der Privatwirtschaft,** sondern sei **ausschließlich Aufgabe der zuständigen Behörden.** Das Gericht führte auf Seite 8 f. der Entscheidungsgründe aus:

> Soweit die Klägerin zur Begründung ihrer Klage zunächst darauf abstellt, es läge ein Verstoß gegen das Gesetz über Medizinprodukte vom 2. August 1994[52] (MPG) vor, **kann sich die Klägerin** als Organisation zur Bekämpfung unlauterer Wettbewerbshandlungen **jedenfalls unmittelbar auf die in Frage kommenden Vorschriften (§§ 4 Abs. 2, 9 MPG a. F.) nicht stützen,** da es sich um **öffentlich-rechtliche Normen handelt. Für ihre Einhaltung sind in erster Linie die gemäß §§ 25 ff. MPG zuständigen Stellen zuständig.**[53]

60 Das Gericht äußerte sich auch zur Frage einer möglichen Irreführung über die Bedeutung der CE-Kennzeichnung nach § 9 MPG a. F. durch die Beklagte. Auf Seite 10 der Entscheidungsgründe erklärte das Gericht:

> **Das TÜV-Siegel** steht erkennbar auch von seinem äußeren Erscheinungsbild selbstständig **neben der CE-Kennzeichnung und greift dessen Erklärungsgehalt und Bedeutung** weder nach seiner Gestaltung noch **nach seiner Bedeutung an bzw. relativiert dieselbe nicht.**[54]

61 Die Industrie geriet nach Auswertung der Entscheidungsgründe zu der Überzeugung, dass das Urteil nicht als Freibrief zugunsten privater Sonderzeichen gewertet werden kann. Die Einleitung eines Berufungsverfahrens aus dem Gesichtspunkt eines wettbewerbsrechtlichen Verstoßes erschien zwar Erfolg versprechend, das eigentliche Ziel aber, die **Wertigkeit der CE-Kennzeichnung auf Medizinprodukten** herauszustellen, hatte sich aufgrund des Prozesses als wenig Erfolg versprechend erwiesen. Die Wettbewerbszentrale erhielt daher von ihren Auftraggebern keine Zustimmung, in die Berufung zu gehen.

62 Nun war endgültig die **Europäische Kommission** gefragt. Sowohl der Bund als auch die Länder hatten immer wieder erklärt, sie wollten entgegen früheren Überlegungen des Bundesministeriums für Gesundheit und Soziale Sicherung zum Schutz der CE-Kennzeichnung auf Medizinprodukten keine **nationalen Sonderwege** beschreiten. Deutschland wartete somit auf rechtliche Vorgaben aus Brüssel, die aber ausgeblieben waren. Die Industrie informierte daraufhin die Europäische Kommission über den Ausgang des Musterprozesses gegen die Verwendung der TÜV Mark. Die Europäische Kommission, Generaldirektion „Unternehmen", zeigte sich am Ausgang des Verfahrens und den Entscheidungsgründen sehr interessiert, forderte den Text des Urteils zur Übersetzung ins Englische an und sagte der Industrie zu, zielführende Maßnahmen zum Schutz der CE-Kennzeichnung vor irreführenden privaten Sonderzeichen einzuleiten.[55]

---

[51] *LG Münster*, Urt. v. 6. 4. 2001 – Az.: 22 O 39/01.

[52] BGBl. I 1994 S. 1963 ff.

[53] Hervorhebungen sowie Angabe der gesetzlichen Grundlage nach altem Recht durch den Verfasser.

[54] Hervorhebungen durch den Verfasser.

[55] Hierzu auch *Schorn*, MPJ 1999, 87 ff.

II. Konkretisierung der Europäischen Kommission zur Frage der Sonderzeichen

63   Die Europäische Kommission geht heute davon aus, dass sich die CE-Kennzeichnung infolge einer geänderten Wahrnehmung in der Öffentlichkeit nicht länger nur an die Marktüberwachungsbehörden richtet, sondern auch an den Verbraucher oder Benutzer eines Produkts.[56] Nach einer Grundsatzdiskussion in den Fachressorts der Europäischen Kommission legte die Kommission den Entwurf einer überarbeiteten Fassung des „Leitfaden für die Anwendung der nach dem Neuen Konzept und dem Gesamtkonzept verfassten Gemeinschaftsrichtlinien zu technischen Harmonisierung", heute allgemein kurz **Blue Guide** genannt, mit Stand 11. 4. 2001 vor. Die letzte offizielle Fassung des Blue Guide datierte aus dem Jahr 2000.[57] Der neue Entwurf enthielt im Wesentlichen eine Überarbeitung der Kapitel „Protection of the CE Marking"[58] und „Market Surveillance" der Vorfassung des Blue Guide. Neu war gegenüber den Vorfassungen des Blue Guide die Verknüpfung der beiden Forderungen, dass zusätzliche Zeichen, die neben eine CE-Kennzeichnung auf Industrieerzeugnissen angebracht werden:

– einen **zusätzlichen Nutzen** („added value") zugunsten des Verbrauchers beinhalten müssen, und

– dass die nationalen Marküberwachungsbehörden gehalten werden, die Einhaltung dieser Regel national zu überwachen.

64   Der Neuentwurf des Blue Guide wurde allen EU-Mitgliedstaaten mit der Bitte um Stellungnahme zugänglich gemacht. In der Bundesrepublik Deutschland fand im Sommer 2001 unter der Federführung des **Bundesministeriums für Wirtschaft und Technologie** (nachfolgend: BMWi) eine Ressortabstimmung aller Bundesministerien statt, in die auch die deutsche Medizinprodukteindustrie, vertreten durch den **Bundesverband Medizintechnologie** e.V. (BVMed) einbezogen war. Der BVMed vertrat in seiner Stellungnahme vom 22. 8. 2001 die Auffassung, dass der **CE-Kennzeichnung** nach anfänglichen politischen Akzeptanzproblemen heute durchaus der Charakter eines Gütezeichens zugesprochen werden kann. Als solche sei sie auch schützenswert. Denn alle **Harmonisierungsrichtlinien** verlangten zumindest Produktsicherheit. Im Falle der Medizinprodukte komme als Besonderheit hinzu, dass diese Produkte auch im Rahmen ihrer vom Hersteller vorgegebenen Zweckbestimmung leistungsfähig, d.h. funktionstauglich sein müssten. Beide Kriterien, Produktsicherheit und Leistungsfähigkeit zusammen genommen seien typische Merkmale eine Gütezeichens, so dass gerade im Bereich der Medizinprodukte die CE-Kennzeichnung als faktisches Gütezeichen schützenswert sei. Zur Frage der **Aufklärung oder der Irreführung der Verbraucher** durch private Sonderzeichen neben der CE-Kennzeichnung auf Medizinprodukten führte der BVMed aus:

Im Bereich „Medizinprodukte" liegt der Sachverhalt anders als in anderen Bereichen. Denn wegen der Vielzahl der gesetzlichen Anforderungen an die Herstellung von Medizinprodukten wird heute

---

[56] *Lenz/Scherer*, S. 26.

[57] *Europäische Kommission*, Leitfaden für die Umsetzung der nach dem neuen Konzept und dem Gesamtkonzept verfassten Richtlinien, 2000, im Internet ist die derzeitige Fassung in deutscher Sprache abrufbar unter: http://europa.eu.int/comm/enterprise/newapproach/legislation/guide/document/guidepublicde.pdf (Stand: 10/2002).

[58] *Europäische Kommission* (Hrsg.), Blue Guide, Kap. 7.4: „In Anbetracht der Ziele der technischen Harmonisierung müssen Zeichen, die zusätzlich zur CE-Kennzeichnung angebracht werden, eine andere Funktion als die CE-Kennzeichnung erfüllen. Mit ihnen sollte daher ein zusätzlicher Nutzen in dem Sinne verbunden sein, dass sie die Konformität mit Zielen zum Ausdruck bringen, die sich von den Zielen der CE-Kennzeichnung unterscheiden (indem sie z.B. auf Umweltaspekte abstellen, die in den geltenden Richtlinien nicht berücksichtigt sind)."

im Gesundheitsmarkt die CE-Kennzeichnung zunehmend als »faktisches Gütezeichen« anerkannt. Die Kenntnisse des Verbrauchers über die Bedeutung von »CE« liegen im Bereich Medizinprodukte höher als in anderen Bereichen. Denn die Information über die gesetzlichen Voraussetzungen der Anbringung der CE-Kennzeichnung auf Medizinprodukten wird durch sachkundige Außendienstmitarbeiter in Industrie und Handel, die nach § 32 MPG [a.F.]⁵⁹ über die Qualifikation eines geschulten Medizinprodukteberaters verfügen müssen, an die Fachkreise und über diese an die Patienten vermittelt. Das MPG enthält also einen Mechanismus, der Industrie und Handel zwingt, die Fachkreise auch über die Bedeutung von »CE« aufzuklären.

Das BMWi erklärte im Sommer 2001, die Bundesrepublik teile die Auffassung der deutschen Medizinprodukteindustrie und werde in ihrer Stellungnahme an die Kommission den sektoralen Ansatz der unterschiedlichen Wertigkeit der CE-Kennzeichnung, je nach der ihr zugrunde liegenden EG-Richtlinie, befürworten. Eine Nachfrage beim BMWi im Dezember 2001 offenbarte jedoch, dass sich die deutschen Bundesministerien noch immer unsicher waren, inwieweit der CE-Kennzeichnung generell ein Schutz vor Irreführung zuzusprechen ist. Die Bundesregierung hatte es daher vorgezogen, auf die Anfrage der Europäischen Kommission nicht zu antworten. Es sollte vielmehr abgewartet werden, was die Europäische Kommission als Nächstes plant.

Tatsächlich hatte die Europäische Kommission schon im Herbst 2001 ein neues **Dis-** **kussionspapier** mit dem Titel **„Consultation Document prepared by the Directorate General for Enterprise on the Review of the New Approach"** mit Stand 13. 12. 2001 vorgelegt.⁶⁰ Das Papier diente laut dem **Bundesverband der Deutschen Industrie** (BDI) dazu, die Stimmung in den EU-Mitgliedstaaten zu ergründen, inwieweit generell Bereitschaft besteht, harmonisierte Maßnahmen zum Schutz der CE-Kennzeichnung mit zu tragen. Kapitel 2.4.1 (Die CE-Konformitätskennzeichnung) aus der **am 13. 12. 2001 aktualisierten Fassung** lautet auszugsweise:

Der Kommission wurden Bedenken dahingehend vorgetragen, dass sowohl die Beteiligten als auch die breite Öffentlichkeit nicht immer genau wissen, was die CE-Kennzeichnung bedeutet und in welchem Verhältnis sie zu freiwilligen Qualitätskennzeichnungen steht.

Die Richtlinien des Neuen Konzepts verbieten ausdrücklich Produktkennzeichnungen, die Dritte im Hinblick auf die Bedeutung oder die Form der CE-Kennzeichnung täuschen oder in die Irre führen bzw. ihre Sichtbarkeit und Lesbarkeit einschränken könnten. **Zusätzliche Kennzeichnungen sind** mithin **nur akzeptabel, wenn sie** insofern **einen Mehrwert darstellen,** als sie die Konformität des Produkts mit Anforderungen oder Leistungen nachweisen, die sich von jenen der einschlägigen Richtlinie(n) des Neuen Konzepts unterscheiden. Mit anderen Worten: **Die Grundlage für die Erteilung dieser Kennzeichnung muss über die in der (den) einschlägigen Richtlinie(n) festgelegten grundlegenden Anforderungen, harmonisierten Normen bzw. Konformitätsbewertungsverfahren hinausgehen.**

In einigen Sektoren tragen die Produkte neben der CE-Kennzeichnung häufig freiwillige Produktkennzeichnungen. Die Kosten für die Kennzeichnungen können sich für jedes einzelne Produkt auf mehrere tausend Euro belaufen, und die Verfahren sind u.U. langwierig. Mithin können diese so genannten freiwilligen Kennzeichnungen ein erhebliches Handelshemmnis für bestimmte nationale Märkte darstellen.

Die Nachfrage nach zusätzlichen Produktkennzeichnungen resultiert anscheinend z.T. aus dem mangelnden Vertrauen in die CE-Kennzeichnung. Die Herausforderung besteht darin, europaweite freiwillige Qualitätskennzeichnungen einzuführen, die einen Mehrwert erzeugen und die nach und nach nationale Kennzeichnungen ersetzen sollten, anstatt sie nur zu ergänzen oder zu kopieren.

Um die Rolle der CE-Kennzeichnung zu klären und ihre Bedeutung zu stärken, beabsichtigt die Kommission, ein erläuterndes Papier zu verabschieden, in dem die Bedeutung der CE-Kennzeichnung sowie die rechtlichen Schutzmaßnahmen (einschließlich Sanktionen) dargelegt und ihre Beziehung zu freiwilligen Produktkennzeichnungen eindeutig geklärt werden. Ferner hat die

---

⁵⁹ Jetzt § 31 MPG.

⁶⁰ In deutscher Sprache als „Von der Generaldirektion Unternehmen erstelltes Konsultationspapier für die Überarbeitung des neuen Konzepts" im Internet abrufbar unter: http://europa.eu.int/comm/enterprise/consultations/new_approach_rev/documents/de.pdf (Stand: 10/2002).

Kommission die Absicht, eine Konsultation über die Einführung und Förderung europaweiter freiwilliger »Qualitätskennzeichnungen« nebst der CE-Kennzeichnung in die Wege zu leiten.

Die **einzige äußere und sichtbare Kennzeichnung der Konformität mit den einschlägigen Richtlinien des Neuen Konzepts ist die CE-Kennzeichnung.** Der rechtliche Schutz der CE-Kennzeichnung muss gewährleistet werden, und zwar sowohl im Hoheitsgebiet der Gemeinschaft als auch auf internationaler Ebene. Es müssen Lösungen erarbeitet werden, um eine erneute Zersplitterung des Binnenmarktes aufgrund nationaler Kennzeichnungen zu verhindern.[61]

66   Das BMWi vermutete im Januar 2002, die Europäische Kommission werde den Entwurf zu einer **neuen europäischen Harmonisierungsrichtlinie** vorlegen, die sich mit dem Schutz der CE-Kennzeichnung vor irreführenden Sonderzeichen befassen wird. Laut BMWi würde sich die Bundesregierung spätestens nach Vorlage des erwarteten Richtlinienentwurfs zu einer gemeinsamen Position entschließen und äußern (müssen). Auf Nachfrage konnte die Europäische Kommission jedoch nicht bestätigen, dass ein Richtlinienentwurf in Vorbereitung ist.

III. Gesetzgebungsverfahren zum 2. MPG-ÄndG

67   Im Verlauf des Gesetzgebungsverfahrens zum **2. MPG-ÄndG**[62] stellten sich alle beteiligten Kreise immer wieder die Frage: Wird der Gesetzgeber Klarheit bringen, wie es um die Zukunft der privaten Sonderzeichen ohne inhaltlichen Mehrwert bestellt sein wird oder wird ihm dies nicht gelingen? Nach dem Abschluss des Gesetzgebungsverfahrens zum 2. MPG-ÄndG und nach Bekanntmachung des Textes am 18. 12. 2001 im Bundesgesetzblatt[63] ist heute festzustellen, dass der Gesetzgeber § 9 MPG konsequent an den Wortlaut von Art. 17 MDD angepasst und dabei auf eigene rechtsbegründende Erläuterungen verzichtet hat. Die neue amtliche Begründung zu § 9 MPG[64] lautet:

[Diese] Änderungen schreiben insbesondere vor, dass die Anbringung weiterer Zeichen oder Aufschriften an CE-gekennzeichneten Medizinprodukten nicht zu einer Irreführung Dritter bezüglich der Bedeutung [...] der CE-Kennzeichnung führen darf. Im Hinblick auf das Irreführungsverbot wird grundsätzlich ein **zusätzlicher Nutzen gegenüber der CE-Kennzeichnung**[65] zu fordern sein. Eine Diskriminierung der CE-Kennzeichnung ist in jedem Fall zu vermeiden.

68   Damit hat sich der **Gesetzgeber** geschickt aus der Affäre gezogen. Denn einerseits trägt er mit der neuen amtlichen Begründung den Bedenken der Medizinprodukteindustrie Rechnung und deutet sowohl den Fachkreisen als auch den Gerichten an, in welchem Sinne die Frage der „Irreführung" durch Sonderzeichen rechtlich zu beantworten sein wird. Andererseits unterlässt er es, sich festzulegen und zu definieren, wann konkret ein **„zusätzlicher Nutzen"** eines Sonderzeichens gegenüber der CE-Kennzeichnung zu bejahen ist.

69   Die der Verabschiedung des Gesetzes vorausgegangenen Diskussionen im **Bundestagsausschuss „Gesundheit"** am 26. 10. 2001 in Berlin und auch die Stellungnahmen der Fraktionssprecher der Bundestagsfraktionen zum 2. MPG-ÄndG vom 8. 11. 2001[66] lassen erkennen, dass die Parlamentarier das Streitthema „Sonderzeichen" heute mit Augenmaß und differenziert betrachten. So hob die Fraktionssprecherin der SPD, *Carola Reimann,*

---

[61] Hervorhebungen durch die Europäische Kommission.

[62] Hierzu auch *Will,* MPJ 2001, 53 ff.

[63] BGBl. I S. 3586 v. 18. 12. 2001.

[64] S. BT-Drs. 14/6281 v. 15. 6. 2001, S. 30 – seitdem unverändert.

[65] Hervorhebung durch den Verfasser.

[66] S. das Plenarprotokoll 14/198 (Anlage 8 zum Stenographischen Bericht über die 198. Sitzung des Deutschen Bundestags am 8. 11. 2001), S. 19452 ff.: Zu Protokoll gegebene Reden zum Entwurf eines Zweiten Gesetzes zur Änderung des Medizinproduktegesetzes (2. MPG-ÄndG; Tagesordnungspunkt 15).

im Rahmen der Zweiten und Dritten Lesung des Gesetzes im Bundestag am 8. 11. 2001 hervor:

> Mit dem zusätzlichen privaten Prüfzeichen muss auch künftig ein zusätzlicher Nutzen verbunden sein.[67]

Die neue amtliche Begründung zu § 9 MPG dient damit auch dem **Schutz des Verbrauchers** vor einer Irreführung durch private Gütezeichen.[68]

G. Zusammenfassung/Ausblick

Das seit dem Inkrafttreten des MPG in sieben Jahren Erlebte macht deutlich, wie sehr **70** die Produkttest gewöhnte und verwöhnte deutsche Öffentlichkeit und ihre politische Lobby sich heute noch schwer tun, Produktqualität auf anderem Wege wahrzunehmen und zu akzeptieren als über **nationale Gütezeichen,** vergleichbar dem GS-Zeichen nach dem deutschen Gerätesicherheitsgesetz. Mit der zunehmenden **Globalisierung des Marktes im Bereich Medizinprodukte** macht es jedoch für die beteiligten Kreise Sinn, sich mit den Qualitätssicherungsmechanismen in der Welt vertraut zu machen, zu denen insbesondere die Errichtung und Unterhaltung von QMS gehört. Die Einbindung Deutschlands in einen **europäischen Binnenmarkt** mit eigenen Rahmenbedingungen, der wiederum Bestandteil eines **globalen Wirtschaftssystems** ist, gebietet es, sich auch mit dieser Situation vertraut zumachen.

Bedauerlicherweise war und ist die Diskussion über Sonderzeichen auch geprägt von **71** Unkenntnis und Halbwahrheiten über die **Bedeutung der CE-Kennzeichnung.** Die beteiligten Industriefachverbände haben ihre Mitgliedsunternehmen gebeten, auf die Aussagen ihrer Benannten Stellen zu achten und den Leitfaden „**Wechsel der Benannten Stelle** – Checkliste"[69] erarbeitet, auch, weil davon auszugehen war, dass einigen Benannten Stellen die Akkreditierung für den Bereich Medizinprodukte entzogen werden könnte. Ein Entzug von Akkreditierungen ist jedoch bis heute nicht erfolgt.

Einige Benannte Stellen schienen ihre **vertraglichen Nebenpflichten** nicht genau zu **72** kennen oder einzuschätzen. Zu diesen gehört insbesondere die **Pflicht zur Unterlassung des Anbietens unnötiger kostenpflichtiger Dienstleistungen.**[70] Bei Verstoß gegen diese vertragliche Nebenpflicht drohen Benannten Stellen auch zivilrechtliche Schadensersatzforderungen der Hersteller wegen **positiver Vertragsverletzung** (pVV).[71]

Das Ausland hat auf die Diskussion und die Aktivitäten, die in Deutschland stattfanden, **73** stets mit Interesse, aber auch mit einigem Erstaunen geblickt. Denn die Beharrlichkeit und Unversöhnlichkeit der in Deutschland geführten Diskussionen waren im Ausland nicht immer nachvollziehbar. Dennoch haben auch **ausländische Industriefachverbände** die betroffenen Benannten Stellen gebeten, über die Vergabe privater Sonderzeichen auf Medizinprodukten keine **nationale Marktabschottung** zu betreiben. So wurden die Vertreter einer Sonderzeichen anbietenden großen deutschen Prüfstelle auf einer internationalen Medizinproduktekonferenz in Cancun, Mexiko, gewarnt, nicht über das Anpreisen von Sonderzeichen die politische Akzeptanz der **Gegenseitigen Anerkennungsabkommen der Europäischen Union mit Drittstaaten im Bereich Medizinprodukte** zu

---

[67] A. a. O., S. 19 454.

[68] Vgl. die Irritationen der Verbraucher im Zusammenhang mit der Einführung unterschiedlichster privater Gütezeichen, die eine BSE-Freiheit von Rindfleisch bescheinigen sollen.

[69] *Bundesverband Medizintechnologie – BVMed* (Hrsg.), Wechsel der Benannten Stelle, Wiesbaden, 2001.

[70] Hierzu *Europäische Kommission* (Hrsg.), Blue Guide, Kap. 6.3: „Die benannten Stellen dürfen keine zusätzlichen Dienstleistungen anbieten oder bereitstellen, es sei denn, sie bedeuten für das Produkt einen zusätzlichen Nutzen."

[71] Nach der sog. Schuldrechtsreform ist die pVV heute gesetzlich in § 280 Abs. 1 BGB geregelt.

gefährden. Denn gerade die USA haben bis heute ihr Abkommen mit der EU vom 4. 2. 1998[72] noch nicht um Produkte der Klassen II b und III erweitert.

74 Erfreulicherweise lässt sich feststellen, dass die ganz überwiegende Mehrheit der deutschen Benannten Stellen bis heute davon Abstand genommen hat, eigene Prüfzeichen für den Bereich Medizinprodukte im Markt anzubieten. Die in Fachverbänden organisierten Hersteller verzichten darüber hinaus auf die Verwendung von Sonderzeichen, um ihre Kunden nicht über einen nicht vorhandenen Mehrwert zu täuschen. Einige Prüfstellen haben ihre Politik überdacht und sich entschieden, ihre Prüfzeichen von anderen Vergabekriterien abhängig zu machen, als nur von den gesetzlichen Anforderungen des MPG. So bietet z.B. heute die TÜV Rheinland Safety GmbH ein Gütezeichen für **Medizinprodukte mit ergonomischen Handhabungsvorteilen** für ältere Menschen. Und die DIN CERTCO GmbH hat ein neues **Gütezeichen für Serviceleistungen in der Medizintechnik** entwickelt.

75 Auch Vertreter der **Gesetzlichen Krankenkassen** und der deutschen **Verbraucherschutzverbände** haben sich an der politischen Diskussion über die Sinnhaftigkeit nationaler Sonderzeichen intensiv beteiligt. Die Diskussion hatte sich insgesamt, wie es BMG-Vertreter formulierten, zu einer Art Stammtisch-Thema entwickelt, zu dem jeder, der sich berufen fühlte, etwas beitragen konnte. Auch wenn nach sieben Jahren weitgehend fruchtloser Diskussion das Thema „Medizinprodukte und private Sonderzeichen" heute über die neue amtliche Begründung zu § 9 MPG in das richtige Fahrwasser gebracht worden ist, so ist es noch lange nicht zufriedenstellend geklärt.

76 Die **Europäische Kommission** bleibt aufgefordert, mit dem nötigen Weitblick und Augenmaß Versäumtes nachzuholen und der Öffentlichkeit mitzuteilen, wie der Schutz der CE-Kennzeichnung – insbesondere auf Medizinprodukten – gewährleistet werden kann. Erst nach dem Vorliegen klärender gemeinschaftsrechtlicher Bestimmungen werden die zuständigen Behörden über die nötige Rechtssicherheit und Eingriffsermächtigung verfügen, den Medizinproduktemarkt von irreführenden privaten Sonderzeichen zu säubern und zuwiderhandelnden Prüfstellen die „rote Karte" zu zeigen.

---

[72] ABl. EG Nr. L 31 v. 4. 2. 1999, S. 1.

§ 9 Betrieb von Medizinprodukten

von *Rolf-Dieter Böckmann*

Übersicht

Literatur: *Böckmann/Frankenberger*, Durchführungshilfen zum Medizinproduktegesetz – Schwerpunkt Medizintechnik, Köln 2002 (Stand: 17. Ergänzung); *Haindl/Helle*, Die Unzulässigkeit der Wiederverwendung von Einmal-Medizinprodukten, MedR 2001, 411; *Hill/Schmitt*, Wiesbadener Kommentar zum Medizinproduktegesetz, Wiesbaden 1995 (Stand: 3/2002); *Mieke/Schade*, Leitfaden zu messtechnischen Kontrollen von Medizinprodukten mit Messfunktion (LMKM), 2. Aufl., Braunschweig/Berlin 2001; *Reischl*, Zweites Gesetz zur Änderung des Medizinproduktegesetzes, MPJ 2001, 112.

A. Einleitung

1   Mit dem Inkrafttreten des **Medizinproduktegesetzes** (MPG) am 1. 1. 1995 ist der gesamte Rechtsbereich für den Betrieb von Medizinprodukten[1] – einschließlich eichrechtlicher Vorschriften – neu geregelt worden. Bis zu diesem Zeitpunkt waren die Anforderungen an das Errichten und Betreiben medizinisch-technischer Geräte durch die **Medizingeräteverordnung**[2] (MedGV) geregelt – eine Verordnung des Gerätesicherheitsgesetzes und der Gewerbeordnung. Die Medizingeräteverordnung ist durch Artikel 6 des Zweiten Gesetzes zur Änderung des Medizinproduktegesetzes[3] endgültig aufgehoben. Die für das Betreiben und Anwenden von Medizinprodukten relevanten Vorschriften der Medizingeräteverordnung wurden in **§ 15 der Medizinprodukte-Betreiberverordnung**[4] (MPBetreibV) übernommen (Rdnr. 192).

2   Die Anforderungen der Medizinprodukte-Betreiberverordnung sind ausschließlich **nationale Bestimmungen** und beziehen sich nicht auf europäisches Recht. Ihre Anforderungen dürfen dabei aber nicht im Widerspruch zum europäischen Recht stehen oder ergänzende Eigenschaften eines Medizinprodukts vorschreiben, wenn damit ein Handelshemmnis für Medizinprodukte aus anderen Mitgliedstaaten entsteht. Die Anforderungen der MPBetreibV gelten für das **Errichten, Betreiben, Anwenden und Instandhalten** von Medizinprodukten i. S. v. § 3 MPG mit Ausnahme der Medizinprodukte zur klinischen Prüfung oder zur Leistungsbewertungsprüfung und Medizinprodukte, die im Privatbereich betrieben bzw. angewendet und in deren Gefahrenbereich keine Arbeitnehmer beschäftigt werden (Rdnr. 6).

3   Die Medizinprodukte-Betreiberverordnung gilt einheitlich für **alle Medizinprodukte,** unabhängig davon, nach welcher Rechtsvorschrift – Medizinproduktegesetz, Medizingeräteverordnung, Arzneimittelgesetz, Eichgesetz – sie in den Verkehr gebracht wurden. Wesentliche Anforderungen für den Betrieb und das Anwenden von Medizinprodukten sind darüber hinaus auch unmittelbar im Medizinproduktegesetz enthalten, so z.B. das Anwendungsverbot von Medizinprodukten, wenn der begründete Verdacht einer Gefährdung von Patienten, Anwendern oder Dritten besteht bzw. das Medizinprodukt konkrete Mängel aufweist (Rdnr. 24–26).

4   Mit der Medizinprodukte-Betreiberverordnung kommt der Bundesgesundheitsminister der **Ermächtigung nach § 37 Abs. 5 MPG** nach. Die Vorschriften dieser Verordnung sollen helfen, die Sicherheit von Patienten, Anwendern und ggf. auch Dritten zu gewährleisten. Aus der amtlichen Begründung des Bundesgesundheitsministeriums zum Verordnungsentwurf[5] ergibt sich hierzu:

---

[1] Grundlage sind das Medizinproduktegesetz i. d. F. der Bekanntmachung v. 7. 8. 2002 (BGBl. I S. 3146) und die Medizinprodukte-Betreiberverordnung, jeweils i. d. F. der Bekanntmachung v. 21. 8. 2002 (BGBl. I S. 3396).

[2] Verordnung über die Sicherheit medizinisch-technischer Geräte (Medizingeräteverordnung – MedGV) v. 14. 1. 1985 (BGBl. I S. 93).

[3] Zweites Gesetz zur Änderung des Medizinproduktegesetzes (2. MPG-ÄndG) v. 13. 12. 2001 (BGBl. I S. 3586).

[4] Verordnung über das Errichten, Betreiben und Anwenden von Medizinprodukten (Medizinprodukte-Betreiberverordnung – MPBetreibV) v. 29. 6. 1998 (BGBl. I S. 1762), i. d. F. der Bekanntmachung v. 21. 8. 2002 (BGBl. I S. 3396).

[5] BR-Drs. 645/97 v. 29. 8. 1997.

Fehler und Mängel bei Medizinprodukten oder eine falsche Bedienung bedeuten nicht nur eine Gefahr für Anwender, sondern vor allem auch für Patienten. Statt einem erhofften therapeutischen oder diagnostischen Nutzen können sie dann zu gesundheitlichen Schäden und auch zu Todesfällen führen. Nach Untersuchungen in Krankenhäusern werden ungefähr zwei Drittel aller Zwischenfälle mit Medizinprodukten durch falsche Bedienung und Wartung hervorgerufen (S. *Bleyer,* Medizinisch-technische Zwischenfälle in Krankenhäusern und ihre Verhinderung; Mitteilung des Instituts für Biomedizinische Technik und Krankenhaustechnik der Medizinischen Hochschule Hannover, 1992).

B. Anwendungsbereich

I. Produkt-Anwendungsbereich

§ 1 MPBetreibV regelt den Anwendungsbereich, wobei hier zwischen dem **Produkt-** 5 **Anwendungsbereich** und dem **Handlungs-Anwendungsbereich** zu unterscheiden ist. Der Produkt-Anwendungsbereich der Medizinprodukte-Betreiberverordnung erstreckt sich auf **alle Medizinprodukte,** unabhängig davon, nach welcher Rechtsvorschrift sie in den Verkehr gebracht wurden und ob es sich um ein neues oder ein als neu aufbereitetes Medizinprodukt handelt. Maßgeblich für die Entscheidung der Anwendung der Vorschriften dieser Verordnung ist ausschließlich § 3 MPG mit seinen Legaldefinitionen. Es ergibt sich folgende Produktzuordnung:
– aktive und nicht aktive, nicht implantierbare Medizinprodukte,
– aktive implantierbare Medizinprodukte,
– Medizinprodukte mit Messfunktion (Medizinische Messgeräte),
– In-vitro-Diagnostika,
– Zubehör und Software,
– Systeme, Behandlungseinheiten, Gerätekombinationen,
– Sonderanfertigungen,
– Medizinprodukte aus In-Haus-Herstellung.

§ 1 MPBetreibV enthält aber auch insgesamt **drei Ausnahmen,** die nicht unter die 6 Medizinprodukte-Betreiberverordnung fallen:
– Medizinprodukte, die zur klinischen Prüfung bestimmt sind. Diese Produkte sind grundsätzlich nicht verkehrsfähig und werden unter der besonderen Sorgfalt des Herstellers und des für die klinische Prüfung Verantwortlichen betrieben und angewendet.
– In-vitro-Diagnostika, die zur Leistungsbewertungsprüfung bestimmt sind.
– Medizinprodukte, die weder gewerblichen noch wirtschaftlichen Zwecken dienen und in deren Gefahrenbereich keine Arbeitnehmer beschäftigt sind (Privatbereich).

Dieser letzte Ausnahmepunkt erlangt besondere Bedeutung für den **Home-care-** 7 **Bereich.** Unstrittig ist hierbei sicherlich die Situation, dass ein Betreiber (z.B. Krankenhaus oder behandelnder Arzt) einem Patienten ein Medizinprodukt für eine begrenzte Zeit mit nach Hause gibt – so z.B. eine Infusionspumpe zur Schmerztherapie oder ein Beatmungsgerät zur assistierten Beatmung. Diese Medizinprodukte sind und bleiben im Verantwortungsbereich des Krankenhauses bzw. des behandelnden Arztes – alle Betreiberpflichten bleiben bei ihnen unverändert erhalten. Der Patient wird – nach erfolgter Einweisung – zum Anwender dieses Medizinprodukts.

Ungeklärt ist die Rechtssituation für den Fall, dass der behandelnde Arzt einem Patien- 8 ten ein Medizinprodukt verordnet und beispielsweise eine **Krankenkasse** oder ein **Unfallversicherungsträger** die Kosten für dieses Medizinprodukt übernimmt und damit **Eigentümer** dieses Medizinprodukts ist. In diesem Zusammenhang stellt sich zwangsläufig die Frage nach der Betreiberverantwortung:
– Übernimmt der Kostenträger die Pflichten des Betreibers und wird das Medizinprodukt dem Patienten zur Anwendung zur Verfügung gestellt?

– Ist der Kostenträger ausschließlich Geldgeber und damit Eigentümer dieses Medizinprodukts – ohne jegliche Betreiberpflichten? In diesem Fall müsste der Patient immer dann die Verantwortung insbesondere für die Einhaltung aller Betreiberpflichten übernehmen, wenn gleichzeitig beispielsweise Mitarbeiter eines ambulanten Pflegedienstes die Pflege des Patienten übernehmen.

9 Die Kostenträger geben im Rahmen der § 33 SGB V und § 40 SGB XI Hilfsmittel – auch **leihweise** – an die Versicherten (Patienten) ab. Dieses impliziert die Notwendigkeit, diese Hilfsmittel zu pflegen und ggf. in Stand zu setzen. Somit ist davon auszugehen, dass der Kostenträger auch für die Einhaltung aller weiteren Betreiberpflichten (z. B. Funktionsprüfung am Betriebsort zum Zeitpunkt der erstmaligen Inbetriebnahme, Anwendereinweisung, Dokumentationspflicht, sicherheits- und messtechnische Kontrolle, Meldepflicht) verantwortlich ist und **organisatorische Maßnahmen ergreifen muss,** um qualifiziert die Maßnahmen beispielsweise in den Fachhandel (z. B. Bildung von Gerätepools) zu delegieren. In diese Richtung weist auch ein Urteil des VG Braunschweig vom 26. 2. 2002 (Az: 5 A 307/01) zu einem Streit über die Frage, ob die Klägerin (eine Betriebskrankenkasse) als Betreiberin im Sinne der Medizinprodukte-Betreiberverordnung anzusehen ist. In dem Berufungsverfahren ist das OVG Niedersachsen demgegenüber nicht von einer Betreibereigenschaft der Krankenkasse ausgegangen (*OVG Niedersachsen,* Urt. v. 17. 9. 2002 – 11 LC 150/02).

II. Handlungs-Anwendungsbereich

10 Beim Handlungs-Anwendungsbereich beschränkt sich die MPBetreibV ausschließlich auf den Bereich des **Betreibens** bzw. **Anwendens** und enthält Anforderungen bezüglich:
– Errichten,
– Betreiben,
– Anwenden und
– Instandhalten.
Diese Begriffe sind nicht im Medizinproduktegesetz definiert. Lediglich für den Begriff „Inbetriebnahme" – eine Teilhandlung des „Errichtens" bzw. des „Betreibens" – und den Begriff „Aufbereitung" – eine Teilhandlung des „Instandhaltens" – besteht im § 3 MPG eine Legaldefinition.

1. Errichten

11 Das **Errichten** eines Medizinprodukts ist die Endmontage, Fertigstellung, Aufstellung bzw. der Einbau von Medizinprodukten am Betriebsort unter der Verantwortung des Herstellers bzw. des Fachhändlers. Diese Tätigkeit endet im Normalfall mit der Inbetriebnahme (§ 3 Nr. 12 MPG) und Übergabe des betriebsbereiten Medizinprodukts an den Anwender bzw. die Freigabe zur Anwendung. Zum Errichten zählt nicht die Herstellung/Montage von Medizinprodukten beim Hersteller. Die Medizinprodukte-Betreiberverordnung enthält keine konkreten Anforderungen an die Tätigkeit selbst, sondern verweist vielmehr auf die Grundvoraussetzung, dass Medizinprodukte nur entsprechend der Zweckbestimmung unter Beachtung der Vorschriften der Medizinprodukte-Betreiberverordnung, den allgemein anerkannten Regeln der Technik sowie den Arbeitsschutz- und Unfallverhütungsvorschriften errichtet werden dürfen (vgl. § 2 Abs. 1 MPBetreibV).

2. Betreiben

12 Mit dem Begriff **„Betreiben"** werden alle Vorgänge, Tätigkeiten oder Maßnahmen zusammengefasst, die sich unmittelbar auf die Nutzung eines Medizinprodukts beziehen, wie beispielsweise:

- Inbetriebnahme eines neuen oder als neu aufbereiteten Medizinprodukts am Betriebsort,
- sachgerechte Anwendung bzw. Verwendung eines Medizinprodukts entsprechend der vom Hersteller festgelegten Zweckbestimmung,
- Einweisung des Anwenders zur sachgerechten Anwendung der Medizinprodukte,
- sicherheitstechnische Kontrolle zur Feststellung und Beurteilung des sicherheitstechnischen Zustandes eines Medizinprodukts,
- messtechnische Kontrolle zur Feststellung und Beurteilung der Messabweichung (Fehlergrenzen) eines medizinischen Messgeräts;
- Instandhaltung (Wartung, Inspektion, Instandsetzung und Aufbereitung) von Medizinprodukten.

Rechtsgrundlage für das Betreiben ist § 14 MPG in Verbindung mit der MPBetreibV.

3. Betreiber

In DIN EN 60601–1/März 1996 „Medizinische elektrische Geräte, Teil 1: Allgemeine **13** Festlegungen für die Sicherheit" wird der Betreiber wie folgt definiert: „2.12.13 Betreiber[:] Person oder Unternehmen, die/das für die **Anwendung und Instandhaltung** des Geräts **verantwortlich** ist." Betreiber ist die natürliche oder juristische Person, die die organisatorischen und materiellen Voraussetzungen für den bestimmungsgemäßen Einsatz der Medizinprodukte (Rdnr. 12) schafft und in diesem Zusammenhang **verantwortlich** ist **für die Umsetzung aller rechtlichen Vorschriften,** beispielsweise der MPBetreibV. Betreiber ist z.B. der Inhaber einer Arztpraxis oder der Träger eines Krankenhauses oder eines Rettungsdienstes, letztere vertreten durch den Geschäftsführer, geschäftsführenden Direktor, Verwaltungsdirektor etc. Der Betreiber:
- stellt dem Anwender ein geeignetes und sicheres Medizinprodukt zur Verfügung,
- sorgt durch geeignete Instandhaltungsmaßnahmen für einen gefährdungsfreien Zustand im gesamten Nutzungszeitraum eines Medizinprodukts,
- schafft eine sachgerechte Umgebung für eine gefährdungsfreie Nutzung eines Medizinprodukts und
- hat sich vor Beauftragung eines Anwenders davon zu vergewissern, dass der Mitarbeiter über sachgerechte Fähigkeiten und Fertigkeiten verfügt.

Der Betreiber ist hierbei nicht verpflichtet, die Anforderungen der Medizinprodukte-Betreiberverordnung persönlich umzusetzen. Er kann diese Aufgaben an qualifizierte Mitarbeiter – etwa Vorgesetzte im ärztlichen, pflegerischen oder technischen Bereich – **delegieren.**

4. Anwenden

Das **Anwenden** umfasst die Nutzung eines Medizinprodukts entsprechend der Zweck- **14** bestimmung des Herstellers am Patienten durch einen Dritten, wie beispielsweise die Applikation eines flüssigen Infusionsgutes mit Hilfe einer Infusionspumpe durch den Arzt oder die Pflegekraft (Anwender).

5. Anwender

In DIN EN 60601 Teil 1/März 1996 „Medizinische elektrische Geräte, Teil 1: Allge- **15** meine Festlegungen für die Sicherheit" wird der Anwender wie folgt definiert: „2.12.17 Anwender[:] Person, die das Gerät benutzt." Diese sehr allgemeine Begriffsbestimmung ist dahingehend zu konkretisieren, dass ein Anwender ein Medizinprodukt **eigenverantwortlich handhabt** (Rdnr. 30) und entsprechend der vom Hersteller vorgesehenen Zweckbestimmung am Patienten anwendet oder anwenden lässt, wie beispielsweise die Anwendung eines medizinisch-technischen Geräts. Anwender können sowohl der **Arzt,** als auch das **medizinische Fachpersonal** oder **Hilfskräfte** bis hin zum **Patienten** (Heimdialyse) sein. Anwender ist aber keinesfalls, wer unter Aufsicht (z.B. während der

Ausbildung oder Einweisung) oder Leitung eines Anderen ein Medizinprodukt ausschließlich bedient.

6. Instandhaltung

16   **Instandhaltung** umfasst in Anlehnung an DIN EN 13306 die Maßnahmen, die notwendig sind, z.B. ein Medizinprodukt in dem Zustand zu halten, in dem es die vom Hersteller spezifizierte Funktion erfüllen kann. Nach DIN EN 13306 zählen zur Instandhaltung u.a. auch die Schwachstellenbeseitigung sowie alle technischen und administrativen Maßnahmen einschließlich Maßnahmen des Managements während des Lebenszykluses des Medizinprodukts, um den spezifizierten funktionsfähigen Zustand zu erhalten oder das Medizinprodukt in diesen Zustand zurückzuführen. Die Instandhaltung kann dabei in die Maßnahmen:
– Wartung,
– Inspektion (einschließlich sicherheitstechnische und messtechnische Kontrolle) und
– Instandsetzung
unterteilt werden.

17   Im Sinne der MPBetreibV sind aber auch die Maßnahmen zur **Aufbereitung eines Medizinprodukts** unter den Begriff der Instandhaltung zu subsumieren[6] (Rdnr. 47).

C. Allgemeine Anforderungen

I. Allgemeiner Grundsatz

18   Die Medizinprodukte-Betreiberverordnung geht von dem allgemeinen Grundsatz aus, dass Medizinprodukte nur im Rahmen der vom Hersteller festgelegten **Zweckbestimmung** unter Beachtung der Vorschriften der MPBetreibV, des Standes der Technik und der Arbeitsschutz- und Unfallverhütungsvorschriften errichtet, betrieben, angewendet und in Stand gesetzt werden dürfen. Neben der Zweckbestimmung sind die vom Hersteller mitgelieferten sonstigen sicherheitsbezogenen Informationen und Anwendungsbeschränkungen Grundlage für eine sachgerechte Anwendung.

19   Speziell für **Medizinprodukte mit Messfunktion** (medizinische Messgeräte) legt die Medizinprodukte-Betreiberverordnung expressis verbis in § 2 Abs. 6 fest, dass sie nur betrieben und angewendet werden dürfen, wenn sie die Fehlergrenzen nach § 11 Abs. 2 MPBetreibV einhalten. Im Konkreten bedeutet dieses Verbot, dass medizinische Messgeräte immer dann nicht betrieben bzw. angewendet werden dürfen, wenn der Termin für die nächste messtechnische Kontrolle abgelaufen ist. In diesem Zusammenhang ist aber auch die Forderung von § 11 Abs. 4 Nr. 1 und Nr. 2 MPBetreibV zu beachten, in der eine messtechnische Kontrolle immer dann auch außerhalb der normalen Fristen gefordert wird, wenn Anzeichen dafür vorliegen, dass das Medizinprodukt die geforderten Fehlergrenzen nicht einhält bzw. durch einen Eingriff oder auf andere Weise (z.B. Sturz des Medizinprodukts) seine messtechnischen Eigenschaften negativ beeinflusst worden sein könnten (Rdnr. 117).

II. Bedeutung der Zweckbestimmung

20   Der Zweckbestimmung eines Medizinprodukts kommt – nicht nur in diesem Zusammenhang – eine zentrale Bedeutung zu. Die MPBetreibV geht grundsätzlich davon aus, das Medizinprodukte nur entsprechend ihrer Zweckbestimmung **angewendet werden dürfen.** Eine Missachtung dieses Gebots ist aber **nicht** mit einer Strafe bzw. einer Ord-

---

[6] Vgl. § 4 Abs. 1 MPBetreibV.

nungswidrigkeit bedroht. Ein konkretes Verbot der Abweichung von der Zweckbestimmung ist vom Gesetzgeber weder im Medizinproduktegesetz noch in der Medizinprodukte-Betreiberverordnung aufgenommen worden.

Eine **Abweichung von der Zweckbestimmung** durch beispielsweise den Betreiber 21
oder aber auch durch den Anwender zieht eigenverantwortliches Handeln in Verbindung mit der Übernahme der vollständigen Haftung[7] – nicht nur für die geänderte Anwendung – nach sich (Rdnr. 57). Der Hersteller haftet bei Produktmängeln ausschließlich im Rahmen der von ihm festgelegten Zweckbestimmung.

III. Anwendungsverbote

Bei der Diskussion der allgemeinen Anforderungen der Medizinprodukte-Betreiber- 22
verordnung sind die Anwendungsverbote des Medizinproduktegesetzes mit einzubeziehen. So verbietet § 4 Abs. 1 Nr. 1 MPG u. a., Medizinprodukte in Betrieb zu nehmen, zu errichten, zu betreiben oder anzuwenden, wenn der begründete Verdacht besteht, dass die Sicherheit und die Gesundheit der Patienten, Anwender oder Dritter gefährdet wird. Es handelt sich hier um eine **potenzielle Gefährdung,** die trotz sachgemäßer Anwendung, Instandhaltung und einer Verwendung entsprechend der Zweckbestimmung (Rdnr. 20) besteht. Das Maß der nicht vertretbaren Gefährdung ergibt sich aus den Erkenntnissen der medizinischen Wissenschaft; eine notwendige Einschränkung, da ohne diese Relativierung die Anwendung jeglicher Medizinprodukte insbesondere unmittelbar am Patienten verboten wäre. Die Anwendung technischer Produkte bedingt immer für den Patienten ein Risiko; die Vertretbarkeit des Risikos – der Nutzen für den Patienten muss das mit der Anwendung verbundene Risiko eindeutig überwiegen – muss gewährleistet bleiben. Die Bedeutung dieses Anwendungsverbots ist mit einer Strafandrohung hervorgehoben. Nicht betroffen von dieser Regelung ist die unsachgemäße Anwendung, die Nicht-Instandhaltung oder die zweckwidrige Verwendung.[8]

Weiterhin ist nach § 4 Abs. 1 Nr. 2 MPG eindeutig verboten, Medizinprodukte in Be- 23
trieb zu nehmen oder anzuwenden, wenn das **Verfalldatum** – das Datum, bis zu dem eine gefahrlose Anwendung nachweislich möglich ist – abgelaufen ist. Das Verfalldatum wird vom Hersteller festgelegt. Somit kann der Betreiber oder der Anwender zunächst davon ausgehen, dass der Hersteller die gefahrlose Anwendung im Rahmen der Konformitätsbewertung des Medizinprodukts nachgewiesen hat. Da jedoch in diesem Zusammenhang der Gesetzgeber nicht von dem vom Hersteller festgelegten Verfalldatum ausgeht, ist somit auch nicht ausgeschlossen, dass eine andere Person als der Hersteller (z. B. der Betreiber oder der Anwender) den Nachweis einer gefahrlosen Anwendung führt und damit eigenverantwortlich ein anderes Verfalldatum festlegt. Dieses Anwendungsverbot ist mit einer Ordnungswidrigkeit bewehrt.

§ 14 Satz 2 MPG legt darüber hinaus fest, dass Medizinprodukte nicht betrieben bzw. 24
angewendet werden, wenn sie Mängel aufweisen, durch die Patienten, Beschäftigte oder Dritte gefährdet werden können. Im Gegensatz zu dem Verbot von § 4 Abs. 1 Nr. 1 MPG handelt es sich hier um **produktspezifische Mängel.** Gründe für einen Mangel können dabei beispielsweise sein:

– Mängel, die bereits **beim Kauf** der Medizinprodukte vorliegen. Diese Gruppe von 25
Mängeln scheint – dem ersten Anschein nach – nicht dem Verantwortungsbereich des Betreibers zuzurechnen zu sein, sondern ist vordergründig im Verantwortungsbereich des Herstellers angesiedelt. Trotzdem entbindet diese Herstellerverantwortung aber keinesfalls den Betreiber von seiner Sorgfaltspflicht bei der Beschaffung von Medizinpro-

---

[7] Hierzu im Einzelnen *Haindl/Helle*, MedR 2001, 411.
[8] Hierzu im Einzelnen *Böckmann/Frankenberger*, Kap. 8.2.

dukten. Hier geht der Gesetzgeber bewusst von einer Doppelverantwortung beim Schutz des Anwenders, Patienten oder Dritten aus. Der Hersteller ist verantwortlich, ein sicheres „gefährdungsfreies" Medizinprodukt in den Verkehr zu bringen, während der Betreiber dafür verantwortlich ist, dass dem Anwender ein sicheres „gefährdungsfreies" Medizinprodukt zur Verfügung gestellt wird.

26 – Mängel, die sich **während des Betriebs** einstellen. Die Vermeidung dieser betriebsbedingten Mängel ist zunächst eine unmittelbare Verpflichtung an den Betreiber im Rahmen seiner Verkehrssicherungspflicht. Aber auch hier geht der Gesetzgeber von einer Doppelverantwortung aus. Neben dem Betreiber hat der Anwender die Verpflichtung, die im Verkehr gebotene Sorgfalt zu beachten und nur sichere „gefährdungsfreie" Medizinprodukte am Patienten anzuwenden.

IV. Gerätekombinationen

27 **Miteinander verbundene Medizinprodukte** (Gerätekombination, System, Behandlungseinheit) – einschließlich der Kombination mit Zubehör, Software oder anderen Gegenständen (z.B. Nicht-Medizinprodukte, medizinisch-technische Geräte, die nach den Vorschriften der Medizingeräteverordnung[9] in den Betrieb genommen wurden) – dürfen nur betrieben und angewendet werden, wenn sie dazu unter Berücksichtigung der Zweckbestimmung (Rdnr. 20) und der Sicherheit der Patienten, Anwender, Beschäftigten oder Dritten geeignet sind.

28 Die Sicherheit einer Gerätekombination darf **vermutet** werden, wenn der Zusammenbauer der Gerätekombination erklärt, dass er die Zweckbestimmung einschließlich der vom Hersteller der Medizinprodukte vorgesehenen Anwendungsbeschränkung beachtet (Vereinbarkeit der in der Gerätekombination verwendeten Medizinprodukte) und die Arbeitsschritte beim Zusammensetzen der Gerätekombination durchgeführt hat. Dieser Kombination sind vom Zusammensetzer der Gerätekombination neben den Gebrauchsanweisungen der einzelnen Medizinprodukte zusätzlich sachdienliche Hinweise (Benutzerhinweise) beizulegen. Obwohl die Erklärung des Zusammensetzers nicht der Gerätekombination beigelegt werden muss, sollte sich der Betreiber zumindest eine schriftliche Zusicherung mit vergleichbarer Aussage vom Zusammensetzer geben lassen.

29 In allen anderen Fällen trägt die Gerätekombination eine **CE-Kennzeichnung,** mit der der Zusammensetzer bestätigt, dass alle zutreffenden Grundlegenden Anforderungen eingehalten werden.

V. Verantwortung des Anwenders

30 In Verbindung mit dem Gebot des Medizinproduktegesetzes, dass Medizinprodukte nicht angewendet werden dürfen, wenn sie Mängel aufweisen, durch die Patienten, Anwender und Dritte gefährdet werden können, ergibt sich für den Anwender eine wesentliche Verpflichtung. Der Anwender hat vor jeder Anwendung zu entscheiden, ob objektiv von dem Medizinprodukt eine Gefährdung ausgeht. Diesem Zweck dient insbesondere die Anforderung von § 2 Abs. 5 MPBetreibV, nach der ein Anwender sich vor jeder Anwendung eines Medizinprodukts von der Funktionsfähigkeit und dem ordnungsgemäßen Zustand des Medizinprodukts **zu überzeugen hat.**

---

[9] Verordnung über die Sicherheit medizinisch-technischer Geräte (Medizingeräteverordnung – MedGV) v. 14. 1. 1985 (BGBl. I S. 93), aufgehoben durch Art. 6 des Zweiten Gesetzes zur Änderung des Medizinproduktegesetzes v. 13. 12. 2001 (BGBl. I S. 3586).

Dem Betreiber obliegt in diesem Zusammenhang die **Verantwortung** der zur Verfü- 31
gungstellung eines sicheren „gefährdungsfreien" Medizinprodukts (Rdnr. 13) einschließlich der Schaffung der organisatorischen Voraussetzungen für den sicheren Betrieb.

D. Einweisung

Es ist unbestritten, dass ein sicheres „gefährdungsfreies" Medizinprodukt zwar eine un- 32
abdingbare Voraussetzung zum Schutz von Patienten, Anwendern und Dritten ist, aber
keinesfalls eine hinreichende, da selbst das sicherste Medizinprodukt in der Hand eines
ungeübten und unkundigen Anwenders eine potenzielle Gefährdung bedeutet.

I. Holpflicht des Anwenders

Die Medizinprodukte-Betreiberverordnung kennt **keine direkte Verpflichtung** des 33
Betreibers zur Einweisung der Anwender. Im Gegenteil: Der Anwender hat zunächst die
volle Verantwortung für eine sachgerechte Handhabung von Medizinprodukten am
Menschen – nicht der Betreiber. So verlangt § 2 Abs. 2 MPBetreibV unmissverständlich,
dass Medizinprodukte nur von Personen u. a. angewendet werden dürfen, die dafür die
notwendige Ausbildung oder Kenntnis und Erfahrung besitzen.

Es besteht somit eine **Holpflicht** seitens des Anwenders, sich vor der Anwendung eines 34
Medizinprodukts am Patienten sachkundig zu machen. Übernimmt ein Anwender die Beauftragung zur Anwendung eines Medizinprodukts, ohne dass er die Gewähr für die sachgerechte Handhabung bietet (Rdnr. 40), so liegt ein Übernahmeverschulden seitens des
Anwenders vor, für das er persönlich verantwortlich ist und haftbar gemacht werden kann.

Aus dieser **Anwenderverantwortung** in § 2 Abs. 2 MPBetreibV folgt indirekt aber 35
auch, dass der Anwender sich erneut einweisen lassen muss, wenn er den subjektiven
Eindruck gewinnt, dass eine sachgerechte Handhabung durch ihn nicht mehr gewährleistet ist. Der Begriff **„wiederkehrende Einweisung"** ist jedoch an keiner Stelle des Medizinproduktegesetzes und der Medizinprodukte-Betreiberverordnung – auch nicht sinngemäß – enthalten.

Diese Verpflichtung des Anwenders zur Gewährleistung einer sachgerechten Handha- 36
bung ergibt sich auch aus einem **Urteil des Bundesgerichtshofes** aus dem Jahr 1977.[10]
Im Rahmen der Entscheidung über Ansprüche aus einem Narkosezwischenfall hat der
Bundesgerichtshof betont, dass der Arzt über die Funktionsweise eines von ihm zu bedie-
nenden Geräts wenigstens in groben Zügen Bescheid wissen muss. Der Bundesgerichtshof
hat in seiner Entscheidung von 1977 aber auch berücksichtigt, dass es die zunehmende
Technisierung der modernen Medizin mit sich bringt, dass es ein Arzt nicht mehr alle
technischen Einzelheiten der ihm verfügbaren Geräte erfassen und gegenwärtig zu haben
vermag. Das befreit ihn aber nicht von der Pflicht, sich mit der Funktionsweise insbesondere von Geräten, deren Einsatz für den Patienten vitale Bedeutung hat, wenigstens insofern vertraut zu machen, wie dies einem naturwissenschaftlich und technologisch aufge-
schlossenen Menschen – und diese Fähigkeiten müssen vor allem bei einem Anästhesisten
vorausgesetzt werden – möglich und zumutbar ist.

II. Bringschuld des Betreibers

Diese im Urteil des Bundesgerichtshofes ausdrücklich betonte Anwenderverantwortung 37
befreit jedoch keinesfalls den Betreiber von seiner Verantwortung bei der Auswahl geeig-

---

[10] *BGH*, Urt. v. 11. 10. 1977 – VI ZR 10/75.

neter, qualifizierter Anwender (**Delegationsverantwortung**). So stellt der Bundesgerichtshof ebenfalls fest, dass sich ein Betreiber aus seiner Verantwortung für Versäumnisse des Arztes (Anwenders) nur durch den Nachweis entziehen kann, wenn der Arzt eine geeignete Belehrung wider Erwarten in den Wind geschlagen hat oder dass seine technische Unkenntnis für den Schaden nicht ursächlich geworden ist.

38 Diesem Sachverhalt trägt die Medizinprodukte-Betreiberverordnung mit der Forderung Rechnung, dass der Betreiber nur Personen mit dem Errichten und Anwenden von Medizinprodukten beauftragen darf, die über die geforderte Ausbildung oder Kenntnisse und Erfahrungen[11] verfügen. Aus dieser **Verantwortung zur qualifizierten Beauftragung** lässt sich somit – zumindest indirekt – eine Einweisungsbringschuld des Betreibers gegenüber dem Anwender ableiten.

III. Spezielle Vorschriften für aktive Medizinprodukte

39 Die allgemeinen Anforderungen an die Einweisung eines Anwenders werden für **aktive Medizinprodukte,** die in Anlage 1 der Medizinprodukte-Betreiberverordnung aufgelistet sind, wie folgt erweitert:
– Der Anwender muss vom Hersteller oder einer vom Betreiber beauftragten Person (Beauftragte Person, s. Rdnr. 46) **eingewiesen**[12] werden;
– die Einweisung ist im Medizinproduktebuch zu dokumentieren.

IV. Sachgerechte Handhabung

40 Die Medizinprodukte-Betreiberverordnung enthält **keine konkrete Anforderung** an den Inhalt einer Einweisung. In Verbindung mit der Anforderung an den Anwender für eine sachgerechte Handhabung lässt sich jedoch feststellen, dass eine **Einweisung folgende Sachverhalte** umfasst:[13]
– Kenntnis der vom Hersteller festgelegten Zweckbestimmung des Medizinprodukts einschließlich der Verdeutlichung der Konsequenzen bei einer zweckwidrigen Anwendung (Rdnr. 21);
– Kenntnis der theoretischen Grundlagen sowohl über das Therapie- bzw. Diagnoseverfahren als auch des physikalischen Hintergrunds der zur Anwendung kommenden Medizintechnik;
– Kenntnis der zulässigen Kombinierbarkeit mit Zubehör, Software, anderen Medizinprodukten bzw. Nicht-Medizinprodukten;
– Kenntnis aller Bedienungselemente und der zugehörigen Funktionen, unabhängig davon, ob diese Bedienungselemente im Routinebetrieb benötigt werden oder nicht, wie beispielsweise bei einem Herzschrittmacher-Programmiergerät die Kenntnis aller Programmschritte bei allen Herzschrittmachertypen, die vom Anwender ausgewählt werden können und somit jederzeit zugänglich sind, unabhängig davon, ob diese Typen vom Anwender implantiert werden oder nicht;
– Kenntnis der Bedienung (Handhabung) des Medizinprodukts einschließlich der patientengerechten Einstellung;
– Kenntnis des ordnungsgemäßen Zustandes des Medizinprodukts – dies schließt die Bedeutung des Termins für die nächste sicherheitstechnische bzw. messtechnische Kontrolle ebenso ein wie die Verwendung des geeigneten Zubehörs (z. B. Einmalartikel);

---

[11] Vgl. § 2 Abs. 2 MPBetreibV.
[12] Vgl. § 5 Abs. 2 MPBetreibV.
[13] Vgl. *Obermeyer,* Unterlagen zum Seminar über Inhalt und Umsetzung des MPG und der Betreiberverordnung. Veranstalter: *Frankenberger,* Forum für Medizintechnik e. V., Lübeck.

– Kenntnis der vorgeschriebenen Funktionsprüfung vor jeder Anwendung[14] (z. B. vom Hersteller vorgegebener Test unter Beachtung einer Checkliste zur Inbetriebnahme eines Medizinprodukts vor der Anwendung);
– Kenntnis des Stands der Technik insbesondere im Hinblick auf sog. Anwendungsregeln.

E. Erstmalige Inbetriebnahme

I. Pflicht des Betreibers

Aktive Medizinprodukte, die in Anlage 1 MPBetreibV aufgelistet sind, dürfen am Patienten erst dann angewendet werden, nachdem im Rahmen der erstmaligen Inbetriebnahme: **41**
– eine Funktionsprüfung am Betriebsort durchgeführt ist;
– die vom Betreiber beauftragte Person (Beauftragte Person, Rdnr. 46) in die sachgerechte Handhabung (Rdnr. 40), Anwendung und den Betrieb des Medizinprodukts anhand der Gebrauchsanweisung sowie der vom Hersteller beigefügten sicherheitsbezogenen Informationen und Instandhaltungshinweise eingewiesen (ausgebildet) ist. In diese Ausbildung einzubeziehen ist auch die Vermittlung der Kenntnis in die zulässige Verbindung mit anderen Medizinprodukten, Gegenständen und Zubehör (Rdnr. 27).

Der Betreiber hat dafür Sorge zu tragen, dass bei allen Medizinprodukten der Anlage 1 **42** der MPBetreibV die Maßnahmen der erstmaligen Inbetriebnahme **vor der ersten Anwendung** am Patienten durchgeführt wurden. Die einzige Ausnahme ist in § 5 Abs. 1 Satz 2 MPBetreibV vorgesehen. Eine Einweisung der Beauftragten Person **kann entfallen,** wenn sie für ein baugleiches Medizinprodukt bereits erfolgt ist. Diese Ausnahmeregelung trifft nur für den Betreiber – nicht aber für den Hersteller – zu. Der Hersteller hat die vom Betreiber beauftragte Person immer dann auszubilden, wenn der Betreiber hierzu einen Auftrag erteilt.

II. Recht des Herstellers

Das ausschließliche Recht zur Durchführung der Funktionsprüfung von in Anlage 1 der **43** MPBetreibV gelisteten aktiven Medizinprodukten am Betriebsort und zur Einweisung der Beauftragten Person (Rndr. 46) haben der Hersteller und eine hierzu befugte Person, die ausdrücklich im Einvernehmen mit dem Hersteller handelt (Rdnr. 44). Es besteht jedoch im Rahmen der Medizinprodukte-Betreiberverordnung **keine Verpflichtung für den Hersteller,** die Maßnahmen der erstmaligen Inbetriebnahme durchführen zu müssen. Der Betreiber muss mit dem Hersteller eine privatrechtliche Vereinbarung – z. B. im Rahmen des Kaufvertrages – zur erstmaligen Inbetriebnahme treffen.

III. Befugte Person

Üblicherweise ist die befugte Person ein Mitarbeiter aus dem Fachhandel. Es gibt jedoch keinerlei rechtliche Vorgaben für diesen Personenkreis, so dass auch Mitarbeiter des Betreibers die Aufgaben einer befugten Person wahrnehmen können. Die einzige Bedingung ist, dass diese Person im Einvernehmen mit dem Hersteller handelt, d. h. der Hersteller hat dieser **Person die Befugnis zu erteilen,** in seinem Namen die erstmalige

---

[14] Vgl. § 2 Abs. 5 MPBetreibV.

Inbetriebnahme durchzuführen. Diese Befugnis kann sich dabei auf die Funktionsprüfung am Betriebsort und/oder die Einweisung der Beauftragten Person erstrecken.

45   Mit der Befugnis von Personen ist für den Hersteller die **Verpflichtung** verbunden, diesen Personenkreis ständig auf dem Laufenden zu halten. Insbesondere sind Produktänderungen und bekanntgewordene Mängel, die insbesondere bei der Einweisung der Anwender zu berücksichtigen sind, den befugten Personen regelmäßig mitzuteilen. Die Befugnis von Mitarbeitern des Betreibers hat für beide Seiten – Hersteller und Betreiber – entscheidende Vorteile:

– Der Hersteller hat einen Ansprechpartner beim Betreiber, dem er wichtige Produktinformationen persönlich mitteilen kann;

– der Betreiber hat im eigenen Mitarbeiterkreis eine Person, die jederzeit Beauftragte Personen ausbilden darf. Dieser Vorteil ist insbesondere dann von größter Bedeutung, wenn ein Hersteller bei älteren Medizinprodukten keine „Produktpflege" mehr unterhalten kann und es dann für den Betreiber sehr schwierig werden kann, weitere Beauftragte Personen ausbilden zu lassen.

IV. Beauftragte Person

46   Zum Zeitpunkt der erstmaligen Inbetriebnahme aktiver Medizinprodukte, die in der Anlage 1 der MPBetreibV aufgelistet sind, muss der Betreiber einen Mitarbeiter beauftragen **(Beauftragte Person),** die vom Hersteller oder einer hierzu befugten Person (Rdnr. 44) in die sachgerechte Handhabung des Medizinprodukts eingewiesen (ausgebildet) wird.

F. Instandhaltung

47   Im Sinne der MPBetreibV umfasst die **Instandhaltung** von Medizinprodukten:
– Wartung,
– Inspektion,
– Instandsetzung (Reparatur) und
– Aufbereitung.
Die drei zuerst genannten Tätigkeiten zählen auch nach DIN EN 13 306 zur Instandhaltung. Als eine spezielle Maßnahme einer Instandsetzung ist zusätzlich die Aufbereitung von Medizinprodukten aufgeführt. Mit Ausnahme zur Aufbereitung und zu den Kontrolltätigkeiten (sicherheitstechnische und messtechnische Kontrolle als spezielle Maßnahme einer Inspektion) enthält die MPBetreibV selbst keinerlei konkrete Anforderungen an die Tätigkeit „Wartung – Inspektion – Instandsetzung". Es wird ganz allgemein in § 2 Abs. 1 MPBetreibV angesprochen, dass eine Instandhaltung von Medizinprodukten nur entsprechend der Zweckbestimmung, den Vorschriften der Medizinprodukte-Betreiberverordnung, den allgemein anerkannten Regeln der Technik und den Arbeitsschutz- und Unfallverhütungsvorschriften zu erfolgen hat.

I. Aufbereitung

48   Die **Legaldefinition** für Aufbereitung findet sich in § 3 Nr. 14 MPG:

Die Aufbereitung von bestimmungsgemäß keimarm oder steril zur Anwendung kommenden Medizinprodukten ist die nach deren Inbetriebnahme zum Zwecke der erneuten Anwendung durchgeführte Reinigung, Desinfektion und Sterilisation einschließlich der damit zusammenhängenden Arbeitsschritte sowie die Prüfung und Wiederherstellung der technisch-funktionellen Sicherheit.

Die Aufbereitung von bestimmungsgemäß keimarm oder steril zur Anwendung kom- **49** menden Medizinprodukten ist unter Berücksichtigung der Angaben des Herstellers **mit geeigneten validierten Verfahren** so durchzuführen, dass der Erfolg dieser Verfahren nachvollziehbar gewährleistet ist und die Sicherheit und Gesundheit von Patienten, Anwendern oder Dritten nicht gefährdet wird. Dies gilt auch für Medizinprodukte, die vor der erstmaligen Anwendung desinfiziert oder sterilisiert werden.

Eine ordnungsgemäße Aufbereitung wird **vermutet,** wenn die gemeinsame Empfeh- **50** lung der Kommission für Krankenhaushygiene und Infektionsprävention am Robert Koch-Institut und des Bundesinstituts für Arzneimittel und Medizinprodukte zu den Anforderungen an die Hygiene bei der Aufbereitung von Medizinprodukten[15] beachtet wird.

Wesentlich für die Sicherheit des Patienten ist der Zusatz in der Legaldefinition, dass die **51** Aufbereitung auch die **Prüfung und Wiederherstellung der technisch-funktionellen Sicherheit** umfasst. Damit dehnt das Medizinproduktegesetz den Prozess der unmittelbaren hygienischen Aufbereitung – einschließlich der zugehörigen Arbeitsschritte, z.B. des Nachweises der hygienischen Unbedenklichkeit – eindeutig auf alle Maßnahmen zur Gewährleistung der technisch-funktionellen Sicherheit aus. Das aufbereitete Medizinprodukt muss funktionell und technisch unbedenklich sein und in seinen Eigenschaften mit dem Zustand bei der erstmaligen Inbetriebnahme vergleichbar sein. Durch den Aufbereitungsprozess dürfen für den Patienten, den Anwender oder einen Dritten keine zusätzlichen Risiken entstehen.

1. Aufbereitung von Einmalprodukten

In beiden Rechtsvorschriften, aber auch in der Empfehlung der Kommission für **52** Krankenhaushygiene und Infektionsprävention, wird die Frage der **Aufbereitung von Einmalprodukten** ausgeklammert. Lediglich aus einer Kurzdarstellung des Bundesgesundheitsministeriums zu einigen zentralen Regelungen des 2. MPG-ÄndG lässt sich ableiten, dass die mit dem 2. MPG-ÄndG beim Thema „Aufbereitung" vorgenommenen Änderungen auch für die Aufbereitung von Einmalprodukten Gültigkeit besitzen sollen.[16]

2. Bedeutung der Herstellerfestlegung: „zur einmaligen Verwendung"

Die zentrale Frage in diesem Zusammenhang wurde mit dem 2. MPG-ÄndG jedoch **53** nicht beantwortet: Gehört die Festlegung des Herstellers „Medizinprodukt zur einmaligen Verwendung" zur **Zweckbestimmung**[17] oder handelt es sich beispielsweise um eine **Anwendungsbeschränkung** oder um eine **Begriffsbestimmung** des Herstellers? Die Antwort auf diese Frage wird in der Fachöffentlichkeit sehr kontrovers diskutiert. Das Bundesgesundheitsministerium vertritt nach wie vor die Auffassung, dass die Bezeichnung „Einmalprodukt" oder ähnliche Bezeichnungen keine Zweckbestimmung i.S.d. Medizinproduktegesetzes seien, da die – gemeint ist die Zweckbestimmung – sich nur auf die Definitionen gem. § 3 Nr. 1 MPG beziehen könne.

Dreh- und Angelpunkt dieser Diskussion ist die Forderung der Medizinprodukte- **54** Betreiberverordnung, dass Medizinprodukte **nur ihrer Zweckbestimmung entsprechend** errichtet, betrieben, angewendet und in Stand gehalten werden. Diese Anforderung ist formal nicht mit einer Ordnungswidrigkeit belegt. Wenn es sich aber hier um eine zweckwidrige Anwendung des Medizinprodukts handelt, hat dieses zweifelsohne eine

---

[15] Bundesgesundheitsblatt 44 (2001), S. 1115; im Internet: http://www.rki.de/GESUND/HYGIENE/ANFORDHYGMED.PDF (Stand: 10/2002).
[16] *Reischl,* MPJ 2001, 112.
[17] *Hill/Schmitt,* § 3 MPG Anm. 10.

Verschärfung der zivilrechtlichen Haftung für den Betreiber, ggf. auch für den Anwender zur Folge.

55   Geht man von der Legaldefinition im Medizinproduktegesetz[18] aus, so gilt:

> Zweckbestimmung ist die Verwendung, für die das Medizinprodukt in der Kennzeichnung, der Gebrauchsanweisung oder den Werbematerialien nach den Angaben des in Nummer 15 genannten Personenkreises [gemeint ist der Hersteller, der Verf.] bestimmt ist.

Nur hier – und sonst an keiner anderen Stelle des Medizinproduktegesetzes – findet sich ein Hinweis darauf, dass sich die vom Hersteller festzulegende Zweckbestimmung **ausschließlich auf die Anwendungen i. S. v. § 3 Nr. 1 MPG** bezieht. Selbstverständlich enthält die Zweckbestimmung mindestens eine der in § 3 Nr. 1 MPG genannten Anwendungen, denn sonst handelt es sich nicht um ein Medizinprodukt und das Medizinproduktegesetz wäre grundsätzlich nicht anwendbar.

56   Geht man von der Notwendigkeit einer richtlinienkonformen Auslegung der Anforderungen des Medizinproduktegesetzes aus, so ist zweifelsfrei festzustellen, dass ohne die über § 3 MPG hinausgehenden, ergänzenden Angaben in der vom Hersteller festzulegenden Zweckbestimmung – z. B. Angaben über die Verwendungshäufigkeit eines Medizinprodukts – die Voraussetzungen für das erstmalige Inverkehrbringen **nicht sachgerecht** durchführbar sind, z. B:
- Die Anwendung der Klassifizierungsregeln richtet sich nach der Zweckbestimmung des Herstellers.
- Der Nachweis der Einhaltung der im Rahmen der Zweckbestimmung auf ein Medizinprodukt zutreffenden Grundlegenden Anforderungen[19] mittels vorgegebenem Konformitätsbewertungsverfahren wäre nicht ordnungsgemäß durchführbar.

Zu dieser Feststellung kommen auch *Haindl* und *Helle*[20] auf Grund ihrer systematischen Interpretation des Medizinproduktegesetzes unter gleichzeitiger Berücksichtigung des dem Medizinprodukterecht zugrunde liegenden Sicherheitskonzepts. In einer Antwort der EU-Kommission auf die Anfrage eines Abgeordneten des Europäischen Parlaments wird diesbezüglich unmissverständlich festgestellt:

> Ob ein Medizinprodukt wieder verwendbar ist, hängt von dem Verwendungszweck ab, den der Hersteller auf Grund der Auslegung des Produkts und technischer Gegebenheiten festlegt.[21]

3. Rechtliche Zulässigkeit

57   Die Aufbereitung von Einmalartikeln ist expressis verbis an keiner Stelle des Medizinproduktegesetzes oder der MPBetreibV weder direkt noch indirekt verboten. Im Gegenteil: Die Bundesregierung verfolgt mit dem 2. MPG-ÄndG die Strategie, die bisher bestehenden Vorschriften stringenter zu fassen, welches zwangsläufig zu einer **Verschärfung der Vorschriften** für die Aufbereitung von Medizinprodukten führt. Wörtlich heißt es: „Kostengesichtspunkte dürfen aber nicht zu Lasten des Patienten- und Verbraucherschutzes angeführt werden."[22]

58   Beide Rechtsvorschriften (MPG und MPBetreibV) beziehen sich aber nur ganz allgemein auf die Aufbereitung von Medizinprodukten, die bestimmungsgemäß keimarm oder steril zur Anwendung kommen. **Ausdrückliche Vorschriften** für die Wiederverwendung und Resterilisation von Medizinprodukten, die der Hersteller zur einmaligen Verwendung bestimmt hat, sind **nicht vorhanden.**

59   Trotz umfangreicher Ergänzung der Anforderungen bis hin zur Einbeziehung externer Dienstleister in die behördliche Überwachung bleibt das Problem des Gebots der aus-

---

[18] Vgl. § 3 Nr. 10 MPG.
[19] Art. 3 der Richtlinie 93/42/EWG.
[20] *Haindl/Helle,* MedR 2001, 414 f.
[21] ABl. EG Nr. C 174, Entscheidung v. 19. 6. 2001, S. 243 f.
[22] *Reischl,* MPJ 2001, 112.

schließlichen Anwendung im Rahmen der vom Hersteller festgelegten Zweckbestimmung (Rdnr. 20) mit der möglichen Konsequenz einer **erheblichen haftungsrechtlichen Verschärfung** für Betreiber, Anwender und Aufbereiter erhalten.

II. Qualifikation des Instandhalters

Medizinprodukte dürfen nur von Personen in Stand gehalten werden, die dafür die erforderliche Ausbildung oder Kenntnis und Erfahrung besitzen. Eine Konkretisierung der Anforderungen an die Ausbildung, den Kenntnisstand bzw. den Umfang der Erfahrung erfolgt nicht. Es ist in die **Verantwortung des Betreibers** gestellt, in jedem Fall zu entscheiden, ob die Person qualifiziert ist, um die erforderliche Instandhaltungsmaßnahme sachgerecht und kompetent ausführen zu können. Aus einer Bekanntmachung des Bundesarbeitsministeriums zu einer gleich lautenden Vorschrift der Medizingeräteverordnung kann das Folgende sinngemäß abgeleitet werden. 60

1. Ausbildung

Die Anforderungen nach einer entsprechenden Ausbildung gelten als erfüllt, wenn der Instandhalter eine **berufliche Ausbildung** in einem entsprechenden Fachgebiet erfolgreich abgeschlossen hat oder eine andere Ausbildung – mehrjährige berufliche Erfahrung in dem entsprechenden Fachgebiet – nachweist, die in gleicher Weise zur Durchführung von Instandhaltungsmaßnahmen befähigt. Die Anforderung nach der Tiefe und Breite der Fachausbildung richtet sich dabei nach den beabsichtigten Instandhaltungsmaßnahmen. So kann einerseits eine Fachausbildung ausreichend sein, während andererseits, beispielsweise bei der Durchführung sicherheitstechnischer Kontrollen an komplexen Medizinprodukten unterschiedlicher Hersteller, ein abgeschlossenes Hochschulstudium vorauszusetzen ist. 61

2. Kenntnis

Die Anforderung nach entsprechenden Kenntnissen werden im Normalfall damit erfüllt, dass der Instandhalter für das jeweilige Medizinprodukt in Verbindung mit der von ihm erwarteten Instandhaltungsmaßnahme entsprechende Kenntnisse nachweisen kann, die er beispielsweise durch eine betriebliche Ausbildung, Fachlehrgänge oder Schulungen bei dem jeweiligen Hersteller erworben hat. Unabhängig von dieser rein fachlichen Qualifikation ist aber auch zu fordern, dass der Instandhalter die **einschlägigen Rechtsvorschriften** sowie die zu beachtenden allgemein anerkannten **Regeln der Technik und Unfallverhütungs- und Arbeitsschutzvorschriften** so weit **beherrscht,** wie es im Rahmen der von ihm durchzuführenden Instandhaltungsmaßnahmen notwendig ist. 62

3. Erfahrung

Ausbildung und Kenntnis allein reichen jedoch nicht aus, um qualifiziert Medizinprodukte instandzuhalten – zu warten, zu inspizieren, in Stand zu setzen, aufzubereiten sowie sicherheitstechnische oder messtechnische Kontrollen durchzuführen. Diesem Gedanken folgt auch die Medizinprodukte-Betreiberverordnung und fordert zurecht eine – durch **praktische Tätigkeit** gewonnene – Erfahrung. Einen Rahmen über die zeitlichen Vorstellungen, in dem diese praktische Erfahrung gewonnen wird, gibt jedoch der Verordnungsgeber nicht vor. Es ist – in Abhängigkeit von Tiefe, Komplexität der Tätigkeit und Menge unterschiedlicher Medizinprodukte verschiedener Hersteller – von einem Zeitraum bis zu zwei Jahren auszugehen. [23] 63

---

[23] Richtlinie für Anforderungen an Personen nach § 11 Abs. 2 MedGV, denen die Durchführung sicherheitstechnischer Kontrollen übertragen werden soll (BArbBl. 5/1987, S. 49).

G. Kontrollen im medizinischen Laboratorium

64   Mit dem Zweiten Gesetz zur Änderung des Medizinproduktegesetzes wurde die EG-Richtlinie 98/79/EG über In-vitro-Diagnostika in nationales Recht umgesetzt, was auch Einfluss hat auf Anforderungen für den **Betrieb von medizinischen Laboratorien.** Diese Anforderungen sind zusammengefasst im § 4a MPBetreibV. Im Wesentlichen konzentrieren sich diese Anforderungen auf interne und externe qualitätssichernde Maßnahmen, wobei ausdrücklich Laboruntersuchungen im Bereich der Zahnheilkunde von diesen Anforderungen ausgenommen sind.

I. Kontrolluntersuchungen

65   Medizinische Laboratorien, in denen quantitative labormedizinische Untersuchungen durchgeführt werden, sind zur **internen Qualitätssicherung** durch Kontrolluntersuchungen verpflichtet. Die entsprechenden Verfahren haben sich am Stand der Technik zu orientieren. Eine Möglichkeit einer internen Qualitätssicherung ist dabei in der „Richtlinie der Bundesärztekammer zur Qualitätssicherung in Medizinischen Laboratorien"[24] in Abschnitt 3.1 dargelegt. Die Anwendung dieser Richtlinie ist freiwillig.

66   Die Ergebnisse der durchgeführten Kontrolluntersuchungen sind mindestens **fünf Jahre aufzubewahren** – sofern nicht andere Vorschriften eine längere Aufbewahrungsfrist vorschreiben. Die zuständige Behörde hat das Recht zur Einsichtnahme in diese Unterlagen.

II. Vergleichsmessungen

67   Neben der Durchführung von internen Qualitätssicherungsmaßnahmen (Kontrollmessungen) verlangt die MPBetreibV verbindlich die Teilnahme an einer Vergleichsmessung. Bei dieser Vergleichsmessung handelt es sich um eine **externe Qualitätssicherung.** Sie wird im Rahmen von Ringversuchen durchgeführt. Der Ringversuchsteilnehmer führt die Analysen der ihm zur Verfügung gestellten Ringversuchsproben unter Routinebedingungen seines Labors durch und trägt die gewonnenen Messergebnisse und die jeweils verwendete Messmethode in das dafür vorgesehene Prüfprotokoll ein.

68   Die Teilnahme an einer Vergleichsmessung **einmal pro Quartal** ist für alle medizinischen Laboratorien, in denen quantitative labormedizinische Untersuchungen durchgeführt werden, **verbindlich vorgeschrieben.** Bei der Methode der Vergleichsmessung wird – im Gegensatz zur internen Qualitätssicherung – verbindlich auf die Maßnahmen der externen Qualitätssicherung (Ringversuch) der „Richtlinie zur Qualitätssicherung quantitativer labormedizinischer Untersuchungen" verwiesen. Bei erfolgreicher Teilnahme wird ein Ringversuchszertifikat ausgestellt.

69   Die Bescheinigungen über die Teilnahme an den Ringversuchen und die erteilten **Ringversuchszertifikate** sind mindestens **fünf Jahre aufzubewahren** – sofern nicht andere Vorschriften eine längere Aufbewahrungsfrist vorschreiben. Die zuständige Behörde hat das Recht zur Einsichtnahme in diese Unterlagen.

H. Sicherheitstechnische und messtechnische Kontrolle

70   Um das Ziel der Verbesserung der Sicherheit von Patienten, Beschäftigten oder Dritten erreichen zu können, sieht die Medizinprodukte-Betreiberverordnung als **prophylakti-**

---

[24] Abgedruckt in: DÄBl. 1998, A-2747.

sche Maßnahmen bei bestimmten in Betrieb befindlichen aktiven nicht implantierbaren Medizinprodukten vor:
– sicherheitstechnische Kontrollen (STK) zum Nachweis der sicherheitstechnischen Unbedenklichkeit, um Mängel, mit denen aufgrund der Erfahrungen gerechnet werden muss, rechtzeitig – also vor einer Auswirkung am Patienten, Beschäftigten oder Dritten – erkennen zu können und
– messtechnische Kontrollen (MTK) zum Nachweis der Einhaltung der zulässigen maximalen Messabweichungen (Fehlergrenzen).

I. Sicherheitstechnische Kontrolle

1. Ziel und Bedeutung der sicherheitstechnischen Kontrolle

Der Bundesgesundheitsminister hat die Ermächtigung von § 37 Abs. 5 Nr. 5 MPG genutzt und für bestimmte Medizinprodukte (Rdnr. 77) eine sicherheitstechnische Kontrolle vorgeschrieben. Mit dieser prophylaktischen Maßnahme wird das erklärte Ziel des Medizinproduktegesetzes – Verbesserung der Sicherheit von Patienten, Anwendern und Dritten – maßgeblich unterstützt. Die Medizinprodukte-Betreiberverordnung legt somit – genauso wie es die Medizingeräteverordnung tat – den Schwerpunkt auf eine **rechtzeitige Erkennung** von potenziell gefährlichen Mängeln. **71**

Die sicherheitstechnische Kontrolle ist im Sinne der Instandhaltung eine Inspektion unter dem besonderen Gesichtspunkt der Feststellung des sicherheitstechnischen **Ist-Zustands** eines aktiven nicht implantierbaren Medizinprodukts. Das Ziel einer sicherheitstechnischen Kontrolle ist die Beurteilung des sicherheitstechnischen Ist-Zustands eines bereits in den Betrieb genommenen aktiven nicht implantierbaren Medizinprodukts. Mängel, die den Patienten oder Anwender gefährden könnten (potenzielle Gefährdungen) sollen rechtzeitig erkannt werden, d. h. bevor sie sich gefährlich am oder für den Menschen auswirken können. Das Ergebnis der sicherheitstechnischen Kontrolle bezieht sich ausschließlich auf die **gefährdungsfreie Verwendung** des Medizinprodukts im Zeitraum bis zum nächsten Prüftermin. **72**

Es ist **nicht das Ziel** einer sicherheitstechnischen Kontrolle, die Einhaltung der zutreffenden Grundlegenden Anforderungen zu bewerten. Dies ist Aufgabe des Herstellers, die er im Rahmen der Konformitätsbewertung vor dem erstmaligen Inverkehrbringen durchzuführen hat. Es ist darüber hinaus auch nicht das Ziel einer sicherheitstechnischen Kontrolle, eine Bewertung der fachlichen Qualität einer Instandsetzung abzugeben. Eine unqualifizierte Instandsetzung könnte jedoch ein Grund sein für eine möglicherweise im Rahmen der sicherheitstechnischen Kontrolle festgestellten potenziellen Gefährdung. Diese Feststellung ist bei der Betrachtung der Forderung nach „Weisungsfreiheit des Prüfers" bei seiner Kontrolltätigkeit von Bedeutung und grenzt zudem die Prüfungen nach erfolgter Instandsetzung von der Aussage einer sicherheitstechnischen Kontrolle ab. **73**

Die sicherheitstechnische Kontrolle **umfasst:** **74**
– die Beurteilung des sicherheitstechnischen Ist-Zustands eines Medizinprodukts zum Zeitpunkt der Prüfung und
– die Beurteilung der voraussichtlichen Entwicklung des sicherheitstechnischen Zustands des geprüften Medizinprodukts im Zeitraum bis zum nächsten Prüftermin, insbesondere dabei im Hinblick auf eine absehbare Entwicklung beispielsweise auf Grund von Alterung und Verschleiß.

2. Prüfpflichtige Medizinprodukte

Aus der Einordnung von § 6 MPBetreibV in den Abschnitt 2 „Spezielle Vorschriften für aktive Medizinprodukte" – in Verbindung mit der Definition in Anlage 1 MPBetreibV – ist zunächst grundsätzlich zu folgern, dass nicht aktive Medizinprodukte **keiner Prüfpflicht** unterliegen. Prüfpflicht besteht für alle aktiven nicht implantierbaren Medizinprodukte, für **75** die der Hersteller sicherheitstechnische Kontrollen vorschreibt, wobei der Begriff „sicherheitstechnische Kontrolle" **nicht expressis verbis** verwandt werden muss. Alle Angaben, die dazu dienen, den sicheren und ordnungsgemäßen Betrieb zu gewährleisten, sind im Sinne einer sicherheitstechnischen Kontrolle zu interpretieren und folglich vom Betreiber entsprechend den Angaben des Herstellers durchzuführen.

76 Diese Forderung der Medizinprodukte-Betreiberverordnung geht auf die Grundlegenden Anforderungen der EG-Richtlinie 93/42/EWG über Medizinprodukte zurück. Nach Anhang I Nr. 13.6 d) ist der Hersteller verpflichtet, in der **Gebrauchsanweisung** folgende Angabe zu machen:

[…] mit denen überprüft werden kann, ob ein Produkt ordnungsgemäß installiert worden ist und sich in sicherem und betriebsbereitem Zustand befindet, sowie Angaben zu Art und Häufigkeit der Instandhaltungsmaßnahmen und der Kalibrierung, die erforderlich sind, um den sicheren und ordnungsgemäßen Betrieb der Produkte fortwährend zu gewährleisten;

77 Legt der Hersteller keine Maßnahmen im Sinne einer sicherheitstechnischen Kontrolle fest, sind **alle aktiven nicht implantierbaren Medizinprodukte** der Anlage 1 der MPBetreibV einer sicherheitstechnischen Kontrolle zu unterziehen. In diesem Fall muss der Betreiber sowohl Umfang als auch Fristen für die sicherheitstechnische Kontrolle eigenverantwortlich festlegen (Rdnr. 80–84).

78 Die Anforderung zur Durchführung einer sicherheitstechnischen Kontrolle bei einem Medizinprodukt der Anlage 1 der MPBetreibV **entfällt nur dann,** wenn der Hersteller ausdrücklich eine sicherheitstechnische Kontrolle ausgeschlossen hat. In diesem Zusammenhang ist ausdrücklich darauf hinzuweisen, dass keine Angaben des Herstellers zu sicherheitstechnischen Kontrollen keinen Befreiungsgrund darstellen (Rdnr. 80).

3. Umfang und Fristen sicherheitstechnischer Kontrollen

79 Grundsätzlich geht die Medizinprodukte-Betreiberverordnung zunächst davon aus, dass der Hersteller in der Gebrauchsanweisung oder in den Begleitpapieren die Art der Maßnahmen und die Häufigkeit ihrer Durchführung angibt, die erforderlich sind, um den sicheren und ordnungsgemäßen Betrieb seiner Medizinprodukte fortwährend zu gewährleisten. Zusätzlich sind die Angaben in den allgemein anerkannten Regeln der Technik zu beachten. Die Angaben zur Häufigkeit der Durchführung **(Frist)** sind verbindliche Vorgaben für den Betreiber, während die Angabe der Art der durchzuführenden Maßnahmen **(Umfang)** verbindlich für die Durchführung einer sicherheitstechnischen Kontrolle ist, an die sich der Prüfer zu halten hat.

80 Trifft der Hersteller jedoch keinerlei Festlegung und verweist er auch nicht expressis verbis darauf, dass bei seinem Produkt zur Gewährleistung des sicheren und ordnungsgemäßen Betriebs keine sicherheitstechnische Kontrolle erforderlich ist, so muss der Betreiber **eigenverantwortlich** den Umfang und Frist einer sicherheitstechnischen Kontrolle festlegen.

81 Grundlage für diese Festlegung durch den Betreiber sollen die **allgemein anerkannten Regeln der Technik** sein. Der Betreiber hat aber ergänzend die Erfahrungen mit dem entsprechenden Medizinprodukt insoweit zu berücksichtigen, dass entsprechende Mängel, mit denen aufgrund der Erfahrung gerechnet werden muss, rechtzeitig festgestellt werden können[25] – also durch eine sicherheitstechnische Kontrolle erkannt werden, bevor sie sich am Patienten gefährdend auswirken können.

82 Erfahrungsgemäß ist es für einen Betreiber äußerst schwierig, unter den genannten Rahmenbedingungen Umfang und Frist einer sicherheitstechnischen Kontrolle festzulegen. Hier bietet es sich an, im Vorfeld bereits **während des Beschaffungsvorgangs** sich Klarheit darüber zu verschaffen, ob es sich bei dem zu beschaffenden Medizinprodukt um ein aktives nicht implantierbares Medizinprodukt nach Anlage 1 der MPBetreibV handelt

---

[25] Vgl. § 6 Abs. 1 Satz 2 MPBetreibV.

und wenn ja, ob der Hersteller entsprechende Festlegungen trifft. Ist dies nicht der Fall, sollte der Hersteller um eine eindeutige Aussage – keine sicherheitstechnische Kontrolle erforderlich bzw. welche Maßnahmen in welchen Zeitabständen durchzuführen sind – gebeten werden.

Grundsätzlich kann aber angemerkt werden, dass **folgender Umfang** in der Praxis sich **83** bewährt hat und damit den Stand der Technik repräsentiert:
- Feststellung der tatsächlichen Verwendung und Vergleich mit der Zweckbestimmung des Herstellers,
- Sichtprüfung des allgemeinen Zustandes des Medizinprodukts,
- Funktionsprüfung aller Schutzsysteme,
- Prüfung der elektrischen Sicherheit,
- Prüfung der bestimmungsgemäßen Funktion,
- Prüfung aller Messfunktionen[26] – diese Kontrollen entsprechen den messtechnischen Kontrollen i. S. v. § 11 MPBetreibV und sind auch bei Medizinprodukten durchzuführen, die nicht in der Anlage 2 der MPBetreibV genannt sind.

Bezüglich der Festlegung der **Frist zur Durchführung** einer sicherheitstechnischen **84** Kontrolle enthält die Medizinprodukte-Betreiberverordnung die Mindestanforderung, dass immer dann, wenn der Hersteller keine Festlegungen trifft, eine sicherheitstechnische Kontrolle mindestens alle zwei Jahre[27] durchzuführen ist. Aber auch hier hat der Betreiber den Grundsatz zu beachten, dass eine sicherheitstechnische Kontrolle so festzulegen ist, dass ein entsprechender Mangel, mit dem auf Grund der Erfahrungen gerechnet werden muss, rechtzeitig erkannt werden kann (Rdnr. 81). Diese Mindestfrist von zwei Jahren bindet keinesfalls den Hersteller bei der Festlegung der Zeitabstände zwischen zwei Kontrollen. Es unterliegt der **Herstellerverantwortung,** den Zeitraum so festzulegen, dass ein sicherer und ordnungsgemäßer Betrieb des Medizinprodukts gewährleistet werden kann.

Die zuständige Behörde kann auf Antrag des Betreibers in begründeten Fällen im Ein- **85** zelfall sowohl die vom Hersteller festgelegte Frist als auch die Mindestfrist von zwei Jahren **verlängern.** Der Betreiber hat den Antrag dahingehend zu begründen, dass die Sicherheit beim Umgang mit dem Medizinprodukt auf eine andere Art und Weise gewährleistet wird.

In die sicherheitstechnische Kontrolle mit einzubeziehen sind Zubehör, Einmalarti- **86** kel und weitere Produkte **(Medizinprodukte und Nicht-Medizinprodukte),** mit denen das entsprechende Medizinprodukt üblicherweise in der Anwendung kombiniert wird.

4. Anforderungen an den Prüfer

Eine sicherheitstechnische Kontrolle **darf nur ausführen, wer:** **87**
- auf Grund seiner Ausbildung, Kenntnisse und durch praktische Tätigkeit gewonnenen Erfahrungen die Gewähr für eine ordnungsgemäße Durchführung der sicherheitstechnischen Kontrolle bietet,
- hinsichtlich der Kontrolltätigkeit keiner Weisung unterliegt (Rdnr. 93) und
- über geeignete Mess- und Prüfeinrichtungen verfügt.

Die Medizinprodukte-Betreiberverordnung enthält über diese sehr allgemein gehalte- **88** nen Anforderungen an den Prüfer **keine weitergehende Präzisierung.** Die Entscheidung hierüber trifft eigenverantwortlich der Betreiber. Lediglich in Zweifelsfällen kann die zuständige Behörde den Nachweis der Qualifikation eines Prüfers vom Betreiber verlangen.

Der Beurteilungsmaßstab für die Einhaltung dieser allgemeinen Anforderungen ergibt **89** sich jedoch aus dem Ziel, das der Verordnungsgeber mit der Einführung der prophylaktischen Maßnahme einer sicherheitstechnischen Kontrolle verfolgt. Der sicherheits-

---

[26] Dieser Punkt ist expressis verbis in § 6 Abs. 1 Satz 4 MPBetreibV genannt.
[27] Vgl. § 6 Abs. 1 Satz 3 MPBetreibV.

technische Ist-Zustand eines aktiven nicht implantierbaren Medizinprodukts ist durch Inspektion festzustellen und bezüglich eventuell bestehender Gefährdungsmöglichkeiten für Leben und Gesundheit von Patienten, Beschäftigten oder Dritten zu bewerten. Bei der Bewertung ist soweit wie möglich auch eine **zeitlich bedingte Veränderung** – bedingt durch beispielsweise Alterung oder Verschleiß – mit zu berücksichtigen, damit die Sicherheit des Medizinprodukts möglichst bis zum nächsten Kontrolltermin gewahrt bleibt.

90 Bei der **Beurteilung der Qualifikation** kann hilfsweise der Betreiber die „Richtlinie für Anforderungen an Personen nach § 11 Abs. 2 MedGV, denen die Durchführung sicherheitstechnischer Kontrollen übertragen werden soll"[28] zugrunde legen. Grundsätzlich ist zu verlangen, dass ein Prüfer in der Lage sein muss:

91 – alle Maßnahmen einer sicherheitstechnischen Kontrolle **selbstständig durchführen** und

92 – die gewonnenen Prüfergebnisse aus sicherheitstechnischer Sicht auf ihre Bedeutung für die geforderte Sicherheit des Medizinprodukts **gutachterlich bewerten zu können.**

93 Der Prüfer ist hinsichtlich der Durchführung von sicherheitstechnischen Kontrollen und insbesondere auch im Hinblick auf die Beurteilung des sicherheitstechnischen Ist-Zustands **weisungsfrei.** Diese rechtlich zugesicherte Weisungsfreiheit soll den Prüfer vor der Einflussnahme durch den Arbeitgeber bzw. den Auftraggeber schützen und sicherstellen, dass ihm aus der Prüftätigkeit keine persönlichen oder beruflichen Nachteile entstehen. Die Weisungsfreiheit bezieht sich dabei ausschließlich auf die Durchführung der sicherheitstechnischen Kontrolle und die sicherheitstechnische Beurteilung. Selbstverständlich unterliegt der Prüfer beispielsweise der disziplinarischen Weisung seines Arbeitgebers.

5. Dokumentation des Prüfergebnisses

94 Über die sicherheitstechnische Kontrolle ist vom Prüfer ein **Protokoll** zu erstellen, das das Datum der Durchführung und das Ergebnis der sicherheitstechnischen Kontrolle enthält. Darüber hinaus sind insbesondere die ermittelten Messwerte, das Messverfahren einschließlich der Auflistung der verwendeten Messgeräte und weitere Beurteilungsergebnisse im Protokoll aufzuführen. Dieses Protokoll hat der Prüfer dem Betreiber bzw. einem vom Betreiber benannten Verantwortlichen zu übergeben.

95 Das Ergebnis der sicherheitstechnischen Kontrolle ist vom Betreiber im **Medizinproduktebuch** einzutragen[29] (Rdnr. 164, 173). Das zugehörige Prüfprotokoll ist mindestens bis zur nächsten sicherheitstechnischen Kontrolle aufzubewahren.

96 Durch die Medizinprodukte-Betreiberverordnung zwar nicht vorgeschrieben, aber in der Praxis bewährt hat sich die Kennzeichnung des geprüften Medizinprodukts mit einem Prüfzeichen, aus dem mindestens der Termin für die nächste sicherheitstechnische Kontrolle ersichtlich ist. Die Kennzeichnung am Medizinprodukt ist insbesondere für den Anwender von Bedeutung, da so der Anwender sich unkompliziert und schnell über ein abgelaufenes Prüfdatum informieren kann. Ein Medizinprodukt mit abgelaufenem Prüftermin ist **nicht im ordnungsgemäßen Zustand,** so dass der Anwender dieses Medizinprodukt nicht am Patienten anwenden darf[30] (Rdnr. 40).

---

[28] Bek. des BMA vom 2. 4. 1987 (BArbBl. 5/1987, 49). Diese Richtlinie ist vom Bundesarbeitsministerium gemeinsam mit den für die Durchführung der Medizingeräteverordnung zuständigen obersten Landesbehörden im Zusammenhang mit den Anforderungen an Personen, die sicherheitstechnische Kontrollen nach § 11 MedGV durchführen sollen, erarbeitet worden. Da die Anforderungen im Hinblick auf Ausbildung, Kenntnisse und praktische Erfahrungen sich nicht mit der MPBetreibV geändert haben, können diese Ausführungen auch heute noch als Grundlage herangezogen werden.

[29] Vgl. § 7 Abs. 2 Nr. 4 MPBetreibV.

[30] Vgl. § 2 Abs. 5 MPBetreibV.

6. Meldung von Mängeln

Die Medizinprodukte-Betreiberverordnung sieht bei Mängeln, die im Rahmen einer **97** sicherheitstechnischen Kontrolle vom Prüfer festgestellt werden und den Patienten gefährden, keine Meldepflicht durch den Betreiber an die zuständige Behörde vor. Es ist in die Verantwortung des Betreibers gestellt, dass diese Mängel – je nach Gefährdungsgrad – rechtzeitig behoben werden. Eine Kontrolle durch die zuständige Behörde – aber auch durch den Prüfer – erfolgt nicht.

Lediglich durch die Verpflichtung zur **Aufbewahrung des Prüfprotokolls** (Rdnr. 95) **98** ist im konkreten Schadensfall nachvollziehbar, ob zum Zeitpunkt der letzten sicherheitstechnischen Kontrolle ein Mangel am Medizinprodukt festgestellt wurde – und wenn ja, welcher – und wie der Prüfer diesen Mangel eingestuft hatte. Dem Prüfprotokoll dürfte somit eine entscheidende Bedeutung bei der Klärung der Frage zukommen, ob der Betreiber der Verkehrssicherungspflicht nachgekommen ist.

7. Besonderheiten bei medizinisch-technischen Geräten nach der Medizingeräteverordnung

Die Medizingeräteverordnung (MedGV) ist mit Artikel 6 des Zweiten Gesetzes zur Än- **99** derung des Medizinproduktegesetzes aufgehoben worden. Somit unterliegen die medizinisch-technischen Geräte, die nach altem Recht der Medizingeräteverordnung in Betrieb genommen wurden, nunmehr der **MPBetreibV.**

Die Sondervorschrift von § 15 Nr. 6 MPBetreibV legt zunächst unmissverständlich fest, **100** dass bei medizinisch-technischen Geräten der Gruppe 1 i.S.v. § 2 Nr. 1 MedGV die in der Bauartzulassung festgelegten sicherheitstechnischen Kontrollen **im festgelegten Umfang fristgerecht** durchzuführen sind. Diese Feststellung ist unabhängig davon, ob diese medizinisch-technischen Geräte im Sinne der MPBetreibV in der Anlage 1 der MPBetreibV genannt sind.

In diesem Zusammenhang ist aber auf eine weitergehende Konsequenz hinzuweisen, **101** die sich aus der Tatsache ergibt, dass nun alle medizinisch-technischen Geräte unter den Anwendungsbereich der MPBetreibV fallen. Die Zuordnung zu der Anlage 1 der MPBetreibV und der früheren Gruppe 1 nach § 2 Nr. 1 MedGV ist nicht deckungsgleich. So war beispielsweise ein Mikrowellen-Therapiegerät zur transurethralen Resektion ein energetisch betriebenes medizinisch-technisches Gerät der Gruppe 3 nach § 2 Nr. 3 MedGV und damit nicht prüfpflichtig. Durch die geänderten Festlegungen in der Anlage 1 der MPBetreibV ist dieses medizinisch-technische Gerät eindeutig unter die Anlage 1 der MPBetreibV zu subsumieren und **wird dadurch prüfpflichtig.** Es bestehen für diese Geräte keine Festlegungen für Umfang und Frist einer sicherheitstechnischen Kontrolle, so dass der Betreiber eigenverantwortlich diese festlegen muss und für die termingerechte Durchführung zu sorgen hat.

Diese **Ausdehnung der Prüfpflicht** gilt auch für medizinisch-technische Geräte der **102** Gruppe 3 nach MedGV, für die der Hersteller in der Gebrauchsanweisung Maßnahmen im Sinne einer sicherheitstechnischen Kontrolle vorgeschrieben hat. Diese Festlegungen hatten unter der Medizingeräteverordnung für den Betreiber empfehlenden Charakter. Nach § 6 Abs. 1 Satz 1 MPBetreibV ist der Betreiber nun aber verpflichtet, diese sicherheitstechnischen Kontrollen nach den Angaben des Herstellers durchzuführen.

8. Ordnungswidrigkeiten

Wer vorsätzlich oder fahrlässig eine sicherheitstechnische Kontrolle nicht, nicht richtig **103** oder nicht rechtzeitig durchführt und nicht oder nicht rechtzeitig durchführen lässt,[31] kann

---

[31] Vgl. § 13 Nr. 5 MPBetreibV.

mit einer **Geldbuße** bis zu 25 000 € belegt werden. Diese Sanktion trifft sowohl den Prüfer, der die sicherheitstechnische Kontrolle nicht richtig oder auch nicht rechtzeitig durchführt, als auch den Betreiber, der eine sicherheitstechnische Kontrolle nicht oder nicht rechtzeitig in Auftrag gibt.

104   Die Bedeutung des Prüfprotokolls als ein Instrument der nachträglichen Kontrolle der Beseitigung von festgestellten Mängeln betont der Verordnungsgeber durch die damit verbundene Sanktion. Wer vorsätzlich oder fahrlässig dieses Prüfprotokoll **nicht** bis zur nächsten sicherheitstechnischen Kontrolle **aufbewahrt,** kann mit einer Geldbuße bis zu 25 000 € belegt werden.

105   Sanktioniert wird weiterhin, wenn ein Prüfer sicherheitstechnische Kontrollen durchführt, **ohne die geforderte Qualifikation** zu besitzen[32] bzw. der Betreiber einen nicht qualifizierten Prüfer mit der Durchführung beauftragt. In diesem Punkt hat der Verordnungsgeber eine Doppelverantwortung geschaffen. Einerseits ist der Prüfer für die geforderte Qualifikation verantwortlich. Andererseits hat sich der Betreiber vor der Beauftragung zu vergewissern, ob der Prüfer die geforderte Qualifikation besitzt.

II. Messtechnische Kontrolle

1. Ziel und Bedeutung der messtechnischen Kontrolle

106   Die messtechnische Kontrolle **ersetzt die bisherige Eichung,** die auf Grund der nationalen Regelung im Eichgesetz in Verbindung mit der Eichordnung für bestimmte Medizinprodukte verpflichtend war und in regelmäßigen Abständen ausschließlich von den zuständigen Eichbehörden durchgeführt wurde. Diese Regelung konnte im Rahmen des europäischen Rechts nicht beibehalten werden, da sie für den gemeinsamen Binnenmarkt ein Handelshemmnis darstellt.

107   Um jedoch das **Ziel der hoheitlichen Maßnahme der Eichung nicht komplett aufgeben zu müssen,** wurde mit § 11 MPBetreibV die messtechnische Kontrolle eingeführt. Das Ziel, das der Verordnungsgeber mit der Einführung dieser messtechnischen Kontrolle verfolgt, ergibt sich aus § 11 Abs. 2 MPBetreibV:

> Durch die messtechnische Kontrolle wird festgestellt, ob das Medizinprodukt die zulässigen maximalen Messabweichungen (Fehlergrenzen) [...] einhält.

108   In Verbindung mit der Forderung, dass messtechnische Kontrollen nicht nur regelmäßig nach vorgegebenen Fristen sondern immer auch dann durchzuführen sind, wenn die messtechnischen Eigenschaften – warum auch immer – nicht mehr gewährleistet werden können, wird das erklärte Ziel des Medizinproduktegesetzes – **Verbesserung der Sicherheit von Patienten, Anwendern und Dritten** – maßgeblich unterstützt. Unvertretbar hohe Messabweichungen werden rechtzeitig – also bevor sie sich für den Patienten gefährdend auswirken können – erkennbar.

109   Die messtechnische Kontrolle ist im Sinne der Instandhaltung eine Inspektion unter dem besonderen Gesichtspunkt der Feststellung der Messsicherheit eines Medizinprodukts mit Messfunktion (medizinisches Messgerät) unter Berücksichtigung einer möglichen Veränderung bis zum Termin der nächsten messtechnischen Kontrolle. Eine Korrektur oder Instandsetzung ist im Rahmen der messtechnischen Kontrolle **nicht vorgesehen.** Es ist auch nicht das Ziel der messtechnischen Kontrolle, die Einhaltung der zutreffenden Grundlegenden Anforderungen zu bewerten. Dies ist Aufgabe des Herstellers, die er im Rahmen der Konformitätsbewertung vor dem erstmaligen Inverkehrbringen durchzuführen hat.

---

[32] Vgl. § 13 Nr. 7 MPBetreibV.

2. Prüfpflichtige medizinische Messgeräte

Prüfpflicht besteht für alle medizinischen Messgeräte:[33] **110**
– die in Anlage 2 der MPBetreibV aufgeführt sind und
– für diejenigen medizinischen Messgeräte, die zwar nicht in Anlage 2 der MPBetreibV aufgeführt sind, für die aber der Hersteller eine messtechnische Kontrolle vorgesehen hat.

Der Begriff „messtechnische Kontrolle" muss nicht expressis verbis in den Unterlagen **111** des Herstellers benannt sein. Alle Maßnahmen des Herstellers, die zur **Gewährleistung der Messsicherheit** eines medizinischen Messgeräts dienen, sind im Sinne einer messtechnischen Kontrolle zu interpretieren und folglich vom Betreiber entsprechend den Angaben des Herstellers durchzuführen.

Diese Forderung der MPBetreibV geht auf die Grundlegenden Anforderungen der **112** EG-Richtlinie 93/42/EWG über Medizinprodukte zurück. Nach Anhang I Nr. 13.6 d) ist der Hersteller u. a. verpflichtet, in die Gebrauchsanweisung **Angaben zu Art und Häufigkeit der Kalibrierungen** aufzunehmen, die erforderlich sind, um den sicheren und ordnungsgemäßen Betrieb der medizinischen Messgeräte zu gewährleisten. Darüber hinaus ist der Hersteller auch verpflichtet, in den technischen Begleitunterlagen bzw. in der Gebrauchsanweisung die von ihm gewählten Genauigkeitsgrenzen anzugeben.

3. Umfang und Fristen messtechnischer Kontrollen

Bezüglich des **Umfangs einer messtechnischen Kontrolle** und hier insbesondere der **113** anzuwendenden Messverfahren enthält die MPBetreibV keinerlei konkrete Festlegungen. Festgelegt ist ausschließlich, dass bei der Durchführung der messtechnischen Kontrolle die vom Hersteller in der **Gebrauchsanweisung** festgelegten Fehlergrenzen zugrunde zu legen sind. Es ist aber davon auszugehen, dass der Hersteller nicht nur die Fehlergrenzen festlegen wird sondern darüber hinaus auch die Rahmenbedingungen präzisiert, die er bei der Festlegung der Fehlergrenzen berücksichtigt hat. Derartige Rahmenbedingungen könnten beispielsweise sein, mit welchem Prüfverfahren unter welchen Umgebungsbedingungen (Temperatur, Luftdruck, Luftfeuchte etc.) und an welchen Messpunkten (z. B. unterer, mittlerer und/oder oberer Messbereich des zu überprüfenden medizinischen Messgeräts) die messtechnische Kontrolle durchzuführen ist.

Streitig ist die Einstufung der Bedeutung der Festlegungen des Herstellers zu den anzu- **114** wendenden Prüfverfahren. Ursache für diese unterschiedlichen Auslegungen ist die Feststellung der Medizinprodukte-Betreiberverordnung, dass messtechnische Kontrollen auf der Grundlage der anerkannten Regeln der Technik durchzuführen sind. Hier hat der Verordnungsgeber das Prinzip des Europäischen Rechts – die Angaben des Herstellers sind verbindlich und vorrangig zu beachten – nicht konsequent angewendet und einen entsprechenden Hinweis nicht vorgesehen. Somit muss der Betreiber **eigenverantwortlich** entscheiden, ob die Angaben des Herstellers zu den Prüfverfahren den anerkannten Regeln der Technik entsprechen oder ob beispielsweise die PTB-Richtlinie zur Durchführung der messtechnischen Kontrollen[34] – eine anerkannte Regel der Technik – vorrangig zu beachten ist. Fehlen grundsätzlich derartige Angaben des Herstellers zu den Prüfverfahren, so kann der Betreiber die Messverfahren und deren Rahmenbedingungen aus der von der PTB erarbeiteten Richtlinie zugrunde legen.

Bezüglich der **Fristen zur Durchführung** messtechnischer Kontrollen enthält § 11 **115** Abs. 4 MPBetreibV folgende Regelungen:

---

[33] Vgl. § 11 Abs. 1 Nr. 1 und 2 MPBetreibV.
[34] *Mieke/Schade* (Hrsg.), Leitfaden zu messtechnischen Kontrollen von Medizinprodukten mit Messfunktion (LMKM); im Internet unter: http://www.ptb.de/de/publikationen/download/dl00004.html (Stand: 10/2002).

– Für medizinische Messgeräte, die in Anlage 2 der MPBetreibV aufgeführt sind bzw. für die der Hersteller eine messtechnische Kontrolle vorsieht (Rdnr. 110), gelten grundsätzlich zunächst die vom Hersteller festgelegten Fristen;

– hat der Hersteller bei medizinischen Messgeräten nach Anlage 2 der MPBetreibV keine Fristen festgelegt, so gelten die in Anlage 2 der MPBetreibV angegeben Fristen;

– hat der Hersteller bei medizinischen Messgeräten, die nicht in der Anlage 2 der MPBetreibV aufgeführt sind, messtechnische Kontrollen vorgesehen (Rdnr. 110), bezüglich der Frist jedoch keinerlei Angaben gemacht, so muss der Betreiber eigenverantwortlich die Frist festlegen. Die Festlegung der Frist hat so zu erfolgen, dass entsprechende Mängel, mit denen auf Grund der Erfahrungen gerechnet werden muss, rechtzeitig – also bevor sie sich für den Patienten gefährdend auswirken können – festgestellt werden. Als Mindestfrist sieht die Medizinprodukte-Betreiberverordnung jedoch einen Zeitraum von zwei Jahren vor. Eine Möglichkeit zur Verlängerung der Fristen, wie dies bei der sicherheitstechnischen Kontrolle vorgesehen ist (Rdnr. 85), besteht bei der messtechnischen Kontrolle nicht.

116 Diese **Mindestfrist** von zwei Jahren bindet jedoch nicht den Hersteller bei der Festlegung des Zeitabstandes zwischen zwei messtechnischen Kontrollen. Es unterliegt seiner Verantwortung, den Zeitraum festzulegen, in dem ein sicherer und ordnungsgemäßer Betrieb des medizinischen Messgeräts gewährleistet werden kann.

117 Neben den regelmäßig wiederkehrenden messtechnischen Kontrollen geht die MPBetreibV aber auch davon aus, dass Gründe für eine **außerplanmäßige Durchführung** einer messtechnischen Kontrolle bestehen können, wie beispielsweise:

– Es liegen Anzeichen vor, dass das medizinische Messgerät die vom Hersteller festgelegten Fehlergrenzen nicht einhält.

– Die messtechnischen Eigenschaften des medizinischen Messgerätes sind durch einen Eingriff (beispielsweise Instandsetzung der für die Messsicherheit relevanten Komponenten) oder auf andere Weise (beispielsweise durch Sturz) beeinflusst worden.

118 In derartigen Fällen hat der Betreiber eine zusätzliche messtechnische Kontrolle **unverzüglich** durchführen zu lassen. Der Termin zur Durchführung der nächsten planmäßigen messtechnischen Kontrolle kann unter Beachtung der Frist neu festgelegt werden.

4. Anforderungen an den Prüfer

119 Eine messtechnische Kontrolle **darf ausführen:**

– die für das Messwesen zuständige Behörde[35] – z. B. das Eichamt – und

– Personen, die auf Grund ihrer Ausbildung, Kenntnisse und durch praktische Tätigkeit gewonnenen Erfahrungen die Gewähr für eine ordnungsgemäße Durchführung der messtechnischen Kontrolle bieten.

120 Zusätzlich darf diese Person – **Prüfer für messtechnische Kontrollen** – hinsichtlich ihrer Kontrolltätigkeit keiner Weisung unterliegen und sie muss über geeignete Mess- und Prüfeinrichtungen verfügen. Vor Aufnahme der Tätigkeit hat der Prüfer für messtechnische Kontrollen dies der zuständigen Behörde – Eichamt bzw. Eichdirektion – anzuzeigen. Auf Verlangen der zuständigen Behörde hat der Prüfer für messtechnische Kontrollen das Vorliegen der Voraussetzungen der Anforderungen von § 6 Abs. 4 MPBetreibV nachzuweisen.

121 Die **geforderte Sachkunde** kann **nachgewiesen** werden[36] z. B. durch:

---

[35] Vgl. § 11 Abs. 5 Nr. 1 MPBetreibV.

[36] Vgl. *Mieke/Schade* (Hrsg.), Leitfaden zu messtechnischen Kontrollen von Medizinprodukten mit Messfunktion (LMKM), Kap. A (Allgemeine Anforderungen der Medizinprodukte-Betreiberverordnung; Anforderungen an Personen); im Internet unter: http://www.ptb.de/de/publikationen/download/lmkm/LMKM-Teil2-V2-1.pdf (Stand: 10/2002).

– eine mindestens einjährige praktische Berufserfahrung in der messtechnischen Prüfung der medizinischen Messgeräte, an denen messtechnische Kontrollen durchgeführt werden sollen,
– eine abgeschlossene einschlägige Berufsausbildung,
– eine Schulung durch den Hersteller.

Diese Anforderungen an den Prüfer für messtechnische Kontrollen sind eine **unverbindliche Empfehlung** an die zuständige Behörde als Maßstab zur Bewertung des Nachweises zur Erfüllung der sehr allgemein gehaltenen Anforderungen von § 6 Abs. 4 MPBetreibV.

Eine förmliche – gebührenpflichtige – Zulassung durch die zuständige Behörde wird **122** **nicht gefordert,** obwohl einige zuständige Behörden dieses praktizieren. Diese Vorgehensweise ist insbesondere deshalb bemerkenswert, da die zuständige Behörde einerseits die Qualifikation eines Prüfers für messtechnische Kontrollen bewertet und andererseits genau mit diesem Prüfer im unmittelbaren Wettbewerb bei der Durchführung messtechnischer Kontrollen steht.

Die **Verantwortung** zur Einhaltung der Anforderungen an den Prüfer für messtechni- **123** sche Kontrollen obliegt einerseits dem Prüfer selbst. Andererseits ist der Betreiber verpflichtet, nur Behörden oder sachkundige Prüfer mit der Durchführung einer messtechnischen Kontrolle zu beauftragen.

5. Anforderungen an Mess- und Prüfeinrichtungen

Für messtechnische Kontrollen dürfen – sofern keine Vergleichsmessungen für be- **124** stimmte in Anlage 2 der MPBetreibV aufgeführte Produkte vorgesehen sind – nur **messtechnische Normale** verwendet werden. Diese messtechnischen Normale müssen:
– rückverfolgbar an ein nationales oder internationales Normal angeschlossen sein und
– eine hinreichend kleine Fehlergrenze und Messunsicherheit einhalten. Eine hinreichend kleine Fehlergrenze wird angenommen, wenn das messtechnische Normal über eine Fehlergrenze verfügt, die nicht größer ist als ein Drittel der Fehlergrenze des zu prüfenden medizinischen Messgeräts.

Ergänzend zu den Anforderungen der MPBetreibV geht die PTB-Richtlinie zu mess- **125** technischen Kontrollen[37] davon aus, dass eine Rückführung auf nationale oder internationale Normale **jährlich** zu erfolgen hat. Neue oder von den bisherigen Messprinzipien abweichende messtechnische Normale dürfen – so die PTB-Richtlinie – nur mit Zustimmung der zuständigen Behörde im Einvernehmen mit der PTB eingesetzt werden. Die Frage der Verbindlichkeit dieser zusätzlichen Anforderungen der PTB-Richtlinie kann aus heutiger Sicht nicht abschließend beantwortet werden. Muss der Prüfer sich an diese zusätzlichen Anforderungen durch eine PTB-Richtlinie – im Sinne einer anerkannten Regel der Technik – verbindlich halten oder greift auch bei messtechnischen Kontrollen der Grundsatz der Möglichkeit zur Abweichung, wenn vom Prüfer (oder Hersteller) eine andere, vergleichbare Maßnahme ergriffen wird, um das beabsichtigte Ziel – hier die Gewährleistung der Messsicherheit durch Einhaltung der vom Hersteller festgelegten zulässigen maximalen Messabweichungen – zu erreichen?

6. Dokumentation der Prüfergebnisse

Das Ergebnis einer messtechnischen Kontrolle ist vom Prüfer unter Angabe der ermit- **126** telten Messwerte, der Messverfahren und sonstiger Beurteilungskriterien (z.B. Umge-

---

[37] Hierzu *Mieke/Schade* (Hrsg.), Leitfaden zu messtechnischen Kontrollen von Medizinprodukten mit Messfunktion (LMKM); im Internet unter: http://www.ptb.de/de/publikationen/download/lmkm/ LMKM-Teil2-V2-1.pdf (Stand: 10/2002).

bungsbedingungen, Messbedingungen) in das **Medizinproduktebuch** unverzüglich – also unmittelbar nach Abschluss der messtechnischen Kontrolle – einzutragen.

127   Hat der Prüfer keine Möglichkeit zur Eintragung des Prüfergebnisses in das Medizinproduktebuch, so sollte er dem Betreiber ein entsprechend geeignetes **Prüfprotokoll** mit dem unmissverständlichen Hinweis übergeben, dass unverzüglich entweder dieses Prüfprotokoll dem Medizinproduktebuch beizufügen ist oder die Angaben vom Betreiber im Medizinproduktebuch nachzutragen sind mit dem Hinweis auf das Prüfprotokoll der messtechnischen Kontrolle, wobei dann das Protokoll in jedem Fall – durchaus getrennt vom Medizinproduktebuch – an geeigneter Stelle so lange aufzubewahren ist wie das zugehörige Medizinproduktebuch.

128   Führt der Betreiber für das medizinische Messgerät kein Medizinproduktebuch (Rdnr. 164), ist eine Dokumentation des Prüfergebnisses nicht expressis verbis in der Medizinprodukte-Betreiberverordnung vorgesehen. Vor dem Hintergrund der Verpflichtung des Betreibers zur Durchführung einer messtechnischen Kontrolle (Rdnr. 110) ist zu empfehlen, dass der Prüfer ein **entsprechendes Prüfprotokoll** als Nachweis der ordnungsgemäßen und termingerechten Durchführung der messtechnischen Kontrolle erstellt. Der Betreiber sollte dieses Prüfprotokoll so lange aufbewahren, wie es die MPBetreibV für die Aufbewahrung des Medizinproduktebuchs fordert – fünf Jahre nach Außerbetriebnahme des medizinischen Messgeräts.

129   Über diese reine Dokumentationspflicht sieht die Medizinprodukte-Betreiberverordnung eine **Kennzeichnung am medizinischen Messgerät** verbindlich vor. Nach erfolgreicher messtechnischer Kontrolle hat der Prüfer ein Zeichen am medizinischen Messgerät anzubringen, aus dem:
– das Jahr der nächsten messtechnischen Kontrolle ersichtlich ist und
– die Behörde bzw. die Person eindeutig und rückverfolgbar hervorgeht, die die messtechnische Kontrolle durchgeführt hat.

7. Meldung von Mängeln

130   Die Medizinprodukte-Betreiberverordnung sieht **keine Meldepflicht** von Mängeln durch den Betreiber oder Prüfer vor, die im Rahmen einer messtechnischen Kontrolle festgestellt werden. Es ist in die Verantwortung des Betreibers gestellt, dass diese Mängel – je nach Gefährdungsgrad – rechtzeitig behoben werden. Eine Kontrolle durch die zuständige Behörde – aber auch durch den Prüfer – erfolgt nicht. Durch den Zusatz der Kennzeichnung des medizinischen Messgeräts „nach erfolgreicher messtechnischer Kontrolle" kann indirekt die Möglichkeit zur Nachprüfung erkannt werden.

131   Durch die Verpflichtung zur Aufbewahrung der Messergebnisse im Medizinproduktebuch auch über den Zeitpunkt der Außerbetriebnahme des medizinischen Messgeräts hinaus (Rdnr. 181) ist im konkreten Schadensfall **jederzeit nachvollziehbar**, ob zum Zeitpunkt der letzten messtechnischen Kontrolle die Messsicherheit des medizinischen Messgeräts gegeben war. Der Eintragung im Medizinproduktebuch – ersatzweise auch dem Prüfprotokoll – dürfte somit eine entscheidende Bedeutung bei der Klärung der Frage zukommen, ob und in welchem Umfang der Betreiber der Verkehrssicherungspflicht nachgekommen ist.

8. Medizinische Messgeräte, die nach der Eichordnung erstmals in den Verkehr gebracht wurden

132   Die **Übergangsbestimmungen** der Medizinprodukte-Betreiberverordnung legen fest, dass für medizinische Messgeräte, die nach den Vorschriften der Eichordnung (bisheriges altes Recht) geeicht oder gewartet sein mussten oder für die die Übereinstimmung mit der Zulassung nach altem Recht bescheinigt sein musste, § 11 MPBetreibV mit der Maßgabe gilt, dass die messtechnischen Kontrollen nach den Anforderungen des alten

Rechts – Anlage 15 oder Anlage 23 Abschnitt 4 der Eichordnung – durchgeführt werden. Für die Durchführung der messtechnischen Kontrollen muss der Betreiber über **technische Unterlagen** verfügen, die eine ordnungsgemäße Durchführung einer messtechnischen Kontrolle nach altem Recht ermöglichen. Die Verpflichtung zur ausschließlichen Durchführung der messtechnischen Kontrolle durch die zuständige Eichbehörde (Eichung i. S. d. alten Rechts) ist mit der Medizinprodukte-Betreiberverordnung **entfallen**.

9. Ordnungswidrigkeiten

Wer vorsätzlich oder fahrlässig eine messtechnische Kontrolle nicht, nicht richtig oder **133** nicht rechtzeitig durchführt bzw. nicht oder nicht rechtzeitig durchführen lässt, kann mit einer **Geldbuße** bis zu 25 000 € belegt werden. Diese Sanktion trifft sowohl den Prüfer, der die messtechnische Kontrolle nicht richtig oder nicht rechtzeitig durchführt, als auch den Betreiber, der eine messtechnische Kontrolle nicht oder nicht rechtzeitig in Auftrag gibt.

Sanktioniert wird aber auch, wenn ein Prüfer messtechnische Kontrollen durchführt, **134** ohne dass er dieses vor Aufnahme der Tätigkeit der zuständigen Behörde **angezeigt** hat[38] oder aber **nicht die geforderte Qualifikation** besitzt[39] bzw. der Betreiber einen **nicht qualifizierten Prüfer** mit der Durchführung einer messtechnischen Kontrolle beauftragt.

Die Bedeutung der messtechnischen Kontrolle wird dadurch unterstrichen, dass eine **135** Sanktion für den Fall vorgesehen ist, dass der Prüfer eine Eintragung des Messergebnisses einschließlich weiterer geforderter Informationen nicht, nicht richtig, nicht vollständig oder nicht rechtzeitig vornimmt. Diese **Ordnungswidrigkeit** gilt jedoch nur für medizinische Messgeräte der Anlage 2 der MPBetreibV, da hier die Führung eines Medizinproduktebuchs verpflichtend gefordert wird. In den anderen Fällen (Rdnr. 138) wird das Missachten der Erstellung eines Prüfprotokolls mit den geforderten Angaben nicht als Ordnungswidrigkeit angesehen. Hier sollte der Betreiber aber im eigenen Interesse auf die vollständige und rechtzeitige Dokumentation der messtechnischen Kontrolle achten.

Sanktioniert wird dagegen, wenn der Prüfer ein medizinisches Messgerät **nicht, nicht** **136** **richtig oder nicht vollständig** mit einem entsprechenden Zeichen **kennzeichnet**. Diese Sanktion gilt für alle medizinischen Messgeräte, an denen eine messtechnische Kontrolle durchzuführen ist – unabhängig davon, ob sie in der Anlage 2 der MPBetreibV aufgeführt sind.

In Verbindung mit der Übergangsbestimmung von § 14 Abs. 3 MPBetreibV unterliegen **137** auch medizinische Messgeräte, die nach den Vorschriften der **Eichordnung** erstmals in Verkehr gebracht wurden, den genannten Ordnungswidrigkeiten, da lediglich Umfang und Frist der messtechnischen Kontrolle von dieser Übergangsbestimmung erfasst sind, ansonsten § 11 MPBetreibV vollständig Berücksichtigung findet.

I. Dokumentationspflicht

Der Betreiber hat für alle aktiven nicht implantierbaren Medizinprodukte **folgende** **138** **Dokumentationen** zu führen:
– ein Bestandsverzeichnis nach § 8 MPBetreibV und
– zusätzlich für die in Anlage 1 und 2 der MPBetreibV aufgeführten Medizinprodukte ein Medizinproduktebuch nach § 7 MPBetreibV.
Obwohl nicht expressis verbis gefordert ist aber davon auszugehen, dass beide Dokumentationen – soweit zutreffend – in unmittelbarer Nähe zum Zeitpunkt der **erstmaligen**

---

[38] Vgl. § 13 Nr. 11 MPBetreibV.
[39] Vgl. § 13 Nr. 7 MPBetreibV.

Inbetriebnahme eines aktiven nicht implantierbaren Medizinprodukts zu aktualisieren bzw. neu anzulegen sind.

I. Bestandsverzeichnis

1. Inhalt des Bestandsverzeichnisses

139   Der Betreiber hat für alle aktiven nicht implantierbaren Medizinprodukte ein Bestandsverzeichnis zu führen. Hat der Betreiber mehrere Betriebsstätten (Arztpraxen, Zentren oder Kliniken an unterschiedlichen Standorten), so ist das Bestandsverzeichnis **für jede Betriebsstätte** getrennt zu führen. Das Bestandsverzeichnis gibt dem Betreiber einen Überblick über alle in einer Betriebsstätte aktuell betriebenen, aktiven nicht implantierbaren Medizinprodukte.

140   Die zuständige Behörde (Gewerbeaufsicht, Amt für Arbeitsschutz und Sicherheitstechnik etc.) hat das Recht der **jederzeitigen Einsichtnahme** in das Bestandsverzeichnis (§ 8 Abs. 5 MPBetreibV). Damit kann sich die zuständige Behörde – ohne Störung des Klinik- oder Praxisbetriebes – Kenntnis über sicherheitsrelevante Medizinprodukte verschaffen und erhält damit die Möglichkeit für ein schnelles, vorbeugendes Handeln.

141   Im Bestandsverzeichnis werden die so genannten **Stammdaten** eines Medizinprodukts aufgenommen. § 8 Abs. 2 MPBetreibV legt dabei den Mindestumfang der Eintragungen im Bestandsverzeichnis fest:

142   – **Bezeichnung des Medizinprodukts** – einschließlich der freiwilligen Angabe der Bezeichnung nach der Nomenklatur für Medizinprodukte, die vom Deutschen Institut für Medizinische Dokumentation und Information (DIMDI) herausgegeben wird.

143   Zu der Nomenklatur vom DIMDI ist aus heutiger Sicht anzumerken, dass sie in der bisherigen Form eine Übersetzung des „Product Categories Thesaurus 1996" – ergänzt um erläuternde Synonyme – ist und seinerzeit von ECRI[40] **für andere Aufgaben** entwickelt wurde. Diese Nomenklatur wird von DIMDI bzw. CEN zurzeit weiterentwickelt. Die Aufnahme der Bezeichnung nach dem derzeitigen UMDNS sollte gründlich überlegt werden, da diese Angaben nicht verpflichtend gefordert sind. Der Umgang mit den begrifflichen Inhalten führt nicht immer zu einer eindeutigen Zuordnung bzw. mehrere Begriffe müssten gleichzeitig verwendet werden. Zudem wird zurzeit von CEN eine neue Nomenklatur im Rahmen einer europäischen Norm erarbeitet, so dass eine umfassende Änderung der Angaben im Bestandsverzeichnis zu erwarten ist.

144   – **Art und Typ des Medizinprodukts.** Die Angabe „Art des Medizinprodukts" beschreibt eine allgemeine Produktkategorie (z.B. Infusionspumpe, Beatmungsgerät, Hämodialysegerät) und dient der eindeutigen Zuordnung und leichteren Recherche ganzer Gruppen.

145   Die Angabe „Typ des Medizinprodukts" umfasst die Typ-Angabe/Produktbezeichnung des Herstellers einschließlich beispielsweise der Bestellnummer oder spezieller Bezeichnungen zur Unterscheidung unterschiedlicher Varianten. Sie dient im Wesentlichen der **eindeutigen Unterscheidung** der Medizinprodukte gleicher Art/Produktkategorie.

146   – **Loscode oder Seriennummer.** Beide Angaben dienen – in Verbindung mit der Typ-Angabe – der eindeutigen Zuordnung der Angaben im Bestandsverzeichnis zu einem einzelnen Medizinprodukt.

147   – **Anschaffungsjahr des Medizinprodukts.** Diese Angabe dient der besseren Übersicht über das Alter der in einer Betriebsstätte zur Anwendung kommenden Medizinprodukte. Es wird dabei indirekt unterstellt, dass „ältere" Medizinprodukte grundsätzlich einer intensiveren sicherheitstechnischen Beobachtung durch den Betreiber oder die zuständige Behörde bedürfen.

---

[40] Emergency Research Care Institute, USA.

- **Name oder Firma und die Anschrift des Verantwortlichen nach § 5 MPG.** Die 148
Ergänzung der Angaben des Herstellers mit der Anschrift des für das jeweilige Medizinprodukt Verantwortlichen i. S. v. § 5 MPG ist eine logische Konsequenz, die sich auf
Grund des Gemeinsamen Binnenmarktes in Europa ergibt.
- **Kennnummer der Benannten Stelle aus der CE-Kennzeichnung.** Diese Angabe 149
im Bestandsverzeichnis erleichtert die Zusammenstellung der Meldung bei Vorkommnissen bzw. Beinahe-Vorkommnissen an das BfArM (Rdnr. 189–190).
Die Kennnummer ist bei fast allen aktiven nicht implantierbaren Medizinprodukten 150
vorhanden – mit Ausnahme der Medizinprodukte nach Klasse I ohne Messfunktion
bzw. die **nicht steril** in den Verkehr gebracht werden.
- **Betriebliche Identifikationsnummer.** Diese Angabe ist nur erforderlich, wenn sei- 151
tens des Betreibers eine betriebsinterne Kennnummer zur Identifikation eines Medizinprodukts vorgesehen wird.
Diese betriebliche Identifikationsnummer (Ident-Nr.) wird im Normalfall immer dann 152
vom Betreiber verwendet, um im Rahmen einer **systematischen Gerätebewirtschaftung** weitergehende Informationen (z. B. Instandhaltungskosten, Betriebskosten,
Garantie, Protokolle von messtechnischen oder sicherheitstechnischen Kontrollen) eindeutig einem Medizinprodukt zuordnen zu können. Vor dem Hintergrund der Einführung der DRGs und einer damit zwangsläufig verbundenen betriebsinternen Kontrolle
wird das Thema der systematischen Gerätebewirtschaftung zunehmend an Bedeutung
gewinnen.
- **Standort und betriebliche Zuordnung.** Diese Angabe soll nach Vorstellungen des 153
Verordnungsgebers zu einer schnellen Auffindung eines Medizinprodukts dienen.
In der täglichen Praxis bereitet aber die feste Zuordnung eines **nicht ortsgebundenen** 154
Medizinprodukts (z. B. Infusionspumpe) große Probleme, da gerade diese Medizin-
produkte bei der Verlegung eines Patienten z. B. aus dem Operationssaal über den Auf-
wachraum bzw. die Intensivstation zur Normalstation nicht an der Stationsgrenze aus-
gewechselt werden, sondern beim Patienten verbleiben und damit über die ganze
Betriebsstätte verteilt werden. Hier ist der Betreiber gefordert, durch organisatorische
Maßnahmen die Auffindbarkeit dieser Medizinprodukte sicherzustellen.
- **Frist für die sicherheitstechnische Kontrolle.** Diese Angabe dient dem Betreiber zur 155
einfachen Terminüberwachung der vorgeschriebenen sicherheitstechnischen Kontrollen. Damit erfolgt auch zwangsläufig die Bestimmung der Frist für die sicherheitstechnische Kontrolle an Hand der Herstellerunterlagen, Regeln der Technik bzw. Betriebs-
erfahrungen (Rdnr. 84) zum Zeitpunkt der Eintragung eines prüfpflichtigen Medizinprodukts in das Bestandsverzeichnis. Die Angabe der Frist für messtechnische Kontrollen ist nicht gefordert, aber aus rein organisatorischen Gründen durchaus sinnvoll.

2. Form des Bestandsverzeichnisses

Über die Form des Bestandsverzeichnisses – Buch, Karteikarte, elektronisches Bestands- 156
verzeichnis – enthält die Medizinprodukte-Betreiberverordnung **keinerlei konkrete
Festlegungen.** Lediglich in § 8 Abs. 4 MPBetreibV wird sehr allgemein festgestellt, dass
alle Datenträger zulässig sind, sofern die Angaben des Bestandsverzeichnisses innerhalb
einer angemessenen Frist lesbar gemacht werden können. Welcher Zeitraum unter „angemessene Frist" zu verstehen ist, wird ebenfalls nicht näher präzisiert.

In Verbindung mit § 9 Abs. 2 MPBetreibV, in der die Zugänglichkeit des Medizinpro- 157
duktebuchs näher geregelt wird, ist jedoch auch für das Bestandsverzeichnis eine vergleichbare Regelung anzustreben, d. h. das Bestandsverzeichnis sollte während der Arbeitszeit
jederzeit zugänglich sein. In diesem Punkt ist der Betreiber gefordert, durch organisatorische Maßnahmen die geforderte Zugänglichkeit sicherzustellen. Eine **Aufbewahrungsfrist** für die Angaben im Bestandsverzeichnis zu einem Medizinprodukt ist weder in
der Medizinprodukte-Betreiberverordnung noch sonst im Medizinprodukterecht geregelt.

158   Im Hinblick auf die Form des Bestandsverzeichnisses wird expressis verbis in § 8 Abs. 1 Satz 2 MPBetreibV darauf verwiesen, dass eine **Zusammenführung** des Bestandsverzeichnisses **mit anderen Verzeichnissen,** die auf Grund anderer Rechtsvorschriften geführt werden, zulässig ist. Dieses könnte beispielsweise die Zusammenführung der Verzeichnisse aus der Anlagenbuchhaltung mit dem Bestandsverzeichnis beinhalten. Hier sollte der Betreiber jedoch genau prüfen, ob die gemeinsame Führung von Anlagenbuchhaltung und Bestandsverzeichnis aus Gründen der notwendigen Übersichtlichkeit wirklich sinnvoll ist, da die Zielsetzung bei beiden Dokumentationen sehr unterschiedlich ist.

159   Ob diese Möglichkeit auch für die Zusammenlegung von Bestandsverzeichnis und den Verzeichnissen eines Gerätemanagements möglich ist, sollte **mit der zuständigen Behörde abgeklärt** werden, da ein Gerätemanagement nur indirekt über die Verpflichtung des Betreibers zur wirtschaftlichen Betriebsführung gefordert ist. Das Bestandsverzeichnis – in Verbindung mit dem Medizinproduktebuch – enthält in jedem Fall die Basisinformationen für das Gerätemanagement.

3. Ausnahmeregelung und Übergangsbestimmung

160   Die zuständige Behörde kann den Betreiber von der Pflicht zur Führung eines Bestandsverzeichnisses **befreien,** wobei jedoch der Betreiber die Notwendigkeit zur Befreiung der zuständigen Behörde eingehend zu begründen hat. Ein möglicher Befreiungsgrund wäre eine sehr geringe Anzahl von aktiven nicht implantierbaren Medizinprodukten z. B. in einer Arztpraxis, so dass der Betreiber auch ohne ein Bestandsverzeichnis den erwarteten Überblick über die in seinem Verantwortungsbereich betriebenen Medizinprodukte behält.

161   Im Rahmen dieser Ausnahmeregelung ist auch vorgesehen, dass ein Betreiber von der Aufnahme einzelner aktiver nicht implantierbarer Medizinprodukte ins Bestandsverzeichnis befreit werden kann, wenn die Führung eines Bestandsverzeichnisses für diese Medizinprodukte **als nicht sinnvoll erscheint.** Als Beispiel für eine derartige Ausnahmeregelung wird in der amtlichen Begründung des Bundesgesundheitsministeriums zum Entwurf der Medizinprodukte-Betreiberverordnung das Ophthalmoskop genannt.

162   Mit Artikel 6 des Zweiten Gesetzes zur Änderung des Medizinproduktegesetzes ist die Medizingeräteverordnung (MedGV) vollständig aufgehoben worden. Für alle medizinisch-technischen Geräte, die nach den Vorschriften der Medizingeräteverordnung in Betrieb genommen wurden, gelten die Sondervorschriften von § 15 Nr. 8 MPBetreibV. Daraus ergibt sich, dass Bestandsverzeichnisse, die bisher auf der Rechtsgrundlage nach § 12 MedGV geführt wurden, **unverändert weitergeführt** werden dürfen und als Bestandsverzeichnisse i. S. v. § 8 MPBetreibV gelten.

4. Ordnungswidrigkeit

163   Die Bedeutung des Bestandsverzeichnisses als ein Instrument zur Verwirklichung der Ziele der Medizinprodukte-Betreiberverordnung betont der Verordnungsgeber durch die damit verbundenen Sanktionen. Wer vorsätzlich oder fahrlässig ein Bestandsverzeichnis nicht, nicht richtig oder nicht vollständig führt, kann mit einer **Geldbuße** bis zu 25 000 € belegt werden. In diesem Zusammenhang ist auf die Ausnahmeregelung (Rdnr. 160) und die Übergangsregelung für sog. MedGV-Geräte (Rdnr. 162) hinzuweisen.

II. Medizinproduktebuch

1. Inhalt des Medizinproduktebuchs

164   Für alle in den Anlagen 1 und 2 der MPBetreibV aufgeführten Medizinprodukte hat der Betreiber ein **Medizinproduktebuch** zu führen:

– Medizinprodukte der Anlage 1 der MPBetreibV sind aktive nicht implantierbare Medizinprodukte mit besonderem Gefährdungspotenzial, die einer erhöhten sicherheitstechnischen Aufmerksamkeit bedürfen – im Wesentlichen medizinisch-technische Geräte der Gruppe 1 i. S. v. § 2 MedGV;
– Medizinprodukte im Sinne der Anlage 2 der MPBetreibV sind medizinische Messgeräte, die früher der Eichordnung unterlagen.

Für Medizinprodukte, die **nicht in Anlage 1 oder 2 der MPBetreibV** aufgeführt sind, für die aber der Hersteller eine sicherheitstechnische und/oder eine messtechnische Kontrolle vorschreibt, ist kein Medizinproduktebuch zu führen.

Die zuständige Behörde hat das Recht der **jederzeitigen Einsichtnahme** in das Medizinproduktebuch[41] am Betriebsort. Durch dieses ausdrückliche Recht gegenüber dem Betreiber kann die zuständige Behörde ihrer Überwachungspflicht ungehindert nachkommen – eine wesentliche Voraussetzung für das mit der MPBetreibV verbundene Ziel des Patienten- und Arbeitnehmerschutzes. **165**

Das Medizinproduktebuch ist eine das Bestandsverzeichnis ergänzende Dokumentation, in der die sog. **Bewegungsdaten** eines Medizinprodukts aufgenommen werden. Somit kommt das Medizinproduktebuch einem Gerätelebenslauf gleich, in dem alle relevanten Maßnahmen und Ereignisse von der Inbetriebnahme bis zur Stilllegung festgehalten sind. § 7 Abs. 2 MPBetreibV legt dabei den Mindestumfang der Eintragungen im Medizinproduktebuch fest: **166**

– **Bezeichnung und sonstige Angaben zur Identifikation des Medizinprodukts.** Diese Angaben dienen der eindeutigen Zuordnung der Angaben im Medizinproduktebuch zu einem Medizinprodukt. Es genügt die Angabe der betrieblichen Identifikationsnummer – sofern diese vorhanden und für eine eindeutige Zuordnung geeignet ist (Rdnr. 151). Ansonsten ist die Angabe des Herstellers, des Gerätetyps und der Seriennummer zur eindeutigen Zuordnung erforderlich. **167**

Die Bezeichnung sollte um die **freiwillige Angabe** der Bezeichnung nach der Nomenklatur für Medizinprodukte – herausgegeben vom Deutschen Institut für Medizinische Dokumentation und Information (DIMDI) – ergänzt werden (Rdnr. 143). **168**

– **Beleg über Funktionsprüfung und Einweisung zum Zeitpunkt der erstmaligen Inbetriebnahme.** Medizinprodukte der Anlage 1 der MPBetreibV dürfen erst angewendet werden, nachdem sie durch den Hersteller oder eine entsprechend befugte Person am Betriebsort sowohl einer Funktionsprüfung unterzogen wurden als auch die vom Betreiber beauftragte Person durch den Hersteller bzw. die befugte Person eingewiesen wurde (Rdnr. 41–46). Die Aufnahme des Zeitpunkts dieser Maßnahmen in das Medizinproduktebuch ist somit eine logische Konsequenz aus diesen Anforderungen. Erst mit diesem Zeitpunkt verfügt das Medizinprodukt über eine Art „Betriebserlaubnis" für den Betreiber. Es ist der Beginn des Gerätelebenslaufs. **169**

Der Begriff „Beleg" in diesem Zusammenhang ist zwar etwas irreführend, kann aber auch als **Eintrag von Datum, Ausführendem und Eingewiesenem** verstanden werden, da nicht zwingend ein Protokoll über die erstmalige Inbetriebnahme gefordert wird. **170**

– **Name der vom Betreiber beauftragten Person.** Die Dokumentation des Namens der vom Betreiber beauftragten Person – in der Praxis auch kurz als Beauftragte Person bezeichnet – ist erforderlich, da dieser Personenkreis – gemeinsam mit Hersteller und befugter Person – das ausschließlich Recht zur Anwender-Einweisung besitzt (Rdnr. 46). **171**

– **Zeitpunkt der Einweisung sowie Namen der eingewiesenen Personen.** Diese Dokumentation gibt dem Betreiber einen Überblick über alle Anwender, die berechtigt sind, das Medizinprodukt am Patienten anzuwenden. **172**

---

[41] Vgl. § 7 Abs. 3 MPBetreibV.

173 – **Fristen und Datum der Durchführung sowie das Ergebnis von vorgeschriebenen sicherheitstechnischen Kontrollen.** Bestimmte Medizinprodukte unterliegen der Verpflichtung zur Durchführung der sicherheitstechnischen Kontrollen (Rdnr. 75). Das Datum der Durchführung und die Frist bis zur nächsten Kontrolle sind im Medizinproduktebuch aber nur für Medizinprodukte der Anlage 1 der MPBetreibV zu dokumentieren (Rdnr. 94). Neben dem Ergebnis als Gesamtaussage zur sicherheitstechnischen Kontrolle ist aber auch das Prüfprotokoll mindestens bis zur nächsten sicherheitstechnischen Kontrolle[42] aufzubewahren. Hier bietet es sich an, entweder das Prüfprotokoll unmittelbar im Medizinproduktebuch zu hinterlegen (im Ordner mit einheften, als Dokument scannen und dem Datensatz beifügen, etc.) oder aber zumindest einen Verweis auf den Ablageort im Datensatz aufzunehmen, wenn das Medizinproduktebuch und das Prüfprotokoll getrennt aufbewahrt werden. Offen gelassen ist, von wem und in welcher Zeit diese Angaben im Medizinproduktebuch einzutragen sind.

174 – **Fristen und Datum der Durchführung sowie das Ergebnis von vorgeschriebenen messtechnischen Kontrollen.** Ebenso wie für die sicherheitstechnische Kontrolle sind auch für die messtechnische Kontrolle bei Medizinprodukten der Anlage 2 der MPBetreibV (Rdnr. 110) das Datum der Durchführung und die Frist bis zur nächsten Kontrolle im Medizinproduktebuch zu dokumentieren. Im Gegensatz zur sicherheitstechnischen Kontrolle wird bei der messtechnischen Kontrolle konkret verlangt, dass derjenige, der die messtechnische Kontrolle durchführt (Prüfer), auch das Ergebnis unter Angabe der ermittelten Messwerte, der Messverfahren und sonstiger Beurteilungskriterien (Rdnr. 126) unverzüglich – also in unmittelbarer zeitlicher Nähe zum Zeitpunkt der Durchführung der messtechnischen Kontrolle – einzutragen hat.

175 – **Datum von Instandhaltungen sowie Name der verantwortlichen Person oder der Firma, die diese Maßnahme durchgeführt hat.** Durch diese Angaben entsteht ein lückenloser Gerätelebenslauf von dem Zeitpunkt der erstmaligen Inbetriebnahme bis hin zur Stilllegung des Medizinprodukts, da alle Instandhaltungsmaßnahmen (Wartung, Inspektion und Instandsetzung) im Medizinproduktebuch zu dokumentieren sind. Insbesondere ist die Angabe des Datums der Durchführung dieser Maßnahme, der Art der Maßnahme und Name der für die Durchführung verantwortlichen Person oder Firma gefordert. Dies gilt auch, wenn Instandhaltungsmaßnahmen durch Personen des Betreibers durchgeführt werden.

176 Im Sinne einer **systematischen Gerätebewirtschaftung** könnten diese durch die Medizinprodukte-Betreiberverordnung mindestens geforderten Angaben noch durch betriebswirtschaftliche Angaben ergänzt werden, wie beispielsweise Instandhaltungskosten, Gewährleistungsangaben, Dokumentation der wichtigsten Ersatzteile. Inwieweit diese Angaben unmittelbar im Medizinproduktebuch mitgeführt werden können oder aber eine am Medizinproduktebuch „anhängende" Dokumentation notwendig wird, ist mit der zuständigen Behörde abzustimmen, da hier die Medizinprodukte-Betreiberverordnung keine eindeutige Aussage enthält.

177 – **Verträge zur Durchführung von sicherheits- und messtechnischen Kontrollen oder Instandhaltungsmaßnahmen mit Personen oder Institutionen, deren Namen oder Firma sowie Anschrift.** Dieser Punkt wird zwar in § 7 MPBetreibV gefordert und müsste damit auch dokumentiert werden, um sich nicht einer Ordnungswidrigkeit auszusetzen (Rdnr. 187). Da es sich hier aber um keine zusätzliche Information handelt – sowohl bei der sicherheitstechnischen bzw. messtechnischen Kontrolle und den Instandhaltungsmaßnahmen ist der Name der durchführenden Person oder die Firma mit aufzunehmen – sollte mit der zuständigen Behörde über den Verzicht auf diese Angaben im Medizinproduktebuch gesprochen werden.

---

[42] Vgl. § 6 Abs. 3 Satz 2 MPBetreibV.

- **Datum, Art und Folgen von Funktionsstörungen und wiederholten gleicharti- 178 gen Bedienungsfehlern.** Dieser Punkt ist sehr schwierig zu handhaben. Es fehlt eine klare Abgrenzung, welche Funktionsstörungen zu dokumentieren sind – Funktionsstörungen, durch die beispielsweise ein Patient zu Schaden gekommen ist (Vorkommnis) oder hätte kommen können (Beinahe-Vorkommnis) – oder ist auch jeder andere Ausfall eines Medizinprodukts hier zu dokumentieren. Auch der Begriff „gleichartige Bedienungsfehler" ist nicht definiert. Hier tritt insbesondere das Problem auf, wie häufig ein Bedienungsfehler aufgetreten sein muss, bevor er zu dokumentieren ist. Problematisch ist auch, wie die einzelnen Bedienungsfehler erfasst werden sollen, um zu erkennen, dass eine Gleichartigkeit vorliegt.

Diese Angaben sind in Verbindung mit der **Meldung von Vorkommnissen** an Be- 179 hörden und Hersteller zu sehen, so dass nicht nur die Meldung an sich, sondern auch der sachliche Hintergrund zum Vorkommnis dokumentiert wird.

- **Meldung von Vorkommnissen an Behörden und Hersteller.** Der Betreiber oder 180 Anwender ist verpflichtet, bestimmte Vorkommnisse (Rdnr. 189) an das Bundesinstitut für Arzneimittel und Medizinprodukte zu melden. Es ist somit eine logische Konsequenz, die Einhaltung dieser Forderung durch die Angabe des Datums und der Meldestelle – ggf. mit dem Verweis auf das an anderer Stelle abgelegte Meldedokument – zu dokumentieren.

2. Form des Medizinproduktebuchs

Über die **Form des Medizinproduktebuchs** – Buch, Karteikarte, Datenbank etc. – 181 enthält die Medizinprodukte-Betreiberverordnung **keine konkrete Angaben.** In § 7 Abs. 1 Satz 2 MPBetreibV wird sehr allgemein festgestellt, dass alle Datenträger zulässig sind, sofern die Angaben des Medizinproduktebuchs für die Dauer der Aufbewahrungsfrist – fünf Jahre nach der Außerbetriebnahme des Medizinprodukts[43] – für den Anwender während der Arbeitszeit zugänglich sind.

Für das Medizinproduktebuch gibt es **keine Angaben** über die **Zulässigkeit der ge- 182 meinsamen Führung** des Medizinproduktebuchs mit Verzeichnissen, die aufgrund anderer Vorschriften geführt werden. Dies könnte beispielsweise für den Betreiber im Fall des systematischen Gerätemanagements durchaus sinnvoll sein. Hier sollte das Vorgehen mit der zuständigen Behörde im Vorfeld abgestimmt werden.

3. Ausnahmeregelung und Übergangsbestimmung

Ein Medizinproduktebuch ist **nicht zu führen**[44] für: 183
- elektronische Fieberthermometer als Kompaktthermometer und
- Blutdruckmessgeräte mit Quecksilber- oder Aneroidmanometer zur nicht invasiven Blutdruckmessung.

Medizinprodukte, die nicht in Anlage 1 bzw. Anlage 2 der MPBetreibV aufgelistet sind, 184 für die aber der Hersteller eine sicherheitstechnische[45] und/oder eine messtechnische Kontrolle[46] vorgeschrieben hat, ist kein Medizinproduktebuch zu führen. Dies lässt sich indirekt aus dem Zusatz in § 11 Abs. 7 MPBetreibV schließen, wonach die Ergebnisse einer messtechnischen Kontrolle nur dann in das Medizinproduktebuch einzutragen sind, soweit es nach § 7 Abs. 1 MPBetreibV zu führen ist. Eine derartige Präzisierung gibt es für die sicherheitstechnische Kontrolle nicht, dürfte aber sinngemäß angenommen werden. Diese Befreiung zur Führung eines Medizinproduktebuchs entbindet den Betrei-

---

[43] Vgl. § 9 Abs. 2 MPBetreibV.
[44] Vgl. § 7 Abs. 1 Satz 3 MPBetreibV.
[45] Vgl. § 6 Abs. 1 Satz 1 MPBetreibV.
[46] Vgl. § 11 Abs. 1 Nr. 2 MPBetreibV.

ber aber **nicht von der Pflicht zur Aufbewahrung entsprechender Prüfprotokolle** (Rdnr. 95).

185   Eine **weitergehende Möglichkeit** zur generellen Befreiung durch die zuständige Behörde von der Verpflichtung zur Führung eines Medizinproduktebuchs ist in der Medizinprodukte-Betreiberverordnung **nicht vorgesehen.** Die Begründung hierfür könnte darin gesehen werden, dass das Medizinproduktebuch einen umfassenden Überblick über alle Ereignisse (Fehlfunktionen, Instandhaltungen, sicherheitstechnische bzw. messtechnische Kontrollen, Einweisungen, Vorkommnisse, Meldungen, etc.) von der Inbetriebnahme bis zur Stilllegung gibt und somit u. a. auch die behördliche Überwachung erleichtert. Bei gerichtlichen Auseinandersetzungen können die Angaben im Medizinprodukte als Nachweis für den ordnungsgemäßen Betrieb dienen.

186   Mit Artikel 6 des Zweiten Gesetzes zur Änderung des Medizinproduktegesetzes ist die Medizingeräteverordnung vollständig aufgehoben worden. Somit gelten für alle medizinisch-technischen Geräte der Gruppe 1 nach § 2 Nr. 1 MedGV die **Sondervorschriften von § 15 Nr. 8 MPBetreibV.** Das Gerätebuch auf der bisherigen Rechtsgrundlage von § 13 MedGV gilt als Medizinproduktebuch i. S. v. § 7 MPBetreibV. Die Gerätebücher können in unveränderter Form weitergeführt werden. Eine Anpassung der Inhalte an die in § 7 Abs. 2 MPBetreibV festgelegten Angaben wird nicht gefordert.

4. Ordnungswidrigkeit

187   Die Bedeutung der Angaben in einem Medizinproduktebuch betont der Verordnungsgeber durch die vorgesehenen Sanktionen. Wer vorsätzlich oder fahrlässig ein Medizinproduktebuch nicht, nicht richtig oder nicht vollständig führt, kann mit einer **Geldbuße** von bis zu 25 000 € belegt werden. Diese Ordnungswidrigkeit gilt auch für den Fall, dass Gerätebücher nicht i. S. v. § 13 MedGV geführt werden.

188   In diesem Zusammenhang ist insbesondere auf die **Forderung zur Dokumentation** von Datum, Art und Folgen von Funktionsstörungen und wiederholter gleichartiger Bedienungsfehler (Rdnr. 178) hinzuweisen. Werden diese Angaben nicht oder nicht vollständig in das Medizinproduktebuch eingetragen, kann dieses von der zuständigen Behörde – auch ohne konkreten Schadensfall – mit einer Ordnungswidrigkeit belegt werden.

J. Meldung von Vorkommnissen

189   Im Rahmen des Medizinprodukte-Beobachtungs- und -Meldesystems bzw. der Medizinprodukte-Sicherheitsplanvervordnung (MPSV) ist auch der Betreiber oder der Anwender zur Meldung von:

– Funktionsstörungen,

– Ausfällen oder Änderungen der Merkmale oder Leistungen und

– Unsachgemäßheiten der Kennzeichnung oder der Gebrauchsanweisung

eines Medizinprodukts **verpflichtet.**[47] Die Meldepflichten sind seit Sommer 2002 in § 3 Abs. 2 MPSV geregelt (zuvor in § 3 MPBetreibV). Maßgeblich für die Meldepflicht ist dabei, ob die oben genannten Ereignisse zum Tode oder zu einer schwerwiegenden Verschlechterung des Gesundheitszustandes eines Patienten, eines Anwenders oder einer anderen Person geführt haben (Vorkommnis) oder hätten führen können (Beinahe-Vorkommnis). Beispiele für meldepflichtige Vorkommnisse sind der EG-Leitlinie „Medizinprodukte-Beobachtungs- und Meldesystem"[48] zu entnehmen.

---

[47] Verordnung über die Erfassung, Bewertung und Abwehr von Risiken bei Medizinprodukten (Medizinprodukte-Sicherheitsplanverordnung – MPSV) v. 24. 6. 2002 (BGBl. I S. 2131).

[48] Guidelines on a Medical Device Vigilance System, MEDDEV 2.12/1 Rev. 4–4/2001.

Die Meldung hat **unverzüglich** – d.h. ohne eigene schuldhafte Verzögerung – an das 190
Bundesinstitut für Arzneimittel und Medizinprodukte (BfArM) zu erfolgen. Das BfArM
gibt seinerseits diese Meldung an die für den Betreiber zuständige Landesbehörde weiter.
Parallel werden auch der Hersteller und die für den Hersteller zuständige Landesbehörde
über das Vorkommnis informiert, so dass alle Beteiligten den gleichen Kenntnisstand
haben. Betreiber und Anwender sind auch verpflichtet, an den korrektiven Maßnahmen
entsprechend den Maßnahmeempfehlungen des Medizinprodukteherstellers mitzuwirken
und bei bestimmten implantierbaren Medizinprodukten Aufzeichnungen über Patienten
zu führen (**Mitwirkungspflichten,** § 16 MPSV).[49]

K. Sondervorschriften für „MedGV-Geräte"

Mit dem Inkrafttreten des Zweiten Gesetzes zur Änderung des Medizinproduktegeset- 191
zes ist durch Artikel 6 die Medizingeräteverordnung vollständig aufgehoben worden.
Damit gelten die Vorschriften der Medizinprodukte-Betreiberverordnung für alle medizinisch-technischen Geräte, die nach den Vorschriften der Medizingeräteverordnung in den
Verkehr und in Betrieb genommen wurden („MedGV-Geräte"). § 15 MPBetreibV enthält jedoch diesbezüglich **Sondervorschriften,** damit die Rechtssicherheit für den Betreiber gewahrt bleibt.

Zusammenfassend kann vorab festgestellt werden, dass sich die Anforderungen 192
an „MedGV-Geräte" nicht geändert haben. Der Verordnungsgeber hat **alle betreiber-
relevanten Vorschriften in § 15 MPBetreibV übernommen.** Im Einzelnen sind
dies:
– „MedGV-Geräte" der Gruppe 1[50] dürfen nur betrieben werden, wenn Sie der **Bau-** 193
  art nach zugelassen sind – erkennbar an dem Bauartzulassungszeichen am Gerät.
  Die Ausnahme für medizinisch-technische Geräte der Gruppe 1, die im Rahmen einer
  klinischen Prüfung angewendet werden, bleibt bestehen, d.h. „MedGV-Geräte" zur
  klinischen Prüfung benötigen keine Bauartzulassung. Diese Ausnahme gilt aber nur
  für diejenigen klinischen Prüfungen, die der Hersteller nach § 5 Abs. 10 MedGV von
  der zuständigen Behörde genehmigt bekommen hat und die noch nicht abgeschlossen
  sind.[51]
  In diesem Zusammenhang ist darauf zu verweisen, dass spätestens **am 14. 6. 2001 alle** 194
  Bauartzulassungen erloschen sind, da der Zulassungsinhaber (Hersteller) von der
  Zulassung drei Jahre keinen Gebrauch gemacht hat. Ab Juni 1998 durfte ein Hersteller
  bauartzulassungspflichtige medizinisch-technische Geräte der Gruppe 1 ausschließlich
  nach dem Medizinproduktegesetz in den Verkehr bringen – In-vitro-Diagnostika waren
  nach der Medizingeräteverordnung nicht bauartzulassungspflichtig.
– Ist die Bauartzulassung durch die zuständige Behörde zurückgenommen oder widerru- 195
  fen worden, dürfen „MedGV-Geräte" nur dann weiterbetrieben werden, wenn in der
  Bekanntmachung der Rücknahme oder des Widerrufs im Bundesanzeiger **nicht ausdrücklich festgestellt** wird, dass Gefahren für Patienten, Beschäftigte oder Dritte zu
  befürchten sind.[52]
– Eine durch die zuständige Behörde auf Antrag des Betreibers erteilte Ausnahme zum 196
  Betrieb eines medizinisch-technischen Geräts der Gruppe 1 ohne Bauartzulassung **behält ihre Gültigkeit.** Die in der Ausnahmezulassung festgelegten Maßnahmen müssen
  eingehalten werden.[53]

---

[49] Hierzu auch den Beitrag von *Will* in diesem Handbuch (§ 11 Rdnr. 7, 32, 37, 55, 63, 64).
[50] Vgl. § 2 Nr. 1 MedGV.
[51] Vgl. § 15 Nr. 1 MPBetreibV, früher § 6 Abs. 2 MedGV und § 5 Abs. 10 MedGV.
[52] Vgl. § 15 Nr. 2 MPBetreibV, früher § 5 Abs. 9 MedGV.
[53] Vgl. § 15 Nr. 3 MPBetreibV, früher § 8 Abs. 1 MedGV.

197 – Die Ausnahmeregelung, dass ein Betreiber von den allgemein anerkannten Regeln der Technik – soweit sie sich auf den Betrieb von medizinisch-technischen Geräten beziehen – abweichen darf, bleibt bestehen. Es sind aber vom Betreiber ebenso wirksame Maßnahmen für einen sicheren und ordnungsgemäßen Betrieb der medizinisch-technischen Geräte zu treffen. Auf Verlangen ist vom Betreiber der zuständigen Behörde die Wirksamkeit der von ihm getroffenen Maßnahmen **nachzuweisen.**[54]

198 – Medizinisch-technische Geräte der Gruppen 1 und 3 nach § 2 Nr. 1 und 3 MedGV dürfen nur von Personen angewendet werden, die am medizinisch-technischen Gerät unter Berücksichtigung der Gebrauchsanweisung in die sachgerechte Handhabung **eingewiesen** worden sind. Diese Einweisung ist auf mögliche Kombinationen und deren Besonderheiten zu erstrecken.[55]

199 – Der Einweisende muss auf Grund seiner Kenntnisse und praktischen Erfahrungen **für die Einweisung geeignet sein.** Weitergehende Qualifikationen enthielt die Medizingeräteverordnung nicht und ist damit auch nicht in die Sondervorschriften für „MedGV-Geräte" der MPBetreibV aufgenommen worden. [56]

200 In diesem Zusammenhang ist jedoch dem Betreiber zu empfehlen, ein **einheitliches Einweisungskonzept** sowohl für „MedGV-Geräte" als auch Medizinprodukte, die nach der Medizinprodukte-Betreiberverordnung in Betrieb genommen wurden, zu erstellen, da sonst die organisatorische Umsetzung der unterschiedlichen Einweisungsanforderungen und deren Überwachung – beauftragte Person bei Medizinprodukten der Anlage 1 der MPBetreibV, geeignete Person bei „MedGV-Geräten" der Gruppe 1 und 3 – sehr aufwändig bzw. unübersichtlich wird.

201 – Der Betreiber hat bei „MedGV-Geräten" der Gruppe 1 die in der Bauartzulassung festgelegten **sicherheitstechnischen Kontrollen** in dem dort vorgeschriebenen Umfang fristgerecht durchzuführen bzw. durchführen zu lassen. Diese sicherheitstechnischen Kontrollen erstrecken sich auch auf ortsfeste Versorgungs- und Aufbereitungseinrichtungen für Dialysegeräte.[57]

202 – Bei „MedGV-Geräten" behalten die **Prüfbescheinigungen** aufgrund der Übergangsvorschriften nach § 28 MedGV – auch i. V. m. § 27 MedGV – ihre Gültigkeit. Insbesondere sind bei „MedGV-Geräten" der Gruppe 1 der Umfang und die Frist für sicherheitstechnische Kontrollen aus den Prüfbescheinigungen nach § 28 Abs. 1 oder 2 MedGV zu beachten.[58]

203 – Bestandsverzeichnisse und Gerätebücher, die bisher nach den Vorschriften der Medizingeräteverordnung geführt wurden, dürfen **unverändert weitergeführt** werden. Sie gelten als Bestandsverzeichnis bzw. Medizinproduktebuch entsprechend den §§ 8 und 7 MPBetreibV.[59]

L. Aktive implantierbare Medizinprodukte

204 Für aktive implantierbare Medizinprodukte gibt es im Grunde keine Betriebsvorschriften, da diese Medizinprodukte definitionsgemäß ab dem Zeitpunkt der Implantation nicht dem Verantwortungsbereich eines Betreibers unterliegen, sondern vielmehr der ordnungsgemäße Betrieb **vom behandelnden Arzt** im Rahmen klinischer Kontrollen überwacht wird.

---

[54] Vgl. § 15 Nr. 4 MPBetreibV, früher § 8 Abs. 2 MedGV.

[55] Vgl. § 15 Nr. 5 Satz 1 und 2 MPBetreibV, früher § 10 Abs. 1 Satz 1 und Abs. 2 MedGV.

[56] Vgl. § 15 Nr. 5 Satz 3 MPBetreibV, früher § 10 Abs. 1 Satz 2 MedGV.

[57] Vgl. § 15 Nr. 6 MPBetreibV, früher § 11 Abs. 1 Satz 1 und 2 MedGV.

[58] Vgl. § 15 Nr. 7 und Nr. 9 MPBetreibV, früher § 28 Abs. 1 und 2 MedGV und § 27 Abs. 1 und 2 MedGV.

[59] Vgl. § 15 Nr. 8 MPBetreibV, früher §§ 12 und 13 MedGV.

Einzige Ausnahme in diesem Zusammenhang bildet die Verpflichtung der für die 205
Implantation verantwortlichen Person, dem Patienten, dem ein aktives implantierbares
Medizinprodukt (z.B. Herzschrittmacher) implantiert wurde, nach Abschluss der Implan-
tation eine schriftliche Information auszuhändigen. Diese Information muss enthalten:

– **Verhaltensanweisungen** für den Patienten in allgemein verständlicher Form, die für 206
  die Sicherheit des Patienten nach der Implantation von Bedeutung sind.
– Angaben zu **Maßnahmen,** die vom Patienten nach einem Vorkommnis mit dem akti- 207
  ven implantierbaren Medizinprodukt zu treffen sind und insbesondere die Angabe, in
  welchen Fällen der Patient unbedingt einen Arzt aufsuchen muss.
– **Patienten- und produktbezogenen Daten:** 208
    – Name des Patienten,
    – Bezeichnung, Art und Typ, Loscode oder Seriennummer des Medizinprodukts,
    – Name oder Firma des Herstellers des Medizinprodukts,
    – Datum der Implantation,
    – Name der verantwortlichen Person, die die Implantation durchgeführt hat,
    – Zeitpunkt der nachfolgenden Kontrolluntersuchungen.
– Die **wesentlichen Ergebnisse** der jeweiligen **Kontrolluntersuchungen.** 209

Der Arzt, der das aktive implantierbare Medizinprodukt verantwortlich implantiert (An- 210
wender), hat darauf zu achten, dass dem Patienten diese Patienteninformation übergeben
wird. Eine Verpflichtung seitens des Betreibers – beispielsweise der Einrichtung, in der die
Implantation ausgeführt wird – besteht nicht. Der Betreiber könnte aber beispielsweise
beim Hersteller nachfragen, ob derartige Patienteninformationen als **Vordrucke** vorhanden sind, in denen dann der Arzt die produkt- und patientenspezifischen Angaben nur
noch ergänzen muss.

Diese Patienteninformation entspricht der **früheren Begleitkarte** nach § 4 MedGV, 211
die der Hersteller als Teil der Gebrauchsanweisung mitzuliefern hatte. Diese Herstelleran-
forderung wurde nicht in die EG-Richtlinie 90/385/EWG über aktive implantierbare
medizinische Geräte[60] aufgenommen, so dass diese rein nationale Regelung dem Anwender verantwortlich übertragen wurde.

---

[60] ABl. EG Nr. L 189 v. 20. 7. 1990, S. 17, zuletzt geändert durch Art. 9 der Richtlinie 93/
68/EWG des Rates v. 22. 7. 1993 (ABl. EG Nr. L 220 v. 30. 8. 1993, S. 1).

§ 10 Zuständige Behörden und deren Gremien

von *Jürgen Attenberger*

Übersicht

Literatur: *Europäische Kommission* (Hrsg.), Leitfaden für die Umsetzung der nach dem neuen Konzept und dem Gesamtkonzept verfassten Richtlinien (Blue Guide), Luxemburg 2000; *Mikoleit,* Das neue MPG – Veränderungen im Vollzug aus Sicht der Landesbehörden, MPR 2002, 8.

A. Einleitung

1   Die für Medizinprodukte zuständigen Behörden sind nicht immer ohne weiteres zu bestimmen. Dies liegt zum einen an der Verteilung behördlicher Aufgaben innerhalb der föderativen Struktur der Bundesrepublik Deutschland, zum anderen an der Vielzahl unterschiedlicher Aufgabenzuweisungen an verschiedene Behörden des Bundes und der Länder im Bereich der Medizinprodukte. Nachfolgend soll der Versuch unternommen werden, die **Behördenstrukturen** im Bereich der Medizinprodukte darzustellen und transparenter zu machen, als sie auf den ersten Blick erscheinen mögen. Darüber hinaus soll verdeutlicht werden, wie die in den Behörden tätigen Mitarbeiter in der Regel denken, was in den für Medizinprodukte zuständigen Behörden gemacht wird und auf welche Weise versucht wird, einen möglichst einheitlichen Verwaltungsvollzug des Medizinprodukterechts zu erreichen, was angesichts der bestehenden Verwaltungsstrukturen nicht immer einfach ist. Schließlich verfolgt dieser Beitrag das Ziel, die Rechte und Pflichten der zuständigen Behörden und deren Mitarbeiter in Erfüllung ihrer Aufgaben vorzustellen.

2   Das Jahr 2002 hat durch neue Rechtsvorschriften auch für die im Bereich des Medizinprodukterechts zuständigen Behörden **zu einer Vielzahl von Neuerungen** geführt. An erster Stelle steht das Zweite Gesetz zur Änderung des Medizinproduktegesetzes[1] (2. MPG-ÄndG) mit seinen Neuerungen für das Medizinproduktegesetz (MPG)[2] und für die Verordnung über das Errichten, Betreiben und Anwenden von Medizinprodukten (Medizinprodukte-Betreiberverordnung – MPBetreibV).[3] Daneben ist aber auch die Ver-

---

[1] Gesetz über Medizinprodukte (Medizinproduktegesetz – MPG) v. 2. 8. 1994 (BGBl. I. S. 1963), geändert durch Erstes Gesetz zur Änderung des Medizinproduktegesetzes (1. MPG-ÄndG) v. 6. 8. 1998 (BGBl. I S. 2005) und Art. 1 des Zweiten Gesetzes zur Änderung des Medizinproduktegesetzes (2. MPG-ÄndG) v. 13. 12. 2001 (BGBl. I S. 3586), i. d. F. der Bekanntmachung des Medizinproduktegesetzes v. 7. 8. 2002 (BGBl. I S. 3146).

[2] Hierzu Art. 1 des 2. MPG-ÄndG.

[3] Hierzu Art. 11 des 2. MPG-ÄndG.

ordnung über die Erfassung, Bewertung und Abwehr von Risiken bei Medizinprodukten (Medizinprodukte-Sicherheitsplanverordnung – MPSV) von Bedeutung, die durch die Änderungen des Bundesrates am 31. 5. 2002[4] ihre endgültige Fassung erhielt und am 28. 6. 2002 in Kraft getreten ist.[5] Zum 1. 1. 2003 ist die Verordnung über das datenbankgestützte Informationssystem über Medizinprodukte des Deutschen Instituts für Medizinische Dokumentation und Information (DIMDI-Verordnung – DIMDIV) in Kraft getreten, der der Bundesrat am 29. 11. 2002 mit wenigen Änderungen gegenüber dem ursprünglichen Entwurf zugestimmt hat.

B. Zuständige Behörden und ihre Aufgaben

I. Allgemeines

Bei der Frage, welche Behörden für Medizinprodukte zuständig sind, ist zunächst zu **3** beachten, dass nach Art. 83 GG grundsätzlich alle deutschen Gesetze **von den Ländern vollzogen** werden, sofern in ihnen oder im Grundgesetz (GG) keine **abweichenden Regelungen** getroffen werden. Aber auch im Geschäftsbereich der Bundesregierung gibt es Behörden, die für bestimmte Aufgaben zuständig sein können. Dies gilt auch für den Bereich des Medizinprodukterechts.

II. Zuständige Behörden des Bundes

1. Bundesministerien

Federführend für das Medizinprodukterecht innerhalb der Bundesregierung ist das: **4**

Bundesministerium für Gesundheit und Soziale Sicherung (BMGS)[6]
Am Propsthof 78 a
53121 Bonn
Telefon (02 28) 9 41–0
Telefax (02 28) 9 41–49 00
E-mail-Adresse: poststelle@bmgs.bund.de
Internet-Adresse: http://www.bmgesundheit.de

Zuständig für Fragen im Zusammenhang mit dem Strahlenschutz, radioaktiven Stoffen **5** und ionisierenden Strahlen ist das:

Bundesministerium für Umwelt, Naturschutz und Reaktorsicherheit (BMU)
Heinrich-von-Stephan-Str. 1
53175 Bonn
Telefon (02 28) 3 05–0
Telefax (02 28) 3 05–32 25
E-mail-Adresse: postmaster@bmu.de
Internet-Adresse: http://www.bmu.de

---

[4] BR-Drs. 337/02 (Beschluss) v. 31. 5. 2002.
[5] Verordnung über die Erfassung, Bewertung und Abwehr von Risiken bei Medizinprodukten (Medizinprodukte-Sicherheitsplanverordnung – MPSV) v. 24. 6. 2002 (BGBl. I S. 2131).
[6] Hierzu sowie zur Neuorganisation des Bundesministeriums für Wirtschaft und Arbeit (BMWA) der Organisationserlass des Bundeskanzlers v. 22. 10. 2002 (BGBl. I S. 4206).

6 Zuständig für Fragen im Zusammenhang mit dem **Arbeitsschutz** das:

Bundesministerium für Wirtschaft und Arbeit (BMWA)
Scharnhorststr. 34–37
10115 Berlin
Telefon (01888) 615–0
Telefax (01888) 615–7010
E-mail-Adresse: info@bmwa.bund.de
Internet-Adresse: http://www.bmwi.de

Dienststelle Bonn
Villemombler Str. 76
53123 Bonn
Telefon (01888) 615–0
Telefax (01888) 615–7010

2. Bundesoberbehörden

7 Im Bereich der Medizinprodukte haben folgende **Bundesoberbehörden** Aufgaben zu erfüllen:

Bundesinstitut für Arzneimittel und Medizinprodukte (BfArM)
Kurt-Georg-Kiesinger Allee 3
53175 Bonn
Telefon (0228) 207–30
Telefax (0228) 207–5207
E-mail-Adresse: poststelle@bfarm.de
Internet-Adresse: http://www.bfarm.de

Paul-Ehrlich-Institut (PEI)
Bundesanstalt für Sera und Impfstoffe
Paul-Ehrlich-Straße 51–59
63225 Langen
Telefon (061 03) 77–0
Telefax (061 03) 77–1234
E-mail-Adresse: pei@pei.de
Internet-Adresse: http://www.pei.de

Deutsches Institut für Medizinische Dokumentation und Information (DIMDI)
Waisenhausgasse 36–38a
50676 Köln
Telefon (02 21) 47 24–1
Telefax (02 21) 4724–44
E-mail-Adresse: helpdesk@dimdi.de
Internet-Adresse: http://www.dimdi.de

Physikalisch-Technische Bundesanstalt (PTB)
Bundesallee 100
38116 Braunschweig
Telefon (05 31) 592–3006
Telefax (05 31) 592 -92 92
E-mail-Adresse: presse@ptb.de
Internet-Adresse: http://www.ptb.de

III. Zuständige Behörden der Länder

1. Allgemeines

Für die **Ausführung (Vollzug)** von Bundesgesetzen sind die Länder zuständig.[7] Jedes **8**
Land legt selbst fest, welches die **nach Landesrecht zuständigen Behörden** für eine
Aufgabe sind.[8] Damit für jedes, auch noch so kurzfristig in Kraft gesetzte Gesetz immer
eine Behörde zuständig ist, hat z.B. das Land Niedersachsen eine Regelung geschaffen,
nach der die örtlich zuständige Bezirksregierung die zuständige Behörde ist, sofern es keine spezielle Regelung gibt.

Das Medizinprodukterecht hat die **vor 1995 bestehenden Vorschriften,** in denen **9**
sich Regelungen zu Produkten befanden, die heute Medizinprodukte sind, abgelöst und
zusammengefasst. Damit liegt eine umfassende Regelung für Produkte vor, die in der
Heilkunde am und für Menschen angewendet werden und keine Arzneimittel sind. Für
diese sehr unterschiedlichen Produkte war vor der Zusammenfassung im Medizinproduktegesetz (MPG) eine Vielzahl von Behörden zuständig.

2. Zuständigkeiten vor dem Inkrafttreten des Medizinproduktegesetzes

Die Produkte, die **bis 1995** als **Arzneimittel** galten **(Geltungsarzneimittel)** und da- **10**
mit dem Arzneimittelgesetz unterlagen[9] (das waren insbesondere ärztliche und zahnärztliche Einmalinstrumente, Implantate, Verbandstoffe, chirurgisches Nahtmaterial, auch als
„Medicalprodukte" bezeichnet) wurden entsprechend den damals einschlägigen Zuständigkeitsregelungen in den meisten Ländern in der Regel von den **Mittelbehörden** über-
wacht. Dies sind in den Ländern Niedersachsen, Nordrhein-Westfalen, Rheinland-Pfalz[10]
und Sachsen-Anhalt die **Bezirksregierungen,** in Baden-Württemberg, Hessen und
Sachsen die **Regierungspräsidien** oder in Bayern die **Regierungen.** Die Stadtstaaten
Berlin, Bremen und Hamburg sowie die übrigen Länder Brandenburg, Mecklenburg-
Vorpommern, Saarland und Schleswig-Holstein haben keine Bezirke. Hier wurden die
Aufgaben entweder von den Senatsverwaltungen oder speziellen Landesämtern – in
Mecklenburg-Vorpommern z.B. von der Arzneimittelüberwachungs- und -prüfstelle
Mecklenburg-Vorpommern – oder, z.B. im Saarland, von dem Ministerium wahrge-
nommen.

Die Produkte, die **bis 1995 medizinische Geräte** waren und damit der Medizin- **11**
geräteverordnung[11] unterlagen, wurden entsprechend den damaligen Zuständigkeitsregelungen in allen Ländern von den **staatlichen Gewerbeaufsichtsämtern** überwacht, deren örtlicher Zuständigkeitsbereich in der Regel kleiner ist als der der
Regierungen. In Niedersachsen gibt es z.B. neun Gewerbeaufsichtsbezirke und nur vier
Regierungsbezirke, in Nordrhein-Westfalen 22 Gewerbeaufsichtsbezirke bei fünf Regie-
rungsbezirken.

---

[7] Art. 83 GG, s.a. Art. 30 GG.

[8] Art. 84 Abs. 1 GG, s.a. Art. 30 GG.

[9] Vgl. § 2 Abs. 2 des Gesetzes über den Verkehr mit Arzneimitteln (Arzneimittelgesetz – AMG) in
der am 31. 12. 1994 geltenden Fassung.

[10] Im Rahmen der Verwaltungsreform in Rheinland-Pfalz wurden die Bezirksregierungen zwischenzeitlich aufgelöst.

[11] Verordnung über die Sicherheit medizinisch-technischer Geräte (Medizingeräteverordnung –
MedGV) v. 14. 1. 1985 (BGBl. I S. 93), vgl. insbesondere § 2 MedGV in der am 31. 12. 1994 geltenden Fassung. Die Medizingeräteverordnung ist mit dem 2. MPG-ÄndG zum 1. 1. 2002 ganz außer Kraft getreten.

12   **Weitere Produkte** unterlagen anderen Rechtsvorschriften, z. B.
- dem **Lebensmittel- und Bedarfsgegenständegesetz**[12] (z. B. in der Zahnheilkunde angewendete Röntgenfilme,[13] Nissenkämme,[14] Gipsbinden oder Heftpflaster[15]),
- dem **Eichgesetz**[16] (z. B. medizinische Messgeräte[17] oder Blutdruckmessgeräte zur Selbstkontrolle[18]) oder
- **keinen Rechtsvorschriften** (z. B. elektrisch betriebene Betten für behinderte Menschen (sog. Pflegebetten)).

3. Zuständigkeitsregelungen nach dem Inkrafttreten des Medizinproduktegesetzes

13   Die meisten Länder haben diese „historisch" gewachsenen Strukturen der zuständigen Behörden beibehalten und alle **aktiven Medizinprodukte**[19] den medizinischen Geräten gleichgesetzt und die Behörden für zuständig erklärt, die auch schon für den **Vollzug der Medizingeräteverordnung** zuständig waren. Auch die aktiven implantierbaren Medizinprodukte[20] gehören zu den aktiven Medizinprodukten und damit in diese Zuständigkeit.

14   Nicht immer ist allerdings klar, was ein aktives Medizinprodukt ist. Ist z. B. die Fangopackung, die Energie aufgenommen hat, um sie dann als Wärme abzugeben, ein aktives Medizinprodukt? Auch bestehen **Kuriositäten**, die den Rechtsunterworfenen das Leben nicht gerade leicht machen. So sind in vielen Ländern – z. B. in Baden-Württemberg oder Sachsen – für Betriebe, die Reddon-Flaschen und alle anderen aktiven, aber nicht mit elektrischer Energie betriebenen Medizinprodukte erstmalig in den Verkehr bringen, nicht die staatlichen Gewerbeaufsichtsämter, sondern die Regierungspräsidien zuständig.

15   Das MPG in der ab dem 1. 1. 2002 geltenden Fassung enthält keine **Definition** mehr, was ein **aktives Medizinprodukt** ist. Somit muss der Rechtsunterworfene die gar nicht direkt im Mitgliedstaat Bundesrepublik Deutschland geltende EG-Richtlinie über Medizinprodukte[21] bemühen, um Näheres zu erfahren. Denn nur noch dort ist rechtlich definiert, was ein aktives Medizinprodukt ist.[22]

16   Für alle **übrigen Medizinprodukte,** also die **nicht aktiven** Medizinprodukte, wurden in der Regel die Behörden zuständig, die auch **für Arzneimittel zuständig** sind.

17   Es ist auch nicht immer für Rechtsunterworfene eindeutig, ob bezüglich der Zuständigkeit das **Zubehör dem Medizinprodukt folgt oder selbst Grundlage der Ent-**

---

[12] Gesetz über den Verkehr mit Lebensmitteln, Tabakerzeugnissen, kosmetischen Mitteln und sonstigen Bedarfsgegenständen (Lebensmittel- und Bedarfsgegenständegesetz – LMBG) v. 15. 8. 1974 (BGBl. I S. 1945).

[13] Vgl. § 5 Abs. 1 Nr. 3 LMBG in der am 31. 12. 1994 geltenden Fassung.

[14] Vgl. § 5 Abs. 1 Nr. 4 LMBG in der am 31. 12. 1994 geltenden Fassung.

[15] Vgl. § 5 Abs. 1 Nr. 6 LMBG in der am 31. 12. 1994 geltenden Fassung.

[16] Gesetz über das Mess- und Eichwesen (EichG) v. 11. 7. 1969 (BGBl. I S. 759).

[17] Vgl. § 4 EichG in der am 31. 12. 1994 geltenden Fassung und § 1 der Eichordnung v. 12. 8. 1988 (BGBl. I S. 1293) in der am 31. 12. 1994 geltenden Fassung.

[18] Vgl. § 4 Abs. 1 EichG in der am 31. 12. 1994 geltenden Fassung.

[19] § 3 Nr. 3 MPG in der bis zum 31. 12. 2001 geltenden Fassung.

[20] Richtlinie 90/385/EWG des Rates v. 20. 7. 1990 zur Angleichung der Rechtsvorschriften der Mitgliedstaaten über aktive implantierbare medizinische Geräte (ABl. EG Nr. L 189 v. 20. 7. 1990, S. 17), zuletzt geändert durch Art. 9 der Richtlinie 93/68/EWG des Rates v. 22. 7. 1993 (ABl. EG Nr. L 220 v. 30. 8. 1993, S. 1).

[21] Richtlinie 93/42/EWG des Rates v. 14. 6. 1993 über Medizinprodukte (ABl. EG Nr. L 169 v. 12. 7. 1993, S. 1), zuletzt geändert durch Art. 1 der Richtlinie 2001/104/EG des Europäischen Parlaments und des Rates v. 7. 12. 2001 zur Änderung der Richtlinie des Rates über Medizinprodukte hinsichtlich Medizinprodukten, die Derivate aus menschlichem Blut oder Blutplasma enthalten (ABl. EG Nr. L 6 v. 10. 1. 2002, S. 50).

[22] Vgl. Anhang IX Abschn. 1 Nr. 1.4. der Richtlinie 93/42/EWG des Rates v. 14. 6. 1993 über Medizinprodukte.

scheidung ist. Muss der Verantwortliche das erstmalige Inverkehrbringen von Klebe-elektroden für EKG-Geräte bei der für aktive Medizinprodukte zuständigen Behörde (das EKG-Gerät ist ja ein aktives Medizinprodukt) oder bei der für nicht aktive Medizinprodukte zuständigen Behörde anzeigen, weil Klebeelektroden die Definition eines aktiven Medizinprodukt nicht erfüllen? Und welche Behörde ist zuständig für die elektrisch betriebenen Reinigungsgeräte und Sterilisatoren, die Zubehör eines aufbereitbaren Medizinprodukts (z. B. einer chirurgischen Pinzette) sind? Hier hilft nur der direkte Kontakt zur Behörde.[23] Diese sollte wissen, für welche Medizinprodukte sie zuständig ist und für welche nicht. Die Lösung derartiger Fragestellungen ist natürlich nicht nur für die Verantwortlichen für das erstmalige Inverkehrbringen wichtig, sondern auch für die **Betreiber von Medizinprodukten** interessant, denn zur Erfüllung ihrer Pflichten[24] müssen auch sie die für sie zuständige Behörde kennen.

Seit dem 1. 1. 2002 bestehen weitere Probleme bezüglich der Klärung der Zuständig- **18** keit der Behörden für bestimmte Medizinprodukte. So gibt es auch in der EG-Richtlinie über In-vitro-Diagnostika[25] keine Definition eines „aktiven" In-vitro-Diagnostikums. Dennoch sind in den meisten Ländern die **staatlichen Gewerbeaufsichtsämter** für energetisch betriebene In-vitro-Diagnostika, also z. B. Analyseautomaten, zuständig und die **Mittelbehörden** für die Reagenzien, z. B. einen Schwangerschaftstest. Hierüber liegen aber zurzeit (Dezember 2002) in den Ländern in der Regel noch keine verbindlichen Festlegungen über die Zuständigkeiten vor. In denjenigen Ländern, in denen die Zuständigkeit eingleisig geregelt ist, ist die zuständige Behörde natürlich eindeutig und braucht in der Regel nicht zusätzlich durch eine Rechtsvorschrift bestimmt zu werden.[26]

Ähnliche Probleme bestehen in fast allen Ländern in Bezug auf die Zuständigkeit der **19** Behörden für **Medizinprodukte mit Messfunktion.** Für die Überwachung der Durchführung der messtechnischen Kontrollen[27] sind in fast allen Ländern die Eichbehörden[28] zuständig, ebenso für die Entgegennahme der Anzeige der Personen, die messtechnische Kontrollen durchführen.[29] Allerdings sind nicht in allen Ländern die Eichbehörden zuständig. So sind z. B. in Baden-Württemberg hierfür die Gewerbeaufsichtsverwaltung und in Niedersachsen und Nordrhein-Westfalen die Bezirksregierungen die zuständigen Behörden. Das ist auch sachgerecht, da in zunehmendem Maße – z. B. in Niedersachsen (Mess- und Eichwesen Niedersachsen – MEN) und Nordrhein-Westfalen (Mess- und Eichwesen Nordrhein-Westfalen) – die Eichverwaltungen jeweils als Landesbetriebe privatwirtschaftlich tätig sind und damit in wirtschaftliche Konkurrenz zu privaten Anbietern dieser Leistungen treten. Es wäre unerfreulich, wenn sich private Leistungsanbieter bei genau der Behörde anzeigen müssten und von ihr überwacht werden,[30] mit der sie wirtschaftlich in Konkurrenz stehen.

---

[23] Eine Auflistung der zuständigen Behörden mit allen Kommunikationswegen befindet sich in Rdnr. 119 ff.

[24] Diese ergeben sich im Wesentlichen aus der Medizinprodukte-Betreiberverordnung. Hierzu auch der Beitrag von *Böckmann* in diesem Handbuch (§ 9 Rdnr. 13, 37, 41).

[25] Richtlinie 98/79/EG des Europäischen Parlaments und des Rates v. 27. 10. 1998 über In-vitro-Diagnostika (ABl. EG Nr. L 331 v. 7. 12. 1998, S. 1).

[26] So sind z. B. in Niedersachsen die Bezirksregierungen für den Vollzug des MPG insgesamt zuständig: § 1 Nr. 22 der Niedersächsischen Verordnung über Zuständigkeiten auf verschiedenen Gebieten der Gefahrenabwehr v. 18. 10. 1994 (Nds. GVBl. S. 701). Die dort genannte Ausnahme ist mit Wirkung zum 1. 1. 2002 durch den Beschluss auf Staatssekretärsebene v. 17. 6. 2002 und 10. 7. 2002 entfallen. Die geänderte Zuständigkeitsverordnung liegt im Entwurf vor.

[27] § 11 Abs. 2 MPBetreibV.

[28] Ausnahmen: In Niedersachsen und Nordrhein-Westfalen sind hierfür die Bezirksregierungen, in Mecklenburg-Vorpommern das Sozialministerium zuständig.

[29] § 11 Abs. 5 Satz 2 MPBetreibV.

[30] In Niedersachsen war dies – wie in fast allen anderen Ländern – bis zum 31. 12. 2001 auch so geregelt: Vgl. § 6 a der Niedersächsischen Verordnung über Zuständigkeiten auf verschiedenen Ge-

20 Auch sind für die Überwachung des Betreibens und Anwendens von **In-vitro-Diagnostika** in medizinischen Laboratorien[31] in vielen Ländern weiterhin die Eichverwaltungen die zuständigen Behörden, obwohl dort der erforderliche medizinische Sachverstand fehlt. Aus diesem Grunde sind für diese Aufgabe z. B. in Niedersachsen und Nordrhein-Westfalen die Bezirksregierungen mit ihrer gebündelten und vielfältigen – auch medizinischen – Kompetenz zuständig.

21 Spätestens jetzt zeigt sich, dass die Länder, die sich für eine **eingleisige Zuständigkeit** der Behörden entschieden haben (s. Abb. 1), sich damit auch für sehr viel mehr Bürgernähe und Transparenz entschieden haben. Dabei spielt es unter diesem Blickwinkel keine Rolle, ob die Gewerbeaufsichtsämter – wie in Berlin, Hamburg und Sachsen-Anhalt – oder die Mittelbehörden – wie in Niedersachsen, Nordrhein-Westfalen und Schleswig-Holstein – für alle Medizinprodukte (einschließlich der In-vitro-Diagnostika) zuständig sind. Für die ministerielle Ebene trifft dies auch für Hessen zu, das sich im nachgeordneten Bereich gerade in einer umfassenden Verwaltungsreform mit strukturellen Veränderungen der Behörden befindet, und zurzeit sowohl die Gewerbeaufsicht als auch die Regierungspräsidien – je nach Art des Medizinprodukts – zuständig sind.

Berlin
Hamburg
Niedersachsen
Nordrhein-Westfalen
Sachsen-Anhalt
Schleswig-Holstein

Abb. 1: Länder mit eingleisigen und einheitlichen Behördenzuständigkeiten für alle Medizinprodukte

Baden-Württemberg
Bayern
Brandenburg
Bremen
Hessen[32]
Mecklenburg-Vorpommern
Rheinland-Pfalz
Saarland
Sachsen
Thüringen

Abb. 2: Länder mit unterschiedlichen Behördenzuständigkeiten für aktive und nicht aktive Medizinprodukte

22 Sowohl Betriebe und Einrichtungen, die für das **erstmalige Inverkehrbringen von Medizinprodukten** verantwortlich sind, als auch die, die für das **Betreiben** verantwort-

---

bieten der Gefahrenabwehr v. 18. 10. 1994 (Nds. GVBl. S. 701). Mit Wirkung ab 1. 1. 2002 sind die Bezirksregierungen für den gesamten Bereich der Überwachung der Messtechnischen Kontrollen zuständig (Beschluss auf Staatssekretärsebene v. 17. 6. 2002 und 10. 7. 2002. Die entsprechende Zuständigkeitsverordnung liegt im Entwurf vor).

[31] § 4 a MPBetreibV.

[32] Ein Ansprechpartner auf ministerieller Ebene.

lich sind, müssen klären, welche Behörde für welche der von ihnen in Verkehr gebrachten oder betriebenen Medizinprodukte zuständig ist.

Abweichende Zuständigkeiten gibt es z.B. für die klinische Prüfung von Medizin- **23** produkten und die Leistungsbewertungsprüfungen für In-vitro-Diagnostika. In einigen Ländern gibt es für die Überwachung dieser Bereiche zentrale Zuständigkeitsregelungen. So ist in Hessen die Hessische Landesanstalt für Umwelt – Zentralstelle für Arbeitsschutz – in Kassel für die Entgegennahme der Anzeige und Überwachung der klinischen Prüfungen aller aktiven Medizinprodukte für ganz Hessen zuständig.[33] In Niedersachsen ist die Bezirksregierung Hannover für alle klinischen Prüfungen und Leistungsbewertungsprüfungen im Lande zuständiger Ansprechpartner und damit wohl die Behörde mit der umfänglichsten Zuständigkeit auf diesem Gebiet.

Jedem Rechtsunterworfenen kann in dieser Situation nur dringend empfohlen werden, **24** vor Beginn einer klinischen Prüfung oder einer Leistungsbewertungsprüfung **bei den Behörden zu klären,** welche Behörde für die Annahme der Anzeige einer klinischen Prüfung für seine konkret geplante klinische Prüfung zuständig ist. Dies muss nicht bei jeder klinischen Prüfung dieselbe Behörde sein. Häufig ist der Auftraggeber einer klinischen Prüfung die **ausländische Muttergesellschaft** eines deutschen Unternehmens. Wenn der Auftraggeber der klinischen Prüfung seinen Sitz nicht in Deutschland hat, ist die klinische Prüfung dort anzuzeigen, wo der Leiter der klinischen Prüfung ansässig ist;[34] hat dieser seinen Sitz auch nicht in Deutschland, ist die Anzeige bei der Behörde zu erstatten, in deren Bereich mit der klinischen Prüfung begonnen wird. Das kann bei jeder klinischen Prüfung eine andere Behörde sein.

Ein Kontakt zu der zuständigen Behörde sollte bereits im **Vorfeld** möglicher Probleme **25** aufgenommen werden, damit nicht erst im Falle eines Vorkommnisses oder eines anderen Problems Zuständigkeitsfragen geklärt werden müssen. Man wird dabei – hoffentlich – erkennen, dass der zuweilen herrschende Eindruck unflexibler und unfreundlicher Überwachungskräfte heute eher auf einem Vorurteil beruht und tatsächlich nicht zutrifft. Es mag zwar immer noch verstaubte und alte Büros geben. Das Wichtigste ist aber, dass die Mitarbeiter in den zuständigen Behörden meistens kompetente Fachleute sind, die im Sinne des „**kooperativen Verwaltungsrechts**" auch in einem bestimmten Umfang Beratungsfunktionen[35] übernehmen und bei der Problemlösung behilflich sind. Zum Beispiel sollten Anzeigen für eine klinische Prüfung nicht einfach zu der Behörde geschickt werden, von der man glaubt, sie sei zuständig. Vielmehr sollte vorab telefonisch Kontakt aufgenommen und besprochen werden, welche Unterlagen vorzulegen sind. Fehler können gerade hier weit reichende Folgen haben. Denn eine klinische Prüfung oder eine Leistungsbewertungsprüfung zu beginnen, ohne sie bei der (richtigen) zuständigen Behörde (vollständig) angezeigt[36] zu haben, ist ein **Straftatbestand,** der mit einer Freiheitsstrafe von bis zu einem Jahr geahndet werden kann.[37]

Für die **Akkreditierung und Überwachung der Benannten Stellen** haben die Län- **26** der zwei Behörden eingerichtet, die die Aufgaben nach § 15 MPG für alle Länder wahrnehmen. Während die Zentralstelle der Länder für Gesundheitsschutz bei Arzneimitteln und Medizinprodukten (ZLG) Benannte Stellen akkreditiert, die Betriebe und Einrichtungen zertifizieren, die für das erstmalige Inverkehrbringen von nicht aktiven Medizinprodukten einschließlich In-vitro-Diagnostika verantwortlich sind, akkreditiert die Zent-

---

[33] Solche zentral zuständigen Behörden für ein ganzes Land – wenn auch nur jeweils für aktive Medizinprodukte – gibt es in allen Ländern außer in Nordrhein-Westfalen, Sachsen und Thüringen.

[34] § 20 Abs. 6 Satz 2 MPG.

[35] Allerdings wollen sich die Behörden nicht in Konkurrenz zu den sich auch in dieser Branche stark vermehrenden privaten „Consultants" begeben.

[36] § 20 Abs. 6 Satz 1 (klinische Prüfung) und § 24 Abs. 1 Satz 1 MPG (Leistungsbewertungsprüfung).

[37] § 41 Nr. 4 (klinische Prüfung) und Nr. 5 MPG (Leistungsbewertungsprüfung).

ralstelle der Länder für Sicherheitstechnik (ZLS) die Benannten Stellen, die Betriebe und Einrichtungen zertifizieren, die für das erstmalige Inverkehrbringen von aktiven und aktiven implantierbaren Medizinprodukten verantwortlich sind. Prüflaboratorien, die für Benannte Stellen im Rahmen von Zertifizierungen tätig werden, können von der ZLG akkreditiert werden.

27   Die **Zentralstelle der Länder für Gesundheitsschutz bei Arzneimitteln und Medizinprodukten (ZLG)** mit Sitz in Bonn (s. Abb. 3) ist eine Behörde des Landes Nordrhein-Westfalen und untersteht der Fach- und Dienstaufsicht des nordrhein-westfälischen Gesundheitsministeriums (Ministerium für Familie, Jugend, Frauen und Gesundheit). Die **Zentralstelle der Länder für Sicherheitstechnik (ZLS;** s. Abb. 3) mit Sitz in München ist ein Referat in der Abteilung „Arbeitsschutz und Arbeitsmedizin, Produktsicherheit und technische Marktüberwachung" des Bayerischen Ministeriums für Gesundheit, Ernährung und Verbraucherschutz.[38]

Zentralstelle der Länder für Gesundheitsschutz bei Arzneimitteln und Medizinprodukten (ZLG)
Sebastianstraße 189
53115 Bonn
Telefon (02 28) 977 94–0
Telefax (02 28) 977 94–44
http://www.zlg.de
zlg@zlg.nrw.de

Zentralstelle der Länder für Sicherheitstechnik (ZLS)
Bayerstraße 32
80335 München
Telefon (089) 51 43–211
Telefax (089) 51 43–209
httP://www.zls.de
zls.stmas@t-online.de

Abb. 3: Für die Akkreditierung und Überwachung der Benannten Stellen zuständige Behörden

IV. Aufgaben der Behörden

1. Allgemeines

28   Durch das MPG werden sowohl Bundesoberbehörden als auch Behörden der Länder Aufgaben zugewiesen. Grundsätzlich sind für den Vollzug von Bundesgesetzen die Länder zuständig.[39] **Abweichend** können aber auch Aufgaben auf Behörden des Bundes übertragen werden. Davon ist im MPG Gebrauch gemacht worden.

29   So werden im MPG fest umschriebene Aufgaben an das Bundesinstitut für Arzneimittel und Medizinprodukte (BfArM; seit Oktober 1999 mit Sitz in Bonn und seit April 2002 in das neue Gebäude eingezogen[40]) und das Paul-Ehrlich-Institut (PEI) mit Sitz in Langen bei Frankfurt am Main übertragen, die beide **Bundesoberbehörden im Geschäftsbereich des Bundesministeriums für Gesundheit und Soziale Sicherung (BMGS)** sind und damit der **Fach- und Dienstaufsicht** dieses Ministeriums unterstehen, übertragen. Auch einer weiteren Bundesoberbehörde im Geschäftsbereich des BMGS, dem **Deutschen Institut für medizinische Dokumentation und Information (DIMDI),** werden durch das MPG konkrete Aufgaben zugewiesen. Das DIMDI mit Sitz in Köln untersteht ebenfalls der Fach- und Dienstaufsicht des Bundesministeriums für Gesundheit und Soziale Sicherung.

---

[38] Zu den Zentralstellen der Länder siehe den Beitrag von *Soltau* in diesem Handbuch (§ 12).
[39] Art. 83 GG.
[40] Anschrift s. Rdnr. 7.

2. Aufgaben der Behörden des Bundes

a) Bundesministerien

Wesentliche Aufgabe der Bundesministerien ist es, **den Erlass und die Änderungen** **30** **von Gesetzen und Verordnungen vorzubereiten.** Dazu sind vom federführenden Bundesministerium für Gesundheit und Soziale Sicherung insbesondere alle betroffenen anderen Ministerien zu beteiligen und – sofern es sich um eine Verordnung der Bundesregierung handelt – die Zustimmung aller Ministerien einzuholen. Im Übrigen sind die Länder – also der Bundesrat – zu beteiligen. Außerdem ist den betroffenen Kreisen Gelegenheit zu geben, sich zu den geplanten Rechtssetzungen zu äußern.

Der **Kontakt zur Kommission** und den anderen Behörden der Europäischen Gemeinschaften sowie zu den übrigen Vertragsstaaten des Abkommens über den Europäischen Wirtschaftsraum wird vom BMGS wahrgenommen. So werden vom BMGS z.B. die in Deutschland akkreditierten Stellen gegenüber der EG-Kommission benannt. Das BMGS vertritt die Bundesrepublik Deutschland in den Arbeitsgremien der EG-Kommission.[41] Da hierbei auch die Interessen der Länder betroffen sind, nimmt auch ein vom Bundesrat benannter Vertreter der Länder an diesen Sitzungen teil.[42] **31**

Alle **Fragen von allgemeinem und übergeordnetem Interesse** zum Medizinprodukterecht werden im BMGS begleitend bearbeitet. **32**

b) Bundesinstitut für Arzneimittel und Medizinprodukte (BfArM)

Das Bundesinstitut für Arzneimittel und Medizinprodukte ist für die im Folgenden genannten Aufgaben nach dem MPG zuständige Behörde. **33**

aa) Risikobewertung[43]

Das BfArM hat zur Verhütung einer Gefährdung oder der Sicherheit von Patienten, Anwendern oder Dritten, die bei der **Anwendung von Medizinprodukten auftretenden Risiken,**[44] insbesondere Nebenwirkungen, wechselseitige Beeinflussungen mit anderen Stoffen oder Produkten, Gegenanzeigen, Verfälschungen, Funktionsfehler, Fehlfunktionen und technische Mängel zentral **zu erfassen, auszuwerten, zu bewerten** und insoweit die zu ergreifende Maßnahmen zu koordinieren (§ 29 Abs. 1 MPG).[45] Diese Aufgaben des BfArM beziehen sich auf **alle Medizinprodukte außer auf solche In-vitro-Diagnostika, die in Anhang II der EG-Richtlinie über In-vitro-Diagnostika**[46] genannt und zur Prüfung der Unbedenklichkeit oder Verträglichkeit von Blut- oder Gewebespenden bestimmt sind oder Infektionskrankheiten betreffen. In der Regel nimmt das BfArM diese Aufgaben wahr, wenn sie ihm auf Grund der **Meldung von Vorkommnissen** bekannt werden. In den vergangenen Jahren wurden dem BfArM etwa jeweils 2000 Vorkommnisse pro Jahr gemeldet.[47] Das Verfahren ist in der Verordnung über die Erfassung, Bewertung und Abwehr **34**

---

[41] Z. B. die „Market Surveillance Operations Group".

[42] § 6 des Gesetzes über die Zusammenarbeit von Bund und Ländern in Angelegenheiten der Europäischen Union (EUZBLG) v. 12. 3. 1993 (BGBl. I S. 313).

[43] Vgl. dazu auch den Beitrag von *Will* in diesem Handbuch (§ 11).

[44] Das BfArM hat gem. § 32 Abs. 1 MPG diese Aufgabe nur für solche Medizinprodukte wahrzunehmen, für die keine anderen Bundesoberbehörden eine Zuständigkeit nach den Vorschriften des Medizinproduktegesetzes hat (s.a. Aufgaben des Paul-Ehrlich-Instituts, Rdnr. 42). Für den Vollzug des Atomgesetzes ist das Bundesministerium für Umwelt, Naturschutz und Reaktorsicherheit zuständige oberste Bundesbehörde (s.a. § 29 Abs. 1 MPG).

[45] Zu den Zuständigkeiten des Paul-Ehrlich-Instituts bei der Bewertung des Risikos von Medizinprodukten s. Rdnr. 42.

[46] Richtlinie 98/79/EG des Europäischen Parlaments und des Rates v. 27. 10. 1998 über In-vitro-Diagnostika (ABl. EG Nr. L 331 v. 7. 12. 1998, S. 1).

[47] Detaillierte Angaben hierzu finden sich im Beitrag von *Will* in diesem Handbuch (§ 11).

von Risiken bei Medizinprodukten (Medizinprodukte-Sicherheitsplanverordnung) geregelt.[48]

35   Das BfArM bewertet aufgetretene Risiken auch auf Grund von Recherchen in der Literatur und im Internet oder auf Grund anderer Hinweise, z.B. aus dem Ausland oder des Lenkungsausschusses der EG-Kommission. So wurden in den vergangenen Jahren **Risikobewertungen** z.B. für chirurgische Einmalhandschuhe aus Latex, Brustimplantate und resorbierbares Nahtmaterial aus Catgut abgegeben.

bb) Klassifizierung von Medizinprodukten[49]

36   Das BfArM kann von einer zuständigen Behörde zu Fragen bezüglich der Klassifizierung von Medizinprodukten um eine **Stellungnahme** gebeten werden, die sie ihr gegenüber abzugeben hat.[50] Bisher hat das BfArM etwa für 200 Medizinprodukte Stellungnahmen zur Klassifizierung abgegeben. Die zuständige Behörde, die die Stellungnahme anfordert, ist an die Stellungnahme des BfArM nicht gebunden. Die **Entscheidung über die Klassifizierung** trifft ausschließlich die zuständige Behörde. Die Länder haben zur Vorbereitung solcher Entscheidungen die Projektgruppe „Abgrenzungs- und Klassifizierungsfragen" eingerichtet, deren erste Sitzung am 26. 11. 2002 in Schwerin stattgefunden hat. Das BfArM arbeitet in dieser Projektgruppe mit. Die Entscheidungen von zuständigen Behörden zur Klassifizierung sollen beim DIMDI in einer **Datenbank**[51] eingestellt werden. Dadurch sollen sie transparent gemacht werden und anderen als Entscheidungshilfe dienen. Können sich ein Hersteller und eine Benannte Stelle über die Klassifizierung nicht einigen, hat die für die Benannte Stelle zuständige Behörde eine Entscheidung zu treffen (§ 13 Abs. 2 MPG). Diese Regelung, die auf der Richtlinie über Medizinprodukte fußt,[52] ist **nicht praxisgerecht.** Letztlich – wenn das Medizinprodukte in den Verkehr gebracht wird – muss die für den Hersteller zuständige Behörde die Entscheidung über die Klasse treffen und nicht die für die Benannte Stelle zuständige Behörde. Für die Erstellung einer Stellungnahme erhebt das BfArM **Kosten.**[53]

cc) Abgrenzung von Medizinprodukten zu anderen Produkten

37   Auf Nachfrage einer zuständige Behörde zu Fragen bezüglich der **Abgrenzung von Medizinprodukten zu anderen Produkten** kann das BfArM ebenfalls um eine Stellungnahme gebeten werden (§ 13 Abs. 3 MPG).[54] Häufig ergeben sich Schwierigkeiten bei der Frage, ob ein Produkt ein Medizinprodukt oder ein Arzneimittel ist. Auch die Abgrenzung zu anderen Produkten kann unklar oder schwierig sein.[55] Dabei hat die zuständige Behörde auch für diese Entscheidung immer das **deutsche Recht** (also das Medizinproduktegesetz, die auf Grund dieses Gesetzes erlassenen Verordnungen oder das Arzneimittelgesetz) anzuwenden. Die **Leitlinie zur Abgrenzung zwischen Medizin-**

---

[48] §§ 8 bis 13 (Dritter Abschnitt) der Verordnung über die Erfassung, Bewertung und Abwehr von Risiken bei Medizinprodukten (Medizinprodukte-Sicherheitsplanverordnung – MPSV) v. 24. 6. 2002 (BGBl. I S. 2131).

[49] Hierzu der Beitrag von *Frankenberger* in diesem Handbuch (§ 4).

[50] § 13 Abs. 3 MPG. Fragen zur Klassifizierung können alle Medizinprodukte außer In-vitro-Diagnostika und aktive implantierbare Medizinprodukte betreffen. Letztere werden nicht klassifiziert.

[51] § 3 Abs. 1 Nr. 4 der Verordnung über das datenbankgestützte Informationssystem über Medizinprodukte des Deutschen Instituts für Medizinische Dokumentation und Information (DIMDIV), die am 29. 11. 2002 vom Bundesrat beschlossen worden ist (BGBl. I S. 4456).

[52] Art. 9 Abs. 2 der Richtlinie 93/42/EWG.

[53] § 3 der Bundeskostenverordnung zum Medizinproduktegesetz und den zur Durchführung dieses Gesetzes erlassenen Rechtsverordnungen (Medizinprodukte-Kostenverordnung – BKostV-MPG) v. 27. 3. 2002 (BGBl. I S. 1228).

[54] Fragen zur Abgrenzung gegenüber anderen Produkten können alle Medizinprodukte betreffen.

[55] Hierzu den Beitrag von *Anhalt* in diesem Handbuch (§ 3).

produkten und Arzneimitteln[56] kann bei der Entscheidungsfindung **behilflich** sein; die zuständige Behörde darf aber keine Entscheidung treffen, die nicht mit dem deutschen Recht vereinbar ist. Für diese Erstellung einer Stellungnahme erhebt das BfArM **Kosten** (§ 3 BKostV-MPG).

Die zuständige Behörde, die die Stellungnahme anfordert, ist auch in diesem Fall nicht **38** an die Stellungnahme des BfArM gebunden. Die **Entscheidung trifft** auch hier **ausschließlich die zuständige Behörde.** So hat z.B. das BfArM das Darmmittel Cystus Sud im Hinblick auf die Leitlinie zur Abgrenzung der Kommission der Europäischen Gemeinschaft[57] als Arzneimittel eingestuft, die zuständige Behörde jedoch entschieden, dass es sich um ein Medizinprodukt handelt.

dd) Registrierung von Ethikkommissionen

Weiterhin hat das BfArM **Ethikkommissionen nach dem Medizinproduktegesetz 39 zu registrieren** (§ 20 Abs. 7 Satz 1 MPG). Es handelt sich bei der Registrierung um einen rein formalen Verwaltungsvorgang. Das BfArM prüft, ob:
– eine Verfahrensordnung der Ethikkommission veröffentlicht wurde,
– die Ethikkommission aus mindestens fünf Mitglieder besteht,
– diese aus dem medizinischen und nicht-medizinischen Bereich kommen und die erforderliche Fachkompetenz aufweisen,
– das Verfahren der Ethikkommission und die Anschrift der Ethikkommission aufgeführt sind und
– eine angemessene Vergütung erfolgt (§ 20 Abs. 8 Satz 2 MPG).
Für die Registrierung werden **Kosten** erhoben (§ 5 BKostV-MPG).

ee) Konsultationsverfahren

Das BfArM ist auch zuständige Behörde für die Stellungnahme **im Rahmen des 40 Konformitätsbewertungsverfahrens,** wenn zu den Bestandteilen eines Medizinprodukts ein Stoff gehört, der bei gesonderter Anwendung als Arzneimittel angesehen werden und der in Ergänzung zu dem Medizinprodukt eine Wirkung auf den menschlichen Körper entfalten kann. Dabei sind die Sicherheit, die Qualität und der Nutzen dieses Stoffs unter Berücksichtigung der Zweckbestimmung des Medizinprodukts zu überprüfen.[58] Für die Erstellung einer Stellungnahme erhebt das BfArM **Kosten** (§ 2 BKostV-MPG).

ff) Zulassung zum erstmaligen Inverkehrbringen und zur Inbetriebnahme einzelner Medizinprodukte

Das BfArM ist weiterhin zuständige Behörde für die (befristete) **Zulassung zum 41 erstmaligen Inverkehrbringen und zur Inbetriebnahme einzelner Medizinprodukte,** für die ein Konformitätsbewertungsverfahren nicht durchgeführt wurde und deren Anwendung im Interesse des Gesundheitsschutzes liegt (§ 11 Abs. 1 MPG). Für die Zulassung werden **Kosten** erhoben (§ 2 BKostV-MPG).

c) Paul-Ehrlich-Institut (PEI)

Das PEI ist im Vollzug des Medizinproduktegesetzes für die folgende Risikobewertung **42** zuständige Behörde: Das PEI hat zur Verhütung einer Gefährdung oder der Sicherheit

---

[56] Guidelines relating to the Demarcation between Directive 90/385/EEC on Active Implantable Medical Devices, Directive 90/42/EEC on Medical Devices and Directive 65/85/EEC relating to Medicinal and Related Directives (MEDDEV 2.1/3 rev. 2–7/2001).

[57] Abschnitt A.4.2.der Guidelines relating to the Demarcation between Directive 90/385/EEC on Active Implantable Medical Devices, Directive 90/42/EEC on Medical Devices and Directive 65/85/EEC relating to Medicinal and Related Directives (MEDDEV 2.1/3 rev. 2–7/2001)

[58] Anhang II Ziff. 4.3 i.V.m. Anhang I Ziff. 7.4 der Richtlinie 93/42/EWG des Rates v. 14. 6. 1993 über Medizinprodukte (ABl. EG Nr. L 169 v. 12. 7. 1993, S. 1) i.V.m. § 4 der Verordnung über Medizinprodukte (MPV) v. 20. 12. 2001 (BGBl. I S. 3854) sowie Anhang III Ziff. 5 i.V.m. Anhang I Ziff. 7.4 der Richtlinie 93/42/EWG über Medizinprodukte i.V.m. § 6 MPV.

von Patienten, Anwendern oder Dritten die bei der Anwendung von Medizinprodukten auftretenden Risiken, insbesondere Nebenwirkungen, wechselseitige Beeinflussungen mit anderen Stoffen oder Produkten, Gegenanzeigen, Verfälschungen, Funktionsfehler, Fehlfunktionen und technische Mängel zentral zu erfassen, auszuwerten, zu bewerten und insoweit die zu ergreifende Maßnahmen zu koordinieren (§ 29 Abs. 1 MPG).[59] Die Aufgaben des PEI beziehen sich dabei ausschließlich auf **In-vitro-Diagnostika, die in Anhang II der EG-Richtlinie über In-vitro-Diagnostika** genannt und zur Prüfung der Unbedenklichkeit oder Verträglichkeit von Blut- oder Gewebespenden bestimmt sind oder Infektionskrankheiten betreffen (§ 32 Abs. 2 MPG).

d) Deutsches Institut für Medizinische Dokumentation und Information (DIMDI)

43 Das DIMDI[60] hat ein **Informationssystem** über Medizinprodukte zur Unterstützung des Vollzugs des MPG eingerichtet und stellt den für Medizinprodukte zuständigen Behörden des Bundes und der Länder die hierfür erforderlichen Informationen zur Verfügung (§ 33 Abs. 1 Satz 1 MPG). Auch werden die erforderlichen Daten für die Europäische Datenbank zur Verfügung gestellt (§ 33 Abs. 1 Satz 2 MPG). Das DIMDI hat dabei insbesondere:
– die zentrale Verarbeitung und Nutzung von Informationen, die es von den zuständigen Behörden erhält (§ 33 Abs. 2 Nr. 1 MPG),
– die zentrale Verarbeitung und Nutzung von Basisinformationen von im Verkehr befindlichen Medizinprodukten (§ 33 Abs. 2 Nr. 2 MPG),
– die zentrale Verarbeitung und Nutzung von Daten aus der Beobachtung, Sammlung, Auswertung und Bewertung von Risiken in Verbindung mit Medizinprodukten (§ 33 Abs. 2 Nr. 3 MPG),
– die Informationsbeschaffung und Übermittlung von Daten an Datenbanken anderer Mitgliedstaaten und Institutionen des Europäischen Wirtschaftsraums insbesondere im Zusammenhang mit der Erkennung und Abwehr von Risiken in Verbindung mit Medizinprodukten (§ 33 Abs. 2 Nr. 4 MPG), und
– den Aufbau und die Unterhaltung von Datenbanken, die einen Bezug zu Medizinprodukten haben (§ 33 Abs. 2 Nr. 5 MPG)
zu erledigen und sicherzustellen. Bisher wurden vom DIMDI **große Datenmengen,** insbesondere die Anzeigen der Hersteller und Bevollmächtigten, erfasst und in Datenbanken eingestellt.[61] Auf Grund der immensen Datenfülle und großen Anzahl von Änderungen sind die Datenbanken zumindest bis Dezember 2002 noch nicht sehr aktuell und nur schwer anwendbar.

44 Das Verfahren über die Erhebung, Verarbeitung und Nutzung von Daten für das datenbankgestützte Informationssystem über Medizinprodukte des DIMDI, insbesondere:
– die Durchführung von Anzeigen,
– die Übermittlung der Daten,
– die Art und die Inhalte der aufzubauenden Datenbanken,
– die Zugriffsberechtigung zu den einzelnen Datenbanken und
– die Sicherstellung des Datenschutzes
wird durch die Verordnung über das datenbankgestützte Informationssystem über Medizinprodukte des Deutschen Instituts für Medizinische Dokumentation und Information **(DIMDI-Verordnung)** geregelt.[62]

---

[59] Zu den Zuständigkeiten des BfArM bei der Bewertung des Risikos von Medizinprodukten siehe Rdnr. 33 ff.

[60] Vgl. zu den Aufgaben des DIMDI den Beitrag von *Hartmann* in diesem Handbuch (§ 13).

[61] Detaillierte Angaben hierzu finden sich im Beitrag von *Hartmann* in diesem Handbuch (§ 13).

[62] Die Verordnung ist am 29. 11. 2002 vom Bundesrat beschlossen worden und zum 1. 1. 2003 in Kraft getreten.

e) Physikalisch-Technische Bundesanstalt (PTB)

Die wesentliche Aufgabe der PTB im Zusammenhang mit Medizinprodukten ist die **45**
Sicherung der Einheitlichkeit des Messwesens in der Heilkunde. Dazu muss die
PTB:
– Medizinprodukte mit Messfunktion gutachterlich bewerten,
– für Medizinprodukte mit Messfunktion Baumusterprüfungen durchführen (sofern sie
  dafür Benannte Stelle ist),[63]
– Referenzmessverfahren, Normalmessgeräte und Prüfhilfsmittel entwickeln und prüfen
  und
– die zuständigen Behörden und Benannten Stellen wissenschaftlich beraten (§ 32 Abs. 3
  MPG).

f) Bundesministerium für Umwelt, Naturschutz und Reaktorsicherheit

Für den **Vollzug des Atomgesetzes** ist das Bundesministerium für Umwelt, Natur- **46**
schutz und Reaktorsicherheit zuständige oberste Bundesbehörde (§ 29 Abs. 1 MPG).

3. Aufgaben der zuständigen Behörden der Länder

a) Rechtliche Grundlagen

Für den Vollzug von Bundesgesetzen sind die jeweils **nach Landesrecht zuständigen** **47**
Behörden zuständig, sofern nicht durch das MPG den Bundesoberbehörden Aufgaben
zugewiesen werden (Art. 83 GG).

b) Aufgaben der zuständigen Behörden der Länder im Einzelnen und ihre Überwachungstätigkeit

Die Behörden der Länder, die im MPG und in dessen Verordnungen immer als **48**
„zuständige Behörden" bezeichnet sind, haben die nachfolgend beschriebenen Aufgaben zu erfüllen.

aa) Akkreditierung von Benannten Stellen und deren Überwachung

Die Akkreditierung (§ 15 Abs. 1 Satz 2 MPG) von Benannten Stellen und deren Über- **49**
wachung (§ 15 Abs. 2 Satz 1 MPG) wird nicht von jeder Landesbehörde oder einer zuständigen Behörde eines jeden Landes wahrgenommen. Der Aufwand wäre viel zu hoch,
in jedem Land den erforderlichen Sachverstand vorzuhalten. Die Länder haben aus diesem
Grunde diese Aufgabe an die **Zentralstelle der Länder für den Gesundheitsschutz**
bei Arzneimitteln und Medizinprodukten (ZLG) mit Sitz in Bonn und an die
Zentralstelle der Länder für Sicherheitstechnik (ZLS) mit Sitz in München übertragen. Dazu wurden Staatsverträge aller Länder abgeschlossen.[64]

bb) Überwachung der Betriebe und Einrichtungen, die für das erstmalige Inverkehrbringen ver-
antwortlich sind

Die Überwachung der Betriebe und Einrichtungen, die für das **erstmalige Inver-** **50**
kehrbringen nach § 5 MPG verantwortlich sind (§ 26 Abs. 1 MPG) ist eine wesentliche Aufgabe der zuständigen Behörden. In Deutschland ansässige Betriebe und Einrichtungen, die für das erstmalige Inverkehrbringen nach § 5 MPG verantwortlich sind,
sind entweder Hersteller i.S.d. § 3 Nr. 15 MPG (also nicht notwendigerweise der Hersteller im Sinne des Produzenten), Bevollmächtigte i.S.d. § 3 Nr. 16 MPG oder Einführer.

Diese Aufgabe ist deshalb von besonderer Bedeutung, da die zuständige Behörde hier- **51**
bei eine Aufgabe hat, die auch über den eigenen Zuständigkeitsbereich hinaus Aus-

---

[63] Die PTB hat ihre Akkreditierung als Benannte Stelle zurückgegeben.
[64] Detaillierte Angaben hierzu finden sich im Beitrag von *Soltau* in diesem Handbuch (§ 12).

wirkungen hat. Die Medizinprodukte eines Herstellers sind im gesamten Europäischen Wirtschaftsraum frei verkehrsfähig, so dass Mängel eines Medizinprodukts Patienten, Anwender und Dritte im gesamten Europäischen Wirtschaftsraum und darüber hinaus gefährden können. Alle Bürger des Europäischen Wirtschaftsraums haben – unabhängig davon, in welchem Mitgliedstaat das Medizinprodukt erstmalig in den Verkehr gebracht wurde – **Anspruch auf das gleiche Schutzniveau.** Darüber hinaus soll durch diese Überwachungstätigkeit sichergestellt werden, dass sie den unlauteren Wettbewerb unterbindet und damit die Interessen der herstellenden Industrie stärkt.[65]

52   Aus diesem Grunde sind in Deutschland – wie in allen anderen Mitgliedstaaten der Europäischen Gemeinschaften und den Vertragsstaaten über das Abkommen des Europäischen Wirtschaftsraums – zuständige Behörden eingerichtet worden, die über die notwendigen Ressourcen und Befugnisse für ihre Überwachungstätigkeit verfügen. Diese haben auch für die **fachliche Eignung und die berufliche Sorgfalt ihres Personals** zu sorgen. Die Überwachungskräfte haben unabhängig und nicht diskriminierend unter Wahrung der Verhältnismäßigkeit zu handeln.

53   Die Überwachung der Betriebe und Einrichtungen, die für das erstmalige Inverkehrbringen nach § 5 MPG verantwortlich sind, ist ein **wesentliches Instrument für die Durchsetzung des MPG** auf der Basis der nach der Neuen Konzeption verfassten Medizinprodukterichtlinien. Ziel dieser Überwachungstätigkeit ist es, die Einhaltung der Bestimmungen des MPG bezüglich des erstmaligen Inverkehrbringens sicherzustellen.

cc) Entgegennahme der Anzeigen der Verantwortlichen für das erstmalige Inverkehrbringen

54   Einrichtungen und Betriebe, die für das erstmalige Inverkehrbringen von Medizinprodukten verantwortlich sind, sind den zuständigen Behörden üblicherweise nicht bekannt. Damit diese aber überwacht werden können, haben sich diese anzuzeigen. Die Verantwortlichen für das erstmalige Inverkehrbringen von Medizinprodukten (außer die von Sonderanfertigungen),[66] müssen deshalb der zuständigen Behörde **vor Aufnahme ihrer Tätigkeit** anzeigen, dass sie Medizinprodukte erstmalig in den Verkehr bringen wollen (§ 25 Abs. 1 MPG). Dabei ist die Anzeige auf dem vom DIMDI dazu herausgegebenen Formblatt zu erstatten.[67] Andere Datenträger sind den Formblättern gleichgestellt, wenn sie dem Inhalt nach diesen Formblättern entsprechen. Die Anzeigen sind im Wege der Datenübertragung über das zentrale Erfassungssystem beim DIMDI zu erstatten. Für die Bezeichnung von Medizinprodukten in den Formblättern ist die vom DIMDI herausgegebene Nomenklatur für Medizinprodukte[68] zu benutzen.

55   Die Verantwortlichen für das erstmalige Inverkehrbringen von Medizinprodukten, die Sonderanfertigungen sind, können die zuständigen Behörden auch über die Innungen und andere Verbände in Erfahrung bringen. Die Vergangenheit hat gezeigt, dass der Aufwand der Erfassung und weiterer Bearbeitung dieser speziellen Gruppe von Inverkehrbringern bei den zuständigen Behörden und beim DIMDI in keinem Verhältnis zum Nutzen steht.

---

[65] S.a. „Leitfaden für die Umsetzung der nach dem Neuen Konzept und dem Gesamtkonzept verfassten Richtlinien" der Europäischen Kommission („Blue Guide"), S. 53 f., im Internet abrufbar unter http://europa.eu.int/comm/enterprise/newapproach/legislation/guide/document/guidepublicde.pdf (Stand: 10/2002).

[66] Hersteller von Sonderanfertigungen unterliegen seit dem 1. 1. 2002 nicht mehr der allgemeinen Anzeigepflicht des § 25 Abs. 1 MPG.

[67] Das Formblatt für die Anzeige ist eine Anlage (Anlage 1 zu § 4 Abs. 1 Nr. 1) zur Verordnung über das datenbankgestützte Informationssystem über Medizinprodukte des Deutschen Instituts für Medizinische Dokumentation und Information – DIMDIV (im Bundesrat am 29. 11. 2002 verabschiedet, BGBl. I S. 4456).

[68] Universal Medical Device Nomenclature System (UMDNS), vgl. Bekanntmachung des BMG v. 29. 6. 1999 (BAnz. S. 11 913).

Der Gesetzgeber hat deshalb die **Anzeigepflicht gestrichen,** obwohl dies nicht mit der Richtlinie über Medizinprodukte[69] in Einklang steht.

Auch haben Betriebe und Einrichtungen der für sie zuständigen Behörde vor Aufnahme **56** der Tätigkeit anzuzeigen, wenn sie **Systeme oder Behandlungseinheiten zusammensetzen** (§ 10 Abs. 1 MPG). Außerdem nimmt die zuständige Behörde Anzeigen von Betrieben und Einrichtungen entgegen, die Systeme oder Behandlungseinheiten oder Medizinprodukte nach § 10 Abs. 3 MPG **sterilisieren** (§ 25 Abs. 2 MPG).

An die zuständigen Behörde sind ebenfalls die weiter gehenden Anzeigepflichten (§ 25 **57** Abs. 3 MPG) für Betriebe und Einrichtungen, die **In-vitro-Diagnostika erstmalig in den Verkehr bringen,** zu richten.[70]

Weiterhin nimmt die zuständige Behörde die **Anzeigen über nachträgliche Ände-** **58** **rungen der Anzeigen** oder die Einstellung des Inverkehrbringens einzelner oder aller Medizinprodukte entgegen (§ 25 Abs. 4 MPG).

Die zuständige Behörde erhält die Anzeige automatisch (EDV) vom DIMDI, prüft sie **59** und **übermittelt die Daten dem DIMDI** zur dortigen zentralen Verarbeitung und Nutzung.[71] Das DIMDI unterrichtet die Kommission der Europäischen Gemeinschaften und die anderen Vertragsstaaten des Abkommens über den Europäischen Wirtschaftsraum auf Anfrage über den Inhalt dieser Anzeigen.

dd) Entgegennahme der Anzeigen der Betriebe und Einrichtungen, die Medizinprodukte, die bestimmungsgemäß keimarm oder steril zur Anwendung kommen, für andere aufbereiten

Einrichtungen und Betriebe, die Medizinprodukte, die bestimmungsgemäß keimarm[72] **60** oder steril zur Anwendung kommen (§ 3 Nr. 14 MPG), **für andere aufbereiten,** sind den zuständigen Behörden üblicherweise nicht bekannt. Damit diese aber überwacht werden können, haben sie sich vor Aufnahme ihrer Tätigkeit anzuzeigen.[73] Der Ausschuss für Gesundheit des Deutschen Bundestages hält es für eine besonders dringliche und notwendige Aufgabe, dass die zuständigen Behörden auch diese Einrichtungen überwachen.[74] Dabei ist die Anzeige auf dem vom DIMDI dazu herausgegebenen Formblatt zu erstatten.[75] Andere Datenträger sind den Formblättern gleichgestellt, wenn sie dem Inhalt nach diesen Formblättern entsprechen. Für die Bezeichnung von Medizinprodukten in den Formblättern ist die vom DIMDI herausgegebene **Nomenklatur für Medizinprodukte**[76] zu benutzen.

---

[69] Art. 14 Abs. 1 der Richtlinie 93/42/EWG über Medizinprodukte.

[70] Das Formblatt für die Anzeige ist eine Anlage (Anlage 2 zu § 4 Abs. 1 Nr. 1) zur Verordnung über das datenbankgestützte Informationssystem über Medizinprodukte des Deutschen Instituts für Medizinische Dokumentation und Information (DIMDIV).

[71] S. Rdnr. 44 sowie den ausführlichen Beitrag von *Hartmann* in diesem Handbuch (§ 13).

[72] Nach Auffassung der Projektgruppe Qualitätssicherung der Medizinprodukteüberwachung ist „keimarm" im Sinne von „frei von humanpathogenen Erregern" zu verstehen (Ergebnis der 5. Sitzung v. 5. und 6. 6. 2002 in Hannover).

[73] Diese Betriebe und Einrichtungen unterliegen seit dem 1. 1. 2002 der allgemeinen Anzeigepflicht des § 25 Abs. 1 MPG.

[74] BT-Drs. 14/6281, S. 51 f.: „Die bisherigen Erfahrungen haben gezeigt, dass die Anforderungen an die Hygiene bei der Aufbereitung von Medizinprodukten zum Teil bei den Betreibern nicht bekannt sind, zum Teil nicht mit der gebotenen Ernsthaftigkeit beachtet wurden. Dies ist im Interesse des Gesundheitsschutzes nicht länger hinnehmbar. Von entscheidender Bedeutung ist zudem, dass die Qualität der Aufbereitung von den zuständigen Behörden kontrolliert wird."

[75] Das Formblatt für die Anzeige ist eine Anlage (Anlage 1 zu § 4 Abs. 1 Nr. 1) zur Verordnung über das datenbankgestützte Informationssystem über Medizinprodukte des Deutschen Instituts für Medizinische Dokumentation und Information (DIMDIV). Allerdings ist dieses noch auf den konkreten Fall der Anzeigepflichtigen, die Medizinprodukte, die bestimmungsgemäß keimarm oder steril zur Anwendung kommen, für andere aufbereiten, auszugestalten.

[76] Universal Medical Device Nomenclature System (UMDNS); vgl. Bekanntmachung des BMG v. 29. 6. 1999 (BAnz. 1999, S. 11913).

61   Betriebe und Einrichtungen, die Medizinprodukte, die bestimmungsgemäß keimarm oder steril zur Anwendung kommen, für sich selbst aufbereiten, sind den zuständigen Behörden üblicherweise bekannt, da es sich überwiegend um **Krankenhäuser und Praxen** von Ärzten, Zahnärzten oder Heilpraktikern handelt.

ee) Überwachung der Betriebe und Einrichtungen, in denen Medizinprodukte hergestellt oder ausgestellt werden

62   Betriebe und Einrichtungen, in denen Medizinprodukte hergestellt, also produziert werden, unterliegen der Überwachung durch die zuständige Behörde (§ 26 Abs. 1 MPG). Es handelt sich dabei auch um sog. **Lohnhersteller.** Nur so ist eine umfängliche Überwachung der in den Verkehr gebrachten Medizinprodukte möglich.

63   Weiterhin unterliegen Betriebe und Einrichtungen, in denen Medizinprodukte ausgestellt werden, der Überwachung durch die zuständige Behörde (§ 26 Abs. 1 MPG). Dies betrifft auch **Messen,** auf denen immer wieder Medizinprodukte mit nicht rechtmäßig angebrachter CE-Kennzeichnung vorgefunden werden.

ff) Überwachung der Betriebe und Einrichtungen, die für das weitere Inverkehrbringen verantwortlich sind

64   Betriebe und Einrichtungen, in denen Medizinprodukte weiter in den Verkehr gebracht werden – also der gesamte **Groß– und Einzelhandel** einschließlich der **Apotheken und Sanitätshäuser** – unterliegen der Überwachung durch die zuständige Behörde (§ 26 Abs. 1 MPG). Nur so ist eine umfängliche Überwachung der in den Verkehr gebrachten Medizinprodukte möglich.

gg) Überwachung der Betriebe und Einrichtungen, die klinische Prüfungen und Leistungsbewertungsprüfungen durchführen

65   Betriebe und Einrichtungen, in denen Medizinprodukte **klinisch geprüft** werden, unterliegen ebenfalls der Überwachung durch die zuständige Behörde (§ 26 Abs. 1 MPG). Das betrifft sowohl den Auftraggeber der klinischen Prüfung als auch die Prüfeinrichtung, also in der Regel ein Krankenhaus oder die Praxis eines niedergelassenen Arztes. Dasselbe gilt für die Leistungsbewertungsprüfungen der In-vitro-Diagnostika (§ 26 Abs. 1 MPG). Dabei liegt ein Schwerpunkt der Überwachung bei den Prüfeinrichtungen in der Überprüfung der **Rechtmäßigkeit der Einverständniserklärungen und der Einhaltung des Prüfplans** im Übrigen. Bei den Auftraggebern wird insbesondere geprüft, ob die rechtlichen Voraussetzungen zur Durchführung einer klinische Prüfung oder Leistungsbewertungsprüfung erfüllt sind. Dazu gehören u.a. das zustimmende Votum einer beim BfArM registrierten Ethikkommission. Diese muss im Verfahren umfangreiche Voraussetzungen geprüft haben (§ 20 Abs. 8 Satz 1 MPG). Eine wesentliche Bedeutung kommt dabei auch der Prüfung des Umfangs der Probandenversicherung im Verhältnis zum Risiko durch die klinische Prüfung (§ 20 Abs. 3 Satz 2 MPG) oder die Leistungsbewertungsprüfung (§ 24 Abs. 1 MPG i.V.m. § 20 Abs. 3 Satz 2 MPG) zu.

hh) Entgegennahme der Anzeigen der Auftraggeber von klinischen Prüfungen und Leistungsbewertungsprüfungen

66   Damit die zuständige Behörde von den geplanten klinischen Prüfungen oder Leistungsbewertungsprüfungen Kenntnis erhält, hat der **Auftraggeber von klinischen Prüfungen** (§ 20 Abs. 6 Satz 1 und 2 MPG) und **Leistungsbewertungsprüfungen** (§ 24 Abs. 1 Satz 1 i.V.m. § 20 Abs. 6 Satz 1 und 2 MPG) diese anzuzeigen. Dabei ist die Anzeige auf dem vom DIMDI dazu herausgegebenen Formblatt zu erstatten.[77] Andere Datenträger

---

[77] Das Formblatt für die Anzeige ist eine Anlage (Anlage 4 zu § 4 Abs. 1 Nr. 3) zur Verordnung über das datenbankgestützte Informationssystem über Medizinprodukte des Deutschen Instituts für Medizinische Dokumentation und Information (DIMDIV).

sind den Formblättern gleichgestellt, wenn sie dem Inhalt nach diesen Formblättern entsprechen. Der Schutz der Probanden ist dem Gesetzgeber sehr wichtig. Er hat deshalb den Beginn einer klinischen Prüfung ohne Anzeige strafbewehrt ausgestaltet (§ 41 Nr. 4 MPG i. V. m. § 20 Abs. 7 Satz 1 MPG). Die Abgabe einer Anzeige, insbesondere auch deren Vollständigkeit und Richtigkeit, wird deshalb von den zuständigen Behörden besonders überwacht.

ii) Entgegennahme der Anzeigen der Prüfeinrichtungen von klinischen Prüfungen und Leistungsbewertungsprüfungen

Damit auch die Behörde, die für die **Prüfeinrichtung** zuständig ist, von der geplanten **67** klinischen Prüfung oder Leistungsbewertungsprüfung Kenntnis erhält, hat diese die geplante klinische Prüfung (§ 20 Abs. 6 Satz 1 MPG) oder Leistungsbewertungsprüfung (§ 24 Abs. 1 Satz 1 i. V. m. § 20 Abs. 6 Satz 1 MPG) ebenfalls anzuzeigen. Der Bundesrat hatte dieses gesonderte Anzeigeverfahren der Prüfeinrichtungen nicht für erforderlich gehalten.[78] Dabei ist die Anzeige auf dem vom DIMDI dazu herausgegebenen Formblatt zu erstatten.[79] Andere Datenträger sind den Formblättern gleichgestellt, wenn sie dem Inhalt nach diesen Formblättern entsprechen. Die Abgabe einer Anzeige, insbesondere auch deren Vollständigkeit und Richtigkeit, wird im Hinblick auf das hohe Schutzziel der Gesundheit der Probanden von den zuständigen Behörden besonders überwacht.

jj) Überwachung der Betriebe und Einrichtungen, die Medizinprodukte errichten, betreiben, anwenden und Instand halten (§ 26 Abs. 1 MPG)

Dies ist eine weitere wesentliche Aufgabe der zuständigen Behörden. Betriebe und **68** Einrichtungen, die Medizinprodukte errichten, betreiben, anwenden und Instand halten, sind für den sachgerechten Betrieb und die Anwendung verantwortlich. In diesen Betrieben ist durch **besondere Maßnahmen** sicherzustellen, dass weder Patienten noch Anwender oder Dritte (z. B. Reinigungspersonal) durch die betriebenen Medizinprodukte gefährdet werden können.

Wesentliche Kriterien der Überwachung sind hierbei die Einhaltung der Vorschriften **69** der **Verordnung über das Errichten, Betreiben und Anwenden von Medizinprodukten,**[80] insbesondere bezüglich der ausreichenden Qualifikation der Anwender (§ 2 MPBetreibV), der Einhaltung der Meldepflichten von Vorkommnissen (§ 3 Abs. 2 MPSV),[81] der sachgerechten Instandhaltung (§ 4 MPBetreibV) einschließlich der Aufbereitung von bestimmungsgemäß keimarm oder steril zur Anwendung kommenden Medizinprodukten (§ 4 Abs. 2 MPBetreibV), der Überwachung der Qualitätskontrolle der medizinischen Laboratorien (§ 4a MPBetreibV), der korrekten Einweisung in die Handhabung der in Anlage 1 der Medizinprodukte-Betreiberverordnung genannten Medizinprodukte (§ 5 Abs. 1 MPBetreibV), der sachgerechten Durchführung der sicherheitstechnischen (§ 6 MPBetreibV) und messtechnischen Kontrollen (§ 11 MPBetreibV) und der korrekten Führung und Aufbewahrung der Medizinproduktebücher (§§ 7 und 9 MPBetreibV) und des Bestandsverzeichnisses (§ 8 MPBetreibV).

Gerade die Überwachung der **Aufbereitung von bestimmungsgemäß keimarm 70 oder steril zur Anwendung kommenden Medizinprodukten** ist durch den Gesetzgeber besonders gefordert worden. Die zuständigen obersten Landesbehörden haben aus

---

[78] BR-Drs. 309/01, Beschluss v. 1. 6. 2001 zu Nr. 10.

[79] Das Formblatt für die Anzeige ist eine Anlage (Anlage V zu § 4 Abs. 1 Nr. 3) zur Verordnung über das datenbankgestützte Informationssystem über Medizinprodukte des Deutschen Instituts für Medizinische Dokumentation und Information (DIMDIV).

[80] MPBetreibV v. 29. 6. 1998 (BGBl. I S. 1762), i. d. F. der Bekanntmachung v. 21. 8. 2002 (BGBl. I S. 3396).

[81] Diese Betreiber- und Anwenderpflicht, die bisher im § 3 MPBetreibV geregelt war, ist mit Inkrafttreten der Medizinprodukte-Sicherheitsplanverordnung am 28. 6. 2002 ausschließlich dort geregelt.

diesem Grund in den ersten Monaten des Jahres 2002 durch mehrere Schreiben an die Deutsche Krankenhausgesellschaft, die Ärzte- und Zahnärztekammern sowie Heilpraktikerverbände an die Einhaltung der Vorschriften zur Aufbereitung durch geeignete validierte Verfahren (§ 4 Abs. 2 MPBetreibV), die überarbeitete Empfehlung der Kommission für Krankenhaushygiene und Infektionsprophylaxe beim Robert Koch-Institut[82] und des Bundesinstituts für Arzneimittel und Medizinprodukte über die „Anforderungen der Hygiene bei der Aufbereitung von Medizinprodukten"[83] sowie den Bericht der vom Bundesministerium für Gesundheit einberufenen „Task Force" über die Variante der Creutzfeld-Jacob-Krankheit (vCJK)[84] informiert und darauf hingewiesen, dass noch im Jahr 2002 intensive Überwachungsmaßnahmen bezüglich der Einhaltung dieser Vorschriften eingeleitet werden.

71   Die Überwachung der Betreiber ist deshalb von großer Bedeutung, da die zuständige Behörde hierbei eine Aufgabe hat, die Auswirkungen auf die **Patientensicherheit** im eigenen Zuständigkeitsbereich der Behörde hat. Nicht ausreichend qualifiziertes und unzureichend eingewiesenes Personal, fehlerhaft Instand gehaltene Medizinprodukte einschließlich unzureichend aufbereiteter Medizinprodukte oder nicht sicherheits- und messtechnisch kontrollierte Medizinprodukte können die Bevölkerung direkt gefährden. Vor allem Patienten in Krankenhäusern, Einrichtungen des ambulanten Operierens oder anderen Gesundheitseinrichtungen wie Praxen von Ärzten, Zahnärzten, Heilpraktikern, Physiotherapeuten, in Alten- und Pflegeheimen oder Versicherte der Kranken- und Pflegekassen, denen von den Kassen in deren Eigentum stehende Medizinprodukte zur Verfügung gestellt werden, müssen darauf vertrauen können, dass diese Medizinprodukte einwandfrei und sicher sind und damit ihre Gesundheit nicht gefährden können. Denn diese Patienten haben oft keine Auswahlmöglichkeit der Einrichtung, in die sie gebracht werden oder die sie aufsuchen müssen. Hier besteht also ein sehr hoher Anspruch an den Patientenschutz.

72   Die Erfahrungen der niedersächsischen Überwachungsbehörden haben gezeigt, dass die Gefährdung von Patienten umso geringer ist, je intensiver in einem Bereich überwacht wird. In der **Überwachung der Betreiber**, die ja insbesondere der Bevölkerung des eigenen Landes zugute kommt, kann die Politik durch Einsatz von qualifizierten und fachkundigen Überwachungskräften unter Beweis stellen, wie Ernst ihr der Patienten- und damit der Schutz ihrer Bevölkerung tatsächlich ist.

kk) Überwachung der Betriebe und Einrichtungen, die Medizinprodukte, die bestimmungsgemäß keimarm oder steril zur Anwendung kommen, für andere aufbereiten

73   Der Betreiber kann seine Pflichten **nicht delegieren** und ist immer für sein Handeln verantwortlich, also auch für die Auswahl einer Einrichtung, die für ihn Medizinprodukte, die bestimmungsgemäß keimarm oder steril zur Anwendung kommen, aufbereitet. Damit aber auch die zuständige Behörde diese Einrichtung direkt überwachen darf, wurden Einrichtungen, die Medizinprodukte, die bestimmungsgemäß keimarm oder steril zur Anwendung kommen, der Überwachung der zuständige Behörde unterstellt (§ 26 Abs. 1 MPG). Damit diese Einrichtungen, bei denen es sich auch um Krankenhäuser handeln kann, die für eine Arztpraxis, einen Belegarzt, einen Rettungsdienst oder ein anderes Krankenhaus aufbereiten, den zuständigen Behörden bekannt werden, wurde für sie eine **Anzeigepflicht** eingeführt (§ 25 Abs. 1 MPG).

ll) Entgegennahme der Anzeigen der Sicherheitsbeauftragten

74   Der Sicherheitsbeauftragte (§ 30 Abs. 1 MPG) eines Herstellers oder Bevollmächtigten ist bei Vorkommnissen für das BfArM bzw. das PEI und die zuständigen Behörden eine

---

[82] Das Robert Koch-Institut (RKI), Nordufer 20, 13353 Berlin, Telefon (0 30) 45 47–0, Telefax (0 30) 45 47–23 28, E-mail-Adresse; poststelle@rki.de, Internet-Adresse: http://www.rki.de, ist eine weitere Bundesoberbehörde im Geschäftsbereich des BMGS.

[83] BGesundBl. 2001, 1115 ff., s. a. § 4 Abs. 2 MPBetreibV.

[84] BGesundBl. 2002, 376 ff.

Attenberger

wichtige Kontaktperson. Deshalb hat der Hersteller oder Bevollmächtigte den Sicherheitsbeauftragten sowie jeden Wechsel in der Person für jedes angezeigte Medizinprodukt unverzüglich bei der zuständigen Behörde anzuzeigen (§ 30 Abs. 2 Satz 1 MPG).

Durch ein redaktionelles Versehen im Gesetzgebungsverfahren wurde diese **Anzeige-** 75 **pflicht** für Hersteller und Bevollmächtigte, die Sonderanfertigungen erstmalig in den Verkehr bringen und ja selbst keiner Verpflichtung zur Anzeige mehr unterliegen (vgl. Rdnr. 55) nicht aufgehoben. Die zuständigen obersten Landesbehörden nehmen daher zwar eingehende Anzeigen entgegen, leiten sie aber nicht mehr an das DIMDI weiter und tolerieren, wenn eine Anzeige nicht abgegeben wird.[85]

mm) Überwachung der Sachkenntnis des Medizinprodukteberaters

Der Medizinprodukteberater muss der zuständigen Behörde auf deren Verlangen seine 76 **vorgeschriebene fachliche Qualifikation (Sachkenntnis; § 31 Abs. 2 MPG)** nachweisen (§ 31 Abs. 3 Satz 1 MPG). Diese Überwachungstätigkeit soll sicherstellen, dass die Aufgaben der Medizinprodukteberater, insbesondere im Zusammenhang mit Vorkommnissen (§ 31 Abs. 4 MPG) und der Einweisung von Medizinprodukten (§ 5 Abs. 1 MPBetreibV), nur von qualifizierten Personen erfüllt werden, um Patienten, Anwender und Dritte durch sein Handeln nicht zu gefährden.

nn) Ausstellen von Bescheinigungen über die Verkehrsfähigkeit eines Medizinprodukts in Deutschland auf Antrag des Herstellers oder Bevollmächtigten

Die zuständige Behörde stellt einem **Hersteller auf dessen Antrag** eine Bescheini- 77 gung über die Verkehrsfähigkeit des Medizinprodukts in Deutschland aus (§ 34 Abs. 1 MPG).

c) Rechtliche Basis behördlichen Handelns

Die zuständigen Behörden müssen ihr Handeln immer an den **bestehenden Rechts-** 78 **vorschriften,** insbesondere am MPG und dessen Verordnungen und den allgemeinen verwaltungsrechtlichen Vorschriften ausrichten. Jede zuständige Behörde ist an das (deutsche) Recht – insbesondere Gesetze und Verordnungen – gebunden und hat dabei allenfalls den **Ermessensspielraum,** den ihnen diese Rechtsvorschriften zugestehen.

Behördliche Entscheidungen, die als **Verwaltungsakt** i.S.d. § 35 Satz 1 des Verwal- 79 tungsverfahrensgesetzes (VwVfG) anzusehen sind, können grundsätzlich nach Durchführung eines verwaltungsinternen Vorverfahrens auf Antrag des Rechtsunterworfenen durch das für die Behörde örtlich zuständige Verwaltungsgericht überprüft werden. Dabei sind die im Bescheid genannten Fristen zu beachten. Hat die Behörde in ihrem Bescheid keine Rechtsmittelbelehrung oder keine Frist angegeben, so beträgt diese Frist ein Jahr.

Der **allgemeine Überwachungsauftrag** (§ 26 Abs. 1 MPG) beschreibt im Wesentli- 80 chen das Feld, auf dem die zuständigen Behörden tätig werden können (Rdnr. 49–77). Die Maßnahmen zum Schutz der Gesundheit und der Sicherheit von Patienten, Anwendern und Dritten (§ 26 Abs. 2 MPG), die Rechte der Überwachungsbehörde (§ 26 Abs. 3 MPG), die Verfahren bei unrechtmäßiger und unzulässiger Anbringung der CE-Kennzeichnung (§ 27 MPG) und die Verfahren zum Schutze vor Risiken (§ 28 MPG) dienen dazu, der zuständigen Behörde das **erforderliche Handwerkszeug** an die Hand zu geben, um Medizinprodukte, die eine Gefahr für die Gesundheit oder das Leben von Patienten, Anwendern und Dritten darstellen, vom Markt zu nehmen, deren Betrieb und Anwendung zu beschränken oder von der Einhaltung bestimmter Auflagen abhängig zu machen oder zu untersagen.

Für die Amtshandlungen im Rahmen der Überwachungstätigkeit nach dem Medi- 81 zinproduktegesetz und den zur Durchführung des MPG erlassenen Verordnungen haben die zuständigen Behörden Kosten (Gebühren und Auslagen) zu erheben (§ 35 Satz 1

---

[85] Vgl. den Beschluss der Arbeitsgruppe Medizinprodukte der 1. Sitzung am 4. und 5. 3. 2002 in Magdeburg.

MPG). Soweit das BMGS eine Verordnung zugunsten der Länder nicht erlassen hat, dürfen die Landesregierungen **entsprechende Vorschriften** erlassen (§ 35 Satz 2 MPG). Hiervon haben alle Länder Gebrauch gemacht, so dass die Rechtsunterworfenen für die Überwachungstätigkeiten Gebühren und – soweit entstanden – Auslagen zu bezahlen haben.

d) Qualitätssicherung der Medizinprodukteüberwachung

aa) Einleitung

82 Qualitätssicherung ist ein modernes Verfahren, formulierte Ziele zu erreichen und eine qualifizierte Dienstleistung zu erbringen. **Qualitätssicherung in der Überwachung von Medizinprodukten** hat das Ziel, durch **einheitliches Verwaltungshandeln:**
– das **gegenseitige Vertrauen** der zuständigen Behörden zu fördern,
– die **behördlichen Ressourcen** effektiv einzusetzen und
– dadurch die **Sicherheit von Medizinprodukten** für Patienten, Anwender und Dritte zu erhöhen.

bb) Erste Erfahrungen im Vorfeld

83 Schon bald nach dem Inkrafttreten des Medizinproduktegesetzes zeigte sich insbesondere bei der **Überwachung der dem BfArM gemeldeten Vorkommnisse,** dass eine Absprache der Behörden untereinander erforderlich wurde. In der ersten Zeit nach dem Inkrafttreten des Medizinproduktegesetzes informierte das BfArM über ein ihm gemeldetes Vorkommnis grundsätzlich alle Behörden. Sollten korrektive Maßnahmen durchgeführt werden und hatte der Hersteller oder Bevollmächtigte dem BfArM keine Kundenlisten für das betroffene Medizinprodukt vorgelegt, wurde diese häufig von sehr vielen (unterschiedlichen) zuständigen Behörden beim Hersteller oder Bevollmächtigten angefordert. Die zuständigen Behörden nahmen nach deren Vorlage Kontakt zu den Betreibern dieser Medizinprodukte auf und prüften, ob die erforderliche korrektive Maßnahme des Herstellers dem Betreiber bekannt bzw. vom Hersteller veranlasst worden war.

84 Dieses Vorgehen belastete wegen der zahlreichen Anfragen nicht nur die Hersteller, sondern band auch bei den zuständigen Behörden immense Personalkapazitäten. Eine wirkliche Steigerung der Sicherheit für Patienten, Anwender und Dritte ergab sich daraus nicht. Aus diesem Grund vereinbarten die Länder mit dem BfArM, dass nur die **Behörde** die Informationen über ein Vorkommnis erhält, die für den **Hersteller des Medizinprodukts örtlich zuständig** ist. Weiterhin wird die **zuständige Behörde über das Vorkommnis** in Kenntnis gesetzt, in deren Zuständigkeitsbereich sich das **Vorkommnis ereignet** hat. Diese Vereinbarung wurde im Jahre 1997 in die **Medizinproduktebetreiber-Verordnung** überführt (§ 3 Satz 2 MPBetreibV). Mit Inkrafttreten der Verordnung über die Erfassung, Bewertung und Abwehr von Risiken bei Medizinprodukten (Medizinprodukte-Sicherheitsplanverordnung) wird das Verfahren nunmehr dort geregelt.

85 Das weitere Vorgehen der für den Hersteller zuständigen Behörde – nur diese muss zunächst in der Regel tätig werden – wurde in einem sog. **Maßnahmenkatalog** beschrieben, der von einer Arbeitsgruppe im Jahr 1998 erarbeitet wurde.[86] Dieser Maßnahmenkatalog wurde als **Mindeststandard zwischen den Ländern verbindlich** gemacht. Die Konzeption dieses Maßnahmenkatalogs wurde, da sie sich bewährt hat, in die **Verordnung über die Erfassung, Bewertung und Abwehr von Risiken bei Medizinprodukten (Medizinprodukte-Sicherheitsplanverordnung)**[87] übernommen.

86 Diese überwiegend guten ersten Schritte einer standardisierten (qualitätsgesicherten) behördlichen Tätigkeit ermutigte die Behörden zur Prüfung der **Einrichtung und Aufrechterhaltung eines umfassenden Qualitätssicherungssystems,** damit die zuständi-

---

[86] Arbeitsgruppe „Korrektive Maßnahmen" unter dem Vorsitz des Landes Nordrhein-Westfalen.
[87] Verordnung über die Erfassung, Bewertung und Abwehr von Risiken bei Medizinprodukten (Medizinprodukte-Sicherheitsplanverordnung – MPSV) v. 24. 6. 2002 (BGBl. I S. 2131).

gen Behörden ihren vielfältigen Aufgaben gerecht werden können. Es soll sicherstellen, dass:

– die zuständigen Behörden ihre gesetzlich festgelegten **Aufgaben auf effektive und effiziente Weise** wahrnehmen,
– die **Vorschriften über den Verkehr mit Medizinprodukten beachtet** werden,
– festgestellte **Verstöße beseitigt** und **künftige Verstöße verhindert** werden und
– durch den Betrieb und die Anwendung von Medizinprodukten bedingte **Gefahren von Patienten, Anwendern und Dritten abgewendet** werden.

Dieses Ziel kann nur erreicht werden, wenn die Überwachungskräfte in eigener Ver- **87**
antwortung stets die von ihnen erwartete Überwachungsqualität erbringen und verbessern. Sie sind dazu durch Bereitstellung ausreichender Ressourcen und durch Schaffung und Erhaltung der **notwendigen Qualifikation** zu befähigen.

cc) Einrichtung der Projektgruppe Qualitätssicherung der Medizinprodukteüberwachung

Die für Medizinprodukte zuständigen Referentinnen und Referenten der obersten Lan- **88**
desbehörden haben deshalb eine **Projektgruppe Qualitätssicherung der Medizinprodukteüberwachung** unter dem Vorsitz des Landes Niedersachsen eingerichtet.[88] Aufgabe und Ziel der Arbeit der Projektgruppe ist es, die **Notwendigkeit** und erforderlichenfalls die Art eines **Qualitätssicherungssystems** für die Tätigkeit der Überwachung der für Medizinprodukte zuständigen Behörden zu prüfen und ggf. zu erarbeiten.

Bestandsaufnahme und Planung. Die durch die föderale Struktur bedingte **dezen- 89
trale Überwachung** in Deutschland hat sich in der Vergangenheit bewährt. Oberstes Ziel der Tätigkeit der Überwachungsbehörden ist der Gesundheitsschutz von Patienten, Anwendern und Dritten. Durch ein **einheitliches Verwaltungshandeln** werden das gegenseitige Vertrauen der Behörden gefördert, die behördlichen Ressourcen effektiv eingesetzt und die Sicherheit von Medizinprodukten für Patienten, Anwender und Dritte erhöht. Durch ein **qualitätsgesichertes Handeln** werden die Überwachungsbehörden darüber hinaus zu einem **kompetenten Partner von Betrieben und Einrichtungen jeder Art.** Die durch den Willen des Gesetzgebers in **Rechtsvorschriften** festgesetzten Rahmenbedingungen sind das **Maß des behördlichen Handelns.** Um ein qualitätsgesichertes Handeln der Behörden zu gewährleisten, sind **Mindeststandards** für die einzelnen behördlichen Aufgaben festzuschreiben. Der Gesundheitsschutz kann aber nur dann umfassend gewährleistet werden, wenn ein **qualitätsgesichertes Handeln aller zuständigen Behörden im EWR** eingeführt ist. Dies hat auch die Europäische Kommission erkannt und eine Arbeitsgruppe „Market Surveillance Operations Group"[89] eingerichtet. Für die Länder nimmt ein Vertreter des Landes Hessen an den Sitzungen teil.

Die Qualitätssicherung in der Überwachung von Medizinprodukten muss **politisch 90
um- und durchgesetzt** werden.

**Erster Schritt und weitere Bausteine für ein qualitätsgesichertes behördliches 91
Handeln.** Mit der Einrichtung eines gemeinsamen Gremiums der für das gesamte Medizinprodukterecht (für aktive und nicht aktive Medizinprodukte sowie für In-vitro-Diagnostika) zuständigen obersten Landesbehörden in der Arbeitsgruppe Medizinprodukte der AOLG und des LASI (vgl. Rdnr. 113–114) und mit der Aufnahme der Tätigkeit wurde der **erste Schritt zur Qualitätssicherung in der Überwachung von Medizinprodukten erfolgreich abgeschlossen.** Die Einführung eines Qualitätssicherungssystems in der Überwachung von Medizinprodukten bedarf als nächsten Schritt der **Bestätigung der zuständigen Ministerkonferenzen** (GMK und ASMK), da nur auf diese Weise eine Verbindlichkeit für alle zuständigen Behörden erreicht werden kann.

---

[88] Beschluss in der Sitzung v. 13. und 14. 9. 2000 in Magdeburg zu TOP 9. Mitglieder der Projektgruppe sind die Länder Bayern, Hamburg, Hessen, Niedersachsen, Nordrhein-Westfalen, Saarland, Sachsen und Sachsen-Anhalt.

[89] 1. Sitzung am 23. 10. 2001.

92 **Umfang des Qualitätssicherungssystems. Alle Aufgaben,** in denen die zuständigen Behörden der Länder tätig werden und die qualitätsgesichert bearbeitet werden können und sollten, sind in der Abbildung 4 aufgeführt. Durch die Reihenfolge der aufgelisteten Aufgaben ist weder eine Wertung noch eine Prioritätensetzung beabsichtigt. Die Aufgaben nach § 15 MPG werden von den beiden Zentralstellen der Länder wahrgenommen und an dieser Stelle nicht weiter erörtert. [90]

Überwachung von Verantwortlichen für das erstmalige Inverkehrbringen
aktive, implantierbare Medizinprodukte
Medizinprodukte der Klasse I
Medizinprodukte der Klassen I s (steril) und I m (messtechnisch)
Medizinprodukte der Klassen II a, II b und III
Sonderanfertiger
In-vitro-Diagnostika

Überwachung von korrektiven Maßnahmen

Überwachung von klinischen Prüfungen
– Auftraggeber
– Prüfeinrichtungen

Überwachung des Handels
– Apotheken
– Sanitätshäuser, andere Fachgeschäfte
– Internet

Überwachung von Betreibern
– Krankenhäuser
– Praxen von Ärzten, Zahnärzten und Heilpraktikern
– Praxen von Physiotherapeuten und anderen Fachberufen des Gesundheitswesens
– Kranken- und Pflegekassen, Berufsgenossenschaften, Rentenversicherungsträger, Gesundheits- und Versorgungsämter u. Ä.
– Alten-, Pflege- u. a. Heime
– medizinische Laboratorien
– Anbieter von Sicherheitstechnischen Kontrollen
– Anbieter von Messtechnischen Kontrollen
– In-Haus-Herstellung

Überwachung von Betrieben und Einrichtungen, die Medizinprodukte, die bestimmungsgemäß keimarm oder steril zur Anwendung kommen, für andere aufbereiten

---

Abb. 4: Bereiche, in denen die zuständigen Behörden der Länder tätig sind

93 **Grundlegende Gedanken zur Qualitätssicherung.** Die Betriebe und Einrichtungen mit Sitz in Deutschland, in denen Medizinprodukte hergestellt, klinisch geprüft, einer Leistungsbewertungsprüfung unterzogen, verpackt, ausgestellt, in den Verkehr gebracht, betrieben, errichtet oder angewendet werden, oder in denen Medizinprodukte, die bestimmungsgemäß keimarm oder steril zur Anwendung kommen, für andere aufbereitet werden, **unterliegen insoweit der Überwachung** durch die zuständigen Behörden der Länder (§ 26 Abs. 1 MPG).

94 Zu den Kennzeichen der neueren Entwicklungen in unserem Rechtssystem gehört die **Privatisierung staatlicher Verwaltungsaufgaben.** Sie hat dazu geführt, dass eine Vielzahl hoheitlicher Aufgaben nunmehr von Privaten wahrgenommen werden. Das MPG hat

---

[90] Vgl. dazu den Beitrag von *Soltau* in diesem Handbuch (§ 12).

Attenberger

diese tief greifende und systematische Umgestaltung des Rechts vollzogen, da der Rechtsbereich für Medizinprodukte auf der **„Neuen Konzeption"**[91] und dem **„Globalen Konzept"**[92] der Europäischen Gemeinschaft basiert, die die **Eigenverantwortung Privater** in den Vordergrund stellen. Dies bedingt eine neue Qualität des Überwachungsauftrags.

Es war vorrangig zu prüfen, ob hierbei jede Behörde (jedes Land) für sich die Art und **95** den Umfang der Überwachung festlegen soll oder ob ein **bundeseinheitliches Verfahren** vereinbart wird, wie dies in den übrigen Mitgliedstaaten der EU durch das dortige zentralistische Verfahren (in der Regel eine zuständige Behörde für einen Mitgliedstaat) auch gehandhabt wird.

Es ist erforderlich, gegenüber anderen Mitgliedstaaten der Europäischen Gemeinschaf **96** ten, den übrigen Vertragsstaaten des Abkommens über den Europäischen Wirtschaftsraum und weiteren Staaten (Drittstaaten) ein **Qualitätssicherungssystem nachzuweisen, um die Einheitlichkeit der Überwachung vor dem Hintergrund der föderalen Überwachungsstrukturen in Deutschland zu dokumentieren.** Schwerpunkte sind hierbei die Äquivalenz der Überwachungsmaßnahmen zur Bestätigung der Rechtmäßigkeit der Anbringung der CE-Kennzeichnung, der Überwachungsmaßnahmen im Zusammenhang mit klinischen Prüfungen und Leistungsbewertungsprüfungen sowie die Bewertung von Fehlern und Mängeln.

Die Qualität, Wirksamkeit und Unbedenklichkeit von Medizinprodukten sind nicht **97** nur beim **erstmaligen Inverkehrbringen** für die Gesundheitsversorgung der Bevölkerung von größter Bedeutung, sie sind auch während der **gesamten Nutzungsdauer** jedes einzelnen Medizinprodukts durch den **Betreiber** sicherzustellen. Das Qualitätssicherungssystem soll sicherstellen, dass:
- die zuständigen Behörden ihre gesetzlich festgelegten Aufgaben auf effektive und effiziente Weise wahrnehmen,
- die Vorschriften über den Verkehr mit Medizinprodukten beachtet werden,
- festgestellte Verstöße beseitigt und künftige Verstöße verhindert werden sowie
- durch den Betrieb und die Anwendung von Medizinprodukten bedingte Gefahren von Patienten, Anwendern und Dritten abgewendet werden.

Auch dieses Ziel kann nur erreicht werden, wenn die Überwachungskräfte in eigener Verantwortung stets die von ihnen erwartete Überwachungsqualität erbringen und verbessern. Sie sind dazu durch Bereitstellung ausreichender Ressourcen und durch Schaffung und Erhaltung der notwendigen Qualifikation zu befähigen.

Art der Qualitätssicherung. Die o. g. Ziele können dadurch erreicht werden, dass **98** die zuständigen Behörden in der Überwachung gleichwertig oder gleichartig vorgehen. Bei einem **gleichwertigen** Vorgehen reicht es aus, wenn zwar die **Ziele** der Überwachungsmaßnahmen, nicht aber ein **standardisiertes Vorgehen (gleichartiges Vorgehen)** vereinbart würde. Es erscheint sinnvoll, die **Aufgaben der Überwachungsbehörden grundsätzlich gleichartig** zu bearbeiten. Je nach Überwachungsbereich ist die gleichartige Regelungstiefe (Mindeststandard) unterschiedlich. Ab einer festzulegenden Ebene kann es ausreichen, ein gleichwertiges Vorgehen festzulegen (weitere Standards).

Die Überwachungsaufgaben im Zusammenhang: **99**
- mit dem **erstmaligen Inverkehrbringen,**
- mit **klinischen Prüfungen und Leistungsbewertungsprüfungen** sowie

---

[91] Entschließung des Rates v. 7. 5. 1985 über eine neue Konzeption auf dem Gebiet der technischen Harmonisierung und Normung zum Abbau technischer Handelshemmnisse innerhalb der Europäischen Gemeinschaft (ABl. EG Nr. C 136 v. 4. 6. 1985, S. 1).

[92] Entscheidung des Rates v. 22. 7. 1993 über die in den technischen Harmonisierungsrichtlinien zu verwendenden Module für die verschiedenen Phasen des Konformitätsbewertungsverfahrens und die Regeln für die Anbringung und Verwendung der CE-Kennzeichnung (ABl. EG Nr. L 220 v. 30. 8. 1993, S. 23). S. hierzu auch den Beitrag von *Dieners/Lützeler* (§ 1 Rdnr. 53 ff.) und von *Anhalt/Dieners* (§ 2 Rdnr. 11 ff.) in diesem Handbuch.

– mit der **Aufbereitung von Medizinprodukten,** die bestimmungsgemäß keimarm oder steril zur Anwendung kommen, **für andere**

haben Auswirkungen über den örtlichen Zuständigkeitsbereich der Behörde hinaus. Deshalb ist für diese Bereiche bei der Überwachung ein **standardisiertes (gleichartiges) Verfahren** erforderlich. Die Überwachungsaufgaben im Zusammenhang mit dem **Betreiben und Anwenden** einschließlich der Aufbereitung von Medizinprodukten, die bestimmungsgemäß keimarm oder steril zur Anwendung kommen, im Hause des Betreibers haben in der Regel keine Auswirkungen über den örtlichen Zuständigkeitsbereich der Behörde hinaus. Der Risikobereich ist örtlich begrenzt. Deshalb ist hierfür ein **gleichwertiges Verfahren,** bei dem in gewissem Umfang auch Prüflisten eingesetzt werden können, vorzusehen. Für die **grundsätzlichen Aufgaben** sind bis zu einer bestimmter Überwachungstiefe **standardisierte (gleichartige) Verfahren** erforderlich.

100   **Prioritäten.** Neben der inhaltlichen Abstimmung der Vorgehensweise war zu prüfen, durch welche Überwachungsmaßnahmen deren Hauptziel (Steigerung der Sicherheit von Medizinprodukten für Patienten, Anwender und Dritte) am effizientesten (größter Effekt bei geringstem Einsatz von Ressourcen) und schnellsten erreicht werden kann. Ziel war es also, eine Prioritätensetzung der Überwachungsbereiche zu erarbeiten. Die sich daraus ergebende, nachfolgend dargestellte **Prioritätenliste** (vgl. Rdnr. 101) der Aufgaben der Überwachungsbehörden trägt den auf Grund des zum 1. 1. 2002 novellierten MPG veränderten Aufgaben der zuständigen Behörden Rechnung.

101   Zurzeit (Dezember 2002) werden **Verfahrensanweisungen** für folgende Bereiche durch die Projektgruppe Qualitätssicherung der Medizinprodukteüberwachung erarbeitet:
– Überwachung von **Verantwortlichen für das erstmalige Inverkehrbringen**[93] von Medizinprodukten,[94]
– Überwachung von **klinischen Prüfungen und Leistungsbewertungsprüfungen** von Medizinprodukten,[95]
– Überwachung des **Betreibens und Anwendens** einschließlich der Aufbereitung von Medizinprodukten, die bestimmungsgemäß keimarm oder steril zur Anwendung kommen.[96]

Die weiteren Verfahrensanweisungen der Aufgaben der Überwachungsbehörden werden in folgender Reihenfolge erarbeitet:
– **Korrektive Maßnahmen.**[97] Nachdem die Verordnung über die Erfassung, Bewertung und Abwehr von Risiken bei Medizinprodukten (Medizinprodukte-Sicherheitsplanverordnung) erlassen wurde, ist die erforderliche Verfahrensanweisung hierzu zu erarbeiten, die den bisherigen Maßnahmenkatalog ablösen wird.

Die weiteren Bereiche sind zurzeit nicht vorrangig zu bearbeiten. Eine genaue Reihenfolge soll zu einem späteren Zeitpunkt festgelegt werden. Das betrifft die **Überwachung:**
– des In-Haus-Herstellens,
– sonstiger zu standardisierender Tätigkeiten der Überwachungsbehörden,
– des weiteren Inverkehrbringens,
– des Ausstellens,
– von selbstständig tätigen Medizinprodukteberatern.

---

[93] Insbesondere im Handel (Marktüberwachung B) und in Betrieben und Einrichtungen, die Medizinprodukte erstmalig in den Verkehr bringen (Marktüberwachung C), s. Rdnr. 105.
[94] Bearbeitung durch die Projektgruppe Qualitätssicherung in der Überwachung von Medizinprodukten.
[95] Bearbeitung durch eine Arbeitsgruppe unter dem Vorsitz von Hessen.
[96] Bearbeitung durch eine Arbeitsgruppe unter dem Vorsitz von Hamburg.
[97] Marktüberwachung A (s. Rdnr. 105).

Erstellen von Verfahrensanweisungen. Neben der generellen Philosophie der 102 Durchführung der Überwachung (gleichartig oder gleichwertig) ist jede einzelne Überwachungsmaßnahme dieser Überwachungsaufgaben:

– zu **erfassen** und
– **detailliert zu beschreiben.**

Die Reihenfolge, in der die einzelnen Überwachungsaufgaben dieser Überwachungsbereiche erfasst und detailliert zu beschreiben sind, richtet sich nach der gesetzten Priorität der Überwachungsaufgabe. Die einzelnen Aufgaben der Überwachungsbehörden wurden erfasst. In Abhängigkeit von der geplanten Art der Qualitätssicherung der Überwachung wurden die entsprechenden Standards der einzelnen Aufgaben der für die Überwachung zuständigen Behörden erarbeitet. Dieser Standard ist in einem Qualitätssicherungshandbuch fest- und fortzuschreiben und von allen Überwachungskräften der zuständigen Behörden zu beachten, um die **Einheitlichkeit des behördlichen Handelns** vor dem Hintergrund der föderalen Überwachungsstrukturen in Deutschland sicherzustellen.

Die Überwachung der Verantwortlichen für das erstmalige Inverkehrbringen 103 **von Medizinprodukten.** Die bisher im MPG für den Überwachungsbereich formulierte **Vermutungswirkung** (§ 26 Abs. 3 Satz 1 MPG a.F.), dass die zuständige Behörde bei mit einer CE-Kennzeichnung versehenen Medizinprodukten davon auszugehen hat, dass diese rechtmäßig erstmals in den Verkehr gebracht wurden, ist durch die Streichung dieses Satzes und des bisher formulierten Überwachungsauftrags durch Stichproben (§ 26 Abs. 3 Satz 2 MPG a.F.) entfallen. Dies bedeutet für die zuständigen Behörden einen Wandel von der stichprobenartigen zur risikoabgestuften systematischen **Überwachung** der Sicherheit der Medizinprodukte.

Die Beiträge und Diskussionen im Gesetzgebungsverfahren spiegeln den politischen 104 Willen zu einer Änderung im Sinne einer **Intensivierung der Überwachung** eindeutig wider, da die bisher durch das MPG etablierte Überwachungskonzeption nicht ausreichte.[98] Durch die Novellierung des MPG ist daher eine umfassende Neukonzeption der Überwachung von Medizinprodukten erforderlich. Die Prioritäten zur Erstellung der Verfahrensanweisungen waren vor diesem Hintergrund neu zu bewerten.

Dem in der Abbildung 5 dargestellten Konzept der Überwachung von Einrichtungen, 105 die Medizinprodukte erstmals in den Verkehr bringen (Marktüberwachung), wurde von allen Ländern zugestimmt. Nordrhein-Westfalen und Niedersachsen haben bereits mit der Umsetzung dieser Konzeption begonnen.[99] Die Marktüberwachung muss auf drei verschiedenen Bereichen erfolgen, um ihre umfassende Wirkung zu erzielen, nämlich:

– im Rahmen des Risikomanagements („Marktüberwachung A"),[100]
– insbesondere im Handel und ggf. bei Betreibern („Marktüberwachung B") und
– in Betrieben, die Medizinprodukte erstmals in den Verkehr bringen, („Marktüberwachung C").

---

[98] BT-Drs. 14/6281 (Begründung des Gesetzentwurfs, S. 81), Gegenäußerung der Bundesregierung zum Beschluss des Bundesrates (BR-Drs. 309/01, Beschluss v. 1. 6. 2002 zu Nr. 14, S. 116), Ergebnis der interfraktionellen Arbeitsgruppe v. 4. 10. 2001.

[99] Ergebnis der gemeinsamen Dienstbesprechung der obersten für Medizinprodukte zuständigen Landesbehörden aus Nordrhein-Westfalen und Niedersachsen mit den insgesamt neun Bezirksregierungen dieser Länder am 14. 5. 2002 in Bielefeld.

[100] Dieser Bereich der Marktüberwachung war – etwa in Niedersachsen, Nordrhein-Westfalen – vor dem Inkrafttreten der Gesetzesänderung Schwerpunkt der Überwachungstätigkeit bezüglich des erstmaligen Inverkehrbringens (risikoorientierte Überwachung).

Marktüberwachung		
A	B	C
im Rahmen des Risikomanagements	insbesondere im Handel	von Betrieben und Einrichtungen erstmaliger Inverkehrbringer
Auslösung: Vorkommnis Risikobewertung	**Auslösung:** bundesweit abgestimmtes Vorgehen	**Auslösung:** bundesweit abgestimmtes Vorgehen
durch: BfArM oder PEI	**durch:** Arbeitsgruppe Medizinprodukte	**durch:** Arbeitsgruppe Medizinprodukte
Prüfung der Unterlagen	Prüfung der Unterlagen oder Medizinprodukte	Prüfung der Unterlagen bundesweit gleiche Kriterien systematisch

Abb. 5: Überwachung von Betrieben, die Medizinprodukte erstmalig in den Verkehr bringen und von Medizinprodukten (Medizinproduktegruppen)

106   Die **Marktüberwachung A** ist ausschließlich fremdinitiiert (BfArM und PEI) und wird auf Grund eines Vorkommnisses oder einer Risikobewertung veranlasst. Das Vorgehen ist in der Verordnung über die Erfassung, Bewertung und Abwehr von Risiken bei Medizinprodukten (Medizinprodukte-Sicherheitsplanverordnung) festgelegt und wird in einer Verfahrensanweisung beschrieben werden. Die **Marktüberwachung B** kann durch bekannt gewordene „Auffälligkeiten bei Medizinprodukten" durch die Politik, die Medien, die Fachöffentlichkeit oder die übrige Öffentlichkeit fremdinitiiert oder durch Erfahrungen der Überwachungsbehörden, des BfArM oder des PEI eigeninitiiert sein. Es handelt sich um ein bundesweit abgestimmtes Vorgehen, bei dem Medizinprodukte oder Medizinproduktegruppen im Handel oder ggf. bei Betreibern durch Prüfung der Unterlagen oder des Medizinprodukts überwacht werden. Dabei handelt es sich überwiegend um solche Medizinprodukte, deren Verantwortliche für das erstmalige Inverkehrbringen nicht durch die Marktüberwachung C erreicht werden können. Die **Marktüberwachung C** erfolgt durch ein systematisches, bundesweit nach gleichen Kriterien geplantes und durchgeführtes Vorgehen der für die Verantwortlichen für das erstmalige Inverkehrbringen örtlich zuständigen Behörde. Sie ist ausschließlich durch die Behörden eigeninitiiert und erfolgt vorrangig durch Prüfung der Unterlagen in den Betrieben.

107   Die **Auswirkungen der Gesetzesänderung** werden unterschiedlich diskutiert. Sachsen-Anhalt[101] geht z. B. zurzeit davon aus, dass die Prüfung unter besonderer Berücksichtigung möglicher Risiken der Medizinprodukte, ob die Voraussetzungen zum Inverkehrbringen und zur Inbetriebnahme erfüllt sind, von der Bewertung des Risikos durch das BfArM abhängig ist.[102] Die Basis für die Überwachungstätigkeit ist aber nicht nur die Überwachung der Verantwortlichen für das erstmalige Inverkehrbringen auf Grund der Ergebnisse der Bewertung von Risiken bei Vorkommnissen, sondern gerade die vorausschauende Verhinderung, also das prophylaktische Handeln zum Wohle der Patienten, Anwender und Dritten.

---

[101] *Mikoleit*, MPR 2002, 8 ff.
[102] *Mikoleit*, MPR 2002, 11.

Die von Nordrhein-Westfalen entwickelte und mit Niedersachsen gemeinsam erarbei- **108** tete Konzeption[103] hat ihre Basis darin, dass der Gesetzgeber erreichen wollte, dass eine Überwachung der auf dem Markt befindlichen Medizinprodukte nicht mehr auf Grund einer − wie auch immer ermittelten − **Stichprobe** zu erfolgen hat, sondern, dass grundsätzlich **jeder Betrieb und jede Einrichtung,** der oder die Medizinprodukte erstmalig in den Verkehr bringt, die Voraussetzungen dafür erfüllt. Hätte der Gesetzgeber lediglich eine Steigerung des Überwachungsumfanges gewollt, wäre eine Änderung des § 26 Abs. 3 MPG a. F. nicht erforderlich gewesen, da dies vom Begriff der Stichprobe weiter abgedeckt wäre. Das Verlassen der Stichprobe zur Formulierung „[Die Behörde] prüft in angemessenem Umfang" (§ 26 Abs. 2 Satz 2 MPG) belegt den Willen, dass jeder Verantwortliche für das erstmalige Inverkehrbringen zu überwachen ist. Zu entscheiden ist nur noch, wie häufig diese Überwachung stattfinden muss. Auch dazu hat der Gesetzgeber klare Hinweise gegeben: „unter besonderer Berücksichtigung möglicher Risiken der Medizinprodukte" (§ 26 Abs. 2 Satz 2 MPG). Die Ausgestaltung dieser Überwachungspflicht hat der Gesetzgeber der Projektgruppe Qualitätssicherung der Medizinprodukteüberwachung übertragen.

Diskussionsmodell für die Überwachung der Verantwortlichen für das erst- 109 malige Inverkehrbringen von Medizinprodukten.[104] Die von Nordrhein-Westfalen und Niedersachsen für diese beiden Länder beschlossene Konzeption sieht insbesondere in den Bereichen ein mögliches Risiko, in denen die Konformität **von einem Dritten nicht überprüft wurde** und es zu einer relativ erhöhten Anzahl von Vorkommnissen gekommen ist. Danach wurden die Betriebe und Einrichtungen der Verantwortlichen für das erstmalige Inverkehrbringen − abhängig von ihrem mit höchstem Risiko behafteten Medizinprodukt − in verschiedene Überwachungskategorien eingeteilt.

Die Länder stufen demnach Betriebe und Einrichtungen, die Medizinprodukte erst- **110** malig in den Verkehr bringen, unter Berücksichtigung des möglichen Risikos der Medizinprodukte in **unterschiedliche Gefährdungsstufen** ein, wie dies in Abbildung 6 dargestellt ist. In Anlehnung an die Überwachungsfrequenz von Betrieben der pharmazeutischen Unternehmer (§ 64 AMG) wurde die Überwachungsfrequenz für die höchste Risikokategorie (C 1) mit zwei Jahren angenommen. Diese Frequenz wird nicht von allen Ländern **befürwortet** und steht unter dem Vorbehalt der Finanzierbarkeit.

Medizinprodukt	Risikokategorie	Überwachungsfrequenz
Aktive implantierbare Medizinprodukte	C 5	alle 5 Jahre
In-vitro-Diagnostika Anhang II Liste A	C 5	alle 5 Jahre
In-vitro-Diagnostika Anhang II Liste B	C 1	alle 2 Jahre
In-vitro-Diagnostika zur Eigenanwendung	C 5	alle 5 Jahre
Sonstige In-vitro-Diagnostika	C 5	alle 5 Jahre
Sonstige Medizinprodukte Klasse III	C 5	alle 5 Jahre
Sonstige Medizinprodukte Klasse II b	C 1	alle 2 Jahre
Sonstige Medizinprodukte Klasse II a	C 2	alle 3 Jahre
Sonstige Medizinprodukte Klasse I	C 4	alle 5 Jahre
Sonstige Medizinprodukte Klasse I steril	C 3	alle 4 Jahre

---

[103] Ergebnis der gemeinsamen Dienstbesprechung der obersten für Medizinprodukte zuständigen Landesbehörden aus Nordrhein-Westfalen und Niedersachsen mit den insgesamt neun Bezirksregierungen dieser Länder am 14. 5. 2002 in Bielefeld.

[104] Dieses Modell wurde der Projektgruppe Qualitätssicherung in der Überwachung von Medizinprodukten vorgestellt und von der Arbeitsgruppe Medizinprodukte in der zweiten Sitzung am 10./11. 10. 2002 in Magdeburg verabschiedet.

Medizinprodukt	Risikokategorie	Überwachungsfrequenz
Sonstige Medizinprodukte Klasse I mit Messfunktion	C 3	alle 4 Jahre
Sonstige Medizinprodukte: Sonderanfertigungen	C 6	alle 10 Jahre
Sterile Medizinprodukte gemäß § 10 Absatz 3 MPG	C 1	alle 2 Jahre

Abb. 6: Mögliche Überwachungsfrequenz der Betriebe und Einrichtungen für das erstmalige Inverkehrbringen unter Berücksichtigung des möglichen Risikos der Medizinprodukte (Risikokategorien) am Beispiel der Planungen in Nordrhein-Westfalen und Niedersachsen

Danach sind Unternehmen, deren Medizinprodukt der höchsten Risikokategorie (z.B. Medizinprodukte der Klasse IIb)[105] angehört, alle zwei Jahre zu überwachen. Hersteller von Sonderanfertigungen sind sehr viel seltener zu überwachen.

111　**Ausblick.** Die Verständigung aller Länder auf eine Konzeption und die Umsetzung dieser Konzeption wird in den Gremien der Länder in naher Zukunft weiter diskutiert werden müssen. Dabei ist auch zu versuchen, diesen Ansatz gegenüber den übrigen Mitgliedstaaten der Europäischen Gemeinschaften und in den anderen Vertragsstaaten des Abkommens über den Europäischen Wirtschaftsraum zu vertreten, um ein **einheitliches europäisches Überwachungssystem** zu installieren.

C. Gremien der zuständigen Behörden

I. Einleitung

112　In allen Bereichen des Vollzugs von Gesetzen des Bundes ist es auf Grund der föderalen Struktur in der Bundesrepublik Deutschland erforderlich, dass sich die Überwachungsbehörden der Länder in wichtigen Vorgehensweisen absprechen. Obwohl jede zuständige Behörde oder zumindest jedes Land für sich entscheidet, wie es bestimmte Vorschriften interpretiert, die Art oder den Umfang der Überwachung gestaltet und welche Schwerpunkte im Vollzug des Gesetzes gesetzt werden, ist es sinnvoll, wenn die zuständigen Behörden in bestimmten Bereichen das **Vorgehen koordinieren.**

113　Diese Abstimmungen sind für einzelne Aufgaben nicht ohne die Politik möglich. Deshalb ist es erforderlich, dass für wichtige, übergreifende Themen ein Votum der für eine solche Aufgabe zuständigen Ministerinnen und Minister, Senatorinnen und Senatoren der Länder eingeholt wird. Hierzu gibt es ein **seit langem etabliertes System:** Für alle Aufgaben gibt es in jedem Land ein zuständiges Ministerium.[106] Die politischen Leitungen[107] stimmen sich über wichtige Themen in den Ministerkonferenzen ab. Für den Themenbereich Medizinprodukte sind die Gesundheitsministerkonferenz (GMK)[108] und die Arbeits- und Sozialministerkonferenz (ASMK)[109] die zuständigen Gremien. Diese haben einen Unterbau, der ihnen zuarbeitet. Im Bereich der GMK ist dies die Arbeitsgemein-

---

[105] Beim Konformitätsbewertungsverfahren von Medizinprodukten der Klasse IIb ist zwar eine Benannte Stelle beteiligt, diese prüft aber – je nach gewählten Modulen – nur das Qualitätssicherungssystem des Unternehmens, z.B. aber nicht die Leistungsfähigkeit des Medizinproduktes. Bei Medizinprodukten dieser Klasse wurden unter relativen Gesichtspunkten am häufigsten korrektive Maßnahmen erforderlich.

[106] In den Stadtstaaten Berlin, Bremen und Hamburg: Senatsverwaltung oder Senator.

[107] Ministerin oder Minister, in den Stadtstaaten Berlin, Bremen und Hamburg: Senatorin oder Senator.

[108] Der Vorsitz wechselt jährlich jeweils zum 1. 1 in einem vorgegeben Rhythmus, im Jahr 2002 hat Nordrhein-Westfalen den Vorsitz, im Jahr 2003 Sachsen.

[109] Der Vorsitz wechselt jährlich jeweils zu 1. 1. in einem vorgegeben Rhythmus, im Jahr 2002 hat Nordrhein-Westfalen den Vorsitz.

schaft der Obersten Landesgesundheitsbehörden (AOLG) mit ihren Arbeitsgruppen, im Bereich der ASMK ist es der Länderausschuss für Arbeitssicherheit (LASI) mit seinen Unterausschüssen. Mitglieder der AOLG und des LASI sind die jeweiligen Leitungen der Abteilungen Gesundheit bzw. Arbeitsschutz. Diesen arbeiten wiederum die Arbeitsgruppen bzw. Unterausschüsse zu. Der AOLG arbeitet die Arbeitsgruppe Arzneimittel- und Apothekenwesen, Transfusion und Betäubungsmittel (AG AATB) (früher: Arbeitsgruppe Arzneimittel, Apothekenwesen und Medizinprodukte – AG AAMP), dem LASI der Unterausschuss IV (UA IV) zu (s. Rdnr. 114).

II. Gremien zum Thema Medizinprodukte

1. Findungsphase

Sowohl die Arbeitsgruppe Arzneimittel-, Apothekenwesen und Medizinprodukte der **114** AOLG als auch der Unterausschuss IV des LASI befassten sich grundsätzlich mit den Fragen des Medizinprodukterechts. Allerdings war dieses Thema nur eines von vielen, die in diesen Gremien zu bearbeiten waren und die Mitglieder dieser Gremien waren nur in einzelnen Fällen die Personen, die die zuständigen Referenten in den obersten Landesbehörden waren. Ein fachlicher Austausch auf der Fachebene war deshalb praktisch nicht möglich. Deshalb ergriff im Jahr 1997 das Land Sachsen-Anhalt die Initiative und begründete einen **Erfahrungsaustausch der für aktive Medizinprodukte zuständigen obersten Landesbehörden,** der zweimal jährlich tagte. Ab dem Jahr 1999 nahmen an den Sitzungen dieses Gremien auch die für nicht aktive Medizinprodukte zuständigen obersten Landesbehörden teil. Verbindliche gemeinsame Beschlüsse, die auch politisch bestätigt wurden, konnten im Erfahrungsaustausch wegen der fehlenden Anbindung an die politischen Gremien GMK und ASMK allerdings nicht gefasst werden.

2. Einrichtung der Arbeitsgruppe Medizinprodukte

a) Allgemeines

Erst auf die Initiative des Landes Nordrhein-Westfalen im Geschäftsbereich der GMK **115** und des Landes Hessen im Geschäftsbereich der ASMK beschlossen schließlich die GMK[110] und ASMK[111] die Einrichtung einer Arbeitsgruppe Medizinprodukte **(AG Medizinprodukte),** die sich im Januar 2002 konstituierte.[112] Entsprechend der am 7. 1. 2002 verabschiedeten Geschäftsordnung finden jährlich zwei Sitzungen statt.[113]

b) Aufgaben der Arbeitsgruppe Medizinprodukte

Durch die Arbeit in der Arbeitsgruppe Medizinprodukte soll ein **einheitlicher Voll-** **116** **zug des Medizinprodukterechts in ganz Deutschland** erreicht werden.[114]

---

[110] 74. Sitzung der für Gesundheit zuständigen Ministerinnen und Minister, Senatorinnen und Senatoren der Länder am 10. 6. 2002.

[111] 74. Sitzung der für Arbeits- und Soziales zuständigen Ministerinnen und Minister, Senatorinnen und Senatoren der Länder am 10. 6. 2002.

[112] Den Vorsitz und die Geschäftsführung der Arbeitsgruppe Medizinprodukte für 2002 und 2003 hat das Land Sachsen-Anhalt inne (Ministerium für Gesundheit und Soziales des Landes Sachsen-Anhalt, Turmschanzenstr. 25, 39 114 Magdeburg, Telefon (03 91) 567–0, Telefax (03 91) 567–46 64, E-mail-Adresse: poststelle@ms.lsa-net.de).

[113] Vgl. zu den Einzelheiten die Geschäftsordnung der Arbeitsgruppe Medizinprodukte v. 7. 1. 2002.

[114] Vgl. zu den Einzelheiten die Geschäftsordnung der Arbeitsgruppe Medizinprodukte v. 7. 1. 2002.

c) Projektgruppen der Arbeitsgruppe Medizinprodukte

117 Die von den für Medizinprodukte zuständigen Referentinnen und Referenten der obersten Landesbehörden eingerichtete **Projektgruppe Qualitätssicherung der Medizinprodukteüberwachung** (s. Rdnr. 88) wurde von der Arbeitsgruppe Medizinprodukte[115] offiziell eingerichtet und beauftragt, die begonnene Arbeit fortzuführen und abzuschließen. In der 2. Sitzung der Arbeitsgruppe Medizinprodukte am 10. und 11. 10. 2002 wurden zwei weitere Projektgruppen eingerichtet: Die Projektgruppe „Metrologische Fragen" unter dem Vorsitz Bayerns und die Projektgruppe „Abgrenzungs- und Klassifizierungsfragen" unter dem Vorsitz von Mecklenburg-Vorpommern.

D. Anhang

I. Allgemeines

118 Nach dem Inkrafttreten des 2. MPG-ÄndG zum 1. 1. 2002 sind viele Zuständigkeiten neu zu regeln. Das ist in den meisten Ländern noch nicht abschließend geschehen. Insbesondere die bisherigen Aufgaben der Eichbehörden gehen vielfach auf die für das Medizinprodukterecht im Allgemeinen zuständigen Behörden über. So sind z. B. in Niedersachsen und Nordrhein-Westfalen die Bezirksregierungen für alle Aufgaben nach dem Medizinproduktegesetz zuständige Behörden.[116] Dadurch sind die Bezirksregierungen in Niedersachsen und Nordrhein-Westfalen auch für die Überwachung der medizinischen Laboratorien (§ 4a MPBetreibV), die messtechnischen Kontrollen (§ 11 MPBetreibV) und die Entgegennahme der Anzeige derjenigen, die messtechnische Kontrollen durchführen wollen (§ 11 Abs. 5 Satz 2 MPBetreibV), zuständig. In diesem Bereich sind zurzeit sehr viele **Veränderungen zu erwarten.** Auch sind die Zuständigkeiten für **In-vitro-Diagnostika** in vielen Ländern noch nicht abschließend geregelt, so dass in naher Zukunft weitere Änderungen eintreten werden.

II. Übersichten über die zuständigen Behörden

1. Aufstellung der für nicht aktive Medizinprodukte zuständigen obersten Landesbehörden

119

Land	Behörde und Anschrift	Tel.- und Fax-Nr.	E-Mail
Baden-Württemberg	Sozialministerium Baden-Württemberg Referat 55 Postfach 10 34 43 70029 Stuttgart	T: 07 11/1 23–0 F: 07 11/1 23–39 99	poststelle@sm.bwl.de
Bayern	Bayerisches Staatsministerium für Gesundheit, Ernährung und Verbraucherschutz Referat 3.8 80792 München	T: 0 89/21 70–0 F: 0 89/21 70–24 01	poststelle@stmgev.bayern.de

---

[115] Beschluss in der 1. Sitzung der Arbeitsgruppe Medizinprodukte am 4. und 5. 3. 2002 in Magdeburg zu TOP 1.

[116] Beschluss auf Staatssekretärsebene v. 17. 6. und 10. 7. 2002 (Niedersachsen). Die entsprechende Zuständigkeitsverordnung liegt im Entwurf vor.

Attenberger

Land	Behörde und Anschrift	Tel.- und Fax-Nr.	E-Mail
Berlin	Senatsverwaltung für Arbeit, Soziales und Frauen Oranienstraße 106 10969 Berlin	T: 0 30/90 22–23 28 F: 0 30/90 22–29 17	poststelle@sengsv. verwaltberlin.de
Brandenburg	Ministerium für Arbeit, Soziales, Gesundheit und Frauen des Landes Brandenburg Referat 42 Postfach 60 11 63 14411 Potsdam	T: 03 31/8 66–0 F: 03 31/8 66–54 28	epost@masgf.branden-burg.de
Bremen	Senator für Frauen, Gesundheit, Jugend und Soziales der Freien Hansestadt Bremen Birkenstraße 34 28195 Bremen	T: 04 21/3 61–60 02 F: 04 21/3 61–1 66 38	poststelle@arbeit-gwa.bremen.de
Hamburg	Behörde für Umwelt und Gesundheit, Gesundheit und Verbraucherschutz Adolph-Schönfelder-Straße 5 22083 Hamburg	T: 0 40/4 28 63–0 F: 0 40/4 28 63–24 83	ub@ub.hamburg.de
Mecklenburg-Vorpommern	Sozialministerium des Landes Mecklenburg-Vorpommern Referat IX 301 Werderstr. 124 19055 Schwerin	T: 03 85/5 88–0 F: 03 85 5 88–90 63	LB@sozial-mv.de
Niedersachsen	Niedersächsisches Ministerium für Frauen, Arbeit und Soziales Postfach 141 30001 Hannover	T: 05 11/1 20–0 F: 05 11/1 20–42 93	poststelle@ mfas.niedersachsen.de
Nordrhein-Westfalen	Ministerium für Frauen, Jugend, Familie und Gesundheit Fürstenwall 25 40219 Düsseldorf	T: 02 11/8 55–0 F: 02 11/8 55–36 62	poststelle@ mfjfg.nrw.de
Rheinland-Pfalz	Ministerium für Arbeit, Soziales, Familie und Gesundheit des Landes Rheinland-Pfalz Referat 634–1 Postfach 31 80 55021 Mainz	T: 0 61 31/16–0 F: 0 61 31/16–20 98	poststelle@ masg.rlp.de
Saarland	Ministerium für Frauen, Arbeit, Gesundheit und Soziales des Saarlandes Referat D VI Franz-Josef-Röder-Str. 23 66119 Saarbrücken	T: 06 81/5 01–0 F: 06 81/5 01–33 02	poststelle@ mifags.x400.saar-land.de

Land	Behörde und Anschrift	Tel.- und Fax-Nr.	E-Mail
Sachsen	Sächsisches Staatsministerium für Soziales, Gesundheit, Jugend und Familie Referat 52 Albertstr. 10 01097 Dresden	T: 0351/564–0 F: 0351/564–8509	info@sms.sachsen.de
Sachsen-Anhalt	Ministerium für Arbeit, Frauen, Gesundheit und Soziales des Landes Sachsen-Anhalt Postfach 37 40 39012 Magdeburg	T: 0391/567–0 F: 0391/567–4664	poststelle@ ms.lsa-net.de
Schleswig-Holstein	Ministerium für Arbeit, Gesundheit und Soziales des Landes Schleswig-Holstein Adolf-Westphal-Straße 4 24143 Kiel	T: 0431/988–0 F: 0431/988–5416	poststelle@ sozmi.landsh.de
Thüringen	Thüringer Ministerium für Soziales, Familie und Gesundheit Referat 65 Werner-Seelenbinder-Str. 6 99096 Erfurt	T: 0361/3798–0 F: 0361/3798–820	poststelle@ tmsfg.thueringen.de

2. Aufstellung der für nicht aktive Medizinprodukte zuständigen Landesbehörden

Land	Behörde und Anschrift	Tel.- und Fax-Nr.
Baden-Württemberg	Regierungspräsidium Stuttgart Ruppmannstraße 21 70565 Stuttgart	T: 0711/904–0 F: 0711/904–2408
	Regierungspräsidium Karlsruhe Schlossplatz 1–3 76131 Karlsruhe	T: 0721/926–0 F: 0721/370–546
	Regierungspräsidium Freiburg Gartenstraße 25–27 79098 Freiburg	T: 0761/208–0 F: 0761/208–1268
	Regierungspräsidium Tübingen Konrad-Adenauer Straße 20 72072 Tübingen	T: 07071/757–0 F: 07071/757–3190
Bayern	Regierung von Oberbayern Maximilianstraße 39 80534 München	T: 089/2176–0 F: 089/2176–2914
	Regierung von Niederbayern Regierungsplatz 540 84028 Landshut	T: 0871/808–01 F: 0871/808–1002
	Regierung der Oberpfalz Emmeramsplatz 8 93047 Regensburg	T: 0941/5680–0 F: 0941/5680–699

120

Land	Behörde und Anschrift	Tel.- und Fax-Nr.
Bayern	Regierung von Oberfranken Ludwigstraße 20 95444 Bayreuth	T: 0921/606–2229 F: 0921/606–2280
	Regierung von Mittelfranken Promenade 27 91522 Ansbach	T: 0981/53–0 F: 0981/53–206
	Regierung von Unterfranken Peterplatz 9 97070 Würzburg	T: 0931/380–0 F: 0931/380–2903
	Regierung von Schwaben Fronhof 10 86152 Augsburg	T: 0821/327–01 F: 0821/327–2289
Berlin	Landesamt für Arbeitsschutz, Gesundheitsschutz und technische Sicherheit (LAGetSi) Fachgruppe Medizinprodukte Alt-Friedrichsfelde 60 10315 Berlin	T: 030/9021–0 F: 030/9021–5301
Brandenburg	Landesamt für Soziales und Versorgung Abt. Landesgesundheitsamt Wünsdorfer Platz 3 15838 Waldstadt-Wünsdorf	T: 033702/7110–0 F: 033702/7110–1
Bremen	Senator für Frauen, Gesundheit, Jugend und Soziales Große Weidestraße 4–16 28195 Bremen	T: 0421/361–9566, F: 0421/361–9567
	Senator für Arbeit Faulenstraße 69 28195 Bremen	T: 0421/361–9568 F: 0421/361–9321
Hamburg	Behörde für Umwelt und Gesundheit der Freien und Hansestadt Hamburg Amt für Gesundheit und Verbraucherschutz Adolph-Schönfelder Straße 5 22083 Hamburg	T: 040/42863–3183 F: 040/42863–2483
Hessen	Regierungspräsidium Darmstadt Luisenplatz 2 64278 Darmstadt	T: 06151/12–0 T: 06151/12–6235 F: 06151/12–6347
	Regierungspräsidium Gießen Ludwigplatz 13 35390 Gießen	T: 0641/303–0 T: 0641/303–2155 F: 0641/303–2197
	Regierungspräsidium Kassel Steinweg 6 34117 Kassel	T: 0561/106–0 T: 0561/106–2470 F: 0561/106–1631
Mecklenburg- Vorpommern	Arzneimittelüberwachungs- und -prüfstelle Mecklenburg-Vorpommern Wismarsche Straße 298 19055 Schwerin	T: 0385/59089–00 F: 0385/59089–33

Land	Behörde und Anschrift	Tel.- und Fax-Nr.
Niedersachsen	Bezirksregierung Braunschweig Bohlweg 38 38100 Braunschweig	T: 05 31/4 84–0 F: 05 31/4 84–34 71
	Bezirksregierung Hannover Am Waterlooplatz 11 30169 Hannover	T: 05 11/1 06–0 T: 05 11/1 06–24 84
	Bezirksregierung Lüneburg Auf der Hude 2 21339 Lüneburg	T: 04 31/15–0 F: 04 31/15–29 02
	Bezirksregierung Weser-Ems Theodor-Tantzen-Platz 8 26122 Oldenburg	T: 04 41/7 99–0 F: 04 41/7 99–20 04
Nordrhein-Westfalen	Bezirksregierung Arnsberg Seibertzstraße 1 59821 Arnsberg	T: 0 29 31/82–0 F: 0 29 31/82–25 20
	Bezirksregierung Detmold Leopoldstraße 15 32756 Detmold	T: 0 52 31/71–0 F: 0 52 31/71–12 95
	Bezirksregierung Düsseldorf Fischerstraße 10 40447 Düsseldorf	T: 02 11/4 75–0 F: 02 11/4 75–26 71
	Bezirksregierung Köln Zeughausstraße 2–10 50667 Köln	T: 02 21/1 47–0 F: 02 21/1 47–34 24
	Bezirksregierung Münster Alter Steinweg 44 48143 Münster	T: 02 51/4 11–31 31 F: 02 51/4 11–25 25
Rheinland-Pfalz	Landesamt für Soziales, Jugend und Versorgung Baedekerstraße 2–10 56073 Koblenz	T: 02 61/40 41–0 F: 02 61/40 41–3 53
	Landesamt für Soziales, Jugend und Versorgung, Zweigstelle Landau Reiterstraße 16 76 289 Landau/Pfalz	T: 0 63 41/26–1 F: 0 63 41/26–4 45
	Landesamt für Soziales, Jugend und Versorgung, Zweigstelle Trier Moltkestraße 19 54292 Trier	T: 06 51/14 47–0 F: 06 51/2 75 44
Saarland	Ministerium für Frauen, Arbeit, Gesundheit und Soziales des Saarlandes Franz-Josef-Röder Straße 23 66119 Saarbrücken	T: 06 81/5 01–00 F: 06 81/5 01–33 35
Sachsen	Regierungspräsidium Chemnitz Altchemnitzer Str. 41 09120 Chemnitz	T: 03 71/5 32–0 F: 03 71/5 32–19 29
	Regierungspräsidium Dresden Postfach 100 653 01076 Dresden	T: 03 51/8 25–0 F: 03 51/8 25–99 99

Attenberger

Land	Behörde und Anschrift	Tel.- und Fax-Nr.
Sachsen	Regierungspräsidium Leipzig Postfach 10 13 64 04013 Leipzig	T: 03 41/9 77–0 F: 03 41/9 77–1199
Sachsen-Anhalt	Staatliches Gewerbeaufsichtsamt Naumburg Jenaer Straße 29 06618 Naumburg	T: 03 445/1 42–2 22 F: 03 445/1 42–2 20
	Staatliches Gewerbeaufsichtsamt Stendal Postfach 552 39563 Stendal	T: 0 39 31/4 94–34 F: 0 39 31/21 20 18
	Staatliches Gewerbeaufsichtsamt Dessau Postfach 1423 06813 Dessau	T: 03 40/79 10–4 73 F: 03 40/79 10–4 04
	Staatliches Gewerbeaufsichtsamt Halberstadt Postfach 1141 38801 Halberstadt	T: 0 39 41/5 86–4 19 F: 0 39 41/5 86–4 54
	Staatliches Gewerbeaufsichtsamt Halle Postfach 110 434 06018 Halle	T: 03 45/52 43–2 21 F: 03 45/52 43–2 14
	Staatliches Gewerbeaufsichtsamt Magdeburg Postfach 3980 39014 Magdeburg	T: 0391/2564–335 F: 0391/2564–202
	Landesamt für Arbeitsschutz Kühnauer Straße 70 06846 Dessau	T: 03 40/65 01–0 F: 03 40/65 01–2 94
Schleswig-Holstein	Landesamt für Gesundheit und Arbeitssicherheit des Landes Schleswig-Holstein – Arzneimittelüberwachungsstelle Adolf-Westphal Straße 4 24143 Kiel	T: 04 31/9 88–0 F: 04 31/9 88–54 16
	Amt für das Eichwesen Düppelstraße 63 24105 Kiel	T: 04 31/9 88–44 50 F: 04 31/9 88–44 59
Thüringen	Thüringer Landesverwaltungsamt für Lebensmittelsicherheit und Verbraucherschutz Weimarplatz 4 99423 Weimar	T: 0 36 43/5 85
	Amt für Arbeitsschutz Erfurt Lindbacher Weg 30 99099 Erfurt	T: 03 61/37–8 00 F: 03 61/37–8 83 80
	Amt für Arbeitsschutz Nordhausen Gerhart-Hauptmann-Str. 3 99734 Nordhausen	T: 0 36 31/61 33–0 F: 0 36 31/61 33 61

Land	Behörde und Anschrift	Tel.- und Fax-Nr.
Thüringen	Amt für Arbeitsschutz Gera Otto–Dix–Straße 9 07548 Gera	T: 03 65/82 11–0 F: 03 65/82 11–1 04
	Amt für Arbeitsschutz Suhl Neuer Friedberg 9 98527 Suhl	T: 03 68 1/8 80–0 F: 03 68 1/8 80–1 00
	Landesamt für Mess- und Eichwesen Thüringen Unterpörlitzer Straße 2 98693 Ilmenau	T: 03 67 7/8 50–0 F: 03 67 7/8 50–4 00
	Landesamt für Arbeitsschutz und Arbeitsmedizin Schleusinger Straße 30 98527 Suhl	T: 03 68 1/73 52 01 F: 03 68 1/73 52 09

3. Aufstellung der für aktive Medizinprodukte zuständigen obersten Landesbehörden

121

Land	Behörde und Anschrift	Tel. und Fax-Nr.	E-Mail
Baden-Württemberg	Sozialministerium Baden–Württemberg Referat 24 Postfach 10 34 43 70029 Stuttgart	T: 07 11/1 23–0 F: 07 11/1 23–39 99	poststelle@ sm.bwl.de
Bayern	Bayerisches Staatsministerium für Gesundheit, Ernährung und Verbraucherschutz Referat 5.5 80792 München	T: 0 89/21 70–0 F: 0 89/21 70–24 01	poststelle@ stmgev.bayern.de
Berlin	Senatsverwaltung für Arbeit, Soziales und Frauen Oranienstraße 106 10969 Berlin	T: 0 30/90 22–23 28 F: 0 30/90 22–29 17	poststelle@ senabf.verwalt- berlin.de
Brandenburg	Ministerium für Arbeit, Soziales, Gesundheit und Frauen des Landes Brandenburg Referat Postfach 60 11 63 14411 Potsdam	T: 03 31/8 66–0 F: 03 31/8 66–54 28	epost@masgf. brandenburg.de
Bremen	Senator für Arbeit der Freien Hansestadt Bremen Referat Faulenstraße 69 28195 Bremen	T: 04 21/3 61–60 02 F: 04 21/3 61–1 66 38	poststelle@ arbeit-gwa. bremen.de
Hamburg	Behörde für Umwelt und Gesundheit, Amt für Gesundheit und Verbraucherschutz	T: 0 40/428 63–0 F: 0 40/428 63–24 83	ub@ub.hamburg.de

Land	Behörde und Anschrift	Tel. und Fax-Nr.	E-Mail
Hamburg	Adolph-Schönfelder-Straße 5 22083 Hamburg		
Mecklenburg-Vorpommern	Sozialministerium des Landes Mecklenburg-Vorpommern Referat IX 630 Werderstr. 124 19055 Schwerin	T: 0385/588–0 F: 0385/588–9063	LB@sozial-mv.de
Niedersachsen	Niedersächsisches Ministerium für Frauen, Arbeit und Soziales Postfach 141 30001 Hannover	T: 0511/120–0 F: 0511/120–4293	poststelle@ mfas.nieder-sachsen.de
Nordrhein-Westfalen	Ministerium für Frauen, Jugend, Familie und Gesundheit Fürstenwall 25 40219 Düsseldorf	T: 0211/855–0 F: 0211/855–3662	poststelle@ mfjfg.nrw.de
Rheinland-Pfalz	Ministerium für Arbeit, Soziales, Familie und Gesundheit des Landes Rheinland-Pfalz Referat 622–2 Postfach 31 80 55021 Mainz	T: 06131/16–0 F: 06131/16–2098	poststelle@ masg.rlp.de
Saarland	Ministerium für Frauen, Arbeit, Gesundheit und Soziales des Saarlandes Referat B III Franz-Josef-Röder-Str. 23 66119 Saarbrücken	T: 0681/501–0 F: 0681/501–3302	poststelle@ mifags.x400.saar-land.de
Sachsen	Sächsisches Staatsministerium für Wirtschaft und Arbeit Referat 55 Wilhelm-Buck-Straße 2 01097 Dresden	T: 0351/564–0 F: 0351/564–8509	info@ sms.sachsen.de
Sachsen-Anhalt	Ministerium für Arbeit, Frauen, Gesundheit und Soziales des Landes Sachsen-Anhalt Postfach 37 40 39012 Magdeburg	T: 0391/567–0 F: 0391/567–4664	poststelle@ ms.lsa-net.de
Schleswig-Holstein	Ministerium für Arbeit, Gesundheit und Soziales des Landes Schleswig-Holstein Adolf-Westphal-Straße 4 24143 Kiel	T: 0431/988–0 F: 0431/988–5416	poststelle@ sozmi.landsh.de
Thüringen	Thüringer Ministerium für Soziales, Familie und Gesundheit	T: 0361/3798–0 F: 0361/3798–820	poststelle@ tmsfg.thueringen.de

Land	Behörde und Anschrift	Tel. und Fax-Nr.	E-Mail
Thüringen	Referat 23 Werner-Seelenbinder- Str. 6 99096 Erfurt		

4. Aufstellung der für aktive Medizinprodukte zuständigen Landesbehörden

122

Land	Behörde und Anschrift	Tel. und Fax-Nr.
Baden-Württemberg	Staatliches Gewerbeaufsichtsamt Freiburg Schwendistr. 12 79102 Freiburg	T: 07 61/38 72–0 F: 07 61/38 72–100
	Staatliches Gewerbeaufsichtsamt Göppingen Willi-Bleicher-Str. 3 73033 Göppingen	T: 0 71 61/6 57–0 F: 0 71 61/6 57–1 99
	Staatliches Gewerbeaufsichtsamt Heilbronn Rollwagstr. 16 74072 Heilbronn	T: 0 71 31/64 38–00 F: 0 71 31/64 38–40
	Staatliches Gewerbeaufsichtsamt Karlsruhe Hebelstraße 1–3 76133 Karlsruhe	T: 07 21/9 26–41 22 F: 07 21/9 26–46 82
	Staatliches Gewerbeaufsichtsamt Mannheim Postfach 101 238 68012 Mannheim	T: 06 21/2 92–43 01 F: 06 21/2 92–46 17
	Staatliches Gewerbeaufsichtsamt Sigmaringen Fidelis-Graf-Str. 2 72488 Sigmaringen	T: 0 75 71/7 32–5 00 F: 0 75 71/7 32–5 05
	Staatliches Gewerbeaufsichtsamt Stuttgart Postfach 101 743 70015 Stuttgart	T: 07 11/18 69–0 F: 07 11/2 26 34 34
	Staatliches Gewerbeaufsichtsamt Tübingen Bismarckstraße 96 72072 Tübingen	T: 0 70 71/9 12–0 F: 0 70 71/9 12–1 88
	Staatliches Gewerbeaufsichtsamt Villingen-Schwenningen Postfach 2009 78010 Villingen-Schwennigen	T: 0 77 21/9 14–0 F: 0 77 21/9 14–1 00
Bayern	Regierung von Oberbayern Maximilianstraße 39 80534 München	T: 0 89/21 76–0 F: 0 89/21 76–29 14
	Regierung von Niederbayern Regierungsplatz 540 84028 Landshut	T: 08 71/8 08–01 F: 08 71/8 08–10 02

Land	Behörde und Anschrift	Tel. und Fax-Nr.
Bayern	Regierung der Oberpfalz Emmeramsplatz 8 93047 Regensburg	T: 0941/5680–0 F: 0941/5680–699
	Regierung von Oberfranken Ludwigstraße 20 95444 Bayreuth	T: 0921/606–2229 F: 0921/606–2280
	Regierung von Mittelfranken Promenade 27 91522 Ansbach	T: 0981/53–0 F: 0981/53–206
	Regierung von Unterfranken Peterplatz 9 97070 Würzburg	T: 0931/380–0 F: 0931/380–2903
	Regierung von Schwaben Fronhof 10 86152 Augsburg	T: 0821/327–01 F: 0821/327–2289
Berlin	Landesamt für Arbeitsschutz, Gesundheitsschutz und technische Sicherheit (LAGetSi) Alt-Friedrichsfelde 60 10315 Berlin	T: 030/9021–0 F: 030/9021–5301
Brandenburg	Landesamt für Soziales und Versorgung Abt. Landesgesundheitsamt Wünsdorfer Platz 3 15838 Waldstadt-Wünsdorf	T: 03302/7110–0 F: 03370 2/7110–1
Bremen	Senator für Arbeit Contrescarpe 73 28195 Bremen	T: 0421/361–2407 F: 0421/361–6013
Hamburg	Behörde für Umwelt und Gesund- heit der Freien und Hansestadt Hamburg – Amt für Gesundheit und Verbraucherschutz Adolph-Schönfelder Straße 5 22083 Hamburg	T: 040/428 63–3183 F: 040/428 63–2483
Hessen	Staatliches Amt für Arbeitsschutz und Sicherheitstechnik Darmstadt Holzhofallee 17 a 64295 Darmstadt	T: 06151/3896–0 F: 06151/3896–100
	Staatliches Amt für Arbeitsschutz und Sicherheitstechnik Frankfurt Rudolfstraße 22–24 60327 Frankfurt am Main	T: 069/27211–0 F: 069/27211–1
	Hessische Landesanstalt für Umwelt – Zentralstelle für Arbeitsschutz Ludwig-Mond-Straße 43 34121 Kassel	T: 0561/2000–540 F: 0561/2000–511
	Staatliches Amt für Arbeitsschutz und Sicherheitstechnik Wiesbaden Flachstraße 13 65197 Wiesbaden	T: 0611/4119–0 F: 0611/4119–37

Land	Behörde und Anschrift	Tel. und Fax-Nr.
Hessen	Staatliches Amt für Arbeitsschutz und Sicherheitstechnik Kassel Knorrstraße 34 34121 Kassel	T: 05 61/20 04–0 F: 05 61/20 04–1 45
	Staatliches Amt für Arbeitsschutz und Sicherheitstechnik Kassel – Außenstelle Fulda Am Rosengarten 26 36037 Fulda	T: 06 61/9 28 64–0 F: 06 61/9 28 64–11
	Staatliches Amt für Arbeitsschutz und Sicherheitstechnik Gießen Südanlage 17 35390 Gießen	T: 06 41/79 53–0 F: 06 41/79 53–79
	Staatliches Amt für Arbeitsschutz und Sicherheitstechnik Gießen – Außenstelle Limburg a. d. Lahn mit Sitz in Hadamar Gymnasiumstraße 10 65589 Hadamar	T: 0 64 33/86–0 F: 0 64 33/86–11
Mecklenburg-Vorpommern	Sozialministerium Mecklenburg-Vorpommern Referat IX 630 19048 Schwerin	T: 03 85/5 88–96 30 F: 03 85/5 88–90 63
Niedersachsen	Bezirksregierung Braunschweig Bohlweg 38 38100 Braunschweig	T: 05 31/4 84–0 F: 05 31/4 84–34 71
	Bezirksregierung Hannover Am Waterlooplatz 11 30169 Hannover	T: 05 11/1 06–0 F: 05 11/1 06–24 84
	Bezirksregierung Lüneburg Auf der Hude 2 21339 Lüneburg	T: 0 41 31/15–0 F: 0 41 31/15–29 02
	Bezirksregierung Weser-Ems Theodor-Tantzen-Platz 8 26122 Oldenburg	T: 04 41/7 99–0 F: 04 41/7 99–20 04
Nordrhein-Westfalen	Bezirksregierung Arnsberg Seibertzstraße 1 59821 Arnsberg	T: 0 29 31/82–0 F: 0 29 31/82–25 20
	Bezirksregierung Detmold Leopoldstraße 15 32756 Detmold	T: 0 52 31/71–0 F: 0 52 31/71–12 95
	Bezirksregierung Düsseldorf Fischerstraße 10 40447 Düsseldorf	T: 02 11/4 75–0 F: 02 11/4 75–26 71
	Bezirksregierung Köln Zeughausstraße 2–10 50667 Köln	T: 02 21/1 47–0 F: 02 21/1 47–34 24
	Bezirksregierung Münster Alter Steinweg 44 48143 Münster	T: 02 51/4 11–31 31 F: 02 51/4 11–25 25

Land	Behörde und Anschrift	Tel. und Fax-Nr.
Rheinland-Pfalz	Landesamt für Umweltschutz und Gewerbeaufsicht – Dienststelle Mainz Rheinallee 97–101 55118 Mainz	T: 0631/967–0 F: 0631/672729
Saarland	Ministerium für Frauen, Arbeit, Gesundheit und Soziales des Saarlandes Franz-Josef-Röder Straße 23 66119 Saarbrücken	T: 0681/501–00 F: 0681/501–3335
Sachsen	Regierungspräsidium Chemnitz Altchemnitzer Str. 41 09120 Chemnitz	T: 0371/532–0 F: 0371/532–1929
	Regierungspräsidium Dresden Postfach 100653 01076 Dresden	T: 0351/825–0 F: 0351/825–9999
	Regierungspräsidium Leipzig Postfach 101364 04013 Leipzig	T: 0341/977–0 F: 0341/977–1199
Sachsen-Anhalt	Staatliches Gewerbeaufsichtsamt Naumburg Janaer Straße 29 06618 Naumburg	T: 03445/142–222 F: 03445/142–220
	Staatliches Gewerbeaufsichtsamt Stendal Postfach 552 39563 Stendal	T: 03931/494–34 F: 03931/212018
	Staatliches Gewerbeaufsichtsamt Dessau Postfach 1423 06813 Dessau	T: 0340/7910–473 F: 0340/7910–404
	Staatliches Gewerbeaufsichtsamt Halberstadt Postfach 1141 38801 Halberstadt	T: 03941/586–419 F: 03941/586–454
	Landesamt für Arbeitsschutz Kühnauer Straße 70 06846 Dessau	T: 0340/6501 F: 0340/6501–294
	Staatliches Gewerbeaufsichtsamt Halle Postfach 110434 06018 Halle	T: 0345/5243–221 F: 0345/5243–214
	Staatliches Gewerbeaufsichtsamt Magdeburg Postfach 3980 39014 Magdeburg	T: 0391/2564–335 F: 0391/2564–202
Schleswig-Holstein	Landesamt für Gesundheit und Arbeitssicherheit des Landes Schleswig-Holstein Adolf-Westphal Straße 4 24143 Kiel	T: 0431/988–0 F: 0431/988–5416

Land	Behörde und Anschrift	Tel. und Fax-Nr.
Thüringen	Amt für Arbeitsschutz Erfurt Lindbacher Weg 30 99099 Erfurt	T: 03 61/37–8 00 F: 03 61/37–8 83 80
	Amt für Arbeitsschutz Nordhausen Taschenberg 59/60 99734 Nordhausen	T: 0 36 31/61 33–0 F: 0 36 31/61 33 61
	Amt für Arbeitsschutz Gera Otto-Dix-Straße 9 07548 Gera	T: 03 65/82 11–0 F: 03 65/82 11–1 04
	Amt für Arbeitsschutz Suhl Neuer Friedberg 9 98527 Suhl	T: 0 36 81/8 80–0
	Landesamt für Arbeitsschutz und Arbeitsmedizin Schleusinger Straße 30 98527 Suhl	T: 0 36 81/73 54–00

5. Aufstellung der für die Anzeige von klinischen Prüfungen von nicht aktiven Medizinprodukten und von Leistungsbewertungsprüfungen zuständigen Landesbehörden

123

Land	Behörde und Anschrift	Tel.- und Fax-Nr.
Baden-Württemberg	Regierungspräsidium Stuttgart Postfach 800 709 70507 Stuttgart	T: 07 11/9 04–0 F: 07 11/9 04–31 62
	Regierungspräsidium Karlsruhe Postfach 76247 Karlsruhe	T: 07 21/9 26–0 F: 07 21/37 05 46
	Regierungspräsidium Freiburg Postfach 79083 Freiburg i. Br.	T: 07 61/2 08–0 F: 07 61/2 08–17 61
	Regierungspräsidium Tübingen Postfach 2666 72016 Tübingen	T: 0 70 71/7 57–0 F: 0 70 71/7 57–36 27
Bayern	Regierung von Oberbayern Maximilianstraße 39 80538 München	T: 0 89/21 76–0 F: 0 89/21 76–29 14
	Regierung von Niederbayern Regierungsplatz 540 84028 Landshut	T: 08 71/8 08–01 F: 08 71/8 08–10 88
	Regierung der Oberpfalz Emmeramsplatz 8 93047 Regensburg	T: 09 41/56 8–00 F: 09 41/56 8–0188
	Regierung von Oberfranken Ludwigstraße 20 95444 Bayreuth	T: 0921/606–0 F: 09 21/6 06–22 80
	Regierung von Mittelfranken Promenade 27 91522 Ansbach	T: 09 81/53–0 F: 09 81/53–2 06

Land	Behörde und Anschrift	Tel.- und Fax-Nr.
Bayern	Regierung von Unterfranken Peterplatz 9 97070 Würzburg	T: 09 31/3 80–1 F: 09 31/3 80–29 03
	Regierung von Schwaben Fronhof 10 86152 Augsburg	T: 08 21/3 27–01 F: 08 21/3 27–2289
Berlin	Landesamt für Arbeitsschutz, Gesundheitsschutz und technische Sicherheit (LAGetSi) Alt-Friedrichsfelde 60 10315 Berlin	T: 0 30/90 21–51 16, –52 08 F: 0 30/90 21–53 01, –5315
Brandenburg	Ministerium für Arbeit, Soziales, Gesundheit und Frauen des Landes Brandenburg Postfach 60 11 63 14411 Potsdam	T: 03 31/8 66–54 21, –53 72 F: 03 31/8 66–54 09, –53 69
Bremen	Senator für Arbeit, Frauen, Gesundheit, Jugend und Soziales Referat 34 Birkenstraße 34 28195 Bremen	T: 04 21/3 61–0, –95 66, –95 68 F: 04 21/3 61–93 21
Hamburg	Behörde für Umwelt und Gesundheit der Freien und Hansestadt Hamburg Adolph-Schönfelder- Straße 5 22083 Hamburg	T: 0 40/4 28 63–31 83, –41 66 F: 0 40/4 28 63–24 83
Hessen	Regierungspräsidium Kassel Abteilung Soziales Fachzentrum für Produkt- und Betriebssicherheit Ludwig-Mond-Straße 43 34 121 Kassel	T: 0561/20005–10 F: 0561/20005–22
Mecklenburg- Vorpommern	Arzneimittelüberwachungs- und -prüfstelle des Landes Mecklenburg-Vorpommern Wismarsche Straße 298 19055 Schwerin	T: 03 85/5 90–89 17 F: 03 85/5 90–89 33
Niedersachsen	Bezirksregierung Hannover Postfach 203 30002 Hannover	T: 05 11/1 06–0 F: 05 11/1 06–75 87
Nordrhein-Westfalen	Bezirksregierung Arnsberg Seibertzstraße 1 59821 Arnsberg	T: 0 29 31/82–21 60, –30 65 F: 0 29 31/82–21 88
	Bezirksregierung Detmold Leopoldstraße 13–15 32756 Detmold	T: 0 52 31/71–24 02, –24 12 F: 0 52 31/71–24 11
	Bezirksregierung Düsseldorf Fischerstraße 10 40477 Düsseldorf	T: 02 11/4 75–52 51, –52 62 F: 02 11/4 75–59 77
	Bezirksregierung Köln Zeughausstraße 2–10 50667 Köln	T: 02 21/1 47–25 42, –25 55 F: 02 21/1 47–34 24

Land	Behörde und Anschrift	Tel.- und Fax-Nr.
Nordrhein-Westfalen	Bezirksregierung Münster Alter Steinweg 44 48147 Münster	T: 02 51/4 11–31 12, -31 19 F: 02 51/4 11–21 37
Rheinland-Pfalz	Landesamt für Soziales, Jugend und Versorgung Baedekerstraße 2–10 56073 Koblenz	T: 02 61/40 41–0 F: 02 61/40 41–3 53
Saarland	Ministerium für Frauen, Arbeit, Gesundheit und Soziales des Saarlandes Referat D VI Franz-Josef- Röder-Straße 23 66119 Saarbrücken	T: 06 81/5 01–34 18 F: 06 81/5 01–32 39
Sachsen	Regierungspräsidium Chemnitz Altchemnitzer Straße 41 09105 Chemnitz	T: 03 71/5 32–0 F: 03 71/5 32–19 29
	Regierungspräsidium Dresden Postfach 10 06 53 01076 Dresden	T: 03 51/8 25–0 F: 03 51/8 25–99 99
	Regierungspräsidium Leipzig Postfach 10 13 64 04013 Leipzig	T:03 41/9 77–0 F: 03 41/9 77–11 99
Sachsen-Anhalt	Landesamt für Arbeitsschutz des Landes Sachsen-Anhalt Kühnauer Straße 70 06846 Dessau	T: 03 40/65 01–0, -2 21, -2 56 F: 03 40/65 01–2 94
Schleswig-Holstein	Landesamt für Gesundheit und Arbeitssicherheit des Landes Schleswig-Holstein – LGA 20 Postfach 1121 24100 Kiel	T: 04 31/9 88–0 F: 04 31/9 88–54 16
Thüringen	Thüringer Landesamt für Lebensmittelsicherheit und Verbraucherschutz Abteilung 2; Dezernat 4 Weimarplatz 4 99423 Weimar	T: 0 361/37–73 73 72, –73 73 73

6. Aufstellung der für die Anzeige von klinischen Prüfungen von aktiven Medizinprodukten und von Leistungsbewertungsprüfungen zuständigen Landesbehörden

124

Land	Behörde und Anschrift	Tel.- und Fax-Nr.
Baden-Württemberg	Staatliches Gewebeaufsichtsamt Stuttgart Zentrale Stelle für die Vollzugsunterstützung (ZSV) Kronenstraße 39 70174 Stuttgart	T: 07 11/18 69–0 F: 07 11/22 63 434

Land	Behörde und Anschrift	Tel.- und Fax-Nr.
Bayern	Bayerisches Landesamt für Arbeitsschutz, Arbeitsmedizin und Sicherheitstechnik Pfarrstraße 3 80538 München	T: 0 89/21 84–0 F: 0 89/21 84–2 97
Berlin	Landesamt für Arbeitsschutz, Gesundheitsschutz und technische Sicherheit (LAGetSi) FG 2.3 Alt-Friedrichsfelde 60 10315 Berlin	T: 0 30/90 21–51 16, –52 08 F: 0 30/90 21–53 01, –5315
Brandenburg	Ministerium für Arbeit, Soziales, Gesundheit und Frauen des Landes Brandenburg, Referat 42 Postfach 60 11 63 14411 Potsdam	T: 03 31/8 66–54 21, –5372 F: 03 31/8 66–54 09, –53 69
Bremen	Senator für Frauen, Gesundheit, Jugend und Soziales, Referat 34 Birkenstraße 34 28195 Bremen	T: 04 21/3 61–0, –95 67, –95 68 F: 04 21/3 61–93 21
Hamburg	Behörde für Arbeit, Gesundheit und Soziales der Freien und Hansestadt Hamburg Adolph-Schönfelder- Straße 5 22083 Hamburg	T: 0 40/4 28 63–31 83,–41 66 F: 0 40/4 28 63–33 701
Hessen	Regierungspräsidium Kassel Abteilung Soziales Fachzentrum für Produkt- und Betriebssicherheit Ludwig-Mond-Straße 43 34121 Kassel	T: 05 61/20 00 5–10 F: 05 61/20 00 5–22
Mecklenburg-Vorpommern	Sozialministerium Mecklenburg-Vorpommern Referat 630 19048 Schwerin	T: 03 85/5 88–96 30 F: 03 85/5 88–90 63
Niedersachsen	Bezirksregierung Hannover Postfach 203 30002 Hannover	T: 05 11/1 06–0 F: 05 11/1 06–75 87
Nordrhein-Westfalen	Bezirksregierung Arnsberg Seibertzstraße 1 59821 Arnsberg	T: 0 29 31/82–21 60, –30 65 F: 0 29 31–82–21 88
	Bezirksregierung Detmold Leopoldstraße 13–15 32756 Detmold	T: 0 52 31/71–24 02, –24 12 F: 0 52 31/71–24 11
	Bezirksregierung Düsseldorf Cecilienallee 2 40474 Düsseldorf	T: 02 11/47 5–52 51, –52 62 F: 02 11/47 5–59 81
	Bezirksregierung Köln Zeughausstraße 2–10 50667 Köln	T: 02 21/1 47–25 42, –25 55 F: 02 21/1 47–34 24

Land	Behörde und Anschrift	Tel.- und Fax-Nr.
Nordrhein-Westfalen	Bezirksregierung Münster Alter Steinweg 44 48147 Münster	T: 0251/411–3112, –3119 F: 0251/411–2137
Rheinland-Pfalz	Struktur- und Genehmigungs- direktion (SGD) Nord Abteilung 2 Gewerbeaufsicht Stresemannstraße 3–5 56068 Koblenz	T: 0261/120–0 F: 0261/120–2200
	Struktur- und Genehmigungs- direktion (SGD) Süd Abteilung 2 Gewerbeaufsicht Friedrich-Ebert-Straße 14 67433 Neustadt/Weinstraße	T: 06321/99–0 F: 06321/99–2624
Saarland	Ministerium für Frauen, Arbeit, Gesundheit und Soziales des Saarlandes Referat B III Franz-Josef- Röder-Straße 23 66119 Saarbrücken	T: 0681/501–3126 F: 0681/501–3302
Sachsen	Regierungspräsidium Chemnitz Altchemnitzer Straße 41 09105 Chemnitz	T: 0371/532–0 F: 0371/532–1929
	Regierungspräsidium Dresden Postfach 100653 01076 Dresden	T: 0351/825–0 F: 0351/825–9999
	Regierungspräsidium Leipzig Postfach 101364 04013 Leipzig	T: 0341/977–0 F: 0341/977–1199
Sachsen-Anhalt	Landesamt für Arbeitsschutz des Landes Sachsen-Anhalt Kühnauer Straße 70 06846 Dessau	T: 0340/6501–0, -221,-256 F: 0340/6501–294
Schleswig-Holstein	Landesamt für Gesundheit und Arbeitssicherheit des Landes Schleswig-Holstein Postfach 1121 24100 Kiel	T: 0431/988–0 F: 0431–988–5416
Thüringen	Amt für Arbeitsschutz Erfurt Linderbacher Weg 30 99099 Erfurt	T: 0361/3788–300 F: 0361/3788–380
	Amt für Arbeitsschutz Gera Otto-Dix-Straße 9 07501 Gera	T: 0365/8211–0 F: 0365/8211–104
	Amt für Arbeitsschutz Nordhausen Taschenberg 59/60 99734 Nordhausen	T: 03631/6133–0 F: 03631/6133–61
	Amt für Arbeitsschutz Suhl Neuer Friedberg 9 98527 Suhl 5	T: 03681/880–0 F: 03681/880–100

7. Aufstellung der Erreichbarkeit der für Medizinprodukte zuständigen Landesbehörden außerhalb der regelmäßigen Dienstzeiten[117]

Land	Behörde	Tel. und Fax-Nr.	E-Mail	**125**
Baden-Württemberg	Lagezentrum beim Innenministerium Baden-Württemberg	T: 0711/231–33 33 F: 0711/231–33 99		
Bayern	Bayerisches Staatsministerium des Innern Lagezentrum Bayern	T: 089/2192–20 F: 089/2192–25 87	stmi@baypol.bayern.de	
Berlin	Senatsverwaltung für Inneres Lagezentrale	T: 030/9027–13 00 F. 030/9027–19 94	lzberlin@seninn.verwalt-berlin.de	
Brandenburg	Ministerium des Innern des Landes Brandenburg Lagezentrum der Polizei	T: 0331/866–28 71 oder -28 72 F: 0331/866–28 78 oder -28 79		
Bremen	Polizei Bremen Lagezentrum des Landes für Inneres	T: 0421/362–17 54 oder -18 54 F: 0421/362–18 59		
Hamburg	Freie und Hansestadt Hamburg Führungs- und Lagedienst der Polizei	T: 040/428 66–60 54 oder -60 55 F: 040/428 66 -60 39		
Hessen	Lagezentrum beim Hessischen Ministerium des Innern und für Sport	T: 0611/353–787 oder -788, -789 oder -790 F: 0611/353–766		
Mecklenburg-Vorpommern	Innenministerium Mecklenburg-Vorpommern Lagezentrum	T: 0385/588–24 71 oder -24 72 oder -24 73 F: 0385/588–24 80 oder -24 81		
Niedersachsen	Niedersächsisches Innenministerium Lagezentrum	T: 0511/120–61 12 oder -61 13 oder -61 20 F: 0511/120–61 50		
Nordrhein-Westfalen	Lagezentrum der Polizei beim Innenministerium Nordrhein-Westfalen	T: 0211/871–33 40 oder -33 41 oder -33 42 F: 0211/871–32 31		
Rheinland-Pfalz	Aktive Medizinprodukte: Landesamt für Umweltschutz und Gewerbeaufsicht Dienststelle Mainz	T: 06131/967–375 oder -421 F: 06131/674–562 oder -920		
	Nicht aktive Medizinprodukte: Lagezentrum beim Ministerium des Innern und für Sport	T: 06131/16–35 99 F: 06131/16–36 00		

---

[117] § 18 der Verordnung über die Erfassung, Bewertung und Abwehr von Risiken bei Medizinprodukten (Medizinprodukte-Sicherheitsplanverordnung).

Land	Behörde	Tel. und Fax-Nr.	E-Mail
Saarland	Ministerium für Inneres und Sport Abteilung D – Lagezentrum	T: 0681/962–1260 oder -1263 F: 0681/962–1265 oder -1266	
Sachsen	Lagezentrum beim Sächsischen Staatsministerium des Innern	T: 0351/564–3775 F: 0351/564–3779	
Sachsen-Anhalt	Lagezentrum des Ministeriums des Innern des Landes Sachsen-Anhalt	T: 0391/567–5292 F: 0391/567–5290	
Schleswig-Holstein	Gemeinsames Lage- und Führungszentrum des Innenministeriums	T: 0431/160–5020, -5021 oder -5025 F: 0431/160 -5029, -5099 oder -5029	
Thüringen	Thüringer Innenministerium Lagezentrum	T: 0361/3793 -616 oder -617 F: 0361/3793–686 oder 0361/6624355	

§ 11 Medizinprodukte-Beobachtungs- und -Meldesystem

von *Hans-Georg Will*

Übersicht

A. Grundlagen des Medizinprodukte-Beobachtungs- und -Meldesystems

I. Rationale und Zielsetzung

Bei dem Medizinprodukte-Beobachtungs- und -Meldesystem handelt es sich um ein **1** reaktives, auf die **Erkennung und Abwehr von Risiken fokussiertes Konzept der Marktkontrolle.** Es ergänzt insoweit die Konformitätsbewertung, die vor dem Inverkehrbringen durchgeführt wird, sowie die allgemeine behördliche Marktüberwachung und soll sicherstellen, dass Risiken im Verkehr und/oder in Betrieb befindlicher fehlerhafter Medizinprodukte ordnungsgemäß erfasst, ggf. gemeldet, bewertet und beseitigt oder minimiert werden. Dem Medizinprodukte-Beobachtungs- und -Meldesystem liegt – wie auch der Pharmakovigilanz – im Wesentlichen die Überlegung zugrunde, dass bei der zwangsläufig begrenzten Aussagekraft der vor dem Inverkehrbringen durchgeführten klinischen und sonstigen Prüfungen (z.B. hinsichtlich Probandenzahl, Probandenauswahl, Beobachtungszeitraum, Prüfkriterien) bestimmte Probleme erst bei der breiteren routinemäßigen Anwendung festgestellt werden, auf die dann angemessen reagiert werden muss.

2   Die vorrangige Zielsetzung ist der **Schutz von Patienten, Anwendern und sonstigen Personen** vor unvertretbaren Gefährdungen durch Medizinprodukte. Dieses Ziel soll zunächst durch eine **sorgfältige Untersuchung** aufgetretener Probleme und ein **effektives Risikomanagement** (Beseitigung oder Minimierung des Risikos) im jeweiligen Einzelfall erreicht werden. Darüber hinaus soll durch den **Austausch geeigneter Informationen** sowie durch einen verbesserten Kenntnisstand über sicherheitsrelevante Aspekte bei Medizinprodukten und ihrer Anwendung das Wiederauftreten vergleichbarer Probleme bei vergleichbaren Produkten möglichst vermieden werden.

II. Europäische und nationale Rechtsvorschriften, sonstige relevante Dokumente

3   Wegen der grundsätzlichen Verkehrsfähigkeit der Medizinprodukte im gesamten Europäischen Wirtschaftsraum ist das Medizinprodukte-Beobachtungs- und -Meldesystem durch einheitliche Rahmenvorgaben und die Verpflichtung der nationalen Behörden zur gegenseitigen Unterrichtung zwar **europäisch ausgelegt**; die nähere **Ausgestaltung** und die **Anwendung** erfolgen jedoch dezentral auf **nationaler Ebene**. Dabei ergeben sich zwangsläufig gewisse Unterschiede in den Regelungen und in der Vollzugspraxis, die insbesondere die Einbeziehung der Betreiber und Anwender, Vertreiber und Händler sowie die Organisation, die Aufgaben und die Vorgehensweise der jeweils zuständigen Behörden betreffen.

4   Die europäischen Richtlinien über aktive implantierbare medizinische Geräte (90/385/EWG),[1] über Medizinprodukte (93/42/EWG)[2] und über In-vitro-Diagnostika (98/79/EG)[3] verpflichten die Mitgliedstaaten, eine **zentrale behördliche Erfassung und Bewertung** schwerwiegender Produktprobleme in ihrem Hoheitsgebiet sicherzustellen und sich gegenseitig sowie die Europäische Kommission zu unterrichten, wenn korrektive Maßnahmen durchgeführt wurden oder vorgesehen sind. Korrespondierend hiermit wird den Herstellern durch die Anhänge, in denen die Konformitätsbewertungsverfahren geregelt sind, die Verpflichtung auferlegt:

– eine **systematische Produktbeobachtung** im Markt vorzunehmen,
– die ihnen in diesem Zusammenhang bekannt gewordenen **schwerwiegenden Produktprobleme** und die deshalb durchgeführten **Rückrufe** an die zuständige Behörde **zu melden** sowie
– die erforderlichen korrektiven Maßnahmen durchzuführen.

Den Mitgliedstaaten bleibt es unbenommen, auch die Ärzteschaft und medizinische Einrichtungen zur Meldung relevanter Vorkommnisse zu verpflichten. In diesem Fall muss jedoch sichergestellt werden, dass der jeweilige Hersteller oder sein europäischer Bevollmächtigter über solche Betreiber- und Anwendermeldungen informiert werden. Vergleichbare Überlegungen müssen auch für die Einbeziehung von Händlern und anderen Zwischenstufen der Vertriebskette in die Meldepflichten gelten.

5   Auf nationaler Ebene sind Elemente des Medizinprodukte-Beobachtungs- und -Meldesystems im **Medizinproduktegesetz (MPG)**[4] und in der **Medizinprodukte-Verord-**

---

[1] Richtlinie 90/385/EWG des Rates v. 20. 6. 1990 zur Angleichung der Rechtsvorschriften der Mitgliedstaaten über aktive implantierbare medizinische Geräte (ABl. EG Nr. L 189 v. 20. 7. 1990, S. 17), zuletzt geändert durch die Richtlinie 93/68/EWG des Rates v. 22. 7. 1993 (ABl. EG Nr. L 220 v. 30. 8. 1993, S. 1).

[2] Richtlinie 93/42/EWG des Rates v. 14. 6. 1993 über Medizinprodukte (ABl. EG Nr. L 169 v. 12. 7. 1993, S. 1), zuletzt geändert durch die Richtlinie 2001/104/EG des Europäischen Parlaments und des Rates v. 7. 12. 2001 zur Änderung der Richtlinie 93/42/EWG des Rates über Medizinprodukte (ABl. EG Nr. L 6 v. 10. 1. 2002, S. 50).

[3] Richtlinie 98/79/EG des Europäischen Parlaments und des Rates v. 27. 10. 1998 über In-vitro-Diagnostika (ABl. EG Nr. L 331 v. 7. 12. 1998, S. 1).

[4] Medizinproduktegesetz (MPG) i. d. F. der Bekanntmachung v. 7. 8. 2002 (BGBl. I S. 3146).

nung (MPV)[5] geregelt. Eine rechtsverbindliche weitere Ausgestaltung des Systems auf mittlerer Abstraktionsebene erfolgt durch die **Medizinprodukte-Sicherheitsplanverordnung (MPSV),**[6] die durch eine Bekanntmachung des (damaligen) Bundesministeriums für Gesundheit[7] zu den Meldemodalitäten und zur Erreichbarkeit der zuständigen Landesbehörden außerhalb der üblichen Dienstzeiten ergänzt wird.[8] Soweit die nationalen Rechtsvorschriften europäische Vorgaben umsetzen, können für die Umsetzung in der Praxis die **europäischen Leitlinien zum Medizinprodukte-Beobachtungs- und -Meldesystem (MEDDEV 2.12/1)**[9] als interpretatorisches Dokument herangezogen werden. Das nationale Recht enthält darüber hinaus einige zusätzliche Regelungen zum Beobachtungs- und Meldesystem, die die Anforderungen der Richtlinien in sinnvoller Weise ergänzen oder nationale Zuständigkeiten oder Verfahren betreffen. Das Vorgehen der zuständigen Landesbehörden bezüglich der Überwachung und ggf. Durchsetzung korrektiver Maßnahmen soll von den Ländern in einer Verfahrensanweisung beschrieben und standardisiert werden. Nicht näher geregelt werden die Einzelheiten der Erfassung und Behandlung von Beanstandungen durch den Hersteller, seinen Bevollmächtigten oder den Einführer, die Entscheidungsabläufe in den Unternehmen sowie die betriebsinternen Vorkehrungen und Verfahren zur Durchführung korrektiver Maßnahmen. Diesbezüglich ist auf die Normen zur Qualitätssicherung sowie einschlägige GMP- oder Qualitätssicherungsleitlinien zu verweisen.

In Abbildung 1 ist die oben beschriebene Systematik der einschlägigen Rechtsvorschriften und untergesetzlichen Regelwerke nochmals **schematisch** dargestellt. **6**

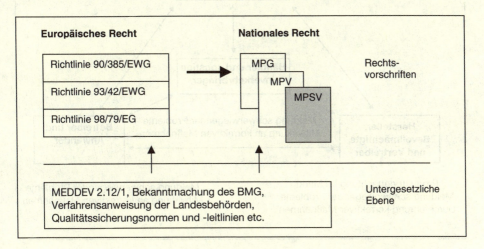

Abb. 1: Systematik der Rechtsvorschriften und sonstigen Vorgaben zum Medizinprodukte-Beobachtungs- und -Meldesystem

---

[5] Medizinprodukte-Verordnung (MPV) v. 20. 12. 2001 (BGBl. I S. 3854), geändert durch Art. 1 § 10 DIMDI-Verordnung v. 4. 12. 2002 (BGBl. I S. 4456).

[6] Medizinprodukte-Sicherheitsplanverordnung (MPSV), Art. 1 der Verordnung v. 24. 6. 2002 (BGBl. I S. 2131).

[7] Gemäß Organisationserlass des Bundeskanzlers v. 22. 10. 2002 jetzt Bundesministerium für Gesundheit und Soziale Sicherung (BMGS).

[8] Bekanntmachung gem. § 7 und § 18 der Medizinprodukte-Sicherheitsplanverordnung v. 28. 6. 2002 (BAnz. Nr. 167a v. 6. 9. 2002), geändert durch Bekanntmachung v. 4. 11. 2002 (BAnz. S. 25304).

[9] European Commission, Guidelines on an Medical Devices Vigilance System, MEDDEV 2.12/1 Rev. 4–4/2001, 11/2001, im Internet unter http://europa.eu.int/comm/enterprise/medical_devices/guidelinesmed/baseguidelines.htm (Stand: 10/2002).

Die folgenden Ausführungen beziehen sich auf die **Rechtslage und Verwaltungspraxis in Deutschland.**

III. Beteiligte und wesentliche Elemente des Systems

7   Die **wichtigsten Akteure** im Medizinprodukte-Beobachtungs- und -Meldesystem sind die Verantwortlichen für das Inverkehrbringen nach § 5 MPG (Hersteller, deren Bevollmächtigte, ggf. Einführer), ggf. Vertreiber, die Betreiber und Anwender sowie die zuständigen Behörden. Daneben sind auch Händler und sonstige Inverkehrbringer in die Erfassung von Risiken eingebunden und zur Mitwirkung an der Durchführung von Maßnahmen zur Risikoabwehr verpflichtet (s. Abb. 2).

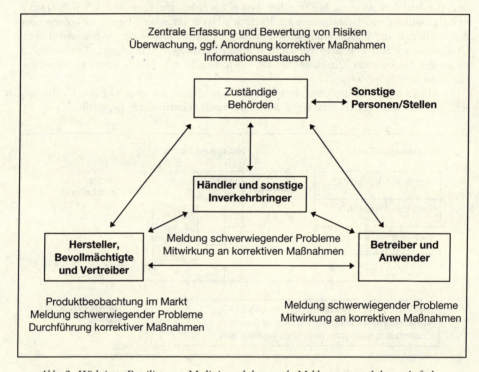

Abb. 2: Wichtigste Beteiligte am Medizinprodukte- und -Meldesystem und deren Aufgaben

8   Die **zentralen Elemente** des Medizinprodukte-Beobachtungs- und -Meldesystems lassen sich wie folgt zusammenfassen:
   – **systematische Produktbeobachtung** im Markt durch den Hersteller und dessen Vertriebsorganisation; Erfassung, Untersuchung und Bewertung aller Hinweise auf Produktmängel;
   – **Meldung schwerwiegender Probleme** und aus Risikogründen durchgeführter Rückrufe durch den Hersteller oder in seinem Auftrag an die zuständige Behörde;
   – **zusätzliche Meldepflichten** für Betreiber und Anwender sowie für Vertreiber, Händler und sonstige Inverkehrbringer;
   – **Erfassung der Meldungen** (und sonstiger relevanter Informationen) und **Risikobewertung** durch die zuständigen Behörden;

– Durchführung der erforderlichen **korrektiven Maßnahmen** (ggf. auf behördliche Veranlassung) und deren Überwachung;
– **Austausch von Informationen** zwischen den beteiligten Behörden und sonstigen Stellen über Risiken von Medizinprodukten.

Die **zentrale Rolle** im System kommt dem **Verantwortlichen für das Inver-** **9**
kehrbringen nach § 5 MPG zu. Damit dieser seinen Verpflichtungen ordnungsgemäß nachkommt, sieht das deutsche Recht die Bestellung eines „Sicherheitsbeauftragten" als verantwortliche Person für die Wahrnehmung wesentlicher Aufgaben im Zusammenhang mit dem Beobachtungs- und Meldesystem vor (hierzu Rdnr. 10–16).

IV. Sicherheitsbeauftragter für Medizinprodukte

1. Benennung und Anforderungen an die Sachkenntnis

§ 30 Abs. 1 MPG schreibt vor, dass in Deutschland ansässige Verantwortliche nach § 5 **10**
MPG einen Sicherheitsbeauftragten für Medizinprodukte mit der **erforderlichen Sach-**
kenntnis und Zuverlässigkeit bestellen müssen. Der Sicherheitsbeauftragte sowie jeder Wechsel in dieser Funktion ist der zuständigen (Landes-)Behörde unverzüglich anzuzeigen. Für Sonderanfertiger **soll** diese Anzeigepflicht künftig **entfallen,** nicht jedoch die Verpflichtung zur Bestellung eines Sicherheitsbeauftragten.

Die erforderliche Sachkenntnis regelt § 30 Abs. 3 Satz 1 MPG. Danach muss der Si- **11**
cherheitsbeauftragte über einen naturwissenschaftlichen, medizinischen oder technischen Hochschulabschluss (Regelfall) oder eine andere **geeignete Ausbildung,** die zur ordnungsgemäßen Wahrnehmung der ihm obliegenden Aufgaben befähigt, sowie jeweils über eine mindestens **zweijährige Berufserfahrung** verfügen. Eine andere als eine Hochschulausbildung kann insbesondere bei Sonderanfertigern sowie bei handwerklich strukturierten und anderen kleineren Betrieben, die einfache und risikoarme Produkte fertigen, in Betracht kommen. Bei der geforderten Berufserfahrung muss es sich nach dem Sinn und Zweck der Vorschrift um eine einschlägige Tätigkeit, d.h. eine Tätigkeit zumindest im Umfeld des Ausbildungsberufs, gehandelt haben. Die Sachkenntnis kann von der zuständigen (Landes-)Behörde hinterfragt werden und ist dieser auf Verlangen nachzuweisen (§ 30 Abs. 3 Satz 2 MPG).

2. Aufgaben und Verantwortlichkeiten

Dem Sicherheitsbeauftragten werden durch das MPG **persönliche gesetzliche Ver-** **12**
pflichtungen und Verantwortlichkeiten auferlegt. Diese müssen sich auch im Anstellungsvertrag, in der Arbeitsplatzbeschreibung oder in einer sonstigen internen Anweisung widerspiegeln, da ansonsten keine ordnungsgemäße Bestellung erfolgt ist. Nach § 30 Abs. 4 MPG hat der Sicherheitsbeauftragte Meldungen über Risiken zu sammeln, zu bewerten und die notwendigen Maßnahmen zu koordinieren. Darüber hinaus ist er für die Erfüllung von Meldepflichten verantwortlich, soweit sie Risiken von Medizinprodukten betreffen.

Aus der Zuständigkeit des Sicherheitsbeauftragten für die Sammlung und Bewertung **13**
von Meldungen über Risiken folgt, dass ihm alle Beanstandungen und entsprechenden Hinweise aus der Marktbeobachtung **unverzüglich zugeleitet** werden müssen. Dies schließt eine Vorprüfung durch andere Stellen im Unternehmen nicht aus, soweit diese im Wege der Delegation im Auftrag und nach den Vorgaben des Sicherheitsbeauftragten erfolgt und sichergestellt ist, dass alle unter Risikogesichtspunkten möglicherweise relevanten Informationen zuverlässig an ihn weitergeleitet werden. Eine eigenmächtige Erledigung solcher Beanstandungen durch andere Mitarbeiter des Unternehmens entspricht nicht den gesetzlichen Vorgaben. Zur Sammlung von Meldungen über Risiken gehört

auch deren ordnungsgemäße Dokumentation und Klassifizierung. Dabei ist zumindest zwischen meldepflichtigen und nicht meldepflichtigen Problemen zu unterscheiden; eine weitere Differenzierung in verschiedene Risikostufen, die ein unterschiedliches Vorgehen bezüglich der weiteren Bearbeitung erfordern, kann sinnvoll sein.

14   Als Voraussetzung für die **Bewertung mitgeteilter Produktprobleme** sind in der Regel zunächst Untersuchungen zu veranlassen. Diesbezüglich wird der Sicherheitsbeauftragte mit anderen Funktionen im Unternehmen zusammenarbeiten, ggf. auch externe Sachverständige hinzuziehen. Die Bewertung schließt die Beurteilung der Kausalität zwischen dem in Rede stehenden Produkt und der aufgetretenen oder einer möglichen Schädigung, die Charakterisierung des Risikos (als Funktion von Auftretenswahrscheinlichkeit und Schweregrad der Schädigung) sowie eine Aussage zur Vertretbarkeit des Risikos und den ggf. für erforderlich erachteten korrektiven Maßnahmen ein. Die wichtigsten der dabei zu berücksichtigenden Aspekte und Kriterien sind in Abbildung 3 dargestellt. Über die Bewertung der jeweiligen Einzelfälle hinaus ist auch eine **regelmäßige systematische Überprüfung und Auswertung** aller dokumentierten Beanstandungen geboten, um etwaige Trends zu erkennen, die Anlass zu korrektiven Maßnahmen geben können, obwohl bei isolierter Betrachtung der einzelnen Meldungen kein Handlungsbedarf gesehen wurde.

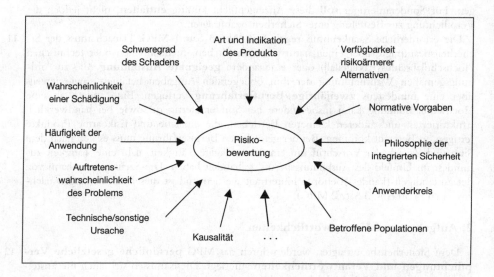

Abb. 3: Kriterien der Risikobewertung

15   Unbeschadet der ihm obliegenden Bewertung muss dem Sicherheitsbeauftragten **nicht zwingend auch die Entscheidungsbefugnis** über die Durchführung korrektiver Maßnahmen übertragen werden. Entsprechende Entscheidungen können der Unternehmensleitung vorbehalten bleiben oder in einem geeigneten (möglichst interdisziplinär zusammengesetzten) Gremium getroffen werden. Eine Eilzuständigkeit des Sicherheitsbeauftragten sollte allerdings in Erwägung gezogen werden, damit das Unternehmen erforderlichenfalls schnell handlungsfähig ist. Aus der Verpflichtung des Sicherheitsbeauftragten zur Koordinierung der erforderlichen Maßnahmen in Verbindung mit seiner Bewertungsverantwortung lässt sich jedoch seine Verantwortlichkeit für die in der MPSV geforderte Verifizierung der ordnungsgemäßen Durchführung und Überprüfung der Wirksamkeit korrektiver Maßnahmen ableiten.

3. Organisatorische Einbindung im Unternehmen

Zur organisatorischen Einbindung und Stellung des Sicherheitsbeauftragten im Unter- **16** nehmen enthält das Gesetz keine Vorgaben. Als Voraussetzung für eine ordnungsgemäße Aufgabenwahrnehmung sollte er auf einer hierarchischen Ebene positioniert sein, die der Bedeutung seiner Funktion angemessen ist und die erforderliche **Akzeptanz und Durchsetzungsfähigkeit** gewährleistet. Darüber hinaus sollten Interessenskonflikte möglichst vermieden werden, insbesondere durch die Unabhängigkeit des Sicherheitsbeauftragten von den Bereichen Marketing und Vertrieb. In Kleinbetrieben mit einem überschaubaren und häufig auch relativ unkritischen Produktsortiment werden diesbezüglich Kompromisse erforderlich sein. Die Position des Sicherheitsbeauftragten im Unternehmen wird durch die Regelung in § 30 Abs. 5 MPG gestärkt, die eine Benachteiligung wegen der Wahrnehmung seiner gesetzlichen Aufgaben verbietet. Eine ursprünglich ins Auge gefasste Kündigungsschutzregelung wurde nicht realisiert, weil insbesondere kleine und mittelständische Betriebe hierin eine unverhältnismäßige Belastung gesehen haben und auch eine zunehmende Verlagerung der Aufgabe auf externe, nicht zum Unternehmen gehörige Personen nicht begünstigt werden sollte. Die Benennung eines externen Sicherheitsbeauftragten (etwa auf freiberuflicher Basis) bleibt jedoch grundsätzlich möglich. Ebenso wird auch die Übertragung der Funktion des Sicherheitsbeauftragten auf einen Beschäftigten in einem Tochter- oder Schwesterunternehmen, das seinen Sitz in einem anderen EWR-Vertragsstaat hat, nicht zu beanstanden sein, sofern eine ordnungsgemäße Aufgabenwahrnehmung gewährleistet ist.

V. Produktbeobachtungspflicht des Herstellers

Die durch die MPV in nationales Recht umgesetzten Anhänge der Richtlinien, die sich **17** auf die Konformitätsbewertungsverfahren beziehen, verpflichten den Hersteller (oder den Bevollmächtigten, soweit die Verfahren von diesem durchgeführt werden) zu einer systematischen Produktbeobachtung im Markt, zur Auswertung der Erfahrungen mit den im Verkehr oder in Betrieb befindlichen Produkten und zur Durchführung etwa erforderlicher korrektiver Maßnahmen. Der Umfang dieser Produktbeobachtungspflicht wird im Medizinprodukterecht nicht abschließend geregelt. Aus der Verpflichtung des Herstellers zur Etablierung eines „systematischen Verfahrens" und zur Meldung schwerwiegender Produktprobleme, „sobald er hiervon Kenntnis erlangt hat", ergibt sich jedoch, dass der Hersteller zumindest **allen Hinweisen und Informationen zu möglichen Produktproblemen nachgehen muss,** die ihm bekannt werden, d. h. an irgendeiner Stelle in seiner Organisation (einschließlich der Vertriebsniederlassungen) eingehen oder anfallen. Hierzu zählen insbesondere die Informationen, die die Medizinprodukteberater an der Schnittstelle zum Kunden in Erfahrung bringen. Das MPG bezieht die Medizinprodukteberater daher ausdrücklich in die Erfassung möglicher Produktrisiken ein und verpflichtet sie, entsprechende Mitteilungen von Angehörigen der Fachkreise schriftlich aufzuzeichnen und dem Verantwortlichen nach § 5 MPG oder dessen Sicherheitsbeauftragten schriftlich zu übermitteln (§ 31 Abs. 4 MPG).

Darüber hinaus sind alle sonstigen produktbezogenen Beanstandungen oder Beschwer- **18** den von Kunden, Betreibern, Anwendern, Patienten und anderen Personen und Stellen sowie relevante Hinweise aus dem Service- und Instandhaltungsbereich, eigenen Qualitätsaufzeichnungen (insbesondere Prüfergebnisse, die auf mögliche Risiken im Verkehr oder in Betrieb befindlicher Produkte hinweisen), der Verfolgung der wissenschaftlichen Standardliteratur, Medienberichten und aus der Konkurrenzbeobachtung systematisch zu erfassen. Dies geht über eine rein passive Entgegennahme von Mitteilungen Dritter hinaus und erfordert **zumindest teilweise eine aktive Erschließung von Informationen.**

Abhängig von Art und Risikolage eines Medizinprodukts oder aus konkretem Anlass können zusätzliche Maßnahmen aktiver Informationsbeschaffung (umfangreiche Literaturrecherchen, Anwenderbefragungen, zusätzliche technische Prüfungen oder klinische Studien nach Markteinführung, Auswertung der Daten aus Implantateregistern etc.) geboten sein.

VI. Behördliche Zuständigkeiten

19   Da das europäische Recht eine zentrale Erfassung und Bewertung von Risiken auf nationaler Ebene fordert, wurde diese Aufgabe in Deutschland zwei Bundesoberbehörden, dem **Bundesinstitut für Arzneimittel und Medizinprodukte (BfArM)** und dem **Paul-Ehrlich-Institut (PEI),** übertragen. Die Zuständigkeitsabgrenzung ergibt sich aus § 32 MPG. Danach beschränkt sich die Zuständigkeit des PEI auf die in Anhang II der Richtlinie 98/79/EG (IVDD) genannten In-vitro-Diagnostika, die Infektionskrankheiten betreffen oder der Prüfung von Blut- oder Gewebespenden auf Verträglichkeit und Unbedenklichkeit dienen; im Übrigen ist das BfArM zuständig.

20   Die Aufgaben der Bundesoberbehörden im Rahmen des Medizinprodukte-Beobachtungs- und -Meldesystems sind dem Grunde nach in § 29 Abs. 1 MPG geregelt. Nach § 29 Abs. 1 Satz 1 MPG haben sie die bei der Anwendung oder Verwendung von Medizinprodukten auftretenden Risiken zu erfassen, (statistisch) auszuwerten und (wissenschaftlich-fachlich) zu bewerten sowie die in diesem Zusammenhang erforderlichen Maßnahmen zu koordinieren. Die Regelung nennt beispielhaft einige wichtige Gefährdungstatbestände (Nebenwirkungen, wechselseitige Beeinflussungen, Gegenanzeigen, Verfälschungen, Funktionsfehler, Fehlfunktionen und technische Mängel) und bezieht sich ausdrücklich auf die nach dem europäischen Recht zu meldenden und zu erfassenden Vorkommnisse und Rückrufe, ohne aber den Auftrag der zuständigen Bundesoberbehörden hierauf zu beschränken. § 29 Abs. 1 Satz 3 MPG stellt klar, dass die **Bundesoberbehörden grundsätzlich keine Maßnahmenbefugnis** besitzen. Ihre Zuständigkeit endet mit der Übermittlung des Ergebnisses der abstrakten Risikobewertung an die vor Ort zuständigen **(Landes-)Behörden,** die dann **über notwendige Maßnahmen zu entscheiden** haben. Das Bewertungsergebnis hat den Charakter einer wissenschaftlichen Stellungnahme, die zwar nicht verbindlich ist, wegen der fachlichen Autorität der Bundesoberbehörden in der Regel aber das Verwaltungshandeln maßgeblich bestimmt. Im Rahmen ihrer grundsätzlichen Zuständigkeit für den Gesetzesvollzug obliegt den Landesbehörden auch die Überwachung der ordnungsgemäßen Umsetzung korrektiver Maßnahmen. Eine nähere Konkretisierung der behördlichen Aufgaben erfolgt durch die MPSV (s. dazu insbesondere Rdnr. 36, 37, 45–55, 66–68).

B. Medizinprodukte-Sicherheitsplanverordnung (MPSV)

I. Regelungsinhalte und Anwendungsbereich

21   **Regelungsgegenstand** der MPSV sind die Verfahren zur Erfassung, Bewertung und Abwehr von Risiken im Verkehr oder in Betrieb befindlicher Medizinprodukte (§ 1 Satz 1 MPSV). Sie enthält ausführliche Bestimmungen insbesondere zu den Meldepflichten gegenüber den zuständigen Behörden, zur behördlichen Erfassung und Bewertung von Risiken bei Medizinprodukten, zur Durchführung und Überwachung korrektiver Maßnahmen sowie zum Informationsaustausch.

Die Verordnung findet **keine Anwendung** auf Medizinprodukte zur klinischen Prü- **22** fung und In-vitro-Diagnostika für Leistungsbewertungszwecke (§ 1 Satz 2 MPSV). Schwerwiegende unerwünschte Ereignisse, die im Rahmen einer klinischen Prüfung oder (in seltenen Ausnahmefällen) bei der Leistungsbewertungsprüfung eines In-vitro-Diagnostikums auftreten, sind somit nicht in das Medizinprodukte-Beobachtungs- und -Meldesystem einbezogen. Der Auftraggeber der Prüfung muss sicherstellen, dass diese ordnungsgemäß erfasst und bewertet werden. Im Falle einer klinischen Prüfung mit Medizinprodukten, die der Richtlinie 93/42/EWG (MDD) unterfallen, müssen derartige Ereignisse auch der zuständigen (Landes-)Behörde gemeldet werden, damit diese ggf. notwendige Maßnahmen zur Risikoabwehr veranlassen kann (§ 22 MPG i. V. m. Anhang X der Richtlinie 93/42/EWG). Sofern eine klinische Prüfung oder Leistungsbewertungsprüfung mit Produkten durchgeführt wird, die bereits die CE-Kennzeichnung tragen dürfen, und aufgetretene Produktprobleme auch „regulär" in den Verkehr gebrachte Produkte betreffen können, ist die Anwendbarkeit der MPSV insoweit jedoch zu bejahen.

Im Übrigen gelten die Meldepflichten und sonstigen Vorschriften der Verordnung für **23** alle im Verkehr oder in Betrieb befindlichen Medizinprodukte, unabhängig davon, ob sie mit CE-Kennzeichnung nach den Vorschriften des MPG oder noch nach altem Recht in den Verkehr gebracht wurden. Soweit während der **Übergangsfristen** für In-vitro-Diagnostika und Medizinprodukte mit Plasmaderivaten (§ 44 Abs. 1 und 2 MPG) derartige Produkte vom Hersteller oder verantwortlichen Unternehmer noch nach den Vorschriften des Arzneimittelrechts oder der Medizingeräte-Verordnung (MedGV) in den Verkehr gebracht werden, können jedoch auch Meldungen und Maßnahmen nach diesen Vorschriften erforderlich werden (z. B. für noch als Arzneimittel zugelassene Produkte). In entsprechenden Fällen müssen sich ggf. auch die jeweils zuständigen Behörden gegenseitig unterrichten und konsultieren. Spätestens mit Ablauf der Übergangsfristen für das erstmalige Inverkehrbringen durch den Hersteller oder verantwortlichen Unternehmer richtet sich die Erfassung, Bewertung und Abwehr von Risiken (auch etwaiger noch in Gebrauch befindlicher „Altprodukte") ausschließlich nach den Vorschriften des Medizinprodukterechts.

II. Definitionen

Wegen der Rechtsfolgen, die sich aus dem Auftreten von **Vorkommnissen** und der **24** Durchführung von **Rückrufen** und anderen **korrektiven Maßnahmen** ergeben, und der vorgesehenen Regelungen zu **Maßnahmenempfehlungen** bedürfen diese Begriffe zunächst einer Definition.

1. Vorkommnis

Vorkommnis im Sinne der Verordnung ist ein **Produktfehler** (Funktionsstörung, Aus- **25** fall, Änderung der Merkmale oder der Leistung, Unsachgemäßheit der Kennzeichnung oder Gebrauchsanweisung), der unmittelbar oder mittelbar zum Tod oder einer schwerwiegenden Verschlechterung des Gesundheitszustands eines Patienten, Anwenders oder einer anderen Person geführt hat, geführt haben könnte oder führen könnte (§ 2 Nr. 1 MPSV). Diese Definition erfasst auch Fälle unklarer, aber **möglicher Kausalität** sowie die sog. **Beinahevorkommnisse,** bei denen gravierende medizinische Folgen sich zwar nicht manifestiert haben, im Wiederholungsfall unter weniger günstigen Umständen aber eintreten könnten. Der Vorkommnisbegriff ist in Abbildung 4 nochmals schematisch dargestellt:

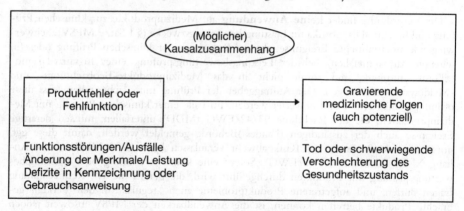

Abb. 4: Definition „Vorkommnis"

26 Was unter einer **schwerwiegenden Verschlechterung des Gesundheitszustands** zu verstehen ist, wird in den Leitlinien MEDDEV 2.12/1 unter Nr. 5.3.2 näher erläutert. Danach ist diese anzunehmen bei einer lebensbedrohlichen Erkrankung oder Verletzung, im Falle eines bleibenden Körperschadens oder einer dauerhaften Beeinträchtigung einer Körperfunktion und bei einem Zustand, der eine medizinische oder chirurgische Intervention erfordert, um einen bleibenden Körperschaden oder eine dauerhafte Beeinträchtigung einer Körperfunktion zu verhindern. Die Aufzählung ist nicht abschließend, weitere Fälle schwerwiegender Verschlechterungen des Gesundheitszustands (zu beurteilen jeweils in Relation zum Behandlungsziel) sind somit denkbar.

2. Korrektive Maßnahmen und Rückrufe

27 Korrektive Maßnahmen werden als Maßnahmen definiert, die zum Zwecke der Beseitigung, Verringerung oder Verhinderung des Wiederauftretens eines von einem Medizinprodukt ausgehenden Risikos getroffen werden (§ 2 Nr. 2 MPSV). Damit werden nicht nur **Korrekturmaßnahmen** im engeren Sinne, sondern auch **Vorbeugemaßnahmen** erfasst. Mit dem Begriff **„Rückruf"** werden korrektive Maßnahmen bezeichnet, mit denen die Rücksendung, der Austausch, die Um- oder Nachrüstung, die Aussonderung oder Vernichtung eines Medizinprodukts veranlasst werden (§ 2 Nr. 3 MPSV). Die Definition orientiert sich an der harmonisierten Norm EN 46001, setzt aber kein Vorkommnis voraus. Rückrufe dürften in der Regel zwar als Folge eines Vorkommnisses durchgeführt werden, dies ist jedoch nach § 2 Nr. 3 MPSV kein zwingendes Tatbestandsmerkmal. Ein Rückruf liegt allerdings nur dann vor, wenn die Maßnahme der Beseitigung, Verringerung oder Verhinderung des erneuten Auftretens eines Risikos dient. Den eher seltenen Fällen von Rückrufen, denen ein nicht als Vorkommnis zu qualifizierender Produktfehler zugrunde liegt, kann in der behördlichen Bewertungspraxis durch einen schnellen Abschluss des Vorgangs Rechnung getragen werden.

3. Maßnahmenempfehlungen

28 Ferner wird auch definiert, was unter Maßnahmenempfehlungen zu verstehen ist, da in der MPSV konkrete Anforderungen an deren Inhalt festgelegt werden. Gemäß § 2 Nr. 4 MPSV handelt es sich hierbei um die **Mitteilungen des Verantwortlichen nach § 5 MPG,** mit denen korrektive Maßnahmen veranlasst werden. Nicht gemeint sind an die vor Ort zuständigen Behörden adressierte Handlungsempfehlungen der zuständigen Bundesoberbehörden, die zur Vermeidung von Verwechslungen auch begrifflich von den Maßnahmenempfehlungen der Verantwortlichen nach § 5 MPG unterschieden werden sollten.

III. Meldung von Vorkommnissen und Rückrufen

1. Meldepflichten

Die Meldung schwerwiegender Produktprobleme an die zuständige Behörde soll si- 29
cherstellen, dass auf solche Probleme **angemessen reagiert** wird und die ggf. erforderlichen korrektiven Maßnahmen durchgeführt werden. Zur Meldung verpflichtet werden
durch § 3 MPSV nicht nur die Verantwortlichen für das Inverkehrbringen nach § 5 MPG
und professionelle Betreiber und Anwender (wie bisher schon), sondern auch sonstige Inverkehrbringer (s. Rdnr. 33). Die Meldepflichten erstrecken sich auf **Vorkommnisse
und Rückrufe.**

a) Verantwortliche nach § 5 MPG

Verantwortliche nach § 5 MPG haben in Deutschland aufgetretene Vorkommnisse so- 30
wie in Deutschland durchgeführte Rückrufe der zuständigen Bundesoberbehörde zu melden. In anderen Vertragsstaaten des Abkommens über den Europäischen Wirtschaftsraum
(EWR) aufgetretene Vorkommnisse oder durchgeführte Rückrufe müssen sie den dort
zuständigen Behörden melden. Vorkommnisse, die sich in Drittländern ereignet haben,
sind nur meldepflichtig, wenn sie zu korrektiven Maßnahmen geführt haben, die auch im
EWR in den Verkehr gebrachte Produkte betreffen. Die Meldung derartiger Vorkommnisse hat – soweit aktive Implantate, In-vitro-Diagnostika gemäß Anhang II der Richtlinie
98/79/EG, In-vitro-Diagnostika zur Eigenanwendung oder sonstige Medizinprodukte der
Klassen IIa, IIb oder III betroffen sind – an die zuständige Behörde des Vertragsstaates zu
erfolgen, in dem die in die Konformitätsbewertung involvierte Benannte Stelle ihren Sitz
hat; in den übrigen Fällen sind sie dort zu melden, wo der Verantwortliche nach § 5 MPG
ansässig ist. Für Drittländer, die im Vorfeld ihres Beitritts zur Europäischen Union bilaterale Verträge mit der EU über die gegenseitige Anerkennung von Produkten oder Konformitätsbewertungen geschlossen haben (PECA), können sich aus diesen Verträgen auch
Besonderheiten bezüglich der Meldung von Vorkommnissen und Rückrufen ergeben.

Die MPSV sieht vor, dass vorgeschriebene Meldungen im Auftrag eines Verantwortli- 31
chen nach § 5 MPG mit Sitz im Ausland **auch von einem in Deutschland ansässigen
Vertreiber** erstattet werden können. § 6 MPSV enthält eine Regelung, wonach in diesem
Fall die Vorschriften über die Meldepflichten, die Ausnahmen und besonderen Verfahren
sowie die zu beachtenden Fristen entsprechend gelten.

b) Betreiber und Anwender

(Professionelle) Betreiber und Anwender waren in Deutschland bereits über das Betrei- 32
berrecht in das Meldesystem einbezogen. Die entsprechende Vorschrift in § 3
MPBetreibV[10] wurde inzwischen durch eine Verweisung auf die MPSV ersetzt. Die
Meldepflichten sind jetzt in § 3 Abs. 2 MPSV geregelt. Danach haben Betreiber und Anwender bei ihnen aufgetretene Vorkommnisse mit Medizinprodukten der zuständigen
Bundesoberbehörde zu melden. **Ärzte und Zahnärzte** sind zur Meldung von Vorkommnissen, die ihnen im Rahmen der Behandlung ihrer mit Medizinprodukten ver-
sorgten Patienten bekannt werden, auch dann verpflichtet, wenn sie selbst das betreffende
Medizinprodukt nicht angewendet oder verabfolgt haben, die Behandlung aber in einem
Zusammenhang mit dem Medizinprodukt steht. Auch **Vorkommnisse mit aufbereiteten Medizinprodukten** sind meldepflichtig, unabhängig davon, ob die Aufbereitung
gemäß den Angaben des Verantwortlichen nach § 5 MPG oder in eigener Verantwortung
des Betreibers oder Anwenders erfolgte. Der Begriff „Vorkommnis" stellt nicht nur auf

---

[10] Medizinprodukte-Betreiberverordnung (MPBetreibV), i.d.F. der Bekanntmachung v. 21.8.
2002 (BGBl. I S. 3396).

vom Hersteller zu verantwortende Produktfehler ab, sondern erfasst auch solche, die dem Verantwortungsbereich des Betreibers oder Anwenders zuzurechnen sind (z. B. eine Kontamination oder Fehlfunktion durch unsachgemäße Aufbereitung von Einmalprodukten).

c) Sonstige Inverkehrbringer

33   Neben dem Verantwortlichen nach § 5 MPG sind auch sonstige Inverkehrbringer (**Vertreiber, Händler,** aber auch **Kranken- und Pflegekassen** sowie **ähnliche Institutionen**) zur Meldung von ihnen bekannt werdenden Vorkommnissen an die zuständige Bundesoberbehörde verpflichtet, soweit Medizinprodukte betroffen sind, die von ihnen zur Anwendung durch Laien abgegeben oder zur Verfügung gestellt wurden. Zwischenhändler, die Kenntnis von Vorkommnissen mit von ihnen gelieferten Produkten zur professionellen Anwendung erlangen, müssen den jeweiligen Verantwortlichen nach § 5 MPG hierüber informieren. Eine Meldung des Zwischenhändlers an die zuständige Bundesoberbehörde ist in diesen Fällen nicht vorgesehen, da der professionelle Betreiber oder Anwender schon hierzu verpflichtet ist. Im Ergebnis besteht somit für Vorkommnisse, die in Deutschland im Zusammenhang mit der Anwendung von Medizinprodukten aufgetreten sind, eine **zweifache Meldepflicht** gegenüber der zuständigen Bundesoberbehörde. Diese zweifache Meldepflicht soll eine möglichst vollständige Erfassung entsprechender Vorkommnisse gewährleisten und insbesondere auch dazu beitragen, dass die Verantwortlichen nach § 5 MPG den ihnen obliegenden Meldeverpflichtungen ordnungsgemäß nachkommen.

d) Meldung über Arzneimittelkommissionen oder vergleichbare Einrichtungen

34   Entsprechend der in Teilbereichen (Zahnärzte, Apotheker) bereits etablierten Praxis wird den Angehörigen der Heilberufe in § 3 Abs. 4 MPSV die Möglichkeit eingeräumt, die Meldung über ihre Arzneimittelkommission oder eine vergleichbare berufsständische Einrichtung, in deren Aufgabenbereich auch die Erfassung von Risiken bei Medizinprodukten fällt, zu erstatten. Voraussetzung hierfür ist, dass dort eine **unverzügliche Weiterleitung** an die zuständige Bundesoberbehörde erfolgt und die Arzneimittelkommission oder sonstige Einrichtung sich gegenüber den Berufsangehörigen hierzu verpflichtet hat.

35   Die **Meldepflichten und Meldewege** sind in Abbildung 5 nochmals in Form einer **schematischen Übersicht** dargestellt:

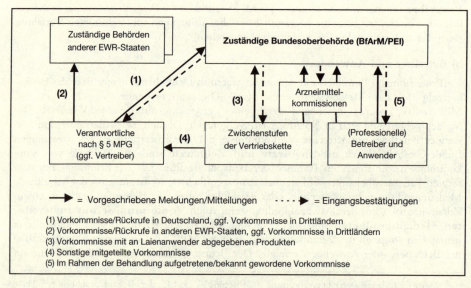

Abb. 5: Meldepflichten und Meldewege

e) Behördliche Handhabung der eingehenden Meldungen

Die zuständige Bundesoberbehörde hat nach § 3 Abs. 5 MPSV den **Eingang** der nach 36 § 3 Abs. 1–4 MPSV erstatteten Meldungen der jeweils meldenden Person oder Stelle zu **bestätigen**. Mit Meldungen, die nicht auf der Grundlage gesetzlicher Verpflichtungen erstattet werden (z.B. durch betroffene Patienten), wird die zuständige Bundesoberbehörde entsprechend verfahren. Sie informiert darüber hinaus die für den Sitz des Verantwortlichen nach § 5 MPG oder (wenn der Verantwortliche seinen Sitz nicht in Deutschland hat und ein in Deutschland ansässiger Vertreiber bekannt ist) die für den Sitz des Vertreibers sowie die für den Ort des Vorkommnisses zuständige Landesbehörde über eingehende Meldungen (§ 20 Abs. 1 Satz 1 MPSV). Die Information geht an die jeweils zuständige oberste Landesbehörde (die dann ggf. für die Weitergabe an die vor Ort zuständige Behörde sorgt) oder direkt an eine der zuständigen Bundesoberbehörde benannte nachgeordnete Behörde.

Über Meldungen der Betreiber und Anwender, der sonstigen Inverkehrbringer sowie 37 der Arzneimittelkommissionen oder vergleichbaren berufsständischen Einrichtungen nach § 3 Abs. 2–4 MPSV muss die zuständige Bundesoberbehörde nach § 3 Abs. 5 MPSV unverzüglich auch den **Verantwortlichen nach § 5 MPG informieren.** Dieser hat dann seinerseits eine Meldung nach § 3 Abs. 1 MPSV mit allen erforderlichen Angaben oder eine Begründung zu übermitteln, warum kein Vorkommnis im Sinne der Definition in § 2 Nr. 1 MPSV vorliegt, nach § 4 MPSV eine Ausnahme von der Meldepflicht besteht oder nur eine zusammenfassende Meldung vorgesehen ist (s. Rdnr. 39). Schließt sich die zuständige Bundesoberbehörde dieser Begründung an, wird der Vorgang abgeschlossen.

2. Ausnahmen von der Meldepflicht und besondere Verfahren

Über die Ausnahme für Medizinprodukte zur klinischen Prüfung und In-vitro-Diag- 38 nostika für Leistungsbewertungszwecke hinaus (s. Rdnr. 22) besteht nach den Regelungen zum Anwendungsbereich der MPSV auch dann keine Meldepflicht, wenn Produktprobleme vor der Auslieferung erkannt werden und das Produkt oder die betroffene Charge überhaupt **nicht in den Verkehr gelangt** ist. Das Medizinprodukte-Beobachtungs- und -Meldesystem bezieht sich nur auf Produkte, die bereits in den Verkehr gebracht oder (z.B. im Falle der In-Haus-Herstellung) in Betrieb genommen wurden.

Unabhängig hiervon sieht § 4 Abs. 1 MPSV vor, dass die zuständige Bundesoberbehör- 39 de auf Antrag des Verantwortlichen nach § 5 MPG für bekannte und gut untersuchte Produktprobleme **Ausnahmen von der Meldepflicht** oder eine **zusammenfassende Meldung** in regelmäßigen Zeitabschnitten zulassen kann. Darüber hinaus enthält die Verordnung eine explizite Ausnahmeregelung für Vorkommnisse, die bereits Gegenstand einer Maßnahmenempfehlung des Verantwortlichen nach § 5 MPG waren und danach weiter auftreten können. Diese Vorkommnisse, deren zugrunde liegendes Produktproblem schon bewertet ist, sind in mit der zuständigen Bundesoberbehörde abgestimmten Zeitabständen zusammenfassend zu melden (§ 4 Abs. 2 MPSV). Die Regelung kann beispielsweise bei Implantaten relevant werden, wenn der Verantwortliche nach § 5 MPG auf Grund eines bereits gemeldeten Produktfehlers in Abstimmung mit der zuständigen Bundesoberbehörde Kontrolluntersuchungen betroffener Patienten veranlasst und als Konsequenz hieraus Explantationen durchgeführt werden.

Darüber hinaus lassen sich weitere nicht meldepflichtige Ereignisse und Konstellationen 40 aus einer sachgerechten Auslegung des Vorkommnisbegriffs ableiten:

- Wenn **keine Anhaltspunkte für die Beteiligung eines Medizinprodukts** vorliegen, sind Zwischenfälle nicht meldepflichtig. In diesen Fällen handelt es sich wegen fehlenden Produktbezugs nicht um ein Vorkommnis (z.B. Ereignisse, die durch den Zustand des Patienten bedingt sind).
- Keine Meldepflicht besteht auch, wenn ein **Kausalzusammenhang** zwischen einem Produktfehler und schwerwiegenden medizinischen Konsequenzen zwar unter Annah-

me ungünstigster Umstände und Verläufe konstruierbar wäre, aber als **völlig unwahr-scheinlich** beurteilt werden muss. Dies betrifft Produktprobleme, die nicht zu einer tatsächlichen Schädigung eines Patienten, Anwenders oder Dritten geführt haben. Hier darf der Vorkommnisbegriff nicht durch völlig unrealistische hypothetische Überlegungen ad absurdum geführt werden, da ansonsten auch geringfügigste Mängel meldepflichtig wären. Umgekehrt ist eine Meldepflicht allerdings nicht nur bei gesicherter oder wahrscheinlicher Kausalität zu bejahen, sondern auch dann, wenn sie möglich und nicht völlig unplausibel oder unwahrscheinlich ist.

– Der Vorkommnisbegriff und damit auch die Meldepflicht setzen einen Produktfehler im weiteren Sinne voraus. Unerwünschte Ereignisse, denen **kein Produktfehler** zugrunde liegt, sind daher nicht meldepflichtig. Ein Produkt ist grundsätzlich nicht fehlerhaft, wenn bekannte Nebenwirkungen auftreten (etwa allergische Reaktionen), soweit diese in der Risikoanalyse des Herstellers als vertretbar beurteilt wurden und in den dem Produkt beigefügten Informationen nach Art, Ausprägung (Schweregrad) und Häufigkeit korrekt beschrieben sind. Kein Produktfehler liegt in der Regel auch dann vor, wenn eine Schutzvorkehrung gegen auftretende Fehler (z. B. ein Alarm oder eine Umschaltung in einen anderen Betriebsmodus bei Ausfall eines Geräts) ordnungsgemäß funktioniert hat. Allerdings ist auch bei exakter Übereinstimmung mit der Spezifikation die Meldepflicht nicht generell zu verneinen. Wenn unerwünschte, aber spezifikations-konforme Ereignisse auf einen möglichen Designfehler (z. B. eine relevante Abweichung vom Stand der Technik oder vom Konzept der integrierten Sicherheit) hinweisen und die ursprüngliche Nutzen-Risiko-Bewertung eines Produkts in Frage stellen können, muss bei entsprechendem Gefährdungspotenzial eine Meldung erfolgen. Dies gilt auch dann, wenn eine ungewöhnliche Häufung oder eine relevante Zunahme solcher Ereignisse festgestellt werden, was als Indiz für ein mögliches Produkt- oder Chargenproblem angesehen werden kann. Eine regelmäßige Trendanalyse kann insbesondere auch im Bereich der In-vitro-Diagnostika von Bedeutung sein.

– Nicht meldepflichtig sind unerwünschte Ereignisse, die **nach Ablauf der deklarierten Haltbarkeits- oder Verwendbarkeitsdauer** eines Produkts auftreten, soweit sie auf die begrenzte Haltbarkeit oder Verwendbarkeit zurückzuführen sind. Vergleichbare Überlegungen gelten für den **„off label use"**. Auch hier liegt kein Produktfehler vor, es sei denn, das Problem hätte auch bei bestimmungsgemäßer Anwendung auftreten können oder es handelt sich um Fälle vorhersehbaren Fehlgebrauchs.

– Wenn ein Produktfehler so offensichtlich ist, dass er mit Sicherheit vor Gebrauch erkannt wird und somit nicht zu schwerwiegenden Konsequenzen führen kann, weil das fehlerhafte Produkt deshalb überhaupt nicht zur Anwendung kommt, besteht ebenfalls keine Meldepflicht. Der Entscheidung über die Meldung solcher **„Out-of-box-Fehler"** dürfen jedoch keine unrealistischen Erwartungen an das Problembewusstsein der Betreiber und Anwender zugrunde gelegt werden. Bei verbleibenden Restzweifeln bezüglich der sicheren Erkennbarkeit hat eine Meldung zu erfolgen, sofern die sonstigen Kriterien erfüllt sind. Vergleichbare Überlegungen können auch für erkennbar unbrauchbare oder offensichtlich falsche Laborresultate angestellt werden, die mit einem fehlerhaften In-vitro-Diagnostikum erhalten werden. Auch hier sind strenge Maßstäbe anzulegen. Insbesondere muss kritisch hinterfragt werden, ob das Laborresultat unter allen Umständen, d. h. auch in anderen Laboratorien, unter anderen (realistischen) Anwendungsbedingungen oder mit anderem Probenmaterial, sicher als falsch erkannt und verworfen wird.

– Darüber hinaus sind auch **reine Anwendungsfehler** nicht meldepflichtig, soweit sie nicht auf eine mangelhafte Produktinformation oder gravierende Mängel bezüglich der Gebrauchstauglichkeit eines Produkts zurückgeführt werden können. Defizite in der Produktinformation sind noch am ehesten objektivierbar. Schwieriger dürfte es sein, den Vorwurf einer unzureichenden Gebrauchstauglichkeit zu substantiieren. Nicht jede Fehlanwendung wird durch ergonomische Mängel des Produkts verursacht. Wenn solche Mängel jedoch von Betreibern oder Anwendern als ursächlich für ein Vorkommnis angesehen werden und damit nicht nur eigenes Fehlverhalten (z.B. Nichtbeachtung der Gebrauchsanweisung, nicht erfolgte Einweisung) kaschiert werden soll, muss das Vorkommnis gemeldet werden. In der Meldung sollten der Produktbezug und die für das Vorkommnis verantwortlich gemachten ergonomischen Defizite hinreichend ausführlich erläutert werden.

3. Meldefristen und -modalitäten

Da die Brisanz eines Produktproblems nicht davon abhängt, ob eine Schädigung bereits **41** eingetreten ist oder es sich um eine potenzielle Gefährdung (ein sog. Beinahevorkommnis) handelt, wird **abweichend von den europäischen Leitlinien** zum Medizinprodukte-Beobachtungs- und -Meldesystem (MEDDEV 2.12/1) in der MPSV bezüglich der Meldefristen nicht zwischen diesen Fallkonstellationen unterschieden. Verantwortliche nach § 5 MPG sind verpflichtet, Vorkommnisse **entsprechend der Eilbedürftigkeit** ihrer Bearbeitung zu melden, auf jeden Fall jedoch **innerhalb von 30 Tagen,** nachdem sie davon Kenntnis erhalten haben. Bei Gefahr im Verzug ist die Meldung **unverzüglich** zu erstatten. Rückrufe sowie Vorkommnisse in Drittländern, die zu korrektiven Maßnahmen mit Relevanz auch für im EWR im Verkehr oder in Betrieb befindliche Produkte geführt haben, müssen spätestens mit Beginn der Umsetzung der Maßnahme gemeldet werden. Alle vorgeschriebenen Meldungen und Mitteilungen, die nicht vom Verantwortlichen nach § 5 MPG vorzunehmen sind, haben **unverzüglich** zu erfolgen, weil in diesen Fällen eine verzögerte Meldung in der Regel auch eine tatsächliche Verzögerung in der Bearbeitung des Vorgangs und Untersuchung des Problems bedeutet.

Die **Meldemodalitäten** sind gem. § 7 MPSV vom (damaligen) Bundesministerium für **42** Gesundheit[11] im Bundesanzeiger bekannt gemacht worden. Die fortlaufend zu aktualisierende Bekanntmachung enthält Angaben zu den für die Entgegennahme der Meldungen in Deutschland zuständigen Bundesoberbehörden (Zuständigkeitsbereich, Postanschrift, Telekommunikationsnummern der für die Risikoerfassung und -bewertung zuständigen Organisationseinheiten und Hinweise zur Erreichbarkeit außerhalb der üblichen Dienstzeiten), Informationen zur elektronischen Übermittlung von Meldungen sowie die zur Verwendung empfohlenen Formblätter und deren Bezugsquellen (Rdnr. 5).

Hinsichtlich der **Formblätter** für Meldungen, Folge- und Abschlussberichte durch den **43** Verantwortlichen nach § 5 MPG bezieht sich die Bekanntmachung auf die vom Deutschen Institut für Medizinische Dokumentation und Information (DIMDI) entwickelten nationalen Formulare, die geringfügig überarbeitet und an die neue Rechtslage angepasst wurden. Diese sollen jedoch durch die in den europäischen Leitlinien zum Medizinprodukte-Beobachtungs- und -Meldesystem (MEDDEV 2.12/1) vorgegebenen Formulare ersetzt werden, sobald deren anstehende Überarbeitung abgeschlossen ist. Darüber hinaus werden weiterhin ein Meldebogen für Zahnärzte sowie ein Meldebogen für sonstige Betreiber und Anwender zur Verwendung empfohlen, das letztgenannte Formblatt auch für die durch die MPSV jetzt vorgeschriebenen Meldungen durch sonstige Inverkehrbringer (Zwischenstufen der Vertriebskette). Die Formblätter spezifizieren die erforderlichen Angaben und sollen die Meldungen und ihre ordnungsgemäße Bearbeitung erleichtern. Sie sind nicht verbindlich vorgeschrieben. Unter Verwendung anderer Formblätter oder formlos erstattete Meldungen werden nicht zurückgewiesen, ggf. muss aber mit Nachfragen der zuständigen Bundesoberbehörde gerechnet werden, wenn nicht alle für die weitere Bearbeitung erforderlichen Angaben enthalten sind.

Eine Übermittlung von Meldungen sowie auch der Folge- und Abschlussberichte der **44** Verantwortlichen nach § 5 MPG in **elektronischer Form** (per E-Mail oder auf Diskette) vereinfacht die administrative Bearbeitung bei der zuständigen Bundesoberbehörde ganz erheblich und soll daher durch einen entsprechenden Hinweis in der Bekanntmachung

---

[11] Zur Umbildung des Ministeriums vgl. auch den Fundstellennachweis unter Fn. 7.

gefördert werden. Zur Gewährleistung der Authentizität der Meldungen und zum Schutz vor Verlust soll zunächst aber noch eine zusätzliche schriftliche Meldung erfolgen.

IV. Behördliche Risikobewertung

1. Aufgaben und Auftrag der zuständigen Bundesoberbehörden

45   § 8 MPSV verpflichtet die jeweils zuständige Bundesoberbehörde, für alle ihr zu meldenden Vorkommnisse und Rückrufe, die ihr durch entsprechende Meldungen oder auf andere Weise bekannt werden, eine **Risikobewertung** vorzunehmen. Sie muss im Rahmen ihrer Zuständigkeit somit ggf. auch auf der Grundlage anderer Informationen tätig werden, wenn eine Meldung unterblieben ist, obwohl eine Meldepflicht bestand. Im Umkehrschluss bedeutet die Regelung aber auch, dass eine Befassung mit nicht meldepflichtigen Produktproblemen nicht vorgesehen ist. Ferner wird die zuständige Bundesoberbehörde beauftragt und autorisiert, zur Ermittlung möglicher Risiken wissenschaftliche Untersuchungen durchzuführen oder durchführen zu lassen, soweit sie dies für erforderlich hält. Hier ist in erster Linie an vergleichende Produktuntersuchungen zu denken, wie das PEI sie für bestimmte In-vitro-Diagnostika verschiedentlich bereits durchgeführt hat.

46   Gemäß § 9 MPSV muss die zuständige Bundesoberbehörde im Rahmen der Risikobewertung feststellen, ob ein **unvertretbares Risiko** vorliegt und welche **korrektiven Maßnahmen** ggf. geboten sind. Wenn der Verantwortliche nach § 5 MPG eigenverantwortliche Maßnahmen trifft, hat sie zu prüfen, ob diese angemessen sind oder weiter gehender Handlungsbedarf besteht (z. B. eine konstruktive Änderung statt eines zusätzlichen Warnhinweises, Ausdehnung eines Rückrufs auf weitere Produktchargen). Bezüglich der Kriterien für die Bewertung wird auf Rdnr. 14 und Abbildung 3 verwiesen.

47   Die zuständige Bundesoberbehörde hat das Ergebnis der Risikobewertung zu **dokumentieren** und dem Verantwortlichen nach § 5 MPG, dem Meldenden und nach Maßgabe des § 20 MPSV denjenigen (Landes-)Behörden **mitzuteilen,** die für den Sitz des Verantwortlichen nach § 5 MPG oder des Vertreibers und den Ort des Vorkommnisses zuständig sind. Damit ist die behördliche Risikobewertung durch die zuständige Bundesoberbehörde abgeschlossen, was aber nicht ausschließt, dass im Lichte etwaiger neuer Erkenntnisse eine erneute Befassung mit dem betreffenden Vorgang erforderlich werden kann (§ 13 MPSV).

2. Verfahren der Risikobewertung

48   Das **Zusammenwirken** der zuständigen Bundesoberbehörden mit anderen Behörden, Stellen und Einrichtungen ist bereits in § 29 Abs. 3 MPG grundsätzlich geregelt. Darüber hinaus enthält § 10 MPSV entsprechende Regelungen zur Zusammenarbeit, die sich speziell auf die Durchführung der wissenschaftlichen Risikobewertung beziehen. Diese überschneiden sich zwar mit § 29 Abs. 3 MPG, weisen aber eine der spezifischen Zielrichtung entsprechende besondere Akzentuierung auf.

49   Da die primäre Verantwortung für die Sicherheit der von ihm in den Verkehr gebrachten Medizinprodukte beim Verantwortlichen nach § 5 MPG liegt und dieser auch über die umfassendste Kenntnis seiner Produkte verfügen dürfte, schreibt § 10 MPSV ausdrücklich die **Zusammenarbeit** der zuständigen Bundesoberbehörde **mit dem Verantwortlichen nach § 5 MPG** vor. Die Verpflichtung zur Zusammenarbeit bedeutet jedoch **nicht**, dass hinsichtlich der Risikobewertung **einvernehmliche Schlussfolgerungen** erzielt werden müssen. Durch die Regelung wird auch nicht ausgeschlossen, dass die fachlich-wissenschaftliche Diskussion mit einem in Deutschland ansässigen Vertreiber geführt werden kann, sofern dieser als verlängerter Arm des Verantwortlichen nach § 5 MPG agiert und über die erforderliche wissenschaftliche Kompetenz verfügt, zumal die Vertreiber in § 29 Abs. 3 MPG ausdrücklich genannt werden.

§ 10 MPSV enthält auch den Auftrag an die zuständige Bundesoberbehörde, bei der **50** Risikobewertung **mit den jeweils betroffenen Betreibern und Anwendern zusammenzuarbeiten,** soweit dies (insbesondere für die genaue Sachverhaltsaufklärung) erforderlich ist, sowie weitere Regelungen zur **Hinzuziehung externen Sachverstands.** Danach können alle Einrichtungen, Stellen und Personen beteiligt werden, von denen auf Grund ihrer Kenntnisse und Erfahrungen ein relevanter Beitrag zur Beantwortung spezifischer Fragestellungen erwartet werden kann. Ausdrücklich genannt werden die für das Medizinproduktewesen, das Eich- und Messwesen, den Arbeits- und den Strahlenschutz zuständigen Behörden des Bundes und der Länder, die Strafverfolgungsbehörden, Behörden anderer Staaten, die wissenschaftlichen Fachgesellschaften, der Medizinische Dienst der Spitzenverbände der Krankenkassen und die Benannten Stellen.

Nach § 10 Satz 3 MPSV werden die zuständigen Bundesoberbehörden verpflichtet, **51** durch geeignete organisatorische Maßnahmen die **unverzügliche Bearbeitung besonders eilbedürftiger Fälle** sicherzustellen. Diese Regelung bedeutet einerseits, dass die Behörden auch außerhalb der üblichen Dienstzeiten erreichbar sein müssen, und erfordert andererseits eine wissenschaftliche Vorprüfung eingehender Meldungen auf besondere Eilbedürftigkeit, damit entsprechende Meldungen abweichend vom routinemäßigen Ablauf in der Bearbeitung vorgezogen werden können.

Das **Verfahren der Risikobewertung** durch die zuständige Bundesoberbehörde ist in **52** Abbildung 6 **schematisch** dargestellt.

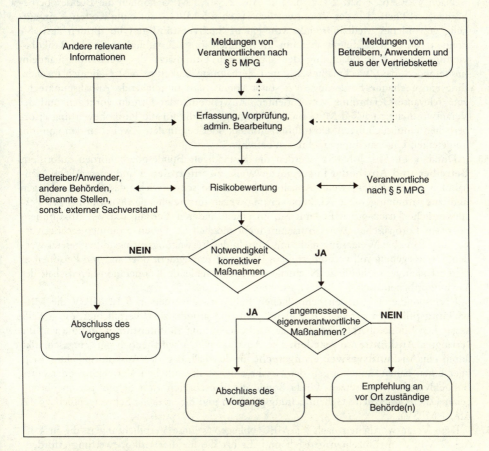

Abb. 6: Ablauf der Risikobewertung durch die zuständige Bundesoberbehörde

3. Befugnisse der Bundesoberbehörden und Mitwirkungspflichten

53   Da es sich bei der behördlichen Risikoerfassung und -bewertung um eine wichtige Aufgabe im öffentlichen Interesse handelt, deren ordnungsgemäße und effiziente Wahrnehmung nicht durch unklare Befugnisse und unerfreuliche Diskussionen hierüber verhindert oder erschwert werden darf, sind die Befugnisse der zuständigen Bundesoberbehörden in § 11 MPSV ausdrücklich geregelt. Nach § 11 Abs. 1 Satz 1 MPSV können die Bundesoberbehörden vom Verantwortlichen nach § 5 MPG, sonstigen Inverkehrbringern sowie professionellen Betreibern und Anwendern alle für die Sachverhaltsaufklärung und die Risikobewertung erforderlichen **Auskünfte und Unterlagen** sowie die **Überlassung des betroffenen Produkts** oder vorhandener Rückstellmuster sowie bei In-vitro-Diagnostika auch des von einem Vorkommnis betroffenen Probenmaterials zu Untersuchungszwecken verlangen. Dem Schutz personenbezogener Daten wird durch die Regelungen in den Sätzen 2 und 3 Rechnung getragen, die unter anderem eine generelle Anonymisierung von Patientendaten vorschreiben. Ferner wird zur Vermeidung umständlicher und unflexibler Amtshilfeersuchen den zuständigen Bundesoberbehörden die eigenständige Befugnis eingeräumt, in begründeten Fällen und in Abstimmung mit der vor Ort zuständigen Behörde **Produktprüfungen oder Überprüfungen der Produktionsverfahren** im Betrieb des Verantwortlichen oder bei einem Unterauftragnehmer vorzunehmen (§ 11 Abs. 1 Satz 4 MPSV).

54   Nach § 29 Abs. 1 Satz 2 i. V. m. § 26 Abs. 2 Satz 3 MPG können die Bundesoberbehörden verlangen, dass der Verantwortliche nach § 5 MPG – auf seine Kosten – ein auffällig gewordenes Medizinprodukt von einem **Sachverständigen** überprüfen lässt. Sie können von dieser Befugnis aber nur im Rahmen ihrer Zuständigkeit für die Risikobewertung und unter Beachtung der allgemeinen Grundsätze des Verwaltungshandelns (insbesondere des Zweckmäßigkeits- und Verhältnismäßigkeitsgebots) Gebrauch machen. Eine entsprechende Forderung setzt somit voraus, dass hinreichende Anhaltspunkte für eine relevante Gefährdung von Patienten, Anwendern oder Dritten vorliegen und der Verantwortliche nach § 5 MPG nicht in der Lage ist, die für die Risikobewertung erforderlichen Untersuchungen selbst durchzuführen, oder begründete Zweifel an den von ihm mitgeteilten Untersuchungsergebnissen bestehen.

55   Durch § 11 Abs. 2 MPSV werden die zuständigen Bundesoberbehörden autorisiert, **Betreiber und Anwender** in geeigneter Weise **zu informieren** und vorsorgliche Maßnahmen zu empfehlen, wenn Anhaltspunkte für ein schwerwiegendes Risiko vorliegen und eine ordnungsgemäße Risikobewertung wegen unzureichender Mitwirkung des Verantwortlichen nach § 5 MPG mit Sitz in einem anderen Vertragsstaat des Abkommens über den Europäischen Wirtschaftsraum nicht möglich ist. Deren ordnungsgemäße Mitwirkung kann bei Weigerung nicht mit Mitteln des Verwaltungszwangs durchgesetzt werden. Die Regelung soll verhindern, dass Patienten, Anwendern oder anderen Personen in diesen Fällen gesundheitliche Nachteile durch eine fehlende Kooperationsbereitschaft des Verantwortlichen nach § 5 MPG entstehen.

56   Korrespondierend zu den behördlichen Befugnissen werden in § 12 MPSV die **Mitwirkungspflichten** geregelt. Alle Beteiligten sind grundsätzlich verpflichtet, die jeweils zuständige Bundesoberbehörde bei der Risikobewertung zu unterstützen und die von ihr verlangten **Auskünfte zu erteilen.** Die Auskunftspflicht wird jedoch ggf. eingeschränkt durch ein **Auskunftsverweigerungsrecht** für den Fall, dass der Auskunftspflichtige sich oder einen nahen Angehörigen der Gefahr einer strafrechtlichen Verfolgung oder eines Bußgeldverfahrens aussetzen würde, sowie die Vorschriften zum Schutz personenbezogener Daten, gesetzliche Geheimhaltungspflichten und die ärztliche Schweigepflicht (§ 12 Abs. 1 MPSV).

57   Dem Verantwortlichen nach § 5 MPG obliegen weitere Verpflichtungen, die in § 12 Abs. 2 MPSV im Einzelnen geregelt sind. Er hat die für die Risikobewertung erforderlichen **Untersuchungen durchzuführen** und der zuständigen Bundesoberbehörde die

Ergebnisse mitzuteilen. Dies geschieht in der Regel im **Abschlussbericht,** der zu jeder Meldung zwingend vorzulegen ist. In einfach gelagerten Fällen, deren Bewertung sofort möglich ist, können Meldung und Abschlussbericht gleichzeitig (ggf. auch in einem Dokument) erfolgen. Bei zeitaufwändigen Untersuchungen sollte die zuständige Bundesoberbehörde ggf. mit Zwischenberichten in sinnvollen Zeitabständen über den Bearbeitungsstand informiert werden. Der Verantwortliche nach § 5 MPG muss darüber hinaus auf Anforderung der zuständigen Bundesoberbehörde alle zweckdienlichen **Unterlagen vorlegen;** insbesondere Auszüge aus der Risikoanalyse und der klinischen Bewertung können für die behördliche Risikobewertung hilfreich sein. Falls eine zerstörende Prüfung des betroffenen Produkts oder der vorhandenen Rückstellmuster der betroffenen Produktcharge beabsichtigt ist, muss er sich vorher mit der zuständigen Bundesoberbehörde ins Benehmen setzen. Damit hat die Behörde die Möglichkeit, gegen offensichtlich fragwürdige Prüfungen zu intervenieren, die keinen relevanten Erkenntnisgewinn erwarten lassen oder deren einziger Zweck möglicherweise darin besteht, das „corpus delicti" endgültig zu vernichten. Die Regelung lässt auch eine grundsätzliche Verständigung mit der zuständigen Bundesoberbehörde auf ein standardisiertes Untersuchungsprogramm z. B. für bestimmte Produktgruppen und Fehlerarten zu, wodurch die Herstellung des Benehmens im Einzelfall entbehrlich werden kann.

Die Verpflichtung zur Unterstützung der zuständigen Bundesoberbehörde umfasst auch **58** die **Duldung von erforderlichen Überprüfungen von Produkten oder Produktionsverfahren vor Ort.** Grundsätzlich beschränken sich die Mitwirkungspflichten auf Leistungen, die von den Normadressaten – abgesehen von einem etwaigen Auskunftsverweigerungsrecht – in jedem Fall erbracht werden können und müssen. Soweit die Möglichkeit besteht, dass gem. § 11 MPSV dem Grunde nach zulässige behördliche Forderungen aus tatsächlichen Gründen nicht erfüllbar sind (weil z. B. das betroffene Produkt oder Probenmaterial nicht mehr vorhanden ist) oder zu Interessenkonflikten führen können, die eine Interessenabwägung und Entscheidung im Einzelfall erfordern, sieht § 12 MPSV auch keine entsprechenden Mitwirkungspflichten vor. Abbildung 7 enthält eine Übersicht über die Befugnisse der zuständigen Bundesoberbehörden und die Mitwirkungspflichten der Beteiligten.

Befugnisse der zuständigen Bundesoberbehörden

- Einholung von Auskünften
- Anforderung von Unterlagen
- Forderung nach Überlassung des betroffenen Produkts oder von Chargenproben
  (bei In-vitro-Diagnostika ggf. auch des betroffenen Probenmaterials)
- ggf. Produktprüfungen und Überprüfungen der Produktionsverfahren vor Ort
- ggf. Forderung nach Überprüfung durch einen Sachverständigen
- ggf. Information der Betreiber/Anwender und Empfehlung vorsorglicher Maßnahmen

Mitwirkungspflichten

Alle Beteiligten
- Unterstützung der zuständigen Bundesoberbehörden
- Erteilung von Auskünften

Verantwortliche nach § 5 MPG
- Durchführung der erforderlichen Untersuchungen und Mitteilung der Ergebnisse
- obligatorischer Abschlussbericht zu jeder Meldung
- Vorlage von Unterlagen auf Anforderung (z. B. Risikoanalyse, klinische Bewertung)
- zerstörende Prüfung des betroffenen Produkts/der Rückstellmuster nur im Benehmen mit
  der zuständigen Bundesoberbehörde

Abb. 7: Befugnisse der zuständigen Bundesoberbehörden, Mitwirkungspflichten

V. Korrektive Maßnahmen

1. Eigenverantwortliche Maßnahmen des Verantwortlichen nach § 5 MPG

59 Die **Durchführung korrektiver Maßnahmen** durch den Verantwortlichen nach § 5 MPG ist in § 14 MPSV geregelt. Nach § 14 Abs. 1 MPSV ist der Verantwortliche verpflichtet, die gebotenen korrektiven Maßnahmen durchzuführen. Er muss ferner Vorkehrungen treffen, die erforderlichenfalls einen schnellen und zuverlässigen Rückruf von Medizinprodukten ermöglichen. Hierzu zählen insbesondere eine geeignete Vertriebsdokumentation, die eine der Art und dem Risiko der Produkte angemessene Rückverfolgbarkeit gewährleistet, sowie die Verfahrensanweisungen zur Durchführung von Rückrufen und eine entsprechende Schulung der Mitarbeiter (auch in der praktischen Umsetzung).

60 Von Verantwortlichen nach § 5 MPG herausgegebene Maßnahmenempfehlungen gaben in der Vergangenheit gelegentlich Anlass zu Kritik, weil die Information über festgestellte Risiken und gebotene korrektive Maßnahmen teilweise nicht in angemessener Weise erfolgte, der Zweck der Information nicht eindeutig erkennbar war und infolgedessen die Relevanz der (nach Inhalt und Aufmachung in einigen Fällen anscheinend eher Marketingzwecken dienenden) Empfehlungen möglicherweise nicht richtig eingeschätzt wurde. Um dies künftig auszuschließen, enthält § 14 Abs. 2 MPSV **verbindliche Vorgaben zum Inhalt der Maßnahmenempfehlungen.** Diese regeln sowohl die Pflichtangaben als auch unzulässige Aufmachungen und Inhalte (s. Abb. 8).

Vorgeschriebene Mindestangaben
– Kontaktperson (mit Angaben zur Erreichbarkeit)
– eindeutige Bezeichnung der betroffenen Produkte und Produktchargen
– Beschreibung des Mangels/der Fehlfunktion und der Ursache (soweit bekannt)
– ausführliche Darstellung des Risikos
  (einschließlich der der Bewertung zugrunde liegenden Tatsachen und Überlegungen)
– unmissverständliche Angabe der erforderlichen korrektiven Maßnahmen

Weitere Angaben sind zulässig, soweit zweckdienlich.

Unzulässige Aufmachungen und Ausführungen
– Verharmlosung des Risikos
– Aussagen werblichen Charakters

Abb. 8: Anforderungen an Maßnahmenempfehlungen

61 Die Regelung des § 14 Abs. 3 MPSV verpflichtet den Verantwortlichen nach § 5 MPG, die **ordnungsgemäße Durchführung** erforderlicher korrektiver Maßnahmen **sicherzustellen** (und zu verifizieren) und deren **Wirksamkeit zu überprüfen.** Was unter Überprüfung der Wirksamkeit zu verstehen ist, hängt von den jeweiligen korrektiven Maßnahmen ab. Grundsätzlich muss der Verantwortliche nach § 5 MPG sich vergewissern, dass mit den durchgeführten Maßnahmen das Risiko tatsächlich beseitigt oder auf ein vertretbares Niveau reduziert worden ist oder das erneute Auftreten zuverlässig verhindert wird. Die Umsetzung der Maßnahmen und die Überprüfungen sind zum Zwecke der Nachvollziehbarkeit und Nachweisbarkeit zu dokumentieren. Im Rahmen der nach § 14 Abs. 4 MPSV vorgeschriebenen Überwachung der vom Verantwortlichen nach § 5 MPG durchgeführten Maßnahmen kann die zuständige (Landes-)Behörde diese Aufzeichnungen einsehen.

Korrektive Maßnahmen können im Auftrag des Verantwortlichen nach § 5 MPG auch 62
von einem **in Deutschland ansässigen Vertreiber** durchgeführt werden. In diesem Fall
gelten gem. § 14 Abs. 5 MPSV die Vorschriften zum Inhalt der Maßnahmenempfehlungen, zur Sicherstellung der ordnungsgemäßen Umsetzung und Überprüfung der Wirksamkeit sowie zur Dokumentation entsprechend und sind vom Vertreiber zu beachten.

2. Mitwirkungspflichten

Durch § 16 Abs. 1 MPSV werden (professionelle) **Betreiber und Anwender** sowie 63
die sonstigen Inverkehrbringer i. S. d. § 3 Abs. 3 MPSV ausdrücklich verpflichtet, an den
korrektiven Maßnahmen entsprechend den Maßnahmenempfehlungen des Verantwortlichen nach § 5 MPG mitzuwirken. Für Betreiber und Anwender ergibt sich eine entsprechende Verpflichtung implizit auch aus den Vorschriften der MPBetreibV.

Betreiber und Anwender haben darüber hinaus gemäß § 16 Abs. 2 MPSV **Aufzeich-** 64
nungen über Patienten, die mit den in der Anlage zu § 16 MPSV aufgeführten Implantaten versorgt wurden, **und die verwendeten Produkte** zu führen, um zum Zwecke der Durchführung korrektiver Maßnahmen betroffene Patienten schnell ermitteln und
erreichen zu können. Die Anlage enthält aktive (Herzschrittmacher, Defibrillatoren, Infusionssysteme) und nicht aktive Implantate (Herzklappen, endoluminale Gefäßprothesen,
Brustimplantate). Dabei handelt es sich überwiegend um Produkte, die im Falle eines
Versagens oder einer Fehlfunktion zu lebensbedrohlichen Konsequenzen führen können.
Mit der Aufnahme der **Brustimplantate** wird einer Mitteilung der Europäischen Kommission[12] Rechnung getragen, in der die Schaffung nationaler Brustimplantate-Register
angeregt wird, um erforderlichenfalls die Durchführung gezielter Kontrolluntersuchungen
oder sonstiger Maßnahmen zur Risikoabwehr zu ermöglichen.

Die vorgeschriebenen Aufzeichnungen (s. Rdnr. 64) müssen folgende Angaben enthal- 65
ten:
– Name, Geburtsdatum und Anschrift des Patienten,
– Datum der Implantation,
– Typ sowie Chargen- oder Seriennummer des verwendeten Implantats,
– Verantwortlicher nach § 5 MPG.
Sie sind so zu strukturieren, dass der damit verfolgte Zweck erfüllt wird, und für die **Dau-**
er von 20 Jahren nach der Implantation aufzubewahren. Da es sich um sensible Gesundheitsdaten handelt, müssen sie aus Datenschutzgründen danach unverzüglich vernichtet
werden. Die Regelung zur Aufbewahrungsfrist orientiert sich an der tatsächlichen
„Haltbarkeit" der implantierten Produkte und sollte für die meisten Produkte die Rückverfolgbarkeit über die gesamte Implantationsdauer sicherstellen. Soweit einzelne nicht
aktive Implantate (z. B. Herzklappen) länger implantiert bleiben, ist die Wahrscheinlichkeit
gering, dass nach 20 Jahren noch systematische korrektive Maßnahmen erforderlich werden. Gegebenenfalls kann die Angemessenheit der vorgeschriebenen Aufbewahrungsdauer
bei späteren Änderungen der MPSV nochmals diskutiert werden. Die Aufzeichnungen
nach § 16 MPSV dienen einem anderen Zweck als die nach § 10 MPBetreibV vorgeschriebene Patienteninformation und überschneiden sich somit auch nicht mit dieser.

3. Behördliche Maßnahmen

Den Regelungen der MPSV zur Durchführung korrektiver Maßnahmen liegt die Phi- 66
losophie eines abgestuften Vorgehens zugrunde. Grundsätzlich wird davon ausgegangen,
dass der Verantwortliche nach § 5 MPG die erforderlichen **Maßnahmen eigenverant-**
wortlich durchführt. Dies geschieht im Regelfall auch. Wenn er jedoch hierzu nicht be-

---

[12] *Europäische Kommission,* Mitteilung der Kommission über Maßnahmen im Zusammenhang mit
Brustimplantaten v. 15. 11. 2001 (KOM (2001) 666 endg.), im Internet unter http://europa.eu.int/
comm/enterprise/medical_devices/index.htm (Stand: 11/2002).

reit ist oder die getroffenen Maßnahmen nicht ausreichen, muss die zuständige (Landes-) Behörde tätig werden. § 15 MPSV sieht für einen derartigen Fall behördliche Maßnahmen gegen den Verantwortlichen nach § 5 MPG oder den in Deutschland ansässigen Vertreiber vor. Sofern durch eigenverantwortliche Maßnahmen der Verantwortlichen nach § 5 MPG und behördliche Maßnahmen nach § 15 MPSV eine ausreichende Risikominimierung nicht oder nicht hinreichend schnell erreicht wird, sind die zuständigen Behörden gem. § 17 MPSV gehalten, die erforderlichen Maßnahmen zu treffen, um das Betreiben und Anwenden der betroffenen Medizinprodukte zu untersagen oder einzuschränken. Dies gilt auch, wenn von vornherein absehbar ist, dass eigenverantwortliche Maßnahmen des Verantwortlichen nach § 5 MPG und behördliche Maßnahmen nach § 15 MPSV allein nicht ausreichen werden. Diese müssen sich nicht erst als insuffizient erwiesen haben. Die einem **abgestuften Vorgehen** entsprechende Reihenfolge von Maßnahmen des Verantwortlichen nach § 5 MPG und behördlichen Interventionen (s. Abb. 9) ist somit nicht zwingend; unter Umständen können gleichzeitige Aktivitäten auf verschiedenen Stufen erforderlich werden.

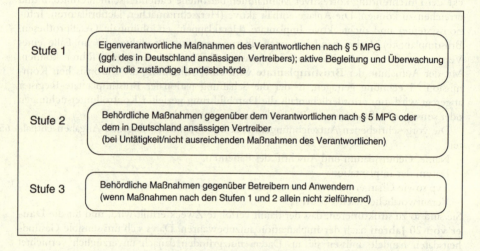

Stufe 1	Eigenverantwortliche Maßnahmen des Verantwortlichen nach § 5 MPG (ggf. des in Deutschland ansässigen Vertreibers); aktive Begleitung und Überwachung durch die zuständige Landesbehörde
Stufe 2	Behördliche Maßnahmen gegenüber dem Verantwortlichen nach § 5 MPG oder dem in Deutschland ansässigen Vertreiber (bei Untätigkeit/nicht ausreichenden Maßnahmen des Verantwortlichen)
Stufe 3	Behördliche Maßnahmen gegenüber Betreibern und Anwendern (wenn Maßnahmen nach den Stufen 1 und 2 allein nicht zielführend)

Abb. 9: Abgestuftes Vorgehen bezüglich der Durchführung korrektiver Maßnahmen

67 Grundsätzlich wird nach der beschriebenen Vorgehensweise auch verfahren, wenn weder der Verantwortliche nach § 5 MPG noch ein Vertreiber in Deutschland ansässig ist. In derartigen Fällen werden bei fehlender Bereitschaft des Verantwortlichen nach § 5 MPG, die erforderlichen korrektiven Maßnahmen eigenverantwortlich durchzuführen, **behördliche Maßnahmen gegenüber Betreibern und Anwendern** möglicherweise häufiger zu treffen sein, da Maßnahmen der zuständigen ausländischen Behörde gegenüber dem verantwortlichen Inverkehrbringer in der Regel nur nach langwieriger und schwerfälliger Abstimmung erreicht werden können.

68 Auch die **zuständigen Landesbehörden** müssen ihre **Erreichbarkeit außerhalb der üblichen Dienstzeiten** sicherstellen und Vorkehrungen treffen, damit erforderlichenfalls Maßnahmen zur Risikoabwehr unverzüglich getroffen werden können. § 18 MPSV schreibt in diesem Zusammenhang vor, dass Angaben zur Erreichbarkeit den zuständigen Bundesoberbehörden und dem Bundesministerium für Gesundheit und Soziale Sicherung mitzuteilen sind. Das Bundesministerium für Gesundheit und Soziale Sicherung wird beauftragt, diese Angaben im Bundesanzeiger bekannt zu machen und für eine fortlaufende Aktualisierung der Bekanntmachung zu sorgen. Weitergehende Vorgaben zur Notfallplanung

der zuständigen Landesbehörden sind in der Verordnung nicht enthalten, sollen aber in die vorgesehene Verfahrensanweisung zur Überwachung und Durchsetzung korrektiver Maßnahmen aufgenommen werden (Rdnr. 5).

VI. Unterrichtungspflichten und Informationsaustausch

1. Informationsaustausch zwischen den Bundesoberbehörden und den zuständigen Landesbehörden

Die unterschiedlichen, aber miteinander verzahnten Zuständigkeiten der Bundesober- **69** behörden und der Landesbehörden im Rahmen des Medizinprodukte-Beobachtungs- und -Meldesystems erfordern einen gewissen Aufwand zur Gewährleistung eines effizienten Verwaltungshandelns. Besondere Bedeutung kommt dabei einem **funktionierenden Informationsaustausch** zu, der in § 20 MPSV geregelt ist. Die routinemäßige Unterrichtung der Landesbehörden durch die Bundesoberbehörden über eingehende Meldungen von Vorkommnissen und Rückrufen sowie über den Abschluss und das Ergebnis der durchgeführten Risikobewertungen (§ 20 Abs. 1 Satz 1 MPSV) wurde bereits in den Rdnr. 36 und 47 erwähnt. Sie kann nach den Vorgaben des § 20 MPSV auch auf elektronischem Wege über die beim Deutschen Institut für Medizinische Dokumentation und Information (DIMDI) zu etablierende **Vigilanz-Datenbank** erfolgen. § 29 Abs. 1 Satz 4 MPG sieht vor, dass die zuständigen Bundesoberbehörden dem DIMDI Daten aus dem Medizinprodukte-Beobachtungs- und -Meldesystem zur Einstellung in die Vigilanz-Datenbank übermitteln. Diese Verpflichtung wird durch die Verordnung über das datenbankgestützte Informationssystem über Medizinprodukte des Deutschen Instituts für Medizinische Dokumentation und Information (DIMDIV) konkretisiert, die insoweit auf die in § 20 Abs. 1 Satz 1 MPSV spezifizierten Informationen Bezug nimmt.[13] Die Unterrichtung der Landesbehörden kann dadurch erfolgen, dass diesen der Zugriff auf die Vigilanz-Datenbank gewährt wird und sie vom DIMDI auf elektronischem Wege aktiv über etwaige Neueinträge, die ihren Zuständigkeitsbereich betreffen, informiert werden (§ 20 Abs. 1 Satz 2 MPSV). Gegenüber einer Unterrichtung in Papierform sollte auf diese Weise der Verwaltungsaufwand deutlich reduziert werden können. Darüber hinaus werden die zuständigen Bundesoberbehörden verpflichtet, den zuständigen Landesbehörden unabhängig von der Unterrichtung über die Vigilanz-Datenbank in einer Handlungsempfehlung die für erforderlich erachteten korrektiven Maßnahmen nochmals ausdrücklich mitzuteilen, falls der Verantwortliche nach § 5 MPG zur eigenverantwortlichen Durchführung dieser Maßnahmen nicht bereit ist (§ 20 Abs. 1 Satz 3 MPSV).

§ 20 Abs. 2 MPSV regelt die den Landesbehörden obliegenden **Informationspflich-** **70** **ten gegenüber den zuständigen Bundesoberbehörden.** Danach haben die zuständigen Landesbehörden die jeweils zuständige Bundesoberbehörde über von ihnen (auf der Grundlage einer Handlungsempfehlung der Bundesoberbehörde) getroffene Anordnungen und den Fortgang und Abschluss der veranlassten Maßnahmen zu unterrichten. Ferner ist die zuständige Bundesoberbehörde auch dann zu informieren, wenn eine Landesbehörde deren Risikobewertung nicht teilt. Die zuständigen Bundesoberbehörden benötigen die vorgeschriebenen Informationen, um ihren Verpflichtungen im Rahmen des internationalen Informationsaustauschs (Rdnr. 72) ordnungsgemäß nachkommen können. Durch die Unterrichtung im Falle von Meinungsverschiedenheiten über die Risikobewertung werden sie auch in die Lage versetzt, im Interesse einer sachgerechten Entscheidungsfindung ihre Auffassung ggf. nochmals dezidiert darzulegen und zu begründen, damit keine relevanten Aspekte und Erkenntnisse unberücksichtigt bleiben.

---

[13] Hierzu der Beitrag von *Hartmann* in diesem Handbuch (§ 13).

71   Mit den in § 20 Abs. 3 MPSV geregelten **Routine- und Sondersitzungen** sind weitere Instrumentarien des Informationsaustauschs und der Abstimmung zwischen Bundes- und Landesbehörden vorgesehen, die sich in der Praxis bereits bewährt haben. Routinesitzungen werden vom BfArM in Abstimmung mit dem PEI ausgerichtet; sie betreffen die Grundlagen und das Verfahren der Risikoerfassung und -bewertung sowie Fälle von allgemeinem Interesse. Bei Abstimmungsbedarf zu speziellen Fragestellungen kann die jeweils zuständige Bundesoberbehörde eine Sondersitzung durchführen. Einzuladen sind regelmäßig die für Medizinprodukte zuständigen obersten Bundes- und Landesbehörden (auf Bundesebene somit die Bundesministerien für Gesundheit und Soziale Sicherung, für Verteidigung sowie für Umwelt, Naturschutz und Reaktorsicherheit) und die für die Akkreditierung und Überwachung der Benannten Stellen zuständigen Zentralstellen der Länder (ZLS und ZLG). Soweit sinnvoll (d.h. in Abhängigkeit von den zur Behandlung anstehenden Themen), sollen der Medizinische Dienst der Spitzenverbände der Krankenkassen, Vertreter der Heilberufe, die Verbände der Medizinprodukte-Industrie sowie sonstige betroffene Behörden und Organisationen beteiligt werden (§ 20 Abs. 3 Satz 3 MPSV). Diese Vorschrift soll zu Transparenz und sachgerechten Beratungen und Entscheidungen beitragen.

2. Europäischer und internationaler Informationsaustausch

72   Gemäß den Vorgaben der europäischen Richtlinien sieht § 21 Abs. 1 MPSV vor, dass die zuständigen Bundesoberbehörden die **zuständigen Behörden der anderen Vertragsstaaten des Abkommens über den Europäischen Wirtschaftsraum sowie die Europäische Kommission** über als Folge eines Vorkommnisses durchgeführte oder für erforderlich erachtete korrektive Maßnahmen **unterrichten.** Nach dieser Vorschrift sind auf der Grundlage diesbezüglicher Vereinbarungen oder Verwaltungsabsprachen oder auf Anfrage auch die zuständigen Behörden anderer Staaten entsprechend zu informieren. Durch die Unterrichtung sollen die zuständigen ausländischen Behörden in die Lage versetzt werden, die ordnungsgemäße Umsetzung der korrektiven Maßnahmen in ihrem Zuständigkeitsbereich zu kontrollieren und auch zu prüfen, ob möglicherweise vergleichbare Produkte anderer Hersteller von der gleichen Problematik betroffen sein könnten. Entsprechend dieser Zielsetzung kann – sofern nicht eine konkrete Anfrage vorliegt – bei vom Verantwortlichen nach § 5 MPG eigenverantwortlich durchgeführten korrektiven Maßnahmen auf eine Unterrichtung verzichtet werden, wenn nach Auffassung der zuständigen Bundesoberbehörde die Information für den Empfänger im Hinblick auf dessen ordnungsgemäße Aufgabenwahrnehmung keinen relevanten Erkenntnisgewinn darstellt (§ 21 Abs. 1 Satz 3 MPSV). Ein routinemäßiger Informationsaustausch über gemeldete Vorkommnisse und durchgeführte Bewertungen in den Fällen, in denen keine Notwendigkeit korrektiver Maßnahmen gesehen wurde, ist nicht vorgesehen. Auf Anfragen im Einzelfall sind gem. § 21 Abs. 1 Satz 2 MPSV ausländischen Behörden jedoch auch hierzu Informationen und Auskünfte zu übermitteln. Nach der amtlichen Begründung zum Verordnungsentwurf regelt § 21 Abs. 1 MPSV die obligatorischen Unterrichtungen und soll einen weitergehenden Informationsaustausch nicht ausschließen. Dieser bleibt somit dem Ermessen der zuständigen Bundesoberbehörden überlassen. Denkbar wäre beispielsweise eine unaufgeforderte Information ausländischer Behörden über noch nicht abschließend bewertete, besonders brisante Vorkommnisse oder eine Einbeziehung der Weltgesundheitsorganisation in die Unterrichtung über korrektive Maßnahmen.

73   Die zuständigen Bundesoberbehörden sind auch die Anlaufstellen für **von ausländischen Behörden** oder auch internationalen Organisationen **übermittelte Informationen** über durchgeführte oder für erforderlich erachtete korrektive Maßnahmen. § 21 Abs. 2 MPSV regelt, wie mit diesen Informationen zu verfahren ist. Diese sind zunächst einer Plausibilitätsprüfung zu unterziehen, die trotz des grundsätzlichen Vertrauens in Mitteilungen und Bewertungen anderer Behörden insbesondere dann geboten ist, wenn als Konsequenz einer Mitteilung behördliche Maßnahmen erforderlich werden könnten. Entsprechend der Überwachungs- und Maßnahmenzuständigkeit der Landesbehörden und der sich aus der MPSV ergebenden Maßnahmenhierarchie sind die erhaltenen und auf Plausibilität geprüften Informationen (ggf. mit zusätzlichen Hinweisen der zuständigen Bundesoberbehörde) der für den Sitz des Verantwortlichen nach § 5 MPG oder des Vertreibers (soweit in Deutschland ansässig) **zuständigen Landesbehörde zu übermitteln.** Diese hat dann dafür zu sorgen, dass die gebotenen korrektiven Maßnahmen durchgeführt werden. Falls der Verantwortliche nach § 5 MPG seinen Sitz in Deutschland hat, muss die zuständige Landesbehörde grundsätzlich auch sicherstellen, dass sich die Maßnahmen auf den gesamten EWR erstrecken. Ein unterschiedliches Vorgehen in anderen Vertragsstaaten des Abkommens über den Europäischen Wirtschaftsraum dürfte nur in seltenen Ausnahmefällen zu rechtfertigen sein. Sofern weder der Verantwortliche nach § 5 MPG noch ein Vertreiber in Deutschland ansässig ist, kann die Überwachung der korrektiven Maßnahmen nur bei Betreibern und Anwendern ansetzen. In einem derartigen Fall muss die zuständige Bundesoberbehörde nach den Umständen des Einzelfalls entscheiden, welche Landesbehörden zu informieren sind. Gegebenenfalls sind alle zuständigen Landesbehörden zu unterrichten, wenn die Verbreitung eines risikobehafteten Medizinprodukts nicht genauer eingegrenzt werden kann.

3. Sonstige Unterrichtungspflichten

Damit das **Bundesministerium für Gesundheit und Soziale Sicherung** seine **politische Verantwortung** auch für den nachgeordneten Bereich wahrnehmen und ggf. im Rahmen der **Fachaufsicht** intervenieren kann, werden die zuständigen Bundesoberbehörden in § 19 MPSV verpflichtet, das Ministerium über Vorkommnisse mit Todesfolge und sonstige (nach sachkundiger Einschätzung der Bundesoberbehörde) besonders bedeutsame Vorkommnisse sowie in Deutschland durchgeführte korrektive Maßnahmen zu informieren. Auf die Einzelheiten der Umsetzung müssen sich die betroffenen Behörden verständigen; die Verordnung enthält hierzu keine Vorgaben. Erforderlichenfalls können die Modalitäten durch Erlass festgelegt werden. § 19 MPSV regelt auch nur die routinemäßige Unterrichtung; es bleibt dem Bundesministerium für Gesundheit und Soziale Sicherung unbenommen, im Erlasswege zusätzliche Berichte anzufordern. **74**

Nach § 22 Abs. 1 MPSV hat die zuständige Bundesoberbehörde über eingehende Meldungen von Vorkommnissen und Rückrufen sowie über den Abschluss und das Ergebnis der durchgeführten Risikobewertung das **Bundesministerium für Umwelt, Naturschutz und Reaktorsicherheit** zu informieren, soweit Aspekte des **Strahlenschutzes** betroffen sind, und das **Robert Koch-Institut,** soweit Vorkommnisse oder Rückrufe **Desinfektionsmittel** betreffen. Diese Vorschrift soll insbesondere ermöglichen, dass der bei den zu unterrichtenden Behörden oder in deren Geschäftsbereich vorhandene besondere Sachverstand in die Risikobewertung eingebracht werden kann, damit keine wichtigen Gesichtspunkte übersehen werden. **75**

Die Unterrichtung des **Bundesministeriums der Verteidigung** und der für die Akkreditierung und Überwachung der Benannten Stellen zuständigen **Zentralstellen der Länder (ZLS und ZLG)** ist in § 22 Abs. 2 MPSV geregelt. Danach sind diese von den zuständigen Bundesoberbehörden über alle eingehenden Meldungen von Vorkommnissen und Rückrufen sowie über den Abschluss und das Ergebnis der durchgeführten Risikobewertungen zu informieren. Zur Reduzierung des Verwaltungsaufwands bei allen Beteiligten kann die Unterrichtung auch dadurch erfolgen, dass dem Bundesministerium der Verteidigung und den zuständigen Zentralstellen der Zugriff auf die Vigilanz-Datenbank des DIMDI gewährt und damit die Möglichkeit gegeben wird, sich fortlaufend über für ihren Zuständigkeitsbereich möglicherweise relevante Neueinträge zu informie- **76** ren (§ 22 Abs. 2 Satz 2 MPSV). Die Relevanz der Information muss von den genannten Behörden selbst beurteilt werden. Die Zentralstellen haben, soweit erforderlich, die Benannten Stellen zu unterrichten (§ 22 Abs. 2 Satz 3 MPSV). Dies wird insbesondere dann der Fall sein, wenn sich aus einer Meldung oder behördlichen Risikobewertung Konsequenzen für eine erteilte Bescheinigung ergeben können. Unabhängig hiervon versuchen die Benannten Stellen in der Regel auch über entsprechende vertragliche Vereinbarungen mit den Herstellern sicherzustellen, dass sie über relevante Produktprobleme informiert werden.

77   Den zuständigen Bundesoberbehörden wird in § 22 Abs. 3 MPSV die Möglichkeit eingeräumt, Informationen und Auskünfte zu vorliegenden Meldungen, durchgeführten Risikobewertungen und korrektiven Maßnahmen auch an andere Organisationen, Stellen und Personen zu übermitteln, soweit diese zur Risikoverringerung beitragen können oder ein berechtigtes Interesse besteht. Ausdrücklich genannt werden in diesem Zusammenhang der **Medizinische Dienst der Spitzenverbände der Krankenkassen** und die **Deutsche Krankenhausgesellschaft.** Insbesondere diese dürfen somit im Interesse der Versicherten und Patienten von den zuständigen Bundesoberbehörden auf Anfrage oder (nach Zweckmäßigkeit) unaufgefordert entsprechend unterrichtet werden, bei Vorliegen der Voraussetzungen aber auch z.B. medizinische Fachgesellschaften, Verbände der Heilberufe und betroffene Patienten.

78   Die europäischen Richtlinien fordern, dass die zuständigen Behörden grundsätzlich alle Informationen, die ihnen im Rahmen der Wahrnehmung ihrer Aufgaben bekannt werden, **vertraulich** zu behandeln haben. Vor diesem Hintergrund regeln die Vorschriften des § 22 MPSV über den Informationsaustausch zwischen den für die Erfassung, Bewertung und Abwehr von Risiken unmittelbar zuständigen Behörden hinaus weitere Ausnahmen vom Vertraulichkeitsgebot und tragen somit zur Rechtssicherheit und -klarheit bei. Der Verordnungsgeber hat die Interessenabwägung, die ansonsten im jeweiligen Einzelfall geboten wäre, teilweise selbst vorgenommen oder zumindest die Kriterien hierfür vorgegeben. Eine Übermittlung von Patientendaten ist bei der Unterrichtung nach § 22 MPSV jedoch nicht erforderlich. Im Interesse des Datenschutzes schreibt § 22 Abs. 4 MPSV daher ausdrücklich vor, Patientendaten so zu anonymisieren, dass ein Personenbezug nicht mehr hergestellt werden kann.

79   Schließlich verpflichtet § 23 MPSV die zuständigen Bundesoberbehörden auch zu einer regelmäßigen **wissenschaftlichen Aufarbeitung** der durchgeführten Risikobewertungen und Bekanntgabe der Ergebnisse. Eine derartige Aufarbeitung ist bisher nicht systematisch erfolgt, zur Vermeidung des Wiederauftretens vergleichbarer Probleme mit vergleichbaren Produkten aber erforderlich. Die bei der behördlichen Erfassung und Bewertung von Risiken gewonnenen Erkenntnisse sind für die Fachkreise von erheblichem Interesse; insbesondere können sich hieraus wichtige Informationen für die Produktentwicklung durch die Hersteller und die Zertifizierung durch Benannte Stellen ergeben. Auch die zuständigen Überwachungsbehörden können die Informationen ggf. nutzen, um Prioritäten und Schwerpunkte der Überwachung festzulegen. In der Regel wird es für die dargestellten Zwecke nicht erforderlich sein, bei der Veröffentlichung der Ergebnisse der wissenschaftlichen Aufarbeitung konkrete Produkte und Verantwortliche nach § 5 MPG zu nennen. Die Verordnung schließt dies jedoch nicht generell aus; sie verpflichtet lediglich zur Anonymisierung personenbezogener Daten (§ 23 Satz 2 MPSV).

80   Die sehr umfassenden **Unterrichtungspflichten** und **Vorschriften zum Austausch von Informationen** sind in Abbildung 10 nochmals schematisch zusammenfassend dargestellt.

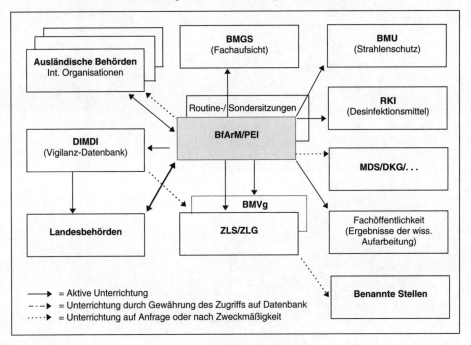

Abb. 10: Unterrichtungspflichten und Informationsaustausch

Der **Informationsaustausch** zwischen den Beteiligten ist kein Selbstzweck, er soll **81** vielmehr zu einem wirksamen Gesundheitsschutz beitragen. Ob hierfür die getroffenen Regelungen alle erforderlich sind oder sich einige unter Umständen eher nachteilig auswirken (da bekanntlich die Qualität des Ergebnisses häufig in einem umgekehrten Verhältnis zur Anzahl der Akteure steht), werden die künftigen Erfahrungen zeigen. Mit der Medizinprodukte-Sicherheitsplanverordnung wurde erstmals eine umfassende Regelung zur Erfassung, Bewertung und Abwehr von Risiken bei Medizinprodukten getroffen, die bei der praktischen Anwendung zwangsläufig noch gewisse Schwächen zeigen wird. Aus der amtlichen Begründung ist zu ersehen, dass die zuständigen Bundesoberbehörden zwei Jahre nach Inkrafttreten der Verordnung vom Bundesministerium für Gesundheit und Soziale Sicherung zur Vorlage eines Erfahrungsberichts aufgefordert werden sollen, auf dessen Grundlage dann über ggf. erforderliche Nachbesserungen zu entscheiden sein wird.

§ 12 Zentralstellen der Länder (ZLG und ZLS) im Medizinproduktebereich

von *Undine Soltau*

Übersicht

Literatur: *Haeckel,* Qualitätsmanagement im medizinischen Laboratorium, Abbott Times 1996, 18; *Imhoff-Hasse,* Aufgaben von ZLG und ZLS, MPJ 1997, 36; *Röhl,* Akkreditierung und Zertifizierung im Produktsicherheitsrecht: zur Entwicklung einer neuen europäischen Verwaltungsstruktur, Berlin u. a., 2000; *Soltau/Atzor/Edelhäuser,* Die Zentralstelle der Länder für Gesundheitsschutz bei Arzneimitteln und Medizinprodukten (ZLG), Pharm.Ind. 2002, 108; *Zentralstelle der Länder für Gesundheitsschutz bei Arzneimitteln und Medizinprodukten – ZLG/Arbeitsgemeinschaft Medizinische Laboratoriumsdiagnostik – AML* (Hrsg.), Handbuch für die Akkreditierung Medizinischer Laboratorien, Berlin 1998; *Zentralstelle der Länder für Gesundheitsschutz bei Arzneimitteln und Medizinprodukten – ZLG/ Arbeitsgemeinschaft Medizinische Laboratoriumsdiagnostik – AML* (Hrsg.), Medizinisches Labor – Qualitätsmanagement und Akkreditierung, Stuttgart 2002.

Materialien:

Änderung des Abkommens über die Zentralstelle der Länder für Gesundheitsschutz bei Medizinprodukten vom 9. 2. 1999, MBl. NRW Nr. 7 v. 12. 3. 1999, S. 54

Bekanntmachung des Abkommens zur Änderung des Abkommens über die Zentralstelle der Länder für Sicherheitstechnik und über die Akkreditierungsstelle der Länder für Mess- und Prüfstellen zum Vollzug des Gefahrstoffrechts vom 3. 6. 1999, Bayerisches Gesetz- und Verordnungsblatt Nr. 13/ 1999

Bekanntmachung des Abkommens über die Zentralstelle der Länder für Gesundheitsschutz bei Medizinprodukten vom 18. 10. 1994, MBl. NRW Nr. 76 v. 22. 11. 1994, S. 972

Bekanntmachung des Abkommens über die Zentralstelle der Länder für Sicherheitstechnik und über die Akkreditierungsstelle der Länder für Mess- und Prüfstellen zum Vollzug des Gefahrstoffrechts v. 6. 8. 1994, Bayerisches Gesetz- und Verordnungsblatt Nr. 21/1994

Bekanntmachung des Bayerischen Staatsministeriums für Arbeit und Sozialordnung vom 9. 7. 1990 über die Zentralstelle der Länder für Sicherheitstechnik, AllMBl. Nr. 15/1990, S. 580

Bekanntmachung des Inkrafttretens des Abkommens über die Zentralstelle der Länder für Gesundheitsschutz bei Arzneimitteln und Medizinprodukten vom 6. 3. 2001, Gesetz- und Verordnungsblatt NRW 2001, S. 84

Bekanntmachung des Inkrafttretens des Abkommens über die Zentralstelle der Länder für Gesundheitsschutz bei Medizinprodukten, Gesetz- und Verordnungsblatt NRW 1998, S. 214

Bekanntmachung über das Inkrafttreten des Abkommens zur Änderung des Abkommens über die Zentralstelle der Länder für Sicherheitstechnik und über die Akkreditierungsstelle der Länder für Mess- und Prüfstellen zum Vollzug des Gefahrstoffrechts vom 17. 4. 2001, Bayerisches Gesetz- und Verordnungsblatt Nr. 8/2001

Bekanntmachung des Ministeriums für Arbeit, Gesundheit und Soziales v. 11. 10. 1993 über die Zentralstelle der Länder für Gesundheitsschutz bei Medizinprodukten – I A 1 – 1020/V B 5 – 0611.54.2.1, MBl. NRW Nr. 70 v. 29. 11. 1993, S. 1762

Bekanntmachung des Ministeriums für Frauen, Jugend, Familie und Gesundheit vom 31. 5. 2001 über die Zentralstelle der Länder für Gesundheitsschutz bei Arzneimitteln und Medizinprodukten – I A 4–1004.6, MBl. NRW 2001, S. 902

Bericht der Bund-Länder-Arbeitsgruppe „Sicherheit bei Blut und Blutprodukten" zu der Entschließung der 66. Konferenz der für das Gesundheitswesen zuständigen Ministerinnen und Minister, Senatorinnen und Senatoren der Länder am 25./26. 11. 1993 (unveröffentlichter Bericht)

Ein globales Konzept für Zertifizierung und Prüfwesen. Instrument zur Gewährleistung der Qualität bei Industrieerzeugnissen, Mitteilung von der Kommission an den Rat, von der Kommission vorgelegt am 15. 6. 1989, ABl. EG Nr. C 267 v. 19. 10. 1989, S. 3

Entschließung des Rates v. 7. 5. 1985 über eine neue Konzeption auf dem Gebiet der technischen Harmonisierung und Normung, ABl. EG Nr. C 136 v. 4. 6. 1985, S. 1

Entschließung des Rates vom 21. 12. 1989 zu einem Gesamtkonzept für die Konformitätsbewertung, ABl. EG Nr. C 10 v. 16. 1. 1990, S. 1

Europäisches Parlament. Stellungnahme des Wirtschafts- und Sozialausschusses zum Thema „Technische Normen und gegenseitige Anerkennung" (96/C 212/02), DIN-Mitt. 1996, 807

Zentralstelle der Länder für Gesundheitsschutz bei Arzneimitteln und Medizinprodukten (ZLG). Staatshandbuch Baden-Württemberg 2002, Staatshandbuch Land Freistaat Bayern 2002 und Staatshandbücher der anderen Bundesländer

Internetadressen (Stand: 10/2002):

Bundesministerium für Gesundheit und Soziale Sicherung
http://www.bmgesundheit.de

Deutscher AkkreditierungsRat
http://www.dar.bam.de

Europäische Kommission
http://www.europa.eu.int/comm/enterprise/medical_devices

Global Hormonization Task Force
http://www.ghtf.org

Zentralstelle der Länder für Gesundheitsschutz bei Arzneimitteln und Medizinprodukten (ZLG)
http://www.zlg.de

A. Einleitung und geschichtliche Entwicklung

1   Als das Medizinprodukterecht in den 90er Jahren europäisch harmonisiert wurde, um den freien Warenverkehr im Binnenmarkt zu gewährleisten, ergaben sich für die europäischen Behörden neue Aufgaben. Im Zuge der **Deregulierung** wurden für eine Reihe von Produkten die ehemals staatliche Zulassung und ein Teil der Überwachungsaufgaben an unabhängige Prüfstellen (Benannte Stellen) übertragen. Diese müssen jedoch staatlich akkreditiert, **der Europäischen Kommission und den anderen Mitgliedstaaten** gegenüber notifiziert und regelmäßig überwacht werden. Für diese Maßnahmen existieren über zahlreiche Wirtschaftsbereiche hinweg geltende und zunehmend weltweit harmonisierte Vorgaben, die von den zuständigen Behörden zu beachten sind.

Das Medizinproduktegesetz (MPG) setzt die folgenden **Richtlinien des Europäischen** 2 **Parlaments und des Rates** in nationales Recht um:
- 90/385/EWG[1] über aktive implantierbare medizinische Geräte,
- 93/42/EWG[2] über Medizinprodukte,
- 98/79/EG[3]   über In-vitro-Diagnostika und
- 2000/70/EG[4] zur Änderung der Richtlinie 93/42/EWG hinsichtlich der Medizinprodukte, die stabile Derivate aus menschlichem Blut oder Blutplasma enthalten.

Diese EG-Richtlinien folgen dem Neuen Ansatz, d. h. den Beschlüssen des Rates über
- die Neue Konzeption von 1985:[5] Grundlegende Anforderungen an Produkte und harmonisierte Normen zu deren Spezifizierung
- das Globale Konzept von 1989[6] (Modulbeschluss): nach Produktrisiken abgestufte Konformitätsbewertungsverfahren für den Nachweis, dass ein Produkt die Grundlegenden Anforderungen erfüllt,
- das Gesamtkonzept von 1989:[7] Aufbau von Akkreditierungssystemen in den Mitgliedstaaten zur Akkreditierung von Prüflaboratorien und Zertifizierungsstellen (Benannten Stellen), die als unabhängige Dritte definierte Aufgaben im Rahmen der Konformitätsbewertungen übernehmen.

Als ein wichtiges, von den einzelnen Richtlinien aufgenommenes Ziel des Globalen 3 Konzepts ist die Errichtung von **Akkreditierungssystemen** nach den Normen der Reihe EN 45 000 vorgesehen. Durch die Generierung von Vertrauen in diese Akkreditierungen soll eine Legitimation und Anerkennung der Benannten Stellen im gesamten Europäischen Wirtschaftsraum sichergestellt werden. Eine Kontrolle der Benannten Stellen durch die Kommission entfällt damit. Für die Mitgliedstaaten ergab sich daraus die Verpflichtung, rechtskonforme Verfahren für die Akkreditierung und Benennung aufzubauen. In Deutschland hatte das Ende der 80er-Jahre Überlegungen zur Errichtung einer zentralen deutschen Akkreditierungsbehörde im Geschäftsbereich des Bundesministeriums für Wirtschaft und Technologie zur Folge. Die interessierten Kreise, zu denen neben Bundes- und Länderbehörden insbesondere die deutsche Wirtschaft und die traditionell zahlreichen Prüfinstitutionen zählen, sprachen sich jedoch für eine dezentrale, prüfgebietsorientierte Lösung aus. Diese Entscheidung trug u. a. der Tatsache Rechnung, dass mehrere Wirtschaftsverbände auf Grund der Entwicklungen in der Elektrotechnik und Chemie bereits Akkreditierungsstellen im gesetzlich nicht geregelten Bereich errichtet hatten und hier als Gesellschafter fungierten.

---

[1] Richtlinie 90/385/EWG des Rates v. 20. 6. 1990 zur Angleichung der Rechtsvorschriften der Mitgliedstaaten über aktive implantierbare medizinische Geräte (ABl. EG Nr. L 189 v. 20. 7. 1990, S. 17), zuletzt geändert durch Art. 9 der Richtlinie 93/68/EWG des Rates v. 22. 7. 1993 (ABl. EG Nr. L 220 v. 30. 8. 1993, S. 1).

[2] Richtlinie 93/42/EWG des Rates v. 14. 6. 1993 über Medizinprodukte (ABl. EG Nr. L 169 v. 12. 7. 1993, S. 1), zuletzt geändert durch Richtlinie 2001/104/EG des Europäischen Parlaments und des Rates v. 7. 12. 2001 zur Änderung der Richtlinie 93/42/EWG des Rates über Medizinprodukte (ABl. EG Nr. L 6 v. 10. 1. 2002, S. 50).

[3] Richtlinie 98/79/EG des Europäischen Parlaments und des Rates v. 27. 10. 1998 über In-vitro-Diagnostika (ABl. EG Nr. L 331 v. 7. 12. 1998, S. 1).

[4] Richtlinie 2000/70/EG des Europäischen Parlaments und des Rates v. 16. 11. 2000 zur Änderung der Richtlinie 93/42/EWG des Rats hinsichtlich Medizinprodukten, die stabile Derivate aus menschlichem Blut oder Blutplasma enthalten (ABl. EG Nr. L 313 v. 13. 12. 2000, S. 22).

[5] Entschließung des Rates vom 7. 5. 1985 über eine neue Konzeption auf dem Gebiet der technischen Harmonisierung und Normung (ABl. EG Nr. C 136 v. 4. 6. 1985, S. 1).

[6] Ein globales Konzept für Zertifizierung und Prüfwesen. Instrument zur Gewährleistung der Qualität bei Industrieerzeugnissen, Mitteilung von der Kommission an den Rat, von der Kommission vorgelegt am 15. 6. 1989 (ABl. EG Nr. C 267 v. 19. 10. 1989, S. 3).

[7] Entschließung des Rates vom 21. 12. 1989 zu einem Gesamtkonzept für die Konformitätsbewertung (ABl. EG Nr. C 10 v. 16. 1. 1990, S. 1).

4   Zudem ergibt sich aus dem Grundgesetz der Bundesrepublik Deutschland die **Zuständigkeit der Länder** für die Akkreditierungsaufgaben im Vollzug der meisten EG-Richtlinien. Insofern konnten die Aufgaben nicht bei einer Bundesoberbehörde zentralisiert werden. Von der Möglichkeit, durch ein Akkreditierungsgesetz übergreifende Regelungen zu treffen, wurde im Gegensatz zu anderen Mitgliedstaaten Abstand genommen. Die europäisch vorgegebenen Anforderungen an die Benennung der Stellen wurden in das Gerätesicherheitsgesetz, das Medizinproduktegesetz (MPG) und andere Gesetze übernommen.

5   Gemäß Art. 83 des Grundgesetzes führen die Länder Bundesgesetze als eigene Angelegenheiten aus. In Bezug auf die aus dem EG-Recht erwachsenden Aufgaben fassten die **Ministerpräsidenten** im Dezember 1989 folgenden Beschluss:

> Die Regierungschefs der Länder sind der Auffassung, dass die verfassungsrechtlichen Zuständigkeiten der Länder im Verwaltungsbereich auch in der fortschreitenden Integration der Europäischen Gemeinschaften gewahrt und gestärkt werden müssen. Soweit durch EG-Recht die Benennung einer Vollzugsbehörde mit Zuständigkeit für das gesamte Bundesgebiet erforderlich ist, muss grundsätzlich eine solche Stelle in der Vollzugskompetenz der Länder arbeiten, soweit die Länder im Verhältnis zum Bund innerstaatlich zuständig sind.

Bereits die ersten EG-Richtlinien nach dem Neuen Ansatz führten bei den deutschen Ministerpräsidenten zu der Einsicht, dass Redundanzen vermieden und die Akkreditierung, Benennung und Überwachung der Prüfstellen von zentraler Stelle aus wahrgenommen werden sollten. Im Zuge der internationalen Harmonisierung war zudem erkennbar, dass trotz des **Subsidiaritätsprinzips** die Maßnahmen der Mitgliedstaaten auf diesem Gebiet hinterfragt und im Blickpunkt internationalen Interesses stehen würden. Um das erforderliche besondere fachliche Know-how nicht in jedem Bundesland aufbauen zu müssen und auch auf europäischer Ebene geschlossen agieren zu können, unterzeichneten die Ministerpräsidenten 1989 ein Abkommen über die Gründung der **Zentralstelle der Länder für Sicherheitstechnik (ZLS)** mit Sitz in München und über die **Akkreditierungsstelle der Länder für Mess- und Prüfstellen zum Vollzug des Gefahrstoffrechts (AKMP)** mit Sitz in Kassel. Der ZLS wurden Akkreditierungsaufgaben im Vollzug von EG-Recht, der AKMP Akkreditierungen nach nationalem Recht übertragen. Als 1993 auf Grund der EG-Richtlinien 90/385/EWG über aktive implantierbare medizinische Geräte und 93/42/EWG über Medizinprodukte erneut über Zuständigkeiten zu entscheiden war, wurde unter Berücksichtigung des „Berlin-Beschlusses" (Verlegung des Regierungssitzes von Bonn nach Berlin) eine weitere Zentralstelle mit Sitz in Bonn eingerichtet, die **Zentralstelle der Länder für Gesundheitsschutz bei Medizinprodukten.**[8] Sie ist zuständig für die Akkreditierungen im Bereich der nicht aktiven Medizinprodukte und In-vitro-Diagnostika und wirkt mit bei den federführend von der ZLS wahrgenommenen Aufgaben im Bereich der aktiven Medizinprodukte. Dieser Entscheidung lag zum einen der Wille zugrunde, neue Behörden als regionalen Ausgleich für den Umzug der Regierung nach Berlin in Bonn anzusiedeln. Zum anderen wurde der traditionellen Aufgabe der ZLS Rechnung getragen, Stellen für die Vergabe des GS-Zeichens auf medizinischen Geräten anzuerkennen. Die ehemals im MPG vorgenommene Unterscheidung zwischen aktiven und nicht aktiven Medizinprodukten fand so auch bei der Zuständigkeitsverteilung zwischen den Zentralstellen ihren Niederschlag.[9] Auch bei den nicht an die Zentralstellen abgegebenen und in der Verantwortung der einzelnen Länder wahrgenommenen Aufgaben wird in vielen Bundesländern zwischen aktiven und nicht aktiven Medizinprodukten unterschieden.[10]

---

[8] Inzwischen in „Zentralstelle der Länder für Gesundheitsschutz bei Arzneimitteln und Medizinprodukten" erweitert.

[9] Hierzu auch *Imhoff-Hasse*, MPJ 1997, 36.

[10] Hierzu der Beitrag von *Attenberger* in diesem Handbuch (§ 10, z. B. Rdnr. 13, 16).

B. Grundlagen und Begriffe

I. Gesamtkonzept der Europäischen Kommission

Die Leitlinien für die europäische Politik auf dem Gebiet der Konformitätsbewertung[11] **6**
sehen u. a. die allgemeine Anwendung der Normenreihen EN 29 000 (inzwischen in über-
arbeiteter Fassung EN ISO 9000) für die Qualitätssicherung und EN 45 000 in Bezug auf die
Anforderungen an Prüflaboratorien, Zertifizierungs- und Akkreditierungsstellen, den Aufbau von Akkreditierungssystemen in den Mitgliedstaaten und die gegenseitige Anerkennung
von Akkreditierungen, Zertifizierungen und Prüfergebnissen vor. Da die Akkreditierungsstellen, Zertifizierungsstellen und Laboratorien bei der Gewährleistung der Konformität von
Produkten mit den gesetzlichen Anforderungen, bei der Vertrauensbildung im **Binnenmarkt** und beim Schutz öffentlicher Interessen eine wichtige Rolle spielen, sind sie zu einem zentralen Element der Struktur des Binnenmarktes geworden (s. Abb. 1). Die Mitgliedstaaten haben dafür Sorge zu tragen, dass diese Stellen allen Anforderungen genügen.
Die in einer Richtlinie aufgeführten Mindestkriterien für Benannte Stellen und deren Unterauftragnehmer (Laboratorien) werden durch die Umsetzung in nationales Recht zur
rechtsverbindlichen Grundlage für deren Beurteilung und Benennung.

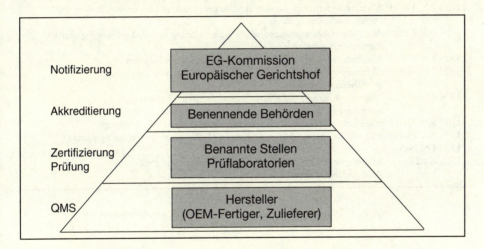

Abb. 1: Vertrauensbildung im Binnenmarkt (New Approach, Global Approach)

Aus dem **Gesamtkonzept der Europäischen Kommission für die Konformitäts-** **7**
bewertung leitet sich neben dem Aufbau nationaler Akkreditierungsstrukturen auch die
Forderung nach einheitlichen Regeln für die Arbeit der Prüfinstitutionen ab. Die gegenseitige Anerkennung von Untersuchungsergebnissen und Zertifikaten ist eines der Ziele
des **Globalen Konzepts** der EU. Auf diese Weise sollen Zuverlässigkeit, höchste fachliche Kompetenz, Unabhängigkeit und Transparenz der Arbeitsweise von Laboratorien und
Zertifizierungsstellen im gesamten Europäischen Wirtschaftsraum sichergestellt werden. In
ihren Beschlüssen bezieht sich die Europäische Kommission hierbei auf die in den mandatierten harmonisierten Normen der Reihe EN 45 000 festgelegten Kriterien für die Beurteilung von Qualifikation und Arbeitsweise.

---

[11] Entschließung des Rates vom 21. 12. 1989 zu einem Gesamtkonzept für die Konformitätsbewertung (ABl. EG Nr. C 10 v. 16. 1. 1990, S. 1).

II. Normen der Reihe DIN EN 45 000 und Empfehlungen der Europäischen Kommission

8   Die Normen der Reihe DIN EN 45 000 wurden mit Ausnahme der DIN EN 45 004 im Auftrag der Europäischen Kommission und im Hinblick auf die Schaffung des EG-Binnenmarktes entwickelt. Als **mandatierte harmonisierte Normen** sollen sie dazu beitragen, Vertrauen in die gegenseitige Anerkennung der Arbeitsergebnisse von Akkreditierungs- und Zertifizierungsstellen sowie Laboratorien zu bilden. Sie enthalten allgemeine Kriterien für den organisatorischen Aufbau, die Ausstattung mit Personal, die technischen Einrichtungen und die Arbeitsweise dieser Institutionen. Die Normen dieser Reihe beschreiben damit europaweit die Grundlagen für eine Akkreditierung (s. Abb. 2 und 3). Sie werden regelmäßig überarbeitet und unter Berücksichtigung der relevanten ISO-Guides zugleich weltweit harmonisiert.

DIN EN 45 001	Allgemeine Kriterien zum Betreiben von Prüflaboratorien
DIN EN 45 002	Allgemeine Kriterien zum Begutachten von Prüflaboratorien
DIN EN 45 003	Allgemeine Kriterien für Stellen, die Prüflaboratorien akkreditieren
DIN EN 45 004	Allgemeine Kriterien für den Betrieb verschiedener Typen von Stellen, die Inspektionen durchführen
DIN EN 45 010	Allgemeine Anforderungen an die Begutachtung und Akkreditierung von Zertifizierungsstellen
DIN EN 45 011	Allgemeine Kriterien für Stellen, die Produkte zertifizieren
DIN EN 45 012	Allgemeine Kriterien für Stellen, die Qualitätssicherungssysteme zertifizieren
DIN EN 45 013	Allgemeine Kriterien für Zertifizierungsstellen, die Personal zertifizieren
DIN EN 45 014	Allgemeine Kriterien für Konformitätserklärungen von Anbietern
DIN EN 45 020	Allgemeine Fachausdrücke und deren Definitionen betreffend Normung
DIN EN ISO/ IEC 17 025	Allgemeine Anforderungen an die Kompetenz von Prüf- und Kalibrierlaboratorien

Abb. 2: Normenreihe DIN EN 45 000 und Nachfolgenormen

9   So wurde die EN 45 001 durch die **EN ISO/IEC 17 025** ersetzt, wobei sowohl die internationalen Erfahrungen mit dem ISO-Guide 25 als auch die europäischen Erkenntnisse über die EN 45 001 einflossen.[12] Diese Norm enthält Anforderungen an Prüf- und Kalibrierlaboratorien als Nachweis dafür, dass sie ein Qualitätsmanagementsystem betreiben, technisch kompetent und fähig sind, fachlich fundierte Ergebnisse zu erzielen. Im Rahmen der Revision wurde die Notwendigkeit gesehen, alle relevanten Anforderungen aus der ISO 9001 bzw. der ISO 9002 aufzunehmen. Darüber hinaus wurden die Regelungen für die Auswahl der Prüfverfahren, die Validierung, fachliche Meinung und Interpretation, die Rückführung von Messungen und die Messunsicherheitsbetrachtung präzisiert. Das wirkt sich auf die Anforderungen an das Qualitätsmanagementsystem aus. Das in der DIN EN 45 001 geforderte Qualitätssicherungssystem eines Laboratoriums musste lediglich der Art, der Bedeutung und dem Umfang der durchzuführenden Arbeiten nach angemessen sein. In der Einführung zur DIN EN ISO/IEC 17 025 heißt es hingegen,

---

[12] Hierzu auch *Haeckel*, Abbott Times 1996, 18.

Laboratorien, die dieser internationalen Norm entsprechen, werden daher auch übereinstimmend mit ISO 9001 und 9002 arbeiten. Die Zertifizierung nach ISO 9001 oder ISO 9002 allein beinhaltet keinen Nachweis der Kompetenz des Laboratoriums, fachlich begründete Daten und Ergebnisse zu erzielen. Während eine Akkreditierung sehr wohl den Nachweis für ein Qualitätsmanagementsystem nach DIN EN ISO 9001/2 belegt, ist eine Zertifizierung nach dieser Norm noch keineswegs als der für ein Labor so wichtige Kompetenznachweis anzusehen.

Das ist von Herstellern ebenso wie von Benannten Stellen zu beachten, soweit Prüfergebnisse zur **Konformitätsbewertung** herangezogen werden. Bei der Prüfung der Grundlegenden Anforderungen löst eine Akkreditierung die Erwartungshaltung aus, dass das betreffende Labor die in den Anhängen der Richtlinien vorgegebenen Mindestkriterien an das mit den Prüfungen beauftragte Personal erfüllt. Somit können die Untersuchungsergebnisse im Rahmen der Konformitätsbewertung (z.B. EG-Baumusterprüfung und EG-Prüfung) anerkannt werden. Sofern das Labor nicht auf dieser Grundlage akkreditiert ist, muss sich die Benannte Stelle durch eigene Inspektionen und zusätzliche Maßnahmen von der Einhaltung der Anforderungen überzeugen. Durch eine Akkreditierung kann ein Labor nicht nur gegenüber einer, sondern allen Benannten Stellen sowie gegenüber den Herstellern und den Überwachungsbehörden ausweisen, dass es entsprechend der DIN EN 45001 bzw. DIN EN ISO/IEC 17025 arbeitet und die im Geltungsbereich der Akkreditierung ausgewiesenen Untersuchungen zuverlässig und kompetent durchzuführen vermag.

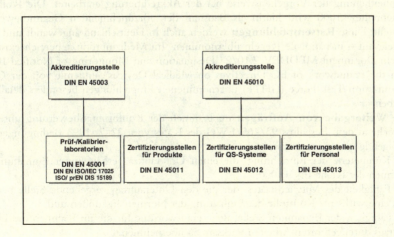

Abb. 3: Zuordnung der Normen der Reihe DIN EN 45000

Für **Benannte Stellen** gelten je nach Aufgabengebiet die für Zertifizierungsstellen erarbeiteten Normen EN 45011 in Verbindung mit der EN 45001 bzw. EN ISO/IEC 17025 und die EN 45012 (s. Abb. 3 und 4). Im Rahmen der Konformitätsbewertung haben Benannte Stellen und Hersteller anhand von Untersuchungsergebnissen den Nachweis zu führen, dass die Grundlegenden Anforderungen der EG-Richtlinien erfüllt sind. Die Bereitschaft von Laboratorien, sich akkreditieren zu lassen, ist dabei ein wichtiger Bestandteil des gesamten Sicherheitskonzepts. Während im Arzneimittelrecht die Sicherheit durch staatliche Zulassungs- und Überwachungsverfahren gewährleistet wird, stützen sich die EG-Richtlinien nach der **Neuen Konzeption** auf Qualitätssicherung, Zertifizierung und Akkreditierung als vertrauensbildende Maßnahmen und als Grundlage für die gegenseitige Anerkennung von Untersuchungsergebnissen.

AIMD 90/385/EWG	MDD 93/42/EWG	IVDD 98/79/EG	Harmonisierte Norm
Anhänge 2.4, 3 und 4	Anhänge II.4, III, IV	Anhänge III.6, IV.4 und IV.6, V, VI und VII.5	EN 45 011 in Verbindung mit EN 45 001
Anhänge 2 und 5	Anhänge II.3, V, VI	Anhänge IV, VII	EN 45 012

Abb. 4: Zuordnung der Normen zu den Anhängen der Richtlinien

12   Die Anwendung der Normen ist grundsätzlich freiwillig. Das gilt auch für die einschlägigen Akkreditierungsnormen. Die **Vermutungswirkung** kann sich zudem nur auf die Punkte der EG-Mindestkriterien erstrecken, die auch tatsächlich in den Normen behandelt wurden. Die Weiterentwicklung der Normen auf dem Gebiet der Konformitätsbewertung im Hinblick auf deren Vermutungswirkung gegenüber gesetzlichen Anforderungen ist ein zentrales Anliegen der **Hohen Normungsbeamten,** d.h. der in der **Senior Officials Group on Standardization (SOGS)** mit der Ausgestaltung und Erweiterung des europäischen Binnenmarktes befassten Vertreter der europäischen Mitgliedstaaten (s. auch Rdnr. 51). Von den Gremien der Europäischen Kommission wurden unter Beteiligung der Mitgliedstaaten SOGS-, Certif- und MEDDEV-Dokumente zur Vereinheitlichung der Vorgehensweise bei der Akkreditierung erarbeitet. Die Rolle der Normenreihe 45 000 wird hierin als Baustein der vorzunehmenden Gesamtbewertung dargestellt. Diese **Ratsempfehlungen** werden auch in Deutschland angewandt und – soweit relevant – in nationale Regeln übernommen. Im Medizinproduktebereich existieren mit dem Dokument MEDDEV 2.10/2 „Designation and Monitoring of Notified Bodies within the Framework of EC Directives on Medical Devices" und mit von der Global Harmonization Task Force (GHTF) übernommenen Empfehlungen besonders detaillierte Vorgaben.

13   Die **Weitergabe von Aufträgen** im Rahmen der Konformitätsbewertung unterliegt entsprechend dem Beschluss 93/465/EWG des Rates vom 22. 7. 1993 Bedingungen, die das Folgende garantieren müssen:
- die Kompetenz der Einrichtung, die einen Unterauftrag erhält, unter Einhaltung der Normen der Reihe EN 45 000,
- die Fähigkeit des Mitgliedstaates, der die den Unterauftrag vergebende Stelle benannt hat, eine wirksame Kontrolle der Einhaltung der Normen auszuüben und
- die Fähigkeit der Benannten Stelle, die Verantwortung für die im Rahmen des Unterauftrags durchgeführten Arbeiten wirksam zu übernehmen.

III. Akkreditierung, Benennung und Notifizierung

14   ZLG und ZLS haben durch Akkreditierungen sicherzustellen, dass den Grundsätzen des neuen europäischen Sicherheitskonzepts auch in der Bundesrepublik Deutschland entsprochen wird, indem sie dafür Sorge tragen, dass Prüfungen und Zertifizierungen von Stellen durchgeführt werden, die den Mindestkriterien der Richtlinien genügen. Die **Akkreditierung** (s. Abb. 5) ist eine vertrauensbildende Maßnahme und bestätigt dem Antragsteller, dass er fähig ist, bestimmte Verfahren und Tätigkeiten auf der Basis eines Qualitätssicherungs-/Qualitätsmanagementsystems kompetent durchzuführen.

Akkreditierung

Verfahren, in dem eine maßgebliche Stelle formell anerkennt, dass eine Stelle oder Person kompetent ist, bestimmte Aufgaben auszuführen.

DIN EN 45 020: 1994–04

Verfahren, nach dem eine autorisierte Stelle die formelle Anerkennung erteilt, [...]

ISO/IEC Guide 2: 1996

Formelle Anerkennung der Kompetenz eines Prüflaboratoriums, bestimmte Prüfungen oder Prüfungsarten auszuführen.

DIN EN 45 001: 1990–05

Abb. 5: Definitionen des Begriffs Akkreditierung

1. Akkreditierungsregeln

Dem Akkreditierungsverfahren liegt ein Regelwerk zugrunde, das die Neutralität, die **15** fachliche Kompetenz und die Nichtdiskriminierung von Antragstellern sicherstellen muss. Das Verfahren ist für jedermann unter den gleichen Voraussetzungen zugänglich. Das Personal von ZLG und ZLS besteht aus Beamten und Angestellten, die nach den Vorschriften des Beamtenrechts und des Rechts im öffentlichen Dienst in besonderer Weise zu unparteiischer und gerechter Erfüllung ihrer Aufgaben verpflichtet sind. Sie folgen dem Verwaltungsverfahrensgesetz (VwVfG), den relevanten Kommissionsempfehlungen (Certif, MEDDEV) und den besonderen Regeln der Reihe EN 45 000. Die **Akkreditierungsregeln der ZLG** (s. Abb. 6) wurden von ihrem Beirat, der aus autorisierten Vertretern der für den Gesundheitsschutz zuständigen Ministerien der Länder besteht, verabschiedet und orientieren sich an den Empfehlungen des Deutschen AkkreditierungsRates (DAR; s. auch Rdnr. 45 ff.).

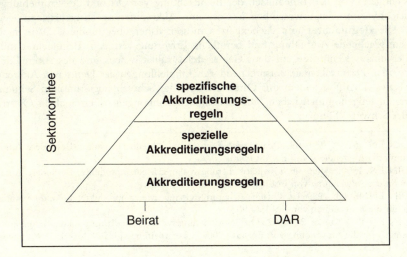

Abb. 6: Regelwerk der Akkreditierung

Sie werden ergänzt durch in den Sektorkomitees unter Einbindung der betroffenen Kreise erarbeitete spezielle Akkreditierungsregeln und durch spezifische Ausarbeitungen wie Prüf-/Begutachtungsbausteine.

16 Die **speziellen Akkreditierungsregeln der ZLG** gelten:
- für Zertifizierungsstellen für Qualitätssicherungssysteme in den Geltungsbereichen,
    - sterile Medizinprodukte,
    - DIN EN 46 001,[13] DIN EN 46 002[14] und DIN EN 46 003,[15] DIN EN ISO 13 485[16]/DIN EN ISO 13 488,[17]
    - DIN EN 46 001, DIN EN 46 002 und DIN EN 46 003, DIN EN ISO 13 485/DIN EN ISO 13 488 für die Aufbereitung von Medizinprodukten entsprechend den Empfehlungen der Kommission für Krankenhaushygiene und Infektionsprävention beim Robert Koch-Institut (RKI) und des Bundesinstituts für Arzneimittel und Medizinprodukte (BfArM) zu den „Anforderungen an die Hygiene bei der Aufbereitung von Medizinprodukten",[18]
- für Zertifizierungsstellen im Bereich der Richtlinie 98/79/EG über In-vitro-Diagnostika,
- für Zertifizierungsstellen nach Richtlinie 93/42/EG über Medizinprodukte im Geltungsbereich „Medizinprodukte, die stabile Derivate aus menschlichem Blut oder Blutplasma enthalten",
- für Laboratorien im Geltungsbereich „nicht Standardprüfverfahren"[19] und
- für Zertifizierungsstellen für Personal im Geltungsbereich „zertifizierter Sachverständiger für Medizinprodukte nach § 26 MPG".

2. Ablauf eines Akkreditierungsverfahrens

17 Voraussetzung für eine Akkreditierung ist die Feststellung der fachlichen Kompetenz und die Überprüfung der Erfüllung der Anforderungen anhand von Unterlagen und durch eine Begutachtung vor Ort. Gegenüber dem normalen Verwaltungsverfahren weist das **Akkreditierungsverfahren** (s. Abb. 7) einige zusätzliche Verfahrenssicherungen auf. Die Begutachtung wird anhand von allgemeinen und fachspezifischen Checklisten vorgenommen, welche die in den EG-Richtlinien, dem MPG, den Akkreditierungsnormen und den EG-Empfehlungen – insbesondere MEDDEV 2.10/2 – vorgegebenen Anforderungen berücksichtigen. Von den Ergebnissen der Begutachtung vor Ort und der Empfehlung des Begutachterteams hängt wesentlich ab, ob eine Akkreditierung ausgesprochen werden kann. Die **Begutachter** und Fachexperten müssen daher über fundiertes Wissen, über eine entsprechende Ausbildung und berufliche Erfahrung verfügen. Begutachter müssen darüber hinaus Kenntnisse auf dem Gebiet des Qualitätswesens und des Akkreditierens nachweisen. Dazu sollen sie entsprechend den Empfehlungen des Deutschen AkkreditierungsRates (DAR) an einem mit Österreich und der Schweiz abgestimmten Schulungsprogramm teilgenommen haben. Die Teilnahmebestätigungen haben auch in Österreich und der Schweiz Gültigkeit.

---

[13] DIN EN 46001: 1996–09, Qualitätssicherungssysteme; Medizinprodukte; Besondere Anforderungen für die Anwendung von EN ISO 9001.

[14] DIN EN 46002: 1996–09, Qualitätssicherungssysteme; Medizinprodukte; Besondere Anforderungen für die Anwendung von EN ISO 9002.

[15] DIN EN 46003: 1999–10, Qualitätssicherungssysteme; Medizinprodukte; Besondere Anforderungen für die Anwendung von EN ISO 9003.

[16] DIN EN ISO 13485: 2001–02, Qualitätssicherungssysteme; Medizinprodukte; Besondere Anforderungen für die Anwendung von EN ISO 9001 (Überarbeitung von EN 46001: 1996) (identisch mit ISO 13485: 1996).

[17] DIN EN ISO 13488: 2001–02, Qualitätssicherungssysteme; Medizinprodukte; Besondere Anforderungen für die Anwendung von EN ISO 9002 (Überarbeitung von EN 46002: 1996) (identisch mit ISO 13488: 1996).

[18] BGesundBl. 2001, 1115 ff.

[19] Unter „nicht Standardprüfverfahren" werden Prüfverfahren verstanden, die nicht routinemäßig auf der Basis von Prüfanweisungen im Laboratorium durchgeführt werden, sondern für die die jeweilige Prüfvorschrift erst im Einzelfall erstellt werden muss.

Die **konkreten Qualifikationskriterien** sind in den Regeln des Begutachterwesens **18** der jeweiligen Akkreditierungsstelle festgelegt. In einem Anerkennungsverfahren werden die Eignung der Begutachter und ihr Einsatzgebiet festgelegt. Da bei Laborbegutachtungen oft spezielle Kenntnisse und aktuelle praktische Erfahrungen erforderlich sind, werden hier neben fest angestellten Mitarbeitern – zumeist Beamten – auch externe Fachexperten vertraglich eingebunden. Diese müssen in Bezug auf den erteilten Auftrag unabhängig und weisungsungebunden sein, unparteiisch und nicht diskriminierend handeln und alle im Zuge eines Begutachtungsverfahrens erhaltenen Informationen vertraulich behandeln. Auch dürfen sie im zu begutachtenden Bereich nicht beratend tätig sein. Je nach Umfang der beantragten Akkreditierung wird die Begutachtung von einem Team aus Begutachtern und Fachexperten durchgeführt, die alle fachlichen Aspekte abdecken. Zu den Ergebnissen der Begutachtung wird der Antragsteller gehört. Auf Grundlage eines Begutachtungsberichtes und dessen Bewertung durch eine Person, die nicht im Verfahren beteiligt war, trifft ein Akkreditierungsausschuss die Entscheidung. Der Antragsteller erhält einen Akkreditierungsbescheid, welcher Dauer, Geltungsbereich der Akkreditierung, Nebenbestimmungen und Auflagen enthält. Widerspruchsbehörde gegen die Ablehnung einer Akkreditierung, ihrer Einschränkung oder ihres Entzugs sind die Akkreditierungsbehörden.

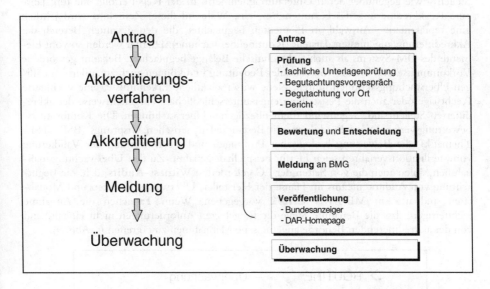

Abb. 7: Akkreditierungsverfahren

3. Benennung, Notifizierung und Überwachung

Aus dem Grundgesetz der Bundesrepublik Deutschland ergibt sich für die meisten Be- **19** reiche eine Gesetzgebungskompetenz des Bundes und eine Zuständigkeit der Länder für den Vollzug. Die Außenvertretung obliegt wiederum dem Bund. Die Akkreditierung und Benennung fallen in die Verantwortung der Länder. Diese wiederum haben die **Zuständigkeit** durch Staatsverträge an die ZLG und die ZLS übertragen. Der Umfang der **Benennung** stützt sich auf die im Verfahren festgestellte Kompetenz einer Zertifizierungsstelle hinsichtlich der Konformitätsbewertungsverfahren und der Produkte. So setzt die Benennung für eine EG-Baumusterprüfung nach Anhang III der Richtlinie 93/42/ EWG voraus, dass die Stelle sowohl die Prüf- als auch die Bewertungskapazität zum Nachweis der Erfüllung aller Grundlegenden Anforderungen vorhält. Dabei ist eine jahrelange Erfahrung z.B. auf dem Gebiet der elektrischen Sicherheit allein nicht ausreichend.

Auch zur Bewertung klinischer Daten, der Biokompatibilität, der Validierung von Sterilisationsverfahren etc. müssen Fachkenntnisse und relevante Prüfmöglichkeiten nachgewiesen werden. Die Stelle muss in der Lage sein, mit höchster fachlicher Zuverlässigkeit und größter erforderlicher Sachkenntnis zu handeln.

20   Bei der **Notifizierung** handelt es sich nach Abschnitt 6.2 des Leitfadens für die Umsetzung der nach dem Neuen Konzept und dem Gesamtkonzept verfassten Richtlinien[20] um die Unterrichtung der Gemeinschaft und der anderen Mitgliedstaaten darüber, dass eine die Anforderungen erfüllende Stelle dafür benannt wurde, die Konformitätsbewertung gemäß einer Richtlinie vorzunehmen. In Deutschland erfolgt die Notifizierung an die Europäische Kommission und die Mitgliedstaaten durch das Bundesministerium für Gesundheit und Soziale Sicherung (BMGS) über das für die verwaltungsmäßige Abwicklung zuständige Bundesministerium für Wirtschaft und Arbeit (BMWA).

21   Die Akkreditierung ist befristet. Die entsprechende Ermächtigungsgrundlage ist im MPG vorhanden. Um die aus demokratischen und rechtsstaatlichen Grundsätzen geforderte Einhaltung der Anerkennungsvoraussetzungen dauerhaft sicherzustellen, unterliegt die akkreditierte Stelle einer durch verschiedene Maßnahmen geprägten **Überwachung** (s. Abb. 8). Diese umfasst Auskunfts- und Nachschaurechte gegenüber den Benannten Stellen sowie gegenüber deren Unterauftragnehmern. In der Regel erfolgt alle fünf Jahre eine Reakkreditierung des gesamten Bereichs. Während dieses Zeitraums wird jährlich eine repräsentative Auswahl an Elementen begutachtet, die den gesamten Bereich der Akkreditierung angemessen darstellt (Routineüberwachung). Hierbei werden sowohl Elemente des QM-Systems als auch fachtechnische Belange begutachtet. Bekannt gewordene Vorkommnisse sind hierbei von zentraler Bedeutung und können auch zu außerplanmäßigen Überwachungsaktionen führen. Neue wissenschaftliche Erkenntnisse, eine veränderte Rechtslage oder auch die Feststellung einer unterschiedlichen Vorgehensweise der akkreditierten Stellen sind Gegenstand themenbezogener Überwachungen. Die Konformitätsbewertungsverfahren bei Produkten mit Bestandteilen tierischen Ursprungs (BSE-/TSE-Thematik), die Bewertung biologischer Prüfungen und die Bewertung der Validierung von Sterilisationsverfahren seien hierfür beispielhaft genannt. Zu den Überwachungsmaßnahmen zählen auch die von Seiten der EG geforderten **Witness-Audits,** d. h. die Begutachtung von Auditorenteams im Hause der Hersteller. Überwachungsfristen und Modalitäten sind u. a. in MEDDEV 2.10/2 vorgegeben. Wenn Tatsachen die Annahme rechtfertigen, dass die Benannte Stelle die festgelegten Anforderungen nicht einhält, sind von der akkreditierenden Behörde angemessene Maßnahmen zu ergreifen (s. Abb. 9).

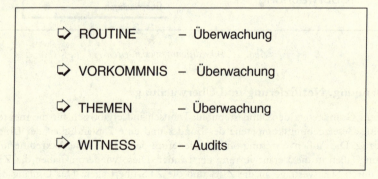

Abb. 8: Formen der Überwachung Benannter Stellen

---

[20] Vgl. den „Leitfaden für die Umsetzung der nach dem Neuen Konzept und nach dem Gesamtkonzept verfassten Richtlinien" der Europäischen Kommission, im Internet unter: http://europa.eu.int/comm/enterprise/newapproach/legislation/guide/document/guidepublicde.pdf (Stand: 10/2002).

Eine **Aufhebung der Benennung** kann lediglich durch die zuständige Behörde erfol- **22** gen und nicht durch die Europäische Kommission, der nur das Vertragsverletzungsverfahren des Art. 226 f. EGV gegen den Mitgliedstaat zur Verfügung steht. Rechtsgrundlagen zur Rücknahme bzw. zum Widerruf ergeben sich aus MPG und MPV und aus den allgemeinen Regeln des VwVfG über die Aufhebung von Verwaltungsakten.[21]

> – Widerruf der Akkreditierung
>
> – Aussetzung der Akkreditierung
>
> – Untersagung, Aufträge anzunehmen und Genehmigungen zu erteilen
>
> – Auflagen
>
> – Abweichungsberichte – Korrekturmaßnahmen
>
> – Vorlage von Nachweisen

Abb. 9: Maßnahmen gegenüber Benannten Stellen

IV. Abkommen der EG mit Drittstaaten über die gegenseitige Anerkennung der Konformitätsbewertungen (Mutual Recognition Agreements on Conformity Assessment – MRAs)

Seit 1997 hat die EG mit mehreren außerhalb des Europäischen Wirtschaftsraums **23** (EWR) gelegenen Drittstaaten Abkommen über die Konformitätsbewertung abgeschlossen (u. a. USA, Kanada, Australien, Neuseeland). Diese sog. **Drittstaatenabkommen** sollen den Warenverkehr erheblich erleichtern und beinhalten die gegenseitige Anerkennung von Prüfungen, Zertifikaten und Inspektionen. Mit diesen Abkommen wurde vereinbart, dass die Behörde des einführenden Landes die Bewertung eines Medizinprodukts oder Qualitätssicherungs-/Qualitätsmanagementsystems einer im ausführenden Land ansässigen Konformitätsbewertungsstelle (CAB) anerkennt. Das bedeutet, dass europäische Hersteller von europäischen Konformitätsbewertungsstellen eine Übereinstimmung ihrer Produkte mit den Bestimmungen eines Drittstaates bestätigt bekommen können. Die Abkommen beinhalten die gegenseitige Akzeptanz der Konformitätsbewertungsstellen und -berichte, bedeuten aber keine gegenseitige Anerkennung (Harmonisierung) der Rechtsvorschriften. Das heißt, es gelten weiterhin die Rechtsvorschriften der einführenden Vertragspartei. Während im Sektor GMP (Arzneimittel) dieser Abkommen Äquivalenzbeurteilungen zur Umsetzung des weitgehend harmonisierten Rechts erfolgen, unterscheidet sich das Medizinprodukterecht der Drittstaaten erheblich von dem europäischen. Im Sektor Medizinprodukte der MRAs ist daher die Akkreditierung, Benennung und Überwachung von Stellen vorgesehen, welche befähigt sind, ihre Tätigkeit auf der Grundlage des jeweiligen Drittstaatenrechts auszuführen. Der mit den Abkommen verbundene Vorteil liegt in erster Linie in der damit geschaffenen Verfügbarkeit lokaler Ansprechpartner für außereuropäi-

---

[21] Vgl. hierzu im Einzelnen den Beitrag von *von Czettritz* in diesem Handbuch (§ 15 Rdnr. 21–27) und *Röhl*.

sche Märkte und der Möglichkeit, in der Landessprache zu kommunizieren. Langfristig ist auch eine spürbare Reduktion der Inspektionen durch Drittstaatenbehörden wie die FDA zu erwarten.

24   Der ZLG und der ZLS sind in den Staatsverträgen neben der Akkreditierung und Benennung die Mitwirkung an den **Konsultationen** im Rahmen der Drittstaatenabkommen (MRA) aufgegeben. Diese gestalten sich sehr aufwendig und führen trotz des hohen politischen wie wirtschaftlichen Interesses nur langsam zu Ergebnissen. Im Rahmen der vertrauensbildenden Maßnahmen ist die ZLG u. a. eingebunden in die gegenseitigen Trainingsprogramme, in **Joint Observed Audits** gemeinsam mit der FDA zur Bewertung der deutschen CAB-Auditoren, in die europäische Bewertung der von den USA, Kanada und Australien gemeldeten CABs und in die Verhandlungen über die vertrauensbildenden Programme **(Implementation-Pläne).**

C. Zentralstelle der Länder für Sicherheitstechnik (ZLS)

25   Mit der Einrichtung der ZLS haben die Länder bereits frühzeitig auf neue, aus dem EG-Recht resultierende Anforderungen an das föderale System reagiert. Um Aufgaben aller Länder vollziehen zu können, wurden ihr entsprechende **Kompetenzen** übertragen. Aus verfassungsrechtlichen Gründen können die 16 Länder als Kollektiv keine eigenen Behörden unterhalten. Haushalts- und Personalhoheit kommen daher nur einem Land zu.

26   Im Staatsabkommen der ZLS haben die Länder **Bayern als Sitzland** bestimmt. Die ZLS ist eine auf Veranlassung der Arbeitsminister eingerichtete Stelle und hat Aufgaben im Vollzug zahlreicher EG-Richtlinien nach dem „Neuen Ansatz". Beschlüsse der Ministerpräsidenten vom 21. 12. 1989 und des Länderausschusses für Arbeitsschutz und Sicherheitstechnik (LASI) vom 15./16. 2. 1990 führten zunächst zur Einrichtung einer vorläufigen Zentralstelle der Länder für Sicherheitstechnik, der ZLS im Aufbau (ZLS i. A.). Durch Bekanntmachung im Bayerischen Staatsanzeiger wurde die ZLS i. A. am 9. 7. 1990 als eine Behörde des Freistaates Bayern errichtet. Organisatorisch ist sie eingebunden in die Abteilung Arbeitsschutz und Arbeitsmedizin, Produktsicherheit und technische Marktüberwachung des Bayerischen Staatsministeriums für Gesundheit, Ernährung und Verbraucherschutz.

27   Da sie Aufgaben für alle 16 Länder wahrnimmt, wird sie von diesen nach dem sog. Königsteiner Schlüssel anteilig **finanziert.** Für die gebührenrelevante Tätigkeit im Rahmen der Akkreditierung besteht die Vorgabe, **kostendeckend** zu arbeiten. Maßgebend für die Haushaltsansätze sind die Beschlüsse der Finanzministerkonferenz (FMK), die im Rahmen der Aufstellung des Haushaltsplans von Bayern umgesetzt werden.

28   Die ZLS ist tätig auf dem Gebiet der Sicherheitstechnik im Bereich des Verbraucher- und Arbeitsschutzes. Ihre Tätigkeit hat zum **Ziel,** im Rahmen:
– des Gerätesicherheitsgesetzes,
– des Medizinproduktegesetzes,
– des Gesetzes zur Beförderung gefährlicher Güter,
– des Sprengstoffgesetzes und der auf diesen Gesetzen beruhenden Rechtsverordnungen,
– der Schiffsausrüstungsverordnung-See und
– der Abkommen der Europäischen Gemeinschaft mit dritten Staaten über die gegenseitige Anerkennung von Konformitätsbewertungen
in der jeweils gültigen Fassung den in der Bundesrepublik Deutschland erreichten Stand der Produkt- und Anlagensicherheit sowie des Arbeitsschutzes zu halten und zu verbessern, und zwar auch im Hinblick auf den sicheren Transport gefährlicher Güter (s. Abb. 10). Der Schwerpunkt liegt dabei im europäisch harmonisierten Bereich und im Vollzug der in Abbildung 10 genannten EG-Richtlinien.

ZLS – Zentralstelle der Länder für Sicherheitstechnik	Zuständiges Bundesressort
Gerätesicherheitsgesetz Elektrische Betriebsmittel (73/23/EWG) Einfache Druckbehälter (87/404/EWG) Spielzeug (88/378/EWG) Maschinen (98/37/EG) Persönliche Schutzausrüstungen (89/686/EWG) Gasverbrauchseinrichtungen (90/396/EWG) Explosionsgefährdete Bereiche (94/9/EG) Sportboote (94/25/EG) Aufzüge (95/16/EG) Druckgeräte (97/23/EG)	**BMWA** Bundesministerium für Wirtschaft und Arbeit
Medizinproduktegesetz Aktive Implantate (90/385/EWG) Aktive Medizinprodukte (93/42/EWG) In-vitro-Diagnostika (98/79/EG) – Produkte zur Blutzuckerbestimmung (Eigenanwendung)	**BMGS** Bundesministerium für Gesundheit und Soziale Sicherung
Gefahrgutbeförderungsgesetz Bestimmte ortsbewegliche Druckgeräte (1999/36/EG) in Verbindung mit – Gefahrguttransport auf der Straße (94/55/EG) – Eisenbahnbeförderung gefährlicher Güter (96/49/EG)	**BMVBW** Bundesministerium für Verkehr, Bau- und Wohnungswesen
Schiffsausrüstungsverordnung-See Schiffsausrüstung (96/98/EG) Rettungsmittel, Ausrüstung zur Verhütung der Meeresverschmutzung sowie Brandschutz	**BMVBW** Bundesministerium für Verkehr, Bau- und Wohnungswesen
Sprengstoffgesetz Explosivstoffe für zivile Zwecke (93/15/EWG) Drittstaatenabkommen (MRA) Sektorale Anhänge für die aufgeführten Produkte	**BMI** Bundesministerium des Innern **BMWA** Bundesministerium für Wirtschaft und Arbeit

Abb. 10: Zuständigkeitsbereiche der ZLS

Die ZLS vollzieht damit die Aufgaben der Länder im **Bereich** der Anerkennung, 29
Akkreditierung und Benennung:
– nach § 9 Gerätesicherheitsgesetz,
– nach § 15 MPG für den Bereich der aktiven Medizinprodukte,
– nach § 9 des Gesetzes über die Beförderung gefährlicher Güter i. V. m. § 6 der Gefahr-
  gutverordnung Straße und Eisenbahn (Akkreditierung von Prüf- und Zertifizierungsstellen für Gefäße zur Beförderung von Gasen),
– nach § 12 c der Ersten Verordnung zum Sprengstoffgesetz und
– nach § 14 der Schiffsausrüstungsverordnung-See.
Der ZLS obliegen hierbei insbesondere folgende **Aufgaben:** 30
– Erarbeitung von Anforderungen, die an Prüflaboratorien und Zertifizierungsstellen zu
  stellen sind,
– Erarbeitung von Leitlinien für die Anforderungen sowie die Anerkennung von Regelwerken, die bei der Prüfung und Zertifizierung zu beachten sind,
– Akkreditierung, Benennung und Überwachung dieser Stellen,
– Errichtung, Organisation und Koordinierung von Sektorkomitees und
– Förderung des Erfahrungsaustausches der akkreditieren Stellen.

31 Die Tätigkeit der ZLS im Rahmen der Abkommen der Europäischen Gemeinschaft mit dritten Staaten über die gegenseitige Anerkennung von Konformitätsbewertungen hat zum Ziel, deutschen Prüf- und Zertifizierungsstellen die Möglichkeit zu eröffnen, nach dem Recht der **Drittstaaten** zu prüfen. Der ZLS obliegen hierbei insbesondere folgende Aufgaben:

- Akkreditierung und Überwachung von Konformitätsbewertungsstellen,
- Aussetzung, Widerruf und Rücknahme der Akkreditierung,
- Überprüfung und Überwachung der benannten Konformitätsbewertungsstellen,
- Mitarbeit in Arbeitsgruppen der Gemischten Ausschüsse der jeweiligen Vertragspartner sowie
- Einrichtung und Organisation von sektoralen, nationalen Arbeitskreisen zur vergleichenden Aufbereitung der Rechtsvorschriften der Drittstaaten mit den europäischen Bestimmungen.

32 Zur Erfüllung dieser Aufgaben hat die ZLS zahlreiche **Sektorkomitees** eingerichtet. Als Mitglieder der Sektorkomitees wurden nach Vorgabe des Staatsvertrags Vertreter der Prüfstellen, der Hersteller, Betreiber, Verbraucherverbände, Aufsichtsbehörden und der Unfallversicherungsträger berufen. Ein aus den Arbeitsministerien der Länder berufener **Beirat** begleitet die Arbeit der ZLS fachlich und politisch, befindet aus fachlicher Sicht über den Wirtschaftsplan und erarbeitet Richtlinien für die Tätigkeit der ZLS.

33 Mit Verabschiedung der Richtlinie über aktive implantierbare medizinische Geräte und der Richtlinie über Medizinprodukte entschieden die Länder, eine zweite Zentralstelle primär mit Fragen des Gesundheitsschutzes zu betrauen. Die Zuständigkeit der beiden Stellen wurde dabei folgendermaßen aufgeteilt:

- Die **Zentralstelle der Länder für Sicherheitstechnik (ZLS)** mit Sitz in München ist zuständig für sicherheitstechnische Aspekte und bearbeitet federführend Anträge im Zusammenhang mit aktiven Medizinprodukten;
- die **Zentralstelle der Länder für Gesundheitsschutz bei Arzneimitteln und Medizinprodukten (ZLG)** mit Sitz in Bonn bearbeitet den Bereich der nicht aktiven Medizinprodukte und unterstützt die ZLS in Fragen des Gesundheitsschutzes bei aktiven Medizinprodukten. In den Zuständigkeitsbereich der ZLG fallen auch die In-vitro-Diagnostika.

D. Zentralstelle der Länder für Gesundheitsschutz bei Arzneimitteln und Medizinprodukten (ZLG)

34 Als die ZLG 1994 ihre Tätigkeit aufnahm, wurde das **Ziel** vorgegeben, den:

in Deutschland erreichten Stand an Qualität und Sicherheit von Medizinprodukten im Rahmen und auf der Grundlage der einschlägigen EG-Richtlinien und des Gesetzes über Medizinprodukte sowie den hierzu erlassenen Rechtsverordnungen zu halten und zu verbessern.[22]

Im Rahmen ihrer Aufgabenstellung soll sie somit darauf Einfluss nehmen, dass unter den Wettbewerbsbedingungen des Binnenmarktes sichere Produkte auf den Markt gelangen, deren Qualität mindestens der entspricht, die nach nationalem Recht (MedGV, AMG etc.) erreicht worden war. Rechtsgrundlage ihrer Tätigkeit sind neben dem Abkommen der Länder das MPG, die hierzu erlassenen Verordnungen und die Abkommen der EG mit Drittstaaten. Mit Einrichtung der ZLG wurde die Arbeit der ZLS ergänzt und unterstützt. Im Medizinproduktebereich wie im Akkreditierungswesen arbeiten die Stellen eng zusammen.

---

[22] Bekanntmachung des Abkommens über die Zentralstelle der Länder für Gesundheitsschutz bei Medizinprodukten v. 18. 10. 1994.

Die ZLG **akkreditiert, benennt und überwacht** – zum Teil im Auftrag und im Ein- **35** vernehmen mit der ZLS:
- **Laboratorien** (Anforderungen der EG-Richtlinien und DIN EN 45001, DIN EN ISO/IEC 17025), die Prüfungen im Bereich der o.g. Richtlinien und zum Nachweis der grundlegenden Anforderungen an Medizinprodukte, aktive implantierbare medizinische Geräte und In-vitro-Diagnostika durchführen; .
- **Zertifizierungsstellen für Produkte** (Anforderungen der EG-Richtlinien und DIN EN 45011) in den Bereichen:
  - aktive implantierbare medizinische Geräte (Benannte Stellen für die Anhänge 2.4, 3 und 4 nach Richtlinie 90/385/EWG),
  - Medizinprodukte (Benannte Stellen für die Anhänge II.4, III und IV nach Richtlinie 93/42/EWG),
  - In-vitro-Diagnostika (Benannte Stellen für die Anhänge III.6, IV.4 und IV.6, V, VI und VII.5 nach Richtlinie 98/79/EG);
- **Zertifizierungsstellen für Qualitätssicherungs-/Qualitätsmanagementsysteme** (Anforderungen der EG-Richtlinien und DIN EN 4512) in den Bereichen:
  - aktive implantierbare medizinische Geräte (Benannte Stellen für die Anhänge 2 und 5 nach Richtlinie 90/385/EWG),
  - Medizinprodukte (Benannte Stellen für die Anhänge II, V und VI nach Richtlinie 93/42/EWG),
  - In-vitro-Diagnostika (Benannte Stellen für die Anhänge IV und VII nach Richtlinie 98/79/EG),
  - DIN EN 46001/2/3 bzw. DIN EN ISO/IEC 13485/13488;
- **Zertifizierungsstellen für Personal** (DIN EN 45013) im Bereich der:
  - Sachverständigen für Medizinprodukte nach MPG.

1997 übertrugen die Ministerpräsidenten der ZLG zunächst kommissarisch und 1998 **36** durch eine Änderung des Staatsvertrags weitere Aufgaben:
- die Akkreditierung und Benennung von **Konformitätsbewertungsstellen** für Medizinprodukte (DIN EN 45001, DIN EN 45011 und DIN EN 45012 sowie entsprechende ISO Guides) gemäß den Abkommen der EG mit dritten Staaten und auf Grundlage der Rechtsvorschriften des jeweiligen Drittstaats, zurzeit:
  - USA
  - Kanada
  - Neuseeland
  - Australien
  - Schweiz
- die Akkreditierung von **Arzneimitteluntersuchungsstellen** und
- die Einrichtung einer **zentralen Koordinierungsstelle für die Arzneimitteluntersuchung und -überwachung** mit Aufgaben im **Human- und im Tierarzneimittelbereich**.[23]

Die im Abkommen der Länder über die ZLG vorgegebene **Aufgabenstellung** im **37** Bereich der Medizinprodukte beinhaltet neben der Akkreditierung und Benennung zudem:
- Mitwirkung bei der Akkreditierung von Prüflaboratorien und Zertifizierungsstellen für energetisch betriebene Medizinprodukte,
- die Erarbeitung von Vorschriften über die Anforderungen, die bei der Prüfung und Zertifizierung zu beachten sind,
- die Erstellung von Gutachten,
- die Unterhaltung der Geschäftsstellen für den Erfahrungsaustausch der akkreditierten Stellen,
- die Unterhaltung ausgewogen besetzter Sektorkomitees,

---

[23] Hierzu *Soltau/Atzor/Edelhäuser*, Pharm.Ind. 2002, 108.

- die Teilnahme am Erfahrungsaustausch auf der Ebene der Europäischen Union sowie an Konsultationen im Rahmen der Drittstaatenabkommen und
- die Mitarbeit an vertrauensbildenden Maßnahmen sowie in den Arbeitsgruppen der Gemischten Ausschüsse.

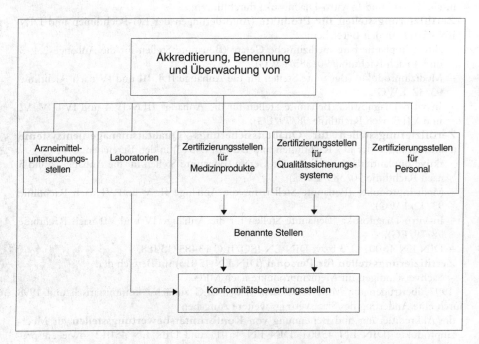

Abb. 11: Akkreditierungsbereiche

38   Da das breite und anspruchsvolle fachliche Aufgabenspektrum die Einbindung **externen Sachverstands** und im Medizinproduktebereich die Beteiligung der betroffenen Kreise erfordert, wird die ZLG von zahlreichen Gremien und renommierten Fachleuten unterstützt (s. Abb. 12 und 13). Das betrifft insbesondere die Erarbeitung von speziellen Akkreditierungsregeln, die Klärung von Fachfragen und die Begutachtung von Laboratorien.

Sektorkomitees (SK) und Horizontale Arbeitskomitees (HAK) – Medizinprodukte	
SK I	Implantate und medizinische Einmalprodukte (Skelettimplantate, Weichteilimplantate, Funktionsimplantate, medizinische Einmalprodukte)
SK II	Nicht aktive Medizinprodukte zur Mehrfachverwendung (Produkte zur Anästhesie, Orthopädie und Rehabilitation, nicht energetische medizinische Messtechnik, nicht aktive medizinische Instrumente zur Mehrfachverwendung)
SK III	Produkte zur Wundversorgung (Verbandmittel, Wundauflagen, Naht-, Klammermaterial, sonstige Medizinprodukte)
SK IV	Zahnärztliche Hilfsmittel und Werkstoffe (zahnärztliche Instrumente, zahnärztliche Ausrüstung, zahnmedizinische Materialien, zahnmedizinische Implantate)
SK V	Medizinische Laboratorien
SK VI	In-vitro-Diagnostika
SK VII	Drittstaatenabkommen (gemeinsam mit ZLS)
SK VIII	Personalzertifizierung (gemeinsam mit ZLS)

Sektorkomitees (SK) und Horizontale Arbeitskomitees (HAK) – Medizinprodukte	
HAK	Biologische Prüfungen
HAK	Messtechnik
HAK	Sterilisation
HAK	Zertifizierung von Qualitätsmanagementsystemen
Expertenfachgruppen (EFG) – Arzneimittel	
EFG 1	Qualitätssicherung
EFG 2	Inspektionen/Bewertungssysteme/Pre-Approval
EFG 3	GMP-Leitfäden inkl. sterile Arzneimittel
EFG 4	Bio- und Gentechnologie
EFG 5	Klinische Prüfung
EFG 6	Blut/Blutprodukte
EFG 7	Wirkstoffe
EFG 8	Arzneimitteluntersuchung
EFG 9	Computergestützte Systeme
EFG 10	Validierung, Qualifizierung
EFG 13	Tierarzneimittelüberwachung – Qualitätssicherung und Harmonisierung
EFG 14	Fütterungsarzneimittel
EFG 15	Medizinische Gase, Heilwässer
EFG 16	Tierimpfstoffe

Abb. 12: Sektorkomitees, Horizontale Arbeitskomitees und Expertenfachgruppen

In den Sektorkomitees müssen die betroffenen Kreise nach Vorgabe des Staatsvertrags **ausgewogen vertreten** sein. Industrie, wissenschaftliche Fachgesellschaften, Anwender, Behörden und Verbraucher bringen hier ihre Erfahrungen ein und können auf die Harmonisierung der Arbeitsweise von Laboratorien und Benannten Stellen Einfluss nehmen.

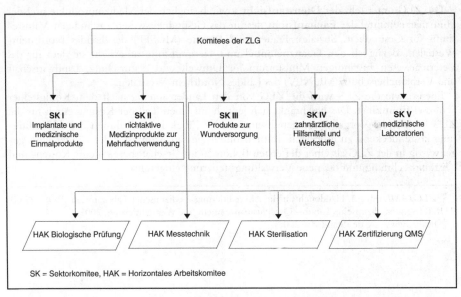

Abb. 13: Sektorkomitees und Horizontale Arbeitskommitees[24] der ZLG

---

[24] Zu zusätzlichen ZLG/ZLS-Sektorkomitees vgl. unter Rdnr. 39.

39 Neben den in Abbildung 13 dargestellten Gremien wurden gemeinsam mit der ZLS das Sektorkomitee In-vitro-Diagnostika, das Sektorkomitee Drittstaatenabkommen und das Sektorkomitee Personalzertifizierung etabliert. Die Ergebnisse des Sektorkomitees Medizinische Laboratorien (Leitfaden, Checklisten etc.) wurden in dem Handbuch **„Medizinisches Labor – Qualitätsmanagement und Akkreditierung"**[25] veröffentlicht, das Checklisten und andere Arbeitsmaterialien auf CD enthält.

40 Aus den Sektorkomitees, von den Vorständen der wissenschaftlichen medizinischen Fachgesellschaften und aus der Industrie werden der ZLG Experten für Spezialgebiete benannt. Diese werden vertraglich als **Fachexperten und Begutachter** eingebunden. Entsprechend dem Begutachterregelwerk der deutschsprachigen Akkreditierungsorganisationen werden Letztere speziell geschult. Durch Mitwirkung bei den Laborbegutachtungen tragen sie dazu bei, die fachlichen Bewertungen im Rahmen der Akkreditierung mit höchster fachlicher Kompetenz sicherzustellen. Die **ZLG Homepage**[26] bietet den ZLG Begutachtern und allen Gremien Diskussionsforen und stellt relevante Dokumente auch für die Öffentlichkeit abrufbar zur Verfügung. Das gilt auch für den **Erfahrungsaustausch der akkreditierten Stellen,** deren Geschäftsstellen die ZLG unterhält. Der nationale Erfahrungsaustauschkreis der Benannten Stellen (EK-Med) hat im Januar 2002 zum 15. Mal getagt. Für eine Vielzahl von Themen wurden Lösungen erarbeitet und in den europäischen Austausch (Notified Bodies Meetings) und in die Normung eingebracht.

41 Die ZLG ist ebenso wie die ZLS eine staatliche Stelle des gesetzlich geregelten Bereiches, deren Akkreditierungen und Benennungen im Bundesanzeiger und im **Amtsblatt der EG** veröffentlicht und auf Grund der gesetzlichen Regelungen im gesamten EWR und in den vertraglich gebundenen Drittstaaten anerkannt werden.

42 **Sitz der ZLG** ist infolge des „Berlin-Beschlusses" Bonn (Rdnr. 5). Die Verwaltungsakte der ZLG werden somit nach **nordrhein-westfälischem Verwaltungsrecht** erlassen und sind in allen Bundesländern rechtswirksam. Ein aus den Gesundheitsministerien der Länder berufener **Beirat** begleitet die Arbeit der ZLG fachlich und politisch, berät die ZLG, befindet aus fachlicher Sicht über den Wirtschaftsplan und erarbeitet Richtlinien für deren Tätigkeit.

43 Die ZLG untersteht der **Dienstaufsicht** sowie bezüglich der Medizinprodukte und der Humanarzneimittel der **Fachaufsicht** des für das Gesundheitswesen zuständigen Ministeriums für Gesundheit, Soziales, Frauen und Familie (MGSFF) des Landes Nordrhein-Westfalen. Bezüglich der Tierarzneimittel und Tierimpfstoffe untersteht sie dem für das Veterinärwesen zuständigen Ministerium für Umwelt und Naturschutz, Landwirtschaft und Verbraucherschutz (MUNLV) des Landes Nordrhein-Westfalen.

44 Ebenso wie die ZLS wird die ZLG von den Länder anteilig nach dem Königsteiner Schlüssel **finanziert**. Das beschränkt sich jedoch auf einen Teil der Kosten. Auch für die ZLG besteht die Vorgabe, die gebührenrelevante Tätigkeit im Rahmen der Akkreditierung kostendeckend zu erbringen. Initiiert durch die Finanzminister der Länder wird gegenwärtig in der ZLG als einer der ersten Behörden im Geschäftsbereich eine Kosten- und Leistungsrechnung und die neue Verwaltungssteuerung eingeführt.

---

[25] *ZLG/AML* (Hrsg.), Handbuch für die Akkreditierung medizinischer Laboratorien, 1998; *ZLG/AML* (Hrsg.), Medizinisches Labor – Qualitätsmanagement und Akkreditierung, 2002.
[26] http://www.zlg.de (Stand: 10/2002).

E. Nationale und internationale Harmonisierung

I. Nationale Gremien im Bereich der Akkreditierung und Benennung

1. Deutscher AkkreditierungsRat (DAR)

Anders als in Österreich, der Schweiz, Norwegen, Liechtenstein und anderen Staaten **45** gibt es in Deutschland weder ein Akkreditierungsgesetz noch eine zentrale Akkreditierungsstelle. Um trotz des gewählten sektoralen Ansatzes ein einheitliches Vorgehen sowie eine kontinuierliche Abstimmung und Zusammenarbeit zu erreichen, wurde im März 1991 der Deutsche AkkreditierungsRat gegründet. Er ist eine von Bund, Ländern und der deutschen Wirtschaft getragene **Arbeitsgemeinschaft** mit koordinierenden Aufgaben und einer Geschäftsstelle in der Bundesanstalt für Materialwirtschaft (BAM) in Berlin. Ausgehend von der Zielstellung, welche die Europäische Kommission mit dem Globalen Konzept für Zertifizierung und Prüfwesen verfolgt, und aufbauend auf der fast hundertjährigen Erfahrung der Prüflaboratorien, Überwachungs- und Zertifizierungsstellen in Deutschland bemühen sich hier die interessierten Kreise um den Aufbau eines transparenten, effizienten und international anerkannten deutschen Akkreditierungssystems. Dessen **Ziel** ist es:
– die Qualität und Fachkompetenz deutscher Laboratorien und Zertifizierungsstellen zu erhöhen, zu bestätigen und damit
– die Konkurrenzfähigkeit und Anerkennung deutscher Produkte und Dienstleistungen auf den europäischen und internationalen Märkten zu sichern.

Der DAR setzt sich **paritätisch** aus Vertretern der staatlichen Akkreditierungsstellen **46** und der Bund-Länder-Arbeitskreise des gesetzlich geregelten Bereichs sowie aus Vertretern der Akkreditierungsstellen des privaten Bereichs zusammen. Darüber hinaus gehören ihm aus Gründen des allgemeinen politischen Interesses bzw. als regelsetzende Stelle Vertreter verschiedener Bundesministerien, des Deutschen Instituts für Normung (DIN) und des Bundesverbandes der Deutschen Industrie (BDI) an. Er ist bemüht, die Zusammenarbeit zwischen den Akkreditierungsstellen zu koordinieren und das deutsche Akkreditierungssystem international zu vertreten.

Sowohl in Deutschland als auch in anderen Staaten **unterscheidet** man zwischen dem: **47**
– harmonisierten gesetzlich geregelten Bereich,
– gesetzlich geregelten Bereich und
– gesetzlich nicht geregelten Bereich.[27]

Der **harmonisierte gesetzlich geregelte Bereich** ist der auf dem EG-Recht basie- **48** rende geregelte Bereich, in dem das Inverkehrbringen von Produkten zum Schutze des Bürgers durch Gesetze, Verordnungen und Ähnliches geregelt ist. Ein Teil des harmonisierten geregelten Bereichs ist der Notifizierungsbereich, in dem auf Grund von EG-Richtlinien Stellen zur Durchführung der vorgeschriebenen Konformitätsbewertungsverfahren der Europäischen Kommission gemeldet werden müssen. Der **gesetzlich geregelte Bereich** ist der national geregelte Bereich, der nicht auf EG-Recht basiert. Hierzu zählen beispielsweise die Vorschriften für das Anwenden und Betreiben von Medizinprodukten. In diesem Bereich kann jeder Mitgliedstaat die für erforderlich angesehenen Regelungen treffen, ohne sie europäisch zu harmonisieren. Im (gesetzlich) **nicht geregelten Bereich** wird das Inverkehrbringen von Produkten nicht durch Gesetze, Verordnungen und Ähnliches geregelt, da die Produkte grundsätzlich keine Gefährdung bedeuten. Die

---

[27] Stellungnahme des Wirtschafts- und Sozialausschusses des Europäischen Parlaments zum Thema „Technische Normen und gegenseitige Anerkennung", DIN-Mitt. 1996, 807.

Akkreditierung erfolgt hier auf der Grundlage von privatrechtlichen Verträgen. Akkreditierungsstellen in diesem Bereich sind z. B. die Deutsche Akkreditierungssystem Prüfwesen GmbH (DAP) und die Deutsche Akkreditierungsstelle Chemie GmbH (DACH). Die Dachorganisation der im gesetzlich nicht geregelten Bereich operierenden deutschen Institutionen ist die Trägergemeinschaft für Akkreditierung GmbH (TGA). Das Herstellen, Inverkehrbringen, Anwenden und Betreiben von Medizinprodukten einschließlich Invitro-Diagnostika fällt in den gesetzlich geregelten Bereich. Die Akkreditierungen von ZLG und ZLS stellen einen Verwaltungsakt dar (Akkreditierungsbescheid) und werden auf der Grundlage der Staatsverträge, der EG-Richtlinien und der Drittstaatenabkommen von den Bundesländern, den Mitglied- und den Drittstaaten anerkannt.

49   Die im DAR vertretenen **staatlichen und privaten Akkreditierungsstellen** arbeiten auf der Grundlage der Normenreihe DIN EN 45 000 und der DIN EN ISO/IEC 17 025 und berücksichtigen in ihren Akkreditierungsverfahren allgemeine, im DAR festgelegte Regeln. Die Berücksichtigung darüber hinausgehender gesetzlicher Forderungen, spezielle fachspezifische Anforderungen und Kriterien der Begutachtung liegen ausdrücklich in der Kompetenz der jeweiligen Akkreditierungsstelle und werden intern festgelegt.

2. Koordinierungsgruppe des gesetzlich geregelten Bereichs (KOGB)

50   Unter dem Dach des DAR erfolgt zu Fragen des Vollzugs von gesetzlichen Anforderungen eine separate Abstimmung in der 2001 gegründeten Koordinierungsgruppe des gesetzlich geregelten Bereichs mit einer Geschäftsstelle in der Regulierungsbehörde für Telekommunikation und Post (RegTP), Mainz. Sie wurde zur Weiterentwicklung eines transparenten, einheitlichen und international anerkannten Konformitätsbewertungssystems insbesondere für die Bereiche Sicherheit, Gesundheits-, Umwelt- und Verbraucherschutz gegründet, in welchen der Staat hoheitliche Aufgaben wahrnimmt. Die KOGB erarbeitet u. a. **Empfehlungen und Stellungnahmen:**
– zur Festlegung der deutschen Position des gesetzlich geregelten Bereichs zur nationalen sowie internationalen Akkreditierungs- und Konformitätsbewertungspolitik,
– zur Festlegung eines einheitlichen Maßstabs bzw. zur Ausarbeitung von Leitlinien für die Benennung von Sachverständigen,
– zu den Abkommen der EG mit Drittstaaten und zur Koordinierung des Vollzugs,
– zur Vereinheitlichung von Gebühren/Kostenmodellen im gesetzlich geregelten Bereich und
– zum Erfahrungsaustausch bzw. zur regelmäßigen gegenseitigen Information (hinsichtlich der Umsetzung von EG-Richtlinien, Gesetzen, Verordnungen etc.) des gesetzlich geregelten Bereichs im nationalen und internationalen Umfeld.
Die **Mitgliedschaft** in der Koordinierungsgruppe steht allen öffentlich-rechtlichen Stellen (Bund und Ländern) offen, zu deren Aufgabe die Notifizierung, Benennung, Anerkennung oder Akkreditierung sowie die Rechtsetzung in den Hoheitsbereichen gehört.

II. Internationale Gremien im Bereich der hoheitlichen Akkreditierung und Benennung

1. Senior Officials Group on Standardization (SOGS)

51   Auch auf europäischer Ebene wurde Koordinierungsbedarf gesehen und entsprechend gehandelt. Die vertrauensbildenden Programme und Nachfragen von Seiten der Vertragspartner aus Drittstaaten forcieren die Bemühungen. Die Europäische Kommission sieht gegenwärtig neben der Marktüberwachung bei den Benannten Stellen einen großen Handlungsbedarf im Hinblick auf eine einheitliche, erfolgreiche Umsetzung ihrer Gesamtkonzeption im Bereich der über 20 New Approach-Richtlinien. Vor dem Abschluss wei-

terer MRA mit Drittstaaten und angesichts der bevorstehenden osteuropäischen Erweiterungen strebt sie daher Maßnahmen zur Harmonisierung der Verfahrensweise der Mitgliedstaaten an. Die **Hohen Normungsbeamten** (Vertreter der Wirtschaftsministerien der Mitgliedstaaten und der Europäischen Kommission) in der **Senior Officials Group on Standardization (SOGS)** reagierten im Jahr 2000 mit der Berufung einer **Arbeitsgruppe Notified Bodies (SOGS WG 1)**. In einem ersten Schritt wurde durch Offenlegung und Veröffentlichung der Akkreditierungs-, Benennungs- und Überwachungssysteme der Mitgliedstaaten Transparenz geschaffen. Eine bessere Vergleichbarkeit wurde durch eine die relevanten Kriterien ausweisende und ebenfalls veröffentlichte Matrix erzielt. Auf der Grundlage des Ergebnisses einer breit angelegten öffentlichen Umfrage bereitet die Europäische Kommission nun einen Ratsbeschluss vor, der bindenden Charakter haben und u. a. ein einheitliches europäisches Vorgehen bei der Benennung und Überwachung der Prüfstellen forcieren soll. Die in der **Notified Bodies Operations Group (NBOG)** des Medizinproduktebereichs erzielten Ergebnisse wurden in den Diskussionen mit großem Interesse aufgenommen und haben Modellcharakter für andere Sektoren.

2. Notified Bodies Operations Group (NBOG)

Im Medizinproduktebereich ist die Zusammenarbeit der Mitgliedstaaten auf dem hier **52** angesprochenen Gebiet besonders weit gediehen. In Zusammenarbeit mit den Mitgliedstaaten erarbeitete, hier nur auszugsweise aufgelistete **Empfehlungen der Europäischen Kommission** unterstützen diese Arbeit:
- Principles of Accreditation in Europe (Certif 94/4),
- Procedure for designation of conformity assessment bodies (CABs) under Mutual Recognition Agreements (MRAs) with non member countries (Certif 96/03),
- Code of conduct for the functioning of the system of notified bodies (Certif 97/01),
- The EN 45 000 series of standards and the conformity assessment procedures of the global approach (Certif 97/01),
- The EN 45 000 Standards, Accreditation and Notification of Notified Bodies (Certif 98/04),
- Implementation of Mutual Recognition Agreements on Conformity Assessment (MRA) and Protocol on European Conformity Assessment (PECA) (Certif 98/07),
- Guide to the Implementation of Directives based on New Approach and Global Approach,
- Guidance document: Demarcation between: Directive 90/385/EEC on Active Implantable Medical Devices/Directive 93/42/EEC on Medical Devices and Directive 65/65/EEC relating to Medicinal Products and related Directives (MEDDEV 2.1/3),
- Guidelines for the classification of medical devices (MEDDEV 2.4/1),
- Guidelines for Regulatory Auditing of Quality Systems of Medical Device Manufacturers (MEDDEV 2.5/2),
- Guidelines on assessment of medical devices incorporating materials of animal origin with respect to viruses and transmissible agents (MEDDEV 2.5/8),
- Guidelines for conformity assessment of breast implants according to directive 93/42/EEC relating to medical devices (MEDDEV 2.5/7) und
- Designation and Monitoring of Notified Bodies in the framework of Medical Devices (MEDDEV 2.10/2).

Nach Verabschiedung des Ratsdokuments über die Benennung und Überwachung Be- **53** nannter Stellen (MEDDEV 2.10/2) haben sich die Mitgliedstaaten in der **Medical Devices Experts Group (MDEG)** zu dessen Anwendung verpflichtet. Die anlässlich des Competent Authorities Meetings 2000 in Paris gegründete **Notified Bodies Operations Group** soll die Umsetzung dieser Maßnahmen durch weitere Instrumente unterstützen und mittels „observed assessments" und „joint observed audits" überwachen.

54 Das **Arbeitsprogramm** der NBOG beinhaltet insbesondere:
- die Erarbeitung von Checklisten, Regeln, Kommunikationsprotokollen und anderen Dokumenten für die Benennung und Überwachung der benannten Stellen sowie für den Informationsaustausch zwischen den benennenden Behörden,[28]
- die Offenlegung der Überwachungstermine und die grenzüberschreitende Begleitung der jeweils zuständigen benennenden Behörde bei ihren Maßnahmen[29] und
- gemeinsame Trainingsveranstaltungen.

Die Arbeiten sind bereits weit fortgeschritten und wirkten sich auf das gegenseitige Verständnis und die Zusammenarbeit der benennenden Behörden sehr vorteilhaft aus.

3. Gemischte und sektorale Ausschüsse im Rahmen der MRAs

55 In den Abkommen der EG mit Drittstaaten ist der regelmäßige Austausch, die Auswertung der Erfahrungen und die Weiterentwicklung der Zusammenarbeit der benennenden Behörden explizit als gesetzliche Aufgabe ausgewiesen. Jedes der Abkommen sieht einen paritätisch besetzten Gemischten Ausschuss vor **(Joint Committee),** dessen Arbeitsweise durch eine Geschäftsordnung geregelt wird. Dieser Ausschuss befindet insbesondere über die Aufnahme von Konformitätsbewertungsstellen in den betreffenden Anhang des Abkommens und über Änderungen des Abkommenstextes. Die Erörterung von Fachthemen ist den Sektoralen Ausschüssen **(Joint Sectoral Committee/Group)** vorbehalten. Rechtsgrundlage für deren Tätigkeit sind die Abkommen der EG mit den USA, Kanada, der Schweiz und demnächst auch Australien. Gegenstand der Beratungen sind insbesondere die Verhandlungen über die Ausgestaltung der vertrauensbildenden Programme, gegenseitige Schulungen und die Vorbereitung von Entscheidungen der Gemischten Ausschüsse über die Aufnahme neuer Konformitätsbewertungsstellen als Voraussetzung für die Anerkennung der von diesen Stellen generierten Ergebnisse. Die Verhandlungen im Medizinproduktebereich werden von Seiten der Drittstaaten maßgeblich durch große, auch für den Arzneimittelsektor zuständige Behörden (FDA USA, Health Canada, TGA Australien) beeinflusst. Diese hatten traditionell wenig Bezug zum internationalen Akkreditierungswesen. Die Verhandlungen über die vertrauensbildenden Programme nehmen dadurch zugleich den Charakter eines Harmonisierungsprozesses an, der von der internationalen Normung auf ISO/CASCO-Ebene und der Global Harmonization Task Force flankierend begleitet wird.

---

[28] Z.B. Designation Checklist based on MEDDEV 2.10; DA Questionnaire; Communication Protocol; Facilitation of Observed Audits; Best Practice Guide; Guidance of possible remedial action required of NBs in response to major or minor failings; Guidance on sharing good and bad audit experiences; DA Auditor Checklist based on MEDDEV 2.10; Guidance on minimum data set for Certificates of Conformity; Guidance on changing NBs; Guidance on NB competencies needed for IVDs; the use of Animal Tissues; the use of Human Blood or Plasma; Guidance on role of NBs in the vigilance system.

[29] Durchführung von „observed assessments" und „joint observed audits".

§ 13 Die Rolle des Deutschen Instituts für Medizinische Dokumentation und Information (DIMDI)

von *Bernhard Hartmann*

Übersicht

Literatur: *Donawa,* Update on the European Database, MDT 2001, Oct., 21 ff.; *Schopen,* Informationen für das Gesundheitswesen – die Arbeit des DIMDI, das Krankenhaus 1999, 753; *Stöber,* Datenbankgestütztes Informationssystem des DIMDI für Medizinprodukte, MPJ 1996, 5; *Stöber,* Rollout der GMDN, MPJ 2001, 62.

Internetadressen:

Deutsches Institut für Medizinische Dokumentation und Information
http://www.dimdi.de (Stand: 10/2002)

A. Allgemeine Aufgaben des DIMDI

Das **Deutsche Institut für Medizinische Dokumentation und Information** 1 **(DIMDI)**[1] wurde am 1. 9. 1969 per Erlass als eine nicht rechtsfähige **Bundesanstalt im Geschäftsbereich des Bundesministeriums für Gesundheit und Soziale Sicherung (BMGS)** mit Sitz in Köln errichtet.[2] Zum Aufgabenbereich des DIMDI gehört es, aktuelle Informationen aus dem gesamten Gebiet der Biowissenschaften einfach und schnell zugänglich zu machen. Das DIMDI ermöglicht den Zugriff auf ca. 100 Datenbanken mit

---

[1] Ausführliche Informationen zu den Aufgaben und Dienstleistungen des DIMDI und Jahresberichte unter http://www.dimdi.de (Stand: 10/2002).
[2] Hierzu den Errichtungserlass, GMBl. 1969, S. 401.

über 100 Millionen Informationsseiten. Im Rahmen gesetzlicher Aufgaben richtet das DIMDI **datenbankgestützte Informationssysteme** ein u. a. für Arzneimittel, für Medizinprodukte und für die Bewertung medizinischer Verfahren und Technologien. Das DIMDI ist zuständig für die Herausgabe deutschsprachiger Fassungen amtlicher Klassifikationen und Nomenklaturen (z. B. ICD Internationale Klassifikation der Krankheiten der WHO, OPS-301 – Operationenschlüssel, UMDNS Universal Medical Device Nomenclature System von ECRI) und für den MeSH – Medical Subject Headings der NLM. Zu den genannten Bereichen werden Datenbankkurse, Seminare und Schulungen durchgeführt. Das DIMDI dient insbesondere als IT-Plattform für das BMGS und seine nachgeordneten Einrichtungen. Das Institut nimmt in allen Bereichen **internationale Aufgaben** wahr. Unter anderem hat das DIMDI 1997–99 im Rahmen eines Pilotprojekts der Europäischen Kommission die European Database on Medical Devices (EUDAMED) aufgebaut.

2   Seit 1995 werden die Dienstleistungen des DIMDI zunehmend über das **Internet** angeboten. Dieses erfordert insbesondere bei den datenbankgestützten Informationssystemen, die nur einem geschlossenen Nutzerkreis zugänglich gemacht werden, eine hohe Verlässlichkeit in Bezug auf Datensicherheit und Verfügbarkeit. Mit der Einrichtung einer „Firewall", einem 128 bit-Verschlüsselungssystem für die Übertragung der Daten und einem doppelten Passwort-System für den Zugriff wird DIMDI diesen Ansprüchen gerecht.

B. Deutsches Informationssystem für Medizinprodukte

3   Gemäß § 33 MPG baut das DIMDI seit 1995 ein **datenbankgestütztes Informationssystem** für Medizinprodukte[3] auf, in dem die folgenden Informationen aufgenommen werden:
– Anzeigen über das erstmalige Inverkehrbringen, über die klinische Prüfung und Leistungsbewertungsprüfung,
– Meldungen über Vorkommnisse,
– Anzeigen über Sicherheitsbeauftragte,
– Mitteilungen über Bescheinigungen ausgestellt von den Benannten Stellen.

4   Das Informationssystem ist so angelegt, dass Daten aus Deutschland, die den Anzeigen gem. Art. 14a der Richtlinie 93/42/EG des Rates vom 14. 6. 1993 über Medizinprodukte (Medical Devices Directive – MDD) und Art. 12 der Richtlinie 98/79/EG des Rates vom 27. 10. 1998 über In-vitro-Diagnostika (In-Vitro-Diagnostic Directive – IVDD) entsprechen (erstmaliges Inverkehrbringen, Vorkommnisse, Bescheinigungen), in die **Europäische Datenbank EUDAMED** gem. § 33 Abs. 1 MPG eingespeist werden können. Zur Gewährleistung einer ordnungsgemäßen Erhebung, Verarbeitung und Nutzung von Daten nach § 33 Abs. 1 und 2 MPG wird das BMG gem. § 37 Abs. 8 MPG ermächtigt, Näheres in einer Rechtsverordnung zu regeln. Dort werden insbesondere Art, Umfang und Anforderungen an zu erhebende Daten, die Zugriffsberechtigung zu den einzelnen Datenbanken und die Sicherstellung der Datenübermittlung und des Datenschutzes festgelegt. In der Rechtsverordnung können auch Gebühren für Handlungen dieses Instituts festgelegt werden. Diese „Verordnung über das datenbankgestützte Informationssystem über Medizinprodukte des Deutschen Instituts für Medizinische Dokumentation und Information **(DIMDI-Verordnung – DIMDIV)**" ist im November 2002 im Bundesrat verabschiedet worden[4] und am 1. 1. 2003 in Kraft getreten.

5   In § 2 MPV a. F. sowie in sieben Bekanntmachungen des BMG, veröffentlicht im Bundesanzeiger, war vor Inkrafttreten des 2. MPG-ÄndG geregelt, welche Formblätter, PC-Erfassungsprogramme und Bezeichnungssysteme einzusetzen waren (Rdnr. 11, 14, 21).

---

[3] Hierzu http://www.dimdi.de/de/mpg/index.htm (Stand: 10/2002).
[4] BGBl. I S. 4456.

Die Formblätter und Erfassungsprogramme wurden inzwischen überarbeitet und sind Anlagen der DIMDI-Verordnung geworden (Rdnr. 12, 17). Das Informationssystem wird ausschließlich über den **Internet-Server des DIMDI** angeboten. Zum gegenwärtigen Zeitpunkt dürfen nur die zuständigen Behörden in Deutschland auf diese Datenbanken zugreifen. Bis zum Vorliegen eines vollständigen europäischen Informationssystems, das alle regulatorischen Daten gemäß der MDD und der IVDD aller Mitgliedstaaten des EWR enthält, wäre zu prüfen, ob den zuständigen Behörden der Mitgliedstaaten des EWR und der MRA-Staaten der Zugriff auf Teile des deutschen Systems gestattet werden kann. Eine **Öffnung** des Systems ist u. a. auf die Anzeigen nach § 25 MPG in der DIMDI-Verordnung vorgesehen.

Neben dem nicht-öffentlichen Teil des Informationssystems hat das DIMDI gem. § 33 **6** Abs. 2 Nr. 5 MPG auch allgemein zugängliche Datenbanken über Medizinprodukte auf seinen Rechner genommen (s. Rdnr. 45). Das DIMDI bietet über seinen Internet-Server **umfangreiche Informationen** an, z. B. Adressen, Codes und Zuständigkeitsbereiche der deutschen und europäischen zuständigen Behörden und Benannten Stellen. Formblätter und PC-Erfassungsprogramme für Anzeigen und Meldungen, Ausfüllanleitungen, Bezeichnungssysteme sowie Gesetzestexte und Verordnungen können entgeltfrei heruntergeladen werden. „Links" zu relevanten nationalen und internationalen Institutionen eröffnen den Zugang zu weiteren Informationen wie Richt- und Leitlinien, Standards und Nomenklaturen. Das Angebot wird regelmäßig aktualisiert und erweitert.

I. Notwendigkeit der Einrichtung eines datenbankgestützten Informationssystems

Das **Inverkehrbringen** von Medizinprodukten folgt der „Neuen Konzeption" eines **7** gemeinsamen europäischen Marktes. Medizinprodukte sind nur einmal bei der zuständigen Behörde des Mitgliedstaats, in dem der Hersteller seinen Firmensitz hat, anzuzeigen. Bescheinigungen für Medizinprodukte nach den Anhängen der MDD sowie der Richtlinie 90/385/EG des Rates vom 20. 6. 1990 zur Angleichung der Rechtsvorschriften der Mitgliedstaaten über aktive implantierbare medizinische Geräte (Active Implantable Medical Devices Directive – AIMDD) und der IVDD werden einmal durch eine Benannte Stelle ausgestellt. Nach Aufbringen der CE-Kennzeichnung können die Produkte im gesamten Europäischen Wirtschaftsraum (EWR) vermarktet werden.[5]

Damit die zuständigen Behörden ihren gesetzlichen Überwachungsauftrag erfüllen kön- **8** nen, ist die Einrichtung und Bereitstellung eines **europaweiten** aktuellen und leistungsfähigen **Informationssystems** für Medizinprodukte unabdingbar. Mit der Aufnahme aller Anzeigen der auf den europäischen Markt in Verkehr gebrachten Produkte sowie aller Informationen zu Bescheinigungen und gemeldeten Vorkommnissen in das Informationssystem wird die erforderliche **Transparenz** des europäischen Medizinproduktemarktes geschaffen. Damit werden die zuständigen Behörden das notwendige Instrument besitzen, rechtzeitig Maßnahmen zum Schutz der Gesundheit und der Sicherheit von Patienten, Anwendern und Dritten zu treffen.

Bei der Einrichtung eines europaweiten Informationssystems sind **standardisierte 9 Datenstrukturen,** definierte Austauschformate für den Datentransfer und möglichst sprachunabhängige, also codierte Informationen vorzugeben. Soweit sprachabhängige Informationen erforderlich sind, wie für die Bezeichnung der Produkte, sind multilinguale, standardisierte Nomenklaturen einzusetzen. Sonstige Textinformationen, z. B. die Beschreibung eines Vorkommnisses, sollten in der Sprache des Mitgliedstaats erfolgen, in dem die Daten erhoben werden, und in einer zweiten Sprache (Englisch). Ein europäisches Informationssystem kann nur dann funktionsfähig sein, wenn alle Beteiligten diese Standards

---

[5] Ausnahme s. Rdnr. 49 zu Anzeigen von In-vitro-Diagnostika gem. Art. 10 Abs. 6 IVDD.

einhalten und die Informationen vollständig und zeitnah dem Datenbankenbetreiber übermitteln. Dieser muss umgehend Aktualisierungen vornehmen und die Daten bereitstellen. Beim Aufbau des deutschen Informationssystems und EUDAMED wurden seitens des DIMDI die genannten Aspekte berücksichtigt.

II. Formale Anforderungen an Anzeigen und Meldungen von Medizinprodukten

10   Anzeigen und Meldungen waren bisher gem. § 7 MPV auf den von dem DIMDI herausgegebenen Formblättern zu erstatten. In § 7 MPV ist auch festgelegt, dass andere Datenträger, wie z. B. PC-Erfassungsprogramme, den **Formblättern** gleichgestellt sind, wenn sie dem Inhalt nach diesen Formblättern entsprechen.[6]

1. Formblätter

11   Die folgenden **Formblätter** wurden von dem DIMDI in Abstimmung mit den zuständigen Behörden und Benannten Stellen entwickelt und im Bundesanzeiger bekannt gegeben. Sie stehen auf dem DIMDI-Internet-Server zum Herunterladen zur Verfügung[7] oder können direkt bei DIMDI bestellt werden:
– Formblatt allgemeine Anzeigepflicht gem. §§ 25 und 31 (a. F.) MPG,[8]
– Formblatt für die Erstmeldung von Vorkommnissen/Beinahe-Vorkommnissen,
– Formblatt für den Abschlussbericht – Vorkommnisse/Beinahe-Vorkommnisse,[9]
– Formblatt für Zertifizierungsdaten von Medizinprodukten,[10]
– Formblatt für die Anzeige der klinischen Prüfung gem. § 17 Abs. 6 (a. F.) MPG,[11]
– Formblatt für die Anzeige der Hersteller und der Produkte gem. Richtlinie 98/79/EG Art. 10 über In-vitro-Diagnostika,[12]
– Formblatt für Zertifizierungsdaten von In-vitro-Diagnostika (Anhänge III bis VII der Richtlinie 98/79/EG).

12   Mit dem 2. MPG-ÄndG wurden die **Anzeigepflichten** gem. §§ 18, 20 (bisher § 17 a. F.), 24, 25, 29, 30 (bisher § 31 a. F.) MPG und die Weiterleitung der Daten an das DIMDI gegenüber dem MPG vom 2. 8. 1994 **klarer gefasst.** Die unter Rdnr. 11 genannten Formblätter wurden angepasst oder neu erstellt (s. Rdnr. 5). Es sind dies:
– Formblatt allgemeine Anzeigepflicht gem. §§ 25 und 30 Abs. 2 MPG (ohne IVD),
– Formblatt allgemeine Anzeigepflicht gem. §§ 25 und 30 Abs. 2 MPG (IVD),

---

[6] § 7 MPV ist durch § 10 der DIMDI-Verordnung aufgehoben worden, da die Formblätter Bestandteil dieser Verordnung geworden sind (Stand: 1/2003).

[7] Formblätter und PC-Erfassungsprogramme zum Download unter: http://www.dimdi.de/dynamic/de/mpg/download/index.htm (Stand: 10/2002).

[8] Allgemeine Anzeigepflicht gem. §§ 25 und 31 des MPG (Formblatt und PC-Programm) v. 26. 1. 1998 (BAnz. Nr. 26 v. 7. 2. 1998, S. 1475); ersetzt durch neue Formblätter, s. Rdnr. 12, erster und zweiter Anstrich.

[9] Meldung von Vorkommnissen/Beinahevorkommnissen bei Medizinprodukten (Formblätter und PC-Programm) v. 1. 8. 1997 (BAnz. Nr. 149 v. 13. 8. 1997, S. 10226). Ersetzt durch neue Formblätter, s. Rdnr. 12, sechster bis neunter Anstrich.

[10] Anzeige von Bescheinigungen und Mitteilungen der Benannten Stellen zu Medizinprodukten gemäß den Anhängen 2 bis 5 der AIMDD und den Anhängen II bis VII der MDD (PC-Programm) v. 29. 6. 1999 (BAnz. Nr. 133 v. 21. 7. 1999, S. 11913), ersetzt durch neues Formblatt, s. Rdnr. 12, dritter Anstrich.

[11] Anzeige der klinischen Prüfung gem. § 17 Abs. 6 des MPG (Formblatt) v. 29. 6. 1999 (BAnz. Nr. 133 v. 21. 7. 1999, S. 11913); ersetzt durch neues Formblatt, s. Rdnr. 12, vierter Anstrich.

[12] EG-Richtlinie über In-vitro-Diagnostika (98/79/EG) (Formblatt) (übergangsweises Vorgehen bis zur Umsetzung im Medizinprodukterecht) v. 7. 6. 2000 (BAnz. Nr. 118 v. 28. 6. 2000, S. 12077).

– Formblatt Informationen über Bescheinigungen nach § 18 MPG,
– Formblatt klinische Prüfung gem. § 20 Abs. 6 MPG, Leistungsbewertungsprüfung nach § 24 Abs. 2 MPG (getrennte Formblätter für Auftraggeber und für Prüfeinrichtungen),
– Formblatt Mitteilung zur Klassifizierung eines Medizinprodukts bzw. Abgrenzung zu Nicht-Medizinprodukten.

Folgende Formblätter für die Meldungen und Berichte von Vorkommnissen sind am 28. 6. 2002 gem. § 7 der Medizinprodukte-Sicherheitsplanverordnung bekannt gemacht worden:
– Formblatt für die Erstmeldung von Vorkommnissen und Rückrufen nach § 3 Abs. 1 der Medizinprodukte-Sicherheitsplanverordnung durch den Verantwortlichen nach § 5 des MPG (ggf. Vertreiber),
– Formblatt für Folge-/Abschlussberichte nach § 12 Abs. 2 der Medizinprodukte-Sicherheitsplanverordnung zu Vorkommnissen und Rückrufen,
– Formblatt für die Meldung von Vorkommnissen durch sonstige Inverkehrbringer sowie Betreiber und Anwender nach § 3 Abs. 2–4 der Medizinprodukte-Sicherheitsplanverordnung (außer Zahnärzte und zahnmedizinische Einrichtungen),
– Formblatt für die Meldung von Vorkommnissen durch Zahnärzte und zahnmedizinische Einrichtungen nach § 3 Abs. 2–4 der Medizinprodukte-Sicherheitsplanverordnung.

Die Formblätter sind in Abschnitte unterteilt, die zusammengehörige Informationen **13** enthalten. Je nach Anzeigenart sind dies z. B.:
– Adressen,
– Verwaltungsdaten der Behörden oder Benannten Stellen,
– Informationen zu den Medizinprodukten,
– Informationen zu Vorkommnissen, Zertifikaten, klinischen Prüfungen.

Ausführliche Hinweise zum Ausfüllen (s. Rdnr. 19–21) sind in den Formblättern und auf den Webseiten des DIMDI enthalten. Unterstützung wird auch von den zuständigen Behörden und von der Arbeitsgruppe Medizinprodukte im DIMDI angeboten. Ansprechpartner sind auf dem DIMDI-Internetserver zu finden.

2. Erfassungsprogramme

Deutsch- und englischsprachige **PC-Erfassungsprogramme** wurden für die häufiger **14** vorkommenden Anzeigen und Meldungen entwickelt. Zusätzliche Dateien zur Bedienung der Programme und zur Indexierung mit UMDNS sind miteingebunden. Die Programme können entgeltfrei vom Internetserver des DIMDI heruntergeladen (Rdnr. 11) oder direkt beim DIMDI bestellt werden. Folgende Programme werden angeboten:
– allgemeine Anzeigepflicht gem. §§ 25 und 31 (a. F.) MPG (grips-DEPC-MPG – Anzeigen, grips-DEPC-MPG – Notifications),
– Meldung von Vorkommnissen/Beinahe Vorkommnissen (grips-DEPC-MPG – Vorkommnisse, grips-DEPC-MPG – Incidents) – Erstmeldung und Abschlussbericht sind in einem Programm zusammengefasst (ersetzt, s. Rdnr. 11 f.),
– Anzeige von Zertifizierungsdaten (grips-DEPC-MPG – Zertifizierung, grips-DEPC-MDD – Certifications).

Die einzelnen Abschnitte der Formblätter werden in den Programmen als Karteikarten **15** dargestellt. Aufklappbare Listen z. B. für Länder, Bundesländer, die Kategorie des Medizinprodukts (deutsch/englisch) gemäß DIN EN ISO 15 225 (Rdnr. 24) sowie eingebaute Kopierfunktionen erleichtern die Erfassung der Daten. Für die Bezeichnung der Medizinprodukte ist der **deutsch- und englischsprachige UMDNS** (Ausgabe 1996)[13] integriert.

---

[13] Nomenklatur für Medizinprodukte UMDNS (deutschsprachige Fassung, Vers. 1.0) v. 27. 2. 1997 (BAnz. Nr. 47 v. 8. 3. 1997, S. 2769).

Komfortable Suchfunktionen unterstützen das Auffinden geeigneter UMDNS-Begriffe. Nach der Auswahl eines deutschen UMDNS wird automatisch der dazugehörige UMDN Code und englischsprachige Begriff eingetragen. Näheres zur Benennung von Medizinprodukten s. Rdnr. 21–30.

16   Nach Eintragung der Daten erzeugen die Programme ausgefüllte Formblätter, die vom Verantwortlichen für die Anzeige zu unterschreiben sind. Zusätzlich wird eine **elektronische Form** auf Diskette erzeugt, die zusammen mit den Formblättern den zuständigen Behörden zuzuleiten ist. Soweit die Programme bei den zuständigen Behörden installiert sind, können die gelieferten Daten importiert und bearbeitet werden. Per Diskette oder Dateitransfer (FTP, HTTPS-upload, e-mail) sollen die Dateien an das DIMDI übermittelt werden. In die Programme sind Archive eingebaut, in denen bearbeitete und verschickte Daten zur Aufbewahrung abgelegt werden. Eigenentwickelte Programme sind nach § 7 MPV zulässig. Sie müssen das jeweilige Formblatt und das definierte Datenaustauschformat erzeugen, damit die Daten von den Behörden und vom DIMDI importiert werden können. Eine gesetzliche Grundlage für die Übermittlung der Daten in elektronischer Form an das DIMDI gab es bisher nicht. Bis zur Verabschiedung einer solchen Regelung über die DIMDI-Verordnung (Rdnr. 4) wurden Anzeigen, soweit sie nicht elektronisch geliefert wurden, im DIMDI erfasst.

17   Die in Rdnr. 12 erwähnten Änderungen an den Formblättern machen eine **Überarbeitung der Erfassungsprogramme** erforderlich. Das DIMDI wird das gesamte Anzeigeverfahren von Papier auf elektronische Datenerstellung, -bearbeitung und -übermittlung umstellen. Dazu werden seit Mitte 2002 **Internet-basierte Erfassungssysteme** entwickelt. Sie bieten den Vorteil, dass die Eingabe der Daten noch stärker mit Hilfe hinterlegter Listen unterstützt und teilweise auch automatisiert werden kann. Fehler können weitgehend bereits bei der Erfassung durch eingebaute Prüfprogramme vermieden werden. Änderungen an Datenfeldern, Datenfeldinhalten und der Nomenklatur können schneller umgesetzt werden. Die DIMDI–Verordnung sieht für die unterschiedlichen Anzeigetypen eine stufenweise Einführung der Erfassungssysteme vor.

III. Inhaltliche Anforderungen an Anzeigen und Meldungen

18   In diesem Abschnitt werden einige der für alle Anzeigen und Meldungen **allgemein gültigen inhaltlichen Anforderungen** dargestellt. Unter Rdnr. 32–37 wird auf Besonderheiten der unterschiedlichen Anzeigen und Meldungen eingegangen.

1. Allgemeine Anforderungen

19   Anzeigen sind vollständig auszufüllen. Die in den Formblättern festgelegten Codes für Behörden, Benannte Stellen, für Länderkurzbezeichnungen nach ISO 3166[14] und Sprachabkürzungen nach ISO 639[15] sind zu verwenden. Die jeweils gültige Nomenklatur für die Benennung und die Kategorisierung der Medizinprodukte ist einzusetzen (Rdnr. 21–30). Um die Datenbanken des Informationssystems einheitlich zu gestalten, sind die folgenden Abschnitte in den Anzeigen und Meldungen gleich aufgebaut:

– Adressblöcke für zuständige Behörden, Hersteller, Bevollmächtigte, Sicherheitsbeauftragte, Ethikkommissionen, Prüfärzte und Prüfeinrichtungen,
– Verwaltungsdaten (z.B. Registrier- und Zertifikatsnummern),
– Art der Anzeigen (z.B. Erstanzeige, Änderungsanzeige, Widerruf),
– Informationen zu den Medizinprodukten (z.B. Bezeichnung, Kategorie, Klasse, Kurzbeschreibung, System oder Behandlungseinheit, steril, Messfunktion).

---

[14] ISO 3166:1993, deutsche Ausgabe DIN EN 23 166:1995–04 (Codes für Ländernamen).
[15] ISO 639:1988–04, deutsche Ausgabe DIN 2335:1986 (Codes für Sprachennamen).

Gemäß den Formblättern ist bei den produktbezogenen Anzeigen (§§ 20, 24, 25, 29 MPG) für jedes Medizinprodukt eine **vollständige Anzeige** zu erstatten. Näheres dazu siehe unter Rdnr. 21–30. Bescheinigungen gem. § 18 MPG werden zertifikatsbezogen ausgestellt (Rdnr. 35–36).

2. Codes für Adressen

Für jede Adresse eines Herstellers, eines Bevollmächtigten, einer zuständigen Behörde **20** und einer Benannten Stelle ist ein Code vergeben, um alle Informationen, die an eine Adresse gekoppelt sind, eindeutig zuordnen zu können.[16] So ist bei einer Adressänderung eines Herstellers oder beim Widerruf aller Anzeigen eines Herstellers eine Korrektur im gesamten Informationssystem erforderlich. **Adresscodes** wurden eingerichtet für:
- zuständige Behörden: der Code wird vom DIMDI vergeben und den Behörden mitgeteilt. Er setzt sich zusammen aus dem Zwei-Buchstaben-Länder-Code gemäß ISO 3166, gefolgt von CA (Abk. für Competent Authority) und der Nummer der zuständigen Behörde im Land, z.B. für die Bezirksregierung in Köln DE/CA21;
- Benannte Stellen: der Code wird bei der Akkreditierung von der Europäischen Kommission zugeteilt,[17] z.B. für den TÜV Rheinland 0197;
- Hersteller und Bevollmächtigte: der Code wird vom DIMDI vergeben und dem Hersteller oder Bevollmächtigten zurückgemeldet. Dieser Code ist bei allen zukünftigen Anzeigen und Meldungen zu verwenden, z.B. DE/0000012345.

3. Bezeichnung der Medizinprodukte (UMDNS, EDMA-Klassifikation, GMDN)

Für die Bezeichnung von Medizinprodukten ist gem. § 7 MPV[18] die jeweilig gültige **21** vom DIMDI herausgegebene **Nomenklatur für Medizinprodukte** zu verwenden. Im Bundesanzeiger wurden bislang zwei Versionen des UMDNS (Universal Medical Device Nomenclature System) bekannt gemacht. Zukünftig soll europaweit die GMDN (Global Medical Device Nomenclature) verwendet werden. Bis zum Vorliegen einer deutschsprachigen GMDN-Version ist der UMDNS einzusetzen. Da für die Bezeichnung von In-vitro-Diagnostika der UMDNS wenig geeignet ist, wird übergangsweise die englischsprachige EDMA-Klassifikation (In Vitro Diagnostic Product Classification for Reagents & Instruments) verwendet.

a) UMDNS

UMDNS wurde von ECRI,[19] USA, entwickelt und im Auftrag des DIMDI von emtec **22** e.V.[20] ins Deutsche übersetzt und herausgegeben (Version 1.0 [s. Rdnr. 15] und Version 1.1[21]). Die deutsche Ausgabe (Version 1.1) enthält **ca. 5000 Hauptbegriffe,** die in Ober- und Unterbegriffe gegliedert sind. Den Hauptbegriffen ist jeweils ein Code zugewiesen, der keiner Systematik folgt. Circa 13 000 Synonyme verweisen auf die Hauptbegriffe. Auf dem DIMDI–Internetserver werden Informationen zu Inhalt, Struktur und Verwendung

---

[16] Codes für zuständige Behörden und Benannte Stellen in Deutschland mit jeweiligem Zuständigkeitsbereich s. unter: http://www.dimdi.de/de/mpg/adress/index.htm (Stand: 10/2002) sowie übrige Mitgliedstaaten des EWR: http://www.dimdi.de/de/mpg/adress/nb-list.htm (Stand: 10/2002).

[17] Hierzu: http://europa.eu.int/comm/enterprise/newapproach/legislation/nb/notified-bodies.htm („lists of notified bodies, established per Directive", Stand: 10/2002).

[18] Das entspricht § 2 Abs. 3 der DIMDI-Verordnung inkl. Abschnitt IV der zugehörigen Bekanntmachung des BMGS zu den Modalitäten der Durchführung von Anzeigen v. 2. 1. 2003 (BAnz. S. 75.

[19] Emergency Care Research Institute (ECRI): http://www.ecri.org (Stand: 10/2002).

[20] emtec e. V. (UMDNS): http://www.emtec.de/Produkte/UMDNS.htm (Stand: 10/2002).

[21] Version 1.1 der Nomenklatur für Medizinprodukte UMDNS v. 29. 6. 1999 (BAnz. Nr. 133 v. 21. 7. 1999, S. 11 913).

des UMDNS sowie Hinweise zu gedruckten Ausgaben angeboten. Von dort kann auch der deutsche UMDNS heruntergeladen werden.[22] Da die UMDNS Version 1.0 (1996) in die in Rdnr. 15 und 17 beschriebenen Erfassungsprogramme eingebunden ist, wird bis zur Fertigstellung einer deutschsprachigen GMDN diese Version als offizielle Nomenklatur für die Bezeichnung von Medizinprodukten, mit Ausnahme von In-vitro-Diagnostica, eingesetzt.

b) EDMA-Klassifikation

23   Die englischsprachige EDMA-Klassifikation wurde von der European Diagnostic Manufacturers Association (EDMA) entwickelt.[23] Sie ist untergliedert in die Sektionen **„Reagenzien" mit ca. 1075 Benennungen** und **„Instrumente" mit ca. 600 Benennungen.** Innerhalb einer Sektion sind die Begriffe hierarchisch angeordnet. Die Struktur wird über ein entsprechendes Codierungssystem abgebildet.

Code		Begriffe
	12 03 01 33 00	Prostatic Specific Antigen (PSA)
Ebene 1	12 = Category	Immunochemistry Reagents
Ebene 2	03 = Group	Tumor Markers
Ebene 3	01 = Subgroup	Cancer Antigens
Ebene 4	33 = Parameter	Prostatic Specific Antigen (PSA)
Ebene 5	00 = Method	z. B. Non-Isotopic (wird z. Zt. noch nicht verwendet)

Abb. 1: Beispiel aus der Sektion Reagenzien mit fünfstufiger Gliederung (Revision 4, 2000)

Code		Begriffe
	23 04 04	Aggregometer
Ebene 1	23 = Category	Haematology Instruments
Ebene 2	04 = Group	Coagulation Systems
Ebene 3	04 = Subgroup	Aggregometer
Ebene 4		hier werden gelegentlich hersteller-
Ebene 5		spezifische Instrumente aufgeführt

Abb. 2: Beispiel aus der Sektion Instrumente mit vierstufiger Gliederung (Revision 2, 1996)

Die Klassifikation kann kostenlos unter der genannten Internetadresse der EDMA heruntergeladen werden.

c) GMDN

24   Die englischsprachige GMDN wurde im Rahmen eines von der Europäischen Kommission finanzierten Projektes auf der Grundlage von DIN EN ISO 15225,[24] unter Federführung der Medical Devices Agency, Vereinigtes Königreich, entwickelt. Die englische Ausgabe der GMDN erfolgte als CEN Report im November 2001[25] und kann beim

---

[22] UMDNS: http://www.dimdi.de/de/mpg/umdns/index.htm (Stand: 10/2002).

[23] EDMA-Klassifikation: http://www.edma-ivd.be/classification_fr01.htm (Stand: 10/2002).

[24] DIN EN ISO 15225, Ausgabe: 2000–11 Nomenklatur – Spezifikation für ein Nomenklatursystem für Medizinprodukte zum Zweck des regulativen Datenaustauschs.

[25] CEN Report CR 14 230: Global medical device nomenclature for the purpose of regulatory data exchange (identical to ISO/TS 20 225:2001) – English version (Stand: 10/2002).

British Standard Institute bestellt werden.[26] GMDN soll in andere europäische Sprachen übersetzt und weltweit als multilinguales Nomenklatursystem eingesetzt werden. Der weltweite Einsatz der GMDN soll die **Zusammenarbeit und den Informationsaustausch** innerhalb der Europäischen Union und auf internationaler Ebene zwischen Behörden, Benannten Stellen und Herstellern **erleichtern**. Mit einer deutschen Version ist nicht vor 2003 zu rechnen. Bei der Erstellung der GMDN wurden andere Nomenklaturen berücksichtigt, u. a. UMDNS, EDMA-Klassifikation, ISO 1942 Dental Vocabulary, NKKN (Norwegian Nomenclature for Medical Devices), SPN (Standard Product Nomenclature, FDA). Circa 3400 Begriffe der insgesamt **ca. 15 000 Hauptbegriffe und Synonyme** wurden 1:1 aus dem UMDNS mit den dazugehörigen UMDN-Codes übernommen. Dadurch wird ein Teil der Daten, die bislang mit UMDNS indexiert wurden, auch mit GMDN im Informationssystem suchbar sein. Für die **Pflege und Aktualisierung der GMDN** soll beim British Standard Institute eine Agentur eingerichtet werden. Sie soll auch die Übersetzungen in die europäischen Sprachen, die Erstellung von Umsteigeschlüsseln zwischen den Quellnomenklaturen und der GMDN sowie die Schaffung von Indexierungsregeln koordinieren. Nachfolgend werden Grundelemente der GMDN beschrieben (Näheres s. DIN EN ISO 15 225).

Die GMDN beinhaltet gemäß DIN EN ISO 15 225 **unterschiedliche Typen von 25 Begriffen: Produktkategorie, Generische Produktgruppe, Produkttyp.**

aa) Produktkategorie

Zwölf Benennungen mit Codes, die große Gruppen von Medizinprodukten mit ei- 26 nem gleichen Merkmal betreffen, z. B.: nicht aktive implantierbare Produkte (Code 07), Produkte zur In-vitro-Diagnostik (Code 06). Bei Anzeigen und Meldungen ist jedes Medizinprodukt nach vorgegebener Regel mit einem Begriff aus der Liste der Produktkategorien zu indexieren. In den bisherigen DIMDI-Formblättern ist die Produktkategorie mit den zwölf Benennungen gemäß prEN ISO 15 225 aufgenommen, die identisch sind mit den Benennungen der DIN EN ISO 15 225.

bb) Generische Produktgruppe

Benennungen mit Codes für Medizinprodukte mit gleicher oder ähnlicher vorgesehe- 27 ner Anwendung oder Funktion. Drei Typen von Begriffen sind zu finden: Vorzugsbenennungen, Schablonenbenennungen und Synonyme:
- **Vorzugsbenennungen** (ca. 6200), z. B. Bur, cranial, setzen sich zusammen aus einem Grundbegriff (hier: Bur) und einem oder mehreren Kennzeichnern, die durch Komma getrennt sind (hier: cranial). Für eine Vorzugsbenennung gibt es jeweils einen Code und eine Definition. Nur Vorzugsbenennungen dürfen zur Indexierung von Medizinprodukten verwendet werden.
- **Schablonenbenennungen** (ca. 700), z. B. Bur, <specify>, bestehen aus einem Grundbegriff, der in mehr als zwei Vorzugsbenennungen vorkommt, siehe Beispiel unten (Abb. 3).
- **Synonyme** (ca. 9000), z. B. Bur, bone, dienen zum Auffinden der Vorzugsbenennungen, hier: Verweis auf Bur, orthopaedic.

Code	Benennung	
10 519	Bur, <specify>	Schablonenbenennung
31 922	Bur, bone	Synonym für Bur, orthopaedic
16 413	Bur, corneal	
35 786	Bur, corneal, manual	

---

[26] Bestellung GMDN (englischsprachig) und sonstige Informationen: http://www.gmdn.org/index.xalter (Stand: 10/2002).

Code	Benennung	
32 812	Bur, corneal, powered	
10 520	Bur, cranial	Vorzugsbenennung
10 521	Bur, dental, <specify>	Schablonenbenennung
16 668	Bur, dental, carbide	
16 670	Bur, dental, diamond	
16 669	Bur, dental, steel	
15 883	Bur, microsurgical	
11 341	Bur, oral surgery	
36 249	Bur, orthopaedic	Vorzugsbenennung
10 522	Bur, podiatric	
39 408	Bur, surgical, general & plastic surgery	
32 389	Bur, surgical, general/plastic surgery	
17 995	Bur, surgical, orthopaedic	

Abb. 3: Beispiel aus der englischen GMDN mit Benennungen und Codes (Stand: 11/2001)

cc) Produkttyp

28   **Circa 500 000 Begriffe.** Spezifische Benennungen z. B. für ein bestimmtes Modell eines Medizinprodukts. Sie sind nicht in der GMDN aufgenommen.

29   Durch die Art und Weise, wie Benennungen gemäß DIN EN ISO 15 225 gebildet werden, entsteht eine **Struktur,** bei der zusammengehörige Begriffe im Alphabet untereinander aufgelistet sind. Beginnend mit einer **Schablonenbenennung** folgen gemischt Vorzugsbenennungen und Synonyme. Wie im Beispiel ersichtlich, sind auch „untergeordnete" Schablonenbennungen (hier Bur, dental, <specify>) möglich. Dadurch wird das Auffinden von Begriffen erleichtert. Da die Codes der Benennungen nicht wie z. B. bei der EDMA-Klassifikation einer Systematik unterliegen, ist die Bildung einer sprachunabhängigen hierarchischen Struktur der GMDN nicht möglich. Bei der **Übersetzung der GMDN** in andere europäische Sprachen wird es wegen der Verschiedenheit der Sprachen, wie bereits beim UMDNS, schwierig werden, die vorgegebene Struktur mit ihren permutierten Begriffen durchgängig beizubehalten.

30   Analog zu den in den Formblättern für Anzeigen und Meldungen festgelegten **Indexierungsregeln** mit UMDNS ist bei Anzeigen gem. § 25 MPG für jedes Medizinprodukt eine vollständige Anzeige auf der Ebene der spezifischsten Vorzugsbenennung der Nomenklatur zu erstatten. Das bedeutet, dass ein Hersteller, der alle in dem o. g. Beispiel aufgeführten Dentalbohrer in Verkehr bringen möchte, drei Anzeigen zu erstellen hat (s. auch Rdnr. 36). Ist eine Benennung für ein anzuzeigendes Medizinprodukt nicht in der Nomenklatur vorhanden, ist eine eigene Bezeichnung oder Beschreibung im Datenfeld Kurzbeschreibung einzutragen.

4. Änderungsanzeigen

31   Gemäß §§ 18, 25 Abs. 4 und 30 Abs. 2 MPG sind Änderungen u. a. bei Bescheinigungen, bei Produkten, bei Adressen von Herstellern/Bevollmächtigten, beim Wechsel des Sicherheitsbeauftragten oder beim Widerruf einer vorherigen Anzeige den zuständigen Behörden mitzuteilen. **Änderungsanzeigen** sowie die Art der Änderung sind in den Formblättern kenntlich zu machen. Es werden frühere Registriernummern der zuständigen Behörden bzw. frühere Zertifikatsnummern der Benannten Stelle bei Produkt- und Zertifikatsänderungen abgefragt. Um in den Datenbanken Änderungsanzeigen vorherigen Anzeigen zuordnen zu können, müssen zuständige Behörden und Benannte Stellen ein

Nummerierungssystem einrichten, das sicherstellt, dass Registrier- bzw. Zertifikatsnummern nur einmal im System vergeben werden. Deswegen müssen bei den Registriernummern der zuständigen Behörden der Zwei-Buchstaben-Länder-Code gemäß ISO 3166, gefolgt vom Code der zuständigen Behörde vorangestellt werden, z.B. DE/CA21/xyz1234... . Bei Zertifikatsnummern werden keine Präfixe vorgegeben, so dass ggf. gleiche Zertifikatsnummern unterschiedlicher Benannter Stellen in der Datenbank vorkommen können. In der Datenbank kann aus möglichen Mehrfacheinträgen durch Einschränkung der Suche mit dem Code einer Benannten Stelle eine Zertifikatsnummer eindeutig ermittelt werden.

IV. Besonderheiten bei Anzeigen und Meldungen

In Abschnitt III sind die für Anzeigen und Meldungen allgemein gültigen Anforderun- **32** gen beschrieben. In diesem Abschnitt werden einige Besonderheiten bei Anzeigen gem. § 25 MPG, bei den Informationen über Bescheinigungen gem. § 18 MPG und der Meldung von Vorkommnissen gem. § 29 MPG aufgezeigt.

1. Allgemeine Anzeigepflicht gem. § 25 MPG

Gemäß Art. 14 der MDD sind beim Inverkehrbringen von Medizinprodukten Produkte **33** der Klasse I, Sonderanfertigungen sowie das Zusammensetzen von Systemen und Behandlungseinheiten gem. Art. 12 der MDD anzuzeigen. Im Unterschied dazu fallen gem. § 25 MPG unter die allgemeine Anzeigepflicht alle Medizinprodukte, d.h. auch die der Klassen IIa bis III, die der Klasse I mit Messfunktion und die, die nach § 10 Abs. 3 MPG sterilisiert werden. Nach den Vorgaben im Formblatt für die allgemeine Anzeigepflicht gem. § 25 MPG sind die genannten Parameter (z.B. Klasse des Medizinprodukts) anzugeben, damit die für EUDAMED bestimmten Daten abgetrennt werden können. Abweichend von Art. 14 der MDD sind gem. § 25 Abs. 1 Satz 1 MPG **Sonderanfertigungen** in Deutschland **nicht mehr anzuzeigen.**

Bei der **Umsetzung des Art. 14 der MDD** in nationales Recht sind die meisten **34** europäischen Länder der Richtlinie gefolgt. Das bedeutet, dass Informationen zu den Produkten der Klasse I (steril oder mit Messfunktion) und der Klassen IIa bis III aus diesen Ländern nur über die Bescheinigungen der Benannten Stellen in das europäische System einfließen. In Deutschland gelangen Informationen zu diesen Produkten sowohl über die allgemeine Anzeigepflicht gem. § 25 MPG wie auch über Bescheinigungen gem. § 18 MPG in das Informationssystem. Im Unterschied dazu fallen gem. Art. 10 der IVDD unter die Anzeige von In-vitro-Diagnostika alle Produkte, so dass hier keine Unterschiede mehr zwischen den EWR-Mitgliedstaaten bestehen dürften.

2. Bescheinigungen gem. § 18 MPG

Bescheinigungen können vom Hersteller z.B. für einzelne Medizinprodukte oder für **35** einen Betrieb bei einer Benannten Stelle beantragt werden. In Abhängigkeit des nach den Anhängen der AIMDD, der MDD und der IVDD gewählten Verfahrens kann sich ein Zertifikat z.B. bei einer Baumusterprüfung auf ein spezifisches Modell eines Medizinprodukts oder beim vollständigen Qualitätssicherungssystem auf viele Produkte beziehen.

Die Daten über Bescheinigungen werden zertifikatsbezogen erhoben, d.h. **für jedes** **36** **Zertifikat** ist ein Datensatz zu erstellen. Im Unterschied dazu werden die sonstigen Anzeigen produktbezogen angezeigt (Rdnr. 30 – **Indexierungsregeln**). Bei einer Bescheinigung, die sich wie bei der Baumusterprüfung auf ein Medizinprodukt bezieht, ist die entsprechende Bezeichnung aus der Nomenklatur zu verwenden. Wird die Bescheinigung für ein spezifisches Herstellermodell ausgestellt, war bisher das Modell mit Modellnummer im Datenfeld Produkttyp einzutragen. Wird das Verfahren „Vollständiges Qualitätssicherungssystem" gewählt, waren bisher für alle Medizinprodukte, die von diesem Zertifikat abgedeckt sind, spezifische Benennungen aus der gültigen Nomenklatur anzugeben. Das vom DIMDI entwickelte und übergangsweise noch verwendete PC-Programm für Zertifizierungen (Rdnr. 14) lässt Mehrfacheinträge unter dem Abschnitt Medizinprodukte zu. In dem Formblatt Informationen über Bescheinigungen nach § 18 MPG der DIMDI-Verordnung müssen beim vollständigen Qualitätssicherungssystem nur noch der Geltungsbereich und nicht mehr die einzelnen Produkte benannt werden.

3. Meldung von Vorkommnissen

37   Meldungen von Vorkommnissen mit Medizinprodukten erfolgen häufig **unter Angabe der Modell-, Chargennummer oder des Handelsnamens.** Zusätzlich zu der Benennung aus der Nomenklatur sind diese Produkt-spezifischen Informationen in der Meldung anzugeben.

V. Meldewege der Anzeigen, Weiterverarbeitung im DIMDI

1. Erhebung, Bearbeitung und Übermittlung

38   Der gemäß MPG Anzeigepflichtige erhebt die Daten unter Verwendung der jeweils gültigen Erfassungssysteme oder Formblätter (s. Rdnr. 11, 14). Er ist für die Richtigkeit und Vollständigkeit der Anzeigedaten verantwortlich. Gemäß §§ 20 Abs. 6, 24 Abs. 2, 25 Abs. 1–4, 30 Abs. 2 MPG sind Anzeigen bei den **zuständigen Behörden der Bundesländer** zu erstatten. Jedes Bundesland regelt für sich, welche Behörde wofür zuständig ist, z.B. Gewerbeaufsichtsämter, Regierungen, Bezirksregierungen, Regierungspräsidien.[27] Nach Ergänzung der Verwaltungsdaten und Registriernummern durch die Behörden sind die Informationen von den Behörden an das DIMDI zur zentralen Verarbeitung und Nutzung nach § 33 MPG zu übermitteln.

39   Daten zu Bescheinigungen werden von den **Benannten Stellen** mit den gültigen Erfassungssystemen erhoben. Gemäß § 18 MPG sind ausgestellte, geänderte und ergänzte Bescheinigungen direkt an das DIMDI zu übermitteln. Abgelehnte, ausgesetzte und zurückgezogene Bescheinigungen werden über die zuständigen Behörden an das DIMDI zur zentralen Verarbeitung und Nutzung nach § 33 MPG weitergeleitet. Mit Inkrafttreten der DIMDI-Verordnung sind Änderungen eingetreten (s. Rdnr. 44).

40   Erstmeldungen und Abschlussberichte über Vorkommnisse sind formgerecht von Herstellern oder Bevollmächtigten an die **zuständige Bundesoberbehörde** zu leiten. Diese übermittelt gem. § 29 Abs. 1 MPG die Daten an das DIMDI zur zentralen Verarbeitung und Nutzung nach § 33 MPG (s. Rdnr. 44; weitergehende Meldepflichten s. Rdnr. 12).

2. Erfassung der Anzeigen im DIMDI, Qualitätskontrolle und Weiterverarbeitung

41   Die **Datenübermittlung** sollte, wenn nicht anders geregelt, in **elektronischer Form** erfolgen. Hierzu wurde beim DIMDI ein Web-basiertes Online-Erfassungssystem für alle Anzeigetypen – außer Meldungen von Vorkommnisen – entwickelt. Soweit Anzeigen übergangsweise auf Formblättern oder maschinelesbaren Datenträgern an DIMDI übermittelt wurden, wurden diese registriert und auf Vollständigkeit und formale Richtigkeit geprüft. Fehlerhafte Anzeigen wurden an die zuständigen Behörden zurückgeleitet. Anzeigen auf Formblättern wurden im DIMDI erfasst. Vor Aufnahme der Daten in die Datenbanken durchliefen die Dateien ein Qualitätsprüfungsprogramm. Die meisten formalen Fehler (z.B. fehlende Angaben, fehlerhafte Formate bei den Codes) konnten so entdeckt

---

[27] Näheres im Beitrag von *Attenberger* in diesem Handbuch (§ 10 Rdnr. 13 ff.).

werden. Einige Fehler wurden direkt durch das Programm korrigiert. Soweit dieses nicht möglich war, wurde automatisch ein Fehlerprotokoll mit einem Anschreiben an die zuständige Behörde zur weiteren Veranlassung erstellt. Daten, die ohne Beanstandung das Qualitätsprüfungsprogramm durchliefen, wurden in die entsprechende Datenbank übernommen und nochmals vor Freigabe auf Qualität geprüft. Mit dem neuen Web-basierten Online-Erfassungssystem (Rdnr. 17) sind die beschriebenen Schritte weitgehend entfallen, da die Prüfungen und erforderlichen Korrekturen direkt bei der Online-Eingabe erfolgen.

VI. Bereitstellung und Nutzung der Datenbanken gem. § 33 MPG

1. Nicht-öffentliche Datenbanken gem. § 33 Abs. 2 MPG

Mit Verabschiedung des Medizinproduktegesetzes am 2. 8. 1994 hatte das DIMDI gem. **42** § 36 MPG a. F. ein datenbankgestütztes Informationssystem zu Medizinprodukten aufzubauen. Eine Verpflichtung der zuständigen Behörden und Benannten Stellen, Anzeigen und Meldungen an DIMDI zu übermitteln, bestand nur bei der allgemeinen Anzeigepflicht nach § 25 Abs. 5 MPG. Durch das 2. MPG-ÄndG wurde die **Übermittlungspflicht** an das DIMDI auf die §§ 18 Abs. 3, 20 Abs. 6, 24 Abs. 2, 29 Abs. 1 und 30 Abs. 2 MPG **erweitert**, so dass das Informationssystem, jetzt gem. § 33 MPG, weiter ausgebaut und in der Endstufe folgende, teilweise nicht-öffentliche (s. Rdnr. 5, 44) Datenbanken[28] enthalten wird:

– Datenbank über Anzeigen gem. § 25 und § 30 (Sicherheitsbeauftragter) MPG,
– Datenbank über Meldungen des Medizinprodukte-Beobachtungs- und Meldesystems gem. § 29 MPG (Erstmeldung/Abschlussbericht von Vorkommnissen),
– Datenbank über Bescheinigungen gem. § 18 MPG,
– Datenbank über Anzeigen der klinischen Prüfung gem. § 20 MPG,
– Datenbank über Anzeigen der Leistungsbewertungsprüfung von In-vitro-Diagnostika gem. § 24 MPG,
– Datenbank über Mitteilungen zur Klassifizierung eines Medizinprodukts bzw. Abgrenzung zu Nicht-Medizinprodukten.

Für **In-vitro-Diagnostika** werden ggf. wegen abweichender Datenfelder und Feldinhalte **43** getrennte Datenbanken aufgebaut. Die geprüften Dateien (Rdnr. 41) werden in die entsprechende Datenbank übernommen und zeitnah bereitgestellt. Die Datenbanken werden ausschließlich über das Internet unter einer gemeinsamen benutzerfreundlichen Oberfläche („grips-Websearch") angeboten. Ein Wechsel zwischen den einzelnen Datenbanken ist jederzeit möglich. In das System eingebaute Hilfen unterstützen die Datenbankabfrage. Eine zusätzliche Schulung ist in der Regel nicht erforderlich.

Die für das Medizinprodukterecht zuständigen **Behörden** des Bundes und der Länder **44** sind **berechtigt**, die **Daten** der genannten Datenbanken **entgeltfrei zu nutzen**. Zugriffsrechte für Benannte Stellen und die Öffentlichkeit regelt die DIMDI-Verordnung im Einzelnen. Aus Gründen der Datensicherheit werden die Daten vom DIMDI nicht aktiv an die zuständigen Behörden übermittelt. Für die Datenbank über Meldungen von Vorkommnissen richtet das DIMDI zusammen mit dem BfArM und dem PEI ein aktives **Benachrichtigungssystem** ein. Unmittelbar nach Aufnahme einer Meldung in diese Datenbank wird die für den Anzeigenden zuständige Behörde vom System per e-mail unterrichtet und aufgefordert, die aktuelle Meldung aus der Datenbank abzurufen. Ein vergleichbares Verfahren ist auch zur Unterstützung der zuständigen Behörden bei ihrer Unterrichtungspflicht gem. § 18 Abs. 4 MPG über eingeschränkte, ausgesetzte und zu-

---

[28] Zugang zu Datenbanken: http://gripsdb.dimdi.de/germ/eudamed/mpglogin.html (Stand: 10/2002).

rückgezogene Bescheinigungen vorgesehen. Die Funktionserweiterung des DIMDI, als Informationsdrehscheibe die zuständigen Behörden und Benannten Stellen aktiv zu unterstützen, wurde bei Redaktionsschluss im Zusammenhang mit der DIMDI-Verordnung erörtert (Januar 2003).

2. Öffentlich zugängliche Datenbanken

45 Gemäß § 33 Abs. 5 MPG sind bei dem DIMDI **allgemein verfügbare Datenbanken** bereitzustellen, die einen Bezug zu Medizinprodukten haben. Neben den großen internationalen biomedizinischen Datenbanken (z. B. MEDLINE, EMBASE, SCISEARCH), anderen Datenbanken wie IHTA (Bewertung von Technologien im Gesundheitswesen), DITR (Standards, Normen [DIN, EN, ISO]) und Bundesanzeiger online enthalten die folgenden Datenbanken schwerpunktmäßig Informationen zu Medizinprodukten (Stand: 10/2002):

- Health Devices Alerts, ECRI, USA, ca. 670 000 Berichte über Zwischenfälle mit Medizinprodukten,
- Health Devices Sourcebase, ECRI, USA, ca. 26 500 Firmeneinträge von Medizinprodukteherstellern und ihren Produkten,
- MEDITEC, Fachinformationszentrum Technik, ca. 195 000 Literaturhinweise zu Medizinischer Technik.

Der Zugriff[29] auf die **lizenzfreien Datenbanken** wie MEDLINE ist kostenlos. Datenbanken, für die der Datenbankhersteller Lizenzen erhebt, können nur nach Abschluss eines Online-Anschluss-Vertrags mit DIMDI genutzt werden (Näheres dazu unter der genannten Internetadresse).

C. Europäisches Informationssystem für Medizinprodukte (EUDAMED)

46 In den Jahren 1997–99 hat das DIMDI im Auftrag der Europäischen Kommission die Datenbank **EUDAMED (European Database on Medical Devices)** im Rahmen eines **Pilotprojekts** aufgebaut. In EUDAMED wurden folgende Daten aufgenommen:

- **Anzeigen der Hersteller** gem. Art. 14 der MDD (Medizinprodukte der Klasse I, Sonderanfertigungen, Systeme und Behandlungseinheiten),
- **Zertifikate**, die gemäß den Anhängen der AIMDD und der MDD **von Benannten Stellen** ausgestellt, geändert, ergänzt, abgelehnt, ausgesetzt wurden (Medizinprodukte der Klasse I (steril, Messfunktion), Klasse II a bis III).

47 Analog zum deutschen Informationssystem wurden auf der Grundlage von Formblättern **PC-Programme** für die beiden Bereiche entwickelt. Die Daten waren von den zuständigen Behörden der Mitgliedstaaten und den Benannten Stellen in elektronischer Form an DIMDI zu liefern. Sie wurden, wie unter Rdnr. 41 beschrieben, registriert, geprüft und in EUDAMED aufgenommen und bereitgestellt. Einige der im Abschnitt I (Rdnr. 9) beschriebenen Voraussetzungen für ein europaweit funktionierendes Informationssystem waren beim Aufbau von EUDAMED nicht gegeben. Vorgaben wurden von einigen Mitgliedstaaten nicht eingehalten. Daten wurden zum Teil nur mit Verzögerung oder überhaupt nicht geliefert. Grund dafür waren technische Probleme, aber auch die Tatsache, dass es bis 1998 **keine rechtliche Grundlage zur Datenlieferung** gab. In Art. 10 und 12 der IVDD und Art. 14a der geänderten MDD wurde die Einrichtung einer europäischen Datenbank für Medizinprodukte aufgenommen. Gemäß Art. 10 Abs. 5 der IVDD

---

[29] Zugriff auf Datenbanken, Datenbankenbeschreibungen, Online-Anschlussvertrag: http://gripsdb.dimdi.de/germ/eudamed/mpglogin.html (Stand: 10/2002).

werden die Mitgliedstaaten aufgefordert, die Daten an die europäische Datenbank unverzüglich zu übermitteln.

Die Entwicklung von EUDAMED war Ende 1999 technisch so weit fortgeschritten, **48** dass das DIMDI die Pilotphase in den Dauerbetrieb hätte überführen können. Das DIMDI hatte der Kommission der Europäischen Union angeboten, EUDAMED auf die Bereiche Anzeigen und Bescheinigungen von In-vitro-Diagnostika und Meldungen von Vorkommnissen zu erweitern. Vertragsrechtliche und technische Schwierigkeiten seitens der Kommission haben diese Ende 2000 veranlasst, EUDAMED auf der Grundlage der Ergebnisse aus dem Pilotprojekt in eigener, inklusive finanzieller Verantwortung neu zu konzipieren und entwickeln zu lassen. Dazu wurde eine Arbeitsgruppe bei der Generaldirektion Unternehmen eingerichtet. Im September 2001 wurden Projektmittel für den Aufbau von **EUDAMED bei der Generaldirektion Unternehmen** im Rahmen des Programms IDA (Interchange of Data between Administrations)[30] bewilligt. Mit der Fertigstellung von EUDAMED ist nicht vor Ende 2003 zu rechnen.

Bis zur vollen Funktionsfähigkeit und Komplettierung von EUDAMED müssen **An-** **49** **zeigen** der Hersteller und der Produkte gem. Art. 10 Abs. 6 der IVDD über In-vitro-Diagnostika **den zuständigen Behörden des jeweiligen Mitgliedstaats,** der vom Inverkehrbringen betroffen ist, zugeleitet werden. Laut Rundschreiben des BMG vom 29. 9. 2000 an die Europäische Kommission und die Mitgliedstaaten wurde geregelt, dass in Deutschland das DIMDI im Auftrag des BMG vorübergehend die Anzeigen der Hersteller aus den Mitgliedstaaten nach Art. 10 Abs. 1 entgegennimmt. Die Anzeigen durch die Hersteller haben auf dem **Europäischen Formblatt** zu erfolgen. Das DIMDI stellt dieses Formblatt (s. Rdnr. 11) zweisprachig (deutsch/englisch) auf dem DIMDI-Internetserver zur Verfügung.[31]

---

[30] Abrufbar unter http://europa.eu.int/ISPO/ida/jsps/index.jsp?fuseAction=home (Stand: 10/2002).
[31] Abrufbar unter http://www.dimdi.de/de/mpg/europa/index.htm (Stand: 10/2002).

§ 14 Erfahrungsaustausch der Benannten Stellen für Medizinprodukte NB-MED – Bedeutung der NB-MED Recommendations

von *Jörg Höppner*

Übersicht

A. Notified Bodies im Bereich der Medizinprodukte

Mit den europäischen Richtlinien für Medizinprodukte[1] ist zum einen deren **Markteinführung/Inverkehrbringung** geregelt; dem Hersteller eines Medizinprodukts obliegt es sicherzustellen, dass sein Produkt den Grundlegenden Anforderungen der Richtlinien entspricht und dass diese Übereinstimmung mit der Richtlinie vor der Markteinführung geprüft wird. Andererseits geben die Richtlinien auch wichtige Anforderungen an die unabhängigen Stellen vor, die – abhängig von der Klassifizierung des jeweiligen Medizinprodukts – im Rahmen der **Überprüfung** der Übereinstimmung dieser Produkte mit den Richtlinien (Konformitätsbewertung) einzuschalten sind. **1**

Diese unabhängigen Stellen **(sog. Benannte Stellen/Notified Bodies)** werden von dem jeweiligen Mitgliedstaat anerkannt oder akkreditiert (Designation) und anschließend gegenüber der Kommission benannt. Die Kommission veröffentlicht die Benannten Stellen im Europäischen Amtsblatt. Im Bereich der Medizinprodukte sind derzeit für die Richtlinien über aktive implantierbare medizinische Geräte (AIMDD), Medizinprodukte (MDD) und In-vitro-Diagnostika (IVDD) 60 Notified Bodies benannt. **2**

Notified Body	I-Nr.	AIMDD	MDD	MDD a/na	IVDD
A TÜV Österreich, Wien	0408	X		X	a/na
PMG/Technische Universität Graz, Graz	0636	X		X	a

[1] Richtlinie 90/385/EWG des Rates v. 20. 6. 1990 zur Angleichung der Rechtsvorschriften der Mitgliedstaaten über aktive implantierbare medizinische Geräte (ABl. EG Nr. L 189 v. 20. 7. 1990, S. 17); geändert durch Richtlinie 93/42/EWG (ABl. EG Nr. L 169 v. 12. 7. 1993) und Richtlinie 93/68/EWG (ABl. EG Nr. L 220 v. 30. 8. 1993); Richtlinie 93/42/EWG des Rates v. 14. 6. 1993 über Medizinprodukte (ABl. EG Nr. L 169 v. 12. 7. 1993, S. 1); zuletzt geändert durch Richtlinie 2001/104/EG des Europäischen Parlaments und des Rates v. 7. 12. 2001 zur Änderung der Richtlinie des Rates über Medizinprodukte hinsichtlich Medizinprodukten, die Derivate aus menschlichem Blut oder Blutplasma enthalten (ABl. EG Nr. L 6 v. 10. 1. 2002, S. 50); Richtlinie 98/79/EG des Europäischen Parlaments und des Rates v. 27. 10. 1998 über In-vitro-Diagnostika (ABl. EG Nr. L 331 v. 7. 12. 1998, S. 1).

	Notified Body	I-Nr.	AIMDD	MDD	MDD a/na	IVDD
D	TÜV Hannover/Sachsen-Anhalt e. V., Hannover	0032	X			
	RWTÜV Anlagentechnik GmbH, Essen	0044		X	a/na	X
	Physikalisch-Technische Bundesanstalt PTB, Braunschweig	0102		X	a	
	Landesamt für Mess- und Eichwesen Brandenburg, Potsdam	0106		X	a	
	Landesamt für Mess- und Eichwesen Thüringen, Ilmenau	0118		X	a/na	
	TÜV Product Service GmbH, München (has taken over earlier TÜV Südwest, I-Nr. 0047, Mannheim)	0123	X	X	a/na	X
	DEKRA Certification Services GmbH, Stuttgart	0124		X	a/na	X
	Landesgewerbeanstalt (LGA) Bayern, Nürnberg	0125	X	X	a/na	X
	TÜV Rheinland Product Safety GmbH, Köln (has taken over earlier TÜV Berlin-Brandenburg, I-Nr. 0035, Berlin)	0197	X	X	a/na	X
	DQS, Frankfurt	0297		X	a/na	
	TÜV CERT, Bonn	0298		X	a	
	VDE Prüf- und Zertifizierungsinstitut, Offenbach	0366		X	a	
	Materialprüfungsamt NRW (MPA NRW), Dortmund	0432	X	X	a	
	ECM Zertifizierungsgesellschaft für Medizinprodukte, Aachen	0481		X	na	
	MEDCERT Zertifizierungs- und Prüfungsgesellschaft für die Medizin, Hamburg	0482		X	a/na	
	MDC – Medical Device Certification GmbH, Memmingen (has taken over earlier ZDH-ZERT, I-Nr. 0538, Stuttgart)	0483		X	a/na	X
	SLG Prüf- und Zertifizierungs GmbH, Hartmannsdorf	0494		X	a	
	EUROCAT Institute for Certification and Testing, Rossdorf	0535		X	a/na	X
	Technische Universität Berlin, Berlin	0633		X	a/na	
	CETECOM GmbH, Essen	0680	X			
	INTERNATIONAL CERT Zertifizierungs GmbH, Essen	0712		X	na	
	Prüf- u. Forschungsinstitut f. d. Schuhherstellung, Pirmasens	0713		X	na	
	Sub-Total	22	6	20	17/14	7
D K	DGM Danish Medical Devices Certification, Charlottenlund	0543		X	a/na	
E	Ministerio de Sanidad y Consumo, Madrid	0318	X	X	a/na	
F	G-MED, Fontenay-aux-Roses	0459	X	X	a/na	X
G R	Research Center for Biomaterials S. A. (EKEVYL S. A.), Glyfada	0653		X	a/na	
I	IMQ Instituto Marchio di Qualita, Milano	0051		X	a/na	
	Istituto di Ricerche e Collaudi M. Mansini, Rho	0068		X	a/na	
	Istituto Superiore di Sanita (ISS), Roma	0373	X	X	a/na	
	Istituto di Ricerche, Prove e Analisi CPM, Bienno	0398		X	a/na	
	Istituto Ricerche Breda – TÜV Italia – TÜV Bayern, Milano	0426		X	a/na	

Höppner

Notified Body	I-Nr.	AIMDD	MDD	MDD a/na	IVDD
CERMET, S. Lazzaro di Savena	0476		X	a/na	
Biolab, Vimodrone-Milano	0477		X	a/na	
CERTIMEDICA-CERTICHIM, Milano	0546		X	na	
Sub-Total	8	1	8	7/8	
IR NSAI – National Standards Authorithy Ireland, L Dublin	0050	X	X	a/na	
L SEE – Service de l' Energie de l' Etat, Luxemburg	0499		X	a/na	
N Det Norske Veritats Region Norge AS, Hovik	0434		X	a/na	
NEMKO, Oslo	0470		X	a/na	
NIOM Nordisk Institute for odontologisk materialprovning, Haslum	0510		X	a/na	
N TNO-CERTIFICATION, Leiden	0336		X	a/na	X
L N. V. KEMA, Arnhem	0344	X	X	a/na	
TNO, Leiden	0345	X			
P INSA, Lisboa	0932	X			X
INFARMED, Lisboa	0503		X	na	
S Swedish National Testing and Research Institute SP, Boras	0402		X	na	
SEMKO AB MedTech, Kista	0413		X	a/na	
Medical Products Agency, Uppsala	0562		X	na	
SF VTT Automation, Tampere	0537		X	a/na	
U BSI Product Certification, Milton Keynes K	0086	X	X	a/na	
LRQA Ltd, Croydon	0088		X	a/na	
SGS Yarsley ICS Ltd, Somerset	0120		X	a/na	
BVQI Bureau Veritas, Milton Keynes	0301	X	X	a/na	
Inchcape Testing Services (UK) Ltd, Surrey	0359		X	a/na	
AMTAC Certification Services Ltd, Cheshire	0473		X	a/na	X
SIRA Certification Service, Kent	0518		X	a	
National Quality Assurance Ltd (NQA), Dunstable	0577		X	a/na	
URSIL, Somerset	0646		X	a/na	
UL International, Surrey	0843		X	a	X
Sub-Total	10	2	10	10/8	2
Total	60	17	56	47/47	12

I-Nr.	=	Identification number
a	=	active devices
na	=	non active devices

Abb. 1: Liste der europäischen Benannten Stellen

Die Benannten Stellen für die Medizinprodukte-Richtlinien führen im Rahmen der 3 Verfahren zur Bewertung der Konformität für die Erlangung der CE-Kennzeichnung **folgende Tätigkeiten** gemäß den jeweiligen Anhängen der Richtlinien aus; dies sind z.B. für die Richtlinie MDD:
- Anhang II (umfassende Qualitätssicherung),
- Anhang III (Baumusterprüfung),

– Anhang IV (EG-Prüfung),
– Anhang V (Qualitätssicherung der Produktion),
– Anhang VI (Qualitätssicherung des Produkts).

Es ist anzustreben, dass die europäischen Benannten Stellen im Rahmen der Konformitätsbewertung eines Medizinprodukts Prüfmethoden und Prüfinhalte einheitlich anwenden.

B. Global Approach: Europaweite Anerkennung von Zertifikaten Benannter Stellen

4   Das Gesamtkonzept **(Global Approach)** der Konformitätsbewertung stellt u. a. neben der Entwicklung eines kohärenten Konzepts in der gemeinschaftlichen Gesetzgebung durch die Einführung von Modulen für die einzelnen Phasen der Konformitätsbewertungsverfahren und die Aufstellung von Kriterien für deren Anwendung, für die Benennung der für diese Verfahren zuständigen Stellen und für die Verwendung der CE-Kennzeichnung auch die Grundlage für die gegenseitige Anerkennung von Prüfungen und Zertifizierungen dar.

5   Die **Umsetzung** des Grundsatzes „europaweite Anerkennung von Zertifikaten benannter Stellen" ist jedoch mit Schwierigkeiten verbunden, weil:
– ein großer Teil der Aufgabenfelder neu eingeführt wurde,
– Prüfstellen in einzelnen Mitgliedstaaten bisher unbekannt waren,
– die Benennung der Stellen in der Verantwortung des jeweiligen Mitgliedstaates erfolgt,
– die Verfahren zur Akkreditierung in den Mitgliedstaaten stark unterschiedlich sind,
– sich die sicherheitstechnischen Vorstellungen in den einzelnen Mitgliedsstaaten auf Grund von Traditionen unterscheiden,
– Hersteller in den letzten Jahren mit Neuentwicklungen auf den Markt kommen, für die es keine normierten Beurteilungsmaßstäbe gibt,
– eine Absenkung des Sicherheitsniveaus in einem Mitgliedstaat durch EG-Richtlinien nicht gewünscht ist.

C. Erfahrungsaustausch der Benannten Stellen für Medizinprodukte NB-MED

6   Aus den genannten Gründen, die auch verkürzt „Harmonisierung der Wettbewerbsbedingungen im Rahmen der Konformitätsbewertungsverfahren" genannt werden können, wurde mit Einführung der europäischen Richtlinie über aktive Implantate mit einem Erfahrungsaustausch der Benannten Stellen, **NB-MED** genannt, begonnen; seit Einführung der Richtlinie über Medizinprodukte wurde der Erfahrungsaustausch des NB-MED auch um den Themenbereich der Medizinprodukte-Richtlinie und später, mit Einführung der Richtlinie über In-vitro-Diagnostika, um diesen Themenbereich erweitert.

7   An dem Erfahrungsaustausch-Kreis NB-MED nehmen neben den Vertretern der europäischen Benannten Stellen auch die Kommission, die Repräsentanten der europäischen Industrieverbände und Vertreter von CEN/CENELEC teil. Der VdTÜV – Verband der Technischen Überwachungs-Vereine – ist das **Technische Sekretariat** des NB-MED und nimmt ebenfalls an den Sitzungen teil. Die zumeist zweitägigen Sitzungen finden zwei- bis dreimal im Jahr in Brüssel statt. Der Vorsitz des NB-MED liegt bei einer Benannten Stelle (derzeit: *Dr. Roy Holland*/NIOM Norwegen). Die zuständigen nationalen Behörden (Competent Authorities), die ebenfalls zu den Sitzungen des NB-MED eingeladen werden, folgen dieser Einladung zurzeit noch zögerlich, sind jedoch über den Verteiler über die laufenden Arbeiten des NB-MED in den Informationsfluss eingebunden. Durchschnitt-

lich nehmen 70 Personen als Vertreter der europäischen Mitgliedstaaten und als internationale Gäste (Stichworte: TGA, FDA, MRAs, CABs, PECAs) an den Sitzungen des NB-
MED teil.

Der NB-MED als Plenargruppe ist in mehrere **Arbeitsgruppen** aufgeteilt: 8
- NB-MED Recommendations Group (NBRG),
- Task Force „Evaluation of clinical data",
- Task Force „Existing Products/Combination of CE-marked/non-CE-marked medical
  devices",
- Task Force „EMC",
- Task Force „CE marking of X-ray tubes",
- Task Force „Technical file".

D. Erarbeitung von NB-MED Recommendations

Die NB-MED Recommendations Group (NBRG) ist das „Herzstück" des Erfahrungs- 9
austauschs der europäischen Benannten Stellen für Medizinprodukte; hier werden in
vorbereitender Arbeit Meinungen und Anfragen diskutiert und abgestimmt, relevante Arbeitsergebnisse in Form von Empfehlungen **(Recommendations)** formuliert und dem
Plenum NB-MED zur Schlussberatung und Abstimmung vorgelegt. Dies geschieht in
allen Phasen unter frühzeitiger Einbindung aller oben genannter Beteiligten. Dadurch ist
es gelungen, auf allen Seiten für die Arbeit des NB-MED Akzeptanz und Anerkennung zu
schaffen; die Betroffenen werden zu einem offenen und rechtzeitigen Dialog zusammen-
geführt. Dazu hat in besonderem Maße auch ein transparentes Informations- und Doku-
mentationssystem beigetragen.

Das Ziel einer NB-MED Recommendation ist, bestimmte Themen und Verfahrens- 10
weisen, die auf den nationalen Umsetzungen der Richtlinien basieren bzw. deren Ursachen darin gründen, zu **präzisieren.** Die NB-MED Recommendations werden vom
NB-MED verabschiedet und kommen als Grundlage einer gemeinsamen Auslegung/
Interpretation durch die Beteiligten zur Anwendung. Die Recommendations, die diesen
Beratungsstand erreicht haben, werden der europäischen Expertengruppe für Medizinprodukte zur weiteren Beratung auf der Ebene der Mitgliedstaaten überlassen. Die jeweiligen Vertreter der zuständigen Behörden der Mitgliedstaaten bilden die europäische
Expertengruppe für Medizinprodukte („Medical Devices Experts Group"). Nachdem die
Kommission die NB-MED Recommendation oder deren fortentwickelten Beratungstand
akzeptiert hat, können diese von der Kommission im Rahmen ihrer EC-Guidelines
(Empfehlungen/Leitlinien) für Medizinprodukte als sog. MedDev-Dokumente veröffentlicht werden.

Die NB-MED Recommendations besitzen keine rechtliche Grundlage und sind daher 11
nicht verbindlich, ihre Anwendung geschieht **freiwillig.** Obwohl die NB-MED Recommendations Informationen bezüglich der Interpretation von Themen der Richtlinie sind,
stellen sie lediglich einen Rat dar, um die Verpflichtungen einzuhalten, die man als Benannte Stelle, Hersteller oder sonstige interessierte Stelle im Rahmen der Konformitätsbewertungsverfahren hat. Das formelle und verbindliche Dokument bleibt der Text der
Richtlinien, zusammen mit jedem anderen offiziell veröffentlichten Dokument, welches
die Richtlinie unterstützt oder berichtigt. Die NB-MED Recommendations unterliegen
einem ständigen Prozess der Verbesserung. Interessierte sind aufgefordert, Kommentare
oder Vorschläge zu Änderungen direkt dem Technischen Sekretariat des NB-MED zu
übermitteln.

Aus der praktischen Anwendung der Beteiligten heraus kommt den NB-MED Re- 12
commendations – und dies entspricht dem Selbstverständnis des NB-MED – jedoch eine
ähnliche Bedeutung zu wie den in der Richtlinie angesprochenen Harmonisierten Nor-

men[2] **(Vermutungswirkung, Beweisumkehr, etc.).** Der erzielte Konsens bei der Beschlussfassung könnte eine moralische Verpflichtung zur Anwendung implizieren. Derzeit sind 27 NB-MED Recommendations veröffentlicht:

Titel der NB-MED Recommendation	Recommendation-Nr. *(stage)* veröffentlicht als MedDev?[3]
Representative sample	NB-MED/2.1/Rec1 *(3)*
Explanation of Terms	NB-MED/2.1/Rec2 *(4)*
Accessories and other parts for Active Implantable Medical devices	NB-MED/2.1/Rec3 *(3)* ja: MedDev 2.1/2.1
Medical Devices with a measuring function	NB-MED/2.1/Rec4 *(5)* ja: MedDev 2.1/5
Placing on the market of fully refurbished medical devices	NB-MED/2.1/Rec5 *(3)*
EMC requirements	NB-MED/2.2/Rec1 *(3)* ja: MedDev 2.2/1 Rev 1
Treatment of computer used to program implantable pulse generators	NB-MED/2.2/Rec2 *(3)*
„Use-by" date for Medical devices	NB-MED/2.2/Rec3 *(3)* ja: MedDev 2.2/3 Rev 3
Software and Medical devices	NB-MED/2.2/Rec4 *(3)*
Content of mandatory certificates	NB-MED/2.5.1/Rec4 *(3)* ja: MedDev 2.5/1
Technical Documentation	NB-MED/2.5.1/Rec5 *(3)*
Renewal of EC Design-Examination and Type-Examination Certificates	NB-MED/2.5.1/Rec6 *(3)*
Subcontracting – QS related	NB-MED/2.5.2/Rec1 *(3)* ja: MedDev 2.5/3 Rev 2
Reporting of design changes and changes of the quality system	NB-MED/2.5.2/Rec2 *(3)*
Translation procedure	NB-MED/2.5.2/Rec3 *(3)* ja: MedDev 2.5/5 Rev 3

---

[2] S. hierzu den Beitrag von *Dieners/Lützeler* in diesem Handbuch (§ 1 Rdnr. 49 ff.).

[3] Auf der Internetseite der Kommission veröffentlicht: http://europa.eu.int/comm/enterprise/medical_devices/index.htm (Stand: 10/2002).

Titel der NB-MED Recommendation	Recommendation-Nr. *(stage)* veröffentlicht als MedDev?[4]
Homogeneous batches	NB-MED/2.5.4/Rec1 *(3)* ja: MedDev 2.5/6 Rev 1
Verification of Manufactured Products for the IVDD	NB-MED/2.5.4/Rec2 *(3)*
Conformity assessment procedures of breast implants	NB-MED/2.5.5/Rec1 *(5)* ja: MedDev 2.5/7 Rev 1
Combination of CE-marked and non-CE-marked medical devices and non-medical devices	NB-MED/2.5.5/Rec2 *(3)*
Conformity Assessment of Annex II, IVDs designed and evaluated prior to adoption of Common Technical Specifications (CTS)	NB-MED/2.5.5/Rec3 *(3)*
Assessment of the sensitivity of In Vitro Diagnostic Medical Devices – guidance on the application of the CTS	NB-MED/2.5.5/Rec2 *(3)*
Guidance on clinicals	NB-MED/2.7/Rec1 *(3)*
Evaluation of clinical data	NB-MED/2.7/Rec3 *(3)*
Post-Marketing Surveillance (PMS) post market/production	NB-MED/2.12/Rec1 *(3)*
CE Marking of pre-MDD Devices	NB-MED/2.13/Rec1 *(4)*
CE Marking of established IVD Devices	NB-MED/2.13/Rec2 *(3)*
Voluntary certification at an intermediate stage of manufacture	NB-MED/2.15/Rec1 *(3)*

Abb. 2: Verabschiedete NB-MED Recommendations

I. Wie entsteht aus einer Anfrage an die Notified Bodies eine NB-MED Recommendation oder schließlich ein auf Kommissionsebene abgestimmtes Experten-Dokument?

Sobald eine Anfrage oder die Lösung zu einer Problemstellung das Plenum des NB-MED erreicht, wird diese schriftliche Information als sog. **„stage 0"-Dokument** geführt. Kommen die Benannten Stellen anlässlich ihrer Plenarsitzung überein, dass das vorgelegte Dokument ein Thema von allgemeinem Interesse darstellt und in einem späteren Stadium als Empfehlung zu veröffentlichen sei, erhält dieses Dokument den Status **„stage 1"** und wird in einer entsprechenden Task Force oder von der Recommendations group (NBRG) weiter bearbeitet. Die fertiggestellten Dokumente werden der NBRG übermittelt, dort letztmalig überarbeitet und als **„stage 2"-Dokument** dem Plenum zunächst zur Prüfung und dann zur Verabschiedung vorgelegt. Nach abschließender Beratung im Plenum des NB-MED und nach Verabschiedung wird das Dokument eine „NB-MED Recommendation" und erhält den Status **„stage 3"**. Die Recommendation wird der Kommissions-

13

---

[4] Auf der Internetseite der Kommission veröffentlicht; siehe Fn. 3.

arbeitsgruppe „Medical Devices Experts Group" auf Vorschlag der Kommission zugeleitet und erfährt dort weitere Beratung und Bearbeitung. Für den letzten Bearbeitungszustand (**„stage 4"**) empfiehlt die Expertengruppe eine Veröffentlichung als sog. MedDev-Dokument durch die Kommission (**„stage 5"**). Die Entwicklungsstufen einer NB-MED Recommendation und die Verteilung der jeweiligen Verantwortlichkeiten lassen sich wie folgt veranschaulichen:

Aktion/Stage	Verantwortlich
Ein Themenbereich wird als Dokument dem NB-MED übermittelt und als Vorschlag zu einer Recommendation registriert. Ziel: Vorschlag einer Recommendation	Jeder Interessierte
stage 0	
NB-MED beschließt, das Thema zu einer Recommendation zu entwickeln. Mitglieder des NB-MED werden gebeten, Kommentare zu dem Dokument abzugeben. Auftrag an eine ad hoc Arbeitsgruppe oder an die NBRG: Entwicklung einer NB-MED Recommendation aus dem Basispapier unter Berücksichtigung der eingegangenen Kommentare. Ziel: Erarbeitung einer Recommendation; Auftrag an ad hoc Gruppe oder NBRG	NB-MED
stage 1	
Fertigstellung einer NB-MED Recommendation i) in der ad-hoc Gruppe mit anschließendem Editing in der NBRG ii) direkt in der NBRG. Dokument wird dem NB-MED vorgestellt mit der Bitte um Zusendung von Kommentaren oder Zustimmung. Ziel: Fertigstellung einer draft NB-MED Recommendation	ad-hoc Gruppe und NBRG
stage 2	
NB-MED verabschiedet draft NB-MED Recommendation und leitet es an die Medical Devices Experts Group zur weiteren Beratung und mit der Bitte um Zustimmung weiter. Ziel: Verabschiedung einer NB-MED Recommendation	NB-MED
stage 3	
Diskussion innerhalb der Medical Devices Experts Group. Bei Zustimmung soll das Dokument als MedDev veröffentlicht werden. Ziel: Vorschlag an die Kommission zur Veröffentlichung als MedDev	Medical Devices Experts Group (Kommission)
stage 4	
Kommission veröffentlicht Dokument auf Basis der NB-MED Recommendation als MedDev. Ziel: neues MedDev-Dokument	Kommission
stage 5	

Abb. 3: Entwicklungsstufen einer NB-MED Recommendation im Konsensusverfahren

14   Das Arbeits- und Abstimmungsprinzip im NB-MED ist durch eine **Konsensfindung** bestimmt. Zustimmung wird im Allgemeinen in den Plenarsitzungen des NB-MED gefunden. Im Falle von grundsätzlichen Meinungsverschiedenheiten hat der Vorsitzende zu entscheiden, ob das Dokument zurück zur NBRG gehen soll oder ob über das Dokument abgestimmt werden soll. Das Abstimmungsprozedere kann hierbei wie folgt beschrieben werden:

– Notified Bodies und Industrierepräsentanten stimmen separat ab. Innerhalb dieser Gruppen hat jede der Notified Bodies und jedes Industriemitglied eine Stimme.
– Dem Dokument wird innerhalb der jeweiligen Gruppe zugestimmt, wenn es dort die einfache Mehrheit findet.
– Für die Zustimmung innerhalb des NB-MED benötigt das Dokument die Zustimmung beider Gruppen, anderenfalls erhält die Kommission das Entscheidungsrecht.
– In jedem Fall hat die Kommission ein Veto-Recht (z.B. aus politischen oder regulatorischen Gründen).

II. Was bedeutet „NB-MED/2.1/Rec1"?

Das Kürzel **NB-MED** umfasst als Synonym alle Aktivitäten der „Notified Bodies for **15** Medical Devices". Die Mitglieder des Erfahrungsaustausch-Kreises NB-MED waren bemüht, die entwickelten Recommendations ihren Inhalten entsprechend zu gruppieren. Daher wurde entschieden, dass sich die Struktur und Aufteilung der Recommendations an den Überschriften der MDD-Richtlinie orientieren soll:

| **Inhaltsverzeichnis der NB-MED Recommendations** |
| Relevante Überschriften für NB-MED Recommendations (= 2.1 bis 2.15) |

1	Council Directives on Medical Devices
1.1	Council Directive 90/385/EEC on active implantable medical devices (AIMDD)
1.2	Council Directive 93/42/EEC on medical devices (MDD)
1.3	Council Directive 98/79/EG on in vitro diagnostic medical devices (IVDD)
2	Recommendation documents
2.1	Scope, field of application, explanation of terms
2.2	Essential requirements
2.3	Reference to standards
2.4	Classification
2.5	Conformity assessment procedures
2.5.1	General rules
2.5.2	Quality assurance
2.5.3	Type examination
2.5.4	Verification of manufactured products
2.5.5	Conformity assessment for particular product groups
2.6	CE marking
2.7	Clinical investigations, clinical evaluation
2.8	Devices intended for special purposes
2.9	Systems and procedure packs
2.10	Notified Bodies
2.11	Registration procedure
2.12	Market surveillance; vigilance
2.13	Transitional provisions
2.14	Implementation
2.15	Other
3	List of recommendations on directive 90/385/ECC (related to the articles)
4	List of recommendations on directive 93/42/ECC (related to the articles)
5	List of keywords

Abb. 4: Inhaltsverzeichnis der NB-MED Recommendations

So ist z. B. NB–MED/2.1/Rec1 die Dokumentenbezeichnung für die NB–MED Recommendation „Representative sample" und bedeutet:

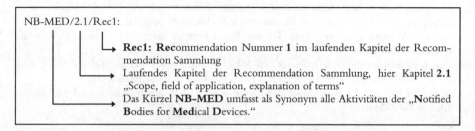

Abb. 5: Erläuterung der Dokumentenbezeichnung

E. Weitere Erkenntnisquellen: MedDev und CERTIF-Dokumente

16 **CERTIF-Dokumente** werden von der Gruppe der Hohen Normungsbeamten (Senior Officials Group on Standardisation and Conformity Assessment Policy) in der Verantwortung der jeweiligen Dienststelle der Kommission erarbeitet. Sie sind Guidance-Dokumente und stellen die Interpretation genereller Prinzipien im Zusammenhang mit „New Approach" und „Global Approach" dar (horizontal). Nur einige der veröffentlichten CERTIF-Dokumente wurden unter Beteiligung der Mitgliedstaaten verabschiedet.

17 **MedDev-Dokumente** werden von der Medical Devices Experts Group (Vertreter der Mitgliedstaaten) in Verantwortung dieser Gruppe erarbeitet. Sie sind Guidance-Dokumente und stellen die Interpretation „spezieller" Prinzipien im Zusammenhang mit Medizinprodukte-Richtlinien dar (vertikal). Alle veröffentlichten MedDev-Dokumente wurden unter Beteiligung der Mitgliedstaaten verabschiedet.

18 MedDev-Dokumente stellen daher die **Sichtweise der Mitgliedstaaten** dar, CERTIF-Dokumente reflektieren zumeist die **Meinung der Kommission**.

F. Verantwortung des Technischen Sekretariates VdTÜV

19 Der **VdTÜV** betreut neben den eigentlichen Plenarsitzungen des NB–MED auch die Sitzungen der „Recommendations Group" NBRG und nimmt an den Sitzungen des Kommissions-Gremiums „Medical Devices Experts Group" teil. Der Zugang zu den meisten der fachlich relevanten Informationen ist somit sichergestellt. Im Zuge der Erarbeitung von NB–MED Recommendations ist der VdTÜV für deren Bearbeitung und Herausgabe und für das Einholen, Abstimmen und Einarbeiten von Stellungnahmen aus den Betroffenen Kreisen verantwortlich. So werden verlässliche Dokumente erarbeitet, die die Benannten Stellen, die Hersteller und andere Interessierte bei der Anwendung der Medizinprodukte-Richtlinien unterstützen. In handhabbarer und übersichtlicher Form wurden ergänzend alle bisher in den Sitzungen getroffenen Diskussionsergebnisse in einem sog. „Consensus Statement-Dokument" veröffentlicht. NB–MED Recommendations und das Consensus Statement-Dokument haben mehr **Transparenz** in dem Erfahrungsaustausch des NB–MED gebracht und sorgen für eine Effektivitätssteigerung der Arbeiten der am Prozess Beteiligten. Trotz ihres unverbindlichen Charakters haben sie zu einer themenspezifischen, gemeinsamen Interpretation und Anwendung der europäischen Richtlinien für Medizinprodukte geführt.

§ 15 Rechtsschutz bei Widerruf des CE-Kennzeichens und der Akkreditierung der Benannten Stelle

von *Peter von Czettritz*

Übersicht

Literatur: *von Czettritz*, Rechtsschutz im Fall des Widerrufs der Akkreditierung der Benannten Stelle nach § 21 MPG und im Fall des Widerrufs des erteilten CE-Zeichens durch die Benannte Stelle, PharmaR 2000, 321; *Eyermann/Fröhler*, Kommentar zur Verwaltungsgerichtsordnung, 11. Aufl., München 2000; *Hill/Schmitt*, Wiesbadener Kommentar zum Medizinproduktegesetz, Wiesbaden 1995 (Stand: 3/2002); *Hiltl*, Handeln Benannte Stellen nach dem MPG öffentlich-rechtlich oder privatrechtlich?, PharmaR 1997, 408; *Kirchhof*, Kontrolle der Technik als staatliche und private Aufgabe, NVwZ 1988, 97; *Kopp/Ramsauer*, Kommentar zum Verwaltungsverfahrensgesetz, 7. Aufl., München 2000; *Mänger*, Rechtsschutzprobleme bei Entscheidungen amtlich anerkannter Sachverständiger oder Prüfer für den Kraftfahrzeugverkehr nach § 29 StVZO, VerwaltungsA 67, 205; *Murswiek*, Die staatliche Verantwortung für die Risiken der Technik, Berlin 1985; *Ratzel/Lippert*, Medizinproduktegesetz, Neuwied 2000; *Redeker/von Oertzen*, Verwaltungsgerichtsordnung, 13. Aufl., Stuttgart 2000; *Sander*, Arzneimittelrecht, Kommentar für die juristische und pharmazeutische Praxis zum Arzneimittelgesetz (Stand: 3/2001); *Sander*, Gesetz über Medizinprodukte, Aulendorf 1994; *Scheel*, Benannte Stellen: Beliehene als Instrument für die Verwirklichung des Binnenmarktes, DVBl. 1999, 442; *Schorn*, Medizinprodukte-Recht, Stuttgart 1994 (Stand: 4/2002).

A. Einleitung

Das Medizinproduktegesetz (MPG) ist etwa im Vergleich zum Arzneimittelgesetz **1** (AMG) noch ein relativ junges Gesetz. Die Frage des **Rechtsschutzes** im Fall des Widerrufs des CE-Kennzeichens oder der Akkreditierung der Benannten Stelle ist im MPG nicht ausdrücklich geregelt, so dass Anlass besteht, sich hiermit näher zu beschäftigen. Die Literatur zu Fällen des Widerrufs des erteilten CE-Kennzeichens oder der Akkreditierung steht noch ziemlich am Anfang und Rechtsprechung gibt es bisher zu diesem Thema praktisch noch gar nicht.

B. Widerruf des CE-Kennzeichens

Beim Widerruf des CE-Kennzeichens ist sowohl die **Rechtsnatur** des Widerrufs als **2** auch der zu **beschreitende Rechtsweg** strittig bzw. ungeklärt.

I. Gesetzliche Rahmenbedingungen

3   Nach § 3 Nr. 20 MPG[1] sind die Benannten Stellen die für die Durchführung von Prüfungen und Erteilung von Bescheinigungen im Zusammenhang mit Konformitätsbewertungsverfahren vorgesehene Stelle. Nach Durchführung eines Konformitätsbewertungsverfahrens erteilt die Benannte Stelle hierüber eine Bescheinigung, die Voraussetzung zur Anbringung der CE-Kennzeichnung unter Hinzufügung der Kennnummer der Benannten Stelle ist. Nach § 18 Abs. 1 MPG[2] sind Benannte Stellen berechtigt, ausgestellte Bescheinigungen unter Berücksichtigung des **Grundsatzes der Verhältnismäßigkeit** einzuschränken, auszusetzen oder zurückzuziehen.

II. Rechtsnatur des Handelns der Benannten Stelle

4   Es ist derzeit stark umstritten, ob das Handeln der Benannten Stelle als **öffentlich-rechtlich oder privatrechtlich** zu qualifizieren ist.

1. Meinungsstand in der Literatur

5   Von der zur Verfügung stehenden Kommentarliteratur wird einhellig die Auffassung vertreten, dass die Benannten Stellen unabhängig von ihrer Rechtsform **ausschließlich privatrechtlich** tätig werden.[3] *Schorn* stellt allerdings zutreffend fest, dass die Rechtsnatur der Benannten Stelle weder durch das Gemeinschaftsrecht noch durch das MPG expressis verbis festgeschrieben ist. *Schorn* kommt dann aber ebenso wie der Wiesbadener Kommentar zu dem, wie weiter auszuführen sein wird, nicht sehr überzeugenden Ergebnis, dass den Benannten Stellen keine hoheitlichen Aufgaben übertragen seien und daher die Benannten Stellen, da sie keine Beliehenen seien, bei der Erfüllung ihrer Aufgaben privatrechtlich tätig würden. Folgerichtig wird in allen MPG-Kommentaren der Zivilrechtsweg als der gegebene Rechtsweg angesehen, ohne dies weiter zu vertiefen oder gar zu hinterfragen.[4]

6   Eine hiervon **abweichende Auffassung** vertritt *Sander,* sowohl in seinem AMG-Kommentar als auch in dem Buch „Gesetz über Medizinprodukte".[5] Dort heißt es jeweils unter dem Stichwort „Benannte Stellen" kurz und bündig „für ihre Tätigkeit gilt das VwVfG". Auch wenn *Sander* seine Annahme der Anwendbarkeit des VwVfG in keiner Weise begründet, so ist dem **im Ergebnis zuzustimmen.**[6]

7   *Hiltl* ist im Jahr 1997, zu einem Zeitpunkt, als die bis zum 2. MPG-ÄndG einschlägige Medizinprodukteverordnung nur im Entwurfsstadium vorlag, zu dem Ergebnis gelangt, dass die Tätigkeit der Benannten Stellen als privatrechtlich einzustufen sei. In Bezug auf den bis zum 2. MPG-ÄndG einschlägigen § 4 MPV hat *Hiltl* jedoch seinerzeit schon angedeutet, dass die der Benannten Stelle durch die vorgesehene Regelung zuteil werdende Befugnis und das daraus resultierende Über-Unterordnungsverhältnis den klassischen Fall eines Verwaltungsaktes gegenüber dem Hersteller darstellen würde. Nachdem § 4 MPV seinerzeit unverändert in Kraft getreten ist, ist somit genau der Fall eingetreten, in dem auch *Hiltl* ein **hoheitliches Handeln** der Benannten Stelle annehmen wollte.[7]

---

[1] Früher: § 3 Nr. 18 MPG.
[2] Früher in etwas anderer Form in § 4 Abs. 1 Satz 1 MPV, geregelt.
[3] Hill/Schmitt, § 4 MPV, Rdnr. 2 und Schorn, § 3 MPG, Rdnr. 58.
[4] Hill/Schmitt, § 3 MPG, Rdnr. 19 c und d; Schorn, § 20 MPG, Rdnr. 7; Deutsch/Lippert/Ratzel, § 15 MPG, Rdnr. 11 und Ratzel/Lippert, S. 95. So auch VG München, Beschl. v. 14. 12. 2000 – M 22 K 00 4223.
[5] Sander, Anhang II, Rdnr. 85 a und Sander, Gesetz über Medizinprodukte, Einführung B IV.
[6] von Czettritz, PharmaR 2000, 322.
[7] Hiltl, PharmaR 1997, 408 ff.

2. Eigene Position

Tatsächlich stellt sowohl die Erteilung des CE-Kennzeichens als auch der Widerruf des **8**
CE-Kennzeichens in Form der Einschränkung, Aussetzung oder Zurückziehung den klassischen Fall eines **Verwaltungsaktes** i. S. v. § 35 VwVfG dar. Im Gegensatz zu der von
der herrschenden Meinung vertretenen Auffassung ist das Tätigwerden der Benannten
Stelle als **hoheitlich** zu qualifizieren, da:
- sie Tätigkeiten wahrnimmt, die einer öffentlichen Aufgabe dienen, nämlich der Sicherung der Volksgesundheit und
- diese Tätigkeit ihre rechtliche Grundlage in öffentlich-rechtlichen Normen findet,
  nämlich dem MPG.[8]

Der **Schutz der Volksgesundheit** ist eine herausragende staatliche Aufgabe. Dass die **9**
Benannten Stellen auch im Interesse und Verantwortungsbereich des Herstellers tätig werden, tritt dahinter zurück. Traditionell ist die Bewältigung der wissenschaftlichen und technischen Entwicklungen mit den damit verbundenen Chancen und Risiken eine staatliche
Aufgabe.[9] Dies wird auch vom VG München verkannt, das von der grundsätzlichen Vermutung ausgeht, dass Private auch privatrechtlich handeln und die Akkreditierung nicht als
Verleihung einer öffentlich-rechtlichen Handlungs- und Entscheidungsbefugnis ansieht.[10]

Als weiteres Argument kann herangezogen werden, dass die einseitige Rücknahme- **10**
möglichkeit in § 18 Abs. 1 MPG den **Rücknahmemöglichkeiten der §§ 48, 49 VwVfG
nachgebildet** ist und die Benannte Stelle selbstständig ohne Mitwirkung einer anderen Behörde in Wahrnehmung öffentlich-rechtlicher Aufgaben gegenüber dem Hersteller auftritt. Der Entzug des CE-Zeichens hat daher im Ergebnis dieselbe Wirkung wie das
Verbot des Inverkehrbringens durch eine Überwachungsbehörde und stellt einen Verwaltungsakt gegenüber dem Hersteller dar, da nach dem Wortlaut des früheren § 4 Abs. 1
Satz 3 MPV das CE-Zeichen in einem solchen Fall nicht weiter verwendet werden durfte.

Für ein hoheitliches Handeln spricht auch ein Vergleich des Wortlauts des jetzt ein- **11**
schlägigen § 18 MPG und des früheren § 4 MPV. Zum einen ist in § 18 MPG nicht mehr
davon die Rede, dass die Benannten Stellen ihre Berechtigung zur Ungültigerklärung
vertraglich sicherstellen sollen, was der herrschenden Meinung als Argument für ein
privatrechtliches Tätigwerden diente. Zum anderen ist der Grundsatz der Verhältnismäßigkeit, der nunmehr bei der Einschränkung, Aussetzung oder Zurückziehung der Bescheinigung zu berücksichtigen ist, eine der tragenden Grundsätze des deutschen Verwaltungsrechts. Beide Änderungen sprechen daher für die hier vertretene Auffassung eines
hoheitlichen Tätigwerdens.

Diese Ansicht wird gestützt durch die bekannte Rechtsprechung zur **Versagung der** **12**
Prüfplakette durch den TÜV bei Kraftfahrzeugen. Bei Durchsicht dieser Rechtsprechung ist festzustellen, dass sämtliche dort genannten Kriterien auf die Tätigkeiten der Benannten Stellen im Rahmen des MPG zutreffen.[11]

Der Staat bedient sich der als Benannte Stellen zugelassenen juristischen Personen des **13**
Privatrechts zur Erfüllung ihm an und für sich obliegender Pflichten, nämlich den Schutz
der Volksgesundheit sicher zu stellen. Der Staat **überträgt daher staatliche Aufgaben**
auf die Benannten Stellen und verleiht ihnen somit hoheitliche Befugnisse.[12] Den Benannten Stellen kommt sowohl nach dem Gerätesicherheitsgesetz als auch nach dem MPG
eine Schlüsselfunktion bei der Verwirklichung des Binnenmarktes für technische Arbeits-

---

[8] *BGHZ* 49, 108 ff.

[9] *Kirchhof,* NVwZ 1988, 97; *Murswiek,* S. 88 ff.

[10] *VG München,* Beschl. v. 14. 12. 2000 – M 22 K 00 4223.

[11] *VGH München,* NJW 1975, 1796 ff.; *Mänger,* VerwaltungsA 67, 205; *BGHZ* 49, 108 ff.; *Eyermann/
Fröhler,* § 40 VwGO, Rdnr. 87 und 89; *Kopp/Ramsauer,* § 1 VwVfG, Rdnr. 25 und § 35 VwVfG,
Rdnr. 14.

[12] *Redeker/von Oertzen,* § 42 VwGO, Rdnr. 64.

mittel und Medizinprodukte zu. Die Benannten Stellen sind private Gesellschaften, die in Binnenmarkt-Richtlinien vorgesehene Konformitätsbewertungsverfahren durchführen. Wie *Scheel* zutreffend darstellt, sind Benannte Stellen nach deutschem Recht als Beliehene zu qualifizieren, wobei die **Akkreditierung Benannter Stellen als Beleihung** anzusehen ist, mit der ohne weiteres daraus resultierenden Folge, dass ein Tätigwerden der Benannten Stelle ebenso wie das Tätigwerden des TÜV als Beliehener zu beurteilen ist.[13]

14   Die Tätigkeit des TÜV als Benannte Stelle ist **praktisch deckungsgleich** mit der Tätigkeit des TÜV als Beliehener. Einmal erfolgt die Übertragung der Aufgaben in Form einer Beleihung, das andere Mal in Form einer Akkreditierung. Hierbei handelt es sich lediglich um einen sprachlichen, aber um keinen inhaltlichen Unterschied. Teilweise wird § 26 MPG und die in dieser Vorschrift zum Ausdruck kommende Gesamtzuständigkeit der Überwachungsbehörden als Argument gegen ein hoheitliches Tätigwerden der Benannten Stellen vorgebracht. Richtigerweise kann wohl von keiner Gesamtzuständigkeit der Überwachungsbehörden die Rede sein. Vielmehr ist die Überwachungszuständigkeit zwischen den Überwachungsbehörden und den Benannten Stellen geteilt. Tatsächlich besteht hier eine **deutliche Parallele zum Arzneimittelrecht,** da sich der Wortlaut des § 26 MPG mit dem des § 64 AMG weitgehend deckt.[14] Die Arzneimittelzulassung gem. §§ 21 ff. AMG, die der Tätigkeit der Benannten Stellen entspricht, ist Sache des Bundesinstituts für Arzneimittel und Medizinprodukte. § 64 AMG hingegen regelt die sonstige Überwachungstätigkeit, die Sache der Länderüberwachungsbehörden ist. *Schorn* sagt das deutlich:

> Diese Überwachungsaufgabe ist zu trennen von der, die die Benannten Stellen im Konformitätsbewertungsverfahren zu erfüllen haben [...]. Das heißt, dass die Überwachungsbehörden zwar weiterhin die Überwachung durchführen; in den Fällen, in denen die Benannten Stellen auf Grund der in den Konformitätsbewertungsverfahren vorgeschriebenen Überwachungsmaßnahmen tätig werden müssen, werden diese eben nicht von den Landesbehörden, sondern von den jeweiligen Benannten Stellen durchgeführt.[15]

Die Trennung der Zuständigkeit ist somit eindeutig und entspricht den bisher in Deutschland bekannten Regelungen. Es sei an dieser Stelle auch hervorgehoben, dass *Schorn* explizit von der Überwachungsaufgabe und den Überwachungsmaßnahmen der Benannten Stellen spricht, die **typische hoheitliche Tätigkeiten** sind.

15   Häufig wird als Argument gegen eine hoheitliche Tätigkeit der Benannten Stellen eingewandt, dass ein Hersteller auch Benannte Stellen anderer Länder einschalten könne, so dass sich eine Einstufung der Tätigkeit als hoheitliche Tätigkeit verbiete. Dieses Argument ist jedoch nicht stichhaltig. In zahlreichen Staaten der EU sind die Benannten Stellen **Behörden.**[16] In diesen Ländern stellt es also kein Problem dar, wenn ein Medizinproduktehersteller den für die Behörde zuständigen Rechtsweg beschreiten muss, selbst wenn es die Behörde eines ausländischen Staats ist.

16   Auch im Bereich des Arzneimittelgesetzes hat es nie ein Problem, auch nicht für ausländische pharmazeutische Unternehmer, dargestellt, gegen Versagungsentscheidungen des Bundesinstituts für Arzneimittel und Medizinprodukte den Rechtsweg zum VG Berlin bzw. mittlerweile zum VG Köln zu beschreiten. Selbstverständlich richtet sich die rechtliche Qualität und Einordnung der Maßnahmen einer Benannten Stelle nach dem **Recht des Staates** des Sitzes der Benannten Stellen. In den Staaten, in denen es die Unterscheidung zwischen öffentlichem Recht und Zivilrecht nicht gibt, ist die Einordnung zwangsläufig eine andere als in Staaten, die ein dem deutschen Recht vergleichbares System haben.

---

[13] *Scheel,* DVBl. 1999, 448; a. A. *VG München,* Beschl. v. 14. 12. 2000 – M 22 K 00 4223.
[14] *Hill/Schmitt,* § 26 MPG, Rdnr. 2.
[15] *Schorn,* § 26 MPG, Rdnr. 3.
[16] *Ratzel/Lippert,* S. 95.

Auch nach dem Wortlaut der Richtlinie 93/42/EWG ist von einem öffentlich rechtli- 17
chen Charakter der Entscheidung der Benannten Stelle auszugehen, da Art. 19 der Richtlinie 93/42/EWG für ein Verbot oder eine Beschränkung des Inverkehrbringens eine genaue Begründung und eine Angabe der Rechtsmittel und -fristen fordert. Dies sind jedoch
nach deutschem Recht typischerweise Anforderungen und **Bestandteile eines Verwaltungsaktes.**

Die Richtigkeit der hier vertretenen Auffassung wird schließlich auch durch eine 18
praktische Überlegung untermauert. Gesetzt den Fall, eine Benannte Stelle wie beispielsweise der TÜV hat eine von ihm vorgenommene Zertifizierung gegenüber dem
Unternehmen widerrufen oder ausgesetzt. Würde man der Theorie des Zivilrechtswegs
folgen, wäre der Medizinproduktehersteller hoffnungslos verloren. Denn welches Zivilgericht würde bei einem solchen Sachverhalt aus dem MPG die Aussetzung oder den Widerruf eines CE-Zeichens per einstweiliger Verfügung außer Kraft setzen? Die Schwierigkeit dieses Unterfangens zeigt sich schon darin, wie ein solcher Antrag auf Erlass einer
entsprechenden einstweiligen Verfügung überhaupt zu formulieren wäre.

III. Rechtsweg gegen Handeln der Benannten Stelle

Folgt man der **herrschenden Meinung,** ist der **Zivilrechtsweg** gegeben. Zuständig 19
sind dann die Zivilkammern oder Kammern für Handelssachen, die für den Sitz der jeweiligen Benannten Stelle zuständig sind.

Vertritt man jedoch richtigerweise die Auffassung des **Verwaltungsrechtswegs,** läuft 20
der gesamte Rechtsschutz des Medizinprodukteherstellers in geordneten Bahnen. Zuständig ist dann das für den Sitz der Benannten Stelle zuständige Verwaltungsgericht. Sofern
die Benannte Stelle für ihre Aussetzung oder den Widerruf keinen Sofortvollzug angeordnet hat, entfaltet der gegen diese Entscheidung einzulegende Widerspruch aufschiebende
Wirkung gem. § 80 Abs. 1 VwGO, mit der Folge, dass das betroffene Produkt weiterhin
in Verkehr gebracht werden kann. Hat die Benannte Stelle den Sofortvollzug des Widerrufs angeordnet, weil ihrer Auffassung nach eine Gefährdung der Volksgesundheit gegeben
ist, kann hiergegen Antrag auf Erlass einer einstweiligen Anordnung gem. § 80 Abs. 5
VwGO beim zuständigen Verwaltungsgericht gestellt werden, die aufschiebende Wirkung
des Widerspruchs wieder herzustellen.

C. Widerruf der Benennung

Im Gegensatz zum Widerruf des CE-Kennzeichens **stehen** sowohl die **Rechtsnatur** 21
des Widerrufs der Benennung einer Benannten Stelle als auch der hiergegen gege-
nenfalls **zu beschreitende Rechtsweg** fest.

I. ZLG und ZLS als Überwachungsbehörden

Erfüllt eine Benannte Stelle, die ihren Sitz in der Bundesrepublik Deutschland hat, die 22
Voraussetzungen gem. § 15 Abs. 1 MPG nicht mehr, so kann die Zentralstelle der Länder
für Gesundheitsschutz bei Arzneimitteln und Medizinprodukten (ZLG) mit Sitz in Bonn
bzw. die Zentralstelle für Sicherheitstechnik (ZLS) mit Sitz in München[17] als für die
Überwachung (§ 15 Abs. 2 MPG) zuständige Behörde die Akkreditierung gem. § 16
Abs. 2 MPG[18] **zurücknehmen** oder **widerrufen.** Als mildere Maßnahme kommt auch

---

[17] Zu den Zentralstellen der Länder vgl. auch den Beitrag von *Soltau* in diesem Handbuch (§ 12).
[18] Früher: § 21 MPG.

ein Ruhen der Akkreditierung in Frage. Einzelheiten der internen Zuständigkeit sind insofern aus den zugrunde liegenden Staatsverträgen der Länder zu entnehmen.

II. Voraussetzungen für einen Widerruf

23   Die **Mindestkriterien,** die eine Benannte Stelle zu erfüllen hat, sind in § 15 Abs. 1 MPG[19] niedergelegt, der auf Anhang XI der Richtlinie 93/42/EWG bzw. Anhang 8 der Richtlinie 90/385/EWG verweist, wobei der Wortlaut der beiden Anhänge ziemlich identisch ist. Wenn es also beispielsweise bei einer Benannten Stelle an der beruflichen Zuverlässigkeit oder der erforderlichen Sachkenntnis der Mitarbeiter mangelt oder die finanzielle Unabhängigkeit nicht gegeben ist, kann die Akkreditierung zurückgenommen oder widerrufen werden.

24   Bei näherer Durchsicht der in Anhang XI bzw. in Anhang 8, jeweils in Nr. 1 bis Nr. 7, aufgestellten Mindestkriterien für die Benannten Stellen ist festzustellen, dass es sich in erster Linie um eine **Aufzählung unbestimmter Rechtsbegriffe** handelt, die im Einzelfall von der Rechtsprechung mit Leben erfüllt werden müssen.

25   Der am ehesten vorstellbare Fall eines Widerrufs der Akkreditierung wird der sein, dass eine Benannte Stelle die Bewertungen und Prüfungen **nicht mit der höchsten beruflichen Zuverlässigkeit und der größten erforderlichen Sachkenntnis** auf dem Gebiet der Medizinprodukte durchführt, was eines der Mindestkriterien gemäß Nr. 2 der beiden Anhänge ist. Ein solcher Fall kann beispielsweise vorliegen, wenn eine Benannte Stelle wiederholt Produkte als Medizinprodukte zertifiziert hat, obwohl es sich tatsächlich z.B. um Arzneimittel handelt oder wenn wiederholt die Konsultation des Bundesinstituts für Arzneimittel und Medizinprodukte unterblieben ist oder bei den zu bewertenden Produkten die allgemeinen Voraussetzungen zur klinischen Prüfung gem. § 20 MPG nicht eingehalten wurden und das CE-Kennzeichen dennoch erteilt worden ist.

III. Rechtsweg

26   Wenn die ZLG einmal zu der Auffassung gelangt ist, dass die Mindestanforderungen nicht mehr erfüllt und somit die Voraussetzungen für den Widerruf gegeben sind, besteht hinsichtlich des Rechtswegs und der gegen den Widerruf gegebenen Rechtsmittel **Einigkeit.** Der Widerruf der Akkreditierung durch die ZLG stellt zweifellos eine **hoheitliche Maßnahme** und somit einen Verwaltungsakt i.S.v. § 35 VwVfG dar, wobei es auf die besonderen Voraussetzungen für einen Widerruf nach dem Verwaltungsverfahrensgesetz nicht ankommt, da insoweit § 16 Abs. 2 MPG[20] abschließend ist. Rechtsmittel gegen einen solchen Widerruf der Akkreditierung ist der Widerspruch gemäß § 68 VwGO, der zugleich aufschiebende Wirkung entfaltet.

27   Nur wenn die ZLG den Widerrufsbescheid mit **Sofortvollzug** versieht, was nur in äußerst seltenen und krassen Fällen geschehen wird, entfällt die aufschiebende Wirkung des Widerspruchs. Nach Erlass eines Widerspruchsbescheids durch die ZLG ist sodann die Anfechtungsklage innerhalb eines Monats zu den Verwaltungsgerichten gem. § 74 VwGO gegeben. Da die ZLG eine Behörde aller Länder ist, ist gem. § 52 Nr. 3 Satz 2 VwGO für eine solche Klage das **Verwaltungsgericht** zuständig, in dessen Bezirk die Benannte Stelle ihren Sitz hat. Rechtsmittel und Rechtsweg sind somit im Fall des Widerrufs der Akkreditierung klar vorgegeben, wobei für die Benannte Stelle im Fall der Anordnung des Sofortvollzugs durch die ZLG die Möglichkeit des vorläufigen Rechtsschutzes im Wege

---

[19] Früher: § 14 MPV.
[20] Früher: § 21 MPG.

eines Antrags auf Erlass einer einstweiligen Anordnung gem. § 80 Abs. 5 VwGO zum zuständigen Verwaltungsgericht gegeben ist.

D. Zusammenfassung

Es wäre **wünschenswert,** wenn Rechtsmittel und Rechtsweg sowohl beim Widerruf **28** des CE-Kennzeichens als auch beim Widerruf der Akkreditierung einheitlich die Anfechtungsklage und der Verwaltungsrechtsweg wären. Dies wäre der Bedeutung und Stellung des MPG als ein Gesetz, das in erster Linie staatliche Aufgaben regelt und hier insbesondere auch dem Schutz der Volksgesundheit dient, angemessen.

§ 16 Vertriebswege (regulatorische Vorgaben) und Verschreibungspflicht

von *Ruth Ziller*

Übersicht

Literatur: *Hill/Schmitt,* Wiesbadener Kommentar zum Medizinproduktegesetz, Wiesbaden 1995 (Stand: 3/2002); *Schorn,* Medizinprodukte-Recht, Stuttgart 1999 (Stand: 6/2001); *Ziller,* Versandhandel mit Arzneimitteln, PharmaR 1999, 186.

A. Vertriebsregelungen für Medizinprodukte

I. Entstehungsgeschichte und Anlehnung an die Regelungen im Arzneimittelrecht

Arzneimittel sind **Waren besonderer Art** und auf Grund ihres differenzierten Risiko- **1** potenzials nicht dazu geeignet, wie andere Konsumgüter des täglichen Lebens in freier Auswahl und Menge unkontrolliert dem Anwender zur Verfügung gestellt zu werden.

Die Besonderheit der Ware Arzneimittel ist auch der Grund für die Regelung des § 43 **2** Abs. 1 Arzneimittelgesetz (AMG),[1] die den **Apothekenvorbehalt** für den Arzneimittelverkauf enthält. Diese Regelung hat eine lange Tradition. Die amtliche Bekanntmachung zum AMG 1961 spricht von der Apotheke als ältester Abgabestelle von Arzneimitteln an den Verbraucher. Das Bundesverfassungsgericht spricht sogar von einem „natürlichen Monopol".[2] Gemäß § 43 Abs. 1 AMG gilt nach wie vor der Grundsatz der Apothekenpflicht für Arzneimittel i.S.d. § 2 Abs. 1 und Abs. 2 Nr. 1 AMG, allerdings formuliert diese Vorschrift schon selbst Ausnahmen. Zum einen soll dieses Apothekenmonopol nicht für die in § 47 AMG genannten berechtigten Empfänger gelten, die vom pharmazeutischen Unternehmer direkt beliefert werden dürfen, z.B. andere pharmazeutische Unternehmen, Großhändler, Ärzte und Krankenhäuser unter bestimmten Voraussetzungen. Zum anderen soll der Grundsatz der Apothekenpflicht nicht für die sog. freiverkäuflichen Arzneimittel gelten, die nach §§ 44, 45 AMG in Verbindung mit der auf Grund dieses Gesetzes erlassenen Rechtsverordnung, der Apothekenpflicht- und Freiverkäuflichkeits-

---

[1] Gesetz über den Verkehr mit Arzneimitteln i.d.F. der Bekanntmachung v. 11. 12. 1998, (BGBl. I S. 3586), zuletzt geändert durch das Elfte Gesetz zur Änderung des Arzneimittelgesetzes v. 21. 8. 2002 (BGBl. I S. 3348).

[2] *BVerfGE* 7, 377 ff., 431.

verordnung[3] von der Apothekenpflicht befreit sind. Diese Arzneimittel dürfen dementsprechend im Einzelhandel außerhalb der Apotheke vertrieben werden.[4]

3   Ursprünglich regelten die Absätze 2 und 3 des § 11 des Gesetzes über **Medizinprodukte** (Medizinproduktegesetz – MPG)[5] das Inverkehrbringen, den Vertriebsweg und die Verschreibungspflicht in der Bundesrepublik Deutschland. Nach Inkrafttreten des Zweiten Änderungsgesetzes (2. MPG – ÄndG)[6] finden sich diese in § 37 Abs. 2 und 3 MPG wieder. Es handelt sich um nationale Bestimmungen, die keine unmittelbare Grundlage in den EG-Richtlinien über Medizinprodukte haben. Eine Anlehnung an das deutsche Arzneimittelgesetz, vor allem an die §§ 47 und 48 AMG ist unverkennbar. Mit den Verordnungsermächtigungen[7] wird das Bundesgesundheitsministerium in die Lage versetzt, für bestimmte Medizinprodukte die Vertriebswege fortzuschreiben. Das BMG hat von dieser Verordnungsermächtigung Gebrauch gemacht und am 17. 12. 1997 die Verordnung über Vertriebswege von Medizinprodukten (MPVertrV)[8] erlassen. Dabei wurde auf eine umfangreiche Detailregelung verzichtet.

II. Verordnung über Vertriebswege für Medizinprodukte (MPVertrV)

4   Auch wenn sich das Medizinprodukterecht in vielen Punkten offen an die Regelungen im Arzneimittelrecht anlehnt, geht es im Gegensatz zur grundsätzlichen Apothekenbindung von Arzneimitteln einen anderen Weg. § 37 Abs. 3 MPG in der Fassung des 2. MPG-ÄndG enthält die Verordnungsermächtigung, auf der die MPVertrV beruht. Dabei handelt es sich um eine Regelung, die die Apothekenpflicht von Medizinprodukten als **Ausnahmeregelung** festschreibt.

5   Dies erscheint zunächst sachgerecht, denn die arzneimittelrechtliche Apothekenpflicht, aus der dann die Vertriebswegeregelung hervorgeht, basiert auf dem Verlangen nach einem **hohen Sicherheitsniveau** auch im Vertriebsweg. Ist für den Arzneimittelbereich die grundsätzliche Anbindung an den Vertrieb über die Apotheke mit den im Gesetz verankerten Ausnahmemöglichkeiten durch die Besonderheit der arzneilichen Stoffe und ihr Risiko und Gefährdungspotential gerechtfertigt, so sind **Medizinprodukte nicht** so beschaffen, dass von ihnen **zwangsläufig** eine unmittelbare oder mittelbare **Gefährdung** der Gesundheit des Menschen zu befürchten sei. Besonders kritische Produkte wie z. B. Herzklappen können in den Händen eines Laien nicht per se einen Schaden anrichten. Sie sind höchstens unbrauchbar. Vielen Medizinprodukten ist gemeinsam, dass sie **direkt von Ärzten, Zahnärzten,** anderen Angehörigen der Heilberufe oder von Fachpersonal angewendet werden und gar nicht erst in die Hand des Laien gelangen.

1. Regelungen der MPVertrV im Einzelnen

6   § 1 MPVertrV bestimmt, für welche Medizinprodukte ausnahmsweise die Apothekenpflicht gelten soll. Dies sind zum einen die **verschreibungspflichtigen Medizinpro-**

---

[3] Verordnung über apothekenpflichtige und freiverkäufliche Arzneimittel v. 24. 11. 1988 (BGBl. I S. 2150), berichtigt am 17. 2. 1989 (BGBl. I S. 254), zuletzt geändert durch Art. 2 des Gesetzes zur Neuordnung seuchenrechtlicher Vorschriften v. 20. 7. 2000 (BGBl. I S. 1045).

[4] *Ziller,* PharmaR 1999, 186 ff.

[5] Gesetz über Medizinprodukte (Medizinproduktegesetz – MPG) v. 2. 8. 1994 (BGBl. I S. 1963), geändert durch Erstes Gesetz zur Änderung des Medizinproduktegesetzes (1. MPG-ÄndG) v. 6. 8. 1998 (BGBl. I S. 2005) und Art. 1 des Zweiten Gesetzes zur Änderung des Medizinproduktegesetzes (2. MPG-ÄndG) v. 13. 12. 2001 (BGBl. I S. 3586), i. d. F. der Bekanntmachung des Medizinproduktegesetzes v. 7. 8. 2002 (BGBl. I S. 3146).

[6] Zweites Gesetz zur Änderung des Medizinproduktegesetzes v. 13. 12. 2001 (BGBl. I S. 3586).

[7] *Hill/Schmitt,* Einleitung, Anm. IV.

[8] Verordnung über Vertriebswege für Medizinprodukte v. 17. 12. 1997 (BGBl. I S. 3148).

dukte, die in der Verschreibungspflichtverordnung[9] aufgeführt sind, zum anderen die in der Anlage zur MPVertrV aufgeführten Medizinprodukte.

Laut dieser Anlage sind zum einen **Hämodialysekonzentrate** apothekenpflichtig. **7** Dazu formuliert aber bereits § 2 Nr. 2a MPVertrV für den Fall der Abgabe des Herstellers, Einführers oder Händlers an Krankenhäuser und Ärzte wiederum eine Ausnahme.

Zum anderen handelt es sich um **wirkstoffdotierte Medizinprodukte** i.S.v. § 3 **8** Nr. 2 MPG, sofern der aufgetragene Wirkstoff für sich betrachtet nach der Freiverkäuflichkeitsverordnung apothekenpflichtig ist.

2. Problematik des Verweises auf die Freiverkäuflichkeitsverordnung für Arzneimittel

Der Verweis auf die Freiverkäuflichkeitsverordnung für Arzneimittel birgt einige prak- **9** tische Anwendungsprobleme. Diese sind in erster Linie darauf zurückzuführen, dass diese Verordnung auf § 45 Abs. 1 AMG und damit auf der Systematik des Arzneimittelrechts basiert, das von einer grundsätzlichen Apothekenpflicht aller Arzneimittel mit Ausnahmevorbehalt ausgeht (§ 43 Abs. 1 AMG). Arzneimittel, die weder stofflich noch nach ihrer Indikation unter einen der Ausnahmetatbestände der §§ 44, 45 AMG in Verbindung mit der Freiverkäuflichkeitsverordnung fallen, sind damit apothekenpflichtig. Der allgemeine Grundsatz der Apothekenpflicht bildet damit einen **Auffangtatbestand.**

Eine andere Vertriebswegesystematik herrscht jedoch bei den Medizinprodukten. Das **10** **Regel-Ausnahme-Verhältnis** ist umgekehrt. Es besteht keine Apothekenpflicht, es sei denn, dies ist besonders geregelt. Probleme treten bei der Behandlung der Medizinprodukte nach § 3 Nr. 2 MPG auf, also derjenigen Medizinprodukte, die einen Stoff oder eine Zubereitung aus Stoffen enthalten oder auf die solche aufgetragen sind, die bei gesonderter Verwendung als Arzneimittel i.S.d. § 2 Abs. 1 AMG angesehen werden können und die in Ergänzung zu den Funktionen des Produkts eine Wirkung auf den menschlichen Körper entfalten können.

Probleme bereitet dabei die Tatsache, dass in Punkt 2 der Anlage 2 zu § 1 Abs. 1 Nr. 2 **11** MPVertrV bei der Regelung der Apothekenpflicht dieser Medizinprodukte nur die (für Arzneimittel geschaffene) Freiverkäuflichkeitsverordnung erwähnt wird. Es wird dabei keine Beziehung zur Verordnungsermächtigung im AMG und den zugrunde liegenden Vorschriften der §§ 43 ff. AMG hergestellt. Nimmt man diese Vorschrift wörtlich, so gelangt man zu dem Schluss, dass diejenigen Medizinprodukte, die stofflich und nach der Indikation nicht in §§ 6–9 der Freiverkäuflichkeitsverordnung als apothekenpflichtig erfasst sind, auch nicht **apothekenpflichtig** sind. Das Fenster der danach wirklich apothekenpflichtigen Medizinprodukte wird dadurch sehr eng.

3. Beispiel

An einem Beispiel wird deutlich, dass zumindest bezweifelt werden muss, ob diese **12** Konsequenz gesetzgeberische Intention war: Die **Hyaluronsäure** wird indikationsabhängig als Arzneimittel und Medizinprodukt eingesetzt. Sie war vor Inkrafttreten des MPG Arzneimittel und apothekenpflichtig nach § 43 AMG. Als Ersatz der natürlichen Gelenkschmiere beispielsweise ins menschliche Knie eingespritzt, ist sie nach neuem Recht nunmehr Medizinprodukt[10] und, da weder nach der Indikation noch als Stoff in der Freiverkäuflichkeitsverordnung als apothekenpflichtig erfasst, nicht apothekenpflichtig (s. jedoch Rdnr. 14 f.).

---

[9] Verordnung über die Verschreibungspflicht für Medizinprodukte v. 17. 12. 1997 (BGBl. I S. 3146), i.d. F. der Bekanntmachung v. 21. 8. 2002 (BGBl. I S. 3393).

[10] Zur Abgrenzung Arzneimittel/Medizinprodukte s. im Einzelnen den Beitrag von *Anhalt* in diesem Handbuch (§ 3).

13   Diese Weichenstellung hat auch Auswirkungen auf die Frage der **Erstattung durch die gesetzliche Krankenversicherung** nach § 31 SGB V,[11] der die Erstattung der Medizinprodukte u. a. an die Apothekenpflicht anknüpft.

14   Die unbefriedigenden Ergebnisse, die das Festhalten am strengen Wortlaut der Verordnung zeitigt, führen zur Notwendigkeit einer Auslegung dieser Vorschrift. Einen Anhaltspunkt hierfür könnte die **Amtliche Begründung**[12] zum Verordnungsentwurf liefern, der man entnehmen kann, dass die Einbeziehung der gesamten Regelungen zur Apothekenpflicht aus dem Arzneimittelgesetz in Punkt 2 der Anlage zu § 1 Abs. 1 Nr. 2 MPVertrV eigentlich gewollt war. In der amtlichen Begründung heißt es nämlich:

> Produkte, die bisher nach der Verordnung über apothekenpflichtige und freiverkäufliche Arzneimittel apothekenpflichtige Arzneimittel waren und jetzt nach den Vorschriften des MPG in den Verkehr gebracht werden, sollen mit dieser Verordnung ebenfalls der Apothekenpflicht unterworfen werden. Die Regelung ist erforderlich, um für diese Produkte ein gleiches Sicherheitsniveau wie nach dem Arzneimittelrecht zu gewährleisten.

15   Mit anderen Worten ist es Wille des Verordnungsgebers, dass Produkte, die nach altem Recht apothekenpflichtige Arzneimittel waren (§ 43 i. V. m. §§ 44 und 45 AMG), auch als Medizinprodukt **apothekenpflichtig** bleiben. Damit könnte der Status quo der Produkte, die nach den Regelungen des Arzneimittelgesetzes apothekenpflichtig waren und nun dem MPG unterliegen, wie es die Amtliche Begründung vorsieht, gehalten werden. Das gilt ebenso für neue Medizinprodukte: Wenn sie nach altem Arzneimittelrecht apothekenpflichtig wären, sollen sie es auch als Medizinprodukt sein. Dafür wurde die MPVertrV in erster Linie geschaffen.

4. Konsequenzen aus der Apothekenpflicht

16   § 1 Abs. 2 der MPVertrV schreibt vor, dass apothekenpflichtige Medizinprodukte von juristischen Personen des Privatrechts, rechtsfähigen Personengesellschaften, nichtrechtsfähigen Vereinen und Gesellschaften des bürgerlichen Rechts an ihre Mitglieder nicht abgegeben werden dürfen. Dies gilt nicht, wenn es sich bei den Mitgliedern um Apotheken oder um die in § 2 MPVertrV genannten Personen und Einrichtungen handelt und die Abgabe unter den dort bezeichneten Voraussetzungen erfolgt. Der schon in § 1 MPVertrV angedeutete Ansatz der Ausnahmen wird in § 2 MPVertrV festgelegt. Demzufolge sind von der Apothekenpflicht die eigentlich unter § 1 Nr. 1 und 2 MPVertrV gelisteten Medizinprodukte nach § 2 MPVertrV **ausgenommen,** wenn sie vom Hersteller abgegeben werden an:
– andere Hersteller von Medizinprodukten,
– deren Bevollmächtigte,
– Einführer von Medizinprodukten oder
– Händler von Medizinprodukten,
soweit diese ihrerseits die Medizinprodukte nicht an Betreiber oder Anwender geben, es sei denn, es handelt sich hierbei um Apotheken und die in Nr. 2–4 genannte Personen oder Einrichtungen.

17   Handelt es sich also um Betreiber oder Anwender, die Krankenhäuser und Ärzte sind, dann **dürfen** diesen gegenüber Hämodialysekonzentrate, radioaktive Medizinprodukte oder Medizinprodukte, die mit der Angabe „Nur für klinische Prüfungen" gekennzeichnet sind, **zur Verfügung gestellt werden,** obwohl diese zum Teil unter die Apothekenpflicht des § 1 MPVertrV fallen.

18   Sind Betreiber oder Anwender Personen, die zur Ausübung der **Zahnheilkunde** berechtigt sind, so dürfen diesen gegenüber Medizinprodukte abgegeben werden, soweit es

---

[11] Fünftes Buch des Sozialgesetzbuches (SGB V) v. 20. 12. 1988, BGBl. I S. 2477, zuletzt geändert durch Art. 12 des 2. MPG-ÄndG v. 13. 12. 2001 (BGBl. I S. 3586).
[12] Hierzu *Schorn,* M 3–3/4.

sich um Produkte handelt, die ihren vom Hersteller angegebenen Zweckbestimmungen nach nur von diesen Personen betrieben oder angewendet werden können.

Weiter sind Betreiber oder Anwender ausgenommen, wenn es sich dabei um auf ge- **19** setzlicher Grundlage eingerichtete oder im Benehmen mit dem BMG[13] von der zuständigen Behörde anerkannte **zentrale Beschaffungsstellen** für Arzneimittel handelt. Diese komplizierte Regelung der Ausnahme von der Ausnahme ergibt sich aus einer Übernahme der entsprechenden Regelungen des Arzneimittelrechts auch für Medizinprodukte. Durch die grundsätzlich umgekehrte Regelung, dass die Apothekenpflicht bei Medizinprodukten die Ausnahme darstellt, ist diese Analogie zum Arzneimittelrecht kompliziert und undurchsichtig.

III. Verordnung über die Verschreibungspflicht von Medizinprodukten (MPVerschrV)

Die in der MPVertrV erwähnte Verordnung über die **Verschreibungspflicht** von Me- **20** dizinprodukten[14] basiert auf der Verordnungsermächtigung in § 37 Abs. 2 MPG in der Fassung des 2. MPG-ÄndG. Die Verordnung regelt die Verschreibungspflicht bestimmter in der Anlage der Verordnung aufgeführter Medizinprodukte, namentlich Intrauterinpessare zur Empfängnisverhütung, Epidermisschicht der Haut vom Schwein zur Anwendung als biologischer Verband sowie bestimmte oral zu applizierende Sättigungspräparate zur Behandlung des Übergewichts und zur Gewichtskontrolle. Weiterhin wird die Verschreibungspflicht aller wirkstoffdotierten Medizinprodukte i. S. v. § 3 Nr. 2 MPG festgelegt, sofern die aufgetragenen Wirkstoffe oder Zubereitungen aus Stoffen für sich betrachtet nach der Verordnung über verschreibungspflichtige Arzneimittel verschreibungspflichtig sind.

Nach § 3 MPVerschrV ist die wiederholte Abgabe eines verschreibungspflichtigen Me- **21** dizinprodukts auf dieselbe Verschreibung hin über die vorgeschriebene Menge hinaus unzulässig.

B. Kommentar

Der Wunsch, die Vertriebswegeregelung für Medizinprodukte an das System der Ver- **22** triebswegeregelung für Arzneimittel anzupassen, führt zu einer Regelung, die in ihrer Kompliziertheit und Anwenderunfreundlichkeit diejenige bei Arzneimitteln noch übertrifft. Das Gefährdungspotenzial, das von Medizinprodukten ausgeht, ist in keiner Weise vergleichbar mit demjenigen bei Arzneimitteln. Ebenso stellen auch mit Arzneistoffen verbundene Medizinprodukte auf Grund der definitionsgemäß untergeordneten pharmakologischen Wirkung keine Gefährdung dar. Eine Einzelfallregelung für Medizinprodukte mit einer entsprechenden Gefährdung in Ausnahmefällen wäre für die gesamte Gruppe der Medizinprodukte praktikabler gewesen. Mit dem verabschiedeten System der Ausnahme von der generellen Ausnahme der Apothekenpflicht bei Medizinprodukten wird nun ein **unübersichtlicher Verordnungswirrwarr** geschaffen, der für den Laien nur schwer zu durchschauen ist.

Es ist für die Zukunft zu erwarten, dass es auf Grund der oben geschilderten fehlenden **23** Transparenz zu unterschiedlichen Einstufungen bei der Apothekenpflicht durch die Marktbeteiligten bei denselben Produkten kommt. Spätestens wenn sich dadurch Probleme feststellen lassen, z. B. hinsichtlich Sicherheit, Marktverwerfungen, Restriktionen z. B. durch Krankenversicherer, sollte der **Verordnungsgeber** aktiv werden und die Verordnung präzisieren.

---

[13] Mit Organisationserlass des Bundeskanzlers v. 22. 10. 2002 (BGBl. I S. 4206) in „Bundesministerium für Gesundheit und Soziale Sicherung – BMGS" umgebildet.

[14] Verordnung über die Verschreibungspflicht von Medizinprodukten (MPVerschrV) v. 17. 12. 1997 (BGBl. I S. 3146), i. d. F. der Bekanntmachung v. 21. 8. 2002 (BGBl. I S. 3393).

§ 17 Aktive implantierbare medizinische Geräte

von *Joachim Wilke*

Übersicht

Literatur: *Dieners,* Zur Reform der Werbung für Medizinprodukte, MPR 2002, 3; *Dieners/Wilke,* Praktische Konsequenzen des Zweiten Gesetzes zur Änderung des Medizinproduktegesetzes, Pharm.Ind. 2001, 1049; *Hill/Schmitt* (Hrsg.), Wiesbadener Kommentar zum Medizinproduktegesetz, Wiesbaden 1995 (Stand: 3/2002); *Reischl,* Zweites Gesetz zur Änderung des Medizinproduktegesetzes, MPJ 2001, 112; *Sander/Peter,* Zur innerstaatlichen Rechtsverbindlichkeit von Richtlinien des Rates und von EU-Empfehlungen, Pharm.Ind. 1999, 695; *Schorn,* Medizinprodukte-Recht, Stuttgart 1999 (Stand: 6/2001); *Schwarz,* Klinische Prüfung von Arzneimitteln und Medizinprodukten, 2. Aufl., Aulendorf 2000.

A. Einleitung

Unter **aktiven implantierbaren medizinischen Geräten** (Active Implantable Medical Devices − **AIMD**) werden Medizinprodukte verstanden, die mit einer elektrischen **Energiequelle** oder einer anderen Energiequelle als die unmittelbar durch den menschlichen Körper oder die Schwerkraft erzeugte Energie betrieben werden. Sie sind dafür ausgelegt und bestimmt, ganz oder teilweise durch einen chirurgischen oder medizinischen Eingriff **in den menschlichen Körper** oder durch einen medizinischen Eingriff in eine natürliche Körperöffnung eingeführt zu werden und **nach dem Eingriff dort zu verbleiben.** Vor der Angleichung der Rechtsvorschriften der EU-Mitgliedstaaten unterlagen AIMD und ihr Zubehör in Deutschland sowohl den Vorschriften der Medizingeräteverordnung (MedGV) als auch den zutreffenden Regelungen des Arzneimittelgesetzes (AMG). Für Hersteller und Betreiber galt es im Einzelfall zu prüfen, welches Gesetz für die Verkehrsfähigkeit und Inbetriebnahme zugrunde gelegt werden musste. 1

Mit Inkrafttreten der Richtlinie 90/385/EWG des Rates vom 20. 6. 1990 zur Angleichung der Rechtsvorschriften der Mitgliedstaaten über aktive implantierbare medizinische Geräte (Active Implantable Medical Devices Directive − **AIMDD**)[1] wurden die **Voraussetzungen für die Verkehrsfähigkeit von AIMD** im Europäischen Wirtschaftsraum zur Anwendung am Menschen festgelegt. Neben den aktiven implantierbaren Geräten selbst wurde auch deren Zubehör inklusive der Programmiersoftware in die Richtlinie eingeschlossen. EG-Richtlinien sind nicht unmittelbar an Privatpersonen oder Unternehmen in den Mitgliedstaaten der Europäischen Gemeinschaften, sondern an die Mitgliedstaaten selbst 2

---

[1] ABl.EG Nr. L 189 v. 20. 6. 1990, S. 17, zuletzt geändert durch Art. 9 der Richtlinie 93/68/EWG des Rates v. 22. 7. 1993 (ABl.EG Nr. L 220 v. 30. 8. 1993, S. 1).

mit der Verpflichtung gerichtet, sie innerhalb einer bestimmten Frist in nationales Recht umzusetzen. Richtlinien gewinnen erst mit ihrer Umsetzung in mitgliedstaatliches Recht verbindliche Wirkung für den Einzelnen (Privatpersonen und Unternehmen).[2]

3   In Deutschland wurde die AIMDD mit Erlass des **Gesetzes über Medizinprodukte** vom 2. 8. 1994 (Medizinproduktegesetz – MPG)[3] in nationales Recht überführt. Weitere spezifische gesetzliche Regelungen zu AIMD wurden darüber hinaus in der **Verordnung über Medizinprodukte** (Medizinprodukte-Verordnung – MPV)[4], in der **Verordnung über das Errichten, Betreiben und Anwenden von Medizinprodukten** (Medizinprodukte-Betreiberverordnung – MPBetreibV)[5] und in der Verordnung über die Erfassung, Bewertung und Abwehr von Risiken bei Medizinprodukten (Medizinprodukte-Sicherheitsplanverordnung – MPSV)[6] national festgelegt.

B. Zuordnung von aktiven implantierbaren medizinischen Geräten

4   Die Zuordnung aktiver implantierbarer medizinischer Geräte wirft bei Beachtung der einschlägigen Definitionen der EG-Richtlinien und des MPG in der Praxis vergleichsweise selten Fragen auf. Entsprechend der Definition der Richtlinie 90/385/EWG sind AIMD dafür bestimmt und ausgelegt, nach der Implantation im Körper zu verbleiben. Dabei wird in der Praxis eine längerfristige Verweildauer im Körper bei der Zuordnung der Produkte angenommen, die sich an den **Klassifizierungsregeln** der Richtlinie 93/42/EWG des Rates vom 14. 6. 1993 über Medizinprodukte (Medical Devices Directive – **MDD**)[7] orientieren. Hierbei gilt als langzeitig implantierbares Produkt jedes Produkt, das dazu bestimmt ist, mindestens **30 Tage** nach der Implantation **im menschlichen Körper** zu verbleiben. Hinsichtlich der Abgrenzung von aktiven und nicht aktiven Implantaten ist zu beachten, dass es sich bei der **Energiequelle** der als „aktiv" klassifizierten Implantate nicht notwendigerweise um eine Batterie handeln muss, sondern auch nicht elektrische Kraftquellen genutzt werden können, z. B. bei den mit Gasdruck betriebenen implantierbaren Medikamentenpumpen.[8] Es gibt jedoch auch Sonderfälle, die Diskussionen und Klärungsbedarf hervorgerufen haben. So werden z. B. radioaktiv beschichtete Stents als Medizinprodukt entsprechend der Definition der MDD definiert, während sog. „radioactive seeds", die bei der Brachytherapie Verwendung finden, den aktiven Implantaten zugeordnet werden. Unstrittig typische Beispiele für nicht aktive Implantate sind hingegen Herzklappen oder Gelenkprothesen.

5   Die Abgrenzung von AIMD zu Arzneimitteln ist durch die neue gesetzliche Regelung vereinfacht worden. Während z. B. ein implantierbarer Herzschrittmacher in Deutschland

---

[2] Zur innerstaatlichen Rechtsverbindlichkeit von Richtlinien *Sander/Peter*, Pharm.Ind. 1999, 695 ff.

[3] Gesetz über Medizinprodukte (Medizinproduktegesetz – MPG) v. 2. 8. 1994 (BGBl. I S. 1963), geändert durch Erstes Gesetz zur Änderung des Medizinproduktegesetzes (1. MPG-ÄndG) v. 6. 8. 1998 (BGBl. I S. 2005) und Art. 1 des Zweiten Gesetzes zur Änderung des Medizinproduktegesetzes (2. MPG-ÄndG) v. 13. 12. 2001 (BGBl. I S. 3586), i. d. F. der Bekanntmachung des Medizinproduktegesetzes v. 7. 8. 2002 (BGBl. I S. 3146).

[4] MPV v. 17. 12. 1997 (BGBl. I S. 3138), ersetzt durch MPV v. 20. 12. 2001 (BGBl. I S. 3854); zuletzt geändert durch Art. 1 der DIMDIV v. 4. 12. 2002 (BGBl. I S. 4456).

[5] MPBetreibV v. 29. 6. 1998 (BGBl. I S. 1762) i. d. F. der Bekanntmachung v. 21. 8. 2002 (BGBl. I S. 3396).

[6] MPSV v. 24. 6. 2002 (BGBl. S. 2131).

[7] ABl. EG Nr. L 169 v. 12. 7. 1993, S. 1, zuletzt geändert durch Art. 1 der Richtlinie 2001/104/EG des Europäischen Parlaments und des Rates v. 7. 12. 2001 zur Änderung der Richtlinie des Rates über Medizinprodukte hinsichtlich Medizinprodukten, die Derivate aus menschlichem Blut oder Blutplasma enthalten (ABl. EG Nr. L 6 v. 10. 1. 2002, S. 50).

[8] Hierzu *Hill/Schmitt*, § 3 MPG, Anm. 4; *Schorn*, Medizinprodukte-Recht, § 3 MPG, Rdnr. 24.

früher sowohl durch die MedGV als auch als sog. „fiktives" Arzneimittel durch das AMG reguliert wurde, unterliegt das Inverkehrbringen, Betreiben und Anwenden dieser Produkte heute ausschließlich den Regelungen des MPG. Vorsicht ist jedoch geboten, wenn AIMD zusammen mit Medikamenten eingesetzt werden (s. Rdnr. 6). **Implantierbare Medikamentenpumpen** unterliegen z. B. vergleichbar zu Herzschrittmachern heute ebenfalls ausschließlich den Vorschriften des **MPG.** Zulassung und Anwendung der durch sie **verabreichten Medikamente** werden hingegen durch das **AMG** reguliert. Wird die implantierbare Medikamentenpumpe jedoch zusammen mit Arzneimitteln **in einer Verpackungseinheit** zur medizinischen Anwendung beim Menschen, als Produkt, das ausschließlich zur Anwendung in dieser Verbindung bestimmt und nicht wiederverwendbar ist, in den Verkehr gebracht, unterliegt die Marktzulassung eines derartigen Kombinationsprodukts den Regelungen des AMG. Allerdings muss das **Medizinprodukt,** d. h. die Medikamentenpumpe, auch in diesem Fall die in der AIMDD festgelegten **Grundlegenden Anforderungen** erfüllen (§ 2 Abs. 2 MPG).

Falls ein aktives medizinisches Gerät **mit einem Arzneimittel beschichtet** ist, das je- **6** doch nicht wesentlich zur bestimmungsgemäßen Hauptwirkung des aktiven Implantats beiträgt, also z.B. „nur" der **Förderung des Einheilungsprozesses** dient, erfolgt andererseits die Regulierung wiederum ausschließlich durch das **MPG** (§ 3 Nr. 2 MPG). Ein typisches Beispiel hierfür sind Schrittmacherelektroden mit steroidhaltigen Elektrodenköpfen, die als Zubehör von AIMD klassifiziert werden. In diesem Fall trägt das Steroid zur besseren Einheilung der Elektrode im Herzendothel und damit zu niedrigeren Stimulationswerten für die Herzerregung durch das Schrittmacheraggregat bei.

Die in der Peripherie von aktiven Implantaten verwendeten Medizinprodukte, z.B. **7** Herzschrittmacherelektroden oder Programmiergeräte inklusive der Programmiersoftware, gelten als **Zubehör von AIMD** und unterliegen ebenfalls den Bestimmungen der AIMDD. Verschiedene typische Zubehörkomponenten sind in Abbildung 1 gelistet.

- Elektrodensystem für implantierbare Herzschrittmacher und Defibrillatoren
- Elektrodenadapter und Einführbestecke
- Kathetersysteme für implantierbare Medikamentenpumpen
- Programmiergeräte und Telemetrieköpfe
- Programmiersoftware
- Patientenmonitor- und -programmiersysteme und
- externe Transmitterantennen bei halbimplantierbaren aktiven Geräten

---

Abb. 1: Typische Zubehörkomponenten AIMD

Bei der Zuordnung von Zubehör zu aktiven implantierbaren Geräten sind allerdings **8** **Grenzfälle** zu berücksichtigen. Insbesondere, wenn es sich bei den betroffenen Produkten um unabhängige Geräte handelt, die als **Zubehör zum Zubehör** definiert werden können, sind die Bestimmungen der AIMDD nicht notwendigerweise anwendbar. Im Einzelfall sind diese Produkte sogar nicht als Medizinprodukte einzuordnen. So gelten z.B. extern eingesetzte Messgeräte zur Ermittlung der Reizschwelle von Schrittmacherelektroden bei der Implantation als Zubehör (Messgerät) zu AIMD-Zubehör (Elektrode). Sie unterliegen nicht der AIMDD, sondern der MDD. Hingegen wird eine Software, die den gleichen Zweck erfüllt, jedoch in Verbindung mit dem Schrittmacherprogrammiergerät eingesetzt wird, durch die AIMDD reguliert.

Für **Drucker,** die an ein AIMD Programmiergerät angeschlossen werden, sind prinzi- **9** piell zwei regulatorische Szenarien denkbar. Erstens, der Drucker wird in seiner **Zweckbestimmung** durch den Hersteller als Medizinprodukt deklariert. In diesem Fall wird er als eigenständiges Medizinprodukt und als Zubehör zu AIMD-Zubehör definiert. Vergleichbar zum o. g. Reizschwellenmessgerät für Schrittmacherelektroden muss dieser Drucker die Anforderungen der MDD erfüllen und fällt nicht unter die Bestimmungen der AIMDD. Zweitens, der Drucker wird vom Hersteller nicht über die Zweckbestimmung als Medizinprodukt deklariert. Bei diesem in der Regel üblichen Szenario unterliegt der Drucker keiner Richtlinie über Medizinprodukte und auch nicht dem MPG. Die Produktinformation des Programmiergeräts muss jedoch die **Kompatibilität** des Druckers bestätigen, um dem Anwender Hinweise für die sichere Kombination von Peripheriegeräten im Klinikbereich zu geben.

C. Grundlegende Anforderungen, Normen, Leitlinien

10   Die **Grundlegenden Anforderungen** an AIMD sind in **Anhang 1 der AIMDD** niedergelegt. Sie sind in zwei Kapitel unterteilt, wobei zwischen „Allgemeinen Anforderungen" und „Anforderungen für die Auslegung und die Konstruktion" unterschieden wird. Die **Allgemeinen Anforderungen** für AIMD entsprechen sinngemäß denen, die für Medizinprodukte generell in der MDD niedergelegt sind. Sie stellen Basisanforderungen für die Sicherheit und Leistungsfähigkeit während der Laufzeit der Produkte dar. Die **Anforderungen für die Auslegung und die Konstruktion** berücksichtigen darüber hinaus die spezifischen Erfordernisse für AIMD. AIMD sind demnach immer nach den Grundsätzen der integrierten Sicherheit zu konstruieren, d.h. konstruktive Sicherheitsmaßnahmen sind, wenn möglich, der hinweisenden Sicherheit vorzuziehen.

11   Allerdings sind im Einzelfall die **ökonomische Vertretbarkeit** und die Verhältnismäßigkeit vor dem Hintergrund einer notwendigen Miniaturisierung der Systeme zu prüfen. Hierbei sind das potenzielle Risiko und die Wahrscheinlichkeit des Auftretens eines möglichen Fehlers, die Möglichkeit von Korrekturmaßnahmen sowie die Kosten für eine konstruktive Vorbeugungsmaßnahme zu berücksichtigen. AIMD müssen weiterhin so ausgelegt, hergestellt und verpackt sein, dass ihre **Sterilität und Leistungsfähigkeit** auch im Hinblick auf Transport und Lagerung gewährleistet ist. Risiken, wie die in Abbildung 2 gelisteten, sind in den Grundlegenden Anforderungen der AIMDD aufgeführt und konstruktiv so weit wie möglich zu verringern.

Risiko	Gefahrenquelle
Verletzungsgefahr durch physikalische oder chemische Eigenschaften	Implantatdesign, Materialien
Ableitströme, Wärmeentwicklung	Energiequelle, Isolation
Funktionsbeeinträchtigung oder -verlust durch Umgebungsbedingungen	Magnetfelder, elektrische Fremdeinflüsse, elektrostatische Entladungen, Druck und Druckschwankungen, Beschleunigung
Funktionsbeeinträchtigung oder -verlust durch medizinische Eingriffe	Defibrillatoren, Lithotripsiegeräte, Hochfrequenzchirurgie, Röntgenröhren,
Gefährdung durch ionisierende Strahlung	Implantat-eigene radioaktive Substanzen

Abb. 2: Potenzielle Risiken aktiver implantierbarer Geräte

12   Dementsprechend sind generell bei Auslegung und Herstellung von AIMD die in Abbildung 3 zusammengefassten Punkte unter Berücksichtigung der horizontalen und vertikalen Normen (Rdnr. 15) zu beachten. Einige AIMD, wie z. B. Herzschrittmacher, erfüllen die Voraussetzungen einer **Telekommunikationseinrichtung** entsprechend Art. 2 lit. b) der Richtlinie 1999/5/EG über Funkanlagen und Telekommunikationsendeinrich-

tungen und die gegenseitige Anerkennung ihrer Konformität.[9] Die Bestimmungen dieser Richtlinie sind dementsprechend zwingend von diesen AIMD zu erfüllen.

- Auswahl der eingesetzten Materialien hinsichtlich Toxizität
- Wechselseitige Verträglichkeit der Materialien untereinander und mit Gewebe, biologischen Zellen sowie Körperflüssigkeiten
- Sicherheitstechnische Qualität von Verbindungsstellen
- Zuverlässigkeit der Energiequelle
- Störfestigkeit der Elektronik
- angemessene Dichtigkeit des Implantatgehäuses
- einwandfreie Funktion der Programmierungssysteme etc. inklusive der verwendeten Software

---

Abb. 3: Besondere Sicherheitsaspekte für Auslegung und Herstellung von AIMD

Die eingesetzten Materialien müssen für AIMD im Hinblick auf ihre bestimmungsge- **13** mäß langfristige Verweildauer von mehr als 30 Tagen im menschlichen Körper hinsichtlich der biologischen Verträglichkeit **(Biokompatibilität)** umfassend geprüft und bewertet werden (s. Abb. 4). Hierbei ist insbesondere auch die Biodegradation, die bei Langzeitimplantaten zum Tragen kommen kann, zu berücksichtigen.

Biokompatibilitätstest	Testprobe
Zytotoxizität	Gewebe/Knochen, Blut
Sensibilisierung	Gewebe/Knochen, Blut
Irritation/Intrakutane Reaktivität	Blut
akute systemische Toxizität	Blut
subchronische Toxizität	Blut
Genotoxizität	Gewebe/Knochen, Blut
Hämokompatibilität	Blut
chronische Toxizität	Gewebe/Knochen, Blut
Kanzerogenizität	Implantation/Gewebe/Knochen, Blut

Abb. 4: Biokompatibilitätstests, die für Implantate mit mehr als 30 Tagen Verweildauer berücksichtigt werden sollten (ISO 10 993)

Besonderer Wert wird in den Grundlegenden Anforderungen für AIMD auch auf die **14** **Rückverfolgbarkeit der einzelnen Bauteile** gelegt, um ggf. erforderliche Abhilfemaßnahmen eingrenzen zu können. In diesem Zusammenhang wird auch gefordert, dass die Geräte einen **„nichtinvasiven" Code zur eindeutigen Identifizierung** tragen müssen, aus dem Gerätetyp, Herstellungsjahr und Hersteller ableitbar sind. Dieser Code muss sich im Bedarfsfall auch ohne operativen Eingriff ermitteln lassen, also z.B. röntgenologisch sichtbar sein.

Eine Vielzahl von Normen ergänzen die in der AIMDD festgelegten Grundlegenden **15** Anforderungen an die Sicherheit von AIMD.[10] In Abbildung 5 sind die aktuell verfügbaren bzw. in Bearbeitung befindlichen, einschlägigen harmonisierten Normen **(Harmonized Standards)** für AIMD gelistet. Normen, die generell für Medizinprodukte gelten, jedoch auch auf AIMD anwendbar sein können, wie z.B. Normen zur Sterilisation oder Risikoanalyse, sind nicht berücksichtigt.

---

[9] ABl. EG Nr. L 91 v. 7. 4. 1999, S. 10.
[10] Im Internet abrufbar unter http://www.newapproach.org/directivelist.asp (Stand: 10/2002).

	Standard Reference	Target approval	Target ratified	Current status
	EN 50 061/A 1: 1995			Adopted
Title	Safety of implantable cardiac pacemakers			
	EN 45 502–1: 1997			Adopted
Title	Active implantable medical devices – Part 1: General requirements for safety, marking and information to be provided by the manufacturer			
	prEN 45 502–2–1: 200X	2002–12–04	2003–10–04	Under development
Title	Active implantable medical devices – Part 2–1: Particular requirements for active implantable medical devices intended to treat bradyarrhythmia (cardiac pacemakers)			
	prEN 45 502–2–2: 1998	1999–09–30 not met	2000–07–31 not met	Under development
Title	Active implantable medical devices – Part 2–2: Particular requirements for active implantable medical devices intended to treat tachyarrhythmia (includes implantable)			
	prEN 45 502–2–X			Under development
Title	Active implantable medical devices – Part 2–X: Anti-tachy devices			
	prEN 45 502–2–X	2004–05–31	2005–03–31	Under development
Title	Active implantable medical devices – Part 2–X: Cochlear implants			

Abb. 5: AIMD-spezifische EN-Normen

16 Zusätzliche spezifische Leitlinien für AIMD finden sich in den in Abbildung 6 gelisteten **Empfehlungen der Coordination of Notified Bodies Medical Devices** (NB-MED).[11] Diese Empfehlungen der Benannten Stellen sind Empfehlungen zur Anwendung der AIMDD, die jedoch rechtlich nicht verbindlich sind.

Nummer	Titel
NB-Med/2.1/Rec3	Accessories and other parts for Active Implantable Medical Devices
NB-Med/2.2/Rec3	„Use-by" date for Medical devices
NB-Med/2.12/Rec1	Post-Marketing Surveillance (PMS) – post market/production

Abb. 6: NB-MED Empfehlungen mit direktem Bezug zu AIMD

D. Praxis des Konformitätsbewertungsverfahrens

17 Für das **Konformitätsbewertungsverfahren von AIMD** stehen entsprechend § 4 MPV **zwei Wahlmöglichkeiten** zur Verfügung. Das Verfahren der EG-Konformitätserklärung nach:
– Anhang 2 der AIMDD oder
– Anhang 3 EG-Baumusterprüfung in Verbindung mit dem Verfahren der EG-Prüfung nach Anhang 4 oder der EG-Erklärung zur Übereinstimmung mit dem Baumuster nach Anhang 5 der AIMDD.

---

[11] Hierzu der Beitrag von *Höppner* in diesem Handbuch (§ 14 Rdnr. 6 ff.).

In der Praxis wird von diesen Optionen das Verfahren der **EG-Konformitäts-** 18 **erklärung nach Anhang 2 der AIMDD** von fast allen Herstellern von AIMD angewendet. Grundvoraussetzung hierfür ist die Einrichtung eines sog. „**vollständigen Qualitätssicherungssystems"**, das Prozesse der Produktauslegung, Herstellung sowie der Endkontrolle inklusive Wartung und Marktüberwachung für die ihm unterliegenden Produktkategorien berücksichtigt. Es muss auf Antrag des Herstellers im Rahmen eines **Audits durch eine Benannte Stelle** bewertet und genehmigt werden. Anschließend unterliegt es **regelmäßigen Überwachungsaudits.**

Darüber hinaus ist der Hersteller verpflichtet, eine **Prüfung der Auslegungsdoku-** 19 **mentation** für jedes zur CE-Kennzeichnung vorgesehene AIMD durch eine Benannte Stelle durchführen zu lassen. Diese stellt dem Hersteller nach erfolgreich abgeschlossener Prüfung der eingereichten Dokumentation zu Auslegung, Herstellung und Leistungsdaten des Produkts eine **EG-Auslegungsbescheinigung** aus. In Abweichung zu den Regelungen der MDD ist die Benannte Stelle bei der Prüfung und Erstellung der Auslegungsbescheinigung für mit Arzneimitteln beschichtete AIMD nicht verpflichtet, ein Konsultationsverfahren hinsichtlich des verwendeten Arzneimittels bei der zuständigen Zulassungsbehörde, z. B. dem Bundesinstitut für Arzneimittel und Medizinprodukte (BfArM) in Deutschland, durchzuführen.

Auf der Basis eines erfolgreichen Qualitätsaudits und der erteilten EG-Auslegungsbe- 20 scheinigung, stellt der Hersteller die Konformitätserklärung für das betreffende Produkt aus und bringt die **CE-Kennzeichnung** an. In Abbildung 7 sind die für eine Auslegungsdokumentation erforderlichen Unterlagen beispielhaft für einen implantierbaren Herzschrittmacher gelistet. Spezifische, möglicherweise darüber hinausgehende Anforderungen der prüfenden Benannten Stelle sollten hierbei beachtet werden. Für **Zubehör von AIMD** kann in Absprache mit der Benannten Stelle unter Umständen eine **vereinfachte Dokumentation** eingereicht werden.

1.	Prüfantragsformblatt der Benannten Stelle
2.	Produktphotographien/-zeichnungen
3.	Technisches Handbuch
4.	Generelle Produktbeschreibung
5.	Produktspezifikation
6.	Generelle Beschreibung geplanter Produktvarianten
7.	Risikoanalyse
8.	Liste angewandter Normen
9.	Elektrische & mechanische Dokumentation der Produktauslegung
10.	Klinische Bewertung
11.	Dokumentation der Verifikation und Qualifikation der Produktauslegung
12.	Übereinstimmung mit bekannten Geräten
13.	Produktkennzeichnung
14.	Flussdiagramm der Produktionsschritte
15.	Kombination des Geräts mit Medikamenten (falls anwendbar)
16.	Sterilisationsverfahren
17.	Bereits erteilte Genehmigungen

Abb. 7: Beispielhaftes Inhaltsverzeichnis für die Auslegungsdokumentation von implantierbaren Herzschrittmachern

Das **Konformitätsbewertungsverfahren der EG-Baumusterprüfung** in Verbin- 21 dung mit der EG-Prüfung oder der EG-Erklärung zur Übereinstimmung mit dem Baumuster ist demgegenüber für große Unternehmen, die im Regelfall als Hersteller von AIMD im Markt auftreten, weniger geeignet. Die EG-Baumusterprüfung nach Anhang 3 der AIMDD selbst erfordert neben der Bereitstellung einer **detaillierten Produktdokumentation** inklusive Konstruktionszeichnungen, -berechnungen und Schaltplänen auch die Zurverfügungstellung eines **geeigneten Baumusters für technische Prüfungen** durch die Benannte Stelle. Diese externen Prüfungen, deren zeitlicher Ablauf vom Hersteller nicht direkt beeinflusst werden kann, müssen im Rahmen des Entwicklungsprojekts zeitlich berücksichtigt werden.

22   **Nachträgliche signifikante Änderungen** des Baumusters erfordern möglicherweise zusätzliche Tests durch die Benannte Stelle. Hinzu kommt, dass erfahrungsgemäß die Benannten Stellen auf Grund der schnellen Entwicklungszyklen für verschiedene AIMD in der Regel nicht über geeignete Testgeräte verfügen, so dass Unterauftragnehmer eingeschaltet werden müssen. Betriebsintern können diese Prüfverfahren jedoch vom Hersteller durch geeigneten Einsatz von Personal und Testmitteln flexibler und effizienter in den Produktentwicklungsprozess integriert werden.

23   Diese **Nachteile** können durch den reduzierten Aufwand für das Verfahren der EG-Erklärung zur Übereinstimmung mit dem Baumuster nach Anhang 5 der AIMDD mit dem Ziel der Genehmigung eines Qualitätssicherungssystems für Produktion und Endkontrolle jedoch ohne Berücksichtigung der Prozesse für die Produktauslegung im Vergleich zur oben beschriebenen EG-Konformitätserklärung nach Anhang 2 nicht aufgewogen werden. Noch ungünstiger fällt der Vergleich bei der kombinierten Anwendung der EG-Baumusterprüfung mit dem Verfahren der EG-Prüfung nach Anhang 4 der AIMDD aus, weil letztere Option ergänzend zur Baumusterprüfung die Einbeziehung der Benannten Stelle für statistische Prüfungen an Musterexemplaren von Produktionslosen und letztlich die Freigabe der betreffenden Lose für das erstmalige Inverkehrbringen vorsieht. Es ist offensichtlich, dass dieses Verfahren intern geregelten Prozessabläufen des Herstellers allein schon aus logistischen Gründen unterlegen ist.

E. Klinische Bewertung und klinische Prüfung

24   Das MPG fordert unter Bezug auf die in der AIMDD genannten Grundlegenden Anforderungen (Anhang 1 II Nr. 16), dass sich die **Beurteilung von Nebenwirkungen oder unerwünschten Wirkungen** von AIMD auf **klinische Daten** stützen muss, die gemäß Anhang 7 der AIMDD gewonnen worden sind.

25   Nicht immer ist eine klinische Prüfung im Rahmen des Konformitätsbewertungsverfahrens von AIMD erforderlich, um die Sicherheit und Leistungsfähigkeit der Produkte zu belegen. Dies gilt insbesondere, wenn die entsprechende Basistechnologie, wie z.B. bei Herzschrittmachern, schon **Routine in der medizinischen Praxis** geworden ist. In diesen Fällen ist eine klinische Bewertung entsprechend Anhang 7 der AIMDD unter Bezugnahme auf bereits dokumentierte oder publizierte klinischen Daten durchaus möglich. Das gilt auch für Zubehör von AIMD, wie z.B. Herzschrittmacherelektroden oder Katheter für implantierbare Medikamentenpumpen.

26   Trotzdem werden von den Herstellern bei der Markteinführung neuer Produkte verhältnismäßig **häufig klinische Prüfungen durchgeführt,** auch wenn das technische Grundprinzip des AIMD bereits bekannt ist. Der Grund hierfür ist in der besonderen **ethischen Verantwortung,** die Hersteller von AIMD gegenüber den Patienten haben, begründet. Die Implantation eines Medizinprodukts stellt letztlich eine Verletzung der Integrität des menschlichen Körpers dar. Mängel in der Produktauslegung können die Explantation des Produkts nach sich ziehen.

27   Das Management von klinischen Prüfungen mit AIMD muss im Vergleich zu klinischen Studien mit anderen Medizinprodukten insbesondere den langfristigen Verbleib der Implantate im Patienten berücksichtigen. Die **Rückverfolgbarkeit** der in der klinischen Prüfung eingesetzten AIMD ist deshalb vom Hersteller lückenlos und langfristig sicherzu-

stellen. Darüber hinaus ist die klinische Prüfung eines AIMD im Regelfall als Systemprüfung unter besonderer Berücksichtigung der eingesetzten **Steuerungssoftware** zu planen. Insbesondere beim Abbruch von klinischen Prüfungen oder wenn auf Grund eines während der klinischen Testphase festgestellten Mangels die Produktauslegung geändert wird, gewinnen diese Anforderungen an das Studienmanagement an Bedeutung. Die in der klinischen Prüfung eingesetzte Steuerungssoftware muss für die **Nachsorge der Patienten** langfristig zur Verfügung stehen. Das gilt auch dann, wenn das klinisch geprüfte Produkt nicht bis zur Marktreife entwickelt werden kann oder als Serienprodukt mit einer modifizierten Steuerungssoftware überwacht wird. Patienten, denen im Rahmen der klinischen Prüfung Produkte mit einem nachträglich festgestellten Produktmangel implantiert wurden, bedürfen der besonderen Sorgfalt in der Nachsorge.

Ein ebenso wichtiger Gesichtspunkt des Managements von klinischen Prüfungen mit **28** AIMD ist die **Vermeidung von Doppelstudien** mit einer Patientengruppe. Werden an einem Studienzentrum z.B. zeitlich parallel klinische Prüfungen mit nicht CE-gekennzeichneten AIMD und kombinierbaren, ebenfalls nicht CE-gekennzeichneten, Elektroden- oder Kathetersystemen (AIMD-Zubehör) durchgeführt, würde die gleichzeitige Implantation von AIMD und Zubehör in einem Patienten dessen Ausschluss in beiden Prüfungen zur Folge haben. Dieses Szenario ist auf Grund der Konzentration von Studien mit AIMD an Universitätskliniken und akademischen Lehrkrankenhäusern durchaus realistisch.

Eine weitere in der Praxis relevante Besonderheit der klinischen Prüfung mit AIMD **29** stellt die **Kombination der Prüfung von Medizinprodukten mit Arzneimitteln** dar. Diese Thematik ist etwa bei klinischen Prüfungen mit implantierbaren Medikamentenpumpen, aber auch bei Therapievergleichsstudien mit CE-gekennzeichneten AIMD und Arzneimitteln, die aktuell z.B. häufig mit implantierbaren Defibrillatoren oder biventrikulär stimulierenden Herzstimulationsaggregaten durchgeführt werden, praxisrelevant. Regulatorisch ist in diesen Fällen zu prüfen, inwieweit **zusätzlich** zu den Anforderungen des MPG die **Vorschriften des AMG** hinsichtlich der Anzeige von klinischen Prüfungen zu beachten sind. Das ist grundsätzlich immer der Fall, wenn das eingesetzte Arzneimittel für die im Studienprotokoll festgelegte Art der Applikation bzw. den geplanten Indikationsbereich nicht zugelassen ist oder das Studienprotokoll die Effektivität des Arzneimittels in Kombination mit einem Medizinprodukt als primäres Studienziel zum Gegenstand hat. Bei Therapievergleichsstudien, in denen ein innovatives AIMD mit oder ohne CE-Kennzeichnung gegen die zugelassene State of the Art medikamentöse Behandlung getestet wird, ist eine Anzeige nach AMG jedoch nicht üblich. Bei anzeigepflichtigen Studien mit AIMD ohne CE-Kennzeichen und zugelassenen Medikamenten ist eine Anzeige nach §§ 20/21 MPG ausreichend (s. Abb. 9). Eine Abstimmung des Medizinprodukteherstellers mit dem entsprechenden pharmazeutischen Unternehmen sollte im Zweifelsfall in Erwägung gezogen werden. Gegebenenfalls ist für das Arzneimittel eine **erweiterte Zulassung** entsprechend AMG zu beantragen, um z.B. die Applikation mit einer Medikamentenpumpe zu ermöglichen.

Ist das Medizinprodukt und das Medikament für den in der klinischen Prüfung vorge- **30** sehenen Anwendungsbereich zugelassen und **unter Berücksichtigung des Studienziels die Anwendbarkeit des AMG festgestellt,** ist das Studienprotokoll dahingehend zu überprüfen, ob es sich um eine **Anwendungsbeobachtung oder um eine Phase IV Studie** entsprechend AMG handelt. Anders als das MPG unterscheidet das AMG hinsichtlich der **Anzeigepflichten** zwischen diesen Arten der klinischen Datenerfassung. Während nach § 23 MPG Phase IV Prüfungen mit CE-gekennzeichneten Medizinprodukten nur dann anzeigepflichtig sind, wenn diese Prüfungen eine andere Zweckbestimmung des Medizinprodukts zum Inhalt haben oder im Studienprotokoll zusätzlich invasive oder andere belastende Untersuchungen gefordert werden, sieht das AMG bei Anwendungsbeobachtungen mit Medikamenten stets eine formlose Anzeige beim BfArM und der Kassenärztlichen Bundesvereinigung vor, während bei Phase IV Arzneimittelstudien eine formelle Anzeige beim BfArM zu erfolgen hat (s. Abb. 9). Auch die Bestimmungen des AMG für Phase IV Studien hinsichtlich der **Versicherung** für die Teilnehmer der klinischen Studie und die **Auswahl des Studienleiters** sowie die Einschaltung der für ihn zuständigen **Ethikkommission** sind bei Phase IV Studien nach AMG zu beachten.

	Medikament nicht zuge-lassen	Medikament zugelassen; Phase IV Studie	Medikament zugelassen; Anwendungsbeobachtung
AIMD ohne CE-Kenn-zeichen	§§ 20/21 MPG: Anzeige bei der zuständigen LB § 67 Abs. 1, §§ 40/41 AMG: Anzeige beim BfArM	§§ 20/21 MPG: Anzeige bei der zuständigen LB	§§ 20/21 MPG: Anzeige bei der zuständigen LB
AIMD mit CE-Kennzei-chen	§ 67 Abs. 1, §§ 40/41 AMG: Anzeige beim BfArM	§ 23 MPG: u. U. Anzeige nach MPG § 67 Abs. 1, §§ 40/41 AMG: Anzeige beim BfArM	§ 23 MPG: u. U. Anzeige nach MPG § 67 Abs. 6 AMG: Anzeige bei der KBV und dem BfArM

LB   = Landesbehörde
BfArM = Bundesinstitut für Arzneimittel und Medizinprodukte
KBV   = Kassenärztliche Bundesvereinigung

Abb. 9: Anzeigepflichten von MPG/AMG Kombinationsstudien

31   Rechtlich problematisch ist die Zurverfügungstellung von AIMD, die noch keine CE-Kennzeichnung tragen, sich jedoch in der klinischen Prüfung befinden und dennoch aus humanitären Gründen von einem Arzt, der nicht als Prüfarzt in die klinische Studie eingebunden ist, zur Implantation für einen bestimmten Patienten angefordert werden. Derartige Einzelanfragen auf **Zurverfügungstellung eines nicht CE-gekennzeichneten Medizinprodukts aus humanitären Gründen** erfolgen in der Regel sehr kurzfristig und erfordern mit Rücksicht auf den Gesundheitszustand des Patienten schnelle Hilfe. Das MPG sieht für diesen **Sonderfall keine Regelung** vor. Die Vorschriften für das erstmalige Inverkehrbringen für Sonderanfertigungen und Medizinprodukte in der klinischen Prüfung sind nicht anwendbar. § 11 Abs. 1 MPG, der eine außerordentliche Zulassung des erstmaligen Inverkehrbringens und der Inbetriebnahme auf Antrag durch das BfArM zulässt, hat sich in der Praxis bisher als nicht durchführbar erwiesen. Entsprechende Anfragen bei der Bundesbehörde ergaben, dass dieser Weg zeitaufwendig ist und eine umfangreiche Dokumentation über das betreffende Produkt im Antrag erfordert. Darüber hinaus zielt dieser Sonderweg auf eine generelle Zulassung des erstmaligen Inverkehrbringens eines Medizinprodukts in Deutschland ab.

32   Für den Hersteller ergibt sich dementsprechend aus dem Medizinprodukterecht keine Möglichkeit, ein entsprechendes Implantat gesetzeskonform auszuliefern. Unter medizinprodukterechtlichen Gesichtspunkten ist auch dem Arzt die Implantation eines derartigen Produkts nicht gestattet. Ob dennoch in bestimmten Fällen, etwa um das Leben oder die Gesundheit des Patienten zu retten, eine solche Gesetzesverletzung als ultima ratio in Betracht kommt, wurde bislang lediglich im Hinblick auf das Inverkehrbringen nicht zugelassener Arzneimittel zum Zweck eines **„Compassionate Use"** in der Literatur diskutiert.[12] Danach soll die Anwendung wirksamer, jedoch noch nicht zugelassener Arz-

---

[12] *Schwarz*, S. 272 ff.

neimittel im Einzelfall bei Patienten in lebensbedrohlichen Situationen oder mit schwerwiegenden, nicht oder nicht mehr anderweitig therapierbaren Erkrankungen im Rahmen der ärztlichen Therapiefreiheit möglich sein (sog. „Therapieversuch" oder „individueller Heilversuch"). Strafrechtlich soll dies – nach korrekter Aufklärung – als rechtfertigender Notstand (§ 34 StGB bzw. § 16 OWiG) gerechtfertigt sein.[13] § 34 StGB lautet wie folgt:

> Wer in einer gegenwärtigen, nicht anders abwendbaren Gefahr für Leben, Leib, Freiheit Ehre, Eigentum oder ein anderes Rechtsgut eine Tat begeht, um die Gefahr von sich oder einem anderen abzuwenden, handelt nicht rechtswidrig, wenn bei der Abwägung der widerstreitenden Interessen, namentlich der betroffenen Rechtsgüter und des Grades der ihnen drohenden Gefahren, das geschützte Interesse das beeinträchtigte wesentlich überwiegt. Das gilt jedoch nur, soweit die Tat ein angemessenes Mittel ist, die Gefahr abzuwenden.

Diese Bestimmung rechtfertigt die Verletzung strafrechtlicher Normen, schafft aber für **33** das Unternehmen keine Verpflichtung tätig zu werden. Ein Recht zum Inverkehrbringen kann aus § 34 StGB nur hergeleitet werden, wenn die Voraussetzungen des Tatbestands erfüllt sind. Angesichts der hohen zivil- (d.h. haftungs-) und strafrechtlichen Risiken sollte die Abgabe eines AIMD ohne CE-Kennzeichen vor diesem Hintergrund nur dann in Betracht kommen, wenn dem Unternehmer eine **hinreichende dokumentierte schriftliche Anfrage des Arztes** vorliegt, die **unbedingt zu den Akten** genommen werden sollte. Aus den vorangegangenen Ausführungen ergibt sich, dass dieser Weg eine **absolute Ausnahme** darstellen kann und nur für äußerst gut begründete Einzelfälle anwendbar ist.

F. Produktkennzeichnung und Begleitdokumentation

Die Vorschriften für die Kennzeichnung und Begleitdokumentation von AIMD sind **34** Bestandteil der in der AIMDD festgelegten Grundlegenden Anforderungen (s. Anhang 1 Teil II Nr. 14 und 15). Sie stimmen weitgehend mit den für Medizinprodukte in der MDD festgelegten Anforderungen überein. AIMD-spezifische **Abweichungen** sind in Abbildung 10 zusammengefasst.

AIMDD	MDD
a) Kennzeichnung – getrennte Anforderung für die Kennzeichnung auf der Steril- und Handelsverpackung	a) Kennzeichnung – keine Spezifikation
– Angabe des Namens und der Anschrift des Herstellers	– Name und Anschrift des Herstellers; zusätzlich Name und Anschrift des EG-Bevollmächtigten, falls der Hersteller seinen Sitz nicht in der EG hat
– Angabe des Monats und des Jahrs der Herstellung	– Angabe nur bei aktiven Produkten ohne Verfalldatum erforderlich
– Angabe des Verfalldatums (Tagesdatum!)	– Angabe des Verfalldatums (Monat/Jahr)
– Nennung der Zweckbestimmung des Geräts	– Zweckbestimmung kann entfallen, wenn sie für den Anwender offensichtlich ist
b) Gebrauchsanweisung – zwingend vorgeschrieben	b) Gebrauchsanweisung – u.U. für Produkte der Klassen I und IIa entbehrlich
– Angabe des Jahrs der Genehmigung der CE-Kennzeichnung	– keine spezifischen Anforderungen

---

[13] *Schwarz*, S. 272, s. dort auch zu den entsprechenden Indikationen (S. 274) sowie möglichen haftungsrechtlichen Folgen (S. 276 f.).

AIMDD	MDD
– ggf. der Hinweis, dass das Gerät nur wiederverwendet werden kann, nachdem es zur Erfüllung der Grundlegenden Anforderungen unter Verantwortung des Herstellers aufbereitet worden ist	– keine spezifischen Anforderungen
– ggf. Informationen zur Bestimmung der Lebensdauer der Energiequelle	– keine spezifischen Anforderungen

Abb. 10: Spezifische Anforderungen an die Produktkennzeichnung und Begleitdokumentation von AIMD im Vergleich zur MDD

35   Das **Verfalldatum für AIMD** ist nach der AIMDD als Tagesdatum anzugeben. In der Praxis tritt hierbei gelegentlich die Frage auf, ob das Gerät an dem angegebenen Tag noch implantiert werden darf. Dies ist im Regelfall zu bejahen, weil die EG-Richtlinien das Verfalldatum als **„Use By Date"** definieren, wobei „Use By" die Verwendung an dem angegebenen Tag einschließt. Das häufig in der Produktkennzeichnung verwendete **Stundenglassymbol** steht in Übereinstimmung mit der Richtliniendefinition ebenfalls für „Use By". Einige AIMD Hersteller geben jedoch explizit das Verfalldatum als „Use Before Date" auf der Verpackung an. In diesem Fall sollte das Gerät vor dem angegebenen Datum implantiert werden, weil „Use Before" die sichere Verwendung des AIMD an dem angegebenen Datum formal nicht einschließt.

36   Hinsichtlich einer juristischen Bewertung dieses Sachverhalts ist jedoch zu berücksichtigen, dass sich das Verfalldatum bei AIMD häufig **nicht** auf die **Sterilität des Produkts**, **sondern** auf eine vom Hersteller unter Standardbedingungen errechnete **Mindestlaufzeit der Batterie** bezieht. Vor diesem Hintergrund kann von einer realen Gefährdung des Patienten sicherlich nicht gesprochen werden, wenn das angegebene Verfalldatum geringfügig überschritten wird, obwohl es in der AIMDD als Datum für die gefahrlose Implantation des Geräts definiert wird. Die nationale Gesetzgebung entsprechend der Neufassung des § 4 Abs. 1 Nr. 2 MPG:

> Es ist verboten, Medizinprodukte […] anzuwenden, wenn […] das Datum abgelaufen ist, bis zu dem eine gefahrlose Anwendung nachweislich möglich ist (Verfalldatum) […].

gibt hier einen gewissen Interpretationsspielraum. Dennoch sollten Implantate mit abgelaufenen Verfalldatum grundsätzlich nicht mehr angewendet werden, um einen möglichen Konflikt mit den Bußgeld-bewehrten Vorschriften des § 4 MPG zu vermeiden, denn eine technologisch bedingte verkürzte Laufzeit erfordert regelmäßig eine vorzeitige Explantation des AIMD.

37   Als nationale deutsche Anforderung an die Produktkennzeichnung und Begleitdokumentation von AIMD sind die Bestimmungen des **§ 11 Abs. 2 MPG,** der generell vorschreibt, dass die für den Anwender bestimmten Informationen in **deutscher Sprache** abgefasst werden müssen und insbesondere für sicherheitsbezogene Informationen keine Ausnahmen zulässt, zu beachten. Diese Vorschrift bedingt auch, dass im Regelfall die Programmiersoftware für AIMD in deutscher Sprache durch den Hersteller unter hohem Kostenaufwand zur Verfügung gestellt werden muss. Alternativ ist der Vertrieb einer englischsprachigen Software, ergänzt durch eine deutschsprachige Gebrauchsanweisung, rechtlich möglich. Diese Variante wird jedoch in der Praxis aus Gründen einer bedienerfreundlichen Auslegung der Software selten umgesetzt.

G. Betreibervorschriften

Einzelne Regelungen der MPBetreibV bedürfen hinsichtlich ihrer **praktischen Umsetzung** für AIMD inklusive deren Zubehör einer besonderen Betrachtungsweise. **38**
§ 5 **MPBetreibV** regelt u. a. die Voraussetzungen zur **erstmaligen Inbetriebnahme** **39** sog. **„externer aktiver Komponenten"** aktiver Implantate (s. Anhang 1 Nr. 3 MPBetreibV). Betroffen von dieser Vorschrift sind z. B. die für AIMD eingesetzten Programmiergeräte. Es ist hierbei zu beachten, dass die Vorschriften des § 5 MPBetreibV sich nicht nur auf das Programmiergerät, sondern **auch auf die eingesetzte Software** beziehen. Oftmals haben die Hersteller von AIMD jedoch mehrere Softwareversionen für unterschiedliche AIMD Produkte auf demselben Programmiergerät geladen. In der Praxis wird von einem bestimmten Betreiber jedoch nur ein Teil dieser Softwareversionen genutzt, z. B. weil an dem betreffenden Krankenhaus nur Herzschrittmacher, aber keine Defibrillatoren implantiert werden. Es ist deshalb bei der Dokumentation über die Einweisung darauf zu achten, dass auch die Softwareversionen, in die die vom Betreiber benannten verantwortlichen Personen vom Hersteller eingewiesen wurden, dokumentiert sind. Dies kann im Falle unsachgemäßer Handhabung sowohl für den Betreiber als auch für den Hersteller und betroffenen Medizinprodukteberater **haftungsrechtlich von entscheidender Relevanz** sein. In Abbildung 11 ist ein Einweisungsdokumentationsformular für die Steuersoftware von implantierbaren Schrittmachern und Defibrillatoren exemplarisch dargestellt.

Speziell für die Anwendung von AIMD ist § **10 MPBetreibV** von Bedeutung. Hierin **40** wird die für die Implantation verantwortliche Person (Arzt) aufgefordert, dem **Patienten** eine **„schriftliche" Information auszuhändigen,** in der u. a. Verhaltensanweisungen in allgemein verständlicher Form enthalten sind, die für die Sicherheit des Patienten nach der Implantation relevant sind. Darüber hinaus sind verschiedene **patienten- und produktspezifische Daten** zu dokumentieren und dieser Patienteninformation beizufügen. Das MPG und die MPBetreibV verlangen vom Anwender eines Medizinprodukts außer der Fach- auch die **Sachkenntnis.** Deshalb ist § 10 MPBetreibV auch grundsätzlich an die Anwender und nicht an die Hersteller gerichtet. Auch die AIMDD enthält keine zwingende Anforderung an den Hersteller, Patientenbroschüren zur Verfügung zu stellen. Allerdings müssen Informationen, die dem Patienten ermöglichen, das Implantat, seine Zubehörteile und seine Software ordnungsgemäß zu verwenden, in der **Gebrauchsanweisung** der Produkte für den Anwender (Arzt) enthalten sein (s. Anhang 1 II Nr. 15, 5. Teilstrich der AIMDD).

Gestützt auf diese Forderung der Richtlinie und letztlich vor dem Hintergrund fehlender technischer Produktkenntnisse haben Betreiber und Anwender die AIMD-Hersteller **41** bedrängt, entsprechende **Broschüren**, **Patientenpässe** oder Ähnliches zur Verfügung zu stellen. Die Hersteller sind diesem Kundenwunsch in der Regel auch nachgekommen, obwohl diese Praxis für die Hersteller haftungsrechtliche Probleme und, soweit es sich um Implantate handelt, die zur Therapie oder Diagnose von Krankheiten des zentralen Nervensystems bzw. Herz-Kreislaufsystems eingesetzt werden, auch potenzielle Risiken hinsichtlich des Verstoßes gegen das **Heilmittelwerbegesetz** mit sich brachte.[14]

Die letztere Rechtsproblematik wurde durch die im 2. MPG-ÄndG vom 13. 12. 2001 **42** realisierte Änderung des Heilmittelwerbegesetzes beseitigt.[15] Unbefriedigend bleibt jedoch die Tatsache, dass viele der zurzeit verfügbaren **Herstellerbroschüren** für bestimmte Produktgruppen hinsichtlich ihrer Informationen für die Patienten **nicht kongruent** sind.

---

[14] *Dieners/Wilke,* Pharm.Ind. 2001, 1049 ff.
[15] *Dieners,* MPR 2002, 3 ff.; *Reischl,* MPJ 2001, 112.

Medtronic

**Dokumentationsformular zur Einweisung in
Medtronic Programmiersoftware für implantierbare Herzschrittmacher und Defibrillatoren**

Der Unterzeichner bestätigt durch seine Unterschrift in der nachstehenden Tabelle, in die dort jeweils angegebene Programmiersoftware durch den zuständigen Medtronic Medizinproduktebeauftragten vollständig eingewiesen zu sein.
Medtronic Programmiersoftware, in die der Betreiber nicht eingewiesen wurde, darf nicht verwendet werden!

Medtronic Programmiersoftware

Modell-nummer	Version	Name/Beschreibung	Anwendereinweisung
Medtronic Brady / Heart Failure		Check EOC installiert: ☐	
9886G		Baseline VII	☐
9886AG		EPU SW zu BL VII	☐
9802G		Reveal 9525	☐
9807G		Legend Plus	☐
9952EN		MDT.Kappa 400 (Vision)	☐
9952A-DE		EPU MDT.Kappa 400	☐
9953EN		MDT.Kappa 600/700 VPP	☐
9953A-DE		EPU MDT.Kappa 600/700	☐
9963EN		MDT Sigma Serie	☐
9963A-DE		EPU MDT Sigma Serie	☐
9809-EN		MDT Reveal Plus	☐
9980-DE		MDT InSync	☐
9968-EN		MDT AT500	☐
			☐
			☐
Medtronic Tachy		Check EOC installiert: ☐	
9894G		7219/7221	☐
9895G		7201/7202/7216/7217/7219/7220 PCD	☐
9955G		7223 Micro Jewel II	☐
9960EN		7271 GEM DR	☐
9961DE		7250 Jewel AF	☐
9962EN		7227 GEM	☐
9964EN		7273 GEM II DR	☐
9965EN		7229 GEM II VR	☐
9969-EN		7272 MDT InSync ICD	☐
			☐
			☐
			☐
			☐
			☐
Sonstige		Check EOC installiert: ☐	
8190G		Analyzer 8090	☐
			☐
			☐

**Einweisung erfolgt
Datum:** _____ **Name Kunde** _____

Unterschrift Medtronic _____ **Unterschrift Kunde** _____

Original: Betreiber - 1ste Kopie: Medizinproduktebeauftragter - 2te Kopie: Medtronic GmbH Düsseldorf   182485-001 REV. B

Abb. 11: Beispiel eines Dokumentationsformulars zur Einweisung in Programmiersoftware

Darüber hinaus kann dem Anwender und den Patienten die **Aktualität** der darin enthaltenen Aussagen **nicht garantiert** werden.[16] Es wäre deshalb wünschenswert, dass sich die entsprechenden Fachgesellschaften und die Industrie zumindest grundsätzlich über den Inhalt einer Patienteninformation für AIMD, die im Rahmen von Standardtherapieverfahren eingesetzt werden, wie z.B. implantierbare Herzschrittmacher oder Defibrillatoren, verständigen.

Sowohl das MPG als auch die MPBetreibV schließen auch die **Aufbereitung von** 43
AIMD nicht generell aus. AIMD werden jedoch vom Hersteller grundsätzlich als Medizinprodukte zur einmaligen Verwendung gekennzeichnet, weil sie nach der Implantation einer unkontrollierten Umgebung im Körper des Patienten ausgesetzt sind. Eine Aufbereitung müsste diesen Sachverhalt berücksichtigen und würde im Hinblick auf die Erfüllung der Grundlegenden Anforderungen eine **völlige Neuüberarbeitung** des Produkts, inklusive der Erneuerung der Batterie bei Implantaten, deren Laufzeit durch die Energiequelle eingeschränkt ist, erforderlich machen. Dieser Prozess erfordert vom Aufbereiter die **Durchführung eines Konformitätsbewertungsverfahrens** gem. § 4 Abs. 3 MPV oder, in Abhängigkeit von dem beabsichtigten weiteren Inverkehrbringen (§ 3 Nr. 11 MPG), ein Verfahren auf Grundlage der Sicherheitsvorschriften gem. § 4 Abs. 1 und 2 MPBetreibV in Verbindung mit den Bestimmungen der RKI-Richtlinie, um ein zum Neuprodukt vergleichbares Sicherheitsniveau zu gewährleisten.

Dies ist für Hersteller im Vergleich zur Produktion neuwertiger implantierbarer Geräte 44
im Hinblick auf die stetig fortschreitende Herstellungstechnologie und Logistik der Materialwirtschaft **im Regelfall unwirtschaftlich.** Die Aufbereitung durch andere, nicht herstellende Unternehmen erscheint andererseits auf Grund der vom Gesetzgeber vorgesehenen hohen Sicherheitsanforderungen an AIMD und auch im Hinblick auf die Ansprüche eines mündigen Patienten an die Neuwertigkeit eines ihm zu implantierenden Medizinprodukts in Deutschland aus Gründen des Verbraucherschutzes und der Ethik nicht vertretbar.

H. Medizinproduktebeobachtungssystem

Die Grundvoraussetzung für ein funktionierendes Medizinproduktebeobachtungssystem 45
durch den Hersteller ist eine **eindeutige Kennzeichnung** der Medizinprodukte sowie ihres Zubehörs.[17] AIMD und ihr Zubehör, z.B. Schrittmacherelektroden oder Katheter, sind in der Praxis deshalb fast immer durch eindeutige **Seriennummern auf der Verpackung** gekennzeichnet. Die Programmiersoftware wird durch Modell- und Versionsnummern spezifiziert. Die Kennzeichnung mittels Chargen-Nummern hingegen ist bei AIMD nicht üblich. Lediglich kleinere Hilfsmittel, wie Schraubenzieher, die zur Fixierung von Elektroden im Konnektorblock eines Schrittmachers verwendet werden, können durch Chargen-Nummern gekennzeichnet sein. Entsprechend den Grundlegenden Anforderungen tragen AIMD Geräte im Regelfall einen nicht invasiven Code (Rdnr. 14), der undurchlässig für Röntgenstrahlen ist und somit im Bedarfsfall auch ohne operativen Eingriff ermittelt werden kann. Im Ausnahmefall kann von dieser Anforderung der Richtlinie abgesehen werden, z.B. wenn das entsprechende Implantat eine charakteristische unverwechselbare röntgenologisch darstellbare Form aufweist und die Seriennummer

---

[16] Es ist jedoch zu berücksichtigen, dass im Zuge der Schuldrechtsreform Äußerungen des Herstellers u.a. über bestimmte Eigenschaften seines Produkts auch zivilrechtlich relevant sein können. Gemäß § 434 Abs. 1 Satz 3 BGB liegt ein Sachmangel vor, wenn die Kaufsache in Wahrheit anders beschaffen ist, als sie in der Öffentlichkeit dargestellt wird. Ferner können bestimmte Aussagen des Herstellers u.U. sogar eine zusätzliche Garantie des Herstellers begründen.

[17] Zum Medizinprodukte-Beobachtungs- und -Meldesystem vgl. den Beitrag von *Will* in diesem Handbuch (§ 11).

mittels anderer Methoden, z.B. durch Auslesen mit dem Programmiergerät, ermittelt werden kann.

46   **Vorkommnisse oder Beinahe-Vorkommnisse** mit AIMD sind auf Grund der oftmals lebenserhaltenden Funktion dieser Medizinprodukte mit äußerster Sorgfalt und innerhalb eines möglichst kurzfristigen Zeitrahmens zu untersuchen und zu beurteilen. Hierfür ist eine vertrauensvolle und offene Kommunikation zwischen Herstellern und Anwendern unbedingt erforderlich. Viele AIMD bieten heute die Möglichkeit, **Funktionsparameter** zu speichern und telemetrisch abzufragen, so dass erste Rückschlüsse auf eine potenzielle Fehlfunktion des betroffenen Geräts möglich sind und eine Explantation vermieden werden kann. Falls eine eindeutige Interpretation des vermuteten Fehlers auf diese Weise nicht gelingt, ist eine Explantation und eine zügige Einsendung des Geräts zum Hersteller zwecks Produktanalyse angezeigt. Auf Grund der fortgeschrittenen Produkttechnologie ist die **Analyse durch den Hersteller dringend zu empfehlen.** Dieser verfügt über die komplette Entwicklungs- und Produktionsdokumentation des Geräts und geeignete Testeinrichtungen, die eine technische Analyse und Einschätzung der Gefährdung, ggf. auch unter Berücksichtigung der Dokumentation über ähnliche Berichte aus dem Markt, ermöglichen.

47   Die Meldung des einzelnen Vorfalls bei den Behörden richtet sich nach den Grundsätzen der europäischen Leitlinien (Guidelines) **MEDDEV 2.12/1 Rev 4 und der MPSV.**[18] Auf keinen Fall ist jedoch die Explantation eines AIMD in jedem Fall meldepflichtig. Viele Explantationen sind die Folge einer technologisch bedingten Batterieerschöpfung, andere können auf Fehlinterpretationen des Anwenders zurückgeführt werden. Abbildung 12 nennt einige Beispiele für meldepflichtige und nicht meldepflichtige Vorkommnisse mit AIMD.

meldepflichtig	nicht-meldepflichtig
– AIMD Ausfall infolge Produktfehler-bedingter Batterieerschöpfung	– AIMD Ausfall infolge normaler Batterieerschöpfung
– AIMD Fehlfunktion, die während eines unabhängigen Krankenhausaufenthalts festgestellt wird (z.B. detektierte Schrittmacherfehlfunktion im Rahmen der Nachbehandlung einer Hüftgelenkoperation)	– Unfall eines AIMD Patienten, der vernünftigerweise nicht auf eine Produktfehlfunktion zurückzuführen ist.
– Elektrodenbruch	– Elektrodenbruch, der auf eine Implantation, die in der Gebrauchsanweisung durch Warnhinweis als unsachgemäßes Verfahren beschrieben ist, zurückzuführen ist.

Abb. 12: Beispiele für meldepflichtige und nicht meldepflichtige Vorkommnisse oder Beinahe-Vorkommnisse mit AIMD

48   Sollte infolge eines berichteten Vorkommnisses oder Beinah-Vorkommnisses im Markt oder auf Grund eigener Erkenntnisse des Herstellers eine **Maßnahmenempfehlung** oder **Rückrufaktion** im Markt erforderlich werden, hat sich in der Praxis die Berücksichtigung verschiedener **Einzelaspekte des Meldeprozesses** bewährt. Zuerst sollte der Hersteller die von ihm beauftragten **Medizinprodukteberater** über den Inhalt und den Ablauf der Aktion informieren. Danach sollten möglichst zeitgleich die zuständigen Behörden, ggf. auch die Benannten Stellen sowie die betroffenen Anwender und Betreiber

---

[18] Guidelines on a Medical Device Vigilance System, MEDDEV 2.12/1 Rev 4–4/2001 (and Appendix-11/2001).

schriftlich auf dem Postwege informiert werden. Die schriftliche Information der Anwender ist generell möglichst zeitgleich oder zumindest zeitnah durch den Besuch der Medizinprodukteberater vor Ort oder durch telefonische Kontaktaufnahme mit dem Anwender zu ergänzen. Abhängig von den erforderlichen Abhilfemaßnahmen kann sogar die aktive Unterstützung der Anwender durch die Medizinprodukteberater des Herstellers erforderlich sein.

Der Hersteller sollte von den Anwendern/Betreibern eine **schriftliche Bestätigung** 49 der Kenntnisnahme der Maßnahmenempfehlung bzw. des Rückrufs fordern. Nur auf Grund dieser Rückmeldungen ist für den Hersteller und die zuständigen Behörden eine Beurteilung hinsichtlich der Vollständigkeit der Kommunikationsprozesse möglich. Es ist für den Hersteller wichtig, eine von seinen Medizinprodukteberatern **ständig aktualisierte Datenbank** über die belieferten Kunden, die betroffenen Anwender und deren Vorgesetzte zu etablieren. Nur so kann im Bedarfsfall eine zügige und kontrollierte Information des betroffenen Personenkreises erfolgen.

Vorkommnisse, die Gegenstand einer der Behörde gemeldeten Maßnahmenempfehlung 50 oder Rückrufaktion sind und deren potenzielles Auftreten der Behörde dementsprechend bekannt ist, müssen vom Hersteller in der Folgezeit nach Absprache mit der Behörde (§ 4 MPSV) nicht mehr einzeln angezeigt werden. Selbstverständlich sind diese Vorkommnisse jedoch **beim Hersteller zu registrieren,** um die eingeleiteten Abhilfemaßnahmen einer Erfolgskontrolle zu unterziehen. Eine Information der beim Konformitätsbewertungsverfahren des betroffenen Produkts beteiligten Benannten Stelle ist im Hinblick auf den Inhalt und Hintergrund einer Anwenderinformation bzw. eines Produktrückrufs sowie den damit in Zusammenhang stehenden internen Korrekturmaßnahmen zu empfehlen.

I. Vertriebspraxis

Der Vertrieb von AIMD unterliegt formal **im Regelfall nicht** den Vorschriften der 51 Verordnung über Vertriebswege für Medizinprodukte **(MPVetrV)**[19] oder der Verordnung über die Verschreibungspflicht von Medizinprodukten **(MPVerschrV),**[20] weil sie im Allgemeinen ihrer Zweckbestimmung nach **nur von einem Arzt** angewendet werden können (s. § 6 MPVerschrV). Sie werden in der Praxis überwiegend entweder **auf Bestellung direkt** an die zuständige Abteilung der implantierenden medizinischen Krankenhäuser bzw. Arztpraxen geliefert oder, um eine Versorgung auch in dringenden Fällen sicherzustellen, beim Betreiber im Rahmen eines sogenannten **Konsignationslagervertrags** bis zu ihrer Verwendung gelagert. In Abweichung hiervon kann jedoch in einzelnen Krankenhäusern auch die **Krankenhausapotheke** in den Vertriebsweg eingeschaltet sein. Dies hat üblicherweise Krankenhaus-interne logistische Gründe.

Die **Lagerhaltung** von AIMD beim Betreiber in sog. Konsignationslagern bringt je- 52 doch sowohl für Betreiber als auch für Hersteller bzw. Lieferanten einige **medizinprodukterechtliche Besonderheiten** mit sich. Die Inbetriebnahme von AIMD ist mit Bezug auf die Richtlinie in § 3 Nr. 12 MPG als Abgabe an das medizinische Personal zur Implantation definiert. Bei Einrichtung eines Konsignationslagers im Krankenhaus befinden sich dementsprechend die darin gelagerten Produkte solange im Besitz des Herstellers, bis sie durch das medizinische Personal zur Implantation aus dem Lager entnommen und somit in Betrieb genommen werden. Deshalb sind sowohl der Hersteller/Vertreiber als auch der Anwender dafür verantwortlich, dass nur Produkte aus dem Konsignationslager zur Anwendung kommen, deren Leistungsfähigkeit und Sicherheit entsprechend der CE-

---

[19] MPVertrV v. 17. 12. 1997 (BGBl. I S. 348), zuletzt geändert durch Art. 10 des 2. MPG-ÄndG v. 13. 12. 2001 (BGBl. I S. 3586).
[20] MPVerschrV v. 17. 12. 1997 (BGBl. I S. 3146), i.d. F. der Bekanntmachung v. 21. 8. 2002 (BGBl. I S. 3393).

Kennzeichnung vermutet werden kann. Dazu gehört insbesondere auch, dass das Verfalldatum der betroffenen Produkte nicht überschritten wird. Der vom Hersteller/Vertreiber **beauftragte Medizinprodukteberater** ist deshalb **verpflichtet, abgelaufene Produkte oder Produkte mit kurzfristigem Verfalldatum**, ggf. in Absprache mit dem Betreiber, rechtzeitig aus dem Konsignationslager zu **entfernen.** Diese Verpflichtung des Medizinprodukteberaters entbindet den Anwender/Betreiber jedoch nicht, seinerseits zu überprüfen, ob das Verfalldatum des von ihm zur Implantation vorgesehenen AIMD nicht abgelaufen ist, um § 4 Abs. 1 Nr. 2 MPG zu genügen.

53   Eine weitere, oftmals zwischen Betreibern und Herstellern von AIMD medizinprodukterechtlich relevante Vertriebsvereinbarung stellt der **Leihvertrag** über externe Komponenten zu AIMD, also z. B. Programmiergeräten, dar. Muster dieser Verträge wurden sowohl von Herstellern als auch von Krankenhäusern entwickelt. Verleiher (Hersteller) und Entleiher (Krankenhäuser, Praxen) sollten bei Abschluss eines Leihvertrags, der auch als Probestellungsvertrag ausgelegt sein kann, neben den kaufrechtlichen Gesichtspunkten, wie Regelungen zur Leihgebühr, Gefahrtragung, Lieferung und Versicherung des Produkts, die Vorschriften des MPG und der zugehörigen Verordnungen zur Inbetriebnahme und Anwendung des entsprechenden Geräts berücksichtigen.

54   Besondere Aufmerksamkeit ist dabei insbesondere den Vorschriften der MPBetreibV, z. B. § 2 „Allgemeine Anforderungen", § 3 „Meldungen über Vorkommnisse", § 4 „Instandhaltung", § 5 „Betreiben und Anwenden", § 6 „Sicherheitstechnische Kontrollen" und § 7 „Medizinproduktebuch" entgegenzubringen. Werden einzelne dieser Anforderungen im Rahmen des Leihvertrags dem Hersteller (Verleiher) übertragen, sollte im Vertrag darauf hingewiesen werden, dass der **Entleiher** (die Klinik) dafür **verantwortlich** ist, dass das Leihgerät nur von sach- und fachkundigen Anwendern, die vom Verleiher in den Betrieb des Leihgeräts eingewiesen worden sind, betrieben wird. Dem Verleiher muss ein Betretungsrecht der Klinik zur Wahrnehmung der ihm übertragenen Betreiberpflichten vertraglich zugesichert werden.

55   Einen Sonderfall des Leihvertrags stellt der **Probestellungsvertrag** dar. Die Zielsetzung des Probestellungsvertrags ist in der Regel, eine **Erprobung der Handhabung des Geräts an der Klinik** zu ermöglichen. Hierbei handelt es sich selbstverständlich nicht um eine klinische Prüfung i. S. d. §§ 20–23 MPG, sondern um einen **Gerätetest** im Sinne einer Erprobungsfahrt beim Kauf eines Automobils. Diese Vertragszielsetzung ist durchaus legitim. Hierbei ist selbstverständlich vorausgesetzt, dass die dem Vertrag gegenständlichen Geräte die CE-Kennzeichnung tragen. Die Laufzeit des Vertrags ist jedoch im Hinblick auf die Handhabungserprobung des jeweiligen Geräts nachvollziehbar begründbar zu limitieren. Die Betreiberpflichten sind analog zur Darstellung oben zwischen Verleiher und Entleiher abzustimmen.

J. Zusammenfassung

56   Mit Inkrafttreten der AIMDD wurden die Voraussetzungen für den Vertrieb von AIMD in Europa im Hinblick auf einen freien Warenverkehr der Produkte innerhalb der Europäischen Gemeinschaft neu geregelt. Die Richtlinie erfasst auch AIMD Zubehör inklusive der Steuersoftware für die Geräte. Die AIMDD bildete die **Grundlage für die Entwicklung der EG-Richtlinien für Medizinprodukte und In-Vitro-Diagnostika.** Viele der für AIMD implementierten Vorschriften wurden in die nachfolgend entwickelten Richtlinien übernommen. Die Grundlegenden Anforderungen und die Vorschriften zur Produktkennzeichnung und Begleitdokumentation beinhalten dementsprechend nur wenige ausschließlich AIMD-spezifische Aspekte, die sich z. B. auf die Störempfindlichkeit und die verwendete Energiequelle der implantierbaren Geräte beziehen und damit die besonderen potenziellen Risiken aktiver Implantate für Patienten berücksichtigen.

J. Zusammenfassung

Die Anforderungen an das der CE-Kennzeichnung von AIMD zugrunde liegende **57**
Konformitätsbewertungsverfahren sind hoch. Die **Kontrolle des Herstellers durch eine
neutrale Benannte Stelle** ist durch die AIMDD **zwingend vorgeschrieben.** Die klinische Bewertung von AIMD muss sich auf klinische Daten stützen. Hierfür ist häufig die
Durchführung einer klinischen Prüfung erforderlich. Die Logistik der Geräterückverfolgbarkeit und Patientenbetreuung stellt dabei eine besondere Herausforderung dar, die auch
im Fall des Scheiterns einer klinischen Prüfung eine **gesicherte Patientenversorgung
gewährleisten** muss.

Die **nationale Umsetzung** der Richtlinie in Deutschland erfolgte bereits mit der ers- **58**
ten Fassung des MPG vom 2. 8. 1994 und seinen in der Folgezeit in Kraft getretenen
Verordnungen. Das 2. MPG-ÄndG vom 13. 12. 2001 enthält nur wenige neue oder geänderte gesetzliche Vorschriften, die sich spezifisch auf AIMD beziehen. Nach wie vor
schließt die Gesetzgebung jedoch Vorschriften für Hersteller, Betreiber und Anwender
ein, die auch für AIMD relevant sind und über die Anforderungen der AIMDD hinausgehen.

Besonders zu **beachten** sind dabei die **Anforderungen an die Inbetriebnahme 59
und Instandhaltung der AIMD** sowie ihres Zubehörs inklusive der Steuerungssoftware.
Eine eindeutige Regelung der medizinprodukterechtlichen Verantwortlichkeiten ist bei
Abschluss von Verträgen zwischen Hersteller/Vertreiber und Betreiber, die z.B. die Einrichtung von Konsignationslagern oder die leihweise Geräteüberlassung betreffen, unbedingt zu beachten. Eine enge Zusammenarbeit zwischen Herstellern und Betreibern/
Anwendern ist auch im Rahmen des Medizinproduktebeobachtungssystems erforderlich,
um Produktmängel in der klinischen Praxis schnellstmöglich zu identifizieren und Korrekturmaßnahmen erfolgreich durchzuführen.

AIMD gehören zu den Medizinprodukten mit dem **potenziell höchsten Patienten- 60
risiko.** Die umfassenden Anforderungen der EG-Richtlinie und der nationalen deutschen
Gesetzgebung für diese Produktgruppe sind darauf ausgerichtet, ein **höchstmögliches
Maß an Sicherheit** zu gewährleisten.

§ 18 In-vitro-Diagnostika

von *Dierk Meyer-Lüerßen*

Übersicht

Literatur: *Meyer-Lüerßen,* Die Anforderungen der Medizinprodukte-Sicherheitsplan-Verordnung für In-vitro-Diagnostika im Rahmen des Medizinproduktegesetzes, MPR 2002, 110; *Meyer-Lüerßen,* IVD-Direktive nahm letzte Hürde in Brüssel, MPJ 1998, 102; *Meyer-Lüerßen,* Kombinationen von Diagnostika (IVDMP) nach dem MPG, MPR 2003, 3; *Meyer-Lüerßen,* Neues Recht für Diagnostica-Hersteller und die Anwender von Diagnostica, in: Diagnostica Argumente, Fakten zur Gesundheitsdiskussion, 2/2001, 1; *Meyer-Lüerßen,* Regelungen von In-Haus-Herstellung von IVD im Medizinproduktegesetz, MPR 2003, 1; *Meyer-Lüerßen,* Skepsis überwiegt, Abbott Times, Sonderheft 12/2001, 8; *Meyer-Lüerßen,* Vorschriften des MPG zu Informationen über Diagnostika, MPJ 2003, 1; *Meyer-Lüerßen/Thomas,* Regelungen für die Erprobung von labordiagnostischen Systemen, DÄBl. 2002, A-3312; *Odenthal,* Maßnahmen zur Sicherheit von In-vitro-Diagnostica, Diagnostica Argumente 1/2002, 1; *Schorn,* EG-Richtlinie über In-vitro-Diagnostika, in: Winter/Fenger/Schreiber (Hrsg.), Genmedizin und Recht, München 2001, S. 93; *Will,* Die EG-Richtlinie über In-vitro-Diagnostika (98/79/EG), Abbott Times, Sonderheft 12/2000, 2.

Institute/Internetadressen (Stand: 10/2002):

Bundesärztekammer Köln (BÄK), Herbert-Lewin-Straße 1, 50 931 Köln
  http://www.baek.de
Bundesinstitut für Arzneimittel und Medizinprodukte (BfArM), Kurt-Georg-Kiesinger Allee 3, 53 175 Bonn
  http://www.bfarm.de/de_ver/medizinprod/
Deutsches Institut für Medizinische Dokumentation und Information (DIMDI), Waisenhausgasse 36–38 a, 50 676 Köln
  http://www.dimdi.de
Europäische Kommission, B-1049 Bruxelles
  http://europa.eu.int/comm/index_de.htm
Paul-Ehrlich-Institut (PEI), Bundesamt für Sera und Impfstoffe
  http://www.pei.de
Physikalisch-Technische Bundesanstalt (PTB), Abbestraße 2–12, 10 587 Berlin
  http://www.ptb.de

A. Einleitung

I. Inhalt des Beitrags

1   Nachfolgend werden nur die **Besonderheiten von In-vitro-Diagnostika** behandelt. Vorschriften, die gleichermaßen für In-vitro-Diagnostika wie für alle übrigen Medizinprodukte gelten, werden nicht noch einmal dargelegt. Hierfür wird auf die weiteren einschlägigen Beiträge dieses Handbuchs verwiesen. Das betrifft zum Beispiel die Themen Marktbeobachtung, Schutz vor Irreführung und Ähnliches.

2   In der Diagnostika-Industrie wird, wie auch in diesem Beitrag, unterschieden zwischen **Labordiagnostika** auf der einen Seite und **Heimdiagnostika** – auch OTC-Diagnostika oder von der Richtlinie 98/79/EG[1] über In-vitro-Diagnostika (IVDD) „In-vitro-Diagnostika zur Eigenanwendung" genannt – auf der anderen Seite. Es handelt sich bei

---

[1] Richtlinie 98/79/EG v. 27. 10. 1998, ABl. EG Nr. L 331 v. 7. 12. 1998, S. 1.

beiden um Medizinprodukte im Sinne des Medizinproduktegesetzes[2] (MPG), die nicht am oder im menschlichen Körper angewendet werden.

II. Entstehung der In-vitro-Diagnostika-Richtlinie und ihre Umsetzung im MPG

1. Entstehung der In-vitro-Diagnostika-Richtlinie

Die IVDD hat beinahe 15 Jahre von ihrer ersten Diskussion bis zur Realisierung Ende 1998 benötigt. Erstmalig wurde im Jahr 1985 die Diagnostika-Industrie in Europa, ebenso wie auch die übrige Medizinprodukteindustrie, nach Vorlage des neuen Harmonisierungskonzepts der Europäischen Gemeinschaft[3] von deren Institutionen gefragt, ob man eine **Harmonisierung** in ihrem Bereich wünsche. Dies wurde damals von den Repräsentanten der Diagnostika-Industrie bejaht, da man von dem neuen Harmonisierungskonzept der europäischen Gremien überzeugt war und das Ziel der Harmonisierung innerhalb Europas vorbehaltlos unterstützte. Ob dieses Votum auch heute noch so ausfallen würde, ist angesichts des Wandels, den die IVDD innerhalb dieser knapp 15 Jahre genommen hat, zu bezweifeln. Sie liegt nun aber vor und ist im EWR seit 7. 6. 2000 zunächst noch auf freiwilliger Basis anwendbar, so dass sich die Hersteller und Vertreiber von In-vitro-Diagnostika mit dieser Thematik auseinander zu setzen haben.

2. Umsetzung im MPG

Die IVDD hätte nach ihrem Art. 22 Abs. 1 bis zum 7. 12. 1999 in das deutsche Medizinprodukterecht **umgesetzt** werden müssen. Wie ein Großteil der europäischen Länder hat auch Deutschland diese Frist nicht eingehalten. Offenkundig in Voraussicht auf diese Tatsache sieht die IVDD vor, dass das neue Recht ab 7. 6. 2000 anwendbar sein muss, so Art. 22 Abs. 1. Auch bis zu diesem Zeitpunkt erfolgte die Umsetzung nicht. Allerdings machte das (damalige) Bundesministerium für Gesundheit durch eine **Bekanntmachung vom 28. 6. 2000** im Bundesanzeiger die betroffenen Kreise darauf aufmerksam, dass die IVDD direkt anwendbares Recht in Deutschland ist, und hielt sich damit an die einschlägige Rechtsprechung des Europäischen Gerichtshofes. Mittlerweile ist die Umsetzung im MPG zum 1. 1. 2002 durch das Zweite Gesetz zur Änderung des Medizinproduktegesetzes vom 13. 12. 2001 (2. MPG-ÄndG)[4] erfolgt.

3. Regelungsbereich und Wahlmöglichkeit zwischen MPG und Arzneimittel- bzw. Gerätesicherheitsrecht

In Übereinstimmung mit der IVDD sieht das MPG in § 44 Abs. 1 eine Übergangsregelung bis zum 7. 12. 2003 vor, die um eine Abverkaufsregelung bis zum 7. 12. 2005 ergänzt ist (Rdnr. 122, 124). Binnen der erstgenannten Übergangszeit kann wahlweise nach altem nationalem Recht oder dem neuen Medizinprodukterecht vorgegangen werden (Rdnr. 123). Ab diesem Zeitpunkt wird dann für In-vitro-Diagnostika **zum menschlichen Gebrauch** eine einheitliche Regelung in Deutschland existieren. Die derzeit in Deutschland existierende Zweiteilung in Reagenzien, die unter das Arzneimit-

---

[2] Gesetz über Medizinprodukte (Medizinproduktegesetz – MPG) v. 2. 8. 1994 (BGBl. I S. 1963), geändert durch Erstes Gesetz zur Änderung des Medizinproduktegesetzes (1. MPG-ÄndG) v. 6. 8. 1998 (BGBl. I S. 2005) und Zweites Gesetz zur Änderung des Medizinproduktegesetzes (2. MPG-ÄndG) v. 13. 12. 2001 (BGBl. I S. 3586), i. d. F. der Bekanntmachung des Medizinproduktegesetzes v. 7. 8. 2002 (BGBl. I S. 3146).

[3] Dazu die Beiträge von *Dieners/Lützeler* (§ 1 Rdnr. 31 ff., 41 ff.) und *Anhalt/Dieners* (§ 2 Rdnr. 9, 11 ff.) in diesem Handbuch.

[4] BGBl. I S. 3586.

telgesetz fallen, und Geräte, die unter das Gerätesicherheitsgesetz bzw. die Medizingeräte-verordnung fallen, wird dann aufgegeben. Dafür fallen unter das Medizinproduktegesetz nur In-vitro-Diagnostika, die beim Menschen angewendet werden. **Tierdiagnostika,** die gegenwärtig ebenfalls unter das Arzneimittelgesetz fallen und wie Humandiagnostika behandelt werden, verbleiben ebenso im Geltungsbereich des Arzneimittelgesetzes wie **In-vivo-Diagnostika.** Produkte, die sowohl für den menschlichen wie auch für den tierischen Gebrauch gedacht sind, unterliegen zukünftig also unterschiedlichen Gesetzen, wobei – wie auch gegenwärtig schon – noch die zusätzlichen Vorschriften der Binnenmarkt-Tierseuchenschutzverordnung zu beachten sind.

III. Bewertung der In-vitro-Diagnostika-Richtlinie und des MPG

6   Die Länge der Erarbeitungszeit für die IVDD von nahezu eineinhalb Jahrzehnten hat nicht dazu beigetragen, ihre Qualität im gleichen Umfang zu steigern. Vielmehr ist festzuhalten, dass eine Reihe von Ungereimtheiten und Implausibilitäten in ihr enthalten sind.[5] Besonders gravierend ist, dass man bei ihr zum ersten Mal im Rahmen der Medizinprodukterichtlinien von dem eigentlich unumstößlichen Grundsatz, dass die Regelung in den Modulen A bis H abschließend ist, abgewichen ist und ein zusätzliches neues Element, das der **Chargenfreigabe,** eingeführt hat, und dies bei Produkten, die auch nach Auffassung der europäischen Gremien im Rahmen der Medizinprodukte das geringste Gefahrenpotenzial haben und deswegen als letzte von den drei Medizinproduktegruppen einer europäischen Harmonisierung unterzogen wurden. Bei der Umsetzung der IVDD in das MPG hat der deutsche Gesetzgeber mit großer Sachkompetenz und Augenmaß die vielfach schwierigen und komplexen Vorschriften der IVDD in verständliche Regelungen gebracht und gemäß dem, was beabsichtigt war, transponiert.

B. Definitionen und Abgrenzung zu anderen Medizinprodukten

7   Mit dem 2. MPG-ÄndG sind in § 3 MPG eine Reihe von **In-vitro-Diagnostika-spezifischen Definitionen** eingeführt bzw. erweitert oder ergänzt worden.

I. In-vitro-Diagnostika-spezifische Definitionen

1. In-vitro-Diagnostika und Zubehör

8   § 3 Nr. 4 MPG stellt klar, dass ein In-vitro-Diagnostikum ein **Medizinprodukt** ist. Es müssen also die Voraussetzungen der in § 3 Nr. 1 MPG enthaltenen Definition vorliegen. Dieses Medizinprodukt muss außerdem als Reagenz, Reagenzprodukt, Kalibriermaterial, Kontrollmaterial, Kit, Instrument, Apparat, Gerät oder System einzeln oder in Verbindung miteinander nach der vom Hersteller festgelegten Zweckbestimmung zur In-vitro-Untersuchung von aus dem menschlichen Körper stammenden Proben einschließlich Blut- und Gewebespenden bestimmt sein. Weiterhin muss es dazu bestimmt sein, ausschließlich oder hauptsächlich dazu zu dienen, Informationen zu liefern über physiologische oder pathologische Zustände oder über angeborene Anomalien oder zur Prüfung auf Unbedenklichkeit oder Verträglichkeit bei den potenziellen Empfängern oder zur Überwachung therapeutischer Maßnahmen.

---

[5] Zum Für und Wider aus Sicht der Diagnostika-Industrie vgl. *Meyer-Lüerßen*, Abbott Times, Sonderheft 12/2001, 10.

Mit der Auflistung der Reagenzien, Reagenzprodukte, Instrumente, Apparate, Geräte 9
oder Systeme und weiterer einzelner Aufzählungen übernimmt der Gesetzgeber die umfassende Formulierung der IVDD, in der versucht wurde, alles zu erfassen, wobei **viele**
Begriffe redundant sind. Ob die Unterscheidung zwischen Instrument und Gerät sowie
Apparat wirklich relevant ist, mag dahingestellt bleiben. Festzuhalten ist, dass sämtliche
denkbaren Formen erfasst werden.

a) In-vitro-Untersuchung

Erfasst werden von der Definition nur Produkte zur In-vitro-Untersuchung von Proben 10
des menschlichen Körpers. Dabei werden ausdrücklich Blut- und Gewebespenden mit
einbezogen. „In-vitro" bedeutet im **„Reagenzglas",** also entfernt vom Patienten. Diese
traditionelle Unterscheidung ist im Hinblick auf neuere Technologien nicht mehr ganz
unstreitig, worauf weiter unten (Rdnr. 28–31) eingegangen werden wird.

b) Menschliches Material

Der Gesetzgeber will ausdrücklich nur solche Diagnostika erfassen, die zur Untersu- 11
chung von aus dem menschlichen Körper stammenden Proben eingesetzt werden. Damit
sind also **Tierdiagnostika** oder **Reagenzprodukte zur Umwelt- oder Lebensmittel-**
analyse ausgeschlossen. Für sie gelten andere Regelungen, wie z.B. das Chemikalienge-
setz.

c) Informationsgewinnung

Um ein In-vitro-Diagnostikum im Sinne des MPG zu sein, ist weiterhin erforderlich, 12
dass das Produkt ausschließlich oder hauptsächlich dazu dient, **Informationen zu liefern:**
– über physiologische oder pathologische Zustände oder
– über angeborene Anomalien oder
– zur Prüfung auf Unbedenklichkeit oder Verträglichkeit bei den potenziellen Empfängern oder
– zur Überwachung therapeutischer Maßnahmen.
Hiermit werden Produkte ausgeschlossen, die primär einem anderen Zweck dienen, bei
deren Anwendung aber als **„Nebenprodukt"** auch eine Information über physiologische
oder pathologische Zustände oder angeborene Anomalien erhalten wird. Die vier Unter-
punkte unterscheiden sich in gewissem Umfang von den vier Unterpunkten in § 3 Nr. 1
MPG, was sich aus dem Unterschied zwischen In-vitro-Diagnostika und sonstigen Medizinprodukten ergibt. Dennoch werden mit ihnen diejenigen Bereiche, in denen In-vitro-
Diagnostika derzeit eingesetzt werden und ihr Einsatz vorstellbar ist, abgedeckt.

d) Zweckbestimmung

Entscheidend für die Klassifizierung als In-vitro-Diagnostikum i.S.v. § 3 Nr. 4 MPG ist 13
die vom Hersteller vorgegebene Zweckbestimmung. Die Zweckbestimmung wird in § 3
Nr. 10 MPG dahingehend definiert, dass dies die Verwendung ist, für die das Medizinprodukt in der Kennzeichnung, der Gebrauchsanweisung oder den Werbematerialien des
Herstellers oder des für das Inverkehrbringen Verantwortlichen bestimmt ist. Damit wird
ausdrücklich klargestellt, dass auch **sämtliche werblichen Aussagen** des Herstellers für
die von ihm subjektiv vorgegebene Zweckbestimmung heranzuziehen sind. Andererseits
wird damit klargestellt, dass Reagenzien für Forschungszwecke nicht unter das MPG fallen, da sie nicht zur Untersuchung menschlicher Körperproben zu medizinischen bzw.
diagnostischen Zwecken dienen. Hier steht im Vordergrund die Forschungstätigkeit, die
evtl. später zu einer in-vitro-diagnostischen Anwendung führen kann.

Diese **subjektive Komponente** der Festlegung der Zweckbestimmung durch den 14
Hersteller darf aber nicht dazu missbraucht werden, ein objektiv nur zu in-vitro-
diagnostischen Zwecken geeignetes Produkt mittels anderer Deklaration zu einem Nicht-
in-vitro-Diagnostikum zu machen. Um Missbrauch vorzubeugen, ist auch streng darauf zu

achten, was der Hersteller dem Produkt an Werbeaussagen mitgibt; immer dann, wenn das Produkt nach den Angaben in der Kennzeichnung einschließlich der Werbematerialien und mündlichen Mitteilungen des Außendienstes des Herstellers vom Anwender als In-vitro-Diagnostikum angesehen werden kann, ist es auch als solches anzusehen.

15   Besteht ein Produkt aus mehreren Komponenten, kann die jeweilige **Zweckbestimmung** für die einzelnen Komponenten eines Systems **unterschiedlich** sein. Werden diese Komponenten jedoch als Kit, also als einheitliche Packung abgegeben, gilt das gesamte Produkt als In-vitro-Diagnostikum, auch wenn nur eine Komponente ein In-vitro-Diagnostikum im obigen Sinne ist.[6]

e) Probenbehältnisse

16   Nummer 4 des § 3 MPG stellt ausdrücklich fest, dass Probenbehältnisse als In-vitro-Diagnostika gelten und definiert diese als luftleere oder sonstige Medizinprodukte, die von ihrem Hersteller speziell dafür gefertigt werden, aus dem menschlichen Körper stammende Proben unmittelbar nach ihrer Entnahme aufzunehmen und im Hinblick auf eine In-vitro-Diagnose aufzubewahren. Neben der auch hier wiederum geforderten subjektiven Zweckbestimmung durch den Hersteller (speziell dafür gefertigt) ist weiterhin eine **unmittelbare Verbindung mit der Entnahme** notwendig, um ein Produkt als ein In-vitro-Diagnostikum gelten zu lassen. Wird die Probe erst eine Zeit lang transportiert und dann in ein weiteres Behältnis überführt, ist letzteres nicht mehr In-vitro-Diagnostikum i. S. v. § 3 Nr. 4 MPG.

f) Allgemeiner Laborbedarf

17   Schließlich nimmt § 3 Nr. 4 MPG ausdrücklich Erzeugnisse für den **allgemeinen Laborbedarf** aus und erklärt diese für Nicht-in-vitro-Diagnostika, es sei denn, dass sie auf Grund ihrer Merkmale nach der vom Hersteller festgelegten Zweckbestimmung speziell für In-vitro-Untersuchungen zu verwenden sind. Auch hier ist also wieder entscheidend die spezielle subjektive Zweckbestimmung des Herstellers, verbunden mit ihren Merkmalen, die auf eine In-vitro-Untersuchungsverwendung hindeuten. Probenröhrchen, die allgemein für Laboratorien angeboten werden, etwa für Lebensmittellaboratorien oder Umweltlaboratorien, werden nur dann als In-vitro-Diagnostika anzusehen sein, wenn sie vom Hersteller speziell für den Einsatz auch im Bereich der In-vitro-Diagnose im medizinischen Labor angeboten werden. Gleiches gilt auch für Photometer, die für generelle Messungen, nicht aber speziell für Messungen im medizinischen Labor vom Hersteller angeboten werden.

g) Zubehör

18   Unter den Begriff des in § 3 Nr. 9 MPG definierten Zubehörs würden vielfach auch obige Probenbehältnisse fallen, wenn sie nicht bereits in Nr. 4 direkt als In-vitro-Diagnostika definiert wären. Auch hier wird wieder abgestellt auf die subjektive Zweckbestimmung des Herstellers, die dergestalt sein muss, dass das Zubehör mit einem Medizinprodukt verwendet werden muss, damit dieses entsprechend der von ihm festgelegten Zweckbestimmung funktionieren kann. Das trifft z. B. auf eine Reihe von **speziellen Softwarelösungen** zu. Um Zweifelsfragen zu lösen, wird in Satz 2 ausdrücklich festgelegt, dass invasive, zur Entnahme von Proben aus dem menschlichen Körper zur In-vitro-Untersuchung bestimmte Medizinprodukte sowie auch Medizinprodukte, die zum Zwecke der Probennahme in unmittelbaren Kontakt mit dem menschlichen Körper kommen, nicht als Zubehör für In-vitro-Diagnostika gelten. Vielmehr sollen diese als allgemeine Medizinprodukte angesehen werden. Auf die Frage des **unmittelbaren Kontakts** wird unter Rdnr. 28–31 näher eingegangen.

---

[6] Hierzu im Einzelnen *Meyer-Lüerßen,* MPR 2003, 3 ff.

2. In-vitro-Diagnostika zur Eigenanwendung

Das In-vitro-Diagnostikum zur Eigenanwendung (Heimdiagnostikum) wird in § 3 **19** Nr. 5 MPG definiert als ein Produkt, das nach der vom Hersteller festgelegten Zweckbestimmung **von Laien in der häuslichen Umgebung angewendet** werden kann. Durch das Wörtchen „kann" wird klargestellt, dass solche Produkte auch dann, wenn sie für den Laiengebrauch angeboten werden, aber auch z. B. in der Klinik Verwendung finden, dennoch den spezifischen Vorschriften für Heimdiagnostika unterliegen. Auch diejenigen Selbstdiagnosegeräte, die unter einer Überwachung des Arztes entweder bei ihm in der Praxis oder zu Hause vom Patienten selbst angewendet werden, sind als Heimdiagnostika i. S. v. Nr. 5 des § 3 MPG anzusehen.

3. Neues In-vitro-Diagnostikum

Die diesbezügliche Definition des § 3 Nr. 6 MPG ist wichtig für die spezifischen An- **20** zeigepflichten solcher Produkte nach § 25 MPG. Ein neues In-vitro-Diagnostikum liegt vor, wenn für den entsprechenden Analyten oder Parameter während der **vorangegangenen drei Jahre** innerhalb des Europäischen Wirtschaftsraumes (EWR) ein solches Produkt nicht fortwährend verfügbar war oder das Verfahren mit einer Analysentechnik arbeitet, die innerhalb des EWR während der vergangenen drei Jahre nicht fortwährend in Verbindung mit einem bestimmten Analyten oder anderen Parametern verwendet worden ist. Wichtig ist, dass es sich um den gesamten EWR handelt. Wenn das Produkt auch nur in einem der diesem angeschlossenen Länder innerhalb der vorangegangenen drei Jahre vorhanden war, handelt es sich nicht um ein neues Produkt.

4. Kalibrier- und Kontrollmaterialien

Diese werden in § 3 Nr. 7 MPG dahingehend definiert, dass es sich um Substanzen, **21** Materialien oder Gegenstände handelt, die von ihrem Hersteller vorgesehen sind zum Vergleich von Messdaten oder zur Prüfung der Leistungsmerkmale eines In-vitro-Diagnostikums im Hinblick auf die bestimmungsgemäße Anwendung. Damit wird eine im bisherigen Rechtsrahmen (AMG und GSG) bestehende **Streitfrage gelöst** und sämtliche diesbezüglichen Kalibrier- und Kontrollmaterialien als In-vitro-Diagnostika definiert.

Ausgenommen werden alle **zertifizierten internationalen Referenzmaterialien 22 und Materialien,** die für externe Qualitätsbewertungsprogramme, also **für Ringversuche,** verwendet werden. Diese werden ausdrücklich als „keine In-vitro-Diagnostika" definiert, denn sie werden nicht zu Untersuchungszwecken eingesetzt, sondern zur Kalibrierung von In-vitro-Diagnostika bzw. zur Kontrolle der Korrektheit der Arbeiten der Anwender von In-vitro-Diagnostika. Wären auch sie In-vitro-Diagnostika, müssten die im Ringversuch von den Anwendern zu suchenden Zielwerte auf der Packung deklariert werden und der Sinn des Ringversuchs würde konterkariert.

5. Inverkehrbringen

Ein Inverkehrbringen ist nach § 3 Nr. 11 MPG jede **entgeltliche oder unentgeltli- 23 che Abgabe** von Medizinprodukten an andere. Das umfasst auch die Abgabe von einer Muttergesellschaft an eine Tochtergesellschaft. Weiter wird definiert die erstmalige Abgabe, die sowohl neue als auch als neu aufbereitete Medizinprodukte umfasst. Nicht als Inverkehrbringen gilt unter anderem die Abgabe von In-vitro-Diagnostika für Leistungsbewertungsprüfungen und es wird ausdrücklich sichergestellt, dass die erneute Abgabe eines In-vitro-Diagnostikums nach seiner Inbetriebnahme an andere, es sei denn, dass es neu aufbereitet oder grundlegend verändert worden ist, kein Inverkehrbringen ist. Damit wird klargestellt, dass nur dann, wenn es sich um ein quasi neues Produkt handelt, also ein altes Gerät grundlegend überarbeitet und als neu auf den Markt gebracht wird, es sich um ein neues Inverkehrbringen handelt. Wird ein Produkt hingegen nur für einen anderen aufbereitet, das aber in seinen wesentlichen Komponenten unverändert bleibt, handelt es sich nicht um ein erneutes Inverkehrbringen.

6. „Gemeinsame Technische Spezifikationen"

24 Diese in der neuen Nr. 19 des § 3 MPG speziell für In-vitro-Diagnostika nach Anhang II der IVDD eingeführten Spezifikationen sollen im Amtsblatt der Europäischen Gemeinschaften veröffentlicht werden. Sie liegen inzwischen als Kommissionsentscheidung[7] vor. Mit ihnen wird dem bei der IVDD aufgetauchten **Misstrauen gegen das neue Harmonisierungskonzept** Europas ohne „Zulassung" nach altem kontinentaleuropäischem Muster von einigen Staaten bzw. Behörden in Europa Rechnung getragen und abweichend vom Harmonisierungskonzept des Europäischen Weißbuches des Jahres 1985, das in den beiden anderen Medizinprodukterichtlinien durchgehalten wurde, eine verbindliche Einhaltung von Spezifikationen gefordert. Das allgemein gültige Prinzip der Freiwilligkeit von harmonisierten Normen wird hiermit im Prinzip durchbrochen, auch wenn man theoretisch – was aber praktisch kaum lösbar sein wird – von ihnen abweichen kann.

25 Die gemeinsamen **„Technischen Spezifikationen"** sind weitgehend den in einigen Ländern, wie Deutschland und Frankreich, bisher geltenden Zulassungsanforderungen der dortigen Zulassungsbehörden nachgebildet worden. Hiermit wird jetzt die alte, in diesen Ländern bestehende Zulassung quasi durch die Hintertür wieder eingeführt, allerdings mit dem Unterschied, dass jetzt nicht mehr staatliche Stellen dies durchführen, sondern vom Staat akkreditierte „Benannte Stellen".

7. In-Haus-Herstellung

26 § 3 Nr. 21 MPG definiert Produkte aus In-Haus-Herstellung dahingehend, dass es sich um Produkte einschließlich des Zubehörs handelt, die **in einer Gesundheitseinrichtung hergestellt** werden, um **in der Betriebsstätte** oder in Räumen **in unmittelbarer Nähe der Betriebsstätte angewendet** zu werden, ohne dass sie in den Verkehr gebracht werden oder die Voraussetzung einer Sonderanfertigung erfüllen. Diese Definition wird für In-vitro-Diagnostika dahingehend eingeschränkt, dass dies nicht für solche In-vitro-Diagnostika gilt, die in professionellem und kommerziellem Rahmen zum Zwecke der medizinischen Analyse hergestellt und angewendet werden sollen, ohne in den Verkehr gebracht zu werden.

27 Nach der Begründung des MPG-Gesetzentwurfs vom November 2000 zur damaligen Nr. 7a des § 3 MPG, die wortgleich mit der für die heutige Nr. 21 ist, heißt es, damit sollten z.B. **Einsendelabors,** die eigene Reagenzien herstellen, **von den Privilegien für die In-Haus-Herstellung ausgenommen** werden. Diese nicht ganz einfach zu verstehende Einschränkung, dass nur Gesundheitseinrichtungen, die solche Produkte nicht in professionellem oder kommerziellem Rahmen zum Zwecke der medizinischen Analyse herstellen, unter das In-Haus-Herstellungsprivileg fallen sollen, bedeutet also, dass die Anwendung der In-vitro-Diagnostika z.B. in einem Krankenhaus, wo kein „Weiterverkauf" der Ergebnisse bzw. der hergestellten Produkte erfolgt, als In-Haus-Herstellung nach Nr. 21 anzusehen ist. Werden hingegen die Ergebnisse oder die damit gewonnenen Produkte weiterverkauft, gilt das Privileg der In-Haus-Herstellung nicht. Damit erhalten neben den Einsendelabors, z.B. Laborgemeinschaften und Laborarztpraxen, etwa auch Blutspendeeinrichtungen, die nicht nur für das eigene Krankenhaus, sondern auch für Dritte Blutprodukte herstellen und für deren Prüfung In-vitro-Diagnostika selbst herstellen, nicht das Privileg der In-Haus-Herstellung.[8]

---

[7] ABl. EG Nr. L 131 v. 16. 5. 2002, S. 17.
[8] Vgl. hierzu auch *Meyer-Lüerßen,* MPR 2003, 1 ff.

II. Abgrenzung der In-vitro-Diagnostika zu den übrigen Medizinprodukten

Der primäre Unterschied zwischen In-vitro-Diagnostika und den übrigen Medizinpro- 28
dukten liegt in der In-vitro-Untersuchung, also der Untersuchung im „Reagenzglas". In-
vitro-Diagnostika kommen also bestimmungsgemäß **mit dem Patienten nicht in
Kontakt,** sondern nur mit von diesem gewonnenen Körpersubstanzen, die untersucht
werden. Daraus resultiert eine **andere Gefahrenlage** für den Patienten, da eine direkte
Gefahr von dem In-vitro-Diagnostikum für den Patienten nicht ausgeht, höchstens eine
indirekte durch ein falsches Ergebnis. Dies findet seinen Ausdruck auch **in der unterschiedlichen Regelung der klinischen Prüfung** bei Medizinprodukten und **der
Leistungsbewertung** bei In-vitro-Diagnostika. Diese Abgrenzung klingt zunächst relativ
klar und eindeutig. Sie war es lange Zeit auch. Allerdings verwischen sich durch neue
Technologien die Grenzen „in-vivo" zu „in-vitro" in einigen Bereichen und die Zuordnung ist oft nicht ganz unstreitig.

1. Produkte zur Blutzuckerbestimmung

Gemäß Anhang II, Liste B, letzter Spiegelstrich der IVDD, sind Produkte zur Blut- 29
zuckerbestimmung zur Eigenanwendung, einschließlich der entsprechenden Kalibrier-
und Kontrollmaterialien, In-vitro-Diagnostika. Dies ist allerdings nur dann der Fall, wenn
sie In-vitro-Diagnostika im Sinne der IVDD bzw. von § 3 Nr. 4 MPG sind, also **zur In-
vitro-Untersuchung** dienen. Unzweifelhaft sind der Reagenzträger, auf dem das Unter-
suchungsgut, z.B. ein Blutstropfen, aufgebracht wird, und das Gerät, das dann den Wert
anzeigt, In-vitro-Diagnostika. Ebenso ist die Lanzette, mit der die Fingerbeere geritzt
wird, um einen Blutstropfen zu gewinnen, unzweifelhaft ein Medizinprodukt und kein
In-vitro-Diagnostikum. Wie aber ist zu beurteilen, wenn der Blutstropfen mittels einer
Kanüle angesaugt wird, die dann in das Messgerät zur Ablesung des Glucosewertes eingeführt wird? Hier handelt es sich, ebenso wie in dem Fall, dass der Blutstropfen auf einen
Teststreifen getropft oder durch Berührung mit diesem aufgebracht wird, immer noch um
eine In-vitro-Untersuchung. Der Teststreifen bzw. die Kanüle kommen nicht in unmittelbaren Kontakt mit dem menschlichen Körper (§ 3 Nr. 9 MPG), sondern sie kommen
mit dem bereits aus dem Körper ausgetretenen Blutstropfen in Kontakt. Einen unmittelbaren Kontakt mit dem menschlichen Körper hat der Teststreifen bzw. die Kanüle nicht,
diesen hat nur der bereits ausgetretene aber noch an ihm hängende Blutstropfen.

Dieses Ergebnis ist auch unter Berücksichtigung der potenziellen Gefahr für den Pati- 30
enten richtig. Der Blutstropfen ist bereits ausgetreten, er gelangt nicht mehr in den Körper
zurück. Er oder ein Teil von ihm wird in die Kanüle hereingezogen bzw. auf den Teststreifen aufgesogen. In den Blutstropfen selbst gelangt **nichts, was wieder in den Körper gelangen und somit den Patienten gefährden könnte.** Dieses Ergebnis entspricht darüber hinaus auch dem Willen der IVDD, die Produkte zur Blutzuckerbestimmung zur Eigenanwendung als In-vitro-Diagnostika im Sinne des Anhangs II, Liste B der
IVDD bezeichnet.

2. Produkte zur Atemluftmessung

Auch bei Produkten, mit denen aus dem Atem eines Menschen Werte ermittelt wer- 31
den, z.B. der Alkoholgehalt oder das Vorhandensein des Bakteriums Helicobacter pylori
im Magen, stellt sich die Frage, ob sie auf Grund der Tatsache, dass das Mundstück, in das
gepustet oder geatmet wird, mit dem zu Untersuchenden kurzfristig in Berührung kommt,
dieses ansonsten als In-vitro-Diagnostikum anzusehende Produkt – analysiert wird eine
Körpersubstanz – zu einem Medizinprodukt wird. Unter Berücksichtigung der Tatsache,
dass das Mundstück nur kurz mit der natürlichen Körperöffnung Mund in Berührung

kommt, wozu es auch ausgelegt ist, also **keine Risiken für den Anwender bestehen,** und der Hauptfunktion des Geräts, der **Analysierung des Atems, einer Körpersubstanz, entfernt vom Patienten,** wird man auch hier von einem In-vitro-Diagnostikum ausgehen können. Der kurzfristige, ungefährliche und nicht invasive Kontakt mit dem Körper ist angesichts der Hauptzielrichtung des Produkts nicht dazu geeignet, aus ihm ein allgemeines Medizinprodukt zu machen.

C. Voraussetzungen für das Inverkehrbringen

32   Die **grundsätzlichen gesetzlichen Anforderungen** sind für In-vitro-Diagnostika und die übrigen Medizinprodukte **gleich:** Die Schutzvorschriften des § 4 MPG, das Erfordernis eines Verantwortlichen nach § 5 MPG und die CE-Kennzeichnung nach § 6 MPG, außer für In-vitro-Diagnostika aus In-Haus-Herstellung und für Leistungsbewertungszwecke sowie für weitere, hier nicht relevante Medizinprodukte.

I. Grundlegende Anforderungen

33   Die CE-Kennzeichnung, die nach § 6 MPG grundsätzlich Voraussetzung für das Inverkehrbringen und die Inbetriebnahme von Medizinprodukten und auch von In-vitro-Diagnostika ist, darf nur erfolgen, wenn für alle In-vitro-Diagnostika die gleichen Grundlegenden Anforderungen gem. § 7 MPG erfüllt sind. Für die In-vitro-Diagnostika **verweist** § 7 MPG der Einfachheit halber **direkt auf die Anforderungen des Anhangs I** der IVDD in der jeweils geltenden Fassung. Die dortigen Vorschriften sind, ebenso wie bei den anderen Medizinprodukte-Richtlinien, sehr anspruchsvoll und garantieren eine hohe Sicherheit und Qualität der In-vitro-Diagnostika. Sie gelten für alle In-vitro-Diagnostika im gleichen Umfang.

1. Allgemeine Anforderungen

34   In einem einleitenden Kapitel werden **fünf allgemeine Anforderungen** aufgestellt.

a) Anwendungssicherheit

35   Nach Anhang I A Nr. 1 der IVDD muss alles getan werden, um sicherzustellen, dass **die Sicherheit aller Beteiligten** – Patienten, Anwender oder Dritter – und die von Eigentum weitestmöglich **geschützt wird.** Dies beinhaltet auch eine Risikoabschätzung.

b) Auslegungs- und Konstruktionssicherheit

36   Im Anhang I A Nr. 2 der IVDD wird die Beachtung der **Grundsätze der integrierten Sicherheit** unter Berücksichtigung des allgemein anerkannten Stands der Technik gefordert. Dabei hat erste Priorität die Beseitigung oder Minimierung der Risiken vor dem Ergreifen angemessener Schutzmaßnahmen vor nicht zu beseitigenden Risiken und schließlich die Unterrichtung über verbliebene Restrisiken.

c) Geeignetheit für die Zweckbestimmung

37   In Anhang I A Nr. 3 der IVDD wird die zentrale Forderung der Grundlegenden Anforderungen statuiert, dass der **Hersteller detailliert festlegt und garantiert, wofür sein Produkt geeignet ist.** Es muss, soweit zutreffend, die Leistungsparameter insbesondere im Hinblick auf die vom Hersteller angegebene analytische Sensitivität, diagnostische Sensitivität, analytische Spezifität, diagnostische Spezifität, Genauigkeit, Wiederholbarkeit, Reproduzierbarkeit, einschließlich der Beherrschung der bekannten Interferenzen und Nachweisgrenzen erreichen. Die Rückverfolgbarkeit der dem Kalibriermaterial und/oder

dem Kontrollmaterial zugeschriebenen Werte muss durch verfügbare Referenzmessverfahren und/oder übergeordnete Referenzmaterialien gewährleistet sein. Mit Letzterem soll sichergestellt werden, dass im Interesse des Patientenschutzes die in verschiedenen Laboratorien gemessenen Werte vergleichbar sind. Leider fehlt es in einer großen Anzahl von Fällen an übergeordneten Referenzmaterialien. Hier sind für die Zukunft die europäischen und internationalen Gremien gefordert.

d) Stabilität der In-vitro-Diagnostika

Schließlich wird in Anhang I A Nr. 4 und Nr. 5 der IVDD gefordert, dass der Hersteller sicherstellt, dass sich die **Sicherheits- und Leistungsdaten** nach a) (Rdnr. 35) und c) (Rdnr. 37) während der Lebensdauer des In-vitro-Diagnostikums **bei normalen Einsatzbedingungen nicht ändern.** 38

2. Anforderungen an die Auslegung und Herstellung

In einem umfangreichen Katalog werden in Anhang I B Nr. 1–7 IVDD die Grundlegenden Anforderungen bezüglich der **Auslegung und Produktion** der In-vitro-Diagnostika aufgestellt. Diese betreffen: 39
– die chemischen und physikalischen Eigenschaften (Nr. 1),
– Infektion und mikrobielle Kontamination (Nr. 2),
– Konstruktions- und Umgebungsbedingungen Nr. 3),
– Instrumente und Apparate mit Messfunktion (Nr. 4),
– den Schutz vor Strahlungen (Nr. 5),
– Anforderungen an Medizinprodukte mit externer und interner Energiequelle (Nr. 6),
– Anforderungen an In-vitro-Diagnostika zur Eigenanwendung (Nr. 7).

Detailliert werden die **Maßnahmen** dargelegt, die **zur Gewährleistung der sicheren** 40 **und korrekten Funktion und zum Schutz von Anwendern und Dritten** vor den spezifischen aufgelisteten Gefahrenquellen zu ergreifen sind. Vielfach sind diese nicht anders zu lösen als für andere Medizinprodukte auch. Eine Besonderheit besteht bezüglich der Messfunktion. Mit In-vitro-Diagnostika werden Körpersubstanzen gemessen. Das In-vitro-Diagnostikum selbst ist oft die Messfunktion. Deshalb wird klargestellt, dass nur Instrumente und Apparate mit primärer analytischer Messfunktion betroffen sind. Sie müssen so ausgelegt und hergestellt sein, dass unter Berücksichtigung der Zweckbestimmung des Produkts und bestehender geeigneter Referenzmessverfahren und -materialien innerhalb geeigneter Genauigkeitsgrenzen eine angemessene Konstanz und **Genauigkeit der Messung** gewährleistet ist. Andererseits müssen nach Anhang I A Nr. 3 der IVDD aber alle In-vitro-Diagnostika, nicht nur Instrumente und Apparate mit Messfunktion, die Leistungsparameter insbesondere im Hinblick auf die Sensitivität, Spezifität, Genauigkeit und Nachweisgrenzen angeben.

Bei den In-vitro-Diagnostika zur Eigenanwendung wird spezifisch gefordert, die **Einfachheit der Anwendung im Hinblick auf die Anwendung durch Laien** zu berücksichtigen. Zusätzlich sind soweit möglich Anwendungskontrollen vorzusehen, anhand derer der Anwender ohne spezifische Sachkunde erkennen kann, ob das In-vitro-Diagnostikum ordnungsgemäß arbeitet. Das bedeutet, dass in der Regel eine Kontrolle beigefügt wird, die der Laie neben dem Test durchführt und anhand derer er sieht, ob der Test ordnungsgemäß arbeitet oder nicht. 41

3. Kennzeichnung und Informationspflichten

Die Grundlegenden Anforderungen beinhalten in Anhang I B Nr. 8 der IVDD umfassende Vorschriften über die **Bereitstellung von Informationen durch den Hersteller.** Diese müssen unter Berücksichtigung des Ausbildungs- und Kenntnisstands der Anwenderkreise die ordnungsgemäße und sichere Anwendung des In-vitro-Diagnostikums und 42 die Ermittlung des Herstellers ermöglichen. Dabei wird zwischen der Kennzeichnung und der Gebrauchsanweisung unterschieden.

a) Sprache und Symbole

43   Die Entscheidung über die Sprache, in der die Kennzeichnung und Gebrauchsanweisung zu erfolgen hat, stellt Anhang I B Nr. 8.1. Abs. 6 der IVDD in das **Ermessen der Mitgliedstaaten, außer bei Produkten zur Eigenanwendung.** Hier sah der Europäische Gesetzgeber es aus nicht ganz nachvollziehbaren Gründen als erforderlich an, den Mitgliedstaaten vorzuschreiben, dass bei diesen Produkten die Angaben in der (den) Amtsprache(n) des Mitgliedstaates zu erfolgen hat. Im MPG hat der deutsche Gesetzgeber in § 11 Abs. 2 Satz 1 MPG für alle Diagnostika, also auch für die Labordiagnostika, **grundsätzlich die deutsche Sprache** gefordert.

44   Anlage I B Nr. 8.2. der IVDD erlaubt bzw. fordert sogar, die Angaben gegebenenfalls in Form von **Symbolen** (Farben) zu machen und verlangt hierfür, soweit vorhanden, die Einhaltung harmonisierter Normen. Hier existiert auch für In-vitro-Diagnostika die **EN 980,**[9] die einige Symbole enthält. Falls solche nicht existieren, müssen die Symbole und die Identifizierungsfarben in den Produktinformationen erläutert werden, dann wieder in Deutsch. Vom Erfordernis der deutschen Sprache kann gem. § 11 Abs. 2 Satz 2 MPG in begründeten Fällen abgesehen und eine andere, für den Anwender leicht verständliche Sprache vorgesehen werden. Allerdings sind nach § 11 Abs. 2 Satz 3 MPG die sicherheitsbezogenen Informationen in deutscher Sprache oder der des Anwenders vorzunehmen.

45   Da in Deutschland eine Kennzeichnung in Englisch vom Gesetzgeber abgelehnt wurde, da nicht von allen Deutschen diese Sprache beherrscht wird, dies jedoch zweifelsohne die am weitesten verbreitete andere Sprache abgesehen von Deutsch ist, stellt sich die Frage, was der Gesetzgeber mit dieser Formulierung – unterstellt, er hat damit etwas bezweckt – gemeint hat, um diese Formulierung nicht völlig ins Leere laufen zu lassen. Damit dürfte gemeint sein, dass **in bestimmten Fällen** eine Übersetzung ins Deutsche z.B. aus dem Englischen **nicht notwendig** ist, was auch schon europäische Gerichte im Arzneimittelbereich für einfache Angaben, z.B. „lot" statt „Ch.B." gefordert haben. So wird z.B. bei Geräten am Schalter das „on" und „off" nicht durch „an" und „aus" ersetzt werden müssen und auch andere Schaltelementebezeichnungen werden in Englisch bleiben dürfen, wie dies auch gegenwärtig schon der Fall ist, z.B. „power" und Ähnliches, was die Deutschen auch von elektrischen Haushaltsgeräten her kennen. Wie weit diese Regelung genutzt werden kann, wird die Erfahrung zeigen. Angesichts der Globalisierung der Welt und stark zunehmender Fremdsprachenkenntnisse sollte diese Vorschrift aber **nicht zu restriktiv interpretiert** werden.

b) Kennzeichnung

46   Die Kennzeichnung beinhaltet die **Angaben auf dem Produkt selbst.** Auf ihm müssen, soweit praktikabel und angemessen, die für die ordnungsgemäße und sichere Anwendung erforderlichen Informationen, wo möglich in Form von Symbolen (Anhang I B Nr. 8.2. der IVDD), enthalten sein. Welche das sind, regelt Anhang I B Nr. 8.4. lit. a)–k) der IVDD. Falls die vollständige Kennzeichnung jeder Einheit nicht möglich ist, müssen die Angaben auf der Verpackung und/oder in der Gebrauchsanweisung enthalten sein (Anhang I B Nr. 8.1. Abs. 3 der IVDD). Bei In-vitro-Diagnostika, die gefährliche Substanzen oder Zubereitungen enthalten, sind die jeweiligen Gefahrensymbole und Kennzeichnungsanforderungen (R- und S-Sätze) gemäß den Richtlinien 67/548/EWG und 1999/45/EG[10] anzuwenden.

---

[9] DIN EN 980, Ausgabe: 2001–11, Graphische Symbole zur Kennzeichnung von Medizinprodukten.

[10] Richtlinie 67/548/EWG des Rates v. 27. 6. 1967 zur Angleichung der Rechts- und Verwaltungsvorschriften für die Einstufung, Verpackung und Kennzeichnung gefährlicher Stoffe (ABl. EG

Anhang I B Nr. 8.5. der IVDD fordert für den Fall, dass die **Zweckbestimmung** eines 47
Produkts für den Anwender nicht offensichtlich ist, dass der Hersteller dies in der
Gebrauchsanweisung und ggf. **auf der Kennzeichnung deutlich macht.**

Anhang I B Nr. 8.6. der IVDD schreibt vor, dass, soweit dies vernünftigerweise prakti- 48
kabel ist, In-vitro-Diagnostika und ihre eigenständigen Komponenten ggf. **auf der Ebene
der Produktlose identifizierbar** sein müssen, damit jede geeignete Maßnahme getroffen
werden kann, um eine mögliche Gefährdung im Zusammenhang mit den Produkten und
ihren einzelnen Komponenten festzustellen. Angesichts der Tatsache, dass In-vitro-
Diagnostika zum Teil sehr kleine Einheiten sind bzw. enthalten, erlaubt Anhang I B Nr. 8
Abs. 3 der IVDD, die Kennzeichnung auf ein Minimum zu beschränken und die Angaben, soweit möglich, auf äußere Umhüllungen oder auch in die Gebrauchsanweisung zu
verlagern. An Mindestkennzeichnung müssen jedoch auf den einzelnen Komponenten
eines Kits eine Identifizierungsmöglichkeit, z.B. A, B usw., enthalten sein und darüber
hinaus, auch schon aus Haftungsgründen, die Gefahrensymbole (Anhang I B Nr. 8.3. der
IVDD), die auf jeden Fall auf dem Kitbehältnis selbst enthalten sein müssen. Auf dem
Kitbehältnis sind dann nähere Angaben zu den einzelnen Komponenten zu machen, soweit dies möglich ist, eventuell ergänzt um zusätzliche Angaben in der Gebrauchsinformation.

c) Gebrauchsanweisung

Den **Inhalt der Gebrauchsanweisung** regelt die IVDD umfassend in Anhang I B 49
Nr. 8.7. lit. a)–o) der IVDD, beginnend mit dem Namen des Herstellers und endend mit
dem Ausgabedatum.

Die IVDD geht davon aus, dass die Gebrauchsanweisung **jedem Produkt beigefügt** 50
oder in der Verpackung für ein oder mehrere Produkte enthalten sein muss (Anhang I B
Nr. 8.1. Abs. 4 der IVDD). Im vorhergehenden Absatz dieser Nummer wird von der
mitgelieferten Gebrauchsanweisung gesprochen. Anhang I B Nr. 8.1. Abs. 5 der IVDD
lässt in hinlänglich begründeten Fällen zu, dass keine Gebrauchsanweisung beigefügt wird,
wenn die ordnungsgemäße und sichere Anwendung des In-vitro-Diagnostikums ohne
Gebrauchsanweisung gewährleistet ist. Diese Fälle werden äußerst selten sein, z.B. dann,
wenn eine Spüllösung in großen Behältnissen zum Anschluss an ein Gerät geliefert wird.
Durch die Formulierung, dass die Gebrauchsanweisung jedem Produkt beigefügt oder in
der Verpackung enthalten sein muss, zeigt der Gesetzgeber, dass „beigefügt" nicht
zwangsläufig bedeutet, körperlich in der Verpackung enthalten, sonst hätte die Alternative
entfallen können. Auch bei der Umsetzung in das MPG wird zum Ausdruck gebracht,
dass nicht unbedingt eine Übermittlung in gedruckter Form notwendig ist. So wird in
§ 11 Abs. 2 Satz 2 MPG gesagt, dass in begründeten Fällen die Unterrichtung der Anwender durch andere geeignete Maßnahmen gewährleistet werden kann. Satz 3 schränkt dies
insoweit ein, dass die **sicherheitsbezogenen Angaben in deutscher Sprache** oder der
des Anwenders vorliegen müssen.

Damit enthalten sowohl die IVDD wie auch das MPG die Möglichkeit, die 51
Gebrauchsinformation auch anderweitig als im Wege einer gedruckten „Packungsbeilage"
dem Anwender zukommen zu lassen, z.B. **elektronisch,** per Fax – oder E-Mail – bzw.
Internetabruf. Der Hersteller hat allerdings sicherzustellen, dass die Anwender diese Informationen einschließlich der jeweiligen Aktualisierungen auch erhalten. Hierdurch wird
zugleich die Anwendungssicherheit erhöht, da die Verwendung überholter gedruckter
Gebrauchsanweisungen unterbunden bzw. erschwert wird.

Nr. L 196 v. 16. 8. 1967, S. 1), zuletzt geändert durch Richtlinie 2001/59/EG der Kommission v.
6. 8. 2001 (ABl. EG Nr. L 225 v. 21. 8. 2001, S. 1); Richtlinie 1999/45/EG des Europäischen Parlaments und des Rates v. 31. 5. 1999 zur Angleichung der Rechts- und Verwaltungsvorschriften der
Mitgliedstaaten für die Einstufung, Verpackung und Kennzeichnung gefährlicher Zubereitungen
(ABl. EG Nr. L 200 v. 30. 7. 1999, S. 1).

52 Die Zulässigkeit einer solchen **elektronischen Übermittlung** der Gebrauchsanweisung (wobei schon aus Haftungsgründen ein in der Packung enthaltener kurzer Zettel mit den Warnhinweisen und Bezugsquellen der aktuellen Gebrauchsanweisung in den Sprachen aller EWR-Länder, in die das In-vitro-Diagnostikum geliefert wird, immer vorliegen sollte), folgt auch aus zwei weiteren Gründen. Zum einen enthält die prEN 375,[11] der Entwurf einer harmonisierten europäischen Norm über die Informationen, die der Hersteller von In-vitro-Diagnostika für Fachpersonal mitzuliefern hat und die die Kennzeichnungsregeln der IVDD ergänzt und interpretiert, ausdrücklich eine solche Möglichkeit der elektronischen Übermittlung. Zum anderen sieht auch die Richtlinie 1999/45/EG[12] über die Einstufung, Verpackung und Kennzeichnung gefährlicher Zubereitungen in Artikel 14 eine solche Möglichkeit für Sicherheitsdatenblätter vor. Der sinnvolle Einsatz neuer Technologien ist daher möglich. Dies gilt allerdings nicht für In-vitro-Diagnostika zur Eigenanwendung, was auch dadurch zum Ausdruck kommt, dass die diesbezügliche prEN 376[13] eine solche Möglichkeit nicht vorsieht.[14]

II. Klassifizierung und Konformitätsbewertungsverfahren

53 Neben der Erfüllung der **„Grundlegenden Anforderungen"** fordert § 6 Abs. 2 MPG, dass ein nach Maßgabe einer Rechtsverordnung nach § 37 Abs. 1 MPG durchgeführtes Konformitätsbewertungsverfahren absolviert wurde, bevor das In-vitro-Diagnostikum mit der CE-Kennzeichnung versehen werden darf.

1. Klassifizierung

54 Im § 13 Abs. 1 MPG wird ausgeführt, dass In-vitro-Diagnostika ebenso wie die aktiven implantierbaren Medizinprodukte nicht, wie die übrigen Medizinprodukte, Klassen zugeordnet werden. Im Unterschied zu den aktiven implantierbaren Medizinprodukten unterscheidet die IVDD und das MPG aber bei In-vitro-Diagnostika **vier Produktkategorien** und unterwirft sie unterschiedlichen Konformitätsbewertungsverfahren. Nur werden bzw. sollen sie nicht „Klassen" genannt (werden), was aber an dem Sachverhalt selbst nichts ändert.

55 Da die vier **Gruppen** oder Kategorien von In-vitro-Diagnostika sehr genau beschrieben sind, die Gruppen 1 und 2 enthalten eine Aufzählung der betroffenen Tests bzw. Produkte, die dritte Gruppe enthält alle bis auf einen Test zur Eigenanwendung, dürfte es **kaum zu Auslegungsfragen** in dieser Hinsicht kommen, die zu einer Befragung der Bundesoberbehörde nach § 13 Abs. 3 MPG führen könnten.

2. Konformitätsbewertungsverfahren

56 Die Konformitätsbewertungsverfahren werden in § 5 MPV, die auf Grund des § 37 Abs. 1, 8 und 9 MPG erlassen wurde, festgelegt. Für die ersten beiden Gruppen wird **auf den Anhang II der IVDD verwiesen,** für die restlichen beiden der **Text der IVDD übernommen.**

---

[11] prEN 375, Ausgabe: 2001–06, Bereitstellung von Informationen durch den Hersteller von Reagenzien für in-vitro-diagnostische Untersuchungen zum Gebrauch durch Fachpersonal, Deutsche Fassung EN 375:2001.

[12] Richtlinie 1999/45/EG des Europäischen Parlaments und des Rates v. 31. 5. 1999 zur Angleichung der Rechts- und Verwaltungsvorschriften für die Einstufung, Verpackung und Kennzeichnung gefährlicher Zubereitungen (ABl. EG Nr. L 200 v. 30. 7. 1999, S. 1).

[13] DIN EN 376, Ausgabe: 2000–2, Bereitstellung von Informationen durch den Hersteller von In-vitro-Diagnostica-Reagenzien zur Eigenanwendung; Deutsche Fassung prEN 376:1999.

[14] Vgl. auch *Meyer-Lüerßen,* MPJ 2003, 1 ff.

a) Hochrisikoprodukte

Diese Gruppe, enthalten in Anhang II, Liste A der IVDD, soll sog. Hochrisikoprodukte **57** beinhalten, bei deren Fehlfunktion **schwerwiegende Folgen** für die Gesundheit der Bevölkerung entstehen. Gedacht war hier an Tests, die im Blutspendewesen eingesetzt werden zur Überprüfung der Unbedenklichkeit des zu Transfusionszwecken eingesetzten Blutes bzw. seiner Bestandteile. Während dies bei den Blutgruppentests und den Infektionsmarkern auf HIV, HTLV sowie Hepatitis B, C und D nachvollziehbar ist, ist dies nicht der Fall bei den Blutgruppensubtests C, c, D, E, e und Kell-System, bei denen eine Gefährdung des Transfusionsempfängers bei einer Fehlfunktion dieser Tests nicht in Betracht kommt, so die übereinstimmende Aussage der Deutschen[15] und der Schweizerischen[16] Fachgesellschaft für Transfusionsmedizin.

Dies ist nicht die einzige **Ungereimtheit** in der IVDD. Obwohl man bei Inangriff- **58** nahme der Medizinprodukterichtlinien Ende der 80er Jahre eine Dreiteilung in aktive implantierbare Medizinprodukte, übrige Medizinprodukte und In-vitro-Diagnostika vornahm und die Erstellung der jeweiligen Richtlinie anhand des Risikopotenzials in Angriff nahm und dabei die In-vitro-Diagnostika als mit dem geringsten Risikopotenzial behaftet ans Ende setzte, hat man dann für diese „Hochrisikoprodukte" in der IVDD eine **schärfere Regelung eingeführt als für die aktiven Implantate.**[17] Man ist dabei sogar von dem ansonsten sakrosankten Prinzip der Gleichwertigkeit der Module „umfassendes Qualitätsmanagementsystem" und „Produktzulassung" abgewichen und hat für diese Gruppe neben dem „umfassenden Qualitätsmanagementsystem" zusätzlich eine Chargenfreigabepflicht eingeführt.

Auch für diese Produkte gilt, wie bei den übrigen Medizinprodukten, die **widerleg-** **59** **liche Konformitätsvermutung** bei Anwendung der zutreffenden harmonisierten Normen gem. § 8 MPG.

In Umsetzung dieser europäischen Vorgaben schreibt § 5 Abs. 1 MPV für diese Pro- **60** dukte vor, dass der Hersteller Folgendes durchzuführen hat:
– Das Verfahren der **EG-Konformitätserklärung** (vollständiges Qualitätssicherungssystem mit Prüfung der Produktauslegung gem. Nr. 4) nach Anhang IV der IVDD oder
– das Verfahren der **EG-Baumusterprüfung** nach Anhang V der IVDD in Verbindung **mit dem Verfahren der EG-Konformitätserklärung** (Qualitätssicherung Produktion) nach Anhang VII der IVDD.

Das oben bereits erwähnte systemwidrige Chargenfreigabeverfahren ist in Nr. 6 des Anhangs IV bzw. Nr. 5 des Anhangs VII der IVDD enthalten.

b) Risikoprodukte

Eine **Systematik,** nach welcher die in Anhang II der IVDD enthaltenen sog. **61** „Risikoprodukte" zusammengestellt wurden, **ist nicht ersichtlich.** HLA-Tests werden von Experten in relativ wenigen, hochspezialisierten Labors eingesetzt, ein Risiko ist schwer erkennbar. Warum ausgerechnet der PSA-Test von vielen Tumormarkern herausgesucht wurde, erschließt sich, wenn überhaupt, höchstens Männern, da es einen männerspezifischen Tumor betrifft. Warum der Glucoseselbsttest sich in Liste B befindet, ein Gerinnungsselbsttest z.B. dagegen in der Gruppe für Selbsttests, kann wahrscheinlich auch nur jemand nachvollziehen, der höherer EU-Weihen teilhaftig geworden ist. Es bleibt der

---

[15] *Geisen,* Aufnahme von Rhesusuntergruppen-Seren und Anti-Kell-Seren in Liste A, Annex II, Stellungnahme im Auftrag der Deutschen Gesellschaft für Transfusionsmedizin und Immunhämatologie v. 8. 2. 2000 (unveröffentlicht).

[16] *Riedler,* Stellungnahme zu der Einstufung von Blutgruppenreagenzien der Rhesus-Untergruppen und Anti-Kell in Liste A, Annex II (Hochrisikoprodukte) der IvD-Richtlinie der Europäischen Gemeinschaft, Gutachten der Schweizerischen Vereinigung für Transfusionsmedizin v. 29. 3. 2000 (unveröffentlicht).

[17] Zu den Hintergründen vgl. *Meyer-Lüerßen,* MPJ 1998, 102 ff.

Eindruck, dass jedes europäische Land einen Test, der ihm gerade einfiel, zur Aufnahme in die Liste B angemeldet hat; sicherlich nicht die optimale Art der Erarbeitung einer Europäischen Richtlinie.

62   Interessant ist, dass beim letzten Punkt der Liste B **von Produkten zur Eigenanwendung der Blutzuckerbestimmung** gesprochen wird. Damit sind auch Geräte betroffen, die ansonsten, abgesehen von dieser Ausnahme, alle in die dritte (Heimdiagnostika) oder vierte (sonstige In-vitro-Diagnostika) Gruppe fallen, da in Anhang II der IVDD sonst immer von Reagenzien und Reagenzprodukten einschließlich der Kalibrier- und Kontrollmaterialien gesprochen wird.

63   § 5 Abs. 2 MPV schreibt für diese Gruppe der Risikoprodukte vor, dass der Hersteller durchzuführen hat:
– Das Verfahren der **EG-Konformitätserklärung** (vollständiges Qualitätssicherungssystem ohne Prüfung der Produktauslegung) nach Anhang IV der IVDD – wobei dessen Ziffer 4 nicht gilt – oder
– das Verfahren der **EG-Baumusterprüfung** nach Anhang V der IVDD in Verbindung mit dem Verfahren der **EG-Prüfung nach Anhang VI oder** dem Verfahren der **EG-Konformitätserklärung** (Qualitätssicherung Produktion) nach Anhang VII der IVDD.
Es besteht, wie unter Rdnr. 60 beschrieben, die Auswahl zwischen den drei Modulen vollständiges Qualitätsmanagementsystem, EG-Baumusterprüfung und EG-Konformitätserklärung. Nur Nr. 6 des Anhangs IV bzw. Nr. 5 des Anhangs VII gelten für diese Produkte nicht, also die spezielle Chargenfreigabepflicht der Produkte. Als **weitere Alternative** kommt die EG-Baumusterprüfung in Verbindung mit der EG-Konformitätserklärung für diese Gruppe in Betracht.

c) Heimdiagnostika

64   Diese, vom Gesetzgeber „In-vitro-Diagnostika zur Eigenanwendung" genannte Gruppe, bildet, mit Ausnahme der Produkte zur Blutzuckerselbstbestimmung, die dritte Gruppe. Hier hat nach § 5 Abs. 3 MPV der Hersteller die **größte Auswahl.** Er kann sowohl so vorgehen, wie dies für die Hochrisikoprodukte vorgesehen ist, als auch wie für die übrigen Risikoprodukte vorgesehen. Im letzteren Fall wäre wieder eine Gleichbehandlung mit den Blutzuckerselbstmessprodukten gegeben. Er kann aber auch das Verfahren der EG-Konformitätserklärung nach Anhang III der IVDD wählen. Für Heimdiagnostika sieht Nr. 6 des Anhangs III der IVDD vor, der eigentlich das Selbstzertifizierungsmodul enthält, dass die Prüfung der Produktauslegung durch eine „Benannte Stelle" zu erfolgen hat. Dabei muss der Antrag an die „Benannte Stelle" gemäß Nr. 6.1 des Anhangs III der IVDD spezifische Angaben im Hinblick auf die Anwendung durch Laien enthalten, wie Angaben über Studien mit Laien zur Geeignetheit der Anwendung durch Laien und Informationsangaben.

d) Übrige In-vitro-Diagnostika

65   Für diese vierte Gruppe, die den **Großteil der In-vitro-Diagnostika** im Hinblick auf die Testanzahl umfasst, hat der Hersteller nach § 5 Abs. 4 MPV das Konformitätsbewertungsverfahren nach Anhang III der IVDD, allerdings ohne deren Nr. 6, die Involvierung einer „Benannten Stelle", durchzuführen. Das bedeutet, dass er eine umfassende Technische Dokumentation zu den Produkten vorliegen haben muss und beim Herstellungsprozess die Grundsätze der Qualitätssicherung beachtet, so wie dies auch für die übrigen In-vitro-Diagnostika der ersten drei Gruppen gefordert wird. Im Gegensatz zu diesen ist hier aber nicht die Einschaltung einer „Benannten Stelle" gefordert. Der Hersteller stellt selbst sicher und erklärt, dass die betreffenden Produkte den einschlägigen Bestimmungen der IVDD entsprechen und bringt das CE-Kennzeichen an.

e) Unterschiede zwischen den Konformitätsbewertungsgruppen

66   Die **Unterschiede** zwischen den vier Gruppen liegen vor allem **in der Notwendigkeit der Einschaltung einer „Benannten Stelle"** bei den ersten drei Gruppen, im

Gegensatz zur vierten Gruppe. Weiter liegen sie im Zertifizierungsumfang bei Einschaltung einer „Benannten Stelle" zwischen Gruppe 1 – umfassendes Qualitätsmanagementsystem oder Alternativen plus Chargenfreigabe – Gruppe 2 – umfassendes Qualitätsmanagementsystem oder Alternativen ohne zusätzliche Chargenfreigabe – und Gruppe 3 – Produktauslegung.

Die Anforderungen an die Funktionsfähigkeit und die Sicherheit der Produkte sind für **67** alle In-vitro-Diagnostika gleich. Für alle sind die Grundlegenden Anforderungen zu erfüllen, eine umfassende technische Dokumentation zu führen und eine Herstellung nach den Grundsätzen der Qualitätssicherung zu gewährleisten. Alle Produkte müssen das hohe Qualitätsniveau der IVDD und des MPG erfüllen und dies findet seinen Ausdruck im **CE-Kennzeichen,** das auf dem Produkt anzubringen ist und **sowohl Qualitäts- wie auch Sicherheitszeichen** ist.

III. Ausnahmeregelungen, insbesondere für die In-Haus-Herstellung

Die oben dargelegten Anforderungen gelten nicht für **In-vitro-Diagnostika für Leis- 68 tungsbewertungszwecke** und für Sonderanfertigungen von Medizinprodukten (§ 6 Abs. 1 MPG). § 11 Abs. 1 MPG sieht schließlich die Möglichkeit einer befristeten Zulassung des Inverkehrbringens von Medizinprodukten durch die zuständige Bundesoberbehörde ohne Erfüllung obiger Voraussetzungen vor, wenn dies im Interesse des Gesundheitsschutzes liegt. Neben diesen beiden letzten Sonderfällen, die zumindest für In-vitro-Diagnostika keine große Bedeutung haben dürften, sieht das MPG auch Ausnahmeregelungen für die In-Haus-Herstellung vor. Dabei ist der deutsche Gesetzgeber zulässigerweise über die in der europäischen Richtlinie vorgenommene Regelung hinausgegangen.

Das generelle Privileg für die In-Haus-Herstellung in der IVDD, die aus dem Geltungs- 69 bereich der Richtlinie ausgenommen wurde, ist vom MPG nicht übernommen worden. So wurde die In-Haus-Herstellung von In-vitro-Diagnostika auf nichtkommerzielle Herstellung eingeschränkt (s. Rdnr. 27).

Für In-Haus-hergestellte Produkte schreibt § 12 Abs. 1 Satz 3 MPG i. V. m. Satz 1 vor, 70 dass die Grundlegenden Anforderungen, die auf sie **unter Berücksichtigung ihrer Zweckbestimmung** anwendbar sind – das sind, anders als bei Sonderanfertigungen, bei In-vitro-Diagnostika aus In-Haus-Herstellung immer die gesamten Vorschriften – erfüllt sein müssen und das für sie vorgesehene Konformitätsbewertungsverfahren nach Maßgabe der Rechtsverordnung nach § 37 Abs. 1 MPG, also der Medizinprodukteverordnung (MPV), durchgeführt worden ist. Nach § 4 Abs. 2 bzw. § 6 Abs. 5 MPV, die entsprechend anzuwenden sind, bedeutet dies, dass eine Erklärung nach Nr. 2.1 des Anhangs 6 der Richtlinie 90/385/EWG[18] bzw. Nr. 2.1 des Anhangs VIII der Richtlinie 93/42/ EWG[19] vom Hersteller des In-Haus-Medizinprodukts erstellt wird. Beide Richtlinien fordern das Gleiche, u. a. dass das Medizinprodukt den **Grundlegenden Anforderungen des jeweiligen Anhangs I der beiden Richtlinien entspricht.** Weiter ist vom Hersteller eine Dokumentation nach Nummer 3.1 des Anhangs VIII bzw. Anhangs 6 der obigen beiden Richtlinien zu erstellen. Dies bedeutet, Unterlagen zu erstellen, aus denen die Auslegung, die Herstellung und die Leistungsdaten des Produkts einschließlich der vorgesehenen Leistung hervorgehen, so dass sich beurteilen lässt, ob es den Anforderungen dieser Richtlinie entspricht. Schließlich hat er die erforderlichen Maßnahmen zu treffen, um die Übereinstimmung der Produkte mit dieser Dokumentation zu gewährleisten. Hier

---

[18] Richtlinie 90/385/EWG des Rates v. 20. 6. 1990 zur Angleichung der Rechtsvorschriften der Mitgliedstaaten über aktive implantierbare medizinische Geräte (ABl. EG Nr. L 189 v. 20. 7. 1990, S. 17).

[19] Richtlinie 93/42/EWG des Rates v. 14. 6. 1993 über Medizinprodukte (ABl. EG Nr. L 169 v. 12. 7. 1993, S. 1).

wird also immer eine **EG-Konformitätserklärung ohne eine Drittzertifizierung und u. U. Chargenfreigabepflicht,** auch wenn es sich um Produkte der Liste A oder Liste B des Anhangs II der IVDD handelt, gefordert. Eine In-Haus-Herstellung kommt für Heimdiagnostika nicht in Betracht, da der Selbstanwender prinzipiell keine Gesundheitseinrichtung sein kann.

IV. Altprodukte

71   Eine „**Besitzstandsklausel**" oder „**Grandfather-Regelung**" gibt es für In-vitro-Diagnostika im Rahmen von IVDD und MPG nicht. Das heißt, dass Produkte, die heute unter § 21 AMG zugelassen sind, zukünftig die gleichen Bedingungen nach der IVDD und dem MPG erfüllen müssen wie neue Produkte.

72   Bis zum **Ende der Übergangsfrist am 7. 12. 2003** kann der Hersteller diese Produkte weiterhin unverändert in Verkehr bringen. Danach ist – wie bereits erwähnt – noch ein Abverkauf für zwei Jahre möglich (Rdnr. 122, 124). Nach Ablauf dieser Übergangsfristen müssen aber auch für diese Produkte, die bisher nach gültigem nationalen Recht zugelassen sind, die Grundlegenden Anforderungen der IVDD und des MPG erfüllt werden, entweder im Wege einer Eigenkonformitätserklärung oder bei den Produkten der ersten drei Gruppen durch Einschaltung einer „Benannten Stelle". Hinzuweisen ist jedoch darauf, dass es prinzipiell möglich ist, die in einem Zulassungsverfahren der Behörde vorgelegten Daten in die Technische Dokumentation zu übernehmen, wenn sie, was aber die Regel sein dürfte, angemessen sind (Art. 22 Abs. 4 der IVDD). Dennoch bedeutet dies einen **erheblichen Aufwand,** da für alle Produkte mit Übergang auf die neue Rechtslage spätestens zum 7. 12. 2003 respektive 2005 die umfassende Technische Dokumentation inklusive Risikoanalyse usw. nach Maßgabe der IVDD und des MPG erstellt und vorgehalten werden muss.

D. Leistungsbewertung und Ausstellen von In-vitro-Diagnostika

73   Mit einem eigenen Begriff und eigenen Vorschriften trägt der Gesetzgeber dem Tatbestand Rechnung, dass bei In-vitro-Diagnostika keine klinische Prüfung erfolgt, sondern eine **diagnostische Erprobung,**[20] von ihm Leistungsbewertung genannt. Das Risiko ist hier ganz anders als bei den übrigen Medizinprodukten, da diese mit dem Probanden in Kontakt kommen bzw. in ihn verbracht werden, In-vitro-Diagnostika dagegen mit dem Probanden nicht in Berührung kommen. Eine Gefährdung ist daher nur bei der **Probengewinnung** und bezüglich der **Persönlichkeitsrechte** des Probanden denkbar, und dieser Tatsache tragen die Regelungen des MPG Rechnung.

I. Voraussetzungen für die Abgabe zu Leistungsbewertungszwecken

1. Empfangsberechtigte

74   In-vitro-Diagnostika dürfen zu Leistungsbewertungszwecken nur an **Ärzte, Zahnärzte oder sonstige Personen,** die auf Grund ihrer **beruflichen Qualifikation** zur Durchführung dieser Prüfungen befugt sind, zum Zwecke der Leistungsbewertung abgegeben werden (§ 12 Abs. 3 Satz 1 MPG). Die Frage der beruflichen Qualifikation wird in § 20 Abs. 1 Satz 4 MPG, der über § 24 Abs. 1 MPG auch für die Leistungsbewertung von In-vitro-Diagnostika anwendbar ist, dahingehend konkretisiert, dass der Leiter min-

---

[20] Vgl. hierzu auch *Meyer-Lüerßen/Thomas,* DÄBl. 2002, A-3312 ff.

destens eine zweijährige Erfahrung in der Leistungsbewertung von In-vitro-Diagnostika nachweisen können muss. Neben Ärzten und Zahnärzten kommen Naturwissenschaftler, die im medizinischen Laboratorium arbeiten, medizinisch-technische Assistenten (MTA-Gesetz)[21] und Heilpraktiker (Heilpraktikergesetz)[22] als beruflich qualifiziert in Betracht.

2. Daten zum Produkt

§ 12 Abs. 3 Satz 1 MPG fordert die Erfüllung der Anforderungen der Nr. 3 des Anhangs VIII der IVDD. Dieser Anhang regelt die **Erklärung und das Verfahren bei Produkten für Leistungsbewertungszwecke** und fordert vom Hersteller die Verpflichtung, für die zuständigen nationalen Behörden die Dokumentation bereitzuhalten, aus der die Auslegung, die Herstellung und die Leistungsdaten des Produkts einschließlich der vorgesehenen Leistung hervorgehen, so dass sich beurteilen lässt, ob es den Anforderungen dieser Richtlinie entspricht. Weiter hat der Hersteller alle erforderlichen Maßnahmen zu treffen, damit im Herstellungsverfahren die Konformität der hergestellten Produkte mit der geforderten Dokumentation sichergestellt wird. 75

Vor Beginn der Studie müssen vorliegen: 76
- eine formale Erklärung bezüglich der Identifizierung des Produkts,
- ein Evaluierungsplan,
- die Liste der Labors,
- der Zeitplan,
- bei einer Leistungsbewertung mit Laien der Ort der Prüfung und die Zahl der beteiligten Laien,
- eine vollständige technische Dokumentation mit Ausnahme der Fakten, welche Gegenstand dieser oder einer anderen, späteren Leistungsbewertung sind,
- eine Nennung aller Punkte, bei denen das Produkt noch nicht der IVDD entspricht,
- eine Beschreibung der Herstellung und Prüfverfahren,
- eine Erklärung bezüglich der getroffenen Vorsichtsmaßnahmen zum Schutz der Gesundheit und der Sicherheit von Patienten, Anwendern und anderen Personen.

Ergänzende und detaillierte Informationen zu Anhang VIII der IVDD bezüglich der Leistungsbewertung enthält der Entwurf der zukünftigen harmonisierten Norm **prEN 13 612 „Leistungsbewertung von In-vitro-Diagnostika".**

Nach Anhang VIII der IVDD ist auch die **dokumentierte Konformität** des Produkts zur technischen Dokumentation erforderlich. Das bedeutet: 77
- Herstellung nach den (nach bestem Wissen) endgültigen Herstellungs- und Prüfverfahren,
- Freigabeprüfung,
- spezielle Kennzeichnung.

Die Norm **prEN 13 612**[23] verlangt zusätzlich unter anderem:
- für den Evaluierungsplan ausreichende Mengen,
- Haltbarkeit über den vorgesehenen Prüfzeitraum.

Die Dokumentation ist vom Auftraggeber mindestens **fünf Jahre** nach Beendigung der Prüfung **aufzubewahren** (§ 12 Abs. 3 Satz 2 MPG und Anhang VIII Nr. 3 der IVDD). 78

---

[21] Gesetz über technische Assistenten in der Medizin (MTA-Gesetz) v. 2. 8. 1993 (BGBl. I S. 1402), zuletzt geändert durch Art. 8 des Gesetzes über den Beruf der Podologin und des Podologen und zur Änderung anderer Gesetze v. 4. 12. 2001 (BGBl. I S. 3320).

[22] Gesetz über die berufsmäßige Ausübung der Heilkunde ohne Bestallung (Heilpraktikergesetz) v. 17. 2. 1939 (RGBl. I S. 251), zuletzt geändert durch Art. 15 des Gesetzes zur Umstellung von Gesetzen und anderen Vorschriften auf dem Gebiet des Gesundheitswesens auf Euro (Achtes Euro-Einführungsgesetz) v. 23. 10. 2001 (BGBl. I S. 2702).

[23] prEN 13 612, Leistungsbewertung von In-vitro-Diagnostika, Deutsche Fassung prEN 13 612: 1999.

3. Anzeigepflichten

79 Im Gegensatz zu klinischen Prüfungen bei den übrigen Medizinprodukten ist bei In-vitro-Diagnostika **nicht jede Leistungsbewertungsprüfung anzeigepflichtig.** Vielmehr ist dies nach § 24 Abs. 2 MPG i. V. m. Abs. 1 Satz 1 MPG nur in drei Fällen erforderlich.

a) Ausschließliche oder zusätzliche Probenziehung

80 Es erfolgt eine invasive Probennahme ausschließlich oder in zusätzlicher Menge zum Zwecke der Leistungsbewertung eines In-vitro-Diagnostikums (§ 24 Abs. 1 Satz 1 Nr. 1 MPG). Wird also, wie es oft in der Praxis geschieht, überschüssiges Probenmaterial, z. B. Blut – nicht Urin oder Stuhl, da dies nicht mittels invasiver Probennahme gewonnen wird und somit nicht unter diese Vorschrift fällt – verwendet, welches ansonsten vernichtet würde, besteht keine Anzeigepflicht und die Vorschriften des § 20 Abs. 1–5, 7 und 8 MPG finden **keine entsprechende Anwendung.** Da der Arzt oft nicht genau weiß, welche Volumina das Labor für die durchzuführenden Untersuchungen benötigt, eine auf den Milliliter genaue Entnahme auch kaum möglich und auf jeden Fall nicht erforderlich ist, und er auch mit eventuellen Wiederholungsuntersuchungen rechnen muss, wird in der Regel etwas mehr Probenmaterial gewonnen, als benötigt wird. In diesen Fällen wäre es unsinnig, das Material wegzuwerfen. Wenn der Entnehmer der Probe also nicht weiß, dass später mit übrig gebliebenem Material eine Leistungsbewertung durchgeführt wird, kann er **auch keine Einwilligung** einholen und hinterher ist der Patient zwecks Einholung der Einwilligung nicht mehr problemlos verfügbar. Anders ist dies, wenn **bewusst zum Zwecke einer Erprobung** schon bei der Entnahme mehr entnommen wird als für die Diagnose benötigt wird. Dann ist die Einwilligung erforderlich.

81 Im Interesse des **Persönlichkeitsrechts** des Patienten fordert § 24 Abs. 1 Satz 2 MPG zusätzlich hier wie auch in allen anderen Fällen, in denen § 24 Abs 1 MPG nicht greift, die Einholung der Einwilligung der Person, von der die Probe genommen wurde, soweit deren Persönlichkeitsrecht oder ihre kommerziellen Interessen berührt werden. Daraus folgt, dass ein etwaiger Überschuss nur anonymisiert zur Leistungsbewertung verwendet werden kann, also **keine Rückverfolgbarkeit** der Probe zu dem Patienten bestehen darf. **Kommerzielle Interessen** können dann bestehen, wenn der Patient z. B. eine sehr seltene Blutkombination besitzt und hierfür üblicherweise erhebliche Geldmittel bezahlt werden oder wenn der Entnehmer mit der entnommenen Probe erhebliche Profite macht, an denen der Probengeber billigerweise beteiligt werden sollte. In beiden Fällen verzichtet das MPG zwar auf die Anzeigepflicht nach § 24 Abs. 2 MPG, fordert jedoch die Einwilligung der die Probe gebenden Person, damit diese ihre Rechte wahren kann.

b) Zusätzliche Untersuchungen

82 Es wird im Rahmen der Leistungsbewertungsprüfung eine **zusätzliche invasive oder eine andere belastende Untersuchung** durchgeführt (§ 24 Abs. 1 Satz 1 Nr. 2 MPG). Da hier über den Behandlungsauftrag hinaus Maßnahmen ergriffen werden, die nicht der Heilung oder Linderung von Krankheiten (Symptomen) dienen, sondern der Leistungsbewertung für einen Dritten, ist hier sowohl eine Anzeige als auch die Einwilligung des Betroffenen erforderlich.

c) Verwendung der Ergebnisse für die Diagnostik

83 Auch wenn im Rahmen der Leistungsbewertung erhaltene Ergebnisse für die Diagnostik verwendet werden sollen, ohne dass sie mit etablierten Verfahren bestätigt werden können, ist eine Anzeige an die Behörde und eine Einwilligung des Probanden nötig. Betroffener und Behörde haben ein Interesse daran, zu erfahren, dass ein noch nicht etabliertes und MPG-konformes In-vitro-Diagnostikum zur Diagnose eingesetzt wird, und dafür bedarf es der **Einwilligung des Probanden** und der Anzeige an die Behörde.

d) Durchführung

Der **Auftraggeber** – nicht mehr wie ursprünglich vorgesehen, auch der Prüfer – **hat** 84 vor dem Beginn von Leistungsbewertungsprüfungen in obigem Sinne diese der zuständigen Behörde **anzuzeigen** (§ 24 Abs. 2 Satz 1 MPG). Hat der Auftraggeber seinen Sitz nicht in Deutschland, ist die Anzeige bei der Behörde zu erstatten, in deren Bereich der Leiter der Leistungsbewertung seinen Sitz hat oder, falls dies nicht zutrifft, in deren Bereich mit der Leistungsbewertungsprüfung begonnen wird (§ 24 Abs. 2 Satz 2 MPG). Dabei muss die Anzeige die Angaben nach Nr. 2 des Anhangs VIII der IVDD enthalten (s. Rdnr. 75–78). Auch hier besteht eine **fünfjährige Aufbewahrungsfrist** der Prüfunterlagen für den Auftraggeber ab Beendigung der Prüfung (§ 24 Abs. 3 MPG).

4. Kennzeichnung

Von den Kennzeichnungsvorschriften nach Anhang I Nr. 8 der IVDD ist nur Nr. 8.4. 85 lit. f) zutreffend. Er fordert, dass das Produkt mit dem **Hinweis „Nur für Leistungsbewertungszwecke"** gekennzeichnet wird. Weiterhin sind aus Sicherheitsgründen Angaben zur eindeutigen Identifizierung des Produkts und des Herstellers sowie Informationen zur sicheren Handhabung notwendig. Die Beifügung einer endgültigen Gebrauchsanweisung ist nicht vorgeschrieben. Allerdings ist die Arbeitsvorschrift für den Evaluierer Teil des Prüfplans.

II. Leistungsbewertungsprüfung

1. Ziel der Leistungsbewertung

Gemäß § 19 Abs. 2 MPG sind Zuverlässigkeit und Eignung von In-vitro-Diagnostika 86 für den vorgesehenen Verwendungszweck **anhand geeigneter Daten** zu belegen. Dies kann sich zum einen stützen auf eine Zusammenstellung der wissenschaftlichen Literatur, zum anderen auf die Ergebnisse von Leistungsbewertungsprüfungen oder auf sonstige geeignete Prüfungen, z.B. auch im eigenen Labor des Herstellers durchgeführte Prüfungen.

Wird sich auf **Daten aus der Literatur** gestützt, müssen diese die vorgesehene Anwendung des Medizinprodukts und die dabei zum Einsatz kommenden Techniken behandeln, sowie einen schriftlichen Bericht, der eine kritische Würdigung dieser Daten enthält (§ 19 Abs. 2 Satz 2 Nr. 1 MPG). In Nr. 3 des Anhangs III der IVDD ist näher dargelegt, was unter angemessenen Angaben aus den Leistungsbewertungsprüfungen, die die Technische Dokumentation zu enthalten hat, zu verstehen ist. Der Entwurf der harmonisierten Norm prEN 13612 beschreibt Inhalte und Kriterien zur Sicherstellung valider Ergebnisse und fordert unter anderem:
– Prüfziel und medizinische Begründung,
– Struktur und Ablauf der Prüfung,
– Mindestumfang der Stichprobe,
– Minimierung des Stichprobenumfangs (bei invasiver Probennahme),
– Sicherstellen der Qualifikation der Evaluierer,
– Ort und Zeit,
– Prüfanweisung und Prüfbedingungen,
– Beschreibung der zu prüfenden Attribute,
– Protokoll und Berichtsform.

Ist eine „Benannte Stelle" involviert, ist sinnvollerweise mit dieser der **Umfang der** 88 **Prüfung abzustimmen.** Ansonsten liegt die Erstellung des Prüfplans in der alleinigen Verantwortung des Herstellers. Wesentlich für den Stichprobenumfang ist unter anderem das relative Risiko des In-vitro-Diagnostikums. Begrenzte Probenzahlen sollten begründet werden, z.B. mit ethischen Argumenten, Schwierigkeiten bei der Probengewinnung,

Prävalenz oder Ähnlichem. Eine Leistungsbewertung mit begrenzter Stichprobenzahl kann ggf. durch geeignete Maßnahmen der aktiven Produktbeobachtung und unter Berücksichtigung der wissenschaftlichen Literatur nach dem Inverkehrbringen abgesichert werden.

2. Durchführung der Leistungsbewertung

89   Hier gelten gem. § 24 Abs. 1 MPG die Vorschriften des § 20 Abs. 1–5, 7 und 8 MPG entsprechend, also ein erheblicher Teil der **allgemeinen Vorschriften für die klinische Prüfung von Medizinprodukten,** so dass die entsprechenden diesbezüglichen Ausführungen heranzuziehen sind. So gelten z.B. die Einwilligungsvorschriften, die Sachkundevorschriften für die Prüfer, die Prüfplan- und die Versicherungspflicht sowie die Vorschriften über die Einschaltung einer Ethikkommission. Spezielle Vorschriften gelten für **Heimdiagnostika** bezüglich:

– zusätzlicher Designanforderungen; diese spiegeln sich im Prüfplan wieder und beinhalten die Möglichkeit der Funktionsprüfung während des Gebrauchs und **laiengerechtes Design** bezüglich Handhabung, Verständnis der Anwendungsvorschrift, Funktion und häusliche Anwendungsbedingungen;

– zusätzlicher Kennzeichnungsanforderungen; diese sind am Laienkollektiv auf **Verständlichkeit** zu prüfen;

– Antrag auf Prüfung der Auslegung bei einer **„Benannten Stelle"**;

– einer **Leistungsbewertungsprüfung;** diese sollte mit einem Laienkollektiv extern durchgeführt werden.

III. Ausstellen von In-vitro-Diagnostika

90   Medizinprodukte, die keine CE-Kennzeichnung tragen und keinen der obigen Ausnahmetatbestände erfüllen, dürfen z.B. auf Messen ausgestellt werden, wenn deutlich darauf hingewiesen wird, dass sie **nicht den MPG-Anforderungen entsprechen** und (noch) **nicht erworben werden können** (§ 12 Abs. 4 Satz 1 MPG). Für In-vitro-Diagnostika wird zusätzlich in § 12 Abs. 4 Satz 2 MPG festgelegt, dass sie nicht an Proben von Ausstellungsbesuchern angewendet werden dürfen. Damit soll verhindert werden, dass noch nicht verkehrsfähige In-vitro-Diagnostika zu diagnostischen Zwecken auf Ausstellungen eingesetzt werden.

E. Vorschriften für Nutzer von In-vitro-Diagnostika

91   § 14 MPG schreibt **für alle Medizinprodukte,** also auch für In-vitro-Diagnostika, vor, dass diese nur nach Maßgabe einer Rechtsverordnung nach § 37 Abs. 5 MPG errichtet, betrieben, angewendet und instandgehalten werden dürfen. Weiterhin dürfen sie nicht betrieben und angewendet werden, wenn sie Mängel aufweisen, durch die Patienten, Beschäftigte oder Dritte gefährdet werden können.

92   Speziell für In-vitro-Diagnostika sieht § 37 Abs. 5 Nr. 2a MPG ergänzend vor, dass durch eine Rechtsverordnung **Anforderungen an das Qualitätssicherungssystem beim Betreiben und Anwenden** von In-vitro-Diagnostika festgelegt werden können, soweit es zur Aufrechterhaltung der erforderlichen Qualität, Sicherheit und Leistung der In-vitro-Diagnostika sowie zur Sicherstellung der Zuverlässigkeit der damit erzielten Messergebnisse geboten ist (s. Rdnr. 93 f.).

I. Qualitätsmanagementsystem für das medizinische Laboratorium

Der Gesetzgeber hat in Ausübung dieser Ermächtigungsnorm durch einen neu einge- **93** führten § 4 a in der Medizinprodukte-Betreiberverordnung (MPBetrV) die Formulierung des bisherigen § 4 der Eichordnung in einer aktualisierten und modifizierten Version übernommen. Diese Bestimmung war bisher schon und ist auch jetzt Grundlage für die Qualitätssicherung im medizinischen Laboratorium. Hiernach werden die Anwender von In-vitro-Diagnostika in der Heilkunde, mit Ausnahme der Zahnheilkunde – nicht die Laienanwender von Heimdiagnostika – verpflichtet, wie dies auch bisher schon der Fall war, an Ringversuchen teilzunehmen (**externe Qualitätssicherung**) und **interne Qualitätssicherungsmaßnahmen** durchzuführen. Allerdings wird jetzt die Teilnahme an vier Ringversuchen statt wie bisher zwei im Jahr vorgeschrieben.

II. Qualitätssicherungsrichtlinien der Bundesärztekammer

§ 4 a MPBetrV verweist auf Richtlinien der Bundesärztekammer zur Qualitätssicherung **94** in medizinischen Laboratorien.[24] Es ist beabsichtigt, dass diese fortentwickelt werden sollen in Richtung der **Einführung eines umfassenden Qualitätsmanagementsystems** auch im medizinischen Laboratorium. Dies dürfte aber noch einige Zeit dauern, wenn man das Arbeitstempo bei der Überarbeitung der Qualitätssicherungsrichtlinien der Bundesärztekammer zugrunde legt, die, obwohl sie nur einige Korrekturen umfasste, Jahre dauerte.

Wichtig für die Hersteller von In-vitro-Diagnostika ist, dass auf Grund der europäi- **95** schen Gesetzgebung schon jetzt die Bundesärztekammer-Richtlinien dahingehend modifiziert worden sind, dass die vorher geltende Verpflichtung der Hersteller, ihre **Zielwerte** durch eine der beiden in Deutschland benannten **Referenzinstitutionen** ermitteln zu lassen, aufgehoben wurde. Dies wird durch die IVDD und das MPG nunmehr eindeutig als Aufgabe des Herstellers ausgewiesen, so dass für eine Regelung durch die Bundesärztekammer-Richtlinien **kein Raum** mehr war.

III. Messtechnische Kontrollen

Die in § 37 Abs. 5 Nr. 3 MPG vorgesehene Ermächtigung für Medizinprodukte mit **96** Messfunktion gilt für In-vitro-Diagnostika und auch für die in diesem Begriff enthaltenen Analysengeräte nicht. Zwar haben letztere eine Messfunktion. Die Kontrolle erfolgt aber auf Grund der Spezialvorschrift des § 4 a MPBetrV und der Qualitätssicherungsrichtlinien der Bundesärztekammer, so dass eine **weitere messtechnische Kontrolle nicht notwendig** ist.

F. Anzeigepflichten und Überwachung

Neben den Anzeigepflichten bei der Leistungsbewertung (s. Rdnr. 79–85) und der für **97** alle Medizinproduktehersteller vom MPG vorgeschriebenen Anzeigepflicht des § 30 Abs. 2 MPG betreffend den Sicherheitsbeauftragten für Medizinprodukte, werden im Rahmen der allgemeinen Anzeigepflicht des § 25 MPG für In-vitro-Diagnostika **spezielle Anforderungen** gestellt.[25]

---

[24] Abschnitt 3 Nr. 3.2.1. Abs. 1 der Richtlinien der Bundesärztekammer zur Qualitätssicherung in Medizinischen Laboratorien v. 24. 8. 2001 (DÄBl. 1998, A – 2747).
[25] Zu dem Verhältnis von Marktbeobachtung durch den Hersteller und behördlicher Überwachung vgl. *Schorn*, S. 102 ff.; *Meyer-Lüerßen*, Diagnostica Argumente 2/2001, 3; *Odenthal*, Diagnostica Argumente 1/2002, 1 ff.

I. Allgemeine Anzeigepflichten für In-vitro-Diagnostika

98   Nach § 25 Abs. 3 MPG hat, wer als Verantwortlicher nach § 5 Satz 1 und Satz 2 MPG seinen Sitz in Deutschland hat und In-vitro-Diagnostika **erstmalig in Verkehr** bringt, dies der **zuständigen Behörde** anzuzeigen. Die Anzeige muss dabei Folgendes beinhalten:

1. Gemeinsame technologische Merkmale

99   Anzuzeigen sind die die gemeinsamen technologischen Merkmale und Analyten betreffenden Angaben zu Reagenzien, Medizinprodukten mit Reagenzien und Kalibrier- und Kontrollmaterialien sowie bei sonstigen In-vitro-Diagnostika die geeigneten Angaben (§ 25 Abs. 3 Nr. 1 MPG). Das bedeutet, dass die Produkte nach Gruppen gemäß ihren **technologischen Merkmalen und Analyten** gemeldet werden müssen, also keine Einzelmeldung zu erfolgen hat. Die sonstigen In-vitro-Diagnostika betreffen Nicht-Reagenzien, also Geräte, Zubehör usw.

2. „Risiko-in-vitro-Diagnostika"

100   Bei den „Hochrisiko-in-vitro-Diagnostika" und den „Risiko-in-vitro-Diagnostika" (s. Rdnr. 57–63) sowie den Heimdiagnostika (Rdnr. 64) sind alle Angaben anzuzeigen, die eine Identifizierung ermöglichen, d. h. die analytischen und ggf. diagnostischen Leistungsdaten gemäß Anhang I Abschnitt A Nr. 3 der IVDD, die Ergebnisse der Leistungsbewertung sowie Angaben zu Bescheinigungen, § 25 Abs. 3 Nr. 2 MPG.

101   Damit werden, soweit zutreffend, **umfangreiche analytische und diagnostische Leistungsdaten** bezüglich Sensitivität, Spezifität und Genauigkeit, Wiederholbarkeit, Reproduzierbarkeit usw. gefordert. Auch hier ist wieder eine Tendenz des europäischen Gesetzgebers zu beobachten, mehr zu fordern als für alle anderen Medizinprodukte, obwohl ja eigentlich die In-vitro-Diagnostika die Medizinproduktgruppe mit dem geringsten Risikopotenzial darstellen.

3. Neue In-vitro-Diagnostika

102   Falls es sich um ein neues In-vitro-Diagnostikum i. S. d. § 3 Nr. 6 MPG handelt, also um einen neuen Analyten oder Parameter oder um ein neues Verfahren, ist dies **zusätzlich anzugeben.** Dies ist wichtig im Hinblick auf die Möglichkeit der Behörden, gem. § 26 Abs. 2 MPG einen Erfahrungsbericht zu verlangen. Es ist davon auszugehen, dass die Behörden zumindest in den ersten Jahren der Geltung des MPG für In-vitro-Diagnostika hiervon auch Gebrauch machen werden. Als mögliche Quellen für den Erfahrungsbericht kommen in Betracht:
– Kunden-Workshops,
– Kunden-Foren,
– Qualitätszirkel,
– Außendienstberichte,
– Literaturauswertung,
– Kongressberichte.

4. Änderungen

103   Jede Änderung und die Einstellung des Vertriebs von Produkten der Gruppen 1–3 (s. Rdnr. 54f.) ist gem. § 25 Abs. 4 MPG unverzüglich der zuständigen Behörde anzuzeigen. In Zweifelsfragen empfiehlt es sich, bei Produkten der Gruppen 1–3 dies mit der eingeschalteten „Benannten Stelle" zu klären. Bei Produkten der Gruppe 4 kann eine Klärung mit der zuständigen Behörde erfolgen, ob eine Anzeige notwendig ist. Hinzuweisen ist

jedoch darauf, dass die Entscheidung **primär Sache des Herstellers** ist. Die Behörde hat die Möglichkeit, dies im Rahmen ihrer Überwachungsaufgaben zu überprüfen.

Dabei muss nicht jede Änderung angezeigt werden, sondern nur die **wesentlichen** **104** **Änderungen.** Als Grundregel gilt, dass Änderungen, die die Art der Anwendung, die Ergebnisse der Interpretationen oder die Leistungsdaten gemäß Anhang I A Nr. 3 der IVDD betreffen, als wesentliche Änderungen anzusehen sind. Änderungen des Produktnamens oder Anschriftenänderung des Herstellers sind darüber hinaus auch der zuständigen Behörde anzuzeigen. Dies ergibt sich auch aus dem Meldeformular.

II. Durchführung von Anzeigen

Im Hinblick auf die **Durchführung von Anzeigen** regelt § 7 MPV, dass für alle dort **105** genannten Anzeigen – die bei Leistungsbewertungen, des Sicherheitsbeauftragten und für das Inverkehrbringen – diese vom Anzeigepflichtigen auf vom Deutschen Institut für Medizinische Dokumentation und Information (DIMDI) herausgegebenen Formblättern[26] zu erfolgen haben und die vom DIMDI herausgegebene Nomenklatur für Medizinprodukte zu verwenden ist. Für In-vitro-Diagnostika ist dies derzeit die vom DIMDI übernommene Produktklassifikation des europäischen Diagnostika-Hersteller-Verbands „European Diagnostic Manufacturers Association" (EDMA). Die Meldung kann auch elektronisch erfolgen, wenn der Inhalt dem der Formblätter entspricht.[27]

III. Überwachung

Die Vorschriften der §§ 26 ff. MPG über die **Durchführung der Überwachung** gel- **106** ten generell für alle Medizinprodukte.

1. Erfahrungsbericht

Spezifisch für In-vitro-Diagnostika sieht § 26 Abs. 2 Satz 4 MPG vor, dass bei neuen **107** In-vitro-Diagnostika die Behörde zu jedem Zeitpunkt innerhalb von zwei Jahren nach der Anzeige nach § 25 Abs. 3 MPG und darüber hinaus in begründeten Fällen die **Vorlage** **eines Berichts** über die Erkenntnisse aus den Erfahrungen mit dem neuen In-vitro-Diagnostikum nach dessen erstmaligem Inverkehrbringen verlangen kann. Näheres hierzu wurde bereits unter Rdnr. 102 ausgeführt.

2. Weiterübermittlung der angezeigten Daten

Die gem. § 25 Abs. 3 MPG gemeldeten Daten sind von der zuständigen Behörde an das **108** DIMDI zur zentralen Verarbeitung und Nutzung nach § 33 MPG zu übermitteln. Dort wird ein **datenbankgestütztes Informationssystem** eingerichtet, und die dort generierten Daten werden den zuständigen Behörden und einer einzurichtenden europäischen Datenbank zur Verfügung gestellt (§ 33 MPG).

Die europäische Datenbank ist leider noch nicht eingerichtet worden und dieser Zu- **109** stand wird auch wohl noch einige Zeit so bleiben. Damit ist ein wichtiger Punkt der europäischen Harmonisierung im Medizinproduktebereich **noch nicht realisiert,** nämlich die nur einmalige Anzeige in einem Land im EWR mit Wirkung für den gesamten EWR. In Erkenntnis der Tatsache, dass die Einrichtung der europäischen Datenbank sich aus schwer verständlichen Gründen verzögert, hat die IVDD in Art. 10 Abs. 6 festge-

---

[26] Im Internet: http://www.dimdi.de (Stand: 10/2002).

[27] Nach der neuen DIMDI-Verordnung sollen Anzeigen zukünftig nur noch auf elektronischem Wege erfolgen. Vgl. hierzu den Beitrag von *Hartmann* in diesem Handbuch (§ 13 Rdnr. 3 ff., 10 ff.).

schrieben, dass bis zu deren Einrichtung Anzeigen von Herstellern **an alle zuständigen Behörden der Mitgliedstaaten** zu erstatten sind, in denen sie das Produkt in Verkehr bringen wollen. Das einzig Erfreuliche an dieser unerfreulichen Verzögerung ist, dass die Anzeige in der Regel in Englisch akzeptiert wird.

3. Nationale Regelungen

110   Die Mitgliedstaaten können national alle Sachverhalte regeln, die nicht in der IVDD oder anderen EG-Richtlinien angesprochen sind und nicht gegen die Grundsätze des freien Warenverkehrs verstoßen, sog. **Subsidiaritätsprinzip.** Die Umsetzung des Art. 8 der IVDD, die sog. **„Safeguardclause",** erlaubt generell zusätzliche, nationale Anforderungen, die aber nur bei gravierenden Sicherheitsbedenken erhoben werden dürfen und im Einzelfall begründet werden müssen.

111   Um überzogenen Forderungen gerade bei der Meldung vorzubeugen, hat der europäische Gesetzgeber in Art. 10 Abs. 2 Satz 2 der IVDD festgeschrieben, dass die Angaben zur Identifizierung des Produkts usw. nicht als Voraussetzung für das Inverkehrbringen und/oder die Inbetriebnahme von Produkten genutzt werden können. Damit ist einem Missbrauch durch nationale Stellen im Wege der Anforderung von zusätzlichen Informationen zu den Produkten ein gewisser Riegel vorgeschoben. Andererseits können die nationalen Stellen im Rahmen ihrer Produktüberwachung, die unmittelbar nach dem Inverkehrbringen des Produkts beginnt, **weitere Angaben** über die Produkte fordern, z.B. die technische Dokumentation. Allerdings darf dies nicht systematisch geschehen.[28]

G. Zuständige Behörden

112   Die zuständigen Behörden für In-vitro-Diagnostika unterscheiden sich überwiegend nicht von denen für die anderen Medizinprodukte. Die Zuständigkeit wird also zwischen den Ländern und dem Bund aufgeteilt. Auf Grund des föderalen Systems der Bundesrepublik Deutschland erfolgt die Überwachung durch **Länderbehörden des jeweiligen Bundeslandes,** in dem der Hersteller seinen Sitz hat. Sie erfolgt entweder durch die Überwachungsbehörde Regierungspräsidium bzw. Gesundheitsbehörde oder Gesundheitsministerium oder durch die Gewerbeaufsicht. Die Festlegung erfolgt durch die einzelnen Bundesländer und ist – soweit schon geschehen – **nicht einheitlich.**[29]

I. Bundesoberbehörden PEI und BfArM

113   Speziell für In-vitro-Diagnostika sieht § 32 Abs. 2 MPG eine Zuständigkeit des **Paul-Ehrlich-Instituts,** Bundesamt für Sera und Impfstoffe (PEI), für Produkte des Anhangs II der IVDD vor, soweit sie dazu bestimmt sind, zur Prüfung der Unbedenklichkeit oder Verträglichkeit von Blut- und Gewebespenden oder zur Erkennung von Infektionskrankheiten zu dienen. Grund hierfür ist, dass das PEI als Bundesamt für Sera und Impfstoffe seit vielen Jahren für diese Produkte zuständig war und sie zugelassen hat. Auch ist es generell für die Sicherheit der Blutprodukte zuständig, so dass eine Beteiligung in diesen Bereichen sinnvoll ist.

114   Dem PEI sind **insbesondere Anzeigen zu erstatten über Vorkommnisse** bei Produkten aus Anhang II, Liste A und folgende der Liste B der IVDD: Reagenzien und Rea-

---

[28] Zu den Anforderungen der Medizinprodukte-Sicherheitsplanverordnung s. auch *Meyer-Lüerßen,* MPR 2002, 110 ff.

[29] Vgl. hierzu auch den Beitrag von *Attenberger* in diesem Handbuch (§ 10).

genzprodukte einschließlich der entsprechenden Kalibrier- und Kontrollmaterialien zur Bestimmung von Röteln, Toxoplasmose, Zytomegalivirus, Chlamydien, Blutgruppen des Duffy-Systems, Blutgruppen des Kidd-Systems, irreguläre Antierythrozyten-Antikörper, HLA-Gewebetypen: DR, A und B.

Die anderen Vorkommnisse sind an das **Bundesinstitut für Arzneimittel und Me-** 115 **dizinprodukte (BfArM)** zu melden. Die überwiegende Zahl der Produkte ressortiert also beim BfArM.

II. Prüflabor PEI

§ 32 Abs. 2 MPG sieht weiter vor, dass beim PEI ein **fachlich unabhängiges Prüfla-** 116 **bor** eingerichtet werden kann, das mit „Benannten Stellen" und anderen Organisationen zusammenarbeiten kann. Damit wird sinnvollerweise versucht, die langjährige Erfahrung des PEI im Bereich der Produktzulassung und Chargenfreigabe auch zukünftig zu nutzen. Die Absicht des PEI, selbst „Benannte Stelle" zu werden, konnte aus organisatorischen Gründen und rechtlichen Problemen nicht verwirklicht werden, da die Trennung innerhalb des PEI zwischen seinen Aufgaben als Bundesoberbehörde und als „Benannte Stelle" zu große Probleme aufwarf.

III. Bundesoberbehörde PTB

Die Physikalisch Technische Bundesanstalt (PTB) war schon bisher an der **Qualitätssi-** 117 **cherung in medizinischen Laboratorien** über die Bundesärztekammer-Richtlinien beteiligt und wird dies auch in Zukunft sein (§ 32 Abs. 3 MPG). Die Bundesärztekammer-Richtlinien sind im Einvernehmen mit ihr verabschiedet worden und auch zukünftig nicht ohne die PTB zu ändern, wohl auch deshalb, um zu verhindern, dass ein nicht eingetragener Verein von Körperschaften des öffentlichen Rechts, den Landesärztekammern, eine alleinige Rechtsetzungsbefugnis erhält.

H. Aus- und Einfuhr von In-vitro-Diagnostika

I. Ausfuhr

§ 34 Abs. 1 MPG stellt ausdrücklich klar, dass die zuständige Behörde – das ist die von 118 dem Bundesland, in dem der Exporteur seinen Sitz hat, festgelegte Landesbehörde – für die Ausfuhr eine **Bescheinigung über die Verkehrsfähigkeit** des Medizinprodukts ausstellt. Diese Vorschrift ist weit auszulegen dahingehend, dass auch die Tatsache einer GMP-gerechten Herstellung bzw. einer mit einem Qualitätsmanagementsystem nach DIN EN ISO 9001 ff. oder der Nachfolgenorm ISO 9001:2000 bestätigt wird, wenn dies die Behörde des Exportlandes fordert. Denn mit der berechtigten Anbringung des CE-Kennzeichens ist dies ja der Fall.

Ein Exportzertifikat kann bei einem In-vitro-Diagnostikum, das einem **Verkehrsver-** 119 **bot** nach § 4 Abs. 1 MPG unterliegt, demnach ausgestellt werden, wenn das Exportland über die Verbotsgründe informiert wurde und der Einfuhr dennoch zugestimmt hat, also auch für in Deutschland bzw. dem EWR nicht verkehrsfähige Medizinprodukte erfolgen (§ 34 Abs. 2 MPG).

II. Einfuhr

120   Spezielle Einfuhrregeln von außerhalb des EWR kennt das MPG nicht. Auch kennt es keine speziellen Verantwortlichkeiten außer denen des Herstellers bzw. Bevollmächtigten. Das MPG schreibt zusätzlich die Funktion des Sicherheitsbeauftragten vor, der der zuständigen Behörde anzuzeigen ist. Mit dem rechtmäßigen Anbringen des **CE-Kennzeichens** wird dokumentiert, dass das Produkt den gesetzlichen Anforderungen genügt, also einem vorgeschriebenen Konformitätsbewertungsverfahren unterzogen wurde.

121   Das ist für den Großteil der In-vitro-Diagnostika, die Reagenzprodukte, etwas neues, da sie unter dem Arzneimittelgesetz einer **Einfuhrerlaubnis** bedurften. Diese Einfuhrerlaubnis, die gem. §§ 72 ff. AMG zum Teil auch für Bulkware und Ausgangsstoffe gefordert wurde, entfällt bei Anwendung des MPG für In-vitro-Diagnostika sowohl für Fertigprodukte als auch für Ausgangsstoffe und Zwischenprodukte, da weder die IVDD noch das MPG eine solche fordern.

I. Übergangsregeln

I. Alternative MPG und AMG/GSG

122   Nach § 44 Abs. 1 MPG dürfen In-vitro-Diagnostika und deren Zubehör noch bis zum 7. 12. 2003 nach den am 7. 12. 1998 in Deutschland geltenden Regeln, also **Arzneimittelrecht** und **Gerätesicherheitsrecht,** erstmalig in Verkehr gebracht werden. Allerdings sind Änderungen dieser Gesetze, die zum Zwecke des Schutzes des Menschen vor einer unmittelbaren oder mittelbaren Gefährdung der Gesundheit erlassen wurden bzw. werden, zu berücksichtigen.

123   Gemäß § 44 Abs. 3 MPG gilt obiger Grundsatz, dass zwischen derzeit bestehendem nationalen Recht und dem europäischen Recht **gewählt werden kann,** nicht in allen Fällen. So gelten die Vorschriften der §§ 14 und 37 Abs. 5 MPG, die das Verbot des Betreibens mangelhafter In-vitro-Diagnostika, durch die andere gefährdet werden können, und die Qualitätssicherung im medizinischen Laboratorium betreffen, ab Inkrafttreten der 2. MPG-Novelle, also ab 1. 1. 2002.

II. Abverkauf

124   Nach dem 7. 12. 2003 ist noch das weitere Inverkehrbringen und die Inbetriebnahme von zuvor erstmalig in Verkehr gebrachten Produkten bis zum 7. 12. 2005 möglich. § 3 Nr. 11 MPG definiert das Inverkehrbringen sehr weit als jede **ent- oder unentgeltliche Abgabe** an andere. Das bedeutet, dass die Lieferung eines Produkts von einem Hersteller – inner- oder außerhalb des EWR – an ein Unternehmen innerhalb des EWR, sei es ein Großhändler oder ein Tochterunternehmen, schon ein Inverkehrbringen bedeutet. Diese Produkte können dann noch abverkauft werden.

§ 19 Strafvorschriften und Ordnungswidrigkeiten

von *Jürgen Taschke*

Übersicht

Taschke

Literatur: *Achenbach / Wannemacher* (Hrsg.), Beraterhandbuch zum Steuer- und Wirtschaftsstrafrecht, Herne/Berlin (Stand: 2. Lieferung, 1/1999); *Boujong* (Hrsg.), Karlsruher Kommentar zum Gesetz über Ordnungswidrigkeiten, 2. Aufl., München 2000 (zit. als „KK OWiG/*Bearbeiter*"); *Dauster,* Private Spenden zur Förderung von Forschung und Lehre: Teleologische Entschärfung des strafrechtlichen Vorteilsbegriffs nach § 331 StGB und Rechtfertigungsfragen, NStZ 1999, 63; *Deutscher / Körner,* Die strafrechtliche Produktverantwortung von Mitgliedern kollegialer Geschäftsleitungsorgane, wistra 1996, 292, 327; *Dieners,* Der Gemeinsame Standpunkt der Verbände zur künftigen Zusammenarbeit von Industrie, Krankenhäusern und Ärzten, Pharm.Ind. 2000, 938; *Dieners,* Selbstkontrolle der Wirtschaft zur Verhinderung von Korruption, JZ 1998, 181; *Dieners / Lembeck / Taschke,* Der „Herzklappenskandal" – Zwischenbilanz und erste Schlussfolgerungen für die weitere Zusammenarbeit der Industrie mit Ärzten und Krankenhäusern, PharmaR 1999, 156; *Dieners / Wachenhausen,* Die Zusammenarbeit von Industrie, Krankenhäusern und ihren Mitarbeitern, Krankenhauspharmazie 2001, 150; *Dierlamm,* Verteidigungsüberlegungen in Betrugsverfahren gegen Ärzte, AusR 2001, 135; *Diettrich / Schatz,* Sicherung der privaten Drittmittelförderung, ZRP 2001, 521; *Ehlers / Werner,* Gefährliche Rabatte, Pharm.Ind. 2000, 761; *Erlinger,* Drittmittelforschung unter Korruptionsverdacht?, MedR 2002, 60; *Fabricius,* Strafbarkeit der Untreue im Öffentlichen Dienst, NStZ 1993, 412; *Fuchs,* Drittmittelforschung und Strafrecht in Österreich, MedR 2002, 65; *Göben,* Die Auswirkungen des Gesetzes zur Bekämpfung der Korruption auf die Tätigkeit von Hochschulangehörigen, MedR 1999, 345; *Göhler,* Gesetz über Ordnungswidrigkeiten, 12. Aufl., München 1998; *Heerspink,* Zum Konflikt zwischen der steuerlichen Mitteilungspflicht des § 4 Abs. 5 Nr. 10 EStG und dem nemo-tenetur-Prinzip, wistra 2001, 441; *Jähnke / Laufhütte / Odersky* (Hrsg.), Leipziger Kommentar zum Strafgesetzbuch, 11. Aufl., 27. Lieferung, Berlin u. a. 1998 (zit. als „LK/*Bearbeiter*"); *Klein,* Abgabenordnung, 7. Aufl., München 2000; *Kleinknecht / Meyer-Goßner,* Strafprozessordnung, 45. Aufl., München 2001; *Kuhlen,* Nomos-Kommentar zum Strafgesetzbuch, Baden-Baden (Stand: 2/2002); *Lackner / Kühl,* Strafgesetzbuch, 24. Aufl., München 2001; *Lippert,* Die problematische Einwerbung von Drittmitteln, VersR 2000, 158; *Lüderssen,* Drosselung des medizinischen Fortschritts durch Kriminalisierung der Drittmittelförderung – Selbstregulierung der Betroffenen als Ausweg?, PharmaR 2001, 82; *Lüderssen,* Die Zusammenarbeit von Medizinprodukteindustrie, Krankenhäusern und Ärzten – strafbare Kollusion oder sinnvolle Kooperation, Stuttgart 1998; *Michalke,* Drittmittel und Strafrecht – Licht am Ende des Tunnels?, NJW 2002, 3381; *Müller-Gugenberger / Bieneck,* Wirtschaftsstrafrecht, 3. Aufl., Münster 2000; *Noak,* Betrugstäterschaft bzw. -teilnahme von Ärzten beim Bezug von Röntgenkontrastmitteln?, MedR 2002, 76; *Peglau,* Unbeantwortete Fragen der Strafbarkeit von Personenverbänden, ZRP 2001, 406; *Pfeifer,* Drittmittelforschung unter Korruptionsverdacht?, MedR 2002, 68; *Pfeiffer,* Von der Freiheit der klinischen Forschung zum strafrechtlichen Unrecht?, NJW 1997, 782; *Schmitz / Taschke,* Haftungsrisiken von Unternehmen bei der Begehung von Straftaten oder Ordnungswidrigkeiten durch Mitarbeiter, WiB 1997, 1169; *Schönke / Schröder,* Strafgesetzbuch, 26. Aufl., München 2001; *Steinhilper* (Hrsg.), Arzt und Abrechnungsbetrug, Heidelberg 1988; *Taschke,* Die Bekämpfung der Korruption in Europa auf Grundlage der OECD-Konvention, StV 2001, 78; *Taschke,* Drittmittelforschung und Strafrecht – Zugleich eine Besprechung der Urteile des Bundesgerichtshofs vom 23. Mai 2002 (1 StR 372/01) und vom 23. Oktober 2002 (1 StR 541/01), PharmaR 2002, 409 (= MPR 2002, 101 ff.); *Többens,* Die Bekämpfung der Wirtschaftskriminalität durch die Troika der §§ 9, 130 und 30 des Gesetzes über Ordnungswidrigkeiten, NStZ 1999, 1; *Tröndle / Fischer,* Strafgesetzbuch, 50. Aufl., München 2001; *Volk,* Zum Schaden beim Abrechnungsbetrug, NJW 2000, 3385; *Wabnitz / Janovsky* (Hrsg.), Handbuch des Wirtschafts- und Steuerstrafrechts, München 2000; *Walter,* Medizinische Forschung mit Drittmitteln – lebenswichtig oder kriminell?, ZRP 1999, 292; *Zieschang,* Anmerkung zum Beschluss des OLG Karlsruhe v. 30. 3. 2000 – 2 Ws 181/99, StV 2001, 291.

Internetadressen (Stand: 10/2002):

Oberlandesgericht Köln
http://www.olg-koeln.nrw.de/home/presse/archiv/urteile/2001/2Ws_170_01.htm

A. Allgemeine Grundsätze des Straf- und Ordnungswidrigkeitenrechts unter Einbeziehung von Unternehmen als Sanktionssubjekte

I. Allgemeine Grundsätze

1. Einleitung

1   Zum besseren Verständnis der Sanktionsbestimmungen und zur Vermeidung von Wiederholungen werden in diesem Teil einige allgemeine Grundsätze vorangestellt, die für alle Straftaten und Ordnungswidrigkeiten gleichermaßen gelten. Dabei werden auch die grundsätzlichen Unterschiede zwischen Straftaten und Ordnungswidrigkeiten verdeutlicht. Es sollen damit einige **Grundinformationen** zu zentralen Themen des Allgemeinen Teils des Straf- und Ordnungswidrigkeitenrechts vermittelt werden, die für das Verständnis konkreter Sanktionsvorschriften unerlässlich sind.

2. Verhältnis von Straftaten und Ordnungswidrigkeiten

a) Gemeinsamkeiten

2   Das Ordnungswidrigkeitenrecht ist Teil des **Strafrechts im weiteren Sinn,** das dadurch gekennzeichnet ist, dass ein menschliches Fehlverhalten eine staatliche Sanktion zur Folge haben kann. Eine Straftat wird mit Geld- oder Freiheitsstrafe, eine Ordnungswidrigkeit mit einer nicht mit der Geldstrafe zu verwechselnden Geldbuße geahndet. Dieses Sanktionenrecht dient dem Rechtsgüterschutz. Vereinfachend kann man sagen, dass Zuwiderhandlungen im Ordnungswidrigkeitenrecht weniger verwerflich sind als im Strafrecht im engeren Sinn, weil sie einen geringeren Unrechts- und Schuldgehalt aufweisen und die betroffenen Rechtsgüter einen geringeren Wert haben. Diese Aussage lässt sich freilich nicht auf jeden Einzelfall übertragen. So gibt es sowohl Straftaten, deren Verfahren in der Praxis wegen ihrer Geringfügigkeit eingestellt werden, während bei einer Ordnungswidrigkeit auch eine empfindliche Geldbuße (bis in den Millionenbereich) aus Sicht der Behörden die angemessene Reaktion darstellen kann.

3   Verfassungsrechtlich gilt **Art. 103 Abs. 2 GG** für das Straf- und das Ordnungswidrigkeitenrecht (vgl. § 3 OWiG). Aus dieser Verfassungsnorm, die bestimmt, dass eine Tat nur bestraft werden kann, wenn die Strafbarkeit vor der Tatbegehung gesetzlich bestimmt war, werden im Wesentlichen vier Grundsätze abgeleitet: das **Verbot gewohnheitsrechtlicher Ahndung,** das die demokratische Legitimation des Sanktionenrechts sichern soll; das **Bestimmtheitsgebot,** das sich an den Gesetzgeber wendet und ihn dazu anhält, die Ahndungsvoraussetzungen möglichst präzise festzulegen; das **Rückwirkungsverbot,** durch das verhindert wird, dass ein abgeschlossener Sachverhalt nachträglich mit einer Sanktion belegt werden kann und damit für Rechtssicherheit sorgt, und schließlich das **Analogieverbot,** das den Rechtsanwender verpflichtet, bei der Auslegung mit den anerkannten Methoden den Wortlaut der Vorschrift als äußerste Grenze zu beachten.

4   Sowohl das Strafrecht als auch das Ordnungswidrigkeitenrecht unterteilt man in das **materielle Recht,** das die Ahndungsvoraussetzungen und die Rechtsfolgen regelt, und das **Verfahrensrecht,** das die Art und Weise des Zustandekommens der behördlichen oder gerichtlichen Entscheidung bestimmt. Das materielle Recht unterteilt man wiederum jeweils in den Allgemeinen Teil und den Besonderen Teil. Der **Allgemeine Teil** regelt die allgemeinen Ahndungsvoraussetzungen (z.B. Tatbestand, Rechtfertigungsgründe, Schuld bzw. Vorwerfbarkeit, Unterlassung, Versuch, Teilnahme), die für alle Tatbestände des Straf- bzw. des Ordnungswidrigkeitenrechts gleichermaßen gelten, sowie die allge-

meinen Sanktionsregeln. Diese allgemeinen Regeln lassen sich jeweils aus den ersten Vorschriften des StGB (§§ 1–79 b) und des OWiG (§§ 1–34) entnehmen. Im **Besonderen Teil** sind dagegen jeweils die konkreten Tatbestände enthalten, die die ahndbaren Verhaltensweisen beschreiben. Während das StGB eine große Anzahl solcher Tatbestände des Besonderen Teils enthält, ist der Besondere Teil des OWiG sehr klein und hat keine große praktische Bedeutung. Außer dem StGB und dem OWiG enthalten aber auch zahlreiche andere Gesetze und Verordnungen Straf- und Ordnungswidrigkeitentatbestände (sog. **„Nebenstrafrecht"**). Gerade für das Ordnungswidrigkeitenrecht sind diese Tatbestände in den Nebengesetzen von herausragender Bedeutung. Sie bilden oft einen eigenen Abschnitt eines Gesetzes, welches einen besonderen Lebensbereich verwaltungsrechtlich regelt (z.B. Lebensmittelrecht, Straßen- oder Luftverkehr, Steuern, Umgang mit Betäubungs- und Arzneimitteln). Auch die strafrechtlichen Vorschriften des MPG sind solche Vorschriften des Nebenstrafrechts.

b) Unterschiede

Ein entscheidender Unterschied zwischen Straf- und Ordnungswidrigkeitenrecht liegt im anzuwendenden **Verfahren.** Das Ordnungswidrigkeitenverfahren ist ein vom **Opportunitätsprinzip** geprägtes Verwaltungsverfahren. Das bedeutet, dass es im Ermessen der Verwaltungsbehörde liegt, ob sie eine Sanktion verhängt oder aus bestimmten Gründen davon absieht (vgl. § 47 OWiG). Demgegenüber gilt im Ermittlungsverfahren nach der StPO, das von der Staatsanwaltschaft und deren Hilfsbeamten durchgeführt wird, gem. § 152 Abs. 2 StPO das **Legalitätsprinzip,** das die Strafverfolgungsbehörden grundsätzlich dazu zwingt, dem Verdacht von Straftaten nachzugehen. 5

c) Abgrenzung

Im Hinblick auf diese bedeutsamen Unterschiede zwischen Straf- und Ordnungswidrigkeiten ist es für die Praxis besonders wichtig, dass man diese zweifelsfrei voneinander unterscheiden kann. Aus diesem Grund erfolgt die Abgrenzung nach rein **formalen** Kriterien, nämlich primär anhand der im Tatbestand bestimmten **Rechtsfolgen.** Ordnungswidrigkeiten werden mit **Geldbußen** geahndet. Die typischen Rechtsfolgen des Strafrechts im engeren Sinn sind hingegen die **Freiheits- und die Geldstrafe.** Mit dem Blick auf die Rechtsfolge kann der Rechtsanwender eindeutig erkennen, ob es sich bei der Sanktionsvorschrift um eine Strafvorschrift oder um eine Ordnungswidrigkeit handelt. Nicht mit der Geldbuße des Ordnungswidrigkeitenrechts zu verwechseln sind neben der Geldstrafe die Geldauflage (z.B. § 56b Abs. 2 Satz 1 Nr. 2 StGB; § 153a Abs. 1 Satz 2 Nr. 2 StPO) und die Ordnungs- und Zwangsmittel in Gerichts- oder Verwaltungsverfahren (z.B. § 51 Abs. 2 Satz 2 StPO). Neben der normierten Rechtsfolge erkennt man Tatbestände des Ordnungswidrigkeitenrechts auch an der Formulierung: „Ordnungswidrig handelt, wer …" , die aber nicht zwingend auftreten muss. 6

Sowohl vom Strafrecht als auch vom Ordnungswidrigkeitenrecht zu unterscheiden sind das **Disziplinarrecht** (z.B. der Beamten) und das **Berufsrecht** (z.B. der Ärzte und Rechtsanwälte). 7

3. Allgemeiner Teil des Straf- und Ordnungswidrigkeitenrechts

a) Tatbestandsmäßigkeit

Im **Tatbestand** sind die Bestandteile der Straftat bzw. der Ordnungswidrigkeit zusammengestellt, die das Unrecht einer Tat individualisieren und konkretisieren (z.B. Täterkreis, Tathandlung, Erfolg). Sie sind in erster Linie im Besonderen Teil des materiellen Rechts geregelt, werden aber durch die allgemeinen Tatbestandsmerkmale (z.B. Kausalität, Garantenstellung beim Unterlassungsdelikt, Versuch, Teilnahme, etc.) ergänzt, die teilweise gar nicht gesetzlich geregelt und daher nach den Vorgaben der Rechtsprechung und der Rechtswissenschaft zu bestimmen sind. Neben objektiven sind auch subjektive 8 (innere) Merkmale wie Fahrlässigkeit, Vorsatz oder bestimmte Absichten (z.B. Bereicherungsabsicht beim Betrugstatbestand) immer Teil des (subjektiven) Tatbestands.

aa) Objektiver Tatbestand

9   Der objektive Tatbestand beschreibt die äußeren Merkmale des sanktionswürdigen Verhaltens. Er kann z.B. **täterbeschreibende Merkmale** enthalten, die festlegen, ob der Täter bestimmte Eigenschaften aufweisen muss (sog. **Sonderdelikt**) oder ob das Delikt von jedermann begangen werden kann (sog. **Allgemeindelikt**). Als Beispiel für die Sonderdelikte seien hier nur die Amtsdelikte genannt, die nur von Amtsträgern begangen werden können. Außerdem kann der objektive Tatbestand eine mehr oder weniger genaue Bezeichnung der Tathandlung enthalten. Das ist vor allem bei den sog. **Tätigkeitsdelikten** der Fall, bei denen die Tatbestandsverwirklichung nur die Vornahme oder das Unterlassen einer bestimmten Handlung voraussetzt, ohne dass der Eintritt eines bestimmten Erfolgs (in der Regel eine Rechtsgutsverletzung, gelegentlich auch eine konkrete Rechtsgutsgefährdung) hinzutreten muss. Andere Tatbestände setzen hingegen den Eintritt eines bestimmten Erfolgs voraus (sog. **Erfolgsdelikte**). In diesem Fall muss als Bindeglied zwischen Handlung und Erfolg ein Ursachen- und Zurechnungszusammenhang treten, der bei bestimmten Fallkonstellationen erhebliche tatsächliche und rechtliche Probleme aufwerfen kann. Dieser Zusammenhang ist ebenfalls Bestandteil des objektiven Tatbestands. Von **konkreten Gefährdungsdelikten** spricht man, wenn ein Tatbestand ausdrücklich eine konkrete Gefahr für ein Rechtsgut als Erfolg verlangt, während ein **Verletzungsdelikt** als Erfolg voraussetzt, dass das jeweils geschützte Rechtsgut im konkreten Fall nicht nur gefährdet, sondern verletzt wird. Keine Erfolgsdelikte sind dagegen die sog. **abstrakten Gefährdungsdelikte,** deren Tatbestand ein Verhalten sanktioniert, das zwar geeignet ist, eine konkrete Gefahr herbeizuführen, bei dem aber das tatsächliche Eintreten einer solchen Gefahr keine Sanktionsvoraussetzung darstellt. Diese sind im Ordnungswidrigkeitenrecht, in dem oft bereits abstrakt gefährliche Verhaltensweisen eine Geldbuße nach sich ziehen können, besonders häufig. Die Tathandlung kann, sofern nichts Näheres bestimmt ist, grundsätzlich in einem **aktiven Tun** oder in einem **Unterlassen** bestehen, wobei bei einem Unterlassen weitere Voraussetzungen für die Tatbestandsverwirklichung hinzutreten müssen (dazu Rdnr. 17 ff.). Wird ausdrücklich ein Unterlassen als Tathandlung beschrieben, so spricht man von einem sog. **echten Unterlassungsdelikt,** das diese zusätzlichen Voraussetzungen nicht vorsieht. Zum objektiven Tatbestand gehören ferner Merkmale, die kennzeichnen, ob jemand als unmittelbarer oder mittelbarer Täter oder als Teilnehmer einer Tat einzustufen ist (näher dazu unter Rdnr. 24 ff.). Auch der Versuch einer Straftat enthält objektive Elemente (s. unter Rdnr. 21 ff.).

10   Im Zusammenhang mit Handlungen im Unternehmensbereich haben die inhaltsgleichen Vorschriften des **§ 14 StGB** und des **§ 9 OWiG** eine besondere Bedeutung bei Sonderdelikten, die den Täterkreis einengen, denn sie bewirken eine Ausdehnung des in Frage kommenden Täterkreises. Ein **kriminalpolitisches Bedürfnis** dafür soll im Hinblick darauf bestehen, dass sich bestimmte Sanktionsvorschriften an – im strafrechtlichen Sinn – nicht handlungsfähige Personenvereinigungen richten, während die handelnden Vertreter nicht zum Adressatenkreis gehören, so dass die Verhängung einer Sanktion ausschiede. Diese Lücke sollen die genannten Vorschriften schließen.[1]

11   Unter den **persönlichen Anwendungsbereich** der Vorschriften fallen nach Absatz 1 das vertretungsberechtigte Organ einer juristischen Person oder das Mitglied eines solchen Organs (Nr. 1; wichtigste Beispiele: Geschäftsführer einer GmbH oder Vorstandsmitglied einer AG; vertretungsberechtigte Organe und deren Mitglieder von öffentlich-rechtlichen Körperschaften, Anstalten und Stiftungen), der vertretungsberechtigte Gesellschafter einer Personenhandelsgesellschaft (Nr. 2; wichtigste Beispiele: vertretungsberechtigte Gesellschafter der OHG und der KG) und der gesetzliche Vertreter eines anderen (Nr. 3) sowie

---

[1] Vgl. *Lackner/Kühl*, § 14 StGB, Rdnr. 1a.

nach Absatz 2 der vom Betriebsinhaber mit der Betriebsleitung Beauftragte (Satz 1 Nr. 1) und derjenige, der vom Betriebsinhaber ausdrücklich beauftragt wurde, in eigener Verantwortung Aufgaben wahrzunehmen, die dem Inhaber des Betriebes obliegen (Satz 1 Nr. 2).[2] Nach Absatz 2 Satz 2 wird ein Unternehmen einem Betrieb gleichgestellt.[3] Außerdem werden durch Absatz 2 Satz 3 Beauftragte von Stellen, die Aufgaben der öffentlichen Verwaltung wahrnehmen, in den Anwendungsbereich einbezogen. In allen Fällen ist nach Absatz 3 die rechtliche Unwirksamkeit des Bestellungsakts ohne Bedeutung, so dass auch ein sog. „faktisches Vertretungs- oder Auftragsverhältnis" genügt.

Das Handeln des Täters, das auch in einem pflichtwidrigen Unterlassen bestehen kann,[4] **12** setzt einen „objektiv funktionalen Zusammenhang" mit seinem Pflichtkreis sowie ein Handeln im Interesse des Vertretenen voraus.[5] Dies kommt in Absatz 1 mit dem Wort **„als"** bzw. in Absatz 2 mit den Worten **„auf Grund des Auftrags"** zum Ausdruck. Daran fehlt es bei einem Handeln in ausschließlich eigenem Interesse[6] oder wenn die Tat nur „bei Gelegenheit" der Aufgabenwahrnehmung begangen wird.[7]

Unter **„besonderen persönlichen Merkmalen"** versteht man bei § 14 StGB bzw. **13** § 9 OWiG überwiegend nur solche, die den Täter objektiv kennzeichnen und einer Vertretung nicht entgegenstehen, so dass alle subjektiven (z.B. Absichten und Motive) und höchstpersönlichen Merkmale (z.B. Alter, Geschlecht, Amtsträgereigenschaft) ausscheiden.[8] Es werden daher in erster Linie Sonderpflichten z.B. als Eigentümer, Arbeitgeber, Hersteller, Anlagenbetreiber erfasst.[9] Die in Frage kommenden Tatbestände gelten entweder schon ihrem Wortlaut nach nur für bestimmte Personen oder sie können auf Grund ihres Zusammenhangs nur für bestimmte Personen bestimmt sein.[10]

bb) Subjektiver Tatbestand

Nach § 15 StGB bzw. § 10 OWiG setzt eine Ahndung grundsätzlich ein vorsätzliches **14** Handeln voraus. Dieses subjektive bzw. innere Tatbestandsmerkmal des Vorsatzes ist also in jeden Tatbestand mit hineinzulesen. Ist ein solcher Vorsatz nicht gegeben, so kommt eine Sanktion nur dann in Betracht, wenn der Gesetzgeber auch fahrlässiges Handeln ausdrücklich mit einer Sanktion belegt hat. **Vorsatz** wird mit einer Kurzformel als Wissen und Wollen der Tatbestandsverwirklichung umschrieben. Kernelemente der **Fahrlässigkeit** sind dagegen die Verletzung einer Sorgfaltspflicht und die Voraussehbarkeit der Tatbestandsverwirklichung. Die genaue rechtliche Umschreibung und die Abgrenzung von Vorsatz und Fahrlässigkeit bereitet in der Praxis erhebliche Schwierigkeiten. Das gilt im Hinblick darauf, dass es sich um innere Merkmale handelt, vor allem für die konkrete Bestimmung und Nachweisbarkeit im praktischen Einzelfall. Nach einer Faustformel der Rechtsprechung zur Abgrenzung von Vorsatz und Fahrlässigkeit soll Vorsatz gegeben sein, wenn der Täter zumindest mit dem Eintritt des tatbestandlichen Erfolgs rechnet und diesen „billigend in Kauf nimmt", wohingegen bei der Fahrlässigkeit der Täter auf das Ausbleiben des Erfolgs vertraut. Weitere Einzelheiten sind der einschlägigen Kommentarliteratur zu § 15 StGB zu entnehmen. Gelegentlich lässt ein Tatbestand einfachen Vorsatz oder Fahrlässigkeit nicht genügen und verlangt eine bestimmte Absicht (z.B. Bereicherungsabsicht in § 263 StGB) oder Leichtfertigkeit. Bei der **Absicht** kommt es dem Täter gerade auf den Erfolg an. Er ist Ziel seines Handelns. Es handelt sich damit um eine verschärfte Form des Vorsatzes. **Leichtfertigkeit** ist demgegenüber ein erhöhter Grad von

---

[2] Zum Begriff des Betriebs s. KK OWiG/*Rogall,* § 9 OWiG, Rdnr. 67.

[3] Zum Begriff des Unternehmens s. KK OWiG/*Rogall,* § 9 OWiG, Rdnr. 68.

[4] *Lackner/Kühl,* § 14 StGB, Rdnr. 7.

[5] Vgl. KK OWiG/*Rogall,* § 9 OWiG, Rdnr. 59 ff., 82.

[6] *Lackner/Kühl,* § 14 StGB, Rdnr. 8.

[7] *Többens,* NStZ 1999, 3.

[8] *Lackner/Kühl,* § 14 StGB, Rdnr. 10 ff.

[9] *Lackner/Kühl,* § 14 StGB, Rdnr. 13.

[10] KK OWiG/*Rogall,* § 9 OWiG, Rdnr. 35.

Fahrlässigkeit und kommt in Betracht, wenn der Täter grob achtlos oder rücksichtslos handelt oder eine besonders ernst zu nehmende Pflicht verletzt.

b) Rechtswidrigkeit

15 Im Rahmen der Rechtswidrigkeit wird geprüft, ob die Handlung, die einen Straf- oder Bußgeldtatbestand erfüllt, auch unserer Rechtsordnung insgesamt widerspricht, denn in bestimmten Fällen kann auch ein solches Verhalten auf Grund von Rechtfertigungsgründen erlaubt sein. Dabei geht es um die Übereinstimmung mit dem **Gesamtrechtssystem,** so dass auch Normen aus anderen Rechtsgebieten Bedeutung erlangen können. Beispiele für solche Rechtfertigungsgründe sind die Notwehr, der rechtfertigende Notstand, die Einwilligung oder die rechtfertigende Pflichtenkollision. Ein näheres Eingehen auf alle in Betracht kommenden Rechtfertigungsgründe würde den Rahmen dieser Darstellung sprengen.

c) Schuld/Vorwerfbarkeit

16 Sowohl das Strafrecht als auch das Ordnungswidrigkeitenrecht folgen dem **Schuldprinzip,** das die individuelle persönliche Verantwortlichkeit als Sanktionsvoraussetzung vorsieht, wobei man im Ordnungswidrigkeitenrecht überwiegend nicht von Schuld, sondern von Vorwerfbarkeit spricht. Wesentliche Voraussetzungen der Schuld sind, dass der Täter zum Zeitpunkt der Tat schuldfähig war und dass nicht ausnahmsweise Entschuldigungsgründe vorliegen. Schuld und Vorwerfbarkeit setzen in jedem Fall rechtswidriges, also tatbestandsmäßiges und nicht gerechtfertigtes Verhalten voraus. Ohne Schuld oder Vorwerfbarkeit scheidet die Verhängung einer Strafe oder einer Geldbuße aus. Gleichwohl muss ein rechtswidriges Verhalten ohne Vorwerfbarkeit oder Schuld rechtlich nicht völlig ohne Konsequenzen bleiben, da hieraus andere Rechtsfolgen resultieren können (z.B. Anordnung des Verfalls von Gegenständen oder anderen Vermögenswerten, die aus einer rechtswidrigen – wenn auch nicht schuldhaften/vorwerfbaren – Tat stammen).

d) Unterlassen

17 Ein Tatbestand kann grundsätzlich sowohl durch ein aktives Handeln, aber auch durch das Unterlassen einer rechtlich gebotenen Handlung erfüllt werden. Beschreibt der Tatbestand ausdrücklich ein Unterlassen als zu erfüllende Tathandlung, so spricht man von einem **echten Unterlassungsdelikt,** für das keine Besonderheiten gelten. Setzt ein Tatbestand dagegen nur das Eintreten eines bestimmten Erfolgs voraus, so müssen bei einem bloßen Unterlassen weitere – in § 13 StGB und § 8 OWiG nähere beschriebene – Voraussetzungen vorliegen, damit man von einer Tatbestandsverwirklichung durch Unterlassen sprechen kann (sog. **unechtes Unterlassungsdelikt**).

18 Wichtigste Voraussetzung ist dabei die Verletzung einer sog. **Garantenpflicht** durch den Täter. Dies setzt zunächst voraus, dass der Täter sich in einer Garantenstellung befindet, die dem Schutz des jeweiligen Rechtsguts dient. Die neuere Rechtslehre unterscheidet dabei sog. **Beschützergaranten,** die Obhutspflichten bzgl. bestimmter Rechtsgüter haben (z.B. enge Familienangehörige) von sog. **Überwachergaranten,** die hinsichtlich bestimmter Gefahrenquellen gegenüber jedermann verantwortlich sind (z.B. Verkehrssicherungspflichtige). Eine Garantenstellung kann sich aus Gesetz, der tatsächlichen Übernahme der Gewähr für ein Rechtsgut, einem besonderen Vertrauensverhältnis oder aus einem gefährlichen Vorverhalten (sog. Ingerenz) ergeben. Wie weit eine Garantenpflicht reicht, kann im Einzelfall sehr umstritten sein.

19 Innerhalb eines Unternehmens kann der Garantenstellung vor allem dann Bedeutung zukommen, wenn ein zunächst unbedenkliches Produkt auf den Markt gegeben wird, sich nachträglich dessen Gefährlichkeit herausstellt und daraufhin die bereits in Verkehr befindlichen Produkte nicht zurückgerufen werden. In Betracht kommt hier zunächst eine Garantenstellung aus Ingerenz. Umstritten ist dabei, ob hierzu grundsätzlich ein **pflichtwidriges** Vorverhalten gegeben sein muss, wie diese Pflichtwidrigkeit zu bestimmen ist und ob und unter welchen Voraussetzungen Ausnahmen vom Grundsatz der Pflichtwid-

rigkeit zu machen sind.[11] Zum Teil wird eine strafrechtliche Garantenstellung sogar aus zivilrechtlichen Verkehrssicherungspflichten – nach Inverkehrbringen eines Produkts zum Beispiel aus der Produktbeobachtungspflicht – hergeleitet.[12]

Weitere Voraussetzung für die Bestrafung wegen eines unechten Unterlassungsdelikts **20** ist, dass dem Garanten die Vornahme der gebotenen Handlung im konkreten Fall auch zuzumuten ist. Diese **Zumutbarkeit** bestimmt sich anhand einer umfassenden Interessenabwägung, bei der die Fähigkeiten und die Lage des Garanten sowie Nähe, Gefahr und Bedeutung des in Frage stehenden Rechtsguts zu berücksichtigen sind.[13]

e) Versuch

aa) Strafbarkeit

Nach § 23 Abs. 1 StGB ist der Versuch eines Verbrechens stets strafbar, der Versuch ei- **21** nes Vergehens nur dann, wenn dies im Gesetz ausdrücklich bestimmt ist. **Verbrechen** sind nach der Legaldefinition des § 12 Abs. 1 StGB Straftaten, die mit einer Mindestfreiheitsstrafe von einem Jahr oder mehr bedroht sind, **Vergehen** gem. § 12 Abs. 2 StGB alle Straftaten, die im Mindestmaß mit einer geringeren Freiheitsstrafe oder mit Geldstrafe bedroht sind. Maßgeblich ist also nicht die vom Gericht im konkreten Fall festgesetzte Strafe, sondern die Mindeststrafe des gesetzlichen Strafrahmens, wobei nach § 12 Abs. 3 StGB Strafschärfungen oder -milderungen wegen besonders schwerer oder minder schwerer Fälle außer Betracht bleiben. Für Ordnungswidrigkeiten bestimmt § 13 Abs. 2 OWiG, dass diese nur strafbar sind, wenn das Gesetz es ausdrücklich bestimmt.

bb) Voraussetzungen

Die Bestrafung wegen Versuchs setzt zunächst den **Tatentschluss** des Täters voraus. Er **22** muss Vorsatz hinsichtlich aller Tatbestandsmerkmale haben. Den Versuch eines Fahrlässigkeitsdelikts gibt es nicht. Setzt ein Tatbestand bestimmte Absichten voraus, so müssen auch diese gegeben sein. Der Entschluss muss unbedingt (ohne Vorbehalte) gefasst sein. Es liegt daher noch kein Tatentschluss vor, wenn noch keine abschließende Entscheidung über das Ob der Tat getroffen wurde.[14] Ein unbedingter Tatentschluss in diesem Sinn ist aber bereits dann gegeben, wenn der Täter die Ausführung von einer Bedingung abhängig macht, deren Eintritt er nicht beherrscht.[15]

Nach § 22 StGB bzw. § 13 OWiG muss der Täter außerdem „**unmittelbar zur Tat-** **23** **bestandsverwirklichung ansetzen**". Hierdurch wird der Versuch von der (straflosen) **Vorbereitungshandlung** abgegrenzt. Für die nähere Konkretisierung dieser Abgrenzung, die im Einzelfall Schwierigkeiten bereiten kann, werden in Rechtsprechung und Literatur verschiedene Abgrenzungsmerkmale – zum Teil in Kombination – herangezogen. Danach ist ein solches Ansetzen etwa gegeben, wenn die Handlungen des Täters auf der Grundlage seiner Tatvorstellung im Fall des ungestörten Fortgangs ohne Zwischenakte in die Tatbestandsverwirklichung unmittelbar einmünden und das geschützte Rechtsgut konkret gefährden.[16]

f) Täterschaft und Teilnahme

aa) Allgemeines; Unterschiede zwischen Straf- und Ordnungswidrigkeitenrecht

Wer alle Merkmale des Tatbestands erfüllt, ist Täter, und zwar **unmittelbarer Allein-** **24** **täter.** Aber auch wer nicht selbst alle Merkmale eines Tatbestands erfüllt, kann **Beteilig-**

---

[11] Vgl. dazu *BGHSt* 37, 106, 115 ff.; *Deutscher/Körner,* wistra 1996, 292, 299 ff. m. w. N.

[12] *Deutscher/Körner,* wistra 1996, 292, 300 m. w. N.; vgl. zum Ganzen auch *Tröndle/Fischer,* § 13 StGB, Rdnr. 11 a f. m. w. N.; *Kuhlen,* in: Achenbach/Wannemacher, § 4 Rdnr. 34 ff. m. w. N.

[13] *Tröndle/Fischer,* § 13 StGB, Rdnr. 16.

[14] *Lackner/Kühl,* § 22 StGB, Rdnr. 2.

[15] *Lackner/Kühl,* § 22 StGB, Rdnr. 2.

[16] *Tröndle/Fischer,* § 22 StGB, Rdnr. 10 m. w. N.

ter (**Täter, Anstifter** oder **Gehilfe**) einer Straftat sein. Die Voraussetzungen, die dafür gegeben sein müssen, sind in den §§ 25 ff. StGB bzw. in § 14 OWiG geregelt. Dabei unterscheidet das StGB strikt zwischen den Beteiligungsformen der Täterschaft und der Teilnahme (Anstiftung und Beihilfe), während das OWiG einen einheitlichen Beteiligtenbegriff zugrunde legt. Die nachstehend erörterten Abgrenzungen zwischen den verschiedenen Beteiligungsformen haben daher für das Ordnungswidrigkeitenrecht allenfalls für die Bemessung der Höhe der Geldbuße Bedeutung. Dieses Einheitsprinzip des Ordnungswidrigkeitenrechts dient der Vereinfachung in der Rechtsanwendungspraxis, weil es die Notwendigkeit einer im Einzelfall schwierigen Abgrenzung vermeidet. Auch im Recht der Ordnungswidrigkeiten muss aber entschieden werden, ob überhaupt eine zu ahndende Form der Beteiligung gegeben ist, was wiederum nach den Regeln des Kernstrafrechts zu beurteilen ist.

bb) Täterschaft

25 Neben der unproblematischen Täterschaftsform der unmittelbaren Alleintäterschaft durch die Verwirklichung aller Tatbestandsmerkmale durch eine Person ist nach § 25 Abs. 1, 2. Alt. StGB auch als Täter strafbar, wer die Tat „durch einen anderen begeht" (sog. **mittelbare Täterschaft**). Der mittelbare Täter verwirklicht also nicht alle Tatbestandsmerkmale selbst, sondern bedient sich eines sog. Tatmittlers, der auf Grund des Vorliegens bestimmter „Defizite" selbst kein Täter ist. Das Defizit des Vordermanns kann z.B. darin liegen, dass er das Tätermerkmal eines Sonderdelikts nicht erfüllt (und auch eine Zurechnung nach § 14 StGB bzw. § 9 OWiG nicht in Betracht kommt; s. dazu Rdnr. 10 ff.), schuldunfähig ist, eine im Tatbestand vorgesehene Absicht nicht hat, wegen eines Irrtums ohne Vorsatz handelt oder entschuldigt ist. Der mittelbare Täter muss dadurch eine das Tatgeschehen steuernde Stellung einnehmen (sog. **Tatherrschaft**). Bei Unternehmen gehen manche Autoren auch dann von einer mittelbaren Täterschaft kraft Organisationsherrschaft aus, wenn der Tatmittler voll verantwortlich handelt.[17]

26 **Mittäterschaft** ist nach § 25 Abs. 2 StGB gegeben, wenn mehrere eine Straftat gemeinschaftlich begehen. Das setzt zunächst einen **gemeinsamen Tatentschluss** voraus, wonach sich die jeweiligen Tatbeiträge ergänzen und zusammen zur Tatbestandsverwirklichung führen sollen. In Abgrenzung zur Beihilfe muss außerdem ein **wesentlicher Tatbeitrag** erbracht werden und eine **gemeinsame Herrschaft über die Tat** gegeben sein.[18]

cc) Teilnahme

27 Als **Anstifter** wird gem. § 26 StGB gleich einem Täter bestraft, wer vorsätzlich einen anderen zu dessen vorsätzlich begangener rechtswidriger Tat bestimmt hat. Dies setzt zunächst die **Haupttat eines anderen** voraus, die zwar vorsätzlich und rechtswidrig, aber nicht schuldhaft begangen worden sein muss. Ein **Bestimmen** zu dieser Haupttat des Täters ist gegeben, wenn dessen Tatentschluss hervorgerufen wird. Dabei ist ausreichend, wenn die Handlung des Anstifters jedenfalls mit dazu beiträgt. Wer aber zu einer ganz bestimmten Tat bereits fest entschlossen ist, kann dazu nicht mehr angestiftet werden. Der Anstiftervorsatz setzt nicht nur den Willen voraus, den Tatentschluss des Täters hervorzurufen, er muss auch den Willen der Vollendung der Haupttat umfassen.

28 Nach § 27 StGB wird als **Gehilfe** bestraft, wer vorsätzlich einem anderen zu dessen vorsätzlich begangener rechtswidriger Tat Hilfe geleistet hat. Auch die Beihilfe setzt damit eine vorsätzlich begangene und rechtswidrige – aber nicht notwendig schuldhafte – Haupttat voraus. Das Hilfeleisten liegt im **Fördern der Haupttat**. Dabei soll es nicht notwendig sein, dass die Handlung des Gehilfen für den Taterfolg ursächlich ist.[19] Die Hilfe kann sowohl physischer als auch psychischer Art sein und es soll auch eine solche bei einer vorbereitenden Handlung genügen können.

---

[17] *Tröndle/Fischer*, § 25 StGB, Rdnr. 3 a m. w. N.
[18] Zu Einzelheiten s. *Tröndle/Fischer*, § 25 StGB, Rdnr. 5 ff.
[19] *Tröndle/Fischer*, § 27 StGB, Rdnr. 2.

II. Haftung von Unternehmen

1. Grundsatz individueller Zurechnung im deutschen Strafrecht

Nach deutschem Strafrecht kann ein Unternehmen nicht Subjekt einer Kriminalstrafe **29** sein, denn juristische Personen und andere Personenmehrheiten sind im strafrechtlichen Sinn **weder handlungs- noch schuldfähig.**[20] Gleichwohl hält das geltende Recht Instrumentarien zur Verhängung von **Sanktionen gegen Unternehmen** bereit, wenn deren Mitarbeiter Straftaten oder Ordnungswidrigkeiten begangen haben. Diese sollen nachstehend kurz skizziert werden.[21]

2. Unternehmens-/Verbandsgeldbuße gem. § 30 OWiG

a) Allgemeines

Nach § 30 OWiG ist die Festsetzung einer **Verbandsgeldbuße** gegen ein Unterneh- **30** men möglich. Der kriminalpolitische **Zweck** dieser Regelung liegt vor allem darin, bei einer Personenvereinigung Vorteile abzuschöpfen, die ihr wegen einer in ihrem Interesse begangenen Straftat oder Ordnungswidrigkeit zugeflossen sind. Außerdem sollen Unternehmensinhaber sowie deren Organe und Vertreter angehalten werden, dafür zu sorgen, dass die Pflichten des Unternehmens befolgt werden.

Im Einzelnen setzt die Vorschrift voraus, dass eine Straftat oder eine Ordnungswidrig- **31** keit einer natürlichen Person vorliegt **(sog. Bezugstat),** der Täter dieser Bezugstat zu dem in § 30 Abs. 1 Nr. 1–4 OWiG genannten Personenkreis gehört und durch die Bezugstat Pflichten der Personenvereinigung verletzt worden sind oder diese durch die Tat bereichert worden ist oder werden sollte.

b) Personenkreis des § 30 Abs. 1 Nr. 1–4 OWiG

Eine Verbandsgeldbuße kann nur gegen die in § 30 Abs. 1 Nr. 1–4 OWiG **ausdrück-** **32** **lich erwähnten Personenverbände** verhängt werden. Daher scheidet die Verhängung einer Verbandsgeldbuße gegen eine BGB-Gesellschaft oder gegen einen Einzelkaufmann bei Zuwiderhandlungen von Mitarbeitern von vornherein aus.[22]

aa) Vertretungsberechtigtes Organ einer juristischen Person oder Mitglied eines solchen (Nr. 1)

Juristische Personen sind alle Personengesamtheiten, denen unsere Rechtsordnung **33** die Fähigkeit zuerkennt, Inhaber von Rechten und Pflichten zu sein. Dazu gehören in erster Linie die AG, die GmbH und der rechtsfähige Verein. Die vertretungsberechtigten Organe der GmbH sind gem. § 35 Abs. 1 GmbHG die Geschäftsführer sowie nach § 44 GmbHG deren Stellvertreter. In der Aktiengesellschaft findet die Vertretung nach §§ 78 Abs. 1, 82 AktG durch den Vorstand und deren Stellvertreter (§ 94 AktG) statt. Das gilt auch dann, wenn in der Satzung ein Zustimmungserfordernis des Aufsichtsrats vorgesehen ist. Im rechtsfähigen Verein sind nach § 26 Abs. 2 BGB die Vorstandsmitglieder vertretungsberechtigt. Ob auch juristische Personen des öffentlichen Rechts von der Verbandsgeldbuße erfasst werden können, ist umstritten, wird aber überwiegend bejaht.[23] Deren Vertretungsbefugnis ergibt sich aus dem öffentlich-rechtlichen Organisationsrecht.

---

[20] Zur aktuellen Diskussion über die Einführung der Strafbarkeit von Personenverbänden s. *Peglau*, ZRP 2001, 406 ff.

[21] Sehr ausführlich zum Ganzen: *Schmitz/Taschke*, WiB 1997, 1169 ff.; *Achenbach*, in: Achenbach/Wannemacher, § 3.

[22] Vgl. KK OWiG/*Rogall*, § 30 OWiG, Rdnr. 30; zur Einbeziehung von Vorgesellschaften und fehlerhaften Gesellschaften s. KK OWiG/*Rogall*, § 30 OWiG, Rdnr. 40 ff.

[23] KK OWiG/*Rogall*, § 30 OWiG, Rdnr. 32; *Többens*, NStZ 1999, 1, 6; *Göhler*, § 30 OWiG, Rdnr. 2 m. w. N.

bb) Vorstand eines nicht rechtsfähigen Vereins oder Mitglied eines solchen (Nr. 2)

34   Der nicht rechtsfähige Verein nach § 54 BGB (wichtigste Beispiele: Arbeitgeberverbände und Gewerkschaften) ist in erster Linie dadurch gekennzeichnet, dass sein Hauptzweck **nicht auf einen wirtschaftlichen Geschäftsbetrieb** gerichtet ist. Wegen der fehlenden Rechtsfähigkeit stellt er keine juristische Person dar. Da er aber körperschaftlich strukturiert ist und in der Regel über ein bedeutendes zweckgebundenes Vermögen verfügt, ist auch er als Haftungssubjekt in § 30 Abs. 1 Nr. 2 OWiG aufgeführt.

cc) Vertretungsberechtigte Gesellschafter einer Personenhandelsgesellschaft (Nr. 3)

35   Unter die **Personenhandelsgesellschaften,** deren Hauptzweck in der Erzielung wirtschaftlicher Vorteile liegt, fallen unter anderem die OHG (§§ 105 ff. HGB) und die KG (§§ 161 ff. HGB) unter Einbeziehung der GmbH & Co KG. Vertretungsberechtigt sind in der OHG nach § 125 Abs. 1 HGB grundsätzlich alle Gesellschafter, sofern im Gesellschaftsvertrag nicht eine abweichende Regelung vorgesehen ist. Unter den tauglichen Täterkreis fallen aber auch die Gesellschafter, die durch den Gesellschaftsvertrag von der Vertretung ausgeschlossen sind.[24] Dasselbe gilt für die KG, wobei aber nach § 170 HGB der Kommanditist von der Vertretung ausgeschlossen ist, so dass nur Komplementäre vertretungsberechtigt sein können. Da Kommanditisten aber gewillkürte Vertreter der KG werden können und ihnen auch eine Prokura erteilt werden kann, kommt eine Anwendung der Nr. 4 in Betracht.

dd) Generalbevollmächtigte, Prokuristen oder Handlungsbevollmächtigte in leitender Stellung (Nr. 4)

36   Bei den in Nr. 4 genannten Personen ergibt sich die **Vertretungsmacht** aus §§ 164 ff. BGB bzw. §§ 48, 54 HGB. Dabei soll es nach herrschender Auffassung aber nicht auf die Wirksamkeit des zivilrechtlichen Bestellungsakts ankommen. Wegen der maßgeblichen faktischen Betrachtungsweise soll vielmehr die tatsächliche Innehabung und Ausübung der Funktion entscheidend sein. Generalbevollmächtigte zeichnen sich durch die grundsätzlich unbeschränkte Vertretungsmacht aus. Bei Prokuristen und Handlungsbevollmächtigten ist zwar die Vertretungsmacht gesetzlich beschränkt, jedoch soll es für die Anwendung des § 30 OWiG keine Rolle spielen, ob sie im Rahmen ihrer Vertretungsmacht handeln.[25] Ob die genannten Personen eine leitende Stellung innehaben, ist anhand der Organisationsstruktur des Unternehmens und der im Rahmen der Geschäftsführung und Vertretung eingeräumten Kompetenzen zu ermitteln.[26]

c) Anknüpfungs-/Bezugstat

37   Die zum Adressatenkreis gehörige Person muss rechtswidrig und schuldhaft (vorwerfbar) eine **Straftat oder Ordnungswidrigkeit** begangen haben. Der Täter muss durch diese (Anknüpfungs- oder Bezugs-) Tat entweder eine „betriebsbezogene Pflicht" verletzt haben, also eine solche, die gerade die Personenvereinigung trifft **(1. Alt.)** oder die Personenvereinigung muss durch die Tat bereichert oder deren Bereicherung zumindest beabsichtigt gewesen sein **(2. Alt.).**

aa) 1. Alternative: Verletzung einer betriebsbezogenen Pflicht, insbesondere Verletzung der Aufsichtspflicht nach § 130 OWiG

38   Die **„betriebsbezogenen Pflichten"** können sowohl gesetzliche Pflichten sein, die sich gerade an juristische Personen als Normadressaten wenden, weil sie deren Wirkungsbereich betreffen, aber auch Pflichten, die sich aus Allgemeindelikten ergeben und sich an jedermann richten, wobei aber im letzteren Fall die Betriebsbezogenheit der Pflicht sorg-

---

[24] KK OWiG/*Rogall*, § 30 OWiG, Rdnr. 62.
[25] KK OWiG/*Rogall*, § 30 OWiG, Rdnr. 67.
[26] KK OWiG/*Rogall*, § 30 OWiG, Rdnr. 67.

fältig zu prüfen ist.[27] Die Zuwiderhandlung muss im Geschäfts- und Wirkungsbereich der Gesellschaft begangen worden sein.

In der Praxis ist vor allem die **Aufsichtspflichtverletzung nach § 130 OWiG** von **39** Bedeutung, denn es handelt sich um eine typische betriebsbezogene Pflicht, die zu einer Verbandssanktion führen kann.

Zweck des § 130 OWiG. § 130 OWiG trägt der Notwendigkeit der Arbeitsteilung **40** innerhalb eines Unternehmens Rechnung. Einen Unternehmensinhaber treffen eine Vielzahl von Pflichten, die er faktisch nicht alle persönlich erfüllen kann. Er muss sie daher im Wege der Delegation seinen Mitarbeitern übertragen. § 130 OWiG verpflichtet ihn dabei dazu, dass er durch Aufsichtsmaßnahmen Vorkehrungen trifft, dass alle betriebsbezogenen Vorschriften eingehalten werden. Es handelt sich um ein echtes Unterlassungsdelikt.

Normadressaten des § 130 OWiG. Als Normadressat nennt § 130 OWiG ausdrück- **41** lich den Inhaber eines Betriebs oder Unternehmens. Auf Grund dieser Begrenzung des Täterkreises handelt es sich um ein Sonderdelikt. Inhaber ist dabei derjenige, den die betriebs- oder unternehmensbezogenen Pflichten treffen, bei juristischen Personen also der Verband selbst und nicht etwa die Gesellschafter.[28] Der Täterkreis wird aber durch § 9 OWiG erweitert. Deshalb gehören auch das vertretungsberechtigte Organ einer juristischen Person bzw. das Mitglied eines solchen Organs, die vertretungsberechtigten Gesellschafter einer Personenhandelsgesellschaft, die gesetzlichen Vertreter eines Unternehmensinhabers, sowie diejenigen Personen zu den Normadressaten des § 130 OWiG, die beauftragt sind, den Betrieb ganz oder zum Teil zu leiten, oder Aufgaben, die dem Inhaber des Betriebs obliegen, in eigener Verantwortung wahrzunehmen (nähere Ausführungen zu § 9 OWiG s. unter RdNr. 10 ff.). § 130 Abs. 2 OWiG bezieht öffentliche Unternehmen ausdrücklich mit ein.

Aufsichtspflichtverletzung. § 130 Abs. 1 OWiG bestimmt die den Unternehmens- **42** inhaber treffenden Aufsichtspflichten nicht abschließend. Nach § 130 Abs. 1 Satz 2 OWiG gehören dazu jedenfalls „auch die Bestellung, sorgfältige Auswahl und Überwachung von Aufsichtspersonen." Welche weiteren Aufsichtspflichten „erforderlich" und auch zumutbar sind, bestimmt die Rechtsprechung anhand von Umständen des Einzelfalls, wobei unter anderem die Unternehmensgröße, die Organisation, der Geschäftsbereich und die Bedeutung der sich daraus ergebenden und zu beachtenden Rechtsvorschriften zu berücksichtigen sind.[29] Die Aufsichtspflichten können wie folgt zusammengefasst werden:

– **Organisations- und Koordinationspflicht:** Die Personalstruktur und der Betriebs- **43** ablauf müssen organisiert werden. Die Mitarbeiter sollten sorgfältig ausgewählt und die Aufgaben (lückenlos) verteilt sein. Das Maß der dabei anzuwendenden Sorgfalt ist entscheidend von der mit der zu besetzenden Stelle verbundenen Verantwortung abhängig. Der Unternehmensinhaber sollte auch vertrauenswürdige Personen bestimmen, die im Fall seiner Abwesenheit Aufsichtsmaßnahmen für ihn wahrnehmen. In Abhängigkeit von der Unternehmensgröße sollten die Aufsichtsmaßnahmen auf mehrere Ebenen verteilt werden.

– **Leitungspflicht:** Die Mitarbeiter sind fortlaufend darüber aufzuklären, für welchen **44** Teil des Betriebsablaufs sie verantwortlich sind, welche gesetzlichen Vorschriften sie dabei im Einzelnen einzuhalten und welche Gesetzesänderungen sie zu berücksichtigen haben. Der pauschale Hinweis, keine Gesetze zu verletzen, soll dazu nicht genügen. Im Einzelfall soll auch ein wiederholter oder mehrfacher Hinweis erforderlich sein.

– **Kontrollpflicht:** Der Betriebsablauf ist regelmäßig stichprobenartig zu überprüfen. Die **45** geforderten Kontrollintervalle bestimmen sich wiederum nach den besonderen Umständen, insbesondere nach der Bedeutung der zu überwachenden Pflichten und dem

---

[27] KK OWiG/*Rogall,* § 30 OWiG, Rdnr. 72, 76.
[28] KK OWiG/*Rogall,* § 130 OWiG, Rdnr. 23.
[29] KK OWiG/*Rogall,* § 130 OWiG, Rdnr. 41 mit zahlreichen Rechtsprechungshinweisen; *Többens,* NStZ 1999, 1, 4.

damit verbundenen Gefährdungspotenzial. Gegen Verstöße ist einzuschreiten und mit den im Einzelfall gebotenen (und zulässigen) Mitteln (Abmahnung, Versetzung, Kündigung etc.) zu reagieren.

46   Begrenzt wird die Aufsichtspflicht durch den **Vertrauensgrundsatz** und die **Zumutbarkeit.** Der Unternehmer darf grundsätzlich darauf vertrauen, dass seine Mitarbeiter ihren Pflichten nachkommen.[30] Sind bereits Zuwiderhandlungen festgestellt worden oder liegen aus anderen Gründen besondere Umstände vor, etwa Zweifel an der fachlichen Geeignetheit und Zuverlässigkeit von Mitarbeitern, so können allerdings verschärfte Aufsichtsmaßnahmen wie häufigere und umfangreichere Kontrollen geboten sein.[31] Jedoch dürfen auch keine unzumutbaren Anforderungen an die Aufsichtspflicht gestellt werden, denn auch die Würde der Betriebsangehörigen und die Wahrung des Betriebsklimas sind zu berücksichtigen.[32] Eine den Betriebsfrieden störende lückenlose Bespitzelung oder andere schikanöse oder entwürdigende Maßnahmen sind daher weder erforderlich noch zumutbar.[33] Ebenso sollte eine Beeinträchtigung der Effektivität durch eine übermäßige Bürokratisierung vermieden werden.[34]

47   **Zuwiderhandlung gegen betriebsbezogene Pflicht.** Nach § 130 Abs. 1 OWiG muss außerdem im Unternehmen eine Zuwiderhandlung gegen Pflichten begangen werden, die den Inhaber des Unternehmens treffen **(betriebsbezogene Pflicht)** und deren Verletzung mit Strafe oder Geldbuße bedroht ist. Bei den betriebsbezogenen Pflichten werden neben den Sonderdelikten überwiegend auch Allgemeindelikte einbezogen, sofern sie im Zusammenhang mit der Führung des Unternehmens bzw. Betriebes stehen.[35] Es kommt nicht darauf an, ob diese konkrete Zuwiderhandlung für den Aufsichtspflichtigen vorhersehbar war (sog. objektive Bedingung der Ahndung). Auch ist die Feststellung des konkreten Täters nicht erforderlich.[36] Es muss aber ein ursächlicher Zusammenhang zwischen der Aufsichtspflichtverletzung und der Zuwiderhandlung bestehen.[37]

bb) 2. Alternative: Bereicherung des Unternehmens

48   Wird mit der begangenen Straftat nicht gegen eine betriebsbezogene Pflicht verstoßen, so kann nach § 30 Abs. 1 OWiG auch dann gegen das Unternehmen eine Geldbuße verhängt werden, wenn es durch die Bezugstat bereichert worden ist oder bereichert werden sollte. Durch die Formulierungen „als vertretungsberechtigtes Organ" etc. wird aber auch hier ein **funktionaler Zusammenhang** zwischen der Anknüpfungstat und dem Wirkungsbereich der Personenvereinigung hergestellt. Unter Bereicherung versteht man jede Erhöhung des wirtschaftlichen Werts des Vermögens. Darunter soll auch eine mittelbare Erhöhung – wie etwa durch die Verbesserung der Wettbewerbssituation auf Grund von Zuwendungen, die gegen § 299 StGB oder §§ 331 ff. StGB verstoßen – fallen.[38]

d) Handlung „als" Organ, Vertreter oder Bevollmächtigter

49   Zwischen der Bezugstat und dem Aufgabenkreis des Täters muss ein **funktionaler Zusammenhang** bestehen. Dieses Merkmal dient der Abgrenzung des Vertreterhandelns vom Handeln als Privatperson[39] und ist gegeben, wenn der Täter in Wahrnehmung der

---

[30] KK OWiG/*Rogall*, § 130 OWiG, Rdnr. 40.

[31] Vgl. *Többens*, NStZ 1999, 1, 4.

[32] KK OWiG/*Rogall*, § 130 OWiG, Rdnr. 49.

[33] Vgl. *Többens*, NStZ 1999, 1, 4; KK OWiG/*Rogall*, § 130 OWiG, Rdnr. 49.

[34] KK OWiG/*Rogall*, § 130 OWiG, Rdnr. 49.

[35] *Göhler*, § 130 OWiG, Rdnr. 18; *Többens*, NStZ 1999, 1, 5; a. A. KK OWiG/*Rogall*, § 130 OWiG, Rdnr. 84 ff., der für eine von § 30 OWiG, abweichende Bestimmung der betriebsbezogenen Pflicht plädiert und im Rahmen des § 130 OWiG, nur Sonderdelikte einbezieht.

[36] KK OWiG/*Rogall*, § 130 OWiG, Rdnr. 94; *Többens*, NStZ 1999, 1, 5.

[37] Zu dessen näherer Bestimmung s. KK OWiG/*Rogall*, § 130 OWiG, Rdnr. 97 ff.

[38] KK OWiG/*Rogall*, § 30 OWiG, Rdnr. 82.

[39] *Többens*, NStZ 1999, 1, 7.

Angelegenheiten der Personenvereinigung und nicht nur bei bloßer Gelegenheit der Vertreterstellung gehandelt hat.[40] Ein bedeutender Anhaltspunkt ist dabei, ob er (auch) im Interesse des Verbands gehandelt hat.[41]

e) Höhe der Geldbuße

Die **Höchstgrenze** der Geldbuße, die gegen das Unternehmen festgesetzt werden 50 kann, ergibt sich zunächst aus § 30 Abs. 2 OWiG. Maßgeblich ist danach der Charakter der Bezugstat. Wurde mit ihr gegen den Tatbestand einer Ordnungswidrigkeit verstoßen, so bestimmt sich auch das Höchstmaß der Verbandsgeldbuße nach der für die Ordnungswidrigkeit angedrohten Geldbuße. Ist die Bezugstat eine vorsätzliche Straftat, beträgt das Höchstmaß der Verbandsgeldbuße 1 Mio. €, bei einer fahrlässigen Straftat 500 000 €. Ist die Bezugstat gleichzeitig eine Straftat und eine Ordnungswidrigkeit und übersteigt das für die Ordnungswidrigkeit angedrohte Höchstmaß das vorgenannte Höchstmaß für die Straftat, so ist das höhere Höchstmaß der begangenen Ordnungswidrigkeit maßgeblich. Bei der Bestimmung der höchstmöglichen Verbandsgeldbuße ist aber auch § 30 Abs. 3 i. V. m. § 17 Abs. 4 OWiG zu beachten. Danach soll die Geldbuße den durch die Tat erlangten wirtschaftlichen Vorteil übersteigen. Zu diesem Zweck der Gewinnabschöpfung kann auch das gesetzliche Höchstmaß überschritten werden.

Bei der konkreten **Bemessung der Geldbuße** differenziert man zwischen dem ge- 51 winnabschöpfenden und dem ahndenden Teil.

Nach §§ 30 Abs. 3, 17 Abs. 4 OWiG soll der durch die Tat erlangte Gewinn über- 52 schritten und damit zunächst eine **Gewinnabschöpfung** erzielt werden. Maßgeblich ist dabei der Reingewinn, der nach dem Grundsatz der Gesamtsaldierung zu ermitteln ist. Danach werden von den Vorteilen, zu denen auch solche gehören sollen, die nicht unmittelbar in Geld bestehen (z. B. Wettbewerbsvorteile), alle Kosten und Aufwendungen abgezogen, unabhängig davon, ob sie von der Rechtsordnung gebilligt werden.[42] Hypothetische Gewinne, also solche, die bei rechtmäßigem Verhalten erzielbar gewesen wären, sollen nach überwiegender Auffassung als angeblich rein spekulative Faktoren keine Berücksichtigung finden und daher nicht abzugsfähig sein.[43] Auch zivilrechtliche Ersatzansprüche Dritter werden überwiegend nicht berücksichtigt, da eine § 73 Abs. 1 Satz 2 StGB entsprechende Regelung fehlt und das OWiG stattdessen in § 99 Abs. 2 OWiG eine vollstreckungsrechtliche Lösung enthält, die ggf. analog angewendet wird.[44]

Beim **ahndenden Teil** der Geldbuße sind der Unrechtsgehalt der zugrunde liegenden 53 Bezugstat und deren Folgen von Bedeutung. Außerdem sind das Maß der Organisations-, Vorsorge- und Kontrollmängel sowie die wirtschaftlichen Verhältnisse des Verbands zu berücksichtigen.

Da die Geldbuße wie auch der Verfall (dazu nachstehend Rdnr. 57 ff.) den Zweck hat, 54 von dem Unternehmen den erlangten Gewinn abzuschöpfen, schließt § 30 Abs. 5 OWiG bei Festsetzung einer Geldbuße gegen ein Unternehmen die Anordnung des Verfalls nach den §§ 73, 73a StGB oder nach § 29a OWiG wegen derselben Tat aus und **vermeidet** damit eine **doppelte Gewinnabschöpfung.** Unter den in § 18 OWiG geregelten Voraussetzungen sind Zahlungserleichterungen möglich.

f) Festsetzung im selbstständigen Verfahren

Grundsätzlich erfolgt die Festsetzung der Verbandsgeldbuße innerhalb des Verfahrens 55 gegen den Täter der Bezugstat. Nach § 30 Abs. 4 OWiG ist aber auch eine **selbstständige Festsetzung** der Verbandsgeldbuße möglich, wenn gegen den Täter der Bezugstat –

---

[40] KK OWiG/*Rogall*, § 30 OWiG, Rdnr. 90.
[41] KK OWiG/*Rogall*, § 30 OWiG, Rdnr. 93.
[42] KK OWiG/*Rogall,* § 30 OWiG, Rdnr. 122 ff.
[43] KK OWiG/*Rogall*, § 30 OWiG, Rdnr. 125.
[44] KK OWiG/*Rogall*, § 30 OWiG, Rdnr. 127.

in erster Linie aus Opportunitätsgründen – kein Verfahren eingeleitet, es eingestellt oder von Strafe abgesehen wird. Unzulässig ist das nach § 30 Abs. 4 Satz 3 OWiG aber, wenn die Bezugstat aus rechtlichen Gründen (z.B. Verjährung, Fehlen eines Strafantrags oder Rechtskraft, nicht aber Tod oder Verhandlungsunfähigkeit[45]) nicht verfolgt werden kann. Von Bedeutung ist das selbstständige Verfahren vor allem, wenn die Identität des Täters nicht feststeht, weil etwa offen bleibt, welches von mehreren Organen/Organmitgliedern pflichtwidrig gehandelt hat. In diesen Fällen darf auch ohne sichere Identität des Täters eine Verbandsgeldbuße festgesetzt werden, wenn mit an Sicherheit grenzender Wahrscheinlichkeit feststeht, dass jedenfalls ein Organ(-mitglied) schuldhaft bzw. vorwerfbar gehandelt hat.[46] Ist gegen den Vertreter eine rechtskräftige Bußgeldentscheidung ergangen, kommt dagegen eine nachträgliche Verbandsgeldbuße gegen die Personenvereinigung nicht mehr in Betracht, denn insoweit fehlt es an den genannten Voraussetzungen. Ein dennoch ergehender Bußgeldbescheid ist aber nicht nichtig, sondern seine Aufhebung muss durch Einlegung eines Einspruchs, ggf. auch durch eine Wiederaufnahme des Verfahrens nach § 85 OWiG, bewirkt werden.[47]

g) Sonstige verfahrensrechtliche Besonderheiten

56   Sofern die Verbandsgeldbuße nicht im selbstständigen Verfahren festgesetzt wird, richten sich die **Beteiligungsrechte des Unternehmens** nach dem für die Bezugstat maßgeblichen Verfahrensrecht, im Strafverfahren also nach § 444 StPO. Nach §§ 444 Abs. 2 Satz 2, 432 StPO sind die Vertreter des Unternehmens zu hören, wenn sich Anhaltspunkte dafür ergeben, dass die Festsetzung einer Verbandsgeldbuße in Betracht kommt. Werden dabei Einwendungen gegen die Verhängung einer Verbandsgeldbuße vorgebracht, so sind die Vorschriften über die Vernehmung des Beschuldigten entsprechend anzuwenden. Nach Erhebung der öffentlichen Klage ist eine Beteiligungsanordnung zwingende Voraussetzung für die Festsetzung der Verbandsgeldbuße. Die Vertretungsbefugnisse innerhalb des Unternehmens ergeben sich aus den zivilrechtlichen Grundsätzen, wobei aber das Organ, gegen das sich das Verfahren richtet, wegen des bestehenden Interessenkonflikts von der Vertretung ausgeschlossen ist, so dass ggf. ein anderer Vertreter bestimmt werden muss.[48]

3. Verfall

a) Verfall nach §§ 73 ff. StGB

aa) Allgemeines

57   Die Anordnung des Verfalls hat den Zweck, **unrechtmäßig erlangte Vermögenszuwächse abzuschöpfen.** Es handelt sich nicht um eine vom Verschulden des Täters abhängige Sanktion. Durch die Verfallsanordnung geht das Eigentum an der Sache bzw. das verfallene Recht mit der Rechtskraft der Entscheidung auf den Staat über, wobei Rechte Dritter (z.B. Pfandrechte) bestehen bleiben (§ 73 Abs. 1 StGB). Von der Verfallsanordnung können alle Vermögenswerte erfasst werden, die durch eine rechtswidrige Tat erlangt wurden, einschließlich der gezogenen Nutzungen. Die Verfallsanordnung kann sich zunächst nach § 73 Abs. 1 StGB gegen einen Tatbeteiligten richten. Bei Straftaten durch Unternehmensmitarbeiter ist vor allem § 73 Abs. 3 StGB bedeutsam, wonach der Verfall auch gegen denjenigen angeordnet werden kann, für den der Täter oder Teilnehmer gehandelt hat; hierauf wird sogleich näher eingegangen.

---

[45] KK OWiG/*Rogall*, § 30 OWiG, Rdnr. 169.

[46] KK OWiG/*Rogall*, § 30 OWiG, Rdnr. 165.

[47] KK OWiG/*Rogall*, § 30 OWiG, Rdnr. 161 f.

[48] KK OWiG/*Rogall*, § 30 OWiG, Rdnr. 179; zu weiteren verfahrensrechtlichen Einzelheiten s. KK OWiG/*Rogall*, § 30 OWiG, Rdnr. 172 ff.

Taschke

bb) Voraussetzungen des Verfalls nach § 73 Abs. 1, 3 StGB

§ 73 Abs. 1 StGB setzt zunächst eine rechtswidrige (nicht notwendig auch schuldhafte) **58**
Anknüpfungstat voraus. Der Täter muss dabei nach § 73 Abs. 3 StGB **für einen ande-**
ren gehandelt haben. Das ist dann der Fall, wenn durch die Tat objektiv die Bereicherung
des anderen bewirkt wird und der Handelnde diese auch in dessen Interesse bezweckt.
Dabei soll es auf die Rechtsform der Beziehung zum anderen nicht ankommen und auch
ein faktisches Handeln im Interesse des anderen ausreichen. Dass der Handelnde im Einflussbereich des Vorteilsempfängers steht, wird überwiegend nicht vorausgesetzt. Schließlich muss derjenige, für den der Täter gehandelt hat, „etwas" durch die Tat erlangt haben.

cc) Umfang der Verfallsanordnung

Der Verfall erfasst alles, was aus der Tat oder für die Tat erlangt wurde. **„Für" die Tat** **59**
bedeutet als Gegenleistung für die Tatbegehung (z. B. Bestechungslohn als Tatentgelt).
„Aus" der Tat erlangt ist alles, das dem Dritten unmittelbar aus der Tatbegehung zufließt. § 73 Abs. 2 StGB erfasst auch die gezogenen Nutzungen und bestimmte Surrogate
eines aus einer Tat erlangten Gegenstands. Sonstige mittelbare Gewinne können dagegen
nicht für verfallen erklärt werden.

Umstritten ist die Frage, ob bei der Anordnung des Verfalls das **Brutto– oder** das **60**
Nettoprinzip anzuwenden ist, ob also Aufwendungen oder Gegenleistungen zu berücksichtigen und gegenzurechnen sind. Im Hinblick auf die Gesetzesänderung im Jahr 1992,
die von dem Willen des Gesetzgebers getragen war, von dem Nettoprinzip auf das Bruttoprinzip überzugehen, ist – trotz teilweise kritischer Stimmen in der Literatur auf Grund
von Bedenken im Hinblick auf die Verfassungsmäßigkeit der Vorschrift – nach der
Rechtsprechung der Abzug getätigter Aufwendungen grundsätzlich ausgeschlossen, also
das Bruttoprinzip anzuwenden.[49] In der Literatur wird zum Teil differenziert und die
Anwendung des Nettoprinzips jedenfalls bei der Anordnung des Verfalls gegen Dritt-
empfänger[50] oder für die Fälle einer nicht schuldhaften Anknüpfungstat gefordert.[51] Nach
§ 73b StGB können der Umfang des Erlangten und dessen Wert geschätzt werden.

dd) Beschränkung und Ausschluss des Verfalls

Nach § 73 Abs. 1 Satz 2 StGB ist die Anordnung des Verfalls ausgeschlossen, soweit **61**
dem Verletzten aus der Tat ein Anspruch erwachsen ist, dessen Erfüllung dem
Täter oder Teilnehmer den Wert des aus der Tat Erlangten entziehen würde. Dadurch soll
verhindert werden, dass durch die Verfallsanordnung des Gerichts die Erfüllung des zivilrechtlichen Anspruchs des Verletzten vereitelt wird. Der Anspruch des Verletzten muss
aber gerade auf Grund der Tat als solcher und nicht erst auf Grund einer nachträglichen
Vereinbarung entstanden sein. **Verletzter** ist diejenige bestimmbare natürliche oder juristische Person, deren Individualinteressen durch den vom Täter verletzten Tatbestand
geschützt werden sollen. Erreicht der Anspruch des Verletzten nur einen Teil des Erlangten, so ist nur in diesem Maß die Anordnung des Verfalls ausgeschlossen und der verbleibende Teil kann für verfallen erklärt werden.

§ 73c StGB trägt etwaigen **Härtefällen**, die sich wegen des grundsätzlich zwingend an- **62**
zuordnenden Verfalls ergeben können, Rechnung. Wenn der Verfall für den Betroffenen
eine unbillige Härte wäre, darf er daher nach § 73c Abs. 1 Satz 1 StGB nicht angeordnet
werden. Außerdem kann die Anordnung des Verfalls nach § 73c Abs. 1 Satz 2 StGB unterbleiben, soweit der Wert des Erlangten zur Zeit der Anordnung in dem Vermögen des
Betroffenen nicht mehr vorhanden ist oder wenn das Erlangte einen geringeren Wert hat.
Nach §§ 73c Abs. 2, 42 StGB können dem Betroffenen auch Zahlungserleichterungen
bewilligt werden.

---

[49] Vgl. *BGH* NStZ 1994, 123; so auch *Lackner/Kühl*, § 73 StGB, Rdnr. 4.
[50] KK OWiG/*Mitsch*, § 29a OWiG, Rdnr. 45.
[51] *Schönke/Schröder/Eser*, § 73 StGB, Rdnr. 17a; KK OWiG/*Mitsch*, § 29a OWiG, Rdnr. 45;
Achenbach, in: Achenbach/Wannemacher, § 3 Rdnr. 29.

ee) Verfahrensrechtliches

63   Der Verfall gegen den Drittbegünstigten nach § 73 Abs. 3 StGB wird **im Verfahren gegen den Handelnden** ausgesprochen, wobei der Drittbegünstigte nach § 442 Abs. 2 StPO zu beteiligen ist. Nach § 76 und § 76a StGB kann in Ausnahmefällen auch eine nachträgliche oder selbstständige Verfallsanordnung in Betracht kommen.

b) Verfall nach § 29a OWiG

aa) Allgemeines

64   Da im Ordnungswidrigkeitenrecht schon die Geldbuße nach § 17 Abs. 4 OWiG unter anderem die Abschöpfung des durch die Tat erlangten wirtschaftlichen Vorteils bezweckt, erscheint die Regelung des § 29a OWiG auf den ersten Blick überflüssig. Bedeutung erlangt die Vorschrift aber bei rechtswidrigen und nicht vorwerfbaren Taten, sowie bei der Abschöpfung von Gewinnen, die bei einem Dritten eingetreten sind, sofern die Voraussetzungen des § 30 OWiG nicht gegeben sind. § 29a OWiG hat also insoweit eine **lückenschließende Funktion.**[52] Die Regelung des § 29a Abs. 2 OWiG, wonach der Verfall auch gegenüber einem Dritten angeordnet werden kann, wenn der Täter für diesen gehandelt und dieser dadurch etwas erlangt hat, stimmt im Wesentlichen mit der des § 73 Abs. 3 StGB überein. Anders als im Strafrecht ist im Ordnungswidrigkeitenrecht die Entscheidung über Grund und Höhe des Verfalls in das Ermessen der entscheidenden Behörde gestellt. Daher ist auch eine § 73c StGB entsprechende Härtevorschrift überflüssig. Nachstehend wird wegen der besonderen Bedeutung für Unternehmen wiederum nur auf § 29a Abs. 2 OWiG näher eingegangen.

bb) Voraussetzungen des § 29a Abs. 2 OWiG

65   § 29a Abs. 2 OWiG setzt zunächst eine **mit Geldbuße bedrohte** rechtswidrige aber nicht notwendig vorwerfbare[53] **Handlung (Anknüpfungsordnungswidrigkeit)** voraus. Dass bei einer vorwerfbaren Handlung eine Geldbuße gegen den Täter festgesetzt wird, schließt eine Anordnung des Verfalls nach § 29a Abs. 2 OWiG nicht aus, da der Gewinn des Dritten mit dieser Geldbuße nicht abgeschöpft werden kann. Etwas anderes gilt aber nach § 30 Abs. 5 OWiG bei Verhängung einer Verbandsgeldbuße.

66   Das **Handeln für einen anderen** setzt ein Näheverhältnis zwischen dem Handelnden und dem Dritten voraus. Er muss objektiv und subjektiv dessen Angelegenheiten wahrnehmen, wobei der Dritte weder persönlich in den Tathergang einbezogen sein, noch von dem fremdnützigen Handeln Kenntnis haben muss.[54] „Anderer" kann dabei jede nicht tatbeteiligte natürliche oder juristische Person sein.[55] Sie muss mit dem Vorteilsempfänger identisch sein, so dass etwa eine Verfallsanordnung gegen eine GmbH z.B. nicht in Betracht kommt, wenn der Vorteil dem Privatvermögen des Geschäftsführers zukommt.[56] Allein die Tatsache des Vorteilszuflusses ist aber nicht ausreichend.[57]

67   Schließlich muss der **Dritte etwas erlangt** haben, wobei nur Gegenstände mit wirtschaftlichem – also nicht nur ideellem – Wert in Betracht kommen.[58] Das können alle beweglichen Sachen und Grundstücke, aber auch Rechte, Nutzungen, Gebrauchsmöglichkeiten oder ersparte Kosten und Aufwendungen sein.[59] „Erlangt" ist der Gegenstand,

---

[52] KK OWiG/*Mitsch,* § 29a OWiG, Rdnr. 2.
[53] KK OWiG/*Mitsch,* § 29a OWiG, Rdnr. 8.
[54] KK OWiG/*Mitsch,* § 29a OWiG, Rdnr. 36.
[55] KK OWiG/*Mitsch,* § 29a OWiG, Rdnr. 35.
[56] KK OWiG/*Mitsch,* § 29a OWiG, Rdnr. 37.
[57] KK OWiG/*Mitsch,* § 29a OWiG, Rdnr. 36.
[58] KK OWiG/*Mitsch,* § 29a OWiG, Rdnr. 28.
[59] KK OWiG/*Mitsch,* § 29a OWiG, Rdnr. 29.

wenn er wirtschaftlich vorteilhaft genutzt werden kann. Die Erlangung des Vermögensvorteils muss dabei unmittelbar tatabgeleitet sein,[60] was etwa dann nicht der Fall ist, wenn der Vorteil erst durch zwischengeschaltete Handlungen eintritt.

cc) Höhe des Verfalls

Anders als bei § 73 StGB erfasst die Verfallsanordnung **nicht den erlangten Gegenstand selbst,** sondern richtet sich auf einen Geldbetrag, dessen Obergrenze der Wert des erlangten Gegenstands bildet.[61] Maßgeblicher Zeitpunkt für die Wertberechnung ist zunächst derjenige der Erlangung; Wertsteigerungen bis zum Zeitpunkt der Entscheidung über die Anordnung des Verfalls werden berücksichtigt, nicht dagegen Wertminderungen.[62] **68**

Wie bei § 73 StGB ist die Frage über die Anwendung des **Netto– oder** des **Bruttoprinzips** umstritten. Im Ordnungswidrigkeitenrecht ist dabei zusätzlich zu berücksichtigen, dass bei der Gewinnabschöpfung im Rahmen der Festsetzung einer Geldbuße nach § 17 Abs. 4 OWiG das Nettoprinzip gilt, so dass bei Anwendung des Bruttoprinzips im Rahmen des § 29a OWiG ein Widerspruch entstünde. Nach § 29a Abs. 3 OWiG können der Umfang und der Wert des Erlangten von der Verwaltungsbehörde geschätzt werden. **69**

dd) Beschränkungen und Ausschluss des Verfalls

Nach § 30 Abs. 5 OWiG schließt die Verhängung einer Geldbuße gegen den Dritten eine Verfallsanordnung aus. Umgekehrt steht aber eine vorangegangene Anordnung des Verfalls einer nachträglichen Festsetzung einer Verbandsgeldbuße nicht entgegen, wobei die durch den Verfall bereits bewirkte Gewinnabschöpfung zu berücksichtigen ist, so dass nur noch der **reine Sanktionsteil der Geldbuße** festgesetzt werden kann. **70**

ee) Verfahrensrechtliches

Das Unternehmen ist als Dritter nach §§ 46 Abs. 1 OWiG, 442 Abs. 2 StPO am Verfahren gegen den Täter zu beteiligen. Nach § 29a Abs. 4 OWiG kann der Verfall selbstständig angeordnet werden und zwar mangels einer § 30 Abs. 3 Satz 3 OWiG entsprechenden Vorschrift auch dann, wenn die Ordnungswidrigkeit gegen den Täter aus rechtlichen Gründen nicht verfolgt werden kann. Wurde im Bußgeldverfahren aber eine Sachentscheidung über die Tat getroffen, so kommt eine nachträgliche Anordnung des Verfalls nicht in Betracht.[63] **71**

B. Straftaten und Ordnungswidrigkeiten im Bereich des Medizinprodukterechts

I. Einleitung

Die Sanktionsvorschriften der §§ 40 ff. MPG verweisen in sehr großem Umfang auf Normen desselben Gesetzes, welche wiederum auf zahlreiche Rechtsverordnungen und EG-Richtlinien weiterverweisen. Der sanktionsbewehrte Tatbestand ergibt sich damit jeweils aus mehreren Rechtsnormen, die zusammen gelesen werden müssen. Auf Grund dieser Gesetzestechnik ist es recht mühsam, die einzelnen Tatbestandsmerkmale eines unter einer Sanktion stehenden Verhaltens herauszuarbeiten. Die nachstehende Aufstellung, die die Verweisungsketten auflöst und die Tatbestandsvoraussetzungen im Zusam **72**

---

[60] KK OWiG/*Mitsch,* § 29a OWiG, Rdnr. 40.
[61] KK OWiG/*Mitsch,* § 29a OWiG, Rdnr. 41.
[62] KK OWiG/*Mitsch,* § 29a OWiG, Rdnr. 42.
[63] KK OWiG/*Mitsch,* § 29a OWiG, Rdnr. 48.

menhang darstellt, soll daher in erster Linie die **Übersichtlichkeit** erleichtern. Für die Auslegung einzelner Tatbestandsmerkmale wird auf die jeweiligen Ausführungen in den anderen Beiträgen dieses Handbuchs verwiesen.

II. Einzelne Sanktionsvorschriften des Medizinproduktegesetzes, der darauf beruhenden Verordnungen und des Heilmittelwerbegesetzes

1. Verstöße im Zusammenhang mit der CE-Kennzeichnung

a) Strafvorschriften

aa) § 40 Abs. 1 Nr. 3 i. V. m. § 6 Abs. 2 Satz 1 MPG

73 – Handlung: Versehen mit der CE-Kennzeichnung.
– Medizinprodukt unterliegt der **Strahlenschutzverordnung** oder der **Röntgenverordnung** oder bei seiner Herstellung wurden **ionisierende Strahlen** verwendet.
– **Grundlegende Anforderungen** nach § 7 MPG i. V. m. Anhang 1 der Richtlinie 90/385/EWG, zuletzt geändert durch die Richtlinie 93/68/EWG (aktive implantierbare Medizinprodukte), Anhang I der Richtlinie 98/79/EG (In-vitro-Diagnostika) und Anhang I der Richtlinie 93/42/EWG (sonstige Medizinprodukte), zuletzt geändert durch die Richtlinie 2000/70/EG[64] und Richtlinie 2001/104/EG,[65] sind nicht erfüllt oder ein für das jeweilige Medizinprodukt vorgeschriebenes **Konformitätsbewertungsverfahren** nach § 37 Abs. 1 MPG i. V. m. §§ 4 ff. MPV wurde nicht durchgeführt.
– Versuch und fahrlässige Begehung sind strafbar (§ 40 Abs. 2, 4 MPG).

bb) § 41 Nr. 3 i. V. m. § 6 Abs. 2 Satz 1 MPG

74 – Vgl. aa). **Unterschied:** Medizinprodukt unterliegt nicht den Vorschriften der Strahlenschutzverordnung oder Röntgenverordnung und bei dessen Herstellung wurden keine ionisierenden Strahlen verwendet.
– Fahrlässige Begehung stellt Ordnungswidrigkeit dar (§ 42 Abs. 1 MPG).

b) Ordnungswidrigkeit: § 42 Abs. 2 Nr. 2 i. V. m. § 9 Abs. 3 Satz 1 MPG

75 – Handlung: Die **CE-Kennzeichnung** wird vorsätzlich oder fahrlässig **nicht richtig oder nicht in der vorgeschriebenen Weise,** also nicht deutlich sichtbar, gut lesbar und dauerhaft auf dem Medizinprodukt und, falls vorhanden, auf der Handelspackung sowie auf der Gebrauchsanweisung **angebracht.**
– Es greift keine Befreiung nach § 9 Abs. 3 Satz 2 MPG ein.

2. Verstöße im Zusammenhang mit klinischen Prüfungen und Leistungsbewertungsprüfungen

a) Strafvorschriften

aa) § 41 Nr. 4 MPG i. V. m. § 20 Abs. 1 Nr. 1–6, 9, Abs. 4, Abs. 5, § 21 Nr. 1 MPG oder i. V. m. § 20 Abs. 7 Satz 1 MPG

76 – Handlung: **Durchführung einer klinischen Prüfung** eines Medizinprodukts bei Menschen unter Verstoß gegen eine der genannten und sehr detailliert geregelten Voraussetzungen.
– Fahrlässiger Verstoß stellt eine Ordnungswidrigkeit dar (§ 42 Abs. 1 MPG).

---

[64] ABl. EG Nr. L 313 v. 13. 12. 2000, S. 22.
[65] ABl. EG Nr. L 6 v. 10. 1. 2001, S. 50.

bb) § *41 Nr. 5 MPG i.V.m.* § *24 Abs. 1 Satz 1 MPG i.V.m.* § *20 Abs. 1 Nr. 1–6, 9, Abs. 4, Abs. 5 MPG*

– Handlung: **Durchführung einer Leistungsbewertungsprüfung** von In-vitro-Diag- 77
nostika bei Menschen unter Verstoß gegen eine der genannten Vorschriften.
– **Invasive Probennahme** ausschließlich oder in zusätzlicher Menge zum Zwecke der
Leistungsbewertung eines In-vitro-Diagnostikums **oder Durchführung zusätzlicher
invasiver oder anderer belastender Untersuchungen** im Rahmen der Leistungsbewertungsprüfung **oder** die im Rahmen der Leistungsbewertung erhaltenen Ergebnisse sollen für die Diagnostik verwendet werden, ohne dass sie mit etablierten Verfahren bestätigt werden können.
– Fahrlässiger Verstoß stellt eine Ordnungswidrigkeit dar (§ 42 Abs. 1 MPG).

b) Ordnungswidrigkeit: § **42 Abs. 2 Nr. 10 MPG i.V.m.** § **20 Abs. 1 Nr. 7,
Nr. 8 MPG, ggf. i.V.m.** § **21 Nr. 1 MPG**

– Handlung: **Durchführung einer klinischen Prüfung** eines Medizinprodukts bei 78
Menschen unter Verstoß gegen eine der genannten Vorschriften.

3. Ausstellen/Werben

a) Strafvorschrift: §§ **14, 3 HWG**

– **irreführende Werbung** 79
– Fahrlässige Begehung stellt Ordnungswidrigkeit dar (§ 15 Abs. 2 HWG)

b) Ordnungswidrigkeiten

aa) § *42 Abs. 2 Nr. 8 MPG i.V.m.* § *12 Abs. 4 Satz 1 MPG*

– Handlung: Vorsätzliches oder fahrlässiges **Ausstellen eines Medizinprodukts** (Legal- 80
definition: § 3 Nr. 13 MPG)
– Medizinprodukt entspricht nicht den Voraussetzungen nach § 6 Abs. 1 und 2 oder § 10
MPG.
– **Sichtbares Schild,** das deutlich darauf hinweist, dass das Medizinprodukt nicht den
vorstehenden Anforderungen entspricht und erst erworben werden kann, wenn die
Übereinstimmung hergestellt wurde, ist **nicht angebracht.**
Folgende Ordnungswidrigkeiten können nach § 15 Abs. 1 HWG sowohl **vorsätzlich** 81
als auch **fahrlässig** begangen werden:

bb) § *15 Abs. 1 Nr. 2 i.V.m.* § *6 HWG*

– **Werben mit Gutachten, Zeugnissen oder Bezugnahmen auf Veröffentlichun-** 82
gen unter Verstoß gegen die Pflichten des § 6 HWG.

cc) § *15 Abs. 1 Nr. 3 i.V.m.* § *7 Abs. 1 HWG*

– Mit **Zuwendungen oder sonstigen Werbeabgaben** verbundene und gegen § 7 83
Abs. 1 HWG verstoßende Werbung.

dd) § *15 Abs. 1 Nr. 5 i.V.m.* § *9 HWG*

– **Werbung für eine Fernbehandlung** (Legaldefinition: § 9 HWG) 84

ee) § *15 Abs. 1 Nr. 7 i.V.m.* § *11 HWG*

– **Werben außerhalb der Fachkreise** unter Verstoß gegen § 11 Abs. 1 Satz 2, Satz 1 85
Nr. 6–9, 11 oder 12 HWG.

ff) § *15 Abs. 1 Nr. 8 i.V.m.* § *12 HWG*

– **Betreiben einer Werbung außerhalb der Fachkreise,** die sich auf die Erkennung, 86
Verhütung, Beseitigung oder Linderung einer der in der Anlage zu § 12 HWG aufge-
führten Krankheiten oder Leiden bezieht, mit Ausnahme von Abschnitt A Nr. 2–7 der
Anlage.

gg) § 15 Abs. 1 Nr. 9 i. V. m. § 13 HWG

87 – **Betreiben von Werbung durch ausländisches Unternehmen,** ohne dass nach den Vorgaben des § 13 HWG ein Unternehmen oder eine natürliche Person ausdrücklich damit betraut ist, die sich aus dem HWG ergebenden Pflichten zu übernehmen.

4. Inverkehrbringen eines Medizinprodukts

a) Strafvorschriften

aa) § 40 Abs. 1 Nr. 1 MPG i. V. m. § 4 Abs. 1 Nr. 1 MPG

88 – Inverkehrbringen (Legaldefinition: § 3 Nr. 11 MPG) eines Medizinprodukts, wenn der begründete Verdacht besteht, dass es die **Sicherheit** und die **Gesundheit der Patienten, der Anwender oder Dritter** bei sachgemäßer Anwendung, Instandhaltung und ihrer Zweckbestimmung entsprechender Verwendung über ein nach den Erkenntnissen der medizinischen Wissenschaften vertretbares Maß hinausgehend gefährdet.
– Versuch und fahrlässige Begehung sind strafbar (§ 40 Abs. 2, 4 MPG).

bb) § 40 Abs. 1 Nr. 2 MPG i. V. m. § 6 Abs. 1 Satz 1 MPG

89 – Inverkehrbringen (Legaldefinition: § 3 Nr. 11 MPG) eines Medizinprodukts **ohne** die nach § 6 Abs. 1 Satz 1 MPG notwendige und den Anforderungen des § 6 Abs. 2 Satz 1 und Abs. 3 Satz 1 MPG **genügende CE-Kennzeichnung.** Ausnahmen: Sonderanfertigungen (Legaldefiniton: § 3 Nr. 8 MPG), Medizinprodukte aus In-Haus-Herstellung (Legaldefinition: § 3 Nr. 21 MPG), Medizinprodukte nach § 11 Abs. 1 MPG und Medizinprodukte, die zur klinischen Prüfung oder In-vitro-Diagnostika, die für Leistungsbewertungsprüfungen bestimmt sind.
– Medizinprodukt unterliegt den Vorschriften der **Strahlenschutzverordnung** oder der **Röntgenverordnung** oder bei dessen Herstellung wurden **ionisierende Strahlen** verwendet.
– Versuch und fahrlässige Begehung sind strafbar (§ 40 Abs. 2, 4 MPG).

cc) § 41 Nr. 1 MPG i. V. m. § 4 Abs. 2 Satz 1, Satz 2 MPG

90 – Inverkehrbringen (Legaldefinition: § 3 Nr. 11 MPG) eines Medizinprodukts **mit irreführender Bezeichnung, Angabe oder Aufmachung.**
– Die fahrlässige Begehung stellt eine Ordnungswidrigkeit dar (§ 42 Abs. 1 MPG).

dd) § 41 Nr. 2 MPG i. V. m. § 6 Abs. 1 Satz 1 MPG

91 – Inverkehrbringen (Legaldefinition: § 3 Nr. 11 MPG) eines Medizinprodukts **ohne** die nach § 6 Abs. 1 Satz 1 MPG notwendige und den Anforderungen des § 6 Abs. 2 Satz 1 und Abs. 3 Satz 1 MPG **genügende CE-Kennzeichnung.** Ausnahmen: Sonderanfertigungen (Legaldefinition: § 3 Nr. 8 MPG), Medizinprodukte aus In-Haus-Herstellung (Legaldefinition: § 3 Nr. 21 MPG), Medizinprodukte nach § 11 Abs. 1 MPG und Medizinprodukte, die zur klinischen Prüfung oder In-vitro-Diagnostika, die für Leistungsbewertungsprüfungen bestimmt sind.
– Medizinprodukt unterliegt nicht den Vorschriften der Strahlenschutzverordnung oder der Röntgenverordnung oder bei dessen Herstellung wurden keine ionisierenden Strahlen verwendet.
– Die fahrlässige Begehung stellt eine Ordnungswidrigkeit dar (§ 42 Abs. 1 MPG).

b) Ordnungswidrigkeiten

aa) § 42 Abs. 2 Nr. 1 MPG i. V. m. § 4 Abs. 1 Nr. 2 MPG

92 – Vorsätzliches oder fahrlässiges Inverkehrbringen (Legaldefinition: § 3 Nr. 11 MPG) eines Medizinprodukts, bei dem das **Verfalldatum** (Legaldefinition: § 4 Abs. 1 Nr. 2 MPG) **abgelaufen** ist.

bb) § *42 Abs. 2 Nr. 6 MPG i. V. m.* § *12 Abs. 1 Satz 1 MPG*

– Handlung: Vorsätzliches oder fahrlässiges Inverkehrbringen (Legaldefinition: § 3 Nr. 11   **93**
MPG) einer **Sonderanfertigung** (Legaldefinition: § 3 Nr. 8 MPG).
– Die auf die Sonderanfertigung unter Berücksichtigung ihrer Zweckbestimmung anwendbaren **Grundlegenden Anorderungen** nach § 7 MPG i. V. m. Anhang 1 der
Richtlinie 90/385/EWG, zuletzt geändert durch die Richtlinie 93/68/EWG (aktive
implantierbare Medizinprodukte), Anhang I der Richtlinie 98/79/EG (In-vitro-Diagnostika) und Anhang I der Richtlinie 93/42/EWG (sonstige Medizinprodukte), zuletzt
geändert durch die Richtlinie 2000/70/EG[66] und Richtlinie 2001/104/EG,[67] sind nicht
erfüllt **oder** das für sie vorgeschriebene **Konformitätsbewertungsverfahren** nach
§ 37 Abs. 1 MPG i. V. m. §§ 3 ff. MPV wurde nicht durchgeführt.

cc) § *42 Abs. 2 Nr. 11 MPG i. V. m.* § *25 Abs. 1 Satz 1, Abs. 4 MPG*

– Der Verantwortliche i. S. d. § 5 Sätze 1 und 2 MPG, der seinen Sitz in Deutschland hat   **94**
und Medizinprodukte, mit Ausnahme derjenigen nach § 3 Nr. 8 MPG (Sonderanfertigungen), **erstmalig in den Verkehr bringt,** zeigt dies vor Aufnahme seiner Tätigkeit der zuständigen Behörde vorsätzlich oder fahrlässig nicht, nicht richtig, nicht
vollständig oder nicht rechtzeitig unter Angabe seiner Anschrift an oder unterlässt die
unverzügliche **Anzeige** einer nachträglichen Änderung oder einer Einstellung des Inverkehrbringens.

dd) § *42 Abs. 2 Nr. 11 MPG i. V. m.* § *25 Abs. 3, 4 MPG*

– Der Verantwortliche i. S. d. § 5 Sätze 1 und 2 MPG mit Sitz in Deutschland **bringt** ein   **95**
In-vitro-Diagnostikum (Legaldefinition: § 3 Nr. 4 MPG) **erstmalig in den Verkehr** und zeigt die nach § 25 Abs. 3 Nr. 1–3 MPG erforderlichen Angaben vor Aufnahme seiner Tätigkeit der zuständigen Behörde vorsätzlich oder fahrlässig nicht, nicht
richtig, nicht vollständig oder nicht rechtzeitig unter Angabe seiner Anschrift an oder
unterlässt die unverzügliche **Anzeige** einer nachträglichen Änderung.

5. Abgabe eines Medizinprodukts

a) Strafvorschriften

aa) § *41 Nr. 6 MPG i. V. m.* § *37 Abs. 2 MPG i. V. m.* § *7 Abs. 1,* § *1 Abs. 1 Satz 1*
MPVerschrV

– Handlung: Abgeben eines Medizinprodukts an andere Person als Arzt oder Zahnarzt   **96**
ohne vorherige Vorlage einer **ärztlichen oder zahnärztlichen Bescheinigung.**
– Das Medizinprodukt ist **verschreibungspflichtig,** d. h. es ist in der Anlage zu § 1
Abs. 1 Nr. 1 MPVerschrV aufgeführt oder das Medizinprodukt enthält Stoffe oder Zubereitungen aus Stoffen, die der Verschreibungspflicht nach der Verordnung über verschreibungspflichtige Arzneimittel in der Fassung der Bekanntmachung vom 30. 8.
1990,[68] zuletzt geändert durch die Verordnung vom 14. 6. 2002,[69] und nach der Verordnung über die automatische Verschreibungspflicht vom 26. 6. 1978,[70] zuletzt geändert durch die Verordnung vom 24. 6. 2002,[71] in den jeweils geltenden Fassungen unterliegen, oder auf das Medizinprodukt ist ein solcher Stoff aufgetragen.
– Eine fahrlässige Begehung stellt eine Ordnungswidrigkeit dar (§ 7 Abs. 2 MPVerschrV
i. V. m. § 42 Abs. 1 MPG).

---

[66] ABl. EG Nr. L 313 v. 13. 12. 2000, S. 22.
[67] ABl. EG Nr. L 6 v. 10. 1. 2001, S. 50.
[68] BGBl. I S. 1866.
[69] BGBl. I S. 2212.
[70] BGBl. I S. 917.
[71] BGBl. I S. 2282.

bb) § 41 Nr. 6 MPG i. V. m. § 37 Abs. 2 MPG i. V. m. § 7 Abs. 1, § 3 MPVerschrV

97 – **Wiederholte Abgabe** eines verschreibungspflichtigen (vgl. Rdnr. 96) Medizinprodukts auf dieselbe Verschreibung über die verschriebene Menge hinaus.
– Eine fahrlässige Begehung stellt eine Ordnungswidrigkeit dar (§ 7 Abs. 2 MPVerschrV i. V. m. § 42 Abs. 1 MPG).

b) Ordnungswidrigkeiten

aa) § 42 Abs. 2 Nr. 5 MPG i. V. m. § 11 Abs. 2 Satz 1 MPG

98 – Vorsätzliche oder fahrlässige Abgabe eines Medizinprodukts an den Anwender, ohne dass die für ihn bestimmten **Informationen in deutscher Sprache** abgefasst sind.

bb) § 42 Abs. 2 Nr. 7 MPG i. V. m. § 12 Abs. 2 Satz 1 MPG

99 – Vorsätzliche oder fahrlässige Abgabe eines Medizinprodukts, das **zur klinischen Prüfung bestimmt** ist, zu diesem Zweck an einen Arzt, einen Zahnarzt oder eine sonstige Person, die auf Grund ihrer beruflichen Qualifikation zur Durchführung dieser Prüfungen befugt ist, sofern die Anforderungen der Nummer 3.2 Satz 1 und 2 des Anhangs 6 der Richtlinie 90/385/EWG (aktive implantierbare Medizinprodukte) bzw. die Anforderungen der Nummer 3.2 des Anhangs VIII der Richtlinie 93/42/EWG (sonstige Medizinprodukte) nicht erfüllt sind.

cc) § 42 Abs. 2 Nr. 7 MPG i. V. m. § 12 Abs. 3 Satz 1 MPG

100 – Vorsätzliche oder fahrlässige Abgabe eines In-vitro-Diagnostikums (Legaldefinition: § 3 Nr. 4 MPG) **für eine Leistungsbewertungsprüfung** zu diesem Zweck an einen Arzt, einen Zahnarzt oder eine sonstige Person, die auf Grund ihrer beruflichen Qualifikation zur Durchführung dieser Prüfungen befugt ist, sofern die Anforderungen der Nummer 3 des Anhangs VIII der Richtlinie 98/79/EG nicht erfüllt sind.

dd) §§ 3, 1 Abs. 2 Satz 1 MPVertrV i. V. m. § 42 Abs. 2 Nr. 16 MPG i. V. m. § 37 Abs. 3 MPG

101 – Vorsätzliche oder fahrlässige Abgabe eines **apothekenpflichtigen Medizinprodukts** (Legaldefinition: § 1 Abs. 1 MPVertrV) durch eine juristische Person des Privatrechts, eine rechtsfähige Personengesellschaft, einen nicht rechtsfähigen Verein oder eine Gesellschaft des bürgerlichen Rechts **an deren Mitglieder.** Ausnahme nach § 1 Abs. 2 Satz 2 MPVertrV: Bei den Mitgliedern handelt es sich um Apotheken oder um die in § 2 MPVertrV genannten Personen oder Einrichtungen und die Abgabe erfolgt unter den dort genannten Voraussetzungen.

ee) §§ 3, 2 MPVertrV i. V. m. § 42 Abs. 2 Nr. 16 MPG i. V. m. § 37 Abs. 3 MPG

102 – Vorsätzliche oder fahrlässige Abgabe eines **apothekenpflichtigen Medizinprodukts** (Legaldefinition: § 1 Abs. 1 MPVertrV) durch Hersteller von Medizinprodukten, deren Bevollmächtigte, Einführer oder Händler von Medizinprodukten **an andere als Apotheken** bzw. die in § 2 MPVertrV näher umschriebenen Personen oder Einrichtungen unter den genannten Voraussetzungen.

6. Errichten eines Medizinprodukts

a) Strafvorschrift: § 40 Abs. 1 Nr. 1 MPG i. V. m. § 4 Abs. 1 Nr. 1 MPG

103 – Errichten eines Medizinprodukts, wenn der begründete Verdacht besteht, dass es die **Sicherheit** und die **Gesundheit der Patienten, der Anwender oder Dritter** bei sachgemäßer Anwendung, Instandhaltung und seiner Zweckbestimmung entsprechenden Verwendung über ein nach den Erkenntnissen der medizinischen Wissenschaften vertretbares Maß hinausgehend **gefährdet.**
– Versuch und fahrlässige Begehung sind strafbar (§ 40 Abs. 2, 4 MPG).

b) Ordnungswidrigkeit: § 42 Abs. 2 Nr. 1 MPG i. V. m. § 4 Abs. 1 Nr. 2 MPG

– Vorsätzliches oder fahrlässiges Errichten eines Medizinprodukts, bei dem das **Verfall-** **104**
datum (Legaldefinition in § 4 Abs. 2 Nr. 2 MPG) **abgelaufen** ist.

7. Inbetriebnahme

a) Strafvorschriften

aa) § 40 Abs. 1 Nr. 1 MPG i. V. m. § 4 Abs. 1 Nr. 1 MPG

– Inbetriebnahme (Legaldefinition: § 3 Nr. 12 MPG) eines Medizinprodukts, wenn der **105**
begründete Verdacht besteht, dass es die **Sicherheit** und die **Gesundheit der Patien-**
ten, der Anwender oder Dritter bei sachgemäßer Anwendung, Instandhaltung und
seiner Zweckbestimmung entsprechenden Verwendung über ein nach den Erkenntnissen der medizinischen Wissenschaften vertretbares Maß hinausgehend **gefährdet.**
– Versuch und fahrlässige Begehung sind strafbar (§ 40 Abs. 2, 4 MPG).

bb) § 40 Abs. 1 Nr. 2 MPG i. V. m. § 6 Abs. 1 Satz 1 MPG

– Inbetriebnahme (Legaldefinition: § 3 Nr. 12 MPG) eines Medizinprodukts **ohne** die **106**
nach § 6 Abs. 1 Satz 1 MPG notwendige und den Anforderungen des § 6 Abs. 2 Satz 1
und Abs. 3 Satz 1 MPG **genügende CE-Kennzeichnung.** Ausnahmen: Sonderanfertigungen (Legaldefinition: § 3 Nr. 8 MPG), Medizinprodukte aus In-Haus-Herstellung
(Legaldefinition: § 3 Nr. 21 MPG), Medizinprodukte nach § 11 Abs. 1 MPG und Medizinprodukte, die zur klinischen Prüfung oder In-vitro-Diagnostika, die für Leistungsbewertungsprüfungen bestimmt sind.
– Medizinprodukt unterliegt den Vorschriften der **Strahlenschutzverordnung** oder der
Röntgenverordnung oder bei dessen Herstellung wurden **ionisierende Strahlen**
verwendet.
– Versuch und fahrlässige Begehung sind strafbar (§ 40 Abs. 2, 4 MPG).

cc) § 41 Nr. 2 MPG i. V. m. § 6 Abs. 1 Satz 1 MPG

– Inbetriebnahme (Legaldefinition: § 3 Nr. 12 MPG) eines Medizinprodukts **ohne** die **107**
nach § 6 Abs. 1 Satz 1 MPG notwendige und den Anforderungen des § 6 Abs. 2 Satz 1
und Abs. 3 Satz 1 MPG **genügende CE-Kennzeichnung.** Ausnahmen: Sonderanfertigungen (Legaldefinition: § 3 Nr. 8 MPG), Medizinprodukte aus In-Haus-Herstellung
(Legaldefinition: § 3 Nr. 21 MPG), Medizinprodukte nach § 11 Abs. 1 MPG und Medizinprodukte, die zur klinischen Prüfung oder In-vitro-Diagnostika, die für Leistungsbewertungsprüfungen bestimmt sind.
– Das Medizinprodukt unterliegt nicht den Vorschriften der Strahlenschutzverordnung
oder der Röntgenverordnung und bei dessen Herstellung wurden keine ionisierenden
Strahlen verwendet.
– Die fahrlässige Begehung stellt eine Ordnungswidrigkeit dar (§ 42 Abs. 1 MPG).

b) Ordnungswidrigkeiten

aa) § 42 Abs. 2 Nr. 1 MPG i. V. m. § 4 Abs. 1 Nr. 2 MPG

– Vorsätzliche oder fahrlässige Inbetriebnahme (Legaldefinition: § 3 Nr. 12 MPG) eines **108**
Medizinprodukts, bei dem das **Verfalldatum** (Legaldefinition: § 4 Abs. 2 Nr. 2 MPG)
abgelaufen ist.

bb) § 42 Abs. 2 Nr. 6 MPG i. V. m. § 12 Abs. 1 Satz 1 MPG

– Handlung: Vorsätzliche oder fahrlässige Inbetriebnahme (Legaldefinition: § 3 Nr. 12 **109**
MPG) einer **Sonderanfertigung** (Legaldefinition: § 3 Nr. 8 MPG).
– Die auf die Sonderanfertigung unter Berücksichtigung ihrer Zweckbestimmung an-
wendbaren **Grundlegenden Anoderungen** nach § 7 MPG i. V. m. Anhang 1 der

Richtlinie 90/385/EWG, zuletzt geändert durch die Richtlinie 93/68/EWG (aktive implantierbare Medizinprodukte), Anhang I der Richtlinie 98/79/EG (In-vitro-Diagnostika) und Anhang I der Richtlinie 93/42/EWG (sonstige Medizinprodukte), zuletzt geändert durch die Richtlinie 2000/70/EG[72] und Richtlinie 2001/104/EG,[73] sind nicht erfüllt oder das für sie vorgeschriebene **Konformitätsbewertungsverfahren** nach § 37 Abs. 1 MPG i. V. m. §§ 3 ff. MPV wurde nicht durchgeführt.

8. Betreiben

a) Strafvorschriften

aa) § 40 Abs. 1 Nr. 1 MPG i. V. m. § 4 Abs. 1 Nr. 1 MPG

110 – Betreiben eines Medizinprodukts, wenn der begründete Verdacht besteht, dass es die **Sicherheit** und die Gesundheit der Patienten, der Anwender oder Dritter bei sachgemäßer Anwendung, Instandhaltung und seiner Zweckbestimmung entsprechenden Verwendung über ein nach den Erkenntnissen der medizinischen Wissenschaften vertretbares Maß hinausgehend **gefährdet.**
– Versuch und fahrlässige Begehung sind strafbar (§ 40 Abs. 2, 4 MPG).

bb) § 40 Abs. 1 Nr. 4 MPG i. V. m. § 14 Satz 2 MPG

111 – Betreiben eines Medizinprodukts, das **Mängel** aufweist, **durch die Patienten, Beschäftigte oder Dritte gefährdet werden können.**
– Versuch und fahrlässige Begehung sind strafbar (§ 40 Abs. 2, 4 MPG).

b) Ordnungswidrigkeiten

aa) § 42 Abs. 2 Nr. 1 MPG i. V. m. § 4 Abs. 1 Nr. 2 MPG

112 – Vorsätzliches oder fahrlässiges Betreiben eines Medizinprodukts, bei dem das **Verfalldatum** (Legaldefinition: § 4 Abs. 2 Nr. 2 MPG) **abgelaufen** ist.

bb) § 13 Nr. 1 i. V. m. § 2 Abs. 6 MPBetreibV i. V. m. § 42 Abs. 2 Nr. 16 MPG i. V. m. § 37 Abs. 5 MPG

113 – Vorsätzliches oder fahrlässiges Betreiben eines Medizinprodukts, das in den Anwendungsbereich der MPBetreibV (§ 1) fällt, in Anlage 2 zur MPBetreibV aufgeführt ist und die **Fehlergrenzen** des § 11 Abs. 2 MPBetreibV **nicht einhält.**

cc) § 13 Nr. 4 i. V. m. § 5 Abs. 1 Satz 1 MPBetreibV i. V. m. § 42 Abs. 2 Nr. 16 MPG i. V. m. § 37 Abs. 5 MPG

114 – Vorsätzliches oder fahrlässiges Betreiben eines in der Anlage 1 zur MPBetreibV aufgeführten Medizinprodukts, ohne dass der Hersteller oder eine dazu befugte Person, die im Einvernehmen mit dem Hersteller handelt, das Medizinprodukt am Betriebsort einer **Funktionsprüfung** unterzogen hat und die vom Betreiber beauftragte Person anhand der Gebrauchsanweisung sowie beigefügter sicherheitsbezogener Informationen und Instandhaltungshinweise in die sachgerechte Handhabung, Anwendung und den Betrieb des Medizinprodukts sowie in die zulässige Verbindung mit anderen Medizinprodukten, Gegenständen und Zubehör **eingewiesen** hat.

dd) § 13 Nr. 14 i. V. m. § 15 Nr. 1 MPBetreibV i. V. m. § 42 Abs. 2 Nr. 16 MPG i. V. m. § 37 Abs. 5 MPG

115 – Vorsätzliches oder fahrlässiges **Betreiben** eines Medizinprodukts nach § 2 Nr. 1 der Medizingeräteverordnung (MedGV), das nach der MedGV in den Verkehr gebracht

---

[72] ABl. EG Nr. L 313 v. 13. 12. 2000, S. 22.
[73] ABl. EG Nr. L 6 v. 10. 1. 2001, S. 50.

werden darf und das nicht der Bauart nach zugelassen ist; außer in den Fällen des § 5 Abs. 10 MedGV.

– Medizinprodukte, die nach den Vorschriften der (durch Art. 6 des 2. MPG-ÄndG inzwischen aufgehobenen) MedGV in den Verkehr gebracht wurden, dürfen unter den Voraussetzungen des § 15 MPBetreibV betrieben werden. Insoweit kann die aufgehobene MedGV nach wie vor Bedeutung haben.

ee) § 13 Nr. 14 i. V. m. § 15 Nr. 2 MPBetreibV i. V. m. § 42 Abs. 2 Nr. 16 MPG i. V. m. § 37 Abs. 5 MPG

– Vorsätzliches oder fahrlässiges **Weiterbetreiben** eines Medizinprodukts, das nach den **116** Vorschriften der Medizingeräteverordnung in Verkehr gebracht werden darf, bei dem die **Bauartzulassung zurückgenommen oder widerrufen** worden ist und vor der Bekanntgabe der Rücknahme oder des Widerrufs im Bundesanzeiger in Betrieb genommen wurde, wenn sie der zurückgenommenen oder widerrufenen **Zulassung nicht entsprechen** oder nach § 5 Abs. 9 der Medizingeräteverordnung festgestellt wird, dass **Gefahren für Patienten, Beschäftigte oder Dritte zu befürchten** sind; Entsprechendes gilt, wenn die Bauartzulassung nach § 5 Abs. 8 Nr. 2 der Medizingeräteverordnung erloschen ist. Zur insoweit bleibenden Bedeutung der (aufgehobenen) Medizingeräteverordnung siehe Rdnr. 115.

9. Anwenden

a) Strafvorschriften

aa) § 40 Abs. 1 Nr. 1 MPG i. V. m. § 4 Abs. 1 Nr. 1 MPG

– Anwenden eines Medizinproduktes, wenn der begründete Verdacht besteht, dass es die **117** **Sicherheit** und die **Gesundheit der Patienten, der Anwender oder Dritter** bei sachgemäßer Anwendung, Instandhaltung und seiner Zweckbestimmung entsprechenden Verwendung über ein nach den Erkenntnissen der medizinischen Wissenschaften vertretbares Maß hinausgehend **gefährdet.**

– Versuch und fahrlässige Begehung sind strafbar (§ 40 Abs. 2, 4 MPG).

bb) § 40 Abs. 1 Nr. 4 MPG i. V. m. § 14 Satz 2 MPG

– Anwenden eines Medizinprodukts, das **Mängel** aufweist, **durch die Patienten, Be- 118 schäftigte oder Dritte gefährdet werden können.**

– Versuch und fahrlässige Begehung sind strafbar (§ 40 Abs. 2, 4 MPG).

b) Ordnungswidrigkeiten

aa) § 42 Abs. 2 Nr. 1 MPG i. V. m. § 4 Abs. 1 Nr. 2 MPG

– Vorsätzliches oder fahrlässiges Anwenden eines Medizinprodukts, bei dem das **Verfall- 119 datum** (Legaldefinition: § 4 Abs. 2 Nr. 2 MPG) **abgelaufen** ist.

bb) § 42 Abs. 2 Nr. 9 MPG i. V. m. § 12 Abs. 4 Satz 3 MPG

– Vorsätzliches oder fahrlässiges Anwenden eines In-vitro-Diagnostikums, das nach § 12 **120** Abs. 4 MPG ausgestellt ist, **an Proben, die von einem Besucher der Ausstellung stammen.**

cc) § 13 Nr. 1 MPBetreibV i. V. m. § 2 Abs. 6 MPBetreibV i. V. m. § 42 Abs. 2 Nr. 16 MPG i. V. m. § 37 Abs. 5 MPG

– Vorsätzliches oder fahrlässiges Anwenden eines Medizinprodukts, das in den Anwen- **121** dungsbereich der MPBetreibV (§ 1) fällt, in Anlage 2 zur MPBetreibV aufgeführt ist und die **Fehlergrenzen** des § 11 Abs. 2 MPBetreibV **nicht einhält.**

dd) § 13 Nr. 4 MPBetreibV i. V. m. § 5 Abs. 2 MPBetreibV i. V. m. § 42 Abs. 2 Nr. 16 MPG i. V. m. § 37 Abs. 5 MPG

122 – Vorsätzliches oder fahrlässiges Anwenden eines in Anlage 1 zur MPBetreibV aufgeführten Medizinprodukts von einer **Person, die die Voraussetzungen** des § 2 Abs. 2 MP-BetreibV (erforderliche Ausbildung oder Kenntnis und Erfahrung) **nicht erfüllt** oder eine solche, die nicht durch den Hersteller oder durch eine gem. § 5 Abs. 1 Nr. 2 MP-BetreibV vom Betreiber beauftragte Person unter Berücksichtigung der Gebrauchsanweisung in die sachgerechte Handhabung dieses Medizinprodukts eingewiesen worden ist.

ee) § 13 Nr. 4 MPBetreibV i. V. m. § 15 Nr. 5 Satz 1 MPBetreibV i. V. m. § 42 Abs. 2 Nr. 16 MPG i. V. m. § 37 Abs. 5 MPG

123 – Vorsätzliches oder fahrlässiges Anwenden eines Medizinprodukts nach § 2 Nr. 1 und 3 der MedGV, das nach der MedGV in den Verkehr gebracht werden darf, durch eine Person, die nicht am Medizinprodukt unter Berücksichtigung der Gebrauchsanweisung in die sachgerechte Handhabung eingewiesen worden ist. Zur insoweit bleibenden Bedeutung der (aufgehobenen) MedGV siehe Rdnr. 115.

10. Ordnungswidrigkeiten im Zusammenhang mit Sicherheitsbeauftragten

a) § 42 Abs. 2 Nr. 11 MPG i. V. m. § 30 Abs. 2 Satz 1 MPG

124 – Der Verantwortliche nach § 5 Sätze 1 und 2 MPG **zeigt** der zuständigen Behörde den Sicherheitsbeauftragten oder den Wechsel in seiner Person vorsätzlich oder fahrlässig **nicht unverzüglich an.**

b) § 42 Abs. 2 Nr. 13 MPG i. V. m. § 30 Abs. 1 MPG

125 – Der Verantwortliche nach § 5 Sätze 1 und 2 MPG mit Sitz in Deutschland **bestimmt** vorsätzlich oder fahrlässig **nicht unverzüglich** nach Aufnahme der Tätigkeit eine Person mit der zur Ausübung ihrer Tätigkeit erforderlichen Sachkenntnis und der erforderlichen Zuverlässigkeit als Sicherheitsbeauftragten für Medizinprodukte.

11. Ordnungswidrigkeiten im Zusammenhang mit Medizinprodukteberatern

a) § 42 Abs. 2 Nr. 14 MPG i. V. m. § 31 Abs. 1 Satz 1, Satz 2 MPG

126 – Vorsätzliches oder fahrlässiges **Ausüben einer Tätigkeit als Medizinprodukteberater** (berufsmäßiges fachliches Informieren von Fachkreisen oder Einweisen derselben in die sachgerechte Handhabung von Medizinprodukten), **ohne** die für die jeweiligen Medizinprodukte **erforderliche Sachkenntnis und Erfahrung** für die Informationen und, soweit erforderlich, für die Einweisung in die Handhabung der jeweiligen Medizinprodukte zu besitzen, wobei dies auch für die fernmündlichen Informationen gilt.

b) § 42 Abs. 2 Nr. 15 MPG i. V. m. § 31 Abs. 4 MPG

127 – Medizinprodukteberater **zeichnet** vorsätzlich oder fahrlässig **Mitteilungen** von Angehörigen der Fachkreise über Nebenwirkungen, wechselseitige Beeinflussungen, Fehlfunktionen, technische Mängel, Gegenanzeigen, Verfälschungen oder sonstige Risiken bei Medizinprodukten **nicht schriftlich auf** oder **übermittelt** diese **nicht schriftlich und unverzüglich** dem Verantwortlichen nach § 5 Sätze 1 und 2 MPG oder dessen Sicherheitsbeauftragten für Medizinprodukte.

12. Ordnungswidrigkeit im Zusammenhang mit der Durchführung der Überwachung: § 42 Abs. 2 Nr. 12 MPG i. V. m. § 26 Abs. 4 Satz 1 MPG

128 – Betrieb oder Einrichtung mit Sitz in Deutschland, in dem Medizinprodukte hergestellt, klinisch geprüft, einer Leistungsbewertungsprüfung unterzogen, verpackt, ausgestellt, in

den Verkehr gebracht, errichtet, betrieben, angewendet oder in dem Medizinprodukte, die bestimmungsgemäß keimarm oder steril zur Anwendung kommen, für andere aufbereitet werden und deshalb nach § 26 Abs. 1 MPG der Überwachung unterliegt, **duldet** vorsätzlich oder fahrlässig die **Maßnahmen** nach § 26 Abs. 3 Satz 1 Nr. 1–3 MPG **nicht** oder **unterstützt** vorsätzlich oder fahrlässig **nicht die beauftragten Personen** oder die sonstigen in der Überwachung tätigen Personen bei der Erfüllung ihrer Aufgaben.

13. Ordnungswidrigkeiten im Zusammenhang mit der Zusammensetzung von Systemen und Behandlungseinheiten

a) § 42 Abs. 2 Nr. 3 MPG i. V. m. § 10 Abs. 1 Satz 2 MPG i. V. m. § 6 Abs. 6 MPV i. V. m. § 37 Abs. 1 MPG

– Zusammensetzung von Medizinprodukten, die eine CE-Kennzeichnung tragen und die   **129** entsprechend ihrer Zweckbestimmung innerhalb der vom Hersteller vorgesehenen Anwendungsbeschränkungen zusammengesetzt werden, um in Form eines Systems oder einer Behandlungseinheit erstmalig in den Verkehr gebracht zu werden.
– Handlung: **Erklärung** mit dem Inhalt des Art. 12 Abs. 2 Satz 1 der Richtlinie 93/42/EWG wird von dem Verantwortlichen vorsätzlich oder fahrlässig **nicht, nicht richtig, nicht vollständig oder nicht rechtzeitig abgegeben.**

b) § 42 Abs. 2 Nr. 4 MPG i. V. m. § 10 Abs. 4 Satz 2 MPG

– Zusammensetzung von Systemen und Behandlungseinheiten nach § 10 Abs. 1 MPG.   **130**
– Handlung: Vorsätzliche oder fahrlässige **Nichtbeifügung der** nach § 7 MPG i. V. m. Nr. 11–16 des Anhangs 1 der Richtlinie 90/385/EWG, Nummer 13 des Anhangs I der Richtlinie 93/42/EWG oder der Nummer 8 des Anhangs I der Richtlinie 98/79/EG erforderlichen Informationen, die auch die von dem Hersteller der Produkte, die zu dem System oder der Behandlungseinheit zusammengesetzt wurden, mitgelieferten Hinweise enthalten müssen.

c) § 42 Abs. 2 Nr. 11 MPG i. V. m. § 25 Abs. 2 MPG

– Zusammensetzen von Systemen oder Behandlungseinheiten nach § 10 Abs. 1 MPG   **131** durch einen Verantwortlichen mit Sitz in Deutschland, ohne dass er der zuständigen Behörde unter Angabe seiner Anschrift vor Aufnahme der Tätigkeit die Bezeichnung und die Beschreibung der betreffenden Medizinprodukte richtig, vollständig und rechtzeitig **anzeigt** oder ohne dass er eine nachträgliche Änderung unverzüglich anzeigt, wobei Fahrlässigkeit genügt.

14. Ordnungswidrigkeiten im Zusammenhang mit Sterilisierung und Aufbereitung

a) § 42 Abs. 2 Nr. 3 MPG i. V. m. § 10 Abs. 3, Satz 1, 2 MPG i. V. m. § 4 Abs. 3, § 6 Abs. 7, 8 MPV i. V. m. § 37 Abs. 1 MPG

– **Sterilisierung** eines Systems oder einer Behandlungseinheit nach § 10 Abs. 1 oder 2 MPG   **132** oder eines anderen Medizinprodukts mit CE-Kennzeichnung, für die der Hersteller eine Sterilisation vor der Verwendung vorgesehen hat, **für das erstmalige Inverkehrbringen** oder **Aufbereitung** (Legaldefinition: § 3 Nr. 14 MPG) **und Abgabe** eines Medizinprodukts, das steril angewendet wird, **nach dem erstmaligen Inverkehrbringen.**
– Handlung: **Erklärung** nach § 4 Abs. 3, § 6 Abs. 7, 8 MPV wird vorsätzlich oder fahrlässig **nicht, nicht richtig, nicht vollständig oder nicht rechtzeitig abgegeben.**

b) § 42 Abs. 2 Nr. 4 MPG i. V. m. § 10 Abs. 4 Satz 2 MPG

– Sterilisierung von Systemen, Behandlungseinheiten oder anderen Medizinprodukten   **133** nach § 10 Abs. 3 MPG.
– Handlung: Vorsätzliche oder fahrlässige **Nichtbeifügung der** nach § 7 MPG i. V. m. Nr. 11–16 des Anhangs 1 der Richtlinie 90/385/EWG, Nummer 13 des Anhangs I der

Richtlinie 93/42/EWG oder der Nummer 8 des Anhangs I der Richtlinie 98/79/EG **erforderlichen Informationen,** die auch die von dem Hersteller der Produkte, die zu dem System oder der Behandlungseinheit zusammengesetzt wurden, mitgelieferten Hinweise enthalten müssen.

c) § 42 Abs. 2 Nr. 11 MPG i. V. m. § 25 Abs. 2, 4 MPG

134 – Sterilisierung von Systemen oder Behandlungseinheiten nach § 10 Abs. 1 MPG oder von Medizinprodukten nach § 10 Abs. 3 MPG durch einen Verantwortlichen mit Sitz in Deutschland, ohne dass er der zuständigen Behörde unter Angabe seiner Anschrift vor Aufnahme der Tätigkeit die Bezeichnung sowie bei Systemen und Behandlungseinheiten die Beschreibung der betreffenden Medizinprodukte richtig, vollständig und rechtzeitig **anzeigt** oder ohne dass er eine nachträgliche Änderung unverzüglich anzeigt, wobei Fahrlässigkeit genügt.

15. Ordnungswidrigkeiten im Zusammenhang mit der Instandhaltung

a) § 13 Nr. 2 MPBetreibV i. V. m. § 4 Abs. 1 MPBetreibV i. V. m. § 42 Abs. 2 Nr. 16 MPG

135 – Vorsätzliches oder fahrlässiges **Beauftragen einer Person,** eines Betriebs oder einer Einrichtung mit der Instandhaltung (Wartung, Inspektion, Instandsetzung und Aufbereitung) von Medizinprodukten, die die **Sachkenntnis, Voraussetzungen** und die **erforderlichen Mittel** zur ordnungsgemäßen Ausführung dieser Aufgabe nicht besitzt, durch den Betreiber.

b) § 13 Nr. 3 MPBetreibV i. V. m. § 4 Abs. 2 MPBetreibV i. V. m. § 42 Abs. 2 Nr. 16 MPG

136 – Handlung: **Reinigung, Desinfektion oder Sterilisation** von bestimmungsgemäß keimarm oder steril zur Anwendung kommenden Medizinprodukten, auch von solchen, die vor der erstmaligen Anwendung desinfiziert oder sterilisiert werden, wird vorsätzlich oder fahrlässig **nicht oder nicht richtig durchgeführt.**

– **Richtig durchgeführt** ist die Aufbereitung (Legaldefinition: § 3 Nr. 14 MPG), wenn sie unter Berücksichtigung der Angaben des Herstellers mit geeigneten validierten Verfahren so durchgeführt wird, dass der Erfolg dieser Verfahren nachvollziehbar gewährleistet ist und die Sicherheit und Gesundheit von Patienten, Anwendern oder Dritten nicht gefährdet wird. Eine ordnungsgemäße Aufbereitung wird vermutet, wenn die gemeinsame Empfehlung der Kommission für Krankenhaushygiene und Infektionsprävention am Robert Koch-Institut und des Bundesinstituts für Arzneimittel und Medizinprodukte zu den Anforderungen an Hygiene bei der Aufbereitung von Medizinprodukten beachtet wird.

16. Ordnungswidrigkeiten im Zusammenhang mit quantitativen labormedizinischen Untersuchungen

a) § 13 Nr. 3 lit. a) MPBetreibV i. V. m. § 4a Abs. 1 Satz 1 MPBetreibV i. V. m. § 42 Abs. 2 Nr. 16 MPG

137 – Bei der Durchführung einer quantitativen labormedizinischen Untersuchung werden die **Messergebnisse** vorsätzlich oder fahrlässig **nicht in der vorgeschriebenen Weise** (interne Qualitätssicherung durch Kontrolluntersuchung und externe Qualitätssicherung durch Teilnahme an einer Vergleichsuntersuchung pro Quartal gemäß Abschnitt 3 Nr. 3.2.1 Abs. 1 der Richtlinien der Bundesärztekammer zur Qualitätssicherung in Medizinischen Laboratorien vom 24. 8. 2001, Deutsches Ärzteblatt 98, Heft 42, 19. 10. 2001, S. A–Z 747) **überwacht.**

b) § 13 Nr. 3 lit. b) MPBetreibV i. V. m. § 4a Abs. 1 Satz 2 MPBetreibV i. V. m. § 42 Abs. 2 Nr. 16 MPG

– Eine **Unterlage über die durchgeführten Kontrolluntersuchungen,** eine Bescheinigung über die Teilnahme an den Ringversuchen oder ein erteiltes Ringversuchszertifikat wird vorsätzlich oder fahrlässig **nicht oder nicht mindestens fünf Jahre aufbewahrt** oder auf Verlangen der zuständigen Behörde nicht oder nicht rechtzeitig vorgelegt. **138**

17. Ordnungswidrigkeiten im Zusammenhang mit sicherheitstechnischen oder messtechnischen Kontrollen

a) § 13 Nr. 5 MPBetreibV i. V. m. § 6 Abs. 1, § 11 Abs. 1 Satz 1, § 15 Nr. 6 MPBetreibV i. V. m. § 42 Abs. 2 Nr. 16 MPG

– Handlung: **Kontrolle** wird vorsätzlich oder fahrlässig **nicht, nicht richtig oder nicht rechtzeitig durchgeführt** und nicht oder nicht rechtzeitig durchgeführt gelassen. **139**
– **Richtige und rechtzeitige Durchführung:** Hat der Hersteller von aktiven Medizinprodukten sicherheitstechnische Kontrollen vorgeschrieben, muss der Betreiber diese nach den Angaben des Herstellers und den allgemeinen anerkannten Regeln der Technik sowie in den vom Hersteller angegebenen Fristen durchführen oder durchführen lassen (§ 6 Abs. 1 Satz 1 MPBetreibV). Soweit der Hersteller für die in Anlage 1 zur MPBetreibV aufgeführten Medizinprodukte keine sicherheitstechnischen Kontrollen vorgeschrieben und diese auch nicht ausdrücklich ausgeschlossen hat, hat der Betreiber sicherheitstechnische Kontrollen nach den allgemein anerkannten Regeln der Technik und zwar in solchen Fristen durchzuführen oder durchführen zu lassen, mit denen entsprechende Mängel, mit denen auf Grund der Erfahrungen gerechnet werden kann, rechtzeitig festgestellt werden können, spätestens aber alle zwei Jahre (§ 6 Abs. 1 Sätze 2 und 3 MPBetreibV). Die sicherheitstechnischen Kontrollen schließen die Messfunktionen ein (§ 6 Abs. 1 Satz 4 MPBetreibV). Vorstehendes gilt auch für andere Medizinprodukte, Zubehör, Software und andere Gegenstände, die der Betreiber bei aktiven Medizinprodukten verbunden verwendet. Bei Medizinprodukten mit Messfunktion hat der Betreiber für die in Anlage 2 zur MPBetreibV aufgeführten Medizinprodukte und für solche, bei denen der Hersteller solche Kontrollen vorgesehen hat, nach Maßgabe von § 11 Abs. 3 und 4 MPBetreibV auf der Grundlage der anerkannten Regeln der Technik messtechnische Kontrollen durchzuführen oder durchführen zu lassen, wobei diese auch in Form von Vergleichsmessungen durchgeführt werden können, soweit diese in Anlage 2 der MPBetreibV für bestimmte Medizinprodukte vorgesehen sind. Bei Medizinprodukten, die nach der Medizingeräteverordnung in Verkehr gebracht werden durften, müssen die in der Bauartzulassung festgelegten sicherheitstechnischen Kontrollen im dort vorgeschriebenen Umfang fristgerecht durchgeführt oder durchgeführt gelassen werden (§ 15 Nr. 6 MPBetreibV). Zur insoweit bleibenden Bedeutung der (aufgehobenen) Medizingeräteverordnung s. Rdnr. 115.

b) § 13 Nr. 6 MPBetreibV i. V. m. § 6 Abs. 3 Satz 2 MPBetreibV i. V. m. § 42 Abs. 2 Nr. 16 MPG

– Das **Protokoll einer sicherheitstechnischen Kontrolle wird** vorsätzlich oder fahrlässig **nicht** bis zur nächsten sicherheitstechnischen Kontrolle **aufbewahrt.** **140**

c) § 13 Nr. 7 MPBetreibV i. V. m. § 6 Abs. 4 Satz 1, § 11 Abs. 5 Satz 1 Nr. 2 MPBetreibV i. V. m. § 42 Abs. 2 Nr. 16 MPG

– Vorsätzliches oder fahrlässiges **Durchführen einer sicherheitstechnischen oder messtechnischen Kontrolle durch** eine Person, die die Voraussetzungen des § 6 Abs. 4 Satz 1 (ggf. i. V. m. § 11 Abs. 5 Satz 1 Nr. 2) **nicht erfüllt.** **141**

d) § 13 Nr. 8 MPBetreibV i. V. m. § 6 Abs. 5, § 11 Abs. 6 MPBetreibV i. V. m. § 42 Abs. 2 Nr. 16 MPG

142 – Vorsätzliche oder fahrlässige **Beauftragung** einer Person mit einer sicherheitstechnischen oder messtechnischen Kontrolle, die die Voraussetzungen nach § 6 Abs. 4, 5 bzw. § 11 Abs. 5 Satz 1, Abs. 6 MPBetreibV nicht erfüllt.

e) § 13 Nr. 11 MPBetreibV i. V. m. § 11 Abs. 5 Satz 2 MPBetreibV i. V. m. § 42 Abs. 2 Nr. 16 MPG

143 – Person, die messtechnische Kontrollen durchführt, **zeigt** diese **Tätigkeit** vorsätzlich oder fahrlässig **nicht** vor deren Aufnahme der zuständigen Behörde **an.**

f) § 13 Nr. 12 MPBetreibV i. V. m. § 11 Abs. 7 MPBetreibV i. V. m. § 42 Abs. 2 Nr. 16 MPG

144 – Derjenige, der eine messtechnische Kontrolle durchführt, **trägt** vorsätzlich oder fahrlässig die **Ergebnisse der messtechnischen Kontrolle** unter Angabe der ermittelten Messwerte, der Messverfahren und sonstiger Beurteilungsergebnisse **nicht, nicht richtig, nicht vollständig oder nicht unverzüglich in das Medizinproduktebuch ein,** soweit es nach § 7 Abs. 1 MPBetreibV zu führen ist.

g) § 13 Nr. 13 MPBetreibV i. V. m. § 11 Abs. 8 MPBetreibV i. V. m. § 42 Abs. 2 Nr. 16 MPG

145 – Medizinprodukt wird nach erfolgreicher messtechnischer Kontrolle vorsätzlich oder fahrlässig **nicht, nicht richtig oder nicht vollständig gekennzeichnet.**

18. Sonstige Ordnungswidrigkeiten

a) § 13 Nr. 9 MPBetreibV i. V. m. § 7 Abs. 1 Satz 1, § 8 Abs. 1 Satz 1, § 15 Nr. 8 MPBetreibV i. V. m. § 42 Abs. 2 Nr. 16 MPG

146 – Der Betreiber **führt** vorsätzlich oder fahrlässig ein **Medizinproduktebuch,** das er für die in den Anlagen 1 und 2 zur MPBetreibV mit den Angaben in § 7 Abs. 2 Satz 1 MPBetreibV zu führen hat, **oder ein Bestandsverzeichnis,** das er für alle aktiven nicht implantierbaren Medizinprodukte der jeweiligen Betriebsstätte nach § 8 Abs. 2 Satz 1 MPBetreibV zu führen hat, **nicht, nicht richtig oder nicht vollständig.** Nach § 15 Nr. 8 MPBetreibV dürfen Bestandsverzeichnisse und Gerätebücher nach den §§ 12 und 13 der (aufgehobenen) MedGV weitergeführt werden und gelten als Bestandsverzeichnis und Medizinproduktebuch.

b) § 13 Nr. 10 MPBetreibV i. V. m. § 10 Abs. 1 MPBetreibV i. V. m. § 42 Abs. 2 Nr. 16 MPG

147 – Die für eine Implantation verantwortliche Person **händigt dem Patienten,** dem ein aktives Medizinprodukt implantiert wurde, nach Abschluss der Implantation vorsätzlich oder fahrlässig **eine schriftliche Information,** in der die für die Sicherheit des Patienten nach der Implantation notwendigen Verhaltensweisen in allgemein verständlicher Weise enthalten sind und in der auch Angaben darüber enthalten sein müssen, welche Maßnahmen bei einem Vorkommnis mit dem Medizinprodukt zu treffen sind und in welchen Fällen der Patient einen Arzt aufsuchen sollte, **nicht, nicht richtig, nicht vollständig oder nicht rechtzeitig aus.**

III. Vorsätzliche oder fahrlässige Körperverletzung oder Tötung

148 Wird auf Grund einer der vorstehend beschriebenen oder einer sonstigen Verhaltensweise die Körperverletzung oder der Tod eines Menschen verursacht, kommt darüber hinaus eine Strafbarkeit wegen **fahrlässiger** (§ 229 StGB) oder **vorsätzlicher** (§ 223

StGB) **Körperverletzung** oder wegen **fahrlässiger Tötung** (§ 222 StGB) bzw. wegen **Totschlags** (§ 212 StGB) in Betracht. Der Unterschied zu § 4 Abs. 1 Nr. 1 MPG liegt darin, dass dort bereits der Verdacht einer abstrakten Gefährdung anderer für die Tatbestandsverwirklichung ausreicht, während bei den genannten Vorschriften des Strafgesetzbuchs die Körperverletzung bzw. der Tod tatsächlich eingetreten sein muss. Bei vorsätzlichem Handeln und Ausbleiben der Körperverletzung bzw. des Todes kann die Tat als versuchte Körperverletzung bzw. als versuchter Totschlag strafbar sein.

C. Ausgewählte Strafvorschriften im Umfeld des Medizinprodukterechts

I. Korruptionsdelikte

1. Einleitung

a) Bestandsaufnahme

Die Korruptionsdelikte haben im Zusammenhang mit der Kooperation der Industrie **149** mit Ärzten und Krankenhäusern in den vergangenen Jahren nicht zuletzt durch den sog. „**Herzklappenskandal**" erheblich an Bedeutung gewonnen. Am Anfang der „Herzklappenaffäre" im Jahr 1994 standen noch zahlreiche Ärzte unter dem Verdacht, sich durch Annahme von wertvollen Geschenken, Urlaubsreisen etc. **persönlich bereichert** zu haben. Die Staatsanwaltschaften führten damals Ermittlungsverfahren gegen etwa 1800 Universitätsprofessoren und Krankenhausärzte sowie gegen etwa 130 Unternehmensmitarbeiter. Dabei betrieben sie einen gewaltigen Aufwand und durchsuchten unter anderem Unternehmen, (Universitäts-) Kliniken und Privathäuser von Ärzten und Geschäftsführern von Unternehmen. Der Vorwurf einer persönlichen Bereicherung hat sich dabei nur in Einzelfällen bestätigt. Der Großteil der Verfahren wurde – zum Teil gegen Erbringung einer Geldauflage – eingestellt, während nur wenige Anklagen erhoben oder Strafbefehle erlassen wurden. Bereits im Zuge der Ermittlungsverfahren standen nicht mehr persönliche Zuwendungen im Mittelpunkt der Ermittlungsverfahren, sondern – wie die Rechtsprechung nunmehr auch zeigt – bisher weit verbreitete und anerkannte Kooperationsmethoden wie die Finanzierung von wissenschaftlichen Studienprojekten, AiP- und Assistenzarztstellen, die Unterstützung von Kongressteilnahmen, die Durchführung von Anwendungs- und Produktbeobachtungen, die Gewährung von Spenden an medizinische Einrichtungen und Fördervereine oder die Überlassung von Geräten zur Verbesserung der Diagnostik. In der Praxis entstanden auf Grund der geführten Ermittlungsverfahren gegen Ärzte und Angehörige der Arzneimittel- und Medizinprodukteindustrie zahlreiche Unsicherheiten, inwieweit eine Zusammenarbeit im Interesse aller Beteiligten überhaupt noch möglich sein soll, ohne dass auf Seiten der Staatsanwaltschaften der Verdacht eines strafbaren Verhaltens aufkommt.

b) Spannungsverhältnis

In diesem Zusammenhang besteht ein nur schwer aufzulösendes Spannungsverhältnis:[74] **150** Einerseits sind Industrie, Krankenhäuser und Ärzte auf eine **enge Kooperation** angewiesen. Ohne sie ist eine klinische Forschung zur Entwicklung oder Verbesserung von Medizinprodukten oder Arzneimitteln undenkbar. Im Hinblick auf die Qualitätssteigerung bei der Gesundheitsversorgung fördert sie das Allgemeinwohl und ist von allen Seiten politisch gewollt. Dementsprechend sehen die Hochschulgesetze auch ausdrücklich die Möglichkeit vor, Drittmittel der Industrie zu Forschungszwecken einzusetzen und fordern Ministerien

---

[74] Hierzu auch der Beitrag von *Dieners/Lembeck* in diesem Handbuch (§ 20 Rdnr. 6).

zu Recht Hochschulen immer wieder auf, ihre finanzielle Leistungsfähigkeit durch die Bemühung um Sponsoren zu verbessern. Auch wird die Höhe der eingeworbenen Drittmittel bei der Berufung von Hochschulmedizinern und bei der Gewährung von Forschungszuschüssen staatlicherseits als ein mitentscheidendes Kriterium geltend gemacht. Besonders ausgeprägt ist die Notwendigkeit einer Kooperation von Industrie und medizinischen Einrichtungen bei der Entwicklung neuer medizinischer Produkte, da hier klinische Prüfungen und Anwendungsbeobachtungen nach §§ 40 ff. AMG, 19 ff. MPG sogar gesetzlich vorgeschrieben sind[75] und vor deren Durchführung Medizinprodukte oftmals gar nicht in den Verkehr gebracht werden dürfen. Nach Einführung der Produkte unterliegen Hersteller und Vertreiber einer weitgehenden Produktbeobachtungspflicht. Auch hier ist die Industrie auf die ständige Zusammenarbeit mit den medizinischen Einrichtungen angewiesen, da die Anwendung der meisten Medizinprodukte nur durch Angehörige der Heilberufe erfolgen darf.

151 Andererseits verlangen Strafrecht, Dienstrecht und ärztliches Berufsrecht im Hinblick auf eine wirksame und gesamtvolkswirtschaftlich ebenso notwendige **Korruptionsbekämpfung** eine **strikte Trennung** zwischen Kooperationen und Beschaffungsentscheidungen. Um dieses Ziel zu erreichen, soll – nach dem Willen des Gesetzgebers – schon dem Eindruck der Beeinflussbarkeit von Amtsträgern entgegengewirkt werden. Krankenhausärzte dürfen also nicht einmal den Eindruck erwecken, dass ihre Entscheidungen bei der Anschaffung von Medizinprodukten oder Arzneimitteln durch Kooperationsmaßnahmen mit der Industrie beeinflusst seien.

c) Korruptionsbekämpfungsgesetz 1997

152 Hinzu kommt, dass der Gesetzgeber im Jahr 1997 mit seinem **Korruptionsbekämpfungsgesetz** die Straftatbestände erheblich verschärft hat. Zum einen wurden die Strafrahmen erhöht, daneben aber auch deren Anwendungsbereich erweitert. Die Neuregelung erfasst auch **Drittzuwendungen,** so dass für die Strafbarkeit eine – auch schon nach der früheren Rechtsprechung sehr weit ausgelegte – Eigennützigkeit keine Strafbarkeitsvoraussetzung mehr darstellt. Für die Tatbestände der Vorteilsannahme und -gewährung genügt nach der neuen Rechtslage schon der Zusammenhang der Gewährung eines Vorteils mit der **Dienstausübung,** während bisher ein hinreichend konkretes Beziehungsverhältnis zwischen Vorteil und **Diensthandlung** notwendig war und für die Tatbestände der Bestechung und der Bestechlichkeit auch weiterhin notwendig ist (im Einzelnen dazu nachstehend). Außerdem hat der Gesetzgeber die bis dahin im Gesetz gegen den unlauteren Wettbewerb (§ 12 UWG) enthaltenen Strafvorschriften über die **Bestechung im Geschäftsverkehr** als § 299 in das Strafgesetzbuch eingeführt. Durch diese Gesetzesverschärfung sind die geschilderten Unsicherheiten noch erhöht worden. Trotz einiger bisher ergangener Gerichtsentscheidungen bleibt eine Vielzahl offener Fragen, zumal sich diese Judikate ausschließlich auf die alte Rechtslage beziehen. Diese Unsicherheiten betreffen vor allem den Bereich der Einwerbung von Drittmitteln für die universitäre Forschung. Die derzeitige Rechtslage ist von Widersprüchen geprägt: Einerseits wird von Seiten der Kultusministerien die Höhe staatlicher Forschungsleistungen in zunehmenden Maße an die Höhe der zuvor von Universitätsprofessoren eingeworbenen Industriemittel geknüpft. Andererseits zeigt die neue Rechtsprechung, dass sich ein Arzt, der Drittmittel zu Forschungszwecken einwirbt, der staatlichen Strafverfolgung ausgesetzt sehen kann (im Einzelnen dazu nachstehend). Tatsächlich sollen die vorliegenden Unsicherheiten bereits zu einem Einbruch bei der industriefinanzierten Drittmittelforschung sowie zu einer teilweisen Einstellung der Unterstützung von Fort- und Weiterbildungsmaßnahmen durch einzelne Unternehmen geführt haben.[76] Der Bundesgerichtshof hat mit seinen Urteilen vom

---

[75] Zur notwendigen Kooperation in diesem Bereich: *Pfeiffer,* NJW 1997, 782, 783; *Walter,* ZRP 1999, 292, 293.

[76] Nachweise bei *Dieners,* Pharm.Ind. 2000, 939, Anm. 5.

23. 5. 2002 und 23. 10. 2002 zu ersten Klärungen und größerer Rechtssicherheit beigetragen (s. Rdnr. 166 ff.)

d) Entstehung interner und institutionsübergreifender Richtlinien

Die bisher durchgeführten Ermittlungsverfahren und die nicht ausgeräumten Rechts- **153** unsicherheiten veranlassten Vertreter sowohl auf Seiten der Industrie als auch auf Seiten der Ärzte und Krankenhäuser zur Erarbeitung von **Richtlinien und Verhaltensmaximen** mit dem Ziel, Korruptionsverdächtigungen bereits im Vorfeld entgegenzuwirken. Hintergrund des dabei eingesetzten Aufwandes sind die weit reichenden Konsequenzen, die sowohl für Industrieunternehmen als auch für Ärzte schon durch die Einleitung eines Ermittlungsverfahrens entstehen können und zwar vor allem dann, wenn dies an die Öffentlichkeit gerät (drohende Sanktionen gegen Mitarbeiter und Unternehmen einschließlich Einziehung und Verfall von Vermögenswerten, Bindung erheblicher zeitlicher und finanzieller Kapazitäten für Verteidigungsaktivitäten, Reputationsverluste, Belastung von Geschäftsbeziehungen und Abwanderung von Kunden, die nicht in den Dunstkreis der Verdächtigen geraten wollen, Verlust von Ärztezulassungen, etc.).

Zunächst erließen eine Vielzahl von **Unternehmen** interne Richtlinien und Ethik- **154** Kodices. In Anbetracht der Gefahr, dass eine gesamte Industriebranche bzw. bestimmte Arten von Geschäftstätigkeiten in Verruf geraten können und wegen dem Bedürfnis nach einheitlichen Maßstäben, entschloss man sich bald zu einer unternehmensübergreifenden Konzeption.

Am 12. 5. 1997 veröffentlichten die Arbeitsgemeinschaft der Spitzenverbände der **155** Krankenkassen (AOK-Bundesverband, Bonn; Bundesverband der Betriebskrankenkassen, Essen; Bundesverband der Innungskrankenkassen, Bergisch-Gladbach; See-Krankenkasse, Hamburg; Bundesverband der landwirtschaftlichen Krankenkassen, Kassel; Bundesknappschaft, Bochum; Verband der Angestellten-Krankenkassen e. V., Siegburg; Arbeiter-Ersatzkassen-Verband e. V., Siegburg) und der Bundesverband Medizintechnologie, Berlin (BVMed),[77] den **Kodex „Medizinprodukte".**[78]

Es folgten einige **Universitätskliniken** mit internen Richtlinien (z. B. Mainz,[79] Müns- **156** ter, die Charité Berlin, Erlangen, Freiburg, Leipzig, Tübingen) und die Deutsche Krankenhausgesellschaft mit einem allgemeinen Informationspapier.

Durch Beschlüsse der **Kultusministerkonferenz** vom 17. 9. 1999 und der zustimmen- **157** den Kenntnisnahme der **Justizministerkonferenz** vom 15. 12. 1999 brachten die zuständigen Minister zum Ausdruck, unter welchen Voraussetzungen sie zukünftig Zuwendungen für Drittmittelforschung als zulässig ansehen würden.

Am 29. 9. 2000 verständigten sich schließlich die führenden Verbände der Kranken- **158** häuser und Ärzte sowie der pharmazeutischen und medizin-technologischen Industrie zum sog. **„Gemeinsamen Standpunkt"** für die zukünftige Zusammenarbeit von Krankenhäusern und Industrie. Er wird von folgenden Verbänden getragen: Arbeitsgemeinschaft der Wissenschaftlichen Medizinischen Fachgesellschaften e. V., Bundesverband der Arzneimittel-Hersteller e. V., BVMed Bundesverband Medizintechnologie e. V., Bundesverband der Pharmazeutischen Industrie e. V., Bundesverband Deutscher Krankenhausapotheker e. V., Deutsche Krankenhausgesellschaft, Spectaris Deutscher Industrieverband für optische, medizinische und mechatronische Technologien e. V.,[80] Deutscher Hochschulverband, Fachverband Elektromedizinische Technik im ZVEI, VDGH Verband der Diagnostica-Industrie e. V., Verband der Krankenhausdirektoren Deutschlands e. V. und Verband Forschender Arzneimittelhersteller e. V. Dieser wurde zusammen mit einer gemein-

---

[77] Vormals Bundesfachverband Medizinprodukteindustrie e. V., Wiesbaden.

[78] Abgedruckt in NJW 24/1997, XX ff.; dazu *Dieners,* JZ 1998, 181 und der Beitrag von *Dieners/ Lembeck* in diesem Handbuch (§ 20 Rdnr. 74–76).

[79] Abgedruckt in: Der Radiologe 2000, M 93 f.

[80] Vormals „Verband der deutschen feinmechanischen und optischen Industrie e. V.".

samen Presseerklärung der Verbände am 4. 10. 2000 veröffentlicht.[81] Gegenüber den zuvor genannten Richtlinien hat dieser den Vorzug, dass er verbandsübergreifende Hinweise enthält, dadurch eine größere Akzeptanz bei allen Beteiligten und damit in Zukunft eine einheitliche Handhabung erwarten lässt.

159 Als erstes **Bundesland** hat sich Baden-Württemberg dem Problem der Einwerbung von Drittmitteln und den damit zusammenhängenden strafrechtlichen Risiken gewidmet und durch seinen Wissenschaftsminister am 21. 3. 2001 neue – § 8 Universitätsgesetz Baden-Württemberg ergänzende – Drittmittelrichtlinien in der Form von Verwaltungsvorschriften erlassen, die die Voraussetzungen und das durchzuführende formalisierte Verfahren bei der Annahme von Drittmitteln regeln.

160 Dem Landeshochschulrecht misst der Bundesgerichtshof in seiner neuesten Entscheidung[82] im Zusammenhang mit der Einwerbung von Drittmitteln eine entscheidende Bedeutung zu. Um Wertungswidersprüche zu vermeiden, legt er den Tatbestand des § 331 Abs. 1 StGB unter Einbeziehung des Landeshochschulrechts einschränkend aus. So bringt er das Strafrecht und das Hochschulrecht in einen systematischen Einklang und trägt dem Grundsatz der Einheit und Widerspruchsfreiheit der Rechtsordnung Rechnung (im Einzelnen dazu Rdnr. 182). Alle erwähnten Richtlinien haben dagegen die Gemeinsamkeit, dass es sich nicht um Rechtsnormen handelt, an die Unternehmen, Krankenhäuser oder Ärzte geschweige denn Staatsanwaltschaften oder Gerichte – jedenfalls aus strafrechtlicher Sicht – gebunden wären. Das gilt auch für die Drittmittelrichtlinien der Länder, die nicht als formelle Gesetze oder als Rechtsverordnungen, sondern als bloße Verwaltungsvorschriften ergangen sind. Sie haben vielmehr in der Form der Selbstregulierung zum Ziel, den Beteiligten Empfehlungen an die Hand zu geben, die ihnen helfen sollen, Verdachtsmomenten aus dem Weg zu gehen. Dabei kommt ihnen aber auch eine Konkretisierungsfunktion zu, indem sie die Grenze des rechtlich Zulässigen näher bestimmen.[83] Trotz der – aus dogmatischer Sicht – nicht gegebenen Bindungswirkung, haben sie daher für die Praxis eine große Bedeutung, welche unter anderem dadurch zum Ausdruck kommt, dass die im „Gemeinsamen Standpunkt" enthaltenen Prinzipien auch in der genannten Entscheidung des Bundesgerichtshofs ihren Niederschlag gefunden haben. Eine **rechtlich bindende Bedeutung** können die Drittmittelrichtlinien der Länder allerdings im **Rahmen der Genehmigung** nach § 331 Abs. 3 bzw. § 333 Abs. 3 StGB erlangen (im Einzelnen nachstehend unter Rdnr. 184 ff.). Schlagwortartig lassen sich die entwickelten Leitlinien in vier Grundsätze zusammenfassen, nämlich dem Transparenz-, dem Trennungs-, dem Äquivalenz- und dem Dokumentationsprinzip.[84]

161 Auf Grund der Rechtsunsicherheiten im Zusammenhang mit der Drittmittelförderung sah sich der **Bundesrat** am 27. 9. 2001 zu einer **Entschließung zur rechtlichen Absicherung der Drittmittelförderung**[85] veranlasst, in der er die Bundesregierung bittet, einen Gesetzesentwurf vorzulegen, der den Umgang mit Drittmitteln im Hinblick auf die Bestechungsdelikte auf eine einwandfreie Grundlage stellen und die Bedingungen für die lautere Annahme und Verwendung von Drittmitteln beschreiben soll. In der Begründung

---

[81] Er ist bei der Deutschen Krankenhaus Verlagsgesellschaft als Broschüre erschienen; zusammenfassend dazu: *Lüderssen,* PharmaR 2001, 82, 84 ff.; *Dieners,* Pharm.Ind. 2000, 938; *Dieners/Wachenhausen,* Krankenhauspharmazie 2001, 150; s. auch den Beitrag von *Dieners/Lembeck* in diesem Handbuch (§ 20 Rdnr. 77–80).

[82] *BGH,* Urt. v. 23. 5. 2002 – 1 StR 372/01, NJW 2002, 2801 ff.; s. hierzu die Urteilsanmerkung von *Taschke,* PharmaR 2002, 409 ff. (= MPR 2002, 101 ff.); s. auch *Michalke,* NJW 2002, 3381 ff.

[83] Nach den vom Bundesgerichtshof in einer aktuellen Entscheidung zur Untreue im Zusammenhang mit einer Kreditvergabe (*BGH* wistra 2002, 101, 105) entwickelten Grundsätzen konkretisieren die Verlautbarungen des Bundesaufsichtsamtes für das Kreditwesen (jetzt: Bundesanstalt für Finanzdienstleistungsaufsicht) die Grenze des rechtlichen Dürfens von Bankleitern bei der Kreditvergabe und bestimmen damit auch den Untreuetatbestand näher. Diese Grundsätze können hier übertragen werden.

[84] Im Einzelnen hierzu der Beitrag von *Dieners/Lembeck* in diesem Handbuch (§ 20 Rdnr. 81–86).

[85] BR-Drs. 541/01.

dazu wird ausgeführt, dass der gegenwärtige rechtsunsichere Zustand ein Hemmnis für die private Förderung von Forschung und Lehre darstelle, welche für eine innovative und international konkurrenzfähige Forschungslandschaft aber unverzichtbar sei. Propagiert wird dabei ein selbstständiges Gesetz zur Absicherung der Drittmittelförderung. Eine Änderung des Strafgesetzbuches empfehle sich hingegen nicht, weil dies einerseits als falsches Signal missverstanden werden könne und andererseits eine recht umfangreiche Regelung notwendig sei, die im Strafgesetzbuch wegen der dort gebotenen Kürze und Prägnanz der Tatbestandsformulierungen nicht zu leisten sei. Die gebotene Regelung, die sich am Transparenz-, Dokumentations- und Trennungsprinzip auszurichten habe, solle den Ländern Spielraum für ergänzende Regeln belassen.[86] Ob und inwieweit die vorliegenden Vorschläge, die zum Teil auch schon im rechtswissenschaftlichen Schrifttum vorgebracht worden sind, auch tatsächlich umgesetzt werden, bleibt abzuwarten. Als Antwort auf die parlamentarische Frage, wie und wann die Bundesregierung auf die Bitte des Bundesrates vom 27. 9. 2001 reagieren wolle, wurde entgegnet, dass nach Aussage von Landesjustizverwaltungen, Bundesgerichtshof und Generalbundesanwalt keine Unsicherheiten oder Abgrenzungsprobleme bei der Anwendung des alten und neuen Rechts beobachtet würden.[87] Zwar würden im Wesentlichen gesicherte einheitliche Rahmenbedingungen für die private Finanzierung von Forschung und Lehre (außerstrafrechtlicher Natur) für erstrebenswert erachtet. Jedoch werde teilweise die Schaffung klärender bundesgesetzlicher Regelungen als überflüssig oder sogar schädlich gehalten. Darüber hinaus sei die Gesetzgebungskompetenz des Bundes für die Forschungsförderung begrenzt. Daher seien landesrechtliche Vorschriften vorzuziehen.

e) Schutzgut und Überblick über die Bestechungsdelikte

Die Korruptionsdelikte schützen die Lauterkeit des öffentlichen Dienstes und das Vertrauen der Allgemeinheit in diese Lauterkeit. Dieses Rechtsgut soll schon dann verletzt sein, wenn der Eindruck entsteht, eine Diensthandlung sei käuflich. Es handelt sich damit um ein sog. **abstraktes Gefährdungsdelikt.**[88]   **162**

Die Tatbestände der §§ 331–334 StGB sind **spiegelbildlich** konstruiert. Wegen Vorteilsgewährung (§ 333 StGB) wird der Zuwendungsgeber bestraft, der einen Vorteil „anbietet, verspricht oder gewährt". Der Empfänger, der einen Vorteil „fordert, sich versprechen lässt oder annimmt", macht sich entsprechend der Vorteilsannahme (§ 331 StGB) schuldig. Gleiches gilt für die Tatbestände der Bestechung (§ 334 StGB) und der Bestechlichkeit (§ 332 StGB).   **163**

Die Tatbestände der Vorteilsgewährung und der Bestechung setzen gleichermaßen voraus, dass einem Amtsträger ein Vorteil angeboten, versprochen oder gewährt wird. Der systematische Unterschied zwischen Bestechung und Vorteilsgewährung liegt darin, dass die Bestechung den Amtsträger zu einer **pflichtwidrigen Diensthandlung** veranlassen soll, wohingegen die Vorteilsgewährung auf jede Art der – auch pflichtgemäßen – Dienstausübung gerichtet sein kann.   **164**

In jedem Fall muss zwischen dem Zuwendungsgeber und dem Amtsträger eine Übereinkunft (sog. **Unrechtsvereinbarung**) bestehen, wonach die Gewährung des Vorteils und die Dienstausübung durch den Amtsträger in einem Beziehungsverhältnis stehen. Der Tatbestand der Bestechung verlangt insoweit, dass der Vorteil „als Gegenleistung für eine Diensthandlung" gewährt bzw. angeboten wird. Dies galt nach der alten Gesetzesfassung auch für den Tatbestand der Vorteilsgewährung.[89]   **165**

---

[86] Zu diesem und anderen Vorschlägen zur Sicherung der privaten Drittmittelförderung s. auch: *Diettrich/Schatz,* ZRP 2001, 521 ff.; Antrag der FDP-Bundestagsfraktion, BT-Drs. 14/6323.

[87] BT-Drs. 14/8944, 6 f.

[88] Vgl. *Tröndle/Fischer,* § 331 StGB, Rdnr. 3.

[89] Zur Erweiterung der Unrechtsvereinbarung in diesem Tatbestand s. nachstehend; zur strafrechtlichen Beurteilung der Drittmittelforschung in der Schweiz s. *Pfeifer,* MedR 2002, 68 ff; in Österreich: *Fuchs,* MedR 2002, 65 ff.

2. § 331 Abs. 1, 3 StGB

166   Wegen **Vorteilsannahme** macht sich nach § 331 Abs. 1 StGB ein Amtsträger oder ein für den öffentlichen Dienst besonders Verpflichteter strafbar, der für die Dienstausübung einen Vorteil für sich oder einen Dritten fordert, sich versprechen lässt oder annimmt. Nach § 331 Abs. 3 StGB ist die Tat nicht strafbar, wenn der Täter einen nicht von ihm geforderten Vorteil sich versprechen lässt oder annimmt und die zuständige Behörde im Rahmen ihrer Befugnisse entweder die Annahme vorher genehmigt hat oder der Täter unverzüglich bei ihr Anzeige erstattet und sie die Annahme genehmigt (zum Verhältnis von Strafrecht und öffentlichem Dienstrecht s. Rdnr. 186).

a) Täterkreis: Amtsträger oder für den öffentlichen Dienst besonders Verpflichteter

167   Die §§ 331, 332 StGB sind Sonderdelikte, die nur von einem Amtsträger oder von einem für den öffentlichen Dienst besonders Verpflichteten[90] begangen werden können. Diese Eigenschaften, die der Täter erfüllen muss, sind in § 11 Abs. 1 Nr. 2 und 4 StGB näher geregelt. Unter § 11 Abs. 1 Nr. 2 lit. a) StGB fallen unter anderem verbeamtete Universitätsprofessoren, auch wenn es nur Beamte auf Zeit sind.[91] Maßgeblich ist der Beamtenstatus im statusrechtlichen Sinn (Ernennung). Amtsträger sind daneben auch Ärzte als Angestellte im öffentlichen Dienst.[92] Entscheidend für die Amtsträgereigenschaft ist aber in erster Linie die **Art der Aufgabe,** nicht dagegen, in welcher juristischen Form sie wahrgenommen wird.[93] Auch Angestellte einer privatrechtlich organisierten Einrichtung – z. B. einer Krankenhaus GmbH oder AG – können deshalb Amtsträger i. S. d. §§ 331 ff. StGB sein, sofern der Träger der Einrichtung dem öffentlichen Bereich zuzuordnen und die Wahrnehmung öffentlicher Aufgaben vertraglich oder satzungsmäßig übertragen worden ist. In diesen Fällen muss aber die Amtsträgereigenschaft besonders kritisch geprüft werden.[94] So hat der Bundesgerichtshof erst kürzlich klargestellt, dass nicht jeder Rechtsakt, der der Gesundheitsfürsorge als öffentliche Aufgabe im Ergebnis diene, als Teil einer vom Staat zu leistenden Daseinsvorsorge bewertet werden müsse.[95] Daher werde nicht jedes in diesem Zusammenhang abgeschlossene zivilrechtliche Geschäft dem staatlichen Bereich zuzuordnen sein.[96] Ist die Trägerschaft einer privatrechtlich organisierten Einrichtung (überwiegend) öffentlich, so liegt eine „sonstige Stelle" nach § 11 Abs. 1 Nr. 2 lit. c) StGB nur dann vor, wenn die Einrichtung dabei derart einer staatlichen Steuerung unterliegt, dass sie als „verlängerter Arm" des Staates erscheint, wofür die Inhaberschaft der öffentlichen Hand allein noch nicht ausreicht.[97] Zu den öffentlichen Aufgaben in einem Universitätskrankenhaus gehören die Krankenversorgung und das öffentliche Gesundheitswesen als Teil der Daseinsvorsorge, daneben aber auch Lehre, Bildung und Forschung.[98] Ärzte von Einrichtungen in privater Trägerschaft sind hingegen keine Amtsträger.[99] Bei gemischt öffentlich-privater Trägerschaft sind die Mehrheitsverhältnisse ent-

---

[90] Die nachstehenden Ausführungen beschränken sich auf Korruptionshandlungen durch bzw. mit inländischen Amtsträgern. Zur Korruption bei internationalen Sachverhalten vgl. *Taschke,* StV 2001, 78.

[91] Vgl. *HansOLG Hamburg,* StV 2001, 284.

[92] *LG Offenburg,* Urt. v. 15. 12. 1998 – 2 Kls 41 Js 487/96 2 AK 8/97; *AG Tuttlingen,* Urt. v. 8. 2. 1999 – 5 Cs 411 Js 91 480/96.

[93] *Tröndle/Fischer,* § 331 StGB, Rdnr. 4.

[94] *Erlinger,* MedR 2002, 60, 61.

[95] *BGHSt* 46, 310, 313.

[96] *BGHSt* 46, 310, 313.

[97] *BGHSt* 43, 370, 377 f.; 45, 16, 19 f.

[98] Vgl. § 2 Abs. 1 i. V. m. Abs. 9 HRG und die entsprechenden landeshochschulrechtlichen Vorschriften.

[99] *Lüderssen,* S. 32.

scheidend.[100] Scheidet die Amtsträgereigenschaft demnach aus, kommt allerdings die Anwendung des § 299 StGB in Betracht.

b) Dienstausübung

Nach der Rechtslage bis zum Korruptionsbekämpfungsgesetz 1997 musste auch bei den §§ 331 und 333 StGB eine hinreichend bestimmte **Diensthandlung** als „Gegenleistung" für den gewährten Vorteil nachgewiesen werden. Für die Tatbestände der Bestechlichkeit und der Bestechung sowie für die Fälle der Vorteilsgewährung und der Vorteilsannahme, über die die Rechtsprechung heute noch nach alter Rechtslage zu entscheiden hat (vgl. § 2 StGB), bleibt es bei diesem Erfordernis (s. nachstehend). Für die Tatbestände der Vorteilsannahme und -gewährung genügt nun schon der Zusammenhang der Gewährung eines Vorteils mit der **Dienstausübung** ganz allgemein. Das sind alle Handlungen, durch die ein Amtsträger oder Verpflichteter im öffentlichen Dienst die ihm übertragenen Aufgaben wahrnimmt.[101] Dazu gehört nach § 25 Abs. 1 Satz 1 HRG auch die Forschung mit Drittmitteln. Nicht zur Dienstausübung gehören dagegen die reinen Privathandlungen, die mit den dienstlichen Verpflichtungen in keinerlei Beziehung stehen.[102] Eine Privathandlung wird nicht dadurch zur Dienstausübung, dass sie während der Dienststunden vollzogen wird oder man auch dienstlich mit ihr hätte betraut werden können. Auch eine Nebentätigkeit außerhalb des Amtes unter Ausnutzung der dort erworbenen Kenntnisse reicht nicht aus.[103] § 336 StGB stellt klar, dass auch ein **Unterlassen** erfasst wird.

168

c) Vorteil

Der Vorteilsbegriff ist in der Rechtsprechung schon immer sehr weit gefasst worden. Vorteil ist danach **jede Leistung,** auf die der Amtsträger **keinen Rechtsanspruch** hat und die seine wirtschaftliche, rechtliche oder persönliche Lage objektiv verbessert.[104]

169

Beispiele aus der jüngsten **Rechtsprechung:**

170

- Verrechnungsschecks, Bezahlung mehrtägiger Auslandsreisen, Übernahme von Bewirtungskosten für „Gourmet-Restaurants",[105]
- Finanzierung von Kongressreisen, Gestellung bzw. Finanzierung von Geräten, Zahlung von Vortrags-, Schulungs- und Studienhonoraren, Finanzierung von Assistenzarztstellen und Essenseinladungen,[106]
- unentgeltliche Überlassung hochwertiger medizintechnischer und sonstiger Geräte bzw. Übernahme der Reparaturkosten für ein solches Gerät,[107]
- Verträge über entgeltlich zu erbringende Vorträge, Beratungsleistungen, Fortbildungen, Dokumentationen und Studien sowie Übernahme von Reise-, Hotel- und Teilnahmekosten an Kongressen,[108]
- umsatzbezogene Rückvergütungen an einen Förderverein, dessen Vorsitzender der Angeklagte war,[109]

---

[100] *Lüderssen*, S. 32.

[101] *Tröndle/Fischer*, § 331 StGB, Rdnr. 6.

[102] *Göben*, MedR 1999, 345, 346.

[103] *BGH* NJW 2002, 2801; hierzu die Urteilsanmerkung von *Taschke*, PharmaR 2002, 409 ff. (= MPR 2002, 101 ff.); *Tröndle/Fischer*, § 331 StGB, Rdnr. 7.

[104] *Tröndle/Fischer*, § 331 StGB, Rdnr. 11 m. w. N.

[105] *BGH* MedR 2000, 193 m. Anm. *Göben*.

[106] *HansOLG Hamburg*, StV 2001, 284.

[107] *OLG Karlsruhe*, StV 2001, 288.

[108] *HansOLG Hamburg*, StV 2001, 277; StV 2001, 284.

[109] *LG Heidelberg*, Urt. v. 28. 3. 2001 – 1 KLs 42 Js 22565/97; *BGH* NJW 2002, 2801 ff.; hierzu die Urteilsanmerkung von *Taschke*, PharmaR 2002, 409 ff. (= MPR 2002, 101 ff.). Der Bundesgerichtshof bewertete die Zuwendungen nicht als Rückvergütung auf den Kaufpreis, sondern als Provisionen bzw. personengebundene Spenden und sah darin auch einen Vorteil.

– Unterstützungsleistungen im Zusammenhang mit Abteilungsweihnachtsfeiern,[110]
– Bonusgutschriften, mit denen unter anderem Kongressreisen, Studien, Bewirtungen, Spenden an Fördervereine, die Stelle eines Arztes im Praktikum, Computer für die Krankenhausabteilung und Geräte für ein Krankenhaus finanziert werden sollten,[111]
– Finanzierung von Kongressteilnahmen einer Oberärztin eines Krankenhauses durch ein Industrieunternehmen,[112]
– umsatzabhängige Zahlungen auf ein ausschließlich zu Forschungszwecken bestehendes Drittmittelkonto einer Universitätsklinik, mit dem die personelle und sachliche Ausstattung der Klinik sowie Reisekosten und Bewirtungen finanziert wurden.[113]

171 Bemerkenswert an der bisherigen Rechtsprechung ist, dass auch der **Abschluss eines Vertrags** wie etwa die Übertragung einer Nebenbeschäftigung (z.B. Vortrag, Gutachten, etc.) als Vorteil in Betracht kommen soll, und zwar selbst dann, wenn sie nicht überhöht, sondern angemessen bezahlt wird.[114] Begründet wird dies mit dem Schutzzweck der Bestechungsdelikte. Die Gefahr der Einflussnahme auf die Diensthandlung und die Gefährdung der Lauterkeit des öffentlichen Dienstes bestehe schon bei Gewährung eines angemessenen Entgelts, das der Amtsträger ohne seine Stellung nicht erhielte. Dies soll sogar dann gelten, wenn im Einzelfall Studien der klinischen Prüfung von Medizinprodukten zu dienen bestimmt sind,[115] da Rechtspflichten zur Durchführung von klinischen Studien nach dem MPG keinen Anspruch eines Arztes begründen, mit der Durchführung solcher Studien beauftragt zu werden. Dieser Ausdehnung des Vorteilsbegriffs kann nicht zugestimmt werden. Beim Abschluss eines Vertrags kommt es hingegen entscheidend auf dessen Wirksamkeit an. Die in Frage stehenden Vereinbarungen zwischen medizinischen Einrichtungen und Medizinprodukteherstellern verstoßen aber bei angemessener Vergütung grundsätzlich nicht gegen zivilrechtliche oder öffentlich-rechtliche Vorschriften bzw. führen jedenfalls nicht zur Unwirksamkeit des Vertrags.[116] Liegt aber ein wirksamer Vertrag vor, so besteht ein Anspruch auf die Leistung, so dass von einem Vorteil nicht gesprochen werden kann.

172 Bei der Annahme von Mitteln zum Zwecke der wissenschaftlichen **Forschung** wird in der Literatur zum Teil angenommen, dass es sich nicht um einen Vorteil i.S.d. § 331 Abs. 1 StGB handele, was sich aus der in Art. 5 Abs. 3 GG enthaltenen Wissenschaftsfreiheit herleiten ließe.[117]

173 Auch ein **mittelbarer Vorteil** soll nach der Rechtsprechung ausreichend sein, sofern dadurch irgendeine objektiv messbare Besserstellung des Amtsträgers bewirkt wird.[118] Nach der alten Rechtslage war bei Zuwendungen an Vereinigungen – seit dem Korruptionsbekämpfungsgesetz werden auch Zuwendungen an Dritte ohne weiteres erfasst – notwendig, aber auch ausreichend, dass die bedachte Organisation so klein war, dass sich

---

[110] *AG Stuttgart,* Urt. v. 4. 12. 1998 – B 14 Cs 414 Js 99 309/979; ebenso *BGH* NJW 2002, 2801 ff.; hierzu die Urteilsanmerkung von *Taschke,* PharmaR 2002, 409 ff. (= MPR 2002, 101 ff.).

[111] *AG Wuppertal,* Urt. v. 14. 12. 1998 – 27 Ds 24 a Js 153/97.

[112] *AG Tuttlingen,* Urt. v. 8. 2. 1999 – 5 Cs 411 Js 91 480/96.

[113] *OLG Köln,* Beschl. v. 21. 9. 2001 – 2 Ws 170/01, im Internet veröffentlicht unter: http://www.olg-koeln.nrw.de/home/presse/archiv/urteile/2001/2Ws_170_01.htm (Stand: 10/2002).

[114] *BGHSt* 31, 264, 279 f.; *HansOLG Hamburg,* StV 2001, 277, 279; StV 2001, 284; zutreffend a. A. *Zieschang,* StV 2001, 291.

[115] *HansOLG Hamburg,* StV 2001, 279; kritisch dazu bereits *Dieners/Lembeck/Taschke* PharmaR 1999, 156, 163.

[116] *Zieschang,* StV 2001, 291; *Lüderssen,* PharmaR 2001, 85; *Lüderssen,* S. 39 ff. mit eingehender Darstellung der zivil- und öffentlichrechtlichen Vorschriften, deren Verstoß zur Unwirksamkeit des Vertrags führen könnte.

[117] *Dauster,* NStZ 1999, 63, 67.

[118] *HansOLG Hamburg,* StV 2001, 284, 285.

der gewährte Vorteil auf den Amtsträger als ihr Mitglied auswirkte, weshalb dieser ein eigenes persönliches Interesse an der Vorteilsgewährung hatte.[119]

Darüber hinaus sollen auch Vorteile **immaterieller** Art in Betracht kommen, sofern sie **174** einen objektiv messbaren Inhalt haben und den Amtsträger in irgendeiner Weise tatsächlich besser stellen.[120] Dementsprechend hat die jüngste Rechtsprechung einen Vorteil nicht nur dann bejaht, wenn der jeweilige Arzt einen unmittelbaren finanziellen Nutzen (z. B. durch Erstattung von Reisekosten für berufliche Fort- und Weiterbildungen) erlangt hat. Einen Vorteil immaterieller Art haben die Gerichte auch dann gesehen, wenn mit der Zuwendung für den begünstigten Arzt lediglich eine Erhöhung von Karrierechancen bzw. eine Steigerung des beruflichen Ansehens einhergeht. Auch an diesem Punkt hat die Rechtsprechung den Begriff des Vorteils zu weit gezogen, da es insoweit an der objektiven Messbarkeit und Bewertbarkeit gerade fehlt.[121]

Beispiele aus dieser **Rechtsprechung:** **175**
- Erhaltung oder Besserung der beruflichen Stellung und der Karrierechancen,[122]
- Verbesserung der wissenschaftlichen Arbeits- und Entfaltungsmöglichkeit,[123]
- Wissensmehrung/Fortbildungsgewinn,[124]
- Förderung der wissenschaftlichen Reputation.[125]

In dieser Hinsicht ist die neue Tendenz des Bundesgerichtshofs sehr zu begrüßen. In seiner neuesten Entscheidung im Zusammenhang mit der Einwerbung von Drittmitteln[126] bringt der Senat in einem obiter dictum zum Ausdruck, dass es ihm eher fern liegend erscheint, schon die bloße „Befriedigung des Ehrgeizes" oder die Erhaltung oder Verbesserung von „Karrierechancen" für die Annahme eines Vorteils genügen zu lassen, weil eine solche Betrachtung den Bereich der objektiven Messbarkeit oder Darstellbarkeit eines Vorteils verlasse und ins Unbestimmte abgleite. Dem ist uneingeschränkt zuzustimmen und es bleibt zu hoffen, dass die Rechtsprechung an dieser Klarstellung festhalten wird. Auch nach diesen Grundsätzen sieht der Bundesgerichtshof aber einen objektiv messbaren Vorteil in der Verbesserung von Arbeits- und Forschungsbedingungen, etwa durch die Nutzung von Mitteln für Kongressreisen von Mitarbeitern, für die Beschaffung oder Wartung von büro- oder medizintechnischen Geräten, für die Bezahlung von Probanden in verschiedenen Studien oder für die Bezahlung von in unterschiedlichen Forschungsprojekten tätigen geringfügig Beschäftigten.

Von großer Bedeutung war die Frage, wann ein mittelbarer oder immaterieller Vorteil **176** anzunehmen ist, vor allem in Fällen, bei denen **Forschungsgelder** auf sog. Drittmittelkonten oder an Fördervereine flossen. Seitdem auf Grund der Änderung durch das Korruptionsbekämpfungsgesetz auch der Vorteil **zugunsten eines Dritten** ausreicht, hat diese Frage praktisch an Bedeutung verloren. Zu beachten ist hierbei, dass die zitierten Entscheidungen größtenteils noch zu der in diesen Fällen anwendbaren (milderen) alten

---

[119] Vgl. *LG Heidelberg*, Urt. v. 28. 3. 2001 – 1 KLs 42 Js 22565/97 m. w. N.; *BGH* NJW 2002, 2801 ff.; hierzu die Urteilsanmerkung von *Taschke,* PharmaR 2002, 409 ff. (= MPR 2002, 101 ff.).

[120] *BGH,* Urt. v. 23. 5. 2002 – 1 StR 372/01 m. w. N.; *HansOLG Hamburg*, StV 2001, 277, 278 f.; a. A. zutreffend *Dauster,* NStZ 1999, 63, 65; *Zieschang,* StV 2001, 291.

[121] So nunmehr auch *BGH* NJW 2002, 2801 ff.; hierzu die Urteilsanmerkung von *Taschke,* PharmaR 2002, 409 ff. (= MPR 2002, 101 ff.).

[122] *OLG Karlsruhe,* StV 2001, 288, 289; ablehnend *BGH* NJW 2002, 2801 ff.; hierzu die Urteilsanmerkung von *Taschke,* PharmaR 2002, 409 ff. (= MPR 2002, 101 ff.).

[123] *OLG Karlsruhe,* StV 2001, 288, 289; ebenso *BGH* NJW 2002, 2801 ff.; hierzu die Urteilsanmerkung von *Taschke,* PharmaR 2002, 409 ff. (= MPR 2002, 101 ff.).

[124] *HansOLG Hamburg,* StV 2001, 279; ablehnend *BGH* NJW 2002, 2801 ff.; hierzu die Urteilsanmerkung von *Taschke,* PharmaR 2002, 409 ff. (= MPR 2002, 101 ff.).

[125] *HansOLG Hamburg,* StV 2001, 284, 285; ablehnend *BGH* NJW 2002, 2801 ff.; hierzu die Urteilsanmerkung von *Taschke,* PharmaR 2002, 409 ff. (= MPR 2002, 101 ff.).

[126] *BGH* NJW 2002, 2801 ff.; hierzu die Urteilsanmerkung von *Taschke,* PharmaR 2002, 409 ff. (= MPR 2002, 101 ff.).

Rechtslage ergangen sind. Durch die Gesetzesänderung von 1997 sollten insbesondere auch die Fälle erfasst werden, in denen wirtschaftliche Vorteile an Personenvereinigungen – Parteien und Vereine – fließen. Daher können nach der Neuregelung bei der Gewährung eines Vorteils, der einem „Dritten" (etwa Fördervereinen von Krankenhäusern oder wissenschaftlichen Fachgesellschaften) zugute kommt, die genannten Straftatbestände erfüllt sein, ohne dass man auf mittelbare oder immaterielle Vorteile zurückgreifen muss.

177 Die Fragestellung hat sich aber seit der Neuregelung verschoben. Äußerst zweifelhaft ist nämlich, ob bei der Zuwendung von Forschungsgeldern durch die Industrie (sog. **Drittmittel**) auch die Dienststelle des Amtsträgers, die sog. **Anstellungskörperschaft,** als Dritter anzusehen ist. Diese Frage wird in der neuesten Rechtsprechung und Literatur unterschiedlich beantwortet.[127] Der Wortlaut der Vorschrift lässt beide Auslegungsmöglichkeiten zu und auch der historische Gesetzgeber macht dazu keine ausdrückliche Aussage, so dass sich eine sachgerechte Auslegung nur aus dem Zweck der Vorschrift herleiten lässt.[128] Nach zutreffender Auffassung greift in diesen Fällen § 331 Abs. 1 StGB jedenfalls dann nicht ein, wenn die Zuwendungen von vornherein offen gelegt sind, also das Transparenzgebot eingehalten wurde.[129] Das OLG Köln[130] geht zwar zunächst zutreffend davon aus, dass auch Organisationen, Behörden, kulturelle Unternehmen etc. Dritte seien. Im konkreten Fall begründet es den Vorteil hinsichtlich der auf das Drittmittelkonto gezahlten Forschungsgelder aber in erster Linie mit der „Erweiterung der Arbeitsmöglichkeit" und – wie die bisherige Rechtsprechung – dem damit verbundenen jedenfalls mittelbaren Vorteil des Angeklagten selbst. Nicht einleuchtend begründet es dagegen, warum auch ein Vorteil nur der Anstellungskörperschaft ausreichen soll, worauf es entscheidend ankäme, wenn auch ein mittelbarer Vorteil des Handelnden nicht gegeben wäre. Nach den Erwägungen des Gesetzgebers bei der Änderung der Korruptionsdelikte sollten Handlungen von der Strafbarkeit mit erfasst werden, bei denen die Rolle des Amtsträgers verschleiert werden sollte. Dabei wurde daran, dass auch die Dienststelle als „Dritte" in Betracht kommt, gar nicht gedacht.[131] Bei einer Offenlegung der gewährten Drittmittel liegt eine verschleiernde Handlung aber gerade nicht vor. Zu diesem Ergebnis kommt man auch bei Einbeziehung des Schutzguts der Bestechungsdelikte, denn Vorteile, die ausschließlich der staatlichen Stelle zufließen und mit denen ausschließlich die dieser Stelle zugewiesenen Aufgaben erfüllt werden, können nach außen das Vertrauen der Bevölkerung in die Lauterkeit der Amtsführung nicht beeinträchtigen.[132]

178 Trotz dieser gewichtigen Argumente teilt das OLG Köln[133] diese Auffassung nicht. Dass die Neufassung des § 331 StGB auch Zuwendungen erfassen soll, die zur Verschleierung der korruptiven Einflussnahme an Dritte vorgenommen werden, besage nicht, dass es sich um heimliche Zuwendungen handeln müsse. Unabhängig davon, ob Zuwendungen offen gelegt sind, seien daher auch Organisationen, Behörden, etc. Dritte. Einer **Einschränkung** des Vorteilsbegriffs bedürfe es **nicht.** Jedoch ist zu berücksichtigen, dass die Hochschulgesetze und die dazu erlassenen Drittmittelrichtlinien sowie die zuständigen Ministerien die Klinikleiter zur Einwerbung von Drittmitteln anhalten. Ein ausreichendes Maß an Rechtssicherheit kann daher nur durch die dargelegte Auslegung erreicht werden. Abweichend hierzu wird in der Literatur dagegen zum Teil vertreten, dass zwar auch

---

[127] Bejahend: *OLG Karlsruhe,* StV 2001, 288, 290; *OLG Köln,* Beschl. v. 21. 9. 2001 – 2 Ws 170/01; *Kuhlen,* Nomos-Kommentar, § 331 StGB, Rdnr. 47 f.; verneinend *LG Bonn,* StV 2001, 292, 293.

[128] *Dauster,* NStZ 1999, 63, 65.

[129] So *LG Bonn,* StV 2001, 293 f., a. A. *OLG Köln,* Beschl. v. 21. 9. 2001 – Az. 2 Ws 170/01, das den vorstehenden Beschluss des LG Bonn aufgehoben und die Anklage in weiten Teilen zugelassen hat.

[130] A. a. O.

[131] BT-Drs. 13/3353, S. 11; *LG Bonn,* StV 2001, 292, 293.

[132] *LG Bonn,* StV 2001, 292, 293.

[133] Beschl. v. 21. 9. 2001 – 2 Ws 170/01.

die Anstellungskörperschaft grundsätzlich als Dritte in Frage komme, wobei dann aber größtenteils wiederum bei anderen Tatbestandsmerkmalen Einschränkungen gemacht werden.[134]

d) Tathandlungen

aa) Fordern

Fordern bedeutet **einseitiges Verlangen** des Amtsträgers, also ausdrücklich oder schlüssig erkennen lassen, dass man einen Vorteil für seine Diensthandlung begehrt.[135] Belanglos ist, ob der Partner auf die Forderung eingeht, so dass die Tat schon mit Zugang der Forderung beim Aufgeforderten vollendet ist.

179

bb) Sich versprechen lassen

Sich versprechen lassen bedeutet, dass das **Angebot** einer künftigen Leistung ausdrücklich oder schlüssig **angenommen** wird.[136] Die Initiative geht hier also vom Anbietenden aus. Ohne Bedeutung ist es, ob es zur Leistung auch tatsächlich kommt, jedoch muss der Täter den Vorteil auch annehmen wollen. Schweigen auf ein entsprechendes Angebot genügt nur dann, wenn es als konkludente Zustimmung anzusehen ist, wobei die den Beteiligten bekannten Umstände des Einzelfalls zu berücksichtigen sind.[137]

180

cc) Annehmen

Annehmen bedeutet, einen geforderten oder angebotenen Vorteil **tatsächlich** zu **empfangen.** Der Täter muss dabei den Willen haben, den Vorteil selbst zu behalten und über ihn als eigenen zu verfügen oder ihn an einen Dritten weiterzugeben, für den er bestimmt ist, wobei es auch genügt, dass der Vorteil im Einverständnis mit dem Täter unmittelbar an den Dritten gelangt.[138]

181

e) Unrechtsvereinbarung

Nach der Neufassung der §§ 331 und 333 StGB muss der Vorteil **„für die Dienstaus-übung"** angeboten, versprochen oder gewährt werden. Das (ungeschriebene) Tatbestandsmerkmal der Unrechtsvereinbarung ist damit im Vergleich zu der früheren Formulierung („als Gegenleistung für eine Diensthandlung"), die für die §§ 332 und 334 StGB nach wie vor gilt, erheblich ausgedehnt worden. Wie das Wort „für" ausdrückt, muss zwar zwischen der Vorteilsgewährung und der Tätigkeit des Amtsträgers nach wie vor ein Zusammenhang bestehen. Die Gewährung des Vorteils muss aber nicht mehr um einer ganz bestimmten Handlung willen gewährt werden. Es soll daher schon genügen, dass die Zuwendung in dem Bewusstsein vorgenommen wird, der Amtsträger habe hierfür irgend eine dienstliche Tätigkeit vorgenommen oder werde sie vornehmen.[139] Erfasst werden damit auch sog. „unspezifische" Zuwendungen, die nicht für eine konkrete Diensthandlung gewährt werden, sondern allgemein „Wohlwollen" und „Entgegenkommen" schaffen sollen. Die Tathandlung des **„Forderns"** wie die des **„Anbietens"** in § 333 StGB setzt nicht den Abschluss einer solchen Vereinbarung voraus; sie muss jedoch auf sie gerichtet sein.[140] Auf Grund dieser Erweiterung der §§ 331, 333 StGB liegt eine Unrechtsvereinbarung jedenfalls dann vor, wenn auch eine Unrechtsvereinbarung i. S. d. §§ 332,

182

---

[134] *Dauster,* NStZ 1999, 63, 66 f.: kein Vermögensvorteil; *Walter,* ZRP 1999, 292, 294 ff: unter bestimmten Voraussetzungen keine Unrechtsvereinbarung; vgl. auch *Kuhlen,* Nomos-Kommentar, § 331 StGB, Rdnr. 91 ff.

[135] *Tröndle / Fischer,* § 331 StGB, Rdnr. 18.

[136] *Tröndle / Fischer,* § 331 StGB, Rdnr. 19.

[137] *Tröndle / Fischer,* § 331 StGB, Rdnr. 19.

[138] *Tröndle / Fischer,* § 331 StGB, Rdnr. 20.

[139] *Tröndle / Fischer,* § 331 StGB, Rdnr. 23.

[140] *Tröndle / Fischer,* § 331 StGB, Rdnr. 21.

334 StGB zu bejahen ist (dazu Rdnr. 195 ff.).[141] Im Zusammenhang mit der **Einwerbung von Drittmitteln** nimmt der Bundesgerichtshof in seiner neuesten Entscheidung[142] eine einschränkende Auslegung des Tatbestandsmerkmals der Unrechtsvereinbarung in § 331 Abs. 1 StGB vor. Danach scheidet eine Unrechtsvereinbarung i. S. d. § 331 Abs. 1 StGB dann aus, wenn es sich bei der Einwerbung von Drittmitteln der Sache nach um **Fördermittel für Forschung und Lehre** handelt und **das im Drittmittelrecht vorgesehene** (Anzeige- und/oder Genehmigungs-)**Verfahren eingehalten** und nicht umgangen wird. Durch diese Tatbestandsrestriktion sollen die gesetzlichen Regelungen aus den unterschiedlichen Rechtsbereichen in einen systematischen Einklang gebracht und Wertungswidersprüche vermieden werden. Die Offenlegung und Anzeige der Mitteleinwerbung sowie ihre Genehmigung in dem hochschulrechtlich dafür vorgesehenen Verfahren sei im Interesse des Schutzgutes der Strafnorm, dem Vertrauen in die Sachgerechtigkeit der Entscheidung, erforderlich. Der Wertungsgleichklang zwischen der hochschulrechtlichen Aufgabenstellung und der Strafvorschrift der Vorteilsannahme sei auf der Tatbestands- und nicht erst auf der Rechtfertigungsebene zu suchen, da § 331 Abs. 3 StGB nicht eingreife, wenn die eingeworbenen Mittel gefordert worden sind. Daher sei es vorzugswürdig, bei der Auslegung des vom Tatbestand vorausgesetzten Beziehungsverhältnisses zwischen Vorteil und Diensthandlung zu berücksichtigen, dass dieses Beziehungsverhältnis auch durch eine vom Dienstherrn an sich erwünschte und grundsätzlich genehmigungsfähige Einwerbung von Drittmitteln beeinflusst und mit geprägt werde. Nach Maßgabe der spezifischen gesetzgeberischen Wertung für diesen Bereich stehe nicht im Vordergrund, dass die Fördermittel „als Gegenleistung" für eine Diensthandlung bzw. Dienstausübung gewährt werden, sondern zur Förderung von Forschung und Lehre eingeworben, angenommen und eingesetzt werden. Mit der Entwicklung dieser Maßstäbe ist es dem Bundesgerichtshof in eindrucksvoller Weise gelungen, die vordergründig bestehenden Wertungswidersprüche der Rechtsordnung aufzulösen. Auch wenn mit der Entscheidung nicht alle in der Praxis bestehenden Fragen der Kooperation zwischen Industrie, Ärzten und medizinischen Einrichtungen gelöst sind, trägt sie erheblich zur Rechtssicherheit bei und ist daher zu begrüßen.

f) Vorsatz

183 Der **Vorsatz** hat sich auf die Umstände zu erstrecken, die den Täter zum Amtsträger machen. Dabei soll unerheblich sein, ob er sie rechtlich richtig wertet. Außerdem muss sich der Vorsatz darauf beziehen, dass es sich um einen Vorteil handelt, auf den der Amtsträger keinen Anspruch hat. Verkennt der Täter die Weite des Vorteilsbegriffs, so soll er einem bloßen Subsumtionsirrtum unterliegen, der den Vorsatz nicht ausschließt.[143] Indizien für den Vorsatz hinsichtlich der Unrechtsvereinbarung nach der Rechtsprechung: Bemühung zur Verschleierung des tatsächlichen Umfangs der Beratertätigkeit gegenüber dem Dienstherrn, Terminologie der Studienverträge („Zuwendungsgeber", „Zuwendungsempfänger"),[144] Umsatzabhängigkeit von Zuwendungen, Umgehung der Universitätsverwaltung.[145] In Bezug auf die Terminologie der Verträge verkennt die Rechtsprechung, dass zahlreiche landesrechtliche Drittmittelverordnungen gerade die Begriffe „Zuwendungsgeber" und „Zuwendungsempfänger" verwenden und es sich nicht zum Nachteil der Vertragspartner von Drittmittelprojekten auswirken kann, wenn diese Formulierung lediglich übernommen wird.

---

[141] Zur Unrechtsvereinbarung im Zusammenhang mit der Drittmittelforschung vgl. *Walter,* ZRP 1999, 294.

[142] *BGH* NJW 2002, 2801 ff.; hierzu die Urteilsanmerkung von *Taschke,* PharmaR 2002, 409 ff. (= MPR 2002, 101 ff.).

[143] *OLG Köln,* Beschl. v. 21. 9. 2001 – 2 Ws 170/01.

[144] *HansOLG Hamburg,* StV 2001, 277, 281.

[145] *BGH* NJW 2002, 2801 ff.; hierzu die Urteilsanmerkung von *Taschke,* PharmaR 2002, 409 ff. (= MPR 2002, 101 ff.).

g) Rechtswidrigkeit

aa) Genehmigung nach Absatz 3

Nach § 331 Abs. 3 StGB ist die Tat nicht strafbar, wenn der Täter einen nicht von ihm **184** geforderten Vorteil sich versprechen lässt oder annimmt und die zuständige Behörde im Rahmen ihrer Befugnisse entweder die **Annahme** vorher **genehmigt** hat oder der Täter unverzüglich bei ihr Anzeige erstattet und sie die Annahme genehmigt.

Die **behördliche Genehmigung** nach Absatz 3 kann generell oder für den Einzelfall, **185** ausdrücklich oder stillschweigend erteilt werden, wobei aber nicht jedes Dulden durch die zuständige Behörde eine stillschweigende Zustimmung bedeuten soll. Die Genehmigung ist ausgeschlossen, wenn die Vorteile vom Täter gefordert werden oder wenn die Tat pflichtwidrige Vorteile nach §§ 332, 334 StGB betrifft,[146] wobei nach § 332 Abs. 3 Nr. 2 bzw. nach § 334 Abs. 3 Nr. 2 StGB der Bereich der Pflichtwidrigkeit vor allem bei in der Zukunft liegenden Ermessensentscheidungen vom Gesetzgeber sehr weit gezogen wird. Eine durch Täuschung erschlichene Genehmigung ist unwirksam. Auch soll nicht jede Genehmigung einer Nebentätigkeit oder eines Sonderurlaubs durch den Dienstvorgesetzten notwendigerweise die Genehmigung der Vorteilsannahme enthalten. Dies ist nur dann anzunehmen, wenn bei deren Beantragung der Genehmigungsbehörde diejenigen Tatsachen unterbreitet werden, die für das nach § 331 StGB geschützte Rechtsgut erforderliche Prüfungsprogramm bedeutsam sind.[147]

Zur **Genehmigungsfähigkeit** trifft § 331 Abs. 3 StGB keine Aussage. Sie richtet sich **186** nach dem öffentlichen Dienstrecht[148] (insbesondere §§ 65, 70 BBG, §§ 42, 43 BRRG, § 10 BAT sowie den entsprechenden landesrechtlichen Regelungen wie z.B. §§ 83, 89 Landesbeamtengesetz Baden-Württemberg, § 76 Landesbeamtengesetz Nordrhein-Westfalen), denn § 331 Abs. 3 StGB stellt selbst keine Ermächtigungsnorm für die Erteilung einer Genehmigung durch die Behörde dar. Diese Vorschriften enthalten allerdings Widersprüche, die bei der Novellierung der Korruptionsvorschriften nicht beseitigt worden sind. Einerseits erlaubt § 43 BRRG die Annahme von Vorteilen nur mit vorheriger Zustimmung. Insoweit ist das Beamtenrecht strenger, da es nachträgliche Genehmigungen nicht zulässt. Andererseits ist eine Genehmigung – anders als nach § 331 Abs. 3 StGB – nicht ausgeschlossen, wenn der Vorteil vom Amtsträger gefordert wird. Diese Widersprüche versucht man dadurch aufzulösen, dass man von einem genehmigten Verhalten ausgeht, wenn die dienstrechtlichen Vorschriften eingehalten werden, da sich widersprüchliche gesetzliche Regelungen nicht zu Lasten des Betroffenen auswirken dürfen.[149]

Bei der **Einwerbung von Drittmitteln als Forschungsgelder** kommt der rechtferti- **187** genden Genehmigung – sofern man nicht bereits durch eine einschränkende Auslegung des Tatbestands (s. dazu vorstehend) zur Straflosigkeit gelangt ist – eine entscheidende Bedeutung zu. Im Hinblick darauf, dass grundsätzlich auch **generelle Genehmigungen** möglich sind, diese also nicht für jede einzelne Spende erteilt werden müssen, drängt sich die Frage auf, ob nicht schon in den allgemeinen Aufforderungen der Landesministerien an die Universitäten, sich um die Einwerbung von Drittmitteln zu bemühen, in den Beschlüssen der Kultus- (vom 17. 9. 1999) sowie der Justizministerkonferenz (vom 15. 12. 1999) oder jedenfalls in den Drittmittelrichtlinien der Universitäten oder der Landesministerien (Rdnr. 156 ff.) solche allgemeinen Genehmigungen zu erblicken sind. In diesem Bereich bestehen noch erhebliche Rechtsunsicherheiten. Zweifelhaft ist einerseits, wer für die Erteilung der Genehmigung zuständig ist. Das ist von den jeweiligen landesrechtlichen Regelungen abhängig. Rechtlich noch nicht eindeutig geklärt ist aber auch, ob ein

---

[146] *Tröndle/Fischer,* § 331 StGB, Rdnr. 32.
[147] *HansOLG Hamburg,* StV 2001, 277, 283.
[148] Hierzu der Beitrag von *Dieners/Lembeck* in diesem Handbuch (§ 20 Rdnr. 24 ff.).
[149] *Tröndle/Fischer,* § 331 StGB, Rdnr. 33.

Dienstherr die Gewährung eines Vorteils auch dann genehmigen kann, wenn dieser gerade der von ihm verwalteten Einrichtung selbst zugute kommt oder ob in diesen Fällen nicht auch eine Genehmigung der vorgesetzten Behörde des Dienstherrn eingeholt werden muss. In allgemein gehaltenen öffentlichen Aussagen, in denen Universitäten aufgefordert werden, die Kooperation mit der Industrie zu suchen und sich um die Einwerbung von Drittmitteln zu bemühen, kann sicher noch keine generelle Genehmigung jedweder Forschungsfinanzierung gesehen werden, denn ihnen fehlt die Festlegung der einzelnen Voraussetzungen, unter denen die Annahme von Drittmitteln als genehmigt gilt.[150] Ob die Beschlüsse der Kultus- und der Justizministerkonferenz, die diesbezüglich bereits konkretere Vorgaben enthalten, als Generalgenehmigung zu qualifizieren sind, ist im Hinblick auf die Zuständigkeit zweifelhaft. Kein Zweifel kann aber daran bestehen, dass landesrechtliche Verwaltungsvorschriften, seien sie landesweit oder universitätsintern erlassen, genehmigende Wirkung haben, denn gegen denjenigen, der die Richtlinien seines Vorgesetzten einhält, kann kein strafrechtlicher Vorwurf erhoben werden. Wer den vom Bundesgerichtshof neuerdings beschrittenen dogmatischen Weg, die Einwerbung von Forschungsgeldern im Einklang mit den in den Drittmittelrichtlinien der Länder vorgesehenen Verfahren schon auf Tatbestandsebene im Rahmen der Unrechtsvereinbarung auszuscheiden (Rdnr. 182),[151] nicht mitgehen möchte, muss daher im Ergebnis jedenfalls zu einer rechtfertigenden Genehmigung kommen.

188   Führt der Arzt ein Forschungsvorhaben bzw. eine Anwendungs- oder Produktbeobachtung im Rahmen einer **Nebentätigkeit** durch, so hat er nach § 42 BRRG, § 11 BAT und den darauf beruhenden Vorschriften in den Landesbeamtengesetzen unter Umständen eine entsprechende Genehmigung einzuholen oder die Nebentätigkeit anzuzeigen. Diese Vorschriften des Nebentätigkeitenrechts sind dann neben den genannten Drittmittelrichtlinien anzuwenden, die diesen Bereich nicht regeln.

bb) Sozialadäquanz

189   Bei Zuwendungen aus Höflichkeit oder Gefälligkeit kommt eine gewohnheitsrechtliche Rechtfertigung wegen **Sozialadäquanz** in Betracht. Nach der Lehre vom Rechtfertigungsgrund der Sozialadäquanz fallen darunter Handlungen, die zwar unter den Wortlaut eines Straftatbestandes fallen, aber sich völlig im Rahmen der normalen, geschäftlich gewordenen sozialen Ordnung des Lebens bewegen. Hierfür bleibt aber im Hinblick auf die Regelung des Absatzes 3, die auch ein Transparenz- und Kontrollsystem fördern soll, nur ein schmaler Anwendungsbereich. Bei der Beurteilung der Sozialadäquanz sind alle wesentlichen Gesichtspunkte zu berücksichtigen, also etwa Anlass oder soziale Stellung der Beteiligten. Die Praxis der Staatsanwaltschaften und Strafgerichte ist sehr restriktiv. Zuwendungen von über 50 € sollen nicht mehr sozialadäquat sein.[152]

h) Schuld/Irrtum

190   Die Fehlvorstellung, eine Genehmigung sei entbehrlich, kann einen sog. **Verbotsirrtum** nach § 17 StGB begründen. Hiernach handelt ein Täter aber nur dann ohne Schuld, wenn er den Irrtum nicht vermeiden konnte. **Unvermeidbar** ist ein Verbotsirrtum, wenn der Täter trotz der ihm nach den Umständen des Falles, seiner Persönlichkeit sowie seines Lebens- und Berufskreises zuzumutenden Anspannung des Gewissens die Einsicht in das Unrechtmäßige seines Handelns nicht zu gewinnen vermochte. Etwa aufkommende Zweifel muss er dabei erforderlichenfalls durch Einholung von Rat bei einer sachkundigen unvoreingenommenen Person oder Stelle beseitigen.[153] Von einem unvermeidbaren Irrtum ist das AG Hamburg in einem Fall ausgegangen, in dem ein Krankenhausarzt eine

---

[150] *LG Heidelberg,* Urt. v. 28. 3. 2001 – 1 KLs 42 Js 22 565/97, S. 97 f.
[151] Vgl. auch *Kuhlen,* Nomos-Kommentar, § 331 StGB, Rdnr. 111.
[152] *OLG Frankfurt,* NJW 1990, 2074; *HansOLG Hamburg,* StV 2001, 277, 282.
[153] *Tröndle/Fischer,* § 17 StGB, Rdnr. 7 ff.

Spende zugunsten seiner Abteilung eingeworben hatte. Es hat hier ein Verschulden des Arztes verneint. Der Arzt hatte die Spende über ein Drittmittelkonto der Krankenhausverwaltung abgewickelt und sich damit des von seinem Dienstherrn für die Einwerbung von Drittmitteln eingerichteten Verfahrens bedient. Aus diesem Grund habe er darauf vertrauen dürfen, dass seine Vorgehensweise rechtens gewesen sei.[154] Auch das LG Hamburg hatte einem Angeschuldigten zugute gehalten, dass er bei der gängigen Praxis der Fremdfinanzierung von Kongressreisen und bei der allgemeinen Handhabung dieser Frage durch die Universitätsleitung davon habe ausgehen können, dass sein Verhalten mit den hochschulrechtlichen Regelungen in Einklang stand und die Entgegennahme der Fremdmittel generell und ohne besondere Genehmigung zulässig und gerechtfertigt war.[155] Dem ist aber das Hanseatische Oberlandesgericht, das den genannten Beschluss des LG Hamburg aufhob, entgegengetreten. Es formuliert strenge Anforderungen an die Vermeidbarkeit des Irrtums. Insbesondere hätte der Angeschuldigte sich im Zweifelsfall bei einer „sachkundigen, unvoreingenommenen Person oder Stelle" erkundigen müssen, die mit der Auskunftserteilung kein Eigeninteresse verfolgte und die Gewähr für eine objektive, sorgfältige, pflichtgemäße und verantwortungsbewusste Auskunft bot. Nach diesem Maßstab seien Berufskollegen und unmittelbare Vorgesetzte, die selbst Empfänger vergleichbarer Vorteile waren, als geeignete Auskunftsgeber auszuscheiden.[156] Bei der Beurteilung der Unvermeidbarkeit räumt das OLG Köln[157] dem Zeitpunkt der öffentlichen Bekanntmachung des „Herzklappenskandals" eine entscheidende Bedeutung ein. Die öffentlichen Diskussionen hätten Veranlassung zur Einholung eines kompetenten Rechtsrats in Bezug auf die bis dahin geübte Praxis der Drittmitteleinwerbung geben müssen. Ist der Irrtum – nach der Rechtsprechung im Regelfall – vermeidbar, so kann die Strafe durch das Gericht gemildert werden.

Unabhängig von der Bejahung eines Irrtums hat die Mehrzahl der Gerichte den Um- **191** stand, dass es sich bei der Inanspruchnahme finanzieller Unterstützung um eine unter Ärzten weit verbreitete Praxis handelt, aber jedenfalls bei der **Strafzumessung** berücksichtigt.[158]

3. § 332 Abs. 1, 3 StGB

Der **Qualifikationstatbestand** des § 332 Abs. 1 StGB ist erfüllt, wenn die Vorausset- **192** zungen des § 331 Abs. 1 StGB vorliegen und der Amtsträger darüber hinaus bei der vorgenommenen oder vorzunehmenden Diensthandlung seine Dienstpflichten verletzt hat oder verletzen würde. Wird der Vorteil als Gegenleistung für eine künftige Handlung gefordert, so ist nach Absatz 3 der Vorschrift Absatz 1 schon dann anzuwenden, wenn er sich einem anderen gegenüber nach außen objektiv erkennbar bereit gezeigt hat, bei der Handlung seine Pflichten zu verletzen oder, soweit die Handlung in seinem Ermessen steht, sich bei Ausübung des Ermessens – wiederum erkennbar nach außen – durch den Vorteil beeinflussen zu lassen.

a) Allgemeines

Hinsichtlich des **Täterkreises,** des **Vorteils** und der **Tathandlungen** kann auf die **193** vorstehenden Ausführungen bei § 331 StGB verwiesen werden.

b) Diensthandlung

Anders als bei den Delikten der Vorteilsannahme und der Vorteilsgewährung bleibt es **194** bei der Bestechung und bei der Bestechlichkeit im Hinblick auf die Gesetzesänderung

---

[154] *AG Hamburg,* Beschl. v. 10. 9. 1999 – 141 a I – 74/99 141 a I Ds/204 Js 70/96.

[155] *LG Hamburg,* Beschl. v. 21. 2. 2000 – 2 Ws 129/00.

[156] *HansOLG Hamburg,* StV 2001, 277, 283 f.

[157] Beschl. v. 21. 9. 2001 – 2 Ws 170/01.

[158] Vgl. *AG Wuppertal* v. 14. 12. 1998 – 27 Ds 24 a Js 153/97; *AG Tuttlingen,* Urt. v. 8. 2. 1999 – 5 Cs 411 Js 91 480/96.

dabei, dass sich die Unrechtsvereinbarung (Rdnr. 195) auf eine **hinreichend konkrete Diensthandlung** beziehen muss. Diensthandlung ist eine Handlung, die in den Kreis der amtlichen Obliegenheiten des Amtsträgers fällt und von ihm in dieser dienstlichen Eigenschaft wahrgenommen wird, wobei die funktionelle Verbindung mit dem unmittelbar obliegenden Aufgabenkreis genügt und keine abschließende Entscheidung getroffen werden muss, sondern auch eine vorbereitende oder unterstützende Tätigkeit des Amtsträgers ausreicht.[159] Es genügt, wenn der Amtsträger innerhalb eines bestimmten Aufgabenkreises in eine gewisse Richtung tätig werden soll.[160] Darauf, ob sie letztendlich tatsächlich vorgenommen wird, kommt es nicht an. Beispiele aus der **Rechtsprechung:**

– Bestellung von Produkten durch den – zumindest faktisch – zuständigen Arzt oder Mitarbeiter,[161]
– Auftragsvergabe oder auch schon der bloße Vorschlag dazu,[162]
– Entscheidung eines Arztes für einen bestimmten Katheder, durch die eine Nachbestellung eines solchen ausgelöst wird;[163] das LG Hamburg war demgegenüber in der Vorinstanz[164] der Auffassung, dass die indirekte, systembedingte Beeinflussung der Bestellung nicht genüge,
– Mitwirkung bei der Auswahl von Herzschrittmachern,[165]
– Beratung in Bezug auf die Produktauswahl.[166]

c) Unrechtsvereinbarung

195 Im Rahmen der §§ 332, 334 StGB hat sich bzgl. der Unrechtsvereinbarung durch das Korruptionsbekämpfungsgesetz nichts geändert. Eine **Unrechtsvereinbarung** liegt vor, wenn ausdrücklich oder stillschweigend ein Einverständnis zwischen Vorteilsgeber und Amtsträger besteht, wonach der Vorteil die Gegenleistung für die Vornahme einer vergangenen oder künftigen Diensthandlung ist. Ob der Amtsträger bei der Vornahme der Diensthandlung seine Dienstpflichten verletzt, spielt in diesem Zusammenhang keine Rolle. Bei der Auslegung ziehen die Gerichte über den jeweiligen Einzelfall hinaus das gesamte „Beziehungsgeflecht" zwischen Unternehmen und Arzt im Rahmen der Beweiswürdigung heran, wobei insbesondere der zeitliche Zusammenhang von Unterstützungsleistungen und Bestellentscheidungen von Bedeutung sein kann.[167] **Indizien der Rechtsprechung für das Vorliegen einer Unrechtsvereinbarung:**

– Unrichtige Darstellung des Umfangs der außerdienstlichen Tätigkeit des Arztes gegenüber der Anstellungskörperschaft bzw. dem Dienstherrn,[168]
– Terminologie („Zuwendungsgeber", „Zuwendungsempfänger") von Studienverträgen,[169]
– Inanspruchnahme der durch das Unternehmen erbrachten Leistungen, die mit der Teilnahme an Fachkongressen in keinem sachlichen Zusammenhang stehen (z.B. Beschaffung eines Hotelzimmers),[170]

---

[159] *HansOLG Hamburg,* StV 2001, 277, 278.
[160] *Tröndle/Fischer,* § 332 StGB, Rdnr. 3.
[161] *AG Hamburg-Wandsbek,* Urt. v. 12. 8. 1999 – 727a Cs/2047 Js 132/96.
[162] *HansOLG Hamburg,* StV 2001, 284.
[163] *HansOLG Hamburg,* StV 2001, 278.
[164] Urt. v. 10. 7. 2000 – 611 KLs 14/99.
[165] *LG Heidelberg,* Urt. v. 28. 3. 2001 – 1 KLs 42 Js 22565/97; *BGH* NJW 2002, 2801 ff.; hierzu die Urteilsanmerkung von *Taschke,* PharmaR 2002, 409 ff. (= MPR 2002, 101 ff.).
[166] *HansOLG Hamburg,* StV 2001, 284.
[167] *BGH* MedR 2000, 193.
[168] *HansOLG Hamburg,* StV 2001, 277, 280.
[169] *HansOLG Hamburg,* StV 2001, 277, 281; dass es auf die Terminologie im Hinblick darauf, dass auch landesrechtliche Drittmittelverordnungen dieselben Begriffe verwenden, nicht ankommen kann, wurde bereits hingewiesen (vgl. Rdnr. 183).
[170] *HansOLG Hamburg,* StV 2001, 284, 286.

- Vorschlagsliste einer Medizinproduktfirma für Einladung von Ärzten zu Kongressen, aufgeschlüsselt nach „Name", „Krankenhaus", „Position", „Umsatz pro Jahr",[171]
- Hinweis einer Medizinproduktfirma an ein Krankenhaus, dass bei Nichteinhaltung des erwarteten Umsatzes Sponsorengelder an die Firma zurückzufließen haben,[172]
- Rahmenvereinbarung eines Krankenhauses mit einer Medizinproduktefirma über die garantierte Abnahme bestimmter Produkte der Firma,[173]
- Abschluss von „Studienverträgen" zwischen einer Medizinproduktfirma und Ärzten/ Krankenhäusern, die bei „realitätsorientierter Auslegung" nach Auffassung des Gerichts als Scheinstudien anzusehen sind, um umsatzorientierte Bonuszahlungen zu verschleiern,[174]
- Provisionsberechnung für Außendienstmitarbeiter einer Medizinproduktfirma auf der Basis des Nettoumsatzes, der sich nach Abzug von Ergebnisschmälerungen – etwa durch Promotionskosten, zu denen auch Kundenhonorare und Reisekosten der Kunden zählen – errechnet,[175]

Indizien gegen das Vorliegen einer Unrechtsvereinbarung nach einer Entschei-   **196** dung des LG Hamburg:[176]
- Produktauswahlentscheidungen des Arztes/Krankenhauses werden glaubhaft ausschließlich nach rein medizinischen Gesichtspunkten getroffen,
- Lagerhaltung verschiedenster Produkte unterschiedlicher Hersteller,
- vom Arzt werden bei öffentlichen Veranstaltungen Produkte verschiedener Firmen vorgestellt und bewertet,
- Arzt weist bei öffentlichen Veranstaltungen auf Stärken und Schwächen des Produkts der Firma hin, von der er Zuwendungen erhält, wobei Mitarbeiter dieser Firma auch anwesend sind,
- Produktneutralität des Schulungsmaterials,
- maßgebliches Motiv für die Zusammenarbeit einer Medizinproduktefirma mit einem renommierten Arzt ist die Weiterentwicklung und Verbesserung bestehender und die Entwicklung neuer Produkte,
- fachliche Bewertungen des Arztes haben Einfluss auf die Produktpalette der Firma, von der er Zuwendungen erhält,
- Höhe des Honorars für Vorträge liegt am unteren Rand vergleichbarer Veranstaltungen und entspricht dem tatsächlichen Aufwand des Arztes,
- keine rechnerische Abhängigkeit von den Zuwendungen an den Arzt und den Umsatzzahlen der Medizinproduktfirma,
- vom Arzt werden bestimmte, nicht für gut befundene Produkte der Firma nicht verwendet,
- vom Arzt durchgeführte Studien mit Produkten der Medizinproduktefirma werden nicht nur intern verwendet, sondern auch in verschiedenen medizinischen Fachjournalen veröffentlicht.

Die Diensthandlung als Bezugspunkt der Unrechtsvereinbarung muss **hinreichend**   **197** **bestimmt** sein. An diese notwendige Konkretisierung der vorzunehmenden Diensthandlung stellen die Gerichte keine hohen Anforderungen. Ausreichend ist danach, dass der Amtsträger innerhalb eines bestimmten Aufgabengebiets nach einer gewissen Richtung hin tätig werden soll. Bestehe zwischen dem Zuwendungsgeber und dem Amtsträger bereits eine konkrete Lieferbeziehung, so genüge es regelmäßig, dass die Zuwendung für den Arzt erkennbar mit der Erwartung verknüpft sei, er werde auch künftig mindestens in

---

[171] *LG Hamburg*, Urt. v. 10. 7. 2000 – 611 KLs 14/99 204 Js 65/96.
[172] *LG Hamburg*, Urt. v. 10. 7. 2000 – 611 KLs 14/99 204 Js 65/96.
[173] *LG Hamburg*, Urt. v. 10. 7. 2000 – 611 KLs 14/99 204 Js 65/96.
[174] *LG Hamburg*, Urt. v. 10. 7. 2000 – 611 KLs 14/99 204 Js 65/96.
[175] *LG Hamburg*, Urt. v. 10. 7. 2000 – 611 KLs 14/99 204 Js 65/96.
[176] Urt. v. 10. 7. 2000 – 611 KLs 14/99 204 Js 65/96.

gleichem Umfang Produkte dieses Lieferanten bestellen.[177] Entsprechend wurde eine Unrechtsvereinbarung in einem Fall verneint, bei dem sich ein Krankenhausarzt mit der Bitte um eine Spende an einen Medizinproduktehersteller gewandt hatte, zu dem keine konkrete Lieferbeziehung bestand, da die bloße Bitte um eine Spende nicht die Zusage einer konkreten Diensthandlung enthalte.[178] Allerdings wurde eine Unrechtsvereinbarung auch schon in einem Fall angenommen, in dem ein Krankenhausarzt zu einer für einen Medizinproduktehersteller günstigen Entscheidung erst veranlasst werden sollte.[179]

d) Pflichtwidrigkeit

198   Durch das Merkmal der **Pflichtwidrigkeit** werden die Delikte der Vorteilsannahme und -gewährung von denen der Bestechung und Bestechlichkeit abgegrenzt, da die Bejahung der Pflichtwidrigkeit der Diensthandlung zur Annahme eines Bestechungsdelikts führt und die getroffene Unrechtsvereinbarung noch nicht notwendigerweise eine Dienstpflichtverletzung darstellt.

199   Ob eine Diensthandlung pflichtwidrig ist, hängt davon ab, ob sie der Unrechtsvereinbarung vorausgeht oder nachfolgt, sowie davon, ob eine gebundene oder eine Ermessensentscheidung zu treffen ist. Bei **gebundenen Entscheidungen,** die der Unrechtsvereinbarung vorausgehen, ist die Diensthandlung nur pflichtwidrig, wenn dem Täter durch Rechtssatz, Dienstvorschrift oder Anordnung eine bestimmte Entschließung vorgeschrieben ist und er davon abweicht. Bei vorausgehenden **Ermessensentscheidungen,** bei denen der Amtsträger zwischen mindestens zwei sachlich rechtmäßigen Handlungsvarianten auszuwählen hat, ist die Diensthandlung unabhängig von der Unrechtsvereinbarung zu beurteilen und nur dann pflichtwidrig, wenn der Ermessensspielraum überschritten wird. Folgt die Diensthandlung dagegen der Unrechtsvereinbarung nach, so liegt eine Pflichtwidrigkeit nach § 332 Abs. 3 StGB unabhängig von einer sonstigen Pflichtverletzung oder einer Ermessensüberschreitung auch schon dann vor, wenn sich der Amtsträger nach außen erkennbar bereit zeigt, bei der Handlung seine Pflichten zu verletzen oder sich bei Ausübung einer Ermessensentscheidung durch den Vorteil beeinflussen zu lassen. Ein unausgesprochener Vorbehalt, sich von einer Zuwendung nicht beeinflussen zu lassen, ist daher unbeachtlich. Andererseits bedarf es allerdings einer äußeren Manifestation des Willens, sich durch die Zuwendung bei der Ermessensentscheidung beeinflussen zu lassen (Rdnr. 200 f.).

200   Bei der **Auswahl von medizinischen Produkten** handelt es sich in der Regel um Ermessensentscheidungen. Nach überwiegender Ansicht in der Rechtsprechung kommt es für die Pflichtwidrigkeit der Auswahlentscheidung nicht darauf an, ob sie im Ergebnis sachgerecht ist.[180] Stattdessen lassen es die meisten Gerichte genügen, wenn der Ermessensbeamte den gewährten Vorteil auf die „Waagschale seiner Entscheidung" legt, ohne dass er den Ausschlag zu geben braucht.[181] Eine Pflichtwidrigkeit der Diensthandlung ist aber noch nicht durch den Umstand erfüllt, dass sich der Amtsträger bei Entgegennahme der Zuwendung gleichzeitig der Untreue i. S. d. § 266 StGB strafbar macht, denn die Pflichtwidrigkeit muss sich gerade auf diejenige Dienstpflicht beziehen, für die die Zuwendungen erbracht werden.[182] Die Diensthandlung muss schon an sich pflichtwidrig sein.[183] Ein stillschwei-

---

[177] *AG Tuttlingen*, Urt. v. 8. 2. 1999 – 5 Cs 411 Js 91 480/96.

[178] *AG Hamburg*, Beschl. v. 10. 9. 1999 – 141 a I Ds/204 Js 70/96.

[179] *LG Wuppertal*, Urt. v. 31. 5. 1999 – Az. 21 KLs 24 a Js 131/97 – 11/98 I.

[180] *HansOLG Hamburg*, StV 2001, 277, 281; *AG Stuttgart*, Urt. v. 4. 12. 1998 – B 14 Cs 414 Js 99 309/97.

[181] *Tröndle/Fischer*, § 332 StGB, Rdnr. 6; *AG Tuttlingen*, Urt. v. 8. 2. 1999 – 5 Cs 411 Js 91 480/96.

[182] *LG Heidelberg*, Urt. v. 28. 3. 2001 – 1 KLs 42 Js 22 565/97; *BGH* NJW 2002, 2801 ff. u. Urt. v. 23. 10. 2002 – 1 StR 541/01; hierzu die Urteilsanmerkung von *Taschke*, PharmaR 2002, 409 ff. (= MPR 2002, 101 ff.).

[183] *BGH*, Urt. v. 23. 5. 2002 – 1 StR 372/01; hierzu die Urteilsanmerkung von *Taschke*, PharmaR 2002, 409 ff. (= MPR 2002, 101 ff.).

gendes „Sich-bereit-Zeigen" haben die Gerichte zum Teil dann bejaht, wenn dem Arzt bewusst gewesen sein musste, dass etwa an die Annahme von finanziellen Unterstützungen zur Teilnahme an medizinischen Fachkongressen die Erwartung geknüpft war, er werde auch in Zukunft Produkte des entsprechenden Lieferanten bestellen.[184] Außerdem gingen die Gerichte davon aus, dass sich dem Arzt die Erwartung einer Gegenleistung für die Zuwendungen vor allem dann aufdrängen musste, wenn es sich hierbei nicht nur um kleinere Aufmerksamkeiten, sondern um relativ hohe Summen handelte.[185] Als weiteres Anzeichen wurde angesehen, dass der Arzt keine privaten, sondern ausschließlich geschäftliche Kontakte mit dem Unternehmen unterhalten habe; denn dadurch sei unvermeidlich ein Bezug zwischen der Zuwendung und der bestehenden geschäftlichen Verbindung hergestellt worden.[186]

Die vorstehenden Ausführungen machen deutlich, dass es in der Praxis nicht immer **201** leicht ist, die pflichtgemäßen von den pflichtwidrigen Handlungen voneinander abzugrenzen. Die Rechtsprechung hat dabei den Kreis der Pflichtwidrigkeit oftmals zu weit gezogen. Begrüßenswert sind in dieser Hinsicht daher ein Beschluss des Hanseatischen Oberlandesgerichts[187] und ein Beschluss des OLG Köln,[188] die sich deutlich zurückhaltender zeigen. Zwar gehen auch sie davon aus, dass bei Ermessensentscheidungen eine Pflichtwidrigkeit bereits dann vorliege, wenn der Amtsträger den ihm gewährten Vorteil in die Waagschale seiner Entscheidung lege. Jedoch besage allein die Vereinbarung oder Annahme eines Vorteils noch nicht, dass die **Unbefangenheit** des Ermessensbeamten beeinträchtigt war und er diese Entscheidungen auf Grund sachfremder Erwägungen getroffen bzw. sich hierzu bereit erklärt habe. Vielmehr erfordere der Tatbestand der Bestechlichkeit gegenüber der Vorteilsannahme zusätzliche besondere – über die Unrechtsvereinbarung hinausgehende – Umstände, aus denen sich ergebe, dass sich der Amtsträger gegenüber dem Vorteilsgeber bereit gezeigt habe, sich bei der Ermessensausübung durch den Vorteil beeinflussen zu lassen. Auch der Bundesgerichtshof hat in seinen Entscheidungen im Zusammenhang mit der Drittmitteleinwerbung[189] die Pflichtwidrigkeit verneint, weil das Landgericht nicht festzustellen vermocht hat, dass der Angeklagte sich bereit gezeigt habe, sich durch die Gewährung von Vorteilen bei seinen Auswahlentscheidungen beeinflussen zu lassen.

Eine amtspflichtwidrige Verletzung des Gleichbehandlungsgrundsatzes kann die gezielte **202** **Weitergabe von dienstlich erlangten Informationen** an einen von mehreren Wettbewerbern sein. Das ist aber dann nicht der Fall, wenn die Erkenntnisse über die Medizinprodukte nicht nur dem Unternehmen über Studien bekannt sind, sondern darüber hinaus auch in Vorträgen und Fachveröffentlichungen publiziert werden.[190]

e) Vorsatz

Vgl. dazu Rdnr. 183. Der Täter muss außerdem die objektive Pflichtwidrigkeit seiner **203** Handlung kennen, wobei bedingter Vorsatz genügt.[191] Nicht ausreichend ist hierfür, dass der Täter die Tatumstände, die die Tathandlung als pflichtwidrig kennzeichnen, kennt. Vielmehr muss er sich nach seiner **laienhaften Vorstellung** über die Bedeutung seiner Handlung im Klaren sein.[192]

---

[184] *BGH* MedR 2000, 193.
[185] *AG Stuttgart,* Urt. v. 4. 12. 1998 – B 14 Cs 414 Js 99 309/97.
[186] *AG Stuttgart,* Urt. v. 4. 12. 1998 – B 14 Cs 414 Js 99 309/97.
[187] StV 2001, 277, 281 f.
[188] *OLG Köln,* Beschl. v. 21. 9. 2001, Az. 2 Ws 170/01.
[189] *BGH,* Urt. v. 23. 5. 2002 – 1 StR 372/01; hierzu die Urteilsanmerkung von *Taschke,* PharmaR 2002, 409 ff. (= MPR 2002, 101 ff.).
[190] *HansOLG Hamburg,* StV 2001, 277, 282.
[191] *Tröndle / Fischer,* § 332 StGB, Rdnr. 10.
[192] *Tröndle / Fischer,* § 332 StGB, Rdnr. 10.

f) Rechtswidrigkeit

204 Eine **Genehmigung scheidet** bei § 332 Abs. 1 StGB **als Rechtfertigungsgrund** ebenso **aus** wie der Geschichtspunkt der Sozialadäquanz.

g) Schuld/Irrtum

205 Vgl. Rdnr. 190. Wenn der Täter glaubt, eine Genehmigung könne ihn auch hier rechtfertigen, so liegt ein Verbotsirrtum i. S. d. § 17 StGB vor,[193] so dass es dann wiederum entscheidend auf die Frage der **Vermeidbarkeit** ankommt.

4. § 333 Abs. 1, 3 StGB

206 Nach § 333 Abs. 1, 3 StGB macht sich strafbar, wer einem Amtsträger, einem für den öffentlichen Dienst besonders Verpflichteten oder einem Soldaten der Bundeswehr für die Dienstausübung einen Vorteil für diesen oder einen Dritten anbietet, verspricht oder gewährt. Nach § 333 Abs. 3 StGB ist die Tat nicht strafbar, wenn die zuständige Behörde im Rahmen ihrer Befugnisse entweder die Annahme des Vorteils durch den Empfänger **vorher genehmigt** hat oder sie auf unverzügliche Anzeige des Empfängers genehmigt.

a) Allgemeines

207 Hinsichtlich des Vorteils, der Unrechtsvereinbarung, sowie der Rechtswidrigkeit und Schuld wird auf die **vorstehenden Erörterungen** im Rahmen des § 331 StGB verwiesen.

b) Täter

208 Täter des § 333 Abs. 1 StGB kann **jedermann** sein.

c) Begünstigter

209 Begünstigter muss ein **Amtsträger** i. S. d. § 331 Abs. 1 StGB (vgl. Rdnr. 167) sein.

d) Tathandlungen

aa) Anbieten

210 Das **Angebot** zielt auf den Abschluss einer Unrechtsvereinbarung hin. Ob der Amtsträger erkennt, dass der Täter eine Unrechtsvereinbarung abschließen will, spielt keine Rolle.[194]

bb) Versprechen

211 Das Versprechen bezeichnet die Vereinbarung selbst, also die **Übereinkunft** der Beteiligten, durch die eine (faktische) Bindung erzielt wird.[195]

cc) Gewähren

212 Das Gewähren ist die **tatsächliche Zuwendung** an den Amtsträger, wobei die Annahme durch diesen und daher zumindest auch eine gleichzeitig geschlossene Unrechtsvereinbarung vorausgesetzt wird.[196]

5. § 334 Abs. 1 StGB

213 Nach § 334 Abs. 1 StGB macht sich wegen Bestechung strafbar, wer einem Amtsträger, einem für den öffentlichen Dienst besonders Verpflichteten oder einem Soldaten der Bundeswehr einen Vorteil für diesen oder einen Dritten als Gegenleistung dafür anbietet, verspricht oder gewährt, dass er eine Diensthandlung vorgenommen hat oder künftig vornehmen werde und dadurch **seine Dienstpflichten verletzt** hat oder verletzen würde.

---

[193] *Tröndle/Fischer*, § 332 StGB, Rdnr. 10.
[194] *Tröndle/Fischer*, § 333 StGB, Rdnr. 4.
[195] *Tröndle/Fischer*, § 333 StGB, Rdnr. 4.
[196] *Tröndle/Fischer*, § 333 StGB, Rdnr. 4.

a) Allgemeines

Es kann hier weitgehend auf die vorstehenden Erörterungen **verwiesen werden** 214
(Täter: Rdnr. 206, Begünstigter: Rdnr. 207; Diensthandlung: Rdnr. 192; Tathandlungen: Rdnr. 208 ff.; Vorteil: Rdnr. 168 ff.; Unrechtsvereinbarung: Rdnr. 193 ff.; Rechtswidrigkeit: Rdnr. 202; Schuld: Rdnr. 188 f., 203).

b) Pflichtwidrigkeit

Vgl. Rdnr. 198 ff. § 334 Abs. 3 StGB bringt (entsprechend § 332 Abs. 3 StGB) eine 215
Klarstellung für die Fälle, in denen sich der Vorteil auf **künftige** Diensthandlungen bezieht. Mit der Tathandlung muss der Täter **anstreben,** dass in den Fällen des sog. „gebundenen Beamten" dieser durch die Diensthandlung seine Pflichten verletzt (Nr. 1), in den Fällen des „Ermessensbeamten", dass dieser sich durch den Vorteil beeinflussen lässt (Nr. 2).

6. § 335 StGB: Besonders schwere Fälle der Bestechlichkeit und Bestechung

§ 335 Abs. 2 StGB enthält sog. **Regelbeispiele** für besonders schwere Fälle der Be- 216
stechlichkeit und Bestechung.

a) Regelbeispielsmethode

Das Vorliegen eines Regelbeispiels führt grundsätzlich, aber nicht zwingend, zur An- 217
wendung des erhöhten Strafrahmens. Im Rahmen einer **Gesamtabwägung** hat das Gericht zu prüfen, ob Milderungsgründe der Annahme eines besonders schweren Falls entgegenstehen. Umgekehrt ist der erhöhte Strafrahmen anzuwenden, wenn es aus anderen als in den Regelbeispielen genannten Gründen von einem besonders schweren Fall ausgeht. Den Regelbeispielen kommt somit eine Indizwirkung für das Vorliegen eines besonders schweren Falls zu.

b) Einzelne Regelbeispiele

aa) Vorteil großen Ausmaßes (Abs. 2 Nr. 1)

Dieser ist gegeben, wenn die Zuwendung ihrem Umfang nach **deutlich aus dem** 218
Rahmen durchschnittlicher Fälle herausragt, wobei es auf die Bedeutung der Diensthandlung nicht ankommt.[197] Die Grenze wird etwa zwischen 5000 € und 25 000 € gesetzt.[198]

bb) Fortgesetzte Annahme (Abs. 2 Nr. 2)

Fortgesetzt bedeutet in einer Mehrzahl von selbstständigen Fällen. Hierfür wird man 219
eine **mindestens dreimalige** Tatbegehung fordern müssen.[199]

cc) Gewerbsmäßigkeit (Abs. 2 Nr. 3, 1. Alt.)

Gewerbsmäßigkeit ist gegeben, wenn die Absicht vorliegt, sich durch wiederholte Tat- 220
begehung eine **Einnahmequelle nicht nur vorübergehender Art** zu verschaffen.[200]

dd) Als Mitglied einer Bande (Abs. 2 Nr. 3, 2. Alt.)

Eine Bande ist eine Gruppe von Personen, die sich ausdrücklich oder stillschweigend 221
zur Verübung fortgesetzter, im Einzelnen noch ungewisser **Taten verbunden** hat. Nach ständiger Rechtsprechung soll hierfür die Verbindung von **zwei Personen** genügen.[201]

---

[197] *Tröndle/Fischer,* § 335 StGB, Rdnr. 5.
[198] *Tröndle/Fischer,* § 335 StGB, Rdnr. 5 m. w. N.
[199] *Tröndle/Fischer,* § 335 StGB, Rdnr. 7 ff.
[200] *Tröndle/Fischer,* § 335 StGB, Rdnr. 10.
[201] *Tröndle/Fischer,* § 244 StGB, Rdnr. 17.

7. § 299 StGB

a) Allgemeines, Rechtsgut

222   § 299 StGB stellt Bestechlichkeit und Bestechung im geschäftlichen Verkehr unter Strafe. Vorläufer dieser Vorschrift ist der § 12 UWG a. F. Nach dem Willen des Gesetzgebers soll die Übernahme in das Kernstrafrecht das Bewusstsein der Bevölkerung schärfen, dass es sich bei der Korruption im geschäftlichen Bereich um eine Kriminalitätsform handelt, die nicht nur die Wirtschaft selbst betrifft, sondern Ausdruck eines allgemein sozialethisch missbilligten Verhaltens ist.[202] Die Vorschrift erfasst unter anderem Ärzte und andere Mitarbeiter medizinischer Einrichtungen in **privater Trägerschaft.** Da es sich bei diesen Ärzten und anderem Personal nicht um „Amtsträger" handelt, greifen die §§ 331 ff. StGB nicht ein. Die Annahme bzw. Gewährung eines Vorteils im Zusammenhang mit Beschaffungsentscheidungen kann unter diesen Umständen aber nach § 299 StGB strafbar sein.

223   Schutzgut ist in erster Linie der **freie Wettbewerb.** Daneben werden aber auch der Mitbewerber vor Bevorzugung anderer durch Schmiergeldzahlungen sowie der Geschäftsherr vor Treuepflichtverletzungen seiner Angestellten geschützt.[203] Es handelt sich um ein sog. abstraktes Gefährdungsdelikt.[204] Bei der Auslegung der Tatbestandmerkmale des § 299 StGB ist der Zusammenhang mit den Regelungen des UWG zu beachten.[205] Die Absätze 1 und 2 sind wie die §§ 331 StGB spiegelbildlich aufgebaut. Eine Pflichtwidrigkeit gegenüber dem Inhaber des geschäftlichen Betriebs wird jeweils nicht vorausgesetzt. Hinsichtlich des Tatbestandsmerkmals des Vorteils und der jeweiligen Tathandlungen wird auf die vorstehenden Ausführungen bei den §§ 331 ff. StGB verwiesen (Rdnr. 166–231), die hier entsprechend herangezogen werden können.

b) Absatz 1

224   Nach § 299 Abs. 1 StGB macht sich strafbar, wer als Angestellter oder Beauftragter eines geschäftlichen Betriebs im geschäftlichen Verkehr einen Vorteil für sich oder einen Dritten als Gegenleistung dafür fordert, sich versprechen lässt oder annimmt, dass er einem anderen bei dem Bezug von Waren oder gewerblichen Leistungen im Wettbewerb in unlauterer Weise bevorzuge.

aa) Täterkreis

225   § 299 Abs. 1 StGB ist ein Sonderdelikt für Angestellte oder Beauftragte eines **geschäftlichen Betriebs.**[206] Der Begriff umfasst jede auf gewisse Dauer betriebene Tätigkeit im Wirtschaftsleben, die sich durch Austausch von Leistungen und Gegenleistungen vollzieht. Abweichend vom Anwendungsbereich des HGB sind auch die freiberuflichen Betätigungen von Ärzten Geschäftsbetriebe i.S.d. § 299 StGB.[207] Soweit öffentliche Behörden hoheitlich handeln, stellt deren Tätigkeit keinen geschäftlichen Betrieb dar.[208] Hier greifen freilich die §§ 331 ff. StGB (Rdnr. 166–231) ein. Geschäftlich i.S.d. § 299 StGB ist aber jede Beteiligung von Behörden am Wirtschaftsleben, insbesondere also fiskalisches Handeln.[209] Wirtschaftliches Handeln im **reinen privaten Bereich** fällt nicht unter den Tatbestand des § 299 StGB.[210] Bei den Begriffen des **Angestellten** kommt es auf eine arbeitsrechtliche Abgrenzung nicht an. Angestellter ist, wer in einem mindestens fakti-

---

[202] BT-Drs. 13/5584, S. 15.
[203] BT-Drs. 13/5584, S. 13.
[204] *Tröndle/Fischer,* § 299 StGB, Rdnr. 4.
[205] BT-Drs. 13/5584, S. 15.
[206] *Tröndle/Fischer,* § 299 StGB, Rdnr. 5.
[207] *Tröndle/Fischer,* § 299 StGB, Rdnr. 5.
[208] *Tröndle/Fischer,* § 299 StGB, Rdnr. 6, 9.
[209] *Tröndle/Fischer,* § 299 StGB, Rdnr. 6.
[210] *Tröndle/Fischer,* § 299 StGB, Rdnr. 6, 9.

schen Dienstverhältnis zum Geschäftsherrn steht und dessen Weisungen unterworfen ist. Notwendig ist, dass irgendein Einfluss auf die geschäftliche Betätigung des Betriebs genommen werden kann, nicht hingegen, dass die Beschäftigung dauerhaft oder entgeltlich wahrgenommen wird.[211] **Beauftragter** ist, wer, ohne Angestellter zu sein, befugtermaßen für einen Geschäftsbetrieb tätig wird. Er muss auf Grund seiner Stellung im Betrieb berechtigt und verpflichtet sein, auf Entscheidungen, die den Waren- und Leistungsaustausch des Betriebs treffen, Einfluss zu nehmen.[212] **Betriebsinhaber** werden vom Tatbestand nicht erfasst.[213] Adressaten des § 299 StGB sind zum Beispiel Ärzte, die in einem Krankenhaus in **privater Trägerschaft beschäftigt** sind. **Vertragsärzte (Kassenärzte)** sind weder „Beauftragte" der Krankenkassen noch der Kassenärztlichen Vereinigungen, denn sie stehen zu diesen nicht in einem Dienst- oder Arbeitsverhältnis, sind nicht in deren Betriebsorganisation eingegliedert und werden allein für sich tätig. Die Tatsache, dass sie in ein vertragsärztliches System eingebunden sind und dadurch öffentlich-rechtlichen Einschränkungen unterworfen sind, steht dem nicht entgegen, denn sie sind Angehörige eines freien Berufs, die weder zu den Krankenkassen noch zu den Kassenärztlichen Vereinigungen in einem Abhängigkeitsverhältnis stehen, das zu einem bestimmenden Einfluss bei der Verordnung von Heil- und Arzneimitteln führt.[214] In ihren Therapie- und Verordnungsentscheidungen sind Vertragsärzte nämlich frei und lediglich an bestimmte Rahmenbedingungen zugunsten der Krankenkassen gebunden.

bb) Im geschäftlichen Verkehr

Der **geschäftliche Verkehr** umfasst alle Maßnahmen, die sich auf den geschäftlichen Betrieb beziehen, also alle Tätigkeiten, die auf die Förderung eines beliebigen Geschäftszwecks gerichtet sind und in denen die Teilnahme am Wettbewerb zum Ausdruck kommt.[215]   **226**

cc) Als Gegenleistung für eine künftige unlautere Bevorzugung

Erforderlich ist, dass der Wille des Täters auf eine **Unrechtsvereinbarung** (dazu die   **227**
vorstehende Darstellung bei den §§ 331 ff. StGB, Rdnr. 166–221) gerichtet ist. Die Auflockerung der Unrechtsvereinbarung in § 331 StGB (vgl. Rdnr. 182) findet in § 299 StGB keine Entsprechung.[216] Nicht ausreichend ist daher eine Zuwendung zur Herbeiführung allgemeinen „Wohlwollens" ohne Bezug zu einer bestimmten Bevorzugung.[217] Zuwendungen, die für die Belohnung von Bevorzugungen, die in der Vergangenheit liegen, gewährt werden, fallen nicht unter den Tatbestand des § 299 StGB, es sei denn, dass diese ebenfalls Gegenstand einer (zuvor geschlossenen) Unrechtsvereinbarung waren. Die Bevorzugung muss sich auf den Bezug von Waren oder gewerblichen Leistungen beziehen. **Bezug** ist dabei nicht nur der die Lieferung betreffende Vertragsschluss, sondern alles, was mit seinem Erhalt und der Abwicklung zusammenhängt.

dd) Bevorzugung

Bevorzugung i.S.d. § 299 StGB ist die Gewährung von Vorteilen im Wettbewerb ge-   **228**
genüber den Mitbewerbern und muss sich auf den Bezug von Waren oder gewerblichen Leistungen beziehen.[218] Die Bevorzugung muss **im Wettbewerb** des Vorteilsgewährenden mit seinen Konkurrenten erfolgen, d.h. zum Zeitpunkt der Tat muss ein Kreis von Mitbewerbern bestehen, auf deren Ausschaltung die Zuwendung abzielt.[219] **Unlauter** ist die Bevorzugung, wenn sie geeignet ist, Mitbewerber durch Umgehung der offen geleg-

---

[211] *Tröndle/Fischer,* § 299 StGB, Rdnr. 7.
[212] *Tröndle/Fischer,* § 299 StGB, Rdnr. 7.
[213] *Tröndle/Fischer,* § 299 StGB, Rdnr. 8.
[214] *BVerfGE* 11, 31, 39 ff.
[215] *Lackner/Kühl,* § 299 StGB, Rdnr. 3.
[216] *Tröndle/Fischer,* § 299 StGB, Rdnr. 12.
[217] *Tröndle/Fischer,* § 299 StGB, Rdnr. 12.
[218] *Tröndle/Fischer,* § 299 StGB, Rdnr. 13.
[219] *Tröndle/Fischer,* § 299 StGB, Rdnr. 13.

ten Regeln des Wettbewerbs und durch Ausschaltung der Konkurrenz zu schädigen.[220] Das Merkmal der Unlauterkeit beschreibt das Verhältnis von Leistung und Gegenleistung im Rahmen der Unrechtsvereinbarung und grenzt sachwidrige von sachgerechten Motiven der Bevorzugung ab.

c) Absatz 2

229 Nach § 299 Abs. 2 StGB wird bestraft, wer **im geschäftlichen Verkehr zu Zwecken des Wettbewerbs** einem Angestellten oder Beauftragten eines geschäftlichen Betriebs einen Vorteil für diesen oder einen Dritten als Gegenleistung dafür anbietet, verspricht oder gewährt, dass er ihn oder einen anderen bei dem Bezug von Waren oder gewerblichen Leistungen in unlauterer Weise bevorzuge.

aa) Täterkreis

230 Der Tatbestand des Absatzes 2 beschränkt sich nicht auf **Angestellte oder Beauftragte.** An sie muss sich jedoch das Angebot des Täters richten.[221] Täter kann jeder sein, der im geschäftlichen Verkehr und zum Zweck des Wettbewerbs handelt.

bb) Als Gegenleistung für eine künftige unlautere Bevorzugung

231 Vgl. **Rdnr. 225.**

d) § 300 StGB

232 § 300 Satz 2 StGB enthält **Regelbeispiele** für besonders schwere Fälle. Es kann insoweit auf die obigen Ausführungen zu § 335 Abs. 2 StGB (vgl. Rdnr. 218 ff.) verwiesen werden.

II. Betrug

233 Nach § 263 Abs. 1 StGB macht sich wegen **Betrugs** strafbar, wer in der Absicht, sich oder einem Dritten einen rechtswidrigen Vermögensvorteil zu verschaffen, das Vermögen eines anderen dadurch beschädigt, dass er durch Vorspiegelung falscher oder durch Entstellung oder Unterdrückung wahrer Tatsachen einen Irrtum erregt oder unterhält. Der Versuch ist nach Absatz 2 strafbar.

1. Einleitung

234 Im Zusammenhang der Kooperation der medizintechnologischen Industrie mit Ärzten und Krankenhäusern sind auf beiden Seiten jeweils zahlreiche Verhaltensweisen denkbar, die auch den Vorwurf des Betrugs begründen können. Dabei können praktisch hinsichtlich aller Tatbestandsmerkmale **Auslegungsprobleme** bestehen. Im Hinblick auf die zahlreichen möglichen Fallkonstellationen und den begrenzten zur Verfügung stehenden Raum muss sich die Darstellung größtenteils auf allgemeine Erwägungen beschränken. Es kann daher nur auf einige praktisch besonders bedeutsamen Verhaltensweisen eingegangen werden.

2. Täuschung über Tatsachen

a) Tatsachen

235 **Tatsachen** sind konkrete Vorgänge oder Zustände der Vergangenheit oder Gegenwart, die dem Beweise zugänglich sind. Ereignisse, die ausschließlich in der Zukunft liegen, werden damit nicht erfasst, jedoch stellt zum Beispiel die bereits bestehende Absicht, etwas in der Zukunft zu tun, eine gegenwärtige Tatsache dar.[222] Ohne Bedeutung ist, ob das

---

[220] *Tröndle/Fischer,* § 299 StGB, Rdnr. 13.
[221] *Tröndle/Fischer,* § 299 StGB, Rdnr. 15.
[222] *Tröndle/Fischer,* § 263 StGB, Rdnr. 2.

Geschehene oder Bestehende zu den Erscheinungen der Außenwelt oder zum Bereich des Innenlebens gehört.[223] Als äußere Tatsachen kommen z. B. die Eigenschaften eines Produkts, die Üblichkeit eines Preises oder die Zahlungsfähigkeit einer Person in Betracht. Daneben werden aber auch sog. innere Tatsachen erfasst, wie etwa Absichten, Überzeugungen und Kenntnisse (häufiges Beispiel: Vorspiegelung einer tatsächlich nicht vorhandenen Zahlungsbereitschaft beim Abschluss eines Vertrags[224]). Keine Tatsachen sind bloße **Meinungsäußerungen** oder **Werturteile,** wobei die Abgrenzung zum Tatsachenbegriff im Einzelfall oftmals Schwierigkeiten bereitet.[225]

b) Täuschung

Eine **Täuschung** setzt voraus, dass auf die Vorstellung eines anderen eingewirkt **236** wird,[226] wobei sich der Irrtum als spiegelbildliches Ereignis dieser Einwirkung darstellt. Ein bloßes Verändern von Tatsachen genügt als solches nicht, auch wenn es für einen Irrtum ursächlich wird.[227]

Vorspiegeln einer Tatsache bedeutet, einen in Wirklichkeit nicht vorliegenden Um- **237** stand tatsächlicher Art einem anderen gegenüber als vorhanden oder gegeben hinzustellen. Dies kann zunächst durch **positives Tun** geschehen, indem zum Beispiel falsche Angaben über die Eigenschaften eines Produkts gemacht werden oder indem ein Kassenarzt tatsächlich nicht erbrachte oder jedenfalls nicht erstattungsfähige Leistungen bei der Krankenkasse zur Abrechnung angibt (dazu Rdnr. 240 f.). Eine ausdrückliche Erklärung ist aber nicht erforderlich, vielmehr genügt auch schon ein **schlüssiges Verhalten,** sofern diesem ein bestimmter Erklärungswert zukommt. Wer zum Beispiel eine vertragliche Verpflichtung eingeht, erklärt damit in der Regel, dass er zur Erfüllung imstande und bereit ist (s. dazu auch Rdnr. 17 ff.).[228] Hingegen wird bei einem Angebot einer Ware zu einem bestimmten Preis allein noch nicht die Angemessenheit oder Üblichkeit eines Preises behauptet, sofern nicht weitere Umstände hinzutreten.[229] Mit der Anforderung einer (nicht geschuldeten) Leistung wird die Anspruchsberechtigung schlüssig erklärt, während die bloße Annahme versehentlich zu viel gezahlten Geldes nicht genügt.[230] Falsch ist eine Tatsachenbehauptung, wenn ihr Inhalt mit der objektiven Sachlage nicht übereinstimmt.

Ein **Unterdrücken wahrer Tatsachen** kann in jedem Handeln liegen, das den be- **238** treffenden Umstand der Kenntnis anderer Personen entzieht. Eine scharfe Trennungslinie zum Vorspiegeln falscher Tatsachen gibt es dabei nicht. Die beiden Erscheinungsformen gehen ineinander über. Dies gilt vor allem bei der unvollständigen Vorstellung von Tatsachen, die ein anderer für vollständig halten soll.

Auch eine **Täuschung durch Unterlassen** ist denkbar. Es gelten insoweit die allge- **239** meinen Regeln über das unechte Unterlassungsdelikt, so dass dafür vorausgesetzt wird, dass der Unterlassende als sog. Garant rechtlich verpflichtet ist, die Entstehung oder Fortdauer eines Irrtums mit seinen vermögensschädigenden Konsequenzen zu verhindern.[231] Grundlage dieser Garantenstellung und der daraus resultierenden Garantenpflicht können das Gesetz, ein vertraglich oder außervertraglich besonderes Vertrauensverhältnis oder ein pflichtwidriges Vorverhalten sein.[232] Der allgemeine „Grundsatz von Treu und Glauben" führt dagegen allein noch nicht zu einer Garantenpflicht.[233] Ein Betrug durch Unterlassen

---

[223] *Lackner/Kühl,* § 263 StGB, Rdnr. 4.
[224] *Lackner/Kühl,* § 263 StGB, Rdnr. 4.
[225] *Lackner/Kühl,* § 263 StGB, Rdnr. 5; *Schönke/Schröder/Cramer,* § 263 StGB, Rdnr. 9.
[226] *Lackner/Kühl,* § 263 StGB, Rdnr. 6.
[227] *Lackner/Kühl,* § 263 StGB, Rdnr. 6; *Tröndle/Fischer,* § 263 StGB, Rdnr. 6.
[228] *Lackner/Kühl,* § 263 StGB, Rdnr. 9.
[229] *Lackner/Kühl,* § 263 StGB, Rdnr. 10.
[230] *Lackner/Kühl,* § 263 StGB, Rdnr. 9.
[231] *Lackner/Kühl,* § 263 StGB, Rdnr. 12; *Tröndle/Fischer,* § 263 StGB, Rdnr. 12.
[232] S. zu zahlreichen Einzelfällen: *Tröndle/Fischer,* § 263 StGB, Rdnr. 13 a ff.
[233] *Tröndle/Fischer,* § 263 StGB, Rdnr. 13.

kommt etwa dann in Betracht, wenn sich bei einer bestehenden Lieferbeziehung nachträglich eine negative Eigenschaft eines Produkts herausstellt, diese für den Vertragspartner erkennbar von wesentlicher Bedeutung ist und dennoch bei weiteren Lieferungen verschwiegen wird.

240   Im hier gegebenen Zusammenhang ist vor allem der **Abrechnungsbetrug** zum Nachteil der Krankenkassen – sei es durch aktives Tun oder durch Unterlassen – von Bedeutung.[234] Inwieweit ein Betrug von Seiten der Ärzte oder der medizin-technologischen Unternehmen in Betracht kommt, ist entscheidend vom jeweils maßgeblichen Abrechnungssystem abhängig.[235] Werden medizinische Leistungen **aufwandsabhängig** zwischen den Ärzten und den Krankenkassen abgerechnet, so ist auf Seiten der Ärzte ein Betrug zum Nachteil der Krankenkasse möglich, wenn nicht (vollständig) erbrachte Leistungen abgerechnet oder geleistete Rabatte – etwa in Form von **umsatzabhängigen Rückvergütungen** – verschwiegen werden und die Krankenkasse dadurch tatsächlich nicht entstandene Aufwendungen vergütet. Anders liegt es, wenn nicht aufwandsabhängig, sondern nach **Fallpauschalen** abgerechnet wird,[236] da in diesem Fall die tatsächlich entstandenen Aufwendungen für die Höhe des Anspruchs gegen die Krankenkasse irrelevant sind. Allerdings kann auch bei einem System, bei dem nach Fallpauschalen abgerechnet wird, eine Täuschung vorliegen, wenn bei der Verhandlung über die Pauschalbeträge – sofern eine solche stattfindet – Rabatte verschwiegen werden und damit über den tatsächlichen Aufwand getäuscht wird. Rechnet ein Kassenarzt im Rahmen eines verbindlichen Abrechnungssystems Leistungen unter einer dort genannten Gebührenordnungsnummer ab, so soll er nach einer Entscheidung des Bundesgerichtshofs damit nicht nur schlüssig behaupten, dass diese Leistung unter die Leistungsbeschreibung dieser Gebührennummer fällt, sondern auch, dass seine Leistung zu den kassenärztlichen Versorgungsleistungen gehört und nach dem allgemeinen Bewertungsmaßstab abgerechnet werden kann.[237]

241   Rechnet ein Hersteller von Medizinprodukten oder Arzneimitteln **direkt mit der Krankenkasse** ab, etwa weil die Ärzte als Stellvertreter der Hersteller auftreten und die Verträge dadurch direkt zwischen Hersteller und Krankenkasse zustande kommen oder weil die Ärzte ihren Kostenerstattungsanspruch gegenüber den Krankenkassen an die Hersteller abtreten, so können auch deren Angehörige sich wegen Betrugs zum Nachteil der Krankenkassen strafbar machen, wenn sie zum Beispiel nicht erbrachte Leistungen abrechnen oder falsche Angaben über den tatsächlichen Preis des Produkts machen.[238] Zweifelhaft ist aber, ob eine Täuschung auch dann vorliegt, wenn bestimmte Serviceleistungen an Ärzte, die mit der Lieferung des Produktes verbunden sind und für die der Arzt bzw. dessen Einrichtung selbst aufkommen müsste, weil sie als allgemeine Praxiskosten nicht von der Krankenkasse erstattungsfähig sind, verschwiegen werden. Tatsächlich mindern solche Serviceleistungen der Industrie den Preis gerade nicht, weil der Listenpreis unabhängig davon zu zahlen ist, ob die Serviceleistungen in Anspruch genommen werden oder nicht. Eine Täuschung ist in diesen Fallkonstellationen daher nicht gegeben. Auf einem anderen Blatt steht, ob und in welchem Umfang ein Arzt seine allgemeinen Praxiskosten gegenüber der Krankenkasse abrechnen darf, wenn er solche Serviceleistungen tatsächlich in Anspruch nimmt. Das ist wiederum vom jeweiligen Abrechnungssystem, also insbesondere davon abhängig, ob die allgemeinen Praxiskosten pauschal oder aufwandsabhängig abgerechnet werden.

242   Inwieweit eine **Aufklärungspflicht** bei einer nachträglichen Rückvergütung an Ärzte – sei es auf Seiten der Ärzte oder der Hersteller – besteht und damit ein Betrug durch

---

[234] Dazu eingehend: *Janovsky,* in: Wabnitz/Janovsky, 766 ff.; *Volk,* NJW 2000, 3385 ff.
[235] *BGH* NStZ 1993, 388.
[236] *Ehlers/Werner,* Pharm.Ind. 2000, 761 f.
[237] *BGH* NStZ 1993, 388; *Volk,* NJW 2000, 3386 ff.
[238] Zur Frage, inwieweit sich auch Ärzte in diesen Fallkonstellationen strafbar machen können: *Noak,* MedR 2002, 76 ff.

Unterlassen in Betracht kommt, ist durch die Rechtsprechung – soweit ersichtlich – noch nicht geklärt. „Rabatte" oder Rückvergütungen können dabei durch Geldzahlungen erfolgen, aber auch in anderer Form wie durch Serviceleistungen, Zurverfügungstellung von Geräten oder durch den Abschluss von Verträgen – zum Beispiel Gutachteraufträgen im Zusammenhang mit Anwendungsbeobachtungen – zu überhöhten Honoraren erbracht werden. Eine Aufklärungspflicht gegenüber den Krankenkassen haben aber weder die Unternehmensangehörigen noch die beteiligten Ärzte.[239] Eine solche lässt sich weder aus Gesetz – insbesondere nicht aus dem Sozialrecht oder dem ärztlichen Berufsrecht – noch aus Vertrag herleiten.[240] Auch aus dem Grundsatz von Treu und Glauben – sofern man diesen überhaupt als Grundlage einer möglichen Garantenpflicht anerkennt – lässt sich keine Aufklärungspflicht entnehmen, da dies jedenfalls das Vorliegen **„besonderer Umstände"** – etwa ein besonderes Vertrauensverhältnis[241] – voraussetzt. Bei deren Konkretisierung kann man sich an die bei der Vermögensbetreuungspflicht (dazu Rdnr. 257) entwickelten Kriterien orientieren. Die bei § 266 StGB betonten Restriktionen dürfen nämlich nicht dadurch unterlaufen werden, dass man die Aufklärungspflichten beim Betrug erweitert, so dass dem Untreuetatbestand insoweit eine Sperrwirkung zukommt.[242] Da aber eine möglicherweise bestehende Fürsorgepflicht jedenfalls keine Hauptpflicht darstellt, sind weder die Ärzte noch die Unternehmensangehörigen zur Aufklärung über die bestehenden Serviceleistungen verpflichtet.

3. Erregen oder Unterhalten eines Irrtums

Irrtum ist jede unrichtige, der Wirklichkeit nicht entsprechende Vorstellung über Tat- 243 sachen, welche auch dann gegeben ist, wenn sie in einem wesentlichen Punkt lückenhaft ist. Bloßes Nichtwissen ohne eine konkrete Fehlvorstellung genügt jedoch nicht,[243] denn wer sich überhaupt keine Vorstellung von der maßgebenden Tatsache macht, irrt nicht. Zweifel an der Richtigkeit der Behauptung schließen einen Irrtum aber nicht aus. Es genügt ein bloßes Für-möglich-Halten.[244] Der Irrtum muss gerade durch die Einwirkung auf die Vorstellung des Getäuschten ausgelöst werden. Ein unabhängig vom Täuschungsverhalten bestehender Irrtum genügt damit nicht.[245] Ausreichend ist es aber, wenn eine bereits vorhandene Fehlvorstellung bestärkt oder deren Aufklärung verhindert oder erschwert wird.[246] Getäuschte und geschädigte Person brauchen nicht identisch zu sein,[247] allerdings muss die Vermögensverfügung (s. dazu Rdnr. 244) durch den Getäuschten vorgenommen werden. Beim Abrechnungsbetrug besteht der Irrtum in der falschen Vorstellung über die tatsächlich entstandenen Aufwendungen oder Ansprüche.

4. Vermögensverfügung

Als ungeschriebenes Tatbestandsmerkmal des § 263 Abs. 1 StGB muss eine Verfügung 244 des Getäuschten über sein Vermögen oder das eines Dritten hinzutreten. Hierdurch wird der ursächliche Zusammenhang zwischen dem Irrtum und der Vermögensbeschädigung hergestellt. Unter einer **Vermögensverfügung** versteht man jedes tatsächliche Handeln, Dulden oder Unterlassen des Getäuschten, durch das bei diesem selbst oder einem Dritten

---

[239] *Noak,* MedR 2002, 76, 82.

[240] *Noak,* MedR 2001, 76, 79 ff.

[241] *BGH* wistra 1988, 262, 263.

[242] *Noak,* MedR 2002, 76, 79; *Seelmann,* NJW 1980, 2545, 2547 f.; *Seelmann,* NJW 1981, 2132; *Sonnen,* wistra 1982, 123, 125 f.

[243] *Lackner/Kühl,* § 263 StGB, Rdnr. 18.

[244] *Lackner/Kühl,* § 263 StGB, Rdnr. 18; *Tröndle/Fischer,* § 263 StGB, Rdnr. 18.

[245] *Tröndle/Fischer,* § 263 StGB, Rdnr. 19.

[246] *Lackner/Kühl,* § 263 StGB, Rdnr. 20.

[247] *Tröndle/Fischer,* § 263 StGB, Rdnr. 21.

unmittelbar eine Vermögensminderung im wirtschaftlichen Sinn ausgelöst wird.[248] Ob diese Vermögensminderung durch einen gleichzeitig erfolgten Vermögenszuwachs kompensiert und wirtschaftlich voll ausgeglichen wird, ist eine Frage der Vermögensschädigung, die erst im Rahmen der Schadensberechnung zu stellen ist (dazu Rdnr. 245). Grundsätzlich belanglos ist es, ob sich der Getäuschte über die vermögensmindernde Wirkung seiner Handlung bewusst ist.[249] Wird über das Vermögen eines Dritten – etwa des Arbeitgebers oder der Anstellungskörperschaft – verfügt, so ist Voraussetzung, dass der Getäuschte in der Lage ist, rechtlich oder tatsächlich über das betroffene Vermögen zu verfügen, wobei die Einzelheiten umstritten sind.[250] Ein Beispiel für eine Vermögensverfügung durch Unterlassen ist das Nichtgeltendmachen einer Forderung wie es bei Krankenkassen, die keine Kenntnis von einem Rabatt oder einer nachträglichen Rückvergütung haben, der Fall ist. Dies setzt freilich voraus, dass ein Rückerstattungsanspruch auch tatsächlich besteht.

5. Vermögensbeschädigung

245   Zum geschützten Vermögen gehören alle Güter, die einen wirtschaftlichen Wert haben.[251] Ein **Vermögensschaden** ist gegeben, wenn bei einem Vergleich zwischen dem Vermögensstand vor und nach der Vermögensverfügung eine nachteilige Vermögensdifferenz eingetreten ist, ohne dass diese Einbuße durch ein unmittelbar aus der Vermögensverfügung fließendes Äquivalent wirtschaftlich voll ausgeglichen wird[252] (sog. Grundsatz der Gesamtsaldierung). Erlangt der – nicht notwendigerweise mit dem Getäuschten identische – Betroffene einen Gegenwert, ist von einem Vermögensschaden deshalb nur dort zu sprechen, wo die Einbuße größer ist als der zugeflossene Wert. Auch eine konkrete Vermögensgefährdung kann nach Auffassung der Rechtsprechung und des überwiegenden Teils der Literatur eine Vermögensminderung zur Folge haben.[253]

246   Bei vertraglichen Austauschgeschäften unterscheidet man zwischen einem sog. Eingehungs- und einem sog. Erfüllungsbetrug. Auf den **Eingehungsbetrug** (Täuschung bei Vertragsschluss)[254] stellt man ab, wenn es zur Leistung des Getäuschten nicht kommt. Hier werden die beiden Vertragsverpflichtungen miteinander verglichen. Ein Vermögensschaden ist gegeben, wenn der Anspruch, den der Getäuschte erlangt hat, in seinem wirtschaftlichen Wert hinter der von ihm übernommenen Verpflichtung zurückbleibt. Beim **Erfüllungsbetrug** (Täuschung des Vertragspartners im Rahmen der Erfüllung)[255] sind demgegenüber die geschuldete und die tatsächlich erbrachte Leistung miteinander zu vergleichen. Ein Vermögensschaden liegt also vor, wenn der Betroffene weniger erhält als ihm zusteht oder mehr bezahlt, als er von Rechts wegen müsste. Sind Leistung und Gegenleistung dagegen wirtschaftlich gleichwertig, so scheidet ein Vermögensschaden grundsätzlich aus. Bei der Schadenskompensation bleiben alle gesetzlichen Schadensersatzansprüche sowie Anfechtungs-, Gewährleistungs- und Rücktrittsrechte außer Betracht, die dem Betroffenen gerade auf Grund der Täuschung erwachsen,[256] denn sie fließen dem Betroffenen nicht unmittelbar aus der maßgebenden Vermögensverfügung zu. Auch durch eine nachträgliche Schadensbeseitigung kann ein bereits entstandener Schaden nicht wieder aus der Welt geschafft werden, auch wenn sie von vornherein beabsichtigt gewesen ist.[257]

---

[248] *Lackner/Kühl,* § 263 StGB, Rdnr. 22; *Tröndle/Fischer,* § 263 StGB, Rdnr. 24.

[249] *Lackner/Kühl,* § 263 StGB, Rdnr. 24.

[250] Vgl. *Lackner/Kühl,* § 263 StGB, Rdnr. 28 ff.

[251] *Lackner/Kühl,* § 263 StGB, Rdnr. 34; *Tröndle/Fischer,* § 263 StGB, Rdnr. 27 ff.

[252] *Lackner/Kühl,* § 263 StGB, Rdnr. 36; *Tröndle/Fischer,* § 263 StGB, Rdnr. 30.

[253] *Tröndle/Fischer,* § 263 StGB, Rdnr. 31 m.w.N.

[254] Vgl. dazu *Tröndle/Fischer,* § 263 StGB, Rdnr. 32 a ff.

[255] Vgl. dazu *Tröndle/Fischer,* § 263 StGB, Rdnr. 33 f.

[256] *Lackner/Kühl,* § 263 StGB, Rdnr. 36 a.

[257] *Tröndle/Fischer,* § 263 StGB, Rdnr. 36.

Ein Schaden zum Nachteil des Kostenträgers wird zum Beispiel in der Höhe des **nach-** 247
träglich gewährten Rabatts, der als Forschungsgeld an eine Universitätsklinik zurück-
gewährt wird, gesehen,[258] was aber wiederum voraussetzt, dass der Kostenträger einen
Anspruch auf diesen Betrag hat. Erstattet eine Krankenkasse Leistungen, die aus formalen
Gründen nicht abrechnungsfähig sind, etwa weil ein Arzt nicht die für jeden Einzelfall
erforderlichen Anordnungen getroffen hat, so soll bei der Krankenkasse auch dann ein
Vermögensschaden vorliegen, wenn die Leistungen medizinisch indiziert waren.[259]

6. Vorsatz und Bereicherungsabsicht

Der Täter muss **Vorsatz** hinsichtlich aller objektiven Tatbestandsmerkmale einschließ- 248
lich der Rechtswidrigkeit des vom Täter erstrebten Vorteils haben, wobei Eventualvorsatz
genügt. Dass er sich unter dem Geschädigten eine andere Person als die wirklich benach-
teiligte vorstellt, schließt den Vorsatz nicht aus.[260]

Der Betrugstatbestand setzt außerdem **Bereicherungsabsicht** voraus, die gegeben ist, 249
wenn es dem Täter auf die Erlangung des Vorteils – wenn auch nur als Zwischenziel –
ankommt. Der erstrebte Vermögensvorteil muss objektiv rechtswidrig sein, auf ihn darf
also kein rechtlich begründeter Anspruch bestehen.[261] Das ist bei der Abrechnung einer
Gebührenziffer durch einen Kassenarzt dann der Fall, wenn die erbrachte Leistung nach
der kassenärztlichen Gebührenordnung nicht abrechenbar ist.[262] Außerdem muss zwischen
dem Vermögensvorteil und dem Schaden eine Unmittelbarkeitsbeziehung **(sog. Stoff-
gleichheit)** bestehen, der Vorteil also die Kehrseite des Schadens bilden. Das ist dann der
Fall, wenn Schaden und Vorteil sich in der Weise entsprechen, dass sie durch dieselbe
Vermögensverfügung vermittelt werden und der erstrebte Vermögensvorteil unmittelbar
zu Lasten des geschädigten Vermögens geht.[263]

III. Untreue

Wegen **Untreue** macht sich nach § 266 Abs. 1 StGB strafbar, wer die ihm durch Ge- 250
setz, behördlichen Auftrag oder Rechtsgeschäft eingeräumte Befugnis, über fremdes Ver-
mögen zu verfügen oder einen anderen zu verpflichten, missbraucht oder die ihm kraft
Gesetzes, behördlichen Auftrags, Rechtsgeschäfts oder eines Treueverhältnisses obliegende
Pflicht, fremde Vermögensinteressen wahrzunehmen, verletzt und dadurch dem, dessen
Vermögensinteressen er zu betreuen hat, Nachteil zufügt.

1. Einleitung

Das zum Betrug Gesagte (vgl. Rdnr. 234) gilt **entsprechend.** 251

2. Schutzgut und Allgemeines

Geschütztes Rechtsgut ist nach h.M. das fremder Hand anvertraute Vermögen.[264] Da 252
ein Bereicherungsstreben des Täters – anders als etwa beim Betrug – nicht vorausgesetzt
wird, handelt es sich um ein reines **Fremdschädigungsdelikt.** Die Vorschrift umfasst
zwei Tatbestandsgruppen: den Missbrauchs- und den Treubruchstatbestand. Dabei wird
der Missbrauchstatbestand von der h.M. als speziell geregelter Anwendungsfall des Treu-
bruchstatbestands angesehen.

---

[258] *Lippert,* VersR 2000, 158, 159.
[259] *BGH* NStZ 1995, 85; *Volk,* NJW 2000, 3385, 3387.
[260] *Tröndle/Fischer,* § 263 StGB, Rdnr. 40.
[261] *Lackner/Kühl,* § 263 StGB, Rdnr. 61.
[262] *BVerfG* NStZ 1998, 29.
[263] *Lackner/Kühl,* § 263 StGB, Rdnr. 59.
[264] LK/*Schünemann,* § 266 StGB, Rdnr. 28.

3. Missbrauchstatbestand

a) Verfügungs- und Verpflichtungsbefugnis

253   Die Befugnis, über fremdes Vermögen zu verfügen, setzt eine **Rechtsmacht** voraus, die ihren Ursprung in dem rechtlichen Verhältnis zwischen ihrem Träger und demjenigen hat, zu dessen Lasten sie wirksam werden kann.[265] Sie muss auf Gesetz, behördlichem Auftrag oder Rechtsgeschäft beruhen. Als rechtsgeschäftlich begründete Befugnis kommt vor allem die Vertretungsmacht von Bevollmächtigten, Prokuristen und der gesellschaftsrechtlichen Organe in Betracht.[266] Diesen Personen ist gemeinsam, dass aus ihrer Stellung eine Vertretungsmacht erwächst, die ihnen Verfügungs- und Verpflichtungsbefugnisse gegenüber fremdem Vermögen gewährt.

b) Vermögensbetreuungspflicht

254   Nach h. M. setzt auch der Missbrauchstatbestand eine **Vermögensbetreuungspflicht** voraus.[267] Siehe dazu Rdnr. 257 f.

c) Missbrauchshandlung

255   Ein **Missbrauch** der Verpflichtungs- oder Verfügungsbefugnis liegt vor, wenn der Täter im Rahmen seines rechtsverbindlich wirkenden Könnens die Grenzen des im Innenverhältnis einzuhaltenden rechtlichen Dürfens bewusst überschreitet.[268] Das setzt eine rechtsgeschäftliche Handlung bzw. das pflichtwidrige Unterlassen einer solchen Handlung voraus.[269] Wie weit dabei die Befugnisse des Betreuungspflichtigen im Innenverhältnis reichen und was seine Pflicht ihm konkret gebietet oder verbietet, richtet sich nach Gesetz, Satzung sowie nach den mit dem Vermögensinhaber getroffenen Vereinbarungen. Außerdem sind die Sorgfaltsanforderungen heranzuziehen, die ein ordentlicher und gewissenhafter Geschäftsführer zu beobachten hat.

d) Nachteilszufügung

256   Siehe dazu Rdnr. 259 f.

4. Treubruchstatbestand

a) Treueverhältnis, Vermögensbetreuungspflicht, Pflichtverletzung

257   Die **Vermögensbetreuungspflicht** setzt voraus, dass die Pflicht zur Wahrnehmung fremder Vermögensinteressen von wesentlicher Bedeutung ist und den typischen und wesentlichen Inhalt des rechtlich begründeten oder faktisch bestehenden Vertrags oder sonstigen Treueverhältnisses bildet, also dessen Hauptgegenstand und nicht bloße Nebenpflicht ist.[270] Die allgemeine Pflicht, einen **Vertrag** zu erfüllen und dabei auf die Interessen des anderen Teils Rücksicht zu nehmen, ist noch keine Vermögensbetreuungspflicht i. S. d. § 266 StGB, so dass das bloße Nichterfüllen von Vertragspflichten diesen Anforderungen nicht genügt.[271] Schließt daher ein Hersteller eines Medizinprodukts einen Kaufvertrag — sei es mit einem Arzt bzw. einer medizinischen Einrichtung oder direkt mit der Krankenkasse — ab, so ist er nicht verpflichtet, den Vertragspartner über seine Preiskalkulation zu unterrichten. Eine solche Pflicht widerspräche den elementaren Grundsätzen der Marktwirtschaft. Danach ist es Sache des Vertragspartners, darüber zu entscheiden, ob er

---

[265] *Tröndle/Fischer,* § 266 StGB, Rdnr. 2.
[266] Zahlreiche Beispiele bei *Tröndle/Fischer,* § 266 StGB, Rdnr. 4.
[267] *Lackner/Kühl,* § 266 StGB, Rdnr. 14.
[268] LK/*Schünemann,* § 266 StGB, Rdnr. 32, 50; *Lackner/Kühl,* § 263 StGB, Rdnr. 6.
[269] *Lackner/Kühl,* § 266 StGB, Rdnr. 6; *Tröndle/Fischer,* § 266 StGB, Rdnr. 7.
[270] *Tröndle/Fischer,* § 266 StGB, Rdnr. 14; *LG Mainz,* NJW 2001, 906.
[271] *Tröndle/Fischer,* § 266 StGB, Rdnr. 9.

einen Preis für angemessen hält oder nicht. Bei einem **Amts- oder Angestelltenverhältnis** des öffentlichen Dienstes oder bei einem **arbeitsrechtlichen Verhältnis** ist die Aufgabe, Vermögensinteressen der öffentlichen Hand bzw. des Arbeitgebers wahrzunehmen, mit einer Vermögensbetreuungspflicht nicht automatisch verbunden.[272] Vielmehr muss der Betreuungspflichtige nach den gesamten Umständen des Einzelfalls zumindest einen nicht ganz unbedeutenden Aufgabenkreis von einigem Gewicht und einem gewissen Grad an Verantwortlichkeit wahrnehmen. Das Maß der Selbstständigkeit, ein etwaiger Entscheidungsspielraum sowie Art, Umfang und Dauer der jeweiligen Tätigkeit sind wesentliche Anzeichen dafür.[273] Bei einem Amt im öffentlichen Dienst geht man von einer Vermögensbetreuungspflicht aus, wenn es typisch – aber nicht notwendigerweise ausschließlich[274] – vermögensrechtliche Aufgaben mit sich bringt.[275]

Das LG Heidelberg[276] hat eine solche Vermögensbetreuungspflicht bei einem Ärztlichen **258** Direktor der Abteilung Herzchirurgie einer Universitätsklinik bejaht.[277] Dem hat der Bundesgerichtshof[278] im Grundsatz noch zugestimmt (vgl. aber seine Einschränkung im Rahmen der Verletzung dieser Vermögensbetreuungspflicht Rdnr. 259 f.). Auf Grund seines Aufgaben- und Pflichtenkreises habe ein Ärztlicher Direktor die zugewiesenen Haushalts- und Betriebsmittel zu bewirtschaften und die sächlichen und personellen Mittel seiner Abteilung zweckentsprechend einzusetzen. Insoweit unterliege er auch einer **Vermögensbetreuungspflicht.** Nicht entscheidend ist nach einem Urteil des LG Offenburg[279] auch, dass ein Arzt nicht ausdrücklich angewiesen wird, Preisverhandlungen zu führen. Demgegenüber hat das LG Mainz[280] eine Vermögensbetreuungspflicht bei einem Chefarzt und einem Oberarzt der Kardiologie in einem Hospital verneint, da die wesentliche Pflicht ihres Vertragsverhältnisses die Erbringung ärztlicher Leistungen sei. Die Verpflichtung, Vermögensinteressen des Dienstherrn nicht zu schädigen, sei allenfalls eine selbstverständliche Nebenpflicht, der als solcher jeder Arbeitnehmer unterliege.

Die **Pflichtverletzung** kann sowohl im rechtsgeschäftlichen, als auch – anders als beim **259** Missbrauchstatbestand – im tatsächlichen Verhalten liegen.[281] Zwischen der Vermögensbetreuungspflicht und dem Handeln des Täters muss ein innerer Zusammenhang bestehen,[282] es muss also gerade eine spezifische Treuepflicht verletzt werden.[283]

Eine solche Pflichtverletzung sollte nach der Rechtsprechung z.B. darin bestehen, dass **260** ein Arzt einer Universitätsklinik die seitens einer Arzneimittel- oder Medizinproduktfirma gewährten **Rabatte oder Boni** nicht der Universität als Kostenträger zukommen,

---

[272] LK/*Schünemann*, § 266 StGB, Rdnr. 107 f.

[273] LK/*Schünemann*, § 266 StGB, Rdnr. 73 m. w. N.

[274] *Fabricius,* NStZ 1993, 414, 415.

[275] LK/*Schünemann*, § 266 StGB, Rdnr. 121 mit zahlreichen Beispielen.

[276] Urt. v. 28. 3. 2001 – 1 KLs 42 Js 22565/97.

[277] Auf Grund seines funktional hervorgehobenen Aufgabengebiets und des sich daraus ergebenden Pflichtenkreises sei er gehalten, die Vermögensinteressen der Universität in dem ihm unterstellten Bereich wahrzunehmen. Außer für die Behandlung von Patienten sei er nämlich auch für den wirtschaftlichen Einsatz von Geräten und Einrichtungen der Abteilung und die Bewirtschaftung der seiner Abteilung zugewiesenen Haushalts- und Betriebsmittel verantwortlich. Da er diese Aufgabe in hohem Maße eigenverantwortlich und selbstständig ausübe, stehe einer Vermögensbetreuungspflicht auch nicht entgegen, dass er der Dienstaufsicht der Universitätsverwaltung unterstehe. Neben den ärztlichen Leistungen als seiner besonderen Hauptpflicht handele es sich bei der Materialbeschaffung unter Wahrung der wirtschaftlichen Interessen seines Dienstherrn um eine weitere wesentliche Pflicht.

[278] BGH NJW 2002, 2801 ff.; hierzu die Urteilsanmerkung von *Taschke,* PharmaR 2002, 409 ff. (= MPR 2002, 101 ff.).

[279] Urt. v. 15. 12. 1998 – 2 KLs 41 Js 487/96 2 AK 8/97.

[280] NJW 2001, 906.

[281] LK/*Schünemann*, § 266 StGB, Rdnr. 91; *Lackner/Kühl*, § 266 StGB, Rdnr. 15.

[282] *Tröndle/Fischer*, § 266 StGB, Rdnr. 13.

[283] BGH NJW 2002, 2801 ff.; hierzu die Urteilsanmerkung von *Taschke,* PharmaR 2002, 409 ff. (= MPR 2002, 101 ff.); *Lackner/Kühl*, § 266 StGB, Rdnr. 15.

sondern sie auf das Konto eines Fördervereins überweisen lässt[284] oder darin, dass er Herzschrittmacher zu einem überhöhten Preis bestellt, statt einen Preisnachlass zugunsten seiner Anstellungskörperschaft zu verlangen.[285] In der auch in dieser Hinsicht bahnbrechenden Entscheidung[286] im Zusammenhang mit der Einwerbung von Drittmitteln hat der Bundesgerichtshof das Erfordernis einer qualifizierten Vermögensbetreuungspflicht stärker in den Vordergrund gestellt und eine solche in dem vom LG Heidelberg entschiedenen Fall verneint. Zwar käme einem Ärztlichen Direktor durch die Auswahl der zu beschaffenden Produkte ein bestimmender Einfluss auf die Auftragsvergabe zu, der es rechtfertige, ihn auch insoweit für die Wahrnehmung der Vermögensinteressen der Universität verpflichtet zu erachten. Daher sei ein treuwidriges Verhalten gegeben, wenn er mittelbar dazu beitrage, überhöhte Preise zu akzeptieren, oder wenn er die Materialverwaltung der Universität nicht in den Stand versetze, noch günstigere Preise auszuhandeln. Dies setze aber voraus, dass bei dem Vertragspartner günstigere Preise erzielbar gewesen wären, was nach den Feststellungen des Instanzgerichts nicht der Fall war. Auch in der Vereinnahmung der Zuwendungen liege keine Verletzung einer qualifizierten Vermögensbetreuungspflicht, da im vorliegenden Fall die Universität nicht Berechtigte der Zuwendungen gewesen sei. Auf Grund der getroffenen Vereinbarungen habe es sich um Provisionen bzw. personengebundene Spenden gehandelt, welche dem Angeklagten persönlich zugedacht waren. Trotz der Umsatzabhängigkeit seien die Zuwendungen keine Rückvergütungsansprüche an den Kaufvertragspartner gewesen. Von Bedeutung sei im vorliegenden Fall auch gewesen, dass sich die Zuwendungen innerhalb des gewährenden Unternehmens zu Lasten der Provisionen der Mitarbeiter auswirkten, so dass der Sache nach intern vorgesehene Provisionen nach außen verschoben und an Externe ausgekehrt wurden.

b) Nachteilszufügung

261   Als Folge des pflichtwidrigen Handelns oder Unterlassens muss ein **Nachteil** im Vermögen desjenigen eintreten, dessen Vermögensinteressen der Täter zu betreuen hat. Der Begriff des Nachteils in § 266 Abs. 1 StGB hat nach allgemeiner Meinung dieselbe Bedeutung wie die Vermögensschädigung in § 263 StGB.[287] Die dortigen Grundsätze der Schadensberechnung gelten demnach sinngemäß. Es fehlt daher an einem Nachteil, wenn die Saldierung des Vermögens vor und nach der pflichtwidrigen Handlung ausgeglichen ist, was etwa dann der Fall ist, wenn der eingetretene Verlust durch gleichzeitig erlangte Vorteile voll ausgeglichen wird, wobei aber eine bloße Wiedergutmachung an der Verwirklichung des Tatbestandes nichts mehr ändern kann. Von diesem Gleichzeitigkeitserfordernis macht der Bundesgerichtshof aber eine Ausnahme, wenn bei wirtschaftlicher Betrachtung nach einem vernünftigen Gesamtplan mehrere Verfügungen erforderlich sind, um den ausgleichenden Erfolg zu erreichen.[288] Auch die Gefährdung des Vermögens kann nach überwiegender Auffassung Nachteil sein.[289]

262   Bei der sog. **Haushaltsuntreue** durch Bedienstete des öffentlichen Dienstes (insbesondere durch Verstöße gegen haushaltsrechtliche Regelungen) kann ein Vermögensnachteil fraglich werden, wenn Rückvergütungen an die Anstellungskörperschaft – etwa als Forschungsgelder – vereinbart werden oder wenn bestimmte Mittel ansonsten zu anderen Zwecken ausgegeben worden wären. Besondere Probleme tauchen hier aber wegen der

---

[284] *LG Heidelberg*, Urt. v. 28. 3. 2001 – 1 KLs 42 Js 22565/97, aufgehoben durch *BGH* NJW 2002, 2801 ff.; hierzu die Urteilsanmerkung von *Taschke*, PharmaR 2002, 409 ff. (= MPR 2002, 101 ff.).

[285] *LG Offenburg* – 2 KLs 41 Js 487/96 2 AK 8/97.

[286] *BGH* NJW 2002, 2801 ff.; hierzu die Urteilsanmerkung von *Taschke*, PharmaR 2002, 409 ff. (= MPR 2002, 101 ff.).

[287] LK/*Schünemann*, § 266 StGB, Rdnr. 132; *Fabricius*, NStZ 1993, 414, 416.

[288] *BGH* NJW 2002, 2801 ff.; hierzu die Urteilsanmerkung von *Taschke*, PharmaR 2002, 409 ff. (= MPR 2002, 101 ff.).

[289] *Tröndle/Fischer*, § 266 StGB, Rdnr. 20; LK/*Schünemann*, § 266 StGB, Rdnr. 146.

Zweckbindung öffentlicher Mittel auf.[290] Ein Vermögensnachteil ist in diesen Fällen aber jedenfalls dann gegeben, wenn die Gelder an Dritte oder den Täter selbst fehlgeleitet werden oder wenn gegen den haushaltsrechtlichen Grundsatz der Wirtschaftlichkeit und Sparsamkeit verstoßen wird.[291] Bei der Bildung von „schwarzen Kassen" liegt auch dann ein **Vermögensnachteil** vor, wenn die darin enthaltenen Haushaltsmittel zweckentsprechend eingesetzt werden sollen. Für eine schadensgleiche Vermögensgefährdung soll es nämlich schon genügen, dass öffentliche Gelder einer haushaltsrechtlichen Kontrolle entzogen werden und damit letztlich der freien Verfügung des Disponierenden unterliegen.[292] Aber auch bei der zweckentsprechenden Verwendung von öffentlichen Mitteln ohne die Bildung von „schwarzen Kassen" kann ein Vermögensnachteil und damit eine Untreue zu bejahen sein, wobei aber nicht jeder Verstoß gegen eine haushaltsrechtliche Bestimmung ausreicht, sondern weitere Umstände hinzukommen müssen.[293] Nach der Rechtsprechung des Bundesgerichtshofs[294] ist dabei entscheidend, ob durch eine Haushaltsüberziehung eine wirtschaftlich gewichtige Kreditaufnahme erforderlich wird, die Dispositionsfähigkeit des Haushaltsgesetzgebers in schwerwiegender Weise beeinträchtigt und er dadurch in seiner politischen Gestaltungsbefugnis beschnitten wird.

5. Vorsatz

Der **Vorsatz** muss die Pflichtwidrigkeit umfassen.[295] Dazu gehört nicht nur, dass der   263
Täter das Vorhandensein aller Tatbestandsmerkmale des § 266 Abs. 1 StGB kennt, er muss sich auch seines Missbrauchs oder seiner Pflichtwidrigkeit bewusst sein.[296] Nach der Rechtsprechung des Bundesgerichtshofs sind wegen der grundsätzlichen Weite des Untreuetatbestands in der Treubruchsalternative an die Annahme von Vorsatz strenge Anforderungen zu stellen, wenn nur bedingter Vorsatz in Frage steht und der Täter nicht eigennützig gehandelt hat.[297] Im Zusammenhang der Drittmittelforschung betont er dabei, dass der Stand von Diskussion und Erkenntnis über erlaubte und nicht erlaubte Abwicklungswege im Tatzeitraum ebenso zu bedenken seien, wie der Beweggrund, die Effizienz der Förderung zu sichern. Im konkreten Fall habe für die innere Haltung des Angeklagten zur Wahrnehmung seiner Aufgaben auch nicht unbedeutend sein können, dass er das Drittmittelkonto mit Beträgen in namhafter Höhe aus seiner Privatliquidation gespeist habe.

6. Einwilligung

Die **Einwilligung** des Treugebers in Handlungen des Täters ist nicht erst für die   264
Rechtswidrigkeit, sondern schon für den Tatbestand von Bedeutung, da sie im Missbrauchstatbestand den Missbrauch der Verfügungsbefugnis und im Treubruchstatbestand die Pflichtverletzung ausschließt.[298]

IV. Steuerhinterziehung

Nach § 370 Abs. 1 Abgabenordnung (AO) macht sich wegen **Steuerhinterziehung**   265
strafbar, wer den Finanzbehörden oder anderen Behörden über steuerlich erhebliche Tat-

---

[290] Zu diesem Problemkreis *Schmidt-Hieber,* in: Müller-Gugenberger/Bieneck, § 32.

[291] *Schmidt-Hieber,* a. a. O., Rdnr. 5, 10.

[292] *BGH* wistra 2001, 146, 148 f.; *Schmidt-Hieber,* a. a. O., Rdnr. 6.

[293] *Schmidt-Hieber,* a. a. O., Rdnr. 7; *BGH* wistra 2001, 146, 148.

[294] wistra 2001, 146, 149; NJW 1998, 913.

[295] LK/*Schünemann,* § 266 StGB, Rdnr. 153.

[296] *LG Mainz,* NJW 2001, 906, 907.

[297] *BGH* NJW 2002, 2801 ff.; hierzu die Urteilsanmerkung von *Taschke,* PharmaR 2002, 409 ff. (= MPR 2002, 101 ff.).

[298] *Lackner/Kühl,* § 266 StGB, Rdnr. 20.

sachen unrichtige oder unvollständige Angaben macht (Nr. 1), die Finanzbehörden pflichtwidrig über steuerlich erhebliche Tatsachen in Unkenntnis lässt (Nr. 2) oder pflichtwidrig die Verwendung von Steuerzeichen oder Steuerstemplern unterlässt (Nr. 3) und dadurch Steuern verkürzt oder für sich oder einen anderen nicht gerechtfertigte Steuervorteile erlangt. Nach Absatz 2 ist der Versuch strafbar.

1. Schutzgut und Allgemeines

266   § 370 AO schützt den **Anspruch des Staates** auf den vollen Ertrag an jeder einzelnen Steuerart.[299] Gegenstand der Steuerhinterziehung können dabei auch gesetzeswidrige Einkünfte i. S. d. § 40 AO sein.[300] Der Tatbestand wird durch die einzelnen steuerrechtlichen Bestimmungen ausgefüllt.

2. Täter

267   Täter kann **jeder** sein, der die tatbestandlichen Voraussetzungen erfüllt, also nicht nur der Steuerschuldner selbst.[301]

3. Tathandlung

268   Das strafbare Verhalten besteht in der **Verletzung von Erklärungspflichten**[302] über steuerlich erhebliche Tatsachen. Eine Täuschung wird dafür nicht vorausgesetzt.[303] Die bloße Nichtbezahlung von Steuern ohne eine solche Pflichtverletzung stellt dagegen keine Steuerhinterziehung dar. Wer zur Abgabe einer Steuererklärung verpflichtet ist, ergibt sich gem. § 149 Abs. 1 Satz 1 AO zunächst aus den einzelnen Steuergesetzen. Eine solche Verpflichtung entsteht aber auch bei einer Aufforderung durch die Finanzbehörde (§ 149 Abs. 1 Satz 2 AO). Tatsachen sind steuerlich erheblich, wenn sie Grund oder Höhe des Steueranspruchs beeinflussen können. Die Pflichtverletzung kann in der Abgabe unrichtiger Steuererklärungen, aber auch darin liegen, dass im Rahmen einer Außenprüfung einem Prüfer falsche Angaben gemacht oder falsche Unterlagen vorgelegt werden.[304] Unrichtig bzw. unvollständig sind die Angaben vor allem, wenn Einnahmen verschwiegen werden oder tatsächlich nicht angefallene Betriebsausgaben (z. B. Ausgaben rein privater Natur) als solche geltend gemacht werden.[305]

4. Steuerverkürzung

269   Durch die Tathandlung müssen **Steuern verkürzt** worden sein, was nach § 370 Abs. 4 Satz 1 AO auch durch die nicht rechtzeitige Festsetzung erfolgen kann. Tritt keine Steuerverkürzung ein, kommt eine versuchte Steuerhinterziehung in Betracht. Ob und in welchem Umfang eine Steuer verkürzt worden ist, ergibt sich aus einem Vergleich zwischen der Steuer, die auf Grund der falschen oder unvollständigen Angaben festgesetzt wurde und der Steuer, die bei pflichtgemäßen Angaben zu erheben gewesen wäre.[306] Bei der Zusammenarbeit von Medizinproduktefirmen mit ärztlichen Einrichtungen sind vor allem Leistungen im Zusammenhang mit Studienverträgen, Gerätestellungen, Förderungen der Teilnahme von Ärzten an Fortbildungsveranstaltungen und das Sponsoring von Bedeutung.[307]

---

[299] *Gast-de Haan,* in: Klein, § 370 AO, Rdnr. 2.

[300] *Gast-de Haan,* a. a. O., § 370 AO, Rdnr. 3.

[301] *Gast-de Haan,* a. a. O., § 370 AO, Rdnr. 17.

[302] *Gast-de Haan,* a. a. O., § 370 AO, Rdnr. 26.

[303] *Gast-de Haan,* a. a. O., § 370 AO, Rdnr. 26.

[304] *Kummer,* in: Wabnitz/Janovsky, S. 702.

[305] *Kummer,* a. a. O., S. 702.

[306] *Gast-de Haan,* a. a. O., § 370 AO, Rdnr. 52.

[307] Zu den steuerrechtlichen Fragen s. den Beitrag von *Dieners/Lembeck* in diesem Handbuch (§ 20 Rdnr. 156–231); dazu auch *Dieners/Lembeck/Taschke,* PharmaR 1999, 156, 166 ff.

Im Zusammenhang mit den Korruptionsdelikten hat vor allem das Abzugsverbot des **270**
§ 4 Abs. 5 Nr. 10 Satz 1 EStG für die Bestimmung der Steuerverkürzung große Bedeutung. Danach dürfen die Zuwendung von Vorteilen und damit zusammenhängende Aufwendungen (z.B. Versicherungen, Reise- und Transportkosten, sowie alle anderen durch
die Vorteilsgewährung veranlassten Kosten) den Gewinn nicht mindern, wenn die Zuwendung der Vorteile eine rechtswidrige Handlung darstellt, die den Tatbestand eines
Strafgesetzes oder eines Gesetzes verwirklicht, das die Ahndung mit einer Geldbuße zulässt. Diese Vorschrift ist durch das Steuerentlastungsgesetz 1999 verschärft worden. Bis
dahin war ein Abzugsverbot nur dann gegeben, wenn wegen der Zuwendung oder des
Empfangs der Vorteile eine rechtskräftige Verurteilung nach einem Strafgesetz erfolgt, ein
anhängiges Verfahren eingestellt worden oder ein Bußgeld rechtskräftig verhängt worden
ist. Nach der neuen Rechtslage ist es ausreichend, wenn die Zuwendung einen Straf- oder
Bußgeldtatbestand erfüllt. Die Finanzverwaltung stellt dies in eigener Kompetenz fest,
wobei die Entscheidung gerichtlich vollständig nachprüfbar ist. Nach § 4 Abs. 5 Nr. 10
Satz 2 und 3 EStG bestehen dabei gegenseitige Anzeigepflichten zwischen den Gerichten,
Staatsanwaltschaften und Verwaltungsbehörden auf der einen und den Finanzbehörden auf
der anderen Seite. Die Mitteilungspflicht der Finanzbehörde gegenüber der Staatsanwaltschaft begegnet Bedenken im Hinblick auf das verfassungsrechtliche Gebot, dass keiner
gezwungen werden darf, sich selbst strafrechtlich zu belasten („nemo tenetur se ipsum
accusare"). Die Vorschrift bedarf daher einer einschränkenden Auslegung unter Einbeziehung der §§ 393 Abs. 2, 30 AO.[308]

5. Erlangung nicht gerechtfertigter Steuervorteile

Der jeweilige **Steuervorteil** (z.B. Steuerbefreiung, Stundung, Eintragung einer Steuer- **271**
befreiung auf der Lohnsteuerkarte, Fristverlängerung) ist nicht gerechtfertigt, wenn das
Gesetz diesen für den tatsächlichen Sachverhalt nicht vorsieht.[309]

6. Vorsatz

Zum Vorsatz der Steuerhinterziehung gehört, dass der Täter den angegriffenen beste- **272**
henden Steueranspruch kennt und dass er ihn trotz dieser **Kenntnis** gegenüber der Steu-
erbehörde verkürzen will.[310] Geht jemand daher von der Korrektheit einer steuerlichen
Behandlung aus, so führt dies zu einem den Vorsatz ausschließenden Tatbestandsirrtum.[311]

D. Strafverfahren unter besonderer Berücksichtigung der Verfahren gegen Unternehmen

I. Einleitung von Ermittlungsverfahren

§ 152 Abs. 2 StPO **verpflichtet** die Staatsanwaltschaft und die Polizeibehörden, bei **273**
dem Verdacht einer Straftat Ermittlungen aufzunehmen (sog. **Legalitätsprinzip**). Die
Durchführung der Strafverfolgung liegt also grundsätzlich nicht in deren Ermessen. Für die
Verfolgung von Ordnungswidrigkeiten gilt dieser Grundsatz gem. § 47 Abs. 1 OWiG
nicht. Hier herrscht vielmehr das **Opportunitätsprinzip** vor, das es in das pflichtgemäße
Ermessen der Ermittlungsbehörden stellt, ob sie eine Ordnungswidrigkeit verfolgen oder
nicht. Eine **Strafanzeige** kann jeder erstatten. Es kann eine Privatperson sein, die be-

---

[308] Dazu eingehend *Heerspink,* wistra 2001, 441 ff.
[309] *Gast-de Haan,* a.a.O., § 370 AO, Rdnr. 57.
[310] *BGH* wistra 1989, 263, 264.
[311] *BGH* wistra, 263, 264; *OLG Köln,* Beschl. v. 21. 9. 2001 – 2 Ws 170/01.

hauptet, durch eine Straftat geschädigt worden zu sein. Strafanzeigen können aber auch Unternehmen, Verbände, Wettbewerber u. a. erstatten. Ermittlungsverfahren können auch eingeleitet werden, wenn Staatsanwaltschaft oder Polizei aus **Presseveröffentlichungen** Hinweise für ein mögliches strafbares Verhalten erlangen. Auch anonyme Anzeigen, die im Regelfall allerdings einer strengen Prüfung unterzogen werden, können die Einleitung eines Ermittlungsverfahrens rechtfertigen. Die Staatsanwaltschaft und die Polizeibehörden sind bereits dann zu Ermittlungen verpflichtet, wenn nur die Möglichkeit einer strafbaren Handlung gegeben ist. Sie müssen also nicht überzeugt sein, dass es zu einer strafbaren Handlung gekommen ist. Allerdings müssen für einen sog. **Anfangsverdacht** schon konkrete Tatsachen bestehen.[312]

II. Ziele des Ermittlungsverfahrens

274   Ein Ermittlungsverfahren wird geführt, um einen gewonnenen Verdacht zu bestätigen oder zu widerlegen. Es ist eine häufig anzutreffende Vermutung, ein Ermittlungsverfahren dürfe in bestimmten Fällen nicht geführt werden, da der Verdacht unbegründet sei und keine Grundlage habe. Diese Vermutung ist unzutreffend. Das Ermittlungsverfahren dient gerade der **Verdachtsprüfung.** Stellt sich nach Durchführung aller notwendigen Ermittlungen heraus, dass der Verdacht unbegründet war oder sich nicht mit der notwendigen Sicherheit nachweisen lässt, stellt die Staatsanwaltschaft das Ermittlungsverfahren ein. Anders formuliert: Ob der Verdacht eine Grundlage hat oder nicht, ist am Ende des Ermittlungsverfahrens zu beantworten. Die Begründetheit des Verdachts ist nicht Voraussetzung für die Durchführung eines Ermittlungsverfahrens. Deshalb gilt auch in einem Ermittlungsverfahren uneingeschränkt die **Unschuldsvermutung.** Dass ein Verfahren gegen einen Beschuldigten geführt wird, sagt noch nichts über seine Schuld.

III. Kompetenz zu Ermittlungen

275   Nach der StPO ist die **Staatsanwaltschaft** die in erster Linie zuständige Ermittlungsbehörde. Die Beamten der **Polizeibehörden** sind als „Gehilfen der Staatsanwaltschaft" bei den Ermittlungen tätig. Faktisch ist es aber so, dass die Polizeibehörden die weit überwiegende Mehrzahl der Ermittlungsverfahren selbst führen, den Sachverhalt ermitteln und erst dann die Akten an die zuständige Staatsanwaltschaft zur Entscheidung abgeben. Nur in größeren oder bedeutenden Verfahren wird von Anfang an die Staatsanwaltschaft eingeschaltet. Liegt (auch) der Verdacht von **Steuerstraftaten** vor, so können Behörden der Finanzverwaltung eigenständig ermitteln und haben dann die Funktion der Staatsanwaltschaft.

IV. Ermittlungsmöglichkeiten von Staatsanwaltschaft und Polizei

276   Staatsanwaltschaft und Polizei haben **zahlreiche Ermittlungsmöglichkeiten,** die in die Rechte des Bürgers erheblich eingreifen können. Davon werden hier die praktisch bedeutendsten vorgestellt:

1. Zeugenvernehmungen

277   Staatsanwaltschaft und Polizei können **Zeugen** vernehmen. Der Zeuge ist ein persönliches Beweismittel, eine Beweisperson, die in einem nicht gegen sie selbst gerichte-

---

[312] *Kleinknecht/Meyer-Goßner,* § 152 StPO, Rdnr. 4.

ten Strafverfahren Auskunft über die Wahrnehmung von Tatsachen gibt,[313] die das Ermittlungsverfahren betreffen. Es ist dabei gleichgültig, wann und aus welchem Anlass der Zeuge die Wahrnehmungen gemacht hat, über die er aussagen soll. Zeuge kann auch jemand sein, der in einem anderen Verfahren Beschuldigter ist. Auch der Zeuge vom Hörensagen, der Mitteilungen von anderen wiedergibt, ist ein zulässiges Beweismittel.

a) Zeugenrechte

Bestimmten Zeugen steht im gesamten Strafverfahren ein **Zeugnisverweigerungs-** **278** **recht** zu. Dazu gehören zum einen Personen, die zu dem Beschuldigten in einem bestimmten Angehörigenverhältnis stehen (§ 52 StPO) und zum anderen solche, die auf Grund ihrer – in der Regel beruflichen – Stellung ein besonderes Vertrauensverhältnis zum Beschuldigten haben, das oftmals sogar durch eine Schweigepflicht geschützt ist (§ 53 StPO). Bei § 53 StPO setzt dies aber voraus, dass es sich bei dem Gegenstand der Beweiserhebung um Umstände handelt, die dem Zeugnisverweigerungsberechtigten gerade auf Grund seiner besonderen Eigenschaft anvertraut oder bekannt geworden sind.[314] Außerdem kann in bestimmten Fällen des § 53 StPO die Entbindung von der Verschwiegenheitspflicht das Zeugnisverweigerungsrecht entfallen lassen (vgl. § 53 Abs. 2 StPO). Entschließt sich ein Zeuge dazu, trotz seines bestehenden Zeugnisverweigerungsrechts, über das er im Falle des § 52 StPO von den Ermittlungsbehörden zu belehren ist, dennoch auszusagen, so gilt – wie für alle Zeugen – die Wahrheitspflicht (Rdnr. 282) auch für ihn. Die Aufzählungen in den genannten Vorschriften sind abschließend. Alle anderen Zeugen sind daher grundsätzlich zur Aussage verpflichtet (Rdnr. 281).

Es gibt in nahezu jedem Verfahren Personen, von denen man nicht sicher weiß, ob sie **279** in das (vermeintliche) Tatgeschehen verstrickt gewesen sein könnten. Die StPO trägt diesem Umstand Rechnung. Sie gibt dem Zeugen in § 55 StPO ein **Auskunftsverweigerungsrecht,** falls er sich bei der Beantwortung von Fragen der Gefahr eigener Strafverfolgung aussetzen würde. Denn es ist ein tragender Grundsatz der StPO, dass niemand verpflichtet ist, sich selbst oder einen Angehörigen zu belasten. Anders als bei den umfassenden Zeugnisverweigerungsrechten der §§ 52, 53 StPO besteht hier aber nur das Recht, Antworten zu bestimmten Fragen bzw. Angaben zu bestimmten Punkten zu verweigern. Dieses Recht besteht aber schon dann, wenn bereits die Bejahung oder Verneinung den Zeugen oder einen Angehörigen in die Gefahr der Verfolgung bringt.[315] Dabei bedeutet die Auskunftsverweigerung nicht das Eingeständnis von Schuld. Das Gesetz spricht nur davon, dass sich jemand der Gefahr strafrechtlicher Verfolgung aussetzt. Das kann auch dann gegeben sein, wenn jemand sich nichts vorzuwerfen hat.

Jeder Zeuge hat einen Anspruch darauf, einen Rechtsanwalt zu konsultieren. Dieser **280** **Zeugenbeistand** kann den Zeugen unter anderem bei der Frage beraten, ob er auf einzelne Fragen die Antwort verweigern darf (und sollte) oder ob es im Interesse des Zeugen liegt, überhaupt keine Angaben zu machen.

b) Zeugenpflichten

Zeugen sind – anders als Beschuldigte – grundsätzlich **verpflichtet,** Angaben zur Sache **281** zu machen. Diese Pflicht kann aber mit Zwangsmitteln nur von der Staatsanwaltschaft und dem (Ermittlungs-) Richter, also nicht von der Polizei, durchgesetzt werden.

Ein Zeuge ist zu **wahrheitsgemäßen Angaben** verpflichtet. Sind seine Angaben nicht **282** richtig, etwa weil er den Beschuldigten des Verfahrens schützen oder auch zu Unrecht belasten möchte, kann gegen den Zeugen ein Ermittlungsverfahren wegen des Verdachts der Strafvereitelung oder der falschen Anschuldigung eingeleitet werden. Macht der Zeu-

---

[313] *Kleinknecht/Meyer-Goßner,* Vor § 48 StPO, Rdnr. 1.
[314] Dazu *BGH* NJW 1985, 2203.
[315] *Kleinknecht/Meyer-Goßner,* § 55 StPO, Rdnr. 2.

ge seine Angaben vor Gericht, kommt noch der mögliche Straftatbestand der Falschaussage, ggf. unter Eid, hinzu.

2. Beschuldigtenvernehmungen

283   Staatsanwaltschaft und Polizeibehörden können die **Beschuldigten** des Verfahrens **vernehmen.** Da niemand verpflichtet ist, sich selbst zu belasten („nemo tenetur se ipsum accusare"), hat der Beschuldigte das Recht zu schweigen, worüber er vor der Vernehmung belehrt werden muss (§§ 136, 163 a StPO).

284   Oft ist es ratsam, dass ein Beschuldigter zunächst einmal schweigt, also keine Angaben zur Sache macht, denn gerade in einem frühen Verfahrensstadium sollte erst einmal Klarheit darüber geschaffen werden, auf welchen tatsächlichen Ereignissen die Vorwürfe gegen den Beschuldigten beruhen. Im Regelfall wird der Verteidiger Akteneinsicht nehmen und sich einen Überblick über die Beweismittel und das belastende Material verschaffen. Dem Verteidiger steht nach § 147 Abs. 1 StPO ein **Recht auf Akteneinsicht** zu. Nach dem durch das Strafverfahrensänderungsgesetz 1999 neu eingeführten Absatz 7 des § 147 StPO können aber auch einem Beschuldigten, der keinen Verteidiger hat, Auskünfte und Abschriften aus den Akten erteilt werden, soweit nicht der Untersuchungszweck gefährdet werden kann und nicht überwiegende schutzwürdige Interessen Dritter entgegenstehen. Allerdings dürfen dem Beschuldigten die Akten grundsätzlich nicht überlassen werden.[316] Erst nach Kenntnisnahme des Tatvorwurfs und der vorhandenen Beweismittel wird der Verteidiger seinem Mandanten eine Empfehlung abgeben, ob er sich zur Sache äußern soll oder nicht. Für diesen Fall kommt auch eine schriftliche Stellungnahme (sog. Verteidigungsschrift) in Betracht. In bestimmten Fällen kann aber auch eine frühzeitige und gezielte Aussage sinnvoll sein, um eine schnelle Verfahrenseinstellung zu bewirken. Dies sollte aber mit einem Anwalt besprochen werden.

285   Die Angaben eines Beschuldigten können im Strafprozess als **Beweismittel** verwendet werden. Der Beschuldigte ist aber nicht – wie ein Zeuge – gehalten, die Wahrheit zu sagen. Macht ein Beschuldigter in seiner Verteidigung unzutreffende Angaben, kann er deswegen nicht verfolgt werden, sofern er dabei nicht auch andere Rechtsgüter verletzt, etwa bestimmte Personen bewusst zu Unrecht belastet. Eine ganz andere Frage ist freilich, ob es die richtige Verteidigungsstrategie für einen Beschuldigten ist, Angaben zur Sache zu machen und dabei nicht bei der Wahrheit zu bleiben. Im Regelfall ist dies falsch und sollte vom Verteidiger verhindert werden.

3. Durchsuchungen und Beschlagnahmen

a) Zulässige Maßnahmen der Ermittlungsbehörden

286   Die Staatsanwaltschaft und die Polizeibehörden können nach §§ 102 ff. StPO **Durchsuchungen** durchführen, also etwa Unternehmen und Privaträume durchsuchen. Sie können daneben nach den §§ 94 ff. StPO bei der Durchsuchung aufgefundenes **Beweismaterial beschlagnahmen.** Unternehmen können dabei aber – anders als etwa in den USA – nicht aufgefordert werden, relevantes Beweismaterial vorzulegen. Es ist Aufgabe der Staatsanwaltschaft und der Polizeibehörden, danach zu suchen. Finden sie es nicht, besteht keine rechtliche Verpflichtung es vorzulegen. Allerdings ist es eine strategische Frage, ob ein Unternehmen oder ein Beschuldigter die gesuchten Beweismittel vorlegen sollte (dazu Rdnr. 291 ff.).

287   Durchsuchungen können im Regelfall nur auf Grund eines **richterlichen Durchsuchungsbeschlusses** durchgeführt werden (§ 105 Abs. 1 StPO). Die Staatsanwaltschaft ist daher gehalten, einen Antrag auf Durchsuchung und Beschlagnahme bei dem zuständigen Ermittlungsrichter, einem Richter am Amtsgericht, zu stellen. Dieser prüft, ob ein Verdacht vorliegt, der eine Durchsuchung rechtfertigt, ob der Grundsatz der Verhältnismä-

---

[316] *Kleinknecht/Meyer-Goßner,* § 147 StPO, Rdnr. 4.

ßigkeit gewahrt ist und ob die zu beschlagnahmenden Beweisgegenstände genau genug bezeichnet sind. In der Praxis ist die Ablehnung eines Durchsuchungs- und Beschlagnahmebeschlusses aber eher selten.

Auf einen richterlichen Durchsuchungsbeschluss kann nur dann verzichtet werden, **288** wenn „Gefahr im Verzug" vorliegt. In diesen Fällen können Staatsanwälte und Polizeibeamte auch ohne richterlichen Durchsuchungsbeschluss durchsuchen und Beweisgegenstände beschlagnahmen (vgl. §§ 98 Abs. 1, 105 Abs. 1 StPO). Gefahr in Verzug liegt dann vor, wenn die richterliche Anordnung nicht eingeholt werden kann, ohne dass der Zweck der Maßnahme gefährdet wird.[317] Das ist dann der Fall, wenn zu befürchten ist, dass die Einholung eines richterlichen Durchsuchungsbeschlusses zu lange dauern würde und eine Durchsuchung deshalb nicht den gewünschten Erfolg hätte.

Vor allem die Beschlagnahme von Unterlagen kann die Betroffen erheblich beein- **289** trächtigen, da dadurch der Betriebsablauf erheblich behindert werden kann. Außerdem können Unterlagen streng vertrauliche interne Geschäftsabläufe enthalten. Besonders problematisch im Hinblick auf die vertraulichen Patienteninformationen ist die **Beschlagnahme von Krankenunterlagen** bei einem Arzt. Zwar ist nach § 97 Abs. 1 StPO die Beschlagnahme von Krankenunterlagen grundsätzlich unzulässig. Das gilt aber dann nicht, wenn der Arzt selbst Beschuldigter im Verfahren ist.[318]

Durchsuchungen werden im Regelfall von der Staatsanwaltschaft und der Polizei **290** sorgfältig vorbereitet. Es werden Einsatzpläne erstellt, welche Objekte durchsucht werden sollen, welche Beamte an der Durchsuchung teilnehmen und nach welchen Beweismitteln wo gesucht werden soll. Groß angelegte Durchsuchungen beginnen zeitgleich am selben Tag. Neben den Räumlichkeiten eines Unternehmens werden parallel die Privatwohnungen von Vorstandsmitgliedern oder anderen Mitarbeitern des Unternehmens durchsucht. Die Durchsuchung erstreckt sich dabei regelmäßig auch auf die Fahrzeuge. In besonderen Fällen kommt es auch zu Leibesvisitationen, bei denen Brieftaschen, Aktentaschen etc. durchsucht werden.

b) Verhaltensempfehlungen

Kommt es zu einer Durchsuchung, stellt sich für das betroffene Unternehmen die Fra- **291** ge, ob eine **Kooperation,** also insbesondere eine Hilfe beim Heraussuchen der Beweismittel, sinnvoll ist oder nicht. Die Frage bedarf der Klärung in jedem Einzelfall. Als Leitlinie gilt dabei Folgendes: Im Regelfall ist es nicht schädlich, das gesuchte – im Durchsuchungs- und Beschlagnahmebeschluss näher bezeichnete – Beweismaterial herauszusuchen und der Staatsanwaltschaft zur Verfügung zu stellen. Denn: Nehmen die Durchsuchungsbeamten eigenständig die Durchsuchung vor, werden sie möglicherweise auf andere Unternehmensunterlagen stoßen, aus denen sie weitere Verdachtsmomente ableiten. Die Beamten sind befugt, derartige Unterlagen zu beschlagnahmen, sofern sich daraus der Verdacht einer weiteren Straftat ergibt. Das gilt auch dann, wenn die zufällig aufgefundenen Unterlagen nichts mit dem Vorwurf zu tun haben, der Anlass für die Durchsuchung war (vgl. § 108 Abs. 1 StPO).

Bei Durchsuchungen und Beschlagnahmen führen Polizeibeamte und Staatsanwälte **292** häufig **Befragungen von Mitarbeitern** durch. Es ist unvermeidlich, dass anlässlich des Heraussuchens von Unterlagen über übliche Entscheidungsabläufe etc. gesprochen wird. Auch wenn derartige Befragungen nicht als Zeugenvernehmungen deklariert werden, können es beweisrechtlich doch solche sein. Die Angaben von Mitarbeitern können in Form von Vermerken festgehalten und ihre Ergebnisse später als Beweismittel in das Verfahren eingeführt werden. Die Mitarbeiter sollten daher keine Angaben machen, die über den Auffindeort von Unterlagen hinausgehen.

---

[317] *Kleinknecht/Meyer-Goßner,* § 98 StPO, Rdnr. 6.
[318] *Kleinknecht/Meyer-Goßner,* § 97 StPO, Rdnr. 4.

293   Nach § 110 Abs. 1 StPO sind Polizeibeamte nicht dazu befugt, **Unterlagen durchzusehen.** Diese Befugnis obliegt allein der Staatsanwaltschaft. Der Inhaber der Papiere kann aber die Durchsicht durch sie genehmigen (§ 110 Abs. 2 StPO). Die Frage, ob Polizeibeamten die Durchsicht von Papieren gestattet werden soll, ist von außerordentlich strategischer Bedeutung, bei der Vor- und Nachteile im konkreten Fall sorgfältig abgewogen werden sollten. Es kann ratsam sein, die Zustimmung der Durchsicht von Papieren durch Polizeibeamte zu verweigern. Dies führt unvermeidlich zu einem wesentlich höheren Arbeitsaufwand bei der Staatsanwaltschaft und damit verbundenen großen zeitlichen Verzögerungen. Es kann im konkreten Fall aber auch ein strategischer Fehler sein, die Zustimmung zu verweigern. Dem damit verbundenen Zeitgewinn kann nämlich der bedeutende Nachteil gegenüberstehen, dass die Staatsanwaltschaft das Beweismaterial sehr gut kennt und im Hinblick auf den erfolgten Arbeitsaufwand eine Anklageerhebung durchsetzen möchte.

294   Wegen der großen Bedeutung der Durchsuchung für den weiteren Verlauf des Ermittlungsverfahrens sollte in jedem Fall ein **Anwalt** eingeschaltet werden, der das Unternehmen bei folgenden Fragen beraten kann:

295   **Rechtsmittel** gegen die Durchsuchung und Beschlagnahme?
Das Unternehmen hat zu entscheiden, ob es gegen die Beschlagnahme der Unterlagen vorgehen will.[319] Es ist zu klären, ob die Unterlagen, die für den laufenden Geschäftsbetrieb benötigt werden, von der Staatsanwaltschaft herausgegeben werden.

296   Sollen weitere Unterlagen zur Verfügung gestellt und **Informationen** gegeben werden?
Da sich in jedem größeren Ermittlungsverfahren gegen Unternehmen nach einer Durchsuchung herausstellen kann, dass es noch weitere Unterlagen geben muss, hat das Unternehmen die Entscheidung zu treffen, ob es diese Unterlagen freiwillig herausgeben oder auf die Erwirkung eines neuen Beschlagnahmebeschlusses bestehen will. Auch hinsichtlich sonstiger Informationen (Kostenstellen, Listennummern, Produktbezeichnungen, Vertriebsstrukturen etc.) muss es entscheiden, ob es darüber freiwillig – ggf. über die Stellungnahme des beauftragten Anwalts – Auskunft erteilt oder ob es die Staatsanwaltschaft zu Zeugenvernehmungen von Mitarbeitern zwingen will.

297   **Koordinierte Verteidigung** der Mitarbeiter?
In den Ermittlungsverfahren gegen Medizinproduktehersteller und Pharmaunternehmen gab es regelmäßig Verfahrenseinleitungen gegen das Management und eine Vielzahl von Außendienstmitarbeitern. Für das Unternehmen stellen sich dabei eine Vielzahl von Fragen, die einzelfallabhängig zu beantworten sind: Sollen Verteidiger für die Mitarbeiter bestellt werden? Soll das Unternehmen die Verteidigungskosten tragen und falls ja, wie hat eine konkrete steuerliche Behandlung auszusehen? Müssen, können oder sollten arbeitsrechtliche Maßnahmen ergriffen werden? Wenn Verteidiger beauftragt sind, wie verläuft die Kommunikation zwischen dem Unternehmen und den Verteidigern und in welchem Umfang soll das Unternehmen eine – zulässige – „Sockelverteidigung", also eine gemeinsame Verteidigungsplattform, organisieren?

298   Soll unternehmensintern eine **Aufklärung der relevanten Sachverhalte** erfolgen?
Medizinproduktehersteller und Pharmaunternehmen stehen in einer Vielzahl von Geschäftsbeziehungen zu Krankenhäusern, medizinischen Hochschulen und Ärzten. Es stellt sich daher die Frage, ob es mit der Aufarbeitung der Sachverhalte abwartet, bis die Staatsanwaltschaft konkrete Verdachtsmomente formuliert hat oder ob es selbst eine Aufarbeitung der Sachverhalte vornimmt. Falls es sich dazu entschließt, muss die Frage beantwortet werden, ob diese Aufklärung durch eigene Mitarbeiter, Anwaltskanzleien oder Wirtschaftsprüfungsgesellschaften erfolgen soll. Außerdem muss sichergestellt werden, dass die Ergebnisse rechtlich vor dem Zugriff der Staatsanwaltschaften geschützt sind.

299   Wie soll die **Kommunikation zu gleichfalls betroffenen Ärzten** aussehen?
Das Unternehmen hat zu entscheiden, ob und in welchem Umfang es die Verteidigung der Ärzte unterstützen kann und will. Falls eine Unterstützung erfolgt, ist zu ent-

---

[319] Zur vergleichbaren Situation bei Verfahren gegen Ärzte s. *Dierlamm*, AusR 2001, 135, 139.

scheiden, ob dies unmittelbar über das Unternehmen erfolgt – was weniger empfehlenswert ist – oder zur Vermeidung des Verdachts eines kollusiven Verteidigungsverhaltens die Kommunikation vom Unternehmensanwalt zum Anwalt des betroffenen Arztes erfolgt.

Daneben kann ein Anwalt auch hilfreich mitwirken bei der notwendigen **Öffentlich-** **301**
keitsarbeit des Unternehmens, das einerseits Erklärungen zu den durchgeführten Durchsuchungen abgeben muss, andererseits durch Erklärungen gegenüber der Öffentlichkeit nicht die Verteidigungschancen im Ermittlungsverfahren verringern sollte.[320] Hilfreicher als das pauschale Abstreiten von Vorwürfen und die Äußerung von Unverständnis über die Ermittlungsmaßnahmen der Staatsanwaltschaft dürfte es in der Regel sein zu bestätigen, dass es eine Durchsuchung gegeben hat, und auf die erfolgende Aufklärungsarbeit zu verweisen.

4. Beauftragung von Sachverständigen

Die Staatsanwaltschaft und die Polizei können **Sachverständige** beauftragen. Sachver- **301**
ständige sind Spezialisten, welche die Staatsanwaltschaft in ihrer Ermittlungstätigkeit unterstützen. Sachverständige können eingeschaltet werden bei schwierigen naturwissenschaftlichen oder medizinischen Fragen, etwa im Bereich der Produkthaftung sowie bei der Beurteilung finanzieller Transaktionen oder der bilanziellen Behandlung von beanstandeten Geschäftsvorfällen und bei allen anderen Fragen, bei denen eine besondere Sachkunde erforderlich ist. Auch ein betroffenes Unternehmen oder ein Beschuldigter hat das Recht, eigene Sachverständige zu beauftragen. Hierbei ist zu beachten, dass die Sachverständigen in das Verteidigungsverhältnis miteinbezogen werden, um den notwendigen Geheimhaltungsschutz zu gewährleisten.

5. Erlass eines Haftbefehls

In besonders schwerwiegenden Fällen kann die Staatsanwaltschaft einen Antrag auf Er- **302**
lass eines Haftbefehls stellen. Das setzt nach § 112 Abs. 1 StPO voraus, dass gegen den Beschuldigten ein **dringender Tatverdacht** besteht, ein **Haftgrund** vorliegt und die Anordnung der Untersuchungshaft **verhältnismäßig** ist. Von den Haftgründen sind vor allem die Flucht- und die Verdunkelungsgefahr von Bedeutung. Erstere liegt vor, wenn die Staatsanwaltschaft und der zuständige Haftrichter der Auffassung sind, der Beschuldigte werde sich dem Verfahren durch Flucht entziehen, Letztere, wenn sie davon ausgehen, er werde Beweismittel vernichten oder Zeugen beeinflussen. Die Verdunkelungsgefahr spielt insbesondere nach Durchsuchungen eine Rolle, wenn die Staatanwaltschaft nicht alle Unterlagen mitgenommen hat und die Frage auftaucht, ob diese Unterlagen an die Staatsanwaltschaft übergeben werden sollen. Die Höhe der zu erwartenden Strafe ist von Bedeutung für die Annahme der Fluchtgefahr und für die Verhältnismäßigkeit der Anordnung der Untersuchungshaft.

V. Abschluss des Ermittlungsverfahrens durch die Staatsanwaltschaft

Am Ende des Ermittlungsverfahren stehen der Staatsanwaltschaft diverse Möglichkeiten **303**
offen, es zum Abschluss zu bringen. Die Entschließung der Staatsanwaltschaft ist in erster Linie davon abhängig, ob sie nach Durchführung aller Ermittlungen von einem **hinreichenden Tatverdacht** ausgeht und ob sie den Tatvorwurf auch mit dem ihr zur Verfügung stehendem Beweismaterial vor Gericht beweisen zu können glaubt, sowie davon, wie schwer die **Schuld** des Beschuldigten für diesen Fall einzustufen ist.

---

[320] Zur vergleichbaren Situation bei Verfahren gegen Ärzte s. *Dierlamm*, AusR 2001, 135, 136 f.

1. Einstellung wegen fehlenden Tatnachweises

304   Gelangt die Staatsanwaltschaft zu dem Ergebnis, dass der Verdacht strafbaren Verhaltens zu Unrecht bestand oder jedenfalls in einer Hauptverhandlung nicht mit der erforderlichen Sicherheit nachgewiesen werden kann, stellt sie das Ermittlungsverfahren nach § 170 Abs. 2 StPO **wegen fehlenden Tatnachweises** ein. In der Regel wird der Beschuldigte darüber unterrichtet, jedenfalls dann, wenn er davon Kenntnis hatte, dass gegen ihn ein Ermittlungsverfahren geführt, er etwa vernommen wurde.

2. Einstellung trotz fortbestehenden Tatverdachts

a) Ohne Sanktion

305   Die Staatsanwaltschaft kann das Verfahren nach § 153 Abs. 1 StPO ohne Sanktion einstellen, wenn die **Schuld** des Täters als **gering** anzusehen wäre und **kein öffentliches Interesse an der Verfolgung** besteht. Grundsätzlich bedarf es dafür der Zustimmung des Gerichts, das für die Eröffnung des Hauptverfahrens zuständig wäre. Die Schuld ist als gering anzusehen, wenn sie bei Vergleich mit Vergehen gleicher Art nicht unerheblich unter dem Durchschnitt liegt.[321]

b) Gegen Auflage

306   Die Staatsanwaltschaft kann auch mit Zustimmung des Gerichts das Verfahren wegen **geringer Schuld** einstellen, sofern der Beschuldigte eine ihm gemachte **Auflage** erfüllt, also etwa einen bestimmten Geldbetrag zugunsten der Staatskasse oder einer gemeinnützigen Einrichtung zahlt (§ 153 a StPO). Einstellungen nach dieser Vorschrift erfolgen relativ oft. Es müssen hierfür folgende Voraussetzungen gegeben sein: Die Schwere der Schuld darf der Einstellung nicht entgegenstehen; das öffentliche Interesse an der Strafverfolgung muss durch die Auflage, also etwa die Zahlung eines Geldbetrags, beseitigt werden; der Beschuldigte muss zustimmen. Die Zustimmung zur Einstellung bedeutet kein Schuldeingeständnis. Sehr häufig erfolgen Zustimmungen aus prozessökonomischen Gründen. Die festgesetzte Geldauflage erweist sich bei sorgfältiger Analyse als weitaus geringer im Vergleich zu den Kosten, die bei Durchführung einer Hauptverhandlung entstünden und die auch im Falle eines Freispruchs nicht ersetzt würden. Außerdem gilt die Unschuldsvermutung bei dieser Einstellung fort.

3. Anklageerhebung

307   Gelangt die Staatsanwaltschaft zu dem Ergebnis, dass mit einiger Wahrscheinlichkeit am Ende einer Hauptverhandlung eine Verurteilung stehen wird, wird sie **Anklage erheben,** sofern sie nicht das Verfahren nach den vorstehend geschilderten Vorschriften einstellt.

4. Strafbefehl

308   Unter bestimmten Voraussetzungen (vgl. § 407 StPO) kommt anstatt der Erhebung einer öffentlichen Anklage auch die Beantragung eines **Strafbefehls** in Betracht. Ein Strafbefehl ist eine Verurteilung im schriftlichen Verfahren. Ein Strafbefehl entspricht einem Urteil, ohne dass es vorher zu einer Hauptverhandlung gekommen ist. Bei einem Strafbefehl prüft der Richter nach Aktenlage, ob der Vorwurf begründet ist und erlässt dann ggf. den Strafbefehl, wie von der Staatsanwaltschaft beantragt. Der Beschuldigte hat die Möglichkeit, dagegen Rechtsmittel einzulegen. In diesem Fall kommt es zur Durchführung einer Hauptverhandlung, die dann im Wesentlichen so abläuft, wie wenn Anklage erhoben worden wäre.

---

[321] *Kleinknecht/Meyer-Goßner,* § 153 StPO, Rdnr. 4.

VI. Gerichtliches Zwischenverfahren

Die Staatsanwaltschaft übersendet die Anklage und die Verfahrensakten an das zuständi- **309** ge Gericht. Der Vorsitzende des Gerichts übermittelt die Anklageschrift dem Beschuldigten (der in diesem Verfahrensstadium als Angeschuldigter bezeichnet wird) und gibt ihm Gelegenheit, Einwendungen gegen die **Eröffnung des Hauptverfahrens** und die Zulassung der Anklage vorzubringen. Das Gericht prüft im Anschluss daran die Anklageschrift auf die Frage, ob nach dem Akteninhalt eine Verurteilung mit einiger Wahrscheinlichkeit zu erwarten ist. Das Gericht kann in diesem Verfahrensstadium auch Sachverständige und Zeugen befragen, was im Regelfall aber nicht stattfindet. Wenn auch das Gericht der Auffassung ist, dass nach Durchführung einer Hauptverhandlung mit einer Verurteilung zu rechnen ist, wird es die Anklage akzeptieren und das Hauptverfahren eröffnen. Ist das Gericht der Auffassung, dass es aus rechtlichen oder tatsächlichen Gründen nicht zu einer Verurteilung kommen wird, wird es die Eröffnung des Hauptverfahrens ablehnen und die Anklageschrift nicht zulassen. Die Staatsanwaltschaft kann gegen diese Entscheidung Rechtsmittel einlegen, über das dann das übergeordnete Gericht zu entscheiden hat.

VII. Hauptverhandlung in Strafsachen

Die **Hauptverhandlung** findet bei Gericht statt und zwar je nach Schwere des Schuld- **310** vorwurfs oder der Bedeutung der Sache bei einem Berufsrichter (Amtsgericht – Einzelrichter), bei einem Berufsrichter und zwei Schöffen (Amtsgericht – Schöffengericht) oder vor zwei oder drei Berufsrichtern und zwei Schöffen (Landgericht). Der Angeklagte muss – von wenigen Ausnahmen abgesehen – am Verfahren teilnehmen. Er kann einen **Verteidiger** wählen und zwar auch schon während des Ermittlungsverfahrens, was auch dringend anzuraten ist; in bestimmten Fällen ist zwingend die Teilnahme eines Verteidigers vorgeschrieben. Auch die Staatsanwaltschaft ist in einer Hauptverhandlung vertreten. Das Strafverfahren ist kein Parteiverfahren. Es ist vom **Untersuchungsgrundsatz** beherrscht. Das bedeutet, dass Gericht und Staatsanwaltschaft den Sachverhalt objektiv aufzuklären haben, also auch von sich aus die dem Angeklagten günstigen Tatsachen ermitteln müssen.

Eine Hauptverhandlung folgt im Wesentlichen folgendem **Ablauf:** Nachdem die Per- **311** sonalien des Angeklagten festgestellt sind, verliest der Staatsanwalt die Anklageschrift. Sodann erhält der Angeklagte Gelegenheit, sich zur Sache zu äußern. Er kann wie im Ermittlungsverfahren schweigen. Dann tritt das Gericht in die Beweisaufnahme ein. Es hört Zeugen und Sachverständige und verliest Urkunden, soweit sie als Beweismittel in Betracht kommen. Die Befragung der Zeugen wird durch den Vorsitzenden des Gerichts durchgeführt. Im Anschluss daran hat die Staatsanwaltschaft das Recht, Fragen an den Zeugen zu stellen, dann der Verteidiger, am Ende der Angeklagte. Wenn alle notwendigen Beweise erhoben sind, plädiert die Staatsanwaltschaft, dann der Verteidiger. Am Ende hat der Angeklagte das letzte Wort. Das Gericht berät dann das **Urteil.** Gelangt das Gericht (mehrheitlich) zu der Überzeugung, dass der Angeklagte schuldig ist, wird es ihn verurteilen und zugleich eine Strafe festsetzen, anderenfalls spricht es ihn frei.

VIII. Sanktionsmöglichkeiten von Staatsanwaltschaft und Gericht

Auch das Gericht kann das Verfahren wegen geringer Schuld gegen oder ohne Erfül- **312** lung einer Auflage (jeweils unter unterschiedlichen Voraussetzungen) durch Beschluss nach §§ 153 ff. StPO **einstellen** und zwar nach Anklageerhebung in jeder Lage des Verfahrens. Es bedarf hierzu allerdings der Zustimmung sowohl des Beschuldigten als auch der

Staatsanwaltschaft. Gelangt das Gericht nach durchgeführter Beweisaufnahme zu der Überzeugung, dass der Angeklagte schuldig ist, wird es ihn verurteilen. In diesem Fall kann es Geldstrafen verhängen oder zu Freiheitsstrafen verurteilen, die es unter bestimmten Voraussetzungen zur Bewährung aussetzen kann.

313   Bei einer **Geldstrafe** verurteilt das Gericht zu einer bestimmten Anzahl (5–720) von Tagessätzen, die es für schuldangemessen hält. Die Höhe eines Tagessatzes richtet sich nach den individuellen Einkommensverhältnissen des Angeklagten. Als Faustformel kann dabei folgende Berechnung dienen: Das monatliche Nettoeinkommen wird reduziert um die Unterhaltsverpflichtungen gegenüber Angehörigen. Die verbleibende Summe wird durch 30 geteilt. Bei Verurteilungen bis zu 90 Tagessätzen gilt der Angeklagte von Gesetzes wegen als **nicht vorbestraft.** Er kann auf Nachfrage (z.B. von potenziellen Arbeitgebern) also weiterhin erklären, dass er nicht vorbestraft ist.

314   Bei Verurteilungen zu **Freiheitsstrafen** ist der Strafrahmen, innerhalb dessen das Gericht eine schuldangemessene Strafe zu bestimmen hat, der Strafvorschrift zu entnehmen, gegen die der Angeklagte verstoßen hat. Bei Verstoß gegen mehrere Strafvorschriften gilt grundsätzlich die schärfste. Bei mehreren strafbaren Taten werden Einzelstrafen und aus diesen eine Gesamtstrafe gebildet, die geringer ausfällt als die Summe der Einzelstrafen. Die Einzelheiten sind kompliziert. Freiheitsstrafen über zwei Jahre werden zwingend vollstreckt, während solche bis zu zwei Jahren unter bestimmten Voraussetzungen (insbesondere günstige Sozialprognose bzgl. des Angeklagten) zur **Bewährung** ausgesetzt werden können, was in der Regel bei Ersttätern auch geschieht. In diesem Fall wird das Gericht bestimmte Bewährungsauflagen festsetzen, die der Angeklagte erfüllen muss, um eine Vollstreckung der Freiheitsstrafe zu vermeiden, in der Regel eine Auflage zur Zahlung einer bestimmten Geldsumme an die Staatskasse oder an eine gemeinnützige Einrichtung.

315   Anders als in anderen Rechtsordnungen, etwa verschiedenen europäischen Staaten oder den USA, gibt es nach deutschem Recht keine Möglichkeit, eine Kriminalstrafe gegen ein Unternehmen zu verhängen. Ein Unternehmen kann daher auch nicht beschuldigt oder angeklagt werden. Gleichwohl können Gerichte und Staatsanwaltschaften **Sanktionen gegen Unternehmen** festsetzen, für die ein Beschuldigter/Angeklagter gehandelt hat (dazu Rdnr. 30 ff.). Der kriminalpolitische Zweck dieser Sanktionen besteht darin, Gewinne aus Straftaten abzuschöpfen und durch geeignete finanzielle Belastungen die Begehung von Straftaten oder Ordnungswidrigkeiten präventiv zu verhindern. Dabei gibt es verschiedene Sanktionsmöglichkeiten:

316   Gericht und Staatsanwaltschaft können Vermögenswerte **für verfallen erklären,** die der Angeklagte oder ein Dritter, etwa ein Unternehmen, aus einer Straftat erlangt hat (dazu Rdnr. 57 ff.). Der Betrag ist an die Staatskasse abzuführen. Bei bestimmten Gegenständen, die aus einer Straftat hervorgebracht worden sind, kann die **Einziehung** erklärt werden. Das deutsche Ordnungswidrigkeitenrecht erlaubt es auch, Bußgeldbescheide gegen Unternehmen zu erlassen, deren Angehörige Straftaten begangen haben. Richtet sich der strafrechtliche Vorwurf nicht gegen die Leitungsorgane der Gesellschaft, kann ihnen die Verletzung ihrer Aufsichtspflichten vorgeworfen und gegen sie sowie gegen das Unternehmen selbst (auch nebeneinander) ein Bußgeldbescheid verhängt werden (Rdnr. 30 ff.).

Teil II

Sonstige Rechtsfragen der Unternehmenspraxis

§ 20 Kooperation der Industrie mit Krankenhäusern und Ärzten – Vertragsgestaltung, Steuern, Organisation

von *Peter Dieners* und *Ulrich Lembeck*

Übersicht

Literatur: *Albert,* Wann ist die Teilnahme an Tagungen und Fortbildungsveranstaltungen steuerpflichtiger Arbeitslohn?, FR 2001, 516; *Arbeitsgemeinschaft der Wissenschaftlichen Medizinischen Fachgesellschaften (AWMF)* u. a. (Hrsg.), Gemeinsamer Standpunkt zur strafrechtlichen Bewertung der Zusammenarbeit zwischen Industrie, medizinischen Einrichtungen und deren Mitarbeitern, Düsseldorf 2000 (zit. als „Gemeinsamer Standpunkt"); *Backhaus,* Schranken des UWG für eine Zusammenarbeit von Ärzteschaft und pharmazeutischer Industrie, in: Forschungsstelle für Pharmarecht der Philipps-Universität Marburg (Hrsg.), Ärzteschaft und Industrie zwischen Forschungsförderung und Kriminalität, Frankfurt am Main 2001, S. 146; *Badura,* Die Anzeigepflicht für eine schriftstellerische oder wissenschaftliche Nebentätigkeit von Beamten, ZBR 2000, 109; *Bartenbach/Volz,* Erfindungen an Hochschulen, GRUR 2002, 758; *Bauer,* Falschabrechnungen – Untersuchungen der AOK, AusR 2002, 101; *Baumbach/Hefermehl,* Wettbewerbsrecht, 22. Aufl., München 2001; *Bialos/Husisian,* The Foreign Corrupt Practices Act, New York 1996; *Bruns,* Der sogenannte Herzklappenskandal – eine strafrechtliche Zwischenbilanz –, ArztR 1998, 237; *Bülow/Ring,* Heilmittelwerbegesetz, 2. Aufl., Köln u. a., 2001; *Bundesverband der Pharmazeutischen Industrie – BPI* (Hrsg.), Antikorruptionsgesetz, Aulendorf 2001; *Bundesverband Medizinprodukteindustrie – BVMed* (Hrsg.), Kodex „Medizinprodukte" (zit. als Kodex „Medizinprodukte"), Wiesbaden 1997; *Buschmann,* Die ertragsteuerliche Behandlung von Sponsoringaufwendungen, StBp 1996, 35; *Clade,* Ein Abschlussbericht und viele Spekulationen, Deutsches Ärzteblatt 1996, B-1575; *von Czettritz,* Das Anti-Korruptionsgesetz und seine Auswirkungen auf das Sponsoring, in: Hiersche/Wigge/Broglie (Hrsg.), Spenden, Sponsoren – Staatsanwalt?, 2. Aufl., Frankfurt am Main 2001, S. 16; *Dauster,* Private Spenden zur Förderung von Forschung und Lehre: Teleologische Entschärfung des strafrechtlichen Vorteilsbegriffs nach §§ 331 ff. StGB und Rechtfertigungsfragen, NStZ 1999, 63; *Dieners,* Der Gemeinsame Standpunkt der Verbände zur künftigen Zusammenarbeit der Industrie, Krankenhäusern und Ärzten, Pharm.Ind. 2000, 938; *Dieners,* Selbstkontrolle der Wirtschaft zur Verhinderung von Korruption, JZ 1998, 181; *Dieners,* Sponsoring im Gesundheitswesen – Abgrenzung zur Bestechung, Ophthalmo-Chirurgie 1999, 139; *Dieners,* Der Umgang der Industrie mit dem Antikorruptionsgesetz, in: Hiersche/Wigge/Broglie (Hrsg.), Spenden, Sponsoren – Staatsanwalt?, 2. Aufl., Frankfurt am Main 2001, S. 20 (= MPR 2001, 3); *Dieners,* Zwischen Kooperation und Korruption, KMA 2001, 72; *Dieners/Lembeck/Taschke,* „Der Herzklappenskandal" – Zwischenbilanz und erste Schlussfolgerungen für die weitere Zusammenarbeit der Industrie mit Ärzten und Krankenhäusern, PharmaR 1999, 156; *Dieners/Taschke,* Die Kooperation der medizinischen Industrie mit Ärzten und Krankenhäusern – Die aktuelle Rechtsprechung und ihre Konsequenzen, PharmaR 2000, 309; *Dieners/Wachenhausen,* Die Zusammenarbeit von Industrie, Krankenhäusern und ihren Mitarbeitern, Krankenhauspharmazie 2001, 150; *Dietel,* Unerlaubte Zuwendungen aus Sicht der universitären Forschung, ZaeFQ 1998, 620; *Dietrich/Schatz,* Sicherung der privaten Drittmittelförderung, ZRP 2001, 521; *Doepner,* Heilmittelwerbegesetz, 2. Aufl., München 2000; *Dörn,* Nichtabzugsfähigkeit von Bestechungsgeldern als Betriebsausgaben, DStZ 2001, 736; *Erlinger,* Drittmittelforschung unter Korruptionsverdacht?, MedR 2002, 60; *Finzen,* Pharma-Sponsoring: Wir dankbaren Ärzte, DÄBl. 2002, A-766; *Fuchs,* Drittmittelforschung und Strafrecht in Österreich, MedR 2002, 65; *Göben,* Die Auswirkungen des Gesetzes zur Bekämpfung der Korruption auf die Forschungstätigkeit von Hochschulangehörigen, MedR 1999, 345; *Göben,* Drittmittelbeschaffung, in: Eiff/Fenger u. a., Der Krankenhausmanager, Bd. 2, 2. Aufl., Berlin u. a. 2002, Kap. 12/03; *Göben,* Kooperation zwischen Genmedizin und Industrie: Möglichkeiten und Grenzen, in: Winter/Fenger /Schreiber (Hrsg.), Genmedizin und Recht, München 2001, S. 347; *Göben,* Vorgaben und Rahmenbedingungen im Dienst- und Nebentätigkeitsrecht der Wissenschaftler, in: Forschungsstelle für Pharmarecht der Philipps-Universität Marburg (Hrsg.), Ärzteschaft und Industrie zwischen Forschungsförderung und Kriminalität, Frankfurt am Main 2001, S. 37; *Goedel,* Spenden, Sponsoren, Staatsanwalt – Das Problem aus der Sicht der Strafverfolgungsbehörde –, in: Forschungsstelle für Pharmarecht der Philipps-Universität Marburg (Hrsg.), Ärzteschaft und Industrie zwischen Forschungsförderung und Kriminalität, Frankfurt am Main 2001, S. 18; *Gröning,* Heilmittelwerberecht, 2 Bde., Stuttgart 1998 (Stand: 6/1999); *Haeser,* Erfahrungen mit der neuen Rechtslage im Korruptionsstrafrecht und Drittmittelrecht – Aus Sicht des Staatsanwalts, MedR 2002, 55; *Halter/Stockinger,* „Alle haben Angst", Der Spiegel 17/2000, 236; *Herrmann/Heuer/Raupach* (Hrsg.), Einkommensteuer- und Körperschaftsteuergesetz mit Nebengesetzen, 21. Aufl., Köln 2002 (Stand: 6/2002); *Hirthammer-Schmidt-Bleibtreu,* Ärzteschaft und Industrie zwischen Forschungsförderung und Kriminalität, in: Forschungsstelle für Pharmarecht der Philipps-Universität Marburg (Hrsg.), Frankfurt am Main 2001, S. 94; *Kiefer,* Forschungsförderung, Absatzförderung, Abrechnungsbetrug – Aspekte des Verhältnisses zwischen Ärzten und Industrie aus der Sicht der Krankenkassen –, in: Forschungsstelle für Pharmarecht der Philipps-Universität Marburg (Hrsg.), Ärzteschaft und Industrie zwischen Forschungsförderung und Kriminalität, Frankfurt am Main 2001, S. 54; *Kießling/Buchna,* Gemeinnützigkeit im Steuerrecht, 7. Aufl., Achim bei Bremen 2000; *Kirchhof/Söhn* (Hrsg.), Einkommensteuergesetz – Kommentar, Heidelberg 2002 (Stand: 2/2002); *Kleist/Hess/Hoffmann,* Heilmittelwerbegesetz, 2. Aufl., Frankfurt am Main 1986 (Stand: 9/1998); *Köhler/Piper,* Gesetz gegen den unlauteren Wettbewerb, München 1995; *Lademann/Söffing,* Kommentar zum Einkommensteuergesetz, 4. Aufl., Stuttgart 1997 (Stand: 7/2001); *Lembeck/Lützeler/Happe,* Vertragsgestaltung für die Kooperation von Krankenhäusern, Industrie und Ärzten, das krankenhaus 2001, 980; *Lüderssen,* Antikorruptions-Gesetze und Drittmittelforschung, JZ 1997, 112; *Lüderssen,* Drosselung des medizinischen Fortschritts durch Kriminalisierung der Drittmittelförderung – Selbstregulierung der Betroffenen als Ausweg?, in: Forschungsstelle für Pharmarecht der Philipps-Universität Marburg (Hrsg.), Frankfurt am Main 2001, S. 80; *Lüderssen,* Die Symbiose von Markt und Stadt, auseinanderdividiert durch Strafrecht?, StV 1997, 318; *Lüderssen,* Die Zusammenarbeit von Medizinprodukte-Industrie, Krankenhäusern und Ärzten – Strafbare Kollusion oder sinnvolle Kooperation?, Stuttgart 1998; *Meister/Dieners,* Gemeinsamer Standpunkt zur strafrechtlichen Bewertung der Zusammenarbeit zwischen Industrie, medizinischen Einrichtungen und deren Mitarbeitern, das krankenhaus 2000, 876; *Meurer,* Im Visier der Staatsanwaltschaften, Forschung & Lehre 1997, 572; *Michalke,* Drittmittel und Strafrecht – Licht am Ende des Tunnels?, NJW 2002, 3381; *Mueller-Thuns,* Sponsoring aus der Sicht des Steuerrechts – Eine kritische Bestandaufnahme – in: Forschungsstelle für Pharmarecht der Philipps-Universität Marburg (Hrsg.), Ärzteschaft und Industrie zwischen Forschungsförderung und Kriminalität, Frankfurt am Main 2001, S. 101; *Noak,* Betrugstäterschaft bzw. -teilnahme von Ärzten beim Bezug von Röntgenkontrastmitteln, MedR 2002, 76; *Ostendorf,* Bekämpfung der Korruption als rechtliches Problem oder zunächst moralisches Problem?, NJW 1999, 615; *Osterrieth/Holeweg,* Aktuelle Fragen des gewerblichen Rechtsschutzes (I) – Die Abschaffung des Hochschullehrerprivilegs und ihre praktischen Auswirkungen, MPR 2002, 18; *Pfeifer,* Drittmittelforschung unter Korruptionsverdacht? Die Hochschulmedizin zwischen Leistungsdruck und Strafrecht, MedR 2002, 68; *Pfeiffer,* Von der Freiheit der klinischen Forschung zum strafrechtlichen Unrecht?, NJW 1997, 782; *Räpple,* Rechtliche Aspekte der Unterstützung von Klinik, Forschung und Fortbildung durch die Industrie, in: Hiersche/Wigge/Broglie (Hrsg.), Spenden, Sponsoren – Staatsanwalt?, 2. Aufl., Frankfurt am Main 2001, S. 48; *Räpple,* Rechtliche Aspekte der Unterstützung von Klinik, Forschung und Fortbildung durch die Industrie, Z Gastroenterol (Suppl. 2) 1999, 33; *Räpple,* Unterstützungsleistungen für Krankenhausmitarbeiter, implant 1997, 9; *Räpple,* Zuwendungen und Rabatte im Gesundheitswesen, in: Engler/Geserich/Räpple/Rieger (Hrsg.), Werben und Zuwenden im Gesundheitswesen, 2. Aufl., Heidelberg, 2000, S. 157; *Ratzel,* Drittmittelforschung unter Korruptionsverdacht?, MedR 2002, 63; *Ratzel/Lippert,* Kommentar zur Musterberufsordnung der deutschen Ärzte (MBO), 3. Aufl., Berlin u. a. 2002; *Rehborn,* Der Kodex „Medizinprodukte" im Lichte des Antikorruptionsgesetzes, in: Hiersche/Wigge/Broglie (Hrsg.), Spenden, Sponsoren – Staatsanwalt?, 2. Aufl., Frankfurt am Main 2001, S. 57; *Runge,* Korruptionsvorwürfe: Reaktionen und Konzepte der Industrie, in: Hiersche/Wigge/Broglie (Hrsg.), Spenden, Sponsoren – Staatsanwalt?, 2. Aufl., Frankfurt am Main 2001, S. 61; *Saller,* Bußgelder und Geldstrafen als abzugsfähige Betriebsausgaben?, DStR 1996, 534; *Sander,* Das Antikorruptionsgesetz und seine Auswirkungen auf den Kodex BPI, in: Hiersche/Wigge/Broglie (Hrsg.), Spenden, Sponsoren – Staatsanwalt?, 2. Aufl., Frankfurt am Main 2001, S. 73; *Schmidt* (Hrsg.),

Einkommensteuergesetz – Kommentar, 21. Aufl., München 2002; *Schmitt,* Von Sponsorship zur Kriminalität? – Das neue Antikorruptionsgesetz und seine Auswirkungen, in: Hiersche/Wigge/Broglie (Hrsg.), Spenden, Sponsoren – Staatsanwalt?, 2. Aufl., Frankfurt am Main 2001, S. 75; *Schreier,* Drittvorteil und Unrechtsvereinbarung, Hamburg 2002; *Taschke,* Drittmittelforschung und Strafrecht – Zugleich eine Besprechung der Urteile des Bundesgerichtshofs vom 23. Mai 2002 (1 StR 372/01) und vom 23. Oktober 2002 (1 StR 5412/01), PharmaR 2002, 409 (= MPR 2002, 101); *Taschke,* Straftaten im Interesse von Unternehmen – auch strafbar wegen Untreue?, in: Prittwitz/Bauermann/Günther/Kuhlen/Merkel/Nestler/Schulz (Hrsg.), Festschrift für Klaus Lüderssen, Baden-Baden 2002, S. 663; *Tiedtke,* Zweckgebundene Spenden als abziehbare Aufwendungen, BB 1985, 985; *Tröndle/Fischer,* Strafgesetzbuch und Nebengesetze, 50. Aufl., München 2001; *Ulsenheimer,* Droht der Staatsanwalt als Dauergast?, KMA 2000, 22; *Ulsenheimer,* Industriesponsoring und Vorteilsnahme/Bestechlichkeit, in: Laufs/Uhlenbruck (Hrsg.), Handbuch des Arztrechts, 3. Aufl, München 2002, S. 1417; *Vilmar,* Grundlagen und Auswirkungen der (Muster-) Berufsordnung für die Ärzte in Deutschland, in: Winter/Fenger/Schreiber (Hrsg.), Genmedizin und Recht, München 2001, S. 183; *Voscherau,* Wie die Staatsanwaltschaft Ärzte an den Pranger stellt, Hamburger Abendblatt 27./28. 1. 2001; *Wedemeyer/Hohlfeld,* Geldstrafen, Geldbußen und Verfahrenskosten sowie deren Erstattung in ihren steuerlichen Auswirkungen, DStZ 1985, 79; *Wigge,* Die Auswirkungen des Antikorruptionsgesetzes auf die Tätigkeit von Krankenhausärzten, in: Hiersche/Wigge/Broglie (Hrsg.), Spenden, Sponsoren – Staatsanwalt?, 2. Aufl., Frankfurt am Main 2001, S. 85; *Zieschang,* Die Auswirkungen des Gesetzes zur Bekämpfung der Korruption auf den Forschungsbereich, WissR 32/1999, 111.

A. Ausgangssituation

1   Seit dem sog. **„Herzklappenskandal"** ist die Zusammenarbeit zwischen der medizintechnologischen, aber auch der pharmazeutischen Industrie einerseits sowie öffentlichen, aber auch privaten Krankenhäusern und deren Mitarbeitern andererseits, insbesondere Ärzten, ins Gerede gekommen. Korruptionsvorwürfe, Hunderte von Ermittlungsverfahren und eine Reihe gerichtlicher Verurteilungen, aber auch bloße Gerüchte und Fehlinformationen haben seitdem in der Praxis zu erheblichen **Unsicherheiten** geführt, ob und gegebenenfalls wie die seit Jahrzehnten üblichen Formen der Zusammenarbeit fortgeführt werden können, ohne auch nur den Eindruck eines rechtswidrigen Verhaltens zu begründen. Es steht dabei außer Frage, dass in der Medizin die Forschung und Produktentwicklung, aber auch die Fort- und Weiterbildung von Ärzten auf dem bestehenden hohen Niveau ohne eine enge Zusammenarbeit zwischen der Industrie auf der einen Seite und Krankenhäusern und Ärzten auf der anderen Seite nicht denkbar ist. Dementsprechend verlangt der Staat, der sich zunehmend aus der Forschungsförderung zurückzieht, nach einer solchen Zusammenarbeit: Hochschulen werden nicht nur aufgefordert, sich um Sponsoren aus der Industrie und Industrie-Drittmittel zu bemühen und sich hierbei einem Leistungswettbewerb mit anderen Hochschulen zu stellen. Die Länder gewähren Forschungszuschüsse vielfach nur dann, wenn zugleich Gelder aus der Industrie bereit gestellt werden. Während auf der einen Seite eine enge Kooperation der Industrie mit Krankenhäusern und Ärzten also nicht nur notwendig, sondern auch forschungs- und gesundheitspolitisch gewollt ist, findet diese Zusammenarbeit insbesondere in einer Reihe strafrechtlicher Reglungen (§§ 331 ff., 299 StGB) ihre Grenzen. Ärzte und andere Mitarbeiter medizinischer Einrichtungen der **öffentlichen Hand** unterliegen als **Amtsträger** den strengen **Korruptionsdelikten** (§§ 331 ff. StGB), die die Lauterkeit des öffentlichen Dienstes und das Vertrauen der Allgemeinheit in diese Lauterkeit schützen sollen. Auch die Mitarbeiter medizinischer Einrichtungen in **privater** oder **kirchlicher Trägerschaft** können sich strafbar machen, wenn sie mit der Industrie unlauter zusammenarbeiten (§ 299 StGB). Da diese Verbote spiegelbildlich auch für die Mitarbeiter der Industrie gelten, dürfen weder die Industrie, noch die Mitarbeiter medizinischer Einrichtungen in ihrer Eigenschaft als Amtsträger oder Angestellte – nicht einmal ansatzweise – den Eindruck erwecken, ihre Zusammenarbeit beeinflusse die Entscheidungen zur Beschaffung von Medizinprodukten oder Arzneimitteln.

Die Kooperation zwischen Industrie, medizinischen Einrichtungen und Ärzten erzeugt **2**
jedoch unweigerlich ein Näheverhältnis und birgt dadurch für alle Beteiligten Risiken.
Um diese zu verringern, haben neben den Kultus- und Justizministerkonferenzen insbesondere die Verbände Hinweise erarbeitet, unter welchen **rechtlichen Rahmenbedingungen** sie die Zusammenarbeit zwischen Industrie, Krankenhäusern und deren Mitarbeitern als zulässig ansehen.[1] Von besonderer Bedeutung ist der von den führenden Verbänden der pharmazeutischen und medizintechnologischen Industrie, der Krankenhäuser
und der forschenden Ärzte herausgegebene **„Gemeinsame Standpunkt zur strafrechtlichen Bewertung der Zusammenarbeit zwischen Industrie, medizinischen Einrichtungen und deren Mitarbeitern"**, der Handlungsempfehlungen für eine möglichst
risikofreie Zusammenarbeit enthält. In der täglichen Praxis der Zusammenarbeit zwischen
Industrie, Krankenhäusern und Ärzten geht es häufig vor allem darum, wie Verträge und
Abreden zwischen den Beteiligten konkret auszugestalten sind und was alle Seiten hierbei
beachten müssen. Die Schwierigkeit besteht in der Praxis regelmäßig darin, dass **neben
strafrechtlichen Aspekten** eine Vielzahl anderer Gesichtspunkte, zum Beispiel solche
des **Dienst-, des Berufs-, des Wettbewerbs-, des Steuer- sowie des allgemeinen
Vertragsrechts** beachtet und in Einklang gebracht werden müssen.

I. „Herzklappenskandal" und Ermittlungsverfahren

Ausgangspunkt für die aktuelle Diskussion der Zusammenarbeit von Industrie, medizi- **3**
nischen Einrichtungen und Ärzten ist der sog. „Herzklappenskandal", der im August 1994
mit Durchsuchungen mehrerer Medizinproduktehersteller durch die Staatsanwaltschaft
Wuppertal wegen des Verdachts der Vorteilsgewährung und Bestechung von Krankenhausärzten seinen Anfang nahm.[2] Begleitet wurden diese Ermittlungen von spektakulären
Presseberichterstattungen über schwere Verfehlungen von Kardiologen und Herzchirur-
gen, die sich hätten bestechen lassen. Von privaten Urlaubsreisen, finanziert über Medizinproduktehersteller, war die Rede, ebenso von teuren Geschenken, Privatanschaffungen
für Ärzte und anderes mehr. Das Vorgehen der Staatsanwaltschaften hat zunächst zu einer
erheblichen generellen Verunsicherung[3] der medizintechnologischen und pharmazeutischen Industrie, aber auch der beteiligten Ärztegruppen geführt, da die aufgegriffenen
Vorgänge nicht nur (wenige) Fälle privater Bereicherungen durch Ärzte, sondern **grundsätzliche Fragen der Zusammenarbeit** der medizintechnologischen und pharmazeutischen Industrie mit Ärzten und medizinischen Einrichtungen betrafen.

Im Verlauf der Ermittlungsverfahren haben sich die ursprünglich erhobenen Vorwürfe **4**
privater Bereicherungen nur in wenigen Fällen bestätigt. In Einzelfällen stellte sich tatsächlich heraus, dass Ärzte teilweise mit Wissen, teilweise ohne Wissen finanzierender
Unternehmen etwa Kongressaufenthalte verlängert oder Ehefrauen mit zu Kongressreisen
genommen haben. Die ursprünglich erhobenen Vorwürfe des Betrugs zum Nachteil von
Krankenkassen oder der Untreue von Ärzten zum Nachteil der Kliniken wurden faktisch

---

[1] Grundlegend hierzu: *Lüderssen,* Medizinprodukte-Industrie, S. 9 ff., 19 ff.; StV 1997, 318 f.; JZ
1997, 112 ff.; *Pfeiffer,* NJW 1997, 782 ff.
[2] Hierzu *Dieners/Lembeck/Taschke,* PharmaR 1999, 156 ff.; *Clade,* Deutsches Ärzteblatt 1996,
B-1575 f.; *Meurer,* Forschung & Lehre 1997, 572 ff.; *Bruns,* ArztR 1998, 237 ff.; eine Übersicht zu
den Vorwürfen der Staatsanwaltschaften auch bei *Dieners,* Opthalmo-Chirurgie 1999, 141; krit. zu
den Ermittlungen der Staatsanwaltschaften: *Voscherau,* Hamburger Abendblatt v. 27./28. 1. 2001; zur
Perspektive der Staatsanwaltschaften s. etwa *Haeser,* MedR 2002, 55 ff.; *Ostendorf,* NJW 1999, 617
oder *Goedel,* S. 18 ff.; eine gründliche Zusammenstellung von Gerichtsentscheidungen betreffend
Ärzte bei *Ulsenheimer,* Industriesponsoring, Rdnr. 9 ff.; eine kritische Selbstbetrachung aus Sicht der
Ärzteschaft bei *Finzen,* Deutsches Ärzteblatt 2002, A-766; zu Falschabrechnungen aus Sicht der AOK
vgl. *Bauer,* AusR 2002, 101 ff.
[3] Hierzu etwa *Halter/Stockinger,* Der Spiegel 17/2000, 236 ff.

nicht mehr aufrechterhalten. Von daher haben sich die in den Medien berichteten massiven Verfehlungen von Ärzten und Mitarbeitern von Medizinprodukteherstellern im Wesentlichen also nicht bestätigt. Dennoch führten die ermittelnden Staatsanwaltschaften die Untersuchungen fort, und zwar auch in den Fällen, in denen es eindeutig zu keinen privaten Bereicherungen gekommen war. Im Fokus der Ermittlungen standen (und stehen zum Teil auch heute noch) **Formen der Zusammenarbeit** zwischen der Industrie, medizinischen Einrichtungen und deren Mitarbeitern, die seit jeher als zulässig und sinnvoll erachtet wurden:[4]

– die Durchführung von klinischen Prüfungen, Produkt- und Anwendungsbeobachtungen,
– die Zurverfügungstellung von Geräten zum Zwecke der Durchführung von Studien und zur Verbesserung der Indikationsstellung und damit der Patientenversorgung,
– die Finanzierung von Stellen (Ärzte im Praktikum, Assistenzärzte) im Zusammenhang mit der Durchführung von Studien,
– Spenden an medizinische Einrichtungen und Fördervereine sowie
– die Unterstützung bei der Ausrichtung von medizinischen Fachkongressen und der Finanzierung von Kongressteilnahmen durch Ärzte, sei es als aktiv Vortragende oder als passive Teilnehmer.

5   Die **Änderungen der Korruptionsdelikte im Jahr 1997**[5] haben die bestehenden Unsicherheiten, unter welchen genauen Bedingungen die Zusammenarbeit von Industrie, Krankenhäusern und deren Mitarbeitern zukünftig (noch) möglich ist, weiter verschärft. Die Folgen dieser Unsicherheiten haben sich bereits in Einbrüchen der industriefinanzierten Drittmittelforschung, aber auch in der teilweisen Einstellung der Industrieunterstützung für Fort- und Weiterbildungsmaßnahmen durch verschiedene Unternehmen gezeigt.

II. Spannungsverhältnis

6   Die strafrechtlichen Ermittlungsverfahren sind Ausdruck des **schwierigen Spannungsverhältnisses,** in dem sich die Zusammenarbeit der medizintechnologischen und pharmazeutischen Industrie mit Krankenhäusern und Ärzten vollzieht.[6] Die Industrie, Krankenhäuser und Ärzte müssen einerseits eng zusammenarbeiten. Ohne diese enge Zusammenarbeit sind weder die klinische Forschung noch die Entwicklung von Medizinprodukten oder Arzneimitteln und damit der hohe Stand der medizinischen Forschung und Gesundheitsversorgung in Deutschland denkbar. Diese Zusammenarbeit funktioniert faktisch dort am besten, wo sie direkt und ohne bürokratische Fesseln stattfinden kann. Auch der Staat fördert und unterstützt eine möglichst enge Kooperation von Industrie und medizinischer Forschung. Hierzu zählt, dass bei Berufungsverhandlungen von Hochschulmedizinern inzwischen die eingeworbenen Drittmittel neben der wissenschaftlichen Reputation zu den mitentscheidenden Berufungskriterien gehören. Während also auf der einen Seite eine möglichst enge Kooperation von Industrie, Krankenhäusern und Ärzten gefordert und gefördert wird, ziehen auf der anderen Seite das Strafrecht, insbesondere das Korruptionsbekämpfungsrecht, das öffentliche Dienstrecht sowie das ärztliche Berufsrecht eine strikte Trennungslinie. Danach ist die **„Gewährung bzw. Annahme von Vorteilen"** grundsätzlich unzulässig, oder, besser gesagt: Die regelmäßig in öffentlich-rechtlichen Dienstbeziehungen stehenden Krankenhausärzte dürfen nicht einmal den Eindruck erwecken, ihre

---

[4] Hierzu ausführlich *Dieners/Lembeck/Taschke,* PharmaR 1999, 156 ff.
[5] Hierzu *Erlinger,* MedR 2002, 60 ff.; *Haeser,* MedR 2002, 55 ff.; *Sander,* S. 73 ff.; *Schmitt,* S. 75 ff.; *Wigge,* S. 85 ff.; *Zieschang,* WissR 32/1999, 111 ff.; *Göben,* MedR 1999, 345 ff.; *Lüderssen,* JZ 1997, 112 ff.
[6] Grundlegend hierzu: *Lüderssen,* Medizinprodukte-Industrie, S. 9 ff.; 19 ff.; StV 1997, 318 f.; JZ 1997, 112 ff.; *Pfeiffer,* NJW 1997, 782 ff.; zur Situation in der Schweiz s. *Pfeifer,* MedR 2002, 68 ff.; zum Verhältnis von Drittmittelforschung und Strafrecht in Österreich s. *Fuchs,* MedR 2002, 65 ff.

Entscheidungen zur Beschaffung von Medizinprodukten oder Arzneimitteln seien durch diese Kooperationsbeziehungen beeinflusst. Umgekehrt ist es der Industrie untersagt, Zuwendungen dazu zu missbrauchen, um Einfluss auf Beschaffungsentscheidungen von Ärzten (oder anderen Mitarbeitern medizinischer Einrichtungen) zu nehmen.

B. Rechtliche Rahmenbedingungen

Die rechtlichen Rahmenbedingungen der Zusammenarbeit der Industrie mit Mitarbei- **7** tern medizinischer Einrichtungen sind in erster Linie durch **straf-, dienst- und wettbewerbsrechtliche Anforderungen** bestimmt. Ärzte unterliegen darüber hinaus dem **ärztlichen Berufsrecht**.

I. Strafrecht

Bei der Planung und Durchführung von Verträgen bzw. anderen Abreden zwischen der **8** Industrie, medizinischen Einrichtungen und deren Mitarbeitern kann unter bestimmten Voraussetzungen die Verwirklichung folgender **Straftatbestände** in Betracht kommen:
– § 263 StGB (Betrug),
– § 266 StGB (Untreue),
– § 299 StGB (Bestechlichkeit und Bestechung im geschäftlichen Verkehr),
– § 331 StGB (Vorteilsannahme),
– § 333 StGB (Vorteilsgewährung),
– § 332 StGB (Bestechlichkeit) und
– § 334 StGB (Bestechung).
Hierbei stehen in den bisherigen Ermittlungsverfahren sowie der derzeitigen juristischen Diskussion insbesondere die **Korruptionsdelikte** (§§ 331 ff. StGB) im Vordergrund.[7]

1. Korruptionsdelikte

Unter strafrechtlichen Gesichtspunkten verbieten die §§ 331 ff. StGB[8] **Amtsträgern** das **9** Fordern, Sichversprechenlassen oder die Annahme entgeltlicher oder unentgeltlicher Zuwendungen jeglicher Art im Zusammenhang mit der dienstlichen Tätigkeit, insbesondere in **Abhängigkeit von Umsatzgeschäften.** Zuwendungen dürfen insbesondere nicht gefordert oder angenommen werden, um Beschaffungsentscheidungen herbeizuführen oder hierauf Einfluss zu nehmen. Dasselbe gilt spiegelbildlich für die Geberseite.

a) Schutzzweck

Geschütztes Rechtsgut der für den öffentlichen Bereich relevanten Straftatbestände der **10** §§ 331 ff. StGB ist hierbei die **„Lauterkeit des öffentlichen Dienstes"** sowie das **„Vertrauen der Allgemeinheit in diese Lauterkeit".**[9] Ziel des Gesetzgebers ist es, bereits den Anschein der Käuflichkeit von Amtshandlungen zu vermeiden. Der gemeinsame Unrechtskern der Korruptionsbekämpfungsgesetze ist die sich aus der verbotenen Beziehung ergebende generelle Gefährdung des Staatsapparats, dessen Ansehen durch die An-

---

[7] Hierzu im Einzelnen die ausführlichen Erläuterungen von *Taschke* in diesem Handbuch (§ 19 Rdnr. 149–232).

[8] Hierzu zusammenfassend *Tröndle/Fischer*, § 331 StGB, Rdnr. 27; s. hierzu ausführlich den Beitrag von *Taschke* in diesem Handbuch (§ 19 Rdnr. 166 ff.).

[9] *Tröndle/Fischer*, § 331 StGB, Rdnr. 3; s. hierzu auch den Beitrag von *Taschke* in diesem Handbuch (§ 19 Rdnr. 162–165).

nahme von Zuwendungen für amtliche Tätigkeiten beeinträchtigt wird, da hierdurch das Vertrauen der Allgemeinheit in die Sachlichkeit staatlicher Entscheidungen leidet.[10]

11   Geschütztes Rechtsgut der Vorschrift der Bestechlichkeit und Bestechung im geschäftlichen Verkehr (§ 299 StGB) ist der **freie Wettbewerb**. Geschützt sind aber auch die Mitbewerber sowie der „Geschäftsherr" von Angestellten und Beauftragten.[11]

b) Normadressaten

12   Adressaten der §§ 331 ff. StGB sind nicht nur die Beschäftigten medizinischer Einrichtungen, die als Beamte oder Angestellte des öffentlichen Rechts in öffentlich-rechtlichen Dienstverhältnissen stehen und als sog. **„Amtsträger"** (§ 11 Abs. 1 Nr. 2 lit. c) StGB) besonders strengen Verhaltensanforderungen unterliegen. Das geltende Strafrecht behandelt vielmehr auch die Beschäftigten medizinischer Einrichtungen als „Amtsträger", wenn die Einrichtungen etwa als GmbH oder AG privatrechtlich organisiert sind, es sich jedoch um **Unternehmen der öffentlichen Hand** handelt.[12] Spiegelbildlich führt dies auf Seiten des Gebers (Mitarbeiter der medizintechnologischen und pharmazeutischen Industrie) von Vorteilen dazu, dass bei Vorliegen der weiteren Voraussetzungen eine Vorteilsgewährung bzw. Bestechung (§§ 333 bzw. 334 StGB) angenommen werden kann.

13   Selbst wenn Mitarbeiter auf Seiten medizinischer Einrichtungen als **Angestellte für Krankenhäuser in privater oder kirchlicher Trägerschaft** tätig sind, können sich diese der Bestechlichkeit im geschäftlichen Verkehr gem. § 299 StGB strafbar machen.[13] Adressaten der Korruptionsdelikte i. S. d. §§ 331 ff. bzw. des § 299 StGB sind damit alle Mitarbeiter (z. B. Ärzte und Krankenhausapotheker) sämtlicher medizinischer Einrichtungen ungeachtet ihrer rechtlichen Organisationsform. Auch in diesem Zusammenhang gilt dies spiegelbildlich für die Geberseite.

c) Tathandlung

14   Die Tatbestände der §§ 331 ff. StGB sind dann anwendbar, wenn ein „Amtsträger" für die **Dienstausübung** (Vorteilsannahme) bzw. als Gegenleistung für eine **pflichtwidrige Diensthandlung** (Bestechlichkeit) für sich oder einen Dritten einen **Vorteil** fordert, sich versprechen lässt oder annimmt. Dasselbe gilt wiederum spiegelbildlich für die Geberseite (Vorteilsgewährung und Bestechung). Hierbei kann es für die Erfüllung der Tatbestände der Vorteilannahme bzw. Vorteilgewährung bereits ausreichen, wenn ein Vorteil **„für die Dienstausübung"**, also im Hinblick auf **rechtmäßige Diensthandlungen**, geleistet bzw. angenommen wird.[14]

15   Zur Verwirklichung der Tatbestände der Korruptionsbekämpfungsgesetze ist das Vorliegen einer **Unrechtsvereinbarung**[15] zwischen Geber und Nehmer erforderlich. Dies bedeutet, dass eine beiderseitige Übereinstimmung hinsichtlich der Gewährung der Zuwendung als Gegenleistung für die Dienstausübung besteht. Unter einem Vorteil versteht man dabei jede Leistung des Zuwendenden, auf die der Amtsträger keinen gesetzlich begründeten Anspruch hat und die ihn materiell oder – nach den nicht unumstrittenen Auffassungen verschiedener Staatsanwaltschaften und Gerichte – auch nur immateriell (etwa im Sinne eines Karrierevorteils) in seiner wirtschaftlichen, rechtlichen oder persön-

---

[10] S. *Arbeitsgemeinschaft der Wissenschaftlichen Medizinischen Fachgesellschaften (AWMF)* u. a. (Hrsg.), Der Gemeinsame Standpunkt zur strafrechtlichen Bewertung der Zusammenarbeit zwischen Industrie, medizinischen Einrichtungen und ihren Mitarbeitern (zit. nachfolgend als „Gemeinsamer Standpunkt"), S. 7.

[11] *Tröndle/Fischer*, § 299 StGB, Rdnr. 4 m. w. N.

[12] *Tröndle/Fischer*, § 331 StGB, Rdnr. 4.

[13] *Tröndle/Fischer*, § 299 StGB, Rdnr. 5.

[14] *Tröndle/Fischer*, § 331 StGB, Rdnr. 6.

[15] Hierzu mit einer umfassenden Auswertung der aktuellen Rechtsprechung der Beitrag von *Taschke* in diesem Handbuch (§ 19 Rdnr. 195–197).

lichen Lage objektiv besser stellt.[16] Das Vorliegen einer Unrechtsvereinbarung wird regelmäßig dann bejaht, wenn über die gewährten Zuwendungen Einfluss auf die Bestellung von Produkten genommen oder Bestellungen von Seiten des Amtsträgers belohnt werden sollen. Hierbei wird über den jeweiligen Einzelfall hinaus von den Gerichten in der Praxis das gesamte **„Beziehungsgeflecht"** zwischen Unternehmen und Zuwendungsempfängern als Bewertungsgrundlage im Rahmen der Beweiswürdigung herangezogen.

Nach der nicht unumstritten gebliebenen Rechtsprechung des Bundesgerichtshofes und **16** des HansOLG Hamburg[17] kann ein Vorteil bereits in der **Chance auf den Abschluss eines Vertrags** liegen, der Leistungen an den Amtsträger oder die medizinische Einrichtung zur Folge hat, und zwar auch dann, wenn dieser in einem angemessenen Verhältnis zu den auf Grund dieses Vertrags geschuldeten Gegenleistungen steht.[18]

Die Frage nach der **Pflichtwidrigkeit der Diensthandlung** betrifft die Abgrenzung **17** der Vorteilsannahme bzw. Vorteilsgewährung von den Tatbeständen der Bestechung und Bestechlichkeit, da die Bejahung der Pflichtwidrigkeit der Diensthandlung zur Annahme eines höher bestraften Bestechungsdeliktes führt. Die Feststellung der Pflichtwidrigkeit der Diensthandlung kann dann Probleme bereiten, wenn der Amtsträger eine Entscheidung nach pflichtgemäßem Ermessen innerhalb eines gewissen Spielraums zu treffen hat (sog. Ermessensbeamter). Die Rechtsprechung bejaht die Pflichtwidrigkeit der Diensthandlung regelmäßig dann, wenn die Unbefangenheit eines Ermessensbeamten in der Ausübung des Ermessensspielraums durch den Vorteil beeinträchtigt ist, und er seine Entscheidung auf Grund sachfremder Erwägungen trifft bzw. sich hierzu bereit erklärt. Zum Teil wird eine Pflichtwidrigkeit der Diensthandlung von den Gerichten bereits dann angenommen, wenn der Amtsträger (etwa ein Arzt) den Vorteil **„auf die Waagschale künftiger Entscheidungen"** legt, ohne dass der Vorteil für die tatsächlich getroffene Entscheidung ausschlaggebend sein muss. Dies bedeutet, dass selbst dann ein Bestechungsdelikt in Betracht kommen kann, wenn sich der Amtsträger (richtigerweise) für das objektiv günstigere Angebot entscheidet, bei dieser Entscheidung jedoch die erhaltenen Vorteile Einfluss hatten. Sofern etwa ein Arzt die Beschaffungsentscheidungen selbst trifft oder hierauf Einfluss ausüben sollte – und sei es nur durch eine interne Stellungnahme –, entscheidet sich die Frage, ob er die tatsächlich von der Industrie erhaltenen Vorteile „auf die Waagschale seiner Entscheidungen" gelegt hat, im Rahmen der **Beweiswürdigung** durch die Gerichte. Die Gerichte sind in der Beweiswürdigung grundsätzlich frei (§ 261 StPO). Es kann daher nicht verlässlich prognostiziert werden, zu welchen Ergebnissen ein Gericht bei der Beurteilung eines Einzelfalls letztlich kommen wird. Angesichts der bestehenden Rechtsprechung wird bei der Beweiswürdigung tendenziell darauf abgestellt, ob das Verhältnis des Arztes zur Industrie in seiner Gesamtheit besonders eng war. Dies kann nach der Rechtsprechung etwa durch die persönliche Betreuung durch Außendienstmitarbeiter bei Kongressreisen, regelmäßige Bewirtungen im Anschluss an Schulungsveranstaltungen, die Mitnahme von Ehefrauen zu Kongressen, den Wechsel des Lieferanten in zeitlichem Zusammenhang mit der Aufnahme von Unterstützungsleistungen, die Beibehaltung des Lieferanten trotz höherer Produktpreise oder durch die Gesamthöhe der von einem Unternehmen über die Dauer der Jahre übernommenen Fortbildungskosten zum Ausdruck kommen.[19]

---

[16] Hierzu im Einzelnen der Beitrag von *Taschke* in diesem Handbuch (§ 19 Rdnr. 169–178).

[17] *BGHSt* 31, 264; *HansOLG Hamburg,* StV 2001, 277, 279; StV 2001, 284; hierzu auch der Beitrag von *Taschke* in diesem Handbuch (§ 19 Rdnr. 171).

[18] Zutreffend a. A.: *Pfeiffer,* NJW 1997, 782 ff.; *Zieschang,* StV 2001, 291 und „Gemeinsamer Standpunkt", S. 8.

[19] Zum aktuellen Stand der Rechtsprechung s. im Einzelnen den Beitrag von *Taschke* in diesem Handbuch (§ 19 Rdnr. 194–202); s. auch *Dieners/Taschke,* PharmaR 2000, 309 ff. sowie *Taschke,* PharmaR 2002, 409 ff. und *Ulsenheimer,* Industriesponsoring, Rdnr. 9 ff.

18   Gleichwohl sind im Rahmen der Beweiswürdigung auch folgende Umstände zu berücksichtigen: Ärzte und andere Mitarbeiter medizinischer Einrichtungen, die über die Beschaffung von Medizinprodukten (oder auch pharmazeutischen Erzeugnissen) entscheiden, sind auch die Anwender dieser Produkte und bedürfen eines Höchstmaßes an wissenschaftlicher Qualifikation, um eine sach- und zweckgemäße Patientenversorgung zu gewährleisten und damit verbundene Beschaffungsentscheidungen fällen zu können. Dies gilt auch für die Anwendung sowie für die Weiterentwicklung der Produkte und der damit in Zusammenhang stehenden Therapien. Deshalb ist **zwangsläufig eine enge Zusammenarbeit** dieser Entscheidungsträger mit der medizintechnologischen und pharmazeutischen Industrie **notwendig,** etwa im Rahmen von Studien- und Fortbildungsprojekten oder bei der Durchführung von Anwendungsbeobachtungen. Dies gilt auch für die **medizinische und wissenschaftliche Fortbildung,** da ohne sie der erforderliche Kenntnisstand für sachgerechte Anwendungen und Weiterentwicklungen – und damit verbunden eine lege artis erfolgende Patientenversorgung – nicht erworben bzw. beibehalten werden kann. Eine enge Zusammenarbeit der Industrie mit Ärzten und das dadurch entstehende Näheverhältnis liegen damit in der **Natur der Sache.** Die ansonsten dem Korruptionsbekämpfungsrecht innewohnende strikte Trennung von Amtsträger und Industrie ist in diesem Bereich jedenfalls potenziell aufgehoben, zumindest aber stark eingeschränkt.

19   Auch der folgende Umstand darf bei der Beweiswürdigung nicht unberücksichtigt bleiben: Sofern die Dienstherren oder Arbeitgeber der betroffenen Ärzte bzw. die Verwaltungen und gegebenenfalls die Träger der medizinischen Einrichtungen die entsprechenden Kooperationsbeziehungen bei gleichzeitiger Kenntnis der Funktion des Arztes im Rahmen von Beschaffungsentscheidungen **zustimmend zur Kenntnis genommen haben,** spricht die Lebenserfahrung dafür, dass die vorgesetzten Behörden nicht davon ausgegangen sind, dass die Zuwendungen einen Einfluss auf die Beschaffungsentscheidungen haben bzw. nach außen einen entsprechenden Eindruck vermitteln könnten. Das öffentliche Dienstrecht (Rdnr. 24) sieht nämlich vor, dass entsprechende **Genehmigungen** bereits dann zu versagen sind, wenn durch die Annahme von Vorteilen der Eindruck einer Beeinflussung von Beschaffungsentscheidungen zu befürchten ist. Nach allem müssen also über bloße Zuwendungen hinaus gehende konkrete Anhaltspunkte vorhanden sein, die den Schluss zulassen, die entsprechenden Zuwendungen hätten unzulässige Auswirkungen auf die Beschaffungsentscheidungen.[20]

d) Drittvorteile

20   Durch die im August 1997 in Kraft getretenen Antikorruptionsgesetze wurden die bis dahin geltenden Straftatbestände weiter verschärft. Danach kann auch die Annahme von sog. **„Drittvorteilen"** unzulässig sein. Während es früher nur strafbar war, dem Amtsträger selbst einen Vorteil für die konkrete Handlung zu gewähren, reicht es nunmehr aus, dass ein Amtsträger einen Vorteil für sich selbst „oder einen Dritten" fordert, sich versprechen lässt oder annimmt. Die Zuwendung an einen Dritten konnte nach der alten Gesetzesfassung die Strafbarkeit des Amtsträgers nur dann begründen, wenn letzterer daraus zumindest einen mittelbaren Vorteil (z.B. Verbesserung der Arbeitsbedingungen) zog.[21] Diese Einschränkung ist durch die Gesetzesänderung von 1997 entfallen. Danach sollen nunmehr auch die Fälle erfasst werden, in denen wirtschaftliche Vorteile an Personenvereinigungen – Parteien und Vereine – fließen, deren Mitglied der Amtsträger ist. Daher kann auch der Vorteil, der einem Dritten (etwa Fördervereinen von Krankenhäusern oder wissenschaftlichen Fachgesellschaften) zugute kommt, die genannten Straftatbestände erfüllen. Noch offen ist, ob auch Vorteile (etwa Spenden), die von Ärzten zu Gunsten medizinischer Einrichtungen (d.h. zu Gunsten ihrer Anstellungskörperschaft) eingeworben werden, einen Drittvorteil im Sinne

---

[20] *Dieners/Lembeck/Taschke,* PharmaR 1999, 162.
[21] *Dieners/Taschke,* PharmaR 2000, 316 f.

der neuen Korruptionsbekämpfungsdelikte darstellen.[22] Auf eine entsprechende Nachfrage von Verbandsseite hat das Bundesministerium der Justiz geäußert, dass auch medizinische Einrichtungen durchaus „Dritte" i. S. d. §§ 331 ff. StGB sein können. Diese Auffassung ist abzulehnen, da eine solche Argumentation im Ergebnis bedeuten würde, dass auch ein Amtsträger (Arzt), der besonders gute Einkaufspreise für seine medizinische Einrichtung aushandelt, automatisch einen Straftatbestand verwirklichen würde. Die Sinnwidrigkeit liegt auf der Hand (hierzu auch Rdnr. 69 ff.). Es bleibt jedoch abzuwarten, wie sich die Gerichte hierzu verhalten werden.

e) Rechtfertigung gem. §§ 331 Abs. 3, 333 Abs. 3 StGB

Eine Besonderheit besteht hinsichtlich der Tatbestände der Vorteilsannahme bzw. **21** Vorteilsgewährung gem. §§ 331 Abs. 3 bzw. 333 Abs. 3 StGB. Danach ist die Annahme eines auf eine pflichtgemäße Diensthandlung gerichteten Vorteils dann **gerechtfertigt,** wenn diese von der Behörde im Rahmen ihrer Befugnisse entweder vorab oder nach unverzüglicher Anzeige **genehmigt**[23] wird. Eine Genehmigung i. S. v. § 331 Abs. 3 StGB ist jedoch dann ausgeschlossen, wenn es sich um die Annahme eines vom Amtsträger geforderten Vorteils bzw. um die Annahme von Vorteilen für pflichtwidrige Handlungen handelt.

Im Übrigen richtet sich die Frage, ob eine Vorteilsannahme mit rechtfertigender Wir- **22** kung genehmigt werden kann, nach dem öffentlichen Dienstrecht (Rdnr. 24). Das HansOLG Hamburg hat hierzu klargestellt, dass Genehmigungen nach §§ 331 Abs. 3, 333 Abs. 3 StGB alle für die Verwirklichung der gerade bezeichneten Straftatbestände relevanten Tatsachen umfassen müssen.[24] Die **Genehmigung einer Nebentätigkeit oder eines Sonderurlaubs** durch den Dienstvorgesetzten beinhaltet dabei nicht notwendigerweise die Genehmigung einer Vorteilsannahme. Nur wenn bei Beantragung der Genehmigung von Nebentätigkeiten oder deren Anzeige bzw. bei Urlaubs- und Dienstanträgen diejenigen Tatsachen, die für das nach dem in § 331 StGB geschützte Rechtsgut erforderliche Prüfprogramm bedeutsam sind, unterbreitet werden, kann insoweit in der einschränkungslosen Genehmigung einer Nebentätigkeit, des (Sonder-) Urlaubs oder der Dienstreise zugleich die stillschweigende Genehmigung der Vorteilsannahme enthalten sein.

2. Untreue und Betrug

So genannte **„Kick-back-Zahlungen"** an Ärzte können darüber hinaus den Tatbe- **23** stand der Untreue (§ 266 Abs. 1 StGB) zu Lasten der medizinischen Einrichtungen bzw. Träger erfüllen, für die der Arzt tätig ist.[25] Daneben kommt unter bestimmten Voraussetzungen auch die Verwirklichung des Betrugstatbestands (§ 263 StGB) zu Lasten der entsprechenden medizinischen Einrichtung, deren Träger oder auch zu Lasten der Kostenträger in Betracht.[26]

---

[22] Hierzu im Einzelnen der Beitrag von *Taschke* in diesem Handbuch (§ 19 Rdnr. 176–178); hierzu auch *Schreier*, S. 97 ff.

[23] *Tröndle/Fischer*, § 331 StGB, Rdnr. 32.

[24] *HansOLG Hamburg*, StV 2001, 277, 283 f.

[25] Zur Frage, ob die Verwirklichung von Korruptionsstraftaten, die Übernahme von Verteidigerkosten für Mitarbeiter oder etwa die fehlende Geltendmachung von Schadensersatzansprüchen gegenüber Mitarbeitern für die Vorstände und Geschäftsführer eine Untreue zu Lasten des betroffenen Unternehmens bedeuten kann, s. (verneinend) *Taschke*, S. 663 ff.

[26] Hierzu im Einzelnen der Beitrag von *Taschke* in diesem Handbuch (§ 19 Rdnr. 233–249); s. auch *Noak*, MedR 2002, 76 ff.

II. Dienst- und Hochschulrecht

1. Allgemeine Rahmenbedingungen

24   Die Bedeutung der **Involvierung der Dienstherren und Verwaltungen** folgt auch aus dem öffentlichen Dienstrecht, das mit den Vorschriften zur Bekämpfung der Korruption eng verzahnt ist.[27] Unternehmen der medizintechnologischen und pharmazeutischen Industrie arbeiten in vielen Bereichen mit Ärzten und anderen Mitarbeitern eng zusammen, die bei medizinischen Einrichtungen beschäftigt sind. Die Zusammenarbeit der Industrie findet oftmals insbesondere im Rahmen von Forschungs- und Entwicklungssowie von Beratungsverträgen statt. Typische Beispiele hierfür sind etwa die Durchführung von klinischen Studien sowie Produktbeobachtungs- und Vergleichsstudien. Forschungsprojekte werden in der Regel von Angehörigen der medizinischen Hochschulen durchgeführt, obgleich dies nicht zwingend ist. In den vergangenen Jahren hat auch eine große Zahl nicht-universitärer Einrichtungen beachtliche Forschungskapazitäten aufgebaut, um hierdurch in dem zunehmend härteren Wettbewerb der medizinischen Einrichtungen untereinander zu bestehen und ihre Reputation zu steigern. Bei Kooperationen der Industrie mit Mitarbeitern dieser Einrichtungen stellt sich – insbesondere vor dem Hintergrund des öffentlichen Dienst- und Hochschulrechts (Rdnr. 25) – in der Praxis oftmals die Frage, ob ein Vertragsschluss mit der Einrichtung selbst zwingend ist (in diesem Fall betraut die medizinische Einrichtung den Mitarbeiter mit der Durchführung der vertraglich vereinbarten Aufgaben im Rahmen seiner **Dienstaufgaben**) oder ob auch eine Vertragsbeziehung mit dem einzelnen Mitarbeiter selbst in Betracht kommt, der die vertraglich vereinbarten Aufgaben dann im Rahmen einer **Nebentätigkeit** durchführt. In diesem Fall stellt sich wiederum die Frage, wann aus dienstrechtlicher Sicht eine Nebentätigkeit vorliegt und ob bzw. unter welchen Voraussetzungen eine derartige Nebentätigkeit genehmigungs- oder anzeigepflichtig ist. Dies ist nicht nur aus dienstrechtlicher Perspektive für den jeweiligen Mitarbeiter der Einrichtung von Bedeutung, sondern auf Grund der engen Verzahnung des öffentlichen Dienstrechts mit dem Korruptionsbekämpfungsrecht für beide Parteien, also auch für das Unternehmen und seine Mitarbeiter, da die strafrechtliche Unbedenklichkeit derartiger Kooperationen durch die Gerichte maßgeblich von der Einhaltung der dienstrechtlichen Anforderungen abhängig gemacht wird. Darüber hinaus stellt sich in der Praxis oftmals die Frage, wie unentgeltliche Zuwendungen und Bewirtungen von Ärzten und anderen Mitarbeitern medizinischer Einrichtungen dienstrechtlich zu bewerten sind. In verschiedenen Fällen ist auch das Verhältnis zwischen dienst- und strafrechtlicher Genehmigung nicht immer klar (s. Rdnr. 39 ff.).

2. Universitäre Drittmittelforschung

25   Sofern medizinische Hochschulen im Auftrag von Unternehmen der medizintechnologischen und pharmazeutischen Industrie etwa Forschungs- und Entwicklungsprojekte durchführen, findet diese Forschung für die Angehörigen der Hochschulen in der Regel im Rahmen ihrer Dienstaufgaben statt. Man spricht insofern von der **„klassischen Drittmittelforschung"**[28] i. S. d. § 25 Abs. 1 Hochschulrahmengesetz (HRG). Nach dieser Bestimmung sind die in der Forschung tätigen Hochschulmitglieder berechtigt, im Rahmen ihrer dienstlichen Aufgaben auch solche Forschungsvorhaben durchzuführen, die aus Mitteln Dritter finanziert werden. Dieser **sog. Auftragsforschung** liegt eine Vereinbarung zwischen dem jeweiligen Unternehmen und der Universität bzw. dem Hochschul-

---

[27] Hierzu im Einzelnen *Göben,* Vorgaben und Rahmenbedingungen, S. 37 ff.; Kooperation, S. 347 sowie MedR 1999, 349.

[28] *Göben,* Kooperation, S. 354.

lehrer zugrunde, in der Leistungen und Gegenleistungen bestimmt werden.[29] Die Durchführung eines aus (privaten) Drittmitteln finanzierten Forschungsprojekts darf dabei nicht von einer Genehmigung abhängig gemacht werden, da es sich um eine **Dienstaufgabe** handelt. Allerdings sind solche Vorhaben anzuzeigen (§ 25 Abs. 3 Satz 1 HRG). Die Regelung des § 25 Abs. 1 HRG ist von einer Reihe von Bundesländern durch Universitätsgesetze, Drittmittelverordnungen und -erlasse umgesetzt und konkretisiert worden.[30] Verschiedene Länder, wie etwa das Land Baden-Württemberg, haben insofern ihre Vorschriften auf den Beschluss der Kultusministerkonferenz vom 17. 9. 1999 hin angepasst und klargestellt, dass die Einwerbung von Drittmitteln uneingeschränkt zu den Aufgaben der Universitäten und den Dienstaufgaben der Professoren und ihrer Mitarbeiter gehört (s. Rdnr. 72). Der Bundesgerichtshof hat in seinem Urteil vom 23. 5. 2002 festgestellt, dass die Vorschrift über Vorteilsannahme (§ 331 Abs. 1 StGB) aus systematischen Gründen und im Interesse der Einheit der Rechtsordnung in ihrem Anwendungsbereich einschränkend auszulegen ist, wenn Fördermittel dem sachlichen Gehalt nach Drittmittel sind und der Förderung von Forschung und Lehre dienen.[31] Erforderlich ist danach ferner im Interesse des Schutzgutes der Strafvorschrift (Vertrauen in die Sachgerechtigkeit der Entscheidungen) die Offenlegung, die Anzeige der Mitteleinwerbung und ihre Genehmigung in dem hochschulrechtlich dafür vorgesehenen Verfahren.[32] Aus diesem Grund ist die genaue Beachtung der hochschulrechtlichen Vorschriften der einzelnen Bundesländer von hoher Bedeutung.

Grundsätzlich lassen die Regelungen über die Drittmittelforschung die Vorschrift über **26** die Ausübung von **Nebentätigkeiten** unberührt. Der medizinische Hochschullehrer, der von einem medizintechnologischen oder pharmazeutischen Unternehmen beauftragt wird, kann vor Übernahme des Auftrags grundsätzlich wählen, ob er den Auftrag als Dienstaufgabe oder als Nebentätigkeit wahrnehmen will.[33] Dabei kann der Auftrag nicht dahingehend getrennt werden, dass bestimmte Teile des Auftrags als Dienstaufgabe und andere Teile als Nebentätigkeit durchgeführt werden **(sog. Splittingverbot)**. Die entsprechenden Hochschulnebentätigkeitsverordnungen der Länder erlauben die Übernahme einer Nebentätigkeit im Übrigen nur dann, wenn der Hochschulangehörige die wesentlichen Maßnahmen zur Auftragsausführung selbst anordnet, ihre Durchführung überwacht und dafür die persönliche Verantwortung trägt. In diesem Fall ist er zur Zahlung eines Nutzungsentgelts verpflichtet. Bei der Abgrenzung zwischen der Ausführung von Aufgaben im Rahmen der Dienstaufgaben wird insofern auf die der Vergabe zugrunde liegende Vereinbarung abgestellt: Sofern ausdrücklich auf die Förderung der Hochschulforschung abgestellt wird, ist der Mittelempfänger in seiner Funktion als Hochschullehrer angesprochen, wobei es sich in der Regel dann um ein Drittmittelprojekt handelt. Werden die Mittel dem Hochschullehrer hingegen persönlich zur Verfügung gestellt, liegt eine private Nebentätigkeit vor.[34] In der Praxis wird in der Regel in den Fällen, in denen die Mittel für Forschung und Lehre verwendet werden sollen, ein Vertragsschluss mit den universitären Einrichtungen selbst bevorzugt, um auf diese Weise die volle Involvierung der Verwaltungen von vornherein sicherzustellen und der gebotenen Transparenz auf diese Weise bereits zu genügen.

---

[29] *Göben*, Kooperation, S. 354.

[30] Nachweis der Drittmittelerlasse der Länder bei *Göben*, Drittmittelbeschaffung, S. 3.

[31] *BGH*, Urt. v. 23. 5. 2002 – 1 StR 372/01, NJW 2002, 2801 ff.; hierzu *Michalke*, NJW 2002, 3381 f.; *Taschke*, PharmR 2002, 409 ff. (= MPR 2002, 101 ff.) sowie der Beitrag von *Taschke* in diesem Handbuch (§ 19 Rdnr. 152, 160, 166 ff.).

[32] Vgl. dazu auch die ausführliche Darstellung in dem Beitrag von *Taschke* in diesem Handbuch (§ 19 Rdnr. 160, 168 ff.).

[33] *Göben*, Kooperation, S. 357.

[34] *Göben*, Kooperation, S. 357.

3. Nebentätigkeit

27 Unter **Nebentätigkeit** ist nach allgemeinen arbeitsrechtlichen Grundsätzen jede Tätigkeit zu verstehen, in der der Arbeitnehmer außerhalb seines Hauptarbeitsverhältnisses seine Arbeitskraft zur Verfügung stellt. Dies gilt dem Grunde nach auch für Beamte und Angestellte im öffentlichen Dienst. Dort ist einer Nebentätigkeit all das zuzurechnen, was **nicht Dienstaufgabe** ist. Maßgeblich für die Frage, ob eine Nebentätigkeit vorliegt, ist also die jeweils bekleidete konkret-funktionale Stelle. Diese wird in der Regel durch Stellen- und Funktionsbeschreibungen, allgemeine Arbeitsverteilungspläne, Dienstvorschriften und Arbeitsanweisungen konkretisiert. Jede Tätigkeit, die hiervon nicht umfasst ist, stellt eine Nebentätigkeit dar.

28 Die Ausübung einer Nebentätigkeit bedarf nach allgemeinen Grundsätzen nicht der Genehmigung des Arbeitgebers. Im Rahmen eines Arbeitsvertrags verpflichtet sich der Arbeitnehmer nämlich zur „Leistung der versprochenen Dienste" und nicht etwa dazu, seine gesamte Arbeitskraft zur Verfügung zu stellen. Der Arbeitnehmer ist jedoch verpflichtet, dem Arbeitgeber eine geplante Nebentätigkeit anzuzeigen, soweit hiervon die Interessen des Arbeitgebers berührt werden können. Die Nebentätigkeit eines Arbeitnehmers darf nicht in einer Konkurrenztätigkeit bestehen. Außerdem hat der Arbeitnehmer jede Nebentätigkeit zu unterlassen, die zu einer Vernachlässigung seiner Arbeitspflicht im Hauptarbeitsverhältnis führen würde. Dies gilt insbesondere für die Ausübung von Nebentätigkeiten während der Arbeitszeit im Hauptarbeitsverhältnis. Ferner ist zu beachten, dass bei der Beschäftigung in mehreren Arbeitsverhältnissen die einzelnen Beschäftigungen zusammen die gesetzliche Höchstgrenze der Arbeitszeit nicht überschreiten dürfen. Im Hinblick auf die in Art. 12 des Grundgesetzes (GG) verankerte Berufsfreiheit kann einzelvertraglich ein Nebentätigkeitsverbot vereinbart werden, allerdings nur, soweit der Arbeitgeber hieran ein berechtigtes Interesse hat. Ein berechtigtes Interesse besteht dann, wenn durch die Nebentätigkeit die **vertraglich geschuldete Leistung beeinträchtigt** wird. Eine Vertragsklausel, die dem Arbeitnehmer jede vom Arbeitgeber nicht genehmigte Nebentätigkeit verbietet, ist demnach so auszulegen, dass nur solche Nebentätigkeiten verboten sind, an deren Unterlassung der Arbeitgeber ein berechtigtes Interesse hat. Ein vollständiges Verbot von Nebentätigkeiten kann demnach allenfalls in Ausnahmefällen wirksam vereinbart werden.

29 Bei **Nebentätigkeiten von Beamten und Angestellten im öffentlichen Dienst** gilt abweichend von den zuvor beschriebenen Grundsätzen eine Vielzahl von besonderen Regelungen. Da Beamte nicht nur zur Arbeitsleistung, sondern zur vollen Hingabe an den Beruf verpflichtet sind, ordnen die beamtenrechtlichen Vorschriften eine **grundsätzliche Genehmigungspflicht für jede Nebentätigkeit** von **Beamten** an (etwa nach den bundesrechtlichen Vorschriften des § 42 BRRG und des § 65 BBG sowie nach den entsprechenden landesrechtlichen Vorschriften). Auch für die **Angestellten des öffentlichen Dienstes** finden gem. § 11 BAT „die für die Beamten des Arbeitgebers jeweils geltenden Bestimmungen sinngemäß Anwendung". Demnach sind also auch für Angestellte des öffentlichen Dienstes die Bestimmungen des Beamtenrechtsrahmengesetzes und die entsprechenden Landesvorschriften anzuwenden. Dies gilt nur so weit, wie die beamtenrechtlichen Vorschriften dem Wesen nach auch auf Angestellte anwendbar sind und nicht auf den Besonderheiten des Beamtenverhältnisses beruhen. Weiterhin setzt eine Anwendbarkeit der beamtenrechtlichen Vorschriften voraus, dass der BAT überhaupt Anwendung auf das Arbeitsverhältnis des betreffenden Angestellten findet. Dies ist gem. § 3 lit. h) BAT nicht der Fall für Angestellte, die eine über die höchste Vergütungsgruppe des BAT hinausgehende Vergütung erhalten. Ferner sind gem. § 3 lit. i) BAT leitende Ärzte (Chefärzte) und leitende Angestellte von der Anwendung des BAT ausgeschlossen, wenn ihre Arbeitsbedingungen einzelvertraglich besonders vereinbart sind oder werden. Für diese Angestellten, zu denen regelmäßig auch die Vorstände, also die Leiter und Geschäftsführer der öffentlichen Arbeitgeber zählen, können also hinsichtlich der Nebenbeschäftigung einzel-

vertraglich individuelle Regelungen getroffen werden, sofern sie mit den zuvor darge-stellten arbeitsrechtlichen Grundsätzen zur Nebentätigkeit übereinstimmen. Als Zwischen-ergebnis bleibt somit festzuhalten, dass sowohl für Beamte als auch für Angestellte des öffentlichen Dienstes eine **grundsätzliche Genehmigungspflicht** für Nebentätigkeiten besteht. Daher wird im Folgenden nur noch allgemein von „Beschäftigten des öffentlichen Dienstes" die Rede sein.

a) Ausnahmen von der grundsätzlichen Genehmigungspflicht

Die einschlägigen beamtenrechtlichen Vorschriften sehen Ausnahmen von der generel-len Genehmigungspflicht vor. **Nicht genehmigungspflichtig** und damit genehmigungs-frei ist z.B. regelmäßig die schriftstellerische, wissenschaftliche oder künstlerische Tätigkeit des Beschäftigten des öffentlichen Dienstes sowie seine Vortragstätigkeit (vgl. § 42 Abs. 1 Satz 3 Nr. 3 BRRG). Über die Reichweite dieser Ausnahmebestimmungen bestehen allerdings in der Praxis oftmals **Missverständnisse.** **30**

Die Annahme einer **wissenschaftlichen Tätigkeit** im Sinne der beamtenrechtlichen Vorschriften[35] erfordert eine **freie Methodenwahl** des Ausführenden. Dies wird aber insbesondere bei der Durchführung einer klinischen Prüfung im Auftrag eines medizin-technologischen oder pharmazeutischen Unternehmens regelmäßig zu verneinen sein. Gleiches gilt für die Fälle, in denen ein Prüfarzt des öffentlichen Dienstes eine Anwen-dungsbeobachtung im Auftrag eines Industrieunternehmens durchführt. Hinsichtlich der Auslegung des Begriffs **„Vortragstätigkeit"** bestehen zum Teil unterschiedliche Auffas-sungen. Teilweise wird die Auffassung vertreten, dass es sich um eine „Vortragstätigkeit" nur dann handelt, wenn es um gelegentliche Vorträge geht und wenn diese Vorträge keinen Schulungscharakter haben. Dies wird von den Dienstherren jedoch teilweise auch anders gesehen und „großzügiger" ausgelegt. Gleichwohl sollte man davon ausgehen, dass Vorträge mit Schulungscharakter im Regelfall genehmigungspflichtig sind. Auch die mit den Lehr- oder Forschungsaufgaben zusammenhängende **selbstständige Gutachtertä-tigkeit** von Hochschullehrern und Beamten an wissenschaftlichen Instituten und An-stalten ist grundsätzlich genehmigungsfrei (vgl. § 42 Abs. 1 Satz 3 Nr. 4 BRRG). Eine genehmigungsfreie Gutachtertätigkeit setzt aber ebenfalls grundsätzlich eine **freie Metho-denwahl** voraus. Demnach sind Gutachten auf der Basis von Methoden, die von dem Auftraggeber festgelegt wurden, genehmigungsbedürftig. Selbst wenn das Gutachten auf der Grundlage freier Methodenwahl basiert, scheidet eine Genehmigungsfreiheit dann aus, wenn der Gutachter nicht zu einer freien Veröffentlichung befugt ist. Dies wird immer dann der Fall sein, wenn ein Unternehmen hierdurch die Verbreitung von Daten und Informationen befürchtet, die unter dem Gesichtspunkt des gewerblichen Rechtsschutzes für das Unternehmen relevant sind. Als weiteres Zwischenergebnis bleibt somit festzuhal-ten, dass die Durchführung von klinischen Prüfungen und Anwendungsbeobachtungen, Vortragsveranstaltungen mit Schulungscharakter sowie gutachterliche Tätigkeiten als Ne-bentätigkeiten in der Praxis regelmäßig genehmigungspflichtig sein dürften. Dasselbe gilt für allgemeine **Beratungsverträge.** **31**

b) Rechtsanspruch auf Erteilung einer Nebentätigkeitsgenehmigung

Der Beschäftigte des öffentlichen Dienstes hat grundsätzlich einen Rechtsanspruch auf Erteilung der Nebentätigkeitsgenehmigung, wenn kein Versagungsgrund nach § 42 Abs. 2 BRRG in Verbindung mit den entsprechenden landesbeamtenrechtlichen Vorschriften vorliegt. Nach § 42 Abs. 2 Satz 1 BRRG in Verbindung mit den entsprechenden landes-rechtlichen Vorschriften kann die Nebentätigkeit z.B. versagt werden, wenn die Besorgnis besteht, dass durch die Nebentätigkeit **die dienstlichen Leistungen beeinträchtigt** werden, weil die Arbeitskraft des Beschäftigten des öffentlichen Dienstes durch die Ne-bentätigkeit so stark in Anspruch genommen wird, dass dadurch die ordnungsgemäße **32**

---

[35] Hierzu auch *Badura*, ZBR 2000, 109 ff.

Erfüllung seiner dienstlichen Pflichten beeinflusst wird. Die Genehmigung ist gem. § 42 Abs. 2 Satz 2 Nr. 1 Satz 3 BRRG auch zu versagen, wenn die zeitliche Beanspruchung durch eine oder mehrere Nebentätigkeiten in der Woche ein Fünftel der regelmäßigen wöchentlichen Arbeitszeit überschreitet. Ferner kann die Nebentätigkeit versagt werden, wenn es durch die Nebentätigkeit zum Widerstreit mit dienstlichen Interessen kommen kann. Die Genehmigung ist bei den jeweiligen Dienstvorgesetzten einzuholen. Bei Professoren ist dies in der Regel (noch) der jeweilige Wissenschaftsminister. Die Genehmigungskompetenz wird insofern jedoch zunehmend auf die Hochschulleitungen verlagert. Bei rechtlich verselbstständigten Universitätskliniken entscheidet der Klinikumsvorstand über die Genehmigungsanträge. Ferner ist nach dem am 9. 9. 1997 in Kraft getretenen Zweiten Nebentätigkeitsbegrenzungsgesetz die Genehmigung für Nebentätigkeiten auf höchstens fünf Jahre begrenzt (vgl. § 65 Abs. 1 Satz 5 BBG). Diese Vorschrift gilt zunächst lediglich für Bundesbeamte. In verschiedenen Ländern (etwa Baden-Württemberg und Niedersachsen) sind entsprechende Regelungen zwischenzeitlich auch für Landesbeamte und somit etwa auch für medizinische Hochschullehrer in Kraft getreten.

c) Widerruf der Nebentätigkeitsgenehmigung

33   Eine erteilte Nebentätigkeitsgenehmigung ist gem. § 42 Abs. 2 Satz 4 BRRG dann zu widerrufen, wenn sich nach der Erteilung der Genehmigung ein **Versagungsgrund** ergibt. Auf der Grundlage verschiedener landesbeamtenrechtlicher Bestimmungen soll dem ehemals Begünstigten nach dem Widerruf einer genehmigten oder als genehmigt geltenden Nebentätigkeit jedoch eine angemessene **Frist zur Abwicklung der Nebentätigkeit** eingeräumt werden, soweit die dienstlichen Interessen dies gestatten.

d) Vergütungshöhe

34   Für **Nebentätigkeiten im öffentlichen Dienst** sind nach verschiedenen landesbeamtenrechtlichen Nebentätigkeitsverordnungen Vergütungen, gestaffelt nach den Vergütungsgruppen des BAT, nur bis zu einer bestimmten Höchstgrenze zulässig. Darüber hinaus gehende Vergütungen müssen an den Arbeitgeber abgeführt werden. Die Beschränkung der Vergütung besteht hierbei regelmäßig dem Grunde und der Höhe nach z.B. nicht für Lehr-, Unterrichts-, Vortrags- oder Prüfungstätigkeiten, Tätigkeiten auf dem Gebiet der wissenschaftlichen Forschung oder Gutachtertätigkeiten von Ärzten und Zahnärzten für Versicherungsträger oder für andere juristische Personen des öffentlichen Rechts sowie ärztliche und zahnärztliche Verrichtungen dieser Personen, für die nach den Gebührenordnungen Gebühren zu zahlen sind. Für diese Nebentätigkeiten, wie auch für **Nebentätigkeiten außerhalb des öffentlichen Dienstes** (sofern diese nicht auf Veranlassung des Dienstvorgesetzten ausgeübt werden), besteht in der Regel keine Pflicht zur Abführung der erzielten Einkünfte, und zwar auch dann nicht, wenn diese die vorgesehenen Höchstgrenzen überschreiten.

4. Annahme von Belohnungen und Geschenken

35   Nach der dienstrechtlichen Terminologie können unentgeltliche Zuwendungen „Geschenke" oder „Belohnungen" sein. Unter „Geschenken" werden alle Zuwendungen verstanden, auf die die Beschäftigten des öffentlichen Dienstes keinen Rechtsanspruch haben und die sie materiell oder immateriell objektiv besser stellen. Derartige Zuwendungen werden in den jeweiligen landesrechtlichen Vorschriften auch als „Vorteile" bezeichnet. Wie im Strafrecht kann ein „Vorteil" daher z.B. auch in der Zahlung von Geld, der Überlassung von Gutscheinen, besonderen Vergünstigungen bei Privatgeschäften (z.B. zinslose oder zinsgünstige Darlehen) oder aber auch in Bewirtungen liegen. Das öffentliche Dienstrecht verbietet grundsätzlich die Annahme von Belohnungen und Geschenken und erlaubt Beschäftigten des öffentlichen Dienstes deren Annahme ausnahmsweise nur dann, wenn die Zustimmung des Arbeitgebers oder Dienstherrn vorliegt (vgl. § 43

BRRG, § 70 BBG, § 10 BAT). Allgemein lässt sich sagen, dass eine Zustimmung nur in engen Grenzen erteilt werden kann. Eine Genehmigung scheidet bereits dann aus, wenn der **„Anschein der Käuflichkeit"** von Amtshandlungen entstehen kann. Detaillierte Regelungen zum Verbot der Annahme von Belohnungen und Geschenken enthalten die entsprechenden Erlasse der Bundesländer.[36]

a) Geschenke in Bezug auf das Amt

Die Beschäftigten des öffentlichen Dienstes dürfen nach den für sie maßgebenden Be- **36** stimmungen grundsätzlich keine Geschenke in Bezug auf ihr Amt annehmen. Ausnahmen bedürfen insofern der Zustimmung der zuständigen Behörde, d.h. des Dienstherrn bzw. Arbeitgebers. **„In Bezug auf das Amt"** ist ein Vorteil immer dann gewährt, wenn die zuwendende Person sich davon leiten lässt, dass der Zuwendungsempfänger ein bestimmtes Amt bekleidet, wobei ein Bezug zu einer bestimmten Amtshandlung nicht erforderlich ist. Lediglich Vorteile, die ausschließlich mit Rücksicht auf Beziehungen innerhalb der privaten Sphäre gewährt werden, sind nicht „in Bezug auf das Amt" gewährt. Derartige Beziehungen dürfen aber nicht mit Erwartungen in Bezug auf die dienstliche Tätigkeit des Beschäftigten des öffentlichen Dienstes verknüpft sein. Geschenke, die Mitarbeitern medizinischer Einrichtungen der öffentlichen Hand von Seiten von Unternehmen der medizintechnologischen oder pharmazeutischen Industrie bzw. deren Mitarbeitern gemacht werden, werden grundsätzlich nicht innerhalb der privaten Sphäre gewährt. Demnach ist die Annahme von Geschenken oder anderen unentgeltlichen Zuwendungen nur dann erlaubt, wenn die ausdrückliche **Zustimmung des Dienstherrn bzw. Arbeitgebers** vorliegt oder **diese als stillschweigend erteilt anzusehen ist.**

Anhaltspunkte, wann dies der Fall sein soll, liefern die bereits erwähnten Erlasse der **37** Bundesländer. Danach kann für die Annahme von nach allgemeiner Auffassung nicht zu beanstandenden **geringwertigen Aufmerksamkeiten** (z.B. Massenwerbeartikel, Kugelschreiber, Kalender, Schreibblocks) die Zustimmung als allgemein stillschweigend erteilt angesehen werden. Daraus folgt, dass die Annahme von Geschenken und anderen unentgeltlichen Zuwendungen, die keine üblichen Massenwerbeartikel darstellen, durch Beschäftigte des öffentlichen Dienstes die Zustimmung des jeweiligen Dienstherrn bzw. Arbeitgebers voraussetzen.

b) Bewirtungen

Die gleichen Gesichtspunkte (Rdnr. 36f.) gelten für Einladungen zu Bewirtungen. Es **38** ist in den landesrechtlichen Vorschriften allgemein anerkannt, dass bei **angemessenen Bewirtungen** auf Veranstaltungen, an denen Beschäftigte des öffentlichen Dienstes teilnehmen, eine Genehmigung der zuständigen Behörde als stillschweigend erteilt angesehen werden kann, wenn diese üblich und angemessen sind oder ihren Grund in den Regeln

---

[36] Vgl. etwa die Verwaltungsvorschrift des Innenministeriums und des Finanzministeriums zum Verbot der Annahme von Belohnungen oder Geschenken durch Bedienstete des Landes Baden-Württemberg (VwV-Geschenkannahme) v. 4. 11. 1998 – Az.: 1–0301.4/45 (IM). 1–0301.4/3 (FM), GABl. v. 16. 12. 1998, S. 669 ff.; die Gemeinsame Bekanntmachung der Bayerischen Staatskanzlei, der Bayerischen Staatsministerien, der Bayerischen Staatsministerin für Bundesangelegenheiten und des Bayerischen Obersten Rechnungshofes über die Annahme von Belohnungen oder Geschenken durch die Bediensteten des Freistaates Bayern v. 7. 11. 1995 – Nr. 21 – P 1011–3/62–67091 (GeMBekBoG), FMBl. v. 28. 12. 1995, S. 534 ff.; die Ausführungsvorschriften über die Annahme von Belohnungen und Geschenken des Berliner Innensenates v. 9. 3. 1990 – Inn II A 11, Dienstblatt des Senates von Berlin v. 23. 3. 1990, S. 87 ff.; die Verwaltungsvorschrift des Innenministeriums Brandenburg über die Annahme von Belohnungen und Geschenken durch Beschäftigte des Landes Brandenburg v. 12. 4. 1996, Amtsblatt für Brandenburg v. 2. 5. 1996, S. 418 ff. oder den Erlass des Innenministeriums des Landes Mecklenburg-Vorpommern zum Verbot der Annahme von Belohnungen und Geschenken in der öffentlichen Verwaltung v. 6. 5. 1999 – II 250 b-0312–2, Amtsblatt für Mecklenburg-Vorpommern, S. 558 ff.

des Umgangs und der Höflichkeit haben, denen sich auch eine Beamtin oder ein Beamter nicht entziehen kann, ohne gegen gesellschaftliche Formen zu verstoßen. Sowohl in den gesetzlichen Vorschriften als auch in den Erlassen der Bundesländer werden hierzu keine konkreten Wertgrenzen festgelegt. Zu berücksichtigen ist insoweit aber, dass bei Beschäftigten des öffentlichen Dienstes in der Regel wesentlich strengere Maßstäbe gelten als die, die in der Privatwirtschaft üblich sind.

5. Kongruenz von dienst- und strafrechtlicher Genehmigung?

39   Der Genehmigung durch den Dienstherrn bzw. Arbeitgeber (Transparenz-/Genehmigungsprinzip) kommt nicht nur auf Grund der regelmäßigen Genehmigungspflicht von Nebentätigkeiten sowie auf Grund des dienstrechtlichen Verbots der Annahme von Belohnungen und Geschenken im öffentlichen Dienst, sondern auch aus strafrechtlichen Gesichtspunkten eine besondere Bedeutung zu: Sofern „ein Vorteil für die Dienstausübung" gefordert bzw. gewährt sein sollte, kommt der Tatbestand des § 331 Abs. 1 StGB im Hinblick auf den Vorteilsnehmer bzw. des § 333 Abs. 1 StGB für denjenigen in Betracht, der einen Vorteil gewährt. Die entsprechende Tat ist nach § 331 Abs. 3 bzw. § 333 Abs. 3 StGB grundsätzlich nicht strafbar, wenn die Annahme des Vorteils von Seiten der zuständigen Behörde (Dienstherr, Arbeitgeber) vorher oder unverzüglich nach Annahme genehmigt worden ist. Dies gilt nicht für die Tatbestände der Bestechlichkeit (§ 332 StGB) bzw. der Bestechung (§ 334 StGB), in der der Amtsträger durch die vorgenommene Diensthandlung auch seine Dienstpflichten verletzt hat. Im Regelfall wird in der **dienstrechtlichen Genehmigung zugleich auch eine „strafrechtliche Genehmigung"** i. S. d. § 331 Abs. 3 bzw. § 333 Abs. 3 StGB zu sehen sein, wenn alle Gesichtspunkte offen gelegt werden, die für die Tatbestandsmerkmale der §§ 331 und 333 StGB von Bedeutung sind. Daher wird durch die (dienstrechtliche) Genehmigung des Dienstvorgesetzten in der Regel auch eine strafrechtliche Verfolgung wegen Vorteilsannahme und Vorteilsgewährung i. S. d. §§ 331 und 333 StGB vermieden. Darüber hinaus kann die tatsächliche und rechtliche Vorprüfung eines Vorgangs durch die genehmigende Stelle den möglichen Eindruck erheblich reduzieren, ein Vorteil sei auf eine pflichtwidrige Diensthandlung im Sinne der Bestechlichkeitsdelikte (§§ 332, 334 StGB) gerichtet.

40   Dienstrecht und Strafrecht müssen aber **nicht immer kongruent** sein. Dadurch kann es zu Wertungswidersprüchen kommen. Dienstrechtlich ist die Annahme von Vorteilen nur mit vorheriger Zustimmung des Dienstvorgesetzten möglich. Strafrechtlich lässt aber unter bestimmten Voraussetzungen auch eine nachträgliche Genehmigung die Strafbarkeit entfallen. Das Strafrecht ist in diesem Punkt weiter als das Dienstrecht. Umgekehrt gibt es auch einen Fall, in dem das Dienstrecht weitergehend ist als das Strafrecht. Nach dem Wortlaut des § 331 Abs. 3 StGB ist im Fall der Vorteilsannahme eine Genehmigung nur dann möglich, wenn der Täter den Vorteil nicht gefordert hat (eine entsprechende Regelung sieht der Genehmigungstatbestand des § 333 Abs. 3 StGB für die Vorteilsgewährung nicht vor, so dass diese Einschränkung für die „Geberseite" nicht besteht). Jedoch wird auch die Regelung des § 331 Abs. 3 StGB im Hinblick auf die Genehmigungsfähigkeit im Rahmen der Vorteilsannahme durch die Nehmerseite in der Kommentarliteratur[37] zu Recht **einschränkend interpretiert.** Insoweit wird in dem Ausschluss der Genehmigungsfähigkeit für „geforderte Vorteile" ein Widerspruch zum öffentlichen Dienstrecht erkannt, da nach § 43 BRRG, § 70 BBG, § 10 BAT und den entsprechenden landesrechtlichen Regelungen eine Genehmigung nicht ausgeschlossen ist, wenn der Amtsträger sie gefordert hat. Der Bundesgerichtshof ist in seinem Urteil vom 23. 5. 2002 (Rdnr. 25), in dem es um die Einwerbung von Drittmitteln durch einen Hochschullehrer ging, hingegen davon ausgegangen, dass die Rechtfertigungsbestimmung des § 331 Abs. 3 StGB nicht eingreift, wenn die eingeworbenen Mittel gefordert worden sind. Er hat es deshalb für

---

[37] *Tröndle/Fischer,* § 331 StGB, Rdnr. 33; vgl. hierzu auch *Michalke,* NJW 2002, 3382.

„vorzugswürdig" gehalten, den Tatbestand einschränkend auszulegen, wenn das Beziehungsverhältnis durch eine vom Dienstherrn an sich erwünschte und grundsätzlich genehmigungsfähige Einwerbung von Drittmitteln beeinflusst und mit geprägt wird.[38] Ungeachtet der Frage, ob eine widerspruchsfreie Lösung dogmatisch über eine einschränkende Auslegung des Tatbestands oder eine weite Auslegung auf der Rechtfertigungsebene erfolgt, dürfen die insofern widersprüchlichen Regelungen des Dienst- und Hochschulrechts im Ergebnis nicht zu Lasten des Betroffenen gehen. Diese Forderung nach einer verwaltungsakzessorischen Auslegung gebietet der Grundsatz der Einheitlichkeit und Widerspruchsfreiheit der Rechtsordnung, der aus dem in Art. 103 Abs. 2 GG enthaltenen Bestimmtheitsgrundsatz hergeleitet wird.

Problematisch ist darüber hinaus der Fall, wenn für eine bestimmte Tätigkeit nach Auffassung des zuständigen Dienstvorgesetzten eine Anzeige genügt, eine Genehmigung also nicht als erforderlich angesehen wird, während unter strafrechtlichen Gesichtspunkten eine Genehmigung zum Ausschluss der Strafbarkeit gemäß dem Gesetzeswortlaut immer vorliegen muss. Hierbei kann mit guten Gründen die Auffassung vertreten werden, dass Strafrecht und Dienstrecht in Übereinstimmung gebracht werden müssen, indem man auch die erfolgte **Anzeige als Genehmigung** i.S.d. § 331 Abs. 3 bzw. des § 333 Abs. 3 StGB ausreichen lässt, wenn der Dienstvorgesetzte die Anzeige (etwa der Nebentätigkeit) widerspruchs- und kommentarlos entgegengenommen hat. Die strafrechtliche Genehmigung wird in diesem Fall gleichsam durch die entsprechende Anzeige und deren Entgegennahme durch den Dienstvorgesetzten ersetzt.[39]

41

III. Wettbewerbsrecht

1. Allgemeine Rahmenbedingungen

Die Zusammenarbeit der Industrie mit medizinischen Einrichtungen und Ärzten kann ihre rechtlichen Grenzen auch in wettbewerbsrechtlichen Bestimmungen des Gesetzes gegen den unlauteren Wettbewerb (UWG) oder des Gesetzes auf dem Gebiete des Heilwesens (HWG) finden. Die **wettbewerbsrechtliche Generalklausel des § 1 UWG** verbietet sittenwidrige Handlungen im geschäftlichen Verkehr zu Zwecken des Wettbewerbs. Ein Verstoß gegen diese Norm ermöglicht insbesondere den Unternehmen die Geltendmachung zivilrechtlicher Ansprüche, etwa von Unterlassungs- und Schadensersatzansprüchen, die durch unlautere Kooperationsmaßnahmen eines Wettbewerbers benachteiligt werden. Die Kooperation der Industrie mit medizinischen Einrichtungen und Ärzten kann von daher etwa dann als sittenwidrig zu beanstanden sein, wenn sie sich als ernsthafte Behinderung der Mitbewerber oder als unsachliche Beeinflussung der Umworbenen auswirkt, so dass sich deren Wettbewerbsverhalten nicht mehr primär an Leistungsparametern wie Preis, Qualität, Service u.a. orientiert, sondern durch sachfremde Gesichtspunkte bestimmt wird.[40] Zur Verletzung des § 1 UWG kann es auch im Fall des Rechtsbruchs „wertbezogener Normen" kommen, deren Verletzung als sittenwidrig angesehen wird (etwa im Fall der Verletzung des § 299 StGB).[41]

42

---

[38] *BGH* NJW 2002, 2801 ff.; hierzu *Michalke*, NJW 2002, 3381 f.; *Taschke*, PharmaR 2002, 409 ff. (= MPR 2002, 101 ff.) sowie der Beitrag von *Taschke* in diesem Handbuch (§ 19 Rdnr. 152, 160, 166 ff.).

[39] Hierzu *Tröndle/Fischer*, § 331 StGB, Rdnr. 32 ff.

[40] *Köhler/Piper*, § 1 UWG, Rdnr. 37; s. auch *Backhaus*, S. 147 f.

[41] *Baumbach/Hefermehl*, vor § 12 UWG, Rdnr. 1 ff.

2. Heilmittelwerberecht

a) Generelles Zuwendungsverbot gem. § 7 Abs. 1 HWG

43   Im Hinblick auf die Gewährung von Werbegaben oder sonstiger (unentgeltlicher) Zuwendungen der Industrie an medizinische Einrichtungen und Ärzte kann unter **heilmittelwerberechtlichen Gesichtspunkten** unter Umständen ein Verstoß gegen **§ 7 Abs. 1 HWG** vorliegen. Diese Vorschrift verbietet dem Grundsatz nach jedes Anbieten, Ankündigen oder Gewähren von (unentgeltlichen) Zuwendungen und sonstigen Werbegaben (Waren oder Leistungen) und erstreckt sich auf wirtschaftliche Vorteile jeder Art.[42] Von diesem generellen Zuwendungsverbot macht die Vorschrift eine Reihe von Ausnahmen (§ 7 Abs. 1 Satz 1 Nr. 1–5 HWG). Dementsprechend ist die Zuwendung geringwertiger Reklamegegenstände (z.B. Notizblöcke, Kalender und Stifte etc.) erlaubt (§ 7 Abs. 1 Abs. 1 Nr. 1 HWG), deren Funktion als Werbeträger durch den Reklameaufdruck gegenüber der Gebrauchseignung dominiert.[43] Eine weitere Ausnahme besteht etwa dann, wenn die Zuwendungen oder Werbegaben nur in „handelsüblichem Zubehör" zur Ware oder in „handelsüblichen Nebenleistungen" bestehen (§ 7 Abs. 1 Satz 1 Nr. 3 HWG). Werbegaben für Angehörige der Heilberufe sind unbeschadet von § 7 Abs. 1 Satz 1 HWG nach § 7 Abs. 1 Satz 2 HWG nur dann zulässig, wenn sie zur Verwendung in der ärztlichen Praxis bestimmt sind. Damit dürfen Gegenstände, die ausschließlich eine private Verwendungsbestimmung haben, an Ärzte nicht abgegeben werden. Da die Verletzung von Bestimmungen des HWG grundsätzlich per se als sittenwidrig angesehen wird, führt auch ein Verstoß gegen § 7 Abs. 1 HWG in der Regel ohne weiteres zur Annahme der Unlauterkeit i.S.v. § 1 UWG. Allerdings ist dies nicht in jedem Einzelfall unbedingt zwingend, da nach Auffassung des Bundesgerichtshofes nicht jede Verletzung einer wert- oder wettbewerbsbezogenen Norm die Annahme eines wettbewerbswidrigen Verhaltens i.S.d. § 1 UWG rechtfertigen soll. In einem jüngst entschiedenen Fall hat der Bundesgerichtshof etwa die Verletzung des § 47 Abs. 1 AMG im Rahmen eines Forschungsprojekts nicht als sittenwidrig betrachtet und einen hierauf gestützten Anspruch eines Wettbewerbers aus § 1 UWG verneint.[44]

44   Ob und unter welchen Voraussetzungen das Verbot des § 7 Abs. 1 HWG im Hinblick auf die üblichen Kooperationsformen der Industrie mit medizinischen Einrichtungen und Ärzten eingreift, ist nicht in jedem Fall einfach zu beurteilen und kann nur nach den konkreten Umständen des Einzelfalls entschieden werden. Dies liegt auch daran, dass diese Vorschrift allseits zu Recht als „kein gesetzgeberisches Meisterwerk"[45] begriffen wird. Die Anwendbarkeit des § 7 Abs. 1 HWG hängt zunächst davon ab, ob es sich in dem jeweiligen Einzelfall um eine **produkt- bzw. leistungsbezogene Absatzwerbung** mit Werbegaben oder Zuwendungen handelt. Eine **allgemeine Vertrauenswerbung,** um allgemein über Leistungen des Unternehmens zu informieren und so um Vertrauen zu werben, zielt dagegen nicht unmittelbar auf die Förderung des Absatzes von Wirtschaftsgütern i.S.v. § 1 HWG ab und soll daher von § 7 Abs. 1 HWG grundsätzlich nicht erfasst sein, wobei es zu **Abgrenzungsschwierigkeiten** kommen kann.

b) Förderung von Fort- und Weiterbildungsveranstaltungen

45   Diese Unterscheidung hat insbesondere Bedeutung bei der **Förderung von Fort- und Weiterbildungsveranstaltungen** bzw. der Unterstützung der Teilnahme von Ärzten an solchen Veranstaltungen oder Werksbesichtigungen. Hier wird entsprechend Art. 9 und 10 der Richtlinie 92/28/EWG des Rates vom 31. 3. 1992 über die Werbung für

---

[42] *Räpple,* Zuwendungen, S. 171.
[43] *Räpple,* Zuwendungen, S. 171.
[44] *BGH* NJW 2000, 864 ff.; hierzu auch *Backhaus,* S. 151 f.
[45] *Doepner,* § 7 HWG, Rdnr. 17.

Humanarzneimittel,[46] auf der das HWG basiert, zwischen Verkaufsförderungstagungen einerseits sowie berufsbezogenen und wissenschaftlichen Veranstaltungen andererseits unterschieden.[47] Dementsprechend wird im Hinblick auf die Anwendbarkeit von § 7 Abs. 1 HWG darauf abgestellt, ob die Veranstaltung „gezielt zur Absatzförderung" erfolgt oder ob – wie in der Regel[48] – die „wissenschaftlich-informative Zielsetzung und/oder eine allgemeine Vertrauenswerbung im Vordergrund" stehen.[49] Ist Letzteres der Fall, scheidet die Anwendbarkeit des § 7 Abs. 1 HWG von vornherein aus.[50]

aa) Medizinische Fachkongresse und wissenschaftliche Fortbildungsveranstaltungen

Dies bedeutet, dass die Unterstützung **medizinischer Fachkongresse** (bzw. der Teilnahme von Ärzten an solchen Kongressen), die gewöhnlich nicht von der Industrie, sondern von unabhängigen Dritten (etwa Fachgesellschaften) veranstaltet werden und nicht zugleich Werbung für (bestimmte) Heilmittel darstellen, dem Anwendungsbereich des § 7 HWG im Regelfall von vornherein nicht unterliegen.[51] In solchen Fällen gilt § 7 HWG also selbst dann nicht, wenn das Unternehmen gegen § 7 Abs. 2 HWG verstößt, beispielsweise indem es „Begleitpersonen" die Reise- und Aufenthaltskosten erstattet oder einen unverhältnismäßig luxuriösen Aufwand treibt. Derartige Verstöße können auch nicht nach § 15 Abs. 1 Nr. 3 HWG i. V. m. § 7 Abs. 1 HWG als Ordnungswidrigkeit geahndet werden.[52] Allerdings können Veranstaltungen mit übertriebenem Repräsentationsaufwand ggf. als sittenwidrig und damit als Verstoß gegen § 1 UWG einzuordnen sein.[53] **46**

Die Anwendbarkeit wird ferner für wissenschaftliche Fortbildungsveranstaltungen (wie auch für Betriebsbesichtigungen) verneint, die von der Industrie selbst getragen werden, vorausgesetzt, auch hier **steht die wissenschaftlich-informative Zielsetzung und/ oder eine allgemeine Vertrauenswerbung gegenüber einer gezielten Absatzwerbung im Vordergrund**.[54] Sie sollen grundsätzlich auch dann keine Zuwendung i. S. v. § 7 HWG darstellen, wenn sie von einem gesellschaftlichen Rahmenprogramm begleitet werden, es sei denn, besondere Umstände (Wert und Ausmaß der Bewirtungen, ungewöhnlich attraktive Ausgestaltung des Rahmenprogramms, Einbeziehung von Partnern der Angehörigen der Heilberufe, dominant-werbliche Propagierung bestimmter Heilmittel etc.) lassen den Werbecharakter dieser Veranstaltungen völlig in den Vordergrund treten.[55] **47**

Sofern sich konkret produktbezogene Absatzwerbung in die berufsbezogene wissenschaftliche Veranstaltung einfügt, ohne deren Ausschließlichkeitscharakter zu sprengen, was zur Folge hat, dass die Absatzwerbung insoweit selbst einen berufsbezogenen wissenschaftlichen Charakter haben muss, unterliegen die in diesem Zusammenhang getätigten Zuwendungen zwar dem Grundsatzverbot des § 7 Abs. 1 HWG. Jedoch nimmt die **Ausnahmeregelung** des **§ 7 Abs. 2 HWG** von diesem Grundsatzverbot solche Zuwendungen aus, die im Rahmen ausschließlich berufsbezogener wissenschaftlicher Veranstaltungen erfolgen, einen vertretbaren Rahmen nicht überschreiten, in Bezug auf den wissenschaftlichen Zweck der Veranstaltung von untergeordneter Bedeutung sind und sich nicht auf andere als im Gesundheitswesen tätige Personen erstrecken. Insofern soll nicht nur das **48**

---

[46] Inzwischen integriert in die Richtlinie 2001/83/EG des Europäischen Parlaments und des Rates v. 6. 11. 2001 zur Schaffung eines Gemeinschaftskodex für Humanarzneimittel (ABl. EG Nr. L 311 v. 28. 11. 2001, S. 67).

[47] *Gröning,* Bd. 1, § 7 HWG, Rdnr. 4.

[48] S. auch *Doepner,* § 7 HWG, Rdnr. 27.

[49] *Doepner,* § 7 HWG, Rdnr. 27.

[50] *Doepner,* § 7 HWG, Rdnr. 27.

[51] *Gröning,* Bd. 1, § 7 HWG, Rdnr. 21.

[52] *Gröning,* Bd. 1, § 7 HWG, Rdnr. 21.

[53] *Gröning,* Bd. 1, § 7 HWG, Rdnr. 21.

[54] *Doepner,* § 7 HWG, Rdnr. 27.

[55] *Doepner,* § 7 HWG, Rdnr. 27.

„Rahmenprogramm" in einer angemessenen Relation zu der wissenschaftlichen Veranstaltung stehen, also nur „Beiwerk" sein und für die Teilnehmer der wissenschaftlichen Veranstaltung ein Nebenzweck, nicht aber heimlich der eigentliche Zweck der Teilnahme.[56] Vielmehr soll die Industrie den Teilnehmern – nicht auch „Begleitpersonen" – nach der herrschenden Meinung[57] ebenfalls **grundsätzlich Reise- und Aufenthaltskosten erstatten oder diese selbst übernehmen dürfen,** sofern diese Kosten einen vertretbaren Rahmen nicht übersteigen und von untergeordneter Bedeutung sind.[58] Der Sinn der Regelung des § 7 Abs. 2 HWG soll danach darin bestehen, dass nicht etwa eine von der Industrie finanzierte wissenschaftliche Veranstaltung mit Kurzreferaten zu fachlichen Standardthemen zum Anlass genommen wird, diese wissenschaftliche Veranstaltung an einen exotischen Urlaubsort zu verlegen, um damit mittelbar dem Teilnehmer eine Fernreise zu finanzieren oder mit einem üppigen kulturellen Rahmenprogramm (z.B. Opernveranstaltungen) zu „garnieren".[59] Dies entspricht im Übrigen auch dem **„Gemeinsamen Standpunkt"** der Verbände (Rdnr. 77–80) zur strafrechtlichen Bewertung der Zusammenarbeit zwischen Industrie, medizinischen Einrichtungen und deren Mitarbeitern (Rdnr. 130ff.), wonach bei der Unterstützung der Teilnahme an Kongressen, Informationsveranstaltungen und Betriebsbesichtigungen etc. darauf zu achten ist, dass derartige Veranstaltungen der Vermittlung und Verbreitung von berufsbezogenem Wissen und praktischen Erfahrungen dienen, wobei die wissenschaftliche Information und die Weitergabe von zur Berufsausübung des Arztes erforderlichen Fachkenntnissen in Diagnostik und Therapie im Vordergrund stehen müssen.[60] Während bei Einhaltung der entsprechenden Anforderungen nach dem „Gemeinsamen Standpunkt" die Übernahme angemessener Hin- und Rückreisekosten zum/vom Veranstaltungsort, der Übernachtungskosten und auch der Kongressgebühren als zulässig angesehen wird, dürfen, entsprechend der Regelung des § 7 Abs. 2 HWG, auch nach dem „Gemeinsamen Standpunkt" keine unangemessenen Bewirtungen erfolgen. Die „Kosten für Unterhaltung" (z.B. Theater, Konzertbesuche, Rundflüge, Sportveranstaltungen, Besuch von Freizeitparks) dürfen nach dem „Gemeinsamen Standpunkt" grundsätzlich nicht erstattet werden.

49   Damit verbleibt lediglich ein **minimaler Anwendungsbereich** für das (nicht durch die Ausnahme des § 7 Abs. 2 HWG durchbrochene) Grundsatzverbot des § 7 Abs. 1

---

[56] *Bülow/Ring,* § 7 HWG, Rdnr. 62; *Doepner,* § 7 HWG, Rdnr. 72; *Kleist/Hess/Hoffmann,* § 7 HWG, Rdnr. 4.1.

[57] *Gröning,* Bd. 1, § 7 HWG, Rdnr. 23; *Doepner,* § 7 HWG, Rdnr. 72; *Räpple,* Zuwendungen, S. 173; in der Tendenz auch *Lüderssen,* Medizinprodukte-Industrie, S. 64; *Gröning* (Bd. 1, § 7 HWG, Rdnr. 23) leitet die grundsätzliche Zulässigkeit der Übernahme angemessener Reise- und Übernachtungskosten durch die Industrie aus einem Rückgriff auf Art. 10 i. V. m. Art. 1 Abs. 3, 7. Spiegelstrich der Richtlinie 92/28/EWG ab, wonach der Begriff der Bewirtung auch die Reise- und Übernachtungskosten einschließen soll (s. hierzu auch *Gröning,* Bd. 2, Art. 9 und 10 der Richtlinie 92/28/EWG, Rdnr. 8). Auf Grund des Wortlauts von § 7 Abs. 2 HWG, wonach auf Zuwendungen „im Rahmen" wissenschaftlicher Veranstaltungen abgestellt wird, spricht *Räpple,* Zuwendungen, S. 173, zwar die Frage an, ob damit auch die Übernahme der Kosten für die Reise zum Kongressort und der Kosten für die Übernachtung am Kongressort von dieser Regelung gedeckt sind, kommt aber zugleich zu dem Ergebnis, dass auch der Wortlaut eine weite Auslegung des Veranstaltungsrahmens im Hinblick auf die Übernahme solcher Kosten durchaus zulässt. *Doepner* (§ 7 HWG, Rdnr. 72) stellt insofern nicht nur auf Zuwendungen „im Rahmen" wissenschaftlicher Kongresse, sondern auch auf Zuwendungen „für" solche Veranstaltungen ab, unter die auch die Finanzierung der Reise des Teilnehmers zu wissenschaftlichen Veranstaltungen fällt. *Kleist/Hess/Hoffmann,* § 7 HWG, Rdnr. 41, scheinen hiervon ebenfalls auszugehen, wenn sie davon sprechen, dass sich die „Einladung" zu einer Informationsveranstaltung nur an den Arzt oder Apotheker richten darf, nicht aber an die Ehefrau oder andere Familienangehörige, sofern diese nicht zu den im Gesundheitswesen tätigen Personen gehören.

[58] Die Rechtsprechung hat sich dagegen mit dieser Frage – soweit ersichtlich – bislang nicht befasst.

[59] *Doepner,* § 7 HWG, Rdnr. 72.

[60] „Gemeinsamer Standpunkt", S. 20.

HWG, nämlich insofern die Veranstaltung eine Absatzwerbung betrifft, ohne dass sie einen ausschließlich berufsbezogenen und wissenschaftlichen Charakter hat. Dies dürfte in der Praxis selten der Fall sein, da in der Regel selbst bei produktbezogenen Veranstaltungen (z.B. einem Seminar über die Erfahrungen mit dem Einsatz von Produkten) die wissenschaftlich-informative Zielsetzung bzw. damit in Zusammenhang stehende thematische Aspekte im Vordergrund stehen.[61] Dies kommt häufig bereits dadurch zum Ausdruck, dass als (Fach-) Referenten derartiger Veranstaltungen entweder erfahrene ärztliche Anwender mit hoher wissenschaftlicher Reputation oder Vertreter der wissenschaftlich-medizinischen Abteilungen der entsprechenden Unternehmen auftreten.

bb) Fortbildungsveranstaltungen ohne ausschließlich wissenschaftlichem Charakter

Selbst wenn es sich um eine bloße produktbezogene Veranstaltung ohne einen ausschließlich berufsbezogenen wissenschaftlichen Charakter (d.h., dass der bloße Produktgegenüber dem wissenschaftlichen Themenbezug eindeutig dominiert) mit der Folge handelt, dass das generelle Zuwendungsverbot des § 7 Abs. 1 Satz 1 HWG grundsätzlich eingreift (und die Anwendung der Ausnahmeregelung des § 7 Abs. 2 HWG ausscheidet), ist in jedem Einzelfall zu prüfen, ob die entsprechenden Unterstützungsleistungen nicht als **„handelsübliche Nebenleistungen"** den Ausnahmetatbestand des § 7 Abs. 1 Satz 1 Nr. 3 HWG erfüllen. Daneben kommt der Ausnahmetatbestand des § 7 Abs. 1 Satz 1 Nr. 4 HWG in Betracht, wonach das generelle Zuwendungsverbot ebenfalls nicht gelten soll, wenn die Zuwendungen in der Erteilung von **„Auskünften oder Ratschlägen"** bestehen. Diese Ausnahmetatbestände sind insbesondere dann zu erwägen, wenn die Veranstaltungen etwa der bloßen Einweisung bzw. Instruktion der Teilnehmer in die richtige technische Handhabung von konkreten Produkten oder aber der Weitergabe von Erkenntnissen aus der laufenden Produktbeobachtung an die Produktanwender zum Gegenstand haben, soweit dies nicht wieder selbst einen ausschließlich berufsbezogenen wissenschaftlichen Charakter haben sollte (s. für diese Fallkonstellation Rdnr. 48). Die Rechtsprechung und Literatur haben diese vormals unter § 1 Abs. 2 Nr. lit. d) und lit. f) ZugabeVO geregelten Ausnahmetatbestände früher eher eng ausgelegt, ohne sich jedoch mit der Frage befasst zu haben, ob die Bestimmungen auch die Unterstützung von Fort- und Weiterbildungsveranstaltungen bzw. der Teilnahme von Ärzten durch die Industrie erfassen. Allerdings sprechen – nach der Abschaffung des allgemeinen Zugabeverbots – gute Gründe dafür, insbesondere die Regelung des früher in § 1 Abs. 2 lit. d) ZugabeVO und nunmehr in § 7 Abs. 1 Satz 1 Nr. 3 HWG geregelten Ausnahmetatbestands für „handelsübliche Nebenleistungen" großzügig auszulegen, wenn die entsprechenden Veranstaltungen geeignet sind, die Anwendung von Produkten und damit in Zusammenhang stehenden Therapien zum Wohle einer besseren Patienten- und Gesundheitsversorgung sachlich zu ermöglichen oder irgendwie zu fördern, und sie sich nach allgemeiner Auffassung im Rahmen vernünftiger kaufmännischer Gepflogenheiten halten. Dies dürfte in der Regel dann der Fall sein, wenn die Rahmenbedingungen des „Gemeinsamen Standpunkts" eingehalten sind, sich die entsprechenden Unterstützungsleistungen also insbesondere in einem angemessenen Rahmen halten und ausschließlich der Fort- und Weiterbildung und nicht privaten Interessen (Urlaub etc.) dienen.

cc) Zusammenfassung

Entscheidend für die Anwendbarkeit des § 7 HWG ist damit, ob eine konkret absatzbezogene Zielsetzung verfolgt wird, bei der die Gewährung von Werbegaben und ähnlichen Zuwendungen grundsätzlich unzulässig sein soll; nur Zuwendungen, die gezielt auf die Absatzförderung bestimmter Heilmittel abzielen, sind erfasst. Selbst wenn es sich um eine gezielte Absatzförderung handelt, führt dies nicht unweigerlich zu einem Verbot von Zuwendungen in diesem Zusammenhang. Zulässig ist es vielmehr, den allgemeinen be-

50

51

---

[61] *Doepner*, § 7 HWG, Rdnr. 27 u. 69.

rufsbezogenen und wissenschaftlichen Kenntnisstand auf Seiten der Ärzte und medizinischen Einrichtungen zu fördern. Auch wenn dieser erhöhte Kenntnisstand unmittelbar die bessere Handhabung und Bewertung der Unternehmensprodukte und somit letztlich auch den Absatz der Unternehmensprodukte fördern kann, verstößt dies nicht gegen die Ratio des § 7 HWG, der seinem Kern nach lediglich verhindern will, dass eine Werbegabe oder ähnliche Zuwendungen **selbst zum ausschlaggebenden Kriterium** für die Produktauswahl werden. Zusammengefasst heißt dies, dass § 7 HWG nicht die mögliche Beeinflussung des berufsbezogenen und wissenschaftlichen Kenntnisstands verbietet, selbst wenn diese reflexartig auch den Unternehmen zugute kommen sollte. Diese Ratio trifft sich mit den Grundüberlegungen des „Gemeinsamen Standpunkts", der im Hinblick auf die strafrechtlichen Verbote zur Beeinflussung von Beschaffungsentscheidungen nichts anderes vertritt. Insofern besteht hier durchaus eine Einheitlichkeit der Rechtsordnung. Mit anderen Worten: Die Beeinflussung des berufs- und wissenschaftsbezogenen Kenntnisstands der ärztlichen Anwender unter Gewährung angemessener Zuwendungen zur Förderung hierfür bedeutet keine unlautere Beeinflussung von Beschaffungsentscheidungen. Damit ergeben sich im Hinblick auf die Anwendbarkeit des § 7 HWG die in Abbildung 1 zusammengefassten Fallkonstellationen:

Unterstützung von Fort- und Weiterbildungsveranstaltungen			
	1. Fallkonstellation	2. Fallkonstellation	3. Fallkonstellation
Art der Veranstaltung	– wissenschaftlich-informative Zielsetzung – kein Produktbezug bzw. keine gezielte Absatzförderung	– ausschließlich berufsbezogener und wissenschaftlicher Charakter – gezielte Absatzförderung	– kein ausschließlich berufsbezogener und wissenschaftlicher Charakter – gezielte Absatzförderung
Rechtsfolgen	– § 7 Abs. 1 Satz 1 HWG nicht anwendbar **aber:** – ggf. sittenwidrig nach § 1 UWG bei übertriebenem Repräsentationsaufwand	– § 7 Abs. 1 Satz 1 HWG anwendbar **aber:** – zulässig, wenn Voraussetzungen von § 7 Abs. 2 HWG vorliegen („angemessen", „von untergeordneter Bedeutung")	– § 7 Abs. 1 Satz 1 HWG anwendbar **aber:** – zulässig, wenn Voraussetzungen des § 7 Abs. 1 Satz 1 Nr. 3 oder 4 HWG („handelsübliche Nebenleistungen" oder „Auskünfte und Ratschläge") vorliegen

Abb. 1: Anwendbarkeit des generellen Zuwendungsverbots des § 7 Abs. 1 Satz 1 HWG

c) Ordnungswidrigkeit

52 Ein Verstoß gegen § 7 Abs. 1 HWG ist eine **Ordnungswidrigkeit** (§ 15 Abs. 1 Nr. 3 HWG) des Zuwenders (nicht aber des Empfängers der Zuwendungen). Ob insofern auch Verstöße gegen § 7 Abs. 1 HWG durch Zuwendungen, die den Rahmen von § 7 Abs. 2 HWG sprengen, zu einer Ordnungswidrigkeit führen können, ist **umstritten.** Zum Teil wird vertreten, dass derartige Verstöße sanktionslos bleiben, da die Tatbestandsmerkmale des § 7 Abs. 2 HWG insoweit zu unbestimmt seien.[62]

---

[62] *Bülow/Ring*, § 7 HWG, Rdnr. 62, 64 und § 15 HWG, Rdnr. 3; a. A. *Doepner*, § 7 HWG, Rdnr. 73; *Gröning*, Bd. 1, § 7 HWG, Rdnr. 26.

IV. Ärztliches Berufsrecht

Schließlich unterliegt die Zusammenarbeit der Industrie mit Ärzten, die für medizinische **53**
Einrichtungen tätig sind, neben straf-, dienst- und wettbewerbsrechtlichen Bestimmungen
auch dem **ärztlichen Berufsrecht.** Die (Muster-) Berufsordnung für die deutschen Ärztinnen und Ärzte – MBO-Ä 1997[63] – enthält in ihrem 4. Abschnitt (§§ 30–35) Regelungen zur
Wahrung der ärztlichen Unabhängigkeit bei der Zusammenarbeit mit Dritten. Grundsätzlich
gilt hierbei, dass in der Zusammenarbeit zwischen Industrie und Ärzten alles unterbleiben
muss, „wenn hierdurch der Eindruck erweckt werden kann, dass der Arzt in seiner ärztlichen
Entscheidung beeinflusst sein könnte" (§ 32 MBO-Ä).[64] Insofern besteht auch hier eine
Übereinstimmung mit dem zentralen **„Trennungsprinzip"** des „Gemeinsamen Stand-
punkts", wonach die Kooperation zwischen Industrie, medizinischen Einrichtungen und
Ärzten nicht dazu missbraucht werden darf, Beschaffungsentscheidungen unlauter zu beein-
flussen (s. auch Rdnr. 82 u. 90). Auch über die Festlegung des Grundsatzes in § 32 MBO-Ä
hinaus lassen die Regelungen der MBO-Ä eine Übereinstimmung mit dem „Gemeinsamen
Standpunkt" erkennen. Dies gilt etwa für § 33 MBO-Ä, der die **Angemessenheit** von
Honoraren für ärztliche Leistungen z.B. bei der Entwicklung, Erprobung und Begutachtung fordert (§ 33 Satz 1 MBO-Ä). Das Angemessenheitsprinzip findet sich ferner in § 35
MBO-Ä. Hiernach ist bei Fortbildungsveranstaltungen, deren Inhalt allein von einem ärztlichen Veranstalter vorgegeben wird, die Annahme von Sponsoringmitteln der Industrie in
angemessenem Umfang erlaubt, vorausgesetzt, der **Transparenz** wird durch Offenlegung
der Beziehungen zum Sponsor genüge getan.

Die Ärztekammern haben sich mit den aktuellen Detailfragen der Zusammenarbeit **54**
zwischen Industrie, medizinischen Einrichtungen und Ärzten bislang kaum befasst.[65] Zwar
hat der 100. Deutsche Ärztetag 1997 die Vorschriften zur Kooperation mit Dritten als
Reaktion auf den sog. „Herzklappenskandal" neu gefasst. Die Bundesärztekammer zählt
gleichzeitig aber nicht zu den Mitherausgebern des „Gemeinsamen Standpunkts", wohl
aus der Überlegung heraus, dass das ärztliche Berufsrecht diese Fragen bereits ausreichend
und detailliert genug erfasse. Da jedoch die MBO-Ä ein allgemeines Regelwerk ist und
daher kommentierende Ausführungen und Detailregelungen zur Zusammenarbeit der
Ärzteschaft mit der Industrie nicht enthält, lässt der Blick in die Berufsordnung **in der
Praxis oftmals Fragen offen.**[66] Dies macht es auch der einschlägigen Kommentarliteratur nicht immer leicht, aus den allgemeinen Grundsätzen im Wege der Auslegung für
die in der Praxis relevanten Fallkonstellationen zu eindeutigen Wertungen und Ergebnissen zu gelangen.[67] Von daher wächst die Tendenz, bei Zweifelsfragen die Kodices der
pharmazeutischen Industrie, den Kodex „Medizinprodukte"[68] (Rdnr. 74–76) und neues-
tens den **„Gemeinsamen Standpunkt"** der Verbände[69] (Rdnr. 77–80) heranzuziehen,
der von dem gleichen Grundkonzept wie die MBO-Ä ausgeht, aber gleichzeitig spezifischere Antworten für die Praxis bereithält. Dies ist auch sinnvoll, denn das Fehlen von

---

[63] I. d. F. der Beschlüsse des 100. Deutschen Ärztetages 1997 in Eisenach, geändert durch die Beschlüsse des 105. Deutschen Ärztetages 2002 in Rostock.

[64] Hierzu *Ratzel*, MedR 2002, 63 f.; *Ratzel/Lippert*, § 32 MBO-Ä, Rdnr. 1 ff., 6 u. § 33 MBO-Ä,
Rdnr. 1; eine allgemeine Darstellung der rechtlichen Grundlagen des ärztlichen Berufsrechts bei
Vilmar, S. 183 ff.

[65] Hierzu sowie zur Frage der ärztlichen Selbstkontrolle *Hirthammer-Schmidt-Bleibtreu*, S. 95 ff.

[66] S. auch *Hirthammer-Schmidt-Bleibtreu*, S. 96.

[67] S. etwa *Ratzel/Lippert*, § 35 MBO-Ä, Rdnr. 4.

[68] Vgl. *Ratzel/Lippert*, § 33 MBO-Ä, Rdnr. 1; zu den Grundprinzipien der Zusammenarbeit von
Arzt und Industrie s. auch die Empfehlungen der DGMR, MedR 2001, 597 f. sowie die Darstellung
bei *Ulsenheimer*, Industriesponsoring, Rdnr. 110 ff.

[69] Vgl. *Ratzel/Lippert*, § 33 MBO-Ä, Rdnr. 12.

Detailregelungen darf nicht zu Unklarheiten führen, die letztlich legitime Formen der Zusammenarbeit, etwa im Rahmen der medizinischen Forschung oder der Fort- und Weiterbildung, in Frage stellen.[70] Dies wird im Übrigen auch bei der Bewertung der Zusammenarbeit unter strafrechtlichen Aspekten entsprechend gesehen, was etwa durch die „Gemeinsame Stellungnahme der Landesärztekammer Thüringen und der Generalstaatsanwaltschaft des Freistaats Thüringen" vom 13. 3. 2002 zum Ausdruck kommt. Darin fordern sowohl die Landesärztekammer als auch die Generalstaatsanwaltschaft die Beachtung der Grundprinzipien des „Gemeinsamen Standpunkts", nämlich des Trennungs-, Transparenz-, Dokumentations- und Äquivalenzprinzips, und weisen gleichzeitig darauf hin, dass „Unklarheiten bei der strafrechtlichen Bewertung [...] die medizinische Forschung und Weiterentwicklung der Gesundheitsvorsorge nicht gefährden" dürfen.

C. Problemlagen in der Praxis

55 Gegenstand von Verträgen zwischen der Industrie einerseits und Krankenhäusern bzw. deren Mitarbeitern andererseits sind regelmäßig folgende Projekte:
– **klinische Prüfungen und Leistungsbewertungsprüfungen,**
– **Anwendungsbeobachtungen,**
– **Beratungsverhältnisse,**
– **„Sponsoring" und**
– **Geräteüberlassungen.**
Neben diesen zweiseitigen Vertragsverhältnissen gibt es häufig auch Absprachen über die konkrete Ausgestaltung von:
– **Teilnahmen** von Mitarbeitern medizinischer Einrichtungen (zumeist von Ärzten, aber auch nachgeordnetem Personal) an **medizinischen Fachkongressen** oder **Produktschulungen** der Industrie (bei denen es um die Frage geht, ob und ggf. in welcher Weise Unternehmen die Kosten übernehmen dürfen),
– **Geschenkgewährungen** bzw. **-annahmen** und
– **Spenden.**

56 Für alle Beteiligten, d. h. für die Unternehmen, die medizinischen Einrichtungen und deren Mitarbeiter, stellen sich insofern eine Vielzahl **materiell-rechtlicher** als auch **organisatorischer Fragen,** um eine rechtlich einwandfreie Ausgestaltung der genann-

---

[70] In interpretatorischen Zweifelsfällen bietet es sich gleichzeitig an, die Bestimmungen des ärztlichen Berufsrechts im Lichte des HWG auszulegen bzw. eine europarechtskonforme Auslegung nach Maßgabe der europäischen (Heilmittel-) Werberichtlinien vorzunehmen, um auf diese Weise ein einheitliches und widerspruchsloses Ergebnis zu erreichen, das sämtlichen bestehenden Vorschriften gerecht wird. Dies gilt etwa für die Auslegung von § 33 Satz 2 MBO-Ä, wonach Ärzten die Annahme von „Vorteilen für den Besuch von Informationsveranstaltungen der Hersteller [...] untersagt [ist], sofern der Wert nicht geringfügig ist". Diese Vorschrift verbietet die (finanzielle) Unterstützung der Teilnahme von Ärzten an Fort- und Weiterbildungsveranstaltungen nicht schlechthin. Zum einen spricht die Vorschrift nur von Informationsveranstaltungen, die von den Herstellern ausgerichtet werden, die Unterstützung von Veranstaltungen Dritter bzw. der Teilnahme von Ärzten hieran richtet sich nach §§ 32 u. 35 MBO-Ä. Zum anderen soll die Vorschrift lediglich den „Auswüchsen bei Informationsveranstaltungen" begegnen (*Ratzel/Lippert*, § 33 MBO-Ä, Rdnr. 1). Von daher ist die Auslegung des Begriffs der Geringfügigkeit des § 33 Satz 2 MBO-Ä, an § 7 Abs. 2 HWG zu orientieren, wonach Unterstützungsleistungen der Industrie zur Ermöglichung der Teilnahme von Ärzten an Informationsveranstaltungen der Industrie (wie etwa die Übernahme von Reise- und Übernachtungskosten) „angemessen" und „von untergeordneter Bedeutung" bleiben müssen (s. hierzu auch Rdnr. 47). Entscheidend ist dabei, dass durch die Gewährung derartiger Leistungen nicht der Eindruck einer unzulässigen Beeinflussung des ärztlichen Verordnungs- bzw. Beschaffungsverhaltens begründet wird (§ 32 MBO-Ä), der jedenfalls dann schwer zu entkräften sein dürfte, wenn die unter Rdnr. 137 genannten sachgerechten Kriterien verlassen werden.

ten Kooperationsbeziehungen und Absprachen zu erreichen. Von wesentlicher Bedeutung ist hierbei zunächst die Klärung, ob und ggf. unter welchen Voraussetzungen überhaupt die Eingehung der genannten Vertragsverhältnisse oder Absprachen rechtlich zulässig ist. Von besonderer Bedeutung ist insofern die Beantwortung der Frage, ob und unter welchen Voraussetzungen der Abschluss von zweiseitigen Vertragsverhältnissen zwischen Unternehmen und Mitarbeitern medizinischer Einrichtungen in Betracht kommen. Daneben stellt sich in der Praxis für alle Beteiligten die Frage, in welcher geeigneten Weise die entsprechenden Kooperationsbeziehungen dokumentiert werden sollten.

I. Industrie

Aus der Perspektive der einzelnen Unternehmen[71] steht vor allem die Vermeidung des **57** Risikos im Vordergrund, dass sich die Geschäftsführung oder Mitarbeiter wegen Korruptionsdelikten strafbar machen oder auch nur unter **Korruptionsverdacht** geraten.[72] Ungeachtet des Ausgangs von Ermittlungs- oder späterer Gerichtsverfahren führt bereits die Einleitung von Ermittlungsverfahren regelmäßig zu erheblichen persönlichen Belastungen. Aber auch Geschäftsbeziehungen werden nicht unerheblich belastet, wenn sich Krankenhäuser und Ärzte von den betroffenen Unternehmen ab- und den nicht betroffenen Wettbewerbern zuwenden. Dies kann schlicht auf dem Motiv beruhen, selbst aus dem „Dunstkreis" von Ermittlungsverfahren zu bleiben. Für Unternehmen mit US-amerikanischen Muttergesellschaften oder für deutsche Unternehmen mit US-amerikanischer Börsennotierung ist darüber hinaus auch der Umstand von Bedeutung, dass sich tatsächliche oder vermeintliche Korruptionshandlungen unter dem **„Foreign Corrupt Practices Act"** von 1977 auch auf die Muttergesellschaften auswirken können, bis hin zur **Gefährdung der US-amerikanische Börsenzulassung.**[73] Schließlich können Korruptionshandlungen auch finanziell empfindliche strafrechtliche und ordnungwidrigkeitenrechtliche Folgen nach sich ziehen, wie etwa den Verfall von Gewinnen aus unrechtmäßigen Handlungen, die Abschöpfung erzielter Gewinne und die Verhängung von Geldbußen gegen Unternehmen. Zu Argumentationsproblemen kann es in der Praxis kommen, wenn die Unternehmensleitungen für ihre Mitarbeiter keine Verhaltensregeln festgelegt bzw. organisatorische Maßnahmen ergriffen und umgesetzt haben (etwa im Rahmen von Ermittlungsverfahren oder aber auch bereits im Rahmen von internen Audits durch die Muttergesellschaften), um allfälligen Fehlhandlungen präventiv zu begegnen (Rdnr. 153–155).

II. Krankenhäuser

Die Krankenhausverwaltungen werden seit einigen Jahren, insbesondere auf Grund des **58** in dem „Gemeinsamen Standpunkt" der Verbände (Rdnr. 77–80) verankerten „Transparenz-/Genehmigungsprinzips" (Rdnr. 83 f.) erheblich mehr in **Kooperationen und Absprachen** mit der Industrie ihrer Fachabteilungen bzw. Mitarbeiter involviert. Auch für sie stellt sich die Frage, wie sie diese Aufgaben effektiv lösen sollen.[74]

Sofern Verträge oder Absprachen von Seiten der Industrie direkt mit der medizinischen **59** Einrichtung getroffen werden sollen, das **Krankenhaus also selbst Vertragspartner** der Industrie wird, ist oftmals eine Vielzahl unterschiedlicher Funktionsträger aus allen Fach-

---

[71] Zur Perspektive der Industrie s. etwa *Dieners/Lembeck/Taschke*, PharmaR 1999, 158 ff.; *Dieners*, Umgang der Industrie, S. 20 ff. (= MPR 2001, 3 ff.); *v. Czettritz*, S. 16 ff.; *Runge*, S. 61 ff.; *Sander*, S. 73 ff.; *Schmitt*, S. 75 ff.; s. auch hierzu die Hinweise des Bundesverbandes der Pharmazeutischen Industrie – BPI (Hrsg.), S. 11 ff.

[72] Zur Frage einer möglichen Strafbarkeit der Vorstände und Geschäftsführer der betroffenen Unternehmen wg. Untreue zu Lasten der Unternehmen s. (im Ergebnis verneinend) *Taschke*, S. 663.

[73] Hierzu etwa *Bialos/Husisian*, S. 9 ff.

[74] Hierzu ausführlich *Lembeck/Lützeler/Happe*, das krankenhaus 2001, 980 ff.

abteilungen mit der Prüfung und Abwicklung der Vertragsgestaltung befasst. In vielen Fällen fehlt jedoch bislang eine ausreichende Koordination und Spezialisierung. Als Folge davon entsteht regelmäßig ein hoher Zeitaufwand sowohl für die Einarbeitung in die rechtlichen Rahmenbedingungen als auch für die Befassung mit fachlichen Fragen der konkreten Projekte. Gleichzeitig werden einzelne Probleme oft nicht erkannt bzw. adäquat behandelt. In der Regel fehlt es an einer **zentralen Stelle,** die sämtliche relevanten Gesichtspunkte routinemäßig prüft und verfolgt bzw. an der Erledigung durch andere Abteilungen (insbesondere wissenschaftlich-medizinische Fachabteilungen, Personalabteilung und Abteilung für Finanz- und Rechnungswesen) mitwirkt.

60　　In vielen Fällen ist auch unklar, wer im Krankenhaus dazu befugt ist, über den **Abschluss** von Forschungsverträgen etc. zu entscheiden oder andere Absprachen zu treffen. Ist es die Geschäftsleitung, die Personalverwaltung, der Ärztliche Direktor oder die Fachabteilung? Das Gleiche gilt für die **rechtliche Vertretungsmacht.** Daneben belastet die Durchführung von Kooperationen mit der Industrie häufig auch das Budget des Krankenhauses auf Grund der Inanspruchnahme von Personal- und Sachmitteln, ohne dass eine regelmäßige Abstimmung mit den Abteilungen für Finanz- und Rechnungswesen vorgesehen ist.

61　　Ein weiteres Problemfeld betrifft die **Zuständigkeiten** sowie die **Standardisierung** von Verfahrensabläufen bei der Ausstellung von Spendenquittungen, bei der Annahme von Geld- oder Sachspenden bzw. bei der Inventarisierung von Geräten, die von der Industrie vermietet bzw. leihweise zur Verfügung gestellt werden. Unklar ist oft auch, wer für das „Follow-up" von Forschungsprojekten mit der Industrie bzw. für deren Dokumentation zuständig ist, weil die medizinischen Einrichtungen nach den entsprechenden regulatorischen Vorgaben oder vertraglichen Regelungen, etwa bei klinischen Prüfungen, häufig eine Aufbewahrungspflicht trifft.

62　　Sofern Verträge bzw. Absprachen mit Ärzten oder anderen Mitarbeitern des Krankenhauses getroffen werden, sehen sowohl die einschlägigen dienstrechtlichen Bestimmungen als auch der „Gemeinsame Standpunkt" regelmäßig **Genehmigungs- und Anzeigepflichten** dieser Mitarbeiter vor. Wer ist in der Krankenhausverwaltung dafür zuständig und was soll jeweils geprüft werden? Hat der rechtlich zuständige Dienstherr diese Befugnisse ausdrücklich an die bearbeitenden Verwaltungsstellen delegiert oder muss er selbst in jedem Einzelfall involviert werden? Selbst wenn eine zentrale Verwaltungsstelle mit der Prüfung der Projekte betraut worden ist, stellt sich die Frage, welches **Prüfungsprogramm** hierbei durchlaufen werden muss. Weil Ärzte und andere Mitarbeiter oft **nicht ausreichend geschult** sind, wenden sie sich mit denselben Fragen immer wieder an die Verwaltung und belasten diese dadurch zusätzlich.

63　　Was die steuerlichen Gesichtspunkte betrifft, so wissen die Krankenhausverwaltungen häufig nicht, dass klinische Prüfungen und Anwendungsbeobachtungen bzw. andere Vertragsleistungen umsatzsteuerpflichtig sind. Hierauf beschränken sich die steuerlichen Fragestellungen jedoch nicht. Nicht selten werden durch Verträge und Sponsoringvereinbarungen gesonderte steuerpflichtige wirtschaftliche Geschäftsbetriebe begründet. Bei Kongressreisen taucht die Frage der **Lohnsteuer**- und der **Sozialversicherungspflicht** auf. Ferner muss die Ausstellung unrichtiger Spendenquittungen verhindert werden, da es ansonsten zu einer entsprechenden steuerrechtlichen Haftung kommen kann.

III. Ärzte

64　　Für Ärzte und andere Mitarbeiter medizinischer Einrichtungen stellt sich ebenfalls zunächst die grundlegende Frage, ob und gegebenenfalls unter welchen Voraussetzungen **überhaupt eine Zusammenarbeit** mit der Industrie in Betracht kommt.[75] Diese Problemstellung ist regelmäßig dann von besonderer Brisanz, wenn Ärzte oder auch andere

---

[75] Hierzu *Wigge*, S. 92 ff.

Mitarbeiter gleichzeitig **Einfluss auf Bestell- und Beschaffungsentscheidungen** ihrer Einrichtungen haben.

Sofern sie direkt Verträge mit Unternehmen schließen, sie selbst also Vertragspartner 65 der Industrie werden, sind nicht nur strafrechtliche Aspekte, sondern vor allem auch dienst- und berufsrechtliche Regelungen, aber auch die internen **Dienstanweisungen** ihrer Arbeitgeber zu beachten, die in der Regel von den Krankenhausverwaltungen erlassen werden. Ärzten und anderen Mitarbeitern sind allerdings die bestehenden dienstrechtlichen Restriktionen (insbesondere des Nebentätigkeitsrechts) oft nicht bekannt, oder sie sind sich deren Anwendbarkeit zumindest nicht immer bewusst. Vielfach fehlt es zudem an **klaren Vorgaben der Krankenhausverwaltungen** hierzu bzw. an einer **effektiven Organisation** auf Seiten der Verwaltungen (hierzu Rdnr. 153–155). Gleichzeitig besteht insbesondere bei vielen Ärzten in der Praxis (noch immer) die Auffassung, Nebentätigkeiten für die Industrie seien allein ihre eigene Angelegenheit. Eine Involvierung der Dienstherren oder Arbeitgeber sei daher nicht erforderlich, was rechtlich in der Regel nicht der Fall ist (Rdnr. 27 ff.). Derartige Einstellungen sind Ausdruck einer jahrzehntelangen faktischen Unabhängigkeit der Ärzteschaft (insbesondere im Universitätsbereich) gegenüber den Verwaltungsstellen, die oftmals psychologisch nur schwer zu überwinden ist und von den betroffenen Ärzten, insbesondere im Bereich der Hochschulmedizin, als Eingriff in ihre grundrechtlich gesicherte Freiheit der Forschung begriffen wird.

Auch dort, wo sich Ärzte und andere Mitarbeiter von Krankenhäusern über die Not- 66 wendigkeit und die risikominimierenden Folgen einer vollen Einbindung ihrer Dienstherren bzw. Arbeitgeber (in der Regel wird diese Funktion durch die Verwaltungen ausgeübt) bewusst sind, führen vielfach **lange und undurchsichtige Verwaltungsverfahren** für die Erlangung der notwendigen Genehmigungen oder zuweilen auch die Verschleppung von Entscheidungen oder sogar die kategorische Weigerung von Krankenhausverwaltungen, überhaupt Genehmigungen zu erteilen, zu Frustrationen. Diese fördern die Einhaltung der entsprechenden dienstrechtlichen Rahmenbedingungen für Verträge und Absprachen mit der Industrie keineswegs.

Hinzu kommen **Irritationen,** die auf Seiten vieler forschender Ärzte durch eine Reihe 67 von Ermittlungsverfahren und strafgerichtlichen Entscheidungen entstanden sind, die die Einwerbung von Forschungs-Drittmitteln, Assistenzarztstellen, Geräten etc. betreffen, und durch die sich diese Ärzte nicht persönlich bereichert, sondern vielmehr ihre Fachabteilungen oder die Forschung und damit die entsprechenden medizinischen (zumeist universitären) Einrichtungen unterstützt haben. Die Aufnahme des „Drittvorteils" in die gesetzlichen Tatbestände der Korruptionsdelikte hat diese Unsicherheiten noch verstärkt.

Schließlich erkennen Ärzte und andere Mitarbeiter medizinischer Einrichtungen oftmals 68 auch nicht die **steuerlichen Risiken,** die ihre Zusammenarbeit mit der Industrie birgt. Werden Ärzte selbst Vertragspartner der Industrie, so können sie umsatz- und ertragsteuerliche Folgen treffen. Aber auch ohne selbst Verträge geschlossen zu haben, können Ärzten geldwerte Vorteile zuzurechnen sein, die das steuerpflichtige Einkommen bei ihnen erhöhen (hierzu im Einzelnen Rdnr. 156 ff.).

D. Problembewältigung durch Staat und Verbände

I. Korruptionsbekämpfungsgesetz und Drittmittelrecht

Die beschriebenen Unsicherheiten haben sich in der Praxis durch das Korruptionsbe- 69 kämpfungsgesetz des Jahres 1997 weiter erhöht.[76] Im Zuge der Änderung einer Vielzahl von Gesetzen, insbesondere der Korruptionsdelikte, des Dienstrechts und des Nebentätig-

---

[76] Hierzu im Einzelnen der Beitrag von *Taschke* in diesem Handbuch (§ 19 Rdnr. 152).

keitsrechts hat der Gesetzgeber die Straftatbestände der Vorteilsgewährung und der Bestechung weiter verschärft. War es früher „nur" strafbar, einem Amtsträger – unmittelbar oder mittelbar – einen Vorteil für eine konkrete Dienstleistung zu gewähren, steht es nunmehr bereits unter Strafe, wenn in Zusammenhang mit der Dienstausübung eines Amtsträgers der Vorteil (nicht an den Amtsträger, sondern) an einen Dritten gegeben wird (Rdnr. 20). Diese **Einbeziehung des Drittvorteils** hat vor allem für Studienverträge, Verträge über die Zurverfügungstellung von Geräten oder die Finanzierung von Arztstellen Bedeutung, die zwischen der Industrie einerseits und der Verwaltung der medizinischen Einrichtung andererseits abgeschlossen werden, bei denen also Vertragspartner und Empfänger der Leistung die jeweilige medizinische Einrichtung selbst und nicht ein beamteter oder in einem öffentlichen Dienstverhältnis stehender Arzt ist. Durch die **Einbeziehung des Drittvorteils** in den gesetzlichen Tatbestand ist nach dem heute geltenden Recht nicht mehr auszuschließen, dass auch derartige Gestaltungen in den Fokus strafrechtlicher Ermittlungen geraten. In der Tat gibt es verschiedene (unverbindliche) Äußerungen von Staatsanwälten, dass sie auch derartige Fallkonstellationen unter die Korruptionstatbestände subsumieren werden.[77]

70 Die Einbeziehung von Drittvorteilen in den gesetzlichen Tatbestand hat zusätzlich eine **weitere Schwierigkeit** geschaffen: Nach altem (und neuem) Recht konnte die Gewährung oder Annahme von Vorteilen genehmigt werden. Auf der Basis des alten Rechts konnte in dem Abschluss eines Vertrags mit der Verwaltung der medizinischen Einrichtung zugleich auch die Genehmigung einer ansonsten strafbaren Vorteilsgewährung gesehen werden. Auf der Grundlage des neuen Rechts stellt sich nunmehr die Frage, ob der Empfänger des Drittvorteils, hier also die medizinische Einrichtung, zugleich die Gewährung oder Annahme der Zuwendung mit rechtfertigender Wirkung genehmigen kann. Auch bei diesem Punkt vertreten verschiedene Staatsanwaltschaften die Auffassung, dass eine Genehmigung nicht durch die medizinische Einrichtung erfolgen kann, die von dem Vorteil profitiert, sondern allenfalls durch den Träger der medizinischen Einrichtung. Gültige und verlässliche Antworten lassen sich auf die durch die neuen gesetzlichen Regelungen aufgeworfenen Fragen nur bedingt geben. Die rechtswissenschaftliche Diskussion hat diese Fragen – von wenigen Ausnahmen abgesehen – bisher weitgehend vernachlässigt.

71 Die ausdrückliche Einbeziehung von Zuwendungen Dritter in die Korruptionsbekämpfungsdelikte und die sich hieraus ergebenden Konflikte mit der hochschulpolitisch gewollten Drittmittelforschung haben auf staatlicher Seite bislang insbesondere die Kultus- und Justizministerkonferenzen beschäftigt, die das **Spannungsverhältnis** zwischen der Einbeziehung des Drittvorteils und der Ausgestaltung der **Drittmittelforschung** in Deutschland erkannt haben. Dementsprechend heißt es in dem Beschluss der Kultusministerkonferenz vom 17. 9. 1999:

> Das Spannungsverhältnis von strafrechtlich relevanter Vorteilsnahme und der Erfüllung von Dienstaufgaben durch die hochschulpolitisch besonders gewollte Einwerbung von Drittmitteln erhält dadurch zusätzliche Relevanz, dass künftig die staatliche Finanzierung der Hochschulen, die Verteilung der Mittel von der zentralen Hochschulebene auf die Fachbereiche und die weitere Verteilung auf die Institute leistungsorientiert erfolgen soll. Dabei wird u. a. auf den Erfolg bei der Einwerbung der Drittmittel abgestellt werden. Noch weiter verschärft wird die Problematik dadurch, dass auch die

---

[77] Auf eine entsprechende Nachfrage eines Industrieverbandes im Jahre 1999 hat das Bundesministerium der Justiz die Ansicht vertreten, dass auch medizinische Einrichtungen „Dritte" i. S. d. §§ 331 ff. StGB sein können. Nach *Tröndle/Fischer*, § 331 StGB, Rdnr. 27, fehlt es schon an einem Vorteil im Sinne der Korruptionsbekämpfungsdelikte, soweit Drittmittel nur das Entgelt für eine dem dienstlichen Aufgabenbereich unterfallende Erfüllung von Verträgen darstellen (z. B. ein Vertrag mit einem Universitätsinstitut über die Durchführung von Grundlagenforschung). Die Abgrenzung zwischen unbedenklicher honorierter Forschungstätigkeit und § 331 StGB unterfallender Vorteilsannahme könne dennoch gerade dann im Einzelfall schwierig werden, wenn sich über längere Zeiträume ein Geflecht unbedenklicher Drittmittel- oder Spendenfinanzierung, der „Stimmungspflege" oder organisatorischer Abhängigkeiten entwickelt habe.

persönliche Besoldung der Professoren in Zukunft teilweise leistungsabhängig erfolgen soll und auch hier wiederum auf die Einwerbung von Drittmitteln als Leistungsindikator abgestellt werden dürfte.[78]

Die „Nähe zur strafrechtlichen Relevanz bei der Drittmitteleinwerbung" soll nach Auffassung der Kultusministerkonferenz dadurch eingeschränkt werden, dass die **Drittmittelrichtlinien** klare Vorgaben für die Einwerbung von Drittmitteln, für die Vertragsgestaltung und Durchführung der Beschaffung enthalten. Dazu zählen nach Auffassung der Kultusministerkonferenz folgende Maßnahmen:

– Beschaffungsentscheidungen dürfen **nicht von Drittmittelzuwendungen abhängig** gemacht oder sonst dazu in Beziehung gesetzt werden.
– Bei Zuwendungen zur Forschung (Sponsoring) ist eine **Einwilligung (vorherige Genehmigung) der Hochschule** einzuholen.
– Bei Abschluss von Verträgen über die Durchführung von Drittmittel-Forschungsvorhaben muss die Vertragsgestaltung klar die **Hochschule,** nicht den einzelnen Professor **als Vertragspartner** ausweisen.
– Das Verfahren bei Beschaffungen muss eine **klare personelle Trennung von Bedarfsbeschreibung und Auftragsvergabe** gemäß VOL andererseits treffen; Hochschullehrer, für die eine Teilnahme an Drittmittelvorhaben in Frage kommt, dürfen nur in die Bedarfsbeschreibung einbezogen sein.

Ferner soll durch neue landesrechtliche Regelungen verdeutlicht werden, dass Drittmittelforschung und damit die **Einwerbung und Entgegennahme von Drittmitteln** zu den **Aufgaben der Hochschullehrer** zählen und dass dies hochschulpolitisch in besonderer Weise gewollt ist. Diese Auffassung der Kultusministerkonferenz wird auch in dem Beschluss der Justizministerkonferenz vom 15. 12. 1999 geteilt, wonach die rechtliche Sicherheit für diejenigen Personen, die Drittmittel einwerben, erhöht werden kann, wenn „die **Drittmittelwerbung** noch deutlicher als bisher als ihre **Dienstaufgabe** beschrieben wird und in Richtlinien klare Vorgaben für die Einwerbung, Verwaltung und Verwendung von Drittmitteln gemacht werden".[79] Diese Forderung hat zunächst zu einer Initiative des Deutschen Hochschulverbands geführt, die unter Beteiligung staatlicher Stellen, verschiedener Verbände und der Rechtswissenschaft eine „Arbeitsgruppe Korruptionsbekämpfung"[80] zur Erarbeitung eines „Entwurfs einer Rechtsverordnung für die Einwerbung und Verwendung von Mitteln Dritter durch Universitätsmitglieder" ins Leben gerufen hat. Ein entsprechender Entwurf ist am 15. 12. 2000 von dieser Arbeitsgruppe verabschiedet worden.[81] Dieser Vorschlag sollte den Bundesländern quasi als Muster dienen können, um für den „Bereich der als Dienstaufgabe wahrgenommenen Drittmittelforschung im Bereich der Hochschulmedizin" die Einwerbung, Verwaltung und insbesondere Verwendung (privater) Drittmittel zu regeln und damit die aus der Zusammenarbeit zwischen der medizinischen Wissenschaft einerseits und der Wirtschaft andererseits resultierenden strafrechtlichen Risiken durch klare Vorgaben zu minimieren. Inhaltlich konkretisiert dieser Entwurf die Vorgaben der Beschlüsse der Kultus- und Justizministerkonferenzen und orientiert sich im Übrigen eng an dem „Gemeinsamen Standpunkt" der Verbände (hierzu Rdnr. 77–80). Vor dem Hintergrund der Forderung der Justizministerkonferenz nach der Schaffung klarer Vorgaben ist auch ein

72

---

[78] Abgedr. in: *Bundesverband der Pharmazeutischen Industrie – BPI* (Hrsg.), S. 70.

[79] Abgedr. in: *Bundesverband der Pharmazeutischen Industrie – BPI* (Hrsg.), S. 73 (Hervorhebungen von den Verfassern).

[80] Bestehend aus der Arbeitsgemeinschaft der Wissenschaftlichen Medizinischen Fachgesellschaften (AWMF), der Ständigen Konferenz der Kultusminister der Länder in der Bundesrepublik Deutschland, dem Deutschen Hochschulverband, der Bundesvereinigung der Landeskonferenzen ärztlicher und zahnärztlicher Leiter von Kliniken, Instituten und Abteilungen der Universitäten und Hochschulen Deutschlands (BVL), der Hochschulrektorenkonferenz, dem Bundesverband der Pharmazeutischen Industrie (BPI), dem Verband Forschender Arzneimittelhersteller (VFA), dem Bundesverband Medizintechnologie (BVMed) und dem Frankfurter Universitätsprofessor *Dr. Klaus Lüderssen* als unabhängigem rechtswissenschaftlichem Sachverständigen.

[81] Abgedr. in: *Bundesverband der Pharmazeutischen Industrie – BPI* (Hrsg.), S. 74 ff.

Schreiben des Ministeriums für Schule, Wissenschaft und Forschung des Landes Nordrhein-Westfalen vom 22. 9. 2000 zu begrüßen, in dem unter Bezugnahme auf § 101 UG NW klargestellt wird, dass die Forschung mit Mitteln Dritter zu den Aufgaben der in der Forschung tätigen Hochschulmitglieder zählt und die Einwerbung von Drittmitteln vom Land Nordrhein-Westfalen ausdrücklich erwünscht ist. Bemerkenswert ist in diesem Zusammenhang auch die bereits Ende 1999 erfolgte Änderung des baden-württembergischen Universitätsgesetzes, wonach die Erklärung der Universität über die Annahme von Drittmitteln zugleich die „Zustimmung zur Inanspruchnahme der damit verbundenen Vorteile für die beteiligten Mitglieder der Universität" umfasst (§ 8 Abs. 2 Satz 5). Zudem stellt § 59 Abs. 1 UG BW ausdrücklich klar, dass die „Einwerbung und Verwendung von Mitteln Dritter für die Durchführung von Forschungsvorhaben [...] zu den Dienstaufgaben der in der Forschung tätigen Mitglieder der Universität" gehört. Diese Änderung wurde begleitet durch den Erlass von detaillierten „Verwaltungsvorschriften zur Annahme und Verwendung von Mitteln Dritter (Drittmittelrichtlinien – DMRL)" zu den §§ 8 und 59 UG BW vom 21. 3. 2001. Auf dieser Linie bewegen sich auch die jüngsten Verwaltungsvorschriften des Bayerischen Staatsministeriums für Wissenschaft, Forschung und Kunst zur Annahme und Verwendung von Mitteln Dritter an Hochschulen (Drittmittelrichtlinien – DriMiR) vom 21. 10. 2002. Sie sind zudem erkennbar durch den „Gemeinsamen Standpunkt" geprägt (hierzu Rdnr. 77–80).

73 Dagegen ist zurzeit eine klarstellende Änderung des StGB nicht zu erwarten. Zwar wurden insofern von Seiten verschiedener Strafrechtsprofessoren[82] sowie von der AWMF Vorschläge[83] unterbreitet und auch bereits mit Vertretern des Bundesministeriums der Justiz sowie des Bundesministeriums für Bildung und Forschung erörtert. Von Seiten des Bundesministeriums der Justiz wird allerdings für eine Änderung oder Ergänzung des StGB im Hinblick auf die Schaffung von Sonderregelungen für die medizinische Drittmittelforschung bislang noch keine zwingende Notwendigkeit erkannt, die zudem gesetzessystematisch schwer durchführbar und politisch nicht umsetzbar sei. Vor diesem Hintergrund hat der Bundesrat am 27. 9. 2001 auf Antrag der Freien und Hansestadt Hamburg eine **Entschließung zur rechtlichen Absicherung der Drittmittelförderung** gefasst. Danach wird die Bundesregierung um Vorlage eines Gesetzentwurfs gebeten, der den Umgang mit Mitteln Dritter für Forschung, Lehre, Krankenversorgung sowie Aus- und Fortbildung an Hochschulen und Hochschulkliniken im Hinblick auf die strafrechtlichen Bestechungsdelikte auf eine „einwandfreie Grundlage" stellt. Der Entschluss des Bundesrates zielt auf eine eigenständige Regelung (d. h. ein selbstständiges „Gesetzes zur Absicherung der Drittmittelförderung"), in deren Rahmen die Bedingungen für die lautere Annahme und Verwendung von Drittmitteln beschrieben werden sollen.[84] Inwieweit eine eigenständige Regelung die allseits gewollte Rechtssicherheit herstellen kann und ob eine solche Regelung im Ergebnis politisch durchsetzbar ist, ist jedoch fraglich.[85]

II. Der Kodex „Medizinprodukte"

74 Angesichts der für alle Beteiligten bedeutsamen Fragestellung, wie die Zusammenarbeit zwischen Industrie, Krankenhäusern und Ärzten in Zukunft ausgestaltet werden muss,

---

[82] *Pfeiffer,* NJW 1997, 784 f.; *Lüderssen,* JZ 1997, 116 f.

[83] *Diettrich / Schatz,* ZRP 2001, 524.

[84] Hierzu BR-Drs. 541/01 v. 4. 7. 2001 und BR-Drs. 541/01 (Beschluss) v. 27. 9. 2001; s. auch den gleichzeitigen Entschließungsantrag der Bundestagsfraktion der FDP zur „Abgrenzung zwischen der erwünschten Einwerbung von Drittmitteln durch Hochschullehrer und Vorteilsannahme nach dem Korruptionsbekämpfungsgesetz (KorrBekG)" (BT-Drs. 14/6323 v. 20. 6. 2001).

[85] Hierzu die Antwort der Bundesregierung v. 7. 12. 2001 auf die Anfrage des Abgeordneten *Hans Georg Faust* (BT-Drs. 14/7881, S. 72 f.) sowie der Bundesregierung v. 23. 4. 2002 auf die Anfrage des Abgeordneten *Norbert Geis* (BT-Drs. 14/8944, S. 6 f.).

ohne allein durch den bloßen Umstand der Zusammenarbeit einen Korruptionsverdacht zu begründen, ergab sich für die Industrie die Notwendigkeit, durch unternehmensinterne, aber auch unternehmensübergreifende Leitlinien und Aktivitäten Rahmenbedingungen festzulegen bzw. Handlungs- und Verhaltensempfehlungen zu geben. Eine unternehmensübergreifende Konzeption auf Seiten der Industrie verfolgte zunächst der Bundesverband Medizintechnologie e. V. (BVMed) gemeinsam mit den Spitzenverbänden der Krankenkassen durch den am 12. 5. 1997 veröffentlichen **Kodex „Medizinprodukte"**,[86] um „über rechtlich zulässige Geschäftspraktiken zwischen medizinischen Einrichtungen, deren Mitarbeitern, Ärzten, sonstigen Leistungserbringern und den Herstellern von Medizinprodukten aufzuklären. Der Kodex „Medizinprodukte" konzentriert sich hierbei im Besonderen auf die Bereiche Forschung und Entwicklung, Drittmittelkonten, Fort- und Weiterbildung, Spenden, Geschenke sowie Beraterverträge. Darüber hinaus will der Kodex „Medizinprodukte" die bis zum Zeitpunkt seiner Veröffentlichung vorliegenden Erfahrungen aus den Ermittlungsverfahren im Hinblick auf vorhandene rechtliche Grenzbereiche und „Grauzonen" in der Weise umsetzen, dass im Fall seiner Beachtung vor allem strafrechtlichen Bestimmungen genügt wird.

Die Veröffentlichung des Kodex „Medizinprodukte" durch den BVMed und die Spitzenverbände der Krankenkassen ist zum Teil auf **Kritik** gestoßen, da weder die Krankenhausverbände noch die organisierte Ärzteschaft an der Erarbeitung des Kodex beteiligt gewesen sind. Insbesondere wurde die Regelung des § 4 Abs. 5 Satz 3 des Kodex bemängelt, wonach „Einnahmen der medizinischen Einrichtung aus Forschungs- und Entwicklungsverträgen mit Herstellern/Vertreibern von Medizinprodukten bzw. ihrer Beschäftigten und sonstigen Leistungserbringer [...] den Krankenkassen auf Verlangen schriftlich offen zu legen"[87] sein sollten. Hierin wurde, insbesondere von Seiten der Krankenhausverwaltungen, eine rechtlich unzulässige Informationsmöglichkeit der Kostenträger über die Kooperationsbeziehungen der Krankenhäuser mit der Industrie gesehen. **75**

Ungeachtet dieser nicht ganz zu Unrecht vorgebrachten Kritik konnte bereits in den Regelungen des Kodex „Medizinprodukte" ein **brauchbarer Maßstab** zur Beurteilung der Rechtmäßigkeit von Zuwendungen der Industrie an medizinische Einrichtungen und Ärzte erkannt werden. Dies bestätigten nicht nur Äußerungen von hohen Ministerialbeamten auf juristischen Fachtagungen unmittelbar nach der Veröffentlichung des Kodex. Auch Universitätskliniken legten nach der Veröffentlichung des Kodex in zunehmendem Maße eigene praktische Verhaltensregeln und Dienstanweisungen fest, die sich maßgeblich an den Empfehlungen des Kodex „Medizinprodukte" ausrichteten, wie etwa in Mainz,[88] München,[89] Münster,[90] Erlangen, Freiburg, Leipzig,[91] Tübingen[92] oder bei der Charité Berlin.[93] Dem folgte die Deutsche Krankenhausgesellschaft mit einem allgemeinen Informationspapier,[94] das sich ebenfalls wesentlich an den Grundsätzen des Kodex „Medizinprodukte" orientierte. **76**

---

[86] Hierzu ausführlich *Dieners,* JZ 1998, 183 ff. und *Rehborn,* S. 57 ff.

[87] Kodex „Medizinprodukte", S. 9.

[88] Richtlinien für aus Drittmitteln finanzierte Forschungsvorhaben v. 20. 3. 1998.

[89] Klinikum rechts der Isar der Technischen Universität München, Richtlinien zur Annahme und Bewirtschaftung von Drittmitteln (entgeltliche und unentgeltliche Leistungen jeder Art) – Tha/Wü/ku v. 16. 11. 1998.

[90] Richtlinien für die Kooperation mit privaten Drittmittelgebern im Bereich der medizinischen Forschung.

[91] Merkblatt des Universitätsklinikums Leipzig (AöR), Anlage 1 zum Verwaltungsrundschreiben Nr. 6/2000 v. 10. 5. 2000.

[92] Hinweise zur Vermeidung von Korruptionsvorwürfen v. 11. 6. 1999.

[93] Richtlinien für aus Drittmitteln finanzierte Forschungsvorhaben – SVD L/F tä-wa – v. 30. 6. 1998, abgedruckt bei *Dauster,* ZaeFQ 1998, 625 f.

[94] Informationspapier zum Umgang mit drittfinanzierten Projekten/Veranstaltungen v. 20. 9. 1999.

III. Der „Gemeinsame Standpunkt" der Verbände

77 Mangels präzisierender gesetzlicher Festlegungen waren (und sind) die Beschlüsse der Kultus- und Justizministerkonferenzen, der Kodex „Medizinprodukte" oder auch die Informationen der Deutschen Krankenhausgesellschaft **wertvolle Orientierungshilfen,** da sie jeweils in einfacher und leicht verständlicher Weise die einschlägigen Gesetze für die relevanten Fallkonstellationen übersetzen. Ihr Nachteil bestand (und besteht) allerdings darin, dass sie zum Teil unterschiedliche Anforderungen festlegen, die von der jeweils anderen Seite nicht immer akzeptiert werden.

78 Dies war auch den **führenden Verbänden** der Krankenhäuser und Ärzte sowie der medizintechnologischen und pharmazeutischen Industrie bewusst, die sich am 29. 9. 2000 auf einen „Gemeinsamen Standpunkt zur strafrechtlichen Bewertung der Zusammenarbeit zwischen Industrie, medizinischen Einrichtungen und deren Mitarbeitern" verständigt haben, der am 4. 10. 2000 mit einer gemeinsamen Presserklärung der Verbände veröffentlicht worden ist. Der „Gemeinsame Standpunkt" wird **von folgenden Verbänden getragen:** Arbeitsgemeinschaft der Wissenschaftlichen Medizinischen Fachgesellschaften, Bundesverband der Arzneimittel-Hersteller e. V., Bundesverband Medizintechnologie e. V., Bundesverband der Pharmazeutischen Industrie e. V., Bundesverband Deutscher Krankenhausapotheker e. V., Deutsche Krankenhausgesellschaft, Deutscher Hochschulverband, Deutscher Industrieverband für optische, medizinische und mechatronische Technologien e. V.,[95] Fachverband Elektromedizinische Technik im ZVEI, Verband der Diagnostica-Industrie e. V., Verband der Krankenhausdirektoren Deutschlands e. V. und Verband Forschender Arzneimittelhersteller e. V.

79 Auch der „Gemeinsame Standpunkt" behandelt die grundsätzliche Frage, wie die Zusammenarbeit, etwa auf dem Gebiet der klinischen Forschung oder bei der Unterstützung der Fort- und Weiterbildung von Ärzten, ausgestaltet werden soll, um den Vorwurf eines gesetzwidrigen Verhaltens von vornherein zu vermeiden. Mit dem „Gemeinsamen Standpunkt" haben die führenden deutschen Verbände im Bereich der Gesundheitsversorgung darüber hinaus zum ersten Mal **verbandsübergreifende Hinweise** gegeben.[96] Dies hat bislang in der Praxis für eine **einheitlichere Behandlung** und damit auch für erheblich **mehr Klarheit und Rechtssicherheit** gesorgt. Die beteiligten Verbände haben es darüber hinaus im Sinne einer möglichst weitreichenden Risikominimierung als wünschenswert angeregt, wenn der „Gemeinsame Standpunkt" möglichst durch einheitliche Drittmittelrichtlinien und -erlasse der Bundesländer sowie in Form von Dienstanweisungen durch die jeweiligen Krankenhausträger bzw. Dienstherren der betroffenen Mitarbeiter ergänzt würde.

80 Der Gemeinsame Standpunkt verfolgt nicht nur die Zielrichtung, sämtlichen Beteiligten, d. h. der Industrie, den medizinischen Einrichtungen und deren Mitarbeitern, gegenüber verlässliche Hinweise zu geben, unter welchen Voraussetzungen eine Kooperation ohne Risiko bzw. mit einem möglichst geringen rechtlichen Risiko stattfinden kann. Der Gemeinsame Standpunkt beschreibt auch das **gemeinsame Verständnis der Verbände** im Hinblick auf die weitere Zusammenarbeit, d. h. in welchen Bereichen und unter welchen Voraussetzungen bestimmte Kooperationsformen im Verhältnis zwischen allen Beteiligten als legitim und rechtlich zulässig angesehen werden sollen. Insoweit verfolgt der Gemeinsame Standpunkt auch eine rechtspolitische Zielsetzung.[97] Beide Zielsetzungen lassen sich nicht in jedem Einzelaspekt und ohne weiteres in eine Deckungsgleichheit

---

[95] Vormals „Verband der deutschen feinmechanischen und optischen Industrie e. V.".
[96] Hierzu *Dieners,* Pharm. Ind. 2000, 938 ff.; *Meister/Dieners,* das krankenhaus 2000, 876 ff. und *Dieners/Wachenhausen,* Krankenhauspharmazie 2001, 150 ff; hierzu auch *Lüderssen,* Drosselung, S. 83 f., dem das „Trennungsprinzip" im Ergebnis zu eng gezogen ist.
[97] „Gemeinsamer Standpunkt", S. 6.

bringen. Der Gemeinsame Standpunkt versucht deshalb, beiden Perspektiven dadurch gerecht zu werden, dass auf bestehende Risiken ausdrücklich hingewiesen wird, ohne hierbei die Rechtsauffassung der Verbände im Hinblick auf die grundsätzliche Zulässigkeit und Legitimität bestimmter Kooperationsformen aufzugeben.

E. Grundlagen der Kooperation

Aus den bestehenden gesetzlichen Vorgaben des straf-, dienst- und ärztlichen Berufs- **81** rechts sind **vier zentrale Grundsätze** abzuleiten, deren Einhaltung das Strafbarkeitsrisiko ausschließen bzw. weitgehend minimieren soll.

I. Trennungsprinzip

Nach dem Trennungsprinzip dürfen Zuwendungen an Mitarbeiter medizinischer Ein- **82** richtungen **nicht in Abhängigkeit von Umsatzgeschäften** mit der medizinischen Einrichtung erfolgen: Entgeltliche und unentgeltliche Leistungen an Ärzte und andere Mitarbeiter medizinischer Einrichtungen dürfen nicht gewährt werden, um Einfluss auf Beschaffungsentscheidungen zu nehmen, wobei bereits ein entsprechender Eindruck vermieden werden sollte.[98] Das Trennungsprinzip setzt das strafrechtliche Postulat um, wonach Zuwendungen an Amtsträger zur Beeinflussung von Diensthandlungen (d.h. Beschaffungsentscheidungen) unzulässig sind. Um bereits einen **entsprechenden Eindruck zu vermeiden,** sollten grundsätzlich keine Zuwendungen gewährt oder angenommen werden, die privaten Zwecken dienen. Es sollte nicht einmal der Eindruck entstehen, der Amtsträger (d.h. ein Arzt oder ein anderer Mitarbeiter einer medizinischen Einrichtung) lege den Vorteil auf die „Waagschale der Entscheidung" bzw. die Zuwendung erfolge von Seiten der Industrie im Hinblick darauf. Dasselbe gilt für Beschäftigte medizinischer Einrichtungen in privater oder kirchlicher Trägerschaft.

II. Transparenz-/Genehmigungsprinzip

Nach dem Transparenz-/Genehmigungsprinzip sind sämtliche Sach- oder Geldzuwen- **83** dungen an Mitarbeiter medizinischer Einrichtungen, durch die diese begünstigt werden bzw. begünstigt werden könnten, schriftlich anzuzeigen und genehmigungspflichtig. Das Transparenzprinzip sieht damit eine **grundsätzliche Involvierung der Dienstherren bzw. Arbeitgeber** bzw. der diese vertretenden **Krankenhausverwaltungen** in die Beziehungen der Industrie mit Ärzten oder anderen Mitarbeitern medizinischer Einrichtungen vor. Dies gilt für gegenseitige und für einseitige Leistungsbeziehungen, also sowohl für den Abschluss von Forschungs- oder Beraterverträgen als auch bei der Gewährung bzw. der Annahme sowie der Verwaltung von Unterstützungsleistungen der Industrie zur Teilnahme an wissenschaftlichen Fort- und Weiterbildungsveranstaltungen oder für Spenden. Leistungen durch die Industrie dürfen danach erst nach erfolgter Anzeige und Genehmigung erbracht werden.

Die Einhaltung des Transparenz-/Genehmigungsprinzips ist sowohl ein **entscheiden-** **84** **der Eckpunkt** des Kodex „Medizinprodukte" als auch des „Gemeinsamen Standpunkts" der Verbände.[99] Mit der Einbeziehung der Dienstherren bzw. Arbeitgeber (in der Regel üben die Verwaltungen diese Funktion aus) soll sowohl strafrechtlichen als auch dienst-

---

[98] „Gemeinsamer Standpunkt", S. 10f.; Kodex „Medizinprodukte", S. 6; hierzu auch *Ulsenheimer,* Industriesponsoring, Rdnr. 110ff., KMA 2000, 23 und *Räpple,* Zuwendungen, S. 194.
[99] „Gemeinsamer Standpunkt", S. 11; Kodex „Medizinprodukte", S. 7.

rechtlichen Anforderungen genüge getan werden. Dies hat insbesondere folgenden Hintergrund: Die faktische Unabhängigkeit von Ärzten und anderen Mitarbeitern medizinischer Einrichtungen gegenüber den Verwaltungen hat in der Vergangenheit dazu geführt, dass oftmals ohne Kenntnis der Verwaltungen Forschungsverträge mit der Industrie abgeschlossen oder Unterstützungsleistungen der Industrie entgegen genommen wurden. Die Beachtung des Transparenz-/Genehmigungsprinzips vermeidet oder vermindert zumindest den möglichen Eindruck unzulässiger Einflussnahmen auf ärztliche Entscheidungen. Darüber hinaus entspricht dieses Prinzip den dienstrechtlichen Anforderungen an Transparenz und Involvierung der Dienstherren und Arbeitgeber. Schließlich scheidet eine strafrechtliche Verfolgung in Fällen der §§ 331 und 333 StGB nur dann aus, wenn die Genehmigung des Dienstherrn bzw. des Arbeitgebers vorliegt.

III. Äquivalenzprinzip

85 Das Äquivalenzprinzip verlangt bei Vertragsbeziehungen mit medizinischen Einrichtungen oder deren Mitarbeitern, dass Leistungen und Gegenleistungen in einem **angemessenen Verhältnis** zueinander stehen.[100] Die Einhaltung dieses Prinzips soll sicherstellen, dass es sich bei Zahlungen der Industrie für Leistungen der medizinischen Einrichtungen oder deren Mitarbeitern ausschließlich um das Entgelt für die Erfüllung der Verträge und nicht etwa um das Erkaufen von Beschaffungsentscheidungen oder ein damit in Zusammenhang stehendes Wohlwollen handelt. Die Beachtung des Äquivalenzprinzips soll dazu beitragen, dass in der Vergütung von vertraglichen Leistungen keine Vorteilsgewährung gesehen werden kann.

IV. Dokumentationsprinzip

86 Schließlich erfordert das Dokumentationsprinzip, dass sämtliche Leistungen **schriftlich und vollständig dokumentiert** werden.[101] Dies gilt nicht nur für Forschungs- und Beraterverträge, sondern auch für die auf dieser Grundlage ausgetauschten Leistungen, insbesondere Forschungsergebnisse und Beratungsleistungen. Die Einhaltung dieses Prinzips erleichtert es, ordnungsgemäß abgewickelte und rechtlich nicht zu beanstandende Geschäftsbeziehungen zwischen medizinischen Einrichtungen bzw. deren Beschäftigten einerseits und der Industrie andererseits anhand einer vollständigen Dokumentation der zugrunde liegenden Vertragsbeziehungen und der gegenseitigen Leistungen nachzuvollziehen. Hierdurch können mögliche Verdachtsmomente vermieden oder ausgeräumt werden.

F. Vertragsgestaltung und organisatorische Aspekte

I. Ausgewählte Kooperationsformen

87 Die in der Praxis bestehenden Rechtsbeziehungen zwischen der Industrie einerseits und medizinischen Einrichtungen und deren Mitarbeitern andererseits können in **vier verschiedene Kategorien** unterteilt werden, für die jeweils unterschiedliche rechtliche Anforderungen an die Ausgestaltung der Rechtsbeziehungen bestehen. Danach muss differenziert werden, ob es sich um den **Austausch von Leistungen** zwischen der In-

---

[100] „Gemeinsamer Standpunkt", S. 11 f.; Kodex „Medizinprodukte", S. 8.
[101] „Gemeinsamer Standpunkt", S. 11; Kodex „Medizinprodukte", S. 7.

dustrie und Krankenhäusern oder deren Mitarbeitern handelt, oder ob von Seiten der Industrie **einseitige Leistungen** an medizinische Einrichtungen oder deren Mitarbeiter gewährt werden. Im ersten Fall spricht man von sog. **Leistungsaustauschbeziehungen;** der „Gemeinsame Standpunkt" nennt sie „Dienstleistungsbeziehungen". Beispiele hierfür sind etwa Vereinbarungen über klinische Prüfungen und Anwendungsbeobachtungen oder Beratungsleistungen. Zum Teil werden diese vertraglichen Austauschbeziehungen auch als „Vertragsbeziehungen" bezeichnet, im Gegensatz zu „einseitigen Leistungen", obgleich dies rechtsdogmatisch nicht ganz korrekt ist, da rechtlich auch der Gewährung von einseitigen Leistungen an medizinische Einrichtungen oder deren Mitarbeiter vertragliche Regelungen zugrunde liegen, etwa im Rahmen der Gewährung einer Spende an eine medizinische Einrichtung oder im Hinblick auf die Ausgestaltung der Unterstützung der Teilnahme von Ärzten an medizinischen Fachkongressen. Typische Beispiele für die Gewährung einseitiger Leistungen an Krankenhäuser und Ärzte sind neben der Gewährung von Spenden an medizinische Einrichtungen etwa der Abschluss von Leihverträgen über medizinische Geräte oder die Abgabe von (Werbe-)Geschenken an Mitarbeiter medizinischer Einrichtungen oder auch die Bewirtung der Mitarbeiter durch die Industrie.

Neben den Kriterien des „Austauschs" und der „Einseitigkeit" von Leistungen können **88** die in der Praxis bestehenden Rechtsbeziehungen zwischen der Industrie, Krankenhäusern und Ärzten auch nach dem jeweiligen **Vertragspartner** bzw. **Empfänger** der Leistungen der Industrie unterschieden werden. Entsprechende Verträge bzw. Absprachen können sowohl zwischen der Industrie und **medizinischen Einrichtungen** als auch zwischen der Industrie und **Mitarbeitern** von Krankenhäusern geschlossen werden. Danach ergeben sich folgende Kategorien (Abb. 2):

	Medizinische Einrichtung	Arzt	
Industrie	– Verträge über klinische Prüfungen – Beraterverträge – Sponsoringverträge	– Verträge über klinische Prüfungen – Beraterverträge – Referentenverträge – Autorenverträge	Leistungsaustauschbeziehungen
	– Spenden – Geschenke – Leihen	– Unterstützung der Teilnahme an Fort- und Weiterbildungsveranstaltungen – Geschenke – Bewirtungen	Einseitige Leistungen

Abb. 2: Kategorien typischer Leistungsbeziehungen

1. Leistungsaustauschbeziehungen

Leistungsaustauschbeziehungen sind solche Rechtsbeziehungen zwischen der In- **89** dustrie einerseits und medizinischen Einrichtungen oder Ärzten andererseits, bei denen die medizinischen Einrichtungen oder deren Mitarbeiter für die Industrie Leistungen erbringen und hierfür als Gegenleistung eine Vergütung erhalten. Auch solche Rechtsbeziehungen können gegebenenfalls unter dem Gesichtspunkt der Korruptionsbekämpfungsgesetze problematisch sein. Zwar scheidet nach der gängigen Definition ein „Vorteil" im Sinne der Korruptionsbekämpfungsgesetze regelmäßig dann aus, wenn der Amtsträger auf die Leistung der Zuwendenden einen gesetzlich begründeten Anspruch hat. Von daher macht die Ergänzung der oben genannten Prinzipien um ein weiteres Prinzip, das sog. **Gegen-**

seitigkeitsprinzip Sinn, wonach die Annahme von einseitigen Leistungen der Industrie (bzw. deren Gewährung) nach Möglichkeit vermieden werden sollte.[102] Insofern ist allerdings die Rechtsprechung des Bundesgerichtshofes zu beachten,[103] wonach ein Vorteil bereits in dem **Abschluss des Vertrags** liegen kann, auf den der Arzt keinen Anspruch hat. Zu beachten ist ferner, dass durch die **Einbeziehung des „Drittvorteils"** in den gesetzlichen Tatbestand der Korruptionsbekämpfungsdelikte auch Vertragsbeziehungen, die von einem Arzt für die medizinische Einrichtung, für die er tätig ist, nur „eingeworben" werden und die im Ergebnis zwischen der Industrie und seiner medizinischen Einrichtung zustande kommen, einen „Drittvorteil" im Sinne des Gesetzes darstellen können. Diese Auffassung ist im Ergebnis nicht haltbar (Rdnr. 20, 69 ff.). In der Literatur wird, unter anderem von den Autoren dieses Beitrags, vertreten, dass bei gesetzlich vorgeschriebenen Studien, etwa Zulassungsstudien, im Abschluss eines Vertrages nicht bereits ein „Vorteil" gesehen werden kann. Dasselbe gilt danach auch in den Fällen, in denen Medizinprodukte- und Pharmaunternehmen ihren Pflichten zur laufenden Produkt-/ Anwendungsbeobachtung[104] entsprechen. Dem ist die Rechtsprechung allerdings bislang nicht gefolgt. Angesichts der daher auch bei Leistungsaustauschbeziehungen bestehenden rechtlichen Risiken sind demnach auch beim Abschluss von Verträgen zwischen der Industrie einerseits und medizinischen Einrichtungen und deren Mitarbeitern andererseits über klinische Prüfungen oder Anwendungsbeobachtungen, Beratungs- und Referentenleistungen etc. die oben genannten Grundprinzipien (Rdnr. 81 ff.) sorgsam zu beachten, um Strafbarkeitsrisiken auszuschließen oder zumindest weitgehend zu minimieren.

a) Grundsätze

aa) Keine unlautere Beeinflussung von Beschaffungsentscheidungen

90   In Umsetzung des Trennungsprinzips dürfen Leistungsaustauschbeziehungen zwischen der Industrie einerseits und medizinischen Einrichtungen oder deren Mitarbeitern andererseits **nicht dazu missbraucht werden, Beschaffungsentscheidungen zu beeinflussen.** Dies bedeutet, dass der Abschluss von Verträgen mit medizinischen Einrichtungen oder deren Mitarbeitern, etwa über die Durchführung von klinischen Prüfungen oder Anwendungsbeobachtungen bzw. im Hinblick auf die Erbringung von Beratungsleistungen, nicht dazu instrumentalisiert werden darf, Entscheidungen des jeweiligen Vertragspartners über den Bezug von Produkten zu veranlassen oder zu beeinflussen. Dies wäre etwa dann der Fall, wenn der Abschluss eines solchen Vertrags von Seiten der Industrie ausdrücklich oder auch nur implizit von Kaufentscheidungen zugunsten des Unternehmens abhängig gemacht würde, oder umgekehrt Krankenhäuser oder Ärzte als Vertragspartner Beschaffungsentscheidungen zugunsten des Unternehmens nur unter der Voraussetzung in Aussicht stellen würden, dass sie in ein Forschungs- und Entwicklungsprojekt des Unternehmens einbezogen würden.

bb) Sachliche Rechtfertigung der Vertragsbeziehung

91   Die Korruptionsbekämpfungsgesetze bezwecken den Schutz der Lauterkeit der öffentlichen Verwaltung. Hierbei darf nicht einmal der Eindruck entstehen, Beschaffungsentscheidungen würden auf Grund sachfremder Erwägungen getroffen. Um einen derartigen Eindruck bereits im Ansatz zu vermeiden, ist es für die Begründung und Durchführung von Leistungsbeziehungen zwischen der Industrie einerseits und Krankenhäusern oder deren Mitarbeitern andererseits von besonderer Bedeutung, dass ein **sachlich gerechtfertigtes und für unbeteiligte Dritte nachvollziehbares Interesse** an der Durchführung dieser Leistungsbeziehungen besteht. Das Gleiche gilt für die Projekte, die Gegenstand dieser Leistungsbeziehungen sind. Ein Strafbarkeitsrisiko besteht daher nicht nur in

[102] *Räpple,* Zuwendungen, S. 194.
[103] *BGHSt* 31, 264; s. auch *HansOLG Hamburg,* StV 2001, 277, 279; StV 2001, 284.
[104] *Dieners/Lembeck/Taschke,* PharmaR 1999, 163.

dem krassen Fall, in dem etwa ein Vertrag mit einem Arzt nur zum Schein getroffen würde (**„Scheinvertrag"**), um diesem unter dem Deckmantel des Vertrags einen Vorteil zukommen zu lassen. Problematisch kann vielmehr auch die Vertragsbeziehung werden, aus
der nicht klar wird, aus welchem sachlich gerechtfertigten Interesse das Projekt durchgeführt werden soll oder bei dem Bedenken im Hinblick auf die rechtliche Ausgestaltung
der Vertragsbeziehung bestehen. Beispiele aus der Praxis hierfür sind etwa Forschungs-
und Entwicklungsverträge zwischen Industrieunternehmen und Ärzten, die (ohne hinreichenden Grund) keine Regelungen über das Schicksal gewerblicher Schutzrechte, die
gegebenenfalls im Zusammenhang des Vertragsprojekts entstehen könnten, zugunsten der
Unternehmen (etwa durch eine Übertragung von Patenten oder Einräumung von Lizenz-
rechten) vorsehen. Die Staatsanwaltschaften haben in bisher bekannt gewordenen Ermittlungsverfahren die Frage gestellt, welchen Wert ein solches Projekt für das vertragsschlie-
ßende Unternehmen haben soll. Dies bedeutet nicht unweigerlich, dass der Abschluss
eines derartigen Vertrags ohne Übertragung der gewerblichen Schutzrechte bzw. dessen
Durchführung unweigerlich zu einer Strafbarkeit der Beteiligten führen muss. Allerdings
sind **gute Gründe** erforderlich, die die gewählte Vertragsgestaltung rechtfertigen. Dasselbe gilt für die Auswahl des Vertragspartners, die allein von dessen **fachlicher Qualifikation** und frei von dessen Einfluss oder Einflussnahme auf Beschaffungsentscheidungen
geprägt sein soll.

cc) Wahl des Vertragspartners

Leistungsaustauschbeziehungen können grundsätzlich sowohl zwischen der Industrie ei-   **92**
nerseits und medizinischen Einrichtungen oder deren Mitarbeitern andererseits geschlossen
werden. In der Praxis sind oftmals, insbesondere beim Abschluss von Verträgen über klinische Prüfungen und Anwendungsbeobachtungen, auch dreiseitige Vertragsbeziehungen
zwischen der Industrie, Krankenhäusern und Ärzten üblich. Dies ist etwa dann der Fall,
wenn der Prüfarzt im Hinblick auf die von ihm im Rahmen der Prüfung zu übernehmenden regulatorischen Pflichten oder aber auch hinsichtlich der Übertragung gewerblicher
Schutzrechte auf das Unternehmen persönlich (mit-) verpflichtet werden soll. Dies ist
insbesondere auf Grund der Neufassung des § 42 ArbEG notwendig geworden.[105] Im
Hinblick auf die Umsetzung des Trennungsprinzips ist zu empfehlen, dass Verträge, jedenfalls im Regelfall, von Seiten der Industrie **mit der medizinischen Einrichtung** und
nicht mit einzelnen Ärzten oder Mitarbeitern medizinischer Einrichtungen abgeschlossen
werden. Dies hat den Vorteil, dass die Vergütungen unter den entsprechenden Verträgen
nicht dem Arzt, sondern der medizinischen Einrichtung zugute kommen. Wenn hierdurch auch vor dem Hintergrund der sog. „Drittvorteilsproblematik" ein gänzlicher Risikoausschluss nicht erreicht werden kann, führt ein Vertragsschluss mit der medizinischen
Einrichtung jedoch grundsätzlich zur **Vermeidung des Eindrucks,** wonach durch die
Zuwendung der vertraglichen Vergütung an eine Einzelperson ein Vorteil zugewendet
wird, wodurch Einfluss auf die Beschaffungsentscheidungen des Arztes oder Mitarbeiters
genommen werden soll. Zugleich werden auf diese Weise Konflikte mit dienst- und/oder
drittmittelrechtlichen Vorschriften ausgeschlossen. Die Empfehlung, Leistungsaustauschbeziehungen vorrangig mit medizinischen Einrichtungen und nicht mit einzelnen Ärzten
oder anderen Mitarbeitern dieser Einrichtungen abzuschließen, findet sich daher, insbesondere im Hinblick auf bestimmte Leistungsbeziehungen (klinische Prüfungen, For-
schungs- und Entwicklungsverträge), auch in dem Kodex „Medizinprodukte"[106] und dem
„Gemeinsamen Standpunkt"[107] der Verbände. Dort wird darüber hinaus insbesondere darauf hingewiesen, dass derartige Rechtsbeziehungen, etwa im Hinblick auf die Durchführung von klinischen Prüfungen, vielfach die **Inanspruchnahme von Sachmitteln**

---

[105] *Osterrieth/Holeweg,* MPR 2002, 18 ff.; *Bartenbach/Volz,* GRUR 2002, 743 ff., 758.
[106] Kodex „Medizinprodukte", S. 9.
[107] „Gemeinsamer Standpunkt", S. 13.

oder Personal der medizinischen Einrichtung voraussetzen und dass sichergestellt werden muss, dass Ärzte Sachmittel und Personal nicht ohne Wissen der Verwaltung bzw. gegen deren Willen nutzen. Von daher sollten Verträge, deren Durchführung die Inanspruchnahme von Sachmitteln oder Personal der medizinischen Einrichtung voraussetzt, grundsätzlich mit der medizinischen Einrichtung selbst abgeschlossen werden.

93   Der Abschluss von Verträgen über Leistungsaustauschbeziehungen zwischen der Industrie einerseits und medizinischen Einrichtungen andererseits ist jedoch **nicht zwingend.** Verträge können auch mit dem jeweiligen Mitarbeiter abgeschlossen werden. Im Einzelfall liegt dies auf Grund der Natur der entsprechenden Leistungsbeziehungen bei bestimmten Formen der Zusammenarbeit (etwa im Hinblick auf die Erbringung von **Beratungs-, Referenten- oder Autorenleistungen**) eher nahe. Insofern ist jedoch die vorherige Einbeziehung bzw. Genehmigung der Dienstherren oder Arbeitgeber der Vertragspartner von besonderer Bedeutung (Rdnr. 19, 83–84, 96–97).

94   Soweit der Vertrag mit der medizinischen Einrichtung selbst abgeschlossen wird, werden Ärzte und andere Mitarbeiter im Rahmen ihrer Dienstaufgaben für die medizinische Einrichtung bei der Durchführung der jeweiligen Projekte tätig. Trotz ihres Mitwirkens erfolgt der Vertragsschluss jedoch nicht mit ihnen selbst. Der Vertrag wird vielmehr zwischen dem jeweiligen Unternehmen und der **Verwaltung** geschlossen, die die medizinische Einrichtung als Vertragspartner vertritt. Von daher wird ein solcher Vertrag in der Regel auch von den Verwaltungen unterzeichnet, die insofern ihre Einrichtung als deren vertretungsberechtigte Repräsentanten vertreten. Dabei ist es von Bedeutung, dass Ärzten oder anderen (medizinischen oder wissenschaftlichen) Mitarbeitern medizinischer Einrichtungen in der Praxis zumeist **keine Vertretungsbefugnis** bei dem Abschluss von Verträgen für die medizinischen Einrichtungen zusteht. Teilweise haben medizinische Einrichtungen allerdings ihren Ärztlichen Direktoren entsprechende Vertretungsbefugnisse eingeräumt. Dies ist gegebenenfalls im Einzelfall zu klären. Von Bedeutung ist ferner beim Abschluss von Verträgen mit medizinischen Einrichtungen, dass die vertraglich vereinbarte Vergütung der medizinischen Einrichtung zugute kommt. Von daher muss in den entsprechenden Verträgen auch eine Kontoverbindung der medizinischen Einrichtung und nicht etwa die Kontonummer einzelner Ärzte angegeben werden.

95   Wird der Vertrag dagegen mit einem Arzt oder einem anderen Mitarbeiter der medizinischen Einrichtung geschlossen, werden diese Vertragspartner und **unterzeichnen** die Verträge. Das jeweilige Unternehmen sollte hier sicherstellen, dass der Vertragspartner seinen Dienstherrn bzw. Arbeitgeber umfassend informiert hat und die im Regelfall erforderliche **Genehmigung** des Dienstherrn oder Arbeitgebers vorliegt (Rdnr. 19, 83–84, 96–97). Sofern Ärzte oder andere Mitarbeiter medizinischer Einrichtungen Vertragspartner der Industrie werden, erfolgt die Zahlung der Vergütung auf die in dem Vertrag angegebene Bankverbindung des Arztes bzw. eines anderen Mitarbeiters (hierzu Rdnr. 99–100).

dd) Einbeziehung der Dienstherrn/Arbeitgeber

96   Bei der Eingehung und der Durchführung vertraglicher Leistungsaustauschbeziehungen ist die **Beachtung des Transparenz-/Genehmigungsprinzips** von größter Bedeutung. Von Seiten der Staatsanwaltschaften wird immer wieder betont, dass Korruption „im Dunkeln gedeiht". Die **Offenlegung** von Leistungsbeziehungen vermeidet oder vermindert daher schlechthin den Eindruck unzulässiger Einflussnahme auf ärztliche Entscheidungen. Sofern dienstrechtlich die Genehmigung durch den Dienstherrn oder den Arbeitgeber vorgeschrieben ist, stellt die Einhaltung des Transparenz-/Genehmigungsprinzips sicher, dass eine solche Genehmigung eingeholt wird. Darüber hinaus hat das Transparenz-/Genehmigungsprinzip auch strafrechtliche Bedeutung. Wenn der Dienstherr des Arztes die Gewährung einer Zuwendung in Kenntnis aller entscheidungserheblichen Tatsachen genehmigt, ist eine Verurteilung wegen Vorteilsannahme bzw. Vorteilsgewährung (§§ 331, 333 StGB) ausgeschlossen. Dies gilt zwar nicht für eine Verurteilung wegen Bestechung und Bestechlichkeit (§§ 332, 334 StGB); hier ist vielmehr eine pflichtwidrige

Diensthandlung Voraussetzung, die nicht genehmigungsfähig ist. Ungeachtet dessen kann jedoch die tatsächliche und rechtliche Vorprüfung eines Vorgangs durch den Dienstherrn oder Arbeitgeber sowie die hiermit verbundene Transparenz den möglichen **Eindruck erheblich reduzieren,** ein Vorteil sei auf eine pflichtwidrige Diensthandlung im Sinne der Bestechungsdelikte gerichtet (Rdnr. 19, 83–84). Eine Genehmigung kann nämlich unter dienstrechtlichen Gesichtspunkten nur dann gewährt werden, wenn nach Lage des Falls nicht zu besorgen ist, dass die Annahme die objektive Amtsführung beeinträchtigt oder bei dritten Personen, die hiervon Kenntnis erlangen, der Eindruck der Befangenheit des Amtsträgers entstehen könnte. Vor diesem Hintergrund ist also die umfassende vorherige Information des Dienstherrn/Arbeitgebers und die Einholung der im Regelfall erforderlichen Genehmigung beim Abschluss von Verträgen zwischen der Industrie und Ärzten bzw. anderen Mitarbeitern der medizinischen Einrichtungen unbedingt notwendig, um eine möglichst weitreichende Risikominimierung zu erzielen.

In der Praxis wird oft danach gefragt, ob es ausreicht, dass der Mitarbeiter der medizinischen Einrichtung als Vertragspartner der Industrie das Unternehmen lediglich darüber informiert, dass eine Unterrichtung seines Dienstherrn/Arbeitgebers erfolgt ist bzw. eine entsprechende Genehmigung eingeholt wurde, oder ob vielmehr die Vorlage der schriftlichen Genehmigung des Dienstherrn/Arbeitgebers selbst erforderlich ist. Sofern die Unterrichtung bzw. Einholung der Genehmigung auch tatsächlich erfolgt ist, reicht eine Information durch den Arzt, jedenfalls theoretisch, aus. Aus **Dokumentationsgründen** sollte jedoch unbedingt die Vorlage der entsprechenden schriftlichen Genehmigung des Dienstherrn/Arbeitgebers von dem Vertragspartner auf Seiten der Industrie verlangt werden, um diesem eine eigene Nachprüfung der Richtigkeit der Auskunft zu ermöglichen. Darüber hinaus ist der Erhalt der schriftlichen Genehmigung des Dienstherrn/Arbeitgebers erfahrungsgemäß aus Dokumentationsgründen auch notwendig, um im Fall der Einleitung von Ermittlungsverfahren eine vollständige Vertragsdokumentation zu besitzen, aus der die Ordnungsgemäßheit der Vertragsbeziehungen eindeutig hervorgeht. Da das Verlangen der Industrie auf Überlassung der schriftlichen Genehmigung des Dienstherrn/Arbeitgebers von Seiten der ärztlichen Vertragspartner – zu Unrecht – zuweilen als ein Zeichen des Misstrauens gewertet und daher abgelehnt wird, sieht der „Gemeinsame Standpunkt" der Verbände ausdrücklich eine Regelung vor, wonach die Überlassung der schriftlichen Genehmigung an den Vertragspartner auf Seiten der Industrie auf dessen Verlangen **nicht verweigert** werden sollte.[108]

ee) Angemessenheit von Leistung und Gegenleistung

Leistung und Gegenleistung müssen in einem **angemessenen Verhältnis** zueinander stehen. Dies bedeutet, dass keine unangemessen hohen Vergütungen für die Tätigkeit des jeweiligen Vertragspartners gezahlt werden dürfen. Sofern dies der Fall sein sollte, besteht das Risiko, dass der über eine angemessene Vergütung hinausgehende Betrag als Vorteil im Sinne der Korruptionsdelikte bewertet wird. Feste Regeln für die Berechnung der jeweiligen Vergütung bestehen jedoch nicht. Bei der Festlegung der Vergütungshöhe sollte man sich daran orientieren, was „marktüblich" ist und auch dann gezahlt würde, wenn es sich bei dem Vertragspartner nicht um eine Person handelt, die Produkte des Unternehmens bezieht oder die Einfluss auf den Bezug von Produkten hat (**„arms-length-principle"**).

ff) Zahlungsbedingungen

Die Zahlung der vertraglich vereinbarten Vergütung darf nur dann erfolgen, wenn die geschuldeten Leistungen **ordnungsgemäß erbracht** worden sind. Dies schließt nicht aus, Vorabzahlungen, etwa zum Zwecke einer Vorauszahlung als sog. **„Anschubfinanzierung"** zu Beginn eines Forschungsprojekts, zu leisten, wenn diese Vorauszahlung nach

97

98

99

---

[108] „Gemeinsamer Standpunkt", S. 12.

Abschluss des Projekts mit der geschuldeten Gesamtvergütung ordnungsgemäß verrechnet wird. Die Zahlung der vertraglich vereinbarten Vergütung sollte ferner nur **per Überweisung** auf das in dem jeweiligen Vertrag angegebene Bankkonto erfolgen und **nicht bar oder per Scheck.**

100   In der Praxis kommt es zuweilen vor, dass der Vertragspartner die unmittelbare Zahlung der Vergütung nicht an sich selbst, sondern **an einen Dritten** verlangt. Ein Beispiel hierfür wäre etwa das Verlangen einer medizinischen Einrichtung, die Vergütung für die Durchführung einer klinischen Prüfung nicht auf ein Konto der medizinischen Einrichtung zu zahlen, sondern stattdessen an einen Förderverein der entsprechenden Einrichtung. Ein anderes Beispiel wäre das Verlangen eines ärztlichen Vertragspartners, das ihm im Rahmen eines Beratervertrags geschuldete Honorar auf ein Drittmittelkonto der medizinischen Einrichtung oder auf ein Konto einer Fachgesellschaft zu überweisen. Derartige Regelungen sind zwar vertragsrechtlich grundsätzlich möglich. Sie sollten jedoch **vermieden** werden, da sie zum einen die Abwicklung der Vertragsverhältnisse, insbesondere im Fall von Schlechtleistungen die Rückerstattung von (zu Unrecht) gezahlten Beträgen erheblich erschweren. Zum anderen erschweren sie auch die Identifizierung des steuerlichen Leistungsempfängers (Rdnr. 157, 160) bzw. lassen möglicherweise unerwünschte steuerliche Folgen auf Seiten aller Beteiligten entstehen. Von daher ist es sehr zu empfehlen, eine **Einheitlichkeit von vertraglichen Leistungs- und Zahlungsbeziehungen** vorzusehen.

b) Typische Vertragsbeziehungen

aa) Klinische Prüfungen und Leistungsbewertungsprüfungen

101   Nach § 19 Abs. 1 MPG ist die Eignung von Medizinprodukten für den vorgesehenen Verwendungszweck durch eine klinische Bewertung anhand von klinischen Daten zu belegen, soweit nicht in begründeten Ausnahmefällen andere Daten ausreichend sind. Die klinische Bewertung ist ggf. auf die Ergebnisse aller **klinischen Prüfungen** zu stützen. Für die Eignung von In-vitro-Diagnostika für den vorgesehenen Verwendungszweck sieht das MPG in § 19 Abs. 2 Satz 2 eine Leistungsbewertung anhand geeigneter Daten vor, die sich gem. § 19 Abs. 2 Satz 2 Nr. 2 MPG auf die Ergebnisse aller **Leistungsbewertungsprüfungen** oder sonstigen geeigneten Prüfungen stützen kann.

102   Der Abschluss eines Vertrags über die Durchführung klinischer Prüfungen bzw. Leistungsbewertungsprüfungen stellt einen notwendigen Fall der Kooperation zwischen der Industrie und medizinischen Einrichtungen bzw. Ärzten dar. Mit einem Vertrag für die Durchführung derartiger Prüfungen darf nicht der Zweck verfolgt werden, einer medizinischen Einrichtung oder einem Arzt unter dem Deckmantel dieses Vertrags finanzielle Zuwendungen zukommen zu lassen, um damit Einfluss auf seine Beschaffungsentscheidungen zu nehmen. Das bedeutet, dass bereits vor Abschluss des Vertrags ein **sachlich gerechtfertigtes Interesse** an der Durchführung derartiger Prüfungen sowie an deren Ergebnissen bestehen muss. Dies ist im Regelfall dann unproblematisch, wenn etwa im Rahmen eines Konformitätsbewertungsverfahrens der Nachweis der Wirksamkeit, Verträglichkeit und Sicherheit eines Produkts zu erbringen ist und die hierfür erforderlichen Daten nicht vorliegen. Darüber hinaus muss der vorgesehene Prüfarzt die nach § 20 Abs. 1 Nr. 4 MPG vorgesehene **Qualifikation** und eine mindestens zweijährige Erfahrung in der klinischen Prüfung von Medizinprodukten nachweisen können.

103   Verträge über klinische Prüfungen und Leistungsbewertungsprüfungen setzen regelmäßig die **Inanspruchnahme von Sachmitteln und Personal** der medizinischen Einrichtung voraus. Erfahrungsgemäß werden die hierfür von der Industrie erbrachten Vergütungsleistungen in den medizinischen Einrichtungen zum Zwecke der Forschung, aber auch zur Finanzierung von Geräteinvestitionen oder AIP-Stellen verwendet. Es liegt daher nahe, grundsätzlich als **Vertragspartner solcher Verträge die medizinische Einrichtung** selbst und nicht den jeweiligen Prüfarzt vorzusehen, der jedoch im Hinblick auf die

Übernahme der ihn unmittelbar betreffenden regulatorischen Verpflichtungen sowie hinsichtlich der Übertragung von gewerblichen Schutzrechten (Rdnr. 92) in die Vertragsbeziehungen zwischen der Industrie und der medizinischen Einrichtung (entweder im Rahmen des Vertrags oder auf der Grundlage einer gesonderten Vereinbarung) eingeschlossen werden sollte. In diesem Fall erfolgt die Tätigkeit des Prüfarztes im Rahmen seiner **Dienstaufgaben** für die medizinische Einrichtung.

Soweit der Prüfarzt im Ausnahmefall selbst alleiniger Vertragspartner werden soll, ist **104** die vorherige **schriftliche Genehmigung des Dienstherrn** bzw. Arbeitgebers, d.h. im Regelfall der Verwaltung, einzuholen, um die Einhaltung der entsprechenden dienstrechtlichen Anforderungen sowie der Verpflichtung zur Abführung allfälliger Nutzungsentgelte für die Inanspruchnahme von Sachmitteln und Personal der medizinischen Einrichtung sicherzustellen. Insofern erfolgt die Tätigkeit des Prüfarztes im Rahmen einer **Nebentätigkeit.** Ob eine derartige Nebentätigkeit rechtlich zulässig ist, entscheidet sich nach der Vereinbarkeit der Durchführung entsprechender Projekte mit den geltenden dienstrechtlichen Bestimmungen. Eine Genehmigung ist dann ausgeschlossen, wenn sich eine Kollision der Nebentätigkeit mit den Dienstpflichten des Prüfarztes ergibt. Eine derartige Kollision liegt in der Regel nur dann nicht vor, wenn die gesamte Nebentätigkeit des Prüfarztes eine zeitliche Beanspruchung von etwa einem Arbeitstag pro Woche nicht übersteigt. Auch hier sollte die medizinische Einrichtung bzw. der Dienstherr hinsichtlich der Übertragung gewerblicher Schutzrechte ggf. in die Vertragsbeziehung eingeschlossen werden (Rdnr. 92).

Leistungen und Gegenleistungen der Vertragspartner müssen in einem **angemessenen 105 Verhältnis** zueinander stehen. Dies bedeutet, dass die medizinische Einrichtung (oder der Arzt) als Vertragspartner des Unternehmens im Hinblick auf die Durchführung einer klinischen Prüfung im Regelfall keine pauschale Vergütung, sondern ein Honorar für jeden ordnungs- und vertragsgemäß ausgefüllten Prüfbogen (CRF) erhält. Die Höhe der Vergütung sollte vor Abschluss des Vertrags bestimmt und dokumentiert worden sein. Auch die MBO-Ä 1997 bestimmt für Leistungen von Ärzten an die Hersteller von Arznei-, Heil-, Hilfsmitteln oder medizinisch-technischen Geräten, dass „die hierfür bestimmte Vergütung der erbrachten Leistungen entsprechen" muss (§ 33 Satz 1 MBO-Ä). Entsprechendes gilt nach Nr. 5.4.9 der Europäischen Norm 540 zur Durchführung klinischer Prüfungen von Medizinprodukten an Menschen.

Im Rahmen der Durchführung von klinischen Prüfungen und Leistungsbewertungen **106** kann es vorkommen, dass hierfür **Geräte,** insbesondere Diagnosegeräte, benötigt werden, die der medizinischen Einrichtung nicht zur Verfügung stehen. Diese können von dem Unternehmen für den Zeitraum der Durchführung der klinischen Prüfung **beigestellt** werden. Allerdings können sich insbesondere unter steuerrechtlichen Gesichtspunkten dann Probleme und Fragen ergeben, wenn das beigestellte Gerät nicht nur im Rahmen der klinischen Prüfung oder Leistungsbewertungsprüfung, sondern auch für den normalen Klinikbetrieb eingesetzt werden soll (Rdnr. 178). In der Praxis kommt es auch vor, dass medizinische Einrichtungen keine Vergütung in Geld, sondern die dauerhafte Überlassung eines Geräts als Gegenleistung für die Durchführung einer klinischen Prüfung verlangen. Eine derartige Vereinbarung widerspricht nicht nur der Empfehlung, dass die Vergütung grundsätzlich in Geld geleistet werden sollte, sondern löst regelmäßig auch komplizierte steuerrechtliche Folgen aus (Rdnr. 177–179).

bb) Klinische Prüfungen nach § 23 MPG/Anwendungsbeobachtungen

Klinische Prüfungen nach § 23 MPG bzw. Anwendungsbeobachtungen unterscheiden **107** sich von klinischen Prüfungen nach §§ 19 ff. MPG dadurch, dass sie mit Medizinprodukten durchgeführt werden, die **bereits eine CE-Kennzeichnung tragen dürfen.** Sie verschaffen den Unternehmen die Möglichkeit zur Überprüfung der **Anwendungsvorteile** im Rahmen der Zweckbestimmung des Produkts oder seiner Verträglichkeit auf breiterer (Patienten-) Basis.

108 In der staatsanwaltschaftlichen Ermittlungspraxis sind derartige Prüfungen oftmals deshalb nicht ganz unumstritten, da ihre Notwendigkeit bzw. ihr Wert für das Unternehmen nicht immer erkannt und solche Prüfungen oftmals als bloße „Marketingstudien" diskreditiert werden, deren eigentliches Ziel in der Erhöhung des Verbrauchs von Medizinprodukten und damit in einer bloßen Umsatzsteigerung gesehen wird. Tatsächlich kann aber an der Berechtigung klinischer Prüfungen nach § 23 MPG bzw. von sog. Anwendungsbeobachtungen **an sich kein Zweifel** bestehen,[109] da die entsprechenden regulatorischen Vorgaben (etwa § 23 MPG selbst bzw. Art. 15 Abs. 3 i. V. m. Anhang X der Richtlinie 93/42/EWG) derartige Prüfungen ausdrücklich vorsehen und die Hersteller von Medizinprodukten auch nach deren Markteinführung aus regulatorischen, aber auch aus produkthaftungsrechtlichen Gründen verpflichtet sind, die Wirksamkeit, Funktionstauglichkeit und Sicherheit ihrer Produkte laufend zu überwachen bzw. zu überprüfen. Bei vielen international tätigen Unternehmen ist es zudem auf der Grundlage interner Qualitäts- und Sicherheitsvorgaben üblich, dass Medizinproduktehersteller nach der Erlangung der CE-Kennzeichnung trotz der damit erreichten allgemeinen Marktfähigkeit diese Produkte nicht umfassend auf dem Markt einführen, sondern zunächst für einen bestimmten Zeitraum und in quantitativ begrenzter Stückzahl im Rahmen etwa von Anwendungsbeobachtungen vertreiben. Hierdurch sollen zusätzliche Erkenntnisse und Daten erlangt werden, bevor die eigentliche Markteinführung beginnt. Dies liegt per se **im Interesse der Medizinproduktesicherheit** und damit im Interesse der Patienten an funktionsfähigen Medizinprodukten. Kritisch wird es hingegen dort, wo derartige Prüfungen dazu instrumentalisiert werden, um den Verkauf von Medizinprodukten durch die Einbeziehung von medizinischen Einrichtungen oder Ärzten in solche klinische Prüfungen nach § 23 MPG bzw. Anwendungsbeobachtungen zu steigern. Aus diesem Grund ist es besonders wichtig, dass derartige Prüfungen **sachlich gerechtfertigt** sind. Es kommt hier ganz besonders darauf an, dass solchen Prüfungen ein tatsächlich bestehendes und auch nachvollziehbares sowie dokumentiertes Erkenntnisinteresse zugrunde liegt. Im Übrigen kann hinsichtlich der Voraussetzungen für den Abschluss von Vertragsbeziehungen mit medizinischen Einrichtungen oder deren Mitarbeitern auf die Grundsätze für die klinische Prüfung bzw. Leistungsbewertungsprüfung unter Rdnr. 101–106 verwiesen werden.

cc) Beraterverträge

109 Beraterverträge betreffen **Beratungsleistungen,** die von Ärzten oder anderen Mitarbeitern medizinischer Einrichtungen oder von den medizinischen Einrichtungen selbst für die Industrie erbracht werden.

110 Sofern das **Beratungsverhältnis mit der medizinischen Einrichtung** eingegangen wird, betraut diese einen Arzt, der die Beratungsleistung für die medizinische Einrichtung ausführt. In diesem Fall wird die medizinische Einrichtung selbst Vertragspartner. Die Unterzeichnung des Vertrags erfolgt durch einen vertretungsberechtigten Repräsentanten der medizinischen Einrichtung (im Regelfall durch einen Mitarbeiter der Verwaltung). Die Vergütung erfolgt an die medizinische Einrichtung. Der mit der Ausführung der Beratungsleistungen von der medizinischen Einrichtung betraute Arzt erbringt diese Leistungen im Rahmen seiner Dienstaufgaben für die medizinische Einrichtung. Ein genereller Vorrang der medizinischen Einrichtung in der Wahl des Vertragspartners besteht jedoch nicht, da Beratungsverhältnisse häufig auf dem Vertrauen in die besondere Fachkompetenz eines bestimmten Arztes beruhen. Beratungsleistungen setzen in der Regel auch **nicht die Inanspruchnahme von Sachmitteln oder (weiterem) Personal** der medizinischen Einrichtung voraus, so dass auch unter diesem Aspekt ein Vertragsabschluss mit dem Arzt selbst in Betracht kommen kann. Sofern die Durchführung des Beratungsvertrages jedoch die Inanspruchnahme von Sachmitteln oder Personal der medizinischen Einrichtung voraussetzen sollte, sollte auch hier der Beratervertrag vorrangig mit der medizinischen Ein-

---

[109] So auch *Tröndle/Fischer,* § 331 StGB, Rdnr. 27.

richtung selbst abgeschlossen werden. Auch hier können sich dreiseitige Vertragsbeziehungen empfehlen, um dadurch die Übertragung gewerblicher Schutzrechte auf das Unternehmen zu sichern (Rdnr. 92).

Soweit das Beratungsverhältnis mit einem Arzt oder einem anderen Mitarbeiter der medizinischen Einrichtung eingegangen wird, muss auch unbedingt der Eindruck vermieden werden, der Vertrag sei zu dem Zweck abgeschlossen worden, dem Arzt oder einem anderen Mitarbeiter der medizinischen Einrichtung im Mantel eines Beratervertrags finanzielle Zuwendungen zukommen zu lassen, um Beschaffungsentscheidungen zugunsten des Bezugs von Medizinprodukten des Unternehmens zu fördern. Vor Abschluss des Vertrags muss daher auch hier die **sachliche Rechtfertigung der Beratungsleistungen** geprüft und bejaht worden sein. **111**

Von **besonderer Bedeutung** ist bei der Durchführung von Beratungsverhältnissen die **Dokumentation** der von dem Vertragspartner erbrachten Leistungen. Beratungsleistungen erfolgen nicht immer in Schriftform, etwa durch Erarbeitung von Berichten oder Dokumentationen, sondern vielfach mündlich, etwa im Rahmen von Besprechungen oder auch telefonisch. Nach Abschluss der Beratungsverhältnisse lässt sich daher oftmals nur schwer feststellen bzw. rekonstruieren, welche Beratungsleistungen von Seiten des ärztlichen Vertragspartners tatsächlich erbracht worden sind. Dies kann jedoch später notwendig werden, um nachzuweisen, dass das Rechtsverhältnis korrekt und die Höhe der geleisteten Vergütungen nicht zu beanstanden war. Aus diesem Grund ist zu empfehlen, möglichst sämtliche Beratungsleistungen schriftlich festzuhalten und zu der Vertragsakte zu nehmen, etwa in Form von **Besprechungsprotokollen, Telefonnotizen oder regelmäßigen Zwischenberichten des Beraters.** **112**

Der Abschluss eines Beratervertrags mit einem Arzt oder einem anderen Mitarbeiter medizinischer Einrichtungen setzt die **Genehmigung des Dienstherrn bzw. Arbeitgebers** voraus, die ebenfalls schriftlich dokumentiert sein sollte. **113**

dd) Referentenverträge

Referentenverträge sind Verträge, durch die sich ein Arzt bzw. ein anderer Mitarbeiter einer medizinischen Einrichtung oder die medizinische Einrichtung selbst verpflichtet, einen **(Fach-) Vortrag für ein Unternehmen** zu halten. **114**

Auch Referentenverträge können grundsätzlich mit dem einzelnen Arzt geschlossen werden. Daher gilt hier dasselbe wie für Beraterverträge. Auch hier ist jedoch darauf zu achten, dass nicht der Eindruck entsteht, auf diesem Wege solle dem jeweiligen Vertragspartner ein verdeckter Vorteil zugewendet werden. Das Unternehmen muss also auch hier ein **legitimes Bedürfnis** für den Abschluss eines Vertrags haben. Ein derartiges Bedürfnis besteht in der Regel nur dann, wenn das Referat einen **erkennbaren Bezug zu den Produkten** des Unternehmens oder damit in Zusammenhang stehenden Fragestellungen hat. Dies ist regelmäßig gegeben, wenn der ärztliche Vertragspartner Vorträge oder Moderationen auf Fort- und Weiterbildungsveranstaltungen übernimmt, die von den jeweiligen Unternehmen veranstaltet oder mitveranstaltet werden. Referentenverträge kommen jedoch auch dann in Betracht, wenn der Referent Vorträge auf sog. Fremdveranstaltungen, zumeist medizinischen Fachtagungen oder Kongressen halten soll und sich das Referat auf Produkte des Unternehmens oder damit in Zusammenhang stehende Therapieformen etc. bezieht. Voraussetzung ist ferner, dass ein berechtigtes Interesse des Unternehmens besteht, hierdurch zu einem besseren Verständnis, einer einfacheren Handhabung oder einer effizienteren Nutzung der Produkte zu gelangen. Ein Beispiel hierfür ist etwa der Bericht eines Prüfarztes als Referent des Unternehmens auf einem medizinischen Fachkongress über die Ergebnisse einer klinischen Prüfung eines bestimmten Medizinprodukts. **115**

Referentenverträge werden regelmäßig nicht mit der medizinischen Einrichtung, sondern mit einzelnen Ärzten oder anderen Mitarbeitern medizinischer Einrichtungen geschlossen. Insofern kommt der Vertrag direkt mit dem Arzt bzw. anderen Mitarbeiter der **116** medizinischen Einrichtung als Vertragspartner zustande. Auch hier ist die vorherige **Genehmigung des Dienstherrn bzw. Arbeitgebers** erforderlich. Im Übrigen gelten dieselben Voraussetzungen wie bei Beraterverträgen (Rdnr. 109–113). Die **Dokumentation** sollte dadurch sichergestellt werden, dass Kopien des Vortragsmanuskripts, der entsprechenden Vortragsfolien oder Poster etc. zu der Vertragsakte genommen werden.

ee) Sponsoringverträge

117 Unter Sponsoringverträgen werden hier Vereinbarungen verstanden, bei denen Unternehmen von den Veranstaltern wissenschaftlicher Tagungen, Kongressen oder Fachmessen **„imagefördernde Werbeaktivitäten"** als Gegenleistung für die Zahlung einer Vergütung eingeräumt werden. Als solche imagefördernde Werbeaktivitäten kommt etwa die Gelegenheit in Betracht, als **„Sponsor"** genannt zu werden oder anderweitig werblich auftreten zu können, etwa durch die Anbringung eines Logos, die Vorführung von Videos zur Anwendung von Produkten, durch die Auslegung von Produkt- und Firmenbroschüren oder durch einen Stand am Rande einer Veranstaltung. Vielfach sehen Sponsoringvereinbarungen auch vor, dass der Druck von Einladungskarten zu Veranstaltungen finanziert wird, wenn im Gegenzug das Unternehmen auf diesen Einladungskarten als Sponsor genannt wird.

118 Sponsoringverträge (auch in Form eines Vertrags über die **Anmietung eines Ausstellungsstands**) werden zwischen dem Unternehmen (Sponsor) und dem Veranstalter abgeschlossen: Sofern Veranstaltungen von medizinischen Einrichtungen oder unter Verwendung von Sachmitteln und Personal medizinischer Einrichtungen durchgeführt werden, sollte der Sponsoringvertrag **vorrangig mit der medizinischen Einrichtung** selbst abgeschlossen werden (und nicht etwa mit Ärzten, die diese Veranstaltungen für die medizinische Einrichtung organisieren). Sofern Veranstaltungen von unabhängigen Organisationen (etwa von medizinischen Fachgesellschaften) veranstaltet werden, sollten die Sponsoringverträge vorrangig mit **diesen Organisationen** abgeschlossen werden und ebenfalls nicht mit den Ärzten, die die Veranstaltungen für diese Organisationen organisieren.

119 Die Vergütung muss auch hier in einem **angemessenen Verhältnis** zu dem Umfang der Werbeaktivitäten stehen, die dem Unternehmen im Gegenzug eingeräumt werden. Dies folgt bereits daraus, dass sonst der Eindruck verdeckter finanzieller Zuwendungen entstehen könnte. Außerdem besteht ansonsten die Frage, dass der entsprechende Aufwand steuerlich nicht anerkannt wird. Zu beachten ist ferner, dass auf Seiten des Vertragspartners der Industrie Sponsoringverträge ggf. zu ertrag- und umsatzsteuerlichen Konsequenzen führen können (Rdnr. 184 ff.).

2. Einseitige Leistungen

120 **Einseitige Leistungen** liegen immer dann vor, wenn die Industrie medizinischen Einrichtungen, Ärzten oder anderen Mitarbeitern Zuwendungen gewährt, ohne dafür eine Gegenleistung zu erhalten. Hierbei kommen verschiedene Gründe für die Gewährung einseitiger Leistungen durch Unternehmen in Betracht. Es steht außer Frage, dass die medizintechnologische sowie die pharmazeutische Industrie hinsichtlich einer sicheren Anwendung ihrer Produkte durch ärztliche Anwender, aber auch im Hinblick auf deren Fort- und Weiterbildung ein **legitimes Interesse** daran hat, die Teilnahme von Anwendern und medizinischem Fachpersonal an Fort- und Weiterbildungsveranstaltungen zu unterstützen. Nur hierdurch kann der erforderliche Kenntnisstand erworben bzw. beibehalten und die sachgerechte Anwendung von medizinischen Produkten im Sinne einer optimalen Patientenversorgung gesichert werden. Darüber hinaus unterstützt die medizinische Industrie regelmäßig die medizinische Wissenschaft und Forschung, aber auch Einrichtungen des Gesundheitswesens, durch Spenden oder andere Leistungen, um hierdurch zur Weiterentwicklung von Wissenschaft und Forschung beizutragen. Derartige Unter-

stützungsleistungen sind zur Wahrung sowie zum weiteren Ausbau des **Forschungs- und Wissenschaftsstandorts Deutschland** auch unbedingt notwendig. Sie sind auch **politisch gewollt,** insbesondere angesichts der dramatischen Verknappung öffentlicher Mittel in den Bereichen des Gesundheitswesens sowie der medizinischen Forschung. Von daher besteht dem Grundsatz nach ein **weitgehender Konsens,** dass die entstandenen Unsicherheiten im Hinblick auf die Zusammenarbeit zwischen Industrie, medizinischen Einrichtungen und deren Mitarbeitern nicht zu einer Gefährdung dieser unverzichtbaren Unterstützungsmaßnahmen der Industrie führen dürfen.

Gleichzeitig bergen einseitige Leistungen im besonderen Maße das **Risiko,** unter dienst- und strafrechtlichen Gesichtspunkten **als unzulässige Einflussnahmen** auf die Beschaffungsentscheidungen von Mitarbeitern medizinischer Einrichtungen gewertet zu werden. Die Einfügung des Tatbestandsmerkmals des „Drittvorteils" in die gesetzlichen Tatbestände der Korruptionsdelikte hat diese Problematik noch weiter erhöht (Rdnr. 20 und 69 ff.). Es empfiehlt sich daher grundsätzlich, dass die Gewährung bzw. Annahme einseitiger Leistungen (etwa Geschenke, Unterstützungen zur passiven Teilnahme an Kongressen) zum Zwecke der strafrechtlichen Risikominimierung entweder völlig vermieden wird oder sich im Rahmen der strengen Grundsätze des „Gemeinsamen Standpunkts" bewegen sollte. **121**

a) Grundsätze

Im Hinblick auf die Gewährung von einseitigen Unterstützungsleistungen an Ärzte, **122** aber auch an medizinische Einrichtungen, ist vor dem Hintergrund der **aktuellen Rechtsprechung**[110] ein vollständiger Risikoausschluss nur bei völliger Einstellung dieser Leistungen möglich. Dies betrifft insbesondere die direkte finanzielle Unterstützung der Industrie an Ärzte für deren Teilnahme an Fortbildungsveranstaltungen und medizinischen Fachkongressen, bei denen selbst bei vorheriger Offenlegung gegenüber der Verwaltung bzw. bei Genehmigung durch den Vorgesetzten gerichtliche Verurteilungen wegen Bestechlichkeit zu verzeichnen sind. Eine **Risikominimierung** kann hier dadurch erreicht werden, dass entsprechende Unterstützungsleistungen an die medizinischen Einrichtungen gewährt werden, die die teilnehmenden Ärzte auswählen und die Kosten der Veranstaltungsteilnahmen aus den zur Verfügung gestellten Drittmitteln übernehmen. Grundsätzlich sollten bei sämtlichen einseitigen Unterstützungsformen folgende Gesichtspunkte bedacht werden:

– Preisnachlässe, Rabatte und dergleichen müssen offen erfolgen und dürfen **nicht über den Umweg von Spenden an medizinische Einrichtungen** oder gemeinnützige Organisationen oder anderweitig gewährt werden.

– Die bestehenden **Genehmigungserfordernisse** durch die Träger, Verwaltungen und Vorstände medizinischer Einrichtungen sowie durch die Dienstherrn der Mitarbeiter medizinischer Einrichtungen sind im Hinblick auf die Gewährung einseitiger Leistungen der Industrie an medizinische Einrichtungen und deren Mitarbeiter von **besonders hoher Bedeutung** und daher strikt zu beachten. Angesichts der besonderen strafrechtlichen Risiken, die mit der Annahme und Gewährung einseitiger Leistungen verbunden sind, sollte die Gewährung einseitiger Leistungen in keinem Fall ohne vorherige Einholung/Vorlage entsprechender schriftlicher Genehmigungen erfolgen.

b) Typische Formen einseitiger Leistungen

Die Gewährung einseitiger Leistungen durch die Industrie an medizinische Einrichtun- **123** gen und deren Mitarbeiter betrifft in der Praxis regelmäßig die Unterstützung der **Teilnahme von Ärzten an medizinischen Fort- und Weiterbildungsveranstaltungen,** die Gewährung von **Spenden** an medizinische Einrichtungen oder hiervon unabhängige

---

[110] Hierzu der Beitrag von *Taschke* in diesem Handbuch (§ 19 Rdnr. 166–205); s. auch *Dieners/ Taschke,* PharmaR 2000, 310 ff.

Organisationen (etwa Fördervereine oder medizinische Fachgesellschaften) sowie die **Gewährung von Geschenken** an und **Bewirtungen** von Mitarbeitern medizinischer Einrichtungen.

aa) Unterstützung der Teilnahme an Fortbildungsveranstaltungen

124   Die Industrie unterstützt seit jeher die Teilnahme von Mitarbeitern medizinischer Einrichtungen an Symposien, Konferenzen, Kongressen, Fortbildungs- und Informationsveranstaltungen sowie Betriebsbesichtigungen. Die Unterstützung von Seiten der Industrie hat regelmäßig die **Gewährung von Reise- und Unterbringungskosten** zum Gegenstand, bei internationalen Fachkongressen wird zum Teil auch die **Teilnahmegebühr** übernommen. Diesen Leistungen der Industrie liegt regelmäßig folgende Motivation zugrunde:

– Die Vermittlung von Fachwissen über neue wissenschaftliche Erkenntnisse und Therapieformen erfolgt im Wesentlichen im Rahmen nationaler und internationaler Fachkongresse. Die medizintechnologische und pharmazeutische Industrie hat im Hinblick auf die Vermittlung dieser Kenntnisse an der Teilnahme von Ärzten an solchen Fachkongressen ein erhebliches Interesse, und zwar sowohl im Hinblick auf das **bessere Verständnis neuer Produkte und Therapieformen** also auch im Hinblick auf eine **sichere bzw. verbesserte Anwendung von Produkten** und damit in Zusammenhang stehende Therapien. Medizinischen Einrichtungen bzw. der öffentlichen Hand fehlt es in der Regel an Mitteln, um die regelmäßige Teilnahme ihrer Ärzte an medizinischen Fachkongressen zu finanzieren. Ein Wegfall der Industrieunterstützung würde daher den hohen medizinischen und wissenschaftlichen Kenntnisstand der deutschen Medizin und damit auch den Wissenschafts- und Industriestandort Deutschland gefährden.

– Fort- und Weiterbildungsveranstaltungen werden in der Regel von wissenschaftlichen Fachgesellschaften, aber auch von medizinischen Einrichtungen selbst veranstaltet, um **wissenschaftliche Erkenntnisse über bereits eingeführte oder neue Produkte sowie über entsprechende Therapieformen** durch erfahrene Anwender an andere Ärzte (meistens junge Mediziner) zu vermitteln. Auch hier ist eine finanzielle Unterstützung durch die Industrie im Interesse der Fort- und Weiterbildung dieser Ärzte, der Verbesserung der Patientenversorgung sowie im Interesse an einer wissenschaftlich fundierten sachgemäßen Anwendung von Produkten und damit verbundenen Therapieformen notwendig. Dies wäre ohne die regelmäßige Übernahme von Reise- und Übernachtungskosten durch die Industrie gefährdet.

– Schließlich findet die Vermittlung von unmittelbar produktbezogenem medizinischem Wissen durch regelmäßige **Produktschulungen** durch Industrieunternehmen statt, zu denen Ärzte eingeladen werden und bei denen die Industrie in der Regel ebenfalls die anfallenden Reise- und Übernachtungskosten der Teilnehmer trägt. Die Durchführung derartiger Produktschulungen ist insbesondere bei der Neueinführung von Produkten bzw. damit verbundener Therapieformen von unverzichtbarer Bedeutung, da nur auf diese Weise die für eine **sachgerechte Anwendung der Produkte** am Patienten erforderlichen Kenntnisse vermittelt werden können.

– Dasselbe kann für Betriebsbesichtigungen gelten, sofern die in diesem Zusammenhang vermittelten Kenntnisse für ein **besseres allgemeines Verständnis für die Anwendung der Produkte** von Bedeutung sind.

125   **Formen der Unterstützung der Teilnahme.** Gemeinhin unterscheidet man bei der Behandlung dieses Themas danach, in welcher Weise Ärzte und andere Mitarbeiter medizinischer Einrichtungen an medizinischen Fachkongressen, Fort- und Weiterbildungsveranstaltungen sowie Betriebsbesichtigungen etc. teilnehmen. Hierbei kommt entweder eine „aktive" oder eine „passive Teilnahme" in Betracht. Als weiteres Differenzierungskriterium wird angesehen, ob die jeweilige Veranstaltung von dem Unternehmen selbst oder von Dritten veranstaltet oder organisiert wird. In dem einen Fall handelt es sich im Regel-

fall um **Produktschulungen** oder **Betriebsbesichtigungen** eines Unternehmens, in dem anderen Fall um **medizinische Fachkongresse** oder **Symposien,** die von medizinischen Einrichtungen oder Dritten (etwa Kongressveranstaltern oder nationalen oder internationalen Fachgesellschaften) ausgerichtet werden (fremdorganisierte Fortbildungs- und Informationsveranstaltungen).

„**Aktive Teilnahmen**". Von einer „aktiven Teilnahme" an Veranstaltungen der Industrie bzw. fremdorganisierten Veranstaltungen wird dann gesprochen, wenn ein Arzt derartige Veranstaltungen moderiert oder in deren Rahmen referiert bzw. eine Präsentation darbietet. Regelmäßig steht die Moderation, das Referat oder die Präsentation in einem engen Zusammenhang mit Problemen oder Therapieformen, die für Produkte des Unternehmens bzw. deren Anwendung unmittelbar oder mittelbar von besonderem Interesse sind. Dies ist etwa der Fall, wenn ein Arzt im Rahmen der Produktschulung eines Unternehmens die fachgerechte Anwendung von Produkten des Unternehmens erläutert. Dies gilt aber gleichermaßen auch für den Fall, dass ein Arzt im Rahmen einer fremdorganisierten Veranstaltung einen Vortrag über die Ergebnisse von Studien- und Forschungsprojekten hält, die dieser zuvor für das Unternehmen im Rahmen eines Forschungsprojekts oder einer klinischen Prüfung durchgeführt hat. Für den Fall, dass eine „aktive Teilnahme" in dem oben genannten Sinne vorliegt, sollte die Übernahme der entsprechenden Aufwendungen für Reise-, Übernachtungs- und ggf. Registrierungsgebühren ebenso wie die Zahlung eines Honorars auf der Grundlage eines **Referentenvertrags** erfolgen, da es sich in einem solchen Fall nicht um einseitige Leistungen des Unternehmens, sondern um ein vertragliches Austauschverhältnis zwischen dem Arzt und dem Industrieunternehmen handelt. Dementsprechend müssen die Voraussetzungen für den Abschluss eines Referentenvertrags erfüllt sein (hierzu ausführlich Rdnr. 114–119): **126**

– Die Vereinbarung eines Referentenvertrags muss den **legitimen Bedürfnissen** des Unternehmens entsprechen, d.h. in einem Zusammenhang mit Problemen und Therapieformen stehen, die für Produkte des Unternehmens bzw. deren Anwendung von besonderem Interesse sind.

– Das **Trennungsprinzip** muss beachtet werden. Dies bedeutet, dass Preisnachlässe, Rabatte etc. nicht über den Umweg eines solchen Vertrags gewährt werden dürfen. Ferner muss bei der Auswahl des Vertragspartners dessen **fachliche Qualifikation** und nicht seine Bedeutung als „Besteller" von Produkten des Unternehmens ausschlaggebend sein. Der Abschluss des Referentenvertrags darf also nicht im Hinblick auf eine Beeinflussung von Beschaffungsentscheidungen erfolgen.

– Leistungen und Gegenleistungen müssen in einem **angemessenen Verhältnis** zueinander stehen. Dies ist bei Abschluss des Referentenvertrags zu prüfen und zu dokumentieren. Zu dokumentieren sind auch die Vertragsabwicklung und die Arbeitsergebnisse (Redemanuskript, Präsentation etc.). Diese sollten in der Vertragsakte aufbewahrt werden.

– Die Zahlung der vertraglich vereinbarten Vergütung sollte erst dann erfolgen, wenn zuvor die geschuldete **Leistung** (Referat, Präsentation etc.) **erbracht** und auf ihre Ordnungsgemäßheit überprüft worden ist.

– Sofern ein Arzt oder ein anderer Mitarbeiter einer medizinischen Einrichtung Vertragspartner werden soll, ist die vorherige **Genehmigung des Dienstherrn bzw. des Arbeitgebers** unter Offenlegung der für die Tatbestände der §§ 331, 333 StGB relevanten Tatsachen einzuholen.

Sofern derartige „aktive Teilnahmen" auf der Grundlage eines solchen Referentenvertrags erfolgen und dieser den genannten Voraussetzungen entspricht, liegt ein Gegenleistungsverhältnis und keine einseitige Leistung vor. Die besonderen Risiken, die gemeinhin mit der Gewährung oder Annahme einseitiger Leistungen verbunden sind, bestehen in einem solchen Fall nicht.

Bei der Auswahl des Vertragspartners kommt nicht nur der Arzt, der etwa als Referent auftreten soll, in Betracht, sondern auch die **medizinische Einrichtung.** In einem sol- **127** chen Fall verpflichtet sich die medizinische Einrichtung gegenüber dem Unternehmen, dass ein bestimmter Arzt (etwa der Arzt, der als Prüfarzt oder als Leiter der klinischen Prüfung eine Studie durchgeführt hat) im Rahmen seiner Dienstaufgaben das entsprechende Referat hält. Eine derartige Auswahl des Vertragspartners führt im Regelfall zu einer **weiteren Risikominimierung.**

128   Von einer „aktiven Teilnahme" in dem oben genannten Sinn kann auch gesprochen werden, wenn etwa ein Arzt verpflichtet wird, einen **Kongressbericht zu verfassen.** Allerdings sollten einem solchen Kongressbericht besondere Fragestellungen des Unternehmens zugrunde liegen, die von dem Unternehmen bzw. den Mitarbeitern des Unternehmens, die ebenfalls an der entsprechenden Veranstaltung teilnehmen, nicht ohne weiteres beantwortet werden können. Dies ist dann der Fall, wenn ein Arzt besondere medizinische Fragestellungen im Rahmen der Veranstaltung erfasst, auswertet und an das Unternehmen übermittelt. Für diesen Fall bietet sich eine entsprechende vertragliche Vereinbarung auf der Grundlage eines „Beratervertrags" an, der ebenfalls die oben genannten Voraussetzungen erfüllen muss (ausführlich Rdnr. 109–113). Sofern ein Unternehmen eine Vielzahl von Ärzten, die an der Veranstaltung teilnehmen, mit der Erstellung von Kongressberichten beauftragt, denen dieselben oder ähnliche Fragestellungen zugrunde liegen, können Zweifel in Bezug auf das legitime Interesse am Abschluss entsprechender Vertragsbeziehungen entstehen, wenn nicht hinreichend nachvollziehbar nachgewiesen werden kann, aus welchen Gründen eine solche Vielzahl von Kongressberichten benötigt wird. In solchen Fällen haben Staatsanwaltschaften in der Vergangenheit das Vorliegen einer „echten Gegenleistung" in Frage gestellt.

129   **„Passive Teilnahmen".** Von einer „passiven Teilnahme" an unternehmensinternen oder fremdorganisierten Fort- und Weiterbildungsveranstaltungen wird dann gesprochen, wenn Ärzte oder andere Mitarbeiter medizinischer Einrichtungen an Veranstaltungen teilnehmen, ohne dass ein Fall der „aktiven Teilnahme" vorliegt und das Unternehmen Aufwendungen, etwa für Reise- und Übernachtungskosten sowie ggf. Registrierungsgebühren übernimmt. Hierzu gehört auch der Fall, dass Ärzte zwar auf der Veranstaltung Moderationen, Referate oder Präsentationen übernehmen, diese jedoch in keinem engen Zusammenhang mit Problemen oder Therapieformen stehen, die für Produkte des Unternehmens bzw. deren Anwendung unmittelbar oder zumindest mittelbar von besonderem Interesse sind. In diesem Fall wird die Übernahme von Aufwendungen durch das Unternehmen regelmäßig als **Gewährung von einseitigen Leistungen** verstanden. Ob diese Einschätzung tatsächlich zutrifft, wird allerdings nicht einheitlich beurteilt. In juristischen Fachdiskussionen wird verschiedentlich mit guten Argumenten eingewandt, dass auch dem Fall der „passiven Teilnahme" eigentlich ein vertragliches Austauschverhältnis zugrunde liegt, da die Übernahme derartiger Aufwendungen nur unter der Bedingung der ordnungsgemäßen Teilnahme von Ärzten an den Veranstaltungen erfolgt und eine solche Teilnahme für die **Vermittlung von Know-how für die sachgerechte Anwendung von Produkten der Industrie** unerlässlich ist. Die Übernahme von Aufwendungen stelle danach quasi eine Gegenleistung dafür dar, dass sich Ärzte bereit erklären, sich mit den Produkten eines Unternehmens, deren Anwendung oder damit in Zusammenhang stehenden Therapieformen zu befassen und hierfür Zeit aufzuwenden etc. (s. auch Rdnr. 205). Die Rechtsprechung hat sich, soweit ersichtlich, mit dieser Argumentation noch nicht ausdrücklich auseinandergesetzt. Vielmehr wird die Gewährung von Aufwendungsersatz zur passiven Teilnahme an medizinischen Fortbildungs- und Weiterbildungsveranstaltungen in der Praxis vielfach als Vorteil betrachtet, auf den der Arzt keinen Anspruch haben soll. Ungeachtet dessen zeigt die vorgenannte Argumentation jedoch durchaus die strukturellen Unterschiede zur Gewährung von Geschenken und Zuwendungen an Amtsträger, die ansonsten in der strafgerichtlichen Praxis, etwa bei der Vergabe öffentlicher Bauaufträge, im Mittelpunkt stehen. Hier geht es in der Regel um private Bereicherungen die bei ordnungsgemäß durchgeführten Fortbildungsveranstaltungen nicht vorliegen, da sie die Vermittlung von medizinischem Fachwissen zum Ziel haben.

Straf- und dienstrechtliches Risikopotenzial. Die **bisherige Ermittlungspraxis** 130
der Staatsanwaltschaften sowie die **Spruchpraxis der Gerichte** haben sich, soweit
bekannt, bislang vorwiegend auf folgende Fallkonstellationen konzentriert:
– Teilnahme an (fremdorganisierten) medizinischen Fachkongressen im **Ausland,**
– Charakter des Kongressortes als beliebtes **Ziel des Tourismus,**
– **Mitnahme von Ehefrauen** oder anderen Begleitpersonen (und deren Kostentragung
  durch die Industrie),
– Verbindung von Kongress- mit **Urlaubsaufenthalten,**
– Tagesprogramme mit erheblichem Spielraum für **typische Urlaubsaktivitäten,**
– Betriebsbesichtigungen im Ausland mit **luxuriösen Bewirtungen** und **Begleitpro-
  grammen** (z.B. Opernbesuch).

Dies bedeutet nicht, dass nicht auch die finanzielle Unterstützung der Teilnahme von
Mitarbeitern medizinischer Einrichtungen an ordnungsgemäß organisierten Veranstaltungen, die von dritter Seite bzw. von der Industrie im In- und Ausland durchgeführt werden, Gegenstand von Ermittlungsverfahren werden kann. Jedoch stellt die bisherige Er-
mittlungs- und Rechtspraxis gewisse Anhaltspunkte zur Verfügung, die für eine **Risikobewertung** in Hinblick auf die Fortführung der genannten Unterstützungsleistungen von
Bedeutung sind.[111]

Von den bislang damit befassten Gerichten wurde die Erstattung von Reisekosten für 131
berufliche Fortbildungen oder für die Teilnahme an wissenschaftlichen Fachkongressen
und Betriebsbesichtigungen regelmäßig als Vorteil i.S.d. §§ 331 ff. StGB bejaht. Allerdings
führt die bloße Annahme des Vorliegens eines Vorteils noch nicht unweigerlich zu einer
Strafbarkeit im Sinne der genannten Straftatbestände. Vielmehr muss eine **Unrechtsvereinbarung** mit dem Amtsträger (d.h. mit dem Arzt oder einem anderen Mitarbeiter einer
medizinischen Einrichtung) vorliegen.[112] Dies soll nach der Rechtsprechung dann der
Fall sein, wenn die Zuwendung für die Bestellung von Produkten gewährt wird. Insoweit muss ein sog. „Äquivalenzverhältnis" zwischen Zuwendung und Gegenleistung bestehen. Ein solches Äquivalenzverhältnis wird regelmäßig dann bejaht, wenn über Zuwendungen Einfluss auf die Bestellung von Produkten genommen oder eine Bestellung
von Seiten des Arztes belohnt wird. Hierbei wird von den Gerichten über den jeweiligen
Einzelfall hinaus das gesamte **„Beziehungsgeflecht"** zwischen Unternehmen und Arzt
im Rahmen der Beweiswürdigung herangezogen, wobei insbesondere der zeitliche Zusammenhang von Unterstützungsleistungen und Bestellentscheidungen von Bedeutung
sein soll. Ferner soll auch eine **fehlende dienstrechtliche Involvierung** der Anstellungskörperschaft bzw. des Dienstherrn ein Beziehungsverhältnis der gewährten Vorteile
zu Diensthandlungen indizieren. In einer umstrittenen Entscheidung hat das AG Hamburg-Wandsbek das Vorliegen einer „konkludenten Unrechtsvereinbarung" bereits dann
bejaht, wenn Unterstützungsleistungen zur Teilnahme an Kongressveranstaltungen in
Kenntnis bestehender Geschäftsbeziehungen zwischen Arzt und Industrie von dem Arzt
angenommen werden. Insofern soll die Annahme des Vorteils, so das AG Hamburg-
Wandsbek, bereits gezeigt haben, dass die Zuwendungen nicht auf einer uneigennützigen
Motivation beruhen, sondern zur Stabilisierung und Steigerung des Absatzes gewährt
würden. Nach der Entscheidung des Bundesgerichtshofes vom 23.5.2002 (s. Rdnr. 25,
40) wird jedoch zu Recht eine direkte Manifestation nach außen verlangt.[113]

Die Frage nach der **Pflichtwidrigkeit der Diensthandlung** betrifft die Abgrenzung 132
der Vorteilsannahme bzw. Vorteilsgewährung zu den Tatbeständen der Bestechung und
Bestechlichkeit. Verschiedene Gerichte haben insofern die Auffassung vertreten, dass es bei

---

[111] Hierzu auch *Räpple,* Z Gastroenterol (Suppl. 2) 1999, 36; s. auch *Räpple,* Der Kodex „Medizinprodukte", S. 53 f.
[112] Hierzu im Einzelnen der Beitrag von *Taschke* in diesem Handbuch (§ 19 Rdnr. 182).
[113] *AG Hamburg-Wandsbek,* Urt. v. 12. 8. 1999 – 727 a Cs/2047 Js 132/96; *BGH,* Urt. v. 23. 5.
2002 – 1 StR 372/01, NJW 2002, 2801 ff.

Produktentscheidungen nach einer vorhergehenden Zuwendung nicht auf die Sachwidrigkeit der Entscheidungsergebnisse ankomme. Vielmehr sei bereits dann von einer Pflichtwidrigkeit der Diensthandlung auszugehen, wenn der Arzt den Vorteil **„auf die Waagschale der Entscheidung"** gelegt habe.[114] Dies wurde von diesen Gerichten dann angenommen, wenn dem Arzt bewusst gewesen sein musste, dass etwa an die Annahme von finanziellen Unterstützungen zur Teilnahme an medizinischen Fachkongressen die Erwartung geknüpft war, er werde auch in Zukunft Produkte der entsprechenden Lieferanten bestellen. In anderen Fällen gingen die Gerichte davon aus, dass sich die Erwartung einer Gegenleistung für die Zuwendung aufdrängen musste, insbesondere dann, wenn es sich hierbei nicht nur um kleinere Aufmerksamkeiten, sondern um relativ hohe Beträge handelte.

133 Auch das HansOLG Hamburg und der Bundesgerichtshof[115] gehen davon aus, dass bei Ermessensentscheidungen eine Pflichtwidrigkeit bereits dann vorliegen soll, wenn der Amtsträger den ihm gewährten Vorteil auf die Waagschale seiner Entscheidung lege. Allein die Vereinbarung oder Annahme eines Vorteils besage aber noch nicht, dass die Unbefangenheit des Ermessensbeamten beeinträchtigt sei und er diese Entscheidung aufgrund sachfremder Erwägungen getroffen bzw. sich hierzu bereit erklärt habe. Der Tatbestand der Bestechlichkeit erfordere daher gegenüber der Vorteilsannahme **zusätzliche Umstände,** aus denen folge, dass sich der Amtsträger gegenüber dem Vorteilsträger bereit gezeigt habe, sich bei der Ermessensausübung durch den Vorteil beeinflussen zu lassen. Während die Vorteilsannahme bzw. Vorteilsgewährung nach den §§ 331 Abs. 3 bzw. 333 Abs. 3 StGB durch eine Genehmigung des Dienstherrn bzw. des Arbeitgebers mit der Folge gerechtfertigt werden kann, dass eine Strafbarkeit ausscheidet, ist ein Strafbarkeitsausschluss auf Grund einer Genehmigung dann nicht möglich, wenn auch die Pflichtwidrigkeit der Diensthandlung bejaht wird, da in diesem Fall die Tatbestände der Bestechung bzw. Bestechlichkeit vorliegen, die nicht genehmigungsfähig sind. Daher ist die Diskussion, ob und gegebenenfalls wann eine Pflichtwidrigkeit der Diensthandlung zu bejahen ist, insbesondere bei der Unterstützung von Ärzten oder anderen Mitarbeitern medizinischer Einrichtungen von besonderer Bedeutung.

134 Unter dienstrechtlichen Gesichtspunkten ist zu berücksichtigen, dass derartige Unterstützungsleistungen als **„Geschenke"** oder **„Belohnungen"** (Rdnr. 35 ff.) eingeordnet werden könnten, deren Annahme Beamten oder Angestellten des öffentlichen Dienstes ausnahmsweise und nur mit vorheriger Genehmigung ihres Dienstherrn bzw. Arbeitgebers gestattet ist. Dienstreisegenehmigungen oder die Erteilung von Sonderurlaub durch die Verwaltung reichen hierzu im Regelfall nicht aus, da diese Genehmigungen lediglich das Fernbleiben vom Dienst, jedoch nicht die Annahme der Industrieunterstützung betreffen. Dasselbe gilt für den Fall, dass für den Besuch von Fortbildungsveranstaltungen Erholungsurlaub gewährt wurde. Auch betrifft die Erlaubnis der Verwaltung regelmäßig nicht auch die Annahme finanzieller Unterstützungen durch die Industrie.

135 In der Vergangenheit wurde von einigen Staatsanwälten in inoffiziellen Äußerungen am Rande von juristischen Fachtagungen zur Kooperation der Industrie mit Krankenhäusern und Ärzten die finanzielle Unterstützung von Ärzten für eine passive Teilnahme an **im Ausland** stattfindenden Informationsveranstaltungen der Industrie als unzulässig eingestuft. Diese Auffassung verkennt den Umstand, dass der Ort der Veranstaltung kein Kriterium für die rechtliche Zulässigkeit von Unterstützungsleistungen sein darf, da der Meinungsaustausch in der medizinischen Forschung nicht auf die deutschen Landesgrenzen beschränkt werden kann und auch die rechtlichen Rahmenbedingungen für die Unterstützung derartiger Teilnahmen nicht an einen Inlands- oder Auslandsbezug anknüpfen. Vielmehr sollten Ärzte auch die Möglichkeit erhalten, am Meinungsaustausch auf natio-

---

[114] Hierzu im Einzelnen der Beitrag von *Taschke* in diesem Handbuch (§ 19 Rdnr. 198–201).
[115] *HansOLG Hamburg,* StV 2001, 277, 281 f.; *BGH* NJW 2002, 2801 ff.; hierzu *Michalke,* NJW 2002, 3381 f.; *Taschke,* PharmaR 2002, 409 ff. (= MPR 2002, 101 ff.) sowie der Beitrag von *Taschke* in diesem Handbuch (§ 19 Rdnr. 152, 160, 166 ff.).

nalen wie auch internationalen Kongressen teilzunehmen. Durch die geschilderte restriktive Auffassung werden deutsche Mediziner benachteiligt, die oft die mit erheblichen Kosten verbundene Teilnahme an internationalen Kongressen nicht finanzieren können. Eine derartige Beschränkung des internationalen Fachdiskurses ist aber nicht zeitgemäß und für den Forschungsstandort Deutschland nicht haltbar.

In diesem Argumentationskontext sind auch die Empfehlungen des „Gemeinsamen **136** Standpunkts" der Verbände hinsichtlich der Unterstützung der Teilnahme von Ärzten an Fort- und Weiterbildungsveranstaltungen zu verstehen, welche die forschungs- und wissenschaftspolitische Notwendigkeit derartiger Unterstützungen deutlich herausstellen. Die Verbände fordern insofern, dass die derzeitigen Unsicherheiten nicht zu einer Gefährdung der Unterstützungsmaßnahmen führen dürfen. Gleichzeitig weisen die Verbände jedoch auch darauf hin, dass diese Unterstützungsleistungen die Gefahr bergen, unter strafrechtlichen Gesichtspunkten als unzulässige Einflussnahmen auf Beschaffungsentscheidungen betrachtet zu werden. Der „Gemeinsame Standpunkt" der Verbände präferiert vor diesem Hintergrund, dass **der medizinischen Einrichtung** von Seiten der Industrie auf der Grundlage einer entsprechenden Vereinbarung Mittel für die Veranstaltungsteilnahme zur Verfügung gestellt werden, so dass die Mitarbeiter der Einrichtung an diesen Veranstaltungen **im Rahmen ihrer Dienstaufgaben teilnehmen.**[116] Sofern entsprechende Vereinbarungen mit der medizinischen Einrichtung selbst nicht vorliegen, sollten die Dienstherren oder Arbeitgeber, Krankenhausverwaltungen bzw. Krankenhausträger über Art und Inhalt der Veranstaltung informiert sein und die Teilnahme genehmigt haben. Zu Recht weisen die Verbände darauf hin, dass von einer **einschränkungslosen Genehmigung** auch der Unterstützungsleistungen insofern nur dann gesprochen werden kann, wenn bei deren Beantragung von dem Mitarbeiter sämtliche Tatsachen unterbreitet worden sind, die für die Beziehung zwischen dem Arzt bzw. dem Mitarbeiter der Einrichtung und dem Unternehmen bedeutsam sind.

Kriterien für die individuelle Unterstützung. Sofern sich ein Unternehmen dazu **137** entscheiden sollte, die **individuelle finanzielle Unterstützung** von Ärzten für die Teilnahme an internen Produktschulungen sowie an fremdorganisierten Fort- und Weiterbildungsveranstaltungen weiterzuführen, ist insbesondere auf Folgendes zu achten:
– Die Unterstützungsleistungen dürfen **nicht** dazu **missbraucht werden,** Beschaffungsentscheidungen des jeweiligen Arztes bzw. anderer Mitarbeiter der medizinischen Einrichtung zugunsten des Unternehmens unsachlich zu beeinflussen oder auch nur einen entsprechenden Eindruck zu erwecken.
– Die Veranstaltung darf ausschließlich der **Vermittlung und Verbreitung von medizinischem Wissen** und praktischen Erfahrungen dienen. Die wissenschaftlichen Informationen und die Weitergabe von Kenntnissen in Diagnostik und Therapie müssen im Vordergrund stehen. Die Teilnahme soll nur unterstützt werden, wenn ein Bezug zum Tätigkeitsgebiet des Unternehmens und gleichzeitig zum Tätigkeitsgebiet des Veranstaltungteilnehmers vorliegt.
– Es dürfen nur folgende Kosten erstattet werden:
  – angemessene **Hin- und Rückreisekosten** zum/vom Veranstaltungsort;
  – **Übernachtungskosten;**
  – ggf. **Kongressgebühren;**
  – Kosten für Bewirtungen nur insoweit, als sie einen **angemessenen Rahmen** nicht überschreiten und von untergeordneter Bedeutung bleiben.

---

[116] Eine entsprechende Regelung sieht die Anlage zu Nr. 4.2 der Verwaltungsvorschriften zur Annahme und Verwendung von Mitteln Dritter (Drittmittelrichtlinien – DMRL) zu den §§ 8 und 59 UG BW des Landes Baden-Württemberg vor. Eine Regelung, die sich eng an den „Gemeinsamen Standpunkt" anlehnt, sieht ferner Nr. 4.3 der Verwaltungsvorschriften zur Annahme und Verwendung von Mitteln Dritter an Hochschulen (Drittmittelrichtlinien – DriMiR) des Bayerischen Staatsministeriums für Wissenschaft, Forschung und Kunst vom 21. 10. 2002 vor.

- Darüber hinausgehende Kosten (für Theater, Konzertbesuche, Rundflüge, Sportveranstaltungen, Besuche von Freizeitparks etc.) dürfen **nicht erstattet** werden. Ein Verbleiben auf Kosten des Unternehmens über den für die Veranstaltung notwendigen Zeitraum hinaus darf nicht erfolgen. Die Annahme bzw. Gewährung von sonstigen Belohnungen, Geschenken und geldwerten Vorteilen mit privatem Charakter (z.B. Kosten für Begleitpersonen) darf ebenfalls nicht erfolgen.
- Die Übernahme der Kosten sollte ferner davon abhängig gemacht werden, dass sich der Mitarbeiter der Einrichtung **zur Teilnahme an der Veranstaltung verpflichtet** und an ihr auch **tatsächlich teilnimmt.**
- Es sollte auch darauf geachtet werden, dass es sich bei der Veranstaltung um eine allgemein **anerkannte wissenschaftliche Veranstaltung** handelt, der Veranstaltungsort kein beliebtes Touristenziel darstellt, die Veranstaltung nicht in der üblichen Urlaubszeit stattfindet und das Tagesprogramm keinen erheblichen Spielraum zur Entfaltung typischer Urlaubsaktivitäten bietet.
- Eine Unterstützung darf nur erfolgen, wenn zuvor die **Genehmigung** von Seiten des Dienstherrn bzw. des Arbeitgebers des betroffenen Arztes **in schriftlicher Form vorliegt.**
- In **keinem Fall** darf die Auswahl der entsprechenden Mitarbeiter der Einrichtung im Hinblick auf deren Stellung bei der Beschaffung von Produkten des Unternehmens erfolgen bzw. von Beschaffungsentscheidungen abhängig gemacht werden.

Diese Kriterien entsprechen im Wesentlichen auch den Voraussetzungen, die nach dem „Gemeinsamen Standpunkt" der Verbände an eine strafrechtlich einwandfreie Unterstützung der Teilnahme von Ärzten an Fort- und Weiterbildungsveranstaltungen gestellt werden. Sie liegen im Übrigen auch dem verbandsübergreifenden „Entwurf einer Rechtsverordnung für die Einwerbung und Verwendung von Mitteln Dritter durch Universitätsmitglieder" vom 15. 12. 2000 (Rdnr. 72) zugrunde (dort: § 12).[117] Diese Kriterien können daher als **gute Orientierungspunkte**[118] dienen, deren Einhaltung den Grad der rechtlichen Risiken minimiert. Diese Kriterien entsprechen im Übrigen offensichtlich auch der Intention der Kultusministerkonferenz, die in ihrem Beschluss vom 17. 9. 1999 nicht schlechthin die finanzielle Unterstützung zur Teilnahme an Fortbildungsveranstaltungen als strafrechtlich kritisch ansieht, sondern die „Finanzierung von Fortbildungsveranstaltungen mit erheblichem Freizeitwert" bzw. die „Finanzierung von Urlaubsreisen (auch für Angehörige)", und nach der „solche Fallgestaltungen […] in den zutreffenden Detailregelungen (Drittmittelrichtlinien) eindeutig ausgeschlossen werden" müssen.[119]

138   Auch bei Einhaltung der genannten Kriterien besteht angesichts der bisherigen Ermittlungspraxis sowie der bislang ergangenen Rechtsprechung ein **Restrisiko,** dass die Ermittlungsbehörden dennoch entsprechende Vorgänge wegen des Verdachts der Bestechlichkeit bzw. Bestechung verfolgen bzw. Gerichte entsprechende Verurteilungen aussprechen. Aus diesem Grund sehen eine Reihe von Unternehmen von der Fortführung der Unterstützung von Ärzten zur „passiven Teilnahme" bei fremdorganisierten Veranstaltungen inzwischen gänzlich ab. Sofern derartige Unterstützungsleistungen nicht völlig eingestellt worden sind, beschränken sich Unternehmen vielfach darauf, den medizinischen Einrichtungen im Wege einer **Geldspende oder einer Sachspende** (etwa in Form eines „Reisegutscheins") oder eines **betrieblichen Geschenks** Mittel zur Verfügung zu stellen, um Ärzten und anderen Mitarbeitern die Teilnahme an fremdorganisierten Fort- und Weiterbildungsveranstaltungen zu ermöglichen. In diesen Fällen ist es aus steuerlichen Gründen (Rdnr. 196 f.) empfehlenswert, dass die konkreten Ärzte bzw. anderen Mitar-

---

[117] Abgedr. in: *Bundesverband der Pharmazeutischen Industrie – BPI* (Hrsg.), Antikorruptionsgesetz, S. 74 ff., 82.

[118] Zustimmend *Göben,* Kooperation, S. 360 f.

[119] Beschluss der Kultusministerkonferenz v. 17. 9. 1999, abgedr. in: *Bundesverband der Pharmazeutischen Industrie – BPI* (Hrsg.), Antikorruptionsgesetz, S. 71.

beiter, die an der Veranstaltung teilnehmen sollen, von der medizinischen Einrichtung und nicht von dem Unternehmen benannt werden. Dies hat auch unter strafrechtlichen Gesichtspunkten den Vorteil, dass eine Individualisierung der entsprechenden Ärzte und Mitarbeiter durch die medizinische Einrichtung erfolgt. In der Praxis führen jedoch insbesondere Geldspenden für die Teilnahme von Mitarbeitern an medizinischen Fachkongressen zu Problemen, da die Verwaltungen oftmals keine Kapazitäten oder Erfahrungen haben, die Teilnahme von Ärzten an medizinischen Fachkongressen zu organisieren. Ferner erhöhen sich regelmäßig die Kosten für die Teilnahme, wenn nicht von Sammelbestellungen Gebrauch gemacht werden kann. Von daher kommt der Möglichkeit, eine bereits organisierte Kongressreise in **Form einer Sachspende** oder eines **betrieblichen Geschenks** von Seiten der Industrie zu gewähren, eine höhere Praktikabilität zu.

Im Sinne einer möglichst weitreichenden straf- und dienstrechtlichen Risikominimie- **139** rung bleibt es nach allem wünschenswert, wenn die Empfehlungen des „Gemeinsamen Standpunkts" durch **einheitliche Drittmittelrichtlinien und -erlasse** der Bundesländer in Form von Dienstanweisungen durch die jeweiligen Krankenhausträger bzw. Dienstherren der betroffenen Mitarbeiter ergänzt würden, um in Zukunft auf diesem Gebiet die erforderliche Rechtssicherheit zu erreichen.

bb) Spenden

Auch hinsichtlich der Annahme von Spenden (etwa zur Unterstützung von Forschung **140** und Lehre, zur Verbesserung der Gesundheits- bzw. Patientenversorgung, zur Aus- und Weiterbildung bzw. für mildtätige Zwecke) ist zu beachten, dass diese **unabhängig von Umsatzgeschäften** erfolgen und nicht zu deren Voraussetzung gemacht werden.[120] Um bereits den Eindruck zu vermeiden, Spenden dienten individuellen persönlichen Interessen von Beschäftigten medizinischer Einrichtungen, sollte darauf geachtet werden, dass die Spende nicht auf ein Privatkonto (etwa des ärztlichen Abteilungsdirektors) überwiesen wird. Spenden sollten nur auf ein Spenden- oder Drittmittelkonto der medizinischen Einrichtung erfolgen, das in der **Verfügungsgewalt der Verwaltung** steht. Gleichzeitig gewährleistet dies eine Einbeziehung der Krankenhaus- und Universitätsverwaltungen bei der Einwerbung und Administration von Spenden. Entsprechendes gilt, wenn Spendengelder für Fördervereine von Krankenhäusern oder Universitätskliniken eingeworben werden. Auch hier sollten die Dienstherren bzw. Arbeitgeber der einwerbenden Ärzte (d.h. in der Regel die Verwaltung) in die Administration und Verwendung der Spenden eingebunden sein.[121]

Die Notwendigkeit der vorherigen Einbeziehung des Dienstherrn bzw. Arbeitgebers folgt **141** auch hier aus den geltenden Korruptionsbekämpfungsgesetzen. Danach besteht ein Strafbarkeitsrisiko für Ärzte, die als Amtsträger oder Angestellte Vorteile für sich oder einen Dritten fordern, sich versprechen lassen oder annehmen. Folglich kann das Strafbarkeitsrisiko durch die vorherige Genehmigung der Dienstherren bzw. Arbeitgeber weitgehend minimiert werden.[122] Voraussetzung ist allerdings auch hier, dass die Einwerbung bzw. Gewährung von Spenden **nicht im Zusammenhang mit Beschaffungsentscheidungen** steht. Diese Grundregeln sind in den Fällen nicht ohne weiteres anwendbar, in denen die Spende nicht für eine bestimmte medizinische Einrichtung, sondern an eine von der medizinischen Einrichtung unabhängige Institution (etwa an wissenschaftliche Fachgesellschaften oder karitative oder wissenschaftliche Organisationen) gewährt werden soll. Da auch in diesen Fällen ein Strafbarkeitsrisiko in Folge der Drittvorteilsproblematik nicht ausgeschlossen werden kann, ist zu empfehlen, dass bei der Einwerbung von Spenden für unabhängige Organisationen ebenfalls die Dienstherrn und Arbeitgeber der einwerbenden Ärzte die Einwerbung bzw.

---

[120] Zu strafrechtlichen Fragen im Zusammenhang der Gewährung von Spenden an universitäre Einrichtungen s. *Dauster*, NStZ 1999, 63 ff.

[121] Hierzu auch „Gemeinsamer Standpunkt", S. 22.

[122] *Räpple*, implant 1997, 9, setzt die hohe Bedeutung der Diensterreninvolvierung mit einer „rechtlichen Lebensversicherung" gleich.

Gewährung der Spende vorher genehmigen. Diese Empfehlung gilt nicht nur für Ärzte, die als Funktionsträger (etwa als Vorsitzende oder Schatzmeister) Spenden für ihre Organisationen einwerben, sondern auch für sonst einwerbende Ärzte, die lediglich einfache Mitglieder dieser Organisationen sind oder Spenden einwerben, ohne selbst dieser Organisation anzugehören In der Praxis hat sich die Einholung von Genehmigungen in solchen Fällen vielfach als schwierig oder unmöglich herausgestellt, da die für die Ärzte zuständigen Verwaltungsstellen der medizinischen Einrichtungen oftmals die Notwendigkeit einer Genehmigung nicht einsehen oder aber nach ihrer Auffassung nicht über die notwendigen Hintergrundinformationen zur Erteilung einer Genehmigung verfügen. Aus diesem Grund empfiehlt der „Gemeinsame Standpunkt" der Verbände, dass aus Gründen einer möglichst weitreichenden Risikominimierung unter dem Gesichtspunkt des sog. „Drittvorteils" bzw. zu Dokumentationszwecken **zumindest die entsprechende Information an den Dienstherrn bzw. Arbeitgeber** gegeben werden soll.

142 Sofern Dienstherrn bzw. Arbeitgeber mit der Verwaltung der medizinischen Einrichtung identisch sind, der die Spende zu Gute kommen soll, ist zu empfehlen, dass auch die vorgesetzte Behörde des Dienstherrn bzw. des Arbeitgebers die Einwerbung bzw. Gewährung der Spende vorher genehmigt. Der Grund hierfür besteht darin, dass es rechtlich bisher nicht eindeutig geklärt ist, ob der Dienstherr bzw. Arbeitgeber die Gewährung eines Vorteils auch dann genehmigen kann, wenn der genehmigte Vorteil der von ihm verwalteten Einrichtung selbst zugute kommt. Dies führt im Regelfall dazu, dass in diesen Fällen auch der Träger der medizinischen Einrichtung einzubeziehen ist, der die Spende gewährt werden soll. Hier sollte es jedoch ausreichen, wenn eine **generelle Genehmigung des Trägers** vorliegt und die entsprechende Verwaltungsstelle das Vorliegen dieser Genehmigung bestätigt. Die genannten Grundsätze gelten auch im Hinblick auf Sachspenden, etwa im Zusammenhang der Überlassung von **Geräten** oder **Fachliteratur**.

cc) Geschenke und Bewirtungen

143 Beamten und Angestellten des öffentlichen Rechts ist die Annahme von Geschenken ohne Zustimmung des Dienstherrn bzw. Arbeitgebers grundsätzlich untersagt. Dasselbe gilt – ebenfalls dem Grundsatz nach – für die Annahme von Bewirtungen. Die MBO-Ä nimmt davon „Geschenke oder anderen Vorteile" aus, die das „übliche Maß kleiner Anerkennungen" nicht übersteigen (§ 32 MBO-Ä). Solche **„sozialadäquaten Zuwendungen"** sind Werbegaben von geringem Wert (§ 33 MBO-Ä) sowie Zuwendungen im Rahmen der normalen, gesellschaftlichen Ordnung. Eine betragsmäßige Höchstgrenze hierfür ist gesetzlich nicht geregelt. Gemeinhin wird jedoch empfohlen, dass 25,00 bis 40,00 € nicht überschritten werden sollten. In Zweifelsfällen sollte zur Vermeidung jeden Risikos zuvor die **Genehmigung des Dienstherrn bzw. Arbeitgebers** (d.h. im Regelfall der Verwaltung) eingeholt werden.

144 So genannte **„Sozialspenden"**, d.h. finanzielle Unterstützungen für Dienstjubiläumsveranstaltungen, Betriebsausflüge, Weihnachts- und Geburtstagsfeiern, Ausrichtung von Tennisturnieren von Krankenhausabteilungen etc. dürfen nicht gefordert bzw. gewährt werden. Es sollte auch darauf geachtet werden, dass medizinische Fachbücher bzw. Abonnements medizinischer Fachzeitschriften nicht als persönliche Geschenke gewährt oder entgegengenommen werden. Möglich ist die Entgegennahme als Sachspende (oder als betriebliches Geschenk) für die jeweilige medizinische Einrichtung. Es empfiehlt sich hierbei, gemeinsam mit den Verwaltungen eine generelle Verfahrensweise festzulegen, die dies ausreichend dokumentiert.

II. Organisatorische Aspekte und Vertragsmanagement

145 Eine straf- und dienstrechtliche Risikominimierung verlangt von allen Beteiligten, d.h. sowohl von der Industrie aber auch von den medizinischen Einrichtungen und deren

Mitarbeitern, die Vornahme organisatorischer Maßnahmen. Dasselbe gilt für die steuerliche Handhabung. Der Grund hierfür liegt darin, dass eine **effektive und ökonomische Sicherstellung der Einhaltung der beschriebenen Rahmenbedingungen** für die Zusammenarbeit zwischen Industrie, Krankenhäusern und Ärzten erfahrungsgemäß nur dann gegeben ist, wenn eine „Kanalisierung" und **Standardisierung der Einzelvorgänge** erreicht wird. Darüber hinaus haben die Erfahrungen mit den bislang erarbeiteten Verbandskodices, aber auch mit den von vielen Unternehmen und Krankenhäusern entwickelten unternehmens- bzw. krankenhausinternen Dienstanweisungen gezeigt, dass eine Einhaltung der dort oft im Detail beschriebenen Handlungsempfehlungen in dem Maße schwierig wird bzw. außer Acht gelassen wird, in dem keine organisatorischen Rahmenbedingungen geschaffen worden sind, diese Handlungsempfehlungen praktikabel umzusetzen.

1. Zentrales Vertragsmanagement

Für Unternehmen ist die Implementierung eines zentralen Vertragsmanagements von **146** vorrangiger Bedeutung, wobei eine Anbindung an die F&E-Abteilungen der Unternehmen zu empfehlen ist. Auch hierdurch kommt die Unabhängigkeit der entsprechenden Kooperationsbeziehungen von Umsatzgeschäften zum Ausdruck. Die Implementierung eines entsprechenden Vertragsmanagements setzt ferner voraus, dass einheitliche Vertrags- bzw. Formularmuster (etwa für Kongresseinladungsschreiben oder Spendengewährungen) zur Verfügung stehen, die den oben genannten materiell-rechtlichen Anforderungen entsprechen. In größeren Unternehmen werden, in Anlehnung an entsprechende organisatorische Maßnahmen, die die Industrie in den USA ergriffen hat, Zuständigkeiten im Hinblick auf die Zusammenarbeit mit medizinischen Einrichtungen und Ärzten oftmals einem **„Business Compliance Officer"** übertragen, der für die Koordination der Vertragsgestaltung sowie die Abwicklung von Kooperationsbeziehungen mit Krankenhäusern und Ärzten zuständig ist.

Um die notwendige Koordination und Effektivität der Verwaltungsabläufe zu erreichen, **147** sollten auch in den Verwaltungen der medizinischen Einrichtungen **zentrale Stellen** eingerichtet werden, die über die notwendigen Kenntnisse verfügen. Diesen zentralen Stellen sollten in den relevanten Fachbereichen (Rechtsabteilung, Abteilung für Rechnungs- und Finanzwesen, Wissenschaftlich-Medizinische Fachabteilungen etc.) feste Ansprechpartner zugeordnet werden. Hierbei sollte organisatorisch sichergestellt werden, dass der zentralen Stelle die in der Regel in den wissenschaftlich-medizinischen Fachabteilungen zunächst diskutierten und angeregten Projekte zugeleitet werden, sobald diese verhandlungsreif sind. Die zentrale Stelle ist dann bereits informiert, wenn die konkreten Vertragsentwürfe der Industrie bei ihr eingehen bzw. entsprechende Vertragsverhandlungen bevorstehen.

2. Abschluss von Verträgen

In größeren Unternehmen ist es z. T. üblich geworden, **Gremien** einzurichten, in de- **148** nen insbesondere größere Projekte, die mit medizinischen Einrichtungen und Ärzten durchgeführt werden sollen, vorgestellt und gerechtfertigt werden müssen. Dies erfolgt in Anlehnung an das etwa im Bereich der öffentlichen Verwaltung bei der Vergabe von Aufträgen vorgesehene **„Vier-" oder „Sechs-Augen-Prinzip"**, das regelmäßig dafür sorgt, inhaltlich zweifelhafte oder rechtlich bedenkliche Projekte durch eine weitgehende innerbetriebliche Transparenz bereits im Ansatz zu vermeiden.

Eine derartige **interne Transparenz der Leistungsbeziehungen** zwischen Ärzten **149** bzw. anderen Mitarbeitern einerseits und der Industrie andererseits sollte auch im Bereich der medizinischen Einrichtungen hergestellt werden. Auch hier kann es sich empfehlen, ein Gremium einzurichten, das nach dem „Vier-Augen-Prinzip" die gesamten Leistungsbeziehungen zumindest nachträglich erfasst und gegebenenfalls bewertet. Ferner empfiehlt es sich, die geschäftliche Entscheidungsbefugnis über den rechtsverbindlichen Abschluss von Forschungsverträgen oder anderen Absprachen bei der Geschäftsführung bzw. bei der

Verwaltung der medizinischen Einrichtungen zu belassen, weil diese Aufgaben in ihren Verantwortungsbereich gehören und gleichzeitig die notwendige Entkoppelung der involvierten Fachabteilungen von der Entscheidung über die Kooperation mit der Industrie sichergestellt wird (Trennungsprinzip).

3. Follow-up und Dokumentation

150   Von besonderer Bedeutung ist ferner ein ordnungsgemäßes „Follow-up" der vertraglichen Beziehungen und Absprachen, die zwischen der Industrie, Krankenhäusern und deren Mitarbeitern getroffen werden. Bisherige Erfahrungen haben gezeigt, dass insbesondere klinische Prüfungen und Anwendungsbeobachtungen von den Staatsanwaltschaften verschiedentlich nur dann als strafrechtlich unbedenklich bewertet werden, wenn die **Forschungsergebnisse nachgehalten** und in den Unternehmen tatsächlich genutzt bzw. berücksichtigt werden. In den Fällen, in denen die Forschungsergebnisse nicht (mehr) vorzufinden waren bzw. nicht zum Zwecke der Produktentwicklung bzw. Weiterentwicklung von Produkten verwendet wurden, hat dies in einigen Fällen zu einem Vorwurf der Staatsanwaltschaften geführt, es handele sich bei den Verträgen um „potemkinsche Dörfer", d.h. um bloße Fassaden zur Kaschierung von unzulässigen Zuwendungen im Mantel von Forschungsverträgen. Entsprechenden Vorwürfen kann insbesondere durch eine **sorgfältige zentrale Organisation** in der Abwicklung und Aufbewahrung solcher Verträge begegnet werden.

151   Dasselbe gilt für die medizinischen Einrichtungen. Auch hier sollten Regelungen festgelegt werden, in welcher Weise und durch welche Stellen die **Ergebnisse von Forschungsprojekten dokumentiert** und **aufbewahrt** werden. Dasselbe gilt für die Erstellung von Rechnungen und die Überprüfung von Zahlungseingängen.

4. Budgetierung und Verbuchung

152   Die Budgetierung und Verbuchung von Ausgaben für Forschungs- und Entwicklungsprojekte sollte auf Seiten der Industrie möglichst **auf internen Konten der F&E-Abteilungen** und nicht, wie zuweilen üblich, auf Konten der Marketingabteilungen erfolgen. Auch dies hat in der Vergangenheit verschiedentlich Anlass zu Vermutungen der Staatsanwaltschaften gegeben, die entsprechenden Ausgaben seien als bloße Marketingaktivitäten zur Beeinflussung von Beschaffungsentscheidungen auf Seiten der Ärzte zu bewerten. Entsprechende Regelungen sollten auch von den medizinischen Einrichtungen getroffen werden, um sicherzustellen, dass die aus der Zusammenarbeit mit der Industrie erzielten Mittel ordnungsgemäß verbucht und verwaltet werden.

5. Unternehmensrichtlinien und Dienstanweisungen

153   Die von den Mitarbeitern auf Seiten der Industrie bzw. der medizinischen Einrichtungen zu beachtenden Verhaltensregeln sollten in **internen Richtlinien bzw. Dienstanweisungen** festgehalten sein. Ferner kann es sich auch empfehlen, dass entsprechende **Formulare für die Vertragsgestaltung** bzw. für die hierfür vorzunehmenden internen Verwaltungsabläufe zur Verfügung gestellt werden; beides trägt in hohem Maße zu einer Standardisierung der Verfahrensabläufe und damit zu einer **Entlastung der Verwaltung** bei. Solche internen Richtlinien und Dienstanweisungen sollten ferner Regelungen vorsehen, in welcher Weise und durch welche Stellen die Ergebnisse von Forschungsprojekten dokumentiert und aufbewahrt werden. Dasselbe gilt für die Erstellung von Rechnungen und die Überprüfung von Zahlungseingängen. Darüber hinaus sollten die Dienstanweisungen der medizinischen Einrichtungen die **bestehenden Genehmigungs- und Anzeigepflichten definieren** und **klare Zuständigkeiten schaffen.** Sofern die Delegation von Genehmigungskompetenzen, z.B. von Seiten des Trägers oder anderer Stellen (etwa Ministerien), erforderlich sein sollte, muss diese vorher veranlasst werden.

Bei der Frage, ob eine Genehmigung erteilt werden kann, sollte auch festgelegt werden, welche Gesichtspunkte im konkreten Einzelfall genau zu prüfen sind.

6. Mitarbeiterschulungen

Die Unternehmen sollten ihren Mitarbeitern die zu beachtenden Verhaltensregeln durch **154** entsprechende **Mitarbeiterschulungen** vermitteln. Dasselbe gilt für die medizinischen Einrichtungen. Auch hier sind Schulungen und Einweisungen erforderlich, um den mit der Abwicklung von Kooperationsbeziehungen befassten Verwaltungsmitarbeitern die dafür notwendigen Kenntnisse zu vermitteln. Dasselbe gilt für Ärzte und andere Mitarbeiter des Krankenhauses, die über die möglichen Probleme bei der Vertragsgestaltung und die festgelegten Verwaltungsabläufe zu informieren sind. Dies kann erheblich dazu beitragen, die Belastung der zuständigen Verwaltungsstellen durch vielfältige allgemeine Anfragen zu reduzieren und kosten- und zeitaufwändige Erläuterungen im Einzelfall zu vermeiden.

7. Unternehmensbroschüren

Um den medizinischen Einrichtungen und Ärzten, mit denen Industrieunternehmen **155** intensive Kooperationsbeziehungen unterhalten, die entsprechenden Unternehmensleitlinien nahe zu bringen, kann es sich empfehlen, diese etwa in Form von **Broschüren** zur Verfügung zu stellen. Dies kann dazu beitragen, das Verständnis der Vertragspartner auf Seiten der medizinischen Einrichtungen bzw. ihrer Mitarbeiter für die von dem Unternehmen zu beachtenden rechtlichen und steuerlichen Gesichtspunkte zu erhöhen. Im Übrigen erleichtern derartige Unternehmensbroschüren den zumeist juristisch nicht vorgebildeten Mitarbeitern des Unternehmens die **rechtliche Argumentation.**

G. Steuerrechtliche Fragen

I. Allgemeines

Die Kooperation der medizintechnologischen Industrie mit Krankenhäusern und Ärzten **156** beinhaltet für alle Beteiligten eine Vielzahl steuerlicher Fragen, Risiken und Folgen. Bei den **Unternehmen** steht ertragsteuerlich im Vordergrund, ob ihre Aufwendungen im Zusammenhang mit der Kooperation abzugsfähige Betriebsausgaben darstellen oder ob diese Aufwendungen aus versteuertem Einkommen zu leisten sind. Sofern ein Betriebsausgabenabzug nicht möglich ist, kann dies bei Unternehmen zu einem **steuerlichen Nachteil von rund 40%** der Aufwendungen führen. Hierbei wird unterstellt, dass das Unternehmen in der Form einer Kapitalgesellschaft betrieben wird und eine Gewerbesteuerbelastung von rund 19% (abhängig von dem jeweiligen Hebesatz in den Gemeinden) eintritt. Dementsprechend ist es aus unternehmerischer Sicht von erheblichem wirtschaftlichem Interesse, ob Spenden, Zuwendungen jeder Art und Aufwendungen im Rahmen von Leistungsaustauschverhältnissen steuerlich abzugsfähig sind. Neben die ertragsteuerlichen Aspekte treten bei den Unternehmen auch umsatzsteuerliche Fragen. Zahlreiche Aufwendungen im Zusammenhang mit der Kooperation lösen für die Unternehmen eine Belastung durch Umsatzsteuer oder nicht abziehbare Vorsteuer aus. Schließlich laufen Unternehmen ein **steuerstrafrechtliches Risiko,** wenn z.B. wissentlich nicht abzugsfähige Aufwendungen in der Buchhaltung und in Steuererklärungen als abzugsfähig dargestellt werden sollten.

Auch für die **medizinischen Einrichtungen,** deren **Ärzte** und andere Mitarbeiter **157** stellen sich steuerliche Fragen insbesondere im Hinblick auf die Versteuerung empfangener Geldbeträge oder Vorteile. Unklar ist vielen Beteiligten oftmals, wer in welcher Höhe ertragsteuerliche Vorteile erhält und diese entweder im Rahmen steuerpflichtiger Geschäftsbetriebe zu erklären hat oder in seiner privaten Einkommensteuererklärung berücksichtigen muss. Neben den ertragsteuerlichen Aspekten sind auch hier umsatzsteuerliche Pflichten zu berücksichtigen, weil etwa Ärzte oder Kliniken auf vereinnahmte Beträge Umsatzsteuer an das Finanzamt abzuführen haben. **Auch bei Ärzten** stellt sich häufig die Frage, ob **Steuerverkürzungen** durch die Nichtangabe steuerpflichtiger Einnahmen oder Vorteile vorliegen. Zudem können auch bei Kliniken Risiken auftreten, beispielsweise im Zusammenhang mit zu Unrecht ausgestellten Spendenquittungen.

158   Nachfolgend werden in erster Linie die dargestellten steuerlichen Fragen auf Seiten der Unternehmen behandelt.[123] Sobald Kooperationen aus Unternehmenssicht steuergünstig gestaltet werden sollen, stellt sich jedoch auch für die Krankenhäuser und die Ärzte die Frage, ob die eine oder andere Gestaltungsvariante für sie steuerliche Nachteile oder Risiken mit sich bringt. Aus diesem Grunde ist es für die Unternehmen von Bedeutung, die **steuerlichen Probleme ihrer Kooperationspartner** zu verstehen und im Blick zu halten. Dieser Beitrag geht daher auch auf die steuerlichen Situationen der Krankenhäuser und Ärzte ein, soweit sie für die Unternehmen von Bedeutung sind.

II. Ausgewählte Kooperationsformen

159   Wie oben dargestellt (Rdnr. 87 ff.) sind die verschiedenen Kooperationsformen zunächst danach zu differenzieren, ob sie den **wechselseitigen Austausch von Leistungen** zwischen der Industrie und den Krankenhäusern bzw. deren Mitarbeitern betreffen oder ob von Seiten der Industrie **einseitig Leistungen** gewährt werden. Die Einteilung in Leistungsaustauschbeziehungen und einseitige Leistungen ist auch für steuerliche Zwecke bedeutsam.

1. Leistungsaustauschbeziehungen

160   Leistungsaustauschbeziehungen sind solche Rechtsbeziehungen zwischen der Industrie einerseits und medizinischen Einrichtungen oder Ärzten andererseits, bei denen die medizinischen Einrichtungen oder deren Mitarbeiter für die Industrie Leistungen erbringen und hierfür eine **Gegenleistung** erhalten (vgl. oben Rdnr. 89). Bei sämtlichen Leistungsaustauschbeziehungen ist aus steuerlicher Sicht in der Praxis oft fraglich, wen die steuerlichen Folgen des Leistungsaustausches treffen. Das Steuerrecht stellt in der Regel nicht allein auf diejenigen ab, die etwa in Vertragsdokumenten als diejenigen bezeichnet werden, die in einen Leistungsaustausch eintreten. Auf Grund der **wirtschaftlichen Betrachtungsweise** des Steuerrechts treffen die Wirkungen eines Leistungsaustauschs vielmehr diejenigen, die tatsächlich eine Leistung erbringen oder diese erhalten. Bei sämtlichen Absprachen und Vereinbarungen über den Austausch von Leistungen empfiehlt es sich daher, die am Leistungsaustausch beteiligten Personen klar zu ermitteln und zu bezeichnen. In der Praxis treten insoweit häufig Probleme auf, dass bei Verträgen zwischen Unternehmen und Krankenhäusern vielfach auf Seiten der Krankenhäuser nicht nur vertretungsberechtigte Repräsentanten, im Regelfall Mitarbeiter der Verwaltungen, für die medizinische Einrichtung unterzeichnen, sondern in den Vertragsdokumenten auch Ärzte aufgeführt werden. Bei unklarer **Bezeichnung der Vertragsparteien** und unklarer **Definition der Funktionen** können in der steuerlichen Beurteilung des Leistungsempfängers Zweifel auftreten.

a) Klinische Prüfungen, Leistungsbewertungsprüfungen und Anwendungsbeobachtungen

161   Klinische Prüfungen, Leistungsbewertungsprüfungen und Anwendungsbeobachtungen sind typische Leistungsaustauschverhältnisse, bei denen das Unternehmen in der Regel

---

[123] Das Steuervergünstigungsabbaugesetz (SteVAG) konnte in diesem Beitrag noch nicht berücksichtigt werden.

einen Geldbetrag zahlt, um Leistungen zu erhalten. Bei den aufgewendeten Geldbeträgen stellt sich ertragsteuerlich die Frage, ob sie zu **abziehbarem Aufwand** führen. Gemäß § 4 Abs. 4 EStG liegen abziehbare Betriebsausgaben immer dann vor, wenn die Aufwendungen durch den Betrieb veranlasst sind. Nach Auffassung der Rechtsprechung sind Aufwendungen durch den Betrieb veranlasst, wenn sie objektiv mit dem Betrieb zusammenhängen, wenn sie subjektiv dem Betrieb zu dienen bestimmt sind und wenn es sich nicht um Aufwendungen für die Lebensführung des Steuerpflichtigen handelt. Dabei ist es ohne Belang, ob sie notwendig, üblich oder zweckmäßig sind.[124] Grundsätzlich steht die betriebliche Veranlassung bei den in Rede stehenden Studienleistungen außer Frage, da sie mit dem Betrieb des Unternehmens im Zusammenhang stehen und ihm dienen sollen. Sofern es sich bei den Unternehmen, wie im Regelfall, um Körperschaften handelt, ist der Abzug von Betriebsausgaben auch nicht deshalb zu versagen, weil es sich um Aufwendungen für die Lebensführung des Steuerpflichtigen handelt. Da eine Körperschaft nach Auffassung des Bundesfinanzhofes steuerlich betrachtet keine außerbetriebliche Sphäre hat, ist diese Einschränkung für den Betriebsausgabenabzug bei Körperschaften nicht relevant.[125]

Der geschilderte Grundsatz, dass es für die Abzugsfähigkeit nicht darauf ankommt, ob **162** die Aufwendungen notwendig, üblich oder zweckmäßig sind, findet seine Grenzen jedoch in den **gesetzlich normierten Abzugsverboten.** Im vorliegenden Zusammenhang sind insbesondere zwei Abzugsverbote von Bedeutung. Es handelt sich hierbei zum einen um das Verbot des Abzugs von Aufwendungen für Geschenke (Rdnr. 163 ff.) und zum anderen um das Abzugsverbot für Aufwendungen, die mit der Zuwendung von Vorteilen zusammenhängen, wenn die Zuwendung der Vorteile – neben weiteren Voraussetzungen – eine rechtswidrige Handlung darstellt (Rdnr. 170 ff.).

aa) Abzugsverbot des § 4 Abs. 5 Satz 1 Nr. 1 EStG (Geschenke)

Gemäß § 4 Abs. 5 Satz 1 Nr. 1 EStG sind Betriebsausgaben dann nicht abzugsfähig, **163** wenn es sich um **Aufwendungen für Geschenke** an Personen handelt, die nicht Arbeitnehmer des Steuerpflichtigen sind und wenn der Wert der einem Empfänger im Wirtschaftsjahr zugewendeten Geschenke 40,00 € überschreitet.[126] Personen in diesem Sinne sind auch Körperschaften.

Sofern etwa ein Unternehmen Aufwendungen im Zusammenhang mit einer Anwen- **164** dungsbeobachtungsstudie tätigt, stellt sich die Frage, welchen Zusammenhang dies mit einem Abzugsverbot für Geschenke haben kann, da die Zahlung des vereinbarten Geldbetrags ja schließlich der Erlangung einer Gegenleistung dient. Die entscheidende Frage ist hier, ob der von dem Unternehmen aufgewendete **Geldbetrag allein der Erlangung der Studienleistung** dienen soll oder ob (zumindest ein Teil) des Geldbetrags anderen Zwecken dient. Geschenke i. S. v. § 4 Abs. 5 Satz 1 Nr. 1 EStG sind nämlich grundsätzlich alle unentgeltlichen Zuwendungen, die aus Sicht beider Beteiligten nicht als Gegenleistung für bestimmte Leistungen des Empfängers erbracht werden und nicht in unmittelbarem zeitlichen oder wirtschaftlichen Zusammenhang mit solchen Leistungen stehen.[127] Zuwendungen werden dann nicht als Gegenleistung für bestimmte Leistungen des Empfängers erbracht, wenn durch die Zuwendungen lediglich das Wohlwollen des Bedachten erzielt werden soll, auch wenn der Zuwendende daraus Vorteile für seinen Betrieb ziehen will. Außerdem muss die Gegenleistung bestimmt, d. h. hinreichend konkretisiert sein; sie muss im Hinblick auf eine bestimmte Handlung des Empfängers erbracht werden, damit sie nicht unter den Geschenk-Begriff des § 4 Abs. 5 Satz 1 Nr. 1 EStG fällt.[128]

---

[124] S. beispielsweise *BFHE (GrS)* 126, 533, 540; *BFHE (GrS)* 140, 50, 55.

[125] *BFHE* 182, 123; *BFHE* 186, 540.

[126] Nach dem Entwurf des Steuervergünstigungsabbaugesetzes (SteVAG) ist die Streichung der Freigrenze geplant.

[127] *BFH* BStBl. II 1987, 296, 297; BMF-Schr. v. 29. 5. 1995, DStR 1995, 1150.

[128] *BFH* BStBl. II 1993, 806, 808.

165 Selbst wenn durch Teile des für eine Anwendungsbeobachtungsstudie gezahlten Entgelts nicht auf Beschaffungsentscheidungen der Kliniken Einfluss genommen werden soll (hier griffe unter Umständen das Abzugsverbot des § 4 Abs. 5 Satz 1 Nr. 10 EStG; vgl. nachstehende Ausführungen), so unterfielen diese dem **Abzugsverbot für Geschenke,** wenn mit ihnen etwa den bestehenden guten Geschäftsbeziehungen Rechnung getragen werden sollte.

166 Gesetzt den Fall, dass von dem Unternehmen ein Geldbetrag gezahlt wird, der tatsächlich nur zum Teil die Erlangung von Studienleistungen bezweckt, stellt sich die Frage, ob sodann der gesamte gezahlte Betrag vom Betriebsausgabenabzug ausgeschlossen ist. Im Bereich des Ausgabenabzugs für Geschenke gilt grundsätzlich ein **Aufteilungsverbot.** Die Rechtsprechung hat aber in ähnlich gelagerten Spendenfällen angenommen, dass bei überwiegender Spendenmotivation die getätigten Aufwendungen insgesamt als Spende einzuordnen sind.[129] Das FG Baden-Württemberg hat im Zusammenhang mit einer Leistung, die nur zum Teil der Erlangung einer Gegenleistung diente, Folgendes entschieden: Wenn nur eine konkrete Gegenleistung für 30% der gezahlten Vergütung festzustellen ist, ist das gesamte gezahlte Entgelt nicht abzugsfähig.[130] In der Literatur wird vereinzelt vertreten, bei teilweise feststellbarer Gegenleistung und teilweise anzunehmendem Geschenk die gänzliche Abzugsfähigkeit davon abhängig zu machen, ob die erhaltene Gegenleistung angemessen ist. Dies sei der Fall, wenn die Gegenleistung mehr als 50% des Werts der Aufwendungen ausmache.[131] Die Finanzverwaltung hat in dem Sponsoringerlass vom 18. 2. 1998 das Kriterium des **„krassen Missverhältnisses"** von Leistung und Gegenleistung eingeführt. Allerdings ist nicht quantifiziert, ab wann ein solches krasses Missverhältnis anzunehmen ist.[132]

167 Sollte somit der Teil eines von einem Unternehmen aufgewandten Geldbetrags, der nicht zur Erlangung der Studienleistungen gezahlt wird, einen großen Teil der Gesamtvergütung ausmachen, besteht nach den dargestellten Kriterien die Gefahr, dass der Gesamtbetrag nicht in einen abziehbaren und einen nicht abziehbaren Teil aufzuteilen ist, sondern **insgesamt nicht zum Betriebsausgabenabzug** zugelassen wird.

168 In der Praxis kann ggf. schwer zu ermitteln sein, ob die Zahlung eines Unternehmens allein zur Erlangung der vertraglich niedergelegten Gegenleistung des Krankenhauses oder des Arztes dient. Grundsätzlich hat das steuerpflichtige Unternehmen den **Nachweis für begünstigende Umstände** zu führen.[133] Dementsprechend trägt das Unternehmen das Risiko, ob der Nachweis dafür gelingt, dass sämtliche von ihm geleisteten Zahlungen zur Erlangung der Studienergebnisse dienten. Die Frage wird in Betriebsprüfungen von der Finanzverwaltung in der Regel dann gestellt, wenn bereits bei erstem Ansehen fraglich ist, wofür die eine oder andere Studie in Auftrag gegeben worden ist. Erfahrungsgemäß sind es u. a. folgende Indizien, die eine nähere Prüfung durch die Finanzverwaltung begründen:
– unklare Vertragsstruktur, insbesondere keine klare Bezeichnung der Vertragsparteien und der ihnen zugeordneten Funktionen,
– keine hinreichende Beschreibung des wissenschaftlichen Hintergrunds, etwa in einer Präambel,
– keine Regelungen hinsichtlich von gewerblichen Schutz- und Verwertungsrechten,
– unklare Zahlungs- und Fälligkeitszeitpunkte,
– kein Follow-up durch medizinisch-wissenschaftliche Abteilungen.
Diese Aufzählung zeigt, dass bereits die **Dokumentationslage** erste und wesentliche Anhaltspunkte gibt. Den Betriebsprüfungen liegen in der Regel nur Schriftstücke vor, die

---

[129] *BFH* BStBl. II 1988, 220.
[130] *FG Baden-Württemberg,* EFG 1988, 461.
[131] *Buschmann,* StBp 1996, 35.
[132] BMF-Schr. betr. ertragsteuerliche Behandlung des Sponsoring v. 18. 2. 1998, BStBl. I 1998, 212, Tz. 5.
[133] *BFH* BStBl. II 1989, 879, 881; *BFH* BStBl. II 1987, 675.

ihnen als Grundlage ihrer Beurteilung dienen. Es ist somit für die Unternehmen von herausragender Bedeutung, ein wohl geordnetes Vertrags- und Dokumentationsmanagement zu besitzen oder gegebenenfalls zu etablieren (hierzu auch Rdnr. 86).

Geben die vorgelegten Verträge, Studienprotokolle, Rechnungen etc. **Anlass zu sub-** **169** **stantiierten Zweifeln,** hat das Unternehmen den Nachweis zu führen, dass die gesamten Aufwendungen ausschließlich zur Erlangung der Studienleistung gezahlt wurden. Bei einer Analyse der verschiedenen in Betracht kommenden Studienleistungen dürften die gesetzlich vorgeschriebenen Studien am wenigsten Anlass zu Zweifeln bieten. Am oberen Ende der Risikoskala stehen die nicht gesetzlich (nicht immer zwingend) vorgeschriebenen Studien, beispielsweise Anwendungsbeobachtungsstudien. Selbst wenn Anwendungsbeobachtungsstudien auf der Grundlage wohlstrukturierter und detaillierter Verträge erbracht und hinreichend dokumentiert sind, stellt sich in der Praxis zuweilen die Frage, ob bei der **Vielzahl von Anwendungsbeobachtungsstudien,** die Unternehmen zu einem gleichen oder ähnlichen Thema vergeben, nicht schon Zweifel daran geäußert werden können, ob diese Studien im Sinne wissenschaftlichen Erkenntniswerts von Nutzen sind. Generelle Zweifel der Finanzverwaltung lassen jedoch nicht den Schluss zu, das steuerpflichtige Unternehmen sei seiner Beweislast nicht nachgekommen. Vielfach wird auch bei in großer Zahl vergebenen Anwendungsbeobachtungsstudien ein wissenschaftlicher Wert für das Unternehmen feststellbar sein, der sich aus den einzelnen Vertragsunterlagen und Dokumentationen nicht ergibt. Sofern die Finanzverwaltung Zweifel hinreichend substantiieren kann, ist der wissenschaftliche Wert vom Unternehmen nachzuweisen. Hierzu kommen insbesondere Sachverständigengutachten in Betracht.

bb) Abzugsverbot des § 4 Abs. 5 Satz 1 Nr. 10 EStG (Korruptionsdelikte etc.)

Gemäß § 4 Abs. 5 Satz 1 Nr. 10 EStG sind die Zuwendungen von Vorteilen sowie **170** damit zusammenhängende Aufwendungen vom Betriebsausgabenabzug ausgeschlossen, wenn die Zuwendung der Vorteile eine **rechtswidrige Handlung** darstellt, die den Tatbestand eines Strafgesetzes oder eines Gesetzes verwirklicht, das die Ahndung mit einer Geldbuße zulässt. Die Finanzverwaltung hat sich mit diesem Abzugsverbot in einem ausführlichen Schreiben auseinandergesetzt.[134] Gegenstand des Abzugsverbots sind somit nicht angebotene oder versprochene Geld- und Sachvorteile, sondern nur solche, die **tatsächlich zugewandt** wurden. Werden daher bei Leistungsaustauschverhältnissen, etwa einer Anwendungsbeobachtungsstudie, mit dem gezahlten Geldbetrag nicht nur die Studienleistungen vergütet, sondern soll mit einem Teil des zugewandten Entgelts Einfluss auf Beschaffungsentscheidungen etwa eines Amtsträgers genommen werden, kann ein **Korruptionsdelikt** verwirklicht sein. Es ist dann von einer rechtswidrigen Handlung auszugehen, wodurch jedenfalls das entsprechende Teilentgelt nicht als Betriebsausgabe abziehbar ist. Die Formulierung des § 4 Abs. 5 Satz 1 Nr. 10 EStG ist sehr weit, weil diese Vorschrift die Zuwendung von Vorteilen „sowie damit zusammenhängende Aufwendungen" vom Betriebsausgabenabzug ausschließt. In dem angesprochenen Beispiel der Anwendungsbeobachtungsstudie stellt die Zuwendung des Teilentgelts, das nicht die Bezahlung für die erhaltene Studienleistung darstellt, unzweifelhaft eine Aufwendung dar, die mit der Zuwendung eines Vorteils zusammenhängt. Das Entgelt, das für den Erhalt der Studienleistung aufgewendet wurde, hängt nur äußerst mittelbar mit der Zuwendung des sanktionierten Vorteils zusammen. Hier ist entscheidend, ob das Teilentgelt für die Erlangung der Studienleistung auch ohne Zahlung des anderen Teilentgelts zur Beeinflussung der Beschaffungsentscheidung gezahlt worden wäre. Steht dies fest, ist das Teilentgelt für die Erlangung der Studienleistung nicht vom Abzugsverbot umfasst.

In der Praxis stellt sich für Unternehmen, die von Ermittlungen wegen Korruptions- **171** delikten betroffen sind, häufig die Frage, wie mit Aufwendungen zu verfahren ist, die zur Verteidigung gegen Korruptionsvorwürfe entstehen. Die gleiche Frage stellt sich,

---

[134] BMF-Schr. v. 10. 10. 2002, IV – A 6 – S 2145 – 35/02.

wenn Ermittlungen gegen Mitarbeiter von Unternehmen zur Verhängung von Geldbußen und Geldstrafen führen.[135] Häufig werden den betroffenen Mitarbeitern von den Unternehmern solche Geldbußen und **Geldstrafen oder Strafverteidigungskosten** ersetzt.

172 Soweit **Geldauflagen** erstattet werden, die keinen Strafcharakter haben, ist die Erstattung für das Unternehmen abzugsfähige Betriebsausgabe. Die Abzugsfähigkeit von Aufwendungen im Zusammenhang mit der Erstattung von Geldauflagen, bei denen der Strafcharakter überwiegt, ist hingegen zweifelhaft. Bei Unternehmen in der Rechtsform der Kapitalgesellschaft dürfte ein Abzug zu bejahen sein. Die Bestimmung des § 10 Nr. 3 KStG ist wortgleich mit § 12 Nr. 4 EStG (Abzugsverbot für Geldstrafen). Aus dem Zusammenspiel mit § 4 Abs. 5 Nr. 8 EStG und der Historie der Gesetzgebung ist davon auszugehen, dass entweder der Täter oder das Unternehmen, für das der Täter gehandelt hat, in voller Höhe getroffen werden soll.[136] Der Gesetzgeber wollte aber keinesfalls beide treffen.[137] Wenn somit die Geldauflage für den Mitarbeiter des Unternehmens keine abziehbare Sonderausgabe darstellt, soll nicht auch gleichzeitig dem Unternehmen, das diese Geldauflage erstattet, der Betriebsausgabenabzug versagt werden.

173 Im Hinblick auf die **Erstattung von Strafverteidigungskosten** durch das Unternehmen ist Abschnitt 44 Satz 6 KStR einschlägig. Hiernach sind Verfahrenskosten, wie z. B. Gerichts- und Anwaltskosten, bei einer Körperschaft abzugsfähig. Die Richtlinien differenzieren hier nicht zwischen Strafverteidigungskosten für Korruptionsdelikte oder anderen Straf- oder Zivilprozessen. Auch in der Gesetzesbegründung zu § 10 Nr. 3 KStG ist nicht die Rede davon, dass der Abzug von Strafverteidigungskosten im Zusammenhang mit strafrechtlichen Ermittlungen bei Buß- und Strafverfahren gegen eine Körperschaft versagt werden soll.[138] Das BMF-Schreiben vom 10. 10. 2002 (s. Rdnr. 170) vertritt in Textziffer 8 augenscheinlich eine andere Auffassung, allerdings ohne eine Begründung.

174 Im Falle der Verwirklichung eines Korruptionsdelikts ist im Zusammenhang mit § 4 Abs. 5 Satz 1 Nr. 10 EStG darauf hinzuweisen, dass eine Verurteilung oder Ahndung wegen eines Korruptionsdelikts nicht erforderlich ist. Das Gesetz stellt darauf ab, ob „die Zuwendung der Vorteile eine rechtswidrige Handlung darstellt". Es genügt somit die **abstrakte Strafbarkeit,** unabhängig von einem Verschulden und ohne Rücksicht auf das Vorliegen eines Strafantrags oder einer Verurteilung. Die Beurteilung, ob ein rechtswidriges Korruptionsdelikt vorliegt, hat der Gesetzgeber damit in die Hände der Finanzverwaltung gelegt. Die Betriebsprüfer haben diese Frage somit im Rahmen der Betriebsprüfungen selbst zu klären. Dies begegnet u. a. deshalb Bedenken, weil die Betriebsprüfer in der Regel nicht die erforderliche juristische Ausbildung haben und die Korruptionsdelikte in der Subsumtion eine Vielzahl von Zweifelsfragen aufwerfen. Im Übrigen ist der **Kreis der Delikte,** der von § 4 Abs. 5 Satz 1 Nr. 10 EStG angesprochen wird, **beschränkt.** Nach dem Gesetzesentwurf sollten die Zuwendung von Vorteilen sowie damit zusammenhängende Aufwendungen erfasst werden, wenn die Zuwendung eine rechtswidrige Tat i. S. d. §§ 108 b, 108 e, 299, 333, 334, 335 StGB, ergänzt durch Art. 2 §§ 1 und 2 des Gesetzes zum Protokoll zum Übereinkommen über den Schutz der finanziellen Interessen der Europäischen Gemeinschaften vom 10. 9. 1998[139] und Art. 2 §§ 1–3 des Gesetzes vom 10. 9. 1998 zu dem Übereinkommen vom 17. 12. 1997 über die Bekämpfung der Bestechung ausländischer Amtsträger im internationalen Geschäftsverkehr,[140] § 48 des Wehrstrafgesetzes, § 119 Abs. 1 des Betriebsverfassungsgesetzes, § 21 Abs. 2 i. V. m. § 81 Abs. 1 Nr. 1 des Gesetzes gegen den unlauteren Wettbewerb, § 405 Abs. 3 Nr. 3 und 7 des Ak-

---

[135] Hierzu unter strafrechtlichen Aspekten auch *Taschke,* S. 663 ff.
[136] BT-Drs. 10/1634, S. 7.
[137] Hierzu *Saller,* DStR 1996, 534 ff.; *Wedemeier/Hohlfeld,* DStZ 1985, 79 ff.
[138] BT-Drs. 10/1314, S. 5 ff.
[139] BGBl. II S. 2340.
[140] BGBl. II S. 2327.

tiengesetzes, § 152 des Gesetzes betreffend die Erwerbs- und Wirtschaftsgenossenschaften oder § 23 Abs. 1 Nr. 3 des Gesetzes betreffend die gemeinsamen Rechte der Besitzer von Schuldverschreibungen ist.[141] Aus rechtstechnischen Gründen wurde diese lange Aufzählung im weiteren Gesetzgebungsverfahren abgekürzt. Nach dem Dritten Bericht des Finanzausschusses wird in § 4 Abs. 5 Satz 1 Nr. 10 EStG nur noch abstrakt auf die einschlägigen Paragraphen verwiesen.[142] Einschlägig sind insoweit die zuvor aufgelisteten Tatbestände. Nicht vom Anwendungsbereich des § 4 Abs. 5 Satz 1 Nr. 10 EStG erfasst sind somit rechtswidrige Handlungen im Zusammenhang mit berufsrechtlichen oder heilmittelwerberechtlichen Vorschriften, etwa § 7 HWG.

Im Rahmen von Betriebsprüfungen ist auch zu beachten, dass die Finanzbehörden gem. **175** § 4 Abs. 5 Satz 1 Nr. 10 Satz 3 EStG verpflichtet sind, Tatsachen, die den **Verdacht einer Straftat** oder einer Ordnungswidrigkeit im Sinne eines Korruptionsdelikts begründen, der Staatsanwaltschaft oder der Verwaltungsbehörde **mitzuteilen.** Umgekehrt haben auch Gerichte, Staatsanwaltschaften oder Verwaltungsbehörden Tatsachen, die sie dienstlich erfahren und die den Verdacht einer der in Rede stehenden Tat begründen, der Finanzbehörde für Zwecke des Besteuerungsverfahrens und zur Verfolgung von Steuerstraftaten und Steuerordnungswidrigkeiten mitzuteilen. Ob die Mitteilungspflicht der Finanzbehörden auch dann greift, wenn das Unternehmen die Ausgaben von vornherein als nicht abzugsfähig behandelt hat, ist umstritten und nur eine von vielen Fragen, die Anlass zu Zweifeln an der Verfassungsmäßigkeit der Norm geben.[143]

Soweit bei Unternehmen Betriebsausgaben auf der Grundlage von § 4 Abs. 5 Satz 1 **176** Nr. 10 EStG nicht zum Abzug zugelassen werden, bedeutet dies nicht, dass die Empfänger der Vorteile die empfangenen Vorteile nicht zu versteuern hätten. Insoweit existiert kein Korrespondenzprinzip.[144] Es ist somit in Betriebsprüfungen stets damit zu rechnen, dass im Zusammenhang mit Korruptionsdelikten zahlreiche **Kontrollmitteilungen** an die Finanzbehörden erfolgen, die für die Besteuerung der Vorteilsempfänger zuständig sind.

cc) Umsatzsteuer bei Abzugsverboten und tauschähnlichen Umsätzen

In umsatzsteuerlicher Hinsicht entsteht bei Leistungsaustauschbeziehungen ein beson- **177** deres Problem, wenn das Unternehmen für die Erbringung der Studienleistungen nicht nur Geld bezahlt, sondern auch **Gegenstände hingibt.** Oftmals werden von medizinischen Einrichtungen zur Durchführung von Studien bestimmte Diagnose- oder Anwendungsgeräte benötigt, die sie entweder nicht oder nicht in neuester Version besitzen. Zum Teil werden Geräte ausschließlich für die Dauer der Studiendurchführung vom Unternehmen gestellt oder verbleiben nach Abschluss der Studie endgültig in der medizinischen Einrichtung. Solche Vorgänge sind umsatzsteuerlich dann ohne Folgen, wenn sie als **Beistellung** angesehen werden können. Beistellungen liegen dann vor, wenn das Unternehmen einen Teil des für die Studiendurchführung erforderlichen Materials zur Verfügung stellt; es kann sich auch um andere Beiträge zur Erstellung der Studie handeln, z.B. Arbeitskräfte. Solche Beistellungen führen umsatzsteuerrechtlich dazu, dass die beigestellten Faktoren aus dem Leistungsaustausch zwischen dem Unternehmen und dem Erbringer der Studienleistung ausscheiden.

Sofern die medizinische Einrichtung das überlassene Gerät jedoch nicht ausschließlich **178** zur Erbringung der Studienleistung nutzt und auch im normalen Klinikbetrieb einsetzen darf oder wenn das Gerät nach Abschluss der Studie dauerhaft in der medizinischen Einrichtung verbleibt, ist nicht von einer Beistellung auszugehen. Es handelt sich bei dem

---

[141] BT-Drs. 14/23 v. 9. 11. 1998, S. 5.
[142] BT-Drs. 14/443 v. 3. 3. 1999, S. 48: „Die Änderung des Satzes 1 ist rechtstechnischer Art. Anstelle der umfassenden Auflistung aller einschlägigen gesetzlichen Vorschriften wird abstrakt auf die einschlägigen Paragraphen verwiesen".
[143] Zusammenfassend *Dörn,* DStZ 2001, 736 ff.
[144] BMF-Schr. betr. ertragsteuerliche Behandlung des Sponsoring v. 18. 2. 1998, BStBl. I 1998, 212, Tz. 9.

überlassenen Gerät oder bei der überlassenen Nutzungsmöglichkeit dann um einen **Teil des Entgelts,** das neben einer Barvergütung für die Erbringung der Studienleistung gezahlt wird. Ein solcher Vorgang stellt einen **tauschähnlichen Umsatz** i. S. v. § 3 Abs. 12 Satz 2 UStG dar. Das Unternehmen hat hierauf Umsatzsteuer abzuführen. Die Bemessungsgrundlage für die Umsatzsteuer ist gem. § 10 Abs. 2 Satz 2 UStG der Wert der empfangenen Studienleistung, soweit dieser mit der Gerätestellung bezahlt worden ist. Der Wert der anteiligen Studienleistung als Entgelt für die Gerätestellung kann anhand des Werts der hingegebenen Sachleistung schätzungsweise bestimmt werden.[145] Dementsprechend empfängt das Unternehmen nicht nur eine Rechnung der medizinischen Einrichtung über die erbrachte Studienleistung, sondern stellt der medizinischen Einrichtung eine Rechnung aus, in der es umsatzsteuerlich über die gewährte Gerätestellung abrechnet.

179   Kommt es im Fall der Gerätestellung im Zusammenhang mit der Erbringung von Studienleistungen zu der Versagung eines Betriebsausgabenabzugs aus dem Gesichtspunkt des Geschenks, sind zusätzlich die Bestimmungen des § 15 Abs. 1a Nr. 1 UStG und des § 10 Nr. 2 KStG zu beachten. Hiernach sind **Vorsteuerbeträge,** die auf Aufwendungen entfallen, für die das Abzugsverbot des § 4 Abs. 5 Satz 1 Nr. 1 EStG gilt, **nicht abziehbar.**

dd) Auswirkungen auf medizinische Einrichtungen und Ärzte

180   Die Erbringung von Studienleistungen durch Ärzte oder medizinische Einrichtungen unterliegt im Regelfall der Umsatzsteuer. Umsatzsteuerfrei sind in diesem Zusammenhang allein Leistungen, die in einem **engen Zusammenhang zur ärztlichen Heilbehandlung,** Diagnostik, Befunderhebung oder Pflege kranker und pflegebedürftiger Personen stehen. Die Erbringung von Studienleistungen weist in der Regel einen solch engen Zusammenhang zu einer Heilbehandlung etc. nicht auf. Zudem ist zu beachten, dass nach der Rechtsprechung des Europäischen Gerichtshofes die umsatzsteuerlichen Befreiungsvorschriften eng auszulegen sind.[146] Auch die Ausnahmevorschrift des § 4 Nr. 21a UStG greift hier in der Regel nicht. Nach dieser Vorschrift sind Umsätze der staatlichen Hochschulen aus Forschungstätigkeit umsatzsteuerbefreit. Nicht zu einer solchen Forschungstätigkeit gehören Tätigkeiten, die sich auf die Anwendung gesicherter Erkenntnisse beschränken, die Übernahme von Projektträgerschaften sowie Tätigkeiten ohne Forschungsbezug.

181   Aus Unternehmenssicht sind diese umsatzsteuerlichen Grundsätze bedeutsam, wenn in den vertraglichen Vereinbarungen über die Erbringung von Studienleistungen die Vergütungsregelung keine Bestimmung zur Umsatzsteuer enthält. Sofern die Verträge nicht bestimmen, dass zusätzlich zu der ausgewiesenen Vergütung die gesetzliche Umsatzsteuer von Unternehmen geschuldet wird, kann dies dann zu Problemen führen, wenn der Arzt oder die medizinische Einrichtung von der Finanzverwaltung mit Umsatzsteuer belastet wird. In diesem Falle werden die Ärzte oder medizinischen Einrichtungen versuchen, zusätzlich zu dem vereinbarten Entgelt die Umsatzsteuer von Unternehmen zu verlangen. Ohne eine vertragliche Vereinbarung haben sie jedoch gegenüber den Unternehmen **keinen rechtlichen Anspruch,** da kein Handelsbrauch besteht, wonach Unternehmen generell zusätzlich zu einem vereinbarten Preis die Umsatzsteuer an den Vertragspartner zu zahlen haben. Die Unternehmen werden den Wünschen der Ärzte oder medizinischen Einrichtungen in der Regel aber nachkommen, wenn diese eine Rechnung mit Ausweis von Umsatzsteuer erteilen und den Unternehmen der Vorsteuerabzug hieraus im konkreten Fall auch möglich ist.

b) Berater- und Referentenverträge

182   Beraterverträge sind solche Verträge, die von Unternehmen mit Ärzten oder medizinischen Einrichtungen abgeschlossen werden, um Beratungsleistungen für das Unternehmen zu erhalten. Bei Referentenverträgen bezieht sich die Leistung darauf, dass der Arzt oder

---

[145] *BFH* BStBl. II 1984, 686; *BFH* BStBl. II 1989, 210, 211 f.
[146] Hierzu beispielsweise *EuGH* UR 1999, 419, Tz. 12.

die medizinische Einrichtung sich verpflichtet, einen Vortrag für ein Unternehmen zu halten. Die steuerlichen Risiken, die solche Verträge im Hinblick auf die Abzugsfähigkeit der gezahlten Honorare mit sich bringen, ähneln denen, die unter Rdnr. 161 ff. im Zusammenhang mit Studienverträgen dargestellt sind. In ertragsteuerlicher Hinsicht kommt es für die Abzugsfähigkeit der gezahlten Beratungs- oder Referentenhonorare besonders auf den **Nachweis** an, dass die erbrachten **Beratungs- oder Referentenleistungen werthaltig** waren. Gerade Beratungsleistungen werden oft mündlich oder telefonisch erbracht. Dem Vorhalt der Betriebsprüfungen, dass Leistungen nicht oder nur in sehr geringem Umfang erbracht worden seien, kann nur durch eine möglichst detailgenaue Dokumentation begegnet werden. Dementsprechend ist es ratsam, empfangene Beratungsleistungen schriftlich unter Angabe des Zeitpunkts festzuhalten. Es kann sich auch empfehlen, dem Berater entsprechende Berichts- und Dokumentationspflichten aufzuerlegen. Zum Beispiel kann vereinbart werden, dass der beratende Arzt bei turnusmäßiger Rechnungsstellung die erbrachten Beratungsleistungen auflistet.

In umsatzsteuerlicher Hinsicht ist zu berücksichtigen, dass Referenten- oder Beratertätigkeiten von Ärzten oder medizinischen Einrichtungen **in der Regel der Umsatzsteuer** unterliegen. Die Umsatzsteuerpflicht der Leistungen sollte bereits bei Abfassung der vertraglichen Vereinbarungen thematisiert und gegebenenfalls geregelt werden, damit Ärzte später die Umsatzsteuer nicht von den Unternehmen nachfordern. Sofern Ärzte betroffen sind, stellt sich die Frage, ob sie Umsatzsteuer auf die erbrachten Leistungen an das Finanzamt abzuführen haben, dann nicht, wenn sie **Kleinunternehmer** im Sinne des Umsatzsteuergesetzes sind. Gemäß § 19 Abs. 1 UStG wird die Finanzverwaltung von dem Arzt Umsatzsteuer nicht erheben, wenn der Umsatz im vorangegangenen Kalenderjahr 16 620 € nicht überstiegen hat und im laufenden Kalenderjahr 50 000 € voraussichtlich nicht übersteigen wird. **183**

c) Sponsoringverträge

Im Kontext der Kooperation von Unternehmen mit medizinischen Einrichtungen und Ärzten wird der **Begriff des Sponsoring** nicht einheitlich verwandt. Sponsoring wird vielfach so verstanden, dass ein Unternehmen einseitig Zuwendungen tätigt, um die Kunst- und Kulturlandschaft, den Sport, die Wissenschaft oder gesellschaftliche Einrichtungen selbstlos bzw. gemeinnützig zu fördern. In steuerrechtlichen Kategorien sind jedoch von gemeinnützigem Streben getragene Förderungen oder Zuwendungen mit den Kategorien Spenden und Geschenke assoziiert. Bei Spenden und Geschenken sind die Möglichkeiten des Betriebsausgabenabzugs indessen stark eingeschränkt. **184**

Bei **echtem Sponsoring** ist für das Unternehmen ein **uneingeschränkter Betriebsausgabenabzug** möglich. Daher kommt es entscheidend darauf an, Aufwendungen für Sponsoring klar von Geschenken und Spenden abzugrenzen. Diese klare Abgrenzung kommt in der Definition der Finanzverwaltung für das Sponsoring zum Ausdruck.[147] Unter Sponsoring wird danach üblicherweise die Gewährung von Geld oder geldwerten Vorteilen durch Unternehmen verstanden, mit der regelmäßig auch eigene unternehmensbezogene Ziele der Werbung oder Öffentlichkeitsarbeit verfolgt werden. Leistungen eines Sponsors, hier also des Unternehmens, beruhen häufig auf einer vertraglichen Vereinbarung zwischen dem Sponsor und dem Empfänger der Leistungen (Sponsoringverträge), in dem Art und Umfang der Leistung des Sponsors und des Empfängers geregelt sind. Zwar wird in dieser Definition auch das Allgemeininteresse und die gesellschaftspolitische Bedeutung von Sponsoring angesprochen, doch wird für die steuerliche Anerkennung des Betriebsausgabenabzugs beim Sponsor maßgeblich auf den Leistungsaustausch abgestellt. **185**

Der Leistungsaustausch beinhaltet zunächst, dass das Unternehmen in der Regel einen Geldbetrag an die medizinische Einrichtung entrichtet. Die medizinische Einrichtung **186**

---

[147] BMF-Schr. betr. ertragsteuerliche Behandlung des Sponsoring v. 18. 2. 1998, BStBl. I 1998, 212, Tz. 1.

erbringt hierfür im Gegenzug eine Leistung, die darin bestehen kann, dass sie bei der Durchführung von Fortbildungsveranstaltungen, Tagungen und Kongressen in den Einladungen, Veranstaltungshinweisen oder den Veranstaltungsräumen auf das sponsernde Unternehmen **werbewirksam hinweist.** Am Rande von Veranstaltungen der medizinischen Einrichtungen kommt es als Gegenleistung auch in Betracht, dass die medizinische Einrichtung dem Unternehmen gestattet, Stände aufzubauen und Plakate aufzuhängen. Als Mitwirkung der medizinischen Einrichtungen kommt auch ein Hinweis bei der Begrüßung oder bei der Eröffnung der einzelnen Veranstaltungen auf den Beitrag des Unternehmens der Veranstaltung in Betracht.

187   Gegenleistungen der medizinischen Einrichtungen können jedoch auch **unabhängig von Veranstaltungen** erfolgen. So kann sich z.B. die medizinische Einrichtung verpflichten, einzelne Räume oder Gebäudeteile nach dem Namen des Sponsors zu benennen. Die Tauglichkeit einer solchen Verpflichtung als zulässige Sponsoringmaßnahme ist finanzgerichtlich im Zusammenhang mit einem Automobilhersteller entschieden worden. Diesem gegenüber war die gesponserte Einrichtung verpflichtet, einen Gebäudeteil als „BMW-Saal" zu benennen. Ferner kommt auch die zeitlich länger andauernde Gestattung einer medizinischen Einrichtung in Betracht, etwa im Eingangsbereich einer Klinik Ausstellungsvitrinen zu platzieren und Werbetafeln anzubringen.

188   Je ausgeprägter die **Gegenleistungsverpflichtung der medizinischen Einrichtung** ist, umso größer sind die Chancen für das Unternehmen, seine Sponsoringaufwendungen steuerlich als Betriebsausgaben geltend machen zu können. Fraglich ist allerdings, in welchem Verhältnis die vom Unternehmen aufgewendeten Beträge zum Wert der von dem Gesponserten erbrachten Leistungen stehen müssen. Grundsätzlich kommt es für die Berücksichtigung der Aufwendungen als Betriebsausgaben nicht darauf an, ob die Leistungen notwendig, üblich oder zweckmäßig sind. Nach Auffassung der Finanzverwaltung ist allerdings bei einem **krassen Missverhältnis** zwischen den Leistungen des Sponsors und dem erstrebten wirtschaftlichen Vorteil der Betriebsausgabenabzug zu versagen.[148] Definitionen, was ein krasses Missverhältnis bedeutet, sind dem einschlägigen BMF-Schreiben nicht zu entnehmen. Aus Vorsichtsgründen ist den Unternehmen anzuraten, den angestrebten wirtschaftlichen Vorteil in möglichst substantiierter Form zu dokumentieren. Da sich zur Durchführung von Sponsoringmaßnahmen regelmäßig ein schriftlicher Vertrag empfiehlt, sollte dieser auch klar zum Ausdruck bringen, welche Art von Veranstaltung betroffen ist und aus welchem Grund das Unternehmen eine Werbewirkung für sich erwartet. In dem Vertrag sollte ferner klar dokumentiert sein, welche Leistungen die medizinische Einrichtung im Detail zu erbringen hat.

189   Die Finanzverwaltung stellt im Zusammenhang mit dem von dem Sponsoringunternehmen angestrebten wirtschaftlichen Vorteil darauf ab, ob die **imagefördernden Maßnahmen** in seine Öffentlichkeitsarbeit eingebunden sind.[149] Aus diesem Grund kann es hilfreich sein, Sponsoringmaßnahmen in das Gesamtkonzept des Unternehmens zu integrieren und hierzu die entsprechenden Erwägungen und Motive für steuerliche Nachweiszwecke zu dokumentieren.

190   Sofern Unternehmen Sponsoringverträge im vorbezeichneten Sinne mit medizinischen Einrichtungen abschließen, bestehen sie oftmals aus den dargelegten steuerlichen Gründen auf einer möglichst ausgeprägten Gegenleistung der medizinischen Einrichtung. Diesem Wunsch wird auf Seiten der medizinischen Einrichtung aus steuerlichen Gründen oftmals nicht entsprochen, wenn es sich bei den medizinischen Einrichtungen um steuerbegünstigte Körperschaften handelt. **Krankenhäuser in öffentlicher Trägerschaft** sind steuerlich in **unterschiedliche Sphären** aufgeteilt. Sofern sie im Rahmen ihres eigentlichen

---

[148] BMF-Schr. betr. ertragsteuerliche Behandlung von Sponsoring v. 18. 2. 1998, BStBl. I 1998, 212, Tz. 5.

[149] BMF-Schr. betr. ertragsteuerliche Behandlung von Sponsoring v. 18. 2. 1998, BStBl. I 1998, 212, Tz. 3.

Krankenhausbetriebs handeln, d. h. diagnostische und heilbehandliche Tätigkeiten durchführen, sind sie als Zweckbetrieb steuerbegünstigt. Daneben besitzen Krankenhäuser einen steuerbegünstigten ideellen Bereich und den steuerbegünstigten Bereich der Vermögensverwaltung. Sie können aber auch Aktivitäten entfalten, die im Rahmen wirtschaftlicher Geschäftsbetriebe zu einer **partiellen Steuerpflicht** führen. Im Zusammenhang mit Gegenleistungen, die medizinische Einrichtungen im Rahmen von Sponsoringverträgen erbringen, kann eine solche partielle Steuerpflicht entstehen. Dies ist insbesondere dann der Fall, wenn die medizinische Einrichtung an Werbemaßnahmen mitwirkt.[150] Dieses **steuerschädliche „Mitwirken"** liegt dann nicht vor, wenn die medizinische Einrichtung auf Plakaten, Veranstaltungshinweisen, in Ausstellungskatalogen oder in anderer Weise auf die Unterstützung durch einen Sponsor lediglich hinweist. Je aktiver die medizinische Einrichtung jedoch werbend tätig wird und je stärker der Hinweis auf den Sponsor hervorgehoben wird, desto größer ist die Gefahr, dass sie insoweit steuerpflichtig wird. Im Einzelfall sind von der medizinischen Einrichtung rechtlich und tatsächlich schwierige Abgrenzungsentscheidungen zu treffen.[151] Abbildung 3 fasst die Eingruppierungsmöglichkeiten für die verschiedenen Formen der Leistungsvereinnahmung wie folgt zusammen:

		Wirtschaftlicher Geschäftsbetrieb (GB)	
Ideeller Bereich	Vermögensverwaltung	Zweckbetrieb	steuerpflichtiger wirtschaftlicher GB
Verwirklichung der Satzungszwecke	Überlassung von Vermögen an Dritte gegen Entgelt	Einnahmeerzielung, durch die unmittelbar Satzungszwecke verwirklicht werden	nur Überschüsse dienen der Finanzierung der Satzungszwecke
keine GewSt/KSt			GewSt/KSt
keine Ust	regelmäßig 7% USt (echte Krankenhausleistungen umsatzsteuerfrei)		regelmäßig 16% USt

Abb. 3: Die unterschiedlichen steuerlichen Sphären steuerbegünstigter medizinischer Einrichtungen

Die von Unternehmen als nachteilig empfundene Zurückhaltung mancher medizinischer Einrichtungen im Zusammenhang mit Leistungsaustauschverhältnissen, wie etwa dem echten Sponsoring, ist somit durchaus erklärbar. Größere medizinische Einrichtungen verfügen jedoch neben ihren **steuerbegünstigten Zweckbetrieben** über **steuerpflichtige wirtschaftliche Geschäftsbetriebe,** um bereits von ihrer Struktur her auch Finanzierungsquellen im Zusammenhang mit dem Sponsoring erschließen zu können.

2. Einseitige Leistungen

Im Gegensatz zum Leistungsaustausch sind einseitige Leistungen solche Leistungen der Unternehmen, denen **keine Gegenleistung** der medizinischen Einrichtungen oder Ärzte gegenüber steht. Einseitige Leistungen sind unter Umständen nicht nur mit einem strafrechtlichen Risiko behaftet, sondern sind auch steuerlich einem Risiko ausgesetzt. Spenden, Geschenke und Bewirtungen sind entweder nur eingeschränkt oder gar nicht abziehbar und bedürfen deshalb besonderer Aufmerksamkeit.

191

---

[150] BMF-Schr. betr. ertragsteuerliche Behandlung von Sponsoring v. 18. 2. 1998, BStBl. I 1998, 212, Tz. 9.
[151] *Mueller-Thuns,* S. 124.

a) Spenden

192 Allen Spenden ist zu Eigen, dass sie nur **beschränkt abziehbar** sind. Ist der Spender ein Unternehmen in der Rechtsform der Körperschaft, besteht eine Höchstbetragsregelung dergestalt, dass der Abzug nach § 9 Abs. 1 Nr. 2 Satz 1 KStG auf:

– 5% des Einkommens oder

– 2 ‰ der Summe der gesamten Umsätze und der im Kalenderjahr aufgewendeten Löhne und Gehälter

beschränkt ist. Für wissenschaftliche, mildtätige und als besonders förderungswürdig anerkannte kulturelle Zwecke erhöht sich der Prozentsatz von 5 um weitere 5%, also auf 10%.

aa) Spendenbegriff

193 Das Gesetz definiert den Begriff der Spende nicht. Nach der Rechtsprechung sind Spenden Zuwendungen, die freiwillig oder auf Grund einer freiwillig eingegangenen Rechtspflicht geleistet werden, kein Entgelt für eine bestimmte Leistung des Empfängers darstellen und nicht in einem tatsächlichen wirtschaftlichen Zusammenhang mit den Leistungen des Zuwendenden stehen; ferner muss die Verfolgung steuerbegünstigter Zwecke **uneigennützig** zur Förderung bestimmter, im Allgemeininteresse liegender Zwecke erfolgen.[152] Die altruistischen Motive des Zuwendenden müssen aus den äußeren Umständen erkennbar sein.[153]

194 Dieser allgemeinen Definition ist zu entnehmen, dass stets die **fremdnützige Motivation** des Spenders im Vordergrund steht. Die Tätigkeit eines medizintechnologischen oder pharmazeutischen Unternehmens ist gemeinhin auf die Erzielung eines Gewinns ausgerichtet. Hiervon unterscheidet sich eine Spendentätigkeit erheblich, da hier ein eigenes wirtschaftliches Interesse und damit die betriebliche Veranlassung an sich ausgeschlossen ist. Mit der Spende soll gerade kein eigener wirtschaftlicher Vorteil erzielt werden. Eine Gegenleistung des Spendenempfängers darf nicht vorliegen. Die Motivation, eine Spende leisten zu wollen, wird nach der Rechtsprechung an äußerlichen, objektiven Umständen festgemacht. Ein Spendenabzug wird somit insbesondere dann abzulehnen sein, wenn der objektiv erkennbare äußere Geschehensablauf gegen eine selbstlose Zuwendung durch den Spender spricht. Auch eine missbräuchliche Gestaltung eines Leistungsentgelts als Spende kann den Spendenabzug ausschließen.[154]

195 Dem entsprechend **scheitert der Spendenabzug** regelmäßig dann, wenn die medizinische Einrichtung eine **Gegenleistung** erbringt, beispielsweise durch Überlassung einer Standfläche im Rahmen eines von ihr ausgerichteten Kongresses. Überlässt die medizinische Einrichtung diese Standfläche an das Unternehmen und zahlt das Unternehmen hierfür einen Geldbetrag, kann und darf die medizinische Einrichtung über den empfangenen Geldbetrag keine Spendenquittung ausstellen. Angesichts der von der medizinischen Einrichtung erbrachten Gegenleistung (Vermietungsleistung) empfiehlt sich in solchen Fällen der Abschluss eines Vertrags mit Ausweis von Leistung und Gegenleistung.

196 Der Empfänger der Spende muss stets eine inländische juristische Person des öffentlichen Rechts, eine inländische öffentliche Dienststelle oder eine steuerbefreite Körperschaft oder Personenvereinigung sein.[155] Im Zusammenhang mit Krankenhäusern ist auf § 67 AO hinzuweisen. Hiernach dienen Krankenhäuser dann gemeinnützigen oder mildtätigen Zwecken, wenn sie in den Anwendungsbereich der Bundespflegesatzverordnung fallen und mindestens 40% der jährlichen Pflegetage auf Patienten entfallen, bei denen nur Entgelte für allgemeine Krankenhausleistungen berechnet werden. Es ist somit **ausgeschlossen,** dass **natürliche Personen,** beispielsweise niedergelassene oder angestellte Ärzte, Empfänger von Spenden sein können. Ebenfalls ist es unzulässig, einem gemeinnüt-

---

[152] *BFH* BStBl. II 1991, 258, 259; *BFH* BStBl. II 1988, 220.

[153] *BFH* BStBl. II 1990, 237, 238.

[154] *BFH* BStBl. II 2000, 65; *FG Düsseldorf,* DStRE 2000, 630 m. w. N.

[155] § 5 Abs. 1 Nr. 9 KStG, § 49 EStDV.

zigen Krankenhaus einen Geldbetrag unter der Auflage zu spenden, diesen an einen bestimmten Arzt für dessen Fort- und Weiterbildung zu verwenden.

Allgemein zulässig sind aber **Zweckspenden,** d. h. Zuwendungen, bei denen ein sach- **197** licher Verwendungszweck bestimmt wird, sofern der vorbestimmte Verwendungszweck selbst steuer- bzw. satzungsgemäß begünstigt ist.[156] Zulässig ist hiernach eine Spende an ein gemeinnütziges Krankenhaus mit der Auflage, die Spende zum Aufbau einer bestimmten Abteilung zu verwenden. Zulässig ist es auch, eine Spende mit der Zweckbestimmung zu versehen, dass der gespendete Betrag zur Fort- und Weiterbildung des medizinischen Personals verwendet wird. Es ist in diesem Zusammenhang stets darauf zu achten, dass die Angabe des Zwecks nicht so eng gefasst wird, dass eine bestimmte natürliche Person als Empfänger der Zuwendung individualisierbar ist.[157] Eine Zweckbestimmung, die vorsieht, dass die Fort- und Weiterbildung beispielsweise der Leitung der kardiologischen Abteilung eines Krankenhauses dienen soll, wäre insoweit schädlich. Steht die Gewährung (auch teilweise) im Zusammenhang mit einer Gegenleistung des Spendenempfängers oder ist eine natürliche Person als Begünstigter zu identifizieren, so kann das Unternehmen auch nicht auf eine Spendenquittung der medizinischen Einrichtung vertrauen. Zwar kann der Spender grundsätzlich auf die **Richtigkeit der Spendenbestätigung** vertrauen.[158] Dies gilt aber dann nicht, wenn die Bestätigung durch unlautere Mittel oder falsche Angaben erwirkt wurde oder dem spendenden Unternehmen die Unrichtigkeit der Spendenquittung bekannt oder infolge grober Fahrlässigkeit nicht bekannt war.

bb) Sachspenden

Spenden können Geld- oder Sachspenden sein. Nicht als abziehbare Spenden können **198** Nutzungen und Leistungen gelten, soweit sie nicht mit einer **Wertabgabe** aus dem geldwerten Vermögen des Zuwendenden verbunden sind.[159] Dementsprechend sind Vermögensminderungen, die durch zeitlichen Aufwand oder Aufwand von Arbeitskraft entstehen oder Vermögensminderungen, die lediglich durch die Nutzung eines Wirtschaftsguts verursacht sind, grundsätzlich vom Spendenabzug ausgeschlossen.[160]

Unproblematisch ist die Zuwendung von **medizinischen Geräten** als Sachspende. Aus **199** Unternehmenssicht kann insbesondere die Spende von solchen Geräten vorteilhaft sein, die bereits von dem Unternehmen abgeschrieben bzw. teilweise abgeschrieben wurden. Gemäß § 6 Abs. 1 Nr. 4 Satz 4 EStG können nämlich Sachspenden an körperschaftsteuerbefreite Körperschaften und an juristische Personen des öffentlichen Rechts zur Verwendung eines steuerbegünstigten Zwecks mit dem Buchwert angesetzt werden. Dieses **Buchwertprivileg** führt somit dazu, dass für das Unternehmen Spendenaufwand nur in Höhe des Restbuchwerts des zugewendeten Gegenstands entsteht. Dementsprechend ist der Restbuchwert dem Spendenempfänger mitzuteilen, damit dieser die entsprechende Spendenbestätigung zutreffend ausstellen kann.

Bei **Sachspenden** aus dem Betriebsvermögen ist aber darauf zu achten, dass diese eine **200** **Umsatzsteuerpflicht** des Unternehmens auslösen können. Gemäß § 3 Abs. 1 lit. b) Nr. 3 UStG steht eine solche Sachspende der Lieferung gegen Entgelt gleich. Somit fällt Umsatzsteuer an. Die Bemessungsgrundlagen sind gem. § 10 Abs. 4 Nr. 1 UStG der Wiederbeschaffungspreis oder die Selbstkosten. Dementsprechend ist die Bemessungsgrundlage für die Umsatzsteuer in der Regel höher als der ertragsteuerliche Restbuchwert des gespendeten Gegenstands. Die Finanzverwaltung lässt die so ermittelte Umsatzsteuer als zusätzliche Spende zu.[161] Auch wenn somit durch das Buchwertprivileg der Spendenauf-

---

156 *Tiedtke,* BB 1985, 985.

157 R 111 Abs. 1 Satz 3 EStR.

158 § 10 b Abs. 4 EStG, § 9 Abs. 3 KStG.

159 § 10 b Abs. 3 Satz 1 EStG, § 9 Abs. 2 Satz 1 KStG.

160 *Kießling/Buchna,* S. 280.

161 R 111 Abs. 1 Satz 5 EStR.

wand für das Unternehmen geringer bleibt und die Höchstbeträge nicht in gleichem Maße ausgeschöpft werden wie bei einer Geldspende, wird der Spendenaufwand somit durch die Umsatzsteuer wieder leicht erhöht. Das Buchwertprivileg ist insoweit zumindest teilweise relativiert.

cc) Aufwandsspenden

201   Sofern Gegenstände oder Geräte nicht als Sachspende an eine medizinische Einrichtung übereignet werden, stellt sich die Frage, ob eine Sachspende auch dann anzunehmen ist, wenn die medizinische Einrichtung den Gegenstand nur **leihweise** erhält. Grundsätzlich kann – wie dargestellt – eigener Aufwand des Unternehmens nicht gespendet werden. Das Gesetz macht jedoch dann eine Ausnahme, wenn der Spender auf den Ersatz von entstandenen Aufwendungen verzichtet.[162] Nach dem Wortlaut des Gesetzes darf der **Anspruch auf Aufwendungsersatz** aber nicht unter der Bedingung eingeräumt werden, dass später auf ihn verzichtet wird. Dies bedeutet, dass für eine Aufwandsspende stets ein Anspruch auf die Erstattung der Aufwendungen – im vorliegenden Kontext durch Vertrag – entstanden sein muss, auf den später freiwillig und mit der erforderlichen Spendenmotivation verzichtet wird. Der Aufwendungsersatzanspruch muss auch der Höhe nach angemessen sein.

b) Geschenke

202   Unternehmen wenden in der Praxis medizinischen Einrichtungen und Ärzten Geschenke in den vielfältigsten Erscheinungsformen zu. Zumeist handelt es sich um Gegenstände, wie z. B. Werbeartikel, Jubiläumsgeschenke, Zeitschriftabonnements, Gegenstände des Praxisbedarfs etc. Gegenstand von Geschenken können aber auch **medizinische Großgeräte, Sachleistungen** in Form von Personalüberlassungen oder Fortbildungsveranstaltungen sein. Wie bereits ausgeführt (vgl. Rdnr. 164) sind Geschenke dadurch geprägt, dass es sich um unentgeltliche Zuwendungen handelt, die aus Sicht beider Beteiligten nicht als Gegenleistung für bestimmte Leistungen des Empfängers erbracht werden und nicht in unmittelbarem zeitlichen oder wirtschaftlichen Zusammenhang mit solchen Leistungen stehen. Diese Definition deckt sich zu einem großen Teil mit dem Spendenbegriff. Dementsprechend ist hier zunächst eine Abgrenzung des Geschenks zur Spende vorzunehmen. Maßgebliches Unterscheidungskriterium ist insofern die Uneigennützigkeit. Die Spende ist dadurch charakterisiert, dass sie aus altruistischen Motiven ohne eigenen Nutzen geleistet wird. Sofern die Uneigennützigkeit einer unentgeltlichen Zuwendung nicht vorliegt, ist von einem Geschenk auszugehen.[163]

203   Sämtliche vorstehend erwähnten Beispiele unentgeltlicher Zuwendungen sind daher unter dem Gesichtspunkt des § 4 Abs. 5 Satz 1 Nr. 1 EStG zu prüfen. Hiernach sind Betriebsausgaben bei der steuerlichen Gewinnermittlung dann nicht abzugsfähig, wenn es sich um Geschenke an Personen handelt, die nicht Arbeitnehmer des Steuerpflichtigen sind und wenn der Wert der einem Empfänger im Wirtschaftsjahr zugewendeten Gegenstände 40,00 € überschreitet.[164] Unzweifelhaft greift dieses Abzugsverbot, wenn von Unternehmen Geldgeschenke gemacht werden. Werden jedoch Gegenstände geschenkt, hängt die Abzugsfähigkeit davon ab, um welche Gegenstände es sich handelt. Nach dem Sinn und Zweck des Abzugsverbots des § 4 Abs. 5 Satz 1 Nr. 1 EStG unterfallen der Norm nicht solche Zuwendungen, die die private Lebensführung des Geschenkempfängers nicht berühren oder bei denen ein Missbrauch des Betriebsausgabenabzugs von vornherein ausgeschlossen ist.[165] Die **teleologische Reduktion** von § 4 Abs. 5 Satz 1 Nr. 1

---

[162] § 10b Abs. 3 Sätze 3–5 EStG, § 9 Abs. 2 Sätze 3–5 KStG.

[163] *Kirchhof/Söhn/Kirchhof,* § 10b EStG, A 99 m. w. N.

[164] Nach dem Entwurf des Steuervergünstigungsabbaugesetzes (SteVAG) ist die Streichung der Freigrenze geplant.

[165] *Herrmann/Heuer/Raupach/Bahlau,* § 4 EStG, Rdnr. 1162.

EStG erfolgt insbesondere im Zusammenhang mit Gegenständen, die ausschließlich zur Verwendung im Betrieb des Empfängers bestimmt und geeignet sind.[166] Die Finanzverwaltung hat beispielsweise als ausschließlich betrieblich nutzbare Gegenstände Ärztemuster, Blutdruckmessgeräte, medizinische Fachbücher, Notfallkoffer und Rezeptblocks etc. eingestuft.[167] Betragsmäßig ist der Betriebsausgabenabzug für die genannten Gegenstände nicht beschränkt. Entscheidend ist allein die Bestimmung der Gegenstände für die Verwendung im Betrieb des Empfängers und deren ausschließliche **Geeignetheit für die betriebliche Nutzung.** Unter das Abzugsverbot für Geschenke fallen somit Gegenstände, die auch privaten Zwecken dienen können. Hierzu gehören z.B. Mobiltelefone, die zwar der Rufbereitschaft eines Arztes dienen können, aber eben auch für private Gespräche nutzbar sind. Medizinische Geräte, die ausschließlich im medizinischen Betrieb eingesetzt werden können, wie z.B. Programmiereinheiten für Herzschrittmacher, Ultraschallgeräte etc. sind einer privaten Nutzung nicht zugänglich. Daher ist bei deren unentgeltlicher Zuwendung von einer Abzugsfähigkeit auszugehen. Auf die Besonderheit unentgeltlicher Zuwendungen zur Förderung der Teilnahme von Ärzten an Fortbildungsveranstaltungen wird nachfolgend gesondert eingegangen.

c) Förderung der Teilnahme an Fortbildungsveranstaltungen

Insbesondere im Zusammenhang mit der Förderung der Teilnahme von Ärzten an Fortbildungsveranstaltungen stellt sich die Frage, inwieweit die Unternehmen die Aufwendungen hierfür als Betriebsausgaben geltend machen können. Entscheidend ist in diesem Zusammenhang zunächst, ob die Förderung Veranstaltungen betrifft, an denen Ärzte **passiv oder aktiv teilnehmen.** Bei einer aktiven Teilnahme verpflichten sich die Ärzte gegenüber dem Unternehmen, z.B. auf einem Kongress einen bestimmten Vortrag zu halten oder dem Unternehmen einen Bericht über wissenschaftliche Erkenntnisse oder Erfahrungen, die sie im Verlaufe des Kongresses erlangt haben, zu erstellen. Solcher Art Leistungen seitens der Ärzte führen in jedem Fall zur Annahme eines Gegenleistungsverhältnisses. Es spricht viel dafür, eine Gegenleistung der teilnehmenden Ärzte auch dann anzunehmen, wenn diese sich den Unternehmen gegenüber verpflichten, an der Fortbildungsveranstaltung ordnungsgemäß teilzunehmen, d.h. nicht nur die erforderliche Zeit aufzubringen, sondern den einzelnen Veranstaltungen mit der gebotenen Aufmerksamkeit zu folgen oder an Workshops teilzunehmen etc. Im Rahmen anzunehmender Gegenleistungsverhältnisse richtet sich die Abziehbarkeit der Aufwendungen des Unternehmens nach den Grundsätzen, wie sie oben unter Rdnr. 156 ff. ausgeführt sind. Bei aktiven Teilnahmen von Ärzten an Fortbildungsveranstaltungen empfiehlt sich regelmäßig der Abschluss eines Referentenvertrags. **204**

Die nachfolgenden Ausführungen beschäftigen sich allein mit dem Thema der **passiven Teilnahme** von Ärzten an Fortbildungsveranstaltungen, wenn kein Gegenleistungsverhältnis vorliegt. Wenn also die Förderung der Teilnahme durch ein Unternehmen unentgeltlich erfolgt, stellt sich die Frage, ob die Aufwendungen dem Abzugsverbot des § 4 Abs. 5 Satz 1 Nr. 1 EStG (Geschenk) oder des § 4 Abs. 5 Satz 1 Nr. 10 EStG (Korruptionsdelikt) unterliegen oder als Spende nur im beschränkten Umfang abzugsfähig sind. Im Hinblick auf das Abzugsverbot des § 4 Abs. 5 Satz 1 Nr. 10 EStG (Korruptionsdelikt) wird zunächst unterstellt, dass – im Falle öffentlicher medizinischer Einrichtungen und Amtsträgereigenschaft der teilnehmenden Ärzte – von den Unternehmen **keine Beeinflussung von Beschaffungsentscheidungen** beabsichtigt ist. Demgemäß scheidet die Abzugsfähigkeit von Aufwendungen für die Förderung von Fortbildungsmaßnahmen aus diesem Gesichtspunkt nicht aus. Im Hinblick auf die Abzugsfähigkeit ist somit weiter zu unterscheiden, ob die Fördermaßnahme des Unternehmens ein Geschenk oder eine Spende darstellt. Wie bereits dargestellt, kommen Spenden nur bei unentgeltlichen Zuwendungen an bestimmte **205**

---

[166] R 21 Abs. 2 Satz 4 EStR; *Herrmann/Heuer/Raupach/Bahlau,* § 4 EStG, Rdnr. 1162 m.w.N. zur Literatur und Rechtsprechung.

[167] BMF-Schr. v. 3. 8. 1981, BB 1981, 1383; *OFD Münster,* Verfügung v. 14. 4. 1989, FR 1989, 314 f.

gemeinnützige medizinische Einrichtungen in Betracht, so dass die Förderung von Fortbildungsmaßnahmen zugunsten niedergelassener Ärzte, privater Kliniken oder einzelner angestellter Ärzte im Spendenwege nicht in Betracht kommt. Sofern gemeinnützige medizinische Einrichtungen betroffen sind, kommen Geldspenden unter einer Zweckbestimmung (Förderung der ärztlichen Fortbildung) oder Sachspenden (Zuwendung von Reise- oder Teilnahmegutscheinen) in Betracht. Hier kommt es auf Unternehmensseite zunächst auf das **Vorliegen einer Spendenmotivation** an. Beabsichtigt das Unternehmen im Rahmen eines allgemeinen sozialen Engagements die wissenschaftliche Fortbildung uneigennützig zu fördern und kann dies auch an den äußerlichen, objektiven Umständen festgemacht werden, ist eine Spende anzunehmen (vgl. Rdnr. 192 ff.).

206   In der Praxis ist die **Geldspende** unter der Zweckbestimmung „Fortbildung" die Ausnahme, da die medizinische Einrichtung ansonsten Reise, Unterbringung und Kongressregistrierung selbst organisieren bzw. veranlassen müsste und ihr dies im Regelfall auf Grund fehlender organisatorischer Vorkehrungen nicht möglich ist. Für das Vorliegen einer **Sachspende** kommt es darauf an, dass die Zuwendung zu einer Wertabgabe aus dem geldwerten Vermögen des Unternehmens führt, denn die Zuwendung von Nutzungen und Leistungen ist gem. § 10b Abs. 3 Satz 1 EStG ausgeschlossen.

207   Unternehmen kaufen im Zusammenhang mit der Förderung von Fortbildungen in der Regel bei Drittveranstaltern (Agenturen, Reisebüros) Kontingente ein. Der Anspruch auf Durchführung der Reise und Unterbringung sowie auf Teilnahme an der Veranstaltung wird bei Zuwendung an die medizinische Einrichtung abgetreten. Hierdurch kommt es zu einer Wertabgabe auf Seiten des Unternehmens. Je nach Art der Zuwendung kann auch ein Wirtschaftsgut anzunehmen sein. Im Rahmen solcher Sachspenden werden den medizinischen Einrichtungen nämlich häufig Gutscheine zugewendet, die die medizinische Einrichtung an von ihr ausgewählte Ärzte weiterleitet. Diese können die Teilnahme gegenüber den Veranstaltern, Reisebüros oder Agenturen dann durch Vorlage der **Gutscheine** beanspruchen. In einem solchen Fall führt die Übertragbarkeit zur Annahme eines Wirtschaftsguts.[168]

208   Unternehmen fördern die Teilnahme von Ärzten an Fortbildungsveranstaltungen aber auch aus nicht gemeinnützigen Erwägungen heraus, etwa weil sie sich von der Fortbildung der Ärzte eine Steigerung von deren wissenschaftlicher Qualifikation und eine Verbesserung der technischen Handhabung der unternehmensspezifischen Produkte versprechen. Diese Steigerung des berufsbezogenen Wissens und die Verbesserung der Handhabung unternehmensspezifischer Produkte soll sodann als Reflex auch dem Unternehmen zugute kommen. Letztlich fördert es das Unternehmensinteresse, wenn die Ärzte die Unternehmensprodukte optimal beurteilen, einsetzen und komplikationsfrei anwenden können. Bei einer solchen Motivation kann die Zuwendung im Zusammenhang mit der Teilnahme von Ärzten an Fortbildungsveranstaltungen als **unternehmensnütziges Geschenk** einzuordnen sein. Die Versagung des Abzugs solcher Aufwendungen des Unternehmens kommt jedoch aus dem Gesichtspunkt eines Geschenks auch dann nur unter bestimmten Voraussetzungen in Betracht. Der Zweck der Abzugsbeschränkung des § 4 Abs. 5 Satz 1 Nr. 1 EStG liegt darin, Zuwendungen in den privaten Bereich zu verhindern; Zuwendungen, die die private Lebensführung des Empfängers nicht berühren, fallen **nicht unter den Anwendungsbereich** dieser Vorschrift.[169]

aa) Fremdveranstaltungen

209   Bei der Förderung der Teilnahme von Ärzten an fremdveranstalteten Fortbildungsveranstaltungen (Kongresse, Fachtagungen etc.) liegt eine Zuwendung des Unternehmens in Form einer **Sachleistung** vor. Die Zuwendung setzt sich in der Regel zusammen aus

---

[168] *BFH* BStBl. II 1988, 995 ff. (zur Behandlung einer Reise als aktivierungsfähiges Wirtschaftsgut bei fehlender Konvertibilität).

[169] Zusammenfassend *Herrmann/Heuer/Raupach/Bahlau,* § 4 EStG, Rdnr. 1162.

dem Transport und der Unterbringung des Arztes sowie der Übernahme der Kongressregistrierungsgebühr. Das Unternehmen verschafft den geförderten Teilnehmern oder medizinischen Einrichtungen somit jedenfalls Dienstleistungen Dritter. Diese werden nach der Rechtsprechung des Bundesfinanzhofes als Zuwendung von Sachleistungen eingeordnet, sofern sie Fremdleistungen betreffen.[170]

Für die Abziehbarkeit der Aufwendungen im Zusammenhang mit solchen Zuwendungen ist es somit entscheidend, ob die private Lebensführung des Empfängers berührt ist. Nach der Rechtsprechung wird dieser **Zusammenhang mit der privaten Lebensführung** des Empfängers dann bejaht, wenn die von dem Unternehmen zugewendete Sachleistung in nicht untergeordnetem Maße touristische und damit private Motive mit betrieblichen oder beruflichen Interessen verbindet.[171] Umgekehrt wird die Berührung zur Lebensführung dann verneint, wenn beispielsweise Segel- oder Motorjachten in erster Linie z.B. als „schwimmendes Konferenzzimmer" oder zum Transport und zur Unterbringung von Geschäftsfreunden verwendet werden.[172] 210

Vergleichbare Kriterien finden auch Anwendung, wenn es darum geht, ob ein Arbeitgeber die Zuwendung von Fortbildungsveranstaltungen an seine Arbeitnehmer als Lohn zu behandeln hat. Dies ist im Allgemeinen dann nicht der Fall, wenn die den Vorteil bewirkenden Aufwendungen im **ganz überwiegend eigenbetrieblichen Interesse** des Arbeitgebers getätigt werden.[173] Der generelle Vorteil eines Arbeitnehmers aus einer dienstlichen Fortbildung bzw. Reise ist für die Verneinung des Lohns unschädlich, wenn der Vorteil lediglich notwendige Begleiterscheinung betriebsfunktionaler Zielsetzung ist.[174] 211

In Anwendung der vorbezeichneten Kriterien kommt es somit für die Abziehbarkeit der Zuwendung auf Seiten des Unternehmens darauf an, dass die zugewendete Förderung der Fortbildungsveranstaltung **betrieblichen oder beruflichen Interessen** dient und gerade nicht auf die Befriedigung privater oder touristischer Interessen hin ausgerichtet ist. 212

Bei **angestellten Arbeitnehmern** ist von der Rechtsprechung und der Finanzverwaltung ein umfassender **Katalog von Kriterien** dazu entwickelt worden, wann Aufwendungen des Arbeitnehmers für seine Fortbildung als Werbungskosten abziehbar sind.[175] Es mag zulässig sein, die für Arbeitnehmer oder Zuwendungsempfänger geltenden Kriterien für die Beurteilung heranzuziehen, ob das zuwendende Unternehmen einen Betriebsausgabenabzug geltend machen kann. Definitiv ist jedoch die Behandlung auf Seiten des Empfängers, d.h., ob bei diesem ein steuerpflichtiger Vorteil vorliegt und ob er gegebenenfalls Werbungskosten oder Betriebsausgaben gegenrechnen kann, strikt von der Behandlung bei dem zuwendenden Unternehmen zu trennen. Es gilt **kein Korrespondenzprinzip**, so dass die steuerliche Behandlung von Zuwendungen beim Zuwendenden unabhängig von deren steuerlicher Behandlung beim Empfänger ist.[176] 213

Auch aus folgender Überlegung folgt, dass es für die steuerliche Abzugsfähigkeit auf Seiten des Unternehmens nicht auf die Behandlung beim Zuwendungsempfänger ankommen kann: Sofern das Unternehmen die Teilnahme eines Arztes an einer Fortbildungsveranstaltung dergestalt fördert, dass weder die An- und Abreise noch die Art und Organisation der Fortbildungsveranstaltung Freiraum zur Entfaltung typischer Freizeitaktivitäten lassen, kann es dennoch sein, dass der teilnehmende Arzt **abredewidrig** keine der Kongressveranstaltungen besucht. Es kann nicht ausgeschlossen werden, dass der Arzt die 214

---

[170] *BFH* BStBl. II 1993, 806, 807.

[171] *BFH* BStBl. II 1993, 806, 808.

[172] *BFH* BStBl. II 1993, 367 im Zusammenhang mit § 4 Abs. 5 Satz 1 Nr. 4 EStG.

[173] *BFH* BStBl. II 1983, 39; *BFH* BStBl. II 1994, 771.

[174] *BFH* BStBl. II 1997, 97.

[175] Hierzu *OFD Frankfurt/Main,* Rundverfügung v. 3. 4. 2001, DStR 2001, 1073 mit zahlreichen Verweisen auf die einschlägige Rechtsprechung; BMF-Schr. v. 14. 10. 1996, BStBl. I 1996, 1192 zur Behandlung von Incentive-Reisen.

[176] *BFH* BStBl. II 1996, 545, 546; *BFH* BStBl. II 1996, 273, 275.

Zeit für private Zwecke nutzt, eine Begleitperson mitbringt oder dem Kongress einige Urlaubstage anschließt. Bei dem teilnehmenden Arzt kann sich dessen Verhalten durchaus so auswirken, dass er durch die Inanspruchnahme der angebotenen Fortbildungsveranstaltung einen steuerpflichtigen Vorteil hat und auch keine Werbungskosten geltend machen kann (vgl. nachfolgend unter Rdnr. 216 ff.). Ein solch abredewidriges Verhalten des Arztes kann jedoch dann nicht zur Versagung der steuerlichen Abzugsfähigkeit bei dem Unternehmen führen, wenn dieses allein eine an Fortbildungszwecken orientierte Veranstaltung gefördert bzw. angeboten hat und der Arzt entgegen den Vereinbarungen mit dem Unternehmen handelt. Für die Unternehmen empfiehlt sich daher in jedem Fall, bei der Förderung von Fortbildungsveranstaltungen gegenüber den Teilnehmern den Vorbehalt zum Ausdruck zu bringen, dass die Förderung **nur bei einer ordnungsgemäßen Teilnahme an den Veranstaltungen** erfolgt. Darüber hinaus kann es ratsam sein, dass sich die teilnehmenden Ärzte gegenüber dem Unternehmen im Rahmen einer schriftlichen Erklärung verpflichten, an die Veranstaltung keinen Urlaub anzuschließen, keine Begleitpersonen mitzunehmen und Testate für die Teilnahme an den einzelnen Veranstaltungen vorzulegen. Zwar ist dies keine zwingende Voraussetzung für den Betriebsausgabenabzug auf Seiten des Unternehmens, kann aber die Dokumentationslage für Betriebsprüfungen entscheidend verbessern. Darüber hinaus wird durch solche Maßnahmen auch die steuerliche Situation auf der Empfängerseite verbessert. Die teilnehmenden Ärzte haben nämlich ein ausgeprägtes eigenes Interesse, dass die Teilnahme an einem Kongress bei ihnen nicht zu steuerpflichtigen Einnahmen führt bzw. ein Werbungskostenabzug/Betriebsausgabenabzug für sie möglich ist (vgl. nachfolgende Ausführungen unter Rdnr. 216 ff.). Insoweit hilft eine klare Dokumentationslage allen Beteiligten.

bb) Produktschulungen der Unternehmen

215   Häufig führen Unternehmen auch selbst organisierte Veranstaltungen durch, die zum einen den Charakter von Fachtagungen, zum anderen aber auch reinen Schulungscharakter haben können. In diesem Zusammenhang gelten die vorstehenden Ausführungen entsprechend. Dies bedeutet, dass die Aufwendungen des Unternehmens für die Anreise und Unterbringung der Teilnehmer dann abzugsfähige Betriebsausgaben darstellen, wenn die Veranstaltung allein der Fortbildung der Teilnehmer dient. Dementsprechend ist auch hier darauf zu achten, dass die Veranstaltung **keinen Raum zur Entfaltung von Freizeitaktivitäten** oder privaten Vergnügungen bietet. Zu Dokumentationszwecken empfiehlt es sich für die Unternehmen, den Veranstaltungsablauf schriftlich festzuhalten und die Förderung unter den Vorbehalt ordnungsgemäßer Teilnahme zu stellen.

cc) Steuerliche Situation der Empfängerseite

216   An Unternehmen, die die Teilnahme von Ärzten an Fortbildungsveranstaltungen fördern, wird häufig die Frage gerichtet, ob und in welcher Weise sich die unentgeltliche Förderung bei den Teilnehmern oder den medizinischen Einrichtungen steuerlich auswirken kann. Vielfach kommt es ebenfalls vor, dass im Rahmen von Betriebsprüfungen, die bei den Unternehmen durchgeführt werden, **Kontrollmitteilungen** geschrieben werden. Dies führt dazu, dass die Finanzbehörden, die für die Besteuerung der Teilnehmer oder medizinischen Einrichtungen zuständig sind, Überprüfungen dahingehend anstellen, ob bei diesen ein steuerlicher Vorteil zu erfassen ist und ob diese bei bestehender Steuerpflicht der Zuwendung seinen Steuererklärungspflichten nachgekommen sind.

217   Zur Klärung der steuerlichen Situation auf der Empfängerseite ist zunächst zu ermitteln, wer steuerlich als **Empfänger** der unentgeltlichen Zuwendungen anzusehen ist. In Betracht kommen hier der niedergelassene Arzt, der angestellte Klinikarzt oder die medizinische Einrichtung. Grundsätzlich ist in dem Zusammenhang entscheidend, ob und bei wem eine **objektive Bereicherung** eintritt.[177] Die unentgeltliche Zuwendung durch das

---

[177] *BFH* BStBl. II 1986, 178.

Unternehmen stellt eine Zuwendung von Gütern in Geld oder Geldeswert dar (vgl. § 8 Abs. 1 EStG). Hierzu gehören gem. § 8 Abs. 2 Satz 1 EStG auch Nutzungen und Leistungen. Bei der Förderung von Fortbildungsveranstaltungen ist eine Bereicherung des Zuwendungsempfängers im objektiven Sinne anzunehmen. Ein Arzt, der einen Flug absolviert, eine Übernachtung in einem Hotel in Anspruch nimmt und an einem kostenpflichtigen Kongress teilnimmt, ist objektiv bereichert. Der Steuerpflicht einer Zuwendung kann nicht entgegen gehalten werden, dass der Arzt doch nur Aufwendungen erspart habe. Auch ersparte Aufwendungen können zu Einnahmen führen, wenn beim Steuerpflichtigen eine objektive Bereicherung eintritt und diese Bereicherung dem Steuerpflichtigen von außen zufließt.[178] Es ist ebenfalls irrelevant, ob der Arzt die Vorstellung hat, es fließe ihm ein geldwerter Vorteil zu oder nicht. Selbst wenn der Arzt die Teilnahme an der Fortbildungsveranstaltung eher als Strapaze und Belastung empfindet, steht dies der Bereicherung durch einen geldwerten Vorteil nicht entgegen. Es ist ferner unerheblich, ob der teilnehmende Arzt auch ohne die Förderung durch das Unternehmen an dem Kongress teilgenommen hätte.[179]

Wer im vorgenannten Sinne als objektiv bereichert anzusehen ist, hängt von der Art **218** und Weise ab, in welcher das Unternehmen die Teilnahme an Fortbildungsveranstaltungen fördert. Wenn das Unternehmen der medizinischen Einrichtung Kontingente zur Teilnahme an Fortbildungsveranstaltungen zuwendet und die medizinische Einrichtung die Ärzte aussucht, die an der Fortbildungsveranstaltung teilnehmen sollen, ist die **medizinische Einrichtung** als **bereicherter Zuwendungsempfänger** zu behandeln. Welchem Arzt die medizinische Einrichtung die Teilnahme im Rahmen seiner Dienstaufgaben ermöglicht, spielt sich im Verhältnis der medizinischen Einrichtung zu dem beschäftigten Arzt ab. Eine unmittelbare Bereicherung des Arztes durch das Unternehmen ist nicht anzunehmen. Dennoch kann sich auch bei dieser Sachverhaltsgestaltung eine steuerpflichtige Einnahme für den Arzt ergeben, und zwar in Gestalt eines lohnsteuerpflichtigen Vorteils oder einer Lohnzahlung durch Dritte. Eine **Lohnzahlung durch Dritte** käme auch dann in Betracht, wenn das Unternehmen einem angestellten Klinikarzt die Reise ohne Einschaltung der medizinischen Einrichtung direkt zuwendet.

Soweit die Teilnahme selbstständig tätiger Ärzte an Fortbildungsveranstaltungen betroffen **219** ist, ist der bereicherte Zuwendungsempfänger eindeutig der selbstständige Arzt. Probleme können sich dann ergeben, wenn Klinikärzte betroffen sind, die beispielsweise als Chefärzte gleichzeitig nicht selbstständig und selbstständig tätig sind. Aus diesem Grund empfiehlt es sich, bei der Vertragsgestaltung stets klar herauszuarbeiten, **wer der Empfänger** der Zuwendung und gegebenenfalls in welcher Eigenschaft Empfänger der Zuwendung sein soll.

Die Steuerpflicht der empfangenen geldwerten Vorteile setzt voraus, dass ein **Zusam-** **220** **menhang mit dem steuerbaren Einkünftebereich** des Empfängers besteht. Das ist dann der Fall, wenn der Empfang des Vorteils durch den Betrieb oder die nichtselbstständige Tätigkeit des Empfängers veranlasst ist. Bei selbstständig tätigen Ärzten liegt der Zusammenhang mit der selbstständigen ärztlichen Tätigkeit auf der Hand. Ohne die berufliche Tätigkeit würde der Arzt die Teilnahmemöglichkeit nicht erhalten. Zweifelhaft ist der Zusammenhang bei steuerbegünstigten medizinischen Einrichtungen der öffentlichen Hand. Hier ist stets zu prüfen, ob der Vorteil dem steuerbegünstigten Bereich (Vermögensverwaltung, Zweckbetrieb) zuzuordnen ist oder dem steuerpflichtigen Bereich (etwa wirtschaftliche Geschäftsbetriebe im Rahmen von Sponsoring, Forschung etc.). Bei angestellten Klinikärzten ist der Zusammenhang mit der nicht selbstständigen Tätigkeit fraglich.

Nach der Rechtsprechung liegen Einnahmen aus nicht selbstständiger Tätigkeit dann **221** vor, wenn der Vorteil nur deshalb gewährt wird, weil der Vorteilsempfänger Arbeitnehmer des betreffenden Arbeitgebers ist, der Vorteil also mit Rücksicht auf das Dienstver-

---

[178] *Herrmann/Heuer/Raupach/Birk,* § 8 EStG, Rdnr. 27.
[179] *BFH* BStBl. II 1990, 711, 713.

hältnis eingeräumt wird und wenn der Vorteil sich im weitesten Sinne als Gegenleistung für das Zurverfügungstellen der individuellen Arbeitskraft des Arbeitnehmers erweist.[180] Unerheblich ist in diesem Zusammenhang, ob Einnahmen von dritter Seite zufließen. Dann nämlich, wenn der Arbeitnehmer den Vorteil vernünftigerweise als Frucht seiner Leistung für den Arbeitgeber ansehen muss, ist es unerheblich, ob es sich bei der Zuwendung eines Dritten um ein Geschenk handelt oder ein sonstiger Rechtsanspruch auf die Zuwendung besteht.[181] Nach den vorgenannten Voraussetzungen ist es entscheidend, ob die Zuwendung aus Sicht des Arztes steuerpflichtiger Arbeitslohn darstellt. Dies ist dann zu verneinen, wenn ein **überwiegend eigenbetriebliches Interesse** des Arbeitgebers anzunehmen ist oder sich der Vorteil lediglich als notwendige Begleiterscheinung betriebsfunktionaler Zielsetzungen erweist.[182] Ist hingegen ein „Belohnungscharakter" der Reise anzunehmen, tritt der Fortbildungscharakter der Veranstaltung in den Hintergrund und werden private Erholungs- und Vergnügungsinteressen bedient, so ist von steuerpflichtigem Lohn auszugehen.[183] Zusammenfassend ist kein Lohn anzunehmen, wenn die Fortbildung ganz überwiegend im eigenbetrieblichen Interesse der medizinischen Einrichtung liegt. In einem solchen Fall erzielt der Arzt keine steuerpflichtigen Einnahmen.

222   Sofern bei einem angestellten oder selbstständig tätigen Arzt steuerpflichtige Einnahmen oder Betriebseinnahmen vorliegen, ist fraglich, ob diesen Einnahmen abzugsfähige **Betriebsausgaben oder Werbungskosten** entgegen gesetzt werden können. Gelingt dies in voller Höhe, so ergibt sich per Saldo für den Arzt keine steuerliche Belastung. Betriebsausgaben oder Werbungskosten können bei den Ärzten grundsätzlich vorliegen, obwohl diese gar kein Geld zur Erlangung der Fortbildungsteilnahme aufgewendet haben. Es ist ausreichend für die Annahme von abzugsfähigen Aufwendungen, dass beim Steuerpflichtigen Güter in Geld oder Geldeswert abfließen. In dem Augenblick, in dem die Beförderung des Teilnehmers zum Veranstaltungsort in Anspruch genommen worden ist, die Unterbringung erfolgt und die Teilnahme an den Veranstaltungen absolviert wird, ist der Anspruch des Teilnehmers auf Erbringung dieser Leistungen erloschen. Er hat die empfangene Leistung verwendet, wodurch ein entsprechender Wert bei ihm als abgeflossen gilt. Vereinfacht ist somit danach zu fragen, ob der Arzt, dessen Teilnahme an einer Fortbildungsveranstaltung gefördert worden ist, abzugsfähige Werbungskosten oder Betriebsausgaben geltend machen könnte, wenn er die Fortbildungsveranstaltung selbst bezahlt hätte.

223   Grundsätzlich sind Aufwendungen eines Steuerpflichtigen für Studienreisen und Fachtagungen nur dann als Betriebsausgaben oder Werbungskosten abziehbar, wenn die Reise ausschließlich oder überwiegend beruflich veranlasst ist und die Verfolgung privater Interessen nahezu ausgeschlossen ist. Dabei will die Finanzverwaltung vor allem verhindern, dass Steuerpflichtige durch eine mehr oder weniger zufällige oder bewusst herbeigeführte **Verbindung zwischen beruflichen und privaten Interessen** Reiseaufwendungen nur deshalb zum Teil in einen einkommensteuerlich relevanten Bereich verlagern können, weil sie einen entsprechenden Beruf haben, während andere Steuerpflichtige gleichartige Aufwendungen aus dem versteuerten Einkommen decken müssen.[184] Für den Nachweis der betrieblichen Veranlassung einer Reise sind Gründe allgemeiner Art (allgemeine berufliche Bildung, allgemeine Informationsgewinnung) nicht ausreichend. Vielmehr muss detailliert und mit Blick auf die im Folgenden genannten Kriterien die berufliche Veranlassung einer Reise nachgewiesen werden.

224   Die Abgrenzung und Entscheidung darüber, ob (private) Lebenshaltungskosten oder berufliche/betriebliche Aufwendungen vorliegen, kann vor allem bei Auslandsgruppenreisen

---

[180] *BFH* BStBl. II 1985, 529 ff.
[181] *Schmidt/Drenseck,* § 19 EStG, Rdnr. 37.
[182] *BFH* BStBl. II 1988, 726 ff.; *BFH* BStBl. II 1997, 97.
[183] Zu Incentive-Reisen s. *OFD Frankfurt/Main,* Rundverfügung v. 3. 4. 2001, DStR 2001, 1073.
[184] Hierzu *OFD Frankfurt/Main,* Rundverfügung v. 2. 11. 1999, DStR 2000, 551.

nur unter Würdigung aller Umstände im Einzelfall erfolgen, wobei die Rechtsprechung und die Finanzverwaltung zu einer eher **restriktiven Beurteilung der Abzugsmöglichkeit** tendiert. Bei der Prüfung, ob die berufliche oder die private Veranlassung überwiegt, sind die folgenden Kriterien anzulegen:

- Das **Reiseprogramm** muss auf die besonderen beruflichen/betrieblichen Bedürfnisse und Gegebenheiten des Teilnehmers zugeschnitten sein und für die Reise muss offensichtlich ein unmittelbarer beruflicher Anlass oder ein konkreter Bezug zur beruflichen Tätigkeit des Steuerpflichtigen zugrunde liegen. Die Indienreise einer Englisch-Lehrerin gilt allein deshalb, weil die Reise in ein englischsprachiges Land durchgeführt wird, nicht als beruflich veranlasst.
- Der **Teilnehmerkreis** der Reise muss im Wesentlichen **homogen** sein. Die Teilnahme des Ehegatten oder anderer Angehöriger spricht regelmäßig gegen eine berufliche/betriebliche Veranlassung. Sind daher bei einer als medizinische Kongressreise deklarierten Reise neben einigen Ärzten auch andere Berufsgruppen vertreten, gilt dies als Anscheinsbeweis dafür, dass die Reise nicht beruflich/betrieblich veranlasst ist. Ebenso spricht die Begleitung durch die Ehefrau gegen eine berufliche Veranlassung der Reise.
- Die **fachliche Organisation** einer Reise unter fachkundiger Leitung kann für ihre berufliche/betriebliche Veranlassung sprechen. Für eine beruflich veranlasste Reise spricht daher eine Kongressreise, die durch eine medizinische Fachgesellschaft organisiert wird.
- Ist die **Reiseroute** auseinander gezogen sowie mit häufigen Ortswechseln während des Reiseverlaufs verbunden und sind die besuchten Orte gleichzeitig beliebte Ziele des Tourismus, spricht dies für die private Mitveranlassung der Reise. Ist der Ort einer Fachtagung oder eines Kongresses wegen seiner schönen Lage oder wegen seines Kultur- und Erholungswertes regelmäßig auch **Reiseziel** für Urlaubsreisende, sind an das Reise- und **Kongressprogramm** besonders strenge Maßstäbe anzulegen. In diesem Fall muss das Reiseprogramm besonders straff durchorganisiert sein. Die Programmgestaltung darf – von Pausen und vortragsfreien Wochenenden abgesehen – keine Zeit für private Erholungs- und Bildungsinteressen lassen.
- Die Benutzung eines erholsamen **Beförderungsmittels,** das zeitaufwändig und mitunter auch kostspieliger ist als das sonst günstige Beförderungsmittel, ist als Indiz für eine private Mitveranlassung zu werten. Das ist z.B. dann der Fall, wenn bei der Teilnahme an einem Fachkongress zwischen Reise- und Kongressdauer ein Missverhältnis besteht. So spricht es gegen die berufliche oder betriebliche Veranlassung, wenn der Besuch eines Ärztekongresses nur 4,5 Tage dauert, während die Hin- und Rückreise auf einem Schiff 16 Tage beansprucht. Auch ein Symposium auf einem Passagierschiff während einer Ostseefahrt ist insgesamt als privat veranlasst zu beurteilen. Während die eigentlichen Symposiumskosten beruflich veranlasst sind, sind die Kosten des Schiffs als privat veranlasst anzusehen.
- Die Gestaltung der **Wochenenden** und **Feiertage** ist in die Gesamtbetrachtung einzubeziehen. Sind diese Tage als reine **Ruhetage** deklariert, lässt dies nicht unbedingt auf außerberufliche Motive schließen. Etwas anderes gilt, wenn sich die Ausgestaltung der Wochenenden oder Feiertage an allgemein-touristischen Zielen orientiert und in der Reisezeit besonders viele Feiertage einbezogen sind.
- Die Teilnehmer des Kongresses oder der Reise müssen zur **Teilnahme** an dem straff durchorganisierten Programm **verpflichtet** sein. Dadurch soll verhindert werden, dass die Kosten für eine straff organisierte Reise steuerlich geltend gemacht werden, und sich der Teilnehmer nur an ihrem äußeren Ablauf oder nur teilweise am Programm beteiligt. Der Nachweis kann durch Teilnahme-/Abschlusszertifikate, Mitschriften oder andere geeignete Unterlagen erbracht werden. Die Anforderungen an diese Nachweise müssen umso strenger sein, je mehr der Tagungsort oder die Reiseroute die Verfolgung privater Interessen nahe legen oder ermöglichen.
- Die Studien- oder Kongressreise ist unter Würdigung aller Umstände **insgesamt** und als Einheit daraufhin zu prüfen, ob und in welchem Umfang private Gründe ggf. die

Reise mitveranlasst haben. Vor allem dann, wenn eine Reise sich aus einem Kongress und einem vorangehenden oder nachfolgenden Privataufenthalt zusammensetzt, ist die Reise nicht mehr als beruflich/betrieblich veranlasst anzusehen, es sei denn, der Privataufenthalt wäre im Verhältnis zur Reise von untergeordneter Bedeutung.

– Bei einer **insgesamt** nicht als beruflich oder **betrieblich veranlassten** Reise sind grundsätzlich alle Kosten nicht abzugsfähig. Lediglich einzelne, abgrenzbare ausschließlich und eindeutig beruflich/betrieblich veranlasste Aufwendungen sind als Betriebsausgaben abzuziehen. Abgrenzbar sind solche beruflich und betrieblich veranlassten Aufwendungen, die dem Steuerpflichtigen **zusätzlich** zu den eigentlichen Reisekosten erwachsen sind.

225 Zur Prüfung dieser Tatsachen wird das Finanzamt das **vollständige Reiseprogramm** anfordern und auch die Namen und Anschriften der Teilnehmer ermitteln. In dem Schreiben der OFD Frankfurt am Main vom 2. 11. 1999[185] wird ausdrücklich darauf hingewiesen, dass die vorgenannten Kriterien auch sinngemäß bei der Beurteilung der Teilnahme an (Auslands-)Kongressen und (Auslands-)Fachtagungen anzulegen sind. Insbesondere wird darüber hinaus ausdrücklich hervorgehoben, dass bei Auslandsgruppenreisen und Auslandsfachtagungen besondere Schwierigkeiten bei der Prüfung der Veranlassung auftreten. Die Finanzverwaltung beabsichtigt somit offenbar, die o. g. Kriterien besonders streng auf Auslandsreisen anwenden. Nach Auffassung der Autoren dieses Beitrags wird in Zukunft das Kriterium Ausland für die Frage der Abzugsfähigkeit als Betriebsausgabe für eine Kongressreise dann unerheblich sein, wenn es sich um Reisen in ein Land der EU handelt. Der EuGH hat nämlich am 28. 10. 1999 entschieden, dass es gegen Art. 59 EG-Vertrag verstößt, wenn ein Mitgliedstaat bei Fortbildungsreisen in übliche Urlaubsorte in anderen Mitgliedstaaten vermutet, dass die Reisen in erheblichem Umfang touristisch geprägt seien und deshalb die Abzugsfähigkeit verneint, während diese Vermutung bei Fortbildungsreisen an übliche Urlaubsorte in dem betreffenden Mitgliedstaat nicht gilt. Daraus lässt sich der allgemeine Grundsatz ableiten, dass bei einer **Reise in ein Mitgliedsland der EU** zumindest keine strengeren Kriterien anzulegen sind als bei Reisen im Inland.[186]

d) Bewirtungsaufwendungen

226 Im Rahmen einseitiger Leistungsbeziehungen stellt sich für die Unternehmen auch die Frage der Abzugsfähigkeit von Bewirtungsaufwendungen. Gemäß § 4 Abs. 5 Satz 1 Nr. 2 EStG sind Bewirtungsaufwendungen **nur eingeschränkt abziehbar.** Nicht abzugsfähig sind Aufwendungen für die Bewirtung von Personen aus geschäftlichem Anlass, soweit sie 80% der Aufwendungen übersteigen, die nach der allgemeinen Verkehrsauffassung als angemessen anzusehen und deren Höhe und betriebliche Veranlassung nachgewiesen sind. Umgekehrt formuliert heißt dies, dass 20% der angemessenen Bewirtungsaufwendungen nicht als Betriebsausgaben abziehbar sind. Unangemessene Teile der Bewirtungsaufwendungen sind überhaupt nicht abziehbar.

227 Die **Angemessenheit von Aufwendungen** für die Bewirtung richtet sich insbesondere nach der allgemeinen Verkehrsauffassung. Dabei sind die Umstände des Einzelfalls zu berücksichtigen. Als Kriterien für die Beurteilung der Angemessenheit kommen vor allem in Betracht die Größe des Unternehmens, die Höhe des Umsatzes/Gewinns, Umfang und Intensität der Geschäftsbeziehungen zu den bewirteten Geschäftsfreunden, wirtschaftliche Bedeutung des angestrebten Geschäftsabschlusses oder der Geschäftsbeziehungen (z. B. will der Steuerpflichtige die Geschäftsbeziehungen gegen starke Konkurrenz erhalten), die Bedeutung der Repräsentation für den Geschäftserfolg, die Stellung der bewirteten Personen und schließlich auch die Gepflogenheiten des (potenziellen) Geschäftspartners. Nach Auffassung der Finanzverwaltung ist die Angemessenheit besonders an den jeweiligen Branchenverhältnissen zu beurteilen. Entscheidend ist, ob ein ordentlicher und gewissenhafter

---

[185] DStR 2000, 551.
[186] *EuGH* HFR 2000, 66; zusammenfassend *Albert,* FR 2001, 516 ff.

Unternehmer angesichts der erwarteten Vorteile und Kosten die Aufwendungen ebenfalls auf sich genommen hätte.[187]

Geschäftlich veranlasst ist insbesondere die Bewirtung von Personen, zu denen bereits **228** Geschäftsbeziehungen bestehen oder zu denen Geschäftsbeziehungen aufgenommen werden sollen. Nehmen an der Bewirtung von Personen aus geschäftlichem Anlass Arbeitnehmer des Steuerpflichtigen teil, gilt auch für sie die Abzugsbegrenzung. Nicht geschäftlich, sondern allgemein betrieblicher Natur und damit nicht im Abzug begrenzt ist die ausschließliche Bewirtung von Arbeitnehmern des bewirtenden Unternehmens.[188] Soweit aber Arbeitnehmer des Unternehmens bei einer Veranstaltung wie einer Fortbildungsveranstaltung oder einem Betriebsfest anwesend sind, fallen die Aufwendungen für deren Mahlzeiten nicht unter § 4 Abs. 5 Satz 1 Nr. 2 EStG. Die gesamten Bewirtungsaufwendungen können **nach der Zahl der Teilnehmer** aufgeteilt werden und die Aufwendungen, die auf die Arbeitnehmer entfallen, können unbegrenzt abgezogen werden. Überwiegt dagegen der geschäftliche Anlass des Essens z. B. anlässlich eines Geschäftsabschlusses, bei dem sowohl Geschäftspartner als auch Arbeitnehmer des Unternehmens anwesend sind, so fallen die Aufwendungen für die Bewirtung der Arbeitnehmer unter § 4 Abs. 5 Satz 1 Nr. 2 EStG und die Aufwendungen sind nur begrenzt abziehbar.[189]

Diese Vorschrift ist besonders im Zusammenhang mit der Bewirtung von Kunden und **229** Geschäftsfreunden auf Kongressreisen oder Incentive-Reisen relevant. Für die Abzugsfähigkeit der Bewirtungsaufwendungen kommt es – im Gegensatz zu den Reisekosten wie Flug, Übernachtung etc. – nicht darauf an, ob das Unternehmen eine Gegenleistung erhält. Der Abzug in Höhe von 80% der angefallenen und angemessenen Bewirtungsaufwendungen ist daher auch dann gestattet, wenn sie nicht im Zusammenhang mit einer konkreten Gegenleistung erbracht werden. Außerdem ist § 4 Abs. 5 Satz 1 Nr. 2 EStG (Bewirtungsaufwendungen) somit **vorrangig vor § 4 Abs. 5 Satz 1 Nr. 1 EStG (Geschenke)** und § 4 Abs. 5 Satz 1 Nr. 4 (eigene Gästehäuser) zu behandeln. Dies bedeutet, dass alle Bewirtungsaufwendungen stets nach § 4 Abs. 5 Satz 1 Nr. 2 EStG zu beurteilen sind, unabhängig davon, ob die Aufwendungen bei der Bewirtung von Geschäftsfreunden auf einer Reise oder im eigenen Gästehaus angefallen sind. Somit sind im Prinzip alle geschäftlichen und angemessenen Bewirtungsaufwendungen nur zu 80% abzugsfähig, gleichgültig ob sie bei einer Reise, im Restaurant oder im eigenen Gästehaus anfallen.[190]

Die Gewährung von **Aufmerksamkeiten in geringem Umfang** wie Tee, Kaffee **230** oder Gebäck anlässlich von Besprechungen und Kongressen zählt nicht zu den Bewirtungsaufwendungen, da es sich hierbei um eine Geste der Höflichkeit handelt. Die Höhe der Aufwendungen ist dabei nicht ausschlaggebend. Hier kann der Steuerpflichtige aus Gründen der Vereinfachung des Besteuerungsverfahrens auch auf den sonst notwendigen Nachweis und die gesonderten Aufzeichnungen nach § 4 Abs. 7 EStG verzichten. Außerdem sind die Aufwendungen in voller Höhe abziehbar.[191] Ebenso wie die Aufwendungen für Geschenke sind die Aufwendungen für die geschäftliche Bewirtung gem. § 4 Abs. 7 EStG getrennt von den sonstigen Aufwendungen und einzeln zu erfassen.

Die Begrenzung des Abzugs von Bewirtungsaufwendungen ist immer dann relevant, **231** wenn im Fall der Unterstützung von Fort- und Weiterbildungsmaßnahmen Speisen und Getränke kostenlos offeriert werden. Die Begrenzung der Bewirtungsaufwendungen trifft daher immer auch dann zu, wenn medizinischen Einrichtungen oder deren Mitarbeitern

---

[187] H 21 Stichwort „Angemessenheit" EStR; *Herrmann/Heuer/Raupach/Bahlau*, § 4 EStG, Rdnr. 1223 m. w. N.

[188] R 21 Abs. 6 Satz 1 und Abs. 7 EStR.

[189] R 21 Abs. 6 Satz 1 und Abs. 7 EStR; *Herrmann/Heuer/Raupach/Bahlau*, § 4 EStG, Rdnr. 1215 m. w. N.

[190] BMF-Schr. v. 14. 10. 1996, BStBl. I S. 1192; *Herrmann/Heuer/Raupach/Bahlau*, § 4 EStG, Rdnr. 1205 m. w. N.

[191] R 21 Abs. 5 Satz 9 Nr. 1 EStR; *Lademann/Söffing/Meurer*, § 4 EStG, Tz. 670.

Kongressreisen oder sonstige Schulungsmaßnahmen zugewendet werden und ein Bestandteil der gesamten Zuwendung die kostenlose Darreichung von Speisen und Getränken ist. Die Abzugsbeschränkung für Bewirtungsaufwendungen ist selbst dann anwendbar, wenn Mitarbeiter medizinischer Einrichtungen in eigenen Gästehäusern bewirtet werden. Indessen ist es für die Abzugsfähigkeit als Bewirtungsaufwendungen **unerheblich, ob die übrigen Zuwendungen als Geschenk nicht abzugsfähig** sind. Die Bewirtungsaufwendungen sind daher selbst dann im Rahmen der Beschränkung für Bewirtungsaufwendungen abzugsfähig, wenn alle übrigen Zuwendungen (Reise, Unterbringung, Teilnahmegebühren etc.) nicht abzugsfähig sind. Lediglich dann, wenn die Bewirtungsaufwendungen als Annehmlichkeiten zu qualifizieren sind, sind sie unbegrenzt als Betriebsausgaben abzugsfähig.

H. Zusammenfassung und Ausblick

232   Das **Spannungsfeld,** in dem sich die Zusammenarbeit der Industrie mit Ärzten und Krankenhäusern befindet, ist klar umrissen. Auf der einen Seite stehen vor allem die staatliche Korruptionsbekämpfung und das öffentliche Dienstrecht sowie Belastungen des Steuerrechts, auf der anderen Seite die notwendige Kooperation der Industrie mit Ärzten und Krankenhäusern sowie die von staatlicher Seite gewollte Inanspruchnahme der Industrie zur Finanzierung von Forschungsaktivitäten und Fortbildung. Das Korruptionsbekämpfungsrecht verlangt, dass die regelmäßig in öffentlichen Diensten stehenden Krankenhausärzte nicht einmal den Eindruck erwecken, ihre Entscheidungen zur Beschaffung von Medizinprodukten oder von Arzneimitteln seien durch die Kooperation mit der Industrie bzw. durch deren Unterstützung beeinflusst. Auch der Industrie ist es untersagt, auf Beschaffungsentscheidungen von Ärzten durch Zuwendungen Einfluss zu nehmen. Strafrechtlich ist damit eine scharfe **Trennungslinie** zwischen Industrie und Ärzten gezogen. Steuerlich erfährt die Kooperation häufig eine Belastung mit Abgaben. Dennoch sind medizinische Forschung und Industrie **aufeinander angewiesen,** etwa bei Produktentwicklungen, klinischen Prüfungen, Anwendungsbeobachtungen oder der Vermittlung von wissenschaftlichen Therapieerfahrungen und Produktkenntnissen.

233   Im Kontext dieses Spannungsfelds wird von den Beteiligten das Korruptionsstrafrecht subjektiv als stärkstes **Hemmnis für eine Zusammenarbeit** empfunden. Einigkeit besteht dahin, dass das Korruptionsstrafrecht jede Form persönlicher Bereicherung und unlauterer Zusammenarbeit wirksam verhindern muss. Gleichzeitig besteht jedoch die Befürchtung, dass die geltenden Korruptionsstrafgesetze naturgemäß allgemein sind und die Besonderheiten nicht ausreichend berücksichtigen. Diese Besonderheiten ergeben sich dann, wenn Amtsträger dem privaten Sektor nicht bloß im Über- und Unterordnungsverhältnis entgegentreten, sondern es zu Leistungsaustauschbeziehungen zwischen der öffentlichen Hand bzw. den bei ihr beschäftigten Amtsträgern und Unternehmen kommt. Dem ist jedoch entgegenzuhalten, dass Strafgesetze stets allgemeine Kategorien des Verhaltens regeln bzw. sanktionieren. Branchenspezifische Besonderheiten und Formen der Kooperation zwischen dem privaten und öffentlichen Sektor werden vielmehr im Rahmen der richterlichen Rechtsanwendung berücksichtigt. Die beteiligten Verkehrskreise kennen die Besonderheiten ihres Geschäfts im Detail und haben im Bereich der medizintechnologischen und pharmazeutischen Industrie **Einfluss auf das Verhalten der Verkehrskreise** genommen, indem sie entsprechende **Kodizes** verabschiedet haben. Diese Kodizes werden im Rahmen der richterlichen Rechtsanwendung berücksichtigt; so wird es auf diesem Wege auch bei den allgemein gehaltenen Korruptionsstraftatbeständen zu einer letztlich sachgerechten Rechtsanwendung und -fortbildung kommen, zu der auch die intensive Fachdiskussion der vergangenen Jahre bereits erheblich beigetragen hat.

234   Gleichwohl besteht derzeit eine Unsicherheit im Rahmen der dargestellten Formen der Zusammenarbeit. Zum einen ist die richterliche Rechtsanwendung noch nicht einheitlich.

Zum anderen kann das **Grundproblem** des gleichzeitigen Handelns von Amtsträgern in Form von hoheitlichen Amtshandlungen und Leistungsaustauschverträgen **schwerlich aufgelöst** werden. Schließlich werden die bestehenden Unsicherheiten dadurch vergrößert, dass unterschiedliche rechtliche Maßstäbe an die Zusammenarbeit mit dem niedergelassenen Bereich und an den Bereich medizinischer Einrichtungen in öffentlicher (und privater) Trägerschaft angelegt werden. Hinzu kommen die aus dem Heilmittelwerberecht und dem ärztlichen Berufsrecht entstehenden Auslegungsschwierigkeiten. Beide Rechtsmaterien beruhen – und das ist nahezu unbestritten – auf veralteten Konzeptionen, die entweder die hier in Rede stehenden Fragen überhaupt nicht erfassen oder den Besonderheiten moderner Kooperationsbeziehungen im Gesundheitswesen nicht in dem wünschenswerten Maße in einer differenzierten Weise gerecht werden.

Angesichts der nach wie vor bestehenden Unsicherheiten kann die Entwicklung nur **235** dahin gehen, die Sicherheit der Beteiligten im Rahmen staatlicherseits gewollter Kooperationen zu vergrößern. Die beteiligten Verkehrskreise haben insoweit durch Kodizes einen ersten und wesentlichen Schritt hierzu getan. Hier kann zunächst durch Befolgung bestimmter Verfahrensabläufe und damit einhergehender Transparenz den Beteiligten ein größeres Ausmaß an Sicherheit vermittelt werden. Die **Legitimation bestimmter Verhaltensweisen durch definierte Verfahren** könnte durch Handlungen des Gesetzgebers weiter vergrößert werden. Der Gesetzgeber hat es auch in der Hand, durch eine bessere Abstimmung der verschiedenen Rechtsmaterien, etwa des Heilmittelwerberechts und des Steuerrechts etc. mit dem Strafrecht zu einer belastungsfreieren Zusammenarbeit der Industrie mit medizinischen Einrichtungen und Ärzten beizutragen. Dies kann gleichzeitig dazu beitragen, noch wirksamer gegen bestimmte Auswüchse und Korruption im Gesundheitswesen vorzugehen. Schließlich können die Verbände die vorhandenen Kodizes weiterentwickeln und ggf. auch auf den niedergelassenen Bereich ausdehnen.

Auch wenn heute unklar ist, ob und in welcher Richtung Maßnahmen des Gesetzge- **236** bers Wirklichkeit werden, bieten die maßgeblichen Verbände der medizintechnologischen und pharmazeutischen Industrie, der Krankenhäuser und Ärzte mit dem „Gemeinsamen Standpunkt" verlässliche Empfehlungen, die vorhandene Risiken weitgehend minimieren. Die materiell-rechtlichen Anforderungen dieser Empfehlungen und eventueller Neufassungen sollten weiterhin auf allen Seiten durch ein **stringentes Vertragsmanagement**, ein **umfassendes Dokumentationswesen** und **einheitliche Verhaltensregeln konsequent** umgesetzt werden.

§ 21 Werbung – Besonderheiten bei Medizinprodukten

von *Marc Besen* und *Thilo Räpple*

Übersicht

Literatur: *Baumbach/Hefermehl,* Wettbewerbsrecht, 22. Aufl., München 2001; *Besen,* Zur Änderung des Heilmittelwerbegesetzes, MPJ 2002, 55; *Besen/Löffler,* Medizinprodukte im Internet, MPJ 2001, 48; *Bülow/Ring,* Heilmittelwerbegesetz, 2. Aufl., Köln 2001; *Dieners,* Werbung und PRM am Beispiel Deutschland, in: Badenhoop/Ryf (Hrsg.), Patient Relationship Management. CRM in der Life Siences Industrie, Wiesbaden 2001, S. 117; *Dieners,* Zur Reform der Werbung für Medizinprodukte, MPR 2002, 3; *Dieners/Besen,* Werbung für Medizinprodukte, in: Bundesverband Medizintechnologie (Hrsg.), Werbung für Medizinprodukte, Berlin 2002; *Doepner,* Heilmittelwerbegesetz, 2. Aufl., München 2000; *Engler,* Heilmittelwerberecht, in: Engler/Geserich/Räpple/Rieger (Hrsg.), Werben und Zuwenden im Gesundheitswesen, 2. Aufl., Heidelberg 2000, S. 1; *Gröning,* Heilmittelwerberecht, 2 Bände, Stuttgart 1998 (Stand: 6/1999); *Hill/Schmitt,* Wiesbadener Kommentar zum Medizinproduktegesetz, Wiesbaden 1995 (Stand: 3/2002); *Räpple,* Zuwendungen und Rabatte im Gesundheitswesen, in: Engler/Geserich/Räpple/Rieger (Hrsg.), Werben und Zuwenden im Gesundheitssystem, 2. Aufl., Heidelberg 2000, S. 157; *Reinhart,* Anwendbarkeit des HWG auf Medizinprodukte, WRP 2001, 627; *Reinhart,* Klarstellung des Anwendungsbereichs des Heilmittelwerbegesetzes, PharmaR 2002, 16; *Reischl,* Zweites Gesetz zur Änderung des Medizinproduktegesetzes, MPJ 2001, 112; *Will,* Bundeskabinett billigt Entwurf des Zweiten Änderungsgesetzes, MPJ 2001, 53.

A. Einleitung

Werbemaßnahmen zielen darauf ab, durch Informationen über ein Unternehmen oder **1** ein Produkt die Aufmerksamkeit der angesprochenen Verkehrskreise zu erregen sowie ihr Interesse zu wecken und damit den eigenen oder fremden Absatz von Waren oder Leistungen zu fördern. Die Erscheinungsformen von Werbung sind sehr unterschiedlich. Sie reichen von marktschreierischer Reklame bis hin zur sachlichen Unterrichtung. Demzufolge befinden sich **Werbemaßnahmen** regelmäßig in einem **rechtlichen Spannungsfeld** zwischen dem Schutz der Verkehrskreise vor unsachgemäßer Beeinflussung und deren berechtigtem Bedürfnis nach Informationen. Was den Medizinproduktesektor anbetrifft, findet dieses Spannungsfeld seinen Regelungsrahmen in den allgemeinen und spezifischen Vorschriften des Wettbewerbsrechts sowie zu einem beachtlichen Teil im Richterrecht.

B. Rechtliche Rahmenbedingungen

2   Die bisher ergangenen europäischen Medizinprodukte-Richtlinien[1] sehen bis auf verschiedene Kennzeichnungsvorschriften **keine besonderen Regelungen zur Werbung** von Medizinprodukten vor. Das Gleiche gilt für deren nationale Umsetzung ins deutsche Recht, dem Gesetz für Medizinprodukte (Medizinproduktegesetz – MPG).[2] Das MPG bestimmt diesbezüglich lediglich, dass die Ausstellung von Medizinprodukten, die die Voraussetzungen für das Inverkehrbringen oder die Inbetriebnahme nicht erfüllen, nur dann erlaubt ist, wenn ein deutliches Schild darauf hinweist, dass sie nicht den Anforderungen entsprechen und erst dann erworben werden dürfen, wenn die Übereinstimmung hergestellt ist (§ 12 Abs. 4 MPG). Darüber hinaus sieht § 3 Nr. 10 MPG vor, dass Aussagen in den Werbematerialien Bestandteil der **Zweckbestimmung** des Medizinprodukts sind.

3   Auch das seit 1965 in Deutschland geltende Gesetz über die Werbung auf dem Gebiet des Heilwesens (**Heilmittelwerbegesetz** – HWG), das im Jahr 1994 im Zuge der europäischen Harmonisierung der Arzneimittelwerbung den europarechtlichen Vorgaben angepasst wurde,[3] regelte die Werbung für Medizinprodukte lange Zeit nicht ausdrücklich. Seit Inkrafttreten des MPG entsprach es jedoch der ständigen Praxis der Gerichte sowie der herrschenden Meinung in der juristischen Fachliteratur, Werbung für Medizinprodukte nicht nur an den allgemeinen wettbewerbsrechtlichen Vorschriften (insbesondere dem Gesetz gegen den unlauteren Wettbewerb – UWG), sondern auch an den spezielleren Vorschriften des HWG zu messen.[4] Rechtlicher Aufhänger für die Anwendung des HWG auf Medizinprodukte war bisher § 1 Abs. 1 Nr. 2 HWG. Hiernach findet das HWG Anwendung auf **Gegenstände,** soweit sich die Werbeaussage auf die Erkennung, Beseitigung oder Linderung von Krankheiten, Leiden oder Körperschäden oder krankhaften Beschwerden bei Mensch oder Tier bezieht. Entsprechend wurde das HWG auf die Wirtschaftswerbung für Medizinprodukte angewendet, soweit es sich hierbei um Gegenstände gehandelt hat. Unklar war die Situation hingegen bei Medizinprodukten, die man-

---

[1] Richtlinie 90/385/EWG des Rates v. 20. 6. 1990 zur Angleichung der Rechtsvorschriften der Mitgliedstaaten über aktive implantierbare medizinische Geräte (ABl. EG Nr. L 189 v. 20. 7. 1990, S. 17), zuletzt geändert durch Art. 9 der Richtlinie 93/68/EWG des Rates v. 22. 7. 1993 (ABl. EG Nr. L 220 v. 30. 8. 1993, S. 1); Richtlinie 93/42/EWG des Rates v. 14. 6. 1993 über Medizinprodukte (ABl. EG Nr. L 169 v. 12. 7. 1993, S. 1), zuletzt geändert durch Art. 1 der Richtlinie 2001/104/EG des Europäischen Parlaments und des Rates v. 7. 12. 2001 zur Änderung der Richtlinie des Rates über Medizinprodukte hinsichtlich Medizinprodukten, die Derivate aus menschlichem Blut oder Blutplasma enthalten (ABl. EG Nr. L 6 v. 10. 1. 2002, S. 50); Richtlinie 98/79/EG des Europäischen Parlaments und des Rates v. 27. 10. 1998 über In-vitro-Diagnostika (ABl. EG Nr. L 331 v. 7. 12. 1998, S. 1).

[2] Gesetz über Medizinprodukte (Medizinproduktegesetz – MPG) v. 2. 8. 1994 (BGBl. I S. 1963), geändert durch Erstes Gesetz zur Änderung des Medizinproduktegesetzes (1. MPG-ÄndG) v. 6. 8. 1998 (BGBl. I S. 2005) und Art. 1 des Zweiten Gesetzes zur Änderung des Medizinproduktegesetzes (2. MPG-ÄndG) v. 13. 12. 2001 (BGBl. I S. 3586), i. d. F. der Bekanntmachung des Medizinproduktegesetzes v. 7. 8. 2002 (BGBl. I S. 3146).

[3] Richtlinie 92/28/EWG des Rates v. 31. 3. 1992 über die Werbung für Humanarzneimittel (ABl. EG Nr. L 113 v. 30. 4. 1992, S. 13), inzwischen integriert in Richtlinie 2001/83/EG des Europäischen Parlaments und des Rates zur Schaffung eines Gemeinschaftskodexes für Humanarzneimittel v. 6. 11. 2001 (ABl. EG Nr. L 311 v. 28. 11. 2001, S. 67).

[4] *OLG Frankfurt*, Urt. v. 10. 12. 1998 – 6 U 164/98, PharmaR 1999, 360; *OLG Stuttgart*, Urt. v. 12. 11. 1999 – 2 U 89/99; im Ergebnis auch *OLG Köln*, Urt. v. 11. 4. 2001 – 6 U 228/00, PharmaR 2001, 292.

gels fester Form keine Gegenstände darstellen, sondern stofflich vorliegen wie z. B. Knochenersatzmaterial oder Hyaluronsäure zur Faltenunterspritzung oder als Gelenkschmiermittel für die Behandlung von Arthrose. Darüber hinaus wurde in der Literatur die Einordnung von Medizinprodukten als Gegenstände auf Grund einer gewissen **terminologischen Unklarheit** teilweise kritisiert und die Anwendbarkeit des HWG auf Medizinprodukte gänzlich abgelehnt.[5]

Die vorstehend beschriebene **Rechtsunsicherheit** hat der Gesetzgeber durch das **4** Zweite Gesetz zur Änderung des Medizinproduktegesetzes (2. MPG-ÄndG)[6] vom 13. 12. 2001[7] beseitigt. In § 1 Abs. 1 Nr. 1a HWG wird nunmehr ausdrücklich klargestellt, dass das HWG generell auf Medizinprodukte i. S. d. § 3 MPG Anwendung findet. Dies hat zur Konsequenz, dass **medizinische Tiermittel,** die nur physikalisch wirken, aber stofflicher Natur sind, weiter als Tierarzneimittel i. S. d. § 2 Abs. 1 AMG anzusehen sind. Medizinische Tiermittel, die eine gegenständliche Form haben, sind hingegen allenfalls als fiktive Arzneimittel i. S. d. § 2 Abs. 2 AMG oder medizinische Bedarfsgegenstände gemäß § 5 LMBG einzuordnen. Hieraus folgt, dass die Vorschriften des HWG auf die Werbung von Produkten, die im Fall des Einsatzes für Menschen als Medizinprodukte i. S. d. § 3 MPG einzuordnen sind, auch bei der Verwendung zur Behandlung von Tieren grundsätzlich zu beachten sind. Die Anwendbarkeit des HWG folgt insofern grundsätzlich aus § 1 Abs. 1 Nr. 1 HWG, da medizinische Produkte zur Anwendung am Tier in der Regel entweder unter § 2 Abs. 1 AMG fallen oder Geltungsarzneimittel i. S. v. § 2 Abs. 2 AMG darstellen. Sofern dies nicht der Fall ist (etwa bei tierärztlichen Instrumenten, die nicht zur einmaligen Anwendung bestimmt sind), ist die Anwendbarkeit des HWG für gegenständliche Produkte nach § 1 Abs. 1 Nr. 2 HWG gegeben, wenn krankheitsbezogene Werbung für solche Erzeugnisse gemacht wird.

Durch das **2. MPG-ÄndG** wurden verschiedene Regelungen des HWG von ihrer **5** Anwendbarkeit auf Medizinprodukte ausgenommen. Durch diese **Liberalisierung** hat der Gesetzgeber den Widerspruch behoben, der aus der Anwendung des HWG auf Medizinprodukte und der damit verbundenen Gleichstellung mit Arzneimitteln resultierte: Während es bei Arzneimitteln notwendig sein kann, den Patienten unter Zuhilfenahme strikter Werberegeln vor einer unsachgemäßen Selbstmedikation zu schützen, ist eine entsprechende Gefahr im Hinblick auf die überwiegende Mehrzahl von Medizinprodukten nach Auffassung des Gesetzgebers nicht gegeben.[8] Während ein großer Teil der Arzneimittel Stoffe enthält, deren Wirkungen und Nebenwirkungen von den Patienten nicht übersehen werden können, ist die Situation beim Einsatz von Medizinprodukten häufig anders. Hier geht es nach Auffassung des Gesetzgebers primär um den richtigen und sinnvollen Einsatz. Entsprechend hat sich der Gesetzgeber entschieden, die heilmittelwerberechtlichen Vorschriften für Arzneimittel nicht pauschal auf Medizinprodukte anzuwenden, sondern das HWG differenziert zu ergänzen. So soll auf Grund des durch das 2. MPG-ÄndG geänderten HWG erreicht werden, dass künftig neben den Ärzten auch die Hersteller den Patienten detaillierte **Sachinformationen** über die Wirkungsweise und Anwendung von Medizinprodukten vermitteln können, um auf diese Weise eine verbesserte Aufklärung und Information der Patienten zu erreichen. Hierdurch wird dem verstärkten Informationsbedürfnis **„mündiger Patienten"** Rechnung getragen. Eine Neuausrichtung von Marketingplänen in der Medizinprodukteindustrie im Sinne einer direkten bzw. direkteren Patientensprache ist damit möglich geworden.[9]

---

[5] *Hill/Schmitt,* § 9 MPG, Rdnr. 4 c; zur Frage, ob nach früherer Rechtslage Medizinprodukte auch als „Mittel" eingestuft werden konnten, s. *Reinhart,* WRP 2001, 627.

[6] Hierzu *Will,* MPJ 2001, 53 und *Reischl,* MPJ 2001, 112 ff. (zum 2. MPG-ÄndG).

[7] BGBl. I S. 3586 ff.

[8] Hierzu *Besen,* MPJ 2002, 55 ff; Begründung der Bundesregierung zum 2. MPG-ÄndG, BT-Drs. 14/6281 v. 15. 6. 2001, S. 39.

[9] *Dieners,* Werbung und PRM am Beispiel Deutschland, S. 117 ff.; s. auch *Dieners,* MPR 2002, 3 ff.

6 Hierbei gilt es jedoch trotz der umfangreichen Liberalisierung und Deregulierung des HWG zu beachten, dass neben den allgemeinen Regelungen des UWG auch weiterhin eine Reihe heilmittelwerberechtlicher **Verbote auf Medizinprodukte anwendbar** bleibt. Etwaige Verstöße gegen die Vorschriften des HWG können neben **zivilrechtlichen** Konsequenzen ggf. auch **ordnungsbehördliche** oder gar **strafrechtliche** Maßnahmen nach sich ziehen. Eine vorsätzliche irreführende Werbung kann z.B. gem. § 3 HWG i.V.m. § 14 HWG mit einer **Freiheitsstrafe** bis zu einem Jahr oder Geldstrafe geahndet werden.

7 Ein Verstoß gegen das HWG wird ferner von den Gerichten regelmäßig als **sittenwidrig** im Sinne der wettbewerbsrechtlichen Generalklausel des § 1 UWG qualifiziert. Eine sittenwidrige Werbung führt unter Umständen zu Unterlassungs-, Auskunfts- und sogar Schadensersatzansprüchen. Schließlich kann nach § 16 HWG auch die Einziehung von unzulässigem Werbematerial drohen.

C. Allgemeine wettbewerbsrechtliche Werbeverbote

8 In der Praxis beurteilt sich ein möglicher Verstoß von Werbemaßnahmen für Medizinprodukte in der Regel auf der Grundlage des HWG. Wie bereits zuvor ausgeführt, kommen aber gleichzeitig die wettbewerbsrechtlichen Regelungen des **UWG** als allgemeiner Prüfungsmaßstab in Betracht.[10]

I. Sittenwidrige Werbung (§ 1 UWG)

9 Nach der **Generalklausel** des § 1 UWG kann derjenige auf Unterlassung und Schadensersatz in Anspruch genommen werden, der im geschäftlichen Verkehr zu Zwecken des Wettbewerbs Handlungen vornimmt, die gegen die **guten Sitten** verstoßen. Zum wirtschaftlichen Verkehr zählt hierbei jede wirtschaftliche Betätigung im weitesten Sinne, die objektiv geeignet ist, den eigenen oder fremden Absatz auf Kosten eines Mitbewerbers zu fördern und subjektiv von einer entsprechenden Absicht getragen wird.[11] Vor diesem Hintergrund sind jegliche Maßnahmen, die auf die Werbung für ein Unternehmen oder dessen Produkte abzielen, dahingehend zu prüfen, ob sie mit den guten Sitten in Einklang sind.

10 Nach der ständigen Rechtsprechung des Bundesgerichtshofes ist eine Handlung dann sittenwidrig, wenn sie dem Anstandsgefühl des redlichen und verständigen Durchschnittsgewerbetreibenden widerspricht oder von der Allgemeinheit missbilligt oder für untragbar gehalten wird.[12] Zur Konkretisierung dieser sehr weiten Definition hat die Rechtsprechung eine Vielzahl von **Fallgruppen**[13] gebildet, bei deren Vorliegen in der Regel von einer **Sittenwidrigkeit** ausgegangen wird. So stellen bei einer allgemeinen wettbewerblichen Betätigung eines Unternehmens etwa die Behinderung von Wettbewerbern, die Rufausbeutung oder etwa der Rechtsbruch (Verletzung wertbezogener Normen) derartige Fallgruppen dar.

11 In der **Praxis** ist die Fallgruppe des sog. (unzulässigen) Kundenfangs von besonderer Bedeutung. Von **Kundenfang** ist z.B. dann die Rede, wenn einem Kunden zunächst unentgeltliche Zuwendungen gemacht werden und er sich dadurch aus Dankbarkeit oder Schamgefühl zum Kauf verpflichtet fühlt (psychologischer Kaufzwang). Auch ein **übertriebenes Anlocken** ist regelmäßig als Kundenfang zu qualifizieren. Ein grundsätzlich wettbewerbsrechtlich unbedenkliches Anlocken ist immer dann übertrieben und somit

---

[10] *Engler,* S. 57 f.
[11] *Baumbach/Hefermehl,* Einl. UWG, Rdnr. 214 ff.
[12] *BGHZ* 54, 188, 190.
[13] Hierzu *Baumbach/Hefermehl,* Einl. UWG, Rdnr. 160 ff.

sittenwidrig, wenn eine Werbemaßnahme darauf abzielt, die Entschließungsfreiheit des Kunden unsachlich zu beeinflussen und ihn „gleichsam magnetisch" auf die angebotene Leistung hinzulenken.[14] Hieran könnte z. B. trotz Wegfalls des Rabattgesetzes bei extrem hohen Rabatten zu denken sein. Dasselbe gilt für Geschenke und **Zuwendungen,** denen ein erhebliches Preisverschleierungspotenzial inne wohnt. Obwohl nach Aufhebung der Zugabeverordnung das Gewähren von Geschenken und sonstigen Zuwendungen in Abhängigkeit vom Kauf einer bestimmten Ware zulässig ist, könnten derartige Koppelungsgeschäfte i. S. v. § 1 UWG als sittenwidrig angesehen werden, wenn der Kunde über den wirklichen Wert des Angebots getäuscht oder zumindest unzureichend informiert wird.[15] Im Rahmen dieser Beispiele ist zugleich § 7 HWG zu berücksichtigen, der Werbegaben nur unter bestimmten Voraussetzungen zulässt (Rdnr. 48).

Zu der Fallgruppe des Kundenfangs zählt auch das Werben mit aleatorischen, also vom **12** Zufall abhängigen Kaufanreizen. Hierunter fallen grundsätzlich alle Werbemaßnahmen, bei denen die **Spielleidenschaft** des Kunden ausgenutzt wird. Zu denken ist an Preisausschreiben, Preisrätsel oder etwa Verlosungen. Wettbewerbswidrig ist aber nur, wenn die Teilnahme am Gewinnspiel den Kunden so zu beeinflussen droht, dass der Kaufentschluss nicht mehr wegen des sachlichen Interesses an der Ware, sondern wegen der Gewinnchance gefasst wird. Dies gilt insbesondere dann, wenn die Teilnahme an einem Gewinnspiel an einen Warenabsatz gekoppelt ist. Insofern müssen also stets **alternative Teilnahmemöglichkeiten** bereitgestellt werden.[16] Keinesfalls darf die Teilnahme an einem Gewinnspiel irgendeinen geldwerten Einsatz voraussetzen, da dann regelmäßig die Grenze zur unerlaubten Veranstaltung einer Lotterie, einer Ausspielung oder eines **Glücksspiels** überschritten ist, was strafrechtliche Sanktionen nach sich ziehen kann.[17]

Bei sog. **Direktmarketingmaßnahmen**[18] ist zu berücksichtigen, dass immer dann von **13** einem Kundenfang auszugehen ist, wenn die Grenze zu einer unerträglichen Belästigung des Werbeadressaten überschritten wird. Wann dies der Fall ist, hängt von der jeweils konkreten Maßnahme (Vertreterbesuche, Werbebriefe, Telefaxwerbung, E-mail, SMS etc.) ab. Als Grundsatz kann man jedoch feststellen, dass jede Form von Direktmarketing unzulässig ist, wenn der Adressat ihr **widersprochen** hat. Andererseits ist im Hinblick auf das Informationsinteresse des Verbrauchers bei einem fehlenden Widerspruch nicht jede Form von Direktmarketing automatisch wettbewerbswidrig. Daher stellen z. B. Werbebriefe keine unzumutbare Belästigung dar, da diese ungeöffnet weggeworfen werden können. Dies setzt allerdings wiederum voraus, dass ihr **Werbecharakter offensichtlich** ist. Im Rahmen von Direktmarketingmaßnahmen sind insbesondere auch die Einschränkungen für die Werbung außerhalb der Fachkreise im Rahmen des HWG zu beachten (Rdnr. 23 ff.).

II. Vergleichende Werbung (§ 2 UWG)

Auch wenn die Vorschrift des § 11 Abs. 2 HWG ausdrücklich nur die vergleichende **14** Werbung bei Arzneimitteln regelt, bedeutet dies nicht etwa, dass eine vergleichende Werbung für Medizinprodukte ohne jegliche Einschränkung zulässig ist. Hier gilt es, die allgemeinen Regeln zur vergleichenden Werbung in § 2 UWG zu berücksichtigen.[19] Danach ist eine vergleichende Werbung unter der Voraussetzung zulässig, dass sie **nicht irreführend** ist sowie Waren oder Dienstleistungen für den gleichen Bedarf oder dieselbe Zweckbestimmung vergleicht. Zulässig ist nur der Vergleich „**objektiv nachprüfbarer**

---

[14] *BGH* NJW 1995, 1755 – *Super-Spar-Fahrkarten.*
[15] *BGH,* Urt. v. 13. 6. 2002 – I ZR 71/01.
[16] *BGH* WRP 1976, 100 – *Mars.*
[17] Hierzu §§ 284 und 286 StGB.
[18] Hierzu *Baumbach/Hefermehl,* § 1 UWG, Rdnr. 57 ff.
[19] *Dieners,* MPR 2002, 3 ff.

und typischer Eigenschaften" dieser Waren und Dienstleistungen. Die verglichenen Produkte müssen hinsichtlich ihrer Beschaffenheit nicht in allen Aspekten identisch sein, aber sie müssen aus Sicht der angesprochenen Verkehrskreise als **Substitutionsprodukte** in Betracht kommen. Die Möglichkeit eines objektiven Leistungsvergleichs setzt im Übrigen voraus, dass vom Werbenden auf wesentliche Unterschiede der verglichenen Produkte unmissverständlich hingewiesen wird.[20]

15   Des Weiteren ist zu berücksichtigen, dass eine vergleichende Werbung nur dann nicht irreführend ist, wenn die **Vergleichsgrundlage identisch** ist. Entsprechend können Prüfergebnisse von Wettbewerbsprodukten, die in unterschiedlichen Studien ermittelt wurden, nicht ohne weiteres zur Bewerbung eines Medizinprodukts gegenübergestellt werden; es mangelt in einem solchen Fall regelmäßig an einem einheitlichen Prüfplan und einer einheitlichen Patientenpopulation. In der Gerichtspraxis wird regelmäßig gefordert, dass solche Ergebnisse im Rahmen eines Werbevergleichs verwendet werden dürfen, die in einer **direkten Vergleichsstudie** gewonnen wurden. Der Vergleich darf weiter keine Verwechslungen zwischen den Wettbewerbern verursachen und keine anderen Marken-, Handelsnamen oder Unterscheidungszeichen in der Werbung herabsetzen.

III. Irreführende Werbung (§ 3 UWG)

16   Darüber hinaus ist gem. § 3 UWG auch eine Werbung mit irreführenden Angaben unzulässig. Angaben sind alle **nachprüfbaren** Aussagen, die geeignet sind, den Kaufentschluss zu beeinflussen. Diese sind dann irreführend, wenn die Gefahr besteht, dass sie von einer nicht unerheblichen Zahl der angesprochenen Verkehrskreise **falsch verstanden** werden. In der Praxis fallen hierunter z.B. falsche Behauptungen über Produktwirkungen oder das Verharmlosen von Anwendungsrisiken. Daneben fällt insbesondere auch die sog. **Allein-** oder **Spitzenstellungswerbung** („Nr. 1") in den Anwendungsbereich des § 3 UWG (zum Verhältnis des § 3 UWG zum heilmittelwerberechtlichen Irreführungsverbot des § 3 HWG s. Rdnr. 44).

D. Heilmittelwerberechtliche Verbote

I. Anwendbarkeit des HWG

17   Im Gegensatz zum UWG, für dessen Anwendbarkeit schon eine Handlung im geschäftlichen Verkehr zu Zwecken des Wettbewerbs ausreicht, ist das HWG nur dann anwendbar, wenn überhaupt **„Werbung"** vorliegt. Werbung im Sinne des HWG ist sehr weit definiert und umfasst jede Maßnahme zur Information, zur Marktuntersuchung und zur Schaffung von **Anreizen** mit dem Ziel, die Verschreibung, die Abgabe, den Verkauf oder den Verbrauch von Medizinprodukten zu fördern. Hierunter sind alle der Förderung des Absatzes dienenden Anpreisungen und Angaben zu verstehen, die auf ein Medizinprodukt aufmerksam machen, den Bedarf wecken, zum Verkauf anregen oder jedenfalls beim Publikum den Wunsch wachrufen (können), sich im Bedarfsfall dieses **Produkts zu bedienen.** Unter den Werbebegriff des HWG fällt damit auch eine nüchtern und objektiv gehaltene Sachinformation.[21]

18   Hierbei muss jedoch zwischen produktbezogener Absatzwerbung und allgemeiner Unternehmenswerbung (Vertrauens-/Imagewerbung) unterschieden werden.[22] Das HWG er-

---

[20] *Baumbach/Hefermehl*, § 2 UWG, Rdnr. 4 f.
[21] *Dieners/Besen*, S. 5 f.
[22] Hierzu *Doepner*, § 1 HWG, Rdnr. 18.

fasst nur die **produktbezogene Werbung.** Sofern ein Unternehmen für die Gesamtheit seiner Leistungen wirbt, liegt eine sog. Vertrauens- oder **Imagewerbung** vor, die nicht dem HWG unterliegt. Das Gleiche gilt, wenn ein Unternehmen sein gesamtes, aus einer Vielzahl von Produkten bestehendes Leistungsangebot ohne Nennung oder Erkennbarkeit einzelner Produkte bewirbt. Sofern die Werbung also die Aufmerksamkeit nicht auf bestimmte Produkte, sondern pauschal auf Qualität und Preiswürdigkeit der gesamten beworbenen Produktpalette eines Unternehmens lenken soll, besteht nach Auffassung des Gesetzgebers nicht die besondere Risikolage, der das HWG mit der Einbeziehung produktbezogener Werbung in seinen Geltungsbereich entgegenwirken will.

Das HWG will grundsätzlich nur eine solche Werbung einschränken, die dazu führen **19** kann, dass ein bestimmtes Medizinprodukt im Hinblick auf die ihm innewohnenden besonderen Risiken nicht missbräuchlich ohne ärztliche Aufsicht angewandt wird, oder dass es dem Werbeadressaten ermöglicht würde, bei Arztbesuchen auf die Anwendung eines bestimmten Produkts zu drängen. Die Anwendbarkeit des HWG setzt somit eine **produktbezogene Absatzwerbung** voraus, d.h. die Bewerbung bestimmter oder zumindest individualisierbarer Produkte und Aussagen hierzu. Eine solche Absatzwerbung liegt grundsätzlich dann vor, wenn produktbezogene Angaben in medizinischer oder gesundheitlicher Hinsicht gemacht werden. Etwas anderes gilt jedoch dann, wenn sich auch aus dem Gesamtzusammenhang des zu beurteilenden Sachverhalts ergibt, dass mit der Hervorhebung eines bestimmten Medizinprodukts oder sonstigen produktbezogenen Aussagen keine Förderung des Absatzes des betreffenden Medizinprodukts bezweckt ist. Wird z.B. in einem Geschäftsbericht eines Unternehmens ein Medizinprodukt genannt oder werden für Investoren eines Medizinproduktunternehmens Informationen zu bestimmten Medizinprodukten gegeben, um Chancen und Risiken der Geschäftsentwicklung zu beschreiben, wird mit solchen Veröffentlichungen nicht das Ziel verfolgt, den Absatz der betreffenden Produkte zu fördern. Vielmehr ist Zweck einer solchen produktbezogenen Aussage die Bewerbung des Unternehmens im Hinblick auf z.B. die Werthaltigkeit ihrer Aktien.

Auch **produktbezogene Informationen,** die ein Hersteller einem Anwender auf in- **20** dividuelle Nachfrage übermittelt, stellen keine Absatzwerbung dar, wenn sich die produktbezogenen Informationen darin erschöpfen, die konkrete Anfrage des Anwenders individuell zu beantworten. Die Grenze zur Absatzwerbung wird jedoch überschritten, wenn der Hersteller Nachfragen initiiert oder provoziert oder eine Anfrage dazu benutzt, um vorgefertigte Werbematerialien zu verteilen. Ob eine produktbezogene Aussage Unternehmenswerbung oder die Anwendbarkeit des HWG begründende Absatzwerbung darstellt, kann nur auf Grund einer wertenden Gesamtschau aller Aspekte der betreffenden Werbung im konkreten Einzelfall beurteilt werden.

II. Unterscheidung von Publikums- und Fachkreiswerbung

Die Werbung gegenüber dem allgemeinen Publikum ist auf Grund des Schutzzwecks **21** des HWG (Schutz der Volksgesundheit) in besonderem Maße reguliert. Das HWG unterscheidet daher grundsätzlich zwischen **Publikums- und Fachkreiswerbung,** an die auf Grund der unterschiedlichen Sachkunde des jeweiligen Adressatenkreises vor dem Hintergrund des Schutzzwecks des HWG unterschiedlich strenge Anforderungen gestellt werden. Wann eine Werbung gegenüber Fachkreisen oder eine Publikumswerbung vorliegt, richtet sich in erster Linie nach der **Art des Werbemediums** – z.B. eine Fachzeitschrift für Ärzte oder eine normale Tageszeitung – und der Zielrichtung der werblichen Ansprache.

Nach **§ 2 HWG** sind Fachkreise im Sinne des Gesetzes Angehörige der Heilberufe oder **22** des Heilgewerbes, Einrichtungen, die der Gesundheit von Mensch oder Tier dienen, oder sonstige Personen, soweit sie mit Arzneimitteln, Medizinprodukten, Verfahren, Behandlungen, Gegenständen oder anderen Mitteln erlaubterweise Handel treiben oder sie in Ausübung ihres Berufes anwenden.[23] Dies sind z.B.:

– Ärzte, Zahnärzte, Heilpraktiker, Pfleger, Pflegehelfer, MTAs, Hebammen, Psycho- und Physiotherapeuten, Masseure, medizinische Bademeister, Apotheker, PTAs, nicht aber z.B. medizinisch-kaufmännische Arztsekretärinnen oder medizinische Dokumentationsassistentinnen;[24]

– Bandagisten, Orthopäden, Chiropraktiker, Kieferorthopäden, nicht aber Sozialarbeiter oder Gesundheitsaufseher;

– Kliniken, Krankenhäuser und Sanatorien, Gesundheits- und Veterinärämter, chemische Untersuchungsämter, Medizinaluntersuchungsanstalten, Impfanstalten, Ausbildungsstätten für Heilberufe, medizinische Fakultäten, Medizinstudenten, nicht aber Kurheime, Kurhotels und Kurstätten ohne Konzession;

– Medizinproduktehersteller und -händler, Medizinprodukteberater, Apotheker, Drogisten, Sanitätshausinhaber, wenn sie erlaubterweise Medizinprodukte vertreiben;

– Kosmetiker, Fußpfleger, Diätassistenten, Zahntechniker und Optiker.

Publikumswerbung ist jede Werbung, die sich an Adressaten richtet, welche nicht zu den vorgenannten Fachkreisen zählen. Mithin zählt zur Publikumswerbung Werbung gegenüber **Patienten** beziehungsweise potenziellen Patienten, aber auch Pressemitteilungen, soweit sie nicht für die medizinische Fachpresse gedacht sind. Soweit produktbezogene Aussagen ins **Internet** gestellt werden, handelt es sich um Publikumswerbung, es sei denn, die betreffenden Informationen sind in einem durch **Zugangscode** geschützten Bereich aufgenommen, der nur für die o. g. Fachkreise zugänglich ist.

III. Publikumswerbung

23   Wie Werbemaßnahmen für Medizinprodukte gegenüber dem allgemeinen Publikum unter heilmittelwerberechtlichen Gesichtspunkten ausgestaltet werden dürfen, richtet sich nach den in §§ 11 und 12 HWG festgelegten **Werbeverboten.** Beide Regelungen haben die Werbung für Medizinprodukte in der Vergangenheit massiv eingeschränkt. Die **Liberalisierung** dieser Vorschriften durch das 2. MPG-ÄndG hat zu einer erheblichen Vereinfachung geführt.

1. Werbung unter Bezugnahme auf bestimmte Krankheiten (§ 12 HWG)

24   Im Rahmen des 2. MPG-ÄndG hat der Gesetzgeber insbesondere das extensive Verbot der Werbung nach § 12 a.F. HWG, dessen wesentliches Ziel darin liegt, den Patienten vor einer **Selbstbehandlung** zu schützen, für Medizinprodukte weitgehend aufgehoben. Nach § 12 Abs. 1 Satz 1 HWG darf sich die Werbung für Medizinprodukte außerhalb der Fachkreise nicht auf die Erkennung, Verhütung, Beseitigung oder Linderung der in der Anlage zu § 12 HWG aufgeführten Krankheiten oder Leiden beim Menschen beziehen. Die Regelung des § 12 Abs. 1 Satz 2 HWG bestimmt jetzt, dass Abschnitt A Nr. 2–7 der Anlage zu § 12 HWG keine Anwendung auf die Werbung für Medizinprodukte finden soll. Dies führt dazu, dass – anders als bei Arzneimitteln – Werbemaßnahmen für nahezu alle am Markt befindlichen Medizinprodukte nicht mehr allein wegen ihres **Indikationsbereichs** beschränkt werden.[25] Hierdurch wird insbesondere die Bewerbung von Medizinprodukten im Internet erleichtert.[26]

---

[23] Hierzu auch die Definition in § 3 Nr. 17 MPG.

[24] *Doepner,* § 2 HWG, Rdnr. 6.

[25] Auch zukünftig sind aber die Werbeverbote aus § 11 Abs. 1 Satz 1 Nr. 6–9, 11, 12, Satz 2 HWG zu beachten (Rdnr. 29–42).

[26] Zur alten Rechtslage s. *Besen/Löffler,* MPJ 2001, 48 f.

Die Publikumswerbung für Medizinprodukte darf sich daher – anders als die Werbung **25** für Arzneimittel – jetzt auch **auf folgende Krankheiten beziehen:**
- Geschwulstkrankheiten,
- Krankheiten des Stoffwechsels und der inneren Sekretion,
- Krankheiten des Blutes und der Blut bildenden Organe,
- organische Krankheiten des Nervensystems, der Augen und Ohren, des Herzens und der Gefäße, der Leber und des Pankreas, der Harn- und Geschlechtsorgane,
- Geschwüre des Magens und des Darms sowie
- Epilepsie.

Vor diesem Hintergrund sind also Werbemaßnahmen für Kontaktlinsen, Blutzucker- **26** messgeräte oder Hörgeräte gegenüber dem allgemeinen Publikum ebenso zulässig wie etwa **Sachinformationen** der Hersteller und Vertreiber von Medizinprodukten über die **Wirkungs- und Funktionsweise** von Herzschrittmachern oder Dialysegeräten[27] oder etwa auch die Werbung für In-vitro-Diagnostika zur Erkennung der Volkskrankheit Darmkrebs.

Demgegenüber darf sich die **Publikumswerbung** für Medizinprodukte auch weiterhin **27** **nicht** auf die Erkennung, Verhütung, Beseitigung oder Linderung folgender Krankheiten beziehen:
- nach dem Infektionsschutzgesetz meldepflichtige, durch Krankheitserreger verursachte Krankheiten,
- Geisteskrankheiten,
- Trunksucht und
- krankhafte Komplikationen der Schwangerschaft, der Entbindung und des Wochenbetts.

In der Praxis dürften die verbleibenden Verbote des § 12 HWG weitgehend **unbe-** **28** **deutend sein,** da die genannten Krankheiten bislang regelmäßig nicht mit Medizinprodukten behandelt werden.[28]

2. Werbeverbote nach § 11 HWG

§ 11 HWG enthält einen umfangreichen **Verbotskatalog,** der die Ausgestaltung der **29** Publikumswerbung für Heilmittel stark beschränkt. Durch das 2. MPG-ÄndG wurde in § 11 Abs. 1 HWG ein neuer Satz 2 eingefügt, wonach die Verbotsregelungen des Satzes 1 Nr. 6–9 sowie 11 und 12 entsprechend auch für Medizinprodukte gelten sollen. Im Umkehrschluss folgt hieraus, dass der Gesetzgeber die Verbote der Nr. 1–5 sowie 10 und 13–15 nicht entsprechend angewendet wissen will. Gleichzeitig gelten die Verbotsregelungen des § 11 Abs. 1 Satz 1 Nr. 1–5, 10 und 13–15 HWG weiterhin für die Bewerbung von Gegenständen nach § 1 Abs. 1 Nr. 2 HWG außerhalb der Fachkreise.

Es stellt sich deshalb die Frage, ob die vorerwähnten Verbotstatbestände entsprechend der **30** bisherigen Rechtsprechung[29] auf Medizinprodukte **Anwendung** finden, die Gegenstände i. S. d. § 1 Abs. 1 Nr. 2 HWG sind. Nach der gesetzlichen Definition lassen sich gegenständliche Medizinprodukte ohne weiteres auch als Gegenstände i. S. v. § 1 Abs. 1 Nr. 2 HWG einordnen. Für eine klare gesetzessystematische Auslegung, dass ein **Gegenstand** i. S. d. § 1 Abs. 1 Nr. 2 HWG kein Medizinprodukt i. S. d. § 1 Abs. 1 Nr. 1a. HWG sein kann, gibt es keinen normativen Anknüpfungspunkt. Andererseits würde die Anwendung des § 11 Abs. 1 HWG auf gegenständliche Medizinprodukte dazu führen, dass im Rahmen dieser Vorschrift der Sache nach wieder zwischen stofflichen und gegenständlichen Medizinprodukten unterschieden würde. Unabhängig davon, dass kein sachlicher Grund erkennbar ist, warum die in § 11 Abs. 1 Satz 1 Nr. 1–5, 10 und 13–15 HWG formulierten

---

[27] *Dieners,* MPR 2002, 6.
[28] *Besen,* MPR 2002, 56; *Dieners,* MPR 2002, 6.
[29] *OLG Frankfurt,* MD 1999, 237; *OLG Stuttgart,* Urt. v. 12. 11. 1999 – 2 U 89/99.

Werbeverbote für Medizinprodukte, die gleichzeitig Gegenstände sind, anwendbar sein sollen, während stoffliche Medizinprodukte von den Beschränkungen ausgenommen sind, widerspräche ein solches Ergebnis den Intentionen des Gesetzgebers, im Rahmen des HWG stoffliche und gegenständliche Medizinprodukte gleich zu behandeln.[30]

31   Es liegt folglich nahe, dass es sich bei der Definition des Gegenstandsbegriffs in § 1 Abs. 1 Nr. 2 HWG um ein gesetzgeberisches **Redaktionsversehen** handelt. Ausgehend davon, dass der Gesetzgeber durch die ausdrückliche Einfügung der Medizinprodukte in den Anwendungsbereich des Heilmittelwerbegesetzes spezifisch regeln wollte, welche Vorschriften des Heilmittelwerberechts auf Medizinprodukte Anwendung finden sollen, muss der Begriff des Gegenstands in § 1 Abs. 1 Nr. 2 HWG im Rahmen einer normsystematischen Auslegung inhaltlich reduziert werden. Hiernach sind Gegenstände i.S.d. § 1 Abs. 1 Nr. 2 HWG nur solche gegenständlichen Gebrauchsgüter, die keine Medizinprodukte i.S.d. § 1 Abs. 1 Nr. 1a HWG sind. Gegenstände, die dem Werbeverbot des § 11 Abs. 1 Satz 1 HWG unterfallen, wären dann etwa Gegenstände zur Körperpflege, Gesundheitswäsche etc., die mit gesundheitsbezogenen Aussagen beworben werden. Auch wenn eine ergänzende Klarstellung des Gesetzgebers zu diesem Punkt wünschenswert wäre und Entscheidungen von Gerichten zu dieser Rechtsfrage noch nicht vorliegen, wird hier die Auffassung vertreten, dass gem. § 11 Abs. 1 Satz 2 HWG eine Reihe von Werbeverboten auf Medizinprodukte nicht mehr anwendbar ist.

32   Demzufolge darf nunmehr bei Medizinprodukten auch beim Laienpublikum mit **Gutachten,** Zeugnissen, wissenschaftlichen oder fachlichen Veröffentlichungen sowie mit Hinweisen darauf geworben werden (§ 11 Abs. 1 Satz 1 Nr. 1 HWG). Hierbei sind jedoch die Voraussetzungen des **§ 6 HWG** zu beachten, wonach bestimmte Anforderungen an eine solche Werbung gestellt werden (Rdnr. 46). Zulässig sind ferner Angaben, dass das Medizinprodukt ärztlich, zahnärztlich oder anderweitig **fachlich empfohlen** oder geprüft ist oder angewendet wird (§ 11 Abs. 1 Satz 1 Nr. 2 HWG). Hierunter fallen allgemeine Hinweise auf ärztliche Empfehlungen ohne Bezugnahme auf bestimmte Gutachten, solange sie nicht die Gefahr einer unsachlichen Beeinflussung oder der Irreführung im konkreten Fall bergen. Darüber hinaus ist auch die **Wiedergabe von Krankengeschichten** sowie mit Hinweisen darauf möglich (§ 11 Abs. 1 Satz 1 Nr. 3 HWG). Hierbei muss aber beachtet werden, dass die Krankengeschichte auf keinen Fall irreführenden Charakter haben darf.

33   In Werbe- bzw. Patientenbroschüren dürfen Ärzte oder andere Angehörige der Heilberufe jetzt in ihrer **Berufskleidung** abgebildet werden (§ 11 Abs. 1 Satz 1 Nr. 4 HWG). Eine weitgehende Neuerung stellt der Umstand dar, dass das in § 11 Abs. 1 Satz 1 Nr. 5 HWG verankerte Verbot der bildlichen Darstellung weggefallen ist. Bei der Werbung für Medizinprodukte ist es danach etwa erlaubt, die negative Veränderung der Körperhaltung anhand von Fotos darzustellen. **Auch „Vorher-Nachher"-Vergleiche** mit der Abbildung des Krankheitssymptoms vor und nach der Behandlung mit dem beworbenen Medizinprodukt, etwa die Darstellung des Körpers vor und nach der Implantation eines neuen künstlichen Gelenks, sind nach dem neuen Recht zulässig. Zudem ist eine Werbung mit **Anleitungs- oder Selbstbehandlungsschriften** möglich (§ 11 Abs. 1 Satz 1 Nr. 10 HWG).

34   In einem gewissen Spannungsfeld befinden sich indessen **Preisausschreiben** und die Abgabe von **Mustern** von Medizinprodukten. Einerseits werden beide Werbemaßnahmen nunmehr nicht mehr grundsätzlich verboten (vgl. § 11 Abs. 1 Satz 1 Nr. 13–15 HWG). Andererseits sind hierbei aber die möglichen Beschränkungen durch § 7 HWG zu berücksichtigen (Rdnr. 48). Wie oben ausgeführt, muss hier auch insbesondere die Vorschrift des § 1 UWG beachtet werden.

35   Letzteres verdeutlicht, dass die fehlende Anwendbarkeit der genannten Werbeverbote auf Medizinprodukte nicht ohne weiteres dazu führt, dass die entsprechenden Werbemaßnahmen in jedem Einzelfall zulässig sind. Sie müssen gleichzeitig mit allen übrigen auf die

---

[30] Begründung der Bundesregierung zum 2. MPG-ÄndG, BT-Drs. 14/6281, S. 39.

Werbung für Medizinprodukte anwendbaren Vorschriften im Einklang stehen und dürfen auch nicht gegen **andere Bestimmungen** (etwa des UWG oder des MPG) verstoßen.

Trotz aller Liberalisierungstendenzen darf ferner nicht unberücksichtigt bleiben, dass **36** § 11 Abs. 1 HWG weiterhin eine Reihe erheblicher **Publikumswerbeverbote** vorschreibt. Soll sich eine Marketingmaßnahme also nicht ausschließlich an Mitglieder der Fachkreise richten, sind die Regelungen des § 11 Abs. 1 Satz 1 Nr. 6–9, 11 und 12 HWG zu beachten:

a) Fremd- und fachsprachliche Bezeichnungen

Gemäß § 11 Abs. 1 Satz 1 Nr. 6 HWG dürfen Werbemaßnahmen keine fremd- oder **37** fachsprachlichen Bezeichnungen beinhalten, wenn diese nicht in **den allgemeinen deutschen Sprachgebrauch** eingegangen sind. Informationsbroschüren, die sich an das allgemeine Publikum richten, dürfen daher z.B. nur Fachbezeichnungen enthalten, deren Bedeutung für jedermann verständlich ist. Andernfalls müssen diese Fachbezeichnungen **erläutert** werden, was in der Praxis dazu führt, dass Prospekte oder andere Werbebroschüren unübersichtlich werden können.

b) Angstwerbung

Eine Werbeaussage ist zudem verboten, wenn sie geeignet ist, Angstgefühle hervorzu- **38** rufen oder auszunutzen (§ 11 Abs. 1 Satz 1 Nr. 7 HWG). Hierzu existiert eine **detaillierte Kasuistik** der Gerichte, wonach z.B. die Werbeformulierung „Wir ersticken" und „Millionen Menschen sterben" bei der Werbung für eine Sauerstoffmaske als unzulässig erachtet wurde.[31]

c) Werbevorträge

Nach § 11 Abs. 1 Satz 1 Nr. 8 HWG sind Werbevorträge verboten, mit denen ein **39** Feilbieten oder eine Entgegennahme von Anschriften verbunden ist. Hierunter sind Vorträge zur Förderung des Warenabsatzes zu verstehen. Solche sind aber **nicht per se unzulässig.** Ein Hersteller oder Händler von Medizinprodukten darf danach auch einen Vortrag über Produkte seines Unternehmens gegenüber einem Laienpublikum halten, solange er dabei nicht die Ware seines Unternehmens zum Verkauf äußerlich bereitstellt.[32] Ebenfalls unzulässig ist das **Sammeln von Adressen** vor, während oder nach der Veranstaltung, gleichgültig, ob dies im Vortragsraum oder in dessen unmittelbarer Nähe geschieht und für welchen Zweck die Adressen gesammelt werden.

d) Getarnte Werbung

Auch Veröffentlichungen, deren Werbezweck missverständlich oder nicht deutlich er- **40** kennbar ist, sind verboten (§ 11 Abs. 1 Satz 1 Nr. 9 HWG). Unter dieses Verbot fällt die sog. **„Schleichwerbung"** oder das **„product placement"** in Fernseh- oder Kinofilmen. Auf Grund des Gebots der Trennung von Werbung und redaktionellem Text darf zudem bei Anzeigenwerbung eine Kennzeichnung mit dem Wort „Anzeige" nicht fehlen, wenn sie sich ansonsten in den redaktionellen Teil einer Zeitschrift einfügt, ohne dass der Werbecharakter offensichtlich wird.[33]

e) Äußerungen Dritter

Gemäß § 11 Abs. 1 Satz 1 Nr. 11 HWG sind Äußerungen Dritter, insbesondere mit **41** Dank-, Anerkennungs- oder Empfehlungsschreiben oder mit Hinweisen auf solche Äußerungen verboten. Hierunter würde etwa ein veröffentlichter **Brief eines Patienten** fallen, in dem die guten Erfahrungen mit seinem künstlichen Gelenk beschrieben werden.

---

[31] *Doepner,* § 11 Nr. 7 HWG, Rdnr. 14.
[32] *Dieners/Besen,* S. 11.
[33] *Baumbach/Hefermehl,* § 1 UWG, Rdnr. 30.

f) Kinder

42   Nach § 11 Abs. 1 Satz 1 Nr. 12 HWG sind Werbemaßnahmen verboten, die sich ausschließlich oder überwiegend an Kinder **unter 14 Jahren** richten. Hierunter fällt z. B. die Abgabe von Ballons oder Malbüchern im Zusammenhang mit der Werbung für Medizinprodukte.[34] Ebenso unzulässig ist die Werbung für Kinderbrillen an Grundschulen oder in Kinderzeitschriften.

IV. Publikums- und Fachkreiswerbung

43   Das HWG beinhaltet ferner eine Reihe von Vorschriften, die **sowohl die Publikums- als auch die Fachkreiswerbung einschränken.**

1. Irreführung (§ 3 HWG)

44   Nach § 3 HWG ist eine irreführende Werbung unzulässig. Diese Vorschrift ist grundsätzlich vergleichbar mit dem allgemeinen wettbewerbsrechtlichen Irreführungsverbot des § 3 UWG. Im Unterschied zu § 3 UWG enthält § 3 HWG eine Vielzahl von Einzeltatbeständen, bei deren Vorliegen eine Irreführung **unwiderleglich vermutet** wird.[35] Dies ist z. B. immer dann der Fall, wenn durch eine Werbemaßnahme fälschlich der Eindruck erweckt wird, dass durch die Anwendung ein Erfolg mit Sicherheit erwartet werden kann oder bei bestimmungsgemäßem oder längerem Gebrauch des Medizinprodukts keine schädlichen Wirkungen auftreten.

45   Was die Maßstäbe hinsichtlich Wahrheit, Eindeutigkeit und Klarheit von Produktaussagen anbetrifft, gilt das sog. **Strengeprinzip.** Denn anders als § 3 UWG dient § 3 HWG nicht nur dem Schutz vor wirtschaftlicher Übervorteilung, sondern in erster Linie besteht der Zweck des Gesetzes darin, die Gesundheit des einzelnen Verbrauchers und die Gesundheitsinteressen der Allgemeinheit zu schützen, was einen besonders sensiblen Umgang mit Produktinformationen erforderlich macht. Entsprechend werden nach der bisherigen Rechtsprechungspraxis Aussagen nur dann nicht als irreführend angesehen werden, wenn sie dem anerkannten **Stand wissenschaftlicher Erkenntnis** entsprechen. Aussagen, die wissenschaftlich umstritten sind, dürfen nur dann in der Werbung verwendet werden, wenn in der Werbung deutlich gemacht wird, dass die betreffende Erkenntnis wissenschaftlich umstritten ist.

2. Gutachtenwerbung (§ 6 HWG)

46   Vor Inkrafttreten des 2. MPG-ÄndG wurde in der Literatur die Auffassung vertreten, dass sich § 6 HWG – trotz des insoweit offenen Wortlauts – in Hinblick auf das in § 11 Abs. 1 Satz 1 Nr. 1 HWG verankerte generelle Verbot, mit Gutachten, Zeugnissen und wissenschaftlichen Veröffentlichungen gegenüber dem allgemeinen Publikum zu werben, rechtssystematisch ausschließlich an Fachkreise richtet.[36] Nachdem die Bestimmung des § 11 Abs. 1 Satz 1 Nr. 1 i. V. m. § 11 Abs. 1 Satz 2 HWG nunmehr auch die Werbung für Medizinprodukte mit Gutachten gegenüber dem allgemeinen Publikum erlaubt, ist die Vorschrift des § 6 HWG – jedenfalls bei der Werbung für Medizinprodukte – in Zukunft **sowohl** bei der **Fachkreis- als auch** bei einer **Publikumswerbung** zu beachten.[37] Die Vorschrift soll sicherstellen, dass nur solche Gutachten und Zeugnisse im Rahmen der Heilmittelwerbung Verwendung finden, die von wissenschaftlich oder fachlich berufenen Personen stammen. Ferner soll es dem Adressaten der Werbung möglich sein, die Her-

---

[34] Hierzu *Doepner,* § 11 Nr. 12 HWG, Rdnr. 13.
[35] *Bülow/Ring,* § 3 HWG, Rdnr. 2.
[36] Hierzu *Bülow/Ring,* § 6 HWG, Rdnr. 1.
[37] *Dieners,* MPR 2002, 6.

kunft des Gutachtens oder Zeugnisses festzustellen. Wird im Rahmen einer **Informationsbroschüre** für Medizinprodukte beabsichtigt, Gutachten oder Zeugnisse zu erwähnen, sind gem. § 6 Nr. 1 HWG der Name, Beruf, Wohnort des Gutachters sowie der Zeitpunkt der Ausstellung des Gutachtens oder des Zeugnisses anzugeben.

§ 6 Nr. 2 HWG verbietet es, auf wissenschaftliche, fachliche oder sonstige Veröffent- 47 lichungen Bezug zu nehmen, wenn aus der Werbung nicht hervorgeht, ob die Veröffentlichung das Arzneimittel, das Verfahren, die Behandlung, den Gegenstand oder ein anderes Mittel betrifft, für das geworben wird, und wenn nicht der Name des Verfassers, der Zeitpunkt der Veröffentlichung und die Fundstelle genannt wird. Die vorerwähnten **Zitieranforderungen** des § 6 Nr. 2 HWG sind nach dem Wortlaut der Vorschrift auf Medizinprodukte nicht anwendbar. Der Gesetzgeber hat es im Rahmen des 2. MPG-ÄndG unterlassen, § 6 Nr. 2 HWG entsprechend zu ergänzen. Ein Grund, der es rechtfertigen würde, die Werbung für Medizinprodukte bei der Erwähnung von wissenschaftlichen Veröffentlichungen in Bezug auf Zitieranforderungen gegenüber Arzneimitteln, Gegenständen, anderen Mitteln oder gesundheitsbezogenen Verfahren oder Behandlungen zu privilegieren, ist zwar nicht ersichtlich. Insoweit steht zu vermuten, dass dem Gesetzgeber hier ein Redaktionsfehler unterlaufen ist. Andererseits schließt der in § 6 Nr. 2 HWG verwendete Begriff des Gegenstands nach richtiger Auffassung Medizinprodukte nicht ein,[38] so dass § 6 Nr. 2 HWG für Medizinprodukte nicht zum Tragen kommt. Die Verpflichtung gem. **§ 6 Nr. 3 HWG,** aus der Fachliteratur Zitate, Tabellen oder sonstige Darstellungen wortgetreu zu übernehmen, gilt jedoch auch für Medizinprodukte.

3. Werbegaben (§ 7 HWG)

Das HWG legt bei Werbegaben einen strengeren Maßstab an als das allgemeine Wett- 48 bewerbsrecht.[39] Um eine unsachliche Beeinflussung der Werbungsadressaten zu verhindern, sieht die Vorschrift des § 7 HWG ein grundsätzliches **Verbot von Werbegaben** vor. Werbegaben sind daher nur dann zulässig, wenn es hierbei um als solche gekennzeichnete Reklamegegenstände von geringem Wert, geringwertige Kleinigkeiten oder einen ansonsten in § 7 HWG bezeichneten Ausnahmefall handelt. Hinsichtlich der **Geringwertigkeit** schreibt das Gesetz keine absoluten Grenzen vor. Die Rechtsprechung differenziert hierbei nach dem jeweiligen Werbeadressaten. In der Vergangenheit wurde z.B. die Abgabe von einfachen Kalendern oder Kugelschreibern an das allgemeine Publikum als zulässig eingestuft.[40] Bei Werbegaben an Fachkreise gilt eine etwas großzügigere Wertgrenze.[41] In letzterem Fall gilt darüber hinaus, dass die Werbegaben für die Praxis des Empfängers bestimmt sein müssen. Damit sind von vornherein sämtliche Gegenstände wie z.B. Parfum, Spirituosen, Sport- und Freizeitartikel, die ausschließlich eine private Verwendungsbestimmung haben, nicht abgabefähig.[42]

§ 7 Abs. 1 Satz 1 Nr. 2 HWG lässt es im Übrigen zu, dass Medizinproduktehersteller 49 oder Großhändler für ihre Produkte mit **Bar- oder Naturalrabatten** werben. Hierdurch ist der Abschaffung des Rabattgesetzes auch für den Bereich des Medizinproduktehandels Rechnung getragen worden. Des Weiteren ist es gem. § 7 Abs. 1 Satz 1 Nr. 3 HWG zulässig, mit handelsüblichen Nebenleistungen zu werben. Hierunter fallen etwa Nebenwaren oder -leistungen, die zur Hauptware zugegeben werden. Zu denken ist etwa an Zubehör oder auch an Servicesets, die den Rahmen des **Handelsüblichen** nicht überschreiten. Was handelsüblich ist, muss im jeweiligen Einzelfall bestimmt werden.

---

[38] Hierzu *Dieners,* MPR 2002, 6.
[39] Hierzu *Räpple,* S. 171 ff.
[40] Hierzu *Bülow/Ring,* § 7 HWG, Rdnr. 13.
[41] So wurden z.B. schon Sonderausgaben von Taschenbüchern oder ein Briefbeschwerer als zulässig angesehen, hierzu *Doepner,* § 7 HWG, Rdnr. 37.
[42] *Räpple,* S. 172.

50   § 7 Abs. 2 HWG erlaubt schließlich Zuwendungen im Rahmen **ausschließlich berufsbezogener wissenschaftlicher Veranstaltungen,** sofern die Zuwendungen einen vertretbaren Rahmen nicht überschreiten, insbesondere in Bezug auf den wissenschaftlichen Zweck der Veranstaltung von untergeordneter Bedeutung sind und sich nicht auf andere als im Gesundheitswesen tätige Personen erstrecken. Hierdurch wird klargestellt, dass die **Bewirtung** und Unterhaltung von Ärzten, Apothekern und sonstigen Vertretern von Fachkreisen anlässlich wissenschaftlicher Kongresse oder Fortbildungsveranstaltungen sowie die **Übernahme von Reise- und Übernachtungskosten sowie ggf. auch der Kongressgebühren** dieser Personen durch die Industrie in einem angemessenen Rahmen zulässig ist.[43] Um die Grenze des Angemessenen nicht zu überschreiten, muss sichergestellt sein, dass in zeitlicher Hinsicht das wissenschaftliche Programm das Unterhaltungsprogramm deutlich überwiegt. Außerdem darf das Unterhaltungsprogramm nicht vom Standpunkt eines objektiven Betrachters so attraktiv ausgestaltet sein, dass es den eigentlichen wissenschaftlichen Anlass der Veranstaltung dominiert (z.B. Einladung zu teuren Sportereignissen oder Musikaufführungen). Die Gewährung von Zuwendungen im Rahmen von wissenschaftlichen Veranstaltungen an Ehepartner der im Gesundheitswesen tätigen Personen ist generell nicht erlaubt.

4. Fernbehandlungen (§ 9 HWG)

51   Es ist zudem darauf hinzuweisen, dass nach § 9 HWG jegliche Werbemaßnahmen für Fernbehandlungen **unzulässig** sind. Der Begriff der Fernbehandlung erfasst dabei die beiden Varianten Diagnose und Therapie. Das Werbeverbot gilt demgegenüber nicht für die Vorbeugung und Verhütung.

5. Werbung ausländischer Unternehmen (§ 13 HWG)

52   Schließlich untersagt § 13 HWG die Werbung ausländischer Unternehmen, wenn diese nicht ein Unternehmen mit **Sitz** oder eine verantwortliche Person mit gewöhnlichem Aufenthalt **in Deutschland,** innerhalb der EU oder innerhalb des EWR damit betraut haben, die sich aus dem HWG ergebenden Pflichten zu übernehmen.

E. Zusammenfassung und Ausblick

53   Es bleibt somit festzuhalten, dass der Gesetzgeber erkannt hat, dass sich die Werbung für Medizinprodukte geänderten Bedürfnissen anpassen muss, was insbesondere für das Bedürfnis nach einer verbesserten Information von Patienten gilt. Das neue Gesicht des HWG bedeutet gleichzeitig eine erhebliche **Vereinfachung** für die Hersteller und Vertreiber von Medizinprodukten, indem die Regelungsdichte auf das nach der Vorstellung des Gesetzgebers unbedingt Notwendige beschränkt worden ist. Von dem täglichen, **verantwortungsvollen Umgang** der Hersteller und Vertreiber von Medizinprodukten wird es letztlich abhängen, ob sich die neue gesetzgeberische Konzeption der Werbung für Medizinprodukte in der Praxis bewähren wird.

54   Die Werbung für Medizinprodukte bewegt sich dabei aber nicht in einem vollkommen rechtsfreien Raum. Wie zuvor dargestellt, müssen eine Reihe von **Werbeverboten** berücksichtigt werden. Bei der Konzeption von Marketingstrategien sind demzufolge drei Aspekte entscheidend: Erstens den gewonnenen Freiraum zu nutzen, zweitens keine unnötigen Angriffsflächen für Wettbewerbsattacken zu schaffen und drittens sich gesetzeskonform und intelligent am Markt zu verhalten.

---

[43] *Gröning,* Bd. 1, § 7 HWG, Rdnr. 23 u. Bd. 2, Art. 9 und 10 der Richtlinie 92/28/EWG, Rdnr. 8; *Doepner,* § 7 HWG, Rdnr. 72; hierzu im Einzelnen auch der Beitrag von *Dieners/Lembeck* in diesem Handbuch (§ 20 Rdnr. 31).

§ 22 Haftung der Hersteller, Betreiber und Anwender für Medizinprodukte

von *Ulf Heil*

Übersicht

Literatur: *Baumann,* Instandhaltung: Verantwortung und Durchführung, MPJ 1999, 3; *Bundesverband der Arzneimittel-Hersteller – BAH* (Hrsg.), Qualifizierung und Prozessvalidierung, 3. Aufl., Bonn 2003, S. 25 ff.; *Deutsch,* Medizinrecht, Arztrecht, Arzneimittelrecht und Medizinprodukterecht, 4. Aufl., Berlin u. a. 1999; *Deutsch,* Schmerzensgeld für Unfälle bei der Prüfung von Arzneimitteln und Medizinprodukten?, MPR 2001, 11; *Deutsch/Lippert/Ratzel,* Medizinproduktegesetz, Köln u. a. 2002; *Eberstein,* Einführung in die Grundlagen der Produkthaftung: Leitfaden für den Unternehmer, Heidelberg 1991; *Haindl/Helle,* Die Unzulässigkeit der Wiederverwendung von Einmal-Produkten, MedR 2001, 411; *Hoxhaj,* Quo vadis Medizintechnikhaftung?, Frankfurt a. M. u. a. 2000; *Kegel/Schurig,* Internationales Privatrecht, 8. Aufl., München 2000; *Kindler/Menke,* Medizinproduktegesetz – MPG, 4. Aufl., Landsberg 1998; *Klindt,* Medizinprodukterechtliche CE-Kennzeichnung am Beispiel elektrischer Pflegebetten – Technische Normung und behördliche Überwachung, MPR 2002, 13; *Krafczyk/Saller,* Auswirkungen des Medizinproduktegesetzes auf den rechtlichen Verantwortungsbereich in Pflege und Behandlung, MedR 1997, 493; *Kullmann,* Aktuelle Rechtsfragen der Produkthaftpflicht, 4. Aufl., Köln 1993; *Kullmann,* Produkthaftungsgesetz, 3. Aufl., Berlin 2002; *Michalski,* Produktbeobachtungsgrund und Rückrufpflicht des Produzenten, BB 1998, 961; *Mielke/Attenberger/Schorn,* Anforderungen an die Hygiene bei der Aufbereitung von Medizinprodukten, MPJ 2002, 4; *Palandt,* Bürgerliches Gesetzbuch, 61. Aufl., München 2002; *Reischl,* Zweites Gesetz zur Änderung des Medizinproduktegesetzes, MPJ 2001, 112; *Schneider,* Medizinprodukte – Betreiberverordnung: Hinweise für Betreiber und Anwender, Zentralsterilisation 1999, 97; *Sommerlad/Schrey,* Die Ermittlung ausländischen Rechts im Zivilprozess und die Folgen der Nichtermittlung, NJW 1991, 1377; *Thomas/Putzo,* Zivilprozessordnung, 24. Aufl., München 2002; *Graf von Westphalen* (Hrsg.), Produkthaftungshandbuch, Band 1: Vertragliche und deliktische Haftung, Strafrecht und Produkthaftpflichtversicherung, 2. Aufl., München 1997; *Zöller,* Zivilprozessordnung, 23. Aufl., Köln 2002.

A. Einleitung: Grundlagen der Haftung

1   Zum Verständnis der Haftung der Hersteller, Betreiber und Anwender für Medizinprodukte empfiehlt es sich, kurz auf die allgemeinen Grundlagen der Haftung **im bürgerlichen Recht** einzugehen. Hierbei ist zwischen **vertraglicher, deliktischer und Gefährdungshaftung** zu unterscheiden.

I. Vertragliche Haftung

2   Wenn eine Vertragspartei Pflichten aus dem Vertrag verletzt, haftet sie der anderen Vertragspartei aus diesem Vertrag (vertragliche Haftung). Vertragliche Haftung setzt einen **Vertrag** und die **Verletzung einer vertraglichen Haupt- oder Nebenpflicht** voraus. Als Beispiel gelte der Kaufvertrag über den Kauf einer Sache. Erleidet der Käufer durch die Sache einen Körperschaden, haftet der Verkäufer nicht nur für die Mangelhaftigkeit der Sache nach den Gewährleistungsvorschriften, sondern grundsätzlich auch auf Schadensersatz für durch die Sache verursachte weitere Schäden (z. B. Ersatz der Behandlungskosten). Ebenso haftet beim Verkauf eines Medizinprodukts der Verkäufer dem Käufer bei Fehlerhaftigkeit des Produkts auf Ersatz des entstandenen Schadens.

1. Verhältnis des Herstellers zum Geschädigten

3   Die vertragliche Haftung kann nicht eingreifen, wenn zwischen Schädiger und Geschädigtem kein Vertrag besteht. Zwischen Produktherstellern und Endverbrauchern besteht im heutigen Zeitalter der Massenproduktion typischerweise kein Vertragsverhältnis. Vielmehr wird in den meisten Fällen ein (Kauf-)Vertrag mit dem Vertriebshändler geschlossen. Weitere vertragliche Verhältnisse bestehen regelmäßig zwischen Vertriebshändlern und Krankenhäusern, die die Medizinprodukte von diesen erwerben und sie im Rahmen der stationären oder ambulanten Behandlung von Patienten einsetzen. Ähnliche Vertragsverhältnisse gibt es beispielsweise auch zwischen Vertriebshändlern und Sanitätshäusern oder den Krankenkassen. Besteht ausnahmsweise ein Vertrag, weil der Geschädigte das Produkt

unmittelbar vom Hersteller erworben hat, kann dieser gemäß den kaufrechtlichen **Mängelansprüchen** zum Schadensersatz verpflichtet sein (§§ 440, 281, 280 BGB).

Zum Bereich der vertraglichen Haftung gehören auch die Ansprüche aus sog. **positiver** 4 **Vertragsverletzung (pVV).** Eine Verletzung einer vertraglichen Nebenpflicht kommt in Betracht, wenn z.B. Leib, Leben und anderen Interessen des Vertragspartners Schaden zugefügt wird. Die Regeln über die pVV sind nunmehr in §§ 280, 282, 241 Abs. 2 BGB enthalten. Auch sie setzt ein Vertragsverhältnis voraus. Die pVV kommt oft in Fällen in Betracht, in denen spezielle Regeln über Mängelansprüche nicht greifen oder solche nicht existieren. Ein Beispiel hierfür ist der Arztvertrag, der als Dienstvertrag eingeordnet wird und für den daher keine Regeln über Mängelansprüche vorgesehen sind.[1]

2. Verhältnis des Betreibers/Anwenders zum Geschädigten

Die Begriffe **Betreiber** und **Anwender** entstammen dem MPG. Betreiber ist derjenige, 5 der das Medizinprodukt instandhält, anpasst, kontrolliert, implantiert usw., also in der Regel Krankenhäuser, niedergelassene Ärzte, Reha-Zentren etc. Ist − entsprechend dem obigen Beispielsfall − der Betreiber das Krankenhaus, dann ist Anwender der behandelnde Arzt oder das Pflegepersonal. Betreiber und Anwender können auch identisch sein, etwa im Fall des niedergelassenen Arztes.[2]

Im Verhältnis Betreiber/Anwender zum Geschädigten besteht im Beispielsfall ein Ver- 6 tragsverhältnis: der **Arzt- oder Behandlungsvertrag bzw. der Krankenhausaufnahmevertrag.** Daher kommt hier eine vertragliche Haftung in Betracht. Wird das Medizinprodukt vom Betreiber nicht ordnungsgemäß implantiert oder wendet der Arzt das Medizinprodukt falsch an, dann liegt ein Behandlungsfehler und damit eine vertragliche Pflichtverletzung vor, für die nach §§ 280, 282 BGB gehaftet wird. Wichtige Voraussetzung dieser Haftung ist, dass den Betreiber/Anwender ein Verschulden trifft (§ 280 Abs. 1 Satz 1 BGB).

II. Deliktshaftung

1. Regelungen des BGB

Nicht nur im Rahmen von Verträgen wird gehaftet. Es gibt, wie bereits angesprochen, 7 auch gesetzliche Schadensersatzansprüche. Ein Beispiel: Bei einem vom Schädiger verursachten Autounfall erleidet der Geschädigte Verletzungen. Zwischen beiden besteht kein Vertrag, dennoch hat auch in diesem Fall der Geschädigte Anspruch auf Ersatz der Behandlungskosten. Denn das Gesetz sieht für diesen Fall Schadensersatzregelungen vor, die ein Vertragsverhältnis nicht voraussetzen. Stattdessen verlangt es eine **unerlaubte Handlung (Delikt)** des Schädigers (hier: der Autounfall). Das ist die sog. deliktische Haftung.

Das BGB sieht in § 823 Abs. 1 und 2 vor, dass jedermann einen Anspruch auf Scha- 8 densersatz hat, wenn eine unerlaubte Handlung des Schädigers vorliegt, durch die bestimmte Rechtsgüter oder Schutzgesetze verletzt wurden. Es geht dabei grundsätzlich vom **Verschuldensprinzip** aus, wonach eine Schadensersatzpflicht nur entsteht, wenn ein Schaden durch Vorsatz oder Fahrlässigkeit des Schädigers (Verschulden) herbeigeführt wurde. Vertragliche und deliktische Haftung können auch zusammentreffen, z.B. wenn ein Arzt, indem er einen Behandlungsfehler begeht, seine Vertragspflichten gegenüber dem Patienten verletzt und gleichzeitig eine unerlaubte Handlung (Verletzung von Körper und Gesundheit) vornimmt. Im Unterschied zur vertraglichen Haftung gewährte das Gesetz dem Geschädigten bisher nur im Rahmen der Deliktshaftung bei schuldhafter Körper-

---

[1] *Deutsch,* Medizinrecht, Rdnr. 64.
[2] Zum Betreiber und Anwender s. auch den Beitrag von *Böckmann* in diesem Handbuch (§ 9 Rdnr. 12 ff.).

oder Gesundheitsverletzung einen Anspruch auf Schmerzensgeld (§§ 253, 847 BGB). Dies hat sich durch das Zweite Gesetz zur Änderung schadensersatzrechtlicher Vorschriften (Schadensrechtsänderungsgesetz), das am 1. 8. 2002 in Kraft getreten ist, geändert. Das Gesetz sieht jetzt in § 253 BGB einen zweiten Absatz vor, der wie folgt lautet:

> Ist wegen einer Verletzung des Körpers, der Gesundheit, der Freiheit oder der sexuellen Selbstbestimmung Schadensersatz zu leisten, kann auch wegen des Schadens, der nicht Vermögensschaden ist, eine billige Entschädigung in Geld gefordert werden.

Danach kann nunmehr auch bei vertraglicher Haftung unter bestimmten Bedingungen ein **Schmerzensgeldanspruch** des Geschädigten entstehen.

2. Verschulden

9 Wesen der deliktischen Haftung ist, dass nur für Verschulden gehaftet wird und zwar in der Regel nur für **eigenes Verschulden**. Gemäß § 276 Abs. 1 Satz 1 BGB umfasst das Verschulden Vorsatz und Fahrlässigkeit.

a) Vorsatz

10 Vorsätzliche Verstöße liegen bei **bewusster Rechtsgutsverletzung** vor. Vorsätzliches Handeln wird im Bereich der Medizinprodukte eher selten sein; etwa wenn der Hersteller bewusst bewirkt, dass ein fehlerhaftes Produkt den Körper, die Gesundheit oder ein sonstiges der in § 823 Abs. 1 BGB genannten Rechtsgüter des Patienten schädigt.[3] Sog. **bedingter Vorsatz** liegt vor, wenn der Hersteller eine Schädigung von anderen zwar nicht anstrebt, sie aber auch nicht ausschließt und ihren eventuellen Eintritt akzeptiert, z. B. sein Produkt, um es schnell auf den Markt zu bringen, nicht genügend auf Fehler testet und potenzielle Schädigungen dabei „billigend in Kauf nimmt". Fahrlässigkeit liegt hingegen vor, wenn er davon ausgeht, dass das Produkt keine Fehler aufweist, obwohl er sie hätte erkennen können.[4] Bedingt vorsätzliches Handeln des Medizinprodukte-Betreibers ebenso wie des Anwenders ist kaum denkbar (oder zumindest kaum nachweisbar).[5]

b) Fahrlässigkeit

11 Fahrlässig handelt nach der gesetzlichen Definition in § 276 Abs. 2 BGB, wer **die im Verkehr erforderliche Sorgfalt** außer Acht lässt. Auf den Arzt als Anwender oder den Krankenhausträger als Betreiber übertragen bedeutet das Folgendes: Der Stand der Wissenschaft und Technik zurzeit der Behandlung muss missachtet worden sein, und die in der Missachtung liegende Gefahr muss für den Schädiger vorhersehbar und vermeidbar gewesen sein. Letzteres wird bei objektiver Pflichtwidrigkeit vermutet. Was der jeweilige Stand der Wissenschaft und Technik im Einzelfall beinhaltet, bedarf der Konkretisierung durch den Gesetzgeber (z. B. in der MPBetrV, durch harmonisierte Europäische Normen oder andere technische Normen bzw. Spezifikationen wie zum Beispiel DIN-Normen) oder durch die Gerichte. Bezogen auf Medizinprodukte kommen hier zwei Fälle in Betracht: auf Seiten des Betreibers oder Anwenders ist die Haftung für **menschliches Versagen** gem. § 823 Abs. 1 BGB zu nennen (etwa mangelhafte Einweisung des Personals in die Bedienung des Medizinprodukts); auf Seiten des Herstellers die Haftung für das **reine Fehlfunktionieren des Geräts** nach dem Gesetz über die Haftung für fehlerhafte Produkte (ProdhaftG), wenn das von ihm in Verkehr gebrachte Medizinprodukt einen Fehler hat. Das reine Fehlfunktionieren des Medizinprodukts kann hingegen nicht zu einer Haftung des Anwenders führen, da das ProdhaftG keine Halterhaftung kennt[6] und das BGB eine unerlaubte Handlung voraussetzt.

---

[3] *Graf von Westphalen/Foerste,* § 28 Rdnr. 13.
[4] *Graf von Westphalen/Foerste,* § 28 Rdnr. 16 ff.
[5] Beispiele bei *Deutsch*, Medizinrecht, Rdnr. 179.
[6] *Deutsch*, Medizinrecht, Rdnr. 260.

Heil

III. Gefährdungshaftung

Das **ProdhaftG** setzt eine Richtlinie der EG (heute EU) um und zwar die „Richtlinie 12
85/374/EWG des Rates vom 25. 7. 1985 zur Angleichung der Rechts- und Verwaltungsvorschriften der Mitgliedstaaten über die Haftung für fehlerhafte Produkte". Die Haftung
nach dem ProdhaftG ist eine Gefährdungshaftung. Bei der Gefährdungshaftung entsteht
die Schadensersatzpflicht **unabhängig vom Verschulden.** Zum Beispiel haftet der Tier-
halter für das bloße Halten des Tieres auf Schadensersatz, wenn auf Grund der typischen
Unberechenbarkeit tierischen Verhaltens einem anderen ein Schaden zugefügt wird.[7]
Ähnliches gilt für den Halter eines Kfz oder den Betreiber einer gefährlichen Anlage. Sie
müssen für Schäden auf Grund der typischen Betriebsgefahr auch ohne Verschulden einstehen. Im ProdhaftG ist die Gefährdungshaftung so ausgestaltet, dass der Hersteller auch
bei nicht vermeidbaren Fehlern an einem Einzelstück („Ausreissern") haftet.[8] Auf der
anderen Seite ist die Anwendung des ProdhaftG bei Sachschäden beschränkt auf solche
Schäden, die an privat genutzten anderen Sachen (also nicht am Produkt selbst) entstanden
sind. Zudem ist bei Tötung oder Körperverletzung der Haftungsumfang eingeschränkt. Es
gibt einen Haftungshöchstbetrag (85 Mio. €), der sich auf sämtliche Schadensfälle bezieht,
so dass bei mehreren Geschädigten eine verhältnismäßige Reduzierung der Einzelansprü-
che erfolgt. Das Schadensrechtsänderungsgesetz hat seit dem 1. 8. 2002 auch im Rahmen
des ProdHaftG einen sich an Billigkeitsgesichtspunkten orientierenden Anspruch auf
Schmerzensgeld eingeführt.

Der **Regelungsbereich des ProdhaftG** ist gleichwohl auch heute noch nicht umfas- 13
send.[9] Da das ProdhaftG nicht alle Rechtsgüter erfasst, z.B. nicht den wichtigen Bereich
der Sachen, die gewerblich genutzt werden, und bisher auch nicht sämtliche Ansprüche
gewährte (kein Schmerzensgeld, was sich nunmehr geändert hat), außerdem Haftungs-
höchstgrenzen bereithält, hat sich das allgemeine Deliktsrecht des BGB seinen Anwendungsbereich bewahrt. Zudem wirken sich in der haftungsrechtlichen Praxis die Wesens-
unterschiede von Gefährdungshaftung und Verschuldenshaftung eigentlich nicht aus.
Denn seit langem wird in der Rechtsprechung zur deliktischen Produkthaftung das Verschulden des Herstellers vermutet.[10] Es kommt hinzu, dass nach dem ProdhaftG wie im
Deliktsrecht der Nachweis eines Fehlers des Produkts vom Geschädigten zu erbringen ist
(§ 1 Abs. 4 ProdhaftG). Daher spielten sich bisher, etwas ketzerisch formuliert, die wirklich spektakulären Fälle aus juristischer Sicht immer noch im BGB und nicht im ProdhaftG ab.[11] Etwas anderes folgt auch nicht aus dem MPG, denn das MPG enthält selbst
keine Regelung zur Haftung, so dass auch in seinem Bereich die allgemeinen Vorschriften
gelten. Die Bedeutung des ProdHaftG in der Praxis dürfte aber mit der Einbeziehung des
Schmerzensgeldanspruchs schnell zunehmen.

B. Produktfehler

I. Fehlerkategorien

In zahlreichen Urteilen hat die Rechtsprechung die Verkehrspflichten im Bereich der 14
Warenherstellung im Einzelnen konkretisiert. Dabei hat sich eine **Klassifizierung nach
Fehlerkategorien** ergeben, über deren Berechtigung man im Einzelnen zwar streiten

---

[7] *Palandt/Thomas,* § 833 BGB, Rdnr. 6.
[8] *Palandt/Thomas,* § 1 ProdhaftG, Einf. Rdnr. 5.
[9] *Graf von Westphalen/Foerste,* § 20 Rdnr. 9.
[10] *Eberstein,* Grundlagen der Produkthaftung, S. 5
[11] *Kullmann,* Aktuelle Rechtsfragen, B. I.

mag, die aber die Orientierung erleichtert und daher beibehalten werden soll. Danach unterscheidet man (sowohl bei der deliktischen Produzentenhaftung als auch im Produkthaftungsrecht nach dem ProdhaftG) Konstruktionsfehler, Fabrikationsfehler und Instruktionsfehler.

15   Im ProdhaftG werden diese Kategorien zur Bestimmung des Begriffs **„Fehler"** in **§ 3 ProdhaftG** benutzt. Im Deliktsrecht werden sie der Verletzung bestimmter **Verkehrspflichten des Herstellers im Rahmen des § 823 Abs. 1 BGB** zugeordnet, nämlich bei Konstruktion, Fabrikation und Instruktion sicherzustellen, dass das Produkt zurzeit des Inverkehrbringens dem neuesten Stand der Wissenschaft und Technik entspricht. Da das Deliktsrecht im Gegensatz zum ProdhaftG die Beschränkung auf den Zeitpunkt des Inverkehrbringens nicht kennt, hat die Rechtsprechung zur deliktischen Haftung eine vierte Pflicht des Produzenten herausgebildet: die Pflicht, seine Produkte auch nach dem Inverkehrbringen am Markt zu beobachten.[12]

1. Konstruktionsfehler

16   Ein Konstruktionsfehler liegt vor, wenn das Produkt auch bei richtiger Umsetzung der Konstruktion für den Durchschnittsverbraucher gefährlich ist, weil dieses dem Stand der Wissenschaft und Technik nicht entspricht. Konstruktionsfehler haften der ganzen Serie an, so dass hier besonders schnell **Massenschäden** entstehen können.[13] Beispiele: chirurgische Latexhandschuhe, die so konstruiert sind, dass sie Punkturen (Löcher) aufweisen, durch die entweder Blut aus Operationswunden in den Handschuh eintreten und beim Träger zu Infektionen führen kann oder Bakterien austreten können, so dass mikrobielle Diffusion und Infektionen nach außen möglich werden.[14]

17   Der Verbraucher soll vor solchen Gefahren geschützt werden, die bei ordnungsgemäßer, d. h. dem Verwendungszweck entsprechender Benutzung des Produkts bestehen. Der **Verwendungszweck** bestimmt sich dabei nach der Verkehrsanschauung und den Verwendungshinweisen des Herstellers.[15] Insbesondere wird der Verwendungszweck eines Produkts durch die Tauglichkeit festgelegt, die das Produkt nach der Ansicht des Durchschnittsverbrauchers besitzt. So wird es etwa zum üblichen Gebrauch eines Krankenhausbetts gehören, dass sich auch Besucher darauf setzen können, ohne dass es zusammenbricht; zum Gebrauch eines medizinischen Operationsmessers, dass seine Spitze auch nach siebenmonatiger Mehrfachbenutzung nicht abbricht.[16] An letzterem Beispiel zeigt sich bereits, dass das Abstellen auf die **Verbrauchererwartung** wegen der unterschiedlichen Verbraucherkreise nicht ganz einfach ist. Ein im Allgemeinen besonnener oder auf Grund seines Berufs mit besonderen Kenntnissen ausgestatteter Verbraucher wird den Verwendungszweck eines Produkts eher zurückhaltend und vorsichtiger beurteilen. Anders ein Verbraucher mit unterdurchschnittlichem Erfahrungswissen, der dazu neigen wird, die Tauglichkeit des Produkts zu überschätzen.[17] Grundsätzlich hat sich der Hersteller – falls nicht die Vertriebswege getrennt sind – an der gefährdetsten Benutzergruppe zu orientieren.[18] Bei Medizinprodukten, die nicht nur von geschulten Ärzten oder dem Pflegepersonal angewendet werden – wobei zwischen diesen Gruppen bereits ein erheblicher Wissensunterschied besteht –, sondern auch für den Hausgebrauch des Patienten bestimmt sind, muss der Sicherheitsstandard an dieser Benutzergruppe ausgerichtet werden. Im besonderen Maße gilt das für Produkte, die auch Kinder benutzen.

---

[12] *Michalski,* BB 1998, 962 f.

[13] *Graf von Westphalen/Foerste,* § 24 Rdnr. 59.

[14] S. *Plum,* VersR 1986, 528, 530.

[15] *Graf von Westphalen/Foerste,* § 24 Rdnr. 60 ff.

[16] *OLG Düsseldorf,* NJW 1978, 1693.

[17] *Graf von Westphalen/Foerste,* § 24 Rdnr. 63 ff.

[18] *BGH* NJW 1994, 932, 933.

Heil

Vom Hersteller wird aber auch erwartet, dass er in gewissem Umfang einen **bestim-** 18
mungswidrigen Gebrauch mit einkalkuliert und daher bereits durch konstruktive Maßnahmen sicherstellt, dass der Verbraucher auch bei einer bestimmungswidrigen Nutzung
des Produkts nicht geschädigt wird.[19] Nach deutschem Produkthaftungsrecht – im Gegensatz z.B. zum amerikanischen – bestehen hier aber deutlichere Grenzen. In Deutschland gehört es zum nicht mehr zurechenbaren Fehlgebrauch des Produkts, dass ein
Verbraucher etwa seine Katze in der Mikrowelle trocknen möchte.[20]

Die Abgrenzung, welchen bestimmungswidrigen Gebrauch der Hersteller noch ins Kal- 19
kül ziehen muss und welchen nicht, ist schwierig. Überwiegend wird heute zwischen
nahe liegendem und fern liegendem Fehlgebrauch unterschieden.[21] Danach ist maßgeblich, inwieweit ein Hersteller mit einem bestimmungswidrigen Gebrauch rechnen
musste. Dies muss der Hersteller bei Kindern und Jugendlichen fast immer, im Verhältnis
zu Erwachsenen nur dann, wenn ihm bestimmte Missbräuche bekannt werden oder sie
nahe liegen.[22] Ein Hersteller, der erfährt, dass sein Produkt in einer bestimmungswidrigen
Weise durch die Verbraucher benutzt wird, muss dem auch dadurch Rechnung tragen,
dass die Konstruktion des Produkts bei Bekanntwerden des Missbrauchs entsprechend
geändert wird.[23] Dabei sind allerdings die **Grenzen der Zumutbarkeit** für den Hersteller
zu beachten. Zwar kann von einem Konstruktionsfehler auch dann gesprochen werden,
wenn allein bei bestimmungswidrigem Gebrauch eine Gefahr besteht. Denn soweit dem
Hersteller ohne größere Aufwendungen (z.B. bei nur geringen Mehrkosten) die konstruktive Änderung seines Produkts möglich war und er diese unterlassen hat, muss er im Schadensfall haften. **Unzumutbar** ist die Änderung der Konstruktion, wenn das Produkt
bereits über Schutzmechanismen verfügt, der Anwender des Produkts diese aber bewusst
ausschaltet, weil sie ihm zu unbequem sind.[24]

Gehen von der Konstruktion eines Produkts Gefahren aus, die auch nach dem neuesten 20
Stand der Wissenschaft und Technik nicht zu vermeiden waren, als das Produkt in Ver-
kehr gebracht wurde, spricht man vom sog. „**Entwicklungsfehler**".[25] Hier sind mehrere
Fallgruppen zu unterscheiden:

Konnte eine Gefahr nach dem neuesten Stand der Wissenschaft und Technik 21
von niemandem erkannt werden, fehlt es nicht nur an einem Verschulden, sondern
bereits an einer Pflichtverletzung im Herstellerbetrieb. Dies gilt jedenfalls für die Frage, ob
das Produkt einen Konstruktionsfehler aufweist. Für die in Verkehr gebrachten Produkte
gilt, dass der Hersteller, sobald er von der Gefahr erfährt, z.B. durch Anbringung geeigneter Warnhinweise gegensteuern und Schäden verhindern muss. Darüber hinaus gibt es
Fälle, in denen die der Konstruktion immanente Gefahr zwar bekannt oder erkennbar ist,
aber nach dem zum Zeitpunkt des Inverkehrbringens erreichten Stand von Wissenschaft
und Technik noch keine Möglichkeit besteht, die Gefahr abzuwenden. Hier ist zu unterscheiden:

Ist die Benutzung des Produkts derart gefährlich, dass ihm sogar die **Mindestsicherheit** 22
fehlt, die ein durchschnittlicher Verbraucher erwartet, darf das Produkt gar nicht erst
in Verkehr gebracht werden. Anders ist es, wenn das Produkt diese Mindestsicherheit
gewährt und dem Verbraucher das verbleibende Risiko bekannt ist. Dann ist davon auszugehen, dass er sich – solange eine sichere Gestaltung des Produkts nicht möglich ist –
weitgehend damit abfindet, weil die Vorteile des Produkts nach seinem Empfinden überwiegen. Beispiele: Nebenwirkung von Medikamenten oder Bestrahlungen.[26]

---

[19] *Graf von Westphalen/Foerste*, § 24 Rdnr. 73.
[20] *Graf von Westphalen/Foerste*, § 24 Rdnr. 73.
[21] *Graf von Westphalen/Foerste*, § 24 Rdnr. 75.
[22] *Graf von Westphalen/Foerste*, § 24 Rdnr. 75.
[23] Instruktiv: *BGH* NJW 1994, 3349 ff.
[24] *Graf von Westphalen/Foerste*, § 24 Rdnr. 80.
[25] *Graf von Westphalen/Foerste*, § 24 Rdnr. 82.
[26] *Graf von Westphalen/Foerste*, § 24 Rdnr. 85 ff.

23 Nicht einmal ein Entwicklungsfehler liegt nach deutschem Recht vor, wenn **Produkte von Natur aus allgemein bekannt eine gewisse Gefahr** verkörpern. Beispiele: Tabakwaren, Alkoholika, Rauschgifte. Ein Entwicklungsfehler liegt auch dann nicht vor, wenn die Gefahr eines Produkts zwar bekannt ist und nach dem Stand der Wissenschaft und Technik vielleicht sogar hätte abgewendet werden können, aber man sich dessen zur Zeit des Inverkehrbringens noch nicht bewusst ist, so dass **das Produkt den** (damaligen) **allgemeinen Sicherheitserwartungen entsprach.** Beispiel: Kraftfahrzeuge vor der Verbreitung von Sicherheitsgurten.[27]

24 Vor allem zwei Irrtümer sind in diesem Zusammenhang häufig, so dass hier kurz auf die (wahre) Rechtslage hingewiesen werden soll: Zum einen enthebt die **Zulassung des Produkts durch eine Behörde** nicht von der Pflicht zur fehlerfreien Produktherstellung. Denn Produkte, deren Konstruktion von einer Behörde oder einer Benannten Stelle geprüft und deren Ungefährlichkeit bestätigt worden ist – Beispiel: Konformitätsbewertung bzw. CE-Kennzeichnung von Medizinprodukten, Zulassung von Arzneimitteln –, erfüllen damit nur die gesetzlich vorgeschriebenen Mindestvoraussetzungen für eine öffentlich-rechtliche Genehmigung. Die zivilrechtliche Haftungsfrage wird davon nicht berührt.

25 Diese Frage dürfte bei den in jüngster Vergangenheit im Zusammenhang mit elektrisch verstellbaren **Kranken- und Pflegebetten** aufgetretenen tragischen Vorfällen von entscheidender Bedeutung sein. Kranken- und Pflegebetten werden nicht nur von Krankenhäusern, sondern auch von Sanitätshäusern oder Krankenkassen betrieben. Seit 1998 wurden in Deutschland vermehrt Todesfälle von Patienten durch Brände dieser Betten bekannt, die u.a. auf die Verkabelung bzw. die Motoren solcher Betten zurückgeführt werden. Diese Fälle wurden vom Bundesinstitut für Arzneimittel und Medizinprodukte (BfArM) in Zusammenarbeit mit dem Bundeskriminalamt untersucht. Nach Abschluss der Untersuchungen hat das BfArM gemeinsam mit den zuständigen Überwachungsbehörden zusätzliche generelle Anforderungen an die Auslegung und Konstruktion von Kranken- und Pflegebetten aufgestellt und den Herstellern der Betten mitgeteilt. Dies führt zu der Frage, ob damit sämtliche, bereits im Verkehr befindlichen Kranken- und Pflegebetten einen Konstruktionsfehler aufweisen. Soweit jedoch diese Betten in Übereinstimmung mit den für sie geltenden medizinprodukterechtlichen Bestimmungen und insbesondere mit den für sie geltenden harmonisierten Normen übereinstimmen und darüber hinaus keine konkrete Gefährdung für Patienten besteht, kann aus den zusätzlichen Anforderungen, die das BfArM an die Auslegung und Konstruktion von Kranken- und Pflegebetten stellt, nicht ohne Weiteres auf das Vorliegen eines Konstruktionsfehlers bei sämtlichen, bereits in Verkehr gebrachten Kranken- und Pflegebetten geschlossen werden.[28] Die zusätzlichen Anforderungen des BfArM dürften vielmehr als eine typische Weiterentwicklung der Wissenschaft und Technik auf Grund der Untersuchungsergebnisse einzuordnen sein. Die Betreiber der Kranken- und Pflegebetten dürften daher – jedenfalls dann, wenn eine Gefährdung von Patienten ausgeschlossen ist – grundsätzlich nicht verpflichtet sein, die von ihnen betriebenen Kranken- und Pflegebetten entsprechend den zusätzlichen Anforderungen auf eigene Kosten nach- oder umzurüsten, um diese auf den neuesten Stand der Wissenschaft und Technik zu bringen, wenn dies gleichwohl in der Praxis häufig allein deshalb geschehen dürfte, um den möglichst sichersten Weg zu gehen. In den Fällen, in denen der „veraltete" Zustand eine Gefährdung für Patienten darstellt, ist die **Nachrüstung** durch den Betreiber hingegen **Pflicht.**

26 Zum anderen kann die Haftung nicht dadurch beseitigt werden, dass **konstruktive Maßnahmen durch Warnungen ersetzt** werden. Das ist nur zulässig, wenn die Gefahr lediglich bei fern liegendem Fehlgebrauch des Produkts besteht.[29]

---

[27] *Graf von Westphalen/Foerste,* § 24 Rdnr. 89.

[28] Zur Bedeutung harmonisierter Normen und technischer Sicherheitsbestimmungen am Beispiel elektrischer Pflegebetten: *Klindt,* MPR 2002, 13 ff.

[29] *Graf von Westphalen/Foerste,* § 24 Rdnr. 94 ff.

Heil

2. Fabrikationsfehler

Fabrikationsfehler sind solche Fehler des Produkts, die während seiner Herstellung ent- **27** stehen, obwohl die Konstruktion ihrerseits fehlerfrei ist.[30] **Fabrikationsfehler** haften in der Regel nicht der ganzen Serie, sondern nur einzelnen Stücken an: denjenigen Produkten, die während des maschinellen oder menschlichen Versagens „durchrutschen".

Im Hinblick auf die Fabrikation trifft den Hersteller nicht nur die Pflicht, dem neuesten **28** Stand von Wissenschaft und Technik entsprechende Produktionsanlagen einzusetzen. Vor allem muss er auch eine **Qualitätskontrolle** seiner Produkte durchführen. Dabei ist die Intensität der Prüfung sowohl danach auszurichten, wie groß ein angerichteter Schaden wäre, als auch danach, wie wahrscheinlich das Auftreten eines Fehlers ist. Je größer der potenzielle Schaden ist, desto eher muss der Hersteller auch bei seltenem Fehlervorkommen seine Produkte genau kontrollieren.[31] Daher sind Stichproben ungenügend, wenn ein Fabrikationsfehler zu einer Gefahr für Leib oder Leben führen könnte, was bei der Herstellung von medizinischen Operationsinstrumenten der Regelfall sein dürfte.[32] Hier dürfen schlichtweg keine Materialfehler vorkommen. Beispiel: Spritzen aus Material, das Nadelbrüche zulässt. Dasselbe muss auch für Produkte gelten, die in direktem Kontakt mit dem Herzen oder anderen lebenswichtigen Organen stehen. Beispiel: Herz-Katheter mit instabilen Schläuchen, fehlerhafte Herzklappen.

3. Instruktionsfehler

Es ist nicht immer möglich, ein Produkt so herzustellen, dass es völlig gefahrlos benutzt **29** werden kann und keine schädlichen Nebenwirkungen hat. Gerade im medizinischen Bereich sind solche Fälle häufig. Patienten lassen hier im Rahmen klinischer Prüfungen sogar Medizinprodukte an sich testen, obwohl über deren Wirkung für Menschen noch kaum etwas bekannt ist, oder nehmen, wie bei der Chemotherapie, bewusst schwerste Nebenwirkungen auf sich. Nebenwirkungen eines Produkts werden dann in Kauf genommen, wenn ein bestimmtes Produkt gegenüber anderen Produkten besondere Vorzüge aufweist oder ein wirksameres Mittel noch nicht existiert. In diesen Situationen ist das Inverkehrbringen des Produkts nicht schlechthin verboten. Es kann vielmehr zulässig sein, ohne dass der Hersteller für Schäden einstehen muss. Das gilt erst recht für den Fall, in dem das Produkt bei **bestimmungsgemäßem Gebrauch** unschädlich ist und nur bei einem unsachgemäßen oder sogar ausgesprochen bestimmungswidrigen Gebrauch Schäden verursacht werden können[33] oder es für den überwiegenden Teil der potenziellen Benutzer unschädlich ist, jedoch für ganz bestimmte Personen (z. B. Allergiker) gefährlich werden kann. In diesen Fällen ist das Inverkehrbringen unter der Bedingung zulässig, dass auf die genannten Gefahren oder die gefährdeten Personengruppen aufmerksam gemacht wird.[34]

Liegen diese Konstellationen vor, so hat der Hersteller die Pflicht, die potenziellen Be- **30** nutzer durch besondere Produktkennzeichnung oder Gebrauchsinformationen zu warnen.[35] Dabei muss die **Warnung** zu dem frühestmöglichen Zeitpunkt ausgesprochen werden, also in aller Regel bei Inverkehrbringen des Produkts.[36] Der Zweck der Warnpflicht besteht darin, dem Produktbenutzer die Möglichkeit zu geben, sich gerade vor solchen Gefahren zu schützen, mit denen er nicht rechnet. Warnungen sollen dem Verbraucher eine Grundlage für seine Entscheidung geben, ob er ein Risiko auf sich nimmt,

---

[30] *BGH* NJW 1969, 269; *Palandt/Thomas,* § 3 ProdhaftG, Rdnr. 5.

[31] *Graf von Westphalen/Foerste,* § 24 Rdnr. 147 ff.

[32] *OLG Düsseldorf,* NJW 1978, 1693.

[33] *Kullmann,* Aktuelle Rechtsfragen, B. I. 2. c.cc.

[34] *Kullmann,* Aktuelle Rechtsfragen, B. I. 2. c.cc.

[35] *BGH* NJW 1972, 2217.

[36] *Graf von Westphalen/Foerste,* § 24 Rdnr. 177.

es meidet oder ein anderes Produkt vorzieht, das vielleicht weniger wirksam, aber ungefährlicher ist. Die **unzureichende Warnung** vor gefährlichen Eigenschaften des Produkts bezeichnet man als **Instruktionsfehler.** Unzureichend ist eine Warnung, wenn der Hersteller auf eine Gefahr entweder überhaupt nicht, nur unklar oder unvollständig oder nicht eindringlich genug hingewiesen hat.[37]

31   Dabei geht die Rechtsprechung von der Überlegung aus, dass sich derjenige, der sich eine Maschine, ein Werkzeug oder ein sonstiges Gerät anschafft, selbst darum zu kümmern hat, wie er damit umgehen muss.[38] Ob Instruktionspflichten bestehen, richtet sich im Einzelfall nach der Erwartung der jeweiligen Abnehmer.[39] Vor Gefahren, mit denen diese auf Grund ihres **allgemeinen Erfahrungswissens** rechnen, braucht nicht gewarnt zu werden.[40]

32   **Besondere Instruktionspflichten** für Medizinprodukte ergeben sich aus Anhang I der Richtlinie 93/42/EWG,[41] der unter Nr. 13 ff. Bestimmungen zur Bereitstellung von Informationen durch den Hersteller enthält. Gemäß § 7 MPG sind die Bestimmungen des Anhangs I der Richtlinie 93/42/EWG unmittelbar anwendbar, welche die Grundlegenden Anforderungen für Medizinprodukte festlegen. Die Erfüllung der Grundlegenden Anforderungen ist neben der Durchführung eines Konformitätsbewertungsverfahrens eine der Voraussetzungen für das Inverkehrbringen von Medizinprodukten (§ 6 Abs. 2 MPG). Gemäß Nr. 13.1. des Anhangs I der Richtlinie 93/42/EWG sind jedem Produkt Informationen beizugeben, die – unter Berücksichtigung des Ausbildungs- und Kenntnisstandes des vorgesehenen Anwenderkreises – die sichere Anwendung des Produkts und die Ermittlung des Herstellers möglich machen. Diese Angaben bestehen aus Angaben auf der Kennzeichnung und solchen in der Gebrauchsanweisung. Die Zweckbestimmung des jeweiligen Medizinprodukts steht in einem engen Zusammenhang mit den Angaben auf der Kennzeichnung und in der Gebrauchsanweisung, da gem. § 3 Nr. 10 MPG der Hersteller erheblichen Einfluss auf die Zweckbestimmung eines Medizinprodukts hat, indem er selbst in der Kennzeichnung, der Gebrauchsanweisung und sogar in den Werbematerialien die Verwendung des Medizinprodukts bestimmt.

33   Ein Teil der Angaben in der Kennzeichnung und in der Gebrauchsanweisung sind **zwingend** durch Nr. 13 ff. des Anhangs I der Richtlinie 93/42/EWG vorgeschrieben. Ein weitaus größerer Teil der vorgesehenen Produktinformationen hängt jedoch von der Art des jeweiligen Medizinprodukts ab, d. h. beispielsweise davon, ob es sich um ein steriles Medizinprodukt, ein Einmalprodukt, ein wiederverwendbares oder um ein Medizinprodukt mit Messfunktion handelt. Die Angabe dieser Produktinformationen liegt regelmäßig im Ermessen des Herstellers. Dies betrifft auch Angaben zu Vorsichtsmaßnahmen sowie Risiken oder das Anbringen von Warnhinweisen.

34   Neben der Frage, in welchen Fällen ein Warnhinweis erforderlich ist, beschäftigt die Rechtsprechung immer wieder die Frage, wie der Warnhinweis inhaltlich und gestalterisch beschaffen sein muss. Dazu lässt sich sagen, dass Inhalt und Umfang der Instruktionspflicht durch die Bedeutung des gefährdeten Rechtsguts und die **Wahrscheinlichkeit der Gefahrverwirklichung** bestimmt werden. Vereinfacht gesagt: Droht nicht nur ein kleiner Schaden, sondern besteht eine ernsthafte Gefahr für Leben oder Gesundheit, muss stets in besonders massiver Weise gewarnt werden. Gleiches gilt in den Fällen, in denen sich die von dem Produkt ausgehende Gefahr (für ein nicht so hohes Rechtsgut wie Leben oder Gesundheit) besonders leicht realisieren kann. Der Warnhinweis muss dabei **an der am wenigsten informierten Benutzergruppe ausgerichtet** werden.[42]

---

[37] *Graf von Westphalen/Foerste,* § 24 Rdnr. 171.
[38] *BGH* NJW 1975, 1827; *BGH* NJW 1992, 2016.
[39] *BGH* NJW 1986, 1863; *BGH* NJW 1987, 372.
[40] *BGH* NJW 1986, 1863; *Kullmann,* Aktuelle Rechtsfragen, B. I. 2. c. cc.
[41] Richtlinie 93/42/EWG des Rates v. 14. 6. 1993 über Medizinprodukte (ABl. EG Nr. L 169 S. 1).
[42] *BGH* NJW 1994, 932 ff.

Die Warnung muss dem Produkt so beigegeben werden, dass sie den Adressaten er- **35** reicht und er sie versteht, sie muss daher **übersichtlich und klar** sein, wobei ein Zuviel an Detailinstruktionen kontraproduktiv ist.[43] Sie darf nicht in Teilinformationen über Darreichungsformen, Werbeaussagen usw. „versteckt" sein.[44] Besonders wichtig ist die **Folgenwarnung,** also die Schilderung der möglichen Folgen in ihrer ganzen Tragweite.[45] Die Warnung muss der Rechtsprechung zufolge sogar den Funktionszusammenhang plausibel machen, d.h. unter welchen Umständen und warum das Produkt gefährlich ist. Vor allem muss durch Überschriften wie „Warnung", „wichtige Hinweise" oder Farbdruck das Wichtigste hervorgehoben werden.[46]

Nach den Abnehmerkreisen richtet sich auch, in welcher **Sprache** ein Warnhinweis **36** gehalten sein muss. Der Hersteller eines in Deutschland vertriebenen Produkts muss die Warnhinweise selbstverständlich zunächst in Deutsch abfassen. Dort, wo auf eine Gefahr aber ohne weiteres durch Gefahrensymbole (Piktogramme) hingewiesen werden kann, sind diese zu verwenden. Eine mehrsprachige Abfassung wird dann erforderlich sein, wenn das Produkt insbesondere bei Ausländern abgesetzt werden soll. Dass dies vom Hersteller beabsichtigt ist, kann sich z.B. daraus ergeben, dass für das Produkt speziell gegenüber Ausländern, z.B. in deren muttersprachlichen Zeitungen, geworben wird.[47]

Ein Mehr an gestalterischer Auffälligkeit kann in solchen Fällen geboten sein, in denen **37** der Warnhinweis sog. produktgewöhnte Verbraucher ansprechen soll. Von **Produktgewöhnung** spricht man dann, wenn der Verbraucher über lange Zeit ein bestimmtes Produkt benutzt, bei dem sich erst nachträglich eine gewisse Gefährlichkeit – meist bei einem nahe liegenden Fehlgebrauch – herausgestellt hat und nunmehr hiervor gewarnt werden soll.[48] Da der produktgewöhnte Verbraucher, anders als der Erstbenutzer, keine Veranlassung hat, sich eine vertraute Verpackung noch anzuschauen, muss hier der Warnhinweis besonders auffallend gestaltet sein, um von ihm wahrgenommen zu werden.

4. Produktbeobachtungspflicht

Auch nach Inverkehrbringen des Produkts treffen den Hersteller noch Verkehrssiche- **38** rungspflichten.[49] So kann er noch nachträglich gegenüber Abnehmern bzw. Benutzern seiner Produkte zur Aufklärung verpflichtet sein. Hierbei handelt es sich insbesondere um folgende Fälle:[50] Das Produkt wird auf Grund neuer Umstände gefährlich, z.B. wegen Unverträglichkeit mit einem später entwickelten Arzneimittel. Durch Fortentwicklung der Wissenschaft wird eine von Anfang an dem Produkt immanente **Gefahr erstmals erkannt** oder wird es jetzt erst möglich, sich vor einer Gefahr des Produkts zu schützen. Aus **Fehlvorstellungen der Verbraucher** über die Tauglichkeit des Produkts erwachsen Gefahren, die anfangs nicht bedacht werden konnten. Als Beispiel für nicht einkalkulierbare Gefahren könnte man an die Aluminiumschutzfolien aus dem Verbandskasten der Autos denken, die ohne die bundesweiten Warnaktionen über die Medien von Verbrauchern vor einigen Jahren möglicherweise dazu verwendet worden wären, die Augen beim Betrachten der Sonnenfinsternis – vermeintlich – zu schützen. Dieser Fall dürfte aber zugleich ein überzeugendes Beispiel für einen fern liegenden Fehlgebrauch des Produkts darstellen, so dass nicht zu erwarten ist, zukünftig auf solchen Folien den Hinweis zu finden, dass sie sich nicht zum Betrachten von Himmelskörpern eignen.

---

[43] *BGH* VersR 1960, 342; *BGH* NJW 1987, 1009; *Kullmann,* Aktuelle Rechtsfragen, B. I. 2. c.cc.

[44] *BGH* NJW 1992, 560 f.

[45] *BGH* NJW 1987, 372; *BGH* NJW 1994, 932; *Graf von Westphalen/Foerste,* § 24 Rdnr. 209.

[46] *BGH* NJW 1995, 1286 f.

[47] *Graf von Westphalen/Foerste,* § 24 Rdnr. 208.

[48] *BGH* NJW 1992, 560, 561 f.

[49] *Kullmann,* Aktuelle Rechtsfragen, B. I. 2. c.dd.

[50] Bei *Graf von Westphalen/Foerste,* § 24 Rdnr. 242.

39   Dass solche Aufklärungs- und Warnpflichten des Herstellers auch nach Inverkehrbringen des Produkts bestehen, liegt daran, dass dem Hersteller eine sog. **Produktbeobachtungspflicht** obliegt. Er muss die ihm bislang unbekannt gebliebenen Gefahren ermitteln, um sie beseitigen zu können.[51] Er muss auch prüfen, wie seine wichtigsten **Konkurrenten** versuchen, ähnliche Gefahren in den Griff zu bekommen.[52] Dabei ist nicht nur auf solche Gefahren zu achten, die vom eigenen Produkt ausgehen, sondern auch auf solche, die das Produkt erst bei Kombination mit Produkten anderer Hersteller verursacht.[53]

40   Von **Art und Wahrscheinlichkeit der Gefahr** ist es abhängig, wie umfangreich solche Produktbeobachtungen sein müssen. Könnten Leben oder Gesundheit der Produktbenutzer oder anderer Personen Schaden erleiden – das wird insbesondere auf Produkte aus dem medizinischen Bereich oft zutreffen – müssen so weitgehende Anordnungen getroffen werden, dass auch bei massenweiser Herstellung eine wirkungsvolle Eindämmung der Gefahr noch möglich ist. Größere Unternehmen müssen daher so organisiert sein, dass sie über eine Stelle verfügen, die Kundenbeschwerden sammelt und an die Zentrale zur Überprüfung weiterleitet. Dazu gehört auch die weltweite Verfolgung und Auswertung von Testberichten und des Fachschrifttums.[54] § 30 MPG sieht ausdrücklich die Bestimmung eines Sicherheitsbeauftragten für Medizinprodukte vor, der bekannt gewordene Meldungen über Risiken bei Medizinprodukten sammelt, bewertet, und die notwendigen Maßnahmen koordiniert.

41   Für **das weitere Herstellungsverfahren** bedeutet das, dass die Konstruktion oder die Fabrikation umgehend so abgeändert werden muss, dass die Gefahr beseitigt wird. Dafür kann unter Umständen die Änderung der Gebrauchsanleitung genügen. Bei der Neufassung ist dann insbesondere auf eine eventuelle Produktgewöhnung zu achten.

42   Der Hersteller muss aber vor allem dem Risiko entgegentreten, dass die **bereits ausgelieferten Produkte** Schäden verursachen,[55] indem er, notfalls über **Presse, Funk und Fernsehen,** entsprechende Warnungen ausspricht. Schlimmstenfalls – wenn zu befürchten ist, dass Warnungen nicht ausreichen – muss er sein Produkt zurückrufen. Der **Rückruf** ist als aufwendigste Maßnahme vor allem bei Kraftfahrzeugen bekannt, kann aber ebenso bei anderen Produkten erforderlich sein.[56]

43   Ein Hersteller, der sein Produkt überhaupt nicht beobachtet, haftet im Schadensfall stets, wenn der Schaden ohne diese Pflichtverletzung **vermieden** worden wäre. Aber auch bei durchgeführten Produktbeobachtungsmaßnahmen können dem Hersteller bei verschiedenen Weichenstellungen Entscheidungsfehler unterlaufen.

44   Neben der Produktbeobachtungspflicht des Herstellers sieht das MPG zum Schutz von Patienten, Anwendern und Dritten auch ein behördliches **Medizinprodukte-Beobachtungs- und Meldesystem** vor. Gemäß § 29 MPG hat das BfArM die bei der Anwendung oder Verwendung von Medizinprodukten auftretenden Risiken, insbesondere Nebenwirkungen, wechselseitige Beeinflussung mit anderen Stoffen oder Produkten, Gegenanzeigen oder Verfälschungen, Funktionsfehler, Fehlfunktionen und technische Mängel zentral zu erfassen, auszuwerten, zu bewerten und die insoweit zu ergreifenden Maßnahmen zu koordinieren. Einzelheiten zur Durchführung dieser Aufgaben regelt der Sicherheitsplan nach § 37 Abs. 7 MPG.

II. Maßnahmen

45   Bei der **Möglichkeit eines Fehlers** ist die Beobachtung zu intensivieren und Fehlermeldungen nachzugehen. Bei Entwicklung zum **Verdacht** (bei begründeter Gefahr von

---

[51] *BGH* NJW 1981, 1606 ff.
[52] *BGH* NJW 1990, 906. 907 f.
[53] *BGH* NJW 1987, 1009 ff; *Kullmann,* Aktuelle Rechtsfragen, B. I. 2. c.dd.
[54] *BGH* NJW 1990, 906 f.
[55] *Kullmann,* Aktuelle Rechtsfragen, B. I. 2. c.dd.
[56] *Kullmann,* Aktuelle Rechtsfragen, B. I. 2. c.dd.

Schäden) oder zur **Gewissheit** ist ein Einschreiten erforderlich. Bei Produkten aus dem medizinischen Bereich wird oft sogar bei einem geringen Verdacht ein Einschreiten des Herstellers notwendig sein.[57] Zunächst ist festzustellen:

– die Zahl der betroffenen Produkte und gefährdeten Personen/Sachen;
– unter welchen Voraussetzungen welche Schäden ausgelöst werden können;
– die Wahrscheinlichkeit des Schadenseintritts;
– welche Art von Schäden drohen (Personen- oder Sachschäden);
– der Umfang des drohenden Schadens;
– die Effizienz einer Warnung, insbesondere ob alle Gefährdeten erreicht werden;

dann folgt die Beseitigung der Gefahr, ggf. bis hin zum Rückruf.
Die **Dokumentation** dieser Maßnahmen ist für den Hersteller wichtig, vor allem hinsichtlich möglicher Schadensersatzklagen.

C. Haftungstatbestände

Es gibt Rechtskulturen (z.B. die USA), in denen Recht traditionell in erster Linie Fall- **46** recht ist, d.h. die Rechtsprechung eine ganz besondere, über die Streitentscheidung im Einzelfall hinausgehende rechtsfortbildende Funktion wahrnimmt, weil es kaum Gesetze gibt. Aber auch in Deutschland mit seinem überwiegend geschriebenen (kodifizierten) Recht kommt den Gerichten eine wesentliche Aufgabe bei der **Rechtsentwicklung** zu, vor allem bei der Auslegung von Gesetzen.

Das Produkthaftungsrecht in Deutschland gibt hiervon eindrucksvoll Beweis. Ohne die **47** Rechtsprechung insbesondere des Bundesgerichtshofes ab Mitte der sechziger Jahre könnte man heute nicht auf ein relativ gefestigtes rechtliches Instrumentarium zurückgreifen. Dass das **Produkthaftungsrecht im Wesentlichen Richterrecht** ist, dürfte ohne weiteres verständlich sein, wenn man sich die sehr schmale gesetzliche Basis (§ 823 Abs. 1 und Abs. 2 BGB, ProdhaftG) vor Augen führt.

Die Zahl der Urteile ist fast grenzenlos, selbst wenn man nur diejenigen des Bundesge- **48** richtshofes und der Oberlandesgerichte berücksichtigt. Es lassen sich aber einige **grundlegende Entscheidungen** ausmachen, die die Entwicklung des Produkthaftungsrechts in Deutschland markieren. Sie sind insbesondere zu § 823 BGB ergangen und haben in stetig werdenden Nuancen die verschiedenen Verkehrspflichten herausgearbeitet.

I. Produkthaftungsgesetz

Der **Haftungstatbestand** ist in § 1 Abs. 1 ProdhaftG normiert. Voraussetzung der **49** Schadensersatzpflicht des Herstellers ist danach nur, dass eines der in der Vorschrift genannten Rechtsgüter durch den Fehler (§ 3 ProdhaftG) eines Produkts verletzt wird. Tatbestände, die die Haftung des Herstellers ausschließen, regelt Absatz 2. Für den Zulieferer des Herstellers ist die Vorschrift des § 1 Abs. 3 ProdhaftG von Bedeutung, die speziell das Verhältnis Endproduktthersteller/Teilproduktthersteller betrifft. Danach haftet der Zulieferer nicht, wenn der Fehler durch Konstruktion des Endprodukts entstanden ist oder der Zulieferer auf Anleitung des Herstellers gehandelt hat.

Da im MPG anders als im AMG (§ 84 AMG) keinerlei Haftungsregelung enthalten ist, **50** erstreckt sich das ProdhaftG ohne weiteres auch auf **klinische Prüfungen**.[58] Dies war bisher deshalb nicht so sehr interessant, weil es nach dem ProdhaftG kein Schmerzensgeld gab. Nach der gesetzlichen Neuregelung (§ 8 ProdhaftG) kann aber nunmehr „auch wegen des

---

[57] *BGH* NJW 1993, 2388: schon bei ernstlicher Diskussion einer Gefahr im Fachschrifttum.
[58] *Deutsch,* MPR 2001, 11 f.

Schadens, der nicht Vermögensschaden ist, nach Maßgabe des § 253 Abs. 2 BGB eine billige Entschädigung in Geld gefordert werden". Damit findet das ProdHaftG auch praktische Anwendung für Medizinprodukte in der klinischen Prüfung. Der Ausnahmetatbestand des § 1 Abs. 2 Nr. 3 ProdhaftG über die Entlastung des Herstellers findet keine Anwendung, da die Herstellung und Zurverfügungstellung des Medizinprodukts zur klinischen Prüfung selbstverständlich „im Rahmen der beruflichen Tätigkeit" des Herstellers erfolgt.[59]

II. BGB

1. Rechtsgutsverletzung

51   § 823 BGB ist die **zentrale Haftungsnorm** im Recht der unerlaubten Handlungen, im Deliktsrecht. Die Haftung nach § 823 Abs. 1 BGB setzt voraus:
– Verletzung eines bestimmten Rechtsguts,
– Vorsatz oder Fahrlässigkeit (Verschulden),
– Rechtswidrigkeit der Verletzungshandlung,
– Schaden,
– Ursächlichkeit der Verletzungshandlung für den Schaden.

52   Neben dem Ersatz des materiellen Schadens ist das **Schmerzensgeld** für den Schädiger häufig ein wesentlicher Risikofaktor im Produkthaftungsfall. Auch wenn in Deutschland noch bei weitem nicht Entschädigungssummen wie in den USA zugesprochen werden, ist doch unverkennbar, dass die deutschen Gerichte ihre Zurückhaltung bei der Zuerkennung höherer Schmerzensgeldbeträge langsam aufgeben. Das LG München hat im April 2001 einem Unfallopfer erstmals mehr als 1 Mio. DM Schmerzensgeld zugesprochen. Schmerzensgeld ist daher auch in Deutschland keine zu vernachlässigende Größe mehr.

2. Schutzgesetzverletzung

53   Nach § 823 Abs. 2 BGB ist auch derjenige schadensersatzpflichtig, der gegen ein Schutzgesetz verstößt. Schutzgesetze in diesem Sinne sind nur solche Gesetze, die bezwecken, **gerade den Einzelnen** oder einzelne Personenkreise – sei es auch neben der Allgemeinheit – **zu schützen.** Die Schaffung eines individuellen Schadensersatzanspruchs darf dem Gesetz nicht zuwiderlaufen.[60] Eine Haftung nach § 823 Abs. 2 BGB in Verbindung mit diesem Schutzgesetz besteht, wenn ein Verstoß gegen das Schutzgesetz und Verschulden vorliegen.

a) Schutzgesetze

54   Ein Beispiel für ein wichtiges Schutzgesetz ist z. B. das AMG. Kein Gesetz ist jedoch in seiner Gesamtheit ein Schutzgesetz. Entscheidend ist, ob eine bestimmte Regelung eines Gesetzes die für einen **Individualschutz** beschriebenen Kriterien erfüllt. Im **MPG** sind danach insbesondere folgende Vorschriften Schutzgesetze: § 4 (Abs. 1 Nr. 1 und Nr. 2, Abs. 2 Nr. 1–3), § 6 (Abs. 1 Satz 1, Abs. 2) i. V. m. § 7 Abs. 1; §§ 11 Abs. 2 und 14 sowie die Straf- und Bußgeldvorschriften (§§ 40, 41, 42 Abs. 1 und Abs. 2 Nr. 1). Weitere Schutzgesetze finden sich vor allem in der MPBetreibV (§§ 2 Abs. 3, 4 Abs. 2, 5 Abs. 1 und 2, 10 Abs. 1). Die MPVerschrV und die MPVertrV (über die Abgabe verschreibungspflichtiger bzw. apothekenpflichtiger Medizinprodukte) dürften eher den Schutz der Allgemeinheit bezwecken. Die MPV enthält nur Verfahrensregelungen und ist daher kein Schutzgesetz.

---

[59] So auch *Deutsch,* MPR 2001, 11, 13; *Deutsch,* Medizinproduktegesetz, Anhang zu § 40 MPG, Rdnr. 16.
[60] *Palandt/Thomas,* § 823 BGB, Rdnr. 141.

b) Schutzzweck der Norm

Weitere Voraussetzung des Anspruchs aus § 823 Abs. 2 BGB ist, dass der Schaden nach **55** Art und Entstehungsweise unter den Schutzzweck der verletzten Norm fällt. Es sollen **nur solche Schäden ersetzt** werden, **vor deren Eintritt die verletzte Norm schützen wollte.**[61] Beispiel: Wird entgegen § 4 Abs. 1 Nr. 2 MPG ein Medizinprodukt (z.B. ein Röntgengerät) in den Verkehr gebracht, dessen Verfalldatum abgelaufen ist, und führt dieses Produkt dann zu einer Gesundheitsschädigung (etwa Verbrennungen), weil ein Schutzfilter nicht mehr ordnungsgemäß funktioniert, dann gehört dieser Nachteil (Verbrennungen) genau zu den Schäden, vor deren Eintritt § 4 Abs. 1 Nr. 2 MPG schützen will.

3. Abgrenzung zu § 84 AMG

Eine **eigenständige Regelung über die Haftung** für Schäden, die außerhalb der all- **56** gemeinen Vorschriften durch fehlerhafte Produkte entstanden sind, stellt § 84 AMG dar. Es ist daher im Rahmen der Haftungsfrage stets zu prüfen, ob Schadensverursacher ein Medizinprodukt oder ein Arzneimittel war. Diese Abgrenzung kann im Einzelfall schwierig sein. Hier mag der Hinweis genügen, dass Medizinprodukte charakteristischerweise nicht pharmakologisch oder immunologisch wirken, sondern in der Regel physikalisch.[62] Für die Abgrenzung bedeutsam ist auch die Zweckbestimmung des Medizinprodukts, die vom Hersteller selbst festgelegt wird.

Die Haftung des pharmazeutischen Unternehmers gem. § 84 AMG für Schäden, die **57** durch fehlerhafte Arzneimittel verursacht worden sind, wurde **nicht in das MPG übernommen.** Daher muss für Medizinprodukte auf die allgemeinen Bestimmungen des ProdhaftG sowie auf die deliktische Haftung zurückgegriffen werden. Weder das MPG noch die allgemeinen Bestimmungen zur Produkthaftung sehen jedoch eine Verpflichtung des Medizinprodukte-Herstellers zur Deckungsvorsorge vor, zu der der pharmazeutische Unternehmer hingegen gem. § 94 AMG verpflichtet ist.[63] Die Konstruktion der **Deckungsvorsorge** im AMG soll sicherstellen, dass der verantwortliche Unternehmer im Haftungsfall überhaupt zur Erfüllung der gesetzlichen Schadensersatzansprüche in der Lage ist, was vor dem Hintergrund von möglichen Massenschäden, wie z.B. dem Contergan-Fall, durchaus begründet ist.

4. Zurechnung von Verhalten/Verschulden

Das deutsche Recht kennt neben der Haftung des Schädigers gegenüber dem Geschä- **58** digten für seine eigenen Fehler auch das **Einstehenmüssen für fremdes Fehlverhalten:** die Zurechnung von Verschulden/Verhalten einer dritten Person. Die Zurechnung im Rahmen eines Vertrags unterscheidet sich von der Zurechnung im Deliktsrecht zwar nicht immer im Ergebnis, aber deutlich von den Voraussetzungen her. Die vertragliche Zurechnung ist grundsätzlich strenger als die deliktische. Dafür sieht sie bisher noch kein Schmerzensgeld vor.

a) Haftung für Erfüllungsgehilfen im Rahmen von Verträgen

Nach § 278 BGB hat der Schuldner eines Vertrags **ein Verschulden seines gesetzli- 59 chen Vertreters und seiner Erfüllungsgehilfen** zu vertreten. Hier haftet der Schuldner für fremdes Verschulden ohne Rücksicht auf sein eigenes (korrektes) Verhalten. Erfüllungsgehilfe ist, wer nach den tatsächlichen Gegebenheiten des Falls mit dem Willen des

---

[61] *Palandt/Heinrichs,* Vorb. § 249 BGB, Rdnr. 62.

[62] *Deutsch,* Medizinrecht, Rdnr. 984; s. auch den Beitrag von *Anhalt* in diesem Handbuch (§ 3 Rdnr. 6 ff.).

[63] Zur Gewährleistung der Deckungsvorsorge hat die Versicherungswirtschaft den sog. Pharmapool geschaffen, der über die normale Betriebshaftpflichtversicherung hinaus Versicherungsschutz gewährt; vgl. *Deutsch,* Medizinrecht, Rdnr. 916.

Schuldners bei der Erfüllung einer diesem obliegenden Verbindlichkeit als seine Hilfsperson tätig wird. Eine Weisungsgebundenheit ist nicht erforderlich.[64]

60   Der Erfüllungsgehilfe/gesetzliche Vertreter muss eine Pflichtverletzung begehen, und zwar in Erfüllung einer Verbindlichkeit des Schuldners. Die Tätigkeit, in deren Rahmen es zu der Pflichtverletzung kam, muss in sachlichem Zusammenhang mit den Aufgaben stehen, die dem Erfüllungsgehilfen zugewiesen waren.[65] Keine Zurechnung erfolgt für schuldhaftes Handeln des Gehilfen nur „bei Gelegenheit" der Aufgabenerfüllung, wozu insbesondere strafbare Handlungen des Gehilfen gerechnet werden.[66] Als Beispiel für einen Erfüllungsgehilfen sei der behandelnde Arzt beim „totalen" Krankenhausaufnahmevertrag zwischen Krankenhaus und Patient genannt.

61   Im Fall von Schädigungen durch Medizinprodukte gilt Folgendes: Besteht ein Vertragsverhältnis, kommt eine Zurechnung fremden Verschuldens gem. § 278 BGB in Betracht. Das gilt jedoch nicht für den **Hersteller** des Produkts, da dieser keinen Vertrag mit dem geschädigten Patienten abgeschlossen hat. **Betreiber und Anwender** des Produkts haften für ihre Erfüllungsgehilfen (z.B. der Krankenhausträger für das Pflegepersonal). Hierbei geht es dann allerdings nur um Haftung für menschliches Versagen (also in der Regel Fehlbedienung des Medizinprodukts, evtl. auch mangelnde Aufklärung über dessen Risiken). Das reine Fehlfunktionieren des Produkts kann nicht zu einer Zurechnung nach § 278 BGB führen. Denn das Fehlfunktionieren ist – wenn überhaupt – vom Hersteller zu vertreten. Eine Halterhaftung gibt es im Bereich der Medizinprodukte nicht.

62   Um auseinander zu halten, ob für eigenes Verschulden oder für fremdes gehaftet wird, ist bei der Zurechnung nach § 278 BGB zunächst festzustellen, wer **Vertragspartner** des Patienten ist (der Krankenhausträger oder der Arzt selbst). Ist der Krankenhausträger Vertragspartner, muss dann noch einmal unterschieden werden, ob er für die Fehlbedienung des Geräts und damit für **fremdes Verschulden** (etwa des Personals) haftet oder ob er als Übergeordneter für **eigenes sog. Organisationsverschulden** haftet. Letzteres kommt in Betracht, wenn der Schaden auf Mängel bei Auswahl, Überwachung und Organisation der Gehilfen zurückzuführen ist, etwa die Regel verletzt wurde, dass in die Bedienung des Medizinprodukts eingewiesene Fachkräfte eingesetzt werden müssen. Eine gut geführte Klinik verlangt eine die Arbeitsgänge begleitende angemessene Organisation.[67]

b) Haftung für Verrichtungsgehilfen bei unerlaubter Handlung

63   Auch im Rahmen von deliktischer Haftung gibt es ein Einstehenmüssen für Fehler von Hilfspersonal. Gemäß § 831 Abs. 1 Satz 1 BGB ist derjenige, der einen anderen zu einer Verrichtung bestellt (der Geschäftsherr), zum Ersatz solcher Schäden verpflichtet, die der andere (der **Verrichtungsgehilfe**) in Ausführung der Verrichtung einem Dritten zufügt.

64   Diese Norm **vermutet eigenes Verschulden des Geschäftsherrn** bei Auswahl oder Überwachung seines Gehilfen, wenn dieser einen Schaden verursacht.[68] Verschulden des Gehilfen ist nicht erforderlich, ebenso wenig wie ein Vertrag zwischen dem Geschäftsherrn und dem Geschädigten. Vereinfacht gesagt, entspricht der Begriff des Gehilfen in § 831 BGB dem in § 278 BGB mit dem Unterschied, dass der Verrichtungsgehilfe **weisungsgebunden** ist.[69] Beispiele für Verrichtungsgehilfen sind bei Haftung des Krankenhausträgers Ärzte oder Pflegepersonal.[70] Der Geschäftsherr kann der Haftung entgehen, wenn er den sog. **Entlastungsbeweis** führt (§ 831 Abs. 1 Satz 2 BGB). Dazu muss er beweisen, dass er bei der Auswahl und Überwachung seines Gehilfen sorgfältig gehandelt hat oder,

---

[64] Für viele *Palandt/Heinrichs*, § 278 BGB, Rdnr. 7.
[65] *Palandt/Heinrichs*, § 278 BGB, Rdnr. 12 ff.
[66] *Palandt/Heinrichs*, § 278 BGB, Rdnr. 18.
[67] *Deutsch*, Medizinrecht, Rdnr. 204, 238 ff. mit Nachweisen.
[68] *Palandt/Thomas*, § 831 BGB, Rdnr. 1.
[69] *Palandt/Thomas*, § 831 BGB, Rdnr. 6.
[70] Hierzu *Krafczyk/Saller*, MedR 1997, 496.

falls er das nicht kann, dass der Schaden auch bei eingehaltener Sorgfalt entstanden wäre (Widerlegung der Ursächlichkeitsvermutung zwischen Pflichtverletzung und Schaden).

Da § 831 BGB keinen Vertrag voraussetzt, kann auch der Hersteller im Verhältnis zum **65** geschädigten Patienten hiernach haften, ebenso wie der Betreiber bzw. Anwender. Es ist aber wiederum darauf zu achten, ob eine Haftung für **eigene Organisationsmängel** des Herstellers vorliegt – dann haftet er nach § 823 Abs. 1 BGB – oder für eine **Pflichtverletzung des Verrichtungsgehilfen** gehaftet wird (§ 831 BGB).

c) Haftung der juristischen Person für ihre Organe

Nach **§ 31 BGB** ist der Verein für den Schaden verantwortlich, den ein verfassungsmä- **66** ßig berufener Vertreter einer anderen Person in Ausführung der ihm zustehenden Verrichtungen zufügt. Diese Norm wird auf alle juristischen Personen des privaten und des öffentlichen Rechts hinsichtlich ihrer Organe entsprechend angewendet (§ 89 BGB; **Organtheorie**). Sie gilt sowohl im Delikts- als auch im Vertragsrecht. Voraussetzung ist auch hier wiederum eine zum Schadensersatz verpflichtende Handlung des Vertreters, denn § 31 BGB ist keine haftungsbegründende, sondern eine haftungszuweisende Norm.[71] Das Verschulden des Vertreters gilt danach als Verschulden der juristischen Person.

D. Anspruchsgegner

I. Überblick

Während der Geschädigte Anspruchsteller ist, ist Anspruchsgegner der Hersteller. Dies **67** bestimmt für den Bereich des ProdhaftG dessen § 1. In § 4 ProdhaftG wird näher geregelt, wen das Gesetz als Hersteller ansieht. Das MPG trifft hierzu eigene Bestimmungen. Zum Verständnis sind zunächst die Ausgangssituationen der beiden Gesetze zu vergleichen: Das **ProdhaftG** gehört zum Bereich des **Privatrechts,** in dem die Beziehungen der Bürger untereinander, hier die Ansprüche im Falle von Produktschädigungen, geregelt werden. Das **MPG** ist ein **öffentlich-rechtliches Gesetz** und regelt die Voraussetzungen für das Inverkehrbringen von Medizinprodukten, nicht jedoch privatrechtliche Schadensersatzansprüche. Daher ist die Ausgangsbasis im ProdhaftG – „wird jemand verletzt, so ist der Hersteller des Produkts verpflichtet, dem Geschädigten den Schaden zu ersetzen" – eine andere als die im MPG – „es ist verboten, Medizinprodukte in den Verkehr zu bringen, wenn der Verdacht besteht, dass sie die Gesundheit der Patienten gefährden". Des Weiteren bestimmt das MPG nicht nur Pflichten für den Hersteller (Inverkehrbringenden), sondern auch für Anwender und Betreiber. Diese weiteren Personen spielen im ProdhaftG keine Rolle. Das ProdhaftG geht davon aus, dass der Händler das Produkt ohne größere Veränderungen an den Endverbraucher weiterveräußert. Der Verbraucher ist daher nur vor Pflichtverletzungen des Herstellers (Produktfehlern) zu schützen. Anders die Situation im MPG: Das in den Verkehr gebrachte Medizinprodukt wird nicht bloß an den Patienten weiterverkauft, sondern an einen Betreiber, dieser überlässt es dem (professionellen) Anwender, der es anpasst, kontrolliert oder Ähnliches. Diese zusätzlichen Schritte in der Kette eröffnen Raum für weitere Pflichtverletzungen.

Zum Überblick: § 4 ProdhaftG versteht unter **„Hersteller":** **68**
– den tatsächlichen Hersteller gemäß Absatz 1 Satz 1,
– den Quasi-Hersteller gemäß Absatz 1 Satz 2,
– den Importeur gemäß Absatz 2,
– den Vertriebshändler gemäß Absatz 3 (haftet nur hilfsweise),
und kennt als weiteren Beteiligten den Geschädigten.

---

[71] *Palandt/Heinrichs,* § 31 BGB, Rdnr. 2.

69 Hingegen geht § 5 Satz 1 MPG von dem „**Verantwortlichen für das erstmalige Inverkehrbringen**" aus, der sein kann:
– der Hersteller oder sein Bevollmächtigter,
– der Einführer (Hersteller außerhalb der EU, kein Bevollmächtigter benannt oder Import nicht durch Bevollmächtigten – § 5 Satz 2 MPG).

70 Als **weitere Beteiligte** kennt das MPG insbesondere:
– Betreiber,
– Anwender,
– es spricht nicht vom Geschädigten, sondern vom Patienten.

71 Schließlich ist bei der Frage nach dem **Anspruchsgegner** noch darauf zu achten, dass die Voraussetzungen und Rechtsfolgen von Ansprüchen nach dem ProdhaftG und nach dem BGB zwar ähnlich, aber nicht identisch sind (Rdnr. 13 f.).

II. Tatsächlicher Hersteller

1. Begriff

72 Nach § 4 ProdhaftG umfasst der Begriff des Herstellers die an der Herstellung der Ware **objektiv Beteiligten.**[72] Der Begriff des Herstellers wird auch im MPG verwendet (§ 5 Satz 1 MPG) und ist ebenfalls weit auszulegen.[73]

2. Grundsatz der Eigenverantwortung

73 Für die Fälle des **Zusammenwirkens mehrerer bei der Herstellung des Endprodukts** gilt der Grundsatz der Eigenverantwortung.[74] Jeder an der Fertigung des Endprodukts Beteiligte muss sich so verhalten, dass in seinem Herstellungsbereich nicht Ursachen für eine Verletzung von Rechtsgütern Dritter gesetzt werden. Für den Zulieferer bedeutet das, dass ihn eigene Herstellerpflichten treffen. Er muss für die ordnungsgemäße Konstruktion, Fabrikation, Instruktion und Beobachtung seines Produkts einstehen, notfalls sogar eine Rückrufaktion durchführen.[75] Umgekehrt treffen den Hersteller des Endprodukts, den sog. Assembler, auch eine Reihe von Pflichten.

74 Der Endprodukthersteller muss seinen Zulieferer insbesondere über die Anforderungen aufklären, denen das Zulieferteil zu entsprechen hat, der Zulieferer muss diese Hinweise dann bei der Produktion beachten. Diese Qualitätsanforderungen werden in der Regel in einem sog. **Lastenheft** (user requirement) niedergelegt und mit den durch den Zulieferer erstellten Spezifikationen **(Pflichtenheft)** verglichen.[76] Der Endprodukthersteller hat außerdem die ihm gelieferten Zulieferprodukte einer **generellen Tauglichkeitsuntersuchung** zu unterziehen und sich auch von der mangelfreien Beschaffenheit des verwendeten Materials zu überzeugen.[77] Ein Fall, der unter anderem das Verhältnis zwischen dem Hersteller des Gesamtprodukts und einem Zulieferer zum Gegenstand hat, ist der Atemüberwachungsgeräte-Fall, in dem der Bundesgerichtshof entschied, dass ein Endprodukthersteller nur solche Zulieferprodukte erwerben darf, die nach Einfügung in sein Produkt oder in Verbindung mit ihm für Dritte nicht gefährlich werden können.[78]

---

[72] Begriff des sog. tatsächlichen Herstellers; *Graf von Westphalen / Foerste,* § 25 Rdnr. 12.
[73] § 3 Nr. 15 MPG.
[74] *Graf von Westphalen / Foerste,* § 75 Rdnr. 4.
[75] *Graf von Westphalen / Foerste,* § 25 Rdnr. 84 ff.
[76] *Graf von Westphalen / Foerste,* § 25 Rdnr. 42 ff.; *Bundesverband der Arzneimittel-Hersteller – BAH* (Hrsg.), S. 25 ff.
[77] *Graf von Westphalen / Foerste,* § 25 Rdnr. 44.
[78] *BGH* NJW 1994, 3349.

III. Erweiterungen des Herstellerbegriffs

1. Quasi-Hersteller

Als Hersteller gilt – eine **gesetzliche Fiktion** – nach dem ProdhaftG auch jeder, der **75** sich durch das Anbringen seines Namens oder eines unterscheidungskräftigen Kennzeichens als Hersteller ausgibt (§ 4 Abs. 1 Satz 2 ProdhaftG). Man spricht hierbei vom Quasi-Hersteller. Diese Gleichstellung beruht rechtlich darauf, dass es bei der Gefährdungshaftung nach dem ProdhaftG ohnehin nicht auf Verschulden ankommt.[79] Ähnlich – etwas ausführlicher – formuliert es § 3 Nr. 15 Satz 2 MPG, der auf das erstmalige Inverkehrbringen (jede Form der Abgabe an andere, § 3 Nr. 11 MPG) im eigenen Namen abstellt. Damit umfasst der Herstellerbegriff des MPG den tatsächlichen und den Quasi-Hersteller.

Bei der verschuldensabhängigen deliktischen Haftung nach § 823 Abs. 1 BGB haftet der **76** Quasi-Hersteller nach der Rechtsprechung des Bundesgerichtshofes grundsätzlich nicht wie der Hersteller.[80] Eine **deliktsrechtliche Verantwortung des Quasi-Herstellers** wurde aber ausnahmsweise in folgenden Fällen bejaht:
– Wenn sich ein Unternehmen, das ein Erzeugnis als „sein Produkt" auf den Markt bringt, damit so identifiziert, dass es damit rechnen muss, dass der Verbraucher gerade im Hinblick auf das dem Namen entgegengebrachte Vertrauen Vorsichtsmaßnahmen unterlässt, die er anderenfalls beachtet hätte.[81]
– Wenn der Quasi-Hersteller eine Instruktionsverantwortung trägt und er ihr nicht nachkommt, haftet er (neben dem tatsächlichen Hersteller) selbst.[82]
– Bei Missachtung seiner originären Pflichten im Bereich der Produktbeobachtung. Gerade der Quasi-Hersteller kann verpflichtet sein, nachträgliche Warnungen oder Rückrufaktionen zu veranlassen, insbesondere wenn die Ware ausschließlich von ihm vertrieben wird, weil er dann der Einzige ist, der die Vertriebswege kennt.[83]

2. EU-Importeur und Bevollmächtigter des Herstellers

Nach § 4 Abs. 2 ProdhaftG gilt als Hersteller ferner, wer ein Produkt zum Zwecke des **77** Vertriebs in den Geltungsbereich der EU einführt (Importeur). Diese Haftung des EU-Importeurs dient, so die amtliche Begründung des Entwurfs, vor allem dem **Schutz des Verbrauchers,** da eine Rechtsverfolgung insbesondere in überseeischen Drittstaaten den Geschädigten meist vor unüberwindliche Probleme stellt.

Das MPG sieht vor, dass der Verantwortliche für das Inverkehrbringen der Hersteller, **78** sein Bevollmächtigter oder der Einführer ist.[84] Das MPG verlangt, falls der Hersteller seinen Sitz nicht in Deutschland oder einem Mitgliedstaat der EU hat, dass er einen Bevollmächtigten in der EU benennt. Das lässt den Schluss zu, dass der Bevollmächtigte im Rahmen von Haftungsansprüchen wie ein Hersteller zur Verantwortung gezogen werden kann. Eine Definition des Begriffs des Bevollmächtigten findet sich in § 3 Nr. 16 MPG. Danach ist Bevollmächtigter nur, wer **in der Gemeinschaft niedergelassen** ist und im Namen des Herstellers handelt. Hat der Hersteller seinen Sitz nicht im Europäischen Wirtschaftsraum und ist ein Bevollmächtigter nicht benannt oder werden Medizinprodukte nicht unter der Verantwortung des Bevollmächtigten eingeführt, ist der Einführer Verantwortlicher (§ 5 Satz 2 MPG). Er wäre dann auch der Adressat von Haftungsansprüchen.

---

[79] *Kullmann,* Aktuelle Rechtsfragen, C. III. 6. b.
[80] *Graf von Westphalen/Foerste,* § 26 Rdnr. 47.
[81] *BGH* VersR 1977, 839.
[82] *BGH* NJW 1987, 372 f.
[83] *BGH* NJW 1995, 1286, 1289.
[84] § 5 Satz 2 MPG.

79   Eine deliktische Produkthaftung nach § 823 Abs. 1 BGB wird den Importeur in der Regel nicht treffen, auch wenn schon häufig in der Literatur weitergehende Maßnahmen als von anderen „normalen" Vertriebshändlern gefordert wurden. Der Bundesgerichtshof hat bisher Pflichten nur im Bereich der Lebensmittel und Feuerwerkskörper anerkannt. Gerade die Entscheidung zu den Feuerwerkskörpern[85] lässt aber darauf schließen, dass bei technisch hochkomplizierten Produkten, deren Gefahren weder der Letztverkäufer noch der Endverbraucher umfassend beurteilen kann, auch eine **eigenständige Instruktionspflicht** des Importeurs diesen Personengruppen (insbesondere den Endverkäufern) gegenüber besteht, hinreichend vor Gefahren zu warnen, wenn die Warnhinweise des tatsächlichen Herstellers nicht genügen. Dann träfen vor allem den Alleinimporteur (der Waren aus Ländern einführt, die nicht dem Europäischen Wirtschaftsraum angehören) dieselben strengen Warnpflichten wie den tatsächlichen Hersteller.

3. Vertriebshändler

80   Kann der Hersteller des Produkts nicht festgestellt werden, so gilt nach dem ProdhaftG jeder Lieferant als Hersteller, es sei denn, dass er dem Geschädigten **binnen einer bestimmten Frist den Hersteller** oder diejenige Person **benennt,** die ihm das Produkt geliefert hat. Vertriebshändler sollen nach dem ProdhaftG grundsätzlich nicht, sondern nur **hilfsweise,** haften. Der Vertriebshändler wird aber als Hersteller behandelt, wenn ein anderer, erstrangig verantwortlicher Hersteller (bzw. Lieferant oder Importeur) nicht festgestellt oder binnen Monatsfrist benannt werden kann.

81   Neben dieser hilfsweisen Haftung des Vetriebshändlers nach dem ProdhaftG kommt eine deliktische Haftung nach § 823 Abs. 1 BGB in Betracht. Dabei sind die Sorgfaltspflichten des Vertriebshändlers allerdings wesentlich geringer als die des tatsächlichen Herstellers. Der Vertriebshändler erfüllt seine Verkehrssicherungspflicht in der Regel durch Aushändigung der neuesten Gebrauchsanweisung und **Kontrolle der bezogenen Ware auf offensichtliche Fehler.**[86]

82   Das MPG stellt keine Pflichten für Vertriebshändler auf. Zwar ist unter Inverkehrbringen jede Abgabe von Medizinprodukten an andere zu verstehen, Hersteller kann aber nur sein, wer das Produkt erstmalig **im eigenen Namen abgibt** (§ 3 Nr. 15 MPG). Das heißt nicht, dass ein Vertriebshändler nicht Anspruchsgegner sein kann, sondern bedeutet nur, dass das MPG keine eigenständige Definition trifft, der Vertriebshändler also nach Maßgabe des ProdhaftG bzw. BGB wie beschrieben haftet.

IV. Weitere Anspruchsgegner nach dem MPG

1. Betreiber

83   Der Betreiber besitzt im Gegensatz zum Hersteller die **tatsächliche Sachherrschaft über das Medizinprodukt.** Mit „Betreiben" sind alle Vorgänge gemeint, die sich auf den Gebrauch des Medizinprodukts beziehen wie Montieren, Instandhalten, Anpassen, Implantieren, Kontrollieren.[87] Den Betreiber (insbesondere sind das Krankenhäuser und Arztpraxen) trifft vor allem die Pflicht, für die Einhaltung und richtige Umsetzung der Vorschriften des MPG und der MPBetrV über das Errichten, Betreiben und Anwenden des Medizinprodukts durch organisatorische und technische Maßnahmen zu wachen (§ 37 Abs. 5 MPG). Hinsichtlich der Haftungsfrage sind die **Eigentumsverhältnisse am Produkt nicht maßgebend.**[88]

---

[85] *BGH* NJW 1998, 2905.

[86] *Graf von Westphalen/Foerste,* § 26 Rdnr. 20.

[87] *Schneider,* Zentralsterilisation 1999, 98 ff.; s. auch den Beitrag von *Böckmann* zum Betrieb von Medizinprodukten in diesem Handbuch (§ 9 Rdnr. 12).

[88] *Kindler/Menke,* S. 68.

Die angestellten Mitarbeiter, die die Medizinprodukte bedienen, fallen nicht unter den **84**
Begriff des Betreibers. Der Betreiber haftet für Versäumnisse wie der Anwender aus Vertrag oder nach §§ 823 ff. BGB. Auch Krankenkassen und Sanitätshäuser können unter bestimmten Umständen Betreiber im Sinne des MPG bzw. der MPBetrV sein.[89] Ausnahmsweise kann der Betreiber auch **zum Hersteller** im Sinne des ProdhaftG **„aufrücken"**. Dann treffen ihn die Sorgfaltspflichten, die für den Hersteller gelten, so dass er wie dieser haftet. Voraussetzung dafür ist, dass der Betreiber eine dem erstmaligen Inverkehrbringen gleichwertige Handlung sorgfaltswidrig ausführt, etwa wenn ein Krankenhaus ein selbstentwickeltes Produkt an Patienten weitergibt oder es wesentlich verändert, wenn auch nur zur Anwendung im eigenen Haus (sog. „In-Haus-Herstellung", § 3 Nr. 21 MPG). Dann erlischt die Haftung des Herstellers und der Betreiber haftet an seiner Stelle.[90]

Ein besonderes haftungsrechtliches Problem stellt in der Praxis die **Wiederaufberei-** **85**
tung von sog. Einmalprodukten dar. Einmalprodukte sind Medizinprodukte, die vom Hersteller ausschließlich für die einmalige Verwendung vorgesehen und entsprechend gekennzeichnet sind. Im Zusammenhang mit dem 2. MPG-ÄndG wurde u. a. auch das ausdrückliche Verbot der Wiederaufbereitung von Einmalprodukten diskutiert, das jedoch vom Gesetzgeber nicht aufgegriffen wurde.[91] Das MPG und § 4 Abs. 2 MPBetreibV regeln jetzt die Voraussetzungen der Wiederaufbereitung.[92] Die Wiederaufbereitung von Medizinprodukten ist damit grundsätzlich zulässig. Ob für das Inverkehrbringen eines wieder aufbereiteten Medizinproduktes die Durchführung eines Konformitätsbewertungsverfahrens erforderlich ist, hängt im Wesentlichen von der Definition des „erstmaligen Inverkehrbringens" ab. Da gem. § 3 Nr. 11 MPG eine **Abgabe an andere** nicht vorliegt, wenn Medizinprodukte für einen anderen aufbereitet und an diesen zurückgegeben werden, ist die Durchführung eines Konformitätsbewertungsverfahrens für alle kommerziellen Wiederaufbereiter dann vorgeschrieben, wenn sie an Dritte oder an ihren Auftraggeber andere wieder aufbereitete Medienprodukte als die ursprünglich erhaltenen abgeben.

Die Wiederaufbereitung von Einmalprodukten kann innerhalb des Krankenhauses ge- **86**
schehen oder (was wegen der äußerst strengen Anforderungen des Robert Koch-Instituts (RKI) in Zukunft häufiger vorkommen wird) im Auftrag eines **Krankenhauses** durch einen **kommerziellen Wiederaufbereiter.** Soweit das wieder aufbereitete Medizinprodukt von dem eigentlichen Hersteller als Einmalprodukt gekennzeichnet ist, bedeutet dies im Falle der Schädigung eines Patienten durch das wiederaufbereitete Medizinprodukt, dass eine Haftung des Herstellers grundsätzlich ausgeschlossen ist, es sei denn, dem Geschädigten würde, was in der Praxis sicherlich schwierig sein wird, der Nachweis gelingen, dass die Ursache für den Schaden schon bei dem ursprünglichen Produkt angelegt war. Liegt dieser Ausnahmefall nicht vor, haftet das Krankenhaus, wenn es das wieder aufbereitete (und vom Hersteller als Einmalprodukt gekennzeichnete) Medizinprodukt bei der Behandlung des Patienten eingesetzt hat. Kommerzielle Wiederaufbereiter haften selbst für Schädigungen durch wieder aufbereitete Medizinprodukte, wenn sie wieder aufbereitete Produkte an Dritte liefern. Im Hinblick auf diese haftungsrechtliche Situation ist Herstellern von Einmalprodukten dringend anzuraten, dass sie ihre Einmalprodukte deutlich als solche kennzeichnen. Dies geschieht entweder unter Verwendung der hierfür vorgesehe-

---

[89] *Baumann,* MPJ 1999, 3 ff.

[90] *Schneider,* Zentralsterilisation 1999, 106.

[91] S. zur Diskussion *Reischl,* MPJ 2001, 112; *Haindl/Helle* sehen beispielsweise die Einmalverwendbarkeit eines Medizinprodukts eindeutig als Bestandteil der Zweckbestimmung an, was sich im Ergebnis auch auf das Haftungs- und Wettbewerbsrecht auswirke, s. MedR 2001, 411 ff.

[92] Eine ordnungsgemäße Aufbereitung wird gem. § 4 Abs. 2 Satz 2 MPBetreibV vermutet, wenn die gemeinsame Empfehlung der Kommission für Krankenhaushygiene und Infektionsprävention am Robert Koch-Institut und des Bundesinstituts für Arzneimittel und Medizinprodukte zu den Anforderungen an die Hygiene bei der Aufbereitung von Medizinprodukten beachtet wird. Die Anforderungen wurden im Bundesgesundheitsblatt 44 (2001), 1115–1126 veröffentlicht; vgl. zu den Anforderungen an die Hygiene auch *Mielke/Attenberger/Schorn,* MPJ 2002, 4 ff.

nen Zeichen und/oder durch einen deutlich sichtbaren Hinweis in der Kennzeichnung bzw. Gebrauchsanweisung.

2. Anwender

87 Der Begriff des Anwenders wird im MPG nicht definiert. Nach Sinn und Zweck fällt hierunter nicht der Patient, der das Medizinprodukt für den Hausgebrauch erwirbt, sondern es sind solche **Personen** gemeint, **die Medizinprodukte berufsmäßig nutzen.**[93] Bei schuldhafter Fehlbedienung des Medizinprodukts haftet der Anwender aus Vertrag und/oder aus Delikt (§ 823 Abs. 1 BGB bzw. Abs. 2 i. V. m. Schutzgesetz).[94]

E. Geschützte Rechtsgüter

I. Leben, Körper, Gesundheit

88 Einen umfassenden Schutz genießt das menschliche **Leben,** das mit der Vollendung der Geburt beginnt. Aber auch schon der Embryo ist geschützt.[95]

89 Eine **Körperverletzung** ist jeder äußere Eingriff in die körperliche Unversehrtheit eines anderen und jedes Hervorrufen eines pathologischen Zustands.[96] Darunter fallen z. B. Hautverletzungen, Knochenbrüche, Prellungen, Gehirnerschütterungen, der Verlust von Gliedmaßen, Sinnesorganen oder Lähmungen.[97] Hier kann sich auch die Frage nach der Ersatzfähigkeit seelischer Schäden, etwa Schockreaktionen, stellen. In den USA wurde darüber sogar von Empfängern fehlerfreier künstlicher Herzklappen – allerdings erfolglos – prozessiert, die zunächst geglaubt hatten, auch ihre Herzklappen seien fehlerhaft. In Deutschland werden solche Schockschäden grundsätzlich dem allgemeinen Lebensrisiko zugeordnet, das jeder zu tragen hat.[98] Nicht unproblematisch ist auch die Übertragung von HIV, die auch ohne Ausbruch der Krankheit eine **Gesundheitsverletzung** ist.[99] Bei der Herstellung medizinischer Produkte ist außerdem darauf zu achten, dass auch das Inverkehrbringen wirkungsloser Produkte eine Gesundheitsverletzung herbeiführen kann.[100]

II. Eigentum, „sonstige Rechte"

90 Neben Leben, Körper und Gesundheit schützt § 823 Abs. 1 BGB das Eigentum und „sonstige Rechte". Bei Letzteren muss es sich – wie bei den ausdrücklich genannten Rechten – um sog. **ausschließliche Rechte** handeln, wozu z. B. **nicht das Vermögen** als solches zählt. Das Eigentum, für dessen Verletzung Schadensersatz begehrt wird, darf grundsätzlich **nicht identisch** sein **mit dem fehlerhaften Produkt.** Die Verletzung muss vielmehr an anderen Sachen durch den Produktfehler herbeigeführt worden sein (§ 1 Abs. 1 ProdhaftG). So kompliziert und umstritten die Rechtsauffassungen über die Verletzung von Eigentum oder sonstigen Rechten sind, so selten dürften Verletzungen dieser Rechtsgüter im Medizinprodukterecht vorkommen. Daher wird hierauf nicht weiter eingegangen.

---

[93] Z. B. Krankenschwestern, Ärzte; *Kindler/Menke,* S. 68; s. auch den Beitrag von *Böckmann* zum Betrieb von Medizinprodukten in diesem Handbuch (§ 9 Rdnr. 14).

[94] Zur Haftung des Betreibers bzw. Anwenders ausführlich *Hoxhaj,* S. 100 ff.

[95] *Graf von Westphalen/Foerste,* § 20 Rdnr. 1.

[96] *Palandt/Thomas,* § 823 BGB, Rdnr. 4.

[97] *Graf von Westphalen/Foerste,* § 20 Rdnr. 2.

[98] *Palandt/Heinrichs,* Vorb. § 249 BGB, Rdnr. 71.

[99] *Palandt/Thomas,* § 823 BGB, Rdnr. 5.

[100] *Graf von Westphalen/Foerste,* § 20 Rdnr. 7.

F. Rechtsfolgen der Produkthaftung

I. Schadensersatz

§ 1 ProdhaftG und auch die Deliktsvorschriften des BGB bestimmen, dass der Schädiger **91** zum Schadensersatz verpflichtet ist. Schadensersatz erfolgt durch Wiederherstellung des ursprünglichen Zustands (§ 249 Satz 1 BGB). Dass anstelle dieser **Naturalherstellung** Schadensersatz in Form einer **Geldentschädigung** gezahlt wird, ist in der Praxis der Normalfall.

II. Schmerzensgeld

Bei Körper- und Gesundheitsschäden kann der Geschädigte neben dem Ersatz seiner **92** materiellen Schäden (Behandlungskosten, Verdienstausfall, Beeinträchtigung der Erwerbsfähigkeit, Sachschäden) auch eine „billige Entschädigung in Geld" verlangen (§ 253 Abs. 2 BGB, § 8 ProdhaftG). Das Schmerzensgeld wird dem Geschädigten in den Fällen zugestanden, in denen **nach Billigkeitsgesichtspunkten** für die erlittenen Schmerzen eine Kompensation in Geld erforderlich erscheint. In Deutschland haben sich die Gerichte bisher beim Zusprechen von Schmerzensgeld zurückgehalten. In den letzten Jahren verstärkt sich aber der Eindruck, dass sie ihre restriktive Haltung lockern. Die Befürchtung, dass es in Deutschland zu „amerikanischen Verhältnissen" kommen könnte, ist allerdings unbegründet. Das liegt schon daran, dass sich das amerikanische und das deutsche Prozesssystem grundlegend voneinander unterscheiden.

III. Rückruf

Unter bestimmten Voraussetzungen trifft den Hersteller die Verkehrspflicht zum **Rück-** **93** **ruf gefährlicher Produkte.** Unterlässt er den Rückruf, haftet er für den daraus entstehenden Schaden nach § 823 Abs. 1 BGB.[101]

Von besonderem Interesse ist im Zusammenhang mit dem Rückruf gefährlicher Pro- **94** dukte das „Gesetz zur Regelung der Sicherheitsanforderungen an Produkte und zum Schutz der CE-Kennzeichnung" (**Produktsicherheitsgesetz** – ProdSG) vom 22. 8. 1997, auf das sich ein näheres Eingehen hier allerdings erübrigt. Denn das ProdSG findet größtenteils keine Anwendung auf Medizinprodukte (§ 2 Abs. 3 Nr. 1 lit. d)).

1. Rückrufpflicht

Unabhängig von der umstrittenen Frage, ob es einen individuellen Anspruch des Ver- **95** brauchers auf Rückruf eines fehlerhaften Produkts gibt, besteht Einigkeit, dass es unter besonderen Umständen eine **Verkehrspflicht i. S. d. § 823 Abs. 1 BGB** sein kann, als fehlerhaft erkannte Produkte zurückzurufen. Unterbleibt der Rückruf trotz dieser Erkenntnis, haftet der zum Rückruf Verpflichtete auf Schadensersatz.

Als aufwendigste, kostspieligste und auch mit besonderem öffentlichem Interesse be- **96** gleitete Maßnahme stellt der Rückruf eines Produkts in der Regel die **ultima ratio** dar. Solange es andere Maßnahmen der Gefahrenabwehr gibt, werden diese ergriffen, der Rückruf kommt nur als letztes Mittel in Betracht. Es wird häufig Fälle geben, in denen abzuwägen ist, ob eine Warnung ausreicht oder ein Rückruf unumgänglich ist. Gefährdet

---

[101] *Graf von Westphalen/Foerste*, § 24 Rdnr. 259.

das fehlerhafte Produkt nicht nur den Benutzer, sondern auch die Allgemeinheit, so liegt die Annahme einer Rückrufpflicht nahe.[102]

97   Unterstellt man, dass durch Fehler an Medizinprodukten zumeist die Patienten gefährdet werden, die Endabnehmer aber die Kliniken und Ärzte sind, fragt sich, ob der Patientenkreis mit der **Allgemeinheit** gleichzusetzen ist, so dass eine Rückrufpflicht besteht. Allgemein ist jedenfalls zu beachten, dass Warnungen meist nur die **Produktbenutzer** erreichen (weil an sie gerichtet) und nicht die Allgemeinheit. Selbst wenn die Warnung die Allgemeinheit erreichen sollte, kann diese sich oft nicht hinreichend schützen, wenn die Produktbenutzer die Warnung nicht beherzigen. Daher kommt eine Rückrufpflicht gegenüber der Allgemeinheit auch in den Fällen in Betracht, in denen der Hersteller mit Missachtung der Warnung rechnen muss.[103] Gegenüber Produktbenutzern besteht bei unmissverständlicher Warnung aber keine Rückrufpflicht. Sie können sich selbst schützen, indem sie den Produktgebrauch beenden. Wer das nicht tut, **handelt auf eigene Gefahr** und muss nicht geschützt werden.[104] Zur Klarstellung: Auch wenn gegenüber dem Produktbenutzer selbst eine Rückrufpflicht nicht besteht, mag ein unterbliebener Rückruf gegenüber einem unbeteiligten Dritten **(sog. by-stander),** der nicht Produktbenutzer ist, aber durch dieses Produkt geschädigt wird, zur Schadensersatzpflicht des Herstellers nach § 823 Abs. 1 BGB führen, weil der Allgemeinheit gegenüber und damit auch gegenüber dem by-stander eine Rückrufpflicht bestand. Wenn z.B. ein Krankenhausbett oder Hebelifter durch scharfe, auf Achillessehnenhöhe befindliche Kanten seines Motors erhebliche Verletzungen verursachen kann, oder ein Rotlichtgerät, das die Gefahr zur Explosion birgt, nicht zurückgerufen wird, und dadurch eine Person geschädigt wird, die das Gerät nicht benutzt hat, besteht ihr gegenüber eine Schadensersatzpflicht. Ein weiteres Beispiel wäre Folgendes: Weil die Radschraube eines Sterilisationsschranks wegen Materialschwächen eine Bruchstelle aufweist, zerbricht sie, so dass dadurch die Türen des Schranks dem Druck, der beim Sterilisationsvorgang entsteht, nicht mehr standhalten können, auffliegen, und die darin befindlichen Geräte mit Wucht herausfliegen und Dritte schädigen.

98   Bei mehreren an der Herstellung des Endprodukts Beteiligten kann **jeden Einzelnen** (Endhersteller, Zulieferer) die Pflicht zum Rückruf treffen. Maßgeblich ist, in wessen Verantwortungsbereich der Fehler fällt, aber auch, dass erhebliche Gefahren für die Allgemeinheit nicht „sehenden Auges" in Kauf genommen werden dürfen.[105]

99   Kommt der Hersteller einer Warn- oder Rückrufpflicht nicht nach, kann die zuständige Behörde den Rückruf anordnen oder selbst eine **hoheitliche Warnung der Öffentlichkeit** durchführen (§ 28 Abs. 2 und 4 MPG). Im März 1999 fand z.B. der Rückruf von Sojaöl-gefüllten Brustimplantaten (Trilucent) statt, bei dem die britische Medical Device Agency (MDA) sogar vorsorglich die Explantation der Trilucent-Brustimplantate empfohlen hat. Das BfArM hat daraufhin eine öffentliche Warnung über seine Homepage ausgesprochen und geraten, dass sich die betroffenen Frauen mit ihrem behandelnden Arzt in Verbindung setzen sollen.

2. Durchführung des Rückrufs

100   Zur Durchführung des Rückrufs muss der Hersteller die Eigentümer oder Besitzer der fehlerhaften Produkte auffordern, diese überprüfen zu lassen bzw. der Beseitigung etwaiger Gefahren zuzustimmen. Er muss ihnen dabei verbindlich zusagen, die Maßnahmen **kostenlos durchzuführen.**[106]

101   Wird im Rahmen des Rückrufs oder bereits zuvor festgestellt, dass die Sicherheitsmängel nicht beseitigt werden können, dann ist der Hersteller verpflichtet, dem Verbraucher

---

[102] *Graf von Westphalen/Foerste,* § 24 Rdnr. 264.
[103] *Graf von Westphalen/Foerste,* § 24 Rdnr. 265.
[104] *Graf von Westphalen/Foerste,* § 24 Rdnr. 274.
[105] *Graf von Westphalen/Foerste,* § 25 Rdnr. 68.
[106] *Graf von Westphalen/Foerste,* § 24 Rdnr. 285.

ein neues, fehlerfreies Produkt zu überlassen.[107] Bei komplexen Maschinen oder Ähnlichem wird oft nur ein Teil des Gesamtprodukts einen Fehler aufweisen, so dass es ohnehin nur um den Ersatz dieses konkreten Teiles geht. Es ist aber auch denkbar, dass der Hersteller kein neues Produkt stellen muss, stattdessen anbieten darf, gegen Überlassung des Produkts den entrichteten **Kaufpreis** zu **ersetzen.** In einem solchen Fall ist – sofern der Produkteigentümer zur Überlassung nicht bereit ist – der Rückrufpflicht damit Genüge getan, dass der Hersteller die Erstattung des Preises anbietet.[108] Bei erheblicher Gefährdung der Allgemeinheit kann der Hersteller aber genötigt sein, die Ordnungsbehörden einzuschalten.[109]

Dass eine Rückrufaktion nicht „aus dem Hut gezaubert" werden kann, liegt auf der Hand. Dieser Fall muss daher von vornherein mitbedacht und organisiert sein. Wichtig ist dabei insbesondere die umfassende **Dokumentation der Rückrufaktion.** **102**

G. Verjährung

Der **deliktische Anspruch** auf Schadensersatz verjährt in drei Jahren. Die Verjährung **103** beginnt mit dem Schluss des Jahres, in dem der Anspruch entstanden ist und der Geschädigte vom Schaden und der Person des Schädigers Kenntnis erlangt hat oder ohne grobe Fahrlässigkeit erlangen musste (§§ 195, 199 BGB). Ist ein Anspruch verjährt, **darf der Schuldner die Leistung verweigern** (§ 214 Abs. 1 BGB). In einem Prozess bedeutet das, dass der Geschädigte mit seinem Anspruch nach einer bestimmten Zeit nur noch durchdringt, wenn es der Anspruchsgegner unterlässt, sich auf die Verjährung zu berufen.[110] Der Schaden dürfte dem Geschädigten im Allgemeinen nicht besonders lange verborgen bleiben. Gerade bei Medizinprodukten, bei denen der Produktfehler typischerweise zu einer Körperverletzung führt, wird ein Schaden kaum zu übersehen sein. Etwas anderes mag im Einzelfall gelten, wenn durch den Produktfehler eine Infektion herbeigeführt wird (z.B. mit dem HIV-Virus), die der Geschädigte erst nach Jahren bemerkt. Dann ist er durch die Drei-Jahres-Frist jedoch hinreichend geschützt. Kenntnis vom „Schädiger" (Hersteller des Medizinprodukts) zu erlangen kann sich als schwieriger erweisen, weil der Geschädigte normalerweise nicht selbst im Besitz des schädlichen Medizinprodukts sein wird. Hat er diese Kenntnis erlangt, muss er seinen Anspruch binnen drei Jahren geltend machen, ohne diese Kenntnis erst in 30 Jahren seit der Begehung der unerlaubten Handlung (§ 199 Abs. 2 BGB).

Das ProdhaftG sieht ebenfalls eine **Verjährungsfrist** von drei Jahren vor (§ 12 Abs. 1 **104** ProdhaftG). Diese Frist beginnt zu laufen, wenn der Geschädigte Kenntnis vom Schaden, Fehler und der Person des Ersatzpflichtigen hat oder ohne grobe Fahrlässigkeit erlangen musste. Zusätzlich muss hier also noch der Fehler des Produkts bekannt sein. Ist dem durch ein Medizinprodukt Geschädigten der Fehler bekannt, weil er nach der Ursache für seinen Schaden gesucht hat, wird ihm in der Regel auch der Hersteller des Produkts bekannt sein. Außerdem sieht das ProdhaftG vor, dass der Anspruch nach zehn Jahren nach dem Inverkehrbringen des Produkts erlischt (§ 13 Abs. 1 ProdhaftG), also vernichtet wird.[111] Beim Hersteller ist hierfür maßgeblich, wann das Produkt das Werk verlassen hat, beim Importeur der Tag der Weitergabe nach dem Import und beim Lieferanten der Tag des Verkaufs an den Konsumenten.[112]

---

[107] *Graf von Westphalen/Foerste,* § 24 Rdnr. 286.
[108] *Graf von Westphalen/Foerste,* § 24 Rdnr. 286 ff.
[109] *Graf von Westphalen/Foerste,* § 24 Rdnr. 286 ff.
[110] *Palandt/Heinrichs,* § 222 BGB, Rdnr. 2.
[111] *Eberstein,* C II.4.
[112] *Eberstein,* C II.4.

H. Beweisfragen

I. Grundsatz

105 Im Zivilprozessrecht gilt der **Grundsatz, dass der Anspruchsteller die Voraussetzungen seines Anspruchs darlegen und beweisen muss.** Der Begriff der **Beweislast** bedeutet, dass denjenigen, der sie trägt, das Risiko der Nichtaufklärbarkeit oder Nichtbeweisbarkeit trifft, im Prozess zu unterliegen.[113]

106 Der Geschädigte trägt im Produkthaftungsrecht grundsätzlich die Beweislast für Produktfehler, Ursächlichkeit und Schaden (§ 1 Abs. 4 ProdhaftG). Er müsste also eigentlich beweisen, dass der Hersteller bei der Fertigung des Produkts eine Pflichtverletzung begangen hat, indem er vorsätzlich oder fahrlässig ein fehlerhaftes Produkt herstellte, dass dadurch – also infolge dieses Fehlers und nicht durch unsachgemäße Handhabung – eine Rechtsgutsverletzung oder Schutzgesetzverletzung und schließlich ein Schaden beim Geschädigten eingetreten ist.[114] Bei den Anspruchsgrundlagen, die ein Verschulden voraussetzen (§ 823 BGB), muss der Geschädigte grundsätzlich auch nachweisen, dass die **Sorgfaltspflichtverletzung des Herstellers** zumindest fahrlässig erfolgte.

II. Beweiserleichterungen

107 Gerade der **Ursächlichkeitsnachweis** (dass der Schaden durch den Fehler verursacht wurde) und das **Verschulden** wird für den Geschädigten häufig nur äußerst schwer oder unmöglich zu führen sein. Die Rechtsprechung hat schon früh Wege gefunden, den Geschädigten aus diesem Dilemma herauszuführen.

1. Anscheinsbeweis

108 Hierher gehört der sog. Anscheinsbeweis. Von einem solchen spricht man, wenn es sich bei den zum Schaden führenden Umständen um sog. **typische Geschehensabläufe** handelt, die unter Verwertung allgemeiner Erfahrungssätze, insbesondere der Lebenserfahrung, die Bejahung eines Produktfehlers oder des ursächlichen Zusammenhangs nahelegen.[115] Es ist dann Sache des beklagten Herstellers, Tatsachen vorzutragen, die geeignet sind, ernsthaft die Möglichkeit eines anderen Geschehensablaufs in Betracht zu ziehen und damit den Anscheinsbeweis zu erschüttern.[116] Gleichwohl bleibt es bei der grundsätzlichen Beweislastverteilung. Der Anscheinsbeweis enthebt den Geschädigten nicht von der Beweislast, er erleichtert nur die Beweisführung.[117] Beispiel: Wenn ein Operationsinstrument (Septummeissel) sieben Monate nach der Lieferung bei einer Operation bestimmungsgemäß eingesetzt wird, der Beanspruchung nicht standhält und ein Teil des Instruments abbricht, so dass es in die Lunge gelangt, ist nach den Regeln des Anscheinsbeweises als bewiesen anzusehen, dass das Instrument fehlerhaft hergestellt worden ist.[118]

---

[113] *BGH* NJW 1969, 269, 274; *Palandt/Heinrichs*, Vorb. § 249 BGB, Rdnr. 162.
[114] *Graf von Westphalen/Foerste*, § 30 Rdnr. 12.
[115] *BGH* VersR 1983, 375 ff.
[116] *BGH* VersR 1983, 375, 376.
[117] *Graf von Westphalen/Foerste*, § 30 Rdnr. 8.
[118] *OLG Düsseldorf*, NJW 1978, 1693.

Heil

2. Beweislastumkehr

Im **Verschuldensbereich** der Produkthaftung hat der Bundesgerichtshof die Beweis- **109** last umgekehrt, also den Geschädigten von dem Beweis des Verschuldens entlastet. Kann der Geschädigte beweisen, dass das Produkt einen Fehler hat und dass dieser Fehler durch einen **objektiven Mangel im Organisationsbereich des Herstellers** entstanden ist, dann trifft den Hersteller die Beweislast dafür, dass ihm der Fehler nicht zurechenbar ist, z.B. weil er alle zumutbaren Sicherheitsvorkehrungen beachtet hat.[119] Der Geschädigte braucht dann also nicht mehr das Verschulden des Herstellers dazulegen. Wenn der Geschädigte den objektiven Mangel bewiesen hat, ist der Produzent „näher daran", den Sachverhalt aufzuklären.[120] Diese Beweislastumkehr bei der Verschuldensfrage ist vom Bundesgerichtshof zunächst für den Fall eines Fabrikationsfehlers anerkannt worden. In späteren Urteilen sind die Grundsätze auch auf Konstruktionsfehler ausgedehnt worden[121].

Der Hersteller muss bei der Beweisführung lückenlos unter Beweis stellen, was er alles **110** getan hat, um Fehler zu vermeiden.[122] Das kann er, indem er während des Herstellungsprozesses die entsprechenden Befunde sichert. Problematisch wird es, wenn er seiner **Befundsicherungspflicht** (hinsichtlich der Überprüfung des Produkts auf einwandfreie Beschaffenheit) nicht nachgekommen ist, also nicht darlegen kann, dass ihn kein Verschulden trifft. Dann muss er haften. Die Verletzung der Befundsicherungspflicht führt also zu einer Beweislastumkehr.[123] Dies gilt nicht, wenn der Hersteller darlegt, dass die Sicherheitsvorkehrungen, deren Durchführung er nicht im Stande ist zu beweisen, das Produktrisiko kaum oder gar nicht verringert hätten. Anders ausgedrückt: Wenn Maßnahmen der Befundsicherung den Schaden ausgeschlossen oder erheblich verringert hätten, trägt der Hersteller die Beweislast für sein Nicht-Verschulden.[124]

Zuletzt hat der Bundesgerichtshof die **Beweislastumkehr** für das Verschulden auch für **111** die **Fälle der Instruktionsfehler** bejaht.[125] Hierbei ist jedoch zu beachten, dass die Beweislastumkehr im Instruktionsbereich nur für solche Fälle gilt, in denen der Hersteller **bereits bei dem Inverkehrbringen** seines Produkts seine Instruktionspflichten schuldhaft verletzt hat. Ergibt sich hingegen erst später, dass die Instruktion objektiv unzureichend war, bleibt es bei der gesetzlichen Beweislastverteilung zu Lasten des Anspruchstellers. Denn wenn der Hersteller das Produkt aus seinem Einflussbereich entlassen hat, ist er nicht mehr „näher daran" als der Geschädigte.[126]

Grundsätzlich muss der Geschädigte auch den Nachweis erbringen, dass zwischen einer **112** unterlassenen oder unzureichenden Belehrung über Produktgefahren und der Rechtsgutsverletzung ein Ursachenzusammenhang besteht, also beweisen, dass der Schaden verhindert worden wäre, wäre das Produkt mit einer ausreichenden Warnung versehen gewesen.[127] In einigen Entscheidungen hat der Bundesgerichtshof auch in diesem Bereich dem Geschädigten eine Beweiserleichterung zugebilligt.[128] Er geht davon aus, dass eine **tatsächliche Vermutung** dafür spricht, dass (die fehlenden) Warnhinweise von Verbrauchern auch beachtet worden wären.

---

[119] „Sphärentheorie"; *BGH* NJW 1969, 269, 274; *Graf von Westphalen/Foerste,* § 30 Rdnr. 49.

[120] *BGH* NJW 1969, 269, 275; das AMG sieht daher in dem durch das Schadensrechtsänderungsgesetz neu eingefügten § 84a AMG einen Auskunftsanspruch des Geschädigten gegenüber dem pharmazeutischen Unternehmer vor.

[121] *BGH* NJW 1992, 560, 562.

[122] *Graf von Westphalen/Foerste,* § 30 Rdnr. 49.

[123] *BGH* NJW-RR 1993, 988.

[124] *BGH* NJW-RR 1993, 988.

[125] *BGH* NJW-RR 1993, 988.

[126] *BGH* NJW 1981, 1603, 1605; s. auch § 1 Abs. 2 Nr. 2 ProdhaftG.

[127] *BGH* NJW 1975, 1827, 1829; NJW 1987, 372, 374.

[128] *BGH* NJW 1992, 560, 562.

III. Besonderheiten bei Medizinprodukten

1. Medizinprodukte-Hersteller

113   Für den Hersteller von Medizinprodukten gelten **keine Besonderheiten** gegenüber der soeben dargestellten Beweislastregelung bei der Produkthaftung.[129]

2. Betreiber/Anwender

114   Wer im Verhältnis Betreiber/Anwender – Patient die Beweislast zu tragen hat, richtet sich zum einen nach den allgemeinen Beweislastregeln, zum anderen sind die besonderen Regeln über die **Beweislastverteilung bei der Arzthaftung** zu beachten.

a) Allgemeine Behandlungsfehler

115   Der Arzt haftet dem Patienten auf Schadensersatz, wenn durch einen Behandlungsfehler ein Schaden eingetreten ist. Grundsätzlich trägt der Patient hierfür die Beweislast. Es kann ihm aber die **Anscheinsbeweiserleichterung** zugute kommen. Wenn sich dem Beobachter z. B. auf Grund eines medizinischen Erfahrungssatzes die Vorstellung von einem bestimmten Geschehensablauf aufdrängt, genügt das als Nachweis von Kausalität oder Verschulden.[130] Der Arzt kann den Anschein erschüttern, indem er darlegt, ein atypischer Verlauf sei möglich gewesen.

116   Ebenso gilt eine Erleichterung auch **bei mangelnder Befunderhebung bzw. -sicherung** durch den Arzt. Denn der Patient ist nur dann im Stande einen Behandlungsfehler nachzuweisen, wenn er weiß, wie er im Einzelnen behandelt worden ist. Dazu braucht er eine Dokumentation seiner Behandlung. Je nachdem, ob diese völlig fehlt oder unzureichend ist, kann eine Beweiserleichterung bis hin zur völligen Umkehr der Beweislast eintreten.[131]

117   Bei einem **schweren Behandlungsfehler** liegt die Beweislast für die mangelnde Kausalität beim Arzt, d. h. der Arzt muss beweisen, dass sein schwerer Fehler nicht zu der Schädigung des Patienten geführt hat. Der Arzt trägt auch die Beweislast dafür, dass er den Patienten hinreichend aufgeklärt und dessen **Einwilligung** eingeholt hat.[132] Der Krankenhausträger bzw. der Chefarzt muss die mangelnde Kausalität im Falle eines **Organisationsmangels** beweisen. Ein solcher ist z. B. gegeben, wenn (etwa wegen Unterbesetzung der Station) keine mit dem Medizinprodukt vertraute Person eingesetzt wurde.

b) Fehlbedienung eines Medizinprodukts

118   Die Fehlbedienung eines Medizinprodukts stellt einen Behandlungsfehler dar, für den die genannten Beweisregeln gelten. Ausdrücklich entschieden hat der Bundesgerichtshof die Frage, ob **§ 280 Abs. 1 Satz 2 BGB** (früher § 282 BGB) auf Arztverträge analog anwendbar ist.[133] Nach dieser Norm, die eine gesetzliche Umkehr der Beweislast für das Verschulden darstellt, muss der Schuldner beweisen, dass er die Pflichtverletzung nicht zu vertreten hat. Übertragen auf den Arztvertrag würde das bedeuten, dass der Arzt darlegen müsste, dass er den vom Patienten bewiesenen Behandlungsfehler nicht zu vertreten hat. Die Rechtsprechung wendete den früheren § 282 BGB, den sie in vielen Fällen entsprechend gelten ließ, jedoch nicht auf den Arztvertrag an. Das hat allerdings kaum praktische Auswirkungen, denn wenn der Patient bereits den Behandlungsfehler bewiesen hat, ist es kaum noch denkbar, dass der Arzt diesen nicht zu vertreten hat.[134]

---

[129] *Deutsch,* Medizinrecht, Rdnr. 262, 1024.
[130] *Deutsch,* Medizinrecht, Rdnr. 305.
[131] *Deutsch,* Medizinrecht, Rdnr. 310.
[132] *Deutsch,* Medizinrecht, Rdnr. 156.
[133] *BGH* JZ 1978, 275 f.
[134] *Palandt/Heinrichs,* § 282 BGB, Rdnr. 18.

Dennoch: Nach der Rechtsprechung des Bundesgerichtshof kann § 280 Abs. 1 Satz 2 **119** BGB zwar in der Regel nicht angewendet werden (nämlich nicht „außerhalb des Bereichs des Fehlfunktionierens von Geräten"). Er ist aber **auf „voll beherrschbare Nebenpflichten" anzuwenden.** Das betrifft insbesondere die Anwendung von Medizinprodukten.[135] Daraus folgt für Medizinprodukte, dass der Anwender beweisen muss, dass der ordnungswidrige Zustand des verwendeten Geräts nicht von einem seiner Erfüllungs- oder Verrichtungsgehilfen verschuldet ist. Es wird also aus dem Fehlfunktionieren der Maschine auf das Verschulden des Bedienungspersonals geschlossen.[136] Dies gilt nur im Verhältnis Betreiber/Anwender – Patient, nicht im Verhältnis Hersteller – Betreiber/Anwender.

I. Internationales Zivilprozessrecht (IZPR)

I. Begriff

Haftungsrechtliche Sachverhalte weisen angesichts der heutigen **internationalen Ver-** **120** **triebsstrukturen** häufig einen Bezug zum Ausland auf, z.B. kann eine fehlerhafte Wärmflasche, die nicht nur in Deutschland, sondern auch in England vertrieben wird, bei einem englischen Patienten genauso wie bei einem deutschen zu Verbrennungen führen. Wenn ein Auslandsbezug besteht, sind zwei Fragen zu klären. Erstens, ob das angerufene deutsche Gericht bzw. welches ausländische andere Gericht für die Entscheidung des Rechtsstreits zuständig ist und zweitens, welche Privatrechtsordnung (die deutsche oder eine ausländische) vom zuständigen Gericht anzuwenden ist.

Die **Internationale Zuständigkeit** (IZ) gehört zu den sog. allgemeinen Prozessvor- **121** aussetzungen, der Frage nach der Zulässigkeit der Klage, was bedeutet, dass das angerufene Gericht diese Frage **von Amts wegen zu prüfen** hat.[137] Ist die IZ eines (z.B. deutschen) Gerichts bejaht, dann gilt automatisch dessen Verfahrensrecht, das Recht des Gerichtsorts (lateinisch: lex fori).

II. Bestimmung der Internationalen Zuständigkeit

1. Staatsverträge/EuGVVO

Die Bestimmung der IZ richtet sich nach folgenden Prinzipien: Es gibt Staatsver- **122** träge, allgemeine gesetzliche und ungeschriebene Regeln zur Bestimmung der IZ. Die wichtigste gesetzliche Regelung in diesem Bereich ist die Verordnung (EG) Nr. 44/2001 vom 22. 12. 2000 des Rates über die gerichtliche Zuständigkeit und die Anerkennung und Vollstreckung von Entscheidungen in Zivil- und Handelssachen **(EuGVVO).** Sie ist seit dem 1. 3. 2002 in Kraft. Ist der Anwendungsbereich der EuGVVO eröffnet, so darf die IZ nur noch nach der EuGVVO geprüft werden.

Die EuGVVO ist anwendbar **im Hoheitsgebiet der Mitgliedstaaten** und gilt gem. **123** Art. 2 Abs. 1 für alle Personen, die dort ihren **Wohnsitz bzw.** bei juristischen Personen ihren **Verwaltungssitz** haben. Der sachliche Anwendungsbereich erstreckt sich gem. Art. 1 Abs. 1 Satz 1 auf **Zivil- und Handelssachen** (Ausnahmen in Absatz 2), worunter auch das Deliktsrecht fällt. Voraussetzung ist, dass der Rechtsstreit einen **grenzüberschreitenden Bezug zu einem anderen Vertragsstaat** aufweist.

Wichtige Gerichtsstände der EuGVVO, die im Hinblick auf haftungsrechtliche Fragen **124** von Bedeutung sein können, sind in erster Linie der allgemeine **Gerichtsstand des**

---

[135] *BGH* JZ 1978, 275 f.

[136] *Deutsch,* Medizinrecht, Rdnr. 259.

[137] *Thomas/Putzo,* Vorb. § 1 ZPO, Rdnr. 7.

Wohnsitzes des Beklagten (Art. 2 Abs. 1) und der besondere **Gerichtsstand des Ortes der unerlaubten Handlung** (Art. 5 Nr. 3) für Klagen aus Delikt und Gefährdungshaftung. Letzteres ist weit auszulegen und umfasst alle Klagen, mit denen eine Schadenshaftung des Beklagten geltend gemacht wird, die nicht an einen Vertrag anknüpft. Er gilt auch für Schädigungen durch fehlerhafte Produkte.[138]

125   Ort der unerlaubten Handlung kann sowohl der **Handlungs- als auch der Erfolgsort** (dazu später) sein. Fallen diese auseinander, hat der Kläger ein Wahlrecht zwischen dem Ort des ursächlichen Geschehens und dem Ort, wo das schädigende Ereignis eingetreten ist.[139] Schließlich ist im Anwendungsbereich der EuGVVO gem. Art. 23 auch eine **Gerichtsstandsvereinbarung** der IZ möglich. Es kann nur die Zuständigkeit eines Gerichts eines Mitgliedstaats vereinbart werden. Außerdem muss mindestens eine Partei einen Sitz in einem Vertragsstaat haben.

126   Falls also keine wirksame Gerichtsstandsvereinbarung vorliegt, ist die Klage grundsätzlich am **Wohnsitz des Beklagten** zu erheben, es sei denn, es wird der besondere Gerichtsstand der unerlaubten Handlung gewählt.

2. Regeln des deutschen Internationalen Zivilprozessrechts (ZPO)

127   Greift weder die EuGVVO noch ein Staatsvertrag zur Regelung der IZ ein, muss auf das **deutsche Internationale Zivilprozessrecht** zurückgegriffen werden.[140]

128   In der ZPO und im Gesetz über die Angelegenheiten der freiwilligen Gerichtsbarkeit (FGG), die das nationale Zivilprozessrecht regeln, sind keine Bestimmungen zur IZ getroffen worden. Es gilt jedoch der allgemeine **Grundsatz, dass die örtliche Zuständigkeit nach der ZPO die IZ der deutschen Gerichte indiziert.**[141] Ist also ein deutsches Gericht örtlich zuständig, etwa gem. § 32 ZPO (besonderer Gerichtsstand der unerlaubten Handlung), dann ist es auch international zuständig.

3. Gerichtsstandsvereinbarungen und rügelose Einlassung

129   Gemäß § 38 ZPO können die Parteien die IZ der deutschen Gerichte vereinbaren, obwohl sie an sich nicht gegeben ist (sog. **Prorogation**) oder ausschließen, wenn sie an sich gegeben ist (sog. **Derogation**). Es ist allerdings in einem solchen Fall relativ schwierig zu klären, ob diese Vereinbarung wirksam ist und nicht durch den vorrangigen Art. 17 EuGVVO verdrängt wird.[142] Auch durch eine **rügelose Einlassung** gem. § 39 ZPO kann sich die IZ der deutschen Gerichte ergeben, sofern kein **ausschließlicher Gerichtsstand** gem. § 40 Abs. 2 Satz 2 ZPO vorliegt.

J. Anwendbarkeit ausländischen Rechts

I. Begriff des Internationalen Privatrechts

130   Bei Sachverhalten mit Verbindung zu dem Recht eines anderen Staates, also Auslandsberührung, stellt sich die Frage, ob die deutschen Regelungen der Produkthaftung gelten oder die des anderen, auch berührten Staates. Diese können sich gravierend unterscheiden. Nicht einmal EU-weit ist die Produkthaftung konform geregelt, obwohl sie auf eine gemeinsame Richtlinie zurückgeht. Denn zum einen enthält die Richtlinie neben den zwin-

---

[138] *Zöller/Geimer*, Anh I, Art. 5, Rdnr. 22.
[139] *Zöller/Geimer*, Anh I, Art. 5, Rdnr. 26.
[140] *Thomas/Putzo*, Vorb. § 1 ZPO, Rdnr. 6.
[141] *Thomas/Putzo*, Vorb. § 1 ZPO, Rdnr. 6.
[142] *Thomas/Putzo*, § 38 ZPO, Rdnr. 12 ff.

genden Vorgaben Optionen, von denen die Staaten teilweise Gebrauch gemacht haben, teilweise nicht (z. B. Art. 15 und 16 der Richtlinie, wonach jeder Staat vorsehen kann, dass der Begriff „Produkt" auch landwirtschaftliche Naturprodukte und Jagderzeugnisse umfasst, oder die Option der Schaffung eines Haftungshöchstbetrags). Zum anderen – und das ist bedeutungsvoller – wird das „gemeinsame" Produkthaftungsrecht im rechtlichen Rahmen des jeweiligen nationalen Zivilrechtssystems der einzelnen Mitgliedstaaten angewendet. Da z. B. die verschuldensabhängige Haftung in den einzelnen Mitgliedstaaten nicht harmonisiert ist, wirkt sich das auch auf die Anwendung der zur Umsetzung der Produkthaftungsrichtlinie dort geschaffenen nationalen Gesetze aus. Welches Privatrecht im Einzelfall gilt, kann von erheblicher Bedeutung sein. Man denke beispielsweise an die hohen **„punitive damages"** (Strafschadensersatz) des amerikanischen Rechts, zu deren Zahlung ein Beklagter dort verurteilt werden kann, und die es im deutschen Recht so nicht gibt. Dabei kann es – entsprechend den Regeln über die IZ – durchaus möglich sein, dass ein deutsches Gericht ausländisches Recht anzuwenden hat.

Zu bestimmen, ob bei **Sachverhalten mit Auslandsberührung** die deutsche oder **131** eine andere Privatrechtsordnung anzuwenden ist, ist Aufgabe des Internationalen Privatrechts (IPR).

II. Produzentenhaftung nach deutschem IPR

1. Gesetzliche Grundlagen

Einige europäische Staaten haben einen Staatsvertrag über die Haftung für fehlerhafte **132** Produkte abgeschlossen (das **Haager Abkommen** über das auf die Produktenhaftpflicht anwendbare Recht vom 2. 10. 1973), das von Deutschland allerdings nicht gezeichnet wurde, und daher hier nicht weiter erörtert werden soll. In Deutschland ist auf das EGBGB zurückzugreifen, das seit dem 1. 6. 1999 in **Art. 40 Ansprüche aus unerlaubter Handlung** regelt. Darunter fällt auch die Produzentenhaftung, da sie nicht von einer speziellen Norm des EGBGB erfasst wird.

2. Tatortregel

Artikel 40 Abs. 1 Satz 1 EGBGB bestimmt, dass Ansprüche aus unerlaubter Handlung **133** dem Recht des Staates unterliegen, in dem der Ersatzpflichtige gehandelt hat. Damit gilt **das Recht des Handlungsorts.** Gemäß Art. 40 Abs. 1 Satz 2 kann der Verletzte wählen, ob stattdessen das **Recht des Erfolgsorts** angewendet werden soll. Beispiel: Eine in Frankreich hergestellte und in den Verkehr gebrachte Infusionspumpe schädigt bei Anwendung in einem deutschen Krankenhaus einen Patienten. Handlungsort ist Frankreich, Erfolgsort Deutschland.[143] Der Begriff der unerlaubten Handlung ist dabei weiter als der aus § 823 BGB und umfasst den gesamten Bereich des Deliktsrechts einschließlich der Gefährdungshaftung.[144]

Für Schädigungen der Benutzer und Dritter, die in der Regel keine vertragliche Bezie- **134** hung zum Hersteller haben, gilt also gemäß obigen Ausführungen **primär** das Recht des Handlungsorts, d. h. je nach Art der Pflichtverletzung/des Produktfehlers **das Recht des Herstellungsorts oder des Orts, an dem das Produkt in Verkehr gebracht wurde.** Die Beteiligten können auch das **Recht des Erfolgsorts** wählen. Das Recht des Marktorts des Produkts kann unter dem Aspekt der besonderen Beziehung gem. Art. 41 Abs. 2 Nr. 1 EGBGB anzuwenden sein.[145]

---

[143] Vgl. auch Fälle aus anderen Bereichen bei *Kegel/Schurig,* § 18 IV.1.a.
[144] *Palandt/Heldrich,* Art. 40 EGBGB, Rdnr. 1.
[145] *Palandt/Heldrich,* Art. 40 EGBGB, Rdnr. 10.

3. Nachträgliche Rechtswahl

135   In Abweichung davon können die Beteiligten nach Eintritt des Haftungsfalls durch **gemeinsame Rechtswahl** bestimmen, welche Privatrechtsordnung gelten soll. Dies bestimmt Art. 42 Satz 1 EGBGB nunmehr ausdrücklich.

136   Da in der Regel zwischen Produzent und Geschädigtem **keine vertraglichen Beziehungen** bestehen, soll auf das IPR zum Vertragsrecht (Art. 27 ff. EGBGB), in dessen Bereich noch vieles umstritten ist, nicht weiter eingegangen werden.

K. Hinweis

137   Die Bestrebungen der Europäischen Kommission betreffend den Warenverkehr im europäischen Einheitsmarkt – ausführlich zusammengefasst im **„Guide to the Implementation of Directives based on New Approach and Global Approach"** – gehen dahin, staatliche Interventionen im Bereich der Produktregelungen auf das für die Allgemeinheit Essenzielle zu beschränken. Den Herstellern soll die größtmögliche Freiheit gelassen werden zu entscheiden, auf welche Weise sie ihren Verpflichtungen aus den Richtlinien über Produktsicherheit und Produkthaftung nachkommen wollen. Dafür wurde ein ausgefeiltes System entworfen, das die einheitliche Produktüberprüfung sicherstellen soll. Der Hersteller bleibt danach der zentrale Verantwortliche. Den Importeur und den Vertriebshändler trifft dagegen mehr die allgemeine Sorgfaltspflicht, offensichtlich fehlerhafte Produkte nicht zu vertreiben.

§ 23 Kostenerstattungsrecht für Medizinprodukte

von *Claus Burgardt, Carsten Clausen* und *Peter Wigge*

Übersicht

Literatur: *Adam/Henke,* Ökonomische Grundlagen der gesetzlichen Krankenversicherung, in: Schulin (Hrsg.), Handbuch des Sozialversicherungsrechts, Bd. 1, Krankenversicherungsrecht, München 1994, S. 113; *Baader,* Zum normlogischen Zusammenhang zwischen rechtlicher Regel und rechtlicher Ausnahme – dargestellt am Beispiel der Rechtsnatur der Kassenärztlichen Arzneimittel-Richtlinie, JZ 1990, 409; *Behnsen,* Leistungsverpflichtung der gesetzlichen Krankenversicherung für nicht vom Bundesausschuss der Ärzte und Krankenkassen anerkannte Untersuchungs- und Behandlungsmethoden sowie für nicht zugelassene Arzneimittel oder für Arzneimittel außerhalb ihres Zulassungsstatus in der ambulanten vertragsärztlichen Versorgung, in: Jäger (Hrsg.), AIDS und HIV-Infektionen, 1989, XI – 6.1, 7; *Beuthien,* Krankenkassen zwischen Wirtschaftlichkeitsgebot und Wettbewerbsrecht, MedR 1994, 253; *Bieback,* Die Einbindung nicht ärztlicher Leistungserbringer in das System der Gesetzlichen Krankenversicherung, NZS 1997, 393; *Bieback,* Etablierung eines Gemeinsamen Marktes für Krankenbehandlungen durch den EuGH, NZS 2001, 562; *Boecken,* Rechtliche Schranken für die Beschaffungstätigkeit der Krankenkassen im Hilfsmittelbereich nach Publizierung des Vertragsrechts – insbesondere zum Schutz der Leistungserbringer vor Ungleichbehandlungen, NZS 2000, 269; *Boecken,* Rechtliche Schranken für die Beschaffungstätigkeit der Krankenkassen im Hilfsmittelbereich, NZS 2000, 273; *Böhme,* Die aktuelle Rechtsprechung zu Streitfragen in der Pflege- und Krankenversicherung, Pflegen Ambulant 2000, 44; *Boos,* Therapieoptimierung aus der Sicht der Kinderonkologie, in: Stoffregen (Hrsg.), Studienstandort Deutschland: Wie viel Therapieoptimierung macht Sinn?: Perspektiven in der Onkologie, München 2002, S. 39; *Bundesministerium für Gesundheit (BMG),* Daten des Gesundheitswesens, Baden-Baden 2001; *Burgardt/Heidelmann,* Verordnung von Arzneimitteln in der Onkologie – aktuelle rechtliche Probleme, Forum DKG 2002, 32; *Castendiek,* Versichertenbeteiligung und Demokratie im Normenkonzept der Richtlinien des Bundesausschusses, NZS 2001, 71; *Clemens,* Honorarkürzung wegen Unwirtschaftlichkeit, in: Schulin (Hrsg.), Handbuch des Sozialversicherungsrechts, Bd. 1, Krankenversicherungsrecht, München 1994, S. 910; *Cyran/Rotta,* Kommentar zur Apothekenbetriebsordnung, Stuttgart 2000 (Stand: 7/2000); *Ebsen,* Autonome Rechtssetzung in der Sozialversicherung und der Arbeitsförderung als Verfassungsproblem, VSSR 1990, 57; *Ebsen,* Der Behandlungsanspruch des Versicherten in der gesetzlichen Krankenversicherung und das Leistungserbringungsrecht, in: Festschrift für Krasney, München 1997, S. 81; *Ebsen,* Rechtsquellen, in: Schulin (Hrsg.), Handbuch des Sozialversicherungsrechts, Bd. 1, Krankenversicherungsrecht, München 1994, S. 249; *Engelmann,* Sozialrechtsweg in Streitigkeiten zwischen Institutionen der gesetzlichen Krankenversicherung und Leistungserbringern bei wettbewerbs- und kartellrechtlichem Bezug, NZS 2000, 213; *Gassner,* Das Zweite Gesetz zur Änderung des Medizinproduktegesetzes, NJW 2002, 863; *Glaeske,* Therapiemaximierung oder Therapieoptimierung, in: Stoffregen (Hrsg.), Studienstandort Deutschland: wie viel Therapieoptimierung macht Sinn?: Perspektiven in der Onkologie, München 2002, S. 16; *Gruner/Wigge*, Evidenz-basierte Qualitätsanforderungen in den Richtlinien des Bundesausschusses, Pharm.Ind. 2001, 1037; *Hart*, Evidenz-basierte Medizin und Gesundheitsrecht, MedR 2000, 1; *Hauck/Haines*, SGB V, Berlin 1989 (Stand: 5/2002); *Hess*, Die Honorargestaltung im Vertragsarztrecht, in: Schnapp/Wigge (Hrsg.), Handbuch des Vertragsarztrechts, München 2002, S. 352; *Hill/Schmitt* (Hrsg.), Wiesbadener Kommentar zum Medizinproduktegesetz, Wiesbaden 1995 (Stand: 3/2002); *Klindt*, Medizinprodukterechtliche CE-Kennzeichnung am Beispiel elektrischer Pflegebetten – Technische Normung und behördliche Überwachung, MPR 2002, 13; *Kloesel/Cyran*, Arzneimittelrecht, Stuttgart (Stand: 11/2001); *Knappe/Neubauer/Seeger/Sullivan*, Die Bedeutung von Medizinprodukten im Deutschen Gesundheitswesen, Berlin 2000; *Knispel*, Auswirkungen der Neuregelung der Rechtsbeziehungen der Krankenkassen und ihrer Verbände zu den Leistungserbringern durch das GKV-Gesundheitsreformgesetz 2000, NZS 2001, 466; *Knispel*, Krankenkassen als Adressaten des Kartellrechts – Eine Stellungnahme zu Schultz, NZS 1998, S. 563; *Koenig/Engelmann/Steiner*, Die Regulierung der GKV-Abrechnung von Laboratoriumsuntersuchungen am Maßstab der Dienstleistungsfreiheit des EG-Vertrages, MedR 2002, 221; *Koenig/Sander*, Staatshaftung und Festbeträge, NZS 2001, 617; *Köhler/Hess*, Kölner Kommentar zum EBM, Köln (Stand: 2001); *Kozianka/Millarg*, Der zulassungsüberschreitende Einsatz von Arzneimitteln als Leistung der gesetzlichen Krankenkassen, PharmaR 2001, 236; *Krasney*, Das Erste und Zweite Gesetz zur Neuordnung von Selbstverwaltung und Eigenverantwortung in der gesetzlichen Krankenversicherung, NJW 1998, 1737; *Krauskopf* (Hrsg.), Soziale Krankenversicherung Pflegeversicherung, München 2001 (Stand: 8/2001); *Kummer*, Versicherungs- und Leistungsfälle, in: Schulin (Hrsg.), Handbuch des Sozialversicherungsrechts, Bd. 1, München 1994, S. 617; *Lenz/Scherer*, Rechtsgutachtliche Stellungnahme zur Zulässigkeit der Anbringung von Qualitätszeichen nationaler Prüforganisationen neben CE-Kennzeichnungen, Essen 2001; *Maaßen/Schermer/Wiegand/Zipperer*, Gesetzliche Krankenversicherung, GKV-Kommentar, Heidelberg (Stand: 5/2002); *Meuthen/Hartmann*, Genehmigungsvorbehalt bei Hilfsmitteln – Ein lang gehegter Irrtum- (Teil 1), MPR 2002, 26; *Meuthen/Hartmann*, Das sogenannte Rollstuhlurteil des 3. Senats des Bundessozialgerichts, NZS 2002, 26; *Nass*, Buchungstrick? – Fehlanzeige, Gesundheit und Gesellschaft 2001, 38; *Neumann*, Anspruch auf Krankenbehandlung nach Maßgabe der Richtlinie des Bundesausschusses, NZS 2001, 515; *Neumann*, Der Anspruch auf Krankenbehandlung – ein Rahmenrecht?, SGb 1998, 609; *Neumann*, Das Verhältnis des Leistungsrechts zum Vertragsarztrecht, in: Schnapp/Wigge (Hrsg.), Handbuch des Vertragsarztrechts, München 2002, S. 290; *Neumann*, Verbannung des Kartell- und Wettbewerbsrechtes aus der Gesetzlichen Krankenversicherung?, WuW 1999, 961; *Niesel* (Hrsg.), Kasseler Kommentar Sozialversicherungsrecht, München 2002 (Stand: 1/2002) (zit. als „Kass-Komm"); *Ossenbühl*, Richtlinien im Vertragsarztrecht, NZS 1997, 497; *Palandt*, Bürgerliches Gesetzbuch, 61. Aufl., München 2002; *Papier*, Der Wesentlichkeitsgrundsatz am Beispiel des Gesundheitsreformgesetzes, VSSR 1990, 125; *Peters*, Handbuch der Krankenversicherung Teil II – SGB V, 19. Aufl., Stuttgart u. a. (Stand: 11/1992); *Plantholz*, Richtlinien, Rahmenverträge, Rahmenempfehlungen: Der Gesetzgeber im Dickicht untergesetzlicher Teilhabe, NZS 2001, 177; *Prölls/Martin*, Versicherungsvertragsgesetz, München 1998; *Raspe*, Evidence based medicine: Modischer Unsinn, alter Wein in neuen Schläuchen oder aktuelle Notwendigkeit, ZaeF 1996, 553; *Rohwer-Kahlmann* (Hrsg.), Aufbau und Verfahren der Sozialgerichtsbarkeit, Sankt Augustin 2001 (Stand: 7/2001); *Schimmelpfeng-Schütte*, Bundes- und Landesausschüsse, in: Schnapp/Wigge (Hrsg.), Handbuch des Vertragsarztrechtes, München 2002, S. 153; *Schimmelpfeng-Schütte*, Richtliniengebung durch den Bundesausschuss der Ärzte und Krankenkassen und demokratische Legitimation, NZS 1999, 530; *Schmitt*, Parallelen zwischen den verschiedenen Bereichen des Leistungserbringungsrechts, in: Schulin (Hrsg.), Handbuch des Sozialversicherungsrechts, Bd. 1, Krankenversicherungsrecht, München 1994, S. 833; *Schnapp*, Aktuelle Rechtsquellenprobleme im Vertragsarztrecht: am Beispiel von Richtlinien und einheitlichem Bewertungsmaßstab, SGb 1999, 62; *Schnapp*, Vertragsrechtliche Anmerkungen zu berufs- und vertragsarztrechtlichen Einschränkungen der Vertragsfreiheit niedergelassener Ärzte bei gemeinsamer Berufsausübung, AusR 2001, 108; *Schneider*, Gesundheitsförderung, Krankheitsverhütung und Früherkennung, in: Schulin (Hrsg.), Handbuch des Sozialversicherungsrechts, Bd. 1, Krankenversicherungsrecht, München 1994, S. 653; *Schneider*, Die rechtliche Behandlung medizinisch-technischer Großgeräte in der Gesetzlichen Krankenversicherung aus der Sicht des Prozessrechts, SGb 1990, 89; *Schorn*, Balance zwischen Gesundheitsschutz und Kostenersparnis, KMA 1999, 56; *Schorn*, Medizinprodukte-Recht, Stuttgart 1999 (Stand: 6/2001); *Schwerdtfeger*, Keine Kassenzulassung für innovative Arzneimitteltherapien nach § 135 I 1 SGB V, SGb 2000, 154; *Schwerdtfeger*, Verfassungswidrige und EG-widrige Vorschlagsrechte im Entwurf eines Festbetrags-Neuordnungsgesetzes (§ 35 SGB V neu), NZS 2000, 67; *Smentowski*, Ärztliche Leitlinien, Weiterentwicklung oder Apoptose?,

Rheinisches Ärzteblatt 1998, 20; *Sodan,* Die institutionelle und funktionelle Legitimation des Bundesausschusses der Ärzte und Krankenkassen, NZS 2000, 581; *Spellbrink,* Wirtschaftlichkeitsprüfung im Kassenarztrecht, Neuwied u. a. 1994; *Steffen,* Der normative Verkehrsunfallschaden, NJW 1995, 2057; *Steinmeyer,* Wettbewerbsrecht im Gesundheitswesen, Berlin 2000; *Sträter,* Rechtliche Rahmenbedingungen, in: de LaHaye/Herbold (Hrsg.), Anwendungsbeobachtungen: Leitfaden für die praktische Durchführung, Aulendorf 2000, S. 9; *Verband der Angestellten-Krankenkassen e. V. (VdAK)* (Hrsg.), Basisdaten des Gesundheitswesens, Siegburg 2002; *von Wulffen,* Bonner Ärztliche Nachrichten 1999, 29; *Wasem,* Sozialpolitische Grundlagen der gesetzlichen Krankenversicherung, in: Schulin (Hrsg.), Handbuch des Sozialversicherungsrechts, Bd. 1, Krankenversicherungsrecht, München 1994, S. 80; *Werner,* Medizinprodukte als Gegenstand der gesetzlichen Krankenversicherung, MPR 2002, 45; *Wigge,* Das Entscheidungsmonopol des Bundesausschusses der Ärzte/Krankenkassen für Arzneimittel und neue medizinische Verfahren, MedR 1999, 524; *Wigge,* Evidenz-basierte Richtlinien und Leitlinien, MedR 2000, 574; *Wigge,* Kartellrechtliche Regulierung der Arzneimittelversorgung, Pharm. Ind. 2000, 503 ff., 580 ff.; *Wigge,* Kartellrechtliche Streitigkeiten von Leistungserbringern vor den Sozialgerichten?, NZS 2000, 533; *Wigge,* Legitimation durch Partizipation – Zur Verfahrensrechtlichen Beteiligung der Leistungserbringer im Entscheidungsprozess des Bundesausschusses, NZS 2001, 578 f. u. 583 f.; *Wigge,* Zur Vorgreiflichkeit der Arzneimittelzulassung in der GKV, PharmaR 2002, 348; *Wigge/Frehse,* Qualitätssicherung auf der Grundlage evidenz-basierter Richtlinien und Leitlinienbeschlüsse?, Q-med 2001, 66; *Zuck,* Die Apotheke in der GKV-Gesundheitsreform 2000: eine verfassungsrechtliche Kritik in 15 Thesen, Stuttgart 1999.

A. Struktur des Leistungsrechts in der GKV

I. Einführung

1   Das Grundgesetz legt den Staat nicht auf ein bestimmtes wirtschafts- oder sozialpolitisches System fest. Es konstruiert die Bundesrepublik Deutschland lediglich als einen demokratischen und sozialen Bundesstaat (Art. 20 Abs. 1 GG). Ein Staatsziel ist das in Art. 20 Abs. 1 GG enthaltene **Sozialstaatsprinzip.** Nach der Rechtsprechung des Bundesverfassungsgerichts enthält dieses Staatsziel zwar einen Gestaltungsauftrag für den Gesetzgeber, gewährt aber angesichts der weiteren Unbestimmtheit des Sozialstaatsprinzips regelmäßig kein Gebot, soziale Leistungen in einem bestimmten Umfang zu gewähren; zwingend sei lediglich, dass der Staat die Mindestvoraussetzungen für ein menschenwürdiges Dasein seiner Bürger schaffe.[1]

2   Diesem Gestaltungsauftrag ist der Gesetzgeber im Wesentlichen durch das System der Sozialversicherung nachgekommen. Ein Teil der Sozialversicherung ist die Krankenversicherung (vgl. §§ 4 Abs. 2 SGB I, 1 Abs. 1 SGB IV). Bei historischer Betrachtung ist wesentliches Ziel der sozialen Krankenversicherung, eine gesellschaftliche Absicherung des allgemeinen Lebensrisikos der Krankheit sicherzustellen. Diese Herleitung beinhaltet zugleich eine Beschränkung des Leistungsumfangs der Gesetzlichen Krankenversicherung (GKV) auf Lebenssachverhalte, die in ihren wesentlichen Strukturelementen, insbesondere also in den abzudeckenden Risiken, dem Bild der „klassischen" Sozialversicherung entsprechen.[2] Schon diese Herleitung zeigt, dass kosmetische Operationen und manche **„Life-Style-Aktivitäten"** (z. B. Anti-Aging-Verfahren) nur unter besonderen Voraussetzungen unter das Dach der GKV passen.

3   Da ca. 90% der Bevölkerung der Bundesrepublik Deutschland in der GKV versichert sind,[3] ist dieses soziale Sicherungssystem sowohl für die Versicherten – also die Patienten – als auch für die Erbringer gesundheitlicher Leistungen von erheblicher Bedeutung, da eine

---

[1] *BVerfG,* Beschl. v. 29. 5. 1990 – 1 BvR 20/84, NJW 1990, 2869, 2870.
[2] *BVerfG,* Beschl. v. 8. 4. 1987 – 2 BvR 909/82, NJW 1987, 3115.
[3] *BSG,* Urt. v. 31. 8. 2000 – B 3 KR 11/98 R, MedR 2001, 530, 532.

erfolgreiche Vermarktung von Medizinprodukten erheblich dadurch gewinnt, dass das entsprechende Produkt **durch die GKV finanziert** wird.

II. Rechtsquellen im Sozialrecht

In der Literatur wird gelegentlich das **undurchdringliche Dickicht** der sozialrechtli- 4
chen Regelungsinstrumentarien insbesondere im Krankenversicherungsrecht beklagt; hinzu kommt, dass die dogmatische Grundlagen des sozialrechtlichen Handlungsinstrumentariums – vorsichtig gesagt – Unklarheiten aufweisen.[4] Daher soll das außerordentlich schwierige Thema der Rechtsquellen im Sozialrecht hier nicht vertieft dargestellt werden. Nachfolgend finden sich vielmehr nur einige grundlegende Erwägungen, insbesondere zu den Richtlinien des Bundesausschusses.[5]

Die wichtigste Rechtsquelle im Bereich der GKV bleibt das **Gesetz.** Dem Bund steht 5
die konkurrierende Gesetzgebungskompetenz für die Sozialversicherung zu (Art. 74 Nr. 12 GG). Entscheidendes Gesetz für den Bereich der GKV ist das **SGB V.** Einige grundlegende Regelungen für das gesamte Sozialrecht und für die Sozialversicherung sind ferner dem SGB I und SGB IV zu entnehmen. Beispielsweise enthält § 16 Abs. 1 Satz 1 SGB I das allgemeine Antragsprinzip, nach dem der Versicherte Anträge auf Sozialleistungen zu stellen hat. Dieses Prinzip hat für diejenigen Medizinprodukte, die Hilfsmittel i. S. d. § 33 SGB V darstellen, große Bedeutung.

Für den Bereich der untergesetzlichen Rechtsquellen sind zunächst die **Rechtsverord-** 6
nungen zu nennen (z. B. die auf Grundlage des § 31 Abs. 3 SGB V ergehende Zuzahlungsverordnung) und vor allem die **Satzungen** der Krankenkassen bzw. ihrer Verbände sowie der Kassenärztlichen Vereinigungen bzw. Bundesvereinigungen. Beispielsweise erlassen die Kassenärztlichen Vereinigungen den Honorarverteilungsmaßstab, auf dessen Grundlage die ärztlichen Honorare an die Vertragsärzte ausgeschüttet werden, als Satzung (vgl. § 85 Abs. 4 SGB V).[6]

1. Kollektivverträge

Von großer Bedeutung sind ferner die Kollektivverträge, die die Verbände der Kran- 7
kenkassen insbesondere mit den Kassenärztlichen Vereinigungen, aber auch mit anderen Leistungserbringerverbänden abschließen können. Von Bedeutung sind vor allem die zwischen den Kassenärztlichen Bundesvereinigungen und den Spitzenverbänden der Krankenkassen abgeschlossenen **Bundesmantelverträge** (vgl. § 82 Abs. 1 Satz 1 SGB V). Ferner sind die Gesamtverträge zu nennen, die die Kassenärztlichen Vereinigungen mit den Landesverbänden der Krankenkassen und den Verbänden der Ersatzkassen abschließen (vgl. § 83 Abs. 1 Satz 1 SGB V). Die Verbindlichkeit der **Gesamtverträge** für Krankenkassen und Kassenärztliche Vereinigungen ergibt sich unmittelbar aus dem Gesetz. Die Verbindlichkeit für den Vertragsarzt ergibt sich unmittelbar aus § 95 Abs. 3 Satz 2 SGB V und ferner mittelbar auch aus der Satzung seiner Kassenärztlichen Vereinigung, da diese nach § 81 SGB V Bestimmungen enthalten muss, die die Verbindlichkeit der wirksamen Verträge für den Vertragsarzt gewährleistet.

Auch für den Bereich der **Heil- und Hilfsmittelversorgung** ist nach §§ 125, 127 8
SGB V der Abschluss von Verträgen zwischen den Leistungserbringern und den Krankenkassenverbänden vorgesehen. Eine automatische Wirkungserstreckung auf die Leistungserbringer, die nicht selbst Vertragspartner sind, sieht das Gesetz jedoch nicht vor. Soweit

---

[4] *Schnapp,* SGb 1999, 62, 63.

[5] Vgl. grundlegend zur Rechtsquellenproblematik im Sozialversicherungsrecht *Ebsen,* S. 249 ff.

[6] Vgl. zum Rechtscharakter des Honorarverteilungsmaßstabes KassKomm/*Hess,* § 85 SGB V, Rdnr. 52.

Leistungserbringerverbände Vertragspartner sind, müssen sich die einzelnen Mitglieder als Voraussetzung ihrer Zulassung zur kassenärztlichen Versorgung nach §§ 124 Abs. 2 Nr. 4, 126 Abs. 1 Satz 2 SGB V den Kollektivverträgen ihres Verbands unterwerfen. Ähnlich ist die Rechtslage auch für den Bereich der Arzneimittelversorgung. Die Geltungserstreckung auf die Apotheker, die an der Versorgung der GKV–Versicherten teilhaben wollen, wird über die Satzung ihres Unternehmensverbandes – also den Deutschen Apothekerverein – hergestellt (vgl. § 129 Abs. 3 SGB V).

9   Da die Kollektivverträge erhebliche Bedeutung für die Gestaltung der Leistungserbringung im System der GKV haben, hat der Gesetzgeber vielfach vorgesehen, dass Schiedsämter Kollektivverträge festlegen können, wenn sich die eigentlichen Vertragspartner nicht innerhalb zureichender Zeit auf einen Vertragsinhalt einigen können (vgl. § 89 SGB V). So ist beispielsweise durch die Schiedsstelle nach § 129 Abs. 8 SGB V durch Entscheidung vom 6. 8. 2001 der Inhalt des **Bundesapothekenrahmenvertrags** i. S. d. § 129 Abs. 2 SGB V festgesetzt worden.

2. Richtlinien des Bundesausschusses

10   Ferner spielen als Rechtsquellen die Richtlinien des Bundesausschusses der Ärzte und Krankenkassen nach § 92 SGB V eine große Rolle. Nach § 92 Abs. 8 SGB V sind die Richtlinien Teil der Bundesmantelverträge und daher über diese für Krankenkassen und Vertragsärzte verbindlich. Zugleich müssen die Satzungen der Kassenärztlichen Vereinigungen Bestimmungen enthalten, die diese Richtlinien für ihre Mitglieder verbindlich werden lassen (§ 81 Abs. 3 Nr. 2 SGB V). Aus dem Gesetz ergibt sich jedoch nicht, dass die Richtlinien auch für die Versicherten verbindlich sind. Vor Inkrafttreten des Gesundheitsstrukturgesetzes hat das Bundessozialgericht (BSG) die Richtlinien als bloße Erfahrungssätze angesehen, die Bedeutung als eine Art antizipiertes Sachverständigengutachten haben, bei denen der Versicherte aber im Einzelfall nachweisen kann, dass der den Richtlinien zugrunde liegende **Erfahrungssatz** nicht dem gegenwärtigen Erkenntnisstand entspricht.[7] Diese Rechtsprechung hat das BSG zwischenzeitlich aufgegeben und den Richtlinien als Bestandteil der Bundesmantelverträge Rechtsnormqualität zugesprochen. So meinte der 6. Senat in seinem Methadon-Urteil, dass die Richtlinien des Bundesausschusses untergesetzliche Rechtsnormen seien, die allseits – also auch gegenüber den Versicherten – normative Wirkungen erzeugen.[8] Wesentliches Argument für das BSG ist die Gewährleistung einer wünschenswerten Symmetrie zwischen dem Leistungs- und dem Leistungserbringerrecht (**Gleichklang zwischen Leistungs- und Leistungserbringerrecht**).[9] Dadurch wird sichergestellt, dass sich die Verpflichtungen des Vertragsarztes und der Krankenkasse mit dem Leistungsanspruch des Versicherten sowohl inhaltlich als auch dem Umfang nach decken. So gerechtfertigt diese Forderung des BSG in der Sache ist, so bedenklich ist jedoch die juristische Herleitung.

11   Zur Begründung der Verbindlichkeitsanordnung der Richtlinien gegenüber den Versicherten verweist das BSG auf den Charakter des Bundesausschusses als **Anstalt des öffentlichen Rechts** mit begrenzter Rechtsfähigkeit.[10] Der 1. Senat des BSG bestätigte zwar später die Verbindlichkeit der Richtlinien des Bundesausschusses nach § 92 SGB V, wählte aber einen anderen Begründungsansatz als der 6. Senat.[11] Anders als der 6. Senat versucht der 1. Senat nicht, den Rechtscharakter der Richtlinien des Bundesausschusses in die Kategorien des herkömmlichen Rechtsquellensystems einzuordnen, sondern versteht diese Richtlinien als Regelungsinstrumentarium eigener Art, das Teil eines gesamten **Systems kollektivvertraglicher Normsetzung** sei. Obwohl es an einer ausdrücklichen verfas-

---

[7] *BSG,* Urt. v. 5. 5. 1988 – 6 RKa 27/87, MedR 1989, 338, 340.
[8] *BSG,* Urt. v. 20. 3. 1996 – 6 RKa 62/94, MedR 1997, 123, 126.
[9] *BSG,* Urt. v. 20. 3. 1996 – 6 RKa 62/94, MedR 1997, 123, 126.
[10] *BSG,* Urt. v. 20. 3. 1996 – 6 RKa 62/94, MedR 1997, 123, 127.
[11] *BSG,* Urt. v. 16. 9. 1997 – 1 RK 17/95, MedR 1998, 230, 234 f.

sungsrechtlichen Ermächtigung für dieses Regelungssystem eigener Art fehle, handele es sich um eine historisch gewachsene Struktur, die lediglich fortgeführt werde und unverzichtbar sei zur Realisierung des der GKV zugrunde liegenden Konzepts eines vertraglichen Zusammenwirkens von Ärzten und Krankenkassen bzw. ihrer Organisationen.

Für die höchstrichterliche Rechtsprechung ist somit der **Rechtsnormcharakter** der 12 Richtlinien des Bundesausschusses als unmittelbar verbindliches Außenrecht auch für die Patienten – trotz unterschiedlicher dogmatischer Herleitung – anerkannt. Die juristische Literatur ist dieser Auffassung des BSG überwiegend nicht gefolgt.[12] Auch das LSG Niedersachsen ist dem BSG nicht gefolgt und vertritt weiterhin die Auffassung, dass die Richtlinien des Bundesausschusses keine normative Wirkung für die Versicherten haben.[13] Insbesondere *Ossenbühl*[14] bestreitet die hinreichende demokratische Legitimation des Bundesausschusses, da die durch die Entscheidung des Bundesausschusses betroffenen Leistungserbringer im Ausschuss überhaupt nicht repräsentiert sind und bei den Versicherten keine ununterbrochene Legitimationskette besteht. Trotz dieser Bedenken in der juristischen Literatur ist das BSG bei seiner Auffassung geblieben. Diese Rechtsprechung des BSG hat in der Konsequenz dazu geführt, dass der Bundesausschuss zu dem krankenversicherungsrechtlichen „Machtzentrum" schlechthin geworden ist.[15]

3. Rahmenempfehlungen

Durch das 2. GKV-NOG von 1997 hat der Gesetzgeber das Institut der Rahmenempfeh- 13 lung in die vertragsärztliche Versorgung übernommen. Diese Rahmenempfehlungen können z.B. die Spitzenverbände der Krankenkassen gemeinsam und einheitlich mit den Spitzenorganisationen der Heilmittelerbringer vereinbaren (vgl. § 125 SGB V). Die Rahmenempfehlungen, die auf Bundesebene geschlossen werden, sind für die regionalen Vertragspartner, die auf Grundlage dieser Empfehlungen die Verträge zu schließen haben, **nicht rechtsverbindlich.**[16] Das Verhältnis der Rahmenempfehlungen zu den Richtlinien nach § 92 SGB V ist allerdings unklar. Teilweise wird ein Vorrang der Richtlinie vor der Rahmenempfehlung vertreten, wobei der Bundesausschuss beim Richtlinienerlass berücksichtigen müsse, dass der Gesetzgeber bestimmte Regelungsbereiche den Rahmenempfehlungen zugewiesen habe, so dass eine Einschränkung des Gestaltungsspielraums der Rahmenempfehlungsgeber durch den Richtliniengeber einer besonderen Rechtfertigung bedürfen.[17] Eine andere Auffassung meint hingegen, dass keine konkurrierende Zuständigkeit im Sinne eines hierarchischen Verständnisses zwischen Bundesausschuss und Rahmenempfehlungsgebern existiert, sondern vielmehr der Gesetzgeber eine Verteilung der Kompetenzen zwischen dem Bundesausschuss und den Partnern der Rahmenempfehlungen vorgenommen habe; diese Verteilung erfolge nach Sachbereichen und in abschließender Weise.[18]

4. Würdigung

Durch die verschiedenen **Rechtsquellen mit ihren unterschiedlichen Verbindlich-** 14 **keitsgraden** wird das Ziel verfolgt, das Gesetzesrecht zu konkretisieren. In der Konsequenz ergibt sich jedoch ein Dickicht an Rechtsnormen, die das System mehr oder weniger undurchschaubar machen.[19] Es ist daher eine wesentliche Aufgabe der Rechtswissenschaft, die

---

[12] Ablehnend z.B. *Ossenbühl*, NZS 1997, 497; *Castendiek*, NZS 2001, 71; *Neumann*, NZS 2001, 515; *Schnapp*, AusR 2001, 108; *Sodan*, NZS 2000, 581.

[13] *LSG Niedersachsen*, Urt. v. 23. 2. 2000 – L 4 KR 130/98, NZS 2001, 32.

[14] *Ossenbühl*, NZS 1997, 497, 502.

[15] *Schimmelpfeng-Schütte*, § 6 Rdnr. 48.

[16] So auch KassKomm/*Hess*, § 111 a SGB V, Rdnr. 3; *Maaßen/Schermer/Wiegand/Zipperer-Orlowski*, § 125 SGB V, Rdnr. 1.

[17] KassKomm/*Hess*, § 111 a SGB V, Rdnr. 4.

[18] *Plantholz*, NZS 2001, 177, 180, 183.

[19] So *Ebsen*, Rdnr. 9.

mit diesem Normengeflecht zusammenhängenden Unschärfen aufzulösen und ein klares System zu entwickeln. Das ist bisher nur in Ansätzen gelungen. Dies hängt sicherlich auch damit zusammen, dass in der Vergangenheit weitgehend Klagen von Leistungserbringern, die von Entscheidungen im Rahmen der GKV betroffen waren, als unzulässig angesehen wurden und daher insoweit keine Fortentwicklung des materiellen Rechts stattgefunden hat. Beispielsweise hatte das BSG zu der Klage eines Arzneimittelherstellers gegen einen Ausschlusstatbestand in den Arzneimittel-Richtlinien (Ausschluss der Verordnungsfähigkeit von Saftzubereitungen für Erwachsene) vertreten, dass der Hersteller durch die Richtlinien nur mittelbar und nur wirtschaftlich betroffen sei und keine objektiv berufsregelnde Tendenz bestünde, sondern allein das unternehmerische Risiko berührt sei.[20] Das LSG NW hat in Festbetragsangelegenheiten, in denen sich Arzneimittelhersteller gegen die durch die Spitzenverbände der Krankenkasse festgelegten Höchstpreise für Arzneimittel (sog. Festbeträge, § 35 SGB V) wehrten, sogar lange Zeit gemeint, dass die Industrie überhaupt nicht klagebefugt sei und daher entsprechende Klagen als unzulässig zurückgewiesen.[21] Deshalb kann es kaum verwundern, dass die Industrie auf wettbewerbs- und kartellrechtlichem Wege Rechtsschutz gesucht und gefunden hat.[22] Im Hinblick auf die Vereinbarkeit der Festbetragsregelung mit den Vorschriften des **Wettbewerbs- und Kartellrechts** hat der Bundesgerichtshof einen Vorlagebeschluss an den Europäischen Gerichtshof erlassen,[23] der eine Klärung erwarten lässt, ob die GKV dem EG-Kartellrecht unterliegt. Die Sozialgerichte sind überwiegend der zivilgerichtlichen Beurteilung nicht gefolgt und haben die Anwendbarkeit kartellrechtlicher Vorschriften auf die GKV verneint.[24] Der Gesetzgeber hat als Konsequenz der von ihm als missliebig empfundenen zivilgerichtlichen Rechtsprechung durch das GKV-Gesundheitsreformgesetz 2000 die wettbewerbs- und kartellrechtliche Beurteilung entsprechender Sachverhalte auf die Sozialgerichtsbarkeit übertragen (vgl. §§ 87, 96 GWB).

15   Auch wenn die Sozialgerichtsbarkeit mittlerweile in weitergehendem Umfang Klagen von Drittbetroffenen gegen die GKV zulässt, gilt nach wie vor der Befund, dass die Beziehungen der Leistungserbringer zu den Rechtsakten der GKV unter Berücksichtigung der wirtschaftlichen Bedeutung dieser Entscheidungen im Gesetz nicht angemessen geregelt sind.[25] Dies gilt insbesondere für die weitgehende Versagung **einstweiligen Rechtsschutzes für Leistungserbringer**.[26] Es bleibt abzuwarten, ob die Neuregelung des einstweiligen Rechtsschutzes durch das 6. SGG-Änderungsgesetz hier eine Änderung bringt. Erste Erfahrungen hiermit stimmen allerdings nicht hoffnungsfroh.

III. Sachleistungsprinzip als wesentliches Strukturmerkmal der GKV

1. Sachleistungsprinzip

16   Zu den tragenden Strukturprinzipien der GKV gehört seit jeher das Sachleistungsprinzip (§§ 2 Abs. 2 Satz 1, 13 Abs. 1 SGB V). Danach hat der Versicherte einen Rechtsanspruch auf die notwendige GKV-Leistung „in Natur". Wesensmerkmal des Sachleistungsprinzips ist also, dass die Krankenkasse dem Versicherten nicht etwa die notwendigen Leistungen

---

[20] *BSG*, Urt. v. 1. 10. 1990 – 6 RKa 3/90.

[21] *LSG NW*, Urt. v. 17. 9. 1998 – L 16 KR 180/96.

[22] *OLG München*, Urt. v. 20. 1. 2000 – U (K) 4428/99, NZS 2000, 457 – *Klage gegen Arzneimittel-Richtlinien; OLG Hamburg*, Urt. v. 19. 10. 2000 – 3 U 200/99, PharmaR 2001, 14 – *Klage gegen Arzneimittel-Richtlinien; OLG Düsseldorf*, Urt. v. 27. 7. 1999, U (Kart) 36/98 – *Klage gegen Festbetrag für Arzneimittel.*

[23] *BGH*, Beschl. v. 3. 7. 2001 – KZR 31/99, WRP 2001, 1331.

[24] Z.B. *LSG Berlin*, Beschl. v. 26. 10. 2000 – L 9 B 97/00 KR ER, NZS 2001, 420; *LSG NW*, Beschl. v. 28. 9. 2000 – L 5 KR 11/95, PharmaR 2002, 143.

[25] So auch *Schimmelpfeng-Schütte*, Rdnr. 41.

[26] Vgl. z. B. für Arzneimittelfestbeträge *LSG NW*, Beschl. v. 12. 10. 1995 – L 16 SKr 30/95.

im Wege der Kostenerstattung ex-post finanziert, sondern sie hat ihm die erforderlichen Dienste und Produkte in Natur zu beschaffen.[27] Grundsätzlich erfüllt die GKV die Sachleistungsverpflichtung durch den Abschluss von Verträgen mit Erbringern der Sach- und Dienstleistungen, auf die der Versicherte in der GKV Anspruch hat (vgl. § 2 Abs. 2 Satz 2 SGB V). Wesentliche Folge des Sachleistungssystems ist das **„Alles-oder-Nichts-Prinzip"**, d. h. entweder nimmt der Versicherte die ihm nach dem Leistungskatalog der GKV zustehende Leistung in Natur in Empfang oder er verzichtet darauf; nicht möglich ist jedoch, dass der Patient eine „bessere" Leistung in Anspruch nimmt und ihm die Krankenkasse dafür den Kostenbeitrag erstattet, der der Krankenkasse bei Inanspruchnahme der „minderen" Sachleistung ohnehin entstanden wäre.[28] Vielmehr kann der Patient diesen Weg der (Teil-)Kostenerstattung nur in den im Gesetz ausdrücklich vorgesehenen Fällen (vgl. § 13 Abs. 1 SGB V) beschreiten. Beispielsweise sieht das Gesetz eine Teilkostenerstattung bei kieferorthopädischer (§ 29 SGB V) und Zahnersatzbehandlung (vgl. § 30 SGB V) vor; ferner kommt eine Teilkostenerstattung auch in Betracht, wenn der Patient ein festbetragsgeregeltes Arzneimittel wünscht, dessen Preis den festgesetzten Festbetrag überschreitet (§ 31 Abs. 2 SGB V). Das Gleiche gilt für die Inanspruchnahme von Heilmitteln (vgl. § 32 Abs. 2 Satz 4 SGB V).

Damit verhindert das Sachleistungsprinzip, dass sich ein wirtschaftlich leistungsfähiger **17** Patient im Vergleich zur GKV-Leistung (vermeintlich) bessere Arzneimittel oder Medizinprodukte beschafft und nur die Zusatzkosten selbst trägt. Dies mag zwar unter dem Gesichtspunkt der Verhinderung einer Zwei-Klassen-Medizin sinnvoll sein, hindert aber den Patienten daran, sein Behandlungsverhältnis autonom und individuell auszugestalten.[29] Es ist nicht einzusehen, dass dem mündigen Bürger das Recht versagt werden soll, eigene Wünsche in die Gestaltung der medizinischen Versorgung einzubringen. Dies gilt insbesondere im Hinblick auf die Regelung in § 135 SGB V. Nach dieser Vorschrift kann der Patient **neue Untersuchungs- und Behandlungsmethoden** erst dann als Leistung beanspruchen, wenn zuvor der Bundesausschuss in seinen Richtlinien nach § 92 Abs. 1 Satz 2 Nr. 5 SGB V über die Aufnahme dieser Leistungen in den Leistungskatalog der GVK entschieden hat. Während etwa das Arzneimittelgesetz für die Bearbeitung eines Zulassungsantrags eine feste Zeitspanne von sieben Monaten vorsieht (vgl. § 27 Abs. 1 Satz 1 AMG), besteht für das Tätigwerden des Bundesausschusses keinerlei zeitliche Vorgabe. Lange Bearbeitungszeiten sind keineswegs ungewöhnlich. Für Patienten kann daher in nachvollziehbarer Weise der dringende Wunsch bestehen, sich schon während des laufenden Bewertungsverfahrens beim Bundesausschuss der neuen Behandlungsmethode zu bedienen, insbesondere wenn diese erhebliche Vorzüge gegenüber alten Verfahren verspricht. Verweigert man dennoch einem „Zuzahlungsmodell" des Versicherten die Anerkennung, führt dies insbesondere dann zu erheblichen wirtschaftlichen Folgen, wenn die neue Behandlungsmethode in Kombination mit anderen Maßnahmen eingesetzt wird. Das BSG hat nämlich im Hinblick auf die Bewertung von Behandlungsmethoden gemeint, dass bei der Überprüfung grundsätzlich von dem therapeutischen Gesamtkonzept des behandelnden Arztes und nicht von der einzelnen medizinischen Maßnahme auszugehen sei.[30] Der Versicherte müsste dann also nicht nur die neue Methode, sondern auch alle anderen Begleitmaßnahmen mitfinanzieren, die im Rahmen des therapeutischen Gesamtkonzepts Verwendung finden.

2. Numerus clausus der Leistungsrechte im SGB V

Gemäß ihrem beschränkten Zweck gewährt die Sozialversicherung dem Einzelnen nur **18** Schutz gegen bestimmte Lebensrisiken, die in §§ 21 Abs. 1 SGB I, 11 SGB V aufgeführt

---

[27] *Wasem*, Rdnr. 158.
[28] Vgl. z. B. *BSG*, Urt. v. 14. 3. 2001 – B 6 KA 36/00 R, MedR 2002, 42, 44.
[29] Kritisch auch *Wasem*, Rdnr. 162.
[30] *BSG*, Urt. v. 16. 9. 1997 – 1 RK 17/95, MedR 1998, 230, 231.

sind. Die Vorschriften beschränken damit den **Versicherungsfall,** der vorliegen muss, um überhaupt eine Leistungspflicht der GKV auszulösen. Der klassische Versicherungsfall der GKV ist der Krankheitsfall. Erstaunlicherweise ist der Krankheitsbegriff selbst gesetzlich nicht geregelt, sondern die nähere Ausgestaltung der Rechtsprechung überlassen worden. Der Krankheitsbegriff soll an dieser Stelle nicht weiter vertieft werden.[31]

19 Liegt der Versicherungsfall der Krankheit vor, so enthält § 27 SGB V den Leistungskatalog, den der Patient dem Grunde nach beanspruchen kann. Da die Vorläuferregelung in § 182 Abs. 1 Nr. 1 RVO vorsah, dass der Versicherte „insbesondere" Anspruch auf die in dieser Vorschrift genannten Leistungen hatte, muss aus dem Wegfall des Wortes „insbesondere" in der jetzt geltenden Regelung des § 27 Abs. 1 Satz 2 SGB V hergeleitet werden, dass dieser **Leistungskatalog** abschließend ist.[32] Leistungsausweitungen sind daher allenfalls über Modellvorhaben i. S. d. §§ 63 ff. SGB V möglich. Das BSG hatte daher in der Vergangenheit Krankenkost (z. B. Sondennahrung) die Erstattung versagt, da es sich bei diesen Produkten trotz der eindeutigen medizinischen Zweckbestimmung nicht um Arznei-, Heil- oder Hilfsmittel handelte.[33] Der Gesetzgeber hat als Reaktion auf dieses Urteil die Vorschrift des § 31 Abs. 1 Satz 2 neu in das SGB V eingeführt und dadurch den Leistungskatalog der GKV entsprechend erweitert.

20 Aus dieser Rechtslage folgt für **Medizinprodukte,** dass diese nur dann eine GKV-Leistung sein können, wenn diese einer der Leistungskategorien i. S. d. § 27 Abs. 1 Satz 2 SGB V unterfallen, denn das SGB V sieht Medizinprodukte nicht als eigenständige Leistungsart vor. In der Praxis hatte dies für einige Produkte, die nach der Einführung des Medizinproduktegesetzes ihren Produktstatus vom Arzneimittel zum Medizinprodukt gewechselt hatten, erhebliche Bedeutung. So haben häufiger Krankenkassen die Verordnungsfähigkeit von hyaluronsäurehaltigen Produkten, die als Medizinprodukt in Verkehr gebracht wurden, verneint, da sie unter keine der in § 27 Abs. 1 Satz 2 SGB V genannten Leistungsarten fielen; das weiterhin als Arzneimittel zugelassene Hyaluronsäure-Präparat konnte jedoch weiterhin verordnet werden. Dies hat dazu geführt, dass der Gesetzgeber durch die Einführung des § 31 Abs. 1 Satz 2 SGB V durch das 2. MPG-Änderungsgesetz eine separate Erstattungsvorschrift für diese Produkte getroffen hat. Danach gelten nunmehr bestimmte Medizinprodukte sozialversicherungsrechtlich als Arzneimittel. Es bleibt abzuwarten, ob mit dieser neuen Erstattungsvorschrift tatsächlich die bisherigen Probleme gelöst sind.

21 Für den Medizinproduktehersteller bedeutet diese Rechtslage, dass er sich vor der Produktzertifizierung – besser noch vor der Produktentwicklung – Gedanken darüber machen sollte, wie sein Produkt unter Berücksichtigung der Rahmenbedingungen des GKV-Leistungsrechts **vermarktet** werden soll. In welche Leistungskategorie Medizinprodukte eingestuft werden können, wird unter Rdnr. 134 ff. erörtert.

3. Einbeziehung der Leistungserbringer – Vertragsmodell der GKV

22 Grundsätzlich erfüllen die Krankenkassen ihre Leistungsverschaffungspflicht im Sachleistungssystem durch den **Abschluss entsprechender Verträge** mit den jeweiligen Leistungserbringern bzw. Leistungserbringerverbänden. Schon im Jahr 1996 wurden im früheren Bundesgebiet für die Leistungsarten ärztliche Behandlung, Arzneimittel aus Apotheken sowie für Heil- und Hilfsmittel insgesamt ca. 75 Milliarden DM aufgewandt.[34] Dies zeigt die immense wirtschaftliche Bedeutung der Verschaffungsverträge in der GKV.

23 Mit der neuen Fassung des § 69 SGB V durch das **GKV-Gesundheitsreformgesetz 2000,**[35] hat der Gesetzgeber bestimmt, dass sich die Rechtsbeziehungen der Krankenkassen und ihrer Verbände zu den Leistungserbringern und ihren Verbänden ausschließlich

---

[31] Vgl. zum Krankheitsbegriff KassKomm/*Höfler,* § 27 SGB V, Rdnr. 9 ff.

[32] KassKomm/*Höfler,* § 27 SGB V, Rdnr. 2.

[33] *BSG,* Urt. v. 9. 12. 1997 – 1 RK 23/95, NZS 1998, 477.

[34] Statistisches Taschenbuch für Gesundheit, 1998.

[35] BGBl. 1999 I S. 2626.

nach dem 4. Kapitel des SGB V richten. Nach § 69 Abs. 1 Satz 4 SGB V gilt dies auch, soweit durch die Rechtsbeziehung Rechte Dritter berührt werden. Soweit früher die Leistungsbeschaffungsverträge dem Zivilrecht zugeordnet wurden,[36] muss davon ausgegangen werden, dass die Leistungsbeschaffungsverträge nunmehr als öffentlich-rechtliche Verträge anzusehen sind.[37] Für die Leistungserbringer ist es daher von entscheidender Bedeutung, dass sie an diesem Vertragssystem teilnehmen können und die Krankenkassen bzw. deren Verbände mit ihnen Verträge abschließen.

Nach § 2 Abs. 3 SGB V haben die Krankenkassen bei der Auswahl der Leistungserbringer ihre Vielfalt zu beachten. Die gebotene **Pluralität der Angebotsstruktur** soll daher die Wahlfreiheit der Versicherten sichern. Dass das SGB V selbst von einem Wettbewerb der Leistungserbringer untereinander ausgeht, zeigt insbesondere die Schaffung der besonderen Informationsbefugnis der Kassenärztlichen Vereinigungen und Krankenkassen in §§ 73 Abs. 8, 305a SGB V. Danach können die Kassenärztlichen Vereinigungen sowie die Krankenkassen einschließlich ihrer Verbände die Vertragsärzte über verordnungsfähige Leistungen und deren Preise oder Entgelte informieren sowie nach dem allgemein anerkannten Stand der medizinischen Erkenntnisse Hinweise zu Indikationen und therapeutischen Nutzen geben. Eine Pluralität der Leistungserbringer lässt sich jedoch nur gewährleisten, wenn diese in der Regel einen Rechtsanspruch darauf haben, dass die Krankenkassen mit ihnen entsprechende Verträge abschließen. **24**

Der Bundesgerichtshof hat für den Bereich der Pflegeversicherung – allerdings auf kartellrechtlicher Grundlage – ausgeführt, dass ein marktbeherrschendes Unternehmen – hier eine regionale Krankenkasse – gleiche Leistungen nur dann zu unterschiedlichen Preisen beziehen könne, wenn ein sachlicher Grund für die unterschiedliche Preisgestaltung bestehe.[38] In einem weiteren kartellrechtlichen Verfahren hat das OLG Dresden gemeint, dass Krankenkassen nicht berechtigt sind, durch eine ausschließliche Vergabe des Versorgungsauftrags an einen einzigen Leistungserbringer auf Grundlage einer Ausschreibung das Angebot auf einen einzigen Leistungserbringer zu konzentrieren.[39] Die Nachfragekonzentration auf einen einzigen Leistungserbringer kann zwar der Krankenkasse initial günstige Bezugspreise ermöglichen. Nach einem Ausscheiden aller Mitbewerber kann allerdings der verbliebene Leistungserbringer seine Konditionen unter Umständen einseitig gegen die Krankenkassen durchdrücken, die mangels Wettbewerb keine Versorgungsalternative haben, aber dennoch ihren Versorgungsauftrag weiter erfüllen müssen.[40] Nachdem der Gesetzgeber durch die Neufassung des § 69 SGB V alle Rechtsbeziehungen zwischen Krankenkassen und Leistungserbringern ausschließlich dem 4. Kapitel des SGB V unterwerfen will, stellt sich jedoch die Frage, inwieweit die auf kartellrechtlicher Grundlage ergangene dargestellte Rechtsprechung weiterhin Geltung beanspruchen kann. Dies ist zu bejahen, wenn § 69 SGB V keine materiell-rechtliche Bedeutung hat, sondern lediglich eine Rechtswegzuordnung zum öffentlichen Recht enthält, da dann UWG und GWB weiterhin Anwendung finden können.[41] Die wohl überwiegende Auffassung misst hingegen § 69 SGB V materiell-rechtliche Bedeutung zu, so dass UWG und GWB keine Anwendung mehr finden.[42] Aber auch bei den Vertretern dieser Auffassung ist unstreitig, dass wegen des Vorrangs des EG-Rechts nicht etwa die Vorschriften des **Europäischen Wettbewerbs- und Kartellrechts** ausgeschlossen werden können.[43] **25**

---

[36] So *GemSOBG BGHZ* 97, 313; 102, 82.

[37] *Knispel,* NZS 2001, 466, 468 m.w.N.

[38] *BGH* GRUR 2002, 461, 463.

[39] *OLG Dresden,* Urt. v. 23. 8. 2001 – U 2403/00 Kart, NZS 2002, 33; ähnlich *Beuthien,* MedR 1994, 253, 256.

[40] So auch *Beuthien,* MedR 1994, 253, 261.

[41] Vgl. *Neumann,* WuW 1999, 961, 965 f.

[42] Vgl. z.B. *Knispel,* NZS 2001, 466, 470; *Boecken,* NZS 2000, 269, 271.

[43] Vgl. *Knispel,* NZS 2001, 466, 472; *Boecken,* NZS 2000, 269, 271 f.

26   Aber auch außerhalb des Geltungsbereichs des Europäischen Rechts kann sich ein Anspruch der Leistungserbringer auf Abschluss von Leistungserbringerverträgen mit den Krankenkassen aus Art. 3, 12 GG ergeben.[44] Da sich der Grundsatz der Pluralität der Leistungserbringer und das Wettbewerbsmodell des Sachleistungssystems unmittelbar aus den Vorschriften des SGB V ergeben (s. Rdnr. 23), ist der oben dargestellten wettbewerbs- und kartellrechtlichen Rechtsprechung durch die neue Fassung des § 69 SGB V letztlich nicht die Grundlage entzogen worden, sondern ist nunmehr auf die **sozialversicherungs- und verfassungsrechtlichen Vorschriften zu stützen.**[45]

27   Ist somit grundsätzlich ein Rechtsanspruch der Leistungserbringer auf Abschluss von Verträgen mit den Krankenkassen bzw. ihren Verbänden anzuerkennen, so führt dies allerdings nicht dazu, dass den Krankenkassen jedweder Vertragspartner aufgezwungen werden kann, denn nach §§ 124, 126 SGB V nehmen an der vertragsärztlichen Versorgung nur zugelassene Leistungserbringer teil. Durch diese Regelung wird sichergestellt, dass nur solche Leistungserbringer an der Versorgung teilnehmen können, die hinreichende Gewähr dafür bieten, dass sie eine wirtschaftliche und zweckmäßige Versorgung sicherstellen. Die Teilnahme an der GKV-Versorgung ist für die Leistungserbringer insoweit als Verbot mit Erlaubnisvorbehalt ausgestaltet, so dass über die **Zulassung** zunächst durch Verwaltungsakt zu entscheiden ist. Auf die Erteilung der Zulassung besteht ein Rechtsanspruch, wie die Formulierung in § 124 Abs. 2 Satz 1, 126 Abs. 1 Satz 2 SGB V zum Ausdruck bringt. Dieser Rechtsanspruch wird in wesentlicher Hinsicht entwertet, wenn nicht zugleich ein Rechtsanspruch auf Einbeziehung in die durch die Krankenkassen abgeschlossenen Verträge bestehen würde (Rdnr. 24 ff.).

28   Durch den Rechtsanspruch der Leistungserbringer, die die gesetzlichen Anforderungen erfüllen, auf Zulassung und Beteiligung an dem Versorgungssystem der GKV werden die Krankenkassen in ihrer Zulassungs- und Vertragspraxis auch nicht über Gebühr beeinträchtigt. Die Möglichkeit der Krankenkassenseite, Festbeträge festzusetzen bzw. Festpreise zu vereinbaren (vgl. §§ 36, 127 SGB V) und das Recht, Preisvergleiche durchzuführen und die Ärzte über diese sowie über den therapeutischen Nutzen zu informieren, bieten hinreichende Gewähr für die Sicherstellung einer wirtschaftlichen und am allgemein anerkannten Stand der medizinischen Erkenntnisse orientierten Versorgung der Versicherten (vgl. §§ 73 Abs. 8, 305 a SGB V). Insoweit bedarf es keines Einstiegs in das sog. **„Einkaufsmodell"**, wonach die Krankenkassen das Recht hätten, nur mit einem einzigen Leistungserbringer in Vertragsbeziehung zu treten. Daher ist grundsätzlich von einem Rechtsanspruch der Leistungserbringer auszugehen, an dem Vertragssystem teilzunehmen.[46]

4. Selbstabgabestellen der Krankenkassen

29   Auch wenn das Sachleistungsprinzip durch das Vertragskonzept geprägt ist (§ 2 Abs. 2 Satz 2 SGB V), nach dem die Krankenkassen mit den Leistungserbringern Verträge über die Leistungserbringung schließen, ist es nicht gänzlich ausgeschlossen, dass die Krankenkassen selbst den Anspruch des Patienten erfüllen, also **selbst Leistungen erbringen** bzw. abgeben.

30   Nach § 140 Abs. 1 SGB V dürfen Krankenkassen aus Gründen des Bestandsschutzes nur noch die Selbstabgabestellen gesundheitlicher Leistungen weiter betreiben, die am 1. 1. 1989 bestanden. Als entsprechende **Eigeneinrichtungen** werden kasseneigene Laboratorien, Röntgeninstitute und Zahnkliniken genannt.[47] Neue Eigeneinrichtungen der Krankenkassen dürfen nur in den in § 140 Abs. 2 SGB V genannten Ausnahmefällen errichtet werden, also – vom Sonderfall des § 72 a Abs. 1 SGB V abgesehen – nur im Bereich der Ge-

---

[44] Vgl. *Knispel*, NZS 2001, 470 ff; *Boecken*, NZS 2000, 269, 273 ff.

[45] *Boecken*, NZS 2000, 269, 273 ff.

[46] In die Richtung auch *Maaßen/Schermer/Wiegand/Zipperer-Orlowski*, § 127 SGB V, Rdnr. 4; *Bieback*, NZS 1997, 393, 452.

[47] Vgl. *Maaßen/Schermer/Wiegand/Zipperer-Orlowski*, § 140 SGB V, Rdnr. 2.

sundheitsvorsorge und der Rehabilitation, wenn anderweitig eine ausreichende Versorgung nicht sichergestellt werden kann. Das Gleiche gilt für die Erweiterung des Umfangs bereits bestehender Eigeneinrichtungen (vgl. § 76 Abs. 1 Satz 4 SGB V). Die Eigeneinrichtungen nach § 140 SGB V sind daher für den Medizinproduktebereich von geringer Bedeutung.

Von den Beschränkungen des § 140 SGB V ausgenommen ist allerdings die **leihweise** **31** **Abgabe von Hilfsmitteln** nach § 33 Abs. 5 Satz 1 SGB V. Diese Möglichkeit hat große Bedeutung für die Abgabe von Medizinprodukten. Die gesetzliche Regelung enthält allerdings – anders als § 140 Abs. 2 SGB V – keinerlei Beschränkung dieses Selbstabgaberechts der Krankenkassen. Beschränkungen können sich daher nur aus dem Kontext dieser Spezialregelung mit den sonstigen leistungsrechtlichen Prinzipien ergeben.

Die leihweise Überlassung von Hilfsmittel kann nur in Betracht kommen bei solchen **32** Gegenständen, die ihre Art nach für den **Wiedereinsatz geeignet** sind,[48] denn das Leistungssystem ist dadurch geprägt, dass der Patient in der Regel die verordneten Leistungen zu Eigentum erwirbt. Für den Heilmittelbereich hat das BSG die Auffassung vertreten, dass zwischen der Krankenkasse und dem Leistungserbringer unter Einschaltung des Vertragsarztes als Vertreter der Krankenkasse ein Vertrag zu Gunsten des Versicherten abgeschlossen wird.[49] Auch für den Bereich der Arzneimittelverordnung ist das BSG diesem Vertragsmodell gefolgt.[50] Bei dieser Konstruktion fungiert der Patient, der das Rezept beim Leistungserbringer vorlegt, als Bote des Kaufvertragsangebots. Das BSG selbst hat allerdings gemeint, dass die Qualifizierung des Versicherten als Bote des Kaufvertragsangebots der Krankenkassen an den Leistungserbringer zweifelhaft erscheine, da der Patient selbst das Recht zur Auswahl des Leistungserbringers habe[51] und er daher kein bloßer Bote sein könne. Aus diesen Zweifeln hat das BSG allerdings keine Konsequenzen abgeleitet. In der Literatur wird demgegenüber die Auffassung vertreten, dass der Versicherte selbst mit dem Leistungserbringer einen Kaufvertrag abschließt und die Krankenkasse die daraus resultierende Zahlungspflicht durch eine antizipierte Schuldübernahme übernimmt.[52] Diese Lösung hat sicherlich den Vorzug, dass sie die tatsächlichen Gegebenheiten der Arzneimittel- bzw. Hilfsmittelabgabe besser abbildet. Aber auch bei dieser Lösung bestehen **Konflikte zum Sachleistungsprinzip.** Dies beruht auf dem Gedanken, dass dem Patienten Leistungen in Natur zur Verfügung gestellt werden, die Versicherten also nicht selbst einem Zahlungsanspruch eines Leistungserbringers ausgesetzt sind.[53] Unabhängig davon, welcher rechtlichen Konstruktion man folgt, besteht jedoch Einigkeit darüber, dass eine direkte Leistungsbeziehung zwischen dem Leistungserbringer und dem Versicherten besteht, dieser also kraft der Leistungsbeziehung grundsätzlich Eigentümer des ihm übergebenen Gegenstands werden soll. Eine Abweichung von diesem allgemeinen Prinzip im Rahmen des § 33 Abs. 5 SGB V kann daher nur dann sinnvoll sein, wenn es sich um Artikel handelt, die wieder eingesetzt werden können (z.B. Krücken oder Rollstühle). Beispielsweise kann daher eine Krankenkasse dem Versicherten keine Brille „leihweise" überlassen, um diese nach Beendigung des Leistungsfalls (z.B. beim Tod des Versicherten) wieder in den Krankenkassenbestand zurückzunehmen. Daher darf die Möglichkeit zur leihweisen Abgabe nach § 33 Abs. 5 SGB V nicht dazu missbraucht werden, dass die Krankenkassen alle Medizinprodukte zentral einkaufen, um sie sodann „leihweise" weiterzugeben. Eine Umgehung des Grundsatzes der Pluralität der Leistungserbringer kann daher mit dieser Vorschrift nicht gerechtfertigt werden. Vielmehr beschränkt sich § 33 Abs. 5 SGB V auf Artikel, die tatsächlich im **Wiedereinsatzsystem** Verwendung finden.

---

[48] *Hauck/Haines-Gerlach,* § 33 SGB V, Rdnr. 27.

[49] *BSG,* Urt. v. 17. 4. 1996 – 3 RK 19/95, NZS 1997, 76, 77.

[50] *BSG,* Urt. v. 17. 1. 1996 – 3 RK 26/94, BSGE 77, 194, 200.

[51] *BSG,* Urt. v. 17. 1. 1996 – RK 26/94, BSGE 77, 194, 200.

[52] So *Schmitt,* Rdnr. 49 ff.

[53] *BGH* NJW 1999, 858, 860 zu Krankentransportleistungen; *BSGE* 70, 20, 22 ff. und *BGH* NJW 2000, 3429 jeweils zu Krankenhauskosten.

Eine weitergehende Interpretation würde gegen das grundsätzliche Verbot der Einrichtung von Selbstabgabestellen der Krankenkassen nach § 140 SGB V verstoßen.

33 Die leihweise Überlassung von Hilfsmitteln nach § 33 Abs. 5 SGB V hat für die Krankenkassen auch eine medizinprodukterechtliche Konsequenz, denn die Krankenkassen übernehmen dadurch die **Betreiberverantwortung** nach der Medizinproduktebetreiberverordnung.[54] Die Krankenkasse muss daher die notwendigen Vorkehrungen treffen, die eine technisch und hygienisch einwandfreie Ausbesserung bzw. Erneuerung der Produkte im Wiedereinsatzsystem gewährleisten.[55]

5. Auswirkungen des europäischen Rechts auf das Sachleistungsprinzip

34 In letzter Zeit hat auch das Europäische Recht Bedeutung für das Sachleistungssystem gewonnen. Zum besseren Verständnis der Bedeutung des EG-Rechts für die nationalen Sozialversicherungssysteme soll daher nachfolgend auch auf die einschlägigen **europarechtlichen Grundlagen** eingegangen werden.

a) EG-rechtliche Grundlagen

35 Die Europäische Union hat keine unbegrenzte Rechtssetzungsgewalt. Vielmehr besteht das **Prinzip der begrenzten Einzelzuständigkeit**. Danach kann die Europäische Union nur tätig werden, wenn ihr eine entsprechende Kompetenz verliehen worden ist. Dies kommt in Art. 5 des Vertrags zur Gründung der Europäischen Gemeinschaft zum Ausdruck, wenn es dort heißt:

> Die Gemeinschaft wird innerhalb der Grenzen der ihr in diesem Vertrag zugewiesenen Befugnisse und gesetzten Ziele tätig. In den Bereichen, die nicht in ihre ausschließliche Zuständigkeit fallen, wird die Gemeinschaft nach dem Subsidiaritätsprinzip nur tätig, sofern und soweit die Ziele der in Betracht gezogenen Maßnahmen auf Ebene der Mitgliedstaaten nicht ausreichend erreicht werden können und daher wegen ihres Umfanges und ihrer Wirkungen besser auf Gemeinschaftsebene erreicht werden können.

36 Der **wesentliche Aufgabenkatalog der Europäischen Gemeinschaft** findet sich in Art. 3, 4 EG. Ursprünglich fehlte es der Europäischen Gemeinschaft an einer eigenen Zuständigkeit für das Gesundheitswesen. Erst durch den Maastricht-Vertrag erhielt die Europäische Gemeinschaft durch Art. 3 lit. p) EG die Zuständigkeit, „einen Beitrag zur Erreichung eines hohen Gesundheitsschutzniveaus" zu leisten. Einzelheiten enthält Art. 152 EG, der die Union insbesondere dazu berechtigt, die Abstimmung der nationalen Gesundheitspolitiken zu fördern. Einen gewichtigen Vorbehalt enthält allerdings Art. 152 Abs. 5 EG. Darin heißt es:

> Bei der Tätigkeit der Gemeinschaft im Bereich der Gesundheit der Bevölkerung wird die Verantwortung der Mitgliedstaaten für die Organisation des Gesundheitswesens und die medizinische Versorgung in vollem Umfang gewahrt.

37 Demzufolge hat die Europäische Union **keine Befugnis, die nationalen Sozialversicherungssysteme zu harmonisieren** oder diese in sonstiger Weise zu regulieren. Entsprechend wenige EG-rechtliche Rechtsquellen beschäftigen sich mit sozialversicherungsrechtlichen Fragen. Eine große Rolle spielt die Verordnung (EWG) Nr. 1408/71, die sich mit der Anwendung der sozialen Sicherungssysteme auf Arbeitnehmer beschäftigt, die innerhalb der Gemeinschaft zu- und abwandern. Diese EG-Verordnung will jedoch (nur) die sozialpolitischen Probleme lösen, die aus der Freizügigkeit der Arbeitnehmer entstehen und zeigt dadurch exemplarisch, dass die Kompetenz der Europäischen Gemeinschaft, die Freiheit des Warenverkehrs und die Freizügigkeit der Arbeitnehmer zu regeln, trotz des Vorbehalts des Art. 152 Abs. 5 EG auch das nationale Gesundheitsrecht

---

[54] *VG Braunschweig*, Urt. v. 26. 2. 2002 – 5 A 307/01.
[55] *Hauck/Haines-Gerlach*, § 33 SGB V, Rdnr. 27.

inhaltlich beeinflussen kann. Demgemäß hat der EuGH ausgeführt, dass Maßnahmen der Mitgliedstaaten auf dem Gebiet der sozialen Sicherheit, die sich auf den Absatz medizinischer Erzeugnisse und mittelbar auf deren Einfuhrmöglichkeiten auswirken können, den Vorschriften des EG-Vertrags über den **freien Warenverkehr** unterliegen.[56] Gleiches hat der EuGH im Hinblick auf die Dienstleistungsfreiheit für die Inanspruchnahme einer Zahnbehandlung entschieden.[57]

b) Freier Warenverkehr und Gesundheitsvorbehalt

Greifen also Maßnahmen eines Mitgliedstaates in die Warenverkehrs- und/oder **38** Dienstleistungsfreiheit ein, so kann diese Einschränkung nur durch den sog. **Gesundheitsvorbehalt** gerechtfertigt wurden. Nach Art. 30 EG stehen daher die Art. 28, 29 EG Beschränkungen nicht entgegen, die zum Schutz der Gesundheit und des Lebens von Menschen gerechtfertigt sind, soweit diese Verbote oder Beschränkungen weder ein Mittel zur willkürlichen Diskriminierung noch eine verschleierte Beschränkung des Handels zwischen den Mitgliedstaaten darstellen. Der EuGH hat dazu ausgeführt, dass die frühere Bestimmung des Art. 56 EGV (jetzt: Art. 46 EG) den Mitgliedstaaten erlaube, den freien Dienstleistungsverkehr im Bereich der ärztlichen und klinischen Versorgung einzuschränken, soweit dies für die Erhaltung eines bestimmten Umfangs der medizinischen und pflegerischen Versorgung oder eines bestimmten Niveaus der Heilkunde im Inland für die Gesundheit oder gar das Überleben ihrer Bevölkerung erforderlich sei.[58] Der EuGH wies darauf hin, dass auch die Absicht, die Krankheitsversorgungskosten zu beschränken und – soweit wie möglich – jede Verschwendung finanzieller, technischer und menschlicher Ressourcen zu verhindern, einen Rechtfertigungsgrund für die Einschränkung der Dienstleistungsfreiheit darstellen könne.[59]

Nach den ersten Entscheidungen des EuGH in Sachen Kohll und Decker bestanden **39** noch Zweifel, ob diese Rechtsprechung auch auf **Sachleistungssysteme,** wie sie für die GKV prägend sind, übertragen werden können. Diese Frage muss nach dem Urteil in Sachen Geraets-Smits/Peerbooms bejaht werden.[60] Diese Entscheidung des EuGH hat große Bedeutung für den Bereich der GKV. Zwar erfasst Art. 28 EG nur Maßnahmen, die den gemeinschaftlichen Handel behindern können. Dies wird aber schon bei solchen Maßnahmen vermutet, die für den gesamten Bereich eines Mitgliedstaates gelten.[61] Da sich das Sachleistungssystem mit den damit verbundenen Einschränkungen der Teilnahmemöglichkeiten der Leistungserbringer auf das gesamte Bundesgebiet erstreckt, wird also vermutet, dass diese gesetzliche Regelung eine innergemeinschaftliche Bedeutung hat. Zudem führt das Sachleistungssystem zu einer Behinderung der grenzüberschreitenden Leistungsnachfrage und bedeutet daher zumindest eine mittelbare Diskriminierung der ausländischen Leistungsanbieter und bedarf deshalb einer sachlichen Rechtfertigung.[62] Die entscheidende Frage ist daher, ob das deutsche Zulassungs- und Vertragssystem aus Gründen des Gesundheitsschutzes und/oder der Finanzierbarkeit des nationalen Gesundheitssystems gerechtfertigt ist. Die Sicherstellung einer qualitativ hochwertigen medizinischen Versorgung vermag nach Auffassung des EuGH als Argument nicht zu überzeugen, wenn in den Heimatstaaten der ausländischen Anbieter vergleichbare Regelungen zur Qualitätssicherung gelten, wie es in den beiden oben zitierten Urteilen des EuGH für den Bereich der Brillenabgabe und der zahnärztlichen Behandlung angenommen wurde. Jedenfalls bei

---

[56] *EuGH,* Urt. v. 28. 4. 1998 – Rs. C-120/95, NJW 1998, 1769, 1770 – *Decker.*

[57] *EuGH,* Urt. v. 28. 4. 1998 – Rs. C-158/96, NJW 1998, 1771 ff – *Kohll.*

[58] *EuGH,* Urt. v. 28. 4. 1998 – Rs. C-158/96, NJW 1998, 1771, 1774 – *Kohll.*

[59] *EuGH,* Urt. v. 12. 7. 2001 – Rs. C-157/99, Nr. 79, NJW 2001, 3391 – *Geraets-Smits/Peerbooms.*

[60] *EuGH,* Urt. v. 12. 7. 2001 – Rs. C-157/99, Nr. 57 – *Geraets-Smits/Peerbooms; Koenig/Engelmann/Steiner,* MedR 2002, 221, 223; *Bieback,* NZS 2001, 561, 562 ff.

[61] *EuGH,* Urt. v. 19. 2. 2002, Rs. C-35/99, NJW 2002, 882, 884, Nr. 33 – *Arduino.*

[62] *EuGH* NZS 1998, 280, Nr. 21 ff.; *EuGH* NZS 1998, 283, Nr. 31 ff.

den Medizinprodukten, die durch spezifische Gesundheitshandwerker abgegeben bzw. angepasst werden, bei denen in anderen Mitgliedstaaten kein vergleichbares Berufsbild existiert, vermag der Hinweis auf Qualitätsaspekte zu überzeugen. Zwar ist auch die Finanzierbarkeit des nationalen Gesundheitssystems ein beachtlicher Rechtfertigungsgrund für alle einfuhrbeschränkenden Maßnahmen. Allerdings muss dies konkret dargelegt werden. In der zitierten Rechtsprechung des EuGH in Sachen Kohll und Decker ist dieser Nachweis jedenfalls nicht gelungen.

6. Rechtskonkretisierungskonzept des BSG

40 Liegt ein Versicherungsfall vor, so hat der Versicherte einen Anspruch auf die im Gesetz vorgesehenen Leistungen. Liegt der Versicherungsfall der Krankheit vor, ergeben sich die Leistungsarten, die der Patient beanspruchen kann, aus § 27 SGB V. Aus dieser abstrakten Regelung in Verbindung mit den weiteren Vorschriften im SGB V lässt sich jedoch nicht ablesen, welche konkreten Ansprüche dem Patienten zustehen. Der in § 27 SGB V „global zugesagte Anspruch"[63] bedarf also der näheren Ausformung. Das BSG sieht daher in den Leistungsansprüchen des SGB V nur **Rahmenrechte,** die im Einzelfall durch den Vertragsarzt konkretisiert werden müssen.[64]

a) Konkretisierung des Anspruchs auf Versorgung mit Arzneimitteln

41 Das BSG hat gemeint, dass der an der vertragsärztlichen Versorgung teilnehmende Arzt mit der Rechtsmacht beliehen sei, für die Krankenkassen **verbindlich das Vorliegen einer Krankheit festzustellen** und eine bestimmte Dienst- oder Sachleistung zu verordnen; dabei sei die Krankenversicherung rechtlich grundsätzlich an die medizinische Erkenntnis, d.h. Diagnose und Therapie des ordnungsgemäß handelnden Kassenarztes gebunden.[65]

42 Diese Rechtsprechung hat zunächst zur Konsequenz, dass der Patient Verordnungsleistungen nur erhalten kann, wenn das entsprechende Produkt ärztlich verordnet ist; Anspruch auf Ersatz der Kosten für ein **selbst beschafftes Arznei- oder Heilmittel** hat der Patient somit grundsätzlich nicht, es sei denn, es handelt sich um eine Notfallbehandlung.[66]

43 An dieser Rechtskonstruktion des BSG überzeugt, dass der Vertragsarzt die **wesentliche Konkretisierungsaufgabe** hat. Dies entspricht dem in § 15 Abs. 1 SGB V vorgesehenen Arztvorbehalt. Für den Bereich der Verordnung von Arzneimitteln heißt es konsequenterweise in § 29 Abs. 1 BMV-Ärzte, dass die Verordnung von Arzneimitteln allein in der Verantwortung des Vertragsarztes liegt und daher die Genehmigung von Arzneimittelverordnungen durch die Krankenkasse unzulässig sei. Insoweit liegt eine Abkehr von dem in §§ 14 SGB I, 19 SGB IV vorgesehenen Antragsprinzip vor.

44 Ferner lässt sich mit dem **Rechtskonkretisierungskonzept des BSG** auch erklären, dass der Patient in der GKV keinen konkreten Rechtsanspruch auf eine bestimmte Therapie hat, sondern der Vertragsarzt die maßgebliche Therapieentscheidung trifft.[67] Es hätte jedoch für diese erwünschte Rechtsfolge keiner spezifisch krankenversicherungsrechtlichen Konstruktion bedurft, denn auch im allgemeinen Arztrecht hat der Patient keinen Rechtsanspruch auf eine bestimmte Therapiemaßnahme, vielmehr entscheidet der Arzt im Rahmen seiner Therapiefreiheit.[68] Dennoch bleibt die Frage, auf welcher rechtlichen Grundlage das BSG den Versicherten echte Rechtsansprüche auf konkrete Therapiemaß-

---

[63] *BSG,* Urt. v. 21. 8. 1996 – 6 RK 2/96, NZS 1997, 228.
[64] *BSG,* Urt. v. 16. 12. 1993 – 4 RK 5/92, BSGE 73, 271 ff. für Arzneimittelverordnungen; *BSG,* Urt. v. 17. 4. 1996 – 3 RK 19/95, NZS 1997, 76, 77 für Heilmittelverordnungen; *BSG,* Urt. v. 23. 10. 1996 – 4 RK 2/96, NZS 1997, 322 für Krankentransportleistungen.
[65] *BSG,* Urt. v. 16. 12. 1993 – 4 RK 5/92, *BSGE* 73, 271 ff.
[66] *BSG,* Urt. v. 19. 11. 1996 – 1 RK 15/96, NJW 1997, 2475.
[67] Vgl. *BVerfG,* Beschl. v. 5. 3. 1997 – 1 BvR 1071/95, MedR 1997, 318.
[68] Z. B. *OLG Hamm,* Urt. v. 22. 3. 1995 – 3 U 229/94, MedR 1995, 373.

nahmen versagen will, obwohl der Gesetzeswortlaut die Existenz genau solcher Rechtsansprüche nahe legt.[69]

b) Konkretisierung des Anspruchs auf Versorgung mit Hilfsmitteln

Auf den ersten Blick liegt es nahe, das eben dargestellte Rechtskonkretisierungskonzept **45** auch auf Hilfsmittel zu übertragen, da es sich dabei ebenfalls um vom Arzt verordnete Leistungen handelt. Es bestehen jedoch **wichtige Unterschiede** im Hinblick auf die gesetzlichen Rahmenbedingungen.

Die Bestimmung des § 128 SGB V sieht vor, dass die Spitzenverbände der Kranken- **46** kassen gemeinsam ein **Hilfsmittelverzeichnis** erstellen, in dem die von der Leistungsverpflichtung erfassten Hilfsmittel aufzuführen sind. Dieses Verzeichnis ist regelmäßig fortzuschreiben. In den auf Grundlage des § 92 Abs. 1 Satz 2 Nr. 6 SGB V durch den Bundesausschuss der Ärzte und Krankenkassen erlassenen Heil- und Hilfsmittelrichtlinien in der alten Fassung vom 17. 6. 1992 war vorgesehen, dass die Ärzte nur die im Hilfsmittelverzeichnis gelisteten Produkte verordnen dürfen. Das BSG hat jedoch in mehreren Entscheidungen darauf hingewiesen, dass der Bundesausschuss durch die Ermächtigungsgrundlage in § 92 Abs. 1 SGB V nicht befugt sei, in seinen Richtlinien eine eigenständige Regelung der Verordnungsfähigkeit von Hilfsmitteln vorzunehmen. Dabei wies das BSG zu Recht darauf hin, dass sonst die Krankenkassen, die allein für das Hilfsmittelverzeichnis zuständig sind, letztlich selbst über den Umfang ihrer gesetzlichen Leistungspflicht entscheiden könnten.[70] Das Hilfsmittelverzeichnis ist daher keine abschließende Positivliste, sondern lediglich eine **unverbindliche Auslegungshilfe** für die Gerichte und regelt insbesondere nicht mit normativer Wirkung den Leistungsanspruch des Versicherten.[71] Es ist zweifelhaft, ob der Bundesausschuss der Ärzte und Krankenkassen dieser Rechtsprechung gegenwärtig hinreichend Rechnung trägt. In der Neufassung der **Hilfsmittel-Richtlinien** in der Fassung der Bekanntmachung vom 6. 2. 2001[72] heißt es in der Nr. 8 jedenfalls, dass Hilfsmittel zu Lasten der GKV nur verordnet werden können, sofern sie von der Leistungspflicht der Gesetzlichen Krankenversicherung erfasst und im Hilfsmittelverzeichnis der Spitzenverbände der Krankenkassen aufgeführt sind. Letzteres ist jedoch nach der Rechtsprechung des BSG gerade nicht Voraussetzung für das Bestehen eines Leistungsanspruchs des Versicherten. Dennoch hat das BMG erstaunlicherweise die neuen Hilfsmittelrichtlinien nicht nach § 94 SGB V beanstandet.

Weitere Unterschiede zum **Anspruch des Versicherten auf Arzneimittelversor- 47 gung** ergeben sich aus dem Bundesmantelvertrag. Nach § 30 Abs. 8 Satz 1 BMV-Ärzte bedarf die Abgabe von Hilfsmitteln der Genehmigung durch die Krankenkasse, soweit deren Bestimmungen nichts anderes vorsehen. Im Hilfsmittelbereich ist es daher bei dem allgemeinen Antragsprinzip der §§ 16 SGB I, 19 SGB IV geblieben (anders § 29 Abs. 1 BMV-Ärzte für Arzneimittelverordnungen). Zwar soll der Leistungsantrag im Bereich der gesetzlichen Krankenversicherung nur verfahrensrechtliche Bedeutung haben,[73] dennoch zeigt das **Antragserfordernis,** dass es im Hilfsmittelbereich gerade nicht alleinige Aufgabe des Vertragsarztes sein kann, für die Krankenkasse verbindlich über die Therapie – also die Verwendung des Hilfsmittels – zu entscheiden. Bisher ist das Spannungsverhältnis zwischen ärztlicher Therapieentscheidung und dem Genehmigungsrecht der Krankenkassen durch die Gerichte noch keiner Klärung zugeführt worden.

Nach der Nr. 11 der Hilfsmittelrichtlinie des Bundesausschusses verordnet der Vertrags- **48** arzt die Hilfsmittel nach seinem **pflichtgemäßen Ermessen.** Dies bedeutet jedoch keine Abkehr von dem Genehmigungsprinzip, denn nach der Nr. 8.2 der Hilfsmittelrichtlinien soll der Vertragsarzt die in der Anlage 3 zu diesen Richtlinien beigefügten Arztinformatio-

---

[69] Vgl. zu den Gegenargumenten *Peters-Schmidt,* § 27 SGB V.
[70] *BSG,* Urt. v. 16. 4. 1998 – B 3 KR 9/97 R, SozR 3–2500 § 33 SGB V Nr. 27.
[71] *BSG,* Urt. v. 29. 9. 1997 – 8 RKn 27/96, SozR 3–2500 § 33 SGB V Nr. 25.
[72] BAnz. v. 2. 6. 2001, Nr. 102, S. 11 037.
[73] *BSG,* Urt. v. 27. 8. 1968 – 3 RK 27/65, BSGE 28, 199, 201.

nen beachten. Darin heißt es, dass der Arzt eine Einzelproduktverordnung nur im Ausnahmefall vornehmen und sich im Übrigen auf die Auswahl der Produktart beschränken solle, so dass der Fachhandel aus der Produktgruppe das angemessene Einzelprodukt auswählt. Verordnet der Arzt also das Hilfsmittel nur nach der Produktart, so hat der Fachhandel unter Beachtung der mit den Krankenkassen bestehenden Verträge und gegebenenfalls nach Einholung einer Genehmigung durch die Krankenkassen die Auswahl vorzunehmen. In diesem Fall trägt der Fachhandel die **Wirtschaftlichkeitsverantwortung** für die konkrete Produktauswahl. Verordnet der Arzt hingegen ein bestimmtes Einzelprodukt und genehmigt die Krankenkasse diese Verordnung nicht, so ist ebenfalls klar, dass der Fachhandel das Produkt nicht abgeben darf. Der Patient muss dann seinen (vermeintlichen) Leistungsanspruch unmittelbar gegen die Krankenkasse verfolgen. Schwierig ist die Rechtslage aber dann, wenn der Vertragsarzt ein bestimmtes Einzelprodukt verordnet, die Krankenkasse aber stattdessen aus der gleichen Produktgruppe ein anderes Präparat abgeben lassen will. Das BSG hat in einem Urteil entschieden, dass die ärztliche Verordnung nicht Voraussetzung für die Versorgung mit einem Hilfsmittel sei.[74] Ob es der vom BSG für die Hilfsmittelabgabe abgelehnte Arztvorbehalt des § 15 SGB V in diesem Fall rechtfertigen soll, dass sich die Krankenkasse über eine konkrete Therapieentscheidung des Vertragsarztes hinwegsetzt, wurde in dem Urteil nicht erörtert. Diese Möglichkeit ist jedoch abzulehnen.

49   Der Gesetzgeber hat die **Ausübung von Heilkunde** ausschließlich den Ärzten und sonstigen Personen vorbehalten, die über eine entsprechende Erlaubnis verfügen (vgl. § 1 Abs. 1 HeilpraktikerG, § 2 Abs. 1 BÄO). Da auch durch die Vorschriften des SGB V der Krankenkasse kein Recht auf die Ausübung der Heilkunde eingeräumt wird, scheidet daher eine **Substitution** des durch den Arzt verordneten Produkts durch die Krankenkasse aus. Aus gleichen Gründen verbietet das Apothekenrecht dem Apotheker, ein anderes als das von dem Arzt verordnete Arzneimittel abzugeben (vgl. § 17 Abs. 5 Satz 1 Apothekenbetriebsordnung).[75] Zwar hat der Gesetzgeber durch das Arzneimittel-Ausgabenbegrenzungsgesetz nunmehr weitergehende Substitutionsmöglichkeiten für den Apotheker vorgesehen (vgl. § 129 Abs. 1 SGB V). Dies belegt aber, dass ohne gesetzlichen Eingriff eine Substitution der vom Arzt verordneten Produkte gerade nicht zulässig sein soll. Für den **Medizinischen Dienst,** der für die Krankenkassen nach § 275 Abs. 3 Nr. 2 SGB V die Verordnungsnotwendigkeit bei Hilfsmitteln begutachten soll, ist in § 275 Abs. 5 Satz 2 SGB V klargestellt, dass dieser nicht berechtigt ist, in die ärztliche Behandlung einzugreifen. Daher darf die Krankenkasse nicht ihr eigenes Verordnungsermessen an die Stelle des Verordnungsermessens des Arztes setzen. Sie ist daher darauf beschränkt, der durch den Arzt vorgenommenen Verordnung gegebenenfalls die Genehmigung mit der Folge zu versagen, dass der Patient unter Umständen seine Rechte unmittelbar gegenüber seiner Krankenkasse verfolgen muss. Diese Situation ist zwar unbefriedigend, beruht aber letztlich auf dem in §§ 16 SGB I, 19 SGB IV vorgesehenen Antragsprinzip, das vor der Bewilligung der Leistung die Durchführung eines Verwaltungsverfahrens voraussetzt.

B. Medizinprodukte in der Krankenversicherung

50   Unser Krankenversicherungswesen beruht auf dem System, dass der Patient erforderliche Medizinprodukte unmittelbar als Sachleistung erhält, ohne sich das Medizinprodukt selbst beschaffen und bezahlen zu müssen. Nachfolgend wird ein Überblick über die Situation auf Seiten der verschiedenen **Kostenträger** (Gesetzliche Krankenversicherung (GKV), Pflegeversicherung (PV), Private Krankenversicherung (PKV), die Beihilfe und die Sozialhilfeträger) für Medizinprodukte gegeben.

---

[74] *BSG,* Urt. v. 16. 4. 1998 – B 3 KR 9/97 R, SozR 3–2500 § 33 SGB V Nr. 27.
[75] Vgl. *Cyran/Rotta,* § 17 ApBetrO, Rdnr. 13.

I. Einführung

1. Geschichtliche Entwicklung der Sozialversicherung

Um das Verständnis der für Medizinprodukte geltenden Rechtsnormen zu erleichtern, **51** soll zunächst in der gebotenen Kürze die **Geschichte** der deutschen Sozialversicherung skizziert werden. Die Geburtsstunde der **Sozialversicherung** geht auf *Otto von Bismarck* (1815–1898) zurück. Dieser verlas am 17. 11. 1881 im Reichstag die „Magna Charta", eine Botschaft *Kaiser Wilhelms I.,* in der erstmals eine rechtliche Verbriefung von Ansprüchen der Arbeiter gegen den Staat im Falle von Krankheit, Invalidität und materieller Not im Alter vorgenommen wurde. Im Jahr 1883 entstand per Gesetz die Krankenversicherung, 1884 folgte die Unfallversicherung und 1889 wurde die Invaliditäts- und Altersversicherung für Arbeiter etabliert. Diese Gesetze wurden im Jahr 1911 zusammengefasst und als Reichsversicherungsordnung (RVO) verabschiedet.

In den folgenden Jahren kam es zu einer kontinuierlichen **Ausweitung** der Sozialversi- **52** cherung. 1913 wurde eine selbstständige Rentenversicherung für Angestellte gegründet. 1927 erging das Gesetz über Arbeitsvermittlung und Arbeitslosenversicherung. Schließlich kam es am 1. 1. 1995 zur Einführung der Pflegeversicherung als fünfter Säule des Sozialversicherungssystems.

Die Debatte um die weitere **Finanzierbarkeit der GKV** hat in jüngster Zeit zu einer **53** Regelungswut des Gesetzgebers geführt. So wurden innerhalb weniger Jahre das Gesetz zur Strukturreform im Gesundheitswesen (GRG) vom 10. 12. 1988,[76] das Gesundheitsstrukturgesetz (GSG) vom 21. 12. 1992,[77] das Erste und Zweite Gesetz zur Neuordnung der Selbstverwaltung und Eigenverantwortung in der gesetzlichen Krankenversicherung (GKV-NOG1 und GKV-NOG2) vom 23. 6. 1997,[78] das Gesetz zur Stärkung der Solidarität in der gesetzlichen Krankenversicherung (GKV-SolG) vom 19. 12. 1998,[79] sowie die Strukturreform 2000, jeweils mit späteren Änderungen, verabschiedet.

2. Aktuelle Entwicklung

Die **Regelungswut des Gesetzgebers** hält auch in den Jahren 2001 bzw. 2002 un- **54** vermindert an. So wurde beispielsweise am 19. 6. 2001 das Sozialgesetzbuch IX in Kraft gesetzt.[80] Hier geht es vor allem um Behinderte sowie Menschen, die sich in der Rehabilitation befinden. In diesem Zusammenhang wurde beispielsweise in § 31 SGB IX ein abweichender Hilfsmittelbegriff zu § 33 SGB V gebildet. Die Konsequenzen werden weiter unten noch auszuführen sein. Zum 1. 11. 2001 wurde das Festbetragsanpassungsgesetz bekannt gegeben. Zum Jahreswechsel 2002 traten u. a. das Arzneimittelbudgetablösungsgesetz (ABAG), das Arzneimittelausgaben-Begrenzungsgesetz (AABG), das Heimgesetz, das Gesetz zur Neuregelung der Kassenwahl sowie das 2. Gesetz zur Änderung des Medizinproduktegesetzes (2. MPG-ÄndG) in Kraft.

Auch in Zukunft kann man davon ausgehen, dass diese Reformfreudigkeit anhalten **55** wird. Bedenkt man, dass in den meisten Gesetzesbegründungen u. a. das Ziel **Kostendämpfung** genannt wird, so muss man wohl festhalten, dass der Gesetzgeber seit Jahren am Ziel vorbei geht.

Trotz – und teilweise auch auf Grund – der genannten Regelungsvielfalt bestehen im **56** Bereich des Gesundheitswesens erhebliche rechtliche Unklarheiten. So ist weder der Begriff der **Krankheit leistungsrechtlich definiert,** noch findet sich eine leistungsrechtliche Aufnahme der Medizinprodukte in den Kreis der zu Lasten der GKV verordnungsfä-

---

[76] BGBl. I S. 2477.
[77] BGBl. I S. 2266.
[78] BGBl. I S. 1518; BGBl. I S. 1520.
[79] BGBl. I S. 3853.
[80] BGBl. I S. 1046.

higen Produkte. Nach ständiger Rechtsprechung des Bundessozialgerichts (BSG) ist Krankheit ein regelwidriger Körper- oder Geisteszustand, der die Notwendigkeit einer ärztlichen Heilbehandlung oder zugleich oder allein Arbeitsunfähigkeit zur Folge hat.[81] Es liegt auf der Hand, dass diese Definition bei Streitigkeiten zwischen Krankenkassen und Patienten bezüglich der Erstattungsfähigkeit eines Medizinprodukts wenig hilfreich ist (zu Einzelheiten vgl. Rdnr. 63, 134–149).

57   Schließlich fehlt vor allem eine leistungsrechtliche Legaldefinition des Begriffs **Medizinprodukt.** Dies ist jedoch insoweit hinnehmbar, als das Medizinproduktegesetz als Zielrichtung nicht die Erstattungslage in einem EU-Mitgliedstaat hatte, sondern die Harmonisierung insbesondere der Sicherheitsvorschriften. Umso wichtiger ist jedoch, für die nationalen Versicherungssysteme hier im Einzelfall Klarheit zu haben.

II. Bedeutung der Krankenversicherung

58   Nach Angaben des Bundesgesundheitsministeriums gibt es augenblicklich 1200 Unternehmen, die Medizinprodukte in Deutschland herstellen. Für diese ist der Krankenhaussektor der wichtigste Absatzmarkt (s. Abb. 1). Allein hier werden 6,5 Milliarden Euro mit Medizinprodukten umgesetzt. Hinzu addiert werden müssen weitere 5,5 Milliarden Euro für Medizinprodukte im niedergelassenen Bereich sowie weitere 2 Milliarden Euro für medizin-technische Investitionsgüter. Insgesamt werden mehr als **14 Milliarden Euro umgesetzt.** Nach Angaben des größten Medizinprodukteverbandes (BVMed) beschäftigt dieser Sektor über 110000 Menschen in Deutschland (s. Abb. 1).

Ausgabenanteile der GKV Ausgaben insgesamt 1.–4. Quartal 2001 Bund (alte und neue Länder)	
Krankenhausbehandlung insgesamt	32,42%
Ärztliche Behandlung	15,86%
Apotheken	15,49%
Zahnärztliche Behandlung ohne Zahnersatz	5,73%
Krankengeld	5,57%
Netto-Verwaltungskosten	5,40%
Sonstige Ausgaben	4,38%
Hilfsmittel	3,55%
Zahnersatz	2,64%
Heilmittel	2,28%
Kuren insgesamt	1,94%
Fahrkosten	1,84%
Häusliche Krankenpflege	1,15%
Arzneimittel von Sonstigen	0,70%
Sterbegeld	0,55%
Leistungen im Ausland	0,29%
Medizinischer Dienst, Gutachter	0,20%

Quelle: AOK Bundesverband

Abb. 1: Gesundheitsaufwendungen in Deutschland

---

[81] *BSGE* 33, 202.

III. Aktuelle Probleme im Bereich der Krankenversicherung

Gegenwärtig haben eine Vielzahl von **Problemfeldern** Einfluss auf das Gesundheits- **59** wesen. So hat die Wiedervereinigung im Bereich der GKV dazu geführt, dass die Kostenträger der damaligen DDR dem bundesdeutschen System beitraten, ohne dass eine dem entsprechende Finanzierungsgrundlage vorhanden gewesen wäre.

Das Recht der **freien Kassenwahl,** welches im Rahmen des GRG mit Wirkung zum **60** 1. 1. 1996 in § 175 SGB V verankert wurde, hat zu einer massiven Wanderungsbewegung zwischen den verschiedenen Kassenarten geführt. Gleichzeitig sorgte die Öffnung der Betriebskrankenkassen (BKK) für eine erhebliche Migration der Versicherten von den AOKen und Ersatzkassen hin zu den BKKen, welche in der Regel einen günstigeren Beitragssatz anbieten.

Auf Grund der Tatsache, dass die Zusammensetzung der Versicherten nach beitrags- **61** pflichtigem Einkommen, Anzahl der Familienversicherten sowie Alter und Geschlecht zwischen den verschiedenen Kassenarten teilweise erheblich variiert, wurde 1992 mit dem GSG das Institut des **Risikostrukturausgleichs** (RSA) geschaffen. Der RSA dient der gerechteren Belastung von Versicherten sowie dem Abbau von Wettbewerbsverzerrungen zwischen den Krankenkassen.

Die Problematik der **Schnittstellen** zwischen ambulanter und stationärer Behandlung **62** ist nach wie vor unbefriedigend, da die immer noch bestehende sektorale Budgetierung dazu führt, dass Krankenkassen über einzelne Töpfe statt über ihre Gesamtheit der Ausgaben wachen. Die **Diagnosis Related Groups (DRGs)** werden erst in ein paar Jahren eine Besserung bringen. Auch nach ihrer Einführung werden sich ambulante Versorgungssysteme in die stationäre Rückeinweisung flüchten können. Bis auf weiteres sind wirkungsvolle Rationalisierungsreserven nur in der Black Box stationärer Versorgung zu realisieren. Hier wird nach wie vor der größte Ausgabenblock getätigt, ohne dass eine klare Zuordnung möglich wäre.

Weiterhin findet sich in dem für die Krankenversicherung maßgeblichen Sozialgesetz- **63** buch – Fünftes Buch (SGB V) nur eine unzureichende Regelung bezüglich der Erstattungsfähigkeit von Medizinprodukten. Der Versicherte hat im Rahmen der **Krankenbehandlung** gem. § 27 Abs. 1 Nr. 3 SGB V Anspruch auf die Versorgung mit Arznei-, Verbands-, Heil- und Hilfsmitteln. Zwar hat § 27 SGB V keine normative Bedeutung, da die Spezialregelungen der §§ 28–43a SGB V den Umfang und die Voraussetzungen der Leistungen regeln.[82] Doch in diesen Spezialvorschriften ist nur in § 31 SGB V seit Inkrafttreten des 2. MPG-Änderungsgesetzes am 1. 1. 2002 für bestimmte Medizinprodukte ein Anspruch des Versicherten auf die Versorgung mit Medizinprodukten vorgesehen.[83] Somit ergeben sich für die **Erstattungsfähigkeit von Medizinprodukten,** die nicht zugleich in eine der herkömmlichen Erstattungskategorien fallen – insbesondere als Hilfsmittel gem. § 33 SGB V – oder die nicht apothekenpflichtige Medizinprodukte sind, erhebliche Probleme. Der Leistungserbringer, der solche Medizinprodukte abgibt, ist hinsichtlich der Abrechnung mit den Kostenträgern oftmals auf deren „Kulanz" angewiesen. Ob diese Kulanzleistungen dauerhaft erbracht werden, ist angesichts des sozialrechtlichen Wirtschaftlichkeitsgebots sowie des zunehmenden Rationalisierungsdrucks in der GKV zweifelhaft.

Hauptproblem ist ohne Zweifel die **dauerhafte Finanzierbarkeit** der medizinischen **64** Versorgung, die insbesondere im Bereich der Medizintechnik einen anhaltenden Fortschritt erlebt. Hinzu tritt das Problem der gesetzlichen Krankenkassen in den neuen Bundesländern, die seinerzeit ohne Finanzierungsgrundlage den alten Bundesländern beigetreten sind. In den neuen Bundesländern kommt der AOK eine besondere Stellung zu, da

---

[82] *Krauskopf/Wagner,* § 27 SGB V, Rdnr. 19.
[83] Art. 12 des Zweiten Gesetzes zur Änderung des Medizinproduktegesetzes (2. MPG-ÄndG) v. 13. 12. 2001 (BGBl. I S. 3586).

sie hier einen deutlich höheren Marktanteil besitzt als in den alten Bundesländern. In Anbetracht der hohen Arbeitslosigkeit ist die Finanzierung ohnehin dauerhaft gefährdet. Darüber hinaus besteht bundesweit ein extremes Stadt-Land-Gefälle. Statistisch betrachtet produziert die Bevölkerung in einem Stadtstaat mehr als doppelt so viele Kosten im Gesundheitswesen als die Bevölkerung in ländlichen Gebieten. Dementsprechend sind insbesondere die gesetzlichen Krankenkassen in den Stadtstaaten Berlin, Bremen und Hamburg von besonderen finanziellen Nöten geplagt. Der Behörde „Krankenkasse" fehlt jede Gewinnerzielungsabsicht (bei Bestehen bestimmter Rücklagen müsste gesetzlich eine Beitragssenkung erfolgen). Würde es sich bei der AOK Berlin um ein Unternehmen handeln, würde es sich seit Jahren in der Insolvenz befinden. Da es sich jedoch bei den **Krankenkassen** nicht nur um Körperschaften des öffentlichen Rechts mit Selbstverwaltung handelt (vgl. § 29 Abs. 1 SGB IV), sondern sie darüber hinaus auch alle sonstigen Eigenschaften einer **Behörde** erfüllen (vgl. § 31 Abs. 2 und Abs. 3 SGB IV i. V. m. § 1 Abs. 2 SGB X), müsste die eingangs erwähnte AOK Berlin schon seit Jahren durch die Aufsichtsbehörde geschlossen worden sein. Stattdessen wird für die AOK Berlin nicht nur über den Risikostrukturausgleich weiter Geld bereit gestellt, sondern auch über einen AOK-internen Stützungsfond.

65   Unter diesem Aspekt von **Wettbewerb** unter Behörden zu sprechen, ist von vielen Beteiligten des Gesundheitswesens in der Vergangenheit falsch verstanden worden. Der Wettbewerb beschränkt sich ausschließlich auf ein innerhalb des Kontrahierungszwangs gegebenes Kassenwahlrecht. Hier haben verschiedene Krankenkassen insbesondere im Bereich der Betriebskrankenkassen versucht, durch mehr oder weniger geniale Werbemaßnahmen „gute Risiken" den großen Krankenkassen abzunehmen. Erwähnenswert ist an dieser Stelle die Bundesinnungskrankenkasse (BIG) aus Dortmund. Diese Kasse unterhält kein kostentreibendes Geschäftsstellennetz, sondern ist nur mit den sog. neuen Kommunikationsmedien wie E-Mail, Telefon und Telefax zu erreichen. Damit hat man in wohl legaler Weise automatisch eine **„Risikoselektion"** dadurch erreicht, dass die „schlechten Risiken", nämlich ältere Versicherungsnehmer, sich an eine solche gesetzliche Krankenkasse nicht wenden werden, da sie mit den erforderlichen Kommunikationsmedien nicht vertraut sind.

66   Der Gesetzgeber wird sich mittelfristig abermals Gedanken machen müssen, ob ein Wettbewerb bezogen auf den Versichertenwechsel unter Behörden wirklich sinnvoll ist. Bei einem funktionierendem Risikostrukturausgleich würden etwaige Vor- oder Nachteile ohnehin wieder ausgeglichen. Von daher wird aus Sicht des Fortschritts innerhalb der Medizinprodukteindustrie mittelfristig kein Weg daran vorbei gehen, neben dem gesetzlich festgeschriebenen Leistungskatalog der Krankenkasse gegen Zahlung gewisser **Eigenanteile** auch über die Standardversorgung hinausgehende Produkte zuzulassen.

67   Was die Integration der Medizinprodukte in den Leistungskatalog der gesetzlichen Krankenversicherung angeht, so ist festzuhalten, dass auch in diesem innovativen Bereich der medizinische Fortschritt nur sehr schleppend Eingang findet. Für den ambulanten Bereich ist nach wie vor der BUB-Ausschuss (früher NUB: neue Untersuchungs- und Behandlungsmethoden) über seine Richtlinien gem. § 92 Abs. 1 Nr. 6 SGB V befugt, entsprechende Richtlinien zu erlassen. Betrachtet man diese Richtlinien über die Einführung neuer Untersuchungs- und Behandlungsmethoden, so sind in den letzten zehn Jahren ausweislich der Anlage A insgesamt neun Behandlungsformen aufgenommen worden. Dementsprechend weist die Anlage B 38 Behandlungsmethoden auf, die nicht zu Lasten der GKV verordnet werden dürfen (Stand: 19. 10. 2001). Daher ist zwar kein völliger Stopp des **medizinischen Fortschritts** feststellbar, jedoch kann man wohl von einer starken Hemmung sprechen.

68   Was die stationäre Versorgung angeht, so ist am 22. 12. 1999[84] durch den neuen § 137 c SGB V auch für das Krankenhaus ein Bewertungsmechanismus von Untersuchungs- und Behandlungsmethoden eingeführt worden. Auch dieser sog. **Ausschuss Krankenhaus**

---

[84] BGBl. I S. 2626.

soll systematisch sowohl bestehende als auch zukünftige Behandlungsmethoden auf ihre ausreichende, zweckmäßige und wirtschaftliche Versorgung hin überprüfen. Von daher ist auch hier nicht von einem Stillstand, sondern von einer sehr restriktiven Grundhaltung in der Zukunft auszugehen.

Dadurch wird die bereits erwähnte **Schnittstellenproblematik** zwischen der ambu- **69** lanten und der stationären Versorgung verschärft. Oftmals wird die Industrie neue Medizinprodukte zuerst im Krankenhaus platzieren. Werden die Patienten dann dem Willen des Gesetzgebers konform frühzeitig in den ambulanten Bereich übergeführt, ist immer mehr zu beobachten, dass in der Klinik bereit stehende Medizinprodukte ambulant nur mit erheblichen Problemen zur Verfügung gestellt werden und den Leistungserbringern teilweise die Vergütung verweigert wird. Hintergrund hierfür ist das bilaterale Verhältnis zwischen Medizinproduktehersteller und Krankenhauseinkäufer im stationären Bereich gegenüber dem deutlich komplexeren ambulanten Bereich. Hier besteht eine komplizierte Verflechtung zwischen Patient, Krankenkasse, Medizinischer Dienst der Krankenkassen, Verordner und den sonstigen Leistungserbringern.

IV. Systeme zur Absicherung des Krankheitsrisikos

In Deutschland bestehen eine Reihe **unterschiedlicher Systeme** zur Absicherung des **70** Krankheitsrisikos, die nachfolgend kurz skizziert werden sollen.

1. Gesetzliche Krankenversicherung (GKV) bzw. gesetzliche Pflegeversicherung (PV)

Die GKV bzw. PV ist der **entscheidende Nachfrager** im Gesundheitswesen. Etwa **71** 88,5% der bundesdeutschen Bevölkerung sind gesetzlich krankenversichert. Die mitgliederstärksten gesetzlichen Kassen sind die Allgemeinen Ortskrankenkassen (AOK) mit einem Anteil von etwa 39,0% aller Krankenversicherten, gefolgt von den Ersatzkassen mit 36,5%, den Betriebskrankenkassen (BKK) mit 14,8%, den Innungskrankenkassen (IKK) mit 6,3%, den Landwirtschaftlichen Krankenkassen (LKK) mit 1,2%, der Seekasse mit 0,1%, sowie der Bundesknappschaft mit 2,1%.[85]

Bezüglich der **Abgrenzung** zur privaten Krankenversicherung (PKV) wird zunächst **72** auf die Abbildung 4 verwiesen (Rdnr. 87).

a) Rechtsgrundlagen im SGB V

Im Gegensatz zur PKV ist die GKV vom **Sachleistungs- und Solidaritätsprinzip** **73** gekennzeichnet. Gemäß dem Solidaritätsprinzip richten sich die Beiträge zur gesetzlichen Krankenkasse nach der Höhe des Bruttoeinkommens des Versicherten. Ein Arbeitnehmer mit geringem Bruttoeinkommen zahlt nur einen geringen Beitrag, während ein Arbeitnehmer mit höherem Bruttoeinkommen einen größeren Beitrag entrichten muss. Demgegenüber herrscht in der PKV das Äquivalenzprinzip, d.h. die Beiträge richten sich nach Alter, Geschlecht, Familienstand, Vorerkrankung und anderen Parametern. In der PKV werden Frauen teilweise bis zu 50% teurer versichert als ihre männlichen Altersgenossen. Dies liegt nicht, wie man vielleicht zunächst vermuten möchte, an der Tatsache, dass durch Geburten erhöhte Kosten auftreten könnten, sondern vielmehr an der Tatsache, dass nach wie vor die statistische **Lebenserwartung** von Frauen die der Männer um mehr als sieben Jahre übersteigt.[86] Daher drücken sich hier die erhöhten Kosten im Alter durch höhere Beiträge bereits in jüngeren Jahren aus.

Die §§ 2 Abs. 2, 13 SGB V normieren das **Sachleistungsprinzip,** wonach gegen- **74** über dem Versicherten grundsätzlich eine Sach- oder Dienstleistung zu erbringen ist und

---

[85] *Bundesministerium für Gesundheit* (Hrsg.), S. 345.
[86] *Bundesministerium für Gesundheit* (Hrsg.), S. 31.

nur in Ausnahmefällen der Versicherte sich das Produkt selbst beschafft und anschließend eine Kostenerstattung für getätigte Aufwendungen in Betracht kommt (§ 13 SGB V). Das Sachleistungsprinzip dient insbesondere der Ausgabensteuerung durch die Kostenträger.

75   Unter dem Sachleistungsprinzip innerhalb der GKV versteht man also, dass die gesetzliche Krankenkasse durch Verträge mit Leistungserbringern die Gesundheitsleistungen ihren Versicherten **ohne Rechnung zur Verfügung** stellt. Hierzu regelt das SGB V im 4. Kapitel mit den §§ 69 ff. SGB V Näheres über die Beziehung der Krankenkassen zu den Leistungserbringern. In der PKV herrscht dem gegenüber das Kostenerstattungsprinzip. Dies bedeutet, dass es zunächst eine private Abrechnung zwischen dem Leistungserbringer und dem Patienten gibt. Dieser wird dann die Rechnung bei seinem privaten Krankenversicherungsunternehmen zur Kostenerstattung einreichen.

b) Struktur der GKV/PV

76   Die verschiedenen Kassenarten in der Bundesrepublik Deutschland bestanden zum 1. 1. 2001 aus insgesamt **396 gesetzlichen Krankenkassen.** Entsprechend dem Pflegeversicherungsgesetz existieren spiegelbildlich eine gleiche Zahl von rechtlich selbstständigen Pflegekassen, deren Leistungsspektrum sich gemäß dem SGB XI bestimmt. Von diesen 396 bestanden 370 in den alten Bundesländern und lediglich 26 gesetzliche Krankenkassen in den neuen Bundesländern.[87] Die weitaus größte Zahl der Krankenkassen weist der Bereich der Betriebskrankenkassen aus. Hier ist genau wie im Bereich der AOKen seit längerem eine **massive Reduzierung,** die teilweise durch gesetzgeberische Akte auch begünstigt wurde, festzustellen. Im Bereich der AOKen sind von ehemals 279 AOKen mittlerweile nur noch 17 übrig. Heute gibt es in allen 16 Bundesländern eine rechtlich selbstständige AOK. Nur das bevölkerungsreichste Land Nordrhein-Westfalen ist wie in vielen Bereichen des Gesundheitswesens zweigeteilt, nämlich in die Bereiche Westfalen-Lippe und Rheinland. Von daher ist auch die AOK nicht die größte Krankenkasse wie man meinen möchte, sondern die größte AOK, nämlich die AOK Bayern, ist gleichzeitig drittgrößte deutsche Krankenkasse. Auf Platz 1 und 2 liegen die Barmer Ersatzkasse sowie die Deutsche Angestellten Krankenkasse. Das Nähere weisen die Abbildungen 2 und 3 aus.

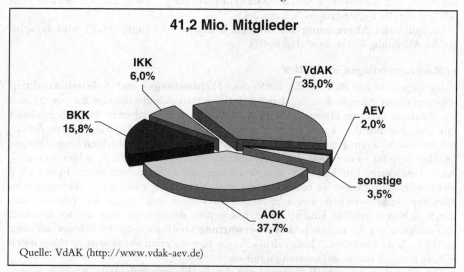

Abb. 2: Verteilung der Mitglieder auf die Kassenarten in Prozent im Jahr 2000 – alte Bundesländer

---

[87] *Bundesministerium für Gesundheit* (Hrsg.), S. 342.

Burgardt/Clausen/Wigge

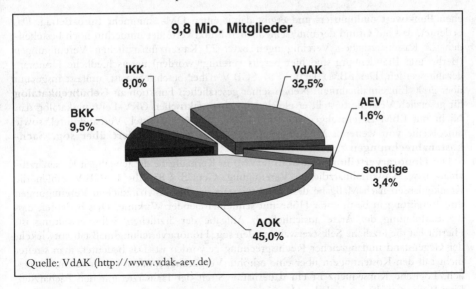

9,8 Mio. Mitglieder

IKK
8,0%

VdAK
32,5%

AEV
1,6%

BKK
9,5%

sonstige
3,4%

AOK
45,0%

Quelle: VdAK (http://www.vdak-aev.de)

Abb. 3: Verteilung der Mitglieder auf die Kassenarten in Prozent im Jahr 2000 –
neue Bundesländer

Daneben existiert noch eine bundesweite Versicherung der Bergleute (Bundesknappschaft), die aus nachvollziehbaren Gründen kaum neue Mitglieder zu verzeichnen hat.
Gleiches gilt für die Seekrankenkasse.

Gemäß § 216 SGB V sind **Spitzenverbände** der Krankenkassen zu errichten. Diese 77
haben im Rahmen der sog. Selbstverwaltung eine Reihe von gesetzlich zugewiesenen
Aufgaben. Umso erstaunlicher ist die Tatsache, dass zum Beispiel der Verband der Ange-
stelltenkrankenkassen die Rechtsform eines eingetragenen Vereins hat. Daneben bestehen
eine Vielzahl von regionalen Kassenverbänden, die teilweise sogar im Gesetz vorgesehen
sind (z.B. § 218 SGB V). Hierbei findet jedoch höchst selten eine Vermischung der ehemaligen Primär- bzw. Reichsversicherungs- (RVO) bzw. Zuweisungskassen, nämlich der
AOKen, LKKen, BKKen, IKKen, der Bundesknappschaft und der Seekrankenkasse einerseits mit den Ersatzkassen andererseits statt.

Auch im Bereich der **Beitragshöhe** ist trotz umfangreicher „Wettbewerbsmechanis- 78
men" keine grundlegende Differenzierung ersichtlich. Der durchschnittliche Beitragssatz
liegt im Westen sowie in den neuen Bundesländern bei ca. 14% des Bruttolohns für das
Jahr 2002.[88]

c) Abrechnung der Ärzte nach Einheitlichem Bewertungsmaßstab (EBM), Honorarverteilungsmaßstab (HVM)

Der sog. einheitliche Bewertungsmaßstab, also die ärztliche Gebührenordnung für ge- 79
setzlich Krankenversicherte, gründet sich bei den Ersatzkassen-Versicherten in der sog.
Ersatzkassen-Gebührenordnung (E-GO) und bei den Versicherten der ehemaligen Primärkassen in den sog. Bewertungsmaßstab Ärzte (BMÄ). Auch der EBM ist einer dauerhaften Abfolge von Reformen unterworfen. Das Grundprinzip blieb jedoch erhalten und
ergibt sich daraus, dass die Bezahlung für niedergelassene Ärzte sich durch eine im EBM
niedergelegte **Punktzahl** ausdrückt. Diese wird dann mit einem KV-weit unterschiedli-

---

[88] *Verband der Angestellten-Krankenkassen e. V. – VdAK* (Hrsg.), Basisdaten 2002.

chen Punktwert multipliziert und ergibt damit einen DM-, nunmehr Euro-Betrag. Das bedeutet, dass auf Grund der unterschiedlichen Punktwerte der immerhin noch bestehenden 23 Kassenärztlichen Vereinigungen bzw. 22 Kassenzahnärztlichen Vereinigungen (Berlin und Brandenburg sind hier bereits vereinigt worden) unterschiedliche Honorare gezahlt werden. Der EBM, der in § 87 SGB V näher beschrieben ist, umfasst insgesamt über 2000 Einzelmaßnahmen. Neben seiner gesetzlichen Funktion als **Gebührenkatalog** für gesetzlich Versicherte stellt er gleichzeitig einen faktischen GKV-Leistungskatalog dar. Nicht mit EBM-Ziffern abgegolten sind Kosten für Arzneimittel, Verbandmittel, sowie eine Reihe von weiteren Medizinprodukten. Diese sind **gesondert über sog. Sachkostenabrechnungen** zu vergüten.

80   Der **Honorarverteilungsmaßstab** (HVM) ist Kernaufgabe der jeweiligen Kassenärztlichen- bzw. Kassenzahnärztlichen Vereinigung. Gemäß § 85 Abs. 1 SGB V zahlen die Krankenkassen nach Maßgabe des Gesamtvertrags an die Kassenärztlichen Vereinigungen ihre Vergütung in bestimmter Höhe mit schuldbefreiender Wirkung. Dies bedeutet, dass die Entlohnung der Ärzte ausschließlich Aufgabe der ärztlichen Selbstverwaltung ist. Hierfür hat die ärztliche Selbstverwaltung den sog. Honorarverteilungsmaßstab entwickelt, der Gegenstand umfangreicher Rechtsprechung geworden ist. Das bedeutet, man streitet nicht mit den Kostenträgern über eine erhöhte Vergütung, sondern stattdessen innerärztlich. Logische Konsequenz ist ein dauerhafter Streit der Hausärzte mit den Fachärzten. Eine Reihe von Kassenärztlichen Vereinigungen mussten ihre Honorarverteilungsmaßstäbe bereits nachbessern, da die bisherigen Verteilungsmechanismen von den Gerichten als rechtswidrig erklärt worden sind.

81   Aus § 85 Abs. 1 SGB V folgt ebenfalls, dass **Falschabrechnungen,** gleichgültig ob fahrlässig oder bewusst, also betrügerisch herbeigeführt, niemals die Allgemeinheit, sprich die Solidargemeinschaft belasten können, sondern dass Ärzte sich nur untereinander betrügen können.

d) Zuzahlung bzw. Eigenbeteiligung

82   **Zuzahlungen** sind für Medizinprodukte nur ausnahmsweise zu leisten. Diese Ausnahmen sind bereits im Gesetz, nämlich in den §§ 31 und 33 SGB V festgelegt. An dieser Stelle sei ein Verweis auf einen recht unbekannten Paragraphen, nämlich den § 43b SGB V erlaubt. Dieser stellt klar, dass der Anspruch auf Zuzahlung zu jedem Zeitpunkt ein Anspruch der gesetzlichen Kasse gegen ihren Versicherten ist. Niemals wird der Leistungserbringer Inhaber dieser Forderung. § 43b SGB V legt fest, dass der Leistungserbringer lediglich versuchen muss, die Zuzahlung zu erlangen. Weigert sich der Versicherte – gleich aus welchem Grund – mehrfach die Zuzahlung zu entrichten, kann die Krankenkasse die Zuzahlung nicht einfach gegenüber dem Leistungserbringer in Abzug bringen, sondern muss sich selbst mit ihrem Versicherten auseinander setzen. Von der Zuzahlung begrifflich streng zu trennen ist die sog. **Eigenbeteiligung.** Diese ist von der Rechtsprechung bei Gegenständen mit sog. Doppelfunktion entwickelt worden.[89] Unter Gegenständen mit Doppelfunktion kann man solche Medizinprodukte verstehen, die ohnehin zu den Gebrauchsgegenständen des täglichen Lebens gehören. Entschieden wurde eine Eigenbeteiligung bzw. ein Eigenanteil des Versicherten beispielsweise für orthopädische Schuhe, Behindertentoiletten, Fernsehlesegeräte und behindertengerechte Fahrräder.

83   Die Gefahr dieser Rechtsprechungstendenz liegt darin, dass hier dem Kostenträger ein weites Feld eröffnet wird, so dass er beispielsweise eine Eigenbeteiligung für einen Rollstuhl von seinem Versicherten mit der Argumentation verlangen kann, dass nunmehr ein weiterer Stuhl im Haushalt des Versicherten vorzufinden ist. Überhaupt ist festzustellen, dass in dem Bereich Eigenanteil des Versicherten einige Kostenträger bemüht sind, ihre defizitäre Haushaltssituation **auf Kosten ihrer Versicherten** abzufedern.

---

[89] KassKomm/*Höfler,* § 33 SGB V, Rdnr. 36.

Weitere Zuzahlungsvorschriften sieht das Gesetz bei Krankenhausaufenthalt oder bei- **84** spielsweise in § 32 SGB VI vor (**medizinische Rehabilitation**).

e) Budget bzw. Wirtschaftlichkeitsprüfung

Auch wenn zum 1. 1. 2002 die **Arzneimittelbudgets** abgeschafft worden sind, bleibt **85** festzuhalten, dass es für Hilfsmittel zu keiner Zeit ein Budget im Sinne eines Arznei- bzw. Heil- und Verbandmittelbudgets gegeben hat. Hiervon streng abzugrenzen ist die sog. **Wirtschaftlichkeitsprüfung** gem. § 106 SGB V. Im Rahmen dieser Prüfung, die die Verordnungsweise des jeweiligen Arztes auf seine Wirtschaftlichkeit untersucht, kann ein Arzt für die übermäßige Verordnung von Medizinprodukten in eine persönliche Haftung geraten. Auch hier bestehen, wie beispielsweise beim Sprechstundenbedarf, insgesamt analog zu den bestehenden 23 Kassenärztlichen Vereinigungen 23 Prüfvereinbarungen, die das Nähere regeln. Generell gilt, dass der einzelne Arzt im Rahmen eines Computerprüf- verfahrens mit den örtlichen Kollegen der gleichen Fachrichtung abgeglichen wird. Hat der betreffende Arzt im Rahmen des sog. Fallgruppenvergleichs über einen gewissen Prozentsatz mehr verordnet als der Durchschnitt seiner Kollegen, kommt er automatisch in eine sog. Wirtschaftlichkeitsprüfung. Juristisch liegt hier der Fall der Beweislastumkehr vor. Das heißt, dass der Arzt vor dem erstinstanzlichen Prüfungsausschuss und dem zweit- instanzlichen Beschwerdeausschuss den Verdacht der unwirtschaftlichen Verordnungs- weise ausräumen muss, ansonsten hat er entsprechende Rechtsfolgen, wie z. B. Regress- zahlungen zu erwarten.

f) Ambulantes Operieren

Bereits seit 1993 besteht im Gesetz die Möglichkeit des **ambulanten Operierens im** **86** **Krankenhaus** (vgl. § 115b SGB V). Nach einem jahrelangen Schattendasein hat die GKV Gesundheitsreform 2000 eine Reihe von Änderungen durchgeführt, um die Einsparpo- tenziale durch das ambulante Operieren voranzutreiben. Danach sieht § 115 SGB V einen Vertrag zwischen den Spitzenverbänden der gesetzlichen Krankenkassen und der Deut- schen Krankenhausgesellschaft (DKG) vor. In diesem sind in § 8 ebenfalls die Erstattung verschiedener Medizinprodukte im Rahmen einer ambulanten Operation geregelt.

2. Private Krankenversicherung (PKV)

Die grundsätzlichen **Unterschiede** zwischen GKV und PKV soll folgende Übersicht **87** (Abb. 4) erläutern.

Gesetzliche Krankenkasse	Private Krankenkasse
Solidaritätsprinzip, d. h. die Beiträge richten sich nach der Höhe des Bruttoeinkommens	Äquivalenzprinzip, d. h. die Beiträge richten sich nach Alter, Geschlecht, Familienstand, Vorer- krankungen und Leistungsumfang
kostenfreie Familienversicherung für den Ehe- partner und Kinder ohne eigenes Einkommen	für den Ehepartner und Kinder ohne eigenes Einkommen muss eine zusätzliche Prämie be- zahlt werden
Die Leistungen begründen sich auf gesetzlicher Basis und können grundsätzlich nicht zu- bzw. abgewählt werden	individuelle Verträge – der Leistungsinhalt ist frei vereinbar
gesetzliche Zuzahlungen bei Arzneimitteln, Ver- bandmitteln, Heilmitteln und Krankenhausauf- enthalt	keine Zuzahlung, aber evtl. Selbstbehalt
Festbetragsregelung für Arzneimittel und Hilfs- mittel	keine Festbetragsregelung
Sachleistungsprinzip	Kostenerstattungsprinzip

Gesetzliche Krankenkasse	Private Krankenkasse
Verordnungen erfolgen auf Kassenrezept	Verordnungen erfolgen auf Privatrezept
öffentlich-rechtliche Behörde	privates Unternehmen
unterliegt unmittelbar der Landesaufsicht bzw. dem BVA	unterliegt dem Bundesaufsichtsamt für das Versicherungswesen
nur geringe Rücklagen zulässig	auf Gewinn ausgerichtet
bei Zahlungsunfähigkeit Schließung durch Aufsichtsbehörde	bei Zahlungsunfähigkeit Insolvenzordnung
Wettbewerb nur hinsichtlich Mitgliederwechsel	unterliegen vollständigem Wettbewerb im Rahmen des Versicherungsvertragsgesetzes (VVG)
nur eingeschränkte Werbung zulässig	alle Marketingaktivitäten einsetzbar
Selbstbehalt, Beitragsrückzahlung, Satzungsleistung durch SolG wieder abgeschafft	Elemente der Risikobeteiligung nach wie vor möglich
Kontrahierungszwang	kein Kontrahierungszwang
SGB V regelt Rahmenbedingungen	MBKK regelt Rahmenbedingungen
Abrechnungsmöglichkeiten für Ärzte über EBM – E-GO (Ersatzkassen) – BMÄ (ehemalige Primärkassen)	Abrechnungsmöglichkeiten für Ärzte über GOÄ
grundsätzliche Berechnung: Punktzahl x Punktwert = Honorar	grundsätzliche Berechnung: Punktwert 11,4 Pfennig, Multiplikator 1,0; 1,8; 2,3; 3,5
Arzneimittelbudget-Ablösegesetz ABAG	Budgets gibt es nicht
Versorgungsqualität: Standard (Wirtschaftlichkeitsgebot gemäß § 12 SGB V)	Versorgungsqualität: hoch
Einführung neuer Produkte bzw. Dienstleistungen schwierig (AM-Richtlinien, BUB-Richtlinien)	Einführung neuer Produkte bzw. Dienstleistungen problemlos

Abb. 4: Unterschiede zwischen GKV und PKV

88 Gegenüber der GKV, in der ein Kontrahierungszwang besteht, ist in der PKV die Mitgliedschaft an bestimmte Voraussetzungen geknüpft. Bei Angestellten gibt es die sog. **Beitragsbemessungsgrenze** in Höhe von derzeit 3375,– € monatlich/40 500,– € jährlich. Erst bei einem Angestelltengehalt über der Beitragsbemessungsgrenze können diese in die PKV wechseln. Darüber hinaus können sich in der PKV Selbstständige versichern.

89 Rund 10% der Bundesbevölkerung ist komplett privat versichert. Darüber hinaus gibt es eine große Schnittmenge, die lediglich privat zusatzversichert ist, in der Regel innerhalb der **Krankenhauswahlleistungen.** Nach Angaben der 52 Mitglieder des Verbands der Privaten Krankenversicherung e. V. wurden 2001 ca. 25 Milliarden DM aufgewendet. In Deutschland sind 7,2 Mio. Einwohner voll versichert und weitere 7 Mio. privat zusatzversichert. In der privaten Pflegeversicherung sind 8,1 Mio. Bundesbürger versichert.

90 Für die private Krankenversicherung ist das **Versicherungsvertragsgesetz** (VVG) maßgeblich. Seit 1994 befinden sich in den §§ 178a–o Vorschriften über die Krankenversicherung.[90] Den Umfang der Leistungen beschreiben jedoch nach wir vor die sog. Musterbedingungen für die **Krankheitskosten- und Krankenhaustagegeldversicherung**

---

[90] BGBl. I S. 1630.

(MBKK). Hierbei handelt es sich um unverbindliche Empfehlungen des Verbandes der Krankenversicherer, die jedoch im Wege der Allgemeinen Geschäftsbedingungen bei einer Vielzahl von privaten Krankenversicherungsverträgen zugrunde gelegt werden.

Auch in der PKV ist der Begriff **Krankheit leistungsrechtlich nicht definiert.**[91] Hier **91** werden ebenfalls verschiedene Krankheitsdefinitionen aus der Rechtsprechung herangezogen. Ähnlich wie in der GKV ist seit vielen Jahren streitig, ob eine ungewollte Schwangerschaft bzw. eine ungewollte Kinderlosigkeit eine Krankheit im Sinne des Leistungsrechts sein kann. Da gem. § 3 Abs. 1 lit. d, MPG Produkte zur Empfängnisregelung ebenfalls als Medizinprodukte qualifiziert werden, hat dieser Punkt wiederholt die Gerichte sowohl bezüglich gesetzlich als auch privat Versicherter beschäftigt.

Ähnlich wie im Bereich der GKV im Rahmen des Wirtschaftlichkeitsgebots gem. § 12 **92** SGB V wird auch hier die Notwendigkeit einer Heilbehandlung nach gängiger Rechtsprechung gefordert. Diese muss nach objektiven Kriterien festgestellt werden.[92] Im Gegensatz zur GKV gibt es in der PKV **keinen gesetzlichen Leistungskatalog,** so dass Behandlungen auch **außerhalb der „Schulmedizin"** vorgenommen werden können. Es muss zumindest die Erfolgschance einer Behandlungsmethode feststehen.[93] Was die **Kostenerstattung von Hilfsmitteln** angeht, so wird nach ständiger Rechtsprechung zunächst geprüft, ob das gewählte Hilfsmittel in seinen Ausführungen überhaupt im Rahmen einer notwendigen Heilbehandlung liegt. Erst im zweiten Prüfungsschritt wird die Angemessenheit des entrichteten Preises geprüft.[94]

Den Umfang der Leistungspflicht innerhalb der PKV bestimmt in aller Regel § 4 **93** MBKK. Auch hier werden jedoch erstattungsrechtlich die Begriffe aus dem SGB V verwendet. Daher muss ebenfalls zunächst das Vorliegen eines Medizinprodukts im Einzelfall festgestellt werden. Natürlich kann in jedem Individualvertrag von dem hier vorgegebenen Umfang vertraglich abgewichen werden. In § 4 Abs. 2 MBKK ist die freie Wahl von Ärzten und Zahnärzten geregelt, die sich in der GKV in § 76 SGB V findet. Bei der Wahl der Krankenhäuser stehen dem privat Versicherten aus nachvollziehbaren Gründen nicht nur solche Krankenanstalten zur Verfügung, die einen öffentlich-rechtlichen Versorgungsvertrag i. S. v. § 108 SGB V haben. Er kann darüber hinaus ebenfalls **jede Privatklinik** in Anspruch nehmen. Ansonsten muss auf die individuell vereinbarten Tarifbedingungen verwiesen werden. In diesen findet sich häufig ein Ausschluss von Kosten für Leistungen, die nicht in der **Gebührenordnung für Ärzte (GOÄ)** vorgesehen sind. Bei der GOÄ handelt es sich um eine amtliche Gebührenordnung, die als Rechtsverordnung der Bundesregierung mit Zustimmung des Bundesrats erlassen wird. Für die Zahnärzte besteht die Gebührenordnung für Zahnärzte (GOZ). Im Gegensatz zur GKV wird in der GOÄ ein fester Punktwert für die dort genannten Leistungen bestimmt.

3. Beihilfe

In Deutschland gibt es ca. 3,5 Mio. Beamte, die beihilfeberechtigt sind. Ein großer Teil **94** der beihilfeberechtigten Personen sind gleichzeitig privat versichert. Auch das auf **Verwaltungsvorschriften** des Bundes und der Länder beruhende Beihilferecht ist ein reines Kostenerstattungssystem. Hier steht der Patient gleichzeitig zum Leistungserbringer in einem privatrechtlichen Verhältnis. Oftmals findet ebenfalls die GOÄ bzw. die GOZ Anwendung. Der Umfang der Beihilfe richtet sich nach dem öffentlich-rechtlichen Verhältnis zwischen dem Beihilfeberechtigten und seinem Dienstherrn. In aller Regel sichert die Beihilfe mindestens 50% der beihilfefähigen Aufwendungen ab. Beihilfeberechtigte Angehörige werden nicht wie in der GKV kostenfrei familienversichert, sondern sind beihilfeberechtigt als Ehepartner regelmäßig bis 70% und als beihilfeberechtigtes Kind i. d. R.

---

[91] *Prölls/Martin* § 1 MBKK, Rdnr. 4.
[92] *BGH* NJW 1996, 1224.
[93] *Prölls/Martin,* § 1 MBKK, Rdnr. 27.
[94] *Prölls/Martin,* § 1 MBKK, Rdnr. 53.

bis 80%. Die jeweiligen Restrisiken werden in der Regel durch private Versicherungen abgedeckt.

95   Ein weiterer Unterschied zu den bereits erörterten Sozialversicherungssystemen besteht darin, dass bei Beamten in der Regel **keine Beiträge** von Arbeitgeber bzw. Arbeitnehmer entrichtet werden, sondern die Beihilfe im Bedarf zu 100% durch die Beihilfestelle ausgezahlt wird. Durch die Überalterung der Gesellschaft wird in jüngerer Zeit auch im Bereich des Berufsbeamtentums immer deutlicher, dass sich auch hier die fehlenden Rückstellungen, ähnlich wie im Pensionsbereich, zunehmend als Finanzierungsproblem erweisen. Daher gibt es auch im Bereich des Beihilfesystems verschiedene Kostendämpfungsmaßnahmen. Diese sind bei den jeweiligen Beihilfeträgern unterschiedlich. Wie in der PKV bestehen zwischen den Kostenträgern der Beihilfe und den Leistungserbringern in der Regel keine vertraglichen Beziehungen.

96   Beihilfe wird nur dann gewährt, wenn ein Antrag gestellt wurde und die Aufwendungen einen bestimmten Betrag übersteigen. Auch im Beihilferecht existiert **kein leistungsrechtlicher Medizinproduktebegriff.** Im Bereich der Krankenhausleistung richtet sich das Leistungsspektrum ähnlich wie in der PKV und der GKV nach der Bundespflegesatzverordnung.

97   Der genaue Umfang der Leistung wird durch **§ 4 Beihilfeverordnung** und den dazugehörigen Verwaltungsvorschriften festgelegt. Hier bestehen beispielsweise in der Anlage 2 Höchstbeträge für beihilfefähige Hilfsmittel. Darüber hinaus ist das Leistungsspektrum stark der GKV angelehnt. Es existieren eine Zuzahlung bei Arzneimitteln, diverse Festbetragsregelungen sowie mit § 34 SGB V vergleichbare ausgeschlossene Arznei-, Heil- und auch Hilfsmittel.

4. Sozialhilfe

98   Die Sozialhilfe umfasst auch die **Krankenhilfe.** Gemäß § 37 Abs. 2 Satz 2 BSHG bietet die Sozialhilfe ein an der GKV orientiertes Leistungsspektrum. Grundsätzlich ist auf Grund von § 85 Abs. 1 BSHG vor der Gewährung von Leistungen eine Versorgungsmeldung an den jeweiligen Träger der Sozialhilfe vorzunehmen. In dringenden Fällen besteht unter den Voraussetzungen des § 121 Satz 1 BSHG bei zeitlich vor der Anzeige nach § 5 BSHG erbrachten Leistungen ein Direktanspruch des Nothelfers gegen den Träger der Sozialhilfe. Damit besteht ein Kostenvoranschlagssystem, das dem der GKV sehr vergleichbar ist.

99   Generell wird die Sozialhilfe durch das **Nachrangprinzip,** das in § 2 BSHG niedergelegt ist, geprägt. Das heißt, dass Sozialhilfe nur derjenige beziehen kann, der sich weder selbst helfen, noch dem durch Dritte geholfen werden kann. Dementsprechend ist der Sozialhilfe auch die vorläufige Leistungsgewährung immanent. Das heißt, dass die Sozialhilfeträger oftmals vorgestreckte Leistungen bei Dritten wieder eintreiben. Hierzu werden die Ansprüche übergeleitet gem. § 90 BSHG. Aus § 3 Abs. 1 BSHG folgt das sog. **Individualisierungsprinzip.** Dies soll der Sozialhilfe ermöglichen, die konkrete Notlage des einzelnen Hilfesuchenden ermitteln zu können. Hierfür wird zunächst die Notlage festgestellt. Anschließend wird die tatsächliche Hilfegestaltung aus einer Mischung aus individueller und durchschnittlicher Hilfegestaltung zur Verfügung gestellt.

100   Dementsprechend unterscheidet das BSHG **Muss-, Soll- und Kann-Leistungen.** Natürlich unterliegen die Ermessensentscheidungen im Bereich der Kann- und Soll-Leistungen der verwaltungsgerichtlichen Kontrolle im Rahmen des § 114 VwGO.

5. Exkurs: Krankenhilfe nach dem Asylbewerberleistungsgesetz

101   Nach § 4 Asylbewerberleistungsgesetz besteht ein **Behandlungsanspruch** einschließlich der Versorgung mit Hilfsmitteln, wenn eine Krankheit entweder „akut" oder „schmerzhaft" ist. Daraus abzuleiten, dass der Leistungsanspruch nur bei akuten Krankheiten und Schmerzzuständen bestünde, geht fehl. So ist bei chronischen Erkrankungen nach der gängigen Rechtsprechung ein Behandlungsanspruch gegeben. Grundsätzlich

reicht wie in den anderen gesetzlichen Krankenversicherungssystemen die Notwendigkeit der Behandlung. Hiervon sind beispielsweise auch orthopädische Schuhe innerhalb der Leistungspflicht zu gewähren.[95] Eingeschränkt ist der Behandlungsanspruch im Bereich des Zahnersatzes. Gemäß § 2 des Asylbewerberleistungsgesetzes sind Berechtigte unter gewissen Voraussetzungen der Krankenhilfe unter Verweis auf § 37 BSAG bzw. dem SGB V völlig gleichgestellt. Voraussetzung ist, dass sie mindestens über einen Zeitraum von drei Jahren den Bezug von Leistungen nach dem Asylbewerbergesetz darlegen können.

Der Anspruch auf Krankenversorgung besteht auch bei „illegalem" Aufenthalt. 102 Hierbei ist unerheblich, ob das Asylverfahren rechtskräftig durch Ablehnung durchgeführt wurde oder ob sich die Person illegal ohne Asylverfahren in Deutschland aufhält.[96]

Sowohl die Frage der **Leistungsberechtigung** als auch die Frage des **Leistungsum- 103 fangs** ist Gegenstand umfangreicher Rechtsprechung gewesen.

C. Allgemeines zur Kostenerstattung von Medizinprodukten

I. GKV als Teil der Sozialversicherung

Die gesetzliche Krankenversicherung bzw. Pflegeversicherung sind die **Hauptträger** 104 bei der Gewährung von Kostenerstattung bei Medizinprodukten.

1. Sozialrechtliche Leistungsgrundsätze

Bereits oben wurde dargelegt, dass die gesetzliche Krankenkasse eine Körperschaft des 105 öffentlichen Rechts und darüber hinaus eine Behörde ist. Betrachtet man das Verhältnis der gesetzlichen Krankenkasse zu den Versicherten bzw. Familienversicherten, kann kein Zweifel daran bestehen, dass es sich hierbei um eine **öffentlich-rechtliche Leistungsbeziehung** handelt. In jüngerer Zeit ist die früher vorherrschende Meinung, dass nämlich das Rechtsverhältnis zwischen Leistungserbringer und Krankenkasse ein zivilrechtliches sei, erschüttert worden.

a) Exkurs: § 69 SGB V nur Rechtswegzuweisung?

Zum 1. 1. 2002 trat § 69 SGB V in Kraft. Hintergrund waren verschiedene, überwie- 106 gend zivilrechtliche Urteile (Kartellgerichte), die im Ergebnis davon ausgingen, dass es sich bei Krankenkassen mit bedeutendem Marktanteil bzw. bei Vereinigungen von Krankenkassen um **Nachfragekartelle** im Sinne des Wettbewerbsrechts handelt. Hiermit wurden verschiedene Steuerungsmechanismen der Selbstverwaltung im Gesundheitswesen gestoppt, beispielsweise die Veröffentlichung neuer Arzneimittel-Richtlinien.[97] Gleiches gilt für die Absenkung verschiedener Arzneimittelfestbeträge.[98] Als Reaktion hierauf hat der Gesetzgeber den oben erwähnten Paragraphen eingefügt. Bezüglich des bestehenden Streits darüber, ob es sich bei § 69 SGB V lediglich um eine **Rechtswegzuweisung** zu den Sozialgerichten handelt, oder ob darüber hinaus auch materiellrechtlich das Zivil- insbesondere das Wettbewerbsrecht ausgeschaltet werden soll, ist die Entscheidung wohl nach jüngerer Rechtsprechung des Bundessozialgerichts gefallen. So hat das Bundessozialgericht (BSG)[99] klargestellt, dass nicht nur die Rechtsbeziehungen der Krankenkassen und

---

[95] Vgl. *VGH Baden-Württemberg*, Urt. v. 4. 5. 1998 – 7 S 920/98.

[96] Vgl. *OVG Berlin*, Urt. v. 9. 2. 1994 – 6 S 15/94.

[97] *OLG München*, Urt. v. 20. 1. 2000 – U(K) 4428/99; *LG Hamburg*, Urt. v. 31. 3. 1999–315 O 129/99; *OLG Hamburg*, Urt. v. 19. 10. 2000 – 3 U 200/99.

[98] *OLG Düsseldorf*, Urt. v. 28. 8. 1998 – U(Kart) 19/98; *OLG Düsseldorf*, Urt. v. 27. 7. 1999 – U (Kart) 36/98.

[99] *BSG*, Urt. v. 25. 9. 2001 – B 3 KR17/00.

ihrer Verbände zu den Leistungserbringern und deren Verbände abschließend durch die §§ 69–114 SGB V geregelt sind, sondern diese Neuregelung gleichermaßen in **prozessualer und materieller Hinsicht** gelten soll. Daraus leitet der 3. Senat des BSG ab, dass in den Rechtsbeziehungen der Krankenkassen zu den Leistungserbringern die Vorschriften des Gesetzes gegen Wettbewerbsbeschränkungen (GWB) nicht mehr anwendbar seien. Gleiches gelte auch für das Gesetz gegen den unlauteren Wettbewerb (UWG). Sowohl das UWG wie auch das GWB setzten bürgerlich-rechtliche Streitigkeiten voraus. Diese seien nicht gegeben. Bisher waren die Rechtsbeziehungen zwischen Krankenkassen und Leistungserbringern als privatrechtlich eingestuft worden.[100] Gleiches gilt für das Abrechnungsverhältnis.[101] Nach dem auslegungsfähigen Wortlaut des § 69 SGB V i. V. m. der relativ eindeutigen Gesetzesbegründung sollen nunmehr diese Rechtsbeziehungen allein sozialversicherungsrechtlicher Natur sein.[102] Sollte sich diese BSG-Rechtsprechung festigen, wird hier ein wichtiges Instrument in den Händen der Leistungserbringer und ihrer Verbände verloren gehen. Gegen das BSG-Urteil vom 25. 9. 2001 ist eine Verfassungsbeschwerde anhängig.[103] Die isolierte Zuweisung von kartellrechtlichen Streitigkeiten aus dem Bereich der gesetzlichen Krankenversicherung zu den Sozialgerichten – Streitigkeiten kartellrechtlicher Natur aus den Bereichen der Pflege-, Renten-, oder Unfallversicherung werden weiterhin von den Kartellsenaten der Zivilgerichte entschieden – stellt einen Verstoß gegen Art. 3 GG dar. Auch europarechtliche Bedenken sind angebracht. So dürfte § 69 SGB V gegen Art. 81, 82 i. V. m. Art. 10 EGV verstoßen, weil die Krankenkassen und ihre Verbände hier nach wie vor als marktbeherrschendes Unternehmen anzusehen sind, die ihre Stellung missbräuchlich ausnutzen können. Darüber hinaus ist auch die Meinung innerhalb des BSG nicht einheitlich. So vertritt der Vorsitzende Richter des 6. Senates des BSG, *Dr. Engelmann,* im Unterschied zum 3. Senat die Auffassung, dass § 69 SGB V keinen Ausschluss der Anwendbarkeit des Wettbewerbs- und Kartellrechts beinhalte.[104] Diese Entwicklung stellt eine erhebliche Verschlechterung des Rechtsschutzes dar.[105] Es ist ohnehin festzustellen, dass in den vergangenen Jahren die rechtlichen Möglichkeiten eines Leistungserbringers, sich gegen willkürliche Behördenentscheidungen von Kostenträgern zu wehren, massiv abgenommen haben. Nunmehr muss man wohl darauf vertrauen, dass ein Sozialrichter sich auch im Bereich des europäischen Kartell- und Wettbewerbsrechts auskennt. Zusammenfassend lässt sich festhalten, dass der Bundesgesetzgeber durch § 69 SGB V den Wunsch des ohnehin verfassungsrechtlich bedenklichen Bundesausschusses der Ärzte und Krankenkassen („kleiner Verordnungsgeber") als oberstes Organ der Selbstverwaltung erfüllt hat, dessen Entscheidungen nahezu unangreifbar zu machen.[106] Hieraus resultiert die nicht zu unterschätzende Gefahr, dass der Wachstumsmarkt Gesundheitswesen unnötig behindert wird.

b) Gleichbehandlungsgebot

107 Aus der Behördenqualität der Krankenkasse folgt ein **unmittelbares Gleichbehandlungsgebot.** Dieses wird insbesondere im Verhältnis zu den Leistungserbringern schwerlich durchzuhalten sein. Hier werden gerade im Bereich der Hilfsmittel eine Vielzahl unterschiedlicher Verträge und Vergütungsvereinbarungen getroffen. Auch das Gleichbehandlungsgebot gegenüber den Versicherten wird oftmals dadurch missachtet, dass insbesondere **freiwillig gesetzlich Versicherten** Leistungen ohne rechtliche Grundlage gewährt werden, die über den gesetzlichen Leistungskatalog hinaus gehen. Hintergrund ist

---

[100] *BGHZ* 36, 91.

[101] *Werner,* MPR 2002, 48.

[102] BT-Drs. 14/1245, 68.

[103] *BVerfG,* eingelegt am 28. 3. 2002 – 1 BvR 604/02.

[104] *Engelmann,* NZS 2000, 214.

[105] *Zuck,* S. 17.

[106] *BÄK,* Pressemitteilung v. 12. 7. 1999.

nachvollziehbarer Weise die Absicht der gesetzlichen Krankenkasse, „gute Beitragszahler" zu halten und nicht an andere Kostenträger zu verlieren.

c) Wirtschaftlichkeitsgebot

Das Wirtschaftlichkeitsgebot, das meistens aus § 12 SGB V abgeleitet wird, jedoch auch **108** in § 2 bzw. § 70 SGB V niedergelegt ist, stellt eine klassische ausfüllungsbedürftige Norm dar. Die **unbestimmten Rechtsbegriffe** „ausreichend wirtschaftlich und zweckmäßig" sind Gegenstand umfangreicher Rechtsprechung geworden. Diese müssen in jedem Einzelfall ausgefüllt werden. Oftmals wird übersehen, dass gem. § 70 Abs. 1 SGB V das Wirtschaftlichkeitsgebot auch bei Leistungserbringern gilt. Die unbestimmten Rechtsbegriffe „ausreichend wirtschaftlich und zweckmäßig" werden in der Praxis oftmals lediglich auf die preisgünstigste Medizinprodukte-zur-Verfügung-Stellung reduziert. Häufig bleiben dabei Folgekosten im Alter bzw. Vermeidung von Krankenhausaufenthalten unberücksichtigt.

d) Patientenwahlrecht

Das Patientenwahlrecht ist eines der vielen ungeschriebenen Grundsätze des Kranken- **109** kassenversicherungsrechts. Seine Existenz wird heute nicht mehr bestritten.[107] Es ist in einer Vielzahl von Urteilen niedergelegt. Immer wieder Anlass für Diskussionen bietet jedoch das Verhältnis des Patientenwahlrechts zu dem oben genannten Wirtschaftlichkeitsgebot. In einer Vielzahl von Fällen wird die Krankenkasse versuchen, den Patienten zu einem vermeintlich günstigeren Leistungserbringer zu lenken. Oftmals besteht der Patient jedoch auf dem Leistungserbringer seiner Wahl, da hier ein Vertrauensverhältnis aufgebaut wurde. Daher wird in unterschiedlichen Gerichtsverfahren einmal das Patientenwahlrecht[108] über das Wirtschaftlichkeitsgebot gestellt, ein anderes Mal sind jedoch auch gegenteilige Urteile ergangen. Würde jedoch nur die Krankenkasse entscheiden, welcher Leistungserbringer zu wählen ist, so würde das Patientenwahlrecht total ausgehöhlt. Gerade im Bereich der Medizinprodukte wird es sich in aller Regel um die Bereitstellung von Hilfsmitteln handeln. In diesem Bereich besteht durch § 126 SGB V eine **Krankenkassen-Zulassung.** Das bedeutet, dass jeder zugelassene Leistungserbringer prinzipiell zur Abgabe von Hilfsmitteln befugt ist. Im Rahmen der Zulassung, die gem. § 126 Abs. 3 SGB V in Zusammenhang mit § 124 Abs. 5 SGB V von den Landesverbänden der Krankenkassen, den Verbänden der Ersatzkassen sowie der Seekasse erteilt wird, handelt es sich um einen begünstigenden Verwaltungsakt auf den – bei Vorliegen aller Voraussetzungen – ein Anspruch besteht. Was jedoch in den einzelnen Bundesländern die Anforderungen an Hilfsmittelzulassung für Leistungserbringer angeht, so ist festzustellen, dass diese höchst unterschiedlich ausgelegt werden. Auch wenn § 126 Abs. 2 SGB V eine Empfehlung auf Bundesebene vorsieht, ist ersichtlich, dass durch örtlich geltende bestehende Verträge unterschiedliche Hürden aufgebaut wurden. Gemäß § 126 Abs. 1 SGB V ist es zulässig, die Ersterteilung der Hilfsmittelzulassung an geltende Vereinbarungen vor Ort zu koppeln. Hiervon haben die Krankenkassen seit Jahren regen Gebrauch gemacht. Dementsprechend kann ein eigener Liefervertrag gem. § 127 SGB V keine Voraussetzung sein, um Patienten einer gesetzlichen Krankenkasse zu versorgen. Jedoch kann die Krankenkasse bei Neuerteilung die Anerkennung bestehender Versorgungsverträge verlangen. In der Praxis liegen in aller Regel von größeren Leistungserbringern Verträge gem. § 127 SGB V vor. Da hier seit vielen Jahren der einzige Leistungsbereich besteht, in dem Krankenkassen nicht Monopolisten, wie dem Deutschen Apothekerverband, den Kassenärztlichen Vereinigungen u.a. gegenüber stehen, ist der Bereich der Hilfsmittelversorgung schon seit Jahren von einem teilweise **ruinösen Preiskampf** gekennzeichnet. Hier ist bereits seit geraumer Zeit Realität, wozu Krankenkassen in anderen Bereichen noch nicht in der Lage sind, nämlich Einzelverträge mit einzelnen Leistungserbringern abzuschließen.

---

[107] *Boecken,* NZS 2000, 273; *SG Cottbus,* Urt. v. 12. 5. 2000 – S 10 KR 25/00.
[108] *OLG Stuttgart,* Urt. v. 30. 1. 1998 – 2 U 176/97.

Es ist der Krankenkasse verboten, die Kostenübernahme für die Versorgung eines Patienten mit der Begründung zu verweigern, dass ein anderer Leistungsanbieter zu günstigeren Preisen liefere.[109]

e) Verordnungs- und Therapiefreiheit des Arztes versus Genehmigung der Krankenkasse

110   In Deutschland hat seit jeher die Verordnungs- und Therapiehoheit zu 100% bei dem behandelnden Arzt gelegen. Er allein war Entscheider und hat durch seine Verordnung die Krankenkassen wie auch die Leistungserbringer rechtlich gebunden. Auch dieser Grundsatz, ähnlich wie das Patientenwahlrecht, ist nirgends im Sozialrecht normiert. Nach § 82 Abs. 1 SGB V vereinbaren die Kassenärztliche Bundesvereinigung mit den Spitzenverbänden der Krankenkassen Bundesmantelverträge. In § 30 Abs. 8 des aktuellen Bundesmantelvertrags für Ärzte (BMV-Ä) ist geregelt, dass die meisten erstattungspflichtigen Medizinprodukte, nämlich die Gruppe der Hilfsmittel, auf Grund der Verordnung eines Vertragsarztes der **Genehmigung** durch die Krankenkasse bedürfen. Eine entsprechende Regelung besteht in § 16 Abs. 8 Ersatzkassenvertrag-Ärzte (EKV-Ä). Die Bindungswirkung und weitergehende Bedeutung dieser Regelungen sind umstritten. Die Literatur verweist darauf, dass diese Normen keine Geltung im Rechtsverhältnis zu den Leistungserbringern im Sinne des SGB V entfalten können.[110] In der Praxis bestehen jedoch nahezu alle Kostenträger auf der Genehmigung eines Hilfsmittelkassenrezepts. Im Sprachgebrauch des Bürgerlichen Rechts müsste es eigentlich „Zustimmung" heißen, da die Krankenkasse **vor** Abgabe des Hilfsmittels entscheiden möchte. Dies stellt bei Eil- oder Notfällen sowie bei lückenloser Versorgung von Patienten durch Leistungserbringer ein unlösbares Problem dar. Auch bei der nachträglichen Genehmigung kommt es durch lange Genehmigungszeiträume der Krankenkasse bereits zu hohen Außenständen der Leistungserbringer, die die Versorgung des Patienten aufrecht erhalten. Lehnt die Krankenkasse die Genehmigung ab, was eigentlich die Einschaltung des Medizinischen Dienstes der Krankenkassen (MDK) gem. § 275 Abs. 3 Nr. 2 SGB V erfordert, steht der Leistungserbringer vor dem Problem, verklagt er seine größten Kunden oder verzichtet er auf die Realisierung seiner Außenstände. Hier bleibt die weitere Rechtsprechung abzuwarten.

111   Nun besteht seit längerem Streit, ob im Rahmen der Hilfsmittelverordnung der Arzt „produktfein", also bis zur 10. Stelle oder nur bis zur 7. Stelle der Hilfsmittelpositionsnummer verordnen soll. In der Vergangenheit war dies für Arzneimittel eindeutig so vorgesehen. Seit dem 23. 2. 2002 gilt jedoch die neue **Aut-idem-Regelung** für Arzneimittel. Diese gilt nicht bei Hilfsmitteln. Bezüglich Hilfsmittel sieht die alte und neue Rechtslage Folgendes vor: Die oberste Institution der Selbstverwaltung, nämlich der Bundesausschuss Ärzte und Krankenkassen, hat gem. § 92 Abs. 1 Nr. 6 SGB V sog. **Hilfsmittel-Richtlinien**[111] zu erlassen. In diesen Hilfsmittel-Richtlinien ist unter Punkt 2 die Ermächtigungsgrundlage für eine Arztinformation hinterlegt, die dieser Richtlinie in der Anlage 3 beigefügt ist. In dieser Anlage 3 wiederum ist bestimmt, dass bei der Verordnung eines Hilfsmittels entsprechend dieser Arztinformation entweder die Produktart genannt oder die entsprechende siebenstellige Hilfsmittelpositionsnummer des Hilfsmittelverzeichnisses angegeben werden soll. Das Einzelprodukt soll dann vom abgebenden Fachhandel nach Maßgabe der mit den Krankenkassen abgeschlossenen Verträge gem. § 127 SGB V ausgewählt werden. Ausdrücklich ist hier bestimmt, dass für die Auswahl des wirtschaftlichen Hilfsmittels der Fachhandel verantwortlich ist. Daher kann man festhalten, dass bezüglich der Hilfsmittel die **Verordnungshoheit** des niedergelassenen Arztes **eingeschränkt** ist. Ausnahmsweise kann der Arzt auch produktfein verordnen, das heißt bis zur

---

[109] *OLG Thüringen,* Urt. v. 23. 2. 2000 – 2 U 1159/99.

[110] *Meuthen/Hartmann,* MPR 2002, 28.

[111] I. d. F. v. 17. 6. 1992 (Beilage zum BAnz. Nr. 183), zuletzt geändert am 6. 2. 2001 (BAnz. Nr. 102 S. 11037).

10. Stelle der Hilfsmittelpositionsnummer. Dies soll jedoch nur ausnahmsweise erfolgen. Die grundsätzliche Zuständigkeit des Vertragsarztes zur Verordnung von ambulanten Hilfsmitteln ergibt sich aus § 73 Abs. 2 Nr. 7 SGB V. Fraglich ist, ob es für die Versorgung mit einem Hilfsmittel überhaupt einer ärztlichen Verordnung bedarf. Der Arztvorbehalt des § 15 Abs. 1 Satz 2 SGB V gilt insoweit nicht.[112] Umgekehrt begründet ein vom Verordner ausgestelltes Hilfsmittelrezept keinen zwingenden Versorgungsanspruch des Patienten.[113] Dies ist beispielsweise dann der Fall, wenn der zuständige Bundesausschuss eine Behandlungs- und Untersuchungsmethode abgelehnt hat und das betreffende Hilfsmittel zu dieser Methode gehört, selbst wenn eine Listung im Hilfsmittelverzeichnis gem. § 128 SGB V bereits erfolgt ist.[114] Streit besteht darüber, wer das Rezept für sich beanspruchen darf. Grundsätzlich steht die Verordnung dem Patienten zur Ausübung seines Patientenwahlrechtes zu. Sowohl Krankenkassen als auch Ärzte gehen jedoch verstärkt dazu über, das Rezept direkt bevorzugten Leistungserbringern zur Verfügung zu stellen. Zur Frage der Zulässigkeit dieses Vorgehens bleibt die weitere Rechtsprechung abzuwarten.

f) Sozial-Verwaltungsverfahren

Die Grundsätze des Sozial-Verwaltungsverfahrens sind dem des **Verwaltungsverfah-** **112** **rensgesetzes** (VwVfG) durch die Vorschriften des SGB X weitgehend identisch nachgebildet. Dies bedeutet zum Beispiel, dass auch ein Vorverfahren durchgeführt werden muss. Mithin stellt die Weigerung der Kassen, die Kosten für ein bestimmtes Hilfsmittel zu tragen, einen ablehnenden Bescheid und damit einen belastenden Verwaltungsakt dar. Gegen diesen ist regelmäßig der Rechtsbehelf des Widerspruchs statthaft. Dieser braucht nicht begründet zu werden. Da in der Regel seitens des ablehnenden Kostenträgers keine Rechtsbehelfsbelehrung mitgeteilt wird, gilt die Monatsfrist in diesen Fällen nicht. Vielmehr läuft ab Zugang eine Jahresfrist. Der Widerspruch wird dann durch eigens eingerichtete Widerspruchsausschüsse bei den gesetzlichen Krankenkassen beschieden. Im Falle einer erneuten Ablehnung ist dann der Weg zu den Sozialgerichten gem. § 51 Sozialgerichtsgesetz (SGG) offen. Die Sozialversicherung i.S.d. § 51 SGG beinhaltet die Gebiete der Krankenversicherung, Unfallversicherung, Rentenversicherung, Handwerkerversicherung, Künstlerversicherung, Knappschaftsversicherung, die Krankenversicherung der Landwirte, das Kassenarztrecht usw.[115] Soweit Verträge i.S.d. § 51 Nr. 3 SGG Streitgegenstand sind, ist es unerheblich, ob diese öffentlich-rechtlicher oder privat-rechtlicher Natur sind.[116] Weiterhin ist ebenfalls die Zuständigkeit für Streitigkeiten nach dem Pflegeversicherungsgesetz gegeben. Erwähnenswert ist, dass vor dem Sozialgericht gem. § 103 SGG der **Amtsermittlungsgrundsatz** gilt. Dies bedeutet, dass das Gericht den Sachverhalt umfassend aufklären muss. Daher ist das Gericht an das Vorbringen von Beweisanträgen der Beteiligten nicht gebunden. Die Erfahrung zeigt jedoch, dass die Anspruchsberechtigten gut daran tun, sowohl gegenüber der Behörde Krankenkasse als auch gegenüber dem Sozialgericht ihre Auffassung umfangreich darzulegen.

2. Finanzierbarkeitsdebatte

Es bedarf keiner weiteren Erläuterung, dass die Veränderung der Alterspyramide im **113** Zusammenhang mit der Kostenexplosion durch den **medizinischen Fortschritt** auf Dauer die Finanzierungsproblematik festschreiben wird. Ein Aspekt, der in diesem Zusammenhang gerne übersehen wird ist, dass der medizinische Fortschritt nicht nur im Bereich der Behandlungsmethoden rasant fortschreitet, sondern darüber hinaus im Bereich der **Diagnostik** schnelle Fortschritte erzielt werden. Dadurch wird die individuelle Be-

---

[112] *BSG*, Urt. v. 16. 4. 1998 – B3 KR 9/97 R.
[113] *BSG*, Urt. v. 17. 1. 1996 – 3 RK 29/94.
[114] *BSG*, Urt. v. 31. 8. 2000 – B3 KR 21/99 R.
[115] *Rohwer-Kahlmann*, § 51 SGG, Rdnr. 55.
[116] *Rohwer-Kahlmann*, § 51 SGG, Rdnr. 58.

handlungsdauer der Patienten deutlich erhöht durch die Tatsache, dass Erkrankungen heute in einem viel früheren Stadium diagnostiziert werden.

114   Hinzu treten erhöhte Therapiekosten bei bestimmten Erkrankungen, wie beispielsweise HIV, Krebs usw. Aus all dem ergibt sich der nicht auflösbare Konflikt zwischen erhöhtem Finanzbedarf und gesellschaftlich nicht mehr vermittelbarer Beitragssatzerhöhung der gesetzlichen Krankenkasse. Bekanntermaßen ist die Erhöhung der Lohnnebenkosten der Hauptfaktor, der dazu führt, dass Arbeit in Deutschland zu teuer ist. Darüber hinaus ist in Anbetracht der Arbeitslosenproblematik ein Ende der finanziellen Möglichkeiten absehbar. Gleiches gilt in anderen Zweigen der Sozialversicherung. Über die Möglichkeit der Ausschöpfung von Rationalisierungsreserven herrscht allseits Unstimmigkeit. Einigkeit herrscht jedoch darin, dass selbst bei Ausnutzung aller bekannten **Rationalisierungsreserven** der Finanzbedarf nicht befriedigt werden kann. Daher muss man Bereiche wie Sterbegeld, Leistungen bei Mutterschutz und andere sog. **versicherungsfremde Leistungen** als Tropfen auf den heißen Stein bewerten. Gleiches gilt für die immer weiter ansteigenden Aufwendungen für die Verwaltung der gesetzlichen Krankenkassen.

115   Mittelfristig wird daher kein Weg daran vorbei führen, der Bevölkerung zu vermitteln, dass nicht mehr alles, was medizinisch möglich ist, auch solidarisch finanzierbar ist. Die berühmte und allseits befürchtete **Klassenmedizin** ist bereits seit längerem Realität. Ähnlich wie im Arzneimittelbereich gibt es auch im Medizinproduktebereich bereits heute für privat Versicherte ein umfangreiches Spektrum von Leistungen, die dem gesetzlich Versicherten nicht angeboten werden. Daher wird man mittelfristig wieder in die extrem schwierige Diskussion um die Bestimmung der sog. Standardleistung eintreten. Die Differenzierung zwischen **Standard- und darüber liegender Versorgung** mag als unsozial empfunden werden. Ein Blick über die Grenzen Deutschlands hinaus zeigt jedoch, dass auch andere Länder, die vor gleichen Problemen stehen, teilweise drastische Lösungen akzeptieren. So ist z. B. der sog. „bloody patient" in England bereits seit Jahren Realität. Ab einem gewissen Alter werden dort für Patienten normale Operationen abgelehnt. Folge hiervon ist die Tatsache, dass englische Patienten verstärkt in Deutschland Gesundheitsleistungen nachfragen. Nach neuer Meinung sind diese sogar von der englischen Krankenversicherung zu erstatten. Der Bereich des europaweiten gleichen **Leistungsrechts** kann an dieser Stelle jedoch nicht weiter vertieft werden (vgl. etwa Rdnr. 115 m. w. N.).

116   Darüber hinaus gehört auch die **kostenfreie Familienversicherung** auf den sozialpolitischen Prüfstand. Beispielsweise ist seit Jahren bekannt, dass im Bereich der familienmitversicherten Studenten eine Reihe von Missständen bestehen. Zusammenfassend lässt sich daher festhalten, dass die Finanzierungsproblematik an Schärfe zunimmt und eine Lösung in weiter Ferne ist. Hieran werden auch die nächsten „Gesundheitsreförmchen" nichts ändern.

II. Abgrenzung der Krankenversicherung (SGB V) zur Pflegeversicherung (SGB XI)

117   Aus aktuellem Anlass sollen nachfolgend die **Abgrenzungsschwierigkeiten** zwischen einzelnen Versicherungszweigen in der ambulanten Versorgung von Hilfsmitteln dargestellt werden. Der stationäre Bereich wird unter Rdnr. 201–211 dargestellt werden.

118   Den weitaus größten Bereich erstattungsfähiger Medizinprodukte stellen die **Hilfsmittel** im Rahmen des § 33 SGB V dar (vgl. im Einzelnen unter Rdnr. 185–188). Durch Inkrafttreten des Pflegeversicherungsgesetzes (SGB XI) vom 26. 4. 1994 kam innerhalb dieses neuen Versicherungszweigs eine neue Gruppe von Medizinprodukten zur Anwendung. Gemeint sind die **Pflegehilfsmittel** und **technischen Hilfen** gem. § 40 SGB XI.

119   In der Praxis tauchen vermehrt Fälle auf, in denen einzelne Sozialversicherungszweige ihre Erstattungspflicht für Medizinprodukte mit dem Hinweis auf die fehlende Zuständig-

keit ablehnen. Die Situation wurde durch Inkrafttreten der sog. 2. Stufe der Pflegeversicherung, nämlich die vollstationäre Pflege, im Jahre 1996 noch verschärft. Dies gipfelte in aufsichtsrechtlichen Schreiben des Bundesministeriums für Gesundheit und des Bundesversicherungsamtes, in denen der GKV vorgeworfen wurde, bewusste Fehlbuchungen zu Lasten der finanziell besser ausgestatteten Pflegeversicherung vorgenommen zu haben.[117] Insbesondere die Ausstattung von stationären Alten- und Pflegeheimen bereitet in der Praxis starke Abgrenzungsschwierigkeiten. Im Streit ist vor allem der **Umfang der Medizinprodukte,** die ein **stationäres Pflegeheim** zum laufenden Betrieb vorhalten muss. Diese wären dann durch in den einzelnen Bundesländern unterschiedlich ausgestaltete Finanzierungsmodelle bereit zu stellen und nicht über die Kostenträger der Kranken- oder Pflegekasse. Im Einzelfall ist vor allem die nur sehr schwer zu treffende Unterscheidung zwischen Krankheit und Pflegebedürftigkeit oftmals Auslöser der Diskussion.

1. Leistungsrechtliche Definition von Pflegebedürftigkeit und Krankheit

Eine weit verbreitete Ansicht der Kostenträger geht dahin, dass die Krankenversicherung – dem Wortsinne folgend – nur für Krankheiten leistungspflichtig sein kann und dem gegenüber die Pflegeversicherung nur für Leistungen zur Behandlung der Pflegebedürftigkeit zuständig sei. Dieser Ansatz geht bereits fehl, da es an keiner Stelle im Gesetz eine leistungsrechtliche Definition von Krankheit gibt.[118] Demgemäß hat die Rechtsprechung sich von jeher eigener Definitionen von **leistungsrechtlicher Krankheit** bedient. Danach ist Krankheit ein regelwidriger Körper- oder Geisteszustand, der die Notwendigkeit einer ärztlichen Heilbehandlung oder zugleich oder allein Arbeitsunfähigkeit zur Folge hat.[119] Demgegenüber hat der Gesetzgeber in dem jüngeren SGB XI versucht, die Pflegebedürftigkeit zu definieren (vgl. § 14 SGB XI). Danach sind pflegebedürftig im Sinne des SGB XI Personen, die wegen einer körperlichen, geistigen oder seelischen **Krankheit** oder Behinderung für die gewöhnlichen und regelmäßig wiederkehrenden Vorrichtungen im Ablauf des täglichen Lebens auf Dauer voraussichtlich für mindestens sechs Monate in erheblichem oder höherem Maße der Hilfe bedürfen. **120**

Leider hat der Gesetzgeber sich bei seiner Definition des Begriffs Krankheit bedient, der **121** wie bereits dargestellt, selbst nicht leistungsrechtlich gesetzlich definiert wurde. Weiterhin ist die Definition des § 14 SGB XI **in der Praxis nur begrenzt tauglich,** da darüber hinaus der Begriff Krankheit ebenfalls im SGB XI auftaucht und damit Abgrenzungsschwierigkeiten vorprogrammiert sind.

2. Lösungsvorschläge der Kostenträger

Bereits am 26. 5. 1997 veröffentlichten die Spitzenverbände der Kranken- und Pflege- **122** kassen eine gemeinsame **Verlautbarung** zur Ausstattung von Pflegeheimen mit Hilfsmitteln im Sinne des SGB V, in der 20 der insgesamt 34 bestehenden Produktgruppen an Hilfsmitteln in die Vorhaltepflicht der stationären Pflegeeinrichtungen gegeben wurden.[120] Diese Verlautbarung wurde von den jeweiligen Kostenträgern als Begründung für eine Vielzahl von **rechtswidrigen Ablehnungsbescheiden** in Einzelfällen herangezogen. Die Spitzenverbände, die ihre Rechtsgrundlage in § 213 SGB V haben und deren Aufgaben in § 217 SGB V geregelt sind, verfügen über keine **Ermächtigungsgrundlage,** um eine Verlautbarung mit solch weitreichenden Konsequenzen zu erlassen. Leider haben sich nur wenige Versicherte gegen diese rechtswidrige Beschneidung der Leistungspflicht der Krankenkasse gewehrt. Hintergrund ist vor allem, dass es sich durchweg um schwer kran-

---

[117] *Nass,* Gesundheit und Gesellschaft 2001, 38.

[118] *Kummer,* Rdnr. 23.

[119] *BSGE* 33, 202.

[120] Gemeinsame Verlautbarung der Spitzenverbände der Krankenkassen/Pflegekassen zur Ausstattung von Pflegeheimen mit Hilfsmitteln v. 26. 5. 1997.

ke bzw. schwer pflegebedürftige Patienten handelt, die selten die erste Instanz eines Rechtsstreits erleben, wenn sich überhaupt in ihrem sozialen Umfeld jemand findet, der sich gegenüber dem Kostenträger zur Wehr setzt. Die wenige Rechtsprechung hat dann auch diesbezüglich festgestellt, dass Verlautbarungen der Spitzenverbände der Kranken- und Pflegekassen keinerlei rechtliche Bindungswirkung haben können.[121]

123　Exakt ein Jahr später, am 26. 5. 1998, wurde seitens der Spitzenverbände, vertreten durch den für Hilfsmittel zuständigen IKK Bundesverband aus Bergisch Gladbach, eine **ergänzende Erläuterung** zur gemeinsamen Verlautbarung vom 26. 5. 1997 herausgegeben. In dieser wurde klargestellt, dass sich grundsätzlich die aus § 33 SGB V ergebenden Rechtsansprüche uneingeschränkt auch für Patienten gelten, die in Pflegeeinrichtungen leben.[122] Darüber hinaus wurden ferner folgende **im Einzelfall** zu prüfenden Voraussetzungen festgeschrieben:

124　Das Hilfsmittel **darf nicht von der GKV finanziert werden,** wenn es überwiegend im pflegerischen Bereich eingesetzt wird und:
- es vorrangig der Erleichterung der Pflege bei hygienischen und pflegerischen Maßnahmen dient oder
- nicht ausschließlich von dem einzelnen Versicherten eigenständig genutzt werden kann oder
- dem Versicherten eine aktive Teilnahme am gesellschaftlichen Leben ohne fremde Hilfe nicht ermöglicht.

125　Gleichwohl blieb eine große Zahl der Kostenträger bei **Pauschalablehnungen,** ohne die selbst von den Spitzenverbänden geforderte Einzelfallprüfung vorzunehmen. Darüber hinaus wurden die verordnenden Ärzte von ihren Kassenärztlichen Vereinigungen ebenfalls pauschal unterrichtet, bei einer Reihe von Produktgruppen keine Verordnungen von Hilfsmitteln für in Pflegeheimen lebenden Patienten mehr vorzunehmen.[123]

3. Lösungsversuche des Bundessozialgerichts

126　Am 10. 2. 2000 kam es dann zu mehreren nahezu gleich lautenden Urteilen des Bundessozialgerichts,[124] wobei in dem zuerst genannten Urteil im Ergebnis der Klägerin ein Rollstuhl zu Lasten der Krankenkasse zugesprochen wurde, da sie mit diesem am täglichen Leben außerhalb der **„Sphäre des Heims"** teilnimmt.[125] Dort heißt es: „Nach den Feststellungen des LSG wird die Klägerin täglich von einem ihrer drei Kinder oder ihrem Lebensgefährten besucht und soweit es das Wetter zulässt, zu Aktivitäten außerhalb des Heims insbesondere zu Spazierfahrten mitgenommen." Diesen Umstand hat das BSG als streitentscheidend angenommen. Wer beispielsweise keine Angehörigen hat, die ihn begleiten bzw. nur innerhalb des Heimgeländes Spazierfahrten mit einem Rollstuhl unternimmt, müsste daher nach der neuen BSG-Rechtsprechung sein Pflegeheim auf einen Rollstuhl in Anspruch nehmen. Ferner soll nach dem Urteil des BSG keine Kostenübernahme für Serienfabrikate durch die Pflegeheime erfolgen, die auf bestimmte körperliche Gegebenheiten eingestellt wurden. Der Versorgungsanspruch des § 33 SGB V wurde zwar grundsätzlich nicht dadurch ausgeschlossen, „dass sich die Klägerin in einem Pflegeheim

---

[121] *SG Heilbronn,* Urt. v. 26. 3. 1999 – S 7 KR 27/99; *SG Mainz,* Urt. v. 28. 10. 1997 – S 6 K 112/97.

[122] Gemeinsame Verlautbarung der Spitzenverbände der Krankenkassen/Pflegekassen zur Ausstattung von Pflegeheimen mit Hilfsmitteln v. 26. 5. 1997; hier: Ergänzende Erläuterungen der Spitzenverbände der Krankenkassen v. 26. 5. 1998.

[123] KV-Heft Nord-Württemberg „Krankenpflege-Hilfsmittel" v. Mai 2000.

[124] *BSG,* Urt. v. 10. 2. 2000 – B 3 KR 26/99 R; *BSG,* Urt. v. 10. 2. 2000 – B 3 KR 17/99 R; *BSG,* Urt. v. 10. 2. 2000 – B 3 KR 28/99 R; *BSG,* Urt. v. 10. 2. 2000 – B 3 P 13/99 R; *BSG,* Urt. v. 10. 2. 2000 – B 3 P 12/99 R; *BSG,* Urt. v. 10. 2. 2000 – B 3 KR 24/99 R; *BSG,* Urt. v. 10. 2. 2000 – B 3 P 11/99 R; *BSG,* Urt. v. 10. 2. 2000 – B 3 KR 25/99 R.

[125] Ausführliche Besprechung siehe *Meuthen/Hartmann,* NZS 2002, 26 ff.

befindet und dort vollstationär gepflegt wird". Dennoch wurden eine Reihe vermeintlicher Voraussetzungen für die Gewährung von Hilfsmitteln im Pflegeheim aufgestellt (vgl. Rdnr. 80). Anlässlich dieses Urteils war nunmehr der Damm für Pauschalablehnungen der Kostenträger im Einzelfall endgültig gebrochen, obwohl der betreffende Rollstuhl im Ergebnis der Klägerin zu Lasten der GKV zugesprochen wurde. Nachfolgende Urteile wurden nicht nur mit identischer Begründung erstinstanzlich abgelehnt, sondern darüber hinaus wurden Rechtsmittel nicht zugelassen.[126] Da die Kostenträger das Urteil auf eine ganze Reihe von Hilfsmittelproduktgruppen anwenden, werden verschiedene Hilfsmittelgruppen voraussichtlich das BSG erneut beschäftigen, soweit die Untergerichte Rechtsmittel zulassen. So wurde mittlerweile für sog. Ernährungspumpen und dazugehörige Überleitgeräte sowie Wechseldruckmatratzen die eindeutige Leistungspflicht der Krankenkasse bei Pflegeheimbewohnern durch den gleichen Senat des Bundessozialgerichts festgestellt.[127] Auch die von den Versicherten bzw. Leistungserbringern bemühten Aufsichtsbehörden der Krankenkassen haben sich nicht eindeutig geäußert. Teilweise wurde der „Rollstuhl-Rechtsprechung" zugestimmt.[128] Demgegenüber gab es auch andere Auffassungen,[129] die betonen, dass das Urteil des Bundessozialgerichts **keine Grundlage für eine globale Ablehnung** der Kostenübernahme durch Krankenversicherungsträger sei.

Darüber hinaus haben sich die Spitzenverbände erneut mit dieser Thematik beschäf- **127** tigt.[130] Hier wurde zwar klargestellt, dass das BSG keine abschließende Beurteilung jedes einzelnen Hilfsmittels vorgenommen habe. Jedoch wurden andererseits die **„regelmäßigen Aktivitäten"** außerhalb des Pflegeheims dahingehend konkretisiert, dass die Spitzenverbände eine „Regelmäßigkeit" nur dann annehmen, wenn einmal pro Woche das Heim verlassen wird und dies über einen Zeitraum von drei Monaten. Schließlich wurde auch hier abermals festgehalten, dass in der Praxis jeder einzelne Versorgungsfall entsprechend den Kriterien zu prüfen sei. Genau dies passierte in der Folgezeit jedoch nicht. Es kam vielmehr zu einer Vielzahl von weiteren Pauschalablehnungen.

4. Lösungsversuch der Politik

In der Folgezeit erarbeitete eine Bund-Länder-Gruppe mit den Kassenverbänden einen **128** sog. **Abgrenzungskatalog.** Die hierzu eingerichtete Arbeitsgruppe tagte am 31. 8. 2001. Die nächsten Monate waren von einem großen politischen Streit über die Sinnhaftigkeit dieses Abgrenzungskatalogs gekennzeichnet. Gleichwohl haben die Spitzenverbände der Krankenkassen am 22. 3. 2002 den Abgrenzungskatalog verabschiedet. Dieser sollte grundsätzlich „produktgruppenfein" jeweils durch ein Kreuz markieren, ob die GKV oder das Pflegeheim für die Kosten zuständig ist. Leider ist die Mehrzahl der Produktgruppen mit doppelten Kreuzen versehen, so dass zu befürchten ist, dass der Streit im Einzelfall weiter geht und die erhoffte Klärung ausbleiben wird. Darüber hinaus verfügt der Abgrenzungskatalog über eine ganze Reihe **„unbestimmter Rechtsbegriffe".** Als Beispiel soll hier der unbestimmte Rechtsbegriff „üblicher Betrieb" besprochen werden. Bei der Vielzahl von bestehenden Produkten ist es naturgemäß sehr schwer zu differenzieren, was der übliche Betrieb eines „Standard-Pflegeheims" vorrätig haben muss. Es bleibt daher abzuwarten, inwieweit zukünftig die Pflegeheime finanziell in der Lage sein werden, einen gewissen näher zu definierenden Grundstock an Hilfsmitteln vorrätig zu halten.

Eine GKV-Leistungspflicht für Hilfsmittel innerhalb eines stationären Pflegeheims ist bis **129** auf weiteres gegeben, wenn Hilfsmittel individuell angepasst wurden bzw. sie einem all-

---

[126] Vgl. *SG Düsseldorf*, Urt. v. 19. 2. 2001 – S 1 KR 55/00.

[127] *BSG*, Urt. v. 6. 6. 2002 – B3 KR 67/01 R; *BSG*, Urt. v. 6. 6. 2002 – B3 KR 5/02 R; *BSG*, Urt. v. 24. 9. 2002 – B 3 KR 9/02 R; *BSG*, Urt. v. 24. 9. 2002 – B 3 KR 15/02 R.

[128] Vgl. Stellungnahme des Sozialministeriums Baden-Württemberg v. 13. 7. 2001.

[129] Vgl. Stellungnahme des Ministeriums für Arbeit, Soziales, Gesundheit und Verbraucherschutz Schleswig-Holstein v. 16. 8. 2001.

[130] Vgl. Besprechungsergebnis der Spitzenverbände der Kranken- und Pflegekassen v. 14. 12. 2000.

gemeinen Grundbedürfnis außerhalb des Heims dienen. Sie sollten ausschließlich von einem Versicherten genutzt werden und nicht vorrangig der **Pflegeerleichterung** dienen. Bei unrechtmäßiger Ablehnung sollte der Versicherte **Widerspruch** einlegen. Da die meisten ablehnenden Bescheide keine Rechtsbehelfsbelehrung beinhalten, ist dieser innerhalb eines Jahres nach Zugang des Ablehnungsbescheids zu erheben. Die Krankenkasse als Behörde[131] wird diesen dann ihrem Widerspruchsausschuss vorlegen. Gegen einen negativen Widerspruchsbescheid ist die Klage zum Sozialgericht zulässig. Ökonomisch betrachtet sind hier sicherlich keine Rationalisierungsreserven zu erschließen. Die gesamten ambulanten Hilfsmittelausgaben haben im Jahr 2000 nach Angaben des AOK Bundesverbands lediglich 3,6% der Gesundheitskosten ausgemacht.

5. Abgrenzung anhand von Grund- und Behandlungspflege

130 Seit Jahren bestehen **Abgrenzungsschwierigkeiten,** welche Form von Grund- und Behandlungspflege inklusive hierbei verwendeter Medizinprodukte im Rahmen des SGB V bzw. SGB XI zu gewähren sind. Die Hauptermächtigungsgrundlage ergibt sich aus § 37 SGB V. Danach umfasst die häusliche Krankenpflege die im Einzelfall erforderliche Grund- und Behandlungspflege, sowie die hauswirtschaftliche Versorgung, wenn dadurch eine Krankenhausbehandlung vermieden wird (§ 37 Abs. 1 SGB V). Nach § 37 Abs. 2 SGB V kann Behandlungspflege gewährt werden, wenn sie zur Sicherung des Ziels einer ärztlichen Behandlung erforderlich ist. Die Satzung einer Krankenkasse kann darüber hinaus auch in diesem Fall Grundpflege und hauswirtschaftliche Versorgung vorsehen, soweit nicht bereits eine Pflegebedürftigkeit im Sinne des SGB XI eingetreten ist.

131 Was nun den genauen **Inhalt von Grund- und Behandlungspflege** angeht, bestanden über Jahre Meinungsverschiedenheiten, die nur durch einen rechtlich unverbindlichen Abgrenzungskatalog zu lösen waren. Der Bundesausschuss Ärzte und Krankenkassen hat diese Unsicherheit am 16. 2. 2000 beseitigt. Zu diesem Zeitpunkt wurden seine Richtlinien über die Verordnung von häuslicher Krankenpflege nach § 92 Abs. 1 Satz 2 Nr. 6 und Abs. 7 SGB V veröffentlicht. Hierin ist ein Verzeichnis der verordnungsfähigen Maßnahmen der Grundpflege, der hauswirtschaftlichen Versorgung sowie der Behandlungspflege aufgeführt.[132]

132 Hinsichtlich der **Abgrenzung zur medizinischen Behandlungspflege** im Rahmen der Pflegeversicherung, hat der Gesetzgeber zum 1. 1. 2002 den neuen § 43b SGB XI eingefügt.[133] Danach sollen ab dem 1. 1. 2005 die gesetzlichen Krankenkassen die notwendigen Leistungen der medizinischen Behandlungspflege innerhalb der teil- und vollstationären Versorgung übernehmen. Das Nähere soll in einem besonderen Gesetz noch geregelt werden.

133 Daher ist festzuhalten, dass die Abgrenzungsschwierigkeiten vor allem durch die Richtlinien des Bundesausschusses behoben wurden. Hält der Kostenträger die Verordnung über Behandlungspflege für medizinisch nicht erforderlich, hat er mangels eigener Sachkenntnis gem. § 275 Abs. 1 Nr. 1 SGB V den **MDK einzuschalten.**[134]

D. Medizinprodukte als eigene Erstattungskategorie

134 Nunmehr soll untersucht werden, ob der **Begriff des Medizinprodukts** bei der Kostenerstattung hilfreich ist.

---

[131] Vgl. § 29 i. V. m. § 31 Abs. 3 SGB IV.
[132] BAnz. v. 13. 5. 2000.
[133] BGBl. 2001 I S. 3728.
[134] *Böhme,* Pflegen Ambulant 2000, 44; *BSG,* Urt. v. 30. 3. 2000 – B 3 KR 23/99 R.

I. Medizinprodukt als leistungsrechtlicher Begriff

Die Harmonisierung des Leistungsrechts in der Europäischen Union hat mit Ausnahme **135** einiger Einzelfälle, die durch den Europäischen Gerichtshof entschieden wurden, bisher nicht stattgefunden.[135] Von daher überrascht es nicht, dass das auf dem europäischen Gemeinschaftsrecht basierende Medizinproduktegesetz sowie die dazu gehörigen Verordnungen über die Erstattungsfähigkeit keinerlei Aussage treffen. Deshalb sagt die Qualifizierung als Medizinprodukt noch nichts darüber aus, ob Sozialversicherungsträger erstattungspflichtig sind. Das MPG und das SGB V verfügen über grundsätzlich abweichende Terminologien, die der Transparenz und Anwenderfreundlichkeit beider Rechtsgebiete Grenzen setzen.[136] Hier kommt es daher auf die **einzelnen Gesetze der Mitgliedstaaten** an. Bei dem sehr weiten Medizinproduktebegriff gibt es somit in den EU-Mitgliedstaaten eine Reihe nicht erstattungspflichtiger Medizinprodukte. In Deutschland kommen erstattungsrechtlich daher für die gesetzlich Versicherten vor allem die Sozialgesetzbücher sowie für die privat Versicherten vor allem das Versicherungsvertragsgesetz (VVG) in Verbindung mit den Musterbedingungen der Krankenkassen (MBKK) als Anspruchsgrundlage in Betracht. So wird beispielsweise ein Kondom zwar als Medizinprodukt qualifiziert, wird aber nur in extremen Ausnahmefällen erstattungspflichtig sein.

Was **weitere Medizinprodukte** wie beispielsweise Kronen, Inlays und weitere Zahn- **136** füllungen angeht, ist § 30 SGB V bei ambulanter Versorgung einschlägig. Für Verbandmittel gilt demgemäß § 31 SGB V. Daneben werden im ambulanten Bereich traditionelle Wundversorgungsprodukte, wie Kompressen, Mullbinden, Tupfer und Watte, als Sprechstundenbedarf bezogen. Da die sog. moderne Wundversorgung jedoch nur in wenigen Sprechstundenbedarfsvereinbarungen bezogen werden kann, ist zu beobachten, dass viele Ärzte dazu übergehen, individuell zu rezeptieren. Die Folge hiervon ist eine aufwendige Beschaffung über Apotheke und Sanitätshäuser sowie eine finanzielle Belastung des Patienten durch die Entrichtung der Zuzahlung. Medizinisch-technische Geräte, wie Röntgenapparate oder Computertomographen werden in der ambulanten Versorgung in der Regel durch den niedergelassenen Vertragsarzt angeschafft. Bei Implantaten wird ambulant mangels Hilfsmittelqualität regelmäßig nur eine Erstattung über Sachkostenabrechnung in Betracht kommen (bzgl. Praxis- bzw. Sprechstundenbedarf s. Rdnr. 242–245). Bei In-vitro-Diagnostika wird es mangels einer gesetzlichen Grundlage teilweise zur privaten Abrechnung kommen, soweit der Patient zu Hause einen „Selbsttest" beispielsweise zur Erkennung einer Schwangerschaft durchführt. Anderes gilt bei Selbsttests z.B. im Rahmen einer Diabeteserkrankung, die über § 33 SGB V abzurechnen sind. Der weitergehende Begriff **„Diagnostikaprodukte"** umfasst neben In-vitro-Diagnostika auch medizinischtechnische Analysegeräte. Diese dienen meist der Untersuchung von Körperflüssigkeiten und Gewebe. Sie werden sowohl in ärztlichen Laboratorien (ambulant) als auch im Krankenhauslabor (stationär) angewendet. Labordiagnostika werden gemäß dem EBM bzw. der GOÄ erstattet. In Anbetracht der Restriktionen aus den Budgets bzw. Richtgrößen ist hier zu beobachten, dass Laborleistungen zunehmend in den stationären Bereich verlagert werden.

Die mit über 50 000 Produkten zahlenmäßig bei weitem größte Gruppe der erstattungs- **137** pflichtigen Medizinprodukte ergibt sich aus dem **Hilfsmittelbegriff des § 33 SGB V** (vgl. Rdnr. 186–188). Neben der Erstattungsfähigkeit innerhalb der stationären Versorgung (vgl. Rdnr. 201–211) kommt eine Reihe von weiteren Leistungskategorien in Betracht (dazu nachfolgend unter Rdnr. 138 ff.).

---

[135] *EuGH*, Urt. v. 28. 4. 1998 – Rs. C-158/96 („*Kohll*") bzw. Rs. C-120/95 („*Decker*"), EuZW 1998, 343 ff.
[136] *Hill/Schmitt*, Einl. V, Ziff. 1.

II. Medizinprodukte als Teil der Arzneimittelversorgung

1. Leistungsrechtliche Trennung von Medizinprodukten und Arzneimitteln

138 Bereits an anderer Stelle (Rdnr. 135 ff.) ist darauf hingewiesen worden, dass der **Begriff des Medizinprodukts** im Sinne des MPG bisher im SGB V nicht verwandt worden ist, so dass es an einer eigenständigen Erstattungskategorie fehlt. Medizinprodukte sind insoweit den vom SGB V verwandten Leistungsbereichen, wie **„Verbandmittel"** (§ 31 SGB V) und **„Hilfsmittel"** (§ 33 SGB V) zuzuordnen.[137] Darüber hinaus werden die Kosten für Medizinprodukte in der gesetzlichen Krankenversicherung als Teil der ärztlichen Behandlung, soweit sie integraler Bestandteil des Einheitlichen Bewertungsmaßstabs (EBM) (Rdnr. 50 ff.) sind sowie im Rahmen des Sprechstundenbedarfs oder auf Grund gesonderter Sachkostenvereinbarung (z.B. Dialysesachkosten) übernommen. Eine Zuordnung der betreffenden Medizinprodukte zu den einzelnen Leistungsbereichen und deren Abgrenzung hat dabei oft einzelfallbezogen zu erfolgen und ist daher teilweise schwierig.

139 Als besonderes Problem hat sich jedoch der Grenzbereich zwischen Medizinprodukten und Arzneimitteln herausgestellt, der durch das Inkrafttreten des Medizinproduktegesetz (MPG) vom 2. 8. 1994[138] und den dort geschaffenen Übergangsfristen entstanden ist, unter denen Arzneimittel aus dem Gesetz über den Verkehr mit Arzneimitteln (AMG) in das MPG eingeordnet worden sind. Mangels Vorhandensein einer eigenen Erstattungskategorie für Medizinprodukte und der Herausnahme aus dem Arzneimittelbereich wurde von den Krankenkassen die Erstattungsfähigkeit derartiger **„arzneimittelähnlicher Medizinprodukte"** in der Vergangenheit mit der Begründung abgelehnt, dass § 31 Abs. 1 SGB V den Versicherten lediglich einen Anspruch auf Versorgung mit apothekenpflichtigen Arzneimitteln gewähre und Medizinprodukte dort ausdrücklich nicht erwähnt seien. Der Gesetzgeber hat durch das Zweite Gesetz zur Änderung des Medizinproduktegesetzes (2. MPG-ÄndG) vom 13. 12. 2001[139] eine gesetzliche Lösung dieser Abgrenzungsproblematik durch die Einfügung der Regelung in § 31 Abs. 1 Satz 3 SGB V gesucht. Dennoch stellt sich anlässlich dieser Abgrenzungsschwierigkeiten die Frage, wie der Medizinproduktebegriff für die gesetzliche Krankenversicherung zu bestimmen ist.

140 Dies soll anhand der Bestimmung des **Arzneimittelbegriffs** in der gesetzlichen Krankenversicherung erläutert werden. Auch für den Arzneimittelbegriff enthält das SGB V keine Legaldefinition. Nach der Rechtsprechung des Bundessozialgerichts besitzt auch der Bundesausschuss der Ärzte und Krankenkassen nach § 92 Abs. 1 Satz 2 Nr. 6 Abs. 2–3a SGB V keine Ermächtigung, in den Arzneimittel-Richtlinien die **Grenzen des Arzneimittelbegriffs** in einem allgemeinen Sinne festzulegen.[140] Insoweit stellte sich bisher die Frage, ob und in welchem Umfang Krankenkassen und Gerichte zur Abgrenzung im Einzelfall auf erläuternde Beschreibungen anderer Rechtsgebiete, insbesondere des Arzneimittelrechts, zurückgreifen konnten. Das AMG enthält in seinen §§ 2–4 eingehende Regelungen zum Arzneimittelbegriff. Unter den Begriff des Arzneimittels fallen nach § 2 Abs. 1 Stoffe und Zubereitungen aus Stoffen, die dazu bestimmt sind, durch Anwendung am oder im menschlichen Körper Krankheitszustände zu erkennen, zu heilen, zu lindern oder zu verhüten. Für Medizinprodukte enthält § 3 Abs. 1 MPG eine vergleichbare Regelung. Aus beiden Definitionen folgt, dass Arzneimittel und Medizinprodukte im Wesentlichen vergleichbare medizinische Zweckbestimmungen besitzen. Medi-

---

[137] Vgl. *Werner*, MPR 2002, 45.
[138] BGBl. I S. 1963.
[139] BGBl. I S. 3586.
[140] *BSG* SozR 3–2500 § 27 Nr. 11, 45.

zinprodukte unterscheiden sich aber von Arzneimitteln durch die Art und Weise, wie sie ihre Zweckbestimmung erreichen. Während Arzneimittel eine pharmakologische, immunologische oder metabolische Wirkung entfalten, funktionieren Medizinprodukte im Regelfall (überwiegend) nicht pharmakologisch, immunologisch oder metabolisch, sondern vielmehr mechanisch oder physikalisch, einschließlich des Ersatzes oder der Unterstützung von Organ- oder Körperfunktionen.[141] Fraglich ist indes, ob die Begriffsdefinitionen für Arzneimittel und Medizinprodukte in diesen Gesetzen Leistungsvoraussetzung für die gesetzliche Krankenversicherung sind.

Das Bundessozialgericht hat hierzu in mehreren Entscheidungen ursprünglich den **141** Standpunkt vertreten, dass der **krankenversicherungsrechtliche Begriff des Arzneimittels** nicht allein wegen der gleichartigen Zwecke an das Arzneimittelgesetz anknüpfe, auch nicht an dessen Zulassungsverfahren. Ein Mittel scheide daher nicht schon deswegen aus der Leistungspflicht der gesetzlichen Krankenversicherung aus, weil es nicht unter den Arzneimittelbegriff des AMG falle.[142] Demgegenüber hat das BSG in einem Urteil vom 9. 12. 1997 betreffend die Erstattungsfähigkeit von Diät- oder Krankenkost offen gelassen, ob der Arzneimittelbegriff des SGB V in jeder Hinsicht mit demjenigen des AMG übereinstimme.[143] Nach dieser Rechtsprechung wäre auch die Erstattungsfähigkeit von Medizinprodukten in der gesetzlichen Krankenversicherung nicht daran gebunden, ob eine Subsumtion unter den Arzneimittelbegriff des § 31 SGB V möglich erscheint.

Für Arzneimittel ist jedoch insoweit eine Änderung der Rechtslage eingetreten, als dass **142** durch das **2. GKV-Neuordnungsgesetz** (2. GKV-NOG) vom 23. 6. 1997[144] klargestellt worden ist, dass sich die Versorgung mit Arzneimitteln auf apothekenpflichtige Arzneimittel beschränkt. Arzneimittel, die aus Drogerien, Reformhäusern und Supermärkten bezogen werden können, sind daher nicht mehr erfasst.[145] Durch die Verweisung auf die Apothekenpflicht nach § 43 Abs. 1 AMG ist mit dieser Gesetzesänderung der Arzneimittelbegriff des AMG auch für das SGB V nach Auffassung der Rechtsprechung maßgeblich geworden, da Apothekenpflicht ausschließlich für Arzneimittel i. S. d. § 2 AMG besteht.[146] Diese Rechtsauffassung ist durch die Entscheidung des BSG vom 12. 3. 2002 zum sog. **„Off-Label-Use"** auf zulassungspflichtige Arzneimittel erweitert worden, da das BSG festgestellt hat, dass für Arzneimittel, für die das Arzneimittelrecht eine Zulassung vorschreibt, der Nachweis der Unbedenklichkeit und der Wirksamkeit des Medikaments nach der Gesetzessystematik in dem arzneimittelrechtlichen Zulassungsverfahren und nicht im Wege der Zertifizierung durch den Bundesausschuss der Ärzte und Krankenkassen zu führen ist.[147]

Medizinprodukte, die vor dem Inkrafttreten des Medizinproduktegesetzes am 1. 1. 1995 **143** in den Regelungsbereich des Arzneimittelgesetzes einbezogen waren, wären daher nach Ablauf der Übergangsfristen nach § 48 MPG a. F. nach der Definition des Arzneimittelbegriffs in § 31 Abs. 1 Satz 1 SGB V in der Fassung des 2. GKV-NOG nicht mehr von der Leistungspflicht der gesetzlichen Krankenversicherung erfasst. Um dieses Problem der arzneimittelähnlichen Medizinprodukte erstattungsrechtlich zu lösen, hat der Gesetzgeber durch das 2. MPG-ÄndG eine entsprechende Anspruchsgrundlage in § 31 Abs. 1 Satz 3 SGB V geschaffen.

---

[141] *Schorn*, Medizinprodukte-Recht, § 3 MPG, Rdnr. 15f.; vgl. auch die Leitlinien der EU-Kommission MEDDEV 2.1/3 rev. 2–7/2001.

[142] Vgl. *BSGE* 67, 36, 37 = SozR 3–2500, § 27 Nr. 2 (Haarwasch- und Sonnenschutzmittel); *BSG* SozR 3–2200, § 182 Nr. 11, 46 (Präparate zum Nachweis und zur Vernichtung von Hausstaubmilben); *von Wulffen*, Bonner Ärztliche Nachrichten 1999, 29, 30.

[143] Vgl. *BSG* SozR 3–2500 § 27 Nr. 9.

[144] BGBl. I S. 1520.

[145] Vgl. *Krasney*, NJW 1998, 1737, 1740; *von Wulffen*, Bonner Ärztliche Nachrichten 1999, 29.

[146] *BSG* SozR 3–2500 § 27 Nr. 10, 34.

[147] *BSG*, Urt. v. 12. 3. 2002 – B 1 KR 37/00 R; vgl. hierzu *Wigge*, PharmaR 2002, 348ff.

2. Beschränkter leistungsrechtlicher Medizinproduktebegriff nach dem 2. MPG-Änderungsgesetz

144 Die ungeklärte Rechtslage bezüglich der Erstattungsfähigkeit von Medizinprodukten, die vor dem Inkrafttreten des Medizinproduktegesetzes am 1. 1. 1995 in den Regelungsbereich des Arzneimittelgesetzes einbezogen waren, hat den Gesetzgeber veranlasst, im Rahmen des 2. MPG-ÄndG eine Klarstellung hinsichtlich der Erstattungsfähigkeit in das SGB V aufzunehmen. In § 31 Abs. 1 Satz 3 SGB V wird daher eine Anspruchsgrundlage für arzneimittelähnliche Medizinprodukte für die Versicherten gegenüber den Krankenkassen geschaffen. Danach sind **„stoffliche" Medizinprodukte** nach § 3 Nr. 1 und 2 MPG, die zur Anwendung am oder im menschlichen Körper bestimmt und apothekenpflichtig sind, in die Arzneimittelversorgung der gesetzlichen Krankenversicherung einbezogen, soweit sie am 31. 12. 1994 Arzneimittel i. S. d. § 2 Abs. 1 AMG gewesen wären. Stoffe und Zubereitungen aus Stoffen sind in § 3 AMG definiert. Der Begriff „Stoffe" ist von dem ebenfalls im AMG verwendeten Begriff „Gegenstände" zu unterscheiden, der Sachen meint, die zum Gebrauch, nicht zum Verbrauch bestimmt sind.[148] Die **arzneimittelrechtliche Definition** der „Stoffe" nach § 3 AMG kann auch für Medizinprodukte herangezogen werden.[149]

145 Nach der Gesetzesbegründung werden ausschließlich **arzneimittelähnliche Medizinprodukte** erfasst, die bei Anwendung der am 31. 12. 1994 geltenden Fassung nach § 2 Abs. 1 AMG als Arzneimittel anzusehen gewesen wären, wobei der Leistungsanspruch gegenüber den Krankenkassen nicht nur für bereits auf dem Markt befindliche, sondern auch für künftig auf dem Markt erscheinende Medizinprodukte bestehen soll.

146 Durch die Beschränkung auf ehemalige Arzneimittel i. S. v. § 2 Abs. 1 AMG wird klargestellt, dass diese Regelung nicht für die **sog. Fiktive Arzneimittel** i. S. v. § 2 Abs. 2 AMG in der am 31. 12. 1994 geltenden Fassung Anwendung findet, weil diese nicht unter den Stoffbegriff des § 3 AMG fallen. Hierzu gehören etwa Implantate oder Herzschrittmacher, die daher nicht mittels dieser Regelung in die ambulante Arzneimittelversorgung einbezogen werden.[150] Das Gesetz stellt weiter klar, dass mit der Einbeziehung der arzneimittelähnlichen Medizinprodukte in die Arzneimittelversorgung die sonstigen Regelungen für Arzneimittel in der gesetzlichen Krankenversicherung mit Ausnahme der Vorschriften über die Positivliste (§ 33a) und der Festbetragsregelung (§ 35) anzuwenden sind.

147 Die Einbeziehung dieser Medizinprodukte[151] stellt eine Ausnahme der vom BSG vertretenen Rechtsauffassung dar, wonach der Arzneimittelbegriff des AMG auch für das SGB V maßgeblich geworden ist.[152] Der Gesetzgeber hat durch die Regelung in § 31 Abs. 1 Satz 3 SGB V gerade **keine eigene Erstattungskategorie** für Medizinprodukte eingeführt, sondern mit dieser Regelung lediglich in erstattungsrechtlicher Hinsicht der veränderten Rechtslage im AMG und MPG Rechnung getragen.

148 Die fehlende Implementierung einer eigenständigen Erstattungskategorie in den leistungsrechtlichen Vorschriften des SGB V und die Anbindung der arzneimittelähnlichen Medizinprodukte an die Erstattungsvoraussetzungen des Arzneimittelrechts führen auf Grund der veränderten Rechtslage zu Rechtsunsicherheiten und Umsetzungsschwierigkeiten. Dies gilt vor allem für die im Gesetz angelegte Voraussetzung der Apothekenpflicht der arzneimittelähnlichen Medizinprodukte wie bei Arzneimitteln. Während die Apothekenpflicht für Arzneimittel in § 43 Abs. 1 AMG geregelt ist und bestimmt, dass alle

---

[148] *Kloesel/Cyran*, § 3 AMG, Anm. 2.
[149] *Schorn*, Medizinprodukte-Recht, § 3 MPG, Rdnr. 6.
[150] Vgl. BT-Drs. 14/6281, S. 41; *Werner,* MPR 2002, 45.
[151] In der Gesetzesbegründung werden insbesondere viskoelastische Substanzen (Hyaluronsäure) einige Spüllösungen (z. B. Ringer-Lösung) für Nase und Augen oder künstliche Tränen genannt; vgl. BT-Drs. 14/6281, S. 41.
[152] Vgl. *BSG* SozR 3–2500 § 27 Nr. 10, 34.

Arzneimittel i.S.d. § 2 Abs. 1 und § 2 Abs. 2 Nr. 1 AMG im Einzelhandel apothekenpflichtig sind, bestimmt sich die **Apothekenpflicht für Medizinprodukte** nach der Verordnung über Vertriebswege für Medizinprodukte (MPVertrV).[153] Die dort in § 1 niedergelegte Apothekenpflicht setzt wiederum voraus, dass es sich um verschreibungspflichtige Medizinprodukte (Abs. 1 Satz 1 Nr. 1) oder um Medizinprodukte handelt, die in der Anlage zu der Verordnung aufgelistet sind (Abs. 1 Satz 1 Nr. 2). Die Verschreibungspflicht von Medizinprodukten richtet sich wiederum nach der Verordnung über die Verschreibungspflicht von Medizinprodukten (MPVerschrV).[154] Da auch die Ausnahmen der Apothekenpflicht für Arzneimittel und Medizinprodukte unterschiedlichen Regelungen folgen, besteht die Möglichkeit, dass arzneimittelähnliche Medizinprodukte, die zum 31. 12. 1994 der Apothekenpflicht nach § 43 AMG unterlagen, aus der Erstattungspflicht in § 31 SGB V herausfallen, da sie nach § 1 MPVertrV als Medizinprodukte nunmehr nicht mehr der Apothekenpflicht unterliegen. Dies gilt insbesondere für arzneimittelähnliche Medizinprodukte, für die die Ausnahme von der Apotheken- und Verschreibungspflicht gemäß § 6 MPVerschrV zum Tragen kommt. Danach sind Medizinprodukte von der Verschreibungspflicht ausgenommen, soweit sie der Zweckbestimmung nach nur von einem Arzt oder Zahnarzt angewendet werden können.

Die unterschiedlichen Voraussetzungen der Apothekenpflichtigkeit für Medizinprodukte und Arzneimittel können daher im Ergebnis zu der vom Gesetzgeber nicht gewollten **Leistungsausgrenzung von Medizinprodukten** führen, die vor dem Inkrafttreten des Medizinproduktegesetzes am 1. 1. 1995 in den Regelungsbereich des Arzneimittelgesetzes einbezogen waren. Diese Rechtsfolge hat der Gesetzgeber offensichtlich nicht bedacht, da er nach der Gesetzesbegründung durch die Einführung der Apothekenpflicht lediglich die bei Arzneimitteln seit dem 2. GKV-NOG[155] geltende Apothekenpflicht auch für die arzneimittelähnlichen Medizinprodukte einführen wollte. Um dieses rechtlich nicht gewollte Ergebnis einer Diskriminierung der arzneimittelähnlichen Medizinprodukte zu verhindern, ist die Vorschrift des § 31 Abs. 1 Satz 3 SGB V entgegen ihrem Wortlaut so auszulegen, dass nicht auf die für Medizinprodukte geltende Apothekenpflicht, sondern auf die für Arzneimittel geltende Apothekenpflicht abgestellt werden muss. Für die Frage der Erstattungsfähigkeit dieser Medizinprodukte in der gesetzlichen Krankenversicherung ist die Frage der Apothekenpflicht daher hypothetisch auf der Grundlage von § 43 AMG und der entsprechenden Ausnahmevorschriften in §§ 44, 45 AMG zu prüfen.

149

III. Medizinprodukte als Teil der ärztlichen Behandlung

1. Ärztliche Behandlung und Einheitlicher Bewertungsmaßstab (EBM)

Medizinprodukte können daneben auch als Teil der ärztlichen oder zahnärztlichen Behandlung nach § 27 Abs. 1 Satz 2 Nr. 1 und 2 SGB V in der gesetzlichen Krankenversicherung verordnungsfähig sein. Der **Begriff der „ärztlichen Behandlung"** wird über die leistungsrechtliche Vorschrift des § 27 SGB V nicht näher konkretisiert, sondern erschließt sich über die gesetzliche und untergesetzliche Konkretisierung im Leistungserbringungsrecht. § 73 Abs. 2 Nr. 1 und 2 SGB V bestimmt zunächst, dass die ärztliche und zahnärztliche Behandlung Teil der vertragsärztlichen Versorgung nach §§ 72 ff. SGB V ist. Welche ärztlichen und zahnärztlichen Leistungen in der vertragsärztlichen Versorgung erbracht werden dürfen und vom Versicherten beansprucht werden können, ergibt sich aus dem Zusammenspiel der Vorschriften des Vertragsarztrechts, insbesondere aus dem Zusammenwirken der Akteure der sog. gemeinsamen Selbstverwaltung (Kassenärztliche Vereinigungen und Krankenkassen) bei der Erschaffung und Fortentwicklung des

150

---

[153] In der Fassung v. 13. 12. 2001 (BGBl. I S. 3586).
[154] In der Fassung v. 21. 8. 2002 (BGBl. I S. 3393).
[155] In der Fassung v. 23. 6. 1997 (BGBl. I S. 1520).

Einheitlichen Bewertungsmaßstabs (EBM) nach § 87 SGB V und der Anerkennung neuer Untersuchungs- und Behandlungsmethoden durch den sog. Bundesausschuss der Ärzte und Krankenkassen nach §§ 92 Abs. 1 Satz 2 Nr. 5, 135 Abs. 1 SGB V. Nach § 2 Abs. 8 Bundesmantelvertrag-Ärzte (BMV-Ä) bzw. § 2 Abs. 9 Bundesmantelvertrag-Ärzte/Ersatzkassen (EKV) ist Voraussetzung für die Abrechnung vertragsärztlicher Leistungen gegenüber der Kassenärztlichen Vereinigung eine Leistungsbeschreibung im Einheitlichen Bewertungsmaßstab, welche die vertragsärztliche Leistung eindeutig definiert oder der eine ärztliche Leistung durch die Vertragspartner verbindlich zugeordnet wurde. Damit kommt dem EBM eine leistungskonkretisierende Funktion im Bereich der ärztlichen Behandlung zu.[156]

151   Der EBM wird gem. § 87 Abs. 1 Satz 1 SGB V zwischen der Kassenärztlichen Bundesvereinigung und den Spitzenverbänden der Krankenkassen durch den sog. **Bewertungsausschuss** gem. § 87 Abs. 1 Satz 1 SGB V als Bestandteil der Bundesmantelverträge (§ 82 Abs. 1 SGB V) vereinbart. Er bestimmt den Inhalt der abrechnungsfähigen ärztlichen Leistungen und ihr wertmäßiges, in Punkten ausgedrücktes Verhältnis zueinander. Er ist in bestimmten Zeitabständen auch darauf hin zu überprüfen, ob die Leistungsbeschreibungen und ihre Bewertungen nach dem Stand der medizinischen Wissenschaft und Technik sowie dem Erfordernis der Rationalisierung im Rahmen wirtschaftlicher Leistungserbringung entsprechen (§ 87 Abs. 2 SGB V).

152   Während diese Aufgabenstellung bereits durch das Krankenversicherungs-Kostendämpfungsgesetz (KVKG) vom 27. 6. 1977[157] in die Reichsversicherungsordnung (RVO) eingebracht worden war (§ 368g Abs. 4 RVO), hat der Gesetzgeber des Gesundheitsstrukturgesetzes (GSG) vom 21. 12. 1992[158] in § 87 SGB V den **Auftrag des EBM erheblich erweitert**. Seitdem sieht das Gesetz auch vor, dass im EBM Leistungen zu Leistungskomplexen zusammenzufassen sind. Soweit medizinisch erforderlich, können Einzelleistungen vorgesehen werden. Für die üblicherweise von Hausärzten erbrachten Leistungen ist eine auf den Behandlungsfall bezogene Bewertung vorzusehen (hausärztliche Grundvergütung). Darüber hinaus sind weitere, nur vom Hausarzt abrechenbare Leistungen vorzusehen (§ 87 Abs. 2a SGB V). Ferner sind im EBM die Bewertungen der Laborleistungen anzupassen und unter Einbeziehung von Möglichkeiten der strukturellen Veränderung der Versorgung mit Laborleistungen neu zu ordnen. Schließlich ist für die Vergütung der Leistungen mit medizinisch-technischen Großgeräten eine Abstaffelung der Punktzahlen vorzusehen.

153   Die Bedeutung des EBM beschränkt sich jedoch insbesondere seit der Einführung der fallzahlabhängigen arztgruppenspezifischen Praxisbudgets zum 1. 7. 1997 nicht mehr auf die Funktion eines bloßen Leistungs- und Bewertungsverzeichnisses.[159] Das BSG hat dem **EBM darüber hinaus eine Steuerungsfunktion** zugebilligt, die es ermöglicht, Vergütungsgrundsätze, die aus Sachgründen für den gesamten Bereich der gesetzlichen Krankenversicherung einheitlich geregelt werden müssen oder zweckmäßigerweise einheitlich geregelt werden sollten, dort vorzunehmen.[160] Zentrale Aufgabe des EBM ist jedoch nach wie vor die Festlegung des Inhalts der abrechnungsfähigen Leistungen in der Form eines abschließenden Leistungsverzeichnisses. Anders als im Anwendungsbereich der GOÄ ist die Bildung von analogen Bewertungen im EBM nicht zulässig. Neue ärztliche Leistungen müssen grundsätzlich zunächst durch den Bewertungsausschuss in das Leistungsverzeichnis aufgenommen werden, um in der vertragsärztlichen Versorgung abrechnungsfähig zu sein.

---

[156] Zum Rechtskonkretisierungskonzept des Vertragsarztrechts vgl. *Neumann*, Verhältnis des Leistungsrechts, Rdnr. 13 f.

[157] BGBl. I S. 1069.

[158] BGBl. I S. 2266.

[159] Die Praxisbudgets wurden durch das 2. GKV-NOG v. 23. 6. 1997 (BGBl. I S. 1520) in den EBM durch die Regelung des § 87 Abs. 2 a SGB V eingeführt.

[160] Vgl. *BSGE* 78, 98 = SozR 3–2500, § 87 Nr. 12; *Hess*, Rdnr. 31.

Dabei hat zuvor eine Anerkennung neuer Untersuchungs- und Behandlungsmethoden durch den Bundesausschuss der Ärzte und Krankenkassen nach § 135 Abs. 1 SGB V zu erfolgen.

2. Abgeltung der durch eine EBM-Ziffer erfassten Leistung

Der EBM legt durch die zu den einzelnen Leistungspositionen beschlossenen **Punkt-** **154** **zahlen** das wertmäßige Verhältnis der abrechnungsfähigen Leistungen zueinander fest. Diese Bewertungsrelation kann nur vorgenommen werden, wenn gleichzeitig festgelegt wird, ob und welche Kosten in den abrechnungsfähigen Leistungen enthalten sein sollen und ob sowie in welchem Umfang eine aufgeführte Leistung Bestandteil einer anderen Leistung ist und deswegen neben dieser nicht abgerechnet werden kann. Im EBM sind daher Allgemeine Bestimmungen enthalten, die Aussagen hierüber treffen. Sie werden ergänzt durch entsprechende Anmerkungen bei den einzelnen Leistungspositionen.[161]

In den **Allgemeinen Bestimmungen** unter A I. 1. ist in Satz 2 festgelegt, dass eine **155** Leistung dann nicht neben oder anstelle einer anderen Leistung berechnungsfähig ist, wenn sie Teil des Leistungsinhalts einer anderen berechnungsfähigen Leistung oder eines Leistungskomplexes ist. Ob eine Leistung Teil einer anderen berechnungsfähigen Leistung ist und deswegen neben dieser Leistung nicht berechnet werden darf, ergibt sich entweder aus dem Aufbau bestimmter Leistungskomplexe oder aus dem Wortlaut einzelner Leistungslegenden oder aus besonderen Anmerkungen dazu. Insoweit bestimmt Nr. 2 der Allgemeinen Bestimmungen (A I. 2.), welche allgemeinen und besonderen Kosten den Versicherungsträgern nicht gesondert in Rechnung gestellt werden können, weil sie bei der Bewertung der entsprechenden Leistungen bereits berücksichtigt worden sind:

2. In den berechnungsfähigen Leistungen sind – soweit nichts anderes bestimmt ist – enthalten
- allgemeine Praxiskosten,
- Kosten, die durch die Anwendung von ärztlichen Instrumenten und Apparaturen entstanden sind,
- Kosten für Einmalspritzen, Einmalkanülen, Einmaltrachialtuben, Einmalabsaugkatheter, Einmalhandschuhe, Einmalrasierer, Einmalharnblasenkatheter, Einmalskalpelle, Einmalproktoskope, Einmaldarmrohre, Einmalspekula und Einmalküretten,
- Kosten für Reagenzien, Substanzen und Materialien für Laboratoriumsuntersuchungen,
- Kosten für Filmmaterial und Radionuklide,
- Versand- und Transportkosten, ausgenommen jene, die bei Versendung von Arztbriefen und im Zusammenhang mit Versendungen im Rahmen der Langzeit-EKG-Diagnostik, Laboratoriumsuntersuchungen, Zytologie, Histologie, Zytogenetik und Molekulargenetik, Strahlendiagnostik, Anwendung radioaktiver Substanzen sowie der Strahlentherapie entstehen.

Abweichungen von dieser Regelung sind möglich, soweit dies aus der **Leistungsle-** **156** **gende** der betreffenden Gebührenziffer hervorgeht oder Inhalt der zwischen den Kassenärztlichen Vereinigungen und den Krankenkassen abgeschlossenen regionalen Sprechstundenbedarfsvereinbarungen ist.[162]

In A I. 4. der Allgemeinen Bestimmungen sind dagegen die Kosten der Produkte, Ma- **157** terialien, Gegenstände und Stoffe aufgeführt, die in der Vergütung für die ärztliche Leistung nicht enthalten sind, sondern von den Versicherungsträgern gesetzlich übernommen werden müssen. Dies erfolgt entweder dadurch, dass sie entsprechend den Vereinbarungen als Sprechstundenbedarf zu Lasten einer besonders benannten Krankenkasse verordnet und dann vom jeweiligen Lieferanten bzw. von der Apotheke diesem Versicherungsträger in Rechnung gestellt werden. Anderenfalls führt der Arzt die im Einzelfall entstandenen Kosten auf dem Behandlungsausweis gesondert auf.[163] Bei den **gesondert abrechnungs-** **fähigen Leistungen** nach A I. 4. handelt es sich um:

---

[161] Vgl. *Köhler/Hess,* S. 25.
[162] Vgl. *Köhler/Hess,* S. 70.1.
[163] Vgl. *Köhler/Hess,* S. 75.

4. In den berechnungsfähigen Leistungen sind – soweit nichts anderes bestimmt ist – nicht enthalten
- Kosten für Arzneimittel, Verbandmittel, Materialien, Instrumente, Gegenstände und Stoffe, die nach der Anwendung verbraucht sind oder die der Kranke zur weiteren Verwendung behält,
- Kosten für Einmalinfusionsbestecke, Einmalinfusionskatheter, Einmalinfusionsnadeln und Einmalbiopsienadeln,
- Telefonkosten, die entstehen, wenn der behandelnde Arzt mit dem Krankenhaus zu einer erforderlichen stationären Behandlung Rücksprache nehmen muss.

158   Bereits aus den Allgemeinen Bestimmungen des EBM ist daher ersichtlich, dass eine Vielzahl von Medizinprodukten als Bestandteil der ärztlichen Leistung in der GKV nicht gesondert abrechnungsfähig sind. Dies gilt insbesondere für die in A I. 2. aufgeführten **Einmalinstrumente,** wobei die Zahl der Einmalgerätschaften weitaus größer ist, als dies in den Allgemeinen Bestimmungen des EBM darstellbar wäre. Insoweit bleibt offen, ob alle nicht genannten einmalverwendbaren Produkte, Materialien oder Instrumente den Gegenständen und Stoffen zuzuordnen sind, die nach Nr. 2. der Allgemeinen Bestimmungen A. I. „nach der Anwendung verbraucht sind oder die der Kranke zur weiteren Verwendung behält." und damit von den Krankenkassen gesondert zu erstatten wären. Als „Faustregel" für die Zuordnung von Einmalgeräten, die weder in A I. 2. noch in A I. 4. als entweder nicht erstattungsfähig oder als erstattungs- bzw. verordnungsfähig genannt sind, soll gelten, dass Einmalgeräte, die anstelle mehrfach verwendbarer Geräte vergleichbarer Funktion eingesetzt werden, grundsätzlich nicht erstattungsfähig sein sollen.[164]

159   Neben den in den Allgemeinen Bestimmungen aufgeführten Produkten, Materialien und Instrumenten werden im EBM die Leistungen mit **medizinisch-technischen Verfahren** erfasst, bei denen Medizingeräte zum Einsatz kommen. Dies sind etwa die radiologischen, nuklearmedizinischen und strahlentherapeutischen Verfahren (z.B. Röntgendiagnostik GNRn 5000 f.; Magnet-Resonanz-Tomographie GNRn 5520 f.). Die für die Ausführung der Leistung notwendigen Medizingeräte sind vom Vertragsarzt auf eigene Kosten anzuschaffen. Die Anschaffungskosten sind bei der betriebswirtschaftlichen Kalkulation für die Punktzahlfindung zu berücksichtigen. Neben der betriebswirtschaftlichen Kalkulation ist bei der Bewertung medizinisch-technischer Leistungen jedoch auch die Leistungsfrequenz zu berücksichtigen, die sich an der tatsächlich durchschnittlichen Leistungsfrequenz innerhalb einer Arztgruppe sowie der optimalen Auslastung der Geräte orientiert.[165] Die Anwendung medizinisch-technischer Verfahren durch den Vertragsarzt ist in der Regel von einer Genehmigung auf der Grundlage einer Qualitätsvereinbarung nach § 135 Abs. 2 SGB V abhängig, deren Erteilung vom Nachweis einer ausreichenden fachlichen Befähigung des Arztes und der Erfüllung von Mindestvoraussetzungen an die technische Ausstattung der Geräte abhängig ist.[166]

3. Aufnahme neuer Leistungen in den EBM

a) Vorherige Überprüfung durch den Bundesausschuss der Ärzte und Krankenkassen nach § 135 Abs. 1 SGB V

160   Im Bereich der nach § 92 Abs. 1 Nr. 5 i.V.m. § 135 SGB V erlassenen „Richtlinien über die Bewertung ärztlicher Untersuchungs- und Behandlungsmethoden **(BUB-Richtlinien)** vom 21. März 2000",[167] welche die „Richtlinien über die Einführung neuer Untersuchungs- und Behandlungsmethoden und über die Überprüfung erbrachter vertragsärztlicher Leistungen (NUB-Richtlinien) vom 1. Oktober 1997" mit nur wenigen Änderungen abgelöst haben, ist durch das **2. GKV-NOG** sowie durch die Urteile des Bundessozialgerichts vom 16. 9. 1997[168] eine Neubewertung der Rechtslage hinsichtlich

---

[164] Vgl. *Köhler/Hess,* S. 73.
[165] Vgl. *Köhler/Hess,* S. 48 f.
[166] Vgl. z.B. Kernspintomographie-Vereinbarung.
[167] BAnz. 2000, S. 460.; vgl. auch DÄBl. 2000, A-865.
[168] Vgl. *BSG NZS* 1998, 33.

der Einführung neuer Untersuchungs- und Behandlungsmethoden in der GKV erforderlich geworden.[169]

Während nach der durch das GRG eingeführten Bestimmung in § 135 Abs. 1 Nr. 1 **161** SGB V der Bundesausschuss lediglich befugt war, „die Anerkennung des **diagnostischen und therapeutischen Nutzens** der neuen Methode" zu überprüfen, hat sich die Empfehlung des Ausschusses nach der derzeit geltenden Gesetzesfassung nach folgenden Kriterien auszurichten: Anerkennung des diagnostischen und therapeutischen Nutzens, der medizinischen Notwendigkeit und Wirtschaftlichkeit der Methode, auch im Vergleich zu bereits zu Lasten der Krankenkassen erbrachter Methoden, nach dem jeweiligen Stand der wissenschaftlichen Erkenntnisse und in der jeweiligen Therapierichtung.

Tatsächlich erfolgt die Ausfüllung dieser unbestimmten Rechtsbegriffe nach § 135 **162** Abs. 1 Nr. 1 SGB V durch die BUB-Richtlinien nach § 92 Abs. 1 Satz 2 Nr. 5 SGB V nach einem eigenständigen Überprüfungsverfahren, welches auf die sog. **evidenzbasierte Medizin** (evidence-based-medicine) Bezug nimmt. Die evidenz-basierte Medizin versucht derzeit als neue Methode eine Sicherung der Qualität ärztlicher Behandlungen durch die Feststellung der bestmöglichen Evidenz zu erreichen. Sie geht auf eine Studie der Canadian Task Force on the Periodic Health Examination vor etwa 20 Jahren zurück.[170] Es ist die erklärte Absicht dieser Methode zur Beurteilung medizinischen Handelns und medizinischer Verfahren, in der Medizin nur auf das zu setzen, was sich empirisch bewährt hat. Bewährt hat sich nach ihrem Konzept nur, was unter wissenschaftlich kontrollierten Bedingungen zum Ziel geführt hat.[171] Es geht also um die Integration von individueller klinischer Erfahrung und der jeweils besten externen Evidenz aus wissenschaftlichen Studien, wobei in etwa grob abgestuft zwischen wissenschaftlicher Evidenz im Doppelblindversuch, anderer wissenschaftlicher Evidenz und praktischer Erkenntnis differenziert wird.[172]

Nach Nr. 8 der BUB-Richtlinien erfolgt eine Bewertung der Materialien unter Be- **163** rücksichtigung der **verschiedenen Evidenzstufen** (I, IIa, IIb, IIc, III), wobei für therapeutische und diagnostische Methoden unterschiedliche Anforderungen an die jeweilige Evidenzstufe gestellt werden. Obwohl die vom Bundesausschuss erlassenen BUB-Richtlinien, ebenso wie schon die NUB-Richtlinien, sich bei der Beurteilung der Methoden an den Evidenzkriterien orientieren und diese ausdrücklich aufgenommen haben, bestimmte bisher Nr. 6.4 der NUB-Richtlinien, dass „der Nutzen einer Methode in der Regel durch mindestens eine Studie der Evidenzstufe I zu belegen" sei. Lediglich im Rahmen der Überprüfung „bereits erbrachter vertragsärztlicher Leistungen", d.h. Leistungen, die bereits im Einheitlichen Bewertungsmaßstab aufgeführt sind, sollte bei Nichtvorliegen dieser Evidenzklasse der Nutzen auf Grund von Unterlagen niedriger Evidenzstufen anerkannt werden können.

Nun ist bekannt, dass auf verlässliche kontrollierte Studien im Sinne der **Evidenzstufe I 164** nur bei 10–20% sämtlicher Krankheitsbilder zurückgegriffen werden kann.[173] Ca. 90% der auch bisher in der gesetzlichen Krankenversicherung anerkannten, weil im Einheitlichen Bewertungsmaßstab aufgenommenen, Untersuchungs- und Behandlungsmethoden erfüllen weder die genannte Evidenzstufe I noch überwiegend die dahinter liegenden Evidenzstufen IIa–IIc.[174]

Die bisherigen Anforderungen an den Nutzen einer Methode in Nr. 6.4 der NUB- **165** Richtlinien stellten ein falsch verstandenes Verständnis der evidenz-basierten Medizin

---

[169] Vgl. auch *Wigge*, MedR 1999, 524 ff.

[170] Canadian Task Force on the Periodic Health Examination: The periodic health examination, CMAJ 1979; 121 : 1193–1254.

[171] *Raspe*, ZaeF 1996, 553, 554.

[172] *Gruner/Wigge*, Pharm.Ind. 2001, 1037, 1039.

[173] Vgl. *Wigge/Frehse*, Q-med 2001, 66, 67.

[174] *Smentowski*, Rheinisches Ärzteblatt 1998, 20.

dar.[175] Evidenz-basierte Medizin statuiert zwar einen Vorrang wissenschaftlicher Evidenz vor ärztlicher Erfahrung oder Intuition, fordert aber nicht den unterschiedslosen und indikationsunabhängigen Nachweis der höchstmöglichen Evidenz im Einzelfall. Nach der Qualitätsrangfestlegung für medizinische Evidenzen sucht sie nach der **„best available evidence"**, ohne allerdings die anderen Arten gering zu schätzen. Evidenz-basierte Medizin macht insofern keine „Richtigkeitsvorgaben" für Behandlungsziele, sondern „Verfahrensvorgaben" für die Evaluation von medizinischen Erkenntnissen.[176] Die Tatsache, dass evidenz-basierte Medizin zum Nachweis des Nutzens einer Methode nicht generell die Vorlage von randomisierten, kontrollierten Studien fordert, beruht auch darauf, dass eine solche Forderung ohne Berücksichtigung der einzelnen Indikationen unter medizinisch-ethischen Gesichtspunkten verwerflich wäre. Die bei kontrollierten Studien erforderliche „Verblindung" ist anerkanntermaßen unter medizinethischen Gesichtspunkten nicht in jedem Fall zulässig. Die Situation, dass im Fall der Doppelblindstudie die Art der Behandlung weder dem Patienten noch dem Arzt bekannt ist, stößt, anders als im Bereich der Arzneimittelprüfung, im Bereich von Diagnose- und vor allem von Therapieverfahren, aber schon allein aus rein methodischen Gründen sehr schnell an die Grenze der Durchführbarkeit. Dies ist in der wissenschaftlichen Literatur unumstritten.[177] Die Verfahren, welche sich durch die Art ihrer Durchführung, dem Grad ihrer Invasivität und der ggf. damit verbundenen Nebenwirkungen deutlich unterscheiden, werden vom Patienten und dem behandelnden Arzt sofort als unterschiedlich wahrgenommen, entziehen sich im Gegensatz zu einer Verum/Placebo-Behandlung mit Arzneimitteln damit einer Verblindung, sind infolgedessen einem kontrollierten Studiendesign nicht zugänglich und können somit dem geforderten Standard der Richtlinien nicht genügen. Dies dürfte in der Mehrzahl der nicht auf Arzneimitteln basierenden Therapieverfahren der Fall sein. Gerade den für die Patienten weniger belastenden bzw. weniger invasiven neuen Therapieverfahren wäre auf diese Weise der Weg zu einer vertragsärztlichen Akzeptanz versperrt.

166 Der Bundesausschuss hat auf dieses **falsch verstandene Verständnis der evidenzbasierten Medizin** zwar im Rahmen der BUB-Richtlinien formal reagiert, denn nach Nr. 6.4 der Richtlinien kann der Ausschuss nunmehr bei Nichtvorliegen der Evidenzstufe I „auf Grund der Unterlagen der bestvorliegenden Evidenz" entscheiden. Die BUB-Richtlinien halten aber weiter daran fest, dass der Nutzen einer Methode „in der Regel durch mindestens eine Studie der Evidenzklasse I zu belegen ist." Deshalb ist insbesondere unter Berücksichtigung der bisherigen Entscheidungspraxis des Bundesausschusses zu befürchten, dass diese Evidenzstufe weiterhin als alleinverbindlich für die positive Empfehlung einer (neuen) Therapiemethode herangezogen wird.[178]

167 Die vom Bundesausschuss geforderten streng wissenschaftlichen Standards zum Nachweis der Wirksamkeit einer neuen Untersuchungs- und Behandlungsmethode sind jedoch nicht nur medizinisch ethisch und methodisch bedenklich, sondern auch vom Gesetzgeber in dieser Form nicht gefordert. So fordert § 135 Abs. 1 Satz 1 Nr. 1 SGB V nur den jeweiligen Stand der wissenschaftlichen Erkenntnisse in der jeweiligen Therapierichtung auch im Vergleich zu bereits zu Lasten der Krankenkassen angewandter Methoden. Unzulässig sind danach Entscheidungen des Bundesausschusses, die zum Beleg des Wirksamkeitsnachweises ausschließlich Studien der Evidenzklasse I unterschiedslos für sämtliche Indikationsbereiche fordern, für welche die Untersuchungs- und Behandlungsmethode eingesetzt wird, ohne den **Stand der wissenschaftlichen Erkenntnisse** in diesem Bereich ermittelt und anschließend berücksichtigt zu haben. Gerade diese Vorgehensweise wird jedoch nach den BUB-Richtlinien grundsätzlich vom Bundesausschuss gefordert, da „in der Regel mindestens eine Studie der Evidenzklasse I erforderlich" ist.

---

[175] *Wigge,* MedR 2000, 574, 579.
[176] *Hart,* MedR 2000, 1.
[177] *Raspe,* ZaeF 1996, 553 (554) m. w. N.
[178] *Wigge/Frehse,* Q-med 2001, 66, 67.

Im Anschluss an die gesetzlichen Änderungen durch das 2. GKV-NOG hat das BSG **168**
anlässlich mehrerer zur Entscheidung anstehender Therapiemethoden eine Ausfüllung der
gesetzlichen Kriterien des § 135 Abs. 1 Nr. 1 SGB V und der Kompetenzen des Bundesausschusses vorgenommen. Das BSG hat dabei auch für die Richtlinien nach § 92 Abs. 1
Nr. 5 SGB V festgestellt, dass es sich um **untergesetzliche Rechtsnormen** handelt, die
i. V. m. § 135 Abs. 1 SGB V verbindlich festlegen, welche neuen Untersuchungs- und
Behandlungsmethoden Gegenstand der Leistungspflicht der Krankenkassen sind.[179] Damit
statuiert das Bundessozialgericht zugleich eine Verbindlichkeit der Richtlinien auch gegenüber den Versicherten, indem es feststellt, dass § 135 Abs. 1 SGB V i. V. m. den BUB-
Richtlinien auch das Leistungsrecht unmittelbar gestaltet mit der Folge, dass der Versicherte eine nach § 135 Abs. 1 SGB V ausgeschlossene Behandlungsmethode nicht beanspruchen kann.[180]

Bei dieser Feststellung hat es das Bundessozialgericht aber nicht bewenden lassen, son- **169**
dern in den betreffenden Entscheidungen faktisch neue Untersuchungs- und Behandlungsmethoden von der Leistungspflicht der gesetzlichen Krankenversicherung bis zu einer
positiven Entscheidung des Bundesausschusses vollständig ausgenommen. Zum einen sind
neue Untersuchungs- und Behandlungsmethoden danach solange von der Abrechnung zu
Lasten der Krankenkassen ausgeschlossen, bis der Bundesausschuss sie als zweckmäßig
anerkannt hat. Das bedeutet, dass eine **Abrechnung zu Lasten der Krankenversiche-**
rung nicht nur bei einer ablehnenden Entscheidung des Bundesausschusses, sondern auch
für den Fall des Fehlens einer positiven Entscheidung des Bundesausschusses besteht, denn
es soll sichergestellt werden, dass neue Behandlungsweisen erst nach ausreichender Prüfung in dem dafür vorgesehenen Verfahren in der gesetzlichen Krankenversicherung eingesetzt werden. Ein Versicherter, der sich dennoch eine nicht anerkannte Untersuchungs-
bzw. Behandlungsmethode auf eigene Rechnung beschafft, ist danach im Kostenerstat-
tungsverfahren nach § 13 Abs. 3 SGB V mit dem Einwand abgeschnitten, die Methode sei
gleichwohl zweckmäßig und in seinem konkreten Fall wirksam gewesen bzw. lasse einen
Behandlungserfolg zumindest als möglich erscheinen.

Obwohl die sog. BUB-Richtlinien nach § 92 Abs. 1 Satz 2 Nr. 5 SGB V auf Grund des **170**
Wortlauts in § 135 Abs. 1 SGB V grundsätzlich nur Untersuchungs- und Behandlungsmethoden und gerade nicht **Arzneimittel** betreffen, hat das BSG die Anwendbarkeit
dieser Vorschrift auch auf Arzneimittel ausgedehnt, soweit es sich um nicht zulassungspflichtige Rezepturarzneimittel handelt.[181] In seinem Urteil vom 12. 3. 2002[182] zur Leistungspflicht der Krankenversicherung für Arzneimittel, die außerhalb ihrer Zulassung
eingesetzt werden (sog. „Off-Label-Use") hat das BSG allerdings den Kompetenzrahmen
des Bundesausschusses eingeschränkt und festgestellt, dass die Anwendbarkeit des § 135
Abs. 1 SGB V im Bereich von Pharmakotherapien ausschließlich auf zulassungsfreie Rezepturarzneimittel beschränkt ist. Dies bedeutet, dass für die Frage der Verordnungsfähigkeit zulassungspflichtiger Arzneimittel nicht der Erlaubnisvorbehalt nach § 135 Abs. 1
SGB V, sondern ausschließlich die Verkehrsfähigkeit nach dem AMG von Bedeutung ist.
Für den Bereich des sog. Off-Label-Use hat das BSG daher auch darauf verwiesen, dass
ohne die nach § 29 Abs. 3 Nr. 3 AMG erforderliche Neuzulassung eine Erweiterung der
Anwendungsgebiete eines Arzneimittels zu Lasten der gesetzlichen Krankenversicherung
grundsätzlich ausgeschlossen ist.[183]

---

[179] *BSGE* 73, 271, 287 ff.; 78, 70, 75 f.; 81, 54, 63 ff.; 81, 73, 80 ff.; 81, 182, 187 f.; 81, 240, 242;
82, 41, 47 f.; 85, 36, 44 f.; so auch *Baader,* JZ 1990, 409, 410 ff.; *Ebsen,* VSSR 1990, 57, 67 f.

[180] Vgl. *BSG* MedR 1997, 123, 126 – *Methadonsubstitution; BSG* NZS 1998, 331, 334 – *immunbio-*
logische Therapie.

[181] Vgl. *BSG* NZS 1999, 245, 247 – *Jomol;* vgl. auch *BSG* SozR 3–2500 § 135 Nr. 14 – *ASI,* zur Kritik
vgl. *Schwerdtfeger,* SGb 2000, 154 ff.; *Neumann,* SGb 1998, 609; *Schimmelpfeng-Schütte,* NZS 1999, 530.

[182] *BSG,* Urt. v. 12. 3. 2002 – B 1 KR 37/00 R.

[183] Vgl. auch *Behnsen,* XI – 6.1, 7.

171 Ein **Systemversagen** i. S. v. § 13 Abs. 3 SGB V erkennt das Bundessozialgericht nur noch in den Fällen an, in denen der Bundesausschuss der ihm obliegenden Aufgabe ohne sachlichen Grund nicht oder nicht in angemessener Zeit nachkommt. Ausschließlich in einem solchen Fall soll es nach Auffassung des Bundessozialgerichts noch auf das Kriterium ankommen, ob sich die Methode in der medizinischen Praxis durchgesetzt hat. Dabei bezieht das Bundessozialgericht ausdrücklich auch „austherapierte" Patienten als auch solche Patienten mit ein, bei denen lebensbedrohliche Erkrankungen vorliegen. Die Grundsätze des § 12 Abs. 1 und § 12 Abs. 1 Satz 1 SGB V würden es verbieten, die Erprobung neuer Methoden oder die medizinische Forschung zu den Versicherungsleistungen der gesetzlichen Krankenversicherung zu rechnen.

172 Eine derart pauschale Ausgrenzung bisher nicht oder nur für andere Indikationen zugelassener Arzneimittel sehen jedoch nicht einmal die vom Bundesausschuss erlassenen **Arzneimittelrichtlinien**[184] vor. Dort heißt es unter Nr. 4.1 wie folgt:

> Die Verordnung von nicht zugelassenen Arzneimitteln und von zugelassenen Arzneimitteln in nicht zugelassenen Indikationen ist unzulässig. Dies gilt auch für die Erprobung von Arzneimitteln. Im Rahmen eines individuellen Heilversuchs ist auf der Basis wissenschaftlichen Erkenntnismaterials die Verordnung von Mitteln, die nach arzneimittelrechtlichen Vorschriften nicht verkehrsfähig sind oder außerhalb zugelassener Indikationen angewendet werden sollen, auf den Einzelfall beschränkt und bedarf der Zustimmung der zuständigen Krankenkasse.

173 Eine derartige Öffnungsklausel im Rahmen des **individuellen Heilversuchs** enthalten dagegen die BUB-Richtlinien nicht. Untersuchungs- und Behandlungsmethoden, die vom Bundesausschuss in die Anlage B dieser Richtlinien aufgenommen worden sind, sollen deshalb in der gesetzlichen Krankenversicherung ausnahmslos, also selbst in begründeten Ausnahmefällen, wie dem individuellen Heilversuch nicht verordnet werden können.

174 Im Zusammenhang mit den Defiziten in der verfahrensrechtlichen Ausgestaltung der Richtliniengebung[185] führen die neuen Bestimmungen und die Rechtsprechung des Bundessozialgerichts zu einer **„Positivliste" von Behandlungsmethoden,** deren Einsatz der Bundesausschuss in der gesetzlichen Krankenversicherung befürwortet und für die der Bewertungsausschuss anschließend eine Aufnahme in den einheitlichen Bewertungsmaßstab (EBM) nach § 87 Abs. 1 und 2 SGB V beschlossen hat. Andere Leistungen können damit auch im Falle schwerster und auch tödlich verlaufender Erkrankungen vom Versicherten nicht mehr beansprucht, vom Arzt nicht mehr verordnet und von der Krankenkasse nicht mehr erstattet werden.

175 Diese Rechtsprechung ist **verfassungsrechtlich** höchst **bedenklich,** steht sie doch im Zielkonflikt zu § 2 Abs. 1 Satz 3 SGB V, wonach die Leistungen nicht nur dem allgemein anerkannten Stand der medizinischen Erkenntnisse zu entsprechen, sondern auch den medizinischen Fortschritt zu berücksichtigen haben. Ebenso wie nach Auffassung des ehemaligen 14a-Senats[186] die Festlegung auf Zahnfüllungen mittels Amalgam in den Richtlinien über die kassenzahnärztliche Versorgung zur Teilnichtigkeit führte, dürften daher auch die BUB-Richtlinien teilnichtig sein.[187] Der im Gesetz angelegte Zielkonflikt ist entgegen der Auffassung des Bundessozialgerichts nach dem Grundsatz „praktischer Konkordanz" dahingehend aufzulösen, dass für unbekannte Krankheitsursachen oder fehlende bzw. im konkreten Fall nicht anwendbare anerkannte Behandlungsmethoden

---

[184] In der Fassung der 8. Novelle der AMRL; nachdem das *LG Hamburg* die Veröffentlichung der 8. Novelle der AMRL zum 1. 4. 1999 untersagt hat, sind die AMRL vom 31. 8. 1993 (BAnz. Nr. 246) nach wie vor gültig; vgl. Beschl. v. 31. 3. 1999 – 315 O 143/99 und *HansOLG,* Urt. v. 19. 10. 2000 – 3 U 201/99; ausführlich zu kartellrechtlichen Problemen bei der Arzneimittelversorgung *Wigge,* Pharm.Ind. 2000, 503 ff., 580 ff.

[185] Vgl. *Wigge,* NZS 2001, 578 f. u. 583 f.

[186] Vgl. *BSGE* 73, 66.

[187] Vgl. *Ebsen,* in: Festschrift für Krasney, S. 81, 104.

sowie wissenschaftlich zumindest plausibel begründbarer nicht ganz geringer Erfolgsaussichten auch eine vom Bundesausschuss noch nicht anerkannte Behandlungsmethode vom Versicherten beansprucht werden kann.[188]

Abschließend sei angemerkt, dass eine Entscheidung des Bundesausschusses über die **176** Anerkennung einer neuen Untersuchungs- und Behandlungsmethode sich rechtsgestaltend aber nur in der Zukunft auswirkt. So hat das Bundessozialgericht in einer jüngeren Entscheidung vom 8. 2. 2000[189] festgestellt, dass für bereits **abgeschlossene Behandlungen** vor einer Entscheidung des Bundesausschusses auch im Fall einer nachträglich positiven Entscheidung das Abrechnungsverbot trotzdem gelten soll.

b) Abbildung der Leistung im EBM durch den Bewertungsausschuss nach § 87 SGB V

Soweit der Bundesausschuss in seinen Richtlinien nach § 92 Satz 2 Nr. 5 SGB V **177** (BUB-Richtlinien) i. V. m. § 135 Abs. 1 Satz 1 SGB V eine positive Empfehlung für das medizinische Verfahren und damit auch für das betreffende Medizinprodukt als Teil der ärztlichen Leistung abgibt, kommt eine **Verordnungsfähigkeit als vertragsärztliche Leistung** nicht unmittelbar in Betracht, sondern zunächst lediglich eine Erstattungsfähigkeit im Wege der Kostenerstattung nach § 13 Abs. 3 SGB V. Eine reguläre Abrechnung einer neuen Untersuchungs- oder Behandlungsmethode i. S. v. § 135 Abs. 1 SGB V im Rahmen der vertragsärztlichen Versorgung kommt dagegen erst dann in Betracht, wenn diese in den Einheitlichen Bewertungsmaßstab (EBM) aufgenommen worden ist.

Für die Definition und Bewertung ärztlicher Leistungen ist nicht der Bundesausschuss **178** der Ärzte und Krankenkassen, sondern gem. § 87 Abs. 2 SGB V der **Bewertungsausschuss** zuständig, der über die Aufnahme in den EBM entscheidet. Das Gesetz hat die Entscheidung hinsichtlich der Einführung neuer Untersuchungs- und Behandlungsmethoden einerseits in § 135 Abs. 1 und § 92 Abs. 1 Satz 2 Nr. 5 SGB V dem Bundesausschuss der Ärzte und Krankenkassen und andererseits, soweit die Umsetzung neuer Untersuchungs- und Behandlungsmethoden in einzelne abrechnungsfähige vertragsärztliche Leistungen in Betracht kommt, in § 87 Abs. 2 SGB V dem Bewertungsausschuss übertragen. Aus der Perspektive des abrechnenden Arztes kommt dabei der Entscheidung des Bewertungsausschusses die maßgebliche Bedeutung zu.

Zum **Ineinandergreifen** der Maßnahmen des Bundesausschusses und des Bewertungs- **179** ausschusses hat das BSG in einer Entscheidung vom 13. 11. 1996[190] Folgendes festgestellt:

> Solange bestimmte ärztliche Leistungen im Bewertungsmaßstab nicht als abrechnungsfähig aufgeführt sind, können sie im Rahmen der vertragsärztlichen Versorgung nicht erbracht und abgerechnet werden, selbst wenn sie zu einer „neuen Untersuchungs- und Behandlungsmethode" gehören, für die der Bundesausschuss der Ärzte und Krankenkassen eine positive Anerkennung i. S. der Nr. 10.1 der Richtlinien über die Einführung neuer Untersuchungs- und Behandlungsmethoden (NUB-Richtlinien) abgegeben hat.

Ist die Anerkennung durch den Bundesausschuss erfolgt, obliegt es daher gem. § 87 **180** Abs. 2 SGB V dem Bewertungsausschuss, die anerkannte Methode in abrechenbare und punktzahlmäßig bewertete Leistungen umzusetzen und in den EBM aufzunehmen. Die daraus resultierenden Auswirkungen auf die Höhe der Gesamtvergütung muss der Bewertungsausschuss beurteilen und u. U. eine **Streichung oder Neubewertung anderer Leistungen** unter dem Gesichtspunkt von Rationalisierungsmöglichkeiten vornehmen.[191] Das BSG hält daraus sich ergebende zeitliche Verschiebungen in der Berücksichtigung von Empfehlungen der Bundesausschüsse durch die Aufnahme neuer Leistungen in den EBM

---

[188] Vgl. *Ebsen*, in: Festschrift für Krasney, S. 81, 104.
[189] *BSG*, Urt. v. 8. 2. 2000 – B 1 Kr 18/99 B.
[190] *BSGE* 79, 239, 244 f. = SozR 3–2500 § 87 Nr. 14, 51 f.
[191] *Hess*, Rdnr. 28.

für zulässig.[192] Bedenkt man, dass bereits bis zur Befassung und Beschlussfassung des Bundesausschusses mit einem neuen medizinischen Verfahren in der Regel vier bis fünf Jahre vergehen, ohne dass das BSG von einem Systemversagen ausgeht, ist die Zubilligung einer weiteren Entscheidungsfrist für den Bewertungsausschuss äußerst innovationsfeindlich. Der in § 2 Abs. 1 Satz 3 SGB V statuierte Anspruch der Versicherten auf Teilhabe an dem „medizinischen Fortschritt" steht damit in der Regel nur auf dem Papier.

181   Diese Vorrangigkeit der Entscheidung des Bundesausschusses gilt jedoch nicht ausnahmslos, da mit dem **Begriff der Methode** nicht jede einzelne diagnostische oder therapeutische ärztliche Leistung gemeint ist. Der Begriff der Methode i. S. d. § 135 Abs. 1 Satz 1 SGB V ist im Verhältnis zu dem Begriff der ärztlichen Leistung des § 87 SGB V der umfassendere, weil die Anerkennung einer neuen Untersuchungs- oder Behandlungsmethode regelmäßig die Einführung mehrerer neuer ärztlicher Leistungen im EBM nach sich zieht.

182   Das BSG hat insoweit in mehreren Entscheidungen[193] festgestellt, dass nicht jede ärztliche Leistung, die der Therapie oder Diagnostik dient, sich zugleich als neue Untersuchungs- oder Behandlungsmethode darstellt. Für das Vorliegen einer „Methode" i. S. v. § 135 Abs. 1 SGB V wird gefordert, dass einer medizinischen Vorgehensweise ein eigenes **theoretisch-wissenschaftliches Konzept** zugrunde liegt, dass sie von anderen medizinischen Verfahren unterscheidet und dass ihre systematische Anwendung in der Behandlung bestimmter Krankheiten rechtfertigen soll.[194] Das BSG geht daher davon aus, dass es ärztliche Leistungen gibt, die vom Bewertungsausschuss im Rahmen seiner Entscheidungsfreiheit als im Rahmen der vertragsärztlichen Versorgung abrechenbare Leistungen neu in den EBM aufgenommen werden können, ohne dass es vorab einer Entscheidung des Bundesausschusses der Ärzte und Krankenkassen bedarf. Medizinische Leistungen und Verfahren, die lediglich einen therapeutischen oder diagnostischen Einzelschritt einer bereits anerkannten Methode darstellen, bedürfen daher für ihre Abrechenbarkeit nicht der vorherigen Anerkennung durch den Bundesausschuss.

IV. Medizinprodukt als Sprechstundenbedarf

183   **Sprechstundenbedarf** (SSB) ist zunächst zu unterscheiden von dem sog. **Praxisbedarf.** Unter Praxisbedarf versteht man in der Regel die Erstausstattung einer Praxis, die der niedergelassene Arzt auf eigene Kosten anschaffen muss. Die Kosten des Praxisbedarfs sind mit speziellen EBM- bzw. GOÄ-Ziffern abgegolten. Demgegenüber versteht man unter Sprechstundenbedarf solche Mittel, die ihrer Art nach bei mehreren Patienten angewendet werden oder die zur Notfall- bzw. Sofortbehandlung erforderlich sind. Sprechstundenbedarf kann neben Medizinprodukten auch bestimmte Arzneimittel sowie Desinfektionsmittel umfassen. Als Medizinprodukt kommen vor allen Dingen Verbandmittel, Nahtmaterial sowie Mittel zur Diagnostik und Therapie in Betracht. Wichtig ist jedoch, dass sie niemals für einen **einzelnen Patienten** bestimmt sein dürfen, da dies sofort eine einzelne Verordnungspflicht des Arztes auslöst. Erstattungsgrundlage sind die bekannten Paragraphen des SGB V. Erstattungsgrundlage für Sprechstundenbedarf selbst sind die jeweils KV-weit bestehenden Sprechstundenbedarfsvereinbarungen, die mit den Krankenkassen einerseits und einer der insgesamt 23 bestehenden Kassenärztlichen Vereinigungen andererseits geschlossen werden. Diese sind Bestandteil der sog. Gesamtverträge gem. § 83 SGB V. Das Nähere ergibt sich aus nachfolgender Aufstellung (Abb. 5):

---

[192] *BSG* SozR 3–2500 § 87 Nr. 14 – *Stoßwellenlithotripsie.*
[193] Vgl. *BSG* SozR 3–2500 § 135 Nr. 11, 47 ff.; *BSG* SozR 3–2500 § 87 Nr. 14, 49; *BSG* SozR 3–5533 BMÄ-Nr. 3512 Nr. 1, 4.
[194] *BSG* SozR 3–2500 § 31 Nr. 5, 19; *BSG* SozR 3–2500 § 135 Nr. 11, 50.

1. Bayern, AOK, Muster 16 a-bay
2. Berlin, AOK, Vordrucke 1+2
3. Brandenburg, BEK, Muster 16
4. Bremen, AOK, spez. Formular
5. Hamburg, BEK, Muster 16
6. Hessen, AOK, Muster 16
7. Koblenz, AOK Rheinland-Pfalz, Muster 16
8. Mecklenburg-Vorpommern, AOK, Muster 16 + 16 a
9. Niedersachsen, Rechenzentrum Hünxe, Filiale Bremervörde, Muster 16
10. Nordbaden, zust. Bezirksdirektion AOK BW, Muster 16
11. Nordrhein, BEK, Muster 16
12. Nord-Württemberg, zust. Bezirksdirektion AOK BW, Muster 16
13. Pfalz, AOK Rheinland-Pfalz, Muster 16
14. Rheinhessen, AOK Rheinland-Pfalz, Muster 16
15. Saarland, AOK, Muster 16
16. Sachsen, BEK, Muster 16
17. Sachsen-Anhalt, Primärkassen: Rezeptprüfstelle Duderstadt, Ersatzkassen: BEK, Muster 16
18. Schleswig-Holstein, AOK, Muster 16
19. Südbaden, zust. Bezirksdirektion AOK BW, Muster 16
20. Südwürttemberg, zust. Bezirksdirektion AOK BW, Muster 16
21. Thüringen, AOK, Muster 16
22. Trier, AOK Rheinland-Pfalz, Muster 16
23. Westfalen-Lippe, AOK, Muster 16 a

Abb. 5: Sprechstundenbedarfsvereinbarungen

Hieraus ist ersichtlich, dass im Regelfall die **örtliche AOK** für die Abrechnung von Sprechstundenbedarf (SSB) zuständig ist. Üblicherweise wird das normale Muster 16 (das Arzneiverordnungsblatt) verwendet. Auf diesem ist in der rechten oberen Hälfte die Nummer 9 für Sprechstundenbedarf anzukreuzen. Der Verordner kann somit grundsätzlich quartalsweise auf seinen eigenen Namen Sprechstundenbedarf verordnen. Die Verordnung ist Arznei- und Verbandmittel-budgetrelevant bzw. wird nunmehr in die Richtgrößen eingerechnet.

Unter **Sachkosten** versteht man dem gegenüber gewisse Materialien, die der Vertragsarzt auf besondere Art und Weise mit seiner jeweils zuständigen Kassenärztlichen Vereinigung in Zusammenhang mit dem EBM sowie dem Bundesmantelvertrag Ärzte abrechnen kann. Diese Produkte dürfen zunächst weder Hilfsmittel i. S. d. § 33 SGB V sein, noch Sprechstundenbedarf, noch Praxisbedarf, noch mit einer EBM-Ziffer abgegolten worden sein. Beispiele: Einmalspritzen, -kanülen, -absaugkatheter, -handschuhe, -harnblasenkatheter, Einmalinfusionsbestecke, -infusionskatheter, Ernährungssonden, usw. Über die korrekte Abgeltung von Sachkosten herrscht schon seit einigen Jahren Uneinigkeit. Zu beachten ist auch hier, dass die 23 bestehenden Kassenärztlichen Vereinigungen unterschiedlich vorgehen. So ergibt sich in manchen KV-Bereichen die Möglichkeit, gesondert **Sachmittel** abzurechnen. Voraussetzung ist abermals, dass diese in der Regel kostspieligen Materialien und Geräte weder mit den EBM-Gebühren abgegolten sind, noch über Sprechstundenbedarf ersetzt werden.[195]

184

---

[195] *Knappe/Neubauer/Seeger/Sullivan*, S. 57.

V. Medizinprodukt als Hilfsmittel

185   Nunmehr soll die zahlenmäßig bei weitem **größte Gruppe** der erstattungspflichtigen Medizinprodukte, nämlich die der Hilfsmittel, näher beleuchtet werden.

1. Begriff des Hilfsmittels

186   Momentan bestehen im SGB V bzw. SGB IX **zwei nicht identische Hilfsmittelbegriffe:**

§ 33 SGB V Hilfsmittel

(1) Versicherte haben Anspruch auf Versorgung mit Seh- und Hörhilfen, Körperersatzstücken, orthopädischen und anderen Hilfsmitteln, die im Einzelfall erforderlich sind, um den Erfolg der Krankenbehandlung zu sichern, einer drohenden Behinderung vorzubeugen oder eine Behinderung auszugleichen, soweit die Hilfsmittel nicht als allgemeine Gebrauchsgegenstände des täglichen Lebens anzusehen oder nach § 34 ausgeschlossen sind. Der Anspruch umfasst auch die notwendige Änderung, Instandsetzung und Ersatzbeschaffung von Hilfsmitteln sowie die Ausbildung in ihrem Gebrauch. Der Anspruch auf Versorgung mit Sehhilfen umfasst nicht die Kosten des Brillengestells.

(2) Ist für ein erforderliches Hilfsmittel ein Festbetrag nach § 36 festgesetzt, trägt die Krankenkasse die Kosten bis zur Höhe dieses Betrags. Für andere Hilfsmittel übernimmt sie die jeweils vertraglich vereinbarten Preise. Versicherte, die das 18. Lebensjahr vollendet haben, haben zu den Kosten von Bandagen, Einlagen und Hilfsmitteln zur Kompressionstherapie eine Zuzahlung von 20 vom Hundert des von der Krankenkasse zu übernehmenden Betrages an die abgebende Stelle zu leisten; der Vergütungsanspruch nach den Sätzen 1 und 2 verringert sich um diesen Betrag.

(3) Anspruch auf Versorgung mit Kontaktlinsen besteht nur in medizinisch zwingend erforderlichen Ausnahmefällen. Der Bundesausschuss der Ärzte und Krankenkassen bestimmt in den Richtlinien nach § 92, bei welchen Indikationen Kontaktlinsen verordnet werden. Wählen Versicherte statt einer erforderlichen Brille Kontaktlinsen und liegen die Voraussetzungen des Satzes 1 nicht vor, zahlt die Krankenkasse als Zuschuss zu den Kosten von Kontaktlinsen höchstens den Betrag, den sie für eine erforderliche Brille aufzuwenden hätte. Die Kosten für Pflegemittel werden nicht übernommen.

(4) Ein erneuter Anspruch auf Versorgung mit Sehhilfen nach Absatz 1 besteht für Versicherte, die das vierzehnte Lebensjahr vollendet haben, nur bei einer Änderung der Sehfähigkeit um mindestens 0,5 Dioptrien; für medizinisch zwingend erforderliche Fälle kann der Bundesausschuss der Ärzte und Krankenkassen in den Richtlinien nach § 92 Ausnahmen zulassen.

(5) Die Krankenkasse kann den Versicherten die erforderlichen Hilfsmittel auch leihweise überlassen. Sie kann die Bewilligung von Hilfsmitteln davon abhängig machen, dass die Versicherten sich das Hilfsmittel anpassen oder sich in seinem Gebrauch ausbilden lassen.

§ 31 SGB IX Hilfsmittel

(1) Hilfsmittel (Körperersatzstücke sowie orthopädische und andere Hilfsmittel) nach § 26 Abs. 2 Nr. 6 umfassen die Hilfen, die von den Leistungsempfängern getragen oder mitgeführt oder bei einem Wohnungswechsel mitgenommen werden können und unter Berücksichtigung der Umstände des Einzelfalles erforderlich sind, um
1. einer drohenden Behinderung vorzubeugen,
2. den Erfolg einer Heilbehandlung zu sichern oder
3. eine Behinderung bei der Befriedigung von Grundbedürfnissen des täglichen Lebens auszugleichen, soweit sie nicht allgemeine Gebrauchsgegenstände des täglichen Lebens sind.

(2) Der Anspruch umfasst auch die notwendige Änderung, Instandhaltung, Ersatzbeschaffung sowie die Ausbildung im Gebrauch der Hilfsmittel. Der Rehabilitationsträger soll
1. vor einer Ersatzbeschaffung prüfen, ob eine Änderung oder Instandsetzung von bisher benutzten Hilfsmitteln wirtschaftlicher und gleich wirksam ist,
2. die Bewilligung der Hilfsmittel davon abhängig machen, dass die behinderten Menschen sie sich anpassen oder sich in ihrem Gebrauch ausbilden lassen.

(3) Wählen Leistungsempfänger ein geeignetes Hilfsmittel in einer aufwändigeren Ausführung als notwendig, tragen sie die Mehrkosten selbst.

(4) Hilfsmittel können auch leihweise überlassen werden. In diesem Fall gelten die Absätze 2 und 3 entsprechend.

Der in § 33 SGB V definierte Hilfsmittelbegriff bietet sich zwar als geeigneter Maßstab **187** an, jedoch muss davon ausgegangen werden, dass die hier gegebene Definition **keinen Alleinvertretungsanspruch** hat. So hat der Bundesgesetzgeber am 19. 6. 2001 das Sozialgesetzbuch IX über die Rehabilitation und teilbehinderter Menschen in die bestehenden Sozialgesetzbücher eingefügt. In dem dortigen § 31 SGB IX sind Hilfsmittel geringfügig anders definiert. Vor allem das Tatbestandsmerkmal, dass Hilfsmittel nach dieser Definition getragen oder mitgeführt oder bei einem Wohnungswechsel mitgenommen werden können, ist eine erkennbare Einschränkung des bisherigen Hilfsmittelbegriffs.

Nun könnte man vermuten, dass § 31 SGB IX lediglich bei Reha-Maßnahmen zur **188** Anwendung kommt und auf der anderen Seite § 33 SGB V bei Leistungen in der ambulanten Krankenversorgung Anwendung findet. Es sind jedoch sowohl in der Verwaltung der Kostenträger als auch in der Rechtsprechung **Vermischungstendenzen** zu sehen. So wurde bereits in jüngeren Fortschreibungen des Hilfsmittelverzeichnisses gem. § 128 SGB V das Tatbestandsmerkmal des „Mit-sich-führen-Könnens" verwendet.[196] Hier wurde darauf abgestellt, dass der Versicherte das Hilfsmittel entweder tragen oder bei einem Wohnungswechsel mitnehmen können muss. Auf der anderen Seite sieht § 31 Abs. 3 SGB IX vor, dass die Versicherten **Mehrkosten** zu tragen haben, wenn sie ein aufwändigeres Hilfsmittel gewählt haben. Genau über diesen Punkt herrschen in der Krankenversicherung seit Jahren Meinungsverschiedenheiten. Eine Reihe von Versorgungsverträgen gem. § 127 SGB V sieht vor, dass keinesfalls etwaige Mehrkosten von den Versicherten seitens des Leistungserbringers gefordert oder angenommen werden dürfen. § 30 Abs. 9 **Bundesmantelvertrag-Ärzte** (BMV-Ä) sieht vor, dass Kosten für Hilfsmittel, die für die Behandlung nicht notwendig sind, von den Krankenkassen nicht erstattet werden dürfen. Verlangt ein GKV-Versicherter ein höherwertiges Hilfsmittel, so ist gem. § 30 Abs. 7 BMV-Ä ein Privatrezept auszustellen. In § 30 Abs. 8 BMV-Ä ist darüber hinaus geregelt, dass die Verordnung eines Vertragsarztes der **Genehmigung durch die Krankenkasse** bedarf, soweit deren Bestimmungen nichts anderes vorsehen. Festzuhalten ist somit, dass der Begriff des Hilfsmittels einem stetigen Wandel unterliegt. Der früher herrschende Streit über die Abgrenzung zu Heilmitteln besteht nicht mehr.

2. Qualitätsstandards

Über die Bedeutung des CE-Zeichens ist an anderer Stelle dieses Buchs bereits ausrei- **189** chend berichtet worden.[197] Daher soll hier über weitere, insbesondere im Bereich der Kostenerstattung geltende Qualitätsstandards berichtet werden. Die GKV-Standards sind weder national, noch europäisch, noch international abgestimmt.[198] Hier ist zunächst abermals auf das Hilfsmittelverzeichnis gem. § 128 SGB V zu verweisen. Für jede der 34 Produktgruppen wurde ein identischer Aufbau gewählt. Unter 3. sind bei jeder Produktgruppe die jeweiligen Qualitätsstandards definiert worden. Sie beschreiben die **medizinischen und technischen Mindestanforderungen** an das Produkt, die erfüllt werden müssen, um in das Hilfsmittelverzeichnis wiederaufgenommen zu werden. Bei den medizinischen Mindestanforderungen geht es insbesondere um die sichere Gewährleistung des beabsichtigten Behandlungserfolgs. Demgegenüber sind bei den technischen Anforderungen nicht nur die Einhaltung der geltenden Normen, Gesetze und Verordnungen festgeschrieben, sondern auch eine Vielzahl von relevanten Sicherheitsbestimmungen und Vorschriften niedergelegt. Der Hintergrund hierfür ist die gesetzliche Forderung nach Qualitätssicherung bei Hilfsmitteln gem. § 139 SGB V. Daneben sind die zahlreichen Vereinbarungen zu nennen, die die Partner der Bundesmantelverträge gem. § 135 Abs. 2 SGB V zur Qualitätssicherung bei der Bewertung von Untersuchungs- und Behandlungs-

---

[196] Z. B. Fortschreibung der Produktgruppe 22 „Mobilitätshilfen" BAnz. 2001, S. 21 726.
[197] Hierzu der Beitrag von *Hill* in diesem Handbuch (§ 8).
[198] *Hill/Schmitt*, Einleitung, Anm. V, Nr. 2.

methoden abschließen. Zudem bestehen Qualitätssicherungs-Richtlinien der Kassenärztlichen Bundesvereinigung (KBV) gem. § 75 Abs. 7 SGB V.

190 Weiterhin muss im Zusammenhang der Qualitätsstandards natürlich auf den **2. Abschnitt des Medizinproduktegesetzes** verwiesen werden. §§ 4–14 MPG beinhalten eine Reihe von Voraussetzungen, die mit Qualitätsstandards gleichgesetzt werden können. Auf das Verhältnis zwischen CE-Kennzeichnung und weiteren Rechtsvorschriften geht § 6 Abs. 3 MPG ein. Hier ist niedergelegt, dass für Medizinprodukte, die zusätzlich andere Rechtsvorschriften beachten müssen, und dies dürfte die Mehrheit der Medizinprodukte sein, das CE-Kennzeichen erst dann aufgebracht werden darf, wenn auch die weiteren Rechtsvorschriften erfüllt sind.

191 Auf die Frage, inwieweit **private Prüfzeichen** neben dem CE-Kennzeichen auf Medizinprodukten zulässig sind, soll hier nicht weiter eingegangen werden.[199] Bekanntlich hat das zweite MPG-ÄndG insofern Klarheit geschaffen. § 9 Abs. 1 Satz 2 MPG bestimmt nunmehr, dass alle weiteren Zeichen auf dem Medizinprodukt aufgebracht werden dürfen, soweit sie die CE-Kennzeichnung nicht beeinträchtigen.[200]

192 Weitere Vorschriften wie beispielsweise die **Klassifizierung von Medizinprodukten** sowie die Abgrenzung zu anderen Produkten gem. § 13 MPG spielen für die Kostenerstattung in der bundesdeutschen Versicherungslandschaft keine Rolle.

193 Schließlich ist hier abermals auf die **Hilfsmittel-Richtlinien** des Bundesausschusses zu verweisen, die als weitere Qualitätsstandards zu qualifizieren sind. Zur gleichen Problematik innerhalb der stationären Versorgung vgl. unter Rdnr. 201.

194 Was die Bedeutung von **Qualitätszeichen** angeht, so erfolgt die Vergabe im Rahmen eines Zertifizierungsverfahrens auf Antrag des Herstellers durch eine Drittstelle, wie beispielsweise den TÜV. Hier wird lediglich die Übereinstimmung des Produkts mit den vorgegebenen technischen Normen, Anforderungsprofilen und weiteren Produktanforderungen sowie mit gesetzlich nicht vorgeschriebenen Qualitätsfaktoren überprüft.[201]

3. Exkurs: Brennende Pflegebetten

195 Als Beispiel dafür, dass selbst umfangreiche Qualitätsstandards Unglücke nicht verhindern können, soll hier kurz auf die aktuelle Problematik **in Brand geratener Kranken- und Pflegebetten** eingegangen werden.

196 Ein Beispiel für die nachlassende Qualität der Versorgung mit Medizinprodukten in einer vor allem von ökonomischen Aspekten beherrschten Kostenträgerwelt zeigt das Mitte 2001 aufgetretene Phänomen der in Brand geratenen Pflegebetten. Insgesamt ca. 20 Personen sind bei tragischen Brandunfällen in ihren Pflegebetten umgekommen. Anfang des Jahres 2001 kam der Verdacht auf, dass diese Brände durch falsch isolierte Elektromotoren bzw. durchgescheuerte Elektrokabel verursacht sein könnten. Auch wenn bis heute kein einziger Fall eindeutig geklärt werden konnte, schloss sich eine große Verunsicherung an. Darüber hinaus berichtete das zuständige BfArM über eine große Zahl von meldepflichtigen Vorfällen, bei denen Patienten durch zu große Abstände der Seitengitter eines Pflegebettes zu Schaden gekommen sind. In der Folgezeit haben die zuständigen obersten Landesbehörden Checklisten für die Seitengitter sowie für die elektrische Sicherheit erarbeitet und darauf gedrängt, dass alle betroffenen Patienten zeitnah über mögliche Gefährdungen

---

[199] Hierzu der Beitrag von *Hill* in diesem Handbuch (§ 8).

[200] Vgl. *Gassner*, NJW 2002, 864.

[201] *Lenz/Scherer*, Zulässigkeit der Anbringung von Qualitätszeichen nationaler Prüforganisationen neben CE-Kennzeichnungen, sprechen sich im Ergebnis gegen ein EU-weites Verbot der Anbringung von privaten nationalen Prüfzeichen neben der CE-Kennzeichnung aus. Diese würden zumindest dem Grundsatz der Verhältnismäßigkeit sowie dem Gemeinschaftsrecht im Hinblick auf die Berufsfreiheit zuwiderlaufen. Eine kritische Position gegenüber privaten Qualitätszeichen nimmt hingegen *Hill* in seinem Beitrag in diesem Handbuch (§ 8) ein, der hierin eine (teilweise rechtlich bedenkliche) Entwertung des CE-Kennzeichens sieht.

informiert wurden. Vorausgegangen war ein jahrelanges Preisdiktat der Pflegekassen, die gem. § 78 SGB XI durch ihre Spitzenverbände **bundesweite Verträge** mit Leistungserbringern bezüglich Pflegebetten geschlossen hatten. Hier war zuletzt ein Betrag von 907,50 DM für den Kauf eines Pflegebetts vereinbart. Bettenhändler und Hersteller haben diesem Preisdiktat dadurch Rechnung getragen, dass die **Qualität der Betten** teilweise abgesenkt wurde. Ob hierin eine Ursache der Brände zu sehen ist, konnte bis heute nicht geklärt werden. Jedenfalls wurden alle Verträge auf Bundesebene gekündigt, und es konnten bis zum heutigen Tage keine Nachfolgevereinbarungen abgeschlossen werden. Bei Pflegebetten handelt es sich um Medizinprodukte der Klasse I. Daher darf der Hersteller sich selbst das CE-Kennzeichen verleihen. Was nun die Anforderung der Betten angeht, herrscht seit Anfang 2001 ein reger Streit. Unstreitig dürfte wohl die sog. europäische DIN Norm 1970 Voraussetzung sein, die die Pflegebettennorm darstellt, auch wenn diese bisher nicht im Amtsblatt der Europäischen Gemeinschaft veröffentlicht wurde. Hintergrund hierfür ist, dass behördlicherseits teilweise weitergehende Sicherheitsanforderungen gestellt werden.[202] Ob darüber hinaus die Krankenhausbettennorm 60601–3–8 Anwendung finden muss, ist hingegen umstritten. Gleiches gilt für die Frage, wer für den Austausch von ca. 600 000 deutschen Pflegebetten finanziell aufkommen soll. In diesem Zusammenhang ist insbesondere die Betreiberhaftung nach dem MPG diskutiert worden. Das MPG selbst enthält keine Regelung über eine Medizinproduktehaftung. Diese wird dem Produkthaftungsgesetz entnommen. Diesbezügliche höchstrichterliche Rechtsprechung insbesondere über die **Betreiberhaftung** ist bisher nicht ersichtlich[203]. Auf jeden Fall ist grundsätzlich zwischen „Betreiben" und „Anwenden" zu differenzieren. Während das „Anwenden" direkt am Patienten erfolgt, beinhaltet das „Betreiben" alle Vorgänge, die sich auf den Gebrauch und die Nutzung eines Medizinprodukts beziehen.[204]

Die herrschende Meinung in der Literatur geht wohl davon aus, dass bei sog. **Fallpau-** **197** **schalbetten,** bei denen der Leistungserbringer nicht nur Eigentümer, sondern auch Inhaber der tatsächlichen Sachherrschaft ist, er auch für die Kosten der Umrüstung bzw. des Austauschs der mangelhaften Pflegebetten aufkommen muss. Demgegenüber soll bei den sog. **Wiedereinsatzbetten,** d. h. bei solchen, die die Krankenkasse gekauft hat und die nunmehr in ihrem Eigentum stehen, die Krankenkassen Betreiber sein und damit auch die Kostentragungspflicht haben. Die zuständigen obersten Landesbehörden hatten jedenfalls sowohl den Krankenkassen als auch den Leistungserbringern eine Frist bis Ende des Jahres 2001 zum Austausch aller Betten gegeben. Man kann davon ausgehen, dass eine Reihe der in Betrieb befindlichen Betten bis heute als gefährlich einzustufen ist. Hintergrund ist nicht nur die ungeklärte Kostenfrage, sondern auch die Lieferkapazität der Hersteller, die nicht mit der Produktion neuer „sicherer" Betten nachkommen konnten.

4. Bedeutung des Hilfsmittelverzeichnisses

Zur viel diskutierten Frage, ob die Listung im Hilfsmittelverzeichnis einen Rechtsan- **198** spruch auf Vergütung des Lieferanten bzw. Herstellers auslösen kann, hat das BSG entschieden.[205] In diesem Urteil hat das BSG festgelegt, dass ein Ausschluss des Hilfsmittels aus der Leistungspflicht der Krankenkassen sich nicht daraus ergeben kann, dass es nicht im Hilfsmittelverzeichnis gelistet ist. Die Vorschriften des Hilfsmittelverzeichnisses ermächtigten nicht dazu, den Anspruch des Versicherten einzuschränken, sondern nur dazu, eine für die

---

[202] *Klindt,* MPR 2002, 14.

[203] Vgl. etwa zur Betreiberhaftung einer Betriebskrankenkasse das Urteil des *OVG Niedersachsen* v. 17. 9. 2002 – 11 LC 150/02, das entgegen der Vorinstanz (*VG Braunschweig,* Urt. v. 26. 2. 2002 – 5 A 307/01) eine Betreibereigenschaft verneinte; hierzu auch der Beitrag von *Böckmann* in diesem Handbuch (§ 9 Rdnr. 9).

[204] *Schorn,* § 2 MPG, Rdnr. 12; hierzu auch der Beitrag von *Böckmann* (§ 9 Rdnr. 12–15) sowie von *Heil* (§ 22) in diesem Handbuch.

[205] *BSG,* Urt. v. 28. 6. 2001 – B 3 KR 3/00 R.

Gerichte **unverbindliche Auslegungs- und Orientierungshilfe** zu schaffen. Danach ist festzuhalten, dass es keine Verknüpfung zwischen dem Anspruch des Versicherten aus § 33 SGB V und dem Hilfsmittelverzeichnis nach § 128 SGB V gibt. Daher ist das Hilfsmittelverzeichnis lediglich mit einer Leitlinie zu vergleichen, die nicht bindend ist. Zu berücksichtigen ist immer der Einzelfall. Dem Hilfsmittelverzeichnis kommt darüber hinaus keinesfalls Positivlistencharakter zu.[206] Das Verzeichnis ist daher laufend zu aktualisieren und niemals abschließend. In der Literatur war bereits länger auf die fehlende rechtsverbindliche Bedeutung des Hilfsmittelverzeichnisses hingewiesen worden.[207] Faktisch wird jedoch dem Hilfsmittelverzeichnis oftmals sehr wohl eine begrenzende Wirkung zukommen. So sieht z.B. die geltende Fassung der Hilfsmittel-Richtlinie immer noch vor, dass Hilfsmittel nur zu Lasten der GKV verordnet werden dürfen, wenn sie im Hilfsmittelverzeichnis aufgeführt sind.[208] Weiterhin wird der Verordner verschiedentlich auf § 128 SGB V hingewiesen. Schließlich bestimmt auch die bereits erwähnte Anlage 3 zu Nr. 8.2 der Hilfsmittel-Richtlinien, dass nur im Verzeichnis aufgeführte Produkte zu Lasten der GKV verordnet werden dürfen. Ob diese Regelungen rechtlich haltbar sind, muss angezweifelt werden.

5. Ausschluss nach § 34 SGB V

199   Schließlich gibt es die Möglichkeit für verschiedene Hilfsmittel und damit auch Medizinprodukte, von der Erstattung gemäß § 34 SGB V ausgeschlossen zu werden. Hierzu wurde 1989 die **Verordnung über Hilfsmittel von geringem therapeutischem Nutzen oder geringem Abgabepreis** erstmalig erlassen. Sie führten in § 1 Medizinprodukte auf, deren therapeutischer Nutzen gering oder zumindest umstritten ist. Die Bestimmung des § 2 der Verordnung legt insgesamt 20 Produkte fest, die wegen geringer Abgabepreise ausgeschlossen sein sollen, während § 3 lediglich die Instandsetzung von Brillengestellen für Versicherte über dem 18. Lebensjahr zum Inhalt hat. Insbesondere § 2 hat wiederholt die Gerichte beschäftigt, da die Grenze des geringen Abgabepreises nicht ohne weiteres bestimmbar ist. Darüber hinaus können aufgeführte Hilfsmittel auch in Ausführungen angeboten werden, die von der bisherigen Verordnung nicht mehr erfasst wären. In der Rechtsprechung wurden 150 DM für zu hoch erachtet.[209] In der Literatur werden DM-Preise von 12–15 angenommen, so dass man nunmehr von ca. 7 € ausgehen muss.[210] Rechtsmittel sind gegen die Verordnung nicht zulässig, so dass der individuelle ablehnende Verwaltungsakt der Krankenkasse angegriffen werden muss.

6. Einbeziehung neuer Hilfsmittel in das Leistungssystem

200   Es wurde bereits mehrfach darauf hingewiesen, dass der Medizinproduktesektor äußerst innovativ ist. Daher kommen jährlich eine Vielzahl von Weiter- bzw. Neuentwicklungen auf den Markt. Was den Vergütungsanspruch hinsichtlich der am häufigsten vorliegenden Hilfsmittel angeht, wurde bereits bei der Bedeutung des Hilfsmittelverzeichnisses darauf hingewiesen, dass eine dortige Listung keine Voraussetzung für eine Erstattungsfähigkeit ist (vgl. Rdnr. 198). Hier sind abermals die **BUB-Richtlinien** zu nennen (vgl. Rdnr. 193).[211] Gemäß § 92 Abs. 1 Satz 2 Nr. 5 i.V.m. § 135 SGB V BUB-Richtlinie darf der Bundesausschuss ebenfalls **apparative Anforderungen** stellen. Er muss auf Anforderung des Arbeitsausschusses Spitzenorganisationen den Herstellern von Medizinproduktegeräten Gelegenheit zur Stellungnahme geben. Solange keine positive für die Zukunft geltende Empfehlung des Bundesausschusses Ärzte und Krankenkassen besteht, gilt gem.

---

[206] *Nass*, Gesundheit und Gesellschaft 2001, 40.
[207] *Krauskopf/Knittel*, § 128 SGB V, Rdnr. 2.
[208] Richtlinie in der Fassung v. 17. 6. 1992, zuletzt geändert am 6. 2. 2001, S. 3.
[209] *BSG*, Urt. v. 28. 9. 1993 – 1 KR 37/92, in SozR 3–2500.
[210] *Krauskopf*, § 34 SGB V, Rdnr. 13.
[211] In der Fassung v. 10. 12. 1999, BAnz. Nr. 56, S. 4602.

§ 135 Abs. 1 Satz 1 Nr. 1 ein Abrechnungsverbot. Antragsberechtigt für ein Verfahren über die Anerkennung neuer Untersuchungs- und Behandlungsmethoden sind nur die Vereinigungen der Kassenärzte bzw. Kassenzahnärzte und die Spitzenverbände der Krankenkassen. In diesem Zusammenhang hat der 6. Senat des BSG in Abkehr der bisherigen Rechtsprechung einer Diätassistentin ein Mitwirkungs-, Antrags- und Beteiligungsrecht aus Art. 12 Abs. 1 GG zugebilligt.[212] Wie bereits dargestellt, hat dieses Gremium in den letzten Jahren lediglich nur eine bescheidene Zahl innovativer Behandlungsmethoden erfolgreich passiert.

VI. Medizinprodukte in der stationären Versorgung

Nunmehr soll auf den **stationären Kostenerstattungsbereich** der Medizinprodukte 201 in Deutschland eingegangen werden. Im stationären Bereich, der 2001 einen Umsatz von ca. 50 Milliarden € (davon GKV Anteil 44,5 Milliarden €) hatte, entfiel ein beträchtlicher Teil (ca. 8 Milliarden €)[213] auf die Vergütung von Medizinprodukten. Dem Abbau von Bettenkapazitäten sowie der Krankenhausverweildauer steht eine stark zunehmende Zahl von Behandlungsfällen gegenüber.[214] Hier kommen verschiedene Erstattungswege in Betracht.

1. Status Quo

Aktuell werden die laufenden Kosten im stationären Bereich durch die vier Vergütungs- 202 varianten, landesweite **Fallpauschalen** (zurzeit 73), landesweite **Sonderentgelte** (zur Zeit 147), sowie für das jeweilige geltende Krankenhaus individuelle **Abteilungs- und Basispflegesätze** abgegolten. Sobald eine Fallpauschale besteht, verdrängt diese alle anderen Vergütungsmöglichkeiten.[215] In einigen Ausnahmetatbeständen kann neben einer Fallpauschale auch ein Sonderentgelt abgerechnet werden.[216] Bekanntlich ist mit einer Fallpauschale der gesamte Krankenhausaufenthalt abgegolten, wenn die Grenzverweildauer eingehalten wird. Neben den Sonderentgelten sind in bestimmten Fällen parallel Pflegesätze abrechenbar. Der weitaus überwiegende Teil wird nach wie vor über krankenhausindividuelle Pflegesätze vergütet. Lediglich in den Basispflegesätzen dürfte eine Mitvergütung von Medizinprodukten ausnahmsweise möglich sein. Ansonsten kommen alle Vergütungsformen in Betracht. Bei der Abrechnung durch tagesgleiche Pflegesätze sind alle verwendeten Medizinprodukte mit abgegolten. Die Höhe der Pflegesätze ist das Ergebnis von individuellen Pflegesatzverhandlungen, die nicht zwingend betriebswirtschaftlich ausreichend kalkuliert sein müssen. Dies gilt nicht für Fallpauschalen und Sonderentgelte.

Was nun die konkrete Erstattung einzelner Medizinprodukte im Krankenhaus angeht, 203 ist zunächst zwischen **Anlage- und Verbrauchsgütern** zu trennen, wobei etwaige Beschränkungen des § 128 SGB V im stationären Bereich nicht bestehen können.

Die Anlagegüter wiederum müssen in solche mit einer Nutzungsdauer von über drei 204 Jahren bzw. mit einer Nutzungsdauer von unter drei Jahren unterschieden werden. Bei Medizinprodukten mit einer Nutzungsdauer von über drei Jahren wird in aller Regel eine Landesfinanzierung gem. § 9 Krankenhausfinanzierungsgesetz (KHG) in Betracht kommen. Danach fördern die Länder auf Antrag des Krankenhausträgers diesbezügliche Investitionskosten. 1992 hatte der Gesetzgeber bezüglich **medizinisch-technischer Großgeräte** den § 122 SGB V eingefügt.[217] Danach sollten landesweite Großgeräteausschüsse gebildet wer-

---

[212] *BSG*, Urt. v. 28. 6. 2000 – B6 KA 26/99 R.

[213] *Knappe/Neubauer/Seeger/Sullivan*, S. 18.

[214] *Knappe/Neubauer/Seeger/Sullivan*, S. 23.

[215] Vgl. § 14 Abs. 1 Satz 3 Bundespflegesatzverordnung (BPflV).

[216] Vgl. § 14 Abs. 6 Satz 1 Bundespflegesatzverordnung (BPflV).

[217] BGBl. I S. 2266.

den, die für eine wirtschaftlich genutzte Auslastung der Großgeräte sorgen sollten. Dieser Paragraph wurde durch den Gesetzgeber bereits 1997 wieder gestrichen.[218]

205   Für Medizinprodukte mit einer durchschnittlichen Nutzungsdauer unterhalb von drei Jahren existiert die Verordnung über die Abgrenzung der im Pflegesatz nicht zu berücksichtigenden Investitionskosten von den pflegesatzfähigen Kosten der Krankenhäuser (**Abgrenzungsverordnung** – AbgrV) vom 12. 12. 1985,[219] die in § 16 Abs. 1 KHG ihre Ermächtigungsgrundlage hat. In § 2 AbgrV sind die erwähnten Begriffsbestimmungen der Anlage- und Verbrauchsgüter definiert. Darüber hinaus wird noch für die Medizinprodukte, die eine Nutzungsdauer von unter drei Jahren haben, der Begriff **Gebrauchsgüter** eingeführt. § 3 der AbgrV unterscheidet schließlich in **pflegesatzfähige** und **nicht-pflegesatzfähige Kosten**. Das Nähere ergibt sich aus Abbildung 6.

Anlagegüter:
ND > 3 Jahre
	> 409 €:
	– Afa über Nutzungs-
	  dauer,
	– Finanzierung über
	  Fördermittel,
	– Wiederbeschaffung
	  über Fördermittel.
		Bis 409 € (GWG):
		– vollständige Afa im
		  Zugangsjahr,
		– Finanzierung über
		  Fördermittel,
		– Wiederbeschaffung
		  über Fördermittel.
			Bis 51 € (netto): Ver-
			brauchsgüter:
			– wie Verbräuche zu
			  behandeln, Aufwand
			  nach Kostenart,
			– keine Afa,
			– Finanzierung über
			  Fördermittel,
			– Wiederbeschaffung
			  über Budget/PS.

Gebrauchsgüter:
ND bis 3 Jahre
	> 409 €:
	– Afa über Nutzungs-
	  dauer; max. 3 Jahre,
	– Finanzierung über
	  Fördermittel,
	– Wiederbeschaffung
	  über Budget/PS.
		Bis 409 €:
		– vollständige Afa im
		  Zugangsjahr,
		– Finanzierung über
		  Fördermittel,
		– Wiederbeschaffung
		  über Budget/PS.
			Bis 51 €: Verbrauchs-
			güter:
			– wie Verbräuche zu
			  behandeln,
			– keine Afa,
			– Finanzierung über
			  Fördermittel,
			– Wiederbeschaffung
			  über Budget/PS.

Verbrauchsgüter:
§ 2 Nr. 2a KHG
	– Wertgrenze An-
	  schaffung keine,
	– Finanzierung über
	  Budget/PS,
	– Wiederbeschaffung
	  über Budget/PS.		

Abb. 6: Medizinprodukte in der stationären Versorgung

206   Für **Anlagegüter** kommt darüber hinaus eine jährliche, pauschale Landesförderung gem. § 23 Abs. 1 Nr. 2 KHG in Betracht. Weiterhin ergeben sich aus der Krankenhausbetriebsverordnung eine Reihe von Kontierungen in der Kontenklasse 6, in der Hilfsmittel, Instrumente, Implantate, usw. kontiert werden.

207   Was die Verordnung von Hilfsmitteln durch Krankenhausärzte angeht, ist zunächst festzuhalten, dass dies im stationären Bereich nicht vorkommt. Für die ambulante Behandlung und damit auch für die Verordnung von Medizinprodukten durch Krankenhausärzte bestimmt § 116 SGB V, dass hierfür eine sog. **Ermächtigung** erforderlich ist. Unter Ermächtigung ist eine abgeschwächte Form der Kassenärztlichen Zulassung zur ambulanten Versorgung zu verstehen.

---

[218] BGBl. I S. 1520.
[219] BGBl. I S. 2255.

§ 116 SGB V Ambulante Behandlung durch Krankenhausärzte

Krankenhausärzte mit abgeschlossener Weiterbildung können mit Zustimmung des Krankenhausträgers vom Zulassungsausschuss (§ 96) zur Teilnahme an der vertragsärztlichen Versorgung der Versicherten ermächtigt werden. Die Ermächtigung ist zu erteilen, soweit und solange eine ausreichende ärztliche Versorgung der Versicherten ohne die besonderen Untersuchungs- und Behandlungsmethoden oder Kenntnisse von hierfür geeigneten Krankenhausärzten nicht sichergestellt wird.

Hieran wird deutlich, dass grundsätzlich eine Ermächtigung **nur zur Deckung von Versorgungslücken** in Betracht kommt.[220] In der Realität ist jedoch zu beobachten, dass sich eine Reihe von ambulanten Versorgungsformen durch Krankenhausärzte etabliert hat. Bei der Verordnung von Medizinprodukten ist in diesem Zusammenhang jedoch wieder auf die zuvor dargelegten Besonderheiten der ambulanten Versorgung zu achten.

Im Hinblick auf den medizinischen Fortschritt bei Medizinprodukten im Krankenhaus- **208** bereich hat der Gesetzgeber mit der Gesundheitsreform 2000 durch § 137 c SGB V den neuen **Ausschuss Krankenhaus** eingeführt. Danach soll der Ausschuss Krankenhaus grundsätzlich alle neuen und bereits bestehenden Untersuchungs- und Behandlungsmethoden auf ihre Wirtschaftlichkeit prüfen. Antragsberechtigt für eine solche Prüfung sind die Spitzenverbände der Krankenkassen, die Deutsche Krankenhausgesellschaft oder ein Verband eines Krankenhausträgers. Damit wurde ein dem Bundesausschuss der Ärzte und Krankenkassen vergleichbares Instrument geschaffen. Die Abstimmung zwischen beiden Ausschüssen soll ein sog. **Koordinierungsausschuss** sicherstellen.[221] Von daher kann auf das oben Dargestellte verwiesen werden. Auch hier besteht die Gefahr, dass das Wirtschaftlichkeitsgebot als einziger Maßstab medizinischen Fortschritt zumindest dann verhindert, wenn Mehrkosten durch neue Medizinprodukte zu befürchten sind. Dies bedeutet, dass innerhalb der Kalkulierung von tagesgleichen Pflegesätzen die Gefahr besteht, dass erhöhte Sachkosten gleichzeitig dafür sorgen, dass der Personalaufwand reduziert werden muss.

Über einen längeren Zeitraum wurde im stationären Bereich die **Wiederverwertung 209 steriler Einmalartikel** diskutiert.[222] Bisher wurde lediglich für das erstmalige Inverkehrbringen sterilisierungsbedürftiger Medizinprodukte ein Konformitätsbewertungsverfahren gem. § 10 Abs. 3 Satz 1 MPG vorgeschrieben. Auch hier hat nunmehr das 2. MPG-ÄndG eine Klärung herbeigeführt. Es wurde dem 3. Absatz von § 10 MPG ein Satz 2 angefügt. In diesem wird nunmehr auch das „weitere Inverkehrbringen" erfasst. Kritisiert wird jedoch, dass diese Neuregelung lediglich die kommerzielle Aufbereitung von Medizinprodukten betreffe und die Aufbereitung durch Betreiber oder Anwender in eigener Verantwortung außer Acht lasse.[223] Hier wird zumeist das Know-how des Aufbereiters in Frage gestellt. Fraglich ist, wie sich diese Veränderung auf die Kostenerstattung auswirkt. Dass dieses Problem nicht nur Deutschland beschäftigt, beweist ein Blick auf die diesbezügliche Internetseite des Bundesverbandes Medizintechnologie e. V.[224] Jedenfalls scheidet eine **erneute Kostenerstattung** durch die Sozialversicherungsträger in den überaus meisten Fällen aus. Die Literatur hat sich mehr mit der Qualität und den Haftungsrisiken von wiederaufbereiteten Einmalprodukten beschäftigt.

2. Ausblick auf die DRGs

Bekanntlich wird in den nächsten Jahren das heute noch dualistische Finanzierungsprin- **210** zip im deutschen Krankenhauswesen auf ein **monistisches,** durchgängiges Fallpauschalensystem umgestellt werden. Der Zeitplan lässt zu, dass ab 2003 optional eine Vergütung nach dem **DRG Vergütungssystem** möglich ist. Die verpflichtende Abrechnung nach Fallpauschalen soll zum 1. 1. 2004 erfolgen. Hieran anschließen wird sich eine dreistufige

---

[220] KassKomm/*Hess*, § 116 SGB V, Rdnr. 1.
[221] Vgl. § 137 e SGB V.
[222] *Schorn*, KMA 1999, 5.
[223] *Gassner*, NJW 2002, 864.
[224] http://www.bvmed.de/reuse.htm.

Phase voraussichtlich bis zum Jahr 2007, in der neben der Abrechnung nach Fallpauschalen parallel Budgets bestehen bleiben werden. Es bleibt abzuwarten, ob ab 2007 nur noch Fallpauschalen abgerechnet werden.

211   Hintergrund für dieses weitgehend aus Australien übernommene Vergütungssystem ist das Ziel, dass die Vergütung im Krankenhaus sich nicht mehr an der Dauer des Aufenthalts, sondern an der tatsächlichen erbrachten Leistung orientieren soll. Man wird sehen, inwieweit der stetig voranschreitende medizinische Fortschritt in das neue Vergütungssystem Einzug finden wird. Man wird jedoch davon ausgehen müssen, dass bei der **äußerst komplexen Berechnungsmethode** der einzelnen Fallpauschale neue, teilweise kostenintensive Medizinprodukte nicht ohne weiteres Eingang finden mit der Folge, dass hier Hemmnisse zu befürchten sind (§ 6 KHG).

E. Pflicht zur wirtschaftlichen Leistungserbringung

I. Einführung

212   Als Problem des Sachleistungsprinzips wird das sog. **Moral-Hazard-Phänomen** genannt. Hierunter ist zu verstehen, dass der Versicherte, der mit seinem Krankenversicherungsbeitrag pauschal eine Volldeckung für Gesundheitsleistungen erwirbt, keinerlei Anreiz hat, die Inanspruchnahme von versicherten Leistungen zu vermeiden.[225] Dieses Strukturproblem der GKV findet ein gesetzliches Korrektiv im Wirtschaftlichkeitsgebot. Versicherte dürfen also nicht unbegrenzt Gesundheitsleistungen konsumieren, sondern unterliegen Restriktionen. Dies gilt in gleicher Weise für die Leistungserbringer, die ebenfalls Restriktionen bei der Bereitstellung von Gesundheitsleistungen unterliegen.

II. Wirtschaftlichkeitsprinzip als allgemeines Prinzip der GKV

213   Bei dem Wirtschaftlichkeitsgebot handelt es sich um ein zentrales Prinzip der GKV. Bereits im ersten Kapitel des Gesetzes stellt § 2 Abs. 1 Satz 1 SGB V klar, dass alle Leistungen nur „unter Beachtung des Wirtschaftlichkeitsgebotes" zur Verfügung gestellt werden dürfen. § 12 Abs. 1 SGB V unterwirft sowohl die Versicherten als auch die Leistungserbringer sowie die Krankenkassen diesem Gebot. Die Bedeutung des Wirtschaftlichkeitsprinzips wird auch noch in weiteren Vorschriften des SGB V betont (z. B. §§ 70 Abs. 1 Satz 2, 72 Abs. 2 SGB V). Nach dem Wirtschaftlichkeitsprinzip müssen alle Leistungen ausreichend, zweckmäßig sowie wirtschaftlich sein und dürfen das Maß des Notwendigen nicht überschreiten. Diese Einzelkriterien stehen in einem inneren Zusammenhang miteinander und sind teilweise redundant.[226] Deshalb ist eine trennscharfe Begriffsdefinition der im Gesetz genannten Tatbestandsmerkmale von geringem praktischen Nutzen. Daher soll nachfolgend nur auf den Begriff der „Zweckmäßigkeit" eingegangen werden, der in der Vergangenheit durch die Rechtsprechung zur Verordnung von Arzneimitteln eine deutliche Ausprägung erfahren hat.

III. Begriff der Zweckmäßigkeit

214   Leistungen sind zweckmäßig i. S. d. § 12 SGB V, wenn sie auf die in § 27 Abs. 1 Satz 1 SGB V genannten Ziele objektiv ausgerichtet und hinreichend wirksam sind.[227] Diese

---

[225] Vgl. *Adam/Henke*, Rdnr. 12.

[226] Vgl. *BSG*, Urt. v. 7. 12. 1966 – 6 RKa 6/64, NJW 1967, 1532, 1533; KassKomm/*Höfler*, § 12 SGB V, Rdnr. 6; *Maaßen/Schermer/Wiegand/Zipperer-Zipperer*, § 12 SGB V, Rdnr. 2a.

[227] Vgl. *BSG*, Urt. v. 22. 7. 1981 – 3 RK 50/79, *BSGE* 52, 70, 75 f; *Maaßen/Schermer/Wiegand/Zipperer-Zipperer*, § 12 SGB V, Rdnr. 3; KassKomm/*Höfler*, § 12 SGB V, Rdnr. 8.

allgemeine Definition führt kaum weiter, da keinerlei handhabbare Konturen vorgegeben werden. Daher muss sich die Auslegung dieses Begriffs an **allgemeinen Leistungsgrundsätzen** ausrichten.[228] Aus §§ 2 Abs. 1 Satz 3, 70 Abs. 1 Satz 1, 72 Abs. 2 Satz 1 SGB V folgt, dass eine Versorgung der Versicherten nach den Regeln der ärztlichen Kunst auf der Grundlage des allgemein anerkannten Stands der medizinischen Erkenntnisse zu erfolgen hat; ergänzend sieht § 2 Abs. 1 Satz 3 SGB V vor, dass auch der medizinische Fortschritt zu berücksichtigen ist; aus § 70 Abs. 2 SGB V folgt ferner, dass durch geeignete Maßnahmen auf eine humane Krankenbehandlung hinzuwirken ist. Für die Beurteilung der „Zweckmäßigkeit" kommt es daher entscheidend auf qualitative Gesichtspunkte, nämlich den Stand der medizinischen Erkenntnisse an.[229] Die Rechtsprechung hat im Laufe der Jahre einige Mindestkriterien entwickelt.

1. Verkehrsfähigkeit als Mindestvoraussetzung für die Verordnungsfähigkeit

Das BSG ist der Auffassung, dass die Verkehrsfähigkeit eines Arzneimittels Mindestvoraussetzung für die Erstattungsfähigkeit nach § 31 SGB V sei.[230] Fehlt es an einer arzneimittelrechtlichen Zulassung und darf daher das entsprechende Präparat im Sinne eines präventiven Verbots mit Erlaubnisvorbehalt nicht ohne Zulassung in den Verkehr gebracht werden (vgl. § 21 Abs. 1 AMG), so stellt ein Verstoß hiergegen eine **Straftat** nach § 96 Nr. 5 AMG dar. Bei dieser Rechtslage bedarf es keines Rückgriffs auf eine mögliche sozialversicherungsrechtliche Bindungswirkung der fehlenden Arzneimittelzulassung, da die Krankenkassen durch die Erstattungspraxis selbstverständlich keine Straftaten oder sonstige ethisch-moralisch verwerfliche Taten unterstützen dürfen.[231]   **215**

Diese Rechtsprechung ist analog auf Medizinprodukte zu übertragen, die keine CE-Kennzeichnung nach § 9 MPG tragen. Das Inverkehrbringen ohne entsprechende Kennzeichnung ist nach § 6 Abs. 1 Satz 1 MPG verboten. Ein Verstoß gegen § 6 Abs. 1 Satz 1 MPG stellt eine Straftat nach § 41 Nr. 2 MPG dar. Konsequenterweise dürfen daher Medizinprodukte, bei denen das Vorliegen der Grundlegenden Anforderungen nicht nach §§ 6 ff. MPG nachgewiesen worden ist, und die daher keine **CE-Kennzeichnung** tragen, nicht durch die GKV erstattet werden. Somit ist Mindestvoraussetzung für die Verordnungsfähigkeit eines Medizinprodukts im Rahmen der GKV die bestehende Verkehrsfähigkeit.   **216**

2. Bedeutung der zertifizierten Zweckbestimmung eines Medizinprodukts

Die Erfüllung der Grundlegenden Anforderungen muss nach § 6 Abs. 2 Satz 1 MPG im Hinblick auf eine **näher definierte Zweckbestimmung** erfolgen. Es stellt sich daher die Frage, ob der behandelnde Arzt Medizinprodukte auch außerhalb ihrer Zweckbestimmung einsetzen kann und dies auch zu Lasten der GKV.   **217**

Für den ärztlichen Bereich ist der Grundsatz der sog. **Therapiefreiheit** anerkannt. Die Wahl der Behandlungsmethode ist Sache des Arztes.[232] Vergleichbar ist die Rechtslage auch bei der Verordnung von Arzneimitteln. Das AMG steht dem **zulassungsüberschreitenden Einsatz von Arzneimitteln** genauso wenig entgegen, wie das Arzthaftungsrecht. Ähnlich bewertete das BSG ursprünglich auch die sozialversicherungsrechtliche Rechtslage. Da das Sozialversicherungsrecht eine andere Zweckrichtung als das AMG   **218**

---

[228] In diese Richtung auch KassKomm/*Höfler*, § 12 SGB V, Rdnr. 9.

[229] *Spellbrink,* Rdnr. 101.

[230] Vgl. *BSG,* Urt. v. 8. 3. 1995 – 1 RK 8/94, NZS 1995, 361, bestätigt durch *BVerfG* MedR 1997, 318.

[231] So *BSG,* Urt. v. 15. 4. 1997 – RK 25/95 zum Ankauf eines Organs für eine Transplantation im Ausland.

[232] *BGH* NJW 1992, 754, 755.

habe, folge bereits aus der Struktur beider Gesetze, dass zwischen der arzneimittelrechtlichen Zulassung und der Erstattungsfähigkeit kein zwingender logischer Bedingungszusammenhang bestünde.[233] Konsequenterweise haben es der 1. und der 6. Senat des BSG für zulässig gehalten, dass Arzneimittel auch außerhalb der zugelassenen Indikationen eingesetzt werden.[234] Von dieser Rechtsprechung ist zumindest der 1. Senat des BSG abgerückt und hat in einem – bisher nur als Pressemitteilung – vorliegenden Urteil gemeint, dass der zulassungsüberschreitende Einsatz von Arzneimitteln grundsätzlich unzulässig sei und nur in eng beschränkten Ausnahmefällen zur Behebung von Versorgungsengpässen akzeptiert werden könne.[235] Diese Rechtsprechung vermag aus einer Vielzahl von Gründen nicht zu überzeugen. Die Anbindung der Erstattungsfähigkeit innerhalb der GKV an die Erteilung einer arzneimittelrechtlichen Zulassung erscheint schon allein deshalb nicht sinnvoll, da es allein in der Hand der Industrie liegt, ob ein Zulassungsantrag gestellt wird oder nicht (vgl. § 21 Abs. 3 AMG). Das AMG ist als Verbot mit Erlaubnisvorbehalt konstruiert und nicht etwa als ein Gebotsgesetz, das die Erteilung von Zwangszulassungen möglich macht. Wäre also eine Verknüpfung von arzneimittelrechtlichen Zulassungen und dem Leistungsumfang der GKV richtig, so würde der Leistungsumfang der gesetzlich versicherten Patienten durch die Industrie bestimmt, obwohl diese jedoch zwangsläufig andere Interessen verfolgt als die solidarisch zusammengeschlossene Versichertengemeinschaft.

219   Auch der systematische Zusammenhang zu anderen Normen des SGB V lässt die zwingende Anbindung des Leistungsumfangs der GKV an den Zulassungsstatus eines Arzneimittels als falsch erscheinen. Die Bestimmungen der §§ 2, 70, 72 SGB V stellen allein auf den anerkannten Stand der medizinischen Erkenntnisse – und **nicht auf den Zulassungsstatus eines Arzneimittels** – ab. Der Erkenntnisstand kann aber unschwer den Zulassungsstatus überholen.[236]

220   Die Frage nach der Zulässigkeit eines zulassungsüberschreitenden Einsatzes von Arzneimitteln soll hier nicht weiter vertieft werden,[237] da sich die Rechtslage bei Medizinprodukten derzeit anders darstellt. Nach § 14 MPG dürfen Medizinprodukte nur nach Maßgabe der Rechtsverordnung nach § 37 Abs. 5 MPG angewendet werden. Gestützt auf diese Ermächtigung hat die Bundesregierung die Medizinprodukte-Betreiberverordnung (MPBetreibV) erlassen. Nach § 1 Abs. 2 MPBetreibV dürfen Medizinprodukte nur ihrer Zweckbestimmung entsprechend angewendet werden. Auch wenn der Verstoß gegen diese Norm keine Ordnungswidrigkeit i.S.d. § 13 MPBetreibV darstellt, ist dieses Anwendungsverbot für den GKV-Bereich verbindlich. Anders als im Arzneimittelbereich ist daher für den Bereich des Medizinprodukterechts keine Therapiefreiheit des Arztes anzuerkennen. Allerdings ist nicht zu verkennen, dass diese Beschränkung der ärztlichen Therapiefreiheit im Medizinprodukterecht **verfassungsrechtlich überaus bedenklich ist**. Die Kompetenz des Bundesgesetzgebers für das Medizinprodukterecht ergibt sich aus Art. 74 Abs. 1 Nr. 19 GG. Diese Kompetenz berechtigt den Gesetzgeber aber nicht zu einer Regelung der ärztlichen Berufsausübung, die ausschließlich den Bundesländern vorbehalten ist, so dass das Anwendungsverbot für Medizinprodukte außerhalb ihrer Zweckbestimmung nicht durch die Kompetenzzuweisungsnorm des GG gedeckt ist.[238] Wird also dieses Anwendungsverbot für Medizinprodukte verworfen oder aufgehoben, so ist dann auch die erstattungsrechtliche Situation vergleichbar mit der Rechtslage bei Arzneimitteln zu beurteilen.

---

[233] *BSG,* Urt. v. 21. 11. 1991 – 3 RK 18/90.

[234] *BSG,* Urt. v. 5. 7. 1995 – 1 RK 6/95, NZS 1996, 169 ff.; *BSG,* Urt. v. 20. 3. 1996 – 6 RKa 62/94, MedR 1997, 123 ff.

[235] *BSG,* Urt. v. 19. 3. 2002 – B 1 KR 37/00 R.

[236] Z.B. *OLG Köln,* Urt. v. 30. 5. 1990 – 27 U 169/87, PharmaR 1991, 80 – *Aciclovir.*

[237] Vgl. weiterführend *Kozianka/Millarg,* PharmaR 2001, 236.

[238] Vgl. zu einer ähnlichen Problematik bei der Frischzellenverordnung: *BVerfG* NJW 2000, 857.

3. Zurückweisung eines Zertifizierungsantrags

Im Hinblick auf Arzneimittel hat das BSG gemeint, dass es ebenfalls an einer Zweck- 221
mäßigkeit der Arzneimittelverordnung fehle, wenn das Präparat zwar verkehrsfähig sei, die
zuständige Arzneimittelzulassungsbehörde aber die beantragte arzneimittelrechtliche Zulassung – egal aus welchen Gründen – versagt habe.[239] Da das Zertifizierungsverfahren
jedoch kein staatliches Verfahren ist, ist zweifelhaft, ob diese Rechtsprechung auf Medizinprodukte analog übertragen werden kann. In der Realität kann dieses Problem wohl
nur dann zur Entstehung gelangen, wenn die Benannte Stelle entweder eine **Zertifizierung nicht verlängert oder diese zurücknehmen will.** Da dies jedoch nach derzeiti-
ger Rechtslage zugleich Einfluss auf die Verkehrsfähigkeit hat, erscheint die praktische
Relevanz dieser Rechtsfrage zum jetzigen Zeitpunkt als gering.

IV. Verordnung von Medizinprodukten im Rahmen von Forschungsvorhaben

Ein Teil des Nachweises der Erfüllung der Grundlegenden Anforderungen nach § 6 222
Abs. 2 Satz 1 MPG ist die **klinische Bewertung** nach § 19 MPG. Medizinprodukte,
die zur klinischen Prüfung dienen, benötigen keine CE-Kennzeichnung (vgl. § 6 Abs. 1
Satz 1 MPG), sondern dürfen nach § 12 Abs. 2 MPG unmittelbar an Prüfärzte abgegeben
werden.

Klinische Prüfungen werden aber nicht nur zur Vorbereitung eines Zertifizierungs- 223
verfahrens durchgeführt, sondern auch zur Klärung versorgungsrelevanter Fragen. Diese
Forschung mit zertifizierter Handelsware regelt das MPG nicht (vgl. § 23 MPG). Solche
versorgungsrelevanten Forschungsvorhaben werden häufig industrieunabhängig durchgeführt. Beispielsweise können zwei zertifizierte Filter für Dialysemaschinen im Rahmen
ihrer Zweckbestimmung gegeneinander geprüft werden, um herauszufinden, ob eines der
beiden Systeme für bestimmte Patientensubgruppen Vorteile aufweist. Ebenfalls können
z.B. über Herzschrittmacher Langzeitdaten gesammelt werden, die besseren Aufschluss
über die Ergebnisse der Langzeitbehandlung bieten. Ebenfalls können komplexe Behand-
lungsschemata (z.B. Kombination von Strahlentherapie und Chemotherapie) in wechseln-
den Schemata geprüft werden, um im Rahmen der zertifizierten Zweckbestimmung die
bestehende Behandlung weiter zu optimieren. Allen diesen Beispielen ist eigentümlich,
dass im Rahmen der bestehenden Behandlungsstandards nach Möglichkeiten zur Opti-
mierung der Therapie gesucht wird. Deshalb werden solche Forschungsansätze häufig
mit dem – allerdings wenig trennscharfen – Begriff **„Therapieoptimierungsprüfung"**
belegt.[240] Mit Therapieoptimierungsprüfungen werden also insbesondere systematisch
Behandlungsdaten gesammelt, dokumentiert und ausgewertet und diese sowohl zur Überprüfung des bisherigen Standards als auch zur Fortentwicklung bereits bestehender Be-
handlungsstrategien eingesetzt. Da sich Therapieoptimierungsprüfungen in dem hier dargestellten Sinne im Bereich der anerkannten Behandlungsstandards bewegen und im
Rahmen der normalen Patientenversorgung stattfinden, handelt es sich dabei – anders als
Zulassungsprüfungen – um Maßnahmen der Krankenbehandlung i.S.d. § 27 SGB V. Das
Forschungsinteresse wird daher auf die normale Patientenversorgung nur gleichsam
„aufgesattelt". Dennoch wird im Arzneimittelbereich von einigen Krankenkassen die
Erstattungsfähigkeit der in einer Therapieoptimierungsprüfung evaluierten Arzneimittel
generell verneint und dies pauschal damit begründet, dass Forschung nicht Sache der GKV
sei. Diese These vermag jedoch nicht zu überzeugen.

---

[239] *BSG*, Urt. v. 8. 3. 1995 – 1 RK 8/94, NZS 1995, 361.
[240] Vgl. zu Therapieoptimierungsprüfungen z.B. *Glaeske*, S. 16 ff.

224   Man sucht vergebens nach einer ausdrücklichen Bestimmung im SGB V, die das **Verhältnis von Forschung und Leistungsrecht** für die ambulante Versorgung regelt. Lediglich lässt sich aus § 27 SGB V herleiten, dass reine Forschungsvorhaben (z. B. Forschung an gesunden Probanden) keine GKV-Leistung sein können, denn diese zielen gerade nicht auf die Behandlung einer Krankheit ab. Es fehlt dann also an einem Versicherungsfall i. S. d. § 27 SGB V. Steht aber – wie es für Therapieoptimierungsprüfungen prägend ist – die Behandlung der Patienten im Vordergrund, so kann § 27 SGB V einer Verordnung des betreffenden Medizinprodukts nicht entgegenstehen. Für diesen Bereich trifft also das SGB V keine ausdrückliche Aussage zur Erstattungsfähigkeit von Leistungen im Rahmen von Forschungsvorhaben. Anders ist die Rechtslage im stationären Bereich. Nach § 17 Abs. 3 Nr. 2 KHG sind auch forschungsbedingte Kosten **pflegesatzfähig**, soweit diese nicht über die Kosten für den normalen Krankenhausbetrieb hinausgehen. Diese Vereinbarkeit von Leistung und Forschung im stationären Bereich bestätigt § 137 c SGB V. In der Begründung des Gesetzentwurfs heißt es dazu ergänzend:[241]

> Der Ausschuss [gemeint ist der Bundesausschuss Krankenhaus, d. Verf.] hat bei seiner Entscheidung dafür Sorge zu tragen, dass der medizinische Fortschritt in den Krankenhäusern nicht behindert wird. Insbesondere bei Untersuchungs- und Behandlungsmethoden, die im Rahmen klinischer Studien oder multizentrischer Studien unter Verantwortung von Hochschulkliniken angewandt werden, bleibt es dabei, dass die Krankenkassen die notwendige stationäre Versorgung und der in die Studien einbezogenen Patienten mit den Krankenhausentgelten vergüten.

Diese Linie hat der Gesetzgeber auch im Fallpauschalengesetz beibehalten.

225   Der stationäre Bereich ist daher dadurch geprägt, dass die Krankenkassen auch im Bereich der klinischen Forschung die Kosten zu tragen haben, die ohnehin – also bei der Anwendung der „regulären" Therapie – entstanden wären. Die GKV wird also nur von dem **forschungsbedingten Mehrkosten** entlastet. Dies erscheint auch mit dem Wirtschaftlichkeitsgebot vereinbar, da die GKV durch diese Regelung bei der Durchführung von Forschungsvorhaben nicht mit dem Risiko von Mehrkosten belastet wird. Man mag einwenden, dass die GKV dennoch mit Mehrkosten belastet wird, da bei der Anwendung neuer Behandlungsmethoden neue Risiken auftreten können, die ihrerseits Mehrkosten bedingen, die bei der Anwendung der regulären Therapie nicht entstanden wären. Empirisch belegt erscheint diese These hingegen nicht, zumal auch umgekehrt die Chance besteht, dass der Patient eine bessere Behandlung als bei der regulären Therapie erfährt und dadurch der GKV Kosten erspart werden. Darüber hinaus liegen medizinische Erkenntnisse vor, nach denen Patienten, die in klinische Studien eingeschlossen sind, besser behandelt werden als der „Normalpatient".[242] Dies liegt daran, dass die Studienpatienten besser untersucht und engmaschiger überwacht werden. Ferner ist Bestandteil jeder GCP-konformen Studie die Einrichtung und Aufrechterhaltung eines Qualitätssicherungssystems, das auch überwacht wird.[243] Dadurch wird sichergestellt, dass der Patient in jeder Phase der Prüfung zeitgerecht die notwendige Behandlung erhält. Die Vorschriften zum stationären Bereich zeigen also, dass sich Forschungs- und Versorgungsgesichtspunkte nicht unversöhnlich gegenüberstehen.

226   Es liegt nahe, die im stationären Bereich geltenden Rechtslage zur Finanzierung von Forschungskosten auch auf den ambulanten Sektor zu übertragen. Teilweise wird dieser Möglichkeit die gesetzliche Begründung zu § 2 SGB V entgegengehalten. Richtig daran ist, dass sich darin in der Tat die plakative Aussage findet, dass Forschung nicht Sache der GKV sei. Diese Aussage steht aber im Zusammenhang zu der vorhergehenden Bemerkung, dass der Patient in der GKV keinen Anspruch auf noch nicht erprobte Behandlungsverfahren hat. Ersichtlich ist daher nur die Forschung zu Lasten der GKV ausge-

---

[241] BT-Drs. 14/1245, S. 90.

[242] Vgl. *Boos,* S. 39 ff.

[243] Z. B. Art. 1 der Richtlinie 2001/20/EG v. 4. 4. 2001 – GCP-Richtlinie; Nr. 5.1.1 der GCP-Leitlinie CPMP/ICH/135/95.

schlossen, die notwendig ist, um das entsprechende Verfahren erst soweit zu erproben, dass es zugelassen werden kann. Die GKV soll also die Produktentwicklung nicht finanzieren. Nicht ausgeschlossen ist aber nach der Gesetzesbegründung zu § 2 SGB V, dass Forschung mit erprobten Therapien durchgeführt wird. Auch aus dem Fallpauschalengesetz folgt nichts anderes. § 120 Abs. 2 Satz 4 SGB V in der Fassung des **Fallpauschalengesetzes** vom 23. 4. 2002 hat folgende Fassung erhalten:

> Bei der Vergütung der Polikliniken soll eine Abstimmung mit der Vergütung für vor- und nachstationäre Leistungen (§ 115 a) erfolgen und mindernd berücksichtigt werden, dass die Leistungserbringung im Rahmen von Forschung und Lehre erfolgt.

Nach der Begründung zum Gesetzentwurf wird für die Polikliniken der Hochschulen **227** vergütungsmindernd berücksichtigt, dass die ihnen erteilte Ermächtigung aus Gründen der Forschung und Lehre erteilt wird. Dennoch wird – anders als nach altem Recht – die Vergütung nicht zwingend um 20% gemindert, sondern den Vertragspartnern wird die Möglichkeit eingeräumt, diesen Abschlag flexibel auszugestalten.[244] Auch aus dieser Regelung in Verbindung mit der Begründung zum Gesetzesentwurf lässt sich nicht entnehmen, dass begleitende Forschungsinteressen die im Rahmen der standardgemäßen Patientenversorgung erfolgen, die Maßnahmen außerhalb der GKV stellen. Vielmehr sind diese Ausführungen unschwer mit dem Postulat in Einklang zu bringen, dass lediglich der forschungsbedingte Mehraufwand nicht zu Lasten der GKV gehen darf. Dafür spricht insbesondere, dass der Gesetzgeber den früheren Pauschalabschlag von 20% durch eine **flexible Gestaltungsmöglichkeit der Vertragsparteien** abgelöst hat. Auch der Wortlaut der §§ 2, 70, 72 SGB V stützt die These der Unvereinbarkeit von Forschung und Versorgung nicht, denn diese Vorschriften fordern als Generalklauseln des Leistungsrechts nur, dass alle Leistungen dem allgemein anerkannten Stand der medizinischen Erkenntnisse entsprechen müssen. Dies ist bei den Therapieoptimierungsprüfungen in dem hier dargestellten Sinne gewährleistet. Demzufolge stehen weder der Wortlaut noch die Systematik des SGB V der **Finanzierung der Versorgungsforschung** in Höhe des Versorgungsanteils entgegen.[245] Dass Forschungsaspekte dem ambulanten Bereich nicht fremd sind, zeigt auch exemplarisch § 65 SGB V, der für Modellvorhaben zwingend vorschreibt, dass diese wissenschaftlich evaluiert werden müssen (nicht Gegenstand von Modellvorhaben kann allerdings die Arzneimittelforschung sein).

Derzeit wird in der Politik ein **Gesetz zur Datentransparenz in der GKV** disku- **228** tiert.[246] Mit diesem Gesetzesvorhaben soll die Transparenz der Leistungs- und Abrechnungsdaten in der GKV erheblich verbessert werden, um dadurch insbesondere:

– politische Entscheidungsprozesse zur Weiterentwicklung der GKV zu unterstützen,
– das Versorgungsgeschehen zu analysieren, um Fehlentwicklungen und Ansatzpunkte für Korrekturen zu erkennen,
– die Qualität der Versorgung zu verbessern und eine eigene Versorgungsforschung zu etablieren,
– Leistungsressourcen zu planen und
– Behandlungsabläufe insbesondere bei chronisch Kranken zu analysieren.

Nach diesen Eckpunkten dient das Datentransparenzgesetz also insbesondere auch der Versorgungsforschung. Auch an diesem Vorhaben zeigt sich exemplarisch, dass Forschungsinteressen und Versorgung miteinander vereinbar sind.

Dies bestätigt auch ein genauerer Blick auf den Bereich der Arzneimittelforschung. Diese **229** vollzieht sich nicht nur im Rahmen von klinischen Prüfungen nach §§ 40 ff. AMG, sondern auch im Rahmen von sog. Anwendungsbeobachtungen i. S. d. § 67 Abs. 6 AMG. **Anwendungsbeobachtungen** zeichnen sich dadurch aus, dass die weitgehend unbeeinflusste

---

[244] Vgl. BT-Drs. 14/6893, S. 30.
[245] So auch *Burgardt/Heidelmann,* Forum DKG 2002, 32.
[246] Z. B. die Eckpunkte des BMG zum Vorhaben Datentransparenz in der GKV, Der Gelbe Dienst, Nr. 9/2002 v. 10. 5. 2002, S. 13.

Therapie des Arztes beobachtet wird, also insbesondere dem Arzt in der Regel keine verbindlichen Behandlungsvorgaben gemacht werden.[247] Anwendungsbeobachtungen und klinische Prüfungen unterscheiden sich im Hinblick auf die methodischen Anforderungen und die Erkenntnismittel nicht zwangsläufig voneinander.[248] Bei einer Forschung nach der Zulassung liegen die Unterschiede darin, dass nur im Rahmen einer klinischen Studie verbindliche Behandlungsvorgaben gemacht werden können, die für die Patienten mit – wenn auch kleinen – Zusatzrisiken verbunden sein können.[249] Obwohl es sich also bei Anwendungsbeobachtungen um Maßnahmen der Arzneimittelforschung handelt, ist die Verordnungsfähigkeit von Arzneimitteln, die im Rahmen dieser Forschungsprojekte evaluiert werden, unstreitig. Die Anwendungsbeobachtung ist daher ein gutes Beispiel dafür, dass die Versorgungsforschung mit den Zwecken in der GKV vereinbar ist.

230   Bei genauer Analyse der Sach- und Rechtslage findet daher die These, dass Forschung und GKV unvereinbar seien, **keine Grundlage** im SGB V.[250] Der Umstand allein, dass Produkte in Forschungsvorhaben eingesetzt werden, steht daher einer Verordnungsfähigkeit nicht zwangsläufig entgegen. Vielmehr kommt es darauf an, dass die Verordnung den allgemeinen leistungsrechtlichen Grundsätzen genügt, diese also insbesondere dem allgemein anerkannten Stand der medizinischen Erkenntnisse entspricht und ferner das Wirtschaftlichkeitsprinzip wahrt. Ein forschungsbedingter Mehraufwand kann daher nicht zu Lasten der GKV gehen (z.B. eine rein forschungsbedingte Kontrolluntersuchung oder Dokumentationskosten).

V. Überprüfung der Wirtschaftlichkeit der Verordnungsweise der Vertragsärzte

231   Nachfolgend soll allein die Prüfung der Wirtschaftlichkeit der verordneten Leistungen der Vertragsärzte interessieren. Diese dient der Wahrung und der **Durchsetzung des Wirtschaftlichkeitsgebots.** Das an den Vertragsarzt gerichtete Gebot, wirtschaftlich zu verordnen, wäre „zahnlos", wenn die Nichteinhaltung sanktionslos bliebe.

1. Einführung

232   Die Pflicht des Arztes, bei seiner Verordnungsweise das Wirtschaftlichkeitsprinzip zu beachten, greift in seine ärztliche Therapiefreiheit und mithin in seine verfassungsrechtlich geschützte Berufsfreiheit (Art. 12 Abs. 1 GG) ein. Da diese Beschränkung weder einer objektiven noch einer subjektiven Zulassungsvoraussetzung für den Arztberuf gleichkommt, handelt es sich dabei allerdings lediglich um eine **Regelung der Berufsausübung,** die bereits dann zulässig ist, wenn vernünftige Erwägungen des Gemeinwohls sie rechtfertigen. Da die Finanzierbarkeit der GKV ein überragendes Gemeingut darstellt[251] und die Bindung des Vertragsarztes an das Wirtschaftlichkeitsgebot dazu geeignet ist, der Knappheit der Ressourcen Rechnung zu tragen, erscheinen verfassungsrechtliche Bedenken gegen das Wirtschaftlichkeitsprinzip nicht gerechtfertigt.

233   Nach § 106 Abs. 1 SGB V ist die Wirtschaftlichkeitsprüfung eine Aufgabe der gemeinsamen Selbstverwaltung, also der Krankenkassen und der Kassenärztlichen Vereinigungen. Bei der Wirtschaftlichkeitsprüfung handelt es sich um ein Verwaltungsverfahren, so dass grundsätzlich die Regeln des SGB X Anwendung finden.[252] Weitere Einzelheiten ergeben sich aus den nach § 106 Abs. 3 SGB V geschlossenen Prüfvereinbarungen, die nähere verfahrensaus-

---

[247] Vgl. *Sträter,* S. 9 ff.
[248] Vgl. Bekanntmachung des BfArM zur Anwendungsbeobachtung vom 12. 11. 1998 (BAnz. v. 4. 12. 1998, S. 16 884).
[249] Vgl. zu dieser Abgrenzung *Sträter,* S. 9, 12 f.
[250] Dazu vertiefend *Burgardt/Heidelmann,* Forum DKG 2002, 32.
[251] Z.B. *BVerfG,* Beschl. v. 31. 3. 1998 – 1 BvR 2167/93 u.a., MedR 1998, 323, 325.
[252] *Spellbrink,* Rdnr. 247 m.w.N.

gestaltende Regelungen enthalten. Daraus ergibt sich insbesondere, dass vor der Verhängung von Verordnungsregressen die **Anhörung** des betroffenen Arztes erforderlich ist, d. h., dass ihm alle erheblichen Tatsachen mitgeteilt werden müssen und ihm eine angemessene Frist zur Stellungnahme eingeräumt wird.[253] Ebenfalls sind Bescheide der Wirtschaftlichkeitsprüfungsgremien nach § 35 SGB X zu begründen. Die **Begründungspflicht** ist als Kehrseite der eingeräumten Beurteilungsspielräume zu verstehen, so dass sie im Prinzip alle maßgeblichen Erwägungen enthalten muss, die maßgeblich für die Ausübung des Beurteilungsermessens waren. Deshalb muss der Bescheid, sofern es nicht schon auf der Hand liegt, wie das Prüfgremium zu dieser oder jener Annahme gekommen ist, im Sinne eines komplementären Elements zu den eingeräumten Entscheidungsspielräumen Ausführungen enthalten, um so eine effektive gerichtliche Kontrolle der öffentlichen Gewalt zu ermöglichen.[254] Ferner sind die Prüfgremien auf Grund des Untersuchungsgrundsatzes nach § 20 SGB X verpflichtet, den Sachverhalt von Amts wegen aufzuklären und alle für den Einzelfall bedeutsamen Umstände zu berücksichtigen. Dazu gehört in starkem Maße die Würdigung von Praxisbesonderheiten, welche z. B. aus den bei der Abrechnungsstelle der jeweiligen KV verfügbaren Unterlagen erschlossen werden können.[255]

2. Prüfmethoden

Es gilt die Vermutung, dass der Vertragsarzt wirtschaftlich verordnet.[256] Demzufolge **234** muss dem Arzt im Rahmen der Wirtschaftlichkeitsprüfung eine etwaige **Unwirtschaftlichkeit nachgewiesen** werden. Dabei befindet sich die GKV in der Pflicht, eine praktikable und einigermaßen aussagesichere Prüfmethode zu finden. Eine – nicht abschließende – Aufzählung von Prüfmethoden ist Abbildung 7 zu entnehmen.

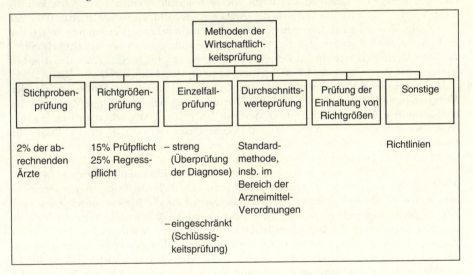

Abb. 7: Methoden der Wirtschaftlichkeitsprüfung

Primär sind die im § 106 Abs. 2 Satz 1 SGB V genannten **Prüfmethoden** als die Me- **235** thoden der Wahl anzusehen. Sind diese jedoch nicht geeignet, so sind die Prüfgremien in der Auswahl der Prüfmethoden weitgehend frei, so dass sie die Methoden entsprechend

---

[253] *Spellbrink,* Rdnr. 279, 283, 284.
[254] *LSG Baden-Württemberg,* MedR 1997, 191, 192; MedR 1997, 288, 289; *Clemens,* Rdnr. 46.
[255] Vgl. *BSG,* Urt. v. 6. 9. 2000 – B 6 KA 46/99 R, NZS 2001, 332.
[256] *Spellbrink,* Rdnr. 638, 611 ff.

den sachlichen Erfordernissen im Einzelfall festlegen können.[257] Die Richtgrößenprüfung findet allerdings nur für Arzneimittel-, Verband- und Heilmittel statt, nicht aber für Hilfsmittel (vgl. § 106 Abs. 2 Satz 1 Nr. 1 i.V.m. mit § 84 Abs. 6 SGB V). Die Darstellung der Methoden in Abb. 7 ist daher keineswegs abschließend.

236   Die genaueste Form der Wirtschaftlichkeitsprüfung ist die **strenge Einzelfallprüfung,** bei der der Prüfungsausschuss die für die Beurteilung der Wirtschaftlichkeit notwendigen Tatsachen möglichst direkt und unmittelbar feststellen muss, so dass zunächst die konkrete Gesundheitssituation des Patienten aufgeklärt werden muss, um darauf basierend die Wirtschaftlichkeit der durchgeführten Therapie zu beurteilen.[258] Der Ausschuss überprüft dann also – soweit dies möglich ist – die von dem geprüften Vertragsarzt gestellte Diagnose. Es liegt auf der Hand, dass dieses ein überaus langwieriges Verfahren ist, das praktisch nicht durchgeführt wird.

237   Vielmehr ist die Standardmethode der Wirtschaftlichkeitsprüfung die **Durchschnittswerteprüfung** (vgl. § 106 Abs. 2 Satz 1 Nr. 1 SGB V). Ausgangspunkt dieser Prüfmethode ist ein statistischer Vergleich des Fallwerts des geprüften Arztes mit dem durchschnittlichen Fallwert seiner Vergleichsgruppe. Vergleichsgruppe ist üblicherweise die Fachgruppe nach dem Weiterbildungsrecht, so dass z.B. der Urologe nur mit den anderen Fachärzten für Urologie usw. verglichen wird. Dabei werden die durchschnittlichen Verordnungskosten des geprüften Arztes pro Behandlungsfall mit den Durchschnittskosten seiner Vergleichsgruppe verglichen. Dieser Vergleich ist aussagekräftig, wenn der Arzt und seine Vergleichsgruppe eine einigermaßen homogene Gruppe bilden und daher die wesentlichen Leistungsbedingungen identisch sind. Trifft diese These zu, dann erscheint es in der Tat erklärungsbedürftig, wenn der geprüfte Arzt – trotz im Wesentlichen gleicher Leistungsbedingungen – durchschnittlich pro Behandlungsfall deutlich mehr verordnet als seine Vergleichsgruppe. Im Bereich der Arzneimittelverordnungsweise ist das BSG der Auffassung, dass bei einer Überschreitung der durchschnittlichen Verordnungskosten der Fachgruppe pro Behandlungsfall um 40–50% der geprüfte Arzt als unwirtschaftlich gilt.[259] Ist dieser Grenzwert erreicht, so kehrt sich die Beweislast um, so dass dann der Arzt beweisen muss, dass er trotz der Überschreitung nicht unwirtschaftlich verordnet hat.

238   Diese statistische Vergleichsmethode löst Unbehagen aus, da die **Homogenität der Vergleichsgruppe,** die die (ungeprüfte) Voraussetzung des statistischen Vergleichs ist, häufig zweifelhaft ist und der geprüfte Arzt nur bescheidene Möglichkeiten hat, die Homogenität der Vergleichsgruppe zu widerlegen. Dennoch hat sich in der Praxis die Durchschnittswerteprüfung trotz vieler Bedenken durchgesetzt. Die Rechtsprechung hat zwischenzeitlich zu vielen Einzelfragen Stellung genommen.[260]

239   Als weitere Prüfmethode ist die sog. **eingeschränkte Einzelfallprüfung** zu nennen. Anders als bei der strengen Einzelfallprüfung muss hier nicht das Prüfgremium eigenverantwortlich die Diagnosestellung überprüfen, sondern kann die Indikationsstellung des geprüften Arztes zugrunde legen und daran anknüpfend die Wirtschaftlichkeit der Verordnungsweise prüfen.[261] Es handelt sich dabei also um eine Schlüssigkeitsprüfung unter Zugrundelegung der durch den Arzt festgestellten Diagnose. Um den Prüfaufwand zu verringern, kann die eingeschränkte Einzelfallprüfung mit repräsentativer Hochrechnung durchgeführt werden. Dabei wird nur ein geringer Teil der Behandlungsfälle des Arztes (in der Regel ca. 20%) im Sinne einer eingeschränkten Einzelfallprüfung geprüft; ergeben sich dann Beanstandungen, so können diese nach bestimmten Kriterien auf das Gesamtpatientengut hochgerechnet und dadurch die Gesamtunwirtschaftlichkeit errechnet werden.[262]

---

[257] Vgl. *BSG*, Urt. v. 6: 9. 2000 – B 6 KA 46/99 R, NZS 2001, 332.

[258] Zu den Anforderungen an die strenge Einzelfallprüfung vgl. *Spellbrink*, Rdnr. 756 ff m.w.N.

[259] *BSG*, Urt. v. 6. 9. 2000 – B 6 KA 24/99 R, ArztR 2001, 137.

[260] Insgesamt zur Durchschnittswerteprüfung vgl. *Spellbrink*, Rdnr. 435 ff.

[261] Vgl. *BSG*, Urt. v. 8. 4. 1992 – 6 RKa 27/90, NJW 1993, 1549, 1550 f.

[262] Vgl. *BSG*, Urt. v. 8. 4. 1992 – 6 RKa 27/90, NJW 1993, 1549, 1551; *Spellbrink*, Rdnr. 765 ff.

3. Besonderheiten der Wirtschaftlichkeitsprüfung bei der Verordnung von Hilfsmitteln

Im Rahmen der Prüfung der Wirtschaftlichkeit der Verordnung von Hilfsmitteln **240** spielt wiederum das Rechtskonkretisierungsmodell des BSG eine große Rolle. (hierzu Rdnr. 45 ff.). Verordnet der Arzt das Hilfsmittel entsprechend den Hilfsmittelrichtlinien nur nach der Produktgruppenart, so trägt die Wirtschaftlichkeitsverantwortung für die Auswahl des konkreten Einzelprodukts der **Fachhandel.** Dann trägt der Arzt aber weiterhin die Wirtschaftlichkeitsverantwortung dafür, dass er überhaupt ein Hilfsmittel aus dieser entsprechenden Produktgruppe verordnet hat.

Genehmigt die Krankenkasse nach § 30 Abs. 8 BMV-Ä die Verordnung, stellt sich die **241** Frage, ob diese Genehmigung eine etwaige Unwirtschaftlichkeit rechtfertigt ist. Diese Frage ist zu verneinen, denn nach § 106 Abs. 1 SGB V ist die Wirtschaftlichkeitsprüfung gemeinsame Aufgabe der Selbstverwaltung. Daher können die Krankenkassen nicht einseitig unwirtschaftliches Verhalten durch ihre Genehmigungspraxis rechtfertigen. Nach § 12 SGB V sind vielmehr **alle Beteiligten** der GKV – also Leistungserbringer, Krankenkasse und Versicherte – an das Wirtschaftlichkeitsprinzip gebunden. Für keinen der Beteiligten ist dieses Leistungsprinzip somit disponibel.[263]

4. Sprechstundenbedarf in der Wirtschaftlichkeitsprüfung

Auf Grund des Sachleistungsprinzips ist der Vertragsarzt verpflichtet, den Behandlungs- **242** anspruch zu erfüllen, den der konkrete Versicherte gegen seine Krankenkasse hat. Deshalb hat der Vertragsarzt die Behandlung „auf Kosten" der zuständigen Krankenkasse durchzuführen. Dies geschieht im Sachleistungssystem in der Weise, dass bei den verordneten Leistungen auf dem Rezept die zuständige Krankenkasse vermerkt wird, so dass die durch die Ausführung der Verordnung entstandenen Kosten auch nur dieser Krankenkasse in Rechnung gestellt werden können. In der Praxis besteht aber ein gewisses Bedürfnis dafür, bestimmte Produkte für die Gesamtheit der Patienten der jeweiligen Praxis – also ohne jeden konkreten Patientenbezug – zu erwerben, entweder weil die entsprechenden Gegenstände als Sofortmaßnahmen (z.B. Schmerzmittel oder Infusionsbestecke) zur Verfügung stehen müssen oder der Bezug von großen Mengen wesentlich preiswerter ist als der Bezug von Kleinpackungen (so z.B. bei Verbandmitteln). In bestimmtem Umfang wird daher den Vertragsärzten gestattet, bestimmte Produkte als Sprechstundenbedarf pauschal für den Bedarf seiner Praxis auf Kosten der Krankenkassen zu beziehen. Üblicherweise wird der Sprechstundenbedarf für den Primärkassenbereich pauschal über die AOK und der Sprechstundenbedarf für den Ersatzkassenbereich über die BEK abgerechnet. Diese verteilen sodann die Gesamtkosten, die durch den Sprechstundenbedarfsbezug entstehen, nach einem vorher festgelegten Pauschalschlüssel auf die ihrer Kassenart angehörenden Krankenkassen. Zu den typischen Sprechstundenbedarfsartikeln zählen auch einige Medizinprodukte (z.B. Infusionsbestecke). Die Einzelheiten ergeben sich aus den zwischen den Krankenkassen bzw. Krankenkassenverbänden und den Kassenärztlichen Vereinigungen abgeschlossenen **Sprechstundenbedarfsverordnungen,** die in der Regel als Teil der Gesamtverträge vereinbart werden.

Auch der Sprechstundenbedarf wird der Wirtschaftlichkeitsprüfung unterzogen. Dabei **243** finden die oben dargestellten Prüfmethoden Anwendung. Ein Vertragsarzt kann beispielsweise Überschreitungen beim Sprechstundenbedarf aufweisen, da er bestimmte Verordnungen – anders als seine Fachgruppe – nicht als Einzelverordnungen vornimmt, sondern die benötigten Produkte pauschal im Wege des Sprechstundenbedarfs beschafft. In einem älteren Urteil hat das BSG darauf hingewiesen, dass der Sprechstundenbedarf gegenüber den Einzelverordnungen Besonderheiten aufweise. Sprechstundenbedarf und Einzelver-

---

[263] Vgl. z.B. *BSG,* Urt. v. 6. 9. 2000 – B 6 KA 46/99 R, NZS 2001, 332.

ordnungen seien nicht beliebig austauschbar; insbesondere sei es dem Arzt nicht gestattet, unbegrenzt statt Einzelverordnungen mit Sprechstundenbedarf zu arbeiten.[264] Diese Ausführungen ähneln dem aus dem Zivilrecht bekannten Begriff des **„normativen Schadens".**

244   Die Lehre vom normativen Schadensbegriff stellt eine Korrektur der schadensersatzrechtlichen Differenzhypothese dar und führt dazu, dass bestimmte Positionen, die den Schaden beim Verletzten vermindern, dennoch keine Berücksichtigung finden.[265] Beispielsweise wird zu Gunsten des Schädigers nicht berücksichtigt, dass der Verletzte während der durch den Schädiger verursachten Arbeitsunfähigkeit seinen Lohn auf Grund der Vorschriften des Entgeltfortzahlungsgesetzes weiter erhält. Die Gehaltfortzahlungspflicht des Arbeitgebers soll also nicht den Schädiger entlasten. Dies beruht auf dem allgemeinen Gedanken, dass eine Schadloslosstellung von anderer Stelle den Schädiger grundsätzlich nicht entlasten dürfe. Andererseits darf aber kein bloßer Schaden „nur im Rechtssinne" konstruiert werden, sondern dieser muss in der Schadenswirklichkeit wurzeln.[266] Da es sich beim Verordnungsregress der Sache nach um einem Schadensersatzanspruch handelt, kann daher nicht unberücksichtigt bleiben, in welcher Höhe bei den Krankenkassen, die die Verordnungskosten zu tragen haben, **tatsächlich ein Schaden entstanden ist.**[267] Daher muss dem Arzt der Nachweis ermöglicht werden, dass er den Mehraufwand im Bereich des Sprechstundenbedarfs durch Verzicht auf entsprechende Einzelverordnungen erspart hat.

245   Auch das BSG dürfte anerkennen, dass, jedenfalls im bestimmten Umfang, der Arzt den Nachweis führen kann, dass er durch einen Mehraufwand im Bereich des Sprechstundenbedarfs **entsprechende Einzelverordnungen erspart** hat. Die Darlegung kann im Einzelfall jedoch schwierig sein.

5. Verteidigungsvorbringen des Arztes bei der statistischen Wirtschaftlichkeitsprüfung

246   Wie oben ausgeführt, beruht die statistische Durchschnittswerteprüfung auf dem Vergleich des Fallwerts des geprüften Arztes mit dem durchschnittlichen Fallwert seiner Vergleichsgruppe. Daraus folgt zugleich, dass Umstände bei dem geprüften Arzt, die für seine Vergleichsgruppe atypisch sind oder die jedenfalls bei ihm wesentlich häufiger auftreten und zu Kostensteigerungen führen, zu seinen Gunsten berücksichtigt werden müssen, da dann die Überschreitung nicht Ausdruck einer unwirtschaftlichen Verordnungsweise, sondern zwingende Folge der Besonderheiten seines Patientenguts sind.[268] Da Wesensmerkmal dieser sog. **Praxisbesonderheit** die Atypizität seiner Leistungsbedingungen ist, kann nicht ein bestimmter Umstand schematisch stets als Praxisbesonderheit qualifiziert werden, vielmehr bedarf es immer eines Vergleichs mit den Leistungsbedingungen der Fachgruppe.

247   Ebenfalls kann ein Arzt, der Überschreitungen im Verordnungsbereich aufweist, sog. **kompensatorische Einsparungen** vortragen. Der Arzt wendet also ein, dass die festgestellte Überschreitung ursächlich dafür sei, dass er in anderen Leistungsbereichen (z.B. im Bereich der ärztlichen Behandlung) Einsparungen realisiert habe.[269] Der Nachweis des Kausalzusammenhangs zwischen Mehraufwand in der einen Sparte und Einsparungen in einer anderen Sparte ist in der Praxis jedoch nur schwer zu führen. Die Darlegungs- und Beweislast liegt beim Arzt. Allerdings hat das Bundessozialgericht mittlerweile die Beweis-

---

[264] *BSG* SozR 2200 § 368 n Nr. 36.

[265] Vgl. *Palandt/Heinrichs,* Vorb. v. § 249 BGB, Rdnr. 13.

[266] So *Steffen,* NJW 1995, 2057, 2058 f.

[267] Dies hat das BSG auch in anderem Zusammenhang für den Arzneimittelregress anerkannt: vgl. *BSG,* Urt. v. 9. 1. 1997 – 6 RKa 5/96, MedR 1997, 558.

[268] *BSG,* Urt. v. 12. 10. 1994 – 6 RKa 6/9, MedR 1996, 138.

[269] *BSG,* Urt. v. 5. 11. 1997 – 6 RKa 1/97; *Spellbrink,* Rdnr. 686.

situation des Vertragsarztes wesentlich verbessert, da die Prüfgremien bereits vor der Durchführung des statistischen Vergleichs zu einer Berücksichtigung der Praxisbesonderheiten verpflichtet sind. Das BSG verlangt von den Prüfgremien eine „intellektuelle Prüfung". Danach müssen die Auswirkungen von Praxisbesonderheiten, die bekannt oder anhand von Behandlungsausweisen oder Angaben des Arztes erkennbar sind, vor dem statistischen Vergleich quantifiziert und abgezogen werden.[270] Hinsichtlich der Einzelheiten der Wirtschaftlichkeitsprüfung wird auf die weiterführende Literatur verwiesen.

F. Festbetragssystem

I. Festbetragssystem für Hilfsmittel

Die mit dem **Gesundheitsreformgesetz vom 20. 12. 1988**[271] eingeführte Festbe- **248** tragsregelung in § 36 SGB V für Hilfsmittel entspricht von ihrer Konzeption weitestgehend der zeitgleich eingeführten Festbetragsregelung für Arzneimittel in § 35 SGB V. Hinsichtlich der konkreten Ausgestaltung des Festbetragsverfahrens unterscheidet sich die Regelung jedoch von der im Arzneimittelbereich nicht unerheblich. Mit der Festbetragsregelung für Hilfsmittel bezweckte der Gesetzgeber eine Begrenzung der Ausgabenentwicklung in diesem Leistungsbereich, die insbesondere auf unzureichenden Möglichkeiten der Krankenkassen beruhte, die Mengenentwicklung der Heil- und Hilfsmittel in den einzelnen Teilbereichen zu beeinflussen.

Abweichend von § 35 SGB V werden die Festbeträge für Hilfsmittel nicht durch den **249** Bundesausschuss der Ärzte und Krankenkassen, sondern nach § 36 Abs. 1 SGB V durch die **Spitzenverbände der Krankenkassen** einheitlich und gemeinsam festgesetzt, wobei für das Abstimmungsverfahren § 213 Abs. 2 SGB V entsprechend anwendbar ist.[272] Die konkrete Festsetzung der Festbeträge erfolgt ebenfalls in Abweichung zu § 35 SGB V. Nach Absatz 2 in § 36 SGB V obliegt die Festsetzung der jeweiligen Festbeträge den **Landesverbänden der Krankenkassen,** um den unterschiedlichen Verhältnissen im Bundesgebiet Rechnung zu tragen. Nach der Gesetzesbegründung sollen bei der Festsetzung der Festbeträge Preisreserven ausgeschöpft werden. Eine bloße Übernahme etwa der geltenden Hörgeräte- und Brillenpreise würde dem Auftrag des Gesetzgebers nicht entsprechen. Für Sonderanfertigungen von Hilfsmitteln kommen Festbeträge nach der Gesetzesbegründung nicht in Betracht.[273]

II. Rechtliche Zulässigkeit der Einführung von Festbeträgen

Gegen das Verfahren der Festbetragsfestsetzung sind erhebliche **verfassungsrechtliche** **250** **Bedenken** geltend gemacht worden. Der 3. Senat des Bundessozialgerichts hat bereits mit Beschluss vom 14. 6. 1995[274] einen Rechtsstreit gegen die Festbetragsregelung für Arzneimittel ausgesetzt und dem Bundesverfassungsgericht zur Entscheidung über die Frage vorgelegt, ob die in § 35 SGB V den Spitzenverbänden der Krankenkassen eingeräumte Befugnis, für Arzneimittel Festbeträge festzusetzen, mit dem Grundgesetz vereinbar ist. Nach Auffassung des BSG verstößt die Ermächtigung zur Festsetzung der Festbeträge für

---

[270] So z.B. *BSG,* Urt. v. 18. 6. 1997 – 6 RKa 52/96, ArztR 1999, 45 ff.
[271] BGBl. I S. 2477.
[272] KassKomm/*Hess,* § 36 SGB V, Rdnr. 2.
[273] BT-Drs. 11/3480, S. 54.
[274] *BSG,* Beschl. v. 14. 6. 1995 – 3 RK 20/94.

Arzneimittel in § 35 SGB V gegen die nach dem Grundgesetz für die Normsetzung geltenden Prinzipien der Rechtsstaatlichkeit und Demokratie und verletzt die Arzneimittelhersteller dadurch in ihren Rechten.[275] Da nach § 36 Abs. 3 SGB V die Vorschriften über die Bildung von Festbeträgen bei Arzneimitteln nach § 35 Abs. 5 Sätze 1, 2 und 3 zweiter Halbsatz sowie Absatz 7 für Hilfsmittel entsprechend gelten, richten sich die verfassungsrechtlichen Bedenken gegen die Festbetragsfestsetzung somit auch gegen die Festbeträge für Hilfsmittel.[276]

251   Während **Steuerungsinstrumente** in der Arzneimittelversorgung, die durch Gesetz (z. B. Arzneimittelausschlüsse nach § 34 Abs. 1 SGB V) oder auf Grund eines Gesetzes durch Rechtsverordnung i. S. v. Art. 80 Abs. 1 GG (z. B. die Negativliste nach § 34 Abs. 3 SGB V) ergehen, in ihrer rechtlichen Ausgestaltung im Grundsatz für verfassungsrechtlich zulässig angesehen werden, mehren sich die Stimmen in der Rechtsprechung und in der Literatur, die die untergesetzlichen Steuerungsinstrumente wie die Arzneimittel-Richtlinien des Bundesausschusses und die Festbetragsfestsetzung der Verbände der Krankenkassen für verfassungswidrig halten, da diese durch den formellen oder zumindest den materiellen Gesetzgeber selbst geregelt werden müssten.[277]

252   Gegen die Festbetragsfestsetzungen sind darüber hinaus von verschiedenen deutschen Gerichten **kartellrechtliche Bedenken** erhoben worden; insbesondere wird der Verstoß gegen das europäische Kartellrecht gerügt. Der 3. Senat des BSG hatte in seinem Vorlagebeschluss vom 14. 6. 1995[278] bereits auf die mögliche Kollision der Festbetragsfestsetzungen mit dem europäischen Kartellrecht aufmerksam gemacht und festgestellt, dass durch das Festbetragssystem die Marktmacht der Krankenkassen gestärkt werden solle und den Krankenkassen damit gleichsam die Bildung eines Preiskartells gestattet werde. Das BSG hatte den von der Klägerin gerügten Verstoß gegen Art. 85, 86, 90 EGV (jetzt Art. 81, 82, 86 EGV) mit der Begründung offengelassen, dass die Unternehmenseigenschaft der Krankenkassen und ihrer Verbände zweifelhaft sei und das deutsche Sozialrecht dem europäischen Kartellrecht vorgehe.

253   Dagegen hat das OLG Düsseldorf in mehreren Entscheidungen einen Verstoß der Festbetragsfestsetzungen durch die Spitzenverbände der Krankenkassen nach § 35 Abs. 3 SGB V gegen das in Art. 81 Abs. 1 EGV enthaltene **Verbot horizontaler und vertikaler Wettbewerbsbeschränkungen** angenommen.[279] Darüber hinaus hat das OLG Düsseldorf in weiteren Entscheidungen vom 27. 7. 1999[280] festgestellt, dass die Spitzenverbände der Krankenkassen verpflichtet sind, den klagenden Unternehmen den aus der rechtswidrigen Beeinträchtigung durch die Festbetragsfestsetzungen entstandenen Schaden zu ersetzen.[281]

254   Das Gericht erörtert insbesondere die Frage, ob die Festsetzung von Festbeträgen als **unternehmerisches, wettbewerbsbezogenes Verhalten** betrachtet werden kann und bejaht dies, indem es auf den rechtlichen Doppelcharakter der Festbetragsfestsetzung abstellt. Der Beschluss über die Festbeträge sei zwar im Hinblick auf die einzelnen Krankenkassen und die Versicherten als öffentlich-rechtliche – also nicht unternehmerische – Maßnahme anzusehen; zugleich werde jedoch in die Wettbewerbsverhältnisse auf dem Arzneimittelmarkt eingegriffen. Insoweit sei das angegriffene Verhalten einer kartellrechtlichen und wettbewerbsrechtlichen Prüfung zugänglich.[282]

---

[275] *BSG* NZS 1995, 502 f.

[276] KassKomm/*Hess*, § 36 SGB V, Rdnr. 4.

[277] *Papier*, VSSR 1990, 125, 128 ff.; *Ossenbühl*, NZS 1997, 497; *BSG* NZS 1995, 502 f.

[278] *BSG* NZS 1995, 502 f.

[279] *OLG Düsseldorf*, Urt. v. 29. 7. 1997 – U (Kart.) 13/97; Urt. v. 28. 8. 1998 – U (Kart.) 19/98, NZS 1998, 567 ff.

[280] U (Kart.) 36/98 und U (Kart.) 33/98.

[281] Vgl. auch *Koenig/Sander*, NZS 2001, 617 f.

[282] *OLG Düsseldorf*, a. a. O., NZS 1998, 567.

Diese Sichtweise wird durch die jüngere Rechtsprechung des **Europäischen Ge-** 255
richtshofes (EuGH) gestützt. Aus dem Urteil des EuGH in der Rechtssache Poucet/
Pistre[283] ließ sich noch die Auffassung entnehmen, dass Sozialversicherungsträger vom
Anwendungsbereich des europäischen Wettbewerbsrechts ausgenommen sein sollen,
soweit sie eine Aufgabe mit ausschließlich sozialem Charakter wahrnehmen. Dagegen hat
der EuGH im Fall der Bundesanstalt für Arbeit,[284] der Fédération francaise des sociétés
d'assurance[285] sowie in einer aktuellen Entscheidung der niederländischen Stiftung Be-
triebsrentenfonds für die Textilindustrie[286] die Unternehmenseigenschaft von öffentlich-
rechtlichen Sozialversicherungsträgern angenommen und festgestellt, dass sie wirtschaftliche Tätigkeiten ausüben. Insgesamt lässt sich feststellen, dass die Rechtsform einer Einrichtung nicht über die Anwendbarkeit der Regeln des europäischen Kartellrechts entscheidet. Vielmehr ist die in Frage stehende Maßnahme auf ihre wettbewerbsrechtliche
Relevanz zu prüfen.

Im Zusammenhang mit den Festbeträgen hat das OLG Düsseldorf als maßgebliche 256
kartellrechtliche Bezugsnorm nicht Art. 82 EG-Vertrag (Art. 86 EG-Vertrag a. F.)
genannt, der sich mit der Marktbeherrschung befasst. Vielmehr wird auf Art. 81 Abs. 1
EG-Vertrag (Art. 85 Abs. 1 a. F.) zurückgegriffen, der horizontale und vertikale Wettbewerbsbeschränkungen verbietet. Nach Auffassung des Gerichts stellt die Festbetragsfestsetzung eine wirtschaftliche Tätigkeit i. S. d. Art. 81 Abs. 1 EGV dar, weil sie nach ihrem
Zweck und aus der Sicht der gesetzlichen Krankenkassen und nach ihrer Auswirkung am
Markt eine zumindest **„mittelbare Festsetzung der Ankaufspreise"** für die Arzneimittel darstelle. Diese verstößt gegen Art. 81 Abs. 1 EGV, da danach jede (auch nur) mittelbare Fixierung von Preisen und überhaupt jede kollektive Einflussnahme auf die Preisbildungsfreiheit der Unternehmen auf der Marktgegenseite verboten ist.[287]

Interessant an der Entscheidungsbegründung des OLG Düsseldorf ist jedoch insbeson- 257
dere die Bezugnahme auf den Vorlagebeschluss des BSG zu den Festbeträgen vom 14. 6.
1995[288] und der primären Begründung für die **Kartellrechtswidrigkeit der Festbe-**
tragsfestsetzung:

> Der Teil der Beschaffungstätigkeit der GKV, der mit der hier eigenen Marktmacht in Form der
> Festbetragsfestsetzung auf die Preise der Leistungen der Marktgegenseite beeinflussen, wenn nicht gar
> regulierend einwirkt, ist eine Verhaltensweise, deren Unterbindung zu den vordringlichsten Zwecken
> und Aufgaben des Art. 85 Abs. 1 EGV [jetzt Art. 81 Abs. 1 EGV: Anm. d. Verf.] gehört (vgl. *Emme-*
> *rich,* [in: Immenga/Mestmäcker, EG-Wettbewerbs, München, 1997,] Art. 85 I Teil B, RNr. 6 ff.
> m. w. N.). Treffend hat das BSG zum kartellrechtlichen Aspekt ausgeführt, durch das Festbetragssys-
> tem solle die Marktmacht der Krankenkassen gestärkt werden, den Krankenkassen werde gleichsam
> die Bildung eines Preiskartells gestattet [...]. Dies ist aber unzweifelhaft eine Verhaltensweise, die in
> den Verbotsbereich des Art. 85 Abs. 1 EG-Vertrag fällt.

Eine Berufung auf die **Befreiungsvorschrift des Art. 86 Abs. 2 EGV** (Art. 90 258
Abs. 2 EGV a. F.) hat das OLG Düsseldorf den Spitzenverbänden der Krankenkassen verwehrt, da nicht ersichtlich sei, dass die Festbetragsfestsetzung durch diese Form der
„gravierenden, preisregulierenden Wettbewerbsbeeinträchtigung" erforderlich ist, obwohl
die Spitzenverbände der Krankenkassen als Nachfrager selbst zu den Marktteilnehmern
gehören. Vielmehr könne die Festbetragsfestsetzung unter Ausschluss der Wettbewerbsbeeinträchtigung durch eine unabhängige Stelle (z. B. die Bundesregierung) erfolgen. Damit
hat das OLG zugleich den Weg für den Gesetzgeber aufgezeigt, wie zukünftig Festbetragsfestsetzungen erfolgen können, ohne dass diese gegen EU-Kartellrecht verstoßen.

---

[283] *EuGH,* Urt. v. 17. 2. 1993 – verb. Rs. C.159/91, NJW 1993, 2597 f. – *Poucet/Pistre.*
[284] *EuGH,* Urt. v. 23. 4. 1991 I, 1979 – Rs. C-41/90 – *Macotron.*
[285] *EuGH,* Urt. v. 16. 11. 1995, Slg. 1995 I, 4013.
[286] *EuGH,* Urt. v. 21. 9. 1999 – Rs. C-67/96 – *Albany International BV.*
[287] *OLG Düsseldorf,* a. a. O., NZS 1998, 570.
[288] AZ: 3 RK 20/94.

Dies ist nur dann der Fall, wenn der Gesetzgeber einen rechtlichen Rahmen vorgibt, „der selbst jede Möglichkeit für ein Wettbewerbsverhalten und ihre Verbände ausschließt".[289]

259 Dieser rechtliche Rahmen kann sich nur aus einer **hoheitlichen Ausgestaltung des Festbetragsverfahrens** ergeben, da nach der Rechtsprechung des EuGH ausschließlich Maßnahmen, die durch Gesetz oder Rechtsverordnung erfolgen, nicht unter das europäische Kartellrecht fallen, es sei denn, der Gesetzgeber würde hierdurch die europäischen Wettbewerbsregeln aufheben oder umgehen.[290] Diese Ausführungen machen deutlich, dass insbesondere die Übertragung der Entscheidungsbefugnis der Festbetragsfestsetzung nach § 35 Abs. 3 SGB V auf die Spitzenverbände der Krankenkassen im Hinblick auf Art. 81 Abs. 1 EG-Vertrag problematisch erscheint. Hierin liegt die besondere Bedeutung dieser gerichtlichen Entscheidungen für das System der vertragsärztlichen Versorgung und auch für die übrigen Steuerungsinstrumente im Bereich der Arzneimittelversorgung.

260 Der Bundesgerichtshof hat in zwei Verfahren einen Verstoß gegen das deutsche Kartellrecht verneint, jedoch zur Klärung der Rechtsfrage, ob Art. 81, 82 EG-Vertrag durch die Festbetragsfestsetzung verletzt werde, eine **Vorabentscheidung des EuGH** eingeholt, deren Ergebnis noch aussteht.[291]

III. Verfahrensfragen

261 Nachdem die Spitzenverbände der Krankenkassen Hilfsmittel bestimmt haben, für die Festbeträge festgesetzt werden (§ 36 Abs. 1 SGB V), setzen die Landesverbände der Krankenkassen und die Verbände der Ersatzkassen gemeinsam für den Bereich eines Landes einheitliche Festbeträge fest, wobei für das **Abstimmungsverfahren** jeweils § 213 Abs. 2 SGB V entsprechend gilt (§ 36 Abs. 4 SGB V). Wie die Spitzenverbände haben auch die Landesverbände der Krankenkassen und die Verbände der Ersatzkassen im Rahmen der Ermittlung von Amts wegen das Recht, die notwendigen Auskünfte einzuholen und Sachverständige zu hören. In einem eigenständigen, landesspezifischen Verfahren haben sie den Verbänden der betroffenen Leistungserbringer und den Verbänden der Behinderten vor ihrer Entscheidung Gelegenheit zur Stellungnahme zu geben und die Stellungnahmen in die Entscheidung einzubeziehen (§ 36 Abs. 2 Satz 2 i.V.m. Abs. 1 Satz 3 SGB V). Die Festbeträge sind im Bundesanzeiger bekannt zu machen (§ 36 Abs. 4 i.V.m. § 35 Abs. 7 Satz 1 SGB V) und in geeigneten Zeitabständen an eine veränderte Marktlage anzupassen (§ 36 Abs. 3 i.V.m. § 35 Abs. 5 Satz 4 SGB V).[292]

262 Für den **Rechtsschutz** gilt § 35 Abs. 7 Sätze 2–4 SGB V entsprechend (§ 36 Abs. 3 SGB V). Die Festbetragsfestsetzung wird im Schrifttum weitgehend als Verwaltungsakt (Allgemeinverfügung i.S.v. § 31 S. 2 SGB X) angesehen, die mit der Klage angefochten werden kann.[293] Von besonderem Interesse wird in Zukunft die **Rechtswegfrage** für kartellrechtliche Streitigkeiten sein, da sie durch das GKV-Gesundheitsreformgesetz mit Wirkung zum 1. 1. 2000 neu geregelt worden ist. Bereits aus der Fassung des § 51 Abs. 2 Satz 1 SGG durch Art. 33 Nr. 3 GRG sollte ab 1989 eine uneingeschränkte Zuständigkeit der Sozialgerichte auf dem Gebiet der Leistungserbringung in dem Bereich der gesetzlichen Krankenversicherung begründet werden.[294] Entscheidend für die umfassende Rechtszuweisung an die Sozialgerichte war die Tatsache, dass die Streitigkeit nach § 51 Abs. 2 Satz 2 SGG nicht öffentlich-rechtlicher Natur sein musste.

---

[289] *OLG Düsseldorf*, a.a.O., NZS 1998, 569.

[290] *EuGH*, Urt. v. 21. 9. 1999 – Rs. C-67/96 – *Albany International BV*; *Steinmeyer*, S. 105.

[291] *BGH*, Beschl. v. 3. 7. 2001 – KZR 31/99 und KZR 32/99.

[292] *Peters*, § 36 Rdnr. 18.

[293] KassKomm/*Hess*, § 35 SGB V, Rdnr. 15; *Krauskopf*, § 35 SGB V, Rdnr. 14; *Schneider*, § 22 Rdnr. 194; *Ebsen*, VSSR 1990, 57 ff.

[294] *BSG* NJW 1989, 2773, 2774; *Schneider*, SGb 1990, 89, 96.

Ausgenommen von dieser Rechtswegzuweisung waren bisher bürgerlich-rechtliche **263** Streitigkeiten mit **kartellrechtlichem Streitgegenstand** nach § 13 GVG i. V. m. § 87 Abs. 1 GWB. Nach Auffassung des Bundesgerichtshofes ging § 87 GWB bisher als speziellere Norm § 51 Abs. 2 Satz 1 Nr. 3 SGG vor, so dass sie diese verdränge.[295] Das BSG hat sich demgegenüber auch in der Vergangenheit nicht durch § 87 GWB gehindert gesehen, in mehreren Entscheidungen auch die Prüfung von kartellrechtlichen Ansprüchen den Sozialgerichten zuzuweisen.[296] In Kenntnis der Tatsache, dass die Sozialgerichte einen Verstoß der Festbetragsfestsetzungen und der Arzneimittel-Richtlinien gegen europäisches Kartellrecht kaum mittragen werden, weil sie diese Steuerungsinstrumente unter dem Gemeinwohlbelang der „Finanzierbarkeit der gesetzlichen Krankenversicherung" für zulässig erachten, hat der Gesetzgeber der **GKV-Gesundheitsreform 2000** nunmehr eine Änderung der Rechtswegzuweisung für kartellrechtliche Streitigkeiten im Zusammenhang mit der Leistungserbringung in der gesetzlichen Krankenversicherung vorgenommen. Im Gesetz wurden § 69 SGB V, § 51 Abs. 1 Satz 2 SGG und die §§ 87, 96 GWB geändert.

Nach § 69 Satz 1 SGB V wird bestimmt, dass die §§ 63 und 64 SGB V sowie das **264** 4. Kapitel (§§ 69–40h SGB V) „abschließend die **Rechtsbeziehungen** der Krankenkassen und ihrer Verbände zu Ärzten, Zahnärzten, Psychotherapeuten, Apotheken sowie sonstigen Leistungserbringern und ihren Verbänden, einschließlich der Beschlüsse der Bundes- und Landesausschüsse nach §§ 90–94" regeln. Ergänzend bestimmt § 69 Satz 3 SGB V, dass für die Rechtsbeziehungen nach den Sätzen 1 und 2 „die Vorschriften des Bürgerlichen Gesetzbuches entsprechend" gelten, soweit sie mit den Vorgaben des § 70 und den übrigen Aufgaben und Pflichten der Beteiligten nach dem 4. Kapitel vereinbar sind. Nach § 69 Satz 4 sollen die Sätze 1–3 auch dann gelten, soweit durch diese Rechtsbeziehungen Rechte Dritter betroffen sind. Darüber hinaus findet sich in § 87 Abs. 1 GWB die Klarstellung, dass die Zuständigkeit der Landgerichte für kartellrechtliche Streitigkeiten aus den in § 69 SGB V genannten Rechtsbeziehungen, auch soweit hierdurch Rechte Dritter betroffen sind, nicht mehr gegeben ist. Eine entsprechende Klarstellung ist in § 51 Abs. 2 SGG aufgenommen worden (vgl. Art. 8 und 9 des GKV-Gesundheitsreformgesetzes 2000).

Damit sollen auf rechtssicherer Basis zukünftig Streitigkeiten wie die Verfahren bezüg- **265** lich der Festbeträge oder bezüglich der Arzneimittel-Richtlinien den Sozialgerichten zugewiesen werden. Wie wenig Rechtssicherheit durch die Vorschrift in § 69 SGB V geschaffen wurde, belegt die bisher vom BSG zu dieser Vorschrift ergangene Rechtsprechung des 3. und des 6. Senats. Der 3. Senat ist der Auffassung, dass das deutsche Kartell- (GWB) und Wettbewerbsrecht (UWG) durch die Neuregelung des § 69 SGB V seit dem 1. 1. 2000 auf die Rechtsbeziehungen der Krankenkassen zu den Leistungserbringern nicht mehr anwendbar ist und nur noch das **Wettbewerbsrecht der Europäischen Gemeinschaften** Anwendung findet.[297] Demgegenüber sieht der 6. Senat in § 69 SGB V lediglich eine Rechtswegänderung, während der Prüfungsmaßstab des materiellen Kartell- und Wettbewerbsrechts erhalten bleiben soll.[298]

IV. Exkurs: Das Festbetrags-Anpassungsgesetz

Die Argumentation der Kartellgerichte geht ähnlich wie die verfassungsrechtliche Kritik **266** an der Festbetragsfestsetzung und dem Bundesausschuss dahin, dass derartige Steuerungsinstrumente nicht den Krankenkassen bzw. den Partnern der gemeinsamen Selbstverwal-

---

[295] *BGH* NJW 1991, 2963, 2964; *BGH* NJW 1992, 1561, 1563.

[296] *BSG* SozR 3–2500, § 125 Nr. 1; *BSG* NJW 1995, 1575; *Knispel,* NZS 1998, 563, 566.

[297] *BSG* SozR 3–2500 § 35 Nr. 1; *BSG,* Urt. v. 25. 9. 2001 – B 3 KR 3/01 R.

[298] *BSG* SozR 3–2500 § 138 Nr. 1; *Engelmann,* NZS 2000, 220f.; *Wigge,* NZS 2000, 533f.

tung überantwortet werden dürfen, sondern durch den **Gesetz- oder Verordnungsgeber** selbst ausgestaltet werden müssen. Aus diesem Grunde sind die Negativ- bzw. Positivliste, die durch Rechtsverordnung des BMGS erlassen werden, formaljuristisch Beispiele für eine europarechts- und verfassungskonforme Gestaltung, soweit sie im Einzelfall keine sachwidrigen bzw. unverhältnismäßigen Regelungen beinhalten.

267   Verfassungswidrig bzw. EG-rechtswidrig dürfte dagegen die inhaltliche Ausgestaltung des „Gesetzes zur Anpassung der Regelungen über die Festsetzung von Festbeträgen für Arzneimittel in der gesetzlichen Krankenversicherung (**Festbetrags-Anpassungsgesetz** – FBAG) vom 27. 7. 2001"[299] sein. Während zwar im Grundsatz wie bei der Negativliste vorgesehen ist, dass das BMGS nach § 35a SGB V bis zum 31. 12. 2003 in Abweichung von § 35 SGB V einmalig durch Rechtsverordnung zum Erlass der Festbeträge für Arzneimittel ermächtigt wird, ist problematisch, dass nach dem Absatz 1 Satz 2 der Bundesausschuss der Ärzte und Krankenkassen Stellungnahmen zu den Festbeträgen erarbeiten soll, die dem Verordnungsgeber übermittelt werden. Nach Auffassung der beteiligten Ministerien (BMJ, BMI, BMWi) ist die Festsetzung der Festbeträge durch einen von den GKV-Spitzenverbänden gesteuerten Ausschuss verfassungs- und europakartellrechtswidrig.[300] Diese Einschätzung dürfte auch auf den Bundesausschuss zutreffen, da auch er mangels Beteiligung der Leistungserbringer (Apotheken und Arzneimittelhersteller) nicht ausreichend verfassungsrechtlich legitimiert ist. Andererseits wird durch die Vorgaben des FBAG in § 35a Abs. 1 i.V.m. § 35 Abs. 8 SGB V ab 2003 eine automatische Wiederherstellung des alten Rechtszustands angeordnet, so dass der verfassungsrechtlich bedenkliche Zustand ab diesem Zeitpunkt wiederauflebt.

268   Auf **Hilfsmittel** ist § 35a SGB V ohnehin nicht anzuwenden, da Absatz 1 ausschließlich auf die Festbeträge für Arzneimittel nach § 35 SGB V Bezug nimmt.

---

[299] BGBl. I S. 1948.

[300] Vgl. auch *Schwerdtfeger,* NZS 2000, 67 ff. für den sog. Steuerungsausschuss in der Fassung des Entwurfs des sog. Festbetrags-Neuordnungsgesetzes v. 10. 8. 1999.

G. Zusammenfassung

Abschließend soll Abbildung 8 aufzeigen, wie man in die Prüfung der Kostenerstattung **269** einzelner Medizinprodukte einsteigen kann.

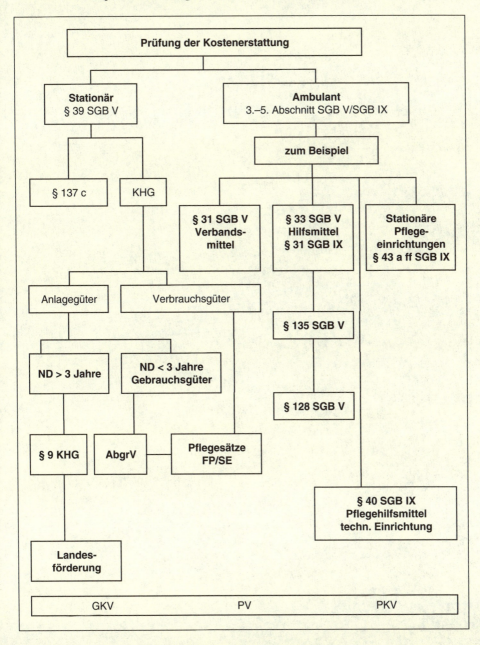

Abb. 8: Kostenerstattung des Medizinprodukts

§ 24 Vertrieb von Medizinprodukten

von *Joachim Schütze*

Übersicht

Literatur: *Bauer/de Bronett*, Die EU-Gruppenfreistellungsverordnung für vertikale Wettbewerbsbeschränkungen, Köln 2001; *Bechtold*, Kartellgesetz, 2. Aufl., München 1999; *Glanegger u. a.* (Hrsg.), Heidelberger Kommentar zum Handelsgesetzbuch, 5. Aufl., Heidelberg 1999; *Hopt*, Handelsvertreterrecht, 2. Aufl., München 1999; *Kirchhoff*, Die Beurteilung der verschiedenen Arten von Vertriebsverträgen, in: Wiedemann (Hrsg.), Handbuch des Kartellrechts, München 1999, S. 292; *Langen/Bunte*, Kommentar zum deutschen und europäischen Kartellrecht, 9. Aufl., Neuwied 2001; *Martinek*, Die Rechtsnatur von Vertriebsverträgen, in: Martinek/Semler (Hrsg.), Handbuch des Vertriebsrechts, München 1996, S. 61; *Schmidt*, Handelsrecht, 5. Aufl., Köln 1999; *Schultze/Pautke/Wagener*, Die Gruppenfreistellungsverordnung für vertikale Vereinbarungen, Heidelberg 2001.

Internetadressen (Stand: 10/2002):

Europäische Kommission (DG Wettbewerb)

  http://europa.eu.int/comm/competition/index_en.html

A. Einleitung

Der Vertrieb von Medizinprodukten unterfällt – abgesehen von den regulatorischen **1**
Vorgaben[1] – in rechtlicher Hinsicht den Rahmenbedingungen des Vertriebsrechts. Der
Begriff des Vertriebsrechts ist gesetzlich nicht definiert. Er stellt lediglich einen Oberbegriff

---

[1] Vgl. insoweit den Beitrag von *Ziller* in diesem Handbuch (§ 16).

für die rechtlichen Vorschriften dar, die für Vertriebsverträge im weitesten Sinne einschlägig sein können. Auch der **Begriff des Vertriebsvertrags** hat keine Definition durch den Gesetzgeber gefunden. Er steht stellvertretend für verschiedene Typen von Verträgen, die dadurch gekennzeichnet sind, dass der eine Vertragspartner (meist der Hersteller) den anderen Vertragspartner (Vertreiber) damit beauftragt, die betreffenden Produkte (hier Medizinprodukte) in einem bestimmten Gebiet (auch weltweit) an Weiterveräußerer oder Endkunden abzusetzen. Damit erfasst der Begriff des Vertriebsvertrags nicht nur solche Vertriebsformen, in denen der Vertreiber die betreffenden Produkte, hier Medizinprodukte, von dem Hersteller/Lieferanten erwirbt und sie dann im eigenen Namen an seine Kunden weiterveräußert. Vielmehr ist auch der Handelsvertretervertrag ein Vertriebsvertrag in diesem Sinne, obwohl der Handelsvertreter lediglich einen Vertragsabschluss mit dem Lieferanten/Hersteller vermittelt, ohne in der Regel selbst als Erwerber zwischengeschaltet zu sein und ohne dass es zu einem Vertragsverhältnis zwischen dem Handelsvertreter und dem Abnehmer kommt. Daneben haben sich in der Praxis weitere Typen von Vertriebsverträgen herausgebildet, die zwar nur bedingt gesetzlich speziell geregelt sind, jedoch durch die Rechtsprechung in rechtlicher Hinsicht eine weitere Ausgestaltung gefunden haben. Hierzu zählen beispielsweise der Vertragshändler- und der Fachhändlervertrag, der Kommissionsagentenvertrag sowie der Franchisevertrag, von denen die beiden letzteren jedoch beim Vertrieb von Medizinprodukten in der Praxis keine oder eine nur sehr untergeordnete Rolle spielen.

2   Typisch für den Vertriebsvertrag ist, dass der Käufer (Vertreiber) oder – bei einer handelsvertreterrechtlichen Ausgestaltung – der Handelsvertreter (Vertriebsmittler) **dauerhaft die vertragliche Pflicht übernimmt, den Absatz der Produkte des Verkäufers** (Hersteller/Lieferant) **zu fördern.** Begrifflich sind folglich sämtliche Vertragsbeziehungen, die den Vertrieb von Waren (hier Medizinprodukten) zum Gegenstand haben, keine Vertriebsverträge, wenn sie nicht auf Dauer angelegt sind. Dies gilt für die im Handelsgesetzbuch geregelten Typen des Handelsmaklers oder des Kommissionärs, die nicht ständig, sondern nur von Fall zu Fall als Vertriebsmittler für ein anderes Unternehmen tätig werden. Ebenso wenig handelt es sich um einen Vertriebsvertrag, wenn eine Person mit der Vertriebstätigkeit beauftragt wird, die kein selbstständiger Unternehmer ist, sondern ein Arbeitnehmer des Herstellers/Lieferanten. In einem derartigen Fall spricht man von einem sog. Handlungsgehilfen. Auf eine derartige Vertragsbeziehung sind allein das Arbeitsrecht sowie spezielle arbeitsrechtliche Vorschriften des Handelsgesetzbuchs (§§ 59 ff. HGB) anwendbar.

3   Aus dem vorstehend dargestellten begrifflichen Verständnis des Vertriebsvertrags folgt zugleich auch, dass **Lieferbeziehungen zwischen Käufer und Verkäufer nicht stets einen Vertriebsvertrag darstellen,** auch wenn der Verkäufer von Anfang an beabsichtigt, die betreffenden Produkte weiter zu veräußern. Oft beschränken sich Verträge auf die vertragliche Festlegung der Verpflichtung des Herstellers/Lieferanten, dem Weiterveräußerer die betreffenden Produkte zu einem bestimmten Preis zu liefern, und die Pflicht des Veräußerers in seiner Stellung als Käufer, den vertraglich festgelegten Kaufpreis zu zahlen. Dies gilt insbesondere dann, wenn der Hersteller von Medizinprodukten seine Erzeugnisse an Großhändler, Apotheken, sonstige Einzelhändler (wie z.B. Sanitätshäuser) oder Krankenhäuser allein auf der Grundlage von Bestellaufträgen verkauft, die die vorstehend genannten Kunden je nach Bedarf erteilen. Die weiteren Konditionen und Vertragsbestimmungen ergeben sich in der Praxis häufig aus den der Lieferung zugrunde gelegten allgemeinen Geschäftsbedingungen des Herstellers/Lieferanten, ohne dass ein gesonderter Kauf- oder Vertriebsvertrag geschlossen wird. In all den Fällen, in denen sich das Vertragsverhältnis auf die Belieferung mit den betreffenden Produkten (Medizinprodukten) beschränkt, liegt begrifflich kein Vertriebsvertrag vor. Entscheidendes Abgrenzungskriterium ist insoweit die auf eine gewisse Dauer angelegte Verpflichtung des Vertreibers zur Förderung des Absatzes der Produkte des Verkäufers (Hersteller/Lieferant).

Häufig schließt der Hersteller/Lieferant Vertriebsverträge nicht nur mit einem, sondern **4** mit einer Reihe von Vertreibern ab. Auf diese Weise kann ein **Vertriebssystem** entstehen. Bei der Ausgestaltung derartiger Vertriebssysteme, insbesondere der Auswahl der Vertragspartner als Vertreiber, spielen naturgemäß Marketingstrategien eine maßgebliche Rolle. Entscheidet sich der Hersteller/Lieferant von vornherein, nur mit solchen Vertragspartnern zusammenzuarbeiten, die bestimmte Kriterien in qualitativer oder quantitativer Hinsicht erfüllen, liegt ein sog. selektives Vertriebssystem vor. Derartige Vertriebssysteme zeichnen sich durch eine umfangreichere Regelung der vertraglichen Beziehungen zwischen Hersteller/Lieferant und Vertreiber aus, da nicht nur die einzelne Vertragsbeziehung, sondern auch die Systemerrichtung vertraglich festzuhalten ist. So wird häufig beispielsweise in einem derartigen System den teilnehmenden Vertreibern untersagt, die betreffenden Medizinprodukte an andere Vertreiber außerhalb des Systems zu liefern.

Grundsätzlich ist jeder Hersteller/Lieferant von Medizinprodukten in seiner Entscheidung **5** dung frei, welchem Weiterveräußerer er die betreffenden Produkte zur Verfügung stellt. Einschränkungen dieser Freiheit können sich jedoch dann ergeben, wenn der Hersteller/Lieferant absolut gesehen, d. h. auf Grund seiner Marktstellung, **im kartellrechtlichen Sinne marktbeherrschend** ist. Gleiches kann gelten, wenn der Hersteller/Lieferant eine derartige Marktstellung gegenüber einem bestimmten Vertreiber hat, der davon abhängig ist, die betreffenden Produkte von ihm zu erhalten. Bei einer marktbeherrschenden Stellung kann der Hersteller/Lieferant kartellrechtlich verpflichtet sein, an den Weiterveräußerer die betreffenden Produkte zu liefern, auch wenn er dies von sich aus nicht gewollt hätte. Gleiches gilt hinsichtlich der Frage, ob und inwieweit der Hersteller/Lieferant sämtliche seiner Vertreiber in preislicher und sonstiger Hinsicht gleich zu behandeln hat. Auch hier können sich aus kartellrechtlichen Gründen für Unternehmen, die als marktbeherrschend gelten, Einschränkungen im Sinne eines Diskriminierungsverbots ergeben.

B. Vertriebsverträge für Medizinprodukte

Die begriffliche Einordnung von Vertriebsverträgen ist nicht nur theoretischer Natur. **6** Sie hat große praktische Auswirkungen, da die verschiedenen Vertragstypen **unterschiedlichen gesetzlichen Regelungen unterworfen** sind. Je nach Vertragstyp unterscheiden sich die Rechtsbeziehungen mitunter beträchtlich.

I. Handelsvertreterverträge

Handelsvertreterverträge stellen eine klassische Form des Vertriebsvertrags dar. Wie bereits **7** kurz dargestellt, ist der Handelsvertretervertrag allerdings eher ein **Vertriebsmittlungsvertrag.** Abgesehen von dieser Besonderheit weist der Handelsvertretervertrag aber auch in Bezug auf seine wesentlichen rechtlichen Rahmenbedingungen, die Beendigung sowie die Regelung eines Ausgleichsanspruchs Besonderheiten gegenüber anderen Vertragstypen auf.

1. Rechtsnatur und wesentliche Vertragsinhalte auf Grund gesetzlicher Bestimmungen

Der **Begriff des Handelsvertreters** ist in § 84 Abs. 1 Satz 1 HGB definiert. Danach **8** ist Handelsvertreter, wer als selbstständiger Gewerbetreibender ständig damit betraut ist, für einen anderen (Unternehmer) Geschäfte zu vermitteln oder in dessen Namen abzuschließen. Nicht nur natürliche Personen, sondern auch Gesellschaften können Handelsvertreter sein. Ob eine Gesellschaft Handelsvertreter ist, beurteilt sich nicht nach der Firma der Gesellschaft, sondern nach der konkreten, durch den Vertrag begründeten Vertriebsfunktion.[2] Der Handelsvertreter ist nicht darauf beschränkt, nur für einen Unternehmer tätig zu werden. Er kann auch für mehrere Unternehmer gleichzeitig tätig werden (zu etwaigen Konkurrenzverboten s. Rdnr. 11).

9   Die Tätigkeit des Handelsvertreters besteht somit darin, Geschäfte zu vermitteln oder Geschäfte unmittelbar mit bindender Wirkung in Stellvertretung für den vertretenen Unternehmer abzuschließen. Der Handelsvertreter wird somit bezogen auf den jeweiligen, mit dem betreffenden Vertragspartner über das Produkt (hier Medizinprodukt) abgeschlossenen Kaufvertrag nicht selbst Vertragspartner. Vertragspartner wird vielmehr unmittelbar oder durch die Vertretung des Handelsvertreters der ihn beauftragende Unternehmer. Seinem Charakter nach ist damit der Handelsvertretervertrag ein **Geschäftsbesorgungsvertrag** i. S. d. §§ 611, 675 BGB. Die allgemeinen Vorschriften des BGB, die infolgedessen grundsätzlich zur Anwendung kommen könnten, sind jedoch weitgehend durch die spezielleren Vorschriften des Handelsgesetzbuchs (HGB) zu Handelsvertretern verdrängt.

10   Die Vorschriften der insoweit einschlägigen §§ 84 ff. HGB begründen eine Reihe wechselseitiger Rechte und Pflichten im Verhältnis zwischen dem Handelsvertreter und dem Unternehmer. Diese Pflichten sind teilweise im Gesetz derart konkret vorgegeben, dass es in der Praxis keinen Bedarf für weitere, konkretisierende vertragliche Bestimmungen gibt. Demgegenüber werden andere Pflichten des Handelsvertreters oder des Unternehmers im Gesetz nur sehr allgemein umschrieben, so dass sie **im jeweiligen Handelsvertretervertrag konkretisiert** werden können und sollten. Dies gilt beispielsweise für die in § 86 Abs. 1 HGB niedergelegte Pflicht des Handelsvertreters, bei der Vermittlung und beim Abschluss von Geschäften das Interesse des Unternehmers wahrzunehmen, oder die in § 86 Abs. 2 HGB für den Handelsvertreter vorgesehene Verpflichtung, dem Unternehmer die erforderlichen Nachrichten zu geben, sowie die in § 86a HGB spiegelbildlich für den Unternehmer niedergelegte Benachrichtigungspflicht gegenüber dem Handelsvertreter. Handelsvertreterverträge sollten deshalb in der Regel so ausgestaltet sein, dass sie diese allgemeinen Pflichten konkretisieren. Dabei können insbesondere konkrete Berichtspflichten in bestimmten Zeitintervallen, Weisungsbefugnisse des Unternehmers, Pflichten des Handelsvertreters zur Geheimhaltung von Geschäftsgeheimnissen sowie bestimmte Marketing- und sonstige Vertriebsleistungen vorgesehen werden.

11   Zu den wesentlichen, den Handelsvertreter treffenden Pflichten, die sich direkt oder indirekt aus dem Gesetz ergeben, gehört die Verpflichtung, während der Dauer des Vertragsverhältnisses jeglichen **Wettbewerb zum Nachteil des Unternehmers zu unterlassen.** Diese Verpflichtung, die aus der allgemeinen, in § 86 Abs. 1 HGB niedergelegten Pflicht des Handelsvertreters, die Interessen des Unternehmers wahrzunehmen, abgeleitet wird, soll nach der Rechtsprechung des Bundesgerichtshofes auch dann gelten, wenn ein Wettbewerbsverbot im Handelsvertretervertrag nicht ausdrücklich vorgesehen ist.[3] Dieses gesetzliche Wettbewerbsverbot gilt jedoch ausschließlich für Produkte, die im Wettbewerb zu den Produkten stehen, auf die sich der Handelsvertretervertrag mit dem betreffenden Unternehmer bezieht. Wie eingangs dargestellt, ist der Handelsvertreter hingegen nicht darin beschränkt, für andere Unternehmer in einem anderen Produktbereich Handelsvertretertätigkeiten auszuüben. Wünscht der Unternehmer, dass eine derartige Tätigkeit unterbleibt, insbesondere deshalb, um die gesamte Tatkraft des Handelvertreters für die eigenen Produkte zu sichern, muss er dies vertraglich besonders regeln. Das allgemeine gesetzliche Wettbewerbsverbot des Handelsvertreters gilt nur für die Dauer des Vertragsverhältnisses. Es ist damit zu unterscheiden von Wettbewerbsverboten, die sich auf den Zeitraum nach Beendigung des Handelsvertretervertrags beziehen. Diese können nach § 90a HGB nur in bestimmten Grenzen vereinbart werden. Sie sind u. a. auf eine Dauer von zwei Jahren beschränkt und nur gegen eine angemessene Entschädigung zu Gunsten des Handelsvertreters zulässig.

---

[2] *Flohr*, Rdnr. 3.
[3] Vgl. *BGHZ* 52, 177 m. w. N.

Obwohl somit eine Reihe gesetzlicher Vorschriften den rechtlichen Rahmen für Han-   **12**
delsvertreterverträge vorgeben, besitzen Unternehmer und Handelsvertreter einen gewissen **Spielraum, innerhalb dessen sie ihr Vertragsverhältnis selbst gestalten können.** Die Vertragsparteien können insbesondere über die handelsvertreterrechtlichen
Vorschriften der §§ 84 ff. HGB hinausgehende zusätzliche Vereinbarungen treffen. Zu
derartigen Vertragsbestandteilen können beispielsweise Beschränkungen des Vertragsgebiets oder Kundenkreises zählen. Allerdings sind dabei die Grenzen des Kartellrechts
(Rdnr. 27 ff.) zu beachten. Vertraglich sind in Handelsvertreterverträgen jedoch nicht nur
ergänzende Regelungen möglich. Zum Teil ist es auch zulässig, von den Vorschriften der
§§ 84 ff. HGB abzuweichen. Dies gilt beispielsweise für § 87 a HGB, wonach der
Handelsvertreter grundsätzlich einen Anspruch auf Provision hat, der im Regelfall erst
entsteht, wenn der Unternehmer das vom Handelsvertreter vermittelte oder in Stellvertretung abgeschlossene Geschäft ausgeführt hat, d. h. die Ware an den Kunden ausgeliefert
worden ist. Gleichwohl ist es ohne weiteres zulässig, wenn Unternehmer und Handelsvertreter eine davon abweichende Vergütungsregelung treffen und beispielsweise
eine Festvergütung, Prämienzahlungen oder Umsatz- oder Gewinnbeteiligungen vereinbaren.[4]

Allerdings ist zu beachten, dass von einigen Vorschriften des HGB in einem Handels-   **13**
vertretervertrag **nicht zum Nachteil des Handelsvertreters abgewichen werden
kann.** Dies gilt insbesondere für bestimmte Vergütungs- und Entschädigungspflichten des
Unternehmers. So hat der Handelsvertreter nach § 86 b HGB Anspruch auf eine gesonderte Vergütung, wenn er das sog. Delkredere, d. h. die Gefahr, dass der Kunde den Kaufpreis an den Unternehmer nicht entrichtet, übernimmt. Dieser Vergütungsanspruch kann
vertraglich nicht ausgeschlossen werden (§ 86 b Abs. 1 Satz 1 2. Hs. HGB). Demzufolge
wäre eine entsprechende vertragliche Ausschlussklausel unwirksam. Gleichwohl kann der
Handelsvertreter nach Entstehung des Ausgleichanspruchs darauf verzichten. Neben dem
Fall des § 86 b Abs. 1 HGB gibt es eine Reihe weiterer gesetzlicher Vorschriften des Han-
delsvertreterrechts, die der vertraglichen Disposition der Vertragsparteien entzogen sind, so
etwa der Anspruch auf Abrechnung über die Provision (§ 87 c Abs. 5 HGB), das gesetzliche Zurückbehaltungsrecht (§ 88 a HGB), die Kündigungsschutzregeln (§ 89 Abs. 2 HGB)
sowie der handelsvertreterrechtliche Ausgleichsanspruch bei Vertragsende (§ 89 b HGB)
und die Beschränkung des nachvertraglichen Wettbewerbsverbots (§ 90 a Abs. 4 HGB).

Für bestimmte Nebenabreden sieht das Handelsvertreterrecht **Schriftformerfordernis**   **14**
vor. Dies gilt insbesondere nach § 90 a Abs. 1 HGB für die Verabredung eines nachvertraglichen Wettbewerbsverbots sowie nach § 86 b Abs. 1 HGB für die Übernahme des
sog. Delkredere.

2. Vertragsbeendigung und Ausgleichsanspruch des Handelsvertreters

Das Handelsvertretervertragsverhältnis kann durch Kündigung einer Vertragspartei oder   **15**
einvernehmlich durch Aufhebungsvereinbarung beider Vertragsparteien beendet werden.
Die ordentliche Kündigung ist in § 89 HGB geregelt. Die dort vorgesehenen Kündigungsfristen können vertraglich nur verlängert, jedoch nicht verkürzt werden. Außerdem
darf die Kündigungsfrist, die der Unternehmer einzuhalten hat, nicht kürzer sein, als die
für den Handelsvertreter geltende Frist zur Kündigung des Vertrags. Jeder Vertragspartner
kann den Vertrag aus wichtigem Grunde ohne Einhaltung einer Kündigungsfrist kündigen
(§ 89 a Abs. 1 HGB). Dieses Recht zur außerordentlichen Kündigung kann vertraglich
weder ausgeschlossen noch beschränkt werden. Allerdings ist es möglich, im Handelsvertretervertrag die Gründe für eine Kündigung aus wichtigem Grund zu konkretisieren.[5]
Beispiele sind hierbei die Nichterreichung bestimmter Mindestumsätze durch den Han-

---

[4] Vgl. *Hopt,* § 87 HGB, Rdnr. 5.
[5] *BGH* BB 1998, 1771.

delsvertreter oder die Übernahme einer Zweitvertretung durch den Handelsvertreter ohne Zustimmung des Unternehmers. Eine **Beendigung des Handelsvertreterverhältnisses** kann außerdem allein durch Zeitablauf erfolgen, wenn der Vertrag auf bestimmte Zeit geschlossen worden ist. Weitere Beendigungsgründe sind der Tod des Handelsvertreters (§ 673 BGB) sowie die Insolvenz des Unternehmers (§ 116 InsO).

16   Unter bestimmten Voraussetzungen kann der Handelsvertreter nach § 89b HGB gegen den Unternehmer einen **Ausgleichsanspruch** bei Beendigung des Vertragsverhältnisses geltend machen. Sinn und Zweck dieses Ausgleichsanspruchs ist es, dem Handelsvertreter einen Wertausgleich für die Vorteile zu gewähren, die der Unternehmer auch nach Beendigung des Handelsvertreterverhältnisses aus der vormaligen Tätigkeit des Handelsvertreters zieht.[6] Diese Vorteile bestehen insbesondere darin, dass der vom Handelsvertreter geschaffene Kundenstamm von dem Unternehmer nach der Beendigung des Vertrags weiter für den Vertrieb der eigenen Produkte genutzt werden kann. Die vom Handelsvertreter während des Vertragsverhältnisses verdienten Provisionen werden als nicht ausreichend angesehen, um diesen dem Unternehmer verbleibenden Nutzen angemessen abzugelten. Ausgehend von diesem Sinn und Zweck des Ausgleichsanspruchs nach § 89b HGB hängt dessen Höhe letztlich davon ab, ob der Unternehmer tatsächlich auch derartige Vorteile erlangt hat oder – gewissermaßen spiegelbildlich – ob und inwieweit der Handelsvertreter infolge der Beendigung des Vertragsverhältnisses Ansprüche auf Provision verloren hat. Beides kann nur im Wege einer Prognose ermittelt werden.[7] Der Ausgleichsanspruch soll den Handelsvertreter jedoch nicht in vollem Umfang für entgangene Provisionseinkünfte entschädigen. Er ist vielmehr von vornherein der Höhe nach auf eine Jahresprovision (oder eine sonstige Jahresvergütung) begrenzt, die auf der Basis der durchschnittlich verdienten Provision (Vergütung) der letzten fünf Jahre oder – falls das Vertragsverhältnis eine kürzere Dauer hatte – auf der Grundlage entsprechend weniger Jahresprovisionen im Wege der Durchschnittsermittlung berechnet wird.

17   Die **Ermittlung des Ausgleichsanspruchs** nach § 89b HGB folgt jedoch nicht nur rein mathematischen Prinzipien. Vielmehr besteht Raum für sog. Billigkeitserwägungen (§ 89b Abs. 1 Nr. 3 HGB). Daraus ergeben sich vier Voraussetzungen für die Anerkennung eines Ausgleichsanspruchs: Neben der Beendigung des Vertragsverhältnisses muss als weitere Voraussetzung der Unternehmer aus der Geschäftsverbindung mit neuen Kunden, die der Handelsvertreter geworben hat, auch nach Beendigung des Vertragsverhältnisses erhebliche Vorteile haben (§ 89b Abs. 1 Nr. 1 HGB). Diese Voraussetzung ist insbesondere dann erfüllt, wenn der Unternehmer den vom Handelsvertreter geschaffenen Kundenstamm auch nach Vertragsende weiter nutzen kann, ohne dass es darauf ankommt, ob ein solcher Nutzen auch tatsächlich vom Unternehmer gezogen wird.[8] Als dritte Voraussetzung muss der Handelsvertreter infolge der Beendigung des Vertragsverhältnisses Ansprüche auf Provision verlieren, die er bei Fortsetzung des Vertragsverhältnisses aus bereits abgeschlossenen oder künftig zustande gekommenen Geschäften mit von ihm geworbenen Kunden hätte (§ 89b Abs. 1 Nr. 2 HGB). Auf der Grundlage der einschlägigen Rechtsprechung ist insoweit entscheidend, dass es sich um Provisionen handelt, die der Handelsvertreter für seine Abschluss- oder Vermittlungstätigkeit erhalten hätte. Provisionen für andere Tätigkeiten bleiben insoweit außer Betracht.[9] Schließlich muss als letzte Voraussetzung die Zahlung eines Ausgleichs unter Berücksichtigung aller Umstände der Billigkeit entsprechen (§ 89b Abs. 1 Nr. 3 HGB). Dies bedeutet, dass beispielsweise ein vertragswidriges Verhalten des Handelsvertreters im Einzelfall den Ausgleichsanspruch ermäßigen oder ganz entfallen lassen kann.[10]

---

[6] *Hopt*, § 89b HGB, Rdnr. 2 m. w. N.
[7] Dazu *Schmidt*, S. 742; vgl. auch *Hopt*, § 89b HGB, Rdnr. 16 m. w. N.
[8] *Glanegger/Ruß*, § 89b HGB, Rdnr. 18.
[9] *Glanegger/Ruß*, § 89b HGB, Rdnr. 20 ff.
[10] Weitere Beispiele bei *Glanegger/Ruß*, § 89b HGB, Rdnr. 25.

Das Gesetz kennt darüber hinaus bestimmte **Ausschlussgründe** hinsichtlich des Aus- **18** gleichsanspruchs (§ 89b Abs. 3 HGB). Danach scheidet ein Ausgleichsanspruch aus, wenn der Handelsvertreter selbst das Vertragsverhältnis gekündigt hat, es sei denn, dass ein Verhalten des Unternehmers hierzu begründeten Anlass gegeben hat oder dem Handelsvertreter eine Fortsetzung seiner Tätigkeit wegen seines Alters oder wegen Krankheit nicht zugemutet werden kann. Ein weiterer Ausschlussgrund besteht dann, wenn der Unternehmer das Vertragsverhältnis gekündigt hat und für die Kündigung ein wichtiger Grund wegen schuldhaften Verhaltens des Handelsvertreters vorlag. Schließlich scheidet ein Ausgleichsanspruch nach § 89b HGB aus, wenn auf Grund einer Vereinbarung zwischen dem Unternehmer und dem Handelsvertreter ein Dritter anstelle des Handelsvertreters in das Vertragsverhältnis eintritt.

II. Vertragshändlerverträge

Für Vertragshändler ist kennzeichnend, dass sie die betreffenden Produkte (hier Medi- **19** zinprodukte) von dem Hersteller erwerben und diese **im eigenen Namen und für eigene Rechnung** an ihre Kunden (Großhandel, Krankenhäuser, Sanitätshäuser etc.) verkaufen. Von dem Eigenhändler, der nur von Fall zu Fall mal bei dem einen, mal bei dem anderen Lieferanten Ware bezieht, unterscheiden sich Vertragshändler dadurch, dass sie auf der Grundlage eines entsprechenden Vertriebsrahmenvertrags in die Vertriebsorganisation eines Herstellers (von Medizinprodukten) in der Weise eingegliedert sind, dass sie dauerhaft die Aufgabe übernehmen, die betreffenden Produkte im Vertragsgebiet zu vertreiben und deren Absatz zu fördern.[11] Dies geht über die bloße Käufer-Verkäufer-Beziehung hinaus.

Dies wird in der Praxis seitens des Vertragshändlers häufig dadurch deutlich gemacht, **20** dass er den Produktnamen und die Marke des Herstellers (z. B. auf dem Briefkopf, Firmenschild) besonders nach außen hervorhebt. Dies bedeutet jedoch nicht, dass der Vertragshändler zwangsläufig nur für einen einzigen Hersteller tätig sein muss. Vielmehr ist es ohne weiteres möglich, dass der Vertragshändler für eine Reihe von Herstellern tätig wird. Ob und inwieweit man als Hersteller einen Vertragshändler **exklusiv für ein bestimmtes Gebiet** an sich bindet, ist letztlich abhängig von den beiderseitigen Interessen. Ein Wesensmerkmal ist die Exklusivität jedenfalls nicht.

Zu den wesentlichen Vertragsbestimmungen derartiger Vertragshändlerverträge gehören **21** damit insbesondere Regelungen zu den **besonderen Pflichten des Vertragshändlers** hinsichtlich des Vertriebs und der aktiven Bewerbung und Vermarktung der betreffenden Produkte. Diese besondere Vertriebsverantwortung spiegelt sich häufig auch in der Verpflichtung wider, bestimmte Mindestmengen abzunehmen und hinsichtlich des voraussichtlichen Bedarfs den Hersteller/Lieferanten mit rechtzeitigen Vorabeinschätzungen zu informieren. Daneben treten in der Praxis häufig Berichtspflichten hinsichtlich der allgemeinen Marktentwicklungen, etwaiger Patent- und Markenverletzungen sowie sonstige Unterstützungshandlungen in Bezug auf den Schutz des Produktimages auf.

Im Hinblick auf die regelmäßig vorliegende Eingebundenheit des Vertragshändlers in **22** den Vertrieb der Produkte des Herstellers hat die Rechtsprechung zum Schutze des Vertragshändlers unter bestimmten Voraussetzungen diesem den **handelsvertreterrechtlichen Ausgleichsanspruch** nach § 89b HGB **in entsprechender (analoger) Anwendung** zugebilligt.[12] Hintergrund war dabei die Überlegung, dass der Vertragshändler in seiner vertraglichen Stellung, d. h. insbesondere seiner Abhängigkeit, einem Handelsvertreter gleich steht und es deshalb angemessen erscheint, ihn hinsichtlich des Ausgleichsanspruchs in der gleichen Weise zu behandeln.

---

[11] *Schmidt*, S. 758 ff.; vgl. auch *Martinek*, Rdnr. 22 ff.
[12] Ausführlich *Schmidt*, S. 771 ff.

23   Einer analogen Anwendung des handelsvertreterrechtlichen Ausgleichsanspruchs nach
§ 89b HGB kann entgegen gewirkt werden, indem man vertraglich ausdrücklich vorsieht,
dass der Vertragshändler weder während der Vertragslaufzeit noch zum Ende des Vertrags
verpflichtet ist, die Identität seiner Kunden gegenüber dem Hersteller/Lieferanten offen zu
legen. Eine derartige ausdrückliche vertragliche Regelung kann in der Praxis aber nur
dann überhaupt als eine Erfolg versprechende **Möglichkeit des Ausschlusses des Ausgleichsanspruchs** nach § 89b HGB angesehen werden, wenn der Hersteller/Lieferant
auch rein faktisch während der Vertragslaufzeit keinen Zugang zu den Kundendaten hat.
Erlangt der Hersteller/Lieferant trotz einer entsprechenden vertraglichen Klarstellung
faktisch Kenntnis von den Kundendaten, dürfte ausgehend von der Praxis der Gerichte die
analoge Anwendung des § 89b HGB nur schwer auszuschließen sein. Darüber hinaus
stellt sich das Problem, dass nach den Überwachungsregeln für Medizinprodukte es rechtlich geboten oder der Sache nach angezeigt sein kann, dass sich der Hersteller gegenüber
dem Vertreiber ausdrücklich das Recht vorbehält, bei Vorkommnissen oder Beinahevor-
kommnissen die Information hinsichtlich des jeweiligen Kunden, an den der Vertreiber
das betreffende Medizinprodukt geliefert hat, zu verlangen. Gleichwohl kann dies bei
systematisch richtigem Verständnis des Regelungszwecks des § 89b HGB nicht dessen
Anwendbarkeit begründen, jedenfalls dann nicht, wenn die Offenlegung nur in Einzelfällen erfolgen soll. Maßgeblich muss insoweit die tatsächliche Praktizierung und der Umfang der Offenlegung sein. Der bloße Vorbehalt, eine derartige Offenlegung verlangen zu
können, kann die Anwendbarkeit des § 89b HGB in derartigen Fällen nicht begründen.

III. Selektiver Vertrieb

24   Alternativ zu singulären Vertragshändlerverträgen kommt die **Errichtung eines selektiven Vertriebssystems** in Betracht. Die selektive Wirkung kann sich einerseits durch
eine Begrenzung der Anzahl anerkannter Händler (Fachhändler) in Folge qualitativer
Zulassungskriterien oder quantitativer Begrenzung ergeben. Andererseits ergeben sich
selektive Wirkungen aus der Beschränkung der Weiterverkaufsmöglichkeiten. Für ein
selektives Vertriebssystem typisch ist das in dem jeweiligen Vertrag niedergelegte Verbot,
die betreffenden Produkte an nicht zugelassene Händler zu veräußern.

25   Bei der Selektion ist zu unterscheiden zwischen quantitativer und qualitativer Selektion.
Bei der **qualitativen Selektion** werden nur solche Händler zugelassen, die bestimmte
objektive Kriterien qualitativer Art (wie z.B. technisch-medizinische Fachkunde, Bera-
tungskompetenz, Kundendienst) erfüllen. Bei der **quantitativen Selektion** wird die
Anzahl der teilnehmenden Händler begrenzt. Der Unterschied zu einem System von
Alleinvertriebshändlern, bei dem für ein bestimmtes Gebiet jeweils nur ein Händler exklusiv zum Vertrieb der Produkte berechtigt ist, besteht darin, dass die Beschränkung der
Händler nicht von der Anzahl der Gebiete abhängt, sondern von zusätzlichen quantitativ
begrenzenden Vorgaben.

26   Auf Grund dieser Besonderheiten weisen Verträge mit Fachhändlern, die an einem selektiven Vertriebssystem des Herstellers teilnehmen, neben den Vertragsbestimmungen,
die die Lieferung der Produkte und die Vertriebszusammenarbeit betreffen, weitere Klauseln auf, die sich auf die **Errichtung und Praktizierung des selektiven Vertriebssystems** beziehen. Dazu zählt insbesondere das bereits erwähnte Weitergabeverbot gegenüber nicht zugelassenen Händlern. Darüber hinaus sehen derartige Verträge regelmäßig
vor, dass die Zulassungskriterien von dem Fachhändler auch zukünftig weiterhin zu erfüllen sind. Besondere Regelungen kann es auch hinsichtlich des Marktauftritts in Bezug auf
die Ausstattung und Gestaltung des eigenen Geschäftsbetriebs sowie die Präsentation und
Bewerbung der Produkte geben.

C. Kartellrechtliche Grenzen der Gestaltung von Vertriebsverträgen für Medizinprodukte

Obwohl nach deutschem Recht das Prinzip der Privatautonomie besteht, d. h. die Vertragsparteien grundsätzlich darin frei sind, den Inhalt ihres Vertriebsvertrags zu bestimmen, gibt es in kartellrechtlicher Hinsicht **Grenzen bei der Gestaltung von Vertriebsverträgen.** Dabei ist zu unterscheiden zwischen den kartellrechtlichen Anforderungen, die für jedes Unternehmen gelten, und den besonderen Anforderungen, die allein marktbeherrschende Unternehmen treffen. **27**

I. Rechtlicher Rahmen

Kartellrechtliche Grenzen ergeben sich aus **zweierlei Rechtsquellen:** Neben den Vorschriften des deutschen Kartellrechts (Gesetz gegen Wettbewerbsbeschränkungen, GWB) ergeben sich solche aus dem europäischen Kartellrecht, das direkt Anwendung findet und insoweit neben die Regelungen des GWB tritt. **28**

Vertriebsverträge werden grundsätzlich als **sog. Vertikalvereinbarungen** angesehen. Die Bezeichnung „vertikal" dient dabei der Abgrenzung zu horizontalen Vereinbarungen. Bei letzteren handelt es sich um Vereinbarungen zwischen aktuellen oder potenziellen Wettbewerbern. Demnach sind vertikale Vereinbarungen grundsätzlich solche, die zwischen Nicht-Wettbewerbern abgeschlossen werden. Für die rechtliche Beurteilung hat dies erhebliche Konsequenzen, da beispielsweise bei einer Vertriebsvereinbarung zwischen Wettbewerbern das Kartellverbot des deutschen Rechts (§ 1 GWB) sowie die besonderen Anforderungen im Hinblick auf die Zulässigkeit nach Art. 81 Abs. 1 EG zu berücksichtigen sind. Für rein vertikale Vereinbarungen, d. h. Vertriebsvereinbarungen über Medizinprodukte zwischen Nicht-Wettbewerbern, können nach deutschem Recht die §§ 14, 16, 22 und 23 GWB relevant sein. **29**

§ 14 GWB enthält das **sog. Drittbindungsverbot.** Danach ist es den Vertragsparteien untersagt, sich zu verpflichten, in einem oder mehreren Verträgen mit Dritten hinsichtlich der gelieferten Waren oder gewerblichen Leistungen bestimmte Preise oder Geschäftsbedingungen vorzusehen. **30**

§ 16 GWB dürfte in der Praxis für Vertriebsverträge nur in Ausnahmesituationen relevant sein. Diese Vorschrift unterstellt vertikale Vereinbarungen, die eine Ausschließlichkeitsbindung enthalten, einer bloßen **Missbrauchsaufsicht durch die deutschen Kartellbehörden.** Diese können – wenn die Voraussetzungen des § 16 GWB vorliegen – die betreffenden Verträge für unwirksam erklären und die Anwendung neuer gleichartiger Bindungen verbieten. Als Ausschließlichkeitsbindungen werden Bindungen hinsichtlich der Verwendung der gelieferten Waren, Vertriebsbindungen, d. h. Einschränkungen der Freiheit, an andere die betreffenden Waren zu liefern, sowie Kopplungsgeschäfte angesehen. Voraussetzung für einen Eingriff der Kartellbehörden ist indes, dass durch das Ausmaß derartiger Bindungen der Wettbewerb wesentlich beeinträchtigt wird.[13] Bei der Frage, ob diese Voraussetzung erfüllt ist, ist nicht nur auf den einzelnen Vertrag, sondern auf entsprechende gleichartige Beschränkungen im Markt zwischen anderen Unternehmen abzustellen.[14] Dies wird man regelmäßig nur in besonderen Fällen annehmen können, in denen Wettbewerber vom Markt und vom Wettbewerb ausgeschlossen werden. Rechtliche Wirkungen ergeben sich aus § 16 GWB für die Vertragsparteien erst dann, wenn die Kartellbehörde ein Verfahren eröffnet und eine entsprechende Verfügung erlassen hat. **31**

---

[13] *BGH* WuW/E 2668, 2674.
[14] *Bechtold,* § 16 GWB, Rdnr. 13.

32   Die §§ 22, 23 GWB sind für Vertriebsverträge relevant, soweit sie Empfehlungen enthalten. Nach § 22 Abs. 1 Satz 2 GWB sind **Empfehlungen des Lieferanten/Herstellers** gegenüber dem Vertreiber in Bezug auf die Preissetzung einschließlich etwaiger Ober- und Untergrenzen unzulässig. Dieses Verbot gilt jedoch nicht für kleinere oder mittlere Unternehmen (d.h. solche, die weniger als 250 Mitarbeiter haben und deren Jahresumsatz 40 Mio. € oder deren Bilanzsumme 27 Mio. € nicht übersteigt), soweit die Empfehlung dazu dient, die Wettbewerbsfähigkeit der Vertragspartner gegenüber Großunternehmen zu verbessern, die betreffende Empfehlung gegenüber dem Vertreiber ausdrücklich als unverbindlich bezeichnet und zu ihrer Durchsetzung weder wirtschaftlicher noch gesellschaftlicher oder sonstiger Druck eingesetzt wird (§ 22 Abs. 2 GWB). Von unzulässigen Preisempfehlungen zu unterscheiden sind Empfehlungen, die die Anwendung von Normen und Typen betreffen. Unter bestimmten Voraussetzungen sind diese vom Empfehlungsverbot freigestellt (§ 22 Abs. 3 Nr. 1, Abs. 4 GWB). Für Markenwaren gilt eine weitere Ausnahme (§ 23 Abs. 1 GWB).

33   Medizinprodukte werden in der Regel den **Begriff der Markenware** i.S.v. § 23 Abs. 2 GWB erfüllen. In Folge dessen kann nach § 23 Abs. 1 GWB für Medizinprodukte regelmäßig durch den Hersteller/Lieferanten gegenüber dem Vertreiber eine Preisempfehlung ausgesprochen werden. Dies setzt aber voraus, dass die Empfehlung sich auf einen bestimmten Preis richtet und ausdrücklich als unverbindlich bezeichnet ist. Ferner darf zur Durchsetzung keine Form von Druck eingesetzt werden. Außerdem muss der die Empfehlung abgebende Hersteller/Lieferant die Empfehlung in der Erwartung aussprechen, dass die Mehrheit der Empfehlungsempfänger (Vertreiber) den betreffenden Preis auch tatsächlich von ihren Kunden fordert. Allerdings unterstehen Empfehlungen für Markenwaren einer besonderen Missbrauchsaufsicht durch das Bundeskartellamt, die verhindern soll, dass sich das Preisniveau zu Lasten der Verbraucher entwickelt und die Verbraucher getäuscht werden (§ 23 Abs. 3 Nr. 1 und 2 GWB). Eingriffsbefugnisse des Bundeskartellamts bestehen zudem dann, wenn der empfohlene Preis deutlich über dem Preisniveau liegt, das im Markt erzielbar ist oder durch Vertriebsregelungen oder andere Maßnahmen des die Preisempfehlung aussprechenden Herstellers/Lieferanten bestimmte Unternehmen oder Abnehmergruppen vom Erhalt der Ware ausgeschlossen sind (§ 23 Abs. 3 Nr. 3 und 4 GWB).

34   Neben diesen Vorschriften des GWB ist auf der Ebene des europäischen Kartellrechts Art. 81 Abs. 1 EG zu beachten. Dabei handelt es sich um eine weitgefasste Verbotsnorm, die sowohl horizontale als auch vertikale Beschränkungen **einem grundsätzlichen Verbot unterstellt.** Voraussetzung ist insoweit, dass die betreffende Vereinbarung die Beschränkung des Wettbewerbs bezweckt oder bewirkt und dies geeignet ist, den Handel zwischen den Mitgliedstaaten innerhalb der Europäischen Union spürbar zu beeinträchtigen. Die weite Fassung von Art. 81 Abs. 1 EG führt dazu, dass praktisch jede Form von Ausschließlichkeiten eine tatbestandliche Wettbewerbsbeschränkung darstellen kann, wenn Waren oder Dienstleistungen betroffen sind, die innerhalb der Europäischen Union gehandelt werden können.

35   Zu der Frage, wann eine derartige Beeinträchtigung spürbar ist, hat die Europäische Kommission durch eine mehrfach überarbeitete Bekanntmachung (**Bagatellbekanntmachung**)[15] Grundsätze aufgestellt. Bei Vertikalvereinbarungen, d.h. Vereinbarungen zwischen Nicht-Wettbewerbern, liegt keine Spürbarkeit in diesem Sinne vor, wenn der von jedem Vertragspartner gehaltene Marktanteil bezogen auf den jeweils betroffenen Markt, d.h. auf die Gesamtheit der Waren, die aus Sicht der Verbraucher hinsichtlich Preis, Funktionsweise und Verwendungszweck austauschbar erscheinen, 15% nicht überschreitet. Allerdings werden bestimmte Beschränkungen, die als besonders schwerwiegend

---

[15] Bekanntmachung der Kommission über Vereinbarungen von geringer Bedeutung, die den Wettbewerb gemäß Art. 81 Abs. 1 des Vertrags zur Gründung der Europäischen Gemeinschaft nicht spürbar beschränken (de minimis) (ABl. EG Nr. C 368 v. 22. 12. 2001, S. 13).

angesehen werden, ungeachtet des Marktanteils als spürbar angesehen (sog. **Kernbeschränkungen**). Um Kernbeschränkungen handelt es sich insbesondere bei Preisbindungen zu Lasten des Käufers (Vertreibers) sowie bei Beschränkungen des Gebiets oder des Kundenkreises, in das oder an den der Käufer (Vertreiber) die Vertragswaren liefern darf, wobei die Europäische Kommission in ihrer Bagatellbekanntmachung hiervon wiederum bestimmte Rückausnahmen definiert. So handelt es sich beispielsweise nicht um eine Kernbeschränkung, wenn der Hersteller/Lieferant dem Käufer nur den aktiven Verkauf in Gebiete oder an Kundengruppen untersagt, die der Hersteller/Lieferant sich selbst vorbehalten oder die er ausschließlich einem anderen Käufer zugewiesen hat, sofern dadurch Verkäufe seitens der Kunden des Käufers nicht begrenzt werden.

Um **Kernbeschränkungen** handelt es sich auch, wenn der Hersteller/Lieferant ein se- **36** lektives Vertriebssystem errichtet hat und innerhalb dieses selektiven Vertriebssystems seinen Händlern bestimmte zusätzliche Beschränkungen auferlegt. Dies gilt insbesondere für Beschränkungen des aktiven oder passiven Verkaufs an Endverbraucher, wenn die betroffenen Händler auf der Einzelhandelsstufe tätig sind. Eine Kernbeschränkung liegt auch dann vor, wenn innerhalb eines selektiven Vertriebssystems sog. Querlieferungen zwischen Händlern gleicher oder unterschiedlicher Handelsstufen beschränkt werden. Schließlich zählen hierzu auch bestimmte Verkaufsbeschränkungen zu Lasten des Lieferanten, allerdings in einem sehr speziellen Fall. Um keine Kernbeschränkung handelt es sich danach bei Vereinbarungen, die dem Lieferanten untersagen, bestimmte Waren als Ersatzteile an Endverbraucher oder Reparaturwerkstätten oder andere Dienstleistungsbetriebe zu verkaufen, wenn der Käufer diese Waren als Bestandteile seiner eigenen Erzeugnisse verwendet.

Mit der Feststellung einer spürbaren Wettbewerbsbeschränkung i. S. v. Art. 81 Abs. 1 **37** EG ist jedoch die Frage, ob eine nach europäischem Kartellrecht unzulässige Vertragsbestimmung vorliegt, noch nicht beantwortet. Angesichts der Weite des Verbotstatbestands des Art. 81 Abs. 1 EG sieht Art. 81 Abs. 3 EG vor, dass die Europäische Kommission Freistellungen von dem Verbot erteilen kann. Derartige Freistellungen können im Wege der Einzelfreistellung, d. h. auf Antrag der Vertragsparteien, erfolgen. Die Europäische Kommission ist auf Grund von Art. 81 Abs. 3 EG aber auch berechtigt, im Wege sog. Gruppenfreistellungsverordnungen bestimmte typisierte Verträge freizustellen. Von dieser Befugnis, Gruppenfreistellungsverordnungen für Vertragstypen zu erlassen, hat die Europäische Kommission in einer Reihe von Fällen Gebrauch gemacht. Für den Bereich des Vertriebs von Medizinprodukten ist dabei insbesondere die noch vergleichsweise junge Gruppenfreistellungsverordnung für Vertikalbeschränkungen (**Vertikal-GVO**)[16] zu nennen.

Dieser Gruppenfreistellungsverordnung liegt folgender **Regelungsmechanismus 38** zugrunde: Spürbare, gegen Art. 81 Abs. 1 EG verstoßende Beschränkungen in Vertikalvereinbarungen wie Vertriebsverträgen sind freigestellt, es sei denn, es handelt sich um bestimmte, als schwerwiegend angesehene Wettbewerbsbeschränkungen (d. h. Kernbeschränkungen in dem oben genannten Sinne). Diese sind enumerativ in der Vertikal-GVO aufgeführt (Art. 4). Die Aufnahme dieser Kernbeschränkungen in einen Vertriebsvertrag führt dazu, dass die gesamte Gruppenfreistellungsverordnung auf den betreffenden Vertrag keine Anwendung findet.[17] Dies bedeutet, dass nicht nur die betreffende Vertragsklausel, die die Kernbeschränkung enthält, unzulässig ist. Auch andere vertragliche Bestimmungen, die nach der Vertikal-GVO freigestellt wären, sind dann von der Gruppenfreistellung ausgenommen. Ohnehin findet die Vertikal-GVO nur dann Anwendung, wenn der

---

[16] Verordnung (EG) Nr. 2790/1999 der Kommission v. 22. 12. 1999 über die Anwendung von Art. 81 Abs. 3 des Vertrags auf Gruppen von vertikalen Vereinbarungen und aufeinander abgestimmten Verhaltensweisen (ABl. EG Nr. L 336, S. 21).
[17] Leitlinien der Europäischen Kommission für vertikale Beschränkungen (ABl. EG Nr. C 291 v. 13. 10. 2000), Tz. 46 Satz 1, Tz. 66.

Marktanteil des Herstellers/Lieferanten 30% nicht überschreitet. Relevanter Bezugspunkt ist dabei nicht der Endkundenmarkt, sondern der Markt, auf dem sich Hersteller/Lieferant einerseits und Vertreiber andererseits begegnen (Hersteller- oder Großhandelsmarkt). Für Vereinbarungen, die vorsehen, dass der Vertreiber der Einzige sein soll, an den der Hersteller/Lieferant die betreffenden Produkte liefert (sog. Alleinbelieferungsverpflichtung), wird nicht auf den Marktanteil des Herstellers/Lieferanten abgestellt, sondern auf den des Käufers (Vertreibers) in seiner Stellung als Nachfrager auf der Großhandelsstufe. Werden die 30% insoweit überschritten, ist die Anwendung der Vertikal-GVO ausgeschlossen (Rdnr. 65 ff.).

39 Da europäisches Recht gegenüber den nationalen staatlichen Rechtsordnungen, hier dem deutschen Recht, **Geltungsvorrang besitzt,** stellt sich die Frage, was gilt, wenn nach den Vorschriften des deutschen Kartellrechts (z.B. § 14 GWB) eine bestimmte Vertragsklausel unzulässig wäre, sie aber nicht zu den Kernbeschränkungen in Art. 4 der Vertikal-GVO gehört und deshalb – bei einem Marktanteil von nicht mehr als 30% – als freigestellt anzusehen ist. Auch wenn sich die europäischen Gerichte mit dieser Frage bislang nicht beschäftigt haben, ist nach herrschender Auffassung davon auszugehen, dass der durch die Vertikal-GVO letztlich angeordneten Zulässigkeit der betreffenden Vereinbarung Vorrang gegenüber der Verbotserklärung der deutschen Norm (hier § 14 GWB) zukommt.[18]

40 Dies kann mitunter zu einem **kuriosen Ergebnis** führen: Stellt eine bestimmte Klausel in einem Vertriebsvertrag einen tatbestandsmäßigen Verstoß im Sinne einer Verbotsnorm des GWB (z.B. § 14 GWB) dar und wäre diese Form der Beschränkung an und für sich zumindest auch ein (technischer) Verstoß gegen Art. 81 Abs. 1 EG, fehlt es aber für die Annahme eines Verstoßes gegen Art. 81 Abs. 1 EG mangels eines Marktanteils von mehr als 15% oder mangels Vorliegens einer Kernbeschränkung an der Spürbarkeit, kann es denknotwendigerweise zu keiner Anwendung der Vertikal-GVO kommen. Dies wiederum hat zur Folge, dass es dann bei der Verbotswirkung des deutschen Kartellrechts bleibt. Damit wird jedoch die nach der Marktstellung der Vertragsbeteiligten weniger schwerwiegende Wettbewerbsbeschränkung härter behandelt als eine solche, die zwischen Vertragsbeteiligten mit wesentlich höherem Marktanteil vereinbart wird.

41 Unterschiede zwischen deutschem und europäischem Kartellrecht ergeben sich zudem bei der Behandlung von Vertriebsverträgen, die zwischen **aktuellen oder potenziellen Wettbewerbern** abgeschlossen werden. Selbst wenn derartige Verträge keine beschränkenden Klauseln enthalten, kann sich die für ein Verbot nach § 1 GWB erforderliche Wettbewerbsbeschränkung schon aus der Vertriebszusammenarbeit als solcher ergeben: Übernimmt ein Unternehmen die Vertriebsverantwortung für Produkte, die mit den eigenen Produkten im Wettbewerb stehen, ist aus Sicht der Kartellbehörden davon auszugehen, dass diese Konstellation den Wettbewerb zwischen beiden Produkten beeinträchtigen wird.[19] So wird insbesondere erwartet, dass sich für die miteinander konkurrierenden Produkte die Preise annähern, wenn nicht gar angleichen, da der vertreibende Wettbewerber weder für das eigene Produkt noch für das Produkt des ihn beauftragenden Wettbewerbers bereit wäre, in Folge eines schlechteren Preises Vertriebsnachteile in Kauf zu nehmen. In Folge dessen liegt es nach deutschem Recht – Spürbarkeit vorausgesetzt – nahe, in einem derartigen Fall einen Verstoß gegen § 1 GWB anzunehmen. Eine Freistellung von diesem Verbot wäre nur unter den Voraussetzungen des § 7 GWB möglich. Diese müsste vom Bundeskartellamt erteilt werden. Vertriebsvereinbarungen sind jedoch ausdrücklich von dieser Möglichkeit ausgenommen.

42 Das europäische Kartellrecht, d.h. Art. 81 Abs. 1 EG, sieht demgegenüber vor, dass sogar **Beschränkungen in Vertriebsverträgen zwischen Wettbewerbern** freigestellt

---

[18] *Bechtold,* Einführung, Rdnr. 60.
[19] Z.B. Entscheidung der Kommission v. 21. 12. 1977 – „SOPELEM/Vickers I" (ABl. EG Nr. L 70 v. 13. 3. 1978, S. 51); Entscheidung der Kommission v. 26. 11. 1981 – „SOPELEM/Vickers II" (ABl. EG Nr. L 391 v. 31. 12. 1981, S. 2).

sind, wenn sie die Voraussetzungen der Vertikal-GVO erfüllen, d.h. keine Kernbeschränkungen enthalten. Dies gilt allerdings nur für solche Konstellationen, in denen der jährliche Gesamtumsatz des Vertreibers 100 Mio. € nicht überschreitet oder der Lieferant zugleich Hersteller und Händler der Vertragswaren, der Vertreiber dagegen nur ein Händler ist, der keine mit den Vertragswaren in Wettbewerb stehenden Waren herstellt, und soweit zwischen den beiden Vertragspartnern keine wechselseitigen Vertriebsverträge geschlossen worden sind (Art. 2 Abs. 4 Vertikal-GVO). Ergeben sich in derartigen Konstellationen Unterschiede in der rechtlichen Würdigung zwischen nationalem und europäischem Recht, gilt aus den vorstehend genannten Gründen wiederum der Geltungsvorrang des europäischen Rechts mit der Folge, dass derartige Vereinbarungen trotz Verstoßes gegen § 1 GWB zulässig wären.

II. Kartellrechtliche Zulässigkeit einzelner vertriebsvertraglicher Klauseln

Bei der kartellrechtlichen Beurteilung bestimmter vertriebsvertragstypischer Klauseln **43** lassen sich zweckmäßigerweise **vier Gruppen von Bindungsarten** unterscheiden:
– Bindungen des Vertreibers,
– Bindungen des Herstellers/Lieferanten sowie
– Bindungen im Rahmen selektiver Vertriebssysteme und
– Bindungen in Handelsvertreterverträgen.

1. Bindungen des Vertreibers

a) Wettbewerbsverbote

Häufig hat der Hersteller/Lieferant ein großes Interesse daran, dass der von ihm einge- **44** setzte Vertreiber keine konkurrierenden Produkte anderer Hersteller vertreibt. Klauseln, die den Vertreiber daran hindern, sind – bei angenommener Spürbarkeit – Wettbewerbsbeschränkungen i.S.v. Art. 81 Abs. 1 EG und bedürfen der Freistellung. Nach der Vertikal-GVO (Art. 5 lit. a)) sind derartige Formen des Wettbewerbsverbots freigestellt. Die Freistellung ist jedoch daran geknüpft, dass das Wettbewerbsverbot **für nicht mehr als fünf Jahre vereinbart** werden darf. Hat der Vertriebsvertrag eine unbestimmte Vertragslaufzeit, ist das Wettbewerbsverbot ebenfalls nicht freigestellt. Gleiches gilt für den Fall, dass die Vertragslaufzeit zwar nicht mehr als fünf Jahre beträgt, im Vertrag jedoch vorgesehen ist, dass sich der Vertrag stillschweigend verlängert, wenn nicht einer der beiden Vertragsparteien vor Ablauf der ursprünglichen Vertragszeit den Vertrag kündigt. Auch in diesem Fall scheidet nach Art. 5 Vertikal-GVO die Freistellung aus. Dies lässt zweierlei zu: Einerseits ist es durchaus möglich, eine Vertragslaufzeit von mehr als fünf Jahren vorzusehen. Dann muss – um in den Genuss der Freistellungswirkung zu gelangen – eine gesonderte, auf fünf Jahre festgelegte Geltungsdauer für das Wettbewerbsverbot vorgesehen werden. Andererseits sind die Vertriebsvertragspartner nicht daran gehindert, nach Ablauf eines auf fünf Jahre begrenzten und mit einem Wettbewerbsverbot versehenen Vertrags einen neuen Vertrag abzuschließen, der wiederum ein Wettbewerbsverbot von fünf Jahren vorsieht.

Eine **Ausnahme** von der vorstehend genannten Regel besteht dann, wenn der Vertrei- **45** ber die Vertragsware in Räumlichkeiten oder auf Grundstücken vertreibt, die im Eigentum des Herstellers/Lieferanten stehen oder durch diesen von einem Dritten gemietet oder gepachtet worden sind. In einem derartigen Fall ist es zulässig, dass das Wettbewerbsverbot auch über den Zeitraum von fünf Jahren hinaus Geltung haben soll, allerdings darf es zeitlich dann nicht weiterreichen als die Nutzung der Räumlichkeiten oder des Grundstückes durch den Vertreiber (Art. 5 lit. a) letzter Teilsatz Vertikal-GVO).

b) Alleinbezug, Mindestabnahme, Gesamtbedarfsdeckung

46 Klauseln, wonach der Vertreiber verpflichtet ist, **seinen gesamten Bedarf an entsprechenden Vertragswaren von dem Hersteller/Lieferanten zu beziehen,** werden als Alleinbezugsklauseln bezeichnet. Derartige Alleinbezugs- oder Gesamtbedarfsdeckungsverpflichtungen stellen – bei Spürbarkeit – ebenfalls eine Wettbewerbsbeschränkung i.S.v. Art. 81 Abs. 1 EG dar, da der Vertreiber daran gehindert wird, die Vertragswaren von dritter Seite zu beziehen. In der Regel werden derartige Klauseln nicht nur auf die Vertragsprodukte selbst, sondern auf die Gattung der Vertragsprodukte, d.h. die Vertragsprodukte und damit konkurrierende Produkte, ausgedehnt. Hinsichtlich der insoweit dann erforderlichen Freistellung gilt, dass die Vertikal-GVO solche Klauseln grundsätzlich wie Wettbewerbsverbote behandelt (Art. 1 lit. b)). Dies bedeutet, dass die vorstehend hinsichtlich Wettbewerbsverboten dargelegten rechtlichen Grundsätze auf der Grundlage der Vertikal-GVO auch insoweit gelten, d.h. die Laufzeit derartiger Verpflichtungen des Vertreibers auf fünf Jahre fest zu begrenzen ist, um in den Genuss der Freistellung zu gelangen.

47 Bei Klauseln, die vorsehen, dass der Vertreiber innerhalb eines bestimmten Zeitraums (Quartal, Halbjahr, Jahr) eine **bestimmte Menge an Vertragsprodukten** beim Hersteller/Lieferanten abnimmt, war früher fraglich, ob und inwieweit derartige Klauseln eine Wettbewerbsbeschränkung darstellen. Entspricht die Mindestabnahmemenge dem Gesamtbedarf des Vertreibers, liegt eine Alleinbezugs- oder Gesamtbedarfsverpflichtung vor, die wie ein Wettbewerbsverbot zu behandeln wäre. Beträgt die Mindestabnahmemenge beispielsweise tatsächlich lediglich 30% des Bedarfs des Vertreibers, besteht für die Annahme einer Wettbewerbsbeschränkung i.S.v. Art. 81 Abs. 1 EG kein Anhaltspunkt, da der Vertreiber die restlichen 70% seines Bedarfs bei anderen Herstellern/Lieferanten decken kann. Seine Dispositionsfreiheit ist nicht oder nur geringfügig eingeschränkt. Dies bedingte, dass früher fraglich war, ab welchem prozentualen Anteil des Gesamtbedarfs eine Mindestabnahmeverpflichtung zu einer Wettbewerbsbeschränkung i.S.v. Art. 81 Abs. 1 EG werden kann. Mittlerweile ist dies seitens der Europäischen Kommission in der Weise klargestellt worden, dass nach Art. 1 lit. b) Vertikal-GVO eine Mindestabnahmeverpflichtung nur dann einem Wettbewerbsverbot gleichgestellt wird, wenn der Vertreiber verpflichtet wird, mehr als 80% seiner auf der Grundlage des Einkaufswerts des vorherigen Kalenderjahrs berechneten gesamten Einkäufe an Vertragsprodukten einschließlich Substituten vom Hersteller/Lieferanten oder von einem anderen, vom Hersteller/Lieferanten bezeichneten Unternehmen zu beziehen. Konsequenz dieser Gleichstellung ist wiederum die Notwendigkeit, eine derartige Klausel in ihrer Laufzeit auf fünf Jahre fest zu begrenzen. Andernfalls wäre die Klausel nicht freigestellt und damit ein Verstoß gegen Art. 81 Abs. 1 EG.

c) Englische Klauseln

48 Bei einer sog. Englischen Klausel handelt es sich um die Verpflichtung des Vertreibers, dem Hersteller/Lieferanten ein **besseres Angebot eines konkurrierenden Herstellers/ Lieferanten** zu melden und nur dann von dem gemeldeten Hersteller/Lieferanten die betreffenden Produkte zu beziehen, wenn der Hersteller/Lieferant, für den der Vertreiber tätig ist, ihm nicht zumindest ein gleich günstiges Angebot unterbreitet. Entscheidet sich der Hersteller/Lieferant, mit dem der Vertreiber den Vertriebsvertrag abgeschlossen hat, nicht auf den (günstigeren) Preis einzusteigen, ist der Vertreiber frei, von dem konkurrierenden Hersteller/Lieferanten zu beziehen.

49 Die deutschen Regelungen, insbesondere § 14 GWB, erfassen derartige Klauseln nicht. Es erscheint auch fraglich, ob eine derartige Klausel – bei unterstellter Spürbarkeit – eine Wettbewerbsbeschränkung i.S.v. Art. 81 Abs. 1 EG darstellt. Der Ansatzpunkt kartellrechtlicher Bedenken besteht nach Auffassung der Europäischen Kommission darin, dass durch derartige Vertragsklauseln eine Transparenz im Verhältnis zwischen konkurrierenden Anbietern in Bezug auf ihre Preisangebote hergestellt wird. Damit soll der sog. **Ge-**

heimwettbewerb zwischen den Herstellern/Lieferanten beeinträchtigt sein, da diese im Wettbewerb um den Kunden (hier den Vertreiber) die Unsicherheit verlieren, die durch die – ansonsten bestehende – Unkenntnis des konkurrierenden Angebots bedingt ist. Dies kann nach Auffassung der Europäischen Kommission dazu führen, dass hinsichtlich ihrer Preise konkurrierende Anbieter keine Veranlassung sehen, von sich aus Preise herabzusetzen. Die Europäische Kommission hat allerdings in der Vergangenheit derartige Klauseln nicht beanstandet, wenn die **Anonymität des konkurrierenden Angebots** gewahrt ist.[20] Englische Klauseln unterliegen somit nach Auffassung der Europäischen Kommission keinen kartellrechtlichen Bedenken und verstoßen schon nicht gegen Art. 81 Abs. 1 EG, wenn der Vertreiber nicht dazu verpflichtet wird, den hinter dem konkurrierenden Angebot stehenden Lieferanten gegenüber seinem Vertragspartner offen legen zu müssen. Ist die Anonymität hingegen nicht gewährleistet, wären derartige Englische Klauseln wie Wettbewerbsverbote i. S. v. Art. 1 lit. b) Vertikal-GVO zu behandeln, mit der dann wiederum bestehenden Notwendigkeit einer festen Begrenzung auf fünf Jahre (Rdnr. 44, 45).

d) Preisbindungen

Preisbindungen, d. h. jegliche Form von Beschränkungen der Möglichkeiten eines Vertragspartners, seinen Verkaufspreis festzusetzen, stellen einen **Verstoß gegen § 14 GWB** dar. Es ist somit nicht zulässig, dem Vertreiber vertraglich vorzuschreiben, zu welchem Preis er Medizinprodukte an seine Kunden verkauft. **50**

Eine derartige Einschränkung der Preisgestaltungsfreiheit des Vertreibers ist zugleich auch – Spürbarkeit der Wettbewerbsbeschränkung und der Beeinträchtigung des Handels innerhalb der EU unterstellt – eine Wettbewerbsbeschränkung i. S. v. Art. 81 Abs. 1 EG. Die sich daran anschließende Frage, ob diese Wettbewerbsbeschränkung durch die Vertikal-GVO freigestellt ist, muss verneint werden: Nach Art. 4 lit. a) 1. Hs. Vertikal-GVO muss der Vertreiber in der Lage sein, seinen Verkaufspreis selbst festzusetzen. Dies bedeutet nach Art. 4 lit. a) Vertikal-GVO, dass sämtliche Vereinbarungen, die unmittelbar oder mittelbar, für sich allein oder in Verbindung mit anderen Umständen zur Folge haben, dass diese Freiheit des Vertreibers beeinträchtigt ist, **nicht freigestellt** sind und damit gegen Art. 81 Abs. 1 EG verstoßen. Nationales und europäisches Kartellrecht kommen somit in Bezug auf Preisbindungen jeglicher Art zu demselben Ergebnis. **51**

e) Vorgabe von Höchstpreisen

Nach § 14 GWB ist auch jegliche andere Form der vertraglichen, an den Vertreiber gerichteten **Vorgabe,** bestimmte Höchstpreise nicht zu überschreiten, **unzulässig.** **52**

Ob und inwieweit die Vorgabe von Höchstpreisen dem Verbot des Art. 81 Abs. 1 EG unterfällt, wird nicht einheitlich beurteilt. Nach den insoweit einschlägigen Leitlinien der Europäischen Kommission zu Vertikalvereinbarungen, d. h. insbesondere Vertriebsverträgen, kann die Vorgabe von Höchstpreisen zu wettbewerbsbeschränkenden Wirkungen führen.[21] Für die Europäische Kommission besteht die wettbewerbliche Gefahr bei der Vorgabe von Höchstpreisen darin, dass damit letztlich das Preisniveau mehr oder minder uniform werden kann.[22] Gleichwohl hat die **Europäische Kommission bislang keine eindeutige Aussage** getroffen, wann diese Gefahr im Einzelfall bestehen soll. Soweit die Vertikal-GVO anwendbar ist, erübrigt sich eine weitere Prüfung dieser Frage, da nach Art. 4 lit. a) 2. Hs. Vertikal GVO die Festsetzung von Höchstverkaufspreisen durch den Hersteller/Lieferanten gegenüber dem Vertreiber **freigestellt** ist. **53**

Damit ergeben sich hinsichtlich der kartellrechtlichen Beurteilung von Höchstpreisfestsetzungen in Vertriebsverträgen **drei Szenarien:** Haben die Vertragsparteien – soweit sie keine Wettbewerber sind – einen Marktanteil, der unterhalb von 15% liegt, liegt mangels **54**

---

[20] *Kirchhoff,* Rdnr. 276.
[21] Vertikal-Leitlinien, Tz. 111 Satz 3.
[22] Vertikal-Leitlinien, Tz. 112 Satz 3.

Spürbarkeit kein Verstoß gegen Art. 81 Abs. 1 EG vor. Damit ist die Vertikal-GVO nicht anwendbar und es bleibt bei der Unzulässigkeit nach § 14 GWB. Sind die Vertragsparteien Wettbewerber und haben sie einen gemeinsamen Marktanteil von mehr als 10% oder sind sie keine Wettbewerber und haben jeweils einen Marktanteil, der größer als 15% ist, überschreitet aber der Marktanteil des Herstellers/Lieferanten 30% nicht, kann nicht ausgeschlossen werden, dass nach Auffassung der Europäischen Kommission eine Wettbewerbsbeschränkung i.S.v. Art. 81 Abs. 1 EG vorliegt. Diese müsste jedoch nach Art. 4 lit. b) 2. Hs. Vertikal-GVO freigestellt und damit zulässig sein. Beträgt der Marktanteil des Herstellers/Lieferanten mehr als 30%, scheidet eine Freistellung auf der Grundlage der Vertikal-GVO aus. Dann kommt es darauf an, ob die Festsetzung des Höchstpreises eine Wettbewerbsbeschränkung i.S.v. Art. 81 Abs. 1 EG darstellt. Dies dürfte aus Sicht der Europäischen Kommission im Zweifel zu bejahen sein. In diesem dritten Szenario wäre die Festsetzung der Höchstpreise unzulässig (es sei denn, eine Einzelfreistellung wurde durch die Europäische Kommission erteilt). Selbst wenn man in dieser Konstellation einen Verstoß gegen Art. 81 Abs. 1 EG nicht mit Sicherheit bejahen könnte, wäre – mangels eingreifender Vertikal-GVO – das deutsche Kartellrecht anwendbar (§ 14 GWB), mit der Folge, dass die Höchstpreisfestsetzung unzulässig wäre.

f) Preisempfehlungen

55   Preisempfehlungen durch den Hersteller/Lieferanten gegenüber dem Vertreiber sind nach deutschem Recht in den **Grenzen des § 22 GWB** (Rdnr. 32) **zulässig.**

56   Die Situation ist nach europäischem Kartellrecht nicht grundsätzlich anders. Selbst wenn die Preisempfehlung Bestandteil eines Vertrags wird, so dass eine Vereinbarung i.S.v. Art. 81 Abs. 1 EG vorliegt, ist – auch nach Auffassung der Europäischen Kommission[23] – eine derartige vertikale Preisempfehlung **nur ausnahmsweise eine Wettbewerbsbeschränkung,** so beispielsweise, wenn der Vertreiber als Empfänger der Empfehlung auf Grund entsprechender Kontrollmaßnahmen des Herstellers/Lieferanten bei gleichzeitig kurzen Kündigungsfristen davon ausgehen kann, dass die Befolgung der Empfehlung ausreichend streng überwacht wird. Ist die Preisempfehlung in derartigen Fällen ausnahmsweise eine Wettbewerbsbeschränkung i.S.v. Art. 81 Abs. 1 EG, ergibt sich aus Art. 4 lit. a) Vertikal-GVO, dass die Preisempfehlung zulässig ist, allerdings nur, wenn sie sich tatsächlich nicht infolge der Ausübung von Druck oder Gewährung von Anreizen durch den Hersteller/Lieferanten wie ein Fest- oder Mindestverkaufspreis auswirkt. Ist dies nicht der Fall, ist die Preisempfehlung zulässig.

57   Hinsichtlich des Nebeneinanders zwischen Anforderungen des deutschen Kartellrechts einerseits und des europäischen Kartellrechts andererseits, **gelten** die oben dargestellten Szenarien **entsprechend.** Dies bedeutet, dass die Anforderungen der §§ 22, 23 GWB nur dann den Ausschlag geben, soweit der Marktanteil des Herstellers/Lieferanten nicht mehr als 15% beträgt.

g) Kundenbeschränkungen

58   Nach deutschem Kartellrecht sind Einschränkungen des Kundenkreises, an den der Vertreiber die betreffenden Produkte absetzen kann, nach § 16 GWB nicht von vornherein unzulässig, sondern allein einer **Missbrauchsaufsicht durch die Kartellbehörden** unterstellt (§ 16 GWB).

59   Nach europäischem Kartellrecht ist eine Einschränkung des Vertreibers hinsichtlich der Auswahl seiner Kunden grundsätzlich eine Wettbewerbsbeschränkung i.S.v. Art. 81 Abs. 1 EG. Diese ist nach Art. 4 lit. b) Vertikal-GVO als **Kernbeschränkung** grundsätzlich unzulässig. Nur **ausnahmsweise erlaubt** die Vertikal-GVO derartige Einschränkungen, namentlich dann, wenn sich die Beschränkung auf Gruppen von Kunden bezieht, die der Hersteller/Lieferant sich selbst vorbehalten oder ausschließlich einem anderen Vertrei-

---

[23] So auch *Schultze/Pautke/Wagener,* Rdnr. 419.

ber zugewiesen hat und sofern dadurch Verkäufe seitens der Kunden des Vertreibers nicht begrenzt werden. Zulässig ist es nach der Vertikal-GVO auch, wenn in dem Falle, in dem der Vertreiber vom Hersteller/Lieferanten Bestandteile erhält, die zwecks Einfügung in andere Erzeugnisse geliefert werden, daran gehindert wird, diese Bestandteile an Kunden zu verkaufen, die diese für die Herstellung derselben Art von Erzeugnissen verwenden würden, wie sie der Hersteller/Lieferant selbst herstellt. In allen anderen Fällen – mit Ausnahme des nachfolgend unter Rdnr. 60f. dargestellten Sprunglieferungsverbots – ist die Beschränkung von Kunden als Kernbeschränkung im Sinne der Vertikal-GVO anzusehen und damit – Spürbarkeit unterstellt – unzulässig.

h) Sprunglieferungsverbot

Wiederum gilt nach deutschem Kartellrecht, dass derartige Beschränkungen in Vertikalverträgen nach § 16 GWB nur der **Missbrauchsaufsicht der Kartellbehörden** unterworfen sind, als solche aber zunächst zulässig sind. **60**

Nach europäischem Kartellrecht (Art. 81 Abs. 1 EG) wird man eine Beschränkung des Vertreibers, an Endkunden zu liefern, grundsätzlich als Wettbewerbsbeschränkung anzusehen haben. Die somit erforderliche Freistellung wird durch die Vertikal-GVO (Art. 4 lit. b) 2. Spiegelstrich) gewährt, vorausgesetzt, der **Vertreiber** ist **auf der Großhandelsstufe tätig**. Ist dies der Fall, kann dem Vertreiber sowohl der aktive als auch der passive Verkauf (zum Begriff s. Rdnr. 63 f.) untersagt werden. Dies bedeutet, dass einem Vertreiber, der als Generalimporteur fungiert und selbst über Großhändler vertreibt, weder die Belieferung von Einzelhändlern noch die Belieferung von Endkunden versagt werden kann. **61**

i) Gebietsbeschränkungen

Wird der Vertreiber vertraglich daran gehindert, **in ein bestimmtes territoriales Gebiet** zu verkaufen oder aus diesem Lieferaufträge entgegenzunehmen, ist dies eine Beschränkung i.S.v. § 16 GWB, d.h. grundsätzlich zulässig, solange die Kartellbehörden nicht einschreiten. **62**

Nach europäischem Kartellrecht stellt eine solche Beschränkung der Freiheit des Vertreibers grundsätzlich eine Wettbewerbsbeschränkung i.S.v. Art. 81 Abs. 1 EG dar, wenn sie spürbar ist. Sie bedarf deshalb der Freistellung. Art. 4 lit. b) 1. Spiegelstrich Vertikal-GVO **erlaubt eine derartige Gebietsbeschränkung nur ausnahmsweise** in dem Fall, in dem dem Vertreiber lediglich untersagt wird, in Gebiete, die der Hersteller/Lieferant sich selbst vorbehalten hat oder ausschließlich einem anderen Vertreiber zugewiesen hat, die Vertragswaren abzusetzen. Von einem **aktiven Verkauf** in diesem Sinne geht die Europäische Kommission aus[24], wenn individuelle Kunden durch den Vertreiber angesprochen werden, z.B. mittels Direktversand von Briefen oder E-Mails oder mittels persönlicher Kontaktaufnahme, oder wenn in sonstiger Form Kundengruppen oder Kunden in einem bestimmten Gebiet angesprochen werden, z.B. mittels Werbung oder anderer Verkaufsförderungsmaßnahmen, oder wenn ein Lager oder eine Vertriebsstätte in dem betreffenden Gebiet errichtet wird. Derartige Handlungen können dem Vertreiber untersagt werden. **63**

Dies gilt nicht für sog. **passive Verkäufe**. Als solche werden Verkäufe angesehen, die auf Grund unaufgeforderter Bestellungen von Kunden zustande kommen. Passive Verkäufe sollen auch dann vorliegen, wenn sich bei aktiver Werbung im eigenen oder nicht exklusiv vergebenen Gebiet eine Überschreitung der Grenze zu einem exklusiv zugewiesenen oder vorbehaltenen Gebiet vernünftigerweise nicht verhindern lässt. Ebenso ist der Internetvertrieb zu behandeln. Derartige Handlungen können dem Vertreiber nicht untersagt werden. **64**

---

[24] Vertikal-Leitlinien, Tz. 50 Satz 7.

2. Bindungen des Herstellers/Lieferanten

a) Wettbewerbsverbote, Alleinvertrieb

65   Auch der Hersteller/Lieferant kann sich Wettbewerbsverboten unterwerfen. Er kann sich beispielsweise vertraglich verpflichten, nur einen Käufer in einem bestimmten Gebiet mit Medizinprodukten zu beliefern. Handelt es sich bei dem Käufer um einen Händler, der die Vertragsprodukte zum Zwecke des Weiterverkaufs erwirbt, bezeichnet man das üblicherweise als Alleinvertrieb oder exklusiven Vertrieb. Um **Wettbewerbsverbote zu Lasten des Herstellers/Lieferanten** handelt es sich aber auch bei anderen Vereinbarungen, durch die die Zahl der Vertreiber beschränkt wird, an die der Hersteller/Lieferant verkaufen darf. Der Hersteller/Lieferant kann sich etwa die Belieferung anderer Händler vorbehalten, aber auf eine Belieferung bestimmter Kundengruppen oder Kunden innerhalb eines bestimmten Gebiets oder sogar auf eine Belieferung von Kunden weltweit verzichten.

66   Wettbewerbsverbote zu Lasten des Lieferanten sind nach deutschem Recht nach § 16 GWB lediglich der **Missbrauchsaufsicht** durch die Kartellbehörden unterstellt (Rdnr. 31).

67   Nach europäischem Kartellrecht handelt es sich dabei um eine Wettbewerbsbeschränkung i. S. d. Art. 81 Abs. 1 EG. Im Anwendungsbereich der Vertikal-GVO sind Wettbewerbsverbote zu Lasten des Lieferanten aber **in der Regel vom Verbot des Art. 81 Abs. 1 EG freigestellt.** Sie unterliegen insbesondere nicht den Vorschriften der Vertikal-GVO über Wettbewerbsverbote (Rdnr. 44, 45). Die Vertikal-GVO (Art. 1 lit. b)) verwendet den Begriff der Wettbewerbsverbote ausschließlich für Verpflichtungen, die dem Käufer (Vertreiber) auferlegt werden. Nach Art. 3 Abs. 2 Vertikal-GVO i. V. m. Art. 1 lit. c) Vertikal-GVO gilt die Freistellung ausnahmsweise nicht, wenn der Lieferant sich verpflichtet, nur einen einzigen Käufer zu beliefern, diese Verpflichtung territorial für das gesamte Gebiet der Europäischen Gemeinschaft gilt und wenn der Anteil des Vertreibers an dem Beschaffungsmarkt, auf dem er die Vertragsprodukte einkauft, 30% überschreitet.

b) Meistbegünstigungsklauseln

68   Je nach Zielrichtung können sog. echte und unechte Meistbegünstigungsklauseln unterschieden werden. Durch eine **echte Meistbegünstigungsklausel** verpflichtet sich der Hersteller/Lieferant, Dritten keine besseren Konditionen und Preise zu gewähren als dem begünstigten Vertragspartner. Eine **unechte Meistbegünstigungsklausel** bezieht sich dagegen nicht auf den Verkauf der Vertragsprodukte an Dritte, sondern unmittelbar auf den Verkauf der Vertragsprodukte an den Vertragspartner. Hierdurch verpflichtet sich der Hersteller/Lieferant, dem Vertragspartner (Vertreiber) die günstigsten, gleich günstige oder keine ungünstigeren Konditionen einzuräumen.

69   Echte Meistbegünstigungsklauseln zu Lasten des Hersteller/Lieferanten beschränken diesen nach der Rechtsprechung in der Freiheit der Gestaltung von Preisen oder Geschäftsbedingungen gegenüber Dritten; sie verstoßen daher gegen § 14 GWB.[25] Seinem Wortlaut nach erfasst § 14 GWB zwar nicht die Gestaltung von Preisen oder Geschäftsbedingungen zwischen den Vertragsparteien. Es entspricht jedoch allgemeiner Ansicht, dass auch unechte Meistbegünstigungsklauseln dem **Verbot des § 14 GWB** unterfallen.[26] Begründet wird dies damit, dass auch die unechte Meistbegünstigungsklausel den Lieferanten hindere, Dritten gleich günstige oder günstigere Konditionen als dem Vertragspartner einzuräumen.

70   Dagegen lässt sich nicht eindeutig feststellen, ob Meistbegünstigungsklauseln von dem Verbot des Art. 81 Abs. 1 EG erfasst werden. Entsprechende offizielle Äußerungen der Europäischen Kommission hierzu liegen bislang nicht vor. Weder in der Vertikal-GVO

---

[25] *BGHZ* 80, 46 f.
[26] *Bechtold,* § 14 Rdnr. 9; *BGH* NJW 1981, 2052; *OLG Hamburg,* WUW/E 3195, 3196.

noch in den Leitlinien der Europäischen Kommission zu Vertikal-Vereinbarungen wird eine Aussage über Meistbegünstigungsklauseln getroffen. Betrachtet man jedoch die Wirkung von Meistbegünstigungsklauseln, lässt sich eine **Anwendbarkeit des Art. 81 Abs. 1 EG nicht von vornherein ausschließen.** Meistbegünstigungsklauseln können auf Grund des Verbots einer Besserstellung Dritter (echte Meistbegünstigungsklauseln) oder auf Grund der Preisanpassungsverpflichtung zu Gunsten des Käufers (unechte Meistbegünstigungsklauseln) zu einer Reduzierung des markeninternen Wettbewerbs führen.[27]

Soweit Art. 81 Abs. 1 EG anwendbar ist, können Meistbegünstigungsklauseln aber **71** durch die Vertikal-GVO freigestellt sein, mit der Folge, dass auf Grund des **Anwendungsvorrangs des europäischen Rechts** das Verbot nach § 14 GWB zurücktritt. Meistbegünstigungsklauseln zu Lasten des Herstellers/Lieferanten werden insbesondere nicht von dem Ausschlusstatbestand des Art. 4 lit. a) Vertikal-GVO erfasst, der lediglich Beschränkungen der Preisbildungsfreiheit des Käufers (Vertreibers), nicht dagegen des Lieferanten, von der Gruppenfreistellung ausnimmt. Im Ergebnis sind daher auch hier die Grundsätze anwendbar, die in Bezug auf die Vorgabe von Höchstpreisen (Rdnr. 53, 54) heranzuziehen sind. Haben die Vertragsparteien – soweit sie keine Wettbewerber sind – jeweils einen Marktanteil von weniger als 15%, fehlt es schon an einem Verstoß gegen Art. 81 Abs. 1 EG. Die Vertikal-GVO ist nicht anwendbar und es bleibt bei der Unzulässigkeit nach § 14 GWB. Sind die Parteien Wettbewerber und haben sie einen gemeinsamen Marktanteil von mehr als 10% oder sind sie keine Wettbewerber und haben sie jeweils einen Marktanteil, der größer als 15% ist, bleibt aber der Marktanteil des Herstellers/Lieferanten unterhalb von 30%, kann nicht ausgeschlossen werden, dass das Verbot des Art. 81 Abs. 1 EG eingreift. Meistbegünstigungsklauseln sind jedoch dann wiederum nach Art. 2 Abs. 1 Vertikal-GVO freigestellt. Liegt der Marktanteil des Herstellers/Lieferanten über 30%, scheidet eine Freistellung aus. In diesem Fall wären Meistbegünstigungsklauseln jedenfalls nach deutschem Kartellrecht unzulässig.

c) Preisbindungen zu Lasten des Herstellers/Lieferanten

Preisbindungen zu Lasten des Herstellers/Lieferanten sind **nach § 14 GWB verboten,** **72** soweit sie ihn in Vereinbarungen beschränken, die er mit Dritten schließt.

Preisbindungen zu Lasten des Herstellers stellen auch eine Wettbewerbsbeschränkung **73** i. S. d. Art. 81 Abs. 1 EG dar. Im **Anwendungsbereich der Vertikal-GVO** sind sie jedoch **freigestellt,** soweit die Preisbindung die Vertragswaren betrifft. Es handelt sich dabei nicht um eine Kernbeschränkung nach Art. 4 lit. a) Vertikal-GVO, da Beschränkungen der Gestaltungsfreiheit des Herstellers/Lieferanten hinsichtlich der Vertragsprodukte schon dem Wortlaut nach nicht erfasst sind.

Wegen des **Geltungsvorrangs des Europarechts** bedeutet dies, dass das Verbot des **74** § 14 GWB verdrängt wird, soweit die Freistellung nach der Vertikal-GVO eingreift, d. h. die Marktanteilsschwelle von 30% nicht überschritten wird.

3. Bindungen in selektiven Vertriebssystemen

Der Begriff der selektiven Vertriebssysteme ist gesetzlich, d. h. im deutschen oder euro- **75** päischen Recht, nicht definiert. Typisch für selektive Vertriebssysteme sind – wie bereits oben unter Rdnr. 24 ff. ausgeführt – gegenseitige Verpflichtungen, die über die Belieferung mit Produkten einerseits und die individuelle Vertriebszusammenarbeit andererseits hinausgehen und die Errichtung und Aufrechterhaltung des Systems insgesamt betreffen. Bei den Systemen ist zwischen sog. offenen und sog. geschlossenen Vertriebssystemen zu unterscheiden: Die systemtypische Bindung beschränkt sich bei **offenen selektiven Vertriebssystemen** auf die Verpflichtung der teilnehmenden Vertreiber, bestimmte absatzfördernde Leistungen, wie Kundendienst und Kundenberatung, durchzuführen. Die Ver-

---

[27] *Schultze/Pautke/Wagener,* Rdnr. 432.

treiber sind jedoch hinsichtlich der Auswahl ihrer Kunden frei. Es steht ihnen auch frei, andere nicht zugelassene Händler zu beliefern.

76 Demgegenüber zeichnen sich **geschlossene selektive Vertriebssysteme** durch besondere Verpflichtungen des Vertreibers in Bezug auf die Abgabe der Produkte an Dritte aus. Typischerweise wird der Vertreiber bei derartigen Systemen verpflichtet, die Produkte außer an beliebige Endkunden nur an solche Vertreiber/Händler abzugeben, die bestimmte Kriterien erfüllen. Derartige Verpflichtungen werden typischerweise mit weiteren Pflichten in Bezug auf Lagerhaltung, Mindestabnahme, Marketing- und Promotionsmaßnahmen und Sortimentsgestaltung kombiniert. Meist sind derartige geschlossene Vertriebssysteme aber nicht auf Verpflichtungen des Vertreibers beschränkt. Vielmehr gehört es typischerweise zu den Besonderheiten geschlossener selektiver Vertriebssysteme, dass sich der Hersteller/Lieferant seinerseits in den jeweiligen Einzelverträgen gegenüber den teilnehmenden Vertreibern verpflichtet, nur solche Vertreiber zu beliefern, die die entsprechenden, vertraglich fixierten Selektionskriterien erfüllen.

77 Zu diesen, **in geschlossenen selektiven Vertriebssystemen typischen Bindungen** können weitere Bindungen hinzu kommen, so etwa das an die Mitglieder des Vertriebssystems gerichtete Verbot, von nicht zugelassenen Niederlassungen aus keine Geschäfte mit den Vertragswaren zu betreiben. Häufig wird es auch im Interesse des Herstellers/Lieferanten liegen, nach Möglichkeit zu verhindern, dass zwischen den am System teilnehmenden Vertreibern Querlieferungen erfolgen, da diese auf die Steuerung des gesamten Systems (bezogen auf die jeweiligen Handelsstufen und Gebiete) einen nachteiligen Einfluss haben können. Schließlich wird häufig der Hersteller/Lieferant versucht sein, seinem unmittelbaren Vertragspartner, d.h. dem am System teilnehmenden Vertreiber, seinerseits die Verpflichtung aufzuerlegen, die entsprechenden Vertriebsbindungen an seine Kunden weiterzugeben (sog. durchlaufende Vertriebsbindung).

78 Die vorstehend getroffene **begriffliche Differenzierung** zwischen offenen und geschlossenen selektiven Vertriebssystemen ist für die kartellrechtliche Beurteilung von erheblicher Bedeutung. Offene selektive Vertriebssysteme stellen sowohl nach deutschem als auch nach europäischem Kartellrecht keinen Verstoß dar und sind damit zulässig.[28]

79 Bei geschlossenen selektiven Vertriebssystemen ist zu unterscheiden: Bei **rein qualitativem selektivem Vertrieb** werden die teilnehmenden Vertreiber ausschließlich nach objektiven qualitativen Kriterien ausgewählt, die sich nach den Anforderungen des betreffenden Produkts, z.B. in Bezug auf die Verkäuferschulung, den in der Verkaufsstätte gebotenen Service oder ein bestimmtes Spektrum der angebotenen Produkte richten. Solche Zulassungskriterien haben keine unmittelbare Begrenzung der Anzahl der teilnehmenden Vertreiber zur Folge. Sie stellen deshalb weder nach deutschem noch nach europäischem Recht eine Wettbewerbsbeschränkung dar, sofern drei Voraussetzungen erfüllt sind: Die Eigenart des betreffenden Produkts, das vertrieben werden soll, muss einen selektiven Vertrieb bedingen, d.h. ein solches Vertriebssystem muss im Hinblick auf die Werbung, die Qualität und die Gewährleistung des richtigen Gebrauchs des betreffenden Produkts rechtmäßigerweise erforderlich sein. Als zweite Voraussetzung muss hinzu kommen, dass der Vertreiber anhand objektiver Kriterien ausgewählt wird, die rein qualitativer Art sind und einheitlich festgelegt und unterschiedslos angewendet werden. Als dritte Voraussetzung dürfen die aufgestellten Kriterien nicht über das hinausgehen, was objektiv erforderlich ist.[29] Bei Medizinprodukten, die besondere Anforderungen an die Wahrung der Qualität und an die Gewährleistung des richtigen Gebrauchs stellen, wird die erste, produktbezogene Voraussetzung in der Regel erfüllt sein. Da die beiden anderen Voraussetzungen von der konkreten Gestaltung und Anwendung der qualitativen Selektionskriterien abhängen, erscheint es ohne weiteres möglich, in Bezug auf Medizinprodukte ein (qualitatives) selektives Vertriebssystem zu errichten und zu unterhalten. Wenn diese

---

[28] *Schultze/Pautke/Wagener*, Rdnr. 92.
[29] Vertikal-Leitlinien, Tz. 185.

Voraussetzungen nicht insgesamt vertraglich eingehalten werden, bedarf es einer Freistellung nach Art. 81 Abs. 3 EG. Insoweit gelten dann jedenfalls die Ausführungen unter Rdnr. 80–85 entsprechend.

Beim **quantitativen selektiven Vertrieb** wird die Selektion entweder allein auf 80 Grund rein quantitativer Kriterien durchgeführt, oder – was der häufigere Fall sein dürfte – es werden quantitative Selektionskriterien mit qualitativen kombiniert. In dem einen wie dem anderen Fall liegt – Spürbarkeit unterstellt – eine Wettbewerbsbeschränkung i. S. v. Art. 81 Abs. 1 EG vor, da eine zahlenmäßige Begrenzung der teilnehmenden Vertreiber erfolgt. Nach deutschem Recht sind quantitative Vertriebssysteme lediglich der Missbrauchsaufsicht nach § 16 GWB unterstellt.

Vor diesem Hintergrund kommt es für die kartellrechtliche Zulässigkeit selektiver Vertriebssysteme, die **allein quantitative oder gemischt quantitative/qualitative Kriterien** für die Selektion vorsehen, darauf an, ob die Vertikal-GVO einschlägig ist und derartige Systeme freistellt. Nach Art. 1 lit. d) Vertikal-GVO sind selektive Vertriebssysteme solche, in denen sich der Hersteller/Lieferant verpflichtet, die betreffenden Vertreiber auf Grund festgelegter Kriterien auszuwählen und sich diese Vertreiber verpflichten, die betreffenden Waren nicht an Händler zu verkaufen, die nicht zum Vertrieb zugelassen sind. Damit äußert sich die Vertikal-GVO nicht explizit zu der Frage, ob sie nur auf solche selektiven Vertriebssysteme Anwendung findet, die quantitative Selektionskriterien neben qualitativen vorsehen, oder ob auch ein selektives Vertriebssystem in den Genuss der Freistellung gelangen kann, das allein an quantitative Selektionskriterien anknüpft. Richtigerweise wird man in beiden Fällen davon ausgehen müssen, dass die Vertikal-GVO grundsätzlich anwendbar ist. Auch aus den diesbezüglichen Leitlinien der Europäischen Kommission ergibt sich keine Ausschlusswirkung für selektive Vertriebssysteme, die allein auf quantitative Kriterien abstellen. Die ansonsten – vor Inkrafttreten der Vertikal-GVO – von der Europäischen Kommission und den Europäischen Gerichten aufgestellten notwendigen Begriffsmerkmale des freistellungsfähigen selektiven Vertriebs, die die Anforderungen an die Beschaffenheit der Vertragsprodukte betrafen, haben in der Vertikal-GVO gerade keinen Niederschlag in der Weise gefunden, dass daran die Anwendung der Vertikal-GVO geknüpft wird. Auch rein quantitative selektive Vertriebssysteme sind deshalb grundsätzlich freistellungsfähig.[30]

Ebenso wenig schadet es, wenn zwar allein auf rein qualitative Kriterien bei der Selektion der Vertreiber abgestellt wird, diese Kriterien jedoch **diskriminierend vom Hersteller/Lieferanten gehandhabt** werden. Auch insoweit lässt sich kein Ausschluss der Anwendbarkeit der Vertikal-GVO feststellen. Dies gilt im Übrigen auch für selektive Vertriebssysteme, die theoretisch oder praktisch nicht lückenlos sind. Der Begriff der Lückenlosigkeit, der ursprünglich im Rahmen der Beurteilung von selektiven Vertriebssystemen nach dem deutschen Gesetz gegen den unlauteren Wettbewerb (UWG) entwickelt wurde, ist nach neuerer Rechtsprechung keine Voraussetzung mehr für die Zulässigkeit eines selektiven Vertriebssystems.[31] Unabhängig davon wäre jedenfalls nach der Vertikal-GVO selbst ein lückenhaftes selektives Vertriebssystem freistellungsfähig.

Abgesehen von der generellen kartellrechtlichen Zulässigkeit von selektiven Vertriebssystemen ist hinsichtlich der Zulässigkeit einzelner Klauseln die Vertikal-GVO von ausschlaggebender Bedeutung. Danach sind die für selektive Vertriebssysteme **typischen Beschränkungen des Kundenkreises** (ebenso wie Gebietsbeschränkungen) **grundsätzlich unzulässig**. Dies gilt jedoch nicht für die in Verträgen hinsichtlich eines selektiven Vertriebssystems zu findende Verpflichtung des Vertreibers, an nicht zugelassene Vertreiber die betreffenden Produkte nicht weiter zu veräußern (Art. 4 lit. b) 3. Spiegelstrich Vertikal-GVO). Demzufolge ist selbst der Ausschluss des passiven Verkaufs, d. h. eines

81

82

83

---

[30] So auch *Schultze/Pautke/Wagener,* Rdnr. 102; *Bauer/de Bronett,* Rdnr. 130.
[31] *BGH* WuW/E DE-R 364.

Verkaufs auf Anfrage eines nicht zugelassenen Händlers, freigestellt und damit (bei Einhaltung der Marktanteilsschwelle) kartellrechtlich zulässig.

84   Aus Art. 4 lit. c) Vertikal-GVO folgt, dass **Beschränkungen des Vertreibers hinsichtlich des aktiven oder passiven Verkaufs** an Endverbraucher nur zulässig sind, wenn die Vertreiber auf der Einzelhandelsstufe tätig sind. Die Klausel hat damit keine Bedeutung für die Großhandelsstufe, für die nach Art. 4 lit. b) 2. Spiegelstrich Vertikal-GVO ein Verbot der Sprunglieferung vorgesehen werden kann.

85   Die bedeutendste Einschränkung hinsichtlich der Bindungen innerhalb selektiver Vertriebssysteme ist in Art. 4 lit. d) Vertikal-GVO vorgesehen. Danach ist es unzulässig, die Vertreiber des Systems darin zu beschränken, an andere zugelassene Vertreiber die Vertragsprodukte zu liefern (sog. **Querlieferungsverbot**). Dies gilt selbst dann, wenn die betreffenden Vertreiber auf unterschiedlichen Handelsstufen tätig sind, beispielsweise der eine Vertreiber auf der Großhandelsstufe, der andere auf der Einzelhandelsstufe. Dabei ist der Begriff der Beschränkung weit zu verstehen. Beschränkungen in diesem Sinne sind nicht nur die direkten Verbote, sondern jegliche Form vertraglicher Bestimmungen, die letztlich zur Konsequenz haben, dass der zum selektiven Vertriebssystem zugelassene Vertreiber gezwungen wird, die Vertragsprodukte allein vom Hersteller/Lieferanten zu beziehen. Eine derartige, dem Vertreiber auferlegte Alleinbezugsverpflichtung stellt somit eine Kernbeschränkung i. S. v. Art. 4 lit. d) Vertikal-GVO dar und ist bei unterstellter Spürbarkeit unzulässig. Allerdings wäre es möglich, die am Vertriebssystem teilnehmenden Vertreiber daran zu hindern, die Vertragswaren von nicht zugelassenen Händlern zu beziehen.

4. Bindungen in Handelsvertreterverträgen

86   Handelsvertreter werden typischerweise in weit stärkerem Maße als sonstige Vertreiber durch den Hersteller/Lieferanten gebunden. Nach der Praxis der Europäischen Kommission und der Europäischen Gerichte unterliegen aber sog. **echte Handelsvertreterverträge** dem Verbot des Art. 81 Abs. 1 EG nur ausnahmsweise. Kartellrechtlich ist dies darin begründet, dass der Handelsvertreter, der im Namen und in der Regel auf Risiko des Unternehmers (Hersteller) handelt, nicht wie ein unabhängiger Vertreiber behandelt werden kann, da er derart in die Absatzorganisation des Unternehmers eingegliedert ist, dass seine Tätigkeit letztlich als Bestandteil der wirtschaftlichen Tätigkeit seines Auftraggebers erscheint. Infolgedessen soll Art. 81 Abs. 1 EG anwendbar sein, wenn der Handelsvertreter – ausnahmsweise – untypische Risiken übernimmt oder aus anderen Gründen nicht in die Absatzorganisation des Unternehmers (Herstellers) eingegliedert ist. Dies ist insbesondere der Fall, wenn der Handelsvertreter nicht nur für einen Hersteller, sondern für eine Reihe von Herstellern tätig ist (was allerdings nach § 86 Abs. 1 HGB nicht ohne weiteres zulässig ist). In ihren Leitlinien für vertikale Beschränkungen stellt die Europäische Kommission darüber hinaus nachhaltig darauf ab, ob und in welchem Umfang der Handelsvertreter selbst geschäftliche Risiken im Zusammenhang mit den von ihm vermittelten Geschäften trägt. Je nach Umfang der Risikoübernahme durch den Handelsvertreter können die ihm auferlegten Bindungen Gegenstand des Verbots des Art. 81 Abs. 1 EG sein. Sie unterliegen dann im Rahmen der Prüfung, ob eine Freistellung auf der Grundlage der Vertikal-GVO möglich ist, denselben rechtlichen Anforderungen wie Bindungen in sonstigen Vertriebsverträgen.

87   Handelt es sich hingegen bei dem betreffenden Handelsvertretervertrag um einen echten Handelsvertretervertrag, kommt das Verbot des Art. 81 Abs. 1 EG nur ausnahmsweise zur Anwendung, so etwa, wenn in dem Handelsvertretervertrag besondere Wettbewerbsverbote enthalten sind. Diese können nach Auffassung der Europäischen Kommission einen Verstoß gegen Art. 81 Abs. 1 EG begründen, wenn sie zur **Abschottung des relevanten Marktes** führen.[32] Soweit sich derartige Wettbewerbsverbote in den Grenzen des

[32] Vertikal-Leitlinien, Tz. 19.

§ 86 Abs. 1 HGB halten, wonach schon aus dem Gesetz ein Wettbewerbsverbot zu Lasten des Handelsvertreters folgt (Rdnr. 11), ist dem Handelsvertreter ohnehin seine dahingehende Handlungsfreiheit genommen, so dass insoweit kein Verstoß gegen Art. 81 Abs. 1 EG vorliegen kann.

Ein **sog. unechter Handelsvertretervertrag** liegt nach Auffassung der Europäischen 88 Kommission vor, wenn das Eigentum an den gekauften oder verkauften Vertragswaren beim Vertreter liegt, oder sich der Vertreter an den Kosten einschließlich der Transportkosten beteiligt, die mit der Lieferung oder dem Erwerb der Vertragswaren verbunden sind. Dies schließt nicht aus, dass der Handelsvertreter Transportleistungen erbringt, sofern die Kosten vom Unternehmer (Hersteller) übernommen werden, oder wenn der Vertreter unmittelbar oder mittelbar verpflichtet ist, in Absatzförderungsmaßnahmen zu investieren und sich z. B. an den Werbeaufwendungen des Unternehmers (Herstellers) zu beteiligen, oder wenn der Handelsvertreter auf eigene Kosten oder eigenes Risiko Vertragswaren lagert, was die Kosten für die Finanzierung der Lagerbestände und für den Verlust von Lagerbeständen einschließt, und wenn der Handelsvertreter unverkaufte Ware nicht entgeltlich an den Unternehmer (Hersteller) zurückgeben kann, oder wenn der Handelsvertreter einen Kunden-Reparatur- oder Garantiedienstleistungsbetrieb einrichtet und/oder solche Dienstleistungen erbringt, oder wenn der Handelsvertreter in geschäftsspezifische Ausrüstung, Räumlichkeiten oder Mitarbeiterschulungen investiert, oder wenn der Handelsvertreter gegenüber Dritten die Haftung für Schäden übernimmt, die durch das verkaufte Produkt verursacht werden, es sei denn, die Schuld für derartige Schäden liegt bei ihm, oder wenn der Handelsvertreter die Haftung gegenüber dem Unternehmer (Hersteller) dafür übernimmt, dass von ihm geworbene Kunden ihre Vertragspflichten erfüllen (Delkredere-Risiko). Letzteres gilt nicht, soweit der Verlust der Provision des Handelsvertreters betroffen ist. Dass der Handelsvertreter dieses Risiko trägt, wird von der Europäischen Kommission als handelsvertretertypisch angesehen.

Im Ergebnis führt diese, in den Vertikal-Leitlinien der Europäischen Kommission nie- 89 dergelegte Auffassung zur Anwendbarkeit des Art. 81 Abs. 1 EG auf Handelsvertreterverträge zu nachhaltigen rechtlichen Risiken. Handelsvertreterverträge dürften in der Praxis häufig als unechte eingestuft werden. Da Handelsvertreterverträge **typischerweise Kernbeschränkungen i. S. v. Art. 4 Vertikal-GVO enthalten,** wären selbst bei einem Marktanteil von nicht mehr als 30% in vielen Fällen die Bindungen des Handelsvertretervertrags nicht freigestellt. Es wird abzuwarten bleiben, ob der Europäische Gerichtshof dieser Praxis der Europäischen Kommission folgt.

III. Besonderheiten bei marktbeherrschenden Herstellern/Lieferanten

Für marktbeherrschende Unternehmen gelten **engere kartellrechtliche Grenzen** bei 90 der Gestaltung von Vertriebsverträgen. Die vertraglichen Bestimmungen, die bei nicht marktbeherrschenden Herstellern/Lieferanten als ohne weiteres kartellrechtlich zulässig angesehen werden, sind marktbeherrschenden Unternehmen teilweise verwehrt. Die insoweit einschlägigen rechtlichen Grenzen haben insbesondere auch für die Medizinprodukteindustrie in der Praxis eine nicht unwesentliche Bedeutung, da bei Medizinprodukten, die einem ständigen technologischen Wandel unterworfen sind, häufig – jedenfalls für eine Startphase – neue innovative Medizinprodukte einen Marktanteil erreichen werden, der nach kartellrechtlichen Maßstäben die Annahme von Marktbeherrschung begründen kann.

1. Rechtlicher Rahmen

Auch hinsichtlich der Behandlung marktbeherrschender Unternehmen bestehen **zwei** 91 **unterschiedliche Quellen kartellrechtlicher Vorschriften.** Im GWB sind dies die

Vorschriften §§ 19, 20 und auf der Ebene des europäischen Kartellrechts ist dies Art. 82 EG, der wiederum – wie Art. 81 EG – in Deutschland unmittelbare Geltung hat.

92 Die **Unterschiede in der Anwendung** dieser Vorschriften sind vergleichsweise gering. Das deutsche Recht kennt jedoch nicht nur Grenzen für Unternehmen, die absolut gesehen als marktbeherrschend anzusehen sind, sondern auch spezielle Pflichten für Unternehmen, die gegenüber anderen Unternehmen – relativ betrachtet – eine besonders starke Position haben, ohne absolut gesehen marktbeherrschend zu sein (§ 20 Abs. 2 GWB).

a) Begriff der Marktbeherrschung

93 Das deutsche Recht sieht in § 19 Abs. 3 GWB eine **Vermutung für die Annahme einer marktbeherrschenden Stellung** eines Unternehmens vor. Danach wird vermutet, dass ein Unternehmen marktbeherrschend ist, wenn es einen Marktanteil von mindestens einem Drittel hat. Daneben gibt es für Oligopole, d. h. für eine Gesamtheit marktstarker Unternehmen, eine Vermutung kollektiver Marktbeherrschung, die im Folgenden jedoch nicht weiter vertieft werden soll, da sie hinsichtlich der Missbrauchsaufsicht von geringer Bedeutung ist. Die Vermutung des § 19 Abs. 3 GWB ist widerlegt, wenn das betreffende Unternehmen wesentlichem Wettbewerb (in Bezug auf Preis, Qualität und sonstige Konditionen) ausgesetzt ist und damit keine überragende Marktstellung hat. Dabei kann auch die Entwicklung der Marktanteile in den letzten Jahren und die Wechselbereitschaft von Kunden eine große Rolle spielen. Jedenfalls Marktanteile von über 50% dürften nach deutschem Recht eine Widerlegung der Marktbeherrschungsvermutung nach der Praxis des Bundeskartellamtes und deutscher Gerichte schwierig erscheinen lassen.

94 Die Feststellung einer marktbeherrschenden Stellung nach europäischem Recht erfolgt demgegenüber nicht auf der Grundlage einer gesetzlichen Vermutung. Die **Kriterien für die Annahme einer Marktbeherrschung** sind jedoch weitgehend deckungsgleich. Allerdings setzt die Europäische Kommission in ihrer Praxis bei tendenziell höheren Marktanteilen an. So hat sie sogar einen Marktanteil von 75% nicht als hinreichenden Beweis dafür angesehen, dass das Unternehmen marktbeherrschend war, sondern verlangt, dass zusätzliche Umstände hinzutreten müssen.[33] Der EuGH hat eine marktbeherrschende Stellung bei Marktanteilen von 75% und auch von 50% grundsätzlich bejaht,[34] hat aber ebenfalls betont, dass die Struktur des Unternehmens und sein Verhalten im Markt zu berücksichtigen seien.[35] Letztlich erfordert daher auch nach europäischem Recht die Annahme einer marktbeherrschenden Stellung eine Gesamtschau der Wettbewerbsbedingungen in dem betroffenen Markt.

b) Relative Marktbeherrschung

95 Im Gegensatz zum europäischen Kartellrecht sieht das GWB in § 20 Abs. 2 vor, dass Unternehmen marktbeherrschenden Unternehmen gleichgestellt werden, wenn von ihnen kleine oder mittlere Unternehmen als Anbieter oder Nachfrager von Waren oder gewerblichen Leistungen in der Weise abhängig sind, dass für sie **ausreichende und zumutbare Möglichkeiten, auf andere Unternehmen auszuweichen, nicht bestehen.** Für die Abhängigkeit einzelner Anbieter von marktstarken Nachfragern wird dies nach § 20 Abs. 2 Satz 2 GWB vermutet, wenn der betreffende Nachfrager mehr als die verkehrsüblichen Preisnachlässe oder sonstige besondere Vergünstigungen durchsetzen kann, die an-

---

[33] Vgl. Entscheidung der Kommission v. 11. 3. 1998 – *Van den Bergh Foods Limited* (ABl. EG Nr. L 246 v. 4. 9. 1998, S. 45 ff. m. w. N.)

[34] *EuGH,* Slg. 1975, 1663, 1996, 2013 – *Zucker;* Slg. 1979, 461, 521, 526 ff. – *Hoffmann-La Roche/ Vitamine;* Slg. 1991 I, 3359, 3453 – *AKZO/Kommission.*

[35] *EuGH,* Slg. 1978, 207, 290 – *United Brands;* Slg. 1979, 461, 527 ff. – *Hoffmann-La Roche/ Vitamine.*

Schütze

deren, gleichartigen Nachfragern nicht gewährt werden. Beispielsfälle für eine Abhängigkeit von Nachfragern/Vertreibern gegenüber Herstellern/Lieferanten i. S. v. § 20 Abs. 2 Satz 1 GWB ist die sog. **sortimentsbedingte Abhängigkeit.** Führt das Fehlen einer bestimmten Markenware im Angebot des betreffenden Händlers für ihn zu einem Verlust an Ansehen und zu einer Beeinträchtigung seiner Wettbewerbsfähigkeit, da jedenfalls die Mehrheit der Kunden das Angebot der betreffenden Ware als selbstverständlich voraussetzt, ist nach der Rechtsprechung eine derartige Abhängigkeit zu bejahen.[36] Zu dieser Fallgruppe zählt auch die sog. **Spitzengruppenabhängigkeit,** bei der sich der Händler der allgemeinen Erwartung des Marktes ausgesetzt sieht, dass er alle führenden Produkte des jeweiligen Marktes im Angebot hat.

Die **sog. unternehmensbedingte Abhängigkeit** beschreibt den Fall, in dem es einem Vertragshändler, der sein gesamtes Geschäftslokal auf die Produkte eines bestimmten Herstellers ausgerichtet hat, nicht zumutbar ist, auf andere Markenwaren auszuweichen. Allerdings führt dies letztlich nur zu angemessenen Übergangsfristen bei etwaigen Kündigungen des Vertriebs-/Lieferverhältnisses. **96**

c) Missbrauchstatbestände

In § 19 Abs. 4 sowie § 20 Abs. 1 und 4 GWB sind enumerativ Missbrauchsfälle für den Fall eines marktbeherrschenden Anbieters aufgeführt. Für den Bereich des Vertriebs von Medizinprodukten dürften nur die Folgenden von Relevanz sein: **Preishöhenmissbrauch,** d. h. das Fordern von Entgelten, die von dem Preisniveau abweichen, das sich bei wirksamem Wettbewerb mit hoher Wahrscheinlichkeit ergeben hätte, oder die von den Preisen abweichen, die das marktbeherrschende Unternehmen selbst auf vergleichbaren Märkten von gleichartigen Abnehmern fordert (§ 19 Abs. 4 Nr. 2 und 3 GWB), die **Beeinträchtigung der Wettbewerbsmöglichkeiten** anderer Unternehmer in einer für den Wettbewerb auf dem Markt erheblichen Weise ohne sachlich gerechtfertigten Grund (§ 19 Abs. 4 Nr. 1 GWB), die **unbillige Behinderung** in einem Geschäftsverkehr, der gleichartigen Unternehmen üblicherweise zugänglich ist, ohne dass ein sachlich gerechtfertigter Grund besteht (§ 20 Abs. 1 GWB), sowie die **Behinderung kleinerer oder mittlerer Wettbewerber** durch Unternehmen mit überlegener Marktmacht, insbesondere im Fall des systematischen Verkaufs unter Einstandspreis (§ 20 Abs. 4 GWB). **97**

Das europäische Recht (Art. 82 Abs. 2 EG) sieht ebenfalls verschiedene Missbrauchstatbestände vor: Verboten ist insbesondere die **Erzwingung unangemessener Einkaufs- oder Verkaufspreise oder sonstiger Geschäftsbedingungen** durch das marktbeherrschende Unternehmen (lit. a)). Eine zweite Fallgruppe bilden Missbräuche durch die **Einschränkung der Erzeugung, des Absatzes oder der technischen Entwicklung** zum Schaden des Verbrauchers (lit. b)), d. h. die künstliche Verknappung von Waren, insbesondere zur Durchsetzung höherer Preise. Gegen das Missbrauchsverbot verstößt weiter, wer als Marktbeherrscher seinen Handelspartnern bei gleichartigen Leistungen **unterschiedliche Bedingungen gewährt, die zu einer Wettbewerbsbenachteiligung führen** (lit. c)). Das europäische Kartellrecht kennt kein allgemeines Diskriminierungsverbot wie das deutsche Kartellrecht in § 20 GWB. Bei dem Missbrauchstatbestand nach Art. 82 S. 2 lit. c) EG handelt es sich aber um ein spezielles Diskriminierungsverbot, durch das Wettbewerbsverfälschungen verhindert werden sollen, die ihren Ursprung in einer ungleichen Behandlung von Lieferanten oder Abnehmern haben.[37] Schließlich verbietet Art. 82 EG, den Abschluss von Verträgen an die Bedingung zu knüpfen, dass die Vertragspartner **zusätzliche Waren oder Dienstleistungen annehmen,** die weder sachlich noch nach Handelsbrauch in Beziehung zum Vertragsgegenstand stehen (lit. d)), d. h. sog. Kopplungsgeschäfte sind verboten (Rdnr. 102). **98**

---

[36] *BGH* WUW/E 1394, 1491.
[37] *Langen/Bunte/Dirksen,* Art. 82 EG, Rdnr. 138 m. w. N.

2. Unzulässige Bindungen

a) Alleinvertrieb und selektive Vertriebssysteme

99   Als unzulässig i. S. d. §§ 19, 20 GWB, Art. 82 Abs. 2 lit. b) EG können Alleinvertriebs-vereinbarungen oder selektive Vertriebssysteme eines Marktbeherrschers angesehen wer-den. Obwohl anerkannt wird, dass auch ein marktbeherrschendes Unternehmen die Frei-heit haben soll, grundsätzlich sein Vertriebssystem und seine Vertreiber frei wählen zu können, können derartige Formen von Vertriebsverträgen als missbräuchlich angesehen werden. Dies ist insbesondere dann der Fall, wenn es durch die Vertriebsverträge und -systeme **zu nachhaltigen Ausschlusswirkungen** kommt. Der kartellrechtliche Vor-wurf besteht in derartigen Fällen in der dadurch bedingten weiteren Verringerung des Restwettbewerbs oder etwaigen Diskriminierungen bei der Zulassung zum System.

b) Alleinbezug

100   Wenn ein marktbeherrschendes Unternehmen seine Vertreiber verpflichtet, die betref-fenden Waren ausschließlich von ihm zu beziehen, bindet es diese an sich. Diese Vertrei-ber stehen damit anderen Herstellern/Lieferanten als Vertreiber derer Produkte nicht zur Verfügung. Ausschließliche Bezugsverpflichtungen können sich deshalb als **Marktzu-trittsschranken oder Marktverschließungen** auswirken und damit die Position des marktbeherrschenden Herstellers/Lieferanten absichern oder verstärken. Auch dies wird als Missbrauch i. S. v. Art. 82 Abs. 2 lit. b) EG sowie §§ 19, 20 GWB angesehen.

c) Wettbewerbsverbote

101   Wettbewerbsverbote zu Lasten des Vertreibers haben dieselben **Wirkungen wie aus-schließliche Bezugsverpflichtungen** und können deshalb ebenfalls als Missbrauch i. S. v. Art. 82 Abs. 2 lit. b) EG, §§ 19, 20 GWB qualifiziert werden, wenn ein marktbeherr-schender Hersteller/Lieferant sie in seine Verträge aufnimmt.

d) Paketangebote eines marktbeherrschenden Unternehmens

102   Paketangebote eines marktbeherrschenden Unternehmens, in denen das marktbeherr-schende Produkt mit einem nicht marktbeherrschenden Produkt dem Vertreiber oder Händler ausschließlich kombiniert zur Verfügung gestellt wird, können einen Missbrauch nach Art. 82 Abs. 2 lit. d) EG darstellen. Dies ist insbesondere der Fall, wenn **zwischen den beiden Waren oder der Ware und der Dienstleistung keine sachliche Bezie-hung besteht.** Ob ein solcher Sachzusammenhang besteht, ist anhand der Umstände des Einzelfalls nach objektiven Kriterien zu beurteilen. Ein Zusatzgeschäft i. S. v. Art. 82 Abs. 2 lit. d) EG kann nur angenommen werden, wenn sich die zusätzliche Leistung deut-lich vom Hauptgeschäft differenzieren lässt. Deshalb ist ein Paketangebot, bestehend aus verschiedenen Waren und Dienstleistungen, nicht ohne weiteres eine unzulässige Kopp-lung. Wenn eine derartige Differenzierung möglich ist, muss geprüft werden, ob ein aus-reichender technischer und wirtschaftlicher Sachzusammenhang besteht, oder – falls dies nicht der Fall ist – ob die Kopplung nicht einem Handelsbrauch entspricht. Vertreibt beispielsweise ein marktbeherrschender Hersteller von Herz-Lungen-Maschinen diese Maschinen nur im Paket mit Kanülen, die als solche nicht technisch auf die Herz-Lungen-Maschine ausgerichtet sein müssen und auch nicht patentgeschützt sind, spricht viel für die Annahme einer missbräuchlichen Kopplung.

e) Rabattgewährung

103   Die Gewährung von Rabatten durch marktbeherrschende Unternehmen unterliegt nachhaltigen Einschränkungen: Insbesondere **Treuerabatte** haben **dieselbe Wirkung wie Alleinbezugsverpflichtungen,** da sie zwar nicht rechtlich, jedoch wirtschaftlich den betreffenden Vertragspartner, hier den Vertreiber, dazu anhalten, keine Waren von ande-ren Herstellern zu beziehen. Damit wird die Marktposition des marktbeherrschenden

Herstellers weiter geschützt und verstärkt. Nach der Praxis der Europäischen Kommission sind aber nicht nur Treuerabatte unzulässig, wenn sie ein marktbeherrschendes Unternehmen für seine Produkte einsetzt. Die Europäische Kommission hat in ihrer Praxis auch jegliche Form von Zielsteigerungsrabatten als Rabatte angesehen, die die gleiche **Sogwirkung** zu Lasten des Wettbewerbs wie Treuerabatte haben. Bei Zielsteigerungsrabatten erhält der Abnehmer den Rabatt nur, wenn er im Vergleich zum vorangegangenen Zeitraum mehr Produkte absetzt. Damit stellt der Zielsteigerungsrabatt in seiner Sogwirkung eine noch schärfere Form der unzulässigen Rabattierung dar.

Die Europäische Kommission geht sogar soweit, dass sie einen einfachen Mengenrabatt **104** als unzulässig ansieht, wenn die Referenzperiode, auf die sich die Rabattgewährung bezieht, ausreichend lang ist. Auf der Grundlage dieser Praxis erscheinen jegliche Formen von **Mengenrabatten** durch marktbeherrschende Unternehmen aus Sicht der Europäischen Kommission **angreifbar,** wenn sie eine Referenzperiode von mehr als drei Monaten haben. Aus den vorstehend genannten Erwägungen sieht es die Europäische Kommission ebenfalls als bedenklich an, wenn bei der Rabattgewährung mehr als eine Produktart zusammengefasst werden. Gewährt beispielsweise der Medizinproduktehersteller seinen Vertreibern einen Mengenrabatt, der sich auf sämtliche Produkte bezieht, d. h. sowohl auf das marktbeherrschende Produkt als auch andere, dann liegt hierin aus Sicht der Europäischen Kommission jedenfalls bei hinreichend langer Referenzperiode die Erzeugung einer Sogwirkung zugunsten des marktbeherrschenden Unternehmens, die nach Art. 82 Abs. 2 EG unzulässig sein soll.

3. Belieferungsanspruch eines Vertreibers

Wird der Vertreiber im Vergleich zu anderen gleichartigen Vertreibern ohne sachlich **105** gerechtfertigten Grund preislich ungleich behandelt oder durch die Nichtbelieferung mit den betreffenden Waren i. S. v. § 20 Abs. 1 GWB unbillig behindert, besteht für den Vertreiber ein **Anspruch auf Belieferung** als Form des Schadensersatzes. Dieser Belieferungsanspruch ist rechtlich gesehen ein Anspruch auf Unterlassung der Nichtbelieferung.

Dies hat zur Folge, dass bei der Annahme einer diskriminierenden vertraglichen Bin- **106** dung oder Nichtbelieferung durch den marktbeherrschenden Hersteller/Lieferanten dieser **nicht ohne weiteres die Belieferung verweigern kann.** Eine derartige Verweigerung bedarf vielmehr einer sachlichen Rechtfertigung, die im Zweifel auf eine Abwägung der beiderseitigen Interessen hinausläuft. Das Interesse, sich seine Vertragspartner selbst aussuchen zu wollen, ist dabei nicht von vornherein ein ausreichender sachlicher Grund. Dies kann dazu führen, dass der marktbeherrschende Hersteller gezwungen ist, Unternehmen die betreffenden Produkte zu liefern, die er aus eigenem Antrieb diesen nicht zur Verfügung gestellt hätte. Umgekehrt stellen Gründe in der Person des die Belieferung begehrenden Vertreibers, wie beispielsweise finanzielle Unzuverlässigkeit oder fehlende technische Fachkunde, Kriterien dar, die eine Nichtbelieferung zu rechtfertigen vermögen. Unterschiedliche Handelsstufen und Abnahmeverhältnisse können eine Preisdifferenzierung rechtfertigen.

IV. Folgen eines Kartellverstoßes

Bei den Folgen von Kartellverstößen ist zwischen **zivilrechtlichen, ordnungswidrig-** **107** **keitsrechtlichen und verwaltungsrechtlichen Folgen** zu unterscheiden.

Vereinbarungen, die gegen Verbotsnormen des deutschen Kartellrechts verstoßen, sind **108** nach § 134 BGB **nichtig.** Im Falle von Verstößen gegen Art. 81 Abs. 1 EG ergibt sich die Nichtigkeitsfolge unmittelbar aus **Art. 81 Abs. 2 EG.** Die Nichtigkeit erfasst jedoch nicht zwingend den gesamten Vertrag. Nichtig sind nach Art. 81 Abs. 2 EG nur die Teile eines Vertrags, deren Zweck oder deren Wirkungen mit dem kartellrechtlichen Verbot unvereinbar sind. Die gesamte Vereinbarung ist danach nur dann nichtig, wenn sich die verbotswidrigen Teile nicht von den anderen Teilen der Vereinbarung trennen lassen.[38] Nach deutschem Recht ist nicht zwangsläufig der gesamte Vertrag nichtig. Es gilt aber nach § 139 BGB eine widerlegliche Vermutung, dass bei Nichtigkeit eines Teils eines Rechtsgeschäfts im Zweifel das ganze Rechtsgeschäft nichtig ist, wenn nicht anzunehmen ist, dass es auch ohne den nichtigen Teil vorgenommen sein würde.

109 Üblich ist es, in Vertriebsverträgen eine sog. **salvatorische Klausel** zu vereinbaren, nach der die Unwirksamkeit einzelner Vertragsbestandteile die Wirksamkeit des Vertrags im Übrigen unberührt lassen soll. Die Vermutung der Gesamtnichtigkeit nach § 139 BGB kann dadurch abbedungen werden. Nach Ansicht des Bundesgerichtshofes sind derartige Klauseln wirksam und für die Vertragsparteien bindend, vorausgesetzt, dass der nichtige Vertragsteil von dem Rest der Vereinbarung trennbar ist. Die verbleibende Vereinbarung muss einen selbstständigen Regelungsgehalt besitzen und durch die Teilnichtigkeit darf der Gesamtcharakter des Vertrags, insbesondere das angenommene Äquivalenzverhältnis der von beiden Vertragsparteien zu erbringenden Leistungen, nicht verändert werden.[39] Der Vertrag ist daher trotz salvatorischer Klausel in der Regel insgesamt nichtig, wenn eine wesentliche Vertragsbestimmung unwirksam ist. Im Einzelfall kann auch die salvatorische Klausel selbst unwirksam sein, etwa weil der Schutzzweck der verletzten Verbotsnorm einer teilweisen Aufrechterhaltung des Vertrags entgegensteht.[40]

110 Weitere zivilrechtliche Folge kann die Entstehung von **Unterlassungs- und Schadensersatzansprüchen zugunsten Dritter** sein. Nach § 33 Satz 1 GWB können Dritte, d. h. insbesondere auch Wettbewerber des Vertreibers, unter bestimmten Umständen einen Unterlassungsanspruch gegen denjenigen geltend machen, der gegen eine Vorschrift des GWB verstößt. Erfolgt der Verstoß vorsätzlich oder fahrlässig, kann darüber hinaus auch Schadensersatz beansprucht werden. Voraussetzung ist, dass die Vorschrift des GWB den Schutz bestimmter Personen oder Personenkreise bezweckt, und dass der Dritte zu dem geschützten Personenkreis zählt.

111 Ob eine Vorschrift Drittschutz bezweckt, **richtet sich nach Inhalt und Zweck des jeweiligen Rechtsaktes.** Es muss jeweils im Einzelfall durch Auslegung ermittelt werden, ob der Gesetzgeber bei Erlass bestimmte Personen oder Personenkreise schützen wollte. Um Schutzgesetze in diesem Sinne handelt es sich insbesondere bei den Kartellverboten nach § 14 GWB (s. dazu Rdnr. 30, 50 f., 52 f., 69, 72 ff.) sowie bei den Vorschriften der §§ 19–23 GWB (s. dazu Rdnr. 32 f., 55 ff., 93, 95 ff., 104 f.). Von weitreichender Bedeutung ist der Unterlassungsanspruch vor allem im Zusammenhang mit Verstößen gegen das Diskriminierungsverbot des § 20 GWB. Dritte, die vom Hersteller rechtswidrig diskriminiert werden, etwa durch eine Lieferverweigerung, können von dem Hersteller verlangen, dass er die Diskriminierung unterlässt, und ihn ggf. für die Zukunft zu einer Belieferung zwingen. Wettbewerbsbeschränkungen, die nach deutschem Recht lediglich der Missbrauchsaufsicht nach § 16 GWB unterliegen, lösen derartige Unterlassungs- und Schadensersatzansprüche nur aus, wenn die Kartellbehörde von ihrer Eingriffsbefugnis Gebrauch macht und eine Verfügung erlässt, die zumindest auch dem Schutze Dritter dienen soll. Einen Unterlassungsanspruch können nach § 33 Satz 2 GWB auch rechtsfähige Verbände wie beispielsweise Industrie- und Handelskammern geltend machen, wobei es nicht darauf ankommt, ob die Interessen einzelner Verbandsmitglieder berührt sind. Es muss sich bei der verletzten Norm auch nicht um ein Schutzgesetz zu Gunsten der Verbandsmitglieder handeln. Voraussetzung ist allein, dass der Anspruch zur Förderung gewerblicher Interessen geltend gemacht wird.

---

[38] *Langen/Bunte*, Art. 81 EG, Rdnr. 209 m. w. N.
[39] *BGH* BB 1995, 2550 m. w. N.
[40] *BGH* NJW 1994, 1652 m. w. N.

Das europäische Kartellrecht enthält keine entsprechenden Anspruchsgrundlagen für **112** Unterlassung und Schadensersatz. Entsprechende Ansprüche können sich aber **aus den allgemeinen deliktsrechtlichen Vorschriften,** insbesondere aus § 823 Abs. 2 BGB i.V.m. den Art. 81, 82 EG ergeben.

Daneben können Verstöße gegen kartellrechtliche Verbotsnormen sowohl nach deut- **113** schem als auch nach europäischem Recht **ordnungswidrig sein und mit hohen Buß- geldern geahndet werden.** Nach § 81 Abs. 2 GWB kann die Geldbuße bei Verstößen gegen das Preisbindungsverbot des § 14 GWB bis zu 500 000 € oder, über diesen Betrag hinaus, bis zur dreifachen Höhe des Mehr-Umsatzes betragen, der auf Grund des Versto- ßes erzielt worden ist. Nach Art. 15 Abs. 2 der Verordnung Nr. 17/62 kann die Europäi- sche Kommission im Falle von Verstößen gegen Art. 81 Abs. 1 oder Art. 82 EG Geldbu- ßen gegen Unternehmen verhängen, die sich auf bis zu 1 Mio. € oder über diesen Betrag hinaus auf bis zu 10% des von dem an der Zuwiderhandlung beteiligten Unternehmen im letzten Geschäftsjahr weltweit erzielten Gesamtumsatzes (bezogen auf die gesamte Unter- nehmensgruppe einschließlich aller Mutter-, Schwester- oder Tochterunternehmen) be- laufen kann.

Schließlich haben die deutschen Kartellbehörden nach § 32 GWB die Möglichkeit, **114** Kartellverstöße durch verpflichtende **Untersagungsverfügungen** zu ahnden. Entspre- chend kann die Europäische Kommission nach Art. 2 VO Nr. 17/62 die beteiligten Un- ternehmen durch Entscheidung verpflichten, Verstöße gegen die Art. 81 und 82 EG ab- zustellen.

§ 25 Schutz von Medizinprodukten durch technische Schutzrechte

von *Joachim Feldges* und *Christine Kanz*

Übersicht

Literatur: *Axster,* TRIPS und das deutsche Verbot des Ausforschungsbeweises, in: Reichelt (Hrsg.), Recht, Geist und Kunst, Baden-Baden 1996, S. 19; *Bartenbach/Volz,* Erfindungen an Hochschulen, GRUR 2002, 743; *Benkard,* Patentgesetz, 9. Aufl., München 1993; *Bunte,* Die Aufhebung des Schriftformerfordernisses nach § 34 GWB, BB 1998, 1600; *Busse,* Patentgesetz, Gebrauchsmustergesetz, 5. Aufl., Berlin 1999; *Köhler/Osterrieth,* Aktuelle Fragen des gewerblichen Rechtsschutzes (II) – Patente erfolgreich durchsetzen, MPR 2002, 57; *König,* Statische oder dynamische Äquivalenz – die Verabschiedung der Rechtssicherheit, Mitt. 2000, 379; *von Meibom/Pitz,* Die europäische „Transborderrechtsprechung" stößt an ihre Grenzen, GRUR Int. 1998, 765; *Meier-Beck,* Probleme des Sachantrags im Patentverletzungsprozess, GRUR 1998, 276; *Oliver,* Rechtsfragen des „Erstreckungsgesetzes" zum Schutzbereich und zur Benutzungslage von Patenten im vereinigten Deutschland, GRUR 1992, 653; *Osterrieth,* Patentrecht, München 2000; *Osterrieth/Holeweg,* Aktuelle Fragen des gewerblichen Rechtsschutzes (I) – Die Abschaffung des Hochschulprivilegs und ihre praktischen Auswirkungen, MPR 2002, 18; *Pitz,* Torpedos unter Beschuss, GRUR Int. 2001, 32; *von Rospatt,* Grenzüberschreitender Rechtsschutz für europäische Patente, II. Teil: Entscheidungen deutscher Gerichte in Patentverletzungsprozessen mit grenzüberschreitender Wirkung, GRUR Int. 1997, 861; *Schulte,* Patentgesetz mit EPÜ, 5. Aufl., Köln u. a. 1994; *Wenning,* Die geplante Änderung des Art. 69 EPÜ und die Ergänzung zum Protokoll über die Auslegung von Art. 69 EPÜ, Mitt. 2000, 375.

A. Einführung

1   Die Entwicklung von Medizinprodukten erfordert in vielen Fällen **erhebliche Investitionen** über einen längeren Zeitraum. Neben der technischen Entwicklung eines Medizinprodukts ist in vielen Fällen auch dessen umfangreiche präklinische und klinische Prüfung erforderlich, um die für die Zertifizierung vorausgesetzte Produktsicherheit feststellen zu können. Solche hohen Investitionen in die Entwicklung eines Medizinprodukts werden von Unternehmen nur dann vorgenommen, wenn eine vernünftige Aussicht dafür besteht, dass das Unternehmen nach erfolgreichem Abschluss der Produktentwicklung und Zertifizierung des Medizinprodukts in einem angemessenen Zeitraum seine Investition amortisieren und einen erheblichen Gewinn erzielen kann. Diese Aussicht auf eine Amortisierung der Investitionen und Erzielung eines Gewinns besteht nur dann, wenn das forschende Unternehmen nach Markteinführung des Medizinprodukts nicht einem erheblichem Preiswettbewerb in der Weise ausgesetzt ist, dass Wettbewerber das innovative Medizinprodukt innerhalb kurzer Zeit nachahmen und ein Preiswettbewerb im Markt beginnt, bevor das forschende Unternehmen seine Investitionen in die Produktentwicklung auch nur annähernd amortisiert hat. Da diejenigen Wettbewerber, die eine solche Produktentwicklung nachahmen, selbst die hohen Entwicklungskosten nicht haben aufbringen müssen, sind diese Wettbewerber im Preiswettbewerb bevorteilt. Die forschenden und entwickelnden Unternehmen streben daher für einen gewissen Zeitraum eine **rechtliche Monopolstellung** dahingehend an, dass ihre Produktentwicklung nur mit ihrer Zustimmung von Dritten genutzt werden darf. Diese zeitlich begrenzte rechtliche Monopolstellung kann durch **technische Schutzrechte,** insbesondere **Patente,** begründet werden.

2   Aus **Sicht der Allgemeinheit** sind hierbei verschiedene, teilweise gegenläufige Interessen zu berücksichtigen. Zunächst besitzt die Allgemeinheit ein nachhaltiges Interesse daran, dass neue fortschrittliche Medizinprodukte entwickelt werden, um die Gesundheitsvorsorge zu verbessern. Die rechtlichen Rahmenbedingungen müssen deshalb so gestaltet sein, dass forschenden und entwickelnden Medizinprodukteunternehmen ein rechtliches Instrumentarium zur Verfügung steht, das solche Investitionen in die Entwicklung neuer Medizinprodukte fördert, indem es diese Investitionen angemessen absichert. Gegenläufig hierzu besitzt die Allgemeinheit ein starkes Interesse, durch Preiswettbewerb die Kosten der Gesundheitsvorsorge zu begrenzen.

3   Die Allgemeinheit besitzt darüber hinaus ein berechtigtes Interesse daran, dass technische Fortentwicklungen zu einem erheblichen Teil **gegenüber der Öffentlichkeit** offenbart werden, damit insbesondere die Fachöffentlichkeit auf der Grundlage der neuen Erkenntnisse und technischen Lehren weitere Forschungs- und Entwicklungsarbeiten durchführen kann. Es muss deshalb ein Anreiz dafür bestehen, technische Fortentwicklungen nicht in Gänze als vertrauliches Know-how für sich zu behalten, sondern diese technischen Lehren der Allgemeinheit zu offenbaren. Im Gegenzug zu dieser Offenbarung wird dem Anmelder, soweit die weiteren Voraussetzungen für eine Patentierbarkeit gegeben sind, durch das Patent ein zeitlich begrenztes ausschließliches Recht eingeräumt, das die Benutzung der offenbarten technischen Lehre von seiner Zustimmung abhängig macht. Dies bildet einen wesentlichen Grundgedanken des Patentrechts, das den technischen Fortschritt durch Gewährung eines zeitlich begrenzten Monopols im Austausch gegen die Förderung des Fortschritts durch Offenbarung neuer technischer Lehren fördern will.

4   Ergänzend zu diesem patentrechtlichen Schutz müssen vertrauliche Informationen, Unterlagen und Kenntnisse vor einer unberechtigten Nutzung durch Dritte geschützt werden. Dieser **Schutz von Know-how** ist im Gegensatz zum Patentrecht dadurch gekennzeichnet, dass er kein ausschließliches Recht verleiht, bestimmte technische Lehren

zu verwenden, sondern den Inhaber von Rechten an solchem vertraulichen Know-how davor schützt, dass ein Dritter sich dieses Know-how unberechtigt aneignet und benutzt.

Die **zeitliche Dauer,** für die das Patentrecht – sowie bei Arzneimitteln auch der Un- 5 terlagenschutz – einen solchen Schutz innovativer Entwicklungen gewährt, muss so bemessen sein, dass zum einen der erforderliche Anreiz zur Entwicklung neuer Produkte durch eine begründete Aussicht auf Amortisierung der Investitionen und Erzielung eines Gewinns gefördert wird, zum anderen aber ein Preiswettbewerb zu einem Zeitpunkt ermöglicht wird, an dem die Erreichung eines solchen Ziels in der Regel angenommen werden kann.

Schließlich muss auch bei der Bestimmung des **Schutzumfangs von Patenten** ein 6 angemessener Ausgleich gefunden werden zwischen dem berechtigten Interesse des Patentinhabers, für die Offenbarung seiner technischen Lehre einen angemessenen Schutz zu erhalten, und der erforderlichen Rechtssicherheit für Dritte, dass sie den Umfang des durch das Patent begründeten Schutzbereichs vorhersehen können.

B. Technische Lehren zur Herstellung und Verwendung von Medizinprodukten als Gegenstand technischer Schutzrechte

I. Technische Lehren als Gegenstand von Patenten oder von Know-how

Gemäß § 1 Abs. 1 des Patentgesetzes (PatG) werden Patente für **Erfindungen** erteilt, 7 die neu sind, auf einer erfinderischen Tätigkeit beruhen und gewerblich anwendbar sind. In § 1 Abs. 2 PatG wird bestimmt, was nicht als Erfindung im Sinne des Absatzes 1 angesehen wird, nämlich Entdeckungen sowie wissenschaftliche Theorien und mathematische Methoden, ästhetische Formschöpfungen, Pläne, Regeln und Verfahren für gedankliche Tätigkeiten, für Spiele oder für geschäftliche Tätigkeiten sowie Programme für Datenverarbeitungsanlagen und die Wiedergabe von Informationen. Neben dieser erforderlichen Abgrenzung einer **(patentierbaren) Erfindung** von einer **(nicht patentierbaren) Entdeckung** muss die Erfindung eine Lehre zu zielgerichtetem Handeln darstellen, d.h. sie muss auf das Herbeiführen eines Handlungserfolgs gerichtet sein.[1] Eine Entdeckung stellt grundsätzlich keine Lehre zu zielgerichtetem Handeln dar, sondern eine bloße Wissensvermittlung.

Im deutschen und europäischen Patentrecht besteht darüber hinaus Einigkeit, dass die 8 Erfindung einen **technischen Charakter** haben muss, d.h. die Erfindung muss sich auf eine technische Lehre richten.[2] Der Gesetzestext gibt für die Bestimmung desjenigen, was als technische Lehre anzusehen ist, nur eine begrenzte Hilfe. Insbesondere ist der Negativkatalog des § 1 Abs. 2 PatG nicht dahingehend zu verstehen, dass alles, was dort nicht aufgeführt ist, im Umkehrschluss als technische Lehre anzusehen ist.[3] Allerdings lässt sich aus § 1 Abs. 2 PatG folgern, dass jedenfalls ästhetische Formschöpfungen keine Erfindungen im Sinne des Patentrechts darstellen, d.h. dass sie einem Patentschutz selbst dann nicht zugänglich sind, wenn sie im nicht patentrechtlichen Sprachgebrauch auf einer erfinderischen Tätigkeit beruhen sollten. Eine einerseits alles umfassende, andererseits aber hinreichend aussagekräftige Definition des Begriffs des Technischen erscheint kaum möglich.[4] Für Erfindungen im **Bereich der Arzneimittel** ist in erster Linie die Abgrenzung zu Entdeckungen aus dem Bereich der Natur wichtig. In diesem Abgrenzungsbereich sind

---

[1] *Busse,* § 1 PatG, Rdnr. 18.
[2] *BGH* GRUR 1965, 533 – *Typensatz; BGHZ* 52, 74, 77 = GRUR 1969, 672 – *Rote Taube.*
[3] *Busse,* § 1 PatG, Rdnr. 19.
[4] Zu Definitionsversuchen s. *Benkard/Bruchhausen,* § 1 PatG, Rdnr. 43.

solche Erfindungen als technische Lehre anzusehen, durch die Stoffe, die in der Natur vorkommen, bereitgestellt und verwendet werden.[5] Erfindungen im **Bereich der Medizinprodukte** können die klassischen technischen Bereiche des Patentrechts betreffen, d.h. Ingenieurwissenschaften, Physik, Chemie, Biologie oder auch die jüngeren Bereiche wie Biochemie und Nanotechnik. Grundsätzlich müssen alle Technikbereiche dem Patentschutz in gleicher Weise zugänglich sein. Dies folgt bereits aus Art. 27 Abs. 1 TRIPS, der verlangt, dass alle technischen Erfindungen in gleicher Weise dem Patentschutz zugänglich sein müssen, sofern sie neu sind, eine erfinderische Tätigkeit beinhalten und gewerblich anwendbar sind.

9   Eine für Medizinprodukte relevante **Einschränkung der Patentfähigkeit** besteht nach § 5 Abs. 2 PatG für Verfahren zur chirurgischen oder therapeutischen Behandlung des menschlichen oder tierischen Körpers und Diagnostizierverfahren, die am menschlichen oder tierischen Körper vorgenommen werden. Sie gelten zwar als technische Lehren, sind aber dennoch dem Patentschutz nicht zugänglich, weil § 5 Abs. 2 PatG sie als nicht gewerblich anwendbare Erfindungen ansieht.[6] Allerdings wird diese Ausnahmebestimmung sehr eng, d.h. **patentfreundlich** angewendet. Die enge Auslegung zeigt sich insbesondere daran, dass Erzeugnisse, die im Rahmen der nicht schutzfähigen Verfahren verwendet werden, selbst grundsätzlich patentfähig sind. So sind Stoffe und Stoffgemische (beispielsweise Arzneimittel), Instrumente und Vorrichtungen, insbesondere auch diagnostische Tests, die der Durchführung chirurgischer oder therapeutischer Verfahren dienen, bei Vorliegen der sonstigen Voraussetzung patentierbar. Für den Schutz sonstiger Informationen, Unterlagen oder Kenntnisse als Know-how ist es unbeachtlich, ob die schützenswerten Informationen oder Unterlagen eine technische Lehre beinhalten oder nicht. Auch nicht technische Informationen sind dem Know-how-Schutz zugänglich.

II. Praktische Bedeutung des Schutzes von Medizinprodukten durch Patente

10   Im Bericht für das Jahr 2000 des deutschen Patent- und Markenamts sind für den Bereich der Medizinprodukte 2991 Patentanmeldungen für Deutschland, 6402 für die USA und 8297 für Japan angegeben.[7] Im Jahresbericht des Europäischen Patentamts gibt es keine gesonderte Rubrik für Medizinprodukte. Diese werden vielmehr in den jeweiligen technischen Bereichen erfasst. Die erhebliche Anzahl von Anmeldungen und Patenterteilungen verdeutlichen die **enorme Bedeutung eines konsequenten Patentschutzes** im Bereich von Medizinprodukten. Dabei ist in erster Linie die Durchsetzung der gewährten Rechte gegenüber Wettbewerbern von Bedeutung. Ebenso wichtig ist die wirtschaftliche Verwertung von Patenten im Rahmen von **Lizenzverträgen.** Nicht zuletzt öffnen eigene Patente im Einzelfall auch den Zugang zu interessanten Technologien von Wettbewerbern im Rahmen gegenseitiger Lizenzeinräumungen (cross-Lizenzen), die in der Form von **Kooperationen** und/oder **Joint Ventures** erfolgen können. Ein Patent bietet dem Inhaber also sowohl die Möglichkeit zur Verteidigung und zum Ausbau einer bestehenden Marktposition, als auch die Möglichkeit zum Eintritt in neue Märkte, zu denen er etwas beitragen kann.

---

[5] Diese Abgrenzung ist insbesondere im Bereich der biotechnologischen Erfindungen von besonderer Bedeutung. S. hierzu Art. 5 Abs. 1 und 2 der EU-Richtlinie 98/44/EG v. 6. 7. 1998 über den rechtlichen Schutz biotechnologischer Erfindungen (ABl. EG Nr. L 213 v. 30. 7. 1998, S. 13).

[6] Die Voraussetzungen der gewerblichen Anwendbarkeit sind insbesondere für die Abgrenzung von patentfähigen zu nicht dem Patentschutz zugänglichen Erfindungen im Bereich der Medizinprodukte und -verfahren von Bedeutung.

[7] S. unter http://www.dpma.de (Stand: 11/2002).

III. Gesetzliche und völkerrechtliche Grundlagen des Patentschutzes

1. Patentgesetz der Bundesrepublik Deutschland

In der Bundesrepublik Deutschland werden Patente nach Maßgabe des **Patentgesetzes** **11** **(PatG)** vom 5. 5. 1936 in der Fassung vom 16. 12. 1980 erteilt.[8] Von den zahlreichen Reformen und Neufassungen, die das Patentgesetz seit seiner ursprünglichen Verabschiedung erfahren hat,[9] sind insbesondere die Änderungen hervorzuheben, die durch das **Gesetz über internationale Patentübereinkommen (IntPatÜG)** vom 21. 6. 1976[10] eingeführt wurden. Durch dieses Gesetz wurde sowohl das Straßburger Patentübereinkommen ratifiziert als auch das Anmeldeverfahren beim Deutschen Patent- und Markenamt mit den Bestimmungen des Europäischen Patentübereinkommens vom 5. 10. 1973 harmonisiert.

Weitere wichtige Änderungen erfolgten durch das Gemeinschaftspatentgesetz vom **12** 26. 7. 1979[11] und das Produktpirateriegesetz vom 7. 3. 1990[12] sowie das Patentänderungsgesetz vom 23. 3. 1993.[13] Durch die letztgenannte Novellierung wurde in § 16a PatG das sog. ergänzende Schutzzertifikat eingeführt. Nach § 16a PatG, der ausdrücklich auf die Verordnung vom 18. 6. 1992 (EWG) Nr. 1768/92 des Rates der Europäischen Gemeinschaft[14] über das ergänzende **Schutzzertifikat** für Arzneimittel verweist, besteht die Möglichkeit, für ein Patent einen ergänzenden Schutz zu beantragen, der sich an den üblichen Ablauf der Schutzdauer des Patents anschließt. Zur Regelung des Patentschutzes für biotechnologische Erfindungen hat das Europäische Parlament ferner die Richtlinie 98/44/EG vom 6. 7. 1998[15] erlassen, die zu weiteren Änderungen des Patentgesetzes führen wird. Obwohl die Frist zur Umsetzung dieser Richtlinie am 30. 7. 2000 geendet hat, hat die Bundesrepublik Deutschland diese Richtlinie bisher nicht in das Patentgesetz umgesetzt. Es liegt derzeit lediglich ein Gesetzesentwurf vor.[16]

Über das Patentgesetz der Bundesrepublik Deutschland hinaus ist in den nächsten Jahren noch zu beachten, dass in der Bundesrepublik Deutschland Patente fortbestehen, die **13** nach dem **Patentgesetz der ehemaligen Deutschen Demokratischen Republik** vom 6. 9. 1950[17] erteilt wurden. Durch das am 1. 5. 1992 in Kraft getretene Gesetz über die Erstreckung von gewerblichen Schutzrechten vom 23. 4. 1992[18] wurden wechselseitig die nach dem Recht der Bundesrepublik Deutschland und der Deutschen Demokratischen Republik erteilten Patente auf den jeweils anderen Teil des Bundesgebiets erstreckt, so dass das Schutzgebiet dieser Patente sich jeweils seit dem 1. 5. 1992 auf das gesamte vereinigte Bundesgebiet erstreckt.[19]

---

[8] Zur Geschichte des Patentrechts in Deutschland s. die Darstellung bei *Busse*, Einl. PatG, Rndr. 1 ff.

[9] Nähere Darstellung bei *Osterrieth*, Rdnr. 17 ff.

[10] BGBl. II S. 649 = BlPMZ 1976, 264.

[11] BGBl. I S. 1269 = BlPMZ 1979, 266.

[12] BGBl. I S. 422 = BlPMZ 1990, 161.

[13] BGBl. I S. 366 = BlPMZ 1993, 171.

[14] ABl. EG Nr. L 182 v. 2. 7. 1992, S. 1 = BlPMZ 1992, 494.

[15] Sog. Biotechnologie-Richtlinie (ABl. EG Nr. L 213 v. 30. 7. 1998, S. 13).

[16] BT-Drs. 14/5642 v. 23. 3. 2001.

[17] GBl. S. 989 = BlPMZ 1950, 263, zuletzt geändert durch das Gesetz über den Rechtsschutz für Erfindungen v. 27. 10. 1983 (GBl. I 284 = BlPMZ 1984, 37).

[18] Erstreckungsgesetz, BGBl. I S. 938 = BlPMZ 1992, 202.

[19] Diese Erstreckung kann im Einzelfall dazu führen, dass sich wechselseitig erstreckte Patente mit einem gleichen Gegenstand gegenüberstehen. Für diesen Fall hat der Gesetzgeber in § 26 Erstreckungsgesetz geregelt, dass grundsätzlich diese Patente dann nicht gegen den jeweils anderen Patentinhaber oder Lizenznehmer durchgesetzt werden können, unabhängig von der Frage ihrer Priorität. Zu weiteren Fragen, die sich aus der Erstreckung von Patenten im Zuge der deutschen Einheit ergeben, s. *Brändel*, GRUR 1992, 653 ff.

2. Europäisches Patentübereinkommen und Gemeinschaftspatentübereinkommen

14 Der im Patentrecht geltende Grundsatz der **Territorialität** bedeutet, dass der Erfinder, will er in mehreren Ländern an seiner Erfindung Ausschließlichkeitsrechte begründen, eine Vielzahl von Patentanmeldungen vornehmen muss. Dies führt den Patentanmelder zu einem erheblichen Zeit- und Kostenaufwand. Darüber hinaus können verschiedene nationale Bestimmungen dazu führen, dass dieselbe Erfindung in einem Land patentfähig ist, während sie in einem anderen Land nicht dem Patentschutz zugänglich ist. Daher sind bereits vielfach Bemühungen unternommen worden, zumindest eine Harmonisierung des nationalen Patentrechts in Form von Mindeststandards festzulegen und bestimmte Verfahrensgrundsätze zu vereinbaren, die die Abwicklung mehrerer Anmeldungen vereinfachen.[20] Über eine solche Harmonisierung hinaus haben völkerrechtliche Verträge auch gemeinsame Verfahren der Patenterteilung begründet.

15 Am 5. 10. 1973 haben 14 europäische Staaten das **Übereinkommen über die Erteilung europäischer Patente (EPÜ)** unterzeichnet. Durch das EPÜ wird für alle an dem Übereinkommen beteiligten europäischen Staaten ein **einheitliches Verfahren** zur Erteilung eines **europäischen Patents** geschaffen, das in den meisten Vertragsstaaten parallel zur Anmeldung eines nationalen Patentes angeboten wird.[21] Während der Patent Cooperation Treaty (PCT) lediglich das Anmeldeverfahren für internationale Patentanmeldungen und die Neuheitsrecherche vereinheitlicht, erfolgt das Erteilungsverfahren für europäische Patente gemäß den Vorschriften des EPÜ von dem Europäischen Patentamt als internationaler Behörde. Kennzeichnend für die Erteilungspraxis des Europäischen Patentamtes ist, dass Patentierbarkeit und Patentfähigkeit von Erfindungen nach einheitlichen formell- und materiellrechtlichen Voraussetzungen sowie nach eigenen Verfahrensgrundsätzen beurteilt werden. Dem EPÜ sind mittlerweile 24 europäische Staaten beigetreten,[22] unter anderem Deutschland durch das Gesetz über internationale Patentübereinkommen (IntPatÜG) vom 21. 6. 1976.[23]

16 Durch das EPÜ wurde ein **„europäisches Bündelpatent"** geschaffen, das sich als ein Bündel von nationalen Patenten mit Wirkung in den vom Anmelder benannten Vertragsstaaten darstellt. Das europäische Patent wird in einem einheitlichen Verfahren erteilt und in seiner Patentfähigkeit, falls ein Dritter Einspruch erhebt, in einem gemeinsamen Einspruchsverfahren überprüft. Im Übrigen unterliegen die nationalen Teile des europäischen Patents jedoch dem jeweiligen nationalen Recht, das insbesondere ihre Durchsetzung im Patentverletzungsverfahren als auch ihre weitere Prüfung im Nichtigkeitsverfahren regelt. Um eine möglichst übereinstimmende Bestimmung des Schutzumfangs von europäischen Patenten in den einzelnen Vertragsstaaten zu erreichen, gibt das EPÜ in Art. 69 und in Art. II des Auslegungsprotokolls hierzu Regeln vor. Diese Regeln sind jedoch nicht umfassend, so dass zahlreiche Einzelfragen des Schutzumfangs alleine im jeweiligen nationalen Recht eine Regelung erfahren haben. Obgleich die materiell-rechtlich verbindlichen Regelungen des EPÜ sich ausschließlich auf die europäischen Patente beschränken und auf die im nationalen Erteilungsverfahren ergangenen Schutzrechte zunächst keinen direkten Einfluss haben, haben viele Mitgliedstaaten den Beitritt zum EPÜ zum Anlass

---

[20] *Osterrieth,* Rdnr. 33.

[21] *Benkard/Ullmann,* Int. Teil, Rdnr. 103.

[22] Die Republik Bulgarien, die Tschechische Republik, die Republik Estland und die Slowakische Republik gehören ab dem 1. 7. 2002 zu den Mitgliedstaaten. Eine aktuelle Übersicht kann abgerufen werden unter http://www.european-patent-office.org/epo/members_d.htm (Stand: 11/2002). Die Schutzwirkung einer europäischen Patentanmeldung kann auch auf weitere sog. „Erstreckungsstaaten" erstreckt werden. Es sind dies derzeit Albanien, Litauen, Lettland, Mazedonien, Rumänien und Slowenien.

[23] BGBl. II S. 649.

genommen, das nationale materielle Patentrecht zu überarbeiten und hierdurch das nationale Recht an die materiell-rechtlichen Bestimmungen des EPÜ anzupassen.[24]

Die **Patentierungsvoraussetzungen** nach dem EPÜ entsprechen den Voraussetzun- **17** gen des § 1 Abs. 1 PatG insoweit, als europäische Patente für Erfindungen erteilt werden können, die neu sind, auf einer erfinderischen Tätigkeit beruhen und gewerblich anwendbar sind. Für den Schutzbereich gilt – in Übereinstimmung mit § 14 PatG – nach Art. 69 EPÜ, dass sich dieser durch den Inhalt der Patentansprüche bestimmt, die Beschreibung und die Zeichnung jedoch zur Auslegung heranzuziehen sind. Mit Beschluss des Verwaltungsrats der Europäischen Patentorganisation vom 28. 6. 2001 ist eine Neufassung des Europäischen Patentübereinkommens, gestützt auf die Akte vom 29. 11. 2000 zur Revision des Übereinkommens über die Erteilung europäischer Patente, erlassen worden.[25]

Neben dem EPÜ stellt das am 15. 12. 1975 in Luxemburg unterzeichnete **Gemein-** **18** **schaftsübereinkommen (GPÜ)** die zweite wesentliche Übereinkunft des Europäischen Patentschutzsystems dar.[26] Gegenstand des GPÜ ist die Schaffung eines einheitlichen Patents für die Europäische Gemeinschaft mit weitgehend gleichartigen Schutzrechtswirkungen in den Mitgliedstaaten.[27] Zuletzt hat die EU-Kommission am 24. 6. 1997 in einem Grünbuch über das Gemeinschaftspatent und das Patentschutzsystem in Europa[28] den Verfahrensstand insgesamt noch einmal einer Bestandsaufnahme unterzogen und vielfach Verbesserungen vorgeschlagen. Obgleich das GPÜ im Jahre 1975 unterzeichnet worden ist und die Mitgliedstaaten eine zügige Umsetzung erreichen wollten, ist das GPÜ noch nicht in Kraft getreten, da Verzögerungen bei der Ratifizierung aufgetreten sind.[29] Ziel des GPÜ ist es nach wie vor, dem Erfinder nicht nur ein Bündel von nationalen Patenten zu bieten, sondern ihm zu ermöglichen, für das Gebiet der Europäischen Gemeinschaft ein Patent zu erwerben, welches einen **einheitlichen Schutz** gewährleistet.

3. Bedeutung des Patent Cooperation Treaty für die Begründung eines internationalen Patentschutzes

Auf internationaler Ebene ist der am 19. 6. 1970 von 20 Staaten[30] unterzeichnete **Pa-** **19** **tentzusammenarbeitsvertrag (Patent Cooperation Treaty – PCT)** hervorzuheben, dem die Bundesrepublik Deutschland auf Grund des Gesetzes über internationale Patentübereinkommen vom 21. 6. 1976[31] zugestimmt hat. Der PCT-Vertrag ermöglicht den Angehörigen der Vertragsstaaten, im Wege einer einzigen nationalen Anmeldung bei einem nationalen Patentamt oder dem Europäischen Patentamt einen **multinationalen Schutz** für die angemeldete Erfindung für das Gebiet der Vertragsstaaten zu erwerben. Durch die einheitliche PCT-Anmeldung wahrt der Patentanmelder die für die Beurteilung der Schutzfähigkeit entscheidende Priorität in allen benannten Vertragsstaaten, ohne dass er hierfür parallele Anmeldungen einreichen muss. Der PCT-Vertrag nimmt keinen Einfluss auf die nationalen Patenterteilungssysteme, sondern vereinheitlicht lediglich das **Anmeldeverfahren** für internationale Patentanmeldungen und die **Neuheitsrecherche**. Nicht vom PCT-Vertrag geregelt wird die Neuheitsprüfung im Hinblick auf die Patentierbarkeit von Erfindungen. Diese unterliegt nationalem Patentrecht, allerdings besteht die Möglichkeit eines unverbindlichen Gutachtens von Seiten des jeweiligen Prüfers im Hinblick auf Neuheit, erfinderischen Schritt und gewerbliche Verwertbarkeit. Die PCT-

---

[24] *Benkard/Ullmann,* Int. Teil, Rdnr. 104.
[25] Sog. Münchner Revisionsakte, MR/3/00 rev. 1, GRUR Int. 2001, 309 ff.
[26] Überarbeitet durch die „Vereinbarung über Gemeinschaftspatente" v. 15. 12. 1989 (ABl. EG Nr. L 401 v. 30. 12. 1989, S. 1).
[27] *Benkard/Ullmann,* Int. Teil, Rdnr. 157.
[28] KOM (97) 314 DIN.
[29] *Osterrieth,* Rdnr. 43.
[30] Derzeit gehören insgesamt 115 Staaten zu den Vertragsstaaten des PCT.
[31] BGBl. II S. 649.

Anmeldung ermöglicht es, die in aller Regel mit hohen Kosten verbundene Prüfung der Schutzfähigkeit der Erfindung nach den Bestimmungen der einzelnen Schutzländer solange aufzuschieben, bis der Prüfungsbericht vorliegt, auf Grund dessen sich der Anmelder ein Bild über die Schutzfähigkeit der Erfindung machen kann.[32]

4. Bedeutung von TRIPS für die Gewährleistung eines Mindeststandards von Patentschutz

20   Ein weiteres internationales Übereinkommen stellt das am 1. 1. 1995 in Kraft getretene **TRIPS-Übereinkommen** dar (Agreement on Trade-Related Aspects of Intellectual Property Rights = Übereinkommen über handelsbezogene Aspekte der Rechte des geistigen Eigentums), dem insgesamt 132 Staaten, darunter auch die Bundesrepublik Deutschland[33], beigetreten sind. Dieses Übereinkommen stellt ein völkerrechtliches Abkommen im Zusammenhang mit der Gründung der **Welthandelsorganisation (WTO)** dar. Teil III (Art. 41 ff.) des TRIPS-Übereinkommens regelt die Rechte zur Durchsetzung des geistigen Eigentums. Damit ist von den Mitgliedstaaten ausdrücklich die Notwendigkeit anerkannt worden, einen wirksamen und angemessenen Schutz der Rechte des geistigen Eigentums auf breiter internationaler Ebene zu fördern und zu entwickeln.[34] Das TRIPS-Übereinkommen legt neben den **Grundsätzen der Inländerbehandlung**[35] und der **Meistbegünstigung**[36] insbesondere Standards über die Verfügbarkeit, den Umfang und die Ausübung von Rechten des geistigen Eigentums sowie über ihre Durchsetzung fest.[37]

IV. Sachliche Voraussetzungen für die Patentierbarkeit von Erfindungen

21   Nach § 1 Abs. 1 PatG werden Patente für Erfindungen erteilt, die **neu** sind, auf einer **erfinderischen Tätigkeit** beruhen, **gewerblich anwendbar** sind und deren **Patentierbarkeit nicht besondere Gründe entgegenstehen.**

1. Technische Lehren als Schutzgegenstand

22   Wie zuvor erwähnt, enthält das Patentgesetz keine Definition des Begriffs der Erfindung. Versuche, den Begriff zu definieren, gab es vielfach.[38] Unbestritten ist zumindest, dass die Erfindungen einen **technischen Charakter** aufweisen müssen. Die Rechtsprechung hat den Begriff der Erfindung dahingehend konkretisiert, dass eine patentfähige Erfindung eine Lehre zum technischen Handeln beinhaltet, d.h. eine „Lehre zum planmäßigen Handeln unter Einsatz beherrschbarer Naturkräfte zur unmittelbaren Erreichung eines kausal übersehbaren Erfolges".[39] Technische Erfindungen setzen damit eine angewandte Erkenntnis voraus, eine Anweisung, mit bestimmten technischen Mitteln zur

---

[32] *Osterrieth,* Rdnr. 37.

[33] BGBl. II S. 1438 ff.; s. hierzu auch *Axster,* S. 19 ff.

[34] *Osterrieth,* Rdnr. 45.

[35] Art. 3 TRIPS legt den Grundsatz fest, dass die Vertragsstaaten den Mitgliedern anderer Vertragsstaaten eine Behandlung gewähren, die nicht weniger günstig ist als die, die sie ihren eigenen Angehörigen gewähren.

[36] Art. 4 TRIPS legt fest, dass alle Vorteile, Vergünstigungen, Sonderrechte und Betreuungen, die den Angehörigen eines Vertragsstaates gewährt werden, allen Mitgliedern anderer Vertragsstaaten ebenfalls zu gewähren sind.

[37] *Busse,* Einl. IntPatÜG, Rdnr. 27.

[38] *Busse,* § 1 PatG, Rdnr. 6 ff.

[39] BGHZ 52, 74, 79 – *Rote Taube;* 67, 22, 26; BPatG GRUR 1987, 800, 802 – *Elektronisches Kurvenzeichengerät;* BGH GRUR 1986, 531, 533 – *Flugkostenminimierung.*

Lösung einer technischen Aufgabe ein technisches Ergebnis zu erzielen.[40] Aus diesen Begriffsbestimmungen lässt sich Folgendes ableiten:

- Es muss eine Lehre zum **planmäßigen Handeln** vorliegen. Dies gewährleistet insbesondere, dass die Lehre wiederholbar ist und begründet gleichzeitig eine weitere Anforderung an die Darstellung der Lehre: Sie muss derart beschrieben sein, dass sie einen nacharbeitbaren Plan für ein technisches Handeln darstellt;[41]
- die Lehre dient dem **unmittelbaren Erreichen eines bestimmten Erfolgs,** der allein auf der Grundlage von Naturkräften und nicht erst durch eine menschliche Verstandestätigkeit herbeigeführt wird;[42]
- der mit der Lehre angestrebte Erfolg muss **kausal übersehbar** sein, d.h., dass zunächst ein konkreter Erfolg ins Auge gefasst sein muss.

Die Erfindung muss außerdem **fertig** sein, d.h. der Erfinder muss wissen, wie die Lösung zu der von ihm erkannten Aufgabe, dem technischen Problem, aussieht. Die Lösung muss dabei derart in sich logisch sein, dass ein Durchschnittsfachmann das in der Aufgabe formulierte technische Problem mit den im Patentanspruch angegebenen Mitteln lösen kann.[43]

Während § 1 Abs. 1 PatG die positiven Voraussetzungen der Patentierbarkeit nennt, ist **23** in Absatz 2 aufgeführt, welche Gegenstände von einer Patentierung ausgenommen sind. Ausgeschlossen von der Patentierung sind nach § 1 Abs. 2 PatG insbesondere **Entdeckungen.** Eine Entdeckung stellt die Auffindung einer bereits in der Natur vorhandenen Erscheinung dar, die bisher noch unbekannt war. Eine Entdeckung kann nur dann zum Gegenstand einer Erfindung werden, wenn sie einen Weg zur Lösung eines technischen Problems aufweist.[44] Die Abgrenzung von Entdeckungen und Erfindungen ist insbesondere im Bereich **biotechnologischer Erfindungen** bedeutsam.

Nicht alle Lehren, die dem Begriff der Erfindung nach § 1 PatG entsprechen, sind patentfähig. § 2 PatG sieht zwei Gruppen von Erfindungen vor, denen aus unterschiedlichen **24** Gründen der Patentschutz versagt wird. Dies sind gem. § 2 Nr. 1 PatG zunächst solche Erfindungen, deren Veröffentlichung oder Verwertung gegen die öffentliche Ordnung oder die guten Sitten verstoßen würde. Die Anwendung von § 2 Nr. 1 PatG kann nicht bereits damit begründet werden, dass die Verwertung gegen ein Gesetz oder eine Verwaltungsvorschrift verstößt. Eine nähere Konkretisierung eines Ausschlusses des Patentschutzes wegen **Verstoßes gegen die öffentliche Ordnung** oder die guten Sitten sieht insbesondere die Richtlinie 98/44/EG vor.[45] Eine zweite Ausnahme vom Patentschutz bestimmt § 2 Nr. 2 PatG für Pflanzensorten und Tierarten sowie für im Wesentlichen biologische Verfahren zur Züchtung von Pflanzen oder Tieren.

2. Neuheit

Materielle Voraussetzung für die Patentierbarkeit einer Erfindung ist, dass die Erfindung **25** neu ist. Gemäß § 3 Abs. 1 PatG gilt eine Erfindung dann als neu, wenn sie **nicht zum Stand der Technik** gehört. Zum Stand der Technik gehört die Summe aller der Öffentlichkeit vor dem Prioritätstag, d.h. dem für die Patentmeldung beanspruchten Zeitrang, durch schriftliche oder mündliche Beschreibungen, durch Benutzung oder in sonstiger Weise zugänglich gemachten technischen Kenntnisse (§ 3 Abs. 1 Satz 2 PatG). Nicht zum Stand der Technik gehört demnach z.B. **geheimes Betriebs-Know-how.** Unerheblich

---

[40] *BGH* GRUR 1975, 549 – *Buchungsblatt,* zum Gebrauchsmusterrecht; *BGHZ* 51, 8 – *Lotterielos.*

[41] *Osterrieth,* Rdnr. 48.

[42] *BGH* GRUR 1980, 849, 850 – *Antiblockiersystem.* Die Erreichung des angestrebten technischen Erfolgs darf daher nicht von einer Willensentscheidung oder einer Beurteilung durch den die Lehre benutzenden Menschen abhängig sein.

[43] *BGH* GRUR 1971, 210, 212 – *Wildbissverhinderung.*

[44] *Osterrieth,* Rdnr. 53.

[45] ABl. EG Nr. L 213 v. 30. 7. 1998, S. 13.

für die Prüfung der Neuheit ist, ob der Anmelder einer Erfindung tatsächlich auch Kenntnis von einem bestimmten Stand der Technik hatte. Es entlastet ihn nicht, wenn er den Stand der Technik nicht kannte. Belohnt wird nur derjenige, der objektiv einen Beitrag zu der technischen Fortentwicklung leistet.

26   Die Neuheitsprüfung erfolgt durch einen Vergleich der Erfindung mit dem betreffenden Stand der Technik. Anknüpfungspunkt für die Neuheitsprüfung ist der in den Patentansprüchen formulierte wesentliche Gehalt der Erfindung. Bei einer identischen Übereinstimmung der im Patentanspruch formulierten technischen Lehre mit dem gegenübergestellten Stand der Technik lässt sich die Frage der Neuheit relativ leicht beantworten. Anders verhält es sich in Fällen, bei denen der Stand der Technik **nicht sogleich erkennen lässt,** ob er Ausführungsformen umfasst, die unter den Anspruch der Patentanmeldung fallen. Dies ist insbesondere bei der Offenbarung von Gruppen von Verbindungen von Bedeutung, die jedenfalls nach deutschem Patentrecht eine neuheitsschädliche Vorwegnahme aller Mitglieder dieser Gruppe darstellt.[46]

27   Eine neuheitsschädliche Vorwegnahme einer Erfindung ist im Rahmen der patentrechtlichen Neuheitsprüfung nur dann zu bejahen, wenn sämtliche Merkmale der Erfindung in einem einzelnen Dokument vorveröffentlicht oder in anderer Weise als vollständige Einheit offenbart worden sind.[47] Entscheidend ist dabei, dass bei einem Neuheitsvergleich eine Kombination von Merkmalen aus verschiedenen Vorveröffentlichungen oder Vorbenutzungen der Erfindung ihre Neuheit nicht nehmen kann. Eine solche Kombination mag allenfalls Berücksichtigung finden in der sich anschließenden Prüfung der **Erfindungshöhe.** Daher ist jede Entgegenhaltung einzeln mit der Erfindung zu vergleichen.[48]

28   Es gibt grundsätzlich drei mögliche Formen, wie Kenntnisse der Öffentlichkeit zugänglich gemacht werden können und damit zum Stand der Technik gehören. Nach § 3 Abs. 1 Satz 2 PatG sind dies schriftliche Beschreibungen, mündliche Beschreibungen sowie offenkundige Vorbenutzungen. Unter den schriftlichen Beschreibungen sind jegliche Formen von schriftlichen Äußerungen zu verstehen, insbesondere Werbebroschüren, Zeitschriften, Veröffentlichungen in Offenlegungsschriften oder veröffentlichte Patentanmeldungen. Mündliche Beschreibungen i.S.d. § 3 Abs. 1 Satz 2 PatG können in Form von Reden, Vorträgen oder Gesprächen erfolgen. **Offenkundige Vorbenutzungen** eines Gegenstands können ebenfalls neuheitsschädlich sein, sofern hierdurch die Möglichkeit besteht, dass Dritte Kenntnis von dem vorbenutzten Gegenstand und seinen Eigenschaften erhalten.[49] Die Ausstellung von Produkten auf Messen führt z.B. typischerweise zur Neuheitsschädlichkeit. Die Wahrung der Neuheit einer Erfindung erfordert daher vom Erfinder und vom Patentanmelder eine besondere Zurückhaltung bei Berichten über Entwicklungen auf Kongressen oder der Präsentation von Prototypen einer Entwicklung gegenüber Interessenten.

3. Erfinderische Tätigkeit

29   Weitere Voraussetzung für die Patentierbarkeit einer Erfindung ist, dass sie gem. § 1 Abs. 1 PatG auf einer **erfinderischen Tätigkeit** beruht. Dies ist dann der Fall, wenn sich die Erfindung für den Fachmann nicht aus dem entsprechenden Stand der Technik in

---

[46] *BGH* GRUR 1992, 842 – *Chrom-Nickellegierung.* Die Praxis des EPA weicht hinsichtlich sog. Auswahlerfindungen von dieser deutschen Rechtsprechung ab. Das EPA sieht einen konkreten Stoff schon dann als neu an, wenn der Stand der Technik eine durch eine allgemeine Strukturformel definierte Stofffamilie offenbart, die zwar den konkreten Stoff einschließt, ihn aber nicht ausdrücklich beschreibt, s. EPA T 12/90 EPOR 1991, 312 – *E Isomere,* und weiterführend *Busse,* § 3 PatG, Rdnr. 142.

[47] *Schulte,* § 3 PatG, Rdnr. 137.

[48] S. etwa *BGH* GRUR 1980, 283, 284 – *Terephtalsäure.*

[49] *BGH* GRUR 1986, 372, 373 – *Thrombozyten-Zählung; BGH* GRUR 1996, 747, 752 – *Lichtbogen-Plasma-Beschichtungssystem:* Dritte haben nicht die Möglichkeit der Kenntnisnahme, wenn der Dritte, an den der Gegenstand etwa geliefert worden ist, zur Geheimhaltung verpflichtet war.

nahe liegender Weise ergibt. Während die Neuheitsprüfung einen Einzelvergleich der Erfindung mit einem bestimmten Stand der Technik zum Inhalt hat, liegt eine erfinderische Tätigkeit vor, wenn der Vergleich eine erhebliche Divergenz zwischen der Erfindung und dem gesamten Stand der Technik ergibt. Die Beurteilung, ob die Erfindung auf einer erfinderischen Tätigkeit beruht, ist ein **Akt wertender Entscheidung.**[50] Sie hängt von drei Kriterien ab: dem Stand der Technik, dem Fachmann und dem Naheliegen. Die Prüfung orientiert sich an dem **Durchschnittsfachmann,** der das allgemeine technische Wissen besitzt und auch das entsprechende Fachwissen in dem Gebiet, für das die Erfindung angemeldet wird, sowie Kenntnisse benachbarter Gebiete.[51] Es kommt nicht nur auf das aktuelle Wissen des Fachmanns in dem relevanten Fachgebiet an, sondern es wird dem Fachmann ein Fachwissen unterstellt, das ihm ermöglicht, den **relevanten Stand der Technik** anzuwenden und umzusetzen. Der Stand der Technik ist dabei mit den Augen desjenigen Durchschnittsfachmanns zu betrachten, der die neue Erfindung noch nicht kennt. Der Durchschnittsfachmann muss sich hierbei in den Zeitpunkt der Priorität der Patentanmeldung zurückversetzen. Es wird daher die Nichtexistenz der Erfindung fingiert, um die schöpferische Leistung der Erfindung im Vergleich zu dem bekannten Stand der Technik bewerten zu können. Dabei wird der gesamte Stand der Technik zum Prioritätszeitpunkt zur Prüfung herangezogen, d. h. nicht nur der Stand der Technik in dem Spezialgebiet der angemeldeten Erfindung, sondern auch der Stand der Technik in anderen, technisch nahe liegenden Gebieten.[52] Der Stand der Technik ist sodann in einem **mosaikartigen „Gesamtvergleich"** mit dem Inhalt der angemeldeten Erfindung abzugleichen, d. h. dass anders als bei der Neuheitsprüfung nicht sämtliche Merkmale in einem einzelnen Dokument veröffentlicht sein müssen.[53]

Für die Prüfung der Neuheit und der erfinderischen Tätigkeit sind demnach **unter-** **schiedliche Prüfungskategorien** anzuwenden, die dementsprechend auch materiell unterschiedlich angereichert werden müssen.[54] Sinn des unterschiedlichen Prüfungsumfangs ist, dass der Regelungsbereich der Neuheit gem. § 3 Abs. 1 PatG nicht so weit gefasst werden darf, dass für die Überprüfung der erfinderischen Tätigkeit nach § 4 PatG kein Anwendungsbereich mehr verbleibt. Die der Prüfung der erfinderischen Tätigkeit nach § 4 PatG zugrunde zu legende Gesamtbetrachtung umfasst dem gemäß ein breiteres Spektrum als die Neuheitsprüfung nach § 3 Abs. 1 PatG. Dies hängt auch damit zusammen, dass die Neuheitsprüfung nach § 3 PatG überwiegend einen reinen Erkenntnisakt ohne zusätzliche normative Gewichtung darstellt, während die Prüfung der erfinderischen Tätigkeit von dem Fachmann im Rahmen des Gesamtvergleichs mit dem Stand der Technik eine wertende Entscheidung darstellt.[55]

Nach § 4 PatG ist eine Erfindung nur patentfähig, wenn sie sich nicht **in nahe liegen-** **der Weise** aus dem Stand der Technik ergibt. Der Begriff „in nahe liegender Weise" umfasst solche Fortentwicklungen, die ein Fachmann mit seinem Fachwissen in Kenntnis des Stands der Technik auffinden kann.[56] Soweit es sich also um eine normale Fortentwicklung des Stands der Technik handelt, ist die angemeldete Erfindung nicht patentfähig.

[50] *BGH* GRUR 1995, 330, 331 – *Elektrische Steckverbindung.*

[51] *BGH* GRUR 1986, 372, 374 – *Thrombozyten-Zählung.*

[52] *BGH* GRUR 1991, 120, 121 – *Elastische Bandage.*

[53] Das EPA bevorzugt demgegenüber einen anderen Prüfungsansatz für die erfinderische Tätigkeit. Dabei wird der nächstliegende Stand der Technik ermittelt und geprüft, ob der Durchschnittsfachmann – hiervon ausgehend – ohne erfinderische Tätigkeit zum Gegenstand der Erfindung gelangt oder hiervon abgehalten worden wäre (sog. Could-Would Test), s. *Schulte,* § 4 PatG, Rdnr. 62 mit Nachweisen zur Spruchpraxis des EPA.

[54] *BGH* GRUR 1995, 330, 331 – *Elektrische Steckverbindung.*

[55] *BGH* GRUR 1995, 330, 331 – *Elektrische Steckverbindung:* zumindest ist eine solche Kombination nicht erfinderisch, deren Gesamtwirkung nicht über die Summe der Einzelwirkungen hinausgeht.

[56] *Schulte,* § 4 PatG, Rdnr. 57.

So liegt insbesondere keine erfinderische Tätigkeit vor, wenn die beanspruchte technische Lehre eine nahe liegende Kombination bekannter Einzelmaßnahmen darstellt.[57]

32   Die Rechtsprechung hat bei der Prüfung der erfinderischen Tätigkeit Anhaltspunkte herausgearbeitet, deren Vorliegen für eine erfinderische Tätigkeit i.S.v. § 4 PatG spricht. So kann z.B. die Überwindung besonderer Schwierigkeiten bei der Lösung der der Patentanmeldung zugrunde gelegten Aufgabe auf einen erfinderischen Schritt hindeuten. Dies kann z.B. dann gegeben sein, wenn für das Aufzeigen der Lösung besondere, theoretische Überlegungen erforderlich sind.[58] Ferner kann die Erkenntnis der Ursachen der Nachteile des Stands der Technik, die dann mit geläufigen Maßnahmen abgestellt werden, erfinderisch sein.[59] Auch die **Überwindung bestehender technischer Vorurteile** der Fachkreise, etwa durch einen vereinfachten Lösungsansatz, der zu einer Leistungsverbesserung im Gegensatz zu dem aus dem Stand der Technik bekannten Leistungsparameter führt, deutet auf eine erfinderische Tätigkeit hin.[60]

4. Ausreichende Offenbarung

33   Gemäß § 34 Abs. 4 PatG ist die Erfindung in der Anmeldung so deutlich und vollständig zu offenbaren, dass ein Fachmann sie ausführen kann. Bei der „ausreichenden Offenbarung" handelt es sich um einen wesentlichen Bestandteil der Patentanmeldung und um eine wichtige weitere Voraussetzung für die Erlangung von Patentschutz. Damit eine Erfindung patentiert werden kann, muss die technische Lehre **wiederholbar und ausführbar sein.** Die der Patentanmeldung zugrunde liegende Erfindung und die darin verkörperte technische Lehre müssen in den maßgeblichen Unterlagen (Beschreibung, Zeichnung, Patentansprüche) so deutlich und vollständig beschrieben sein, dass ein Fachmann sie ausführen kann.[61] Die Offenbarung der Erfindung ist dann ausreichend, wenn sie für den Fachmann unter Anwendung seines zum Prioritätszeitpunkt vorhandenen Fachwissens bei Einhaltung des im Patent angegebenen Lösungswegs **mit Erfolg ausgeführt werden kann.**[62] Der Fachmann muss daher auf Grund seines Könnens ohne große Schwierigkeiten auf Grund der technischen Lehre und den weiteren Angaben in den Patentunterlagen im Zeitrang der Anmeldung in der Lage sein, den mit dem Patent angestrebten Erfolg mit den im Patentanspruch genannten Mitteln herbeizuführen.

5. Gewerbliche Anwendbarkeit

34   Eine weitere Voraussetzung für die Patentfähigkeit einer Erfindung stellt ihre gewerbliche Anwendbarkeit dar. Eine Erfindung ist gewerblich anwendbar, wenn sie in irgendeinem gewerblichen Gebiet, einschließlich der Landwirtschaft, hergestellt oder benutzt werden kann. Der Gesetzgeber hat den Bereich der gewerblichen Anwendbarkeit in § 5 Abs. 2 PatG **eingeschränkt.** Danach sind Verfahren zur chirurgischen oder therapeutischen Behandlung des menschlichen oder tierischen Körpers sowie Diagnostizierverfahren, die am tierischen oder menschlichen Körper vorgenommen werden, nicht gewerblich anwendbar. Bei dieser gerade im Bereich von Medizinprodukten relevanten Einschränkung handelt es sich jedoch um einen in engen Grenzen angewandten **Ausnahmetatbe-**

---

[57] *BGH* GRUR 1991, 442, 443 – *Pharmazeutisches Präparat.*

[58] *Benkard/Bruchhausen,* § 4 PatG, Rdnr. 15.

[59] *BGH* GRUR 1985, 369 – *Körperstativ.*

[60] *BGH* GRUR 1979, 619, 620 – *Tabelliermappe; BPatG* GRUR 1979, 544 – *Fußnotenhinweis; Benkard/Bruchhausen,* § 4 PatG, Rdnr. 20.

[61] *EPA* GRUR Int. 1990, 61, 63 ff. – *Polypeptid-Expression/GENENTECH I; EPA* GRUR Int. 1992, 283, 285 – *Theta-1/BP:* es muss wenigstens ein Weg, der dem Fachmann die Ausführung der Erfindung ermöglicht, klar angegeben sein.

[62] *Busse,* § 34 PatG, Rdnr. 273.

stand. Dies zeigt sich daran, dass nach § 5 Abs. 2 Satz 2 PatG Erzeugnisse, die im Rahmen eines nicht schutzfähigen Verfahrens verwendet werden, selbst grundsätzlich Patentschutz beanspruchen können. Patentierbar sind folglich sämtliche Stoffe, Stoffgemische (auch Arzneimittel), Instrumente und Vorrichtungen für die Durchführung chirurgischer oder therapeutischer Verfahren, wenn die übrigen Voraussetzungen einer Patentierung vorliegen.[63]

V. Prüfung der Voraussetzungen der Patentierbarkeit

1. Prüfung durch die Patentämter im Patenterteilungsverfahren

Gemäß § 49 PatG beschließt die Prüfungsstelle des Deutschen Patent- und Markenamts **35** die **Erteilung des Patents,** sofern die Patentanmeldung den gesetzlichen Anforderungen (Neuheit, erfinderische Tätigkeit, gewerbliche Anwendbarkeit, ausreichende Offenbarung) genügt und der Gegenstand der Anmeldung patentfähig ist. Die **materiellrechtlichen Erfordernisse** für die Erteilung des Patents sind bereits unter Rdnr. 21–34 aufgeführt worden.

Formelle Voraussetzung für die Erteilung eines Patents ist die Patentanmeldung, die **36** in §§ 34 ff. PatG, sowie in der Patentanmeldeverordnung (PatAnmV) geregelt ist. Für die Anmeldung sind vom Patentamt herausgegebene Vordrucke zu verwenden. Eine Patentanmeldung muss – um formell ordnungsgemäß zu sein – insbesondere folgende Erfordernisse erfüllen:

– Angabe eines oder mehrerer Patentansprüche: Nach § 34 Abs. 3 Nr. 3 PatG, § 4 PatAnmV muss der Patentanmelder die Patentansprüche bezeichnen. Dies folgt daraus, dass sich der Schutzbereich des Patents gemäß § 14 PatG nach dem Inhalt der Patentansprüche richtet. Der wesentliche Inhalt einer Erfindung wird im ersten Patentanspruch, auch **Hauptanspruch** genannt, formuliert. Dieser Hauptanspruch enthält die wesentlichen Elemente der Erfindung. Besondere Ausführungsformen der Erfindung werden in Unteransprüchen beschrieben, die auf den Hauptanspruch rückbezogen sind und seine Verwirklichung voraussetzen. Nebenansprüche sind demgegenüber unabhängig vom Hauptanspruch.

– Patentbeschreibung: Der Anmeldung muss eine **Beschreibung der Erfindung** gem. § 34 Abs. 3 Nr. 4 PatG, § 5 PatAnmV beigegeben werden. Die Beschreibung muss das technische Gebiet enthalten, zu dem die Erfindung gehört, sowie den Stand der Technik, der dem Anmelder bekannt ist. Ferner sind das der Erfindung zugrunde liegende Problem und die Lösung zu beschreiben. Um Patentschutz erlangen zu können, muss die Beschreibung die Erfindung offenbaren, d.h. ggf. durch Beispiele und Zeichnungen wenigstens einen Weg zur Ausführung der beanspruchten technischen Lehre aufzeigen.

Sofern von dem Anmelder die erforderliche Anmeldegebühr an das Patentamt entrichtet worden ist, führt das Patentamt eine **Offensichtlichkeitsprüfung** gem. § 42 PatG durch. Zweck dieser Vorprüfung ist festzustellen, ob die Anmeldung offensichtlich den in **37**

---

[63] *Busse,* § 5 PatG, Rdnr. 13 u. 14. Demgegenüber sind in den USA sog. „method claims", d.h. Ansprüche, die sich direkt auf therapeutische oder diagnostische Verfahren richten, zulässig. Die Einschränkung in Deutschland und in Europa beruht im Wesentlichen auf dem Gedanken, dass man den behandelnden Arzt nicht mit der Prüfung patentrechtlicher Fragen bei der Behandlung von Patienten belasten wollte. Es kann bezweifelt werden, ob dieses Ziel mit dem fiktiven Ausschluss von der gewerblichen Anwendbarkeit auch nur annähernd erreicht werden kann. Da bei den modernen chirurgischen, therapeutischen und diagnostischen Verfahren der Einsatz von gem. § 5 Satz 2 PatG gewerblich anwendbaren und damit auch patentfähigen Hilfsmitteln nahezu unumgänglich ist, erschöpft sich die Bedeutung im Wesentlichen in der hierauf abgestimmten Formulierung von Patentansprüchen.

§§ 34, 36–38 PatG enthaltenen formalen Anforderungen entspricht. Bei Vorliegen von offensichtlichen Mängeln der Anmeldung setzt das Patentamt dem Anmelder eine Frist zur Behebung der Mängel oder Zurücknahme der Patentanmeldung. Werden die Mängel nicht innerhalb dieser Frist behoben, wird die Anmeldung zurückgewiesen.

38 Für die Beurteilung der Schutzfähigkeit der Erfindung ist insbesondere die Ermittlung des einschlägigen Stands der Technik von ausschlaggebender Bedeutung. Gemäß § 43 PatG führt das Patentamt auf Antrag des Anmelders oder eines Dritten eine entsprechende **Recherche** durch. Unabhängig hiervon ist gem. § 43 Abs. 3 Satz 2 PatG jeder Dritte berechtigt, dem Patentamt Druckschriften anzugeben, die der Patentierung entgegenstehen könnten.

39 Die **weitere Prüfung** der Patentfähigkeit der Anmeldung durch das Patentamt setzt einen erneuten Antrag des Anmelders auf Prüfung voraus. Gemäß § 44 Abs. 1 PatG prüft das Patentamt nach Antragstellung, ob die Anmeldung die formellen Voraussetzungen der §§ 34, 36, 37 und 38 PatG sowie die materiellen Voraussetzungen der §§ 1–5 PatG erfüllt. Dieser Antrag kann von dem Anmelder bis zum Ablauf von sieben Jahren nach der Einreichung der Patentanmeldung gestellt werden. Auch hier kann das Patentamt dem Anmelder erneut Gelegenheit geben, etwaige Mängel zu beseitigen. Nach Abschluss der Prüfung entscheidet das Patentamt über die Zurückweisung der Patentanmeldung oder die Erteilung eines Patents.

2. Einspruchsverfahren

40 Die Erteilung des Patents wird zusammen mit der Patentschrift im **amtlichen Patentblatt** gem. § 58 Abs. 1 Satz 2 PatG veröffentlicht und bewirkt, dass die gesetzlichen Wirkungen des Patents eintreten. Dritte haben die Möglichkeit, nach § 59 Abs. 1 PatG innerhalb von drei Monaten nach der Veröffentlichung der Patenterteilung gegen das Patent Einspruch zu erheben. Der Einspruch, der schriftlich zu erheben ist, muss sich in seiner Begründung auf die in § 21 PatG aufgeführten **Widerrufsgründe** stützen.

41 Die wichtigsten Gründe für den **Widerruf** eines Patents nach § 21 Abs. 1 PatG sind die mangelnde materielle Patentfähigkeit der Erfindung nach §§ 1–5 PatG, sowie die mangelnde Offenbarung der Erfindung in der Anmeldung mit der Folge, dass sie für einen Fachmann nicht ausführbar ist. Ist gegen die Patenterteilung Einspruch erhoben worden, so kann ein Dritter auch nach Ablauf der Einspruchsfrist nach § 59 Abs. 2 PatG dem Einspruchsverfahren beitreten, sofern gegen ihn Klage wegen Verletzung des Patents erhoben worden ist. Über einen Einspruch entscheidet die Patentabteilung gem. § 61 PatG durch Beschluss mit dem Inhalt der vollständigen oder teilweisen Aufrechterhaltung des Patents oder des Widerrufs des Patents. Sowohl der Widerruf als auch die Beschränkung des Patents werden im Patentblatt veröffentlicht. Gegen diesen Beschluss der Patentabteilung des Patentamtes kann gem. § 73 ff. PatG **Beschwerde** erhoben werden. In diesem Fall entscheidet gem. § 73 Abs. 4 PatG das Bundespatentgericht.

42 Gegen den Beschluss des Bundespatentgerichtes kann gem. § 100 PatG **Rechtsbeschwerde beim Bundesgerichtshof** eingelegt werden, sofern das Bundespatentgericht in seinem Beschluss die Rechtsbeschwerde an den Bundesgerichtshof zugelassen hat. Die Zulassung der Rechtsbeschwerde soll dann erfolgen, wenn eine Rechtsfrage von grundsätzlicher Bedeutung zu entscheiden ist oder die Fortbildung des Rechts eine Entscheidung des Bundesgerichtshofes notwendig macht. Auch ohne Zulassung ist die Rechtsbeschwerde beim Vorliegen der in § 100 Abs. 3 PatG aufgeführten Verfahrensmängel zulässig, z.B. wenn das Gericht nicht vorschriftsmäßig besetzt war. Nach § 102 Abs. 1 PatG ist die Rechtsbeschwerde an den Bundesgerichtshof innerhalb eines Monats nach Zustellung des Beschlusses des Bundespatentgerichts schriftlich einzulegen. Der Bundesgerichtshof entscheidet wiederum durch Beschluss nach § 107 PatG über die Begründetheit der Rechtsbeschwerde.

3. Nichtigkeitsverfahren

Auch nach Ablauf der Einspruchsfrist kann der mangelnde Rechtsbestand eines Patents **43** geltend gemacht werden. Auf Antrag wird das Patent nach § 22 PatG für nichtig erklärt, sofern sich ergibt, dass einer der in § 21 Abs. 1 PatG aufgeführten Gründe für den Widerruf des Patents vorliegt oder der Schutzbereich des Patents erweitert worden ist. Zuständig sind für das Nichtigkeitsverfahren die bei dem **Bundespatentgericht** gebildeten **Nichtigkeitssenate.** Zweck des Nichtigkeitsverfahrens ist die rückwirkende Beseitigung des Patents. Das Nichtigkeitsverfahren wird gem. §§ 81 ff. PatG durch Klage zum Patentgericht eingeleitet. Gemäß § 81 Abs. 2 PatG kann die Nichtigkeitsklage allerdings erst dann erhoben werden, wenn die Einspruchsfrist für die Erhebung des Einspruchs im Einspruchsverfahren abgelaufen oder ein Einspruchsverfahren beendet worden ist. Obwohl Parallelen zwischen den Nichtigkeitsgründen und den Einspruchsgründen im Einspruchsverfahren bestehen, ist das Verfahren auf Nichtigerklärung eines Patents von dem Einspruchsverfahren nach der Patenterteilung getrennt zu sehen. Das Nichtigkeitsverfahren stellt kein der Patenterteilung nachgeschaltetes Amtsverfahren, sondern einen zivilrechtlichen Rechtsstreit dar. Klageberechtigt ist – mit Ausnahme der widerrechtlichen Entnahme – jeder Dritte. Beklagter ist der in der Patentrolle als Patentinhaber Eingetragene. Die Klage kann während der gesamten Laufzeit des Patents erhoben werden.

Das Patentnichtigkeitsverfahren wird bestimmt vom Amtsermittlungsgrundsatz gem. **44** § 87 Abs. 1 Satz 1 PatG. Das Bundespatentgericht ist daher an das Vorbringen und an die Beweisanträge der Beteiligten nicht gebunden. Allerdings werden von dem Kläger nicht geltend gemachte Nichtigkeitsgründe von Amts wegen grundsätzlich nicht geprüft. Nach dem auch im Nichtigkeitsverfahren geltenden **Dispositionsgrundsatz** bestimmt der Kläger durch seinen Klageantrag und die Angabe der Klagegründe gem. § 22 Abs. 1, § 21 Abs. 1 PatG den Umfang der rechtlichen Überprüfung.[64]

Dem Klageantrag auf Nichtigerklärung des Patents sind die zur Begründung dienenden **45** Tatsachen sowie die Beweismittel in substantiierter Form beizulegen. Neben einer vollständigen Vernichtung des Patents kann das Klageziel auch die teilweise Vernichtung des Patents mit der Folge sein, dass das Patent geändert wird. Die **Teilvernichtung** des Patents durch Beschränkung ist ohne Zustimmung des Patentinhabers möglich.[65] Das Bundespatentgericht entscheidet über die Klage gem. § 84 PatG durch Urteil, gegen das nach §§ 110 ff. PatG Berufung zum Bundesgerichtshof eingelegt werden kann. Sofern eine Nichtigkeitsklage erhoben wurde, ist dies in der Patentrolle gem. § 30 PatG einzutragen. Dasselbe gilt für die Nichtigerklärung des Patents.

Im Falle einer **vollständigen Nichtigerklärung** des Patents gelten die Wirkungen des **46** Patents gem. § 21 Abs. 3 PatG als von Anfang an nicht eingetreten. Im Falle einer **Teil-nichtigerklärung** des Patents wird das Patent mit der entsprechenden Beschränkung aufrechterhalten, wobei die beschränkte Fassung ex tunc in Kraft tritt. Auch wenn die Nichtigkeitsklage abgewiesen wird, ist es nach wie vor möglich, dass Dritte erneut gegen das Patent eine Nichtigkeitsklage bei Gericht einreichen können. Die Nichtigerklärung erfolgt, wenn das Patent auf Grund der in § 21 Abs. 1 PatG genannten Gründe nicht patentfähig ist. Hinsichtlich dieser Widerrufsgründe zu § 21 Abs. 1 Nr. 1 und Nr. 2 PatG ist auf Rdnr. 21–34 über die sachlichen Voraussetzungen der Patentierbarkeit von Erfindungen zu verweisen.

---

[64] *Osterrieth*, Rdnr. 302 f.
[65] *BGH* GRUR 1989, 103 – *Verschlussvorrichtung für Gießpfannen.*

VI. Schutzumfang von Patenten

1. Bestimmung des Schutzumfangs von Patenten

47   Die Regelung in § 14 PatG stellt die Grundlage für die Bestimmung des **Schutzbereichs eines Patents** dar. Danach wird der Schutzbereich eines Patents durch den Inhalt der Patentansprüche bestimmt. Nach § 14 Abs. 2 PatG sind die Beschreibung und die Zeichnungen zur Auslegung der Patentansprüche heranzuziehen. Die Regelung des § 14 PatG stimmt inhaltlich mit Art. 69 Abs. 1 EPÜ überein.[66] Die Bestimmung des Schutzbereichs steht dabei im Spannungsverhältnis dreier Gebote: dem Gebot der Rechtssicherheit, dem Gebot der angemessenen Belohnung des Erfinders sowie dem Verbot der unberechtigten Beschränkung des technologischen Fortschritts.[67] Das Gebot der Rechtssicherheit bedeutet insbesondere, dass Dritte in der Lage sein müssen, den Schutzbereich des Patents zu erfassen, um ihr Verhalten hierauf abzustimmen.[68]

48   Der Schutzbereich des Patents wird durch den **Inhalt der Patentansprüche** bestimmt, wobei die Beschreibung und die Zeichnungen zur Auslegung der Patentansprüche heranzuziehen sind. Inhalt bedeutet dabei nicht Wortlaut, sondern **Sinngehalt**.[69] Es kommt also auf den Offenbarungsgehalt der Patentansprüche an. Dieser wird – im Sinne einer Auslegungshilfe – unter Zuhilfenahme der Patentbeschreibung und der Zeichnungen ermittelt, soweit deren Offenbarungsgehalt in den Patentansprüchen Niederschlag gefunden hat. Patentschriften können folglich im Hinblick auf die dort verwendeten Begriffe ihr eigenes Lexikon darstellen, sofern Begriffe abweichend von dem allgemeinen (technischen) Sprachgebrauch verwendet werden.[70]

49   Maßgebend für die Bestimmung der technischen Bedeutung der Erfindung ist die technische Vorstellung des Durchschnittsfachmanns. Damit der Durchschnittsfachmann die Aufgabe und die sich hieraus ergebende Lösung der Erfindung versteht, ist der Sinngehalt der Patentansprüche vom **Durchschnittsfachmann** nicht semantisch zu analysieren, sondern es ist der Wortsinn jedes einzelnen Merkmals im Rahmen seiner technischen Bedeutung vom Fachmann festzustellen.[71] Der Durchschnittsfachmann muss dabei darauf achten, den technischen Gesamtzusammenhang nicht aus den Augen zu verlieren.[72] Es kommt auf die technischen Vorstellungen an, die der mit den durchschnittlichen Kenntnissen und Fähigkeiten am Prioritätstag ausgerüstete Fachmann den Patentansprüchen unter Berücksichtigung der Patentbeschreibungen und insbesondere des darin mitgeteilten Stands der Technik entnimmt.[73] Für die Auslegung von technischen Begriffen ist nicht der gesamte Stand der Technik heranzuziehen, sondern vielmehr lediglich der in der Patentschrift mitgeteilte Stand der Technik, der vom Fachmann auf der Grundlage seines allgemeinen Fachwissens ausgelegt wird.[74] Zum Fachwissen gehört auch das Erfahrungswissen

---

[66] Gemäß der Akte zur Revision des Übereinkommens über die Erteilung europäischer Patente v. 29. 11. 2000 heißt es in Art. 69 EPÜ nicht mehr „durch den Inhalt der Patentansprüche", sondern „durch die Patentansprüche" (GRUR Int. 2001, 309, 312). Es ist verschiedentlich die Frage gestellt worden, ob diese Neuformulierung auch eine inhaltliche Änderung bedeutet, s. etwa *Wenning*, Mitt. 2000, 375, 376. *Wenning* ist der Ansicht, dass die Neuformulierung den Schutzbereich eines Patents eher als einschränkt als erweitert, da nicht nur der Inhalt der Ansprüche, sondern die Ansprüche in ihrer Gesamtheit den Schutzbereich bestimmen.

[67] *Osterrieth*, Rdnr. 204.

[68] *Osterrieth*, Rdnr. 205.

[69] *BGH* GRUR 1999, 909, 911 – *Spannschraube*; *BGH* GRUR 1986, 803, 805 – *Formstein*; *BGH* GRUR 1989, 903, 904 – *Batteriekastenschnur*.

[70] *BGH* GRUR 1999, 909, 911 – *Spannschraube*.

[71] *BGH* GRUR 1998, 1003, 1004 – *Leuchtstoff*.

[72] *Osterrieth*, Rdnr. 206 ff.

[73] *BGH* GRUR 1987, 280, 283 – *Befestigungsvorrichtung*.

[74] *Benkard/Ullmann*, § 14 PatG, Rdnr. 61.

des Fachmanns, d.h. das Wissen, das sich aus dem praktischen Vollzug von technischen Lehren bei dem Fachmann herausgebildet hat.[75]

Der Schutzbereich eines Patents ist nicht auf den Wortlaut der Patentansprüche be- **50** grenzt. Eine solche Beschränkung auf den Wortlaut würde **keinen angemessenen Schutz** für die Erfindung gewähren, da der Wortlaut der Patentansprüche oft hinter dem für den Durchschnittsfachmann erkennbaren Gehalt der technischen Lehre zurückbleibt. Zudem müssen Patentansprüche klar und präzise gefasst werden, so dass der Patentanmelder in vielen Fällen den Wortsinn nicht durch die Verwendung von Oberbegriffen ausweiten kann, ohne dass die Klarheit und damit auch die Ausführbarkeit der beanspruchten technischen Lehre darunter leidet. Auf der anderen Seite erfordert das Gebot der Rechtssicherheit, dass ein Dritter den Patentansprüchen und dem Studium der Patentschrift entnehmen kann, wie weit der Schutzbereich eines Patents reicht. Diesen beiden gegeneinander wirkenden Prinzipien, dem Patentinhaber einen angemessenen Lohn für die beanspruchte technische Lehre zu geben, und Dritte sowie die Allgemeinheit in die Lage zu versetzen, den Schutzbereich eines Patents zuverlässig vorhersehen zu können, versucht die Rechtsprechung bei der Anwendung des § 14 PatG und des hiermit übereinstimmenden Art. 69 EPÜ zu genügen.

Es kommen **zwei Arten einer Patentverletzung** in Betracht: Eine „**wortsinngemä-** **51** **ße**" und eine „äquivalente" Verletzung: Eine „wortsinngemäße" Verletzung ergibt sich dann, wenn die angegriffene Ausführungsform von den Merkmalen des Patentanspruchs wörtlich, d.h. dem technischen Wortsinn entsprechend, Gebrauch macht. Nach ständiger Rechtsprechung, die jetzt auch in Art. 2 des Auslegungsprotokolls zum EPÜ nach der Münchner Revisionskonferenz vom 29. 11. 2000 ihren Niederschlag gefunden hat,[76] liegt eine Patentverletzung jedoch auch dann vor, wenn die angegriffene Ausführungsform statt eines im Patentanspruch enthaltenen technischen Merkmals andere technische gleichwirkende Mittel verwendet. Es müssen also zur Lösung der gleichen technischen Aufgabe Austauschmittel eingesetzt werden, die in der technischen Funktion mit den in der Patentschrift vorgesehenen übereinstimmen und die gleiche Wirkung entfalten.[77] Der Fachmann muss diese gleichwirkenden Mittel auf Grund von Überlegungen aufgefunden haben, die sich an dem technischen Sinngehalt der Erfindung orientieren konnten.[78] Maßgeblich für die Äquivalenzprüfung ist nicht der Zeitpunkt der ersten Verletzungshandlung, sondern der Prioritätszeitpunkt des Klagepatents.[79] Die Einbeziehung auch äquivalenter Verletzungen führt dazu, dass der **Schutzumfang** eines Patents **viel weiter reichen kann,** als dies nach einer Lektüre der Patentansprüche scheinen mag.[80] Eine

---

[75] *Benkard/Ullmann,* § 14 PatG, Rdnr. 63.

[76] Art. 2 lautet: „Bei der Bestimmung des Schutzbereiches des europäischen Patents ist solchen Elementen gebührend Rechnung zu tragen, die Äquivalente der in den Patentansprüchen genannten Elemente sind."

[77] *Osterrieth,* Rdnr. 211.

[78] *BGH* GRUR 1994, 597, 600 – *Zerlegvorrichtung für Baumstämme:* der Äquivalenzbereich und damit der Schutzbereich eines Patents wird verlassen, wenn der Fachmann erfinderische Bemühungen einsetzen musste, um die gleichwertigen Mittel aufzufinden.

[79] Dies wird in anderen Vertragsstaaten des EPÜ, beispielsweise in den Niederlanden und im Vereinigten Königreich, anders gesehen. Bei der Revisionskonferenz in München konnten sich die Vertragsstaaten nicht auf einen bestimmten für die Äquivalenzprüfung maßgeblichen Zeitpunkt einigen. Der erste Basisvorschlag für die Revision des EPÜ, CA/100/00d, S. 58 enthielt im Hinblick auf das Auslegungsprotokoll zu Art. 69 EPÜ noch folgende Formulierung: „(1) Bei der Bestimmung des Schutzbereichs des europäischen Patents ist solchen Mitteln gebührend Rechnung zu tragen, die *im Zeitpunkt einer angeblichen Verletzung* Äquivalente der in den Patentansprüchen genannten Mittel sind." (Hervorhebung diesseits). Siehe näher zu diesem Vorschlag *König,* Mitt. 2000, 379 ff. Die vom Verwaltungsrat beschlossene Fassung des Art. 2 des Protokolls über die Auslegung des Art. 69 EPÜ enthält die oben hervorgehobene Formulierung nicht.

[80] *Köhler/Osterrieth,* MPR 2002, 57, 58

solche Ausdehnung dient jedoch dem berechtigten Interesse des Patentinhabers. Könnte ein Dritter bereits durch geringfügige Veränderungen den Schutzbereich des Patents verlassen, gingen dem Patentinhaber die Früchte seiner Bemühungen in wesentlichen Teilen verloren. Auf der anderen Seite trägt der Patentinhaber die Verantwortung dafür, dass er sein Schutzbegehren hinreichend weit fasst.

2. Unterteilung der Patentkategorien

52 Je nach dem Inhalt einer Erfindung kann diese Gegenstand eines **Erzeugnis- oder Verfahrenspatents** sein. Die Unterscheidung zwischen diesen Patentkategorien ist nicht nur nominal, sondern hat auch Auswirkungen auf den Schutzbereich eines Patents. Der Schutzbereich eines Erzeugnispatents erstreckt sich auf die technische Lehre, die in einem solchen Erzeugnis verkörpert ist. Hingegen schützt ein Verfahrenspatent ein technisches Verfahren, unabhängig davon, welches Erzeugnis mit Hilfe dieses Verfahrens hergestellt wird. Daneben erstreckt sich der Schutz eines Verfahrens jedoch gem. § 9 Nr. 3 PatG auf unmittelbar durch das Verfahren hergestellte Erzeugnisse. Für welche Kategorie die beanspruchte Erfindung geeignet ist, ist vom Anmelder festzulegen. Oft werden in einem Patent sowohl Erzeugnisse als auch Verfahren zur Herstellung dieser Erzeugnisse in einem kombinierten Anspruchssatz beansprucht.

a) Erzeugnis- oder Sachpatent

53 Ein Sach- oder Erzeugnispatent kann beantragt werden, sofern sich die technische Lehre auf die Gestaltung oder die Konstruktion eines patentfähigen Erzeugnisses bezieht. Die unter das Erzeugnispatent fallende technische Lehre muss das Erzeugnis hinsichtlich sämtlicher erfindungswesentlichen körperlichen, stofflichen und funktionellen Merkmale beschreiben.[81] Das Erzeugnis- oder Sachpatent lässt sich wiederum in verschiedene Untergruppen unterteilen. Zu dieser Untergruppe gehören **Vorrichtungspatente** und **Stoffpatente.** Unter Vorrichtungspatenten versteht man technische Lehren, die Erzeugnisse schützen, welche sich auf Maschinen oder Geräte beziehen, sog. Vorrichtungen. Diese Vorrichtungen werden als Arbeitsmittel in Herstellungsverfahren verwendet, die ihrerseits wiederum Patentschutz als Herstellungsverfahren erlangen können.[82]

54 In der chemischen und pharmazeutischen Industrie und auch im Bereich der Medizinprodukte kommt den Stoffpatenten eine herausragende Bedeutung zu. Das Patent, das einen neuen chemischen Stoff oder ein neues Medizinprodukt schützt, führt zum **absoluten Schutz dieses Stoffs** oder des Medizinprodukts, unabhängig von der Art seiner Herstellung.[83] Ein solcher umfassender Stoffschutz, der im Falle des Vorliegens der entsprechenden Voraussetzungen auch auf äquivalente Ausführungsformen zu erstrecken ist, gewährt dem Patentinhaber grundsätzlich einen weiteren Schutz als ein Verfahrenspatent. Dies zeigt sich insbesondere in denjenigen Fällen, in denen ein patentgeschütztes Verfahren nicht vom konkurrierenden Wettbewerber, sondern von dessen Abnehmern ausgeübt wird. Ein Stoffschutz erfasst hier die Herstellung aller Vorrichtungen, die für die Ausübung des Verfahrens verwendet werden, unabhängig davon, ob diese ins Schutzgebiet des Patents oder ins patentfreie Ausland geliefert werden. Beim Verfahrenspatent wird der Patentinhaber, falls nicht ausnahmsweise in der Herstellung eine unmittelbare Patentverletzung gem. § 9 PatG liegt, auf die Voraussetzungen einer mittelbaren Patentverletzung gem. § 10 PatG durch Lieferung der für die Ausübung des patentgeschützten Verfahrens geeigneten und bestimmten Mittel beschränkt bleiben. Ist beispielsweise eine bestimmte Vorrichtung zum Nachfüllen des Reservoirs einer Infusionspumpe patentrechtlich geschützt, so kann der Patentinhaber nicht nur das Anbieten und Inverkehrbringen, sondern auch die Herstellung solcher Vorrichtungen insgesamt unterbinden. Richtet sich der Pa-

---

[81] *Osterrieth*, Rdnr. 61.
[82] *Osterrieth*, Rdnr. 61.
[83] *BGHZ* 53, 274, 282 ff. – *Schädlingsbekämpfungsmittel*; *BGHZ* 57, 1, 22, 24 – *Trioxan*.

tentanspruch auf das Verfahren des Nachfüllens, so kann der Patentinhaber grundsätzlich nur das Angebot und Inverkehrbringen von Mitteln im Schutzgebiet unterbinden, die zur Ausübung des patentgeschützten Verfahrens geeignet und bestimmt sind, nicht aber bereits deren Herstellung. Der durch das Patent geschützte chemische Stoff kann durch die Formel seiner Struktur oder durch bestimmte Eigenschaften definiert sein. Da der Schutz von chemischen Stoffen absolut ist, verletzt die Herstellung dieses chemischen Stoffs durch die Verwendung eines anderen Herstellungsverfahrens ebenfalls das chemische Stoffpatent.[84] Die Art der Herstellung des chemischen Stoffs oder der Verwendungszweck gehören nicht zum Schutzgegenstand der Stofferfindung.[85]

b) Verfahrenspatent

Verfahrenspatente stellen ein bestimmtes **technisches Handeln** unter Schutz, das meist **55** aus verschiedenen Verfahrensschritten besteht. Der Patentschutz erstreckt sich auf den Verfahrensablauf selbst, unabhängig davon, ob es sich um ein Herstellungs- oder Arbeitsverfahren handelt.[86] Bei einem Herstellungsverfahren ist jedoch, da es auf die Schaffung eines Erzeugnisses gerichtet ist, auch dieses unmittelbar geschützt (§ 9 Satz 2 Nr. 3 PatG), wohingegen ein Arbeitsverfahren typischerweise nicht auf das Hervorbringen einer neuen Sache gerichtet ist. Das Objekt, das Gegenstand eines Arbeitsverfahrens ist, ist nicht patentrechtlich geschützt.

Eine besondere Kategorie der Verfahrenspatente stellen die **Verwendungs- und An-** **56** **wendungspatente** dar. Gegenstand der technischen Lehre solcher Verwendungs- oder Anwendungspatente ist die besondere Verwendung einer Sache oder Vorrichtung zur Erreichung eines bestimmten technischen Erfolgs, unabhängig davon, ob die Sache oder Vorrichtung schon bekannt oder selbst Gegenstand einer technischen Erfindung ist.[87] Der Schutzumfang des Verwendungspatents beschränkt sich auf den zweckgerichteten Einsatz der Vorrichtung oder des Stoffs. Bei einem pharmazeutischen Erzeugnis oder einem Medizinprodukt wäre dies die Bereitstellung des Erzeugnisses für den patentgeschützten Zweck, insbesondere durch Angabe dieses Verwendungszwecks in der Gebrauchsinformation.[88] Verwendungspatente, bei denen ein vorbekannter Stoff oder eine vorbekannte Sache für einen neuen, erfinderischen Zweck verwendet werden soll, schützen die Verwendung unabhängig von der Art der verwendeten Substanz und vom verfolgten Zweck.[89] Das Herstellen der Sache, deren Verwendung geschützt ist, verletzt allerdings das Patent nicht.[90] Nach § 9 Satz 2 Nr. 3 PatG ist es bei Verwendungspatenten allein dem Patentinhaber vorbehalten, das nach dem patentierten Verfahren unmittelbar hergestellte Erzeugnis anzubieten, in den Verkehr zu bringen, zu gebrauchen oder zu den genannten Zwecken entweder einzuführen oder zu besitzen. Um eine Dritten verbotene Benutzungshandlung handelt es sich dann, wenn der an sich nicht geschützte Gegenstand sinnfällig zu einem bestimmten patentgeschützten Zweck hergerichtet wird, z.B. durch die Aufbringung eines Verwendungshinweises auf der Verpackung eines Arzneimittels, obwohl die Verwendung des Arzneimittels patentgeschützt ist.[91] Schwierigkeiten bereiten in der Praxis immer diejenigen Fälle, bei denen ein solcher ausdrücklicher Hinweis fehlt und die Substanz in verschiedener Weise eingesetzt werden kann. Hier wird es – insbesondere im Rahmen des § 10 PatG – entscheidend darauf ankommen, inwieweit

---

[84] *BGHZ 57, 1, 22 – Trioxan; Benkard/Ullmann,* § 14 PatG, Rdnr. 48.

[85] *BGHZ 58, 280, 287 ff. – Imidazoline.*

[86] *Benkard/Ullmann,* § 14 PatG, Rdnr. 43.

[87] *BGH GRUR 1982, 162, 163 – Zahnpasta.*

[88] Allerdings kann die Herstellung durch sog. Ansprüche „schweizerischen Stils" erfasst werden, mit denen die Verwendung einer bestimmten (meist vorbekannten) Substanz zur Herstellung eines Erzeugnisses (Arzneimittel oder Medizinprodukt) für eine bestimmte Verwendung beansprucht wird.

[89] *BGHZ 88, 209, 212 – Hydro-Pyridin.*

[90] *BGH GRUR 1984, 425 – Bierklärmittel.*

[91] *Benkard/Bruchhausen,* § 9 PatG, Rdnr. 50; *BGHZ 68, 156, 161 – Benzol-Sulfonyl-Harnstoff.*

der Dritte mit einer patentgeschützten Verwendung der von ihm gelieferten Mittel rechnen musste. Bei einem allgemein bekannten patentgeschützten Einsatzzweck wird man vom Anbieter besondere Maßnahmen zur Vermeidung einer solchen Patentverletzung verlangen müssen.

VII. Wirkungen eines Patents

1. Benutzung der geschützten technischen Lehre nur mit Zustimmung des Patentinhabers

57 Gemäß § 9 Satz 1 PatG hat ein Patent die Wirkung, dass **allein der Patentinhaber** befugt ist, die patentierte Erfindung zu benutzen. Die dem Patentinhaber vorbehaltenen Benutzungshandlungen sind dabei unterschiedlich je nach Erzeugnis- und Verfahrenspatenten. Der Inhaber eines Erzeugnispatents kann jedem Dritten verbieten, ohne seine Zustimmung ein Erzeugnis, das Gegenstand des Patents ist, herzustellen, anzubieten, in Verkehr zu bringen oder zu gebrauchen oder zu den genannten Zwecken einzuführen oder zu besitzen (§ 9 Satz 2 Nr. 1 PatG). Ein Verfahrenspatent gibt dem Patentinhaber das Recht, jedem Dritten die Anwendung des Verfahrens sowie das Anbieten der Verwendung zu untersagen, wenn der Dritte wusste oder es auf Grund der Umstände offensichtlich war, dass die Anwendung ohne Zustimmung des Patentinhabers verboten sein würde. Gemäß § 9 Satz 2 Nr. 3 PatG erstreckt sich die Wirkung eines Verfahrenspatents aber auch auf ein Erzeugnis, das unter Anwendung des geschützten Verfahrens hergestellt worden ist. Das Recht, ein solches Erzeugnis anzubieten, in Verkehr zu bringen oder zu gebrauchen oder zu den genannten Zwecken einzuführen oder zu besitzen, steht Dritten ebenfalls nur mit Zustimmung des Patentinhabers zu. Dieses positive Benutzungsrecht korreliert mit dem Verbot der Benutzung durch Dritte.

58 Gemäß § 10 PatG ist es **Dritten** auch verboten, ohne Zustimmung des Patentinhabers anderen als zur Benutzung der patentierten Erfindung berechtigten Personen Mittel, die sich auf ein wesentliches Element der Erfindung beziehen, anzubieten oder zu liefern, wenn der Dritte weiß oder es auf Grund der Umstände offensichtlich ist, dass diese Mittel dazu geeignet und bestimmt sind, für die Benutzung der Erfindung verwendet zu werden. Es handelt sich hier um den Tatbestand einer sog. **mittelbaren Patentverletzung.** Liefert ein Dritter somit nur einen Teil der gesamten (patentverletzenden) Vorrichtung, so kann auch ein Vorgehen gegen den Lieferanten in Betracht kommen. Es ist dabei ausreichend, dass die gelieferten Mittel objektiv geeignet und bestimmt sind, patentverletzend benutzt zu werden. Es kommt nicht – wie nach früherer Rechtslage[92] – darauf an, dass zugleich der Tatbestand einer unmittelbaren Patentverletzung durch einen Dritten vorliegt.[93] In subjektiver Hinsicht muss der Patentverletzer Kenntnis von der Eignung der Mittel und von einer entsprechenden Bestimmung – sofern nicht offensichtlich – haben. Der Bundesgerichtshof hat hierzu in einer jüngeren Entscheidung festgestellt, dass die Abgabe von Empfehlungen durch den Lieferanten in Richtung auf eine Benutzung der Erfindung ein ausreichendes Indiz für den Vorsatz des Lieferanten bieten.[94]

59 Von dem Grundsatz, dass die geschützte technische Lehre von Dritten nur mit Zustimmung des Patentinhabers benutzt werden kann, gibt es **Ausnahmen.** Zum einen gilt für Patente das Territorialitätsprinzip, d.h. eine Ausschlusswirkung kommt Patenten innerhalb des Staates, in dem das Patent angemeldet und erteilt wurde, zu.[95] Auf der Grundlage eines deutschen Patents können daher nur Benutzungshandlungen im Inland

---

[92] *BGH GRUR 1982, 165, 166 – Rigg.*
[93] *BGHZ 115, 204, 208 – Beheizbarer Atemluftschlauch.*
[94] *BGH GRUR 2001, 228 – Luftheizgerät.*
[95] *BGH GRUR 1968, 195, 196 – Foran.*

geltend gemacht werden. Da aber z. B. das Herstellen bei Stoffpatenten bereits eine relevante Benutzungshandlung darstellt, ist dies Dritten verboten, auch wenn die Gegenstände etwa ausschließlich für das Ausland bestimmt sind.[96] Begehrt der Patentinhaber einen Schutz seiner Erfindung auch im Ausland, so kann er zum einen ein europäisches Patent anmelden oder insbesondere für außereuropäische Länder, im Wege der genannten PCT-Anmeldung (s. Rdnr. 19) einen multinationalen Schutz erreichen.

Da ein patentgeschütztes Erzeugnis nur mit Zustimmung des Patentinhabers hergestellt **60** und in Verkehr gebracht werden kann, kann der Patentinhaber seine Zustimmung von der Gewährung einer finanziellen Gegenleistung für die Benutzung der geschützten Lehre, insbesondere einer Lizenzzahlung abhängig machen.[97] Hingegen gibt das Patentrecht dem Patentinhaber nicht die Befugnis, weiteren Vertrieb der einmal mit seiner Zustimmung in Verkehr gebrachten Erzeugnisse zu bestimmen. Ein weiterer Grundsatz, der den Patentschutz einschränkt, ist daher der sog. **Erschöpfungsgrundsatz.** Danach erschöpft sich das ausschließliche Benutzungsrecht des Patentinhabers, wenn dieser oder ein Dritter mit Zustimmung des Patentinhabers ein Erzeugnis in den Verkehr gebracht hat, das in den Schutzbereich des Patents fällt. Die Folge dieses Inverkehrbringens ist, dass der Inhaber des Patents keine Möglichkeit mehr hat, die weitere Benutzung des Erzeugnisses durch Dritte zu verbieten. Dies bedeutet, dass der Patentinhaber kein Recht hat, den gesamten Vertriebsweg der Ware zu kontrollieren. Nach der Rechtsprechung des Bundesgerichtshofes[98] gilt jedoch nur eine nationale Erschöpfung, d. h. dass eine Erschöpfung nur in Bezug auf die Gegenstände eintritt, die im Inland in den Verkehr gebracht worden sind. Eine Erschöpfung tritt daher hinsichtlich von Gegenständen, die im Ausland in Verkehr gebracht worden sind, nicht ein. Diese Begrenzung der Erschöpfung stellt eine logische Konsequenz der Territorialität des Patents dar.

Allerdings wird diese nationale Begrenzung der Erschöpfung im Bereich der EU weit- **61** gehend durch den Grundsatz des freien Warenverkehrs aufgehoben. Daher führt ein Inverkehrbringen eines Gegenstands in einem Mitgliedstaat der EU zu einer Erschöpfung aller parallelen Patente in der gesamten EU.[99] Der EuGH wendet den Grundsatz der EU-weiten Erschöpfung auch dann an, wenn der Patentinhaber das patentgeschützte Erzeugnis in einem EU-Mitgliedstaat in den Verkehr bringt, in dem kein Patentschutz für das betreffende Erzeugnis besteht. Für den EuGH ist die Fiktion ausreichend, dass der Patentinhaber Patentschutz in dem betreffenden Mitgliedstaat nach dem nationalen Patentrecht hätte erhalten können, wenn er das Patent angemeldet hätte. In diesem Fall tritt **trotz nicht vorhandenen Patentschutzes** eine EU-weite Erschöpfung für alle EU-Mitgliedstaaten ein.[100]

Neben dem Territorialitätsprinzip und dem Erschöpfungsgrundsatz bewirkt auch die **62** **zeitliche Schutzdauer** eines Patents eine Einschränkung der Schutzwirkung. Nach § 16 Abs. 1 Satz 1 PatG dauert der Patentschutz 20 Jahre und beginnt mit dem Tag, der auf die Anmeldung der Erfindung erfolgt. Die gesetzliche Patentdauer von 20 Jahren ist allerdings nicht gleichzusetzen mit der effektiven Schutzdauer eines Patents. Die Wirkungen des Patents treten erst mit Veröffentlichung der Patenterteilung im Patentblatt ein. Da zwischen Anmeldung und Patenterteilung ein erheblicher Zeitraum liegen kann, ist die Schutzdauer unter Umständen erheblich verkürzt. Für den Zeitraum zwischen der Offenlegung der Anmeldung bis zur Patenterteilung kann der Patentinhaber, sofern das Patent tatsächlich erteilt worden ist, lediglich einen **Entschädigungsanspruch** nach § 33 Abs. 1 PatG geltend machen. Die Benutzung der angemeldeten aber noch nicht patentierten Lehre stellt aber keine unerlaubte Handlung dar und begründet insbesondere keinen Un-

---

[96] *BGHZ* 23, 100, 106 – *Taeschner – Pertussin.*
[97] *BGH GRUR* 1980, 38, 39 r. Sp. – *Fullplastverfahren.*
[98] *BGH GRUR* 1976, 579, 582 – *Tylosin.*
[99] *EuGH GRUR Int.* 1982, 47, 48 – *Merck; EuGH GRUR Int.* 1997, 250 – *Merck II.*
[100] *EuGH GRUR Int.* 1982, 47, 48 – *Merck.*

terlassungsanspruch. Um die effektive Schutzdauer des Patents auszudehnen, besteht nach § 16 a PatG für den Bereich der Arzneimittel die Möglichkeit, ein ergänzendes Schutzzertifikat zu beantragen und damit den effektiven Schutz zu verlängern. Diese Möglichkeit ist von der EU für Arzneimittel und auch für Pflanzenschutzmittel geschaffen worden, da solche Erzeugnisse oft eine sehr lange Entwicklungszeit bis zur Zulassung benötigen. Der verbleibende Rest der Patentlaufzeit würde in vielen Fällen nicht mehr genügen, um die Investitionen zu amortisieren und einen angemessenen Gewinn zu erwirtschaften. Auf Medizinprodukte lässt sich dies angesichts der Vielfalt unterschiedlicher Produkte und der mit ihrer Entwicklung verbundenen Investitionen nicht allgemein übertragen. Auch bestehen im Zeitaufwand und in den Anforderungen je nach Produkt erhebliche Unterschiede zwischen einem Registrierungssystem und einem Zulassungsverfahren für Arzneimittel. Eine zeitliche Verlängerung des Patentschutzes durch ein ergänzendes Schutzzertifikat kann aber bei kombinierten Erzeugnissen in Betracht kommen, wenn der Wirkstoff Gegenstand eines solchen Schutzzertifikats ist.

63   Inhaltlich wird der Patentschutz weiter dadurch eingeschränkt, dass sich gem. § 11 PatG die Wirkungen des Patents auf die dort aufgeführten Handlungen nicht erstrecken. Für den Bereich der Medizinprodukte ist hier insbesondere das **sog. Versuchsprivileg** des § 11 Nr. 2 PatG von Bedeutung. Danach erstrecken sich die Wirkungen des Patents nicht auf Handlungen zu Versuchszwecken, die sich auf den Gegenstand der Erfindung beziehen.[101] Das Versuchsprivileg ermöglicht Dritten, im Patent nicht offenbarte Anwendungen der geschützten Lehre zu erforschen und Produktentwicklungen voranzutreiben. Der Vertrieb fertig entwickelter Produkte dient demgegenüber erkennbar nicht dem Erkenntnisgewinn hinsichtlich des Gegenstands der Erfindung und wird durch das Versuchsprivileg nicht gedeckt.

64   Die häufigste Form der Benutzung einer geschützten technischen Lehre mit Zustimmung des Patentinhabers ist die Vergabe von **Patentlizenzen** an Dritte. § 15 Abs. 2 PatG gibt dem Patentinhaber das Recht, die Benutzungsbefugnisse ganz oder teilweise im Rahmen von ausschließlichen oder nichtausschließlichen Lizenzen an Dritte zu vergeben. Der Begriff der Lizenz ist gesetzlich nicht definiert. Der Lizenzvertrag ist seinem Rechtscharakter nach als ein Dauerschuldverhältnis und vertragstypologisch als Vertrag sui generis zu beurteilen, der keinem bestimmten, im BGB enthaltenen Vertragstyp zugewiesen werden kann. Je nach Interessenlage und den einzelnen vertraglichen Regelungen lassen sich die Vorschriften des BGB über das Kaufrecht, das Gesellschaftsrecht, das Mietrecht und insbesondere das Pachtrecht anwenden. Die gesetzlichen Vorschriften kommen dann zur Anwendung, wenn der Vertrag zu einzelnen Gesichtspunkten keine Regelungen enthält. Der Frage der Rechtsnatur des Lizenzvertrags kann daher unter Umständen eine gewichtige Rolle zukommen. In aller Regel empfiehlt sich eine möglichst detaillierte Regelung über den Gegenstand der Lizenz und ihre Beschränkungen. Eine Lizenz kann sowohl als ausschließliche als auch als einfache erteilt werden.

65   Die **ausschließliche oder exklusive Lizenz** gibt dem Lizenznehmer als einzigem Berechtigten das positive Benutzungsrecht und das negative Verbietungsrecht aus dem Patent, d. h. dass der Patentinhaber weder Dritten weitere Nutzungsrechte (im jeweiligen Vertragsgebiet) erteilen kann, noch die technische Lehre selbst dort nutzen kann. Da die ausschließliche Lizenz dem Lizenznehmer eine **annähernd dingliche Rechtsposition** verleiht, ist er zur Geltendmachung aller dem Patentinhaber zustehenden Rechte befugt, insbesondere auch – soweit der Vertrag keine anders lautenden Regelungen enthält – zur Geltendmachung aller Verbietungsrechte gegenüber Dritten.[102] Er ist vorbehaltlich ent-

---

[101] Die Bedeutung und Reichweite des Versuchsprivilegs sind vom *BGH* in den beiden Entscheidungen *Klinische Versuche I* (GRUR 1996, 109) und *Klinische Versuche II* (Mitt. 1997, GRUR 253) grundlegend definiert worden. Siehe hierzu auch die Entscheidung des *BVerfG* v. 10. 5. 2000, GRUR 2001, 43, durch die das Urteil des *BGH Klinische Versuche I* bestätigt wurde.
[102] *OLG Karlsruhe*, GRUR 1980, 784, 785 – *Laminiermaschine*.

gegenstehender Regelungen im Lizenzvertrag auch berechtigt, Unterlizenzen an dem Patent an Dritte zu vergeben.[103] Andererseits führt diese starke Rechtsposition des ausschließlichen Lizenzinhabers dazu, dass er zur Ausübung der ihm gewährten Rechte auch **verpflichtet** ist.[104]

Bei einer **semi-exklusiven oder alleinigen Lizenz** behält sich der Patentinhaber das **66** Recht vor, neben dem Lizenznehmer das lizenzierte Patent weiter zu nutzen. Er ist aber nicht berechtigt, weitere Lizenzen an Dritte zu vergeben. In der Praxis trifft man gelegentlich auch auf Mischformen der Lizenzvertragstypen, bei dem der Patentinhaber berechtigt ist, nur eine bestimmte Anzahl weiterer Lizenzen oder nur für bestimmte Anwendungen Lizenzen zu vergeben.

Bei der **einfachen Lizenz** vergibt der Lizenzgeber das Nutzungsrecht an dem Schutz- **67** recht an mehr als einen Lizenznehmer. Das Vertragsverhältnis zwischen Lizenzgeber und Lizenznehmer hat daher nicht den mit der exklusiven Lizenz verbundenen annähernd dinglichen Charakter. Der Lizenznehmer hat lediglich ein **schuldrechtlich wirkendes Benutzungsrecht** gegenüber dem Patentinhaber.[105] Im Gegensatz zur exklusiven Lizenz kann der Lizenzgeber bei der einfachen Lizenz das Schutzrecht weiterhin auch selbst benutzen. Die rechtliche Stellung des Inhabers einer einfachen Lizenz ist in weit größerem Umfang abhängig von den vertraglichen Regelungen. Die rechtliche Durchsetzung des Ausschließlichkeitsrechts gegenüber Dritten steht ihm etwa nur dann zu, wenn ihm diese Befugnis ausdrücklich vertraglich eingeräumt worden ist. Das Gleiche gilt für die Vergabe von Unterlizenzen an Dritte. Eine wesentliche Stärkung hat die Rechtsstellung des Lizenznehmers durch Einführung des § 15 Abs. 3 PatG erfahren.[106] Danach bleibt die Lizenz auch im Falle der Veräußerung des lizenzierten Schutzrechts erhalten. Der Lizenzvertrag wird mit dem neuen Schutzrechtsinhaber fortgesetzt.

Gegenstand der Lizenzverträge sind in aller Regel entweder **reine Herstellungslizen-** **68** **zen** oder **gemischte Herstellungs- und Vertriebslizenzen.** Soweit keine Beschränkung auf eine reine Herstellungslizenz in dem Vertrag vereinbart ist, ist regelmäßig davon auszugehen, dass Herstellung und Vertrieb gestattet sind. Im Übrigen kann der Patentinhaber durch die genaue Definition der Vertragsprodukte und die Festlegung eines Vertragsgebiets die einfache Lizenz beschränken.

Für Lizenzverträge, die nach dem 1. 1. 1999 geschlossen worden sind, gilt **kein ge-** **69** **setzliches Schriftformerfordernis.** Für sog. „Altverträge" gilt nach wie vor das Schriftformerfordernis des alten § 34 GWB.[107]

2. Ansprüche des Patentinhabers und ausschließlichen Lizenznehmers im Fall der Patentverletzung

Im Falle der Patentverletzung stehen dem Patentinhaber die in §§ 139–141 PatG auf- **70** geführten Ansprüche ab Erteilung des Patents und der Veröffentlichung der Erteilung im amtlichen Patentblatt zu. Der Patentanmelder kann für die Zeit zwischen Anmeldung und Erteilung des Patents eine **angemessene Entschädigung** gem. § 33 PatG verlangen.

---

[103] *BGH* GRUR 1955, 338, 340; *Osterrieth*, Rdnr. 178.

[104] *Schulte*, § 15 PatG, Rdnr. 53, zumindest für den Fall, dass die Lizenzgebühr vom Umfang der Ausübung abhängt, wie bei einer Stücklizenz.

[105] *BGH* GRUR 1965, 591, 595 – *Wellplatten*; *BGH* GRUR 1982, 411, 412 – *Verankerungsteil*; *Benkhard/Ullmann*, § 15 PatG, Rdnr. 56.

[106] Durch Art. 2 Abs. 9 des Gesetzes zur Änderung des Gebrauchsmustergesetzes v. 15. 8. 1986 – BGBl. I S. 1446, 1453.

[107] Eine rückwirkende Aufhebung des Schriftformerfordernisses durch Aufhebung des § 34 GWB a. F. ist nach der Rechtsprechung des BGH nicht zulässig, *BGH* DB 1999, 1057 – *Coverdisk*; s. auch *Bunte*, BB 1998, 1600. Allerdings ist im Einzelfall zu prüfen, ob die Parteien nicht den Altvertrag konkludent nach dem 1. 1. 1999 in seiner Wirksamkeit bestätigt haben. S. zu den Erfordernissen noch § 34 GWB a. F. im Einzelnen *Busse*, § 15 PatG, Rdnr. 149.

Dieser Anspruch entsteht ab dem Zeitpunkt der Offenlegung der Patentanmeldung durch den Anmelder.

71   **Aktiv legitimiert** zur Geltendmachung der Ansprüche aus §§ 139 ff. PatG ist der Patentinhaber und – im Falle einer ausschließlichen Lizenz oder ausdrücklichen vertraglichen Bestimmung – der Lizenznehmer. Maßgeblich für die Aktivlegitimation ist die tatsächliche Rechtsinhaberschaft. Die Eintragung in die Patentrolle begründet eine widerlegbare Vermutung der Rechtsinhaberschaft.[108] Dem Rolleneintrag kommt jedoch lediglich **deklaratorische Wirkung** zu. Stimmt die Rolleneintragung nicht mit der materiellen Rechtslage hinsichtlich der Inhaberschaft am Patent überein, so kann der materiell Berechtigte auch gegenüber dem lediglich formell Berechtigten gem. § 139 PatG vorgehen.[109]

72   Nach § 139 Abs. 1 PatG kann derjenige, der entgegen den §§ 9–13 PatG eine patentierte Erfindung benutzt, vom Verletzten auf **Unterlassung** in Anspruch genommen werden. Der Unterlassungsanspruch dient dem Schutz des Patentinhabers vor künftigen rechtswidrigen Eingriffen in das Patent und setzt kein Verschulden des Verletzers voraus.[110] Der Begriff der Benutzung in § 139 Abs. 1 PatG geht von einer bereits erfolgten Verletzungshandlung aus, die eine sog. **Wiederholungsgefahr** begründet. Der Unterlassungsanspruch aus § 139 Abs. 1 PatG kann aber auch dann geltend gemacht werden, wenn eine Verletzungshandlung unmittelbar bevorsteht **(Erstbegehungsgefahr)**.[111] Eine Wiederholungsgefahr liegt dann vor, wenn eine Verletzungshandlung bereits stattgefunden hat und eine erneute Verletzungshandlung droht. Die erneute Verletzungshandlung muss von dem Kläger nicht nachgewiesen werden, da auf Grund der erstmaligen Verletzungshandlung die tatsächliche Vermutung einer Wiederholungsgefahr besteht.[112] Bei einer Unterlassungsklage wegen Wiederholungsgefahr ist es grundsätzlich Aufgabe des Verletzers, nachzuweisen, dass weitere Verletzungshandlungen nicht drohen und somit eine Wiederholungsgefahr nicht besteht.[113] Die Wiederholungsgefahr lässt sich in aller Regel nur durch Abgabe einer ausreichend strafbewehrten Unterlassungsverpflichtungserklärung beseitigen.

73   Neben der Unterlassung kann der Patentinhaber gem. § 139 Abs. 2 PatG auch **Schadensersatz** geltend machen. Nach § 139 Abs. 2 PatG ist derjenige, der die patentverletzende Handlung vorsätzlich oder fahrlässig vornimmt, dem Verletzten zum Ersatz eines daraus entstandenen Schadens verpflichtet. Sofern der Verletzer die Patentverletzung schuldlos begeht, scheiden Schadensersatzansprüche des Patentinhabers aus. Jedoch können gegen den Patentverletzer **Bereicherungsansprüche** geltend gemacht werden.[114] Eine schuldhafte Handlung ist erst dann möglich, wenn der Benutzer von der Erteilung des Patents Kenntnis erlangt hat oder erlangen konnte. Die Rechtsprechung gewährt eine „Schonzeit" von einem Monat seit dem ersten Tag der Veröffentlichung der Patenterteilung, nach deren Ablauf erwartet wird, dass ein Dritter von der Patenterteilung Kenntnis erlangen konnte. Der Verletzer hat daher erst für Handlungen, die einen Monat nach Veröffentlichung der Patenterteilung begangen worden sind, Schadensersatz zu leisten.[115]

---

[108] *Busse*, § 139 PatG, Rdnr. 120.

[109] *Busse*, §139 PatG, Rdnr. 20. Insoweit unterscheidet sich die deutsche Rechtslage von den Vorschriften in einigen anderen europäischen Ländern, insbesondere Frankreich (Art. 46 des Gesetzes über Erfindungspatente, BlPMZ 1979, 50, 56) und Italien (Art. 66 Nr. 2 der Königlichen Verordnung Nr. 1127 v. 29. 6. 1939, zuletzt geändert durch VO Nr. 198 v. 19. 3. 1996, GRUR Int. 1999, 241), wo die Eintragung sowohl des Patentinhabers als auch des Lizenznehmers in die Patentrolle eine formale Voraussetzung für die Geltendmachung von Rechten aus dem Patent gegenüber Dritten darstellt.

[110] *BGH* GRUR 1955, 97 – *Constanze II.*

[111] *BGH* GRUR 1992, 612, 614 – *Nicola.*

[112] *BGH* GRUR 1976, 256, 259 – *Rechenscheibe.*

[113] *Busse*, § 139 PatG, Rdnr. 45 ff.

[114] *Busse,* § 139 PatG, Rdnr. 86, 174 ff.

[115] *Osterrieth*, Rdnr. 220.

Die Rechtsprechung wendet hinsichtlich des Verschuldens einen strengen Maßstab an. Ein Verschulden in Form von Fahrlässigkeit liegt schon dann vor, wenn der Verletzer bei Anwendung der im Verkehr erforderlichen Sorgfalt (§ 276 Abs. 1 Satz 2 BGB) die Schutzrechtslage hätte erkennen können. Selbst dann, wenn für den Verletzer keine konkreten Anhaltspunkte dafür existierten, dass das benutzte Verfahren oder das hergestellte Erzeugnis unter das Patent eines Dritten fällt, wird dem Verletzer die Pflicht auferlegt, **Patentrecherchen** regelmäßig durchzuführen. Grundsätzlich wird verlangt, dass sich ein am Wirtschaftsleben beteiligtes Unternehmen umfassend über die Schutzrechtslage in dem betreffenden technischen Bereich informiert. Die Rechtsprechung verlangt insoweit auch ohne konkrete Veranlassung die Durchführung von Recherchen.[116] Hinsichtlich der Frage, ob ein eigenes Produkt ein bestimmtes Schutzrecht verletzt, befreit auch die Einholung eines rechtskundigen Rats eines Patent- oder Rechtsanwalts nicht stets von dem Vorwurf der Fahrlässigkeit.[117]

74 Zur Berechnung der **Höhe des Schadensersatzanspruchs** gibt es drei verschiedene Berechnungsarten:
- Zahlung einer Lizenzgebühr, die der Höhe nach dem entspricht, was ein Lizenznehmer für die rechtmäßige Nutzung des Patents an den Lizenzgeber hätte zahlen müssen (Lizenzanalogie),
- Herausgabe des durch die Patentverletzung vom Verletzer erzielten Gewinns,
- Schadensersatz in Höhe eines entgangenen Gewinns des Patentinhabers oder Lizenznehmers.

Dem Patentinhaber und dem ausschließlichen Lizenznehmer steht hinsichtlich der Berechnung des Schadensersatzes ein **Wahlrecht** zwischen den einzelnen Berechnungsmethoden zu. Er darf die Berechnungsarten aber nicht für Teile des Schadensersatzes kombinieren oder kumulieren.[118] Ohne Kenntnis des genauen Umfangs der Verletzungshandlungen und des hierdurch erzielten Gewinns ist der Anspruchsteller aber nicht in der Lage, die für ihn günstigste Berechnungsmethode zu wählen und eine konkrete Schadenshöhe nach dieser Methode zu bestimmen. Er muss hierzu zunächst vom Verletzer die erforderlichen Informationen erhalten. Erst auf Grund der Rechnungslegung kann der Patentinhaber festlegen, welche Berechnungsmethode zur Feststellung des Schadenersatzes für ihn die Günstigste ist. Im Rahmen des streitigen Verfahrens zum Schadensersatz hat der verletzte Patentinhaber die Möglichkeit, hinsichtlich der Berechnungsart für die Höhe des Schadensersatzes von der einen zur anderen Berechnungsmethode **zu wechseln**.[119]

75 In der Praxis wird der Schadensersatz meist im Wege der **Lizenzanalogie** berechnet. Ratio dieser Methode ist, dass der Verletzer nicht besser stehen soll als derjenige, der eine vertragliche Nutzungserlaubnis in Form einer Lizenz vom Patentinhaber erhalten hat.[120] Der Patentinhaber kann vom Verletzer daher als Schadensersatz eine angemessene Lizenz in einer Höhe verlangen, wie sie im Rahmen eines Lizenzvertrags mit den Vertragsparteien vereinbart worden wäre.[121] Die Höhe der Lizenz wird errechnet durch Vergleich mit den **branchenüblichen Lizenzsätzen** bezogen auf das durch das Patent geschützte Verfahren oder Produkt. Schützt das verletzte Patent nur einen Teil einer komplexen Anlage (zusammengesetzte Vorrichtungen), so ist nach der Verkehrsübung zu prüfen, ob die gesamte Anlage durch das entsprechend geschützte Teil ihr kennzeichnendes Gepräge erhält und ob die Lizenz üblicherweise auf die gesamte Anlage mit einem dann niedrigen Prozentsatz oder auf das patentgeschützte Teil mit einem höheren Prozentsatz erhoben

---

[116] *Osterrieth*, Rdnr. 220.
[117] *BGH* GRUR 1981, 286, 288 – *Goldene Karte I* für Markenrecht.
[118] *BGH* GRUR 1962, 509, 512; *BGH* GRUR 1962, 580, 582.
[119] *Osterrieth*, Rdnr. 221.
[120] *Busse*, § 139 PatG, Rdnr. 144.
[121] *BGH* GRUR 1962, 401, 403 – *Kreuzbodenventilsäcke III*; *BGH* GRUR 1990, 1008, 1009 – *Lizenzanalogie*.

wird.[122] Die Berechnung im Wege der Lizenzanalogie hat den Vorteil, dass sie dem Verletzten die Berechnung seines Schadens wesentlich erleichtert. Er muss keinen entgangenen Gewinn darlegen und beweisen, was regelmäßig dann scheitert, wenn neben dem eigenen Produkt des Schutzrechtsinhabers und dem Produkt des Verletzten Produkte Dritter zur Substitution auf dem Markt zur Verfügung stehen.

76   Die Berechnung des Schadensersatzes nach dem **Verletzergewinn** war für den Anspruchsteller lange Zeit unattraktiv, da der Verletzer sämtliche produktspezifischen und allgemeinen Kosten in die Rechnungslegung einbezog, so dass sich in den seltensten Fällen ein höherer Verletzergewinn ergab. Hier hat eine Entscheidung des Bundesgerichtshofes zum Geschmacksmusterrecht,[123] die inzwischen vom LG Düsseldorf auch auf das Patentrecht übertragen wurde,[124] eine Wende gebracht. Danach dürfen nur noch Fixkosten abgezogen werden, d.h. solche Kosten, die vom Grad der Beschäftigung unabhängig sind (z.B. Mieten, zeitabhängige Abschreibungen für Anlagevermögen), nicht jedoch variable, d.h. vom Beschäftigungsgrad abhängige Kosten.

77   Neben dem Anspruch auf Unterlassung und Schadensersatz hat der Verletzte gegenüber dem Verletzer auch den bereits oben erwähnten **Anspruch auf Rechnungslegung** gem. § 140b PatG. Danach ist der Verletzer dem Verletzten gegenüber verpflichtet, umfassend Auskunft zu erteilen über die Umsätze, die durch die Benutzung des Patents bei dem Verletzten erzielt worden sind, die Gestehungskosten des Patentverletzers sowie den Gewinn, den er mit dem Verkauf der patentverletzenden Produkte erzielt hat. Die Namen der Käufer sind ebenfalls mitzuteilen, sowie die Namen der Angebotsempfänger, sofern der Verletzer Angebote an Dritte versendet hat. Hierbei ist eine Aufschlüsselung nach den Angebotspreisen sowie den Angebotsmengen und den angebotenen Typen zu machen.[125]

78   Der Verletzte kann auch einen **Bereicherungsanspruch** aus § 812 Abs. 1 BGB gegen den Verletzer geltend machen, da die unberechtigte Benutzung des Patents einen Eingriff in die Rechtsposition des Patentinhabers darstellt.[126] Der Wertersatz, den der Verletzte nach § 818 Abs. 2 BGB verlangen kann, wird auf der Grundlage der Lizenzanalogie berechnet. Der Bereicherungsanspruch verbleibt gem. § 141 Satz 3 PatG auch nach Vollendung der Verjährung des Schadensersatzanspruchs.

79   Schließlich kann der Verletzte von dem Verletzer gem. § 140a PatG auch verlangen, dass dieser das in seinem Besitz oder Eigentum befindliche Erzeugnis, das Gegenstand der Patentverletzung ist, **vernichtet,** sofern nicht der durch die Rechtsverletzung verursachte Zustand des Erzeugnisses auf andere Weise beseitigt werden kann und die Vernichtung für den Verletzer oder Eigentümer im Einzelfall nicht unverhältnismäßig ist. Des Weiteren ist nach § 142a PatG die **Beschlagnahme** der patentverletzenden Erzeugnisse möglich.

80   Das Patentgesetz stellt nicht nur die in § 139ff. PatG aufgezählten zivilrechtlichen Ansprüche gegen den Verletzten zur Verfügung. Vielmehr können gem. § 142 PatG auch **strafrechtliche Sanktionen** drohen, für die allerdings Voraussetzung ist, dass der Verletzer mit Vorsatz handelt. Die strafrechtlichen Vorschriften spielen jedoch bislang in der Praxis kaum eine Rolle.

---

[122] *Busse,* § 139 PatG, Rdnr. 159.
[123] *BGH* GRUR 2001, 329ff.
[124] *LG Düsseldorf* – 4 O 249/00.
[125] *Busse,* § 140b PatG, Rdnr. 16ff.
[126] *BGH* GRUR 1982, 301, 302ff. – *Kunststoffhohlprofil II.*

VIII. Gerichtliche Durchsetzung der Ansprüche des Patentinhabers

Die Ansprüche des Patentinhabers werden in einem **Patentverletzungsprozess** geltend gemacht, bei dem es sich um ein ordentliches Verfahren vor den Zivilgerichten handelt. Einem solchen Verfahren geht in der Regel zunächst eine Abmahnung des potenziellen Verletzers voraus, in der dieser aufgefordert wird, die Patentverletzung zu unterlassen sowie das Bestehen von Auskunfts- und Schadensersatzansprüchen anzuerkennen. Ein solches Verwarnungsschreiben bildet jedoch keine formale Voraussetzung für die Zulässigkeit einer Patentverletzungsklage.[127] **81**

Für Patentverletzungsklagen sind ohne Rücksicht auf den Streitwert die **Zivilkammern der Landgerichte** zuständig. Die meisten Bundesländer haben dabei von der ihnen eingeräumten Ermächtigung in § 143 Abs. 2 PatG Gebrauch gemacht, die Patentstreitsachen für die Bezirke mehrerer Landgerichte einem Landgericht zuzuweisen. Derzeit bestehen in der Bundesrepublik Deutschland 12 Landgerichte mit einer solchen speziellen funktionellen Zuständigkeit. Im Hinblick auf die örtliche Zuständigkeit hat der Kläger die Wahl, entweder am allgemeinen Gerichtsstand des Beklagten (§§ 12, 13, 17 ZPO) zu klagen oder am Gerichtsstand der unerlaubten Handlung (§ 32 ZPO). Dieser ist überall dort begründet, wo eine Verletzungshandlung oder Teile hiervon begangen werden. Bei einem bundesweiten Vertrieb der Produkte kann der Kläger somit an jedem funktionell zuständigen Landgericht klagen. In der Praxis werden die meisten Patentverletzungsklagen in Düsseldorf, München oder Mannheim anhängig gemacht. **82**

In aller Regel ist die aktive Mitwirkung eines in dem betreffenden technischen Gebiet versierten **Patentanwalts** dringend zu empfehlen, sowohl zur Unterstützung bei der Vorbereitung der Schriftsätze, als auch im Rahmen der mündlichen Verhandlung.[128] Im Übrigen folgt der Prozess **allgemeinen zivilprozessualen Regeln.** So obliegt die Beweislast für sämtliche Tatsachen zur Begründung der Ansprüche aus §§ 139 ff. PatG dem Kläger. Dies führt dann zu erheblichen Schwierigkeiten, wenn das angeblich patentverletzende Erzeugnis nicht zugänglich ist, so dass keine hinreichenden Informationen hinsichtlich des Verletzungsgegenstands vorliegen. Das Gesetz sieht lediglich für den Sonderfall des Schutzes eines Verfahrenspatents in § 139 Abs. 3 PatG eine **Beweiserleichterung** vor. Danach gilt bei Erfindungen, die ein Verfahren zur Herstellung eines **neuen** Erzeugnisses zum Gegenstand haben, die widerlegbare Vermutung, dass jedes Erzeugnis von gleicher Beschaffenheit nach dem patentierten Verfahren hergestellt ist. **83**

---

[127] Die Bedeutung erschöpft sich in zwei Funktionen. Zum einen vermeidet der Kläger die Kostenfolge des § 93 ZPO, wenn ein vorprozessuales Verwarnungsschreiben erfolglos geblieben ist. Zum anderen kann er die Argumente gegen die Verletzung und den Rechtsbestand des Klagepatents in aller Regel auf der Grundlage einer solchen vorprozessualen Korrespondenz besser einschätzen. Hier empfiehlt sich aber eine sog. Berechtigungsanfrage (hierzu *Bruchhausen*, Mitt. 1969, 286), da diese im Gegensatz zu einem Verwarnungsschreiben keinen Eingriff in den eingerichteten Gewerbebetrieb darstellt und deshalb keine Schadensersatzansprüche auslöst. In der Praxis gehen bei internationalen Sachverhalten immer mehr Kläger dazu über, ohne vorheriges Verwarnungsschreiben sofort zu klagen, um die Einleitung prozessualer Gegenmaßnahmen durch den Verletzer, insbesondere internationale negative Feststellungsklage ("belgischer oder italienischer Torpedo") zu verhindern. Hierzu *v. Rospatt*, GRUR Int. 1997, 861 ff.; *v. Meibom/Pitz*, GRUR Int. 1998, 765 ff.; *Pitz*, GRUR Int. 2001, 32 ff.

[128] Seit dem 1. 1. 2002 sind nicht mehr nur eine, sondern alle entstandenen Gebühren des mitwirkenden Patentanwalts im Rahmen eines Kostenerstattungsanspruchs der obsiegenden Partei erstattungsfähig. Am 1. 1. 2002 ist das Gesetz zur Bereinigung von Kostenregelungen auf dem Gebiet des geistigen Eigentums (BGBl. 2001 I S. 3656) in Kraft getreten, wonach in § 143 Abs. 5 PatG die Beschränkung der erstattungsfähigen Gebühren „bis zur Höhe einer vollen Gebühr" entfällt.

84   Der Patentinhaber kann gegenüber einem potenziellen Verletzer im Übrigen nur verlangen, dass der Verletzer, der die Sache besitzt, dem Verletzten diese zur Besichtigung vorlegt oder die Besichtigung gestattet. Dieser **Besichtigungsanspruch** aus § 809 BGB besteht nach der bisherigen Rechtsprechung jedoch nur in engen Grenzen. Voraussetzung ist, dass bereits ein erheblicher Grad an Wahrscheinlichkeit dargetan ist, dass das Erzeugnis unter Anwendung der geschützten Lehre hergestellt wurde.[129] Der Besichtigungsanspruch kann auch nur bei wortlautgemäßen Patentverletzungen geltend gemacht werden.[130] Der Anspruch umfasst insbesondere auch nicht Substanzeingriffe, wie Ein- und Anbau und Inbetriebnahme, und zwar auch dann nicht, wenn dies nicht zu dauernden Schäden führt[131]. Es ist häufig kritisiert worden, dass das deutsche Recht keine befriedigenden Ansatzpunkte für ein Informationsbeschaffung im Hinblick auf den Verletzungsstand kennt.[132]

85   Diese Erschwernis der Beweisführung wird, nicht zuletzt im Hinblick auf Art. 43 TRIPS, von der Praxis als **unbefriedigend** empfunden. Wird dasselbe Erzeugnis vom Verletzer auch in anderen europäischen Ländern vertrieben, in denen eine Sicherung von Beweisen durch spezielle Verfahren wie eine Saisie contrefaçon (Frankreich), eine Saisie description (Belgien) oder eine Sequestrazione (Italien) möglich ist, so mag sich der Patentinhaber über ein solches Verfahren im Ausland zur Überwindung der Beweisschwierigkeiten helfen. Letztlich hofft die Praxis darauf, dass der Bundesgerichtshof die engen Grenzen des Besichtigungsanspruchs nach der Druckbalken-Entscheidung[133] revidiert und die deutsche Rechtspraxis damit international gültigen Maßstäben annähert.

86   Auch hinsichtlich des Beweisrechts gelten im Patentverletzungsverfahren keine Besonderheiten. Der Kläger kann sich vielmehr **aller Beweismittel** bedienen, die in der ZPO vorgesehen sind. Häufiger als in anderen Rechtsstreitigkeiten wird in Patentverletzungsverfahren wegen der hohen technischen Komplexität ein **Sachverständigengutachten** eingeholt. Dies ist jedoch keineswegs die Regel, weil die hoch spezialisierten Patentstreitkammern der Landgerichte und Senate der Oberlandesgerichte bei einem ausreichend substantiierten Sachvortrag die maßgeblichen technischen Fragen selbst beurteilen können.

87   Zum 1. 1. 2002 ist eine umfassende Reform der ZPO in Kraft getreten.[134] Das Gericht kann nunmehr gem. § 142 ZPO auch die Vorlage von Urkunden, die sich im Besitz Dritter befinden, anordnen, sofern der Dritte kein Zeugnisverweigerungsrecht hat oder die Vorlage für den Dritten unzumutbar ist (§ 142 Abs. 2 ZPO). Die **Urkundenvorlage** kann nur dann angeordnet werden, wenn ein schlüssiger Parteivortrag existiert, der durch die Urkundenvorlage ergänzt wird (§ 142 Abs. 1 Satz 1 ZPO). Dies kann auch in Patentverletzungsverfahren von Bedeutung sein, wenn z. B. bestimmte Dokumente, die sich in der Hand von Dritten befinden, Aufschluss über die angegriffene Vorrichtung geben.

88   Der übliche Zeitrahmen, innerhalb dessen mit einem erstinstanzlichen Urteil gerechnet werden kann, ist – insbesondere im Vergleich mit einigen EU-Mitgliedstaaten – **ver-**

---

[129] *BGHZ* 93, 191, 207 = GRUR 1985, 512, 516 – *Druckbalken*; *OLG Düsseldorf*, GRUR 1983, 741 – *Geheimhaltungsinteresse und Besichtigungsanspruch I*.

[130] *BGHZ* 93, 191, 207 = GRUR 1985, 512, 516 – *Druckbalken*.

[131] *Busse*, § 140 b PatG, Rdnr. 79 m. w. N.

[132] *Köhler/Osterrieth*, MPR 2002, 57, die darauf hinweisen, dass in anderen Rechtsordnungen effizientere Möglichkeiten zur Verfügung stehen. So kennt etwa das französische Recht die Möglichkeit einer sog. „saisie-contrefaçon", bei der es sich um ein Recht auf Beschlagnahme des Verletzungsgegenstandes handelt.

[133] *BGH* GRUR 1985, 512 – *Druckbalken*. Im Bereich des Urheberrechts hat der BGH mit einem Urteil vom 2. 5. 2002 (I ZR 45/01 – *Faxkarte*) den Besichtigungsanspruch dadurch wesentlich gestärkt, dass er eine Interessenabwägung zwischen dem Geheimhaltungsinteresse und dem Aufklärungsinteresse verlangt und als konkreten Lösungsansatz eine Offenlegung gegenüber einem zur Verschwiegenheit Verpflichteten sachkundigen Dritten anregt.

[134] Gesetz zur Reform des Zivilprozesses v. 27. 7. 2001 (BGBl. I S. 1887).

gleichsweise kurz. Eine vollstreckbare Entscheidung kann, insbesondere dann, wenn ein Sachverständigengutachten nicht erforderlich ist, schon in weniger als einem Jahr erlangt werden. Für die Berufungsinstanz sind je nach Berufungsgericht weitere sechs bis achtzehn Monate anzusetzen. Diese Zeiträume können sich jedoch je nach Lage des Falls und technischer Komplexität um ein Erhebliches verlängern.

In Deutschland gilt im Gegensatz zu fast allen anderen europäischen Ländern[135] die **89** Besonderheit, dass das Patentverletzungs- und das Nichtigkeitsverfahren **zwei getrennte Verfahren** darstellen, für die unterschiedliche Gerichte zuständig sind, nämlich die Patentstreitkammern der Landgerichte für das Patentverletzungsverfahren und das Bundespatentgericht für das Nichtigkeitsverfahren. Erst der Bundesgerichtshof ist letztinstanzlich für beide Seiten eines Patentstreits zuständig. Das Zivilgericht ist an die Patenterteilung gebunden. Es kann allenfalls gem. § 148 ZPO den Patentverletzungsstreit bis zur Entscheidung über einen Einspruch oder eine Nichtigkeitsklage gegen das Klagepatent aussetzen. Hierfür gilt nach der Rechtsprechung des Bundesgerichtshofes[136] und der Instanzgerichte, dass das Verletzungsgericht sich die Überzeugung gebildet haben muss, dass das Klagepatent mit hoher Wahrscheinlichkeit im Einspruchs- oder Nichtigkeitsverfahren widerrufen oder für nichtig erklärt werden wird. In der Praxis sind die Verletzungsgerichte, insbesondere in erster Instanz, daher mit einer Aussetzung relativ zurückhaltend, was den Beklagten insbesondere dann in Schwierigkeiten bringt, wenn er gegen den Vorwurf der Benutzung der patentgeschützten Lehre wenig einwenden kann und seine stärkeren Argumente sich gegen den Rechtsbestand des Patents wenden.

Grundsätzlich besteht auch im Bereich von Patentverletzungen die Möglichkeit, im **90** Wege einer **einstweiligen Verfügung** Rechtsschutz zu erlangen. Auf Grund der technischen Sachverhalte prüfen die Gerichte hier jedoch mit einem sehr strengen Maßstab, ob der Erlass einer solchen Verfügung angemessen ist.[137] Je größer die Übereinstimmung zwischen dem Patentanspruch und der Verletzungsform ist und je sicherer der Rechtsbestand des Patents ist, desto wahrscheinlicher ist es, dass eine Verfügung erlassen wird.[138] Zusätzlich zum Verfügungsanspruch ist aber auch der Verfügungsgrund glaubhaft zu machen, d. h. der Antragsteller muss darlegen und glaubhaft machen, dass er auf die Gewährung einstweiligen Rechtsschutzes angewiesen ist. Einstweilige Verfügungen sind in der Praxis jedoch eher noch die Ausnahme.

C. Voraussetzungen und Inhalt eines Gebrauchsmusterschutzes

Neben dem Patentrecht wird ein Schutz für technische Erfindungen auch nach dem **91** **Gebrauchsmustergesetz (GebrMG)** gewährt. Als Gebrauchsmuster werden nach § 1 GebrMG Erfindungen geschützt, die neu sind, auf einem erfinderischen Schritt beruhen und gewerblich anwendbar sind. Diese Formulierung kennzeichnet sowohl die Gemeinsamkeiten, als auch die Unterschiede zwischen einem Patent einerseits und einem Gebrauchsmuster andererseits. Für ein Gebrauchsmuster ist es ausreichend, dass die Erfindung auf einem „erfinderischen Schritt" beruht, wohingegen ein Patentschutz einer „erfinderischen Tätigkeit" bedarf.[139]

---

[135] Nur in Österreich ist eine vergleichbare Trennung von Nichtigkeits- und Verletzungsverfahren gegeben, s. § 156 öPatG. (BGBl. Nr. 259/1970) zuletzt geändert durch BGBl. Nr. 234/1984; s. unter http://www.ris.bka.gv.at/bundesrecht, weiter mit AUSWAHL RIS (Stand : 10/2002).

[136] *BGH GRUR* 1984, 36 – *Transportfahrzeug I*; *BGH GRUR* 1987, 284 – *Transportfahrzeug II*.

[137] *Köhler/Osterrieth*, MPR 2002, 57, 59.

[138] *Meier-Beck*, GRUR 1988, 861.

[139] Es ist allerdings streitig, ob auf Grund dieser unterschiedlichen Formulierungen tatsächlich bei einem Gebrauchsmuster auch geringere Anforderungen zu stellen sind. Dazu im Einzelnen *Busse*, § 1 GebrMG, Rdnr. 15 f.

92 Ein wesentlicher Unterschied des Gebrauchsmusters zum Patent liegt darin, dass es sich bei einem Gebrauchsmuster um ein sog. **ungeprüftes Schutzrecht** handelt, d.h. es bedarf zur Erlangung des Schutzes nur einer Anmeldung der Erfindung und der Eintragung, ohne dass zuvor die Schutzfähigkeit der technischen Erfindung geprüft würde. Das Fehlen eines Prüfungsverfahrens führt zu einer wesentlich schnelleren Begründung eines durchsetzungsfähigen Rechts, da in der Regel zwischen Anmeldung und Eintragung des Gebrauchsmusters nur wenige Monate liegen. Der Gebrauchsmusterschutz wird daher gerne von Schutzrechtsinhabern im Wege der Abzweigung einer Patentanmeldung nach § 5 GebrMG genutzt, um bei einem lang andauernden Prüfungsverfahren die Schutzrechtsdurchsetzung zu beschleunigen. Im Hinblick auf das Risiko auch eigener neuheitsschädlicher Verlautbarungen[140] bietet sich als Alternative oder als Ergänzung zum Patentschutz die Anmeldung eines Gebrauchsmusters an. Für Gebrauchsmuster gilt eine sechsmonatige Neuheitsschonfrist. Nach § 3 Abs. 1 GebrMG sind Verlautbarungen oder sonstige der Öffentlichkeit zugänglich gemachte Beschreibungen der Erfindung bis zu sechs Monate vor dem Prioritätsdatum dann **nicht neuheitsschädlich,** wenn sie auf den Anmelder selbst zurückgehen. Bei einem Patent beseitigt eine solche Veröffentlichung oder Benutzung hingegen die Neuheit und damit die Patentfähigkeit.

93 Die Eintragung eines Gebrauchsmusters ist auch im Hinblick auf die gerichtliche Durchsetzung von Unterlassungs- und/oder Schadensersatzansprüchen gegen Dritte von großer Bedeutung. Der Geschmacksmusterschutz gewährt, ebenso wie der Patentschutz, **Unterlassungs- und Schadensersatzansprüche.** Allerdings kann, da es sich um ein ungeprüftes Schutzrecht handelt, der Beklagte in einem Verletzungsverfahren die mangelnde Schutzfähigkeit einer technischen Erfindung geltend machen. Diese wird von den Verletzungsgerichten selbst geprüft. Soweit die Voraussetzungen für einen Schutz fehlen, ordnet das Gericht auf Antrag die Löschung des Gebrauchsmusters an.

94 Die Schutzdauer eines Gebrauchsmusters ist mit maximal zehn Jahren nur halb so lang wie die maximale Schutzdauer eines deutschen oder eines europäischen Patents. Sofern sich jedoch eine Erfindung auf eine Vorrichtung bezieht (Verfahren sind vom Gebrauchsmusterschutz gem. § 2 Nr. 2 GebrMG ausdrücklich ausgenommen), sollte daher stets erwogen werden, ob neben oder anstelle eines Patents **auch ein Gebrauchsmusterschutz** erlangt werden soll. Hierfür sprechen nicht zuletzt auch die mit der Eintragung eines Gebrauchsmusters gegenüber einem Patenterteilungsverfahren verbundenen, wesentlich geringeren Kosten. Für sehr kostenintensive und lange Produktentwicklungen dürfte angesichts der geringen Schutzfrist der Gebrauchsmusterschutz hingegen kaum den Erfordernissen einer ausreichenden Zeit zur Amortisierung der Investitionen und zur Erzielung eines angemessenen Gewinns genügen.

D. Arbeitnehmererfindungen

95 In vielen Fällen werden patentierbare Erfindungen von den Arbeitnehmern eines Wirtschaftsunternehmens gemacht. Dies führt zu einem **Spannungsverhältnis** insoweit, als Arbeitsergebnisse dem Arbeitgeber zustehen, die Rechte nach dem Patentgesetz aber dem tatsächlichen Erfinder gebühren.[141] Das Arbeitnehmererfindergesetz (ArbEG) versucht die beiderseitigen Interessen auszugleichen, indem es dem Arbeitgeber das Recht auf Inanspruchnahme der Erfindung einräumt und dem Arbeitnehmer in diesem Fall den Lohn und eine angemessene Vergütung gewährt.[142]

---

[140] Der Neuheit einer Erfindung können auch eigene Veröffentlichungen des Erfinders entgegen stehen.

[141] *Osterrieth/Holeweg*, MPR 2002, 18.

[142] *Busse*, Einl. ArbEG, Rdnr. 1.

Das Arbeitnehmererfindergesetz gilt nach § 1 ArbEG nur für Erfindungen und techni- **96** sche Verbesserungsvorschläge. Unter Erfindungen werden solche verstanden, die nach dem PatG oder dem EPÜ patentfähig oder nach dem GebrMG gebrauchsmusterfähig sind. Was unter „technischen Verbesserungsvorschlägen" zu verstehen ist, ist legal definiert in § 3 ArbEG. Es sind alle Vorschläge für sonstige technische Neuerungen, die nicht **patent- oder gebrauchsmusterfähig** sind. Soweit diese technischen Verbesserungsvorschläge dem Arbeitgeber eine ähnliche Vorzugsstellung gewähren wie gewerbliche Schutzrechte, hat der Arbeitgeber dem Arbeitnehmer nach § 20 ArbEG eine Vergütung zu leisten.

Gemäß § 4 ArbEG ist zwischen **sog. Diensterfindungen** und **freien Erfindungen** zu **97** unterscheiden. Diensterfindungen sind alle Erfindungen, die während der Dauer des Arbeitsverhältnisses gemacht werden, die entweder aus der dem Arbeitnehmer im Betrieb obliegenden Tätigkeit entstanden sind oder maßgeblich auf Erfahrungen von Arbeiten des Betriebs beruhen. Alle übrigen Erfindungen sind sog. freie Erfindungen. Bezüglich dieser Erfindungen treffen den Arbeitnehmer lediglich die Verpflichtungen aus §§ 18, 19 ArbEG, d.h. der Arbeitnehmer hat diese dem Arbeitgeber mitzuteilen und ihm mindestens ein nicht-ausschließliches Recht zur Benutzung der Erfindung zu angemessenen Bedingungen anzubieten. Der Arbeitgeber hat drei Monate Zeit, dieses Angebot anzunehmen, bevor sein Vorrecht erlischt.

Im Hinblick auf Diensterfindungen ist der Arbeitnehmer gem. § 5 ArbEG verpflichtet, **98** dem Arbeitgeber unverzüglich, d.h. ohne schuldhaftes Zögern, die Erfindung **schriftlich zu melden.** Dabei sind gem. § 5 Abs. 2 ArbEG die technische Aufgabe, ihre Lösung und das Zustandekommen der Erfindung zu beschreiben. Der Arbeitgeber kann die Erfindung dann gem. § 6 ArbEG durch ausdrückliche schriftliche Erklärung unbeschränkt oder beschränkt, spätestens mit Ablauf von vier Monaten, in Anspruch nehmen. Mit der Erklärung gehen alle Rechte an der Erfindung auf den Arbeitgeber über. Erfolgt keine Inanspruchnahme, wird die Erfindung frei. Der Arbeitnehmer ist dann frei, die Erfindung selbst zum Schutzrecht anzumelden und zu verwerten.

Im Bereich von Medizinprodukten sind nicht nur Arbeitnehmer mit der Forschung be- **99** traut, sondern in erheblichem Umfang auch externe Forscher, insbesondere **Hochschulprofessoren.** Für diese sah § 42 ArbEG a.F. eine Besonderheit vor, das **sog. Hochschullehrerprivileg.** Danach handelte es sich bei Erfindungen von Hochschullehrern grundsätzlich um freie Erfindungen, d.h. diese unterlagen keiner Mitteilungs- oder Anbietungspflicht. Es stand daher nach der alten Regelung Hochschullehrern und -assistenten frei, ihre Erfindungen selbst zum Patent anzumelden und das Patent anschließend auch selbst zu verwerten.[143]

Diese Gesetzeslage führte dazu, dass es bei Forschungs- und Kooperationsverträgen **100** zwischen Universitäten und Wirtschaftsunternehmen erforderlich war, Regelungen darüber zu treffen, wem die Schutzrechte an einer Erfindung zustehen sollten. Dabei ging es im Wesentlichen um **zwei Vertragsgestaltungen:**[144]

– **Auftragsforschung,** bei der in der Regel ein Vertrag zwischen Universität und Unternehmen geschlossen wurde, wobei ein Hochschulprofessor mit der eigentlichen Forschung im Rahmen seiner Dienstaufgaben betraut war;

– Die Erfindung wurde von dem Hochschullehrer ohne vorherigen Auftrag oder Vertrag mit einem Unternehmen oder der Universität gemacht, sondern nachträglich an das Unternehmen übertragen.

Im ersteren Fall war es erforderlich, sowohl in dem Vertrag zwischen dem Unterneh- **101** men und der Universität zu vereinbaren, dass **Erfindungsrechte oder Nutzungsrechte**

---

[143] *Osterrieth/Holeweg*, MPR 2002, 18f.

[144] *Osterieth/Holeweg*, MPR 2002 18, die als dritte Fallgestaltung diejenige nennen, dass der Professor Auftragsforschung im Rahmen einer Nebentätigkeit betreibt. Die Autoren weisen jedoch darauf hin, dass diese Fallkonstellation in den letzten Jahren stark zurückgegangen sei, da die Möglichkeit von Nebentätigkeiten durch das Dienstrecht stark eingeschränkt wurde.

dem Unternehmen zustehen sollten. Gleichzeitig musste sich auch die Universität von dem Professor diese Rechte, ggf. gegen eine Vergütung, übertragen lassen.[145] In der zweiten Fallkonstellation konnte der Hochschullehrer über seine Erfindungen frei verfügen und sie unter anderem entweder der Universität oder einem anderen Unternehmen anbieten oder aber die Erfindung selbst zum Patent anmelden.

102   Mit Datum vom 18. 1. 2002 hat der Bundestag das Gesetz zur Änderung des Gesetzes über Arbeitnehmererfindungen beschlossen, das am 7. 2. 2002 in Kraft getreten ist.[146] Nach diesem Gesetz ist das Hochschullehrerprivileg in der bisherigen Form entfallen, so dass auch für Erfindungen von Hochschullehrern die **allgemeinen Bestimmungen des ArbEG gelten.** Jede Erfindung, die ein Hochschulbeschäftigter in dienstlicher Eigenschaft gemacht hat, ist der Dienststelle zu melden, die sie in Anspruch nehmen kann und im eigenen Namen als Schutzrecht anmelden kann. Im Gegenzug steht dem Hochschullehrer eine Vergütung zu, die gem. § 42 Nr. 4 ArbEG 30% der durch Verwertung erzielten Einnahmen beträgt. Um die Verwertung der Erfindung sicherzustellen, sollen an den Universitäten Verwertungsstellen geschaffen werden.

103   Es stellt sich die Frage, welche Auswirkungen diese Neuregelung in Zukunft auf die oben genannten Fallkonstellationen haben wird. Für die Auftragsforschung gemäß der ersten Fallkonstellation wird auch in Zukunft Vertragspartner die Universität sein, ggf. jedoch vertreten durch die Verwertungsstelle. Damit das Modell der Auftragsforschung für die Unternehmen interessant bleibt, wäre es erforderlich, dass die Verwertungsstellen es – wie bisher – ermöglichen, dass bereits **vor Beginn der eigentlichen Forschung** entsprechende Verträge abgeschlossen werden, und nicht nur Verwertungsrechte an bereits angemeldeten oder registrierten Schutzrechten eingeräumt werden.[147] Nur so kann eine den spezifischen Anforderungen eines Unternehmens gerecht werdende Forschung betrieben werden. Das Unternehmen muss auf eine Verpflichtung der Universität drängen, alle im Rahmen des Projekts gemeldeten Erfindungen unbeschränkt in Anspruch zu nehmen und sodann die Rechte an diesen Erfindungen auf das auftraggebende Unternehmen zu übertragen. Da im Verhältnis zwischen der Universität und dem Hochschullehrer gem. § 42 Nr. 2 ArbEG die negative Publikationsfreiheit gilt, muss die vertragliche Verpflichtung zur Meldung von Erfindungen durch Einbindung des Hochschullehrers in das Vertragsverhältnis mit dem Unternehmen abgesichert werden.[148] Die zweite Fallkonstellation, in der ein Hochschullehrer seine Erfindung, die er ohne Auftrag gemacht hatte, einem Unternehmen zum Erwerb anbot, wird nach der neuen Rechtslage in der Regel nur dann möglich sein, wenn die Erfindung gegenüber seinem Dienstherrn, d. h. der Universität, frei geworden ist. Auch hier empfiehlt sich die vertragliche Einbindung der Universität, um im Hinblick auf zukünftige Erfindungen deren Übertragungsfreiheit auf das Unternehmen sicherzustellen.[149]

---

[145] *Osterrieth/Holeweg*, MPR 2002, 18 f.
[146] BGBl. I S. 414.
[147] *Osterrieth/Holeweg*, MPR 2002, 18 f. Zur neuen Rechtslage bei Erfindungen an Hochschulen s. auch *Bartenbach/Volz*, GRUR 2002, 743 ff.
[148] *Bartenbach/Volz*, GRUR 2002, 758.
[149] *Bartenbach/Volz*, GRUR 2002, 758.

§ 26 Kauf und Verkauf von Medizinprodukteunternehmen

von *Dominik Lentz* und *Thomas Stohlmeier*

Übersicht

Literatur: *Auge-Dickhut/Bridts,* Operation „M&A", Finance 1/2002, 70; *Bartenbach/Volz,* Erfindungen an Hochschulen, GRUR 2002, 758; *Berens/Schmitting/Strauch,* Due Dilligence im Rahmen des Unternehmenskaufs, in: Berens/Brauner (Hrsg.), Due Diligence bei Unternehmensakquisitionen, Stuttgart 1998, S. 67; *Brammer,* Erfolgsfaktoren der „Post Merger"-Integration bei transatlantischen Fusionen, in: Semler/Volhard (Hrsg.), Arbeitshandbuch für Unternehmensübernahmen, Bd. 1, München 2001, S. 1699; *Dauner-Lieb/Thiessen,* Garantiebeschränkungen in Unternehmenskaufverträgen nach der Schuldrechtsreform, ZIP 2002, 108; *Dietzel,* Haftung des Verkäufers und Unternehmensprüfung (Due Diligence), in: Semler/Volhard (Hrsg.), Arbeitshandbuch für Unternehmensübernahmen, Bd. 1, München 2001, S. 327; *Fischer,* Bewertung, in: Hölters (Hrsg.), Handbuch des Unternehmens- und Beteiligungskaufs, Köln 2002, S. 75; *Geibel/Süßmann,* Erwerbsangebote nach dem Wertpapiererwerbs- und Übernahmegesetz, BKR 2002, 52; *Gronstedt/Jörgens,* Die Gewährleistungshaftung bei Unternehmensverkäufen nach dem neuen Schuldrecht, ZIP 2002, 52; *Günther,* Unternehmenskauf und Unternehmenspacht, in: Schütze/Weipert (Hrsg.), Münchener Vertragshandbuch, Bd. 2, München 1997, S. 73; *Heemann,* Fremdfinanzierung und Besicherung, in: Semler/Volhard (Hrsg.), Arbeitshandbuch für Unternehmensübernahmen, Bd. 1, München 2001, S. 659; *Hess/Fabritius,* Unternehmenskauf, in: Hopt (Hrsg.), Vertrags- und Formularhandbuch, München 2000, S. 639; *Hopt/Wiedemann u.a.* (Hrsg.), Großkommentar zum AktG, Berlin 1999; *Holzapfel/Pöllath,* Unternehmenskauf in Recht und Praxis, Köln 2000; *Kiethe,* Vorstandshaftung auf Grund fehlerhafter Due Diligence beim Unternehmenskauf, NZG 1999, 976; *Koch,* Post-Merger-Management, in Picot (Hrsg.), Handbuch Mergers & Acquisitions, Stuttgart 2000, S. 335; *Langen/Bunte* (Hrsg.), Kommentar zum deutschen und europäischen Kartellrecht, Bd. 1, Neuwied 2000; *Liebscher,* Das Übernahmeverfahren nach dem neuen Übernahmegesetz, ZIP 2001, 853; *Merkt,* Verhaltenpflichten des Vorstands der Zielgesellschaft bei feindlichen Übernahmen, ZHR 2001, 165; *Osterrieth/Holeweg,* Die Abschaffung des Hochschullehrerprivilegs und ihre praktischen Auswirkungen, MPR 2002, 18; *Picot,* Vertragsrecht, in: Picot (Hrsg.), Unternehmenskauf und Restrukturierung, Köln 1998, S. 10; *Pötzsch/Möller,* Das künftige Übernahmerecht, WM 2000, Sonderbeilage Nr. 2; *Reichert/Volhard/Stengel,* Verschmelzungen und ähnliche Zusammenschlüsse, in: Semler/Volhard (Hrsg.), Arbeitshandbuch für Unternehmensübernahmen, Bd. 1, München 2001, S. 799; *Rosener,* Prüfungsschwerpunkte bei Übernahme ausländischer Unternehmen, in: Semler/Volhard (Hrsg.), Arbeitshandbuch für Unternehmensübernahmen, Bd. 1, München 2001, S. 1763; *Schäfer/Schreier,* Kommunikationsmanagement eines Change Agent bei Unternehmenszusammenschlüssen, M&A 2002, 306; *Schander/Posten*, Zu den Organpflichten bei Unternehmensübernahmen, ZIP 1997, 1534; *Schlitt*, Vertraulichkeitsvereinbarung, Absichtserklärung und sonstige Vorfelderklärungen, in: Semler/Volhard (Hrsg.), Arbeitshandbuch für Unternehmensübernahmen, Bd. 1, München 2001, S. 199; *Schneider,* Die Zielgesellschaft nach Abgabe eines Übernahme- oder Pflichtangebots, AG 2002, 125; *Scholz* (Hrsg.), Kommentar zum GmbH-Gesetz, Köln 2000; *Schwennicke,* Handlungen des Vorstands der Zielgesellschaft, in: Geibel/Süßmann (Hrsg.), Wertpapiererwerbs- und Übernahmegesetz, München 2002, S. 465; *Seibt/Raschke,* Rechtsfragen der Haftungsbegrenzung bei Garantien (§ 444 BGB n. F.) und M&A-Transaktionen, NZG 2002, 256; *Semler*, Die wirtschaftliche Bedeutung von Unternehmensübernahmen, in: Semler/Volhard (Hrsg.), Arbeitshandbuch für Unternehmensübernahmen, Bd. 1, München 2001 S. 3; *Stohlmeier/von Martius,* Due Diligence in Healthcare M & A and Investment Projects, Clinica 3/2001, 19; *Thoma,* Das Wertpapiererwerbs- und Übernahmegesetz im Überblick, NZG 2002, 105; *Vater,* Die Abwehr feindlicher Übernahmen – Ein Blick in das Instrumentarium des Giftschranks, M&A 2002, 9; *Weber-Rey,* Private Equity-Transaktionen, in: Semler/Volhard (Hrsg.), Arbeitshandbuch für Unternehmensübernahmen, Bd. 1, München 2001, S. 591; *Wegen,* Due Diligence-Checkliste für den Erwerb einer deutschen Gesellschaft, WiB 1994, 291; *Werner,* Haftungsrisiken bei Unternehmensakquisitionen: die Pflicht des Vorstands zur Due Diligence, ZIP 2000, 989; *Zimmermann,* Auslandsberührungen, in: Brambring/Jerschke (Hrsg.), Beck'sches Notar-Handbuch, Minden 1997, S. 1043.

A. Einleitung

I. Markt für Medizinprodukteunternehmen

1   Der Markt für Medizinprodukte, oftmals auch als **Markt für Medizintechnik** bezeichnet, ist einer der schwierigsten, aber auch einer der attraktivsten Märkte. Schwierig ist der Markt wegen seiner hohen Reglementierungsdichte und eines gerade den Gesundheitssektor stark beeinträchtigenden und weiter steigenden Kostendrucks. Attraktiv macht ihn die expansive Entwicklung des Gesundheitswesens, welche den Markt für Medizinprodukte in den letzten Jahren zu einem der wachstumsreichsten Märkte überhaupt gemacht hat.

2   Weltweit wird auf dem Markt für Medizinprodukte mit einem **Wachstumspotenzial** von bis zu 20% gerechnet.[1] Dieses Wachstum ist insbesondere durch die demographische Entwicklung in den Industrieländern bedingt, die zu einem Anstieg altersbedingter Krankheiten führt. Zudem steigt weltweit der Anspruch an die medizinische Versorgung. Der europäische Anteil am Weltmarktvolumen betrug im Jahr 2000 knapp 25% (39 Mrd. €), wovon über 35% (ca.14,3 Mrd. €) auf Deutschland entfielen. Basierend auf Zahlen von AdvaMed (Advanced Medical Technologies Association) geht der Bundesverband Medizintechnologie e. V. für das Jahr 2001 sogar von einem Gesamtweltmarktvolumen von 170 Mrd. € aus. Hierbei liegt der deutsche Markt mit 18 Mrd. € hinter den USA (73 Mrd. €) und Japan (24 Mrd. €) an dritter Stelle. Er ist in Europa mit Abstand der größte. Ihm folgen Frankreich (9 Mrd. €), Italien (6 Mrd. €) und das Vereinigte Königreich (4,5 Mrd. €). Diese vier EU-Mitgliedstaaten erzielen ca. 79% des Gesamtumsatzes des europäischen Medizinproduktemarktes (ca. 47 Mrd. €). Im vergangenen Jahr lag damit das europäische Wachstum knapp über den hohen Erwartungen (20,5%), während der deutsche Markt **deutlich überproportional gewachsen** ist (25,9%).

3   Das attraktive und zukunftsträchtige Geschäft mit Medizinprodukten wird auch die auf diesem Markt tätigen Unternehmen selbst für Übernahmen und Fusionen immer interes-

---

[1] *Auge-Dickhut/Bridts*, Finance, 70; EUCOMED (Verband der europäischen Medizinprodukteindustrie) geht von einem europäischen Produktionswachstum von bis zu 8% aus, http://www.eucomed.org/?x=2&y=29&z=139&id=304 (Stand: 10/2002).

santer machen. Gerade die ungefähr 1200 deutschen Medizinprodukteunternehmen[2] dürften hier besonders begehrt sein, da sie **technologisch zur Weltspitze** gehören.

Auch in diesem Markt zeigen sich unter anderem auf Grund des Kostendrucks erste **4** **Konsolidierungstendenzen.** Zudem versuchen Marktteilnehmer, andere Märkte durch Direktinvestitionen zu erschließen. Folge hiervon ist eine Belebung des Markts zum Kauf und Verkauf von Medizinprodukteunternehmen.

Der Verkauf und Erwerb von Medizinproduktunternehmen zeichnet sich durch eine **5** besondere Komplexität aus, welche die bereits bei „normalen" Unternehmenskäufen vorhandenen Schwierigkeiten in vielen Bereichen noch übersteigt. Auf Grund der **enormen Regulierungsdichte** der medizintechnologischen Industrie bedürfen viele **Sonderfragen,** zum Beispiel im Bereich der Produkt-Zertifizierung oder des Kostenerstattungsrechts, sowohl in der Vorbereitung als auch in der Abwicklung einer Unternehmensübertragung besonderer Beachtung.[3] Neben den allgemeinen, im Rahmen eines Unternehmensverkaufs oder -kaufs interessierenden Fragen der Erwerbsarten, der Prozesssteuerung, der Transaktionsstrukturen und der Transaktionsphasen sollen daher nachfolgend auch die für die medizintechnologische Industrie geltenden Sonderfragen angesprochen und in den Kontext eines Unternehmenskaufs gestellt werden.

II. Erwerber

Je nach Interessenlage des Erwerbers wird bei Unternehmensübernahmen üblicherweise **6** zwischen sog. **strategischen Investoren** und **Finanzinvestoren** unterschieden.

1. Strategische Investoren

Strategische Investoren sind bereits in dem Markt des Zielunternehmens oder einem **7** verwandten Markt tätig. Sie versuchen, sich durch Unternehmenszukäufe den Zugang zu neuen Technologien oder Geschäftsfeldern zu eröffnen. **Strategische Zusammenschlüsse** mit globalen Vertriebs- und Servicepartnern werden von deutschen Medizinprodukteunternehmen angestrebt, um auf interessanten **Auslandsmärkten** präsent zu sein. Gleichzeitig versuchen ausländische Unternehmen verstärkt, durch die Akquisition hiesiger Unternehmen unmittelbar auf dem deutschen Medizinproduktemarkt Fuß zu fassen.

Für strategische Investoren sind deutsche Medizinprodukteunternehmen sehr attraktiv. **8** Sie sind überwiegend **mittelständisch geprägt.** Um nicht im globalen Wettbewerb verdrängt zu werden, sind auch sie immer häufiger gezwungen, ihre **Marktstellung** durch Übernahmen oder Zusammenschlüsse von Unternehmen zu verbessern. Sie erhoffen sich hiervon insbesondere **Skaleneffekte und Synergien:**[4] Skaleneffekte (Economies of Scale) ergeben sich durch die Vergrößerung der Produktmenge bei nicht im selben Umfang steigenden Fixkosten und führen zu einer Verringerung der Stückkosten. Synergien hingegen entstehen dadurch, dass durch das Zusammenführen zweier oder mehrerer Unternehmen Arbeits- und Produktionsabläufe effizienter gestaltet und überflüssige Kapazitäten abgebaut werden.

2. Finanzinvestoren

Der starke Innovationsdruck und die Technologieabhängigkeit von Medizinprodukt- **9** teunternehmen spiegeln sich in deren hohem und immer weiter steigendem Finanzbedarf wider. Das Bedürfnis nach erhöhtem Kapitalzufluss kann aber oftmals durch die reine Beteiligung von strategischen Investoren nicht gedeckt werden. Der **verstärkte Finanz-**

---

[2] In Europa geht man von einem Bestand von ungefähr 7000 Medizinprodukteunternehmen aus.

[3] *Stohlmeier/von Martius,* Clinica 3/2001, 21.

[4] Hierzu etwa *Semler,* Rdnr. 69.

bedarf gepaart mit den überproportionalen **Wachstumsaussichten** des Marktes machen Medizinprodukteunternehmen daher auch für Finanzinvestoren attraktiv. Finanzinvestoren wie Private Equity- oder Venture Capital-Gesellschaften bündeln das Anlagekapital privater, meist institutioneller Investoren wie Banken oder Pensionsfonds, um es gewinnbringend anzulegen. Während sich Venture Capital-Investoren typischerweise an Unternehmen in der Anfangsphase ihrer Lebenszyklen beteiligen, erwerben **Private Equity-Gesellschaften** eher eingeführte Unternehmen oftmals durch eine hochgradig fremdfinanzierte Erwerbsstruktur (Leveraged Buy-Out, LBO) gemeinsam mit dem vorhandenen Management (Management Buy-Out, MBO)[5] oder mit einem neuen Management (Management Buy-In, MBI). Dem Management Buy-Out und Management Buy-In ist gemeinsam, dass das Zielunternehmen durch eine eigens zum Erwerb gegründete Zweckgesellschaft (Special Purpose Vehicle) erworben wird, an der neben dem Finanzinvestor auch das zukünftige Management der Zielgesellschaft beteiligt ist. Finanzinvestoren wollen durch diese mittelbare Beteiligung an der Zielgesellschaft dem Management einen gesteigerten Anreiz bieten, sich besonders für den Erfolg des Unternehmens einzusetzen. Denn Hauptziel des Finanzinvestors ist es, binnen einer mehrjährigen Halteperiode den Wert des Zielunternehmens zu steigern und es dann durch eine Veräußerung der Zweckgesellschaft wieder zu verkaufen. Bei diesem sog. Exit veräußert auch das Management seine Beteiligung an der Zweckgesellschaft und partizipiert so unmittelbar an der von ihm herbeigeführten Wertsteigerung des Zielunternehmens.[6]

10　　**Management Buy-Outs** haben in Deutschland zwar bei weitem nicht die Bedeutung wie in ihrem Ursprungsland, den USA. Sie bieten jedoch auch deutschen Unternehmen eine gute Möglichkeit, sich von Randgeschäftsbereichen zu trennen und sich auf ihr Kerngeschäft zu konzentrieren. Ein Management Buy-Out ist in mittelständisch strukturierten Unternehmen – wie Medizinprodukteunternehmen – oftmals der einzige Weg, den Bestand des Unternehmens zu sichern, wenn sich ansonsten kein geeigneter Unternehmensnachfolger findet. Bei einem Management Buy-Out kann der Erwerber besonderen Nutzen aus der Tatsache ziehen, dass das Management mit den Besonderheiten des Zielunternehmens eng vertraut ist. Zu bedenken ist aber, dass dieser Erwerbsstruktur in der Vorbereitungs- und Prüfungsphase des Unternehmenskaufs **Loyalitätskonflikte** innewohnen: In dieser Phase nimmt das Management einerseits Interessen des Veräußerers wahr, andererseits muss sich das Management in gewissen Grenzen bereits mit den Interessen des zukünftigen Anteilsinhabers identifizieren. Nicht zuletzt vertreten die Manager in dieser Phase Eigeninteressen, um ihre Position als zukünftige Gesellschafter der Zweckgesellschaft möglichst günstig zu gestalten.

11　　Der Begriff des **Leveraged Buy-Out** bezieht sich hingegen nicht auf die Person des (Mit-)Erwerbers, sondern auf die Art der Finanzierung des Unternehmenskaufs: Ein Leveraged Buy-Out wird nur zu einem geringen Teil durch Eigenkapital und in besonders hohem Maß durch Fremdkapital finanziert. Die für den Unternehmenskauf aufgenommenen Darlehen werden nach Erwerb aus dem Cash-Flow des Zielunternehmens bedient und – soweit rechtlich möglich – über Vermögensgegenstände des Zielunternehmens selbst abgesichert. Im Zusammenspiel mit Steuereffekten, die es erlauben, bis zu einer bestimmten Quote von Fremd- zu Eigenkapital Fremdfinanzierungsaufwand steuerlich geltend zu machen, führt diese Art der Finanzierung zu der **Hebelwirkung** (Leverage), die dieser Form des Unternehmenskaufs ihren Namen gab. Die Steigerung des Werts des Zielunternehmens bei gleichzeitiger Bedienung der Finanzverbindlichkeiten bewirkt eine **überdurchschnittliche Eigenkapitalrendite** des Finanzinvestors. Können die hohen Fremdverbindlichkeiten aber aus dem erwirtschafteten Cash-Flow des Zielunternehmens

---

[5] Zum Management Buy-Out auch *Weber-Rey,* Rdnr. 11 ff.
[6] Die Eigenkapitalrendite (Internal Rate of Return, IRR) bei Management Buy-Outs, also die Verzinsung des eingesetzten Kapitals in Gestalt von Gewinn und Wertsteigerung der Kapitalanteile, lag in den letzten Jahren oftmals über 25%.

selbst nicht mehr bedient werden, kann die hohe Darlehens- und Zinsbelastung zu einer ernsthaften Krise des Zielunternehmens führen.[7] Auf Grund der Rentabilität dieser Finanzierungsform strukturieren die meisten Finanzinvestoren trotz der Risiken ihre Unternehmenskäufe als Leveraged Buy-Out.

Venture Capital-Gesellschaften beteiligen sich eher an jungen, wachstumsstarken **12** Unternehmen in der Gründungs- und besonders ausgeprägten Anfangswachstumsphase. Sie unterstützen solche **Start-ups** strukturell und finanziell bei der Entwicklung von Produkten.

Genau abgrenzen lässt sich die Unterscheidung zwischen Private Equity und Venture **13** Capital jedoch nicht; beide Finanzierungsvarianten gehen fließend ineinander über. Gemeinsam ist ihnen, dass das Engagement des Finanzinvestors üblicherweise auf einige Jahre begrenzt ist. Auch die Venture Capital Gesellschaften versuchen, den Wert des Zielunternehmens während der **Halteperiode** zu maximieren, um es anschließend mit möglichst hohem Gewinn zu veräußern. Der Exit erfolgt entweder durch einen Verkauf des Unternehmens an einen Dritten (Trade Sale) oder durch einen Börsengang (Initial Public Offering, IPO).

B. Erwerbsstrukturen

Unternehmenskäufe können strukturell danach unterschieden werden, ob die Anteile **14** an einem Unternehmen erworben werden (Share Deal) oder die zu dem Unternehmen gehörenden einzelnen Vermögenswerte (Asset Deal).[8] Strategische Zusammenschlüsse von Unternehmensgruppen werden auch durch andere gesellschaftsrechtliche Mechanismen wie die Verschmelzung oder Spaltung herbeigeführt.[9] In Bezug auf die Interaktion zwischen Erwerber und Veräußerer wird nach verhandelten „freundlichen" und nicht verhandelten und daher als „unfreundliche" oder „feindliche" Übernahmen bezeichneten Transaktionsformen differenziert.[10] All diese verschiedenen Möglichkeiten von Unternehmensübernahmen oder -zusammenschlüssen werden heute unter dem Stichwort **„Mergers & Acquisitions"** (M&A) zusammengefasst.

I. Anteilserwerb (Share Deal)

Beim Share Deal werden Gesellschaftsanteile gekauft und übertragen. Bei diesen Antei- **15** len kann es sich um Aktien an einer Aktiengesellschaft, Geschäftsanteile an einer Gesellschaft mit beschränkter Haftung, oder um Anteile an Personenhandelsgesellschaften (und hier insbesondere an Kommanditgesellschaften) handeln. Das Zielunternehmen behält dabei seine rechtliche Identität, da diese von einem bloßen Inhaberwechsel nicht berührt wird. Die Innenbeziehungen im Zielunternehmen – insbesondere die Arbeitsverhältnisse – und die rechtlichen Beziehungen zu Dritten ändern sich durch den Anteilskauf nicht. Eine Besonderheit besteht aber, wenn Verträge mit Dritten eine sog. **Change of Control-Klausel** enthalten: Derartige Klauseln gestatten es dem Dritten, sich vorzeitig oder zu besonders günstigen Bedingungen von dem Vertrag zu lösen, falls sich die Beteiligungsverhältnisse an der Zielgesellschaft – seinem Vertragspartner – ändern.

Kaufgegenstand sind bei einem Share Deal die Anteile an der Zielgesellschaft samt der **16** diesen Anteilen anhaftenden Rechte und Pflichten. Zum einen gehen deshalb auch

---

[7] S. zur Finanzierungsproblematik beim LBO etwa *Weber-Rey,* Rdnr. 39 ff.

[8] Ausführlich zu den möglichen Vertragsgestaltungen *Picot,* S. 45 ff.

[9] Hierzu insgesamt *Reichert/Volhard/Stengel,* S. 799 ff.

[10] Im anglo-amerikanischen Rechtskreis wird von „friendly" und „unfriendly" bzw. „hostile" takeovers gesprochen.

grundsätzlich alle mit den Anteilen verbundenen **Mitgliedschaftsrechte** wie insbesondere Stimmrechte und Gewinnbezugsrechte automatisch auf den Erwerber über. Zum anderen können mit dem Anteilserwerb aber auch **Haftungsfolgen** gegenüber der Zielgesellschaft oder ihren Gläubigern verbunden sein. So haftet der Erwerber von Aktien gegenüber der Zielgesellschaft für rückständige Einlagen des Veräußerers;[11] der Erwerber eines GmbH-Geschäftsanteils haftet darüber hinaus für alle zum Zeitpunkt des Erwerbs fälligen Leistungen, insbesondere Nachschusspflichten des Veräußerers.[12] Der Erwerber eines oHG- oder eines Kommanditanteils an einer Kommanditgesellschaft haftet den Gläubigern der Zielgesellschaft für alle vor seinem Eintritt begründeten Verbindlichkeiten.[13] Der Erwerber eines Kommanditanteils muss aber berücksichtigen, dass seine Haftungsbeschränkung auf seine Hafteinlage erst mit seiner Eintragung im Handelsregister wirksam wird, und dieses Haftungsrisiko bei Gestaltung der Transaktionsstruktur berücksichtigen. Daher ist es üblich, in diesen Fällen den Übergang des Kommanditanteils aufschiebend bedingt durch die Eintragung des Erwerbers ins Handelsregister vorzunehmen.

17   Da sich die Identität der Zielgesellschaft durch den Anteilserwerb nicht ändert, besteht ein zusätzliches wirtschaftliches Risiko darin, dass die Zielgesellschaft selbst **Ansprüchen von Dritten** ausgesetzt sein kann, die in der Zeit vor dem Erwerb wurzeln, jedoch zum Zeitpunkt des Erwerbs noch nicht entstanden, noch nicht bekannt oder nicht offen gelegt sind. Hierzu gehören Abgaben jeder Art wie beispielsweise Steuerverbindlichkeiten, ferner auch Produkthaftungsansprüche. All diese Haftungsfolgen lassen sich **nicht** mit Wirkung für Dritte **ausschließen.** Daher ist es wichtig, im Unternehmenskaufvertrag eine interessengerechte Risikoverteilung bezüglich dieser Haftungsfolgen zwischen Veräußerer und Erwerber zu vereinbaren.

II. Erwerb von Vermögensgegenständen (Asset Deal)

18   Die wirtschaftliche Substanz eines Zielunternehmens kann auch erworben werden, indem der Erwerber anstelle der Anteile an dem Zielunternehmen im Wege eines **Asset Deals** sämtliche Vermögensgegenstände des Zielunternehmens oder eines Teilbetriebs desselben erwirbt. Gegenstand des Unternehmenskaufvertrags sind in diesem Fall konkret bezeichnete Aktiva und Passiva des Zielunternehmens. Der Erwerber schließt hier also keinen Vertrag mit dem Anteilsinhaber, sondern mit der Zielgesellschaft selbst. Der Kauf und die Übertragung der einzelnen Wirtschaftsgüter erfolgt dabei nach den für die jeweiligen Gegenstände maßgeblichen Vorschriften: Der Kaufvertrag für Sachen und Rechte richtet sich nach §§ 433 ff. BGB, die dingliche Übertragung des beweglichen Vermögens nach §§ 929 ff. BGB, des Grundbesitzes nach §§ 925 ff. BGB, der Forderungen nach §§ 398 ff. BGB. Die dem Betrieb zuzurechnenden Vertragsverhältnisse mit Dritten wie z.B. Mietverträge oder Liefer- und Kundenverträge gehen dabei grundsätzlich nicht automatisch auf den Erwerber der Vermögensgegenstände über; vielmehr muss der Dritte dem Wechsel seines Vertragspartners zustimmen. Für den Fall, dass er dies nicht tut, wird in dem Unternehmenskaufvertrag üblicherweise vereinbart, dass der Vertrag mit dem Veräußerer weiter besteht, von diesem aber für Rechnung und auf Weisung des Erwerbers fortgeführt wird.

19   Die Arbeitsverhältnisse mit den Arbeitnehmern des veräußerten Betriebs gehen jedoch – anders als die sonstigen Vertragsverhältnisse – nach **§ 613 a BGB** auf den Erwerber über, sofern nicht der einzelne Arbeitnehmer dem Betriebsübergang widerspricht. In der Praxis sind solche Widersprüche jedoch selten: Ein widersprechender Arbeitnehmer

---

[11] Arg. §§ 54 Abs. 2, 65 Abs. 1, 66 Abs. 1 AktG.
[12] § 16 Abs. 3 GmbHG.
[13] §§ 130, 128, 129 HGB bei oHG; §§ 161 Abs. 2, 130, 128, 129 HGB bei KG-Komplementäranteil.

muss eine betriebsbedingte Kündigung befürchten, da er bei einer Gesellschaft verbleiben würde, die nach Veräußerung des Geschäftsbetriebs für ihn keine Beschäftigung mehr hat.

Die Entscheidung für einen Share Deal oder einen Asset Deal kann nur auf Grund einer **20** Gesamtschau der verschiedenen **Vor- und Nachteile** getroffen werden.[14] Zu berücksichtigen sind in jedem Fall die erheblichen Unterschiede in den Haftungsfolgen: Generalisierend lässt sich sagen, dass Erwerber in dieser Hinsicht meist einen Asset Deal bevorzugen, da sie hier den Umfang der zu übernehmenden Aktiva und Passiva individuell bestimmen können. Veräußerer ziehen oftmals einen Share Deal vor, da ihnen daran gelegen ist, den gesamten Bestand der in dem Unternehmen vereinten Rechte und Pflichten zu veräußern. Hinsichtlich der Übertragungstechnik ist der dingliche Vollzug bei einem Share Deal einfacher zu bewerkstelligen: Es brauchen lediglich die Anteile nach den für sie geltenden Vorschriften übertragen zu werden. Demgegenüber müssen bei einem Asset Deal im Wege der Einzelrechtsnachfolge sämtliche Vermögensgegenstände unter Beachtung der jeweiligen (Form-)Vorschriften auf den Erwerber übertragen werden. Angesichts des sachenrechtlichen Bestimmtheitsgrundsatzes bedarf es hierbei einer genauen Bezeichnung aller Vermögensgegenstände; dies geschieht in der Praxis durch umfangreiche Listen mit Vermögensgegenständen. Schließlich können aber auch **steuerliche Auswirkungen** den Ausschlag geben: Der auf einzelne Wirtschaftsgüter entfallende Kaufpreis, der deren Buchwert übersteigt, kann beim Erwerber in der Bilanz zu Abschreibungszwecken angesetzt werden. Dies ist für den Erwerber natürlich attraktiv. Für den Fall eines Share Deals über Anteile an Kapitalgesellschaften bestehen inzwischen generell keine Gestaltungsmöglichkeiten mehr, die für den Erwerber zu ähnlichen Ergebnissen führen könnten.

III. Freundliche und feindliche Übernahme

Die Unterscheidung zwischen „freundlichen" und „unfreundlichen" oder „feindlichen" **21** Übernahmen spielt in der deutschen Unternehmenskaufspraxis – im Gegensatz zu den USA – bisher nur eine untergeordnete Rolle. Gemeint ist mit dem Begriff der feindlichen Übernahme eine nichtverhandelte Transaktion, bei der ein sog. Bieter im Rahmen eines **öffentlichen Kauf- oder Tauschangebots** versucht, von privaten und institutionellen Anlegern eine große Zahl von Aktien an einem börsennotierten Unternehmen zu erwerben. Als „unfreundlich" werden derartige Übernahmeversuche besonders vom Management der Zielgesellschaft empfunden, da dieses befürchten muss, von dem neuen kontrollierenden Anteilsinhaber aus dem Amt gedrängt zu werden. Die rechtlichen Rahmenbedingungen für derartige öffentliche Übernahmeangebote, die in Vorbereitung und Durchführung sehr aufwendig sind, ergeben sich im Einzelnen aus dem neuen **Wertpapiererwerbs- und Übernahmegesetz** (WpÜG).[15]

Diskutiert wird in der Öffentlichkeit im Zusammenhang mit feindlichen Übernahme- **22** angeboten vor allem, ob und inwieweit es dem Vorstand des Zielunternehmens rechtlich gestattet ist, sich generell gegen eine Übernahme oder gegen die Übernahme durch einen bestimmten Bieter zu wehren. Das deutsche Recht zieht hierbei für die aus der angloamerikanischen Praxis bekannten **Abwehrmaßnahmen** Grenzen; diese ergeben sich vor allem aus dem Aktiengesetz und dem neuen WpÜG.[16]

---

[14] Zu steuerlichen Erwägungen s. *Holzapfel/Pöllath*, S. 93 ff.

[15] Hierzu etwa *Geibel/Süßmann*, BKR 2002, 52–67; *Liebscher*, ZIP 2001, 853–869; *Pötzsch/Möller*, WM 2000 (Sonderbeilage Nr. 2); *Stohlmeier*, 41 ff.; *Thoma*, NZG 2002, 105 ff.

[16] Hierzu etwa *Merkt*, ZHR 2001, 224–257; *Schneider*, AG 2002, 125 ff.; *Vater*, M&A 2002, 9 ff.; *Schwennicke*, Rdnr. 40 ff.

C. Ablauf

23   Ein Unternehmenserwerb läuft typischerweise in **drei Phasen** ab:
- Vorbereitung,
- Durchführung und
- Umsetzung nach Übergang des Unternehmens (Post Merger-Integration).

24   Während in der **Vorbereitungsphase** der Veräußerer sein Unternehmen auf Bestand und Risiken untersucht und bewertet, nutzt der Erwerber die Vorbereitungsphase zur Marktanalyse und der Suche nach einer geeigneten Zielgesellschaft. In die **Durchführungsphase** fallen insbesondere die Unternehmensprüfung (Due Diligence) durch den Erwerber, der Abschluss des schuldrechtlichen Kaufvertrags sowie die dingliche Übertragung des Unternehmens. In der **Umsetzungsphase** ist es Hauptaufgabe des Erwerbers, das erworbene Unternehmen in die eigene Unternehmensstruktur zu integrieren. Zusätzlich wird er das erworbene Unternehmen, zu dem er nach dem Eigentumswechsel erstmals uneingeschränkten Zugang hat, auf die auf Grund der Due Diligence identifizierten oder vermuteten Risiken überprüfen.

I. Vorbereitung

1. Strategische Planung

25   Für den Erfolg eines Unternehmenskaufs ist die sorgfältige Vorbereitung von größter Bedeutung. Bereits bei der Vorbereitung des Unternehmensverkaufs muss der Veräußerer **wesentliche Überlegungen** anstellen und Entscheidungen treffen: Soll das gesamte Unternehmen oder nur ein Unternehmensteil veräußert werden? Sollen mit dem Unternehmen sämtliche dazugehörigen Vermögenswerte mit veräußert werden oder sollen bestimmte Aktiva (bspw. Grundstücke) vorher aus dem Unternehmen herausgelöst werden? Sind noch weitere interne Umstrukturierungen erforderlich, z.B. die Zusammenlegung oder Trennung von Betrieben oder Betriebsteilen, um das zu verkaufende (Teil-)Unternehmen „verkaufsbereit" zu machen?

26   Schließlich ist entscheidend, ob das Zielunternehmen unmittelbar einem einzigen Erwerber angeboten oder im Wege eines **kontrollierten Auktions- oder Bieterverfahrens** „versteigert" werden soll. Auktionsverfahren werden inzwischen immer häufiger durchgeführt: Ihre Vorbereitung und Durchführung sind zwar weitaus aufwändiger als bei einer einzelverhandelten Transaktion. Die gleichzeitige Verhandlung mit mehreren Erwerbsinteressenten eröffnet dem Veräußerer aber zusätzliche Optionen und Chancen, nicht zuletzt im Sinne einer Kaufpreisoptimierung.

27   Der potenzielle Erwerber wird sein eigenes Unternehmen analysiert haben und muss die Auswirkungen eines Kaufs des Zielunternehmens einschätzen. Diese **Analyse** wird der Erwerber gegebenenfalls unter Einbeziehung **interner Fachleute,** die sich mit der Unternehmensentwicklung sowie Personal-, Rechts- und Steuerfragen befassen, vornehmen. Häufig ist auch schon in dieser Phase die Hinzuziehung externer Berater sachgerecht (hierzu ausführlich Rdnr. 30 ff.).

28   Strategische Investoren schalten im Regelfall keine professionellen **Unternehmensmakler** ein, um ein Zielunternehmen zu identifizieren. Die meisten strategischen Unternehmenskäufe oder Fusionen basieren auf dem persönlichen Kontakt der beteiligten Führungskräfte, häufig auch auf langfristigen horizontalen oder vertikalen Vertragsbeziehungen zwischen Unternehmen derselben Branche in gleichen oder unterschiedlichen Wertschöpfungsstufen. Finanzinvestoren, die im Regelfall nicht über solche Kontakte

verfügen, verschaffen sich den erforderlichen Marktzugang durch kompetente branchen-
erfahrene Berater (hierzu Rdnr. 30 ff.).

Die **Erwerbsentscheidung** selbst wird schließlich auf Grund einer Abwägung ver- **29**
schiedenster Faktoren getroffen: Hierzu gehört eine realistische Einschätzung der Syner-
giepotenziale und Integrationskosten, die steuerliche Strukturierung der Transaktion und
nicht zuletzt ein Vergleich der Unternehmenskulturen.

2. Externe Berater

Die zunehmende Internationalisierung und Verrechtlichung der Wirtschaft und die da- **30**
mit einhergehende gesteigerte Komplexität von Unternehmenskäufen hat für die an Unternehmenskäufen beteiligten Vertragsparteien zu einem erhöhten Bedarf nach externer
Beratung geführt. Zudem sind die rechtlichen Anforderungen an die Entscheidungsträger
in den Unternehmen im Zusammenhang mit Unternehmenskäufen und -verkäufen hoch:
Es gehört insbesondere auf Erwerberseite zu ihren Pflichten, sich fachkundig beraten zu
lassen, um besondere Transaktionsrisiken aller Art zu erkennen und diese ggf. zu minimieren.[17] Die Tätigkeit von externen Beratern dient daher auch der persönlichen **Absicherung der Entscheidungsträger.** Selbst in größeren Unternehmen, die über leis-
tungsfähige Controlling- und Rechtsabteilungen verfügen, reicht die interne Expertise
und Personaldecke für den Sonderfall eines Unternehmenskaufs oft nicht aus, um eine
adäquate Strukturierung und zügige Durchführung zu gewährleisten. Neben der Hinzuziehung spezialisierter Rechtsanwälte, Wirtschaftsprüfer und Steuerberater ist bei großen
Transaktionen auch an Investmentbanken zu denken. Unternehmensberater werden auf
Erwerberseite oftmals im Vorfeld einer Transaktion hinzugezogen, um die Marktposition
des Zielunternehmens zu bestimmen und um das mit dem Erwerb verfolgte strategische
Konzept zu verifizieren. Ebenso werden sie nach erfolgtem Erwerb zur Unterstützung bei
der Integration des Zielunternehmens in die Erwerbergruppe eingeschaltet (sog. Post-
Merger-Integration).

Die **Auswahl** ihrer Berater fällt den Parteien zuweilen schwer: Die Berater sollen – **31**
natürlich neben nachweisbarer Erfahrung mit Unternehmensübernahmen – Verständnis
für die spezifischen wirtschaftlichen Überlegungen besitzen, die für die Transaktion ausschlaggebend sind. Von großer Bedeutung ist neben der persönlichen Kompetenz die
vertiefte, auf längerer praktischer Tätigkeit gründende Kenntnis der Besonderheiten der
Medizinproduktebranche, damit alle wesentlich Beteiligten **„die gleiche Sprache sprechen".** Die Sprache spielt auch dann eine große Rolle, wenn ein Unternehmenskauf
Auslandsbezug hat. Gerade Vertragspartner aus dem angelsächsischen Raum werden dann
erwarten, dass die Transaktion in Englisch als der lingua franca des Wirtschaftslebens verhandelt und dokumentiert wird. In diesen Fällen müssen sich auch die Berater auf beiden
Seiten der Transaktion in der fremden Sprache sicher bewegen können. Ist ein zu erwer-
bendes Unternehmen auch außerhalb Deutschlands mit Tochtergesellschaften, Produkti-
onsstandorten oder Vertriebsorganisationen vertreten, so wird es für den Erwerber nützlich sein, wenn seine Berater über eine entsprechende internationale Präsenz verfügen, die
ohne größeren Koordinationsaufwand die Prüfung ausländischer Sachverhalte gestattet.

Für die Honorierung externer Berater besteht kein verbindlicher Standard. Sie wird im **32**
Einzelfall ausgehandelt. Üblicherweise wird der **Zeitaufwand** der eingeschalteten Berater
nach Stunden- oder Tagessätzen vergütet, zuweilen spielen auch die Bedeutung der
Transaktion und das mit ihr verbundene Haftungsrisiko der Berater eine Rolle. Die Höhe
des Honorars orientiert sich im Allgemeinen nach der Erfahrung und Reputation der
eingeschalteten Berater. Investmentbanken vereinbaren mitunter eine Kombination aus
Zeit- und Erfolgshonorar. Die teilweise praktizierte Vereinbarung eines Pauschalhonorars
kann für den Auftraggeber nachteilig sein, da dieses Arrangement keinen Anreiz bietet,

---

[17] *Hopt/Wiedemann/Hopt,* § 93 AktG, Rdnr. 78 ff.; *Scholz/Schneider,* § 43 GmbHG, Rdnr. 44 ff.

sich mit der Betreuung der Transaktion in der erforderlichen Intensität zu befassen. Die Vereinbarung eines Erfolgshonorars (Success Fee) – für Rechtsanwälte, Steuerberater und Wirtschaftsprüfer nach deutschem Recht nicht erlaubt – kann für den Mandanten problematisch sein, weil es den Berater dazu motivieren kann, ein Eigeninteresse am Zustandekommen der Transaktion zu entfalten, obwohl eine objektive Beratung gegebenenfalls gegen den Abschluss der Transaktion spräche.

II. Absichtserklärung (Letter of Intent)

33 Sind sich der Erwerber und der Veräußerer grundsätzlich darüber einig, einem Unternehmenskauf bzw. -verkauf näher treten zu wollen, gibt der Erwerber in größeren Transaktionen meist eine sog. Absichtserklärung (Letter of Intent, LoI) ab. Der **Letter of Intent** stammt aus dem anglo-amerikanischen Rechtskreis, kommt in verschiedenen Spielarten vor und kann nicht allgemeingültig definiert werden. Üblicherweise bekundet der Erwerber mit einem Letter of Intent sein Interesse, auf der Grundlage bestimmter Annahmen und bereits erzielter Verhandlungsergebnisse (insbesondere über den ins Auge gefassten Kaufpreis) und unter Vorbehalt bestimmter Bedingungen die Transaktion zu einem Abschluss zu bringen.[18] Der Letter of Intent wird zum Zeichen des Einverständnisses teilweise von dem Veräußerer gegengezeichnet.

34 Im Einzelnen enthält ein Letter of Intent in der Regel eine Umschreibung der Transaktion, einen zeitlichen Transaktionsfahrplan, eine Vertraulichkeitsvereinbarung, gegebenenfalls eine **Exklusivitätsregelung** sowie eine Regelung bezüglich der Transaktionskosten. In jedem Fall sollte zur Vermeidung von Missverständnissen ausdrücklich klargestellt werden, dass der Letter of Intent die Verhandlungspartner hinsichtlich des endgültigen Abschlusses des Unternehmenskaufs noch **nicht rechtlich binden** soll.[19] Trotz der eingeschränkten Bindungswirkung ist ein Letter of Intent aus verhandlungspsychologischen Gründen und wegen der bindend vereinbarten Vertraulichkeit, der Kostentragungsregelung und ggf. der Exklusivität sinnvoll.

35 Der Absichtserklärung verwandt sind das **Memorandum of Understanding** (MoU), die **Heads of Agreement** oder das **Term Sheet.** Auch sie skizzieren die Eckpunkte der Transaktion in mehr oder weniger detaillierter Form. Alle diese Vorvereinbarungen (auch der Letter of Intent) sollten später durch die endgültige Vereinbarung **ausdrücklich ersetzt** werden.

III. Unternehmensprüfung (Due Diligence)

1. Begriff und Zweck

36 Fester Bestandteil jedes größeren Unternehmenskaufs ist in der Praxis eine sorgfältige wirtschaftliche und rechtliche Überprüfung (Due Diligence)[20] des Zielunternehmens durch den Erwerber, seine internen Fachleute und seine externen Berater. Sie dient vorrangig dazu, Annahmen über das Zielunternehmen zu verifizieren und **Risiken** der beabsichtig-

---

[18] *Picot,* S. 31.

[19] In Ausnahmefällen kann allerdings trotzdem die Verletzung von Sorgfaltspflichten oder ähnlichem zu einer Schadensersatzpflicht führen; hierzu etwa *Schlitt,* Rdnr. 44 ff.

[20] Der Begriff der Due Diligence stammt wiederum aus dem anglo-amerikanischen Rechtskreis. Dort statuiert er für das Management des am Erwerb des Zielunternehmens interessierten Unternehmens sowie für seine Berater einen besonderen Sorgfaltsmaßstab. Im Laufe der Zeit wurde der Begriff jedoch erweitert und bezeichnet nun im Zusammenhang mit der Übernahme von Unternehmen die systematische und detaillierte Analyse von Daten mit dem Ziel, ein Gesamtbild des Zielunternehmens zu erlangen; vgl. auch *Dietzel,* Rdnr. 58 ff.

ten Transaktion aufzudecken.[21] Transaktionsrisiken können sich sowohl aus der wirtschaftlichen (Commercial Due Diligence), finanziellen (Financial Due Diligence), rechtlichen (Legal Due Diligence) oder umweltspezifischen (Environmental Due Diligence) Untersuchung des Zielunternehmens ergeben; Gegenstand einer Due Diligence sind auch die Personalangelegenheiten des Unternehmens (Human Resources Due Diligence).[22] Die in der Regel in Due Diligence-Reports zusammengefassten Untersuchungsergebnisse können sich auf die Bewertung und damit den Kaufpreis des Unternehmens auswirken und dazu führen, dass sich der Erwerber gegen erkannte oder zu vermutende Risiken durch vertragliche Regelungen besonders absichern möchte, beispielsweise durch Haftungsfreistellungen oder geeignete Begrenzungen der zu übernehmenden risikobehafteten Vermögenswerte. Im Extremfall kann das negative Untersuchungsergebnis einzelner Aspekte (sog. Deal Breaker) den Kaufinteressenten dazu veranlassen, die Transaktion abzubrechen.

Die Forderungen des Erwerbers nach einer vertraglichen Absicherung möglicher Risiken stehen regelmäßig in **Wechselwirkung** mit der Intensität der vom Veräußerer zugelassenen Due Diligence-Prüfung: Hat der Erwerber nur oberflächliche Eindrücke über das Unternehmen gewonnen, so wird er sich mit umfangreichen Garantien oder Gewährleistungen gegen nicht ausgeschlossene Risiken absichern wollen; nach einer intensiven Due Diligence hingegen wird der Veräußerer dem Erwerber entgegenhalten, dass dieser das Zielunternehmen nun genauso gut kenne wie der Veräußerer selbst, so dass wenig Anlass zur Absicherung angeblich nicht erkannter Risiken bestehe.[23]   **37**

Eine professionell durchgeführte Due Diligence ist auch deshalb wichtig, weil die Entscheidungsträger jedenfalls deutscher Erwerber-Unternehmen diesen gegenüber auf Grund ihrer **Sorgfaltspflicht,** z.B. als Geschäftsführer oder Vorstand, verpflichtet sind, sich über die wesentlichen Haftungsrisiken der Transaktion zu informieren;[24] dies können sie regelmäßig nur mit Hilfe geeigneter Berater leisten (hierzu bereits oben unter Rdnr. 29ff.). Bei einem fremdfinanzierten Unternehmenskauf verlangen auch die finanzierenden Banken regelmäßig Einblicke in Due Diligence-Reports, insbesondere wenn das Erwerbsobjekt der Besicherung des Kredits dienen soll.[25] Schließlich können die während einer Due Diligence gewonnenen Erkenntnisse dazu beitragen, eine erfolgreiche **Integration** des Unternehmens beim Erwerber vorzubereiten und zu fördern (hierzu auch unter Rdnr. 73ff.).   **38**

Auch für den Veräußerer empfiehlt es sich, eine zeitlich vorangehende **Veräußerer-Due Diligence** (Vendor-Due Diligence) durchzuführen. Denn der Veräußerer muss seine Transaktionsrisiken einschätzen können, insbesondere hinsichtlich der Frage, welche Gewährleistungen oder Garantien im Kaufvertrag er zu geben bereit ist und welche Haftungsausschlüsse er vereinbaren sollte.   **39**

2. Vorbereitung und Durchführung

Die Due Diligence des Erwerbers erfolgt regelmäßig auf der Grundlage schriftlicher Informationen, die ihm der Veräußerer anhand von Fragenkatalogen und Dokumentenanforderungen des Erwerbers zur Einsichtnahme zur Verfügung stellt. Es handelt sich dabei um die – oft sehr umfangreiche – Dokumentation der wirtschaftlichen und rechtlichen Verhältnisse des Zielunternehmens, also um Bilanzen, Buchführungsunterlagen, Gründungsunterlagen, Verträge, Genehmigungen usw. Obwohl Standardfragenkataloge existieren,[26] sollte man darauf achten, dass die Anforderungen sorgfältig auf das betroffene Zielunternehmen zugeschnitten sind. Die für das konkrete Zielunternehmen wirtschaftlich wichtigen Punkte sollten den Schwerpunkt der Due Diligence bilden. Die vom Veräuße-   **40**

---

[21] Hierzu *Berens/Schmitting/Strauch,* S. 69ff.
[22] Eine beispielhafte Checkliste für eine Due Diligence Prüfung findet man bei *Picot,* S. 36f.
[23] Hierzu *Picot,* S. 41ff.
[24] *Werner,* ZIP 2000, 989ff.; *Kiethe,* NZG 1999, 976f.; *Schander/Posten,* ZIP 1997, 1535f.
[25] Hierzu etwa *Heemann,* S. 659ff.
[26] Für ein Muster z.B. *Wegen,* WiB 1994, 291ff.

rer zur Prüfung vorgelegten Dokumente werden zumeist in einem speziell hierfür vorbereiteten **Datenraum** (Data Room) zusammengetragen, zu welchem der Veräußerer und seine Berater nach Maßgabe festzulegender Datenraum-Regeln für einen gewissen – oft nur kurzen – Zeitraum Zugang haben. Aus Gründen der Geheimhaltung und zur Vermeidung von Störungen der Betriebsabläufe sollten die Berater des Käufers nicht beliebig in den Geschäftsräumen des Zielunternehmens in Dokumente Einsicht nehmen können. Ist besondere Diskretion erwünscht, so besteht die Möglichkeit, einen Datenraum bei einer Investmentbank oder Anwaltskanzlei des Veräußerers einzurichten.

41   Ergänzt wird die Durchsicht der angeforderten Dokumente meist durch eine Besichtigung der wesentlichen Betriebsstätten des Zielunternehmens und eine Befragung seiner Schlüsselmitarbeiter; diese müssen ggf. von ihrer arbeitsrechtlich begründeten **Geheimhaltungspflicht** befreit werden. Problematisch kann ein Auskunftsverlangen des potenziellen Erwerbers vor allem in zwei Konstellationen sein: Insbesondere bei einem Management Buy-Out kann das Auskunftsverlangen zu einer Interessen- und Pflichtenkollision des Managements führen, das nicht nur der Gesellschaft und dem Veräußerer gegenüber verpflichtet ist, sondern auch geneigt ist, die Interessen des Erwerbers als zukünftigem Mitgesellschafter bzw. Arbeitgeber zu berücksichtigen. Aber auch in allen anderen Konstellationen muss das Management genau abwägen, inwieweit die Weitergabe vertraulicher Informationen für das Zielunternehmen förderlich und daher mit den Sorgfaltspflichten des Managements vereinbar ist, und wann eine solche Offenlegung aus Gründen des Unternehmensinteresses zu unterlassen ist.

42   Eine Due Diligence wird typischerweise in Auktionsverfahren oder auf Grund der Vertraulichkeit von Dokumenten in **zwei Phasen** aufgeteilt:[27] In der ersten Phase werden allgemein zugängliche Informationen zur Begutachtung freigegeben wie z.B. historische Finanzzahlen, eine Darstellung der Gruppenstruktur, eine allgemeine Beschreibung der Vermögensgegenstände und der Arbeitsverhältnisse des Zielunternehmens etc. Diese Informationen werden von Erwerbsinteressenten oftmals nur auf sog. Deal Breaker untersucht. Erst wenn sich im Auktionsverfahren der Kreis der Interessenten auf einen oder zwei potenzielle Erwerber reduziert oder sich im einzelverhandelten Verfahren die Kaufentscheidung hinreichend konkretisiert hat, werden in einer zweiten Phase vertraulichere und sensiblere Informationen zum operativen Geschäft oder z.B. zu den Verträgen des leitenden Managements zugänglich gemacht.

43   Obwohl die Beteiligten auf Grund der Aufnahme der Vertragsverhandlungen ein **vorvertragliches Schuldverhältnis** mit Verschwiegenheitspflichten begründen, empfiehlt es sich auf Grund der oft zweifelhaften Reichweite solcher vorvertraglicher Geheimhaltungspflichten, eine ausdrückliche **Vertraulichkeitsvereinbarung** (Statement of Non-Disclosure/Confidentiality Agreement) zur Präzisierung und Bekräftigung abzuschließen, soweit diese nicht bereits im Letter of Intent enthalten ist. Ein Veräußerer sollte darauf achten, dass sich neben dem Erwerbsinteressenten auch jeder seiner Berater, der Zugang zu Informationen über das Zielunternehmen bekommt, der Vertraulichkeitsvereinbarung unterwirft.

3. Besonderheiten bei Medizinprodukteunternehmen

44   Besonderheiten bei der Due Diligence-Prüfung von Medizinprodukteunternehmen ergeben sich insbesondere aus deren ausgeprägter **Technologieabhängigkeit** und dem besonders strikten **regulatorischen Rahmen** für die Herstellung und den Vertrieb von Medizinprodukten. Daher ist neben den allgemeinen Prüfungsbereichen ein besonderes Augenmerk auf den Bestand und den Umfang der **gewerblichen Schutzrechte** sowie auf Fragen der **Produktzulassung,** aber auch auf Fragen des **Kostenerstattungsregimes** zu legen.[28]

---

[27] *Dietzel,* Rdnr. 170 ff.

[28] Zur Due Diligence-Prüfung von Medizinprodukteunternehmen s. *Stohlmeier/von Martius,* Clinica 3/2001, 19 ff.

a) Gewerbliche Schutzrechte

Vor der Due Diligence ist die wirtschaftliche Bedeutung der gewerblichen Schutzrechte **45** als besondere **wertbildende Faktoren** der Transaktion zu beurteilen, weil sich hiernach der Prüfungsumfang bestimmt. Gerade Erwerber von Medizinprodukteunternehmen werden in der Regel ein besonderes Interesse an dem Erwerb der in dem Unternehmen verwendeten greifbaren Technologie haben; gleiches gilt für die Marken- und anderen gewerblichen Schutzrechte. Daher ist im Rahmen der Due Diligence insbesondere zu klären, ob die betroffene Technologie, das Design o. Ä. rechtlich geschützt sind, die Rechte im Eigentum des Zielunternehmens stehen und unbelastet von Rechten Dritter erworben werden können.

Im Rahmen der **allgemeinen Schutzrechtsprüfung** ist zunächst die Organisation der **46** Verwaltung der gewerblichen Schutzrechte zu überprüfen. Auch für den Veräußerer ist die Identifikation der Überwachungsmechanismen, des Berichtswesens und der Aktenführung von besonderer Bedeutung, um alle zur Prüfung notwendigen Unterlagen und Informationen auf aktuellem Stand bereitstellen zu können. Im Rahmen der **registrierungsfähigen Schutzrechte** sollte die Prüfung zumindest die wirtschaftliche und technische Bewertung der Schutzrechte sowie Gegenstand, Inhaber, Anmeldedatum, Priorität, geographische Erstreckung und Schutzdauer des Schutzrechts umfassen. Wichtig sind auch eventuell anhängige oder zu erwartende Einspruchsverfahren, Nichtigkeitsverfahren sowie Ergebnisse abgeschlossener Verletzungsverfahren.

Soweit **nicht registrierungsfähige Rechte** betroffen sind (wie zum Beispiel **technisches Know-how**), ist auf Grund der vertraglichen und gesetzlichen Grundlagen zu **47** überprüfen, wer Inhaber und was der Gegenstand des Know-hows ist. Die Prüfung muss sich auch darauf erstrecken, ob und welche Geheimhaltungsverpflichtungen gegenüber Dritten oder Arbeitnehmern bestehen, in welchem Umfang das Know-how schriftlich fixiert ist, welche tatsächlichen Schutzvorkehrungen gegen eventuellen Geheimnisverrat getroffen wurden und auf welchen Kreis von Wissensträgern geheimes Know-how beschränkt ist. Diese Informationen sind insbesondere im Rahmen eines Asset Deals unverzichtbar: Hier sollten Veräußerer und Erwerber zusammenwirken, um sicherzustellen, dass die Know-how-Träger zur Erwerbergesellschaft überwechseln. Sollte das nicht möglich sein, kann alternativ versucht werden, **das Know-how schriftlich** zu **dokumentieren** und dem Erwerber in dieser Form zur Verfügung zu stellen.

Soweit betriebsnotwendige gewerbliche Schutzrechte nicht im Eigentum des Zielunternehmens stehen, ist die **lizenzrechtliche Ausgestaltung** genutzter Schutzrechte oder **48** erforderlichen Know-hows zu überprüfen. Jeder potenziell wesentliche Vertrag ist auf seine wirtschaftliche Bedeutung hin zu bewerten. Hierbei sind Fragen der gewährten Exklusivität, der geographischen Erstreckung der Lizenz, ihrer Laufzeit und eventueller vorzeitiger Kündigungsmöglichkeiten, der Lizenzgebühr und der Nutzungsrechte bei Verbesserungen gesondert zu prüfen. Im gleichen Zusammenhang sind ebenfalls die Verfahren zur Meldung und Inanspruchnahme von **Arbeitnehmererfindungen** zu verifizieren. Ebenso sind die entsprechenden **Forschungs- und Entwicklungskooperationen** mit Universitäten und Professoren sowie anderen Forschungseinrichtungen zu überprüfen.[29] Besonderes Augenmerk ist hierbei darauf zu lenken, ob nach Wegfall des **Hochschullehrerprivilegs** eine Umstellung der Kooperationsverträge erforderlich ist.[30]

b) Konformitätsprüfung

Medizinprodukte sind zum gesundheitseinwirkenden Einsatz am menschlichen Körper **49** bestimmt. Sie unterliegen deshalb einer strengen nationalen **Reglementierung** im Medi-

---

[29] Zu den rechtlichen Rahmenbedingungen solcher Kooperationen vgl. den Beitrag von *Dieners/Lembeck* in diesem Handbuch (§ 20).

[30] Hierzu etwa *Osterrieth/Holeweg,* MPR 2002, 18 ff.; s. auch *Bartenbach/Volz,* GRUR 2002, 758 ff.

zinproduktegesetz (MPG),[31] welches u. a. die grundlegenden europäischen Richtlinien 93/42/EWG, 90/385/EWG und 98/79/EG in deutsches Recht umsetzt. Diese strenge Reglementierung soll einen hohen Grad an Gesundheitsschutz, Leistungsfähigkeit und Sicherheit für Patienten, Anwender und Dritte gewährleisten. Damit dies für jedes Medizinprodukt sichergestellt ist, muss für jedes Produkt nachgewiesen werden, dass es gewissen Grundlegenden Anforderungen entspricht. Dieser Nachweis wird durch die sog. Konformitätskennzeichnung oder auch **CE-Kennzeichnung** (CE ursprünglich für Communauté Européenne = Europäische Gemeinschaft) geführt.[32] Je nach Klassifizierung des jeweiligen Medizinprodukts ist das CE-Kennzeichen mit oder ohne Kennnummer der Benannten Stelle anzugeben.

50   Als solche ist die CE-Kennzeichnung sozusagen der „**technische Reisepass**" innerhalb des Europäischen Wirtschaftsraums. Daher ist in dem Konformitätsbewertungsverfahren zum einen nachzuweisen, dass ein Medizinprodukt den erforderlichen Sicherheitsstandards entspricht, zum anderen aber sicherzustellen, dass die versprochene Leistungsfähigkeit und der Nutzen sowie die Überwachung des Herstellers und des Medizinprodukts während des gesamten Produktlebenszyklus gewährleistet werden.

51   In der Due Diligence ist insbesondere zu überprüfen, ob die für die CE-Kennzeichnung erforderlichen Grundlagen weiter fortbestehen. Je nach gewählter **Transaktionsstruktur** müssen zusätzliche Erwägungen in Betracht gezogen werden: Im Ausnahmefall kann der Hersteller die EG-Konformität seiner Produkte selbst erklären. Bei Übernahme eines Unternehmens im Rahmen eines Share- oder Asset-Deal muss der Erwerber etwaige Änderungen innerhalb des für eine CE-Zertifizierung notwendigen Rahmens in eine eigene **Selbsterklärung** aufnehmen, die er zu seinen Unterlagen nehmen muss. Ansonsten muss allerdings zwischen einem Share Deal und einem Asset Deal, bei dem nur einzelne Produkte oder Betriebsstätten übernommen werden, unterschieden werden. Im Normalfall können die CE-Kennzeichnungen bei einem Anteilskauf unverändert fortbestehen. Hierfür ist jedoch Voraussetzung, dass in der **Ablauf- und Aufbauorganisation** des Zielunternehmens nichts verändert wird. Hiervon umfasst sind auch sämtliche Qualitätssicherungsmaßnahmen einschließlich der Verantwortlichkeitsverteilung für die Produktüberwachung in dem übernommenen Unternehmen. Nur wenn in Folge eines Anteilserwerbs ausnahmsweise die **Firmierung** des Zielunternehmens und damit der Name des Herstellers der betroffenen Medizinprodukte geändert wird, ist auch beim Anteilskauf eine Anzeige an die Benannte Stelle und die Überwachungsbehörde notwendig.

52   Bei einem **Asset Deal** kommt es für einen automatischen Übergang der CE-Kennzeichnung stets auf den jeweiligen **Einzelfall** an: Sofern nur einzelne Betriebsstätten übernommen werden, ist zumindest eine Anzeige an die zuständige Benannte Stelle und die Überwachungsbehörde erforderlich. Wird der Produktions- oder Überwachungsprozess auf Grund des Unternehmensverkaufs geändert oder hat der Erwerber ein eigenes Qualitätssicherungssystem, wird in den meisten Fällen ein Neuantrag an die Benannte Stelle erforderlich sein.

53   Im Rahmen der Due Diligence ist es daher von hervorgehobener Bedeutung zu überprüfen, welche Medizinprodukte im Einzelnen tatsächlich hergestellt und vertrieben werden. Die teilweise bestehende Komplexität der erforderlichen Änderungen im Rahmen des Konformitätsbewertungsverfahrens ist auf der Grundlage der Erkenntnisse der Due Diligence zu überprüfen und sollte bei der **Entscheidung über die Transaktionsstruktur** berücksichtigt werden.

---

[31] §§ 6 Abs. 2, 7 Abs. 1 MPG i. V. m. den einschlägigen europäischen Richtlinien.
[32] Zur CE-Kennzeichnung s. die Beiträge von *Anhalt/Dieners* (§ 2 Rdnr. 48 f.), *Edelhäuser* (§ 5), *Christmann* (§ 7) und *Hill* (§ 8) in diesem Handbuch.

c) Wechsel der Benannten Stelle

Bereits im Rahmen der Due Diligence sollte geprüft werden, inwieweit und zu wel- **54** chen Bedingungen nach dem Unternehmenserwerb ein eventuell angestrebter Wechsel der im Rahmen der CE-Zertifizierung[33] tätigen sog. **Benannten Stelle** möglich ist. Benannte Stellen sind neutrale Institutionen, die von einem Mitgliedstaat dazu ausgewählt wurden, die Konformitätsbewertungsverfahren durchzuführen. Diese Stellen müssen über die erforderliche Kompetenz verfügen, die Anforderungen der EU-Richtlinien erfüllen und der Kommission und den Mitgliedstaaten gemeldet sein. Die Benannten Stellen bescheinigen dem Hersteller und den zuständigen Überwachungsbehörden der Vertragsstaaten die Einhaltung der Grundlegenden Anforderungen an die Produktbeschaffenheit (z.B Auslegung, Konstruktion, Sicherheit und Funktion) und die Beachtung der vorgeschriebenen Konformitätsbewertungsverfahren. Sie berechtigen so den Hersteller eines Medizinprodukts zur Abgabe der Konformitätserklärung und zur Aufbringung der CE-Kennzeichnung auf seinem Produkt. Die Medizinproduktehersteller schließen daher mit einer Benannten Stelle entsprechende **Kooperationsvereinbarungen.** Im Rahmen eines Konzerns ist es aber sinnvoll, für die gesamte Gruppe eine einheitliche Kooperationsvereinbarung mit einer einzigen Benannten Stelle zu schließen. Da die Konditionen dieser Verträge oftmals erheblich voneinander abweichen, ist es gerade für den Erwerber wichtig zu überprüfen, zu welchen Konditionen er sich von welcher der Kooperationsvereinbarungen lösen kann, um schließlich konzernweit nur mit einer Benannten Stelle kooperieren zu müssen. Dies wird im Normalfall im Rahmen eines Unternehmenserwerbs schwierig sein. Soweit die Kooperationsvereinbarung keine gesonderte Change of Control-Klausel enthält, ist ein freiwilliger Wechsel der Benannten Stelle nur einvernehmlich möglich. Hierbei muss sich der Hersteller mit der alten Benannten Stelle einigen, bis zu welchem Zeitpunkt das Medizinprodukt mit der Kennnummer der alten Benannten Stelle in Verkehr gebracht werden kann. Nach diesem Zeitpunkt kann der Hersteller Medizinprodukte nur nach erneuter Durchführung einer Konformitätsbewertung durch eine neue Benannte Stelle mit entsprechend neuer Kennzeichnung im Markt vertreiben. Das Timing für den Wechsel von alter zu neuer Benannter Stelle ist genau abzustimmen, da nach Richtlinie 93/42/EWG ein Hersteller bezüglich eines bestimmten Medizinprodukts zeitgleich keinen Parallelantrag bei einer anderen Benannten Stelle einreichen darf. Um einen möglichst reibungsfreien Wechsel zu ermöglichen, sollten daher möglichst in einer **dreiseitigen Vereinbarung** zwischen Hersteller, alter Benannter Stelle und neuer Benannter Stelle folgende Regelungen berücksichtigt werden[34]:
– Zeitpunkt der Ungültigkeit der bestehenden Bescheinigungen,
– Informationspflichten zwischen Hersteller, neuer und alter Benannter Stelle,
– genaue Zuordnung der Verantwortlichkeiten der neuen Benannten Stelle ab Übergangszeitpunkt,
– Eigentumsrechte bezüglich der eingereichten und erstellten Dokumente bei der bisher tätigen Benannten Stelle,
– Kostentragung bezüglich Herstelleranfragen bei der alten Benannten Stelle.

Neben einem meist einvernehmlich herbeizuführenden freiwilligen Wechsel kann auch **55** ein sog. **„unfreiwilliger Wechsel"** erforderlich werden, wenn nämlich eine Benannte Stelle ihren Betrieb einstellt oder auf ihre Benennung ganz oder teilweise verzichtet. In diesem Fall erlischt die entsprechende Benennung. Folglich kann die Benannte Stelle ihren Überwachungspflichten für bestehende Bescheinigungen nicht mehr nachkommen. Ein Wechsel der Benannten Stelle ist dann zwingend erforderlich und normalerweise mit weniger Problemen behaftet als ein freiwilliger Wechsel.

---

[33] Vgl. den Beitrag von *Edelhäuser* in diesem Handbuch (§ 5 Rdnr. 48 ff.).
[34] Vgl. hierzu den Beitrag von *Edelhäuser* in diesem Handbuch (§ 5 Rdnr. 55).

56   Da die Wirtschaftlichkeit und damit letztlich auch der Erfolg der Gesamtakquisition unter anderem von der Möglichkeit eines Wechsels der Benannten Stelle abhängen kann, ist es wichtig, diese Möglichkeit bereits in der Due Diligence Phase zu überprüfen und zu evaluieren. Der notwendige **Überleitungsprozess** kann dann mit der erforderlichen Sorgfalt und dem notwendigen Zeiteinsatz eingeleitet und durchgeführt werden.

d) Kostenerstattungsregime

57   Wesentlich für die Einsatzfähigkeit und die Rentabilität eines Medizinproduktes kann dessen **Erstattungsfähigkeit** durch die gesetzlichen Krankenversicherungen oder gesetzlichen Pflegeversicherungen sein.[35] In einem solchen Fall ist im Rahmen der Unternehmensprüfung unbedingt zu prüfen, inwieweit die Medizinprodukte erstattungsfähig sind. Hierbei ist zwischen Medizinprodukten, die im **stationären Bereich** und solchen, die im **ambulanten Bereich** eingesetzt werden, zu unterscheiden. Im stationären Bereich werden Verbrauchsgüter (z.B. Implantate, Verbandmittel) über die gesetzliche Krankenversicherung erstattet, da sie als allgemeiner medizinischer Bedarf des Krankenhauses qualifiziert werden. Die gegenwärtige Vergütung folgt einem Mischsystem, wonach rund 75% über tagesgleiche Pflege- und Abteilungspflegesätze gedeckt werden, während rund 25% über Fallpauschalen und Sonderentgelte abgedeckt werden. Zu berücksichtigen ist aber, dass nach dem Willen des Gesetzgebers die Vergütung der Krankenhausleistungen ab dem Jahr 2004 vollständig über ein pauschalierendes Entgeltsystem (**Fallkostenpauschalen,** sog. DRG-System, Diagnosis Related Groups) abgewickelt werden soll. Inwieweit dann ab 2004 im stationären Bereich eingesetzte Medizinprodukte erstattungsfähig sind bzw. bleiben, ist gesondert zu überprüfen. Auch im Bereich des ambulanten Einsatzes von Medizinprodukten ist zu prüfen, ob bislang erstattungsfähige Hilfsmittel in Zukunft erstattungsfähig bleiben. Unabhängig von dem gegenwärtigen Kostenerstattungsregime für bereits im Markt eingeführte Medizinprodukte ist im Rahmen der Due Diligence ein ebensolches Augenmerk auf die Erstattungsfähigkeit von **zukünftigen Medizinprodukten,** die sich zum Zeitpunkt des Unternehmenserwerbs noch in der Entwicklungsphase befinden, zu lenken. Nur wenn die Erstattungsfähigkeit auch für die Zukunft sichergestellt ist, können die entsprechenden Medizinprodukte rentabel im Markt eingeführt werden. Die Ergebnisse dieser Untersuchung sind bei der Erwerbsentscheidung oder aber bei der Kaufpreisbestimmung wesentlich zu berücksichtigen.

IV. Kaufvertrag

58   In die Durchführungsphase eines Unternehmenskaufs fällt nach der Due Diligence der **Entwurf der Verträge** und ihrer **Vertragsverhandlung** sowie die **Unterzeichnung** des schuldrechtlichen Vertrags (Signing) und der Vollzug der Unternehmensübertragung (Closing). Signing und Closing fallen zeitlich zuweilen auseinander, wenn etwa noch Gremien der Parteien zustimmen, zusammenschlussrechtliche Genehmigungen eingeholt oder die Umsetzung der Unternehmensübertragung im Einzelnen vorbereitet werden müssen. Die Zeit zwischen beiden Ereignissen sollte im Interesse der Parteien **möglichst kurz** gehalten werden, insbesondere wenn der Kaufvertrag die rückwirkende wirtschaftliche Übertragung des Unternehmens auf einen vor dem Vollzug des Kaufvertrags liegenden Zeitpunkt vorsieht. In dieser Konstellation steht das Unternehmen bis zum Closing rechtlich noch im Eigentum und daher in der Einflusssphäre des Verkäufers, das wirtschaftliche Ergebnis wird aber bereits dem Käufer zugerechnet. Zur Absicherung des Käufers wird in diesen Fällen meist ein Katalog von **Verhaltensmaßregeln,** die den Verkäufer in dieser Übergangzeit im Rahmen des rechtlich Zulässigen binden, vereinbart. Auf Grund kartellrechtlicher Vorgaben muss bei freigabepflichtigen Transaktionen darauf

---

[35] Vgl. hierzu den Beitrag von *Burgardt/Clausen/Wigge* in diesem Handbuch (§ 23).

geachtet werden, dass dieser Verhaltenskatalog ausgewogen ist und nicht das **kartell-rechtliche Vollzugsverbot** verletzt (hierzu Rdnr. 69). Darüber hinaus ist besonders darauf zu achten, dass die Personalverantwortung und -führung in diesem Zeitraum in jedem Fall bei dem Veräußerer bleiben; anderenfalls besteht das Risiko, dass bereits vor Eigentumsübergang ein rechtlicher Betriebsübergang mit sämtlichen zwingenden Rechtsfolgen stattfindet, der im Ergebnis die Vereinbarung von aufschiebenden Bedingungen konterkariert.

1. Entwurf

Der **erste Entwurf** des Unternehmenskaufvertrags wird in herkömmlichen Transaktionen, bei denen nur ein Käufer mit dem Verkäufer verhandelt, üblicherweise vom Käufer vorgelegt. In beschränkten Bieter- oder Auktionsverfahren wird hingegen von der Verkäuferseite jedem der Interessenten derselbe, vom Verkäufer vorbereitete Vertragsentwurf unterbreitet. **59**

Die bloßen gesetzlichen Bestimmungen des deutschen Kaufrechts reichen für eine umfassende Regelung der betroffenen **komplexen Interessenlagen** der Parteien (mit oft internationalem Bezug) im Normalfall nicht aus, auch wenn dieses neuerdings für bestimmte Regelungen ausdrücklich auf deren Anwendbarkeit auf Unternehmenskäufe hinweist. Ein gesamtes Unternehmen ist keine konfektionierte Handelsware, auf welche grundsätzlich die am „Normalfall" ausgerichteten allgemeinen Kaufrechtsbestimmungen anzuwenden wären. Jedes lebende Unternehmen weist mannigfaltige Besonderheiten auf, die weder mit einer unspezifizierten Anwendung der Regelung des allgemeinen Kaufrechts noch mit Musterunternehmenskaufverträgen zum Zweck der Übertragung des gesamten Unternehmenskomplexes adäquat berücksichtigt werden. In der Praxis stellt daher jeder Unternehmenskaufvertrag ein komplexes Geflecht von Einzelregelungen dar, die auf den jeweiligen Unternehmenskauf maßgeschneidert sind. Dieser Vertrag folgt in seinem Aufbau und seiner Regelungsdichte oftmals **anglo-amerikanischen Vorbildern.** Entgegen der den deutschen Juristen vertrauteren abstrakt-generellen Regelungstechnik sind die anglo-amerikanisch strukturierten Verträge darauf ausgerichtet, jeden einzelnen erkannten und erkennbaren Regelungsgegenstand möglichst abschließend zu erfassen. Diese stark auf den jeweiligen Einzelfall und die Detailregelung fokussierte Regelungstechnik unterstreicht das Bedürfnis, sämtliche erkennbaren Risiken in einer Unternehmensprüfung zu erfassen und diese durch entsprechende Zusicherungen, Beschaffenheitsvereinbarungen, Verzichtserklärungen oder andere geeignete Absicherungen etc. im Vertragsentwurf abzufangen. **60**

Der **Mindestregelungsgehalt** eines Unternehmenskaufvertrags umfasst eine genaue Beschreibung des Kaufobjekts, den Kaufpreis (ggf. mit Kaufpreisanpassung), Gewährleistungen und Rechtsfolgen, ein Wettbewerbsverbot für den Veräußerer, verschiedene Vollzugsbedingungen (insbesondere fusionskontrollrechtliche Freigabe) und gegebenenfalls Auskunfts- und Mitwirkungsrechte bzw. -pflichten beider Vertragsparteien.[36] **61**

Eine wichtige – wenn nicht die wichtigste – Entscheidung der Parteien ist die Bestimmung des **Kaufpreises.** Der Erwerber wird regelmäßig nur den Preis bezahlen wollen, der dem diskontierten Zukunftsertrag des Zielunternehmens entspricht; zusätzlich kann ein „strategischer Aufpreis" in Betracht kommen, wenn sich der Erwerber durch den Zukauf des Zielunternehmens zum Beispiel eine strategische Sonderstellung im Markt verschaffen kann. Für eine erste Vorstellung über den Kaufpreis werden gelegentlich Bewertungsgutachten dritter Sachverständiger herangezogen. Die Ergebnisse solcher Gutachten können jedoch auf Grund der verschiedenen in Betracht kommenden **Bewertungsmethoden**[37] stark voneinander abweichen und geben daher nur einen ersten **62**

---

[36] Für einen Musterkaufvertrag s. *Günther*, S. 73 ff. oder *Hess/Fabritius*, S. 639 ff.
[37] Hierzu etwa *Fischer*, S. 71 ff.

Anhaltspunkt für eine Kaufpreisbemessung. Die angemessene Gegenleistung wird auch davon abhängen, welche Chancen und Risiken der Erwerber dem Zielunternehmen als Ergebnis seiner Due Diligence zuschreibt und wie mit diesen Risiken bei der vertraglichen Regelung des Unternehmenskaufs umgegangen wird; ist der Veräußerer bereit, dem Erwerber umfangreiche und langfristige Garantien oder Gewährleistungen einzuräumen, so wird dies den Kaufpreis erhöhen. Ist der Verkäufer hier restriktiv, so verringert er sein Haftungsrisiko, muss sich aber auch mit einem geringeren Kaufpreis zufrieden geben. Schließlich haften der Kaufpreisbestimmung erhebliche **prognostische Unsicherheiten** an. Wie wird sich das relevante Umfeld entwickeln, kann sich das Unternehmen in den Händen des Erwerbers in diesem Umfeld zumindest halten oder besser positionieren? Die Festlegung einer angemessenen Kaufpreisbandbreite ist deshalb letztlich eine unternehmerische Entscheidung im Einzelfall.[38] Der tatsächlich vereinbarte Kaufpreis ist daher letztlich Ergebnis einer Vielzahl von gesondert verhandelten Einzelaspekten der Risikoabwägung zwischen den Parteien, die unter Abwägung der rechtlichen und finanziellen Risiken sowie der wirtschaftlichen Chancen vorzunehmen ist.

63   Ein wesentlicher Regelungsgegenstand in Unternehmenskaufverträgen ist stets das **Gewährleistungs- und Haftungssystem;** hierüber wird regelmäßig intensiv und kontrovers verhandelt. In der Vergangenheit war es üblich, umfangreiche Zusicherungen und Garantien (Representations and Warranties) zu Gegebenheiten bzw. Eigenschaften des Zielunternehmens zu geben. Diese Zusicherungen und Garantien spiegelten dabei zum einen die Ergebnisse der vorangegangenen Due Diligence wider, insbesondere im Hinblick auf die hierbei identifizierten spezifischen Risiken, boten andererseits adäquate Absicherungen für nicht einschätzbare Risiken.

64   Auch die Haftungsfolgen und Regelungen zum Umfang der Haftung[39] wurden bisher in der Praxis autonom in dem Vertragswerk geregelt. Die Einführung des **neuen Schuldrechts** mit Wirkung zum 1. 1. 2002 wird in jedem Fall zu einer Veränderung der entsprechenden Regelungen führen. Insbesondere die nach dem neuen Gesetzeswortlaut absolut zu verstehende Beschaffenheitsgarantie wirft besondere Probleme auf: Hiernach wird der Verkäufer nicht mehr in der Lage sein, die Rechtsfolgen eventueller Garantieverletzungen zum Beispiel durch Vereinbarung einer Haftungshöchstgrenze oder die Verkürzung der Verjährung einzuschränken.[40] Es kann einem Verkäufer deshalb nur nach eingehender Prüfung im Ausnahmefall zugeraten werden, eine solche Garantie in Zukunft überhaupt abzugeben. Der völlige Verzicht des Käufers auf eine beschränkt verschuldensunabhängige Haftung des Verkäufers ist aber auch für den Käufer schlecht hinnehmbar. Bislang hat sich zur Lösung dieses Problems noch keine einheitliche Praxis herausbilden können. Die Vielfalt der im Schrifttum hierzu vertretenen Meinungen[41] macht deutlich, dass die Vertragspraxis noch über längere Zeit im Fluss sein wird, bevor eine ausgewogene Interessenberücksichtigung der Käufer- und Verkäuferseite zu einem akzeptablen Praxisstandard geführt haben wird. In jedem Fall wird das Regime aus Garantien, einfachen Beschaffenheitsvereinbarungen und eventuell sonstigen selbstständigen Angaben, für deren Richtigkeit der Verkäufer verschuldensunabhängig zu haften bereit ist, sowie deren jeweilige Haftungsfolgen genauestens aufeinander abzustimmen sein.

65   Der Unternehmenskaufvertrag bedarf als solcher grundsätzlich keiner bestimmten **Form.** Dies ist jedoch anders, wenn z. B. bei einem Asset Deal Grundstücke[42] oder bei

---

[38] S. auch *Semler,* Rdnr. 124 f.

[39] Der Haftungsumfang wurde oft begrenzt durch so genannte Freibeträge bzw. Freigrenzen (de minimis und basket-Klauseln) oder Haftungsobergrenzen (cap-Klauseln).

[40] § 444 BGB.

[41] S. etwa *Dauner/Lieb/Thiessen,* ZIP 2002, 108 ff.; *Gronstedt/Jörgens,* ZIP 2002, 52 ff.; *Seibt/Raschke,* NZG 2002, 256 ff.

[42] § 311 b Abs. 1 Satz 1 BGB.

einem Share Deal GmbH-Geschäftsanteile[43] verkauft werden.[44] Eine **Beurkundungs-pflicht** für einen Teil eines Rechtsgeschäfts macht dann nach § 125 BGB grundsätzlich den gesamten Vertrag einschließlich aller sonstigen Nebenabreden formbedürftig. In der Praxis taucht in diesem Zusammenhang – auf Grund der vergleichsweise hohen Gebühren deutscher Notare – regelmäßig die Frage nach der Möglichkeit einer Beurkundung des Vertrags im **Ausland** auf. Eine Auslandsbeurkundung des Anteilskaufs ist grundsätzlich möglich, wenn die Vorbildung und Rechtsstellung des ausländischen Notars der eines deutschen Notars vergleichbar ist. Ebenso muss der Beurkundungsvorgang nach Art und Durchführung einer deutschen Beurkundung entsprechen.[45] Für die dingliche Übertragung und Einräumung von Grundstücksrechten ist jedoch die Beurkundung durch einen deutschen Notar unerlässlich.[46]

2. Zustimmungserfordernisse

Die Veräußerung eines Unternehmens – im Wege eines Anteilskaufs oder durch den Verkauf der Vermögensgegenstände – kann verschiedenen Zustimmungserfordernissen unterliegen. Neben allgemeinen **gesellschaftsrechtlichen**[47] und **zivilrechtlichen Zustimmungserfordernissen**[48] ist insbesondere eine gegebenenfalls erforderliche Freigabe des Unternehmenskaufs, der einen anmeldepflichtigen Zusammenschlusstatbestand darstellen kann, durch die zuständige europäische oder nationale **Kartellbehörde** zu beachten. **66**

Da Unternehmenskäufe in der Regel eine Zusammenführung von Unternehmen bewirken, ist jeder Unternehmenskauf am Maßstab des europäischen oder nationalen Kartellrechts daraufhin zu überprüfen, ob er einen **genehmigungspflichtigen Zusammenschluss** von Unternehmen darstellt und damit fusionskontrollrechtlich relevant ist. Das Fusionskontrollverfahren soll generell wettbewerbspolitisch unerwünschte Unternehmenskonzentrationen verhindern. Materiell sind deshalb Unternehmenszusammenschlüsse – sowohl auf deutscher als auch auf europäischer Ebene – zu untersagen, wenn hierdurch eine **marktbeherrschende Stellung** geschaffen oder verstärkt wird. Bei einem internationalen Unternehmenskauf darf nicht vergessen werden, dass neben dem **europäischen** oder **deutschen Kartellrecht** auch das Recht anderer Staaten zur Anwendung kommen kann, zu welchen der Unternehmenskauf einen Bezug aufweist. **67**

Auf europäischer Ebene unterliegen Unternehmenskäufe der wettbewerbsrechtlichen Fusionskontrolle durch die **Europäische Kommission.** Gemäß Art. 1 Abs. 1 der Fusionskontrollverordnung (FKVO)[49] ist die Europäische Kommission – statt der nationalen Kartellbehörden – für die Prüfung eines Zusammenschlussvorhabens von **gemeinschaftsweiter Bedeutung** zuständig. Ein solcher Zusammenschluss liegt vor, wenn die beteiligten Unternehmen bestimmte Umsatzschwellen[50] erreichen und nicht jeweils zumindest zwei Drittel ihrer Umsätze in demselben Mitgliedstaat der Europäischen Union **68**

---

[43] § 15 Abs. 4 Satz 1 GmbHG.

[44] § 311 b Abs. 3 BGB.

[45] Art. 11 Abs. 1, 1. Alt. EGBGB; hierzu etwa *Zimmermann,* Rdnr. 190 ff.

[46] Hierzu im Einzelnen *Rosener,* Rdnr. 80 ff.

[47] Z.B. im Falle von Vinkulierungen von Anteilen, besonderen satzungsmäßigen Zustimmungserfordernissen oder insbesondere bei einem Asset Deal im Falle der Veräußerung des gesamten Unternehmens oder wesentlicher Teile davon (§ 179 a AktG; *BGHZ* 83, 122 – *Holzmüller-Entscheidung*).

[48] Vgl. § 311 b BGB.

[49] Verordnung (EWG) Nr. 4064/89 des Rates über die Kontrolle von Unternehmenszusammenschlüssen v. 21. 12. 1989 (ABl. EG Nr. L 395 v. 30. 12. 1989, S. 1 – berichtigte Fassung: ABl. EG Nr. L 257 v. 21. 9. 1990, S. 13) sowie Verordnung (EG) Nr. 1310/97 des Rates vom 30. 6. 1997 (ABl. EG Nr. L 180 v. 9. 7. 1997, S. 1 – berichtigte Fassung: ABl. EG Nr. L 40 v. 13. 2. 1998, S. 17), der Verordnung (EWG) Nr. 4064/89 sowie Art. 1 Abs. 1 der Verordnung (EG) Nr. 1310/97.

[50] Die Umsatzschwellen für die europäische Fusionskontrolle ergeben sich aus Art. 1 Abs. 2 und Abs. 3 FKVO.

erzielen. In Deutschland prüft das **Bundeskartellamt** in allen anderen Fällen auf der Grundlage des Gesetzes gegen Wettbewerbsbeschränkungen (GWB), ob ein genehmigungspflichtiges Zusammenschlussvorhaben vorliegt oder nicht.

69   In der Praxis kann ein fusionskontrollrechtliches Verfahren den Unternehmenskauf erheblich **verzögern.** Die Vorbereitung und Durchführung eines einfachen, d.h. materiell unbedenklichen Verfahrens dauert in der Regel sechs Wochen. Komplexe Verfahren können eine Dauer von drei Monaten durchaus überschreiten. Bis zur fusionskontrollrechtlichen Freigabe der Transaktion besteht ein **Vollzugsverbot.** Daher darf vor der jeweiligen Freigabe weder der rechtliche Eigentumswechsel stattfinden noch dürfen – zum Beispiel durch die Übertragung der uneingeschränkten Geschäftsführungsbefugnis – zu Gunsten des Erwerbers Strukturen geschaffen werden, die dem Erwerber eine eigentümerähnliche Stellung verschaffen.[51]

V. Praktische Umsetzung

70   Negative Beispiele aus der Vergangenheit haben gezeigt, dass der bloße Abschluss eines individuell verhandelten und ausgewogenen Unternehmenskaufvertrages zwar ein wichtiger, keinesfalls aber der einzige Garant für den **erfolgreichen Unternehmenserwerb** ist. Ein ganz wesentlicher Teil der erfolgreichen Zusammenführung beginnt erst nach Unterzeichnung des Kaufvertrages. Erst in dieser **Integrationsphase** kann und muss sich beweisen, ob sich die geplanten Synergien und das beabsichtigte Wachstum umsetzen lassen. Erfahrungsgemäß sind Unternehmensübernahmen in der Regel umso erfolgreicher, je mehr Zeit und Aufmerksamkeit in eine aktive Gestaltung der sog. **„Post Merger Integration"**-Phase gesteckt wird. Darüber hinaus muss sichergestellt werden, dass der Erwerber, der nach Eigentumsübergang erstmals völlig uneingeschränkten Zugang zu dem gesamten Unternehmen erhält, innerhalb der vertraglich vereinbarten Verjährungsfristen das Unternehmen auf das tatsächliche Vorliegen von Risiken, die im Rahmen der Due Diligence-Prüfung identifiziert wurden, überprüft. Auf diese Weise soll sichergestellt werden, dass der Erwerber eventuelle Mängel des Unternehmens vertragsgemäß gegenüber dem Veräußerer geltend machen kann.

1. Information Mitarbeiter und Öffentlichkeit

71   Kernelement für eine erfolgreiche Zusammenführung von Unternehmen ist die Motivation und Überzeugung der in den Unternehmen beschäftigten Arbeitnehmer. Sie sind es, die den wirtschaftlichen Erfolg herbeiführen werden. Sie sind es aber auch, die von eventuellen Einsparmaßnahmen und der Realisierung von Synergieeffekten am ehesten betroffen sind. Erster, aber auch wesentlicher Schritt für das Gelingen der Zusammenführung ist aus unternehmenspolitischer Sicht daher eine ausreichende **Information der Arbeitnehmer.** Diese Information sollte spätestens nach Einigung der Parteien über alle wesentlichen Punkte des Unternehmenskaufs, in jedem Fall aber vor dem tatsächlichen Übergang des Unternehmens auf den Erwerber, stattfinden. Zudem empfiehlt es sich, die betroffenen Arbeitnehmer auch später noch über die fortschreitende Integration und die zur Durchführung erforderlichen Maßnahmen regelmäßig zu informieren.

72   Neben diesen unternehmenspolitischen Erwägungen besteht aber bei einem Asset Deal auch ein **rechtliches Erfordernis,** die betroffenen Arbeitnehmer rechtzeitig und umfassend über einen bevorstehenden **Betriebsübergang** zu informieren.[52] Diese Information

---

[51] Art. 7 Abs. 1 FKVO bzw. § 41 GWB i.V.m. § 134 BGB. Zu beachten ist, dass die Unternehmensübernahme auch nicht faktisch vollzogen werden darf etwa dadurch, dass der Erwerber das gesamte Geschäft des Zielunternehmens bereits leitet oder kontrolliert; hierzu etwa *Schäfer/Schreier/Ruppelt*, § 35 GWB, Rdnr. 2 ff.

[52] § 613 a Abs. 5 BGB.

muss schriftlich erfolgen und erstreckt sich auf Informationen zu dem tatsächlichen oder dem geplanten Zeitpunkt des Übergangs, zu dem Grund für den Übergang, zu den rechtlichen, wirtschaftlichen und sozialen Folgen des Übergangs für die Arbeitnehmer sowie zu den die Arbeitnehmer betreffenden, vom Erwerber geplanten Maßnahmen. Grundsätzlich hat jeder Arbeitnehmer das Recht, dem Betriebsübergang binnen einer Frist von einem Monat nach dieser schriftlichen Information zu widersprechen, mit der Folge, dass sein Arbeitsverhältnis mit dem Veräußerer bestehen bleibt. Ist die Information allerdings unzureichend oder erfolgt sie gar nicht, hat dies zur Folge, dass die einmonatige **Widerspruchsfrist** nicht zu laufen beginnt, die Arbeitnehmer theoretisch daher auch noch lange nach dem Betriebsübergang widersprechen können. Dies kann für beide Parteien negative Folgen haben: Der Veräußerer sieht sich mit Arbeitnehmern konfrontiert, von denen er sich durch den Verkauf lösen wollte, der Erwerber verliert vielleicht wichtige Arbeitnehmer, die für ihn für die Fortführung des Unternehmens wesentlich sind. Eine rechtzeitige und genaue Abstimmung des Informationsschreibens zwischen den Parteien und deren Beratern ist daher sehr wichtig.

2. Integration

Das wirkliche Zusammenwachsen von zwei Unternehmen ist anstrengend und zeitraubend. Wesentlich ist hier eine **eindeutige Führung** in Grundsatzentscheidungen in Bezug auf Personen, Strukturen und Verantwortlichkeiten, eine Realisierung von Wachstums- und Synergiepotenzialen und die Schaffung einer neuen, verbindenden **Unternehmenskultur.**[53] Letzteres erfordert insbesondere, allen Mitarbeitern das gemeinsame Ziel zu vermitteln und für die Integration zu begeistern. Menschliche Probleme in diesem Bereich sollten ernst genommen werden, da sie oft weniger leicht korrigiert werden können als wirtschaftliche Verfehlungen.[54] **73**

In der Praxis hat sich gezeigt, dass die Integration von Unternehmen besser funktioniert, je schneller und aktiver diese umgesetzt wird. Es sollte deshalb in der Unternehmensgruppe – und zwar schon während der Durchführungsphase – eine bei der Geschäftsführung angesiedelte Stelle eines **Integrationsmanagers** eingerichtet werden, der alle im Rahmen der Umsetzung der Integration nötigen Maßnahmen plant und nachhält.[55] Gleichwohl sollte realistischerweise mit Integrationszeiträumen von bis zu zwei Jahren gerechnet werden. **74**

3. Bestandsprüfung

Neben der Integration stellt die Bestandsprüfung des Unternehmens für den Erwerber eine weitere Hauptaufgabe nach dem Erwerb dar. Hierbei überprüft er das Unternehmen daraufhin, ob es tatsächlich dem vertraglich vereinbarten Zustand entspricht und alle Vermögenswerte in vereinbartem Umfang und vereinbarter Qualität vorhanden sind. Der Erwerber wird im Normalfall von seinen Beratern unterstützt, welche die Due Diligence durchgeführt und den Kaufvertrag verhandelt haben. Diese kennen neben dem Erwerber das Unternehmen und zusätzlich die vertraglich vereinbarten Rechtsfolgen im Falle eines Abweichens des verkauften Unternehmensbestands vom vertraglich vereinbarten Bestand am besten. Gute Berater steuern diesen Prozess auf der Grundlage von individuell erstellten **Checklisten** (Post Closing Management Schedules). Sollten dann bestimmte Ansprüche tatsächlich streitig geltend gemacht werden, ist es durchaus ratsam, die tatsächliche gerichtliche oder schiedsgerichtliche **Geltendmachung von Ansprüchen** anderen Personen zu überlassen, als denjenigen, die die Verträge entworfen und verhandelt haben. Zwar ist deren Hintergrundwissen für die erfolgreiche Durchsetzung entsprechender An- **75**

---

[53] *Brammer,* Rdnr. 51 ff.; *Koch,* S. 338 ff.
[54] Hierzu auch *Brammer,* Rdnr. 5.
[55] *Schäfer/Schreier,* M&A 2002, 306 ff.

sprüche unerlässlich und daher eine enge Kooperation mit den betrauten Prozessvertretern erforderlich. Um aber eine gewisse „Betriebsblindheit" der bei den Vertragsverhandlungen eingeschalteten Berater zu vermeiden, empfiehlt es sich, für die Prozessvertretung ein nicht mit den Verhandlungen unmittelbar befasstes Beraterteam einzuschalten. Auch hierbei zahlt es sich wiederum aus, von Anfang an für die Beratung eine anwaltliche Sozietät eingeschaltet zu haben, welche neben der Spezialisierung auf den Erwerb von Medizinprodukteunternehmen auch den forensischen Bereich umfassend abdeckt. In diesem Fall kann der zuvor angesprochene Informationsaustausch zwischen dem „Vertragsverhandlungsteam" und dem „Prozessteam" sehr schnell, unbürokratisch und nahezu ohne Reibungsverluste vonstatten gehen.

D. Zusammenfassung

76   Medizinprodukteunternehmen agieren in einem stark regulierten Umfeld. Die erfolgreiche Verhandlung und Umsetzung eines Verkaufs oder Erwerbs eines Medizinprodukteunternehmens setzt daher nicht nur die fundierte Kenntnis des allgemeinen Rechts des Unternehmenskaufs voraus, sondern erfordert auch eine vertiefte Befassung und Erfahrung mit den besonderen rechtlichen Rahmenbedingungen des Marktumfelds und seiner Akteure. Daher sind neben den Fragen des allgemeinen Zivilrechts, Gesellschaftsrechts und Steuerrechts zur erfolgreichen Strukturierung einer Unternehmenstransaktion auch umfassende Kenntnisse des Medizinprodukterechts, sei es in Bezug auf das Konformitätsbewertungsverfahren insbesondere im Zusammenhang mit Benannten Stellen, besondere Aspekte des gewerblichen Rechtsschutzes oder aber des Kostenerstattungsrechts, erforderlich. Auch sollten die Besonderheiten des Marktumfeldes und der Marktentwicklung berücksichtigt werden. Werden diese Faktoren sämtlich bei der Verkaufs- oder Erwerbsentscheidung sowie der Durchführung des Unternehmenserwerbs berücksichtigt, sind optimale Grundlagen für ein erfolgreiches Agieren in einem ausgesprochenen Wachstumsmarkt gelegt.

Teil III

Anhang

Bearbeiterverzeichnis

Dr. rer. nat. Ehrhard Anhalt ist Chemiker und Biochemiker und leitet u. a. den Bereich der arzneimittelnahen Medizinprodukte beim Bundesverband der Arzneimittel-Hersteller e. V. (BAH) in Bonn. Er studierte an der Universität Hannover und promovierte 1982 an der Medizinischen Hochschule Hannover über Entgiftungsenzyme. Nach einer mehrjährigen Tätigkeit in der medizintechnologischen Industrie in den Bereichen Forschung und Entwicklung ist er seit 1990 für den BAH tätig. Dort ist er neben dem Bereich der arzneimittelnahen Medizinprodukte auch für die Gebiete der Arzneimittelherstellung und -prüfung, insbesondere Gute Herstellungspraktiken und Validierung verantwortlich. Er leitet zudem die BAH-Schriftenreihe zur Qualitätssicherung, für die er mit dem Wallhäuser-Preis 1999 ausgezeichnet wurde. Ehrhard Anhalt ist stellvertretender Vorsitzender der Forschungsvereinigung der Arzneimittel-Hersteller e. V. und Autor einer Vielzahl von Fachveröffentlichungen zu arzneimittel- und medizinprodukterechtlichen Fragestellungen. Seit 2001 ist er Lehrbeauftragter an der Friedrich-Wilhelms-Universität zu Bonn für „Pharmarecht" im Studiengang „Master of Drug Regulatory Affairs" und seit 2002 Referent für den Studiengang „Consumer Health Care" an der Humboldt-Universität zu Berlin.

Dr. med. Jürgen Attenberger ist Facharzt für öffentliches Gesundheitswesen und seit Juli 1995 im Niedersächsischen Ministerium für Frauen, Arbeit und Soziales (Abteilung Gesundheit) mit dem Medizinprodukterecht befasst. Nach dem Studium für das Höhere Lehramt (Mathematik, Biologie und Geographie) und Diplom-Geographie in Freiburg, Köln und Bonn studierte er in Düsseldorf Humanmedizin. Nach ärztlicher Tätigkeit in Neuss, Regensburg und Neumarkt i. d. Opf. in der Gynäkologie, Inneren Medizin, Chirurgie, Psychiatrie und in der Gesundheitsverwaltung wechselte er an das Niedersächsische Sozialministerium in Hannover. Dort war er als Referent und Referatsleiter zunächst zuständig für die Infektionshygiene, AIDS-Koordinierung, Umwelthygiene, Arbeitsmedizin, Katastrophenmedizin, das Rettungswesen und den gesamten Bereich der Biotechnologie (Gentechnik, Fortpflanzungsmedizin, Embryonenschutz, Humangenetik, Genanalyse), den er auch heute noch betreut. Er war und ist Mitglied einer Vielzahl nationaler und internationaler Gremien und Autor von Publikationen zu verschiedenen Themen über die von ihm betreuten Sachgebiete sowie regelmäßiger Referent auf nationalen und internationalen Kongressen und Seminaren.

Marc Besen ist Rechtsanwalt im Düsseldorfer Büro von Clifford Chance Pünder. Er studierte Rechtswissenschaften an der Universität Bonn. Von 1993 bis 1999 war er zunächst als studentische Hilfskraft und später als wissenschaftlicher Mitarbeiter im Deutschen Bundestag tätig. Im Jahr 2000 wurde er als Rechtsanwalt in Düsseldorf zugelassen. Marc Besen berät Unternehmen der medizintechnologischen, pharmazeutischen und chemischen Industrie in allen regulatorischen Angelegenheiten sowie in Fragen des allgemeinen Vertragsrechts und des Vertriebs-, Wettbewerbs- und Kartellrechts. Auf diesen Gebieten ist er Autor verschiedener Fachveröffentlichungen.

Prof. Dr.-Ing. Rolf-Dieter Böckmann hat seit 1983 eine Professur für Medizintechnik an der Fachhochschule Gießen-Friedberg, Fachbereich Krankenhaus- und Medizintechnik, Umwelt- und Biotechnologie (KMUB) inne. Er wurde 1975 an der Rheinisch-Westfälischen Technischen Hochschule Aachen promoviert. Danach war er drei Jahre wissenschaftlicher Mitarbeiter im Bereich Medizininformatik an der Justus-Liebig-Universität Gießen und weitere fünf Jahre Mitarbeiter in der Prüfstelle für Medizintechnik des TÜV Rheinland in Köln. Seit 1996 ist er öffentlich bestellter und vereidigter Sachverständiger der Industrie- und Handelskammer Gießen für den Bereich: Überprüfung medizinisch-technischer Geräte – nicht implantierbare lebenserhaltende Systeme und gasangetriebene Gerätesysteme. Bis 2001 war er verantwortlicher Schriftleiter der Fachzeitschrift mt-Medizintechnik (TÜV-Verlag, Köln) und ist gemeinsam mit Prof. Dr. Frankenberger, Lübeck, Autor und Herausgeber eines Kommentars zum Medizinprodukterecht – Schwerpunkt Medizintechnik.

Claus Burgardt ist seit 1997 als Rechtsanwalt in Bonn mit dem Tätigkeitsschwerpunkt Medizinrecht tätig. Nach dem Abschluss seines Studiums der Rechtswissenschaften in Bonn im Jahr 1986 übte er von 1987 bis 1989 eine Nebentätigkeit an der Universität Bonn sowie der Rheinisch-Westfälischen Technischen Hochschule Aachen aus. Von 1990 bis 1997 war er als Rechtsanwalt in Aachen und Brüssel tätig. Seit 1999 ist Claus Burgardt darüber hinaus Lehrbeauftragter an der Universität Bonn.

Heinz Christmann ist Rechtsanwalt und Justiziar bei der W.L. Gore & Associates GmbH in Putzbrunn bei München. Er studierte Rechtswissenschaften an den Universitäten München und Genf. Seit 1989 ist er bei der deutschen Tochter des amerikanischen Unternehmens W. L. Gore & Associates, Inc. beschäftigt und dort u. a. verantwortlich tätig für die Medizinproduktezulassung und das Medizinprodukterecht. Heinz Christmann ist Mitglied des Arbeitskreises Recht des Bundesverbandes Medizintechnologie e. V. (BVMed) sowie der Legal Interest Group der European Confederation of Medical Supplier Associations (EUCOMED). Er wirkt als Experte in der Arbeitsgruppe 2 des CEN TC 257 an der europäischen Normung mit.

Carsten Clausen ist als Rechtsanwalt und Prokurist der Fresenius Kabi Deutschland GmbH sowie der Pro Reha Handelsgesellschaft für Krankenpflegeartikel und Rehabilitationshilfen mbH & Co. KG tätig. Nach dem Studium der Rechtswissenschaften an der Ruhr-Universität Bochum war er seit 1995 zunächst im Rahmen eines Traineeprogramms in der Hauptverwaltung der Barmer Ersatzkasse in Wuppertal und seit 1996 im dortigen Rechtsbereich für Leistungserbringer tätig. Seit 1997 leitet er die Abteilung Gesundheitswesen GB-EE der Fresenius Kabi D GmbH. Carsten Clausen ist seit Gründung des bundesverbandes homecare e. V. (bvhc) im Jahr 1997 Sprecher des Fachbereichs Leistungsrecht für Leistungserbringer (FBLL). Von 1999 bis zur Integration des bvhc in den Bundesverband Medizintechnologie e. V. (BVMed) im Jahr 2001 war er stellvertretender Vorstandsvorsitzender des bvhc. Carsten Clausen ist Mitglied der Arbeitskreise „Recht" und „Gesundheitspolitik" des Bundesverbands der Pharmazeutischen Industrie e. V. sowie des BVMed. Darüber hinaus ist er Mitglied des „Topkreises" des Diätverbands.

Peter von Czettritz ist seit 1988 als Rechtsanwalt in der auf Pharmarecht spezialisierten Kanzlei Harms & Melzer in München tätig. Nach einer Banklehre studierte er in München, in Aix-en-Provence und an der Verwaltungshochschule Speyer Rechts- und Politikwissenschaften. Peter von Czettritz ist Autor zahlreicher Fachbeiträge auf den Gebieten des AMG, MPG und HWG sowie Mitherausgeber der Zeitschriften „PharmaRecht" und „MedizinProdukte Recht". Außerdem ist er Mitglied verschiedener Fachausschüsse deutscher und europäischer Fachvereinigungen. Ein Schwerpunkt seiner Tätigkeit liegt in der Beratung und Vertretung von Unternehmen der Pharma- und Medizinproduktebranche auf dem Gebiet des Arzneimittelrechts, Medizinprodukterechts, des gewerblichen Rechtsschutzes und des Wettbewerbsrechts. Im Jahr 2001 wurde er mit der Verleihung des PharmaRecht Preises ausgezeichnet.

Dr. jur. Peter Dieners ist Partner im Düsseldorfer Büro von Clifford Chance Pünder. Er studierte Rechtswissenschaften an den Universitäten Saarbrücken und Bonn, wo er

1991 promovierte. Von 1987 bis 1992 war er neben Promotion und Referendariat als Assistent an den Instituten für Öffentliches Recht der Universitäten Bonn und Frankfurt am Main tätig. 1992 wurde er als Rechtsanwalt in Frankfurt am Main zugelassen. Seit 1994 ist er als Rechtsanwalt in Düsseldorf tätig. Ein Schwerpunkt seiner Tätigkeit liegt in der Beratung von Unternehmen der medizintechnologischen und pharmazeutischen Industrie in allen Angelegenheiten hinsichtlich der Inverkehrbringung und Vermarktung ihrer Produkte sowie zu Forschungskooperationen und strategischen Allianzen. Daneben berät er verschiedene Industrieverbände bei der Beurteilung und Begutachtung von legislativen Vorhaben auf nationaler und europäischer Ebene in den Bereichen des Medizinprodukte- und Arzneimittelrechts sowie zu allgemeinen rechtlichen Fragen des Gesundheitswesens. Peter Dieners ist verantwortlicher Partner für den Bereich „Healthcare and Life Sciences" von Clifford Chance Pünder weltweit. Er ist u.a. Mitherausgeber der Zeitschrift „MedizinProdukteRecht" (MPR), Autor zahlreicher Fachveröffentlichungen und Mitglied verschiedener Rechtsausschüsse deutscher und europäischer Verbände der medizintechnologischen und pharmazeutischen Industrie.

Dr. rer. nat. Rainer Edelhäuser ist seit 1994 stellvertretender Leiter der Zentralstelle der Länder für Gesundheitsschutz bei Arzneimitteln und Medizinprodukten (ZLG). Er studierte Physik, Biomedizinische Technik und Physiologie, arbeitete im Unternehmensbereich Medizinische Technik der Siemens AG und war bis 1993 wissenschaftlicher Mitarbeiter im Fraunhofer-Institut für Physikalische Messtechnik. Seine derzeitigen Aufgaben beinhalten die Leitung der Abteilung Medizinprodukte, die fachliche Koordinierung von Sektorkomitees und des Erfahrungsaustauschkreises der nach dem Medizinproduktegesetz benannten Stellen (EK-Med) sowie die Mitarbeit in nationalen und internationalen Gremien.

Dr. jur. Joachim Feldges ist Partner im Münchner Büro von Clifford Chance Pünder. Joachim Feldges ist spezialisiert in den Bereichen gewerblicher Rechtsschutz, insbesondere im Hinblick auf nationale und internationale Patentauseinandersetzungen in den Bereichen Pharmaindustrie, Markenrecht, Urheberrecht, Lizenzverträge, Wirtschafts- und Produkthaftungsrecht.

Prof. Dr. rer. nat. Horst Frankenberger hat seit 1986 eine Professur für Medizintechnik an der Fachhochschule Lübeck inne. Außerdem ist er vereidigter Sachverständiger für nicht-implantierbare lebensunterstützende und gasangetriebene Systeme der Medizintechnik. Als Vorsitzender leitet er die Arbeitsgemeinschaft Medizintechnik Schleswig-Holstein e.V. und das Forum für Medizintechnik e.V., Lübeck. Gleichzeitig ist er Mitglied des wissenschaftlichen Beirats des Bundesinstituts für Arzneimittel und Medizinprodukte (BfArM) sowie des Beirats für Medizinische Messtechnik bei der Physikalisch-Technischen Bundesanstalt (PTB). In der Global Harmonisation Task Force (GHTF) für Medizinprodukte leitet er die Study Group „Auditing". Nach dem Studium der Physik an der Universität des Saarlandes in Saarbrücken wurde er dort im Jahr 1968 promoviert. Von 1968 bis 1986 arbeitete er für die Drägerwerk AG in Lübeck, zunächst als Assistent von Dr. Christian Dräger im Bereich Koordinierung der Entwicklung, anschließend als Leiter der Entwicklung und Konstruktion Medizintechnik sowie des Geschäftsbereichs Qualitätswesen dieses Unternehmens. Gemeinsam mit Prof. Dr. Böckmann, Gießen-Friedberg, ist Prof. Dr. Frankenberger Autor und Herausgeber eines Kommentars zum Medizinprodukterecht – Schwerpunkt Medizintechnik.

Bernhard Hartmann ist seit 1994 Gruppenleiter in der Arbeitsgruppe Medizinprodukte bei dem Deutschen Institut für Medizinische Dokumentation und Information (DIMDI). Er koordiniert den Aufbau des Informationssystems für Medizinprodukte nach § 33 MPG. Nach dem Pharmaziestudium an der TU Karlsruhe und Tätigkeiten in Apotheken war er von 1971 bis 1974 und 1980 bis 1984 im Rahmen der deutschen Entwicklungshilfe in Uganda, Tansania und Lesotho in verschiedenen Krankenhäusern und Universitäten tätig. Von 1975 bis 1980 und von 1984 bis 1993 hat er beim DIMDI die großen biomedizinischen Datenbanken betreut. Von 1997 bis 1999 leitete er das von der Europäischen Kommission geförderte Projekt EUDAMED (European Database on Medical Devices).

Dr. jur. Ulf Heil ist Partner im Frankfurter Büro von Clifford Chance Pünder. Nach dem Studium der Rechtswissenschaften an der Ruhr-Universität Bochum, wo er auch als wissenschaftlicher Assistent am Lehrstuhl für Bürgerliches Recht und Zivilprozessrecht arbeitete und 1983 mit einem zivilprozessualen Thema promovierte, war er von 1981 bis 1987 Partner einer Anwaltssozietät, die sich schwerpunktmäßig mit der Prozessführung in allen Bereichen des Wirtschaftsrechts befasst. Ulf Heil berät nationale und internationale Mandanten in Fragen des gewerblichen Rechtsschutzes und des Vertriebsrechts, des E-Commerce und der Produkthaftung. Er ist Mitglied des Deutschen Franchise-Verbands und nationaler wie internationaler Vereinigungen zum Schutz des geistigen Eigentums. Neben der Beratung bildet die Prozessführung einen weiteren Schwerpunkt seiner Tätigkeit. Ulf Heil ist Autor zahlreicher Beiträge zu seinen Spezialgebieten und referiert hierzu häufig auf Konferenzen und Seminaren.

Rainer Hill ist Rechtsanwalt und Mitglied der Geschäftsführung des Bundesverbands Medizintechnologie e.V. (BVMed) in Berlin. Er studierte Rechtswissenschaften an der Rheinischen Friedrich-Wilhelms-Universität zu Bonn. Anschließend übte er berufliche Tätigkeiten in Bangkok (AHK), Tokio (AHK), Kassel (IHK) und Brüssel (DIHT) aus. Seit 1990 ist er als Leiter der Rechtsabteilung des BVMed und zudem seit 1991 in der Funktion des stellvertretenden Geschäftsführers tätig. Seit 1995 ist er Autor des ersten deutschen Fachkommentars zum Medizinproduktegesetz, des „WiKo – Wiesbadener Kommentar zum Medizinprodukterecht", sowie Bearbeiter zahlreicher Veröffentlichungen zum Medizinprodukterecht, namentlich der mehrbändigen BVMed-Informationsserie „Medizinprodukterecht" und der „BVMed-Richtlinien zum Nachweis der Qualifikation zum Medizinprodukteberater". Im Jahr 2000 erfolgte die Benennung zum Lehrbeauftragten der Rheinischen Friedrich-Wilhelms-Universität zu Bonn für „Pharmarecht" im Studiengang „Master of Drug Regulatory Affairs". Dem folgte im Jahr 2001 die Bestellung zum Prüfer für die Abschlussprüfung des weiterbildenden Studiengangs „Master of Drug Regulatory Affairs". Seit 2001 ist er Mitglied der EUCOMED „Legal Issues Group" und Mitglied des Beirats der neu herausgegebenen Fachzeitschrift „MedizinProdukte Recht".

Dipl.-Ing. Jörg Höppner leitet die Abteilung Technik beim Verband Metallverpackungen e.V. in Düsseldorf. Er studierte Maschinenbau an der Mercator-Universität in Duisburg. Nach projektleitender Tätigkeit für ein Unternehmen der verfahrenstechnischen Anlagenplanung im Rahmen der Erstellung von Sicherheitsanalysen in der chemischen Industrie begann er eine Referententätigkeit beim VdTÜV-Verband der Technischen Überwachungsvereine e.V. im Jahr 1992. Zunächst verantwortlich für die Arbeitsgebiete Energiepolitik/Umweltschutz und Mitarbeiterschulung übernahm er 1996 im Auftrag der ZLG die Aufgabe der Betreuung des nationalen Erfahrungsaustauschkreises EK-Med der deutschen Benannten Stellen für Medizinprodukte als Technisches Sekretariat. Seit 1997 war er im Auftrag der Europäischen Kommission mit der Betreuung des europäischen Erfahrungsaustauschkreises NB-MED der europäischen Benannten Stellen/Notified Bodies für Medizinprodukte (AIMD, MDD und IVDD) als Technisches Sekretariat beauftragt. Als Referent Zertifizierungsgrundlagen/Geräte- und Produktsicherheit war er Mitglied in internationalen, europäischen und nationalen Normungsgremien von ISO/CASCO (ISO Committee on Conformity Assessment), CEN/CLC TC1 (Technisches Komitee Konformitätsbewertungsstellen), DIN NQSZ (Normenausschuss Qualitätsmanagement, Statistik und Zertifizierungsgrundlagen) und DIN KonRat (Deutscher Rat für Konformitätsbewertung), in internationalen, europäischen und nationalen Akkreditierungsgremien von IAF (International Accreditation Forum) und ILAC (International Laboratory Accreditation Conference), EA (European co-operation for Accreditation) und TGA (Trägergemeinschaft für Akkreditierung), DATech (Deutsche Akkreditierungsstelle Technik) und DASET (Deutsche Akkreditierungsstelle Stahlbau und Energietechnik) und von nationalen Gremien wie AtA (Ausschuss für technische Arbeitsmittel nach Gerätesicherheitsgesetz), ZEK (Zentraler Erfahrungsaustauschkreis zugelassener Stellen nach Gerätesicherheitsgesetz) und EUROLAB Deutschland. 1999 wurde er mit dem Aufbau des Büros des VdTÜV in Berlin beauftragt. Seit Sommer 2002 ist er für den Verband Metallverpackungen e. V. tätig.

Dr. jur. Christine Kanz ist seit Juni 1998 als Rechtsanwältin im Bereich des Gewerblichen Rechtsschutzes tätig. Seit 2000 gehört sie zum Litigation Team des Münchner Büros von Clifford Chance Pünder und betreut insbesondere den Bereich Patent-, Marken- und Lizenzrecht.

Ulrich Lembeck ist Partner im Düsseldorfer Büro von Clifford Chance Pünder. Er studierte Rechtswissenschaften an den Universitäten in Würzburg und Bonn. Er wurde 1990 in Düsseldorf als Rechtsanwalt zugelassen. Seit 1996 ist er ebenfalls als Steuerberater tätig. Ulrich Lembeck berät seine Mandanten in allen Fragen des deutschen und internationalen Steuerrechts. Er ist u. a. spezialisiert auf steuerliche Fragen von Unternehmen der medizintechnologischen und pharmazeutischen Industrie.

Dr. jur. Dominik Lentz ist Partner im Düsseldorfer Büro von Clifford Chance Pünder. Er studierte Rechtswissenschaften an den Universitäten Passau, Cardiff und zuletzt in Köln, wo er 1998 promovierte. Von 1993 bis 1996 war er wissenschaftlicher Mitarbeiter am Max-Planck-Institut für ausländisches öffentliches Recht und Völkerrecht. 1997 wurde er als Rechtsanwalt in Düsseldorf zugelassen. Dominik Lentz berät deutsche und ausländische strategische und Finanzinvestoren bei Unternehmenskäufen, Privatisierungen, Unternehmenskooperationen und Umstrukturierungen aller Art, auch im grenzüberschreitenden Bereich. Er berät ferner bei gesellschaftsrechtlichen, insbesondere aktienrechtlichen Fragestellungen. Zu seinen langjährigen Mandanten zählen in- und ausländische Unternehmen der medizintechnologischen und pharmazeutischen Industrie sowie Anbieter von nationalen und grenzüberschreitenden Gesundheitsdienstleistungen.

Claudia Lützeler ist Rechtsanwältin im Düsseldorfer Büro von Clifford Chance Pünder. Nach Ablegung der Zwischenprüfung im Studium der Volkswirtschaftslehre und Abschluss ihres Studiums der Rechtswissenschaften in Frankfurt am Main war sie an einem Lehrstuhl für Öffentliches Recht (1993 bis 1997) und als Dozentin für Allgemeines Verwaltungsrecht an der Verwaltungs- und Wirtschaftsakademie (VWA) in Halle an der Saale (1995/1996) tätig. Nach ihrem Referendariat wurde sie im Jahr 2000 als Rechtsanwältin zugelassen. Den Schwerpunkt ihrer Tätigkeit bilden regulatorische, wettbewerbs-, haftungs- und vertriebsrechtliche Fragen im Zusammenhang mit Medizinprodukten und Arzneimitteln.

Dierk Meyer-Lüerßen trat nach seinem Studium der Rechtswissenschaft in Heidelberg und dem Assessorexamen in Hamburg in die Rechtsabteilung des Bundesverbands der Pharmazeutischen Industrie e. V. ein. Er betreute als Referatsleiter die Abteilung öffentliches Recht, Kartellrecht und internationales Recht. Nach siebenjähriger Tätigkeit wechselte er 1982 als Geschäftsführer zum Verband der Diagnostica-Industrie e. V. (früher Verband der Diagnostica- und Diagnosticageräte-Hersteller e. V.). Er ist seit 1980 in Arbeitsgruppen der European Diagnostic Manufacturers Association tätig und hat die Entstehung der Medizinprodukte-Richtlinien der EU seit ihren Anfängen begleitet. Seit 1995 ist er auch Mitglied des Vorstands der EDMA und arbeitete seit Gründung des CEN/TC 140 im Jahr 1988 in der europäischen Normungsarbeit mit. Seit 1978 ist er als Rechtsanwalt in Frankfurt zugelassen.

Dr. jur. Thilo Räpple ist Partner im Frankfurter Büro von Baker & McKenzie. Er ist seit 1989 als Rechtsanwalt zugelassen. Er hat sich im Bereich des Medizinprodukte- und Pharmarechts spezialisiert und ist Leiter der Europäischen Praxisgruppe für Pharma- und Gesundheitsrecht von Baker & McKenzie. Thilo Räpple ist Mitherausgeber der Zeitschriften „PharmaRecht" und „MedizinProdukte Recht".

Dr. jur. Joachim Schütze ist Partner im Düsseldorfer Büro von Clifford Chance Pünder und für den Bereich „Commercial" in Deutschland verantwortlich. Er ist überwiegend auf den Gebieten des deutschen und europäischen Kartellrechts sowie des Vertriebsrechts tätig und gehört zu der Industriegruppe „Healthcare and Life Sciences". Im Rahmen seiner kartell- und vertragsrechtlichen Tätigkeit berät Joachim Schütze eine Reihe deutscher und internationaler Unternehmen der medizintechnologischen und pharmazeutischen Industrie. Ein Schwerpunkt dieser Tätigkeit besteht in der Beratung im Zusammenhang mit Lizenz- und sonstigen Vertriebsverträgen sowie mit F&E-Kooperationen. Dazu gehört sowohl die Gestaltung umfangreicher Vertragsdokumentationen als auch das notwendige Vertragsmanagement unter besonderer Berücksichtigung der regulatorischen Anforderungen für den Vertrieb von Medizinprodukten und Arzneimitteln. Zu dieser Tätigkeit zählt insbesondere auch die Beratung bei der Gründung von Joint Ventures, Einkaufskooperationen und in Bezug auf Fragen im Zusammenhang mit der Übertragung und Nutzung von arzneimittelrechtlichen Zulassungen.

Dr. med. Joachim A. Schwarz ist Facharzt für Innere Medizin und für Klinische Pharmakologie, Fellow of the Faculty of Pharmaceutical Medicine of the Royal Colleges of Physicians of the United Kingdom (FFPM) und nach leitenden Positionen in der klinischen Forschung der pharmazeutischen Industrie seit 1992 Medical Director und Prokurist bei der Quintiles GmbH in Neu-Isenburg. Er ist Autor zahlreicher Publikationen zur Immunologie, Inneren Medizin und zur Arzneimittelentwicklung, Mitherausgeber des Buchs „Ordnungsgemäße klinische Prüfung – Good Clinical Practice" (2000) sowie Autor des „Leitfaden Klinische Prüfung von Arzneimitteln und Medizinprodukten" (2000).

Dr.-Ing. Undine Soltau ist Diplom-Ingenieurin für Biomedizinische Kybernetik/Biomedizinische Technik und Bionik, Fachingenieurin für Strahlenschutz und Fachwissenschaftlerin der Medizin auf dem Gebiet der Hygiene. Sie ist seit 1993 Direktorin der Zentralstelle der Länder für Gesundheitsschutz bei Arzneimitteln und Medizinprodukten (ZLG) in Bonn. Von 1980 bis 1993 war sie im Institut für Mikrobiologie und Hygiene/ Krankenhaushygiene der medizinischen Fakultät (Charité) der Humboldt-Universität zu Berlin tätig und nahm von 1992 bis 1993 zudem einen Lehrauftrag der Technischen Universität Berlin im Fachbereich Konstruktion und Fertigung/Biomedizinische Technik wahr. Von 1977 bis 1980 war sie im „Investitionsbüro für Bauten des Gesundheitswesens" des Magistrats von Berlin für medizintechnische Aufgabenstellungen und die Projektbetreuung bei Berliner Krankenhaus- und anderen Gesundheitsbauten zuständig.

Dr. jur. Thomas Stohlmeier, LL.M., ist Partner im Düsseldorfer Büro von Clifford Chance Pünder. Er studierte Rechtswissenschaften an der Universität Hamburg, wo er 1989 promovierte. Nach Erwerb des Master of Laws an der Tulane University, New Orleans, wurde er 1991 als Rechtsanwalt in Düsseldorf zugelassen. Thomas Stohlmeier berät deutsche und ausländische Mandanten bei Unternehmenskäufen aller Art einschließlich öffentlicher Übernahmeverfahren, auch im grenzüberschreitenden Bereich. Er berät ferner bei gesellschaftsrechtlichen, insbesondere aktienrechtlichen Fragestellungen. Zu seinen langjährigen Mandanten zählen insbesondere in- und ausländische Unternehmen der medizintechnologischen und pharmazeutischen Industrie. Thomas Stohlmeier ist Autor zahlreicher Beiträge und Veröffentlichungen zu gesellschaftsrechtlichen Fragestellungen. Er ist unter anderem Herausgeber und Mitautor eines Buchs über das neu geregelte Übernahmerecht mit dem Titel „German Public Takeover Law" (2002).

Dr. jur. Jürgen Taschke ist Partner im Frankfurter Büro von Clifford Chance Pünder. Er studierte Rechtswissenschaften an der Johann Wolfgang Goethe-Universität in Frankfurt am Main, wo er 1988 promovierte. Er war als wissenschaftlicher Assistent am Lehrstuhl für Strafrecht, Strafprozessrecht, Rechtsphilosophie und Rechtstheorie der Johann Wolfgang Goethe-Universität tätig. Nach der Zulassung als Rechtsanwalt im Jahr 1986 war er sechs Jahre lang in einer Anwaltssozietät mit wirtschaftsstrafrechtlichem Schwerpunkt tätig. Seit 1992 berät er bei Clifford Chance Pünder nationale und internationale Unternehmen in allen Fragen des Wirtschaftsstrafrechts. Schwerpunktmäßig berät er Unternehmen im Zusammenhang mit der drohenden oder erfolgten Einleitung eines Ermittlungsverfahrens gegen Mitarbeiter des Unternehmens, bei der präventiven Einschätzung strafrechtlicher Risiken für Unternehmen und im Umgang mit strafrechtlichen Vorwürfen in den Medien gegen Unternehmen. Jürgen Taschke beriet Medizinproduktehersteller im sog. „Herzklappen-Komplex" und war als Lead Counsel mit der Koordination der Verteidigung von mehr als 60 beschuldigten Unternehmensmitarbeitern befasst. Jürgen Taschke, der auch Richter am Hessischen Anwaltsgerichtshof ist, betreut verantwortlich die „Schriftenreihe Deutsche Strafverteidiger" und ist Autor zahlreicher Fachveröffentlichungen.

Dr. jur. Heike Wachenhausen ist als Rechtsanwältin im Düsseldorfer Büro von Clifford Chance Pünder tätig. Sie studierte Rechtswissenschaften an der Georg-August-Universität Göttingen, wo sie 1998 promovierte. Von 1991 bis 1996 war sie dort zunächst als studentische Hilfskraft und anschließend als wissenschaftliche Mitarbeiterin in der Abteilung für Arzt- und Arzneimittelrecht der Universität tätig, die sie von 1996 bis 1997 als stellvertretende Geschäftsführerin leitete. Sie befasst sich schwerpunktmäßig mit regulatorischen Fragestellungen im Zusammenhang mit Medizinprodukten und Arzneimitteln. Hierzu gehören insbesondere die Entwicklung und klinische Prüfung von Medizinprodukten und Arzneimitteln. Ein weiterer Schwerpunkt ihrer Tätigkeit liegt auf der Produkthaftung für Medizinprodukte und Arzneimittel, kostenerstattungsrechtlichen Fragestellungen, Apothekenrecht und der vertraglichen Gestaltung der Zusammenarbeit zwischen Industrie, medizinischen Einrichtungen und deren Mitarbeitern.

Dr. jur. Peter Wigge war nach Beendigung seines Studiums im Jahr 1991 zunächst bis 1992 als Fraktionsreferent für die FDP-Bundestagsfraktion in Bonn für den Bereich Gesundheitspolitik tätig. Danach wurde er Referatsleiter für den Bereich juristische Grundsatzfragen im AOK-Bundesverband, Bonn. Von Juli 1992 bis 1993 war er im Rahmen des Gesetzgebungsverfahrens zum Gesundheitsstrukturgesetz (GSG) in das Bundesministerium für Gesundheit, Bonn abgeordnet. Seit 1993 ist er als Rechtsanwalt tätig und seit 1997 Justiziar der Deutschen Röntgengesellschaft, Bad Homburg. Im Jahr 2001 begründete er seine eigene Kanzlei in Hamm und wurde Lehrbeauftragter an der Westfälischen Wilhelms-Universität Münster. Er ist Mitbegründer des Aktionsbündnisses Bundesausschuss und der Berliner Gesundheitsgespräche. Im März 2001 erhielt er den Deutschen Arzt Recht Preis. Peter Wigge ist Autor einer Vielzahl von medizin- und pharmarechtlichen Fachbeiträgen. Er ist zudem Mitherausgeber verschiedener Fachpublikationen, etwa des Handbuchs des Vertragsarztrechts sowie der Neuen Zeitschrift für Sozialrecht (NZS) und der Zeitschrift MedizinProdukte Recht.

Dr. rer. nat. Joachim Wilke ist Leiter des Technisch-Wissenschaftlichen Service der Medtronic GmbH, Deutschland. Er studierte Biologie an der Universität Konstanz und nahm danach verschiedene Funktionen in den Bereichen Forschung und Entwicklung, Klinische Prüfungen und Regulatory Affairs in medizintechnologischen Unternehmen war. Seit 1993 ist er bei Medtronic für Medizinprodukterecht, klinische Prüfungen und den technischen Service für aktive Implantate verantwortlich.

Hans-Georg Will war nach Abschluss des Studiums der Pharmazie an der Johannes-Gutenberg-Universität in Mainz zunächst von 1980 bis 1983 als Leiter der Qualitätskontrolle eines mittelständischen pharmazeutischen Unternehmens tätig und hat anschließend von 1983 bis 1990 mehrere Stationen in der öffentlichen Verwaltung im Bereich des Pharmaziewesens durchlaufen. Von 1990 bis 1998 war er beim VDGH, Verband der Diagnostica-Industrie tätig, zuletzt als stellvertretender Geschäftsführer. 1998 wechselte er zum Bundesinstitut für Arzneimittel und Medizinprodukte (BfArM) und übernahm dort die Leitung der Abteilung Medizinprodukte. 1999 erfolgte die Ernennung zum Direktor und Professor. Von August 2000 bis März 2003 war Hans-Georg Will vorübergehend an das Bundesministerium für Gesundheit und Soziale Sicherung abgeordnet und leitete dort das für Fragen des erstmaligen Inverkehrbringens von Medizinprodukten, des Risikomanagements und der Normung sowie für internationale Angelegenheiten des Medizinproduktewesens zuständige Referat. In dieser Funktion zeichnete er federführend verantwortlich u. a. für das Zweite Gesetz zur Änderung des Medizinproduktegesetzes, die Neufassung der Medizinprodukte-Verordnung und die Medizinprodukte-Sicherheitsplanverordnung.

Ruth Ziller ist seit Januar 2002 als Rechtsanwältin in der Kanzlei Kaltwasser Cornet Schmidt-Fichtner in München tätig. Von 1995 bis 2001 arbeitete sie als wissenschaftliche Mitarbeiterin der Rechtsabteilung des Bundesverbandes der Arzneimittel-Hersteller e.V. in Bonn und von 1998 bis 2001 als Geschäftsführerin des INTEGRITAS-Vereins für lautere Heilmittelwerbung e.V., Bonn. Ruth Ziller ist schwerpunktmäßig im Bereich Arzneimittel- und Wettbewerbsrecht sowie in den angrenzenden Gebieten der Nahrungsergänzungsmittel und Medizinprodukte tätig. Sie referiert und publiziert regelmäßig zu Fragen des Heilmittelwerberechts und der Abgrenzung zwischen Arzneimitteln und Nahrungsergänzungsmitteln.

Gesetzesverzeichnis

Die fettgedruckten Zahlen verweisen auf die Paragraphen, die dahinter stehenden mageren Zahlen auf die Randnummern.

Sachverzeichnis

Die fettgedruckten Zahlen verweisen auf die Paragraphen, die dahinter stehenden mageren Zahlen auf die Randnummern.